Geuder/Fuchs

Wiener Baurecht

Wiener Baurecht

Kommentar

Hon.-Prof. Dr. Heinrich Geuder
Präsident des Unabhängigen Verwaltungssenats Wien i.R.

Univ.-Lekt. Mag. Gerald Fuchs
Obermagistratsrat der Stadt Wien
Leiter der Kompetenzstelle Recht der MA 37 – Baupolizei

9. Auflage

Linde

Zitiervorschlag: *Geuder/Fuchs*, Wiener Baurecht[9] (2025) Seite

Bibliografische Information der Deutschen Nationalbibliothek

Die Deutsche Nationalbibliothek verzeichnet diese Publikation in der Deutschen Nationalbibliografie; detaillierte bibliografische Daten sind im Internet über http://dnb.d-nb.de abrufbar.

Hinweis: Wenn aus Gründen der leichteren Lesbarkeit auf eine geschlechtsspezifische Differenzierung verzichtet wird, gelten entsprechende Begriffe im Sinne der Gleichbehandlung für alle Geschlechter.

1210 Wien, Scheydgasse 24, Tel.: 01/24 630
www.lindeverlag.at

Druck und Bindung: Prime Rate Zrt.,
H-1044 Budapest, Megyeri út 53
9

Vorwort zur neunten Auflage

Mit der letzten, der achten Auflage, hat sich mein Freund Heinrich Geuder von unseren Lesern verabschiedet und mir die weitere Betreuung unseres Werkes anvertraut, es in meine Hände gelegt. Ich möchte mich daher eingangs ganz herzlich bedanken, dass er mir einst vertrauensvoll die Hände gereicht hat, um sich gemeinsam mit dieser interessanten Rechtsmaterie auseinanderzusetzen. Es waren spannende Zeiten mit einem tiefgehenden und inspirierenden Gedankenaustausch. So wird dieses Werk auch weiter von diesem gemeinsamen Geist geprägt sein und wir entbieten meinem Freund Heinrich Geuder tiefen Respekt und Anerkennung und gleichfalls die besten Wünsche, vor allem Gesundheit.

Mit der Wiener Bauordnungsnovelle 2023 (BO-Nov 2023), LGBl 2023/37 vom 13.12.2023, erfolgen weitreichende und zum Teil grundlegende Änderungen, die auch das Kleingartengesetz und Garagengesetz 2008 umfassen. Ziel ist es, den Herausforderungen der klimatischen und gesellschaftlichen Entwicklungen der letzten Jahre zu begegnen. Im Vorfeld wurden in einem breiten Konsultationsprozess samt Abhaltung einer Enquete von den unterschiedlichsten Akteuren und Interessengruppierungen viele Anliegen und Zielsetzungen eingebracht. Dies hat auch in den finanziellen Erläuterungen hinsichtlich des zu erwartenden Mehraufwandes einen gewissen Niederschlag gefunden.

Die Eckpunkte der Neuerungen gelten ua dem Altbauschutz samt rückwirkender Verschärfung der Regelungen zur Bewilligung von Abbrüchen (§ 60 Abs 1 lit d BO ist auch auf Verfahren ab dem 1.7.2023 anzuwenden), Verhinderung der Zweckentfremdung von Wohnraum (vgl Kurzzeitvermietung), Ausbau und Maßnahmen zur Entsiegelung, Dekarbonisierung und Begrünungen. Weitere Anpassungen erfolgen bei der Stellplatzverpflichtung, im Bereich E-Mobilität/Fahrräder, hinsichtlich Berücksichtigung von Stadtbild und UNESCO-Welterbe sowie beim Anwendungsbereich des § 69 BO zur Abweichung von Bebauungsbestimmungen.

Aus dem heraus lassen sich nun kaum maßgebliche Maßnahmen zu Gunsten von Verfahrensvereinfachungen erkennen. Vielmehr kommen zunehmende Zielkonflikte zum Ausdruck und die getroffenen Maßnahmen bringen eine steigende Komplexität der Regelungen, verbunden mit steigenden Rechtsunsicherheiten und einem erheblichen zusätzlichen Verfahrens- bzw Verwaltungsaufwand mit sich.

Mit der auf Basis eines Initiativantrages erfolgten Änderung des Baumschutzgesetzes durch die Klimaschutznovelle 2024, LGBl 2024/19 vom 16.4.2024, soll eine Nachschärfung vor allem im Sinne des Klimaschutzes erfolgen. Dies umfasst ua eine Präzisierung der Obstbaumdefinition, neue Maßnahmen betreffend Ersatzpflanzungen, die Schaffung der Möglichkeit, Schutz- und Pflegemaßnahmen vorzuschreiben wie auch eine Anhebung der Ausgleichsabgabe (5.000 € statt 1.090 €) und Erhöhung der Verwaltungsstrafen. Das Gesetz trat mit Ausnahme der Strafbestimmungen des § 13 Abs 1 bis 3 und Abs 6 bis 6b rückwirkend am 15.1.2024 in Kraft.

Es ist daher herauszustreichen, dass die vorliegenden Änderungen keine Vereinfachungen, sondern einen erheblichen Mehraufwand für die involvierten Akteure wie auch die vollziehende Behörde mit sich bringen. Den mit diesen neuen Regelungen verfolgten Intentionen wird in der Vollziehung nur dann effektiv zum Durchbruch verholfen werden können, wenn der Behörde auch entsprechende Möglichkeiten und Ressourcen zur Verfügung stehen werden.

Wien, im November 2024 *Gerald Fuchs*

Vorwort zur ersten Auflage

Dem Wunsch vieler mit dem Wiener Baurecht Befassten trägt der vorliegende neue Kommentar zum Wiener Baurecht Rechnung: Er wendet sich unter Weglassung bisher wenig praxisbedeutsamer Normen mehr einer Kommentierung wichtiger Bestimmungen zu und zitiert in großem Umfang höchstgerichtliche Entscheidungen, die im Wiener Baurechtsleben unverzichtbar sind. Damit soll das gegenständliche Buch ein entscheidender Begleiter für die tägliche Baurechtspraxis sein.

Gleicherweise wird der Anmerkungsapparat ausgebaut und es wird wesentlich mehr zu Bestimmungen Stellung genommen, die im täglichen Baurechtsleben immer wieder zu Auffassungsunterschieden führen. Damit verbinde ich die Hoffnung, ein wenig zu einer einheitlichen Vorgangsweise in der Baurechtspraxis beitragen zu können. In diesem Zusammenhang sei darauf hingewiesen, dass Merkblätter, Vordrucke und Richtlinien der Baubehörde nur eine Stütze bei der Anwendung einzelner Bestimmungen sein können, welchen Rechtsverbindlichkeit nicht zukommt; es muss daher legitim sein, auch andere Auffassungen zu vertreten und nötigenfalls auch durchzufechten. Dies ist vor allem deswegen notwendig zu betonen, da sich mit 1.1.2014 die Rechtslage entscheidend ändern wird, eine Bauoberbehörde nicht mehr zur Entscheidung in zweiter Instanz zuständig sein wird und mit ziemlicher Sicherheit (soferne nicht noch eine Verwaltungsinstanz eingeschoben wird) die Entscheidungen der Erstinstanz beim Wiener Landesverwaltungsgericht anzufechten sein werden, das – so ist es abzuschätzen – mit Richtern (Richterinnen) besetzt sein wird, die nicht immer den notwendigen Bezug zur Baurechtsmaterie haben.

Wien, im Dezember 2012 *Heinrich Geuder*

Gesamtübersicht

Teil V
Annexvorschriften

Inhaltsverzeichnis

2. Teil

Änderung von Liegenschaftsgrenzen

A. ABTEILUNGEN

B. UMLEGUNGEN

C. Grenzberichtigungen

3. Teil

Enteignungen

10. Teil
Vorschriften betreffend die Ausführung, Benützung und Erhaltung von Bauwerken

11. Teil
Ersichtlichmachungen und Verlautbarungen

12. Teil
Behörden; Parteien und Beteiligte

Übergangsbestimmungen (ab der Techniknovelle 2007)

Abkürzungsverzeichnis

A	Amtliche Sammlung der Erkenntnisse des Verwaltungsgerichtshofes Administrativrechtlicher Teil
aaO	am angeführten Ort
AB	Ausschussbericht
ABl	Amtsblatt der Stadt Wien
ABGB	Allgemeines bürgerliches Gesetzbuch
Abs	Absatz
aF	alte Fassung
Anm	Anmerkung
Art	Artikel
AVG	Allgemeines Verwaltungsverfahrensgesetz
B	Beschluss
bbl	Baurechtliche Blätter
Bfr	Beschwerdeführer (vor VfGH u VwGH)
BauSlg	Zusammenstellung der Entscheidungen des VwGH, fortlaufend nach Nr zit, mit den Entscheidungen des Jahres 1994 neu begonnen, dann Zitierung pro Jahrgang)
Beil	Beilagen zum Gesetzesbeschluss des Nationalrates
BGBl	Bundesgesetzblatt
BGH	Bundesgerichtshof
Bl	Blatt
BO	Bauordnung – BBG Burgenländisches Baugesetz – KBO Kärntner BO – NöBO Niederösterreichische BO – OöBO Oberösterreichische BO – SzBPG Salzburger Baupolizeigesetz – StBG Steiermärkisches Baugesetz – TBO Tiroler BO – VBG Vorarlberger Baugesetz – WBO Wiener BO (Wiener Stadtentwicklungs-, Stadtplanungs- und Baugesetzbuch)
BRBG	Bundesrechtsbereinigungsgesetz
BStG	Bundesstraßengesetz 1971
BOB	Bauoberbehörde
Bgld	Burgenland, burgenländische

BRG	Bundesregierung
BTV	Bautechnikverordnung
B-VG	Bundesverfassung
BVG	Bundesverfassungsgesetz
DRGBl	Deutsches Reichsgesetzblatt
DMSG	Denkmalschutzgesetz 1923
DV	Durchführungsverordnung
EB	Erläuternde Bemerkungen
EGMR	Europäischer Gerichtshof für Menschenrechte (mit Sitz in Straßburg)
EGVG	Einführungsgesetz zu den Verwaltungsverfahrensgesetzen
EGZPO	Einführungsgesetz zur Zivilprozessordnung
EG	Eisenbahngesetz
EEG	Eisenbahnenteignungsentschädigungsgesetz
EKZ	Einkaufszentrum
EStG	Einkommensteuergesetz 1988, BGBl 400, idgF
E	Erkenntnis, Entscheidung
EU	Europäische Union
EWR	Europäischer Wirtschaftsraum
f, ff	folgt, folgende
FN	Fußnote
G	Gesetz
GAG	Wiener Gebrauchsabgabegesetz
GBlÖ	Gesetzblatt für das Land Österreich
GewO	Gewerbeordnung
GP	Gesetzgebungsperiode
GS	Gesetzessammlung
hL	herrschende Lehre
id(g)F	in der Fassung, in der geltenden Fassung
idR	in der Regel
iSd	im Sinne des(r)
iVm	in Verbindung mit
IZ	Immobilienzeitung
iZm	im Zusammenhang mit
JBl	Juristische Blätter
JGS	Josephinische Gesetzessammlung
Kdmg	Kundmachung
KGG	Kleingartengesetz

Ktn, ktn	Kärnten, kärntnerische
leg cit	lex citata, leges citatae (zitierte[s] Gesetz[e])
LGBl	Landesgesetzblatt
LFG	Luftfahrtgesetz
LRG	Landesregierung
LTG	Liegenschaftsteilungsgesetz
MRG	Mietrechtsgesetz
mE	meines Erachtens
MRK	Konvention der Menschenrechte und der Grundfreiheiten (im Verfassungsrang)
mwN	mit weiteren Nachweisen
nF	neue Fassung
NF	Neue Folge
NJW	Neue Juristische Wochenschrift
NN	nomen nescio
NÖ, nö	Niederösterreich(ische)
Nov	Novelle
NR	Nationalrat
Nr	Nummer
NSchG	Wiener Naturschutzgesetz
öG	öffentliches Gut
OGH	Oberster Gerichtshof
OIB	Österreichisches Institut für Bautechnik
OÖ, oö	Oberösterreich(ische)
ÖGZ	Österreichische Gemeindezeitung
ÖJZ	Österreichische Juristenzeitung
ÖN	Ö-Norm
ÖVE	Österreichischer Verband für Elektrotechnik
ÖZW	Österreichische Zeitschrift für Wirtschaftsrecht
P	Punkt
PGSlg	Politische Gesetzessammlung
RGBl	Reichsgesetzblatt
RL	Richtlinie
ROG	Raumordnungsgesetz
RPlG	Raumplanungsgesetz
RV	Regierungsvorlage
Rz	Randziffer
s	siehe

su	siehe unten
SV	Sachverständiger
Slg	Sammlung (der Erkenntnisse des Verfassungsgerichtshofes und des Verwaltungsgerichtshofes)
StGBl	Staatsgesetzblatt
StEG	Stadterneuerungsgesetz
Stmk	Steiermark, steiermärkische
stRsp	ständige Rechtsprechung
StVO	Straßenverkehrsordnung 1960
sub	unter
Szbg	Salzburg, Salzburger
Tab	Tabelle
Ti, ti	Tirol, Tiroler
TROG	Tiroler Raumordnungsgesetz
uU	unter Umständen
UVP	Umweltverträglichkeitsprüfung
UVP-G	Umweltverträglichkeitsprüfungsgesetz
V	Verordnung
VfGH	Verfassungsgerichtshof
VfSlg	Amtliche Sammlung des Verfassungsgerichtshofes
VwSlg	Amtliche Sammlung des Verwaltungsgerichtshofes (A – allgemeiner Teil)
VStG	Verwaltungsstrafgesetz
VVG	Verwaltungsvollstreckungsgesetz
VwG	Verwaltungsgericht(e)
VwGH	Verwaltungsgerichtshof
V(l)bg	Vorarlberger(ische)
vgl	vergleiche
VZ	Verzeichnis
WAZG	Wiener Aufzugsgesetz 2006
wbl	Wirtschaftsrechtliche Blätter
WBTV	Wiener Bautechnikverordnung
WEG	Wohnungseigentumsgesetz
WGarG	Wiener Garagengesetz 2008
WGG	Wiener Garagengesetz (alt)
WHeizKG	Wiener Heizungs- und Klimaanlagengesetz 2015
WKlGG	Wiener Kleingartengesetz
WÖlfG	Wiener Ölfeuerungsgesetz 2006

WRG	Wasserrechtsgesetz
WrUIG	Wiener Umweltinformationsgesetz
ZfV	Zeitschrift für Verwaltung
Zl	Zahl
ZP	Zusatzprotokoll
zT	zum Teil

Literaturverzeichnis

A) Wichtige Standardliteratur

Geuder, Einführung in das österreichische Planungs- und Baurecht, 2002

Hauer, Der Nachbar im Baurecht, 6. Auflage 2008

Hauer, Fragen der Grundabtretung und der Entschädigung, 2000

Kirchmayer, Kommentar zum Wiener Baurecht, 5. Auflage 2019

Krzizek, System des österreichischen Baurechts, Band I 1972, Band II 1974, Band III 1976

Moritz, Bauordnung für Wien, 6. Auflage 2019

Sonnenberg, Das Verwaltungsstrafverfahren nach der Bauordnung für Wien, 2003

Schulev-Steindl, Verwaltungsverfahrensrecht, 6. Auflage 2017

B) Literatur

Die Literatur zum Raumordnungs- und Baurecht, vor allem Einzelabhandlungen, ist schier unüberschaubar. Hier seien besonders wichtige Werke angeführt:

Aichlreiter, Einkaufszentren im Gewerbe- und Raumordnungsrecht, wbl 1998, 53 ff u 101 ff

Aichlreiter, Flächenwidmung als Steuerungsinstrument für die Handelsstruktur?, bbl 1998, 118 ff

Bleiweiss/Busta/Fuchs/Hausleitner, Großbauvorhaben – rechtliche Baustellen von Stadtentwicklung bis Standortentwicklung und COVID-Stopp, bau aktuell 2020, 100

Buchner, Die Barrierefreiheit von Bauwerken in den Bauordnungen der Bundesländer, bbl 2022, 1 ff

Busta/Plavotic, Die neue Widmungskategorie „geförderter Wohnbau" nach der Wiener Bauordnungsnovelle 2018, bauaktuell 2019, 11

Cech, Kurzzeitvermietungen und Landesrecht, bbl 2020, 79

Dworak, Parifizierungsverbot zur Sicherstellung der widmungsgemäßen Verwendung? bbl 2017, 43 ff

Eisenberger/Tauß-Grill/Tscherner, Doppelte Kundmachung und Präklusion im Bauverfahren, bbl 2021, 125 ff

Fritz-Samaan, Die Verpflichtung zur Herstellung der Breitbandtauglichkeit bei Neubauten und umfangreichen Renovierungen, bbl 2016, 123 ff

Fuchs, Der baurechtliche Geschäftsführer im Sinne der Bauordnung für Wien – praktische Betrachtungen, bauaktuell 2015, 137

Fuchs, Behebung von Baugebrechen nach dem Stand der Technik, bauaktuell 2017, 124

Fuchs, Die Haftung des Prüfingenieurs – Keine Grundlage für Amtshaftung, bauaktuell 2017, 254

Fuchs, Rechtmäßiger versus vorschriftswidriger Bestand von Gebäuden, bauaktuell 2018, 45

Fuchs, Die Wiener Bauordnungsnovelle 2018, bauaktuell 2019, 3

Fuchs, Anforderungen an Aufzüge gemäß ÖNORM EN 81-80. Ein Beitrag zur Diskussion über die Nachrüstung bestehender Gebäude auf den Stand der Technik, bau aktuell 2019, 237

Fuchs, „Größere Renovierung" eines Gebäudes im Sinne der Richtlinie 2010/31/EU, bau aktuell 2020, 19

Fuchs, Das Ölkesseleinbauverbotsgesetz. Fragestellungen zum Anwendungsbereich, bau aktuell 2020, 173

Fuchs, Wiener Bauordnungsnovelle 2020 – wesentliche Inhalte, bau aktuell 2020, 248

Fuchs, Wiener Bauordnungsnovelle 2023 – Überblick, bau aktuell 2024, 25

Fuchs, Die Abbruchbewilligung wegen wirtschaftlicher Abbruchreife nach der Wiener Bauordnungsnovelle 2023, bau aktuell 2024, 65

Fuchs/Busta/Bleiweiss/Trenner, Das Verfahren vor dem Landesverwaltungsgericht in Bausachen (2017)

Fuchs/Markouschek/Schlossnickel, Barrierefreiheit im Spannungsfeld unterschiedlicher Rechtsvorschriften und Normen, bauaktuell 2017, 157*Funk/Kettenbach,* Ziviltechniker als Quasi-Beliehene, ZfV 1997, 569 ff

Geuder, Die baubehördliche Zulassung von Bauprodukten und Bauweisen in Österreich, Selbstverlag der FGW, Wien 1989

Geuder, Die Annäherung an die EG – Das Ende der landesrechtlichen Zulassungskompetenz im Bauwesen, Wohnbauforschung in Österreich, Wien 1989

Geuder, Eine fragwürdige Bauordnungsnovelle, Wiener Zeitung (WZ) 10. 9. 2021, 14 mit Nachtrag WZ 21. 9. 2021, 12

Giese, Die „Rechtsfrage von grundsätzlicher Bedeutung" im Revisionsverfahren beim VwGH, bbl 2021, 41 ff

Gstin, Die Strategische Umweltprüfung (SUP) in der Raumordnung, bbl 2005, 177 ff

Hauer, Zur Auslegung des § 70a in der Bauordnung für Wien, ZfV 1998, 288 ff

Hauer, Soll die Verletzung der baurechtlichen Instandhaltungspflicht mit Verwaltungsstrafe bedroht werden, ZfV 1999, 688 ff

Hauer, Zur unentgeltlichen Grundabtretungspflicht und des verfassungsrechtlich zulässigen Ausmaßes dieser Verpflichtung, bbl 2002, 235 ff

Jahnel, Elektronische juristische Informationssysteme – Einführung und bisherige Erfahrungen unter besonderer Berücksichtigung des Baurechts, bbl 2000, 211 ff

Kanonier, Leistbares Wohnen im österreichischen Raumordnungsrecht, bbl 2017, 165 ff

Kirchmayer, Das vereinfachte Baubewilligungsverfahren nach der Bauordnung für Wien, bbl 1998, 22 ff

Kirchmayer, Die Harmonisierung bautechnischer Vorschriften im Wiener Baurecht – Techniknovelle 2007 und Wiener Bautechnikverordnung, bbl 2008, 172 ff

Kleewein, Abtretung von Fremdgrund und Geldleistung nach der Bauordnung für Wien, bbl 2005/224 ff

Kleewein, Infrasturkturverträge im Bau- und Raumordnungsrecht, bbl 2017, 117 ff

Kleewein, Die Denkmaleigenschaft im Gewährleistungsrecht, bbl 2017, 83 ff

Kleewein, Raumplanung im Spannungsfeld zwischen Recht, Sachverstand und Gestaltungsspielraum, bbl 2019, 213

Klever, Amtshaftung in der Raumplanung, bbl 2008, 1 ff

Marold, Die wr BauO-Novelle 2023, bbl 2024, 2

Mayer, Baurechtskompetenz und Luftfahrtwesen, bbl 1998, 3 ff

Moritz, Baurecht, Wasserrecht und Anschlußzwang an Wasserversorgungsanlagen, bbl 1999, 58 ff

Neger/Spiegl/Neger, Heranrückende Wohnbebauung, bbl 2016, 136 ff

Pöttinger-Semm, Die Zugänglichkeit von ÖNORMEN nach dem neuen Normengesetz 2016, bbl 2016, 223 ff

Raschauer, Zum Verzicht auf Entschädigung wegen Rückwidmung, bbl 2008, 135 ff

Saria, Die Gleichsetzung der Technikklauseln mit Ö-NORMEN, bbl 2009, 172 ff

Schrock, Die Wiener Bauordnungsnovelle 2023, immolex 2024/13, 30

Seebacher-Sorger, Amtshaftung gegenüber dem Bauwerber trotz Baubewilligung?, bbl 2006, 89 ff

Seebacher, Zur angeblichen Koordinierungspflicht des Bauherrn, bbl 2002, 217 ff

Stolzlechner/Stoll, Zur ersatzweisen Unterbringung und Aufteilung hilfs- und schutzbedürftiger Fremder durch den Bund, bbl 2016, 77 ff

Tichy, Die Unterbrechung der geschlossenen Bauweise nach der Wiener Bauordnung, bbl 2007, 47 ff

Trapichler, Die Wiener Wohnzone, bbl 2020, 173

Weber, Zur Notwendigkeit der Erweiterung des Verfassungsbegriffs „Raumordnung" – Erste Überlegungen aus raumordnungspolitischer Perspektive, bbl 2020, 83

Winkler, Die Nutzungsbescheide der BMI nach dem „Durchgriffsrecht" gemäß dem BVG über die Unterbringung und Aufteilung von hilfs- und schutzbedürftigen Fremden, bbl 2016, 94 ff

Teil I
Einführung

I. Verfassungsrechtliche Parameter

Im B-VG finden sich relativ wenige explizite Anhaltspunkte für das Raumordnungs- und Baurecht. Die örtliche Raumplanung ist nach Art 118 Abs 3 Z 9 B-VG von der Gemeinde im eigenen Wirkungsbereich zu besorgen, ebenso die örtliche Baupolizei. Dabei wird nur eine Abgrenzung des eigenen Wirkungsbereiches der Gemeinde in der Form vorgenommen, daß es sich um Angelegenheiten handelt, die im ausschließlichen oder überwiegenden Interesse der in der Gemeinde verkörperten örtlichen Gemeinschaft gelegen und geeignet sind, durch die Gemeinschaft innerhalb ihrer örtlichen Grenzen besorgt zu werden. Die Gemeinden haben die Angelegenheiten des eigenen Wirkungsbereiches im Rahmen der Gesetze und Verordnungen des Bundes und des Landes in eigener Verantwortung frei von Weisungen und unter Ausschluss eines Rechtsmittels an Verwaltungsorgane außerhalb der Gemeinde zu besorgen. In den Angelegenheiten des eigenen Wirkungsbereiches besteht ein zweistufiger Instanzenzug; dieser kann gesetzlich ausgeschlossen werden.

Aufgrund der VerwaltungsgerichtsbarkeitsNov BGBl I 2012/51, Art 1 Z 51 und der Anlage J Z 1 endete die Existenz der Bauoberbehörde mit 31.12.2013. An ihre Stelle trat mit 1.1.2014 das Verwaltungsgericht des Landes Wien.

Wir gelangen daher zu folgendem öffentlich-rechtlichen Baurechtsbegriff: „Öffentliches Baurecht ist die Summe all jener öffentlich-rechtlichen Vorschriften, die die Gemeinverträglichkeit der baulichen Nutzung eines Grundstückes sicherstellen.“

Das öffentliche Baurecht ist nicht zu verwechseln mit dem Baurecht im Sinne des Gesetzes vom 26.4.1912, RGBl 86, idF BGBl I 2012/30, das ein dem Privatrecht angehöriges dingliches Recht auf die Errichtung und Erhaltung eines Bauwerkes auf fremdem Grund ist.

II. Historische Übersicht

Die Landesbauordnungen haben sich aus den alten Feuerlöschordnungen entwickelt. Ein Markstein war hier die für ganz Niederösterreich gültige Josephinische Feuerordnung für Landstädte und Märkte vom 7.9.1782, JGS Band I, S 301 ff, mit vermutlich gleichem Wirksamkeitsbeginn, mit Vorschriften auch über die Vorbeugung von Feuersbrünsten baurechtlichen Inhalts, so etwa über die Dacheindeckung, über das Verbot der Unterbringung von Wohnungen im Dachgeschoß usw. Weiters findet sich die Anordnung, daß ohne obrigkeitliche Erlaubnis und ohne vorhergegangenen Augenschein kein neues Gebäude aufgeführt oder „Hauptreparationen" an denselben vorgenommen werden dürfen. Angeordnet wurde auch, daß sich der Bauherr bei der Herstellung von Gebäuden entsprechender Gewerbetreibender zu bedienen hat. Die Verpflichtung, zu der Baukommission Nachbarn beizuziehen und mit ihnen ein nachbarrechtliches Verfahren durchzuführen, findet sich erstmals in dem Hofdekret vom 5.3.1787, JGS Nr 641. Die erste eigenständige BO für Österreich dürfte die Bauordnung für die Städte Linz und Salzburg vom 18.4.1820, OÖ GS 1820, Nr 80, S 134, sein. Erst allmählich wurden weitere öffentliche Rücksichten Gegenstand baurechtlicher Regelung, wie jene der Festigkeit von Gebäuden, die Wahrung der gesundheitlichen Belange ihrer Benutzer, während eine Anführung subjektiv-öffentlicher Rechte der Nachbarn erst viel später Gegenstand baurechtlicher Normen wurde. Geradezu beispielgebend war die Wiener Bauordnung, LGBl 1930/11, die auch als erste planungsrechtliche Bestimmungen enthielt. Die anderen Bundesländer schufen derartige Bestimmungen erst nach dem Zweiten Weltkrieg in Form eigener Raumordnungs(planungs)gesetze. Noch später wurden die Belange der Energieeinsparung, des Umweltschutzes und dgl Gegenstand baurechtlicher Regelung. Die Möglichkeit umfassender Regelung wurde jedoch hinsichtlich Luftreinhaltevorschriften durch die B-VG-Novelle 1988, BGBl 685, auf Heizungsanlagen beschränkt und hinsichtlich gefährlicher Abfälle ganz beseitigt. Eine weitere Beschneidung der Baurechtskompetenz der Länder ist mit dem EU-Beitritt eingetreten („Bauproduktenrichtlinie"). Die Länder haben zur entsprechenden Wahrung ihrer Interessen und Standpunkte eine Vereinbarung gemäß Art 15a B-VG geschlossen, in welcher die Zusammenarbeit im Bauwesen und die Errichtung eines Österreichischen Instituts für Bautechnik vorgesehen wurde.

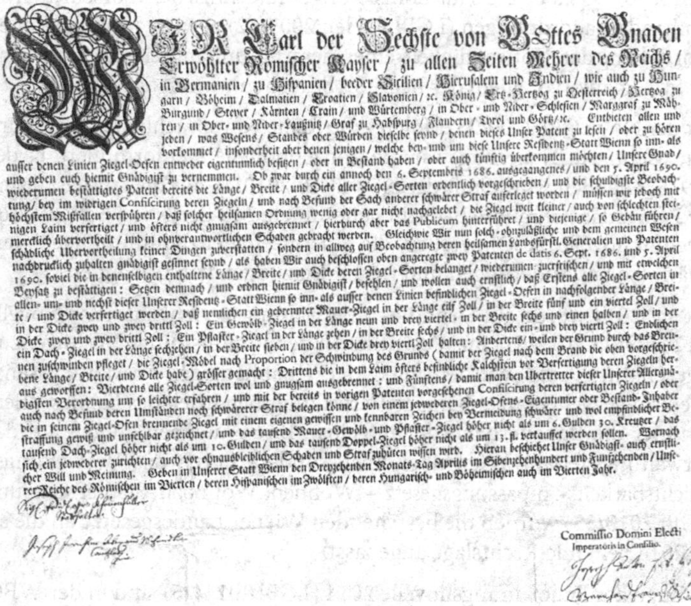

WIR Carl der Sechste von Gottes Gnaden
Erwöhlter Römischer Kayser / zu allen Zeiten Mehrer des Reichs /
in Germanien / zu Hispanien / beeder Sicilien / Hierusalem und Indien / wie auch zu Hun-
garn / Böheim / Dalmatien / Croatien / Slavonien / ꝛc. König / Ertz-Hertzog zu Oesterreich / Hertzog zu
Burgund / Steyer / Kärnten / Crain / und Würtemberg / in Ober- und Nider-Schlesien / Marggraf zu Mäh-
ren / in Ober- und Nider-Laußnitz / Graf zu Habspurg / Flandern / Tyrol und Görtz / ꝛc. Entbieten allen und
jeden / was Wesens / Standes oder Würden dieselbe seynd / denen dieses Unser Patent zu lesen / oder zu hören
vorkommet / insonderheit aber denen jenigen / welche bey- und um diese Unsere Residentz-Statt Wienn so inn- als
ausser denen Linien Ziegel-Oefen entweder eigentumlich besitzen / oder in Bestand haben / oder auch künftig überkommen möchten / Unsere Gnad /
und geben euch hiemit Gnädigist zu vernemmen. Ob zwar durch ein annoch den 6. Septembris 1686. ausgegangenes / und den 5. April 1690.
wiederumen bestättigtes Patent bereits die Länge / Breite / und Dicke aller Ziegel-Sorten ordentlich vorgeschrieben / und die schuldigste Beobach-
tung / bey im widrigen Confiscirung deren Ziegeln / und nach Befund der Sach anderer schwärer Straf auferleget worden / müssen wir jedoch mit
höchstem Mißfallen verspühren / daß solcher heilsamen Ordnung wenig oder gar nicht nachgelebet / die Ziegel weit kleiner / auch von schlechten stei-
nigen Laim verfertiget / und öfters nicht gnugsam ausgebrennet / hierdurch aber das Publicum hinterführet / und diejenige / so Gebäu führen /
mercklich übervortheilt / und in ohnverantwortlichen Schaden gebracht werden. Gleichwie Wir nun solch-ohnzuläßliche und dem gemeinen Wesen
schädliche Ubervortheilung keiner Dingen zuverstatten / sondern in allweg auf Beobachtung deren heilsamen Landsfürstl. Generalien und Patenten
nachdrucklich zuhalten gnädigist gesinnet seynd / als haben Wir auch beschlossen oben angeregte zwey Patenten de datis 6. Sept. 1686. und 5. April
1690. soviel die in denenselbigen enthaltene Länge / Breite / und Dicke deren Ziegel-Sorten belanget / wiederumen zuerfrischen / und mit etwelchen
Beysatz zu bestättigen: Setzen demnach / und ordnen hiemit Gnädigist / befehlen / und wollen auch ernstlich / daß Erstens alle Ziegel-Sorten in
allen- um- und nechst dieser Unserer Residentz-Statt Wienn so inn- als ausser denen Linien befindlichen Ziegel-Oefen in nachfolgender Länge / Brei-
te / und Dicke verfertiget werden / daß nemlichen ein gebrennter Mauer-Ziegel in der Länge eilf Zoll / in der Breite fünf und ein viertel Zoll / und
in der Dicke zwey und zwey drittl Zoll: Ein Gewölb-Ziegel in der Länge neun und drey viertel, in der Breite sechs und einen halben / und in der
Dicke zwey und zwey drittl Zoll; Ein Pflaster-Ziegel in der Länge zehen / in der Breite sechs / und in der Dicke ein- und drey viertl Zoll: Endlichen
ein Dach-Ziegel in der Länge sechzehen / in der Breite sieben / und in der Dicke drey viertl Zoll halten: Andertens / weilen der Grund durch das Bren-
nen zuschwinden pfleget / die Ziegel-Mödel nach Proportion der Schwindung des Grunds (damit der Ziegel nach dem Brand die oben vorgeschrie-
bene Länge / Breite / und Dicke habe) grösser gemacht: Drittens die in dem Laim öfters befindliche Kalchstein vor Verfertigung deren Ziegeln her-
aus geworffen: Vierdtens alle Ziegel-Sorten wol und gnugsam ausgebrennet: und Fünftens / damit man den Ubertretter dieser Unserer Allergnä-
digsten Verordnung um so leichter erfahren / und mit der bereits in vorigen Patenten vorgesehenen Confiscirung deren verfertigten Ziegeln / oder
auch nach Befund deren Umständen noch schwärerer Straf belegen könne / von einem jedwederen Ziegel-Ofens-Eigentumer oder Bestand-Inhaber
die in seinem Ziegel-Ofen brennende Ziegel mit einem eigenen gewissen und kennbaren Zeichen bey Vermeidung schwärer und wol empfindlicher Be-
straffung gewiß und unfehlbar gezeichnet / und das tausend Mauer- Gewölb- und Pflaster-Ziegel höher nicht als um 6. Gulden 30. Kreutzer / das
tausend Dach-Ziegel höher nicht als um 10. Gulden / und das tausend Doppel-Ziegel höher nicht als um 13. fl. verkauffet werden sollen. Wornach
sich ein jedwederer zurichten / auch vor ohnausbleiblichen Schaden und Straf zuhüten wissen wird. Hieran beschiehet Unser Gnädigst- auch ernstli-
cher Will und Meinung. Geben in Unserer Statt Wienn den Dreyzehenden Monats-Tag Aprilis im Sibenzehenhundert und Funfzehenden / Unse-
rer Reiche des Römischen im Vierten / deren Hispanischen im Zwölften / deren Hungarisch- und Böheimischen auch im Vierten Jahr.

Commissio Domini Electi
Imperatoris in Consilio.

Circulare von Kaiser Karl VI. vom 13.4.1715 für die Statt Wienn, in Ergänzung zu zwei anderen Patenten über die Abmessungen und Beschaffenheit der Ziegel und einem Hinweis auf Schadenersatz und Strafbarkeit bei Zuwiderhandeln

In jüngster Zeit finden sich bemerkenswerte Ansätze zur Deregulierung des Raumordnungs- und Baurechts. Der Bogen reicht hier von der Verfahrensvereinfachung, Ausweitung der bewilligungsfreien bzw nur anzeigepflichtigen Bauführungen, Beschränkung der Anrainerrechte (die oft schikanös mißbraucht wurden) bis zur Transponierung öffentlicher Aufgaben (insbes Prüf- und Überwachungspflichten) auf Private („beliehene öffentliche Unternehmen") sowie jüngst bis zum Abschluß von Verträgen zur Vorbereitung und Durchführung städtebaulicher Maßnahmen. Bei der Deregulierung des Baurechts ist Wien am weitesten vorgeprescht, teilweise in verfassungsrechtlich nicht unbedenklicher Weise. Die neuen Sanierungsbestimmungen (§§ 70b, 71a, 71b und wohl auch entgegen der Judikatur des VfGH § 71c WBO, § 23 Kleingartengesetz) sind ebenfalls problembelastet.

Den nächsten Schritt bildete die „Techniknovelle 2007". Auch wenn die „Gebäuderichtlinie" der EU (2002/91/EG) sowie eine Vereinbarung gemäß

Art 15a B-VG über die Harmonisierung bautechnischer Vorschriften in den Landesbauordnungen (LGBl f Wien 2005/32) gewisse Modifikationen erforderten, der Notwendigkeit einer derartig umfangreichen Änderung der Systematik (vor allem der Begriffe) begegnen wir mit Skepsis.

Mit der Nov LGBl 2009/25 erfolgte eine Reihe von sprachlichen Änderungen; wichtigste Neuerung war die konzeptionelle Neuformulierung des § 69. Schließlich wurde mit der Nov LGBl 2010/46 auf die Ausgestaltung der Fahrradabstellräume Bedacht genommen. Mit der Nov LGBl 2012/64 (Techniknovelle 2012) werden die Energieeffizienzbestimmungen verschärft (so bei Änderungen und Instandsetzungen von Gebäuden).

Mit 1.1.2014 wurde auf Grund der Verwaltungsgerichtsbarkeits-Novelle 2012 (BGBl I 2012/51) im Wesentlichen der administrative Instanzenzug abgeschafft. Damit wurden auch der Unabhängige Verwaltungssenat Wien sowie weitere unabhängige Verwaltungsbehörden des Landes Wien, darunter die Bauoberbehörde, aufgelöst. Ihre Aufgaben gingen auf das Verwaltungsgericht Wien über. Insbesondere durch das Verwaltungsgerichtsbarkeits-Anpassungsgesetz – Wohnen, Wohnbau, Stadterneuerung (LGBl 2013/35) wurden die bestehenden Wiener Landesgesetze an die ab 1.1.2014 geltende Rechtslage angepasst.

Im Zuge der Bauordnungsnovelle 2014 (LGBl 2014/25) sind in der WBO und im WKlG wie auch im WGarG 2008 (LGBl 2014/26) weitreichende und zT grundlegende Änderungen eingetreten. Diese Novelle brachte einige Erleichterungen zur Verfahrensabwicklung und zur Gestaltung von Projekten. So entfiel etwa die Vorlage von Grundbuchsauszügen, die Unterschrift eines Bauführers bei der Einreichung von Bauanzeigen oder der Ankauf im Privateigentum der Gemeinde stehender Flächen und deren anschließende unentgeltliche Abtretung zur öffentlichen Verkehrsfläche. Daneben wurde das Erfordernis einer Fertigstellungsanzeige und der Bestellung eines Prüfingenieurs auch auf bestimmte Arten an Bauanzeigen ausgedehnt. Des Weiteren erfolgten ua Erleichterungen für Dachgeschossausbauten (samt Aufklappungen), für die Errichtung von Balkonen (auch über Verkehrsflächen) und entfällt die Verpflichtung zur Errichtung von Notkaminen. Mit dieser Novelle wurden aber auch neue Instrumente eingeführt, wie insbesondere die befristete Baulandwidmung, die Widmung „förderbarer Wohnbau", die Raumordnungsverträge, die Solarverpflichtung, die Energieausweis-Datenbank, das Bauwerksbuch oder der baurechtliche Geschäftsführer. Schließlich wurde im WGarG 2008 der Berechnungsschlüssel für Pflichtstellplätze geändert (die Stellplatzverpflichtung reduziert). Gleichzeitig wird der Satz der Ausgleichsabgabe deutlich angehoben.

Die Novellen LGBl 2018/37 mit der Erschwerung des Abbruchs bei Altbauten, der Nov LGBl 2018/69 mit vereinfachten Baubewilligungsverfahren für kleinere Bauführungen, die Änderung der Widmungskategorie „förderbarer Wohnbau“ auf „geförderten Wohnbau“, Erleichterungen der Stellplatzpflicht, Regelungen bei Treibhausgas-Emissionen, Erstellung von Energieraumplänen, Dämmung der obersten Geschoßdecke bei Gebäudesanierungen, Verhinderung der gewerblichen Nutzung von Wohnungen, weiters LGBl 2018/71 mit dem Primat von Beratung vor bestimmten Strafen, werden die Rechtskonformität in der täglichen Praxis zu beweisen haben.

Durch die Wiener Bauordnungsnovelle 2020 wurden insbesondere folgende Regelungsziele verfolgt:

- Schaffung der Rechtsgrundlage für die elektronische Abwicklung von Bauverfahren
- Ergänzung des Stadtplanungs-Zielkatalogs um Klimafragen
- Erweiterung des Fachbeirats um eine Klimaschutzexpertin bzw einen Klimaschutzexperten
- Erweiterung der Solarverpflichtung
- Umsetzung der Richtlinie (EU) 2018/844 zur Änderung der Richtlinie 2010/31/EU über die Gesamtenergieeffizienz von Gebäuden und der Richtlinie 2012/27/EU über Energieeffizienz in der Bauordnung für Wien und im Wiener Garagengesetz betreffend die Schaffung einer Ladeinfrastruktur für Elektrofahrzeuge

Mit der Wiener Bauordnungsnovelle 2021 wurden insbesondere folgende Regelungsziele und Schwerpunkte verfolgt:

- Einschränkung der Bebauung in der Bauklasse I
  - Firsthöhe, Giebelflächen, bebaubare Fläche, Mindestabstände zu Nachbarn
  - Grundabteilung bei bestehenden Gebäuden
- Berücksichtigung Seveso-Betriebe
  - Flächenwidmung
  - Baubewilligung, Parteistellung/Nachbarrechte
- Schutz der UNESCO-Welterbestätten
- Verschärfung Strafbestimmungen für Abbrüche
- Datenerhebungen für Stadtplanung

Mit der Wiener Bauordnungsnovelle 2023, LGBl 2023/37 vom 13.12.2023, erfolgen weitreichende und zum Teil grundlegende Änderungen, die auch das Wiener Kleingartengesetz und Wiener Garagengesetz 2008 umfassen. Ziel ist es, den Herausforderungen der klimatischen und gesellschaftlichen Entwicklungen der letzten Jahre zu begegnen.

Die Eckpunkte der Neuerungen gelten ua dem Altbauschutz, Verhinderung der Zweckentfremdung von Wohnraum (vgl Kurzzeitvermietung), Ausbau und Maßnahmen zur Entsiegelung, Dekarbonisierung und Begrünungen. Weitere Anpassungen erfolgen bei der Stellplatzverpflichtung, im Bereich E-Mobilität/Fahrräder und beim Anwendungsbereich des § 69 BO zur Abweichung von Bebauungsbestimmungen.

III. Supranationales Recht

a) Mitwirkungspflicht

Österreich ist mit 1.1.1995 der Europäischen Union beigetreten. Damit wurden die EU-Vorschriften für Österreich unmittelbar verbindlich. Das Parlament darf keine Regelungen beschließen, die im Widerspruch zum EU-Recht stehen. Dagegen erlassen das Europäische Parlament und der Rat gemeinsam, der Rat und die Kommission Verordnungen, Richtlinien und Entscheidungen, sprechen Empfehlungen aus oder geben Stellungnahmen ab.

Die Verordnung hat allgemeine Geltung. Sie ist in allen ihren Teilen verbindlich und gilt unmittelbar in jedem Mitgliedstaat.

Die Richtlinie ist für jeden Mitgliedstaat, an den sie gerichtet wird, hinsichtlich des zu erreichenden Zieles verbindlich, überläßt jedoch den innerstaatlichen Stellen die Wahl der Form und der Mittel.

Die Entscheidung ist in allen ihren Teilen für diejenigen verbindlich, die sie bezeichnet.

Die Empfehlungen und Stellungnahmen sind nicht verbindlich (Art 189 EG-Vertrag).

Das Wiener Bauproduktegesetz (WBPG 2013) schafft die nationale Umsetzung der Verordnung (EU) Nr 2011/305 (sog Bauprodukte-Verordnung), die die bisher geltende Bauprodukten-Richtlinie 89/106 EWG ersetzt, im Land Wien und trägt darüber hinaus dem Umstand Rechnung, dass die Akkreditierung von Konformitätsbewertungsstellen auch für Bauprodukte Bundessache ist. Das WBPG 2013 ersetzt das vormalige Wiener Bauprodukte- und Akkreditierungsgesetz.

Der Umsetzung dient die oben bereits zitierte Vereinbarung der Länder gem Art 15a B-VG über die Zusammenarbeit im Bauwesen. In dieser Vereinbarung sind die Bundesländer übereingekommen, das Inverkehrbringen und die Verwendung von Bauprodukten im Sinne der Bauproduktenrichtlinie im Rahmen ihrer Zuständigkeit zu regeln. **Bauprodukte** sind hiebei alle diejenigen Produkte, die hergestellt werden, um dauerhaft in Bauwerke des Hoch- oder Tiefbaues eingebaut zu werden. Wesentlich ist hiebei die Pflicht zur Übernahme europäischer technischer Spezifikationen.

Eine **europäische technische Spezifikation** ist entweder

a) eine harmonisierte Norm,
b) eine europäische technische Zulassung oder
c) eine anerkannte nationale Norm.

Harmonisierte Normen sind von europäischen Normungsorganisationen (CEN/CENELEC) im Hinblick auf die wesentlichen Anforderungen erarbeitete technische Regeln auf Grund eines Mandates der Kommission der EG.

Eine **europäische technische Zulassung** ist eine positive technische Beurteilung der Brauchbarkeit eines Produktes hinsichtlich der Erfüllung der wesentlichen Anforderungen für Bauwerke, für die das Produkt verwendet wird.

Anerkannte nationale Normen sind in Mitgliedstaaten der EU für Bauprodukte geltende technische Regeln, von denen auf Grund eines gemäß der Bauproduktenrichtlinie durchgeführten Verfahrens anzunehmen ist, daß sie mit den wesentlichen Anforderungen übereinstimmen.

Als Zeichen der Konformität eines Produktes oder eines Verfahrens dient das auf dem Produkt oder seiner Verpackung angebrachte „CE-Zeichen“. In einem solchen Fall ist es für die Baubehörden praktisch ausgeschlossen, ein ausländisches Produkt für den Bereich seiner Konformitätsbescheinigung abzulehnen.

b) Säumnisfolgen

Art 23 d Abs 5 B-VG verpflichtet die Länder – und dies gilt daher auch für den Bereich des Planungs- und vornehmlich des Baurechts – zur Durchführung von Rechtsakten im Rahmen der Europäischen Union. Kommt ein Bundesland dieser Verpflichtung nicht rechtzeitig nach und wird dies von einem Gericht im Rahmen der Europäischen Union gegenüber Österreich festgestellt, so geht die Zuständigkeit zu solchen Maßnahmen, insbesondere zur Erlassung der notwendigen Gesetze, auf den Bund über. Eine gemäß dieser Bestimmung vom Bund getroffene Maßnahme, insbesondere ein solcherart erlassenes Gesetz oder eine solcherart erlassene Verordnung, tritt außer Kraft, sobald das Land die erforderlichen Maßnahmen getroffen hat.

IV. Geltende Rechtslage[1)]

Die BO für Wien beruht auf folgenden gesetzlichen Bestimmungen:

Gesetz v 25.11.1929, LGBl 11/1930 (Stammfassung),
Gesetz v 2.7.1936, LGBl der Stadt Wien 33,
Gesetz v 30.7.1954, LGBl 24,[2)]
Gesetz v 5.10.1956, LGBl 28,
Gesetz v 29.3.1968, LGBl 13,
Gesetz v 19.12.1969, LGBl 6/1970,
Gesetz v 13.3.1970, LGBl 15,
Gesetz v 19.11.1971, LGBl 25,
Gesetz v 7.7.1972, LGBl 16,
Gesetz v 7.5.1974, LGBl 28,
Gesetz v 30.4.1976, LGBl 18,
Gesetz v 12.12.1980, LGBl 11/1981,
Gesetz v 4.5.1984, LGBl 30,
Kundmachung v 19.2.1985, LGBl 13,
Kundmachung v 4.6.1985, LGBl 30 (betr Art II der BO-Nov 1984),
Kundmachung v 16.12.1985, LGBl 1/1986,
Kundmachung v 10.2.1986, LGBl 12,
Gesetz v 28.2.1986, LGBl 19,
Gesetz v 22.5.1987, LGBl 28,
Gesetz v 24.6.1987, LGBl 29,
Gesetz v 15.12.1989, LGBl 7/1990,
Gesetz LGBl 1991/15,[3)]
Gesetz LGBl 1991/32,
Gesetz LGBl 1991/37,
Kundmachung LGBl 1992/8,
Gesetz LGBl 1992/28,
Gesetz LGBl 1992/31,
Gesetz LGBl 1992/34,
Gesetz LGBl 1992/48,
Gesetz LGBl 1993/49,
Gesetz LGBl 1994/11,
Gesetz LGBl 1995/2,

Gesetz LGBl 1995/37,
Kundmachung LGBl 1995/40,
Kundmachung LGBl 1995/55,
Gesetz LGBl 1995/78,
Gesetz LGBl 1996/10,
Gesetz LGBl 1996/21,
Gesetz LGBl 1996/42,
Gesetz LGBl 1996/43,
Gesetz LGBl 1996/44,
Gesetz LGBl 1996/45,
Gesetz LGBl 1996/55,
Gesetz LGBl 1997/40,
Gesetz LGBl 1998/46,
Gesetz LGBl 1998/61,
Gesetz LGBl 2001/36,
Gesetz LGBl 2001/37,
Gesetz LGBl 2001/90,
Gesetz LGBl 2001/91,
Gesetz LGBl 2002/18,
Gesetz LGBl 2002/20 (Kdmg),
Gesetz LGBl 2003/10,
Gesetz LGBl 2004/33,
Gesetz LGBl 2005/41, Gesetz LGBl 2006/10,
Gesetz LGBl 2006/61,
Kundmachung LGBl 2007/19,
Gesetz LGBl 2007/31,
Kundmachung LGBl 2007/42,
Gesetz LGBl 2008/24 (Techniknovelle 2007),
Gesetz LGBl 2008/41,
Gesetz LGBl 2009/25,
Gesetz LGBl 2010/46,
Gesetz LGBl 2012/64 (Techniknovelle 2012),
Gesetz LGBl 2013/35,
Gesetz LGBl 2013/46,
Gesetz LGBl 2014/25,

Gesetz LGBl 2015/8,
Gesetz LGBl 2016/21,
Gesetz LGBl 2016/27,
Gesetz LGBl 2018/37,
Gesetz LGBl 2018/69,
Gesetz LGBl 2018/71,[4)]
Gesetz LGBl 2020/60,
Gesetz LGBl 2020/61,
Gesetz LGBl 2021/70,
Gesetz LGBl 2023/37.

Anmerkungen

1) Alle Novellen, die vor dem 1.1.1970 in Kraft getreten sind, aber hier nicht genannt werden, wurden, soweit sie nicht schon mit dem Wiener Rechtsbereinigungsgesetz LGBl 1985/5 aufgehoben wurden, mit der Wiener Rechtsbereinigungsnovelle, LGBl 2008/39, aufgehoben.

2) Diese Nov entfiel jedenfalls mit dem Wiener Rechtsbereinigungsgesetz, obwohl ihr § 3 für das Wiederinkrafttreten durch reichsdeutsche Vorschriften seinerzeit aufgehobene baurechtliche Bestimmungen grundsätzliche Aussagen macht; sie wurde jedoch schon bei früheren Nov nicht mehr zitiert.

3) Ab LGBl 1991/15 wird kein Datum mehr in den Landesgesetzblättern angegeben.

4) Die Novelle LGBl 2018/37 ist am 30.6.2018, die Nov LGBl 2018/69 hinsichtlich folgender Bestimmungen: Art I Z 16 (betreffend § 2b), Z 17 (betreffend § 4 Abs 2 Punkt C lit a), Z 18 (betreffend § 4 Abs 2 Punkt C lit c), Z 19 (betreffend § 5 Abs 4 lit d), Z 25 (betreffend § 6 Abs 6a), Z 48 (betreffend § 60 Abs 1), Z 55 (betreffend § 62 Abs 7), Z 75 (betreffend § 63 Abs 1 lit m), Z 76 (betreffend § 64 Abs 1), Z 84 (betreffend § 70b), Z 86 (betreffend § 72 Abs 1), Z 87 (betreffend § 73 Abs 2), Z 88 (betreffend § 74 Abs 1), Z 116 (betreffend § 118 Abs 3d und 3e), Z 118 (betreffend § 118 Abs 7), Z 121 (betreffend § 119 Abs 5), Z 125 (betreffend § 127 Abs 8 lit a), Z 129 (betreffend § 128 Abs 2 Z 10 bis 12) und Z 131 (betreffend § 128b), weiters Art II Z 2 (betreffend § 8 Abs 2), Z 3 (betreffend § 8 Abs 3), Art III Z 1 (betreffend § 3 Abs 1), Art IV und Art V am 22.3.2019, sonst am 22.12.2018 in Kraft getreten. LGBl 2018/71 hob mit 1.1.2019 die Anwendbarkeit aller oder bestimmter Strafen hinsichtlich der Bauordnung, des Kleingartengesetzes, des Aufzugsgesetzes, des Garagengesetzes, des Ölfeuerungsgesetzes, des Gesetzes über Kanalanlagen und Einmündungsgebühren, des Baumschutzgesetzes, des Gebrauchsabgabegesetzes, des Feuerpolizeigesetzes und des Heizungs- und Klimaanlagengesetzes auf. Nähere Regelungen sind aus den im abgedruckten Landesgesetzen ersichtlich.

V. Vorschau

Eine Harmonisierung der österreichischen Bauvorschriften wird, solange die Zuständigkeit in die Kompetenz der Länder fällt, immer Stückwerk bleiben. Manches wird angenähert, vieles bleibt unterschiedlich. Damit wird die Handhabung keinesfalls leichter; neue Begriffe sind für die Höchstgerichte Anlaß, bewährte Judikatur umzustoßen. So gesehen, wird es eher schwieriger werden, als es jetzt schon ist. Und mit Kummer denken wir an das Jahr, als unsere Bundesverfassung aus der Taufe gehoben wurde: Da war nämlich für das „Bauwesen" eine Grundsatzkompetenz vorgesehen. Wäre dies realisiert worden, was hätte sich Österreich Geld, Nerven und Judikatur erspart …

Teil II
Wiener Stadtentwicklungs-, Stadtplanungs- und Baugesetzbuch (Bauordnung für Wien – BO für Wien)[1)]

Anmerkung

1) Bei den hier angeführten Gesetzen handelt es sich um die Bauordnung für die Reichshaupt- und Residenzstadt Wien vom Jahre 1883 und die hiezu ergangenen Novellen. Diese Bestimmungen sind am 3.5.1930, dem Wirksamkeitsbeginn der neuen Bauordnung, außer Kraft getreten (s Art VII). Sie sind jedoch auch derzeit noch insofern von Bedeutung, als die Frage des konsensgemäßen Bestandes, soweit sich aus dem Baubewilligungsbescheid und den zugehörigen Plänen nicht anderes ergibt, nach denjenigen Normen zu beurteilen ist, die im Zeitpunkt der Errichtung der Baulichkeit in Geltung standen. Das Gleiche gilt auch für die Beurteilung der Frage, ob eine Bauführung seinerzeit bewilligungspflichtig, bloß anzeigepflichtig oder weder bewilligungs- noch anzeigepflichtig war. S hiezu die Anm 25 ff zu § 129 Abs 10 und die zuf dieser Gesetzesstelle ergangenen Erkenntnisse.

Artikel I. **(1) An die Stelle der Landesgesetze vom 17. Jänner 1883, n.ö.L.G. u. V.Bl. Nr. 35, vom 26. Dezember 1890, n.ö.L.G. u. V.Bl. Nr. 48, vom 17. Juni 1920, n.ö.L.G. u. V.Bl. Nr. 547, vom 4. November 1920, n.ö.L.G. u. V. Bl. Nr. 808, und vom 9. Dezember 1927, L.G.Bl. für Wien Nr. 1 ex 1928, die, soweit dieses Gesetz nichts anderes bestimmt, zugleich ihre Wirksamkeit verlieren, hat die nachfolgende Bauordnung zu treten.**

(2) Dieses Gesetz hat insoweit keine Geltung, als eine Angelegenheit in die Zuständigkeit des Bundes fällt.

Judikatur zu Art I

Kompetenzverteilung

Verfassungskonforme Auslegung

1) Für den normativen Inhalt eines Gesetzes ist allein der Wortlaut entscheidend. Nur wenn der Wortlaut Zweifel über den Inhalt der Regelung aufkommen läßt, ist der Inhalt des Gesetzes nach anderen Auslegungsregeln zu ermitteln und zu untersuchen, ob im Hinblick auf die Rechtsregel, daß Gesetze möglichst verfassungskonform auszulegen sind (vgl VfSlg 4440, 5923), eine verfassungskonforme Auslegung des etwa durch die historische oder teleologische Auslegungsmethode ermittelten Inhaltes möglich ist (VfGH 3.12.1975, Slg 7698).

1a) Bei der Ermittlung von Rechtsqualität und Inhalt eines Anbringens ist entscheidend, wie das Erklärte, also der Wortlaut des Anbringens unter Berücksichtigung der konkreten gesetzlichen Regelung, des Verfahrenszwecks und der Aktenlage objektiv verstanden werden muss. Im Zweifel darf nicht davon ausgegangen werden, dass eine Partei einen von vornherein sinnlosen oder unzulässigen Antrag gestellt hat. Bei eindeutigem Inhalt eines Anbringens sind aber davon abweichende, nach außen nicht zum Ausdruck gebrachte Absichten und Beweggründe ohne Belang. Es ist unzulässig, entgegen dem erklärten Willen der Partei ihrem Begehren eine Deutung zu geben, die aus dem Wortlaut des Begehrens nicht unmittelbar erschlossen werden kann, mag auch das Begehren, so wie es gestellt worden ist, von vornherein aussichtslos oder gar unzulässig sein. Weist ein Anbringen einen undeutlichen Inhalt auf, so hat die Behörde durch Herbeiführung einer entsprechenden Erklärung den wahren Willen des Einschreiters festzustellen. Keinesfalls ist es der Behörde gestattet, einem unklaren Antrag von vornherein einen für den Antragsteller ungünstigen Inhalt zu unterstellen (vgl das hg Erkenntnis vom 19. März 2013, Zl 2012/21/0082, mwN) (VwGH 24.1.2017, Ra 2015/05/0018).

Föderalistisches Prinzip als Auslegungsregel

2) Die Kompetenztatbestände der Art 10 bis 12 B-VG sind gegenüber der allgemeinen Kompetenz der Länder nach Art 15 im Sinne des föderalistischen Prinzips der Bundesverfassung (Art 2) einschränkend auszulegen (VfGH 19.3.1956, Slg 2977).

Kompetenzkompetenz des Bundes

3) Die Kompetenzartikel sind lediglich dazu bestimmt, die Zuständigkeitsbereiche der einfachen Gesetzgeber (Bund und Länder) voneinander zu scheiden. Hingegen kann grundsätzlich jede Materie durch ein Verfassungsgesetz oder eine Verfassungsbestimmung des Bundes geregelt werden (VfSlg 2527 und 3314).

Grundsatz der Kompetenztrennung – Gesichtspunktetheorie

4) Ein und dieselbe Materie kann, da die österreichische Bundesverfassung konkurrierende Gesetzgebungskompetenzen nicht kennt, nur einem einzigen Kompetenztatbestand zugewiesen werden. Damit wird nicht ausgeschlossen, daß bestimmte Sachgebiete nach verschiedenen Gesichtspunkten geregelt werden können. So können die Länder auf Grund des in ihre Eigenzuständigkeit fallenden Baurechtes Bestimmungen über die Größe und Ausgestaltung der Räume in den Bauwerken erlassen, während der Bundesgesetzgeber auf Grund der Kompetenz Arbeiterschutz anordnen kann, welchen Voraussetzungen Räume zu entsprechen haben, um als Arbeitsräume verwendet werden zu dürfen. Ähnliches gilt im Verhältnis von Zivilrecht und Grundverkehr. In solchen Fällen müssen zur Erreichung eines bestimmten rechtlichen Ergebnisses Normen verschiedener kompetenzrechtlicher Herkunft beachtet werden. Ein solches Zusammentreffen von Normen wird sich dann ergeben, wenn der Inhalt eines Kompetenztatbestandes die Materie nicht nach allen Richtungen erfaßt. Solche Normen haben einen verschiedenen Inhalt. Nach der österreichischen Bundesverfassung können aber identische Normen von kompetenzrechtlich verschiedenen Gesetzgebern nicht erlassen werden (VfGH 11.1.1963, Slg 4348).

Versteinerungstheorie

5) Für die Auslegung der Kompetenzartikel hat der VfGH die „Versteinerungstheorie" entwickelt. Danach müssen die in den Kompetenzartikeln verwendeten Ausdrücke, sofern sich aus dem B-VG nichts anderes ergibt, in der Bedeutung verstanden werden, die ihnen im Zeitpunkt des Wirksamwerdens der Kompetenzartikel (1.10.1925) nach dem Stande der Rechtsordnung zugekommen ist (VfSlg 2721, 1477, 2005, 2217, 2500, 3670, 5092, 5679, 5748 ua).

6) Die „Versteinerungstheorie" schließt aber nicht aus, auf einem durch den Stand der Gesetzgebung am 1.10.1925 inhaltlich bestimmten Rechtsgebiet Neuregelungen zu erlassen; diese müssen allerdings nach ihrem Inhalt dem betreffenden Rechtsgebiet angehören (VfSlg 2658, 3393, 3670, 4117, 4883, 5748).

Wesenstheorie

7) Aus der Anfügung des Wortes „Wesen" an den eine bestimmte Materie bezeichnenden Ausdruck (zB Zollwesen, Paßwesen, Forstwesen) in den Kompetenzartikeln ergibt sich, daß das gesamte Verwaltungsgebiet aus der generellen Länderkompetenz herausgenommen wird, so daß auch bei einer scheinbaren Überschneidung eines solchen Kompetenztatbestandes mit einem der in der Zuständigkeit der Länder verbliebenen Tatbestände auf dem betreffenden Gebiet für die Landeszuständigkeit kein Raum bleibt (VfGH 5.10.1951, Slg 2192).

8) Ein mit dem Wort „Angelegenheiten" umschriebener Kompetenztatbestand erfaßt „nur solche Verhältnisse oder Vorgänge ..., die begrifflich zu der betreffenden Materie gehören" (VfGH 11.10.1954, Slg 2733).

Berücksichtigungstheorie

9) Der den Bundesstaat konstituierenden Bundesverfassung muß unterstellt werden, die Grundlage einer harmonisierten Rechtsordnung zu sein, in der (allenfalls divergierende) Interessen von Bund und Ländern, auch soweit dies in Akten der Gesetzgebung ihren Niederschlag findet, aufeinander abgestimmt sind. Der rechtspolitische Gestaltungsfreiraum des Bundesgesetzgebers ist deshalb insoweit eingeschränkt, als es ihm verwehrt ist, Regelungen zu treffen, die sich als sachlich nicht gerechtfertigte Beeinträchtigung der Effektivität landesgesetzlicher Regelungen darstellen; dasselbe gilt auch umgekehrt im Verhältnis des Landesgesetzgebers zum Bundesgesetzgeber ...

Diese der Bundesverfassung innewohnende Rücksichtnahmepflicht verbietet sohin dem Gesetzgeber der einen Gebietskörperschaft, die vom Gesetzgeber der anderen Gebietskörperschaft wahrgenommenen Interessen zu negieren und dessen gesetzliche Regelungen damit zu unterlaufen. Diese Pflicht verhält ihn dazu, eine zu einem angemessenen Ausgleich führende Abwägung der eigenen Interessen mit jenen der anderen Gebietskörperschaft vorzunehmen und nur eine Regelung zu treffen, die zu einem solchen Interessenausgleich führt ...

Die umschriebene Rücksichtnahmepflicht gebietet jedem Gesetzgeber, auf die vom Gesetzgeber der gegenbeteiligten Gebietskörperschaft kompetenzgemäß wahrgenommenen Interessen Bedacht zu nehmen. Diese Pflicht besteht freilich nur dann und nur insoweit, als die Gesetze der gegenbeteiligten Gebietskörperschaft ihrerseits die Rücksichtnahmepflicht nicht verletzen. Die Gesetze beider stehen demnach in einem solchen Abhängigkeitsverhältnis zueinander, daß es ausgeschlossen ist, die eine ohne die andere Norm zu prüfen ...

Würden also § 33 Abs 1 bis 3 und § 34 ForstG 1975 die freie Betretbarkeit des Waldes anordnen und Ausnahmen von diesem Grundsatz taxativ vorsehen, mithin dem Landesgesetzgeber absolut verwehren, andere, unter Gesichtspunkten anderer Sachgebiete – so etwa unter Gesichtspunkten des Jagdrechtes oder des Naturschutzes – erforderliche Sperren des Waldes zu normieren, so wären diese bundesgesetzlichen Bestimmungen wegen Verletzung der Rücksichtnahmepflicht verfassungswidrig ...

Aus der Pflicht des Landesgesetzgebers, auf die vom Bundesgesetzgeber wahrgenommenen – im besonderen, auf die von diesem durch die zitierten (verfassungsrechtlich unbedenklichen) Bestimmungen des ForstG geschützten – Interessen Rücksicht zu nehmen, folgt das Verbot, das Jagdrecht derart zu gestalten, daß damit die im ForstG verankerten und den dort wahrgenommenen Interessen dienenden Rechte und Pflichten praktisch unwirksam gemacht oder weitestgehend ausgehöhlt werden ... (VfGH 3.12.1984, Slg 10.292).

Der Inhalt, nicht der Zweck der Regelung ist entscheidend

10) Die Frage, unter welche der verschiedenen Kompetenzbestimmungen des B-VG eine bestimmte Angelegenheit zu subsumieren ist, ist grundsätzlich nicht danach zu beurteilen, auf welchem Gebiet und zu welchem Zweck eine Regelung erfolgen soll. Der Zweck, dem eine Angelegenheit dienen soll, ist nur in jenen Fällen für die Unterstellung unter einen bestimmten Kompetenztatbestand von Belang, in denen die Umschreibung des Kompetenztatbestandes ausdrücklich auf den Zweck Bezug nimmt. Abgesehen von solchen Fällen ist für die Einordnung einzig und allein die Frage entscheidend, welches der Inhalt (Gegenstand) der in Aussicht genommenen Regelung ist (VfSlg 2452, 2670, 2977, 3152, 3314, 3393, 4117, 4205).

Verwaltungspolizei

11) Unter Verwaltungspolizei ist die Setzung und Vollziehung von Vorschriften der besonderen Polizei einzelner Verwaltungsgebiete zu verstehen, die nicht ausschließlich polizeilichen Charakter haben, sondern darüber hinaus und sogar vorzugsweise den Zweck der Förderung des Wohles des einzelnen und des Gemeinschaftslebens verfolgen, mögen sie auch vielfach geeignet sein, sonst allenfalls zu befürchtende Störungen der öffentlichen Ruhe, Ordnung und Sicherheit hintanzuhalten (BGHSlg 1067 A). Zum Wesen der Verwaltungsbehörde gehört es demnach, daß sie nicht bloß prohibitiv, sondern auch konstruktiv ist. Die prohibitive Wirkung kann sich im Gegensatz zur Sicherheitspolizei nur gegen besondere, der konkreten Verwaltungsmaterie zuzuordnende Gefahren wenden. Es kann dies eine Gefahr sein, die nicht auf diese Verwaltungsmaterie beschränkt ist, jedoch durch den Gegenstand der verwaltungspolizeilichen Regelung eine Spezifikation erfährt, die sie zu einer für die Materie allein typischen Abart macht. Die Sicherheitspolizei des Bundes (Art 10 Abs 1 Z 7 B-VG) und die örtliche Sicherheitspolizei (Art 15 Abs 2 B-VG) haben beide gleicherweise die Abwehr allgemeiner Gefahren für die öffentliche Sicherheit, Ruhe und Ordnung zum Inhalt (VfGH 14.3.1955, Slg 2784, 22.6.1957, Slg 3201).

Bauwesen

12) Das Bauwesen ist Landessache (VfSlg 2242), wobei allerdings Bausachen in gewissen Fällen wegen ihres unlöslichen Zusammenhanges mit einem Sachgebiet, das die Bundesverfassung als Hauptsache der Zuständigkeit des Bundes in Gesetzgebung und Vollziehung vorbehält, von der für das Hauptgebiet getroffenen Zuständigkeitsregelung miterfaßt werden, so gewisse Bauführungen im Bereich des Bergwesens, des Verkehrswesens bezüglich der Eisenbahnen, der Schiffahrt und der Luftfahrt (VfGH 25.6.1954, Slg 2685).

13) Gesetzliche Maßnahmen der Wohnraumbewirtschaftung, durch welche Wohnungen oder Wohnräume ihrem Zwecke zu entziehen verboten wird, fallen, soweit sie „Volkswohnungen" betreffen, in die Zuständigkeit des Bundes nach Art 11 Abs 1 Z 3 B-VG, soweit sie andere Wohnungen betreffen, an sich in die Zuständigkeit der Länder nach Art 15 Abs 1 B-VG (VfGH 16.10.1958, Slg 3421).

Baurecht – Bergrecht

14) Die Kompetenzvorschrift „Bergwesen" ermächtigt nicht dazu, die Erteilung der Bewilligung zur Herstellung und zum Betrieb (zur Benutzung) von Werksanlagen derart ausschließlich zu regeln, daß den ansonst zuständigen Behörden des Landesvollziehungsbereiches und der mittelbaren Bundesverwaltung (soweit Art 102 Abs 2 B-VG nicht zutrifft) die Möglichkeit genommen wird, neben der Bergbehörde selbständig ein Verfahren auf Grund der nach der Art der Anlage in Betracht kommenden Vorschrift durchzuführen und selbst einen Bescheid zu erlassen (VfGH 11.3.1968, Slg 5672).

15) Gegen das MinroG bestehen keine verfassungsrechtlichen Bedenken im Hinblick auf die Kompetenzverteilung und den Vertrauensschutz. Die hier maßgebliche Regelung muß jedenfalls dem Kompetenztatbestand Bergwesen oder jenem der Angelegenheiten des Gewerbes und der Industrie subsumiert werden, die Gesetzgebung ist daher jedenfalls Bundessache (Art 10 Abs 1 Z 10 bzw Art 10 Abs 1 Z 8 B-VG). Allein in dem Umstand, daß der Bundesgesetzgeber die Normsetzungstechnik wählt, die Belange des Abbaus aller mineralischer Rohstoffe in einem Bundesgesetz zu regeln, kann keine Verfassungswidrigkeit erblickt werden. Ebenso wenig kann aus der Sicht des zu beurteilenden Falles eine Verletzung des Art 102 B-VG vorliegen, da beim gegebenen Sachverhalt die Vollziehung aller hier in Betracht kommenden Vorschriften gem der Bestimmung des § 171 Abs 1 MinroG der mittelbaren Bundesverwaltung übertragen ist. Dem Bundesgesetzgeber kann auch nicht entgegengetreten werden, wenn er bestimmte raumordnungsrechtliche Festlegungen der Länder bei seinen Regelungen über den Abbau mineralischer Rohstoffe berücksichtigt (zB § 82 MinroG) (VfGH 10.3.2001, Slg 16.125).

Vgl zur Abgrenzung zwischen Bergwesen und Bau- und Raumordnungsrecht der Länder *Rill/Madner*, Bergwesen, Angelegenheiten des Gewerbes und der Industrie und die Raumplanungskompetenz der Länder, ZfV 1996, 209 ff, die dem Bundesgesetzgeber vorwerfen, durch die Nov 90 zum BergG seine Kompetenzen überschritten zu haben.

Baurecht – Bundesstraßenrecht

Bei den nachfolgenden E scheint beachtlich, dass es eine Straßenbaulast für Bundesstraßen in Ortsgebieten nicht mehr geben kann. Die E können daher nur mehr auf Bundesstraßen A und S bezogen werden. Das Bundesstraßengesetz kennt auch keine Gehsteige bzw Rad- und Gehwege mehr.

15a) Die Erlassung von gesetzlichen Vorschriften über die Herstellung und Erhaltung des Straßenkörpers in allen seinen Bestandteilen (einschließlich der Gehsteige) ist hinsichtlich der Bundesstraßen gem Art 10 Abs 1 Z 9 B-VG („Angelegenheiten der wegen ihrer Bedeutung für den Durchzugsverkehr durch Bundesgesetz als Bundesstraßen erklärten Straßenzüge außer der Straßenpolizei“) Sache des Bundes, hinsichtlich anderer Straßen gem Art 15 Abs 1 B-VG Sache der Länder.

15b) Es ist Sache der Bundesgesetzgebung gem Art 11 Abs 1 Z 4 B-VG („Straßenpolizei“) zu bestimmen, welchen Erfordernissen der Verkehrsregelung und Verkehrssicherung die Straßen in bezug auf ihre Ausstattung mit Straßenbeleuchtungsanlagen und in bezug auf den Betrieb dieser Anlagen entsprechen müssen. Im übrigen ist es Sache der Bundesgesetzgebung gem Art 10 Abs 1 Z 9 B-VG („Angelegenheiten der wegen ihrer Bedeutung für den Durchzugsverkehr durch Bundesgesetz als Bundesstraßen erklärten Straßenzüge außer der Straßenpolizei“), Vorschriften über die Ausstattung der Straßen mit verkehrssichernden Beleuchtungsanlagen und über den Betrieb dieser Anlagen zu erlassen, wenn es sich um Bundesstraßen handelt, und gem Art 15 Abs 1 B-VG

Sache der Gesetzgebung der Länder, solche Vorschriften zu erlassen, wenn es sich um andere Straßen handelt (VfGH 11.1.1963, Slg 4349).

16) Der zur Regelung des Baurechts zuständige Landesgesetzgeber darf öffentliche Interessen berücksichtigen, deren Wahrung dem Bund obliegt. Er darf auch bei der Erlassung von Normen, die die Bewilligung zur Errichtung von Baulichkeiten regeln, im öffentlichen Interesse und im Interesse der Bauwerber Vorsorge treffen, daß nicht Baulichkeiten errichtet werden, die voraussichtlich wieder abzutragen sein werden. Die Zuständigkeit des Bundes auf dem Gebiete des Bundesstraßenrechts bedeutet nicht, daß es dem Landesgesetzgeber verwehrt ist, die Gemeinden unter dem Gesichtspunkt des Baurechtes zu ermächtigen, bei der Normierung von Bauverboten und Baubeschränkungen auch auf Projekte oder Planungen Bedacht zu nehmen, die Bundesstraßen betreffen (VfGH 21.10.1975, Slg 7658).

17) Der Begriff der Neu-, Zu- und Umbauten im § 15 Abs 1 BStG 1971 ist in dem eingeschränkten Sinne dahingehend zu verstehen, daß damit nur bauliche Maßnahmen betreffend die Errichtung bzw Änderung von Gebäuden (im Sinne von Zu- oder Umbauten) gemeint sind (vgl in diesem Sinne auch *Geuder*, Fragen des öffentlichen Nachbarrechtes bei Ver- und Entsorgungsleitungen der Gemeinden auf Bundesstraßen, ÖGZ 1978, 139 ff, insb 144, und derselbe, Gemeindekanal und Bundesstraße – Probleme und Überlegungen, ÖGZ 1982, 99 ff, insb 102). Unter einem Gebäude ist nach baurechtlichem Verständnis ein Bau zu verstehen, bei dem ein allseits abgeschlossener, vorwiegend über dem anschließenden Terrain liegender Raum vorhanden ist (vgl die hg Erkenntnisse vom 17. Februar 1906, Slg 4189/1906, vom 28. Jänner 1963, Slg 5951/1963, und vom 29. September 1969, Zl 1863/68; vgl auch *Krzizek*, System des österreichischen Baurechts, 1974, II, 49, und *Hauer*, Zur Auslegung des Begriffes „Neubauten" in § 57 Abs 1 lit a der Steiermärkischen Bauordnung, ÖJZ 1988, 717 ff, insb 718). Bei einer im Bereich der von der künftigen Straßentrasse betroffenen Grundstücksteilen (Bundesstraßengebiet) im Boden verlegten Rohrleitung handelt es sich nicht um die Errichtung bzw den Zu- oder Umbau eines Gebäudes im Sinne der dargelegten Auslegung. Eine solche Rohrleitung fällt somit nicht unter das im § 15 Abs 1 BStG statuierte Verbot (VwGH 2.7.1998, 97/06/0051).

Baurecht – Denkmalschutz

18) „Denkmal" im Sinne des Art 10 Abs 1 Z 13 B-VG sind bewegliche oder unbewegliche, von Menschen geschaffene Gegenstände von historischer, künstlerischer oder sonst kultureller Bedeutung nach Art der in den §§ 1 und 2 des Gesetzes vom 5.12.1918, StGBl 90, aufgezählten Gegenstände.

Menschliche und tierische Skelette, die nur Zeugnis menschlichen Daseins sind, sind nicht Denkmale im Sinne des Art 10 Abs 1 Z 12 B-VG, sie können es jedoch sein, soweit sie Gegenstand der gestaltenden Bearbeitung durch den Menschen waren oder mit Denkmalen eine Einheit bilden.

Felder, Alleen und Parkanlagen und sonstige derartige Erscheinungsformen der gestalteten Natur sind nicht Denkmale (VfGH 19.3.1964, Slg 4680).

19) Die Pflicht der Baubehörde, die Abtragung von Gebäuden zu veranlassen, kann durch § 5 des Denkmalschutzgesetzes umso weniger ausgeschlossen werden, als diese Normierung dem Schutze des Lebens und der Gesundheit von Menschen dient. Die darin gelegene Unterbrechung des absoluten Schutzes der Denkmäler vor Zerstörung ist allerdings insofern eingeschränkt, als Zuwendungen, die dem Eigentümer eines denkmalgeschützten Hauses mit Rücksicht auf dessen Denkmaleigenschaft angeboten werden, bei der Schätzung der Kosten der Instandsetzung Berücksichtigung finden müssen, und zwar auch dann, wenn deren Annahme von dem zur Instandsetzung Verpflichteten mangels einer Rechtspflicht verweigert würde (VwGH 28.1.1963, Slg 5949 A).

20) Der Eigentümer kann sich gegenüber einem baupolizeilichen Abtragungsauftrag nicht darauf berufen, daß das Gebäude unter Denkmalschutz steht (VwGH v 4.2.1960, Slg 5196/A). Andererseits ergibt sich aus den am 1.10.1925 in Geltung gestandenen und in den Umfang des Kompetenztatbestandes „Denkmalschutz" im Sinne des E Slg 4680/1964 umschriebenen Vorschriften (das Gesetz StGBl 80/1918 und das Denkmalschutzgesetz, BGBl 533/1923), daß bei der Heraushebung der Gesetzgebungs- und Vollziehungszuständigkeit auf dem Gebiete des Denkmalschutzes aus der allgemeinen Länderzuständigkeit und bei der Zuweisung dieser Zuständigkeiten an den Bund (Art 10 Abs 1 Z 13 B-VG) die Regelung des Ortsbildschutzes und der Ortsbildgestaltung nicht umfaßt war.

Es folgt daraus, daß es sich bei der Bestimmung des § 7 WBO um eine unter dem Gesichtspunkt des Ortsbildschutzes und der Ortsbildgestaltung erlassene Regelung auf dem Gebiete des Baurechtes handelt, zu deren Erlassung die Zuständigkeit des Landesgesetzgebers gem Art 15 Abs 1 B-VG gegeben ist (VfGH 13.3.1976, Slg 7759).

21) Interessen des Denkmalschutzes sind im Baubewilligungsverfahren nicht zu beachten; sie dürfen nicht zu der Versagung einer Baubewilligung führen (VwGH 9.11.1989, 87/06/0078 – zum Vlbg BauG).

22) Eine gesetzliche Norm, die zur Erlassung behördlicher Verbote störender Bauten in der Umgebung von (unbeweglichen) Denkmalen ermächtigt, kann nicht als eine Regelung angesehen werden, die ihrem Inhalt nach systematisch dem durch den Stand der Gesetzgebung am 1.10.1925 inhaltlich bestimmten Rechtsgebiet „Denkmalschutz" zugehört. Eine gesetzliche Regelung dieses Inhaltes war nämlich den in jenem Zeitpunkt in Geltung gestandenen Regelungen des Denkmalschutzrechtes ihrer Art nach fremd. Da somit ein denkmalschutzrechtlicher Ansatzpunkt fehlt, der einer „intrasystematischen" Weiterentwicklung zugänglich wäre, fällt eine derartige Regelung nicht unter den Kompetenztatbestand „Denkmalschutz".

Die gegenteilige Auffassung geriete insbesondere mit dem aus dem föderalistischen Baugesetz der Bundesverfassung erfließenden Grundsatz in Widerspruch, demzufolge die aus der generellen Länderkompetenz zugunsten des Bundes herausgehobenen Kompetenztatbestände einschränkend auszulegen sind (s etwa VfSlg 2977/1956, 8891/1980, 9543/1982; im Zusammenhang mit dem Kompetenztatbestand „Denkmalschutz" s etwa auch *Korinek*, ÖZW 1977, 27 f, vgl ferner *Hocke*, Denkmalschutz in Österreich [1975], 36 f; *Hocke*, Denkmalschutzgesetz, aaO, 16, verweist überdies auf die aus der Eigentumsgarantie folgende Unzulässigkeit, den auf Grund des § 8 DSG möglichen Eigentumseingriff extensiv zu interpretieren).

Zu berücksichtigen bleibt, daß es dem Landesgesetzgeber im Rahmen seiner Zuständigkeit von Verfassungs wegen nicht verwehrt ist, im Zusammenhang mit der zu regelnden Materie alle öffentlichen Zwecke und daher auch die des Bundes zu berücksichtigen (VfSlg 3163/1957, 4486/1963, 7138/1973, 8831/1980, 10.292/1984; vgl etwa auch VwSlg 9579 A/1978).

Insgesamt ergibt sich somit, daß auf den Kompetenztatbestand „Denkmalschutz" nicht auch Regelungen gestützt werden können, die die Errichtung von Bauten, insbesondere von Gebäuden, in der Umgebung von unbeweglichen Denkmalen zu dem Zweck verbieten oder (auch nur) beschränken, um ein unbewegliches Denkmal gegen Beeinträchtigungen seiner überlieferten Erscheinung oder künstlerischen Wirkung zu schützen (VfGH 29.9.1995, Slg 14.266). Der VfGH hob die Worte „Errichtung von Kiosken, Tankstellen und sonstigen störenden Bauten" in § 8 Abs 1 DenkmalschutzG als verfassungswidrig auf; die Aufhebung trat mit 30.9.1996 in Kraft.

23) § 4 Abs 1 Z 2 DMSG hält der Zerstörung eines Denkmals gleich, wenn der Eigentümer oder sonstige für die Instandhaltung Verantwortliche die Durchführung der für den Bestand des Denkmals unbedingt notwendigen Instandhaltungsmaßnahmen in der offenbaren Absicht, es zu zerstören, unterlässt, obwohl es sich um Maßnahmen handelt, die dem Eigentümer (Verantwortlichen) insgesamt zumutbar sind, weil die Beseitigung keine oder nur geringe Geldmittel erfordert (wie zB die Ergänzung einzelner zerbrochener Dachziegel, Verschließung offenstehender Fenster und dergleichen). Damit definiert der Gesetzgeber eine gegen den Denkmaleigentümer im Rahmen von Maßnahmen gem § 31 Abs 1 erster Satz DMSG durchsetzbare denkmalspezifische Pflicht zur Erhaltung (vgl zu diesem Punkt § 1 Abs 1 letzter Satz DMSG).

Die im § 4 Abs 1 Z 2 DMSG definierte Zumutbarkeit zur Ergreifung von Instandhaltungsmaßnahmen ist zufolge § 30 Abs 3 letzter Satz DMSG auch für die Pflicht zur Beseitigung von Schäden maßgebend. Diese Bestimmung soll nach den Erläuterungen zur Regierungsvorlage der DMSG-Novelle BGBl I 1999/170, abermals klarstellen, „dass das DMSG keine eigentliche Erhaltungspflicht des Eigentümers kennt" (s dazu die Erläuterungen 1769 der BlgNR XX. GP, S 63) (VwGH 11.3.2011, 2010/09/0241).

Baurecht – Eisenbahnrecht

24) Eisenbahnanlagen nach § 10 des Eisenbahngesetzes 1957 fallen unter den Kompetenztatbestand „Verkehrswesen bezüglich der Eisenbahnen". Bezüglich bahnfremder Bauten sind die Länder auf Grund des Art 15 Abs 1 B-VG (Bauangelegenheiten) – unbeschadet der Bestimmungen des Art 15 Abs 5 B-VG – berechtigt, Bauvorschriften zu erlassen (VwGH 28.10.1963, 1830/60).

25) Der VfGH ist nicht der Auffassung, daß jeder Bau eines bahnfremden Dritten, welchen bahnfremden Zwecken dieser Bau auch immer dient, unter den Begriff einer Eisenbahn als Teil des Verkehrswesens zu subsumieren ist (VfGH 2.7.1965, Slg 5019).

26) Der VwGH ist der Anschauung, daß der Kompetenztatbestand „Verkehrswesen bezüglich der Eisenbahnen" nicht schlechthin jede Bauführung auf Eisenbahngrund umfaßt und damit jede Zuständigkeit der Baubehörde nach Art 15 B-VG ausschließt. Eine solche Auslegung des Kompetenztatbestandes würde dem föderalistischen Prinzip der Bundesverfassung widerstreiten (VwGH 17.1.1966, 2175/64).

27) Die Zuständigkeit der Gemeinde zu baubehördlichen Maßnahmen im eigenen Wirkungsbereich ist dann nicht ausgeschlossen, wenn zwar ein Grundstück im Eisenbahnbuch verzeichnet ist, dieses Grundstück aber der Eisenbahn gar nicht dient. Durch eine Flächenwidmung wird die Errichtung von Eisenbahnanlagen auf Eisenbahngrund nicht erfaßt. Die Bestimmungen der Bauordnung können nur insoweit wirksam werden, als es sich bei den zu errichtenden Bauten nicht um die Errichtung von Eisenbahnanlagen handelt. Die Errichtung einer Tankstelle auf einem im Eisenbahnbuch eingetragenen Grundstück ist keine Errichtung einer Eisenbahn iS des Eisenbahngesetzes 1957. Gegen die Anwendung der Bestimmungen der Bauordnung und des Flächenwidmungs- und Bebauungsplanes auf diese Bauführung bestehen keine Bedenken (VfGH 5.10.1967, Slg 5578).

28) Die Errichtung eines Verwaltungsgebäudes der Österreichischen Bundesbahnen durch den Bund dient öffentlichen Zwecken; für die Erteilung der Baubewilligung sind daher die Behörden der mittelbaren Bundesverwaltung zuständig (VwGH 28.2.1961, Slg 5512 A).

29) Die Freihaltung einer künftigen Bahntrasse in einem Flächenwidmungsplan ist verfassungsrechtlich unbedenklich (VwGH 17.9.1985, 83/05/0001, BauSlg 489).

30) Wenn es um ein bahnfremdes Gebäude auf Eisenbahngrund geht, dann besteht auch eine Planungskompetenz der Gemeinde (s VfGH vom 5.10.1967, Slg 5578; in diesem Sinne auch *Geuder* in „Die rechtliche Stellung der Eisenbahnanlage im gemeindlichen Planungs- und Baurecht", ÖGZ 1969, 2/36).

Die zuständige Magistratsabteilung hat mitgeteilt, daß ein Flächenwidmungs- und Bebauungsplan nicht erlassen wurde, weshalb davon auszugehen ist, daß keine derartige Verordnung erlassen worden ist. Nach § 8 Abs 1 BO besteht für das durch die Festsetzung von Bebauungsplänen noch nicht erfaßte Stadtgebiet bis zur Festsetzung dieser Pläne die Bausperre. Diese Bausperre besteht kraft Gesetzes (VwGH 19.12.1995, 95/05/0221).

31) Eisenbahnanlagen, die in die Zuständigkeit des Bundes nach Art 10 Abs 1 Z 9 B-VG fallen, sind Bauten, ortsfeste eisenbahntechnische Einrichtungen und Grundstücke oder Eisenbahnen, die ganz oder teilweise, unmittelbar oder mittelbar der Abwicklung oder Sicherung des Eisenbahnbetriebes oder Eisenbahnverkehrs dienen. Ein räumlicher Zusammenhang mit der Fahrbahn ist nicht erforderlich (vgl das zitierte Erkenntnis des Verfassungsgerichtshofes vom 16. Dezember 2004 und zB das hg Erkenntnis vom 19. Dezember 1995, Zl 95/05/0237, mwN).

Eisenbahnanlagen sind somit Einrichtungen, die mit dem Eisenbahnbetrieb oder mit dem Eisenbahnverkehr in einem solchen Zusammenhang stehen, dass ohne sie ein geordneter Eisenbahnbetrieb oder Eisenbahnverkehr nicht möglich ist. Zu beachten ist allerdings, dass Bauten auch dann Eisenbahnanlagen sind, wenn sie nur teilweise Eisenbahnzwecken dienen. Bauten, die für sich gesehen nicht unverzichtbar für den Eisenbahnbetrieb bzw -verkehr sind, gelten dann als Teil einer Eisenbahnanlage, wenn sie mit Bauteilen, die nach ihrer Zweckwidmung für den Eisenbahnbetrieb bzw -verkehr notwendig sind, in bautechnischem Zusammenhang stehen und nach der Verkehrsauffassung eine bauliche Einheit bilden (vgl das hg Erkenntnis vom 28. Februar 1996, Zl 94/03/0314) (VwGH 16.3.2012, 2009/05/0237).

Baurecht – Energierecht

32) Wie insbesondere die Regelungen im Ökostromgesetz zeigen, stellt die Erzeugung von elektrischer Energie in Anlagen auf Basis erneuerbarer Energieträger einen Bereich der Erzeugung von elektrischer Energie dar. Zu den erneuerbaren Energieträgern gehört gem § 5 Abs 1 Z 3 Ökostromgesetz ua Biogas. Unter einer Ökostromanlage ist – wie angeführt – eine Erzeugungsanlage zu verstehen, die aus erneuerbaren Energieträgern Ökostrom erzeugt (vgl *Raschauer*, Handbuch Energierecht, S 106 f) und als solche anerkannt ist. Erfolgt die Erzeugung von elektrischer Energie somit in Anlagen auf Basis von Biogas, einem erneuerbaren Energieträger, sind all jene Einrichtungen, die in derartigen Anlagen für den erneuerbaren Energieträger bestimmt sind, als Teil der Stromerzeugungsanlage und somit als eine der Erzeugung von elektrischer Energie dienende Nebenanlage im Sinne des § 4 Z 35 TEG zu qualifizieren. Auch aus dem hg Erkenntnis vom 31. März 2005, Zl 2004/05/0193, ergibt sich, dass der Verwaltungsgerichtshof eine Biogasanlage, die der Wärme- und Stromerzeugung diente, als Stromerzeugungsanlage qualifiziert und die Rechtmäßigkeit der erteilten elektrizitätsrechtlichen Bewilligung geprüft hat.

Im Einklang mit dieser Auffassung erfolgte im vorliegenden Fall auch – wie angeführt – die Erteilung der elektrizitätsrechtlichen Bewilligung für die gesamte Biogasanlage (samt den Vermentern, dem Endlager und der Vorgrube). Liegt aber eine Stromerzeugungsanlage vor, die kein Gebäude mit Aufenthaltsräumen darstellt, fällt eine derartige Anlage gem § 1 Abs 3 lit c TBO 2001 nicht in den Anwendungsbereich dieses Gesetzes. Die verfahrensgegenständliche Untersagung der weiteren Ausführung des „Bauvorhabens“, nämlich der Errichtung der verfahrensgegenständlichen Biogasanlage mit Endlager, Fermentern und Vorgrube, gem § 33 TBO 2001, erweist sich somit als inhaltlich rechtswidrig (VwGH 21.2.2007, 2005/06/0261, zur TBO).

33) Die Behandlung der von der gegenständlichen Schaltstation ausgehenden elektromagnetischen Strahlungen bzw. Kraftfelder, die von den Beschwerdeführern unter dem Einwand „Elektrosmog“ geltend gemacht worden sind, fällt in den Kompetenztatbestand des Art. 10 Abs. 1 Z. 10 B-VG (Normalisierung und Typisierung elektrischer Anlagen und Einrichtungen, Sicherheitsmaßnahmen auf diesem Gebiete), von dem auch die Gefahrenabwehr von Schäden der Gesundheit und des Lebens von Menschen durch elektrischen Strom erfasst wird (vgl. dazu das Erkenntnis des Verfassungsgerichtshofes vom 11. Dezember 1959, Slg. Nr. 3.650). Die Baubehörde hat daher Auswirkungen durch Elektrosmog aus kompetenzrechtlichen Gründen nicht zu prüfen (vgl. hiezu das hg. Erkenntnis vom 22. Mai 2001, Zl. 2000/05/0295) (VwGH 23.7.2009, 2008/05/0228).

Baurecht – Post- und Fernmeldewesen

34) Liegenschaftseigentümer gesetzlich zu verpflichten, Abgabebriefkästen (Hausbrieffachanlagen) anzubringen, fällt gem Art 10 Abs 1 Z 9 B-VG („Post-, Telegraphen- und Fernsprechwesen“) in die Zuständigkeit des Bundes (VfGH 2.3.1970, Slg 6137).

35) Zusätzlich zu einer Bewilligung nach dem FernmeldeG kann für eine Satellitenantenne eine baubehördliche Bewilligung erforderlich sein, der Kompetenztatbestand „Fernmeldewesen“ steht dem nicht entgegen (VwGH 21.1.1992, 91/05/0087, Slg 13.563/A zur NÖ BO). Versagung der Baubewilligung wegen Störung des Ortsbildes.

36) Ein Bau ist auch dann nach baurechtlichen Vorschriften zulässig, wenn dadurch Störungen bei einer Empfangsantenne des ORF eintreten werden – hier wurden diesbezügliche Einwendungen des ORF als Nachbar abgewiesen (VwGH 25.4.1991, 90/06/0212).

37) Der baubehördliche Beseitigungsauftrag ist auch für das Fundament einer Antennenanlage gerechtfertigt, wenn die erforderliche baubehördliche Bewilligung fehlt (VwGH 10.5.1994, 94/05/0074, BauSlg 106).

38) Der Verwaltungsgerichtshof hat sich bereits in seinen Erkenntnissen vom 21. Jänner 1992, 91/05/0087, Slg Nr 13.563/A, vom 15. September 1992,

Zl 92/05/0055, vom 20. Juni 1995, Zl 93/05/0244, und vom 7. November 1995, Zl 94/05/0352, mit der Abgrenzung des Kompetenztatbestandes „Fernmeldewesen" zu den von den Baubehörden zu vollziehenden Angelegenheiten befaßt und ist zu dem Ergebnis gekommen, daß der Bewilligungspflicht einer Fernmeldeanlage nach dem Fernmeldegesetz die Festsetzung einer zusätzlichen Bewilligungspflicht durch die Baubehörde betreffend die in deren Kompetenz fallenden Gesichtspunkte nicht entgegensteht. Im hg Erkenntnis vom 19. September 1995, Zl 94/05/0216, hat der Verwaltungsgerichtshof diese Aussage noch dahingehend verdeutlicht, daß eine zusätzliche Bewilligungspflicht durch die Baubehörde aus kompetenzrechtlicher Sicht in bezug auf solche in die Landeskompetenz (ua Baurecht) fallenden Gesichtspunkte in Betracht kommt, die sich nicht mit einem von der Bundeskompetenz „Fernmeldewesen" erfaßten Gesichtspunkte decken. Soweit in baurechtlichen Bestimmungen etwa Gesichtspunkte des Ortsbildschutzes und der Ortsbildgestaltung maßgeblich sind, kommt dem Landesgesetzgeber die Zuständigkeit gem Art 15 Abs 1 B-VG zu (vgl das hg Erkenntnis vom 7. November 1995, Zl 94/05/0352, und die dort zitierte hg Vorjudikatur). Die in die Bundeskompetenz „Fernmeldewesen" fallenden Gesichtspunkte sind jene für die Errichtung und den Betrieb einer Fernmeldeanlage typischen Regelungsaspekte, wie die Sicherung des ungestörten Betriebes anderer Fernmeldeanlagen und die Abwehr der von den Fernmeldeanlagen typischerweise ausgehenden Gefahren (VwGH 16.9.1997, 97/05/0195 zur BBO).

39) Der Verwaltungsgerichtshof hat zuletzt im Erkenntnis vom 16. September 1997, Zlen 97/05/0194 und 97/05/0085, seine bisherige Rechtsprechung zur Abgrenzung des Kompetenztatbestandes „Fernmeldewesen" zu den von den Baubehörden zu vollziehenden Angelegenheiten dargestellt. Auf die dortigen Erwägungen und Verweise wird gem § 43 Abs. 2 VwGG hingewiesen. Als Ergebnis wurde zusammengefaßt, daß die Baubehörde gesundheitliche Belange in Zusammenhang mit einer Fernmeldeanlage aus kompetenzrechtlichen Gründen nicht prüfen dürfe (VwGH 23.3.1999, 98/05/0173).

40) Die Verpflichtung jedes Eigentümers eines Gebäudes (mit einer oder mehreren Adresse/n), auf seine Kosten eine näher bestimmte Brieffachanlage zu errichten bzw. eine bestehende Hausbrieffachanlage, die den gesetzlichen Anforderungen nicht genügt, gegen eine entsprechende auszutauschen, liegt nicht im öffentlichen Interesse, sondern im Interesse der – teilweise miteinander konkurrierenden – Anbieter von Postdienstleistungen.

Aus den gemeinschaftsrechtlichen Regelungen ergibt sich lediglich, dass außerhalb des so genannten „reservierten Bereichs" kein Monopol bei der Erbringung von Postdienstleistungen mehr besteht, und dass auch dann, wenn die Mitgliedstaaten die Erbringung derartiger Dienstleistungen an Allgemein- oder Einzelgenehmigungen knüpfen, diese transparent, nicht-diskriminierend sowie verhältnismäßig zu sein haben, bzw die allgemeine [primär rechtliche] Verpflichtung, nicht zwischen den bisherigen Monopolanbietern und anderen, neu in den Markt eintretenden Unternehmen zu diskriminieren. Für die hier allein maßgebliche Frage, ob die mit den bekämpften Bestimmungen normierten Verpflichtungen der Gebäudeeigentümer im öffentlichen Interesse liegen, ist daraus nichts zu gewinnen (VfGH 25.4.2006, Slg 17.819).

Baurecht – Feuerpolizeirecht

41) Ist für ein Bauwerk eine Baubewilligung erteilt worden, dann kann, falls nicht die Voraussetzungen des § 68 Abs 3 AVG gegeben sind, kein Auftrag zur Abtragung oder Abänderung des Bauwerkes aus feuerpolizeilichen Gründen erteilt werden (VwGH 9.9.1963, 643/63).

42) Bestimmungen der Feuerpolizeiordnung haben im Falle des Bestehens von Sondervorschriften der Bauordnung zurückzutreten (VwGH 30.9.1963, 920/63).

Baurecht – Forstrecht

43) Der vom VfGH geprägte Rechtssatz Slg 2674 bedeutet nach Auffassung des VwGH nicht, daß den Ländern und Gemeinden hinsichtlich Flächen, die als Wald im Sinne der forstrechtlichen Bestimmungen anzusehen sind, überhaupt keine Raumordnungsbefugnisse zustünden, jedoch bedeutet die Festsetzung einer anderen Widmung (also etwa Bauland oder Verkehrsfläche) nicht, daß eine Verwirklichung der Widmung auf alle Fälle zulässig ist. Allein die Forstbehörde hat festzustellen, ob die erforderliche Rodungsbewilligung auf Grund der forstrechtlichen Bestimmungen als im öffentlichen Interesse gelegen zu erteilen ist. Die Verwirklichung der vom Land oder von der Gemeinde vorgesehenen anderen Verwendung einer Waldfläche ist daher in jedem Fall von der Entscheidung der Forstbehörde abhängig (VwGH 29.11.1976, Slg 9190 A).

44) Die Forstbehörde ist insbesondere auch zur Prüfung der Gründe berechtigt, die zur Festlegung einer Baulandwidmung im Flächenwidmungsplan geführt haben (VwGH 20.4.1978, 2891/76).

45) Das Vorliegen eines Flächenwidmungsplanes bedeutet für die Forstbehörde nicht, daß eine derartige Festsetzung der Widmung Bauland für eine Waldfläche zur Erteilung einer Rodungsbewilligung führen muß. Vielmehr hat die Forstbehörde zu prüfen, ob im Sinne des § 17 Abs 2 ForstG das öffentliche Interesse an der Verwendung der zur Rodung beantragten Fläche als Bauplatz das öffentliche Interesse an der Erhaltung dieser Fläche als Wald überwiegt (VwGH 28.6.1978, 380/78).

Baurecht – Gesundheitswesen

46) Wie der Verwaltungsgerichtshof wiederholt ausgeführt hat, wird auch ohne diesbezügliche ausdrückliche Regelung im Gesetz im starkstromwegerechtlichen Baubewilligungsverfahren den betroffenen Grundeigentümern ein Mitspracherecht dahingehend eingeräumt, ob durch die Leitungsanlage für sie und ihr Eigentum eine Gesundheitsgefährdung droht (vgl dazu das hg Erkenntnis vom 15. Oktober 1996, Zl 95/05/0137, und die dort angeführte hg Vorjudikatur). Die geltend gemachte Gesundheitsbeeinträchtigung wäre daher von den Baubehörden im Bauverfahren nicht zu überprüfen gewesen. Da die Verfahrensrechte einer Partei nie weiter gehen als ihre materiellen Rechte (vgl ua das hg Erkenntnis vom 8. November 1976, Slg Nr 9.170/A), ist daher auf die Frage, ob das eingeholte ärztliche Gutachten eine taugliche Entscheidungsgrundlage ist, nicht einzugehen (VwGH 22.5.2001, 2000/05/0295).

Baurecht – Gewerberecht

47) Während der Bundesgesetzgeber berechtigt ist, Vorschriften zu erlassen, die eine ungünstige Auswirkung des Betriebes der Anlage auf die Nachbarschaft und eine Gefährdung der im Betriebe beschäftigten Personen vermeiden sollen, wobei sich solche Vorschriften unter diesem Gesichtspunkt auch mit der baulichen Gestaltung der Anlage befassen können, ist der Landesgesetzgeber jedenfalls auch zuständig, baupolizeiliche Vorschriften über die Errichtung und die Beschaffenheit der auch gewerblichen Zwecke dienenden baulichen Anlagen zu erlassen (VfGH 19.3.1956, Slg 2977).

48a) Der Kompetenztatbestand „Kraftfahrwesen" nach Art 10 Abs 1 Z 9 des B-VG idF von 1929 umfaßt nicht die Regelung des Betriebes von Garagen und Einstellplätzen sowie der behelfsmäßigen Einstellung von Kraftfahrzeugen.

48b) Der Kompetenztatbestand „Angelegenheiten des Gewerbes und der Industrie" nach Art 10 Abs 1 Z 8 des B-VG idF von 1929 umfaßt auch die Regelung des Betriebes von Garagen und Einstellplätzen im Rahmen eines der Gewerbeordnung unterliegenden Betriebes sowie der Errichtung solcher Anlagen (VfGH 19.3.1956, Slg 2977).

49) Der VfGH hat in ständiger Rechtsprechung daran festgehalten (vgl Slg 7169), daß die Zuordnung einer Materie zu einem Kompetenztatbestand es nicht ausschließt, bestimmte Sachgebiete nach verschiedenen Gesichtspunkten zu regeln (s auch VfSlg 5024). Keine verfassungsrechtliche Bestimmung verwehrt dem Landesgesetzgeber die eigenständige baurechtliche Regelung auch in Ansehung solcher Bauwerke, die bestimmungsgemäß ausschließlich gewerblichen Betriebsanlagen dienen, und er ist insbesondere nicht verpflichtet vorzusehen, daß in einem solchen Falle eine Baubewilligung erst nach Vorliegen einer gewerbebehördlichen Betriebsanlagengenehmigung erteilt werden darf. Gegen § 31 Abs 6 Vlbg Baugesetz („Bedarf ein Vorhaben außer der Baubewilligung noch einer Bewilligung nach anderen landesrechtlichen Vorschriften, so darf die Baubewilligung erst nach Eintritt der Rechtskraft der anderen Bewilligung erteilt werden.") bestehen keine verfassungsrechtlichen Bedenken (VfGH 8.3.1978, Slg 8269).

50) Die „Sicherung der Nahversorgung“ ist bloß eines von mehreren Elementen bei der Bestimmung eigener Standorte für Einkaufszentren (als Einrichtungen für den überörtlichen Bedarf), die einen Teil der Standortvorsorge für private Handels- und Dienstleistungseinrichtungen überhaupt bildet, welche selbst wiederum anderen (im § 3 festgesetzten) Planungszielen keinesfalls vorgeordnet ist; eine solche Regelung erscheint durchaus als „kompetenzneutral“ im Sinne der bisherigen Rechtsprechung – nach weiteren Erwägungen erachtete der VfGH § 3 Abs 8 Z 3 Stmk ROG idF LGBl 1986/39 als nicht verfassungswidrig (VfGH 17.6.1989, Slg 12.068).

51) Die Gewerbebehörden haben nur gewerberechtliche, die Baubehörden nur baurechtliche Vorschriften anzuwenden. Die Entscheidungen der beiden Behörden haben unabhängig voneinander zu ergehen (VwGH 30.5.1956, Slg 4080 A, VfGH 19.3.1956, Slg 2977).

52) Der Umstand, daß eine Betriebsanlage nach den Bestimmungen der §§ 25 und 26 GewO genehmigt worden ist, bedingt noch nicht, daß diese Anlage auch nach der Bestimmung des § 6 Abs 4 (nun 8) WBO zulässig sein muß. (Eine Immission aus einem gewerblichen Betrieb, die durch die Vorschreibung der Gewerbebehörde auf das ortsübliche Ausmaß herabgemindert wird, kann immer noch eine Belästigung der Nachbarschaft im Sinne des § 6 Abs 4 BO darstellen und kann dazu führen, daß eine baubehördliche Genehmigung der Anlage aus dem Titel der Flächenwidmung [gemischtes Baugebiet] unzulässig ist) (VwGH 19.4.1955, Slg 3712 A ua.) – Für gemischtes Baugebiet gilt dies für Nachbarrechte nach § 134 a Abs 2 BO (Fassung Nov LGBl 1996/42) nicht mehr, wohl aber für die Widmung Wohngebiet. Die Baubehörde hat aber von Amts wegen für die Einhaltung des Gesetzes zu sorgen.

Betriebstype

53) Maßstab für die Lösung der Frage nach der Zulässigkeit eines Betriebes unter dem Blickwinkel der Flächenwidmung (hier: gemischtes Baugebiet) ist für die Baubehörde – anders als für die Gewerbebehörde – nicht ein in seinen Betriebsmitteln und Anlagen bis ins einzelne fest umrissener Betrieb. Als dieser Maßstab hat vielmehr eine nach Art der dort üblicherweise und nach dem jeweiligen Stand der Technik verwendeten Anlagen und Einrichtungen einschließlich der zum Schutz vor Belästigungen typisch getroffenen Maßnahmen sowie nach Art der dort entsprechend diesen Merkmalen herkömmlicherweise entfalteten Tätigkeit auf das Ausmaß und die Intensität der dadurch verursachten Emissionen zu beurteilende Betriebstype zu dienen. Diese rechtliche Situation schließt es von vornherein aus, durch Auflagen einen vom Typus her in einem bestimmten Gebiet unzulässigen Betrieb so gestalten zu wollen, daß er im Falle der Erfüllung der Auflagen als unter der angenommenen Emissionsgrenze liegend qualifiziert werden könnte (VwGH 13.9.1977, Slg 9382/A). S auch VwGH 10.4.1980, 2066/78. S auch E zu § 6 BO.

UVP

54) Nachbarn haben im Feststellungsverfahren nach § 3 Abs 7 UVP-G 2000 keine Parteistellung (siehe die bei *Altenburger/Wojnar*, Umweltverträglichkeitsprüfungsgesetz, Rz 107 zu § 3 UVP-G 2000, Seiten 24 f, referierte Judikatur) und können daher keinen entsprechenden Antrag bei der Behörde (§ 39 UVP-G 2000) stellen. Der Verwaltungsgerichtshof hat jedoch eine Unzuständigkeitseinrede eines Nachbarn, das eingereichte (Bau-)Vorhaben sei einer Umweltverträglichkeitsprüfung gem § 3 UVP-G 2000 zu unterziehen, in einem bei der „mitwirkenden Behörde" anhängigen Verfahren für zulässig erachtet (vgl. das hg. Erkenntnis vom 20. Februar 2007, Zl 2005/05/0290, mwN). Schon im Hinblick auf die im § 3 Abs 6 UVP-G 2000 normierte Nichtigkeitssanktion hat daher die Baubehörde die Berechtigung einer solchen Unzuständigkeitseinrede zu prüfen (vgl das hg. Erkenntnis vom 10. Juni 1999, Zl 96/07/0209). (VwGH 31.7.2007, 2006/05/0221). **Anmerkung:** Dies ist bezüglich der Parteistellung des Nachbarn zur Negativfeststellung überholt.

54a.a) In seinen Entscheidungsgründen legte der EuGH (ua) Folgendes dar:

...

Nach Art 11 Abs 1 der Richtlinie 2011/92 stellen die Mitgliedstaaten im Rahmen ihrer innerstaatlichen Rechtsvorschriften sicher, dass Mitglieder der „betroffenen Öffentlichkeit", die entweder ein ausreichendes Interesse haben oder eine Rechtsverletzung geltend machen, sofern das Verwaltungsverfahrensrecht bzw. Verwaltungsprozessrecht eines Mitgliedstaats dies als Voraussetzung erfordert, Zugang zu einem Überprüfungsverfahren haben, um die materiell-rechtliche und verfahrensrechtliche Rechtmäßigkeit von Entscheidungen, Handlungen oder Unterlassungen anzufechten, für die die Bestimmungen der Richtlinie 2011/92 gelten.

Nach der Definition in Art 1 Abs 2 der Richtlinie 2011/92 gehört zur „betroffenen Öffentlichkeit" die von Entscheidungsverfahren in Bezug auf Umweltverträglichkeitsprüfungen betroffene oder wahrscheinlich betroffene Öffentlichkeit oder die Öffentlichkeit mit einem Interesse daran.

Daraus folgt, dass nicht alle unter den Begriff der „betroffenen Öffentlichkeit" fallenden natürlichen und juristischen Personen oder Organisationen ein Recht auf Einlegung eines Rechtsbehelfs im Sinne von Art 11 der Richtlinie 2011/92 haben müssen, sondern nur diejenigen, die entweder ein ausreichendes Interesse haben oder gegebenenfalls eine Rechtsverletzung geltend machen.

...

Angesichts des Wortlauts dieser Bestimmung ist ersichtlich, dass die Personen, die unter den Begriff „Nachbar" fallen, zur „betroffenen Öffentlichkeit" im Sinne von Art 1 Abs 2 der Richtlinie 2011/92 gehören können. Diese

„Nachbarn" sind jedoch nur zur Erhebung einer Beschwerde gegen die Genehmigung zur Errichtung oder zum Betrieb einer Anlage berechtigt. Da sie im Verfahren zur Feststellung der Erforderlichkeit einer Umweltverträglichkeitsprüfung nicht Partei sind, können sie den UVP-Feststellungsbescheid auch nicht im Rahmen einer etwaigen Beschwerde gegen den Genehmigungsbescheid anfechten. Indem das UVP-G 2000 das Beschwerderecht gegen die Entscheidungen, mit denen festgestellt wird, ob die Durchführung einer Umweltverträglichkeitsprüfung für ein Projekt erforderlich ist, auf die Projektwerber/Projektwerberinnen, die mitwirkenden Behörden, den Umweltanwalt und die Standortgemeinde beschränkt, nimmt es einer Vielzahl von Privatpersonen, insbesondere auch den „Nachbarn", die möglicherweise die Voraussetzungen des Art 11 Abs 1 der Richtlinie 2011/92 erfüllen, dieses Recht.

Dieser nahezu vollständige Ausschluss beschränkt die Tragweite des Art 11 Abs 1 der Richtlinie 2011/92 und ist daher nicht mit der Richtlinie vereinbar.

Folglich darf eine auf der Grundlage einer solchen nationalen Regelung getroffene Verwaltungsentscheidung, keine Umweltverträglichkeitsprüfung durchzuführen, einen zur „betroffenen Öffentlichkeit" im Sinne der Richtlinie 2011/92 gehörenden Einzelnen, der die Kriterien des nationalen Rechts in Bezug auf ein „ausreichendes Interesse" oder gegebenenfalls eine „Rechtsverletzung" erfüllt, nicht daran hindern, diese Entscheidung im Rahmen eines gegen sie oder gegen einen späteren Genehmigungsbescheid eingelegten Rechtsbehelfs anzufechten.

...

Damit ein von einem Einzelnen eingelegter Rechtsbehelf zulässig ist, müssen die mit der Richtlinie 2011/92 vereinbaren Kriterien des nationalen Rechts in Bezug auf das „ausreichende Interesse" oder die „Rechtsverletzung" erfüllt und vom nationalen Gericht festgestellt worden sein. In einem solchen Fall muss auch die fehlende Bindungswirkung der Verwaltungsentscheidung über die Erforderlichkeit der Durchführung einer Umweltverträglichkeitsprüfung festgestellt werden.

...

Nach der hg Rechtsprechung ist die (Fach)Behörde verpflichtet, ihre Zuständigkeit von Amts wegen unter Berücksichtigung einer allfälligen UVP-Pflicht des eingereichten Vorhabens zu prüfen und aufgrund nachvollziehbarer Feststellungen im angefochtenen Bescheid darzulegen, warum sie vom Fehlen einer UVP-Pflicht und damit von ihrer Zuständigkeit ausgeht (vgl etwa das hg Erkenntnis vom 22. Juni 2015, Zl 2015/04/0002, mwN).

Im vorliegenden Fall verwies die Bauoberbehörde im angefochtenen Bescheid in Bezug auf den Einwand der revisionswerbenden Parteien, dass eine

UVP durchzuführen sei, auf den Bescheid der Wiener Landesregierung vom 26. April 2011, mit dem ausgesprochen wurde, dass für das Bauvorhaben „K.-Gründe" keine UVP nach dem UVP-G durchzuführen sei.

54a.b) Aus dem genannten Urteil des EuGH geht hervor, die Entscheidung, keine UVP nach der Richtlinie 2011/92 durchzuführen, ist als Entscheidung, Handlung oder Unterlassung im Sinne des Art 11 der Richtlinie 2011/92 zu werten, und Personen, die unter den Begriff „Nachbar" nach der GewO fallen, gehören unionsrechtlich zur „betroffenen Öffentlichkeit" im Sinne des Art 1 Abs 2 der Richtlinie 2011/92 (vgl auch dazu das genannte Erkenntnis, Zl 2015/04/0002; ferner das hg Erkenntnis vom 4. August 2015, Ra 2014/06/0044).

Auch die unter den Begriff „Nachbar" nach der BO fallenden Personen gehören zur betroffenen Öffentlichkeit im Sinne des Art 1 Abs 2 der Richtlinie 2011/92, weil sich gewerberechtliche und baurechtliche Bewilligungsverfahren sowohl in Bezug auf den Schutzzweck der Nachbarrechte als auch hinsichtlich des aus der Parteistellung ergebenden Rechts auf Einhaltung der gesetzlich normierten Zuständigkeiten im hier wesentlichen Bereich gleichen (vgl das genannte Erkenntnis, Ra 2014/06/0044).

Die revisionswerbenden Parteien sind als Nachbarn im Sinne der BO im Verfahren zur Genehmigung einer baulichen Anlage nach der BO Teil der betroffenen Öffentlichkeit im Sinne der Richtlinie 2011/92 und erfüllen darüber hinaus nach den Kriterien des nationalen Rechts die Anforderungen des ausreichenden Interesses im Sinne dieser Richtlinie. Ihnen muss daher nach dem genannten Urteil (Rn 44) die Möglichkeit eingeräumt werden, gegen eine Entscheidung, dass keine UVP durchzuführen ist, einen Rechtsbehelf einlegen zu können.

Darüber hinaus dürfen nach der Rechtsprechung des EuGH die Bestimmungen des Art 11 der Richtlinie 2011/92 über die Rechtsbehelfsmöglichkeiten der Mitglieder der Öffentlichkeit, die von unter diese Richtlinie fallenden Entscheidungen, Handlungen oder Unterlassungen betroffen ist, nicht restriktiv ausgelegt werden. Vielmehr ist das Ziel zu berücksichtigen, der betroffenen Öffentlichkeit einen weiten Zugang zu Gerichten zu gewähren (vgl nochmals die oben zitierten Erkenntnisse Zl 2015/04/0002 und Ra 2014/06/0044) (VwGH 29.9.2015, Ro 2014/05/0056).

Anmerkung: Ausgehend vom Urteil des EuGH vom 16.4.2015, C-570-13 (*Gruber*) und Entscheidungen des VwGH (vgl 22.6.2015, 2015/04/0002) erfolgte eine Novellierung des UVP-G 2000. Stellt nun die Behörde gem § 3 Abs 7 fest, dass keine UVP durchzuführen ist, ist eine gem § 19 Abs 7 anerkannte Umweltorganisation oder ein Nachbar gem § 19 Abs 1 Z 1 berechtigt, Beschwerde an das Bundesverwaltungsgericht zu erhaben. Nach § 46 Abs 26 besteht auch ein gewisses Fortbetriebsrecht für Vorhaben, die von diesbezüglichen E des EuGH und VwGH betroffen sind.

54b) Nach Art 131 Abs 1 B-VG erkennen grundsätzlich die VwG der Länder über Beschwerden nach Art 130 Abs 1 B-VG. Basierend auf der verfassungsrechtlichen Grundlage des Art 131 Abs 4 Z 2 lit a B-VG wurde mit § 40 UVPG 2000 abweichend davon eine Zuständigkeit des BVwG geschaffen. Nach dem Wortlaut des § 40 UVPG 2000 idF der Novelle BGBl I Nr 95/2013 entscheidet das BVwG über Beschwerden gegen „Entscheidungen" nach dem UVPG 2000. Schon bei einer Auslegung des Wortes „Entscheidungen" mittels Verbalinterpretation können unter diesen Begriff ausschließlich Akte einer Verwaltungsbehörde subsumiert werden, die eine anhängige Rechtssache abschließend klären, wie eben Bescheide. Die „Verletzung" einer „Entscheidungspflicht" seitens einer Verwaltungsbehörde stellt – schon dem Wortlaut und der Systematik des Art 130 Abs 1 B-VG folgend – das Gegenteil einer „Entscheidung" dar.

Daraus ergibt sich, dass eine analoge Heranziehung des § 40 Abs 1 UVP-G 2000 für Säumnisbeschwerden ausscheidet (vgl das hg Erkenntnis 13. Oktober 1993, 93/03/0211) (VwGH 2.8.2016, Ro 2015/05/0008, Ro 2015/05/0013, 0014).

54ca) Gem § 24 Abs 1 VwGVG hat das Verwaltungsgericht auf Antrag oder, wenn es dies für erforderlich hält, von Amts wegen eine öffentliche mündliche Verhandlung durchzuführen. Gem § 24 Abs 4 VwGVG kann eine mündliche Verhandlung ungeachtet eines Parteienantrages unterbleiben, wenn die Akten erkennen lassen, dass die mündliche Erörterung eine weitere Klärung der Rechtssache nicht erwarten lässt, und einem Entfall der Verhandlung weder Art 6 Abs 1 der Konvention zum Schutze der Menschenrechte und Grundfreiheiten (EMRK) noch Art 47 der Charta der Grundrechte der Europäischen Union (GRC) entgegenstehen. Eine Verhandlung vor dem Verwaltungsgericht ist daher durchzuführen, wenn es um „civil rights" oder „strafrechtliche Anklagen" im Sinn des Art 6 EMRK oder um die Möglichkeit der Verletzung einer Person eingeräumter Unionsrechte (Art 47 GRC) geht und eine inhaltliche Entscheidung in der Sache selbst getroffen wird. Nachbarrechte im Baubewilligungsverfahren stehen in so engem Zusammenhang mit Auswirkungen des Bauvorhabens auf das Nachbargrundstück und dessen Wert bzw. auf den ungestörten Genuss des Eigentums am Nachbargrundstück, dass sie als „civil rights" anzusehen sind (Urteil des Europäischen Gerichtshofes für Menschenrechte – EGMR – vom 25. November 1994, Nr 12.884/87, *Ortenberg/Österreich*). Der EGMR legte in seinen Entscheidungen vom 10. Mai 2007, Nr 7401/04 (*Hofbauer/Österreich* Nr 2), und vom 3. Mai 2007, Nr 17.912/05 (*Bösch/Österreich*), unter Hinweis auf seine frühere Rechtsprechung dar, dass der Betroffene im Rahmen des Art 6 EMRK grundsätzlich ein Recht auf eine mündliche Verhandlung vor einem Tribunal habe, außer es lägen außergewöhnliche Umstände vor, die eine Ausnahme davon rechtfertigten. Der EGMR nahm das Vorliegen solcher außergewöhnlichen Umstände an, wenn das Verfahren ausschließlich rechtliche oder „hoch-technische" Fragen („exclusively legal or highly technical questions") betrifft. In seinem Urteil vom 18. Juli 2013, Nr 56.422/09 (*Schädler-Eberle/Liechtenstein*), führte der EGMR aus, es gebe Verfahren, in denen eine Verhandlung nicht geboten sei, etwa wenn keine Fragen der Beweiswürdigung aufträten oder die Tatsachenfeststellungen nicht bestritten seien, sodass eine Verhandlung nicht notwendig sei und das Gericht auf Grund des schriftlichen Vorbringens und der schriftlichen Unterlagen entscheiden könne. Jedenfalls dann, wenn der Sachverhalt vor dem Verwaltungsgericht konkret – und nicht nur allgemein inhaltsleer – bestritten wird, kann jedoch nicht davon ausgegangen werden, dass das Verwaltungsgericht ausschließlich rechtliche Fragen zu behandeln hat (vgl das hg Erkenntnis vom 19. Mai 2015, Ro 2015/05/0004, mwN).

54cb) Wenn das VwG den revisionswerbenden Parteien entgegenhält, sie seien dem Gutachten nicht auf gleicher fachlicher Ebene entgegengetreten, übersieht es, dass einem Vorbringen betreffend die Schlüssigkeit von Gutachten – etwa der Darlegung von Widersprüchen oder das Aufzeigen von Mängeln – auch dann Gewicht zukommt, wenn es nicht auf gleicher fachlicher Ebene angesiedelt ist (vgl *Hengstschläger/Leeb*, aaO, § 52 Rz 64, sowie *Walter/Thienel*, Verwaltungsverfahrensgesetz I[2] [1998] AVG § 52 E 249 ff) (VwGH 2.11.2016, Ra 2016/06/0088).

Baurecht – Landwirtschaft

55) Der VfGH hält es für eine sachlich nicht zu rechtfertigende Benachteiligung der an Grund und Boden gebundenen Landwirtschaft, wenn die Möglichkeit einer Widmung fehlt, die vereinzelten bäuerlichen Betrieben in Wohngebieten wenigstens insoweit eine Chance gibt, als die von ihnen ausgehende Lärm- und Geruchsbelästigung und sonstige schädliche Einwirkungen der Umgebung zumutbar sind. Schon im Erk Slg 8701 hat er den unbedingten Ausschluß land- und forstwirtschaftlicher Betriebe aus der Widmung „gemischtes Baugebiet" nach dem Bu ROG für verfassungswidrig erachtet … Auch in NÖ ist der Widmungskatalog unsachlich. Wenn es dem Gesetzgeber auch freisteht, reine Wohngebiete zu schaffen, in denen nur unauffällige, in Wohngebäuden unterzubringende Betriebe Platz haben, muß er doch auch für den Fall Vorsorge treffen, daß in dörflichen oder vorstädtischen Wohngebieten einzelne landwirtschaftliche Betriebe verblieben sind, die zu vertreiben kein Grund besteht (VfGH 10.12.1987, Slg 11.573).

56) Ein bestehender bäuerlicher Betrieb kann die Widmung der Grundflächen für diesen Betrieb als Bauland–Wohngebiet unzulässig machen (hier war wegen Widerspruchs zum Wohngebiet die Errichtung eines Schweinestalles versagt worden). Aus den Planungsunterlagen muß erkennbar sein, aus welchen Gründen der Schaffung von Wohngebiet der Vorzug vor der Sicherstellung der für die landwirtschaftliche Produktion wertvollen Flächen für die landwirtschaftliche Nutzung zugekommen sein sollte (VfGH 16.12.1987, Slg 11.592).

Baurecht – Luftfahrtrecht

57) Die Errichtung von Anlagen zum Zwecke der Luftfahrt bedarf nur einer luftfahrtbehördlichen, jedoch keiner baubehördlichen Bewilligung (VfGH 5.10.1951, Slg 2192).

58) Der Nachbar vermag mit der Behauptung, das Grundstück liege in der Einflugschneise des Flughafens und sei deshalb die Höhe des Gebäudes unzulässig, kein subjektiv-öffentliches Nachbarrecht darzutun. Der Umstand, daß das Bauvorhaben allenfalls einer Ausnahmegenehmigung nach dem LuftfahrtG bedarf, führt nicht zu einer Versagung der Baubewilligung nach den baurechtlichen Vorschriften (VwGH 24.1.1991, 89/06/0007, Slg 13.365 A).

59) Auch dann, wenn Grundflächen durch einen Bescheid des BM für öffentliche Wirtschaft und Verkehr Teil einer Flugplatzerweiterung sind, ist ein Bauvorhaben eines Luftfahrtunternehmens (Lagerhalle) nicht von der Zuständigkeit des Bürgermeisters als Baubehörde (der Gemeinde im eigenen Wirkungsbereich) ausgenommen, wenn das Vorhaben der Abwicklung des Flugverkehrs nicht dient – hier hatte sich die Baubehörde nach einer Rückfrage bei der Luftfahrtbehörde für nicht zuständig erklärt, weshalb der VwGH den bei ihm angefochtenen Bescheid aufhob (VwGH 30.5.1995, 94/05/0053, Slg 14.265/A).

Einen Bescheid der Luftfahrtbehörde betr diese Lagerhalle hat der VwGH infolge Unzuständigkeit der belangten Behörde (BM) aufgehoben (VwGH 14.6.1995, 94/03/0073).

60) Überträgt man die im Erkenntnis vom 30. Mai 1995, Zl. 94/05/0053, näher dargestellten Grundsätze zum Begriff der Luftfahrtanlage im Sinne des Kompetenztatbestandes „Verkehrswesen bezüglich … der Luftfahrt" in Art. 10 Abs. 1 Z 9 B-VG auf den Beschwerdefall, folgt daraus, daß es sich bei dem Hotel (auch dann, wenn es auch, und sei es überwiegend, zur hotelmäßigen Unterbringung von Piloten und Bordpersonal bestimmt sein sollte) um keine Luftfahrtanlage im Sinne des Art. 10 Abs 1 Z 9 B-VG handelt, weil hier nicht ersichtlich ist, daß ohne dieses Hotel ein geordneter Flugbetrieb nicht möglich sei (VwGH 4.3.1999, 98/06/0214).

Baurecht – Naturschutzrecht

61) Der VwGH teilt nicht die Auffassung des Bfrs, daß im Hinblick auf die erteilte Bauplatzerklärung die Naturschutzbehörde nicht die Bewilligung für das Bauvorhaben versagen dürfe (VwGH 20.4.1978, 149/77).

62) Die Befugnis und Verpflichtung der Baubehörde, Aspekte des (hier) Orts- und Landschaftsbildes aus baurechtlicher Sicht zu prüfen (im Unterschied der Prüfung einer baulichen Anlage an Hand der im Rahmen der Kompetenz „Naturschutz" zu berücksichtigenden Gesichtspunkte) ist unabhängig davon zu bejahen, ob etwa (auch) eine naturschutzbehördliche Bewilligung für das Vorhaben erforderlich ist (siehe dazu das Erkenntnis des Verfassungsgerichtshofes vom 23. Oktober 1980, VfSlg Nr 8944), zumal es in Verfahren vor der Baubehörde einerseits und der Naturschutzbehörde andererseits bei Einhaltung der verfassungsrechtlichen Kompetenzverteilung ausgehend von den den Materien zuzuordnenden unterschiedlichen Gesichtspunkten nicht um idente Aspekte und Kriterien geht (VwGH 28.10.1999, 98/06/0179, zum stmk BG).

62a) Eine Flächenwidmung bezieht sich nicht nur auf den jeweiligen Erdboden, sondern auch auf den darüber und darunter liegenden Raum. Die Widmung „Windkraftanlagen" muss daher auch die von den Rotorblättern überschwenkten Bereiche umfassen.

62b) Nachbarn im Sinne des § 19 Abs 1 Z 1 und 2 UVP-G 2000 iVm § 10 Abs 1 Z 3 und § 11 Abs 1 NÖ ElektrizitätswesenG 2005 sind nicht befugt, die Einhaltung der Flächenwidmung als solche geltend zu machen.

62c) Rechtsvorschriften betreffend die Auswirkungen auf die Landschaft sind solche, die dem Schutz der Umwelt iSd § 19 Abs 3 UVP-G 2000 dienen. Nachbargemeinden können daher eine Beeinträchtigung des Landschaftsbildes geltend machen (VwGH 11.12.2003, 2011/05/0038).

63) Der EuGH hat mit seiner Entscheidung vom 20.12.2017, Rechtssache C-664/15 („Protect"), ausgesprochen, dass die österreichischen Regelungen in Umweltangelegenheiten hinsichtlich der Rechte von anerkannten Umweltorganisationen nicht den Anforderungen des Aarhus-Übereinkommens entsprechen. Er zieht in Auslegung des Art 9 Abs 3 Aarhus-Übereinkommen iVm Art 47 der Charta sowie Art 14 Abs 1 RL 2000/60 folgende Schlussfolgerungen:

- Ein Bescheid, mit dem ein möglicherweise gegen die Verpflichtung aus Art 4 RL 2000/60, eine Verschlechterung des Zustands der Wasserkörper zu verhindern, verstoßendes Vorhaben gebilligt wird, muss von einer nach den Voraussetzungen des nationalen Rechts ordnungsgemäß gegründeten und tätigen Umweltorganisation vor einem Gericht angefochten werden können.
- Nationales Verfahrensrecht, das Umweltorganisationen nicht das Recht zuerkennt, sich an einem Bewilligungsverfahren zur Umsetzung der RL 2000/60 als Partei zu beteiligen, und das Recht, Entscheidungen, die im Rahmen des Bewilligungsverfahrens ergehen, anzufechten, nur Personen, die im Verwaltungsverfahren die Stellung als Partei hatten, zuerkennt, ist nicht mit diesen Bestimmungen vereinbar.
- Unter dem Vorbehalt der Überprüfung der relevanten tatsächlichen Umstände und des einschlägigen nationalen Rechts durch den VwGH ist es mit diesen Bestimmungen nicht vereinbar, dass für eine Umweltorganisation nach Verfahrensvorschriften eine Ausschlussregelung gilt, nach der eine Person ihre Stellung als Partei im Verwaltungsverfahren verliert und

deshalb keine Beschwerde gegen eine in diesem Verfahren ergangene Entscheidung erheben kann, wenn sie Einwendungen nicht rechtzeitig bereits im Verwaltungsverfahren, spätestens in dessen mündlichem Abschnitt, erhoben hat.

Der EuGH stellt aber auch fest, dass Art 9 Abs 3 Aarhus-Übereinkommen einer Ausschlussregelung wie der des § 42 AVG an sich nicht entgegensteht. Sie entspricht auch ganz dem Gedanken, wonach Verfahren „angemessenen und effektiven" Rechtsschutz bieten und „fair" sein müssen. Eine solche Einschränkung kann nach Art 52 Abs 1 der Charta gerechtfertigt sein, wenn sie iSd Verhältnismäßigkeit erforderlich ist.

Zu bemerken ist aber, dass sich, wenn aus dem heraus insbesondere Anfechtungsrechte zu Entscheidungen auch ohne vorherige Beteiligung im Verfahren erkannt werden, gravierende Fragen zum Eintritt der Rechtskraft und zur Rechtssicherheit ergeben. So werden Anfechtungsrechte im Verfahren nicht beteiligter Umweltorganisationen wohl auch ihre Grenze im Eintritt der Rechtskraft der Entscheidung gegenüber den Bescheidadressaten finden.

Baurecht – Schießwesen

64) Die Errichtung und der Betrieb von Schießstätten, ohne daß auf diesen Baulichkeiten errichtet werden sollen, die der baubehördlichen Bewilligung bedürfen, fallen unter den Kompetenztatbestand Schießwesen, allerdings subsidiär unter den der allgemeinen Sicherheitspolizei (VwGH 24.4.1979, Slg 9823 A).

Baurecht – Wasserrecht

65) Die Regelung der Abwässerbeseitigung von bebauten Liegenschaften ist, soweit sie die Einwirkung der Abwässerbeseitigung auf fremde Rechte oder auf öffentliche Gewässer betrifft, gem Art 10 Abs 1 Z 10 B-VG (Wasserrecht) Bundessache (VfGH 21.3.1963, Slg 4387).

66) Es ist Sache der Wasserrechtsbehörde und nicht der Baubehörde, die Vereinbarkeit eines Vorhabens mit den Zielen einer Verordnung betreffend die Festsetzung eines Wasserschongebietes zu prüfen (VwGH 3.10.1966, 1306/65).

67) Der Landesgesetzgeber ist berechtigt zu bestimmen, ob er aus dem Gesichtspunkt des Baurechts für die Errichtung einer Drainageanlage eine baubehördliche Bewilligung für erforderlich hält (VwGH 15.1.1968, 2162/65).

68) Die Ableitung von Abwässern kann sowohl aus wasserrechtlichen als auch aus baurechtlichen Gesichtspunkten einer Regelung unterzogen werden. Verfassungsrechtliche Bedenken gegen die baubehördliche Bewilligungspflicht für eine Senkgrube bestehen nicht (VfGH 22.2.1985, Slg 10.329).

Baurecht – Zivilrechtswesen – civil rights

69) Zur Kompetenz auf dem Gebiete des Zivilrechtswesens gehört auch die Regelung der Vollziehungszuständigkeit (vgl zB VfSlg 2658). Die Zuständigkeit des Landesgesetzgebers zur Erlassung von Bestimmungen auf dem Gebiete des Zivilrechtswesens nach Art 15 Abs 9 B-VG umfaßt also auch die Kompetenz, die Zuständigkeit zur Vollziehung dieser Bestimmungen Landesbehörden zu übertragen (VfGH 9.12.1963, Slg 4605).

70) Die Befugnis zur Erlassung von straf- und zivilrechtlichen Bestimmungen reicht nur so weit, daß die Länder ausschließlich solche straf- und zivilrechtlichen Bestimmungen treffen können, die mit der Hauptmaterie in einer derart engen Verbindung stehen, daß ohne sie das Land die ihm in der Hauptmaterie eingeräumte Zuständigkeit nicht erfüllen könnte (VfGH 24.3.1954, Slg 2658).

71a) Bei Baurechtsangelegenheiten handelt es sich nicht um „civil rights" im Sinne der MRK. Die Versagung einer Baubewilligung ist geradezu der Prototyp eine hoheitlichen Eingriffes im öffentlichen Interesse, und die Wahrnehmung der öffentlichen Interessen einschließlich der nötigen Abwägung gegenüber privaten Interessen ist die wesentliche Aufgabe der Verwaltung. Daß der Gegenstand des Eingriffes regelmäßig das Eigentum und damit ein privates Vermögensrecht ist, ändert an seinem öffentlich-rechtlichen Charakter nichts.

71b) Die verfassungsrechtlich gebotene Entscheidung der Angelegenheit durch eine Verwaltungsbehörde kann als solche weder eine Verletzung eines verfassungsgesetzlich gewährleisteten Rechtes noch eine Rechtsverletzung durch Anwendung einer rechtswidrigen generellen Norm darstellen. Die Einrichtung einer Gerichtsbarkeit, die über die Kontrolle durch den VwGH hinaus nach eigener Sachverhaltsermittlung ihre Entscheidung anstelle der Behörden trifft, ist von Verfassungs wegen nicht erzwingbar.

71c) Zur Auslegung der MRK: an die verfassungsrechtlichen Grundsätze der Staatsorganisation ist der VfGH auch im Falle eines Widerspruchs zur MRK gebunden (VfGH 14.10.1987, Slg 11.500).

Geradezu prophetisch hat der VfGH in diesem E noch Folgendes gesagt:

Der VfGH hat den Folgen ins Auge zu sehen, die sich aus einer Umsetzung dieser in ihrem Fortgang nicht vorhersehbaren Entwicklung für die österreichische Rechtsordnung insgesamt ergeben würden. Stellt Art 6 Abs 1 MRK tatsächlich solche Anforderungen, könnte der einfache Gesetzgeber sie nämlich nicht mehr erfüllen, weil sie eine einschneidende Änderung der österreichischen Staatsorganisation voraussetzen würden. Müßte alles durch ein Gericht (Tribunal) in der Sache selbst entschieden werden, was die private Sphäre im weiten Sinn dieser Rechtsprechung berührt, so müßten jedenfalls nicht nur im Baurecht, sondern auch im Gewerberecht, im Wasser-, Forst- und Bergrecht, im Straßenrecht, im Energierecht, im Preisrecht und im Devisen-

und Außenhandelsrecht wie im Bank- und Versicherungswesen, in Angelegenheiten der Heil- und Pflegeanstalten, der Ärzte und Apotheken, im Sanitäts- und Veterinärrecht, beim Natur- und Umweltschutz, in Jagd- und Fischereisachen und in Angelegenheiten der Landeskultur, kurz nahezu ausnahmslos Gerichte zur Entscheidung von Streitigkeiten berufen werden. Denn für all diese Angelegenheiten ist die Entscheidung über Ansprüche und Verpflichtungen dieser Art so typisch, daß es bei einer Ausgliederung abgrenzbarer Teilbereiche nicht sein Bewenden haben könnte. Eine Zuweisung aller in Betracht kommender Verwaltungsangelegenheiten in die Kompetenz der ordentlichen Gerichte würde aber der verfassungsrechtlichen Stellung der Verwaltung widersprechen, mit Art 20 B-VG unvereinbar sein und auch die verfassungsrechtlich verankerte Zuständigkeit des Landeshauptmannes als Träger der mittelbaren Bundesverwaltung, ja die mittelbare Bundesverwaltung selbst beseitigen.

Der Einrichtung in der Sache neu entscheidender Verwaltungsgerichte steht – wie oben dargelegt – die Bundesverfassung gleichfalls entgegen: Die unter Leitung der obersten Organe geführte Verwaltung unterliegt nur der Kontrolle durch den Verwaltungsgerichtshof, der als Organ des Gesamtstaates die Gesetzmäßigkeit der Verwaltung des Bundes wie der Länder garantiert und nicht in wesentlichen Teilen seiner Tätigkeit durch die Einrichtung von Kollegialbehörden mit den Eigenschaften von Tribunalen ersetzt werden darf.

Doch die Rechtsprechung begann sich zu ändern. Ganz klar sprach der VfGH in seinem E vom 13.12.2011, Slg 19.587 Folgendes aus:

72) Die Entscheidung über den Antrag der Beschwerdeführer auf Erteilung einer Baubewilligung betrifft einen zivilrechtlichen Anspruch iSv Art 6 EMRK („civil right“), nämlich das Recht, auf einem von ihnen gepachteten Grundstück ein Gebäude zu errichten (vgl EGMR 25.11.1994, Fall Ortenberg, Appl 12.884/87, Z 28). Aus diesem Grund ist das Grundrecht auf das entsprechende Verwaltungsverfahren sowie auf die nachfolgenden Verfahren vor den Gerichtshöfen des öffentlichen Rechts grundsätzlich anwendbar (VfGH 13.12.2011, Slg 19.587).

Die angesprochenen Verwaltungsgerichte wurden mit der Verwaltungsgerichtsbarkeitsnovelle 2012, BGBl I 2012/51 geschaffen.

Artikel II. **(1) Die vor Wirksamkeit dieses Gesetzes beschlossenen Generalregulierungspläne bilden in ihrer Gesamtheit den ersten Flächenwidmungsplan (§ 4 dieser Bauordnung), die vor Wirksamkeit dieses Gesetzes beschlossenen Generalbaulinienpläne den ersten Bebauungsplan (§ 5 dieser Bauordnung). Für ihre Kundmachung genügt, daß die Beschlüsse des Gemeinderates im Amtsblatt der Stadt Wien veröffentlicht worden**

sind, die dazugehörigen Pläne beim Magistrat der Stadt Wien zur Einsichtnahme aufliegen und jedermann verlangen kann,[1] Ausfertigungen dieser Beschlüsse und der dazugehörigen Pläne zu erhalten.

(2) Für die Einteilung der Stadtgebiete in die Bauklassen (§ 75 dieser Bauordnung) und für die Widmung der zum Bauland gehörenden Gebiete (§ 4 dieser Bauordnung) gelten aber, soweit für diese Stadtgebiete ein Generalbaulinienplan besteht und entweder das Gesetz oder Beschlüsse des Gemeinderates Beschränkungen der Geschoßzahl der Wohngebäude festgesetzt haben, nachfolgende Übergangsbestimmungen:

a) Zur Bauklasse IV gehören, soweit nicht nach dieser Bauordnung Bauklasse V zu gelten hat, jene Stadtgebiete, wo bisher die Wohngebäude nicht mehr als fünf Geschosse (vier Stockwerke) enthalten durften;

b) zur Bauklasse III gehören jene Stadtgebiete, wo die Wohngebäude bisher nicht mehr als drei Stockwerke enthalten durften;

c) zur Bauklasse II gehören jene Stadtgebiete, für die die zwei Stock hohe Bebauung festgesetzt war, und

d) zur Bauklasse I gehören jene Stadtgebiete, für die eine ein Stock hohe oder bloß ebenerdige Bebauung vorgeschrieben war.

e) Als Wohngebiete gelten jene Stadtgebiete, in denen für die Wohngebäude vorgeschrieben war, daß sie einzelstehend oder zu zweien gekuppelt zu erbauen sind, sowie alle bisher festgesetzten Siedlungsgebiete und jene Gebietsteile, für die durch besondere Beschlüsse des Gemeinderates die Bildung von Wohngebäudegruppen mit mehr als zwei Gebäuden zugelassen wurde.

f) Alle übrigen zum Bauland gehörigen Stadtgebiete gelten als gemischte Baugebiete, insbesondere auch jene Stadtgebiete, die der Gemeinderat vorzugsweise für die Anlage von Industriebauten bestimmt hat; diese Stadtgebiete sind, wenn sie in den Bezirken I bis X und XX liegen, als zur Bauklasse IV, wenn sie in den übrigen Bezirken liegen, als zur Bauklasse III gehörig anzusehen, soweit nicht diese Gebietsteile mit Rücksicht auf die durch besondere Gemeinderatsbeschlüsse festgesetzte Beschränkung der Geschoßzahl in eine andere Bauklasse einzureihen sind.

(3) Für Grundflächen, für die vor der Bauordnungsnovelle 1976 die Bebauung mit Kleinhäusern, Einfamilienhäusern und Siedlungshäusern nach den Bestimmungen der §§ 117 und 118 festgesetzt war, gilt die Bebauung mit Kleinhäusern im Sinne des Gesetzes als festgesetzt.

Anmerkung

1) Mit der Nov LGBl 2018/69 entfiel der Ersatz der Vervielfältigungskosten.

Judikatur

1) Der VwGH hat in mehreren Erkenntnissen (9.7.1952, Slg 2613/A, 15.12.1954, 3325/53, und 31.5.1955, 3106/54), vor allem in dem letztgenannten, seine Rechtsansicht dahingehend zusammengefaßt, daß sowohl im Falle einer Realisierung des Cottagegedankens durch eine privatrechtliche Institution (durch Verbücherung einer Servitut für den Wiener Cottageverein als Berechtigter) als auch bei einer allfälligen öffentlich-rechtlichen Realisierung etwa im Falle der Eintragung der Stadt Wien auf Grund von Gemeinderatsdekreten, und zwar im letzteren Fall zufolge der dann eingetretenen Derogation durch das spätere Recht, die Beachtung der verbücherten Baubeschränkungen im Baubewilligungsverfahren durch Versagung der Baubewilligung nicht möglich ist (VwGH 20.11.1956, 1256/55, und 20.5.1963, Slg 6032/A).

2) Die Frage, ob Gemeinderatsbeschlüsse aus den Jahren 1901, 1921 und 1926 überhaupt als Bebauungspläne im Sinne des I. Abschnittes der geltenden Bauordnung zu beurteilen sind, ist nach Art II Abs 1 Satz 1 BO zu bejahen. Im Hinblick auf die Übergangsbestimmung des Art II Abs 2 lit d BO ist weiters davon auszugehen, daß die Bauklasse I gegeben ist, weil diese für jene Stadtgebiete gelten soll, für die eine ein Stock hohe oder bloß ebenerdige Bebauung vorgeschrieben war (VwGH 17.1.1989, 88/05/0110).

Artikel III. **(1) Die Bestimmungen der §§ 11, 20, 58 und 74 der Bauordnung gelten auch für bereits vor Wirksamkeit dieses Gesetzes ergangene Bescheide. Abteilungs- und Baubewilligungen aber, die nach den bisherigen gesetzlichen Vorschriften noch nicht erloschen sind, jedoch nach den Bestimmungen dieser Bauordnung schon erloschen wären oder innerhalb eines Jahres nach Inkrafttreten dieses Gesetzes erlöschen würden, behalten ihre Gültigkeit für den Rest ihrer bisherigen Dauer, längstens jedoch für ein Jahr vom Tage des Inkrafttretens des Gesetzes. Die im § 74 bestimmte Frist für die Vollendung von Bauwerken beginnt für die unter Wirksamkeit der bisherigen Gesetze begonnenen Bauwerke mit dem Tage des Inkrafttretens dieses Gesetzes.**[1)]

(2) Grundstücke, die nach den bisherigen gesetzlichen Bestimmungen durch eine rechtswirksam gewordene behördliche Abteilungsbewilligung ausdrücklich zum Zwecke der Bebauung geschaffen worden sind, gelten auch im Sinne dieses Gesetzes als Bauplätze.[2)]

(3) Die Bestimmungen des § 13 haben auf Abteilungen keine Anwendung zu finden, die vor Wirksamkeit dieses Gesetzes[3)] **bereits von den Grundbuchsgerichten bewilligt worden sind.**

(4) *entfällt; LGBl 2014/25 vom 15.7.2014*

(5) Auf bereits bestehende Bauwerke, für die vor Wirksamkeit dieses Gesetzes eine Baubewilligung erteilt worden ist, haben die Bestimmungen des § 48 und jene Bestimmungen Anwendung zu finden, die die Anwendung auf bestehende Bauwerke ausdrücklich vorsehen.[4)]

(6) Außerdem haben auch die Bestimmungen der §§ 93 Abs. 3, 96 Abs. 2, 101 Abs. 2, 107 Abs. 1 und 126 Abs. 4 in der Fassung vor der Techniknovelle 2007 für bestehende Bauwerke zu gelten.[5)] **Die auf Grund des X. und XI. Abschnittes in der Fassung vor der Techniknovelle 2007 zu erlassenden Verordnungen haben auch zu bestimmen, ob und inwieweit diese Vorschriften auf bereits bestehende Bauwerke Anwendung finden. In dieser Hinsicht können jedoch bauliche Änderungen nur so weit verlangt werden, als sie aus öffentlichen Rücksichten unbedingt notwendig sind.**

(7) § 119a Abs. 2 und Abs. 3 sind sinngemäß auf bestehende Gebäude anzuwenden, wenn bewilligungspflichtige Bauführungen mehr als die Hälfte der im Gebäude befindlichen Wohnungen und Betriebseinheiten betreffen.[6)]

(8) Die Verpflichtung zur Entrichtung einer Ersatzleistung und eines Kostenersatzes gemäß § 50 besteht nicht für Grundflächen, die bei Inkrafttreten dieses Gesetzes bereits als Verkehrsfläche genutzt waren.[7)]

Anmerkungen

1) Von den Bestimmungen dieses Absatzes ist derzeit nur noch die Bestimmung von Bedeutung, wonach § 58 (Besondere Bestimmungen bei Änderung des Bebauungsplanes durch Verschmälerung, Verbreiterung, Auflassung oder Änderung der Verkehrsflächen) auch für bereits vor Wirksamkeit dieses Gesetzes ergangene Bescheide Anwendung zu finden hat.

2) Gegenüber der bisherigen Rechtslage genügt in Zukunft für die Qualifikation als Bauplatz, dass ein den geltenden Bestimmungen entsprechendes Gebäude errichtet werden kann. Eine Ergänzung durch Nachbargrund ist auch dann nicht notwendig, wenn die geforderte Mindestgröße erheblich unterschritten wird.

3) Vor dem 3.5.1930.

4) Abs 5 idF Nov 2001/37. Außer den in diesem und den im folgenden Absatz angeführten gesetzlichen Bestimmungen gelten für bestehende Baulichkeiten auch noch jene Bestimmungen der Bauordnung, die eine dauernde Verpflichtung des Haus- und Grundeigentümers zum Inhalt haben. Hiezu gehören insbesondere die Bestimmungen des § 129 über die Verpflichtung zur Erhaltung des konsensgemäßen Zustandes und zur Beseitigung von Baugebrechen (s E 1).

5) Diese Bestimmungen lauteten wie folgt:

a) § 93 Abs 3:

„In rückstaugefährdeten Gebieten, das sind solche, in denen bei niederschlagsreichen, jedoch nicht als durchschnittlich zu bezeichnenden Witterungsverhältnissen ein Aufstau der Abwässer in den Kanälen auftreten kann, sind Abschlüsse oder andere technisch geeignete Maßnahmen zur Verhinderung des Eindringens des Rückstaues in Baulichkeiten und baulichen Anlagen herzustellen. Von der Behörde sind Aufträge zur Herstellung solcher Abschlüsse oder anderer technisch geeigneter Maßnahmen auch für bereits bestehende Baulichkeiten und bauliche Anlagen zu erteilen, wenn nach deren Errichtung ein in seinem Ausmaß schwerwiegender Rückstau aufgetreten oder bereits mehrmals ein Rückstau erfolgt ist."

b) § 96 Abs 2:

„Bauliche Anlagen sind mit Blitzschutzanlagen, die den Erfahrungen der technischen Wissenschaften entsprechen, auszustatten, wenn sie durch ihre Höhe, Flächenausdehnung, Höhenlage oder Bauweise selbst gefährdet oder widmungsgemäß für den Aufenthalt einer größeren Personenzahl bestimmt sind oder wenn sie wegen ihres Verwendungszweckes, ihres Inhaltes oder zur Vermeidung einer Gefährdung der Nachbarschaft eines Blitzschutzes bedürfen."

c) § 101 Abs 2:

„Freistehende Feuermauern und ebensolche Feuermauerteile sind, auch wenn sie nur vorübergehend ungedeckt bleiben, von außen zu verputzen. Die Behörde kann, wenn es die Rücksicht auf das örtliche Stadtbild erfordert, eine entsprechende Ausgestaltung sichtbarer Feuermauerteile verlangen."

d) § 107 Abs 1:

„Alle dem Zutritt offenstehenden, absturzgefährdeten Stellen innerhalb von Baulichkeiten oder an Baulichkeiten sind mit einem standsicheren, genügend dichten und festen Geländer zu sichern. Bei Wohnungen müssen Geländer von Loggien, Balkonen, Fenstertüren oder Terrassen überdies so beschaffen sein, daß Kleinkinder nicht durchschlüpfen oder leicht hochklettern können. Anstelle von Geländern sind auch Brüstungen zulässig."

e) § 126 Abs 4:

„Droht dadurch, daß benachbarte Gebäude verschieden hoch sind, für die Bewohner eines oder beider Gebäude eine Gefährdung durch Abgase von Feuerstätten, ist der Eigentümer des niedrigeren Gebäudes verpflichtet, die Rauch- und Abgasfänge entsprechend hochzuführen; diese Verpflichtung besteht nicht, wenn eine Heizung hergestellt wird, durch die gewährleistet wird, daß eine Gefährdung der Bewohner oder Benützer dieses oder beider Gebäude ausgeschlossen ist. Der Eigentümer des höheren Gebäudes ist verpflichtet, die notwendige Verankerung dieser Rauch- oder Abgasfänge, die Schaffung eines gesicherten Zuganges zur Ermöglichung der Reinigung und Überprüfung dieser Einrichtungen sowie ihre Reinigung und Überprüfung von seinem Gebäude aus zu dulden. Ist eine Höherführung der Rauch- und Abgasfänge technisch nicht möglich, so ist eine Heizung herzustellen, durch die gewährleistet wird, daß eine Gefährdung der Bewohner oder Benützer beider Gebäude ausgeschlossen ist. Der Eigentümer des höheren Gebäudes ist, wenn durch seine Bauführung die verschiedene Höhe der benachbarten Gebäude entstanden ist, verpflichtet, dem Eigentümer des niedrigeren Gebäudes die unbedingt notwendigen Kosten für die Höherführung der Rauch- und Abgasfänge zu ersetzen. Wird anstatt der Höherführung der Rauch- und Abgasfänge im niedrigeren Gebäude eine andere Heizung eingerichtet, sind die dafür entstehenden Kosten bis höchstens zum Betrag der für die Höherführung geschätzten zu ersetzen."

Diese Bestimmungen stellen bzgl **Bestehen der Bauten** auf den **3.5.1930** ab (**eine laufende Anpassungspflicht jüngerer bzw bereits einmal angepasster Bauten an spätere Änderungen der genannten Bestimmungen scheidet regelmäßig** schon in Hinblick auf Übergangsbestimmungen in den Novellen, nach denen für anhängige Verfahren noch die jeweils alte Rechtslage maßgebend ist, aus systematischen und gleichheitsrechtlichen Überlegungen, **aus** – vgl zB Art II der Nov LGBl 1976/18). Änderungen der auf bestehenden Bauten anzuwendenden Bestimmungen wirken, außer bei ausdrücklicher anderer Regelung, regelmäßig für den gesamten zur Zeit der Änderung vorhandenen Baubestand. Es liegt im Gestaltungsspielraum des Gesetzgebers, ob und in welchem Ausmaß er bei bestehenden baulichen Anlagen nachträgliche brandschutztechnische Maßnahmen vorsehen kann.

6) Betrifft nähere Bestimmungen vor allem über die Barrierefreiheit von Kinderwagen- und Fahrradabstellräumen. Mit der BO-Nov 2023, LGBl 2023/37 vom 13.12.2023, wurde der vormalige Bezug auf § 90 Abs 5 idF vor der Techniknovelle 2007 abgeändert, Lt EB sind nun auch bei umfassenden Änderungen an bestehenden Gebäuden Räume zum Abstellen von Kinderwägen (Abs 2) und Fahrradabstellplätze (Abs 3) vorzusehen und es wird der Verweis an § 119a angepasst. Gem § 119a Abs 3 wird die Verpflichtung bei jeder Neuschaffung von Wohnungen ausgelöst. Art III Abs 7 hingegen löst eine sinngemäße Verpflichtung gem § 119a Abs 2 und Abs 3 anders aus.

7) Das war der 3.5.1930. „Als Verkehrsfläche genutzt" werden auch Grundflächen, wenn sie sich in der Grundbuchseinlage des öffentlichen Gutes einer Gebietskörperschaft oder in einer dem öffentlichen Gut gleichzuhaltenden Einlage befunden haben (EB). Auch die tatsächliche Verwendung für die Öffentlichkeit ist ein entscheidendes Moment.

Judikatur

1) Art III Abs 2 BO verlangt aber die Klärung der Frage, ob ein Grundstück vor dem Inkrafttreten der BO mit 3. Mai 1930 (vgl Art VII BO sowie die Anmerkung hiezu bei *Moritz*, BauO für Wien, 4. Auflage, 2009, S 18) nach den bis dahin maßgeblichen gesetzlichen Bestimmungen durch eine rechtswirksam gewordene behördliche Abteilungsbewilligung ausdrücklich zum Zweck der Bebauung geschaffen wurde. Dazu ist es erforderlich, anhand der jeweils früher maßgeblichen gesetzlichen Bestimmungen näher aufzuzeigen, dass eine rechtswirksam gewordene behördliche Abteilungsbewilligung, diese Grundstücke betreffend, ausdrücklich zum Zweck der Bebauung erteilt wurde (VwGH 6.9.2011, 2008/05/0178).

Artikel IV. **(1) In den vor der Wirksamkeit der Bauordnungsnovelle 1976 festgesetzten Wohngebieten gilt, wenn im Bebauungsplan nicht anderes bestimmt ist, für die Bauklasse I eine Gebäudehöhe von 7,50 m und für die Bauklasse II eine Gebäudehöhe von 10,50 m.**

(2) Die für in sich geschlossene Teile des Stadtgebietes nach der bisherigen Bestimmung des § 5 Abs. 4 festgesetzten Strukturpläne sowie die für die Bebauung von Bauplätzen nach der festgesetzten Zeilenbauweise oder Blockbauweise geltenden Bestimmungen behalten auch ab der Wirksamkeit der Bauordnungsnovelle 1976[1)] ihre Wirksamkeit. Für die Bebauung nach diesen Aufbauplänen gelten die bisherigen Bestimmungen des 8. Teiles.

(3) Schutzzonen, die bei Inkrafttreten der Wohnzonen-Novelle festgelegt sind, gelten bis zu einer anderslautenden Festlegung des Bebauungsplanes als Wohnzonen. Darüber hinaus gelten Wohngebiete und gemischte Baugebiete der Bezirke 1 bis 9 und 20, für die im Bebauungsplan nicht eine Schutzzone festgelegt ist, bis zu einer anderslautenden Festlegung des Bebauungsplanes als Wohnzonen.

(4) In Wohnzonen, die in Wohngebieten und gemischten Baugebieten der Bezirke 1 bis 9 und 20 im Bebauungsplan ausgewiesen sind oder gemäß Abs. 3 als festgesetzt gelten, ist mit Ausnahme der Geschäftsviertel, Betriebsbaugebiete und der Grundflächen für öffentliche Zwecke sowie der Bauplätze an Straßenzügen von Bundesstraßen und Hauptstraßen gemäß der Verordnung des Gemeinderates betreffend die Feststellung der Haupt- und Nebenstraßen[2)] bis zu einer anderslautenden Festlegung des Bebauungsplanes nur die Errichtung von Wohngebäuden zulässig, in denen nicht weniger als 80 vH der Summe der Nutzflächen der Hauptgeschosse, jedoch unter Ausschluß des Erdgeschosses, Wohnzwecken vorbehalten sind (§ 5 Abs. 4 lit. w).

(5) Für die vom Bund durch Gesetz aufgelassenen Bundesstraßen gelten die gemäß § 17 Abs. 4 und § 18 bestehenden Verpflichtungen zur unent-

geltlichen Übertragung der Verkehrsflächen in das öffentliche Gut sowie die Anliegerleistungen gemäß §§ 50, 51 und 54 bis 31. Dezember 2008 als erfüllt.[3)]

Anmerkungen

1) Das war der 15.8.1976.

2) Dzt gilt die V ABl 2015/23.

3) Diese Verpflichtung kann auch nach dem 31.12.2008 nicht mehr rückwirkend eingefordert werden.

Judikatur

1) Die widmungsrechtliche Regelung über die Zulässigkeit von Bauten in Wohnzonen gem Art. IV Abs. 4 Bauordnung für Wien stellt eine widmungsrechtliche Regelung dar, die keinen Immissionsschutz beinhaltet. Auf die Einhaltung dieser Regelung hat der Nachbar somit im Lichte des § 134a Bauordnung für Wien kein subjektiv-öffentliches Nachbarrecht (VwGH 15.12.1998, 97/05/0215).

Artikel V. **(1) Für zum Zeitpunkt des Inkrafttretens der Bauordnungsnovelle 1989 bereits bestehende Gebäude sind in Gartensiedlungsgebieten nachträglich Baubewilligungen nach § 70 auch dann zu erteilen, wenn sie die Abstände zu den Grundgrenzen oder zur Achse des Aufschließungsweges nicht einhalten oder wenn ihre Gebäudehöhe mehr als 3,50 m beziehungsweise die Dachneigung mehr als 25° beträgt und die bestehende Kubatur jenes Produkt nicht überschreitet, das sich aus der im Bebauungsplan festgesetzten bebaubaren Fläche, einer Gebäudehöhe von 3,50 m und einer Dachneigung von 25° beziehungsweise der im Bebauungsplan festgesetzten Dachneigung ergibt; ferner sind nachträglich Baubewilligungen nach § 70 auch dann zu erteilen, wenn das Ausmaß der bebaubaren Fläche um nicht mehr als ein Viertel überschritten wird, wobei insgesamt eine bebaute Fläche von 150 m² nicht überschritten werden darf.**[1)]

(2) Für zum Zeitpunkt des Inkrafttretens der Bauordnungsnovelle 1989 bereits bestehende Gebäude sind in Gartensiedlungsgebieten Abteilungsbewilligungen für Baulose auch dann zu erteilen, wenn Aufschließungswege nicht die im § 16 Abs. 3 geforderten Breiten erreichen; eine lichte Breite von 2,50 m dürfen sie nicht unterschreiten. Die Abteilungsbewilligung darf auch für solche Baulose erteilt werden, die über einen Verbindungsstreifen mit einem Aufschließungsweg verbunden sind (Fahnenbaulose), wenn dieser Verbindungsstreifen eine Mindestbreite von 2 m aufweist oder wenn deren Zugänglichkeit durch eine entsprechende Dienstbarkeit rechtlich und tatsächlich sichergestellt ist. Die Abteilungsbewilligung darf

auch für solche Bauplätze erteilt werden, die über einen Verbindungsstreifen mit einer öffentlichen Verkehrsfläche verbunden sind (Fahnenbauplätze), wenn dieser Verbindungsstreifen eine Mindestbreite von 2,50 m aufweist.

(3) Für zum Zeitpunkt des Inkrafttretens der Bauordnungsnovelle 1989 bereits bestehende Gebäude ist in Gartensiedlungsgebieten von der Einhaltung der Bestimmungen über den Lichteinfall für einzelne Hauptfenster Abstand zu nehmen, wenn im Gebäude zumindest ein Aufenthaltsraum vorhanden ist, der den gesetzlichen Lichteinfall[2)] aufweist.

(4)[3)] Für zum Zeitpunkt des Inkrafttretens der Bauordnungsnovelle LGBl. für Wien Nr. 33/2004 bereits bestehende Gebäude sind im Bauland Baubewilligungen nach § 70 für Aufzugszubauten auch dann zu erteilen, wenn sie Baufluchtlinien überschreiten, durch sie die Bestimmungen über die flächenmäßige Ausnützbarkeit oder die zulässige Gebäudehöhe nicht eingehalten werden oder sie in Abstandsflächen oder sonstige gärtnerisch auszugestaltende Flächen ragen. Dabei ist ein Abstand von 3 m von den Nachbargrenzen einzuhalten, sofern der Nachbar nicht einem geringeren Abstand zustimmt und der gesetzliche Lichteinfall[2)] für die Nachbarliegenschaft nicht beeinträchtigt wird; die bebaute Fläche des Aufzugszubaues ist in die Fläche gemäß § 79 Abs. 3 nicht einzurechnen.

(5)[3)] An zum Zeitpunkt des Inkrafttretens der Wiener Bautechnikverordnung 2020 – WBTV 2020, LGBl. für Wien Nr. 4/2020[3a)] bereits bestehenden Gebäuden dürfen Wärmedämmungen sowie die für die Begrünung von Fassaden notwendigen technischen Systeme bis 20 cm über Fluchtlinien und in Abstandsflächen sowie in Abstände gemäß § 79 Abs. 5 vorragen. Bei einer Kombination beider Maßnahmen ist ein Überragen bis 30 cm zulässig. Zur Anbringung einer Wärmedämmung, zur Herstellung einer Hinterlüftungsebene oder einer Kombination dieser Maßnahmen darf bei diesen Gebäuden die bestehende Gebäudehöhe bzw. der oberste Gebäudeabschluss um nicht mehr als 30 cm überschritten werden.[3b)]

(6)[3)] Bei zum Zeitpunkt des Inkrafttretens der Bauordnungsnovelle 2014 bereits bestehenden Gebäuden sind, soweit städtebauliche Rücksichten nicht entgegenstehen, Bauführungen zur Schaffung oder Erweiterung eines Dachraumes für die Errichtung von Wohnungen oder Betriebseinheiten für Bürozwecke durch Erhöhung der Dachneigung bis zum Erreichen des Gebäudeumrisses gemäß § 81 Abs. 4 auch dann zulässig, wenn dadurch die zulässige Gebäudehöhe, Bestimmungen des Bebauungsplanes über die gärtnerische Ausgestaltung der Grundfläche, die Herstellung von Flachdächern oder Baufluchtlinien nicht eingehalten werden; die bestehende Gebäudehöhe darf durch solche Bauführungen unbeschadet des Abs. 5 nicht überschritten werden. § 68 Abs. 1 findet Anwendung.

(7) Bei zum Zeitpunkt des Inkrafttretens der Bauordnungsnovelle 2021[4)] bereits bestehenden Gebäuden sind Abteilungsbewilligungen für Bauplätze auch dann zu erteilen, wenn die Abstandsbestimmungen gemäß § 79 Abs. 3 zwar nicht eingehalten sind, aber der Abstand des Gebäudes zur Nachbargrenze durch die Grundabteilung nicht verändert wird.

(8) Beim nachträglichen Einbau von Flächenwärmeabgabesystemen im Zuge der Dekarbonisierung von im Zeitpunkt des Inkrafttretens der Wiener Bautechnikverordnung 2020 – WBTV 2020, LGBl. für Wien Nr. 4/2020, bereits bestehenden Gebäuden, gelten die Anforderungen an die lichte Raumhöhe in Aufenthaltsräumen als erfüllt, wenn diese mindestens 2,40 m beträgt.

(9) Bei zum Zeitpunkt des Inkrafttretens der Bauordnungsnovelle 2023[5)] bereits bestehenden und nach dem 1.1.1945 errichteten Gebäuden außerhalb von Schutzzonen, deren Dächer eine Neigung von höchstens 15° aufweisen, darf unbeschadet des Abs. 5 die bestehende Gebäudehöhe bzw. der oberste Gebäudeabschluss zur Begrünung von Dächern um weitere 15 cm überschritten werden. Eine Kombination dieser Maßnahme mit der Anbringung einer Wärmedämmung gemäß Abs. 5 ist zulässig, die Überschreitung der bestehenden Gebäudehöhe bzw. des obersten Gebäudeabschlusses darf jedoch insgesamt nicht mehr als 45 cm betragen.

(EB zur Nov LGBl 2018/69)

Die Ergänzung des Abs. 2 erfolgt in Anlehnung an die schon bisher bestehende Übergangsregelung für Baulose, da auch bewilligte Bauplätze existieren, die eine Fahne mit einer geringeren Breite als 3 m (§ 16 Abs. 2) aufweisen, wobei deren Verbreiterung im Falle der Änderung dieses Bauplatzes auf rechtliche oder – etwa infolge eines vorhandenen Baubestands – praktische Probleme stoßen würde.

Die Anhebung einer bestehenden Dachhaut im wörtlichen Sinne ist aus bautechnischer Sicht kaum oder gar nicht realisierbar. In der Praxis wird im Zuge der Anbringung einer Wärmedämmung, der Herstellung einer Hinterlüftungsebene oder einer Kombination dieser Maßnahmen die bestehende Dachhaut bzw. – in Kombination mit der Ansteilung eines Daches gemäß Abs. 6 – die gesamte Dachkonstruktion abgetragen und – im Regelfall mit neuen Materialien – neu errichtet. Die Änderung des Abs. 5 trägt dieser Praxis Rechnung (vgl. dazu auch VwGH 23.1.2018, Ra 2017/05/0210).

In Abs. 6 wird klargestellt, dass bei Ansteilung des Daches – entsprechend der baubehördlichen Praxis – § 68 Abs. 1 anwendbar ist. Weiters wird ein Abweichen auch von Bestimmungen des Bebauungsplanes zur Herstellung von Flachdächern ermöglicht.

(EB zur BO-Nov 2023, LGBl 2023/37 vom 13.12.2023)

Abs. 5: Die WBTV 2020 ist am 1.2.2020 in Kraft getreten. Die Änderung des bisherigen Anknüpfungspunktes an die BO-Novelle LGBl 33/2004 auf den Stichtag

1.2.2020 erscheint zweckmäßig, weil gewünscht ist, dass alle Bestandsgebäude, die nicht die Anforderungen der WBTV 2020 einhalten unter denselben Voraussetzungen wie ältere Bestandsgebäude thermisch saniert werden können. Mit der Ergänzung in Abs. 5 erster Satz wird die Möglichkeit geschaffen, dass auch mit Rank- oder Kletterhilfen sowie anderen technischen Einrichtungen, die für eine Fassadenbegrünung notwendig sind, Fluchtlinien überschritten werden bzw. diese in die Abstandsfläche ragen dürfen.

Abs. 6: Mit der Änderung in Abs. 6 ist auch bei Dachausbauten die Errichtung von Büroräumlichkeiten möglich. So können iSd Nachverdichtung auch Flächen, die sich nicht für die Errichtung von Wohnungen eignen, effizient genutzt werden.

Abs. 8: Wien strebt bis 2040 eine vollständige Klimaneutralität bei der Wärmeversorgung (Raumheizung und Warmwasser) in Gebäuden (Dekarbonisierung) an. Daher werden in wassergeführten Systemen primär Lösungen basierend auf Wärmenetzen oder strombetriebenen Wärmepumpen errichtet werden. In beiden Fällen kann es sein, dass insbesondere sehr niedrige oder mittlere Heizkreislauftemperaturen zum Einsatz kommen werden, die wesentlich größere wirksame Wärmeabgabeflächen bedingen als dies bei kleinflächigen Wärmeabgabesystemen der Fall ist. Zusätzlich kann es notwendig sein, außerhalb der Heizperiode für die Regeneration (Rückführung der während der Heizperiode entnommenen Wärmemenge) von Erdsonden sorgen zu müssen. Somit kann im Zuge dieser Dekarbonisierungsmaßnahmen beim Einbau von Niedertemperaturheizungen oder zur mit diesen Maßnahmen in Verbindung stehenden notwendigen saisonalen Regeneration der mittels Erdsonden entzogenen Wärme der Einbau von Flächenwärmeabgabesystemen Teil eines Lösungskonzeptes sein. Daher wird in Fällen, in denen die bisherige Vorschrift einer lichten Raumhöhe von mindestens 2,50 m galt, diese auf mindestens 2,40 m reduziert, wie dies schon bisher für Aufenthaltsräume von Wohnungen bei Gebäuden oder Gebäudeteilen mit nicht mehr als drei Wohnungen und bei Reihenhäusern der Fall war. Abs. 8 ist so gestaltet, dass die Regelung einerseits nicht auf primär dadurch angesprochene Wärmepumpenlösungen eingeschränkt ist, sondern vielmehr auch andere Niedertemperaturheizungen (z.B. Fernwärme mit niedriger Systemtemperatur und/oder Solarheizung) bei deren Umsetzung eine wesentliche Erleichterung erfahren. Damit werden auch allfällige notwendige Wärmeregenerationen außerhalb der Heizperiode wesentlich unterstützt.

Abs. 9: Es soll das nachträgliche Anbringen von Dachbegrünungen bei Bestandsgebäuden ermöglicht bzw. erleichtert werden. Die Überschreitungsmöglichkeit besteht über die Möglichkeiten des Art V Abs 5 hinaus. Wenn ein Gebäude sowohl die Voraussetzungen des Abs 5 als auch jene des Abs 9 erfüllt, ist eine Kombination der Maßnahmen zulässig. Die Aufteilung der Maßnahmen kann auch abweichend von den Größen in Abs 5 und Abs 9 erfolgen, die Gesamtüberschreitung der bestehenden Gebäudehöhe bzw. des obersten Gebäudeabschlusses darf maximal 45 cm betragen.

Anmerkungen

1) S Anm 1 zu § 71a bzgl Bauten langen Bestandes, die nicht nach § 70 bewilligt werden können.

2) Die Vorschriften über den Lichteinfall wurden mit der Nov LGBl 2008/24 aufgehoben.

3) Abs 4 und 5 wurden mit der Nov LGBl 2014/25 erweitert, Abs 6 wurde angefügt. In Anpassung an die Bedürfnisse der Baupraxis wurden mit der Novelle LGBl 2018/69 der letzte Satz des Abs 2 angefügt, in Abs 5 der zweite Satz geändert, in Abs 6 eine weitere Ausnahmebestimmung eingefügt und der letzte Satz angefügt. Zur Giebelfläche vgl § 81 Abs 1 bis 3. Abs 5 wurde mit der BO-Nov 2023, LGBl 2023/37 erneut erweitert.

4) BO-Nov 2021, LGBl 2021/70 vom 13.12.2021, in Kraft am 14.12.2021.

5) BO-Nov 2023, LGBl 2023/37 vom 13.12.2023, in Kraft am 14.12.2023

5a) Stichtag: 1.2.2020

5b) Bestimmungen gem Abs 9 BO (begrünte Flachdächer) können zusätzlich angewendet werden.

Judikatur

1) Art V Abs 5 und 6 BO sind als Ausnahmebestimmungen restriktiv zu interpretieren. Dies bedeutet zunächst, dass nach Art V Abs 5 BO ausschließlich eine Anhebung der Dachhaut in Frage kommt. Die Dachhaut ist nach *Frommhold/Gareiß* die äußerste Schicht des Daches ohne die zur Befestigung der Dachdeckung dienenden Unterlagen (Dachlatten, Dachbretter, Dachschalung). Nach *Koepf/Binding* ist die Dachhaut die Dachdeckung samt Lattung oder Schalung. Unter Dachdeckung ist die den Abschluss des Steildachs bildende dichte Dachhaut zu verstehen. Dachschalung ist die auf die Sparren genagelte dichte Holzschalung zur Aufnahme des Dachdeckungsmaterials. Das Dach insgesamt wiederum besteht aus dem Dachwerk (Sparren- oder Pfettendach) und der darauf ruhenden Dachhaut bzw aus Tragwerk und Dachdeckung. Soll das bestehende Dach zur Gänze entfernt und ein neues Dach errichtet werden liegt also keinesfalls eine bloße Veränderung der Dachhaut vor. Damit scheidet die Heranziehung des Art V Abs 5 BO und folglich auch jene des Art V Abs 6 BO aus, sodass auf Grund dieser Bestimmungen weder eine Erhöhung des obersten Gebäudeabschlusses noch der bestehenden Gebäudehöhe vorgenommen werden darf. Angesichts des eindeutigen Gesetzeswortlautes kann es dahingestellt bleiben, ob eine bloße Anhebung der Dachhaut kaum oder gar nicht realisierbar wäre (VwGH 23.1.2018, Ra 2017/05/0210, mH auf *Frommhold/Gareiß*, Bauwörterbuch[2] und *Koepf/Binding*, Bildwörterbuch der Architektur[4]).

Dieses Erkenntnis betrachtet der Gesetzgeber durch die Nov LGBl 2018/69 als überholt.

2a) Die Bestimmung des Art V Abs 6 BO hat „Bauführungen" mit dem Zweck der Errichtung von Wohnungen zum Gegenstand. Der auf „Bauführungen" abstellende Gesetzeswortlaut enthält keinerlei Einschränkungen hinsichtlich der Art oder des Umfanges der beabsichtigten baulichen Maßnahmen. Es ist daher nach Art V Abs 6 BO zulässig, das bestehende Dach abzutragen und in weiterer Folge den Dachbereich neu zu errichten (vgl hingegen Art V Abs 5 BO, der nach seinem Wortlaut ausschließlich die Anhebung der Dachhaut zum Gegenstand hat; siehe hierzu das bereits angesprochene Erkenntnis vom 23.1.2018).

2b) Gem Art V Abs 6 BO darf die Dachneigung bis zum Erreichen des Gebäudeumrisses nach § 81 Abs 4 BO erhöht werden. Zu letzterer Bestimmung spricht der Verwaltungsgerichtshof in ständiger Rechtsprechung aus, dass eine Verletzung von Nachbarrechten dann nicht eintreten kann, wenn nur der maximal zulässige Umriss (oder weniger) verbaut wird (vgl VwGH 22.9.1998, 95/05/0068, VwSlg 14975 A; siehe ferner VwGH 18.3.2013, 2010/05/0070, mwN; VwGH 29.1.2013, 2012/05/0160, mwN).

2c) Art V Abs 6 BO erlaubt ausdrücklich nur eine „Erhöhung der Dachneigung“ und beschränkt diese (und damit die zulässige Erweiterung des Dachbereiches) insofern, als deren Ausmaß durch den Verweis auf § 81 Abs. 4 BO mit 45 Grad bzw mit der im Bebauungsplan festgelegten Dachneigung begrenzt wird.

2d) Vor dem Hintergrund der gebotenen restriktiven Interpretation der Ausnahmebestimmung des Art V Abs 6 Wr BauO kann es keinen Unterschied machen, ob eine Dachfläche, deren Neigung erhöht werden soll, auch in Hinkunft eine „Dachfläche“ bildet oder dann eine „Giebelfläche“ darstellt. Mit anderen Worten darf durch die Ansteilung gem Art V Abs 6 Wr BauO in keinem Fall eine Vergrößerung eines gegebenen Dachwinkels über das nach Art V Abs 6 iVm § 81 Abs 4 Wr BauO zulässige Ausmaß stattfinden. Nur dort, wo bereits ein größerer Winkel rechtmäßig vorhanden ist (etwa bei Giebelflächen), darf dieser auch bestehen bleiben (siehe allgemein zur Ausführung von Giebelflächen VwGH 25.9.2012, 2010/05/0142; vgl auch die in Rz 33 zitierte hg Rechtsprechung). Die gem Art V Abs 6 in Verbindung mit § 81 Abs 4 Wr BauO vorgesehene Limitierung der Dachneigung ist daher für all jene Seiten des Dachbereiches maßgeblich, bei denen es zu einer Erhöhung der bisher bestehenden Dachneigung kommt. Als „bestehende Gebäudehöhe“ im Sinne des Art V Abs 6 Wr BauO ist angesichts des Verweises auf § 81 Abs 4 Wr BauO der bestehende „obere Abschluss der Gebäudefront“ anzusehen (VwGH 25.9.2018, Ra 2018/05/0025).

Vgl hiezu die EB und die Neufassung des Abs 6 mit der Nov LGBl 2018/69.

3a) Weiters bedeutet der in § 134a Abs 1 BO enthaltene Nebensatz „sofern sie ihrem Schutze dienen“, dass jeder Nachbar die Nachbarrechte nur soweit geltend machen kann, als er, insbesondere im Hinblick auf die Situierung des Bauvorhabens, durch deren Nichteinhaltung betroffen wäre. Die Einhaltung der zulässigen Gebäudehöhe kann ein Nachbar nur in Bezug auf die ihm zugewandten Seiten der Außenflächen des Gebäudes geltend machen (vgl etwa

VwGH 22.1.2019, Ro 2018/05/0001 bis 0004, mwN). Ebenso hat jeder Nachbar nur hinsichtlich der Einhaltung der Abstandsvorschriften, die sich gegenüber seiner Liegenschaft auswirken, ein Mitspracherecht (vgl VwGH 26.9.2017, Ro 2015/05/0002, mwN).

3b) Eine Terrasse zählt …nicht zur bebauten Fläche gem § 79 Abs 3 BO in Verbindung mit § 80 Abs 1 BO (vgl VwGH 20.12.2005, 2003/05/0124, mwN).

3c) Befinden sich Gauben nicht an der dem Nachbarn zugewandten Seite des Gebäudes, vermag schon deshalb eine allenfalls unzulässige Überschreitung des Gebäudeumrisses durch die Gauben nicht in ein subjektiv-öffentliches Recht dieses Nachbarn einzugreifen (vgl erneut VwGH 22.1.2019, Ro 2018/05/0001 bis 0004, mwN).

Das Verwaltungsgericht hat festgestellt, dass sich der als Gaube bezeichnete Bauteil nicht unmittelbar am linken Rand der Straßenfront befindet, sondern etwa um die Breite eines Fensters von diesem linken Rand – und damit von der der Liegenschaft der Dritt- und Viertrevisionswerberinnen zugewandten Seitenfront – abgerückt ist.

3d) Eine Verletzung von Nachbarrechten der Revisionswerberinnen kommt bezüglich dieses Bauteils daher nicht in Frage (vgl VwGH 29.1.2013, 2012/05/0160, mwN). Dass dieser Bauteil für die Revisionswerberinnen seitlich in Erscheinung tritt, ändert daran nichts (vgl VwGH 21.12.2010, 2009/05/0089).

3e) Die Revisionswerberinnen vertreten …die Ansicht, die bestehende Gebäudehöhe müsse von der Deckenoberkante des 2. Obergeschoßes berechnet werden, da dort „neuer Luftraum geschaffen" werde. Dabei verkennen sie jedoch, dass es … für die Frage der bestehenden Gebäudehöhe auf die oberste Schnittlinie der Außenwandfläche mit der Oberfläche des Daches ankommt (vgl das Vorerkenntnis VwGH 25.9.2018, Ra 2018/05/0025 bis 0029).

3f) Bestimmungen über die Gebäudehöhe im Sinne des § 134a Abs 1 lit b BO sind auch solche über die Dächer (vgl VwGH 30.1.2007, 2005/05/0315, mwN; VwGH 25.6.2019, Ra 2019/05/0002 bis 0004, mwN).

3g) Mit der Einwendung, es werde der Lichteinfall auf ein Nachbargrundstück beeinträchtigt, wird eine Verletzung von subjektiv-öffentlichen Nachbarrechten nicht dargetan. Eine solche Einwendung lässt sich nämlich dem Katalog des § 134a BO nicht zuordnen. Ein Anspruch des Nachbarn gegen den Bauwerber auf Belichtung auf der Nachbarliegenschaft, abgesehen von Abstands- und Höhenbestimmungen, besteht nicht (vgl VwGH 29.1.2020, Ra 2019/05/0007, mwN).

3h) Art V Abs 6 BO erlaubt ausdrücklich eine „Erhöhung der Dachneigung" und beschränkt diese (und damit die zulässige Erweiterung des Dachbereiches) insofern, als deren Ausmaß durch den (uneingeschränkten) Verweis auf § 81 Abs. 4 BO mit 45 Grad bzw. mit der im Bebauungsplan festgelegten Dachneigung begrenzt wird (vgl das Vorerkenntnis VwGH 25.9.2018, Ra 2018/05/0025 bis 0029). Soweit die Revisionsausführungen darauf abzielen, dass der letzte Satz des § 81 Abs 4 BO nicht heranzuziehen sei, gehen sie daher ins Leere.

3i) Nach ständiger Rechtsprechung zu § 81 Abs 4 BO ist eine Verletzung von Nachbarrechten dann nicht gegeben, wenn nur der maximal zulässige Umriss (oder weniger) verbaut wird (vgl wiederum das Vorerkenntnis VwGH 25.9.2019, Ra 2018/05/0025 bis 0029, mwN). Auch bei einer Konstellation wie der vorliegenden, in der aufgrund der Normierung einer Bandbreite auch ein Minimalwert festgelegt ist, könnte folglich eine Unterschreitung dieses Wertes nicht zielführend als Nachbarrechtsverletzung gerügt werden, da eine solche Ausgestaltung zu weniger Verbauung führte.

3j) Die Revisionswerberinnen wenden sich auch gegen die Schaffung von Terrassen. Soweit sie damit auf eine Veränderung der Dachform durch die neue Dachkonstruktion abzielen, kann sich dadurch keine aufzugreifende Rechtswidrigkeit ergeben: Wenn sich nämlich die neue Dachkonstruktion innerhalb jenes Bereiches befindet, der sich durch die Ansteilung des alten Daches innerhalb des zulässigen Ausmaßes ergibt, kann eine Verletzung von Rechten der Nachbarn nicht erfolgen (vgl erneut das Vorerkenntnis VwGH 25.9.2018, Ra 2018/05/0025 bis 0029). Soweit argumentiert wird, es würde die Voraussetzung des Art V Abs 6 BO „für die Errichtung von Wohnungen" dadurch nicht erfüllt, so ist nicht nachvollziehbar, weswegen eine Wohnung im Sinne des Art V Abs 6 BO nur eine solche ohne Terrasse sein dürfte. (VwGH 4.12.2020, Ra 2019/05/0294-0297)

4) Dem Willen des Gesetzgebers – der in den Erläuterungen zur BO-Novelle 2018 (Beilage Nr 27/2018, LG-401807-2018, S 4) selbst ausdrücklich auf eine Kombination der Inanspruchnahme des Art V Abs 5 BO und des Abs 6 leg cit im Zuge der Ansteilung des betreffenden Daches verweist – ist zur vorliegend maßgeblichen Rechtslage nach Inkrafttreten der BO-Novelle 2018 eindeutig zu entnehmen, dass (nunmehr) eine kumulierte Inanspruchnahme der beiden in Rede stehenden Bestimmungen zulässig sein soll. Auch aus dem nunmehrigen Gesetzestext selbst ergibt sich nicht, dass und aus welchem Grund bei Anwendung des Art V Abs 6 BO die Anwendung von Art V Abs 5 leg cit ausgeschlossen sein sollte.

Artikel Va. Der Einheitssatz gemäß § 51 Abs. 6, der am 1. Jänner 1999 festgesetzt ist, ist von der Landesregierung durch Verordnung in dem Maß zu verändern, das sich aus der Veränderung des vom Österreichischen Statistischen Zentralamt oder einer an seine Stelle tretenden Einrichtung verlautbarten Baukostenindex 1990 für den Straßenbau oder des an seine Stelle tretenden Index gegenüber dem 1. Jänner 1999 ergibt, wobei Änderungen bis 5 vH nicht zu berücksichtigen sind. Der jeweils neue Einheitssatz ist binnen sechs Monaten ab dem der Verlautbarung der Indexveränderung folgenden Monatsersten in Wirksamkeit zu setzen.[1)]

Anmerkung

1) Der Einheitssatz beträgt derzeit auf Grund der Verordnung LGBl 2013/26 Euro 33,71.

Artikel Vb. **Die Mindestanforderungen an die Gesamtenergieeffizienz von Gebäuden sind spätestens fünf Jahre nach dem In-Kraft-Treten der Techniknovelle 2007 und sodann im Abstand von höchstens fünf Jahren zu überprüfen und im Falle einer Änderung des Standes der technischen Wissenschaften anzupassen.**

Artikel VI. **Die Bestimmungen des Wiener Garagengesetzes 1957, LGBl. Nr. 22, in der Fassung des Gesetzes vom 22. November 1974, LGBl. Nr. 7/1975, und des Gesetzes zum Schutz gegen Baulärm, LGBl. Nr. 16/1973, bleiben durch die Bestimmungen der Bauordnungsnovelle 1976 unberührt.**

Artikel VIa. **Auf Bauplätzen, die bei Inkrafttreten der Stadtgestaltungsnovelle, LGBl für Wien Nr. 44/1996, bereits bestehen und deren Frontlänge an einer Front 12 m nicht überschreitet, darf, soweit der Bebauungsplan durch Baufluchtlinien dies nicht ausschließt, in Wohngebieten der Bauklasse I, in der offenen, offenen oder gekuppelten sowie in der Gruppenbauweise in die Abstandsflächen ein Gebäude oder Gebäudeteil auf eine Tiefe von höchstens 10 m mit einer Gebäudehöhe von höchstens 3,50 m ohne Zustimmung des Nachbarn an die Nachbargrenze angebaut werden. Die Tiefe des Vorgartens ist jedenfalls einzuhalten.[1] Im Bereich der Abstandsflächen sind Giebel nicht zulässig.[2] Der Nachbar muß auf Grund der Tatsache des Anbaues an seine Grundgrenze nicht anbauen. Bei Fahnenbauplätzen tritt an die Stelle der Frontlänge die entsprechende Bauplatzbreite.[3]**

Anmerkungen

1) Die Regelung des § 4 Abs 3 WGG bleibt unberührt.

2) Die Bestimmung ist wohl eine lex specialis zu § 81.

3) Die Änderung des § 79 Abs 3 mit der Nov LGBl 2021/70 dürfte nach unserer Auffassung nicht der Regelung des Art Via derogieren.

Artikel VII. **Dieses Gesetz tritt drei Monate nach seiner Kundmachung im Landesgesetzblatt für Wien in Wirksamkeit.[1] Die Verordnungen können bereits von dem der Kundmachung des Gesetzes folgenden Tage an erlassen werden. Sie treten aber frühestens zugleich mit dem Gesetz in Kraft.**

Anmerkung

1) Das Gesetz ist am 3.5.1930 in Kraft getreten.

1. Teil
Stadtplanung

Festsetzung und Abänderung der Flächenwidmungspläne und der Bebauungspläne[1]

§ 1. (1) Die Flächenwidmungspläne und die Bebauungspläne dienen der geordneten und nachhaltigen Gestaltung und Entwicklung des Stadtgebietes.[2] Sie sind Verordnungen.[3] Ihre Festsetzung und Abänderung sowie die zusammenfassende Erklärung, wie Umwelterwägungen, insbesondere der Umweltbericht (§ 2 Abs. 1c), die Stellungnahmen zu Umweltauswirkungen sowie die Ergebnisse von Konsultationen nach § 2 Abs. 3a, berücksichtigt wurden, beschließt der Gemeinderat.[4] Jede Beschlußfassung ist im Amtsblatt der Stadt Wien kundzumachen.[5] Danach kann jedermann die Ausfolgung der Beschlüsse und der dazugehörigen Planbeilagen sowie weiters gegebenenfalls der Erklärung über die Berücksichtigung der Umwelterwägungen verlangen.[6]

(2) Bei der Festsetzung und Abänderung der Flächenwidmungspläne und der Bebauungspläne ist insbesondere[7] auf folgende Ziele Bedacht zu nehmen:

1. Vorsorge für Flächen für den erforderlichen Wohnraum unter Beachtung der Bevölkerungsentwicklung und der Ansprüche der Bevölkerung an ein zeitgemäßes und leistbares Wohnen;
2. Vorsorge für die erforderlichen Flächen für Arbeits- und Produktionsstätten des Gewerbes, der Industrie und zur Erbringung von Dienstleistungen jeder Art unter Bedachtnahme auf die wirtschaftliche Entwicklung, auf räumlich funktionelle Nahebeziehungen und die zeitgemäßen Bedürfnisse der Bevölkerung;
3. angemessene Vielfalt und Ausgewogenheit der Nutzungen unter Berücksichtigung der räumlichen Gegebenheiten und Zusammenhänge sowie Schaffung und Erhaltung starker städtischer Zentrums- und Versorgungsstrukturen im Sinne einer Stadt der kurzen und umweltfreundlichen Wege;[16]
4. Erhaltung, beziehungsweise Herbeiführung von Umweltbedingungen, die gesunde Lebensgrundlagen, insbesondere für Wohnen, Arbeit und Freizeit, sichern, und Schaffung von Voraussetzungen für einen möglichst sparsamen und ökologisch sowie mit dem Klima verträglichen bzw. dem Klimawandel entgegenwirkenden Umgang mit Energieressourcen und anderen natürlichen Lebensgrundlagen sowie dem Grund und Boden;
5. größtmöglicher Schutz vor Belästigungen, insbesondere durch Lärm, Staub und Gerüche,

6. **Vorsorge für der Erholung und dem Mikroklima dienende Grün- und Wasserflächen, insbesondere des Wald- und Wiesengürtels, und Erhaltung solcher Flächen, wie des Praters, der Lobau und der Alten Donau;**
6a. **Erhaltung und Erweiterung des Baumbestands sowie von grünen Infrastrukturen im öffentlichen Raum zur Verbesserung des Mikroklimas, der Aufenthaltsqualität und der ökologischen Vielfalt in der Stadt;**[16)]
7. **Erhaltung des Wienerwaldes;**
8. **Vorsorge für zeitgemäße Verkehrsflächen zur Befriedigung der Mobilitätsbedürfnisse der Bevölkerung und der Wirtschaft unter Berücksichtigung umweltverträglicher und ressourcenschonender Mobilitätsformen sowie Senkung des Energieverbrauchs;**
9. **Vorsorge für klimaschonende und zeitgemäße Einrichtungen zur Ver- und Entsorgung, insbesondere in Bezug auf Wasser, Energie und Abfall unter besonderer Berücksichtigung der effizienten Nutzung der Potentiale von Abwärme und erneuerbaren Energien, eines nachhaltigen Regenwassermanagements, einer nachhaltigen Kreislaufwirtschaft und unter Vermeidung einer unzumutbaren Belastung durch Doppelgleisigkeiten der Infrastruktur;**
10. **Vorsorge für Flächen zur Gewinnung von Rohstoffen;**
11. **Sicherstellung der zeitgemäßen Rahmenbedingungen für die Stellung Wiens als Bundeshauptstadt, als Standort internationaler Einrichtungen und Organisationen, als Konferenz- und Wirtschaftsstandort sowie Sicherstellung der zeitgemäßen Rahmenbedingungen für den Fremdenverkehr;**
12. **Vorsorge für Flächen für der Öffentlichkeit dienende Einrichtungen, insbesondere für Bildungs-, Sport-, kulturelle, religiöse, soziale, sanitäre und Sicherheitszwecke sowie für Zwecke der öffentlichen Verwaltung;**
13. **Vorsorge für angemessene, der Land- und Forstwirtschaft dienende Grundflächen;**
14. **Herbeiführung eines den zeitgemäßen Vorstellungen entsprechenden örtlichen Stadtbildes und Gewährleistung des Bestandes von Gebieten, die wegen ihres örtlichen Stadtbildes in ihrem äußeren Erscheinungsbild erhaltungswürdig sind;**
15. **Berücksichtigung der Grundsätze des barrierefreien Planens und Bauens;**
16. **Schutz der UNESCO-Welterbestätten in ihrem außergewöhnlichen universellen Wert;**[14)]
17. **Verhütung schwerer Unfälle und die Begrenzung ihrer Folgen für die menschliche Gesundheit und die Umwelt im Zusammenhang mit Betrieben, die in den Anwendungsbereich der Richtlinie 2012/18/EU des Europäischen Parlaments und des Rates vom 4.7.2012 zur Beherrschung der Gefahren schwerer Unfälle mit gefährlichen Stoffen, zur Änderung und anschließenden Aufhebung der Richtlinie 96/82/EG des Rates fallen („Seveso-Betriebe");**[15)]
18. **Förderung der nachhaltigen Nutzung natürlicher Ressourcen.**[17)]

(3) Bei Festsetzung und Abänderung der Flächenwidmungspläne und der Bebauungspläne ist auf Planungen und auf Maßnahmen des Bundes, anderer Länder sowie der benachbarten Gemeinden Bedacht zu nehmen.[8)]

(4) Abänderungen dürfen nur aus wichtigen Rücksichten vorgenommen werden.[10)] Diese liegen insbesondere vor, wenn bedeutende Gründe, vor allem auf Grund der Bevölkerungsentwicklung oder von Änderungen der natürlichen, ökologischen, wirtschaftlichen, infrastrukturellen, sozialen und kulturellen Gegebenheiten, für eine Abänderung sprechen, gegebenenfalls auch im Hinblick auf eine nunmehr andere Bewertung einzelner Ziele, auf die bei der Festsetzung und Abänderung der Flächenwidmungspläne und der Bebauungspläne Bedacht zu nehmen ist.

(4a) Die Gemeinde hat die Auswirkungen der Flächenwidmungspläne und Bebauungspläne zu überwachen, soweit

a) im Rahmen der Umweltprüfung erhebliche Auswirkungen auf die Umwelt festgestellt wurden[9)]
oder

b) die Ansiedlung von Seveso-Betrieben, die Änderung bestehender Seveso-Betriebe und neue Entwicklungen in der Nachbarschaft von Seveso-Betrieben, einschließlich der Verkehrswege, der öffentlich genutzten Örtlichkeiten und der Wohngebiete, Ursache schwerer Unfälle sein oder das Risiko solcher Unfälle vergrößern oder deren Folgen verschlimmern können.[15)]

(5) Von jenen Teilen der Industriegebiete bzw. Sondergebiete, in denen Betriebe zulässig sind, die in den Anwendungsbereich der Richtlinie 2012/18/EU des Europäischen Parlaments und des Rates vom 4.7.2012 zur Beherrschung der Gefahren schwerer Unfälle mit gefährlichen Stoffen, zur Änderung und anschließenden Aufhebung der Richtlinie 96/82/EG des Rates fallen, müssen Erholungsgebiete, Gartensiedlungsgebiete, Wohngebiete, gemischte Baugebiete mit Ausnahme der Betriebsbaugebiete, Parkschutzgebiete, der Wald- und Wiesengürtel und Grundflächen für öffentliche Zwecke sowie Bauwerke, die öffentlichen Zwecken dienen, soweit entfernt sein, daß ein angemessener Schutzabstand zur Verhütung schwerer Unfälle mit gefährlichen Stoffen und zur Begrenzung der Unfallfolgen für Mensch und Umwelt gewahrt bleibt.[11)12)16)] Ein solcher Schutzabstand muss auch zu Verkehrsbändern gewahrt werden, soweit dies auf Grund der Erhebungen gemäß § 2 Abs. 1 möglich und zweckmäßig ist.[13)]

(EB zur Nov LGBl 1996/10)

Aufgrund der Neufassung des Abs 1 liegt die Kompetenz zur Festsetzung und Abänderung der Flächenwidmungspläne und der Bebauungspläne in Zukunft ausschließlich beim Gemeinderat. Die nach der bisherigen Rechtslage getroffene Unterscheidung zwischen wesentlichen und unwesentlichen Abänderungen der

Flächenwidmungspläne und der Bebauungspläne kann nicht beibehalten werden, da für unwesentliche Abänderungen kein Entscheidungskriterium besteht, das in verfassungsrechtlich eindeutiger Weise die Zuständigkeit der jeweils örtlich zuständigen Bezirksvertretung gegenüber jener des Gemeinderates so abgrenzt, daß Überschneidungen ausgeschlossen sind. Dadurch bestünde im Einzelfall die Gefahr, daß eine unzuständige Behörde als Verordnungsgeber fungiert, wodurch der jeweilige Beschluß gesetzwidrig und das davon betroffene Plandokument von der Aufhebung durch den Verfassungsgerichtshof bedroht wäre.

(EB zur Nov LGBl 2001/36)

Abs 5 dient der Umsetzung des Art 12 der Richtlinie 96/82/EG des Rates vom 9.12.1996 zur Beherrschung der Gefahren bei schweren Unfällen mit gefährlichen Stoffen, wonach die Mitgliedstaaten dafür sorgen, daß zwischen den unter diese Richtlinie fallenden Betrieben einerseits und Wohngebieten andererseits ein angemessener Abstand gewahrt bleibt.

(EB zur Nov LGBl 2020/61)

Die Ziele, auf die bei der Festsetzung und Abänderung der Flächenwidmungspläne und der Bebauungspläne Bedacht zu nehmen ist, werden erweitert. Maßnahmen, die dem Klimawandel entgegenwirken können sowie Regenwassermanagement und Kreislaufwirtschaft werden in den Katalog aufgenommen.

Anmerkungen

1) § 1 wurde mit LGBl 1996/10 neu gefasst, nachdem der VfGH mit E v 2.3.1995, Slg 14.041, § 1 aufgehoben hatte. Wien besitzt zum Unterschied zu den anderen Bundesländern kein eigenes Raumordnungsgesetz. Das erklärt sich teilweise daraus, dass in Wien die in den anderen Bundesländern erforderliche Koordination zwischen Land und Gemeinden nicht Platz greifen muss. Die Bauordnung muss sohin auch die Funktion eines Raumordnungsgesetzes erfüllen.

2) Die verfassungsrechtliche Grundlage findet sich in Art 118 Abs 3 Z 9 B-VG (örtliche Raumplanung), die den Gemeinden im eigenen Wirkungsbereich zusteht (näher bei § 139). In Wien fallen Gemeindeplanung und Landesplanung zusammen.

3) Die Flächenwidmungs- und Bebauungspläne sind Durchführungsverordnungen im Sinne des Art 18 B-VG. Solche Verordnungen können – vom Betroffenen (nicht vom Nachbarn) jedenfalls auch im Wiener Bereich – unmittelbar beim VfGH angefochten werden (VfGH v 16.12.1978, Slg 8463, v 8.12.1979, Slg 8697, v 11.3.1982, Slg 9361, s E 16 und 17 zu § 1). Vgl hiezu Art 139 Abs 1 Satz 3 B-VG idF Nov BGBl 1975/302).

Der VfGH hat jedoch seine strenge Rechtsprechung zu Art 18 B-VG für DurchführungsV für Raumordnungspläne nicht aufrechterhalten, sondern beginnend mit VfSlg 8280 und 8330 eine finale Determinierung und ein ausreichendes Verfahren, beruhend auf einer Grundlagenforschung (s nun § 2), als der Verfassung genügend beurteilt. Der Planung steht also ein eher großer Spielraum zur Verfügung (Planungsermessen).

4) Dem Gemeinderat als oberstem Organ der Gemeinde (Art 117 Abs 1 lit a B-VG) steht hier aber keine politische Entscheidung zu, sondern er ist in Vollziehung des Gesetzes zur Erlassung einer DurchführungsV zuständig, wenn ihm auch ein eher großer – nun durch Abs 2 und 3 eingeschränkter – Spielraum in Form des Planungsermessens gegeben ist. S auch EB.

5) Aus Ersparnisgründen entfiel mit der Nov LGBl 2003/10 die Kundmachung im Amtsblatt zur Wiener Zeitung.

6) Diese sog „Plandokumente" sind in der Planauskunft der MA 21 a oder b, 1, Rathausstraße 14–16, erhältlich. Mit der Nov LGBl 2018/69 entfiel die Verpflichtung zum Ersatz der Vervielfältigungskosten.

7) Die Aufzählung ist demnach nur eine beispielhafte. Die bisherige Rechtsprechung ist daher wohl weiterhin von Bedeutung. Eine Hierarchie oder Rangordnung der Ziele kennt das Gesetz nicht. Eine gegenseitige Abwägung, beruhend auf einer ausreichenden Grundlagenforschung (§ 2), wird vielfach notwendig sein, um eine optimale Raumordnung unter Beachtung des Gleichheitssatzes zu erreichen.

8) Eine Ersichtlichmachung von Bundesplanungen wurde nicht vorgesehen. Eine Koordination und Kooperation ist nicht erforderlich. Vgl auch E 27 zu Art 1.

9) Sog „Strategische Umweltprüfung" auf Grund der „SUP-Richtlinie" (Richtlinie 2001/42/EG). S dazu näher EB zu § 2.

10) Die wichtigen Rücksichten werden nun beispielhaft näher genannt (s E). Auch eine Neufestsetzung ist als eine Abänderung des bestehenden Raumordnungsplanes anzusehen. Nach der Judikatur des VfGH ist der Verordnungsgeber – unabhängig vom Vorliegen der Voraussetzungen für eine Änderung – verpflichtet, eine Rechtswidrigkeit eines Raumordnungsplanes zu beseitigen bzw zu korrigieren (s E v 29.11.1990, Slg 12555). Ein Rechtsanspruch auf eine Abänderung besteht nicht (näher Anm u E zu § 2).

11) Die Richtlinie 96/82/EG idF Richtlinie 2012/18/EU wird auch nach dem Anlassfall „Seveso-III-Richtlinie" genannt. Mit der Nov LGBl 2021/70 erfolgte eine weitere Umsetzung. S auch Anm 7 ff zu Abs 2 Z 17, und Anm 9 f zu Abs 4a.

12) Aus dem umfangreichen Schrifttum sind insb *Pernthaler*, Raumordnung und Verfassung (3 Bd), *Pernthaler/Fend*, Kommunales Raumordnungsrecht in Österreich, *Fröhler/Oberndorfer*, Österreichisches Raumordnungsrecht (2 Bd), *Jann/Oberndorfer*, Die Normenkontrolle des Verfassungsgerichtshofes im

Bereich der Raumplanung, *Berka*, Flächenwidmungspläne auf dem Prüfstand, JBl 1996, 69, *Just*, Ermittlung und Einstellung von Belangen bei der planerischen Abwägung, 1996, *Auer*, Die Änderung des Flächenwidmungsplans. Rückwidmung – Rechtsschutz – Entschädigung, 1998, *Kiepe/vonHoyl*, Baugesetzbuch für Planer, 2. Auflage 2004, *Kanonier*, Änderung von Flächenwidmungsplänen im österreichischen Raumordnungsrecht, JRP 1/1998, 73, *Gstir*, Die Strategische Umweltprüfung (SUP) in der Raumordnung, bbl 2005, 188 ff, *dies*, Die Umsetzung der SUP-Richtlinie in der örtlichen Raumordnung hinsichtlich der Festlegung der SUP-Pflicht, bbl 2006, 79 ff, *Kleewein*, Amtshaftung in der Raumplanung, bbl 2008, 1 ff und *Geuder*, Österreichisches öffentliches Baurecht und Raumordnungsrecht, 2002, und die dort aufgezählte weiterführende Literatur. S auch das Literaturverzeichnis.

13) Der Abs 5 wurde mit Nov LGBl 2014/25 zwecks Umsetzung der Seveso-Richtlinie 2012/18/EU ergänzt (siehe Übergangsbestimmungen). Mit der Nov LGBl 2018/69 erfolgten in Abs 2 Z 4, 5, 6, 8 und 9 gewisse textliche Änderungen zur Hebung des Stellenwertes des Klimaschutzes, der verstärkten Nutzung von Abwärme und den Einsatz erneuerbarer Energieträger. Rechtlich hat sich uE an den eher beschreibenden Wortfolgen nichts geändert.

14) Abs 2 Z 16 eingefügt mit der Nov 2021, LGBl 2021/70. Bauprojekte an UNESCO-Welterbestätten erwecken zT allgemeine Aufmerksamkeit, dies bildet aber kein subjektiv-öffentliches Nachbarrecht iSd § 134a.

15) Abs 2 Z 17, Abs. 4a eingefügt mit der Nov 2021, LGBl 2021/70. Siehe auch § 2a Abs 6, §§ 61a und 134 Abs 6a.

16) Der „Schutzabstand" von Seveso-Widmungen ist als planungs- bzw widmungstechnische Puffer- bzw Sicherheitszone zu verstehen und vom Schutzabstand des konkreten bzw aktuellen Betriebes iSd § 61a zu unterscheiden.

17) Mit BO-Nov 2023, LGBl 2023/37 vom 13.12.2023 wurde Abs 2 Z 3 erweitert und Z 6a und 18 eingefügt. Siehe auch § 5 Abs 2 lit c.

Judikatur

1) Die planmäßige und vorausschauende Gesamtgestaltung eines bestimmten Gebietes in bezug auf seine Verbauung, insbesondere für Wohn- und Industriezwecke einerseits und für die Erhaltung von im wesentlichen unbebauten Flächen andererseits (Landesplanung – Raumordnung), ist nach Art 15 Abs 1 B-VG in Gesetzgebung und Vollziehung insoweit Landessache, als nicht etwa einzelne dieser planenden Maßnahmen, wie insbesondere auf dem Gebiete des Eisenbahnwesens, des Bergwesens, des Forstwesens und des Wasserrechtes nach Art 10 bis 12 B-VG der Gesetzgebung oder auch der Vollziehung des Bundes ausdrücklich vorbehalten sind (VfGH 23.6.1954, Slg 2674). S auch E zu Art I.

2) Der zur Regelung des Baurechts zuständige Landesgesetzgeber darf öffentliche Interessen berücksichtigen, deren Wahrung dem Bund obliegt. Er darf auch bei der Erlassung von Normen, die die Bewilligung zur Errichtung von Baulichkeiten regeln, im öffentlichen Interesse und im Interesse der Bauwerber Vorsorge treffen, daß nicht Baulichkeiten errichtet werden, die voraussichtlich wieder abzutragen sein werden. Die Zuständigkeit des Bundes auf dem Gebiete des Bundesstraßenrechts bedeutet nicht, daß es dem Landesgesetzgeber verwehrt ist, die Gemeinden unter dem Gesichtspunkt des Baurechts zu ermächtigen, bei der Normierung von Bauverboten und Baubeschränkungen auch auf Projekte oder Planungen Bedacht zu nehmen, die Bundesstraßen betreffen (VfGH 21.10.1975, Slg 7658). S E zu Art I.

3) Die Bauordnung soll das Bauen nicht verhindern oder erschweren, sondern in die durch öffentliche Rücksichten gebotenen Bahnen lenken und eine sinnvolle und zweckmäßige Nutzung des Gemeindegebietes gewährleisten (VfGH 28.6.1962, Slg 4240).

4) Ein Gemeinderatsbeschluß, mit dem Flächenwidmungs- und Bebauungspläne aufgestellt oder abgeändert werden, ist ein genereller Verwaltungsakt, dem der Charakter einer Verordnung zukommt. Aus dieser Rechtslage ergibt sich, daß eine auf einer tieferen Rechtsquelle stehende Norm (Baubewilligungsbescheid) mit dieser übergeordneten Norm nicht in Widerspruch stehen darf. Aus einem Bescheid, womit eine Grundfläche als Bauplatz genehmigt wird, erwächst das subjektiv-öffentliche Recht auf bauordnungsgemäße Verbauung der Liegenschaft nur insolange, als die Rechtslage unverändert ist (VwGH 26.10.1955, Slg 3861, zur Bauordnung für Oberösterreich).

5) Wenn die Festsetzung und daher auch die Abänderung eines Regulierungsplanes eine Verordnung ist, und daher zufolge des im Art 18 Abs 1 B-VG verankerten Grundsatzes der Gesetzmäßigkeit der Verwaltung für derartige Verordnungen nur die verfassungsgesetzlichen Schranken aufgerichtet sind, daß sie gesetzmäßig sein müssen, so ergibt sich eine weitere Einschränkung der Befugnis zur Erlassung derartiger Verordnungen aus dem Art 7 Abs 1 B-VG und Art 2 des Staatsgrundgesetzes über die allgemeinen Rechte der Staatsbürger (RGBl Nr 142/1867). Der in diesen Bestimmungen enthaltene Gleichheitsgrundsatz bindet nicht nur den Gesetzgeber, sondern auch die Verwaltungsbehörden, und zwar sowohl bei der Erlassung genereller als auch bei der Erlassung individueller Verwaltungsakte. Eine sachlich nicht gerechtfertigte Änderung eines Regulierungsplanes, durch die in subjektive öffentliche Rechte eingegriffen würde, müßte daher vom VwGH zum Anlaß genommen werden, die Verfassungsmäßigkeit eines solchen Beschlußes durch den VfGH gem Art 139 B-VG überprüfen zu lassen (VwGH 8.3.1956, Slg 4013/A).

6) Eine Abänderung des Flächenwidmungsplanes, durch die eine Liegenschaft aus dem für Bauzwecke bestimmten Gebiet herausgenommen wird, hat zur Folge, daß das Recht des Grundeigentümers auf bauordnungsgemäße Verbauung der als Bauplatz genehmigten Liegenschaft unwirksam geworden ist (VfGH 19.12.1957, Slg 3297).

7) Die Bestimmung des § 1 Abs 1 letzter Satz BO (nun Abs 4), wonach Abänderungen von Flächenwidmungsplänen und Bebauungsplänen nur dann vorgenommen werden dürfen, wenn wichtige Rücksichten es erfordern, ist verfassungsgesetzlich nicht bedenklich (vgl VfGH Slg 3297/1957, 3809/1960). Die durch den Beschluß des Gemeinderates herbeigeführte Abänderung des bestandenen Bebauungsplanes ist aber dann gesetzwidrig, wenn nicht wichtige Rücksichten im Sinne des § 1 Abs 1 letzter Satz BO sie erfordern, was im Einzelfall vom VfGH erforderlichenfalls zu überprüfen ist (VfGH 17.12.1964, Slg 4898).

8) Der VfGH hat in seinem Erkenntnis Slg 3297/1957 dargelegt, daß nach dieser Vorschrift Abänderungen der Flächenwidmungs- und Bebauungspläne nur soweit vorgenommen werden dürfen, als es das Übergewicht der dafür sprechenden Rücksichten gegenüber entgegenstehenden Rücksichten erfordert. In diesem Erkenntnis ist auch ausgeführt worden, daß städtebauliche Rücksichten geeignet sind, eine Abänderung des Flächenwidmungs- oder Bebauungsplanes zu begründen, wenn diese städtebaulichen Rücksichten gegenüber entgegenstehenden Rücksichten überwiegen. Rücksichten auf den Schutz alter Stadtbilder und Ortskerne der Randgebiete der Stadt Wien – die für die Abänderung des Flächenwidmungs- und Bebauungsplanes maßgebend gewesen sind – müssen als städtebauliche Rücksichten gewertet werden (VfGH 13.12.1965, Slg 5167). S nun Abs 2 Z 14.

9) Die Absicht, das Begonnene auf einem weiteren Teilgebiet fortzusetzen und gleiche Verhältnisse zu schaffen, ist bei der Kleinheit des (in Betracht kommenden) Gebietes als eine wichtige Rücksicht im Sinne des § 1 Abs 1 der Bauordnung anzusehen (VfGH 17.12.1964, Slg 4898).

10) Der VfGH ist nicht der Ansicht, daß das Interesse der Anrainer, die Bauklasse II für das ganze Gebiet einheitlich zu belassen, das öffentliche Interesse an der Errichtung eines Pensionistenheimes überwiegt. Der VfGH hegt daher gegen die Neufestsetzung des Flächenwidmungs- und Bebauungsplanes keine Bedenken (VfGH 28.6.1967, Slg 5524).

11) Gemeinderatsbeschlüsse, mit welchen ein Flächenwidmungs- oder Bebauungsplan aufgestellt oder abgeändert wird, sind an sich generelle, auf der Stufe einer Verordnung stehende Verwaltungsakte, die sich aber von anderen unter Art 18 B-VG fallenden Verordnungen durch die Art der inhaltlichen Determinierung unterscheiden. Während für Durchführungsverordnungen im allgemeinen nach der ständigen Rechtsprechung des VfGH gefordert wird, daß bereits aus dem Gesetz alle wesentlichen Merkmale der beabsichtigten Regelung zu ersehen sein müssen (Prinzip der Vorausbestimmbarkeit der beabsichtigten Regelung), ist dies bei den Regulierungsbeschlüssen nicht in der gleichen Weise möglich. Wohl muß das Gesetz bestimmen, welche Flächenwidmungen und welche Bebauungsbeschränkungen festgesetzt werden können, es ist aber nicht möglich, schon in der Bauordnung oder in sonstigen baurechtlichen Bestimmungen auf Gesetzesstufe im einzelnen festzulegen, für welche Gebiete die im Gesetz vorgesehenen Widmungen oder Bebauungsvorschriften gelten sollen (VwGH 19.10.1965, Slg 6785/A). Dies gilt auch für sonstige Bebauungsunterlagen (VwGH 30.6.1969, 397/69).

12) Eine bescheidmäßig festgelegte Bauverbotszone (Hofgemeinschaft) wird durch die Festlegung von inneren Fluchtlinien in einem späteren Bebauungsplan, die eine größere Verbauung zulassen, nicht aufgehoben. Die Baufluchtlinien verpflichten nämlich den Bauwerber nicht, bis an diese Linien heranzubauen (VwGH 23.6.1975, 2249/74). Als Ausnahmefall wohl nicht überholt.

13) Der Umstand, daß ein größeres zusammenhängendes Gebiet trotz seiner Widmung als Bauland durch Jahrzehnte hindurch tatsächlich nicht der Widmung entsprechend verbaut wird, zeigt, daß die der seinerzeitigen Planung zugrunde gelegte Entwicklungsprognose falsch war. Die Beibehaltung einer derart als verfehlt erkannten Planung würde die Perpetuierung ihrer bisherigen Ineffizienz bedeuten. Daraus ergibt sich, daß eine die tatsächliche Entwicklung berücksichtigende Änderung der Planung unerläßlich, oder anders: aus wichtigen Rücksichten erforderlich ist (VfGH 7.10.1974, Slg 7382).

14) Wichtige Rücksichten im Sinne des § 1 Abs 1 der Bauordnung für Wien liegen bei der Widmung als Verkehrsband nicht nur vor, wenn bereits eine Verordnung über die Festlegung der Trasse oder über die Bestimmung eines Bundesstraßenplanungsgebietes erlassen wurde, sondern auch, wenn auf konkrete, noch nicht normativ festgelegte, aber in naher Zukunft durchzuführende Projekte über die Errichtung einer Bundesstraße Bedacht genommen wird (VfGH 21.10.1975, Slg 7658). Die Trassenfestlegung erfolgt jetzt bescheidmäßig.

15) Die Abänderung des Flächenwidmungs- oder Bebauungsplanes durch den Stadtsenat gem § 99 der Verfassung der Stadt Wien ist nicht möglich (VfGH 12.10.1956, Slg 3094).

16) § 1 Abs 3 (nun Abs 1 letzter Satz) verlangt nicht die Veröffentlichung des Beschlußinhaltes, sondern nur die Kundmachung der Beschlußfassung; die Ausfolgung der Beschlüsse und der dazugehörigen Planbeilagen erfolgt an jedermann gegen Ersatz der Vervielfältigungskosten (VfGH 13.10.1960, Slg 3809).

17) Wie der VfGH bereits im Beschluß G 15/76 vom 17.3.1977 dargetan hat, ist ein unmittelbar durch die Norm bewirkter, die Antragslegitimation begründender Eingriff in die Rechtssphäre einer Person nur dann anzunehmen, wenn er nach Art und Ausmaß durch das Gesetz selbst eindeutig bestimmt ist, die (rechtlich geschützten) Interessen der betreffenden Person nicht bloß potentiell, sondern aktuell beeinträchtigt und ein anderer zumutbarer Weg zur Geltendmachung der behaupteten Rechtswidrigkeit nicht zur Verfügung steht …

Ein anderer zumutbarer Weg, die behauptete Gesetzwidrigkeit der Verordnung an den Verfassungsgerichtshof heranzutragen, ist nicht erkennbar. In Betracht käme nach Lage des Falles lediglich ein förmliches Baubewilligungsansuchen. Es kann jedoch von den Antragstellern nicht erwartet werden, daß sie allein zu diesem Zweck die für eine Baubewilligung erforderlichen Planunterlagen anfertigen lassen (VfGH 16.12.1978, Slg 8463). Vgl auch VfGH v 8.12.1979, Slg 8697, v 11.3.1982, Slg 9361. Sog. „Individualantrag" (Art 139 B-VG).

18) Der zweite Satz im § 1 Abs 3 der BO ordnet an, daß nach der Kundmachung der Beschlußfassung durch den Gemeinderat (in der für amtliche Mitteilungen der Stadt bestimmten Zeitung und im Amtsblatt zur Wiener Zeitung) jedermann gegen Ersatz der Vervielfältigungskosten Anspruch auf Ausfolgung der Beschlüsse und der dazugehörigen Planbeilagen hat. Die Gesetzmäßigkeit der Kundmachung eines Flächenwidmungs- und Bebauungsplanes hängt somit davon ab, daß beide dieser Voraussetzungen erfüllt sind, also die Bekanntgabe der Beschlußfassung einerseits und das Bereithalten des Beschlußes samt Planbeilagen zur entgeltlichen Abgabe an Interessenten andererseits (s VfSlg 3809/1960 und 4898/1964; vgl auch VfSlg 8350/1978) (VfGH 14.10.1986, Slg 11.074).

19) Der Stadtentwicklungsplan stellt mangels Rechtsnormcharakters nur ein unverbindliches Programm dar, welches erst seiner rechtlichen Umsetzung (in Flächenwidmungs- und Bebauungspläne) bedarf (VwGH 24.4.1990, 89/05/0044).

20) Enthält ein Flächenwidmungsplan zwar Parzellengrenzen, nicht aber Grundstücksnummern, ist es nicht möglich, einzelne Parzellen herauszugreifen und die allfällige Aufhebung auf eine Parzelle zu beschränken – hier wurde die Aufhebung durch die das Gebiet umgrenzenden Verkehrsflächen beschrieben (VfGH 16.12.1987, Slg 11.592).

21) Der Einwand, der Flächenwidmungsplan sei gesetzwidrig, weil er auf die tatsächliche Nutzung der Grundflächen keine Rücksicht nehme, geht ins Leere. Flächenwidmungspläne geben nicht nur die derzeitige Nutzung der von ihnen erfaßten Liegenschaften wieder, sondern legen deren künftige Nutzung fest (vgl VfSlg 9318/1982). Für diese Zukunftsperspektive spricht auch § 24 Abs 1 zweiter Satz ROG 1977, wonach bestehende, der festgelegten Nutzungsart nicht entsprechende Bauten und Betriebe durch die Festlegung nicht berührt werden, soweit für sie die allenfalls erforderlichen behördlichen Bewilligungen rechtskräftig erteilt worden sind (VfGH 26.2.1987, Slg 11209, zum Sa ROG).

22) Der VfGH ist im Erk VfSlg 9361/1982 (betr Illmitz) von dem Grundgedanken ausgegangen, daß unter einer neuen Planungsabsicht im Sinne des

§ 19 Abs 2 Bu RPlG nicht jede Änderungsabsicht schlechthin, sondern vielmehr nur neue Zielsetzungen allgemeiner Art zu verstehen sind, welche eine Änderung der Planungsgrundlagen mit sich bringen. Eine darüber hinausgehende Auslegung würde bedeuten, daß die Änderung von Flächenwidmungsplänen bereits dann zulässig wäre, wenn der Gemeinderat zur Auffassung gelangt, eine andere Widmung als die seinerzeit festgelegte wäre die bessere, vernünftigere und zweckmäßigere. Derartige oder ähnliche Motive des Verordnungsgebers liegen aber wohl jeder Änderung einer Verordnung zugrunde; die dem Verordnungsgeber in § 19 Abs 2 Bu RPlG auferlegten Beschränkungen wären dann weitgehend sinnlos. Dem Argument, derzeit sei jedenfalls auf Grund der topographischen Situation, des Mangels einer Zufahrt und der Besitzverhältnisse eine Bebauung dieses Gebietes nicht möglich, ist entgegenzuhalten, daß genau diese Situation bereits 1980 anläßlich der Widmung zu Bauland-Dorfgebiet gegeben war. Aus diesen Erwägungen ergibt sich insgesamt, daß der Umwidmung nicht die Änderung von allgemeinen Zielsetzungen, sondern offenkundig lediglich die Auffassung zugrunde lag, die im Jahre 1980 festgelegte Widmung sei – vielleicht vorschnell ausgesprochen – nicht zweckentsprechend gewesen. Die Voraussetzungen für eine Planänderung im Sinne des § 19 Abs 2 Bu RPlG lagen sohin nicht vor (VfGH 19.6.1987, Slg 11374).

23a) Der Verfassungsgerichtshof ist der Auffassung, daß es der Gleichheitssatz dem Gesetzgeber nicht verwehrt, in bestimmten Fällen die nachträgliche Erteilung der Baubewilligung für bereits errichtete Bauwerke vorzusehen, die im Widerspruch zur Flächenwidmung errichtet oder verwendet werden, sofern sich in jenen Fällen die nachträgliche Erteilung der Baubewilligung sachlich rechtfertigen läßt.

23b) Er ist weiters der Auffassung, daß es dem Gleichheitssatz widerspricht, daß Personen, die sich rechtswidrig verhielten, indem sie nicht nur ohne die gesetzlich erforderliche baurechtliche Bewilligung ein Bauwerk errichteten, sondern dabei auch die flächenplanerische, also rechtsverbindliche Freilandwidmung mißachteten, vom Gesetzgeber schlechthin und jedenfalls besser gestellt werden als Personen, die in Übereinstimmung mit der Rechtsordnung auf eine konsenslose Bauführung im Freiland verzichteten.

23c) Es widerspricht dem Gleichheitssatz, wenn die Änderung eines Bebauungsplanes nicht durch sachliche Erwägungen begründet, sondern ausschließlich dazu bestimmt ist, entgegen der Aufgabe des Bebauungsplanes, Bauvorhaben in die durch öffentliche Rücksichten gebotenen Bahnen zu lenken, durch Anpassung des Bebauungsplanes den Bauführer zu begünstigen.

23d) Der die geschilderte Judikatur tragende Grundgedanke läßt umsomehr eine Gleichheitsverletzung annehmen, wenn nicht Raumpläne, nämlich einzelne Flächenwidmungen oder Bebauungsvorschriften ausschließlich zur

Anpassung an bestehende rechtswidrige Bauführungen geändert werden, sondern wenn derartige flächenwidmungswidrige Bauführungen, die vor einem bestimmten Zeitpunkt stattfanden, im nachhinein schlechthin – und im Widerspruch zu jenen Flächenwidmungen – vom Gesetzgeber als konsensfähig erklärt werden (VfGH 29.11.1996, Slg 14.681). Vgl auch VfGH v 26.2.1997, Slg 14.763 und v 3.3.1999, Slg 15.441.

Der Gesetzgeber hat also gleicherweise die Planungshoheit der Gemeinde zu respektieren. Dies scheint vor allem im Hinblick auf die Sanierung „wilder Siedlungen" im Widerspruch zu Raumordnungs- und Baugesetzen bzw Flächenwidmungs- und Bebauungsplänen bedeutsam.

24) Zur Notwendigkeit einer Reduzierung des Baulandes hat der VfGH (in den zum Tiroler Raumordnungsrecht ergangenen Erkenntnissen VfSlg 9975/1984 und 10277/1984) ausgesprochen, daß diese Notwendigkeit „es allein (noch) nicht rechtfertigt, ein beliebiges Grundstück … in Freiland zu widmen". Der VfGH hat vielmehr darauf hingewiesen, daß die bisherige Widmungsart und Nutzung zweifellos zu den bei der Bestandsaufnahme bedeutsamen Gegebenheiten gehören und entsprechend zu berücksichtigen sind sowie eine Abwägung in die Richtung verlangen, „ob die Widmung des vorliegenden Grundstückes als Freiland in bezug auf dessen Lage der bestmöglichen Anordnung und Gliederung des Baulandes … entspricht". Auch aus dem Gleichheitssatz, an dem Planänderungen vom VfGH (VfSlg 3809/1960, 4240/1962, 8163/1977, 11075/1986 und insb 8259/1978) stets gemessen wurden, ist abzuleiten, daß die Auswahl der für eine Rückwidmung in Betracht kommenden Liegenschaften nach sachlichen Kriterien zu erfolgen hat, mag auch die Verringerung des Baulandes in Anbetracht neuer, legitimer planerischer Zielsetzungen einen an sich zulässigen Grund für eine Flächenwidmungsplanänderung bilden. Das bedeutet aber, daß die für den jeweiligen Grundeigentümer mit einer Flächenwidmungsplanänderung einhergehende Beeinträchtigung seiner Nutzungsmöglichkeiten und (auch wirtschaftlichen) -interessen bei der Umwidmung nicht außer Betracht bleiben darf. Dies gilt jedenfalls dann, wenn der Gesetzgeber nicht durch besondere Regelungen (‚etwa durch die Festlegung der Verpflichtung zur Leistung einer, wenn auch möglicherweise nicht vollen Entschädigung') die aus einer Planänderung für den Grundstückseigentümer resultierenden Nachteile ausgleicht und diesen Ausgleich die Allgemeinheit tragen läßt, in deren Interesse die wesentliche Beschränkung der Nutzungsmöglichkeiten der Liegenschaft durch deren Umwidmung liegt …

Die mit der angefochtenen V vorgenommene Widmungsänderung der Liegenschaft der Antragsteller von „Bauland-Wohngebiet" in „Grünland-Parkanlage" ist … rechtswidrig. Sie widerspricht dem Gleichheitssatz. Die mit der Umwidmung des ganzen Grundstücks der Antragsteller, das vorher großteils rechtsverbindlich als Bauland gewidmet war, in Grünland bewirkte Beschränkung der Nutzungsmöglichkeiten entbehrt angesichts der Intensität dieser Beschränkung einer hinreichenden sachlichen Begründung. Das Grundstück ist wegen seiner Lage, umschlossen von „Bauland-Wohngebiet“ (und an einer Seite sogar von „Bauland-Betriebsgebiet“), sowie wegen seiner infrastrukturellen Aufschließung für eine Baulandwidmung besonders geeignet. Ein wesentlicher, ökologisch besonders schützenswerter Teil der Liegenschaft der Antragsteller war ohnedies bereits vor Umwidmung (zwecks Erhaltung eines Biotops) als „Grünland-Grüngürtel“ gewidmet. Die zusätzliche Umwidmung der Restfläche in Grünland bedeutet keinen besonderen ökologischen Nutzen für die Gemeinde, für die Grundstückseigentümer jedoch die weitestgehende wirtschaftliche Entwertung ihres Grundbesitzes. Dazu kommt, daß die Gemeinde M, wie von ihrem Vertreter in der mündlichen Verhandlung selbst ausgeführt wurde, unter Berufung auf die „Wienerwald-Deklaration“ andere Grundstücke der Widmung „Bauland-Wohngebiet“ in „Bauland-Betriebsgebiet“ umwidmete, eine gleiche Vorgangsweise beim Grundstück der Antragsteller aber offenbar nicht einmal in Erwägung zog. Die Auswahl dieses Grundstücks aus der sogenannten Baulandreserve und seine gänzliche Umwidmung in Grünland ist sohin unsachlich. Sie widerspricht im Hinblick auf die völlig fehlende Bedachtnahme auf die Interessenlage der Grundstückseigentümer dem Gleichheitssatz, zumal die aus der Umwidmung resultierende wirtschaftliche Entwertung ihrer Liegenschaft (die durch die Regelungen des § 24 NÖ ROG 1976 über den Ersatz tatsächlich getätigter Aufwendungen keinesfalls ausgeglichen wird) nicht berücksichtigt wurde (VfGH 3.12.1992, Slg 13282).

25) Maßgebend für die vorgenommene Änderung jener Planung, gem der die Bebauung des an der Gasse P gelegenen Grundstücks (weiterhin) möglich gewesen wäre, war (entgegen den Ausführungen der belangten Behörde) vielmehr nachweislich ausschließlich die Absicht, das innerhalb desselben Gebäudeblocks im Stadium eines „Vorentwurfs“ geplante Bauvorhaben eines anderen Liegenschaftseigentümers zu ermöglichen und zu fördern. Damit ist aber zugleich dargetan, daß die vom VwGH in seinem Antrag geltend gemachte Verletzung des Gleichheitsrechtes bei der Handhabung der für die Änderung des Flächenwidmungs- und Bebauungsplanes maßgeblichen Vorschriften durch den Verordnungsgeber stattgefunden hat (vgl VfSlg 12171/1989 mwH und VfSlg 12013/1989). Der Verordnungsgeber hat es nicht bloß unterlassen, das Vorliegen der im § 1 Abs 1 BO genannten „wichtigen Rücksichten“ [s dazu grundlegend VfSlg 3297/1957, zur Berücksichtigung (auch) anderer als der öffentlichen Interessen VfSlg 3809/1960] zu überprüfen und die hiezu erforderliche Interessenabwägung vorzunehmen, sondern hat weiters bezüglich der Bebaubarkeit in grundsätzlich gleicher Lage befindlicher Grundstücke überhaupt von vornherein einen Liegenschaftseigentümer ohne konkreten, bei der Planung offengelegten zwingenden Grund gegenüber einem anderen kraß bevorzugt, indem dem einen – wie dargestellt – eine besonders günstige

Bebauung gewährleistet, dem anderen die Bebauung hingegen überhaupt untersagt wurde (VfGH 11.10.1993, V 217/90). Der VfGH hat in diesem E die ursprüngliche Planung und den dann beschlossenen Entwurf zeichnerisch wiedergegeben. Ebenso VfGH 7.10.1996, Slg 14.629.

26) Nach der Aufhebung von Bestimmungen eines Flächenwidmungsplanes und Bebauungsplanes durch den VfGH leben frühere Verordnungsbestimmungen (Verordnungen) nicht wieder auf (VwGH 8.3.1994, 93/05/0276, BauSlg 52). *Mayer,* Über die derogatorische Kraft von Flächenwidmungsplänen, ecolex 1994, 354 ff, hat eine gegenteilige Ansicht vertreten, der Aichlreiter, Stufenbau- und Derogationsfragen bei Flächenwidmungsplänen, sowie *Hauer*, Zur Theorie vom weißen Fleck, ecolex 1995, 65 ff bzw 58 ff, überzeugend begegnet sind. Früher schon Aichlreiter, Verordnungsrecht II, 1376, sowie *Walter/Mayer*, Grundriß des Bundesverfassungsrechtes[7], Rz 1133. IdS auch VfGH 10.6.1983, Slg 6990.

27) In der mit dem E VfSlg 8280/1978 eingeleiteten und seither ständigen Rechtsprechung (s etwa VfSlg 8330/1978, 10711/1985, 11633/1988) hat der VfGH zur Frage der unter dem Aspekt des verfassungsmäßigen Legalitätsprinzips erforderlichen Vorherbestimmung des Inhalts von Flächenwidmungs- und Bebauungsplänen folgenden (hier durch eine auszugsweise Wiedergabe aus den Entscheidungsgründen des zuerst angeführten E beschriebenen) Standpunkt eingenommen:

„Es ist regelmäßig nicht möglich, schon auf der Gesetzesstufe im einzelnen festzulegen, für welche Gebiete die gesetzlich vorgesehenen Widmungen gelten sollen. Maßgebliches Kriterium für die Beantwortung der Frage, ob das Gesetz nicht bloß eine formalgesetzliche Delegation, sondern eine hinreichende materiell-rechtliche Determinierung der darauf zu gründenden Verordnung enthält, ist nach der ständigen Rechtsprechung des VfGH die Möglichkeit der Überprüfung der inhaltlichen Gesetzmäßigkeit einer im Verordnungsweg getroffenen Regelung (Slg 1932/1950, 4644/1964). Sofern aber das Gesetz die vom Verordnungsgeber zu erlassenen Planungsnormen deren Wesen nach nur final, das heißt im Hinblick auf bestimmte zu erreichende Planungsziele, determinieren kann, kommt den Vorschriften des Gesetzes über die Erarbeitung der Entscheidungsgrundlagen besondere Bedeutung zu. Dementsprechend sind die auf der Grundlage solcher – iS des Art 18 Abs 2 B-VG ausreichender (Slg 6895/1972) – gesetzlicher Ermächtigungen erlassenen Planungsmaßnahmen strenge daraufhin zu prüfen, ob die Entscheidungsgrundlagen des Verordnungsgebers in ausreichendem Maße erkennbar sind. Daher hat der VfGH in solchen Fällen im Verordnungsprüfungsverfahren nach Art 139 B-VG auch zu prüfen, ob der Verordnungsgeber die im Gesetz zur Gewinnung einer ausreichenden Entscheidungsgrundlage vorgesehene Vorgangsweise eingehalten hat. Ergibt sich hiebei, daß die erkennbaren Entscheidungsgrundlagen so mangelhaft sind, daß eine Aussage darüber, ob die

Verordnung den vom Gesetz vorgegebenen Zielen entspricht, nicht möglich erscheint, ist eine solche Verordnung als gesetzwidrig aufzuheben."

Ist der Gesetzgeber im Sinn dieser Darlegungen veranlaßt, die vom Verordnungsgeber zu erlassenden Planungsnormen bloß final zu determinieren, so ist er gehalten, die zu erreichenden Planungsziele festzulegen und überdies zu bestimmen, wie die Entscheidungsgrundlagen des Verordnungsgebers zu erarbeiten sind (VfGH 2.3.1995, Slg 14.041 ua). Sog „finale Determinierung".

28) Das Gesetz verleiht dem Flächenwidmungsplan, indem es seine Änderung nur unter bestimmt umschriebenen Voraussetzungen gestattet (und dadurch dem pflichtgemäßen Ermessen des Verordnungsgebers überläßt), im Interesse der Rechtssicherheit grundsätzlich erhöhte Bestandskraft (vgl etwa VfSlg 11990/1989). Von einer – die Änderung des Flächenwidmungsplanes rechtfertigenden – „wesentlichen Änderung der Grundlagen" kann nach der ständigen Rechtsprechung des Verfassungsgerichtshofes nicht schon dann gesprochen werden, wenn neue Tatsachen bloß punktuell neue Zielsetzungen rechtfertigen, sondern erst dann, wenn sie erlauben, neue Ziele allgemeiner Art anzustreben (vgl die zum niederösterreichischen Raumplanungsrecht ergangenen Erkenntnisse VfGH 1.7.1994, V 152/93, und VfSlg 13282/1992; weiters auch VfSlg 11374/1987 und VfSlg 9361/1982) (VfGH 5.3.1996, Slg 14.454).

29) Ein Flächenwidmungs- und Bebauungsplan ist gesetzwidrig, wenn er dazu dient, ein Bauprojekt zu verhindern, und nicht dazu, diese Fläche für ein (Schulbau-)Projekt zu sichern (VfGH 26.6.1996, Slg 14.546).

30) Für die gem Art II Abs 4 BO f Wien (richtig: der Nov LGBl 1996/10) neu zu erlassenden Flächenwidmungs- und Bebauungspläne ist dann keine umfassend neue Grundlagenforschung erforderlich, wenn die bestehende Grundlagenforschung – auf die verwiesen wird – das Ergebnis der jeweiligen Festlegung rechtfertigt.

Dies ist jedoch bezüglich der baulichen Beschränkung des Grundstücks der Beschwerdeführer nicht der Fall. Es ist nicht nachvollziehbar, warum die Vorgartentiefe gerade in diesem Straßenzug und dort nur auf einer Straßenseite 8,00 m betragen muss, während sie etwa auf der gegenüberliegenden Straßenseite 4,00 m beträgt. Auch für die im Vergleich zum Großteil des restlichen Planungsgebietes restriktive Festlegung der Baufluchtlinien auf dem Grundstück der Beschwerdeführer gibt es keine in der Grundlagenforschung dokumentierte Erklärung. Das im Vorlagebericht vorgebrachte Argument der „zusammenhängenden Grünräume in den Blockinnenflächen" kann nicht gänzlich unterschiedliche Ausmaße von begrünten Blockinnenflächen rechtfertigen. Das Ziel der „Erhaltung der kleinteiligen Bebauungsstruktur durch Beschränkung der baulichen Ausnutzbarkeit und der Gebäudehöhen" kann ebenso wenig wie die allgemeinen Aussagen zur geringen Bebauungsdichte, Höhenbeschränkungen, Trakttiefe und Bauweise im Vorlagebericht als ausreichende Grundlagenforschung für sehr unterschiedliche Festlegungen der Bebauungsbeschränkungen im gesamten Planungsgebiet und besonders restriktive bezüglich des Grundstücks der Beschwerdeführer herangezogen werden (VfGH 27.2.2001, Slg 16.095).

31) Bei Beachtung des sich aus dem Rechtsstaatsprinzip ergebenden Erfordernisses der Publizität von Rechtsverordnungen und deren Zugänglichkeit, damit Rechtsunterworfene davon jederzeit Kenntnis nehmen können, und bei verfassungskonformer Interpretation des § 21 Abs 16 ROG erscheint es nach Auffassung des Verwaltungsgerichtshofes als geboten, diese Bestimmung dahin ausdehnend auszulegen, dass beim Gemeindeamt über Verlangen auch in bereits außer Kraft getretene ROP der Gemeinde Einsicht zu gewähren ist, sofern diese nicht, etwa auf Grund seinerzeitiger Publikationsvorschriften, nach wie vor sonstwie zugänglich sind.

Im Beschwerdefall hätten daher die Gemeindebehörden dem Antrag der Beschwerdeführer, diesen (auch) in die bereits außer Kraft getretenen, zwischen 1972 und 1995 in Geltung gestandenen Fassungen des ROP Einsicht zu gewähren, insoweit stattgeben müssen, als deren Teilen normative Wirkung nach außen zukam – also insbesondere in den Verordnungstext, die dazugehörigen Pläne (Entwicklungskonzept, Flächenwidmungsplan, Verkehrskonzept) und dazugehörige grafische Darstellungen (zB Legenden) Einsicht gewähren müssen; nicht jedoch in Berichte der Grundlagenforschung, wie Grundlagenberichte, in Erläuterungsberichte, Flächenbilanzen oder Umweltberichte (vgl dazu § 13 Abs 2 und 5 ROG; ferner *W. Pallitsch/Ph. Pallitsch/W. Kleewein*, Niederösterreichisches Baurecht Anm 6 zu § 13 NÖ ROG, S 1246, und Anm 1 zu § 27 NÖ ROG, S 1538); ebenso nicht in die Verwaltungsakten über die Erlassung dieser Verordnungen (vgl dazu nochmals das oben genannte Erkenntnis, Zl 2004/06/0160) (VwGH 29.9.2015, 2013/05/0034).
S auch die E zu den §§ 2 und 5.

Maßnahmen der Gemeinde als Trägerin von Privatrechten[1)]

§ 1a. **(1) Die Gemeinde ist berechtigt als Trägerin von Privatrechten zur Unterstützung der Verwirklichung der im § 1 Abs. 2 genannten Planungsziele[4)], insbesondere zur Vorsorge ausreichender Flächen für den erforderlichen Wohnraum und für Arbeits- und Produktionsstätten des Gewerbes, der Industrie und zur Erbringung von Dienstleistungen jeder Art, sowie über die Beteiligung der Grundeigentümerin oder des Grundeigentümers oder anderen Personen (zB Baurechtsnehmerinnen und Baurechtsnehmer, Bauwerberinnen und Bauwerber mit Kaufoption) an den der Gemeinde durch die Festsetzung von Grundflächen als Bauland erwachsenden Kosten der Infrastruktur privatrechtliche Vereinbarungen abzuschließen.**

(2) Beim Abschluss und der inhaltlichen Gestaltung der Vereinbarungen ist die Gleichbehandlung der in Betracht kommenden Vertragsparteien der Gemeinde zu wahren. Eine unterschiedliche Behandlung von Vertragsparteien darf ihre Grundlage ausschließlich in unterschiedlichen tatsächlichen Verhältnissen wie insbesondere der Größe und Lage der betroffenen Grundflächen, deren bisheriger oder künftiger Verwendung und dgl. haben.

(3) Beim Abschluss und der inhaltlichen Gestaltung von Vereinbarungen sind die verfassungsgesetzlich gewährleisteten Rechte der Vertragsparteien der Gemeinde zu wahren.[2)] Insbesondere darf die Festsetzung oder Abänderung eines Flächenwidmungs- und Bebauungsplanes nicht vom Abschluss einer solchen Vereinbarung abhängig gemacht werden.

(4) Die Inhalte der Vereinbarungen sind schriftlich festzuhalten. Sie haben jedenfalls zu beinhalten:[3)]

a) die Bezeichnung der Vertragspartner;
b) die Bezeichnung der Grundflächen, auf die sich die Vereinbarungen beziehen, sowie deren Flächenausmaß;
c) die Festlegung der Leistungspflichten, zu deren Übernahme sich die Vertragspartner verpflichten;
d) die Fristen, innerhalb derer die vereinbarungsgemäßen Leistungspflichten zu erfüllen sind;
e) die Mittel zur Sicherstellung der Erfüllung der vereinbarungsgemäßen Leistungspflichten;
f) die Regelung der Tragung der mit dem Abschluss der Vereinbarungen verbundenen Kosten;
g) die Zusammenfassung der wesentlichen materiellen Vertragsinhalte ohne Angabe personenbezogener Daten natürlicher oder juristischer Personen.[5)]

(5) In den Vereinbarungen ist für den Fall der Weitergabe jener Grundflächen, auf die sich die Vereinbarungen beziehen, durch die Vertragsparteien der Gemeinde an Dritte sicherzustellen, dass die von den Vertragsparteien übernommenen Leistungspflichten auf deren Rechtsnachfolgerinnen und Rechtsnachfolger überbunden werden. Als Rechtsnachfolgerinnen und Rechtsnachfolger gelten dabei insbesondere auch Dritte, die an den vereinbarungsgegenständlichen Grundflächen längerfristige Nutzungsrechte wie Bau- oder Bestandsrechte erwerben.

(6) Die Zusammenfassung gemäß Abs. 4 lit. g ist im Internet über die Adresse www.gemeinderecht.wien.gv.at gebühren- und barrierefrei zugänglich zu machen.[5)]

(EB zur Nov LGBl 2014/25)

In der raumordnungsrechtlichen Praxis besteht teilweise die Problematik, dass bestehendes Bauland nicht genutzt und auch dem Bodenmarkt nicht zugeführt wird, sodass ein gewisser Widmungsdruck entsteht, Baulandflächen neu auszuweisen. Weiters besteht in bestimmten Fällen das Bedürfnis, mit Grundeigentümern privatrechtliche Vereinbarungen bezüglich der Herstellung und Kostentragung der im Zuge der Widmung und Aufschließung von Bauland erforderlich werdenden Infrastrukturmaßnahmen abzuschließen. Diesen Problemen wird in den Raumordnungsgesetzen der Mehrzahl der Bundesländer dadurch zu entgegnen versucht, dass die Gemeinden ermächtigt werden, privatrechtliche Vereinbarungen mit Grundeigentümern zu treffen, die beispielsweise Regelungen über die Tragung von Infrastrukturkosten sowie Maßnahmen zur Unterstützung der Gewährleistung einer zeitgerechten widmungsgemäßen, mit den Raumordnungszielen in Einklang stehenden Verwendung von Liegenschaften zum Inhalt haben können.

Der Verfassungsgerichtshof hat in seinem Erkenntnis zur Salzburger Vertragsraumordnung vom 13. Oktober 1999, Zlen. G 77/99 und V 29/99, die verfassungsrechtlichen Grenzen der Möglichkeit des Abschlusses privatrechtlicher Vereinbarungen bzw. der Setzung privatrechtlicher Maßnahmen klar aufgezeigt. Schwerpunktmäßig ist anzuführen, dass weder eine zwingende Verknüpfung mit hoheitlichen Akten noch ein Abschluss in unmittelbarem inhaltlichem Zusammenhang mit diesen Widmungsakten vorgesehen werden darf.

Mit dem neuen § 1a soll in verfassungskonformer Weise (vgl. Abs. 3) eine Ermächtigung der Gemeinde Wien zum Abschluss privatrechtlicher Vereinbarungen zu den oben angeführten Zwecken vorgesehen werden.

(EB zur BO-Nov 2023, LGBl 2023/37 vom 13.12.2023)

Mit dieser Änderung wird die Möglichkeit geschaffen, dass neben Grundeigentümer auch anderen Personen wie beispielsweise Bauwerber mit Kaufoption Vertragspartner von städtebaulichen Verträgen sein können.

Anmerkungen

1) In der Stadtbaudirektion (MD-BD) wurde eine eigene Koordinierungsstelle eingerichtet. Zu anderen Bundesländern (zB OÖ) sind via Internet auch Vertragsmuster verfügbar, diese sind auf Grund der anderen Gegebenheiten aber nur bedingt direkt auf Wien übertragbar.

2) Welche Rechte sind hierbei berührt?

3) Es ist fraglich, welchen Rechtscharakter diese haben und welche Möglichkeiten bzw Instrumente der Verfolgbarkeit bzw des Rechtsschutzes bestehen.

4) Eine formelle Verknüpfung iSv „Kauf der Widmung" ist unzulässig. Demgegenüber kann das Bestehen eines städtebaulichen Vertrages bei der Grundlagenforschung im Vorfeld der Widmung in die Abwägungen einbezogen werden (iSv inhaltliche Verknüpfung).

5) Abs 6 und Abs 4 lit g wurden mit BO-Nov 2023, LGBl 2023/37 vom 13.12.2023 angefügt. Die Verpflichtung zur Veröffentlichung wird nur Vereinbarungen betreffen, die nach dem Inkrafttreten der Nov (14.12.2023) abgeschlossen wurden.

Judikatur

1) Die Bestimmungen des Salzburger Raumordnungsrechtes über die sogenannte Vertragsraumordnung ordnen zwingend eine Verbindung von privatwirtschaftlichen Maßnahmen der Gemeinde zur Verwirklichung der in der Gemeinde angestrebten Entwicklungsziele mit hoheitlichen Maßnahmen der Gemeinde – nämlich der Erlassung von Raumordnungsplänen in Verordnungsform – an. Eine derartige zwingende Verknüpfung privatwirtschaftlicher Maßnahmen mit hoheitlichen Maßnahmen ist vom System der Bundesverfassung nicht vorgesehen. Die Bestimmungen machen im Ergebnis die hoheitlichen Maßnahmen der Gemeinde in Verordnungsform, nämlich der Widmung von Flächen als Bauland oder Grünland, vom Inhalt privatrechtlicher Verträge mit eben derselben Gemeinde abhängig, wodurch die Raumordnungspläne in Verordnungsform der notwendigen gesetzlichen Grundlage entraten. Die Regelungen widersprechen daher dem in Art 18 Abs 2 B-VG verankerten Legalitätsprinzip. Dem Grundeigentümer, der dem Druck der Gemeinde auf Vertragsabschluss nicht standhält und unter der drohenden Rückwidmung seines Grundstücks in Grünland mit der Gemeinde widerstrebend eine Verwendungsvereinbarung oder Übertragungsvereinbarung abschließt, wird nach erfolgtem Vertragsabschluss jede Rechtsschutzmöglichkeit gegen die Vorgangsweise der Gemeinde genommen. Der zivilrechtliche Rechtsschutz des Grundeigentümers vermag die Bedenken des Verfassungsgerichtshofs nicht zu zerstreuen. Denn abgesehen davon, dass die Durchsetzung der Nichtigkeit eines Vertrages nur bei entsprechender Beweislage möglich und mit erheblichem Kostenrisiko verbunden ist, droht im Falle der Nichtigkeit der Vereinbarung die Umwidmung bei der nächsten Änderung des Flächenwidmungsplanes. (VfGH 13.10.1999, G 77/99 und V 29/99).

2) Es ist keine Unsachlichkeit darin zu erblicken, dass der Gemeinderat jene Flächen, die zum Zeitpunkt der Änderung des Flächenwidmungsplans bereits teilweise bebaut waren, von „Grünland" in „Bauland – Erweitertes Baugebiet" widmete und unter anderem für die im Eigentum der Beschwerdeführerinnen stehenden Grundstücke Nr 369/7 und 369/1, KG Morzg, die Grünlandwidmung (entsprechend dem Räumlichen Entwicklungskonzept 2007) beibehielt.

§ 18 Sbg RaumOG 2009 ermöglicht Vorheriger privatwirtschaftliche Maßnahmen zur Sicherung der Entwicklungsziele. Eine verpflichtende Verknüpfung vorheriger privatwirtschaftlicher Maßnahmen zur Sicherung der Entwicklungsziele mit hoheitlichen Maßnahmen ist im Sbg RaumOG 2009 nicht vorgesehen.

Entgegen den Beschwerdebehauptungen folgte der Gemeinderat der Landeshauptstadt Salzburg auch nicht „faktisch“ dem mit VfSlg 15625/1999 als verfassungswidrig erkannten „Mechanismus“: Indem er nämlich die auch die Grundstücke der Beschwerdeführerinnen betreffende Grünlandwidmung aufrecht hält, entspricht er dem Räumlichen Entwicklungskonzept 2007, welches das Planungsgebiet als „Ergänzungsfläche für den 30-Jahres-Bauland-Horizont“ ausweist. Wenn der Gemeinderat diese Fläche nach dem Räumlichen Entwicklungskonzept 2007 dem geförderten Mietwohnbau zuführen will, liegt dies in seinem Planungsermessen. (VfGH 7.10.2015, E1055/2015 ua).

3) Schon bei Erlassung des erstmaligen Flächenwidmungsplanes 1977 waren die Flächen der späteren Baugrundstücke als Betriebsbaugebiet gewidmet. Zu diesem Zeitpunkt gehörten sowohl die Betriebsgebäude des Bauwerbers auf den Baugrundstücken als auch das Wohnhaus des Beschwerdeführers dem rechtmäßigen Baubestand an. Die Gemeinde Schlierbach fand diese bestehende Bebauungssituation vor und trug ihr im erstmals zu erlassenden Flächenwidmungsplan 1977 insofern Rechnung, als sie die späteren Baugrundstücke als Betriebsbaugebiet auswies.

Dem Verordnungsgeber im Raumordnungsrecht kommt bei erstmaliger Erlassung eines Planes ein weiter Gestaltungsspielraum zu (vgl etwa zu Bebauungsplänen VfSlg 14375/1995 mwN). Die Gemeinde orientierte sich bei der erstmaligen Erlassung des Flächenwidmungsplanes hinsichtlich der späteren Baugrundstücke an deren bestehender baulicher Nutzung. Damit überschritt sie den ihr zukommenden raumplanerischen Gestaltungsspielraum nicht. Die erstmalige Widmung der späteren Baugrundstücke als Betriebsbaugebiet im Flächenwidmungsplan 1977 und die Beibehaltung dieser Widmung (teilweise als gemischtes Baugebiet) in den folgenden Flächenwidmungsplänen sind daher nicht geeignet, den VfGH zur Einleitung eines amtswegigen Verordnungsprüfungsverfahrens des Flächenwidmungsplanes 2000, soweit er Widmungen für die Baugrundstücke vorsieht, zu veranlassen.

Die Widmungskategorien der Baugrundstücke wurden durch den Flächenwidmungsplan 2000 nicht verändert. Nur im Fall der Änderung des Flächenwidmungsplanes verlangt § 36 Abs 6 Oö RaumOG 1994 die Vornahme entsprechender Grundlagenforschung bzw einer Interessenabwägung, um die Änderung zu begründen. Für die erstmalige Erlassung des Flächenwidmungsplanes 1977 sah das Oö RaumOG 1972 kein dem § 36 Abs 6 Oö ROG 1994 vergleichbares Erfordernis einer Grundlagenforschung bzw. Interessenabwägung vor und lag die Festlegung der Widmungskategorie Betriebsbaugebiet im gestalterischen Planungsspielraum der Gemeinde.

§ 16 Abs 2 Oö RaumOG 1994 bezieht sich auf privatwirtschaftliche Maßnahmen der Gemeinde zur Baulandsicherung und verhält die Gemeinde dabei dazu, „die Gleichbehandlung der in Betracht kommenden Grundeigentümer zu achten". Auf die Erlassung hoheitlicher Akte findet diese Bestimmung hingegen keine Anwendung und kann deshalb auch keinen Maßstab für die Prüfung der Gesetzmäßigkeit einer Verordnung darstellen. (VfGH 18.9.2014, B1311/2012)

Verfahren bei Festsetzung und Abänderung der Flächenwidmungspläne und der Bebauungspläne[1)]

§ 2. (1) Die Entwürfe für Flächenwidmungspläne und Bebauungspläne sind vom Magistrat in folgender Weise auszuarbeiten:

1. Die natürlichen, ökologischen, wirtschaftlichen, infrastrukturellen, sozialen und kulturellen Gegebenheiten, insbesondere auch hinsichtlich einer barrierefreien Gestaltung, die für die Bevölkerung eine weitgehend selbständige Nutzung aller Lebensbereiche ermöglichen soll, sind zu erheben.

2. Die auf Grundflächen und Bauwerken bezogenen Rechtsverhältnisse, soweit sie für die Planung bedeutsam sind, sind zu erheben.

3. Die Gestaltung und Entwicklung des Plangebietes, die erreicht werden soll, ist unter Bezugnahme auf die gesetzlichen Planungsziele darzulegen.

(1a) Die Entwürfe für Flächenwidmungspläne und Bebauungspläne sind vom Magistrat einer Umweltprüfung[2)] zu unterziehen, wenn

1. durch sie der Rahmen für ein Vorhaben geschaffen wird, welches gemäß dem Umweltverträglichkeitsprüfungsgesetz 2000, BGBl. Nr. 697/1993, in der Fassung des Bundesgesetzes BGBl. I Nr. 26/2023 einer Umweltverträglichkeitsprüfung zu unterziehen ist, oder

2. bei ihrer Verwirklichung Europaschutzgebiete (§ 22 des Wiener Naturschutzgesetzes) erheblich beeinträchtigt werden.

(1b) Entwürfe für Flächenwidmungspläne und Bebauungspläne, für die nicht bereits eine Pflicht zur Umweltprüfung nach Abs. 1a besteht, sind nur dann einer Umweltprüfung zu unterziehen, wenn sie voraussichtlich im Sinne der Kriterien des Anhangs II der Richtlinie 2001/42/EG des Europäischen Parlaments und des Rates vom 27. Juni 2001 über die Prüfung der Umweltauswirkungen bestimmter Pläne und Programme erhebliche Umweltauswirkungen haben. Dies hat der Magistrat unter Beiziehung der Wiener Umweltanwaltschaft zu beurteilen. Bei dieser Beurteilung sind auch jene Auswirkungen zu berücksichtigen, die bei Verwirklichung des bisher bestehenden Flächenwidmungsplanes und Bebauungsplanes eingetreten wären.

(1c) Auf Grund der Ergebnisse der Umweltprüfung nach Abs. 1a und 1b hat der Magistrat einen dem Anhang I der Richtlinie 2001/42/EG des

Europäischen Parlaments und des Rates vom 27. Juni 2001 über die Prüfung der Umweltauswirkungen bestimmter Pläne und Programme entsprechenden Umweltbericht zu erstellen, in dem die voraussichtlichen erheblichen Umweltauswirkungen, die die Verwirklichung der Flächenwidmungspläne und Bebauungspläne hat, einschließlich der Ergebnisse der Prüfung von möglichen, vernünftigen Alternativen, die die Ziele und den geographischen Anwendungsbereich des jeweiligen Flächenwidmungsplanes und Bebauungsplanes berücksichtigen, darzustellen und zu bewerten sind.

(1d) Bei der einheitlichen Festlegung des Umfanges und des Detaillierungsgrades der in den Umweltbericht aufzunehmenden Informationen ist die Wiener Umweltanwaltschaft anzuhören.

(1e) Bei der Ausarbeitung der Entwürfe (Abs. 1) kann der Magistrat hinsichtlich konkreter Zielvorstellungen im Zusammenhang mit der Gestaltung und Entwicklung einzelner Plangebiete den Fachbeirat für Stadtplanung, Stadtgestaltung und Welterbe (§ 3) beratend beiziehen.

(2) Vor der Beschlussfassung über die Flächenwidmungspläne und die Bebauungspläne ist jenen Gebietskörperschaften, hinsichtlich derer Anregungen auf Auszeichnung einer Grundfläche für öffentliche Zwecke vorliegen,[3] Gelegenheit zur Erhebung von schriftlichen Stellungnahmen innerhalb einer gleichzeitig festzusetzenden Frist, die vier Wochen nicht überschreiten darf, zu geben. Darüber hinaus ist jenen Gemeinden, die an das betreffende Gebiet unmittelbar angrenzen, Gelegenheit zu schriftlichen Stellungnahmen innerhalb derselben Frist zu geben.

(3) Durch die Stellungnahme der Gebietskörperschaften wird das freie Entschließungsrecht der Gemeinde über die Festsetzung und Abänderung der Flächenwidmungspläne und Bebauungspläne nicht berührt.

(3a) Hat der Entwurf eines Flächenwidmungsplanes oder Bebauungsplanes voraussichtlich erhebliche Auswirkungen auf die Umwelt eines anderen Mitgliedstaates der Europäischen Union oder stellt ein Mitgliedstaat, der voraussichtlich erheblich betroffen sein wird, ein entsprechendes Verlangen, ist diesem Mitgliedstaat der Entwurf vor der Beschlußfassung gemeinsam mit dem Umweltbericht (Abs. 1c) zu übermitteln. Auf Verlangen des Mitgliedstaates sind über die voraussichtlichen grenzüberschreitenden Umweltauswirkungen sowie über die geplanten Maßnahmen zu deren Verminderung oder Vermeidung Konsultationen in vereinbarter Dauer zu führen; dabei ist durch die Weitergabe aller erforderlichen Informationen sicherzustellen, daß die Umweltbehörden sowie die Öffentlichkeit des betroffenen Mitgliedstaates Gelegenheit zur Stellungnahme erhalten können.

(4) Die vom Magistrat ausgearbeiteten Entwürfe für die Festsetzung und für Abänderungen von Flächenwidmungsplänen und Bebauungsplänen können vor Stellung der Anträge an den Gemeinderat dem Fachbeirat für Stadtplanung, Stadtgestaltung und Welterbe zur Begutachtung vorgelegt werden;[4)] sie müssen dem Fachbeirat vorgelegt werden, wenn durch diese Entwürfe wesentliche strukturelle, funktionale, gestalterische oder ökologische Auswirkungen oder solche Auswirkungen, die geeignet sind, den Erhalt des Welterbes zu beeinträchtigen, zu erwarten sind (wesentliche Abänderungen von Flächenwidmungsplänen und Bebauungsplänen).[1)]

(5) Der Magistrat hat die Entwürfe für die Festsetzung und für Abänderungen der Flächenwidmungspläne und der Bebauungspläne unter Anschluss einer gemäß Abs. 4 eingeholten Stellungnahme des Fachbeirates für Stadtplanung, Stadtgestaltung und Welterbe, des Umweltberichtes nach Abs. 1c oder einer Begründung für eine Entscheidung, keine Umweltprüfung nach Abs. 1b durchzuführen, durch sechs Wochen zur öffentlichen Einsicht aufzulegen und in einem der örtlich zuständigen Bezirksvertretung mit der Einladung zu übermitteln, innerhalb einer gleichzeitig festzusetzenden Frist, die zwei Monate, im Falle unwesentlicher Abänderungen der Flächenwidmungspläne und Bebauungspläne vier Wochen, nicht überschreiten darf, dazu Stellung zu nehmen. Bei unwesentlichen Abänderungen der Flächenwidmungspläne und Bebauungspläne kann die öffentliche Auflage auf vier Wochen verkürzt werden; eine solche verkürzte Auflage ist in der Zeit vom 15. Juli bis 25. August und vom 24. Dezember bis 6. Jänner nicht zulässig.

(6) Zeit und Ort der Auflegung zur öffentlichen Einsicht sind durch einmalige Veröffentlichung im Amtsblatt der Stadt Wien sowie durch Anschlag an den Amtstafeln des Rathauses und des in Betracht kommenden Bezirkes kundzumachen.[5)] Diese Veröffentlichungen und Kundmachungen sind für das rechtmäßige Zustandekommen des Flächenwidmungsplanes und Bebauungsplanes notwendig und ausreichend. Darüber hinaus soll die Bevölkerung des betroffenen Plangebietes in geeigneter Weise über die Auflegung informiert werden. Innerhalb der Auflagefrist können schriftlich Stellungnahmen beim Magistrat eingebracht werden.[6)] Zugleich mit der Auflegung zur öffentlichen Einsicht sind die Entwürfe der Wirtschaftskammer Wien, der Kammer für Arbeiter und Angestellte für Wien, der Ziviltechnikerkammer für Wien, Niederösterreich und Burgenland und der Wiener Landwirtschaftskammer sowie der Wiener Umweltanwaltschaft zur Kenntnis zu bringen; den Kammern und der Wiener Umweltanwaltschaft steht es frei, zu den Entwürfen innerhalb der Auflagefrist beim Magistrat schriftlich Stellung zu nehmen.

(7) Bei der Antragstellung hat der Magistrat über die eingelangten Stellungnahmen zu berichten. Ferner hat der Magistrat über das Verhältnis

des vorgelegten Entwurfes zum Umweltbericht (Abs. 1c) und zu Planungsvorstellungen zu berichten, welche in Beschlüssen des Gemeinderates dargelegt sind. Anträge, die von der gutächtlichen Stellungnahme des Fachbeirates für Stadtplanung, Stadtgestaltung und Welterbe oder von der Stellungnahme der Bezirksvertretung abweichen, hat er besonders zu begründen.[7)]

(8) Für das Verfahren zur Festsetzung und Abänderung der Flächenwidmungspläne und Bebauungspläne bis zur Antragstellung durch den Magistrat gelten ausschließlich die vorstehenden Bestimmungen.

(9) Wurde die Stellungnahme der Bezirksvertretung mit einer Mehrheit von mindestens zwei Drittel beschlossen und im Zuge des Verfahrens zur Vorlage an den Gemeinderat von dem für die Stadtplanung zuständigen Gemeinderatsausschuss nicht berücksichtigt, ist, außer bei unwesentlichen Abänderungen von Flächenwidmungsplänen und Bebauungsplänen, der Bezirksvertretung nochmals Gelegenheit zur Stellungnahme binnen einer Frist von einem Monat ab dem Beschluss des Gemeinderatsausschusses zu geben. Diese Stellungnahme ist sodann gemeinsam mit dem Antrag des Magistrates und dem Beschluß des Gemeinderatsausschusses direkt dem Stadtsenat zur Vorberatung für den Gemeinderat vorzulegen.[8)]

(EB zu LGBl 1996/10)

In Abs 1 wird die Methode der Erarbeitung von Entscheidungsgrundlagen für die Festsetzung und Abänderung von Flächenwidmungsplänen und Bebauungsplänen festgelegt. Die für die Planung bedeutsamen Rechtsverhältnisse (Z 2) betreffen etwa das Bestehen einer Cottageservitut sowie das Vorliegen von Baubewilligungen und Grundabteilungsbewilligungen. Aus der genauen Darlegung der Gestaltung und Entwicklung des Plangebietes, die erreicht werden soll (Z 3), ergibt sich die engere Wahl der Mittel, mit denen diese Zielsetzung erreicht werden kann.

In Abs 5 soll zur Klarstellung die in § 103 i der Wiener Stadtverfassung, LGBl für Wien 28/1968, in der geltenden Fassung, vorgesehene Vorberatung der den Bezirksvertretungen aufgrund der Bauordnung für Wien obliegenden Aufgaben durch den Bauausschuß der Bezirksvertretung in die Bauordnung aufgenommen werden. Dadurch sollen Rechtsunsicherheiten vermieden werden, die durch die Kompetenzen der neuen Umweltausschüsse in den Bezirken auftreten können.

Im Hinblick darauf, daß § 5 Abs 1 Z 6 des Wiener Umweltschutzgesetzes, LGBl 25/1993, der Umweltanwaltschaft ein Begutachtungsrecht ua für Verordnungen „von wesentlicher Bedeutung für den Umweltschutz" einräumt, soll im Abs 6 klargestellt werden, daß eine derartige Begutachtung auch im Verfahren zur Festsetzung des Flächenwidmungsplanes und des Bebauungsplanes stattzufinden hat. Bei der Aufnahme dieser Bestimmung wurde eine Abwägung der Interessen an einem in Einzelfällen kürzeren Planungsverfahren mit den Interessen an der Vermeidung von Zweifeln bei der Vollziehung vorgenommen; dabei wurde einer generellen Klarstellung der bestehenden Begutachtungsrechte der Vorzug eingeräumt.

(EB zu LGBl 2003/10)

Die Änderung des Abs 6 ist darin begründet, dass nach § 42 Abs 1 der Geschäftsordnung für den Magistrat der Stadt Wien das „Amtsblatt der Stadt Wien" als offizielles Publikationsorgan der Gemeinde normiert wird und die Kundmachung betreffend die öffentliche Auflage von Plandokumentsentwürfen im Amtsblatt zur Wiener Zeitung daher eine nicht erforderliche, aber kostenintensive Mehrleistung der Gemeinde darstellt.

Bei der Vorlage von Entwürfen von Plandokumenten berichtet der Magistrat in der Praxis regelmäßig über alle eingelangten Stellungnahmen und nicht nur über jene, die im Anhang nicht berücksichtigt worden sind. Die diesbezügliche Einschränkung im Abs 7 kann daher entfallen.

(EB zu LGBl 2006/10)

Auf Grund des Art 3 der SUP-Richtlinie ist ein obligatorischer und ein nicht obligatorischer Anwendungsbereich dieser Richtlinie zu unterscheiden. Der obligatorische Anwendungsbereich erfasst u.a. Pläne und Programme, die im Bereich Raumordnung ausgearbeitet werden und durch die der Rahmen für die künftige Genehmigung der in den Anhängen I und II der Richtlinie 85/337/EWG (Richtlinie des Rates vom 27.6.1985 über die Umweltverträglichkeitsprüfung bei bestimmten öffentlichen und privaten Projekten) aufgeführten Projekte gesetzt wird oder bei denen angesichts ihrer voraussichtlichen Auswirkungen auf Gebiete eine Prüfung nach Art 6 oder 7 der Richtlinie 92/43/EWG (Richtlinie des Rates vom 21.5.1992 zur Erhaltung der natürlichen Lebensräume sowie der wildlebenden Tiere und Pflanzen, sog. „Flora-Fauna-Habitat-Richtlinie") für erforderlich erachtet wird.

Dementsprechend legt Abs 1a die Voraussetzungen fest, unter denen Entwürfe für Flächenwidmungspläne und Bebauungspläne verpflichtend einer Umweltprüfung zu unterziehen sind. Andere Entwürfe für Flächenwidmungspläne und Bebauungspläne sind gemäß Abs 1b – entsprechend dem Art 3 Abs 4 und 5 der SUP-Richtlinie – nur dann einer Umweltprüfung zu unterziehen, wenn sie voraussichtlich erhebliche Umweltauswirkungen haben. Ob dies der Fall ist, ist vom Magistrat unter Beiziehung der Wiener Umweltanwaltschaft als Umweltbehörde im Sinne des Art 6 Abs 3 der Richtlinie unter Berücksichtigung der im Anhang II der Richtlinie genannten Kriterien zu beurteilen. Dabei sind bei der Beurteilung der Umweltauswirkungen aus Gründen der Rechtssicherheit der bisherige Flächenwidmungsplan und Bebauungsplan als Vergleichsbasis heranzuziehen. Für Grundflächen, die in die Fachplanungskompetenz des Bundes fallen und in den Flächenwidmungsplänen und Bebauungsplänen nur deklaratorisch ausgewiesen werden (z. B. Bundesstraßen), besteht keine Planungshoheit der Gemeinde.

In Entsprechung des Art 5 der SUP-Richtlinie hat der Magistrat gemäß Abs 1c nach Durchführung der Umweltprüfung unter Berücksichtigung der im Anhang I der Richtlinie genannten Parameter einen Umweltbericht zu erstellen. Bemerkt wird, dass sich die zu prüfenden „vernünftigen Alternativen" nur auf das betreffende Plangebiet beziehen. Der Verpflichtung zur Information der Umweltbehörden gemäß Art 5 Abs 4 der Richtlinie wird bereits im geltenden § 2 Abs 6 der Bauordnung für Wien durch die Einbindung der Wiener Umweltanwaltschaft entsprochen.

(EB zu LGBl 2018/69)

Gemäß dem geltenden Abs. 4 sind die vom Magistrat ausgearbeiteten Entwürfe für die Festsetzung und für Abänderungen von Flächenwidmungsplänen und Bebauungsplänen vor Stellung der Anträge an den Gemeinderat (zwingend) dem Fachbeirat für Stadtplanung und Stadtgestaltung zur Begutachtung vorzulegen. Alllerdings gibt es in der Praxis eine Vielzahl von „einfachen" Geschäftsfällen, wie etwa Fluchtlinienanpassungen oder Schulerweiterungen, bei denen die Befassung des Fachbeirats nicht erforderlich erscheint und nur zu einer Verzögerung des Planungsverfahrens führt. Es soll daher künftig keine generelle Verpflichtung zur Befassung des Fachbeirats bestehen, sondern soll dieser lediglich in das Planungsverfahren eingebunden werden, wenn durch die beabsichtigte Festsetzung oder Änderung eines Flächenwidmungs- und Bebauungsplanes wesentliche strukturelle, funktionale, gestalterische oder ökologische Auswirkungen zu erwarten sind. Von einer solchen wesentlichen Änderung wird insbesondere in folgenden Fällen auszugehen sein:

- Änderungen von Widmungen durch andere Widmungskategorien, ausgenommen geringfügige Verschiebungen der Fluchtlinien,
- Ausweisung zusätzlicher Brutto-Grundflächen im Ausmaß von mindestens 30.000 m^2, da ab diesem Ausmaß im Regelfall erhebliche Kosten der Infrastruktur erwachsen,
- Erstmalige Ermöglichung von Wohnzwecken (Wohnungen, Heime, Beherbergungsstätten) auf Brutto-Grundflächen im Ausmaß von mindestens 30.000 m^2,
- Ermöglichung von Neu-, Zu- und Umbauten von Einkaufszentren, Großbauvorhaben bzw. Hochhäusern,
- Lage in einer Kern- bzw. Pufferzone des Weltkulturerbes Wien,
- Vorliegen einer Pflicht zur Umweltprüfung.

[**Anmerkung:** Von einer unwesentlichen Änderung wird hingegen etwa dann auszugehen sein, wenn Fluchtlinien geringfügig verschoben werden oder lediglich die Befristung einer Baulandwidmung entfällt. Eine derartige unwesentliche Änderung liegt nach der Judikatur des Verfassungsgerichtshofes (vgl. VfGH 12.3.1998, V 87/97) aber jedenfalls dann nicht mehr vor, wenn die vom Gemeinderat vorgenommene Grundkonzeption der Planung verändert wird.]

(EB zu BO-Nov 2023, LGBl 2023/37 vom 13.12.2023)

Die Rolle des Fachbeirats für Stadtplanung, Stadtgestaltung und Welterbe wird im Verfahren zur Erlassung von Flächenwidmungs- und Bebauungsplänen durch Ergänzung des **Abs. 1e** punktuell ausgebaut. Dies dient in erster Linie dem verbesserten Schutz des UNESCO-Welterbes. Zudem wird aufgrund der Erfahrungen in der Praxis im Bereich der Stadtteilplanung und aufgrund der Rückmeldung einzelner Mitglieder des Fachbeirats in einer durchgeführten Befragung eine gesetzliche Grundlage für eine frühzeitigere Einbindung des Fachbeirats geschaffen. Sowohl das „Fachkonzept Hochhäuser" als auch der „Managementplan UNESCO- Welterbe" sehen in bestimmten Fällen ebenso eine solche frühere Einbindung vor. Bislang war diese jedoch nicht in den gesetzlich definierten Aufgaben des Fachbeirats abgebildet.

Anmerkungen

1) Die Abs 1, 2, 3, 4, 6 und 8 stammen aus der Nov LGBl 1996/10, die Abs 7 und 9 aus der Nov LGBl 1996/44. Der letzte Satz des Abs 2 wurde mit der Nov LGBl 2001/36 angefügt. Die bis dahin fehlende Anordnung zu einer (meist tatsächlich gehandhabten) Grundlagenforschung wurde in durchaus vorbildlicher Weise gelöst. Abs 4 letzter Satz wurde mit der Nov LGBl 2001/91 angefügt; Abs 6 erster Satz und 7 erster Satz idF der Nov LGBl 2003/10. Abs 1 Z 1 wurde mit der Nov LGBl 2004/33 im Hinblick auf das barrierefreie Bauen und Planen neu gefasst. Mit der Nov LGBl 2006/10 wurden die Abs 1a, 1b, 1c, 1d und 3a eingefügt sowie Abs 5 und 7 geändert. Mit der Nov LGBl 2009/25 wurde in Abs 9 die Zahl „75 vH" auf „zwei Drittel" geändert. Vgl auch E 5. Die Abs 2, 4, 5 und 9 wurden mit der Nov LGBl 2018/69 neu gefasst, um vertretbare Verfahrensverkürzungen zu erreichen. Abs 6 idF der Nov LGBl 2020/61. Mit BO-Nov 2023, LGBl 2023/37 wurde Abs 1e eingefügt.

2) Sog „Strategische Umweltprüfung" (SUP); vgl hiezu auch die EB zur Novelle LGBl 2006/10. Verlässliche Beurteilungen der Auswirkungen von Plänen und Programmen im Fall der nicht obligatorischen Prüfungen sind mangels exakter Parameter kaum möglich. Andererseits sind die vorliegenden Bestimmungen wohl als Schutznormen iS des § 1311 ABGB anzusehen. Man kann wohl auch mit einer mangelhaften Verordnung (Flächenwidmungs- und Bebauungsplan) eine Schutznorm übertreten.

Zu diesem Dilemma vgl auch insb E 6.

3) Gebietskörperschaften sind der Bund, die Länder und die Gemeinden.

4) S § 3.

5) Vgl Anm 5 zu § 1.

6) Dieses Recht steht jedermann zu. Ein Rechtsanspruch auf Abänderung des Flächenwidmungs- und Bebauungsplanes besteht nicht. Die allfällige fehlende Auseinandersetzung mit begründeten Stellungnahmen kann jedoch in einem späteren Verfahren vor dem VfGH von Bedeutung sein. Gerade die Rechtsprechung des VfGH in den letzten Jahren hat gezeigt, dass der VfGH durchaus in der Lage sein kann, den Betroffenen einen Rechtsschutz gegen eine willkürliche Raumplanung zu leisten, sodass die Befürchtung von *Pernthaler* (Raumordnung und Verfassung, Bd 2, 252 ff), ein Rechtsschutz gegen Raumordnungspläne in Form einer V sei kaum gewährleistet, nicht eingetreten ist. (Die Forderung von *Pernthaler,* der Planung die Bescheidform zu verpassen, hat sich als nicht sachgerecht erwiesen und wurde vom Gesetzgeber nicht aufgegriffen). Leider ist *Pernthalers* Kritik über die Asymmetrie der Planung und Planungsänderung zwischen politisch einflussreichen und anderen Planungsinteressenten berechtigt. Dennoch sollten Grundeigentümer und sonstige Planungsinteressenten eine gegebene Planung nicht als unabänderbar hinnehmen, sondern durchaus auch Initiativen zu einer Abänderung eines Flächenwidmungs- und Bebauungsplanes ergreifen. Wenn die Argumente richtig sind, kann durchaus damit gerechnet werden (insbesondere bei älteren Planungen), dass zuständige Organwalter der Stadt Wien einen Vorschlag auf Abänderung aufgreifen, auch wenn in formeller Hinsicht kein Rechtsanspruch besteht, wie langjährige Erfahrungen durchaus bestätigen.

7) Die Begründung ist nicht allein entscheidend, doch spielt nunmehr die Begründung im Hinblick auf die neue Judikatur des VfGH betr finale Determinierung und zwingende Grundlagenforschung eine größere Rolle als früher.

8) Damit wurde der wachsenden politischen Bedeutung der Bezirke Rechnung getragen und die Möglichkeit zu einer neuen Argumentation geboten.

Judikatur

Zur Auflage der Pläne

1) Ein Flächenwidmungsplan, welcher durch acht volle Wochen hindurch aufgelegen ist, ist deswegen nicht rechtswidrig, wenn der Entwurf erst einen Tag nach dem in der Kundmachung verheißenen Beginn der Auflegungsfrist aufgelegt wurde und in diesen am ersten Tag seiner Auflage nicht schon zu Beginn der Amtsstunden, sondern erst um 10.00 Uhr Einsicht genommen werden konnte. Derart kurzfristige Verzögerungen im Parteienverkehr stellen für die Interessenten kein ins Gewicht fallendes Hindernis dar. Die Verordnung ist daher trotz der späteren Auflegung des Entwurfes nicht gesetzwidrig erlassen worden (VfGH 16.12.1978, Slg 8463 zum Nö ROG).

2) Es ist Sinn und Zweck jeder Auflage eines Planentwurfes und einer Verständigung über eine solche Auflage, den Planunterworfenen eine ausreichende Möglichkeit zur Erhebung allfälliger Einwendungen einzuräumen, mit anderen Worten: ihr Mitspracherecht zu gewährleisten (vgl VfGH 23.6.1990, V 150/90). Der VfGH hat in seiner Judikatur ausgesprochen, daß (kleinere) Verstöße gegen Formvorschriften bei Auflage von Entwürfen und der Verständigung darüber dann (noch) keine Gesetzwidrigkeit des Zustandeskommens des Planes bewirken, wenn dadurch die Unterrichtung der betroffenen Gemeindebürger über die beabsichtigten Planungsmaßnahmen nicht beeinträchtigt wird (s VfSlg 8463, 9150, 10208). Wenn aber eine derartige Beeinträchtigung eintritt, dann hat der ihr zugrunde liegende Verstoß gegen Verfahrensvorschriften die Gesetzwidrigkeit der Verordnung zur Folge. Ein solcher Fall ist gegeben, wenn in der Verständigung auf die Errichtung einer Tiefgarage verwiesen wird, eine oberirdische Großgarage aber Gegenstand der Planung ist; das Anhörungsrecht nach § 23 Abs 3 Oö ROG wurde dadurch verletzt (VfGH 27.6.1991, Slg 12.785).

3) In dem E VfSlg 8697/1979 zum Nö ROG führte der VfGH aus, es liege auf der Hand, daß nach der öffentlichen Auflegung auf Grund der abgegebenen

Stellungnahmen zum Raumordnungsprogramm der Flächenwidmungsplan nur in den seltensten Fällen vom Gemeinderat in der Form beschlossen werden kann, in der er öffentlich aufgelegt wurde. Änderungen des Entwurfes auf Grund der abgegebenen Stellungnahmen sind die zwangsläufige Folge des mit der öffentlichen Auflegung verbundenen Zweckes. Ein neuerlicher Entwurf müsse neuerlich zur Einsicht aufgelegt werden. Einen neuen (und nicht bloß geänderten) Entwurf nahm der VfGH damals an, weil einerseits ein gegenüber dem zur öffentlichen Einsicht aufgelegten Entwurf unverhältnismäßig stark gestiegener Anteil an Bauland und andererseits eine schwerwiegende Änderung der Zielsetzung der Raumordnung (bei Schätzung des Baulandbedarfs) durch das Abstellen auf einen Zeitraum von zwanzig statt von zehn Jahren zugrunde lag.

Im Hinblick auf den allgemeinen Zweck des Auflegungsverfahrens, den dieses (auch) gemäß der BauO für Wien hat, meint der VfGH, daß seine zum Nö ROG dargelegte Auffassung sinngemäß auch für den Bereich dieser BO zutrifft. Diese Rechtsauffassung bringt es mit sich, daß der Gemeinderat nicht im Sinne des gegenüber dem aufgelegten Entwurf geänderten Magistratsantrag hätte beschließen dürfen, sondern eine neuerliche Auflage des inhaltlich umgestalteten Entwurfs hätte veranlassen müssen. (Hier wurden 2,5 ha zusätzliche Baufläche geschaffen.) Die zusätzlich geschaffene Baufläche bildet im Verhältnis zur – wie immer einzuschätzenden – Gesamtbaufläche des Planungsgebietes einen derart hohen Anteil an Bauland, daß iS der zitierten Judikatur nicht mehr von einer bloßen Änderung eines Entwurfes, sondern bereits von einem neuen Entwurf gesprochen werden muß (VfGH 11.10.1993, Slg 13.573).

4) Eine Anhebung der Gebäudehöhenbeschränkung um 1,5 m und der Entfall der besonderen Bebauungsbestimmung BB2 („Zulässigkeit der Entfernung von maximal 2 Geschoßen, die zu Gänze über dem anschließenden Gelände liegen und einem Dachgeschoß“) bedeuten keine so wesentliche Änderung des Entwurfs eines Plandokuments, dass deswegen eine neuerliche Auflage zur öffentlichen Einsicht für das rechtmäßige Zustandekommen dieses Plandokuments erforderlich wäre (VfGH 24.3.2011, B 440/09).

Zur Grundlagenforschung

5) Aus dem Wesen der Raumordnung (vgl § 1 Abs 1 Nö ROG sowie Slg 2674/1954) ergibt sich, daß sich die Erforschung der maßgeblichen natürlichen, wirtschaftlichen, sozialen und kulturellen Voraussetzungen für eine bestimmte Widmung regelmäßig entsprechend den räumlich funktionellen Erfordernissen auf einen größeren räumlichen Bereich (mehrere funktionell eine Einheit bildende Liegenschaften) zu beziehen haben wird. Aus eben derselben Überlegung folgt aber, daß auch eine einzelne Grundfläche dann, wenn sie besondere, für die vom Gesetz umschriebenen Ziele der Raumordnung maßgebliche Merkmale aufweist, in der Grundlagenforschung nach

§ 10 Abs 2 entsprechende Berücksichtigung zu finden hat. Dies trifft insbesondere auch auf Fälle wie den vorliegenden zu.

Die natürliche Eignung eines Grundstückes zur Nutzung als Steinbruch und das Vorhandensein eines Betriebes, in dem eben nur an dieser Stelle das in der Natur vorhandene Gestein gebrochen werden kann und hier auch verarbeitet wird, sind Umstände, die bei Festlegung der Widmung eines solchen Grundstückes mitzuberücksichtigen sind. Maßgebende Kriterien werden hiebei insbesondere die volks- und betriebswirtschaftliche Bedeutung des Rohstoffvorkommens und seiner Nutzung sowie damit zusammenhängende struktur-, sozial- und arbeitsmarktpolitische Interessen sein. Diese Umstände sind also iS der vom Gesetz geforderten Grundlagenforschung zu erheben und mit anderen Zielen der Raumordnung (vgl § 1) – etwa der Eindämmung von Umweltbelastungen, insbesondere im Hinblick auf Bedürfnisse der Wohnbevölkerung – in Beziehung zu setzen. Erst auf dieser Grundlage ist gewährleistet, daß eine bestimmte Widmung iS des Gesetzes erfolgen und auf ihre Gesetzmäßigkeit auch überprüft werden kann (VfGH 13.3.1978, Slg 8280 zum Nö ROG). Seither ständige Rechtsprechung.

6) Gem § 9 Abs 1 TROG sind „als Grundlage für die örtliche Raumordnung die hiefür bedeutsamen Gegebenheiten zu erheben und in einer Bestandsaufnahme festzuhalten“.

Daraus ergibt sich der Auftrag des Gesetzgebers, vor Erstellung und auch vor Abänderung eines Flächenwidmungs- und Bebauungsplanes ausreichende Entscheidungsgrundlagen zu beschaffen, insbesondere die für eine bestimmte Widmung maßgeblichen natürlichen, wirtschaftlichen, sozialen und kulturellen Voraussetzungen erforschen zu lassen, und die Ergebnisse dieser Forschung auch festzuhalten.

Sofern – wie hier – das Gesetz die vom Verordnungsgeber zu erlassenden Planungsnormen nur final, das heißt im Hinblick auf bestimmte zu erreichende Planungsziele, determiniert, kommt den Vorschriften des Gesetzes über die Erarbeitung der Entscheidungsgrundlagen besondere Bedeutung zu. Dementsprechend sind die auf der Grundlage solcher – iS des Art 18 Abs 2 B-VG ausreichender – gesetzlicher Ermächtigungen erlassenen Planungsmaßnahmen streng daraufhin zu prüfen, ob die Entscheidungsgrundlagen des Verordnungsgebers in ausreichendem Maße erkennbar sind. Daher hat der VfGH in solchen Fällen im Verordnungsprüfungsverfahren nach Art 139 B-VG auch zu untersuchen, ob der Verordnungsgeber die im Gesetz zur Gewinnung einer ausreichenden Entscheidungsgrundlage vorgesehene Vorgangsweise eingehalten hat. Ergibt sich hiebei, daß die erkennbaren Entscheidungsgrundlagen so mangelhaft sind, daß eine Aussage darüber, ob die Verordnung den vom Gesetz vorgegebenen Zielen entspricht, nicht möglich erscheint, so ist eine solche Verordnung als gesetzwidrig aufzuheben (vgl Erk Slg 8280/1978) … (VfGH 28.6.1978, Slg 8330). Ebenso VfGH 2.12.1991, Slg 12.926.

Kein Rechtsanspruch

7) Ein Recht auf Mitwirkung an der Erzeugung eines Flächenwidmungsplanes als eines generellen Verwaltungsaktes in der Rechtsstellung einer Partei steht nach den Grundsätzen der österreichischen Rechtsordnung auch jenen Personen, die durch einen derartigen Verwaltungsakt möglicherweise betroffen werden, ebensowenig zu, wie ein auf dem Verwaltungswege verfolgbarer Anspruch auf Erlassung solcher Akte (VwGH 10.2.1976, Slg 8987/A ua).

8) Der Grundeigentümer besitzt keinen Rechtsanspruch darauf, daß der Gemeinderat über seine Einwendungen gegen den Entwurf eines Flächenwidmungsplanes in Form eines Bescheides entscheidet. Ein diesbezügliches Schreiben ist kein Bescheid; eine dagegen erhobene Beschwerde ist zurückzuweisen (VwGH 26.11.1988, 87/06/0138, BauSlg 1051) zum Stmk ROG.

Zur Frage der Berücksichtigung bestehender Bauwerke (Betriebe)

9) Auch der Umstand, daß ein Gebiet bereits teilweise verbaut ist, bedeutet nicht die Gesetzwidrigkeit eines Flächenwidmungsplanes, der die Widmung Grünland festsetzt. Im Gegenteil, wenn es die räumlich funktionellen Erfordernisse und eine den gesellschaftlich lebensbedingten Erfordernisse entsprechende Verteilung der wohnenden und arbeitenden Bevölkerung sowie Gesichtspunkte der Beeinträchtigung der Bevölkerung, insbesondere Rauch, Lärm, Abwässer u dgl verlangen, ist der Verordnungsgeber sogar verpflichtet, dies zu tun (VfGH 6.3.1972, Slg 6667).

10) Der Bestand einzelner Baulichkeiten kann die Planungsbehörde bei der Aufstellung eines Flächenwidmungsplanes nicht daran hindern, aus Gründen der Wahrung des Landschaftsbildes Grundflächen von einer (weiteren) Bebauung freizuhalten (VwGH 8.3.1984, 82/06/0179, BauSlg 210).

11) Bei der Erlassung eines Flächenwidmungsplanes kann der Verordnungsgeber mitberücksichtigen, daß eine Liegenschaft zwar bebaut ist, aber offensichtlich seit längerem nicht genutzt wird (VfGH 7.3.1984, Slg 9975).

12) Die Festsetzung der Widmung „Wohngebiet“ kann auch dann zulässig sein, wenn (derzeit) Betriebe ihren Standort dort haben, ist doch jede Planungstätigkeit ihrem Wesen nach zukunftsorientiert (VwGH 25.4.1979, 2439/77, 295/78).

13) Die Existenz eines Betriebes vor Erlassung des Flächenwidmungsplanes bedeutet nicht schlechthin, daß er nach der im Flächenwidmungsplan festgesetzten Widmung zulässig sein muß (VwGH 15.5.1988, 88/05/0002, BauSlg 1118) zum Bu ROG. Unter Umständen kann eine Widmung bei mangelnder Beachtung eines Betriebes gesetzwidrig sein (s etwa VfGH 28.11.1985, Slg 10703); in diesem Fall zum Oö ROG hat sich ein Sägewerksbesitzer erfolgreich gegen eine heranrückende Wohnbebauung gewehrt (näher bei § 6). S auch VfGH 2.12.1989, Slg 12231 und 13.12.1990, Slg 12582.

Änderungen für den Einzelfall

14) Nach der ständigen Rechtsprechung des VfGH sind Flächenwidmungs- und Bebauungspläne – weil nicht an individuell bestimmte Adressaten gerichtet – generelle Normen und damit Verordnungen iS des Art 139 B-VG (vgl Slg 7585/1975). Auch Abänderungen eines solchen Planes sind, selbst wenn sie nur ein Grundstück betreffen, Verordnungen (vgl Slg 5794/1968). Der von den Bfr behauptete, durch das Plandokument Nr 3718 bewirkte Eingriff in ihre individuellen Rechte vermag an diesem Rechtscharakter der genannten Pläne als Verordnungen nichts zu ändern.

Es trifft daher die von den Bf vorgebrachte Behauptung, daß es sich bei dem dem angefochtenen Bescheid zugrundeliegenden Flächenwidmungs- und Bebauungsplan in Wahrheit um eine individuelle Verfügung handle, die bloß mißbräuchlich in Verordnungsform erlassen worden sei, nicht zu (vgl Slg 5794/1968).

15a) Wie der VfGH schon wiederholt festgestellt hat, kann ein einmal erlassener Bebauungsplan durch Verordnung auch dann abgeändert werden, wenn die Abänderung nur ein einziges Baugrundstück betrifft (vgl Slg 5581/1967, 5784/1968, 6081/1969). Der Umstand allein, daß die Verordnung des Gemeinderates den bestehenden Bebauungsplan nur für eine Bauparzelle abändert, kann daher eine Gesetzwidrigkeit nicht dartun.

15b) Auch der Umstand, daß die Abänderung des bestehenden Bebauungsplanes für eine Bauparzelle anläßlich eines diese Bauparzelle betreffenden Baubewilligungsverfahrens erfolgte, stellt für sich allein keine Gesetzwidrigkeit dar, wenn darin nicht eine unsachliche Begünstigung oder Benachteiligung einer Person liegt, sondern sachliche Gründe maßgeblich sind (VfGH 18.10.1977, Slg 8163).

Zur Problematik von Inselwidmungen

16) Der VfGH ist in VfSlg 8701 davon ausgegangen, daß die natürlichen Gegebenheiten oder die tatsächlichen Benützungsverhältnisse auch die Bildung verhältnismäßig kleinräumiger Widmungseinheiten erforderlich machen können. Dies dürfte aber, wie der VfGH im E v 1.10.1992, V 318/91, ausgeführt hat, nicht dazu führen, daß der Verordnungsgeber die für das Wohngebiet geltenden Kriterien durch die Schaffung zahlreicher Mischgebiets-„Inseln" in extensiver Weise durchbricht.

Der VfGH kann nicht ausschließen, daß es die allgemeinen Ziele der Raumordnung im Einzelfall geboten erscheinen lassen können, den Charakter erhaltenswerter Streulagen zu bewahren, wenn eine solche Planungsmaßnahme im Einklang mit den Raumordnungszielen steht und auch nicht zu einer weiteren Zersiedelung führt. Baulandenklaven können grundsätzlich mit einer Grünlandwidmung (hier für bestehende Bauten im Naherholungsgebiet Pöstlingberg) vereinbar sein. Eine gesetzwidrige Durchmischung der Widmungskategorien, wie vom VfGH im Prüfungsbeschluß angenommen, ist hier nicht gegeben.

Allerdings müssen die bestehenden Gebäude und allenfalls umgebende Grundflächen so dargestellt werden, daß der Rechtsunterworfene die Rechtslage aus der Plandarstellung eindeutig und unmittelbar feststellen kann, wie dies rechtsstaatlichen Anforderungen (s VfSlg 12.420) entspricht (VfGH 8.3.1994, Slg 13.716).

Toleranzbestimmungen

17) Der Verfassungsgerichtshof ist in seiner bisherigen Judikatur zu Raumordnungsplänen (speziell zu Bebauungsplänen, vgl. etwa VfSlg 12.171/1989, 14.378/1995) davon ausgegangen, daß eine Planänderung, die lediglich deshalb vorgenommen wird, um für ein auf einem Grundstück im Widerspruch zu einem geltenden Raumplan errichtetes Bauwerk im nachhinein eine gehörige Rechtsgrundlage zu schaffen, gleichheitswidrig ist. Ausdrücklich vertrat er die Auffassung: „Es widerspricht dem Gleichheitssatz, wenn die Änderung eines Bebauungsplanes nicht durch sachliche Erwägungen begründet, sondern ausschließlich dazu bestimmt ist, entgegen der Aufgabe des Bebauungsplanes, Bauvorhaben in die durch öffentliche Rücksichten gebotenen Bahnen zu lenken, durch Anpassung des Bebauungsplanes den Bauführer zu begünstigen."

Der die geschilderte Judikatur tragende Grundgedanke läßt eine Gleichheitsverletzung auch annehmen, wenn nicht einzelne Flächenwidmungen oder Bebauungsvorschriften ausschließlich zur Anpassung an bestehende rechtswidrige Bauführungen geändert werden, sondern wenn derartige flächenwidmungsplanwidrige Bauführungen, die vor einem bestimmten Zeitpunkt stattfanden, im nachhinein schlechthin – und im Widerspruch zu jenen Flächenwidmungen – vom Gesetzgeber als konsensfähig erklärt werden (vgl VfSlg 14.681/1996) (VfGH 3.3.1999, Slg 15.441).

Ebenso schon früher VfGH 29.11.1996, Slg 14.681 u 26.2.1997, Slg 14.763.

Überörtliche Rücksichten

18) 1.1. Es ist zwar der Gemeinde im allgemeinen nicht verwehrt, und in besonderen Fällen sogar geboten, Grundflächen, die aus naturschutzrechtlichen Gründen nicht verbaut werden sollen, auch durch den Flächenwidmungsplan von einer Verbauung freizuhalten. Wenn die Gemeinde aber bei ihrer Flächenwidmung naturschutzrechtliche Gesichtspunkte berücksichtigt, so darf sie nicht nur punktuelle Maßnahmen der Flächenwidmung setzen, sondern muß diese Maßnahmen für Grundstücke, auf die dieselben natürlichen Gegebenheiten zutreffen (hier: Feuchtgebiete) großflächig setzen.

1.2. Der Verfassungsgerichtshof hat schon im Erkenntnis VfSlg 13282/1992 (Flächenwidmungsplan Mauerbach) betreffend eine entschädigungslose Umwidmung von „Bauland-Wohngebiet" in „Grünland-Parkanlage" trotz Änderung der Planungsgrundlagen ausgesprochen, daß eine derartige Umwidmung dann rechtswidrig ist, wenn ihr keine entsprechende auf das konkrete Grundstück bezogene Grundlagenforschung vorangegangen wäre oder wenn die bei der Auswahl der für eine Umwidmung in Betracht kommenden Grundstücke aus der Baulandreserve der Gemeinde notwendige Interessenabwägung fehlerhaft vorgenommen worden wäre (VfGH 3.3.1999, Slg 15.442).

19) Da rechtsverbindliche überörtliche Planungen, die eine Grünlandwidmung erfordern, nicht bestehen, setzt die Rechtmäßigkeit der Rückwidmung einer vorher als Bauland gewidmeten und bebauten Fläche in „Grünland-sonstige Gebiete" wegen übermäßiger Lärmbelästigung voraus, daß die Gemeinde hinsichtlich des Schutzes vor Lärmbelästigungen ein eigenständiges Konzept entwickelt hat (VfGH 27.6.1998, Slg 15.237).

Invalidation

20) Der Umstand, daß ein größeres zusammenhängendes Gebiet trotz seiner Widmung als Bauland durch Jahrzehnte hindurch tatsächlich nicht der Widmung entsprechend verbaut wird, zeigt, daß die der seinerzeitigen Planung zu Grunde gelegte Entwicklungsprognose falsch war. Die Beibehaltung einer derart als verfehlt erkannten Planung würde die Perpetuierung ihrer bisherigen Ineffizienz bedeuten. Daraus ergibt sich, daß eine die tatsächliche Entwicklung berücksichtigende Änderung der Planung unerläßlich, oder anders: aus wichtigen Rücksichten erforderlich ist (VfGH 7.10.1974, Slg 7382). Das bedeutet die Forderung nach einer regelmäßigen Überprüfung.

21) Solange die angrenzenden Grundstücke als Wohngebiete unter Festlegung von Baufluchtlinien gewidmet sind, ist die geplante Verkehrsfläche nach wie vor zur Erschließung dieser Grundstücke notwendig. Daher besteht auch weiterhin ein öffentliches Interesse an der Aufrechterhaltung der planerischen Festlegung der Verkehrsfläche Pschorngasse als (durchgehende) Verbindung zwischen dem Dinsflüßlweg und der Engilgasse. Für die durch die Verkehrsflächenwidmung bewirkte Eigentumsbeschränkung ergibt sich ihre verfassungsrechtlich notwendige Angemessenheit auch daraus, dass die in § 17 Abs 1 und 4 Wr. BauO 1930 begründete Grundabtretungsverpflichtung in Anbetracht ihres gesetzlich beschränkten Ausmaßes und dem gem § 17 Abs 1 leg cit dem Eigentümer weiterhin zugestehenden Nutzungsrecht an der abzutretenden Grundfläche keinen besonderen, hinsichtlich seiner Schwere, etwa mit einer Enteignung des gesamten Grundstückes vergleichbaren Eigentumseingriff bildet, sodass diese Verkehrsflächenwidmung und die daraus folgende – begrenzte – Grundabtretungsverpflichtung auch im Hinblick auf die Notwendigkeit einer langjährigen, vorausschauenden Verkehrsplanung von den an die geplante Verkehrsfläche angrenzenden Grundeigentümer hinzunehmen ist (VfGH 13.3.2003, Slg 16.838).

22) Nun trifft es zwar zu, dass dann, wenn sich aus dem Antrag ein Informationsbegehren ableiten lässt, das unabhängig von einer Umweltrelevanz steht, davon ausgegangen werden kann, dass sich der Antrag nicht auf auskunftspflichtige Umweltinformationen bezieht (vgl das hg Erkenntnis vom 2. Juni 1999, Zl 99/04/0042). Im vorliegenden Fall geht es aber um die Änderung eines Flächenwidmungsplanes, und in diesem Verfahren sind die Umweltbedingungen zu prüfen und die Grundlagen für die Sicherung des Umweltschutzes zu schaffen. … Es ist daher unzutreffend, dass ein Umweltinformationsbegehren über den Akteninhalt eines Flächenwidmungsverfahrens sich nicht auf auskunftspflichtige Umweltinformationen bezieht (vgl dazu auch das vom Beschwerdeführer zitierte hg Erkenntnis vom 15. Juni 2004, Zl 2003/05/0146).

Zu beachten ist ferner, dass der Beschwerdeführer allgemein Einsicht begehrt hat und nicht nur gefragt hat, ob Unterlagen an sich vorhanden sind. Es kann daher auch kein Zweifel bestehen, dass sich das Begehren auf den Inhalt des Aktes bezogen hat (vgl dazu das hg Erkenntnis vom 17. Dezember 2008, Zl 2004/03/0167).

Weiters ist zu bemerken, dass schon auf europarechtlichen Grundlagen der Begriff der der Auskunftspflicht unterliegenden Umweltinformation grundsätzlich weit zu verstehen ist (vgl die hg Erkenntnisse vom 29. Mai 2008, Zl 2006/07/0083, und vom 24. Oktober 2013, Zl 2013/07/0081) (VwGH 8.4.2014, 2012/05/0061, zum OÖ Umweltschutzgesetz).

Anmerkung: Vgl insb § 2 des Wiener Umweltinformationsgesetzes – WrUIG, LGBl 2001/15 idF LGBl 2018/62).

Grundlagen für die Stadtplanung und Stadtentwicklung[1)]

§ 2a. (1) Der Magistrat hat als Grundlagen für die Stadtplanung und Stadtentwicklung die natürlichen, ökologischen, wirtschaftlichen, infrastrukturellen, sozialen und kulturellen Gegebenheiten zu erheben.

(2) Der Magistrat hat für Zwecke der Stadtplanung und Stadtentwicklung die in Abs. 3 genannten Daten zu verarbeiten.

(3) Für Zwecke der Stadtplanung und Stadtentwicklung sind folgende Daten erforderlich:

1. **Größe, Lage, Anschrift, Beschaffenheit, Baubestand und Nutzung der Liegenschaft;**
2. **Widmung und Nutzungsbeschränkungen der Liegenschaft;**
3. **Namen und Anschriften der Eigentümer der Liegenschaft und der Bauwerke sowie jener Personen, denen ein Baurecht zusteht.**
4. **flächendeckende Geodaten zur bild- und modellhaften Darstellung der Stadttopografie;**
5. **Namen und Anschriften sowie Geburtsdaten von Bewohnern zum Zweck der Teilnahme an Befragungen und Bürgerbeteiligungsverfahren.**

(3a) Personenbezogene Daten gemäß Abs. 3 Z 5 sind spätestens nach Beendigung der Befragung oder des Bürgerbeteiligungsverfahrens zu löschen.

(4) Aus der Datensammlung können Daten für bestimmte einzelne Liegenschaften, ausgenommen Daten gemäß Abs. 3 Z. 3, durch Einsichtnahme nach Maßgabe der technischen Möglichkeiten gegen Kostenersatz weitergegeben werden. Die Einsichtnahme umfaßt nicht die Abfrage mittels Suchbegriffen.

(5) Zum Zweck der Sammlung von Daten gemäß Abs. 3 ist den Vertretern des Magistrats oder vom Magistrat betrauten Personen das Betreten von Grundflächen und allgemein zugänglichen Teilen von Gebäuden gestattet. Dabei haben diese Personen einen vom Magistrat ausgestellten Lichtbildausweis mit sich zu führen und auf Verlangen vorzuweisen. Der Eigentümer (jeder Miteigentümer), der Hausbesorger und die Benützer der Grundflächen und Bauwerke sind verpflichtet, nach Möglichkeit alle Auskünfte zur Erhebung der Daten gemäß Abs. 3 zu erteilen.

(6) Die Betreiber von Seveso-Betrieben haben der Gemeinde auf Verlangen ausreichende Informationen zu den vom Betrieb ausgehenden Risiken vorzulegen, die als Grundlage für Entscheidungen über die Ansiedlung neuer Betriebe oder für die Beurteilung neuer Entwicklungen in der Nachbarschaft bestehender Betriebe und für die Festsetzung von Widmungen gemäß § 4 Abs. 2 Punkt C lit. d oder Punkt D lit. g sowie für Festsetzungen gemäß § 5 Abs. 4 lit. m durch die Gemeinde erforderlich sind.[2)]

(EB zur Nov LGBl 1995/37)

Die aufgrund dieser Bestimmung zu schaffende Datenbank soll es ermöglichen, die für die Stadtplanung und Stadtentwicklung erforderlichen Informationen durch deren Erfassung mittels EDV auf dem aktuellen Stand evident zu halten. Die automationsunterstützte Verarbeitung dieser Daten im Zuge des Aufbaues der projektierten Datenbank setzt gemäß § 6 des Datenschutzgesetzes, BGBl 1978/565 in der Fassung des Gesetzes BGBl 1994/632, eine ausdrückliche gesetzliche Ermächtigung oder eine gesetzlich übertragene Aufgabe voraus.

Anmerkungen

1) Eingefügt mit der Nov LGBl 1995/37.

2) Eingefügt mit Nov 2021, LGBl 2021/70. Siehe § 1 Abs 2 Z 17, Abs 4a §§ 61a und 134 Abs 6a.

Judikatur

S E zu §§ 1 u 2.

Energieraumpläne

§ 2b. (1) Energieraumpläne dienen der geordneten, vorausschauenden und nachhaltigen Gestaltung und Entwicklung der Energiebereitstellung für Heizungs- und Warmwasserbereitungsanlagen in Wien und der Nutzung dieser Energiebereitstellungen, insbesondere von klimaschonenden Energieträgern (erneuerbare Energieträger, Abwärmenutzung und Fernwärme). Sie sind Verordnungen. Ihre Festsetzung und Abänderung beschließt der Gemeinderat. Jede Beschlussfassung ist im Amtsblatt der Stadt Wien kundzumachen. Danach kann jedermann die Ausfolgung der Beschlüsse und der dazugehörigen Planbeilagen verlangen.

(2) Energieraumpläne können für ein Gebiet erlassen werden, wenn in diesem Gebiet bereits eine Fernwärmeinfrastruktur als hocheffizientes alternatives System (§ 118 Abs. 3) verfügbar oder ausreichend technische Kapazität für eine Erweiterung der Fernwärmeinfrastruktur vorhanden ist und zumindest ein weiteres hocheffizientes alternatives System unter Berücksichtigung der in § 1 Abs. 1 des Immissionsschutzgesetzes – Luft (IG-L), BGBl. I Nr. 115/1997 in der Fassung BGBl. I Nr. 58/2017, festgelegten Ziele realisierbar ist. In diesem Gebiet sind für Heizungs- und Warmwasserbereitungsanlagen in Neubauten nur die in § 118 Abs. 3 genannten hocheffizienten alternativen Systeme zulässig.

(3) Energieraumpläne können auch Beschränkungen der zulässigen Treibhausgasemissionen aus Heizungs- und Warmwasserbereitungsanlagen vorsehen.

(3a) Darüber hinaus können in Energieraumplänen Gebiete ausgewiesen werden, in denen Fernwärme vorhanden oder der Ausbau bis zu einem mit Verordnung festzulegenden Zeitpunkt vorgesehen ist.[2)]

Eine Ausweisung solcher Gebiete kann dann erfolgen, wenn die Fernwärme folgende Qualitätskriterien erfüllt:

1. sie unterliegt einer gesetzlichen, behördlichen oder vertraglichen Preisregelung,
2. sie verfügt über die zur Versorgung des auszuweisenden Gebietes erforderliche Kapazität und
3. sie stammt zumindest zu 80 vH aus Wärme aus erneuerbaren Energieträgern, hocheffizienter Kraft-Wärme-Kopplung, Abwärme oder einer Kombination dieser oder aus Anlagen, die über einen verbindlichen Dekarbonisierungsplan verfügen, mit dem die dauerhafte Einhaltung dieser Kriterien ab 2035 sichergestellt ist und keine Ausweitung der mit fossilen Brennstoffen erzeugten Anlagenleistung erfolgt.

(4) Bei der Festsetzung und Abänderung der Energieraumpläne ist auf die in § 1 Abs. 2 genannten Ziele sowie auf Planungen und auf Maßnahmen

des Bundes, anderer Länder sowie der benachbarten Gemeinden Bedacht zu nehmen. Abänderungen dürfen nur aus wichtigen Rücksichten vorgenommen werden. Diese liegen insbesondere vor, wenn bedeutende Gründe, vor allem auf Grund von Änderungen der natürlichen, ökologischen, wirtschaftlichen, technologischen oder infrastrukturellen Gegebenheiten für eine Abänderung sprechen, gegebenenfalls auch im Hinblick auf eine nunmehr andere Bewertung einzelner Ziele, auf die bei der Festsetzung und Abänderung der Energieraumpläne Bedacht zu nehmen ist.

(5) Für das Verfahren bei der Festsetzung und Abänderung der Energieraumpläne gilt § 2 Abs. 1, 5, 6, 7, 8 und 9 sinngemäß.[1)]

(6) Der Magistrat hat als Grundlagen für die Energieraumplanung die natürlichen, ökologischen, wirtschaftlichen, technologischen und infrastrukturellen Gegebenheiten zu erheben.

(7) Der Magistrat kann im Rahmen der Erhebungen gemäß Abs. 6 die folgenden Daten verarbeiten:

1. **Gebäudedaten, Adressdaten von Gebäuden und Daten zu Baubewilligungsverfahren für Neubauten, die nach dem 1.1.2017 bewilligt wurden,**
2. **Daten zur Lage des Gasanschlusses und dem Zeitpunkt der Herstellung des aktiven Anschlusspunktes des Gebäudes,**
3. **Daten zur Lage des Fernwärmeanschlusses und dem Zeitpunkt der Herstellung des aktiven Anschlusspunktes des Gebäudes,**
4. **Daten aus dem Zentralen Leitungskataster,**
5. **Angaben zu den Qualitätskriterien gemäß Abs. 3a.**

(EB zu BO-Nov 2023, LGBl 2023/37 vom 13.12.2023)

Mit **Abs. 3a** wird eine Rechtsgrundlage dafür geschaffen, Fernwärme- und Fernwärmeausbaugebiete mittels Verordnung auszuweisen. So sollen durch diese Energieraumpläne Potenziale für die Umstellung auf bzw. die Nutzung von hocheffizienten alternativen Systemen, in diesem Fall von qualitätsgesicherter Fernwärme, aufgezeigt werden. Die Ausweisung bedeutet nicht, dass in den betreffenden Gebieten Fernwärme als Energieträger verwendet werden muss, sondern nur dass Fernwärme als Energieträger zur Verfügung steht bzw. bis zu einem mit der Verordnung festgelegten Zeitpunkt ein Fernwärmeausbau erfolgt.

Zu **Abs. 7** (Energieraumpläne gemäß Abs. 3a): Wien strebt bis 2040 eine vollständige Klimaneutralität bei der Wärmeversorgung (Raumheizung und Warmwasser) in Gebäuden an. Fernwärme wird im dichtbebauten Stadtgebiet dabei in vielen Fällen die erste Option für den Umstieg auf ein alternatives Heizungssystem darstellen. Für die Ausweitung der Energieraumplanung im Sinne des neuen Abs. 3a müssen u.a. Daten zur Energieversorgung erhoben werden. Der Schwerpunkt liegt dabei vor allem auf der netzgebundenen Infrastruktur. Einerseits bedarf es Informationen zur bestehenden Gasinfrastruktur, um sicherzustellen, dass Maßnahmen zur Stilllegung von Netzabschnitten oder zur weiteren Verwendung der

Netzinfrastruktur zum richtigen Zeitpunkt gesetzt werden. Andererseits sind Informationen zur Fernwärmeinfrastruktur erforderlich. Ohne diese Informationen kann nicht festgestellt werden, welche Stadtgebiete für eine Erschließung mit Fernwärme in Betracht kommen. Um eine grundstücks- und gebäudescharfe Abgrenzung zu gewährleisten und auch entsprechende Ausweisungen für den Netzausbau treffen zu können, sind genaue Informationen notwendig. Darüber hinaus ist die Berücksichtigung von Maßnahmen im öffentlichen Straßenraum wie auch das rechtzeitige Identifizieren von Raumansprüchen für den Netzausbau (zB für Fernwärmespeicher, Primärleitungen, Starkstromleitungen, Transformatoren) im Sinne einer möglichst effizienten Koordinierung von Infrastrukturmaßnahmen anzustreben.

Anmerkungen

1) Schon vor 50 Jahren wurde im Österreichischen Städtebund ein Enteignungsrecht in Form eines Anschlusszwanges an kommunale Energieträger diskutiert. Mit bloßen Prognoseprogrammen wird die gerade immer wichtiger werdende Forderung nach Energiereduktion und Klimaschutz torpediert.

2) Siehe auch § 118 Abs 8. Die Verpflichtung gem § 118 Abs 3, ein hocheffizientes alternatives System einzusetzen, kann in Gebieten mit Ausbauplänen gem Abs 3a auf Antrag gestundet werden.

Fachbeirat für Stadtplanung, Stadtgestaltung und Welterbe[1)2)3)]

§ 3. (1) Der Fachbeirat für Stadtplanung, Stadtgestaltung und Welterbe besteht aus zwölf Fachleuten für folgende Bereiche

a) Architektur (drei Personen, von der zumindest eine Person eine Ziviltechnikerprüfung abgelegt haben muss);
b) Welterbe und Bauen im historischen Bestand;
c) Raumplanung;
d) Denkmalwesen;
e) Landschaftsarchitektur;
f) Stadtökologie und Klimawandelanpassung;
g) Verkehrswesen;
h) Sozialwesen;
i) Wirtschaftsstandort;
j) Klimaschutz und Energiewesen.

(2) Sämtliche Mitglieder werden von der Bürgermeisterin oder vom Bürgermeister auf drei Jahre bestellt; ihr Amt dauert bis zur Amtsübernahme einer bestellten Nachfolgerin oder eines bestellten Nachfolgers. Scheidet ein Mitglied aus, ist in gleicher Weise ein Ersatzmitglied für die restliche Funktionsperiode zu bestellen. Bei der Bestellung ist der Wechsel jeweils von mindestens einem Drittel der Mitglieder vorzusehen.

(2a) Ein Dreiervorschlag hinsichtlich der zu bestellenden Fachleute kann innerhalb der von der Behörde festgesetzten Frist von folgenden Einrichtungen erstattet werden:

a) der Fakultät für Raumplanung und Architektur der Technischen Universität Wien gemeinsam mit dem Institut für Architektur der Universität für angewandte Kunst Wien und dem Institut für Architektur an der Akademie der bildenden Künste in Wien für eine Person im Bereich Architektur,
b) der Ziviltechnikerkammer für Wien, Niederösterreich und Burgenland für eine Person im Bereich Architektur,
c) der Ziviltechnikerkammer für Wien, Niederösterreich und Burgenland für den Bereich Landschaftsarchitektur,
d) der oder dem für Kunst und Kultur zuständigen Bundesministerin oder Bundesminister für den Bereich Welterbe und Bauen im historischen Bestand,
e) dem Bundesdenkmalamt für den Bereich Denkmalwesen,
f) der Universität für Bodenkultur gemeinsam mit der Universität Wien für den Bereich Stadtökologie und Klimawandelanpassung,
g) der Kammer für Arbeiter und Angestellte für Wien für den Bereich Sozialwesen,
h) der Wirtschaftskammer Wien für den Bereich Wirtschaftsstandort und
i) der Fachhochschule Technikum Wien für den Bereich Klimaschutz und Energiewesen.

(3) Die Mitglieder dürfen in der Gemeindeverwaltung weder ein besoldetes Amt bekleiden noch einem Vertretungskörper angehören; sie üben ihre Tätigkeit ehrenamtlich aus.

(4) Der Fachbeirat hat das Recht, in begründeten Fällen externe Fachleute heranzuziehen.

(EB zur Nov 1976)

Im Sinne der Ausführungen wird auch der Fachbeirat für Stadtplanung erweitert, um der Stadtplanung eine Institution an die Hand zu geben, die auf möglichst vielen Wissensgebieten Fachgutachten zu den beabsichtigten Festsetzungen bzw Änderungen der Flächenwidmungspläne und Bebauungspläne erstellt. Die Stellungnahmen des Fachbeirates sind ihrer Natur nach eine Beurteilung der beabsichtigten Regelungen jeweils aus dem konkreten Fachgebiet, sodaß der Magistrat bei seiner Antragstellung an den Gemeinderat stets auch die Stellungnahme der Wissenschaft zu seinen Entwürfen dem beschlußfassenden Organ unterbreiten kann. Die vorläufige Abwägung aller öffentlichen Interessen bei der Festsetzung oder Änderung des Flächenwidmungsplanes und Bebauungsplanes bleibt jedoch bis zur Antragstellung an das beschlußfassende Organ dem Magistrat vorbehalten; die endgültige Abwägung der öffentlichen Interessen ist stets eine politische Entscheidung und kann daher nur vom Gemeinderat … vorgenommen werden.

(EB zur BO-Nov 2023, LGBl 2023/37 vom 13.12.2023)

Ausgehend vom Managementplan UNESCO-Welterbe wird der Fachbeirat zum Fachbeirat für Stadtplanung, Stadtgestaltung und Welterbe umbenannt und die Kompetenz des Fachbeirats um dieses Fachgebiet erweitert. Gleichwohl hat sich in der bisherigen Praxis gezeigt, dass die Koordination des Gremiums mit wachsender Mitgliederanzahl zunehmend schwieriger wird. Ziel ist daher, den Fachbeirat wieder auf eine Mitgliederanzahl von 12 Personen zu reduzieren und einzelne Fachbereiche entfallen zu lassen bzw. deren Bezeichnungen zu aktualisieren. Hinzu kommt, dass sich im Laufe der letzten Jahrzehnte – der Fachbeirat wurde im Wesentlichen in dieser Zusammensetzung mit der Bauordnungsnovelle 1976 eingeführt – die Themenschwerpunkte im Zusammenhang mit dem Tätigkeitsbereich des Fachbeirats verändert haben und zum Teil die in der derzeitigen Besetzung vorgesehenen Expertisen aus heutiger Sicht im Verhältnis zu den zwischenzeitig hinzugekommenen Themenbereichen nicht (mehr) aktuell sind.

Aufgrund der Änderungen der gemäß § 3 Abs. 1 im Fachbeirat repräsentierten Expertisen sind auch die Vorschlagsrechte entsprechend anzupassen. So entfallen aufgrund der Streichung der Fachgebiete Volkshygiene bzw. Grünraumplanung die Vorschlagsrechte der Medizinischen Universität Wien bzw. Technischen Universität Wien gemeinsam mit der Universität für Bodenkultur.

Anmerkungen

1) Mit V LGBl 1979/24 idF LGBl 2005/33, wurde eine Geschäftsordnung für den Fachbeirat für Stadtplanung und Stadtgestaltung erlassen.

2) Aufgaben des Fachbeirats vgl § 2 Abs 4, § 67 Abs 2, § 70a Abs 4.

3) Mit der Nov LGBl 2020/61 erfolgten Ergänzungen iSd Klimaschutzes.

Inhalt der Flächenwidmungspläne

§ 4. (1) Die Flächenwidmungspläne haben in großen Zügen darzustellen, nach welchen Grundsätzen der geordnete Ausbau der Stadt vor sich gehen soll und die Bebauungspläne (§ 5 Abs. 1) zu verfassen sind; die Flächenwidmungspläne begründen unmittelbar weder Rechte noch Verpflichtungen.[1)]

(2) In den Flächenwidmungsplänen können folgende Widmungen der Grundflächen ausgewiesen werden:

A. Grünland:

- **a) ländliche Gebiete;**
- **b) Erholungsgebiete, und zwar:**
  - **1. Parkanlagen,**
  - **2. Kleingartengebiete,**
  - **3. Kleingartengebiete für ganzjähriges Wohnen,**
  - **4. Sport- und Spielplätze,**
  - **5. Freibäder,**

6. Grundflächen für Badehütten,
7. sonstige für die Volksgesundheit und Erholung der Bevölkerung notwendige Grundflächen;

c) Schutzgebiete, und zwar:
1. der Wald- und Wiesengürtel, in dem örtlich begrenzte Teile ausgewiesen werden können, die der landwirtschaftlichen Nutzung vorzubehalten sind,[2)]
2. Parkschutzgebiete;[3)]

d) Friedhöfe;

e) Sondernutzungsgebiete für das Anlegen von Steinbrüchen, Schotter-, Sand-, Lehm- und Tongruben sowie anderen Anlagen zur Ausbeutung des Untergrundes, auch unter gleichzeitiger Festsetzung einer endgültigen Widmung der Widmungskategorie Grünland für die endgültige Nutzung der Grundflächen.[4)5)]

B. Verkehrsbänder:
Als Verkehrsbänder können Straßenzüge und Verkehrswege von übergeordneter Bedeutung ausgewiesen werden; als solche können auch die durch Akte der Vollziehung des Bundes auf dem Gebiet des Verkehrswesens (Art. 10 Abs. 1 Z. 9 des Bundes-Verfassungsgesetzes) in Anspruch genommene Grundflächen ausgewiesen werden.[6)]

C. Bauland:

a) Wohngebiete, in denen örtlich begrenzte Teile zusätzlich als Geschäftsviertel oder Gebiete für geförderten Wohnbau ausgewiesen werden können;[10)11)]

b) Gartensiedlungsgebiete[7)], in denen örtlich begrenzte Teile zusätzlich für Gemeinschaftsanlagen, die wirtschaftlichen, kulturellen, sozialen, gesundheitlichen und sportlichen Zwecken dienen, ausgewiesen werden können;

c) gemischte Baugebiete, in denen örtlich begrenzte Teile zusätzlich als Geschäftsviertel, Gebiete für geförderten Wohnbau oder Betriebsbaugebiete oder in der Nähe von Friedhöfen aus Gründen des örtlichen Stadtbildes als Gebiete für friedhofsbezogene Nutzungen ausgewiesen werden können;

d) Industriegebiete, in denen örtlich begrenzte Teile zusätzlich bestimmten Industriezweigen oder bestimmten industriellen Verwendungs- bzw. Nutzungsarten vorbehalten oder von solchen ausgenommen werden können sowie örtlich begrenzte Teile festgelegt werden können, in denen Betriebe, die in den Anwendungsbereich der Richtlinie 2012/18/EU des Europäischen Parlaments und des Rates vom 4.7.2012 zur Beherrschung der Gefahren schwerer Unfälle mit gefährlichen Stoffen, zur Änderung und anschließenden Aufhebung der Richtlinie 96/82/EG des Rates fallen, zulässig sind.[8)9)]

Beschränkungen nach lit. d dürfen nur festgesetzt werden, wenn es aus städtebaulichen, volkswirtschaftlichen, gesundheitlichen oder Verkehrsrücksichten notwendig ist.

D. Sondergebiete:

a) Ausstellungsgelände;

b) Grundflächen für Klär- und Rückstauanlagen;

c) Grundflächen für Wasserbehälter;

d) Freistreifen;

e) Zeltplätze;

f) Lagerplätze und Ländeflächen, in denen örtlich begrenzte Teile zusätzlich bestimmten Lagerungen vorbehalten oder von solchen ausgenommen werden können;

g) Gebiete, in denen Betriebe, die in den Anwendungsbereich der Richtlinie 2012/18/EU des Europäischen Parlaments und des Rates vom 4. Juli 2012 zur Beherrschung der Gefahren schwerer Unfälle mit gefährlichen Stoffen, zur Änderung und anschließenden Aufhebung der Richtlinie 96/82/EG des Rates, Amtsblatt der EU Nr. L 197 vom 24. Juli 2012 S. 1, fallen, zulässig sind;[9)9a)]

h) sonstige Grundflächen für die Errichtung bestimmter, nicht unter eine andere Widmung fallender Gebäude beziehungsweise für nicht unter eine andere Widmung fallende Nutzungen.

(3) Die Flächenwidmungspläne können für verschiedene übereinanderliegende Räume desselben Plangebietes gesonderte Widmungen ausweisen.

(4) Die Flächenwidmungspläne können die Widmung Bauland befristet ausweisen, wenn dies der Erreichung der gesetzlichen Ziele der Stadtplanung (§ 1 Abs. 2) dient.[10)12)]

(EB zur Nov 1976)

In den Flächenwidmungsplänen können wie bisher die Widmungen Grünland, Verkehrsband, Bauland und Sondergebiet ausgewiesen werden. Die Änderungen beim Grünland und bei Sondergebieten bestehen lediglich in einer übersichtlicheren Anführung der Unterteilungen. Die Widmungskategorie der Verkehrsbänder wird neu definiert. Diese Definition trägt der modernen Stadtentwicklung insofern Rechnung, als sie das Anlegen übergeordneter Verkehrswege erfaßt, die ein leistungsfähiges innerstädtisches Verkehrssystem garantieren sollen. Dabei darf aber nicht übersehen werden, daß solche als Straßenzüge ausgebildete Verkehrsflächen, sofern sie von der Gemeinde Wien auch ausgebaut werden, weiterhin den Charakter von Gemeindestraßen haben. Diejenigen Grundflächen, die durch Akte der Vollziehung des Bundes infolge seiner Widmungshoheit in Anspruch genommen werden, können von der Gemeinde in ihrem Flächenwidmungsplan nur mit deklaratorischer Wirkung dargestellt werden, was aber zur Vollständigkeit und Übersichtlichkeit der Flächenwidmungspläne beiträgt, woraus weiters eine erhöhte Rechtssicherheit resultiert.

(EB zur Nov LGBl 2001/36)

Die Ergänzung des Abs 2 Punkt C lit d sowie der neue Abs 2 Punkt D lit g erfolgen in Umsetzung des Art 12 der Richtlinie 96/82/EG vom 9. Dezember 1996 zur Beherrschung der Gefahren bei schweren Unfällen mit gefährlichen Stoffen. Die Formulierung, nach der die unter die Richtlinie fallenden Betriebe in bestimmten Gebieten für „zulässig" erachtet werden, bringt zum Ausdruck, dass in diesen Gebieten auch andere, der Widmung entsprechende Anlagen, die ein solches Gefahrenpotential nicht erreichen, errichtet werden dürfen.

(EB zur Nov LGBl 2014/25)

Durch die Schaffung einer zusätzlichen Ausweisung von Gebieten für förderbaren Wohnbau soll innerhalb des Wohngebietes und des gemischten Baugebietes dadurch erforderlicher Wohnraum mobilisiert werden, dass in den dafür im Flächenwidmungsplan vorgesehenen Gebieten die Nutzung der Grundflächen insofern beschränkt ist, als nur solche Wohngebäude errichtet werden dürfen, die nach der Größe der darin befindlichen Wohnungen und dem energietechnischen Standard die Voraussetzungen für eine öffentliche Förderung nach den wohnbauförderungsrechtlichen Vorschriften erfüllen (vgl. § 6 Abs. 6a, Z 13 des Entwurfs). Nicht entscheidend ist, ob eine solche Förderung auch tatsächlich erfolgt. Die nachträgliche Schaffung größerer Wohneinheiten durch Zusammenlegung von bewilligten Wohnungen in einem Gebiet für förderbaren Wohnbau wäre ein Verstoß gegen die betreffende Bestimmung des Flächenwidmungsplanes und daher unzulässig.

Die Erfahrung zeigt, dass die Nachfrage nach Bauland das Angebot auf dem Bodenmarkt übersteigt, obwohl grundsätzlich genügend Flächen über eine entsprechende Widmung verfügen. Der Grund dafür ist u. a. darin zu suchen, dass Grundflächen mit Baulandwidmung von ihren Eigentümern insofern „gehortet" werden, als sie nicht oder nicht sofort bebaut werden; dadurch wird bauwilligen Interessenten der Zugang zum Bodenmarkt erschwert und wird die Einhaltung der Ziele der Stadtplanung – etwa die Vorsorge für Flächen für den erforderlichen Wohnraum – behindert. Durch den neuen Abs. 4, in dem die Möglichkeit geschaffen wird, die Widmung Bauland nur befristet festzulegen, soll daher eine bodenmobilisierende Wirkung erzielt werden. Dabei sind insbesondere auch bei Festlegung der Dauer der Frist die mit der Widmung verfolgten Ziele der Stadtplanung und der Verwendungszweck der Grundflächen zu berücksichtigen.

(EB zur Nov LGBl 2018/69)

Mit der Bauordnungsnovelle 2014 wurde in § 4 Abs. 2 Punkt C lit. a und c dieses Gesetzes vorgesehen, dass in den Widmungskategorien Bauland und Gemischtes Baugebiet zusätzlich die Ausweisung örtlich begrenzter Teile für förderbaren Wohnbau erfolgen kann. In Gebieten für förderbaren Wohnbau dürfen Wohngebäude nur errichtet werden, wenn sie auf Grund der Größe der darin befindlichen Wohnungen und des energietechnischen Standards nach den wohnbauförderungsrechtlichen Vorschriften des Landes Wien förderbar sind. Nach den Erläuternden Bemerkungen des Gesetzgebers zur Bauordnungsnovelle 2014 soll durch diese Zusatzwidmung erforderlicher Wohnraum mobilisiert werden. Daneben stand aber auch eine Dämpfung der Bodenpreise im Fokus des Gesetzgebers.

Anmerkung zu dieser Aussage: In den anderen Bundesländern gilt weiterhin die Bestimmung „förderbar". Der Erstautor hat bereits im Aussendungsverfahren darauf hingewiesen, dass dies im Zusammenhang mit der Bestimmung des beabsichtigten § 6a auf eine Zwangsbewirtschaftung hinausläuft, die im verfassungsrechtlichen Fokus des Eigentumsschutzes und des Gleichheitssatzes steht. Eine freie Ingerenz über das Grundstück besteht nicht mehr. Man ist auf eine Förderung ohne Rechtsanspruch angewiesen. Daneben sollten aber bestehende Grünlandflächen widmungsmäßig in ihrer Form und Gestalt erhalten bleiben; Umwidmungen auf Bauland sollten gesetzlich ausgeschlossen werden.

Anmerkungen

1) Die Aussage ist unzutreffend (vgl etwa § 6). Vgl auch E 18 u 19 zu § 1.

Zur im Schrifttum aufgeworfenen Frage, ob ein vom VfGH wegen Gesetzwidrigkeit ganz oder teilweise aufgehobener Flächenwidmungsplan einen früheren Flächenwidmungsplan wieder „aufleben" lässt, kann die Antwort grundsätzlich nur „nein" lauten (s *Aichlreiter*, Stufenbau- und Derogationsfragen bei Flächenwidmungsplänen, sowie *Hauer*, Zur Theorie vom „weißen Fleck", ecolex 1995, 58 ff bzw 65 ff, gegen *Mayer*, ecolex 1994, 354 ff).

2) Der Wald- und Wiesengürtel geht auf den B des Gemeinderates v 24.5.1905, PrZl 4783, zurück, war Teil des Regulierungsplanes und ist nun, soweit nicht Änderungen erfolgten, Teil des Flächenwidmungsplanes (Art II). Die Möglichkeit der Ausweisung von Flächen, die der landwirtschaftlichen Nutzung vorbehalten sind, stammt aus der Nov LGBl 1996/44. Damit wird aber die landwirtschaftliche Nutzung von Flächen des Wald- und Wiesengürtels, die nicht einen solchen Vorbehalt aufweisen, nicht ausgeschlossen. Der tatsächliche Hintergrund dürfte darin bestehen, dass durch die gleiche Novelle bisher bestandene Einlösungsansprüche (§ 59) bei Festlegung eines solchen Vorbehalts beseitigt werden.

3) Nach den Beschlüssen des Gemeinderates v 11.3.1924, PrZl 472 (Amtsblatt 1924/22), und v 12.2.1926, PrZl 456 (Amtsblatt 1926/14) gelten insbesondere alle in der Erhaltung der Stadt Wien stehenden öffentlichen Gartenanlagen als Parkschutzgebiete.

4) Unter „endgültiger Festsetzung der Widmung" ist nur die Folgewidmung gemeint. Der Gemeinderat ist nicht gehindert, später auch eine andere Widmung festzusetzen.

5) Diese Bestimmungen sind im Sinne des E des VfGH v 21.10.1975, Slg 7658, verfassungskonform zu interpretieren. Eine Reservierung von Grundflächen für Bundesstraßenzwecke erscheint danach zulässig. Die Festlegung von Baulinien mit Abtretungsverpflichtungen, wie mitunter gehandhabt, ist unzulässig.

6) Sonst werden Straßen, Gassen und Plätze durch Bebauungspläne ausgewiesen; sie sind aber keine eigene Widmungskategorie. UE zählen sie damit zur angrenzenden Flächenwidmung. Dies ist vor allem für die Frage der Bewertung dieser Grundflächen maßgeblich. Bei unterschiedlichen Flächenwidmungen beiderseits der Verkehrsfläche wird im Zweifel die Straßenmitte als Grenze anzunehmen sein.

7) Diese mit der Nov 1976 eingeführte Widmungskategorie soll auch der Legalisierung von „wilden" Siedlungen dienen (s auch Art V). Die EB treffen insoweit nicht zu, als im Gartensiedlungsgebiet nach § 76 Abs 11 die bebaubare Fläche bis zu 150 m^2 betragen kann.

8) Lit d erster Satz idF der Nov 2001/36. Lit e „Lagerplätze und Ländeflächen …" entfiel mit der Nov LGBl 1996/44. Lagerplätze und Ländeflächen wurden in die Kategorie Sondergebiete (D) als lit f eingereiht. Dadurch, dass damit der gleiche Effekt bewirkt wird wie bei einer analogen Änderung des Flächenwidmungs- und Bebauungsplanes, ohne aber einen Einlösungsanspruch aus dieser legistischen Maßnahme zu gewährleisten, bestehen gegen die Neuregelung auch hinsichtlich der Worte „nach einer Abänderung des Bebauungsplanes" in § 59 Abs 1 verfassungsrechtliche Bedenken.

Nach Art IV Abs 4 LGBl 1996/44 gelten Lagerplätze und Ländeflächen, die bei Inkrafttreten dieses Gesetzes (di der 19.9.1996) gewidmet sind, als Lagerplätze und Ländeflächen im Sinne dieser Novelle.

9) Es handelt sich hier um die Bedachtnahme auf die sog „Seveso-III-Richtlinie". Dabei erschien ungeklärt, ob diese Richtlinie auch ohne entsprechende Festlegungen im Flächenwidmungs- und Bebauungsplan wirksam ist (vgl § 1 Abs 5). Diese Gebiete sind sowohl im Bauland-Industriegebiet als auch in der Widmung Sondergebiet zulässig, was wegen Fehlens von Abgrenzungskriterien – auch in den EB – rechtlich nicht unbedenklich ist (formalgesetzliche Delegation). Mit der Nove 2021, LGBl 2021/70 erfolgten weitere Umsetzungen der RL. S auch § 1 Abs 2 Z 17, Abs 4a, § 2a Abs 6, §§ 61a und 134 Abs 6a.

9a) Fassung LGBl 2015/8

10) Mit der Nov LGBl 2014/25 wurden die Widmung „förderbarer Wohnbau" und die befristete Baulandwidmung eingeführt und mit Nov LGBl 2018/69 durch die Widmung „geförderter Wohnbau" ersetzt.

11) Fraglich bleiben die Konsequenzen späterer Änderungen, insbesondere wenn mit bloßer Bauanzeige Änderungen der Wohnungsgrößen vorgenommen werden.

12) Es wird keine Regelung zur zulässigen Dauer der Frist getroffen (max/min) und welche weitere Wirkung mit dem Fristablauf eintritt, insbesondere welche Widmung sodann gilt. Beim automatischen Eintritt einer Widmung ist fraglich, wie dem grundsätzlichen Prinzip entsprochen wird, wonach einer Widmung eine Grundlagenforschung vorangehen solle. Vgl die Bekanntgabe der Bebauungsbestimmungen und die Maßgeblichkeit der Widmung zum Zeitpunkt der Antragstellung (§ 10). Vgl § 8 Abs 1 (Bausperre wo kein Bebauungsplan).

Judikatur

1) Wird durch einen späteren Bebauungsplan ein früherer nicht ausdrücklich aufgehoben, wird dem letzteren nur soweit derogiert, als er zum späteren in Widerspruch steht. Bei einer Ergänzung des früheren Bebauungsplanes durch einen nachfolgenden wird bei einer Aufhebung des nachfolgenden Planes nicht auch der frühere beseitigt (VwGH 14.9.1976, 861/76).

2) Das Vorliegen eines Eintrittsgeldes (WIG 74) schließt das Vorliegen einer öffentlichen Erholungsfläche nicht aus (VfGH 15.12.1972, Slg 6935).

3) Der Verordnungsgeber hat zwar bei seiner Planung den vorhandenen Bestand zu berücksichtigen (VfSlg 13.180/1992). Es liegt aber grundsätzlich durchaus (noch) innerhalb des dem Verordnungsgeber zustehenden Ermessens, seine Planung auch in einem gewissen Widerspruch zu bestehenden Gegebenheiten vorzunehmen (VfSlg 13.502/1993). Wenn der Verordnungsgeber jedoch eine mit dem Bestand nicht vereinbare Widmung festlegt, so muß er das Interesse des Grundstückseigentümers an der Beibehaltung der bisherigen Widmungs- und Nutzungsfestlegung mit den Planungszielen abwägen (VfGH 30.9.2000, Slg 15.949).

4) Wenn der Beschwerdeführer in Bezug auf den durch die Rückwidmung erfolgten Eigentumseingriff auch Art 6 MRK geltend macht, der ua in zivilrechtlichen Angelegenheiten die Entscheidung durch ein unabhängiges Tribunal verlange, ist ihm entgegenzuhalten, dass, soweit der Eigentumseingriff in der Flächenwidmung durch den Gemeinderat begründet ist, der Verfassungsgerichtshof diese Widmung im Flächenwidmungsplan, der eine Verordnung darstellt, umfassend auf ihre Rechtmäßigkeit überprüfen kann. Im Hinblick auf alle anderen Aspekte, aus denen im Baubewilligungsverfahren die Baubewilligung nicht erteilt wird, kommt dem Verwaltungsgerichtshof nach der Judikatur des Europäischen Gerichtshofes für Menschenrechte (vgl das Urteil vom 21. September 1993 im Fall Zumtobel gegen Österreich und die Zulässigkeitsentscheidung der Europäischen Kommission für Menschenrechte vom 15. Oktober 1991, Nr 15267/89 im Fall Zumtobel ua gegen Österreich) eine dem Art 6 Abs 1 MRK entsprechende Prüfungskompetenz zu (VwGH 23.2.2001, 99/06/0124, zum Vbg BG).

5) Nach § 1 Abs 1 erster Satz BO dienen die Flächenwidmungspläne und die Bebauungspläne der geordneten und nachhaltigen Entwicklung des Stadtgebietes. Sie sind Verordnungen; ihre Festsetzung und Abänderung beschließt der Gemeinderat. Daraus folgt, dass Flächenwidmungspläne und Bebauungspläne, auch wenn es sich um Generalregulierungspläne und Generalbaulinienpläne handelt, von denen Art II Abs 1 BO spricht, durch nachfolgende Flächenwidmungs- und Bebauungspläne abgeändert werden können. Eine Bestandsgarantie dieser Planungsakte, selbst wenn ihr Inhalt das Ergebnis oder die Folge von privatrechtlichen Übereinkommen gewesen sein sollte, kennt das Gesetz nicht (VwGH 18.12.2006, 2005/05/0282).

6) So haben Nachbarn nicht schlechthin einen Anspruch auf widmungsgemäße Verwendung eines Baugrundstücks. Nach der hg Judikatur dient die Einhaltung der im Flächenwidmungsplan festgesetzten Widmung ausschließlich dem öffentlichen Interesse, es sei denn, es wäre damit ein bestimmter Immissionsschutz gewährleistet (vgl etwa das Erkenntnis vom 15. Mai 2014, Zl 2013/05/0023) (VwGH 16.2.2017, Ra 2015/05/0060).

7) S E zu §§ 1, 2 u 6.

Inhalt der Bebauungspläne

§ 5. (1) Die Bebauungspläne haben darzustellen, ob bzw. in welcher Weise die von den Flächenwidmungsplänen erfaßten Grundflächen und die darüber- oder darunterliegenden Räume bebaut werden dürfen bzw. welche Rechte und Verpflichtungen sich für die Eigentümer (Miteigentümer) der Grundflächen aus den Bebauungsbestimmungen ergeben.

(2) Die Bebauungspläne haben zu enthalten:

a) Die Widmungen der Grundflächen und der darüber- oder darunterliegenden Räume;
b) die Fluchtlinien;
c) für Verkehrsflächen die Höhenlagen und die Breiten sowie die insbesondere durch Mindestmaße festgelegte Ausgestaltung der Querschnitte.

(3) Neben den Festsetzungen nach Abs. 2 haben die Bebauungspläne im Bauland[1] mit Ausnahme der Gartensiedlungsgebiete und der Industriegebiete entweder

a) die Bauklassen (§ 75) und Bauweisen (§ 76) oder
b) die Strukturen (§ 77)
zu enthalten.

(4) Über die Festsetzungen nach Abs. 2 und 3 hinaus können[2] die Bebauungspläne zusätzlich enthalten:

a) Schutzzonen, Wohnzonen sowie Zonen für Großbauvorhaben; Grundflächen, auf denen ein städtebaulicher Schwerpunkt gesetzt werden soll;[3] Bestimmungen über die Zulässigkeit von Hochhäusern;[4]
b) Stellplatzregulative nach dem Wiener Garagengesetz;
c) Geschäftsstraßen und Einkaufszentren; ferner an Geschäftsstraßen Bestimmungen über die höchstens zulässige Zahl der Geschosse, in denen die Nutzung für ein Einkaufszentrum zulässig ist;
d) Bestimmungen über die flächenmäßige beziehungsweise volumenbezogene Ausnützbarkeit der Bauplätze und der Baulose oder von Teilen davon; in Gebieten für geförderten Wohnbau Bestimmungen über

den Anteil der Brutto-Grundfläche der auf einem Bauplatz geschaffenen Wohnungen und Wohn- und Zimmereinheiten in Heimen, die hinsichtlich der Grundkostenangemessenheit dem Wiener Wohnbauförderungs- und Wohnhaussanierungsgesetz – WWFSG 1989 entsprechen müssen.[4a)]

e) Bestimmungen über die bauliche Ausnützbarkeit von ländlichen Gebieten, Parkanlagen, Freibädern, Parkschutzgebieten und Grundflächen für Badehütten, bei Gewässern auch die Ausweisung der von jeder Bebauung freizuhaltenden Uferzonen; Bestimmungen über die bauliche Ausnützbarkeit von Sport- und Spielplätzen, bei Sportplätzen auch in bezug auf Sporthallen, sowie eine höchstens zulässige bebaubare Fläche, bezogen auf eine durch Grenzlinien bestimmte Grundfläche; Bestimmungen über die Ausnützbarkeit der Sondernutzungsgebiete hinsichtlich der Art, des Zweckes, ihres Umfanges und ihrer Abgrenzung zu Nutzungen anderer Art sowie hinsichtlich der endgültigen Gestaltung ihrer Oberflächen unter Festsetzung der beabsichtigten Wirkung auf das örtliche Stadt- beziehungsweise Landschaftsbild nach der endgültigen Widmung der Widmungskategorie Grünland für die endgültige Nutzung der Grundflächen durch Bestimmung von Geländehöhen (Überhöhungen und Vertiefungen), Böschungswinkeln, Bepflanzungen, der endgültigen baulichen Ausnützbarkeit und ähnlichem; die Festsetzung eines Zeitpunktes für die Herstellung der endgültigen Widmung ist zulässig;

f) Die Anordnung von Laubengängen, Durchfahrten, Durchgängen oder Arkaden;

g) Grundflächen und Räume, die zur Errichtung und Duldung von öffentlichen Durchfahrten und Durchgängen, Verkehrsbauwerken und öffentlichen Aufschließungsleitungen durch die Gemeinde von jeder Bebauung freizuhalten sind und Bestimmungen über die sich daraus ergebenden Einschränkungen der Bebaubarkeit und Nutzung;

h) Bestimmungen über die Gebäudehöhe, im Bauland bei Festsetzung einer Bauklasse nur bis zu deren Grenzen, ferner über die Höhe von sonstigen Bauwerken, sowie über die höchstens zulässige Zahl der Geschosse, die zur Gänze oder zu einem Teil über dem anschließenden Gelände liegen;

i) die Massengliederung, die Anordnung oder das Verbot der Staffelung der Baumassen und die Beschränkung oder das Verbot zur Herstellung von Vorbauten;

j) die Berechtigung zur Unterbrechung der geschlossenen Bauweise;

k) Bestimmungen über die Ausbildung der Fronten und Dächer der Gebäude, insbesondere über die Begrünung der Straßenfronten oder Gebäudefronten, die sich nicht an einer Bauplatzgrenze befinden, und der Dächer, sowie über die Dachneigungen, die auch mit mehr als 45 Grad, im Gartensiedlungsgebiet auch mit mehr als 25 Grad festgesetzt werden können;

l) die Auszeichnung der Grundflächen für öffentliche Zwecke;[5)]

m) Beschränkungen der im festgesetzten Widmungsgebiet zulässigen Emissionen sowie den Ausschluß bestimmter Emissionserreger zur Minderung der Einwirkungen auf das Widmungsgebiet und auf Gebiete anderer Widmungen zum Zwecke der Erzielung und Gewährleistung einer den gesundheitlichen Rücksichten entsprechenden Stadtstruktur; Bestimmungen über das Ausmaß des Schutzabstandes von jenen Teilen der Industriegebiete bzw. Sondergebiete, in denen Betriebe zulässig sind, die in den Anwendungsbereich der Richtlinie 2012/18/EU des Europäischen Parlaments und des Rates vom 4. Juli 2012 zur Beherrschung der Gefahren schwerer Unfälle mit gefährlichen Stoffen, zur Änderung und anschließenden Aufhebung der Richtlinie 96/82/EG des Rates, Amtsblatt der EU Nr. L 197 vom 24. Juli 2012 S. 1, fallen (§ 1 Abs. 5);[5a)]

n) Grundflächen im Wald- und Wiesengürtel, auf denen die Errichtung von Bauwerken (Ausflugsgaststätten, Buschenschänken, Aussichtswarten, Bootsvermietungen und Ähnliches) für die in freier Natur Erholung suchende Bevölkerung oder für die widmungsgemäße Nutzung und Pflege zulässig ist, sowie in Gebieten, die der landwirtschaftlichen Nutzung vorzubehalten sind, Grundflächen, auf denen landwirtschaftliche Nutzbauwerke nicht errichtet werden dürfen; außerhalb von Gebieten, die der landwirtschaftlichen Nutzung vorzubehalten sind, die Zulässigkeit von Wohnräumen in Gebäuden für die forstwirtschaftliche Nutzung und Pflege;

o) die Anordnung der Herstellung bestimmter Höhenlagen der Grundflächen;

p) Bestimmungen über die gärtnerische Ausgestaltung unbebauter Grundflächen sowie über die Substratüberdeckung von unterirdischen Gebäuden bzw. Gebäudeteilen;

q) die Unzulässigkeit, mit unterirdischen Bauwerken über Baufluchtlinien vorzuragen;

r) Fluchtlinien, an denen keine Ein- und Ausfahrten hergestellt werden dürfen;

s) Bestimmungen über die Ausgestaltung von Einfriedungen oder das Verbot ihrer Herstellung sowie über die Zulässigkeit, Ausgestaltung, Höhe und Lage von Lärmschutzeinrichtungen;[6)]

t) Grundflächen, die für die Errichtung von Gemeinschaftsanlagen zum Einstellen von Kraftfahrzeugen freizuhalten sind oder der Errichtung von Bauwerken zum Einstellen von Kraftfahrzeugen vorbehalten bleiben; Festsetzungen über die Ausgestaltung der Oberfläche von Anlagen zur Einstellung von Kraftfahrzeugen;

u) Gebiete, die der Errichtung von Wohngebäuden mit einer Gebäudehöhe von höchstens 7,50 m, die nicht mehr als zwei Wohnungen enthalten und bei denen für Betriebs- oder Geschäftszwecke höchstens ein Geschoß in Anspruch genommen wird (Kleinhäuser) und Reihenhäusern[7)] vorbehalten bleiben;

v) Gebiete, in denen Bauplätze eine Mindestgröße aufweisen müssen;

w) die Unzulässigkeit der Errichtung bestimmter Gebäudetypen oder Nutzungseinheiten, die Beschränkung des Rechtes, Fenster von Aufenthaltsräumen von Wohnungen zu öffentlichen Verkehrsflächen herzustellen, sowie in Wohnzonen die Verpflichtung, nicht weniger als 80 vH der Summe der Nutzflächen der Hauptgeschosse eines Gebäudes, jedoch unter Ausschluß des Erdgeschosses oder jener höchstens zulässigen Zahl von Geschossen, in denen die Nutzung für ein Einkaufszentrum zulässig ist, Wohnzwecken vorzubehalten;

x) Bestimmungen über Mindestraumhöhen; in Geschäftsvierteln einen gegenüber der Bestimmung des § 6 Abs. 10 größeren Abstand der Fußbodenoberkante vom anschließenden Gelände oder der anschließenden Verkehrsfläche oder das Verbot der Errichtung von Wohnungen überhaupt;

y) das Verbot der Errichtung von Aufenthaltsräumen oberhalb der für die Beurteilung der zulässigen Gebäudehöhe maßgebenden Ebene;

z) besondere Bestimmungen für Hochhäuser[8)] und Großbauvorhaben hinsichtlich der Zweckbestimmungen innerhalb der Widmungskategorie, denen die Gebäude zuzuführen sind, sowie hinsichtlich der baulichen und volumsbezogenen Gliederung und Gestaltung, ferner Zweckbestimmungen über die Verwendung von Gebäuden in Parkschutzgebieten sowie in Wohngebieten und gemischten Baugebieten innerhalb der jeweils festgesetzten Widmungskategorie.

(5) Grundflächen für öffentliche Zwecke (Abs. 4 lit. l) sind für die Errichtung von Bauwerken bestimmt, die der Erfüllung der öffentlichen Aufgaben des Bundes, der Länder oder der Gemeinden dienen. Durch die Auszeichnung von Grundflächen für öffentliche Zwecke werden die sonstigen Bebauungsbestimmungen für die betroffenen Gebiete nicht berührt. Die Auszeichnung von Grundflächen für öffentliche Zwecke im Bebauungsplan wird nach Ablauf von zwölf Jahren unwirksam und darf für dieselbe Liegenschaft erst nach Ablauf weiterer zehn Jahre neuerlich festgelegt werden; Grenzfluchtlinien gegen öffentliche Erholungsflächen und die mit ihnen verbundenen Rechte und Pflichten bleiben aufrecht.[5)]

(6) In den Bebauungsplänen können folgende Fluchtlinien festgesetzt werden:

a) Baulinien, das sind die Grenzen der im Bauland gelegenen öffentlichen Verkehrsflächen (Wege, Gassen, Straßen und Plätze) gegen alle übrigen Grundflächen des anliegenden Baulandes;[9)] sie geben das Recht, an ihnen Fenster und vor ihnen Anschlüsse an die in den Verkehrsflächen liegenden Straßenkanäle und öffentlichen Versorgungsleitungen und die nach § 83 Abs. 1 zulässigen Vorbauten herzustellen sowie Ein- und Ausgänge und Ein- und Ausfahrten anzuordnen, wenn der Bebauungsplan nicht anderes bestimmt;

b) Straßenfluchtlinien, das sind die Grenzen der im Grünland oder Sondergebiet gelegenen öffentlichen Verkehrsflächen gegen alle übrigen Grundflächen des anliegenden Grünlandes oder Sondergebietes; sie geben das Recht, an ihnen Fenster und vor ihnen Anschlüsse an die in den Verkehrsflächen liegenden Straßenkanäle und öffentlichen Versorgungsleitungen und die nach § 83 Abs. 1 zulässigen Vorbauten herzustellen sowie Ein- und Ausgänge und Ein- und Ausfahrten anzuordnen, wenn der Bebauungsplan nicht anderes bestimmt;

c) Verkehrsfluchtlinien, das sind die Grenzen des Verkehrsbandes gegen alle übrigen Widmungsgebiete oder die Grenzen von öffentlichen Verkehrsflächen im Bauland, Grünland oder in Sondergebieten, an die die Rechte und Pflichten aus den Baulinien und Straßenfluchtlinien nicht geknüpft sind;

d) Grenzfluchtlinien, das sind die Grenzen zwischen den Grundflächen für öffentliche Zwecke einerseits und allen anderen Grundflächen andererseits, soweit diese Grenzen nicht als Baulinien, Straßenfluchtlinien oder Verkehrsfluchtlinien bezeichnet sind; sie geben das Recht, gegen öffentliche Erholungsflächen unmittelbar an ihnen, wenn der Bebauungsplan nicht anderes vorsieht, anzubauen und Fenster herzustellen;

e) Baufluchtlinien, das sind die Grenzen, über die mit einem Gebäude oder Gebäudeteil mit Ausnahme der gemäß § 84 zulässigen Vorbauten nicht vorgerückt werden darf;[10)]

f) Grenzlinien, das sind die Grenzen zwischen verschiedenen Widmungsgebieten oder zwischen Grundflächen desselben Widmungsgebietes mit unterschiedlichen Bebauungs- oder Nutzungsbestimmungen, soweit diese Grenzen nicht mit einer anderen Fluchtlinie zusammenfallen; sie geben das Recht, gegen öffentliche Erholungsflächen unmittelbar an ihnen, wenn der Bebauungsplan nichts anderes vorsieht, anzubauen undd Fenster herzustellen.

(7) Die Bebauungspläne können für verschiedene übereinanderliegende Räume desselben Plangebietes gesonderte Bestimmungen treffen.

(8) Die Flächenwidmungspläne und die Bebauungspläne können für dieselben Plangebiete in einem Plan zusammengefaßt werden.[11)]

(EB zur Nov 1976)

In der Bestimmung des § 5 wird wie bisher der Inhalt der Bebauungspläne geregelt; sie baut im wesentlichen auf den bisherigen Regelungen auf, erweitert aber die Möglichkeit zur Festsetzung detaillierter Bebauungsbestimmungen für die einzelnen Grundflächen. Eine wesentliche Änderung gegenüber der bisherigen Systematik besteht jedoch darin, daß sich die Bebauungspläne nicht mehr wie bisher nur auf das Bauland erstrecken, sondern auf alle Widmungsgebiete; lediglich im Bauland, und zwar in den Wohngebieten und gemischten Baugebieten sind Bauklassen und Bauweisen oder auch an deren Stelle Strukturen festzusetzen. Viele der im Abs 4 genannten möglichen Festsetzungen können dagegen auch in allen anderen Widmungsgebieten festgesetzt werden. Es ist daher hervorzuheben, daß gegenüber der bisherigen Regelung auch im Grünland-ländlichen Gebiet durch die Aufnahme von Fluchtlinien bzw. Baufluchtlinien und bestimmten Bebauungsbestimmungen bestimmte Grundflächen für eine unmittelbare Bebauung vorgesehen oder von jeder Bebauung ausgeschlossen werden können. Diese Regelung schließt gegenüber der bisherigen eine merkliche Lücke, da sie sehr zum Schutze des örtlichen Stadtbildes insofern beiträgt, als durch die neu geschaffene Möglichkeit bestimmte, von markanten Punkten der Stadt aus weithin sichtbare Stellen auch im Grünland von jeder störenden Bebauung freigehalten oder für eine bestimmte Bebauung (zB für eine Aussichtswarte oder eine Ausflugsgaststätte in einem Zielgebiet für Ausflügler) vorgesehen werden können.

Eine weitere wesentliche Änderung der bisherigen Bestimmungen besteht in der Neufassung der Strukturen, die als vollständige Bebauungsvorschrift neben die allgemeine Festsetzung der Bebauungsvorschriften durch Bauklassen und Bauweisen tritt. Die Strukturen werden in der Bestimmung des § 77 näher behandelt.

Nach den bisherigen Bestimmungen war die Errichtung von Einkaufszentren durchwegs in allen Widmungsgebieten des Baulandes zulässig. Durch die Bestimmungen der vorliegenden Novelle soll erstmals die Möglichkeit geschaffen werden, unter Ausschöpfung der verfassungsrechtlichen Möglichkeiten aus baurechtlicher Sicht für Einkaufszentren eine Regelung zur schaffen, die sie nur dort als zulässig erscheinen läßt, wo sie durch ausdrückliche Festsetzung im Bebauungsplan als zulässig erklärt werden. Nur auf diese Weise scheint es möglich, allen mit der Errichtung von Einkaufszentren verbundenen Auswirkungen auf die unmittelbar angrenzenden Grundflächen und Widmungsgebiete und im Zusammenhang damit auf die angestrebte Nutzung dieser Widmungsgebiete im Hinblick auf die durch die Novelle erstmals zu steuernden Störwirkungen (vgl § 5 Abs 4 lit m und § 6 Abs 16) so entgegentreten zu können, daß sich auch die Einkaufszentren mit allen ihren Auswirkungen in das örtliche Stadtgefüge und die örtliche Stadtstruktur unter möglichster Schonung der Umwelt bestmöglich einfügen können.

Durch die Regelung des § 5 Abs 4 lit m wird erstmals im Interesse des Umweltschutzes eine Bestimmung in das Gesetz aufgenommen, wonach im Bebauungsplan Beschränkungen der im Widmungsgebiet zulässigen Emissionen festgesetzt werden können, um die Einwirkungen auf das Widmungsgebiet bzw auf Gebiete anderer Widmungen herabzumindern und um den Widmungszweck der Grundflächen gewährleisten zu können. Durch diese Bestimmung soll daher die Möglichkeit geschaffen werden, die gesundheitlichen Interessen gegenüber den anderen in der städtischen Gemeinschaft vorherrschenden Interessen hervorzuheben und die Qualität des Wohnens und Lebens in der Großstadt garantieren beziehungsweise, wenn nötig, auch verbessern zu können; auch für Gebiete, die der Erholung der städtischen Bevölkerung vorbehalten werden sollen, wie zB kleine Parkanlagen im dicht verbauten Stadtgebiet, wird mit dieser Bestimmung gegenüber den bisherigen Regelungen eine befriedigende Lösung erreicht werden können.

(EB zur Nov 1992/34)

Im Bebauungsplan kann nunmehr zusätzlich die Zahl der Haupt- und Dachgeschosse begrenzt werden, um so in einzelnen Stadtteilen eine weitere Wohnverdichtung hintanhalten zu können (Abs 4 lit h).

Im Interesse des Immissionsschutzes kann es vorteilhaft sein, entlang stark verkehrsbelasteter Straßenzüge im Wohngebiet zwar eine Wohnverbauung zuzulassen, dann aber die Orientierung von Wohnräumen mit Fenstern zu diesem Straßenzug hin im Erdgeschoß oder auch in Obergeschossen durch besondere Bebauungsbestimmungen (Abs 4 lit w) zu unterbinden.

Um der Verdrängung der Wohnfunktion aus Wohngebieten vorzubeugen, soll durch besondere Bebauungsbestimmungen in Wohngebäuden eine Mindestquote der Wohnfläche von wenigstens 80% der Geschoßflächen festgelegt werden können. Bei der Berechnung ist von der Summe der Nutzflächen aller Hauptgeschosse außer dem Erdgeschoß auszugehen. Diese Regelung dient zur Abrundung der bereits mit der Wohnzonen-Novelle, LGBl für Wien Nr 37/1991, getroffenen Maßnahmen. Sie wird nicht auf Büro- und Arbeitsräume ausgedehnt, weil die Stadt innerhalb der zur Verfügung stehenden Nutzungsmöglichkeiten von Gebäuden Prioritäten setzen muß; diese Prioritäten beziehen sich vorwiegend auf Wohnungen, da diese erforderlich sind, um die Erholung des Menschen zu gewährleisten.

(EB zur Nov LGBl 1992/48)

Zu Abs 4 lit k

Durch die Ergänzung dieser Bestimmung wird ausdrücklich klargestellt, daß in den Bebauungsplänen die Begrünung von Dächern, insbesondere von großen Flachdächern, vorgesehen werden kann …

Zu Abs 4 lit z

Durch diese Bestimmung wird die Möglichkeit geschaffen, bei der Festsetzung von Hochhäusern in den Bebauungsplänen stadtgestalterische Überlegungen bzw im Hinblick auf die Raumverträglichkeit auch Überlegungen hinsichtlich der künftigen Nutzung der Gebäude, einfließen zu lassen.

(EB zur Nov LGBl 2001/36)

Zu Abs 4 lit c

Art 2 (richtig: Abs) lit c wird auf Grund praktischer Erfordernisse erweitert, wobei mit der „Ausgestaltung" der Querschnitte einer Verkehrsfläche auch die Pflanzung von Bäumen erfaßt ist.

Zu Abs 4 lit t

Nach den Erfahrungen der Praxis ist es bisweilen zweckmäßig, im Bebauungsplan über Tiefgaragen einen Erdkörper bestimmten Ausmaßes festzulegen bzw bei Parkplätzen im Niveau bestimmte Gestaltungsmaßnahmen vorzusehen, dies soll durch die Neufassung des Abs 4 lit t ermöglicht werden.

(EB zur Nov LGBl 2001/37)

Zu Abs 4 lit e

In der Praxis besteht das Bedürfnis, in die Bebauungspläne auch Bestimmungen über die bauliche Ausnützbarkeit von Parkanlagen und Freibädern aufzunehmen. Da Abs 4 lit e aber derzeit dafür keine gesetzliche Deckung bietet, wird die Vorschrift entsprechend ergänzt.

(EB zur Nov LGBl 2001/90)

Die in jüngster Zeit entstandenen oder verstärkt in Diskussion geratenen Großprojekte im Unterhaltungsbereich (Multiplexkinos, Entertainment Centers und dgl) stellen die Stadtplanung vor die Aufgabe, das grundsätzliche Interesse der Groß- und Weltstadt Wien an der Schaffung einer zeitgemäßen Vielfalt von Anziehungspunkten für das Publikum mit den technischen und strukturellen Ressourcen der Stadt und der Lebensqualität jener Menschen, die im betreffenden Stadtgebiet wohnen und arbeiten, in Einklang zu bringen.

Durch die in dieser Novelle vorgesehene Möglichkeit der Festsetzung von Zonen für Großbauvorhaben im Bebauungsplan soll ein Instrument zur spezifischen raumordnerischen Regelung solcher Großprojekte und zur Vermeidung nachteiliger Auswirkungen auf die Stadtstruktur – insbesondere hinsichtlich der zu erwartenden Verkehrsbelastung – geschaffen werden.

Im Hinblick darauf, dass Einkaufszentren in der Regel – insbesondere hinsichtlich der Beeinflussung der Verkehrsverhältnisse – ebenfalls den Umfang eines Großbauvorhabens erreichen, sollen die dafür im Bebauungsplan vorgesehenen Standorte ebenfalls den bei Zonen für Großbauvorhaben vorgesehenen Erhebungen unterzogen werden. Im Übrigen werden die Regelungen über Einkaufszentren nunmehr in einer eigenen Bestimmung der Bauordnung für Wien zusammengefasst.

Zu Abs 4 lit z speziell

Durch die Ergänzung des Abs 4 lit z wird die Möglichkeit geschaffen, im Bebauungsplan einerseits bei der Festsetzung einer Zone für Großbauvorhaben auch Überlegungen hinsichtlich der künftigen Nutzung dieser Gebäude einfließen zu lassen, und andererseits für Hochhäuser und Großbauvorhaben auch Festlegungen hinsichtlich der volumsbezogenen Gliederung und Gestaltung zu treffen.

(EB zur Nov LGBl 2014/25)

Zu Abs 4 lit m

Eine Einleitung in den Straßenkanal kann in bestimmten Gebieten bei Starkregenereignissen zu einer Überlastung des Kanalnetzes führen und daher sind Ausnahmen von einem dort bestehenden Einleitungsverbot möglichst zu vermeiden. Im Abs. 4 lit. m entfällt daher die Ausnahme von einem festgelegten Einleitungsverbot

von Niederschlagswässern in den Kanal für zu Verkehrsflächen geneigte Dachflächen von unmittelbar an diesen Verkehrsflächen liegenden Gebäuden.
Aus denselben Erwägungen wird in Abs. 4 lit. m die Möglichkeit eröffnet, in bestimmten Gebieten im Neubaufall zumindest die Menge der eingeleiteten Niederschlagswässer durch den Bebauungsplan zu beschränken. Der nicht eingeleitete Teil der Niederschlagswässer wird diesfalls durch andere Maßnahmen (z.B. Versickerung, Errichtung von begrünten Flachdächern, die die betreffende Wassermenge aufnehmen, Retention) zu beseitigen sein, wodurch auch der natürliche Wasserkreislauf und ein ökologischer Umgang mit Regenwasser gefördert wird; ein diesbezüglicher Nachweis ist gemäß § 63 Abs. 1 lit. l bereits bei der Baueinreichung zu erbringen.

Zu Abs 4 lit x

Die Praxis zeigt das Erfordernis einer Flexibilität in der Nutzung von Erdgeschoßzonen. Da gewisse Nutzungen nur bei einer entsprechenden Raumhöhe möglich sind, wird die Möglichkeit eröffnet, im Bebauungsplan gegebenenfalls Mindestraumhöhen für Erdgeschoße vorzusehen. Eine solche Festsetzung soll allerdings nicht dazu führen, dass in dem betroffenen Gebiet weniger Nutzfläche zur Verfügung steht, sondern soll der sozialen Nachhaltigkeit dienen und daher insbesondere die Nutzung durch Kindergärten, Schulen u. dgl. ermöglichen. Allfällige Auswirkungen auf die maximale Nutzfläche und die Geschoßentwicklung sind daher im Rahmen der vor einer Änderung des Bebauungsplanes in § 2 Abs. 1 vorgesehenen Grundlagenforschung des Magistrates zu beachten.

(EB zur BO-Nov 2023, LGBl 2023/37 vom 13.12.2023)

Die mit der BO-Nov 2018 eingeführte Möglichkeiten in § 5 Abs. 4 **lit. k**, im Bebauungsplan die Begrünung von Straßenfronten vorzuschreiben, wird erweitert, sodass eine Festsetzung für alle Gebäudefronten erfolgen kann, wenn sich diese nicht unmittelbar an einer Bauplatzgrenze befinden.
Unterirdische Bauteile weisen oft keine ausreichende Überdeckung mit Erdreich oder durchwurzelbarem Substrat auf, sodass eine gärtnerische Gestaltung in der Folge nicht im gewünschten Ausmaß umsetzbar ist. Durch die Ergänzung in § 5 Abs. 4 **lit. p** wird klargestellt, dass eine entsprechende Festsetzung im Bebauungsplan zulässig ist.
Künftig kann auf Grundlage von § 5 Abs. 4 **lit. w** ein Verbot jedweder Gebäudetypen oder Nutzungseinheiten (§§ 119ff) festgelegt werden. Dies ist erforderlich, damit in Einzelfällen besonderer Widmungs- und Nutzungskonstellationen unerwünschten Nutzungskonflikten und Emissionsproblematiken planerisch vorgebeugt werden kann.
Bebauungspläne können gemäß § 5 Abs. 4 **lit. x** Bestimmungen über Mindestraumhöhen in Erdgeschoßen enthalten. Zur Förderung einer funktionierenden Kreislaufwirtschaft, insbesondere durch Errichtung flexibler Gebäude mit vielfältigen Nutzungsmöglichkeiten, erscheint es zweckmäßig, eine allgemeine (nicht auf das Erdgeschoß beschränkte) Ermächtigung zu Bestimmungen über Mindestraumhöhen vorzusehen. Damit könnten etwa auch für Obergeschoße Raumhöhen vorgeschrieben werden, die sowohl eine Nutzung als Wohnung als auch als Arbeitsstätte ermöglichen.

Anmerkungen

1) Daraus ergibt sich, dass Bebauungspläne in allen Widmungskategorien möglich sind.

2) Stets muss das Vorliegen von wichtigen Rücksichten im Sinne des § 1 Abs 4 geprüft werden.

3) Dieser unbestimmte Gesetzesbegriff, der offensichtlich pro futuro verwirklicht werden soll, genießt im Zusammenhang mit § 75 Abs 4a Bedeutung.

4) Vgl hiezu § 7f.

4a) Vgl die EB zu § 4 und die Anm hiezu, weiters Anm 10 zu § 6.

5) Bei derartigen Widmungen, die am 19.9.1996 bereits bestanden, ist gem Art IV Abs 3 LGBl 1996/44 die Frist von zwölf Jahren ab diesem Zeitpunkt zu berechnen. Die zehnjährige Stillhaltefrist berechnet sich ebenso nach dem Ablauf der betreffenden zwölfjährigen Frist. Eine andere Widmung kann aber früher festgelegt werden. Mit der neu aufgenommenen zeitlichen Beschränkung der Widmung „Bauplatz für öffentliche Zwecke“ hat der Landesgesetzgeber der Rechtsprechung des VfGH Rechnung getragen (s E 8 und 9). – Öffentliche Zwecke des Bundes, der Länder und Gemeinden können auch durch Private verwirklicht werden. Für die Wahrnehmung öffentlicher Zwecke ist nicht unbedingt die Auszeichnung im Bebauungsplan erforderlich; diese dient nur dazu, die betreffende Fläche für öffentliche Zwecke freizuhalten. In welcher Organisationsform der öffentliche Zweck wahrgenommen wird, ist rechtlich irrevelant. Vgl auch § 40 Abs 1 und Anm zu E1.

5a) Fassung LGBl 2015/8. Siehe auch Anm 11 ff zu § 1 Abs 5 und § 61a.

6) Bei verfassungskonformer Interpretation können wohl nur solche Lärmschutzeinrichtungen erfasst werden, zu deren Regelung der Landesgesetzgeber berufen ist (nicht etwa bei Bundesstraßen, wenn Verpflichteter die Bundesstraßenverwaltung wäre – vgl § 3 BStG). Die EB führen hiezu aus, dass dies nur aus Gründen des Stadtbildschutzes beabsichtigt sei. Ob dies tatsächlich „andere Gesichtspunkte“ sind, wird die Rechtsprechung erweisen.

7) Zum Begriff des Reihenhauses vgl § 87 Abs 14.

8) Es muss bezweifelt werden, ob eine Zweckbestimmung eines Hochhauses, welches widmungsgemäß errichtet wird, verfassungskonform ist (etwa Hochhaus-Mietwohnungen).

Eine verfassungskonforme Auslegung lässt eine landesgesetzliche Regelung der Verwendungsbeschränkung nur dort zu, wo eine Zuständigkeit des Landes gegeben ist.

9) Aus der Formulierung ergibt sich eindeutig, dass Straßen, Gassen oder Plätze zum angrenzenden Widmungsgebiet gehören. Bei verschiedenen Widmungen beiderseits einer solchen Verkehrsfläche ist die Grenze im Zweifel in der Mittel der Verkehrsfläche anzunehmen.

10) Vgl jedoch die lex specialis des § 4 WGarG.

11) In der Praxis erfolgt generell eine Zusammenfassung.

Judikatur

1) Aus der demonstrativen Aufzählung der öffentlichen Zwecke, für die öffentliche Bauplätze vorgesehen sind, im § 5 Abs 2 lit d (nun § 40 Abs 1) der Bauordnung – es sind dort insbesondere auch Bäder, Markthallen und Schlachthäuser genannt – in Verbindung mit der Vorschrift des § 3 des 2. Verstaatlichungsgesetzes, in dem ua die Aufgaben der Wiener Elektrizitätswerke festgelegt sind, ergibt sich eindeutig, daß diese Werke für öffentliche Zwecke im Sinne des § 5 der Bauordnung betrieben werden und daher auch öffentliche Bauplätze für diese Zwecke vorgesehen werden können (VfGH 25.1.1966, Slg 5390). [Anm: Die Bezugnahme auf Begriffe, die in der WBO nicht erwähnt werden, ebenso wie das obsolete 2. Verstaatlichungsgesetz vermögen an der grundsätzlichen Aussage dieses Erk nichts zu ändern, wie der Begriff „öffentliche Zwecke" (ÖZ) zu verstehen ist. Ebenso wird der öffentliche Zweck nicht dadurch beeinträchtigt, dass ein Unternehmen privatwirtschaftlich geführt oder überhaupt eine solche Aufgabe von Privaten besorgt wird.]

2) Auf die Freihaltung der gärtnerisch auszugestaltenden Flächen (§ 5 Abs 2 lit e – jetzt Abs 4 lit p) steht dem Nachbar ein subjektives öffentliches Recht zu (VwGH 13.3.1967, Slg 7101/A). S auch E zu §§ 79 u 84.

3) Der VwGH ist der Meinung, daß bei Bezeichnung einer Fläche im Sinne des § 5 Abs 2 lit i (jetzt: Abs 4 lit l) der Bauordnung in Verbindung mit § 5 Abs 2 lit d (jetzt: Abs 5) desselben Gesetzes eine Bewilligung nach § 70 für Zubauten, die den vorgesehenen öffentlichen Zwecken nicht dienen, nicht möglich ist. Nur dann, wenn es keiner Fluchtlinienbekanntgabe bedarf, könnte eine andere Beurteilung am Platz sein (VwGH 29.4.1968, 67/67).

4) Aus der Bestimmung über das örtliche Stadtbild erwächst kein subjektives öffentliches Nachbarrecht (VwGH v 5.6.1973, 813/72). S auch die E zu den §§ 70 u 134 Abs 3.

5) Auf Einhaltung der inneren Baufluchtlinien hat der Nachbar dann kein Recht, wenn eine gesetzlich vorgesehene Ausnahme gewährt wurde (VwGH 1.2.1971, Slg 7958/A).

6) Darf ein Grundstück der Bauklasse I bis zu einer Höhe von 5,5 m und ein daran angrenzendes Grundstück der Bauklasse III bis zu einer Höhe von 13 m bebaut werden, so kann jene mit der Grenze der beiden Grundstücke übereinstimmende Linie insoweit nicht als Baufluchtlinie iSd § 5 Abs 6 lit e BO angesehen werden, sondern sie hat für das Grundstück der Bauklasse I bis zu der für dieses Grundstück maximal zulässigen Gebäudehöhe von 5,5 m die Bedeutung einer – die beiden Bauklassen trennenden – Grenzlinie iSd § 5 Abs 6 lit f BO. Als Baufluchtlinie ist diese Linie daher nur hinsichtlich des auf dem Grundstück der Bauklasse III vorgesehenen Gebäudeteiles zu qualifizieren, soweit dieser die für das andere Grundstück zugelassene Gebäudehöhe von 5,5 m überragt, weshalb nur in diesem Bereich mit dem Gebäude oder einem Teil desselben, mit Ausnahme der gem § 84 BO zulässigen Vorbauten, nicht vorgerückt werden darf und dem Nachbarn nur hier ein subjektiv-öffentliches Recht auf Einhaltung der (inneren) Baufluchtlinie zusteht (VwGH 20.9.1988, 88/05/0111, BauSlg 1167).

7) Die Übergangsbestimmung des Art IV Abs 3 dieser Novelle traf für bestehende Bebauungspläne folgende Regelung: „Die Auszeichnung von Grundflächen für öffentliche Zwecke, die beim Inkrafttreten dieses Gesetzes im Bebauungsplan festgelegt ist, wird nach Ablauf von zwölf Jahren ab Inkrafttreten dieses Gesetzes unwirksam." Für die angefochtene Flächenwidmung „Grünland/Erholungsgebiete/Parkanlagen – Grundfläche für öffentliche Zwecke" hatte dies zur Folge, dass die Auszeichnung der Grundfläche für öffentliche Zwecke am 19. September 2008 unwirksam wurde. Daran ändert auch der Umstand nichts, dass die Auszeichnung der Grundfläche für öffentliche Zwecke im Flächenwidmungs- und Bebauungsplan, Plandokument Nr. 7677, beschlossen am 22. November 2006, beibehalten wurde. Wie die Materialien zur Verordnung zeigen, ging auch der Verordnungsgeber davon aus, dass die Auszeichnung der Grundfläche für öffentliche Zwecke am 19. September 2008 unwirksam werden wird. (VfGH 11.3.2009, V 49/07)

8) Mit der Anordnung, dass auf den als BB1 gekennzeichneten Grundflächen die Gebäude mit Flachdächern zu errichten sind, wurde daher in den Bebauungsplan eine Bestimmung über die Ausbildung der Dächer im Sinne des § 5 Abs. 4 lit. k BO aufgenommen, die, ausgehend von der zutreffenden Auffassung der belangten Behörde, dass Flachdächer keine oder eine allenfalls sehr geringe Dachneigung aufweisen, als Festsetzung über die Höhe und Form der Dächer gemäß § 81 Abs. 4 BO zu qualifizieren ist. ...

Da im Beschwerdefall im hier anzuwendenden Bebauungsplan für die mit BB1 bezeichneten Flächen der Baugrundstücke durch die verpflichtende Anordnung der Ausgestaltung der Dächer als Flachdächer eine Festsetzung über die Höhe und die Form der Dächer erfolgt ist, ist für die Bemessung der Gebäudehöhe der dieser Festsetzung entsprechende Winkel für die Bildung des Gebäudeumrisses im Sinne des § 81 Abs. 4 BO maßgeblich. Dieser Winkel ist bei Flachdächern im Hinblick auf die als nicht gegeben anzusehende Dachneigung mit 0 Grad anzusetzen. Bei dieser Rechtslage scheidet daher die Bildung eines Umrisses gemäß § 81 Abs. 4 erster Satz BO auch durch gedachte (fiktive) Giebelflächen (vgl. hiezu die hg. Erkenntnisse vom 30. Jänner 2007, Zl. 2005/05/0315, und vom 12. Oktober 2007, Zl. 2006/05/0147) für die Berechnung des zulässigen Dachumrisses aus (VwGH 27.5.2009, 2007/05/0199).

9) Entgegen der Beschwerde kann nicht gesagt werden, dass beidseitig affichierte Werbeanlagen mit Plakatflächen (wie vorliegend) landwirtschaftlichen, forstwirtschaftlichen oder berufsgärtnerischen Zwecken iSd § 6 Abs. 1 BO dienten. Da das Erzielen von Einkünften aus Werbeanlagen offensichtlich keine land- bzw. forstwirtschaftliche Tätigkeit im technischen Sinn darstellt, kann schon deshalb damit eine land- bzw. forstwirtschaftliche oder berufsgärtnerische Nutzung nicht argumentiert werden (vgl. dazu das hg. Erkenntnis vom 29. Jänner 2008, Zl. 2006/05/0297, mwH). Der Aspekt der Beschaffung von finanziellen Mitteln zum Vorteil einer bestimmten Nutzung lässt sich im Übrigen für jede Nutzungsart ins Treffen führen, weshalb die Argumentation der Beschwerde dem strengen Maßstab widerspricht, der für die landwirtschaftliche und forstwirtschaftliche Nutzung maßgeblichen Kriterien anzulegen ist (vgl. etwa das hg. Erkenntnis vom 9. Oktober 2000, Zl. 98/10/0109, mwH). (VwGH 30.4.2009, 2006/05/0163)

10) Nach der Rechtsprechung des Verwaltungsgerichtshofes ist die gem § 5 Abs. 4 lit. k BO im Bebauungsplan getroffene Festlegung der zulässigen Höhe des Dachfirstes im Zusammenhalt mit der Regelung des § 81 Abs. 4 BO als Bestimmung über die Gebäudehöhe gem § 134a lit. b BO anzusehen (vgl. das bereits zitierte hg. Erkenntnis vom 2. April 2009, 2008/05/0149, mwN). Auf die Einhaltung dieser Bestimmungen kommt einem Nachbarn daher gem § 134a lit. b BO ein subjektiv-öffentliches Nachbarrecht zu. Im vorliegenden Fall hat der Beschwerdeführer als Nachbar die Nichteinhaltung dieser Bestimmung auch rechtzeitig gerügt (VwGH 6.7.2010, 2010/05/0015).

11) Festzuhalten ist, dass die Bestimmung, dass eine Fläche gärtnerisch auszugestalten ist, keine Bestimmung über eine Flächenwidmung im Sinne des § 4 BO darstellt, sondern eine Festsetzung des Bebauungsplanes gem § 5 Abs 4 BO. Die Flächenwidmung, die sich auch auf die diesbezügliche Hoffläche, die gärtnerisch auszugestalten ist, im vorliegenden Fall bezieht, lautet Bauland-Wohngebiet.

Unzutreffend ist es daher, davon auszugehen, dass mit der Festlegung der gärtnerischen Ausgestaltung ein widmungsmäßiger Immissionsschutz dahingehend verbunden wäre, dass dort keinerlei Baulichkeiten errichtet werden dürften (VwGH 3.5.2011, 2009/05/0027).

Zulässige Nutzungen[1)]

§ 6. (1) Ländliche Gebiete sind bestimmt für land- und forstwirtschaftliche oder berufsgärtnerische Nutzung. In ländlichen Gebieten dürfen nur Bauwerke errichtet werden, die landwirtschaftlichen, forstwirtschaftlichen oder berufsgärtnerischen Zwecken dienen und das betriebsbedingt notwendige Ausmaß nicht überschreiten.[2)] Hiezu gehören auch die erforder-

lichen Wohngebäude. Zulässig ist ferner die Errichtung von Bauwerken, die öffentlichen Zwecken dienen.

(2) Erholungsgebiete dienen der Erholung und der Gesundheit. Soweit der Bebauungsplan gemäß § 5 Abs. 4 lit. e nicht anderes bestimmt, dürfen innerhalb der im § 4 Abs. 2 Punkt A lit. b genannten Widmungen Bauwerke nur insoweit errichtet werden, als sie für die Benützung und Erhaltung dieser Gebiete erforderlich sind. In Erholungsgebieten – Grundflächen für Badehütten dürfen, wenn der Bebauungsplan nicht anderes bestimmt (§ 5 Abs. 4 lit. e), nur Badehütten gemäß § 76 Abs. 12 errichtet werden; Räume in Badehütten müssen den Anforderungen an Aufenthaltsräume nicht entsprechen. Die näheren Bestimmungen über die Nutzung der Kleingartengebiete enthält das Wiener Kleingartengesetz.

(3) Der Wald- und Wiesengürtel ist bestimmt für die Erhaltung und Schaffung von Grünflächen zur Wahrung der gesundheitlichen Interessen der Bewohner der Stadt und zu deren Erholung in freier Natur; die land- und forstwirtschaftliche Nutzung solcher Grünflächen ist zulässig. Es dürfen nur Bauwerke kleineren Umfanges errichtet werden, die land- und forstwirtschaftlichen Zwecken dienen (Bienenhütten, Werkzeughütten u. ä.), ferner die der in freier Natur Erholung suchenden Bevölkerung dienenden oder für die widmungsgemäße Nutzung und Pflege notwendigen Bauwerke auf jenen Grundflächen, die für solche Zwecke im Bebauungsplan (§ 5 Abs. 4 lit. n) vorgesehen sind; alle diese Bauwerke dürfen keine Wohnräume enthalten, mit Ausnahme von Wohnräumen in Bauwerken für die forstwirtschaftliche Nutzung und Pflege, die nach dem Bebauungsplan zulässig sind.

(3a) Auf Flächen des Wald- und Wiesengürtels, die der landwirtschaftlichen Nutzung vorzubehalten sind, sind landwirtschaftliche Nutzbauwerke im betriebsbedingt notwendigen Ausmaß zulässig, die keine Wohnräume enthalten.

(4) Parkschutzgebiete sind bestimmt für das Anlegen von Gartenanlagen; in Parkschutzgebieten dürfen nur die nach den Bestimmungen des Bebauungsplanes (§ 5 Abs. 4 lit. e) zulässigen Bauwerke errichtet werden.[3)] Sondernutzungsgebiete sind bestimmt für das Anlegen von Steinbrüchen, Schotter-, Sand-, Lehm- und Tongruben sowie anderen Anlagen zur Ausbeutung des Untergrundes; sie dürfen jeweils nur diesen Nutzungen und Nutzungszwecken und diesen nur in jenem Umfang zugeführt werden, die durch die Bestimmungen des Bebauungsplanes (§ 5 Abs. 4 lit. e) ausgewiesen sind. Die Errichtung der mit diesen Nutzungen und Nutzungszwecken zusammenhängenden Bauwerke sowie von Bauwerken zur Geländesicherung sind zulässig.

(5) Friedhöfe sind bestimmt für die Erd- oder Feuerbestattung; es dürfen nur solche Bauwerke errichtet werden, die dem Betrieb oder der Erhaltung der Bestattungsanlagen dienen. Wohnungen sind nur für den Bedarf der Aufsicht dieser Anlagen zulässig.

(6) In Wohngebieten dürfen nur Wohngebäude und Bauwerke, die religiösen, kulturellen oder sozialen Zwecken oder der öffentlichen Verwaltung dienen, errichtet werden. Die Errichtung von Gast-, Beherbergungs-[6], Versammlungs- und Vergnügungsstätten, von Büro- und Geschäftsgebäuden sowie die Unterbringung von Lagerräumen, Werkstätten oder Pferdestallungen kleineren Umfanges und von Büro- und Geschäftsräumen in Wohngebäuden ist dann zulässig, wenn sichergestellt ist, daß sie nicht durch Rauch, Ruß, Staub, schädliche oder üble Dünste, Niederschläge aus Dämpfen oder Abgasen, Geräusche, Wärme, Erschütterungen oder sonstige Einwirkungen, Gefahren oder den Wohnzweck beeinträchtigende Belästigungen[4] für die Nachbarschaft herbeizuführen geeignet sind.

(6a) In Gebieten für geförderten Wohnbau dürfen die im jeweiligen Widmungsgebiet zulässigen Bauwerke oder Anlagen errichtet werden; Wohnungen und Wohn- und Zimmereinheiten in Heimen, ausgenommen jene für die Betriebsleitung und die Betriebsaufsicht, dürfen jedoch nur geschaffen werden, wenn dem Baubewilligung oder der Bauanzeige ein Nachweis angeschlossen ist, dass die auf dem Bauplatz vorgesehenen Wohnungen und Wohn- und Zimmereinheiten in Heimen hinsichtlich der Grundkostenangemessenheit nach der Brutto-Grundfläche[12], sofern der Bebauungsplan nicht anderes bestimmt, überwiegend dem § 5 Z 1 des Wiener Wohnbauförderungs- und Wohnhaussanierungsgesetzes – WWFSG 1989 entsprechen. Im Grundbuch ist zur Sicherstelllung der Inanspruchnahme einer Förderung nach dem WWFSG 1989 und den Durchführungsverordnungen zu diesem Gesetz ein Veräußerungsverbot zu Gunsten des Landes Wien einzuverleiben, dessen Nachweis spätestens mit der Baubeginnsanzeige zu erbringen ist. Die Verpflichtung zur Errichtung der auf dem Bauplatz vorgesehenen Wohnungen und Wohn- und Zimmereinheiten in Heimen gilt auch dann als erfüllt, wenn die vorgesehene Wohnnutzfläche zugleich zur Gänze oder zum Teil auf anderen Bauplätzen im Umkreis von 500 m errichtet wird, dies vertraglich sichergestellt ist und das vereinbarte Ausmaß der Verpflichtung im Grundbuch auf der jeweiligen Einlage der Bauplätze angemerkt wird.[10][11]

(7) In Gartensiedlungsgebieten dürfen nur Wohngebäude und Bauwerke mit Geschäftsräumen für Geschäfte des täglichen Bedarfes, Gaststätten und Gemeinschaftsanlagen, die wirtschaftlichen, sozialen, kulturellen, gesundheitlichen oder sportlichen Zwecken dienen, errichtet werden.

(8) In gemischten Baugebieten dürfen keine Bauwerke oder Anlagen errichtet werden, die geeignet sind, durch Rauch, Ruß, Staub, schädliche oder üble Dünste, Niederschläge aus Dämpfen oder Abgasen, Geräusche, Wärme, Erschütterungen oder sonstige Einwirkungen, Gefahren oder unzumutbare Belästigungen[5)] für die Nachbarschaft herbeizuführen.

(9) In als Betriebsbaugebiete ausgewiesenen Teilen des gemischten Baugebietes dürfen unbeschadet des Abs. 13 nur Bauwerke oder Anlagen für Betriebs- oder Geschäftszwecke aller Art mit Ausnahme von Beherbergungsbetrieben[6)] errichtet werden.

(10) In als Geschäftsvierteln ausgewiesenen Teilen des Wohngebietes oder gemischten Baugebietes dürfen die im jeweiligen Widmungsgebiet zulässigen Bauwerke oder Anlagen errichtet werden; Wohnungen dürfen jedoch unbeschadet des Abs. 13 nur errichtet werden, wenn der Fußboden an jeder Stelle mindestens 3,5 m über dem anschließenden Gelände oder der anschließenden Verkehrsfläche liegt.

(11) In Industriegebieten dürfen unbeschadet des Abs. 13 nur Bauwerke oder Anlagen für Betriebs- oder Geschäftszwecke aller Art mit Ausnahme von Beherbergungsbetrieben[6)] errichtet werden.

(12) Auf Lagerplätzen und Ländeflächen dürfen unbeschadet des Abs. 13 die für die Lagerhaltung von Gütern und die für die Pflege und Instandhaltung der gelagerten Güter notwendigen Bauwerke und Anlagen sowie Geschäftsräume und Gaststätten für den Bedarf der in dem Gebiet Beschäftigten errichtet werden.

(13) In Betriebsbaugebieten und Geschäftsvierteln, in Industriegebieten und auf Lagerplätzen und Ländeflächen ist die Errichtung von Wohnungen für den Bedarf der Betriebsleitung und der Betriebsaufsicht im betriebstechnisch unbedingt erforderlichen Ausmaß zulässig. Die unbedingte Erforderlichkeit ist in einem Betriebskonzept nachzuweisen.[13)]

(14) In Sondergebieten dürfen unbeschadet der Abs. 12 und 13 nur solche Bauwerke und Anlagen errichtet werden, für die das Sondergebiet bestimmt ist.

(14a) Betriebe, die in den Anwendungsbereich der Richtlinie 2012/18/EU des Europäischen Parlaments und des Rates vom 4.7.2012 zur Beherrschung der Gefahren schwerer Unfälle mit gefährlichen Stoffen, zur Änderung und anschließenden Aufhebung der Richtlinie 96/82/EG des Rates fallen, sind nur in den hiefür ausgewiesenen Teilen des Industriegebietes bzw. Sondergebietes zulässig.[7)]

(15) Die für die widmungsgemäße Nutzung unbedingt erforderlichen Bauwerke sind in allen Widmungsgebieten zulässig, im Wald- und Wiesengürtel, ausgenommen jene Flächen, die der landwirtschaftlichen Nutzung vorzubehalten sind, jedoch nur auf den dafür ausdrücklich vorgesehenen

Grundflächen (§ 5 Abs. 4 lit. n). Wärmeversorgungsanlagen (Raumwärme-, Warmwasserversorgungsanlagen) sowie Kühlungs- und Lüftungsanlagen für Gebäude sind von der widmungsgemäßen Nutzung erfasst.[8)]

(16) Unbeschadet des § 5 Abs. 4 lit. m kann durch Verordnung das für die einzelnen Widmungsgebiete höchste zulässige Ausmaß von Störwirkungen unter Bedachtnahme auf den Widmungszweck nach den Erfahrungen der technischen und medizinischen Wissenschaften festgesetzt werden.[9)]

(17) *entfällt; LGBl 2001/90 vom 23.10.2001*

(18) Inwieweit Nutzungen auf Nachbarliegenschaften für die Zulässigkeit der Nutzung einer Liegenschaft von Bedeutung sind, ergibt sich ausschließlich aus § 134a Abs. 1 lit. f und § 134a Abs. 3.

(EB zur Nov 1976)

In der Bestimmung des § 6 werden die zulässigen Nutzungen der einzelnen Widmungsgebiete behandelt. Die Regelungen folgen inhaltlich im wesentlichen den bisherigen Bestimmungen des § 6, präzisieren sie jedoch auch hinsichtlich der Bebauungsmöglichkeiten in den einzelnen, bisher nur durch den Generaltatbestand des bisherigen § 6 Abs 6 erfaßten Widmungsgebieten.

Die Emissionsbestimmungen der Absätze 6 und 8 für Wohngebiete und gemischte Baugebiete werden in ihrer Terminologie angeglichen, wobei jedoch die Grenzen für Wohngebiete enger gezogen sind als für gemischte Baugebiete. In gemischten Baugebieten ist der Maßstab an der Unzumutbarkeit der Belästigung anzulegen, dh nach der ständigen Judikatur der Gerichtshöfe des öffentlichen Rechtes an der medizinischen Zumutbarkeit von Störwirkungen, soweit sie ein objektiver Durchschnittsmensch ohne Beeinträchtigung seines körperlichen Wohlbefindens und seiner Gesundheit hinzunehmen in der Lage ist. In Wohngebieten dürfen die Störwirkungen darüber hinaus auch den Wohnzweck dieses Widmungsgebietes nicht beeinträchtigen, was jedenfalls bedeutet, daß sie nicht bis an die Grenze der medizinischen Zumutbarkeit reichen dürfen.

In diesem Zusammenhang werden auch je nach dem Fortschritt der technischen Wissenschaften Verordnungen gemäß § 6 Abs 16 über Emissionsgrenzwerte mehr und mehr an Bedeutung gewinnen.

Zum Abs 18 (jetzt: 17) bezüglich der Einkaufszentren darf auf die Ausführungen zu § 5 Abs 4 lit c verwiesen werden. Es bleibt zu betonen, daß unter dem in § 6 Abs 18 (jetzt: §§ 7b–7d) genannten Begriff der Einkaufszentren sowohl einzelne Unternehmungen subsumiert werden können als auch eine Mehrzahl von Unternehmungen, wenn sie in einem als Einheit aufzufassenden Gebäude untergebracht sind. Unter welchen Voraussetzungen sich ein Gebäude als bauliche Einheit darstellt, ist aus den allgemeinen Bestimmungen der Bauordnung für die Errichtung von Gebäuden zu ersehen und zu beurteilen (Bauplatzgrenzen, Feuermauern, Stiegenanlagen ua). Weiters bleibt zu betonen, daß in die Fläche von 2500 m² Stellplätze nach dem Wiener Garagengesetz nicht einzurechnen sind; ebenso fällt unter dieses Flächenausmaß nicht die Errichtung von Garagen, da sie weder Verkaufsräume noch Betriebsräume bzw Lagerräume im Sinne dieser Bestimmung sind.

(EB zur Nov LGBl 2018/69)

Die Schaffung einer eigenen Widmungskategorie „geförderter Wohnbau", in der die Grundkosten gesetzlich begrenzt sind, hat mehrere für die Gesellschaft positiv wertbringende Effekte. Diese Maßnahmen führen zu niedrigeren Gesamtherstellungskosten und zu günstigeren Mieten. Sie wirken sich nicht nur unmittelbar für die solcherart Wohnversorgten aus, sondern haben auch generell am Wohnungsmarkt eine preisdämpfende Wirkung und können dazu beitragen, die Wohnkosten einigermaßen stabil zu halten. Es handelt sich somit um Maßnahmen, die ein geeignetes Mittel darstellen, eine spürbare Preisdämpfung zu bewirken und (mehr) leistbaren Wohnraum zu schaffen.

Bei enger Auslegung des § 26 Abs. 3 WWFSG 1989 ist bei Ansuchen auf Gewährung einer Förderung insbesondere auch die Baubewilligung anzuschließen, sodass die Vorlage einer Förderungszusicherung samt grundbücherlicher Sicherstellung der Förderungen zum Zeitpunkt des Ansuchens der Baubewilligung nicht möglich ist. Das Land Wien kann vor der Genehmigung der Förderung durch die Landesregierung auch keine verbindliche Absichtserklärung ausstellen. Um Umgehungsgeschäfte zu verhindern und im Interesse der VerkäuferInnen von Liegenschaften ist daher eine neue Form der grundbücherlichen Sicherstellung zu schaffen.

Durch ein im Grundbuch einverleibtes Veräußerungsverbot zu Gunsten des Landes Wien soll auf Förderungsdauer die Inanspruchnahme einer Förderung sichergestellt und eine gewinnoptimierte spekulative Veräußerung geförderter Wohnungen bzw. Wohneinheiten in Heimen verhindert werden. Da die Schaffung eines Grundbuchskörpers oft erst nach langwierigen Teilungsverfahren möglich ist, soll die Verbücherung dieses Veräußerungsverbotes spätestens vor der Baubeginnsanzeige nachgewiesen werden.

(EB zur BO-Nov 2023, LGBl 2023/37 vom 13.12.2023)

In Gebieten für **geförderten Wohnbau** wird vorgesehen, dass ein bestimmter Anteil der Wohnnutzfläche von Wohnungen sowie Wohn- und Zimmereinheiten in Heimen hinsichtlich der Grundkostenangemessenheit dem § 5 Z 1 des Wiener Wohnbauförderungs- und Wohnhaussanierungsgesetzes – WWFSG 1989 entsprechen muss. Die dort definierte Grundkostenangemessenheit stellt auf die oberirdische Brutto-Grundfläche bei raumbildenden Bauteilen ab. Der erforderliche Anteil an gefördertem Wohnraum wird aufgrund der Änderung in § 5 Abs. 4 und § 6 **Abs. 6a** anhand der Brutto-Grundfläche berechnet. Dies ermöglicht wesentliche Vereinfachungen in der praktischen Anwendung dieser Bestimmungen; es erleichtert insbesondere bei der Entwicklung von Stadtvierteln eine frühzeitige räumliche Anordnung und Zuteilung von geförderten und freifinanzierten Wohnanteilen. Unter **Brutto-Grundfläche** von Wohnungen sowie Wohn- und Zimmereinheiten in Heimen sind auch Flächen für (nicht selbstständig vermietbare) Gemeinschaftseinrichtungen zu subsumieren. Da in bestehenden Plandokumenten, in denen die Widmungskategorie geförderter Wohnbau ausgewiesen ist, noch auf die Wohnnutzfläche abgestellt wird, wird in einer Übergangsbestimmung festgelegt, dass bei solchen Liegenschaften die alte Fassung des § 6 Abs. 6a weiter gilt.

Die Änderung des **Abs 13** dient der Klarstellung, dass in dessen Anwendungsbereich nur solche Wohnungen errichtet werden dürfen, die betrieblich unbedingt erforderlich sind, und dass es sich bei dieser Regelung um eine restriktiv auszulegende Ausnahmebestimmung handelt. ISd bereits ergangenen Rspr des VwGH und der VwG der Länder soll damit weiters klargestellt sein, dass solche Wohnungen – unter Anwendung eines objektiven Maßstabs und im Rahmen des Regelbetriebs unter Außerachtlassung von außerordentlichen Anwesenheitserfordernissen wie Störfallbehebungen – nur dann errichtet werden dürfen,

- wenn ohne sie eine ordnungsgemäße Führung des zugehörigen Betriebs unmöglich oder unzumutbar erschwert wäre und
- soweit dadurch für den Aufenthalt jener Personen vorgesorgt wird, deren räumliche Nähe zum Betrieb auf Grund betrieblicher Erfordernisse unumgänglich ist bzw.
- soweit eine ständige Anwesenheitsnotwendigkeit von Personal im Betrieb besteht, um den technisch fehlerfreien Ablauf zu gewährleisten, wobei auf die enge Verbindung des notwendigen Personals mit der im Betrieb ablaufenden Produktion bzw. Anlieferung von Waren und Wiederherstellung von abgebrochenen Produktionsabläufen abzustellen ist.

Festgehalten wird darüber hinaus, dass es sich weiterhin um solche Wohnungen handeln muss, die dem Bedarf der Betriebsleitung und der Betriebsaufsicht dienen. Betriebsleitung und Betriebsaufsicht werden durch für die technische Leitung zuständige Führungskräfte bzw. durch von diesen mit der Aufsicht beauftragte Betriebsbedienstete ausgeübt.

Anmerkungen

1) In dieser Gesetzesstelle finden sich die für die bauliche Ausnutzbarkeit des Grundes maßgeblichen Bestimmungen; sie ist als sedes materiae des Nachbarschutzes anzusprechen. Der Schutz des Nachbarn vor Immissionen ist hier, insbesondere im Wohngebiet und im gemischten Baugebiet, der Baubehörde anvertraut, die dieser Aufgabe durch Beiziehung von medizinischen und technischen Sachverständigen gerecht zu werden hat und diese Aufgabe nicht der Gewerbebehörde überantworten kann, wie dies in der Praxis nicht selten vorkommt. Die Baubehörde ist aber von Amts wegen verpflichtet, den durch § 6 eingeräumten Schutz der Nachbarn vor Immissionen auch ohne ein diesbezügliches Mitspracherecht der Nachbarn wahrzunehmen. Hinsichtlich Ausnahmen vom Bebauungsplan s § 69.

Maßgeblich für die Beurteilung der Zulässigkeit einer baulichen Anlage ist nach der Rspr des VwGH die Lage der zu bebauenden Liegenschaft.

2) Diese Bestimmung soll eine Lücke schließen, damit die Baubehörde der Errichtung von Wochenendhäusern (getarnt als Werkzeughütte u dgl) wirksam entgegentreten kann (s auch Abs 15). Für die Auslegung des Begriffes „betriebsbedingt notwendiges Ausmaß“ wird die Beiziehung eines Sachverständigen erforderlich sein. Es bestehen keine Bedenken, auch den Verkauf von Produkten (zB Buschenschank) einzubeziehen.

3) Den Bestimmungen der Gemeinderatsbeschlüsse betreffend Parkanlagen v 11.3.1924 (Amtsblatt 1924/22) und v 12.2.1926 (Amtsblatt 1926/14) wurde damit nicht derogiert.

4) Es muss durch die Aufnahme von Beweisen sichergestellt sein, dass keine beeinträchtigende Belästigung in Betracht kommt. Allenfalls sind Vergleichsmessungen bei gleichartigen Betrieben vorzunehmen. Die Betriebstype muss so weitgehend beschrieben sein, dass eine ausreichende Beurteilung des Bauvorhabens gewährleistet ist (§ 63 Abs 2).

5) Ob eine unzumutbare Belästigung mit der Errichtung verbunden sein kann, ist letztlich im Einzelfall durch den medizinischen Sachverständigen zu beurteilen, solange keine Grenzwerte durch Verordnung (§ 6 Abs 16) festgelegt wurden.

6) Der Begriff „Beherbergungsbetrieb" erfasst nur gewerbliche Unternehmen; Beherbergungsstätten iSd Abs 6 umfassen auch nichtgewerbliche Beherbergungen.

7) Sog „Seveso-III-Richtlinie"; Fassung in der Nov LGBl 2014/25.

8) Vgl jedoch die einschränkende lex specialis der Abs 3 und 3a.

9) Erstmals könnte eine Verwaltungsbehörde nicht nur einer Verschlechterung wirksam entgegentreten, sondern sogar eine Verbesserung der Umweltbedingungen schrittweise herbeiführen. Eine solche V erging allerdings bisher nicht.

10) Vgl die Anmerkung zu den EB von § 4 in der Zitierung der EB der Nov LGBl 2018/69. Eine Bestätigung über die Angemessenheit der Grundkosten (max 188 €/m^2) wird (vorauss) durch die MA 50 erteilt, gibt aber keinen Rechtsanspruch auf spätere Förderzusicherung. Die Ablehnung eines Förderansuchens ist nach § 55 Abs 2 WWFSG 1989 (nur) zu begründen, das ist keine Entscheidung in Bescheidform mit Beschwerdemöglichkeit. Der Wiener Gemeinderat hat am 28.11.2018 Planungsgrundlagen beschlossen, wonach im Regelfall im Bebauungsplan ein Mindestanteil an geförderter Wohnnutzfläche von 2/3 festgesetzt werden soll. Diese 2/3-Regelung ist damit noch nicht Bestandteil/Festlegung des Flächenwidmungs- und Bebauungsplans, sondern muss erst im Einzelfall festgelegt werden. Dass damit generell eine Verbilligung zu erwarten ist, gehört erst bewiesen. Mit den Möglichkeiten der freien Wirtschaft erscheint dies unmöglich.

11) Siehe auch § 62 Abs 1 Z 4 und Abs 2, auch bei einer Bauanzeige ist ein entsprechender Nachweis erforderlich.

12) Siehe ÜB zur BO-Nov 2023, LGBl 2023/37 vom 13.12.2023 hinsichtlich Bauvorhaben auf bereits festgesetzten Gebieten. Die Änderung der Bezugsgröße von „Wohnnutzfläche" auf „Brutto-Grundfläche" ist nicht auf Liegenschaften anzuwenden, die bereits im Zeitpunkt des Inkrafttretens (14.12.2023) in Gebieten für geförderten Wohnbau liegen.

13) Mit der Abänderung im Rahmen der BO-Nov 2023, LGBl 2023/37 vom 13.12.2023 soll offenbar Missbrauchsversuchen begegnet werden und der Gesetzgeber hat klassische industrielle bzw maschinelle Betriebsformen vor Augen. Es sollten in einer sinnvollen Anwendung aber auch neue Technologien und Formen der räumlichen Nähe bzw Verbindung von Arbeit und Wohnen nicht außer Betracht gelassen werden. Für das Betriebskonzept wird iSd Projektgenehmigung die Beschreibung einer Betriebstypologie genügen und der konkrete Betreiber und Betrieb müssen noch nicht vorliegen.

Judikatur

1) Eine Immission aus einem gewerblichen Betrieb, die durch die Vorschreibung der Gewerbebehörde auf das ortsübliche Maß herabgemindert wird, kann immer noch eine Belästigung der Nachbarschaft im Sinne des § 6 Abs 4 (jetzt: Abs 8) der Bauordnung darstellen und kann dazu führen, daß eine baubehördliche Genehmigung der Anlage aus dem Titel der Flächenwidmung (gemischtes Baugebiet) unzulässig ist. Die Sachverhaltselemente der §§ 25 und 26 Gewerbeordnung (jetzt: §§ 74 ff) sind keineswegs die gleichen, die im § 6 Abs 4 (jetzt: Abs 8) enthalten sind (VwGH 19.4.1955, Slg 3712/A). S Anm 1.

2) Wenn im § 6 Abs 4 (jetzt: Abs 8) der Bauordnung für Wien vorgeschrieben ist, daß in gemischten Baugebieten keine Anlagen errichtet werden dürfen, die beim Betriebe die dort näher bezeichneten Nachteile hervorzurufen geeignet sind, so folgt daraus, daß bei Vorliegen der gesetzlichen Voraussetzungen schon die Baubehörde die Errichtung einer solchen Anlage zu untersagen hat. Ihre Zuständigkeit erstreckt sich, wie aus dem Erkenntnis Slg 3168/A klar hervorgeht, auch auf den Betrieb. Ob der Betrieb nach der Gewerbeordnung oder nach sonstigen Vorschriften überdies noch einer behördlichen Bewilligung bedarf und ob die hiefür in Betracht kommenden Vorschriften der zuständigen Behörde die Möglichkeit geben, die Errichtung und den Betrieb der Anlage zu untersagen, ist für die Entscheidung der Baubehörde ohne Bedeutung (VwGH 18.11.1958, 47/58). S Anm 1.

3) Der VwGH ist der Meinung, daß die Anschauung, die Bauanlage beeinträchtige die Widmung, zutreffend ist. Wie sich nämlich aus § 4 Abs 2 A lit a (jetzt § 6 Abs 1) der Bauordnung ergibt, handelt es sich bei der Widmung „ländliches Gebiet" um Gründe, die land- und forstwirtschaftlich oder berufsgärtnerisch zu nutzen sind. Die Errichtung einer Werkzeughütte entspricht dieser Widmung jedenfalls dann nicht, wenn die Hütte nicht der Unterbringung von Werkzeugen für eine land- und forstwirtschaftliche oder berufsgärtnerische Nutzung des Bodens dient (VwGH 18.10.1965, 1031/65).

4) § 6 Abs 4 (jetzt: Abs 8) muß so verstanden werden, daß auch Vergrößerungen einer Anlage, durch welche die im Gesetz angeführten Immissionen hervorgerufen werden, unzulässig sind (VwGH 3.7.1967, 481/67). S Anm 1.

5) Aus § 6 Abs 3 (jetzt Abs 6) kann der Nachbar insofern ein subjektives öffentliches Recht ableiten, als die Herstellung der in dieser Gesetzesstelle als nicht zulässig bezeichneten Anlagen in einem Wohngebiet ihn in seinem Recht verletzen könnte (VwGH 24.3.1969, Slg 7537/A).

6) Der Umbau eines Stallgebäudes in ein Einfamilienhaus widerspricht der Widmung Wald- und Wiesengürtel (VwGH 13.12.1972, 832/72).

7) Die Baubehörde hat zu prüfen, ob die Anlage, obgleich Immissionswirkungen nur mit deren gewerblicher Nutzung verbunden sein mögen, mit der vorgeschriebenen Flächenwidmung vereinbar ist. Die Unvereinbarkeit kann schon dann gegeben sein, wenn es schon aus der Planung ableitbarer Grenzwert für den Schallschutz geringfügig – Erhöhung des äquivalenten Dauerschallpegels um 1 dB (A) – überschritten wird (VwGH 16.10.1972, Slg 8297/A).

8) Auch wenn die Bauführung mit der gegebenen Widmung in Übereinstimmung steht (Glashäuser im ländlichen Gebiet), kann eine Störung des örtlichen Stadtbildes bejaht werden (VwGH 6.7.1972, Slg 8267/A).

9) Wie der VwGH in seinem Erkenntnis vom 13.11.1972, 832/72, dargelegt hat, ist es mit der Widmung „Grünland, Wald- und Wiesengürtel" unvereinbar, Grundflächen für Zwecke des Wohnens und Siedelns der Bebauung zuzuführen. Zulässig sind jedoch Bauführungen, die mit Erhaltung der typischen Erscheinungsformen dieses Widmungsgebietes und ihrer zweckentsprechenden Erhaltung in unmittelbarem Zusammenhang stehen. Dies kann insbesondere auch auf Baulichkeiten, die der Bewirtschaftung von Weingärten diesen (Weingartenhäuser), zutreffen, wie der VwGH in seinem Erkenntnis vom 30.11.1964, Slg 6508/A, ausgesprochen und begründet hat (VwGH 16.6.1975, Slg 8846/A).

10) Maßstab für die Lösung der Frage nach der Zulässigkeit eines Betriebes unter dem Blickwinkel der Flächenwidmung (hier: gemischtes Baugebiet) hat für die Baubehörde eine nach Art der dort üblicherweise und nach dem jeweiligen Stand der Technik verwendeten Anlagen und Einrichtungen einschließlich der zum Schutz vor Belästigungen typisch getroffenen Maßnahmen sowie nach Art der dort entsprechend diesen Merkmalen herkömmlicherweise entfalteten Tätigkeit auf das Ausmaß und die Intensität der dadurch verursachten Emissionen zu beurteilende Betriebstype zu sein. Diese rechtliche Situation schließt es von vornherein aus, durch Auflagen einen vom Typus her in einem bestimmten Gebiet unzulässigen Betrieb so zu gestalten, daß er im Falle der Erfüllung dieser Auflagen als unter der angenommenen Emissionsgrenze liegend qualifiziert werden könnte (VwGH 13.9.1977, Slg 9382/A zur Stmk BO).

11) Eine Sonderbestattungsanlage (Privatbegräbnisstätte) im Sinne des § 29 Wiener Leichen- und Bestattungsgesetz (jetzt: § 25) ist im Wohngebiet nach § 6 Abs 6 WBO zulässig, handelt es sich doch hiebei um eine einzelne Bestattungsanlage, welche nicht die Widmung Friedhof voraussetzt (VwGH 7.6.1979, Slg 9867/A).

12) Berücksichtigt man, daß bei einer den Charakter der Grundoberfläche als Gartenanlage unberührt lassende Tiefgarage ein nur die Raumeinteilung und Raumwidmung betreffender Umbau jedenfalls nicht notwendigerweise mit einer solchen Beeinträchtigung des äußeren Erscheinungsbildes der über dem Gebäude der Tiefgarage gelegenen Grundoberfläche Garten-(Park)anlagen verbunden ist, hätte sich die Behörde damit im einzelnen auseinandersetzen müssen, ob und inwieweit die Verwirklichung des Vorhabens zugleich auch einen Eingriff in den Charakter der Gartenanlagen (Parkanlagen) bedeutet und allenfalls deshalb mit der Widmung „Grünland, Parkschutzgebiet" im Widerspruch stehen würde. An sich ist der Umbau eines Teiles einer Tiefgarage in eine Ladenstraße mit dieser Widmung vereinbar (VwGH 23.12.1980, Slg 10.330/A).

13) Ob Lärm ein Bauvorhaben unzulässig macht, ist letztlich auf Grund eines medizinischen Gutachtens zu beurteilen; ob die Methode des „äquivalenten Dauerschallpegels" für eine bestimmte Lärmmessung heranzuziehen ist, hat der medizinische Sachverständige darzutun (VwGH 13.9.1983, 06/0112/80, BauSlg 85, zur Bu BO).

14) Die Errichtung eines Gastgewerbebetriebes widerspricht nicht der Widmung gemischtes Baugebiet nach § 6 BO. Soweit eine Lärmbelästigung durch Gäste des zu eröffnenden Betriebes sowie im Hinblick auf die damit zusammenhängende zusätzliche allfällige Verparkung der Straße befürchtet wird, erweist sich die Einwendung im baubehördlichen Bewilligungsverfahren als unzulässig (VwGH 17.1.1984, 83/05/0049, BauSlg 170).

15) Ein Verkehrsübungsplatz widerspricht der im Flächenwidmungsplan vorgesehenen Widmung Grünland – ländliches Gebiet (VwGH 2.7.1985, 85/05/0010, BauSlg 477).

16) Im baubehördlichen Bewilligungsverfahren ist für die Zulässigkeit eines Bauvorhabens in einer bestimmten Widmungskategorie ausschließlich die Widmung des zu verbauenden Grundstückes entscheidend, mag auch für das benachbarte Grundstück eine andere Widmung festgesetzt sein (VwGH 5.11.1985, 85/05/0095, BauSlg 564, zur Oö BO).

17) Eine Benützung von Terrassen für einen gewerblichen Betrieb und damit verbundene Lärmbelästigungen können im Baubewilligungsverfahren nicht zu Recht geltend gemacht werden, wenn hier ein Gastwirtschaftsbetrieb nicht Gegenstand des Baubewilligungsverfahrens ist (VwGH 1.7.1986, 82/05/0015, BauSlg 718).

18) Eine Sauna ist im Wohngebiet zulässig; durch die widmungsgemäße Benützung des Gebäudes sind Lärmimmissionen nicht zu erwarten (VwGH 1.7.1986, 82/05/0017, BauSlg 719).

19) Die Errichtung eines Restaurationsgebäudes widerspricht der Widmung Wald- und Wiesengürtel; auch eine Ausnahme nach § 69 BO kommt im Beschwerdefall nicht in Betracht (VwGH v 23.9.1986, 86/05/0096, BauSlg 763) – dies wäre nur bei Vorliegen einer Sonderwidmung zulässig.

20) Immissionen, die unmittelbar auf die Sportausübung zurückgehen, unterliegen nach der WBO in Gebieten, die als Sport- und Spielplatz gewidmet sind, keiner Beschränkung (VwGH 9.12.1986, 84/05/0097, BauSlg 816).

21) Ein Restaurationsbetrieb ist im Wohngebiet grundsätzlich zulässig. Eine gewisse Lärmbelästigung muß in einem städtischen Wohngebiet hingenommen werden (VwGH 17.5.1988, 87/05/0206, BauSlg 1117).

22) § 6 Abs 8 BO bringt einen allgemeinen Grundsatz zum Ausdruck, der insbesondere die Qualität der Wohnverhältnisse sicherstellen will. Erfaßt man die Regelung nach diesem evidenten Zweck, so fehlte es an der sachlichen Rechtfertigung für die Annahme, daß eine vom G verpönte schwerwiegende Beeinträchtigung ausschließlich dann zu unterbinden ist, wenn die Quelle der Emissionen geschaffen werden soll, nicht hingegen in dem bloß durch die zeitliche Abfolge verschiedenen Fall, daß sie bereits besteht und erst durch die Errichtung von Wohnhäusern ihre beeinträchtigende Wirkung entfalten kann. Diese Erwägungen gebieten es, § 6 Abs 8 BO ausdehnend dahin auszulegen, daß er überdies ein Verbot im eben dargelegten Sinn enthält. Eine in diese Richtung zielende Einwendung kann (auch) vom Inhaber eines Industriebetriebes als Nachbarn iS § 134 Abs 3 BO erhoben werden, weil er mit Auflagen der Gewerbebehörde (gegebenenfalls mit weiteren Auflagen) gem § 79 Abs 2 GewO 1973) zum Schutz der Nachbarschaft gegen Immissionen rechnen muß (VfSlg 10703) (VfGH 28.9.1990, Slg 12468). Mit dieser Entscheidung hat der VfGH § 6 Abs 8 BO in einer Weise ausgelegt, die einen Widerspruch zur Rechtsprechung des VwGH bedeutet. Zu diesem Widerspruch in der Rechtsprechung zwischen VfGH und VwGH s *Hauer,* Der Nachbar im Baurecht[6], 41 ff und 341 ff sowie den Aufsatz, Kann sich der Inhaber eines immissionsträchtigen Betriebes im Baubewilligungsverfahren gegen eine heranrückende Wohnbevölkerung wehren?, ÖJZ 1995, 361 sowie *Geuder,* Österreichisches Öffentliches Baurecht und Raumordnungsrecht, 1996, 51 f. Konsequenter wäre der Flächenwidmungsplan oder § 6 Abs 8 BO aufzuheben gewesen. Dass bestehende Unternehmen sich gegen verfehlte Widmungen wehren können müssen, ist ein wichtiges Element der Raumordnung.

23) Ein Krankenhaus dient einem sozialen Zweck, weil es der Betreuung von Kranken gewidmet ist. Es ist im Wohngebiet zulässig (VwGH 27.11.1990, 89/05/0026, Slg 13325 A, 19.2.1991, 90/05/0025).

24) Sind unter Stellplätzen nicht nur Pflichtstellplätze gemeint, sondern jene Zahl an Stellplätzen, für welche üblicherweise wirklicher Bedarf besteht, ist die Errichtung einer Tiefgarage jedenfalls als zulässig zu betrachten. Angesichts der Verpflichtung zur Schaffung von Pflichtparkplätzen nach dem Wr GaragenG sind solche sowohl mittels Bau einer Tiefgarage für Wohnhäuser als auch für Bürohäuser zu errichten (VwGH 5.2.1991, 90/05/0157). S nun § 134a Abs 1 lit e letzter Satz.

25) Maßstab für die Lösung der Frage der Zulässigkeit eines Betriebes unter dem Gesichtspunkt der Flächenwidmung (für die zu bebauenden Grundflächen) ist die Betriebstype (vgl VwSlg 9382 A). Ein unzulässiger Betrieb darf auch durch entsprechende Auflagen nicht in einen zulässigen umgewandelt werden. Dabei (§ 16 Abs 1 Z 1 Nö ROG – Belästigung verursachen können) kann es nicht von Bedeutung sein, ob die Minderung von Immissionen erst durch Auflagen erreicht wird oder unter Vorwegnahme solcher Auflagen das konkrete Vorhaben ausgestaltet ist, wenn die Betriebstype als solche unzulässig ist – hier wurde die Zulässigkeit eines metallverarbeitenden Betriebs im Wohngebiet verneint (VwGH 24.4.1990, 88/05/0188) zum Nö ROG.

26) Auch die Ausbildung von Pferden im Rahmen einer Pferdezucht ist als eine landwirtschaftliche Tätigkeit zu beurteilen. Anders wird jener Fall zu beurteilen sein, in dem etwa durch einen Sportverein die Ausbildung von Dressurpferden beabsichtigt ist (VwGH 21.1.1992, 91/05/0195, Slg 13564 A).

27) Der Ansicht, daß als iSd § 6 Abs 3 BO notwendiger Bau wohl auch ein Gebäude angesehen werden müsse, welches das Umkleiden, Duschen, Saunen, die Wasseraufbereitung, aber auch den Aufenthalt von Badegästen ermögliche und als Unterbringungsmöglichkeit nicht winterfester Pflanzen diene und daher auch einer größtmöglichen Beschränkung nicht unterliege, kann nicht beigetreten werden. Diese Ansicht ist allein schon deshalb unhaltbar, weil es sich hiebei nicht um ein für die in freier Natur Erholung suchende Bevölkerung dienendes Gebäude handelt. Auch die teilweise unterirdische Ausführung des Baues sowie seine Dachbegrünung lassen keine andere Beurteilung zu, weil die Bestimmungen des § 6 Abs 3 und Abs 15 BO „eine derartige Unterscheidung nicht vorsehen“ (VwGH 22.6.1993, 93/05/0115).

28) Nach § 6 Abs 15 BO kommt es darauf an, ob die beantragten baulichen Anlagen für die Weingartennutzung des Bfrs unbedingt erforderlich sind. Der Beurteilungsmaßstab ist gegenüber der früheren Regelung vor der Nov 1976 also ein wesentlich strengerer, sodaß es – im Gegensatz zu dem Erk v 30.11.1964, Slg 6508 A – im vorliegenden Zusammenhang nicht genügt, daß die Bauführung in keinem Mißverhältnis zur Größe des Weingartens steht. Nach dem eingeholten Gutachten war aber ein Vorhaben im beabsichtigten Ausmaß nicht unbedingt erforderlich (VwGH 4.4.1991, 90/05/0187, 0188).

29) Auch Lagerräume und Schuppen allein, dh ohne dazugehörige Wohngebäude, Sommerhäuser oder Geschäftsräume für Geschäfte des täglichen Bedarfes oder der übrigen, im § 6 Abs 7 BO angeführten Verwendungszwecke widersprechen der Flächenwidmung „Gartensiedlungsgebiet", weshalb gleichfalls durch die Umwidmung der zu bebauenden Grundstücke zu Gartensiedlungsgebiet kein iSd § 71 BO begründeter Ausnahmefall bewirkt wird (VwGH 15.2.1994, 93/05/0237, BauSlg 25).

30) Ausnahmsweise ist ein Zubau zu einem Betrieb im Wohngebiet nach § 6 Abs 6 BO zulässig, wenn damit keine Vergrößerung der Nachteile und Belästigungen der Nachbarn verbunden ist, was im Verfahren unter Beiziehung von Sachverständigen zu prüfen ist (VwGH 20.9.1994, 93/05/0033, BauSlg 198).

31) Es kann keinem Zweifel unterliegen, daß ein Tennisplatz nicht für die Land- und Forstwirtschaft bestimmt ist, da Inhalt der land- und forstwirtschaftlichen Tätigkeit die Bearbeitung des Bodens zur Gewinnung biologischer Erzeugnisse ist, nicht hingegen das Betreiben des Tennissportes. Die Errichtung eines Tennisplatzes stellt einen massiven Eingriff in das Landschaftsbild dar, weshalb die Bewilligungspflicht schon aus diesem Grund gegeben ist (VwGH 17.12.1996, 96/05/0237). Anm: Auch bewilligungsfreie Anlagen müssen widmungskonform sein.

32) Es ist unbestritten, daß die Errichtung eines Kindergartens für seelenpflegebedürftige Kinder sozialen Zwecken dient. Eine rechtspolitische Begründung dafür, daß bei den gem § 6 Abs 6 erster Satz BO zulässigen Nutzungen keine Immissionsprüfung stattfinden soll, erblickt der Verwaltungsgerichtshof darin, daß ein öffentliches Interesse an derartigen Einrichtungen besteht und diese im Hinblick auf ihre Zweckbestimmung nur in Wohngebieten errichtet werden sollten; die Errichtung derartiger Einrichtungen beispielsweise im gemischten Baugebiet (§ 6 Abs 8 BO), in Betriebsbaugebieten (§ 6 Abs 9 BO), in Geschäftsvierteln oder Industriegebieten (§ 6 Abs 10 bzw Abs 11 BO) erscheint auch im Hinblick auf den Zweck derartiger Einrichtungen nicht geboten. Ein Mitspracherecht dahingehend, daß in den gem § 6 Abs 6 erster Satz BO zulässigen Gebäuden nur Bewohner oder Pfleglinge untergebracht werden, die keinen Lärm durch Schreien, Lachen usw hervorrufen, ist den Nachbarn nicht eingeräumt (VwGH 27.5.1997, 97/05/0098, 0099, 0100, 0102).

33) Durch die zusätzliche Ausweisung „Betriebsbaugebiet" eines Teiles des gemisch-ten Baugebietes wird der Beurteilungsmaßstab für Emissionen nicht geändert, da die diesbezügliche Bestimmung (§ 6 Abs 9 BO) lediglich normiert, daß in Betriebsbaugebieten – abgesehen von Wohnungen für den Bedarf der Betriebsleitung und der Betriebsaufsicht – nur Gebäude oder Anlagen für Betriebs- und Geschäftszwecke aller Art mit Ausnahme von Beherbergungsbetrieben errichtet werden dürfen (*Geuder/Hauer*, Wiener Bauvorschriften[3], 177). Maßstab für die Lösung der Frage nach der Zulässigkeit eines Betriebes unter dem Gesichtspunkt der Flächenwidmung ist, anders als für die Gewerbebehörde, für die Baubehörde nicht ein in seinen Betriebsmitteln und Betriebsanlagen bis ins einzelne fest umrissener (konkreter) Betrieb, sondern es hat hiebei als Maßstab eine Betriebstype zu dienen, die nach der Art der üblicherweise und nach dem jeweiligen Stand der Technik verwendeten Anlagen und Einrichtungen (einschließlich der zum Schutze vor Belästigungen typisch getroffenen Maßnahmen) sowie nach der Art der demgemäß herkömmlich entfalteten Tätigkeit einem bestimmten (abstrakten) Betriebsbild entspricht (hg Erkenntnis vom 24. April 1990, Zl 88/05/0188). Auch anläßlich einer bewilligungspflichtigen Bauführung bei bereits bestehenden Betrieben muß die Übereinstimmung der Type mit dem Flächenwidmungsplan von neuem geprüft werden (hg Erkenntnis vom 17. November 1994, Zl 93/06/0213) (VwGH 2.12.1997, 94/05/0354). Ebenso VwGH 22.1.1998, 97/06/0027, Slg 14.825/A, zum TROG.

34) Der Verwaltungsgerichtshof hat klargestellt, daß die geplante Pferdezucht eine landwirtschaftliche Tätigkeit darstellt. Nach ständiger Rechtsprechung des Verwaltungsgerichtshofes gehört zum Begriff einer Landwirtschaft bzw einer landwirtschaftlichen Nutzung, daß betriebliche Merkmale vorliegen, daß also von einer planvollen und auf die Erzielung von Einnahmen gerichteten nachhaltigen Tätigkeit gesprochen werden kann, die zumindest die Annahme eines nebenberuflichen landwirtschaftlichen Berufes rechtfertigt und die Bestimmungen über die Flächenwidmung nicht durch die Ausübung eines „Hobbys“ umgangen werden. Das Vorliegen einer land- und forstwirtschaftlichen Nutzung ist anhand eines wenigstens auf einen land- und forstwirtschaftlichen Nebenerwerb gerichteten Betriebskonzeptes streng zu prüfen (hg Erkenntnis vom 17. September 1996, Zl 96/05/0076, mwN) (VwGH 19.5.1998, 94/05/0277).

35) Die aus dem Gleichheitssatz abgeleitete Auslegung nachbarschützender Vorschriften in VfSlg 12468/1990 und VfSlg 13210/1992 hat zur Voraussetzung, daß ein bereits bestehender Betrieb gewerblicher Art aufgrund des gewerberechtlichen Emissionsschutzes im Falle heranrückender Wohnbebauung mit zusätzlichen Auflagen gem § 79 Abs 2 GewO zu rechnen hat. Dieses Risiko entfällt für einen landwirtschaftlichen Betrieb. Es gibt keinen Anhaltspunkt, daß – gestützt auf § 364 Abs 2 ABGB – im konkreten Fall vergleichbare negative Auswirkungen zu erwarten wären, zumal das von der Gemeinde in Auftrag gegebene olfaktometrische Gutachten zum Ergebnis gelangt ist, daß die vom landwirtschaftlichen Betrieb der Beschwerdeführer ausgehende derzeitige Geruchsbelästigung sicher die im ländlichen Raum zu erwartende nicht überschreitet und sich, ob ihrer Geringfügigkeit, einer meßtechnischen Erfassung entzieht (VfGH 5.3.1998, Slg 15.112). Vgl E 22.

36) Selbst wenn zwischen den bisher unbebauten Grundstücken, die jetzt für die Bebauung vorgesehen sind, und der Betriebsanlage schon ein bebautes Grundstück liegt, so kann dennoch von einer „heranrückenden Bebauung“

ausgegangen werden, wenn sich die Emissionen aus dem Betrieb über das bebaute Grundstück hinaus auf die nunmehr zu bebauenden Grundstücke auswirken können (VwGH 22.9.1998, 98/05/0046, zur Oö BO).

37) Die Widmung „gemischte Baugebiete" soll ein Nebeneinander von Wohnungen und Betrieben in alten Ortskernen ermöglichen.

Eine solche Auslegung scheint auch im Lichte der Rechtsprechung des Verfassungsgerichtshofes zum Begriff der Widmung „gemischtes Baugebiet" baurechtlicher Bestimmungen anderer Bundesländer verfassungsrechtlich geboten (vgl. hiezu die im Beschluß des Verfassungsgerichtshofes vom 11. Juni 1996, B 2871/95, zitierten Erkenntnisse dieses Gerichtshofes VfSlg Nr 8701/1979 und 11573/1987). Die in Rede stehende Bestimmung des Kärntner Gemeindeplanungsgesetzes 1970 darf daher nicht einschränkend in dem Sinne ausgelegt werden, daß im gemischten Baugebiet keine landwirtschaftlichen Betriebe errichtet werden dürfen, vielmehr ist von deren grundsätzlicher Zulässigkeit unter der Voraussetzung auszugehen, daß damit keine – die örtlichen Gegebenheiten und den Charakter gemischtes Baugebiet nicht beachtende – unzumutbare Umweltbelastung verbunden ist (VwGH 27.10.1998, 96/05/0219, Slg 14.994/A).

38) Ob eine bestimmte Betriebstype wegen ihrer Emissionswirkungen als zulässig anzusehen ist, kann – da das Baubewilligungsverfahren ein Projektsgenehmigungsverfahren ist – nur anhand der Auswirkungen bestehender Vergleichsbetriebe beurteilt werden. Dabei hat der technische Sachverständige – unter Verwendung der Hilfsmittel, die seine Wissenschaft entwickelt hat, um ein verläßliches Gutachten abgeben zu können – Ausmaß und Art der Immissionen, der medizinische Sachverständige aber deren Wirkungen auf den menschlichen Organismus zu beurteilen. Ein solches betriebstypologisches Gutachten, welches also im Zweifelsfall auf der Grundlage einer Gegenüberstellung mit vergleichbaren Betrieben zu erfolgen (vgl. hiezu das hg. Erkenntnis vom 16. Juni 1992, Zl. 92/05/0027) und als Maßstab der Prüfung die oben angeführten Kriterien zu berücksichtigen hat, wurde im hier zu beurteilenden Bauverfahren aber nicht eingeholt. Im vorliegenden Fall ist in die Prüfung auch der Parkplatz, also der gesamte Betrieb einzubeziehen.

Die Baubehörde hat sich aber unter Zugrundelegung der Ermittlungsergebnisse auch des Gewerbeverfahrens nur insoweit mit den zu erwartenden Emissionen auseinandergesetzt, als sie von der Annahme der Zulässigkeit der Anlage im Wohngebiet ausgegangen ist, und daher die zu erwartenden Immissionsbelastungen durch konkrete Auflagen für die spezielle Betriebsanlage auf ein zulässiges Maß zu vermindern versucht (VwGH 23.2.1999, 97/05/0269).

39) Der Verfassungsgerichtshof bleibt bei seiner in VfSlg 12.468/1990 entwickelten Auffassung (die in ihrer Grundtendenz im Erkenntnis VfSlg 13.210/1992 fortgeführt wurde), derzufolge § 6 Abs 8 BauO – der seither keine Änderung erfahren hat – ausdehnend dahin auszulegen ist, daß er auch das Verbot einer schwerwiegenden Beeinträchtigung der Wohnqualität für den Fall enthält, daß die Quelle der Emissionen (hier: die gewerbliche Betriebsanlage) bereits besteht und erst durch die (zeitlich nachfolgende) Errichtung von Wohnhäusern ihre beeinträchtigende Wirkung entfalten kann (vgl VfSlg 14.493/1997).

Anders als die belangte Behörde offenbar meint, wurde durch die Neufassung der Bestimmungen des § 134 Abs 3 und des § 134a BauO in Fällen wie dem hier vorliegenden für den Inhaber einer benachbarten gewerblichen Betriebsanlage die rechtliche Möglichkeit nicht beseitigt, als Partei im Baubewilligungsverfahren Einwendungen gegen eine „heranrückende Wohnverbauung" geltend zu machen. Dies auf Grund folgender Überlegung:

In Verbindung mit § 6 Abs 8 BauO in der Auslegung, die diese Bestimmung in dem oben erwähnten Erkenntnis erfahren hat, ist der Wortgruppe „soferne sie ihrem Schutz dienen" im Einleitungssatz des § 134a BauO sowie dem Tatbestand des § 134a lit e leg cit als solchem (arg.: „Bestimmungen, die den Schutz vor Immissionen, die sich aus der widmungsgemäßen Benützung eines Gebäudes oder einer baulichen Anlage ergeben können, zum Inhalt haben") auch der Fall des Inhabers einer gewerblichen Betriebsanlage zu unterstellen, dessen rechtliche Interessen durch die Bewilligung einer Wohnbebauung auf dem Nachbargrundstück deshalb tangiert werden, weil er – iS der Vorerkenntnis – „mit Auflagen der Gewerbebehörde (gegebenenfalls mit weiteren Auflagen gem § 79 Abs 2 der Gewerbeordnung) zum Schutz der Nachbarschaft rechnen muß" (VfGH 7.6.1999, Slg 15.475).

Eine mehr als begrüßenswerte Entscheidung! Der VfGH erteilt damit allen Versuchen, Nachbarrechte auszuhöhlen, eine Absage. Diese Tendenz ist generell erkennbar (vgl hiezu auch VfGH 1.10.1999, Slg 15.581, wiedergegeben bei § 134a).

40) Unter dem Gesichtspunkt des Immissionsschutzes besteht ein gravierender Unterschied, ob das Nachbargrundstück einer Betriebsanlage zum Zeitpunkt der Baubewilligung dieser Betriebsanlage mit einem Wohn- oder Betriebsgebäude bebaut war. Grenzte bereits damals ein Wohngebäude an die Betriebsanlage an, so waren allfällige schädliche Umwelteinwirkungen der Betriebsanlage auf das angrenzende Wohngebäude im gewerbebehördlichen Betriebsanlagenverfahren zu berücksichtigen. War das an die Betriebsanlage angrenzende Grundstück damals ebenfalls betrieblich genutzt und bedurfte der Betrieb keines besonderen Immissionsschutzes, so waren im gewerbebeh Betriebsanlagenverfahren eine allfällige Beeinträchtigung oder Belästigungen eines Betriebes auf den anderen zu beurteilen. Wird hingegen auf einem Grundstück, das damals betrieblich genutzt wurde und an einen Betrieb grenzte, ein Wohngebäude errichtet, so lassen die nun beabsichtigten Wohnbauten strengere Auflagen durch die

Gewerbebeh aufgrund der mit dem Gewerbebetrieb verbundenen Gefahren oder Belästigungen für die Bewohner des angrenzenden Wohngebäudes erwarten. Im früheren Betriebsanlagengenehmigungsverfahren war bei der Beurteilung der Immissionen auf das Nachbargrundstück davon auszugehen, daß dieses ebenfalls betrieblich genutzt wird und keines besonderen Immissionsschutzes bedarf (VfGH 30.6.2000, Slg 15.891).

41) Zum Begriff der land- und forstwirtschaftlichen Nutzung im Zusammenhang mit der zulässigen Nutzung von der Land- und Forstwirtschaft gewidmeten Grundflächen iS der raumordnungsrechtlichen Bestimmungen hat der Verwaltungsgerichtshof schon wiederholt Stellung genommen und dabei die Auffassung vertreten, daß – anders als etwa im Bauernsozialversicherungsrecht – nicht schon jede land- und forstwirtschaftliche Tätigkeit im technischen Sinne darunter zu verstehen ist. Nicht eine solche Tätigkeit zu regeln ist Sinn und Zweck raumordnungsrechtlicher Bestimmungen bzw der auf Grund solcher Bestimmungen ergangenen Flächenwidmungspläne, sondern nur solche Tätigkeiten, die auf Grund ihres Umfangs überhaupt geeignet sind, Raumordnungsbelange zu berühren. Zur Vermeidung mißbräuchlicher Aushöhlung der Ziele der Raumordnung, insbesondere zur Vorkehrung gegen eine Zersiedelung (vgl die hg Erkenntnisse vom 17. November 1981, Slg Nr 10592/A, vom 4. April 1991, Zl 88/05/0008, und vom 26. April 1994, Zl 94/05/0009, 0010), hat der Verwaltungsgerichtshof daher das Vorliegen betrieblicher Merkmale, dh eine planvolle, grundsätzlich auf die Erzielung von Einnahmen gerichtete nachhaltige Tätigkeit für wesentlich erachtet, die zumindest die Annahme eines nebenberuflichen landwirtschaftlichen (dh der Urproduktion dienenden) Betriebes rechtfertigt (vgl ua die hg Erkenntnisse vom 3. Oktober 1988, Zl 87/10/0133, vom 17. November 1981, Slg Nr 10.592/A, vom 24. April 1990, Zl 89/05/0232, vom 26. Juni 1990, Zl 90/05/0075, ferner vom 10. Dezember 1991, Zl 91/05/0063, alle zur vergleichbaren Regelung des § 19 Abs 4 NÖ ROG, vom 24. Jänner 1991, Zl 89/06/0020, sowie vom 20. April 1995, Zl 90/08/0036, zu § 25 Abs 3 Steiermärkisches ROG ua).

Ob zumindest ein solcher landwirtschaftlicher Nebenbetrieb vorliegt, hängt einerseits von der Betriebsgröße, aber auch von dem erzielbaren Bewirtschaftungserfolg ab: dieser kann vor allem in jenen Fällen, in denen nicht schon die Betriebsgröße auf das Vorliegen landwirtschaftlicher Nutzung im Sinne der zuvor zitierten Rechtsprechung schließen läßt, dh vor allem im Grenzbereich vom landwirtschaftlichen Nebenbetrieb zum (reinen) „Hobby“, ein Indiz dafür sein, ob eine über einen bloßen Zeitvertreib hinausgehende landwirtschaftliche Nutzung im hier maßgebenden Sinne vorliegt.

Erst wenn eine landwirtschaftliche Nutzung im Sinne vorstehender Ausführungen zu bejahen wäre, ist in die Prüfung der weiteren Frage einzutreten, ob das Bauwerk im projektierten Umfang für eine bestimmungsgemäße Nutzung nötig und in ihrer standörtlichen Zuordnung betriebstypisch ist

(VwGH 7.3.2000, 99/05/0291, zum OÖ ROG). Ebenso VwGH 15.3.2011, 2008/05/0238 zur NÖ BO.

42) Bei der Nachmessung von Fluchtlinien kann von den äußeren Strichkanten ausgegangen werden (VwGH 9.11.1999, 99/05/0026).

43a) Nach § 6 Abs 6 erster Satz BO dürfen in Wohngebieten nur Wohngebäude und Bauten, die religiösen, kulturellen oder sozialen Zwecken oder der öffentlichen Verwaltung dienen, errichtet werden (der zweite Satz hinsichtlich der weiter zulässigen Bauten ist hier nicht von Belang).

Der Verwaltungsgerichtshof tritt der Auffassung der belangten Behörde bei, dass dieser im Zusammenhang mit der Schule stehende Turnsaal (ein Zusammenhang, der schon durch den Verbindungsgang unterstrichen wird) ein Gebäude ist, das sozialen Zwecken im Sinne der zuvor genannten Bestimmung dient, dies auch dann, wenn dieser Turnsaal auch von Vereinen benützt werden sollte, woran auch der Umstand nichts zu ändern vermöchte, dass dies, wie in der Beschwerde behauptet wird, der vierte Turnsaal für eine Schule mit insgesamt 523 Schülern wäre, womit dieser Turnsaal „nicht mehr nur ausschließlich sozialen, sondern überwiegend finanziellen Zwecken" dienen würde, wie es in der Beschwerde weiter heißt.

Davon ausgehend, hat die belangte Behörde zutreffend erkannt, dass die von diesem Turnsaal ausgehenden Immissionen als widmungskonform hinzunehmen sind (vgl abermals das genannte hg Erkenntnis vom 30. Juni 1998, Zl 97/05/0230, wonach sich der Nachbar bei einem Projekt nach § 6 Abs 1 erster Satz BO auf keine Bestimmungen stützen kann, die dem Schutz vor Immissionen dienen). Das gilt sowohl für die Lärmimmissionen wie auch für die behaupteten Belästigungen infolge der Beleuchtung (Innenbeleuchtung mit Neonlicht) dieser Turnhalle bis 21.00 Uhr (was vor allem im Winter relevant ist). Es kommt daher auch nicht darauf an, ob diese Turnhalle rund 8 m oder rund 2 m von der Liegenschaft der Beschwerdeführerin entfernt ist.

43b) Der Verwaltungsgerichtshof hat schon zu § 61 BO ausgesprochen (Erkenntnis vom 20. Dezember 1994, Zl 94/05/0132, BauSlg Nr 308), es bestünden keine rechtlichen Bedenken dagegen, eine Entlüftungsanlage einer Garage zum Gegenstand eines gesonderten Verfahrens nach dieser Bestimmung zu machen. Entscheidend ist aber vorliegendenfalls, dass nicht ersichtlich ist, inwieweit die Beschwerdeführerin durch die von der belangten Behörde dargelegte Trennung der Bewilligung der Lüftungszentrale selbst (diesbezüglich solle die Entscheidung in einem eigenen Verfahren nach § 61 BO ergehen) vom „restlichen" Bauvorhaben in subjektiv öffentlichen Nachbarrechten verletzt werden sollte (VwGH 22.5.2001, 2000/05/0281).

44) Die … Frage, ob Belästigungen örtlich zumutbar sind, knüpft daran an, wie sich die durch die Bauwerke und deren Benützung verursachten Änderungen der tatsächlichen örtlichen Verhältnisse auf einen gesunden, normal empfindenden Menschen auswirken. Diese Regelung ist bei verfassungskonformer Interpretation auch so zu verstehen, dass sie einen Schutz davor bietet, dass derartige Immissionen im Wohngebiet oder Kleingartengebiet dadurch entstehen, dass in der Nähe eines emittierenden Betriebes ein Wohnhaus oder eine Kleingartenhütte errichtet wird (VfGH 24.9.2001, Slg 16.250, zur Nö BO).

45) Im Hinblick auf den inneren Zusammenhang der Widmungskategorien im § 6 BO trifft auch die Auffassung der belangten Behörde zu, dass eine kulturelle Einrichtung, die im Wohngebiet (§ 6 Abs 6 BO) zulässig ist, kraft Größenschlusses ebenfalls in einem gemischten Baugebiet (§ 6 Abs 8 BO) zulässig sein muss, wobei es ein Wertungswiderspruch wäre, würde man den Nachbarn hinsichtlich der im § 6 Abs 6 erster Satz BO genannten Vorhaben im Wohngebiet keinen Immissionsschutz zugestehen, wohl aber hinsichtlich solcher Vorhaben im gemischten Baugebiet gem § 6 Abs 8 BO. Es kann nicht sein, dass ein Wohngebäude im Wohngebiet keiner Immissionsprüfung bedarf, wohl aber, wenn es (zulässigerweise) im gemischten Baugebiet errichtet wird. Durch die Anführung bestimmter Gebäudetypen im ersten Satz des § 6 Abs 6 BO hat der Gesetzgeber eine klare Wertung dahingehend vorgenommen, dass er diese als nicht immissionsträchtig ansieht, sodass sie (sogar) im Wohngebiet jedenfalls errichtet werden dürfen. Bei diesen Gebäudetypen kann es sich daher ex lege gar nicht um Gebäude handeln, die die im § 6 Abs 8 BO genannten Eignungen aufweisen. Zutreffend hat die belangte Behörde somit erkannt, dass den Beschwerdeführern hier kein Immissionsschutz zukommt (VwGH 12.12.2002, 2000/05/0242).

46a) Die Beurteilung des Lärms auf der Nachbarliegenschaft ist auf jenen der Lärmquelle am nächsten liegenden Teil des Nachbargründstückes abzustellen, der dem regelmäßigen Aufenthalt der Benützer bzw Bewohner der zu bebauenden Liegenschaft, sei es in einem Gebäude, sei es außerhalb des Gebäudes, dienen kann (vgl hiezu *Stolzlechner/Wendl/Zitta* [Hrsg], Gewerbliche Betriebsanlagen, 2. Auflage, S 34 f).

46b) Nicht erkennbar ist jedoch, ob im Rahmen der auf Grund der Ergebnisse der Lärmpegelmessungen vorgenommenen Schlussfolgerungen neben dem ermittelten Schallpegel hinreichend auch die Lärmart in Bezug auf Tonhaltigkeit, Informationshaltigkeit und Impulshaltigkeit mitberücksichtigt wurde …

46c) Ergibt sich im fortgesetzten Verfahren nach Ermittlung der zulässigen Immissionsverhältnisse, dass auf Grund der durch die Betriebsanlagengenehmigung gedeckten Emissionen eine Gefährdung des Lebens oder der Gesundheit, der Bewohner bzw Benützer der zu bebauenden Liegenschaft entsteht, sind „entsprechende bauliche Maßnahmen“ notwendig, um diesen Emissionen entgegenzutreten. Ob die Einrichtung nicht öffenbarer – der erforderlichen Qualität des Lärmschutzes entsprechenden – Fenster – wie angeordnet – eine ausreichende bauliche Maßnahme ist, kann ebenfalls nur durch entsprechende Sachverständigengutachten, insbesondere eines Gutachtens eines medizinischen Sachverständigen geklärt werden, wobei auch zu berücksichtigen ist, dass zum Grundstück der beschwerdeführenden Partei auch öffenbare Türen bestehen. In diesem Zusammenhang ist darauf hinzuweisen, dass nach § 89 Abs 2 (jetzt: § 106 Abs 6) Bauordnung für Wien eine Belüftbarkeit der Aufenthaltsräume nicht allein dadurch gewährleistet ist, dass die Hauptfenster zum Öffnen eingerichtet sind (VwGH 30.1.2007, 2005/05/0083).

47) In dem Erkenntnis vom 15. Dezember 1999, VfSlg 15.691, ist der Verfassungsgerichtshof zu dem Ergebnis gekommen, dass die Bestimmung des § 26 Abs 1 Z 1 Stmk BauG „auch den Fall des Inhabers einer gewerbebehördlich genehmigten Betriebsanlage erfaßt, in dessen unmittelbarer Nähe ein Wohnhaus errichtet werden soll". Sein rechtliches Interesse werde „durch die Bewilligung einer Wohnbebauung auf dem Nachbargrundstück deshalb berührt, weil er beispielsweise mit Auflagen der Gewerbebehörde zum Schutz der Nachbarschaft gegen Immissionen rechnen muß (vgl. VfSlg. 15.188/1998)".

Aus dieser gem § 87 Abs 2 VfGG für die Gemeindebehörden, die belangte Behörde und damit auch für den Verwaltungsgerichtshof bindenden Aussage ist im Beschwerdefall der Schluss zu ziehen, dass den Beschwerdeführern als Inhabern einer gewerbebehördlich genehmigten Betriebsanlage in unmittelbarer Nähe des verfahrensgegenständlichen Wohnhauses im Bauverfahren die formelle Parteistellung zukommt. Damit soll den Beschwerdeführern jedenfalls ermöglicht werden, die im Bauverfahren einer Partei zur Verfügung stehenden Rechtsmittel bis zur Erhebung einer Beschwerde beim Verfassungsgerichtshof auszuschöpfen, um dergestalt die Frage der Gesetzes- oder Verfassungsmäßigkeit jener generell-abstrakten raumordnungsrechtlichen Vorschriften, welche die Errichtung eines Wohnhauses in unmittelbarer Nähe seiner gewerbebehördlich genehmigten Betriebsanlage zulassen, vor dem Verfassungsgerichtshof aufzuwerfen. Insoferne hat der Verfassungsgerichtshof in seinem Beschluss vom 11. Juni 2001 ausdrücklich zur Widmung „Allgemeines Wohngebiet" der gegenständlichen Baugrundstücke Stellung genommen und keinen Anlass gesehen, den im vorliegenden Fall von ihm anzuwendenden Flächenwidmungsplan oder den von ihm anzuwendenden Bebauungsplan einer – an seiner Rechtsprechung zur heranrückenden Wohnbebauung orientierten – Prüfung gem Art 139 Abs 1 erster Satz, letzter Fall B-VG zu unterwerfen. Auch für den Verwaltungsgerichtshof ist kein Grund ersichtlich, der die für das Baugrundstück festgesetzte Widmung bzw den diesbezüglich geltenden Bebauungsplan als bedenklich erscheinen ließe.

Den Beschwerdeführern soll nach dem hier bindenden Erkenntnis des Verfassungsgerichtshofes aber noch ein subjektives Recht auf Berücksichtigung von Einwendungen gegen eine geplante Wohnbebauung in ihrer unmittelbarer Nachbarschaft insoweit zukommen, als sie als Inhaber einer gewerbebehördlich genehmigten Betriebsanlage „beispielsweise mit Auflagen der Gewerbebehörde zum Schutz der Nachbarschaft gegen Immissionen rechnen" müssen.

Bezüglich solcher, zu Gunsten der unmittelbaren Nachbarschaft vorzuschreibender gewerbebehördlicher Auflagen normiert § 79 Abs 2 erster Satz der Gewerbeordnung 1994, BGBl Nr 194, idF BGBl I 115/1997, Folgendes:

„Zugunsten von Personen, die erst nach Genehmigung der Betriebsanlage Nachbarn im Sinne des § 75 Abs. 2 und 3 geworden sind, sind Auflagen im Sinne des Abs. 1 nur soweit vorzuschreiben, als diese zur Vermeidung einer Gefährdung des Lebens oder der Gesundheit dieser Person notwendig sind."

Solche Auflagen sind nach § 79 Abs 1 zweiter Satz der Gewerbeordnung 1994 „nicht vorzuschreiben, wenn sie unverhältnismäßig sind, vor allem wenn der mit der Erfüllung der Auflagen verbundene Aufwand außer Verhältnis zu dem mit den Auflagen angestrebten Erfolg steht". Auf diese bundesrechtlichen Determinanten hatten die Baubehörden und die belangte Behörde im vorliegenden Fall Bedacht zu nehmen.

Festzuhalten ist, dass jene gewerbebehördlichen Auflagen, vor denen nach Auffassung des Verfassungsgerichtshofes die Baubehörde den Inhaber einer gewerbebehördlich genehmigten Betriebsanlage bei der Genehmigung eines Wohnhauses in unmittelbarer Nähe schützen soll, nicht in der Anordnung einer Stilllegung des Betriebes bestehen kann, weil eine solche Maßnahme begrifflich nicht als „Auflage" im Sinne dieser Gesetzesstelle angesehen werden könnte (vgl etwa die hg Erkenntnisse vom 12. November 1996, Zl 94/04/0266, und vom 26. Juni 2001, Zl 2002/04/0037). Weiters darf eine Betriebsanlage durch Auflagen nur so weit modifiziert werden, als die Betriebsanlage ihrem „Wesen nach" unberührt bleibt, was dann der Fall ist, wenn sie in die Substanz des verliehenen Rechts als der Summe der im Rahmen der Gewerbeberechtigung zu berichtenden (Anm: soll wohl heißen „verrichtenden") Tätigkeiten nicht eingreift (vgl auch dazu die bereits angeführten hg Erkenntnisse). Die von den Beschwerdeführern befürchtete Stilllegung des Betriebes des Erstbeschwerdeführers droht ihnen daher schon aus diesem Grunde aus gewerberechtlicher Sicht nicht (VwGH 21.10.2004, 2001/06/0088). Ebenso Erk 31.7.2006, 2004/05/0003.

48) Um der Funktion einer Einfriedung gerecht zu werden, ist es entscheidend, dass bei einer Anlage wie der hier gegebenen die Zwischenräume zwischen den Werbetafeln durch andere Arten einer Einfriedung (Zäune, Hecken etc) ausgefüllt sind (vgl das hg Erkenntnis vom 23. September 2002, Zl 2001/05/0028; daran hat die Novellierung des § 62a Abs 1 Z 27 BO, LGBl Nr 90/2001, nichts geändert). Dies ist hier durch die Füllung der Zwischenräume mit Trapezblech der Fall. Einfriedungen fallen gegebenenfalls unter die Ausnahmebestimmung des § 62a Abs 1 Z 21 BO. Darin ist aber eine Höhenbeschränkung von 2,50 m vorgesehen, die durch die gegenständliche Anlage nicht eingehalten wird, weshalb auch diese Ausnahmebestimmung hier nicht zum Tragen kommen kann. Außerdem widerspricht die gegenständliche Anlage auf Grund ihrer Höhe der Bestimmung des § 86 Abs 2 BO. Eine Baubewilligung gem § 70 BO wurde daher zu Recht nicht erteilt.

Widerspricht ein Bauvorhaben gesetzlicher Bestimmungen, hat die Behörde davon auszugehen, dass der Antrag auch eine Bewilligung nach § 71 BO umfasst. Die belangte Behörde hat daher zu Recht über das Bauansuchen auch unter Heranziehung des § 71 BO abgesprochen. Eine Bewilligung nach § 71 BO ist nur dann zulässig, wenn ein Ausnahmegrund vorliegt. Bei der Beurteilung eines Ansuchens um eine solche Bewilligung hat die Behörde zu prüfen, ob für die Erteilung derselben vom Antragsteller angeführte oder doch aus seinem Vorbringen im Zusammenhang mit der jeweils gegebenen Situation erkennbare besondere Gründe vorliegen. Die Beschwerdeführerin hat aber nicht dargetan, dass im konkreten Fall besondere Umstände vorliegen, die die gegenständliche Werbeanlage notwendig machen. Es kann der belangten Behörde daher nicht mit Erfolg entgegengetreten werden, wenn sie auch die Erteilung einer Baubewilligung nach § 71 BO versagte (vgl das hg Erkenntnis vom 18. Mai 2004, Zl 2003/05/0138) (VwGH 28.4.2006, 2005/05/0186).

49) Durch die nach dem Begriff „Beherbergungsbetriebe" in Z 20 lit b des Anhanges I zum UVP-G 2000 angeführte, beispielhafte Aufzählung von „Hotels oder Feriendörfer" ergibt sich somit im Zusammenhang mit der erwähnten Umsetzung der Richtlinie des Rates der Europäischen Gemeinschaft in das österreichische Recht, dass sich der verwendete Begriff „Beherbergungsbetriebe" im Anhang I des UVP-G 2000 auf mit Betten ausgestattete Fremdenverkehrs- und Freizeiteinrichtungen und nicht auf Unterkunftsstätten jedweder Art im Sinne des § 1 Abs 3 Meldegesetz 1991 bezieht. Nur die im Anhang I des UVP-G 2000 aufgezählten Vorhaben sollen nämlich wegen ihrer Auswirkung auf die Umwelt einer Umweltverträglichkeitsprüfung unterzogen werden; Krankenhäuser und Kuranstalten finden hingegen bloß bei den im Anhang 2 aufgezählten Schutzgebieten (E) Erwähnung.

Beim beschwerdegegenständlichen Vorhaben handelt es sich um ein Kur- und Rehabilitationszentrum mit Therapie- und Behandlungszimmern, eine Sonderkrankenanstalt für Pulmologie und Orthopädie, für welche auch eine krankenanstaltsrechtliche Bewilligung erforderlich ist. Eine derartige Sonderkrankenanstalt ist nicht einem dem Fremdenverkehr und der Freizeit dienenden Beherbergungsbetrieb im Sinne der Z 20 des Anhanges I des UVP-G 2000 zuzuordnen (VwGH 20.2.2007, 2005/05/0290).

50) Auch wenn es mitunter im Interesse eines Tierhalters gelegen sein kann, dass in seinem Wohngebiet ein Tierheim vorhanden ist, genügt dies nicht, um ein solches Tierheim als ein Gebäude zu qualifizieren, das sozialen Bedürfnissen der Bewohner von Wohngebieten dient. Auch die Tierhaltung in einem Tierheim (im vorliegenden Fall in Bezug auf die in Frage stehenden Zubauten) kann nicht als eine im Wohngebiet übliche Haustierhaltung angesehen werden (vgl dazu in diesem Sinne zur Pferdehaltung das bereits angeführte hg Erkenntnis vom 17. März 1994). Ein Tierheim ist daher schon nach seinem Typus im Wohngebiet nicht zulässig (vgl auch das hg Erkenntnis vom 31. Jänner 2006, Zl 2003/05/0179, zum Oö Raumordnungsgesetz 1994) (VwGH 30.5.2007, 2005/06/0368 zur StBG).

51) Im Zusammenhang mit der so verstandenen Prüfung der Erforderlichkeit der Errichtung eines dem landwirtschaftlichen Betrieb dienenden Gebäudes kann die Frage der räumlichen Entfernung zwischen dem Gebäude und dem Betrieb, auf den die Beschwerdeführerin in erster Linie abstellt, von Bedeutung sein. Werden zB landwirtschaftliche Gebäude wie Scheunen oder Ställe regelmäßig im Nahebereich der landwirtschaftlichen Nutzflächen oder der Hofstelle des Betriebes für diesen „erforderlich" sein, so gilt für einen Verkaufsstand der im Betrieb gewonnenen Produkte, dass er – um seine wirtschaftliche Bedeutung für den Betrieb optimal zur Geltung zu bringen – im Nahebereich potentieller Käufer angesiedelt werden sollte. Bei einem Gebäude dieser Art kommt es daher vor allem auf die Nähe zum Käufer und nicht so sehr auf die Nähe zum landwirtschaftlichen Betrieb an.

Daraus folgt aber, dass ein Verkaufsstand an einer von potentiellen Käufern frequentierten Straße als für den landwirtschaftlichen Betrieb erforderlich angesehen werden kann, zumal bei einer Entfernung wie der hier vorliegenden von ca 25 km zwischen Hof und Verkaufsstelle auch nicht von einer unwirtschaftlich langen Anfahrtszeit zum Verkaufsstand die Rede sein kann. Darauf, ob das Verkaufslokal „gerade hier" (in Klosterneuburg) erforderlich ist, kommt es dabei nicht an; entscheidend ist allein, ob das Lokal an einer Stelle errichtet werden soll, wo es seinem Zweck und Nutzen für den landwirtschaftlichen Betrieb, nämlichen einen möglichst großen Kundenkreis zu erreichen, gerecht werden kann. Diese Stelle kann aber auch an einer Einfahrtsstraße in die beschwerdeführende Stadtgemeinde liegen (VwGH 3.7.2007, 2006/05/0068, zur NÖBO). Anm: Die Rspr muss wohl auch gelten, wenn die Verkaufsstätte das betreffende Bundesland überschreitet.

52) Gem § 2 Z 40b Oö Bautechnikgesetz (diese Bestimmung ist inhaltlich ident mit der hier anzuwendenden Regelung des § 2 Z 40a vor der Novelle LGBl 97/2006) wird als Umbau eine so weitgehende bauliche Änderung eines Gebäudes bezeichnet, dass dieses nach der Änderung ganz oder in größeren Teilen (zB hinsichtlich eines Geschosses) als ein anderes anzusehen ist.

Der Zubau ist gem § 2 Z 46 Oö Bautechnikgesetz die Vergrößerung eines Gebäudes in waagrechter oder lotrechter Richtung.

Nach den hier maßgeblichen Definitionen ist somit ein Neubau auch dann anzunehmen, wenn nach Abtragung bestehender baulicher Anlagen alte Fundamente oder Kellermauern ganz oder teilweise wiederverwendet werden. Von einem Neubau kann nur dann nicht mehr gesprochen werden, wenn noch aufgehendes Mauerwerk so weit vorhanden ist, dass ohne weitere Baumaßnahmen dieses für den Wiederaufbau verwendet werden kann, ohne dass zur Gewährleistung der Standfestigkeit substantielle Eingriffe in das Mauerwerk vorgenommen werden müssen (vgl hiezu das hg Erkenntnis vom 24. Juni 1986, VwSlg 12.183/A, und die daran anschließende Judikatur, insbesondere das hg Erkenntnis vom 18. Mai 1993, Zl 91/05/0186) (VwGH 4.3.2008, 2006/05/0139, zur ÖoBO).

53a) Auch der Verwaltungsgerichtshof beurteilt den geplanten Mehrzweckspielplatz als Bau im Sinne des § 2 Abs 1 Bgld BauG (Anlage, die mit dem Boden in Verbindung steht und zu deren werkgerechter Herstellung fachtechnische Kenntnisse und Fertigkeiten erforderlich sind), durch den baupolizeiliche Interessen berührt werden. Die für den Spielplatz vorgesehene Fläche soll nach Errichtung der notwendigen Stützmauern und erforderlicher Anschüttung eingeebnet und befestigt und sodann ein Kunstrasen aufgebracht werden. Ebenso ist ein Fangzaun vorgesehen. Es bestehen daher keine Zweifel, dass für die werkgerechte Herstellung dieser Anlage fachtechnische Kenntnisse und Fertigkeiten erforderlich sind (vgl hiezu das hg Erkenntnis vom 30. März 2005, Zl 2003/06/0092, betreffend die Anlage eines Fußballfeldes).

53b) Die Nutzung einer Grünfläche als Spielplatz auf einem als Wohngebiet gewidmeten Baugrundstück darf jedoch keine Dimensionen erreichen, die für Grünflächen gem § 16 RPlG vorgesehen sind, die für Spiel- und Sportzwecke bestimmt sind, weil dadurch ua Schallemissionen erzeugt werden können, die wegen ihres Informationsgehaltes und wegen ihrer Impulshaltigkeit zu Schallimmissionen führen, die die angenommenen Planungsrichtwerte für die gegebene Widmung Wohngebiet in unzulässiger Weise überschreiten können. Anlagen zum Zwecke der Ausübung von Mannschaftsballspielen und Tennisspielen sind keine zu einem Wohngebäude dazugehörigen Nebenanlagen (VwGH 23.6.2008, 2007/05/0295, zum bgld RPflG). **Anmerkung:** Auch für Wiener Verhältnisse deswegen bedeutsam, weil auch bewilligungsfreie Anlagen (§ 62a Abs 1 Z 28) widmungskonform sein müssen.

54) Bei Abweichungen von Bauvorschriften können nach § 129 Abs 10 BO Bauaufträge sowohl für bewilligungspflichtige, anzeigepflichtige als auch bewilligungsfreie Bauvorhaben erteilt werden (vgl. dazu sowie zum Folgenden das hg Erkenntnis vom 15. März 2011, Zl 2008/05/0257, mwH). Der Grund für die Abweichung von der Bewilligung ist unerheblich. Die Frage der Bewilligungsfähigkeit der vorgenommenen Abweichungen von der Baubewilligung ist im Auftragsverfahren nach § 129 Abs 10 BO nicht zu prüfen. Ob eine nachträgliche Baubewilligung erteilt werden kann, ist demnach auch keine für die Erlassung eines Abtragungsauftrages nach § 129 Abs 10 BO zu lösende Vorfrage (VwGH 11.10.2011, 2008/05/0261).

55) Wohnbauten sind in solchen reinen Wohngebieten schlechthin zulässig. Die von einem Wohnhaus im Wohngebiet typischerweise ausgehenden Immissionen sind von Nachbarn hinzunehmen. Die Einholung eines Sachverständigengutachtens betreffend derartige Immissionen ist, sofern nicht besondere Umstände des Einzelfalles vorliegen sollten, nicht erforderlich (siehe dazu beispielsweise das hg Erkenntnis vom 18. Mai 1995, Zl 95/06/0095, mwN).

Der Verwaltungsgerichtshof hat auch wiederholt ausgesprochen, dass die von den Abstellflächen, die Pflichtstellplätze sind, typischerweise ausgehenden Immissionen grundsätzlich als im Rahmen der Widmung Wohngebiet zulässig anzusehen sind, sofern nicht besondere Umstände vorliegen, die eine andere Beurteilung geboten erscheinen ließen (siehe beispielsweise aus jüngerer Zeit das hg Erkenntnis vom 13. Oktober 2010, Zl 2010/06/0155, mwN, oder auch das von den Beschwerdeführern zitierte hg Erkenntnis vom 19. September 2006, Zl 2005/06/0066, und andere).

Vergleichbares wurde vom Verwaltungsgerichtshof auch (wenngleich nicht im Zusammenhang mit Kindergärten) zu Kinderspielplätzen ausgesprochen (siehe dazu die hg Erkenntnisse vom 23. September 2002, Zl 2002/05/0742, mwN, zu Oberösterreich, vom 15. Juni 1999, Zl 99/05/0048, zu Kärnten, oder vom 15. Dezember 1992, Zl 90/05/0097, zu Niederösterreich).

Gleiches hat sinngemäß für Kindergärten der in § 23 Abs 5 lit a ROG 1974 genannten Art zu gelten. Die von solchen Kindergärten typischerweise ausgehenden Immissionen sind daher (grundsätzlich) von den Nachbarn hinzunehmen (VwGH 9.11.2011, 2011/06/0125).

56) Entgegen der Auffassung des Beschwerdeführers handelt es sich beim projektierten Kindergarten um eine soziale Einrichtung im Sinne des § 6 Abs 6 erster Satz BO. Richtig ist, dass der Verwaltungsgerichtshof in seinem Erkenntnis vom 27. Mai 1997, Zl 97/05/0098 (in der Beschwerde irrig als „97/05/27“ bezeichnet), diese Eigenschaft hinsichtlich eines Kindergartens für „seelenbedürftige“ Kinder bejaht hat. Es besteht aber kein ersichtlicher Grund, den nun projektierten Kindergarten nicht auch als Einrichtung zu qualifizieren, die sozialen Zwecken im Sinne des § 6 Abs 6 erster Satz BO dient; so hat der Verwaltungsgerichtshof in seinem Erkenntnis vom 22. Mai 2001, Zl 2000/05/0281, diese Eigenschaft auch hinsichtlich eines Turnsaales zu einer Schule bejaht (und dies auch für den Fall, dass dieser Turnsaal, wie damals vorgetragen, auch von Vereinen benützt werden sollte und, wie in der damaligen Beschwerde behauptet, es sich um den vierten Turnsaal für eine Schule mit insgesamt 523 Schülern handle – zu einem Kindergarten in einem Wohngebiet in Graz siehe im Übrigen das hg Erkenntnis vom 9. November 2011, Zl 2011/06/0125).

Die weiteren Beschwerdeausführungen verkennen, dass § 134a Abs 1 lit e BO kein eigenständiges (selbständiges) Nachbarrecht auf Immissionsschutz einräumt, sondern auf Bestimmungen verweist, die den Schutz vor Immissionen zum Inhalt haben. Der im Beschwerdefall maßgebliche § 6 Abs 6 erster Satz BO sieht aber für die davon erfassten Vorhaben keinen Immissionsschutz der Nachbarn vor (siehe dazu beispielweise das bereits genannte hg Erkenntnis vom 22. Mai 2001, mwN). Der Verweis des Beschwerdeführers auf das hg Erkenntnis vom 25. Februar 2005, Zl 2002/05/0757, geht insofern fehl, als es sich dort um einen Gaststättenbetrieb (§ 6 Abs 6 2. Satz BO) gehandelt hat (VwGH 27.2.2013, 2013/05/0021).

57) Dabei ist insbesondere im Hinblick auf die projektierte Ausführung des Schwimmbeckens mit einer Tiefe von 3,00 m zu beachten, dass bei Beurteilung der Frage, ob ein Bau kleineren Umfanges im Sinne des § 6 Abs 3 BO vorliegt, es nicht darauf ankommt, ob dieser (auch) oberirdisch oder (nur) unterirdisch in Erscheinung tritt, zumal der Wortlaut des § 6 Abs 3 BO insofern keine Differenzierung vornimmt. Zudem wäre es sachlich nicht gerechtfertigt, es mit einer derartigen Argumentation zu ermöglichen, im Wald- und Wiesengürtel unterirdisch bauliche Anlagen zu errichten, die – zB durch Emissionen, zahlreiche Besucher etc – den Sinn und Zweck der Widmung unterliefen (vgl die beiden bereits zitierten hg Erkenntnisse vom 23. Februar 2010 und vom 28. Februar 2012) (VwGH 8.4.2014, 2012/05/0116).

Schutzzonen

§ 7. (1) In den Flächenwidmungs- und Bebauungsplänen können die wegen ihres örtlichen Stadtbildes in ihrem äußeren Erscheinungsbild erhaltungswürdigen Gebiete (Schutzzonen) ausgewiesen werden.[1a)]

(1a) Bei der Festsetzung von Schutzzonen sind die prägende Bau- und Raumstruktur und die Bausubstanz sowie auch andere besondere gestaltende und prägende Elemente, wie die natürlichen Gegebenheiten oder Gärten und Gartenanlagen, zu berücksichtigen. Darüber hinaus sind die Attribute zu berücksichtigen, die den außergewöhnlichen universellen Wert der Wiener UNESCO-Welterbestätten zum Ausdruck bringen und ihre Authentizität und Integrität festigen.[3)]

(2) Die Schutzzonen sind von den übrigen Gebieten eindeutig abzugrenzen. Die Grenzen der Schutzzonen können mit Fluchtlinien zusammenfallen.

(3) Für Schutzzonen können im Bebauungsplan über die Festsetzung gemäß § 5 Abs. 4 hinaus die erforderlichen Bestimmungen über die Anordnung einzelner Baukörper (Brunnen, Säulen, Bildstöcke, Schuppen u. dgl.), die Anordnung und Ausgestaltung von Höfen und die Ausgestaltung und Ausstattung der öffentlichen Bereiche (Verkehrsflächen, Beleuchtungskörper und dergleichen) festgesetzt werden.

(4) Umfassen Kataloge oder planliche und bildliche Darstellungen (Fassadenpläne, Fotos u. dgl.) zur Präzisierung der gemäß § 5 Abs. 4 und § 7 Abs. 3 festgesetzten Bestimmungen einzelne Bauwerke und Bauwerksteile, wie Brunnen, Säulen, Bildstöcke, Dachaufbauten, Ein- und Abfriedungen, Fenster- und Türverzierungen, Hauszeichen, Inschriften u. dgl. einer Schutzzone, bilden diese einen Bestandteil des Bebauungsplanes.[1)]

(5) Durch die Verhängung einer zeitlich begrenzten Bausperre über ein Stadtgebiet, das in einer Schutzzone liegt, werden die aus der Schutzzone erfließenden Verpflichtungen nicht berührt.[2)]

(EB zur BO-Nov 2023, LGBl 2023/37 vom 13.12.2023)

Zu Abs. 1a

Im Managementplan ist die Ausweitung der Beurteilungskriterien zur Festsetzung von Schutzzonen um welterberelevante Attribute vorgesehen, um Welterbestätten zielgerichteter zu schützen. Künftig ist bei der Festsetzung von Schutzzonen besonderes Augenmerk auf die universellen Werte der Welterbestätten zu legen. Es wird eine rechtliche Grundlage dafür geschaffen, dass der Schutz des Welterbes anhand der jeweils maßgeblichen Attribute durch Schutzzonenausweisung zu erfolgen hat. Dies trägt dazu bei, die stilgerechte Erhaltung des **UNESCO**-Welterbes und historischer Altbauten sowie den Schutz des Charakters des UNESCO-Welterbes zu gewährleisten.

Die Attribute der UNESCO-Welterbestätten (das sind die Merkmale, die den außergewöhnlichen universellen Wert dieser Bauwerke zum Ausdruck bringen) werden als bei der Beurteilung heranzuziehende Kriterien festgelegt. Sie ergeben sich aus dem Kriterienkatalog der UNESCO in Bezug auf die jeweilige Welterbestätte.

Anmerkungen

1) Wenn diese Kataloge Gegenstand des Beschlusses durch den Gemeinderat waren und zur Einsicht aufliegen, bestehen gegen die getroffene Regelung keine verfassungsrechtlichen Bedenken.

1a) Mit der Nov LGBl 2018/37 entfiel die Wendung „als in sich geschlossenes Ganzes“. Ob bei Wegfall dieser Bestimmung noch ein Ortsbild vorliegt, scheint zweifelhaft.

2) Entspricht der Judikatur des VfGH, dass während einer zeitlich begrenzten Bausperre der bestehende Flächenwidmungs- und Bebauungsplan weiter Gültigkeit besitzt.

3) Siehe auch § 69 Abs 1 Z 5 mit „UNESCO“ als neuem „KO-Kriterium“ für die Bewilligung von Abweichungen vom Bebauungsplan sowie § 85 Abs 2, 3 und 5 hinsichtlich der Beurteilung von Bauvorhaben.

Judikatur

1) Gegen die Bestimmungen über die Altstadterhaltung bestehen weder aus dem Titel der Kompetenzverteilung noch aus dem Titel des Eigentumsschutzes noch aus dem Gleichheitssatz verfassungsrechtliche Bedenken (VfGH 11.2.1976, Slg 7759). S näher E zu Art I.

2) Auch hinsichtlich eines in einer Schutzzone gelegenen Gebäudes besteht im Falle der wirtschaftlichen Unzumutbarkeit der Instandsetzung ein Rechtsanspruch auf Erteilung der Abbruchsbewilligung (VwGH 15.3.1983, 81/05/0164, BauSlg 24, 3.4.1984, 84/05/0007, BauSlg 364).

3) Die Bestimmungen über Schutzzonen dienen nicht dem Schutz der Nachbarn, sodaß Nachbarn daraus keine subjektiv-öffentlichen Rechte ableiten können, also vor allem keinen Rechtsanspruch auf eine allfällige Unterbrechung eines Abbruchverfahrens (VwGH 7.7.1988, 88/05/0097, BauSlg 1154).

Wohnzonen[4)]

§ 7a. **(1) In den Bebauungsplänen können aus Gründen der Stadtstruktur, Stadtentwicklung und Vielfalt der städtischen Nutzung des Baulandes sowie Ordnung des städtischen Lebensraumes zur Erhaltung des Wohnungsbestandes sowohl im Wohngebiet als auch im gemischten Baugebiet Wohnzonen ausgewiesen werden.**

(2) Die Wohnzonen sind von den übrigen Gebieten eindeutig abzugrenzen. Die Grenzen der Wohnzonen können mit Fluchtlinien zusammenfallen.

(3) Aufenthaltsräume in Wohnzonen, die als Wohnung oder Teile einer solchen Wohnung im Zeitpunkt der Festsetzung der Wohnzone gewidmet waren oder rechtmäßig verwendet wurden oder später neu errichtet werden, sind auch weiterhin nur als Wohnung oder Teile einer Wohnung zu verwenden. Ein Aufenthaltsraum wird auch dann als Wohnung oder Teil einer Wohnung verwendet, wenn in ihm auch Tätigkeiten ausgeübt werden, die zwar nicht unmittelbar Wohnzwecken dienen, jedoch üblicherweise in Wohnungen ausgeübt werden;[1)] die gewerbliche Nutzung für kurzfristige Beherbergungszwecke stellt keine solche Tätigkeit dar.[2)2a)2b)2c)]

(4) In Gebäuden, in denen das Flächenausmaß für Wohnungen das für Büro- oder Geschäftsräume überwiegt, ist der Ausbau von Dachgeschossen nur für Wohnungen, Hauswaschküchen und die dazugehörigen Nebenräume sowie für Triebwerksräume zulässig.

(5)[5)] Ausnahmen von Abs. 3 sind auf Antrag durch die Behörde zuzulassen, wenn die im Gebäude[6)] verbleibende Wohnnutzfläche mindestens 80 vH der Summe aller Nutzflächen, jedoch unter Ausschluss des Erdgeschoßes und der Kellergeschoße beträgt; weiters sind Ausnahmen von Abs. 3 und Abs. 4 zuzulassen, wenn die Wohnqualität in den betroffenen

Aufenthaltsräumen durch äußere Umstände wie Immissionen, Belichtung, Belüftung, fehlende sonstige Wohnnutzungen im selben Haus oder die besonders schlechte Lage im Erdgeschoß und ähnliches gemindert ist oder wenn Einrichtungen, die der lokalen Versorgung der Bevölkerung dienen, geschaffen oder erweitert werden sollen oder wenn zugleich anderer in einer Wohnzone und im gleichen Bezirk befindlicher Wohnraum geschaffen wird, der zum Zeitpunkt seiner Schaffung hinsichtlich der Wohnungsgröße, Ausstattung und der hiefür durchschnittlich fiktiv erzielbaren Miete gleichwertig ist.[3)3a)]

(6)[5)] **Durch die Verhängung einer zeitlich begrenzten Bausperre über ein Stadtgebiet, das in einer Wohnzone liegt, werden die aus der Wohnzone erfließenden Verpflichtungen nicht berührt.**

(EB zu BO-Novelle LGBl 2018/69 [Bauordnungsnovelle 2018])

Die Ergänzung des Abs. 3 zweiter Satz dient zur Klarstellung, dass eine gewerbliche Nutzung für kurzfristige Beherbergungszwecke nicht „üblicherweise" in Wohnungen stattfindet. Der Begriff „gewerblich" in dieser Bestimmung ist nicht im Sinne der Gewerbeordnung 1994 sondern im Sinne einer regelmäßigen Zurverfügungstellung von Wohnräumen für Beherbergungszwecke gegen Entgelt zu verstehen. Nicht erfasst sind Fälle, in denen Personen im Sinne des „Home Sharing" ihren eigenen Wohnraum gelegentlich vermieten, um sich etwas „dazuzuverdienen", wenn in zeitlicher und räumlicher Hinsicht die eigene Nutzung zu Wohnzwecken überwiegt und der Wohnraum daher nicht zweckentfremdet bzw. dem Wohnungsmarkt entzogen wird. Dem entsprechend wird etwa die kurzzeitige Vermietung von Wohnräumen durch Studenten während der Ferien oder durch Wohnungsinhaber während ihres Urlaubs weiterhin zulässig sein.

(EB zu BO-Nov 2023, LGBl 2023/37 vom 13.12.2023)

Die Änderungen in **Abs. 3 und Abs. 4** dienen einer klareren Formulierung. Abs. 3 bezog sich bislang nur auf Wohnungen in Hauptgeschoßen, Abs. 4 legte fest, dass Abs. 3 für Dachgeschoße sinngemäß gilt. Durch die Änderungen ist einfacher formuliert, dass das Verbot (wie bisher) für alle konsentierten Wohnungen gilt, unabhängig davon, ob sie sich in einem Hauptgeschoß oder im Dachgeschoß befinden.

Die derzeit geltende Bestimmung des **Abs. 5** bezieht sich auf HGe und differenziert im Anwendungsbereich zwischen Wohngebieten sowie Wohngebieten und gemischten Baugebieten. DGe sind derzeit nicht von dieser Regelung erfasst. Die Änderungen zielen darauf ab, die Gleichstellung von Wohnungen in HGen und im DG herzustellen und darüber hinaus die Differenzierung zwischen Wohngebieten und gemischten Baugebieten aufzuheben, zumal eine unterschiedliche Behandlung sachlich nicht geboten ist.

Der als Ersatz für in einer Wohnzone aufgelassenen Wohnraum muss sich künftig ebenfalls in einer Wohnzone (nicht zwingend in „derselben") befinden, damit auch der „Ersatzwohnraum" ein iSd § 7a gesicherter Wohnraum ist. Außerdem muss es sich um vergleichbaren Wohnraum handeln, der zum Zeitpunkt seiner

Schaffung hinsichtlich der Wohnungsgröße, Ausstattung und der hiefür durchschnittlich fiktiv erzielbaren Miete gleichwertig ist. Es soll künftig nicht möglich sein, das Ziel des Abs. 5 zu vereiteln, indem die Ersatzwohnung(en) nach Vorliegen eines Bescheides gemäß Abs. 5 wieder umgewidmet werden.

Anmerkungen

1) Die genaue Abgrenzung dieser Tätigkeiten von ausschließlich Wohnzwecken dienenden Tätigkeiten und Tätigkeiten, deren Ausübung mit dem Wohnzweck nicht mehr vereinbart werden kann, wird die Praxis bei Beurteilung der individuellen Sachverhalte unter Berücksichtigung der jeweils als bestehende Übung betrachteten Wohntätigkeit bringen. Jedenfalls miterfasst sind in Verbindung mit einer Wohnung, Arztordinationen, Tätigkeiten Freischaffender, Unterrichtstätigkeiten, insbesondere Musikunterricht ua (EB zur Nov LGBl 1987/28 zu § 6 Abs 17 alt).

2) Eingefügt mit der Nov LGBl 2018/69. Dabei wird iVm § 135 Abs 6a und § 119 Abs 2a bereits das Anbieten via Internetplattform ohne Ausnahmebewilligung gem Abs 3 und 5 als unzulässige Nutzung genügen (vgl auch § 1 Abs 4 GewO und Jud des OGH zu Kurzzeitvermietungen). Die Behörde steht vor Herausforderungen der Beweisführung, entsprechende Beiträge durch Anzeigeleger oder Bewohner sind zulässig und zweckmäßig. Gem den EB muss jedenfalls eine Eigennutzung zum Wohnen vorliegen. Liegt gar keine Eigennutzung vor, ist auch nur ein 1 Tag der Beherbergung unzulässig. Indizien zur Eigennutzung können sich ua aus der Einrichtung oder aus diversen Nutzungs-/Dienstleistungsverträgen (zB TV, Internet) ergeben. Die zivilrechtliche Jud betrifft idR eine „Genehmigung" solcher Nutzungen zur Beherbergung durch Vermieter oder Eigentümergemeinschaft, nicht durch die Behörde (vgl Überblick der Jud in BG Innere Stadt vom 29.10.2019, 29C 156/19m-8). Diese Jud kann aber ein Indiz in der Abgrenzung Eigennutzung vs Zulässiger Nebennutzung geben.

2a) Siehe auch den mit BO-Nov 2023 eingefügten § 119 Abs 2a, dieser gilt grundsätzlich für alle Wohnungen in Wien. Aus § 119 Abs 2a lit b ergibt sich daher, dass auch in der Wohnzone, im Anwendungsbereich des § 7a Abs 3 letzter HS, Kurzzeitvermietung bei bestehendem Wohnsitz bis zu 90 Tage jedenfalls zulässig ist. In der Wohnzone sind gem § 7a Abs 3 auch schon Teile einer Wohnung (einzelne Zimmer) geschützt, während gem § 119 Abs 2a iVm § 129 Abs 1a außerhalb der Wohnzone nur die ganze Wohnung als solche erfasst ist.

2b) Bei der Einführung der § 119 Abs 2a iVm § 129 Abs 1a zur Restriktion von Kurzzeitvermietung in Wohnungen mit der BO-Nov 2023, LGBl 2023/37 blieben die Regelungen des § 7a Abs 3 letzter HS und der Bezug des Abs 5 weiter bestehen und finden weiter Anwendung. Bei einer Abweichung bzw Überschreitung des iSd § 119 Abs. 2a zulässigen Ausmaßes ist daher eine

Ausnahmebewilligung gem § 7a Abs 3 letzter HS iVm Abs 5 erforderlich. § 129 Abs 1a findet für die Wohnzone keine Anwendung.

2c) Die explizite Erteilung einer Bewilligung gem Abs 5 zur Abweichung von Abs 3 letzter HS wurde in der Praxis so praktisch nicht in Anspruch genommen. Eine vielmehr in der Praxis vielfach gewählte Lösungsvariante der Umwidmung in Apartments ist durch den Entfall des „Apartments" iSd WGarG mit der BO-Nov 2023 nun nicht mehr möglich. So bleibt aktuell die Möglichkeit einer Ausnahmegenehmigung gem Abs 5 zur Abweichung vom letzten HS des Abs 3 zur Zulässigkeit der Nutzung von Wohnungen oder Teilen für Kurzzeitvermietung. Nach der Ausnahmegenehmigung bleibt es eine Wohnung. Vgl andere Ansicht lt EBs zu BO-Nov 2023 (so auch bei § 119 Abs 2a iVm § 129 Abs 1a). Bzgl Beherbergungsstätten siehe § 121 und § 119 Abs 3.

3) Die Bestimmung zielt auf die Erhaltung bzw (Ersatz-)Schaffung von qualitativem Wohnraum. Die Qualität von Wohnraum definiert sich auch durch die Lage in einem Umfeld und so auch durch die Erreich-/Verfügbarkeit von wesentlichen Punkten und Einrichtungen (zB Versorgung, Bildung, öffentlicher Verkehr usw). Mit der Neuregelung der Anforderungen an die Gleichwertigkeit des Ersatzwohnraumes mit der BO-Nov 2023, LGBl 2023/37 wird dies de facto kaum mehr erfüllbar sein.

3a) Eine etwaige Zulässigkeit oder Rechtsfolge einer späteren Auflassung oder eines Unterganges des Ersatzwohnraumes ist nicht explizit normiert. Sie war aber jedenfalls Genehmigungsvoraussetzung und ist daher ggf wieder herzustellen oder die Genehmigung wieder aufzurollen.

4) S auch Art 4 Abs 4.

5) Abs 5 und 6 wurden mit Nov LGBl 2009/25 angefügt. Die in Abs 5 normierte Möglichkeit zur Gewährung von Ausnahmen war zuvor in § 69 Abs 1 lit k iVm Abs 7 geregelt und wurde, unter Beibehaltung der maßgeblichen Kriterien, ebenso wie der zuvor in § 8 Abs 2a geregelte Inhalt des Abs 6 aus systematischen Gründen in den § 7a übernommen.

6) Der Bezug „im Gebäude" wurde mit der Neufassung LGBl 2009/25 eingefügt und fand sich nicht in der ursprünglichen Fassung des § 69 Abs 7 (idF LGBl 2005/41). Demnach kann das für Hauptgeschoße ohne Erdgeschoß ermittelte Ausmaß an Fläche dann auf das gesamte Gebäude umgelegt werden.

Judikatur

1) Eine „Verwertung" iSd § 30 Abs 2 Z 4 Fall 2 MRG kann somit nicht nur im Vermieten, sondern auch darin bestehen, dass die Wohnung in einem einschlägigen Medium zur Weitergabe angeboten und bereitgehalten wird und es aufgrund dessen auch tatsächlich zu Vermietungen kommt. Aus diesem Begriff des „Verwertens" folgt auch, dass es nicht darauf ankommt, dass die

Wohnung gerade im Zeitpunkt der Zustellung der Aufkündigung tatsächlich gänzlich vermietet ist, sondern es ist darauf abzustellen, ob im maßgeblichen Zeitpunkt insgesamt eine „Verwertung" im dargestellten Sinn stattfindet (OGH 29.8.2018, 7 Ob 189/17w).

2) Die Bestimmung des § 7a Abs 4 Wr BauO betreffend das Verbot des Ausbaues des Dachgeschoßes in Wohnzonen für andere Zwecke als für Wohnungen dient nicht dem Schutz des Nachbarn. Auch können durch die Ausnahme von der Bestimmung des § 7a Abs 4 Wr BauO nicht im Sinne des § 69 Abs 2 Wr BauO mehr Emissionen zu erwarten sein als bei einer entsprechenden Nutzung, weil die Errichtung von Büroräumen im gemischten Baugebiet widmungsgemäß zulässig ist (VwGH 21.3.2007, 2006/05/0035).

3) Dem Nachbar steht hinsichtlich der Einhaltung der Bestimmungen über Wohnzonen (§ 7a Wr BauO) kein Nachbarrecht zu (VwGH 3.5.2011, 2008/05/0205),

4) Soweit die Beschwerde insofern vfr Fragen berührt, als die Rechtswidrigkeit der die angefochtene E tragenden Rechtsvorschriften behauptet wird, lässt ihr Vorbringen vor dem Hintergrund der ständige Rspr des VfGH (zum Kompetenztatbestand RaumO vgl VfSlg 2674/1954) die behauptete Rechtsverletzung, die Verletzung in einem vfg gewährleisteten Recht od die Verletzung in einem sonstigen Recht wegen Anwendung einer rechtswidrigen generellen Norm als so wenig wahrscheinlich erkennen, dass sie keine hinreichende Aussicht auf Erfolg hat:

Hinsichtlich des Flächenwidmungs- und Bebauungsplanes PD 6821 (B des GemRates vom 31.1.1997, Pr Zl GPZ/97) ist vor dem Hintergrund des vorgelegten Verordnungsaktes nicht zu erkennen, dass gegen die Pflicht zur Durchführung einer ausreichenden Grundlagenforschung verstoßen worden wäre. Der Verordnungsgeber hat sein Vorgehen in Bezug auf das PD – insbes auch im Hinblick auf § 7a BO f Wien – nachvollziehbar begründet und seinen planerischen Gestaltungsspielraum nicht überschritten.

Auch bzgl der Verfassungsmäßigkeit des § 7a Abs 3 letzter Halbsatz BO f Wien idF LGBl 2018/69 sind dem VfGH aus Anlass des vorliegenden Falles keine Bedenken entstanden (VfGH 8.6.2021, E 4117/2020-16).

5) Maßgeblicher Zeitpunkt für die Erfassung eines Aufenthaltsraumes vom Verwendungsgebot ist nach dem Wortlaut des § 7a Abs 3 BO jener der „Festsetzung der Wohnzone". § 7a Abs 3 BO in der hier anzuwendenden Fassung legt allerdings nicht fest, in welcher Form (ex lege oder durch Bebauungsplan) die Festsetzung der (maßgeblichen) Wohnzone zu erfolgen hat und steht daher einer nachträglichen Festsetzung nicht entgegen. Das Vorbringen der Revisionswerberin hinsichtlich einer „weißen Widmung" im Jahr 1991 erweist sich vor diesem Hintergrund als unbeachtlich

Vor dem Hintergrund der Materialien (zu LGBl NR 69/2018) ist davon auszugehen, dass der Gesetzgeber, nach dessen in § 7a Abs 1 BO klar dargelegter Intention, wonach Wohnzonen der Erhaltung des Wohnungsbestandes sowohl im Wohngebiet als auch im gemischten Baugebiet dienen sollen, die regelmäßige Zurverfügungstellung von Wohnräumen für Beherbergungszwecke gegen Entgelt in diesen Wohnzonen auszuschließen suchte (vgl dazu etwa *Moritz*, BauO für Wien[6] [2019], Anm zu § 7a Abs. 3, 86).

Damit intendierte der Baurechtsgesetzgeber im Zusammenhang mit § 7a Abs 3 letzter Halbsatz BO offenbar geringere Anforderungen an eine „gewerbliche Nutzung" iS einer „gewerbsmäßigen Nutzung gegen Entgelt" als es die „Gewerblichkeit" iSd GewO 1994 verlangt (vgl zur Gewerblichkeit einer kurzfristigen Vermietung über Buchungsplattformen iSd GewO 1994 und den diesbezüglichen Anforderungen VwGH 3.3.2020, Ro 2019/04/0019, wonach es für die Abgrenzung der gewerbsmäßigen Beherbergung von Gästen im Rahmen eines Gastgewerbes iSd § 111 Abs 1 Z 1 GewO 1994 von der bloßen Wohnraumvermietung – neben anderen Aspekten – maßgeblich ist, ob gleichzeitig mit der Zurverfügungstellung von Wohnraum damit üblicherweise im Zusammenhang stehende Dienstleistungen erbracht werden).

Nach der BO reicht es somit bereits aus, bloß die Wohnräume regelmäßig gegen Entgelt kurzfristig zu vermieten, ohne dass weitere Dienstleistungen (wie etwa Endreinigung, Bereitstellung von Bettwäsche, Betreuung vor Ort oder via Telekommunikation) notwendigerweise erbracht werden müssen, um die „gewerbliche Nutzung" iSd § 7a Abs 3 letzter Halbsatz BO zu verwirklichen (VwGH 24.5.2022, Ro 2020/05/0029).

Anmerkung: Der VwGH hat in seinem Erkenntnis als Rechtsgrundlage für den Auftrag § 129 Abs 10 BO genannt, sodass (vor der BO-Novelle 2023, LGBl 2023/37) klargestellt ist, dass die Gebäudeeigentümer für die Einhaltung des § 7a BO verantwortlich sind und nicht allfällige (dauerhafte) Mieter. Mit BO-Novelle 2023 erfolgte eine Änderung in § 129 Abs 1 BO zur Verantwortung von Eigentümer und Nutzer bei widmungswidriger Nutzung.

Zonen für Großbauvorhaben[1)]

§ 7b. (1) In den Bebauungsplänen können aus Gründen der Stadtstruktur, Stadtentwicklung und Vielfalt der städtischen Nutzung sowie zur Wahrung geordneter Verkehrsverhältnisse und zum Schutz der Bevölkerung vor Belästigungen, insbesondere durch Lärm, Staub und Gerüche, Zonen für Großbauvorhaben ausgewiesen werden.[2)]

(2) Die Zonen für Großbauvorhaben sind von den übrigen Gebieten eindeutig abzugrenzen. Die Grenzen dieser Zonen können mit Fluchtlinien zusammenfallen.

(3) Großbauvorhaben sind Bauvorhaben mit Räumen beziehungsweise Anlagen für Veranstaltungen, wie Theater, Museen, Kongress- und Kinozentren, Ausstellungs- und Messezentren, weiters Versammlungsstätten und Sportanlagen, wenn für diese Nutzungen nach dem Wiener Garagengesetz eine Verpflichtung zur Schaffung von mehr als 30 Pflichtstellplätzen besteht. Zwei oder mehrere Bauvorhaben mit derartigen Nutzungen gelten als ein einziges Großbauvorhaben, wenn sie funktional (zB durch gemeinsame Anlagen zum Einstellen von Kraftfahrzeugen, innere Erschließung, Verbindungen von Gebäuden) miteinander verbunden sind und insgesamt für diese Nutzungen nach dem Wiener Garagengesetz eine Verpflichtung zur Schaffung von mehr als 30 Pflichtstellplätzen besteht. Für Einkaufszentren gilt § 7c.

(4) Großbauvorhaben sind nur in Zonen für Großbauvorhaben zulässig.[3)]

(5) Im Bebauungsplan kann festgelegt werden, wie groß ein Bauplatz beziehungsweise Trennstück für ein Großbauvorhaben mindestens sein muss und wie viele Stellplätze auf diesem Bauplatz beziehungsweise Trennstück höchstens tatsächlich hergestellt werden dürfen.[4)]

(6) Für Großbauvorhaben kann im Bebauungsplan eine höchstens zulässige Fläche, auch für einzelne festgesetzte Zwecke, bezogen auf eine durch Fluchtlinien bestimmte Grundfläche, festgelegt werden.

(7) Vor Festsetzung einer Zone für Großbauvorhaben sind bei der Prüfung über die Auswirkungen auf die Stadtstruktur, Stadtentwicklung und Vielfalt der städtischen Nutzung sowie die Verkehrsverhältnisse insbesondere zu untersuchen:

1. die Anbindung an öffentliche Verkehrsmittel;
2. die vorhandene Verkehrsfrequenz;
3. die örtlichen Verkehrsverhältnisse (Ampelanlagen, Kreuzungen, Einbahnen, Parkverbote und dergleichen);
4. die Parkmöglichkeiten in der Umgebung des Großbauvorhabens;
5. die Auswirkungen auf den bestehenden Verkehr;
6. die Möglichkeit der Schaffung freiwilliger Stellplätze auf dem Bauplatz des Großbauvorhabens oder in der Umgebung;
7. die Zufahrtsmöglichkeiten für die Feuerwehr und andere Einsatzkräfte;
8. die Kapazität der Straßen, vorhandene Stauräume und dergleichen.[5)]

(EB zur Nov LGBl 2001/90)

Hinweis: Die EB bezogen sich auf die Fassung der beabsichtigten Novelle vor Einbringung des Abänderungsantrages.

In der neu geschaffenen Bestimmung des § 7b werden die Zonen für Großbauvorhaben inhaltlich geregelt. Um die Zielsetzung eindeutig zu beschreiben, werden im Abs 1 für ihre Festsetzung Gründe der Stadtstruktur, Stadtentwicklung und Vielfalt der städtischen Nutzung sowie der Wahrung geordneter Verkehrsverhältnisse und des Schutzes der Bevölkerung vor Belästigungen genannt.

Im Abs 2 wird verlangt, dass die Zonen für Großbauvorhaben von den übrigen Gebieten eindeutig abzugrenzen sind. Diese Bestimmung dient der Rechtssicherheit in der Vollziehung und der Übersichtlichkeit der Bebauungspläne.

Abs 3 enthält die Definition des Großbauvorhabens. Wie die beispielhafte Aufzählung zeigt, handelt es sich dabei um Einrichtungen, die eine erhebliche Publikumsfrequenz aufweisen und damit in dem betroffenen Gebiet einen zusätzlichen Verkehrserreger darstellen. Dementsprechend wird die Größe eines Vorhabens über die Zahl der nach § 36a (jetzt: § 50) des Wiener Garagengesetzes erforderlichen Pflichtstellplätze definiert. Die Verpflichtung zur Schaffung von mehr als 30 Pflichtstellplätzen – etwa bei einem Kino, welches für mindestens 1550 Besucher zugelassen ist – ist eine abstrakte und besteht daher unabhängig von der tatsächlichen Herstellungsmöglichkeit.

Die Errichtung derartiger Großbauvorhaben ist nach Abs 4 nur auf einer Fläche möglich, die im Bebauungsplan als Zone für Großbauvorhaben ausgewiesen ist.

Der Bebauungsplan hat eine Mindestgröße des künftigen Bauplatzes bzw Trennstückes für ein einzelnes Großbauvorhaben festzulegen und darüber hinaus die Zahl der Stellplätze, die auf diesem Bauplatz bzw Trennstück tatsächlich geschaffen – also nicht durch Entrichtung der Ausgleichsabgabe nach § 40 Abs 1 (jetzt: § 52 Abs 1) des Wiener Garagengesetzes „abgelöst" – werden dürfen, nach oben zu begrenzen (Abs 5).

Abs 6 entspricht dem für Einkaufszentren geltenden § 7c Abs 3.

Vor Festsetzung einer Zone für Großbauvorhaben im Bebauungsplan hat der Magistrat bereits nach § 2 Abs 1 ua die ökologischen, wirtschaftlichen und infrastrukturellen Gegebenheiten zu erheben. § 7b Abs 7 nennt jene Umstände, auf die bei der Prüfung über die Auswirkungen auf die Stadtstruktur, Stadtentwicklung und Vielfalt der städtischen Nutzung sowie die Verkehrsverhältnisse besonderes Augenmerk zu legen ist.

(EB zur Nov LGBl 2009/25)

Zu Abs 5

Die Verpflichtung zur Festlegung von Mindestbauplatzgrößen und der auf diesen Bauplätzen höchstens zulässigen Stellplatzanzahl bei Großbauvorhaben führt in der Praxis bei komplexen Projekten, bei welchen im Stadium der Ausarbeitung des Bebauungsplanes noch nicht ausreichende Klarheit hinsichtlich der Konfiguration der Bauplätze gegeben ist, zu Problemen. Es wird daher diese Verpflichtung durch die bloße Möglichkeit derartiger Festlegungen ersetzt.

Anmerkungen

1) Die §§ 7b–7d wurden mit der Nov LGBl 2001/90 eingefügt. Wie sich aus dem Gesetzestext ergibt, versteht der Gesetzgeber unter Bauvorhaben ausschließlich Räume bzw Anlagen für Veranstaltungen, Versammlungsstätten und Sportanlagen mit mehr als 30 Pflichtstellplätzen. Dies scheint mit dem verfassungsrechtlichen Gleichheitssatz kaum vereinbar, weil die Kriterien des

Abs 7 auch bei anderen Bauvorhaben mit mehr als 30 Pflichtstellplätzen die Gleichen sind. Daneben bestehen auch Vollzugsdefizite; es ist nicht gesagt, was bei der Parzellierung (insbes Bauplatzschaffung) zu geschehen hätte, wenn ein Projektant nicht die ganze Fläche braucht.

Es besteht Grund zur Annahme, dass der Gesetzgeber idR nach Maßgabe eines fertigen Projektes widmen wird. Bei anderer Betrachtungsweise ergeben sich nämlich beträchtliche Vollzugsprobleme. Dieser Eindruck wird durch die mit der Nov LGBl 2009/25 erfolgte Änderung des Abs 5, der zu willkürlichen Ermessenshandlungen ermächtigt, noch verstärkt.

2) Durch die Vielzahl unbestimmter Gesetzesbegriffe ist ein rechtlich kontrollierbares Vorgehen kaum möglich.

3) Zonen für Großbauvorhaben sind ein eigener Widmungsbegriff. Damit steht die Frage im Raum, ob dort auch andere Bauwerke errichtet werden dürfen. Dies könnte allenfalls bejaht werden, wenn – wie seinerzeit bei der sog „Blockbauweise" – die Bauten zusammen ein „Großbauvorhaben" ergeben. Dies schlägt aber deswegen nicht durch, da gem Abs 3 Großbauvorhaben nur Bauvorhaben mit Räumen oder Anlagen für Veranstaltungen, Versammlungsstätten und Sportanlagen sein können, ein substantieller, eigener Begriff. Dieser Begriff ist andererseits weiter als Anlagen des Veranstaltungsstättengesetzes LGBl 1978/4 idgF. So scheint etwa auch ein religiöses Zentrum, wie etwa eine große Kirche oder Moschee, davon erfasst zu sein.

Nicht geregelt ist weiters die Frage, was mit einer Restfläche zu geschehen hat, wenn nur ein Teil der Fläche für ein „Großbauvorhaben" in Anspruch genommen wird. Eine Inanspruchnahme anderer Flächen auch nur geringfügigen Ausmaßes ist ja nach Abs 4 unzulässig. Dies bedarf in der Regel eines vorherigen abgesprochenen Widmungsaktes. Veranstaltungsanlagen, Versammlungsstätten und Sportanlagen derart zu bewirtschaften, scheint rechtlich bedenklich.

4) Zunächst sei festgehalten, dass der Begriff „Großbauvorhaben" unklar ist. Auch die nach § 62a Z 28 WBO bewilligungsfreie Errichtung von Sportanlagen bedarf wohl einer Sonderwidmung als „Großbauvorhaben", egal, ob nur ein Container zum Umziehen aufgestellt wird oder ein Gebäude mit mehr Komfort, wenn diese für mindestens 1500 Personen zugelassen sind. Wie sich das Ganze mit der Widmung „Sport- und Spielplätze" als Widmungsbegriff der Grünlandkategorie (§ 4 Abs 2 A b Z 4) vereinbaren lässt, ist offen, ebenso gibt es für Ausstellungsgelände die Widmungskategorie „Sondergebiet" nach § 4 Abs 2 D lit a.

5) Gerade aus Abs 7 ergibt sich, dass die dort genannte Untersuchung unter dem Gesichtspunkt des Gleichheitssatzes nicht nur Räume bzw Anlagen für Veranstaltungen, Versammlungsstätten oder Sportanlagen ergreifen sollte, sondern alle tatsächlichen großen Bauführungen, weil diese alle die gleichen Auswirkungen haben. Was ist mit Spitälern, Amtshäusern, Bädern usf? Hier bestehen verfassungsrechtliche Bedenken.

Einkaufszentren

§ 7c.[1)4)] **(1) Einkaufszentren sind Bauvorhaben mit Räumen, die überwiegend für das Ausstellen und den Verkauf von Waren beziehungsweise für das damit im Zusammenhang stehende Erbringen von Dienstleistungen bestimmt sind, soweit die Fläche dieser Räume zusammen mehr als 1.600 m², im „Gemischten Baugebiet – Betriebsbaugebiet" mehr als 1.000 m² beträgt.**

(1a) Zwei oder mehrere Bauvorhaben mit derartig genutzten Räumen gelten als einziges Einkaufszentrum, wenn

1. sie funktional (z. B. durch gemeinsame Anlagen zum Einstellen von Kraftfahrzeugen, innere Erschließung, Verbindungen von Gebäuden) miteinander verbunden sind, und
2. die Fläche der Räume insgesamt mehr als 1.600 m², im „Gemischten Baugebiet – Betriebsbaugebiet" mehr als 1.000 m² beträgt.

Anlagen zum Einstellen von Kraftfahrzeugen sind einer gemeinsamen Anlage gleichzuhalten, auch wenn sie nicht miteinander verbunden sind, aber in einem unmittelbaren räumlichen Zusammenhang stehen.

(2) Nicht als Einkaufszentren gelten Bauvorhaben, die

1. nur Wiederverkäufern zugänglich sind oder
2. ausschließlich für den Fahrzeug-, Landmaschinen- oder Baumaschinenhandel bestimmt sind.

(3)[2)] **Einkaufszentren werden in zwei Typen festgelegt:**

1. Einkaufszentren des Typs 1 sind Bauvorhaben im Sinne des Abs. 1, in denen sämtliche Warenarten angeboten werden.
2. Einkaufszentren des Typs 2 sind Bauvorhaben im Sinne des Abs. 1, in denen ausschließlich Waren des Baustoff-, Garten-, oder Möbelhandels angeboten werden.

(4) Einkaufszentren dürfen nur in Wohngebieten und gemischten Baugebieten errichtet werden, wo sie im Bebauungsplan gemäß § 5 Abs. 4 lit. c ausgewiesen sind. Darüber hinaus dürfen Einkaufszentren auf Liegenschaften an einer Geschäftsstraße errichtet werden.[3)]

(5) Für Einkaufszentren kann im Bebauungsplan eine höchstens zulässige Fläche (Abs. 1), bezogen auf eine durch Fluchtlinien bestimmte Grundfläche, festgelegt werden.

(6) Bei Bauvorhaben, die ein Einkaufszentrum beinhalten, ist mindestens ein Drittel der Summe der Flächen der oberirdischen Nutzungseinheiten (§ 119 Abs. 1) oberhalb des Erdgeschoßes zu errichten, sofern der Bebauungsplan nicht anderes bestimmt.

(7) Vor der Festsetzung von Einkaufszentren ist eine Prüfung nach § 7b Abs. 7 durchzuführen. Zu prüfen sind darüber hinaus die Wechselwirkungen des geplanten Bauvorhabens auf andere Einkaufszentren, Geschäftsstraßen sowie auf die Nahversorgung. Bei der Festsetzung von Einkaufszentren können auch Festsetzungen nach § 7b Abs. 5 getroffen werden.

(8) Der Bebauungsplan kann die Festsetzung eines Einkaufszentrums auf sieben Jahre befristet ausweisen, wenn dies der Erreichung der gesetzlichen Ziele der Stadtplanung (§ 1 Abs. 2) dient. Eine befristete Ausweisung als Einkaufszentrum wird nach Ablauf von sieben Jahren unwirksam. Sonstige Bebauungsbestimmungen für die betroffenen Gebiete bleiben aufrecht.

(EB zur Nov LGBl 2001/90)

Vgl den Hinweis bei § 7b.

Im § 7c werden die bisherigen Bestimmungen der Bauordnung für Wien über Einkaufszentren zusammengefasst.

Abs 1 und 2 entsprechen inhaltlich dem geltenden § 6 Abs 17, doch werden diese Vorschriften klarer gefasst; weiters wird bei der Definition der Einkaufszentren in Abs 1 künftig das Vorliegen einer funktionellen Einheit gefordert, da das bloße Abstellen auf eine bauliche Einheit nach der geltenden Rechtslage in der Praxis zur Umgehung der Bestimmungen über Einkaufszentren geführt hat.

Abs 3 entspricht dem zweiten Halbsatz des geltenden § 5 Abs 4 lit c.

Aus sachlichen Erwägungen – ein Einkaufszentrum weist in der Regel ebenfalls den Umfang eines Großbauvorhabens auf – soll die für die Festsetzung von Zonen für Großbauvorhaben im § 7b Abs 7 vorgesehene Prüfung auch vor der Festsetzung eines Einkaufszentrums im Bebauungsplan stattfinden; ebenso sind die in § 7b Abs 5 vorgesehenen Festsetzungen hinsichtlich der Bauplatzgröße und der Anzahl der Stellplätze auch im Zusammenhang mit der Festsetzung eines Einkaufszentrums vorzunehmen.

(EB zur Nov LGBl 2018/69)

Zu Abs. 1

Gebiete mit der Widmung „Gemischtes Baugebiet – Betriebsgebiet“ und „Industriegebiet“ wurden in den letzten Jahrzehnten häufig von großflächigen Einzelhandelseinrichtungen (bis 2500 m^2) konsumiert. Dieser Expansion soll durch die Ergänzung des Abs. 1 entgegengewirkt werden. Einerseits liegen diese Gebiete in Bezug auf die zu versorgende Wohnbevölkerung oft ungünstig. Andererseits entziehen die Einzelhandelsbetriebe den produzierenden Betrieben das für sie vorgesehene Bauland. Neue Einzelhandelseinrichtungen sollen daher nur zulässig sein, wenn sie überwiegend der Versorgung des Gebiets selbst dienen und diese im fußläufigen Einzugsbereich noch nicht gegeben ist. Solche Nahversorgungsmärkte haben in der Regel deutlich unter 1000 m^2 Verkaufsfläche und sollen daher auf dieses Ausmaß beschränkt werden.

Nach dem letzten Satz des Abs. 1 sollen Einrichtungen, die hauptsächlich Ausstellungsflächen umfassen und daher nur einen Verkehrserreger geringeren Ausmaßes darstellen als andere Bauvorhaben, deren Räume neben Ausstellungs- überwiegend Verkaufs- und Dienstleistungszwecken dienen, nicht als Einkaufszentren gelten. Da dies nicht nur für den Kraftfahrzeughandel, sondern allgemein auf den Handel mit Fahrzeugen, insbesondere auch Fahrrädern, zutrifft, wird Abs. 1 entsprechend geändert.

(EB zur BO-Nov 2023, LGBl 2023/37 vom 13.12.2023)

Wie aus dem Fachkonzept „Mittelpunkt des städtischen Lebens – Polyzentrales Stadt Wien" hervorgeht, entstehen bereits bei Einzelhandelsflächen über 1.600 m^2 vermehrt Objekte, die – zusätzlich zu ihrem hohen Flächenverbrauch – eine hohe Orientierung hin zum motorisierten Individualverkehr aufweisen und folglich mit großen Parkplätzen oder Tiefgaragen ausgestattet sind. Solche großflächigen Einzelhandelsgeschäfte werden überdies vielfach als Einzelobjekte im Flachbau errichtet, was zu einem erheblichen Flächenverbrauch führt. Um der Errichtung solcher Objekte eine stadtplanerische Grundlage bzw. Festlegung vorzuschalten, wird der geltende Schwellenwert für Einkaufszentren nach Abs. 1 von 2.500 m^2 auf 1.600 m^2 gesenkt.

Die Beurteilung der Frage, ob eine funktionale Verbindung mehrerer Räume vorliegt, muss im Einzelfall im Rahmen einer Gesamtbetrachtung erfolgen. Beispielhaft nennt das Gesetz dafür wie bisher Räume, die durch innere Erschließung oder Räume in miteinander verbundenen Gebäuden in gewisser Weise eine Einheit bilden. In der Aufzählung sind auch gemeinsame Anlagen zum Einstellen von KFZ enthalten. Hier ist vor allem bei Sammelgaragen in Geschäftsstraßen ein weniger strenger Maßstab anzustellen und eine Abwägung im Einzelfall vorzunehmen, ob von einer Einheit auszugehen ist oder nicht. Maßgebliche Faktoren dafür sind insbesondere die räumliche Distanz zwischen den Verkaufsräumen oder die Frage, ob sich die Räume innerhalb desselben Baublocks befinden. Bei baublockübergreifenden Sammelgaragen wird idR nicht von einem unmittelbaren räumlichen Zusammenhang auszugehen sein.

Im Interesse einer zielgerichteten Nutzung planmäßig gewidmeter Flächen innerhalb der Stadt, können künftig in Industriegebieten keine Einkaufszentren mehr im Bebauungsplan festgesetzt werden. Diese Novellierung wird keine nachteiligen Auswirkungen auf Grundflächen mit derzeit ausgewiesenen Festsetzungen als EKZ zeitigen, weil solche im Industriegebiet derzeit nicht bestehen.

Hinsichtlich Märkten für Wiederverkäufer stellen sich andere städtebauliche Herausforderungen, sie werden daher gemäß Abs. 2 Z 1 von dieser Bestimmung ausdrücklich ausgenommen. Davon erfasst sind auch Großabnehmer (zB Kantinen, Systemgastronomie).

Aufgrund der Inhalte des Fachkonzepts wird eine rechtliche Differenzierung zwischen Typen von EKZ eingeführt. Durch die Differenzierung in zwei Typen von EKZ in Abs 3 soll sichergestellt werden, dass zentrumsrelevante Funktionen auch in Zentralbereichen angesiedelt werden (EKZ Typ 1 – EKZ mit einem breiten Branchenmix), hingegen solche EKZ, die aufgrund ihres Sortiments einen hohen

Flächenverbrauch aufweisen und von ihren Kunden vornehmlich unter Nutzung des motorisierten Individualverkehrs aufgesucht werden, an peripehereren Standorten lokalisiert werden (EKZ Typ 2 – EKZ in denen nur Waren des Baustoff-, Garten-, oder Möbelhandels gehandelt werden).

Die in **Abs 6** vorgesehene verpflichtende Mehrgeschoßigkeit für EKZ dient zum einen dem Ziel der bodensparenden Siedlungsentwicklung; zum anderen soll damit die städtebauliche Integration des großflächigen Einzelhandels erleichtert werden. Abs 6 wurde insbesondere auch im Hinblick auf gemischt genutzte Gebäude konzipiert: Wird ein Gebäude nicht nur als EKZ genutzt, sondern sind darin etwa auch Wohnungen oder Büroräumlichkeiten untergebracht, so ist diese Bestimmung auf das ganze Gebäude anzuwenden.

Abs. 8: In Wien existieren Flächen, die für den großflächigen Einzelhandel vorgesehen sind, aber aus unterschiedlichen Gründen nicht entsprechend genutzt werden. Daher können Festsetzungen im Bebauungsplan für EKZ künftig befristet ausgewiesen werden, sodass eine zeitgemäße Stadtplanung gewährleistet ist. Entsprechend dem Fachkonzept wird idZ eine Befristung auf sieben Jahre festgelegt. Nach dem Verstreichen dieser sieben Jahre ist idR von einer Änderung der stadtstrukturellen Gegebenheiten auszugehen, sodass die neuerliche Durchführung einer Raumverträglichkeitsprüfung (§ 7c Abs. 8 iVm § 7b Abs. 7) sinnvoll erscheint, um auf dieser Grundlage die (neuerliche) Ausweisung eines EKZ zu evaluieren.

Anmerkungen

1) Die Bestimmung wurde mit der BO-Novelle 2023, LGBl 2023/37 vom 13.12.2023 neu gefasst.

2) Siehe auch die ÜB zur BO-Nov 2023. § 7c Abs 3 ist auf bestehende Gebäude iSd § 7c Abs 1, bei welchen die Fläche der Räume, die überwiegend für das Ausstellen und den Verkauf von Waren beziehungsweise für das damit im Zusammenhang stehende Erbringen von Dienstleistungen bestimmt sind, zwischen 1.600 m² und 2.500 m² beträgt, nicht anzuwenden.

3) Zum Widmungsbegriff Geschäftsstraße vgl § 7e.

4) Siehe auch § 4 Abs 10 WGarG 2008 idF BO-Nov 2023. Anlagen zum Einstellen von KFZ sind bei EKZ zu mindestens 2/3 in Garagen, Garagengebäuden oder Parkdecks unterzubringen (sofern der Bebauungsplan nichts anderes bestimmt), im EG unzulässig.

Mehrzweckbauvorhaben[1)2)]

§ 7d. Bauvorhaben, die sowohl Räume beziehungsweise Anlagen für Zwecke gemäß § 7b Abs. 3 als auch Räume gemäß § 7c Abs. 1 umfassen, ohne jeweils die in diesen Bestimmungen festgesetzten Grenzmaße zu erreichen, aber funktional miteinander verbunden sind und insgesamt eine

Fläche von mehr als 2.500 m² beziehungsweise mehr als 30 Pflichtstellplätze für diese Zwecke erreichen, gelten als Großbauvorhaben beziehungsweise Einkaufszentrum, je nachdem, ob die Räume überwiegend für Zwecke gemäß § 7b Abs. 3 oder für Zwecke gemäß § 7c Abs. 1 bestimmt sind.

(EB zur Nov LGBl 2001/90)

Vgl den Hinweis bei § 7b.

§ 7d regelt den Fall der Verbindung eines Großbauvorhabens und eines Einkaufszentrums, wenn jedes für sich betrachtet die Grenzmaße des § 7b bzw § 7c nicht erreicht, jedoch gemeinsam diese Maße überschritten werden und soll dadurch entstehende Probleme bei der Zuordnung zu den Begriffen der §§ 7b und 7c vermeiden.

Anmerkungen

1) Vgl Anm 1 zu § 7b.

2) Der Titel ist irreführend. Gemeint sind Kombinationen von Versammlungs-, Veranstaltungs- und Sportanlagen mit EKZ. Vgl auch die Anm 1 ff zu § 7b und zu § 7c.

Geschäftsstraßen

§ 7e. (1) In den Bebauungsplänen können aus Gründen der Stadtstruktur, Stadtentwicklung und Vielfalt der städtischen Nutzung des Baulandes sowie zur Wahrung einer geordneten Zentren- und Versorgungsstruktur Geschäftsstraßen ausgewiesen werden.

(2) Auf Liegenschaften, die unmittelbar an Geschäftsstraßen liegen, sind, sofern der Bebauungsplan nicht anderes bestimmt, auf die Tiefe des jeweiligen Bauplatzes, höchstens jedoch bis zu einer Tiefe von 40 m, gemessen von der Baulinie beziehungsweise Verkehrsfluchtlinie, Einkaufszentren zulässig.

Hochhäuser

§ 7f.[1)] **(1) Hochhäuser sind Gebäude, deren oberster Abschluss einschließlich aller Dachaufbauten gemäß § 81 Abs. 6, 6a und 7 mehr als 35 m über dem tiefsten Punkt des anschließenden Geländes beziehungsweise der festgesetzten Höhenlage der anschließenden Verkehrsfläche liegt.**[2)]

(2) Sofern der Bebauungsplan nicht anderes bestimmt, sind Hochhäuser nur im Wohngebiet und gemischten Baugebiet in der Bauklasse VI sowie im Industriegebiet, im Sondergebiet und in Strukturgebieten auf Grundflächen, für die im Bebauungsplan ein oberster Abschluss gemäß Abs. 1 in einer Höhe von mehr als 35 m festgesetzt ist, zulässig.

Anmerkungen

1) Die Hochhäuser waren bis zur Nov LGBl 2006/10 in § 120 geregelt. Dort kam mit der gleichen Nov ein Paragraph mit der Überschrift „Gebäude mit besonderen brandschutztechnischen Anforderungen“ dazu. Mit der Techniknovelle 2007 entfallen diese Bestimmungen ersatzlos infolge Neuregelung durch Richtlinien des Öst Instituts für Bautechnik (OIB).

2) Mit der BO-Nov 2023, LGBl 2023/37 vom 13.12.2023 wurde in Abs 1 der Verweis auf § 81 Abs 7 ergänzt.

Bausperre[1)]

§ 8. (1) Für das von Bebauungsplänen nicht erfasste Stadtgebiet besteht bis zur Festsetzung dieser Pläne Bausperre. Dennoch sind von der Baubehörde Baubewilligungen gemäß § 70 für Neu-, Zu- und Umbauten, die Errichtung sonstiger Bauwerke, Abbrüche oder Veränderungen des äußeren Erscheinungsbildes von Bauwerken und Veränderungen der Höhenlage von Grundflächen[2)] sowie Bewilligungen für Grundabteilungen nur unter folgenden besonderen Voraussetzungen zu erteilen:

1. **Das Vorhaben muss mit den gesetzlichen Zielen der Stadtplanung für die Festsetzung der Flächenwidmungspläne und Bebauungspläne unter Berücksichtigung des Baubestandes im betroffenen Stadtgebiet vereinbar sein und darf das örtliche Stadtbild nicht beeinträchtigen. Vor der Entscheidung ist eine Stellungnahme des für die Stadtplanung zuständigen Gemeinderatsausschusses einzuholen. Sofern ein Flächenwidmungsplan besteht, hat das Vorhaben diesem zu entsprechen.**
2. **Bei Gebäuden müssen eine ausreichende Verbindung mit dem bestehenden Straßennetz durch eine Dienstbarkeit,[3)] die Versorgung mit gesundheitlich einwandfreiem Trinkwasser und die Beseitigung der Abwässer sichergestellt sein.**
3. **Durch das Vorhaben dürfen öffentliche Interessen sowie in diesem Gesetz begründete Interessen der Nachbarn nicht verletzt werden. Interessen der Nachbarn gelten als nicht verletzt, wenn diese dem Vorhaben ausdrücklich zustimmen oder nicht spätestens bei der mündlichen Verhandlung Einwendungen, die sich ihrer Art nach auf § 134a Abs. 1 stützen, erheben. Für die Stellung als Nachbar gilt § 134 Abs. 3 sinngemäß. Sobald ein Bebauungsplan in Kraft tritt, hat bei Bewilligungen gemäß § 70 jeder Eigentümer (Miteigentümer) der Liegenschaft bzw. des Bauwerkes die damit übereinstimmende Grundbuchsordnung herzustellen und die Anliegerleistungen zu erbringen, soweit dies nach der Lage des Bauwerkes möglich ist.[4)]**

(1a) Für Bauführungen, die nicht gemäß Abs. 1 nach § 70 bewilligt werden dürfen, können Baubewilligungen nur nach § 71 erteilt werden. Ein Wider-

ruf hat, unbeschadet des Widerrufsrechtes aus anderen Gründen, nur dann zu erfolgen, wenn die Durchführung des Bebauungsplanes die Entfernung der Baulichkeit notwendig macht.

(2) Der Gemeinderat kann über Stadtgebiete, für die der Bebauungsplan abgeändert werden soll, eine zeitlich begrenzte Bausperre[5)] mit der Wirkung verhängen, dass keine Bekanntgabe der Bebauungsbestimmungen stattfindet. Grundabteilungen, Neu-, Zu- oder Umbauten oder Abbrüche von Bauwerken sind nur unter folgenden besonderen Voraussetzungen zu bewilligen:

1. **Der bestehende Bebauungsplan muss eingehalten werden.**
2. **Das Vorhaben darf nicht dazu führen, dass die bei der Verhängung der zeitlich begrenzten Bausperre angestrebten Ziele der Stadtplanung für die Festsetzung der Flächenwidmungspläne und Bebauungspläne (§ 1) nicht mehr erreicht werden können. Vor der Entscheidung ist eine Stellungnahme des für die Stadtplanung zuständigen Gemeinderatsausschusses einzuholen.**

(3) *entfällt; LGBl 2018/69 vom 21.12.2018*

(4) Die Beschlussfassung über die Verhängung der zeitlich begrenzten Bausperre ist unter Angabe der verfolgten Planungsziele und genauer Abgrenzung des von ihr betroffenen Gebietes im Amtsblatt der Stadt Wien kundzumachen.[6)]

(5) Die zeitlich begrenzte Bausperre wird mit dem Tag der Kundmachung rechtswirksam und tritt, sofern sie nicht früher aufgehoben wird, nach drei Jahren außer Kraft. Eine Verlängerung der Bausperre bis zu weiteren drei Jahren sowie die neuerliche Verhängung einer Bausperre über dieselben Liegenschaften innerhalb von fünf Jahren nach Ablauf ist nur zur Festsetzung einer bedeutenden Verkehrsader zulässig.[7)]

(6) Eine Bausperre im Sinne des Abs. 2 tritt ferner mit der Kundmachung der öffentlichen Auflage eines Entwurfes für die Festsetzung oder für Abänderungen des Flächenwidmungs- oder des Bebauungsplanes in Kraft. Sie tritt spätestens sieben Monate nach diesem Zeitpunkt wieder außer Kraft.[8)]

(EB zur Nov LGBl 2009/25)

In Abs. 1 wird aus sachlichen Erwägungen die Möglichkeit eröffnet, in einem von einer gesetzlichen Bausperre erfassten Gebiet – ähnlich wie schon bisher im Falle einer zeitlich begrenzten Bausperre nach Abs. 2 – unter den dort genannten Voraussetzungen auch für Grundabteilungen eine Bewilligung zu erwirken.

Anmerkungen

1) § 8 wurde mit der Nov LGBl 2009/25 neu gefasst. Abs. 1 idF der Nov. LGBl 2018/69. Mit der gleichen Nov. entfiel der Abs. 3.

2) Damit wurden aber bauliche Abänderungen geringerer Natur nicht unzulässig; es entfällt aber die Prüfung der besonderen Voraussetzungen.

3) Eine Dienstbarkeit ist natürlich dann nicht notwendig, wenn die Liegenschaft an das bestehende Straßennetz unmittelbar angrenzt.

4) Unter den genannten Voraussetzungen besteht nunmehr auch trotz der unbefristet geltenden Bausperre auf die Genehmigung von Grundabteilungen sowie die Erteilung einer Baubewilligung nach § 70 WBO ein Rechtsanspruch.

5) Die zeitlich begrenzte Bausperre ist ein übliches Instrumentarium der Raumplanung. Die Geltung des bisherigen Bebauungsplanes wird nicht aufgehoben, er muss sogar nach der ausdrücklichen Anordnung der Z 1 eingehalten werden. Im Zeitpunkt des Beschlusses über die Bausperre muss die beabsichtigte Änderung (in ihren Grundzügen) schon bekannt sein, weil sonst nicht geprüft werden kann, ob das Bauvorhaben oder die Grundabteilung die Änderung erschwert oder verhindert. Ist Letzteres nicht der Fall, besteht ein Rechtsanspruch auf die Erteilung der Bewilligung. Ein Vorgriff auf die künftige Änderung ist unzulässig. Die Möglichkeit eines sog „Individualantrages" gem Art 139 B-VG während einer Bausperre ist wohl zu bejahen.

6) Der Entfall der Notwendigkeit der Kundmachung im Amtsblatt zur Wiener Zeitung dient der Kosteneinsparung.

7) Was darunter zu verstehen ist, ist unklar; ebenso, ob diese Verkehrsader bereits besteht oder erst geschaffen werden soll. Bei verfassungskonformer Auslegung können nur solche Verkehrsadern verstanden werden, die in die Landeskompetenzen fallen („Festsetzung").

8) Die Auflage des Entwurfes des Flächenwidmungs- oder Bebauungsplanes soll also auch die Wirkung einer Bausperre besitzen, ohne dass ausdrücklich eine solche kundgemacht wird. Im Hinblick auf die Regelung über die Kundmachung nach § 2 Abs 6 bestehen keine verfassungsrechtlichen Bedenken. Die Formulierung bedeutet aber, dass die Bausperre vor Ablauf von sieben Monaten dann außer Kraft tritt, wenn der Flächenwidmungsplan oder der Bebauungsplan früher in Kraft tritt.

Judikatur

1) Die Verhängung bzw. Verlängerung einer zeitlich begrenzten Bausperre stellt sich als genereller, auf der Stufe einer Verordnung stehender Akt der Vollziehung dar (VfGH 7.10.1952, Slg 2386, VwGH 9.10.1951, Slg 2266/A).

2) Die Verhängung einer zeitlich begrenzten Bausperre ist nur dann möglich, wenn ein Bebauungsplan besteht (VwGH 17.11.1952, 1958/51).

3) Die Bestimmung des § 8 Abs 2 ist so auszulegen, daß dann, wenn feststeht, daß ein Bau die Durchführung der beabsichtigten Änderung weder erschwert noch verhindert, ein Rechtsanspruch auf Erteilung der Baubewilligung, und zwar nach § 70 der Bauordnung, besteht (VwGH 27.2.1962, Slg 5731/A).

4) Die Frage, ob eine Bauführung die beabsichtigte Regulierung erschwert oder verhindert, gehört zum Sachverhalt, der von der erkennenden Behörde im Wege eines Ermittlungsverfahrens festzustellen ist (VwGH 27.2.1962, Slg 5731/A).

5) In einem Gebiet, für welches eine zeitlich begrenzte Bausperre gem § 8 Abs 2 der Bauordnung verhängt wurde, kann eine Baubewilligung nach § 71 der Bauordnung auf bestimmte Zeit oder gegen jederzeitigen Widerruf nur dann erteilt werden, wenn das Ermittlungsverfahren zu dem Ergebnis führt, daß nicht ausgeschlossen werden kann, daß der geplante Bau die Durchführung der beabsichtigten Änderungen des Flächenwidmungs- und Bebauungsplanes erschwert oder verhindert (VwGH 27.2.1962, Slg 5731/A).

6) In der Zustellung einer Ausfertigung der Kundmachung (über eine Bausperre) an die Betroffenen ist nicht die Erlassung eines Bescheides, sondern nur eine besondere Form der Verlautbarung zu erblicken (VwGH 4.4.1956, 262/56).

7) Auf das bestehende gesetzliche Bauverbot kann sich auch der Nachbar mit Erfolg berufen, als er mit Grund eine Erschwerung oder Verhinderung der künftigen Planungsmaßnahmen durch das Bauvorhaben in Bereichen behaupten kann, in denen diese Maßnahmen auch die Interessen der Nachbarschaft berühren (VwGH 19.3.1974, Slg 8578/A). Im Rahmen des § 134a dürfte diese Aussage weiterhin Bedeutung besitzen.

8) Eine Bausperre kann einem Antrag auf Verlängerung der Gültigkeitsdauer einer Baubewilligung nach § 74 BO entgegenstehen (VwGH 17.1.1984, 83/05/0184, BauSlg 172, 10.4.1984, 84/05/0019, BauSlg 241).

9) Wie der VfGH zur WBO (vgl Slg 7287 ua) und zur Oö BO (vgl Slg 9910 ua) aussprach, muß der Gemeinderat anläßlich der Verhängung einer Bausperre die beabsichtigten Änderungen des Raumplanes zum Ausdruck bringen, sodaß die V über die Bausperre den Maßstab für die behördliche Entscheidung im Einzelfall liefert und so auch die nachprüfende Kontrolle durch VfGH und VwGH ermöglicht. Dies gilt auch für die Bausperre gem § 23 Abs 1 Nö ROG, die – soweit als möglich – die Änderungsabsichten anzugeben hat. Diese „Ziele" sind weder mit den Leitzielen gem § 1 Abs 2 ROG noch mit der Bezeichnung der angestrebten Ziele des örtlichen Raumordnungsprogramms (§ 13 Abs 2 ROG) ident. Die Absicht einer Grünlandwidmung reicht aus (VfGH 17.6.1988, Slg 11743).

10) Ob die Voraussetzungen für die Erlassung eines Bebauungsplanes vorliegen, ist bei Erlassung einer Bausperrenverordnung nicht zu prüfen. Der Gemeinderat hat vielmehr mit der Erlassung der Bausperrenverordnung die beabsichtigte Neuplanung, die den Anlaß für die Verhängung der Bausperre bildet, in ihren Grundzügen zu umschreiben und die dahinterliegende Zielvorstellung der Gemeinde deutlich zu machen (VwGH 22.9.1998, 97/05/0200, zur Oö BO).

11) Die Verwendung als Bauland bereits gewidmeter Grundflächen zur Deckung des örtlichen Bedarfs an Baugrundstücken darf schon deshalb nicht durch Erlassung einer Bausperre bewirkt und sichergestellt werden, weil eine Bausperre gem § 45 Abs 1 Oö BauO 1994 nur zur Verwirklichung neuer Planungsabsichten zulässig ist, die Befriedigung des örtlichen Bedarfs an Baugrundstücken aber jedenfalls nicht durch die Planungsabsicht der Umwidmung vorhandenen Baulandes in Grünland verwirklicht werden kann (VfGH 2.10.1998, Slg 15.272)

Dieses E ist deswegen bemerkenswert, weil die Wiener Formulierung in § 8 Abs 2 WBO („Bausperre … über Stadtgebiete, für die der Bebauungsplan abgeändert werden soll") überhaupt keine Parameter vorgibt, warum sie verhängt wird, sodass verfassungsrechtliche Bedenken nicht auszuschließen sind.

Bekanntgabe der Bebauungsbestimmungen

§ 9. **(1) Bei der Behörde kann für eine bestimmte Liegenschaft vom Eigentümer (jedem Miteigentümer) oder von Personen, denen ein Baurecht zusteht, eine Bekanntgabe der Bebauungsbestimmungen beantragt werden.**[1)]

(2) Die Bekanntgabe hat zu umfassen:

a) die Beschlussdaten des für die Liegenschaft im Zeitpunkt der Antragstellung geltenden Flächenwidmungs- und Bebauungsplanes;

b) die Angabe, ob für die Liegenschaft eine Abteilungsbewilligung erforderlich ist und ob Grundflächen ins öffentliche Gut abzutreten oder zu einem Bauplatz, Baulos oder Kleingarten einzubeziehen sind;

c) eine planliche Darstellung sämtlicher die Grundstücke und deren unmittelbare Umgebung berührender Angaben des Flächenwidmungs- und Bebauungsplanes.

(3) Die Bekanntgabe gilt für die Dauer von 18 Monaten ab Ausstellungsdatum.[2)] **Wird innerhalb dieses Zeitraumes vom selben Eigentümer (Miteigentümer) oder der selben Person, der ein Baurecht zusteht, für dieselbe Liegenschaft erneut eine Bekanntgabe der Bebauungsbestimmungen beantragt und hat sich der Flächenwidmungs- und Bebauungsplan nicht geändert, ist ein Duplikat auszustellen.**[3)]

(4) Gegen den Bescheid über einen Antrag auf Bekanntgabe der Bebauungsbestimmungen ist eine abgesonderte Beschwerde (§ 136 Abs. 1) nicht zulässig. Eine Beschwerde kann nur mit der Beschwerde gegen einen Bescheid verbunden werden, der sich auf die Bekanntgabe oder Verweigerung der Bekanntgabe der Bebauungsbestimmungen stützt.

(EB zur Nov LGBl 2006/61)

Zu Abs 1 und 2

Ein Ansuchen um Bekanntgabe der Bebauungsbestimmungen kann gemäß Abs 1 künftig formlos, das heißt ohne Anschluss einer Grundbuchsabschrift und eines Lageplanes, eingebracht werden. Die Bestimmungen des geltenden Bebauungsplanes werden gemäß Abs 2 in einem von der Behörde – in der Regel auf elektronischem Wege – erstellten Plan dargestellt, der dem Bekanntgabebescheid angeschlossen wird. Abtretungs- und Einbeziehungsverpflichtungen werden nicht mehr planlich ausgewiesen; ob solche Verpflichtungen bestehen, ist dem Bescheid zu entnehmen. Die Durchführung einer mündlichen Verhandlung im Sinne des bisherigen Abs 3 ist daher entbehrlich.

Zu Abs. 3

Durch Abs 3 soll ausgeschlossen werden, dass ein Eigentümer oder ein Baurechtseigentümer innerhalb der Gültigkeitsdauer der Bekanntgabe der Bebauungsbestimmungen für dieselbe Liegenschaft trotz unverändertem Bebauungsplan weitere Bekanntgaben erwirkt und dadurch für diese Liegenschaft die Rechtslage im Sinne des § 10 Abs 1 – womöglich auf Jahre hinaus – perpetuiert. Um dennoch länger dauernde Projektentwicklungen zu ermöglichen, wird die Gültigkeitsdauer der Bekanntgabe der Bebauungsbestimmungen auf 18 Monate verlängert.

Anmerkungen

(Zur dargestellten Judikatur zu den §§ 9, 10 und 12 kann davon ausgegangen werden, dass sie weiter Relevanz besitzt. Ob die Abstandnahme von einer Ausweisung der Abtretungs- oder Einbeziehungsverpflichtungen rechtskonform ist, wird die Judikatur erweisen.)

1) Das Gesetz sieht nunmehr keine besonderen Formerfordernisse für das Ansuchen mehr vor. § 9 wurde durch die Novelle LGBl 2006/61 neu gefasst.

2) Nunmehr ist für die Dauer der Gültigkeit das Ausstellungs- (und nicht mehr das Zustellungs-)datum entscheidend. Maßgeblich ist für Einreichungen, dass sie innerhalb der 18-monatigen Frist erfolgen. Die Bekanntgabe gilt für alle in dieser Frist erfolgten Einreichungen; es spricht aber nichts dagegen, sollte innerhalb dieser Frist eine vorteilhaftere Widmung erfolgt sein, trotz Gültigkeit der Bekanntgabe von der neuen Widmung Gebrauch zu machen (in diesem Sinne VwGH 16.12.2003, 2020/05/1466).

3) Das Rechtsinstitut der Bekanntgabe der Bebauungsbestimmungen stellt ein zusätzliches Verfahren dar, bietet jedoch während der Gültigkeitsdauer der Bekanntgabe einen Rechtsanspruch auf Erteilung der Bewilligung im Rahmen der bekanntgegebenen Bestimmungen, mag sich auch der Bebauungsplan geändert haben oder eine Bausperre verhängt worden sein. S *Hauer*, Das Rechtsinstitut der Fluchtlinienbekanntgabe, ÖGZ 1969, 454–459.

Für die Bekanntgabe enthält das Gesetz keine verkürzte Entscheidungsverpflichtung mehr.

Judikatur

1) Die Beschwerde war deshalb zurückzuweisen, weil der administrative Instanzenzug nicht erschöpft ist, nachdem der Fluchtlinienbekanntgabebescheid gem § 10 Abs 7 BO (jetzt: § 9 Abs 4) im Wege einer Berufung gegen eine Entscheidung über ein Ansuchen um Abteilungs- oder Baubewilligung im administrativen Instanzenzug bekämpft werden kann und nur eine abgesonderte Berufung gegen den Bekanntgabebescheid nicht zulässig ist (VfGH 21.3.1962, Slg 4145).

2) Der Inhalt einer Fluchtlinienbekanntgabe für Abteilungszwecke ist gleich dem Inhalt einer Fluchtlinienbekanntgabe für Bauzwecke: zwischen beiden Bescheiden besteht kein rechtlicher Unterschied (VwGH 27.11.1962, 179/62).

3) Die Gültigkeit der Bekanntgabe der Fluchtlinien und Höhenlage (jetzt: der Bebauungsbestimmungen) endet durch Ablauf der einjährigen (jetzt: 18-monatigen) Frist des § 11 (jetzt: des § 9 Abs 3) der Bauordnung für Wien. Hiezu ist jedoch zu bemerken, daß innerhalb dieses Zeitraumes von einer Bekanntgabe selbstverständlich ohne Rücksicht darauf Gebrauch gemacht werden kann, ob der Bebauungsplan in der Zwischenzeit geändert wurde (VwGH 28.6.1965, 58/64).

4) Die Frage, ob die Fluchtlinienbekanntgabe auch bei einem sehr weitgehend geänderten Vorhaben ihre Gültigkeit behält, ist für den Nachbarn nur insofern von Bedeutung, als ihm durch eine inzwischen eingetretene Änderung der Bebauungsbestimmungen subjektiv-öffentliche Rechte erwachsen, die er nur dann geltend machen kann, wenn für das geänderte Vorhaben auch eine neue Fluchtlinienbekanntgabe einzuholen ist (VwGH 8.5.1967, 1316/66).

5) Der Nachbar kann gegen den Fluchtlinienbescheid nur einwenden, der Bescheid enthalte eine unrichtige Wiedergabe des Inhaltes der wiedergegebenen V (VwGH 15.1.1968, 1334/66).

6) Aus § 9 Abs 4 (jetzt: § 10 Abs 1) erster Satz ergibt sich, daß die im Fluchtlinienbescheid bekanntgegebenen Fluchtlinien und sonstigen Bebauungsbestimmungen für das mit dem Bescheid belegte und rechtzeitig im Sinne des § 11 (jetzt: § 9 Abs 3) eingebrachte Bauansuchen Bauwerber und Baubehörde gleichermaßen binden (VwGH 20.5.1968, Slg 7355/A).

7) Sind Fluchtlinien nicht kotiert, dann sind die im Bebauungsplan dargestellten freizuhaltenden Abstände genau zu ermitteln. Die dabei zu tolerierenden Abweichungen haben sich im Rahmen der Strichstärke bzw jeweils möglichen oder in Betracht kommenden (Meß-)Fehlergrenze zu halten (VwGH 15.6.1976, Slg 9085/A, zum Oö ROG).

8) Hat die im Devolutionsweg zuständig gewordene Bauoberbehörde für Wien die Bebauungsbestimmungen bekanntgegeben, so ist der hierüber ergangene

Bescheid vor dem VwGH anfechtbar. Die Regelung über die Unzulässigkeit einer abgesonderten Berufung steht dem nicht entgegen (VwGH 13.5.1980, 1038/78). Das gilt jetzt wohl auch für das Verwaltungsgericht Wien.

9) Geringe Unterschiede in der Darstellung von Fluchtlinien in Plandokumenten, die beim Druck des Plandokumentes unterlaufen sind, aber die Planungsabsichten erkennen lassen, machen den Bescheid betr Bekanntgabe der Bebauungsbestimmungen nicht rechtswidrig (VwGH 20.12.1994, 94/05/0132, BauSlg 308).

10) Bei der Nachmessung von Fluchtlinien kann von den äußeren Strichkanten ausgegangen werden (VwGH 9.11.1999, 99/05/0026).

11) Nach ständiger Rechtsprechung erwächst dem Bauwerber daraus, daß er innerhalb der einjährigen (jetzt: 18-monatigen) Frist nach Ergehen (bzw Bestätigung) des Bescheides über die Bebauungsbestimmungen – früher die Fluchtlinienbekanntgabe – ein Bauansuchen überreicht hat, ein subjektiv-öffentliches Recht, nach Maßgabe der so bekannten Bebauungsbestimmungen den Bau auch dann auszuführen, wenn nachher eine Änderung der generellen Normen, insbesondere auch die Verhängung einer Bausperre, eingetreten ist (vgl zB Slg 7223/A). Ist eine Bekanntgabe der Bebauungsbestimmungen noch wirksam, steht eine (spätere) Bausperre der Erteilung einer Baubewilligung nicht entgegen (VwGH 14.10.1986, 84/05/0155, Bau-Slg 776). Ebenso: 19.3.1991, 86/05/0107. S auch VwGH 15.2.1994 93/05/0237, BauSlg 25, 16.4.1998, 96/05/0142, BauSlg 83, 23.2.1999, 98/05/0207, BauSlg 30.

Rechtliche Wirkungen der Bebauungsbestimmungen[1)]

§ 10. **(1) Wird einem Ansuchen betreffend**

a) Neu-, Zu- oder Umbauten[2)] oder Herstellung einer fundierten Einfriedung[3)] im Bereich einer Baulinie, Straßenfluchtlinie, Verkehrsfluchtlinie oder Grenzfluchtlinie;
b) bewilligungspflichtige Grundabteilungen;[4)]
c) Umlegungen[5)]

eine gemäß § 9 erteilte rechtswirksame Bekanntgabe der Bebauungsbestimmungen angeschlossen, ist diese für das Vorhaben maßgebend, sofern dieses Gesetz keine Ausnahmen vorsieht.

(2) In allen übrigen Fällen sind die im Zeitpunkt der Antragstellung geltenden Bestimmungen des Bebauungsplanes einzuhalten, sofern dieses Gesetz keine Ausnahmen vorsieht.[6)]

(EB zur Nov LGBl 2006/61)

Eine Verpflichtung zur Einholung und Vorlage einer Bekanntgabe der Bebauungsbestimmungen besteht nicht mehr. Wird eine solche innerhalb von 18 Monaten ab der Ausstellung bei der Einreichung um Bewilligung einer der in Abs 1 genannten Vorhaben vorgelegt, hat sie jedoch – wie nach dem bisherigen § 11 – die rechtliche Wirkung, dass die bekannt gegebenen Bestimmungen des Bebauungsplanes anzuwenden und zwischenzeitlich eingetretene Änderungen daher bis zur Erledigung des Ansuchens unbeachtlich sind. Kommt Abs 1 nicht zur Anwendung, ist gemäß Abs 2 die Rechtslage im Zeitpunkt der Einreichung maßgebend.

Anmerkungen

(Zur dargestellten Judikatur zu den §§ 9, 10 und 12 kann davon ausgegangen werden, dass sie weiter Relevanz besitzt.)

1) § 10 wurde durch die Nov LGBl 2006/61 neu gefasst.

2) Zur Begriffsbestimmung s § 60 Abs 1 lit a.

3) Die Bewilligungspflicht ergibt sich aus § 60 Abs 1 lit b. Fundierte Einfriedungen sind solche, zu deren ordnungsgemäßer Herstellung die Errichtung von Fundamenten erforderlich ist, und zwar entweder ein durchlaufendes Streifenfundament oder Einzelfundamente für die Säulen (Steher). Die Führung der Fundamente in frostfreie Tiefe ist nicht unbedingt nötig.

4) S § 13 Abs 3.

5) S §§ 22 ff.

6) Etwa nach § 69 oder in den Fällen der §§ 71, 71a und 71b. Vgl auch § 68. Die Fälle des § 71c können nicht als normales Bauverfahren angesehen werden.

Judikatur

1) Vgl die E zu § 5 und § 9.

Gültigkeitsdauer der Bekanntgabe der Bebauungsbestimmungen

§ 11. *entfällt; LGBl 2006/61 vom 15.12.2006*

Aussteckung der Fluchtlinien

§ 12. Vor Beginn der Errichtung eines Neu-, Zu- oder Umbaus oder der Herstellung einer fundierten Einfriedung im Bereich einer Baulinie, Straßenfluchtlinie, Verkehrsfluchtlinie oder Grenzfluchtlinie ist durch einen nach den für die Berufsausübung maßgeblichen Vorschriften Berechtigten die Aussteckung dieser Fluchtlinien vorzunehmen. Über die Aussteckung ist ein Absteckprotokoll mit Skizze zu verfassen, das vom Bauwerber der Behörde zur Information in elektronischer Form zu übermitteln ist.[1)]

Anmerkung

1) Die Aussteckung können jetzt etwa auch Baumeister oder Technische Büros vornehmen. Ein beachtliches Fehlerpotential ist damit vorprogrammiert. Der Bauwerber wird nicht immer in der Lage sein, die Behörde elektronisch zu informieren; dies ist der Behörde offenbar egal. Wieso nicht gleichzeitig auch die Höhenlage auszustecken ist, bleibt ein Rätsel. Dies wird im § 54 Abs 10 dem zur Gehsteigherstellung Verpflichteten aufgetragen. Die faktische Amtshandlung der Aussteckung ist nicht zu verwechseln mit der Darstellung der Höhenlage in den Bauplänen gem § 64 Abs 1 lit a.

2. Teil
Änderung von Liegenschaftsgrenzen

A. ABTEILUNGEN

Abteilung

§ 13. **(1) Abteilungen sind bewilligungs- oder anzeigepflichtig.[1)]**

(2) Bewilligungspflichtig ist:

a) die Schaffung von Bauplätzen, Baulosen, Kleingärten oder Teilen von solchen, gleichgültig, ob dies ausdrücklich beantragt wird oder aus der Gestalt und Größe der Grundstücke oder aus sonstigen Gründen angenommen werden kann, dass eine solche beabsichtigt ist;[2)]

b) die Veränderung von Bauplätzen, Baulosen, Kleingärten oder von Teilen von solchen oder einer sonstigen bebauten Liegenschaft;[3)4)]

c) die Übertragung von Grundstücken oder Grundstücksteilen in das öffentliche Gut;

d) die Veränderung von Grundstücken im Wald- und Wiesengürtel und in Parkschutzgebieten.[5)]

(3) Anzeigepflichtig sind Veränderungen im Gutsbestand eines Grundbuchskörpers durch Zu- oder Abschreibung von Grundstücken oder Grundstücksteilen, sofern keine Bewilligungspflicht besteht. Ist eine angezeigte Abteilung bewilligungspflichtig, hat die Behörde ein Bewilligungsverfahren einzuleiten.[6)]

(4) Werden durch die Abteilung Bauplätze, Baulose oder Kleingärten geschaffen, sind diese bei deren grundbücherlicher Durchführung im Grundbuch anzumerken. Bei Bauplätzen, Baulosen oder Kleingärten, die gemäß § 66 bewilligt wurden, hat die Behörde, ansonsten der Abteilungswerber, deren Anmerkung im Grundbuch zu veranlassen.

(5) Wird eine Abteilung entgegen der Vorschrift des Abs. 4 oder nicht entsprechend dem Bescheid grundbücherlich durchgeführt, so steht dem Magistrat das Recht des Rekurses zu.[7)]

(EB zur Nov LGBl 2009/25)

Die Regelung des Abs. 2 lit. a über die Schaffung „vermuteter Bauplätze" oder dergleichen auf bisher land- und forstwirtschaftlichen Zwecken dienenden Flächen wird aus systematischen Gründen in den § 16 Abs. 5 (bisher: Abs. 6) aufgenommen. Im Übrigen wird § 13 einfacher gefasst.

Anmerkungen

1) Mit der Nov LGBl 2009/25 wurde § 13 neu textiert. Damit ist auch die Definition der (Grund-)Abteilung entfallen. Diese auch materiell-rechtlich bedeutsame Änderung stellt klar, dass jetzt auch Änderungen innerhalb einer Grundbuchseinlage nach Maßgabe des Abs 2 bewilligungspflichtig sind.

2) Sog „vermuteter Bauplatz".

3) Vgl hiezu die Begriffsbestimmung des § 14.

4) Unter Liegenschaft ist hier der zu einer wirtschaftlichen Einheit zusammengefasste Gutsbestand eines Grundbuchskörpers zu verstehen. Die Veränderung einer bebauten Liegenschaft ist deswegen genehmigungspflichtig, weil durch die Abschreibung von Grundflächen für die Baubestände auf einer solchen Liegenschaft bauordnungswidrige Zustände entstehen können.

5) Nach dem Wiener Umweltschutzgesetz (LGBl 1993/25 idgF) hat bei Abteilungsbewilligungen nach § 13 Abs 2 lit d die Wiener Umweltanwaltschaft Parteistellung.

6) Dies soll offensichtlich mit einer Verfahrensanordnung geschehen. Dies ist im Hinblick auf den Parteiwillen ein bedenklicher Vorgang, zumal ja nicht auszuschließen ist, dass auch die Behörde irrt. Dass hier kein Bescheid erlassen wird und der Partei dadurch unwirtschaftliche Aufwendungen entstehen, dürfte die Regelung verfassungsrechtlich bedenklich erscheinen lassen. Darüber hinaus sind keine Entscheidungsfristen mehr vorgesehen. Kann man dies im Fall des Entfalls der § 13 Abs 4 idF vor der Nov LGBl 2009/25 als realistisch ansehen, weil die Frist des § 73 AVG gilt, ist für die Kenntnisnahme (Nichtzurkenntnisnahme) einer angezeigten Zu- bzw Abschreibung keine Frist vorgesehen. Da hier wohl § 73 AVG nicht angewendet werden kann (es wird ja nichts beantragt), besteht keine Pflicht zum behördlichen Handeln; dies ist im Hinblick auf die jederzeit mögliche Konsequenz des Abs 3 zweiter Satz nicht unproblematisch.

7) Die verfassungsrechtliche Deckung dieser Bestimmung findet sich in Art 15 Abs 9 B-VG.

Judikatur

1) Grundflächen, die als Bauplätze oder Bauplatzteile von der Behörde nicht genehmigt wurden, besitzen nicht die rechtliche Qualifikation eines Bauplatzes oder Bauplatzteiles, selbst wenn sie allen Anforderungen entsprechen, die an einen Bauplatz oder Bauplatzteil gestellt werden (VwGH 31.1.1961, 535/59).

2) Die Rechtswirkungen eines Bescheides können nur nach dessen Inhalt beurteilt werden; enthält daher ein Baubewilligungsbescheid keinen Hinweis auf eine gleichzeitige Genehmigung des Bauplatzes, so kann eine solche auch nicht als erteilt angesehen werden (VwGH 28.1.1958, 749/56).

3) Dem Umstand, daß die abzuschreibenden Teilflächen bereits seit Jahren bestehen, kommt eine rechtliche Bedeutung für die Beurteilung der baurechtlichen Zulässigkeit des Parteienantrages nicht zu, denn die rechtlichen Voraussetzungen müssen nach dem Zeitpunkt der Bescheiderlassung beurteilt werden (VwGH 29.3.1960, 1385 und 1396/58, 1589 und 1590/59).

4) Die Schaffung von Bauplätzen (Kleingartenflächen) in einem Gebiet, für das die Widmung Wald- und Wiesengürtel festgesetzt ist, kann aus dem Umstand erschlossen werden, daß eine Grundfläche, die abgeschrieben werden soll, bereits mit einem, wenn auch baubehördlich nicht genehmigten Gebäude bebaut ist. Die Versagung einer Baugenehmigung ist daher nicht rechtswidrig (VwGH 6.7.1961, 173/61).

5) Der sachenrechtliche Begriff „Liegenschaft" muß nicht mit dem baurechtlichen Begriff „Bauplatz" übereinstimmen (VwGH 10.10.1989, 89/05/0032). In einer EZ (Liegenschaft) können oft viele, auch räumlich voneinander getrennte Grundstücke zusammengefaßt sein.

6) Abteilungswerber ist jedenfalls derjenige, der einen Antrag auf Bewilligung der Schaffung eines Bauplatzes, der die Veränderung im Gutsbestand eines Grundbuchskörpers bedingt, eingebracht hat. Mit dem Ansuchen um Abschreibung eines bestimmten Grundstückes in das öffentliche Gut unter gleichzeitigem Antrag auf Einleitung eines Enteignungsverfahrens wird die Voraussetzung für die Veränderung im Gutsbestand eines bestimmten Grundbuchskörpers zwecks Schaffung eines Bauplatzes geschaffen (VwGH 27.11.1990, 90/05/0128).

7) Ein Antrag auf nachträgliche Genehmigung der Nichteinhaltung einer Auflage stellt sich als ein Ansuchen dar, das die Aufrollung einer bereits rechtskräftig entschiedenen Sache bezweckt. Die Bewilligung der Teilung des Bauplatzes ist mit der darin enthaltenen Alternativ-Auflage, deren Entfernung die Beschwerdeführer mit dem der Beschwerde zugrundeliegenden Antrag aus dem Bewilligungsbescheid bezwecken, untrennbar verbunden (vgl hiezu das hg Erkenntnis vom 7. Mai 1991, Zl 91/07/0039) (VwGH 18.2.1997, 97/05/0020, zur BO f OÖ).

8) Das zurückzustellende Grundstück ist somit nur dem Eigentümer jenes Bauplatzes zurückzustellen, dessen Liegenschaft seinerzeit anlässlich der Schaffung dieses Bauplatzes mit der Grundabtretungsverpflichtung belastet war. Dies deshalb, weil sich nach dem Wortlaut und Sinn der Bestimmungen des § 58 BO der dort gewährleistete Rückstellungsanspruch auf Grundflächen beschränkt, die seinerzeit zwecks Baureifmachung von Bauplätzen abgetreten wurden, wobei es sich um einen sachbezogenen, öffentlich-rechtlichen, durch zivilrechtliche Vereinbarungen nicht veränderbaren, und nicht um einen personenbezogenen Anspruch handelt (vgl das hg Erkenntnis vom 20. Juli 2004, Zl 2001/05/1126, mwN).

Nicht von Relevanz ist hingegen, ob die abzutretenden Flächen seinerzeit erst vom Abtretungsverpflichteten zwecks Abtretung erworben werden mussten – gegebenenfalls im Enteignungsweg, vgl § 39 Abs 5 BO (alt) – bzw ob sie vom seinerzeit Abtretungsverpflichteten selbst oder direkt von einem von ihm verschiedenen damaligen Eigentümer der abzutretenden Flächen der Gemeinde übereignet wurden. Es ist bloß von Bedeutung, welche Liegenschaft im Jahr 1939 mit der Verpflichtung zur Grundabtretung, die für die damals geplante Verkehrsfläche zu erfolgen hatte, belastet war (VwGH 14.12.2004, 2003/05/0185).

9) Die Verpflichtung zur Einbeziehung einer selbständig nicht bebaubaren Restfläche (Ergänzungsfläche) besteht lediglich bei der Schaffung eines Bauplatzes, nicht jedoch auch bei einer Veränderung eines bereits bestehenden Bauplatzes (VwGH 16.2.2017, Ro 2015/05/0001).

10) S auch E zu den §§ 15, 16 und 58.

Unbebaute Grundflächen, Begriffsbestimmung

§ 14. Grundflächen, die gegen Widerruf[1] oder unbefugt bebaut worden sind, gelten als unbebaut.[2)3)]

(EB zur Nov LGBl 2009/25)

§ 14 wird einfacher gefasst. Bemerkt wird, dass die Bestimmung auf andere Gesetze nur dann anwendbar ist, wenn diese eine subsidiäre Geltung der BO vorsehen; dies ist etwa beim Gesetz über Kanalanlagen und Einmündungsgebühren nicht der Fall.

Anmerkungen

1) Im Sinne des § 71. Befristet bebaute Grundflächen gelten daher als bebaut.

2) Der Bestimmung kommt vor allem Bedeutung bei der Festsetzung der Höhe der Entschädigung bei Beschränkung oder Entziehung des Eigentums nach § 57 zu. Sie ist jedoch auch in allen anderen Fällen anzuwenden, in welchen von bebauten Liegenschaften die Rede ist (zB § 17 Abs 1). Als bebaut müssen aber auch Gründe (Liegenschaften) angesehen werden, für deren Baubestände die Vermutung des konsensgemäßen Bestandes spricht. S hiezu die E zu § 129 Abs 10.

3) Vgl jedoch § 57 Abs 4 lit a.

Erfordernisse der Anzeige und des Antrages[1)]

§ 15. (1) Dem Antrag um Abteilungsbewilligung und der Abteilungsanzeige sind beizulegen:

1. *entfällt; LGBl 2014/25 vom 15.7.2014*[2)]
2. ein Teilungsplan; ein solcher ist nicht erforderlich, wenn nur ganze Grundstücke betroffen sind;
3. die schriftliche Zustimmung der Eigentümer (aller Miteigentümer) der von der Abteilung erfassten Grundstücke;
4. bei Bestehen der Verpflichtung zur unentgeltlichen Abtretung von Grundflächen, die im Eigentum eines Dritten stehen, ins öffentliche Gut (§ 17 Abs. 4) eine Erklärung des verpflichteten Eigentümers (aller Miteigentümer), ob diese Flächen erworben werden oder hiefür eine Geldleistung gemäß § 17 Abs. 4a entrichtet wird;[3)]
5. die Darstellung der für die Beurteilung des Abteilungsvorhabens relevanten Flächenwidmungs- und Bebauungsbestimmungen sowie der für die Beurteilung von Abtretungs- und Einbeziehungsverpflichtungen erforderlichen Fluchtlinien.

(2) Der Teilungsplan hat zu enthalten:

1. eine Darstellung der abzuteilenden Grundstücke und deren Umgebung nach der Katastralmappe sowie der darauf befindlichen, für die Beurteilung der Abteilung relevanten Bauwerke;
2. die Bemaßung[4)] der Grundgrenzen der von der Abteilung betroffenen Grundstücke;
3. die Grundflächen, für die gemäß § 17 Abs. 1 eine Abtretungsverpflichtung besteht, und deren Ausmaße bezogen auf die verpflichteten Grundstücke;
4. eine Gegenüberstellung der Flächen und des Grundbuchsstandes der Grundstücke vor und nach der Abteilung sowie die Bezeichnungen entsprechend der Flächenwidmung;[4)]
5. die Darstellung der für die Beurteilung von Abtretungs- und Einziehungsverpflichtungen erforderlichen Fluchtlinien.

(2a) Die Behörde kann dem Abteilungswerber für die Beurteilung der Einhaltung der Abstände gemäß § 79 Abs. 3 auftragen, die jeweils maßgebliche Gebäudehöhe sowie den Abstand zwischen dem Gebäude und der Nachbargrenze im Teilungsplan anzugeben.[4a)]

(3) Der Teilungsplan hat den gesetzlichen Vorschriften über die Verfassung von Teilungsplänen zu entsprechen.[5)] Er ist im Maßstab 1 : 500 oder in einem größeren Maßstab zu verfassen; er darf im Maßstab 1 : 1 000 verfasst werden, wenn seine Lesbarkeit in allen rechtlich erheblichen Einzelheiten voll erhalten bleibt. Der Stand vor der Abteilung ist in schwarzer Farbe, jener nach der Abteilung in roter Farbe darzustellen. Der Teilungs-

plan ist in elektronischer Form zu übermitteln. Die Behörde kann aus technischen oder organisatorischen Gründen die Vorlage von einem oder mehreren Exemplaren des Teilungsplans in Papierform verlangen. Diese müssen aus haltbarem Material, gut lesbar und nach einem Druck- oder Zeichenverfahren oder einem gleichwertigen Verfahren hergestellt sein.

(EB zur Nov LGBl 2018/69)

Im Hinblick darauf, dass Teilungspläne im Geschäftsregister der Vermessungsbehörde gespeichert werden können und in diesem Fall ein Verweis im Grundbuchsantrag auf die Speicherung des Plans in diesem Register ausreicht (§ 10 Abs. 2 ERV 2006), sowie auf Grund des Umstandes, dass die mit Teilungsverfahren befassten Dienststellen des Magistrats auf ein internes Teilungsplanarchiv zugreifen können, kann die Zahl der gemäß Abs. 1 Z 2 dem Antrag um Abteilungsbewilligung beizulegenden (analogen) Ausfertigungen des Teilungsplanes verringert werden.

Die Ergänzung des Abs. 2 erfolgt im Hinblick auf die Erfahrungen der Praxis, wonach bisweilen die zur Beurteilung von Abtretungs- und Einbeziehungsverpflichtungen erforderlichen Fluchtlinien aus den Teilungsplänen nicht ersichtlich sind.

Anmerkungen

1) § 15 wurde mit der Nov LGBl 2009/25 neu gefasst. Abs 1 und 2 geändert mit der Nov LGBl 2018/69. Mit der BO-Nov 2023, LGBl 2023/37 vom 13.12.2023 wurden Abs 1 Z 2 und 5 sowie Abs 3 zur Beschleunigung und Vereinfachung von Grundabteilungsverfahren und wegen der zunehmenden Verlagerung auf elektronische Einbringungsformen neu gefasst.

2) Mit Nov LGBl 2014/25 entfällt die verpflichtende Vorlage eines Grundbuchsauszuges, die Behörde kann selbst auf das öffentliche Grundbuch zugreifen. Eine Weiterverrechnung von Gebühren ist aber möglich.

3) Die Entrichtung einer Geldleistung wird für einen Abteilungswerber nur dann sinnvoll sein, wenn das zur Abtretung bestimmte Grundstück nicht die tatsächliche Verbindung mit dem ausgebauten Straßennetz zunichte macht (vgl § 19 Abs 1 lit c). Eine Enteignungsmöglichkeit derartiger Flächen besitzt ja ein Abteilungswerber nicht mehr.

4) Dieser in der österreichischen Baurechtslegistik praktisch unbekannte Begriff beinhaltet nach Wikipedia:

„Bemaßungen werden auf einer technischen Zeichnung, oder in CAD-Programmen (2D, 3D) in Zahlen angegeben.

Die im Allgemeinen verwendete Maßeinheit (Millimeter, in der Architektur auch Meter) muß nicht angegeben werden.

Die eigentliche Maßzahl wird als Nennmaß bezeichnet. Werden dem Nennmaß keine weiteren Zusätze angefügt, gilt eine *Allgemeintoleranz*, die im Schriftfeld festgelegt ist."

4a) Eingefügt mit Nov 2021, LGBl 2021/70. Siehe Art V Abs 7. Vgl hiezu auch die Ausführungen zu § 79 Abs 3.

5) Vgl hiezu das Vermessungsgesetz v 3.7.1968, BGBl 306, idgF, die V BGBl II 2010/115 idgF, sowie das Liegenschaftsteilungsgesetz vom 19.12.1929, BGBl 1930/3, idgF.

Judikatur

1) Konnten Abteilungswerber die Zustimmung der Stadt Wien zur Teilung einer unentgeltlich ins öffentliche Gut abgetretenen Grundfläche, die dem Abtretungszweck der Verbreiterung einer Straße nicht zugeführt worden ist, trotz eines Verbesserungsauftrages nicht beibringen, hat die Behörde entsprechend der Rechtslage zu Recht den Antrag der Abteilungswerber zurückgewiesen. Auf die Frage der Verpflichtung der Stadt Wien zur Zurückstellung der Grundfläche war nicht einzugehen (VwGH 23.3.1999, 96/05/0297, BauSlg 48).

2a) Von der beantragten Abteilungsbewilligung sind nach den vorgelegten Teilungsplänen ua die Grundstücke Nrn 656/3 und 656/11 in der EZ 915 der KG Grinzing erfasst, welche unbestritten im Eigentum der Stadt Wien stehen. Teile dieser Grundstücke sollen einer anderen EZ zugeschrieben werden. Aus § 15 Abs 1 zweiter Satz BO lässt sich nicht ableiten, dass das Erfordernis der Zustimmung nicht für im Eigentum der Stadt Wien stehende Grundflächen gilt. Die schriftliche Zustimmung der Stadt Wien zum Grundabteilungsantrag war daher gem § 15 Abs 1 zweiter Satz BO erforderlich.

2b) Die Begründung des Gemeingebrauchs, die einer im Eigentum einer Gebietskörperschaft stehenden Liegenschaft die Qualifikation eines öffentlichen Gutes verleiht, bedarf eines besonderen Widmungsaktes. Die nötige Widmung kann durch Gesetz, durch Erklärung der zuständigen Verwaltungsbehörde, aber auch durch eine der Ersitzung entsprechende langandauernde Übung erfolgen. Es ist also möglich, dass an einer im Grundbuch nicht als öffentliches Gut ausgewiesenen Liegenschaft Gemeingebrauch besteht und die Liegenschaft daher zum öffentlichen Gut zählt (vgl zB den Beschluss des OGH vom 31. März 2003, 5 Ob 44/03m, und die bei *Dittrich/Tades*, ABGB I, 36. Auflage, S 447 f unter E 23a ff zitierte Rechtsprechung; ferner *Spielbüchler* in Rummel, ABGB I^3, Rz 4 zu § 287 ABGB; *Klang* in Klang II^2, zu §§ 287 f ABGB; vgl. auch bereits das hg Erkenntnis vom 14. Oktober 1926, Slg Nr 14.482/A). Sollte jedoch – wenn auch nicht intabuliert – öffentliches Gut mit Nutzungen im Sinne des Bebauungsplanes schon rechtswirksam bestehen, käme eine Verpflichtung zur „Übertragung" in das öffentliche Gut im Sinne des § 17 BO nicht (mehr) in Frage (VwGH 14.12.2004, 2003/05/0194).

3) Die einem Antrag um Abteilungsbewilligung gem § 15 Abs 1 BO anzuschließende schriftliche Zustimmungserklärung der Eigentümer (aller Miteigentümer) der von der Grundabteilung erfassten Grundstücke ist ein Beleg der Einreichung, dessen Fehlen einen Mangel im Sinne des § 13 Abs 3 AVG begründet (vgl hiezu das hg Erkenntnis vom 14. Dezember 2004, Zl 2003/05/0194). Die einem Antrag um Abteilungsbewilligung gem § 15 Abs. 1 BO anzuschließende schriftliche Zustimmungserklärung der Eigentümer (aller Miteigentümer) der von der Grundabteilung erfassten Grundstücke ist somit wie die Zustimmung des Eigentümers (aller Miteigentümer) im Sinne des § 63 Abs 1 lit c BO zu beurteilen (vgl hiezu das hg Erkenntnis vom 23. März 1999, Zl 96/05/0297).

Auch für eine solche Anzeige gilt daher, dass das Vorliegen der Zustimmung der Eigentümer nach zivilrechtlichen Vorschriften zu beurteilen ist und die Zustimmung durch Beschluss oder Urteil des Gerichtes ersetzt werden kann. Solche Gerichtsentscheidungen ersetzen die Zustimmung des Grundeigentümers dann, wenn sie die Feststellung der Verpflichtung zur Zustimmung in einem der Rechtskraft fähigen Sinn und in einer Weise einschließen, die die Anwendbarkeit des § 367 Exekutionsordnung ermöglicht (vgl hiezu das hg Erkenntnis vom 20. Juli 2004, Zl 2003/05/0150). Gleiches hat für gerichtliche Vergleiche zu gelten. Vergleiche, welche über zivilrechtliche Ansprüche vor Zivil- oder Strafgerichten abgeschlossen wurden, sind Exekutionstitel im Sinne des § 1 Z 5 Exekutionsordnung. § 367 Abs 1 Exekutionsordnung stellt rechtskräftige Urteile ausdrücklich anderen Exekutionstiteln gleichen Inhaltes gleich. Hat ein Miteigentümer in einem gerichtlichen Vergleich eine Zustimmung zur Abteilungsanzeige erteilt oder dem Antrag auf Abteilungsbewilligung zugestimmt, kann er vor der Behörde diese Zustimmung auch nicht mehr widerrufen (vgl. hiezu das hg Erkenntnis vom 23. April 1987, Zl 86/06/0153) (VwGH 29.1.2008, 2007/05/0146).

4) S auch E zu §§ 13, 16, 17 und 58.

Beurteilung des Abteilungsvorhabens

§ 16. **(1) Bei Schaffung und Veränderung von Bauplätzen, Baulosen, Kleingärten oder Teilen von solchen sind die Bestimmungen des Bebauungsplanes einzuhalten. Bauplätze müssen unmittelbar, Baulose unmittelbar oder mittelbar über Aufschließungswege an eine vorgesehene öffentliche Verkehrsfläche[1)] angrenzen und eine solche Gestalt und Größe erhalten, dass auf ihnen und auf den angrenzenden Liegenschaften den Anforderungen dieses Gesetzes und des Bebauungsplanes entsprechende Gebäude errichtet werden können. Bleiben bei der Schaffung oder Veränderung von Bauplätzen, Baulosen oder Kleingärten selbständig nicht bebaubare Restflächen bestehen (Ergänzungsflächen), die nicht zur Baureifgestaltung anderer Grundstücke vorbehalten werden müssen, ist der Antragsteller verpflichtet, diese Ergänzungsflächen in seine beabsichtigten Bauplätze, Baulose oder Kleingärten einzubeziehen, und der Eigentümer dieser Flächen verpflichtet, sie gegen Entschädigung abzutreten[2)]. Diese**

Flächen müssen dann nicht oder nicht zur Gänze vom Antragsteller einbezogen werden, wenn ihre Einbeziehung in einen Bauplatz, ein Baulos oder einen Kleingarten künftig möglich ist. Die seitlichen Grenzen von Bauplätzen und Baulosen sollen möglichst senkrecht zur Achse der öffentlichen Verkehrsfläche bzw. des Aufschließungsweges verlaufen.[3)]

(2) Die Größe eines Bauplatzes soll unbeschadet einer Festsetzung im Bebauungsplan nach § 5 Abs. 4 lit. v mindestens 500 m^2, die eines Bauloses mindestens 250 m^2 betragen.[4)] Unterschreitungen der Sollgröße für Baulose und wesentliche Unterschreitungen der Sollgröße für Bauplätze sind nur dann zulässig, wenn dies aus berücksichtigungswürdigen Gründen erforderlich ist. Sofern die den Baulosen vorgelagerten Teilflächen der Aufschließungswege (Trennstücke) nicht in eine eigene, gemeinsame Einlage gelegt werden, sind sie der jeweiligen Einlage des angrenzenden Bauloses zuzuschreiben, dürfen aber dem Flächenausmaß des Bauloses nicht zugerechnet werden. Bauplätze und Baulose dürfen mit der Verkehrsfläche beziehungsweise einem Aufschließungsweg auch durch einen Verbindungsstreifen (Fahne) verbunden werden, wenn der Bebauungsplan die Bebauung der als Verbindungsstreifen vorgesehenen Grundfläche nicht zwingend vorschreibt. Die Breite des Verbindungsstreifens muß mindestens 3 m betragen. Ein mindestens 1 m breiter Teil des Verbindungsstreifens muß zu jedem der Bauplätze oder Baulose gehören.[5)] Die Herstellung und Erhaltung des Verbindungsstreifens (der Fahne) obliegt den Eigentümern; diese haben die Benützung sowie die Herstellung und Erhaltung sämtlicher Ver- und Entsorgungsleitungen der zugehörigen Bauplätze oder Baulose auf der Fahne gegenseitig zu dulden. Ein Bauplatz, ein Baulos oder ein Kleingarten darf nicht zwei oder mehrere Grundbuchskörper umfassen, wobei ein Bauplatz oder Baulos zur Gänze im Bauland, ein Kleingarten zur Gänze im Kleingartengebiet oder im Kleingartengebiet für ganzjähriges Wohnen liegen muß. Im Zusammenhang mit einem bestehenden Baurecht oder wenn die Flächenwidmungspläne und Bebauungspläne für verschiedene übereinander liegende Räume desselben Plangebietes gesonderte Bestimmungen enthalten oder wenn zu Zwecken der Überbauung von Bahnanlagen, der Errichtung von Tiefgaragen oder dergleichen Teile des Bauplatzes mit einem Baurecht zu belasten sind, darf ein Bauplatz auch mehrere Grundbuchskörper umfassen. Kein Gebäude darf die Grenzen eines Bauplatzes, Bauloses oder Kleingartens unbeschadet der zulässigen oder gebotenen Bebauung von Teilen des öffentlichen Gutes überragen. Abteilungen sind nicht zulässig, wenn sie bewirken, dass in Bezug auf rechtmäßig bestehende Bauwerke gesetzliche Bauvorschriften oder Vorschriften des Bebauungsplanes nicht mehr eingehalten würden.[8)]

(3) Aufschließungswege im Gartensiedlungsgebiet müssen mindestens 3 m breit sein und mit der öffentlichen Verkehrsfläche unmittelbar verbunden

sein; die Verbindung zur öffentlichen Verkehrsfläche darf auch über Grundflächen, die für die Errichtung von Gemeinschaftsanlagen zur Einstellung von Kraftfahrzeugen freizuhalten sind oder der Errichtung von baulichen Anlagen zum Einstellen von Kraftfahrzeugen vorbehalten bleiben (§ 5 Abs. 4 lit. t) erfolgen. Befahrbare Aufschließungswege im Gartensiedlungsgebiet müssen mindestens 6 m breit sein und bei Richtungsänderungen einen äußeren Radius von mindestens 10 m zulassen. Die Herstellung, Erhaltung, Beleuchtung und Reinigung der Aufschließungswege obliegt ihren Eigentümern; § 53 Abs. 2 gilt sinngemäß. Die Eigentümer haben auf diesen Aufschließungswegen den öffentlichen Verkehr sowie die Herstellung, Erhaltung und Benützung von Aufschließungsleitungen im Bereich derselben zu dulden. Die seitlichen Grundgrenzen von Baulosen müssen möglichst senkrecht zur Achse der Aufschließungswege verlaufen. Die Grenzen der Baulose gegenüber den Aufschließungswegen müssen aufeinander so abgestimmt sein, daß sich eine geordnete Gestaltung der Anlage des Aufschließungsweges ergibt; diese muß die zweckmäßige Benützung des Aufschließungsweges und die zweckmäßige Herstellung, Erhaltung und Benützung von Aufschließungsleitungen sicherstellen.

(4) Die Übertragung von Grundstücken oder Teilen in das öffentliche Gut ohne Schaffung oder Veränderung von Bauplätzen, Baulosen oder Kleingärten oder Teilen von solchen ist nur zulässig, wenn Verkehrsflächen im Bebauungsplan vorgesehen sind und die Stadt Wien zustimmt.

(5) Abteilungen sind nicht zulässig, wenn durch sie von bisher land- oder forstwirtschaftlichen Zwecken dienenden Grundflächen eine oder mehrere Grundflächen geschaffen werden, die sich nach Gestalt und Größe für diese Zwecke offenbar nicht mehr eignen.[6)]

(6) Abteilungen im Wald- und Wiesengürtel und im Parkschutzgebiet sind nicht zulässig, wenn durch sie deren Erhaltung bzw. die widmungsgemäße Verwendung beeinträchtigt werden könnte oder wenn aus der Gestalt und Größe der Trennstücke aus anderen Umständen angenommen werden kann, daß die Schaffung von Grundstücken beabsichtigt ist, die Bauplätzen, Baulosen, Kleingärten oder Teilen von solchen gleichkommen.[7)]

(EB zur Nov 1976)

Durch die neu gefaßten Bestimmungen über die Schaffung der Bauplätze und Baulose wird unter einem dafür Vorsorge getroffen, daß im Bauland keine Restflächen zurückbleiben, die unbrauchbar oder wirtschaftlich nicht verwertbar sind.

Es wird daher die sich bisher aus § 40 der Bauordnung für Wien über die Enteignung von Baumasken und Ergänzungsflächen ergebende Verpflichtung der Anrainer zur Abtretung von Baumasken und Ergänzungsflächen und zu deren Einbeziehung in den zu schaffenden Bauplatz erweitert und normiert, daß bei der Schaffung der Bauplätze und Baulose unbebaubare Restflächen in die zu schaffenden Bauplätze und Baulose einzubeziehen sind. Die terminologische Unterscheidung der Baumasken und Ergänzungsflächen wird durch die Neuregelung nicht beibehalten, da für beide bisherige Arten der Restflächen kein materieller beziehungsweise qualitativer Unterschied besteht. Dem Eigentümer dieser Restflächen wird unter einem expressis verbis die Verpflichtung auferlegt, diese Grundflächen zur Einbeziehung in den Bauplatz bzw. in das Baulos gegen Entschädigung dem Anrainer abzutreten. Da auch der Fall eintreten könnte, daß bei Schaffung eines Bauplatzes oder Bauloses eine nicht unmittelbar angrenzende Grundfläche unter bestimmten Voraussetzungen als unbebaubare Restfläche zurückbliebe, ist der Tatbestand entsprechend weit gefaßt, um den gewünschten Erfolg herbeizuführen. Die Festsetzung der für die einzubeziehenden Grundflächen zu leistenden Entschädigung ist nicht Gegenstand des Grundabteilungsverfahrens, sondern bleibt primär der freien zivilrechtlichen Vereinbarung der Vertragspartner vorbehalten. Dem zur Einbeziehung der Restflächen Verpflichteten wird jedoch durch die Bestimmung des § 42 unter bestimmten Voraussetzungen ein Zwangsrecht zur Seite gestellt, um gewährleisten zu können, daß er einerseits seine Verpflichtung erfüllen und andererseits der vom Gesetz geforderte Zustand herbeigeführt werden kann.

Die Mindestfläche der Bauplätze (§ 16 Abs. 2) wird mit grundsätzlich 500 m² beibehalten; ... das festgelegte Ausmaß von 500 m² darf jedoch nur dann unterschritten werden, wenn das Grundstück so figuriert ist, daß es eine der Bauklasse, der Bauweise und den sonstigen Bestimmungen der Bauordnung für Wien entsprechende Bebauung zuläßt.

Der wesentliche Unterschied zwischen den Bauplätzen einerseits und den allein im Gartensiedlungsgebiet zulässigen Baulosen andererseits liegt nicht nur in ihrer unterschiedlichen Mindestgröße, sondern vielmehr in ihrer Situierung an den öffentlichen Verkehrsflächen. Während ein Bauplatz wie bisher stets unmittelbar mit den öffentlichen Verkehrsflächen verbunden sein muß, genügt es im Gartensiedlungsgebiet, daß die Baulose mit den öffentlichen Verkehrsflächen (dem öffentlichen Gut) nur über Aufschließungswege mittelbar verbunden sind.

(EB zur BO-Nov 2023, LGBl 2023/37)

Bei den festgelegten **Mindestgrößen für Bauplätze und Baulose in Abs. 2** erster Satz handelt es sich um „Sollgrößen", die in begründeten Ausnahmefällen unterschritten werden dürfen. Eine Unterschreitung ist grundsätzlich dann möglich, wenn die Konfiguration des Grundstücks eine der Bauklasse, Bauweise und den sonstigen Bestimmungen entsprechende Bebauung zulässt, welche auch mit den Zielen der Stadtplanung vereinbar ist.

Gerade die Unterschreitung der gesetzlichen Mindestgröße von Baulosen hat strengen Maßstäben zu folgen, und auch jener von Bauplätzen sind Grenzen gesetzt, die sich nicht in der bloßen selbstständigen Bebaubarkeit erschöpfen. Da eine entsprechende Klarstellung in § 16 Abs 2 in der bisher geltenden Fassung fehlte, war das Gesetz dahingehend anzupassen. Unter Orientierung an der für Kleingärten geltenden Regelung (vgl. § 5 Abs 3 WKlG 1996) ist auch für Baulose eine Unterschreitung der Sollgröße zwar nicht generell untersagt, alle Unterschreitungen erfordern das Vorliegen berücksichtigungswürdiger Gründe. Gleiches gilt für wesentliche Unterschreitungen der Sollgröße für Bauplätze. Berücksichtigungswürdige Gründe liegen im Wesentlichen dann vor, wenn die Schaffung eines größeren Bauplatzes bzw. Bauloses gar nicht oder nur unter unzumutbaren Umständen möglich ist. Diese Unterschreitungsmöglichkeit dient vornehmlich dem Zweck, grundstückstechnisch oder rechtlich ausweglose Situationen bzw. außergewöhnliche Härten zu vermeiden; die wirtschaftliche Verwertbarkeit der Flächen stellt dabei kein Kriterium dar, das für eine Unterschreitung sprechen kann.

Ab welchem Ausmaß eine wesentliche Unterschreitung der Bauplatzgröße vorliegt, hängt von der Gesamtbetrachtung ab. IdR ist davon auszugehen, dass Unterschreitungen um mehr als 25–30% der Sollgröße jedenfalls als wesentlich anzusehen sind. Die Behörde hat eine Abwägung vorzunehmen. Sofern gewichtige Gründe dagegensprechen, wird Abteilungen die Genehmigung zu verweigern sein.

Der Beurteilungsrahmen ist grundsätzlich ein beweglicher – je kleiner die beantragte Bauplatz- bzw. Baulosgröße ist, desto bedeutender müssen die Gründe sein, die für deren Zulässigkeit sprechen. Im Rahmen einer Gesamtbetrachtung sind dabei stets auch die örtlichen Umstände und die Vereinbarkeit mit den Zielen der Stadtplanung zu berücksichtigen.

Mit LGBl. für Wien Nr. 1993/49 wurde die Möglichkeit eingeführt, unter bestimmten Umständen vom Grundsatz, dass Bauplätze nicht mehr als einen Grundbuchskörper umfassen dürfen, abzuweichen. Damit sollte bei infrastrukturell bedingten Besonderheiten, wie der Überbauung von Bahnanlagen oder der Errichtung von Tiefgaragen, Abhilfe geschaffen werden. Da derartige Vorhaben oftmals mit der Einräumung eines Baurechts zusammenhängen, welches die Schaffung einer gesonderten Baurechtseinlage erfordert, sind demnach (auch) im Zusammenhang mit einem Baurecht aus mehreren Grundbuchskörpern bestehende Bauplätze zulässig.

Die Praxis hat gezeigt, dass die Ausnahme im Hinblick auf Baurechtseinlagen zu weit gefasst ist. Die Bestimmung wird daher zur Vermeidung von Umgehungskonstruktionen dahingehend angepasst, dass nunmehr ausdrücklich nur solche Vorhaben erfasst sind, die den einschlägigen Zwecken dienen.

Besteht das Baurecht nicht mehr, fällt auch der Grund für die Ausnahme weg und der gesetzmäßige Zustand ist wiederherzustellen. IdR wird dies erfolgen, indem sämtliche vom bestehenden Bauplatz erfassten und nicht (mehr) mit einem Baurecht belasteten Grundstücke in eine gemeinsame Einlage gelegt werden. Ein solcher Vorgang wäre anzeigepflichtig nach § 13 Abs 3 und stellte für sich keine Veränderung des bestehenden Bauplatzes dar. Auch die Bestellung eines neuen Baurechts ist geeignet, den gesetzmäßigen Zustand wiederherzustellen, allerdings nur dann, wenn dies weiterhin den gesetzlich vorgesehenen Zwecken dient.

Anmerkungen

1) Für die Eigenschaft einer öffentlichen Verkehrsfläche ist allein der Gemeingebrauch maßgeblich, unabhängig davon, wer Eigentümer derselben ist. „Vorgesehen" bedeutet im Bebauungsplan ausgewiesen, unabhängig davon, ob diese Fläche ins öG abzutreten ist oder nur durch Grenzlinien zur Duldung des öffentlichen Verkehrs (zB „öffentlicher Durchgang") bestimmt ist.

2) Damit wurde auch im Kleingartengebiet eine Enteignungsmöglichkeit für Ergänzungsflächen nach § 42 vorgesehen.

3) Eine gleiche Regelung findet sich auch für Kleingärten im § 5 Abs 2 Wr KlGG.

4) Unterschreitungen sind daher grundsätzlich dann möglich, wenn eine wirtschaftliche Bebauung erfolgen kann.

5) Ein gemeinsames Eigentum daran scheidet daher aus.

6) Das darf aber nicht so verstanden werden, dass solche Abteilungen nicht zulässig sind, wenn die Widmung land- oder forstwirtschaftlich genutzter Flächen auf Bauland lautet. Forstwirtschaftlich genutzte Flächen sind nach dem Forstgesetz 1975 zu beurteilen.

7) Vgl Anm 1 zu § 13.

8) Der Begriff „bewirkt" zielt laut EB zur Nov LGBl 2014/25 darauf ab, dass der vorschriftswidrige Zustand gerade durch die Abteilung herbeigeführt würde. Die Konsensmäßigkeit eines rechtmäßig bestehenden Bauwerks selbst werde durch eine solche Grundabteilung nicht berührt. „Rechtmäßig" ist wohl auch iSv konsensgemäß zu verstehen. Die Regelung wird dann problematisch, wenn das rechtmäßig bestehende Bauwerk nach dem im Zeitpunkt der Abteilung geltenden Bauvorschriften der Teilung entgegensteht. Vgl auch VwGH 29.4.1997, 96/05/0085, in Bezug auf die Drittelverbauung.

Judikatur

1) Der Sinn des § 16 BO liegt ua darin, daß eine bebaute Liegenschaft, die an und für sich den an einen Bauplatz gestellten gesetzlichen Anforderungen nicht entspricht, in ihrer Eignung für eine künftige weitere Verwendung zu Bauzwecken nicht verschlechtert wird. Davon kann keine Rede sein, wenn von dem Gutsbestand einer EZ ein Grundstück abgeschrieben wird, welches mit den anderen Grundstücken dieser Grundbuchseinlage in keinem Zusammenhang steht (VwGH 11.11.1963, 1405/63).

2) Bedarf eine Grundfläche einer Ergänzung durch Nachbargrund, weil sie den nach § 16 der Bauordnung gestellten Anforderungen hinsichtlich Gestalt und Größe nicht entspricht, so kann eine solche Grundfläche nur als Bauplatzteil genehmigt werden (VwGH 21.1.1961, 535/59).

3) Der Umstand, daß eine Straße im Grünland verläuft, schließt die Genehmigung eines Bauplatzes nicht aus, weil das Gesetz nur verlangt, daß jeder Bauplatz an einer öffentlichen Verkehrsfläche liegt, nicht aber auch, daß diese Verbindung durchwegs über Bauland führt (VwGH 19.12.1966, 1081/64).

4) Nach dem Wortlaut des § 16 Abs 1 dritter Satz BO ist, wenn bei der Schaffung (ua) von Bauplätzen selbständig nicht bebaubare Restflächen (Ergänzungsflächen), die nicht zur Baureifgestaltung anderer Grundstücke vorbe-

halten werden müssen, bestehen bleiben, der Antragsteller (Abteilungswerber) verpflichtet, diese Ergänzungsflächen in seine beabsichtigten Bauplätze einzubeziehen. Während etwa in § 16 Abs 1 erster Satz BO (hinsichtlich der Verpflichtung zur Einhaltung der Bestimmungen des Bebauungsplanes) sowohl von der Schaffung als auch von der Veränderung von Bauplätzen – welche beiden Maßnahmen gem § 13 Abs 2 lit a und b leg cit bewilligungspflichtig sind – die Rede ist, stellt somit § 16 Abs 1 dritter Satz leg cit insoweit lediglich auf die Schaffung eines Bauplatzes, nicht jedoch auch auf eine Veränderung eines bereits bestehenden Bauplatzes ab. Dem Landesgesetzgeber kann angesichts des klaren Wortlautes dieser Bestimmung nicht unterstellt werden, dass er in § 16 Abs 1 dritter Satz leg cit auch den Anwendungsfall der Veränderung eines Bauplatzes einbeziehen wollte, zeigt doch gerade die Unterscheidung zwischen „Schaffung" und „Veränderung" (eines Bauplatzes) in der mit § 16 leg cit eng zusammenhängenden Anordnung des § 13 Abs 1 leg cit, dass der Gesetzgeber mit diesen beiden Ausdrücken Unterschiedliches gemeint hat (VwGH 16.2.2017, Ro 2015/05/0001).

5) Die Verpflichtung zur Einbeziehung einer selbständig nicht bebaubaren Restfläche (Ergänzungsfläche) besteht lediglich bei der Schaffung eines Bauplatzes, nicht jedoch auch bei einer Veränderung eines bereits bestehenden Bauplatzes (VwGH 16.2.2017, Ro 2015/05/0001).

Grundabtretungen zu Verkehrsflächen bei Abteilungen im Bauland

§ 17. (1) Bei der Schaffung oder Änderung von Bauplätzen, Baulosen oder Teilen von solchen sind die nach Maßgabe der Baulinien zu den Verkehrsflächen entfallenden Grundflächen bei beiderseitiger Bebauungsmöglichkeit bis zur Achse der Verkehrsfläche, bei einseitiger Bebauungsmöglichkeit bis zur ganzen Breite der Verkehrsfläche, in beiden Fällen aber nur bis zu 20 m, senkrecht zur Baulinie und von dieser aus gemessen, gleichzeitig mit der grundbücherlichen Durchführung satz- und lastenfrei[1] in das öffentliche Gut zu übertragen; eine Belastung durch Verpflichtungen, die der Herstellung, Erhaltung und Benützung öffentlicher Aufschließungsleitungen oder Zwecken des öffentlichen Verkehrs dienen, hindert die Übertragung in das öffentliche Gut nicht. Bei Bruchpunkten und bei Eckbildungen erstrecken sich diese Verpflichtungen auch auf die zwischen den Senkrechten gelegenen Grundflächen. Entstehen für die Grenzen von Abtretungsflächen mathematisch definierte Kurven, sind diese entsprechend den Bestimmungen des Vermessungsgesetzes, BGBl. Nr. 306/1968 in der Fassung BGBl. I Nr. 129/2013, und der Vermessungsverordnung 2010, BGBl. II Nr. 115/2010 in der Fassung BGBl. II Nr. 241/2010, zu behandeln. Sind in den in das öffentliche Gut zu übertragenden Grundflächen Versorgungs- oder Entsorgungsleitungen für benachbarte Liegenschaften verlegt, hindern diese, sofern nicht öffentliche Interessen

entgegenstehen, die Übertragung der Grundflächen in das öffentliche Gut nicht und können bis zur Herstellung der öffentlichen Versorgungs- oder Entsorgungsleitungen belassen werden. Über Auftrag der Behörde ist der jeweilige[2)] Eigentümer des anliegenden Bauplatzes oder Bauloses oder von Teilen eines solchen weiters verpflichtet, diese Grundflächen lastenfrei und geräumt der Stadt Wien zu übergeben; bis zur Übergabe steht dem jeweiligen Eigentümer des mit der Übergabeverpflichtung belasteten Bauplatzes oder Bauloses oder von Teilen eines solchen das Nutzungsrecht zu. Grundflächen, die bebaut sind, dürfen nicht ins öffentliche Gut übertragen werden. Die Abtretungsverpflichtung entfällt, wenn eine im Eigentum eines Dritten stehende Grundfläche gegen Entschädigung (Abs. 5) abzutreten wäre.[3)]

(2) Die über das obige Ausmaß zu den Verkehrsflächen entfallenden Grundflächen sind über Auftrag der Behörde an die Gemeinde in der bestehenden Höhenlage abzutreten und ihr zu übergeben.[4)]

(3) In Gartensiedlungsgebieten sind die Aufschließungswege innerhalb einer Anlage bei beiderseitiger Bebauungsmöglichkeit bis zur Achse der Verkehrsfläche, bei einseitiger Bebauungsmöglichkeit bis zur ganzen Breite, senkrecht zur Achse und von dieser aus zu den seitlichen Grenzen der Baulose gemessen, gleichzeitig mit der grundbücherlichen Durchführung in selbständige Trennstücke zu legen. Bei Unstetigkeiten der Achse und bei Bruchpunkten erstreckt sich diese Verpflichtung auch auf die zwischen den Senkrechten gelegenen Grundflächen.

(4) Soweit die Verpflichtung zur Übertragung in das öffentliche Gut gemäß Abs. 1 besteht, sind hiebei entlang der Baulinien unbeschadet des Abs. 5 unentgeltlich[5)] abzutreten:

a) alle zu den neuen Verkehrsflächen entfallenden Grundflächen, wobei als neue Verkehrsflächen solche anzusehen sind, an die nach Maßgabe des festgesetzten Bebauungsplanes erstmals angebaut werden soll,[6)]
b) die zur Verbreiterung bestehender Verkehrsflächen entfallenden Grundflächen bei Abteilung einer Grundfläche, die bisher unbebaut war und als Bauplatz beziehungsweise als Baulos noch nicht behördlich genehmigt worden ist.

(4a) Kann der Verpflichtung zur Übertragung von Grundflächen in das öffentliche Gut gleichzeitig mit der Grundabteilung nicht oder nicht zur Gänze entsprochen werden, weil sie im Eigentum eines Dritten stehen, gilt die Abtretungsverpflichtung als erfüllt, wenn der Abteilungswerber an die Gemeinde eine Geldleistung in der Höhe des vollen Grundwertes (§ 57 Abs. 3) sowie einen angemessenen Beitrag zu den Kosten, die der Gemeinde im Rahmen des Grundabteilungsverfahrens erwachsen, entrichtet.[7)] Zur Festsetzung dieser Geldleistung hat die Behörde das Gutachten eines

Sachverständigen einzuholen. Diese Leistung ist durch Bescheid vorzuschreiben und innerhalb von drei Monaten nach Zustellung dieses Bescheides zu entrichten. Die Entrichtung dieser Leistung bildet eine Voraussetzung für die Erteilung der Abteilungsbewilligung; hievon kann die Behörde Abstand nehmen, wenn die Einbringlichkeit außer Zweifel steht.

(4b) Wird eine Abteilungsbewilligung unwirksam (§ 20), so steht ein Anspruch auf zinsenfreie Erstattung der entrichteten Geldleistung zu. Dieser Anspruch ist spätestens bis zum Ablauf des Kalenderjahres geltend zu machen, das auf das Unwirksamwerden der Abteilungsbewilligung folgt. Anspruchsberechtigt ist der Abteilungswerber. Andere Personen können diesen Anspruch nur geltend machen, wenn sie nachweisen, dass er auf sie übergegangen ist.

(5) Beträgt die abzutretende Grundfläche mehr als 30 vH des zu schaffenden Bauplatzes oder Bauloses, ist für das darüber hinausgehende Ausmaß sowie für alle übrigen abzutretenden und nicht von Abs. 4 erfassten Grundflächen von der Gemeinde Entschädigung zu leisten. Hiebei finden die Bestimmungen der §§ 57 und 58 Anwendung. Die Entschädigung ist nach Eintritt der Fälligkeit und nach Geltendmachung durch den Berechtigten von der Behörde festzusetzen und von der Gemeinde zu leisten. Wird in weiterer Folge ein bestehender Bauplatz oder ein bestehendes Baulos so verändert, dass das Ausmaß der unentgeltlichen Abtretungsverpflichtung größer wäre als es bei der erstmaligen Schaffung des Bauplatzes oder Bauloses war, ist die von der Gemeinde geleistete Entschädigung in der Höhe des vollen Grundwertes anteilsmäßig an diese rückzuerstatten.[3)] Sofern bei der erstmaligen Schaffung des Bauplatzes oder Bauloses von der Gemeinde keine Entschädigung zu leisten war, weil die Abtretungsverpflichtung gemäß Abs. 1 letzter Satz entfallen ist, entsteht eine anteilsmäßige Verpflichtung zur unentgeltlichen Abtretung in das öffentliche Gut; § 17 Abs. 4a findet Anwendung.

(6) Über Auftrag der Behörde ist auf den nach Abs. 1 und 4 in das öffentliche Gut übertragenen Grundflächen die festgesetzte Höhenlage vermindert um das Maß der Tiefe des jeweiligen Körpers der Verkehrsfläche herzustellen. Mit diesem Auftrag ist diese Höhenlage von der Behörde bekanntzugeben. Die Höhenlageherstellung hat auf Grundflächen, die unentgeltlich in das öffentliche Gut zu übertragen sind, auf Kosten des Verpflichteten zu erfolgen; darüber hinaus steht dem Verpflichteten ein angemessener Kostenersatzanspruch gegen die Gemeinde zu. Wenn die Herstellung der Höhenlage eine Anschüttung erfordert, ist zweckentsprechendes Material zu verwenden und dieses sachgemäß zu verdichten. Die Herstellung der Höhenlage ist so vorzunehmen, daß der Anschluß zu den anliegenden Grundstücken auf diesen in geeigneter Form (Böschungen, Stützmauern, Futtermauern u. ä.) so hergestellt wird, daß bei widmungsgemä-

ßer Benützung der Verkehrsflächen und der anliegenden Grundflächen die auf diese wirkenden Kräfte in den Boden ohne Senkungen in einem technisch nicht vertretbaren Ausmaß abgeleitet werden. Die Höhenlage von Trennstücken der Aufschließungswege in Gartensiedlungsgebieten ist unter möglichster Anpassung an die Höhenlage der angrenzenden Teilflächen der Baulose einheitlich so herzustellen, zu befestigen und zu erhalten, daß die Aufschließungswege gefahrlos benützt werden können; im übrigen gelten die Bestimmungen für die Herstellung der Höhenlage von Verkehrsflächen im öffentlichen Gut.[8)]

(7) Bei Erteilung des Auftrages zur Übergabe der Verkehrsflächen kann der zur Herstellung der Höhenlage Verpflichtete verlangen, daß die Gemeinde auf seine Kosten die Höhenlage herstellt.[9)]

(8) Aus verkehrs- und bautechnischen Gründen kann die Behörde bestimmen, dass die Höhenlage von der Gemeinde selbst hergestellt wird; in diesem Falle hat der Verpflichtete der Gemeinde die Herstellungskosten zu ersetzen.

(EB zur Nov 1976)

In diesem Zusammenhang wird darauf hingewiesen, daß an die Verkehrsfluchtlinie keine unentgeltliche Abtretungsverpflichtung geknüpft ist. Fallen daher Grundflächen nach Verkehrsfluchtlinien zu öffentlichen Verkehrsflächen, die die Gemeinde auszubauen beabsichtigt, müssen sie zwar gemäß § 17 Abs 2 über Auftrag der Behörde der Gemeinde abgetreten und übergeben werden, doch hat die Gemeinde für sie gemäß § 17 Abs 4 eine Schadloshaltung zu leisten. Diese Regelung verfolgt das Ziel, Anrainern von leistungsfähigen Verkehrswegen zu den aus diesen Verkehrswegen erfahrungsgemäß erwachsenden Nachteilen nicht auch noch die Verpflichtung zur unentgeltlichen Abtretung der erforderlichen Grundflächen aufzubürden. Entfallen die über einer Verkehrsfluchtlinie gelegenen Grundflächen auf eine Bundesstraße, finden die Bestimmungen des Bundesstraßengesetzes 1971 Anwendung. (Anm: Betrifft nur mehr Bundesstraßen A und S.)

Liegen Baulose unmittelbar an öffentlichen Verkehrsflächen, haben sie neben den sich aus den Bestimmungen über Gartensiedlungsgebiete resultierenden Verpflichtungen auch die aus den Baulinien sich ergebenden Verpflichtungen, insbesondere die Verpflichtung zur unentgeltlichen Grundabtretung, Herstellung der Höhenlage und Übergabe des physischen Besitzes, zu erfüllen. Zugleich genießen sie jedoch auch die aus den Baulinien resultierenden Rechte, sodaß es möglich ist, daß die an den Baulinien gelegenen Grundflächen gesondert vom übrigen Widmungsgebiet genehmigt und in weiterer Folge bebaut werden können, wenn nicht im Bebauungsplan durch die ausdrückliche Festsetzung des § 5 Abs 4 lit. z (Anm: durch Änderung des Gesetzestextes obsolet) die Schaffung aller Baulose in einem Zuge gefordert wird. Eine weitere Besonderheit im Zusammenhang mit der Anlage der Aufschließungswege in Gartensiedlungsgebieten ist die, daß die Verbindung der Aufschließungswege mit dem öffentlichen Gut durch die das Gartensiedlungsgebiet umschreibende Baulinie bzw. Verkehrsfluchtlinie erfolgt; das hat im

Falle der Umschreibung durch eine Baulinie zur Folge, daß auch die vor dem Aufschließungsweg gelegene Grundfläche unentgeltlich ins öffentliche Gut abzutreten ist. Diese Abtretungsverpflichtung haben die sowohl an die öffentliche Verkehrsfläche als auch an die Aufschließungswege anliegenden „Eckbaulose" gemäß der Bestimmung des § 17 Abs 1 zu erfüllen.

(EB zur Nov LGBl 2003/10)

§ 16 Abs 2 sieht vor, dass über Antrag der Eigentümer des Baulose die Trennstücke der Aufschließungswege auch in ein oder mehrere Grundstücke vereinigt und einer eigenen Einlage zugeschrieben werden können, während gemäß § 17 Abs 3 die Trennstücke jedenfalls der Einlage des angrenzenden Bauloses zuzuschreiben sind. Zur Harmonisierung der beiden Rechtsvorschriften und zur Vermeidung von Auslegungsproblemen aufgrund einer materiellen Derogation wird § 17 Abs 3 entsprechend geändert.

Abs 4 lit a wurde – wie im Allgemeinen Teil der Erläuterungen dargelegt – vom Verfassungsgerichtshof als verfassungswidrig aufgehoben. Dabei hat der Verfassungsgerichtshof auf – verfassungskonforme – Vorschriften anderer Bundesländer, in denen Beschränkungen der Unentgeltlichkeit der Verpflichtung zur Abtretung von Straßengrund vorgesehen sind, wenn die abzutretende Grundfläche ein bestimmtes Prozentausmaß der Grundstücksfläche übersteigt, verwiesen. Es wird daher eine vergleichbare Regelung in den Abs 5 aufgenommen. Weiters wird klargestellt, dass von der Gemeinde eine Entschädigung auch für sogenannten „reservierten Straßengrund" im Sinne des Abs 2 zu leisten ist. Die Verpflichtung zur unentgeltlichen Abtretung von Straßengrund bezieht sich wie bisher auf Flächen entlang der Baulinien. Für Bauplätze bzw Baulose, die bereits vor Inkrafttreten dieser Novelle bewilligt wurden, bestehen selbstverständlich keine Entschädigungsansprüche nach der neuen Rechtslage.

Durch den letzten Satz des Abs 5 sollen Fälle geregelt werden, in denen etwa ein Abteilungswerber einen schmalen Bauplatz sowie eine Restfläche schafft und für einen Teil der ins öffentliche Gut abzutretenden Grundfläche von der Gemeinde gemäß dem neuen Abs 5 Entschädigung erhält, später jedoch diesen Bauplatz durch Einbeziehung der Restfläche in einem Ausmaß vergrößert, welches eine geringere – oder gar keine – Entschädigungsleistung der Gemeinde für die Straßengrundabtretung bedeuten würde.

Im Abs 4 wird – bei ansonsten unverändertem Wortlaut – zur Klarstellung ein Hinweis auf Abs 5 aufgenommen.

In Anpassung an die im Abs 5 erfolgte Beschränkung der unentgeltlichen Straßengrundabtretung wird aus Gründen der Sachlichkeit im Abs 6 eine Beschränkung auch hinsichtlich der Kostentragung des Abtretungsverpflichteten für die Herstellung der Höhenlage vorgenommen. Die Festsetzung des Kostenersatzes erfolgt nicht bescheidmäßig, sondern stellt eine Angelegenheit des Zivilrechtes dar.

Abs 8 wird insofern vereinfacht, als der bisher vorgesehene Antrag der Gemeinde im Zusammenhang mit der Herstellung der Höhenlage durch die Gemeinde selbst entfällt; die Bestimmung wird – in Anlehnung an den Wortlaut des § 54 Abs 5 – neu gefasst.

(EB zur Nov LGBl 2005/41)

Da bei Entrichtung des Kaufpreises für einen abzutretenden Fremdgrund bzw. der Geldleistung gemäß Abs. 4a einerseits und der Ausbezahlung der Entschädigung andererseits eine Kompensation eintreten würde, entfällt gemäß Abs. 1 aus Gründen der Verwaltungsökonomie in den Fällen des Abs. 5 die Abtretungsverpflichtung und ist der abzutretende Grund von der Gemeinde zu erwerben.

Wie bereits im Allgemeinen Teil dargelegt wurde, führt die Verpflichtung zur Abtretung von im Eigentum eines Dritten stehenden Grundflächen in das öffentliche Gut in der Praxis zu erheblichen Verzögerungen des Grundabteilungsverfahrens und steht mit dem Grundsatz der Verwaltungsökonomie (§ 39 Abs. 2 AVG) nicht im Einklang. Durch den neuen Abs. 4a wird daher für den Abteilungswerber die Möglichkeit eröffnet, an Stelle des Erwerbes und der Abtretung solcher Flächen seine Abtretungsverpflichtung durch die Entrichtung einer Geldleistung in der Höhe des vollen Grundwertes zu erfüllen. Die Gemeinde hat die für den Straßenausbau benötigten Grundflächen in weiterer Folge selbst – sei es auf privatrechtlicher Basis oder mit hoheitlichen Mitteln (§ 39 Abs. 1) – zu erwerben.

Im Abs. 4b werden – in Anlehnung an § 15 Abs. 2 des Gesetzes über Kanalanlagen und Einmündungsgebühren – die Konsequenzen eines allfälligen Erlöschens der Abteilungsbewilligung nach Entrichtung der Geldleistung geregelt. Da mit der Entrichtung der Geldleistung die Abtretungsverpflichtung als erfüllt gilt, ist diese Leistung im Falle des Erlöschens der Abteilungsbewilligung, wenn sie nicht rückerstattet wurde, von einem neuen Abteilungswerber nicht neuerlich zu erbringen.

Für den Fall einer zweit- bzw. mehrmaligen Abtretung, die nicht unentgeltlich zu erfolgen hat und bei der das Ausmaß der abzutretenden Grundflächen insgesamt 30 vH des Bauplatzes oder Bauloses nicht überschreitet, wird im Abs. 5 klargestellt, dass auch in diesem Fall die Gemeinde nach dieser Bestimmung Entschädigung zu leisten hat.

Anmerkungen

1) Die Formulierung lässt erkennen, dass der Gesetzgeber an privatrechtliche Verpflichtungen gedacht hat. Öffentlich-rechtliche Verpflichtungen, ob sie im A-Blatt angemerkt (ersichtlich gemacht) oder im C-Blatt einverleibt sind, werden davon grundsätzlich nicht berührt.

2) Die bisher umstrittene Rechtsfrage, wer zur Übergabe der vor der Baulinie befindlichen Grundflächen verpflichtet ist sowie wem das Nutzungsrecht an diesen Grundflächen bis zur Übergabe zusteht, ist nunmehr eindeutig klargestellt. Dieses Nutzungsrecht wird durch das Gesetz unmittelbar eingeräumt und bedarf daher keiner Gebrauchserlaubnis (vgl § 1 GAG „... die als Verkehrsfläche dem öffentlichen Verkehr dient ...") und aus all dem steht dieses unentgeltlich zu.

3) Die hL sieht in der Grundabtretung eine Enteignung im materiellen Sinn (vgl auch VfSlg 3475/1958). Unabhängig von der Frage der kompetenzrechtlichen Einordnung (Enteignungen fallen nicht in den eigenen WB der Gemeinde) ist auch eine Enteignung „auf Antrag" schwer vorstellbar. Die Abtretung ist wohl als Naturalleistung iS einer Aufschließungsleistung zu interpretieren, als Beitrag für die gemeinsame Infrastruktur des für die Verbauung zugelassenen Gebietes, verwandt mit Hand- und Spanndiensten früherer Zeiten.

4) Sog „reservierte Straßengründe".

5) Die Verpflichtung zur unentgeltlichen Grundabtretung und zur Herstellung der Höhenlage auf den unentgeltlich abzutretenden Grundflächen ist eine sogenannte Anliegerverpflichtung. Weitere Anliegerverpflichtungen ergeben sich aus den Bestimmungen der §§ 47 bis 51 und 54.

6) Daher gibt es auch bei bebauten Grundstücken eine unentgeltliche Abtretungsverpflichtung, wenn die betreffende Verkehrsfläche erst nach erfolgter Bebauung (an einer anderen Front des Bauplatzes) nachträglich festgesetzt wurden.

7) Es fragt sich, welche Kosten der Gemeinde im Rahmen des Grundabtretungsverfahrens erwachsen sollen.

Die Gemeinde müsste doch eigentlich froh sein, dass mit dieser Novelle endlich der ganze Verwaltungskram, der mit dem Erwerb (oder gar der Enteignung) von Grundflächen für öffentliche Verkehrsflächen verbunden ist, vorbei ist. Auch hat die Notwendigkeit ein Ende, von der Gemeinde Privatgrund zu kaufen und diesen ihr dann für Straßenzwecke zu schenken. Es dürfte offenbar der Stadt Wien entgangen sein, dass nach § 75 AVG – von Barauslagen und Kommissionsgebühren abgesehen – der Amtsaufwand von der Gemeinde zu tragen ist.

8) § 17 Abs 1 und 6 gilt nicht für vor Wirksamkeit der WBO (3.5.1930) ergangene Bescheide (VwGH 30.9.1997, 97/05/0050).

9) Der Kostenersatz ist gem § 55 bescheidmäßig vorzuschreiben.

Judikatur

1) Im § 17 der Wiener Bauordnung ist zwar festgelegt, daß alle zu den neuen Verkehrsflächen entfallenden Grundteile „unentgeltlich" abzutreten sind. Trotzdem liegt eine gewisse Schadloshaltung in der Natur der Sache: denn dem Wert des abzutretenden Grundes stehen die sogenannten „Aufschließungsvorteile" gegenüber, die jede Neuanlage einer Verkehrsfläche für die angrenzenden Grundstücke mit sich bringt (VfGH 16.12.1958, Slg 3475).

2) Der VwGH hat in seinen E v 2.6.1899, Slg 12.906, und v 28.6.1927, Slg 14.625, schon die Rechtsmeinung ausgedrückt, die Gemeinde sei an sich jederzeit berechtigt, die Abtretung der zur Straßenerweiterung bestimmten Grundflächen in der festgesetzten Höhenlage zu verlangen. In der Beschwerde wird der Standpunkt vertreten, der Bescheid sei rechtswidrig, weil er etwas Unmögliches verlange. Im Wege der Ersatzvornahme können aber die für den Verpflichteten bestehenden, auf obligatorischen Verpflichtungen beruhenden Hindernisse, die für die Behörde nicht bestehen, beseitigt werden (VwGH 9.11.1964, Slg 6480/A).

3) Ein Auftrag zur Herstellung der Höhenlage und zur Übernahme nach § 17 Abs 1 leg cit ist im Wege der Ersatzvornahme oder des unmittelbaren Zwanges auch bei Bestehen eines aufrechten Bestandvertrages zwischen dem Verpflichteten und einer anderen Person vollstreckbar (VwGH 9.11.1964, Slg 6480/A).

4) Ein Bescheid des Magistrates, in welchem dieser über die notwendigen Grundabtretungen nach der Bauordnung entschieden hat, ist auch in Ansehung der vorgeschriebenen Grundbuchshandlungen eine öffentliche Urkunde, weshalb eine Aufsandung bzw Beglaubigung einer Unterschrift auf dem Grundbuchsgesuch entbehrlich ist (Landesgericht für ZRS Wien v 12.6.1964, R 204/64).

5) Eine Änderung des Bebauungsplanes kann von Einfluß auf den Rechtsbestand eines verpflichtenden Abteilungsbescheides sein; dies jedoch nur dann, wenn die Änderung die Widmung jener Grundflächen betrifft, um deren Übergabe an die Stadt Wien es sich handelt. Würde also etwa der neue Bebauungsplan die Auflassung oder Umgestaltung der künftigen Straße im Bereich der Liegenschaft, um die es sich vorliegend handelt, vorsehen, so wäre eine Verringerung oder sogar der Untergang der Verpflichtung zur Übergabe und Herstellung der Höhenlage denkbar (VwGH 19.12.1966, 1523/65).

6) Eine Pflicht der Gemeinde zur Leistung der Schadloshaltung besteht insolange nicht, als die betreffenden Grundteile nicht abgetreten worden sind, das Eigentum des Abteilungswerbers bzw seines Rechtsnachfolgers an diesen Grundteilen demnach unberührt bleibt. Ebenso folgt aber aus dem Gesetzeswortlaut, daß die Festsetzung der Schadloshaltung (schon) dann zu erfolgen hat, wenn die Behörde den im § 17 Abs 2 vorgesehenen Auftrag zur Übertragung des Eigentums- und Besitzrechtes an die Gemeinde erteilt, also jenen individuellen Verwaltungsakt setzt, der den Eigentümer eines reservierten Straßengrundes zur Aufgabe seines bis dahin unberührt gebliebenen Eigentums- und Besitzrechtes verhält (VwGH 30.10.1967, Slg 7206/A).

7) Die Verpflichtung zur Grundabtretung und Grundeinlösung im Abteilungs- oder Baufall ist nicht als Enteignung im Rechtssinn anzusehen. Handelt es sich dabei aber um eine Rechtsfigur besonderer Art, muß die Frage nach der Zugehörigkeit derselben zum eigenen Wirkungsbereich der Gemeinde besonders beurteilt werden. Hiebei ist von entscheidender Bedeutung, daß es rechtlich nicht möglich ist, eine Auflage – in dieser Weise wird die Verpflichtung festgesetzt – dem Wirkungsbereich nach anders zu behandeln als den begünstigenden Verwaltungsakt, als dessen belastende Nebenbestimmung sich die Auflage darstellt. Wegen des engen Konnexes mit den baubehördlichen Bewilligungen müssen daher diese Verpflichtungen zufolge Art 118 Abs 2 B-VG als zum eigenen Wirkungsbereich der Gemeinde gehörig angesehen werden (VwGH 3.3.1969, Slg 7522/A).

8) § 17 Abs 4 BO unterscheidet den Fall, daß die Grundabtretung zu einer neuen Verkehrsfläche stattfinden soll, von dem Fall, daß „die zur Verbreiterung bestehender Verkehrsflächen entfallenden", dh die bei einer Verbreiterung zwischen der früheren und der neuen Baulinie – darunter ist die Grenze zwischen dem Baugrund und der öffentlichen Verkehrsfläche zu verstehen (§ 5 Abs 2 lit a der BO) – liegenden Grundteile abgetreten werden sollen. Während im ersten Fall nur dann Schadloshaltung zu leisten ist, wenn an die Baulinie nicht erstmalig angebaut werden soll, ist im zweiten Fall auch dann Schadloshaltung zu leisten, wenn der abzuteilende Grund bereits als Bauplatz behördlich genehmigt wurde, ohne daß an die Verkehrsfläche angebaut war. „Erstmalig" wird an eine Verkehrsfläche angebaut, wenn ein „Frontrecht" noch nicht ausgeübt wurde. Dieses „Frontrecht" [vgl hiezu die E des VwGH v 30.10.1973, 2017/72, und Slg 8496 (A)/73] wird dadurch ausgeübt, daß an der Verkehrsfläche eine Baulichkeit errichtet und hiebei von den im § 9 Abs 1 BO (jetzt: § 5 Abs 6) genannten Nutzungsmöglichkeiten Gebrauch gemacht wird (VwGH 9.5.1977, Slg 9317/A).

9) War in einem Abteilungsbescheid eine Verpflichtung zur Grundabtretung rechtskräftig ausgesprochen worden, ist es zulässig, wenn die Behörde nur für einen Teil dieser Grundflächen einen Auftrag zur Übergabe erläßt, weil nur dieser Teil für den nunmehr geschlossenen Ausbau der Verkehrsfläche benötigt wird (VwGH 9.11.1982, 82/05/0082).

10) Im Falle einer rechtskräftig festgesetzten Grundabtretungsverpflichtung ist die (fehlerhafte) Zustimmung des Grundeigentümers durch Zwangsstrafen zu erzwingen (VwGH 27.5.1986, 86/05/0004, BauSlg 691, zur Oö BO).

11) Im zweiten Satz des § 17 Abs 5 der BO (in der Fassung der Nov 1976) ist vorgesehen, daß auf die Bemessung der Entschädigung die Bestimmungen der §§ 57 und 58 Anwendung finden, woraus folgt, daß die im Beschwerdefall wesentliche Frage der Fälligkeit der Entschädigung nicht nach den Regelungen der §§ 57 und 58 zu beantworten ist. Insofern ist daher davon auszugehen, daß die Frage der Fälligkeit der Entschädigung auf dem Boden der Regelung des § 17 Abs 5 erster Satz leg cit zu beantworten ist, wonach für alle übrigen abzutretenden Grundflächen eine Entschädigung zu leisten ist. In Fortsetzung dieses Gedankenganges vertritt der Gerichtshof die Auffassung, daß im Falle der bereits erfolgten Abtretung der Grundflächen damit die Entschädigung dafür dem Grunde nach fällig geworden ist. Der in § 17 Abs 1 BO vorgesehene Auftrag der Behörde, die Grundflächen lastenfrei und geräumt der Stadt Wien zu übergeben, ist also keine Voraussetzung der Fälligkeit der Entschädigung, sondern hängt damit zusammen, daß dem jeweiligen Eigentümer des mit der Übergabeverpflichtung belasteten Bauplatzes zufolge § 17 Abs 1 vorletzter Satz BO bis zur Übergabe der abzutretenden Grundflächen das Nutzungsrecht daran zusteht (VwGH 14.4.1987, 86/05/0157).

Gegenteilig:

12a) Es kann dahingestellt bleiben, ob gem § 17 Abs 5 BO schon deshalb kein Anspruch auf Entschädigung in Betracht kommt, weil noch keine Enteignung der Beschwerdeführerin mittels grundbücherlicher Durchführung der Grundabtretung erfolgt ist. In bezug auf diese Grundfläche besteht nämlich aufgrund des Grundabteilungsbescheides und der Fälligkeitsregelung betreffend die Entschädigung in diesem der Anspruch auf Entschädigung erst mit der Übergabe der Grundfläche in den physischen Besitz der Stadt Wien (offensichtlich verfehlt).

12b) Auf Grund des § 17 Abs 1 BO ist kein Anspruch der Eigentümer abzutretender bzw abgetretener Grundflächen auf Übernahme dieser Grundflächen in den physischen Besitz der Stadt Wien ableitbar (VwGH 18.2.1997, 96/05/0008, Slg 14.615/A). Vgl jedoch E 18.

13) Ist eine Verpflichtung zur Straßengrundübergabe und zur Herstellung der Höhenlage in einem Bescheid rechtskräftig festgelegt, so kann die Baubehörde diese Verpflichtungen gem § 17 Abs 1 und 6 BO fällig stellen. Das Vorbringen, die Herstellung der Höhenlage sei mit bedeutenden Kosten verbunden, vermag mangels gesetzlicher Berücksichtigung keine Rechtswidrigkeit darzutun. Eine Änderung der Verhältnisse bewirkt nicht den Untergang der Verpflichtung, solange diese Änderung sich nicht rechtlich auswirkt, etwa durch die Erlassung eines geänderten Bebauungsplanes (VwGH 26.4.1988, 87/05/0209, BauSlg 1100). Gilt wohl nach Maßgabe der Abs 1 und 6 neu.

14) Die in den Bestimmungen über die Grundabtretung zutage tretenden, mit der örtlichen Baupolizei in enger Verbindung stehenden Interessen der Gemeinde als Inhaberin von Verkehrsflächen, die sie nach Art 118 Abs 3 Z 4 B-VG verwaltet, fällt wie die Schaffung von Bauplätzen in den eigenen Wirkungsbereich der Gemeinde. Der Umstand, daß die Grundabtretung unter dem Blickwinkel des Eigentumsschutzes und für Zwecke der Kompetenzzuordnung als Enteignung zu qualifizieren ist (vgl VfSlg 3475, 3666, 8980, 8981, 9781), ändert daran nichts. (VfGH 17.10.1991, Slg 12.891).

15) Gem § 1112 ABGB löst sich der Bestandvertrag nur dann von selbst auf, wenn die in Bestand gegebene Sache zugrunde geht. Nach Lehre und Rechtsprechung gilt § 1112 ABGB nicht nur für den physischen, sondern auch für den rechtlichen Untergang des Bestandobjektes. Dieser tritt nicht nur dann ein, wenn die Sache an sich dem Rechtsverkehr entzogen wird, sondern auch, wenn sie die für die Vermietbarkeit erforderliche Qualifikation verliert (*Klang* aaO 98; *Würth* aaO Rdz 3 zu § 1112). Nach ständiger Rechtsprechung wird durch einen rechtskräftigen Demolierungsbescheid oder durch die Versagung der nachträglichen Baugenehmigung durch die Baubehörde der rechtliche Untergang des Bestandobjektes bewirkt und damit das Erlöschen des Bestandverhältnisses herbeigeführt, weil damit die dauernde (rechtliche)

Unmöglichkeit der vom Bestandgeber geschuldeten Leistung (Gebrauchsgestattung) eintritt (SZ 54/155; EvBl 1983/76; MietSlg 33.186; JBl 1975/206). Durch den dem Kläger erteilten Auftrag, die Liegenschaft in den physischen Besitz des Eigentümers zu übertragen, änderte sich aber an der für die Vermietbarkeit erforderlichen Qualifikation der Sache nichts; der weiteren Gebrauchsgewährung steht auch kein zwingendes öffentlich-rechtliches Hindernis entgegen, wie dies im Fall eines Demolierungsbescheides zutrifft. Von dieser Rechtslage ging offenbar auch der Verwaltungsgerichtshof aus, als er aussprach (VwSlg 6480/A), daß ein Bestandverhältnis zwar ein subjektives Hindernis bedeute, dem Auftrag zur Übergabe zu entsprechen, aber obrigkeitlichem Zwang nicht im Wege steht (so auch *Krzizek*, System des österr Baurechts I, 382). Das bedeutet, daß sich die Verwaltungsbehörde zwar über nur dem Bestandgeber gegenüber bestehende Rechte hinwegsetzen kann, dem Bestandgeber selbst aber kein Recht zusteht, von sich aus das Bestandverhältnis ohne Kündigung zu beenden (OGH 28.8.1985, 1 Ob 628/85).

16) Für die im § 17 Abs 1 und 6 der in Geltung stehenden Bauordnung für Wien vorgesehenen Aufträge enthält Art III leg cit keine Sonderregelung. Aus der im Art III Abs 1 leg cit erster Satz getroffenen Regelung, wonach „die Bestimmungen der §§ 11, 20, 58 und 74 der Bauordnung … auch für bereits vor Wirksamkeit dieses Gesetzes ergangene Bescheide" gelten, und den im Art III Abs 2 und 3 leg cit enthaltenen Anordnungen betreffend die weitere Gültigkeit der nach der früheren Gesetzeslage erteilten Abteilungsbewilligungen, ist infolge des insoweit klaren Gesetzeswortlautes davon auszugehen, daß vielmehr § 17 BO für bereits vor Wirksamkeit dieses Gesetzes ergangene Bescheide nicht gelten soll (VwGH 30.9.1997, 97/05/0050, Slg 14.751/A).

17) Auch wenn davon auszugehen ist, dass die Anlage öffentlicher Verkehrsflächen im öffentlichen Interesse liegt und dass der zur Abtretung verpflichtete Grundeigentümer „Aufschließungsvorteile" erhält, so lässt sich mit diesen Argumenten nur die grundsätzliche Verpflichtung zur unentgeltlichen Grundabtretung begründen, nicht jedoch die Verpflichtung zur Abtretung in jeglichem Ausmaß ohne Entschädigung. Selbst wenn man, ungeachtet möglicher, mit der Neuanlage einer Verkehrsfläche zusätzlich verbundener Belästigungen, in Betracht zieht, dass dem Eigentümer eines Eckbauplatzes in Folge des Frontrechtes an zwei Seiten höhere Aufschließungsvorteile zukommen als dem Eigentümer eines Grundstückes, das nur an einer Seite an eine öffentliche Verkehrsfläche angrenzt, so müsste die erhöhte unentgeltliche Abtretungsverpflichtung in Relation zur Erhöhung der Aufschließungsvorteile stehen. Die in Prüfung gezogene Regelung hingegen ermöglicht eine unentgeltliche Grundabtretungsverpflichtung auch in einem weit über die Aufschließungsvorteile hinausgehenden Ausmaß, weil sie – abgesehen von der Begrenzung auf eine Breite von 20 m – eine überproportionale unentgeltliche Grundabtretungsverpflichtung nicht ausschließt.

Es treffen daher die vom Verfassungsgerichtshof bereits in seinem Einleitungsbeschluss geäußerten Bedenken zu, dass die in Prüfung gezogene Bestimmung keine Vorsorge für den Fall trifft, daß ein Grundeigentümer, welcher durch eine Verpflichtung zur unentgeltlichen Grundabtretung eine Flächeneinbuße erleidet, die ein gewisses - gerade noch typisches - Prozentausmaß im Verhältnis zur Größe seines Bauplatzes übersteigt, als Gegenwert für die Hingabe seines Vermögens aber durchschnittlich - nur - die gleichen Aufschließungsvorteile wie die übrigen Anlieger erhält. Durch diese Ermöglichung einer unverhältnismäßigen Verpflichtung zur unentgeltlichen Abtretung verstößt die Regelung jedoch gegen das Gleichheitsgebot (VfGH 28.2.2002, Slg 16.455). Dieses Erk führte zur Nov LGBl 2003/10.

18) Hinsichtlich der Frage der Fälligkeit ist zunächst festzuhalten, dass der Bescheid vom 6. Feber 1985 diesbezüglich keinen Abspruch trifft, es ist darin insbesondere (anders als im Fall, welcher dem hg Erkenntnis vom 18. Feber 1997, Zlen 96/05/0088, 0089, zugrunde lag) keine Vorschreibung enthalten, dass die Entschädigungszahlung erst mit der Übergabe der fraglichen Grundflächen in den physischen Besitz der Stadt Wien fällig werde.
Der Verwaltungsgerichtshof hat in einem sachverhaltsmäßig vergleichbaren Beschwerdefall zur Rechtslage gem der Novelle LGBl Nr 18/1976 (und vor der Novelle LGBl Nr 7/1990) in seinem Erkenntnis vom 14. April 1987, Zl 86/05/0157, ausgesprochen, dass im Falle (des Vorliegens der Voraussetzungen des § 17 Abs 4 BG [in der damaligen Fassung] und) der bereits erfolgten Abtretung der Grundflächen damit die Entschädigung dafür dem Grunde nach fällig geworden sei und der im § 17 Abs 1 BO vorgesehene Auftrag der Behörde, die Grundflächen lastenfrei und geräumt der Stadt Wien zu übergeben, keine Voraussetzung der Fälligkeit der Entschädigung sei, sondern damit zusammenhänge, dass dem jeweiligen Eigentümer des mit der Übergabeverpflichtung belasteten Bauplatzes zufolge dieser Bestimmung bis zur Übergabe der abzutretenden Grundflächen das Nutzungsrecht daran zustehe. Dies bedeutete im damaligen Beschwerdefall, dass der Entschädigungsanspruch des damaligen Beschwerdeführers im Hinblick darauf, dass die fraglichen Grundflächen längst abgeschrieben und in das öffentliche Gut übertragen worden waren, bereits fällig geworden war.

Der Beschwerdefall gibt keinen Anlass, von dieser Beurteilung abzugehen. Das bedeutet, dass die Entschädigung im Hinblick auf die erfolgte Übernahme der Flächen in das öffentliche Gut gem der Rechtslage, die durch die Novelle LGBl Nr 18/1976 geschaffen wurde, fällig war, ohne dass es auf die Übergabe in den physischen Besitz der Stadt Wien ankäme. Eine Änderung der Rechtslage in der Weise, dass die bereits eingetretene Fälligkeit wieder beseitigt worden wäre, ist (auch durch die Novelle LGBl Nr 7/1990) nicht gegeben. Der Ausspruch im erstinstanzlichen Bescheid, daß die Entschädigung selbst erst nach physischer Übergabe der Entschädigungsfläche an die Stadt Wien fällig werde, war daher rechtswidrig. (VwGH 25.4.2002, 2000/05/0083, 0084)

Im vorliegenden Fall war im Zeitpunkt der Abschreibung der fraglichen Grundflächen und damit des Eintrittes der Fälligkeit der Entschädigungszahlung die Viertbeschwerdeführerin Eigentümerin der gegenständlichen Liegenschaft. Sie erlangte daher mit der Abschreibung der fraglichen Flächen auch die Stellung des Gläubigers der gleichzeitig fällig gewordenen Entschädigungszahlung. Daran hat sich durch den in der Zwischenzeit erfolgten Übergang des Eigentums an der (um die fraglichen Grundflächen verkleinerten) Liegenschaft an die erst- bis drittbeschwerdeführenden Parteien (mangels gegenteiliger gesetzlicher Anordnung) nichts geändert (VwGH 25.4.2002, 2000/05/0083, 0084).

19) Die Begründung des Gemeingebrauchs, die einer im Eigentum einer Gebietskörperschaft stehenden Liegenschaft die Qualifikation eines öffentlichen Gutes verleiht, bedarf eines besonderen Widmungsaktes. Die nötige Widmung kann durch Gesetz, durch Erklärung der zuständigen Verwaltungsbehörde, aber auch durch eine der Ersitzung entsprechende langandauernde Übung erfolgen. Es ist also möglich, dass an einer im Grundbuch nicht als öffentliches Gut ausgewiesenen Liegenschaft Gemeingebrauch besteht und die Liegenschaft daher zum öffentlichen Gut zählt (vgl zB den Beschluss des OGH vom 31. März 2003, 5 Ob 44/03m, und die bei *Dittrich/Tades*, ABGB I, 36. Auflage, S 447 f unter E 23a ff zitierte Rechtsprechung; ferner *Spielbüchler* in Rummel, ABGB I³, Rz 4 zu § 287 ABGB; *Klang* in Klang II², zu §§ 287 f ABGB; vgl auch bereits das hg Erkenntnis vom 14. Oktober 1926, SlgNr 14.482/A). Sollte jedoch – wenn auch nicht intabuliert – öffentliches Gut mit Nutzungen im Sinne des Bebauungsplanes schon rechtswirksam bestehen, käme eine Verpflichtung zur „Übertragung" in das öffentliche Gut im Sinne des § 17 BO nicht (mehr) in Frage (VwGH 14.12.2004, 2003/05/0194).

20) Solange die angrenzenden Grundstücke als Wohngebiete unter Festlegung von Baufluchtlinien gewidmet sind, ist die geplante Verkehrsfläche nach wie vor zur Erschließung dieser Grundstücke notwendig. Daher besteht auch weiterhin ein öffentliches Interesse an derAufrechterhaltung der planerischen Festlegung der Verkehrsfläche Pschorngasse als (durchgehende) Verbindung zwischen dem Dinsfüßlweg und der Engilgasse. Für die durch die Verkehrsflächenwidmung bewirkte Eigentumsbeschränkung ergibt sich ihre verfassungsrechtlich notwendige Angemessenheit auch daraus, dass die in § 17 Abs 1 und 4 Wr BauO 1930 begründete Grundabtretungsverpflichtung in Anbetracht ihres gesetzlich beschränkten Ausmaßes und dem gem § 17 Abs 1 leg cit dem Eigentümer weiterhin zustehenden Nutzungsrecht an der abzutretenden Grundfläche keinen besonderen, hinsichtlich seiner Schwere, etwa mit einer Enteignung des gesamten Grundstückes vergleichbaren Eigentumseingriff bildet, sodass diese Verkehrsflächenwidmung und die daraus folgende – begrenzte – Grundabtretungsverpflichtung auch im Hinblick auf die Notwendigkeit einer langjährigen, vorausschauenden Verkehrsplanung von den an die geplante Verkehrsfläche angrenzenden Grundeigentümern hinzunehmen ist (VfGH 13.3.2003, Slg 16.838).

21a) Im Rahmen der Schaffung von öffentlichen Verkehrsflächen ist es grundsätzlich verfassungsrechtlich zulässig, wenn die Gemeinde im Rahmen des ihr zustehenden Planungsermessens Grundflächen für (auch noch nicht abgeschlossene) Planungen von Verkehrsflächen reserviert. Nur dann, wenn eine bestimmte Zeitdauer überschritten ist, ohne dass die geplante Verkehrsfläche realisiert wird, ist das öffentliche Interesse an der Errichtung einer Verkehrsfläche durch Zeitablauf weggefallen. Für einen solchen Fall steht dem Enteigneten ein Anspruch auf Rückübereignung zu, der sich, soferne die Rückübereignung nicht einfach gesetzlich vorgesehen ist, unmittelbar aus Art. 5 StGG ergibt (vgl. hiezu das hg Erkenntnis vom 18. Februar 1997, Zl 96/05/0088, VwSlg Nr 1 4.615/A). Nur in einem solchen Fall und dann, wenn durch Änderung des Bebauungsplanes eine Änderung der Widmung der zu übergebenden Grundflächen als Verkehrsfläche eingetreten wäre (vgl das hg Erkenntnis vom 19. Dezember 1966, Zl 1523/65, sowie das hg Erkenntnis vom 24. Oktober 2000, Zl 97/05/0324) könnte der Einwand der Beschwerdeführer, die Übertragung der abzutretenden Grundflächen läge nicht im öffentlichen Interesse, relevant sein (VwGH 17.3.2006, 2005/05/0182, 2005/05/0183).

22a) In der Eigentumsgarantie des Art 5 StGG ist auch die Rückgängigmachung der Enteignung für den Fall grundgelegt, dass die enteignete Sache dem vom Gesetz als Enteignungsgrund genannten öffentlichen Zweck nicht zugeführt wird, sei es, weil dieser Zweck überhaupt nicht, sei es, weil er nicht in dem ursprünglich beabsichtigten Umfang verwirklicht wird. Der Eigentumsschutz des Art 5 StGG kann sich jedoch nur insolange auswirken, als die enteignete Sache dem Enteignungszweck noch nicht zugeführt worden ist; ist der Zweck unter Verwendung der enteigneten Sache einmal verwirklicht, so ist die Enteignung unter dem Gesichtspunkt der Eigentumsgarantie des Art 5 StGG irreversibel, selbst wenn der Zweck in späterer Folge aufgegeben wird (vgl etwa die hg Erkenntnisse vom 31. März 2009, Zl 2006/06/0074, oder auch vom 19. September 2006, Zl 2002/06/0120, mwN auf Judikatur des Verfassungs- und des Verwaltungsgerichtshofes). Im Falle der Nichtverwirklichung des als Enteignungsgrund normierten Zweckes muss – bei Fehlen besonderer Regelungen – die Verfügung der Enteignung in der Weise rückgängig gemacht werden, dass der Enteignungsbescheid aufgehoben wird. Soweit einfachgesetzliche Enteignungsregelungen eine solche Rückübereignung bei zweckverfehlender Enteignung nicht ermöglichen sollten, sind diese verfassungskonform dahin auszulegen, dass sie die Rückübereignung nicht umfassend regeln. Daher gebietet der – mangels weiterer einfachgesetzlicher Regelung der Rückübereignung – unmittelbar anwendbare Art 5 StGG die rückwirkende Beseitigung des Enteignungsbescheides (siehe dazu etwa das hg Erkenntnis vom 12. September 2006, Zl 2003/03/0179, mwN).

22b) Wie dies der Verwaltungsgerichtshof dargelegt hat, bedarf die Begründung des Gemeingebrauches, die einer im Eigentum einer Gebietskörperschaft stehenden Liegenschaft die Qualifikation eines öffentlichen Gutes verleiht, eines besonderen Widmungsaktes. Die nötige Widmung kann durch Gesetz, durch Erklärung der zuständigen Verwaltungsbehörde, aber auch durch eine der Ersitzung entsprechende lang andauernde Übung erfolgen. Es ist also möglich, dass an einer im Grundbuch nicht als öffentliches Gut ausgewiesenen Liegenschaft Gemeingebrauch besteht und die Liegenschaft daher zum öffentlichen Gut zählt (vgl zB den Beschluss des OGH vom 31. März 2003, 5 Ob 44/03m, und die bei *Dittrich/Tades*, ABGB I[36], 447 f unter E 23a ff zitierte Rechtsprechung; ferner *Spielbüchler* in Rummel, ABGB I[3], Rz 4 zu § 287 ABGB; *Klang* in Klang II[2], zu §§ 287 f ABGB; vgl auch bereits das hg Erkenntnis vom 14. Oktober 1926, VwSlg Nr 14.482/A). Sollte – wenn auch nicht intabuliert – öffentliches Gut mit Nutzungen im Sinne des Bebauungsplanes schon rechtswirksam bestehen, käme – wie dies der Verwaltungsgerichtshof im angeführten Erkenntnis vom 14. Dezember 2004 ausgesprochen hat – eine Verpflichtung zur „Übertragung" in das öffentliche Gut im Sinne des § 17 BO nicht (mehr) in Frage (VwGH 27.6.2017, Ro 2014/05/0020).

23) Bei der Bewertung der fremden, abzutretenden Grundfläche hat im Übrigen die Festlegung als Verkehrsfläche, die der Gemeinde ja erst die Enteignung gem § 39 BO ermöglicht, außer Betracht zu bleiben; mit anderen Worten ist auf diejenige fiktive Nutzungsmöglichkeit der betroffenen Grundfläche abzustellen, die sich ergeben hätte, wenn die Festlegung als Verkehrsfläche nicht erfolgt wäre (vgl OGH 5.6.1986, 6 Ob 530/85; 1.9.1992, 4 Ob 1570/92; vgl auch OGH 17.12.2013, 4 Ob 200/13k).

Was die Widmung der gegenständlichen Grundfläche betrifft, wird bei Vorliegen verschiedener Widmungen beiderseits der Verkehrsfläche im Zweifel davon auszugehen sein, dass die Widmungsgrenze in der Achse der Verkehrsfläche verläuft, sofern dem Flächenwidmungsplan keine anderen eindeutigen Festlegungen zu entnehmen sind (*Geuder/Hauer*, Wiener Bauvorschriften[5], § 39 Anm. 1; *Kleewein*, Abtretung von Fremdgrund und Geldleistung nach der Bauordnung für Wien, bbl 2005, 224 (226 f) FN 23). Auch der Verlauf einer Plangebietsgrenze wird zur Auslegung heranzuziehen sein, wenn, wie hier, verschiedene Flächenwidmungspläne verschiedene Widmungen beiderseits dieser Grenze festlegen (VwGH 17.12.2018, Ro 2018/05/0008).

Grundabtretungen zu Verkehrsflächen bei Abteilungen oder Bauführungen im Grünland oder in Sondergebieten

§ 18. (1) Bei der Schaffung von Trennstücken für die Errichtung von Sport- und Spielplätzen, Freibädern und Zeltplätzen gelten hinsichtlich

der Verpflichtung zur Abtretung der nach den Straßenfluchtlinien zu den Verkehrsflächen entfallenden Grundflächen sowie hinsichtlich der Ansprüche im Falle der Änderung des Bebauungsplanes (§ 58) die gleichen Bestimmungen wie bei Abteilung einer Grundfläche auf Bauplätze.

(2) Bei der Schaffung von Trennstücken in Parkschutzgebieten, ländlichen Gebieten und Sondergebieten mit Ausnahme von Zeltplätzen sowie für Badehütten und bei Abteilung einer Grundfläche auf Kleingärten und Teile von solchen gelten hinsichtlich der Verpflichtung zur Abtretung der nach den Straßenfluchtlinien zu den Verkehrsflächen entfallenden Grundflächen sowie hinsichtlich der Ansprüche im Falle der Änderung des Bebauungsplanes (§ 58) die gleichen Bestimmungen wie bei Abteilung einer Grundfläche auf Bauplätze mit der Einschränkung, dass sich die Verpflichtung zur unentgeltlichen Abtretung zu Verkehrsflächen bloß bis zu einer Breite von 5 m bzw. auf 25 vH der Grundfläche des zu schaffenden Kleingartens oder Trennstückes erstreckt.[1] In ländlichen Gebieten und Sondergebieten mit Ausnahme von Zeltplätzen besteht diese Verpflichtung jedoch nur, wenn das Bauwerk nicht weiter als 30 m von der Straßenfluchtlinie entfernt errichtet wird und in der senkrechten Projektion auf die Straßenfluchtlinie eine Länge von mindestens 30 m aufweist;[2] die Abtretungsverpflichtung entlang der Straßenfluchtlinie umfaßt das Ausmaß der projizierten Strecke. Wird in weiterer Folge ein bestehender Kleingarten oder ein bestehendes Trennstück so verändert, dass das Ausmaß der unentgeltlichen Abtretungsverpflichtung größer wäre als es bei der erstmaligen Schaffung des Kleingartens oder Trennstückes war, ist die von der Gemeinde geleistete Entschädigung in der Höhe des vollen Grundwertes anteilsmäßig an diese rückzuerstatten. Sofern bei der erstmaligen Schaffung des Kleingartens oder Trennstückes von der Gemeinde keine Entschädigung zu leisten war, weil die Abtretungsverpflichtung gemäß § 17 Abs. 1 letzter Satz entfallen ist, entsteht eine anteilsmäßige Verpflichtung zur unentgeltlichen Abtretung in das öffentliche Gut; § 17 Abs. 4a findet Anwendung.

Anmerkungen

1) Diese Regelung greift nur dann, wenn das betreffende Grundstück ans öG auch tatsächlich grenzt. Vgl auch Anm 3 zu § 17.

2) Historisch gesehen war die Abtretungsverpflichtung im ländlichen Gebiet und im Sondergebiet an Neu- und Zubauten geknüpft. Erst mit der Nov LGBl 2003/10 wurde diese Regelung eliminiert, die eine konkrete Berechnung ermöglichte. Die derzeitige Regelung ist exzessiv (was ist etwa bei einer Bewässerungsanlage mit 40 m Länge?) und daher offensichtlich verfassungswidrig.

Bauverbote

§ 19. **(1) Ein Bauverbot ist auszusprechen,**

a) wenn ein Bauplatzteil, Baulosteil oder Kleingartenteil nach den Bestimmungen des § 16 geschaffen wird;

b) *entfällt; LGBl 2005/41*[1)]

c) wenn die vor einem Bauplatz, einem Baulos oder vor Teilen von solchen gelegenen Verkehrsflächen noch nicht befestigt oder mit dem bestehenden Straßennetz noch nicht in Verbindung gebracht sind oder in ihnen nicht bereits ein öffentlicher Rohrstrang einer Trinkwasserleitung und ein Straßenkanal verlegt worden sind;

d) wenn das vor einem Baulos gelegene Trennstück eines Aufschließungsweges oder der vom öffentlichen Gut bis zu diesem Baulos zu schaffende Aufschließungsweg noch nicht befestigt ist oder die Versorgung mit gesundheitlich einwandfreiem Trinkwasser sowie die Abwasserbeseitigung nicht sichergestellt sind;

e) wenn die vor einem Gartensiedlungsgebiet gelegenen Verkehrsflächen des öffentlichen Gutes noch nicht befestigt oder mit dem bestehenden Straßennetz noch nicht in Verbindung gebracht sind;

f) wenn die vor einer Kleingartenanlage gelegenen Verkehrsflächen noch nicht befestigt oder mit dem bestehenden Straßennetz noch nicht in Verbindung gebracht sind oder in der Verkehrsfläche nicht bereits ein öffentlicher Rohrstrang einer Trinkwasserleitung verlegt worden ist.

(2) Ausnahmen von den Bauverboten sind zu gewähren:[2)3)]

a) *entfällt; LGBl 2005/41*[1)]

b) vom Bauverbot nach Abs. 1 lit. c, d, e und f

1. **wenn der Ausbau der Verkehrsflächen bis zum ausgebauten Straßennetz und die Herstellung der in Abs. 1 lit. c genannten Einbauten bereits beschlossen ist;**
2. **für Betriebsbauwerke und Industriebauwerke, wenn vom ausgebauten Straßennetz eine nach Erfordernis beleuchtete Zufahrt von mindestens 5 m Breite mit einer befestigten Oberfläche, die Versorgung mit gesundheitlich einwandfreiem Trinkwasser und eine für Löschzwecke ausreichende Wassermenge sichergestellt sind, sämtliche Abwässer in gemäß § 99 Abs. 2 ausgeführte Anlagen eingeleitet werden und deren ordnungsgemäße Räumung und Beseitigung sichergestellt ist;**
3. **für Wohngebäude, wenn vom ausgebauten Straßennetz eine beleuchtete Zufahrt von mindestens 3 m Breite mit befestigter Oberfläche und die Versorgung mit gesundheitlich einwandfreiem Trinkwasser sichergestellt sind, sämtliche Abwässer in gemäß § 99 Abs. 2 ausgeführte Anlagen eingeleitet werden und deren ordnungs-**

gemäße Räumung und Beseitigung sichergestellt ist;[4] bei Baulosen und Kleingärten genügt es, wenn die Verbindung zum ausgebauten Straßennetz bei Baulosen durchgehend in einer Breite von mindestens 1,50 m, bei Kleingärten durchgehend in einer Breite von mindestens 1,20 m befestigt ist;

4. **für sonstige Bauwerke, wenn vom ausgebauten Straßennetz eine nach Erfordernis beleuchtete Zufahrt von mindestens 5 m Breite mit einer befestigten Oberfläche, und die Versorgung mit gesundheitlich einwandfreiem Trinkwasser sichergestellt sind, sämtliche Abwässer in gemäß § 99 Abs. 2 ausgeführte Anlagen eingeleitet werden und deren ordnungsgemäße Räumung und Beseitigung sichergestellt ist.**

Anmerkungen

1) Die Ausnahme wird erst im nachfolgenden Baubewilligungsverfahren gewährt (ein Verfahren nach § 70a kommt hier nicht in Betracht).

2) Es ist eigentlich völlig unverständlich, dass die bisherige, probate Lösung aufgehoben wurde. Mit der Neuregelung (Nov LGBl 2005/41) iZm § 17 Abs 5 (neu) und dem Entfall des § 39 Abs 5 ist ein Rechtsdefizit entstanden. Der betroffene Grundeigentümer (Parzellant) darf zwar die Ausgleichsabgabe nach § 17 Abs 4a zahlen, hat aber uU trotzdem davon gar nichts, weil die benötigten Grundstücksflächen nach wie vor in der Natur den Zugang verwehren. Versucht es der Betroffene mit einer Notwegsklage, wird die Grundabteilung durch Zeitablauf möglicherweise außer Kraft treten. Da die Gemeinde bei der Einholung des Gutachtens von Sachverständigen nach § 17 Abs 4a auf die Meinung der Fachabteilung zurückgreift, ist es, um zu realistischen Werten zu kommen, sehr oft notwendig, Gegengutachten vorzulegen und den Rechtsweg zu den Gerichten zu beschreiten.

3) Die Ausnahme wird erst im nachfolgenden Baubewilligungsverfahren gewährt (ein Verfahren nach § 70a kommt hier nicht in Betracht).

4) Daraus ergibt sich, dass sowohl das Fehlen einer rechtlich gesicherten als auch das einer tatsächlichen Verbindung den Ausspruch eines Bauverbotes begründet.

Judikatur

1) Gesetzliche Bauverbote erfassen nicht nur Gebäude, sondern alle der Genehmigungspflicht unterliegenden Bauführungen (VwGH v 20.11.1973, Slg 8501/A, zur Bauordnung für Niederösterreich).

2) Bei Vorliegen eines Bauverbotes nach § 19 Abs 1 lit c BO (hier: Fehlen einer befestigten Verkehrsfläche) kann die Gemeinde zum Ausbau der Straße nicht verpflichtet werden (VwGH 15.1.1985, 82/05/0139, BauSlg 366).

3) Unter einem ausgebauten Straßennetz iSd § 19 Abs 2 lit b Z 3 BO sind tatsächlich ausgebaute Straßen zu verstehen, unabhängig davon, ob die Grundflächen nach dem Flächenwidmungs- und Bebauungsplan als Verkehrsflächen gewidmet sind oder nicht. Beruft sich der Nachbar auf eine Bestimmung, die für ihn kein subjektiv-öffentliches Recht begründet (hier: Bauverbot gem § 19 Abs 1 lit c BO), so ist auf die Frage, ob etwa eine Ausnahme von dieser Bestimmung vorliegt (hier: gem § 19 Abs 2 lit b Z 3 BO) vom VwGH nicht näher einzugehen (VwGH 20.9.1988, 88/05/0108, BauSlg 1166). S nun § 134a.

4) Der VwGH hat in seinem E v 20.9.1988, 88/05/0108, ausgesprochen und näher begründet, daß der Nachbar auf die Einhaltung eines Bauverbotes wegen mangelnder Anbaureife nach § 19 Abs 1 lit c BO keinen Rechtsanspruch besitzt. Da eine Baubewilligung nur den Ausspruch zum Inhalt hat, daß gegen die geplante Bauführung aus öffentlichen, von der Baubehörde wahrzunehmenden Rücksichten keine Bedenken bestehen (vgl etwa das E v 9.6.1969, Slg 7586/A), wird durch die Baubewilligung kein Privatrechtstitel zur Benützung einer bestimmten Verkehrsfläche geschaffen. Mit der Behauptung, der Bauwerber sei nicht berechtigt, die Zufahrtsfläche zu benützen, kann sohin die Nachbarin die Rechtswidrigkeit der Baubewilligung nicht dartun (VwGH 27.1.1989, 88/05/0259).

5) Nicht nur aus der Verwendung der Worte im Einleitungssatz des § 19 Abs 1 BO „ist ein Bauverbot auszusprechen", sondern auch aus den EB geht hervor, daß der Gesetzgeber den bescheidmäßigen Ausspruch eines Bauverbotes vorgesehen hat und nicht ein ex lege bestehendes Bauverbot – hier ging es darum, ob ein Anspruch auf Einlösung nach § 59 Abs 2 BO besteht (VwGH 26.6.1990, 89/05/0003).

6) Der Nachbar besitzt keinen Rechtsanspruch auf Einhaltung von Vorschriften über die erforderliche Eignung von Grundflächen als Bauplatz; dies gilt auch für die Ausnahme von einem diesbezüglichen Bauverbot nach § 19 BO (VwGH 22.1.1991, 90/05/0160). S nun § 134a.

7) Auf die Einhaltung des Bauverbotes wegen mangelnder Anbaureife besitzt der Nachbar kein subjektiv-öffentliches Recht (VwGH 17.12.1996, 94/05/0171, BauSlg 306).

8) Eine Ausnahme vom Bauverbot wegen mangelnder Anbaureife ist nur zulässig, wenn die Voraussetzungen für eine solche Ausnahme vorliegen.

Der VwGH teilt nicht die Ansicht der Behörde, wonach dem Umstand, daß § 16 Abs 1 BO die unmittelbare Anbindung eines Bauplatzes an eine vorgesehene öffentliche Verkehrsfläche fordert, im gegebenen Zusammenhang rechtliche Relevanz zukäme. Die Voraussetzungen des § 16 Abs 1 BO sind hier nicht zu prüfen, da die Abteilung bereits rechtskräftig bewilligt (und auch durchgeführt) wurde. Daß die seinerzeitige Abteilungsbewilligung allenfalls nicht den Grundsätzen des § 16 Abs 1 BO entsprochen hat, hat auf ihre Rechtskraft keinen Einfluß.

Das Bestehen einer Dienstbarkeit könnte auf Grund der rechtskräftigen Abteilungsbewilligung im Beschwerdefall durchaus geeignet sein, die im § 19 Abs 2 lit b Z 3 BO geforderte Sicherstellung der Verbindung zum ausgebauten Straßennetz darzustellen (vgl E 13.12.1990, 89/06/0018, zu § 4 Abs 1 TBO). Von einer solchen Sicherstellung auf Grund einer eindeutigen Servitut wäre selbst dann auszugehen, wenn die Zustimmung der Eigentümer des verpflichteten Grundstückes zur Inanspruchnahme ihres Grundstückes nicht vorliegt, weil diese Eigentümer auf Grund eines privatrechtlichen Vertrages verpflichtet sind, die Inanspruchnahme der Servitut im vertraglich ausbedungenen Umfang zu dulden. Im Beschwerdefall endet aber der vertraglich eingeräumte Servitutsweg möglicherweise nicht unmittelbar an der Egasse, sondern westlich von dieser bei einem 3 m breiten Fußweg, an dessen Einmündung in diese Gasse nach dem Plandokument Nr 5979 eine Ein- und Ausfahrtssperre besteht. Verläuft der Servitutsweg tatsächlich an dieser Stelle, ist er nicht geeignet, eine Verbindung vom Bauplatz zum ausgebauten Straßennetz darzustellen, weil ein 3 m breiter Fußweg, der an einer Stelle an das ausgebaute Straßennetz einmündet, an der eine Ein- und Ausfahrtssperre besteht, nicht die erforderliche Befahrbarkeit aufweist (VwGH 4.7.2000, 99/05/0282, BauSlg 164).

Erlöschen der Wirksamkeit der Abteilungsbewilligung und der Kenntnisnahme[1)2)]

§ 20. Die Bewilligung und die Kenntnisnahme einer Abteilung werden unwirksam, wenn die Abteilung binnen zwei Jahren, vom Tage der Zustellung des Bescheides an gerechnet, nicht grundbücherlich durchgeführt worden ist. Ist auf Grund einer gültigen Abteilungsbewilligung eine Baubewilligung erwirkt worden, erlischt die Abteilungsbewilligung erst mit Ablauf der Gültigkeitsdauer der Baubewilligung.[3)] Kann eine Abteilungsbewilligung nicht mehr unwirksam werden, ist sie umgehend grundbücherlich durchzuführen.[4)]

(EB zur Nov LGBl 1996/42)

Die Änderung des § 20 ist darin begründet, daß die Erteilung einer Benützungsbewilligung nach § 128 künftig nicht mehr stattfindet. Um Härten in der Praxis zu vermeiden, soll die Abteilungsbewilligung aber nicht mit der nunmehr erforderlichen Fertigstellungsanzeige verknüpft werden. Die Herstellung der Grundbuchsordnung ist durch ein Verfahren nach dem Verwaltungsvollstreckungsgesetz 1991 durchsetzbar.

Anmerkungen

1) § 20 wurde mit der Nov LGBl 1996/42 neu gefasst.

2) Eine Baubewilligung „erwirken“ kann mit „gilt als … gemäß § 70 bewilligt“ nicht gleichgesetzt werden. Daher ist diese Bestimmung für das „vereinfachte Baubewilligungsverfahren“ nicht anwendbar (in diesem Sinne auch § 70a Abs 1 Z 9).

3) Dies ist **verfassungskonform** so zu interpretieren, dass zum Zeitpunkt des Einreichens der Baubewilligung eine gültige Abteilungsbewilligung bereits vorliegt oder später erwirkt wird. Ein Ablauf der zeitlichen Gültigkeit der Abteilungsbewilligung während des anhängigen Baubewilligungsverfahrens spielt keine Rolle. (VfGH 12.12.1997, Slg 15.064).

4) Dieses Gebot steht wohl auch unter Strafsaktion; alternativ sind auch Zwangsstrafen denkbar.

Judikatur

1) Der Grundsatz der verfassungskonformen Interpretation von Rechtsvorschriften gebietet eine Auslegung dahin gehend, daß die weitere Gültigkeit der Rechtswirksamkeit der Abteilungsbewilligung gem § 20 Abs 1 zweiter Satz WBO nur voraussetzt, daß die Baubewilligung auf Grund einer im Bauverfahren vorgelegenen gültigen Abteilungsbewilligung erwirkt wurde, nicht aber, daß im Zeitpunkt der Erteilung der Baubewilligung noch nicht zwei Jahre seit Erlassung der Abteilungsbewilligung verstrichen sein dürfen. Wird eine Baubewilligung in dieser Weise erwirkt, so bleibt dadurch – unabhängig von der Dauer des Baubewilligungsverfahrens – die Abteilungsbewilligung auf die Dauer der Gültigkeit der Baubewilligung gültig (VfGH 12.12.1997, Slg 15.064).

2) Nach der hg Judikatur, auf die bereits das Verwaltungsgericht im angefochtenen Erkenntnis hingewiesen hat, ist ein Verzicht auf subjektive öffentlich-rechtliche Ansprüche zulässig, wenn nicht eine gesetzliche Bestimmung ausdrücklich etwas anderes anordnet oder öffentliche Interessen entgegenstehen. Die Voraussetzungen, unter welchen ein Verzicht auf solche Ansprüche rechtswirksam wird, richten sich nach der für den bestimmten Anspruch getroffenen gesetzlichen Regelung. Vom Verzicht auf einzelne subjektive Rechte ist der Verzicht auf „ganze Rechtsverhältnisse“ zu unterscheiden: Dort, wo nicht nur ein Recht eingeräumt wird, sondern sich auch Pflichten des Rechtsunterworfenen, der am „Rechtsverhältnis“ (sei es ex lege oder als Bescheidadressat) beteiligt ist, ergeben, kommt der Verzicht nicht (oder nur unter besonderen Voraussetzungen) in Betracht, sofern er nicht ausdrücklich gesetzlich vorgesehen ist. Die Zulässigkeit des Verzichtes auf eine im öffentlichen Recht begründete Rechtsposition ist damit jedenfalls davon abhängig, dass es sich hiebei (allein) um die freiwillige Aufgabe eines subjektiven Rechtes und nicht um den Verzicht auf „ganze Rechtsverhältnisse“ handelt, weil diese

neben Rechten auch Pflichten des Berechtigten begründen. Ein allgemeiner Rechtsgrundsatz, dass jedes Rechtsverhältnis durch einseitige Erklärung beendet werden könne, besteht nach der Rechtsprechung des Verwaltungsgerichtshofes nicht (vgl zum Ganzen etwa das Erkenntnis vom 17. Oktober 2003, Zl 99/17/0200, mwH auf Lehre und Vorjudikatur; ferner in diesem Zusammenhang etwa das Erkenntnis vom 30. September 2011, Zl 2009/11/0009) (VwGH 27.8.2014, Ro 2014/05/0061, zur OÖ BaO 1994).

Anmerkung: Die Wiener Bauordnung kennt zwar im Unterschied zur OÖ BO ein zeitliches Außerkrafttreten von Abteilungsbewilligungen, doch ist die Rechtslage analog in jenen Fällen, wo auf Grund einer Abteilungsbewilligung eine Baubewilligung erwirkt wurde.

Aufteilungen

§ 21. (1) Eine Aufteilung ist die Teilung von Grundstücken in der Natur ohne Änderung des Grundbuchskörpers.

(2) Aufteilungen sind bewilligungspflichtig.[1] Müssen nach Maßgabe der Fluchtlinien Grundflächen zu Verkehrsflächen abgetreten werden, ist eine Abteilungsbewilligung zu erwirken.[2] In allen übrigen Fällen sind für Aufteilungen die Bestimmungen über Abteilungen anzuwenden.

Anmerkungen

1) Die Bestimmungen über die Bewilligungspflicht von Aufteilungen erwiesen sich als notwendig, weil sich gezeigt hatte, dass in Fällen, in welchen die Abteilung eines Grundes auf Bauplätze oder Kleingartenflächen aus rechtlichen Gründen (zB wegen der Widmung Wald- und Wiesengürtel) nicht möglich ist, von den Interessenten ein entsprechend großer Grundkomplex (eine ganze Einlagezahl) erworben wurde und die Erwerber sich vertraglich darüber einigten, dass jedem Miteigentümer entsprechend seinem Eigentumsanteil ein entsprechender Teil der Liegenschaft zur alleinigen Benützung überlassen wird. Hiedurch wurde faktisch (wenn auch nicht rechtlich) der gleiche Zustand wie bei einer Grundabteilung hergestellt, der mit den gleichen Nachteilen für die Allgemeinheit wie bei einer eigenmächtigen Grundabteilung verbunden ist.

2) Die Bestimmungen über Abteilungen sind auch im Falle einer Abtretungsverpflichtung anzuwenden. Die Regelung ist deswegen widerspruchsvoll, weil nach dem 1. Satz für jede Aufteilung eine Bewilligungspflicht besteht, Grundabteilungen aber unter bestimmten Voraussetzungen nur anzuzeigen sind. Offensichtlich ist gemeint, dass die Vorschriften über die Genehmigungsfähigkeit eines Abteilungsvorhabens sinngemäß anzuwenden sind.

Judikatur

1) Eine Aufteilung im Sinne des § 20a (jetzt: § 21) der Bauordnung für Wien liegt vor, wenn die beiden folgenden Merkmale gegeben sind: Zum ersten müssen selbständige Nutzungseinheiten, also solche Teilflächen eines Grundbuchskörpers gebildet werden, die jeweils verschiedenen Personen oder Personengruppen zur ausschließlichen Nutzung zugewiesen sind; zum zweiten aber muss auch die Kennzeichnung dieser Nutzungseinheiten „in der Natur" erfolgen, dh es müssen jene Grenzen sichtbar gemacht werden, die diese Nutzungseinheiten voneinander scheiden. Wie hiebei die Rechtsbeziehungen zwischen dem Eigentümer des aufgeteilten Grundbuchskörpers und den einzelnen Nutzungsberechtigten gestaltet werden, ist ohne Belang (VwGH 4.3.1974, Slg 8562/A).

2) Täter einer Verwaltungsübertretung nach § 20a (jetzt: § 21) Abs 1 der Bauordnung für Wien ist derjenige, der die unbefugte Aufteilung in der Natur selbst vornimmt oder aber andere Personen ausdrücklich beauftragt hat, die Sichtbarmachung der Nutzungsgrenzen in seinem Namen vorzunehmen. Als Anstifter im Sinne des § 7 VStG ist derjenige anzusehen, der andere vorsätzlich veranlaßt hat, eine (unbefugte) Aufteilung vorzunehmen (VwGH 4.3.1974, Slg 8562/A).

3) Werden selbständige Nutzungseinheiten eines Grundstückes verschiedenen Personen zur ausschließlichen Nutzung überlassen, ohne daß der Grundbuchsstand geändert wird, liegt eine Aufteilung im Sinne des § 21 BO vor (VwGH 6.12.1983, 81/05/0154, 0155, BauSlg 153).

B. UMLEGUNGEN

Umlegungen[1)]

§ 22. (1) Die Umlegung ist die Vereinigung von Grundflächen zu einer Masse und deren Neuaufteilung zu dem Zweck, gewidmetes Bauland, dessen Bebaubarkeit wegen der unzweckmäßigen Form oder Größe der Grundstücke verhindert oder wesentlich erschwert ist, zu erschließen und Bauplätze oder Baulose von solcher Gestalt und Größe zu schaffen, dass auf ihnen den Anforderungen dieses Gesetzes und des Bebauungsplanes entsprechende Gebäude errichtet werden können.[2)]

(2) Bebaute[3)] Grundflächen sind in das Umlegungsgebiet nur dann einzubeziehen, wenn sonst der Zweck der Umlegung nicht oder nur erschwert erreicht wird.

Anmerkungen

1) Die §§ 22–34 wurden mit der Nov LGBl 2001/90 neu gefasst. Gleichzeitig entfiel § 35. Ob damit das Verfahren populärer wird, darf bezweifelt werden (fünf Anträge in vier Jahrzehnten).

2) Mit der Nov LGBl 2009/25 entfiel der letzte Satz, wonach das Umlegungsgebiet nicht größer sein durfte, als es für die Umlegung notwendig ist, unter Berufung auf den für Zwangsmaßnahmen geltenden Grundsatz der Verhältnismäßigkeit. Damit wird verkannt, dass der Begriff „notwendig" viel weniger an Zwangsmaßnahmen zulässt, als rechtlich denkbar ist.

3) Es können also auch Bauplätze, selbst wenn sie bereits bebaut sind, unter den genannten Voraussetzungen einbezogen werden. Abs 2 idF der Nov LGBl 2018/69.

Judikatur

1) Ein Umlegungsverfahren ist rechtlich ausgeschlossen, wenn der als Umlegungsgebiet in Aussicht genommene Bereich insgesamt nur aus bebauten Liegenschaften besteht (VwGH 31.5.1979, Slg 9862/A). Die Gültigkeit dieses Judikats ist wohl weiterhin anzunehmen.

Antrag auf Umlegung[1)]

§ 23. (1) Der Antrag auf Umlegung muss von mehr als der Hälfte der Eigentümer des umzulegenden Gebietes gestellt werden, denen mehr als die Hälfte dieses Gebietes gehört.[2)] Jeder Miteigentümer wird bei Feststellung der Zahl der Antragsteller wie ein Alleineigentümer gerechnet, jedoch ist bei der Berechnung der für die Antragstellung maßgebenden Fläche für jeden Miteigentümer nur ein seinem Eigentumsanteil entsprechender Bruchteil anzurechnen. Der Antrag auf Umlegung kann auch von der Gemeinde gestellt werden, wenn die Umlegung im öffentlichen Interesse liegt.

(2) Sofern nicht nur ganze Grundstücke betroffen sind, sind für die Teilgrundstücke Lagepläne, die in derselben Art wie Teilungspläne (§ 15 Abs. 2) auszustatten sind, anzuschließen.

(3) Der Magistrat hat die Anmerkung des Antrages auf Umlegung im Grundbuch zu veranlassen.

(4) Der Antrag auf Umlegung ist zulässig, wenn das umzulegende Gebiet, mit Ausnahme der öffentlichen Erholungsflächen, die Widmung „Bauland" aufweist und von Bebauungsplänen erfasst ist oder für dieses Gebiet die öffentliche Auflage des Entwurfs einer beabsichtigten Festsetzung der Widmung „Bauland" sowie einer Festsetzung oder Änderung der Bebauungspläne (§ 2 Abs. 5) kundgemacht wurde.

(EB zur Nov LGBl 2018/69)

Der Antrag auf Umlegung kann gemäß Abs. 4 künftig bereits eingebracht werden, wenn sich der Entwurf eines Plandokumentes, mit dem für das Umlegungsgebiet die Flächenwidmung „Bauland" bzw. ein Bebauungsplan festgesetzt werden soll, in der öffentlichen Auflage befindet. Der Umlegungsbescheid darf gemäß § 31Abs. 3 aber erst erlassen werden, wenn der betreffende Flächenwidmungs- und Bebauungsplan bereits in Kraft steht.

Anmerkungen

1) Die Umlegung verbindet in einem komplexen Verfahren die Grundabteilung mit zivilrechtlicher Realteilung und Ausgleichsleistungen.

2) Zwischen den Eigentümern müssen gravierende Divergenzen über die Neuverteilung bestehen, bei Einvernehmen ist zwingend eine „bloße" Grundabteilung durchzuführen. Die Aussicht auf Steuervorteile allein ist kein ausreichender Grund für eine Umlegung.

Änderungen im Grundbuch

§ 24. Ab der Anmerkung des Antrages auf Umlegung ist der Magistrat von allen Eintragungen im Grundbuch vom Grundbuchsgericht durch Zustellung eines Grundbuchsbeschlusses zu verständigen.

(EB zur Nov LGBl 2001/90)

Der geltende § 24 entfällt, da eine bescheidmäßige Einleitung des Umlegungsverfahrens nicht mehr stattfindet. Der neue § 24 soll verhindern, dass vor der Verbücherung des Umlegungsbescheides Änderungen des Grundbuches bezüglich der (erloschenen) früheren dinglichen Rechte – insbesondere des Eigentumsrechtes – vom Gericht durchgeführt werden; zu diesem Zweck soll der Magistrat durch Zustellung der Beschlüsse über Änderungen im Grundbuch in die Lage versetzt werden, gegen solche Beschlüsse erforderlichenfalls Rechtsmittel einzubringen. Diese Norm ist zur Vollziehung unbedingt erforderlich, da sonst nicht die richtigen Personen dem Verfahren beigezogen werden.

Einstellung des Verfahrens

§ 25. Das Verfahren ist einzustellen, wenn der Antrag mit einer gemäß § 23 Abs. 1 unterstützten Erklärung zurückgezogen wird[1]; dies gilt nicht, wenn die Umlegung auf Antrag der Gemeinde eingeleitet worden ist.

Anmerkung

1) Die einstellende Mehrheit muss nicht mit den Antragstellern ident sein.

Allgemeine Bestimmungen über die Masseverteilung

§ 26. (1) Die im Umlegungsgebiet gelegenen Grundflächen einschließlich der Verkehrsflächen[1] und der öffentlichen Erholungsflächen bilden die Gesamtmasse.

(2) Aus der Gesamtmasse sind die nach dem Bebauungsplan für Verkehrsflächen erforderlichen Grundflächen in dem Ausmaß, das sich nach den Bestimmungen des § 17 Abs. 4 ergibt, der Gemeinde unentgeltlich zuzuweisen.

(3) Die über dieses Ausmaß erforderlichen Verkehrsflächen und die nach Maßgabe der Straßenfluchtlinien abzutretenden Grundflächen sowie die öffentlichen Erholungsflächen sind der Gemeinde gegen Entschädigung zuzuweisen.

(4) Das nach Ausscheiden dieser Flächen verbleibende Bauland bildet die Verteilungsmasse. Sie ist auf die Parteien aufzuteilen.

(5) Verkehrsflächen der Gemeinde gelten als von ihr eingebracht.

(6) Weist ein Beteiligter nach, dass von seinem Grundstück bereits Teile an die Gemeinde zur Herstellung von Verkehrsflächen unentgeltlich abgetreten worden sind oder von ihm für die Übertragung ins öffentliche Gut Entschädigung geleistet worden ist, so werden ihm diese Teilflächen als eingebracht angerechnet.

(7) Der Anteil der Gemeinde an der Verteilungsmasse richtet sich nach:

1. den von der Gemeinde eingebrachten, nicht im öffentlichen Gut liegenden Grundstücken;
2. allen von der Gemeinde eingebrachten Verkehrsflächen und öffentlichen Erholungsflächen, die sie gegen Entgelt erworben hat.

Anmerkung

1) Verkehrsflächen iS dieser Bestimmung können nur solche sein, die der Widmungshoheit der Gemeinde unterliegen.

Besondere Bestimmungen über die Masseverteilung

§ 27. (1) Für die Errechnung der den beteiligten Grundeigentümern an der Verteilungsmasse zustehenden Anteile ist von dem Verhältnis der Werte auszugehen, in dem die in die Masse eingebrachten Grundstücke vor der Umlegung zueinander gestanden haben. Jedem Eigentümer soll ein Grundstück mindestens mit dem Verkehrswert zugeteilt werden, den das von ihm eingebrachte Grundstück im Zeitpunkt der Einbringung des Umlegungsantrages hatte. Für die zuzuweisenden Grundstücke ist der Verkehrswert ebenfalls bezogen auf den Zeitpunkt des Umlegungsantrages zu ermitteln. Dabei sind durch die Umlegung bewirkte Wertänderungen sowie Wertänderungen auf Grund einer Festsetzung oder Änderung des Flächenwidmungsplanes oder des Bebauungsplanes zwischen der Einbringung des Umlegungsantrages und der Erlassung des Umlegungsbescheides zu berücksichtigen. Unterschiede zwischen den so ermittelten

Verkehrswerten sind in Geld auszugleichen. Die zugewiesenen Grundstücke sollen möglichst die gleiche Lage wie die eingebrachten haben. Bebaute Grundstücke (§ 22 Abs. 2) sind möglichst dem bisherigen Eigentümer zuzuweisen.

(2) Ergäben sich durch die Masseverteilung für den selben Eigentümer mehrere nicht bebaubare Grundstücke, so ist für diese grundsätzlich ein bebaubares Grundstück (Bauplatz oder Baulos) zuzuweisen. Sind jedoch die eingebrachten Grundstücke verschieden belastet und haben die Belastungen auf das zuzuweisende Grundstück überzugehen, so ist für jedes Grundstück ein Ersatzgrundstück zuzuweisen, sofern dadurch der Zweck der Umlegung nicht vereitelt wird.

(3) Durch die Masseverteilung dürfen keine unbebaubaren Grundstücke entstehen. Zu diesem Zwecke kann

1. **die Veräußerung an einen anderen an der Umlegung beteiligten Eigentümer,**
2. **die Begründung des Miteigentums an einem bebaubaren Grundstück nach freier Vereinbarung,**
3. **eine Geldentschädigung aus der Masse über Antrag der betroffenen Partei oder**
4. **die Zuweisung einer Geldentschädigung aus der Masse**

erfolgen.

(4) Geldentschädigung kann auch in anderen Fällen gewährt werden, wenn der Grundeigentümer einen solchen Antrag stellt. Diesem Antrag ist Folge zu geben, wenn eine Partei oder die Gemeinde gegen Übernahme der festzusetzenden Entschädigung an Stelle des Antragstellers in die Masse eintritt.

(5) *entfällt; LGBl 2018/69*

(6) Außerdem ist Geldentschädigung zu leisten, soweit sich wesentliche Wertunterschiede zwischen einzelnen eingebrachten und den Ersatzgrundstücken durch die Zuweisung nicht ausgleichen lassen. Geldentschädigung aus der Masse steht zu für den zusätzlichen Wert eines eingebrachten und durch die Zuweisung entzogenen Grundstückes, der sich aus dem Bestand von Bauwerken oder anderem Zugehör, aus der besonderen natürlichen Beschaffenheit oder besonderen Verwendung oder aus der Ausübung eines Betriebes ergibt. Geldentschädigung an die Masse ist zu leisten für den verminderten Wert eines eingebrachten Grundstückes, der sich aus seiner geringeren Eignung für Bauzwecke oder dadurch ergibt, daß zur Erzielung der Bebaubarkeit erst ungewöhnliche, sonst entbehrliche Aufwendungen gemacht werden müssen.[1)]

(7) Die Entschädigungen sind nach den Grundsätzen des § 57 zu ermitteln.

(8) Ersatzleistungen und Kostenersätze gemäß § 50 sowie Entschädigungen gemäß § 58 sind in die Berechnungen zur Masseverteilung einzubeziehen.[2)]

(EB zur Nov LGBl 2018/69)

Anstelle der derzeit vorgesehenen Masseverteilung nach Flächen soll die Masse gemäß Abs. 1 künftig in dem Verhältnis verteilt werden, in dem die zu bisherigen Eigentümer an der Umlegung wertmäßig beteiligt sind. Eine solche „Wertumlegung" macht insbesondere dann Sinn, wenn – wie im Regelfall – innerhalb des Umlegungsgebietes die Grundstücksflächen vor der Umlegung nicht sämtlich den gleichen Wert aufweisen. Die Unterschiede zwischen den ermittelten Verkehrswerten der eingebrachten und zugeteilten Grundflächen sind gemäß Abs. 5 und 6 auszugleichen.

Anmerkungen

1) Hiebei kann es sich nur um solche Aufwendungen handeln, die sich aus der Eigenschaft des betreffenden Grundstückes ergeben. Keinesfalls können darunter die im Falle einer Bebauung zu entrichtenden öffentlichen Abgaben verstanden werden.

2) Abs 8 wurde mit der Nov LGBl 2014/25 an den neu gefassten § 50 angepasst. Abs 1 idF der Nov LGBl 2018/69; zugleich entfiel Abs 5.

Umlegungsplan

§ 28. (1) Nach Anhörung aller Beteiligten ist von der Behörde ein Umlegungsplan sowie ein Verzeichnis, aus dem der alte und der beabsichtigte Besitzstand nach Größe, Eigentümern und rechtlichen Verhältnissen sowie die zu leistenden Entschädigungen und der Verteilungsschlüssel der Kosten und Überschüsse zu ersehen sind[1)], erstellen zu lassen, sofern diese Unterlagen nicht von den Antragstellern vorgelegt werden.

(2) Der Umlegungsplan ist nach den Vorschriften für die Verfassung von Abteilungsplänen (§ 15 Abs. 2) auszuarbeiten.

(3) Haben zuzuweisende Grundstücke vorübergehend keine Zugänglichkeit vom ausgebauten Straßennetz, so ist im Umlegungsplan die Sicherung der Zugänglichkeit bis zur Herstellung der neuen Verkehrsflächen auszuweisen.

Anmerkung

1) Dies wird eines vorherigen Gutachtens eines Sachverständigen auf dem Gebiet der Immobilienbewertung bedürfen.

Belastungen

§ 29. (1) Soweit eine Zuweisung erfolgt, gehen Pfandrechte auf das zugewiesene Grundstück über. Andere dingliche Belastungen erlöschen, sofern der Umlegungsbescheid nicht anderes festsetzt.

(2) Erlöschen solche Rechte[1] oder werden sie verändert, so ist den Beteiligten der damit verbundene Vermögensnachteil durch Geldentschädigung zu ersetzen, die im Umlegungsbescheid festzusetzen ist.[3)4)]

(3) Jede Entschädigung entfällt, wenn ein solches Recht an einem Grundstück nach Anmerkung des Antrages auf Umlegung begründet worden ist.[2]

Anmerkungen

1) Gem § 134 Abs 6 begründen solche Rechte insoweit eine Parteistellung, als die Behörde über die Entschädigung zu entscheiden hat. In Betracht kommen vor allem Baurechte, Dienstbarkeiten und Reallasten. Vgl auch § 33 Abs 1 Z 2.

2) Im Grundbuch.

3) Mangels gesonderter Regelungen sind etwa für Entschädigungen von Pfandgläubigern die Regelungen des ZivilR analog anzuwenden.

4) Die Entschädigung eines Pfandgläubigers ist maximal mit jenem Betrag begrenzt, der dem Miteigentümer und Pfandschuldner als Zahlung aus der Masse zugesprochen wird. Der Pfandschuldner wird für den Betrag der Pfandentschädigung nur als Zahlungs„berechtigter" für Zahlungsansprüche aus der Masseverteilung festzustellen sein (nicht Zahlungs„empfänger"), um dem Pfandgläubiger eine Entschädigung direkt zuzuweisen (keine Verkürzung des Pfandgläubigers!).

Rechtsstreitigkeiten während des Umlegungsverfahrens

§ 30. (1) Ist wegen eines Rechtes, das den Anspruch auf Beteiligung an dem Umlegungsverfahren begründet,[1] ein Rechtsstreit anhängig oder treten während des Umlegungsverfahrens wegen eines solchen Rechtes Streitigkeiten auf, so gelten beide Streitteile als Parteien oder Beteiligte. Wenn wegen des strittigen Rechtes bis zu dem Vollzug der Umlegung[2] weder eine rechtskräftige Entscheidung der ordentlichen Gerichte noch eine gütliche Einigung erfolgt ist, so werden die zuzuweisenden Grundstücke, unbeschadet der endgültigen gerichtlichen Entscheidung, in das bücherliche Eigentum jener Personen übertragen, die nach dem bisherigen Grundbuchsstand[3] als Eigentümer der eingebrachten Grundstücke eingetragen sind.

(2) Etwaige an solche Personen aus der Masse zu leistende Zahlungen sind bei Gericht[4] zu hinterlegen. Zahlungen an die Masse sind von dem grundbücherlichen Eigentümer zu leisten, unbeschadet der Ersatzansprüche an

denjenigen, dem im Fall der gerichtlichen Entscheidung das Eigentum zugesprochen wird.

Anmerkungen

1) Vgl Anm 1 zu § 29.

2) Als vollzogen gilt die Umlegung offenbar erst am Umlegungstag (§ 32), weil erst an diesem Tag die im § 33 angeführten Rechtswirkungen eintreten.

3) Gemeint ist der Grundbuchsstand am Umlegungstag.

4) Beim Bezirksgericht, in dessen Sprengel die Liegenschaft liegt.

Umlegungsbescheid

§ 31. (1) Die Entscheidung über die Umlegung hat durch schriftlichen Bescheid der Landesregierung[1)] zu erfolgen. Jeder Partei ist mit dem Umlegungsbescheid eine mit dem Genehmigungsvermerk versehene Ausfertigung des Umlegungsplanes zuzustellen.[2)]

(2) Im Umlegungsbescheid ist jene Frist festzusetzen, innerhalb der die diesem Bescheid entsprechenden Besitzverhältnisse herzustellen sind beziehungsweise die Inbesitznahme zu dulden ist.

(3) Die Erlassung des Umlegungsbescheides setzt voraus, dass das Umlegungsgebiet, mit Ausnahme der öffentlichen Erholungsflächen, die Widmung „Bauland" aufweist und von Bebauungsplänen erfasst ist.[3)]

(4) Dem zuständigen Grundbuchsgericht ist eine Ausfertigung des Umlegungsbescheides zuzustellen. Das Grundbuchsgericht hat die Erlassung dieses Bescheides ob den betroffenen Grundstücken anzumerken.

(EB zur Nov LGBl 2001/90)

Die bisher im § 31 vorgesehene öffentliche Auflage des genehmigten Umlegungsplanes, verbunden mit der Möglichkeit, Vervielfältigungen zu beziehen, entfällt, da künftig ohnehin jeder Partei mit dem Umlegungsbescheid eine Ausfertigung des Umlegungsplanes zuzustellen ist. Die Erlassung des Umlegungsbescheides ist – ebenso wie der Umlegungstag (§ 32) – im Grundbuch anzumerken.

Anmerkungen

1) Mit der Nov LGBl f Wien 2010/40 zur V der Wiener Landesregierung, mit der einige Geschäfte dem Amt der Wiener Landesregierung überlassen werden (ÜbertragungsV – LGBl 2000/35 idF LGBl 2014/03), wurde die Entscheidung über die Umlegung dem Amt der Wiener Landesregierung übertragen.

2) Der Umlegungsbescheid ist jeder Partei zuzustellen, auch einer solchen, die aus der Masse keine Grundstücke zugewiesen erhält.

3) Abs 3 wurde mit der Nov LGBl 2018/69 eingefügt.

Umlegungstag

§ 32. (1) Im Umlegungsbescheid ist der Tag, an dem die Rechtsänderungen eintreten, festzusetzen (Umlegungstag). Zwischen der Erlassung des Umlegungsbescheides und dem Umlegungstag soll ein Zeitraum von nicht mehr als drei Monaten liegen.

(2) Das Grundbuchsgericht hat mit der Anmerkung der Erlassung des Umlegungsbescheides (§ 31 Abs. 4) den Umlegungstag gesondert anzumerken.

Rechtswirkungen

§ 33. (1) Mit dem Umlegungstag treten folgende Rechtswirkungen ein:

1. Die Gemeinde wird lastenfreie Eigentümerin der ihr unentgeltlich oder gegen Entschädigung ins öffentliche Gut zugewiesenen Grundstücke.
2. Das Eigentumsrecht und die bisherigen Pfandrechte an den eingebrachten Grundstücken erlöschen und gehen, soweit eine Zuweisung erfolgt, auf die zugewiesenen Grundstücke über.[5] Vorkaufs- und Wiederkaufsrechte, Baurechte, Dienstbarkeiten, fideikommissarische Substitutionen und Reallasten erlöschen, soweit der Umlegungsbescheid nicht anderes bestimmt, und gehen auf die zugewiesenen Grundstücke nur insoweit über, als dies im Umlegungsbescheid festgesetzt ist.
3. Auf obligatorische Rechte hat der Umlegungsbescheid, sofern er nicht anderes bestimmt, die Wirkung, dass sie zum nächsten Kündigungstermin oder, bei Fehlen eines solchen, mit sofortiger Wirkung aufgekündigt sind und die Sachen in den ortsüblichen Fristen zu räumen und zu übergeben sind, mögen auch abweichende Vereinbarungen bestehen; ausgenommen davon sind Wohnungsmieten[1)2)].
4. Die aus der Masse und an sie zu leistenden Zahlungen werden unbeschadet der Richtigstellung durch die endgültige Abrechnung fällig, soweit der Umlegungsbescheid nicht anderes vorsieht.[3)]

(2) Der Magistrat hat die Eintragung der neuen Rechtsverhältnisse und die Löschung der Anmerkung des Antrages auf Umlegung, der Erlassung des Umlegungsbescheides sowie des Umlegungstages durch das Grundbuchsgericht zu veranlassen.[4)]

(EB zur Nov LGBl 2001/90)

§§ 33 und 34 werden einfacher gefasst; in § 33 Abs 1 Z 3 wird weiters normiert, dass Wohnungsmieten von der Wirkung des Umlegungsbescheides, dass obligatorische Rechte zum nächsten Kündigungstermin als aufgekündigt zu gelten haben, ausgenommen sind.

Anmerkungen

1) Abs 3 idF der Nov LGBl 2009/25.

2) Wenn auch der Mieterschutz in Wien als Dogma betrachtet wird, kann ein derartiger Schutz von Wohnungsmieten uU den ganzen Zweck einer Umlegung illusorisch machen. Eine sachliche Rechtfertigung findet sich dafür jedenfalls nicht.

3) Diese Bestimmung ist in Ansehung ihrer Unbestimmtheit verfassungsrechtlich bedenklich (formalgesetzliche Delegation).

4) In Form eines Antrages. Eine bloße Übersendung des Umlegungsbescheides reicht wohl nicht aus. Vgl auch § 131.

5) Damit wird das Eigentum unabhängig von der späteren Verbücherung begründet (Durchbrechung des Intabulationsprinzips).

Kosten des Umlegungsverfahrens[1)]

§ 34. (1) Folgende Kosten sind auf die Parteien nach den Eigentumsanteilen an den von ihnen eingebrachten Grundflächen, mit Ausnahme jener des öffentlichen Gutes[2)], aufzuteilen:

1. **die aus der Masse zu leistenden Entschädigungen, soweit sie durch die an die Masse zu leistenden Entschädigungen ungedeckt bleiben,**
2. **Barauslagen (§ 76 AVG), insbesondere auch die Kosten für die Erstellung des Umlegungsplanes und für die Vornahme der im Umlegungsverfahren durchzuführenden Eintragungen im Grundbuch,**
3. **Kommissionsgebühren (§ 77 AVG) und Verwaltungsabgaben (§ 78 AVG).**

(2) Der Magistrat kann den Zahlungsverpflichteten mit Bescheid Vorschusszahlungen auftragen.

(3) Die Vorschreibung der Kosten gemäß Abs. 1 erfolgt durch Bescheid des Magistrats.

Anmerkungen

1) § 34 wurde mit der Nov LGBl 2009/25 neu gefasst.

2) Wird ein Umlegungsantrag von der Gemeinde – gem § 23 Abs 1 im öffentlichen Interesse liegend – eingebracht, so bestehen rechtliche Bedenken, den in einem solchen Fall gezwungenen Eigentümern die Kosten aufzuhalsen.

§ 35. *entfällt*[1)]

Anmerkung

1) § 35 entfiel mit der Nov LGBl 2001/90. § 24 regelt jetzt die Einstellung des Umlegungsverfahrens.

C. Grenzberichtigungen

Zweck und Voraussetzungen der Grenzberichtigung; Anmerkung

§ 36. *entfällt*[1)]

Anmerkung

1) Die §§ 36 und 37, die niemals praktisch wurden, entfielen mit der Nov LGBl 2009/25.

Durchführung der Grenzberichtigung

§ 37. *entfällt*[1)]

Anmerkung

1) Die §§ 36 und 37, die niemals praktisch wurden, entfielen mit der Nov LGBl 2009/25.

3. Teil
Enteignungen

Enteignungsfälle und Umfang der Enteignung

§ 38. (1) Durch Enteignung können das Eigentumsrecht oder andere, bereits bestehende dingliche Rechte an fremden Grundflächen erworben, dingliche oder sonstige Rechte an fremden Grundflächen begründet und dingliche Rechte an eigenen Grundflächen aufgehoben werden. Die Enteignung darf nur gegen Entschädigung (§§ 57 bis 59) durchgeführt werden und muß sich auf den jeweils geringsten, noch zum Ziel führenden Eingriff in fremde Rechte beschränken.

(2) Eine Enteignung ist nur dann zulässig, wenn der Enteignungsgegner die Einräumung der angestrebten Rechte ablehnt oder dafür ein offenbar übermäßiges Entgelt fordert oder wenn er nicht in der Lage ist, die Ausübung der angestrebten Rechte zu gewährleisten. Die Nichtäußerung zu einem gestellten Anbot innerhalb angemessener, einen Monat nicht unterschreitender Frist, gilt als Ablehnung. Die Enteignung einer Liegenschaft kann ungeachtet eines anhängigen Einlösungsverfahrens beantragt und verfügt werden, solange der Eigentumsübergang im Grundbuch noch nicht einverleibt ist.

(3) Eine Enteignung ist zulässig:

a) zur Herstellung von Verkehrsflächen und zur Anlage öffentlicher Aufschließungsleitungen (§ 39);[1)]

b) zur Ausführung von Bauvorhaben oder Anlagen auf Grundflächen für öffentliche Zwecke (§ 40);

c) zur Erhaltung, Ausgestaltung oder Herstellung der allgemeinen Zugänglichkeit des Wald- und Wiesengürtels (§ 41);[2)]
d) zur Vermeidung des Zurückbleibens von nach den Bebauungsbestimmungen selbständig nicht bebaubaren Grundflächen im (§ 42);
e) zur bauordnungsgemäßen Bebauung von Liegenschaften (§ 43).

(4) *entfällt*

(5) Sind die für die Verwirklichung des Enteignungszweckes benötigten Grundflächen und die Restflächen einer Liegenschaft derart bebaut, daß Bauwerke über die Grenze zwischen diesen Flächen reichen, so ist die Entziehung des Eigentumsrechtes an den Restflächen auf Zeit insoweit zulässig, als dies zur Beseitigung der Bauwerke technisch notwendig und wirtschaftlich zweckmäßig ist. Im Enteignungsbescheid ist die Zeitdauer des Eigentumsentzuges und das Ausmaß der betroffenen Grundflächen zu bestimmen.

(6) Wenn der Weiterbestand von Bauwerksteilen auf den Restflächen durch Baumaßnahmen (Umbau oder bauliche Änderungen) nach den Vorschriften dieses Gesetzes zulässig ist und die hiefür notwendigen Aufwendungen wirtschaftlich vertretbar sind, hat die Behörde auf Antrag des Enteignungswerbers oder des Eigentümers der betroffenen Liegenschaft beziehungsweise des Eigentümers der darauf befindlichen Bauwerke (Superädifikate) deren Änderung anzuordnen.

(7) Dem Antrag nach Abs. 6 sind Baupläne in siebenfacher Ausfertigung und eine Aufstellung der voraussichtlichen Kosten anzuschließen. Die Baupläne haben den Anforderungen der §§ 64 und 65 zu entsprechen, bedürfen jedoch für das Enteignungsverfahren keiner Unterfertigung durch die Eigentümer. Die Behörde hat bei Vorliegen mehrerer Änderungsentwürfe den zweckmäßigsten[3)] auszuwählen und dem Grundeigentümer bzw. dem Eigentümer des Bauwerkes dessen Ausführung in angemessener Frist aufzutragen. Die Fertigstellung der aufgetragenen Baumaßnahmen ist der Baubehörde vom Enteignungswerber, vom Eigentümer (Miteigentümer) der Baulichkeit oder vom Grundeigentümer unter Anschluss eines Ausführungsplanes zu melden.[4)]

(8) Die Behörde hat die Kosten dieser Baumaßnahmen zu ermitteln und mit der Entschädigung vorläufig zu bestimmen. Nach Durchführung der aufgetragenen Baumaßnahmen hat die Behörde auf Antrag des Eigentümers der Liegenschaft beziehungsweise des Bauwerkes oder auf Antrag des Enteignungswerbers die endgültigen Kosten festzustellen und die entsprechenden Ausgleichszahlungen anzuordnen.

(9) *entfällt*

(10) Soll ein Grundstück soweit enteignet werden, daß die Restfläche nach den Vorschriften dieses Gesetzes nicht mehr bebaubar ist, ist auf Antrag des von der Enteignung betroffenen Grundeigentümers die Enteignung des gesamten Grundstückes auszusprechen. Das gleiche gilt, wenn ein Grundstück durch die Verringerung seines Ausmaßes oder durch eine beantragte Belastung mit dinglichen Rechten nicht mehr nach seiner bisherigen Bestimmung wirtschaftlich genutzt werden kann.

(EB zur Nov 1976)

In der Bestimmung des § 38 werden erstmals die Grundsätze für die Durchführung von Enteignungen zusammengefaßt. Oberster Grundsatz bei der Durchführung eines Enteignungsverfahrens ist, daß jede Enteignung nur gegen Entschädigung durchgeführt werden darf und sich in jedem Falle auf den geringsten noch zum Ziel führenden Eingriff in fremde Rechte beschränken muß. Als weiterer Grundsatz wird betont, daß eine Enteignung nur dann beantragt werden darf, wenn der Enteignungsgegner die Einräumung der angestrebten Rechte ablehnt oder dafür ein offenbar übermäßiges Entgelt fordert.
Für die Inanspruchnahme von Grundflächen, die bebaut sind, wird weiters der Grundsatz aufgestellt, daß diejenigen Flächen, die für die Erfüllung des Enteignungszweckes unmittelbar nicht erforderlich sind, aber im Zuge der Enteignung wegen ihres wirtschaftlichen, technischen und räumlichen Zusammenhanges mit der unmittelbar benötigten Grundfläche zumindest vorübergehend in Anspruch genommen werden müssen, nur auf Zeit zur Herstellung des Enteignungszweckes enteignet werden dürfen. Nach Ablauf dieser Zeitdauer, die im Enteignungsbescheid festzusetzen ist, fällt somit diese vom Enteignungszweck unmittelbar nicht in Anspruch genommene Grundfläche in das Eigentum des Enteigneten zurück, es sei denn, er hat im Verfahren einen Antrag auf Einlösung seiner gesamten Liegenschaft gestellt. Ein weiterer Grundsatz für das Enteignungsverfahren für bebaute Grundflächen wird durch die Bestimmung des Abs 6 umrissen, wonach dann, wenn der Weiterbestand von Gebäudeteilen auf der von der Herstellung des Enteignungszweckes nicht benötigten Grundfläche nach Durchführung bestimmter baulicher Maßnahmen möglich ist und die erforderlichen Aufwendungen wirtschaftlich vertretbar sind, über Antrag des Enteignungswerbers oder das Eigentümers der betroffenen Liegenschaft die Gebäude entsprechend umgebaut bzw abgeändert werden können. Ob die Änderung bzw der Umbau der Gebäude und baulichen Anlagen wirtschaftlich vertretbar ist, ist im Enteignungsverfahren durch die Einholung eines entsprechenden Gutachtens gesondert zu prüfen; ob die baulichen Maßnahmen genehmigungsfähig (jetzt zulässig) sind, ist im Enteignungsverfahren lediglich als Vorfrage zu entscheiden. Die Baubewilligung für die erforderlichen baulichen Maßnahmen müßte in jedem Falle jedoch von der Baubehörde erteilt werden. Einen Einfluß auf das Baubewilligungsverfahren für solche Abänderungen übt das Enteignungsverfahren lediglich insofern aus, als die Baupläne in dem Falle, in dem der Enteignungswerber die Abänderung der Baulichkeiten beantragt, vom Eigentümer der Baulichkeiten nicht unterfertigt sein müssen (§ 38 Abs 7) und der Enteignungswerber für die Antragstellung bei der Baubehörde somit der Zustimmung des Eigentümers nicht bedarf (§ 38 Abs 9).

Bei Vorliegen mehrerer Abänderungsanträge hat die Behörde nach der Bestimmung des § 38 Abs 7 den zweckmäßigsten Änderungsentwurf auszuwählen und dem Grundeigentümer bzw dem Gebäudeeigentümer die Ausführung der Änderungen in angemessener Frist aufzutragen. Die Kosten hiefür hat die Behörde zugleich mit der Entschädigung vorläufig zu bestimmen; sie sind nach Abschluß der Bauarbeiten endgültig abzurechnen und vom Enteignungswerber zu tragen. Ergänzend ist zu bemerken, daß die festzusetzende Entschädigung neben der Entschädigung für die unmittelbar in Anspruch genommene Grundfläche und die Umbaukosten auch eine Entschädigung für den Wertverlust des Gebäudes umfassen muß.

(EB zur Nov LGBl 2009/25)

Zu Abs 7 und 9

Die Meldung der Fertigstellung der aufgetragenen Baumaßnahmen nach dem ergänzten Abs. 7 dient der behördlichen Evidenthaltung aus Gründen der Rechtssicherheit.

Abs. 9 kann entfallen, da gemäß Abs. 6 und 7 die dort geregelten baulichen Maßnahmen ohnehin von der Behörde anzuordnen sind und daher gemäß § 62a Abs. 1 Z 3 keiner Baubewilligung bedürfen.

Anmerkungen

1) Die Bestimmung erlaubt nur die Enteignung in solchen Fällen, wo keine Bundeskompetenz besteht; nicht also bei Bundesstraßen, nicht für Gas- oder Stromleitungen.

2) Nicht in jenen Fällen, wo eine landwirtschaftliche Nutzung ausdrücklich festgelegt ist, sehr wohl aber dann, wenn eine landwirtschaftliche Nutzung erfolgt, diese Widmung aber fehlt.

3) Wobei völlig ungeklärt ist, welche Parameter für die Zweckmäßigkeit maßgeblich sind; die Bestimmung erlaubt den Behörden schrankenloses Ermessen.

4) In strikter Abkehr der bisherigen Regelung, die auf die Trennung der verfassungsgesetzlich bestimmten Wirkungsbereiche der Enteignungsbehörde im selbständigen Wirkungsbereich des Landes einerseits und der Baubehörde im eigenen Wirkungsbereich der Gemeinde andererseits Bedacht nahm, wird nun mit der Nov LGBl 2009/25 – bei gleichzeitiger Änderung des § 62 a Abs 1 Z 3 von baubehördlichen Aufträgen auf behördliche Aufträge – ein Auftrag der Enteignungsbehörde baubewilligungsfrei gestellt, egal, welchen Umfang ein solcher Umbau besitzt. Damit kehrt der Gesetzgeber die verfassungsrechtliche Problematik nur unter den Tisch, beseitigt sie aber nicht. Denn war schon die bisherige Regelung hinsichtlich der Aufträge der Enteignungsbehörde verfassungsrechtlich nicht unproblematisch, mit dem Entfall des Baubewilligungsverfahrens ändert eine unzuständige Behörde jetzt den Konsens, ohne Rücksicht auf die Prüfung technischer Gegebenheiten und – was besonders schwer wiegt – die Rechte der Anrainer. Die Regelung erscheint wohl verfassungswidrig.

Judikatur

1) Notwendigkeit der Enteignung bedeutet zweierlei: einerseits, daß die zu enteignenden Grundstücke für die Durchführung des Projektes erforderlich sind, andererseits, daß der für das Projekt erforderliche Grund nicht auf andere Weise als durch Enteignung zu beschaffen ist (VfGH 15.12.1965, Slg 5171).

2) Das verfassungsgesetzlich gewährleistete Recht der Unverletzlichkeit des Eigentums wird durch einen bescheidmäßigen Eigentumseingriff nur verletzt, wenn der Bescheid auf einer verfassungswidrigen Rechtsgrundlage beruht oder wenn der Bescheid gesetzlos ist, wobei auch eine denkunmögliche Gesetzesanwendung als Gesetzlosigkeit anzusehen ist. Das Recht, Liegenschaften jeder Art zu erwerben und über dieselben frei zu verfügen, schützt nur vor jenen geschichtlich gegebenen Einschränkungen im Erwerb und in der Veräußerung von Grundbesitz, die ehemals zugunsten von bestimmten, bevorrechteten Klassen angehörenden Personen bestanden hatten (VfGH 3.7.1965, Slg 5030).

3) Hinsichtlich der Enteignungsvorschriften gilt die allgemeine, in den Kompetenzverteilungsbestimmungen des B-VG enthaltene Anordnung, daß in Angelegenheiten des Art 15 Abs 1 B-VG notwendig erscheinende Enteignungsmaßnahmen in Gesetzgebung und Vollziehung Landessache sind (vgl insbesondere ESlg 2217/51, ferner ua 1809/49 und 837/27). Zur Regelung der Enteignung gehört auch die Regelung der damit zusammenhängenden Entschädigung (VfGH 9.12.1963, Slg 4605).

4) Aus der Rechtsordnung, die am 1.10.1925 in Geltung gestanden hat, ist abzuleiten, daß eine Norm, die die zwangsweise Entziehung des Eigentums individuell zu bezeichnender Personen an einer bestimmten Grundfläche zugunsten einer namentlich genannten Gebietskörperschaft vorschreibt, jedenfalls als eine Enteignungsbestimmung anzusehen ist, was nicht ausschließt, daß auch noch andere Maßnahmen unter den Enteignungstatbestand fallen. Ausnahmen könnte es nur insoweit geben, als sie aus der Verfassung ableitbar wären. Es fehlt jede verfassungsgesetzliche Handhabe dafür, Naturalabgaben, die durch Übereignung von Grundflächen zu erbringen sind, einem anderen Kompetenztatbestand des B-VG als dem der Enteignung (Art 10 Abs 1 Z 6, Art 15 Abs 1) zuzuordnen. Die Verpflichtung individuell zu bezeichnender Personen zur Abtretung von Grundflächen an eine bestimmte Gebietskörperschaft konnte niemals als eine bloße Eigentumsbeschränkung im Sinne des § 364 ABGB angesehen werden. Im Enteignungsbegriff (Art 5 zweiter Satz StGG) liegt die Forderung, daß eine Enteignung nur erfolgen darf, wenn sie durch das allgemeine Beste gerechtfertigt, also durch das öffentliche Interesse geboten ist. Der Gesetzgeber darf somit eine Enteignung nur dann vorsehen, wenn und insoweit es notwendig ist, Privatrechte zu entziehen, um einem Gebot des allgemeinen Besten zu entsprechen (vgl ua E Slg 1809, 1853, 1946). Es muß demnach ein konkreter Bedarf vorliegen, dessen Deckung im öffentlichen

Interesse liegt, es muß weiters das Objekt der Enteignung überhaupt geeignet sein, diesen Bedarf unmittelbar zu decken, und es muß schließlich unmöglich sein, diesen Bedarf anders als durch Enteignung zu decken. Nur dann liegt eine Notwendigkeit im oben umschriebenen Sinn vor. Verfassungsrechtlich unzulässig ist es also, durch Gesetz Maßnahmen zu schaffen, die eine Enteignung ermöglichen, ohne daß ein konkreter Bedarf vorliegt, dessen unmittelbare Deckung durch die enteignete Sache im öffentlichen Interesse erforderlich ist (VfGH 19.12.1959, Slg 3666).

5a) Anträge auf Enteignung sind nicht bei der zur Entscheidung berufenen Landesregierung, sondern beim Magistrat einzubringen. Vgl jetzt Anm 6 zu § 44.

5b) Die Enteignung von (ideellen) Liegenschaftsanteilen ist dann zulässig, wenn hiedurch derjenige, zu dessen Gunsten die Enteignung stattfinden soll, Alleineigentümer der Liegenschaft wird, deren er zur Erreichung des Enteignungszweckes bedarf.

5c) Gemeinderatsbeschlüsse, mit denen ein Flächenwidmungsplan aufgestellt oder abgeändert wird, sind zwar generelle, auf der Stufe einer Verordnung stehende Verwaltungsakte; sie unterscheiden sich aber von den übrigen unter Art 18 B-VG fallenden V durch die Art ihrer inhaltlichen Determinierung. Wohl muß das Gesetz (die BO) bestimmen, welche Flächenwidmungen und welche Bebauungsbestimmungen festgesetzt werden können, es ist aber nicht möglich, schon im Gesetz im einzelnen festzulegen, für welche Gebiete die im Gesetz vorgesehenen Widmungen und Bebauungsvorschriften gelten sollen (VwGH 19.10.1965, Slg 6785/A).

6) Der VfGH ist der Auffassung, daß die Enteignung eine Maßnahme ist, die nicht nur als örtliche Planung, sondern bereits als Verwirklichung (Durchführung) dieser Planung aufzufassen ist. Es ist dem Verfassungsgesetzgeber aber zuzumuten, daß er, wenn von ihm Enteignungen im Zusammenhang mit der Materie „örtliche Raumplanung" im Sinne des Art 118 Abs 3 Z 9 B-VG als dem eigenen Wirkungsbereich angehörig angesehen worden wären, die Enteignung ausdrücklich als Angelegenheit des eigenen Wirkungsbereiches angeführt hätte (vgl in diesem Zusammenhang das E Slg 5807) (VfGH 20.12.1977, Slg 8227, zur Nö BO).

7) Für die Qualifikation eines Eingriffes in das Eigentum als Enteignung ist wesentlich, daß eine Vermögensverschiebung eintritt (VfSlg 4475/1963, 4908/1965, 5208/1966, 5378/1966, 6390/1971, 8266/1978).

Der Gesetzgeber (und zwar sowohl der Bundes- wie auch der Landesgesetzgeber gem Art 10 Abs 1 Z 6 B-VG idF BGBl 287/1974 § 35; Art 15 Abs 1 B-VG idF BGBl 444/1974) darf Maßnahmen der Enteignung nur unter der Voraussetzung zulassen, daß diese Maßnahmen dem allgemeinen Besten – dem öffentlichen Interesse, dem öffentlichen Wohl – dienen (dies geht schon aus der früheren Rechtsprechung des VfGH, zB VfSlg 1123/1928, hervor und wird in der späteren ständigen Rechtsprechung betont, zB VfSlg 1809/1949, 3463/1958, 3641/1959, 4874/1964, 7321/1974, 8083/1977, 8326/1978). Mit anderen Worten: im Art 5 StGG liegt die Forderung, daß eine Enteignung nur erfolgen darf, wenn sie durch das allgemeine Beste gerechtfertigt ist, also durch das öffentliche Interesse, das öffentliche Wohl geboten ist (VfSlg 1853/1949, 3666/1959, 5617/1967, 5807/1968, 6097/1969, 6763/1972, 7238/1973, 8212/1977).

Es ist auch verfassungsrechtlich unzulässig, durch Gesetz Maßnahmen zu schaffen, die eine Enteignung ermöglichen, ohne daß ein konkreter Bedarf vorliegt, dessen unmittelbare Deckung durch die enteignete Sache im öffentlichen Interesse erforderlich ist (VfSlg 3666/1959, 5724/1968, 6097/1969). VfGH 3.12.1980, Slg 8981.

8) Soweit die Erstbeschwerdeführerin vermeint, eine Enteignung der Stadt Wien durch Organe der Stadt Wien sei aufgrund der Eigentumsverhältnisse nicht zumutbar, ist ihr zu entgegnen, dass gegebenenfalls Organe einer Gebietskörperschaft durchaus zuständig sind, über Angelegenheiten der Privatwirtschaftsverwaltung dieser Gebietskörperschaft zu entscheiden (vgl die bei *Hauer/Leukauf* aaO, S 138 unter E 59a zitierte hg Rechtsprechung) (VwGH 14.12.2004, 2003/05/0194).

Verkehrsflächen und öffentliche Aufschließungsleitungen

§ 39. **(1) Grundflächen, die gemäß dem Bebauungsplan in Verkehrsflächen[1] fallen, können auf Antrag der Gemeinde enteignet werden, sobald die Ausführung der Verkehrsfläche grundsätzlich beschlossen worden ist. Ebenso können auf Antrag der Gemeinde für die Herstellung, Erhaltung und Benützung öffentlicher Aufschließungsleitungen Teilflächen von Grundflächen, die gemäß dem Bebauungsplan in Verkehrsflächen fallen, vor Ausführung der Verkehrsflächen enteignet werden oder zumindest zugunsten der Gemeinde an solchen Teilflächen für die genannten Zwecke Dienstbarkeiten begründet werden, sobald die Herstellung der öffentlichen Aufschließungsleitungen grundsätzlich beschlossen worden ist.**

(2) Auf Grund des Bebauungsplanes kann durch Enteignung zugunsten der Gemeinde die Dienstbarkeit begründet werden, die Herstellung, Erhaltung und Benützung öffentlicher Verkehrsanlagen, wie Durchfahrten, Arkaden, Abgänge zu unterirdischen Verkehrsanlagen u. dgl., und öffentlicher Aufschließungsleitungen sowie die zu diesem Zweck notwendigen Baumaßnahmen, auch an bestehenden Bauwerken, zu dulden. Ebenso können durch Dienstbarkeiten die zum Schutz dieser Aufschließungsleitungen notwendigen Nutzungsbeschränkungen festgelegt werden. Der Enteignungswerber hat die für die Baumaßnahmen erforderliche Baubewilligung zu erwirken; hiefür bedarf er nicht der Zustimmung des Eigentümers.

(3) Auf Grund des Bebauungsplanes kann durch Enteignung zugunsten der Gemeinde die Dienstbarkeit begründet werden, die Herstellung, Erhaltung und Benützung von Verkehrsanlagen oberhalb oder unterhalb von Grundflächen und Bauwerken sowie die zu diesem Zweck notwendigen baulichen Maßnahmen, auch an bestehenden Bauwerken, zu dulden. Der Enteignungswerber hat die für die baulichen Maßnahmen erforderliche Baubewilligung zu erwirken; hiefür bedarf er nicht der Zustimmung des Eigentümers.

(4) *entfällt*[2)]

(5) Grundflächen, die zu Verkehrsflächen gemäß § 53 oder zu Aufschließungswegen in Gartensiedlungsgebieten entfallen, können auf Antrag eines Abteilungswerbers zu seinen Gunsten zum Zweck der Schaffung von Trennstücken enteignet werden, wenn er nach den Bestimmungen des § 16 Abs. 2 bzw. des § 53 Abs. 3 verpflichtet ist, diese Trennstücke der Einlage des angrenzenden Bauplatzes, Bauloses oder Kleingartens zuzuschreiben.[3)]

Anmerkungen

1) Auch daraus ergibt sich, daß Verkehrsflächen kein eigener Widmungsbegriff sind, sondern Teil des ausgewiesenen Widmungsgebietes. Bei verschiedenen Widmungen beiderseits der Verkehrsfläche ist wohl, soferne im Bebauungsplan nicht anderes festgelegt ist, davon auszugehen, daß die Widmungsgrenze in der Achse der Verkehrsfläche verläuft.

2) Entfiel mit der Nov LGBl 2009/25. Der Inhalt wurde in Abs 2 übernommen.

3) Hier liegen Fälle einer sog „Privatenteignung" vor. Dies ist im Gartensiedlungsgebiet besonders problematisch, weil die Aufschließungswege nicht in rechtlich anordnender Weise im Bebauungsplan festgelegt werden, sondern durch Privatinitiative geschaffen werden. Dort, wo eine solche Enteignungsmöglichkeit dringend notwendig ist, nämlich im Bauland, wurde sie bezeichnenderweise mit der Nov LGBl 2005/41 gestrichen.

Judikatur

1) Die Zuständigkeit des Bundes oder der Länder in Ansehung der Enteignung ist grundsätzlich danach zu beurteilen, ob die Materie selbst, zu deren Zweck und in deren Rahmen die Enteignung erfüllt werden soll, in die Zuständigkeit des Bundes oder der Länder fällt (VfGH 13.10.1951, Slg 2217).

2) Gegen die Verfassungsmäßigkeit des § 39 und des § 41 (jetzt modifiziert, § 40) bestehen keine Bedenken (VfGH 15.12.1972, Slg 6953).

3) Die Frage der Notwendigkeit der Führung einer Straße in der im Bebauungsplan festgesetzten Form kann im Zuge des Enteignungsverfahrens überhaupt nicht aufgerollt werden (VwGH 13.3.1951, Slg 1988/A).

4) Die Bestimmungen des § 39 lassen jeden Hinweis vermissen, daß eine Enteignung von Verkehrsflächen nur bei Vorliegen eines öffentlichen Interesses zulässig ist. Der Gesetzgeber ist offenbar von der Erwägung ausgegangen, daß die Herstellung oder Verbreiterung von Verkehrsflächen an sich schon im öffentlichen Interesse liegt, das nicht erst im Einzelfall nachgewiesen werden muß (VwGH 16.10.1956, 2910/55).

5) Eine Enteignung von Eigentumsanteilen ist dann zulässig, wenn der Antragsteller hiedurch Alleineigentümer der Liegenschaft wird, deren er zur Errichtung des Enteignungszweckes bedarf (VwGH 19.10.1965, Slg 6785/A).

6) Besteht eine Verpflichtung zur Grundabtretung von Grundflächen für Straßenzwecke in das öffentliche Gut, liegen die Voraussetzungen für eine Enteignung nach § 39 BO vor, und zwar auch dann, wenn eine Teilung des (später) den Bauplatz bildenden Grundstückes (für sich allein) nicht erforderlich ist. Abteilungswerber ist jedenfalls derjenige, der einen Antrag auf Bewilligung der Schaffung eines Bauplatzes, der die Veränderung im Gutsbestand eines Grundbuchskörpers bedingt, eingebracht hat. (VwGH 27.11.1990, 90/05/0128).

7) Eine Frist zum Ausbau von im Bebauungsplan vorgesehenen Verkehrsflächen kennt die WBO nicht. Da die Errichtung einer öffentlichen Straße baubewilligungsfrei ist, kann nicht davon gesprochen werden, daß die sich aus dem Gesetz ergebende Abteilungsbewilligungspflicht zur Herstellung des Enteignungszweckes, nämlich die Errichtung der Verkehrsfläche, erforderlich wäre. Es kommt daher im vorliegenden Fall darauf an, daß mit der Durchführung des Vorhabens, zu dessen Zweck enteignet wurde, innerhalb von zwei Jahren im Sinne des § 45 Abs 1 erster Satz, zweiter Halbsatz BO begonnen und dieses innerhalb von vier Jahren beendet wird.

Sofern die Bfrin eine Verletzung rechtsstaatlicher Grundsätze geltend macht, weil die belangte Behörde über ihre eigenen Interessen abspricht, wird zum einen darauf hingewiesen, daß die Prüfung der Einhaltung des rechtsstaatlichen Prinzips (Art 18 Abs 1 B-VG) in die Zuständigkeit des VfGH fällt, zum anderen hat der VwGH dagegen, daß die Stadt Wien Enteignungswerberin ist und die belangte Behörde als Organ des Landes Wien entscheidet, unter dem Gesichtspunkt des § 7 Abs 1 Z 4 AVG keine Bedenken (VwGH 30.5.2000, 99/05/0023, BauSlg 138).

8) Bei der Bewertung der fremden, abzutretenden Grundfläche hat im Übrigen die Festlegung als Verkehrsfläche, die der Gemeinde ja erst die Enteignung gem § 39 BO ermöglicht, außer Betracht zu bleiben; mit anderen Worten ist auf diejenige fiktive Nutzungsmöglichkeit der betroffenen Grundfläche abzustellen, die sich ergeben hätte, wenn die Festlegung als Verkehrsfläche nicht erfolgt wäre (vgl OGH 5.6.1986, 6 Ob 530/85; 1.9.1992, 4 Ob 1570/92; vgl auch OGH 17.12.2013, 4 Ob 200/13k).

Was die Widmung der gegenständlichen Grundfläche betrifft, wird bei Vorliegen verschiedener Widmungen beiderseits der Verkehrsfläche im Zweifel davon auszugehen sein, dass die Widmungsgrenze in der Achse der Verkehrsfläche verläuft, sofern dem Flächenwidmungsplan keine anderen eindeutigen Festlegungen zu entnehmen sind (*Geuder/Hauer*, Wiener Bauvorschriften[5], § 39 Anm. 1; *Kleewein*, Abtretung von Fremdgrund und Geldleistung nach der Bauordnung für Wien, bbl 2005, 224 (226 f) FN 23). Auch der Verlauf einer Plangebietsgrenze wird zur Auslegung heranzuziehen sein, wenn, wie hier, verschiedene Flächenwidmungspläne verschiedene Widmungen beiderseits dieser Grenze festlegen (VwGH 17.12.2018, Ro 2018/05/0008).

Grundflächen für öffentliche Zwecke

§ 40. (1) Durch Enteignung können Grundflächen für öffentliche Zwecke (§ 5 Abs. 4 lit. l) in Anspruch genommen werden, wenn diese Grundflächen im Bebauungsplan festgesetzt sind und die Ausführung des Bauvorhabens oder der Anlage grundsätzlich beschlossen ist. Bebaute Flächen können für andere öffentliche Zwecke als für Schulen, Kindertagesheime, Spitäler, Heime für Personen, die wegen körperlicher Gebrechen oder ihres Alters nicht in der Lage sind, sich selbst zu betreuen, und einer teilweisen oder vollständigen Betreuung bedürfen, sowie für Anlagen zur Erzeugung und Weiterleitung von Fernwärme, für Wasserbehälter und Kläranlagen sowie für Erholungsgebiete – Parkanlagen jedoch nur dann enteignet werden, wenn

a) die auf den zu enteignenden Grundflächen befindlichen Bauwerke infolge ihres gesundheitswidrigen oder baufälligen Zustandes abbruchreif sind oder

b) den Bauwerken im Verhältnis zur unbebauten Grundfläche nur geringe Bedeutung zukommt oder

c) es sich überhaupt um Bauwerke untergeordneter Natur handelt.

(2) Der Ablauf der Festsetzung für öffentliche Zwecke (§ 5 Abs. 5) bleibt für ein anhängiges Enteignungsverfahren rechtlich unbeachtlich.[1)]

Anmerkung

1) Es muss bezweifelt werden, ob bei Wegfall der Rechtsgrundlage das Verfahren unbedenklich weitergeführt werden kann, weil ja auch der maßgebliche Zeitpunkt jener der Entscheidung der Behörde ist.

Judikatur

1) Es ist undenkbar, eine Erholungsfläche (Fußballplatz) als öffentlich zu qualifizieren, wenn sie nicht überwiegend und – bei gleichbleibender Situation – auf unbegrenzte oder doch dem Zweck entsprechend lange Dauer der Öffentlichkeit zur Verfügung steht oder öffentlichen Einrichtungen dient (VfGH 20.6.1968, Slg 5724).

2) Das Verlangen eines Eintrittsgeldes (WIG 74) schließt das Vorliegen einer öffentlichen Erholungsfläche nicht aus (VfGH 15.12.1972, Slg 6935).

Grundflächen im Wald- und Wiesengürtel

§ 41. Grundflächen im Wald- und Wiesengürtel, ausgenommen Flächen, die der landwirtschaftlichen Nutzung vorbehalten sind,[1] können enteignet werden, wenn die Ausgestaltung des Wald- und Wiesengürtels[2] für Erholungszwecke vom Gemeinderat beschlossen worden ist.[3]

Anmerkungen

1) Dieser Vorbehalt muss im Bebauungsplan ausgewiesen sein.

2) Wie man einen Wald- und Wiesengürtel „ausgestalten" kann, ist nirgends bestimmt. Die Bestimmung des § 41 schlägt sich außerdem hinsichtlich des Umfanges der Enteignung mit § 38 Abs 3 lit c.

3) Vgl auch § 36 des Wiener Naturschutzgesetzes. Die Enteignungstatbestände überschneiden sich teilweise; ist in diesen Fällen eine Ausgestaltung mit dem Anliegen des Naturschutzes vereinbar? Vgl auch § 24 Abs 4 NschG.

Ergänzungsflächen

§ 42. (1) **Ergänzungsflächen nach § 16 Abs. 1[1] können von dem, der zur Einbeziehung verpflichtet ist, durch Enteignung in Anspruch genommen werden; sind sie bebaut,[2] nur dann, wenn**

a) die auf den zu enteignenden Grundflächen befindlichen Bauwerke infolge ihres gesundheitswidrigen oder baufälligen Zustandes abbruchreif sind oder
b) den Bauwerken im Verhältnis zur unbebauten Grundfläche nur geringe Bedeutung zukommt oder
c) es sich überhaupt um Bauwerke untergeordneter Natur handelt oder
d) es sich um Bauwerke handelt, deren erste Baubewilligung vor mindestens 80 Jahren erteilt worden ist.

(2) **Ist die Grundfläche, die zum Zweck der Ergänzung einer nach den Bestimmungen des Bebauungsplanes selbständig nicht bebaubaren Grundfläche enteignet werden soll, die wertvollere,[3][4] so hat der Eigentümer dieser Grundfläche das Recht, die Enteignung seiner Grundfläche dadurch abzuwehren, daß er die Enteignung der weniger wertvollen Grundfläche zu seinen Gunsten beantragt. Bei gleichem Wert hat derjenige den Vorzug, der zuerst den Antrag gestellt hat. In Strukturgebieten kann sich der Enteignungsantrag auch gegen die Eigentümer mehrerer im Strukturgebiet gelegener Grundflächen richten, selbst wenn die in deren Eigentum stehenden Grundflächen in ihrer Summe größer sind als die Grundfläche des Enteignungswerbers.**

(3) *entfällt*[5]

(EB zur Nov 1976)

Die Bestimmung des § 42 stellt sich als notwendige Ergänzung zur Regelung des § 16 über die Bauplatzschaffung dar und versetzt den Abteilungswerber, wie bereits erwähnt, in die Lage, erforderlichenfalls durch die Anwendung von Zwangsrechten das Eigentum der für die Schaffung des Bauplatzes erforderlichen Grundflächen (Ergänzungsflächen) zu erlangen. Diese Zwangsrechte können jedoch in Verbindung mit der Regelung des § 16 nur dann in Anspruch genommen werden, wenn andernfalls unbebaubare Grundstücke im Bauland zurückbleiben. Bei bebauten Grundflächen gelten dieselben Einschränkungen der Enteignungsmöglichkeit wie für die Enteignung von Grundflächen für öffentliche Zwecke, doch werden die Tatbestandsmerkmale des Abs 1 um die Regelung der lit d ergänzt, wonach auch bebaute Ergänzungsflächen enteignet werden können, wenn es sich um Baulichkeiten handelt, deren erste Baubewilligung vor mindestens 80 Jahren erteilt worden ist.
Es darf im Zusammenhang mit der Betrachtung dieses Tatbestandes nicht übersehen werden, daß Ergänzungsflächen im verbauten Stadtgebiet fast ausnahmslos nur durch Änderungen des Flächenwidmungsplanes und des Bebauungsplanes wie zB im Zusammenhang mit notwendigen Straßenverbreiterungen oder bei Festsetzung von Erholungsräumen entstehen können; diese Änderungen werden durch die Weiterentwicklung der Stadt und ihres sozialen Gefüges erzwungen, weswegen auch aus dieser Sicht ein öffentliches Interesse an der Verwirklichung der Planung und der damit verbundenen Verbesserung der Stadtstruktur besteht.

Anmerkungen

1) Daraus ergibt sich, dass niemals aus einem bereits genehmigten Bauplatz (Baulos) ein Stück enteignet werden kann.

2) Dass Flächen, die selbständig nicht bebaubar sind (Ergänzungsflächen), dennoch bebaut sind, ist nur ein scheinbarer Widerspruch. Denn die Beurteilung der Bebaubarkeit einer Fläche richtet sich nach der geltenden Widmung, auf Grund welcher ein bereits bebautes Grundstück durchaus nicht als selbständig bebaubarer Bauplatz in Betracht kommen muss.

3) Daraus ergibt sich die – scheinbar in Widerspruch zu § 16 Abs 1 stehende – Tatsache, dass auch der Eigentümer eines selbständig nicht bebaubaren Grundes ein Enteignungsrecht besitzt, allerdings nicht mehr gegenüber einem Eigentümer eines bestehenden Bauplatzes, sondern nur zur Enteignung einer Ergänzungsfläche, die nach § 16 Abs 1 eine selbständig nicht bebaubare Restfläche.

4) Ob eine Grundfläche die wertvollere ist, ist als Gegenstand eines SV-Gutachtens im anhängigen Enteignungsverfahren zu prüfen.

5) Entfiel mit der Nov LGBl 2009/25 unter Verweis auf die Rückenteignungsmöglichkeit nach § 45 bei Unterbleiben des Enteignungszweckes.

Judikatur

1) Bei dem gem § 40 Abs 4 (jetzt: § 42 Abs 2) der Bauordnung für Wien anzustellenden Wertvergleich sind die einander ergänzenden Teile des neuen Bauplatzes ohne Einbeziehung allfälliger Restflächen in ihrem Wert zu vergleichen (VwGH 14.1.1959, Slg 4847/A).

2) Die Bestimmung des § 40 Abs 2 (jetzt: § 42 Abs 2) begründet keine Verpflichtung zur Grundeinlösung, sofern die Ergänzungsfläche keinen eigenen Grundbuchskörper bildet und mit dem in derselben Einlage liegenden Bauplatz vereinigt werden kann (VwGH 16.3.1964, Slg 6272/A).

3) Nach § 16 Abs 1 BO ist eine Ergänzungsfläche eine selbständig nicht bebaubare Restfläche. Diese Grundfläche kann Teil einer bebauten Liegenschaft sein, da die für die Enteignung in Anspruch genommene Grundfläche eigenständig auf ihre Eigenschaft als Ergänzungsfläche zu überprüfen ist. Als Gartenfläche ist diese Grundfläche aufgrund der besonders bandartig langgestreckten Geländekonfiguration mit einer Breite von 5 bis 6 m für sich allein einer Bebauung nicht zugänglich.

Die vom Bfr angesprochene „Verhältnismäßigkeit des Wertes" zwischen dem Bauplatzteil Grundstück Nr nn/4 und der zu enteignenden Ergänzungsfläche Grundstück Nr nn/1 bezieht sich offensichtlich auf Abs 2 des § 42 BO, demzufolge der Eigentümer der vermeintlich wertvolleren Grundfläche das Recht hat, dem Enteignungsverfahren mit einem „Gegenenteignungsantrag" zu begegnen. Da der Bfr keine Schritte in diese Richtung gesetzt hat, bestand für die belangte Behörde kein Anlaß, auf eine Prüfung der Verhältnismäßigkeit einzugehen. Doch spricht offenkundig schon das Verhältnis der Flächen, nämlich von 369 m² des Bauplatzteiles zu 254 m² der Ergänzungsfläche, zugunsten des Bauplatzes der mitbeteiligten Enteignungswerber. Im Übrigen wird darauf hingewiesen, daß der Anwendungsbereich des § 42 Abs 2 BO noch über die Definition des § 16 Abs 1 BO hinaus geht (vgl *Geuder/Hauer*, Wiener Bauvorschriften, 2. Aufl, S 238).

Die vom Bfr geforderte, seiner Meinung nach von der Behörde durchzuführende „Interessenabwägung" für oder gegen eine künftige Bebauung geht in dieser Form insofern fehl, als gerade die widmungsgemäße Verbauung von zur Bebauung vorgesehenen Flächen Ziel der vom Gesetzgeber ausdrücklich vorgesehenen Enteignungstatbestände ist. Weder der Wortlaut noch der Sinn der anzuwendenden Gesetzesbestimmungen läßt eine Abwägung mit Interessen der Grünlanderhaltung zu, da schon mit der vom Gemeinderat im Flächenwidmungs- und Bebauungsplan vorgesehenen Baulandwidmung einschließlich vorgesehener Vorgarten- und gärtnerisch zu gestaltenden Seitenabstandsbereiche die diesbezüglichen öffentlichen Interessen berücksichtigt wurden (VwGH 27.8.1996, 96/05/0027, BauSlg 190).

4) Zum Vorbringen der Beschwerdeführer, dass keine Ergänzungsflächen im Sinn des § 16 Abs 1 BO vorlägen, ist zunächst anzuführen, dass der Verwaltungsgerichtshof zwar ausgesprochen hat, dass die für die Enteignung gem § 42 BO in Anspruch genommenen Flächen eigenständig sind, unbeschadet der übrigen, teilweise verbauten Flächen der Liegenschaft (siehe das hg Erkenntnis vom 27. August 1996, Zl 96/05/0027). Dies bezog sich aber auf einen Fall, in dem zwei Grundstücke (nn/1 und nn/2) eine Liegenschaft (EZ XXX KG Mauer) bildeten, wobei das Grundstück nn/1 bandartig langgestreckt mit einer Breite von 5 bis 6 m für sich allein nicht bebaubar war. Insofern war es zulässig, einen Teil des Grundstückes nn/1 zur Ergänzung eines Bauplatzteiles zu einem vollständigen Bauplatz zu enteignen. Das gesamte Grundstück nn/1 war, wie sich aus dem Erkenntnis eindeutig ergibt, als Ergänzungsfläche im Sinn des § 16 Abs 1 BO anzusehen. Damit wurde aber nicht gesagt, dass § 42 BO eine Grundlage dafür bietet, aus vorhandenen und bebaubaren Grundstücken, die an sich keine Ergänzungsflächen sind, Teile „herauszutrennen" und damit in der Folge enteignungsfähige Ergänzungsflächen erst neu zu schaffen (VwGH 24.4.2007, 2005/05/0331).

5) Baulose müssen gem § 16 Abs 1 BO nicht unmittelbar, sondern nur mittelbar über Aufschließungswege an das öffentliche Gut grenzen. Es genügt daher, wenn Baulose über eine Fahne im Sinne des § 16 Abs 2 BO mit einem Aufschließungsweg verbunden sind, wobei auch mehrere Baulose über eine gemeinsame Fahne aufgeschlossen werden können, wenn zu jedem Baulos mindestens 1 m Fahnenbreite gehört. Aufschließungswege werden nicht durch den Bebauungsplan, sondern durch Abteilungen geschaffen. Im vorliegenden Fall ist aber durch den Bebauungsplan vorgegeben, dass der mit dem öffentlichen Gut verbundene 3 m breite Durchgang die Funktion eines Aufschließungsweges zu haben hat. Es genügt daher, wenn die Fahne der künftigen Baulose des Mitbeteiligten bis zu diesem Durchgang reicht. Flächen, die zu diesem Durchgang gehören, sind folglich keinesfalls zur Aufschließung der Baulose des Mitbeteiligten zwingend in diese einzubeziehen (VwGH 24.4.2007, 2005/05/0331).

Sonstige Enteignungen

§ 43. **(1) Unbebaute[1] oder nicht entsprechend bebaute[2] Liegenschaften können enteignet werden, wenn dadurch die bauordnungsgemäße Bebauung dieser Liegenschaften erreicht wird und dies aus städtebaulichen Rücksichten, wozu auch solche auf das Stadtbild[3] gehören, erforderlich ist.**

(2) Als nicht entsprechend bebaut gelten Liegenschaften, wenn die darauf befindlichen Bauwerke den im Bebauungsplan festgesetzten Widmungen oder der Bauweise nicht entsprechen oder von der nach diesem Gesetz und dem Bebauungsplan zulässigen Gebäudehöhe wesentlich abweichen.[4]

(3) Die Enteignung ist aus städtebaulichen Rücksichten erforderlich, wenn an der ehesten Verwirklichung des Bebauungsplanes infolge der örtlichen Lage der Liegenschaft und der mit ihrer Bebauung verbundenen Verbesserung der Stadtstruktur ein besonderes[5)] öffentliches Interesse besteht.

(4) In den als Wohngebiet gewidmeten Gebieten der Bauklassen I und II und im Gartensiedlungsgebiet ist die Enteignung unzulässig.

(5) Die Enteignung ist nur zulässig, wenn der Eigentümer der zu enteignenden Liegenschaft trotz Aufforderung der Baubehörde nicht binnen einem Jahr, vom Tag der Zustellung der Aufforderung gerechnet, ein den Vorschriften dieser Bauordnung und den Bestimmungen des Bebauungsplanes entsprechendes Bauvorhaben für diese Liegenschaft bei der Behörde einreicht, nicht binnen einem Jahr ab Zulässigkeit der Bauführung mit dem Bau beginnt und diesen nicht innerhalb der gesetzlichen Frist vollendet. Diese Fristen sind zu verlängern, wenn nachgewiesen wird, daß deren Einhaltung wichtige Gründe entgegenstehen; ein solcher Grund liegt insbesondere dann vor, wenn das Bauvorhaben ganz oder zum Teil aus öffentlichen Mitteln finanziert werden soll, die gesetzlichen Voraussetzungen für die Gewährung dieser Mittel gegeben sind und die erforderlichen Eigenmittel zur Verfügung stehen.[6)]

(6) *entfällt*[7)]

Anmerkungen

1) Vgl § 14.

2) Wann diese Voraussetzung gegeben ist, bestimmt Abs 2.

3) Diese nach § 43 eröffnete Enteignungsmöglichkeit weist gewisse Parallelen zu den Enteignungstatbeständen nach dem Stadterneuerungsgesetz 1974, BGBl 287 idgF, sowie nach dem Bodenbeschaffungsgesetz 1974, BGBl 288, auf. Unter Bedachtnahme auf die vom VfGH entwickelte „Gesichtspunktetheorie" (vgl hiezu VfGH v 14.12.1963, Slg 4620) erscheint die vorliegende Regelung verfassungsrechtlich unbedenklich.

4) Aus der Verwendung des Wortes „abweichen" statt „zurückbleiben" (ursprüngliche Regelung) muss geschlossen werden, dass nicht nur ein wesentliches Unterschreiten der Gebäudehöhe, sondern auch ein wesentliches Überschreiten derselben eine Enteignung ermöglicht.

5) Zum Verständnis dieser Gesetzesstelle muss wohl von der bisherigen Regelung des § 41b Abs 5 ausgegangen werden. Danach war zugunsten der Gemeinde die Enteignung nur dann zulässig, wenn der Gemeinderat oder der zuständige Gemeinderatsausschuss die Bauführung grundsätzlich beschlossen hatte. Das Wort „besonderes" ist demnach so zu verstehen, dass die Verwirklichung des Bebauungsplanes tatsächlich gewährleistet sein muss.

6) Abs 5 Satz 1 idF Nov LGBl 1996/42. In diesem Fall ist auch ein vereinfachtes Baubewilligungsverfahren (§ 70a) möglich. Da es der Sinn dieser Enteignungsbestimmung ist, eine bauordnungsgemäße Bebauung der Liegenschaft herbeizuführen, dieser Erfolg aber auch dadurch erreicht werden kann, dass der von der Enteignung bedrohte Eigentümer die Liegenschaft selbst bauordnungsgemäß bebaut, räumt ihm das Gesetz die Möglichkeit ein, durch eine entsprechende Bauführung die Enteignung abzuwehren.

7) Entfiel mit der Nov LGBl 2009/25 unter Hinweis auf die Rückenteignungsmöglichkeit nach § 45 bei Unterbleiben des Enteignungszweckes.

Judikatur

1) Eine im Sinne des § 41b (jetzt: § 43) BO ergehende Aufforderung legt dem Eigentümer keinerlei Verpflichtung auf; sie ist vielmehr eine seinem Schutz dienende formale Voraussetzung, nach deren Erfüllung erst ein Enteignungsantrag zulässigerweise eingebracht werden kann. Die Aufforderung ändert also nicht die Rechtslage zuungunsten dessen, an den sie ergeht; sie ist darum von Haus aus kein das Eigentumsrecht verletzender Eingriff. Die in der Beschwerde bekämpfte Aufforderung ist nicht Bestandteil des Enteignungsverfahrens. An der Zuständigkeit der Landesgesetzgebung zur Erlassung verfahrensrechtlicher Bestimmungen in Angelegenheiten des Bauwesens, wozu die dem angefochtenen Bescheid zugrunde liegende Bestimmung des § 41b Abs 6 (jetzt: § 43 Abs 5) BO zu rechnen ist, kann keinesfalls gezweifelt werden (VfGH 12.10.1954, Slg 2738).

2) Nach § 44 BO wird das Enteignungsverfahren durch die Einbringung eines entsprechend belegten Enteignungsgesuches eingeleitet. Im Verfahren nach § 41b Abs 6 (jetzt: § 43 Abs 5) handelt es sich aber noch nicht um die Enteignung, sondern um Maßnahmen, die den Eigentümer einer Liegenschaft veranlassen sollen, die Liegenschaft der Bauordnung entsprechend zu verbauen. Zu diesen Maßnahmen gehört zunächst die Aufforderung des Liegenschaftseigentümers, selbst die Bebauung durchzuführen, denn die Enteignung zugunsten der Gemeinde oder eines Dritten darf nach dem Willen des Gesetzgebers erst dann stattfinden, wenn der Eigentümer nicht gewillt ist oder nicht die Möglichkeit besitzt, selbst die Liegenschaft in einer der Bauordnung entsprechenden Weise zu verbauen. Aus diesen Erwägungen ergibt sich, daß das im § 41b Abs 6 (jetzt: § 43 Abs 5) geregelte Aufforderungsverfahren noch nicht ein Enteignungsverfahren darstellt. Das Enteignungsverfahren setzt erst dann ein, wenn mit der Aufforderung zur bauordnungsgemäßen Verbauung nicht der angestrebte Erfolg erreicht wird. Voraussetzung für die Erteilung des Auftrages nach § 41b Abs 6 (jetzt: § 43 Abs 5) ist, wie der Gerichtshof in seinem Erkenntnis Slg 2726/A ausgesprochen hat, (lediglich) das Vorhandensein einer unbebauten oder nicht entsprechend bebauten Liegenschaft (VwGH 16.9.1953, Slg 3093/A).

3) Der VwGH hat in seinem Erkenntnis vom 21.5.1954, 1754/53, die Rechtsansicht geäußert, daß die Bestimmung des § 41b Abs 6 (jetzt: § 43 Abs 5) BO nicht die Assanierung bezwecke, sondern die Pflege des Stadtbildes und demnach städtebaulichen Zwecken diene, weil das Bestehen von Baulücken in ansonsten verbauten Gebieten das örtliche Stadtbild verunstalte (VwGH 15.6.1955, Slg 3787/A).

4) Wenn für eine Liegenschaft, bei welcher die Voraussetzungen des § 41b Abs 1 (jetzt: § 43 Abs 1) BO vorliegen, ein ordnungsgemäß instruiertes Ansuchen um Erteilung einer Baubewilligung für die bauordnungsgemäße Bebauung dieser Liegenschaft eingebracht wurde, dann kann eine Aufforderung im Sinne des § 41b Abs 6 (jetzt: § 43 Abs 5) BO so lange nicht ergehen, als über dieses Ansuchen noch nicht abgesprochen wurde (VwGH 28.10.1957, Slg 4451/A).

5) Der VwGH ist der Meinung, daß einem Aufforderungsbescheid gem § 41b Abs 6 (jetzt: § 43 Abs 5) BO im Hinblick auf die rechtliche Natur eines solchen Bescheides dingliche Wirkung nicht zukommen kann (VwGH 23.5.1962, Slg 5807/A).

6) Daß die Liegenschaft als nicht entsprechend bebaut im Sinne des § 43 Abs 2 BO zu gelten hat, ergibt sich insbesondere daraus, daß auf Grund des durchgeführten Ermittlungsverfahrens die belangte Behörde zu Recht davon ausgehen durfte, daß bisher eine ebenerdige Bebauung besteht, nach dem Bebauungsplan jedoch die Bauklasse IV festgelegt ist, also die gegebene Gebäudehöhe von der im Bebauungsplan vorgesehenen Gebäudehöhe wesentlich abweicht. In der Bauklasse IV hat nämlich gem § 75 Abs 1 BO die Gebäudehöhe mindestens 16 m und höchstens 21 m zu betragen (VwGH 14.10.1980, 1581, 1582/80).

7) Der Zweck der gesetzlichen Regelung besteht offensichtlich darin, wie der Gerichtshof schon in seinem E v 23.5.1962, Slg 5807/A, dargelegt hat, die Rechtsgrundlage für Maßnahmen zu schaffen, um eine den Vorschriften dieses Gesetzes entsprechende Verbauung unbebauter oder nicht entsprechend bebauter Liegenschaften notfalls im Wege der Enteignung durchsetzen zu können. Im Einklang mit dem Prinzip der Baufreiheit und dem Gedanken, daß ein Eingriff in das verfassungsgesetzlich gewährleistete Recht auf Eigentum nur dann zulässig ist, wenn und soweit dies im öffentlichen Interesse erforderlich ist, sollte durch Vorschaltung des Aufforderungsverfahrens dem Eigentümer der gegebenenfalls zu enteignenden Liegenschaften die Möglichkeit eingeräumt werden, eine entsprechende Verbauung der Liegenschaft selbst vorzunehmen. Der Verwaltungsgerichtshof hatte daher im Beschwerdeverfahren ausschließlich die Frage zu prüfen, ob die Liegenschaft als nicht entsprechend bebaut im Sinne des § 43 Abs 2 BO zu qualifizieren ist (VwGH 23.12.1980, 1615/80).

Enteignungsverfahren

§ 44. **(1) Für das Enteignungsverfahren haben, sofern diese Bauordnung nicht anderes festsetzt, die Bestimmungen des Eisenbahn-Enteignungsentschädigungsgesetzes, BGBl. Nr. 71/1954, in der Fassung des Gesetzes BGBl. I Nr. 111/2010, sinngemäß Anwendung zu finden.**

(2) Im Enteignungsgesuch ist der Enteignungszweck genau zu bezeichnen; anzuschließen sind:

a) ein Grundeinlösungsplan in sieben Gleichstücken;[1)2)]
b) ein Verzeichnis mit Namen und Anschriften der Enteignungsgegner.

(3) Entspricht das Enteignungsgesuch den formalen Anforderungen, hat die Behörde die Anmerkung der Einleitung des Enteignungsverfahrens im Grundbuch zu veranlassen.[3)]

(4) Zur Festsetzung der Entschädigung hat die Behörde das Gutachten eines oder nach Bedarf mehrerer gerichtlich beeideter Sachverständiger einzuholen.[4)]

(5) Über die Zulässigkeit der Enteignung und über die Höhe[5)] der Entschädigung entscheidet die Landesregierung.[6)] Im Enteignungsbescheid sind die Leistungsfrist des Enteignungswerbers (Abs. 7) sowie jene Frist festzusetzen, innerhalb der die enteignete Sache zu räumen bzw. aufzugeben und die Besitznahme durch den Enteignungswerber zu dulden ist. Der Lauf der Erfüllungsfrist des Enteigneten beginnt mit dem Zeitpunkt, in dem der Enteignungswerber die ihm obliegende Leistung erbracht hat.

(6) *entfällt; LGBl 2013/35*[7)]

(7) Die Entschädigung ist binnen einer Frist von drei Monaten, gerechnet vom Tage der Zustellung des Enteignungsbescheides, an die Enteigneten auszuzahlen oder bei Gericht zu hinterlegen. Wird diese Frist nicht eingehalten, tritt der Enteignungsbescheid außer Kraft.[8)]

(8) Die Auszahlung oder der gerichtliche Erlag der Entschädigung ist im Grundbuch anzumerken. Dieser Anmerkung kommen die mit der Anmerkung der Erteilung des Zuschlages (§ 183 der Exekutionsordnung) verbundenen Wirkungen zu.[9)]

(EB zur Nov 1976)

Wenn im Enteignungswege auch bebaute Grundflächen in Anspruch genommen werden und die Möglichkeit des Umbaues oder der baulichen Abänderung der Gebäude auf diesen Grundflächen besteht, ist entsprechend der Bestimmung des § 38 Abs 6 ein weiteres Gutachten über die Wirtschaftlichkeit des Umbaues einzuholen; bei der Festsetzung der Entschädigung ist in solchen Fällen auf die vorläufig bestimmten Kosten des Umbaues Bedacht zu nehmen. Bei der Auflösung von Bestandrechten im Zuge einer Enteignung einer bebauten Liegenschaft werden auch durch die neu gefaßten Bestimmungen der vorliegenden Novelle die bisherigen Grundsätze beibehalten. Das hat zur Folge, daß nach der Systematik des österreichischen Rechts die Bestandrechte als obligatorische Rechte, soweit sie nicht verdinglicht sind, in der festzusetzenden Entschädigungssumme aufgehen bzw die Bestandnehmer nach den Grundsätzen des Eisenbahnenteignungsgesetzes 1954 nur hinsichtlich der aus der Enteignung und dem Untergang des Bestandobjektes resultierenden Nachteile berücksichtigt werden (§ 5 Eisenbahnenteignungsgesetz 1954). Darüber hinausgehende Entschädigungsleistungen obliegen nach den Entschädigungsgrundsätzen des Eisenbahnenteignungsgesetzes dem Enteigneten, jedoch auch nur im Rahmen der zwischen den Vertragspartnern für den Untergang des Mietgegenstandes zivilrechtlich vereinbarten Vertragsbestimmungen. Die Stadt Wien wird jedoch wie in allen bisherigen Fällen den Bestandnehmer auch in allen anderen Fällen weitestgehende Hilfestellung leisten und weiterhin keinesfalls zulassen, daß ein Bestandnehmer auf Grund seiner Wirtschaftsverhältnisse und der mit der Enteignung entstandenen Situation in seinem Recht auf ein Obdach und eine Wohnung geschädigt wird.

Anmerkungen

1) Fassung LGBl 2014/25; Grundbuchsauszüge sind nicht mehr erforderlich; vgl hiezu Anm 2 zu § 15.

2) Soweit Teilungen erforderlich sind, wird der Grundeinlösungsplan den Bestimmungen des § 15 Abs 2 zu entsprechen haben. Die Vorlage von Grundbesitzbögen ist nicht mehr erforderlich.

3) Mit der Nov LGBl 2009/25 entfiel der zweite Satz hinsichtlich der Rechtswirkung, dass sich mit der Anmerkung niemand auf Unkenntnis berufen könne, unter Hinweis auf § 130 Abs 3 (EB).

4) Nach dem Bundesgesetz BGBl 1975/137 idF BGBl I 2003/115 über die allgemein beeideten und gerichtlich zertifizierten Sachverständigen und Dolmetscher sind grundsätzlich von den Präsidenten der Landesgerichte Sachverständigenlisten zu führen, wobei in Wien vom Präsidenten des Handelsgerichtes die Sachverständigen auf den Gebieten des Handels, des Gewerbes, der Industrie und der sonstigen Wirtschaftszweige, vom Präsidenten des Landesgerichts für Zivilrechtssachen Wien alle übrigen Sachverständigen einzutragen sind.

Soll der Bewerber gleichzeitig in Fachgebiete beider Präsidenten eingetragen werden, so bestimmt sich die Zuständigkeit nach dem zahlenmäßigen Überwiegen der Fachgebiete eines der beiden Präsidenten, mangels eines solchen nach jenem Fachgebiet, das der Bewerber im Antrag auf Eintragung zuerst genannt hat. Spätere Fachgebietsänderungen bleiben für die Ermittlung der sachlichen Zuständigkeit so lange unbeachtlich, als der Sachverständige noch für ein Fachgebiet des bisher zuständigen Präsidenten eingetragen ist.

5) Vgl § 57 Abs 5. Es sind Fälle denkbar, dass keine Entschädigung zugesprochen wird. Auch diesbezüglich ist die Anrufung des Landesverwaltungsgerichts zulässig.

6) Auf Grund der ÜberlassungsV LGBl 2000/35 idF LGBl 2014/03 ist hiefür nunmehr das Amt der Landesregierung zuständig.

7) Mit der Nov LGBl 2013/35 entfällt eine sukzessive Zuständigkeit der ordentlichen Gerichte. Da die nachprüfende Kontrolle der bescheidmäßigen Festsetzung von Entschädigungen nunmehr durch das Verwaltungsgericht Wien als ein unabhängiges und unparteiisches, auf Gesetz beruhendes Gericht („Tribunal") im Sinne des Art 6 EMRK erfolgt, ist diese nicht mehr erforderlich.

8) Was aber eine neuerliche Erlassung unter Berücksichtigung der zwischenzeitigen Änderung der Umstände nicht hindert.

9) Aus dem Zusammenhang dieser gesetzlichen Bestimmung mit § 72 Allgemeines Grundbuchsgesetz und § 34 des Eisenbahnenteignungsentschädigungsgesetzes 1954, BGBl 71, der gem Abs 1 sinngemäß anzuwenden ist, ergibt sich, dass der Anmerkung des Erlages der Entschädigung die Wirkung des Überganges des Eigentums auf den Enteigner zur Folge hat.

Judikatur (hinsichtlich Entschädigung zur früheren Rechtslage, soweit ihr noch Relevanz zukommt)

1) Kein Verfassungsgesetz verbietet dem Gesetzgeber sukzessive Zuständigkeiten nach Art des § 37 Mietengesetz zu erlassen (VfGH 10.10.1957, Slg 3236, ua).

2) Aus dem Gesetz kann nicht entnommen werden, daß das Bestehen privatrechtlicher Hindernisse für die Stellung eines Enteignungsantrages von der Verwaltungsbehörde zu beachten wäre. Es bleibt vielmehr dem Enteignungsgegner vorbehalten, durch eine Klage auf Unterlassung der Bauführung seine vermeintlichen Rechte zu verfolgen. Die Verwaltungsbehörde ist sohin nicht verpflichtet, ihr Verfahren wegen einer solchen Einrede zu unterbrechen oder die zivilrechtliche Frage der vertraglichen Behinderung von sich aus zu beurteilen (VwGH 26.4.1955, Slg 3718/A).

3) Gegen die Verfassungsmäßigkeit des Eisenbahnenteignungsgesetzes bestehen keine Bedenken (VfGH 8.6.1959, Slg 3541). S aber E 17.

4) Partei im Enteignungsverfahren ist jeder, dem der Gegenstand der Enteignung gehört oder dem an einem Gegenstand der Enteignung ein mit dem Eigentum eines anderen verbundenes dingliches Recht zusteht (vgl § 4 Abs 2 EisbEntG). Nur gegen diese Personen richtet sich das Enteignungserkenntnis, sie allein haben das unmittelbare Recht gegenüber dem Enteigner auf volle Entschädigung. Jene aber, denen zwar kein unmittelbares Recht auf Entschädigung gegen dem Enteigner zusteht, die aber an die vom Enteigner

gewährte Entschädigungssumme gewiesen sind, weil diese auch für sie bestimmt worden ist (vgl § 5 EisbEntG), sind lediglich mittelbar Beteiligte; dazu gehören alle persönlichen Berechtigten (VfGH 8.6.1966, Slg 5271).

5) Für die Höhe der Entschädigung kommt es auch auf die Verwendungsmöglichkeit, nicht auf die konkrete Verwendung der enteigneten Grundstücke an, mag es sich um eine vollständige oder um eine bloß teilweise Enteignung handeln (OGH 30.8.1966, 8 Ob 222/66).

6) Grundstücke, die im Zeitpunkt der Enteignung weder Bau- noch Bauerwartungsland sind, sind nach landwirtschaftlichen Maßstäben zu bewerten. Dabei ist nicht der gemeine Wert, sondern der diesen übersteigende Verkehrswert maßgebend (OGH 23.11.1966, 7 Ob 106/66).

7) Über die Notwendigkeit, den Gegenstand und den Umfang der Enteignung entscheidet die Behörde unter Anwendung des Eisenbahnenteignungsgesetzes 1954. Daraus – im § 1 Eisenbahnenteignungsgesetz 1954 wird auf § 365 ABGB verwiesen – wie überhaupt aus dem Begriff der Enteignung selbst ergibt sich, daß eine Enteignung nur zulässig ist, wenn und insoweit sie im öffentlichen Interesse notwendig ist. Entspricht die Enteignungsanordnung dieser Forderung nicht, so liegt eine denkunmögliche Gesetzesanwendung vor (VfGH 30.11.1967, Slg 5617).

8) Der Ersatz eines Schadens, der durch Säumnis bei der Auszahlung der Enteignungsentschädigung entstanden ist, ist im ordentlichen Rechtsweg zu begehren. Es handelt sich dabei um keinen Amtshaftungsanspruch (OGH v 24.4.1969, 1 Ob 80/69).

9a) Bei Ermittlung der Enteignungsentschädigung kommt es nicht darauf an, in welcher Verwendung das Grundstück zur Zeit der Enteignung stand, sondern darauf, welche Verwendungsmöglichkeit es in diesem Zeitpunkt bot.

9b) Eine Entschädigung für die Mehrkosten eines Hausbaues kann nur begehrt werden, wenn konkrete Bauabsichten im Zeitpunkt der Enteignung vorgelegen waren.

9c) Von einer konkreten Bauabsicht kann nicht gesprochen werden, wenn nur Kostenvoranschläge vorliegen, der Baubeginn im Enteignungszeitpunkt aber noch gar nicht in die Wege geleitet worden ist.

9d) Ob die Absicht des Enteigneten, sein Haus umzubauen oder aufzustocken, im Zeitpunkt der Enteignung schon als konkret zu qualifizieren ist oder nicht, ist eine Frage der rechtlichen Beurteilung (OGH v 8.10.1969, 5 Ob 244/69).

10) Ist trotz eines zwischen dem Enteigneten und dem Enteigner geschlossenen gütlichen Übereinkommens ein Enteignungsbescheid ergangen, so ist dieser maßgeblich und nur im Verwaltungsweg bekämpfbar (OGH 19.2.1969, 6 Ob 36/69).

11) Die Enteignungsentschädigung ist bezogen auf die Zeit der Enteignung, nicht jene der Auszahlung festzusetzen. – Der Verkehrswert der enteigneten Liegenschaft ist notfalls unter Bedacht auf den Grundstücksverkehr der Gegend im weiteren Umkreis, allenfalls im Hinblick auf andere Enteignungen im Zuge des Gesamtprojektes zu ermitteln. Ist dennoch kein Verkehrswert feststellbar, ist der Ertragswert zugrunde zu legen, neben dem bzw in dessen Rahmen noch zusätzlich Ersatz für die Ertragsverminderung des zurückbleibenden Grundes zu leisten ist (OGH 29.11.1973, 2 Ob 131/73).

12a) Nach § 18 Abs 1 BStG 1971, BGBl 286, ist dem Enteigneten nicht nur der gemeine Wert der enteigneten Sache, sondern der außerordentliche Wert des besonderen Interesses, also nicht nur der Ertragswert, sondern auch der diesen übersteigende Verkehrswert, keinesfalls aber ein reiner Spekulationspreis, zu ersetzen. Als Verkehrswert der enteigneten Sache ist dabei derjenige Betrag anzusehen, der innerhalb eines örtlich begrenzten Gebietes bei einer möglichst großen Anzahl von Verkäufern für möglichst gleichartige Objekte von Kaufinteressenten geboten wurde (EvBl 1965/423; ZVR 1966/284; EvBl 1967/203; 5 Ob 296/71 ua).

12b) Die Entschädigung für eine enteignete Teilfläche kann dann nicht auf der Grundlage eines für die gesamte Liegenschaft errechneten „Mischpreises" ermittelt werden, wenn (auch) derjenige Teil der Liegenschaft enteignet wurde, der zufolge seiner Belastung mit einer öffentlich-rechtlichen Abtretungsverpflichtung den für das Gesamtgrundstück ermittelten Durchschnittspreis (also den vom Sachverständigen angenommenen „Mischpreis") entsprechend gedrückt hat. Der Ansicht, daß ein mit einer solchen Verpflichtung belastetes Grundstück von vornherein gänzlich wertlos wäre, keinen Verkehrswert hätte und dementsprechend im Falle einer Enteignung auch nicht in die Entschädigung einbezogen zu werden brauchte, kann nicht gefolgt werden.

12c) „Differenzmethode" als taugliches Mittel zur Feststellung des Wertes der enteigneten Teilfläche und damit der Höhe der angemessenen Enteignungsentschädigung: Dabei wird der Verkehrswert des Gesamtgrundstückes vor der Enteignung ermittelt und dieser Wert dem Verkehrswert des dem Eigentümer verbleibenden Restgrundstückes unter Außerachtlassung der durch die Anlage der Straße eingetretenen Werterhöhung (§ 18 Abs 1 BStG 1971; § 7 Abs 2 EisbEG) – gegenübergestellt. Da im Gegensatz zu der enteigneten Teilfläche sowohl die Gesamtliegenschaft als auch das Restgrundstück im gewöhnlichen Geschäftsverkehr regelmäßig einen Preis erzielen würde, kann auf diese Weise für beide Grundstücke ein Verkehrswert festgestellt werden; die Differenz der beiden Werte ergibt sodann die für die enteigneten Teilflächen zu leistende Entschädigung (OGH 24.10.1973, 5 Ob 176, 214/73).

13) Lehre und Rechtsprechung (5 Ob 210/71, 5 Ob 301–303/71, 5 Ob 74/72, 5 Ob 156/73, 5 Ob 218/74) sind der Auffassung, daß dem Enteigneten nicht nur der gemeine Wert der enteigneten Sache, sondern der außerordentliche Wert des besonderen Interesses, also nicht nur der Ertragswert, sondern der diesen allenfalls übersteigende Verkehrswert, zu ersetzen ist. Als Verkehrswert der enteigneten Sache ist dabei derjenige Betrag anzusehen, der innerhalb eines örtlich begrenzten Gebietes bei einer möglichst großen Anzahl für möglichst gleichartige Objekte von Kaufinteressenten geboten wurde. Der Ersatz des Verkehrswertes schließt eine Entschädigung für einen entgehenden Ertrag des enteigneten Grundstückes und eines allenfalls darauf betriebenen Unternehmens aus (RZ 1969, 107; 5 Ob 4/74; 5 Ob 218/74). Die Bewertung und damit die Ausmessung des Entschädigungsbetrages hat daher nicht getrennt bezüglich des Grundstücks (Grund und Bauten) und des Betriebes zu erfolgen; vielmehr ist der Verkehrswert der Liegenschaft samt dem darauf betriebenen Unternehmen festzustellen, wobei dem Unternehmen auch die Bedeutung als werterhöhender Faktor für die Liegenschaft zukommt (OGH 6.7.1976, 3 Ob 509/76).

14a) Wer ein tatsächliches Benützungsrecht an dem enteigneten Gegenstand hat und dasselbe nach der Enteignung nicht weiter auszuüben vermag, soll einen konkreten Entschädigungsanspruch stellen können. „Unter diesen Gesichtspunkt" fallen daher nach den Gesetzesmaterialien der Eigentümer, der Servitutsberechtigte, der Mieter und der Pächter, die beiden Ersteren mit unmittelbarer, die beiden Letzteren mit mittelbarer Berechtigung (*Kaserer*, Das Gesetz vom 18. Feber 1878 betreffend die Enteignung zur Herstellung und zum Betrieb von Eisenbahnen mit Materialien, S 42). Der im § 5 EisbEntG eingeschobene Nebensatz „und deren Vergütung dem Enteigneten obliegt" hatte, wie der OGH bereits in seiner E v 1.3.1979, 7 Ob 664/78, ausgesprochen hat, den Sinn klarzustellen, daß die obligatorisch Berechtigten keinen unmittelbaren Entschädigungsanspruch besitzen, sondern erst bei der Ausmittlung des Entschädigungsbetrages als mittelbar Berechtigte zu berücksichtigen sind (*Randa* aaO, 180 Anm 83; vgl auch *Gallent* aaO, 196; *Strobl*, Gedanken zur Neuordnung des Enteignungsrechtes, JBl 1962, 294 ff, 298). Dieser Nebensatz des § 5 EisbEntG hat nicht die Bedeutung, daß die Nachteile, die Bestandnehmer durch die Enteignung erleiden, nur dann zu berücksichtigen sind, wenn deren Vergütung dem Enteigneten – nach Gesetz, etwa §§ 1112 und 1120 ABGB oder Vertrag aus dem Titel der vorzeitigen Auflösung des Bestandvertrages – obliegt. Der Sinn dieser Bestimmung, deren Fassung allerdings Anlaß zu Mißverständnissen bietet (so *Randa* aaO, 173 Anm 67), ist vielmehr der, daß bei Ermittlung der Entschädigung auf die Nachteile Rücksicht zu nehmen ist, die die Bestandnehmer durch die Enteignung erleiden und daß deren Vergütung dem Enteigneten obliegt.

14b) Im Übrigen unterliegt der Anspruch auf Enteignungsentschädigung, der zwar privatrechtlicher Natur, aber kein Schadenersatzanspruch iSd §§ 1239

ABGB ist, zwar nicht der kurzen Verjährungsfrist des § 1489 ABGB (*Klang* aaO 194; *Gschnitzer*, Sachenrecht, 115) (OGH 25.3.1980, 5 Ob 700/78).

15) Die anzustellende Wertberechnung hat nach objektiv-konkreten Kriterien unter Berücksichtigung der individuellen Verhältnisse des Enteigneten zu erfolgen. Die Wahl der Ermittlungsmethode (Vergleichswertmethode, Ertragswertmethode oder Sachwertverfahren) ist ein Problem der Betriebswirtschaftslehre, es muß jene Wertermittlungsmethode herangezogen werden, die im Einzelfall am besten geeignet erscheint (vgl EvBl 1987/79).

Verkehrswert, Differenzwert und Ertragswert (Ertragswertminderung) sind gegenüberzustellen. Eine Verquickung mehrerer für die Ermittlung des Entschädigungsbetrages in Betracht kommender Methoden ist zwar nicht zulässig, dieser darf nur nach den Ergebnissen einer Methode festgesetzt werden (vgl *Brunner,* ÖJZ 1973, 430), liegen aber abweichende Ergebnisse vor, so ist nach dem Höchstwert zu entscheiden. Dieser ist maßgeblich, weil er durch Verkauf vom Enteigneten jederzeit realisierbar wäre (vgl *Rummel*, aaO 193; EvBl 1964/6).

Grundsätzlich ist für die Frage der Verwendungsmöglichkeiten des Grundstückes der Enteignungszeitpunkt maßgebend. Eine Vorverlegung ist dann nötig, wenn Enteignungseinwirkungen die wertbestimmenden Eigenschaften des Grundstückes verändern (OGH 29.3.1990, 6 Ob 517/90, zum BStG).

16) Der OGH vertritt seit dem B eines verst Sen v 19.12.1986, EvBl 60/1987, die Auffassung, daß zu den nach § 44 EisenbahnenteignungsG vom Enteigner zu ersetzenden Kosten des gerichtlichen Verfahrens zur Feststellung der Entschädigung auch Kosten der Vertretung des Enteignungsgegners für einen berufsmäßigen Parteienvertreter zählen (s E 17). Der VwGH schließt sich (nach eingehender Prüfung der Literatur – vgl insb *Dullinger*, JBl 1984, 641 ff – und Judikatur) im Ergebnis der Rechtsauffassung des OGH an und ist nunmehr der Auffassung, daß zu den Kosten des Enteignungsverfahrens im Sinne des § 44 EisenbahnenteignungsG auch jene der rechtsfreundlichen Vertretung zählen. Zum Umfang der Kostenersatzpflicht s E v 18.10.1973, 279/73 (VwGH verst Sen 11.2.1993, 90/06/0211, Slg 13.777 A).

Anmerkung: Unter den Kosten des Enteignungsverfahrens im § 44 sind also auch die Kosten der rechtsfreundlichen Vertretung im Verwaltungsverfahren zu verstehen, die das Eisenbahnunternehmen zu tragen hat, ein Standpunkt, den jetzt alle 3 Höchstgerichte vertreten.

17) Für die Bewertung eines Grundstückes für eine Enteignungsentschädigung ist nicht die bestehende Widmung, sondern die realistisch beurteilte künftige Verwendungsmöglichkeit samt ihrer Auswirkung auf den Marktwert entscheidend. Entscheidend ist, dass sich das Entwicklungspotential einer Liegenschaft (hier aufgrund eines Stadtentwicklungsplanes) schon zum Bewertungszeitpunkt auf den Marktpreis auswirkt (OGH 6.7.2011, 3 Ob 46/11b).

Sicherstellung des Enteignungszweckes; Rückübereignung

§ 45. (1) Ab Zustellung des Enteignungsbescheides ist längstens innerhalb eines Jahres um die Abteilungsbewilligung anzusuchen beziehungsweise das Bauvorhaben bei der Behörde einzureichen; in jenen Fällen, in denen zur Herstellung des Enteignungszweckes weder eine Bewilligung noch eine Einreichung erforderlich ist, ist innerhalb von zwei Jahren mit der Durchführung des Vorhabens, zu dessen Zweck enteignet wurde, zu beginnen und dieses innerhalb von vier Jahren zu beenden. Ansonsten ist innerhalb eines Jahres ab Zulässigkeit der Bauführung mit dem Bau zu beginnen und dieser in der gesetzlichen Frist zu vollenden. Diese Fristen sind von der Landesregierung zu verlängern, wenn nachgewiesen wird, daß deren Einhaltung wichtige Gründe entgegenstehen.[1)]

(2) Werden die im Abs. 1 genannten Fristen nicht eingehalten, steht dem Enteigneten oder dessen Rechtsnachfolgern der Anspruch auf Rückübereignung zu. Der Antrag ist innerhalb einer Frist von fünf Jahren nach Verwirklichung des Tatbestandes, an den der Rückübereignungsanspruch geknüpft ist, zu stellen.[2)]

(3) Die Einleitung des Verfahrens betreffend die Rückübereignung ist im Grundbuch anzumerken. Auf das Verfahren finden die Bestimmungen über die Enteignung Anwendung.[3)]

(4) Im Falle der Rückübereignung haben die Parteien die empfangenen Leistungen nach Festsetzung einer Entschädigung nach den Grundsätzen des § 44 Abs. 4 zurückzuerstatten. Überdies muß der Enteigner dem Enteigneten jeden weiteren Schaden ersetzen, der ihm durch die Enteignung erwachsen ist.[4)] Mit Rechtskraft des Enteignungsbescheides über die Rückübereignung tritt der vorangegangene Enteignungsbescheid außer Kraft.

(EB zur Nov 1976)

In der Bestimmung des § 45 kommt klar zum Ausdruck, daß nicht wie bisher zugleich mit der Enteignung die erforderliche Baubewilligung oder Abteilungsbewilligung zu erwirken ist, sondern daß nach Enteignung der angesprochenen Grundflächen bzw nach Erwerbung der angestrebten Rechte die nach diesem Gesetz erforderlichen Rechtshandlungen für die Verwirklichung des Enteignungszweckes innerhalb bestimmter Fristen gesetzt werden müssen. An die Nichteinhaltung dieser Fristen wird als Rechtsfolge der Anspruch des Enteigneten auf Rückübereignung der enteigneten Sache geknüpft. Für dieses Rückübereignungsverfahren werden sinngemäß die Bestimmungen des Enteignungsverfahrens herangezogen. Durch diese Rechtskonstruktion wird die Gewähr geboten, daß nicht ein Enteignungsverfahren angestrebt und durchgeführt werden kann, ohne nicht auch innerhalb einer vertretbaren Zeitspanne den Enteignungszweck tatsächlich herzustellen. Dadurch wird ausgeschlossen, daß eine dem österreichischen Rechtssystem fremde Enteignung auf Vorrat eintreten kann.

Anmerkungen

1) Abs 1 idF der Nov LGBl 1996/42. Diese Bestimmung stellt eine lex specialis gegenüber den §§ 20 und 74 dar. Bei verfassungskonformer Auslegung ist eine Erstreckung der Frist über die in den §§ 20 und 74 enthaltene Gültigkeitsdauer nicht möglich. S jedoch E 1 zu § 20.

2) Abs 2 Satz 2 idF der Nov LGBl 1995/78. Satz 2 und die darin früher vorgesehene Frist von einem Jahr hat der VfGH mit E v 2.3.1995, Slg 14.042, als verfassungswidrig aufgehoben (s E 3).

3) Abs 3 idF der Nov LGBl 2009/25. Die Anmerkung hat die Wirkung, dass sich niemand auf Unkenntnis berufen kann (§ 130 Abs 3)

4) Diese Schadenersatzansprüche sind im ordentlichen Rechtsweg geltend zu machen.

Judikatur

1) Im Falle der Nichtverwirklichung des als Enteignungsgrund normierten öffentlichen Zweckes muß – bei Fehlen besonderer Regelungen – die Verfügung der Enteignung in der Weise rückgängig gemacht werden, daß der Enteignungsbescheid aufgehoben wird. Die Rechtskraft dieses Bescheides steht einer solchen Aufhebung deshalb nicht im Wege, weil der Vorbehalt der Rückgängigmachung von der Rechtskraft umfaßt ist. Eine solche Aufhebung kann nur rückwirkend (ex tunc) erfolgen, weil sie auf den dem Enteignungsbescheid in der Wurzel anhaftenden Vorbehalt zurückgeht, daß die Enteignung erst mit der Verwirklichung des vom Gesetz als Enteignungsgrund normierten öffentlichen Zweckes endgültig wirksam ist…

Bei der gegebenen Rechtslage ist mit der Rechtskraft des den Enteignungsbescheid aufhebenden Bescheides der seinerzeitige Übertragungsakt weggefallen und der seinerzeit Enteignete wieder Eigentümer der enteigneten Sache (vgl zum Wegfall eines in einem Gesetz bestehenden Übertragungsaktes OGH 25.5.1966, 7 Ob 48/66, EvBl 397/1966). Die damit zusammenhängenden weiteren Rechtsfragen, wie etwa die Rückgabe der seinerzeitigen Entschädigung, die Verrechnung der zwischenzeitigen Nutzungen und die bücherliche Rückübertragung, sind nach den Bestimmungen des Privatrechtes zu lösen…

Ist die enteignete Sache inzwischen auf eine andere Person, die nicht Gesamtrechtsnachfolger des Enteigners ist, in das Eigentum übertragen worden, so ist auch diese Person von dem Verfahren, das die Aufhebung des Enteignungsbescheides zum Gegenstand hat, betroffen. Diese Betroffenheit ist nicht bloß eine faktische, sondern zufolge des Umstandes, daß dem auf dem seinerzeitigen Enteignungsakt beruhenden Eigentum die öffentlich-rechtliche Widmung für den im Enteignungsbescheid konkretisierten Zwecke immanent ist, eine rechtliche; es ist somit auch der nunmehrige Eigentümer in dem Verfahren Partei (VfGH 3.12.1980, Slg 8981, sowie 3.12.1980, Slg 8982).

2) Die Fristsetzungen im § 45 Abs 1 WBO dienen zum Zweck, eine „Enteignung auf Vorrat" hintanzuhalten und dem Enteigneten einen Rückübereignungsanspruch dann zu sichern, wenn die im Gesetz vorgesehenen Fristen nicht eingehalten werden (VwGH 13.4.1993, 92/05/0292).

3) Der zweite Halbsatz in § 45 Abs 1 erster Satz BO sieht vor, dass in den Fällen, in denen zur Herstellung des Enteignungszweckes weder eine Bewilligung noch eine Einreichung erforderlich ist, innerhalb von zwei Jahren mit der Durchführung des Vorhabens, zu dessen Zweck enteignet wurde, zu beginnen und dieses binnen vier Jahren zu beenden ist. Da die Errichtung einer öffentlichen Straße, wie erwähnt, baubewilligungsfrei ist, kann nicht davon gesprochen werden, dass die sich aus dem Gesetz ergebende Abteilungsbewilligungspflicht zur Herstellung des Enteignungszweckes, nämlich die Errichtung der Verkehrsfläche, erforderlich wäre. Es kommt daher im vorliegenden Fall darauf an, dass mit der Durchführung des Vorhabens, zu dessen Zweck enteignet wurde, innerhalb von zwei Jahren im Sinne des § 45 Abs 1 erster Satz, zweiter Halbsatz BO begonnen und dieses innerhalb von vier Jahren beendet wird.

Der Lauf der im vorliegenden Fall maßgeblichen Frist von zwei Jahren für den Beginn der Durchführung des Bauvorhabens wird allerdings dann gehemmt, wenn einer Beschwerde gegen den Enteignungsbescheid vom Verwaltungsgerichtshof gem § 30 Abs 2 VwGG aufschiebende Wirkung zuerkannt wird. Im Hinblick auf die Beschwerde der Beschwerdeführerin gegen den verfahrensgegenständlichen Enteignungsbescheid wurde mit Beschluss des Verwaltungsgerichtshofes vom 17. Juli 1997, Zl AW 97/05/0062-7, die aufschiebende Wirkung zuerkannt. Dieser Beschluss wurde dem Vertreter der Beschwerdeführerin und der belangten Behörde am 11. August 1997 zugestellt. Das in dieser Beschwerdesache ergangene Erkenntnis des Verwaltungsgerichtshofes vom 19. Mai 1998, Zl 97/05/0103, wurde der Enteignungswerberin, der mitbeteiligten Stadt Wien, – wie dies dem verwaltungsgerichtlichen Akt Zl 97/05/0103 gleichfalls entnommen werden kann – am 9. Juni 1998 zugestellt. Aus den angeführten Daten der Zustellung des Enteignungsbescheides, des Beschlusses über die aufschiebende Wirkung und des angeführten Erkenntnisses Zl. 97/05/0103 ergibt sich, dass im Zeitpunkt der Erlassung des angefochtenen Bescheides (am 28. Dezember 1998) die in § 45 Abs 1 erster Satz zweiter Halbsatz BO vorgesehene Frist betreffend den Beginn der Durchführung des Vorhabens, zu dem enteignet wurde, ab dem nach Auffassung des Verwaltungsgerichtshofes maßgeblichen Zeitpunkt der Zustellung des Enteignungsbescheides jedenfalls bereits abgelaufen ist. Die Akten enthalten keinen Hinweis darauf, dass vor Ablauf dieser Frist von der mitbeteiligten Stadt Wien ein Antrag auf Verlängerung der Frist im Sinne des § 45 Abs 1 letzter Satz BO gestellt worden wäre (ein solcher Antrag müsste jedenfalls immer vor Ablauf der Frist gestellt werden). Mit der Durchführung des Vorhabens ist unstrittig bis zum Zeitpunkt der Erlassung des angefochtenen Bescheides nicht begonnen worden. Es wurde daher gem § 45 Abs 2 Bauordnung für Wien die im Abs 1 erster Satz zweiter Halbsatz vorgesehene Frist nicht eingehalten. Der Beschwerdeführerin als Enteigneter steht ein Anspruch auf Rückübereignung zu (VwGH 30.5.2000, 99/05/0023).

4) Vgl auch E zu § 58.

Wirkung und Vollstreckung des Enteignungsbescheides

§ 46. (1) Der rechtskräftige Enteignungsbescheid hat die Wirkung, daß alle obligatorischen Rechte an der enteigneten Sache als vom Enteigneten zum nächsten Kündigungstermin[1] oder, bei Fehlen eines solchen, mit sofortiger Wirkung aufgekündigt sind und daß die enteignete Sache in den ortsüblichen Fristen zu räumen und zu übergeben ist, mögen auch abweichende Vereinbarungen bestehen. Bei Enteignung einer Grundfläche auf Zeit (§ 38 Abs. 5) hat der Enteignungsbescheid auszusprechen, bei welchen obligatorischen Rechten diese Rechtsfolge eintritt.

(2) Der rechtskräftige Enteignungsbescheid darf von der Behörde erst nach Leistung der festgesetzten oder vereinbarten Entschädigung oder nach gerichtlichem Erlag der festgesetzten Entschädigung und nach Ablauf der Erfüllungsfrist des Enteigneten (§ 44 Abs. 5) vollstreckt werden. Wird vom Enteignungswerber oder vom Enteigneten binnen zwei Wochen nach Rechtskraft des Enteignungsbescheides ein Antrag auf Vornahme eines gerichtlichen Augenscheins zur Sicherung einer Beweisführung gestellt, darf der Enteignungsbescheid erst nach Durchführung dieser Beweissicherung vollstreckt werden, falls der Antragsteller die Behörde von der Überreichung dieses Antrages bei Gericht verständigt hat.

(3) *entfällt; LGBl 2013/35*[2]

(EB zur Nov 1976)

Mit Rechtskraft des Enteignungsbescheides werden nach dieser Bestimmung alle obligatorischen Rechte an der enteigneten Sache zum nächsten Kündigungstermin aufgekündigt, was – etwas modifiziert – dem österreichischen Rechtsgrundsatz entspricht, daß bei Untergang einer Sache die obligatorischen Rechte das Schicksal der Hauptsache teilen. Dieser Grundsatz wird jedoch insofern gemildert, als die obligatorischen Rechte erst zum nächsten Kündigungstermin untergehen und die enteignete Sache in den ortsüblichen Fristen zu räumen und zu übergeben ist. Eine gewisse Ausnahme von diesem Grundsatz wird bei Enteignung einer Grundfläche auf Zeit festgesetzt, da keine Notwendigkeit besteht, alle obligatorischen Rechte bei teilweisem Weiterbestand des Objektes untergehen zu lassen.

Anmerkungen

1) Vgl § 560 ZPO.

2) Vgl Anm 7 zu § 44.

Judikatur

1) Durch die Enteignung einer Liegenschaft erlöschen auch die Bestandrechte; der bisherige Mieter kann daher auf Räumung geklagt werden (OGH 31.8.1967, 6 Ob 186/67).

2) Auf Grund des Beschlusses des VfGH, mit dem der Beschwerde eines Enteigneten aufschiebende Wirkung zuerkannt wurde, hat die Verwaltungsbehörde zwar den Vollzug ihres Bescheides aufzuschieben und die hiezu erforderlichen Verfügungen zu treffen; zeitlich vorausgegangene Vollziehungshandlungen – insbesondere die bereits durchgeführte Einweisung des Enteigners in die enteignete Fläche im Sinne des § 35 Abs 2 EisbEG – können aber zunächst nicht mehr rückgängig gemacht werden (OGH 18.12.1974, 5 Ob 311/74).

4. Teil
Andere Eigentumsbeschränkungen
Technische Vorarbeiten[1]

§ 47. (1) Wenn bei Durchführung von technischen Vorarbeiten zur Verfassung der nach diesem Gesetz erforderlichen Unterlagen[2] das Betreten von Grundstücken und Gebäuden, die zeitweilige Beseitigung von Hindernissen, die diesen Arbeiten entgegenstehen, oder die Anbringung oder die Versetzung von Vermarkungszeichen notwendig ist, hat dies jeder Eigentümer zu dulden. Zur Verfassung der nach diesem Gesetz erforderlichen Unterlagen ist der Bauwerber[3] mit Zustimmung des Eigentümers der zu bebauenden Liegenschaft überdies berechtigt, in die bei der Behörde aufliegenden Lagepläne und Baupläne der Nachbarliegenschaften[4] insoweit Einsicht zu nehmen, als dies der planimetrischen Feststellung der Umrisse der Nachbargebäude und der Darstellung des äußeren Ansehens dieser Gebäude dient.

(2) Die mit diesen Vorarbeiten beauftragten Personen haben sich gegenüber dem Grundeigentümer oder seinem Bevollmächtigten mit einer Bewilligung der Behörde auszuweisen. Diese Bewilligung hat auch die dem Eigentümer zustehenden Rechte und obliegenden Pflichten zu enthalten. Wird von einem Eigentümer oder sonstigen Beteiligten Einwendung[5] gegen eine solche Inanspruchnahme des Grundstückes oder Gebäudes erhoben, entscheidet über die Notwendigkeit und Zulässigkeit der beabsichtigten Handlung der Magistrat endgültig.[6]

(3) Schäden, die durch Wiederherstellung des früheren Zustandes beseitigt werden können, sind nach Abschluß der Vorarbeiten sofort zu beheben. Wegen Anbringung oder Setzung von Vermarkungszeichen, welche die bisherige Benützung des Grundstückes oder Gebäudes nicht behin-

dern, besteht kein Schadenersatzanspruch. Für andere Schäden kann der Betroffene innerhalb von sechs Wochen nach Beendigung der Vorarbeiten auf seinem Grundstück Schadenersatz verlangen.[7)]

(4) ...[8)]

(5) ...[8)]

(EB zur Nov LGBl 2001/36)

Abs 4 und 5 entfallen im Sinne einer Deregulierung, da sie keine praktische Bedeutung haben und darüber hinaus die bisher hier geregelte Durchsetzung von Schadenersatzansprüchen und die Leistung von Sicherstellungen bei technischen Vorarbeiten zur Verfassung von Bauplänen ausschließlich Angelegenheiten des Zivilrechtes darstellen.

Anmerkungen

1) Die Abs 1 bis 3 stammen aus der Nov 1976/18. Die Abs 4 und 5 betr Vorarbeiten entfielen mit der Nov LGBl 2001/36.

2) Ds alle Pläne, die entweder von Amts wegen zu erstellen sind oder bei welchen eine Partei zur Vorlage verpflichtet ist (insbesondere Flächenwidmungspläne, Bebauungspläne, Teilungspläne, Baupläne, Grundeinlösungspläne, Lagepläne, Höhenpläne). Mit Nov LGBl 2014/25 sind nun auch andere nach der BO erforderliche „Unterlagen" erfasst (zB Berechnungen, technische Beschreibungen oder Energieausweise).

3) Mit Bevollmächtigung des Bauwerbers (Eigentümers) ist eine derartige Einsichtnahme auch dem Planverfasser und dem Bauführer möglich.

4) Diese Bestimmung ist extensiv auszulegen; es wird für diese Zwecke wiederholt notwendig sein, auch in Teilungspläne Einsicht zu nehmen.

5) Aus der Formulierung „oder sonstigen Beteiligten" ist zu schließen, dass nach dieser Gesetzesstelle auch Bestandnehmer oder sonstige, bloß obligatorisch Berechtigte Parteistellung genießen.

6) Die Anrufung des VfGH und des VwGH ist möglich. Zu einer behördlichen Entscheidung kommt es nur, wenn über das Vorliegen der gesetzlichen Voraussetzungen Streit entsteht.

7) Der Schadenersatzanspruch ist im ordentlichen Rechtsweg geltend zu machen.

8) Aus „Deregulierungsgründen" wurde die Möglichkeit der Erlassung eines Auftrages des Magistrats zur Erbringung einer Sicherheitsleistung gestrichen, was in der Praxis ein erhebliches Rechtsschutzdefizit für die Betroffenen darstellt.

Duldung öffentlicher Einrichtungen an Gebäuden oder auf Grundstücken

§ 48. (1) Jeder Haus- oder Grundeigentümer hat zu dulden, daß an seinem Bauwerk[1] oder an der Einfriedung seines Grundstückes von der Behörde Tafeln zur Bezeichnung von Ortsgebieten und Verkehrsflächen, zur Kundmachung der im Interesse des geordneten Verkehrs und der öffentlichen Sicherheit getroffenen Einrichtungen sowie zur Ersichtlichmachung der Lage von Wasser-, Gas- und Kabelleitungsanlagen[2] angebracht oder, wenn eine andere Möglichkeit nicht besteht, auch Säulen zur Anbringung solcher Tafeln auf seinem Grundstück aufgestellt werden.

(2) Von der beabsichtigten Inanspruchnahme ist der Eigentümer mindestens acht Tage vorher unter Bekanntgabe der ihm daraus erwachsenden Rechte und Pflichten zu verständigen. Die Stelle der Anbringung bestimmt die Behörde, sie hat jedoch auf die Interessen des Eigentümers tunlichst Rücksicht zu nehmen. Die Behörde kann schon bei der Errichtung eines Bauwerkes[1] fordern, daß für die Anbringung dieser Tafeln ein bestimmter Platz bereitgehalten werde.

(3) Ist wegen des Abbruches eines Bauwerkes[1] oder wegen einer Bauführung die Beseitigung der Tafeln oder Säulen notwendig, so ist die Behörde acht Tage vorher in Kenntnis zu setzen; diese Anzeige ist auch zu erstatten, wenn wegen einer Ausbesserung der Gebäudefront oder der Einfriedung eine vorübergehende Entfernung oder Sicherung der Tafel erforderlich ist. Werden solche Tafeln bei Ausbesserungen belassen, so hat sie der Bauwerkseigentümer durch Verhüllung vor Beschädigung schützen und nach Beendigung der Arbeiten reinigen zu lassen.[3]

(4) Schäden, die bei der Anbringung der Tafeln verursacht werden, sind wieder gutzumachen.

(5) Ebenso hat jeder Eigentümer die Inanspruchnahme seines Bauwerkes[1] oder Grundstückes zur Anbringung von Beleuchtungskörpern samt Zugehör für die öffentliche Straßenbeleuchtung und von allen sonstigen Einrichtungen, die mit Rücksicht auf die öffentlichen Zwecke der Straße notwendig sind, insoweit zu dulden, als hiedurch nicht die bestimmungsgemäße Benützung des Bauwerkes[1] oder Grundstückes behindert wird. Hiebei gelten die Bestimmungen der Abs. 2 bis 4 sinngemäß. Der Betroffene kann auch verlangen, daß aus der Anbringung oder dem Gebrauch der Einrichtungen sich ergebende, das zulässige Maß überschreitende Nachteile behoben, nachgewiesene Schäden durch denjenigen, zu dessen Gunsten die Inanspruchnahme erfolgt ist, gutgemacht oder vergütet werden. Bei sonstigem Verlust ist aber dieser Anspruch auf Gutmachung oder Vergütung des Schadens innerhalb von sechs Wochen von dem Tag, an dem er dem Betroffenen bekannt wurde, bei der Behörde geltend zu machen.[4]

Anmerkungen

1) Durch die Ausdehnung dieser Regelung mit der Nov LGBl 2008/24 auf Bauwerke jeder Art besteht die Verpflichtung jetzt auch bei Bauwerken, die keine Gebäude sind.

2) Soweit bundesrechtliche Belange berührt werden, bestehen gegen die vorliegende Regelung verfassungsrechtliche Bedenken.

3) Die Erlassung eines baupolizeilichen Auftrages ist jedoch unzulässig, weil die Tafeln nicht Zugehör zum Bauwerk sind.

4) Daraus folgt, dass über derartige Anträge die Baubehörde und nicht die Gerichte zu entscheiden haben. Im Hinblick auf die „Kernbereichstheorie" des VfGH zu zivilrechtlichen Ansprüchen sind verfassungsrechtliche Bedenken nicht von der Hand zu weisen.

Bauwerks- und Wohnungsnummerierung[1)]

§ 49. (1) Jeder Eigentümer eines Bauwerkes ist verpflichtet, die ihm bekanntgegebene Orientierungsnummer samt der Bezeichnung der Verkehrsfläche in der vorgeschriebenen Ausführung anzuschaffen, an der von der Behörde bestimmten Stelle anzubringen und stets lesbar zu erhalten. Liegt das Bauwerk an mehreren Verkehrsflächen, so gelten diese Verpflichtungen für jede Verkehrsfläche. Durch Verordnung des Gemeinderates können nähere Vorschriften über die Ausführung der Tafeln für Orientierungsnummern erlassen werden.[2)]

(2) Beschließt die Gemeinde, die Bauwerke in einer neuen Art einheitlich zu nummerieren oder die Verkehrsfläche umzubenennen, sind die Eigentümer (alle Miteigentümer) bestehender Bauwerke verpflichtet, das Entfernen der vorhandenen Tafeln und das Anbringen der neuen Tafeln durch die Gemeinde zu dulden.

(3) Enthält ein Bauwerk mehrere Wohn- oder Betriebseinheiten oder sonstige Nutzungseinheiten, so sind diese für jedes Bauwerk und innerhalb eines Bauwerkes für jedes Stiegenhaus in gut lesbarer Weise fortlaufend, beginnend mit dem untersten Geschoß, zu nummerieren. Werden Wohn- oder Betriebseinheiten (oder sonstige Nutzungseinheiten) geteilt, kann der Nummer der neu geschaffenen Nutzungseinheiten ein alphanumerischer Zusatz nachgestellt werden. Bei Bauwerken, die mehrere Stiegenhäuser umfassen, sind auch diese zu nummerieren. Ebenso sind die Bezeichnungen der Stockwerke unter Bedachtnahme auf § 87 Abs. 8 und Abs. 9 anzubringen.[3)]

Anmerkungen

1) Die Nummerierungspflicht wird mit der Nov LGBl 2008/24 auf Bauwerke aller Art ausgedehnt.

2) Für die einheitliche Gebäudenummerierung besteht der Beschluss des Gemeinderates vom 24.10.1958, ABl 1958/100.

3) Abs 3 wird mit BO-Nov 2023, LGBl 2023/37 vom 13.12.2023 neu gefasst.

Judikatur

1) Eine Erledigung, mit welcher dem Eigentümer aufgetragen wird, eine bestimmte Orientierungsnummer anzubringen, ist ein Bescheid (VwGH 14.11.1958, Slg 4810/A, 12.4.1988, 87/05/0204, BauSlg 1086, 15.5.2012, 2009/05/0305).

5. Teil
Anliegerleistungen

Ersatzleistung für Grundabtretungen zu Verkehrsflächen; Kostenersatz[1)]

§ 50. **(1) In den Fällen des § 10 Abs. 1 lit. b und c besteht die Verpflichtung zur Entrichtung einer Ersatzleistung in der Höhe des vollen Grundwertes, wenn von den Anrainern unentgeltlich abzutretende (§§ 17 Abs. 1 und 4 und 18) Grundflächen bereits im Eigentum der Gemeinde stehen.**

(2) Erfolgt der Ausbau der Verkehrsfläche durch die Gemeinde, besteht die Verpflichtung zum Ersatz der Kosten für die Freimachung der Grundflächen sowie die Herstellung der Höhenlage.

(3) Die Verpflichtung zur Entrichtung einer Ersatzleistung und zum Kostenersatz entfällt, wenn seit dem Ausbau der Verkehrsfläche durch die Gemeinde, der für das Entstehen der Abtretungsverpflichtung maßgeblichen Änderung des Bebauungsplanes und dem Eigentumserwerb der Gemeinde mehr als dreißig Jahre verstrichen sind.

(EB zur Nov LGBl 2014/25)

Die bisherige Bestimmung des § 50 hat in mehrfacher Hinsicht zu Unklarheiten geführt. Einerseits war nach der Überschrift ein bloßer „Beitrag zu den Kosten der Erwerbung von Verkehrsflächen“ einzuheben, andererseits entstand nach dem Text der Vorschrift eine Verpflichtung zum „Kostenersatz“, was einen vollständigen Ersatz der der Gemeinde für die Erwerbung von Verkehrsflächen entstandenen Kosten bedeutete. Die Verpflichtung zum Kostenersatz entstand weiters nur dann, wenn der Erwerb der betreffenden Grundflächen ausdrücklich „zur Eröffnung von Verkehrsflächen“ erfolgte und entfiel daher in jenen Fällen, in denen die Flächen zu anderen Zwecken, etwa zur Errichtung einer Parkanlage, erworben wurden und erst später im Bebauungsplan eine Verkehrsfläche vorgesehen wurde. Darüber hinaus kann in der Praxis, wenn seit dem Erwerb lange Zeit verstrichen ist, oftmals nicht oder nicht mit Gewissheit geklärt werden, ob eine Grundfläche ausdrücklich für den Straßenausbau erworben wurde und welcher Betrag seinerzeit dafür entrichtet wurde.

Durch die Neufassung des § 50 wird klar gestellt, dass die in dieser Bestimmung vorgesehene Geldleistung in jenen Fällen zu entrichten ist, in denen die unentgeltliche Abtretung einer Grundfläche zu einer Verkehrsfläche entweder nicht möglich ist, weil die betreffende Fläche bereits öffentliches Gut ist, oder die Abtretung eine Transaktion erfordern würde, weil die Fläche im privaten Eigentum der Gemeinde steht. Sie stellt daher gemäß Abs. 1 keinen „Kostenersatz", sondern eine „Ersatzleistung" dar, für die der volle Grundwert maßgeblich ist. Darüber hinaus sind gemäß Abs. 2 der Gemeinde jene Kosten zu ersetzen, die ihr im Falle eines Ausbaus der Verkehrfläche für die Freimachung der Grundflächen und die Herstellung der Höhenlage erwachsen. Diese Verpflichtungen sollen gemäß Abs. 3 im Sinne einer Verjährung dann nicht mehr bestehen, wenn die Verkehrsfläche bereits ausgebaut wurde und seit diesem Ausbau und dem Eigentumserwerb der Gemeinde - ähnlich wie nach § 58 Abs. 2 lit. d und Abs. 3 - mehr als 30 Jahre verstrichen sind; in diesem Zusammenhang ist auch auf die Judikatur des VwGH zu verweisen, wonach der lange andauernde Gemeingebrauch einer Grundfläche, die im Eigentum einer Gebietskörperschaft steht, dieser Fläche die Qualifikation eines öffentlichen Gutes verliehen wird (vgl. VwGH 14.12.2004, 2003/05/0194). Der Entfall des Erfordernisses eines Ankaufs im Privateigentum der Gemeinde stehender Flächen und der anschließenden unentgeltlichen Abtretung dieser Flächen zur öffentlichen Verkehrsfläche stellt einerseits eine Verfahrenserleichterung sowohl für den Abtretungsverpflichteten als auch für die Gemeinde dar und führt darüber hinaus zu einer Gleichbehandlung der Eigentümer abtretungsverpflichteter Liegenschaften.

Anmerkung

1) Die Letztfassung erfolgte mit der Nov LGBl 2018/69.

Judikatur zur alten Rechtslage

1) Für Grundabtretungen an die Gemeinde hat jener Grundeigentümer, der nach dem neuen Bebauungsplan zur Abtretung verpflichtet ist, eine von der Gemeinde nach § 58 Abs 2 lit d BO geleistete Mehrleistungsentschädigung als Kosten des Erwerbes nach § 50 zu leisten.

§ 50 BO regelt den Ersatz der Kosten des Erwerbes von Verkehrsflächen durch die Gemeinde, wenn diese von den Anrainern unentgeltlich abzutretende Grundflächen (§§ 17 und 18) gegen Entgelt erworben hat, wobei unter Entgelt jede Leistung geldlicher Art zu verstehen ist, so auch eine Entschädigung für Grundstücke, die für Verkehrsflächen enteignet wurden (vgl *Geuder/Hauer*, Wiener Bauvorschriften², Seite 259 Anm 1). Nach dieser Bestimmung ist der Ersatz der Kosten für den Erwerb der Grundfläche auch nicht auf den Fall beschränkt, in dem die Gemeinde die unentgeltlich abzutretenden Grundflächen vom Kostenersatzpflichtigen oder dessen Rechtsvorgänger gegen Entgelt erworben hat, vielmehr ist diese Bestimmung auch auf jene Fälle anzuwenden, in welchen von der Gemeinde von den Anrainern unentgeltlich abzutretende Grundflächen gegen Mehrleistungsentschädigung erworben wurden (VwGH 17.12.1996, 96/05/0101, BauSlg 309).

Anmerkung: Bei Entschädigungsansprüchen nach § 58 kann rechtsdogmatisch der zivilrechtliche Begriff einer Entschädigung nicht mit einem Kostenersatz gleichgesetzt werden, noch dazu, wo in den Fällen des § 58 die Umwidmungstätigkeit der Gemeinde Anlass für die Leistung oder Gewährung von Entschädigungen darstellt, dazu noch der paradoxe Fall eintreten kann, dass Grundflächen, die seinerzeit unentgeltlich an die Gemeinde abgetreten werden mussten, vom betreffenden Eigentümer oder seinem Rechtsnachfolger nach Umwidmung zwecks Einbeziehung gekauft werden müssen. Es kann daher in den Fällen des § 58 nicht von einem Beitrag zu den Kosten des Grunderwerbes gesprochen werden, wenn, was öfters vorkommt, die Gemeinde schon Jahrzehnte Eigentümerin dieser Straßenfläche ist und nur die Änderung der Baulinien einen öffentlich-rechtlichen Anspruch auslöst. Zahlungen, die die Gemeinde im Rahmen des § 58 leistet und dann weiterverrechnet, sind rein rechtlich niemals Kostenersätze aus Anlass des Erwerbes von Verkehrsflächen, sondern als Rechtsinstitut sui generis Ausgleiche zwischen berechtigten und verpflichteten Anliegern.

Neue Judikatur

2a) In der Eigentumsgarantie des Art 5 StGG ist auch die Rückgängigmachung der Enteignung für den Fall grundgelegt, dass die enteignete Sache dem vom Gesetz als Enteignungsgrund genannten öffentlichen Zweck nicht zugeführt wird, sei es, weil dieser Zweck überhaupt nicht, sei es, weil er nicht in dem ursprünglich beabsichtigten Umfang verwirklicht wird. Der Eigentumsschutz des Art 5 StGG kann sich jedoch nur insolange auswirken, als die enteignete Sache dem Enteignungszweck noch nicht zugeführt worden ist; ist der Zweck unter Verwendung der enteigneten Sache einmal verwirklicht, so ist die Enteignung unter dem Gesichtspunkt der Eigentumsgarantie des Art 5 StGG irreversibel, selbst wenn der Zweck in späterer Folge aufgegeben wird (vgl etwa die hg Erkenntnisse vom 31. März 2009, Zl 2006/06/0074, oder auch vom 19. September 2006, Zl 2002/06/0120, mwN auf Judikatur des Verfassungs- und des Verwaltungsgerichtshofes). Im Falle der Nichtverwirklichung des als Enteignungsgrund normierten Zweckes muss – bei Fehlen besonderer Regelungen – die Verfügung der Enteignung in der Weise rückgängig gemacht werden, dass der Enteignungsbescheid aufgehoben wird. Soweit einfachgesetzliche Enteignungsregelungen eine solche Rückübereignung bei zweckverfehlender Enteignung nicht ermöglichen sollten, sind diese verfassungskonform dahin auszulegen, dass sie die Rückübereignung nicht umfassend regeln. Daher gebietet der – mangels weiterer einfachgesetzlicher Regelung der Rückübereignung – unmittelbar anwendbare Art 5 StGG die rückwirkende Beseitigung des Enteignungsbescheides (siehe dazu etwa das hg Erkenntnis vom 12. September 2006, Zl 2003/03/0179, mwN).

2b) Wie dies der Verwaltungsgerichtshof dargelegt hat, bedarf die Begründung des Gemeingebrauches, die einer im Eigentum einer Gebietskörperschaft stehenden Liegenschaft die Qualifikation eines öffentlichen Gutes verleiht, eines besonderen Widmungsaktes. Die nötige Widmung kann durch Gesetz, durch Erklärung der zuständigen Verwaltungsbehörde, aber auch durch eine der Ersitzung entsprechende lang andauernde Übung erfolgen. Es ist also möglich, dass an einer im Grundbuch nicht als öffentliches Gut ausgewiesenen Liegenschaft Gemeingebrauch besteht und die Liegenschaft daher zum öffentlichen Gut zählt (vgl zB den Beschluss des OGH vom 31. März 2003, 5 Ob 44/03m, und die bei *Dittrich/Tades*, ABGB I[36], 447 f unter E 23a ff zitierte Rechtsprechung; ferner *Spielbüchler* in Rummel, ABGB I[3], Rz 4 zu § 287 ABGB; *Klang* in Klang II[2], zu §§ 287 f ABGB; vgl auch bereits das hg Erkenntnis vom 14. Oktober 1926, VwSlg Nr 14.482/A). Sollte – wenn auch nicht intabuliert – öffentliches Gut mit Nutzungen im Sinne des Bebauungsplanes schon rechtswirksam bestehen, käme – wie dies der Verwaltungsgerichtshof im angeführten Erkenntnis vom 14. Dezember 2004 ausgesprochen hat – eine Verpflichtung zur „Übertragung" in das öffentliche Gut im Sinne des § 17 BO nicht (mehr) in Frage (VwGH 27.6.2017, Ro 2014/05/0020).

3) Im Zusammenhang mit § 17 Abs 4a BO kam der Verwaltungsgerichtshof zu dem Schluss, dass die Geldleistung nach dieser Bestimmung dazu dient, der Gemeinde die ihr durch den (für den Straßenausbau notwendigen) Grunderwerb erwachsenden Aufwendungen zu ersetzen. Auf Grund des § 17 Abs 4a BO darf der Gemeinde weder eine Bereicherung noch auch ein Schaden entstehen. ….

Wie im Fall des § 17 Abs 4a BO erspart sich der Abtretungsverpflichtete auch im Fall des § 50 BO den Eigentumserwerb, um seiner Abtretungsverpflichtung in natura nachkommen zu können, er muss aber stattdessen in beiden Fällen eine Geldleistung erbringen. In Bezug auf die Höhe der Geldleistung ist daher auch hier ausschlaggebend, wieviel für den Erwerb der abzutretenden Grundflächen zu zahlen wäre. Diesen Wert muss der Abtretungsverpflichtete nunmehr als Geldleistung im Sinne des § 50 BO erbringen. Dabei hat allerdings, entsprechend den Ausführungen in VwGH 17.12.2018, Ro 2018/05/0008, die Festsetzung als Verkehrsfläche der Gemeinde, die ja die Anliegerverpflichtungen erst auslöst, außer Betracht zu bleiben. Für den vorliegenden Fall bedeutet dies nun, dass zunächst festzustellen ist, wann die Baulinie, die die Abtretungsverpflichtung nach § 17 Abs 4 BO auslöst, festgesetzt wurde (bemerkt wird, dass, so lange eine Bundesstraße gegeben war, keine Abtretungsverpflichtung nach § 17 Abs 4 BO bestehen konnte und dieser Zeitpunkt daher erst nach Auflösung der Bundesstraße liegen kann). Sodann ist der „volle Grundwert", den die abzutretenden Flächen unmittelbar zuvor hatten, zu ermitteln (VwGH 4.5.2020, Ra 2019/05/0104 bis 0105).

Anmerkung: Gegen die Entscheidung des VwGH sprechen mehrfache Erwägungen.

a) Zunächst ist festzuhalten, dass der ursprüngliche Text ausdrücklich von einem Beitrag zu den Kosten der Erwerbung von Verkehrsflächen ausgegangen ist und dann durch Jahrzehnte zunächst von dem Ersatz der Kosten des Grunderwerbes und der Herstellung der Höhenlage ausging, wenn die Gemeinde zur Eröffnung von Verkehrsflächen Gründe im Wege der Enteignung oder des Kaufes (Tausches) erworben hatte, gem dem Flächenausmaß der sonstigen unentgeltlichen Grundabteilung. Später wurde der Begriff auf Kostenersatz bei Erwerb gegen Entgelt geändert. Dass, wie in den EB (Nov LGBl 2014/25) ausgeführt wird, die Neuregelung Unklarheiten beseitigt und es sich um keinen Kostenersatz – nunmehr – handeln soll, sondern um eine Ersatzleistung (für was?), legt die schlüssige Annahme nahe, dass hier nunmehr nicht mehr der Gemeinde Erwerbskosten ersetzt werden sollen, sondern dass bei Nichterfüllung einer formalen Abtretungspflicht, ohne Rücksicht darauf, in welcher Rechtsform die Gemeinde Eigentümerin geworden war, eine Abgabe vorliegt, wobei aber dem entgegenzuhalten ist, dass hierfür nur die abgabenrechtlichen Vorschriften verfahrensmäßig maßgebend sein könnten, und nicht das normale Verwaltungsverfahren.

b) Der Rechtsmeinung des VwGH ist auch entgegenzuhalten, dass dann, wenn dem Land Wien Bundesstraßenflächen mit Zusatzleistungen geschenkt wurden, bei allen anderen Bundesländern das Land Eigentümer bleibt, eine solche Übertragungsform wie von der Stadt Wien vom Land zur Gemeinde grundsätzlich gar nicht in Frage kommt. Und – wenn die Gemeinde Grundflächen geschenkt bekommt, was ist dann die „Ersatzleistung“? Wie nennt man das juristisch, wenn man für Geschenktes eine Abgabe einhebt, die eigentlich ein Ersatz sein soll? Auch das spricht für die Definition der Abgabe im finanzrechtlichen Sinn.

c) Weiters ist von der Rechtspraxis aus festzustellen, dass es meistens die Anrainer waren, die seinerzeit dem Bund für die Errichtung einer Bundesstraße die benötigten Flächen verkauft oder, wie ich aus einzelnen Fällen weiß, sogar geschenkt haben. Und für diese geschenkten Flächen darf nun nochmals eine Abgabe entrichtet werden?

d) Schließlich ist zur Bewertungsfrage zu bemerken, dass es in Wien – auch im Unterschied zu den anderen Bundesländern – kein eigenes Straßengesetz gibt. Nach der Bauordnung für Wien gelten Verkehrsflächen, die ans gewidmete Bauland mit Baulinien angrenzen, auch als Bauland und werden auch so – meines Wissens sogar von der MA 69 – bewertet.

In Ansehung der bestehenden rechtlichen Probleme des § 50 der Bauordnung für Wien war die frühere Regelung verständlich und verfassungsrechtlich unbedenklich.

4) Der VwGH führte in seinem E 20.03.2024, Ra 2023/05/0001, bereits aus, dass bei der Ermittlung des Preises einer gem § 50 BO zu bewertenden

Grundfläche als maßgeblicher Zeitpunkt jener der Genehmigung der Grundabteilung anzunehmen ist (während für die Beurteilug der Qualität des Grundstückes der Zeitpunkt unmittelbar vor Festsetzung der Baulinie heranzuziehen ist (VwGH 15.4.2024, Ra 2022/05/0198).

5) Ausgangspunkt für die Bemessung der Ersatzleistung in Geld hat die Erfüllung der Abtretungsverpflichtung in natura zu sein. Es kommt daher auf den Wert der abzutretenden Flächen an, nicht aber auf den Wert irgendwelcher anderer Grundflächen, insbesondere auch nicht der angrenzenden Bauplätze. Für die Höhe der Geldleistung ist ausschlaggebend, wieviel für den Erwerb der abzutretenden Grundflächen zu zahlen wäre; diesen Wert muss der Abtretungsverpflichtete nunmehr als Geldleistung im Sinne des § 50 BO erbringen (vgl VwGH 4.5.2020, Ra 2019/05/0104, mHw auf E 17.12.2018, Ro 2018/05/0008).

Bei der Ermittlung des Wertes der abzutretenden Grundfläche hat die Festsetzung als Verkehrsfläche der Gemeinde, die ja die Anliegerverpflichtungen erst auslöst, außer Betracht zu bleiben (vgl VwGH 4.5.2020, Ra 2019/05/0104; 17.12.2018, Ro 2018/05/0008). Dies wird aus der Entschädigungsrechtsprechung des OGH abgeleitet, wonach Vorwirkungen der Enteignung, etwa die Verfügung einer Bausperre oder die Widmung als Verkehrsfläche und die dadurch bewirkte Wertminderung der enteigneten Fläche bei der Bemessung der Enteignungsentschädigung grundsätzlich nicht zu berücksichtigen sind (vgl die Jud.hinweise in VwGH 17.12.2018, Ro 2018/05/0008). Es ist somit auf diejenige fiktive Nutzungsmöglichkeit (nur) der betroffenen Grundfläche abzustellen, die sich ergeben hätte, wenn die Festlegung als Verkehrsfläche nicht erfolgt wäre (vgl VwGH 17.12.2018, Ro 2018/05/0008; 4.5.2020, Ra 2019/05/0104), wobei auch die Lage und Beschaffenheit (vgl § 57 Abs 3 BO) der Grundfläche einzufließen hat.

Wie sich aus § 5 Abs 6 lit a BO ergibt, sind Baulinien die Grenzen der im Bauland gelegenen öffentl. Verkehrsflächen gegen alle übrigen Grundflächen des anliegenden Baulandes. Sie können in den Bebauungsplänen festgesetzt werden. Baulinien finden sich demnach ausschließlich im Bauland, sie setzen die Flächenwidmung „Bauland“ voraus. Daran ändert auch der Umstand, dass die Flächenwidmungs- und die Bebauungspläne gem § 5 Abs 8 BO für dieselben Plangebiete in einem Plan zusammengefasst werden können, nichts, weil ein Bebauungsplan, der gleichzeitig mit einem Flächenwidmungsplan beschlossen und kundgemacht wird, auf der Grundlage eben dieses Flächenwidmungsplans ergeht. Wenn daher ein Flächenwidmungs- und ein Bebauungsplan in einem Plandokument zusammengefasst werden und sich daraus für eine bestimmte Grundfläche die Flächenwidmung Bauland und deren – im Bebauungsplan vorzunehmende – Abgrenzung zu einer öffentlichen Verkehrsfläche mittels Baulinie ergibt, so unterliegt es keinem Zweifel, dass „unmittelbar“ vor Festsetzung der Baulinie, also in einer juristischen Sekunde davor, die Widmung Bauland bereits vorlag.

Bei der Bemessung der Höhe der Ersatzleistung gem § 50 BO ist als maßgeblicher Zeitpunkt für die Bewertung einer Grundfläche jener der Genehmigung der Grundabteilung anzunehmen (vgl VwGH 28.9.1999, 99/05/0148, zu § 50 BO aF; vgletwa auch OGH 24.10.2017, 2 Ob 97/17d, sowie OGH 20.12.2011, 4 Ob 168/11a, wonach einander an diesem Tag Aufschließungsvorteile und Kostenbeitragspflicht gegenüberstehen) (VwGH 20.3.2024, Ra 2023/05/0001).

Beitrag zu den Kosten der Herstellung von Verkehrsflächen

§ 51. (1) Die Gemeinde ist berechtigt, bei erstmaligem Anbau[1)] an neuen[2)] Verkehrsflächen[3)] einen Beitrag zu den Kosten der Herstellung dieser Flächen von den Anliegern einzuheben. Auch für schon bestehende Verkehrsflächen im Bauland ist bei erstmaligem Anbau auf bisher unbebauten Bauplätzen oder Baulosen (§ 17 Abs. 4 lit. b) dieser Beitrag einzuheben.[4)]

(2) Die Höhe des Beitrages ergibt sich aus der anrechenbaren Breite der Fahrbahn, der anrechenbaren Frontlänge des Bauplatzes oder Bauloses und dem für den Quadratmeter festgesetzten Einheitssatz.

(3) Bei Verkehrsflächen mit beiderseitiger Bebauungsmöglichkeit darf die größte anrechenbare Breite der Fahrbahn das Maß des Abstandes der Fahrbahnachse von dem die Fahrbahn begrenzenden Saum nicht überschreiten. Dabei ist der endgültige Querschnitt der Verkehrsfläche zugrunde zu legen. Wenn der Querschnitt der Verkehrsfläche mehrere Fahrbahnen enthält, so darf die anrechenbare Breite nicht mehr als die Hälfte der Summe aller Fahrbahnbreiten betragen. In keinem Falle darf die anrechenbare Breite folgende Höchstmaße überschreiten:

a) in der Bauklasse I und im Gartensiedlungsgebiet: 3 m;
b) in der Bauklasse II und in Industriegebieten: 4 m;
c) in der Bauklasse III: 5 m;
d) in den Bauklassen IV, V und VI: 6 m.

(4) Bei Verkehrsflächen mit einseitiger Bebauungsmöglichkeit gelten die vorstehenden Maße a bis d als Höchstmaße der anrechenbaren Fahrbahnbreite.

(5) Als anrechenbare Frontlänge gilt, wenn nicht die Ermäßigungen des § 52 eintreten, die Summe der Baulinienlängen aller Fronten des Bauplatzes oder Bauloses.

(6) Der Einheitssatz ist von der Landesregierung nach den Durchschnittskosten der Herstellung einer Fahrbahn in mittelschwerer Befestigung einschließlich der Oberflächenentwässerung, Wasserleitung und der Beleuchtungsanlagen festzustellen und durch Verordnung kundzumachen.[5)]

(7) Wenn die Fahrbahn noch nicht oder nicht dem Bebauungsplan entsprechend hergestellt oder nicht endgültig befestigt ist, ist die Leistung des Beitrages über Antrag zu stunden[6] und das Bestehen der Verpflichtung zur Leistung im Grundbuch ersichtlich zu machen.[7] Der gestundete Beitrag wird fällig, sobald die Gemeinde beschließt, die Straße herzustellen. Der Beitrag ist binnen 30 Tagen nach Verständigung einzuzahlen.[8]

(8) Ist die Fahrbahn bereits in dem der Bemessung des Anliegerbeitrages zugrunde gelegten Ausmaß endgültig hergestellt, besteht bei Änderung des Bebauungsplanes kein Anspruch auf Rückerstattung.[9] Ist die Leistung des Beitrages gestundet worden und wurde während der Stundung der Bebauungsplan bezüglich der Bemessungsgrundlage geändert, ist der Beitrag bei Fälligkeit neu zu bemessen.

(9) Die gemäß §§ 51 und 52 zu leistenden Anliegerbeiträge sind durch Bescheid vorzuschreiben. Der Beitrag ist innerhalb eines Monats nach Zustellung des Bemessungsbescheides zu entrichten. Die Entrichtung des Beitrages bildet eine Voraussetzung für die Erteilung der Baubewilligung; von der Entrichtung des Beitrages vor Erteilung der Baubewilligung kann die Behörde Abstand nehmen, wenn die Einbringlichkeit außer Zweifel steht.[10] Über Antrag kann die Behörde in berücksichtigungswürdigen Fällen Zahlungserleichterungen gewähren. Im Falle der Gewährung von Ratenzahlungen ist die erste Rate vor Erteilung der Baubewilligung zu entrichten.[11]

(10) alt entfällt[12]

(10) Erlischt eine Baubewilligung durch ausdrücklichen Verzicht oder durch Zeitablauf, so entsteht ein Anspruch auf zinsenfreie Rückerstattung des entrichteten Beitrages. Derselbe Anspruch entsteht, wenn eine Baubewilligung nicht erteilt oder vom Verwaltungsgericht Wien versagt worden ist. Der Anspruch auf Rückerstattung geht unter, wenn er nicht spätestens bis zum Ablauf des dritten Kalenderjahres geltend gemacht wird, das auf das Jahr folgt, in dem die Baubewilligung erloschen oder versagt worden ist.[13]

(11) Der Anspruch auf Rückerstattung des entrichteten Beitrages steht dem Bauwerber zu.[14] Andere Personen können diesen Anspruch nur geltend machen, wenn sie nachweisen, daß er auf sie übergegangen ist.

(EB zur Nov 1976)

In die Bestimmung des § 51 werden ergänzend Vorschriften über die Vorschreibung, Leistung und den Rückersatz der Anliegerbeiträge aufgenommen, um die bisherige Gesetzeslücke zu schließen. Danach sind die Anliegerbeiträge durch Bescheid vorzuschreiben und bereits vor Erteilung der Baubewilligung zu erbringen, wenn nicht Zahlungserleichterungen gewährt werden. Diese Regelung findet ihre

Begründung darin, daß der Bauwerber verpflichtet sein soll, sämtliche mit der Bauführung zu leistenden Beiträge vor der Bauausführung zu erlegen, um nicht die Öffentlichkeit durch seine Bauführung über Gebühr zu beanspruchen. Die Regelung über den Erstattungsanspruch berechtigt den Bauwerber, nach Erlöschen der Baubewilligung bzw nach ausdrücklichem Verzicht auf die Bauausführung den erstatteten Anliegerbeitrag zurückzuerhalten. Die Tatbestände und Fristen für die Bemessung der Anliegerbeiträge durch die Behörde und für die Rückerstattung entrichteter Beiträge sind im Wege der Rechtssatzanalogie den Tatbeständen der Wiener Abgabenordnung nachgebildet.

(EB zur Nov LGBl 2009/25)

Im Hinblick darauf, dass der Anliegerbeitrag gemäß Abs. 1 einen Beitrag zu den Kosten der Herstellung von Verkehrsflächen darstellt, die für den Anlieger einen Aufschließungsvorteil mit sich bringt (vgl. VwGH 6.11.1951, Slg. 2298/A), erscheint die Festlegung einer Verjährungsfrist für die Bemessung dieses Beitrages nicht gerechtfertigt. Im Übrigen ist eine Hinterziehung bescheidmäßig vorgeschriebener Anliegerbeiträge denkunmöglich. Abs. 10 entfällt daher.

Anmerkungen

1) Der Gesetzgeber bringt nicht zum Ausdruck, wann ein erstmaliger Anbau vorliegt. Durch die Beschränkung auf Bauplätze und Baulose ergibt sich zunächst, dass dafür nur im Bauland gelegene Grundstücke in Frage kommen. Ein Anliegerbeitrag kommt daher für nach Maßgabe des Bebauungsplanes bebaubare Grundstücke im Grünland-Parkschutzgebiet ebenso wie im sonstigen Grünland oder im Sondergebiet nicht in Frage. Der Anbau muss zur Tatbestandsmäßigkeit an eine Verkehrsfläche der Gemeinde erfolgen; bei Baulosen haben die sog „Aufschließungswege“ daher grundsätzlich außer Betracht zu bleiben, ebenso wie Bauplätze oder Baulose, die über eine nicht im Bauland gelegene Verkehrsverbindung aufgeschlossen werden (vgl hiezu VwGH 19.12.1966, 1081/64).

Da der Anbaubegriff nunmehr mit dem einheitlichen Begriff „Bauwerk“ verknüpft ist, ist der rechtliche Charakter der behördlichen Kognition des Bauwerkes (Bewilligung, vereinfachte Bewilligung, Bewilligung gegen Widerruf oder auf Zeit – nicht aber ein Schwarzbau – ohne rechtliche Relevanz. Nach der Abstellung auf die Erteilung einer Baubewilligung (vgl Abs 9, 11 und 12, wonach auch auf den Bauwerber abgestellt wird), gebietet eine verfassungskonforme, dem Gleichheitssatz entsprechende Regelung, dass bloß anzeigepflichtige oder bewilligungsfreie Bauführungen für die Vorschreibung eines Anliegerbeitrages nicht in Frage kommen.

2) Als neue Verkehrsflächen sind gem § 17 Abs 4 lit a alle solche anzusehen, an die nach Maßgabe des festgesetzten Bebauungsplanes erstmalig angebaut werden soll. Diese Voraussetzung kann auch bei einer bauordnungsgemäß bebauten Liegenschaft gegeben sein, nämlich dann, wenn diese Liegenschaft ein neues Frontrecht erhält.

3) Es muss sich um Verkehrsflächen der Gemeinde handeln.

4) Diese Bestimmung besagt, dass bei erstmaliger Bebauung einer Liegenschaft jedenfalls ein Anliegerbeitrag zu entrichten ist, und zwar auch dann, wenn bereits ein Frontrecht bestanden hat, das aber bisher noch nicht ausgenutzt wurde. Durch den Hinweis auf § 17 Abs 4 lit b soll klargestellt werden, dass die Verpflichtung zur Entrichtung eines Anliegerbeitrages auch dann eintritt, wenn eine bestehende Verkehrsfläche verbreitert wird. Diese Bestimmung bedeutet jedenfalls nicht, dass für Grundstücke, die als Bauplätze baubehördlich genehmigt wurden, niemals ein Anliegerbeitrag zu entrichten ist. Denn die Verpflichtung zur Entrichtung eines solchen Beitrages wird durch eine Bauführung, nicht aber durch eine Grundabteilung ausgelöst. Andererseits ist aber bei jeder Liegenschaft für ein und dieselbe Verkehrsfläche nur einmal ein Anliegerbeitrag zu entrichten. Bei durch Verkehrsfluchtlinien abgegrenzten Verkehrsbändern (§ 4 Abs 2 B) kommt die Leistung eines Anliegerbeitrages nicht in Frage.

5) Der Einheitssatz beträgt derzeit auf Grund der Verordnung LGBl 2013/26 33,71 €.

6) Aus diesem Wortlaut ergibt sich, dass auch in einem solchen Fall der Anliegerbeitrag zu errechnen ist, jedoch kraft Gesetzes gestundet erscheint (vgl Abs 8).

7) Entspricht dem § 130 Abs 2 lit f.

8) Die Fälligkeit des bereits errechneten, jedoch kraft Gesetzes gestundeten Beitrages tritt bereits mit dem Beschluss über die Herstellung der Straße und nicht erst mit der tatsächlichen Herstellung derselben ein. Die 30-tägige Frist ist nur eine gesetzliche Zahlungsfrist, hat jedoch mit der Fälligkeit an sich nichts zu tun. Für das Entstehen der Verpflichtung genügt es, dass die Herstellung der Straße mit einer vorläufigen Befestigung beschlossen wird.

9) Wohl auch nicht bei Änderung des Flächenwidmungsplanes.

10) Steht die Einbringlichkeit außer Zweifel, dann hat die Behörde Abstand zu nehmen (vgl hiezu VwGH 31.1.1964, Slg 6225/A ua, VfGH v 25.6.1971, Slg 6477 ua).

11) Eine Befreiung von der Verpflichtung zur Entrichtung eines Anliegerbeitrages ergibt sich durch das Stadtgesetz v 17.12.1935, LGBl 1936/2 idF der V v 11.2.1939, VBl 21 und des LGBl 1969/41, über die Befreiung von Anliegerbeiträgen. Ob dieses Gesetz durch die Änderung der gesetzlichen Voraussetzungen für ein Bauvorhaben anzuwenden ist, wird nach den materiellen Anspruchsvoraussetzungen dieses Gesetzes zu prüfen sein. Das Gesetz wurde mit der Wiener Rechtsbereinigungsnovelle LGBl 2008/39 ausdrücklich aufrechterhalten.

12) Abs 10 (alt) entfiel mit der Nov LGBl 2009/25. Dass ein Anliegerbeitrag immer wegen eines Aufschließungsvorteils zu entrichten ist, wie die EB vermeinen, ist unzutreffend, insbesondere wenn ein Bauplatz (resp Baulos) an mehreren Verkehrsflächen liegt. Die Streichung der Verjährungsbestimmung (im Gegensatz zur Rückzahlungspflicht der Gemeinde) – vgl Abs 10 (neu) – konterkariert die ursprüngliche Absicht des Gesetzgebers (vgl EB zur Nov 1976/18) und erscheint verfassungsrechtlich bedenklich.

13) Unabhängig von der verfassungsrechtlichen Problematik des § 70a (s dort) gilt dann, wenn keine rechtskräftige Versagung der Baubewilligung erfolgt oder die Nachbarn keine Parteistellung erlangen, das Vorhaben (mit Eintritt dieser Voraussetzungen) mit rechtskräftigem Bescheid bewilligt. Dies ist der Erteilung der Baubewilligung wohl gleichzusetzen; Vollziehungsdefizite sind hier nicht ganz auszuschließen; vgl auch § 70a Abs 11.

14) Di jene Person, die um die Baubewilligung eingekommen ist (vgl § 63 Abs 1 lit c). Die Regelung erweist sich insofern als problematisch, weil die Anlieger, also die Eigentümer, zur Kostentragung verpflichtet sind, als Anspruchsberechtigter für die Rückerstattung aber der Bauwerber, der mit den Anliegern gar nicht ident sein muss, fungiert (vgl die Überschrift des 5. Teiles „Anliegerleistungen". Ein Bauwerber ist kein Anlieger, wenn nicht die gleiche Identität vorliegt).

Judikatur

1) Anliegerbeiträge sind keine Abgaben im Sinne des Finanzverfassungsgesetzes, sondern Entgelte für die Vorteile der Grunderschließung (VwGH 6.11.1951, Slg 2298/A).

2) § 51 Abs 8 (jetzt: Abs 7) bestimmt für den Fall der Stundung den Zeitpunkt, zu dem der gestundete Beitrag frühestens eingehoben werden darf (VwGH 9.11.1952, Slg 2706/A).

3) Der VwGH ist der Auffassung, daß es sich bei einem Bescheid, mit welchem in Vollziehung genereller Normen ein Beitrag, also eine Geldleistung, bemessen wird, um einen individuellen Verwaltungsakt handelt, in dem die Pflicht seines Adressaten zur Erbringung einer bestimmten Geldleistung rechtsgestaltend festgelegt wird und dem daher konstitutiver Charakter zukommt. Solche Bescheide haben aber nach der ständigen Rechtsprechung des VwGH in Anwendung beziehungsweise Berücksichtigung jener Rechts(und Sach)lage zu ergehen, die zum Zeitpunkt ihrer Fällung bestand. Dies bedeutet, daß eine Berufungsbehörde Änderungen der Rechtslage zu berücksichtigen hat, die, wenn auch nach Verwirklichung des in Betracht kommenden Tatbestandes, so doch vor Erfließen der Berufungsentscheidung eingetreten waren (VwGH 30.1.1973, 371/12).

4) Bauwerber ist jene Person, die um die Erteilung einer Baubewilligung angesucht bzw eine Bauanzeige erstattet hat. Ein Wechsel des Bauwerbers ist der Behörde anzuzeigen. Dem Rechtsnachfolger steht ein Rechtsanspruch auf Rückerstattung eines Anliegerbeitrages zu.

Die WBO enthält keine Begriffsbestimmung für den Bauwerber. Zweifellos handelt es sich hiebei um jene Person, die um die Baubewilligung eingekommen ist (s hiezu *Geuder/ Hauer*, Wiener Bauvorschriften, 3. Auflage, Anm 12 zu § 51 BO unter Hinweis auf § 63 Abs 1 lit c leg cit; siehe auch § 65 BO) oder die Bauanzeige als solche der Behörde zur Kenntnis gebracht hat (s § 62 Abs 2 BO).

Die Ordnungsvorschrift des § 124 Abs 4 BO (s E 30.6.1998, 94/05/0322; 94/05/0323 und 97/05/0298) sieht aber auch einen Wechsel des Bauwerbers vor. Nach dieser Gesetzesstelle ist nämlich der Wechsel des Bauwerbers der Behörde anzuzeigen. Diese Anzeige ist sowohl vom bisherigen Bauwerber als auch vom zukünftigen Bauwerber zu unterfertigen. Der zukünftige Bauwerber tritt in die Rechtsstellung des bisherigen Bauwerbers an dessen Stelle ein.

Im Hinblick auf die dem Bauwerber auch nach der Baubewilligung vom Gesetz auferlegten Verpflichtungen, welche sich insbesondere im XII. Abschnitt (jetzt: 10. Teil) über die Vorschriften betreffend die Ausführung, Benützung und Erhaltung von Bauten finden, ist daher nach der BO die Stellung als Bauwerber nicht mit der Erteilung der beantragten Baubewilligung erschöpft, vielmehr erstreckt sich die Rechtsstellung einer Person als Bauwerber nach diesem Gesetz über die Zeit nach der erteilten Baubewilligung hinaus (VwGH 4.7.2000, 99/05/0087, BauSlg 162). Hier erfolgte eine Rechtsnachfolge.

Ermäßigungen

§ 52. Bei Eckbauplätzen und Eckbaulosen mit zwei oder mehreren Fronten wird die anrechenbare Frontlänge um 25% ermäßigt. Diese Ermäßigung erstreckt sich nur auf Fronten bis 25 m.

Verpflichtung der Anlieger zur Herstellung und Erhaltung von Straßen[1)]

§ 53. (1) Dienen neue Verkehrsflächen ausschließlich oder vorwiegend der besseren Aufschließung der anliegenden Grundflächen, kann im Bebauungsplan angeordnet werden, dass diese Verkehrsflächen von den Eigentümern nach den Anordnungen der Gemeinde hergestellt, erhalten, gereinigt, beleuchtet und ebenso die notwendigen Einbauten hergestellt und erhalten werden.

(2) Übernimmt die Gemeinde diese Verpflichtungen, haben die Eigentümer die zur Verkehrsfläche entfallenden Grundflächen entsprechend den Grundsätzen der §§ 17 und 18 vorher an die Gemeinde abzutreten.[2)]

(3) Bei Abteilung einer Grundfläche auf Bauplätze, Baulose, Kleingärten oder Teile von solchen oder auf Trennstücke gemäß § 18 sind die nach Maßgabe der Baulinien oder Straßenfluchtlinien zu der Verkehrsfläche entfallenden Grundflächen nach den Grundsätzen der §§ 17 und 18 (mit Ausnahme der breiten- und flächenmäßigen Beschränkungen) gleichzeitig mit der grundbücherlichen Durchführung in selbstständige Trennstücke (Straßentrennstücke) zu legen. Bei Unstetigkeiten der Achse und bei Bruchpunkten erstreckt sich diese Verpflichtung auch auf die zwischen den Senkrechten gelegenen Grundflächen. Sofern die den Bauplätzen, Baulosen, Kleingärten oder Trennstücken vorgelagerten Straßentrennstücke nicht in eine eigene, gemeinsame Einlage gelegt werden, sind sie der jeweiligen Einlage des angrenzenden Bauplatzes, Bauloses, Kleingartens oder Trennstückes zuzuschreiben, dürfen aber dessen Flächenausmaß nicht zugerechnet werden.[3)]

(EB zur Nov LGBl 2006/61)

In Abs 1 wird die Straßenbaulast den Eigentümern der Verkehrsfläche auferlegt, die gemäß Abs 2 (bisher: Abs 3) im Falle einer Übertragung der diesbezüglichen Ver pflichtungen diese Flächen an die Gemeinde abzutreten haben, wobei – etwa hinsichtlich der Frage der Entgeltlichkeit – die Grundsätze der §§ 17 und 18 maßgeblich sind. Die bisher in Abs 2 enthaltene Regelung über die Möglichkeit einer Ersatzvornahme entfällt, da dieses Vollstreckungsmittel ohnehin bereits auf Grund der Vorschriften des VVG zur Verfügung steht. Aus sachlichen Erwägungen wird in Abs 3 – ähnlich wie bereits bisher gemäß § 17 Abs 3 für Aufschließungswege in Gartensiedlungsgebieten – die Schaffung von Trennstücken in der Verkehrsfläche vorgesehen, die – sofern sie nicht in eine eigene, gemeinsame Einlage gelegt werden, der Einlage des angrenzenden Bauplatzes, Bauloses oder Kleingartens zuzuschreiben sind.

(EB zur Nov LGBl 2014/25)

Die Verpflichtung zur Schaffung von Straßentrennstücken entsteht derzeit nur bei Abteilung einer Grundfläche auf Bauplätze, Baulose, Kleingärten oder Teile von solchen, nicht aber bei Abteilung auf Trennstücke gemäß § 18, bei denen aber eine Verpflichtung zur Straßengrundabtretung besteht. Aus sachlichen Erwägungen wird durch die Änderung des § 53 Abs. 3 nunmehr auch für diese Fälle die Schaffung von Straßentrennstücken vorgesehen; für deren Ausmaß sind die Grundsätze der §§ 17 und 18 sinngemäß heranzuziehen.

Anmerkungen

1) § 53 wurde mit der Nov LGBl 2006/61 neu gefasst.

2) Falls kein gemeinsames Eigentum vorliegt, bedarf es zur Konkretisierung der Erlassung individueller Bescheide.

3) Abs 3 wurde mit der Nov LGBl 2014/25 neu gefasst.

Judikatur

(Rechtsprechung zur Fassung vor der Nov LGBl 2006/61)

1) Es können die im Abs 1 vorgesehenen „Anordnungen der Gemeinde", da sie nicht schon im Bebauungsplan selbst genau zu umschreiben sind, gegenüber dem einzelnen Eigentümer (Miteigentümer) des anliegenden Bauplatzes oder Bauloses, also gegenüber individuell bestimmten Personen, hoheitlich nur durch Bescheid getroffen werden. Folgt die Verpflichtung zu konkreten Anliegerleistungen aber erst aus einem aufgrund des § 53 Wr BauO 1930 sowie des maßgeblichen Bebauungsplanes zu erlassenden Bescheid, so kann von einem unmittelbaren Eingriff in die Rechtssphäre nicht gesprochen werden (kein Individualantrag möglich) (VfGH 12.10.1992, VfSlg 13.217).

2) Die Bauordnung für Wien hat weder bei Straßen im Sinne des § 53 noch bei den von der Gemeinde herzustellenden öffentlichen Straßen eine Verpflichtung normiert, diese Verkehrsflächen innerhalb einer bestimmten Frist oder in einer bestimmten Art auszubauen (vgl E v 15.1.1985, 82/05/0139, BauSlg 366, wonach selbst bei Vorliegen eines Bauverbotes nach § 19 Abs 1 lit c BO [Fehlen einer befestigten Verkehrsfläche] die Gemeinde zum Ausbau einer Straße nicht verpflichtet werden kann). Diesbezüglich trifft das Gesetz keine an den Träger der Straßenbaulast anknüpfende Unterscheidung. Während eine Gemeindestraße, sobald die notwendigen Grundflächen durch Abtretung, Vertrag oder Enteignung in das Eigentum der Gemeinde übergegangen sind, von dieser als Trägerin von Privatrechten hergestellt wird, erfordert die Herstellung einer Straße gem § 53 BO ein zweistufiges Vorgehen. Zunächst ist den Anliegern durch Bescheid vorzuschreiben, wie die Verkehrsfläche einschließlich Beleuchtung und Einbauten herzustellen ist (arg „nach den Anordnungen der Gemeinde" sowie die diesbezüglichen Ausführungen des VfGH in VfSlg 13.217), womit die im Flächenwidmungs- und Bebauungsplan bloß allgemein festgelegte Herstellungsverpflichtung konkretisiert wird. Erst danach obliegt der tatsächliche Ausbau den Anliegern, doch hat der Ausbau nötigenfalls im Wege der Verwaltungsvollstreckung zu erfolgen, wofür § 53 Abs 2 BO nähere Anordnungen trifft.

Solange den Anliegern einer Straße gem § 53 BO keine Leistungen zur Herstellung und Erhaltung der Straße durch Bescheid aufgetragen wurden, sind sie zu solchen Leistungen auch nicht verpflichtet.

Eine Bescheiderlassung an die Anlieger einer im Sinne des § 53 BO unmittelbar nach der Festsetzung einer solchen Verkehrsfläche im Flächenwidmungs- und Bebauungsplan ist zwar zulässig, es ist aber weder aus dieser, noch aus einer anderen Bestimmung der Wiener Bauordnung ein Rechtsanspruch auf eine derartige Bescheiderlassung ableitbar.

Die von der Bfrin beantragte Konkretisierung könnte etwa dann erforderlich werden, wenn um eine Baubewilligung für einen Bauplatz angesucht wurde, hinsichtlich dessen ein Bauverbot gem § 19 Abs 1 lit c BO ausgesprochen wurde. In einem solchen Fall könnte der Anlieger die ihn belastende Entscheidung im Baubewilligungsverfahren bekämpfen, aber nicht eine Bescheiderlassung nach § 53 Abs 1 BO unmittelbar erzwingen (VwGH 25.6.1996, 96/05/0015, BauSlg 163).

3) Der hier anzuwendende Flächenwidmungs- und Bebauungsplan, Plandokument 5709, legt an der Verkehrsfläche St, die als Fußweg gem § 53 BO festgesetzt ist, die bebaubare Fläche durch Baufluchtlinien fest. Das Gebäude, um dessen nachträgliche Bewilligung angesucht wurde, reicht über die vordere Baufluchtlinie hinaus und somit in den vom Bebauungsplan vorgesehenen Vorgarten, der der Liegenschaft der Nachbarin genau gegenüberliegt. Die Bestimmungen des Bebauungsplanes hinsichtlich der Fluchtlinien räumen gem § 134a lit d BO subjektiv-öffentliche Nachbarrechte ein; der Eigentümer der dem Vorgarten gegenüberliegenden Liegenschaft hat einen Rechtsanspruch auf Freihaltung des Vorgartens. Da somit dem Bauprojekt subjektiv-öffentliche Rechte entgegenstanden, durfte die Bewilligung nach § 71 BO für das Gebäude nur erteilt werden, wenn sich die Nachbarin ausdrücklich für die Erteilung der angestrebten Baubewilligung ausgesprochen hätte. Dies war nicht der Fall, wobei die Gründe, die die Nachbarn in diesem Zusammenhang anführen, rechtlich unerheblich sind (s E 20.1.1998, 97/05/0002).

Eine ausdrückliche Zustimmung zur angestrebten Bewilligung hat die Mitbeteiligte während der Verhandlung vom 3.12.1993 nicht erteilt, da sie ihre Zustimmung an Bedingungen geknüpft hat, deren Erfüllung ihr weder der Bfr noch die Baubehörde garantieren konnte. Die Straßenbaulast für den Ausbau von Verkehrsflächen gem § 53 BO trifft die Anlieger, aus der Sicht dieser gesetzlichen Bestimmung ist die Kostenfreistellung eines einzelnen Anliegers nicht möglich. Auch Grundabtretungen (§ 53 Abs 3 BO), die die Eigentümer (Miteigentümer) ohne Anspruch auf Entschädigung an die Gemeinde zu erfüllen haben, können nicht von vornherein ausgeschlossen werden. Die Erklärung der Nachbarin, keinen Einwand zu erheben, wenn durch den Ausbau der Gasse St keine Kosten für sie anfielen, und keine Grundabtretungen erforderlich seien, wurde somit zu Recht von der belangten Behörde als Verweigerung der Zustimmung zu dem Bauvorhaben gewertet (VwGH 31.8.1999, 96/05/0004, BauSlg 158).

Gehsteigherstellung

§ 54. (1) Bei Herstellung eines Neu-, Zu- oder Umbaues[1)] im Bauland[2)] oder einer fundierten[3)] Einfriedung an einer Baulinie ist der Eigentümer (Miteigentümer) des Gebäudes bzw. der Einfriedung verpflichtet, in der vollen Länge der Baulinien des Bauplatzes oder Bauloses, auf dem der Neu-, Zu- oder Umbau bzw. die Einfriedung hergestellt wird, in der von der Behörde bekanntgegebenen Breite, Höhenlage und Bauart (Abs. 2)

einen Gehsteig herzustellen. Als Gehsteig gelten auch Verkehrsflächen oder Teile einer solchen, die vorwiegend dem Fußgängerverkehr vorbehalten sind und deswegen entweder nicht befahrbar ausgestaltet oder von einem etwaigen Fahrstreifen baulich nicht getrennt bzw. durch Randsteine gegen andere Teile der Verkehrsfläche nicht abgegrenzt sind.[4] Der Gehsteig ist, wenn der Bebauungsplan im Querschnitt der Verkehrsfläche nicht anderes bestimmt, an der Baulinie herzustellen. Bei Eckbildungen erstreckt sich die Verpflichtung auch auf die Eckflächen. Bei der Herstellung bloß einer nicht fundierten Einfriedung an der Baulinie ist nach den Grundsätzen dieses Absatzes ein Gehsteig in vorläufiger Bauart herzustellen.[5]

(2) Mit der Erteilung der Baubewilligung für einen Neu-,[1] Zu- oder Umbau im Bauland oder eine fundierte[2] Einfriedung an einer Baulinie hat die Behörde die Breite, Höhenlage und Bauart des Gehsteiges nach den Bestimmungen des Bebauungsplanes und der nach Abs. 13 über die Beschaffenheit der Gehsteige und ihren baulichen Anlagen erlassenen Verordnungen bekannt zu geben.[7][8]

(3) Die Behörde hat die Gehsteigherstellung mit der Erteilung der Baubewilligung zu stunden, wenn noch kein Bedarf nach dem Gehsteig besteht oder andere wichtige Gründe dafür sprechen und keine öffentlichen Rücksichten entgegenstehen.[9][10] Die Behörde ist berechtigt, für die Herstellung des Gehsteiges einen späteren Zeitpunkt festzusetzen, wenn seine derzeitige Herstellung aus öffentlichen Interessen unzweckmäßig[11] ist.[12] In beiden Fällen ist die Behörde berechtigt, anstelle der Herstellung eines Gehsteiges in endgültiger Bauart auf die Dauer der Stundung die Herstellung eines Gehsteiges in vorläufiger Bauart und die infolge verschiedener Höhenlagen notwendigen Bauwerke anzuordnen.[12] Wurde während des Stundungszeitraumes der Bebauungsplan so abgeändert, dass sich daraus eine Änderung der Verpflichtung zur Herstellung des Gehsteiges ergibt, oder wurden die Bestimmungen über die Bauart des Gehsteiges abgeändert, ist der Gehsteig nach den geänderten Bestimmungen herzustellen; der Verpflichtete ist aber berechtigt, die Mehrkosten gegenüber der seinerzeitigen Verpflichtung von der Gemeinde zu verlangen. Dieser Anspruch ist längstens binnen einem Jahr nach Feststellung der vorschriftsgemäßen Herstellung des Gehsteiges (Abs. 11) unter Nachweis der tatsächlich aufgelaufenen Kosten und Vermögensnachteile geltend zu machen.[13] Bei Wegfall der für die Stundung maßgeblichen Gründe hat die Behörde die Stundung mit Bescheid zu widerrufen und die Breite, Höhenlage und Bauart des Gehsteiges nach den Bestimmungen des Bebauungsplanes und der nach Abs. 13 über die Beschaffenheit der Gehsteige und ihrer baulichen Anlagen erlassenen Verordnungen[7] bekannt zu geben.

(4) Die Verpflichtung zur Herstellung eines Gehsteiges ist bis zur Beendigung der Bauführung zu erfüllen. Nötigenfalls hat die Behörde dem Eigentümer des Bauwerks den Auftrag zu erteilen, einen den Vorschriften entsprechenden Gehsteig herzustellen.[12)]

(5) Aus verkehrs- oder bautechnischen Gründen kann[14)] die Behörde bis zum Zeitpunkt der tatsächlichen Herstellung des Gehsteiges durch den Verpflichteten bestimmen, dass der Gehsteig ganz oder teilweise von der Gemeinde selbst hergestellt wird; in diesem Fall ist der Verpflichtete verhalten, der Gemeinde die Kosten für die Herstellung des Gehsteiges zu ersetzen.[15)] Sind die Herstellungskosten des Gehsteiges nach objektiven Merkmalen im Verhältnis zu den Kosten eines Zu- oder Umbaues, der Errichtung eines Nebengebäudes oder der Errichtung einer fundierten Einfriedung wirtschaftlich nicht vertretbar, entfällt die Verpflichtung zur Herstellung des Gehsteiges; bei Vorliegen eines öffentlichen Interesses ist der Gehsteig von der Gemeinde selbst herzustellen; in diesem Fall ist der Eigentümer des Gebäudes bzw. der fundierten Einfriedung verhalten, der Gemeinde einen wirtschaftlich vertretbaren Anteil an den Herstellungskosten zu ersetzen.[12)]

(6) Wenn öffentliche Interessen dies erfordern, kann[14)] die Behörde dem Eigentümer (Miteigentümer) der Liegenschaft den Auftrag erteilen, daß vor unbebauten Grundstücken im Zuge von Verkehrsflächen, an denen bereits überwiegend Bauwerke errichtet worden sind, ein Gehsteig in vorläufiger Bauart herzustellen ist; vor Baulücken[16)] und Einfahrten kann[14)] die Behörde auch die Herstellung des Gehsteiges in endgültiger Bauart verlangen.[14a)]

(7) Das Höchstausmaß der Breite des vom Eigentümer auf seine Kosten herzustellenden Gehsteiges beträgt im Gartensiedlungsgebiet und in der Bauklasse I 2 m, in der Bauklasse II und in Industriegebieten 3 m, in der Bauklasse III 4 m und in den Bauklassen IV, V und VI 5 m. Überschreitet die vorgeschriebene Breite das festgesetzte Höchstausmaß, steht dem Eigentümer der Anspruch zu, den Rückersatz der Mehrkosten von der Gemeinde zu verlangen. Für die Geltendmachung dieses Anspruches gilt die Bestimmung des Abs. 3 sinngemäß.

(8) Tritt die Verpflichtung zur Gehsteigherstellung ein und liegt vor der Liegenschaft bereits ein den geltenden Vorschriften entsprechender Gehsteig, so gilt die Verpflichtung als erfüllt. Die Verpflichtung gilt auch als erfüllt, wenn vor der Liegenschaft bereits ein Gehsteig in einwandfreiem[24)] Zustand liegt, der lediglich hinsichtlich der Bauart den geltenden Vorschriften nicht entspricht. Etwa erforderliche Instandsetzungen eines von der Gemeinde bereits übernommenen Gehsteiges sind von der Gemeinde auf ihre Kosten durchzuführen. Wurde der Gehsteig jedoch auf Kosten

der Gemeinde hergestellt oder wurde von der Gemeinde eine Teilleistung (Vorleistung) zur Gehsteigherstellung erbracht oder wurde von der Gemeinde auf Grund einer Änderung der Bestimmungen über die Beschaffenheit des Gehsteiges ein übernommener Gehsteig diesen Bestimmungen entsprechend abgeändert, hat der zur Gehsteigherstellung Verpflichtete der Gemeinde Kostenersatz zu leisten;[17)] etwa erforderliche Instandsetzungen sind auch in diesem Falle von der Gemeinde auf ihre Kosten durchzuführen.

(9) Vor der Herstellung von Auffahrten von der Fahrbahn auf den Gehsteig sowie von Gehsteigüberfahrten zur Einfahrt in eine Liegenschaft bzw. zur Ausfahrt aus einer Liegenschaft hat die Behörde die Ausführung dieser Gehsteigauf- und -überfahrten mit Bescheid bekannt zu geben. Bei der Errichtung von Anlagen zum Einstellen von Kraftfahrzeugen oder von Tankstellen erfolgt diese Bekanntgabe mit der Baubewilligung. In anderen Fällen ist ein diesbezügliches Ansuchen an die Behörde zu richten, wobei ein Lageplan (§ 64 Abs. 1 lit. a) vorzulegen, die örtliche Lage der Gehsteigauf- und -überfahrt zu bezeichnen und die Zustimmung des Grundeigentümers (aller Grundmiteigentümer) der zu befahrenden Liegenschaft nachzuweisen ist.[18)] Über dieses Ansuchen ist binnen vier Wochen zu entscheiden.[19)] Werden auf der Liegenschaft alle Stellplätze aufgelassen und besteht kein Erfordernis für das Be- und Entladen, sind die entsprechenden Gehsteigauf- und -überfahrten vom Grundeigentümer (allen Grundmiteigentümern) zu beseitigen. Wenn durch die Gehsteigauf- und -überfahrt eine Beeinträchtigung von Bäumen auf öffentlichen Verkehrsflächen (Straßenbäume) (Abs. 9a) möglich ist, verlängert sich die Frist auf acht Wochen.

(9a) Bei der Situierung von Auf- und Überfahrten im Sinne des Abs. 9 ist auf bestehende Bäume auf öffentlichen Verkehrsflächen (Straßenbäume) Rücksicht zu nehmen. Die bescheidmäßige Bekanntgabe von Auf- und Überfahrten hat in solchen Fällen, in denen eine Beeinträchtigung bestehender Straßenbäume möglich ist, erst zu erfolgen, nachdem die Bauwerberin oder der Bauwerber den Nachweis erbracht hat, dass

1. Beeinträchtigungen des Straßenbaumbestandes ausgeschlossen sind oder
2. die Auf- und Überfahrt unbedingt erforderlich ist und die geringstmöglichen Auswirkungen auf den Baumbestand hat.

Eine mögliche Beeinträchtigung ist jedenfalls zu vermuten, wenn der Abstand zwischen der Auf- bzw. Überfahrt und der ihr zugewandten Stammaußenkante von Straßenbäumen 2,5 m unterschreitet oder die Auf- bzw. Überfahrt in deren Kronentraufbereich hineinragt. Die Entscheidungsfrist nach Abs. 9 beginnt erst nach vollständiger Vorlage des Nachweises zu laufen.

(10) Vor Ausführung oder Änderung des Gehsteiges ist durch einen nach den für die Berufsausübung maßgeblichen Vorschriften Berechtigten die Aussteckung der Höhenlage[3] und der Breite vorzunehmen. Über die Aussteckung ein Absteckprotokoll mit Skizze zu verfassen, das von dem zur Gehsteigherstellung Verpflichteten der Behörde zur Information in elektronischer Form zu übermitteln ist.[20]

(11) Nach Herstellung des Gehsteiges ist um die Feststellung seiner vorschriftsgemäßen Herstellung bei der Behörde anzusuchen. Mit Rechtskraft dieser Feststellung geht der Gehsteig in das Eigentum der Gemeinde über.[21] Die Erhaltungspflicht für den Gehsteig verbleibt jedoch dem Eigentümer (Miteigentümer) des Bauwerkes oder der unbebauten Liegenschaft, vor der ein Gehsteig hergestellt worden ist, bis zu ihrer Übernahme durch die Gemeinde.

(12) Bei Herstellung eines Neu-, Zu- oder Umbaues im Kleingartengebiet, im Kleingartengebiet für ganzjähriges Wohnen, auf Grundflächen für Badehütten, im Parkschutzgebiet, im Ausstellungsgelände, auf Lagerplätzen und Ländeflächen sowie bei Herstellung von Neu-, Zu- und Umbauten beziehungsweise der Errichtung von sonstigen Bauwerken auf Sport- und Spielplätzen tritt nach den selben Grundsätzen die Verpflichtung ein, einen Gehsteig herzustellen, jedoch nur in einfachster Ausführung und in einer Breite von höchstens 1,50 m.[22]

(13) Die Landesregierung kann durch Verordnung nähere Vorschriften über die Beschaffenheit der Gehsteige und ihrer baulichen Anlagen nach dem vom Bebauungsplan beabsichtigten örtlichen Stadtbild, den im Bebauungsplan festgesetzten Breiten der öffentlichen Verkehrsflächen und Höhenlage und dem voraussichtlichen Fußgängerverkehr unter Berücksichtigung der neuesten Erkenntnisse der technischen Wissenschaften und der bisherigen ortsüblichen Ausführung, über die Dauer der Erhaltungspflicht, die grundsätzlich fünf Jahre nicht übersteigen darf und über dieses Ausmaß nur anläßlich der Übernahme des Gehsteiges zu dessen Instandsetzung erstreckt werden darf, über die Übernahme des Gehsteiges durch die Gemeinde, die während der Wintermonate grundsätzlich nicht erfolgen darf, und über die Abkürzung der Dauer der Haftung im Zusammenhang mit der Aufgrabung des Gehsteiges für öffentliche Zwecke erlassen.[23]

(EB zur Nov 1976)

Die Bestimmung des § 54 beinhaltet wie bisher die Gehsteigherstellungsverpflichtung. Sie fußt grundsätzlich auf der bisherigen Regelung und verpflichtet auch weiterhin den Eigentümer eines Neu-, Zu- oder Umbaues zur Herstellung eines Gehsteiges entlang den Baulinien. Bei der Neufassung der Bestimmung wird auch auf die Verordnung der Landesregierung vom 6.5.1930, LGBl für Wien Nr 42, betreffend Gehsteigherstellung Bezug genommen und deren Grundsätze teilweise übernommen. Eine wesentliche Neuerung wird jedoch durch die Regelung getroffen, daß die Behörde bei der Errichtung von Zu- oder Umbauten von der Neuherstellung eines Gehsteiges absehen kann, wenn die Herstellungskosten des Gehsteiges zu denen des Zu- oder Umbaues in einem Mißverhältnis stünden. Diese Regelung kommt insbesondere den Gewerbebetrieben zugute, bei denen oft durch geringfügige Zu- oder Umbauten in ihrem Betrieb die Gehsteigherstellungsverpflichtung ausgelöst wird, die sich dann für die Kalkulation der Bauführung und in weiterer Folge für den gesamten Betrieb hemmend auswirkt. Eine weitere Neuerung wird durch die Regelung getroffen, daß die Herstellung des Gehsteiges grundsätzlich bis zur Erteilung der Benützungsbewilligung zu erfolgen hat (Abs 2). Diese Bestimmung fußt auf der Überlegung, daß die gesamte Bautätigkeit als Einheit anzusehen ist, deren Abschluß die Gehsteigherstellung darstellt, da anderenfalls der Gehsteig wiederum durch die Bauführung vernichtet bzw beschädigt würde. Wird ein Bauplatz durch Verkehrsfluchtlinien begrenzt, besteht aufgrund der ausdrücklichen Regelung des § 54 Abs 1 und § 5 Abs 6 lit c keine Verpflichtung zur Herstellung eines Gehsteiges.

Weiters werden die Bestimmungen über die Gehsteigherstellung um den Tatbestand der Gehsteigauf- und -überfahrtsbewilligung ergänzt. Diese Bewilligung wird an das Bestehen oder gleichzeitige Errichten von Stellplätzen nach dem Wiener Garagengesetz geknüpft, da aus Sicherheitsgründen nur in diesen Fällen das Überqueren des Gehsteiges durch Kraftfahrzeuge auf Dauer gerechtfertigt werden kann. Aus wirtschaftlichen Gründen soll weiters die Möglichkeit eröffnet werden, die Ladetätigkeit von der Straße weg auf das Baugrundstück verlegen zu können, auch wenn auf dem Bauplatz keine Stellplätze errichtet werden. In diesen Fällen ist die Erteilung der Gehsteigauf- und -überfahrtsbewilllgung lediglich auf die Dauer des Bestehens des Betriebes gerechtfertigt, weswegen sie nur gegen jederzeitigen Widerruf erteilt werden kann.

(EB zur Nov LGBl 2001/37)

Auf Grund des derzeitigen Wortlautes des Abs 8 ist ein Gehsteig, der zwar zum Zeitpunkt seiner Herstellung den damals geltenden Vorschriften entsprochen hat, den im Zeitpunkt des Eintrittes einer Verpflichtung zur Gehsteigherstellung nach Abs 1 geltenden Vorschriften aber nicht entspricht, zu beseitigen und neu herzustellen. Da eine solche Vorgangsweise bei an sich intakten Gehsteigen als unwirtschaftlich anzusehen ist, wird die Bestimmung neu gefasst. Diese Neufassung schließt aber nicht aus, dass ein Gehsteig auf Kosten der Gemeinde – etwa im Hinblick auf ein bestimmtes Ortsbild – abgeändert werden kann.

(EB zur Nov LGBl 2001/90)

In Analogie zu § 18, wonach bei der Schaffung von Trennstücken für Sport- und Spielplätze eine Abtretungsverpflichtung zu den künftigen Verkehrsflächen besteht, wird im Abs 12 eine Gehsteigherstellungsverpflichtung im Falle der Errichtung von Neu-, Zu- und Umbauten bzw von baulichen Anlagen auf Sport- und Spielplätzen normiert, um eine unsachliche Ausnahme gegenüber anderen Bauführungen zu vermeiden. Ausgenommen sind im Hinblick auf § 62a Abs 4 bewilligungsfreie Sportanlagen gemäß § 62a Abs 1 Z 28.

(EB zur Nov LGBl 2003/10)

Aus Gründen der Verfahrensvereinfachung entfällt die bisher im Abs 9 vorgesehene eigene Bewilligung für Gehsteigauf- und -überfahrten. Im Falle einer bewilligungspflichtigen Bauführung sind die gesetzlichen Voraussetzungen für die Errichtung einer Gehsteigauf- und -überfahrt im Rahmen des Baubewilligungsverfahrens zu prüfen. Liegt dieser Fall nicht vor, ist ein bloßes Anzeigeverfahren durchzuführen, wobei – im Gegensatz zu der Bauanzeige nach § 62 – die Zustimmung des Grundeigentümers erforderlich ist. Pläne – es genügt in der Regel eine einfache Skizze – sind nur insoweit vorzulegen, als dies zur Beurteilung der Lage der Gehsteigauf- und -überfahrt erforderlich ist; im Übrigen ist auch eine verbale Beschreibung als ausreichend anzusehen. Mit dem „Be- und Entladen von Fahrzeugen" sind jedenfalls auch Müllfahrzeuge erfasst. Der letzte Satz des Abs 9 dient der Vermeidung von Problemen in dem Fall, dass die auf der Liegenschaft befindlichen Stellplätze aufgelassen werden, der Konsens für die Gehsteigauf- und -überfahrt aber aufrecht bleibt.

Im Abs 12 wird die Aufzählung der Widmungsgebiete, in denen eine Verpflichtung zur Gehsteigherstellung besteht, zur Schließung von Lücken ergänzt.

(EB zur Nov LGBl 2005/41)

Die Änderung des Abs. 9 erfolgt in Anpassung an die Neufassung des § 62 (Z 20), so dass auch für anzeigepflichtige Gehsteigauf- und -überfahrten künftig eine bescheidmäßige Kenntnisnahme der Anzeige nicht mehr erfolgt.

(EB zur Nov LGBl 2009/25)

Die Bestimmungen über die Gehsteigherstellung werden im Sinne einer Verwaltungsvereinfachung mit dem Ziel neu geordnet, möglichst viele Verfahrensschritte bereits im Zuge des Baubewilligungsverfahrens zu setzen.

Dementsprechend hat die Behörde bereits mit der Baubewilligung die Breite, Höhenlage und Bauart des Gehsteiges bekannt zu geben (Abs. 2) und über eine allfällige Stundung zu entscheiden (Abs. 3).

Mit einem amtswegigen Widerruf der Stundung hat die Behörde die Bekanntgabe der Breite, Höhenlage und Bauart des Gehsteiges zu verbinden (Abs. 3).

Stellt im Falle einer wirtschaftlichen Unvertretbarkeit der Gehsteigherstellung die Gemeinde den Gehsteig selbst her, hat der Eigentümer des Gebäudes oder der Einfriedung künftig einen wirtschaftlich vertretbaren Kostenanteil zu ersetzen (Abs. 5).

Für die Herstellung einer Gehsteigauf- und -überfahrt ist die Kenntnis der im Einzelfall erforderlichen Konstruktionsmerkmale wesentlich. Vor derartigen Herstellungen hat die Behörde daher künftig die Ausführung des Unterbaues bescheidmäßig bekannt zu geben. Diese Bekanntgabe erfolgt ebenfalls bereits mit der Baubewilligung für eine Anlage zum Einstellen von Kraftfahrzeugen oder eine Tankstelle; in anderen Fällen ist ein diesbezügliches Ansuchen an die Behörde erforderlich (Abs. 9).

In Anlehnung an § 12 soll künftig auch die Aussteckung der Höhenlage und Breite eines Gehsteiges nicht durch die Behörde, sondern durch einen nach den für die Berufsausübung maßgeblichen Vorschriften Berechtigten – also etwa einen Ingenieurkonsulenten für Vermessungswesen oder auf einem einschlägigen Fachgebiet tätige Technische Büros – Ingenieurbüros – vorgenommen werden (Abs. 10).

Entsprechend der genannten Neuordnung des § 54 werden Verweisungen und Zitate auf andere Bestimmungen angepasst.

(EB zur BO-Nov LGBl 2023/37 vom 13.12.2023)

Gehsteigauf- und -überfahrten sind baubewilligungspflichtig (s § 62a Abs. 1 lit. 18 e contrario). **Abs 9a** zielt darauf ab, dass bei der Situierung von Gehsteigauf- und -überfahrten auf den Baumbestand im Zeitpunkt der Baueinreichung Rücksicht genommen wird. Sie sind so zu situieren, dass eine Beeinträchtigung von Straßenbäumen weitestgehend ausgeschlossen wird.

Im Bekanntgabeverfahren gemäß Abs 9 ist von Bauwerbern der Nachweis zu erbringen, dass Beeinträchtigungen des Straßenbaumbestandes ausgeschlossen sind oder im unbedingt erforderlichen Ausmaß mit den geringstmöglichen Auswirkungen auf den Baumbestand erfolgen.

Ob Beeinträchtigungen des Straßenbaumbestandes möglich sind, ist von der Behörde festzustellen. Zur entsprechenden Beurteilbarkeit ist daher auch außerhalb von Fällen, in denen die Auf- bzw. Überfahrt im Baubewilligungsverfahren mitbewilligt wird, ein Lageplan gemäß § 64 Abs. 1 lit. a vorzulegen. Dieser Lageplan hat insbesondere die Umrisse des angrenzenden Baubestandes, die betreffenden sowie angrenzenden öffentlichen Verkehrsflächen (samt Abmessungen und Einbauten) und die dort befindlichen Bäume und Baumreihen im Sinne des § 64 Abs. 1 lit. a zu enthalten. Soweit für die Beurteilbarkeit erforderlich, kann die Behörde entsprechende Ergänzungen auftragen.

Sind Beeinträchtigungen aus Sicht der Behörde möglich (oder sind die objektiven Voraussetzungen des Abs 9a dritter Satz erfüllt), hat sie zur Vorlage eines geeigneten Nachweises aufzufordern. In besonders gelagerten Fällen oder bei Zweifeln über die Richtigkeit des Nachweises kann sie auch verlangen, dass dieser durch einen Sachverständigen erstellt oder bestätigt wird. Dieses Erfordernis kann sich auch in solchen Fällen ergeben, in denen Amtssachverständige beigezogen wurden und den Nachweis als nicht (ausreichend) erbracht beurteilten (vgl. § 65).

Eine unbedingte Erforderlichkeit einer Auf- und Überfahrt liegt bspw vor, wenn das Bauvorhaben die Schaffung von Pflichtstellplätzen auslöst und es aufgrund des gegebenen Bestands an Straßenbäumen nicht möglich ist, eine Beeinträchtigung des Straßenbaumbestandes gänzlich auszuschließen. Auch könnte die Situierung einer Auf- und Überfahrt zB aus Verkehrsrücksichten an einer bestimmten Stelle notwendig sein. Die Interessensabwägung hat im Einzelfall zu erfolgen.

Die Entscheidungsfrist für jene Verfahren, in denen Beeinträchtigungen von bestehenden Straßenbäumen und sonstige Vegetationen zu beurteilen sind, wird auf acht Wochen erweitert und beginnt erst nach vollständiger Erbringung des Nachweises zu laufen. Dadurch wird dem Erfordernis Rechnung getragen, der Behörde ausreichend Zeit zu geben, bei der Überprüfung der Nachweise Amtssachverständige beizuziehen.

Anmerkungen

1) S die Legaldefinitionen im § 60 Abs 1 lit a. S auch E 27.

2) Vgl Abs 12 und § 4 Abs 2 C.

3) Zum Begriff „fundierte Einfriedungen“ s Anm 3 zu § 10.

4) Es muss daher die Fläche für den Fußgängerverkehr durch die Gemeinde gewidmet sein; ein straßenpolizeiliches Fahrverbot macht eine Verkehrsfläche noch nicht zu einem Fußweg.

5) Mit der Nov LGBl 2014/25 ist der ehem fünfte Satz weggefallen, da ihm mit Abs 5 bereits derogiert wurde. Im letzten Satz soll die Beifügung von „bloß“ der Klarstellung der Trennung von Bauführungen iSd ersten Satzes dienen.

6) Abs 2 bis 5, 9 und 10 idF der Nov LGBl 2009/25, Abs 7 erster Satz idF der Nov LGBl 2003/10.

7) S die V unter Teil III, Kap 4.

8) Vgl jedoch Abs 5 zweiter Satz sowie Abs 8. Die Verpflichtung zur Gehsteigherstellung tritt ex lege mit der Konsumation der Baubewilligung ein.

9) Offensichtlich kann eine solche Stundung ex offo verfügt werden, was dem Charakter der Baubewilligung als antragsbedürftiger Willensakt widerspricht.

10) Dass persönliche Umstände als berücksichtigungswürdige Gründe anzusehen sind, erscheint im Hinblick auf das E des VfGH 15.3.1973, Slg 7028, wohl nicht möglich.

11) Damit wird die Verpflichtung nach Abs 2 auf einen späteren Zeitpunkt verschoben; als unzweckmäßig im Sinne dieser Gesetzesstelle wird die Herstellung dann anzusehen sein, wenn die Herstellung oder die Auswechslung öffentlicher Aufschließungsleitungen in naher Zukunft erfolgen soll, oder wenn die Fahrbahn einer noch nicht in voller Breite ausgebauten Straße durch die Herstellung zu sehr eingeengt würde.

12) Mit Bescheid.

13) Die Kosten und Vermögensnachteile sind im ordentlichen Rechtsweg geltend zu machen.

14) Das Wort „kann“ bedeutet, dass die Behörde berechtigt ist, bei Vorliegen der gesetzlichen Voraussetzungen einen entsprechenden Bescheid zu erlassen; damit wird jedoch kein Ermessen eingeräumt.

14a) Abs 6 begegnet verfassungsrechtlichen Bedenken. Es fragt sich, ob diese Bestimmung teleologisch ausgelegt werden kann, dass auch unbebaute Grundstücke auch dann für einen Auftrag zur Herstellung eines Gehsteiges herangezogen werden dürfen, wenn sie als anbaureifer Bauplatz bereits genehmigt wurden. Eine Auslegung, dass alle Grundstücke, die unbebaut sind, zu erfassen sind, führt zu dem Ergebnis, dass auch Grundstücke in Frage kommen, die wegen ihrer geringen Größe, ihrer Konfiguration oder ihrer Widmung für eine Bebauung nicht in Frage kommen. Das würde zu einer Naturalleistung ohne Gegenleistung, also einer Art Naturalabgabe, führen. Dies widerspricht wohl dem verfassungsrechtlichen Schutz des Eigentums sowie dem Gleichheitssatz.

15) Damit ist gemeint, dass aus verkehrs- oder bautechnischen Gründen die Gemeinde auf Grund einer bescheidmäßigen Anordnung jederzeit berechtigt wird, den Gehsteig herzustellen. Damit entfällt andererseits die Verpflichtung zur Gehsteigherstellung für den betroffenen Eigentümer.

16) Von einer Baulücke kann nur dann gesprochen werden, wenn sich eine unbebaute Liegenschaft zwischen zwei ordnungsgemäß bebauten Bauplätzen befindet (s auch E 16).

17) Der Kostenersatz ist gem § 55 mit Bescheid vorzuschreiben.

18) Für die Gehsteigauf- und -überfahrten ist nunmehr wieder ein Bewilligungsverfahren abzuführen; die Bewilligung erfolgt definitiv.

19) Frist gem § 73 AVG.

20) Nachdem in § 12 das Erfordernis zur Aussteckung der Höhenlage gefallen ist, fragt es sich, nach welchen Grundsätzen die Aussteckung der Höhenlage des Gehsteiges erfolgen soll.

21) Die bereits Eigentümerin des Grundes ist, auf dem sich der Gehsteig befindet.

22) Die Art der einfachsten Ausführung wird in § 4 Abs 2 lit b und § 5 Abs 1 lit b der V LGBl 1981/14 idF LGBl 2009/54 festgelegt.

23) Vgl die V der Wiener Landesregierung v 17.2.1981, LGBl 1981/14 idF LGBl 2009/54, mit der nähere Vorschriften über die Art der Gehsteige und ihrer baulichen Anlagen erlassen werden, Teil III/4.

24) Mit BO-Nov 2023, LGBl 2023/37 entfällt der Bezug auf (nur) „trittsicher" für einwandfreien Zustand.

Judikatur

1) Die Verpflichtung zur Trottoirherstellung trifft alle Besitzer der unter der Wirksamkeit der Bauordnung aus dem Jahre 1883 erbauten Häuser ex lege (VwGH 11.4.1905, Slg 3454/A zur Bauordnung für Niederösterreich). § 54 ist auch zur Durchsetzung einer unerfüllt gebliebenen Verpflichtung zur Gehsteigherstellung vor Baulichkeiten anwendbar, die unter der Geltung früherer Bauordnungen errichtet wurden (VwGH 4.5.1955, Slg 3729/A).

2) Die Verpflichtung des Eigentümers zur Legung des Gehsteiges erstreckt sich auf alle Fronten des Bauplatzes (VwGH 15.9.1958, Slg 4740/A, und 8.11.1965, 2287/64).

3) Die Verpflichtung zur Herstellung des Gehsteiges haftet am Bau selbst und geht kraft Gesetzes auf jeden Rechtsnachfolger über, ohne daß es hiezu der Eintragung in das Grundbuch bedarf. Sie trifft daher auch im Falle einer Versteigerung des Hauses den Ersteher ohne Rücksicht auf den Inhalt der Versteigerungsbedingungen. Die Pflicht der Gemeinde zur Erhaltung des Gehsteiges ist an den formalen Akt der Übergabe und Übernahme geknüpft (VwGH 19.4.1927, Slg 14.758/A und 20.1.1969, 1366/1367/1368/68).

4) § 54 Abs 3 (jetzt Abs 11) besagt an sich nur, daß der vorschriftsmäßig hergestellte Gehsteig, unbeschadet der dem Eigentümer obliegenden Erhaltungspflicht bis zur Übernahme in die fernere Erhaltung durch die Gemeinde, in das Eigentum der Gemeinde übergeht. Der in förmlicher Weise ordnungsgemäß durchgeführten Übernahme wird aber als Abnahme eines Werkes durch denjenigen, für den es angefertigt wurde, die Wirkung zukommen müssen, daß die Verpflichtung als erfüllt gilt (VwGH 18.4.1966, Slg 6904/A).

5) Die im § 54 statuierte Rechtspflicht kennt keine Einschränkung, wonach die Verpflichtung zur Gehsteigherstellung erst dann fällig zu stellen ist, wenn der Ausbau der Verkehrsfläche unmittelbar bevorsteht. Der VwGH hat bereits in seinem Erk v 6.4.1909, Slg 6652/A, ausgesprochen, daß es für den Eintritt der Gehsteigherstellungspflicht genügt, wenn die betreffende Gasse rechtlich existiert (VwGH 4.4.1966, Slg 6900/A).

6) Es sprechen überwiegende Gründe für die Annahme, daß eine entstandene Verpflichtung zur Errichtung eines Gehsteiges, wenn nicht besondere Umstände dies ausschließen, durch spätere Teilungsvorgänge nicht eingeschränkt, aber auch nicht erweitert werden kann (VwGH 28.6.1966, Slg 6961/A).

7) Auf die öffentlich-rechtliche Verpflichtung zur Trottoirherstellung finden die Bestimmungen des ABGB über die Verjährung keine Anwendung (VwGH 26.10.1931, Slg 16.830/A zur Bauordnung für Linz und 4.5.1955, Slg 3729/A).

8) Die Bestimmungen der §§ 417 bis 419 ABGB (über Bauführungen auf fremdem Grund) sind nicht zwingend. Im Falle einer Vereinbarung zwischen den Parteien kommen demnach die gesetzlichen Bestimmungen nicht zur Anwendung, sondern die Eigentumsfrage ist nach der Vereinbarung zu beurteilen. Nur dann, wenn der Grundeigentümer auch Eigentümer des Bauwerkes geworden ist, trifft ihn auch die Verpflichtung zur Herstellung des Gehsteiges (VwGH 23.11.1954, Slg 3571/A).

9) Wenn die Gemeinde einen (vorläufigen) Gehsteig angelegt hat, so kann dadurch die Verpflichtung des Objekteigentümers, selbst einen Gehsteig anzulegen und instand zu halten, nicht aufgehoben werden, weil keine gesetzliche Bestimmung besteht, die in einem solchen Fall den nach dem Gesetz Verpflichteten von seiner Verpflichtung entbinden würde (VwGH 29.9.1954, 3431/53, und 4.5.1955, Slg 3729/A).

10) Eine Vorschreibung des Inhaltes: „Gem § 54 der Bauordnung für Wien besteht die Verpflichtung zur Gehsteigherstellung entlang der Baulinie" ist nur eine Belehrung, der Rechtskraftwirkung hinsichtlich der Gehsteigverpflichtung nicht zukommt (VwGH 3.11.1955, Slg 3871/A). S auch E 24.

11) Der Hauseigentümer hat das Recht, von der Gemeinde zu verlangen, daß sie (Anm: nach Ablauf der Erhaltungspflicht) das im vorschriftsmäßigen Zustand befindliche Trottoir übernimmt. Es ist aber die Gemeinde nicht verpflichtet, die Initiative zu ergreifen. Vielmehr ist es Sache des Hauseigentümers, ihr das fertig gestellte Trottoir zur Übernahme anzubieten (BGH 9.1.1935, Slg 185/A).

12) Die Übernahme des Gehsteiges kann auch durch konkludente Handlungen, zB durch von der Gemeinde durchgeführte Herstellungen am Gehsteig, erfolgen (BGH 1.4.1938, Slg 1848/A, und VwGH 9.9.1953, Slg 3079/A). Vgl hiezu § 8 und § 9 Abs 5 der V LGBl 1981/14 idgF.

13) Wenn der VwGH auch anerkannt hat, daß ein Widerruf der Stundung einer Gehsteigverpflichtung nicht zur Unzeit erfolgen darf, kann daraus nicht gefolgert werden, daß die Behörde in jedem Einzelfall den Beweis erbringen müsse, der Widerruf sei nicht zur Unzeit ausgesprochen worden. Ein infolge Vorbehaltes an sich zulässiger Widerruf ist vielmehr nur dann als entgegen dem Gesetz erfolgt anzusehen, wenn der Mangel eines zureichenden Grundes von vornherein einleuchtet oder die Partei den Nachweis zu erbringen vermag, daß für den Widerruf unsachliche Gründe maßgebend waren (VwGH 20.1.1969, 1366/1367/1368/68).

14) Wenn zwischen zwei je einen eigenen Grundbuchskörper bildenden Liegenschaften eine öffentliche Verkehrsfläche vorgesehen ist, können diese beiden Liegenschaften, auch wenn sie eine wirtschaftliche Einheit bilden, nicht als ein Bauplatz angesehen werden. Es löst daher eine Bauführung auf einer dieser Liegenschaften nicht die Verpflichtung zur Gehsteigherstellung entlang der Baulinien der anderen Liegenschaften aus (VwGH 28.1.1958, 749/56).

15) Steht ein Gehsteig in der Erhaltungspflicht der Gemeinde, dann ist sie im Falle der Schadhaftigkeit nicht berechtigt, anstelle der Instandsetzung dieses Gehsteiges einen neuen Gehsteig herzustellen und sodann die Kosten der Neuherstellung unter Berufung auf § 54 Abs 5 (jetzt: Abs 8) dem Eigentümer des anliegenden Bauplatzes vorzuschreiben (VwGH 16.2.1960, 581/59).

16) Von einer Baulücke kann nur dann gesprochen werden, wenn in einer Reihe von zur Verbauung bestimmten Grundstücken sich eines befindet, das seiner Bestimmung zur Verbauung bisher nicht zugeführt worden ist. Es kann daher nicht mehr von einer Baulücke im Sinne der hier zur Auslegung gelangenden Gesetzesstelle gesprochen werden, wenn mehrere benachbarte unverbaute Bauplätze an einer öffentlichen Verkehrsfläche liegen (VwGH 30.11.1962, 701/62).

17) Die Nichterfüllung der Gehsteigverpflichtung kann als Übertretung der Bestimmungen der Bauordnung geahndet werden. Maßgeblich für das neuerliche Entstehen einer Gehsteigverpflichtung ist, ob die vorhandene Ausführungsart den Vorschriften zur Zeit der neuerlichen Bauführung entspricht (VwGH 30.9.1963, 1103/63). Satz 1 trifft nicht zu, muß doch die Pflicht erst konkretisiert werden (s Abs 2). Zu Satz 2 s nun Abs 8 Satz 2.

18) Gehsteigangelegenheiten sind nicht solche des Baurechts, sondern des Straßenrechts. § 54 regelt eine verwaltungsbehördliche Tätigkeit in Bezug auf Verkehrsflächen der Gemeinde im Sinne des Art 118 Abs 3 Z 4 B-VG. Sie ist sachlich gerechtfertigt. Die Gehsteigverpflichtung ist vom Liegenschaftseigentümer (oder vom Eigentümer des Bauwerkes) zu erfüllen. Der Auftrag zur Herstellung eines Gehsteiges vor unverbauten Grundstücken ist nur dann gerechtfertigt, wenn die entlang einer Verkehrsfläche schon errichteten Bauten zu einem Fußgängerverkehr geführt haben (VfGH 29.6.1972, Slg 6770).

19) Die durch einen rechtskräftigen baubehördlichen Ausspruch konkretisierte Gehsteigverpflichtung kann durch eine mit der Gemeinde über die Gehsteigverpflichtung getroffene Vereinbarung nicht berührt werden. Sie tritt frühestens mit der Rechtskraft des Baubescheides ein (VwGH 23.3.1970, 1099/69).

20) Aufträge zur Gehsteigherstellung an verschiedenen Fronten desselben Bauplatzes sind voneinander trennbare Rechtssachen. Die Gehsteigverpflichtung erstreckt sich nur auf jene Verkehrsfläche, an welcher ein Frontrecht in Anspruch genommen wird (VwGH 1.2.1971, Slg 7959/A und 13.11.1973, Slg 8496/A).

21) Voraussetzung für den Eintritt der in § 54 Abs 5 (jetzt: Abs 8) der Bauordnung für Wien festgelegten Kostenersatzpflicht ist es nicht, daß im Zeitpunkt der Herstellung des (neuen) Gehsteiges durch die Gemeinde ein nicht mehr instandsetzungsfähiger Gehsteig vorhanden (und daher die Neuherstellung unter dem Gesichtspunkt der baulichen Beschaffenheit des alten Gehsteiges geboten) war; ebenso kommt es auf die Motive für die durch die Gemeinde vorgenommene Gehsteigherstellung nicht an. Die Kostenersatzpflicht tritt schon dann ein, wenn der Gehsteig, der durch den von der Gemeinde neu hergestellten Gehsteig ersetzt worden ist, den im Zeitpunkt der Bauführung, des Entstehens der Verpflichtung nach § 54 Abs 1 der Bauordnung für Wien also an Breite, Höhenlage und Bauart des Gehsteiges zu stellenden Anforderungen nicht voll entsprochen hatte. Bloße Instandsetzungsarbeiten lösen die Kostenersatzpflicht nicht aus (VwGH 13.12.1971, Slg 8133/A). S aber auch Abs 8 Satz 2.

22) Die in der Bauordnung getroffene Regelung der Gehsteigherstellung ist dadurch gekennzeichnet, daß zwar der Anlieger den Gehsteig auf seine Kosten herzustellen hat, daß ihm jedoch im Rahmen des § 54 ein Anspruch auf Rückersatz von Kosten zusteht. Die sachliche Rechtfertigung dafür, Kosten der Gehsteigherstellung den Anliegern aufzuerlegen, ist darin begründet, daß die Gehsteige der Aufschließung der an die Verkehrsfläche (deren Bestandteil sie sind) angrenzenden Grundstücke dienen. Nach der Bauordnung steht diese Belastung der Anrainer in einer sachlichen Relation zu der Art der in dem Gebiet zulässigen Bebauung (je nach Siedlungsgebieten, Gebieten mit Bauklasseneinteilung, das sind Wohn- und gemischte Baugebiete, Lagerplätzen, Ländeflächen, Industriegebieten). In den Bestimmungen, die einen Rückersatz von Kosten für den Fall vorsehen, daß die vorgeschriebene Breite eines Gehsteiges das im Gesetz bestimmte Höchstausmaß überschreitet, hat der Gesetzgeber die Interessen der Allgemeinheit berücksichtigt, denen die Gehsteige gleichfalls zu dienen bestimmt sind. Die in den hier präjudiziellen Bestimmungen enthaltenen Differenzierungen sind, da sie in entsprechenden Unterschieden der tatsächlichen Gegebenheiten begründet sind, sachlich gerechtfertigt und verstoßen somit nicht gegen das Gleichheitsgebot (vgl E Slg 2956, 5727, 6411; VfGH 29.6.1972, Slg 6770).

23) Der Hauseigentümer besitzt keinen Rechtsanspruch auf Beseitigung einer Bewilligung zur Herstellung und Benützung einer Gehsteigauf- und -überfahrt (VwGH 18.1.1983, 81/05/0030, BauSlg 1).

24) Ein vorhandener Durchzugsverkehr rechtfertigt einen Auftrag zur Herstellung eines Gehsteiges in vorläufiger Bauart nach § 54 Abs 6 BO (VwGH 26.3.1985, 83/05/0095, BauSlg 416).

25) Ein Antrag „um Fristerstreckung der Gehsteigherstellung" bedeutet inhaltlich, die Gehsteigherstellung zu stunden, mag auch dieser Ausdruck nicht verwendet worden sein (VwGH 20.9.1988, 88/05/0092) – hier war der Antrag auf Fristerstreckung nach § 68 Abs 1 AVG zurückgewiesen worden.

26) Der Widerruf der Stundung einer Verpflichtung zur Herstellung eines Gehsteiges muß sachlich gerechtfertigt sein (VwGH 17.1.1989, 88/05/0235).

27) Wird durch eine Baubewilligung auch ein früherer Bestand in einer Weise erfaßt, daß von einem Neubau auszugehen ist, so hat diese Baubewilligung eine Verpflichtung zur Schaffung eines Gehsteiges nach § 54 Abs 1 BO ausgelöst; eine Prüfung der Kosten iS dieser Gesetzesstelle ist bei einem solchen Neubau nicht vorgeschrieben (VwGH 20.3.1990, 89/05/0224).

28) Für die Verpflichtung zur Reinigung und dergleichen des Gehsteiges nach § 93 Abs 1 erster Satz StVO idF 1983/174 ist es unerheblich, wer den Gehsteig hergestellt hat sowie ob und aus welchem Grunde der Grundeigentümer von der sich aus baurechtlichen Vorschriften (hier: § 54 BO) ergebenden Verpflichtung zur Gehsteigherstellung befreit worden ist (VwGH 9.5.1990, 89/02/0100).

29) Die Baubehörde darf nicht auf Grund des Antrages eines Miteigentümers die übrigen Miteigentümer gegen deren Willen mit einer sie sonst nicht treffenden Erhaltungspflicht bezüglich der Gehsteigauffahrt und Gehsteigüberfahrt belasten. Aus diesem notwendigen Zusammenhang zwischen Antragstellung (Zustimmung) und Übernahme einer zusätzlichen Belastung ergibt sich nicht nur die Parteistellung der übrigen Miteigentümer der Liegenschaft, sondern auch deren materielles Zustimmungsrecht, weil sonst auf gesetzlich nicht gedeckte Weise in ihr Eigentum eingegriffen würde (VwGH 25.9.1990, 87/05/0200).

30) Um eine überwiegende Bebauung im Sinne des § 54 Abs 6 BO festzustellen, ist nicht die Gesamtlänge der Verkehrsfläche entscheidend (VwGH 24.3.1992, 88/05/0146).

31) Die Verpflichtung zum Ersatz der Kosten einer (hier) im Jahre 1984 unter Bedachtnahme auf eine Änderung der Bestimmungen über die Bauart des Gehsteiges (hier durch die Nov LGBl 1984/22) erfolgten Änderung desselben trifft gem § 54 Abs 8 iVm Abs 1 BO den im § 54 Abs 1 genannten Eigentümer, der ein Bauvorhaben iSd § 54 Abs 1 BO durchgeführt hat. Daher kommt nach dem Wortlaut des § 54 Abs 1 BO weder dem Umstand, daß diese Änderung des Gehsteiges bereits vor der Herstellung iSd § 54 Abs 1 durch die Gemeinde vorgenommen worden ist, noch der Tatsache eine rechtliche Bedeutung zu, daß vor dieser Änderung des Gehsteiges ein den Vorschriften zur Zeit seiner Errichtung entsprechender Gehsteig vorhanden war, weshalb die Behörde auch nicht berechtigt wäre, den Ersatz der Kosten für diese Änderung des Gehsteiges bereits dem Voreigentümer vorzuschreiben. Eine Verjährung dieses gegenüber dem im § 54 Abs 1 BO genannten Eigentümer bestehenden Anspruches hat die belangte Behörde nicht anzunehmen, weil auf die in Rede stehende Verpflichtung die Bestimmungen des ABGB über die Verjährung keine Anwendung finden (s E 4.5.1955, 786/54, Slg 3729 A). Die Behörde ist auch nicht gehalten, die Verpflichtung zur Herstellung des Gehsteiges in das Grundbuch einzutragen, weil diese am Bau selbst haftet und kraft Gesetzes auf jeden Rechtsnachfolger übergeht (VwGH 20.9.1994, 94/05/0130, BauSlg 203).

32) Ist ein Zubau für die Baubehörde Anlaß zur Vorschreibung einer Verpflichtung zur Herstellung eines Gehsteiges, ist zu prüfen, ob die Herstellungskosten im Verhältnis zu den Kosten des Zubaus wirtschaftlich vertretbar sind. Wenn die Behörde vermeint, diese Frage nicht prüfen zu müssen, weil öffentliche Interessen die Herstellung des Gehsteiges verlangen, so hat sie dies nachvollziehbar zu begründen (VwGH 25.3.1997, 96/05/0257, BauSlg 65).

33) Die belangte Behörde hat in der Gegenschrift im Besonderen darauf hingewiesen, dass etliche Grundstücke zwischen den beiden Verkehrsflächen A und B gelegen und bebaut seien. Für die belangte Behörde war in Bezug auf die Frage der überwiegenden Bebauung an der Gasse A einzig und allein maßgeblich, dass die unmittelbar an der Gasse südseitig gelegenen Grundstücke bebaut sind, unabhängig davon, an welcher Stelle der in Frage stehenden Grundstücke die Bebauung erfolgt ist. Der VwGH hat in seiner bisherigen Judikatur bezüglich des Kriteriums der überwiegenden Bebauung an einer Verkehrsfläche zu der Problematik der Lage vorhandener Bauten auf den unmittelbar an die Verkehrsfläche angrenzenden Grundstücken (die zwischen zwei Verkehrsflächen gelegen sind) bisher noch nicht Stellung nehmen müssen (vgl die hg Erkenntnisse vom 26.3.1985, 83/05/0095, BauSlg 416, und vom 24.3.1992, 88/05/0146). Das Kriterium „im Zuge von Verkehrsflächen, an denen bereits überwiegend Bauten errichtet worden sind" in § 54 Abs 6 BO muss aber in dem Falle, dass ein Grundstück zwischen zwei Verkehrsflächen gelegen ist, dahin ausgelegt werden, dass nur jene Bebauung von unmittelbar an die fragliche Verkehrsfläche angrenzenden Grundstücken maßgeblich ist, die entlang oder im Nahebereich der zu dieser Verkehrsfläche verlaufenden Baufluchtlinie gelegen ist. Die Bfr haben sich in der Berufung und in ihrer Stellungnahme im Berufungsverfahren insbesondere auf jene Grundstücke als unbebaut berufen, auf denen die auf dem Grundstück errichteten Bauten im Nahebereich zu der anderen Verkehrsfläche, der Straße B, errichtet worden waren. Ausgehend von der erwähnten unzutreffenden Rechtsauffassung hat die belangte Behörde keine Feststellungen darüber getroffen, ob in diesem Sinne an der Gasse A auf der Seite des Grundstückes der Bfr bereits eine überwiegende Bebauung vorliegt. Sie hat sich daher auch nicht mit dem in diese Richtung gehenden Vorbringen der Bfr auseinandergesetzt. Auf Grund der vorliegenden Akten kann diese Frage vom VwGH nicht abschließend beantwortet werden (VwGH 30.5.2000, 99/05/0021, BauSlg 137).

Kostenersatz

§ 55. (1) Die gemäß § 17 Abs. 7 und 8, § 50 und § 54 Abs. 5 und 8 zu entrichtenden Ersatzleistungen und Kostenersätze sind durch Bescheid festzusetzen und innerhalb von drei Monaten nach Zustellung des Bescheides zu entrichten.

(2) Die Bestimmungen des § 51 Abs. 10 und 11 gelten sinngemäß.

Ergänzungsbeträge

§ 56. Tritt nach Vorschreibung der Anliegerbeiträge oder der Kostenersätze durch Einbeziehung von Grundflächen in einen Bauplatz eine Änderung in den Bemessungsgrundlagen ein, ist der Eigentümer zur Entrichtung der entsprechenden Ergänzungsbeträge verpflichtet. Diese Ergänzungsbeträge sind durch Bescheid vorzuschreiben; hiebei gelten die Bestimmungen des § 51 Abs. 10 und 11 sinngemäß.

6. Teil
Entschädigungen
Entschädigungsgrundsätze[1]

§ 57. **(1) Für Beschränkungen und Entziehungen des Eigentums wird nur insofern Entschädigung gewährt, als sie in diesem Gesetz vorgesehen ist.[2]**

(2) Die bei Enteignungen zu leistende Entschädigung hat den Ersatz aller dem Enteigneten und den an enteigneten Grundflächen dinglich Berechtigten[3] durch die Enteignung verursachten vermögensrechtlichen Nachteile zu umfassen.[4]

(3) Bei Ermittlung der Entschädigung für Grundflächen und deren Zugehör ist in einem eigenen Verfahren der Wert (§ 305 ABGB) nach Zeit, Lage, Beschaffenheit und jenem Nutzen festzustellen, den jedermann bei vernünftigem Gebrauch erzielen kann.[5]

(4) Bei der Ermittlung haben unberücksichtigt zu bleiben:

a) Bauwerke, die unbefugt errichtet worden sind, und Bauwerke, die gegen Widerruf bewilligt worden sind, wenn der Widerruf rechtswirksam ausgesprochen worden ist;[6]

b) vorschriftswidrige Benützungen eines Bauwerks;[7]

c) werterhöhende Veränderungen, die nach der Einleitung des Enteignungsverfahrens vorgenommen worden sind;

d) die Auszeichnung einer Grundfläche für öffentliche Zwecke;[8]

e) die besonderen Verhältnisse des Enteignungsgegners, seine besondere Vorliebe für den zu enteignenden Gegenstand und der erhoffte Gewinn.

(5) Wird eine Liegenschaft oder ein dingliches Recht durch Enteignung oder Abtretung nur zum Teil in Anspruch genommen oder belastet, ist bei der Ermittlung der Entschädigung auch auf die Verminderung des Wertes, die der restliche Teil erleidet, Rücksicht zu nehmen. Umgekehrt sind bei Enteignung oder Abtretung von Teilen einer Liegenschaft allfällige Wertsteigerungen, die für den verbleibenden Teil aus der Durchführung der Enteignung oder der Abtretung entstehen, bei Bemessung der Entschädigung zu berücksichtigen.[9]

(6) Die Entschädigung ist in Geld zu leisten. Durch Vergleich kann eine andere als die ermittelte Entschädigung und eine andere Art der Leistung der Entschädigung als in Geld vereinbart werden; in diesem Falle entfällt eine bescheidmäßige Festsetzung der Entschädigung.

(EB zur Nov 1976)

Die Entschuldigungsgrundsätze des § 57 gehen von dem Grundsatz aus, daß in allen Fällen der Festsetzung einer Entschädigung volle Entschädigung zu leisten ist. Das bedeutet, daß sich die Aufgabe eines Rechtes, sei sie auch zwangsweise, lediglich als Vermögensumwandlung eines Teiles des Vermögens des Entschädigungsberechtigten darstellt und daher in der Gesamtsumme seines Vermögens keine Änderung eintritt. Weiters geht die Bestimmung von dem Grundsatz aus, daß bei Bemessung der Entschädigung grundsätzlich in einem eigenen Verfahren der Wert des zu enteignenden Gegenstandes festzustellen ist, wobei in der Regel der Verkehrswert der Bemessung zugrundezulegen sein wird. Sollte sich bei der Ermittlung des Wertes ergeben, daß der Ertragswert der zu entschädigenden Sache den Verkehrswert übersteigt, wird auf Grund des Prinzips der reinen Vermögensumwandlung in Geld dieser festzusetzen sein. Diese Vorgangsweise ergibt sich aus der Bestimmung des § 57 Abs. 3, die auf die bisherige Regelung zurückgeht, wonach bei Regelung der Entschädigung der Wert festzustellen ist, der sich nach Zeit, Lage, Beschaffenheit und jenem Nutzen ergibt, den jedermann bei vernünftigem Gebrauch erzielen kann und gewährleistet dem Entschädigungsberechtigten die größtmögliche Entschädigung und volle Sicherung seiner Rechte. Dabei haben jedoch solche Tatsachen und Umstände außer Betracht zu bleiben (§ 57 Abs. 2) die sich auf eine Gesetzesverletzung gründen oder mit einem allgemeinen Wertmaß nicht gemessen werden können.

Anmerkungen

1) Das Liegenschaftsbewertungsgesetz, BGBl 1992/150, ist für landesgesetzliche Entschädigungsverfahren unmittelbar nicht anwendbar. Vgl jedoch Ö-Norm B1802.

Nach den EB zum LiegenschaftsbewertungsG sind Bewertungsfragen dem Zivilrechtswesen (Art 10 Abs 1 Z 6 B-VG) zuzuzählen, was freilich nicht ausschließt, dass Landesgesetzgeber befugt sind, die zur Regelung des Gegenstandes erforderlichen Bestimmungen auch auf dem Gebiet des (Straf- und) Zivilrechtes zu treffen (Art 15 Abs 9 B-VG), was hier der Fall sein dürfte. Die Ö-Norm B1802 ist nur ergänzend anzuwenden, die Ö-Norm B1802-Teil 2 (DCF-Verfahren) im Hinblick auf ihren eher für die Kreditwirtschaft nützlichen Charakter und die für Enteignungsverfahren primär gebotenen Differenzverfahren wohl nicht anwendbar.

2) Durch diese Bestimmung soll jede analoge Anwendung der Entschädigungsgrundsätze auf Fälle der Beschränkung oder Entziehung von Eigentum anderer Art ausgeschlossen werden. Die Rechtsprechung der Gerichtshöfe des öffentlichen Rechts trägt diesem Erfordernis nicht immer Rechnung. Eine Sonderregelung bei Änderungen des Bebauungsplanes durch Verschmälerung, Verbreiterung, Auflassung oder Änderung bzw Festsetzung neuer Verkehrsflächen findet sich in den §§ 58 und 59.

Die Bauordnung sieht in folgenden Fällen eine Entschädigung für Beschränkungen und Entziehungen des Eigentums vor:

1. bei Grundabtretungen zu neuen Verkehrsflächen nach § 17 Abs 5;
2. bei Umlegungen nach den §§ 26 und 27;
3. bei Enteignungen nach den §§ 38 Abs 8 und 10, 39, 40, 41, 42 und 43;
4. bei Änderung des Bebauungsplanes nach den §§ 58 und 59.

Außerdem enthält die Bauordnung noch besondere Fälle des Schadenersatzes, und zwar:

a) bei Änderung der Höhenlage nach § 17 Abs 6;
b) bei technischen Vorarbeiten nach § 47 Abs 3;
c) bei der Duldung öffentlicher Einrichtungen an Gebäuden und Grundstücken nach § 48;
d) bei der Benutzung des Nachbargrundes und der Verpflichtung zur Hochführung von Rauchfängen nach § 126;
e) bei notstandspolizeilichen Maßnahmen nach § 129 Abs 7.

3) Da die Inhaber von Dienstbarkeiten, wie sich aus der gemäß § 44 Abs 1 sinngemäß anzuwendenden Bestimmung des § 4 Abs 2 EEG 1954 ergibt, Enteignete sind, können dingliche Rechte im Sinne dieser Gesetzesstelle nur Hypothekarrechte sein. Die Hypothekargläubiger sind jedoch nur insoweit zu entschädigen, als ihre Sicherstellung durch die Enteignung beeinträchtigt wird.

4) Entspricht dem auch im EEG 1954 anerkannten Grundsatz der vollen Schadloshaltung. Dieser Grundsatz ist dann verwirklicht, wenn das Vermögen des Enteigneten vor und nach der Enteignung gleich ist (Differenzjudikatur)

5) § 305 ABGB: „Wird eine Sache nach dem Nutzen geschätzt, den sie mit Rücksicht auf Zeit und Ort gewöhnlich und allgemein leistet, so fällt der ordentliche und gemeine Preis aus; nimmt man aber auf die besonderen Verhältnisse und auf die in zufälligen Eigenschaften der Sache gegründete besondere Vorliebe desjenigen, dem der Wert ersetzt werden muß, Rücksicht, so entsteht ein außerordentlicher Preis."

6) Solange ein Widerruf nicht rechtswirksam ausgesprochen worden ist, ist daher für die Ermittlung der Entschädigung, ungeachtet der Bestimmungen des § 14, der Wert der Baulichkeiten zu ermitteln.

7) Damit ist jede Benützung zu verstehen, die mit bestehenden gesetzlichen Bestimmungen unvereinbar ist.

8) S § 5 Abs 4 lit l; eine derartige Auszeichnung ist daher weder als werterhöhend noch als wertvermindernd zu berücksichtigen.

9) Eine solche Werterhöhung ist beispielsweise dann denkbar, wenn für eine neue Straße enteignet wird, wodurch die nicht enteigneten Restflächen aufgeschlossen werden. Dies kann äußerstenfalls so weit führen, dass keine Entschädigung für die enteigneten Grundflächen zuzuerkennen ist.

Judikatur

1) Für die Bewertung eines Grundstückes für eine Enteignungsentschädigung ist nicht die bestehende Widmung, sondern die realistisch beurteilte künftige Verwendungsmöglichkeit samt ihrer Auswirkung auf den Marktwert entscheidend. Entscheidend ist, dass sich das Entwicklungspotential einer Liegenschaft (hier aufgrund eines Stadtentwicklungsplanes) schon zum Bewertungszeitpunkt auf den Marktpreis auswirkt (OGH 6.7.2011, 3 Ob 46/11b).

2) S E zu § 44.

Besondere Bestimmungen bei Änderungen des Bebauungsplanes durch Verschmälerung, Verbreiterung, Auflassung oder Änderung der Verkehrsflächen[1)]

§ 58. (1) Werden durch Änderungen des Bebauungsplanes Verkehrsflächen verschmälert, verbreitert, aufgelassen oder so geändert, daß unter Beibehaltung der Breite die Baulinie auf der einen Seite vorgerückt und auf der anderen Seite zurückgerückt wird, und entsteht für Bauplätze oder Baulose durch die Änderung des Bebauungsplanes die Verpflichtung, nach Maßgabe der neuen Baulinie Grundflächen einzubeziehen oder abzutreten, so hat im ersten Fall der Bauwerber[2)] an die Gemeinde oder an den Eigentümer dieser Grundflächen[3)], im zweiten Fall die Gemeinde an den Bauwerber[2)] Entschädigung zu leisten.

(2) Sind anläßlich einer Abteilungsbewilligung Grundflächen zu Verkehrsflächen unentgeltlich abgetreten worden, treten bei Änderung des Bebauungsplanes folgende Rechtswirkungen ein:

a) Dem Eigentümer eines Bauplatzes oder Bauloses, der der Verpflichtung zur unentgeltlichen Grundabtretung zu Verkehrsflächen voll Genüge geleistet hat (§ 17 Abs. 4) oder eine Geldleistung gemäß § 17 Abs. 4a entrichtet hat, hat die Gemeinde für die nach Maßgabe des neuen Bebauungsplanes für Verkehrsflächen abzutretenden Grundflächen eine Entschädigung in der Höhe des vollen Grundwertes[5)] zu leisten.

b) Dem Eigentümer eines Bauplatzes oder Bauloses dagegen, der dieser Verpflichtung nicht voll entsprochen hat und sohin noch zur unentgeltlichen Abtretung fehlender Verkehrsflächen (Ergänzungsstreifen) verpflichtet ist, hat die Gemeinde nur insoweit Entschädigung zu leisten, als die nach Maßgabe des neuen Bebauungsplanes für Verkehrsflächen abzutretende Grundfläche das Ausmaß der Ergänzungsstreifen überschreitet. In dem Ausmaß, in welchem der Eigentümer des Bauplatzes oder Bauloses durch die Abtretung nach dem neuen Bebauungsplan der Verpflichtung zur unentgeltlichen Abtretung der Ergänzungsstreifen nachkommt oder eine Geldleistung gemäß § 17

Abs. 4a entrichtet hat, ist gleichzeitig diese Verpflichtung erfüllt. Wenn aber der neue Bebauungsplan gleichzeitig die Breite der Verkehrsfläche verschmälert hat, verringern sich die Ergänzungsstreifen um jenes Ausmaß, um das nach dem neuen Bebauungsplan weniger abgetreten werden muß. Ergibt sich hiebei, daß bereits mehr unentgeltlich abgetreten wurde, als nach dem neuen Bebauungsplan hätte abgetreten werden müssen, so gelten für diese Mehrleistung die Bestimmungen des Punktes d.

c) Der Eigentümer eines Bauplatzes oder Bauloses hat eine zum Bauplatz bzw. Baulos einzubeziehende Verkehrsfläche zum vollen Grundwert[4] einzulösen, soweit nicht die Bestimmungen des folgenden Punktes anzuwenden sind.

d) Der Eigentümer eines Bauplatzes oder Bauloses hat nach Maßgabe der folgenden Bestimmungen Anspruch auf Entschädigung für die Mehrleistung, die dadurch entstanden ist, dass das Ausmaß der zu Verkehrsflächen unentgeltlich abgetretenen Grundflächen bzw. solcher, für die eine Geldleistung gemäß § 17 Abs. 4a entrichtet wurde, nach dem zur Zeit der Abtretung in Geltung gestandenen Bebauungsplan größer war, als es sich nach dem neuen Bebauungsplan ergeben würde.[5] Müssen für Verkehrsflächen seinerzeit unentgeltlich abgetretene Grundflächen bzw. solche, für die eine Geldleistung gemäß § 17 Abs. 4a entrichtet wurde, nach der neuen Baulinie als Baugrund einbezogen oder gemäß § 53 Abs. 3 in Straßentrennstücke gelegt werden, sind diese Flächen im Ausmaß der seinerzeitigen Mehrleistung unentgeltlich und von oberirdischen Bauwerken geräumt zurückzustellen.[6] Für die über dieses Ausmaß zum Bauplatz oder Baulos einzubeziehenden Grundflächen hat der Eigentümer dieses Bauplatzes bzw. Bauloses Entschädigung in der Höhe des vollen Grundwertes zu leisten. Fällt die seinerzeit gegenüber der neuen Verpflichtung zuviel abgetretene Grundfläche nicht in den Bauplatz, das Baulos oder ein Straßentrennstück (§ 53 Abs. 3), hat die Gemeinde an den Eigentümer des Bauplatzes oder Bauloses, von dem die Grundflächen seinerzeit unentgeltlich abgetreten worden sind, Geldentschädigung in der Höhe des vollen Grundwertes zu leisten. Diese Ansprüche stehen jedoch nur zu, wenn zur Zeit der Beschlußfassung über die Änderung des Bebauungsplanes dreißig Jahre seit der Abschreibung und Übergabe des Straßengrundes noch nicht verstrichen sind.

e) Ist der Verpflichtung zur Herstellung der Höhenlage zur Zeit der Änderung des Bebauungsplanes noch nicht entsprochen worden, so erstreckt sich diese Verpflichtung bis zur neuen Straßenachse, jedoch nur in dem Ausmaß, in welchem sie nach dem ursprünglichen Bebauungsplan zur Zeit der Abtretung bestanden hat.

(3) Das Gleiche gilt sinngemäß

a) für Grundabtretungen nach den Bestimmungen des § 18,
b) für Grundabtretungen gemäß § 17 Abs. 5, wenn die Entschädigung von der Gemeinde noch nicht geleistet wurde,
c) für Kosten, die durch Herstellung der festgesetzten Höhenlage erwachsen sind, und
d) für Anliegerbeiträge, wenn seit der Abtretung der Verkehrsflächen oder seit der Fälligkeit der Kosten bzw. der Anliegerbeiträge dreißig Jahre noch nicht verstrichen sind.

(3a) Entschädigungen, die von der Gemeinde gemäß § 17 Abs. 5 und § 18 Abs. 2 geleistet wurden, sind in den Fällen der Abs. 1 bis 3 einzurechnen.

(4) Das Recht auf Geltendmachung der vorerwähnten Entschädigungsansprüche steht zu:

a) wenn wegen der Änderung des Bebauungsplanes um eine neue Abteilung angesucht wird;
b) wenn ein Bau auf einem Bauplatz oder Baulos aufgeführt wird, der die Einhaltung des neuen Bebauungsplanes zur Voraussetzung hat;
c) sonst, wenn der Bebauungsplan für die Eigentümer der betroffenen Bauplätze oder Baulose wirksam wird.

Auf die Bemessung der Entschädigung ist § 57 anzuwenden.

Die von der Gemeinde zu leistenden Entschädigungen sind fällig, sobald die abzutretenden Verkehrsflächen übergeben worden sind, bzw. mit Rechtskraft des Bescheides über die Festsetzung der Entschädigung, wenn keine Abtretungsverpflichtung besteht. Bei einem Eigentumswechsel in der Zeit zwischen der Festsetzung und der Fälligkeit der Entschädigung ist diese an jene Person zu leisten, die zur Zeit der Fälligkeit Eigentümer ist.

(EB zur Nov 1976)

Die Regelung des § 58 über die bei Straßenverbreiterungen oder Straßenverschmälerungen bzw. bei der Auflassung von Verkehrsflächen überhaupt eintretenden zusätzlichen Abtretungsverpflichtungen oder eintretenden Verpflichtungen zur Einbeziehung von Grundflächen in die angrenzenden Bauplätze wird grundsätzlich beibehalten; die Bestimmungen werden lediglich hinsichtlich der Baulose ergänzt. Bezüglich der Bemessung der Entschädigung wird auf den vollen Grundwert abgestellt, um die bisher insbesondere im Enteignungsverfahren aufgetretene Diskrepanz zur Regelung des § 57, wonach der volle Grundwert zu ersetzen ist, auszuschließen.

(EB zur Nov LGBl 2003/10)

Die Einfügung des Abs 3a erfolgt im Zusammenhang mit der Neufassung des § 17 Abs 5 und der Änderung des § 18 Abs 2.

(EB zur Nov LGBl 2014/25)

Abs. 2 lit. d normiert derzeit die Möglichkeit einer unentgeltlichen Rückstellung von Grundflächen nur für den Fall, dass eine seinerzeit unentgeltlich zur Verkehrsfläche abgetretene Fläche, die nach dem neuen Bebauungsplan nicht mehr abzutreten wäre, in einen Bauplatz oder ein Baulos einzubeziehen ist. Nicht geregelt ist der Fall, dass eine solche Fläche nach dem aktuellen Bebauungsplan in eine Verkehrsfläche gemäß § 53 fällt und von den Eigentümern des anliegenden Bauplatzes oder Bauloses für die Schaffung eines Straßentrennstückes gemäß § 53 Abs. 3 benötigt wird. Durch die Ergänzung des zweiten und vierten Satzes des Abs. 2 lit. d soll diese Lücke nunmehr geschlossen werden.

§ 58 Abs. 2, auf den in Abs. 3 verwiesen wird („Das Gleiche gilt…") bezieht sich lediglich auf die bei Änderung des Bebauungsplanes eintretenden Rechtswirkungen für Grundflächen, die anlässlich einer Abteilungsbewilligung zu Verkehrsflächen unentgeltlich abgetreten wurden. Grundabtretungen, die gemäß § 17 Abs. 5 gegen Entschädigung erfolgt sind, sind nach der geltenden Rechtslage somit von der Bestimmung nicht erfasst, auch wenn diese Entschädigung von der Gemeinde bisher noch nicht geleistet wurde und daher für den Entschädigungsberechtigten eine ähnliche Situation besteht wie im Falle einer unentgeltlichen Abtretung. Diese Ungleichbehandlung soll durch die Ergänzung des Abs. 3, der gleichzeitig übersichtlicher gefasst wird, beseitigt werden. Durch den damit verbundenen Entfall des Erfordernisses einer zivilrechtlichen Vereinbarung zwischen dem seinerzeit Abtretenden und der Gemeinde wird zudem eine Verfahrenserleichterung bewirkt.

Anmerkungen

1) Die Bestimmungen finden in jenen Fällen keine Anwendung, bei welchen Verkehrsflächen in Grünland (§ 4 Abs 2 A) oder Sondergebiet (§ 4 Abs 2 D) umgewidmet werden.

2) Aus der Verwendung des Wortes „Bauwerber" scheinen die hier umschriebenen Rechtswirkungen nur im Baufall einzutreten. Dem steht jedoch die Bestimmung des Abs 4 entgegen, in der es heißt, dass das Recht auf Geltendmachung der Entschädigung in allen in dieser Gesetzesstelle angeführten Fällen, also auch bei der Abteilung eines Grundes auf Bauplätze, eintritt.

3) Vgl § 16 Abs 1.

4) Der volle Grundwert bemisst sich nach der angrenzenden Flächenwidmung; Verkehrsflächen sind kein eigener Widmungsbegriff nach der WBO; bei unterschiedlichen Widmungen beiderseits der Straße wird die Grenze im Zweifel in der Mitte der Straße anzusetzen sein (nicht zu verwechseln mit der einseitigen Verpflichtung zur Grundabtretung!).

5) Die Mehrleistung kann immer nur auf den Zeitpunkt abgestellt werden, an dem der Entschädigungsanspruch aktuell ist; die echte Mehrleistung ergibt sich daher erst nach Berücksichtigung allfälliger Grundeinbeziehungen. Bei einer Abtretung gegen Entschädigung sind daher vorerst jene Flächen abzuziehen, die an derselben Front zum Bauplatz einzubeziehen sind.

6) Nach Art III Abs 1 WBO gilt § 58 auch für vor Wirksamkeit dieses Gesetzes (di vor dem 3.5.1930) ergangene Bescheide. Daraus folgt aber, dass rückstellungsberechtigt auch nach solchen Bescheiden die seinerzeit zur Abtretung verpflichtete Liegenschaft und nicht etwa der seinerzeit abtretende Grundeigentümer oder dessen Universalrechtsnachfolger ist. Eine andere Betrachtungsweise würde eine nach dem Flächenwidmungs- und Bebauungsplan herzustellende Grundbuchsordnung ad absurdum führen. Hiebei ist es wohl unmaßgeblich, in welcher Form der Bescheidwille zum Ausdruck gebracht wurde, sofern ein hoheitliches Handeln der Baubehörde erkennbar ist; ebenfalls unmaßgeblich ist es wohl, wenn der hoheitlichen Vorschreibung einer Grundabtretung ans öG (oder auch in eine Privateinlage der Stadt Wien) ein privatrechtlicher „Revers" zugrunde lag, weil ja sonst die Abteilungsbewilligung nicht erteilt worden wäre. Anders ist die Rechtslage, wenn eine Übertragung an die Stadt Wien auf Grund eines Vertrages erfolgte, ohne dass dies Voraussetzung für eine Abteilungsbewilligung war. Nicht ohne Grund bestimmte bereits die BO 1883 vor Wirksamwerden der BO 1930 (§ 11 Abs 2), dass über die Frage, wie eine Baulinie gezogen und welche Grundfläche abgetreten werden muss, der Rechtsweg nicht stattfindet. Eine andere Rechtsauffassung, wie sie auch behördlicherseits fallweise geäußert wird, wobei man sich auf ein Urteil des OGH beruft (OGH 12.5.1965, 7 Ob 142/65, offensichtlich zur Grazer BO 1881), beruht auf einer anderen Rechtslage; darüber hinaus konzediert auch dieses Urteil, dass Hindernisse öffentlich-rechtlicher Natur, die einer Rückübertragung des Grundstückes an den seinerzeit Abtretenden oder dessen Universalsukzessor entgegenstünden, zu einer Abweisung des Klagebegehrens auf Rückübertragung führen könnten, aber nicht den Rechtsweg ausschlössen. Die Wiener Regelung regelt dies, wie bereits betont, anders; die rechtliche Legitimität der Wiener Regelung findet ihre Stütze wohl in Art 15 Abs 9 B-VG. Vgl auch VfGH 2.12.1996, Slg 14.686, VwGH 14.12.2004, 2003/05/0185.

Judikatur

1) § 58 Abs 2 lit d Satz 2 BO ist nicht verfassungswidrig (VfGH 12.12.1964, Slg 4873).

2a) Aus § 58 Abs 2 lit d der Bauordnung für Wien ist kein Anspruch des ursprünglichen Eigentümers auf Rückstellung von Grundflächen abzuleiten, die zwar zufolge einer seither abgeänderten Baulinie in einem – nach der nunmehr geltenden Baulinie – nicht mehr erforderlichen und daher zu großen Ausmaß in das öffentliche Gut abgetreten worden waren, nach dem bestehenden – gleichfalls abgeänderten – Flächenwidmungsplan jedoch im Grünland liegen. In einem solchen Falle hat der ursprüngliche Eigentümer lediglich Anspruch auf Geldentschädigung.

2b) § 58 Abs 2 lit d zweiter Satz der Bauordnung für Wien beschränkt den dort umschriebenen Rückstellungsanspruch nicht auf Fälle, in denen noch ein an sich vollständiger und selbständig bebaubarer Bauplatz vorhanden ist, der durch die Rückstellung der zuvor zuviel abgetretenen Flächen nur ergänzt werden müßte; der Anspruch erstreckt sich vielmehr auch auf Bauplatzteile (VwGH 5.10.1964, Slg 6449/A).

3) Der Gesamtinhalt des § 58 BO dient der Festlegung eines öffentlich-rechtlichen Bereicherungsanspruches gegenüber der Gemeinde, vergleichbar einer condictio ob causam datorum, der je nach der gegebenen Sachlage auf Naturalrestitution oder auf Geldentschädigung gerichtet ist. Die ungerechtfertigte Bereicherung der Gemeinde tritt im Falle der Auflassung einer Verkehrsfläche gleichermaßen ein, ob die Auflassung nur im Zuge einer Änderung des Bebauungsplanes angeordnet wird oder ob sie sich aus einer Änderung des Flächenwidmungsplanes in dem Sinne, daß für das betreffende Gebiet wegen Wegfalles der Baulandwidmung (überholt) ein Bebauungsplan überhaupt nicht mehr in Betracht kommt, ergibt. Es wäre eine sachlich nicht gerechtfertigte und damit dem Gleichheitsgebot nach Art 7 B-VG zuwiderlaufende Differenzierung, im Rahmen derselben Regelung von zwei Grundeigentümern, die beide nach dem früheren Stand der Rechtsordnung eine Abtretungsverpflichtung erfüllt haben, die nach dem nunmehrigen Stande der Rechtsordnung weggefallen ist, demjenigen, bei dem die neue Rechtslage durch eine bloße Änderung des Bebauungsplanes bewirkt wurde, einen Entschädigungsanspruch zuzuerkennen, demjenigen aber, dessen Abtretungsverpflichtung durch eine gleichzeitige Änderung des Flächenwidmungsplanes weggefallen ist, die Entschädigung zu verweigern. Eine solche Auslegung verbietet sich schon nach dem Grundsatz, daß Gesetze im Zweifel verfassungskonform auszulegen sind (s VfSlg 2109) (VwGH 13.6.1977, Slg 9343/A).

4) Nach der neuen Rechtslage (Nov 1976) ist eine allgemeine Zuständigkeit der Landesregierung für Entschädigungsfragen nicht mehr vorgesehen; eine Zuständigkeit der Landesregierung zur Entscheidung über die Höhe der Entschädigung sieht nunmehr ausdrücklich § 59 Abs 7 BO für Einlösungen und § 44 Abs 5 BO für Enteignungsverfahren vor. Dagegen fehlt für Entschädigungen nach § 58 BO eine ausdrückliche Normierung der für solche Angelegenheiten zuständigen Behörde. Sofern das Gesetz nicht anderes bestimmt, obliegt aber gem § 132 Abs 1 BO dem Magistrat die Handhabung dieses Gesetzes als Behörde erster Instanz (VwGH 26.2.1980, 148/80).

5) Aus Grundtransaktionen, die seinerzeit zu einer Grundabtretung führten, kann ein Rechtsnachfolger keinen Rückstellungsanspruch (bei Auflassung bzw Verschmälerung von Verkehrsflächen) auf Rückstellung von Grundflächen ableiten. Den nunmehrigen (angrenzenden) Bauplatzeigentümern steht nach § 58 Abs 4 lit a BO das Recht auf Geltendmachung des Rückstellungsanpruches erst dann zu, wenn wegen der Änderung des Bebauungsplanes um eine neue Abteilung angesucht wird. Auf § 58 Abs 4 lit c BO können sich die Bfr nicht berufen, weil ein Entschädigungsanspruch in Geld bei einem Anspruch auf Rückstellung ehemaliger Grundflächen in natura nicht in Betracht kommt.

Aus § 66 BO ergibt sich weiters, daß das Recht auf Geltendmachung eines Rückstellungsanspruches gem § 58 Abs 4 lit a und lit b BO erst nach Erteilung einer Bewilligung der Abteilung entsteht (VwGH 19.1.1993, 92/05/0165).

6) Hat ein Grundeigentümer seinerzeit gegen über einem geänderten Bebauungsplan zu viel Grundflächen abgetreten, besitzt er einen Rechtsanspruch auf eine Mehrleistungsentschädigung. Wenn diese Grundflächen nach dem neuen Bebauungsplan ein anderer Grundeigentümer abzutreten hat, so hat dieser Kostenersatz an die Stadt Wien (nach § 50 BO) zu leisten (VwGH 17.12.1996, 96/05/0101, BauSlg 309). Vgl die Anm 1 zu § 50.

7) Wenn § 58 Abs 2 lit d BO f Wien von der „Abschreibung und Übergabe des Straßengrundes" als Zeitpunkt des Beginns des Laufs der 30-jährigen Frist spricht, so fordert diese Bestimmung – im Lichte der verfassungsrechtlichen Anforderungen des Eigentumsschutzes – zusätzlich zur Übertragung ins öffentliche Gut und zur grundbücherlichen Durchführung einerseits die tatsächliche Übergabe in den physischen Besitz der Stadt Wien, darüber hinaus aber auch, dass im Anschluss daran die „Straße" tatsächlich ausgebaut, oder allgemeiner: der Abtretungszweck verwirklicht wurde. Der letzte Satz des § 58 Abs 2 lit d BO f Wien steht – bei der geschilderten Auslegung – deshalb nicht im Widerspruch zur verfassungsrechtlichen Eigentumsgarantie, weil er einen Anspruch auf Rückgängigmachung einer Grundabtretung nur in Fällen ausschließt, in denen der Abtretungszweck zu irgendeinem Zeitpunkt verwirklicht und erst mehr als 30 Jahre nach dessen Verwirklichung aufgegeben wurde. Wurde der Abtretungszweck niemals verwirklicht, führt eine Änderung des Bebauungsplanes, die zur Herstellung von Verkehrsflächen abgetretene Grundflächen nicht mehr als solche ausweist, jedenfalls zur Entstehung von Ansprüchen auf „Rückgängigmachung" (ev in Form einer Geldentschädigung) – ohne Bindung an eine Frist. Ist allerdings „der Zweck unter Verwendung der enteigneten Sache einmal verwirklicht, so ist die Enteignung unter dem Gesichtspunkt der Eigentumsgarantie des Art 5 StGG irreversibel, selbst wenn der Zweck in späterer Folge aufgegeben wird" (VfSlg 8981/1980). Deshalb begegnet der Umstand, dass eine Änderung des Bebauungsplanes mehr als 30 Jahre nach Grundabtretung und Verwirklichung des Zwecks keine „Rückgängigmachung" der Grundabtretung mehr bewirkt, keinen Bedenken aus der Sicht der verfassungsrechtlichen Eigentumsgarantie.

Wenn die Abtretung während der Geltung der BO f Wien 1930 vorgeschrieben wurde, wird im Regelfall die Verwirklichung des Abtretungszwecks und damit der Beginn des Fristenlaufs schon dann anzunehmen sein, wenn ein bescheidmäßiger Auftrag zur Übergabe der Grundflächen – der ja erst zum Ausbau der Straße erteilt werden darf – ergangen, rechtskräftig geworden und befolgt worden ist. Wenn die Abtretung schon vor Geltung der BO f Wien 1930 verfügt wurde, gebietet § 58 Abs 2 lit d BO f Wien, autonom zu überprüfen, ob die von einer Änderung des Bebauungsplans betroffenen ehemaligen „Verkehrsflächen“ vor der Änderung zu irgendeinem Zeitpunkt dem Abtretungszweck gedient haben, um den Beginn des Laufs der Frist anzunehmen.

§ 58 Abs 2 lit d BO f Wien ist damit im Ergebnis nicht verfassungswidrig bzw einer verfassungskonformen Auslegung zugänglich (VfGH 2.10.2002, Slg 16.652).

8) Der Verwaltungsgerichtshof hat zur Rechtslage gem der Novelle LGBl Nr 18/1976 (und vor der Novelle LGBl Nr 7/1990) in seinem Erkenntnis vom 14. April 1987, Zl 86/05/0157, ausgesprochen, dass im Falle (des Vorliegens der Voraussetzungen des § 17 Abs 5 BO und) der bereits erfolgten Abtretung der Grundflächen damit die Entschädigung dafür dem Grunde nach fällig geworden sei und der im § 17 Abs 1 BO vorgesehene Auftrag der Behörde, die Grundflächen lastenfrei und geräumt der Stadt Wien zu übergeben, keine Voraussetzung der Fälligkeit der Entschädigung sei, sondern damit zusammenhänge, dass dem jeweiligen Eigentümer des mit der Übergabeverpflichtung belasteten Bauplatzes zufolge dieser Bestimmung bis zur Übergabe der abzutretenden Grundflächen das Nutzungsrecht daran zustehe. Dies bedeutete im damaligen Beschwerdefall, dass der Entschädigungsanspruch des damaligen Beschwerdeführers im Hinblick darauf, dass die fraglichen Grundflächen längst abgeschrieben und in das öffentliche Gut übertragen worden waren, bereits fällig geworden war.

Der Beschwerdefall gibt keinen Anlass, von dieser Beurteilung abzugehen. Das bedeutet, dass die Entschädigung im Hinblick auf die erfolgte Übernahme der Flächen in das öffentliche Gut gem der Rechtslage, die durch die Novelle LGBl Nr 18/1976 geschaffen wurde, fällig war, ohne dass es auf die Übergabe in den physischen Besitz der Stadt Wien ankäme. Eine Änderung der Rechtslage in der Weise, dass die bereits eingetretene Fälligkeit wieder beseitigt worden wäre, ist (auch durch die Novelle LGBl Nr 7/1990) nicht gegeben. Der Ausspruch im erstinstanzlichen Bescheid, daß die Entschädigung selbst erst nach physischer Übergabe der Entschädigungsfläche an die Stadt Wien fällig werde, war daher rechtswidrig.

Im vorliegenden Fall war im Zeitpunkt der Abschreibung der fraglichen Grundflächen und damit des Eintrittes der Fälligkeit der Entschädigungszahlung die Viertbeschwerdeführerin Eigentümerin der gegenständlichen Liegenschaft. Sie erlangte daher mit der Abschreibung der fraglichen Flächen auch die Stellung des Gläubigers der gleichzeitig fällig gewordenen Entschädigungszahlung. Daran hat sich durch den in der Zwischenzeit erfolgten Übergang des Eigentums an der (um die fraglichen Grundflächen verkleinerten) Liegenschaft an die erst- bis drittbeschwerdeführenden Parteien (mangels gegenteiliger gesetzlicher Anordnung) nichts geändert (VwGH 25.4.2002, 2000/05/0083).

9) Aus der Bestimmung des § 58 Abs 2 lit d Wr BO in Verbindung mit der Bestimmung des § 13 Abs 2 Wr BO ergibt sich, dass das im Hinblick auf die

Auflassung der Verkehrsfläche wieder zurückzustellende Grundstück nur dem Eigentümer jenes nunmehrigen Bauplatzes zurückzustellen ist, dessen Liegenschaft seinerzeit anlässlich der Schaffung dieses Bauplatzes mit der Grundabtretungsverpflichtung belastet war. Dies deshalb, weil sich nach Wortlaut und Sinn der Bestimmungen des § 58 Wr BO der dort gewährleistete Rückstellungsanspruch auf Grundflächen beschränkt, die seinerzeit zwecks Baureifmachung von Bauplätzen abgetreten wurden, wobei festzustellen ist, dass es sich hiebei um einen sachbezogenen, öffentlich-rechtlichen, durch zivilrechtliche Vereinbarungen nicht veränderbaren und nicht um einen personenbezogenen Anspruch handelt (hg Erkenntnis vom 16. Jänner 1978, Zl 2205/75) (VwGH 20.7.2004, 2001/05/1126).

10) Das zurückzustellende Grundstück ist somit nur dem Eigentümer jenes Bauplatzes zurückzustellen, dessen Liegenschaft seinerzeit anlässlich der Schaffung dieses Bauplatzes mit der Grundabtretungsverpflichtung belastet war. Dies deshalb, weil sich nach dem Wortlaut und Sinn der Bestimmungen des § 58 BO der dort gewährleistete Rückstellungsanspruch auf Grundflächen beschränkt, die seinerzeit zwecks Baureifmachung von Bauplätzen abgetreten wurden, wobei es sich um einen sachbezogenen öffentlich-rechtlichen, durch zivilrechtliche Vereinbarungen nicht veränderbaren, und nicht um einen personenbezogenen Anspruch handelt (vgl das hg Erkenntnis vom 20. Juli 2004, Zl 2001/05/1126, mwN). Nicht von Relevanz ist hingegen, ob die abzutretenden Flächen seinerzeit erst vom Abtretungsverpflichteten zwecks Abtretung erworben werden mussten – gegebenenfalls im Enteignungsweg, vgl § 39 Abs 5 BO – bzw ob sie vom seinerzeit Abtretungsverpflichteten selbst oder direkt von einem von ihm verschiedenen damaligen Eigentümer der abzutretenden Flächen der Gemeinde übereignet wurden. Es ist bloß von Bedeutung, welche Liegenschaft im Jahr 1939 mit der Verpflichtung zur Grundabtretung, die für die damals geplante Verkehrsfläche zu erfolgen hatte, belastet war (VwGH 14.12.2004, 2003/05/0185).

S auch *Hauer*, Fragen der Grundabtretung und der Entschädigung, Wien 2000.

11a) Grundsätzlich kann aber die Zustimmung des Grundeigentümers durch eine gerichtliche Entscheidung ersetzt werden (vgl die bei *Moritz*, Bauordnung für Wien, 4. Auflage, S 79 zitierte hg Judikatur). Dies kann hier allerdings nicht gelten, da der Rückstellungsanspruch gem § 58 BO öffentlichrechtlicher Natur ist (vgl die bei *Moritz*, aaO, S 145 zitierte hg Judikatur) und über ihn nicht die ordentlichen Gerichte zu befinden haben. Die Frage, ob ein Rückstellungsanspruch besteht (und damit eine Verpflichtung zur Zustimmung zur entsprechenden Grundabteilung gegeben ist), kann aber, zumal, wie die Beschwerdeführerin zutreffend aufzeigt, kein anderes Verfahren zur Rückstellung als ein Abteilungsverfahren im Gesetz vorgesehen ist, Gegenstand eines Feststellungsbescheides sein, der damit ein notwendiges Mittel zur zweckentsprechenden Rechtsverfolgung darstellt (vgl *Hengstschläger/Leeb*, AVG II, S 641 ff, Rz 73 ff).

Es ist somit auch entgegen der Auffassung der Beschwerde keine Verfassungswidrigkeit der Regelung zu erblicken, insofern beim Vorliegen eines Rückstellungsanspruches in natura gem § 58 BO, der nur im Zusammenhang mit einem Abteilungsansuchen geltend gemacht werden kann, dieser zunächst festgestellt werden kann und sodann über die Abteilung zu entscheiden ist, wobei der Feststellungsbescheid über das Vorliegen des Rückstellungsanspruches in natura die gem § 15 Abs 1 Z 3 BO erforderliche Zustimmung ersetzt. Mangels Zustimmung oder Ersetzung derselben hat die belangte Behörde im vorliegenden Fall somit zu recht das Abteilungsansuchen zurückgewiesen.

11b) Zunächst ist festzuhalten, dass § 58 Abs 2 lit d BO entgegen der Auffassung der belangten Behörde nicht vorsieht, dass bezüglich der zurückzustellenden Flächen eine Übernahme der abgetretenen Grundflächen zum Straßenausbau erfolgt sein müsste. Dies ist bloß für die Auslösung der Frist im Sinne des letzten Satzes des § 58 Abs 2 lit d BO von Bedeutung, nicht aber für den Anspruch selbst.

Im Übrigen verweist die Beschwerde zutreffend darauf, dass es gem dem Einleitungssatz des § 58 Abs 2 BO nur darauf ankommt, dass die Abtretung seinerzeit „anlässlich einer Abteilungsbewilligung" erfolgte. Entgegen der Auffassung der belangten Behörde verschlägt es daher nichts, wenn die Abtretung selbst mit privatrechtlichem Akt durchgeführt wurde (vgl auch das hg Erkenntnis vom 14. Dezember 2004, Zl 2003/05/0185, wo ausgesprochen wurde, dass es nichts ändert, auch wenn ein Dritter direkt die Abtretung durchgeführt hat), sondern es genügt, dass die Abtretung „anlässlich" einer Abteilungsbewilligung stattfand, wobei zunächst also eine entsprechende Abtretungsverpflichtung nach der Rechtslage bestanden haben muss, die im Zusammenhang mit einer bescheidmäßigen Bewilligung zu realisieren war. Ausschlaggebend ist es daher im vorliegenden Fall, ob eine gesetzliche Abtretungsverpflichtung und eine solche „Abteilungsbewilligung" im Sinne der Vorgängernormen der Bauordnung für Wien 1930 vorlag (vgl dazu etwa die Regelungen der §§ 6 ff der Bauordnung für Niederösterreich 1883 oder der §§ 3 ff und 10 der Bauordnung für Wien 1883). Letztlich würde es im Hinblick auf Art III Abs 1 1. Satz BO auch ausreichen, wenn die Verpflichtung zur Grundabtretung in einer Nebenbestimmung einer Baubewilligung enthalten gewesen sein sollte, wie dies die Beschwerdeführer behaupten, und die Grundabtretung in der Folge tatsächlich (sei es, wie bereits dargestellt, auch mit privatrechtlichem Rechtsakt) durchgeführt worden wäre (VwGH 23.7.2013, 2013/05/0013).

12a) Gem § 139 Abs 1 lit r BO ist die von der Gemeinde zu besorgende Aufgabe der Leistung einer Geldentschädigung für die seinerzeitige Mehrleistung gem § 58 Abs 2 lit d leg cit eine solche des eigenen Wirkungsbereiches. Sofern das Gesetz nicht anderes bestimmt, obliegt gem § 132 Abs 1 leg cit dem Magistrat die Handhabung dieses Gesetzes als Behörde.

12b) Bei der im Exekutionsverfahren betriebenen Forderung handelt es sich um eine Geldforderung bzw Geldschuld, die in Zweifel eine Schickschuld (vgl dazu § 905 ABGB) darstellt, und zwar auch etwa bei einer bargeldlosen Überweisung auf ein Bankkonto (vgl aus der hg Judikatur etwa die Erkenntnisse vom 28. November 1995, Zl 94/08/0153, und vom 24. Mai 2012, Zl 2009/16/0257; ferner etwa *Reischauer* in *Rummel*, ABGB Kommentar[3], § 905 ABGB Rz 14). Dies hat zur Folge, dass die Geldschuld auf Gefahr des Schuldners reist, sodass ein durch die vom Schuldner beauftragte Bank oder Zahlungsstelle verursachter Übermittlungsfehler zu Lasten des Schuldners geht (vgl dazu etwa *Reischauer*, aaO, § 905 ABGB Rz 17 mwH auf die zivilgerichtliche Judikatur) (VwGH 11.12.2012, 2011/05/0058).

13a) In der Eigentumsgarantie des Art 5 StGG ist auch die Rückgängigmachung der Enteignung für den Fall grundgelegt, dass die enteignete Sache dem vom Gesetz als Enteignungsgrund genannten öffentlichen Zweck nicht zugeführt wird, sei es, weil dieser Zweck überhaupt nicht, sei es, weil er nicht in dem ursprünglich beabsichtigten Umfang verwirklicht wird. Der Eigentumsschutz des Art 5 StGG kann sich jedoch nur insolange auswirken, als die enteignete Sache dem Enteignungszweck noch nicht zugeführt worden ist; ist der Zweck unter Verwendung der enteigneten Sache einmal verwirklicht, so ist die Enteignung unter dem Gesichtspunkt der Eigentumsgarantie des Art 5 StGG irreversibel, selbst wenn der Zweck in späterer Folge aufgegeben wird (vgl etwa die hg Erkenntnisse vom 31. März 2009, Zl 2006/06/0074, oder auch vom 19. September 2006, Zl 2002/06/0120, mwN auf Judikatur des Verfassungs- und des Verwaltungsgerichtshofes). Im Falle der Nichtverwirklichung des als Enteignungsgrund normierten Zweckes muss – bei Fehlen besonderer Regelungen – die Verfügung der Enteignung in der Weise rückgängig gemacht werden, dass der Enteignungsbescheid aufgehoben wird. Soweit einfachgesetzliche Enteignungsregelungen eine solche Rückübereignung bei zweckverfehlender Enteignung nicht ermöglichen sollten, sind diese verfassungskonform dahin auszulegen, dass sie die Rückübereignung nicht umfassend regeln. Daher gebietet der – mangels weiterer einfachgesetzlicher Regelung der Rückübereignung – unmittelbar anwendbare Art 5 StGG die rückwirkende Beseitigung des Enteignungsbescheides (siehe dazu etwa das hg Erkenntnis vom 12. September 2006, Zl 2003/03/0179, mwN).

13b) Wie dies der Verwaltungsgerichtshof dargelegt hat, bedarf die Begründung des Gemeingebrauches, die einer im Eigentum einer Gebietskörperschaft stehenden Liegenschaft die Qualifikation eines öffentlichen Gutes verleiht, eines besonderen Widmungsaktes. Die nötige Widmung kann durch Gesetz, durch Erklärung der zuständigen Verwaltungsbehörde, aber auch durch eine der Ersitzung entsprechende lang andauernde Übung erfolgen. Es ist also möglich, dass an einer im Grundbuch nicht als öffentliches Gut ausgewiesenen Liegenschaft Gemeingebrauch besteht und die Liegenschaft daher zum öffentlichen

Gut zählt (vgl zB den Beschluss des OGH vom 31. März 2003, 5 Ob 44/03m, und die bei *Dittrich/Tades*, ABGB I[36], 447 f unter E 23a ff zitierte Rechtsprechung; ferner *Spielbüchler* in Rummel, ABGB I[3], Rz 4 zu § 287 ABGB; *Klang* in Klang II[2], zu §§ 287 f ABGB; vgl auch bereits das hg Erkenntnis vom 14. Oktober 1926, VwSlg Nr 14.482/A). Sollte – wenn auch nicht intabuliert – öffentliches Gut mit Nutzungen im Sinne des Bebauungsplanes schon rechtswirksam bestehen, käme – wie dies der Verwaltungsgerichtshof im angeführten Erkenntnis vom 14. Dezember 2004 ausgesprochen hat – eine Verpflichtung zur „Übertragung" in das öffentliche Gut im Sinne des § 17 BO nicht (mehr) in Frage (VwGH 27.6.2017, Ro 2014/05/0020).

14a) Eine im Zusammenhang mit einer Bauplatzbewilligung verfügte Abtretung einer Grundfläche in das öffentliche Gut ist eine Enteignung (vgl VfSlg 15.096/1998).

…

Wird der Enteignungszweck nicht verwirklicht, besteht ein Anspruch auf Rückübereignung (vgl zB VfSlg. 8981/1980), im vorliegenden Fall nach Maßgabe des § 58 BO.

Gem § 57 Abs 2 in Verbindung mit § 58 Abs 4 BO ist dabei Ersatz für alle dem Enteigneten durch die „Enteignung" verursachten vermögensrechtlichen Nachteile zu gewähren. Er ist so zu stellen, als ob die „Enteignung" nicht stattgefunden hätte (vgl OGH 14.2.2012, 10 Ob 6/12y, und OGH 6.7.2016, 7 Ob 119/16z).

14b) Im vorliegenden Fall erfolgte seitens der Revisionswerberin aber keine Grundabtretung in natura, sondern zur Erfüllung der baubehördlichen Abtretungsverpflichtung in das öffentliche Gut („anläßlich einer Abteilungsbewilligung", wie aus dem zitierten Vertrag eindeutig hervorgeht – vgl dazu VwGH 23.7.2013, 2013/05/0013) ausschließlich eine Geldzahlung an die Stadt Wien.

…

Die Revisionswerberin ist daher so zu stellen, als hätte sie niemals diese Geldleistung zur Erfüllung der Abtretungsverpflichtung an die Stadt Wien erbracht. Maßgeblich ist dabei die seinerzeitige Geldleistung, und zwar der Teil dieser Geldleistung, der auf die nunmehr gegenständlichen Flächen entfallen ist. Es kommt nicht in Frage, dass die Revisionswerberin jetzt weniger Geld zurückbekommt, als sie seinerzeit gezahlt hat.

14c) Zu Recht spricht die Revisionswerberin die Frage der Valorisierung an. Es liegt allerdings hier nicht jene Problematik vor, die den OGH immer wieder beschäftigt hat, dass nämlich in Einzelfällen zwischen dem Enteignungszeitpunkt und dem Abspruch über die für die Enteignung zu gewährende Entschädigung ein gewisser Zeitraum mit Wertveränderungen liegt (vgl zB OGH

27.1.1998, 1 Ob 148/97i). Hier geht es um eine „Rückübereignung", die im Regelfall einen längeren Zeitraum zurückliegt, in dem von vornherein mit Wertveränderungen zu rechnen und folglich eine Valorisierung durchzuführen ist. Die Wahl des Valorisierungsfaktors muss nach den konkreten Verhältnissen vorgenommen werden (vgl den zitierten Beschluss des OGH 27.1.1998) (VwGH 21.11.2017, Ro 2016/05/0015).

15) Durch eine Rückübereignung wird kein Bauplatz geschaffen. Bei zweckverfehlender Grundabtretung für öffentliche Verkehrsflächen (Fehler einer diesbezüglichen Widmung) besteht ein Rückübereignungsanspruch im Sinne des Art 5 StGG an denjenigen, von dessen Bauplatz abgetreten wurde, auch wenn die Abtretungsfläche vorher von einem Dritten erworben werden musste (VwGH 12.12.2017, Ro 2016/05/0001).

16a) Der in der BO verwendete Begriff des „vollen Grundwertes" ist grundsätzlich mit dem Verkehrswert gleichzusetzen (vgl OGH 24.10.2017, 2 Ob 97/17d). Er ist gem § 57 Abs 3 BO nach Zeit, Lage, Beschaffenheit und jenem Nutzen festzustellen, den jedermann bei vernünftigem Gebrauch erzielen kann.

16b) Bei der Bewertung der fremden, abzutretenden Grundfläche hat im Übrigen die Festlegung als Verkehrsfläche, die der Gemeinde ja erst die Enteignung gem § 39 BO ermöglicht, außer Betracht zu bleiben; mit anderen Worten ist auf diejenige fiktive Nutzungsmöglichkeit der betroffenen Grundfläche abzustellen, die sich ergeben hätte, wenn die Festlegung als Verkehrsfläche nicht erfolgt wäre (vgl OGH 5.6.1986, 6 Ob 530/85; 1.9.1992, 4 Ob 1570/92; vgl auch OGH 17.12.2013, 4 Ob 200/13k).

Was die Widmung der gegenständlichen Grundfläche betrifft, wird bei Vorliegen verschiedener Widmungen beiderseits der Verkehrsfläche im Zweifel davon auszugehen sein, dass die Widmungsgrenze in der Achse der Verkehrsfläche verläuft, sofern dem Flächenwidmungsplan keine anderen eindeutigen Festlegungen zu entnehmen sind (*Geuder/Hauer*, Wiener Bauvorschriften[5], § 39 Anm. 1; *Kleewein*, Abtretung von Fremdgrund und Geldleistung nach der Bauordnung für Wien, bbl 2005, 224 (226 f) FN 23). Auch der Verlauf einer Plangebietsgrenze wird zur Auslegung heranzuziehen sein, wenn, wie hier, verschiedene Flächenwidmungspläne verschiedene Widmungen beiderseits dieser Grenze festlegen (VwGH 17.12.2018, Ro 2018/05/0008).

Einlösung von Liegenschaften

§ 59. (1) Fällt ein Bauplatz[1)] oder Baulos nach einer Abänderung des Bebauungsplanes zur Gänze in eine Verkehrsfläche[2)] oder in eine Grundfläche für öffentliche Zwecke[3)] oder wird die Widmung Bauland zur Gänze durch eine andere Widmung ersetzt, hat der Eigentümer gegen die Gemeinde einen Anspruch auf Einlösung gegen Entschädigung. Derselbe Anspruch besteht, wenn nur ein Teil des Bauplatzes oder Bauloses von

einer solchen Abänderung des Bebauungsplanes betroffen wird und aus den verbleibenden Restflächen ein Bauplatz oder Baulos im Sinne des § 16 dieses Gesetzes nicht geschaffen werden kann[4] oder die bebaubare Fläche eines nach dem 3. Mai 1930 genehmigten Bauplatzes oder Bauloses um mehr als die Hälfte beschränkt wird.[5)6)]

(2) Ein Einlösungsanspruch steht nicht zu, wenn

1. der Bauplatz oder das Baulos zum Zeitpunkt der Änderung des Bebauungsplanes mit einem Bauverbot behaftet ist, von dem keine Ausnahme gewährt worden ist,[7]

2. der Bauplatz oder das Baulos bebaut ist,

3. zum Zeitpunkt der Änderung des Bebauungsplanes für den Bauplatz oder das Baulos eine rechtswirksame Bekanntgabe der Bebauungsbestimmungen vorgelegen ist oder eine rechtswirksame Baubewilligung für einen Neu-, Zu- oder Umbau aufrecht gewesen ist oder

4. der Bauplatz oder das Baulos durch eine Hypothek belastet ist;

5. die Widmung Bauland durch Ablauf einer gemäß § 4 Abs. 4 ausgewiesenen Frist außer Kraft tritt.[11]

(2a) Ein Einlösungsanspruch steht auch dann nicht zu, wenn die Widmung Bauland durch die Widmung Schutzgebiet – Parkschutzgebiet ersetzt wird und ein Bauplatz zur Gänze von dieser Umwidmung betroffen ist, auf ihm aber gemäß § 5 Abs. 4 lit. e eine Fläche für eine bauliche Ausnützbarkeit ausgewiesen ist, die nicht weniger als 17 vH der zuvor gegebenen Bauplatzfläche beträgt.[8]

(3) Der Eigentümer einer im Wald- und Wiesengürtel gelegenen Liegenschaft hat Anspruch auf Einlösung seiner Liegenschaft, wenn sie nicht durch Rechte Dritter belastet ist. Dieser Einlösungsanspruch besteht nicht für Grundflächen im Wald- und Wiesengürtel, die der landwirtschaftlichen Nutzung vorbehalten sind.[9]

(4) Dem Einlösungsantrag sind der Nachweis der Zustimmung des Eigentümers (aller Miteigentümer) und aller dinglich Berechtigten sowie, sofern nicht ganze Grundstücke eingelöst werden, Grundeinlösungspläne, die in derselben Art wie Teilungspläne (§ 15 Abs. 2) auszustatten sind, in acht Gleichstücken anzuschließen.

(5) Entspricht der Einlösungsantrag den formalen Anforderungen, hat die Behörde die Anmerkung der Einleitung des Einlösungsverfahrens im Grundbuch zu veranlassen. Die Anmerkung hat die Wirkung, daß sich niemand auf Unkenntnis berufen kann.

(6) Die Verhandlung über die Entschädigung ist nach Möglichkeit mit der Einlösungsverhandlung zu verbinden. Zur Festsetzung der Entschädigung hat die Behörde das Gutachten eines oder nach Bedarf mehrerer gerichtlich beeideter Sachverständiger einzuholen.

(7) Über die Zulässigkeit der Einlösung und über die Höhe der Entschädigung entscheidet die Landesregierung.[10)]

(8) *entfällt; LGBl 2013/35*

(9) Der rechtskräftige Einlösungsbescheid ist eine öffentliche Urkunde, auf Grund deren der Einlösungswerber die Einverleibung des Eigentums im Grundbuch beantragen kann, sobald die Entscheidung über die Entschädigung unanfechtbar ist.

(10) Die Entschädigung ist binnen einer Frist von 3 Monaten auszuzahlen oder beim ordentlichen Gericht zu hinterlegen, wenn das Eigentumsrecht des Einlösungsverpflichteten im Grundbuch einverleibt ist und die Liegenschaft vom Einlösungswerber übergeben und vom Einlösungsverpflichteten übernommen worden ist. Eine Verpflichtung zur Übernahme der Liegenschaft besteht nicht, wenn seit Festsetzung der Höhe der Entschädigung an der Liegenschaft wertvermindernde Veränderungen eingetreten sind. Im Streitfalle entscheidet über das Vorliegen dieser Voraussetzungen die Landesregierung; erkennt sie, daß eine Verpflichtung zur Übernahme nicht besteht, tritt der Einlösungsbescheid außer Kraft. In diesem Fall kann bezüglich derselben Liegenschaft aus dem gleichen Rechtstitel ein neuerlicher Einlösungsantrag nicht gestellt werden. Diese Entscheidung ist eine öffentliche Urkunde, auf Grund deren der Einlösungswerber oder der Einlösungsverpflichtete die Herstellung des vorherigen Grundbuchstandes beantragen kann.

(11) Der Einlösungsbescheid und die Entscheidung über die Höhe der Entschädigung treten unter gleichzeitigem Verlust eines weiteren Einlösungsanspruches für dieselbe Liegenschaft aus dem gleichen Rechtstitel außer Kraft, wenn nicht innerhalb eines Jahres ab Rechtskraft des Einlösungsbescheides und Unanfechtbarkeit der Entscheidung über die Höhe der Entschädigung die Einverleibung des Eigentumsrechtes des Einlösungsverpflichteten im Grundbuch beantragt ist und die Einverleibung auf Grund dieses Antrages in der Folge im Grundbuch durchgeführt wird.

(12) Im Falle des Außerkrafttretens des Einlösungsbescheides nach Abs. 10 oder 11 haben der Einlösungswerber und der Einlösungsverpflichtete alle Vorteile, die sie aus der Einlösung allenfalls bereits erlangt haben, zurückzustellen; im Streitfalle entscheidet darüber die Landesregierung.

(13) Nach Einverleibung des Eigentums des Einlösungsverpflichteten oder nach Außerkrafttreten des Bescheides nach Abs. 10 oder 11 hat die Behörde die Löschung der Anmerkung im Grundbuch zu veranlassen.

(EB zur Nov 1976)

Die Einlösungstatbestände des § 59 werden gegenüber der bisherigen Regelung unter Berücksichtigung der bisherigen Judikatur wesentlich ergänzt und bezüglich der Baulose in Gartensiedlungsgebieten erweitert. Ein Anspruch auf Einlösung gegen Entschädigung wird nunmehr grundsätzlich dann gewährt, wenn ein Bauplatz oder Baulos zur Gänze in eine Verkehrsfläche fällt oder für ihn eine von der Baulandwidmung abweichende Flächenwidmung festgesetzt wird, nach der eine Bauführung grundsätzlich ausgeschlossen ist. Dieser Anspruch wird nach dem letzten Satz des Abs 1 auch dann noch gewährt, wenn lediglich ein Teil eines Bauplatzes oder Bauloses durch die Umwidmung der Grundfläche seine Bebaubarkeit verliert und die Restfläche nach den Bestimmungen des § 16 nicht mehr zu einem Bauplatz bzw Baulos gestaltet werden kann. Auch der bisherige Tatbestand des § 59 Abs 3 wird beibehalten, hinsichtlich der Baulose ergänzt und klarer gefaßt: ein Einlösungstatbestand ist somit auch dann gegeben, wenn die Bebaubarkeit eines nach der vorliegenden Bauordnung, deren Wirksamkeit am 3. Mai 1930 eintrat, geschaffenen Bauplatzes bzw Bauloses durch eine Änderung des Flächenwidmungsplanes oder des Bebauungsplanes zu mehr als der Hälfte eingeschränkt wird. Zu betonen bleibt, daß durch diesen Tatbestand lediglich die Beschränkung des Flächenausmaßes erfaßt wird, nicht jedoch die Verminderung der Baukubatur, für die auch bisher kein Einlösungstatbestand gegeben war, zumal in jedem Falle der Verminderung allein der Baukubatur die bebaubare Fläche erhalten bleibt, die Qualifikation des Grundstückes des Bauplatzes bestehen bleibt und nicht in jedem Falle durch die Verminderung der Baukubatur eine Wertminderung eines Grundstückes eintritt; als Beispiel ist die mit einer Verminderung der Baukubatur verbundene strukturelle Erhöhung der Wohnqualität eines bestimmten Gebietes durch Verminderung der Bebauungsdichte bzw der Bevölkerungsdichte zu erwähnen, die eine höhere Nutzung der gärtnerisch auszugestaltenden Grundflächen bietet und damit den Erholungswert des Gebietes nicht zuletzt auch infolge des damit in der Regel verbundenen geringeren Verkehrsaufkommens wesentlich steigert. Die Einlösungsbestimmungen werden weiters von dem Grundsatz getragen, daß der Eigentümer auch dann noch von der Einlösung zurücktreten kann, wenn bereits ein Einlösungsbescheid erflossen ist. Er bleibt somit über diesen Zeitpunkt hinaus dominus des Verfahrens; daraus resultiert auch, daß der Einlösungsberechtigte die grundbücherliche Durchführung des Einlösungsbescheides zu beantragen hat und daß der Einlösungsbescheid wieder außer Kraft tritt, wenn diese grundbücherliche Durchführung nicht innerhalb eines Jahres beantragt wird. Innerhalb dieser Jahresfrist steht dem Einlösungsberechtigten daher nochmals die Möglichkeit offen, zu prüfen, ob er sich tatsächlich seines Eigentums begeben will oder nicht. Das Verfahren zur Festsetzung der Entschädigung für die einzulösenden Grundflächen bzw Grundstücke ist dem des Enteignungsverfahrens nachgebildet. Durch die Einlösung eines Grundstückes tritt somit im Vermögen des Eigentümers lediglich eine Vermögensumwandlung in Geld ein.

(EB zur Nov LGBl 1998/61)

Der geltende § 59 Abs 2 der Bauordnung für Wien schließt einen Einlösungsanspruch nach Abs 1 aus, wenn der Bauplatz oder das Baulos bebaut ist. Aus dem Wortlaut dieser Bestimmung ergibt sich, daß ein Einlösungsanspruch für einen Bauplatz oder ein Baulos hingegen dann zusteht, wenn zum Zeitpunkt der Änderung des Bebauungsplanes eine rechtswirksame Bekanntgabe der Bebauungsbestimmungen vorliegt, die gemäß § 11 der Bauordnung für Wien noch für alle innerhalb eines Jahres eingebrachten Bauansuchen maßgebend ist, oder wenn zu diesem Zeitpunkt eine rechtswirksame Baubewilligung aufrecht ist, die aber insoweit noch nicht konsumiert wurde, als das Bauwerk noch gar nicht begonnen oder noch nicht im Rohbau fertiggestellt ist, womit der Bauplatz oder das Baulos nicht als „bebaut" im Sinne des § 59 Abs 2 der Bauordnung für Wien anzusehen ist. Diese durch eine eindeutige Gesetzeslücke ermöglichte Situation steht aber diametral im Widerspruch zum Zweck der Bestimmungen über die Einlösung von Liegenschaften und soll durch die vorliegende Neufassung des § 59 Abs 2 leg cit in Zukunft verhindert werden. „Rechtswirksam" im Sinne dieser Bestimmung ist eine Baubewilligung dann, wenn ihre Gültigkeit nach § 74 der Bauordnung für Wien nicht durch Fristablauf erloschen ist; andere Gründe für ein Unwirksamwerden der Baubewilligung – etwa ein Verzicht – sind in diesem Zusammenhang ohne Bedeutung.

Anmerkungen

1) Als Bauplätze gelten zufolge Art III Abs 2 auch Grundflächen, die nach den bisherigen gesetzlichen Bestimmungen (den Bestimmungen früherer Bauordnungen) durch eine rechtswirksam gewordene behördliche Abteilungsbewilligung geschaffen wurden.

2) Darunter sind nur Verkehrsflächen zu verstehen, die der Planungshoheit der Gemeinde unterliegen.

3) Vgl § 5 Abs 4 lit l. Es muss sich bei der Planungsmaßnahme der Gemeinde um eine echte Festsetzung und nicht um die bloße Ausweisung einer überörtlichen Planung handeln. Dagegen ist es belanglos, wer durch die Planungsmaßnahme begünstigt wird.

4) Der Anspruch besteht wohl nunmehr unabhängig von der Möglichkeit, durch Enteignung wieder einen vollständigen Bauplatz bzw ein vollständiges Baulos herzustellen.

5) Der zweite Tatbestand gilt dann, wenn trotz der beschränkenden Planungsmaßnahme aus den verbleibenden Restflächen noch ein Bauplatz bzw ein Baulos geschaffen werden kann.

6) Erfolgt eine Umwidmung dergestalt, dass statt Bauplätzen nur mehr Baulose geschaffen werden können, wird noch kein Einlösungstatbestand anzunehmen sein, zumal die Widmung „Bauland" (§ 4 Abs 2 C) beibehalten wird.

7) Vgl hiezu § 19; aus der Formulierung „gewährt worden ist", ist zu schließen, dass über die Gewährung einer Ausnahme vom Bauverbot bisher nicht positiv entschieden wurde. Der VwGH beurteilt dies formalistisch danach, ob das Bauverbot auch im Grundbuch ersichtlich gemacht wurde.

8) Neben dem Wegfall eines Einlösungsanspruches einer im SWW – landwirtschaftliche Nutzung gelegenen Liegenschaft nach Abs 3 ist nun auch kein

Einlösungsanspruch dann gegeben, wenn die Widmung Bauland durch die Widmung Schutzgebiet – Parkschutzgebiet ersetzt wird und ein Bauplatz zur Gänze von dieser Umwidmung betroffen ist, auf ihm aber eine Fläche für eine bauliche Ausnützbarkeit ausgewiesen ist, die nicht weniger als 17 vH der zuvor gegebenen Bauplatzfläche beträgt. Diese Regelung ist als lex specialis zu Abs 1 wegen der Reduzierung der Bebaubarkeit auf 17% verfassungsrechtlich bedenklich. Auch sind kaum Flächen in Wien denkbar, wo bisheriges Bauland zwingend die Umwidmung auf Schutzgebiet erfordert, gleichzeitig aber die Möglichkeit zur Bebauung weiter besteht (dies scheint ein Widerspruch zur Legaldefinition des § 6 Abs 4).

9) Bei einer Widmung Schutzgebiet – Wald- und Wiesengürtel können örtlich begrenzte Teile ausgewiesen werden, die der landwirtschaftlichen Nutzung vorbehalten sind. UE wird dadurch die landwirtschaftliche Nutzung anderer Teile aber nicht ausgeschlossen (vgl § 6 Abs 3). Vielmehr können solche Teile nicht enteignet werden (§ 41), aber es besteht auch kein Einlösungsanspruch mehr (was offensichtlich die primäre Absicht war). Allerdings gebietet eine verfassungskonforme Auslegung, die Umwidmung eines Bauplatzes (Bauloses) auf Schutzgebiet – Wald- und Wiesengürtel – landwirtschaftliche Nutzung dem generellen Einlösungstatbestand des § 59 Abs 1 (Beseitigung der Baulandwidmung) zu unterstellen, wäre dies doch sonst eine Umgehung der Entschädigungs(= Einlösungs)pflicht.

10) Die ÜberlassungsV, LGBl 2000/35 idF LGBl 2010/40, hat die Zuständigkeit dem Amt der Landesregierung (= Magistrat) übertragen. Die Zuständigkeit nach Abs 10 blieb unverändert.

11) Die Z 5 wurde mit Nov LGBl 2014/25 angefügt. Vgl Anm 10 f zu § 4 Abs 4.

Judikatur

1) Die Bestimmung des § 59 Abs 1 ist auf den Fall der Umwidmung von Bauland in Grünland in Bezug auf die Einlösungsverpflichtung sinngemäß anzuwenden (VwGH 11.5.1956, Slg 4066/A).

2) Ein aus der Zeit vor der Geltung der Bauordnung aus dem Jahre 1930 begründetes Bauverbot „mangels Verbindung mit dem ausgebauten Straßennetz“ ist ein Bauverbot, von dem auch nach § 19 Abs 2 keine Ausnahme gewährt werden kann (VwGH 22.1.1961, 69/61).

3) Der VfGH vermag der Meinung, daß die Materie der Grundeinlösung, wie sie im § 59 BO geregelt wird, dem eigenen Wirkungsbereich der Gemeinde zuzuzählen sei, nicht zuzustimmen. Wenn Art 118 Abs 3 B-VG (§ 76 Z 9 WStV) die örtliche Baupolizei und die örtliche Raumplanung als eine Angelegenheit des eigenen Wirkungsbereiches der Gemeinde erklärt, so kann angenommen werden, daß die Materie der Baupolizei und die der Raumplanung nur in dieser

Art und in diesem Umfang zum eigenen Wirkungsbereich der Gemeinde gehören. Danach ist es nicht zulässig, auf dem Wege der Generalklausel des Art 118 Abs 2 B-VG (des § 75 Abs 2 WStV) die im Abs 3 genannten Angelegenheiten zu erweitern. Diese Überlegung ist bereits im Erkenntnis des VfGH Slg 5807 zum Ausdruck gekommen (VfGH 6.3.1970, Slg 6146).

4) § 59 Abs 3 BO ist nicht verfassungswidrig (VfGH 7.12.1977, Slg 8199).

5a) Wird eine Verpflichtung zur Einlösung festgestellt, ist dieser Bescheid mit keiner Rechtswidrigkeit behaftet, wenn als seine Rechtsgrundlage nur § 59 Abs 3 BO – und nicht auch Abs 1 – angeführt wird.

5b) Kosten der Kundmachung im Amtsblatt der Stadt Wien sind dem Einlösungswerber nicht vorzuschreiben (VwGH 21.10.1986, 86/05/0117, BauSlg 789).

6a) Nach § 59 Abs 1 BO hat der Eigentümer gegen die Gemeinde einen Anspruch auf Einlösung gegen Entschädigung, wenn ein Bauplatz oder Baulos nach einer Abänderung des Bebauungsplanes zur Gänze in eine Verkehrsfläche oder in eine Grundfläche für öffentliche Zwecke fällt oder die Widmung Bauland zur Gänze durch eine andere Widmung ersetzt wird. Derselbe Anspruch besteht, wenn nur ein Teil des Bauplatzes betroffen wird und aus den verbleibenden Restflächen ein Bauplatz oder Baulos im Sinne des § 16 BO nicht geschaffen werden kann oder die bebaubare Fläche eines nach dem 3. Mai 1930 genehmigten Bauplatzes oder Bauloses um mehr als die Hälfte beschränkt wird. Nach § 16 Abs 3 BO hat der Eigentümer einer im Wald- und Wiesengürtel gelegenen Liegenschaft Anspruch auf Einlösung seiner Liegenschaft, wenn sie nicht durch Rechte Dritter belastet ist.

Mit der Auslegung der hier maßgeblichen Bestimmungen hat sich der Verwaltungsgerichtshof bereits in seinem Erkenntnis vom 21. Oktober 1986, Zl 86/05/0117, BauSlg Nr 789, beschäftigt. Der Gerichtshof hat damals die Auffassung vertreten, daß ein Bescheid, der eine Einlösung hinsichtlich im Wald- und Wiesengürtel gelegener Grundstücke lediglich aus dem Grunde des § 59 Abs 3 BO für zulässig erklärt, mit keiner Rechtswidrigkeit belastet ist.

6b) Im übrigen hat die belangte Behörde in der Begründung des angefochtenen Bescheids zu Recht darauf verwiesen, daß der im § 59 Abs 1 BO verwendete Begriff „Bauplatz", wie den Bestimmungen über das Abteilungsverfahren gem §§ 13 ff BO und § 66 BO zu entnehmen ist, einen förmlichen behördlichen Akt für die zum Bauplatz erklärten Grundflächen voraussetzt. Ausdrücklich bestimmt § 66 Satz 2 BO, daß bei Bauführungen im Bauland der Bauplatz vorher bewilligt sein muß, diese Bewilligung aber mit der Baubewilligung zu erteilen ist, wenn eine Abteilung nicht erforderlich ist. Ausdrücklich bestimmt auch die Übergangsbestimmung des Art. III Abs. 2 BO, daß Grundstücke, die nach den bisherigen gesetzlichen Bestimmungen durch eine rechtswirksam gewordene behördliche Abteilungsbewilligung ausdrücklich zum Zwecke der Bebauung geschaffen worden sind, als Bauplatz im Sinne dieses Gesetzes gelten. Als Bauplätze können also nur solche Grundflächen angesehen werden, welche nach den bisherigen gesetzlichen Bestimmungen oder nach den Bestimmungen der geltenden Bauordnung zum Bauplatz erklärt worden sind (VwGH 30.1.1990, 89/05/0172)

7) Wurde ein Bauplatz geschaffen, ohne daß gleichzeitig ein Bauverbot ausgesprochen wurde, besteht bei späterer Umwidmung des Baulandes in Grünland–Landwirtschaft ein Rechtsanspruch auf Einlösung nach § 59 BO (VwGH 26.6.1990, 89/05/0003).

8) Durch die Verpflichtung zur Grundeinlösung soll nicht die Gebietskörperschaft, sondern der Grundeigentümer begünstigt werden. Dessen Verpflichtung zur Tragung der Sachverständigenkosten ergibt sich aus § 76 Abs 1 AVG (VwGH 26.6.1990, 89/05/0004). – Dieses E vermag nicht zu überzeugen. Schließlich ist ja auslösendes Element einer Grundeinlösung die Tatsache, dass der betroffene Eigentümer durch die Umwidmung einen Rechtsnachteil erlitten hat. Betrachtet man die Grundeinlösung als „Enteignung mit umgekehrten Vorzeichen", scheint es nur recht und billig, § 44 EEG analog anzuwenden. Vgl auch VwGH 11.2.1993, 90/06/0211.

9) Da im vorliegenden Fall die Rechtmäßigkeit der Änderung einer Flächenwidmung auf „Wald- und Wiesengürtel, der landwirtschaftlichen Nutzung vorbehalten" zu prüfen ist und sich die vorgebrachten Bedenken auch auf eine mangelnde Berücksichtigung der Interessen des Grundstückseigentümer beziehen, hat der Verfassungsgerichtshof § 59 Abs 3 BO f Wien, der für diesen Fall einen – im vorliegenden Zusammenhang einer Entschädigung gleichzuhaltenden – Einlösungsanspruch ausschließt, anzuwenden.

Diese Bestimmung nimmt für Liegenschaften im Wald- und Wiesengürtel zwar je nach dem, ob sie „der landwirtschaftlichen Nutzung vorbehalten" sind oder nicht, eine Differenzierung hinsichtlich des Bestehens eines Einlösungsanspruches vor; diese ist jedoch sachlich gerechtfertigt und steht daher mit dem Gleichheitssatz (Art 2 StGG) in Einklang: Im Wald- und Wiesengürtel dürfen – abgesehen von näher bestimmten Bauten, die im Bebauungsplan vorgesehen sein müssen – gem § 6 Abs 3 BO f Wien „nur Bauten kleineren Umfanges errichtet werden, die land- und forstwirtschaftlichen Zwecken dienen (Bienenhütten, Werkzeughütten u. ä.)". Dagegen sind gem § 6 Abs 3a BO f Wien auf Flächen des Wald- und Wiesengürtels, die der landwirtschaftlichen Nutzung „vorzubehalten" sind, „landwirtschaftliche Nutzbauten im betriebsbedingt notwendigen Ausmaß zulässig, die keine Wohnräume enthalten". Wie auch die verordnungserlassende Behörde dargelegt hat, lassen sich Flächen des Wald- und Wiesengürtels, die der landwirtschaftlichen Nutzung „vorzubehalten" sind, somit wesentlich ertragreicher nutzen als solche ohne diesen Vorbehalt. Dies stellt einen Unterschied im Tatsächlichen dar, der die jeweils unterschiedliche Regelung hinsichtlich des Einlösungsanspruches zu rechtfertigen vermag (VfGH 5.12.2006, Slg 18.028).

Anmerkung: Der VfGH stützt sich dabei auf das Argument, dass schon vorher (vor der Umwidmung auf SwwL) kein Einlösungsanspruch bestanden habe. Dass durch eine De-facto-Gleichstellung mit der Widmung Sww (die einen Einlösungsanspruch begründen würde) durch ein Verbot landwirtschaftlicher Nutzbauten („BB") herbeigeführt wurde, ist in seinen Augen ebenfalls kein stichhaltiges Argument (wo liegt hier die sachliche Rechtfertigung im Wege einer schlüssigen Begründung? Und: dass sich Flächen im SwwL wesentlich (!) ertragreicher nutzen lassen als im Sww, ist schlechthin unzutreffend). Und wie hätte er wohl entschieden, wenn die Liegenschaft vorher ein Bauplatz ohne Bauverbot gewesen wäre? Diese Widmung ist ja letztendlich ein Mosaiksteinchen zur Verhinderung von Einlösungsansprüchen.

10) Eine verfassungskonforme Auslegung … gebietet es, davon auszugehen, dass nicht nur gegen Bescheide, mit denen meritorisch über Anträge auf Entschädigung abgesprochen wurde, die Anrufung des Gerichtes als Rechtsmittel eingeräumt ist, sondern auch gegen solche, mit denen ein derartiger Antrag aus einem formellen Grund zurückgewiesen wurde. Auch wenn die Verwaltungsbehörde den Antrag auf Entschädigung … aus einem formellen Grund (wegen entschiedener Sache) als unzulässig erachtet und zurückgewiesen hat, liegt damit eine Entscheidung über einen Antrag auf Entschädigung vor, der ein „civil right" iSd Art 6 Abs 1 MRK betrifft (VwGH 27.1.2009, 2007/06/0196, zum stmk. ROG). Das genannte Gericht ist nach der neuen Rechtslage das Verwaltungsgericht Wien.

7. Teil
Formelle Erfordernisse bei Bauvorhaben

Ansuchen um Baubewilligung

§ 60. (1) Bei folgenden Bauvorhaben ist, soweit nicht die §§ 62, 62a,70a oder 70b zur Anwendung kommen, vor Beginn die Bewilligung der Behörde zu erwirken:[1)]

a) Neu-, Zu- und Umbauten. Unter Neubau ist die Errichtung neuer Gebäude zu verstehen; ein solcher liegt auch vor, wenn nach Abtragung bestehender Bauwerke die Fundamente oder Kellermauern ganz oder teilweise wieder benützt werden. Ein einzelnes Gebäude[2)] ist ein raumbildendes Bauwerk, das in seiner Bausubstanz eine körperliche Einheit bildet und nicht durch Grenzen eines Bauplatzes oder Bauloses oder durch Eigentumsgrenzen[4)] geteilt ist, ausgenommen die zulässige Bebauung von Teilen des öffentlichen Gutes.[2)3)] Der Bezeichnung als ein einzelnes Gebäude steht nicht entgegen, daß in ihm Brandmauern enthalten sind oder es auf Grundflächen von verschiedener Widmung,

verschiedener Bauklasse oder verschiedener Bauweise errichtet ist. Ein Raum liegt vor, wenn eine Fläche zumindest zu mehr als der Hälfte ihres Umfanges von Wänden umschlossen und von einer Deckfläche abgeschlossen ist; ein Aufenthaltsraum[5)] muß allseits umschlossen sein. Flugdächer mit einer bebauten Fläche von mehr als 25 m^2 oder einer lotrecht zur bebauten Fläche gemessenen Höhe von mehr als 2,50 m gelten als Gebäude. Zubauten sind alle Vergrößerungen eines Gebäudes in waagrechter oder lotrechter Richtung, ausgenommen die Errichtung von zulässigen Aufbauten (§ 81 Abs. 6).[7)] Unter Umbau[6)] sind jene Änderungen des Gebäudes zu verstehen, durch welche die Raumeinteilung oder die Raumwidmungen so geändert werden, daß nach Durchführung der Änderungen das Gebäude als ein anderes anzusehen ist. Ein Umbau liegt auch dann vor, wenn solche Änderungen selbst nur ein einzelnes Geschoß betreffen. Der Einbau von Wohnungen oder Teilen davon in das Dachgeschoß gilt nicht als Umbau.[7)7a)]

b) Die Errichtung aller sonstigen Bauwerke über und unter der Erde, zu deren Herstellung ein wesentliches Maß bautechnischer Kenntnisse erforderlich ist, die mit dem Boden in eine kraftschlüssige Verbindung gebracht werden und wegen ihrer Beschaffenheit geeignet sind, öffentliche Rücksichten zu berühren.[8)] Öffentliche Rücksichten werden, unbeschadet des § 62a Abs. 1 Z 21 zweiter Halbsatz, jedenfalls berührt, wenn Einfriedungen gegen öffentliche Verkehrsflächen, Friedhöfe und Grundflächen für öffentliche Zwecke errichtet werden.

c) Änderungen oder Instandsetzungen von Bauwerken, wenn diese von Einfluß auf die Festigkeit,[9)] die gesundheitlichen Verhältnisse,[10)] die Feuersicherheit[11)] oder auf die subjektiv-öffentlichen Rechte der Nachbarn[12)] sind oder durch sie das äußere Ansehen oder die Raumeinteilung geändert wird, sowie jede Änderung der bewilligten Raumwidmungen[13)] oder des bewilligten Fassungsraumes eines Bauwerkes; im Falle einer Änderung der Verwendung von Aufenthaltsräumen in Wohnzonen die rechtmäßig bestehende Benützung der Aufenthaltsräume als Wohnungen oder Betriebseinheiten im gesamten Gebäude, sofern diese unter Berücksichtigung der beantragten Änderung nicht ausdrücklich als Wohnungen oder Betriebseinheiten bereits gewidmet sind.[14)]

d) Der Abbruch von Bauwerken in Schutzzonen und Gebieten mit Bausperre sowie der Abbruch von Gebäuden, die vor dem 1.1.1945 errichtet wurden, wenn der Anzeige des Abbruchs gemäß § 62a Abs. 5a keine gültige[14a)] Bestätigung des Magistrats angeschlossen ist, dass an der Erhaltung des Bauwerkes infolge seiner Wirkung auf das örtliche Stadtbild kein öffentliches Interesse besteht. Für Bauwerke in Schutzzonen und Gebäude, die vor dem 1.1.1945 errichtet wurden, darf die Abbruchbewilligung nur erteilt werden, wenn an der Erhaltung des Bauwerkes infolge seiner Wirkung auf das örtliche Stadtbild kein öffentliches Interesse besteht oder sein Bauzustand derart schlecht ist, dass die Instandsetzung technisch unmöglich ist oder trotz Einbeziehung von öffentlichen Förderungen und der Berücksichtigung von wirtschaftlichen Ertragsoptimierungspotentialen am Bauwerk[15e] nur durch wirtschaftlich unzumutbare Aufwendungen bewirkt werden kann.[15] Aufwendungen, die durch eine fahrlässige oder vorsätzliche Vernachlässigung der Erhaltungspflicht[15b] entstehen, bleiben bei der Beurteilung der wirtschaftlichen Abbruchreife außer Betracht. Dies gilt auch für Rechtsnachfolgerinnen oder Rechtsnachfolger der Eigentümerin oder des Eigentümers (Miteigentümerin oder Miteigentümer), wenn sie von der fahrlässigen oder vorsätzlichen Vernachlässigung der Erhaltungspflicht Kenntnis hatten oder bei gehöriger Aufmerksamkeit Kenntnis haben mussten.[15a][15c][15d]

e) Änderungen an Gebäuden in Schutzzonen, die die äußere Gestaltung, den Charakter oder den Stil eines Gebäudes beeinflussen.

f) Veränderungen oder Beseitigungen von das örtliche Stadtbild oder die äußere Gestaltung, den Charakter oder den Stil eines Gebäudes beeinflussenden baulichen Ziergegenständen[16] in Schutzzonen und an Bauwerken, die vor dem 1.1.1945 errichtet wurden und an deren Erhaltung infolge ihrer Wirkung auf das örtliche Stadtbild ein öffentliches Interesse besteht.

g) Die Veränderung der Höhenlage einer Grundfläche, soweit sie von Einfluß auf bestehende Bauwerke auf eigenen oder benachbarten Grundflächen oder deren widmungsgemäße Verwendung ist.

h) Das Anlegen von Steinbrüchen, Schotter-, Sand-, Lehm- und Tongruben sowie anderer Anlagen zur Ausbeutung des Untergrundes, ferner das Anlegen von Schlacken-, Schutt- und Müllhalden.

i) Die Aufstellung von Motoren und Maschinen mit motorischem Antrieb, wenn dadurch die Festigkeit des Bauwerkes beeinflußt wird.[17]

j) Die Errichtung von Fotovoltaikanlagen sowie die Anbringung von Fotovoltaikanlagen an Gebäuden[19]

   1. im Grünland-Schutzgebiet oder in Gebieten mit Bausperre;
   2. in Schutzzonen nur dann, wenn sie keiner elektrizitätsrechtlichen Anzeige- oder Bewilligungspflicht unterliegen;
   3. außerhalb vom Grünland-Schutzgebiet oder Gebieten mit Bausperre, wenn sie eine Engpassleistung von mehr als 15 kW aufweisen und
      aa) keiner elektrizitätsrechtlichen Anzeige- oder Bewilligungspflicht oder
      bb) nicht eisenbahnrechtlichen, gewerberechtlichen, bergbaurechtlichen, luftfahrtrechtlichen, schifffahrtrechtlichen oder abfallrechtlichen Bestimmungen unterliegen.

(2) Für die Beurteilung als Bauwerk ist es ohne Belang, auf welche Dauer es errichtet wird und ob es im Grunde verankert oder mit dem Grund nur durch sein Gewicht verbunden ist. Nicht als Bauwerk sind jedoch Wohnwagen und ähnliche rollende Einrichtungen anzusehen, wenn sie innerhalb gewidmeter Zeltplätze aufgestellt werden oder wenn sie ortsbeweglich ausgestaltet sind und nicht in einer Art und Weise ständig oder regelmäßig auf derselben Liegenschaft benützt werden, die dem Verwendungszweck eines ortsfesten Bauwerkes gleichkommt.

(3) Bestimmungen des Bebauungsplanes stehen der Zulässigkeit von Bauführungen gemäß Abs. 1 lit. c nicht entgegen, wenn dadurch zusätzliche Abweichungen vom Bebauungsplan nicht bewirkt werden.[18)]

(EB zur Nov 1976)

Erstmals wird unter weitestgehender Beibehaltung der bisherigen Terminologie eine klare Trennung zwischen dem Begriff „Umbau" des § 60 Abs 1 lit a und dem Tatbestand der Änderung von Gebäuden und baulichen Anlagen nach lit c gezogen, unter den auch baurechtlich relevanten Maßnahmen, wie die Änderung einer bewilligten Raumwidmung oder des bewilligten Fassungsraumes eines Gebäudes oder einer baulichen Anlage, zu subsumieren sind, auch wenn damit keine Bauführungen verbunden sind. Die Abgrenzung des Umbaues zur Änderung nach lit c ist darin zu erblicken, wenn zumindest in einem Geschoß eines Gebäudes in überwiegendem Maße Bauführungen oder durch die Setzung baurechtlich relevanter Maßnahmen entweder eine wesentliche Änderung der Raumaufteilung erfolgt oder die bisherigen bewilligten Nutzungsarten aufgrund der Änderung der Raumwidmung wesentlich abgeändert werden; Maßnahmen müssen nach dem Tatbestand des Umbaues zwar nicht ein ganzes Geschoß zur Gänze betreffen, jedoch ein solches Maß erreichen, daß nach Durchführung der Maßnahmen das Gebäude entweder in seinem äußeren Erscheinungsbild oder in seiner Nutzung als ein anderes anzusehen ist. Eine wesentliche Änderung bedeutet weiters die Regelung, daß Wohnwagen, wenn sie ständig nach der Art und Weise einer Baulichkeit benützt werden, auch als Baulichkeit zu gelten haben (§ 60 Abs 2); diese Regelung ist insbesondere deswegen von besonderer Bedeutung, weil in der Praxis bereits mehrmals auf Liegenschaften oder Grundstücken, auf denen auf Grund der Flächenwidmung jede Bauführung untersagt ist, Wohnwagen als Ersatz einer Baulichkeit verwendet worden sind und werden, wodurch die widmungsgemäße Verwendung der Flächen umgangen und ausgeschlossen wird.

(Aus den EB zur Nov LGBl 1996/42)

Durch die Änderungen des Abs 1 lit a wird ein Dachgeschoßausbau für Wohnzwecke – der bisher als Umbau zu qualifizieren war – erleichtert. Gleichzeitig wird klargestellt, daß Gauben nicht als Zubauten gelten. Durch diese neuen Regelungen werden Nachbarrechte nicht beschränkt. Weiters entfällt dadurch die Pflicht zur Einholung einer Bekanntgabe der Bebauungsbestimmungen gemäß § 9 Abs 1. Die genannten Bauführungen unterliegen künftig der Bewilligungspflicht nach Abs 1 lit c. Durch den neuen Abs 3 wird klargestellt, daß die Bestimmungen des Bebauungsplanes der Zulässigkeit solcher Bauführungen nicht entgegenstehen. Vor allem Bestimmungen über eine im Bebauungsplan festgesetzte gärtnerische Ausgestaltung einer Grundfläche bzw über die zulässige Gebäudehöhe stehen daher einem Dachgeschoßausbau bzw der Errichtung von Gauben bei bereits rechtmäßig bestehenden Gebäuden nicht mehr entgegen.

In Abs 1 lit b und lit c entfällt jeweils der letzte Satz, da die dort bezeichneten Bauführungen gemäß § 62a Abs 1 Z 18 und Z 24 künftig bewilligungsfrei sind. In Abs 1 lit b wird außerdem klargestellt, daß lediglich die Errichtung von Einfriedungen gegen öffentliche Verkehrsflächen öffentliche Rücksichten berührt.

Die Änderung des Abs 1 lit d ist erforderlich, da der Abbruch von Gebäuden oder baulichen Anlagen außerhalb von Schutzzonen nunmehr gemäß § 62a Abs 1 Z 2 ebenfalls keiner Bewilligung mehr bedarf.

Für den Abbruch von Gebäuden oder baulichen Anlagen in Schutzzonen wird zwecks Wahrung der öffentlichen Interessen die Bewilligungspflicht beibehalten. Die Kriterien für die Bewilligung von Abbrüchen in Bausperregebieten sind im bereits vom Wiener Landtag beschlossenen neuen § 8 Abs 1 enthalten. Das Tatbestandsmerkmal der Zustimmung des zuständigen Gemeinderatsausschusses wird im Hinblick auf die nach der Judikatur des Verfassungsgerichtshofes (vgl Erk v 29.11.1985, VfSlg 10.706) bestehenden verfassungsrechtlichen Bedenken ersatzlos gestrichen. Desgleichen wird die Regelung bezüglich der präsumptiven Schutzzone aus dem Gesetz genommen, weil die Schutzzonen im wesentlichen bereits festgesetzt sind.

(EB zur BO-Nov 2023, LGBl 2023/37 vom 13.12.2023)

Nach der bisher geltenden Rechtslage in **Abs 1 lit a** reichte neben einem Deckflächenabschluss eine Wandumschließung von 50% aus, um den **Raumbegriff** zu erfüllen. Insbesondere um übereinanderliegende Balkone, die sich in Gebäudeecken befinden, begrifflich auszunehmen erfolgt nunmehr eine Anhebung der für Raum im Sinne dieser Bestimmung maßgeblichen Wandumschließung auf über 50%.

Balkone sind damit weiterhin bewilligungspflichtig, und zwar je nach Art des Bauvorhabens nach § 60 Abs 1 lit a oder lit c. Durch die Änderung können aber zukünftig Widersprüchlichkeiten zwischen dem baurechtlichen Raumbegriff und der förderungsrechtlichen Nutzflächenermittlung nach dem Wr Wohnbauförderungs- und Wohnhaussanierungsgesetz – WWFSG 1989 bzw der Neubauverordnung 2007 weitgehend vermieden werden, da Loggien förderungsrechtlich Teil der Wohnnutzfläche sind, während Balkone nicht berücksichtigt werden.

Durch die Ergänzung in **Abs 1 lit d** iZm der **wirtschaftlichen Abbruchreife** wird eine nachhaltige Vernachlässigung von Gebäuden derart sanktioniert, dass die dadurch hervorgerufenen Instandsetzungskosten (sog. „Instandhaltungsrückstau") bei der Beurteilung der wirtschaftlichen Abbruchreife keine Berücksichtigung finden. Schäden an Gebäuden, die aus Gründen entstanden sind, die nicht auf eine Vernachlässigung der Erhaltungspflicht zurückzuführen sind, sind bei der Ermittlung der wirtschaftlichen Zumutbarkeit der Instandsetzung zu berücksichtigen. Bereits fahrlässiges Verhalten stellt eine schuldhafte Vernachlässigung der Erhaltungspflicht dar.

Die Vernachlässigung der Erhaltungspflicht haftet am Gebäude. Sie erstreckt sich auch auf Rechtsnachfolger, wenn diese vom jeweiligen rechtswidrigen Zustand Kenntnis hatten oder bei gehöriger Aufmerksamkeit Kenntnis haben mussten (vgl. die ähnlichen Regelungen beispielsweise in § 138 Abs 4 WRG und § 74 Abs 2 AWG) und sind Aufwendungen, die aufgrund einer schuldhaften Vernachlässigung der Erhaltungspflicht bereits bei früheren Eigentümer entstanden sind. Bei der Beurteilung der wirtschaftlichen Zumutbarkeit sind sie nicht in die Berechnung miteinbeziehen.

Bei der Beurteilung der wirtschaftlichen Zumutbarkeit der Instandsetzung eines Gebäudes sind Förderungen von öffentlichen Stellen (sowohl nicht rückzahlbare öffentliche Mittel als auch niedrigverzinste Darlehen) sowie auch wirtschaftliche bzw. ertragssteigernde Änderungen und Optimierungen am Gebäude („Ertragsoptimierungspotentiale") in die Berechnung miteinzubeziehen. Mit Ertragsoptimierungspotentialen sind Baumaßnahmen gemeint, die im konkreten Fall zwar einen wirtschaftlichen Aufwand bedeuten, aber gleichzeitig langfristig zu einer Ertragssteigerung führen. Die Kosten, die für eine solche Maßnahme anfallen, sind in die Berechnung der wirtschaftlichen Zumutbarkeit aufzunehmen. Solche Maßnahmen sind beispielsweise Verbesserungen der Ausstattungskategorie (§ 15a MRG), Umnutzungen sowie geschoßflächenunwirksame Ausbauten (zB des vorhandenen Dachraumes). Nicht davon erfasst sind größere Zubauten (zB ganzer Geschoße).

Es sind nur solche Ertragsoptimierungsmaßnahmen in die Wirtschaftlichkeitsberechnung aufzunehmen, die über die verbleibende Restnutzungsdauer des Gebäudes zu einem positiven Saldo führen. Diese Beurteilung, ob ein Optimierungspotential iS einer wirtschaftlichen Änderung am Bauwerk vorliegt oder nicht, hat durch einen Sachverständigen zu erfolgen.

Abs. 1 lit. f: Damit auch **Ziergegenstände** an schützenswerten Bauwerken außerhalb der Schutzzone geschützt sind, wird die Bewilligungspflicht gemäß lit. f erweitert. (vgl. Änderung in § 85 Abs. 6).

Um die Errichtung von **Fotovoltaikanlagen** zu fördern, erfolgt in **Abs. 1 lit j** eine Änderung der Bewilligungspflichten in der Bauordnung.

Derzeit wird bei der Bewilligungspflicht für Fotovoltaikanlagen aufgrund brandschutztechnischer Erwägungen an das Fluchtniveau von 11 m angeknüpft. Von diesem Anknüpfungspunkt wird unter Verweis auf die geltende Rechtslage, gemäß der sich Bauwerber bei der Errichtung von Fotovoltaikanlagen an Gebäuden, die keiner Bewilligungspflicht unterliegen, einer Bauführer*in bedienen müssen, der nach den für die Berufsausübung maßgeblichen Vorschriften zur erwerbsmäßigen Vornahme dieser Tätigkeit berechtigt ist (§ 62a Abs. 2), abgegangen. Auch bewilligungsfreie Bauvorhaben iSd § 62a müssen nämlich gemäß Abs 3 leg. cit. den Bauvorschriften und somit auch den jeweils geltenden bautechnischen Bestimmungen in der BO und der WBTV entsprechen. Eine Verringerung des Schutzniveaus oder eine Veränderung der Gefahrenlage kann durch die Ausweitung der Bewilligungsfreiheit für Fotovoltaikanlagen vor diesem Hintergrund ausgeschlossen werden. Elektrotechnische Belange wurden schon bislang nicht im Bauverfahren berücksichtigt.

Die Bewilligungspflicht für Anlagen im Grünland-Schutzgebiet oder in Gebieten mit Bausperre wird beibehalten, da in diesen Fällen zu prüfen ist, ob die Errichtung einer Fotovoltaikanlagen mit den einschlägigen raumordnungsrechtlichen Vorgaben in Form von Festsetzungen im Flächenwidmungs- und Bebauungsplan im Einklang steht. In der Widmungskategorie Grünland-Schutzgebiet ist die Errichtung von Fotovoltaikanlagen grundsätzlich nicht zulässig; im Einzelfall kann dies jedoch aufgrund besonderer Festsetzungen möglich sein. In Gebieten mit Bausperre ist aufgrund der Vorgaben in § 8 ein Bewilligungsverfahren zu führen, in dem gegebenenfalls eine Stellungnahme des zuständigen Gemeinderatsausschusses einzuholen ist.

In Schutzzonen erfolgt eine Vereinfachung dahingehend, als die dort befindlichen Anlagen nur mehr dann nach der BO bewilligungspflichtig sind, wenn sie keiner Bewilligungs- oder Anzeigepflicht nach dem Wr Elektrizitätswirtschaftsgesetz 2005 – WElWG 2005 unterliegen. Da in allen elektrizitätsrechtlichen Verfahren auf das örtliche Stadtbild Bedacht zu nehmen ist und keine wesentliche Beeinträchtigung des Ortsbilds (§ 6a Abs 7 und § 11 WElWG 2005) durch die Anlage erfolgen darf, kann die Bewilligungspflicht in der BO entfallen.

Z 3 sieht eine subsidiäre Bewilligungspflicht für Anlagen mit einer Leistung von mehr als 15 kW vor, die nicht von einer Anzeige- oder Bewilligungspflicht des WElWG 2005 oder der GewO 1994 oder den im Gesetz genannten bundesgesetzlichen Materien unterliegen. Bei Anlagen mit einer Leistung von weniger als 15 kW kann aufgrund der Dimensionierung der Anlage von dieser subsidiären Bewilligungspflicht abgesehen werden.

(EB zu Abänderungantrag PGL-1415187-2023-LAT zur beschlussfassenden Sitzung des Landtages vom 23.11.2023 zur BO-Nov 2023, LGBl 2023/37)

§ 60 Abs. 1 lit d BO regelt den Abbruch von Gebäuden. Der Entwurf der BO-Novelle 2023 sieht vor, dass die schuldhafte Vernachlässigung von Gebäuden derart sanktioniert werden soll, dass die dadurch hervorgerufenen Instandsetzungskosten bei der Beurteilung der wirtschaftlichen Abbruchreife keine Berücksichtigung finden.

Nach den Erläuternden Bemerkungen soll bereits fahrlässiges und nicht bloß vorsätzliches Verhalten zu dieser Konsequenz führen. Um dies noch stärker zum Ausdruck zu bringen, soll der erforderliche Verschuldensgrad im Gesetzestext selbst ausdrücklich normiert werden.

Anmerkungen

1) Die Fassung des Einleitungssatzes und der lit a bis f stammen aus der Nov LGBl 1996/42 (EB). Der Gesetzgeber hat nun dem Grundsatz der Baufreiheit in wesentlich größerem Umfang als bisher zum Durchbruch verholfen. Erst nach Prüfung des Katalogs der bewilligungsfreien Bauvorhaben nach § 62a und der bauanzeigepflichtigen Vorhaben nach § 62 kann die Frage der Bewilligungspflicht nach § 60 beantwortet werden. Eigenwillig und problematisch ist die Konstruktion, dass ein (ansonsten) bewilligungspflichtiges Bauvorhaben dennoch keiner Bewilligung der Behörde bedarf, weil der Weg des vereinfachten Baubewilligungsverfahrens nach § 70a gewählt wird, wo letztlich das Vorhaben doch als bewilligt gilt (§ 70a Abs 10).

2) Weitere Bestimmungen über die Situierung von Gebäuden, die auch im Baubewilligungsverfahren relevant sind, finden sich in den §§ 76 und 79.

3) S §§ 13 und 16.

4) Grundstücksgrenzen sind nicht mit Eigentumsgrenzen ident; in einer Grundbuchseinlage können auch viele Grundstücke liegen.

5) S § 87 Abs 3.

6) Entgegen den Ausführungen in den EB ist auch nunmehr eine klare Trennung zwischen den Begriffen Umbau und bauliche Änderung (lit c) nicht gegeben. Klargestellt ist nur, dass ein Umbau eine bauliche Änderung nicht erfordert (Umwidmung der Räume).

7) Zur Beseitigung des internationalen Architekturbegriffes der Dachgauben und die Ersetzung durch die Zulässigkeit voll raumbildender Aufbauten bis zum Dachfirst entsteht eine weitere Gefährdung des Wiener Stadtbildes. Näheres s EB.

7a) Vgl auch Erleichterungen zum DG-Ausbau in Art V Abs 5 und 6.

8) Bei der Aufnahme dieser Begriffsbestimmung ist der Gesetzgeber der Rechtsprechung des VwGH gefolgt.

9) S §§ 89 ff.

10) §§ 97 ff.

11) S §§ 91 ff.

12) S § 134 Abs 3 und § 134a.

13) Nach dem Wortlaut ist jede Änderung der Widmung bewilligungspflichtig, doch ist eine Bezugnahme auf öffentliche Rücksichten wohl zu fordern (Änderung der Widmungskategorie, nicht jedoch etwa bei bloßer Änderung von Schlafzimmer in Wohnzimmer und umgekehrt, weil die BO an beide Arten von Aufenthaltsräumen die gleichen Anforderungen stellt). Hinsichtlich Raumeinteilungen und Raumwidmungen scheint jedoch eine Derogation durch § 62 Abs 1 Z 4 gegeben.

14) Der letzte Halbsatz wurde mit der Nov LGBl 1991/37 eingefügt. Gegen ihn bestehen kompetenzrechtliche Bedenken. Es darf nicht übersehen werden, dass hier die Genehmigung **der Verwendung** baubehördlich rechtskräftig konsentierter Räumlichkeiten (vgl VfSlg 2217) verlangt wird. Es fragt sich, wie – etwa beim Wohnungseigentum – für andere Wohnungseigentümer ein Handlungsbedarf bestehen soll. Daneben schafft diese Bestimmung aber zweierlei Landesrecht, nämlich in und außerhalb von Wohnzonen.

14a) Vgl § 74 Abs 1a: Eine neuerliche Bestätigung kann jederzeit erwirkt werden.

15) Nach dem E des VwGH v 24.5.1976, Slg 9063/A, besteht bei wirtschaftlicher Unzumutbarkeit sogar der Anspruch auf Erteilung eines Abtragungsauftrages. Die mit dem LGBl 2018/37 eingeführte Neuregelung erscheint – iZm der Bestimmung des § 62a Abs 5a – nicht als eine Bestimmung, die ein Abgehen von der Anordnung des Art 11 Abs 2 B-VG rechtfertigen würde. In diesem Sinne sei auf die Ausführungen bei *Antoniolli,* Allgemeines Verwaltungsrecht, 197 lit b f verwiesen. Die Bestätigung des Magistrats ist eine Beurkundung, für deren Rechtsmäßigkeit ein amtliches Sachverständigengutachten – egal, ob positiv oder verweigert – vorliegen muss. Solche Beurkundungen sind keine Bescheide, ebenso wie die Verweigerung einer Bestätigung.

Die vorgesehene Regelung widerspricht uE nicht nur der verfassungsrechtlichen Regelung des Art 11 Abs 2 B-VG, sondern auch wohl dem verfassungsrechtlichen Schutz des Eigentums und in Bezug auf die Verfahrensabwicklung auch der Gleichheit vor dem Gesetz.

Daneben ist anzumerken, dass das Abstellen auf Gebäude vor dem 1.1.1945 rechtlich unhaltbar ist. Es existieren auch nach dem 1.1.1945 errichtete Gebäude von qualitätsvollem Äußerem. Die Architektur hat 1945 keinen sachlichen Sprung in anderer wissenschaftlicher Hinsicht gemacht. Dass zunächst billiger gebaut werden musste, ist dafür kein maßgebliches Argument. Die Nov 2018 basiert auf dem Initiativantrag LG – 470697 – 2018 LAT und trat am 30.6.2018 in Kraft. S auch Anm und Jud in den Übergangsbestimmungen der Nov 2018.

15a) Die Bestimmung des Abs 1 lit d wurde mit BO-Nov 2023 erweitert und bzgl der wirtschaftlichen Abbruchreife verschärft. § 60 Abs 1 lit d idF BO-Nov 2023 ist auch auf Verfahren anzuwenden, die nach dem 1.7.2023 anhängig gemacht wurden (ÜB gem Art V Abs 4 BO-Nov 2023). Es wurden keine gesonderten Einreichunterlagen normiert, die Behörde kann aber gem § 63 Abs 2 erforderliche Unterlagen einfordern.

15b) In der beschlussfassenden Sitzung des Landtages vom 23.11.2023 wurde mit Abänderungsantrag PGL-1415187-2023-LAT die Wortfolge „*schuldhafte Vernachlässigung*" durch die Wortfolge „*fahrlässige oder vorsätzliche Vernachlässigung*" ersetzt. Auch wenn dies juristisch keine Änderung bedeutet, bringen die diesbezügliche Begründung und Debatte im Landtag doch deutlich die Intention zum Ausdruck, dass vor dem Hintergrund bestehender Instandhaltungspflichten selbst „nur" fahrlässiges Verhalten keine „Ausrede" für den Zustand des Gebäudes bilden soll.

15c) Das Verschulden als Kriterium ist in der Form neu in der materiellen BO und durchaus systemfremd. Eine Anwendung der Regelungen des VStG im Bewilligungsverfahren ist nicht normiert, wird aber bzgl der Anforderungen an das Verschulden anzunehmen sein. Der Gesetzgeber nimmt offenbar die Geltung der Grundsätze des § 5 VStG und § 6 Abs 1 StGB auch hier an.

Bei Verletzung der Instandhaltungspflicht ist Fahrlässigkeit dann ohne weiteres anzunehmen, wenn der Antragsteller nicht glaubhaft macht, dass den Eigentümer an der Verletzung dieser Verpflichtung kein Verschulden trifft. Da es sich bei den Anforderungen, dass kein schuldhaft verursachter Sanierungsrückstau vorliegt, um Kriterien zur Erteilung der beantragten Bewilligung handelt, ist dies auch vom Antragsteller im Antrag darzulegen bzw glaubhaft zu machen.

15d) Die Frage der wirtschaftlichen Abbruchreife und der Zulässigkeit/Erforderlichkeit eines Abbruchs steht im engen Zusammenhang mit den Anforderungen zur Zulässigkeit von Instandsetzungsaufträgen iSd § 129. Eine Abbruchbewilligung iSd § 60 Abs 1 lit d kommt daher auch nur in Betracht soweit Gebrechen vorliegen, die einem Instandsetzungsauftrag iSd § 129 zugänglich wären. Darüber hinausgehende Verbesserungen können ggf im Rahmen von Ertragsoptimierungspotentialen berücksichtigt werden. Das Vorliegen von Gebrechen iSd § 129 und das ohne Verschulden, ist Voraussetzung für eine weitere wirtschaftliche Bewertung.

15e) Es müssen somit eine Art Bebauungsstudien mit verschiedenen Varianten gemacht werden. Die Maßnahmen müssen eine Steigerung der Ertragsmöglichkeiten bringen, nicht nur etwa eine bauliche Verbesserung. Es sind auch Maßnahmen umfasst, die einer Bewilligung oder Bauanzeige bedürfen. Es muss daher eine baurechtliche Bewilligungsfähigkeit und sonstige rechtliche Umsetzbarkeit anzunehmen sein. Daher werden ggf erforderliche Ausnahmebewilligungen idR bedingt zu berücksichtigen sein. Eine Berücksichtigung einer Ausnahmebewilligung iSd § 69 ist daher einerseits problematisch. Andererseits siehe gerade auch die neue § 69 Abs 2 Z 3 BO bzgl Maßnahmen für Erhalt und Sanierung geschützter Gebäude. Sonstige rechtliche Einschränkungen können sich etwa aus dem Zivilrecht (zB Bestandsverhältnisse) oder dem Denkmalschutz ergeben. Es wird jedenfalls nicht ein Detaillierungsgrad einer Einreichplanung erforderlich sein. Eine Berücksichtigung von Maßnahmen als Ertragsoptimierungspotentiale im Rahmen einer Abbruchbewilligung gibt jedenfalls keinen Rechtsanspruch für eine nachfolgende Bewilligung eben dieser Maßnahmen. Sollten diese Maßnahmen zur Bewilligung der Errichtung nachfolgend eingereicht, aber versagt werden, so wäre das Verfahren zur Abbruchbewilligung wieder aufzunehmen.

16) Die Inkonsequenz der Gesetzesredakteure zeigt sich auch hier, da in § 7 Abs 4 und in § 129 Abs 4 und 10 die „baulichen Ziergegenstände" auf „Bauwerksteile" geändert wurden, hier aber nicht.

17) Dies gilt auch bei Gewerbebetrieben, da nach der Bauordnung andere Gesichtspunkte maßgeblich sind.

18) Wohl aber Bestimmungen des Flächenwidmungsplanes, was auch der Praxis der Baupolizei entspricht.

19) Lit j wurde mit BO-Nov 2023, LGBl 2023/37 neu gefasst. Vgl § 62a Abs 1 Z 24a. Damit wird für Fotovoltaikanlagen idR keine Bewilligungspflicht iSd BO mehr gegeben sein. Dies sollte eine Verfahrenserleichterung bringen. Ungeachtet dessen sind weiterhin alle technischen und inhaltlichen Anforderungen zu erfüllen, insb ist das Stadtbild zu beachten.

Judikatur

1) Die Rechtsprechung hat den in der Wiener Bauordnung und ihren Vorgängern nicht durch eine Definition geklärten Begriff der baulichen Anlage bereits seit langem umschrieben, und der VwGH hat an dieser Begriffsbildung auch festgehalten. Schon in dem Erk des k. k. VwGH Slg 13.059/1899 wurde eine Bretterwand als bauliche Anlage gewertet, weil die korrekte Ausführung ein gewisses Maß bautechnischer Kenntnisse voraussetze und weil die Anlage wegen ihrer Beschaffenheit die öffentlichen Interessen zu berühren geeignet sei. Auch nach der nunmehrigen ständigen Rechtsprechung des VwGH (vgl zuletzt das E v 7.3.1956, 672/55) ist unter baulicher Anlage jede Anlage zu verstehen, zu deren Herstellung ein wesentliches Maß bautechnischer Kenntnisse erforderlich, die mit dem Boden in eine gewisse Verbindung gebracht und wegen ihrer Beschaffenheit die öffentlichen Interessen zu berühren geeignet ist (VwGH 10.7.1956, Slg 4125/A).

2) Unter einem „Gebäude" ist ein nach den Regeln der Baukunst durch Umfassungsmauern oder Wände umschlossener Raum anzusehen (VwGH 10.7.1956, Slg 4125/A; vgl auch die E des VwGH v 28.1.1963, Slg 5951/A, v 8.2.1965, 790/64, und v 26.5.1959, 261, 276/57). S nunmehr die Begriffsbestimmung in § 60.

3) Bei der Auslegung der Vorschriften der Bauordnung über die Bewilligungspflicht baulicher Herstellungen ist davon auszugehen, daß der Gesetzgeber die aus der Eigentumsordnung des bürgerlichen Rechtes erfließende Baufreiheit nicht schlechthin beseitigen wollte, sondern nur hinsichtlich solcher Maßnahmen, die geeignet sind, die bei einer Bauführung zu berücksichtigenden öffentlichen Interessen zu berühren. Es ist daher auch eine Änderung der inneren Einteilung der Räume nur dann bewilligungspflichtig, wenn hiedurch öffentliche Interessen berührt werden. Welcher Art diese öffentlichen Interessen sind, ist in der zitierten Gesetzesstelle gesagt (VwGH 9.9.1963, Slg 6084/A; vgl auch das E des VwGH v 11.11.1958, 2047/56).

4) Sind Maßnahmen nicht an eine Bewilligung gebunden, dann werden sie auch nicht deshalb bewilligungspflichtig, weil hiefür um die baubehördliche Bewilligung angesucht wurde (VwGH 4.11.1960, Slg 5408/A).

5) Wenn der Spruch des Bescheides Begriffe verwendet, die der Bauordnung fremd sind („bauliche Umgestaltungen"), dann ist für die Beantwortung der Frage, ob es sich um einen Zubau oder einen Umbau handelt, der genehmigte Bauplan heranzuziehen (VwGH 23.1.1962, Slg 5702/A).

6) Bauliche Abänderungen im Bereich eines Ganges sind dann unzulässig, wenn die Belichtungsverhältnisse für Küchen, welche nach der Bauordnung von 1883 errichtet wurden, beeinträchtigt werden (VwGH 1.7.1963, 425/63).

7) Eine Kranbahn ist nach § 60 Abs 1 lit b BO genehmigungspflichtig (VwGH 10.7.1956, Slg 4125/A).

8) Ein ohne Erneuerungsabsicht vorgenommenes Abschlagen der Straßenschaufläche ist gem § 60 Abs 1 lit c BO (Änderung des äußeren Ansehens der Bauanlage) genehmigungspflichtig (VwGH 15.5.1962, 47/62).

9) Die bloße Umwidmung eines Lagerraumes in einen Arbeitsraum ist bewilligungspflichtig (VwGH 9.9.1963, Slg 6084/A). Vgl jedoch § 62 Abs 1 Z 4.

10) Ein betoniertes Fundament ist schon an sich eine genehmigungspflichtige Bauanlage, weil zur Herstellung desselben ein gewisses Maß an technischen Kenntnissen erforderlich ist, weil es mit dem Boden in eine gewisse Verbindung gebracht wird und weil es dazu dient, die Last eines darauf errichteten oder zu errichtenden Gebäudes zu tragen, es daher durch eine Errichtung auch die öffentlichen Interessen beeinträchtigt (VwGH 8.2.1965, 790/64).

11) Die Einbeziehung eines Gangteiles in eine Wohnung ist genehmigungspflichtig (VwGH 17.11.1952, 1579/51). Vgl jetzt § 62 Abs 1 Z 4.

12a) Die Aufstellung einer Abschlußmauer ist jedenfalls genehmigungspflichtig, wenn dadurch die Belichtungsverhältnisse eines Aufenthaltsraumes beeinträchtigt werden.

12b) Ist zur Beheizung eines durch Änderung der inneren Einteilung der Räume neu geschaffenen Raumes die Errichtung einer über den Gang führenden Poterie notwendig, so ist die Genehmigungspflicht gegeben.

12c) Eine Änderung der inneren Einteilung der Räume ist nur dann bewilligungspflichtig, wenn hiedurch öffentliche Interessen berührt werden (VwGH 11.11.1958, 2047/56). S nun § 62 Abs 1 Z 4.

13) Die Herstellung einer Öffnung in einer Feuermauer ist bewilligungspflichtig gem § 60 BO. Ein Auftrag zur Beseitigung einer derartigen Öffnung kann daher nur dann rechtswidrig sein, wenn der baupolizeiliche Auftrag trotz Vorliegens einer solchen Bewilligung erteilt wurde (VwGH 15.9.1959, 537/59).

14) Die Errichtung eines Kioskes im Hausflur eines bestehenden Gebäudes bedarf deswegen einer baubehördlichen Bewilligung im Sinne des § 60 Abs 1 lit c BO, weil es sich jedenfalls um eine Abänderung an einem bestehenden Gebäude, die von Einfluß auf die Feuersicherheit ist, handelt, da hiedurch der Fluchtweg der Benützer des Gebäudes im Brandfall oder in einem sonstigen Katastrophenfall beeinträchtigt ist (VwGH 8.3.1960, 1674/59). S aber auch § 62a Abs 1 Z 7.

15) Die Errichtung einer Drainageleitung ist bewilligungspflichtig (VwGH 15.1.1968, Slg 7265/A). Wohl nicht überholt.

16) Die Errichtung eines Schuppens ist auch dann bewilligungspflichtig, wenn dieser an derselben Stelle und in der gleichen Art wie der früher dort bestandene baufällige Schuppen errichtet wurde, weil genehmigungspflichtig die Bauführung ist (VwGH 3.11.1969, 995/69). S aber auch § 62a Z 5 und 6.

17) Bewilligungspflichtig sind Veränderungen, durch die das von den Baubehörden zu wahrende öffentliche Interesse berührt wird. Ob das Interesse tatsächlich berührt wird, ist für die Genehmigungsfähigkeit, nicht aber für die Bewilligungspflicht von Bedeutung. Eine bewilligungspflichtige Raumänderung liegt nur dann vor, wenn entweder der Raum regelmäßig oder ausschließlich auf eine mit der im Konsens ausgewiesenen Widmungsbezeichnung nicht übereinstimmenden Weise verwendet wird, so daß die eine Verwendungsart an die Stelle der anderen getreten ist, oder aber die widmungsfremde Benützung mit der konsensgemäßen schlechthin unvereinbar ist (VwGH 29.11.1972, Slg 8327/A). S nunmehr § 62 Abs 1 nF.

18) Die Änderung der Widmung von Wohnung in Büro ist ebenso wie die Vereinigung zweier Wohnungen bewilligungspflichtig (VwGH 29.11.1972, Slg 8327/A).

19) Das Gesetz bietet keinen Anhaltspunkt für die Auslegung, daß die unterirdische Ausführung eines Gebäudes diesem die Eigenschaft als Gebäude nimmt (VwGH 7.10.1974, 1954/73). S aber § 62a Abs 1 Z 18.

20a) Zum Begriff eines Gebäudes gehört es, daß der umschlossene Raum nach den Regeln der Baukunst, also durch Aneinanderfügen von Baustoffen, geschaffen wird; dies trifft auf eine Traglufthalle, deren Abdeckung aus flexiblem Kunststoff besteht und durch einen Überdruck innerhalb des Raumes gehalten wird, nicht zu.

20b) Wird eine Traglufthalle mit einem Betonfundament versehen, so ist die Gesamtanlage eine „sonstige bauliche Anlage" nach § 60 Abs 1 lit b BO (VwGH 21.4.1975, Slg 8812/A).

21) Unter einem Bau (Bauwerk, Bauanlage, Baulichkeit) ist jede Anlage zu verstehen, zu deren Herstellung ein wesentliches Maß bautechnischer Kenntnis erforderlich ist, die mit dem Boden in eine gewisse Verbindung gebracht ist und die wegen ihrer Beschaffenheit die öffentlichen Interessen zu berühren geeignet ist. Die „Verbindung mit dem Boden" ist auch dann anzunehmen, wenn eine Anlage zwar so, wie sie ausgeführt wurde bzw ausgeführt werden soll, keine Verbindung mit dem Boden hat, eine solche aber bei ordnungsgemäßer Ausführung nach den Regeln der technischen Wissenschaften haben müßte. Das Kriterium der Notwendigkeit bautechnischer Kenntnisse muß auch dann angenommen werden, wenn eine Anlage zwar laienhaft gestaltet ist bzw gestaltet werden soll, nach den Regeln der technischen Wissenschaften aber einer Ausführung unter Verwertung bautechnischer Kenntnisse bedürfte, wozu auch Erkenntnisse auf dem Gebiet der Statik gehören, weil sonst auch in dieser Beziehung der widersinnige Zustand einträte, daß eine nicht ordnungsgemäß ausgeführte Anlage bewilligungsfrei bliebe, während eine ordnungsgemäß ausgeführte Anlage einer Bewilligung unterworfen wäre (VwGH 17.10.1978, Slg 9657/A, zur Kä BO).

22) Es kann der Auffassung der belangten Behörde nicht entgegengetreten werden, daß eine Wand angesichts ihres Ausmaßes von 11,90 m × 11,80 m einer Beanspruchung durch Wind ausgesetzt ist und erst nach rechnerischer Ermittlung derselben überlegt werden kann, wie dieser Windlast durch geeignete Steher und Fundamente begegnet werden kann, wobei schließlich auch noch die Eigenschaften des Bodens zu berücksichtigen sind. Die Beschaffenheit der Wand ist somit offenkundig geeignet (vgl § 45 Abs 1 AVG), öffentliche Rücksichten zu berühren, wenn man davon ausgeht, daß durch eine unsachgemäß errichtete Wand der in Rede stehenden Art und Größe, insbesondere auch angesichts des Ortes ihrer Aufstellung, eine Gefährdung der körperlichen Sicherheit von Personen eintreten kann (VwGH 31.1.1980, 2769/79). S auch § 62a Abs 1 Z 27.

23) Nimmt eine projektierte Ladenstraße (unter Außerachtlassung der zugehörigen Verbindungswege) von einer Gesamtnutzfläche der Tiefgarage von circa 30.000 m² immerhin eine vom Garagenbereich abgesonderte Fläche von rund 2400 m² ein, kann nicht mehr davon die Rede sein, daß die geplante Änderung den Gesamtcharakter des Gebäudes unverändert lassen würde. Es liegt daher ein Umbau im Sinne des § 60 Abs 1 lit a BO vor (VwGH 23.12.1980, Slg 10.330/A).

24) Eine baubehördliche Bewilligung für die Errichtung einer (Einfriedungs) Mauer ist auch dann erforderlich, wenn für eine früher errichtete Mauer schon eine Baubewilligung bestanden hat, weil dieser Baukonsens durch die Abtragung der Mauer untergegangen ist (vgl das E v 17.12.1979, 1559/79). Der Umstand, daß mit Organen der Stadt Wien als Privatrechtsträger eine Vereinbarung über die Errichtung der Mauer erzielt worden ist, konnte mangels einer diesbezüglichen Ausnahmeregelung nicht bewirken, daß für diese Bauführung keine Baubewilligung durch die Baubehörde erforderlich ist (VwGH 21.9.1982, 82/05/0074). S auch § 62a Abs 1 Z 21.

25) *derzeit frei*

26) Die in einer Baubewilligung aufgenommene Vorschreibung, den Vorgarten einzufrieden, vermag eine für eine fundierte Einfriedung erforderliche Baubewilligung nicht zu ersetzen (VwGH 5.3.1985, 83/05/0022, BauSlg 402).

27) Die Umgestaltung eines Wirtschaftsgebäudes bzw eines Schweizerhäuschens in eine Garage stellt einen Umbau dar (VwGH 5.3.1985, 81/05/0092, BauSlg 401).

28a) Zur Klärung der Frage der Bewilligungspflicht bestimmter Anlagen bedarf es mitunter des Gutachtens eines technischen Amtssachverständigen, das jedenfalls einen ausreichenden Befund zu enthalten hat (VwGH 2.7.1985, 83/05/0182, BauSlg 476).

28b) Die bloße Behauptung eines Amtssachverständigen, ein besonderes Maß bautechnischer Kenntnisse sei nicht erforderlich, reicht zur Verneinung der Bewilligungspflicht nicht aus (VwGH 7.5.1987, 86/06/0266, zur Stmk BO).

29) Die Färbelung einer Fassade mit grellen Farben unterliegt der Bewilligungspflicht nach § 41 Abs 1 lit d OÖ BO (VwGH 14.1.1986, 85/05/0083, BauSlg 608).

30) Auch die Anbringung einer Klebefolie auf Portalflächen eines Hauses kann der baubehördlichen Bewilligung – Änderung des äußeren Ansehens – bedürfen (VwGH 22.9.1987, 87/05/0098).

31) Die Errichtung einer fundierten Einfriedung an der Baulinie, in deren Zuge Fundamente zum Teil neu eingegossen werden, ist eine bewilligungspflichtige bauliche Maßnahme sowohl gem § 60 Abs 1 lit b BO als auch eine solche gem § 60 Abs 1 lit c BO, da unsachgemäß errichtete Einfriedungspfeiler aus Beton eine Gefahr für Menschen darstellen können, und daher das gesetzliche Kriterium des Einflusses der Änderung oder Instandsetzung einer baulichen Anlage auf die Festigkeit erfüllt ist (VwGH 20.9.1988, 88/05/0116, BauSlg 1168).

32) Die Herstellung eines Mauerdurchbruches mit den Ausmaßen ca 25 × 15 cm ist nicht nur von Einfluß auf die Feuersicherheit, sondern wegen des Entstehens von Zugluft auch von Einfluß auf die gesundheitlichen Verhältnisse und bedarf dementsprechend gem § 60 Abs 1 lit c BO einer Baubewilligung (VwGH 24.4.1990, 89/05/0164).

33) Die Errichtung eines Flugdaches, einer Hofüberdeckung sowie die Herstellung einer Heurigenschank in einem bisherigen Stall ändern die Identität eines Gebäudes derart, daß die projektierte Bauführung im Bereich des Stallgebäudes als Umbau iSd § 60 Abs 1 lit a BO zu werten ist. Der Umbau, die Hofüberdachung und das Flugdach bedürfen somit einer Baubewilligung gem § 60 Abs 1 lit a BO (VwGH 29.5.1990, 89/05/239, 90/05/090).

34) Änderungen der Höhenlage iSd § 60 Abs 1 lit g BO können im Rahmen des Baubewilligungsverfahrens betr die Bebauung der Grundflächen vorgesehen werden; ein gesondertes Verfahren ist nicht erforderlich (VwGH 26.6.1990, 90/05/0034).

35) Die Errichtung von Kipptoren unterliegt der Bewilligungspflicht gem § 60 Abs 1 lit b bzw lit c BO, weil sie von Einfluß auf die Festigkeit eines Gebäudes und die gesundheitlichen Verhältnisse ist und zur ordnungsgemäßen Herstellung der Verankerung von Kipptoren ein wesentliches Maß bautechnischer Kenntnisse erforderlich ist (VwGH 25.9.1990, 90/05/0072).

36) Nach § 57 Abs 1 lit c Stmk BO – ähnlich § 60 Abs 1 lit c WBO – kommt es nicht darauf an, daß die Bauführung hinsichtlich der genannten Kriterien der Bewilligungspflicht von nachteiligem Einfluß ist, sondern es genügt, daß die abstrakte Möglichkeit eines Einflusses besteht. **Die Bewilligungspflicht wird bereits durch die Möglichkeit eines Einflusses ausgelöst.** Es ist somit die abstrakte Gefahr, welche die Bewilligungspflicht begründet, von einer konkreten Gefahr, die ein bestimmtes Bauprojekt herbeizuführen geeignet ist, und die Ablehnung des Bauansuchens nach sich ziehen muß, zu unterscheiden (vgl das zur insoweit gleichgelagerten TBO ergangene E v 11.9.1986, 84/06/0151, BauSlg 738). Es besteht kein Zweifel, daß Arbeiten zur Unterfangung der Fundamente Bauveränderungen darstellen, die auf die Festigkeit und Sicherheit von Einfluß sein können (VwGH 23.1.1992, 90/06/0129).

37) Aus Abstandsbestimmungen, Bestimmungen über Fluchtlinien und Bestimmungen über die Bauweise erwachsen grundsätzlich subjektive öffentliche Nachbarrechte, so daß eine Instandsetzungsmaßnahme in Form von Erneuerung des Verputzes an einer bestehenden Feuermauer, würde sie die Grundgrenze überschreiten, jedenfalls bewilligungspflichtig iSd § 60 Abs 1 lit c WBO wäre (VwGH 13.4.1993, 90/05/0233).

38a) War eine Baumaßnahme bewilligungspflichtig, ändert eine frühere andere Beurteilung nichts an der Bewilligungspflicht. Eine solche Rechtsauskunft vermag allenfalls eine Bestrafung ohne Bewilligung auszuschließen; darüber hinaus könnte sie Basis für Schadensersatzforderungen nach dem Amtshaftungsgesetz gegenüber der Gemeinde sein.

38b) Schon allein die Möglichkeit der Beeinflussung der Festigkeit eines Baues bewirkt die Bewilligungspflicht gem § 2 Abs 1 lit d Sa BaupolG. Es kommt daher nicht darauf an, ob eine Änderung eines Baues auch tatsächlich die Festigkeit verändert, um die Bewilligungspflicht zu begründen, sondern lediglich darauf, ob eine solche Möglichkeit besteht (VwGH 16.12.1993, 90/06/0154).

39) Maueröffnungen sind zufolge § 60 Abs 1 lit c WBO bewilligungspflichtig, weil durch sie das äußere Ansehen des Gebäudes verändert wird (VwGH 29.3.1994, 93/05/0289, BauSlg 65).

40) Die Errichtung eines 15 m hohen Stahlmastes (hier: für eine Antennenanlage), auch wenn er (lediglich) „aus physikalischen Gründen" eine derartige Höhe aufweist, bedarf iSd § 60 Abs 1 lit b BO eines wesentlichen Maßes bautechnischer Kenntnisse, woran auch der Umstand nichts zu ändern vermag, daß „die statische Stabilität durch das Fundament begründet wird und nicht durch den Gittermast", weil es nicht nur darauf ankommt, daß der Gittermast selbst den statischen Anforderungen entspricht, sondern auch wesentlich ist, daß er in der Fundamentplatte kippsicher verankert wird. Es kommt daher auch nicht darauf an, daß es sich „bei dieser Antennenanlage nicht um eine handelt, die zum Empfang eines Fernsehprogrammes und Rundfunkprogrammes dient, sondern um eine notwendige Antenne für den Empfang von Programmen, die mit üblichen Dachantennen nicht empfangen werden können". Öffentliche Rücksichten werden durch diesen Gittermast jedenfalls wegen seines möglichen Einflusses auf das örtliche Stadtbild iSd § 85 Abs 2 BO berührt. Für die Bejahung der Bewilligungspflicht ist nicht wesentlich, ob die bauliche Anlage einen positiven oder negativen Einfluß auf das örtliche Stadtbild ausüben wird, sondern es genügt bereits das Vorhandensein dieses Einflusses (VwGH 10.5.1994, 94/05/0074, BauSlg 106).

41) Ein (ein Gartenhaus darstellendes) nicht unterkellertes ebenerdiges Gebäude mit den Maßen 14,58 mal 4,54 m war gem der WBO 1883 und ist gem § 60 Abs 1 lit a WBO bewilligungspflichtig (VwGH 20.9.1994, 94/05/0109, BauSlg 202).

42) Die Entfernung von Fenstern und Türen, die Abmauerung eines Türdurchbruches und die Verkleidung eines Lichtschachtes stellen bauliche Maßnahmen dar, die als Änderung eines Gebäudes zu qualifizieren sind, für welche eine Baubewilligung gem § 60 Abs 1 lit c WBO zu erwirken ist (VwGH 29.11.1994, 94/05/0175, BauSlg 269).

43) Nach Auffassung des Bfrs habe die belangte Behörde übersehen, daß von ihm ein bestehendes Gebäude, für welches eine Baubewilligung vorgelegen sei, lediglich zum Teil entfernt und im Rahmen des alten Bestandes zum Teil ein neues Gebäude errichtet worden sei. Es liege kein genehmigungspflichtiger Bau gem § 60 BO vor, sondern es sei das Bauprojekt als Ausbesserung zu werten.

Mit diesem Vorbringen ist der Bfr nicht im Recht. Er selbst bestreitet in der Beschwerde nicht, dass er auf den Fundamenten des alten Wohnhauses und der alten Einfriedungsmauer ein neues Wohnhaus und eine neue Einfriedungsmauer errichtet hat. Nach der ausdrücklichen Anordnung in § 60 Abs 1 lit a BO liegt ein Neubau auch dann vor, wenn die Fundamente oder Kellermauern bestehender Baulichkeiten ganz oder teilweise wieder benützt werden. Von dem Vorliegen einer bloßen Ausbesserung kann im vorliegenden Fall daher nicht gesprochen werden (VwGH 30.5.1995, 95/05/0118, BauSlg 108).

44) Im Beschwerdefall wurde die Baubewilligung für bestimmte Änderungen an einer Tankstelle beantragt. Ua sollten der Lagerbehälter mit zwei Kammern zu je 10.000 Liter, sämtliche Abgabestellen (Pumpen) und alle dazugehörigen Verrohrungen abgebrochen und der für die Befüllung notwendige vorhandene Füllschacht im Einfahrtsbereich stillgelegt werden. Neu sollten ein 40 Kubikmeter fassender Lagerbehälter mit vier Kammern zu je 10.000 Liter eingebaut und zwei Multiproduktzapfsäulen aufgestellt werden. Die Befüllung sollte über einen neu herzustellenden zentralen Füllschacht im Einfahrtsbereich außerhalb des unterkellerten Gebäudeteiles erfolgen. Die gesamte Anlage sollte mit einem Gasrückführsystem ausgestattet werden. Dieses Vorhaben (und zwar schon allein der Füllschacht samt den Rohr-leitungen) ist gem § 60 Abs 1 lit b BO bewilligungspflichtig, weil es sich um eine sonstige bauliche Anlage unter der Erde handelt, zu deren Herstellung ein wesentliches Maß bautechnischer Kenntnisse erforderlich ist, die mit dem Boden in eine kraftschlüssige Verbindung gebracht wird und wegen ihrer Beschaffenheit geeignet ist, öffentliche Rücksichten zu berühren. An dieser Bewilligungspflicht ändert der Umstand nichts, daß schon vorher an benachbarter Stelle ein Füllschacht errichtet war (VwGH 19.9.1995, 93/05/0105, BauSlg 200).

45) Die Überdachung einer Terrasse stellt eine Maßnahme iSd § 60 Abs 1 lit c BO dar, durch die das äußere Ansehen des Gebäudes geändert wird (VwGH 27.2.1996, 95/05/0052, BauSlg 43).

46) Ein Neubau (die Errichtung eines neuen Gebäudes) liegt gem § 60 Abs 1 lit a BO auch dann vor, wenn nach Abtragung bestehender Baulichkeiten die Fundamente oder Kellermauern ganz oder teilweise benützt werden. Festgestellt wurde die Errichtung dreier neuer Außenwände auf zum Teil neuen Fundamenten; am Vorliegen eines Neubaues iSd § 60 Abs 1 lit a BO besteht unter diesen Umständen kein Zweifel, wobei es dahin stehen kann, ob für den Altbestand eine Baubewilligung existiert hat oder nicht und ob der Altbestand ein Holzhaus oder ein mit Holz verkleideter Hohlziegelbau war.

Im Übrigen rechtfertigt bereits die Abtragung und Wiedererrichtung einer tragenden Außenmauer ohne Baubewilligung eine Baueinstellung nach § 127 Abs 8 lit a BO (s E 13.12.1983, 05/2840/80, BauSlg 156); im Beschwerdefall wurden sogar drei Außenwände neu errichtet, weshalb die Baueinstellung zu Recht verfügt worden ist (VwGH 17.9.1996, 94/05/0071, BauSlg 226).

47) In seinen Erkenntnissen vom 24. April 1979, Zl 835/76, sowie vom 16. Februar 1982, Zlen 81/05/0132, 0133, hat der Verwaltungsgerichtshof bereits ausgesprochen, daß die Errichtung einer Schießstätte nur dann und insoweit einer baupolizeilichen Bewilligung unterliegt, als darauf bauliche Anlagen errichtet werden (VwGH 31.8.1999, 99/05/0066, BauSlg 169, zur OÖ BO 1994).

S aber auch § 61.

48) Wenn der Bfr meint, die vorliegende Schirmbar sei fertig vorkonstruiert und werde im Sinne der TBO nicht hergestellt und bedürfe die Montage keinerlei bautechnischer Kenntnisse, ist ihm entgegenzuhalten, daß nach ständiger Rechtsprechung des VwGH bei baulichen Konstruktionen zur Herstellung eines abgeschlossenen Raumes nicht im Einzelnen die Frage geprüft zu werden braucht, inwieweit für die Herstellung ein gewisses Maß bautechnischer Kenntnisse erforderlich ist, weil bauliche Anlagen, die von Menschen betreten werden können, stets gewisse bautechnische Kenntnisse erfordern (vgl E 30.4.1998, 97/06/0111, und die in diesem dazu zitierte Vorjudikatur). Es kommt nach der hg Judikatur (vgl das zitierte Erkenntnis) im Übrigen auch nicht darauf an, ob bei der Errichtung einer baulichen Anlage (hier der

Schirmbar) fachtechnische Kenntnisse angewendet wurden, sondern nur darauf, ob diese für eine werkgerechte Errichtung notwendig gewesen wären. Dies ist im vorliegenden Fall zu bejahen.

Eine Verbindung mit dem Boden ist nach der hg Judikatur (vgl das zitierte Erkenntnis 97/06/0111 zu dem Kriterium „mit dem Erdboden verbunden") selbst dann anzunehmen, wenn eine Anlage zwar so, wie sie ausgeführt wurde, keine Verbindung mit dem Boden hat, eine solche aber bei ordnungsgemäßer Ausführung nach den Regeln der technischen Wissenschaften hätte haben müssen. Es kommt auch nicht auf die rasche Montage- oder Demontagemöglichkeit an, sondern nur darauf, ob die Anlage bei werkgerechter Herstellung im Boden sturm- und betriebssicher verankert sein muß. Es ist das Vorliegen des vom Bfr bestrittenen Kriteriums der Verbindung mit dem Boden bei dem vorliegenden Bauvorhaben jedenfalls zu bejahen (VwGH 23.12.1999, 99/06/0179, BauSlg 264, zur TBO).

49) Durch die Erneuerung von Wänden, des Bodens und des Daches wird ein neues Gebäude im Sinne des § 92 Abs 1 Z 1 NÖ BO geschaffen (s E 20.12.1994, 92/05/0240). Unter Instandsetzung sind alle jene Maßnahmen zu verstehen, welche dazu dienen, das Gebäude in seiner Substanz zu erhalten; wenn sämtliche raumbildenden Teile, die das Gebäude ergeben, neu errichtet werden müssen, liegt keine Instandsetzung, sondern ein Neubau vor (s E 21.9.1993, 93/05/0069) (VwGH 7.3.2000, 96/05/0060, BauSlg 43 – nur Rechtssatz zur NÖ BO).

50) Der VwGH hat im Erkenntnis vom 11.12.1990, 88/05/0264, ausgeführt, dass die **Umwidmung einzelner Räume einer Wohnung,** ohne dass diese als solche verloren ginge, nicht der Umwidmung „von Wohnungen", also des gesamten Objektes gleichgehalten werden kann. Damit gelangte der VwGH nach der damaligen Rechtslage zum Ergebnis, dass in einem solchen Fall keine Parteistellung der anderen Wohnungseigentümer, und damit auch nicht das Erfordernis ihrer Zustimmung bestand.

Es besteht kein Anlass, das Merkmal „Umwidmung von Wohnungen" im Rahmen des § 62 Abs 1 BO anders auszulegen. Wenn die Verwendung von weit weniger als der Hälfte der Wohnnutzfläche (hier 82 m^2 von 219 m^2) geändert werden soll, kann von einer Umwidmung der Wohnung noch keine Rede sein. Dazu kommt im Beschwerdefall, dass es sich um eine Ordination handelt; die belangte Behörde verweist zu Recht auf § 6 Abs 17 BO (in der Fassung der Nov LGBl 28/1987), wonach ein Aufenthaltsraum auch dann als Wohnung oder Teil einer Wohnung verwendet wird, wenn in ihm auch Tätigkeiten ausgeübt werden, die zwar nicht unmittelbar Wohnzwecken dienen, jedoch üblicherweise in Wohnungen ausgeübt werden; diese Bestimmung findet sich nunmehr in § 7a Abs 3 zweiter Satz BO. Die EB zur Nov LGBl 28/1987 (wiedergegeben bei *Geuder/Hauer*, Das Wiener Baurecht[3], 73) zählen ua Arztordinationen als in Verbindung mit einer Wohnung miterfasst auf. Auch das spricht dafür, dass bei einer teilweisen Veränderung einer Wohnung durch Einrichtung einer Arztordination von einer Umwidmung von Wohnungen im Sinne des § 62 Abs 1 BO keine Rede sein kann.

Die von der Bfrin vorgenommene Qualifikation als „Großordination" kann bei einer Zahnarztpraxis auf einer Nutzfläche von 82 m^2 nicht nachvollzogen werden; entscheidend ist, dass hier der Rahmen einer üblicherweise in einer Wohnung ausgeübten Arztpraxis keineswegs gesprengt wird und nur Teile einer Wohnung betroffen sind (VwGH 26.4.2000, 96/05/0133, BauSlg 87).

51) Dem Gesetz ist nicht zu entnehmen, dass eine „ortsbewegliche Ausgestaltung" nur dann gegeben wäre, wenn das Objekt sofort und jederzeit fahrtauglich ist. Eine „ortsbewegliche Ausgestaltung" wird in der Regel dann nicht anzunehmen sein, wenn die Fahrtüchtigkeit nur mit unverhältnismäßigen Mitteln hergestellt werden kann. Zutreffend hat die belangte Behörde im angefochtenen Bescheid den Umstand, dass die Räder zunächst rund 30 cm eingegraben waren, und der Wagen unterstellt war, nicht als solches Hindernis angesehen (vgl dazu abermals das bereits genannte hg Erkenntnis vom 22. September 1992, Zl 89/06/0201). Entgegen der Auffassung der belangten Behörde ist aber auch nicht hervorgekommen, dass der festgestellte Zustand der Reifen und der Umstand, dass die Bremsen nicht angeschlossen sind, ein solches Hindernis wären: Zu Recht verweist die Beschwerdeführerin in der Beschwerde darauf, dass die Reifen (oder auch die Räder) gewechselt und im Bedarfsfall die Bremsen wieder angeschlossen werden können, was vorweg nicht als unverhältnismäßige Maßnahme im zuvor umschriebenen Sinn angesehen werden kann. Gegenteiliges kann aus den Feststellungen der belangten Behörde nicht abgeleitet werden.

Ob ein Objekt mit Rädern „ortsbeweglich ausgestaltet" ist, ergibt sich aus seiner tatsächlichen Beschaffenheit. Es kommt daher in diesem Zusammenhang entgegen der Auffassung der belangten Behörde auch nicht darauf an, ob Berechnungen hinsichtlich der Stahlrahmenkonstruktion vorhanden sind oder nicht, weil das Vorhandensein oder Nichtvorhandensein solcher Berechnungen auf die tatsächliche Beschaffenheit des Objektes keinen Einfluss hat. Die von der belangten Behörde weiters ins Treffen geführte „erhebliche Überbreite" des Objektes schließlich steht der Annahme einer gefahrlosen Fortbewegungsmöglichkeit und damit einer „ortsbeweglichen Ausgestaltung" schon deshalb nicht entgegen, weil der beigezogene Amtssachverständige darauf verwiesen hat, dass solche Objekte (bei Zutreffen der weiteren Voraussetzungen) mit entsprechender Bewilligung (§ 104 Abs 7 KFG 1967) über öffentliche Straßen gezogen werden dürfen (VwGH 22.6.2004, 2003/06/0195, zum Slbg BPG).

52) Nach Ansicht der belangten Behörde verliert ein Raum seine Eigenschaft als solcher, sobald er mit Erde befüllt wird und keine Möglichkeit der Begehbarkeit bzw des Aufenthaltes verbleibt, woraus sie auf die Zulässigkeit des verbleibenden Bauteiles im Seitenabstand schließt. Dabei verkennt sie jedoch, dass ein Raum (vgl dazu § 60 Abs 1 lit a BO) auch dann vorliegt, wenn eine raumbildende bauliche Anlage nach ihrer Fertigstellung mit Material aufgefüllt wird, das jederzeit entfernt werden kann, ohne dass in die Bausubstanz eingegriffen wird (vgl das hg Erkenntnis vom 30. Jänner 2001, Zl 2000/05/0234). Abgesehen davon, dass entgegen der Bescheidbegründung eine Neuerrichtung und nicht eine „Rückabwicklung“ Gegenstand der Baubewilligung ist, ist schließlich noch darauf hinzuweisen, dass im Falle eines Abbruches gem § 129a Abs 2 BO nicht nur die Kellerräume auszufüllen, sondern auch die Kellergewölbe einzuschlagen sind (VwGH 20.7.2004, 2003/05/0215).

53) Die Frage, ob das Schwimmbecken als Nebengebäude im Sinne des § 82 Abs 1 BO anzusehen ist, ist folglich in diesem Zusammenhang relevant. Doch kann das Schwimmbecken schon deshalb nicht unter den Begriff Nebengebäude subsumiert werden, weil es sich dabei nicht um eine raumbildende Anlage im Sinne des § 60 Abs 1 lit a BO handelt; es fehlt ihm die dort geforderte Deckfläche. Auch unter dem Ausdruck „gesondert in Erscheinung tretende Teile eines Gebäudes“ in § 82 Abs 1 BO können nur solche Teile von Gebäuden verstanden werden, die einen Teil einer raumbildenden baulichen Anlage darstellen (vgl das hg Erkenntnis vom 20. Juni 1995, Zl 93/05/0120). Das Schwimmbecken wurde somit zu Recht bei der Berechnung nach § 82 Abs 2 BO nicht berücksichtigt (VwGH 14.11.2006, 2005/05/0078).

54) Gem § 60 Abs 1 lit g BO ist die Veränderung der Höhenlage einer Grundfläche bewilligungspflichtig, soweit sie von Einfluss auf bestehende bauliche Anlagen auf eigenen oder benachbarten Grundflächen und deren widmungsgemäße Verwendung ist. Wie der Verwaltungsgerichtshof in seinem Erkenntnis vom 9. November 2004, Zl 2003/05/0143, ausgesprochen hat, normiert der Gesetzgeber nicht, unter welchen Voraussetzungen die Bewilligung zu erteilen ist. Im vorliegenden Beschwerdefall kann aus dem Einreichplan jedenfalls nicht nachvollzogen werden, dass durch die Geländeveränderungen eine solche faktische Erhöhung der Baulichkeit eintreten würde, dass die bisher mögliche Bebau- und Ausnutzbarkeit der Liegenschaft der Beschwerdeführer dadurch maßgeblich vermindert oder eingeschränkt würde und es zu Beeinträchtigungen von Nachbarrechten käme (VwGH 10.10.2006, 2004/05/0176).

55) Der Verwaltungsgerichtshof hat bereits mehrfach ausgesprochen, dass Regelungen über eine Funkanlage nach dem darauf jeweils anzuwendenden Bundesgesetz einer zusätzlichen baurechtlichen Regelung und gegebenenfalls einer derartigen Bewilligungspflicht aus kompetenzrechtlicher Sicht in Bezug auf in die Landeskompetenz fallende Gesichtspunkte nicht entgegenstehen (vgl das hg Erkenntnis vom 10. Oktober 1995, Zl 95/05/0223, mwN). Soweit es daher um die Beachtung von in die Landeskompetenz „Baurecht“ fallenden Gesichtspunkten geht, kommt eine Zuständigkeit der Baubehörden auch für Fernmeldeanlagen in Betracht (vgl das hg. Erkenntnis vom 7. November

1995, Zl 94/05/0352). Solche Gesichtspunkte sind jedenfalls insofern gegeben, als die Standsicherheit der gegenständlichen Anlage betroffen ist (VwGH 24.4.2007, 2006/05/0224 zur nöBO) – Gesichtspunktetheorie.

56) Die Bewilligung nach dem Wiener Gebrauchsabgabegesetz vermag eine nach der BO erforderliche Bewilligung nicht zu substituieren, zumal dafür (wie im angefochtenen Bescheid zutreffend festgehalten) die in der BO getroffenen Rechtsvorschriften maßgeblich sind (VwGH 30.4.2009, 2006/05/0264).

57) Die belangte Behörde stützte die aktuelle Bewilligungspflicht auf § 60 Abs. 1 lit. c BO, wonach – soweit nicht die §§ 62, 62a oder 70 BO zur Anwendung kommen – bei Änderungen oder Instandsetzungen von Gebäuden und baulichen Anlagen, durch die (u.a.) das äußere Ansehen geändert wird, „vor Beginn" die Bewilligung der Behörde zu erwirken ist.

Dazu ist aber zu bemerken, dass allein die Veränderung des äußeren Ansehens eines Gebäudes oder einer baulichen Anlage nicht bedeuten kann, dass eine Bewilligungsfreiheit nach § 62a Abs. 1 BO jedenfalls nicht in Betracht käme, zumal diese Bestimmung – vgl. insbesondere deren Z. 24 und Z. 33 – Bewilligungsfreiheit für Bauausführungen vorsieht, mit denen üblicherweise eine Änderung des äußeren Ansehens von Gebäuden und baulichen Anlagen einhergehen kann. Es ist nicht zu erkennen, warum dies nicht auch für die im angefochtenen Bescheid für die vorliegende Baulichkeit genannte Z. 5 des § 62a Abs. 1 BO gelten sollte. Der Gerichtshof hat schon in seinem die vorliegende Konstellation betreffenden, bereits zitierten Erkenntnis vom 27. Juni 2006 darauf hingewiesen, es sei nicht von vornherein auszuschließen, dass hier die Bewilligungsfreiheit nach § 62a Abs. 1 BO in Betracht kommt.

In dem Fall wie dem vorliegenden, in dem eine Bewilligungsfreiheit nach § 62a Abs. 1 BO grundsätzlich in Betracht kommen kann, führt daher der Hinweis auf eine Änderung des äußeren Ansehens eines Gebäudes oder einer baulichen Anlage durch eine Bauausführung nicht zu dem Ergebnis, dass eine Bewilligungsfreiheit iSd § 62a BO von vornherein ausscheidet (VwGH 30.4.2009, 2006/05/0264).

58a) Nach der hg. Rechtsprechung beeinträchtigt die Herstellung einer Verbindung mit dem Hauptgebäude den Charakter eines Nebengebäudes nicht, vielmehr kommt es für die Beurteilung der Frage, ob ein Bauwerk als Nebengebäude zu beurteilen ist, auf das äußere Erscheinungsbild an (vgl. das hg. Erkenntnis vom 17. Mai 1999, Zl. 98/05/0241, mwH).

58b) Der in Rede stehende, als eingeschossiger Verbindungsfußweg (nicht ganz 9 m lang und nicht ganz 4 m breit) zwischen zwei etwa 20 m hohen Gebäuden (einem „Straßentrakt" und einem „Hoftrakt") gestaltete Verbindungsgang stellt nach den für das Verständnis des § 82 BO in der soeben zitierten hg. Rechtsprechung maßgeblichen Definitionen in § 60 Abs. 1 lit. a BO einen „Zubau" im Sinn der zuletzt genannten gesetzlichen Bestimmung dar. Ausgehend von den in § 60 Abs. 1 lit. a BO enthaltenen Begriffsbestimmungen für ein Gebäude und für einen Raum vergrößert der Verbindungsgang die zu verbindenden Gebäude jedenfalls in waagrechter Richtung. Er stellt eine raumbildende bauliche Anlage dar, die iSd § 60 Abs. 1 lit. a BO in ihrer Bausubstanz mit den beiden verbundenen Gebäuden eine körperliche Einheit bildet. Damit zählt dieser Verbindungsgang zu beiden Trakten und stellt weder ein eigenständiges Gebäude noch den gesondert in Erscheinung tretenden Teil eines Gebäudes dar, weshalb er nicht unter die Definition des Nebengebäudes nach § 82 Abs. 1 BO fällt. Dass sich dieser eingeschossige Verbindungsfußweg – worauf die Beschwerde hinweist – von den beiden etwa 20 m hohen zu verbindenden Gebäuden (einem „Straßentrakt" und einem „Hoftrakt") in seinem äußerlichen Erscheinungsbild abhebt, vermag daran nichts zu ändern (VwGH 12.10.2010, 2007/05/0143).

59) Das Baubewilligungsverfahren ist im Übrigen ein Projektgenehmigungsverfahren (vgl das hg Erkenntnis vom 16. September 2009, Zl 2007/05/0189), bei dem ausschließlich die zur Bewilligung anstehenden Baupläne von Bedeutung sind, nicht aber andere tatsächliche Ausführungen oder Mutmaßungen über Nutzungen, mögen diese auch auf Grund der baulichen Gegebenheiten möglich sein (VwGH 3.5.2011, 2009/05/0154).

60) Dass durch die Umschließung einer Terrasse mittels einer Holz-Glas-Konstruktion (etwa in der Form eines Wintergartens) die Tatbestandsvoraussetzungen für einen Zubau erfüllt sind, hat der Verwaltungsgerichtshof bereits wiederholt ausgesprochen (vgl etwa das hg Erkenntnis vom 31. März 2005, Zl 2004/05/0118, mwN; ferner etwa das vorzitierte Erkenntnis, Zl 2011/05/0105, mwN) (VwGH 11.10.2011, 2009/05/0161).

61a) Der Verwaltungsgerichtshof hat allerdings schon wiederholt ausgeführt, dass allein die Veränderung des äußeren Ansehens eines Gebäudes oder einer baulichen Anlage nicht bedeuten kann, dass eine Bewilligungsfreiheit nach § 62a Abs 1 BO jedenfalls nicht in Betracht käme, zumal diese Bestimmung – vgl. insbesondere deren Z 24 und Z 33 – Bewilligungsfreiheit für Bauausführungen vorsieht, mit denen üblicherweise eine Änderung des äußeren Ansehens von Gebäuden und baulichen Anlagen einhergehen kann (vgl die hg Erkenntnisse vom 23. Juli 2009, Zl 2006/05/0277, und vom 23. Februar 2010, Zl 2007/05/0064). Es ist nicht zu erkennen, warum dies nicht auch für die im angefochtenen Bescheid für die vorliegende Baulichkeit genannte Z 5 des § 62a Abs 1 BO gelten sollte (vgl das zitierte Erkenntnis Zl 2006/05/0277).

61b) Die im angefochtenen Bescheid erkennbar vertretene Auffassung, dass bei Errichtung einer Baulichkeit iSd § 62a Abs 1 Z 5 BO auf einer Terrasse oder einem Balkon das äußere Ansehen des Gebäudes geändert werde und damit jedenfalls eine Bewilligungspflicht bestehe, erweist sich als nicht zutreffend (vgl das Erkenntnis Zl 2006/05/0277) (VwGH 31.1.2012, 2009/05/0109).

62) Es ist dort, wo eine gärtnerisch auszugestaltende Fläche oder eine Baufluchtlinie festgesetzt wurde, zwar eine bauliche Änderung im Sinne des § 60 Abs 1 lit c BO, nicht aber ein Neu-, Zu- oder Umbau im Sinne des § 60 Abs 1 lit a BO zulässig. Es soll kein Bau erfolgen, der der Realisierung des Bebauungsplans auf – weitere – lange Zeit entgegensteht. Auch aus der Sicht des Schutzes des Nachbarn ist es nicht gleichgültig, welches Bauvorhaben auf der gärtnerisch auszugestaltenden Fläche realisiert werden soll, wenn dort nur bestimmte Bauvorhaben erlaubt sind (vgl das erste Vorerkenntnis bzw das hg Erkenntnis vom 21. Mai 2007, Zl 2005/05/0088, je mwN). Der Dachgeschossausbau gilt gem § 60 Abs 1 lit a letzter Satz BO nicht als Umbau (vgl das hg Erkenntnis vom 3. Mai 2011, Zl 2008/05/0205). Eine im Bebauungsplan festgesetzte gärtnerische Ausgestaltung einer Grundfläche steht daher einem Dachgeschossausbau bei bereits rechtmäßig bestehenden Gebäuden nicht entgegen (vgl die bei *Geuder*, Sammlung des Wiener Baurechts, wiedergegebenen Erläuternden Bemerkungen zur Novelle LGBl Nr 42/1996 des § 60 Abs 3 BO) (VwGH 23.8.2012, Zln 2010/05/0006, 2010/05/0100 bis 0103).

63a) Zwar trifft es für das gegenständliche Projekt zu, dass durch die Änderungen die Raumwidmung im Keller-, Erd- und Obergeschoß nicht verändert wurde, weil gem dem Einreichplan sämtliche Räumlichkeiten des Bauvorhabens wie bisher auch weiterhin der Wohnnutzung dienen. Auf Grund der Veränderung der Höhenlage des Bauwerkes und der damit einhergehenden Versetzung sämtlicher Fenster und Türen und auch Zwischendecken, weiters der Verschiebung zweier Außenwände im Bereich des Keller-, Erd- und Obergeschoßes nach innen und außen, ist aber davon auszugehen, dass durch diese insgesamt so weitgehende Umgestaltung des rechtskräftig bewilligten Gebäudes der ursprüngliche Konsens unterginge und somit die erwähnten Änderungen nicht mehr (nur) als Umbau zu qualifizieren sind, sondern das gegenständliche Bauvorhaben bereits als Neubau zu betrachten wäre, selbst wenn einzelne Wände (wie die nord- und westseitige Außenwand) bestehen blieben und in diesen Neubau einbezogen werden sollten (vgl hiezu etwa die hg Erkenntnisse vom 30. Mai 1995, Zl 95/05/0118, und vom 15. Juni 1999, Zl 95/05/0282). Dem Umstand, dass auch die Raumeinteilung geändert wurde, kommt dabei keine wesentliche Bedeutung zu.

63b) Der Verwaltungsgerichtshof hat bereits mehrmals ausgesprochen, dass die Bewilligung von Zubauten nur dann in Frage kommt, wenn ein Baukonsens hinsichtlich des Bestandes besteht (vgl hiezu das bei *Moritz*, Bauordnung für Wien, 4. Aufl, 2009, S 153 zitierte hg Erkenntnis vom 20. September 2005, Zl 2004/05/0281). Ein Zubau kann (daher) auch schon zu einem Zeitpunkt genehmigt werden, in dem das ursprüngliche Projekt noch nicht ausgeführt, aber jederzeit verwirklichbar ist (vgl das hg Erkenntnis vom 11. Juli 2003, Zl 2001/06/0045) (VwGH 23.8.2012, 2011/05/0111).

64) Auf die Frage, ob die gegenständlichen Container als Gebäude zu qualifizieren sind, sprach der Verwaltungsgerichtshof bereits mehrfach aus, dass Container aus bauliche Anlage, und zwar als Gebäude zu qualifizieren sind. Bautechnische Kenntnisse sind schon bei der Herstellung der Container erforderlich (vgl etwa das hg Erkenntnis vom 31. Jänner 2008, Zl 2007/06/0243, mwN) (VwGH 16.5.2013, 2013/06/0007, zum stmk BauG).

65a) Das gesamte Erdgeschoß sei bisher als Büro genützt und gewidmet gewesen, nach dem vorliegenden Projekt sollten diese Räume als Kindertagesheim verwendet werden. Dadurch erfolge im gesamten Erdgeschoß eine wesentliche Änderung der Raumwidmung, sodass durch diese Nutzungsänderung dieses Geschoß und somit auch das Gebäude als ein anderes anzusehen sei.

65b) Nach dem Einleitungssatz des § 60 Abs 1 BO kommt diese Bestimmung insgesamt nur dann zum Tragen, wenn nicht (ua) § 62 BO zur Anwendung kommt. Entgegen der Auffassung der belangten Behörde kommt es somit nach dem eindeutigen Wortlaut des Gesetzes nicht darauf an, ob ein Umbau oder eine bloße bauliche Änderung im Sinne des § 60 Abs 1 lit a bzw lit c BO vorliegt. Maßgebend ist im gegebenen Fall lediglich, ob die Bauführung die Vorschriften des § 62 Abs 1 BO erfüllt.

In Frage kommt im hier gegenständlichen Zusammenhang § 62 Abs 1 Z 4 BO. Die belangte Behörde hat nicht festgestellt und es ist auch aus den Einreichplänen nicht ersichtlich, dass eine Änderung der äußeren Gestaltung des Bauwerkes durch die geplante Bauführung bewirkt würde. Ebenso ist nicht ersichtlich, dass Wohnungen umgewidmet würden. Die belangte Behörde hat ihre Entscheidung auch nicht darauf gestützt, dass das Bauvorhaben eine Verpflichtung zur Schaffung von Stellplätzen auslöste.

65c) Die belangte Behörde äußerte in der Begründung des angefochtenen Bescheides jedoch Bedenken dagegen, dass auch ein Umbau (wie hier gegeben) bloß anzeigepflichtig sein könnte, und zwar wegen der dann fehlenden Zustimmungspflicht des Grundeigentümers und der dann nicht eingeräumten Nachbarparteistellung aus dem Grunde des § 134 Abs 5 BO.

Dazu ist zunächst festzuhalten, dass ein verfassungsrechtliches Gebot der Zustimmung des Grundeigentümers im baubehördlichen Bewilligungsverfahren nicht besteht (vgl das Erkenntnis des Verfassungsgerichtshofes vom 6. März 1997, B 3509/96) und es angesichts der zivilrechtlichen Stellung des Grundeigentümers auch nicht unsachlich erscheint, wenn der Gesetzgeber bei Baumaßnahmen (wie hier) lediglich im Inneren des Gebäudes im Hinblick auf die anzustrebende Verfahrensvereinfachung auf die Grundeigentümerzustimmung verzichtet.

65d) Im Zusammenhang mit der Parteistellung der Nachbarn, die bei Bauführungen im Inneren des Gebäudes im Bauanzeigeverfahren hinsichtlich des Rechtes auf Schutz vor Immissionen, die sich aus der widmungsgemäßen Benützung ergeben könnten (§ 134a Abs 1 lit e BO), verletzt sein könnte, ist zunächst zu bemerken, dass die Behörde gem § 62 Abs 4 BO ohnedies zu prüfen hat, ob die Baumaßnahmen den gesetzlichen Erfordernissen – etwa auch im Hinblick auf den in der Gegenschrift genannten zweiten Satz des § 6 Abs 6 BO betreffend Immissionen – entsprechen. Dass dies in einer relativ kurzen Frist zu erfolgen hat, kann nicht dazu führen, dass Baumaßnahmen, die die Voraussetzungen des § 62 Abs 1 BO erfüllen, nicht nach dieser Bestimmung behandelt werden. Für den vorliegenden Fall ist im gegebenen Zusammenhang noch darauf hinzuweisen, dass ein Kindergarten als soziale Einrichtung im Sinne des § 6 Abs 6 erster Satz BO jedenfalls auch im Wohngebiet zulässig ist und damit kein Immissionsschutz der Nachbarn besteht (vgl das hg Erkenntnis vom 27. Februar 2013, Zl 2013/05/0021) (VwGH 28.5.2013, 2012/05/0016).

66) Im hier gegebenen Zusammenhang mit der Bewilligungspflicht ist es nicht von ausschlaggebender Bedeutung, ob der Bau ein Nebengebäude darstellt oder nicht, da ein solches sowohl ein eigenständiges Gebäude als auch ein gesondert in Erscheinung tretender Teil eines anderen Gebäudes sein kann (vgl § 82 Abs 1 BO).

Entgegen dem Beschwerdevorbringen ist es aber von Bedeutung, dass ein Gebäude gem § 60 Abs 1 lit a BO ein raumbildendes Bauwerk ist, das in seiner Bausubstanz eine körperliche Einheit bildet. Dies muss auch für Gebäude im Sinne des § 62a Abs 1 Z 5 BO gelten. Nun ist es zwar möglich, dass ein Gebäude (eine raumbildende bauliche Anlage) im Sinne des § 62a Abs 1 Z 5 BO unmittelbar an ein anderes angebaut wird. Dann aber, wenn diese raumbildende Baulichkeit, mag sie auch sonst die Kriterien des § 62a Abs 1 Z 5 BO erfüllen, wie hier direkt durch eine Türe von einem Raum des anderen Gebäudes aus betreten werden kann, liegt die erforderliche körperliche Einheit in Bezug auf diesen Bau, der allenfalls § 62a Abs 1 BO unterliegen könnte, nicht mehr vor, sondern entsteht eine Vergrößerung des anderen Gebäudes durch einen weiteren Raum. Dabei kommt es auf die konkrete bautechnische Verbindung der Baulichkeiten nicht mehr weiter an (VwGH 30.4.2013, 2013/05/0057).

67) Eine Anlage ist auch dann „mit dem Boden verbunden", wenn sie nicht unmittelbar auf gewachsenem Grund steht, sondern auf andere Weise, auch mittelbar, mit diesem verbunden ist (vgl etwa das zur Tiroler Bauordnung 1989 ergangene hg Erkenntnis vom 29. Juni 2000, Zl 2000/06/0043, mwN). Im zitierten Erkenntnis hat der Verwaltungsgerichtshof die Befestigung des Bodens eines Heustadels mit in der Erde verankerten Stehern als Verbindung der Anlage mit dem Erdboden qualifiziert (VwGH 27.8.2013, 2013/06/0095, zum Szbg BPG).

68a) Damit ist die belangte Behörde im Recht, hat der Verwaltungsgerichtshof doch schon in seinem Erkenntnis vom 4. März 2008, Zl 2007/05/0092, im Hinblick auf die Ausgestaltung eines Flachdaches mit Waschbetonplatten,

Geländern und der Errichtung einer Verbindungsstiege aus verzinktem Stahl, angenommen, dass durch jede einzelne dieser Maßnahmen das äußere Ansehen des Gebäudes geändert wird und diese daher nach § 60 Abs 1 lit c BO bewilligungspflichtig sind. Davon ausgehend muss auch die abweichend vom bewilligten Pultdach hergestellte Flachdachkonstruktion mit Absturzsicherung aus Glas und Terrassenbelag als der Bewilligungspflicht gem § 60 Abs 1 lit c BO unterliegend angesehen werden.

68b) Wie aus dem im Verwaltungsakt einliegenden Bildmaterial ersichtlich, tritt das in Rede stehende bewilligte Nebengebäude nicht nur an seiner dem Schwimmbecken zugewandten Front über seiner gesamten Höhe und Länge und mit seiner gesamten Deckfläche, sondern auch (zur Hälfte) mit seinen Seitenwänden oberirdisch in Erscheinung, weshalb es vor dem Hintergrund der zitierten Judikatur und Literatur trotz seiner Einbettung im abfallenden Gelände gem § 80 Abs 1 BO nicht als unterirdisches Gebäude anzusehen ist und als bebaute Fläche gilt. Daher kann der diesbezüglichen Feststellung im angefochtenen Bescheid nicht entgegengetreten werden (VwGH 10.12.2013, 2011/05/0130).

69) Die Auffassung, dass nach den Denkgesetzen und den Erfahrungen des täglichen Lebens auf Grund des Mauerdurchbruches für eine Tür zwischen einem Raum des Wohngebäudes und der an das Wohngebäude angrenzenden (ehemaligen) Garage eine Beeinträchtigung der Festigkeit und auch des Brandschutzes nicht auszuschließen sei, begegnet keinen Bedenken (VwGH 10.12.2013, 2013/05/0039, zur OÖBO).

70) Die Auffassung der belangten Behörde, dass Container als bauliche Anlagen, und zwar als Gebäude, zu qualifizieren sind, ist zutreffend. Es mag sein, dass das Aufstellen keine oder keine sonderlichen bautechnischen Kenntnisse erfordert, daraus ist aber für den Beschwerdeführer nichts zu gewinnen, weil „bautechnische Kenntnisse“ schon bei der Herstellung solcher Container eingebracht werden (vgl dazu das hg Erkenntnis vom 31. Jänner 2008, Zl 2007/06/0243, zum Steiermärkischen Baugesetz 1995, mwN). Eine feste Verbindung mit dem Boden hat der Verwaltungsgerichtshof unter dem Gesichtspunkt eines entsprechend großen Gewichts, wovon bei Containern auszugehen sei, bejaht (vgl etwa das Erkenntnis vom 18. Mai 2004, Zl 2001/10/0235) (VwGH 12.12.2013, 2013/06/0152, zur TBO).

71) Dass durch die Umschließung einer Terrasse mittels einer Holz-Glas-Konstruktion (etwa in der Form eines Wintergartens) die Tatbestandsvoraussetzungen für einen Zubau erfüllt sind, hat der Verwaltungsgerichtshof bereits wiederholt ausgesprochen (vgl etwa das hg Erkenntnis vom 31. März 2005, Zl 2004/05/0118, mwN; ferner etwa das vorzitierte Erkenntnis zur Zl 2011/05/0105, mwN). Auch eine Konstruktion, bei der anstelle des Baustoffes Holz ein anderer, wie etwa Aluminium, verwendet wird, stellt einen

Zubau dar (vgl etwa das hg Erkenntnis vom 1. September 1998, Zl 98/05/0080). Der Umstand, dass eine Aluminium-Glas-Konstruktion nicht in Massivbauweise ausgeführt und an zwei Seiten nicht baulich fest umschlossen ist, weil dort verschiebbare Glaswände bestehen, führt ebenso zu keiner anderen Beurteilung (vgl dazu etwa das vorzitierte Erkenntnis, Zl 2005/05/0307, sowie das hg Erkenntnis vom 11. Oktober 2011, Zl 2009/05/0161). Daher steht auch die Verwendung bloßer Glaselemente, die verschiebbar sind, nicht luftdicht abschließen und nicht fest im Boden verankert sind, einer Beurteilung als Zubau nicht entgegen (VwGH 30.1.2014, 2011/05/0097; ebenso VwGH 30.1.2014, 2011/05/0099).

72a) Entgegen der von der Beschwerde vertretenen Auffassung schließt die Superädifikatseigenschaft eines Bauwerkes nicht aus, dass es sich dabei um ein Gebäude im Sinn dieser Gesetzesbestimmung handelt und hiefür eine Baubewilligung einzuholen ist. Zwar fällt ein auf einem Grundstück errichtetes Bauwerk grundsätzlich als Zugehör gem § 297 ABGB nach dem Grundsatz „superficies solo cedit" in das Eigentum des Grundeigentümers. Hat jedoch das Bauwerk ein anderer als der Grundeigentümer errichtet und ist es nicht für die Dauer bestimmt, liegt ein Superädifikat vor und ist ein Bauauftrag dem Eigentümer des Superädifikates zu erteilen (vgl dazu etwa das oben zitierte Erkenntnis, Zl 2009/05/0137, mwN).

72b) Wesentlich für das Vorliegen eines Superädifikates ist das Fehlen der Absicht des Erbauers, dass das Bauwerk stets (dh für seine ganze natürliche Lebensdauer) auf diesem „fremden" Grundstück bleiben soll. Maßgeblich ist dabei der aus der Bauweise, der Art der Benutzung oder der Rechtsgrundlage der Errichtung erkennbare Zweck. Auf die Möglichkeit der Entfernung ohne Substanzverlust kommt es dabei (anders als beim Zugehör gem § 294 ABGB) nicht an. So wurde in der zivilgerichtlichen Rechtsprechung des OGH (ua) eine an einem Frachtenbahnhof errichtete Magazinhütte, eine auf Pachtgrund errichtete Alm- oder Schutzhütte oder eine provisorische Wohnbaracke, weil nicht für die Dauer bestimmt, als Superädifikat („Überbau") im Eigentum des Bauführers (oder sonstigen Materialeigentümers) beurteilt (vgl zum Ganzen nochmals das Erkenntnis, Zl 2009/05/0137, mwN) (VwGH 30.1.2014, 2013/05/0204).

73) Ein Superädifikat liegt nur dann vor, wenn dem Erbauer erkennbar die Belassungsabsicht fehlt, welche im allgemeinen durch das äußere Erscheinungsbild des Bauwerks hervortritt, aber auch aus anderen Umständen erschlossen werden kann (vgl das hg Erkenntnis vom 23. Juli 2009, Zl 2006/05/0027) (VwGH 18.11.2014, 2012/05/0188).

74) Auch wenn in die Außenwand eines Gebäudes eine mehr oder weniger große Öffnung gebrochen wird, so ändert das nichts daran, dass der durch die Außenwände gebildete Raum von diesen nach wie vor „nach allen Seiten umschlossen“ bleibt (vgl dazu das hg Erkenntnis vom 11. Dezember 2009, Z 2009/10/0213 (VwGH 29.4.2015, 2012/06/0085).

75) Nach der hg Judikatur ist der Begriff der Fremdenbeherbergung dahin zu verstehen, dass es sich hierbei um eine Tätigkeit handelt, bei der das aus dem Zusammenwirken aller Umstände sich ergebende Erscheinungsbild ein Verhalten erkennen lässt, das, wenn auch in beschränkter Form, eine laufende Obsorge im Sinn einer Betreuung des Gastes verrät (vgl dazu das hg Erkenntnis vom 27. Oktober 1998, Zl 97/05/0331, mwN).

Unter Zugrundelegung dieser Judikatur ist jedenfalls in raumordnungsrechtlicher und baurechtlicher Hinsicht davon auszugehen, dass es sich bei der in Rede stehenden Nutzung des gegenständlichen Gebäudes um eine Beherbergung von Fremden (sic: Asylanten) handelt, wobei dort auch gewisse Betreuungsleistungen erfolgen (bisher: Fremdenpension).

Von welcher Motivation das Bauansuchen der damaligen Bauwerberin getragen war, ist für die Beurteilung nicht entscheidend, weshalb auch der Frage, ob für sie die touristische Belebung der beschwerdeführenden Gemeinde im Vordergrund gestanden hat, keine Bedeutung zukommt (VwGH 16.3.2016, 2013/05/0095, zur BO für OÖ).

76) Ob eine Baubewilligung erforderlich ist, ergibt sich nach dem durch die Novelle LGBl 37/2018 unverändert gebliebenen Einleitungssatz des § 60 Abs 1 Wr BauO aus jener Rechtslage, die bei Beginn der Ausführung des Bauvorhabens (hier des Abbruches) gegolten hat. Dass es auch nach der Novelle LGBl 37/2018 auf den Beginn der Abbrucharbeiten ankommt, zeigt im Übrigen auch der mit der genannten Novelle neu geschaffene § 62a Abs 5a Wr BauO, der seinem Wortlaut nach ebenfalls auf den Beginn des Abbruches abstellt (VwGH 25.4.2024, Ra 2021/05/0157).

77) Bei der Bewilligungspflicht nach § 60 Abs 1 lit c BO kommt es allein darauf an, dass das äußere Ansehen des Gebäudes verändert wird; diese Beurteilung ist unabhängig davon zu treffen, ob der geänderte Gebäudeteil von außen einsehbar ist oder nicht bzw welchem Zweck die getroffene Maßnahmen dient. (Hier: Verlegung von Waschbetonplatten auf dem Flachdach, Errichtung einer Verbindungsstiege, von Geländern und Wendeltreppen).

Was die Änderungen betreffend die Position, Anzahl und Größe der Fenster anlangt, zählt nach der hg Judikatur (Hinweis E 26.6.2013, 2012/05/0115, mwN) zur äußeren Gestaltung ebenso, wo sich welche Öffnungen in den Außenwänden befinden (VwGH 17.6.2024, Ra 2024/05/0072).

Zu Abs 1 lit d (Bewilligung Abbrüche)

Im Lichte der BO-Nov 2023 ist es geboten, sich auch mit der bereits ergangenen Rspr zur Abgrenzung des Verschuldens an der Verletzung einer baurechtlichen Instandhaltungspflicht auseinanderzusetzen. Auch wenn die gesetzlichen Regelungen zum Bestehen einer Instandhaltungspflicht und der etwaigen Erforderlichkeit einer Bewilligung zum Abbruch von Bauwerken bzw Gebäuden im Laufe der Jahre verschiedene Änderungen und Verschiebungen erfahren haben, so können aus der bisherigen Rspr doch einige Grundsätze abgeleitet werden. die weiterhin zu beachten sind. Im Übrigen ist im Rahmen des aktuellen § 60 Abs 1 lit d uU von Relevanz, welche Verpflichtungen bzw welcher Verschuldensmaßstab einen Rechtsvorgänger vor einigen Jahren getroffen haben. Siehe auch Jud zu § 129 Abs 2 und 4.

78) Bei dem in § 60 Abs 1 lit d Wr BauO 1930 vorgesehenen Beschluss des Gemeinderatsausschusses betreffend die Erteilung oder Versagung der Zustimmung zum Abbruch von Gebäuden oder baulichen Anlagen handelt es sich nicht um einen vor dem Verfassungsgerichtshof anfechtbaren Bescheid einer Verwaltungsbehörde iSd Art 144 Abs 1 B-VG, sondern bloß um ein Erfordernis für die von der zuständigen Behörde in Form eines Bescheides zu treffende Entscheidung über das Ansuchen um Baubewilligung als solches. An dieser Qualifikation ändert auch der Umstand nichts, dass der Verfassungsgerichtshof mit seinem Erkenntnis VfSlg 10706/1985 eine gleichartige Regelung wegen Verstoßes gegen Art 18 und Art 111 B-VG als verfassungswidrig aufgehoben hat (VfGH 24.6.1998, B 1478/96).

79) Auch hinsichtlich eines in einer Schutzzone gelegenen Gebäudes besteht im Falle der wirtschaftlichen Unzumutbarkeit der Instandsetzung ein Rechtsanspruch auf Erteilung der Abbruchsbewilligung (VwGH 15.3.1983, 81/05/0184, BauSlg 24; 3.4.1984, 84/05/0007, BauSlg 364).

80) Bei der Frage der wirtschaftlichen Zumutbarkeit muß sich der Abbruchwerber Zuschüsse der öffentlichen Hand anrechnen lassen; hat ein Vertreter des Altstadterhaltungsfonds nicht bekannt gegeben, welche öffentlichen Mittel in Anspruch genommen werden könnten, können sie nicht berücksichtigt werden (VwGH 15.3.1983, 81/05/0184, BauSlg 24, 3.4.1984, 84/05/0007, BauSlg 364).

81) Die Instandhaltungspflicht besteht solange, als Baulichkeiten vorhanden sind; durch die Erteilung eines baupolizeilichen Auftrages zur Instandsetzung des Altbestandes wird jedoch in das Recht auf Gebrauchnahme von einer bereits erwirkten Bewilligung zur Abtragung der schadhaften Baulichkeit und zur Errichtung eines Neubaues an deren Stelle nicht eingegriffen.

Wenn erwiesen ist, dass alles zur Konkretisierung einer Bauabsicht Erforderliche unternommen worden ist, die Verwirklichung des Bauvorhabens aber erst in einem späteren Zeitpunkt möglich sein wird, hat sich der baupolizeiliche Auftrag auf die Anordnung jener Maßnahmen zu beschränken, die erforderlich sind, um eine unmittelbar drohende Gefahr für das Leben und die Gesundheit der Bewohner des Gebäudes, der Nachbarschaft und der Straßenbenützer bis zu dem Zeitpunkt hintanzuhalten, in dem voraussichtlich mit dem Abbruch des Gebäudes zu rechnen ist (VwGH 18.4.1961, 0774/60).

82) Die im § 129 Abs 2 BO normierte Instandhaltungspflicht ist keine unbedingte. Sie wandelt sich in dem Zeitpunkt, in dem der Eigentümer beschließt, das Gebäude abzutragen, in die Verpflichtung zur Durchführung unbedingt notwendiger Sicherungsmaßnahmen. In einem solchen Falle muß es als ausreichend angesehen werden, wenn alle jene Maßnahmen getroffen werden, die erforderlich sind, um eine unmittelbar drohende Gefahr für das Leben und die Gesundheit der Bewohner des Gebäudes, der Nachbarschaft und der Straßenbenützer bis zu dem Zeitpunkte hintanzuhalten, in dem voraussichtlich mit dem Abbruch des Gebäudes zu rechnen ist. Die Instandhaltungspflicht erlischt somit begrifflich mit der Beseitigung des Bauwerkes (VwGH 12.9.1966, 0893/66).

83) Im Verfahren wegen Übertretung des § 129 Abs 2 der BauO für Wien hat nach dem insoweit klarem Wortsinn dieser Gesetzesstelle bei der Beurteilung der objektiven Tatseite die Frage der Wirtschaftlichkeit der Instandhaltung außer Betracht zu bleiben. Im subjektiven Tatbereich kann, da davon auszugehen ist, daß der Eigentümer von der Verpflichtung zur Instandhaltung nach § 129 Abs 2 der Bauordnung für Wien nur die Abtragung der Baulichkeit befreit (Hinweis auf E vom 4.5.1970, VwSlg 7789 A/1970), die Frage der Wirtschaftlichkeit der Instandhaltung jedenfalls nur bedeutsam sein, soweit sich der Beschuldigte im Falle der Verneinung dieser Frage bestimmt sieht, die Baulichkeit abzutragen, und beweist geeignete Maßnahmen getroffen zu haben, um die Baulichkeit ungesäumt abzutragen. Zu diesem Zweck muß aber der Eigentümer jedenfalls jene Möglichkeiten ergriffen haben, welche ihm die Rechtsordnung zur Verwirklichung der Abtragungsabsicht bereitstellt. (Für den Fall, daß die Liegenschaft in einer Schutzzone liegt, vgl. das E vom 24.5.1976, Zl 0797/74) (VwGH 28.6.1976, 2207/75).

84) Für Gebäude in Schutzzonen (§ 7 BO) ist anstelle eines Instandsetzungsauftrages ein Abtragungsauftrag zu erlassen, wenn die Instandsetzung dem Hauseigentümer wirtschaftlich nicht zugemutet werden kann. (Die Grundsätze für diese Beurteilung sind im Erkenntnis festgelegt). Dies gilt nicht für bloße Sicherheitsmaßnahmen nach § 129 Abs 4 und nicht für die Verpflichtung zur Herstellung des konsensgemäßen Zustandes nach § 129 Abs 10 BauO (VwGH 22.11.1976, 0315/76).

85) Die Frage der wirtschaftlichen Zumutbarkeit ist bei Instandsetzungsaufträgen betreffend Gebäude außerhalb von Schutzzonen nicht zu prüfen (vgl zB E 16.6.1992, 89/05/0169). Entsprechend dieser Judikatur besteht ein Rechtsanspruch auf die Erlassung eines Abtragungsauftrages, wenn die Instandsetzung dem Hauseigentümer nicht zugemutet werden kann, nur für Häuser in Schutzzonen (vgl E 24.11.1992, 92/05/0168). Abgesehen von der oben dargelegten Ausnahme zugunsten der Eigentümer eines in einer Schutzzone gelegenen Gebäudes steht niemandem, auch nicht dem Hauseigentümer, ein Anspruch auf Erlassung eines Abbruchauftrages zu. Daran vermag auch die Bestimmung des

§ 129 Abs 4 Wr BauO nichts zu ändern, weil sie sich ausschließlich an die Behörde richtet und daher ausschließlich deren Vorgehen regelt. Diese Bestimmung begründet zwar ein subjektiv-öffentliches Recht der betroffenen Eigentümer von Gebäuden, dass ihnen nur unter den in dieser Gesetzesstelle genannten Voraussetzungen ein Abbruchauftrag erteilt wird, doch lässt sich aus dieser Bestimmung umgekehrt kein subjektiv-öffentliches Recht der Eigentümer ableiten, einen Abbruchauftrag zu erhalten (vgl E 15.9.1987, 83/05/0198, VwSlg 12529 A/1987). Außerdem ist nach § 62a Abs 1 Z 2 Wr BauO seit der Novelle LGBl Nr 42/1996 für den Abbruch von Gebäuden oder baulichen Anlagen außerhalb von Schutzzonen und Gebieten mit Bausperre weder eine Bauanzeige noch eine Baubewilligung erforderlich. Es steht den Beschwerdeführern somit baurechtlich jedenfalls frei, die Verpflichtung zur Instandsetzung des Hauses, wenn ihnen diese wirtschaftlich unzumutbar erscheint, durch den Abbruch des Gebäudes zu erfüllen. Auch im Hinblick darauf kann aus § 129 Abs 4 Wr BauO – mit den oben genannten Ausnahmen – kein subjektiv-öffentliches Recht auf Erteilung eines Abbruchauftrages abgeleitet werden (VwGH 27.2.2006, 2005/05/0344).

86) Die qualifizierte Instandsetzungs- und Herstellungspflicht für Gebäude in Schutzzonen (§ 7 Wr BauO) besteht bei verfassungskonformer Auslegung des § 129 Abs 2, 4 und 10 Wr BauO nur insoweit, als die Maßnahme dem Hauseigentümer wirtschaftlich zugemutet werden kann (Hinweis E vom 24.5.1976, VwSlg 9063 A/1976). Im gegenständlichen Verfahren wurde die wirtschaftliche Zumutbarkeit überprüft, weshalb das Vorbringen der Beschwerdeführer, dass der Aspekt der Schutzzone unbeachtet geblieben sei, ins Leere geht, zumal weitere besondere Anforderungen an Aufträge gem § 129 Abs 4 Wr BauO in Schutzzonen nicht bestehen (VwGH 24.2.2015, 2013/05/0020).

87) Die Pflicht zur Beseitigung von Baugebrechen trifft den Eigentümer der Baulichkeit gem § 129 Abs 2 Wr BauO kraft Gesetzes. Die wirtschaftliche Zumutbarkeit der Instandsetzung ist irrelevant, da dem Eigentümer die Möglichkeit des Abbruches jederzeit offensteht; daher bestehen auch keine verfassungsrechtlichen Bedenken.

Irrelevant ist im Zusammenhang mit der Frage der Erfüllung des Tatbestandes des § 129 Abs 2 Wr BauO in objektiver und subjektiver Hinsicht die finanzielle Situation des Verpflichteten. Die Tatsache, dass eine Instandsetzung dem Eigentümer wirtschaftliche Lasten auferlegt, kann nichts am Charakter dieser ausschließlich dem öffentlichen Interesse dienenden Verpflichtung ändern. Eine Verhältnismäßigkeitsprüfung ist daher nicht durchzuführen. Die finanziellen Verhältnisse des Verpflichteten sind vielmehr ausschließlich bei der Strafbemessung zu berücksichtigen (VwGH 28.2.2012, 2010/05/0222).

88) Für die Erlassung eines Beseitigungsauftrages gem § 129 Abs 10 BauO für Wien ist es ausreichend, dass für die bestehende bewilligungspflichtige Baulichkeit eine behördliche Bewilligung nicht vorliegt, obwohl die Baulichkeit sowohl zum Zeitpunkt ihrer Errichtung als auch zum Zeitpunkt der Auftragserteilung einer baubehördlichen Bewilligung bedurft hätte. Eine wirtschaftliche Abwägung sieht die Bauordnung dabei nicht vor (vgl das hg. E vom 28.3.2000, Zl. 99/05/0288).

Bei Aufträgen betreffend die Behebung eines konsenswidrigen Zustandes gem § 129 Abs 10 BauO für Wien ist die wirtschaftliche Zumutbarkeit nicht zu prüfen (vgl. das hg E vom 27.11.1973, Zl 907/73) (VwGH 13.12.2011, 2011/05/0154).

89) Der mit der vorliegenden Beschwerde bekämpfte Auftrag zur Durchführung von Sicherungsmaßnahmen erging, weil im Rahmen einer baupolizeilichen Überprüfung im Beisein eines bautechnischen Sachverständigen ein Baugebrechen hinsichtlich der Decke über dem 1. Obergeschoß festgestellt wurde, und andernfalls eine Räumung der im 2. Obergeschoß bewohnten Räume des Mehrfamilienhauses erforderlich gewesen wäre.

Instandsetzungsarbeiten am Verputz gehören, unabhängig davon, ob sie im konkreten Fall zu Recht aufgetragen wurden, zu den Belastungen, die üblicherweise mit einem Hauseigentum verbunden sind. Im Hinblick auf die nicht auszuschließende Gefährdung von Menschen durch das Herabfallen der Gipskartonplatten und von lockeren Verputzteilen erscheint der durch einen Vollzug drohende wirtschaftliche Nachteil im Vergleich zu den gegebenen Gefahren nicht unverhältnismäßig (VwGH 6.10.2011, AW 2011/05/0067).

90) Die Ungleichbehandlung gegenüber Eigentümern von in einer Schutzzone gelegenen Gebäuden, bei welchen die wirtschaftliche Zumutbarkeit von Instandsetzungsarbeiten grundsätzlich zu prüfen ist, (Hinweis E 24.5.1976, 797/74, VwSlg Nr 9063 A/76), kann schon deshalb nicht angenommen werden, weil es einerseits dem Eigentümer eines nicht in der Schutzzone gelegenen Hauses freisteht, der Verpflichtung zur Instandhaltung des Gebäudes, wenn ihm dies wirtschaftlich unzumutbar erscheint, dadurch zu entgehen, daß er eine Abtragungsbewilligung erwirkt, auf deren Erteilung ihm ein Rechtsanspruch zusteht (Hinweis E 4.5.1970, 1378/68), während für die Bewilligung des Abbruches von Gebäuden in Schutzzonen die im § 60 Abs 1 lit d der BauO für Wien genannten – erheblichen – Beschränkungen gelten. Andererseits besteht in Schutzzonen ein Rechtsanspruch auf die Erlassung eines Abtragungsauftrages, wenn ein Instandsetzungsauftrag dem Hauseigentümer wirtschaftlich nicht zugemutet werden kann (Hinweis E 24.5.1976, 797/74), wobei bei außerhalb von Schutzzonen gelegenen Häusern ein derartiger Rechtsanspruch nicht besteht (VwGH 24.11.1992, 92/05/0168).

91) Aus § 134 Abs 3 Wr BauO läßt sich kein Mitspracherecht des Nachbarn in der Frage ableiten, ob die technische oder wirtschaftliche Abbruchreife eines in einer Schutzzone gelegenen Gebäudes gegeben ist. Selbst wenn die

Baubehörde erster Instanz das Vorliegen der technischen oder wirtschaftlichen Abbruchreife des Gebäudes mangelhaft und unrichtig beurteilt hätte, wäre die Berufungsbehörde daher nicht berechtigt, diese allfällige objektive Rechtswidrigkeit auf Grund einer Berufung von Nachbarn aufzugreifen (VwGH 11.12.1990, 90/05/0226).

92) Hat die Partei im Verwaltungsstrafverfahren nicht einmal alle jene Behauptungen aufgestellt, die notwendig gewesen wären, um ihre Schuldlosigkeit (iSd § 5 Abs 1 zweiter Satz VStG) darzutun, dann handelt die Behörde nicht rechtswidrig, wenn sie in einem Bereich, in welchem der Partei die Beweislast oblag, von den beantragten Beweisaufnahmen Abstand nahm, weil eben selbst die Bestätigung aller tatsächlichen Behauptungen der Partei durch die Beweisergebnisse das dieser gestellte Beweisthema nicht erfüllt (VwGH 16.10.1973, 0349/73).

93) Die mehr oder weniger berechtigte Erwartung, der bauordnungsgemäße Zustand werde durch die Behörde im Wege des Verwaltungszwanges hergestellt (§ 4 Abs 1 VVG), stellt im Verwaltungsstrafverfahren nach § 129 Abs 2 BauO Wr keinen schuldbefreienden Umstand dar (VwGH 15.3.1971, 1649/70).

94) Für die Strafbarkeit nach § 129 Abs 2 BauO für Wien kommt es an sich nicht nur auf die Kenntnis der Gebrechen an, weil es auch denkbar ist, daß die Unkenntnis von dem Gebrechen schuldhaft ist (VwGH 22.4.1968, 0422/67).

95) Die bloße Auftragserteilung zur Beseitigung eines Baugebrechens reicht noch nicht aus, um die Schuldlosigkeit darzutun. Es muss vielmehr auch auf die Auswahl und Beaufsichtigung des Beauftragten und darauf ankommen, dass der Erfüllung des Auftrages entsprechend nachgegangen wird (VwGH 28.11.1967, 0323/66).

96) Eine Verschiebung der Beweislast kann nicht bedeuten, dass das zum Nachweis der Schuldlosigkeit unterbreitete Tatsachenvorbringen schon bis in das letzte Detail vollständig sein muss, und eine Erörterung der Beweislage mit dem Beschuldigten unter allen Umständen entbehrlich ist (BO f Wien). (VwGH 28.11.1967, 0323/66).

97) Bei einer Verwaltungsübertretung nach § 135 Abs 1 iVm § 129 Abs 10 Wr BauO handelt es sich um ein Ungehorsamsdelikt im Sinne des § 5 Abs 1 VStG; der Täter kann zufolge dieser Bestimmung nur dann straflos bleiben, wenn er glaubhaft macht, dass ihm die Einhaltung der Verwaltungsvorschrift ohne sein Verschulden unmöglich gewesen ist, bzw. wenn er aufzuzeigen vermag, dass er während des ihm angelasteten Tatzeitraumes alles in seinen Kräften Stehende (Ausschöpfung der tatsächlichen und rechtlichen Möglichkeiten) unternommen hat, um das Baugebrechen innerhalb kürzester Zeit zu beseitigen (vgl VwGH 28.2.2012, 2012/05/0042, 0043; 21.7.2022, Ra 2022/05/0033).

98) Die Wr BauO verpflichtet den Eigentümer einer Baulichkeit zur Beseitigung von Baugebrechen auch dann, wenn diese zu einem Zeitpunkt entstanden sind, in dem er noch gar nicht Eigentümer war. Selbst ein Auftrag an einen Gewerbetreibenden zur Behebung der Baugebrechen sowie Urgenzen reichen allein nicht aus, ein Verschulden in Abrede zu stellen. Es trifft ihn auch ein gewisses Maß an Überwachungspflicht hinsichtlich der Durchführung der Arbeiten (VwGH 27.5.1997, 97/05/0058).

99) Eine Bestrafung infolge einer Übertretung des § 129 Abs 2 Wr BauO erfordert jedoch – unter Berücksichtigung der im § 5 Abs 1 Satz 2 VStG normierten Beweislastumkehr – den Nachweis eines Verschuldens des Grundeigentümers oder derjenigen Person, die für die Erhaltung der Verwaltungsvorschriften gem § 9 Abs 1 VStG strafrechtlich verantwortlich ist (VwGH 27.5.1997, 97/05/0058).

100) Ein Verschulden des Beschuldigten kommt im Verwaltungsstrafverfahren wegen Verletzung der Instandhaltungspflicht dann nicht in Betracht, wenn das Baubewilligungsverfahren betreffend eine andere Art der Außenwandgestaltung (Bepflanzung) noch nicht abgeschlossen war und nach der vorher ergangen rechtskräftigen Entscheidung der Bauoberbehörde dieses Verfahren für die Notwendigkeit der Beibringung eines neuen Verputzes entscheidend sein kann. Wenn während der Anhängigkeit eines Baubewilligungsverfahrens eine Vollstreckung des Instandsetzungsauftrages nicht zulässig ist, dann muss dies erst recht für ein Verwaltungsstrafverfahren gelten (Hinweis E VS 14.10.1969, 766/68, VwSlg 7657 A/1969) (VwGH 4. 4.1989, 88/05/0249).

101) Die Übertretung des § 135 Abs 3 der BauO f Wien (hier iVm § 129 Abs 2 BauO f Wien) ist ein Ungehorsamsdelikt iSd § 5 Abs 1 VStG. Es obliegt daher dem Beschuldigten, zu seiner Entlastung den Beweis zu führen, dass ihm die Einhaltung von Verwaltungsvorschriften ohne sein Verschulden unmöglich gewesen sei (VwGH 1. 12.1975, 0592/75).

102) Der zur Straflosigkeit mangels eines subjektiven Verschuldens erforderliche Entlastungsbeweis bei Verletzung der Instandhaltungspflicht kann nur dann als erbracht angesehen werden, wenn der Hauseigentümer (Hausverwalter) nachzuweisen vermag, dass er den Zustand des Gebäudes laufend überwacht und, als er ein Baugebrechen festgestellt hat, unverzüglich alles in seinen Kräften stehende unternommen hat, um das Baugebrechen in kürzester Frist zu beseitigen (VwGH 4.7.1961, 0099/61).

103) Zum Nachweis der finanziellen Undurchführbarkeit der Beseitigung von Baugebrechen genügt es nicht, dass der Eigentümer die zur Schadensbehebung erforderlichen Mittel nicht besitzt. Es muss vielmehr nachgewiesen werden, dass er sich die hiezu erforderlichen Mittel nicht beschaffen kann, wobei dazu etwa auch die Einbringung eines Antrages nach den §§ 18 ff Mietrechtsgesetz gehört (VwGH 14.10.2005, 2004/05/0168).

104) Nach der Judikatur des VwGH (Hinweis E 19.10.1955, 1634/54, E 23.01.1959, 2077/58, E 08.05.1962, 1024/61, und E 20.04.1982, 05/2019/79) genügt es zum Nachweis der finanziellen Undurchführbarkeit der Beseitigung von Baugebrechen nicht, dass der Eigentümer die zur Schadensbehebung erforderlichen Mittel nicht besitzt. Es muss vielmehr auch nachgewiesen werden, dass er sich die hiezu erforderlichen Mittel nicht beschaffen kann. Entscheidend ist weiters, ob innerhalb des angeführten Tatzeitraumes alles unternommen wurde, um eine Finanzierung sicherzustellen, nicht aber, ob sie tatsächlich sichergestellt wurde (Hinweis E 20.4.1982, 05/2019/79) (VwGH 4.7.2000, 2000/05/0106).

105) Ausführungen dazu, wie die Verantwortung des Beschuldigten in einem Verwaltungsstrafverfahren gem § 135 Abs 1 iVm § 129 Abs 2 Wr BauO er hätte bei Erfüllung des Instandhaltungsauftrages gem § 129 Abs 2 und § 129 Abs 4 Wr BauO auf Grund von Überschuldung gegen § 159 Abs 1 Z 2 StGB verstoßen, zu beurteilen ist. In diesem Zusammenhang ist der Vorwurf, trotz ausdrücklicher Aufforderung nicht dargetan zu haben, warum der Beschuldigte nicht etwa durch einen Antrag nach § 18 ff MRG für die Finanzierung der Instandhaltung gesorgt habe – dies umsomehr, als gem § 3 Abs 3 Z 2 lit a MRG Arbeiten kraft öffentlich-rechtlichen Auftrages besonders privilegiert sind – von besonderer Bedeutung. Sieht doch § 42 Abs 2 MRG die zulässige und wirksame Abtretung der Mietzinse zur Sicherung eines Instandsetzungsdarlehens mit einer Anmerkung im Grundbuch, die selbst im Falle einer Versteigerung der Liegenschaft unberührt bleibt, vor. Bei einer derartigen Vorgangsweise wäre es aber zu keiner Schmälerung der Rechte bisheriger Gläubiger gekommen (VwGH 29.11.1988, 88/05/0170).

106) Die Frage der wirtschaftlichen Zumutbarkeit ist bei Instandsetzungsaufträgen betreffend Gebäude außerhalb der Schutzzone nicht zu prüfen (Hinweis E VS 4.5.1970, 1378/68, VwSlg 7789 A/1970). Dies beruht auf der Erwägung, daß der Hauseigentümer bei einem Gebäude außerhalb der Schutzzone grundsätzlich die Möglichkeit hat, um eine Abtragungsbewilligung anzusuchen, auf deren Erteilung ihm ein Rechtsanspruch zusteht, und das Gebäude nachher abtragen zu lassen. Diese Möglichkeit, bestehende Baugebrechen durch Abtragung des Gebäudes zu beseitigen, bietet sich dem Hauseigentümer selbst noch bei Vorliegen eines rechtskräftigen Instandsetzungsauftrages, da durch die Beseitigung des Gebäudes ein neuer Sachverhalt geschaffen wird, der eine Vollstreckung nach § 10 Abs 2 lit a VVG unzulässig macht (Hinweis Geuder/Hauer, Wiener Bauvorschriften, Prugg-Verlag Eisenstadt, Seite 493).

Aus § 129 Abs 4 Wr BauO läßt sich kein subjektiv-öffentliches Recht des Eigentümers ableiten, einen Abbruchauftrag zu erhalten (Hinweis E 15.9.1987, 83/05/0198, VwSlg 12529 A/1987).

Die Frage, ob zur Behebung eines Baugebrechens ein Instandsetzungsauftrag oder ein Abtragungsauftrag zu erlassen ist, kann nur dahingehend gelöst werden, ob die Instandsetzung technisch möglich ist oder nicht. Nur wenn die Instandsetzung technisch unmöglich ist, ist ein Abtragungsauftrag zu erlassen. Der Hauseigentümer hat zwar auch in einem derartigen Fall keinen Anspruch auf Erlassung eines Abtragungsauftrages, wenn jedoch die Behörde (pflichtgemäß) bei Vorliegen eines Baugebrechens einen auf § 129 Abs 2 und § 129 Abs 4 Wr BauO gestützten Auftrag erläßt, kann dieser Auftrag sodann nur in einem Abbruchauftrag bestehen (VwGH 27.10.1993, 93/05/0165).

107) Der durch das öffentliche Recht verfügten erheblichen rechtlichen Einschränkung der Möglichkeiten des Eigentümers eines in einer Schutzzone gelegenen Gebäudes, eine Abbruchbewilligung zu erwirken (Hinweis E 24.5.1976, 0797/74, VwSlg 9063 A/1976 und E 18.1.1979, 1059/78), kann nicht der Umstand gleichgehalten werden, dass für den Eigentümer eines nicht in einer Schutzzone gelegenen Gebäudes, für welches die Erlangung einer Abbruchsbewilligung rechtlich nicht verwehrt ist, erhebliche Aufwendungen dadurch entstehen könnten, dass er aus Anlass der Inanspruchnahme einer solchen einzuholenden Abbruchsbewilligung allenfalls weitere rechtliche Schritte (wie gerichtliche Kündigungen bestehender Mietverhältnisse) setzen und allenfalls Absiedelungskosten (für die Beschaffung von Ersatzwohnungen für die Mieter und deren Übersiedelung) tragen muss (VwGH 15.9.1987, 83/05/019).

108) Hinsichtlich der Auslegung des Begriffes „wirtschaftliche Unzumutbarkeit der Instandsetzung" hält der VwGH an den in den E vom 24.5.1976, 0797/74, VwSlg 9063 A/1976, und vom 15.10.1981, 81/06/0068, ausgesprochenen Grundsätzen fest, jedoch sind die Gesichtspunkte des neuen Mietrechtsgesetzes zu berücksichtigen.

Die Begriffe der „wirtschaftlichen Unzumutbarkeit" iSd § 60 Abs 1 lit d der BauO für Wien und der „wirtschaftlichen Abbruchsreife" nach § 19 Abs 2 Z 4 des Mietengesetzes decken sich nicht unbedingt (VwGH 15.3.1983, 81/05/0164).

109) Einer technischen Unmöglichkeit der Instandsetzung ist es gleichzuhalten, wenn hiezu Baumethoden angewendet werden müssten, deren Anwendung in Wahrheit eine völlige Substanzveränderung oder eine Erneuerung des Gebäudes darstellen würde. Ob dies zutrifft, ist in Zweifelsfällen auf Grund eines Sachverständigengutachtens nach den Regeln der technischen Wissenschaft zu entscheiden (VwGH 4.5.1970, 1378/68).

110) Der VwGH hat in seinem zu § 17 Abs 1 Z 4 NÖ BauO 1996 – dabei handelt es sich um die Vorgängerbestimmung des § 17 Z 3 NÖ BauO 2014 – ergangenen E 24.2.2004, 2001/05/1169, ausgeführt, dass bei Vornahme einer weitgehenden baulichen Veränderung von einer Instandsetzung iSd § 17 Abs 1 Z 4 NÖ BauO 1996 keine Rede sein könne, seien doch unter „Instandsetzung" jene Maßnahmen zu verstehen, welche dazu dienten, ein Gebäude in seiner Substanz zu erhalten. Ebenso wurde im E 31.7.2006, 2005/05/0370, dargelegt, dass dann, wenn der Verfallszustand des Gebäudes bereits ein derartiges Ausmaß angenommen habe (Einsturz, Durchfeuchtung, Vermorschung, Verwitterung), dass nahezu alle wesentlichen raumbildenden Elemente in ihrer Substanz erneuert werden müssten, eine derartige Erneuerung einer technischen Unmöglichkeit der Instandsetzung gleichzuhalten sei, weshalb bereits deshalb eine bewilligungsfreie Instandsetzung nach § 17 leg cit nicht in Betracht komme (VwGH 23.1.2018, Ra 2017/05/0292).

111) Zum Begriff der Instandsetzung gehört es, dass nur jeweils schadhafte Teile durch Ausbesserung der Schäden oder durch Ersetzen einzelner Bausubstanzen wieder in einen den Anforderungen entsprechenden Zustand versetzt werden (Hinweis E 20.12.1994, 92/05/0240). Die Instandsetzung muss daher technisch möglich sein. Einer technischen Unmöglichkeit der Instandsetzung ist es gleichzuhalten, wenn hiezu Baumethoden angewendet werden müssten, deren Anwendung in Wahrheit eine völlige Substanzerneuerung oder eine Erneuerung des Gebäudes – was jedenfalls bei Ersetzung von nahezu allen wesentlichen raumbildenden Bauelementen durch neue Bauteile zutrifft – darstellt (Hinweis E 13.10.1975, 1015/75). In dem E vom 1.9.1998, 98/05/0059, hat der VwGH zur NÖ BauO 1996 ausgeführt, dass eine Instandsetzung dann in Betracht kommt, wenn wesentliche Teile des Gebäudes vorhanden geblieben sind. Hier: Abgesehen von jener Wand, an der der Abbruch erfolgte, sind die übrigen drei Umfassungswände des Gebäudes sowie dessen Dach vorhanden geblieben. Der Bausachverständige kam in seinem Gutachten zwar zu dem Schluss, dass die Behebung der vorgefundenen Baugebrechen insofern unwirtschaftlich sei, als eine Sanierung des Gebäudes nur mittels eines defacto Abbruches und einer Neuerrichtung möglich sei bzw. im Verhältnis zur Neuerrichtung eines Gebäudes unverhältnismäßig hohe Kosten verursachen würde, damit wurde aber nicht dargetan, dass wesentliche Teile des Gebäudes nicht mehr vorhanden geblieben seien oder dass tatsächlich wesentliche Teile des Gebäudes ausgetauscht werden müssten. Die Frage der Unwirtschaftlichkeit hat aber mit der technischen Möglichkeit der Instandsetzung nichts zu tun (VwGH 17.6.2003, 2002/05/1200).

112) Die Instandsetzung wird dadurch, dass vorher Mauerwerk zu beseitigen ist, nicht technische unmöglich (VwGH 30.9.1975, 0881/75).

113) Ebenso wie bei Vollziehung des § 129 Abs 4 der BO für Wien [aF] stellt sich auch im Falle der Notwendigkeit notstandpolizeilichen Handelns der Baubehörde zunächst die grundsätzliche Frage, ob nicht als die sachgerechteste unter dem den Zweck dieses Handelns sicherstellenden Maßnahmen die Räumung und nachfolgende Abtragung des Gebäudes anzuordnen (und zu vollstrecken) sei. Die für diese Entscheidung maßgeblichen Kriterien sind in beiden Fällen dieselben: Abtragung nur dann, wenn die Instandsetzung technisch unmöglich ist, wobei es einer technischen Unmöglichkeit der Instandsetzung gleichzuhalten ist, wenn hiezu Baumethoden angewendet werden müssten, deren Anwendung in Wahrheit eine völlige Substanzveränderung oder eine Erneuerung des Gebäudes darstellen würde. (Hinweis auf E 4.5.1970, 1378/68, VwSlg. 7789 A/1970) (VwGH 7.10.1974, 1269/72).

114) Zur Klärung, welche Instandsetzungsmaßnahmen bei der Beurteilung der Frage iSd § 60 Abs 1 lit d Wr BauO, ob das Bauwerk nach der Instandsetzung technisch als ein anderes angesehen werden muss (technische Abbruchreife) oder nicht, zu berücksichtigen sind, ist auf die Bestimmung des § 129 Wr BauO Bedacht zu nehmen, welche in Abs 2 die Verpflichtung des Eigentümers unter anderem zur Instandsetzung festlegt und in Abs 4 der Behörde – bei Vorliegen der darin genannten Voraussetzungen – die Verpflichtung zur Erlassung von Instandsetzungsaufträgen für den Fall, dass der Eigentümer seiner Pflicht zur Beseitigung von Baugebrechen nicht nachkommt, auferlegt (vgl dazu auch die EB zur BauO-Novelle 2014, Blg LT 9/2014). Dabei hat sie neben den allenfalls erforderlichen Sicherungsmaßnahmen die aus öffentlichen Rücksichten notwendige Beseitigung von Baugebrechen entsprechend dem Stand der Technik im Zeitpunkt der Erteilung des Bauauftrages zu verfügen, es sei denn, die technische Unmöglichkeit der Behebung der Baugebrechen ist erwiesen; diesfalls hat sie die Räumung oder den Abbruch des Bauwerkes (oder Bauwerksteilen) anzuordnen.

Für die Beurteilung der Frage, welche Instandsetzungsmaßnahmen bei der Beurteilung der technischen Abbruchreife zu berücksichtigen sind, kommt es darauf an, welche Maßnahmen von der Behörde nach § 129 Abs 4 Wr BauO verlangt werden müssten (VwGH 11.12.2019, Ra 2017/05/0257).

115) Die Wr BauO idF LGBl 25/2014 sieht für den Fall des Abbruches eines Gebäudes einerseits Bewilligungsfreiheit gem § 62a Abs 1 Z 2 Wr BauO im Falle eines Abbruches außerhalb von Schutzzonen und Gebieten mit Bausperre, andererseits eine Bewilligungspflicht gem § 60 Abs 1 lit.d für Abbrüche in Schutzzonen und Gebieten mit Bausperre vor. Danach ändert sich die Rechtslage für einen geplanten Abbruch durch das Inkrafttreten einer Verordnung, nämlich einer Bausperrenverordnung gem § 8 Wr BauO bzw. der Festlegung einer Schutzzone in einem Flächenwidmungs- und Bebauungsplan (VwGH 25.6.2019, Ro 2018/05/0007).

116) Nach dem durch die Novelle LGBl 37/2018 unverändert gebliebenen Einleitungssatz des § 60 Abs 1 Wr BauO ist bei den in dieser Bestimmung genannten Bauvorhaben, soweit nicht (ua) § 62a Wr BauO zur Anwendung kommt, „vor Beginn“ die Bewilligung der Behörde zu erwirken. Eine Regelung dahingehend, dass erst nach dem Beginn der Bauführung eine Baubewilligung einzuholen ist, sofern nicht § 62a Wr BauO zum Tragen kommt, wurde mit der Novelle LGBl 37/2018 nicht geschaffen, obwohl § 62a und § 60 Abs 1 lit d Wr BauO mit dieser Novelle geändert wurden. Auch nach dem Inkrafttreten der Novelle LGBl 37/2018 stellt sich die Rechtslage daher so dar, dass die Baubewilligung für den Abbruch, die nach den Regelungen des § 60 Abs 1 lit d Wr BauO notwendig ist, „vor Beginn" des Bauvorhabens (hier: Abbruch) zu erwirken ist, soweit nicht § 62a Wr BauO zur Anwendung kommt.

Die Baubewilligung (§ 60 Abs 1 lit d Wr BauO) ist jedenfalls „vor Beginn" der Abbrucharbeiten zu erwirken, dies ist aber dann nicht notwendig, wenn § 62a Wr BauO zur Anwendung kommt.

Ob eine Baubewilligung erforderlich ist, ergibt sich nach dem durch die Novelle LGBl 37/2018 unverändert gebliebenen Einleitungssatz des § 60 Abs 1 Wr BauO aus jener Rechtslage, die bei Beginn der Ausführung des Bauvorhabens (hier des Abbruches) gegolten hat. Dass es auch nach der Novelle LGBl 37/2018 auf den Beginn der Abbrucharbeiten ankommt, zeigt im Übrigen auch der mit der genannten Novelle neu geschaffene § 62a Abs 5a Wr BauO, der seinem Wortlaut nach ebenfalls auf den Beginn des Abbruches abstellt.

Eine ausdrückliche Regelung darüber, wie in einem Fall zu verfahren ist, bei dem mit den Abbrucharbeiten vor dem Inkrafttreten der Novelle LGBl 37/2018 begonnen wurde, diese aber nach dem Inkrafttreten dieser Novelle noch andauerten, enthält die Novelle nicht. Sollte man auf Grund dessen zur Ansicht gelangen, dass sich dadurch Zweifel ergäben, würde der Grundsatz der Baufreiheit zum Tragen kommen, nach dem sich bereits aus dem Eigentum an Grund und Boden ergibt, dass das Recht zum Bauen als im Zweifel nicht eingeschränkt zu beurteilen ist (vgl VwGH 7.6.1979, 2705/78; 24.4.1990, 89/05/0044; 20.6.1995, 94/05/0172). Im Hinblick auf diesen Grundsatz scheidet es aus, dass im vorliegenden Fall ab dem Inkrafttreten der Novelle LGBl Nr 37/2018 eine Baubewilligung für die Weiterführung der Baumaßnahmen erforderlich ist, deren Fehlen eine Baueinstellung rechtfertigen könnte (VwGH 28.5.2019, Ro 2019/05/0012).

117) So sind beim VfGH aus Anlass der vorliegenden Beschwerden keine Bedenken ob der Verfassungskonformität der § 60 Abs 1 lit d und § 62a Abs 5a BauO für Wien idF LGBl 37/2018 – in der Auslegung durch den VwGH (vgl VwGH 28.5.2019, Ro 2019/05/0012) – entstanden. Zudem sind mit Blick auf den der Novelle LGBl 37/2018 zugrunde liegenden Initiativantrag vom 4.6.2018, wonach die (Wieder-)Einführung einer Bewilligungspflicht für den Abbruch von Gebäuden, die vor dem 1.1.1945 errichtet wurden, dem Zweck der „Erhaltung stadtbildprägender Gebäude der Gründerzeit und der Zwischenkriegszeit", dh dem Schutz des Orts- und Stadtbildes, dient, aus Anlass der vorliegenden Beschwerden auch keine kompetenzrechtlichen Bedenken entstanden (VfGH 3.10.2019, E4946/2018 ua).

118) Wie der Verwaltungsgerichtshof in dem Erkenntnis VwGH 28.5.2019, Ro 2019/05/0012, in einem gleichgelagerten Fall, in dem mit Abbrucharbeiten bereits vor Inkrafttreten der Novelle LGBl für Wien Nr 37/2018 begonnen worden war und diese auch im Zeitpunkt der Erlassung des Baueinstellungsbescheides des Magistrates noch nicht abgeschlossen waren, ausgesprochen hat, ist für die Frage, ob eine Baubewilligung erforderlich ist, die Rechtslage, die bei Beginn der Ausführung des Bauvorhabens (hier: des Abbruches) gegolten hat, heranzuziehen. …

Im vorliegenden Revisionsfall, in dem unbestritten mit den Abbrucharbeiten bereits vor dem 30.6.2018 begonnen worden war und diese auch bei Erlassung des genannten Bescheides andauerten, bestand im Zeitpunkt des maßgeblichen Beginnes des Abbruches aufgrund des § 60 Abs 1 BO iVm § 62a leg cit in der Fassung vor Inkrafttreten der genannten Novelle keine Baubewilligungspflicht, sodass für den genannten Auftrag zur Baueinstellung keine rechtliche Grundlage bestand (vgl zum Ganzen nochmals das E VwGH 28.5.2019, Ro 2019/05/0012) (VwGH 16.12.2019, Ra 2019/05/0039).

119) Beim VfGH sind aus Anlass der vorliegenden Beschwerde keine Bedenken ob der Verfassungsmäßigkeit der § 60 Abs 1 lit d und § 62a Abs 5a BauO für Wien idF LGBl 69/2018 (vgl Art V Abs 1 BO-Novelle 2020, LGBl 61/2020) entstanden (VfGH 8 .6. 2021, E 1720/2021).

120) Mit dem angefochtenen E erteilte das VGW der mitbeteiligten Partei (iwF: Abbruchwerberin) die Bewilligung zum Abbruch eines in einer Schutzzone gelegenen Gebäudes auf einer näher bezeichneten Liegenschaft. Mit der gegen dieses E erhobenen außerordentlichen (Amts-)Revision ist der Antrag verbunden, ihr die aufschiebende Wirkung zuzuerkennen. Begründet wird der Antrag im Wesentlichen damit, dass durch den Abbruch des Gebäudes ein irreversibler Zustand eintreten würde. Die Abbruchwerberin führte wiederum aus, dass eine weitere Verzögerung des Vorhabens mit einer massiven Baukostensteigerung einhergehen würde. Nach Abwägung dieser von der Abbruchwerberin vorgebrachten materiellen Interessen einer Kostensteigerung mit der **Unwiederbringlichkeit eines Abbruchs** wäre mit dem Vollzug des Erkenntnisses ein unverhältnismäßiger Nachteil für den Revisionswerber verbunden. Dem Antrag auf **aufschiebende Wirkung** war daher stattzugeben (VwGH 18.11.2021, Ra 2021/05/0134, zu **§ 60 Abs 1 lit d** BO iVm § 30 Abs 2 VwGG).

121) Bei der Beurteilung der Frage, ob ein **öffentliches Interesse an der Erhaltung** des Bauwerkes durch seine Wirkung auf das öffentliche Stadtbild besteht, ist nicht auf das historische Erscheinungsbild abzustellen, sondern auf das **aktuelle Erscheinungsbild** im Zeitpunkt des Bewilligungsverfahrens nach § 60 Abs 1 **lit d** BO. Wenn das Gebäude nach 1945 rechtmäßig eine Änderung erfahren hat, ist diese daher zu berücksichtigen, um die Wirkung auf das örtliche Stadtbild unter Einbeziehung dieser Änderung zu beurteilen. Eine Einbeziehung von Änderungen am Gebäude in die Prüfung der Wirkung auf das

Stadtbild erlaubt es, das Ausmaß der Veränderung zu berücksichtigen. Erfolgten solche Umgestaltungen in einer Weise, dass das Gebäude auf das örtliche Stadtbild keine schützenswerte Wirkung mehr entfaltet, ist der Abbruch zu bewilligen. Wurden die Änderungen jedoch in einer Weise durchgeführt, die dem Gebäude weiterhin ein öffentliches Interesse an seiner Wirkung auf das örtliche Stadtbild zukommen lässt, ist der Abbruch unter diesem Gesichtspunkt nicht zu bewilligen (VwGH 13.4.2023, Ra 2021/05/0121).

123) Unter Ortsbild bzw. Stadtbild versteht man in erster Linie die bauliche Ansicht eines Ortes oder Ortsteiles, gleichgültig, ob nun die Betrachtung von innen oder von einem Standpunkt außerhalb des Ortes erfolgt. Geprägt wird dieses Ortsbild grundsätzlich von den baulichen Anlagen eines Ortes selbst. Der Schutz des Stadtbildes ist somit mit den baulichen Anlagen eines Ortes untrennbar verbunden. Es ist daher nicht nur die unmittelbare Wirkung eines Gebäudes im örtlichen Stadtbild relevant, sondern auch dessen mittelbare Wirkung. Die Berücksichtigung der Wirkung des Bauwerkes als Eckgebäude eines architektonischen Ensembles erfolgte somit zu Recht.

Dass im Rahmen des Verfahrens über den Antrag auf Abbruchbewilligung nicht auf eine mögliche positive Wirkung des projektierten Neubaus auf das örtliche Stadtbild abgestellt werden kann, entspricht der ständigen höchstgerichtlichen Rechtsprechung (VwGH 13.4.2023, Ra 2021/05/0121 mit Hinweis VwGH 24.10.2017, Ra 2016/06/0012; 20.9.2005, 2004/05/0121).

124) § 60 Abs 1 lit d BO nennt als Gründe, die einen Abbruch möglich machen, drei Alternativen (kein öffentliches Interesse an der Erhaltung des Bauwerkes infolge seiner Wirkung auf das örtliche Stadtbild; Bauzustand derart schlecht, dass Instandsetzung technisch unmöglich oder wirtschaftlich unzumutbar). Die **drei in § 60 Abs 1 lit d BO genannten Alternativen** sind daher **gleichrangig**. Die Bestimmung bietet keinen Anhaltspunkt dafür, von einem untrennbaren Verfahrensgegenstand auszugehen. Die Einschränkung eines Antrags auf den ersten Tatbestand des § 60 Abs 1 lit d BO ist zulässig und in diesem Fall dieser Tatbestand allein Gegenstand des Verwaltungsverfahrens (VwGH 13.4.2023, Ra 2021/05/0121).

125) Das öffentliche Interesse an der Erhaltung eines Bauwerkes gem § 60 Abs 1 lit d BO kann nicht nur infolge seiner unmittelbaren Wirkung auf das örtliche Stadtbild gegeben sein, sondern auch durch seine mittelbare Wirkung. Das öffentliche Interesse an der Wirkung des Gebäudes auf das örtliche Stadtbild ist nicht anhand des historischen Erscheinungsbildes zu prüfen, sondern anhand des aktuellen Erscheinungsbildes im Zeitpunkt des Bewilligungsverfahrens, sohin unter Einbeziehung von rechtmäßigen zwischenzeitlichen Änderungen, wobei das Abstellen auf ein Mindestmaß an gemeinsamer Charakteristik im Stadtbild der hg Rechtsprechung entspricht (vgl VwGH 13.4.2023, Ra 2021/05/0121) (VwGH 27.9.2023, Ra 2021/05/0156).

Bewilligung von Anlagen

§ 61. (1) Anlagen, die geeignet sind, eine Gefahr für das Leben oder die Gesundheit von Menschen herbeizuführen oder die Nachbarschaft in einer das örtlich zumutbare Ausmaß übersteigenden Weise unter Berücksichtigung der Bestimmungen über die Flächenwidmung und der für das entsprechende Widmungsgebiet zulässigen Nutzungen (§ 6) zu belästigen, bedürfen einer Bewilligung, sofern sie nicht bundesgesetzlichen oder anderen landesgesetzlichen Vorschriften unterliegen;[4)] dies gilt sinngemäß auch für die Änderung bewilligter Anlagen. In der Bewilligung sind jene Auflagen vorzuschreiben, die notwendig sind, um eine unzulässige Beeinträchtigung hintanzuhalten;[1)] ist dies durch Auflagen nicht möglich, ist die Bewilligung zu versagen.[2)]

(2) Für den bloßen Ersatz einer gemäß Abs. 1 bewilligten Anlage durch eine Anlage, die nach ihrem Verwendungszweck der bewilligten Anlage entspricht und deren zu erwartende nachteilige Auswirkungen nicht über jene der bewilligten Anlage hinausgehen, ist eine Bewilligungspflicht nicht gegeben.

(3) Bei Auflassung der auf Grund eines behördlichen Bescheides zulässigen Nutzung einer Anlage gilt diese in ihrer rechtmäßigen Ausführung als gemäß Abs. 1 bewilligt.[3)]

(EB zur Nov LGBl 2018/69)

Eine Anlage, die früher auf der Grundlage [einer] eines behördlichen Bescheides, insbesondere einer Betriebsanlagenbewilligung nach der GewO, genutzt war, nun aber privat weiter betrieben werden soll, benötigt derzeit eine (neue) Bewilligung nach § 61. Da § 61 den gewerberechtlichen Bestimmungen nachempfunden ist, kann davon ausgegangen werden, dass eine Anlage, die etwa nach der GewO bewilligt wurde, auch nach § 61 BO bewilligungsfähig sein müsste, zumal auch die technischen Grundlagen mit den OIB-Richtlinien einheitlich sind. Es sollen daher gemäß dem neuen Abs. 3 solche Anlagen nach Auffassung der bisherigen – insbesondere gewerblichen – Nutzung in ihrer rechtmäßigen Ausführung als baurechtlich bewilligt gelten.

Anmerkungen

1) Welche Auflagen in Betracht kommen, ist im Ermittlungsverfahren zu prüfen.

2) Gem § 6 Abs 1 Z 2 des Wiener Umweltschutzgesetzes, LGBl 1993/25 idgF, hat die Wiener Umweltanwaltschaft in diesen Verfahren Parteistellung.

3) Gemeint ist, dass, wenn eine Anlage etwa für einen bestimmten Zweck (zB als Gastwirtschaft) genehmigt und dieser nach anderen Bestimmungen genehmigte Betrieb aber eingestellt wurde, aber für private Zwecke weiter betrieben wird, eine Genehmigung nach § 61 nicht mehr erforderlich ist. Das mag in der Regel stimmen, doch gibt es gewisse modi (etwa Forschung für bestimmte Krankheiten, chemische Versuche), wo dies völlig verfehlt erscheint.

4) Für Anlagen, die einer (expliziten) Genehmigungsfreistellung etwa durch die GewO unterliegen, besteht auch durch die Bauordnung keine Bewilligungspflicht. Für das gleiche Schutzziel soll eine gleiche Regelung bestehen.

Judikatur

1) Eine bestimmte maschinelle Ausstattung einer Schweinemastanlage bedarf einer Bewilligung nach § 61 BO (VwGH 14.5.1985, 85/05/0014, BauSlg 442).

2) Wie der VwGH in seinem E v 14.5.1985, 85/05/0014 (BauSlg 442), zur maschinellen Ausstattung einer Schweinemastanlage ausgeführt hat, bedarf eine bauliche Anlage nicht einer Genehmigung nach § 60 und nach § 61 BO; soweit eine bestimmte Anlage als bauliche nach § 60 Abs 1 lit b BO bewilligungspflichtig ist, kommt also eine Bewilligung nach § 61 BO nicht in Betracht. Die Zulässigkeit der mit der widmungsgemäßen Verwendung der Traglufthalle verbundenen Emissionen (Geräusche des Tennis-Spielens, Lichtabstrahlung u dgl) können daher lediglich nach den Vorschriften über die jeweilige Flächenwidmung beurteilt werden. Hier hat die belangte Behörde offensichtlich übersehen, daß § 6 Abs 2 BO für Erholungsgebiete Beschränkungen von Bauten u dgl nur nach der jeweiligen Widmung, aber ohne jede Emissionsbeschränkung, aufstellt. Immissionen, die unmittelbar auf die Sportausübung zurückgehen, unterliegen daher nach der BO in Gebieten, die als Sport- und Spielplätze gewidmet sind, keiner Beschränkung.

Anlagen, die der Be- und Entlüftung der Halle sowie deren Beheizung dienen (Energieblock), unterliegen grundsätzlich – unter den dort angegebenen Voraussetzungen – einer Bewilligung nach § 61 BO, soweit sie nicht einer gewerbebehördlichen Betriebsanlagengenehmigung oder sonstigen Bewilligungen bedürfen. Liegt eine derartige Bewilligungspflicht nach der BO vor, dann sind jene Auflagen vorzuschreiben, die notwendig sind, um eine unzulässige Beeinträchtigung hintanzuhalten (VwGH 9.12.1986, 84/05/0097).

3) Der Verwaltungsgerichtshof hat bereits mehrfach ausgesprochen (siehe zuletzt das bereits vorzitierte Erkenntnis vom 20. Dezember 1994, Zl 94/05/0132, mit weiteren Nachweisen), dass keine rechtlichen Bedenken dagegen bestehen, eine Entlüftungsanlage einer Garage zum Gegenstand eines gesonderten Verfahrens nach § 61 Bauordnung für Wien zu machen, wobei die Anrainer in diesem nach § 61 Bauordnung für Wien abzuführenden Bewilligungsverfahren ihre aus § 134a Abs 1 lit e erster Satz leg cit ableitbaren Nachbarrechte wahrnehmen können. Daran ändert auch der Umstand nichts, dass nunmehr gem § 128 Bauordnung für Wien kein Benützungsbewilligungsverfahren sondern nur eine Fertigstellungsanzeige erforderlich ist, zumal gem Abs 4 dieser Gesetzesstelle vor Erstattung der vollständig belegten Fertigstellungsanzeige das Bauwerk oder die Anlage nicht benützt werden dürfen und, sofern die Fertigstellungsanzeige nicht vollständig belegt ist, eine solche auch nicht als erstattet gilt (VwGH 20.4.2001, 99/05/0090, 99/05/0101 u 99/05/0107).

4) Aus § 61 BO ergibt sich somit zweifelsfrei (arg. „sofern sie nicht nach bundesgesetzlichen oder nach anderen landesgesetzlichen Vorschriften zu bewilligen sind"), dass eine Bewilligung nach dieser Gesetzesstelle dann nicht in Betracht kommt, soweit eine bestimmte Anlage als bauliche Anlage nach § 60 Abs. 1 lit b leg. cit. bewilligungspflichtig ist (vgl. *Moritz*, BauO für Wien[4] [2009] Anm. zu § 61 und die dort zitierte hg. Rechtsprechung) (VwGH 20.10.2009, 2008/05/0020).

5) Bei der Frage der Gefährdung des Lebens und der Gesundheit von Menschen bzw einer unzumutbaren Belästigung von Nachbarn ist grundsätzlich ein humanmedizinisches Gutachten einzuholen (vgl VwGH 26.11.2015, 2012/07/0027; 23.11.2016, Ra 2016/05/0023, mwN). Allerdings ist die Einholung eines medizinischen Gutachtens nicht in jeder Fallkonstellation geboten, insb dann nicht, wenn bereits auf Grund der konkret gegebenen Umstände bzw der Ausführungen des technischen Sachverständigen eine Verletzung der genannten Rechtsgüter im Einzelfall auszuschließen ist (vgl VwGH 24.2.2006, 2001/04/0039; 23.1.2007, 2005/06/0244; 18.5.2016, Ra 2015/04/0093; 27.1.2020, Ra 2019/04/0005, 0006) (VwGH 28.5.2024, Ra 2024/06/0058).

Besondere Regelungen für Seveso-Betriebe[1)]

§ 61a. (1) Der Neu-, Zu- und Umbau von Betrieben, die in den Anwendungsbereich der Richtlinie 2012/18/EU des Europäischen Parlaments und des Rates vom 4.7.2012 zur Beherrschung der Gefahren schwerer Unfälle mit gefährlichen Stoffen, zur Änderung und anschließenden Aufhebung der Richtlinie 96/82/EG des Rates fallen („Seveso-Betriebe"), die Nutzungsänderung zu einem Seveso-Betrieb sowie die wesentliche Änderung von solchen Betrieben bedürfen einer Bewilligung und sind so zu planen und auszuführen, dass eine erhebliche Erhöhung des Risikos oder der Folgen eines schweren Unfalls innerhalb des angemessenen Schutzabstandes eines Seveso-Betriebes, insbesondere hinsichtlich der Anzahl der betroffenen Personen, ausgeschlossen oder durch Setzung von sonstigen organisatorischen oder technischen Maßnahmen abgewendet werden kann.[2)3)10)]

(2) Eine wesentliche Änderung von Seveso-Betrieben ist jede Änderung der Anlage, des Betriebes, des Lagers, des Verfahrens oder der Art, der physikalischen Form oder der Menge des gefährlichen Stoffes, aus der sich erhebliche Auswirkungen auf die Gefahren schwerer Unfälle ergeben könnte oder die dazu führen könnte, dass ein Seveso-Betrieb der unteren Klasse im Sinne des Art. 3 Z 2 der Richtlinie 2012/18/EU zu einem Seveso-Betrieb der oberen Klasse im Sinne des Art. 3 Z 3 der Richtlinie 2012/18/EU wird oder umgekehrt.[2)]

(3) Bei Vorhaben gemäß Abs. 1 ist der Antrag samt den Einreichunterlagen für die Dauer von 6 Wochen zur öffentlichen Einsicht aufzulegen.

(4) Die Auflage ist im Internet (unter www.gemeinderecht.wien.gv.at) und durch Anschlag an der Amtstafel der Gemeinde kundzumachen. Die Kundmachung hat folgendes zu enthalten:

1. den Gegenstand des Projekts,
2. gegebenenfalls die Tatsache, dass das Projekt Gegenstand einer einzelstaatlichen oder grenzüberschreitenden Umweltverträglichkeitsprüfung oder von Konsultationen zwischen Mitgliedsstaaten ist,
3. die zuständige Behörde,
4. den Ort und die Zeit der möglichen Einsichtnahme,
5. den Hinweis auf die Möglichkeit und die Frist zur Abgabe einer Stellungnahme,
6. die Art der möglichen Entscheidungen,
7. Hinweis über die Rechtsfolgen der Nichterstattung einer Stellungnahme (§ 134 Abs. 6a).

(5) Die in § 134 Abs. 6a genannten Personen haben das Recht innerhalb der im Abs. 4 genannten Frist, schriftlich Stellung zu nehmen und eine Verletzung der Bestimmungen in den Abs. 1 und 2 oder in Abs. 8 einzuwenden. Die innerhalb dieser Frist eingebrachten Stellungnahmen sind von der Behörde bei der Entscheidung zu berücksichtigen[5)6)6a)10)].

(6) Die Behörde hat ihre Entscheidung einschließlich aller nachfolgenden Aktualisierungen und die Ergebnisse der vor der Bescheiderlassung durchgeführten Konsultationen sowie eine Erklärung, wie diese im Rahmen der Bescheiderlassung berücksichtigt wurden, im Internet (unter www.gemeinderecht.wien.gv.at) und durch Anschlag auf der Amtstafel der Gemeinde kundzumachen.

(7) Auf Grundstücken[7)] innerhalb des angemessenen Schutzabstandes eines rechtmäßig bestehenden Seveso-Betriebes sind Neubauten sowie Zu- und Umbauten und bewilligungspflichtige Änderungen[7a)], wenn sie geeignet sind, eine erhebliche Erhöhung des Risikos oder der Folgen eines schweren Unfalls innerhalb des angemessenen Schutzabstandes eines Seveso-Betriebes zu bewirken, so zu planen und auszuführen und dürfen nur unter der Voraussetzung baubewilligt werden, dass eine erhebliche Erhöhung des Risikos oder der Folgen eines schweren Unfalls, insbesondere hinsichtlich der Anzahl der betroffenen Personen, ausgeschlossen oder durch Setzung von sonstigen organisatorischen oder technischen Maßnahmen abgewendet werden kann.[10)6a)11)]

(8) Bei Neu-, Zu- oder Umbauten innerhalb des angemessenen Schutzabstandes eines rechtmäßig bestehenden Seveso-Betriebes[8)], wird dem Betreiber das Recht eingeräumt, das Risiko eines schweren Unfalls beim

Seveso-Betrieb oder, soweit ein solches Risiko bereits besteht, dessen Vergrößerung oder Verschlimmerung der Folgen eines solchen Unfalls einzuwenden[9)12)13)].

(EB zur Nov 2021, LGBl 2021/70)

Ein „Betrieb der unteren Klasse" ist gemäß Art. 3 Z 2 der Seveso-RL ein Betrieb, in dem gefährliche Stoffe in Mengen vorhanden sind, die den in Anhang I Teil 1 Spalte 2 oder Anhang I Teil 2 Spalte 2 genannten Mengen entsprechen oder darüber, aber unter den in Anhang I Teil 1 Spalte 3 oder Anhang I Teil 2 Spalte 3 genannten Mengen liegen, wobei gegebenenfalls die Additionsregel gemäß Anhang I Anmerkung 4 angewendet wird.

Ein „Betrieb der oberen Klasse" ist gemäß Art. 3 Z 3 der Seveso-RL ein Betrieb, in dem gefährliche Stoffe in Mengen vorhanden sind, die den in Anhang I Teil 1 Spalte 3 oder Anhang I Teil 2 Spalte 3 genannten Mengen entsprechen oder darüber liegen, wobei gegebenenfalls die Additionsregel gemäß Anhang I Anmerkung 4 angewendet wird.

Nach Rechtsansicht der EK im gegen Österr anhängigen Vertragsverletzungsverfahren Nr. 2020/2104 müssen die Mitgliedstaaten gem Art. 13 Abs. 1 lit. b der Seveso-RL dafür sorgen, dass die in Art. 13 Abs. 1 der Seveso-RL genannten Ziele durch die Überwachung von Änderungen von Betrieben iSd Art. 11 der Seveso-RL erreicht werden.

Die EK vertritt im Mahnverfahren die Ansicht, dass im Wiener Landesrecht für die Fälle, in denen keine Baubewilligungspflicht für Änderungen eines Seveso-Betriebs im Sinne des Art. 11 der Seveso-RL besteht, kein Mechanismus zur Überprüfung, ob ein angemessener Schutzabstand gewahrt bleibt oder nicht, vorhanden ist. Um diesem Vorwurf zu begegnen, wird § 61a eingefügt, der im Abs. 1 eine Bewilligung für Neu-, Zu- oder Umbau oder wesentlichen Änderungen von Seveso-Betrieben oder Nutzungsänderungen zu einem Seveso-Betrieb vorsieht, die nur dann erteilt werden kann, wenn eine erhebliche Erhöhung des Risikos oder der Folgen eines schweren Unfalls innerhalb des angemessenen Schutzabstandes eines Seveso-Betriebes ausgeschlossen oder durch Setzung von sonstigen organisatorischen oder technischen Maßnahmen abgewendet werden kann. Durch diese Bestimmung ist die Überprüfung, ob ein angemessener Schutzabstand gewahrt bleibt oder nicht, gewährleistet und der Forderung der EK Rechnung getragen.

Die zuständige Behörde hat im Rahmen der Überprüfung der Einhaltung des Abs. 1 Unterlagen des Betreibers heranzuziehen und zu beurteilen (vgl. § 63 Abs. 1 lit. i).

Nach Rechtsansicht der EK ist außerdem Art. 15 der Seveso-RL in der Bauordnung unvollständig umgesetzt. Art. 15 Abs. 1 der RL regelt, dass die Mitgliedsstaaten dafür sorgen müssen, dass die betroffene Öffentlichkeit frühzeitig im Verlauf des Entscheidungsverfahrens Gelegenheit erhält, ihren Standpunkt zu spezifischen einzelnen Projekten, die sich auf die Planung und Ansiedelung neuer Betriebe gemäß Art. 13 der RL, auf bestimmte wesentliche Änderungen von Betrieben gemäß Art. 11 sowie auf neue Entwicklungen in der Nachbarschaft von Betrieben, wenn die Standortwahl oder die Entwicklungen das Risiko eines schweren Unfalls vergrößern oder die Folgen eines solchen Unfalls verschlimmern können, dazulegen.

Die EK führt im Mahnschreiben aus, dass in der BO in § 2 Abs. 5 und 6 die Ansiedelung eines Seveso-Betriebes zwar abstrakt geregelt ist, aber dadurch nicht gewährleistet ist, dass die betroffene Öffentlichkeit frühzeitig Gelegenheit erhält, ihren Standpunkt zu spezifischen einzelnen Projekten im Zusammenhang mit der Planung neuer Betriebe dazulegen. Durch die Bestimmung des § 61a wird der Vorgabe der Seveso-RL, dass die betroffene Öffentlichkeit vor Erteilung einer Bewilligung gem Abs. 1 Gelegenheit bekommt, eine Stellungnahme abzugeben, entsprochen. Im Verfahren gem § 61a ist ein konkretes Projekt Gegenstand. Daher wird in diesem Verfahren durch die Abs. 3 bis 6 die Öffentlichkeitsbeteiligung am Entscheidungsverfahren iSd Art. 15 der Seveso-RL in die BO aufgenommen.

In Abs. 2 wird definiert, in welchen Fällen eine wesentliche Änderung vorliegt. Der Regelungsinhalt ergibt sich aus Art. 13 Abs. 1 lit. b iVm Art. 11 der Seveso-RL, der unter anderem ausdrücklich vorsieht, dass auf Änderungen, die dazu führen können, dass ein Betrieb der unteren Klasse zu einem Betrieb der oberen Klasse wird oder umgekehrt, gleichermaßen Bedacht zu nehmen ist.

Auch wird von der EK moniert, dass in der BO keine Bestimmungen enthalten sind, mit denen Art. 15 Abs. 1 lit. c der Seveso-RL umgesetzt wird. Art. 15 Abs. 1 lit. c sieht vor, dass die Mitgliedsstaaten dafür sorgen, dass die betroffene Öffentlichkeit frühzeitig Gelegenheit erhält, ihren Standpunkt zu spezifischen einzelnen Projekten dazulegen, die sich auf neue Entwicklungen in der Nachbarschaft von Betrieben beziehen, wenn die Standortwahl oder die Entwicklungen das Risiko eines schweren Unfalls vergrößern oder die Folgen eines solchen Unfalls verschlimmern können.

Vor dem Hintergrund der dargelegten Rechtsansicht im Mahnschreiben wird in Abs. 7 vorgeschrieben, dass auf Grundstücken innerhalb des angemessenen Schutzabstandes bestimmte Bauführungen so zu planen und auszuführen sind, dass eine Erhöhung des Risikos ausgeschlossen oder durch entsprechende Maßnahmen abgewendet werden kann. Abs. 7 und 8 iVm § 134 Abs. 6a räumen sowohl dem Betreiber als auch dem Eigentümer einer Liegenschaft, die innerhalb des angemessenen Schutzabstandes liegt, sowie anderen Personen, die von der Entscheidung wahrscheinlich betroffen ist, das Recht ein, wechselseitig hinsichtlich der Änderungen in der Sphäre des jeweils anderen das Risiko eines Unfalls bzw. dessen Vergrößerung oder Verschlimmerung der Folgen eines solchen Unfalls einzuwenden.

Anmerkungen

1) Eingefügt mit Nov 2021, LGBl 2021/70. Siehe § 1 Abs 2 Z 17 und Abs 4a, § 2a Abs 6, § 134 Abs 6a. Mit den Regelungen zu Seveso-Betrieben erfolgt in diesem Rahmen eine gewisse Abkehr bzw Erweiterung bislang geltender Regelungsprinzipien zu Bewilligungstatbeständen und zum Kreis an potenziellen Parteien. Dies ist der Rechtssicherheit nicht unbedingt zuträglich. Es vermag sich mitunter auch zunehmend der Eindruck zu erschließen, dass die Berufung auf umwelt- oder gefahrenbezogene Interessen als Trittbrett zur Verfolgung durchaus andersgelagerter Interessen wahrgenommen wird. Theoretisch stellen sich auch die Aarhus-Konvention und die Regelungen der Umweltinformationsgesetze missbräuchlicher Anwendung entgegen. De facto stellt dies die Rechtspflege vor erhebliche Herausforderungen. Die Wahrnehmung von Seveso-Einwendungen soll jedenfalls nicht einer De-facto-Verfahrensverzögerung aus anderen Interessen, etwa Konkurrenz von Unternehmen, dienen.

Die Servilität gegenüber der EU und ihren „Mahnschreiben" erscheint unerträglich. Es gibt bereits EU-Staaten, deren Gerichte den Vorrang staatlichen Rechts betonen.

2) Damit unterliegen nun auch Vorgänge ohne baulichen Bezug einem Bewilligungstatbestand zur Erteilung einer Baubewilligung (zB Änderung der Verfahrensart) und gehen über die bisherige baurechtliche Systematik und Aufgaben der Baubehörde hinaus. Es werden hier nun etwa entsprechende gewerbetechnische Sachverständige einzubinden sein und es gilt, Doppelgleisigkeiten und Widersprüche etwa zu gewerberechtlichen Betriebsanlagengenehmigungen zu vermeiden. Beachte die Pflicht zur Koordination mit anderen Behörden gem § 356b Abs 2 GewO 1994. Für Anlagen, die dem § 37 AWG 2002 oder dem UVP-G 2000 unterliegen, gelten besondere Bestimmungen der Verfahrenskonzentration.

3) Der Schutzabstand ist ein Raumplanungsinstrument auch mit Schutzzweck zum Schutz vor Immissionen und Gefahren, soll aber keinen absoluten Schutz gewähren. Maßstab für die Beurteilung einer wesentlichen Risikoerhöhung wird das Risiko für den gesamten Schutzbereich sein. Dabei wird etwa eine Lückenverbauung in aller Regel keine wesentliche Erhöhung des Risikos darstellen. Der „Schutzabstand" des konkreten Betriebes iSd § 61a ist vom „Schutzabstand" iSd § 1 Abs 5 als widmungstechnische Vorsorge- bzw Pufferzone zu unterscheiden.

5) Da lt EB sehr weitreichende Möglichkeiten zur Einbindung und Überprüfung eingeräumt werden und den Parteien das Recht zur Erhebung einer Beschwerde an das Verwaltungsgericht Wien zukommen soll, wird „berücksichtigen" auch iSv „darüber absprechen" zu verstehen sein. Die Entscheidung muss einer diesbezüglichen Überprüfung zugänglich sein.

6) Durch die Änderung des § 134a Abs 6a mit BO-Nov 2023 haben nun alle genannten Gruppen ex lege Parteistellung, unabhängig von der Erhebung von Einwendungen. Damit haben nun insb auch NGOs und die (interessierte) Öffentlichkeit auch bei Vorhaben im Schutzabstand (Abs 7) Parteistellung. Auf Grund Abs 5 und 4 geht die Parteistellung verloren (Präklusion), wenn nicht innerhalb der gesetzten Frist Einwendungen erhoben werden. Auch iVm § 136 Abs 1 BO ist die Erhebung einer Beschwerde ohne vorherige Einwendungen im erstinstanzlichen Verfahren unzulässig.

6a) Gem Abs 3 und 4 ist eine Auflage nur für Vorhaben des Betriebes selbst (Abs 1) normiert und nicht im Schutzabstand (Abs 7). Für Vorhaben im

Schutzabstand bestehen sohin keine expliziten Verfahrensregeln. Der Betreiber ist daher auch direkt zu laden bzw einzubinden. Der Eigentümer der Liegenschaft des Betriebes ist in § 134 Abs 6a nicht explizit genannt, ist aber als Teil der betroffenen Öffentlichkeit miterfasst. Da jedoch auch der gesamten (interessierten) Öffentlichkeit Gelegenheit zu bieten ist, ihre Parteistellung wahrzunehmen, ist das Verfahren zur Auflage für Betriebe (Abs 1) gem Abs 3 und 4 sinngemäß auch für Vorhaben im Schutzabstand (Abs 7) anzuwenden (richtlinienkonforme Interpretation). Zu den (inhaltlichen) Parteienrechten im Schutzabstand siehe Abs 8. Eine Einbindung der (interessierten) Öffentlichkeit und von Umwelt-NGOs bei (vielfach privaten) Vorhaben im Schutzabstand erscheint unverhältnismäßig und in der praktischen Vollziehung problematisch.

7) Durch die Bezugnahme auf Grundstücke genügt es, dass ein Grundstück zumindest zT im Schutzabstand gelegen ist, nicht zwingend das Vorhaben selbst. Nach der ständigen Jud wird beim Immissionsschutz auf die Liegenschaftsgrenze abgestellt. Der Schutzabstand hat dem gegenüber aber (auch) den Charakter eines Raumordnungsinstruments. S auch BLAK-Empfehlung Nr 1 – Angemessene Sicherheitsabstände, März 2015. Die konkrete Lage des Vorhabens wird bei der Beurteilung der Risikolage und möglicher Sicherheitsmaßnahmen Berücksichtigung finden können. Maßgeblich ist letztlich die Lage im Schutzabstand des konkreten Betriebes, nicht, ob das Vorhaben im widmungstechnischen „Schutzabstand" iSd § 1 situiert ist. Die Lage in einer solchen Pufferzone kann ein allgemeines Indiz für eine gewisse Risikolage darstellen.

7a) Gemeint sind bewilligungspflichtige Änderungen im baurechtlichen Sinn, damit nicht Änderungen iSd Abs 2.

8) Damit hat der Betreiber keine Parteistellung bei „nur" bewilligungspflichtigen Änderungen.

9) Die „normalen" Nachbarrechte iSd § 134a BO bleiben dadurch unberührt. Hinsichtlich der Präklusion ist aber zw Seveso-Einwendungen gem Abs 5 iVm § 134 Abs 6a und „normalen" Einwendungen gem § 134 Abs 3 iVm § 134a zu differenzieren.

10) Siehe auch die Einschränkung missbräuchlicher oder unredlicher Einwendungen in § 136 Abs 1.

11) Im Schutzabstand sind Baubewilligungsverfahren im vereinfachten Verfahren (§ 70a) gem dem § 70a Abs 1 Z 10 formell ausgeschlossen. Baubewilligungsverfahren gem § 70b sind nicht ausgeschlossen (§ 70b Abs 2). Für Bauwerke kleinen Umfangs iSd § 70b ist aber nicht anzunehmen, dass diese Vorhaben eine erhebliche Erhöhung des Risikos iSd Abs 7 bewirken können. Somit ist aus der Anwendung des § 70b im Schutzabstand auch kein inhaltlicher Widerspruch zu Abs 7 gegeben. Insbesondere der Betreiber des Seveso-

Betriebes hat folglich keine Parteistellung bei Verfahren gem § 70b im Schutzabstand.

12) Abs 8 regelt die (inhaltlichen) Parteienrechte im Schutzabstand. Im Gegensatz zu Abs 7 sind in Abs 8 bewilligungspflichtige Änderungen aber nicht genannt. Hinsichtl dieser bestehen daher keine Parteienrechte und können keine zulässigen Einwendungen erhoben werden.

13) Abs 8 nimmt nur Bezug auf den Betreiber des Seveso-Betriebes und dessen Rechte. Gem Abs 5 können die hier in Abs 8 genannten Rechte von allen in § 134 Abs 6a genannten Personen geltend gemacht werden.

Judikatur

1) § 35 Abs 1 Z 3 OÖ BauO 1994 ist eine eigenständige baurechtliche Regelung. Diese Bestimmung kommt dann zum Tragen, wenn ein Betrieb im Sinn der Seveso-II-Richtlinie in der Nähe des Bauvorhabens vorhanden ist. Bei der Frage, ob sich das Risiko eines Unfalls vergrößern oder sich die Folgen eines Unfalls verschlimmern können, kommt es darauf an, welcher Zustand vor dem gegenständlichen Bauvorhaben besteht. Dabei kommt es aber nicht auf die tatsächlichen Umstände, sondern auf die baurechtliche Bewilligung an (VwGH 5.3.2014, 2013/05/0131).

2) Hinsichtlich der Seveso-II-RL bestimmt § 14 Abs 2 Z 15 NÖ ROG 1976, dass bei der Festlegung von Widmungsarten ihre Raumverträglichkeit sichergestellt werden können muss, wobei auf die Gefahrenbereiche von Betrieben iSd Art 1 der RL 96/82/EG zur Beherrschung der Gefahren bei schweren Unfällen mit gefährlichen Stoffen (SEVESO-II-RL) Bedacht zu nehmen ist. Gem § 15 Abs 2 Z 2 NÖ ROG 1976 sind Standorte und Gefahrenbereiche von Betrieben iSd Art 12 der Seveso-II-RL im Flächenwidmungsplan kenntlich zu machen. Ein subjektiv öffentliches Nachbarrecht im einzelnen Baubewilligungsverfahren ergibt sich daraus nicht. Die Nachbarn haben auch in diesem Zusammenhang im Baubewilligungsverfahren lediglich die im § 6 Abs 2 NÖ BauO 1996 normierten Rechte (VwGH 10.9.2008, 2007/05/0109).

3) Ein nationales Gericht, das nationales Recht auszulegen hat – gleich, ob es sich um vor oder nach der betreffenden Richtlinie erlassene Vorschriften handelt –, muss seine Auslegung so weit wie möglich am Wortlaut und Zweck der Richtlinie ausrichten, um das mit dieser verfolgte Ziel zu erreichen und auf diese Weise Art. 249 Abs 3 EG nachzukommen. Der Grundsatz der richtlinienkonformen Auslegung gilt für ein nationales Gericht besonders dann, wenn ein Mitgliedstaat der Ansicht ist, dass die bereits geltenden Vorschriften seines nationalen Rechts den Anforderungen der betreffenden Richtlinie genügten (ausführliche Nachweise zur Rechtsprechung des EuGH im E). Diese Aussagen gelten angesichts der Art 10 und 249 Abs 3 EG nicht nur für die nationalen Gerichte, sondern für alle Träger öffentlicher Gewalt in den Mitgliedstaaten, also auch für Verwaltungsbehörden und die Gemeindevertretung einer Gemeinde bei Änderung eines Flächenwidmungsplanes.

Die Grenzen des möglichen Wortsinns der § 2 Abs 1 . 4 und § 17 Abs 5 lit f und Abs 6 Slbg ROG 1998 lassen eine Auslegung dieser Bestimmungen dahingehend zu, dass bei Änderung eines Flächenwidmungsplanes auf die in Art 12 Abs 1 zweiter Satz der Seveso-II RL übernommene Verpflichtung Bedacht zu nehmen ist, im Rahmen der Raumordnung für die Wahrung des in dieser Bestimmung vorgesehenen angemessenen Abstandes zwischen einem in die RL fallenden Betrieb einerseits und Wohngebieten und öffentlich genutzten Gebieten anderseits zu sorgen. Eine solche Auslegung ist angesichts der Art 10 und 249 Abs 3 EG geboten. Eine Einzelperson wird durch eine solche Auslegung deswegen nicht belastet, weil weder das Slbg ROG 1998 noch sonst eine Rechtsvorschrift ein subjektives Recht auf die von der Gemeindevertretung beschlossene Umwidmung einräumt.

Bei der Änderung einer Flächenwidmung von Grünland/ländliche Gebiete gem § 19 Z 1 Slbg ROG 1998 in Bauland/Gewerbegebiete gem § 17 Abs 1 Z 6 Slbg ROG 1998 handelt es sich nicht um eine bloß kurzfristige, sondern um eine langfristige Maßnahme iSd Art 12 Abs 1 zweiter Satz der Seveso-II RL, weil eine solche Umwidmung schon im Hinblick auf die damit ermöglichten Investitionen auf Dauer angelegt ist.
Die Auffassung, es wäre bei der Beurteilung, ob es sich um einen Betrieb im Sinne des Art 2 Abs 1 und Art 12 der Seveso-II RL handle, darauf abzustellen gewesen, ob eine gewerberechtliche Bewilligung zur Lagerung und Verarbeitung gefährlicher Stoffe bestehe, kann vom VwGH angesichts des Art 3 Z 1 der RL nicht geteilt werden. Diese Bestimmung – wie auch Anhang I dieser RL – stellt darauf ab, dass die gefährlichen Stoffe in einem Betrieb tatsächlich vorhanden sind und tatsächlich vorhanden sein werden, nicht aber, ob dafür allenfalls eine Berechtigung besteht. Dies ist auch im Hinblick darauf sachgerecht, dass mit der RL konkreten Gefahren begegnet werden soll.

Gewerbegebiete gem § 17 Abs 1 Z 6 Slbg ROG 1998 sind nach der lit a leg cit nicht nur für Betriebe bestimmt, die die Umgebung nicht übermäßig beeinträchtigen, sondern gem lit b dieser Bestimmung auch „daneben für Bauten der öffentlichen Verwaltung sowie für betrieblich bedingte Wohnbauten". Eine derartige Widmung lässt die Errichtung von „Örtlichkeiten mit Publikumsverkehr" iSd Art 12 Abs 1 erster Satz der Seveso-II RL und (betrieblich bedingten) Wohngebäuden und damit von Gebäuden zu, in denen sich eine größere Zahl von Menschen dauerhaft aufhält. Die Ansiedlung solcher Einrichtungen ohne angemessenen Abstand von gefährlichen Betrieben würde aber die Folgen eines schweren Unfalls vergrößern, gerade dies soll durch Art 12 Abs 1 der Seveso-II RL verhindert werden (VwGH 26.4.2005, 2002/06/0025).

Bauanzeige

§ 62. (1) Eine Bauanzeige genügt für

1. den Einbau oder die Abänderung von Badezimmern und Sanitäranlagen, wenn durch eine ausreichende Be- und Entlüftung des Raumes eine Änderung der äußeren Gestaltung des Bauwerks bewirkt wird;
2. Loggienverglasungen;
3. den Austausch von Fenstern und Fenstertüren in Schutzzonen und bei Gebäuden, die vor dem 1.1.1945 errichtet wurden;
4. alle sonstigen Änderungen und Instandsetzungen von Bauwerken (§ 60 Abs. 1 lit. c), die keine wesentliche[3)] Änderung der äußeren Gestaltung des Bauwerkes bewirken, nicht die Umwidmung von Wohnungen oder nicht die Schaffung von Stellplätzen betreffen und auch nicht zu deren tatsächlicher Schaffung aufgrund einer entsprechenden Verpflichtung führen;[1)1a)1b)1c)4)5)]
5. Rankhilfen und Rankgerüste für Kletterpflanzen, die nicht § 62a Abs. 1 Z 14 unterliegen.

(2) Der Bauanzeige sind Baupläne in zweifacher Ausfertigung anzuschließen; sie sind vom Planverfasser zu unterfertigen. Die Bauanzeige kann elektronisch über das von der Behörde im Internet bekanntgegebene Portal eingebracht werden. Der elektronischen Bauanzeige sind Baupläne in elektronischer Form anzuschließen. Diese sind vom Planverfasser elektronisch zu unterfertigen. Im Rahmen der elektronischen Bauanzeige ist eine Erklärung abzugeben, dass der Bauwerber oder sein bevollmächtigter Vertreter an der elektronischen Zustellung im Sinne des § 1b E-GovG, BGBl. I Nr. 10/2004 idF BGBl. I Nr. 104/2018, teilnimmt. Der Bauanzeige gemäß Abs. 1 Z 4 ist außerdem eine statische Vorbemessung oder ein Gutachten, dass es sich um ein geringfügiges Bauvorhaben mit technisch einfacher Tragkonstruktion handelt, bei dem aus statischen Belangen keine Gefahr für das Leben oder die Gesundheit von Menschen sowie das Eigentum zu besorgen ist, anzuschließen; diese Unterlagen sind von einem nach den für die Berufsausübung maßgeblichen Vorschriften berechtigten Sachverständigen für das einschlägige Fachgebiet zu erstellen. Bei Bauführungen gemäß Abs. 1 Z 2 und 3, die mehr als 25 vH der Oberfläche der Gebäudehülle betreffen, sind ein Energieausweis (§ 118 Abs. 5) und ein Nachweis über die Berücksichtigung hocheffizienter alternativer Systeme (§ 118 Abs. 3 und 3a) einzuholen. Solche Energieausweise sind der Behörde in elektronischer Form zu übermitteln. In Gebieten für geförderten Wohnbau ist der Bauanzeige bei der Schaffung von Wohnungen und Wohn- und Zimmereinheiten in Heimen oder der Vergrößerung der Wohnnutzfläche der Nachweis gemäß § 6 Abs. 6a erster Satz anzuschließen.

(3) Nach Vorlage der vollständigen Unterlagen, bei Bauführungen gemäß Abs. 1 Z. 1, 2 und 3 in Schutzzonen sowie bei Bauführungen, bei denen gemäß Abs. 2 eine statische Vorbemessung erforderlich ist, nach einem Monat, darf nach Anzeige des Baubeginns mit der Bauführung begonnen werden. Wurde die Bauanzeige elektronisch eingebracht, hat auch die Anzeige des Baubeginns elektronisch über das von der Behörde im Internet bekanntgegebene Portal zu erfolgen.

(4) Ergibt die Prüfung der Angaben in Bauplänen, dass die zur Anzeige gebrachten Baumaßnahmen nicht den gesetzlichen Erfordernissen entsprechen oder einer Baubewilligung bedürfen, hat die Behörde binnen sechs Wochen ab tatsächlicher Vorlage der vollständigen Unterlagen die Bauführung mit schriftlichem Bescheid unter Anschluss der Baupläne zu untersagen. In diese Frist wird die Dauer eines Verfahrens zur Mängelbehebung gemäß § 13 Abs. 3 AVG, BGBl. Nr. 51/1991 in der Fassung BGBl. I Nr. 58/2018, nicht eingerechnet. Maßgebend für die Beurteilung des Bauvorhabens ist die Rechtslage im Zeitpunkt der Vorlage der vollständigen Unterlagen. Wird die Bauführung untersagt, ist sie einzustellen.[1b)]

(5) Untersagungsbescheide gemäß Abs. 4 gelten auch dann als rechtzeitig zugestellt, wenn sie der Behörde wegen Unzustellbarkeit zurückgestellt werden.

(6) Erfolgt keine rechtskräftige Untersagung der Bauführung, gilt das Bauvorhaben hinsichtlich der Angaben in den Bauplänen als gemäß § 70 bewilligt. Ist das betreffende Gebäude gemäß § 71 bewilligt, so gilt das Bauvorhaben ebenfalls als gemäß § 71 bewilligt.[2)]

(7) Die Fertigstellung von Baumaßnahmen gemäß Abs. 1 Z 1 bis 3 ist der Baubehörde vom Bauwerber, vom Eigentümer (Miteigentümer) des Bauwerkes oder vom Grundeigentümer unter Anschluss einer Erklärung des Bauführers, dass das Bauwerk entsprechend der Bauanzeige und den Bauvorschriften ausgeführt worden ist, zu melden. Wurde durch diese Baumaßnahmen die Anzahl, die Raumwidmung (z.B. Wohnung, Büro, Geschäftslokal u.dgl.) oder die Geschoßzuordnung der Nutzungseinheiten eines Gebäudes abgeändert, ist für das betreffende Gebäude weiters eine Bestätigung über die Registrierung der Gebäudebeschreibung gemäß § 128b anzuschließen.[3)] Die Behörde kann bei geringfügigen Bauführungen auf die Vorlage dieser Bestätigung verzichten. Wurde die Bauanzeige elektronisch über das von der Behörde im Internet bekanntgegebene Portal eingebracht, muss auch die Meldung der Fertigstellung samt der elektronisch unterfertigten Erklärung des Bauführers sowie die Bestätigung über die Registrierung der Gebäudebeschreibung auf diese Weise eingebracht werden.

(EB zur Nov LGBl 2018/69)

Zwecks Verfahrenserleichterung soll gemäß Abs. 1 Z 3 der Austausch von Fenstern und Fenstertüren künftig nur in Schutzzonen und bei Gebäuden, die vor dem 1.1.1945 errichtet wurden, anzeigepflichtig sein. Außerhalb von Schutzzonen sind derartige Maßnahmen künftig gemäß § 62a Abs. 1 Z 34 generell bewilligungsfrei.

Von einer wesentlichen Änderung der äußeren Gestaltung des Bauwerkes im Sinne des Abs. 1 Z 4 ist jedenfalls dann auszugehen, wenn durch diese Anrainerrechte berührt werden können. Als Beispiele für eine unwesentliche Änderung der äußeren Gestaltung des Bauwerks wären Änderungen an Geschäftsportalen zur barrierefreien Erschließung (Entfernung von Vorlegestufen, Zurückversetzen einer Haustüre) oder die Veränderung von Fenstergrößen in geringfügigem Ausmaß (wenige Zentimeter) zu nennen.

Nach dem derzeitigen Wortlaut des Abs. 1 Z 4 ist die Errichtung eines neuen Kfz-Stellplatzes innerhalb eines Bauwerkes grundsätzlich auch im Rahmen einer Bauanzeige zulässig. Für die Abhaltung einer mündlichen Verhandlung unter Einbindung der Nachbarn besteht somit keine Rechtsgrundlage, obwohl freiwillig geschaffene Stellplätze einer Emissionsprüfung im Sinne des § 134a Abs. 1 lit. e unterliegen. Es wird daher in Abs. 1 Z 4 die Schaffung von Stellplätzen ausdrücklich von der (bloßen) Anzeigepflicht ausgenommen.

Durch die Ergänzung des Abs. 7 soll gewährleistet werden, dass die im neuen § 128b vorgesehene Registrierung von Gebäudedaten auch im Zusammenhang mit bloß anzeigepflichtigen Baumaßnahmen vorgenommen wird.

(EB zur Nov LGBl 2020/61)

Zu Abs 2

Durch die Ergänzung nach dem 2. Satz wird eine Rechtsgrundlage dafür geschaffen, dass die Bauanzeige elektronisch erstattet werden kann. Die Einbringung kann nur über das von der Baubehörde im Internet bekannt gegebene Portal (im Sinne einer organisatorischen Beschränkung gemäß § 13 Abs. 2 AVG) erfolgen. Das Anzeigeverfahren wird entsprechend der technischen Möglichkeiten elektronisch geführt. Zur Gewährleistung der eindeutigen Zuordenbarkeit zum Ersteller und der Unverfälschtheit des signierten Planes sind die vorzulegenden Baupläne vom Planverfasser elektronisch zu signieren.

Bauwerber, die die Bauanzeige elektronisch erstatten, müssen über eine gültige elektronische Zustelladresse im Sinne des § 2 Z 5 Zustellgesetz – ZuStG verfügen, damit der Verkehr zwischen Behörden und Beteiligten ohne Medienbruch auf elektronische Weise erfolgen kann. § 2 Z 5 ZustG definiert die „elektronische Zustelladresse" als eine vom Empfänger der Behörde für die Zustellung in einem anhängigen oder gleichzeitig anhängig gemachten Verfahren angegebene elektronische Adresse.

Die Anfügung des letzten Satzes in § 62 Abs. 2 war erforderlich, weil die Schaffung von Wohneinheiten neben der Bewilligungspflicht auch lediglich einer Anzeigepflicht unterliegen kann (zB Änderung der Raumwidmung, wenn sie nicht die Umwidmung von Wohnungen oder die Schaffung von Stellplätzen betreffen und keine Verpflichtung zur Schaffung von Stellplätzen auslösen) und auch in diesen Fällen ein Nachweis über die Grundkostenangemessenheit gemäß § 6 Abs. 6a erbracht werden soll.

Zu Abs 3

Um Medienbrüche zu vermeiden, sollen nach allen elektronisch geführten Verfahren die Eingaben, die während der Bauausführung erforderlich sind, auch auf elektronische Weise über das von der Behörde im Internet bekanntgegebene Portal erfolgen.

Zu Abs 4

Die Formulierung „eine Ausfertigung der Unterlagen" soll durch eine Formulierung ersetzt werden, die auf analoge und elektronische Verfahren anwendbar ist.

Der Verweis auf das Allgemeine Verwaltungsverfahrensgesetz (AVG) in dieser Bestimmung bezieht sich nicht auf die geltende Fassung und soll daher aktualisiert werden.

Zu Abs 7

Um Medienbrüche zu vermeiden, sollen nach allen elektronisch geführten Verfahren die Eingaben, die während der Bauausführung erforderlich sind, auch auf elektronische Weise über das von der Behörde im Internet bekannt gegebene Portal erfolgen.

Nach der geltenden Rechtslage ist der Bauwerber verpflichtet, bei bestimmten Bauvorhaben der Fertigstellungsmeldung für das betreffende Gebäude eine Bestätigung über die Registrierung der Gebäudebeschreibung gemäß § 128b anzuschließen. Im Hinblick auf die Möglichkeit in § 128b Abs. 3 den Eigentümer (jeden Miteigentümer) eines Gebäudes aufzufordern, eine Registrierung in der Gebäudedatenbank vorzunehmen, soll die Behörde bei geringfügigen Bauführungen die Möglichkeit haben, auf die Vorlage der Bestätigung durch den Bauwerber zu verzichten und die Registrierung gemäß § 128b Abs. 3 vom Eigentümer zu verlangen.

(EB zur BO-Nov 2023, LGBl 2023/37 vom 13.12.2023)

Nach der Rspr des VwGH (Erk. 28.05.2013, 2012/05/0016) kommt es iZm der Verpflichtung zur Schaffung von Stellplätzen nach Abs. 1 Z 4 nicht darauf an, in welchem Ausmaß Stellplätze konkret zu schaffen sind oder ob gegebenenfalls eine Anrechnung im Sinne des § 50 Abs. 7 oder 8 WGarG 2008 erfolgen kann. Dies hat sich in der Praxis im Hinblick auf den Anwendungsbereich des Bauanzeigeverfahrens als unbefriedigend herausgestellt, weshalb die Bestimmung nunmehr ausdrücklich auf die Verpflichtung zur Schaffung von neuen (zusätzlichen) Stellplätzen abstellt. Eine Anrechnung von Stellplätzen nach § 50 Abs. 7 oder 8 WGarG 2008 ohne Verpflichtung zur Schaffung neuer Stellplätze hindert die Anwendung des Anzeigeverfahrens nunmehr nicht mehr. Mit dieser Änderung wird der Anwendungsbereich des Bauanzeigeverfahrens erweitert.

Rankgerüste und Rankhilfen sowie bodengebundene Fassadenbegrünungen, die sich an Baulinien- oder Straßenfluchtlinien befinden, sind außerhalb von Schutzzonen bewilligungsfrei, wenn sie nicht mehr als 15 cm vorragen. Übersteigen sie dieses Maß, ist eine Berücksichtigung der örtlichen Gegebenheiten (zB Gehsteigbreite, Einbauten, sonstige Einrichtungen im Bereich des öffentlichen Guts) sowie eine Zustimmung der Eigentümer der Verkehrsfläche notwendig (§ 83 Abs. 2 lit a) und eine Bauanzeige einzubringen. Grundlage für die brandschutztechnische Einschätzung von Fassadenbegrünungen bilden die von der Universität für Bodenkultur und dem Bauphysiklabor der MA 39 gemäß ÖNORM B 3800-5 durchgeführten Klein- und Großbrandversuche.

Derzeit ist gemäß Abs. 2 die Beibringung eines Nachweises gemäß § 6 Abs. 6a nur bei der (Neu)Schaffung von Wohnungen erforderlich, nicht aber bei der Vergrößerung bestehender Wohnungen. Diese Differenzierung ist unsachlich, weshalb nunmehr die Beibringung des Nachweises nach § 6 Abs. 6a bei jeder Vergrößerung der Wohnnutzfläche erforderlich ist.

Anmerkungen

1) Dabei ist zu beachten, dass alle Bauführungen, die allgemeine Teile des Hauses tangieren (Terrassenverglasung, Einbeziehung eines Gangteiles, von Dachbodenräumen, Waschküchen uÄ), in Ansehung des WEG 1975 (§ 14 Abs 3) bzw des WEG 2002 (§ 29 Abs 1) keine Maßnahme der ordentlichen oder außerordentlichen Verwaltung darstellen; ein Mehrheitsbeschluss reicht daher nicht aus. Erforderlichenfalls muss der Außerstreitrichter die Zustimmung ersetzen (VwGH 19.9.2006, 2004/05/0196, 30.1.2007, 2004/05/0189, OGH 25.1.2005, 5 Ob 213/04s).

1a) Mit der Novelle 2015/25 wurde das Wort *„Bauführungen"* durch die Wortfolge *„Änderungen und Instandsetzungen von Bauwerken (§ 60 Abs. 1 lit. c)"* ersetzt, um klarzustellen, dass Umbauten nicht der (bloßen) Anzeigepflicht unterliegen, sondern im Sinne des § 60 Abs. 1 lit. a einer Baubewilligung bedürfen. Mit einer Bauanzeige sind weitreichende Änderungen möglich. Betrachtungsgegenstand ist immer das eingereichte Projekt, es ist daher auch entscheidend ob das Projekt an sich, in seiner Gesamtheit, eine Stellplatzverpflichtung auslöst. Abs 1 Z 3 und 4 wurde mit Nov LGBl 2018/69 geändert. Mit der gleichen Nov wurde in Abs 7 der zweite Satz angefügt.

1b) Vgl auch Anm 11 zu § 6 Abs 6a.

1c) § 62 Abs 2, 3 und 7 treten erst am 1.2.2021 in Kraft.

2) Durch den Bezug zu §§ 70 und 71 gilt die Bewilligung als bescheidmäßig bewilligt. Davon ist auch die Frage abhängig ob das AVG bzgl „mit Bescheid abgeschlossener Verfahren" hier anzuwenden ist. Im Zweifel ist dies wohl zu bejahen.

3) Damit muss der Bauwerber einer Bauanzeige (zB Mieter) auch bei relativ kleinen baulichen Maßnahmen, für die er nicht die Zustimmung des Eigentümers benötigt, am Ende Daten für das gesamte Gebäude bereitstellen. Dies ist dann problematisch wenn ihm diese Daten von dem/den Eigentümer/-n verweigert werden.

4) Die bisherige Praxis der Behörde sah als Betrachtungsgegenstand immer das eingereichte Projekt, es ist daher auch entscheidend, ob das Projekt an sich, in seiner Gesamtheit, eine Stellplatzverpflichtung auslöst. Die Rspr sah die Bauanzeige aber zT bereits als ausgeschlossen, wenn im Projekt eine Gegenrechnung (neue Flächen vs aufgelassene bzw umgewidmete Flächen) angestellt wurde, auch wenn für das Projekt insgesamt keine neue/zusätzliche Stellplatzverpflichtung ergibt. Durch die Abänderung der Z 4 mit der BO-Nov 2023 ist eine Bauanzeige nun auch zulässig, wenn das Projekt zwar eine zusätzliche StPl-Verpflichtung ergibt, aber kein StPl auch tatsächlich errichtet wird. Die Bauanzeige ist sohin möglich, wenn eine bereits bestehender freiwilliger StPl als Pflicht-StPl angerechnet wird oder eine vertragliche Sicherstellung iSd § 51 WGarG 2008 erfolgt. Der Bauanzeige ist daher auch ohne ausdrückliche Nennung in Abs 2 ein diesbzgl Nachweises über die Erfüllung der StPl-Verpflichtung anzuschließen. Die Möglichkeit der Vorschreibung und Leistung einer Ausgleichsabgabe besteht nicht und die Bauanzeige ist in solchen Fällen nicht zulässig. Es besteht keine Rechtsgrundlage zur bescheidmäßigen Feststellung fehlender Pflicht-StPl (vgl § 70a Abs 11 und § 70b Abs 9) als Voraussetzung zur Vorschreibung/Leistung der AGA und die AGA ist auch keine Form der Erfüllung der StPl-Verpflichtung.

5) Lt ÜB zur BO-Nov 2023, LGBl 2023/37 ist Abs 1 Z 4 idF BO-Nov 2023 auf im Zeitpunkt des Inkrafttretens (14.12.2023) bereits anhängige Verfahren anzuwenden.

Judikatur

1) Der Eigentümer eines Hauses hat im Verfahren betr die Bauanzeige eines Bestandnehmers keine Parteistellung (§ 134 Abs 5 BO). Wenn die BauBeh zu Unrecht das Vorliegen einer bloß anzeigepflichtigen Baumaßnahme angenommen haben, muß iS einer verfassungskonformen Auslegung dem Eigentümer der betreffenden Liegenschaft in dem Verfahren, in dem dann zu Unrecht ein Bescheid gem § 62 Abs 4 BO ergangen ist, Parteistellung eingeräumt werden, weil das Verfahren ein gem § 60 BO bewilligungspflichtiges Bauvorhaben beträfe, in dem der Eigentümer gem § 134 Abs 3 BO jedenfalls Parteistellung hat (VwGH 19.11.1996, 95/05/0180, BauSlg 290, 3.5.2011, 2009/05/0322). – Bei der durch die Nov LGBl 2005/41 geschaffenen Rechtslage, mit welcher – in völligem Widerspruch zu § 63 Abs 1 lit c – bei angezeigten, aber im Grunde bewilligungspflichtigen Bauführungen (aller Art?) ohne Zustimmung der (des) Eigentümer(s) diese nach § 70 bzw § 71 bewilligt erscheinen, von denen der Eigentümer keine Kenntnis hat und letztendlich aber als Adressat rechtlicher Konsequenzen in Frage kommt, müssen gegen § 62, insbes des Abs 6, erhebliche verfassungsrechtliche Bedenken geäußert werden.

2) Ziel des Bauanzeigeverfahrens nach § 62 BO ist es nach dem Willen des Gesetzgebers (s hiezu die bei *Geuder/Hauer*, Wiener Bauvorschriften, 3. Aufl,

S 337, wiedergegebenen EB zur Nov LGBl 34/1992), für geringe Baumaßnahmen ein einfaches und schnelles Behördenverfahren zu schaffen. Im vorliegenden Fall ist zu prüfen, ob der Bfr die mit der Nov LGBl 42/1996 geschaffene Ausnahme der Loggienverglasung von der baubehördlichen Bewilligungspflicht im Hinblick auf die Neuregelung des § 62 Abs 1 Z 3 BO in Anspruch nehmen kann.

Der Begriff der Loggia wird in der BO zwar mehrfach verwendet (s hiezu neben § 62 Abs 1 Z 3 (jetzt Z 2) auch § 68 Abs 3 zweiter Satz, § 76 Abs 9, § 80 Abs 2, § 88 Abs 3 und § 89 Abs 4 – obsolet), aber ohne den verwendeten Begriff näher zu definieren. Die Baubehörden haben sich bei Beurteilung der beschwerdegegenständlichen, vom Bfr angezeigten baulichen Maßnahme an die von *Geuder/Hauer,* Wiener Bauvorschriften, 3. Aufl, S 462, Anm 5 zu § 88 wiedergegebene Definition gehalten, nach welcher unter einer Loggia ein nach vorne offener, von seitlichen Wänden, einem Fußboden und einer Decke begrenzter Raum zu verstehen ist, der in der Regel anderen Räumen einer Wohnung vorgelagert und – zum Unterschied von einem Balkon, der immer an der Hausfront eingesetzt ist – meist in das Gebäude eingeschnitten ist. Der Bfr bestreitet für die Annahme einer Loggia die Notwendigkeit einer Decke. Eine solche sieht jedoch die belangte Behörde deshalb für erforderlich an, weil sich eine Loggia als Raum darstellt und ein Raum gem § 60 Abs 1 lit a BO wiederum dann vorliegt, wenn eine Fläche zumindest zur Hälfte ihres Umfanges von Wänden umschlossen und von einer Deckfläche abgeschlossen ist.

Der VwGH schließt sich der von *Geuder/Hauer* vertretenen und oben wiedergegebenen Definition des Begriffes Loggia an, weil diese der herrschenden Begriffsbestimmung im Bauwesen entspricht und die Überdeckung eines derartigen Raumes als begriffsnotwendig ansieht (vgl hiezu *Schmitt-Heene,* Hochbau Konstruktion, Die Bauteile und das Baugefüge, Grundlage des heutigen Bauens, 11., neu bearbeitete Auflage, S 347 mit etymologischen Ausführungen; *Frommhold/Frommhold/Gareiß,* Bauwörterbuch, Begriffsbestimmungen aus dem Bauwesen, und *Köpf,* Bilderwörterbuch der Architektur; s auch das Erkenntnis vom 15.6.1989, 87/06/0051).

Ist aber für eine Loggia die Überdeckung des umgrenzten, seitlich teilweise offenen Raumes begriffsnotwendig, dann scheidet das Bauanzeigeverfahren im Sinne des § 62 Abs 1 Z 3 BO für eine projektierte Loggienverglasung betreffend eine mit Wänden begrenzte Fläche auch dann aus, wenn diese teilweise nur mit einem Balken überdeckt sein sollte. Diese Auslegung entspricht auch den in den EB zur Nov LGBl 42/1996 wiedergegebenen Vorstellungen des Gesetzgebers, wonach die in § 62 BO neu aufgenommenen Tatbestände einer problemlosen Wohnungsverbesserung, jedoch nicht der Schaffung weiterer Räume dienen sollen, und deshalb für das Bauanzeigeverfahren geeignet sind (vgl nunmehr Abs 1 Z 4 idF der Nov LGBl 41/2005) (VwGH 27.10.1998, 98/05/0069).

3) Das Aufstellen von Zwischenwänden stellt – unabhängig von den verwendeten Baumaterialien – eine Änderung der Raumeinteilung dar. Das Schließen von Türöffnungen ist … ebenfalls eine Änderung eines Bauwerks im Sinne des § 60 Abs 1 lit. c BO und daher nunmehr gem § 62 Abs 1 Z 4 BO anzeigepflichtig (vgl dazu die bei *Moritz*, BauO für Wien[4], S. 163 wiedergegebene hg. Rechtsprechung) (VwGH 13.4.2010, 2009/05/0092).

4) Zutreffend ist, dass die Außenhaut des Gebäudes vor allem durch die Außenwände gebildet wird. Zur äußeren Gestaltung zählt es ebenso, wo sich welche Öffnungen in den Außenwänden befinden (vgl das hg Erkenntnis vom 30. April 2013, Zl 2012/05/0072). Dort allerdings sind regelmäßig Bauteile wie Fenster oder Türen, die damit die äußere Gestaltung bilden. Im Bereich von Fenstern sind lediglich diese Bauteile für die äußere Gestaltung iSd § 62 Abs 1 Z 4 BO maßgeblich und es kommt nicht darauf an, was sich hinter ihnen, wenn auch eventuell von außen durch sie hindurch sichtbar, befindet, seien dies etwa Vorhänge, Jalousien, Möbel oder auch Bauteile, wie gegenständlich eine Wand. Durch die Entfernung der Mauer hinter dem Fenster wird somit aber die äußere Gestaltung visuell nicht anders verändert, als wenn ein Vorhang oder eine Jalousie hinter dem Fenster montiert oder ebendort Möbel aufgestellt oder wieder entfernt werden. Insofern bewirkt die Entfernung der hinter dem verglasten Holzfenster befindlichen Mauer keine Änderung der äußeren Gestaltung des Bauwerkes iSd § 62 Abs 1 Z 4 BO.

Anzumerken ist, dass § 62 Abs 1 Z 4 BO nicht auf den Brandschutz abstellt, sodass auch die diesbezügliche Argumentation der belangten Behörde nicht zu einer Bewilligungspflicht führt (VwGH 26.6.2013, 2012/05/0115).

5) *derzeit frei*

6) Wie der Verwaltungsgerichtshof in seinem Erkenntnis vom 19. November 1996, Zl 95/05/0180, auf das die Bauoberbehörde zutreffend hingewiesen hat, ausgeführt hat, bietet nämlich § 62 BO keinerlei Anhaltspunkte dafür, dass Rechte oder rechtliche Interessen des Eigentümers der betroffenen Liegenschaft – und somit auch eines damit verbundenen Gebäudeteiles – im Rahmen eines zu Recht auf § 62 BO gestützten Verfahrens geschützt werden sollen. In diesem Zusammenhang ist auf das im oben genannten Abtretungsbeschluss vom 26. November 2013 zitierte Erkenntnis des Verfassungsgerichtshofes vom 6. März 1997, B 3509/96, VfSlg Nr 14.783, hinzuweisen, worin dargelegt ist, dass ein verfassungsrechtliches Gebot der Zustimmung des Grundeigentümers im baubehördlichen Bewilligungsverfahren nicht besteht, wobei es dem Grundeigentümer im Falle einer nach dem Privatrecht unzulässigen Bauführung unbenommen bleibt, eine derartige Bauführung mit den Mitteln des Privatrechtes zu bekämpfen (VwGH 8.4.2014, Ro 2014/05/0004).

7) Auch hat der Nachbar, der die Verletzung eines subjektivöffentlichen Rechtes im Sinne des § 134a Abs 1 leg cit durch ein (bloß) gem § 62 leg cit angezeigtes Bauvorhaben geltend machen will, nach der BO keine Möglichkeit, etwa durch Stellung eines Antrages auf Erlassung eines baupolizeilichen Auftrages nach Verwirklichung des Bauvorhabens Abhilfe zu suchen, weil ihm diesbezüglich kein Antragsrecht zukommt. In Beachtung des Sachlichkeitsgebotes ist daher bei verfassungskonformer Auslegung der §§ 62 und 134 Abs 5 iVm § 134a Abs 1 BO dem Nachbarn im Bauanzeigeverfahren gem § 62 leg cit die auf die Frage der Überprüfung der Zulässigkeit des Bauanzeigeverfahrens beschränkte Parteistellung zuzubilligen (vgl das hg Erkenntnis vom 23. Februar 2012, Zl 2008/07/0012) (VwGH 4.11.2016, Ro 2014/05/0029).

8) Der Nachbar, der die Verletzung eines subjektiv-öffentlichen Rechtes im Sinne des § 134a Abs 1 BO durch ein (bloß) gem § 62 BO angezeigtes Bauvorhaben geltend machen will, hat nach der BO keine Möglichkeit, etwa durch Stellung eines Antrages auf Erlassung eines baupolizeilichen Auftrages nach Verwirklichung des Bauvorhabens, Abhilfe zu suchen, weil ihm diesbezüglich kein Antragsrecht zukommt. In Beachtung des Sachlichkeitsgebotes ist daher bei verfassungskonformer Auslegung der §§ 62 und 134 Abs 5 iVm § 134a Abs 1 BO dem Nachbarn im Bauanzeigeverfahren gem § 62 BO die auf die Frage der Überprüfung der Zulässigkeit des Bauanzeigeverfahrens beschränkte Parteistellung zuzubilligen (vgl VwGH 4.11.2016, Ro 2014/05/0029) (VwGH 22.2.2019, Ra 2018/05/0191).

Bewilligungsfreie Bauvorhaben[1)]

§ 62a. **(1) Bei folgenden Bauführungen ist weder eine Baubewilligung noch eine Bauanzeige erforderlich:**

1. **die nicht unter §§ 60, 61 und 62 fallenden Bauvorhaben;**
2. **Abbrüche von Bauwerken, die nicht einer Bewilligungspflicht gemäß § 60 Abs. 1 lit. d unterliegen;**
3. **Baumaßnahmen, die auf Grund eines nach diesem Gesetz erlassenen behördlichen Auftrages ausgeführt werden;**
4. **Badehütten auf bewilligten Trennstücken im Erholungsgebiet – Grundflächen für Badehütten;**
5. **Gartenhäuschen, Lauben, Saletteln, Geräte- und Werkzeughütten und dergleichen mit einer Grundfläche von höchstens 12 m² und einer Gebäudehöhe beziehungsweise lotrecht zur bebauten Fläche gemessenen Höhe von höchstens 2,50 m im Bauland in der Höhenlage des angrenzenden Geländes, auf Grundflächen für Badehütten und im Erholungsgebiet – Sport- und Spielplätze;[1a)]**
6. **Baustelleneinrichtungen für die Dauer der Bauausführung;[7)]**
7. **Verkaufsstände wie Würstelstände, Maronibrater und dergleichen bis zu einer Grundfläche von 12 m², einer Gebäudehöhe von höchstens 2,80 m und in einer Entfernung von Hauptfenstern von mindes-**

tens 2,50 m, sofern sie auf dem öffentlichen Verkehr dienendem Gemeindegrund oder in Sondergebieten errichtet werden;
8. Stände auf Märkten in einem Marktgebiet im Sinne der Marktordnung;
9. die Aufstellung von Wohnwagen und ähnlichen rollenden Einrichtungen innerhalb gewidmeter Zeltplätze;
10. Telefonhütten, Internetstützpunkte, Stromtankstellen und dergleichen sowie Wartehäuschen und Fahrradboxen auf öffentlichen Verkehrsflächen;
11. öffentliche Toilettenanlagen;
12. Zirkuszelte, Veranstaltungszelte, Podien, Tribünen, Ringelspiele und dergleichen für kurzfristige Nutzungen;
13. Flugdächer mit einer bebauten Fläche von höchstens 25 m^2 und einer lotrecht zur bebauten Fläche gemessenen Höhe von höchstens 2,50 m auf unmittelbar bebaubaren Flächen, ausgenommen in Schutzzonen und Gebieten mit Bausperre.
14. Rankhilfen und Rankgerüste für Kletterpflanzen; jedoch an Fassaden nur im Bereich der ersten drei oberirdischen Geschoße außerhalb von Schutzzonen und Gebieten mit Bausperre sowie über Baulinien oder Straßenfluchtlinien nur in dem in § 83 Abs. 1 lit. i genannten Ausmaß; Pflanzen zur Begrünung von Fassaden;
15. Hauskanäle, Senkgruben und Hauskläranlagen;
16. gemauerte Gartengriller und dergleichen sowie Gartenterrassen mit einem nicht versiegelten, reversiblen Aufbau;
17. Folientunnel im ländlichen Gebiet, im Betriebsbaugebiet und in Gebieten für friedhofsbezogene Nutzungen;
18. Straßenkanäle und Versorgungsleitungen einschließlich Schächte, Stollen und unterirdischer Kammern, öffentliche Straßen und zugehörige Anschlußbauwerke, Stützmauern, Treppenanlagen, Rampen und dergleichen, ausgenommen Gehsteigauf- und -überfahrten, sowie Zufahrtsbrücken und Stege zur Aufschließung von Liegenschaften;
19. Anlagen der öffentlichen Beleuchtung, öffentliche Uhren, Anlagen zur Anbringung von Verkehrszeichen und Ampeln, Fahnenstangen und dergleichen auf öffentlichen Verkehrsflächen;
20. Brücken- und Tunnelbauwerke sowie zugehörige Anschlussbauwerke und Steuerzentralen, Bauwerke zum Schutz vor Beeinträchtigungen durch den Verkehr (Lärmschutzwände und dergleichen), Bauwerke, die der Verkehrssicherheit dienen (Leiteinrichtungen und dergleichen) sowie Bauwerke, die der Sicherheit dienen (Mauern, Poller und dergleichen) im Zuge von öffentlichen Verkehrsflächen;
21. Einfriedungen bis zu einer Höhe von 2,50 m, soweit sie nicht gegen öffentliche Verkehrsflächen, Friedhöfe oder Grundflächen für öffentliche Zwecke gerichtet sind; gegen öffentliche Verkehrsflächen ge-

richtete Einfriedungen bis zu einer Höhe von 2,50 m, wenn sie bloß als Ersatz für Einfriedungen, die im Zuge des Ausbaus dieser Verkehrsfläche abgebrochen wurden, errichtet werden,

22. Schwimmbecken mit einem Abstand von mindestens 3 m von Nachbargrenzen bis zu einem Ausmaß von 60 m^3 Rauminhalt im Bauland in der Höhenlage des angrenzenden Geländes, sofern der oberste Abschluss des Beckens nicht mehr als 1,50 m über dem angrenzenden Gelände liegt;[2)]
23. Stützmauern in Form von Trockensteinmauern, Steinschlichtungen oder dergleichen, die auf Grund der Neigungsverhältnisse des Geländes erforderlich sind, mit einem Abstand von mindestens 1,5 m von der Grundgrenze bis zu einer Höhe von 1 m über dem Gelände und die damit verbundenen Geländeveränderungen, soweit diese nicht von Einfluß auf bestehende Bauwerke auf eigenen oder benachbarten Grundflächen sind, auch wenn sie von Einfluß auf die widmungsgemäße Verwendung der Grundflächen sind;
24. Antennen-, Funk-, Solarthermie- und Parabolanlagen außerhalb vom Grünland – Schutzgebiet sowie von Schutzzonen und Gebieten mit Bausperre;

24a. Fotovoltaikanlagen, sofern sie nicht einer Genehmigungspflicht gemäß § 60 Abs. 1 lit. j unterliegen;

25. Skulpturen, Zierbrunnen sowie Ziergegenstände und dergleichen bis zu einer Höhe von 3 m außerhalb von Schutzzonen;
26. Grabanlagen auf Friedhöfen;
27. Werbeanlagen, wie Plakatwände und dergleichen bis zu einer Höhe von 3,50 m, soweit sie nicht an oder im Nahebereich von Grundgrenzen errichtet werden, sowie Litfaßsäulen, beides außerhalb von Schutzzonen; Ankündigungsanlagen für längstens zwei Monate; in Wahlzeiten gemäß der Verordnung des Magistrats der Stadt Wien betreffend die Freihaltung des Stadtbildes von störenden Werbeständern Anlagen bis zu einer Höhe von 3,50 m, die ausschließlich der politischen Werbung vorbehalten sind;
28. Sportanlagen, ausgenommen Gebäude und auf Dauer errichtete Tribünen;
29. Kinder- und Jugendspielplätze und Kleinkinderspielplätze, einschließlich deren Ausstattung mit Spiel- und Sportgeräten und dergleichen, sowie die Ausstattung von Kinder- und Jugendspielräumen mit solchen Geräten;
30. einzelne beleuchtete und unbeleuchtete Werbeschilder oder Werbezeichen an Gebäuden im Ausmaß von höchstens 3 m^2 umschriebener Rechtecksfläche außerhalb von Schutzzonen und Gebieten mit Bausperre;

31. die nachträgliche Anbringung einer Wärmedämmung an nicht gegliederten Fassaden und auf Dächern sowie die nachträgliche Herstellung einer Hinterlüftungsebene einschließlich der mit diesen Maßnahmen verbundenen Änderung des Daches im Ausmaß gemäß Art. V Abs. 5 bei rechtmäßig bestehenden Gebäuden außerhalb von Schutzzonen und Gebieten mit Bausperre;
32. Leitungen innerhalb von Gebäuden;
33. Außenjalousien, Abschattungsvorrichtungen wie Markisen und dergleichen samt allenfalls vorhandenen stützenartigen Unterkonstruktionen und dergleichen außerhalb von Schutzzonen und Gebieten mit Bausperre;
34. der Austausch von Fenstern und Fenstertüren, sofern er nicht unter § 62 Abs. 1 Z 3 fällt;
35. die Aufstellung von Containern für politische Zwecke in Wahlzeiten gemäß der Verordnung des Magistrats der Stadt Wien betreffend die Freihaltung des Stadtbildes von störenden Werbeständern, als Ausweichlokale während Bauführungen sowie als notwendige Einrichtungen zur staatlich organisierten Versorgung der Bevölkerung anlässlich bereits eingetretener oder bevorstehender Ereignisse (wie zB Naturereignisse oder Epidemien)[5)];
36. Erdwärmesonden und dazu gehörige Leitungen außerhalb vom Grünland – Schutzgebiet sowie von Gebieten mit Bausperre.

(1a) Bauführungen gemäß Abs. 1 Z 13, 25, 27, 30 und 33 in Schutzzonen bedürfen weder einer Baubewilligung noch einer Bauanzeige, wenn sie dem Gebrauchsabgabegesetz 1966, LGBl. für Wien Nr. 20/1966, in der jeweils geltenden Fassung unterliegen.

(2) Der Bauherr hat sich zur Ausführung aller bewilligungsfreier Bauvorhaben nach Abs. 1 Z 2 bis 36[6)], soweit dafür ein wesentliches Maß bautechnischer Kenntnisse erforderlich ist, eines Bauführers zu bedienen, der nach den für die Berufsausübung maßgeblichen Vorschriften zur erwerbsmäßigen Vornahme dieser Tätigkeit berechtigt ist.

(3) Anlagen nach Abs. 1 müssen den Bauvorschriften einschließlich der Bebauungsvorschriften entsprechen und sind andernfalls zu beseitigen; gegebenenfalls kann die Behörde Aufträge gemäß § 129 Abs. 10 erteilen. Solche Aufträge müssen erteilt werden, wenn augenscheinlich eine Gefahr für das Leben oder die Gesundheit von Menschen besteht. Anlagen nach Abs. 1, deren Bestand einen Zeitraum von drei Monaten nicht überschreitet und die durch dieses Gesetz eingeräumte subjektiv-öffentliche Nachbarrechte nicht verletzen, müssen den Bebauungsvorschriften nicht entsprechen; das Gleiche gilt für Anlagen nach Abs. 1 Z 6, 12 und 35, auch wenn sie länger als drei Monate bestehen.

(3a) In sachlich begründeten Ausnahmefällen kann die Behörde über Antrag für Anlagen nach Abs. 1, die den Bauvorschriften einschließlich der Bebauungsvorschriften nicht voll entsprechen und die nicht dem Gebrauchsabgabegesetz 1966 unterliegen, eine Bewilligung nach § 71 erteilen.

(4) Bauführungen gemäß Abs. 1, ausgenommen solche betreffend Hauskanäle, sind nicht Anlaß zur Erbringung von Leistungen, die sonst im Zusammenhang mit der Baubewilligung oder Bauausführung vorgeschrieben sind.

(5) Beim Abbruch von Gebäuden hat der Bauführer der Behörde sowohl den Beginn als auch die Vollendung der Arbeiten schriftlich zur Kenntnis zu bringen.

(5a) Der Abbruch von Bauwerken in Schutzzonen und Gebieten mit Bausperre sowie der Abbruch von Gebäuden, die vor dem 1.1.1945 errichtet wurden, ist vor dem geplanten Beginn der Arbeiten der Behörde vom Bauherrn schriftlich anzuzeigen. Der Anzeige ist eine gültige Bestätigung des Magistrats anzuschließen, dass an der Erhaltung des Bauwerkes infolge seiner Wirkung auf das örtliche Stadtbild kein öffentliches Interesse besteht. Nach Vorlage einer solchen Bestätigung darf mit dem Abbruch begonnen werden.[2a)]

(6) Die Fertigstellung von Hauskanälen, Senkgruben und Hauskläranlagen ist, sofern nicht § 128 zur Anwendung kommt, der Behörde vom Bauwerber, vom Eigentümer (einem Miteigentümer) des Bauwerkes oder vom Grundeigentümer (einem Grundeigentümer) schriftlich zu melden. Dieser Meldung ist ein positives Gutachten über den Kanal, die Senkgrube bzw. die Hauskläranlage anzuschließen. § 128 Abs. 4 gilt sinngemäß.

(7) Werden Anlagen nach Abs. 1 im Zusammenhang mit bewilligungs- oder anzeigepflichtigen Bauvorhaben in Bauplänen dargestellt, erstreckt sich die für diese Pläne erwirkte Baubewilligung oder Bauanzeige nicht auf sie.

(8) Bei Bauführungen gemäß Abs. 1 Z 31 und 34, die mehr als 25 vH der Oberfläche der Gebäudehülle betreffen, hat der Bauherr einen Energieausweis (§ 118 Abs. 5) und einen Nachweis über die Berücksichtigung hocheffizienter alternativer Systeme (§ 118 Abs. 3 und 3a) einzuholen. Solche Energieausweise sind der Behörde in elektronischer Form zu übermitteln. Weisen Energieausweise Mängel auf, gilt die Verpflichtung zur Übermittlung als nicht erfüllt.[3)4)]

(9) Bei Bauführungen gemäß Abs. 1 Z 36 hat der Bauherr nach Fertigstellung eine Meldung an die Behörde mit einer planlichen Darstellung der Erdwärmesonde samt den dazu gehörigen Leitungen in elektronischer Form zu übermitteln.[8)]

(EB zur Nov LGBl 1996/42)

Bewilligungsfreie Bauvorhaben, die in dieser Bestimmung taxativ aufgezählt werden, sind typischerweise solche, bei denen die von der Behörde wahrzunehmenden öffentlichen Interessen – wenn überhaupt – nur in äußerst geringfügigem und daher vernachlässigbarem Ausmaß berührt werden können. Zu beachten ist aber, daß gemäß Abs 3 auch bewilligungsfreie Bauvorhaben den Bauvorschriften und den Bebauungsvorschriften entsprechen müssen.

Die Begründung für die Freigabe des Abbruches von Gebäuden und baulichen Anlagen außerhalb von Schutzzonen in Abs 1 Z 2 liegt darin, daß schon nach der derzeitigen Rechtslage bei Abbrüchen die Nachbarn keine subjektiv-öffentlichen Rechte haben und daher dem Verfahren ohnehin nicht beizuziehen sind. Aus Evidenzgründen ist der Abbruch von Gebäuden gemäß Abs 5 der Behörde schriftlich zur Kenntnis zu bringen.

Die Freigabe kleiner Bauwerke in Abs 1 Z 5 entspricht einem Bedürfnis der Bevölkerung. Sie bringt zwar die Gefahr einer gewissen Verhüttelung der Bauplätze mit sich, die aber im Hinblick auf die damit verbundene Verfahrensvereinfachung im Interesse der Bevölkerung in Kauf genommen werden muß. Hütten auf Gebäuden (zB auf Dachterrassen) sind durch diese Regelung nicht erfaßt. Anzumerken ist, daß die Errichtung von Gerätehütten u dgl nicht mehr möglich ist, wenn die bauliche Ausnützbarkeit eines Bauplatzes bereits durch andere Nebengebäude ausgeschöpft ist (vgl auch Abs 3). Die Grundflächen für Badehütten werden – neben Z 4 – in Z 5 gesondert angeführt, weil nach § 6 Abs 2 im Bebauungsplan auf solchen Flächen auch andere Bauten vorgesehen werden können.

Unter dem Begriff „Baustelleneinrichtung" in Abs 1 Z 6 werden auch Baustellenbüros, Gerüste und ähnliches verstanden.

In Sondergebieten soll die Errichtung von Bauwerken im Sinne des Abs 1 Z 7 zulässig sein, da dort ebenso wie auf öffentlichen Verkehrsflächen einfache Marktstände wie jene für den Christkindlmarkt, für Weihnachtsmärkte bzw Neujahrsstände oder ähnliches freigestellt werden sollen. Eine unkontrollierte Nutzung der öffentlichen Verkehrsflächen durch derartige Bauwerke kann etwa durch die Anwendung der Bestimmungen der Straßenverkehrsordnung, des Gebrauchsabgabegesetzes und zivilrechtliche Vorschriften verhindert werden.

In Abs 1 Z 12 wird unter „kurzfristig" ein Zeitraum bis zu ca 3 Monaten verstanden.

In Abs 1 Z 20 werden durch den Begriff „Straßen" auch Gehsteige, Radwege u dgl erfaßt.

Zu Abs 1 Z 23 ist festzuhalten, daß dann, wenn ein Gebäude auf einer Stützmauer errichtet wird, die Höhe der Stützmauer zur Gebäudehöhe dazugerechnet wird. Im übrigen entsteht durch die Änderung des Geländeniveaus nach Errichtung der Stützmauer ein neues rechtmäßig bestehendes Geländeniveau, von dem bei der Berechnung der Gebäudehöhe in künftigen Baufällen auszugehen ist.

(EB zur Nov LGBl 2001/36)

Hauskanäle unterliegen nach der geltenden Rechtslage – anders als Straßenkanäle (Abs 1 Z 18) – einer Baubewilligungspflicht. Da sie aber nach dem Stand der Technik ohnedies aus Fertigteilen (Kunststoffrohre oder Steinzeugrohre) hergestellt werden und für die behördliche Aufsicht die Vorlage eines Kanalplanes betreffend die genaue Lage der Hauskanäle genügt, sollen sie ebenfalls bewilligungsfrei gestellt werden; dies gilt aus Gründen der Sachlichkeit auch für Senkgruben und Hauskläranlagen (Abs 1 Z 15).

In diesem Zusammenhang wird auch Abs 1 Z 3 geändert.

Durch die Neufassung des Abs 1 Z 5, der auch den Inhalt der bisherigen Z 15 erfasst, soll einerseits eine weitere Deregulierung erzielt werden, da die Bewilligungsfreiheit der hier genannten Bauten im Kleingartengebiet und im Kleingartengebiet für ganzjähriges Wohnen bereits nach § 8 Abs 1 des Wiener Kleingartengesetzes 1996 besteht und ihre Erwähnung im § 62a daher überflüssig ist. Darüber hinaus werden die derzeit zwischen Abs 1 Z 5 und Z 15 – insbesondere hinsichtlich der Größe der Bauwerke – bestehenden Differenzierungen aus Gründen der Sachlichkeit beseitigt.

Durch die Ergänzung des Abs 4 soll sichergestellt werden, dass beim Anschluss eines Hauskanals an den Straßenkanal auch künftig eine Kanaleinmündungsgebühr im Sinne des § 7 des Gesetzes über Kanalanlagen und Einmündungsgebühren zu entrichten ist.

Um eine behördliche Aufsicht zu ermöglichen, sieht der angeführte Abs 6 vor, dass die Fertigstellung von Hauskanälen, Senkgruben und Hauskläranlagen unter Anschluss eines positiven Gutachtens und eines Planes schriftlich zu melden ist; vor Erstattung der vollständig belegten Meldung darf die Anlage im Sinne des § 128 Abs 4 nicht benützt werden.

Durch den ebenfalls angefügten Abs 7 wird klargestellt, dass bewilligungsfreie Bauvorhaben (etwa Hauskanäle), die in den Bauplänen eines bewilligungs- oder anzeigepflichtigen Projektes (etwa eines Neubaues) dargestellt sind, nicht vom Konsens für dieses Projekt erfasst sind. Es ist daher im Falle einer geänderten Ausführung dieses bewilligungsfreien Bauvorhabens ein Planwechsel (§ 73) nicht erforderlich.

(EB zur Nov LGBl 2003/10)

Die Änderung im Abs 1 Z 8 dient der Klarstellung, welche Märkte durch die Bestimmung erfasst sind.

Die Änderung des Abs 1 Z 23 ist einerseits darin begründet, dass in der Praxis die Bewilligungsfreiheit der Errichtung von Stützmauern in exzessiver Weise ausgenützt wurde und erfolgt andererseits aus Sicherheitserwägungen.

Durch die Änderung des Abs 1 Z 24 soll im Hinblick darauf, dass der Wald- und Wiesengürtel und die Parkschutzgebiete zur Erholung der Bevölkerung unter besonderem Schutz stehen, die Errichtung von Antennenanlagen u dgl in diesen Gebieten künftig an eine Bewilligung geknüpft sein.

Die Ergänzung des Abs 1 Z 27 trägt dem Umstand Rechnung, dass Anlagen für Ankündigungen – insbesondere von Veranstaltungen – vom Begriff „Werbeanlagen" im engeren Sinne nicht erfasst sind, doch aus sachlichen Gründen ebenfalls bewilligungsfrei zu stellen sind.

Anlagen nach Abs 1 müssen gemäß Abs 3 den Bauvorschriften einschließlich der Bebauungsvorschriften entsprechen und sind andernfalls zu beseitigen. In Einzelfällen kann es jedoch zweckmäßig sein, eine derartige Anlage auch dann zuzulassen, wenn eine Bauvorschrift oder Bebauungsvorschrift nicht vollständig eingehalten wird (etwa wenn auf einer unbebauten Liegenschaft eine Gerätehütte – entgegen § 82 Abs 2 – ohne gleichzeitige Errichtung eines Hauptgebäudes errichtet werden soll). Es wird daher durch den neuen Abs 3a in solchen begründeten Ausnahmefällen für an sich bewilligungsfreie Bauvorhaben die Erteilung einer Baubewilligung gemäß § 71 ermöglicht.

(Aus EB zur Nov 2014/25)

Verkaufsstände, die auf öffentlichen Verkehrsflächen im Eigentum der Gemeinde („öffentliches Gut") errichtet werden, bedürfen zwar keiner Baubewilligung oder Bauanzeige, wohl aber einer Gebrauchserlaubnis gemäß § 1 Abs. 1 des Gebrauchsabgabegesetzes 1966. Gemäß § 2 Abs. 2 dieses Gesetzes ist die Gebrauchserlaubnis u. a. zu versagen, wenn dem Gesichtspunkte des Stadtbildes entgegenstehen. Verkaufsstände, auf nicht im Gemeindeeigentum stehenden öffentlichen Verkehrsflächen, etwa auf Bahnhofsvorplätzen, bedürfen hingegen weder einer Baubewilligung oder Bauanzeige noch einer Gebrauchserlaubnis, sodass ihre Wirkung auf das örtliche Stadtbild vor ihrer Errichtung nicht geprüft wird. Diesfalls besteht gemäß § 62a Abs. 3 BO lediglich die Möglichkeit, einen Beseitigungsauftrag zu erteilen und erforderlichenfalls in der Folge zu vollstrecken (erheblicher Verwaltungsaufwand). Da in der Praxis zahlreiche das Stadtbild störende Verkaufsstände errichtet werden, die nicht dem Gebrauchsabgabegesetz 1966 unterliegen, werden aus Gründen der Verwaltungsökonomie solche Verkaufsstände infolge der Vorschrift des Abs. 1 **Z 7** einer Verpflichtung zur Erwirkung einer Baubewilligung unterworfen.

In Wahlzeiten werden von den wahlwerbenden Parteien Werbetafeln aufgestellt, die jedoch vom Wortlaut her weder unter die von Abs. 1 **Z 27** erfassten Werbeanlagen fallen noch Ankündigungsanlagen darstellen. Da solche Tafeln nur für kurze Zeit angebracht werden, sollen sie nach der BO ebenfalls bewilligungsfrei sein; die maßgebliche Höhe bis 3,50 m entspricht jener der in Abs. 1 Z 27 geregelten Werbeanlagen. Die Zulässigkeit der Werbetafeln bestimmt sich nach der Verordnung des Magistrats der Stadt Wien betreffend die Freihaltung des Stadtbildes von störenden Werbeständern, ABl. der Stadt Wien Nr. 20/1980 in der geltenden Fassung, der auch die Definition der „Wahlzeit" zu entnehmen ist.

(EB zur BO-Nov 2023, LGBl 2023/37 vom 13.12.2023)

Abs 1 Z 14: Rankgerüste und Rankhilfen sowie bodengebundene Fassadenbegrünungen, die sich an Baulinien- oder Straßenfluchtlinien befinden, sind außerhalb von Schutzzonen bewilligungsfrei, wenn sie nicht mehr als 20 cm vorragen. Übersteigen sie dieses Maß, ist eine Berücksichtigung der örtlichen Gegebenheiten (zB Gehsteigbreite, Einbauten, sonstige Einrichtungen im Bereich des öffentlichen Guts) sowie eine Zustimmung der Eigentümer der Verkehrsfläche notwendig (§ 83 Abs. 2 lit a) und eine Bauanzeige einzubringen. Grundlage für die brandschutztechnische Einschätzung von Fassadenbegrünungen bilden die von der Universität für Bodenkultur und dem Bauphysiklabor der MA 39 gemäß ÖNORM B 3800-5 durchgeführten Klein- und Großbrandversuche. Gemäß Abs. 3 müssen bewilligungsfreie Bauvorhaben die Bauvorschriften einhalten. IZm

Fassadenbegrünungen ist besonders auf die Bestimmungen der OIB-RL 2 idF 2023, Pkt 3.5.12. und 3.5.13. zu verweisen.

Z 16: Bewilligungsfreie Bauvorhaben führen oft zu einer übermäßigen Versiegelung von gärtnerisch auszugestaltenden Flächen. Daher werden in einzelnen Fällen hinsichtlich Dauerhaftigkeit und Ausmaß nunmehr Einschränkungen vorgenommen. Die Errichtung von Gartenterrassen ist nur noch dann bewilligungsfrei, wenn diese so aufgebaut sind, dass die Bauteile leicht entfernbar bzw. demontierbar sind (ungebundene Bauweise wie zB Verlegung der Terrassenplatten im Sandbett mit wasserdurchlässigen Fugen) und keine dauerhafte Bodenversiegelung (zB betonierte Oberfläche) auslösen.

Z 23: ISd Förderung der Entsiegelung bzw. Reduktion der Versiegelung gilt die Bewilligungsfreiheit nur mehr für jene Stützmauern, die in Form von Trockensteinmauern, Steinschlichtungen und dergleichen errichtet werden.

Z 24 und Z 24a: siehe die Ausführungen zu § 60 Abs 1 lit j. Da Fotovoltaikanlagen in einer eigenen Ziffer geregelt werden, wird der Begriff der Solaranlagen in Z 24 zu Solarthermieanlagen geändert; für diese ändert sich die Rechtslage jedoch nicht.

Z 33: Der Begriff „Markise" wird mit dem Begriff „Abschattungsvorrichtung" allgemeiner gefasst. Mit der Ergänzung wird den geänderten klimatischen Bedingungen, den damit stärker auftretenden Windereignissen Rechnung getragen und zudem klargestellt, dass auch eine allfällig vorhandene Unterkonstruktion in Form von Stützen, die eine notwendige bzw. bessere Verankerung der ausgefahrenen Markise mit dem Boden gewährleitet, als Teil der Markise zu sehen ist und auch die Unterkonstruktion der Bewilligungsfreiheit unterliegt. Es gibt verschiedenste Konstruktionen, die unter Abschattungsvorrichtungen zu subsumieren sind. Erfasst sind davon auch Vorrichtungen, die nach oben hin überwiegend offene horizontale Lamellenkonstruktionen aufweisen.

Darüber hinaus sollen außerhalb von Schutzzonen und Gebieten mit Bausperre künftig auch lamellenartige Abschattungsvorrichtungen bewilligungsfrei möglich sein um eine möglichst niederschwellige Errichtung zu ermöglichen.

Z 36: Aus bautechnischer Sicht sprechen keine Gründe gegen eine Bewilligungsfreiheit, wasser-bzw. zivilrechtliche Aspekte wären in den diesbezüglichen Materiengesetzen zu berücksichtigen.

Abs. 2: Aufgrund der Erweiterung des Kataloges der bewilligungsfreien Bauvorhaben in Abs 1 ist der Verweis auf Abs 1 Z 2 bis 34 entsprechend zu erweitern, damit klargestellt ist, dass auch für die neuen Tatbestände diese Voraussetzung zu erfüllen ist.

Anmerkungen

1) § 62a wurde mit der Nov LGBl 1996/42 neu geschaffen. Durch die Aufzählung bewilligungsfreier Bauvorhaben wurde eine begrüßenswerte Freistellung von der Bewilligungspflicht vorgenommen, die sowohl für Bauwerber als auch für die Baubehörden eine bedeutende Erleichterung (Entlastung) bedeutet (s EB). Dass die Bebauungsvorschriften und auch die (technischen) Bauvorschriften einzuhalten sind, stellt Abs 3 klar. Abs 5a wurde mit der Nov LGBl 2018/37 eingefügt.

1a) Die Änderung des Abs 1 Z 5 mit Nov LGBl 2014/25 zielt vor allem darauf ab, dass Gartenhäuschen nur ebenerdig bewilligungsfrei sind, nicht etwa auf Dachterrassen (vgl Statik, Stadtbild). „Gartenhäuschen" sind begehbar, Schränke udgl sind „Möbel".

2) Mit Nov LGBl 2014/25 wurde der zulässige Inhalt auf 60 m^3 erweitert und die Höhe über dem Gelände eingeschränkt.

2a) Die verfassungsrechtlichen Probleme im Zusammenhang mit dem Vollzug dieser Bestimmung iVm § 60 Abs 1 lit d wurden in Anm 15 zu diesem Paragraphen ausführlich dargestellt. Die Nov LGBl 2020/61 räumt die Bedenken nicht aus.

3) Damit wird die EU-Gebäuderichtlinie 2010/31/EU umgesetzt; vgl auch § 118 sowie das Energieausweis-Vorlage-Gesetz, BGBl I 2012/27 – EAVG 2012 (s S 991 ff).

4) Abs 8 idF LGBl 2014/25.

5) Z 35 idF Nov 2021, LGBl 2021/70. Eine Befristung der Bewilligungsfreiheit ist im Gesetz nicht vorgesehen. Sie endet lt EB jedenfalls mit dem Wegfall der Notwendigkeit der staatlich organisierten Versorgung.

6) Damit ist nach der BO-Nov 2023 nicht nur die neue Z 36, sondern nun auch Z 35 erfasst.

7) Es ist dabei nicht Voraussetzung, dass die Bautätigkeit auf derselben Liegenschaft stattfinden muss. Ein räumlicher und zeitlicher Zusammenhang muss aber gegeben sein.

8)) Erfasst sind damit nur geschlossene Systeme, keine Entnahme von warmem Wasser durch Tiefensonden (Wassernutzung iSd WRG).

Judikatur

1) Eine betonierte Betonplatte (3,93–4,90 m breit, 11,58 m lang) ist bewilligungsfrei (VwGH 17.5.1999, 98/05/0242, BauSlg 114).

2) Die bewilligungsfreien Bauvorhaben sind in § 62a taxativ aufgezählt (*Geuder/Hauer*, Wiener Bauvorschriften³, 341). Die WBO enthält keine Definition des Begriffes „Pergola". Der VwGH hat sich mehrfach mit diesem Begriff befasst und zuletzt im Erkenntnis vom 23.9.1999, 99/06/0082, ergangen zum Stmk BauG, ausgeführt:

„Gemäß der hg Judikatur (vgl die Erkenntnis vom 11. Oktober 1990, ZI. 90/06/0147, vom 19. Dezember 1995, ZI. 93/05/0143, und vom 19. Jänner 1999, Zl. 95/05/0047) ist unter einer ‚Pergola' (= Rankgerüst) im Allgemeinen ein nicht überdeckter Laubengang in einer Gartenanlage zu verstehen, wobei die auf Stützen liegenden Unterzüge ein Gebälk tragen, das von Pflanzen umrankt ist. Es wird in diesem Zusammenhang auf *Koepf*, Bildwörterbuch der

Architektur[2], Seite 87 f, verwiesen. Weiters wird Pergola (siehe *Frommhold/ Gareiß*, Bauwörterbuch[2],1978, 195) als offener, meist überrankter Laubengang, bei dem in der Regel lange, beiderseitig auf Pfeilern oder Holzstützen liegende Kanthölzer, die in regelmäßigen Abständen angeordneten Querhölzer tragen, definiert."

Entscheidende Funktion einer Pergola ist somit, dass sie als Rankgerüst in einer Gartenanlage Pflanzen Halt gewährt. Dieser Funktion dient regelmäßig ein leichter Baustoff, vorzugsweise Holz. Nur ein Gerüst, das für das „Ranken" von Pflanzen erforderlich ist, kann als Pergola angesehen werden.

Die hier verbauten I-Profil-Stahlträger, die typischerweise für Stahlträgerdecken zum Einsatz kommen (s *Schmitt-Heene*, Hochbaukonstruktion[11], 307 f), sind hingegen für das Ranken von Pflanzen zweifelsohne nicht erforderlich. Auch eine Pergola im beschriebenen Sinne muss üblicherweise Windstärken standhalten; damit kann der hier verwendete Baustoff nicht gerechtfertigt werden. Darüber hinaus kann durch das bloße Auflegen von Stahlträgern von einem „Laubengang" keine Rede sein (VwGH 9.10.2001, 99/05/0050).

3) Im Beschwerdeverfahren ist nur mehr die Frage strittig, ob die Flächenwidmung Grünland, Wald- und Wiesengürtel der Zulässigkeit des Vorhabens entgegensteht.

Die Beschwerdeführerin bringt hiezu vor, die BO enthalte für keine einzige Widmungsart einen ausdrücklichen Hinweis auf die Zulässigkeit oder Unzulässigkeit von Werbeanlagen. Der Gesetzgeber habe die Möglichkeit der Errichtung von Werbeanlagen aber keineswegs übersehen, sondern diese (unter bestimmten Voraussetzungen) sogar einem vereinfachten Bewilligungsregime unterstellt, indem er § 62a Abs 1 Z 27 BO geschaffen habe …

Dem ist zu entgegnen, dass die Beschwerdeführerin § 62a Abs 3 übersieht, wonach Anlagen nach Abs 1 den Bauvorschriften einschließlich der Bebauungsvorschriften entsprechen müssen, damit insbesondere auch der Flächenwidmung. Dass die beiden Werbetafeln mit der gegebenen Flächenwidmung im Widerspruch stehen, hat die belangte Behörde zutreffend erkannt (sodass auf ihre Ausführungen verwiesen werden kann) (VwGH 24.5.2005, 2004/05/0200).

4) Mit der Formulierung „Nahebereich von Grundgrenzen" in § 62a Abs. 1 Z 27 BO hat sich der Verwaltungsgerichtshof in seinem Erkenntnis vom 21. März 2007, Zl. 2006/05/0022, auseinandergesetzt, wobei damals die 5 m breite und 3,50 m hohe Werbetafel von der Grundstücksgrenze 4 m entfernt war. Der Gerichtshof führte (auch unter Hinweis auf einen im damaligen Verfahren ergangenen Ablehnungsbeschluss des Verfassungsgerichtshof vom 14. Dezember 2005, B 1366/04) aus, dass dem Begriff „Nahebereich von Grundgrenzen" ein Schutzmoment innewohnt und mit dieser Abgrenzung bezweckt wird, allfällige von den Werbeanlagen ausgehende Gefahren hintanzuhalten. Das öffentliche Interesse, das hinter der Vermeidung diese Gefahren steht, darf durch bewilligungsfreie Bauführungen, auch durch die Errichtung von Werbetafeln nicht oder kaum berührt werden. Werden solche öffentlichen Interessen berührt, dann fehlt es an der Rechtfertigung für die Bewilligungsfreiheit der errichteten Werbeanlagen. Mit dem Hinweis auf den Normzweck, nämlich die von den Werbeanlagen ausgehende Gefahren zu vermeiden, werden alle bei einem Umstürzen einer Werbetafel typischerweise auftretende Gefahrenmomente angesprochen. Dabei erscheint es evident, dass solche Tafeln typischerweise als Folge eines Wind- oder Sturmereignisses umstürzen können, wobei gerade durch die in einem solchen Fall vorherrschende Wettersituation der Gefahrenbereich durch ein Vertragen der umgestürzten oder abgerissenen Teile regelmäßig über den Radius, der der Größe der Tafel entspricht, hinaus erweitert wird (vgl. auch das hg Erkenntnis vom 29. April 2008, Zl. 2005/05/0333, zu einem Abstand von 4,4 m zur – ebenfalls – Brünner Straße). (VwGH 28.1.2009, 2006/05/0009). Ebenso VwGH 30.4.2009, 2006/05/0163.

5) Entgegen der Beschwerde kann nicht gesagt werden, dass beidseitig affichierte Werbeanlagen mit Plakatflächen (wie vorliegend) landwirtschaftlichen, forstwirtschaftlichen oder berufsgärtnerischen Zwecken iSd § 6 Abs. 1 BO dienten. Da das Erzielen von Einkünften aus Werbeanlagen offensichtlich keine land- bzw. forstwirtschaftliche Tätigkeit im technischen Sinn darstellt, kann schon deshalb damit eine land- bzw. forstwirtschaftliche oder berufsgärtnerische Nutzung nicht argumentiert werden (vgl. dazu das hg. Erkenntnis vom 29. Jänner 2008, Zl. 2006/05/0297, mwH). Der Aspekt der Beschaffung von finanziellen Mitteln zum Vorteil einer bestimmten Nutzung lässt sich im Übrigen für jede Nutzungsart ins Treffen führen, weshalb die Argumentation der Beschwerde dem strengen Maßstab widerspricht, der für die landwirtschaftliche und forstwirtschaftliche Nutzung maßgeblichen Kriterien anzulegen ist (vgl. etwa das hg. Erkenntnis vom 9. Oktober 2000, Zl. 98/10/0109, mwH). (VwGH 30. 4, 2009, 2006/05/0163)

6) Die belangte Behörde stützte die aktuelle Bewilligungspflicht auf § 60 Abs. 1 lit. c BO, wonach – soweit nicht die §§ 62, 62a oder 70 BO zur Anwendung kommen – bei Änderungen oder Instandsetzungen von Gebäuden und baulichen Anlagen, durch die (u.a.) das äußere Ansehen geändert wird, „vor Beginn" die Bewilligung der Behörde zu erwirken ist.

Dazu ist aber zu bemerken, dass allein die Veränderung des äußeren Ansehens eines Gebäudes oder einer baulichen Anlage nicht bedeuten kann, dass eine Bewilligungsfreiheit nach § 62a Abs. 1 BO jedenfalls nicht in Betracht käme, zumal diese Bestimmung – vgl. insbesondere deren Z. 24 und Z. 33 – Bewilligungsfreiheit für Bauausführungen vorsieht, mit denen üblicherweise eine Änderung des äußeren Ansehens von Gebäuden und baulichen Anlagen einhergehen kann. Es ist nicht zu erkennen, warum dies nicht auch für die im angefochtenen Bescheid für die vorliegende Baulichkeit genannte Z. 5 des § 62a Abs. 1 BO gelten sollte. Der Gerichtshof hat schon in seinem die vorliegende Konstellation betreffenden, bereits zitierten Erkenntnis vom 27. Juni 2006 darauf hingewiesen, es sei nicht von vornherein auszuschließen, dass hier die Bewilligungsfreiheit nach § 62a Abs. 1 BO in Betracht kommt.

In dem Fall wie dem vorliegenden, in dem eine Bewilligungsfreiheit nach § 62a Abs. 1 BO grundsätzlich in Betracht kommen kann, führt daher der Hinweis auf eine Änderung des äußeren Ansehens eines Gebäudes oder einer baulichen Anlage durch eine Bauausführung nicht zu dem Ergebnis, dass eine Bewilligungsfreiheit iSd § 62a BO von vornherein ausscheidet (VwGH 23.7.2009, 2006/05/0277, ebenso 31.1.2012, 2009/05/0109).

7) Eine bewilligungsfreie Maßnahme wird nicht dadurch bewilligungspflichtig, dass um Bewilligung angesucht wird. Bei bewilligungsfreien Bauvorhaben hat die Baubehörde auch keine Kompetenz zur inhaltlichen Erledigung eines Baubewilligungsansuchens (vgl. die bei *Moritz*, BauO für Wien[4], Anm. zu § 62a Abs. 1 dargestellte hg. Rechtsprechung). Die Bauvorschriften einschließlich der Bebauungsvorschriften sind zwar auch auf die bewilligungsfreien Bauvorhaben uneingeschränkt anzuwenden (vgl. § 62a Abs. 3 BO), für den Fall, dass bewilligungsfreie Bauvorhaben den Bauvorschriften einschließlich der Bebauungsvorschriften nicht voll entsprechen, bestimmt jedoch § 62a Abs. 3a Bauordnung für Wien:

„(3a) In sachlich begründeten Ausnahmefällen kann die Behörde über Antrag für Anlagen nach Abs. 1, die den Bauvorschriften einschließlich der Bebauungsvorschriften nicht voll entsprechen, eine Bewilligung nach § 71 erteilen."

§ 62a Abs. 3a BO verweist somit auf § 71 BO. Bei Bewilligungen gem § 71 BO ist aber entgegen der Auffassung der Beschwerdeführerin § 69 BO nicht anzuwenden (vgl. das hg. Erkenntnis vom 13. Dezember 1988, Zl. 88/05/0187) (VwGH 16.9.2009, 2007/05/0189).

8) Die belangte Behörde hat sich aber nicht mit der Frage befasst, ob dann, wenn man diese Schilfmatten entfernte, die bauliche Anlage als (nicht vorschriftswidrige) Pergola zu qualifizieren wäre, und hat (demnach) auch nicht geprüft, ob der Beseitigungsauftrag auf die Schilfmatten beschränkt werden könnte, worauf die Beschwerdeführerin zutreffend verweist. Die Einschränkung eines Beseitigungsauftrages auf einen Teil einer baulichen Anlage setzt rechtliche und tatsächliche Teilbarkeit voraus (vgl hiezu die Ausführungen in *Moritz*, Bauordnung für Wien[4], § 129, S 325, mwN). Dass diese Voraussetzungen hinsichtlich der Schilfmatten nicht vorlägen, ist bei der gegebenen Verfahrenslage nicht ersichtlich (VwGH 23.8.2012, 2010/05/0170 und 2012/05/0021).

9) Entgegen der Auffassung der belangten Behörde sind daher sämtliche Sportanlagen, mit Ausnahme lediglich von Gebäuden und auf Dauer errichteten Tribünen, auf Grund des § 62a Abs 1 Z 28 BO von der Baubewilligungspflicht freigestellt. Daran vermögen angesichts des klaren Gesetzeswortlautes

auch die Gesetzesmaterialien nichts zu ändern. Dass es sich der Natur der Sache nach hier um eine Sportanlage handelt, steht nicht in Frage.

Auf die Größe der Sportanlage kommt es nicht an, müsste doch sonst, wie in der Beschwerde zutreffend ausgeführt wird, wie in anderen Tatbeständen des § 62a Z 1 BO auch eine Größenbeschränkung vorhanden sein (vgl zB § 62a Abs 1 Z 5 BO für die dort genannten Gebäude bis 12 m² oder § 62a Abs 1 Z 13 BO für Flugdächer bis zu einer Höhe von 2,5 m). Derartige Einschränkungen bestehen für Sportanlagen gem § 62a Abs 1 Z 28 BO nicht.

Im Hinblick auf § 62a Abs 2 und 3 BO, aber auch im Hinblick darauf, dass § 127 Abs 8 lit b ff gegebenenfalls zum Tragen kommt (vgl *Moritz*, Bauordnung für Wien, 4. Auflage, S 295), besteht auch insgesamt keine unsachliche gesetzliche Regelung (VwGH 30.4.2013, 2012/05/0020).

10) Im hier gegebenen Zusammenhang mit der Bewilligungspflicht ist es nicht von ausschlaggebender Bedeutung, ob der Bau ein Nebengebäude darstellt oder nicht, da ein solches sowohl ein eigenständiges Gebäude als auch ein gesondert in Erscheinung tretender Teil eines anderen Gebäudes sein kann (vgl § 82 Abs 1 BO).

Entgegen dem Beschwerdevorbringen ist es aber von Bedeutung, dass ein Gebäude gem § 60 Abs 1 lit a BO ein raumbildendes Bauwerk ist, das in seiner Bausubstanz eine körperliche Einheit bildet. Dies muss auch für Gebäude im Sinne des § 62a Abs 1 Z 5 BO gelten. Nun ist es zwar möglich, dass ein Gebäude (eine raumbildende bauliche Anlage) im Sinne des § 62a Abs 1 Z 5 BO unmittelbar an ein anderes angebaut wird. Dann aber, wenn diese raumbildende Baulichkeit, mag sie auch sonst die Kriterien des § 62a Abs 1 Z 5 BO erfüllen, wie hier direkt durch eine Türe von einem Raum des anderen Gebäudes aus betreten werden kann, liegt die erforderliche körperliche Einheit in Bezug auf diesen Bau, der allenfalls § 62a Abs 1 BO unterliegen könnte, nicht mehr vor, sondern entsteht eine Vergrößerung des anderen Gebäudes durch einen weiteren Raum. Dabei kommt es auf die konkrete bautechnische Verbindung der Baulichkeiten nicht mehr weiter an (VwGH 30.4.2013, 2013/05/0057).

11) Die Baubewilligung ist also jedenfalls „vor Beginn“ der Abbrucharbeiten zu erwirken, dies ist aber dann nicht notwendig, wenn § 62a BO zur Anwendung kommt. Bei dem Beginn der gegenständlichen Abbruchmaßnahmen waren diese nach § 62a BO bewilligungsfrei. Ob eine Baubewilligung erforderlich ist, ergibt sich nach dem durch die Novelle LGBl Nr 37/2018 unverändert gebliebenen Einleitungssatz des § 60 Abs 1 BO somit aus jener Rechtslage, die bei Beginn der Ausführung des Bauvorhabens (hier des Abbruches) gegolten hat. Im gegenständlichen Fall bestand bei dem somit maßgeblichen Beginn des Abbruches auf Grund des § 60 Abs 1 BO in Verbindung mit § 62a BO keine Verpflichtung, eine Baubewilligung zu erwirken. (...)

Zwar trifft es zu, dass gem § 127 Abs 8 lit a und Abs 8a BO die Bauführung nicht „weitergeführt" werden darf, wenn ein Bau ohne Baubewilligung ausgeführt wird. Dies kann aber nur dann gelten, wenn für den Bau überhaupt eine Baubewilligung erforderlich ist. § 127 BO regelt nämlich nicht, wofür eine Baubewilligung erforderlich ist. Dies normiert vielmehr § 60 BO. Dass im gegenständlichen Fall demnach eine Baubewilligung nicht erforderlich ist, ergibt sich, wie bereits ausgeführt, aus dem Einleitungssatz des § 60 Abs 1 BO in Verbindung mit § 62a Abs 1 Z 2 BO, und zwar im Hinblick auf den Zeitpunkt des Baubeginnes vor dem Inkrafttreten der Novelle LGBl Nr 37/2018. (…)

Das Recht zum Bauen ist im Zweifel nicht eingeschränkt zu beurteilen (vgl VwGH 7.6.1979, 2705/78; 24.4.1990, 89/05/0044; 20.6.1995, 94/05/0172). Auch im Hinblick auf diesen Grundsatz scheidet es aus, dass im vorliegenden Fall ab dem Inkrafttreten der Novelle LGBl Nr 37/2018 eine Baubewilligung für die Weiterführung der Baumaßnahmen erforderlich ist (VwGH 28.5.2019, Ro 2019/05/0012).

12) Wie der Verwaltungsgerichtshof in dem Erkenntnis VwGH 28.5.2019, Ro 2019/05/0012, in einem gleichgelagerten Fall, in dem mit Abbrucharbeiten bereits vor Inkrafttreten der Novelle LGBl für Wien Nr 37/2018 begonnen worden war und diese auch im Zeitpunkt der Erlassung des Baueinstellungsbescheides des Magistrates noch nicht abgeschlossen waren, ausgesprochen hat, ist für die Frage, ob eine Baubewilligung erforderlich ist, die Rechtslage, die bei Beginn der Ausführung des Bauvorhabens (hier: des Abbruches) gegolten hat, heranzuziehen. …

Im vorliegenden Revisionsfall, in dem unbestritten mit den Abbrucharbeiten bereits vor dem 30. Juni 2018 begonnen worden war und diese auch bei Erlassung des genannten Bescheides andauerten, bestand im Zeitpunkt des maßgeblichen Beginnes des Abbruches aufgrund des § 60 Abs 1 BO iVm § 62a leg cit in der Fassung vor Inkrafttreten der genannten Novelle keine Baubewilligungspflicht, sodass für den genannten Auftrag zur Baueinstellung keine rechtliche Grundlage bestand (vgl zum Ganzen nochmals das Erkenntnis VwGH 28.5.2019, Ro 2019/05/0012) (VwGH 16.12.2019, Ra 2019/05/0039).

13) Eine auf mehreren Stützen ausrollbare Dachvorrichtung kann nicht als ***„Markise"*** iSd § 62a Abs 1 Z 33 BO eingestuft werden. Es handelt sich vielmehr um eine als *Flugdach* einordenbare Baulichkeit (VwGH 30.4.2009, 2006/05/0264). Unter ***„Pergola"*** (= Rankgerüst) wird im Allgemeinen ein nicht überdeckter Laubengang in einer Gartenanlage verstanden, wobei ihre entscheidende Funktion ist, als Rankgerüst den Pflanzen Halt zu gewähren. Eine Pergola ist nach oben offen und nicht raumbildend (VwGH 27.8.2014, 2013/05/0169; 23.8.2012, 2010/05/0170 und 2012/05/0021, mwN) (VwGH 15.12.2021, Ra 2021/05/0205).

14) Baustelleneinrichtungen sind, wie sich aus § 62a Abs 1 Z 6 BO ergibt, nur für die Dauer der Bauausführung nicht bewilligungspflichtig. Baustelleneinrichtungen dürfen somit nur unmittelbar vor Baubeginn (und während der Bauausführung) errichtet werden, sofern außerdem eine allenfalls erforderliche Baubewilligung für jenes Bauvorhaben rechtskräftig erteilt worden ist, welchem die Baustelleneinrichtung dienen soll (vgl idZ etwa das zur vergleichbaren Bestimmung des § 41 Abs 4 lit d OÖ BauO 1976 ergangene E 27.10.1993, 93/05/0153) (VwGH 25.3.2024, Ra 2021/05/0079).

Belege für das Baubewilligungsverfahren[1)]

§ 63. **(1) Für das Baubewilligungsverfahren hat der Bauwerber folgende Einreichunterlagen vorzulegen:**[2)]

a) Baupläne in dreifacher Ausfertigung, wovon im Falle einer bescheidmäßigen Erledigung zwei Ausfertigungen mit dem Bescheid zurückzustellen sind; die Baupläne müssen von einem nach den für die Berufsausübung maßgeblichen Vorschriften Berechtigten verfaßt und unterfertigt sein;

b) *entfällt; LGBl 2014/25 vom 15.7.2014*[3)]

c) die Zustimmung des Eigentümers (aller Miteigentümer), wenn der Bauwerber nicht selbst Eigentümer oder nur Miteigentümer der Liegenschaft ist; sie kann auch durch Unterfertigung der Baupläne nachgewiesen werden;[4)5)6)]

d) *entfällt; LGBl 2006/61 vom 15.12.2006*

e) bei Neu-, Zu- und Umbauten sowie bei Änderungen und Instandsetzungen von mindestens 25 vH der Oberfläche der Gebäudehülle, jeweils in elektronischer Form

– den durch einen nach den für die Berufsausübung maßgeblichen Vorschriften berechtigten Sachverständigen für das einschlägige Fachgebiet erbrachten Nachweis über den Wärme- und Schallschutz (Bauphysik) und

– den Nachweis, dass die technische, ökologische und wirtschaftliche Einsetzbarkeit hocheffizienter alternativer Systeme berücksichtigt wird (§ 118 Abs. 3, 3a und 3e),

sowie bei Neu-, Zu- und Umbauten sowie bei Änderungen und Instandsetzungen von mindestens 25 vH der Oberfläche der Gebäudehülle, mit Ausnahme der Gebäude gemäß § 118 Abs. 4, jeweils in elektronischer Form

– einen gültigen Energieausweis (§ 118 Abs. 5) und

– eine Erklärung über den sommerlichen Wärmeschutz;

f) bei Bauführungen, die einen genehmigten Bauplatz oder ein genehmigtes Baulos erfordern, sofern nicht § 66 zur Anwendung kommt, die Bewilligung des Bauplatzes oder Bauloses beziehungsweise ein

Nachweis, daß ein Bewilligungsverfahren bereits anhängig ist und Nachbarflächen davon nicht betroffen sind; dies gilt sinngemäß bei Bauführungen auf Sportplätzen, Spielplätzen, in Freibädern, auf Zeltplätzen, in Parkschutzgebieten, auf Gemeinschaftsflächen im Kleingartengebiet oder im Kleingartengebiet für ganzjähriges Wohnen, in ländlichen Gebieten sowie in Sondergebieten;

g) eine nachvollziehbare Berechnung der Anliegerleistungen sowie der Stellplatzverpflichtung einschließlich eines Nachweises über das Ausmaß der Erfüllung der Stellplatzverpflichtung;

h) bei den nach § 60 Abs. 1 lit. a, b und c bewilligungspflichtigen Bauführungen eine statische Vorbemessung einschließlich eines Fundierungs- und Baugrubenumschließungskonzeptes oder ein Gutachten, dass es sich um ein geringfügiges Bauvorhaben mit technisch einfacher Tragkonstruktion bzw. Fundierung handelt, bei dem aus statischen Belangen keine Gefahr für das Leben oder die Gesundheit von Menschen sowie das Eigentum zu besorgen ist; diese Unterlagen sind von einem nach den für die Berufsausübung maßgeblichen Vorschriften berechtigten Sachverständigen für das einschlägige Fachgebiet zu erstellen;

i) bei Betrieben, die in den Anwendungsbereich der Richtlinie 2012/18/EU des Europäischen Parlaments und des Rates vom 4.7.2012 zur Beherrschung der Gefahren schwerer Unfälle mit gefährlichen Stoffen, zur Änderung und anschließenden Aufhebung der Richtlinie 96/82/EG des Rates fallen, eine von einem nach den für die Berufsausübung maßgeblichen Vorschriften Berechtigten verfasste Unterlage über die von dem Betrieb ausgehenden Risiken;

j) der Nachweis der Verfügbarkeit über eine ausreichende Wassermenge zur Brandbekämpfung;

k) eine Bestätigung des Planverfassers, dass die Grundsätze des barrierefreien Planens und Bauens eingehalten werden;

l) bei Neubauten, bei denen Niederschlagswässer in den Straßenkanal eingeleitet werden sollen, die Zustimmung des Betreibers des Straßenkanals zur Einleitung bestimmter Mengen an Niederschlagswässern sowie der Nachweis, dass die nicht in den Kanal eingeleitete Menge der Niederschlagswässer versickert oder auf andere Art dem natürlichen Wasserkreislauf oder einer Nutzung zugeführt wird;

m) bei der Schaffung von Wohnungen und Wohn- und Zimmereinheiten in Heimen in Gebieten für geförderten Wohnbau der Nachweis gemäß § 6 Abs. 6a;

n) beim Einsatz von technischen Systemen auf Ersatzflächen gemäß § 118 Abs. 3b der Nachweis über die Erfüllung der Verpflichtung;

o) bei Zubauten zur Schaffung neuer Nutzungseinheiten sowie bei Umbauten, die mehr als die Hälfte der im Gebäude befindlichen Nutzungseinheiten betreffen, Angaben zum bestehenden Gebäude in tabellarischer Form, insbesondere die Geschoßbezeichnung, Brutto- und Nettogrundfläche der Geschoße, die Nutzungseinheiten mit dazugehörigen Nettogrundflächen sowie allenfalls die Nummerierung der Wohnungen und Betriebseinheiten;

p) bei Bauvorhaben, die geeignet sind, bestehende Bäume auf als Verkehrsfläche gewidmeten Grundflächen (Straßenbaumbestand) zu beeinträchtigen (insbesondere bei Errichtung von in § 83 genannten Bauteilen, bei Gehsteigauf- und -überfahrten sowie hinsichtlich Baustelleneinrichtungen und bei der Bauausführung zum Einsatz kommender Baugeräte und-maschinen), ein Baumschutzkonzept zum Nachweis dafür, dass im Rahmen der Bauausführung eine Schädigung des Baumbestandes vermieden wird. Das Baumschutzkonzept ist nach dem Stand der Technik von einer oder einem nach den für die Berufsausübung maßgeblichen Vorschriften berechtigten Sachverständigen für das einschlägige Fachgebiet zu erstellen und zu unterfertigen;[11)]

q) bei Neu- und Zubauten auf Liegenschaften mit bereits vorhandenen Bauwerken, die diesen Bauvorhaben entgegenstehen und deren Abbruch einer Bewilligungspflicht gemäß § 60 Abs. 1 lit. d unterliegt, eine rechtskräftige Abbruchbewilligung.[10)10a)]

(2) Den Einreichunterlagen sind überdies jene Unterlagen (schaubildliche Darstellungen, Lichtbilder, Baubeschreibungen u. ä.) anzuschließen, die eine ausreichende Beurteilung des Bauvorhabens gewährleisten und das Ermittlungsverfahren beschleunigen.[7)]

(3) In Gebieten, die aus städtebaulichen oder historischen Gründen eine besondere Gestaltung der Bauwerke erfordern, ist über Auftrag der Behörde unter Bekanntgabe des Umfanges und Maßstabes eine Fotomontage oder ein Modell des Bauvorhabens vor Ausschreibung der mündlichen Bauverhandlung vorzulegen; die Fotomontage oder das Modell geht ohne Entschädigung in das Eigentum der Stadt Wien über. Ist ein Bauvorhaben von besonderem Einfluß auf das örtliche Stadtbild, sind über Auftrag der Behörde Lichtbilder oder, nach Bedarf, Meßbilder, die den gegebenen Baubestand der Liegenschaft selbst und der beiden angrenzenden Liegenschaften darstellen, in dreifacher Ausfertigung vorzulegen.

(4) Die Vorlage von Bauplänen ist bei Änderungen, die lediglich das äußere Ansehen des Bauwerkes betreffen und weder die Festigkeit, die Feuersicherheit, die gesundheitlichen Verhältnisse noch die subjektiv-öffentlichen Rechte der Nachbarn beeinträchtigen, dann nicht erforderlich, wenn Lichtbilder in dreifacher Ausfertigung vorgelegt werden, aus denen der Altbestand ersichtlich ist und auf denen die beabsichtigten Änderungen in haltbarer Weise so dargestellt sind, daß das Bauvorhaben nach den Vorschriften dieses Gesetzes beurteilt werden kann.

(5) Dem Ansuchen um Baubewilligung ist bei Neubauten im Bauland ein Gestaltungskonzept für die gärtnerisch auszugestaltenden Flächen des Bauplatzes und des Bauloses und die nach dem Bebauungsplan zu schaffende Begrünung von Dächern anzuschließen. Dieses Gestaltungskonzept hat auch einen Plan zu enthalten, aus dem der vorhandene und künftige Baum- und andere Vegetationsbestand, die Bereiche unterirdischer Einbauten, die Höhe der Substratüberdeckung und andere wesentliche Merkmale der Grünbereiche ersichtlich sind.[8)9)]

(6) Bei aufgrund dieses Gesetzes verpflichtend zu errichtenden Fotovoltaikanlagen oder anderen Anlagen gemäß § 118 Abs. 3b ist in den Einreichunterlagen der Standort der Anlage, deren Aufstellfläche sowie Leistung (kWp) darzustellen.[12)]

(EB zur Nov LGBl 1996/42)

Abs 1 lit a wird im Hinblick auf das vereinfachte Baubewilligungsverfahren gemäß § 70a neu gefaßt.

Da für das vereinfachte Baubewilligungsverfahren die Bauplatzschaffung als Formalvoraussetzung unerläßlich ist, wird in Abs 1 lit f vorgesehen, daß die Tatsache der Bewilligung des Bauplatzes bzw Bauloses oder zumindest der Anhängigkeit eines solchen Bewilligungsverfahrens, von welchem Nachbargrundflächen nicht betroffen sein dürfen, in jedem Baubewilligungsverfahren mit den Einreichunterlagen nachgewiesen werden muß. Ebenso soll aufgrund Abs 1 lit g bereits mit den Einreichunterlagen eine Berechnung der Anliegerleistungen sowie der Stellplatzverpflichtung nach dem Wiener Garagengesetz vorgelegt werden, da es im Sinne einer Verfahrensbeschleunigung unzweckmäßig ist, daß die einschlägigen Berechnungsgrundlagen von der Baubehörde erst aus den Bauplänen ermittelt werden müssen.

(EB zur Nov LGBl 1998/46)

In der Praxis entstehen Probleme daraus, daß der Statiker erst spät in das Baugeschehen eingebunden wird. So ergibt sich etwa oft ein Widerspruch zwischen den baulichen Erfordernissen des Wärme- und Schallschutzes einerseits und der Statik andererseits, der letztlich zu einer vom Konsens abweichenden Bauführung führt. Es wird daher nunmehr im Abs 1 lit h – insbesondere auch im Hinblick auf das vereinfachte Baubewilligungsverfahren des § 70a – bereits bei der Einreichung eines Bauvorhabens die Vorlage von einer qualifizierten Person verfaßter statischer Nachweise verlangt. Im Hinblick auf diese neue Bestimmung entfällt Abs 4.

(EB zur Nov LGBl 2001/36)

Bei einem Betrieb, der unter die Richtlinie 96/82/EG des Rates vom 9. Dezember 1996 zur Beherrschung der Gefahren bei schweren Unfällen mit gefährlichen Stoffen fällt, ist dem Projektswerber bekannt, welche Gefahren mit diesem Betrieb verbunden sind. Er wird daher durch Abs 1 lit i verpflichtet, bei der Einreichung des Bauvorhabens Unterlagen anzuschließen, aus denen sich die Art der Gefahr bzw die Menge der gefährlichen Stoffe ergibt und aus denen hervorgeht, welche baulichen Maßnahmen für die Hintanhaltung dieser Gefahr vorgesehen werden.

(EB zur Nov LGBl 2001/37)

Im Hinblick darauf, dass einerseits § 65 Abs 1 eine Unterfertigung der Baupläne durch den Liegenschaftseigentümer verlangt und andererseits im § 63 Abs 1 lit c die Zustimmung des Liegenschaftseigentümers als Beleg für das Baubewilligungsverfahren gefordert wird, kann nach der Judikatur des VwGH (vgl Erk vom 19.12.1996, Zl 96/06/0002) die Unterfertigung der Baupläne nicht gleichzeitig auch als Zustimmungserklärung des Eigentümers angesehen werden. Entsprechend den Erfordernissen der Praxis soll aber die gemäß § 63 Abs 1 lit c erforderliche Zustimmung des Eigentümers auch durch Unterfertigung der Baupläne nachgewiesen werden können.

Wenn auch die Stadt Wien eine gewisse Wassermenge für die Brandbekämpfung zur Verfügung stellt, ist es doch grundsätzlich Aufgabe des Bauwerbers, für das Vorhandensein einer ausreichenden Wassermenge für diesen Zweck Sorge zu tragen. Es wird daher im Abs 1 lit i dem Bauwerber auferlegt, bereits bei der Einreichung eines Bauvorhabens einen entsprechenden Nachweis zu erbringen.

(EB zur Nov LGBl 2008/24)

Die Richtlinie 2002/91/EG des Europäischen Parlaments und des Rates vom 16. Dezember 2002 über die Gesamtenergieeffizienz von Gebäuden (so genannte „Gebäuderichtlinie"), ABl. L 1 vom 4.1.2003, S. 65, ist am 4.1.2003 in Kraft getreten. Ziel dieser Richtlinie ist es, die Gesamtenergieeffizienz der Gebäude unter Berücksichtigung der klimatischen Verhältnisse sowie der Anforderungen an die Gebäudenutzung und der Kostenwirksamkeit zu verbessern. Dazu werden Rahmenbedingungen für die Festlegung von Mindestanforderungen an Gebäude und für die Erstellung von Energieausweisen geschaffen.

Die Umsetzung der Gebäuderichtlinie macht Änderungen der bautechnischen Bestimmungen der Bauordnung für Wien, insbesondere jener betreffend den baulichen Wärmeschutz erforderlich. Durch die vorliegende Novelle und die Verbindlicherklärung der Energieeinsparung und Wärmeschutz betreffenden Richtlinie des OIB wird dem Umsetzungsbedarf hinsichtlich dieser bautechnischen Aspekte Rechnung getragen.

Gemäß Art. 4 Abs. 1 der Gebäuderichtlinie sind die festgelegten Mindestanforderungen an die Gesamtenergieeffizienz von Gebäuden in regelmäßigen Zeitabständen, die fünf Jahre nicht überschreiten sollten, zu überprüfen und erforderlichenfalls zu aktualisieren. Art. Vb trägt dieser Bestimmung Rechnung und verpflichtet den Gesetzgeber zu einer regelmäßigen Evaluierung und allfälligen Anpassung dieser Mindestanforderungen.

(EB zur Nov LGBl 2012/64)

Die Erfüllung der im Sinne der Art. 6 und 7 der Richtlinie 2010/31/EU festgelegten Anforderungen an Gebäude ist im Baubewilligungsverfahren gemäß Abs. 1 lit. e durch entsprechende Unterlagen nachzuweisen. Die „größere Renovierung" von Gebäuden, bei der ebenfalls Mindestanforderungen an die Gesamtenergieeffizienz zu erfüllen sind, wird im Sinne des Art. 2 Z 10 der Richtlinie 2010/31/EU als „Renovierung eines Gebäudes, bei der mehr als 25 % der Oberfläche der Gebäudehülle einer Renovierung unterzogen werden" definiert. Als „Gebäudehülle" sind in diesem Zusammenhang gemäß Art. 2 Z 7 der Richtlinie die integrierenden Komponenten eines Gebäudes, die dessen Innenbereich von der Außenumgebung trennen, zu verstehen. Im Hinblick auf die unter A) dargestellten Ziele der Richtlinie 2010/31/EU bezieht sich die Ermittlung von 100 % der Gebäudehülle lediglich auf Wärme abgebende Flächen, also Schauseiten, frei stehende Feuermauern, Dächer und sonstige unbedeckte Teile des Gebäudes. Flächen, die durch angrenzende Bauwerke in konditionierter Form bedeckt sind, bleiben dagegen in diesem Zusammenhang unberücksichtigt.

(EB zur Nov LGBl 2014/25)

Da die Errichtung von Gemeinschaftsanlagen im Kleingartengebiet bzw. im Kleingartengebiet für ganzjähriges Wohnen gemäß § 8 Abs. 1 des Wiener Kleingartengesetzes den Bestimmungen der BO unterliegt, soll auch für Bauführungen auf Gemeinschaftsflächen anlässlich des Ansuchens um Baubewilligung die Vorlage eines Nachweises im Sinne des Abs. 1 lit. f erforderlich sein.

Bezüglich Abs. 1 lit. h siehe Erläuterungen zu § 62 Abs. 2.

Um eine Überlastung des Kanalnetzes bei Starkregenereignissen zu vermeiden, soll in Gebieten, in denen gemäß § 5 Abs. 4 lit. m der Bebauungsplan eine Beschränkung der Einleitungsmenge von Niederschlagswässern in den Kanal festlegt, durch Abs. 1 lit. l bereits bei der Planung eines Neubaus nachgewiesen werden, dass die Beseitigung oder Speicherung der nicht in den Kanal eingeleiteten Menge von Niederschlagswässern gewährleistet werden kann.

Nach der Judikatur des VfGH (vgl. VfSlg. 4387) besteht die Möglichkeit, die Ableitung von Abwässern sowohl aus wasserrechtlichen als auch aus baurechtlichen Gesichtspunkten einer Regelung zu unterziehen. Eine Bestimmung in der BO betreffend die Beseitigung (Ableitung in den Straßenkanal, Versickerung, Verdunstung) oder Speicherung der Niederschlagswässer ist demnach zulässig, soweit damit eine auf Dauer gesicherte Verwendbarkeit von Bauplätzen und Baulichkeiten verfolgt wird. Die gegenständliche Regelung entspricht dieser Absicht.

(EB zur BO-Nov 2023, LGBl 2023/37 vom 13.12.2023)

Abs 1 lit. e: Das Erfordernis der gemäß lit. e vorzulegenden Unterlagen wurde im Hinblick darauf, dass der Nachweis über die Berücksichtigung der technischen, ökologischen und wirtschaftlichen Einsetzbarkeit hocheffizienter alternativer Systeme auch bei Gebäuden gemäß § 118 Abs 4 zu erbringen ist, neu strukturiert.

Die Änderungen dienen primär einer Klarstellung, weil es in der Vollziehung immer wieder zu Unklarheiten gekommen ist, welche Unterlagen jedenfalls und welche Unterlagen nur bei Gebäuden gemäß § 118 Abs 4 vorzulegen sind.

Die Anforderungen betreffend den sommerlichen Wärmeschutz finden sich in der OIB-RL 6 in der Fassung 2023 in Punkt 4.9.

lit. l: Künftig dürfen Niederschlagswässer nur in Ausnahmefällen in den Kanal eingeleitet werden (s. § 99). Sie sind grundsätzlich vollständig zu versickern oder auf andere Art dem natürlichen Wasserkreislauf (zB Ableitung zu natürlicher Vegetation bzw. Bepflanzung, Verdunstung über offene Wasserflächen) oder einer Nutzung zuzuführen (zB Bewässerung, Verwendung für Nutzzwecke wie WC-Spülung), was entsprechend nachzuweisen ist.

lit. o: Im Zuge von Zu- und größeren Umbauvorhaben fehlen regelmäßig die Bestandsdaten für jene Gebäudeteile, die nicht bzw. nur zum Teil vom Bauverfahren betroffen sind. ISd Verpflichtung, den Gebäudebestand Schritt für Schritt im Wr Gebäude- und Wohnungsregister einzuarbeiten und zu vervollständigen, ist es sinnvoll diese Gebäudedaten im Rahmen der Bauverfahren für Zu- und größere Umbauten zu erhalten.

lit. p: Da im Baubewilligungsverfahren nicht geprüft wird, ob die projektierte Bauausführung mit den Bestimmungen über den **Baumschutz** vereinbar ist, kommt es regelmäßig vor, dass Baubewilligungen erteilt werden, die ohne Entfernungsbewilligungen nach dem Wr BaumschutzG nicht durchführbar sind, bzw. dass durch die Bauausführung eine durch vorausschauende Planung ursprünglich vermeidbare Gefährdung oder Schädigung des **Baumbestandes** verursacht wird.

Durch die Einführung der lit. p wird sichergestellt, dass sich Bauwerber bereits vor der Einreichung mit dem im Straßenraum vor Ort befindlichen Baumbestand auseinandersetzen und ihren Schutz im Zuge der Planung weitgehend berücksichtigen. Dies trägt dazu bei, dass notwendige Änderungen am Projekt vermieden werden und dem Schutz wertvoller Straßenbäume in der Planung von vornherein ein höherer Stellenwert zukommt.

Künftig muss sämtlichen Baueinreichungen ein Nachweis beiliegen, dass die Schädigung des Baumbestandes vermieden wird. Nur in Ausnahmefällen kann die Vorlage eines solchen Nachweises unterbleiben, wenn eine Beeinträchtigung des Baumbestandes von vornherein nicht in Betracht kommt – dies ist etwa dann der Fall, wenn im Bereich des zu bebauenden Grundstücks kein Baumbestand vorhanden ist oder nur solche Arbeiten durchgeführt werden, die nicht von Einfluss auf den Straßenbaumbestand sein können (Beispiele: Arbeiten im Inneren eines Gebäudes oder im Innenhof; die Zufahrt zum Bauplatz kann jedenfalls ohne Gefährdung von Bäumen erfolgen). Das Schutzkonzept muss von einem Sachverständigen erstellt und bestätigt werden.

Über einschlägigen Sachverstand werden idR solche Personen verfügen, die über entsprechende Fachausbildung und Berufserfahrung verfügen, die den Anforderungen der einschlägigen Regelwerke gerecht wird (Baumpfleger, Baumkontrollore, Baumtechniker iSd ONR 121122 oder Nachfolgenorm, Fähigkeiten und Kenntnisse iSd ÖNORMEN B 1121 und L 1122 oder Nachfolgenormen), oder die die Voraussetzungen zur Eintragung als gerichtlich beeidete Sachverständige für die einschlägigen Fachgebiete erfüllen bzw. über eine aufrechte Eintragung verfügen sowie Ziviltechniker mit einschlägiger Befugnis.

Unter Schädigungen des Baumbestandes iSd Abs 1 lit. p sind sämtliche Einwirkungen zu verstehen, die geeignet sind, unmittelbar oder mittelbar durch langfristige Auswirkungen eine nachhaltige Schädigung von Bäumen herbeizuführen (insbes sämtliche nach § 3 Wr BaumschutzG verbotenen Eingriffe). Beeinträchtigungen sind jegliche negativen Einflüsse, die mittelbar oder unmittelbar zu einer Schädigung führen können.

lit. q: Aufgrund der derzeit geltenden Rechtslage werden regelmäßig Anträge auf Baubewilligung für Neubauten gestellt, obwohl auf dem Bauplatz noch Gebäude bestehen, die dem geplanten Bauvorhaben entgegenstehen, die aber nicht bewilligungsfrei abgebrochen werden dürfen und für die im Zeitpunkt des Antrags auf

Bewilligung des Neubaus noch kein Abbruch bewilligt wurde. Die Rechtslage ändert sich dahingehend, dass ein Bauansuchen für einen Neubau oder Zubau erst gestellt werden kann, wenn feststeht, dass das Bestandsgebäude auch abgebrochen werden darf.

Abs 5: In der Grundlagenstudie zur Sicherung der mikroklimatischen Leistungen durchgrünter Siedlungen unter Berücksichtigung der Herausforderung des Klimawandels „Das ‚Große rote G' wird grün", welche im Auftrag der Stadt Wien vom Institut für Landschaftsplanung, Departement für Raum, Landschaft und Infrastruktur der Universität für Bodenkultur Wien im Dez 2021 abgeschlossen wurde, wurde unter anderem angeregt, die verpflichtende Erstellung eines Gestaltungskonzepts auf die Bauklasse I sowie auf das Gartensiedlungsgebiet auszuweiten. Insbes im Hinblick auf eine effiziente Vollziehbarkeit der Bestimmungen und Vorgaben für gärtnerisch auszugestaltende Flächen und grüne Infrastrukturen auf dem Bauplatz hat sich das Gestaltungskonzept als wichtige Unterlage der Baueinreichung bewährt. Da die gärtnerische Ausgestaltung vor allem in Gebieten der Bauklasse I und im Gartensiedlungsgebet verstärkt erfolgen soll, ist eine Ausweitung der Verpflichtung, ein Gestaltungskonzept vorzulegen, notwendig. Dieses Gestaltungskonzept kann in Form einer Skizze den Einreichunterlagen angeschlossen werden. Die Erstellung muss nicht von professionellen Planverfasser erfolgen. Dadurch wird verhindert, dass durch die Ausweitung der Verpflichtung zur Erstellung eines Gestaltungskonzepts Mehrkosten für die Bauwerber iZm mit den Einreichunterlagen entstehen.

Abs. 6: Die Ergänzung der Einreichunterlagen dient dem Nachweis, dass die Anforderungen der Wr Bautechnikverordnung (Anlage 13, OIB – RL 6) sowie des § 118 hinsichtlich der Fotovoltaikanlagen erfüllt werden. Damit die Erfüllung der Verpflichtung durch die Behörde kontrolliert werden kann, ist eine Darstellung des Standorts, die Angabe der Aufstellfläche der Fotovoltaik-Module sowie der Leistung auch dann erforderlich, wenn die Anlage keiner Bewilligungspflicht gemäß § 60 Abs 1 lit. j unterliegt. Es soll lediglich ein Bereich als PV-Aufstellfläche deklariert werden. Von den Planern sind unabhängig davon Sicherheitsabstände, Begehungsmöglichkeiten etc. im Bereich der Module auf der dargestellten Abstellfläche zu berücksichtigen. Diese Details sind bei bewilligungsfreien PV-Anlagen im Baubewilligungsverfahren nicht relevant und daher nicht in den Einreichunterlagen darzustellen. Maße der Module und Ähnliches ändern sich bis zur Fertigstellung eines Projektes durch andere Module oder auch fehlender Verfügbarkeit bestimmter Modelle regelmäßig. Diese Details müssen daher auch nicht dargestellt werden.

Anmerkungen

1) § 63 wurde durch die Nov LGBl 1996/42 neu gefasst. Mit der Nov LGBl 2012/64 wurde Abs 1 lit e abgeändert, mit der Nov LGBl 2020/61 in Abs 1 die lit n angefügt. Mit BO-Nov 2023, LGBl 2023/37 wurden in Abs 1 lit e, l, o, p und q sowie Abs 5 und 6 abgeändert bzw angefügt.

2) Das Fehlen eines Beleges zieht noch nicht die Rechtsfolge nach sich, dass das Ansuchen zurückzuweisen ist, vielmehr ist die Vorlage der fehlenden Unterlagen nach § 13 Abs 3 AVG zu fordern.

3) Nach der Nov LGBl 2014/25 ist ein Grundbuchsauszug nicht mehr vorzulegen. Vgl hiezu Anm 2 zu § 15.

4) Die Frage, wer Eigentümer ist, richtet sich nach den einschlägigen Bestimmungen des Zivilrechtes unter Bedachtnahme auf den im § 431 ABGB verankerten Eintragungsgrundsatz (*Hauer/Zaussinger*, Nö BauO[4], 329). Es entspricht der ständigen Rechtsprechung des Obersten Gerichtshofes, dass das Eigentum an einer veräußerten Liegenschaft grundsätzlich schon im Zeitpunkt des Einlangens des (vom Grundbuchsgericht erst später bewilligten und vollzogenen) Grundbuchsgesuches auf den Erwerber übergeht (Urteil vom 22. September 1966, Zl 5 Ob 256/66, uva); daran ändert selbst eine nach Einlagen des Grundbuchsgesuches eingebrachte Löschungsklage nichts (Urteil vom 4. Juli 1985, Zl 7 Ob 564/84). Es gilt die allgemeine Erwägung, dass im Falle aufrechter Erledigung der dingliche Rechtserwerb im Zeitpunkt des Einlangens des Gesuches beim Grundbuchsgericht eintritt (OGH vom 24. Juni 1998, Zl 3 Ob 165/98 f) (VwGH 27.10.1998, 96/05/280, zur Nö BO).

5) Der Nachweis des Eigentums am Baugrund kann auch in anderer Weise als durch Vorlage des Grundbuchsauszuges erbracht werden, und zwar bei außerbücherlichem Eigentum wie Erwerb durch Zuschlag bei der Zwangsversteigerung, Erbeinantwortung, Ersitzung, Enteignung usw.

6) Die Zustimmung des Grundeigentümers ist im Allgemeinen nur ein Beleg des Bauansuchens. Sie muss auch im Zeitpunkt der Erteilung der Baubewilligung vorliegen. Die Zustimmung muss liquid nachgewiesen sein. Die Baubehörde hat nicht zu prüfen, ob der Eigentümer (Miteigentümer) verpflichtet ist, seine Zustimmung zu geben. Auch noch im Berufungsverfahren kann die Zustimmung rechtswirksam zurückgezogen werden. Ein Widerruf der Zustimmung nach der Rechtskraft des Baubewilligungsbescheides ist auf die Rechtswirksamkeit des Bescheides ohne Einfluß.

7) Nach dieser Gesetzesstelle ist die Baubehörde in der Lage, alles zu fordern, was für die Beurteilung des Bauvorhabens nach den baurechtlichen Vorschriften (insbesondere auch § 6 BO) notwendig ist.

8) Im Falle einer Bausperre nach § 8 Abs 1 wird dabei die Bauklasse den gesetzlichen Zielen der Stadtplanung unter Berücksichtigung des örtlichen Stadtbildes und des gegebenen Baubestandes in Absprache mit dem Magistrat zu wählen sein, bei einer Bausperre nach § 8 Abs 2 gilt grundsätzlich der alte Flächenwidmungs- und Bebauungsplan weiter, wobei die Ziele der Stadtplanung zu berücksichtigen sind.

9) Hier zeigt sich, dass mit dem Abbau von übertriebenen Formalvorschriften gleichzeitig über die Flächenwidmung fast unerträgliche Nutzungsbeschränkungen, deren öffentlich-rechtliche Bedeutung schwer in Zweifel gezogen werden muss, ins Baugeschehen eingeschleust werden (vgl auch *Aichlreiter*, Entwicklungstendenzen im Bau- und Raumordnungsrecht, ÖJZ 1997, 179 f). Es fragt sich, wo hier das öffentliche Interesse an einer solchen Regelung liegt und nach welchen Kriterien das Gestaltungskonzept zu erstellen ist.

Von der MA 37 werden diverse Merkblätter und Richtlinien unter www.bauen.wien.at download – service bereitgestellt.

10) Hier erfolgt eine Durchbrechung des Grundsatzes des Projektgenehmigungsverfahrens. Der Anforderung zur Vorabklärung der Frage der Zulässigkeit eines erforderlichen Abbruchs wird auch entsprochen, wenn eine Bestätigung (MA 19) iSd § 62a Abs 5a vorgelegt wird, dass an der Erhaltung des Bauwerkes infolge seiner Wirkung auf das örtliche Stadtbild kein öffentliches Interesse besteht. Durch den Bezug „entgegenstehen" wird auf Konstellationen Bezug genommen werden, wonach auf einer Liegenschaft auch mehrere Gebäude nebeneinander situiert sein können und sich in ihrem Bestand bzw Abbruch und Neubau nicht zwingend wechselseitig bedingen.

10a) Die gesetzlichen Fristen für Baubeginn, Vollendung und Gültigkeit einer Abbruchbewilligung (§§ 72 und 74) wurden nicht verändert und sind daher von der Durchführung des Baubewilligungsverfahrens für die Neu- und Zubauten unabhängig. Dies ist daher auch bei der Projekt- und Einreichplanung zu berücksichtigen.

11) Mit Änderung des BaumschutzG (Klimaschutznovelle 2024), LGBl 2024/19 vom 16.4.2024, soll eine Nachschärfung va iSd Klimaschutzes erfolgen. Dies umfasst ua eine Präzisierung der Obstbaumdefinition, neue Maßnahmen betreffend Ersatzpflanzungen, die Schaffung der Möglichkeit, Schutz- und Pflegemaßnahmen vorzuschreiben wie auch eine Anhebung der Ausgleichsabgabe (5.000 € statt 1.090 €) und Erhöhung der Verwaltungsstrafen. Das Gesetz trat mit Ausnahme der Strafbestimmungen des § 13 Abs. 1 bis 3 und Abs. 6 bis 6b rückwirkend am 15.1.2024 in Kraft.

12) Die Pflicht zur Darstellung ist unabhängig von der Bewilligungspflicht bzw Bewilligungsfreiheit der Anlagen.

Judikatur

1) Wie immer man die Zurückstellung der Baupläne durch die Behörde rechtlich werten mag, dadurch, daß die Beschwerdeführerin die Pläne zurückgenommen hat, ohne auf eine Entscheidung über das durch diese Pläne dargestellte Bauvorhaben zu bestehen, hat sie eine Situation geschaffen, die der Behörde die Anwendung des § 13 Abs 3 AVG ermöglicht hat (VwGH 8.11.1965, 1039/65).

2) Durch die grundbücherliche Vormerkung der Veräußerung wird die Parteistellung des bücherlichen Eigentümers nicht berührt (VwGH 17.11.1952, 243/51).

3) Als Eigentumsnachweis im Sinne obiger Gesetzesstelle kommt bei Eigentumserwerb durch Erbgang auch die Einantwortungsurkunde in Betracht (VwGH 19.9.1966, 836/66).

4) Ist der Bauwerber eine vom Grundeigentümer verschiedene Person, so hat er die Zustimmung des Letzteren oder ein ihm die Bauführung einräumendes Recht „liquid" nachzuweisen. Ein liquider Nachweis liegt nur dann vor, wenn dargetan wird, daß es keinesfalls mehr fraglich sein kann, ob die Zustimmung erteilt wurde. Für die Beurteilung dieser Frage ist die Sach- und Rechtslage zum Zeitpunkt der Entscheidung über das Bauansuchen und nicht etwa der Zeitpunkt von dessen Überreichung bei der Behörde maßgebend (VwGH 3.3.1959, 151, 152/58). S auch E 15.5.1984, 83/05/0180, BauSlg 259 ua.

5) Der Nachweis der Zustimmung des Grundeigentümers stellt im Allgemeinen nur einen Beleg des Bauansuchens dar. Ergibt sich im Baubewilligungsverfahren, daß die Zustimmung zur Bauführung im Zeitpunkt der Einbringung des Ansuchens überhaupt nicht vorgelegen hat oder später weggefallen ist, dann wird die Zustimmung des Grundeigentümers zu einer Voraussetzung für die aufrechte Erledigung des Bauansuchens. Die Zustimmung muß im Zeitpunkt der Erteilung der Baubewilligung vorliegen (VwGH 21.2.1961, 1567/60).

6) Wird die fehlende Zustimmung eines Miteigentümers durch einen Gerichtsbeschluß ersetzt, so kann nur für die Baupläne die Baubewilligung erteilt werden, auf die sich der Beschluß bezieht (VwGH 5.10.1954, Slg 3513/A).

7) Der Inhaber eines Baurechtes ist in jeder Hinsicht dem Eigentümer der Liegenschaft gleichgestellt (VwGH 12.10.1955, 3282/54 mH E 16.1.1952, 2853/50, VwSlg 2415 A/1952).

8) Die nachträgliche Zustimmung des Grundeigentümers nach Abweisung eines Bauvorhabens mangels Vorliegens einer solchen Zustimmung ist kein Wiederaufnahmsgrund nach § 69 AVG (VwGH 28.6.1957, 2372, 2373/55). Ein neues Ansuchen kann eingebracht werden.

9) Im Umfang der Gerichtsbeschlüsse gilt die von der Bauordnung geforderte Zustimmung gem § 367 EO als gegeben (VwGH 2.10.1967, 880/66).

10) Die Zustimmung des Grundeigentümers kann auch durch die Mitfertigung der Baupläne ersetzt werden (VwGH 1.4.1909, Slg 6644/A). S nun Nov LGBl 2001/37.

11) Die Schaffung von Einstellplätzen im Hof bedarf der Zustimmung aller Miteigentümer (VwGH 13.12.1971, 638/71).

12) Liegen die Voraussetzungen für die Zurückweisung eines Bauansuchens nach § 13 Abs 3 AVG vor, kann der Zurückweisungsbescheid jederzeit, auch nach vielen Jahren, ergehen (VwGH 30.10.1972, 690/71).

13) Dem Eigentümer, der nicht zugleich Bauwerber ist, wird durch die Bauordnung für Wien ein Recht auf Erteilung der Baubewilligung nicht eingeräumt (VwGH 13.10.1975, Slg 8897/A).

14) Der VwGH hat ständig die Auffassung vertreten, daß dann, wenn die Zustimmung zur Bauführung im Zeitpunkt der Einbringung des Ansuchens überhaupt nicht vorgelegen hat oder später weggefallen ist, die Zustimmung des Grundeigentümers (Miteigentümers) zu einer Voraussetzung für die aufrechte Erledigung des Bauansuchens wird, die auch im Zeitpunkt der Erteilung der Baubewilligung gegeben sein muß (VwSlg 4894/A). Vor Rechtskraft der behördlichen Entscheidung ist der Widerruf der Zustimmung öffentlichrechtlich relevant (hier: Widerruf in der Berufung). Die Frage, ob die Miteigentümer berechtigt waren, die ursprünglich erteilte Zustimmung zu widerrufen, kann nur von den ordentlichen Gerichten entschieden (vgl VwSlg 2050/A) werden (VwGH 16.2.1982, 81/05/0141).

15) Ist die Zustimmung der Miteigentümer erforderlich, ist ein Verbesserungsauftrag nach § 13 Abs 3 AVG nicht anzuordnen, wenn sich ein Miteigentümer gegen das Bauvorhaben ausgesprochen hat, vielmehr ist sogleich mit einer Versagung des Bauvorhabens mangels Zustimmung des Miteigentümers vorzugehen (VwGH 15.11.1984, 84/06/0126, BauSlg 332, zur Kä BO).

16) Das Bauansuchen eines Miteigentümers bedarf (regelmäßig) der Zustimmung aller Miteigentümer – eine Hausverwaltungsvollmacht reicht nicht aus (VwGH 13.5.1986, 85/05/0060, BauSlg 674).

17a) Fehlt die Zustimmung von Miteigentümern als Beleg des Bauansuchens, hat die Baubehörde mit der Erlassung eines Verbesserungsauftrages nach § 13 Abs 3 AVG vorzugehen.

17b) Bei Zurückweisung eines Bauansuchens nach § 13 Abs 3 AVG hat die Berufungsbehörde ausschließlich zu prüfen, ob die Zurückweisung dem Gesetz entsprach (VwGH 13.5.1986, 86/05/0064, BauSlg 680).

18) Die Zustimmung des Miteigentümers stellt einen Beleg des Bauansuchens dar. Die Frage, ob diese Zustimmung in einem gerichtlichen Verfahren erzwungen werden kann, ist keine Vorfrage des baubehördlichen Bewilligungsverfahrens (VwGH 27.1.1987, 86/05/0169).

19) Auch bei bewilligungspflichtigen Bauvorhaben auf Kleingartenflächen ist die Zustimmung des Grundeigentümers ein Beleg des Bauansuchens (VwGH 17.2.1987, 86/05/0120).

20) Wurde die Zustimmung des Grundeigentümers (Miteigentümers) zu dem Bauvorhaben des Bauwerbers durch Richterspruch ersetzt, besitzt der Grundeigentümer (Miteigentümer) keinen Rechtsanspruch auf Abweisung des Bauvorhabens (VwGH 12.12.1989, 89/05/0228).

21) Die Frage, ob die Zustimmung von Miteigentümern in einem gerichtlichen Verfahren erzwungen werden kann, ist keine Vorfrage im Rahmen des Baubewilligungsverfahrens (vgl das E v 27.1.1987, 86/05/0169). Änderungen der Dachform und Konstruktion, der Außenmauern sowie der Errichtung von Kaminen bedürfen der Zustimmung sämtlicher Miteigentümer (VwGH 15.5.1990, 89/05/0219).

22) Es kann nicht von vornherein ausgeschlossen werden, daß Stiegen von Einfluß auf die statischen Verhältnisse eines Hauses sind. Die Größe eines Gebäudes hat ebenso wie ein Wetterschutzdach zweifellos Einfluß auf die statischen Verhältnisse des Bauwerkes. Anders verhält es sich bei Scheidewänden, deren Versetzen ein typisches Beispiel dafür abgibt, daß die Zustimmung der übrigen Wohnungseigentümer nicht erforderlich ist und diese auch keine Parteistellung haben, weil keine der im § 134 Abs 3 BO enthaltenen Ausnahmen zutrifft (VwGH 11.12.1990, 88/05/0227, 88/05/0228).

23) Nur der Bauwerber, nicht der von ihm verschiedene Grundeigentümer, besitzt einen Rechtsanspruch auf Entscheidung über „sein" Bauansuchen. Die Grundeigentümer nehmen am Bauverfahren hinsichtlich der Frage teil, ob die nach ständiger Rechtsprechung des VwGH liquid erforderliche, als Beleg dem Ansuchen anzuschließende Zustimmung vorliegt oder nicht. Darüber hinaus können Grundeigentümer etwa noch Partei des Bauverfahrens hinsichtlich ihr Eigentum unmittelbar betreffender Vorschreibungen sein. So gesehen genießen die Grundeigentümer im Baubewilligungsverfahren eine sehr eingeschränkte Parteistellung (vgl das Erk v 22.12.1987, 82/05/0043). Daraus folgt, daß ein vom Bauwerber verschiedener Grund(mit)eigentümer durch die Versagung der Baubewilligung nicht in seinen Rechten verletzt sein kann. Die Beschwerde war daher zurückzuweisen (VwGH 11.12.1990, 90/05/0078).

24) Durch ein gerichtliches Urteil kann die Zustimmung des Grundeigentümers zu einem Bauvorhaben des Bauwerbers ersetzt werden. Abweichungen des Titels des Einreichplanes von dem dem Urteil zugrunde liegenden kommt keine Bedeutung zu. Dem Grundeigentümer kommt nur hinsichtlich seines Zustimmungsrechtes Parteistellung zu, nicht zu anderen Fragen, etwa zur Frage der Widersprüche des Projektes zum Flächenwidmungs- und Bebauungsplan oder zu Bestimmungen der BO (VwGH 12.11.1991, 91/05/0145).

25) Der WBO sind keine Anhaltspunkte dafür zu entnehmen, daß einem Bauwerber, der die zu bebauende Liegenschaft zwar gekauft hat, aber mangels grundbücherlicher Eintragung noch nicht deren Eigentümer geworden ist, in einem Verfahren zur Erteilung der Baubewilligung „Legitimation in jenem Maße zugebilligt werden muß, die die Vorlage der nicht mehr zu beschaffenden Zustimmungserklärung der verstorbenen, bücherlich aufscheinenden Eigentümerin hinfällig macht". Die Behörde erster Instanz hat daher vom Bauwerber zu Recht im Wege eines Verbesserungsauftrages gem § 13 Abs 3 AVG den Nachweis der Zustimmung des Grundeigentümers als Beleg des Ansuchens gefordert (s E 28.3.1977, 2015/76, Slg 9284 A). Der abhandlungsbehördlich genehmigte Kaufvertrag vermag die Zustimmung des Grundeigentümers nicht zu ersetzen (VwGH 15.9.1992, 92/05/0124). S auch VwGH 29.6.1993, 93/05/0127.

26) Wer Eigentümer ist, richtet sich nach den Bestimmungen des Zivilrechtes. Gem dem im § 431 ABGB und im Allgemeinen Grundbuchsgesetz verankerten Eintragungsgrundsatz (Intabulationsprinzip) kann die Erwerbung, Übertragung, Beschränkung und Aufhebung bücherlicher Rechte nur durch Eintragung im Grundbuch bewirkt werden. Vom Eintragungsgrundsatz bestehen zwar Ausnahmen (zB Erwerb des Erben durch Einantwortung, Erwerb des Erstehers bei einer Zwangsversteigerung durch Zuschlag, Erwerb durch Enteignung entsprechend den jeweiligen Verwaltungsvorschriften, Erwerb durch Ersitzung nach Zeitablauf), doch gehört die Übergabe eines Grundstückes in den Besitz auf Grund eines Kaufvertrages nicht zu diesen Ausnahmen. Der Erwerber einer Liegenschaft hat auf Grund des Kaufvertrages lediglich einen schuldrechtlichen Anspruch auf Verschaffung des Eigentums (s E 24.2.1975, 2003/74). VwGH 15.9.1992, 92/05/0124, 20.12.1994, 94/05/0125, BauSlg 307, ebenso 2.7.1998, 98/06/0061).

27) Nach stRsp des VwGH ist die Zustimmung des Eigentümers bzw Miteigentümers iSd § 63 Abs 1 lit c BO liquid nachzuweisen. Ein solcher liquider Nachweis liegt nur dann vor, wenn es keinesfalls mehr fraglich sein kann, ob die Zustimmung erteilt wurde (s E 15.5.1984, 83/05/0180, 0181). Erteilt der Eigentümer bzw Miteigentümer jemanden eine Vollmacht für die Verwaltung der betreffenden Liegenschaft, so darf die Behörde auf Grund dieser Vollmacht nicht annehmen, daß eine liquide Zustimmung des Grundeigentümers bzw Miteigentümers zu einem Bauvorhaben des Bauwerbers vorliegt. Weiters kann diese Vollmacht auch nicht als Ermächtigung zur Empfangnahme von Zustellungen von Baubewilligungsbescheiden gewertet werden (VwGH 16.3.1993, 92/05/0293).

28) Das in einem Mietvertrag enthaltene zivilrechtlich bedeutsame „Einverständnis zur Adaptierung ... und zu baulichen Veränderungen ... im Rahmen der baubehördlichen Vorschriften" kann nicht als die iSd § 63 Abs 1 lit c WBO notwendige Zustimmung zu einem bestimmten Bauansuchen gewertet werden. Der Hinweis auf eine vertragliche Vereinbarung mit dem Grundeigentümer kann die nach der BO erforderliche Zustimmung nicht ersetzen (s E 15.5.1984, 83/05/0180, 0181). Es genügt daher auch nicht, daß sich der Grundeigentümer in diesem Mietvertrag „unwiderruflich verpflichtet" hat, „Ansuchen zur Vornahme von Adaptierungen und baulichen Veränderungen um Erteilung von Baubewilligungen zu unterzeichnen". Aus dieser Regelung des Vertrages ist vielmehr abzuleiten, daß sich die Parteien des Mietvertrages der Notwendigkeit der Unterzeichnung von Bauansuchen als Ausdruck der Zustimmung des Grundeigentümers zu dem jeweiligen konkreten Bauvorhaben bewußt gewesen sind. Ob auf Grund dieses Mietvertrages die Zustimmung des Grundeigentümers zu der Bauführung allenfalls in einem gerichtlichen Verfahren erzwungen werden kann, ist keine Vorfrage im Baubewilligungsverfahren (s E 27.1.1987, 86/05/0169) (VwGH 16.3.1993, 93/05/0034).

29) Die Zustimmung des Grundeigentümers iSd § 63 Abs 1 lit c BO muß liquid nachgewiesen werden. Liquid ist ein Nachweis dann, wenn ein entsprechender Beleg vorgelegt wird, aufgrund dessen es keinesfalls fraglich sein kann, ob die Zustimmung erteilt wurde (s E 3.3.1959, Slg 4898/A, und E 24.2.1976, Slg 8995/A). Die Nichterhebung von Einwendungen in einer mündlichen Bauverhandlung durch einen Miteigentümer kann nicht als ein solcher liquider Nachweis der Zustimmung des Miteigentümers angesehen werden (VwGH 27.2.1996, 95/05/0052, BauSlg 43).

30) Die Nichterhebung von Einwendungen in einer mündlichen Bauverhandlung durch einen Miteigentümer kann nicht als ein liquider Nachweis der Zustimmung des Miteigentümers angesehen werden (VwGH 27.2.1996, 95/05/0052).

31) Gem § 63 Abs 1 lit c BO ist der Bauwerber bloß gehalten, die Zustimmung des Eigentümers (aller Miteigentümer) anzuschließen, wenn er nicht selbst Eigentümer oder nur Miteigentümer der Liegenschaft ist. Die Zustimmung anderer – dinglich oder obligatorisch – Berechtigter sieht das Gesetz aber nicht vor.

Das mit Bescheid bewilligte Projekt sieht eine Bauführung auf dem Grundstück des Bauwerbers und eine Zufahrt auf den Grundstücken der Stadt Wien als Grundeigentümerin vor, ohne daß das Projekt nach Maßgabe der bewilligten Pläne das Grundstück der Bfr berühren würde. Ob andere Grundstückseigentümer als die Bfr, wie etwa hier die Stadt Wien, zugestimmt haben, ist nicht zu prüfen, weil nach ständiger Rechtsprechung des VwGH das Zustimmungserfordernis des Grundeigentümers bzw Grundmiteigentümers nicht dem Schutz der Nachbarn dient (*Hauer*, Der Nachbar im Baurecht[5], 288).

Wer Grundflächen in das Eigentum der Gemeinde zum Ausbau einer Straße abgetreten hat, weiterhin aber die Nutzung dieser Grundflächen ausübt (s § 17), besitzt also kein Recht auf Zustimmung zur Benützung dieser Grundflächen zum Zweck der Zufahrt zu einem Bauplatz im Baubewilligungsverfahren nach der WBO (VwGH 19.11.1996, 94/05/0119, BauSlg 288).

32) Der Ersitzungswerber erwirbt schon mit Ablauf der Ersitzungszeit originär Eigentum. Er benötigt daher mit der Rechtskraft eines Versäumungsurteiles, mit dem seinem Gegner, der im Grundbuch als Eigentümer eingetragen ist, die Bewilligung in die Einverleibung seines Eigentumsrechtes aus dem Grunde der eingetretenen Ersitzung auferlegt wird, zur Erlangung einer Baubewilligung nicht mehr die Zustimmung des noch im Grundbuch als Eigentümer Eingetragenen (VwGH 27.5.1997, 97/05/0026, Bau-Slg 116, zur NÖ BO).

33) Gem § 13 Abs 3 AVG ermächtigen Formgebrechen schriftlicher Anbringen die Behörde nicht zur Zurückweisung. Die Behörde hat vielmehr dem Einschreiter die Behebung der Formgebrechen mit der Wirkung aufzutragen, daß das Anbringen nach fruchtlosem Ablauf einer gleichzeitig zu bestimmenden, angemessenen Frist zurückgewiesen wird. Aus § 63 Abs 1 lit a WBO ergibt sich, daß der Bauwerber Baupläne in dreifacher Ausfertigung als Einreichunterlagen vorzulegen hat. Gem § 65 Abs 1 leg cit müssen Baupläne und Baubeschreibungen unter anderem vom Eigentümer (allen Miteigentümern) der Liegenschaft unterfertigt sein.

Der VwGH hat wiederholt ausgesprochen, daß die gem § 13 Abs 3 AVG einzuräumende Frist dann, wenn der Antragsteller dem Gesetz entnehmen konnte, mit welchen Belegen er sein Ansuchen auszustatten hatte, nur zur Vorlage bereits vorhandener Unterlagen ausreichen muß, nicht jedoch zu deren Beschaffung (vgl E 12.5.1986, 86/10/0065, 17.2.1987, 86/05/0120, uva).

Der Beschwerdefall gibt keine Veranlassung, von dieser Rechtsansicht abzurücken. Eine Frist von 14 Tagen ist zur Vorlage bereits vorhandener Unterlagen ausreichend (VwGH 27.6.1997, 97/05/0179, BauSlg 162).

34) Wenn der die Zustimmung der Minderheit ersetzende Beschluß des Außerstreitrichters nunmehr nach der neuen Rechtslage durch den konstitutiven Beschluß der Mehrheit bei Untätigkeit der Minderheit abgelöst wurde, wenn weiters die Mehrheit gar keine Möglichkeit mehr bekommt, ihren Beschluß durch Gerichtsentscheid sanktionieren zu lassen, dann muß schon dieser unangefochtene Mehrheitsbeschluß, wenn alle übrigen Voraussetzungen gegeben sind, auch baurechtlich das Zustimmungserfordernis supplieren. Nur so kann die schon immer getroffene Einschränkung dieses Erfordernisses, daß die Zustimmung durch Gerichtsentscheid ersetzt werden kann, weiter aufrecht bleiben; auch der Gesetzgeber des § 63 Abs 1 lit c BO fand die Möglichkeit der Ersetzung vor und hat weder angeordnet, daß die Zustimmung unersetzbar sei, noch, daß ein Außerstreitrichterbeschluß gem § 14 Abs 3 WEG alte Fassung als Ersatz nicht ausreiche.

Da im Baurecht nie explizit geregelt war, in welcher Form diese Supplierung erfolgen kann, spielt die vom Privatrechtsgesetzgeber vorgenommene Änderung der Förmlichkeit, mit der diese Supplierung erreicht wird, keine Rolle. Nunmehr muß der Bauwerber nachweisen, daß ein Beschluß der Mehrheit zustande gekommen ist, daß also im Sinne des § 13b Abs 2 WEG alle Miteigentümer Gelegenheit zur Äußerung hatten, bzw, daß sie von der beabsichtigten Beschlußfassung verständigt wurden (*Würth/Zingher*, Miet- und Wohnrecht[20], 859). Er muß weiters nachweisen, daß die Minderheit drei Monate bei gehöriger Verständigung vom Beschlußinhalt, sonst 6 Monate lang, untätig blieb. Legt der Bauwerber die Bestätigung des Gerichtes vor, daß die Minderheit im Sinne des § 14 Abs 3 WEG das Gericht nicht angerufen hat, dann wird dadurch die Zustimmung der Minderheit ersetzt. Nur auf diese Weise kann der seit jeher geforderte Gleichklang des Bauverfahrens mit der zivilrechtlichen Durchsetzbarkeit erreicht und damit vermieden werden, daß dem Bauvorhaben ein mit rechtlichen Mitteln nicht beseitigbares Hindernis entgegensteht (VwGH 24.3.1998, 97/05/0214, BauSlg 69). – Aufrechterhalten zur neuen Rechtslage durch das E des VwGH 19.12.2006 2004/05/0105. Nach der neuen Regelung des WEG ersetzt also der unangefochten gebliebene Mehrheitsbeschluss der Miteigentümer die Zustimmung der Minderheitseigentümer zu einem Bauvorhaben. Eine für das Wiener Baugeschehen wichtige Entscheidung, die Streitigkeiten im Baubewilligungsverfahren reduziert.

35) Über den „eventualiter" gestellten Antrag haben die Baubehörden noch nicht abgesprochen. Ein Eventualantrag der hier zu beurteilenden Art ist im Verwaltungsverfahren durchaus zulässig. Über ihn muß die Behörde nur dann nicht eigens absprechen, wenn dieser durch die Erledigung des Primärantrages gegenstandslos wird. Im gegebenen Sach- und Rechtszusammenhang stellt sich der eventualiter gestellte Antrag aber als ein Ansuchen um weitere Baubewilligung für ein und denselben Bauplatz dar. Die Zulässigkeit dieser Vorgangsweise wurde grundsätzlich bejaht (vgl hiezu das hg Erkenntnis vom 9.6.1969, Slg 7.586/A). Zwei verschiedene Bauansuchen stellen jedoch, auch wenn sie sich auf den gleichen Bauplatz beziehen, keinen derart untrennbaren Zusammenhang dar, daß die Notwendigkeit der Entscheidung in einem Bescheid bestünde (VwGH 19.5.1998, 98/05/0029, BauSlg 126, zur NÖ BO).

36) Die Zustimmung aller Miteigentümer iS des § 13 WEG ist bei Umwandlung eines Lebensmittelmarktes in eine Tierarztordination erforderlich, zumal der Einsatz von Röntgenapparaten damit nicht ausgeschlossen ist (VwGH 20.5.1998, 95/06/0127, BauSlg 132, zur Stmk BO).

37) Die Frage, wer Eigentümer ist, richtet sich nach den einschlägigen Bestimmungen des Zivilrechtes unter Bedachtnahme auf den im § 431 ABGB verankerten Eintragungsgrundsatz (*Hauer/Zaussinger*, Nö BauO^4, 329). Es entspricht der ständigen Rechtsprechung des OGH, daß das Eigentum an einer veräußerten Liegenschaft grundsätzlich schon im Zeitpunkt des Einlangens des (vom Grundbuchsgericht erst später bewilligten und vollzogenen) Grundbuchsgesuches auf den Erwerber übergeht (Urteil vom 22.9.1966, 5 Ob 256/66, uva); daran ändert selbst eine nach Einlangen des Grundbuchsgesuches eingebrachte Löschungsklage nichts (Urteil vom 4.7.1985, 7 Ob 564/84). Es gilt die allgemeine Erwägung, daß im Falle aufrechter Erledigung der dingliche Rechtserwerb im Zeitpunkt des Einlangens des Gesuches beim Grundbuchsgericht eintritt (OGH 24.6.1998, 3 Ob 165/98 f). Der Rechtsnachfolger im Grundeigentum ist zur Zurückziehung seiner Zustimmung berechtigt. Mangels dieser Zustimmung war das Bauansuchen abzuweisen (VwGH 27.10.1998, 96/05/0280, BauSlg 254 – nur Rechtssatz zur NÖ BO).

38) Die Frist von 2 Wochen zur Vorlage der Zustimmung von Miteigentümern ist ausreichend; auf ein anhängiges gerichtliches Verfahren zur Erzwingung der Zustimmung ist nicht Rücksicht zu nehmen (VwGH 31.8.1999, 99/05/0143, BauSlg 177 – nur Rechtssätze).

39) Gem § 431 ABGB ist die rechtliche Erwerbungsart im Hinblick auf unbewegliche Sachen die Eintragung im Grundbuch (vgl dazu *Spielbüchler* in Rummel, Kommentar zum ABGB I², S 491 f).

Ausnahmen gelten nur ... im Erbgang durch Einantwortung, im Falle gesellschaftsrechtlicher oder sonstiger Gesamtnachfolge, bei der Zwangsversteigerung durch Zuschlag, bei der Enteignung, weiters durch Ersitzung, Bauführung auf fremdem Grund oder unter Umständen im agrarischen Zusammenlegungsverfahren (vgl *Spielbüchler* in Rummel, aaO) (VwGH 21.11.2002, 2002/06/0144).

40) § 63 Abs 1 lit c BO fordert die Beibringung der Zustimmung aller Miteigentümer, wenn der Bauwerber nicht selbst Eigentümer oder nur Miteigentümer der Liegenschaft ist, nur in Form eines Beleges als Teil der Einreichunterlagen. Vor diesem Hintergrund ist der Auffassung des Beschwerdeführes beizutreten, dass es diesbezüglich auf die Eigentumsverhältnisse zum Zeitpunkt der Einbringung des Baubewilligungsantrages ankommt und spätere Änderungen in den Eigentumsverhältnissen insofern unbeachtlich sind. Es war daher rechtswidrig, als Beleg im Sinne des § 63 Abs 1 BO auch Zustimmungserklärungen jener Personen zu verlangen, die erst nach Einbringung des Baugesuches Eigentum (Miteigentum) an dieser Liegenschaft erworben haben. Daran vermag der Umstand nichts zu ändern, daß gem § 134 Abs 3 BO im Baubewilligungsverfahren außer dem Antragsteller (Bauwerber) die Eigentümer (Miteigentümer) der Liegenschaft Parteistellung genießen und daher eine Änderung der Eigentumsverhältnisse an der verfahrensgegenständlichen Liegenschaft nach Einbringung des Baugesuches zur Beurteilung der Frage, wer jeweils Partei ist, bedeutsam ist. Dadurch, dass die jeweiligen Miteigentümer Parteistellung genießen, werden auch diejenigen Personen, die erst im Zuge des Bauverfahrens Eigentum (Miteigentum) an der Liegenschaft erworben haben (und deren Zustimmung daher nach dem zuvor Gesagten nicht als Beleg dem Baugesuch anzuschließen war) in die Lage versetzt, ihre Interessen als Eigentümer (Miteigentümer) entsprechend wahrzunehmen. Insbesondere können sie das von ihrem jeweiligen Rechtsvorgänger eingebrachte Baugesuch widerrufen und die Zustimmung zur Bauführung verweigern (VwGH 12.12.2002, 2002/05/0756).

41) Im konkreten Fall beabsichtigt die mitbeteiligte Partei einen Teil der Terrasse ihrer Wohnung durch Errichtung eines Zubaus in einer Glas-Stahlkonstruktion zu schließen und den entstehenden Raum in ihren Wohnungsverband einzubeziehen. Die belangte Behörde ging hiebei – ohne näher darauf einzugehen – vom Vorliegen einer außerordentlichen Verwaltungsmaßnahme im Sinne des § 29 WEG aus und bejahte das Vorliegen einer Zustimmung „aller" Wohnungseigentümer mit der Begründung, es liege ein von den Überstimmten nicht angefochtener Mehrheitsbeschluss im Sinne des § 29 WEG vor.

Dabei verkennt die belangte Behörde aber, dass im gegebenen Fall (anders als in jenem des hg Erkenntnisses vom 24. März 1998) nicht vom Vorliegen einer Maßnahme der außerordentlichen Verwaltung ausgegangen werden kann.

Das WEG kennt keine Definition des Begriffes „Verwaltung". Die Rechtsprechung des Obersten Gerichtshofes versteht darunter Handlungen, die gemeinschaftliches Vorgehen erfordern, weil es um Interessen aller Gemeinschafter geht (vgl den Beschluss des OGH vom 16. Dezember 1997, GZ 5 Ob 458/97g), während Verfügungen ausschließlich dem Interesse des einzelnen Wohnungseigentümers dienen (vgl die Beschlüsse des OGH vom 23. November 1999, GZ 5 Ob 299/99b und vom 25. Jänner 2005, GZ 5 Ob 213/04s). In den beiden letztgenannten Entscheidungen hat der OGH in Beibehaltung seiner bisherigen Linie die Unterscheidungsmerkmale zwischen Verwaltung und Verfügung neuerlich hervorgehoben und ausgesprochen, dass die rein eigennützige Verbauung oder sonstige Veränderung allgemeiner Teile der Liegenschaft durch einen Miteigentümer keine Maßnahme der Verwaltung der gemeinsamen Liegenschaft ist; Verwaltungshandlungen zeichnen sich vielmehr dadurch aus, dass Geschäfte der Gemeinschaft besorgt werden. Sie zielen darauf ab, gemeinschaftliche Pflichten zu erfüllen oder gemeinschaftliche Interessen wahrzunehmen. Daraus ergibt sich aber für den vorliegenden Fall eindeutig, dass die von der mitbeteiligten Partei angestrebte Baumaßnahme als Verfügung im Sinne des § 16 Abs 2 WEG zu werten ist. Allein der Wortlaut ihres Bauansuchens „Herstellung eines Glasverbaues im Atrium der (ihrer) Dachgeschoßwohnung" lässt keinen Zweifel daran bestehen, dass durch diese Baumaßnahme ein ausschließlich eigennütziges Interesse der mitbeteiligten Partei verfolgt und befriedigt werden soll.

Eine solche Verfügungsmaßnahme bedarf aber – da sie eine Beeinträchtigung der äußeren Erscheinung des Hauses zur Folge haben kann (vgl den dem zitierten Beschluss des OGH vom 25. Jänner 2005 zu Grunde liegenden Fall) – der Zustimmung aller übrigen Wohnungseigentümer oder der Ersetzung der Zustimmung im Außerstreitverfahren (vgl *Würth/Zingher/Kovanyi*, Miet- und Wohnrecht[21], Rz 8 zu § 16 WEG; *Vonkilch* in *Hausmann/Vonkilch*, Österreichisches Wohnrecht, Rz 58 zu § 16 WEG). Die Zustimmung des einzelnen Wohnungseigentümers kann nicht durch eine Beschlussfassung der Wohnungseigentümergemeinschaft ersetzt werden (siehe abermals den Beschluss des OGH vom 25. Jänner 2005). Im vorliegenden Fall kam aber – da die Wohnungseigentümer davon ausgingen, es liege eine Maßnahme der außerordentlichen Verwaltung vor – bloß ein Mehrheitsbeschluss nach § 29 WEG zu Stande. ...

Da, wie oben ausgeführt, auch Verfügungen nach § 16 Abs 2 WEG der Zustimmung aller Miteigentümer (bzw der Erteilung der Zustimmung durch den Außerstreitrichter) bedürfen und eine Supplierung dieses Erfordernisses durch einen unbekämpft gebliebenen Mehrheitsbeschluss wegen dessen Unwirksamkeit nicht in Betracht kommt, kann, anders als in den Fällen der ordentlichen oder der außerordentlichen Verwaltung, ein solcher unbekämpfter Mehrheitsbeschluss die Anforderung des § 63 Abs 1 lit c BO, wonach dem Bauansuchen alle Miteigentümer zustimmen müssen (oder einen gem § 52 Abs 1 Z 2 WEG ergangenen Gerichtsbeschluss vorlegen müssen), nicht erfüllen (VwGH 19.9.2006, 2004/05/0196).

Anmerkung: Als Grundsatz kann also gelten, dass die Verwendung (Einbeziehung) allgemeiner Teile in Sondernutzung (also sogar die Veränderung des „allgemeinen Luftraumes" keine Maßnahme der ordentlichen oder außerordentlichen Verwaltung ist, die mehrheitsbeschlussfähig wäre.

42) Im vorliegenden Fall geht es um eine Bauführung, bei der eine Wohnung geschaffen werden soll bzw bei der Dachbodenräume (nach dem Einreichplan Bodenräume, eine Rollkammer, ein Bügelzimmer) in einen Wohnungsverband einbezogen und Dachflächenfenster neu errichtet werden sollen.

Derartige Maßnahmen bedürfen der Zustimmung aller Miteigentümer. Ein – wenn auch unbekämpft gebliebener – Mehrheitsbeschluss reicht dafür nicht aus, da es sich dabei um keine Maßnahme der Verwaltung, sondern um eine Verfügung handelt (vgl die hg Erkenntnisse vom 19. September 2006, Zl 2004/05/0105, mwN, und Zl 2004/05/0196, mwN, auf deren Begründungen insoweit gem § 43 Abs 2 zweiter Satz VwGG verwiesen wird). Entgegen dem Beschwerdevorbringen vermag daher ein unangefochten gebliebener Mehrheitsbeschluss nach § 14 Abs 3 WEG 1975 (oder auch nach § 29 Abs 1 WEG 2002) dem Zustimmungserfordernis des § 63 Abs 1 lit c BO nicht zu genügen (VwGH 30.1.2007, 2006/05/0207).

43) Werden nicht nach Maßgabe des § 52 AVG Amtssachverständige oder von der Behörde bestellte sonstige Sachverständige herangezogen, sondern Gutachten anderer Sachverständiger („Privatgutachten") von einer Partei vorgelegt, so sind diese einer Überprüfung durch Sachverständige im Sinne des § 52 AVG zu unterziehen, wobei gegebenenfalls dann aber nicht noch ein (zusätzliches) Gutachten eines Sachverständigen im Sinne des § 52 AVG notwendig ist (siehe dazu beispielsweise das hg. Erkenntnis vom 28. Februar 2006, Zl. 2005/06/0147, mwN, oder auch die weiteren Erkenntnisse vom 28. November 2006, Zl. 2006/06/0237 und vom 1. April 2008, Zl. 4/06/0337) (VwGH 28.4.2009, 2009/06/0015, zum VBG).

44) Die Beschwerdeführerin ist keine (Mit-) Eigentümerin eines Nachbargrundstückes und auch keines Bauwerks auf Fremdgrund, sondern Miteigentümerin des Baugrundstückes und auch Miteigentümerin der darauf errichteten Bauwerke.

Die Parteistellung der Beschwerdeführerin im Baubewilligungsverfahren ergibt sich daher allein aus ihrer Stellung als (Mit-) Eigentümerin des Baugrundstückes im Sinne der BO.

Auch die – auf dem Baugrundstück bisher nicht erfolgte – Begründung des Wohnungseigentums ändert an diesem Ergebnis nichts, weil Wohnungseigentum das dem Miteigentümer einer Liegenschaft oder einer Eigentümerpartnerschaft eingeräumte dingliche Recht ist, ein Wohnungseigentumsobjekt ausschließlich zu nutzen und allein darüber zu verfügen (vgl. § 2 Abs. 1 WEG 2002). Bei sonst gleichbleibendem Sachverhalt ist auch der Wohnungseigentümer (Mit-)Eigentümer der Liegenschaft und der darauf befindlichen Bauwerke.

Da nach der hier anzuwendenden Rechtslage nur Nachbarn, nicht jedoch auch die Eigentümer des Baugrundstückes subjektivöffentliche Rechte im Sinne der BO geltend machen können (vgl. das hg. Erkenntnis vom 27. Februar 2006, Zl. 2005/05/0332), die Beschwerdeführerin jedoch keine Nachbarin ist, kann sie durch den angefochtenen Bescheid in den von ihr im Beschwerdepunkt ausdrücklich genannten Rechten nicht verletzt sein (VwGH 28.9.2010, 2009/05/0158, zur NöBO).

45) Die Zustimmung im Sinne des § 63 Abs 1 lit c BO kann durch eine gerichtliche Entscheidung ersetzt werden, die keiner gesonderten Vollstreckung mehr bedarf; die gerichtliche Entscheidung muss die Verpflichtung zur Zustimmung in einem der Rechtskraft fähigen Sinn und in einer Weise feststellen, die die Anwendung des § 367 EO ermöglicht (vgl die bei *Moritz*, aaO, S 177 zitierte hg Rechtsprechung).

Verweigert der Vermieter, dessen Zustimmung durch Fristablauf im Sinne des § 9 Abs 1 MRG erteilt wird, die zur Durchführung von Baumaßnahmen gegenüber der Baubehörde nötigen Willenserklärungen, kann der Mieter, gestützt auf die rechtlich als erteilt geltende Zustimmung des Vermieters, diesen zur Abgabe der zur Durchführung der Arbeiten erforderlichen Willenserklärungen gegenüber der Baubehörde verhalten. Dieser Anspruch ist aber nicht als gesetzlicher, sondern zufolge der für den Vermieter geltenden Willenserklärungsfiktion als vertraglicher Anspruch anzusehen, der im Rechtsweg geltend zu machen ist (LGZ Wien, 3. Oktober 1985, MietSlg 37.263; LGZ Wien, 14. Juli 1993, MietSlg 45.246).

Es ergibt sich also, dass der Mieter bloß einen vertraglichen Anspruch gegenüber dem Vermieter auf Zustimmung vor der Baubehörde hat. Dieser Anspruch muss erst im Rechtsweg durchgesetzt werden. Es kann folglich nicht davon ausgegangen werden, dass durch den Fristablauf im Sinne des § 9 Abs 1 MRG eine nach der BO erforderliche liquide Zustimmung bereits vorliegt (VwGH 18.3.2013, 2011/05/0178).

46) Wesentlich für das Vorliegen eines Superädifikates ist das Fehlen der Absicht des Erbauers, dass das Bauwerk stets (dh für seine ganze natürliche Lebensdauer) auf diesem fremden Grundstück bleiben soll. Maßgeblich ist dabei der aus der Bauweise, der Art der Benutzung oder der Rechtsgrundlage der Errichtung erkennbare Zweck (vgl das hg Erkenntnis vom 17. Dezember 2009, Zl 2008/06/0097).

Die maßgebliche Absicht tritt im Allgemeinen durch das äußere Erscheinungsbild des Bauwerkes hervor. Sie kann aber auch aus anderen Umständen erschlossen werden, zB aus den Rechtsverhältnissen, die zwischen dem Grundeigentümer und dem Erbauer bestehen. Bei Bauten, die auf fremdem Grund gleich einem auf Dauer errichteten Gebäude in fester und solider Bauweise ausgeführt sind, muss sich die erforderliche Absicht der nicht ständigen Belassung des Gebäudes durch ein von vornherein zeitlich begrenztes, vom Grundeigentümer eingeräumtes Grundbenützungsrecht objektivieren lassen (vgl. aus der Rechtsprechung des Obersten Gerichtshofes (OGH) etwa den Beschluss vom 8. März 2007, 2 Ob 242/05k) (VwGH 24.1.2013, 2012/06/0157, zum stmk BauG).

47) Ausgehend davon ist die belangte Behörde mit Recht davon ausgegangen, dass im Beschwerdefall die nach § 63 Abs 1 lit c BO geforderte Zustimmung des Grundeigentümers zum konkreten Bauansuchen der Beschwerdeführerin nicht vorliegt, weil ein „liquider" Nachweis einer derartigen Zustimmung nicht erbracht worden ist und die Formulierung im Punkt G) der Nutzungsregelung zwar die zivilrechtlich bedeutsame „Zustimmung zu derartigen Arbeiten ..., falls sie den Bestimmungen der Bauordnung entsprechen" enthält, aber nicht als die im Sinne der baurechtlichen Regelung notwendige Zustimmung zu einem – bestimmten – Bauansuchen gewertet werden kann. Der Hinweis auf eine vertragliche Vereinbarung mit den Grundeigentümern kann diese nach der Bauordnung erforderliche Zustimmung nicht ersetzen (vgl das hg Erkenntnis vom 16. März 1993, Zl 93/05/0034, mwN). Ob die Zustimmung der Miteigentümer zu der gegenständlichen Bauführung allenfalls in einem gerichtlichen Verfahren erzwungen werden kann, hatte die belangte Behörde nicht, auch nicht als Vorfrage zu prüfen (vgl die Nachweise bei *Moritz*, aaO, S 177) (VwGH 11.12.2012, 2011/05/0019).

48) Die Beiziehung eines befangenen nichtamtlichen Sachverständigen bewirkt nicht schlechthin die Rechtsungültigkeit oder Nichtigkeit der Amtshandlung, sondern stellt einen Verfahrensmangel dar, der gem § 42 Abs 2 Z 3 lit c VwGG nur dann zur Aufhebung des (davon betroffenen) angefochtenen Bescheides durch den Verwaltungsgerichtshof führt, wenn nicht auszuschließen ist, dass die Behörde im Einzelfall bei rechtmäßigem Vorgehen zu einem anderen Bescheid hätte kommen können, wenn sich also sachliche Bedenken gegen das Gutachten oder den sich darauf gründenden Bescheid ergeben (vgl das hg Erkenntnis vom 21. Februar 2013, Zl 2012/06/0189) (VwGH 27.8.2013, 2010/06/0205, zur TBO).

Anmerkung: Betrifft inbesondere Privatgutachten, die der Bauwerber vorlegt.

49) Ist das verfahrensgegenständliche Grundstück nicht im Grenzkataster einverleibt, der gem § 8 Z 1 Vermessungsgesetz (VermG) zum verbindlichen Nachweis der Grenzen der Grundstücke bestimmt ist, kann sich die belangte Behörde nicht auf die Beweiskraft des Grenzkatasters stützen und von einer eigenständigen Beurteilung des Grenzverlaufs als Vorfrage absehen. Hinsichtlich der bloß im Grundsteuerkataster eingetragenen Grenzen schließt nämlich § 52 Z 1 VermG die Anwendbarkeit des § 8 Z 1 VermG explizit aus (VwGH 10.12.2013, 2010/05/0207).

50) Der Verwaltungsgerichtshof hat zur Deutung einer Parteienerklärung als Verzicht ausgesprochen, dass dabei besondere Vorsicht geboten sei. Diese Annahme sei nur zulässig, wenn die entsprechenden Erklärungen der Partei keinen Zweifel offen ließen. Gegebenenfalls habe die Behörde eine Klarstellung durch die Partei herbeizuführen. Bei Unklarheit eines Anbringens dürfe nicht von vorneherein ein für den Antragsteller ungünstiger Inhalt unterstellt werden (vgl etwa das hg Erkenntnis vom 30. Mai 2007, Zl 2005/06/0375, mwN) (VwGH 21.2.2014, 2012/06/0193, zur KBO).

51) Ein Superädifikat liegt nur dann vor, wenn dem Erbauer erkennbar die Belassungsabsicht fehlt, welche im allgemeinen durch das äußere Erscheinungsbild des Bauwerks hervortritt, aber auch aus anderen Umständen erschlossen werden kann (vgl das hg Erkenntnis vom 23. Juli 2009, Zl 2006/05/0027) (VwGH 18.11.2014, 2012/05/0188).

52) Die Veränderung von allgemeinen Teilen der Liegenschaft geht über die gemeinschaftliche Verwaltung der WE-Liegenschaft iSd Rechtsprechung des OGH hinaus. Eine Rechtsfähigkeit der Wohnungseigentümergemeinschaft ist daher insofern nicht gegeben (VwGH 28.3.2017, 2013/06/0163, zum Vorarlberger Baugesetz).

53) Die Frage nach der Partei- und Prozessfähigkeit muss gem § 9 AVG unter Heranziehung der Bestimmungen des bürgerlichen Rechts über die Rechts- und Handlungsfähigkeit entschieden werden (Hinweis E vom 19. September 1965, 1126/65). Zu den „Vorschriften des bürgerlichen Rechts“ zählen auch die Regelungen des WEG 2002 über die (Teil-)Rechtsfähigkeit der Wohnungseigentümergemeinschaft. Die Rechtspersönlichkeit der Wohnungseigentümergemeinschaft ist auf die Angelegenheiten der Verwaltung der Liegenschaft beschränkt. Nur in diesen Angelegenheiten kann die Gemeinschaft als solche Rechte erwerben und Verbindlichkeiten eingehen sowie klagen und geklagt werden. Diese Einschränkung ist auch für die Parteifähigkeit in Verwaltungsverfahren zu beachten.

Die in Rede stehenden baulichen Maßnahmen (Sanierung der Fassade samt Instandsetzung des Balkons, die Sanierung der Gesimse sowie die Ausbesserung des Fassadenstucks), für welche durch die Wohnungseigentümergemeinschaft um Erteilung einer Baubewilligung angesucht wurde, sind der ordentlichen Verwaltung zuzuordnen, sodass ihr insoweit Rechtspersönlichkeit zukommt. Da die beantragten baulichen Maßnahmen selbst nicht ausschließlich dem Interesse eines einzelnen Wohnungseigentümers dienen und auch nicht die Substanz der Gemeinschafts- oder Anteilsrechte verändern, vermag dies auch die Stellung eines Bauansuchens, welches die Durchführung dieser Baumaßnahmen zum Inhalt hat, nicht zu bewirken. Die der Eigentümergemeinschaft zur Durchführung von in den Bereich der Verwaltung im Sinn des § 18 Abs. 1 WEG 2002 fallenden baulichen Maßnahmen zukommende Rechtspersönlichkeit umfasst demnach auch die Einbringung von Bauansuchen zur Bewilligung solcher Baumaßnahmen (VwGH 1.8.2018, Ro 2016/06/0026).

54) Die berufsmäßige Vertretung durch Ziviltechniker vor Behörden steht somit einerseits unter der Einschränkung, dass nicht bundesgesetzlich eine besondere Berechtigung gefordert wird, andererseits bezieht sie sich auf das gesamte, von der Befugnis des Ziviltechnikers umfasste Fachgebiet. Abgesehen von bundesgesetzlich geforderten besonderen Berechtigungen kommt daher dem Fachgebiet des Ziviltechnikers hervorragende Bedeutung zu. Damit lässt der Gesetzgeber erkennen, dass es ihm nicht auf die organisatorische Zurechnung des Organs, vor dem vertreten werden soll, sondern vielmehr darauf ankommt, dass ein hoheitlicher Entscheidungsträger („Behörde“) berufen ist, in einer Sache zu entscheiden, die zu dem von der Befugnis des Ziviltechnikers umfassten Fachgebiet gehört.

Wenn daher, wie im gegenständlichen Fall, ein Bauprojekt (vgl § 4 Abs 2 lit a ZTG) Gegenstand der Entscheidung eines hoheitlich handelnden Organs ist, dann ist davon auszugehen, dass der dieses konkrete Projekt planende Ziviltechniker in den diesbezüglichen Verfahren auch zur berufsmäßigen Vertretung vor dem jeweiligen Entscheidungsträger befugt ist (VwGH 23.1.2018, Ra 2017/05/0090; ebenso VwGH 23.1.2018, Ro 2017/05/0011).

55) Dient eine Veränderung bei Wohnungseigentum gemeinschaftlichen Interessen, kommt die Entscheidungskompetenz grundsätzlich der Eigentümergemeinschaft zu. Dient sie dagegen der Umsetzung bloß individueller Interessen, bedarf es nach § 16 Abs 2 WEG 2002 der Zustimmung aller übrigen Wohnungseigentümer. So hat der OGH im Fall eines Beschlusses der Eigentümergemeinschaft, der die Umgestaltung einer – zu den allgemeinen Teilen der Liegenschaft gehörenden – Hoffläche des Hauses durch die Errichtung eines Holzstegs samt Fahrradständer zum Gegenstand hatte, ausgeführt, dass diese Maßnahme nur dann der Wahrnehmung der gemeinschaftlichen Interessen dienen könne, wenn der zu errichtende Holzsteg samt Fahrradabstellplatz zur Benützung durch alle Mit- und Wohnungseigentümer offen stehe. Diene hingegen die Errichtung des Holzstegs nicht der Wahrnehmung gemeinschaftlicher Interessen, dann könne diese Maßnahme nicht als Verwaltung qualifiziert werden (vgl zum Ganzen OGH 18.5.2016, 5 Ob 216/15y) (VwGH 28.5.2019, Ra 2018/05/0188).

56) An der Wirksamkeit der Zurückziehung der Zustimmungserklärung vermag der von der mitbeteiligten Partei vorgetragene Umstand, dass der Revisionswerber in der Bauverhandlung keine Einwendungen gegen das Bauvorhaben erhoben habe, nichts zu ändern, da das Erfordernis der Erhebung von Einwendungen zur Beibehaltung der Parteistellung in Bezug auf den Grundeigentümer, dessen Zustimmung zum Bauvorhaben erforderlich ist, – anders als etwa in Bezug auf die Nachbarn – im BauG nicht vorgesehen ist (VwGH 10.4.2019, Ra 2018/06/0330, zum Vbg Baugesetz).

Besondere Bestimmungen für die Einreichunterlagen im elektronischen Baubewilligungsverfahren

§ 63a. **(1) Für das elektronische Baubewilligungsverfahren hat der Bauwerber folgende Unterlagen in elektronischer Form über das von der Behörde im Internet bekanntgegebene Portal einzureichen:**

a) Baupläne, die von einem nach den für die Berufsausübung maßgeblichen Vorschriften hiezu Berechtigten verfasst und elektronisch signiert sind (§ 65 Abs. 1);
b) Erklärung, dass der Bauwerber oder sein bevollmächtigter Vertreter an der elektronischen Zustellung im Sinne des § 1b E-GovG, BGBl. I Nr. 10/2004 idF BGBl. I Nr. 104/2018, teilnimmt;
c) Zustimmung des Eigentümers (aller Miteigentümer), wenn der Bauwerber nicht selbst Eigentümer oder nur Miteigentümer der Liegenschaft ist;
d) die Unterlagen gemäß § 63 Abs. 1 lit. e bis n.

(2) Die Bestimmungen des § 63 Abs. 2 bis 5 gelten sinngemäß mit der Maßgabe, dass die Unterlagen in elektronischer Form über das von der Behörde im Internet bekanntgegebene Portal einzureichen sind.[1)]

(EB zur Nov LGBl 2020/61)

Mit dieser neuen Bestimmung (Abs. 1 und Abs. 2) wird eine Rechtsgrundlage dafür geschaffen, damit Ansuchen um Baubewilligung auch elektronisch eingebracht werden können. Die Einbringung kann nur über das von der Baubehörde im Internet bekannt gegebene Portal erfolgen (im Sinne einer organisatorischen Beschränkung gemäß § 13 Abs. 2 AVG), die im Internet kundzumachen ist (aktueller Link: https://www.wien.gv.at/wohnen/baupolizei/).

Zur Gewährleistung der eindeutigen Zuordenbarkeit zum Ersteller und der Unverfälschtheit des signierten Planes sind die vorzulegenden Baupläne vom Planverfasser elektronisch zu signieren.

Im Sinne einer Durchführbarkeit des elektronischen Baubewilligungsverfahrens ohne Medienbrüche ist eine gültige elektronische Zustelladresse gemäß § 2 Z 5 Zustellgesetz – ZuStG bekanntzugeben. Diese darf ihre Gültigkeit während des Baubewilligungsverfahrens nicht verlieren. Wenn keine elektronische Zustelladresse vorliegt oder sie ihre Gültigkeit während des Verfahrens verliert, ist die Behörde gemäß § 13 Abs. 3 AVG berechtigt, das Ansuchen nach erfolgloser Erteilung eines Mängelbehebungsauftrages in jeder Lage des Verfahrens zurückzuweisen.

In Abs. 3 wird der Behörde die Möglichkeit eingeräumt, im elektronischen Bewilligungsverfahren die Vorlage einer Ausfertigung der Baupläne zu verlangen, wenn dies für die Durchführung des Verfahrens erforderlich ist. Beispielsweise könnte dies erforderlich sein, wenn im Baubewilligungsverfahren andere Stellen einzubeziehen sind, die noch nicht über die technische Infrastruktur verfügen, die eine elektronische Abwicklung des Verfahrens ermöglicht.

Anmerkung

1) § 63a wurde mit der Nov LGBl 2020/61 neu eingefügt. Er ist am 1.1.2021 in Kraft getreten.

Baupläne

§ 64. **(1) Die Baupläne haben zu enthalten:**

a) den Lageplan, der

1. hinsichtlich der betroffenen Grundstücke der zu bebauenden Liegenschaften ausweisen muss:
- **deren Nummern,**
- **die Zahlen der Grundbuchseinlagen,**
- **die Namen und Anschriften aller ihrer Eigentümerinnen und Eigentümer,**
- **im Falle des Wohnungseigentums zusätzlich diese Tatsache unter Angabe der Anzahl der Stiegen,**
- **das Flächenausmaß,**
- **die Umrisse der darauf bestehenden und geplanten Bauwerke samt allfälliger Stiegen- und Gebäudebezeichnungen sowie die Ausmaße dieser Bauwerke,**
- **die Bebauungsbestimmungen,**
- **die Höhenlagen der zu bebauenden Liegenschaften und der angrenzenden Verkehrsflächen,**
- **sämtliche auf den zu bebauenden Liegenschaften sowie im angrenzenden öffentlichen Raum befindlichen Bäume und Baumreihen, die dem Wiener Baumschutzgesetz unterliegen, samt maßstabsgetreuer Darstellung hinsichtlich ihres Stammumfangs und ihrer Kronentraufe;**

2. hinsichtlich der Grundstücke der benachbarten Liegenschaften (§ 134 Abs. 3) ausweisen muss:
- **deren Nummern,**
- **die Zahl der Einlagen und Orientierungsnummern,**

- die Namen und Anschriften aller ihrer Eigentümerinnen und Eigentümer,
- im Falle des Wohnungseigentums zusätzlich diese Tatsache unter Angabe der Anzahl der Stiegen,
- die Umrisse des Baubestandes auf diesen Liegenschaften,
- die angrenzenden öffentlichen Verkehrsflächen samt deren Abmessungen und Höhenlagen unter maßgerechter Eintragung von Gleisen, Gehsteigen, Banketten, Hydranten und Masten, die Nordrichtung sowie
- ob Betriebe mit Emissionen, die Gefährdungen gemäß § 134a Abs. 3 hervorrufen können, bestehen;

b) die Grundrisse sämtlicher Geschoße mit der Angabe allfälliger Stiegen- und Gebäudebezeichnungen, der Nummerierung der Wohnungen und Betriebseinheiten sowie der Raumwidmungen und die Bezeichnung sämtlicher Nutzungseinheiten im Sinne dieses Gesetzes ohne Verwendung nicht allgemein gebräuchlicher Abkürzungen, die Schnitte und Ansichten, die zur Beurteilung des Bauwerkes erforderlich sind, insbesondere die Darstellung der Abgasanlagen, Reinigungsöffnungen und luftführenden Leitungen; gegebenenfalls sind die Anschlüsse an Nachbargebäude darzustellen; wenn dies zur Beurteilung erforderlich ist, sind auch die Abgasanlagen der angrenzenden Teile benachbarter Baulichkeiten in bezug auf Höhe und Lage zum Bauvorhaben darzustellen; weiters eine Beschreibung der anlagentechnischen Brandschutzeinrichtungen;

c) bei Bauführungen oder Widmungsänderungen, durch die Räume neu geschaffen, aufgelassen, geändert oder umgewidmet werden, das Ausmaß der Nutzflächen der einzelnen Räume und das Gesamtausmaß der Nutzfläche der einzelnen Benützungseinheiten (Wohnungen, Betriebe u. ä.); bei Neu- und Zubauten überdies das Ausmaß des umbauten Raumes der betroffenen Gebäude oder Gebäudeteile;

d) die Spielplätze für Kinder samt deren Abmessungen und Zugänge;

e) die Aufstellplätze der Müllgefäße;

f) bei Gebäuden mit mehr als einer Wohnung oder Betriebseinheit den für Hausbrieffachanlagen und Paketboxen vorgesehenen Platz;

g) die Angabe über die Art der Beseitigung der Abwässer;

h) die Angabe der für das Bauvorhaben erforderlichen Zuverlässigkeit der Tragwerke.

i) bei Bauführungen gemäß § 88a der Zugangspunkt zum Gebäude und die Netzabschlusspunkte für die Wohnungen oder Betriebseinheiten.[2)]

(2) Bei Änderungen an bestehenden Gebäuden oder bewilligten Bauvorhaben können sich die Baupläne auf die Darstellung der Teile erstrecken, die zur Beurteilung des Ansuchens erforderlich sind.

(3) Die Behörde ist verpflichtet, über Verlangen des Bauwerbers bei Vorlage von hiefür geeigneten vorläufigen Unterlagen das Bauvorhaben grundsätzlich zu erörtern. Diese Vorprüfung tritt nicht an die Stelle des Baubewilligungsverfahrens.

(4) Die Landesregierung kann durch Verordnung nähere Vorschriften über den Maßstab, die Ausfertigung und die Beschaffenheit der Baupläne sowie die Art der Darstellung erlassen.[1)]

(EB zur BO-Nov 2023, LGBl 2023/37 vom 13.12.2023)

Abs. 1 lit a

Die Bebauungsbestimmungen sind derzeit regelmäßig in den Lageplänen enthalten. Da es für alle Beteiligten im Verfahren zweckmäßig ist, eine Darstellung der Bebauungsbestimmungen im Lageplan zu haben, sind diese nun verpflichtend darzustellen. Die Bestimmung wurde darüber hinaus übersichtlicher gestaltet. In den Bauplänen ist weiters der Baumbestand auf dem Bauplatz sowie auf dem diesen umgebenden öffentlichen Raum vollständig und maßstabsgetreu auszuweisen. Der Zweck dieser Änderung liegt in erster Linie darin, dass die Behörde das Gefährdungspotenzial für Bäume im Plan erkennen und die im Weiteren erforderlichen Verfahrensschritte zum Schutz der Bäume setzen kann (zB Anforderung weiterer Nachweise iSd gesetzlichen Vorschriften, Beiziehung von Fachdienststellen bzw. Amtssachverständigen).

Anmerkungen

1) S die BauplanV LGBl 1993/1 idgF, wiedergegeben Teil III/2.

2) Lit i wurde mit LGBl 2016/27 eingefügt.

Judikatur

1) Die Verpflichtung des Bauwerbers hinsichtlich der Art und Ausfertigung der Baupläne besteht nur gegenüber der Baubehörde; Mängel der Baupläne berechtigen die Anrainer zur Bemängelung des Verfahrens nur dann, wenn sie infolge dieser Mängel außerstande gesetzt werden, sich über die Art und den Umfang der Bauführung sowie über die Einflußnahme auf ihre Rechte zu informieren (VwGH 17.12.1915, Slg 11.165/A und 18.1.1963, 2027/61).

2) Gem § 64 Abs 3 BO ist die Behörde verpflichtet, über Verlangen des Bauwerbers bei Vorlage von hiefür geeigneten Unterlagen das Bauvorhaben grundsätzlich zu erörtern. Diese Vorschrift tritt – wie im letzten Satz des § 64 Abs 3 unmißverständlich zum Ausdruck kommt – nicht an die Stelle des Baubewilligungsverfahrens. Schon aus dem Wortlaut dieser Regelung, aber auch aus dem rechtstechnischen Standort der Bestimmung geht hervor, daß die in ihr vorgesehene grundsätzliche Erörterung des Vorhabens vor allem dazu dienen soll, eine gesetzmäßige Adjustierung des Baugesuches sicherzustellen. Eine Entscheidungspflicht besteht nicht. Die Voraussetzungen für die

Stellung eines Devolutionsantrages – Geltendmachung der Entscheidungspflicht – sind daher nicht gegeben (VwGH 24.6.1980, 1253, 1254/80).

3a) Bei Differenzen der zeichnerischen Darstellung von Abständen gegenüber den in den Plänen ausgewiesenen Koten kommt es im Falle der Bewilligung nur auf diese an. Unklarheiten der genehmigten Baupläne sowie eventuell behauptete zeichnerische Widersprüche in Plänen fallen daher letztlich dem Bauwerber zur Last (VwGH 24.10.1989, 87/05/0097).

3b) Zur Beurteilung des Bauvorhabens sind die Koten entscheidend, auch wenn die zeichnerische Darstellung davon abweicht (VwGH 24.4.1991, 89/05/0044).

4) Beim Baubewilligungsverfahren handelt es sich um ein Projektgenehmigungsverfahren, die Baupläne müssen daher ausreichende Festlegungen zur Beurteilung des Vorhabens enthalten (VwGH 24.1.1991, 89/06/0197, zur Stmk BO).

5) Entgegen der Beschwerde kommt dem Nachbarn kein Anspruch zu, dass er neben dem schriftlichen Baubewilligungsbescheid auch eine Ausfertigung der Baupläne erhalten muss. Die Bezugnahme auf einen zum Bestandteil eines Bescheides, mit dem eine Baubewilligung erklärt wird, erklärten Plan reicht aus, ohne dass daraus den Nachbarn ein Anspruch darauf zukäme, dass ihnen mit dem Baubewilligungsbescheid auch der diesem zugrunde liegende Plan zugestellt wird (vgl die hg Erkenntnisse vom 12. Oktober 2007, Zl 2006/05/0147, mwH, und vom 3. Mai 2011, Zl 2008/05/0205) (VwGH 16.3.2012, 2009/05/0037).

6a) Zur Rüge der Beschwerdeführer betreffend die Unvollständigkeit des eingereichten Bauplanes, weil dieser die natürlichen Gegebenheiten nicht richtig ausweise, ist auf die ständige Judikatur des Verwaltungsgerichtshofes zu verweisen, wonach der Nachbar kein Recht darauf hat, dass die Planunterlagen vollständig und der Rechtslage entsprechend der Baubehörde vorgelegt werden müssen. Sie müssen lediglich ausreichen, um dem Nachbarn die Möglichkeit zu geben, zu erkennen, inwieweit durch das Bauvorhaben in seine Rechte eingegriffen werden könnte (vgl etwa das Erkenntnis vom 23. April 1996, Zl 95/05/0098, mwN).

6b) Zum Beschwerdevorbringen, wonach die Bodenbeschaffenheit, Tragfähigkeit des Untergrundes und Statik des Nachbargrundstückes, welche durch bodennahe Arbeiten negativ beeinflusst werden könnten, subjektive Nachbarrechte darstellten, ist auszuführen, dass sich die diesbezüglichen Ausführungen der Beschwerdeführer (Grabungen an der Grundgrenze, Abgrabung des Geländes an der hinteren Grundgrenze) auf die Bauführung beziehen und Beeinträchtigungen während der Bauführung keine subjektiv-öffentlichen Nachbarrechte begründen (VwGH 24.2.2015, 2013/05/0054).

Unterfertigung der Baupläne; Verantwortlichkeit im Baubewilligungsverfahren

§ 65. (1) Baupläne, Baubeschreibungen und Berechnungen müssen vom Verfasser unterfertigt sein. Im elektronischen Baubewilligungsverfahren muss diese Unterfertigung auf elektronische Weise erfolgen.[1)2)]

(2) Verantwortlich sind

a) für die Richtigkeit und Vollständigkeit der Baupläne und Beschreibungen der Planverfasser;
b) für die Richtigkeit und Vollständigkeit der Gutachten und Berechnungen einschließlich der zugehörigen Pläne (Nachweise des Wärmeschutzes und des Schallschutzes, statische Nachweise uä.) sowie für deren Übereinstimmung mit den übrigen Bauunterlagen ihr Verfasser;
c) für die Richtigkeit der Bestätigung gemäß § 70a Abs. 1 der Ziviltechniker.

(3) Die Verantwortlichkeit nach Abs. 2 wird durch die behördliche Bewilligung und die behördlichen Überprüfungen weder eingeschränkt noch aufgehoben.

(4) Die dem Bauwerber und dem Eigentümer (allen Miteigentümern) der Liegenschaft durch dieses Gesetz auferlegten Verpflichtungen bleiben unberührt.[2)]

(EB zur Nov 1976)

Die Bestimmung des § 65 legt in rechtlich klarer Form die Verantwortung der am Baubewilligungsverfahren bzw am Baugeschehen Beteiligten fest. Die Bestimmung wird vom Grundsatz getragen, daß jeder nur für die unmittelbar von ihm veranlaßten und gesetzten Schritte haften kann und läßt die zivilrechtlichen Bestimmungen deswegen unberührt, weil sie die Verantwortlichkeit der am Baubewilligungsverfahren Beteiligten gegenüber der Baubehörde festlegt und nicht ein Rechtsverhältnis zwischen den Parteien regelt.

(EB zur Nov 2014/25)

Gemäß § 63 Abs. 1 lit. c ist dem Ansuchen um Baubewilligung der Nachweis der Zustimmung des Liegenschaftseigentümers anzuschließen; dies kann auch durch Unterfertigung der Baupläne erfolgen. Die Vorschrift des § 65 Abs. 1, wonach der Liegenschaftseigentümer die Baupläne und Baubeschreibungen unterfertigen muss, ist daher entbehrlich, zumal sich die Einhaltung – etwa im Falle eines Wohnungseigentumsobjektes mit zahlreichen Eigentümern – oft als nicht realisierbar erweist. Da sich die Zustimmung der Eigentümer immer auf ein bestimmtes Bauvorhaben bezieht, muss in Fällen, in denen der Zustimmungsnachweis nicht durch Unterfertigung der Baupläne erfolgt, in der diesbezüglichen Erklärung auf dieses Vorhaben Bezug genommen werden.

(EB zur Nov LGBl 2020/61)

Mit der Änderung dieser Bestimmung entfällt das Erfordernis der Unterfertigung der Baupläne und Baubeschreibungen durch den Bauwerber und den Bauführer. Die Baupläne, Baubeschreibungen und Berechnungen sind nur noch vom Verfasser – im elektronischen Verfahren mittels elektronischer Signatur – zu unterfertigen. Der Bauwerber hat lediglich das Ansuchen um Baubewilligung zu unterfertigen.

Der Grund für den Entfall der Unterfertigung durch den Bauwerber besteht darin, dass das Bewilligungsansuchen vom Bauwerber unterschrieben ist und/oder die Vorlage dieser Unterlagen im Baubewilligungsverfahren durch den Bauwerber selbst oder durch eine von diesem bevollmächtigte Person erfolgt, weshalb davon auszugehen ist, dass ihm diese Unterlagen (Pläne und Baubeschreibungen) bekannt sind.

Die Pflicht der Unterfertigung der Pläne durch den Bauführer entfällt ebenfalls und wird – im elektronischen Verfahren – durch den Nachweis der Kenntnisnahme in § 124 Abs. 1 zweiter Satz BO für Wien ersetzt. Der geltende § 65 Abs. 1 BO sah bisher vor, dass die Baupläne und Baubeschreibungen zwar vom Bauführer zu unterfertigen sind, jedoch reichte es gemäß § 65 Abs. 1 letzter Satz BO aus, dass die Unterlagen spätestens vor Beginn der Bauführung durch den Bauführer unterfertigt wurden. Nunmehr werden die Bekanntgabe des Bauführers sowie der Nachweis der Kenntnisnahme der Baupläne durch den Bauführer in § 124 Abs. 1 zweiter Satz BO geregelt.

Anmerkungen

1) Abs 1 idF der Nov LGBl 2020/61 tritt am 1.2.2021 in Kraft. Für alle zur Zeit des Inkrafttretens dieser Nov anhängigen Verfahren gelten die bisherigen Bestimmungen, die hier wie folgt lauten:

§ 65. (1) Baupläne und Baubeschreibungen müssen vom Bauwerber, vom Verfasser und vom Bauführer oder deren berechtigten Vertretern, die Berechnungen vom Verfasser und vom Bauführer oder deren berechtigten Vertretern unter Beisetzung ihrer Eigenschaft unterfertigt sein. Für die Durchführung des Bauverfahrens ist die Unterfertigung der Unterlagen durch den Bauführer nicht erforderlich. Die Unterlagen sind jedoch spätestens vor Beginn der Bauführung durch den Bauführer zu unterfertigen.

2) S insbesondere §§ 124, 125, 129 und 129b.

Judikatur

1) Die Bfrin ist damit im Recht, daß gem § 65 Abs 1 BO Baupläne, Baubeschreibung und Berechnungen unter anderem auch von den Planverfassern und von dem hiezu befugten Bauführer unterfertigt sein müssen. Gleichwohl läßt sich jedoch hieraus für den Standpunkt der Beschwerdeführerin deshalb nichts gewinnen, weil die Ordnungsvorschrift des § 65 Abs 1 – wie auch in dem in der Beschwerdesache ergangenen Erkenntnis des VfGH v 7.6.1974, B 343/73, zum Ausdruck kommt und dem sich insoweit auch der Verwaltungsgerichtshof anschließt – lediglich dem öffentlichen Interesse und nicht auch dem Interesse der Beteiligten dient. Da es damit aber gem § 134 Abs 3 BO an einem subjektiv-öffentlichen Recht der Beschwerdeführerin zur Geltendmachung eines allfälligen Verstoßes gegen § 65 Abs 1 der BO mangelt, geht das Beschwerdevorbringen in dem eben erörterten Umfange ins Leere (VwGH 6.9.1976, 1373/74). Zu den Nachbarrechten s E zu §§ 134 u 134a.

2) Durch die Unterfertigung einer Verhandlungsschrift kann ein Bauwerber eine fehlende Unterschrift auf dem Bauansuchen nachtragen (VwGH 14.5.1985, 81/05/0099, BauSlg 439).

3) S E zu §§ 63 u 64.

Schaffung des Bauplatzes, Bauloses oder des Kleingartens vor Erteilung der Baubewilligung

§ 66. Die Baubewilligung für Bauvorhaben gemäß § 10 Abs. 1 lit. a darf dann, wenn die Einhaltung der Bebauungsbestimmungen eine Veränderung des Gutsbestandes eines Grundbuchskörpers erfordert, grundsätzlich[1] erst nach Bewilligung der Abteilung erteilt[2] werden. Bei Bauführungen im Bauland, im Kleingartengebiet oder im Kleingartengebiet für ganzjähriges Wohnen muss überdies der Bauplatz, das Baulos oder der Kleingarten vorher bewilligt worden sein; diese Bewilligung ist mit der Baubewilligung zu erteilen, wenn eine Veränderung des Gutsbestandes eines Grundbuchskörpers nicht erforderlich ist.[3]

Anmerkungen

1) Das Wort „grundsätzlich" deutet darauf hin, dass Ausnahmen von diesem Grundsatz zulässig sind. Da das Gesetz Ausnahmegründe nicht kennt, ist jede Ausnahme unzulässig, abgesehen von Bewilligungen nach § 71 BO. AM *Moritz*, BauO für Wien[5], 208, unter Bezug auf die Rsp des VwGH. Wie er selbst einräumt, kann die gegenteilige Rsp uU zu einem (manchmal nicht sanierbaren) besonderen Verwaltungsaufwand führen.

2) Die grundbücherliche Durchführung der Abteilungsbewilligung ist nicht erforderlich. Durch die Regelung des § 20 zweiter Satz ist die Gültigkeitsdauer der Abteilungsbewilligung für die Dauer der Gültigkeitsdauer der Baubewilligung gesichert.

3) Satz 2 idF der Nov LGBl 1998/46. Eine Bauplatzschaffung ist im Baubewilligungsverfahren nunmehr nur dann möglich, wenn eine Abteilung nicht erforderlich ist. Mit der Nov LGBl 2009/25 wurde im ersten Satz das Wort „Abteilung" durch die Worte „Veränderung des Gutsbestandes eines Grundbuchskörpers" ersetzt.

Überprüfung des Bauvorhabens

§ 67. (1) Für vollständig vorgelegte und schlüssige Unterlagen gilt die widerlegbare Vermutung der inhaltlichen Richtigkeit. Die Behörde hat auf deren Grundlage zu überprüfen, ob die durch dieses Gesetz eingeräumten subjektiv-öffentlichen Nachbarrechte (§ 134a) gewahrt werden. Die Behörde ist berechtigt, die vorgelegten Unterlagen in jeder Hinsicht zu überprüfen.

(2) Der Fachbeirat für Stadtplanung, Stadtgestaltung und Welterbe kann von der Behörde mit der Begutachtung einzelner Bauvorhaben befasst werden, wenn sie von maßgeblichem Einfluss auf das örtliche Stadtbild oder den Schutz von UNESCO-Welterbestätten sind. In begründeten Fällen kann er zu diesem Zweck bis zu zwei weitere Architektinnen oder Architekten oder Landschaftsarchitektinnen oder Landschaftsarchitekten beiziehen. Ist ein Bauvorhaben geeignet, UNESCO-Welterbestätten in ihrem außergewöhnlichen universellen Wert zu beeinträchtigen, hat die Behörde den Fachbeirat beizuziehen.

(3) *entfällt; LGBl 2014/25*

Judikatur (teilweise vor der Rechtslage der Nov 2009/25)

1) Da das Baubewilligungsverfahren auch dazu dient, den Baubewerber selbst vor den durch die jeweiligen Bauordnungen hintanzuhaltenden Schäden zu bewahren, kann ein Amtshaftungsanspruch des Bauwerbers nicht schon deshalb von vornherein ausgeschlossen werden, weil die Baubewilligung antragsgemäß erteilt wurde (hier: Hangrutschung) (OGH 23.2.1999, 1 Ob 362/98m, zur OÖ BO).

2) Im Verwaltungsverfahren kann einem Sachverständigengutachten auf gleicher fachlicher Ebene entgegnet werden. Dies kann nicht nur in Form eines Gegengutachtens, sondern auch durch ein sonstiges fundiertes Vorbringen auf gleicher fachlicher Ebene geschehen (vgl etwa das hg Erkenntnis vom 14. Dezember 1995, Zl 95/07/0118, und vom 11. September 1997, Zl 94/07/0166, Slg Nr 14.731/A, mwN) (VwGH 24.10.2002, 2000/06/0087).

3) Eine sachverständige Äußerung, die sich in der Abgabe eines Urteiles (eines Gutachtens im engeren Sinn) erschöpft, aber weder die Tatsachen, auf die sich dieses Urteil gründet, noch die Art, wie diese Tatsachen ermittelt wurden, erkennen lässt, ist mit einem wesentlichen Mangel behaftet und als Beweismittel unbrauchbar; die Behörde, die eine so geartete Äußerung ihrer Entscheidung zugrunde legt, wird ihrer Pflicht zur Erhebung und Feststellung des maßgeblichen Sachverhaltes (§ 37 AVG) nicht gerecht. Der Sachverständige muss, damit eine Schlüssigkeitsprüfung seines Gutachtens vorgenommen werden kann, auch darlegen, auf welchem Wege er zu seinen Schlussfolgerungen gekommen ist (VwGH 4.4.2003, 2001/06/0115/0118, ebenso 17.2.2004, 2002/06/0151).

4) Ebenso wie Bestimmungen der Bauordnung sind auch Auflagen, die im Rahmen der Baubewilligung erteilt werden, als Schutzgesetz iS § 1311 ABGB anzusehen (OGH 26.11.2003, 3 Ob 70/03w).

5) Von den Parteien ist nur ein schlüssiges und nachvollziehbares Gutachten zu entkräften, nicht aber schlichte Feststellungen, die nicht weiter begründet sind. Das Erfordernis der Widerlegung eines von der Behörde eingeholten Sachverständigengutachtens auf gleicher fachlicher Ebene greift somit nur ein, wenn ein schlüssiges und widerspruchsfreies Gutachten vorliegt. Zur Schlüssigkeit und Nachvollziehbarkeit eines Gutachtens genügt es nicht, wenn sich der (Amts-)Sachverständige auf seine Sach- und Ortskenntnis beruft, er hat sie auch insoweit schriftlich im Rahmen der Befundaufnahme zu konkretisieren, dass sie für Dritte nachvollziehbar bleibt. Ein Sachverständigengutachten muss grundsätzlich einen Befund und das eigentliche Gutachten im engeren Sinn enthalten. Der Befund ist die vom Sachverständigen – wenn auch unter Zuhilfenahme wissenschaftlicher Feststellungsmethoden, wie etwa Zitierung entsprechender Fachliteratur oder Ähnliches – vorgenommene Tatsachenfeststellung. Die Schlussfolgerungen des Sachverständigen aus dem Befund, zu deren Gewinnung er seine besonderen Fachkenntnisse und Erfahrungen benötigt, bilden das Gutachten im engeren Sinn und müssen nachvollziehbar begründet sein (vergleiche etwa das hg Erkenntnis vom 26. September 2002, Zl 2001/06/0030 und die weitere von *Walter/Thienel*, „Die österreichischen Verwaltungsverfahrensgesetze", zweite Auflage 1998, zu § 52 AVG unter E 141 ff zusammengefasste Rechtsprechung des Verwaltungsgerichtshofes) (VwGH 20.2.2003, 2001/06/0055, zum Stmk BG).

6) Nach § 52 Abs 1 AVG ist, wenn die Aufnahme des Beweises durch Sachverständige notwendig ist, ein der Behörde zur Verfügung stehender amtlicher Sachverständiger beizuziehen; dass hier ein solcher Amtssachverständiger nicht zur Verfügung gestanden wäre (§ 52 Abs 2 AVG), ist nicht hervorgekommen. Grundsätzlich sind aber Gutachten anderer Sachverständiger, die von einer Partei vorgelegt werden (Privatgutachten), einer Überprüfung durch Sachverständige im Sinne des § 52 AVG zu unterziehen (vgl das hg Erkenntnis vom 25. Februar 2005, Zl 2003/05/0099 (VwGH 31.3.2005, 2002/05/0751, zum Bgld BG 1997). Ebenso VwGH 13.6.2012, 2012/06/0046.

7) Wegen der im AVG herrschenden Unbeschränktheit der Beweismittel (§ 46 AVG) ist es grundsätzlich nicht unzulässig, im Baubewilligungsverfahren die in einem parallel geführten Verfahren (hier gewerbebehördlichen Verfahren) gewonnenen Ermittlungsergebnisse zu berücksichtigen, wobei allerdings die unterschiedlichen Aufgabestellungen für die Baubehörde und die Gewerbebehörde zu beachten sind. Es können also Gutachten aus anderen Verfahren einer behördlichen Entscheidung zu Grunde gelegt werden. Es bedarf dann aber einer nachvollziehbaren und umfassenden Darlegung in der Bescheidbegründung, weshalb diese Gutachten auch im konkreten Fall

Verwendung finden können (vgl. hiezu nochmals das hg. Erkenntnis vom 10. September 2008, Zl. 2008/05/0041) (VwGH 16.9.2009, 2008/05/0038).

8) Es ist verfehlt, wenn die belangte Behörde zur Feststellung eines Sachverhaltes, der der Beurteilung durch einen Sachverständigen bedurft hätte (auch wenn nur eine Stellungnahme eines Sachverständigen für erforderlich gehalten wird), ein Vorbringen der mitbeteiligten Partei, auch wenn sich diese dabei einer fachkundigen Personen bediente, zu Grunde legte, ohne dieses Vorbringen einer Überprüfung durch von ihr bestellte und den Parteien des Verwaltungsverfahrens unabhängig gegenübertretende Sachverständige zu unterziehen (siehe dazu die hg. Erkenntnisse vom 2. Juni 1999, Zl. 98/04/0242, vom 25. Februar 2005, Zl. 2003/05/0099, und vom 28. Februar 2006, Zl. 2005/06/0147). (VwGH 17.8.2010, 2009/06/0039, zum VbgBG).

9) Stehen von der Behörde getroffene Feststellungen mit einigen Beweisergebnissen im Widerspruch, steht dies mit dem Wesen der freien Beweiswürdigung im Einklang, solange die Beweiswürdigung unbedenklich im Sinne der Schlüssigkeit ist, wenn sich nämlich die Behörde mit den widersprechenden Beweisergebnissen im eben aufgezeigten Sinn auseinandergesetzt hat (vgl etwa das hg Erkenntnis vom 28. Februar 2005, Zl 2000/03/0310, mwH).

Es liegt auch im Wesen der freien Beweiswürdigung, dass weitere Beweisanträge nicht mehr berücksichtigt werden müssen, wenn die Verwaltungsbehörde sich auf Grund der bisher vorliegenden Beweise ein Bild über die maßgebenden Sachverhaltselemente machen konnte (vgl das hg Erkenntnis vom 21. März 1991, Zl 90/09/0097). Eine antizipierende Beweiswürdigung darf dabei aber nicht erfolgen (vgl das hg Erkenntnis vom 13. Oktober 2010, Zl 2007/06/0248) (VwGH 21.12.2010, 2007/05/0231).

10) Dem Vorbringen des Beschwerdeführers, er sei bei den Befundaufnahmen der Sachverständigen bzw. einem der Gutachtenserstellung vorangegangenen Lokalaugenschein – anders als die benachbarten Anrainer des Beschwerdeführers – nicht beigezogen worden, ist die ständige hg Rechtsprechung entgegenzuhalten, wonach kein Recht der Partei auf Beiziehung zur Befundaufnahme durch Sachverständige besteht (vgl etwa das hg Erkenntnis vom 13. April 2010, Zl 2009/05/0110, mwH). Aus dieser mangelnden Beiziehung kann entgegen der Beschwerde vorliegend auch nicht darauf geschlossen werden, dass die Sachverständigen im Sinn des § 7 AVG befangen gewesen wären. Unter dem Gesichtspunkt des § 7 AVG bestehen auch keine Bedenken dagegen, dass die Baubehörde II. Instanz einen in erster Instanz tätig gewesenen Amtssachverständigen heranzog (vgl etwa das hg Erkenntnis vom 20. September 2005, Zl 2003/05/0192, mwH) (VwGH 21.12.2010, 2007/05/0248).

11) Unter diesen gesetzlichen Gesichtspunkten ist der Beschwerdeargumentation, zur Frage der Richtigkeit der Grundgrenze und des Abstandes zum Erker liege auf Grund des rechtskräftig abgeschlossenen Baubewilligungsverfahrens

„Rechtskraft“ sowie „entschiedene Sache“ vor, zunächst entgegenzuhalten (wie schon die belangte Behörde betont hat), dass gem § 67 Abs 1 BO selbst die Überprüfung der Gutachten und Berechnungen durch die Behörde im Baubewilligungsverfahren nicht die Vermutung schafft, dass die vom Bauwerber vorgelegten Unterlagen richtig und vollständig sind (vgl *Geuder/Hauer*, Wiener Bauvorschriften, 5. Auflage, 2005, S 471, sowie *Geuder*, Sammlung des Wiener Baurechts, Teil III, zu § 67 BO). Abgesehen davon ist der Verlauf von Grundgrenzen nicht Gegenstand einer Baubewilligung, sodass durch die Baubewilligung somit die Richtigkeit des Verlaufes der Grundgrenzen nicht verbindlich festgestellt wird (VwGH 13.11.2012, 2010/05/0111).

12a) Aus der bloßen Zugehörigkeit eines Amtssachverständigen zu einer bestimmten Behörde und aus der Weisungsgebundenheit des Amtssachverständigen kann eine Mangelhaftigkeit des Verfahrens nicht abgeleitet werden. Die Einbindung eines Amtssachverständigen in die Amtshierarchie ist ein wesentliches Kennzeichen dieses Sachverständigen und vermag für sich allein eine Befangenheit nicht zu begründen, gleichgültig, welche Stellung er in der Hierarchie einnimmt (vgl zum Ganzen das Erkenntnis vom 10. Dezember 2013, Zl 2010/05/0207, mwN).

12b) Im Übrigen wird es der Anforderung, die behördliche Beurteilung (auch um den Anforderungen an eine nachvollziehbare Bescheidbegründung gerecht zu werden, vgl § 60 AVG) auf ein schlüssiges und widerspruchsfreies Sachverständigengutachten zu stützen, nicht gerecht, wenn die Behörde dann, wenn sie ein Sachverständigengutachten für nicht schlüssig erachtet, ihre fachliche Beurteilung an die Stelle der Sachverständigenbeurteilung setzt. Vielmehr ist die Behörde in einem solchen Fall gehalten, den Amtssachverständigen unter Vorhalt ihrer Überlegungen zur Ergänzung seines Gutachtens aufzufordern oder erforderlichenfalls ein weiteres Gutachten einzuholen (vgl etwa das hg Erkenntnis vom 24. April 2013, Zl 2011/03/0208) (VwGH 5.3.2014, 2012/05/0086).

13a) Nach der hg Judikatur (vgl etwa das Erkenntnis vom 23. Juli 2013, Zl 2010/05/0089) werden öffentliche Interessen bereits dann berührt, wenn durch einen Zustand eine Gefahr für das Leben, die Gesundheit oder die körperliche Sicherheit einer Person herbeigeführt oder vergrößert werden kann. Ob etwa der Bereich der Anlage nur schwer zugänglich oder nur bei einem rechtswidrigen Betreten erreicht werden könnte, ist auch für die Beurteilung, ob eine bauliche Anlage vorliegt, nicht von entscheidungswesentlicher Bedeutung (vgl dazu etwa das hg Erkenntnis vom 27. Februar 2002, Zl 2001/05/0349). Ein öffentliches Interesse im vorgenannten Sinn wird somit auch dann berührt, wenn eine solche Anlage zwar nicht frei zugänglich ist, aber dennoch eine Gefahr für das Leben und die Gesundheit eines unbefugt Eindringenden oder auch nur des Eigentümers der Anlage bestehen kann.

13b) Mangels einer Definition in den Landesgesetzen und dem Bebauungsplan selbst und mangels sonstiger Anhaltspunkte dafür, dass der Gemeinderat als Verordnungsgeber bei der Normierung als „natürliches Gelände" im Bebauungsplan von einem anderen Geländeniveau als jenem, das bei Beschlussfassung über den Bebauungsplan in dem von dieser Verordnung umfassten Gebiet vorhanden war, ausgehen wollte, erscheint es sachgerecht, unter dem Begriff „gewachsenes Gelände" das im Zeitpunkt dieser Beschlussfassung im Jahr 2004 bestehende Geländeniveau zu subsumieren. Dass auf einen späteren Zeitpunkt – so etwa, wie dies die Baubehörden und ihnen folgend das Verwaltungsgericht meinen, auf den Zeitpunkt der Erteilung der Bauplatzbewilligung im Jahr 2008 – abzustellen wäre, kann aus den Bestimmungen des Bebauungsplanes nicht abgeleitet werden (VwGH 29.9.2015, Ro 2015/05/0039).

14) Wenn die belangte Behörde in diesem Zusammenhang vermeint, die Revisionswerber seien dem Gutachten des Sachverständigen nicht auf gleicher fachlicher Ebene entgegengetreten, so ist sie darauf zu verweisen, dass das Erfordernis der Widerlegung eines von der Behörde eingeholten Sachverständigengutachtens auf gleicher fachlicher Ebene nur dann eingreift, wenn ein vollständiges, schlüssiges und widerspruchsfreies Gutachten vorliegt (vgl hierzu das hg Erkenntnis vom 27. Februar 2015, 2012/06/0063, mwN) und sich nur auf die sachverständige Beurteilung und nicht auf Rechtsausführungen erstreckt (VwGH 24.10.2017, Ro 2014/05/0017).

15) Mangelnde Fachkunde eines Sachverständigen kann mit Erfolg nur durch ein konkretes Vorbringen geltend gemacht werden, … wonach das vom Sachverständigen erstattete Gutachten unrichtig oder unvollständig ist (vgl VwGH 9.9.2015, 2013/03/0120, mwN) (VwGH 27.3.2018, Ra 2017/06/0247).

Ausnahmen von den gesetzlich festgelegten Bauvorschriften

§ 68. (1) Änderungen und Instandsetzungen an rechtmäßig bestehenden Gebäuden, Zubauten, durch die bloß rechtmäßig bestehende Räume vergrößert werden, sowie Umbauten in rechtmäßig bestehenden Gebäuden sind auch zu bewilligen, wenn sie eine Abweichung des Baubestandes von den Bestimmungen dieses Gesetzes mindern oder die Einhaltung dieser Bestimmungen einen unverhältnismäßigen Aufwand erforderte. Die Gründe, die für die Ausführung der Baumaßnahmen sprechen, sind mit den Gründen, die infolge der nicht vollständigen Einhaltung von Bestimmungen hinsichtlich des barrierefreien Bauens dagegen sprechen, abzuwägen. § 69 bleibt unberührt.

(2) Bei rechtmäßig bestehenden Gebäuden ist nachträglich zur Minderung von Immissionen die Verglasung von Balkonen und Loggien unabhängig vom Einfluss auf die Belichtung zulässig.

(3) In rechtmäßig bestehenden Gebäuden sind Gasfeuerstätten mit einer Frischluftzufuhr und Abgasabfuhr durch die Außenwand (Außenwand-Gasfeuerstätten) nach Maßgabe des Wiener Gasgesetzes zulässig. In Dachgeschoßen ist eine solche Zufuhr und Abfuhr auch durch das Dach zulässig.

(4) Die Bestimmungen für Personenaufzüge über Anforderungen gemäß § 111 Abs. 8, über die Verbindung aller Geschoße sowie über die Anordnung von Haltestellen in jeder Ebene eines Gebäudes, in der sich die einzigen Zugänge zu Wohnungen bzw. Betriebseinheiten befinden, sind bei nachträglicher Aufzugserrichtung sowie bei nicht verpflichtend zu errichtenden Personenaufzügen (§ 111 Abs. 1) nicht anzuwenden, wenn andernfalls auf Grund örtlich gegebener Verhältnisse ein Personenaufzug nicht errichtet werden könnte oder durch den erforderlichen Aufzugsschacht Belichtungs- und Belüftungsverhältnisse von Wohnungen beeinträchtigt würden oder die Einhaltung dieser Bestimmungen einen unverhältnismäßigen Aufwand erforderte. Dies gilt sinngemäß auch für vertikale Hebeeinrichtungen (§ 111 Abs. 3).

(5) Wenn nicht mehr als ein Geschoß überwunden werden muss, dürfen in rechtmäßig bestehenden Gebäuden bei Bauführungen gemäß Abs. 1 sowie bei Umbauten für Bildungseinrichtungen (z.B. Kindergärten, Schulen) unvermeidbare Niveauunterschiede anstelle von Personenaufzügen und vertikalen Hebeeinrichtungen auch durch Treppenschrägaufzüge überwunden oder ausgeglichen werden. Für Niveauunterschiede von nicht mehr als 2 m dürfen auch vertikale Plattformaufzüge errichtet werden, wenn die Fahrbahn für die Benützer von den Haltestellen aus gut einsehbar ist. Bei diesen Bauführungen ist eine Abwägung der für bzw. gegen die Baumaßnahmen sprechenden Gründe im Sinne des Abs. 1 erforderlich. Für mobilitätseingeschränkte Menschen dürfen zum Eigengebrauch Treppenschrägaufzüge oder vertikale Plattformaufzüge unabhängig von der Förderhöhe in rechtmäßig bestehenden Gebäuden eingebaut werden. Bei einer Förderhöhe von mehr als 2 m ist ein vertikaler Plattformaufzug in einem entlang der Fahrbahn allseitig geschlossenen Schacht zu führen.

(6) Innerhalb eines Wohnungsverbandes dürfen zur Vergrößerung des Raumes zur Unterbringung einer Waschgelegenheit sowie einer Dusche oder Badegelegenheit (des Badezimmers) oder der Toilette Scheidewände auch dann entfernt werden, wenn dadurch diese Räume zusammengelegt oder unmittelbar von Aufenthaltsräumen aus zugänglich oder Abstellräume u. ä. aufgelassen werden und dadurch die Benützbarkeit einer Wohnung für einen behinderten Menschen verbessert wird.[1)]

(EB zur Nov LGBl 2018/69)

§ 68 wird im Hinblick auf den Umfang der Änderungen zur Gänze neu gefasst.

In Abs. 1 erster Satz entfallen zwecks Vermeidung praktischer Probleme die Worte „einzelne“ sowie „einzelner Geschoße“.

Der bisherige Abs. 2 entfällt, da er in der Praxis keine Anwendung findet und die darin geregelten Ausnahmen in anderen Bestimmungen des Gesetzes ohnehin gedeckt sind. Die neuen Abs. 2 und Abs. 3 entsprechen den bisherigen Abs. 3 und Abs. 6.

Der bisherige Abs. 4 entfällt, da diesbezügliche Anforderungen hinreichend in Punkt 2.2 der OIB- Richtlinie 3 geregelt sind. Die Anpassbarkeit der Wohnungen ist in § 119 Abs. 3 und in Punkt 7.4 der OIB-Richtlinie 4 geregelt.

Mit dem neuen Abs. 4 wird der bisherige Abs. 5 im Hinblick auf die Neufassung des § 111 – insbesondere dessen Abs. 6 – ebenfalls neu gefasst. Für vertikale Hebeeinrichtungen im Sinne des § 111 Abs. 3 sollen die gleichen Ausnahmemöglichkeiten wie für Personenaufzüge bestehen.

Treppenschrägaufzüge und vertikale Plattformaufzüge dürfen bei Neubauten nicht mehr als Ersatz für Personenaufzüge oder vertikale Hebeeinrichtungen eingebaut werden. Abs. 5 sieht für bestimmte Bauführungen die Zulässigkeit dieser maschinellen Aufstiegshilfen vor. Bei der Schaffung von Bildungseinrichtungen durch Umbau bestehender Gebäude soll die Inklusion von behinderten Menschen und Kindern wirtschaftlich ermöglicht werden, zumal solche Einrichtungen nur einen geringen Kundenverkehr erwarten lassen. Für die Überwindung von Niveauunterschieden von nicht mehr als 2 m sollen in bestehenden Gebäuden auch vertikale Plattformaufzüge statt – bei Neubauten erforderlicher – vertikaler Hebeeinrichtungen mit Fahrkorb als Ausnahme zulässig sein. Für mobilitätseingeschränkte Personen soll der Einbau maschineller Aufstiegshilfen für den Eigengebrauch von der Förderhöhe unabhängig sein.

Anmerkung

1) Vgl dazu die Ausführungen im Vorwort zur 7. Auflage.

Judikatur

1) Die Ausnahmebestimmungen des § 68 BO sind im baubehördlichen Bewilligungsverfahren, nicht aber im baubehördlichen Auftragsverfahren zu beachten (VwGH 26.1.1982, 1153, 1154/78). Das Judikat ist wohl weiter aktuell.

2) Im Baubewilligungsverfahren ist auch zu prüfen, ob die Ausnahmeregelung des § 68 anzuwenden ist (VwGH 23.2.1999, 98/05/0193, BauSlg 28).

Abweichungen von Vorschriften des Bebauungsplanes[1)2)3)]

§ 69. (1) Für einzelne Bauvorhaben hat die Behörde über die Zulässigkeit von Abweichungen von den Vorschriften des Bebauungsplanes zu entscheiden. Diese Abweichungen dürfen die Zielrichtung des Flächenwidmungsplanes und des Bebauungsplanes nicht unterlaufen. Darüber hinaus darf

1. die Bebaubarkeit der Nachbargrundflächen ohne nachgewiesene Zustimmung des betroffenen Nachbarn nicht vermindert werden,
2. an Emissionen nicht mehr zu erwarten sein, als bei einer der Flächenwidmung entsprechenden Nutzung typischerweise entsteht,
3. das örtliche Stadtbild (§ 85) nicht störend beeinflusst werden,
4. die beabsichtigte Flächennutzung sowie Aufschließung nicht grundlegend[4)] anders werden und
5. keine Beeinträchtigung der UNESCO-Welterbestätten in ihrem außergewöhnlichen universellen Wert erfolgen.

(2) Abweichungen, die die Voraussetzungen des Abs. 1 erfüllen, sind weiters nur zulässig, wenn sie nachvollziehbar

1. eine zweckmäßigere[6)] Flächennutzung[5)] bewirken,
2. eine zweckmäßigere[6)] oder zeitgemäße[7)] Nutzung von Bauwerken, insbesondere des konsensgemäßen Baubestandes, bewirken,
3. der Herbeiführung eines den zeitgemäßen Vorstellungen entsprechenden örtlichen Stadtbildes dienen[6)] oder

3a. dem Erhalt und der Sanierung eines Gebäudes dienen, das in einer Schutzzone liegt oder vor dem 1.1.1945 errichtet wurde und an dessen Erhaltung infolge seiner Wirkung auf das Stadtbild ein öffentliches Interesse besteht,[9)]

4. der Erhaltung schützenswerten Baumbestandes dienen;
5. in dauerhafter Weise dem Klimaschutz oder der Klimawandelanpassung dienen.[10)]

(3) Für Bauvorhaben in Schutzzonen dürfen Abweichungen nach Abs. 1 nur bewilligt werden, wenn das öffentliche Interesse an einer besonderen Situierung und Ausbildung des Baukörpers zur Gestaltung des örtlichen Stadtbildes überwiegt und die zulässige Ausnützbarkeit des Bauplatzes nicht überschritten wird.[7)]

(4) Die Gründe, die für die Abweichung sprechen, sind mit den Gründen, die dagegen sprechen, abzuwägen. Insbesondere ist auf den konsensgemäßen Baubestand der betroffenen Liegenschaft und der Nachbarliegenschaften sowie auf den Umstand, dass die Ausnahmebewilligung nur für die Bestanddauer des Baues gilt, Bedacht zu nehmen. Vom Bauwerber geltend gemachte Verpflichtungen aus Bundes- oder anderen Landesgesetzen sind zu berücksichtigen, desgleichen, ob die Abweichung der besseren barrierefreien Benützbarkeit des konsensgemäßen Baubestandes oder des geplanten Baues dienlich ist.

(5) Die Bestimmungen über Abweichungen von Vorschriften des Bebauungsplanes finden auch in Gebieten Anwendung, über die gemäß § 8 Abs. 2 eine zeitlich begrenzte Bausperre verhängt ist.[8)]

(EB zur Nov 2009/25)

An die Stelle des Kriteriums der „Unwesentlichkeit" soll nunmehr durch die Neufassung der Bestimmung die Zulässigkeit einer Abweichung von den Vorschriften des Bebauungsplanes zunächst davon abhängig sein, ob die Abweichung der Zielrichtung des Flächenwidmungs- und Bebauungsplanes widerspricht. Im Sinne der Rechtsprechung des Verwaltungsgerichtshofes (vgl. etwa VwGH 20.5.2003, 2001/05/1123) soll dadurch gewährleistet werden, dass die Kompetenz des Gemeinderates zur Beschlußfassung über den Flächenwidmungsplan und den Bebauungsplan nicht im Einzelfall durch die Bewilligung von Abweichungen unterlaufen wird. Das Ausmaß solcher Abweichungen darf daher den mit diesen Plänen verfolgten Absichten der Stadtplanung nicht widersprechen.

Wird daher durch eine beabsichtigte Abweichung die Tendenz des Flächenwidmungs- und Bebauungsplanes unterlaufen, so ist das Bauansuchen abzuweisen und sind die übrigen Voraussetzungen nicht mehr zu prüfen. Steht auf Grund einer Beurteilung der für die Ausarbeitung der Flächenwidmungs- und Bebauungspläne zuständigen Fachabteilung fest, dass dessen Zielrichtung nicht widersprochen wird, ist weiters zu prüfen, ob die übrigen Rahmenbedingungen des § 69 Abs. 1, nämlich die Ziffern 1 bis 4, eingehalten sind. Ergibt auch diese Prüfung die grundsätzliche Zulässigkeit einer Abweichung von den Vorschriften des Bebauungsplanes, so ist im nächsten Schritt der Nutzen der Abweichung vor allem für eine verbesserte Wohnqualität darzustellen. Dies wird dadurch bewirkt, dass der Antragsteller nachvollziehbar darlegen muss, dass die Abweichung einen der im Abs. 2 taxativ genannten Effekte bewirkt. Diese Darstellung ist einer Prüfung durch die jeweils zuständige Fachabteilung zu unterziehen. Auf Grund des so erzeugten Ermittlungsergebnisses hat die Baubehörde entweder das Ansuchen abzuweisen oder dem zuständigen Bauausschuss weiterzuleiten, der bei seiner Entscheidung die in Abs. 4 vorgesehene Abwägung vorzunehmen hat. Abweichungen von gesetzlichen Vorschriften, wie etwa gesetzlichen Beschränkungen der baulichen Ausnützbarkeit, des Versiegelungsverbotes gemäß § 76 Abs. 10a, der Größe bestimmter Schwimmbecken u. dgl. sind systemkonform nicht mehr von § 69 erfasst. Hinsichtlich dieser Tatbestände wurde die Erforderlichkeit von Ausnahmen einer Evaluierung unterzogen und wurden je nach Ergebnis dieser Evaluierung entsprechende Regelungen in die jeweiligen Bestimmungen aufgenommen.

(EB zur BO-Nov 2023, LGBl 2023/37 vom 13.12.2023)

Abs. 1 Z 3: Durch die Änderung in Abs. 1 Z 3 entfallen die spezifischen Anordnungen für die Beurteilung des örtlichen Stadtbilds und es erfolgt stattdessen ein Verweis auf § 85, der die Parameter, die im jeweiligen Fall bei der Beurteilung der Vereinbarkeit mit dem örtlichen Stadtbild relevant sind, regelt. Sohin sind Bauvorhaben bei der Prüfung der Tatbestandsmerkmale des § 69 Abs. 1 hinsichtlich ihrer Stadtbildverträglichkeit nach den in § 85 festgelegten Kriterien zu beurteilen (insbes auch in dessen Abs. 2a, wo der bestehende Zielkonflikt mittels einer differenzierten Betrachtungsmöglichkeit entschärft wird).

Z 5: Zwingende Voraussetzung für die Bewilligung von Bauvorhaben, die von den Bestimmungen des geltenden Bebauungsplans abweichen, ist zunächst die Erfüllung sämtlicher Anforderungen des § 69 Abs. 1. Wenn einer der genannten Ausschlusstatbestände vorliegt, sind Abweichungen nicht zulässig. § 69 Abs. 1 wird um eine Z 5 erweitert, wonach der Schutz der UNESCO-Welterbestätten in ihrem außergewöhnlichen universellen Wert nicht beeinträchtigt werden darf. Damit stellt die Beeinträchtigung von UNESCO-Welterbestätten künftig ausdrücklich ein Ausschlusskriterium für die Bewilligung von Abweichungen von den Bestimmungen des geltenden Bebauungsplans gemäß § 69 dar.

Abs. 2 Z 5: Für Maßnahmen und Abweichungen, die dem Klimaschutz oder der Klimawandelanpassung zugutekommen, wird ein einschlägiger Ausnahmetatbestand in Abs. 2 Z 5 geschaffen, um die Realisierung von Projekten, die diesen Zielen dienen und eine Abweichung von den Bebauungsbestimmungen auslösen, zu ermöglichen. Dadurch steht Bauwerbern und Planern ein flexiblerer Rahmen zur Verfügung, den Herausforderungen des Klimawandels mit innovativen Lösungen zu begegnen.

Anmerkungen

1) § 69 wurde mit der Nov LGBl 2009/25 neu gestaltet.

2) Die Neuformulierung des § 69 bedeutet eine grundlegende Abkehr von einer langjährigen Praxis, die stets für Diskussionsstoff, sowohl praktisch als auch juristisch, sorgte, letztendlich aber doch eine einigermaßen abschätzbare Judikatur des VwGH zur Grundlage hatte, die einen brauchbaren Vollzug dieser Bestimmungen ermöglichte. Die bisher meist bloße Behauptungen beinhaltenden „gutächtlichen Äußerungen" der MA 21 können uE in Zukunft dafür nicht maßgeblich sein, sondern jene Unterlagen, die Grundlage für die Beschlussfassung des Plandokumentes waren. Das öfters völlig unbegründete, mit diesen Unterlagen nicht vereinbare Wunschdenken ist dafür nicht brauchbar. Für die „Zielrichtung" gibt es keine sachverständige Äußerung; sie ist uE nach den Beschlussunterlagen zu ermitteln. Ist sie nicht erkennbar, scheint das Plandokument gesetzwidrig. Für diese Auffassung spricht auch der Entfall des Begriffes **„unwesentliche** Abweichung".

Die Beantwortung der Frage, ob die Zielrichtung unterlaufen wird, ist anhand der (allenfalls zu ermittelnden) Fakten eine Rechtsfrage. Zwar kann wohl – schon im Sinne der Regelung vor der Nov LGBl 2009/25 – die Gewährung auch mehr als einer Ausnahme denkmöglich sein. Was uE jedoch keinesfalls möglich ist, ohne dass damit der Bebauungsplan unterlaufen wird, ist die Gewährung einer Ausnahme, damit eine weitere Ausnahme erst möglich wird. Als Beispiel sei etwa genannt, wenn die zulässige Gebäudehöhe überschritten werden soll und dies nur dann zulässig erscheint, wenn vom ebenfalls im Bebauungsplan enthaltenen Verbot einer Staffelung Abstand genommen werden muss, um das beabsichtigte Stadtbild nicht zu stören. Hier ist auf die Judikatur des VwGH zu verweisen, der zu Recht erkannt hat, dass Bestimmungen des Bebauungsplanes nicht durch sachlich nicht gerechtfertigte Ausnahmen ad absurdum geführt werden dürfen. Allfällige Änderungsbedürftigkeiten solcher Art wären durch das politische Organ der Stadt Wien herbeizuführen (VwGH 17.1.1989, 88/05/0110).

3) Weder vom Gesetz (der BO) noch vom Flächenwidmungsplan kann mehr abgewichen werden. Damit fallen viele sinnvolle Möglichkeiten, wie etwa nach dem früheren Abs 1 lit h (Wohnungen im EG bei Flächenwidmung GV).

4) Dieser unbestimmte Gesetzesbegriff, nimmt man die Rspr des VfGH zur Verpflichtung der Neuauflage stark abgeänderter Entwürfe von Flächenwidmungs- und Bebauungsplänen nach der öffentlichen Planauflage als Analogon, ist wohl so auszulegen, dass damit ein „aliud" geschaffen würde (vgl VfSlg 13.573).

5) Die sich aber im Rahmen der gesetzlichen Bestimmungen der BO bewegen muss und dem Flächenwidmungsplan nicht widersprechen darf.

6) Völlig inhaltsleer sind die Begriffe „zweckmäßig" und „zeitgemäß". Ist die Zweckmäßigkeit nach öffentlichem Interesse oder privaten Vorteil zu beurteilen? Zeitgemäß werden wohl nur solche Änderungen sein, die eine Angleichung an die heutigen Bauvorschriften bewirken.

7) Vgl § 69 Abs 1 lit n aF. Die neu formulierte Bestimmung wird wohl in 99 % aller Fälle in Schutzzonen eine Ausnahme nicht zulassen. Durch diese exzessive Restriktion erscheint die Bestimmung verfassungsrechtlich bedenklich.

8) Abgewichen kann aber nur von den Vorschriften des (verdeckt) noch weiter in Geltung befindlichen alten Bebauungsplanes werden.

9) Maßnahmen, die iSd Abs 2 Z 3a dem Erhalt und der Sanierung eines schützenswerten Gebäudes dienen können dann auch im Rahmen von Abbruchbewilligungen iSd § 60 Abs 1 lit d als Maßnahmen für Ertragsoptimierungspotentiale Berücksichtigung finden.

10) Im Anwendungsbereich des neuen Abs 2 Z 5 sind auch lt den EB vielfältige Maßnahmen denkbar, dies könnten etwa Maßnahmen für einen besseren Einsatz hocheffizienter alternativer Systeme, für Begrünung von Dächern und Fassaden oder auch iZm Dekarbonisierung, Kreislaufwirtschaft oder der Speicherung sog grauer Energie im Altbestand sein. Ausnahmebestimmungen sind grundsätzlich restriktiv zu interpretieren, doch erscheint es hier durchaus geboten, breit zu denken. Weiters sind Abwägungen zur Realisierung von Maßnahmen vs Pflicht zur Entsiegelung iSd § 79 Abs 8 denkbar (Abweichung von Festsetzung „G" im Bebauungsplan).

Hiezu erging ein Leitfaden der MA 37 über die bei Ausnahmen nach § 69 BO einzuhaltende Vorgangsweise. Dieser Leitfaden kann unter www.bauen.wien.at download – service Richtlinien Baurecht heruntergeladen werden.

Judikatur (teilweise zur alten Rechtslage)

Anmerkung: Wie weit die alte Judikatur im Hinblick auf die geänderten Parameter (vgl Anm 2) weiter Bestand hat, wird die zukünftige Rechtsprechung von VfGH und VwGH zeigen.

Judikatur

1) Auf die Einhaltung der inneren Baufluchtlinien hat der Nachbar dann kein subjektives Recht, wenn von der Einhaltung dieser Linien eine gesetzlich zulässige Ausnahme gewährt wurde (VwGH 1.2.1971, Slg 7958/A).

2) Ein Ausnahmegrund kann auch darin gelegen sein, daß das Gebäude vor Festsetzung der inneren Baufluchtlinien bewilligt wurde, die bebaubare Fläche nicht wesentlich überschritten wird und nur durch die Aufstockung die bauklassenmäßige Höhe erreicht werden kann (VwGH 13.3.1972, 1676/71).

3) Wenn der zuständige Gemeinderatsausschuß (jetzt: Bauausschuss der Bezirksvertretung) eine Überschreitung der sich aus der Bauklasseneinteilung ergebenden Gebäudehöhe bestätigt hat, hat dies zur Folge, daß das Bauvorhaben mit den Bestimmungen der Bauordnung nicht mehr in Widerspruch steht. In einem solchen Fall kann der Nachbar in einem subjektiv-öffentlichen Recht nicht verletzt sein, wenn die gesetzlichen Voraussetzungen für die Gewährung der Ausnahmebewilligung gegeben sind (VwGH 13.11.1957, Slg 4474/A, 28.5.1958, Slg 4683/A).

4) Die Lage eines Wohnhauses im Wald- und Wiesengürtel stellt keinen Ausnahmegrund für die Errichtung eines zweigeschoßigen Zubaues dar (VwGH 13.5.1986, 86/05/0074, BauSlg 681).

5) Die Ausnahmeregelung des § 69 BO kommt nur bei definitiven Baubewilligungen nach § 70 BO, nicht bei § 71 BO zur Anwendung (VwGH 13.12.1988, 88/05/0187).

6) Auf die Einhaltung einer Bebauungsbeschränkung betr die maximal verbaubare Fläche besitzt der Nachbar einen Rechtsanspruch. Eine Ausnahme von einer solchen Bestimmung ist nach § 69 BO nur zulässig, wenn ein Ausnahmefall vorliegt und öffentliche Interessen nicht gegen die Gewährung einer Ausnahme sprechen. Durch eine Ausnahme darf aber eine Bestimmung des Bebauungsplanes im Ergebnis nicht ad absurdum geführt werden. Wenn ein Bebauungsplan nicht zeitgemäße Beschränkungen (hier maximal bebaubare Fläche von 65 m^2) enthält, ist er nicht durch sachlich nicht gerechtfertigte Ausnahmen auszuhöhlen, sondern es ist vielmehr Aufgabe des für die Änderung des Bebauungsplanes zuständigen politischen Organs der Stadt Wien, nämlich des Gemeinderates, die Frage einer allfälligen Änderungsbedürftigkeit des Bebauungsplanes zu prüfen (VwGH 17.1.1989, 88/05/0110).

7) Der VwGH teilt die Ansicht der belangten Behörde, wonach, bezogen auf die Größe des Innenhofes, die Überschreitung der Baufluchtlinien um cirka 2,8 m eine unwesentliche Abweichung vom Bebauungsplan darstellt. Bei einer inneren Baufluchtlinie mit einem derart geringfügigen Ausmaß kann keine den geltenden Flächenwidmungs- und Bebauungsplan unterlaufende Tendenz erkannt werden.

Was schließlich auch die in der Beschwerde gerügte unterlassene Interessenabwägung im Sinne des § 69 Abs 2 BO betrifft, hat die belangte Behörde unter Bezugnahme auf die diesbezüglichen Ausführungen im Bescheid des Bauausschusses der örtlich zuständigen Bezirksvertretung darauf hingewiesen, dass die Errichtung eines Aufzuges einer zeitgemäßen Ausstattung des konsensgemäßen Baubestandes dient, eine Beurteilung, die auch der erkennende Senat teilt. Es kann keinem Zweifel unterliegen, dass die Herstellung eines Aufzuges für ein konsensgemäßes dreistöckiges Wohnhaus auch dann, wenn kein Dachgeschoßausbau erfolgen würde, eine zeitgemäße Ausstattung darstellt (VwGH 19.9.2000, 2000/05/0128, BauSlg 207).

8) Dient die Festsetzung einer inneren Baufluchtlinie sachverhaltsbezogen nicht dem Schutz des Nachbarn, weil der zu überdachende Innenhof durch Straßen und Gebäude von ihrem Grundstück getrennt ist, kann er durch die bewilligte Überdachung in keinen Rechten verletzt worden sein (VwGH 24.10.2000, 99/05/0290 ua, BauSlg 224).

9) Im Beschwerdefall, in welchem vorgesehen ist, im südlichen, talseitigen Liegenschaftsteil mit dem Neubau 9 m von der festgesetzten Baufluchtlinie abzurücken, ist nicht erkennbar, inwiefern die Festsetzung dieser Baufluchtlinie im Sinne des § 134a Abs 1 erster Satz BO dem Schutz der Bfrin dienen könnte, ist doch ihre Liegenschaft im nördlichen Teil des zu bebauenden Grundstückes gelegen und vom beabsichtigten Neubau durch das dazwischen liegende Presshaus sowie jeweils eine Grünfläche südlich und nördlich des Presshauses getrennt. Es kann hier nicht davon ausgegangen werden, dass der Ausnahmegenehmigung „eine den geltenden Flächenwidmungs- und Bebauungsplan unterlaufende Tendenz innewohne" (vgl E 26.4.1994, 93/05/0298), weil der geltende Flächenwidmungs- und Bebauungsplan (Plandokument Nr 5.525) im Bezug auf die zu bebauende Liegenschaft eine größere bebaubare Fläche vorsieht, als durch das Bauvorhaben verwirklicht wird. Die geplante „lockere Bebauung", von der auch die Bfrin ausgeht, wird daher durch das beantragte Bauvorhaben auch eher realisiert als dies auf Grund der festgesetzten Baufluchtlinien der Fall wäre. Bei der Abwägung jener Gründe, die für die Abweichung sprechen, und jener, die dagegen sprechen, ist die belangte Behörde auf Grund des Gutachtens der für Stadtbildfragen zuständigen Magistratsabteilung 19 in nachvollziehbarer Weise zu dem Schluß gelangt, dass die Anordnung des Baukörpers an der rechten Grundstücksgrenze, bei gleichzeitiger Abdeckung einer ansonsten sichtbar bleibenden Feuermauer, dem Stadtbild zuträglicher sei als die Einhaltung der im Bebauungsplan festgesetzten Fluchtlinien (VwGH 6.3.2001, 2000/05/0276).

10) Gegen § 69 BO bestehen keine verfassungsrechtlichen Bedenken deshalb, weil Abweichungen vom Flächenwidmungs- und Bebauungsplan für den Einzelfall durch Bescheid erfolgen. Auch gegen die Zuständigkeit des Bauausschusses der Bezirksvertretung bestehen keine verfassungsrechtlichen Bedenken – hier Unterschreitung der Mindestgebäudehöhe und ein Verbindungsgang zwischen Turnsaal–Schule (VwGH 22.5.2001, 2000/05/0281).

11) Zur zeitgemäßen Wahrung der Funktion eines als Wohnhaus dienenden (und als solches bewilligten) Gebäudes zählt in der Regel nicht die Vergrößerung der Wohnfläche. Das Bestreben nach Vergrößerung der Wohnfläche kann für sich allein noch nicht das Tatbestandselement, dass die Baumaßnahme zur zeitgemäßen Wahrung der Funktion des Gebäudes erforderlich sein muss, erfüllen (VwGH 24.8.2011, 2009/06/0161, zum Sbg BGG).

12) Dächer im verfahrensgegenständlichen Liegenschaftsteil sind laut dem eingangs zitierten Flächenwidmungs- und Bebauungsplan als begrünte Flachdächer auszugestalten. Da bei einem Flachdach eine Dachneigung aber nicht gegeben ist (vgl das hg Erkenntnis vom 28. September 2010, Zl 2007/05/0287, mwN), kann die – im Einklang mit der von der Beschwerdeführerin nicht beeinspruchten, sachverständigen Stellungnahme der Magistratsabteilung 21A der Stadt Wien getroffene – Ansicht der belangten Behörde, die geplante Dachaufklappung des Hintertraktes und Errichtung eines Daches mit einer Dachneigung von 45 Grad unterlaufe den verfahrensgegenständlichen Flächenwidmungs- und Bebauungsplan, nicht als rechtswidrig erkannt werden. Durch das geplante Dach würde die zitierte Bestimmung des Bebauungsplanes nämlich überhaupt nicht, also auch nicht in einem Teilbereich eingehalten werden. Damit liegt keinesfalls eine bloß unwesentliche Abweichung von der entsprechenden Vorschrift des Bebauungsplanes vor (vgl das hg Erkenntnis vom 15. Juni 2011, Zl 2010/05/0060, mwN) (VwGH 23.8.2012, 2009/05/0142).

13) Zur Frage, ob die Festsetzung der hinteren Baufluchtlinie im Bebauungsplan überhaupt eine Bestimmung ist, die auch dem Schutz des seitlichen Nachbarn dient, hat der Verwaltungsgerichtshof in seinem Erkenntnis vom 30. Mai 2000, Zl 96/05/0183, ausgesprochen, dass auch dem seitlichen Nachbarn ein subjektiv-öffentliches Recht auf Einhaltung der hinteren Baufluchtlinie zustehen muss, weil die Überschreitung dieser Baufluchtlinie ua seine Belichtungs- und Belüftungsverhältnisse beeinträchtigen kann (VwGH 23.7.2013, 2010/05/0066).

14) Eine den Flächenwidmungs- und Bebauungsplan unterlaufende Tendenz kann nicht dadurch ausgeglichen werden, dass die Gebäudehöhenüberschreitung aus Abgrabungen am Baugrundstück resultiert und das Gebäude – ausgehend vom derzeit bestehenden Gelände – nicht überhöht in Erscheinung tritt, sondern die höchstzulässige Gebäudehöhe einhält, bemisst sich doch die Gebäudehöhe ausschließlich nach dem anschließenden Gelände, wie es nach dem Bauvorhaben zum Zeitpunkt der Bauführung vorhanden sein wird (vgl zB das hg Erkenntnis vom 10. Oktober 2006, Zl 2004/05/0176), nicht aber nach dem derzeit bestehenden Gelände, sodass eine darauf aufbauende Beurteilung nicht zulässig ist (VwGH 10.12.2013, 2010/05/0207).

Anmerkung: Obwohl sich das Erk auf die Rechtslage vor der Nov LGBl 2009/25 bezog, ist dieses Judikat wohl auch auf die bestehende Rechtslage anzuwenden.

15) Die Bauoberbehörde hat bei ihrer Prüfung im Einzelfall nachvollziehbar dargelegt, dass dem gegenständlichen Bauprojekt aufgrund der Überschreitung der Firsthöhe um ca 1,5 m über die gesamte Front am Straßentrakt eine die Zielrichtung des Flächenwidmungs- und Bebauungsplanes unterlaufende Tendenz innewohnt, und diese Beurteilung ist nicht zu beanstanden.

Da durch das Bauvorhaben die Zielrichtung des Flächenwidmungs- und Bebauungsplanes unterlaufen würde und somit die Voraussetzungen des § 69 Abs 1 BauO nicht erfüllt sind, kommt eine Abwägung gem § 69 Abs 3 und 4 leg cit nicht in Betracht (vgl dazu etwa *Moritz*, Bauordnung für Wien[5], zu § 133 Abs 6, S 387). Es kann daher dahingestellt bleiben, ob ein öffentliches Interesse an einer besonderen Situierung und Ausbildung des Baukörpers bestehe oder wie die bauliche Ausnützbarkeit des Bauplatzes zu beurteilen sei, und es erübrigt sich, auf das Beschwerdevorbringen einzugehen, dass ein überwiegendes öffentliches Interesse an der projektierten einheitlichen Firstlinie bestehe und es durch das gegenständliche Projekt zu keiner Ausweitung der bereits flächenmäßigen Verbauung komme (VwGH 28.4.2015, 2013/05/0130).

16a) Soweit eine Ausnahmebewilligung von den Bauvorschriften gem § 69 BO erteilt wurde, kann der Nachbar in dieser Hinsicht in einem ihm allenfalls zustehenden Recht nicht mehr verletzt sein; es liegt allerdings dann eine Verletzung von Nachbarrechten vor, wenn die Ausnahme gewährt wird, ohne dass die gesetzlichen Voraussetzungen dafür gegeben sind (vgl das bereits Erkenntnis Zl 2013/05/0168).

Voraussetzung dafür ist, dass der Nachbar im Bauverfahren jenes subjektiv-öffentliche Nachbarrecht, das ihm vor der Gewährung einer Abweichung gem § 69 BO zugestanden ist, rechtzeitig und wirksam im erstinstanzlichen Verfahren geltend gemacht hat.

16b) Eine Abweichung von Bebauungsbestimmungen ist dann im Sinne des § 69 Abs 2 BO wesentlich, wenn ihr eine dem geltenden Flächenwidmungsplan und Bebauungsplan unterlaufende Tendenz innewohnt (vgl etwa das hg Erkenntnis vom 20. Mai 2003, VwSlgNr 16.086 A). In dem Fall aber, dass für ein Bauvorhaben eine rechtswirksame Bekanntgabe der Bebauungsbestimmungen im Sinne des § 11 BO maßgebend ist, ist für die Beurteilung einer allfälligen, den Flächenwidmungs- und Bebauungsplan unterlaufenden Tendenz jener Flächenwidmungs- und Bebauungsplan maßgeblich, der die Grundlage für die Bekanntgabe der Bebauungsbestimmungen gebildet hat (vgl etwa das hg Erkenntnis vom 27. Mai 2009, Zl 2007/05/0093) (VwGH 28.4.2015, 2012/05/0108–0109).

17a) Die belangte Behörde führte dazu aus, aus dem Gutachten der AmtsSV der MA 19 ergebe sich, dass das Bauvorhaben mit seiner Gestaltung einem den zeitgemäßen Vorstellungen entsprechenden örtlichen Stadtbild entspreche und diesem diene. In dem genanten Gutachten wird lediglich ausgeführt, dass die Herbeiführung eines den zeitgemäßen Vorstellungen entsprechenden Stadtbildes durch den durchlaufenden First mit 11,97 m sowie durch Reduktion der höchstzulässigen Kubatur des Hauses und des Daches gegeben sei. Ausführungen dazu, wie sich ein den zeitgemäßen Vorstellungen entsprechendes Stadtbild darstellt, finden sich in diesem Gutachten hingegen ebenso wenig wie Ausführungen dazu, inwieweit gerade die in Rede stehende Überschreitung der Firsthöhe der Herbeiführung dieses Stadtbildes dient. Die im Gutachten enthaltene Schlussfolgerung der AmtsSV ist somit nicht nachvollziehbar.

b) Nach § 69 Abs 4 BO sind die Gründe, die für die Abweichung sprechen, mit den Gründen, die dagegen sprechen abzuwägen. In diese Abwägung sind alle Gründe mit einzubeziehen, nicht nur die in dieser Bestimmung demonstrativ genannten Umstände (vgl dazu *Moritz*, BauO für Wien[4], [2009] Anm zu § 69 Abs 4, 195).

Die belangte Behörde hat in diesem Zusammenhang lediglich ausgeführt, dass der Abweichung von den Bebauungsvorschriften maßgebende Gründe nicht entgegenstünden. Diese nicht näher begründete Feststellung vermag die nach § 69 Abs 4 BO gebotene Abwägung nicht zu ersetzen, zumal sich die belangte Behörde weder mit den demonstrativ in dieser Bestimmung genannten Gründe – wie beispielsweise dem konsensgemäßen Baubestand der Nachbarliegenschaften – noch mit den aus Sicht des Beschwerdeführers gegen eine Ausnahme sprechenden Gründen auseinandergesetzt hat (VwGH 17.12.2015, 2013/05/0142, 0146 und 0147).

18) Im Rahmen der Beurteilung der Frage, ob die in Aussicht genommenen Abweichungen von den Bestimmungen des Bebauungsplanes gem § 69 Abs 2 Z 3 BO der Herbeiführung eines den zeitgemäßen Vorstellungen entsprechenden örtlichen Stadtbildes dienen, können daher nicht auch Baumaßnahmen berücksichtigt werden, die nicht Gegenstand des in den Einreichplänen und sonstigen Unterlagen dargestellten Projektes sind (VwGH 23.6.2015, 2012/05/0019).

19) Sofern eine Abweichung von Bebauungsvorschriften gem § 69 BO bewilligt wurde, kann der Nachbar in dieser Hinsicht in einem ihm allenfalls zustehenden subjektiven Recht nicht mehr verletzt sein. Es liegt allerdings dann eine Verletzung der Nachbarrechte vor, wenn die Ausnahme gem § 69 BO gewährt wird, ohne dass die gesetzlichen Voraussetzungen dafür gegeben sind. Voraussetzung dafür ist, dass der Nachbar im Bauverfahren jenes subjektiv-öffentliche Nachbarrecht, in das durch die Abweichung gem § 69 BO eingegriffen wird, rechtzeitig und wirksam im Verfahren geltend gemacht hat (vgl das hg Erkenntnis vom 30. Jänner 2014, Zl 2012/05/0081, mwN).

Die in § 134a BO genannten Nachbarrechte werden durch die Tatbestandsvoraussetzung „sofern sie ihrem“ (gemeint: der Nachbarn) „Schutze dienen“ eingeschränkt. Dies bedeutet, dass trotz objektiven Verstoßes gegen eine unter § 134a BO subsumierbare baurechtliche Vorschrift die Verletzung eines subjektiv-öffentlichen Rechtes eines Nachbarn dann nicht vorliegt, wenn nach der Situierung des bewilligten Bauvorhabens schon der Lage nach in subjektive Rechte des Nachbarn nicht eingegriffen werden kann (vgl das hg Erkenntnis vom 20. Jänner 2015, Zlen 2012/05/0058 und 0071, mwN) (VwGH 27.4.2016, 2013/05/0205).

20) Im vorliegenden Fall soll die hintere (südliche) Baufluchtlinie durch den oberirdisch in Erscheinung tretenden Teil des Garagenbauwerks auf die gesamte Breite des Bauplatzes auf eine Tiefe von 11,40 m überschritten werden. Mit der Festlegung der Baufluchtlinie hat der Verordnungsgeber aber zielhaft normiert, dass jenseits dieser Baufluchtlinie keine oberirdische Bebauung gegeben sein soll. Diese Zielrichtung des Bebauungsplanes, die alleine im gegenständlichen Fall maßgebend ist, wird durch eine derart massive Überschreitung der Baufluchtlinie jedenfalls unterlaufen (vgl das zitierte hg Erkenntnis Ro 2014/05/0049). Es erfolgt nicht etwa nur eine geringfügige Überschreitung in Teilbereichen der Baufluchtlinie, sondern es wird ein Bauvorhaben bewilligt, das an sich zur Voraussetzung hätte, dass der Verordnungsgeber die gesamte Baufluchtlinie um 11,40 m nach Süden verlegt hätte. Eine derartige Abweichung widerspricht der Normierung, dass die Zielrichtung des Flächenwidmungs- und Bebauungsplanes – Freihaltung der Grundfläche jenseits der Baufluchtlinie von oberirdischer Bebauung – durch die Abweichung nicht unterlaufen werden darf. Daran ändert es auch nichts, wenn jenseits der Baufluchtlinie Begrünungsmaßnahmen auf dem oberirdischen Bauwerk gesetzt werden (VwGH 21.11.2017, Ra 2017/05/0054).

21) Widerspricht ein Vorhaben den Voraussetzungen des § 69 Abs 1 und 2 Wr BauO, ist für eine Entscheidung des zuständigen Bauausschusses kein Raum mehr; diesfalls ist das Bauansuchen abzuweisen (vgl VwGH 7.12.2022, Ra 2022/05/0187; 2.8.2018, Ra 2018/05/0050 bis 0053, mwN).

22) Durch die Novelle LGBl Nr 25/2009 und die Neuformulierung des § 69 Wr BauO wurde ein neues System für Abweichungen von Bestimmungen des Bebauungsplanes eingeführt. Anstelle des Kriteriums der „Unwesentlichkeit“ einer Abweichung ist ihre Zulässigkeit seither davon abhängig, ob sie der Zielrichtung des Flächenwidmungs- und Bebauungsplanes widerspricht (Erl BlgWrLT Nr 27/2008, S 8 zu Z 73 (§ 69)). Nach den Materialien legt § 69 Abs. 3 Wr BauO – entsprechend dem bis dahin geltenden § 69 Abs 1 lit n Wr BauO – besondere Kriterien für die Bewilligung von Abweichungen in Schutzzonen fest (Erl BlgWrLT Nr 27/2008, S 9 zu Z 73 (§ 69)). Aus der Definition der Schutzzonen in § 7 Wr BauO ergibt sich für die Anwendung des § 69 Abs 3 Wr BauO, dass in Schutzzonen bei jenen Abweichungen von den

Vorschriften des Bebauungsplans, die das äußere Erscheinungsbild berühren, die Voraussetzungen des § 69 Abs 3 Wr BauO erfüllt sein müssen.

Das „äußere Erscheinungsbild" von Gebäuden ist von jeder Änderung betroffen, die von öffentlichen Verkehrsflächen aus wahrnehmbar ist. Dies steht auch im Einklang mit den Gesetzesmaterialien zur Altstadterhaltungsnovelle 1972, LGBl Nr 16/1972. Durch die Novelle sollte das für das Stadtbild Bedeutsame und in seinem äußeren Erscheinungsbild Erhaltungswürdige der Stadt bewahrt werden. Moderne Bauten würden in Stadtkernen in vielen Fällen als störender Fremdkörper empfunden, weswegen nicht nur das architektonische Altstadtbild in seiner Gesamtwirkung beeinträchtigt, sondern auch der Erholungswert dieser Gebiete für weite Kreise der Bevölkerung verringert würde (Erl BlgWrLT Nr 10/72, S 2). Durch die Bestimmungen sollte die Wahrnehmung der besonderen öffentlichen Interessen in Schutzzonen erfolgen (Erl BlgWrLT Nr 10/72, S 7 zu Z 8 (§ 7)). Der historische Gesetzgeber des § 7 Wr BauO stellte somit eindeutig auf das für die Öffentlichkeit wahrnehmbare Stadtbild ab. Dieses Ergebnis entspricht auch weiterhin der Systematik der Wr BauO und der Zielsetzung der Regelung. Eine Änderung im nicht einsehbaren Innenhof des Gebäudes berührt das äußere Erscheinungsbild des Stadtbildes iSd § 7 Wr BauO daher nicht.

Ein Vorhaben, das keine Auswirkung auf das äußere Erscheinungsbild der Stadt im Sinn des § 7 Wr BauO hat, kann sich auch nicht auf das öffentliche Interesse im Sinn des § 69 Abs 3 Wr BauO auswirken. Wird das öffentliche Interesse mangels Sichtbarkeit einer Abweichung nicht tangiert, ist es nicht schützenswert und die Abweichung muss nicht im überwiegenden Interesse der Öffentlichkeit gelegen sein. Ein in einer Schutzzone befindliches Bauvorhaben muss somit eine Auswirkung auf deren äußeres Erscheinungsbild haben, damit die Kriterien des § 69 Abs 3 Wr BauO zur Anwendung gelangen können. Bauvorhaben, die im Stadtbild eine solche Auswirkung nicht haben, sind nur nach § 69 Abs 1 und 2 Wr BauO zu beurteilen. § 69 Abs 3 Wr BauO kommt in diesem Fall nicht zur Anwendung (VwGH 24.2.2022, Ro 2020/05/0030).

23a) Der Verfassungsgerichtshof hatte in dem vom Verwaltungsgericht zitierten Erkenntnis VfGH 11.6.2014, B 960/2012, einen Fall zu beurteilen, in welchem der Bauausschuss einer Bezirksvertretung zunächst mehrheitlich die Ablehnung eines Bauvorhabens beschlossen, die Bezirksvorsteherin sodann eine Sistierung des Beschlusses ausgesprochen und der Bauausschuss in der Folge neuerlich über das Bauvorhaben abgestimmt und die Zulassung der Ausnahme beschlossen hat. Der Verfassungsgerichtshof sprach aus, dass der belangten Behörde zwar zuzustimmen sei, wenn sie meine, dass nach dem ersten Beschluss des Ausschusses „lediglich ein interner Akt der Willensbildung der betreffenden Behörde" vorgelegen sei, dessen Abänderung nach dem AVG noch zulässig gewesen wäre, die Abänderung eines internen Aktes müsse jedoch auch den organisationsrechtlichen Vorschriften über die Willens-

bildung der betreffenden Behörde entsprechen. Die WStV lege eindeutig fest, wie vorzugehen sei, wenn ein Ausschuss einer Bezirksvertretung einen gesetzwidrigen Beschluss gefasst habe: § 65 WStV sehe die Sistierung des Beschlusses durch den Bezirksvorsteher und die Einholung der Entscheidung des Bürgermeisters innerhalb von 14 Tagen vor. Die Bezirksvorsteherin habe den Beschluss im Laufe der Sitzung des Bauausschusses sistiert und hätte nach dem klaren Wortlaut des Gesetzes innerhalb von 14 Tagen auch die Entscheidung des Bürgermeisters einholen müssen. Es entspreche dem Willen des Landesgesetzgebers, dass bei Vorliegen bestimmter Voraussetzungen der Beschluss des Bauausschusses sistiert werden müsse und die Zuständigkeit zur Entscheidung auf den Bürgermeister übergehe.
Diese Ausführungen hat der Verfassungsgerichtshof in seinem Erkenntnis VfGH 9.6.2017, E 1039/2016 ua, bekräftigt.

23b) Bleibt es aber vorerst bei einem bloßen Beschluss des Bauausschusses als Akt der internen Willensbildung, stehen dessen Abänderung im Wege der neuerlichen Beschlussfassung durch den Bauausschuss auch die Bestimmungen des AVG nicht entgegen (so auch der Verfassungsgerichtshof in VfGH 11.6.2014, B 960/2012), sodass die neuerliche Beschlussfassung auch aus diesem Grund nicht als rechtswidrig anzusehen ist (VwGH 13.11.2019, Ro 2017/05/0009).

Anmerkungen: Die Rechtslage war im vorliegenden Fall bereits nach den geltenden Bestimmungen (nach der Nov LGBl 2009/25) zu beurteilen. Diese Entscheidung kann nicht genug begrüßt werden, setzt sie doch der häufigen Praxis der MA21, auch bei krassen Abweichungen von der Zielrichtung des Flächenwidmungsplanes und des Bebauungsplanes mit nicht nachvollziehbaren Behauptungen des Vorhaben positiv zu beurteilen und damit den Weg zur Zustimmung des Bauausschusses des betreffenden Bezirks freizumachen, ein Ende.

Bauverhandlung und Baubewilligung[1)]

§ 70. (1) Besteht die Möglichkeit, daß durch ein Bauvorhaben subjektiv-öffentliche Nachbarrechte berührt werden (§ 134a)[2)], ist, wenn nicht das vereinfachte Baubewilligungsverfahren zur Anwendung kommt, eine mündliche Verhandlung durchzuführen,[3)] zu der auch der Planverfasser und der Bauführer, sofern nicht § 65 Abs. 1 anzuwenden ist, zu laden sind. Wohnungseigentümer benützter Gebäude sind nur durch Anschlag an allgemein zugänglicher Stelle des Hauses (jeder Stiege) zu laden.[4)] Dieser Anschlag ist von der Behörde so rechtzeitig anzubringen, daß die Verhandlungsteilnehmer vorbereitet erscheinen können. Mit der Anbringung dieses Anschlages ist die Ladung vollzogen. Die Wohnungseigentümer haben die Anbringung des Anschlages zu dulden und dürfen ihn nicht entfernen. Eine etwaige Entfernung vor dem Verhandlungstermin bewirkt nicht

die Ungültigkeit der Ladung. Sämtliche an die Wohnungseigentümer gerichteten verfahrensleitenden Schriftstücke der Behörde sind auf die gleiche Art und Weise wie Ladungen zur mündlichen Verhandlung anzuschlagen und gelten mit der Anbringung dieses Anschlages als zugestellt.

(2) Eine mündliche Verhandlung gemäß Abs. 1 entfällt, wenn[5)]

1. **die Behörde die Eigentümer benachbarter Liegenschaften (§ 134 Abs. 3) vom Einlangen eines Ansuchens um Baubewilligung nachweislich verständigt und ihnen unter Bekanntgabe der Zeit und des Ortes der möglichen Akteneinsicht die Gelegenheit einräumt, allfällige Einwendungen im Sinne des § 134 Abs. 3 gegen die geplante Bauführung binnen einer angemessenen Frist, die zumindest drei Wochen beträgt, bei der Behörde einzubringen,**[6)] **und**
2. **innerhalb der gesetzten Frist keine zulässigen Einwendungen erhoben werden.**

(3) Über das Ansuchen um Baubewilligung hat die Behörde durch schriftlichen Bescheid zu entscheiden.[7)] **Wird die Baubewilligung erteilt, ist damit über Einwendungen abgesprochen.**

(EB zur Nov LGBl 1996/42)

Durch die Änderung des Abs 1 wird dem Umstand, daß im vereinfachten Baubewilligungsverfahren (§ 70a) eine mündliche Verhandlung grundsätzlich nicht stattfindet, Rechnung getragen.

Die Sonderregelung bezüglich der Ladung zu einer Bauverhandlung ist darin begründet, daß im Falle des Wohnungseigentums oftmals nicht alle Miteigentümer mit einer Zustellung erreicht werden können, woraus aufwendige Mehrfachladungen bzw Verfahrensmängel resultieren. Die Formulierung lehnt sich an § 26 des Wohnungseigentumsgesetzes, BGBl Nr 520/1981, an. Ob ein Gebäude „benützt" wird, ist eine leicht feststellbare Tatsache, an die hier angeknüpft wird. Es ist davon auszugehen, daß die Wohnungseigentümer ihre Objekte entweder selbst benützen oder durch zivilrechtliche Vereinbarung Vorsorge treffen, daß sich im Gebäude eine Person aufhält, die den Eigentümern von der Anbringung eines Anschlages Mitteilung macht. Wenn in einem Haus einzelne Objekte leerstehen, hindert dies nicht die Qualifikation als „benütztes Gebäude" und die Rechtswirksamkeit der Zustellung der Ladung durch Anschlag. – Diese Form der Zustellung reicht nach der Rechtsprechung des Verfassungsgerichtshofes aus, um den Betroffenen eine wirksame Möglichkeit zu bieten, vom Baubewilligungsverfahren Kenntnis zu erhalten und ihre Rechtsansicht im Verfahren zu vertreten (vgl Erk des VfGH v 4.10.1995, G 246/94).

In Abs 2 wird aus Gründen der Verfahrenserleichterung vorgesehen, daß künftig über Einwendungen der Nachbarn im Bescheid nicht ausdrücklich zu erkennen ist, sondern daß durch die Erteilung der Baubewilligung – womit allfälligen Einwendungen also nicht Rechnung getragen wird – auch über diese Einwendungen abgesprochen wird; dies ändert aber nichts daran, daß in der Bescheidbegründung auf diese Einwendungen einzugehen ist.

Anmerkungen

1) § 70 wurde durch die Nov LGBl 1996/42 neu gefasst. Der Sinn und Zweck des Baubewilligungsverfahrens ist darin gelegen, das Bauvorhaben des Bauwerbers auf seine Übereinstimmung mit den von der Baubehörde wahrzunehmenden Vorschriften zu überprüfen und den davon betroffenen Personen die Möglichkeit zur Information und zur Geltendmachung ihrer Rechte zu geben.

Für das Baubewilligungsverfahren (aber auch in den anderen Verfahren nach der WBO) gelten die Bestimmungen der vom Bundesgesetzgeber erlassenen Verwaltungsverfahrensgesetze (s Art I Abs 2 Z 1–3 EGVG) und das Zustellgesetz (s dessen § 1).

Zunächst hat die Baubehörde wie jede andere Behörde ihre **Zuständigkeit zu prüfen** (s §§ 1 bis 6 AVG und etwa Art I Abs 2 WBO sowie die Ausführungen im I. und II. Teil), ob also die Baubehörde für die Erledigung des bei ihr eingebrachten Antrages überhaupt zuständig ist – dies wird regelmäßig der Fall sein und sohin kein Problem darstellen, ausnahmsweise kann aber diese Frage der Zuständigkeit eine Rolle spielen. Baubehörde ist nach § 132 Abs 1 WBO regelmäßig der Magistrat, daneben die Bauausschüsse der örtlich zuständigen Bezirksvertretung. Die Zuständigkeit der Bauausschüsse ist erschöpfend festgelegt (§ 133), und zwar

a) § 69,
b) § 76 Abs 13: die Beschränkung der baulichen Ausnützbarkeit von Bauplätzen für öffentliche Zwecke (nach § 5 Abs. 4 lit l liegt ein öffentlicher Zweck schon dann vor, wenn im Bebauungsplan „öZ" steht),
c) § 119 Abs 6 Abstandnahme von der Schaffung eines Kinder- und Jugendspielplatzes,
d) Erteilung einer Sonderbaubewilligung nach § 71 b.

Eine Sonderkompetenz besteht nach § 7 Abs 3 WKGG. Bescheide der Baubehörde können angefochten werden mit Beschwerde an das Landesverwaltungsgericht Wien. Die Sonderregelung des Art 15 Abs 5 B-VG (bundeseigene Gebäude, die öffentlichen Zwecken dienen) ist mit 30.6.2012 außer Kraft getreten.

Die §§ 105–109 der Verfassung der Bundeshauptstadt Wien regeln den Wirkungsbereich des Magistrats, welche Dienststelle des Magistrats im Einzelfall zu entscheiden hat, ist keine Frage der Zuständigkeit, sondern eine Frage der inneren Gliederung nach der Geschäftseinteilung des Magistrats (VfSlg 1705, 4772, VwGH 24.11.1969, 4/68, 20.4.2001, 99/05/0090 ua). Nach § 6 Abs 1 AVG hat die Behörde ihre sachliche und örtliche Zuständigkeit von Amts wegen wahrzunehmen, ist sie für Anträge nicht zuständig, hat sie diese ohne unnötigen Aufschub auf Gefahr des Einschreiters an die zuständige Stelle weiterzuleiten oder den Einschreiter an diese zu verweisen. Üblich ist die

Verständigung des Einschreiters von dieser Weiterleitung, diese Abgabennachricht ist kein Bescheid (VwGH 21.3.1967, Slg 7110 A, ua). Änderungen der Zuständigkeit sind stets von Amts wegen zu berücksichtigen, für die Beurteilung der Zuständigkeit ist der Zeitpunkt der Erlassung des Bescheides maßgeblich (VwGH 21.5.1991, 91/12/0034, Slg 13.443 A, ua).

Wird keine Unzuständigkeit festgestellt, dann ist die **Rechts- und Handlungsfähigkeit** des Antragstellers (später auch der sonst dem Verfahren beizuziehenden Personen, also etwa Grundeigentümer, Miteigentümer, Nachbarn) **zu prüfen**. Wie bei der Frage der Zuständigkeit sind diese Fragen meist kein Problem (manchmal werden allerdings diese Fragen zu Unrecht nicht geprüft). Nach der österreichischen Rechtsordnung ist jede (physische) Person voll rechtsfähig, jede erwachsene Person ab dem 18. (seit 1.7.2001 nach § 21 Abs 2 ABGB idF der Nov BGBl I 2000/135) Lebensjahr grundsätzlich (anders bei Entmündigten) voll handlungsfähig. § 9 AVG bestimmt, dass die persönliche Rechts- und Handlungsfähigkeit (Prozessfähigkeit) nach den Vorschriften des bürgerlichen Rechts zu beurteilen ist, sofern die Verwaltungsvorschriften nichts anderes bestimmen. Die WBO bestimmt nichts anderes. Juristische Personen müssen eine Rechtsgrundlage in einem Gesetz haben, nicht nur im ABGB, im Handelsrecht, Verwaltungsrecht usw, zB Aktiengesellschaften, Gesellschaften mit beschränkter Haftung, Vereine, Genossenschaften (vgl auch Anm 2 zu § 65). Gesellschaften bürgerlichen Rechts sind keine juristischen Personen und daher nicht parteifähig. Auch Eigentumsgemeinschaften (wohl auch nicht Eigentümergemeinschaften nach dem WEG 2002 BGBl I 2002/70 idgF; diese sind wohl juristische Personen mit Rechtsfähigkeit, aber nur in dem durch § 18 Abs 1 leg cit umschriebenen Umfang), Hausgemeinschaften und Verwaltungsgemeinschaften mangelt es an der Parteifähigkeit.

Nicht voll handlungsfähige Personen (Minderjährige, Entmündigte) bedürfen im Verwaltungsverfahren eines gesetzlichen Vertreters. Das kann in der Praxis zu Schwierigkeiten führen, denn ein Bescheid kann einer nicht voll handlungsfähigen Person nicht rechtswirksam zugestellt werden. Das Fehlen der Prozessfähigkeit ist in jeder Lage des Verfahrens von Amts wegen wahrzunehmen. Soll von Amts wegen oder auf Antrag gegen einen schutzberechtigten Beteiligten, der eines gesetzlichen Vertreters entbehrt, oder gegen eine Person, deren Aufenthalt unbekannt ist, eine Amtshandlung vorgenommen werden, so kann die Behörde, wenn die Wichtigkeit der Sache es erfordert, die Betrauung einer Person mit der Obsorge oder die Bestellung eines gerichtlichen Erwachsenenvertreters oder Kurators beim zuständigen Gericht (§ 109 JN) veranlassen (§ 11 AVG).

Probleme kann es auch mit **Fragen der Vollmacht** geben. Nach § 10 Abs 1 AVG können sich Personen (Bauwerber, Grundeigentümer, Nachbarn) und ihre gesetzlichen Vertreter durch eigenberechtigte (natürliche) Personen, juristische

Personen oder eingetragene Personengesellschaften vertreten lassen. Bevollmächtigte haben sich durch eine schriftliche, auf Namen oder Firma lautende Vollmacht auszuweisen. Vor der Behörde kann die Vollmacht auch mündlich erteilt werden; zu ihrer Beurkundung genügt ein Aktenvermerk (s § 16 AVG idF der Nov BGBl I 2001/137). Schreitet eine zur berufsmäßigen Parteienvertretung befugte Person ein, also etwa Rechtsanwälte, Notare, so ersetzt die Berufung auf die erteilte Vollmacht ihren urkundlichen Nachweis.

Für Inhalt und Umfang der Vollmacht ist der Wortlaut der Erklärung des Vollmachtgebers maßgeblich. Eine allgemeine Vollmacht schließt die Zustellungsbevollmächtigung ein, eine dennoch unmittelbar an die Partei (Bauwerber usw) erfolgte Zustellung entfaltet keine Rechtswirkung (VwGH 22.9.1998, 98/05/0123, BauSlg 233). Die Kündigung einer Vollmacht wird der Behörde gegenüber erst wirksam, wenn sie ihr mitgeteilt wird. Eine Verwaltungsvollmacht ermächtigt nicht zur Erteilung einer Zustimmung zu einer bewilligungspflichtigen Bauführung (VwGH 25.3.1963, 1505/62, ua) bzw zur Wahrung subjektiv-öffentlicher Nachbarrechte (VwGH 25.1.1963, Slg 10.963 A, ua).

2) Ohne dass dies ausgesprochen wird, ist davon auszugehen, dass nur mehr dann eine mündliche Verhandlung anzuberaumen ist, wenn Nachbarrechte berührt werden können, und dass dann die Nachbarn zu laden sind. Fraglich ist, ob der Regelung über die Pflichten zur Durchführung einer Verhandlung durch die AVG-Nov 1998 (§ 82 Abs 7 AVG) nicht derogiert worden ist (s VwGH 25.10.2000, 2000/06/0116, zum Stmk BauG und 25.10.2000, 97/06/0197, zur TBO). Die Baubehörde kann freilich auch sonst eine Bauverhandlung durchführen (s § 40 AVG). Vgl jedoch auch den neuen § 70b betreffend Baubewilligungsverfahren für Bauwerke kleineren Umfangs.

3) Die Durchführung eines Ortsaugenscheines ist, im Gegensatz zu den meisten anderen Bauordnungen, nicht zwingend vorgeschrieben. Die Durchführung eines solchen ist dann erforderlich, wenn anders das Bauvorhaben oder seine Auswirkungen auf die Umgebung nicht verlässlich beurteilt werden können.

Zur Bauverhandlung zu laden sind jedenfalls alle Parteien des Baubewilligungsverfahrens, also Bauwerber, von ihm verschiedene Eigentümer (Miteigentümer) sowie die Nachbarn (s § 134 Abs 3).

Die Sachverständigen sind im Hinblick auf die geänderte Fassung des § 67 Abs 1 nur mehr zur Prüfung der Wahrung der subjektiv-öffentlichen Nachbarrechte verpflichtend zu laden. Fraglich ist daher, ob hier weitergehende Vorschreibungen noch zulässig sind.

Bei der Auswahl des Verhandlungsortes ist, sofern die mündliche Verhandlung nicht mit einem Augenschein verbunden ist, darauf zu achten, dass dieser für körperbehinderte Beteiligte gefahrlos und tunlichst ohne fremde Hilfe zugänglich ist. In verbundenen Verfahren (§ 39 Abs 2a) abzuhaltende mündliche Verhandlungen sind von der Behörde tunlichst gemeinsam durchzuführen.

Die Anberaumung einer mündlichen Verhandlung hat durch persönliche Verständigung der bekannten Beteiligten zu erfolgen. Wenn noch andere Personen als Beteiligte in Betracht kommen, ist die Verhandlung überdies durch Anschlag in der Gemeinde oder durch Verlautbarung in der für amtliche Kundmachungen der Behörde bestimmten Zeitung kundzumachen (BGBl I 1998/158). Unter Beteiligten sind primär Parteien (§ 8 AVG) zu verstehen.

Die Verhandlung ist so anzuberaumen, dass die Teilnehmer rechtzeitig und vorbereitet erscheinen können. Die Verständigung (Kundmachung) über die Anberaumung der Verhandlung hat die für Ladungen vorgeschriebenen Angaben einschließlich des Hinweises auf die gem § 42 AVG eintretenden Folgen zu enthalten. Falls für Zwecke der Verhandlung Pläne oder sonstige Behelfe zur Einsicht der Beteiligten aufzulegen sind, ist dies bei der Anberaumung der Verhandlung unter Angabe von Zeit und Ort der Einsichtnahme bekanntzugeben (§ 41 AVG).

Wurde eine mündliche Verhandlung gem § 41 Abs 1 zweiter Satz AVG und in einer in den Verwaltungsvorschriften vorgesehenen besonderen Form kundgemacht, so hat dies zur Folge, dass eine Person ihre **Stellung als Partei** verliert, soweit sie nicht spätestens am Tag vor Beginn der Verhandlung während der Amtsstunden bei der Behörde oder während der Verhandlung Einwendungen erhebt. Wenn die Verwaltungsvorschriften über die Form der Kundmachung nichts bestimmen, so tritt die im ersten Satz bezeichnete Rechtsfolge ein, wenn die mündliche Verhandlung gem § 41 Abs 1 zweiter Satz AVG und in geeigneter Form kundgemacht wurde. Eine Kundmachungsform ist geeignet, wenn sie sicherstellt, dass ein Beteiligter von der Anberaumung der Verhandlung voraussichtlich Kenntnis erlangt.

Wurde eine mündliche Verhandlung nicht gem § 42 Abs 1 AVG kundgemacht, so erstreckt sich die darin bezeichnete Rechtsfolge nur auf jene Beteiligten, die rechtzeitig die Verständigung von der Anberaumung der Verhandlung erhalten haben (§ 42 Abs 1 und 2 AVG).

§ 42 AVG hat überdies zur Folge, dass selbst ein Nachbar, der Einwendungen erhoben hat, im weiteren Verfahren keine neuen Einwendungen vorbringen kann. Bisher erhobene Einwendungen können näher ausgeführt werden.

Mit der Frage einer Kundmachung im Internet hat sich der VwGH in seinem E v 28.2.2008, 2006/06/0204, auseinandergesetzt, auf welches Erk hier verwiesen wird. In gleichem Sinn VwGH 9.11.2011, 2010/06/0131.

In der Ladung muss der Gegenstand der Verhandlung entsprechend bezeichnet sein. Dies ist vor allem dann wichtig, wenn mehrere Vorhaben (etwa Einfriedung, Dachgeschoßausbau, ebenerdiger Zubau) Gegenstand des Bauansuchens sind. Die Präklusionsfolgen treten daher nur gegenüber dem in der Ladung bezeichneten Vorhaben ein. Wird ein Vorhaben bei der Verhandlung abgeändert, tritt Präklusion nur ein, wenn sich der Nachbar in die Verhandlung eingelassen hat, ohne eine Vertagung zum Zwecke ausreichender Vorbereitungen zu begehren (VwGH 18.11.1960, 1109/60 ua). Es ist rechtlich nicht möglich, sich das Recht, Einwendungen zu erheben, vorzubehalten (VwGH 9.7.1957, 1778/56 ua). Dem Nachbarn ist es nicht verwehrt, in einem späteren Stadium des Verfahrens diejenigen gesetzlichen Bestimmungen anzuführen, auf welche er seine rechtzeitig erhobene Einwendung stützt (VwGH 21.3.1961, 2202/60).

Ein Nachbar, der, gleichgültig aus welchem Grunde, zur Bauverhandlung nicht oder nicht ordnungsgemäß geladen wurde (übergangener Nachbar), hat das Recht, in das Verfahren unter den Voraussetzungen nach § 134 Abs 4 BO einzutreten. § 134 Abs 4 WBO lautet:

„(4) Weist ein Nachbar der Behörde nach, dass er ohne sein Verschulden daran gehindert war, die Parteistellung nach § 134 Abs. 3 zu erlangen, kann er seine Einwendungen im Sinne des § 134a gegen die Bauführung auch nach dem Abschluss der mündlichen Bauverhandlung bzw. nach Ablauf der gem § 70 Abs. 2 gesetzten Frist bis längstens drei Monate nach dem Baubeginn vorbringen und ist vom Zeitpunkt des Vorbringens dieser Einwendungen an Partei; eine spätere Erlangung der Parteistellung (§ 134 Abs. 3) ist ausgeschlossen. Solche Einwendungen sind vom Nachbarn binnen zwei Wochen nach Wegfall des Hindernisses für ihre Erhebung bei der Behörde einzubringen, die die Bauverhandlung anberaumt bzw. die Frist gem § 70 Abs. 2 gesetzt hat."

Diese dem § 42 AVG widersprechende Bestimmung kann als zur Regelung der subjektiv-öffentlichen Rechte der Anrainer im Bauverfahren dem Art 11 Abs 2 B-VG konform angesehen werden, weil das Rechtsschutzbedürfnis bei den oft schwer zu erkennenden Bauführungen dies erforderlich macht.

Im Baubewilligungsverfahren besitzt der Nachbar das Recht, gegen das Vorhaben Einwendungen zu erheben, sofern durch die Bauführung seine subjektiven Rechte verletzt werden könnten (ob eine Verletzung vorliegt, wird im Verfahren geprüft und entschieden). Eine Einwendung im Sinne der Vorschriften über das Verfahren bei Erteilung einer Baubewilligung liegt dann vor, wenn vom Nachbarn die Verletzung eines Rechtes behauptet wird. Ein Vorbringen, das keine solche Behauptung enthält, ist keine dem Gesetz entsprechende Einwendung; es erweist sich als unzulässig (VwGH 6.3.1957, 1078/56 ua). Gehört das Recht, dessen Verletzung der Nachbar behauptet, dem Privatrecht an, liegt eine privatrechtliche Einwendung vor. Hat die Einwendung dagegen ihren Rechtsgrund im öffentlichen Recht, handelt es sich um eine öffentlich-rechtliche Einwendung (VwGH 7.6.1955, 2547/53 ua). Ein subjektiv-öffentliches Recht, dessen Verletzung der Nachbar mit Erfolg geltend machen kann, ergibt sich aus der erschöpfenden Aufzählung des § 134a BO.

4) Die unterschiedliche Behandlung von Wohnungseigentümern einerseits und anderen Miteigentümern (diese noch dazu, wenn das Gebäude nicht oder etwa von Bestandnehmern benützt wird) ist schwer einzusehen. Offensichtlich wollte man die hauptsächlich auftretenden Schwierigkeiten bewältigen. An den Fall, dass in einem Haus (bloßes) Miteigentum und Wohnungseigentum (nebeneinander) besteht, hat der Gesetzgeber offensichtlich nicht gedacht. Ob die vorgenommene Regelung als Abweichung vom AVG und ZustellG aus verfassungsrechtlicher Sicht zulässig ist, wird die Rechtsprechung zeigen.

5) Die Entscheidung hierüber steht im Ermessen der Behörde. Von der Systematik her wird damit neben § 134 Abs 3 eine gesonderte Präklusion normiert. Zu der ggf nachfolgenden Verhandlung sind nur Nachbarn mit zulässigen Einwendungen zu laden und es können nach der Frist keine (neuen bzw weiteren) Einwendungen erhoben werden.

6) Eine solche Verständigung ist ein verfahrensleitendes Schriftstück iSd Abs 1.

7) Die Baubewilligung ist ein antragsbedürftiger Verwaltungsakt, der nur dann rechtmäßig ist, wenn ein auf seine Erlassung gerichteter, von einer hiezu legitimierten Partei gestellter Antrag vorliegt. Aus diesem Grunde kann die Baubehörde auch nicht etwas anderes bewilligen als das, was dem Willen des Bauherrn entspricht. Eine das Bauvorhaben einschränkende Auflage ist daher der Abweisung eines Bauansuchens gleichzuhalten (VwGH 2.3.1955, Slg 3672/A). Ein Bauvorhaben ist, gleichgültig, ob es sich um einen Neu-, Zu- oder Umbau oder um die Abänderung eines genehmigten Vorhabens handelt, grundsätzlich ein unteilbares Ganzes, das nur als solches von der Baubehörde bewilligt oder abgelehnt werden kann. Die Baubehörde hat über das Parteibegehren, wie es sich aus dem Ansuchen, den beigebrachten Plänen und der Baubeschreibung ergibt, abzusprechen, wobei sie iS des § 67 Abs 1 vorzugehen hat.

Nach § 73 AVG ist die Behörde verpflichtet, ohne unnötigen Aufschub zu entscheiden. Erst nach Ablauf von sechs Monaten – der Wiener Landesgesetzgeber hat eine kürzere Frist im Gegensatz zu anderen BO nicht festgesetzt – ist eine Säumnisbeschwerde (ehem „Devolutionsantrag") an das VGW einzubringen (§ 8 VwGVG), bleibt auch dieses säumig, nach weiteren sechs Monaten (§ 38 VwGG) ein Fristsetzungsantrag an den VwGH.

Durch einen Baubewilligungsbescheid, der in einem Verfahren ergangen ist, dem der Nachbar zwecks Geltendmachung seiner Rechte in der Rechtsstellung einer Partei beigezogen war, wird nicht nur das Rechtsverhältnis zwischen dem Bauwerber und der Baubehörde, sondern auch das Rechtsverhältnis zwischen dem Bauwerber und dem Nachbar auf eine für beide Teile bindende Rechtsgrundlage gestellt (VwGH 11.2.1959, 1381/58).

Der Baubewilligungsbescheid bedarf der Schriftform. Ein bloß mündlich verkündeter Bescheid ist nicht rechtswirksam (vgl etwa VwGH 29.11.1994, 94/05/0118, BauSlg 266). Vgl jedoch § 70a Abs 10 und § 70b Abs 8.

Der Sachverhalt ist in der Begründung des Bescheides wiederzugeben, sind doch nach § 60 AVG die Ergebnisse des Ermittlungsverfahrens, die bei der Beweiswürdigung maßgebenden Umstände und die darauf gestützte Beurteilung der Rechtslage klar und übersichtlich in der Begründung zusammenzufassen. Ein Vordruck als Begründung wird nur dort ausreichen, wo auf Grund des Antrages des Bauwerbers die Baubewilligung (ohne Auflagen) erteilt wird und keine Einwendungen erhoben wurden. Der Begründung liegt oft das Gutachten vom Sachverständigen zugrunde.

Ein Gutachten eines Sachverständigen hat (zumindest) zwei Teile zu enthalten, den Befund (Darstellung des Sachverhaltes) und das auf den Befund gegründete Urteil (Gutachten im eigentlichen Sinn). Der Befund hat alle jene Grundlagen und die Art ihrer Beschaffung zu nennen, die für das Gutachten erforderlich sind. Ein Gutachten, das sich in der Abgabe eines Urteils erschöpft, ein Gutachten ohne Befund und Begründung ist nicht ausreichend (VwGH 26.1.1970, Slg 7714 A ua). Das Gutachten muss also einen ausreichenden Befund enthalten und muss nachvollziehbar begründet sein (VwGH 27.10.1953, Slg 3159 A ua). Die Behörde hat das Gutachten auf seine Schlüssigkeit zu überprüfen (VwGH 10.12.1952, Slg 2778 A ua), bei Fehlerhaftigkeit ist ein ergänzendes Gutachten, allenfalls ein weiteres Gutachten, einzuholen. Die Behörde hat auch zu prüfen, ob die Meinung des Sachverständigen dem heutigen Stand der wissenschaftlichen Erkenntnisse entspricht (VwGH 19.1.1955, Slg 3627 A ua), was freilich erst bei tieferem Eindringen in das Fachgebiet oder bei widersprechenden Gutachten erkennbar sein wird.

Judikatur

1) Eine Verhandlung ist so anzuberaumen, daß die Teilnehmer vorbereitet erscheinen können (VwGH 7.4.1965, Slg 6657/A). Wurde zwar in der Ladung zur Verhandlung der Gegenstand der Verhandlung nicht genannt, hat aber die zur Verhandlung erschienene Partei keinen Vertagungsantrag gestellt und sich in die Verhandlung eingelassen, liegt keine Verletzung des Rechtes auf Parteiengehör vor (VwGH 12.9.1962, Slg 5857/A).

2) Im E v 16.12.1952, Slg 2785/A, hat der VwGH zum Ausdruck gebracht, daß ein Anrainer, der an der Bauverhandlung teilnimmt und, ohne einen Vertagungsantrag zu stellen, Einwendungen erhebt, den Verfahrensmangel, daß ihm wegen der Kürze des Zeitraumes zwischen der Zustellung der Ladung und der Verhandlung keine ausreichende Vorbereitungsfrist zur Verfügung stand, nicht mit Beschwerde an den VwGH verfolgen kann. Dieser Rechtsauffassung lag offenbar der Gedanke zugrunde, daß es vorerst Sache der Partei ist zu beurteilen, ob sie die Vorbereitungsfrist als ausreichend ansieht oder nicht. Findet sie die Frist als zu kurz, dann obliegt es ihr, die Behörde darauf aufmerksam zu machen und die Vertagung zu beantragen. Weist die Behörde den Vertagungsantrag ab, obwohl er bei der gegebenen Sachlage objektiv gerechtfertigt war, dann belastet sie ihr Verfahren mit einem Mangel (VwGH 19.10.1970, 751/70).

3) Die Zustellung an den Nachbarn in seiner Eigenschaft als Organ einer juristischen Person vermag die Zustellung in seiner Eigenschaft als Anrainer nicht zu ersetzen (VwGH 24.5.1965, 2286/64).

4) Nach den E v 12.10.1955, Slg 3847/A, und vom 15.5.1968, 688/67, folgt aus einer wesensmäßig mit der Beziehung zu einem Objekt verbundenen Parteistellung wie der des Anrainers, daß im Falle eines in der sachlichen Verbindung sich ergebenden Personenwechsels der Rechtsnachfolger ohne weiteres in die Parteistellung seines Vorgängers eintritt. In dem zweitangeführten E wurde ausdrücklich gesagt, daß die belangte Behörde irre, wenn sie meine, daß nur der Voreigentümer als übergangener Nachbar die Zustellung eines Bescheides begehren könne. Dadurch, daß der Rechtsnachfolger in die Eigenschaft als Eigentümer der angrenzenden Liegenschaft eingetreten sei, habe er auch die vom Voreigentümer innegehabte prozessuale Rechtsstellung erlangt (VwGH 22.9.1969, 1768/68).

5) Wie immer man die Zurückstellung der Baupläne rechtlich werten mag, dadurch, daß die Beschwerdeführerin die Pläne zurückgenommen hat, ohne auf eine Entscheidung über das durch diese Pläne dargestellte Bauvorhaben zu bestehen, hat sie eine Situation geschaffen, die die Anwendung des § 13 Abs 3 AVG ermöglicht hat (VwGH 8.11.1965, 1039/65).

6) Die Ladung ohne Hinweis auf die Präklusionsfolgen des § 42 AVG hat zur Folge, daß die Partei nicht gehindert ist, auch nach der mündlichen Bauverhandlung gegen das Bauvorhaben Einwendungen zu erheben, über die die Behörde eine Sachentscheidung zu treffen hat (VwGH 8.6.1961, Slg 5586/A). S aber die Schranken nach § 134 Abs 4 BO und § 42 Abs 3 AVG.

7) Für den Fall, daß sich zwei oder mehrere Parteien mit einander widersprechenden Ansprüchen gegenüberstehen, ist angeordnet, daß der Verhandlungsleiter auf das Zustandekommen eines Ausgleiches dieser Ansprüche mit den öffentlichen Interessen hinzuwirken hat. Es entspricht daher nicht dem Gesetz, im letztinstanzlichen Bescheid ohne jede Erörterung mit den Parteien einen Versagungsgrund geltend zu machen, der durch eine Modifikation des Vorhabens aus der Welt geschafft werden kann (VwGH 5.10.1964, Slg 6449/A).

8) Eine dem § 42 AVG entsprechende Einwendung liegt nach der ständigen Rechtsprechung des VwGH (vgl ua die E v 7.6.1955, 2537/53, v 6.3.1957, Slg 4298/A, und v 28.5.1958, Slg 4683/A) nur dann vor, wenn der Nachbar (in einem Bauverfahren) die Verletzung eines subjektiven Rechtes geltend macht. Gehört dieses Recht dem Privatrecht an, so liegt eine privatrechtliche Einwendung vor. Hat dagegen die Einwendung ihren Rechtsgrund im öffentlichen Recht, so handelt es sich um eine öffentlich-rechtliche Einwendung. Es ist zutreffend, wenn die belangte Behörde in der Begründung des angefochtenen Bescheides ausführt, daß der Nachbar nicht verpflichtet ist, bei der Erhebung von Einwendungen diejenigen gesetzlichen Bestimmungen anzuführen, auf die sich sein Recht gründet, dessen Verletzung er behauptet. Allein seinem Vorbringen muß jedenfalls entnommen werden können, daß überhaupt die Verletzung eines subjektiven Rechts behauptet wird, und ferner, welcher Art dieses Recht ist, insbesondere, ob es sich um ein subjektiv-öffentliches oder um ein subjektives Privatrecht handelt. Dem Begriff der Einwendung ist die Behauptung einer Rechtsverletzung mit Bezug auf ein bestimmtes Recht immanent (VwGH 12.5.1959, Slg 4966/A; ebenso in einer Gewerbesache E v 20.10.1964, Slg 6463/A).

9) Aus der Vorschrift des § 42 AVG ergibt sich ferner, daß von der Behörde nur jene Einwendungen berücksichtigt werden dürfen, die spätestens bei der mündlichen Verhandlung vorgebracht werden. Dies schließt aus, daß sich ein Verhandlungsteilnehmer in irgendeiner Form vorbehält, später Einwendungen zu erheben (vgl das hg E v 9.7.1957, 1778/56) (VwGH v 12.5.1959, 1477 und 1486/58). Seit der AVG-Nov 1998 bedeutet die Präklusion den Verlust der Parteistellung. S Anm 3.

10) Die Erteilung einer Baubewilligung ist ein konstitutiver Verwaltungsakt, bei welchem die Sach- und Rechtslage im Zeitpunkt seiner Erlassung maßgebend ist (VwGH 18.2.1963, Zl 956/62). Bei der Beurteilung der Möglichkeit der Erteilung einer nachträglichen Baubewilligung sind nur die zur Zeit der Entscheidung geltenden Vorschriften anzuwenden (VwGH 14.2.1956, 812/54, 4.1.1971, Slg 7941/A).

11) Wenn die Behörde den Baukonsens nach § 68 AVG aufgehoben hat, ist der nunmehr konsenslos gewordene Bau nach der im Zeitpunkt des baupolizeilichen Einschreitens bestehenden Rechtslage zu beurteilen (VwGH 3.7.1973, 15/72).

12) Ist ein Bauvorhaben mit den in den baurechtlichen Vorschriften verankerten öffentlichen Interessen vereinbar, hat die Behörde die Baubewilligung auch dann zu erteilen, wenn das Vorhaben mit der wahren Absicht des Bauwerbers nicht im Einklang steht oder wenn Grund zu der Annahme besteht, daß die vorgeschriebenen Auflagen nicht eingehalten werden (VwGH 5.5.1951, Slg 2129/A).

13) Nicht belegt

14) Eine mündliche Zusage von Funktionären kann die Baubewilligung nicht ersetzen (VwGH 20.5.1948, Slg 410/A ua).

15) Die Einwendung, es werde durch ein projektiertes Vorhaben ein Grundstück des Einspruchswerbers in Anspruch genommen, ist gem § 38 AVG als Vorfrage zu beurteilen und diese Beurteilung der Entscheidung zugrunde zu legen (VwGH 10.1.1966, Slg 6835/A, 5.10.1976, 915/76). S auch E v 3.11.1983, 83/06/0088, BauSlg 133, v 19.12.1985, 82/06/0183, BauSlg 605 ua.

16) Ein Anrainer ist nicht legitimiert, gegen ein Bauvorhaben aus dem Titel Einwendungen zu erheben, daß hiedurch das Eigentum eines anderen Anrainers in Mitleidenschaft gezogen wird (VwGH 1.7.1908, Slg 6100/A, 1.4.1963, 1771/62). Jeder Nachbar kann eben nur eine Verletzung seiner Rechte geltend machen. S auch E zu §§ 134 Abs 3 u 134a.

17) Zu erörtern bleibt jenes Vorbringen der Nachbarn, dem zufolge die fehlende Information über die Änderung des Bauvorhabens (im Zuge des Berufungsverfahrens) eine Verletzung ihrer Rechte zur Folge gehabt habe. Der VwGH hält in diesem Bereich eine Verletzung von Nachbarrechten der Beschwerdeführer für nicht gegeben. Der Verzicht auf einen Teil des ursprünglichen Bauvorhabens, insbesondere auf die Schaffung zusätzlichen umbauten Raumes, konnte nämlich a priori keine Verschlechterung der Rechtsstellung bewirken, deren Abwehr ihnen durch ihre Unterrichtung über diese Änderung des Bauvorhabens hätte gesichert werden müssen (VwGH 17.12.1974, 130/73).

18) Wenn alle österreichischen Bauordnungen das Institut des Planwechsels kennen, ist nicht erfindlich, warum der Bauwerber seine Pläne nicht auch während des Bauvorhabens abändern (auswechseln) kann. Für den Nachbarn ist diese Frage nur insofern von Bedeutung, als ihm die Möglichkeit gegeben werden muß, dagegen Einwendungen zu erheben, sofern durch die Änderung des Projektes seine subjektiv-öffentlichen Rechte berührt werden (VwGH 28.1.1963, 2027/61, 8.5.1967, 1318/66). S auch § 73.

19) Die durch eine Bauführung notwendig werdenden Niveauänderungen werden von der Baubewilligung miterfaßt (VwGH 20.11.1972, Slg 8317/A).

20) Ein Bauansuchen ist grundsätzlich ein unteilbares Ganzes und kann nur so bewilligt werden, wie es dem Parteibegehren entspricht. Steht es auch nur in einem Punkte mit zwingenden Vorschriften der Bauordnung in Widerspruch, muß es zur Gänze abgewiesen werden (VwGH 19.10.1955, 3349/54, 5.10.1964, Slg 6449/A ua). Der Bauwerber ist aufzufordern, sein Projekt zu ändern, wenn durch eine solche Modifikation die Bewilligungsfähigkeit erreicht werden kann.

21) Eine Auflage in einem Baubewilligungsbescheid ist als bedingter Polizeibefehl anzusehen, der sich in einen unbedingten wandelt, wenn von der Bewilligung Gebrauch gemacht wird. Solche Auflagen dürfen allerdings nicht die Abänderung des Bauvorhabens zum Gegenstand haben (VwGH 2.3.1955, Slg 3672/A, 24.6.1969, 985/68 ua).

22) Die aus einem rechtskräftigen Bescheid dem Nachbarn erwachsenen Rechte bestehen bei einer Änderung der Rechtslage (des Bebauungsplanes) nicht fort (VwGH 17.2.1972, 858/71).

23) Die Setzung einer Nachfrist im Sinne des § 13 Abs 3 AVG dient nur der Nachreichung bereits existenter Unterlagen und nicht auch dazu, noch gar nicht vorhandene Belege zu beschaffen (VwGH 27.1.1975, Slg 8750/A ua).

24) Ein Ansuchen um „Generalsanierung des … Hauses" ist nicht als Ansuchen um den Neubau eines Gebäudes, sondern lediglich als ein solches um Instandsetzung einer Baulichkeit zu werten, wobei die Bewilligung der Instandsetzung eines Gebäudes das Bestehen eines Baukonsenses für dasselbe begrifflich voraussetzt. Das Bestehen eines rechtskräftigen Abtragungsauftrages für ein Gebäude steht der Sachentscheidung über ein Bauansuchen um Instandsetzung dieses Gebäudes nicht im Sinne einer „res judicata" entgegen (vgl VwSlg 6802/A), weil durch den Abtragungsauftrag der Baukonsens nicht vernichtet wird (VwGH 24.2.1975, Slg 8771/A).

25) Die Erklärung einer Partei, mit einem Bauvorhaben nicht einverstanden zu sein, solange nicht eine bestimmte rechtsgültige Vereinbarung vorliege, stellt keine Einwendung im Sinne der §§ 41 und 42 AVG dar, weil damit nicht die Verletzung konkreter subjektiver Rechte geltend gemacht wurde. Dh, daß die Partei keine Einwendungen erhoben hat und sie hinsichtlich eines verspäteten Vorbringens zufolge der Bestimmung des § 42 AVG als dem Vorhaben zustimmend anzusehen war (VwGH 28.2.1978, Slg 9496/A). Nun Verlust der Parteistellung, vgl Anm 3.

26) Bei der Baubewilligung handelt es sich um eine Polizeierlaubnis (VwSlg 7586/A, 8227/A ua), von der derjenige, der sie erwirkt hat, Gebrauch machen kann, aber nicht Gebrauch machen muß. Hieraus ergibt sich, daß eine Bindung des Bauwerbers an die einmal erwirkte Baubewilligung in dem Sinne, daß er verpflichtet wäre, nur so und nicht anders zu bauen, nicht besteht, sondern es ihm – die rechtzeitige Erwirkung einer weiteren, den geänderten Bauwillen deckende Baubewilligung vorausgesetzt – jederzeit freisteht, nicht das ursprünglich bewirkte, sondern ein anderes Bauvorhaben auszuführen (VwSlg 8227/A). Da es dem Bauwerber offen steht, auch während der Gültigkeitsdauer einer Baubewilligung für ein und denselben Bauplatz um mehrere Baubewilligungen unterschiedlichen Inhaltes anzusuchen, so ist es ihm rechtlich auch nicht verwehrt, auf eine frühere, noch gültige Baubewilligung zurückzugreifen (VwGH 22.3.1979, Slg 9804/A).

27) Im Rahmen des Baubewilligungsverfahrens für die Errichtung eines Neubaues ist nur die Rechtmäßigkeit dieses Vorhabens zu prüfen, nicht aber die Frage, ob für ein bestehendes Gebäude, welches im Falle der Realisierung des Neubaues abgetragen werden muß, eine Abbruchsbewilligung vorliegt oder nicht, und ob vorgenommene tatsächliche Bauführungen ausgeführt werden dürfen oder nicht (VwGH 18.3.1980, 2841/79). Nur mehr für Schutzzonen und Bausperrgebiete aktuell.

28) Wird die Erhebung von Einwendungen, aus welchem Grunde immer, unterlassen, so tritt gem § 42 AVG die Präklusion ein, welche für das ganze weitere Verwaltungsverfahren und auch für das Verfahren vor dem VwGH bindend ist. Die Präklusion kann allerdings nur jenes Projekt erfassen, welches den Gegenstand der Verhandlung gebildet hat ... Von der Präklusion nicht erfaßt wären nach der Verhandlung eingetretene Projektsänderungen (VwGH 17.12.1981, Slg 10.621/A). Präklusion bedeutet Verlust der Parteistellung.

29) Weicht ein Bauvorhaben nach dem Inhalt des ordnungsgemäß belegten Baugesuches nur in einem unwesentlichen Nebenumstand von einem Projekt, für das die Erteilung einer Baubewilligung bereits rechtskräftig versagt worden ist, ab (Fenster anstelle eines Balkons bei sonst gleicher Größe und gleichem planerischen Inhalt des Vorhabens, gerichtet auf die Schaffung von Wohnflächen im Gesamtausmaß von ca. 120 m^2), so liegt entschiedene Sache (res iudicata) mit dem Ergebnis vor, daß das neue Bauansuchen zurückzuweisen ist (VwGH 12.1.1982, 1340/80).

30) Die bloße Kenntnis von einem Bauvorhaben oder vom Termin einer mündlichen Verhandlung zieht keine Rechtsfolgen nach § 42 AVG nach sich (vgl VwSlg 6703/A) (VwGH 18.5.1982, 05/1443/79). S jedoch auch Anm 3 und § 70a.

31) Die Frage, ob eine Verhandlung nach § 41 Abs 2 erster Satz AVG unter Berücksichtigung des Zweckes des Ermittlungsverfahrens (vgl § 37 AVG) so anberaumt wurde, daß die Teilnehmer rechtzeitig und vorbereitet erscheinen können, ist jeweils auf den Einzelfall abgestellt zu lösen. Wurde der Nachbar mit Ladungsbescheid zwei Tage vor der Bauverhandlung geladen – was an sich zu kurz wäre –, kannte er jedoch bereits das Projekt und den (neuen) Verhandlungstermin schon früher (fünf Tage), erfolgte die Ladung rechtzeitig (VwGH 18.5.1982, 05/1443/79).

32) Die vorbehaltlos erklärte Zurückziehung eines Bauansuchens kann nicht rechtswirksam widerrufen werden, mag die Zurückziehungserklärung auch aus einer rechtsirrigen Erwägung heraus abgegeben worden sein (VwGH 6.7.1982, 05/2723 ua/79, Slg 10.792/A).

33) Wird im erstinstanzlichen Baubewilligungsverfahren eine neuerliche mündliche Verhandlung durchgeführt, wird den Nachbarn die Möglichkeit zur Erhebung von Einwendungen neuerlich eröffnet (VwGH 22.2.1983, 82/05/0140, BauSlg 14).

34) Die Erteilung einer zweiten Baubewilligung für dasselbe Grundstück bedeutet nicht die Außerkraftsetzung der zuerst erteilten Baubewilligung. Mangels einer gesetzlichen Beschränkung steht es einem Bauwerber frei, für ein

Grundstück mehrere Baubewilligungen zu erwirken (VwGH 8.11.1983, 81/05/0146, BauSlg 137). S auch VwGH 19.12.1995, 95/05/0221.

35) Die privatrechtliche Einwendung des Nachbarn, ein Fensterrecht ersessen zu haben, steht der Erteilung der baubehördlichen Bewilligung nicht entgegen (VwGH 22.12.1983, 83/06/0253, BauSlg 169, zur TBO).

36) Hat ein Nachbar erklärt, seine Einwendungen zurückzuziehen, kann er das Bauvorhaben des Bauwerbers nicht mehr mit Erfolg anfechten (VwGH 27.3.1984, 05/1222/80, BauSlg 227).

37) Wurde bei einer Bauverhandlung das Projekt geändert, liegt bezüglich dieser Projektsänderung eine Präklusion nicht vor (VwGH 20.11.1984, 84/05/0131, BauSlg 335, zur NÖ BO).

38) Ein Gutachten eines Amtssachverständigen kann durch ein Gutachten eines Privatsachverständigen widerlegt werden; der Antrag auf neuerliche Durchführung eines Augenscheines unter Beiziehung des Privatsachverständigen reicht zur Widerlegung nicht aus (VwGH 19.9.1985, 85/06/0055, BauSlg 512).

39) Hat die (beabsichtigte) Erstellung eines Privatgutachtens längere Zeit in Anspruch genommen, liegt kein Verfahrensmangel vor, wenn die Baubehörde einem neuerlichen Antrag auf Fristverlängerung zwecks Vorlage des Gutachtens nicht stattgibt (VwGH 5.11.1985, 85/05/0095, BauSlg 564).

40a) Bei der Einwendung der Entwertung handelt es sich um eine privatrechtliche, die der Erteilung der Baubewilligung nicht entgegensteht.

40b) Das Unterbleiben eines Vergleichsversuchs bedeutet keine Rechtsverletzung (VwGH 3.12.1985, 85/05/0138, BauSlg 582).

41) Grundsätzlich ist ein Bauansuchen ein unteilbares Ganzes. Läßt sich ein Bauvorhaben in mehrere trennbare selbständige Vorhaben zerlegen, ist zu prüfen, ob nicht solche Teile des Bauvorhabens bewilligungsfähig sind, wenn schon nicht das ganze Vorhaben (VwGH 8.4.1986, 05/1243, 1262/80 und 85/05/0177, BauSlg 646).

42) Wurde einem Verbesserungsauftrag entsprochen – sei es rechtzeitig, sei es verspätet –, hat die Behörde über den gestellten Antrag zu entscheiden (VwGH 13.5.1986, 83/05/0204 u 0209, BauSlg 673).

43) Wird dasselbe Projekt, für welches ein versagender Bescheid in Rechtskraft erwuchs, von einem anderen Bauwerber neuerlich eingebracht, ist die Zurückweisung des Bauansuchens berechtigt (VwGH 12.6.1986, 86/06/0020, BauSlg 699, zur Stmk BO).

44) Auch bei einem nachträglichen Baubewilligungsverfahren ist nicht der tatsächliche (rechtlich zu sanierende) Baubestand, sondern der in den Einreichplänen und in der Baubeschreibung zum Ausdruck gebrachte Bauwille des Bauwerbers entscheidend (VwGH 1.7.1986, 82/05/0015, BauSlg 718).

45) Die Geltendmachung eines Geh- und Fahrrechtes auf dem zu bebauenden Grundstück stellt eine privatrechtliche Einwendung dar (VwGH 23.9.1986, 86/05/0088, BauSlg 762, zur NÖ BO).

46) Mit der Behauptung, Servitutsrechte (Wegeservitut) werden verletzt, vermag ein Nachbar die Rechtswidrigkeit einer Baubewilligung nicht darzutun (VwGH 21.10.1986, 86/05/0131, BauSlg 790).

47a) Eine ordnungsgemäß aufgenommene Niederschrift liefert den vollen Beweis über den Gegenstand und den Ablauf einer Verhandlung (VwGH 14.10.1986, 84/05/0155, BauSlg 776).

47b) Wurde eine Verhandlungsschrift nicht formgerecht abgefaßt, unterliegt ihr Inhalt der freien Beweiswürdigung. Hat ein Nachbar in einem solchen Fall behauptet, bestimmte – nicht protokollierte – Einwendungen erhoben zu haben, ist ein ergänzendes Ermittlungsverfahren durchzuführen (VwGH 4.11.1986, 86/05/0036, BauSlg 799).

48) Der Nachbar ist berechtigt, im Baubewilligungsverfahren Einwendungen gegen die vorher erfolgte Bauplatzschaffung vorzubringen, da ihm doch im Abteilungsverfahren selbst gem § 134 Abs 2 BO regelmäßig keine Parteistellung zukommt (E 26.2.1985, 85/05/0011). (VwGH 21.6.1988, 87/05/0087–0089, 0110, BauSlg 1135).

49) Bei der Beurteilung von Bauplänen sind angegebene Koten entscheidend, nicht der Maßstab des Planes (VwGH 24.10.1989, 87/05/0097). S Anm u E zu §§ 63 u 64.

50) Im Fall einer übergangenen Partei besteht kein Rechtsanspruch auf Durchführung einer neuerlichen Verhandlung (s E 25.1.1983, 82/05/0124, 26.9.1989, 86/05/0047 ua). Das Recht auf Parteiengehör ist nämlich auch dann gewährleistet, wenn den Parteien die Ergebnisse des Ermittlungsverfahrens iSd § 45 Abs 3 AVG zur Kenntnis gebracht und ihnen die Möglichkeit eingeräumt worden ist, hiezu innerhalb der angemessenen Frist Stellung zu nehmen (VwGH 24.4.1990, 89/05/0044).

51) Im Baubewilligungsverfahren ist ein Wechsel des Antragstellers zulässig (VwGH 15.5.1990, 90/05/0068, Slg 13.199 A, zur OÖ BO).

52) Ein Bauwerber kann sich (für denselben Bauplatz) mehrere Projekte bewilligen lassen (VwGH 25.9.1990, 90/05/0079, zur NÖ BO).

53) Die Art der Sicherung von Baugruben ist eine Frage der Ausführung des Bauvorhabens, nicht aber eine solche dessen Bewilligungsfähigkeit (VwGH 6.11.1990, 90/05/0105, 27.11.1990, 89/05/0026, 5.2.1991, 90/05/0157).

54) Die Baubehörde hat im Baubewilligungsverfahren die krankenanstaltenrechtlichen Vorschriften nicht anzuwenden, ist also für die Erteilung einer Bewilligung der krankenhausspezifischen technischen Einrichtungen nicht zuständig (VwGH 27.11.1990, 89/05/0026).

55) Der Nachbar besitzt einen Rechtsanspruch auf ausreichende Pläne, zumindest muß er eine Verletzung seiner Rechtssphäre beurteilen können (VwGH 6.12.1990, 90/06/0113, zur Stmk BO).

56) Eine Einwendung, die sich auf einen vor der Baubehörde abgeschlossenen Vergleich beruft, ist eine zivilrechtliche (VwGH 11.12.1990, 87/05/0075, zur OÖ BO).

57) Privatrechtliche Vereinbarungen können auch dann nicht zu einer Versagung der Baubewilligung führen, wenn sie in einen früheren Bescheid aufgenommen worden sind; entschiedene Sache ist in einem solchen Fall nicht gegeben (VwGH 22.1.1991, 90/05/0121, zur OÖ BO).

58) Bei der Frage eines bestimmten Grenzverlaufes handelt es sich im Baubewilligungsverfahren um eine Vorfrage (§ 38 AVG), sofern der Grenzverlauf für das Vorhaben rechtlich erheblich ist (vgl das Erk v 19.12.1985, 82/06/0183), wovon im Beschwerdefall auszugehen ist, weil die Frage strittig ist, ob Teile der von der Bauwerberin im Bereich der Grenze zur Liegenschaft der Nachbarn geplanten Einfriedungsmauer auf deren Grundstück errichtet werden soll. Die Verwaltungsbehörde durfte auf Grund des eingeholten Gutachtens von einem bestimmten Grenzverlauf ausgehen. Sollte ein zuständiges Gericht zu einer anderen Entscheidung gelangen, wäre ein Grund für die Wiederaufnahme des Baubewilligungsverfahrens gegeben (VwGH 19.3.1991, 88/05/0073).

59) Für die Baubehörde ist die Widmung des zu bebauenden Grundstückes allein entscheidend, nicht aber die Widmung der Grundstücke der Nachbarn, da Gegenstand der Prüfung durch die Baubehörde die Frage ist, ob die Verwirklichung des Bauvorhabens nach der im Flächenwidmungsplan festgesetzten Widmung zulässig ist (VwGH 4.4.1991, 88/05/0118).

60) Dem Baubewilligungsbescheid ist nicht die zur Zeit seiner Erlassung bestehende Lärmsituation, sondern die nach Ausführung des geplanten Bauvorhabens zu erwartende Lärmemission zugrunde zu legen (VwGH 4.4.1991, 90/05/0219).

61) Hat ein Bauwerber sein Projekt gegenüber einem früheren Projekt, für das die Baubehörde die Bewilligung versagt hat, nur geringfügig abgeändert, stehen diese Änderungen einer Zurückweisung des Bauansuchens wegen entschiedener Sache nicht entgegen (VwGH 30.5.1989, 84/05/0159, zur NÖ BO).

62) Bei der Auslegung eines Bescheides ist bei Widersprüchen zwischen Text und Plan im Zweifel dem Text des Bescheides der Vorrang einzuräumen (VwGH 19.9.1991, 91/05/0062, zur Stmk BO). Anm: Dies setzt wohl voraus, dass beide gesetzeskonform sind. Ebenso VwGH 12.10.1993, 93/05/0166.

63) Bleibt das ursprüngliche Bauprojekt in seiner Lage unverändert, entfiel durch die Projektsänderungen lediglich das so genannte „dritte Dachgeschoß“, wurden die Gau ben verkleinert und zum Teil in den Baukörper geschoben,

4 Dacherker begradigt und die Ausladung der gartenseitigen Balkone im Erdgeschoß und im ersten Dachgeschoß reduziert, so daß diese Balkone die Baufluchtlinien nun nicht mehr überragen, liegt nur eine Reduktion des ursprünglichen Bauvorhabens vor, durch die der Charakter des ursprünglichen Bauvorhabens nicht geändert wurde (s E 30.9.1976, Slg 7876 A). VwGH 15.9.1992, 92/05/0004 u 0075.

64) Die Möglichkeit einer widmungswidrigen Verwendung darf nicht als Grund für die Versagung der Baubewilligung herangezogen werden, da im Baubewilligungsverfahren lediglich zu prüfen ist, ob ein Projekt nach Maßgabe der baurechtlichen Bestimmungen unter Bedachtnahme auf die Rechte der Nachbarn bewilligungsfähig ist (s E 26.3.1985, 84/05/0237). VwGH 25.5.1993, 92/05/0312.

65) Maßgeblich für die Beurteilung, ob die Baubewilligung nachträglich erteilt werden kann oder nicht, ist nicht die faktische Situation, sondern der Bauplan. Auch die Beantwortung der Frage, ob die Zustimmung eines Nachbarn als Grundeigentümer (wegen Überschreitens der Grundstücksgrenze) erforderlich ist, hängt von dem im Bauplan dargestellten Vorhaben ab (VwGH 16.12.1993, 90/06/0154, zum Sa BaupolG).

66) Bei einer geringfügigen Verschiebung des Projekts im Interesse des Nachbarn ist eine früher eingetretene Präklusion weiter als gegeben anzunehmen (VwGH 14.9.1995, 95/06/0105, BauSlg 194, zum Sa BaupolG).

67) Ein Bauansuchen ist grundsätzlich als unteilbares Ganzes anzusehen, und es kann nur so bewilligt werden, wie es dem Parteibegehren entspricht. Steht es auch nur in einem Punkt mit zwingenden Vorschriften der Bauordnung in Widerspruch, muß es zur Gänze abgewiesen werden (VwGH 19.9.1995, 93/05/0105, BauSlg 201).

68) Ist der Umfang eines von der Partei gestellten Antrages unklar, hat die Behörde den Antragsteller zu einer Präzisierung seines Begehrens aufzufordern. Die Baubehörde ist auch verpflichtet, bei Widerspruch zu baurechtlichen Bestimmungen eine mögliche Projektsänderung nahe zu legen (VwGH 25.3.1997, 96/05/0283, BauSlg 70, zur NÖ BO).

69) Nicht belegt

70) Nach Aufhebung eines Flächenwidmungs- und Bebauungsplanes durch den VfGH tritt ein früherer Flächenwidmungs- und Bebauungsplan nicht wieder in Kraft, vielmehr ist bis zur Erlassung eines neuen Flächenwidmungs- und Bebauungsplanes eine Bausperre nach § 8 Abs 1 BO gegeben (VwGH 16.1.1998, 98/05/0040, BauSlg 94). Theorie vom „weißen Fleck".

71) Über den „eventualiter" gestellten Antrag haben die Baubehörden noch nicht abgesprochen. Ein Eventualantrag der hier zu beurteilenden Art ist im Verwaltungsverfahren durchaus zulässig. Über ihn muß die Behörde nur dann nicht eigens absprechen, wenn dieser durch die Erledigung des Primärantrages gegenstandslos wird. Im gegebenen Sach- und Rechtszusammenhang stellt sich der eventualiter gestellte Antrag aber als ein Ansuchen um eine weitere Baubewilligung für ein und denselben Bauplatz dar. Die Zulässigkeit dieser Vorgangsweise wurde grundsätzlich bejaht (vgl hiezu das hg Erkenntnis vom 9.6.1969, Slg 7.586/A). Zwei verschiedene Bauansuchen stellen jedoch, auch wenn sie sich auf den gleichen Bauplatz beziehen, keinen derart untrennbaren Zusammenhang dar, daß die Notwendigkeit der Entscheidung in einem Bescheid bestünde (VwGH 19.5.1998, 98/05/0029, BauSlg 126).

72a) Eine Schallschutzmauer darf auch in der geschlossenen Bauweise in einem geringen Abstand zur Grundgrenze des Nachbarn errichtet werden.

72b) Bei Projektsänderungen während der Bauverhandlung ist keine Präklusion gegeben (VwGH 30.6.1998, 94/05/0358, BauSlg 137).

73) Ist nach dem Bebauungsplan nur ein Nebengebäude auf einem Bauplatz zulässig, ist die Baubewilligung für ein 2. Nebengebäude auch dann zu versagen, wenn für das 1. Nebengebäude eine Widerrufsbewilligung nach § 71 BO gegeben ist (VwGH 17.5.1999, 98/05/0241, BauSlg 113).

Hier wurde der Baubewilligungsbescheid sogar für nichtig erklärt, obwohl doch nach § 14 BO gegen Widerruf bebaute Grundflächen als unbebaut gelten!

74) Ist eine Baubewilligung für einen früher bestehenden Bau erteilt worden, dieser Bestand jedoch nun völlig geändert, muß von einem Untergang der seinerzeit erteilten Baubewilligung ausgegangen werden. Für ein Gebäude mit mehreren Wohnungen ist aber nunmehr im Grünland – ländliches Gebiet die baubehördliche Bewilligung zu versagen (VwGH 15.6.1999, 95/05/0282, BauSlg 135).

75) Widerspricht ein Bauvorhaben gesetzlichen Bestimmungen, so dass eine Baubewilligung nach § 70 BO unzulässig ist, hat die Baubehörde davon auszugehen, dass der Antrag um Erteilung der Baubewilligung auch die Erteilung einer Baubewilligung nach § 71 BO umfasst. Die Sonderbaubewilligung nach § 71 b konnte der Antrag vom 12.6.1997 noch nicht gemeint haben, weil diese Bestimmung zu diesem Zeitpunkt noch nicht rechtlich existent war (VwGH 25.1.2000, 99/05/0227, BauSlg 24).

76) Sind Grundflächen nach dem Bebauungsplan gärtnerisch auszugestalten, ist eine Baubewilligung für die Errichtung einer „Gartenterrasse, Einzäunungs- bzw Befestigungsmauern" zu Recht versagt worden. Ein neuerlicher Antrag für ein identes Bauvorhaben ist bei gleicher Sach- und Rechtslage zu Recht (§ 68 Abs 1 AVG) wegen entschiedener Sache zurückzuweisen, hat sich doch der wesentliche Sachverhalt nicht geändert, wenn auch nun die Ortsbildfrage anders beurteilt wurde (VwGH 4.9.2001, 2000/05/0126).

77) Nicht belegt

78) Nach ständiger Rechtsprechung ist der vom Zusteller erstellte Zustellnachweis (Rückschein) eine öffentliche Urkunde, die den Beweis dafür erbringt, dass die Zustellung vorschriftsmäßig erfolgt ist; doch ist der Gegenbeweis gem § 292 Abs 2 ZPO zulässig. Behauptet jemand, es lägen Zustellmängel vor, so hat er diese Behauptungen auch entsprechend zu begründen und Beweise dafür anzubieten, die geeignet sind, die vom Gesetz aufgestellte Vermutung zu widerlegen (vgl *Walter/Thienel* aaO, E 2 f zu § 22 ZustG; zuletzt hg Erkenntnis vom 3. September 2002, Zl 2002/03/0156).

Wenn, wie oben ausgeführt, der Zusteller den Beginn der Abholfrist auf der Verständigung über die Hinterlegung angegeben hat, dann ist für den Beginn der Abholfrist allein diese Festlegung maßgeblich, weil mit dem Rückschein bloß der Beweis darüber erbracht wird, dass die Zustellung dem Gesetz entsprach. Die abweichende Angabe des Beginns der Abholfrist auf dem Rückschein ist ohne Belang, weil der Beginn der Abholfrist nicht auf dem Rückschein festgesetzt wird.

Der Bescheid gilt gem § 17 Abs 3 ZustG mit dem ersten Tag der Abholfrist als zugestellt. (VwGH 20.9.2005, 2005/05/0016).

79) Weder aus dieser noch aus einer anderen Bestimmung der BO ist ableitbar, dass dem Nachbarn im Baubewilligungsverfahren ein Anspruch zukomme, dass er neben dem schriftlichen Baubewilligungsbescheid auch eine Ausfertigung der Pläne und Baubeschreibung erhalten soll (vgl. zur ähnlichen Rechtslage in Niederösterreich das hg. Erkenntnis vom 17. September 1991, Zl. 91/05/0095). Die Bezugnahme auf einen zum Bestandteil eines Bescheides, mit dem eine Baubewilligung erteilt wird, erklärten Plan reicht aus, ohne dass daraus den Beschwerdeführern (hier: als Parteistellung genießenden Nachbarn) ein Anspruch darauf zukäme, mit dem Bewilligungsbescheid auch den zu Grunde liegenden Plan zu erhalten (vgl. in diesem Sinne das hg. Erkenntnis vom 20. Mai 2003, Zl. 2001/05/0173) (VwGH 12.10.2007, 2006/05/0147).

80) Der Verwaltungsgerichtshof hat in seiner Rechtsprechung wiederholt zum Ausdruck gebracht, dass die Vermutung des rechtmäßigen Bestandes einer Baulichkeit iS eines vermuteten Konsenses nur dann Platz greifen kann, wenn der Zeitpunkt der Erbauung desselben offensichtlich soweit zurück liegt, dass, von besonders gelagerten Einzelfällen abgesehen, auch bei ordnungsgemäß geführten Archiven die Wahrscheinlichkeit, noch entsprechende Unterlagen auffinden zu können, erfahrungsgemäß nicht mehr besteht; dieser vermutete Konsens darf also nur dann angenommen werden, wenn es sich um ein seit vielen Jahrzehnten bestehendes Gebäude handelt, nicht aber schon dann, wenn ein Einschreiten wegen Konsenslosigkeit bisher nicht erfolgte (vgl. etwa das hg. Erkenntnis vom 19. Jänner 1993, Zl. 92/05/0322, mwH) (VwGH 30.4.2009, 2006/05/0217).

81) Nicht belegt

82) Die Präklusionsregelung in § 42 Abs 1 AVG stellt nicht auf die in § 41 Abs 1 erster Satz AVG vorgesehene persönliche Verständigung der bekannten Beteiligten des Verwaltungsverfahrens ab (im Unterschied zu § 42 Abs 1 leg cit). Diese Bestimmung normiert als Voraussetzung für den Eintritt der Präklusionsfolge nämlich nicht, dass die Bestimmungen des § 41 Abs 1 AVG eingehalten wurden, sondern dass die mündliche Verhandlung gem § 41 Abs 1 zweiter Satz AVG (und in der nach den Verwaltungsvorschriften vorgesehenen besonderen Form oder in anderer geeigneter Form) kundgemacht wurde. Ist dies der Fall, dann betrifft die Präklusionswirkung (Verlust der Parteistellung) auch jene Personen, die als „bekannte Beteiligte" von der Behörde persönlich zu laden gewesen wären (vgl in diesem Sinne auch die hg Erkenntnisse vom 17. November 2004, Zl 2004/04/0169, und vom 15. September 2009, Zl 2008/06/0005). Eine persönliche Verständigung aller der Behörde bekannt gewordenen Nachbarn ist danach somit nicht Voraussetzung für den Eintritt der Präklusionsfolge gem § 42 Abs 1 AVG (VwGH 9.11.2011, 2010/06/0131). Betraf eine Kundmachung auf der Homepage der Behörde.

83) Nach ständiger hg Judikatur ist bei der Lösung der Frage, was Inhalt des Abspruches in einem Bescheid ist, nicht nur vom Spruch des Bescheides auszugehen, sondern zur Deutung des Spruches auch die Begründung heranzuziehen. Für die Bedeutung einer Aussage im Spruch des Bescheides ist hiebei maßgebend, wie dessen Inhalt objektiv zu verstehen ist (vgl etwa die in *Walter/Thienel*, Verwaltungsverfahren I^2, zu § 59 AVG E 33, 35 ff zitierte Rechtsprechung) (VwGH 17.4.2012, 2009/05/0313).

84) Entgegen der Auffassung der belangten Behörde ist jedoch die Notwendigkeit von Verfahrensergänzungen durch Einholung von Sachverständigengutachten allein kein Grund, aus dem die (neuerliche) Durchführung einer mündlichen Verhandlung unvermeidlich erscheint (vgl dazu das hg Erkenntnis vom 24. September 1992, Zl 92/06/0120, mwN). Gleiches gilt für Ermittlungen zu einem allfälligen Baubewilligungsverfahren (VwGH 17.4.2012, 2010/05/0026).

85) „Versäumt" ist eine Frist, wenn sie zu laufen begonnen hat und ungenutzt verstrichen ist. Hängt der Fristenlauf von der Zustellung eines behördlichen Schriftstücks an die Partei ab, so beginnt die Frist dann nicht zu laufen – und kann deshalb auch nicht versäumt werden –, wenn die Zustellung wegen Mängeln unwirksam ist (vgl *Walter/Thienel*, Verwaltungsverfahrensgesetze I^2, Band I, Anm 2 zu § 71 AVG, und die hg Rechtsprechung, zB vom 27. August 1996, Zl 96/05/0055, 26. Juni 2007, Zl 2006/13/0010, 17. September 2012, Zl 2011/23/0506) (VwGH 28.5.2013, 2011/05/0076).

86) Es kann dahingestellt bleiben, ob im gegenständlichen Fall ein Planwechsel gem § 73 Abs 1 BO in Frage kommt oder ob eine Baubewilligung gem § 70 BO für Umbauten oder bauliche Änderungen beantragt war. In beiden Fällen ist es nämlich erforderlich, dass ein rechtskräftiger Baukonsens, von dem abgewichen werden soll bzw auf den sich der Umbau oder die bauliche Änderung bezieht, vorhanden ist (vgl das hg Erkenntnis vom 20. September 2005, Zl 2004/05/0281, mwN). Diese Voraussetzung ist im vorliegenden Fall dadurch weggefallen, dass der Verwaltungsgerichtshof mit Erkenntnis vom 27. Februar 2013, Zlen 2011/05/0095 und 0112, die Baubewilligung vom 5. Mai 2011, Zl BOB – 432-435/10, aufgehoben hat. Der Aufhebung eines Bescheides durch den Verwaltungsgerichtshof kommt Wirkung ex tunc zu (vgl das genannte hg Erkenntnis vom 20. September 2005). Dies bedeutet, dass die Voraussetzung eines rechtskräftigen Baukonsenses für den Stammbau im gegenständlichen Fall jedenfalls rückwirkend weggefallen ist (VwGH 23.7.2013, 2013/05/0053).

87) Angesichts der vorhandenen Baubewilligung aus 1912 besteht kein Anhaltspunkt dafür, dass die (auch von der Beschwerde nicht in Zweifel gezogenen) Ausführungen des bautechnischen Amtssachverständigen, wonach die Archive für das in Rede stehende Grundstück als vollständig angesehen werden können, nicht zutreffend wären. Ohne konkrete Anhaltspunkte für die Unvollständigkeit der Archive sind aber keine weiteren behördlichen Ermittlungen in dieser Hinsicht vonnöten (vgl das hg Erkenntnis vom 25. September 1990, Zl 90/05/0072). Die belangte Behörde ist somit zutreffend davon ausgegangen, dass kein vermuteter Konsens besteht, bildet doch die Vollständigkeit der Archive ein wesentliches Argument gegen einen solchen (VwGH 23.7.2013, 2013/05/0012).

88) Für eine ordnungsgemäße Zustellung ist auch bei Ehegatten die Zustellung mittels zweier Sendungen (hier: Rückscheinbriefe) erforderlich. Eine Sendung (Rückscheinbrief), die an beide Ehegatten adressiert ist und von einem Ehegatten übernommen wird, kann für den anderen Ehegatten nicht als Ersatzzustellung wirksam sein. Auch dann, wenn nicht mehr festgestellt werden kann, ob eine solche gemeinsame Ladung zu einer Bauverhandlung, die postamtlich hinterlegt wurde, einem der beiden Adressaten tatsächlich zugekommen ist, ist er insofern als übergangene Partei anzusehen (vgl dazu die hg Erkenntnisse vom 27. Juni 1995, Zl 92/07/0140, vom 30. Juni 1994, Zl 93/06/0002, oder auch vom 10. Oktober 1991, Zl 91/06/0090, mwN) (VwGH 30.4.2013, 2013/05/0003).

89) Die Gesetzmäßigkeit eines Bescheides ist daher nach dem Zeitpunkt zu beurteilen, in dem der behördliche Wille durch die Verkündung oder durch die ihr gleichgestellte Zustellung in der maßgebenden Weise kundgegeben wird, wodurch der Bescheid erst rechtliche Existenz erlangt.

Diese Judikatur, wonach ein Bescheid nach der Rechtslage im Zeitpunkt seiner Erlassung (mündlichen Verkündung oder Zustellung) zu beurteilen ist, bezieht sich auf Bescheide, die von einer monokratischen Behörde erlassen wurden. Für die Überprüfung der Entscheidung einer Kollegialbehörde ist hingegen – sofern nicht auf Grund einer gesetzlichen Übergangsbestimmung oder einer sonstigen ausdrücklichen gesetzlichen Anordnung eine andere Betrachtungsweise geboten ist – die Sach- und Rechtslage im Zeitpunkt der Beschlussfassung des Kollegialorganes maßgeblich (vgl aus der hg Judikatur etwa den Beschluss vom 19. Dezember 2000, Zl 2000/12/0045, und das Erkenntnis vom 23. Jänner 2008, Zl 2006/07/0169, mwN; ferner zum Ganzen *Hengstschläger/Leeb*, AVG § 59 Rz 80 f) (VwGH 27.4.2016, Ra 2015/05/0069, zur BO f OÖ).

90a) Gem § 24 Abs 1 VwGVG hat das Verwaltungsgericht auf Antrag oder, wenn es dies für erforderlich hält, von Amts wegen eine öffentliche mündliche Verhandlung durchzuführen. Gem § 24 Abs 4 VwGVG kann eine mündliche Verhandlung ungeachtet eines Parteienantrages unterbleiben, wenn die Akten erkennen lassen, dass die mündliche Erörterung eine weitere Klärung der Rechtssache nicht erwarten lässt, und einem Entfall der Verhandlung weder Art 6 Abs 1 der Konvention zum Schutze der Menschenrechte und Grundfreiheiten (EMRK) noch Art 47 der Charta der Grundrechte der Europäischen Union (GRC) entgegenstehen. Eine Verhandlung vor dem Verwaltungsgericht ist daher durchzuführen, wenn es um „civil rights“ oder „strafrechtliche Anklagen“ im Sinn des Art 6 EMRK oder um die Möglichkeit der Verletzung einer Person eingeräumter Unionsrechte (Art 47 GRC) geht und eine inhaltliche Entscheidung in der Sache selbst getroffen wird. Nachbarrechte im Baubewilligungsverfahren stehen in so engem Zusammenhang mit Auswirkungen des Bauvorhabens auf das Nachbargrundstück und dessen Wert bzw. auf den ungestörten Genuss des Eigentums am Nachbargrundstück, dass sie als „civil rights“ anzusehen sind (Urteil des Europäischen Gerichtshofes für Menschrechte – EGMR – vom 25. November 1994, Nr 12.884/87, *Ortenberg/Österreich*). Der EGMR legte in seinen Entscheidungen vom 10. Mai 2007, Nr 7401/04 (*Hofbauer/Österreich* Nr 2), und vom 3. Mai 2007, Nr 17.912/05 (*Bösch/Österreich*), unter Hinweis auf seine frühere Rechtsprechung dar, dass der Betroffene im Rahmen des Art 6 EMRK grundsätzlich ein Recht auf eine mündliche Verhandlung vor einem Tribunal habe, außer es lägen außergewöhnliche Umstände vor, die eine Ausnahme davon rechtfertigten. Der EGMR nahm das Vorliegen solcher außergewöhnlichen Umstände an, wenn das Verfahren ausschließlich rechtliche oder „hoch-technische“ Fragen („exclusively legal or highly technical questions“) betrifft. In seinem Urteil vom 18. Juli 2013, Nr 56.422/09 (*Schädler-Eberle/Liechtenstein*), führte der EGMR aus, es gebe Verfahren, in denen eine Verhandlung nicht geboten sei, etwa wenn keine Fragen der Beweiswürdigung aufträten oder die Tatsachenfeststellungen nicht bestritten seien, sodass eine Verhandlung nicht notwendig sei und das Gericht auf Grund des schriftlichen Vorbringens und der schriftlichen Unterlagen entscheiden könne. Jedenfalls dann, wenn der Sachverhalt vor dem Verwaltungsgericht konkret – und nicht nur allgemein inhaltsleer – bestritten wird, kann jedoch nicht davon ausgegangen werden, dass das Verwaltungsgericht ausschließlich rechtliche Fragen zu behandeln hat (vgl das hg Erkenntnis vom 19. Mai 2015, Ro 2015/05/0004, mwN).

90b) Wenn das VwG den revisionswerbenden Parteien entgegenhält, sie seien dem Gutachten nicht auf gleicher fachlicher Ebene entgegengetreten, übersieht es, dass einem Vorbringen betreffend die Schlüssigkeit von Gutachten – etwa der Darlegung von Widersprüchen oder das Aufzeigen von Mängeln – auch dann Gewicht zukommt, wenn es nicht auf gleicher fachlicher Ebene angesiedelt ist (vgl *Hengstschläger/Leeb*, aaO, § 52 Rz 64, sowie *Walter/Thienel*, Verwaltungsverfahrensgesetz I^2 [1998] AVG § 52 E 249 ff) (VwGH 2.11.2016, Ra 2016/06/0088).

91) Zum Schutz der Nachbarrechte ist in einem Baubewilligungsverfahren eine Angabe nur in vollen Zentimetern jedenfalls ausreichend, eine Exaktheit im Millimeterbereich ist angesichts der typischen konkreten baulichen Maßnahmen bei der tatsächlichen Bauausführung und im Hinblick auf die Möglichkeit der Verletzung von Nachbarrechten nicht von Bedeutung (vgl zu Letzterem auch das hg Erkenntnis vom 27. November 1990, Zl 89/05/0026) (VwGH 11.3.2016, Ra 2014/06/0043-11, idF Ra 2014/06/0043-12 v 1.6.2016).

92) Um eine taugliche Einwendung zu erheben, reicht es aus, dass der Nachbar behauptet, das Bauvorhaben verletze Bestimmungen über die Bebauungsweise, die Bebauungshöhe, den Bauwich, die Abstände zwischen den Bauwerken oder deren zulässige Höhe. Dass das Bauvorhaben tatsächlich gegen diese Bestimmungen verstößt, ist nicht Voraussetzung für eine Einwendung im Rechtssinne, diese Frage ist vielmehr im Baubewilligungsverfahren zu prüfen (vgl das hg Erkenntnis vom 6. September 2011, Zl 2009/05/0278) (VwGH 27.6.2017, Ra 2016/05/0118).

Vereinfachtes Baubewilligungsverfahren[1)2)]

§ 70a. (1) Wird den Einreichunterlagen gemäß § 63 oder gemäß § 63a die im Rahmen seiner Befugnis abgegebene und nach den für die Berufsausübung maßgeblichen Vorschriften gefertigte Bestätigung einer Ziviltechnikerin oder eines Ziviltechnikers, die oder der von der Bauwerberin oder dem Bauwerber und von der Planverfasserin oder vom Planverfasser verschieden ist und zu diesen Personen in keinem Dienst- oder Organschaftsverhältnis steht, angeschlossen, dass sie unter Einhaltung der öffentlich-rechtlichen Bauvorschriften[3)3a)] verfasst sind, findet das vereinfachte Baubewilligungsverfahren und nicht das Baubewilligungsverfahren gemäß § 70 Anwendung.

Für folgende Gesichtspunkte können jeweils auch eigenständige Bestätigungen durch andere Ziviltechnikerinnen und Ziviltechniker angeschlossen werden, wobei sich die allgemeine Bestätigung auf all jene bautechnischen Anforderungen erstreckt, hinsichtlich derer von dieser Möglichkeit kein Gebrauch gemacht wird:[4)]

- **Mechanische Festigkeit und Standsicherheit,**
- **Brandschutz,**
- **Hygiene, Gesundheit und Umweltschutz,**
- **Nutzungssicherheit und Barrierefreiheit,**
- **Schallschutz,**
- **Energieeinsparung und Wärmeschutz.**

Diese Ziviltechnikerinnen und Ziviltechniker müssen ebenso von der Bauwerberin oder vom Bauwerber und von der Planverfasserin oder vom Planverfasser verschieden sein und dürfen zu diesen in keinem Dienst- oder Organschaftsverhältnis stehen.

Vom vereinfachten Baubewilligungsverfahren ausgenommen sind:

1. **Bauvorhaben, für die eine Bewilligung von Abweichungen nach § 69, § 76 Abs. 13 oder § 119a Abs. 4 erforderlich ist;**
2. **Bauvorhaben, für die eine Bewilligung gemäß § 71 beantragt ist;**
3. **Bauvorhaben in Schutzgebieten, und zwar auf Grundflächen im Wald- und Wiesengürtel sowie in Parkschutzgebieten;**
4. **Bauvorhaben in Erholungsgebieten, und zwar auf Grundflächen in Parkanlagen und auf sonstigen für die Volksgesundheit und Erholung der Bevölkerung notwendigen Grundflächen;**
5. **Bauvorhaben in Gebieten, für die Bausperre besteht;**
6. **der Abbruch von Bauwerken in Schutzzonen sowie von Gebäuden, die vor dem 1.1.1945 errichtet wurden;[3b)]**
7. **Bauvorhaben in Gebieten der Bauklasse VI;**
8. **Bauvorhaben, für die eine Grundabteilungsbewilligung erforderlich ist, aber noch nicht vorliegt, sowie Bauvorhaben auf Bauplätzen oder Baulosen, die mit einem Bauverbot behaftet sind;**
9. **Bauwerke, deren Höhe 26 m überschreitet;**
10. **Vorhaben, die in den Anwendungsbereich der Richtlinie 2012/18/EU vom 4.7.2012 zur Beherrschung der Gefahren schwerer Unfälle mit gefährlichen Stoffen, zur Änderung und anschließenden Aufhebung der Richtlinie 96/82/EG fallen;[5)]**
11. **das Anlegen von Steinbrüchen, Schotter-, Sand-, Lehm- und Tongruben sowie anderer Anlagen zur Ausbeutung des Untergrundes, ferner das Anlegen von Schlacken-, Schutt- und Müllhalden;**
12. **bestehende, jedoch nicht bewilligte Bauwerke,**
13. **Bauvorhaben, die sich auf bereits begonnene Bauführungen beziehen und über den Umfang des § 60 Abs. 1 lit. c hinausgehen.**

(2) Werden die Voraussetzungen für das vereinfachte Baubewilligungsverfahren gemäß Abs. 1 nicht erfüllt oder ist deren Erfüllung aus den vorgelegten Unterlagen nicht beurteilbar, ist dies dem Einreicher innerhalb von einem Monat ab der Einreichung mitzuteilen.[7)] Nach dieser Mitteilung hat die Behörde das Baubewilligungsverfahren gemäß § 70 durchzuführen.

(3) Auf Grund der vollständig vorgelegten Unterlagen hat die Behörde insbesondere zu prüfen:[8)]

1. die Übereinstimmung des Bauvorhabens mit dem Flächenwidmungsplan und dem Bebauungsplan;
2. die Einhaltung der baulichen Ausnützbarkeit des Bauplatzes beziehungsweise Bauloses;
3. die Einhaltung der Bebauungsbestimmungen;
4. die Einhaltung der Abstände von den Grenzen des Bauplatzes beziehungsweise Bauloses;
5. die Einhaltung der zulässigen Gebäudehöhe, Gebäudeumrisse beziehungsweise Strukturen;
6. die Versorgung mit gesundheitlich einwandfreiem Trinkwasser;
7. die Einhaltung der Bestimmungen über die äußere Gestaltung von Bauwerken (§ 85).

(4) Ergibt die Prüfung nach Abs. 3 und § 67 Abs. 1,[8)] dass die Bauführung unzulässig ist, hat die Behörde binnen drei Monaten ab tatsächlicher Vorlage der vollständigen Unterlagen, in Schutzzonen binnen vier Monaten, die Bauführung mit schriftlichem Bescheid unter Anschluss der Baupläne zu untersagen. Wird die Bauführung untersagt, ist sie einzustellen. Wenn außerhalb von Schutzzonen das Bauvorhaben von maßgeblichem Einfluss auf das örtliche Stadtbild ist und deswegen der Fachbeirat für Stadtplanung, Stadtgestaltung und Welterbe befasst wird, beträgt die Frist für die Untersagung vier Monate; dies ist dem Einreicher innerhalb der Frist von drei Monaten ab tatsächlicher Vorlage der vollständigen Unterlagen mitzuteilen.[9)] In diese Fristen wird die Dauer eines Verfahrens zur Mängelbehebung gemäß § 13 Abs. 3 AVG, BGBl. Nr. 51/1991 in der Fassung BGBl. I Nr. 161/2013, nicht eingerechnet.

(5) Untersagungsbescheide gemäß Abs. 4 und Mitteilungen gemäß Abs. 2 und 4 gelten auch dann als rechtzeitig zugestellt, wenn sie der Behörde wegen Unzustellbarkeit zurückgestellt werden.

(6) Erfolgt keine Mitteilung gemäß Abs. 2, darf mit der Bauführung begonnen werden.

(7) *entfällt; LGBl 2008/24 vom 11.4.2008*[10)]

(8) Nachbarn (§ 134 Abs. 3) können ab Einreichung des Bauvorhabens bei der Behörde Akteneinsicht (§ 17 AVG) nehmen und bis längstens drei

Monate nach dem Baubeginn (§ 124 Abs. 2) Einwendungen im Sinne des § 134a vorbringen und damit beantragen, dass die Baubewilligung versagt wird. Vom Zeitpunkt der Erhebung solcher Einwendungen an sind die Nachbarn Parteien. Eine spätere Erlangung der Parteistellung (§ 134 Abs. 4) ist ausgeschlossen.[11)]

(9) Die Versagung der Baubewilligung hat mit schriftlichem Bescheid unter Anschluss der Baupläne zu erfolgen. Wird die Baubewilligung versagt, ist die Bauführung einzustellen.[12)]

(10) Erfolgt keine rechtskräftige Versagung der Baubewilligung oder erlangen die Nachbarn keine Parteistellung gemäß Abs. 8, gilt das Bauvorhaben als mit rechtskräftigem Bescheid gemäß § 70 bewilligt.[13)] War die Bestätigung gemäß Abs. 1 inhaltlich unrichtig und ergibt sich daraus eine Verletzung von subjektiv-öffentlichen Nachbarrechten (§ 134a), ist das Verfahren auf Antrag eines in seinen Nachbarrechten verletzten Nachbarn wieder aufzunehmen, wenn der Nachbar darin gehindert war, dies gemäß Abs. 8 geltend zu machen und ihn daran kein Verschulden oder nur ein minderer Grad des Versehens trifft;[6)6a)6b)] Verschulden liegt insbesondere dann nicht vor, wenn die Tafel gemäß § 124 Abs. 2a nicht zeitgerecht angebracht oder vorzeitig entfernt worden ist und die Bauführung für Nachbarn als solche nicht erkennbar war. Eine Wiederaufnahme ist unzulässig, wenn seit der Fertigstellungsanzeige mehr als drei Jahre verstrichen sind.

(11) Leistungen, deren Erbringung gesetzlich als Voraussetzung zur Erteilung der Baubewilligung gefordert wird oder die anläßlich der Baubewilligung vorzuschreiben sind, hat die Behörde unmittelbar nach angezeigtem Baubeginn vorzuschreiben. Dies gilt auch für die bescheidmäßige Feststellung, um wie viel die Zahl der Stellplätze hinter dem gesetzlich geforderten Ausmaß zurückbleibt, sowie die Bekanntgabe oder Stundung gemäß § 54 Abs. 2 und 3 und die Bekanntgabe gemäß § 54 Abs. 9.[14)]

(EB zur Nov LGBl 2020/61)

Diese Änderung erfolgt aufgrund der Einführung des elektronischen Baubewilligungsverfahrens. Auch die Einreichung gemäß § 70a kann auf elektronische Weise erfolgen.

Ziviltechniker sind aufgrund § 15 Ziviltechnikergesetz (ZTG 2019), BGBl. I Nr. 29/2019 verpflichtet, auf Papier errichtete Unterlagen unter Beidruck eines Siegels und elektronisch errichtete Urkunden mit der elektronischen Beurkundungssignatur des Ziviltechnikers zu unterfertigen. Die elektronische Beurkundungssignatur ist eine qualifizierte elektronische Signatur nach Art. 3 Z 12 der Verordnung (EU) Nr. 910/2014 über elektronische Identifizierung und Vertrauensdienste für elektronische Transaktionen im Binnenmarkt und zur Aufhebung der Richtlinie 1999/93/EG (im Folgenden: eIDAS-VO), ABl. Nr. L 257 vom 28.08.2014 S. 73, in der Fassung der Berichtigung ABl. Nr. L 155 vom 14.06.2016 S. 44.

(EB zur BO-Nov 2023, LGBl 2023/37 vom 13.12.2023)

Abs. 1: Vor allem bei größeren Bauvorhaben bedient sich der zur Erstellung einer Bestätigung nach § 70a beauftragte Ziviltechniker in der Praxis oftmals weiterer Ziviltechniker, um den dafür notwendigen Sachverstand aufzubringen. Die solcherart erfolgende zivilrechtliche Beauftragung weiterer ZT zur Prüfung bestimmter Aspekte der Einreichunterlagen entfaltet allerdings keine öffentlichrechtliche Wirkung. Im Falle einer teilweise unrichtigen Bestätigung ist der/die beauftragte ZT sohin aus öffentlich-rechtlicher Sicht alleine für die Fehler seiner Gehilfen verantwortlich und kann sich nur im Innenverhältnis bei ihnen regressieren. Diesem unbefriedigenden Zustand wird Abhilfe geschaffen, indem die Bestimmung nunmehr die Möglichkeit vorsieht, mehrere ZT für bestimmte Teilbereiche der Prüfung zu beauftragen, die sodann eine jeweils eigene Bestätigung erstatten, für die sie jeweils verantwortlich sind. Die Verantwortlichkeiten ergeben sich unverändert aus § 65 Abs. 2 lit. c. Für die Richtigkeit der Bestätigung gemäß § 70a Abs. 1 haftet jeder ZT für den Bereich auf den sich die Bestätigung bezieht. Alle Bestätigungen sind im Zeitpunkt der Einreichung gemeinsam vorzulegen.

Abs. 10: Im Rahmen der Wiederaufnahmebestimmung des § 70a erfolgt eine Änderung, als nunmehr auch ein von Nachbar zu verantwortender minderer Grad des Versehens diese nicht mehr an der zulässigen Einbringung eines Antrags auf Wiederaufnahme des Verfahrens hindert.

Anmerkungen

1) § 70a wurde auf Grund der E VfGH 12.12.2000, Slg 16.049 u 20.6.2001, Slg 16.215 neu gefasst. Abs 1 wurde mit der Nov LGBl 2020/61 neu gefasst und tritt erst am 1.2.2021 in Kraft.

2) Hinsichtlich des „vereinfachten Baubewilligungsverfahrens" bestehen in mehrfacher Hinsicht erhebliche Bedenken. So sind die kritischen Stimmen in der Bundesrepublik Deutschland, wo ein ähnliches Rechtsinstitut seit längerem besteht, nicht mehr zu überhören (vgl hiezu *Degenhart*, Genehmigungsfreies Bauen und Rechtsschutz des Nachbarn, NJW 1996, 1433 ff, wobei der Schwerpunkt der Kritik bei Missbrauchshäufung und Rechtsunsicherheit liegt). Auch *Degenhart* zeigt deutlich auf, dass es in der Intention der Gebietskörperschaften liegt, die Lösung von Nachbarschaftskonflikten zu „privatisieren". Die Baubehörde ist von der Überprüfungspflicht, wie sich aus § 70a Abs 3 ergibt, keinesfalls befreit, wird aber oft mit dürftigen Angaben konfrontiert werden.

Bei materiellen Mängeln iS des § 70a Abs 1 Z 1–15 mündet das Verfahren wohl zwangsläufig in ein Verfahren nach § 70 (Abs 2). Anders sind solche Mängel zu beurteilen, die den Akt nicht vollständig erscheinen lassen. Hier ist ein Verbesserungsverfahren iS des § 13 AVG durchaus vorstellbar. UE scheint eine solche Vorgangsweise auch dann zulässig, wenn ein Verfahren gem § 70a in der Meinung, die vorgelegten Unterlagen seien vollständig, initiiert wird, die Behörde in der Folge nicht iS des Abs 4 entscheidet und mit dem Bau sodann begonnen wird. In einem solchen Fall kann nicht damit argumentiert werden, ein Verfahren nach § 70a sei unzulässig, weil vor Vorlage aller Unterlagen mit dem Bau begonnen worden sei, zumal ja die formalen Voraussetzungen des § 70a eingehalten wurden.

Die Nachbarn werden idR erst durch den Anschlag nach § 124 Abs 2a oder den tatsächlich sichtbaren Baubeginn von der Bauabsicht erfahren, was andererseits mit einem erheblichen Risiko für den Bauherrn verbunden ist. Es besteht nämlich die Gefahr, dass der Nachbar erst knapp vor Ablauf der Dreimonatsfrist seine Rechte geltend macht und später der VfGH oder der VwGH das Bauvorhaben für unzulässig erachten muss, wenn das Bauwerk vollendet ist. Vorsichtige Bauwerber werden daher beim gewöhnlichen Baubewilligungsverfahren verbleiben; dies ist ganz leicht dadurch zu bewerkstelligen, dass eine Bestätigung eines Ziviltechnikers gem Abs 1 nicht vorgelegt wird.

3) Unklar ist die Bestimmung, dass ein Ziviltechniker zu bestätigen hat, dass die Baupläne und Unterlagen unter Einhaltung der öffentlich-rechtlichen Bauvorschriften verfasst sind. Schon der Begriff „öffentlich-rechtliche Bauvorschrift" ist unklar; im Wege der teleologischen Auslegung kann man aber annehmen, dass damit die Bauordnung für Wien, ihre Nebengesetze und Durchführungsbestimmungen gemeint sind. Es ist darauf hinzuweisen, dass nach § 4 ZTG der Ziviltechniker nur im Rahmen seiner Befugnis auf seinem Fachgebiet prüfend tätig werden kann.

3a) Der Ziviltechniker ist hier nicht als Sachverständiger ieS, sondern überprüfend in einer der Behörde ähnlichen Aufgabe tätig. Er muss dazu nicht alle Befundungen selber durchführen sondern kann/muss prüfen, ob die erforderlichen fachkundigen und schlüssigen Befunde vorliegen. Vgl auch Tätigkeit eines Ziviltechnikers als Prüfingenieur.

3b) Vgl die Anm 15 zu § 60 Abs 1 lit d.

4) Damit ändert sich der Umfang der insgesamt zu beurteilenden Themen und Bereiche nicht, es kann nur eine Aufteilung vorgenommen werden. Es müssen damit alle erforderlichen Bestätigungen mit der Einreichung vorliegen bzw alle erforderlichen Themen abgedeckt sein, ansonsten wird die Wirkung iSd Abs 1 nicht ausgelöst und ist § 70a (noch) nicht anwendbar.

5) Sog „Seveso-III-Richtlinie". Dies umfasst auch Vorhaben im Schutzabstand eines Seveso-Betriebes im Anwendungsbereich des § 61a Abs 7.

6) Dem Nachbarn auch bei einem minderen Grad des Versehens Einwendungen zu ermöglichen, erscheint für einen verhältnismäßigen Rechtsschutz eigenverantwortlicher und sorgfältiger Liegenschaftseigentümer für die überwiegende Zahl an Fällen wohl überschießend. Dies wird der Rechtssicherheit und Attraktivität des Verfahrens nach § 70a nicht zuträglich sein. Bauwerbern mit „optimierter" Setzung von Baubeginnen konnte auch schon mit den bisherigen Regelungen beigekommen werden. Hinsichtlich der Anforderungen für eine Wiederaufnahme vgl etwa Jud zu § 71 Abs 1 AVG, § 46 Abs 1 zweiter Satz VwGG, wobei sich diese Jud im Wesentlichen auf die „Beobachtung" von Fristen und Einbringung von Schriftsätzen bezieht und nicht auf die Sorgfalt zur Beobachtung von Umständen und Vorgängen im Umfeld.

6a) S auch die mit BO-Nov 2023 verschärften Anforderungen an anzubringende Bautafeln iSd § 124 Abs 2a, ua mit Angaben samt vereinfachter bildlicher Darstellung des Bauvorhabens und Inhalt des § 70a Abs 8.

6b) Abs 10 idF BO-Nov 2023 (*minderer Grad des Versehens)* ist lt ÜB auch auf im Zeitpunkt des Inkrafttretens der Nov (14.12.2023) bereits anhängige Verfahren anzuwenden.

7) Da die „Mitteilungen" rechtliche Feststellungen enthalten, dürfte ihnen Bescheidcharakter zukommen. Der Ausdruck „mitzuteilen" spricht allerdings gegen den Bescheidcharakter. Die EB enthalten keine Aussagen zu dieser Problematik. Ob die Abweichung vom Zustellgesetz (Nichtbestellung eines Kurators für Abwesende iS des § 10 AVG, Unterlassung öffentlicher Bekanntmachung) unbedingt erforderlich ist, wird die Rechtsprechung zeigen. Die Formulierung lässt jedenfalls nicht den Schluss zu, dass damit nur die postalische Rücksendung ordnungsgemäß hinterlegter Mitteilungen und Bescheide gemeint ist.

8) Wenn in den EB behauptet wird, die Baubehörde wäre zu einer Prüfung aller Unterlagen nicht verpflichtet (usw), so scheint dies betr Haftungsfragen usw problematisch. Das hohe Gut des Konsens- und Vertrauensschutzes aus der Wirkung von Rechtskraft und Rechtssicherheit basiert auch auf der Annahme hoher Qualität und Richtigkeit von Baubewilligungen. Tatsächlich wurde mit der Nov LGBl 2009/25 in § 67 Abs 1 die Prüfpflicht auf die subjektiv-öffentlichen Nachbarrechte reduziert, was verfassungsrechtlich bedenklich erscheint. Allerdings wurde eine weitergehende – wenn auch nicht umfassende – Prüfpflicht in § 70a Abs 3 belassen.

9) Da die „Mitteilungen" rechtliche Feststellungen enthalten, wäre an sich ihr Bescheidcharakter anzunehmen, der Ausdruck „mitzuteilen" sowie die getroffene Art der Regelung spricht aber gegen den Bescheidcharakter. Die EB zur Stammfassung und zur neuen Nov enthalten zu dieser Problematik keine Aussage.

10) Abs 7 entfällt im Hinblick auf die Neuregelung in § 124 Abs 2a, bedingt durch das E VfGH 2.10.2007, G 4/07, Slg 18.234. Ob die somit jetzt geschaffene Regelung unbedenklich ist, muss bezweifelt werden, da das Problem vor allem bei Liegenschaften, die an der Rückseite aneinandergrenzen, nicht beseitigt wird.

11) Diese Regelungen bleiben (s Anm 2) für Bauwerber und Nachbarn unbefriedigend und problematisch. Die Problematik der Akteneinsicht wurde immerhin nun besser gelöst. Abs 7 aF hatte dazu auf den bei der Behörde „angezeigten" Baubeginn abgestellt, was vom VfGH mit E vom 12.12.2000, VfSlg 16.049/2000, als untauglich und verfassungswidrig erkannt wurde (s o). Auch in § 124 Abs 2 und § 134 Abs 4 ist der Bezug auf den „angezeigten" Baubeginn entfallen.

12) Fraglich ist, ob in einem Verfahren dieser Art eine Projektsänderung vorgenommen werden darf, wie dies die Berufungsbehörde in dem Verfahren angenommen hat, welches zu der erfolgreichen Beschwerde vor dem VfGH geführt hat.

13) Die Formulierung „gilt als bewilligt" ist nicht mit „ist bewilligt" gleichzusetzen, sondern eine Fiktion. Dies scheint überall dort von Bedeutung zu sein, wo ausdrücklich das Vorliegen einer Baubewilligung erforderlich ist.

14) Der letzte Halbsatz wurde mit der Nov LGBl 2009/25 eingefügt.

Judikatur

1) Die Ansicht, eine rechtskräftige Baubewilligung müsse vorliegen, findet im Gesetzeswortlaut des § 73 BO keine Deckung. Bei Planwechselbewilligungen betreffend Abweichungen in Verfahren gem § 70a BO dürfen die Änderungen bereits ab der Einreichung (der geänderten Pläne) vorgenommen werden. Nach § 72 leg. cit. darf, soweit nicht § 62 oder § 70a zur Anwendung kommt, der Bau begonnen und weitergeführt werden, sobald die Baubewilligung gegenüber dem Bauwerber und jenen Personen, die spätestens bei der mündlichen Verhandlung Einwendungen gem § 134 Abs. 3 erhoben haben, rechtskräftig ist. Da im Beschwerdefall § 70a zur Anwendung kommt, ist das Vorliegen einer rechtskräftigen Baubewilligung nicht erforderlich. Gem § 73 Abs. 2 leg. cit. dürfen die Änderungen, wenn die Einreichung gem § 70a erfolgte, unbeschadet späterer Entscheidungen der Behörde, bereits ab der Einreichung vorgenommen werden (VwGH 27.2.2002, 2001/05/1066, 1068).

2) Eine Rechtsverletzung durch den Spruch des angefochtenen Bescheides machen die Beschwerdeführer nicht geltend. Verletzt erachten sie sich durch die Begründung, soweit ausgeführt wurde, dass es Aufgabe der Baubehörde erster Instanz sei, die Einreichung (sic: nach § 70a) als Bauansuchen um Erteilung einer Baubewilligung gem § 70 BauO für Wien zu werten und ein entsprechendes Baubewilligungsverfahren durchzuführen.

Richtig zitierten die Beschwerdeführer Belegstellen aus der Judikatur und Literatur, wonach eine Baubewilligung ohne Antrag nicht erteilt werden dürfe. Sie leiten daraus aber das im Beschwerdepunkt konkretisierte Recht des Nachbarn ab, dass ein Baubewilligungsverfahren nicht ohne Antrag durchgeführt werden dürfe. Dabei verkennen sie grundsätzlich, dass im Falle einer Zurückweisung oder Abweisung des Antrages des Bauwerbers nach Abschluss einer Vorprüfung der Nachbar dem Baubewilligungsverfahren nicht beigezogen werden muss, weil er ja nur im Falle der Erteilung der Baubewilligung in seinen Rechten verletzt werden könnte (*Hauer*, Der Nachbar im Baurecht[5], 73). Daher kann allein durch die Durchführung eines Verfahrens, sollte dem tatsächlich kein Antrag zu Grunde liegen, in Nachbarrechte nicht eingegriffen werden.

Darüber hinaus verletzt der angefochtene Bescheid die Beschwerdeführer nicht in dem behaupteten (im Übrigen gar nicht bestehenden) Nachbarrecht. Der bekämpften Passage der Begründung, wonach der vorliegende Antrag als Antrag nach § 70 BauO für Wien zu werten sei, kommt nämlich keinerlei Bindungswirkung zu (VwGH 9.11.2004, 2002/05/0079).

3) Ein Feststellungsbescheid kann nur über Rechte oder Rechtsverhältnisse ergehen, wenn dies von einer Partei beantragt wird, diese ein rechtliches Interesse an der Feststellung hat, es sich um ein notwendiges, letztes und einziges Mittel zweckentsprechender Rechtsverteidigung handelt, oder wenn die Feststellung im öffentlichen Interesse liegt; dies jeweils unter der weiteren Voraussetzung, dass die maßgeblichen Rechtsvorschriften eine Feststellung dieser Art nicht ausschließen. Generell sind daher Feststellungsbescheide unzulässig, wenn die strittige Rechtsfrage im Rahmen eines anderen vorgesehenen gesetzlichen Verwaltungsverfahrens entschieden werden kann (vgl. dazu das hg. Erkenntnis vom 15. November 2007, Zl. 2006/07/0113, u.v.a.). Feststellungsbescheide sind daher subsidiäre Rechtsbehelfe.

Diese Voraussetzungen für die Erlassung eines Feststellungsbescheides im Sinne der Anträge der Beschwerdeführerin liegen nicht vor. Es wurde der Beschwerdeführerin auf Grund ihres Antrages gem § 70a Abs. 2 der Bauordnung für Wien mitgeteilt, dass die Voraussetzungen für das vereinfachte Bewilligungsverfahren nicht zur Anwendung kommen könnten, da die Änderungen über den Umfang des § 60 Abs. 1 lit. c der Bauordnung für Wien hinausgingen. Aus diesem Grund sei beabsichtigt, ihr Verfahren nach der Bestimmung des § 70 in Verbindung mit § 73 der Bauordnung für Wien zu führen. Bei dieser Mitteilung handelt es sich um eine Verfahrensanordnung, gegen die eine abgesonderte Berufung nicht möglich ist (vgl. *Moritz*, BauO Wien, 4. Auflage, [2009] S. 206).

Die Beschwerdeführerin hat die Möglichkeit, in dem auf Grund der Rechtsauffassung der Baubehörde nach § 70 der Bauordnung für Wien durchzuführenden Baubewilligungsverfahren ihre verfahrensrechtliche Position vorzutragen. Eine bescheidmäßige Feststellung, dass das Verfahren nach § 70a der Bauordnung für Wien durchzuführen sei, ist im Gesetz nicht vorgesehen und zur Wahrung des Rechtschutzes der Beschwerdeführerin auch nicht geboten (VwGH 23.7.2009, 2008/05/0241; ebenso 28.9.2010, 2009/05/0160).

4) Diese Nachweispflicht bezieht sich auch auf die Darlegung, dass der Wiedereinsetzungswerber (oder sein Vertreter) die ihm im Zusammenhang mit der Einhaltung der versäumten Frist gebotene Sorgfaltspflicht nicht außer Acht gelassen hat und dass ihm nicht mehr als bloß ein minderer Grad des Versehens an der Fristversäumnis zur Last liegt (vgl VwGH 23.10.2019, Ra 2019/19/0119 mit Hinweis B vom 25.4.2013, 2013/10/0075, mwN).

5) Eine krankheitsbedingte Säumnis erfüllt die Voraussetzungen für die Wiedereinsetzung in den vorigen Stand nur dann, wenn die Krankheit zu einer Dispositionsunfähigkeit des Betroffenen geführt hat oder die Dispositionsfähigkeit so stark beeinträchtigt hat, dass das Unterbleiben der fristwahrenden Handlung in einem milderen Licht – nämlich als bloß minderer Grad des Versehens – zu beurteilen ist (Hinweis E 22.07.2004, 2004/20/0122, mwN). Für die Wiedereinsetzung reicht es nicht aus, wenn die Partei gehindert war, die fristwahrende Handlung selbst zu setzen. Ein Wiedereinsetzungsgrund liegt nur vor, wenn die Partei auch gehindert war, der Fristversäumung durch andere geeignete Dispositionen – im Besonderen durch Beauftragung eines Vertreters – entgegen zu wirken (Hinweis E 29.11.2007, 2007/21/0308) bzw ihr auch insofern nur ein leicht fahrlässiges Fehlverhalten vorgeworfen werden könnte (vgl VwGH 25.4.2018, Ra 2018/18/0057).

6) Zwar hindert ein minderer Grad des Versehens der Partei die Wiedereinsetzung in den vorigen Stand nicht. Eine solche leichte Fahrlässigkeit liegt aber nur dann vor, wenn ein Fehler begangen wird, der gelegentlich auch einem sorgfältigen Menschen unterläuft. Der Wiedereinsetzungswerber darf also nicht auffallend sorglos gehandelt haben. Dabei ist an berufliche rechtskundige Parteienvertreter ein strengerer Maßstab anzulegen, als an Rechtsunkundige oder bisher noch nie an Verfahren beteiligten Personen. War die Versäumung voraussehbar und hätte sie durch ein dem Parteienvertreter zumutbares Verhalten abgewendet werden können, dann ist die Wiedereinsetzung zu verweigern (vgl VwGH 1.6.2006, 2005/07/0044 mit Hinweis OGH 29.8.1990, 9 Ob A 199/90, EvBl 1990/18).

7) Nach der ständigen Rechtsprechung des Verwaltungsgerichtshofes ist ein Ereignis „unvorhergesehen", wenn die Partei es tatsächlich nicht mit einberechnet hat und sein Eintritt auch unter Bedachtnahme auf die zumutbare Aufmerksamkeit und Voraussicht nicht erwartet werden konnte (vgl die bei Walter/Thienel, Verwaltungsverfahrensgesetze I[2] [1998] E 40 ff zu § 71 AVG referierte hg Rechtsprechung), wobei das im Begriff der „Unvorhergesehenheit" gelegene Zumutbarkeitsmoment dahin zu verstehen ist, dass die erforderliche zumutbare Aufmerksamkeit auch dann noch gewahrt ist, wenn der Partei ein nur „minderer Grad des Versehens" unterläuft (vgl VwGH 29.2.2008, 2008/04/0006).

8) Gem § 70a Abs 10 Wr BauO gilt ein Bauvorhaben nur dann als mit rechtskräftigem Bescheid gem § 70 bewilligt, wenn keine rechtskräftige Versagung der Baubewilligung erfolgt oder die Nachbarn keine Parteistellung gem Abs 8 erlangen. Auch dann, wenn entgegen § 70a Abs 1 Z 14 oder 15 iVm Abs 2

Wr BauO keine Mitteilung erfolgt sein sollte, kann der Beginn des Fristenlaufes für Nachbareinwendungen nicht vor der Baueinreichung liegen. Das Bauvorhaben gilt im Falle von rechtzeitigen Nachbareinwendungen keinesfalls vor der Entscheidung über dieselben als rechtskräftig bewilligt (vgl VwGH 31.1.2012, 2011/05/0017).

9) Aus der Entstehungsgeschichte des § 70a Wr BauO ergibt sich, dass § 124 Abs 2 letzter Satz Wr BauO (wonach eine Baubeginnsanzeige als nicht erstattet gilt, wenn mit dem Bau entgegen der Anzeige nicht begonnen wird) für die Beurteilung der Rechtzeitigkeit von Nachbareinwendungen nach § 70a Abs 8 Wr BauO nicht relevant ist. Der Baubeginn und nicht die Bauanzeige ist maßgeblich. § 124 Abs 2a Wr BauO stellt im Hinblick auf die erforderliche Erkennbarkeit des Baubeginns nach außen (vgl sinngemäß VwGH 17.11.2022, Ra 2021/05/0005, zur NÖ BauO 2014, mwN) sicher, dass den Nachbarn durch das Anbringen der Bautafeln jene Informationen zur Verfügung stehen, die ihnen eine Akteneinsicht (zur Abklärung allfälliger Einwendungen) bei der zuständigen Baubehörde möglich machen. Dem wird schließlich auch durch die in § 70a Abs 10 Wr BauO normierte Wiederaufnahmemöglichkeit des vereinfachten Baubewilligungsverfahrens entsprochen, wonach ein mangelndes Verschulden eines Nachbarn, rechtzeitig Einwendungen zu erheben, insbesondere dann vorliegt, wenn die Tafel gem § 124 Abs 2a Wr BauO nicht zeitgerecht angebracht oder vorzeitig entfernt worden ist und die Bauführung für Nachbarn als solche nicht erkennbar war. Indem das VwG davon ausging, dass für den Beginn des Fristenlaufs von Nachbareinwendungen auf den angezeigten Baubeginn abzustellen sei, hat es die Rechtslage verkannt (vgl VwGH 13.12.2023, Ra 2022/05/0023).

10) Hinsichtlich der bloßen Frage, ob zu Recht das vereinfachte (und nicht das „ordentliche") Baubewilligungsverfahren zur Anwendung kam, steht Nachbarn kein subjektiv-öffentliches Recht zu (vgl VwGH 17.6.2020, Ra 2020/05/0076 mit Hinweis E 3.5.2011, 2009/05/0154; 29.1.2013, 2010/05/0116).

11) § 101 Abs 3 Wr BauO räumt den Nachbarn bezüglich der Frage der Zustimmung zur Herstellung von Öffnungen in Feuermauern ein Mitspracherecht ein (Hinweis E vom 9. November 1999, 96/05/0124). Der Nachbar hat bezüglich seiner Zustimmung auch im Verfahren nach § 70a Wr BauO Parteistellung gem § 101 Abs 3 iVm § 134 Abs 3 erster Satz Wr BauO und § 8 AVG (vgl VwGH 25.9.2012, 2010/05/0076).

12) Bei der Mitteilung gem § 70a Abs 2 Wr BauO handelt es sich um eine Verfahrensanordnung, gegen die eine abgesonderte Berufung nicht möglich ist (Hinweis auf *Moritz*, BauO Wien, 4. Auflage, [2009] S 206) (vgl VwGH 28.9.2010, 2009/05/0160).

13) Bei der Untersagung der Bauführung gem § 70a Abs 4 Wr BauO kommt es auf die Frage, ob die Bauführung zu diesem Zeitpunkt bereits vollendet war, nicht an, zumal im Gesetz die Verkürzung der gesetzlichen Untersagungsfrist durch eine solche Vollendung nicht normiert wird. Die Bestimmung des § 70a Abs 4 Wr BauO normiert lediglich als Rechtsfolge eine Verpflichtung des Bauwerbers zur Einstellung der – nunmehr untersagten und somit nicht mehr ausführbaren – Bauführung (vgl VwGH 15.12.2009, 2009/05/0058).

14) Auch ein Bauvorhaben gem § 70a Wr BauO ist grundsätzlich ein Projektgenehmigungsverfahren, sodass die Behörde lediglich die Zulässigkeit des planmäßig belegten Vorhabens zu überprüfen hat und nicht die in der Natur hergestellten Ausführungen. Sollten die tatsächlichen Ausführungen nicht mit dem bewilligten Plan übereinstimmen, wird die Behörde allenfalls mit einem Abtragungsauftrag gem § 129 Abs 10 Wr BauO vorzugehen haben (vgl VwGH 7.9.2004, 2001/05/1074).

15) Das vereinfachte Baubewilligungsverfahren darf grundsätzlich Anwendung finden, wenn Baupläne und erforderliche Unterlagen mit der Erklärung eines Ziviltechnikers vorgelegt werden, weder eine Baubewilligung nach § 71 BauO ausdrücklich beantragt noch eine der in § 70a Abs 1 Z 1 bis 9 BauO bestimmten Ausnahmen zu beachten ist. Die Veränderung der Höhenlage einer Grundfläche fällt nicht unter die genannten Ausnahmen vom Anwendungsbereich des § 70a BauO und ist somit dem vereinfachten Bewilligungsverfahren zugänglich. Im gegenständlichen Zusammenhang wurden daher die in den Plänen dokumentierten Veränderungen der Höhenlage des Baugrundstückes und das Bauvorhaben zu Recht in einem der Behörde zur Bewilligung vorgelegt.

Für die Prüfung der eingereichten Unterlagen nach § 70a Abs 3 BauO und eine allfällige Untersagung der Bauführung steht der Behörde nach Abs 4 eine Frist von drei Monaten zur Verfügung. Die Prüfung aller Unterlagen steht der Behörde lediglich als Möglichkeit offen, sie ist jedoch nicht ausdrücklich Verpflichtung. Die Behörde kann vielmehr davon ausgehen, dass ihr auf Grund der Bestätigung des Ziviltechnikers, dh auf der Basis einer öffentlichen Urkunde, nachgewiesen ist, dass die Bauvorschriften eingehalten sind. Eine genaue, ins Detail gehende inhaltliche Prüfung des Bauvorhabens müsste die Baubehörde nur dann vornehmen, wenn sie bei Prüfung der Pläne gem Abs 3 auf Mängel stößt, die geeignet sind, die inhaltliche Richtigkeit der Bestätigung des Ziviltechnikers in Zweifel zu ziehen (*Geuder/Hauer*, aaO, S 517) (vgl VwGH 7.9.2004, 2001/05/1074).

Baubewilligungsverfahren für Bauwerke kleinen Umfangs

§ 70b.[1)] **(1) Bei Bauvorhaben**[2)] **im Gartensiedlungsgebiet sowie bei Bauvorhaben in der Bauklasse I mit einer bebauten Fläche von höchstens 150 m² sind der Behörde nur vorzulegen:**

1. Baupläne (§ 64) in zweifacher Ausfertigung; die Baupläne sind von einem nach den für die Beraufsausübung maßgeblichen Vorschriften hiezu Berechtigten zu verfassen und von diesem zu unterfertigen;
1a. Zustimmung des Eigentümers (aller Miteigentümer), wenn der Bauwerber nicht selbst Eigentümer oder nur Miteigentümer der Liegenschaft ist;
2. der Nachweis der Bewilligung des Bauplatzes oder Bauloses, wenn die erforderliche Abteilungsbewilligung noch nicht verbüchert ist.
3. die Nachweise gemäß § 63 Abs. 1 lit. e, g, h, j, k und l.

(1a) Bei Bauvorhaben im Sinne des Abs. 1 hat der Bauwerber für das elektronische Baubewilligungsverfahren in elektronischer Form über das von der Behörde im Internet bekanntgegebene Portal nur einzureichen:

1. Baupläne (§ 64), die von einem nach den für die Berufsausübung maßgeblichen Vorschriften hiezu Berechtigten verfasst und elektronisch signiert sind (§ 65 Abs. 1);
2. Nachweis der Bewilligung des Bauplatzes oder Bauloses, wenn die erforderliche Abteilungsbewilligung noch nicht verbüchert ist;
3. Zustimmung des Eigentümers (aller Miteigentümer), wenn der Bauwerber nicht selbst Eigentümer oder nur Miteigentümer der Liegenschaft ist;
4. die Nachweise gemäß § 63 Abs. 1 lit. e, g, h, j, k und l;
5. Erklärung, dass der Bauwerber oder sein bevollmächtigter Vertreter an der elektronischen Zustellung im Sinne des § 1b E-GovG, BGBl. I Nr. 10/2004 idF BGBl. I Nr. 104/2018, teilnimmt.

(2) Ausgenommen von Abs. 1 sind:

1. Bauvorhaben, für die eine Bewilligung von Abweichungen nach §§ 69, 76 Abs. 13 oder § 119a Abs. 4 erforderlich ist;
2. Bauvorhaben, für die eine Bewilligung gemäß § 71 beantragt ist;
3. Bauvorhaben in Gebieten, für die Bausperre besteht;
4. der Abbruch von Bauwerken in Schutzzonen sowie von Gebäuden, die vor dem 1.1.1945 errichtet wurden;
5. Bauvorhaben, für die eine Grundabteilungsbewilligung erforderlich ist, aber noch nicht vorliegt, sowie Bauvorhaben auf Bauplätzen oder Baulosen, die mit einem Bauverbot behaftet sind;
6. Bauvorhaben, die sich auf bereits begonnene Bauführungen beziehen und über den Umfang des § 60 Abs. 1 lit. c hinausgehen;[3)]
7. Bauvorhaben mit Geländeveränderungen, die über das bewilligungsfreie Ausmaß (§ 62a Abs. 1 Z 23) hinausgehen.[4)]

(2a) Werden die Voraussetzungen für das Baubewilligungsverfahren für Bauwerke kleineren Umfangs gemäß Abs. 1 nicht erfüllt, ist das Baubewilligungsverfahren gemäß § 70 durchzuführen.[5)]

(3) Nach Vorlage der vollständigen Unterlagen darf nach Anzeige des Baubeginns (§ 124 Abs. 2) mit der Bauführung begonnen werden.

(4) Ergibt die Prüfung der Angaben in den Bauplänen gemäß Abs. 1 oder Abs. 1a, dass die Bauführung unzulässig ist, hat die Behörde binnen drei Monaten ab tatsächlicher Vorlage der vollständigen Unterlagen, in Schutzzonen binnen vier Monaten, die Bauführung mit schriftlichem Bescheid unter Anschluss der Baupläne zu untersagen. Wird die Bauführung untersagt, ist sie einzustellen.

(5) Untersagungsbescheide gemäß Abs. 4 gelten auch dann als rechtzeitig zugestellt, wenn sie der Behörde wegen Unzustellbarkeit zurückgestellt werden.

(6) Nachbarn (§ 134 Abs. 3) können ab Einreichung des Bauvorhabens bei der Behörde Akteneinsicht (§ 17 AVG) nehmen und bis längstens drei Monate nach dem Baubeginn (Abs. 3) Einwendungen im Sinne des § 134a vorbringen und damit beantragen, dass die Baubewilligung versagt wird. Vom Zeitpunkt der Erhebung solcher Einwendungen an sind die Nachbarn Parteien. Eine spätere Erlangung der Parteistellung (§ 134 Abs. 4) ist ausgeschlossen. Bei nachträglichen Baubewilligungen hat der Bauwerber die Nachbarn von der Einreichung des Bauvorhabens bei der Behörde nachweislich in Kenntnis zu setzen;[3] dieser Nachweis ist den Einreichunterlagen anzuschließen. Der Lauf der Frist für die Einwendungen beginnt in diesem Fall mit dem Tag, an dem die Nachbarn von der Einreichung des Bauvorhabens nachweislich Kenntnis erhalten haben.

(7) Die Versagung der Baubewilligung hat mit schriftlichem Bescheid unter Anschluss der Baupläne zu erfolgen. Wird die Baubewilligung versagt, ist die Bauführung einzustellen.

(8) Erfolgt keine rechtskräftige Untersagung der Bauführung oder Versagung der Baubewilligung oder erlangen die Nachbarn keine Parteistellung gemäß Abs. 6, gilt das Bauvorhaben hinsichtlich der Angaben in den Bauplänen gemäß Abs. 1 oder Abs. 1a als mit rechtskräftigem Bescheid gemäß § 70 bewilligt;[6] § 70a Abs. 11 gilt sinngemäß. Maßgebend für die Beurteilung des Bauvorhabens ist die Rechtslage im Zeitpunkt der Vorlage der vollständigen Unterlagen.

(9) Leistungen, deren Erbringung gesetzlich als Voraussetzung zur Erteilung der Baubewilligung gefordert wird oder die anlässlich der Baubewilligung vorzuschreiben sind, hat die Behörde unmittelbar nach angezeigtem Baubeginn vorzuschreiben. Dies gilt auch für die bescheidmäßige Feststellung, um wie viel die Zahl der Stellplätze hinter dem gesetzlich geforderten Ausmaß zurückbleibt, sowie die Bekanntgabe oder Stundung gemäß § 54 Abs. 2 und 3 und die Bekanntgabe gemäß § 54 Abs. 9.

(EB zur Nov LGBl 2018/69)

Mit dem § 70b kommt zwecks Verwaltungsvereinfachung für kleinere Bauvorhaben künftig ein neues vereinfachtes Verfahren zur Anwendung, welches im Wesentlichen dem Baubewilligungsverfahren gemäß § 8 WKlG 1996, das sich in der Praxis bewährt hat, nachgebildet ist. Dieses Verfahren unterscheidet sich vom vereinfachten Baubewilligungsverfahren gemäß § 70a dadurch, dass geringere Anforderungen an die Einreichunterlagen gestellt werden; insbesondere ist keine Bestätigung eines Ziviltechnikers hinsichtlich der Einhaltung der Bauvorschriften erforderlich. Darüber hinaus ist ein Baubeginn bereits nach Vorlage der vollständigen Unterlagen und Erstattung der Baubeginnsanzeige zulässig. Das Verfahren soll bei Bauvorhaben im Gartensiedlungsgebiet sowie bei Bauvorhaben in der Bauklasse 1 mit einer bebauten Fläche von höchstens 150 m^2 Anwendung finden, zumal die bautechnische Komplexität bei Bauwerken in dieser Größenordnung gering ist.

(EB zur Nov LGBl 2020/61)

Mit dem neuen Abs. 1a wird eine Rechtsgrundlage geschaffen werden, damit auch Einreichungen gemäß § 70b auch auf elektronische Weise erfolgen können. Die Übermittlung kann nur über das von der Baubehörde im Internet bekannt gegebene Portal erfolgen (im Sinne einer organisatorischen Beschränkung gemäß § 13 Abs. 2 AVG).

Zur Gewährleistung der eindeutigen Zuordenbarkeit zum Ersteller und der Unverfälschtheit des signierten Planes sind die vorzulegenden Baupläne vom Planverfasser elektronisch zu signieren.

Im Sinne einer Durchführbarkeit des elektronischen Baubewilligungsverfahrens ohne Medienbrüche ist eine gültige elektronische Zustelladresse gemäß § 2 Z 5 Zustellgesetz – ZuStG bekanntzugeben. Diese darf ihre Gültigkeit während des Baubewilligungsverfahrens nicht verlieren. Wenn keine elektronische Zustelladresse vorliegt oder sie ihre Gültigkeit während des Verfahrens verliert, ist die Behörde gemäß § 13 Abs. 3 AVG berechtigt, das Ansuchen nach erfolgloser Erteilung eines Mängelbehebungsauftrages in jeder Lage des Verfahrens zurückzuweisen.

Anmerkungen

1) § 70b wurde mit der Nov LGBl 2018/69 eingefügt. Im Gegensatz zum §-70a-Verfahren hat der Bauwerber kein Wahlrecht (keine Ziviltechnikerbestätigung), das Verfahren ist zwingend anzuwenden. Der Bauwerber kann keinen Bewilligungsbescheid erlangen, nur einen Bescheid mit dem über Nachbareinwendungen abgesprochen wird. Mit der Nov LGBl 2020/61 wurde Abs 1 Z 1 neu gefasst, die Abs 4, 5, 6 und 8 wurden geändert, Abs 1a wurde eingefügt; die Änderungen treten in Bezug auf Abs 1 Z 1, Abs 1a, 4 und 8 mit 1.2.2021 in Kraft.

2) Die EB verweisen auf die bautechnische Einfachheit des Vorhabens. Unter „Bauvorhaben" wird einerseits das jeweils eingereichte Projekt andererseits als bauliche Einheit zu verstehen sein. Damit fällt jeweils in BK I einerseits ein Neubau bis 150 m^2, andererseits auch eine Abänderung bis 150 m^2 an einem größeren (> 150 m²) Bestandsgebäude in den Anwendungsbereich. Folglich können auf einem Bauplatz auch mehrere Bauvorhaben á 150 m² errichtet werden. Mehrere selbständige § 70b-Bauten können auch in einem (in einem Plan) eingereicht werden, dies dient der Verwaltungsökonomie und beeinträchtigt nicht die Schutzinteressen zu diesem Verfahren. Reicht ein einheitliches Bauvorhaben neben der BK I auch in eine andere (höhere) BK, dann ist die höherrangige Verfahrensart maßgeblich. Reicht etwa ein Bauvorhaben in BK II mit einem Teil auch in BK I, dann ist das gesamte einheitliche Bauvorhaben in dem Bewilligungsverfahren für BK II (§ 70 oder § 70a BO) abzuhandeln.

3) Abs 2 Z 6 wurde aus dem Verfahren gem § 70a und Abs. 6 aus jenem des WKlG übernommen. Das Verhältnis zueinander ist nicht ganz klar, nur begonnene vs abgeschlossene Bauführungen. Eine Verständigung und Einbindung von Nachbarn wird nur vorzunehmen sein, wo Nachbarrechte durch das Vorhaben berührt sein können (vgl §§ 70 und 62).

4) Abs 2 Z 7 eingefügt mit BO-Nov 2023, LGBl 2023/37 vom 13.12.2023.

5) Abs 2a eingefügt mit BO-Nov 2023, LGBl 2023/37 vom 13.12.2023 in Anlehnung an § 70a Abs 2. Der „falsche" § 70b wird damit ex lege als „normales" §-70-Verfahren weitergeführt. Eine Verpflichtung zur Mitteilung an den Bauwerber ist hier nicht normiert. Um zu vermeiden, dass der Bauwerber nicht fälschlich auf das Bestehen einer Bewilligung iSd Abs 8 iVm Abs 4 vertraut, wird die Behörde gehalten sein, in Anlehnung an diese Fristen weitere Schritte im fortgesetzten Verfahren mit Mitteilungen an den Bauwerber zu setzen. Praktisch werden bei „falsch" eingereichten Verfahren nach § 70b auch weitere Unterlagen für ein Verfahren gem § 70 einzufordern sein.

Hinsichtlich Vergleich mit dem Verhältnis zwischen § 70 und § 70a ist zu beachten, dass in diesem Verhältnis ein gesetzliches Wahlrecht zwischen inhaltlich gleichwertigen Projekttypen besteht. Dies ist in einem Verhältnis zwischen § 70 und § 70b nicht gegeben.

6) § 70b ist inhaltlich und textlich sehr stark an § 70a angelehnt. Im Gegensatz zu § 70a Abs 10 findet sich hier in § 70b Abs 8 aber keine Regelung für eine Wiedereinsetzung von Nachbarn. Damit bleibt die Regel nach Abs 6, dass eine spätere Erlangung der Parteistellung ausgeschlossen ist. Dies wurde iSd Vereinfachung des Verfahrens offenbar bewusst nicht mitübernommen. Die Regelungen der Bauordnung zu § 70a und § 134 gehen nach st Rsp dem AVG vor, was sohin auch für § 70b gilt.

Bewilligung für Bauten vorübergehenden Bestandes

§ 71. Bauwerke, die vorübergehenden Zwecken[1)] dienen oder nicht dauernd bestehen bleiben können, sei es wegen des bestimmungsgemäßen Zweckes der Grundfläche, sei es, weil in begründeten Ausnahmefällen das

Bauwerk den Bestimmungen dieses Gesetzes aus sachlichen Gegebenheiten nicht voll entspricht,[2] kann die Behörde auf eine bestimmte Zeit oder auf Widerruf bewilligen.[3] Für sie gelten die Bestimmungen dieses Gesetzes sowie des Wiener Garagengesetzes 2008 insofern nicht, als nach Lage des Falles im Bescheid auf die Einhaltung dieser Bestimmungen verzichtet worden ist. Der Bewilligung dürfen durch dieses Gesetz gegebene subjektiv-öffentliche Rechte nicht entgegenstehen und es darf die Bebaubarkeit der Nachbargrundflächen nicht vermindert werden, es sei denn, dass der Berechtigte der Bewilligung ausdrücklich zugestimmt hat oder keine Parteistellung (§ 134 Abs. 3) erlangt hat.[4)5)6)7)]

(EB zur Nov 1976)

Diese Regelung wird im Interesse der Verwaltungsvereinfachung getroffen und ist insbesondere deswegen gerechtfertigt, weil bei der Erteilung einer Ausnahmebewilligung grundsätzlich nicht von allen Bestimmungen der Bauordnung befreit werden soll, sondern nur von jenen, die im Einzelfall aus sachlich gerechtfertigten Gründen nicht angewendet werden können. Zugleich wird gegenüber der bisherigen Regelung für den Bauwerber eine Erleichterung durch die ergänzende Bestimmung geschaffen, daß der Anrainer, in dessen subjektiv-öffentliche Rechte bei Gewährung der Ausnahme eingegriffen würde, der Erteilung der Baubewilligung ausdrücklich zustimmen kann.

Anmerkungen

1) Zum Beispiel Bauhütten, Tribünen bei Festzügen, Kantinen bei großen Sportveranstaltungen usw. S aber auch § 62a.

2) Das Gesetz unterscheidet zwischen Bauten (baulichen Anlagen), die dem bestimmungsgemäßen Zweck des Grundes, dh der Flächenwidmung, widersprechen und Bauten, die den Bestimmungen der Bauordnung nicht (nicht voll) entsprechen. Es ist natürlich auch möglich, dass das Projekt beiden Normenkomplexen widerspricht. Bei Ausnahmen von der BO wird das Vorliegen eines Ausnahmefalles nunmehr ausdrücklich gefordert, wodurch der wohl irrige Eindruck entsteht, bei Ausnahmen von der Flächenwidmung sei ein Ausnahmegrund nicht erforderlich; wäre ein Ausnahmegrund nicht notwendig, hätte der Gesetzgeber keine Ermessensentscheidung, sondern eine Willkürentscheidung zugelassen.

3) Die Entscheidung ist eine Ermessensentscheidung.

4) Der letzte Satz idF der Nov LGBl 2001/91.

5) Durch die Normierung dieses Rechtssatzes wird § 42 AVG idF der Nov 1998 Rechnung getragen. Die Einführung der Möglichkeit, von Rechtsvorschriften mit Zustimmung des Nachbarn abzugehen, birgt die Gefahr, dass Vollmachtsmängel, fehlerhafte Zustellungen usw stets eine inhaltliche Rechtswidrigkeit zur Folge haben (s Anm und E zu § 70).

6) Unter einem begründeten Ausnahmefall kann auch eine Widmungsabsicht zu verstehen sein. Die Quasi-Vorwegnahme einer bevorstehenden Widmung durch ein Bauvorhaben kann auch im öffentlichen Interesse gelegen sein. Dies ist etwa dann anzunehmen, wenn durch die Abweichungen der künftigen Zielrichtung des Flächenwidmungsplanes und des Bebauungsplanes Rechnung getragen wird, insb, wenn kein begründeter Zweifel an der Umsetzung der Widmungsabsicht besteht.

7) Fällt das vormalige Hindernis später weg bzw wird der vormalige Mangel geheilt, auf Grund dessen keine definitive Bewilligung erteilt werden konnte, so besteht derzeit keine explizite Regelung, diese Ausnahmebewilligung in eine definitive Bewilligung umzuwandeln. Zur Erlangung bzw Erteilung einer nunmehrigen neuen und definitiven Bewilligung müsste das bereits bestehende Bauwerk nun vielmehr den aktuellen gesetzlichen bzw technischen Anforderungen entsprechen. Wäre ein Bauwerk so rückblickend einer definitiven Bewilligung zugänglich gewesen, so sollte auch eine sachlich gebotene Gleichstellung zu damals erteilten definitiven Bewilligungen möglich sein. Fallen Hindernisse bzw Mängel, auf Grund deren das Bauwerk der Erteilung einer definitiven Bewilligung gem § 70 nicht zugänglich war, später weg bzw werden geheilt, sodass es damit rückblickend damals einer solchen definitiven Bewilligung zugänglich gewesen wäre, ist dies iSd Billigkeit und Verhältnismäßigkeit fallbezogen bei der nachfolgenden Erteilung einer Bewilligung gem § 70 zu berücksichtigen.

Judikatur

1) Der Bauordnung für Wien aus dem Jahre 1883 war die Einrichtung der Baubewilligung auf Widerruf fremd. Sie wurde erst durch das Gesetz vom 17.6.1920, LGBl 547 (als § 90a), eingeführt. Aus diesem Umstand ist es zu erklären, daß bei der Erteilung der Baubewilligung auf Widerruf eine gewisse Unsicherheit bestand und daß daher zusätzliche Sicherungen wie die Kaution vorgesehen wurden. Der VwGH ist jedoch nicht der Anschauung, daß die im Bescheid festgelegte Abtragungsverpflichtung nicht im Bereich des öffentlichen Rechtes, sondern zivilrechtlich begründet gewesen sei (VwGH 11.10.1965, Slg 6778/A).

2) Die Rechtskraft einer mit einem Vorbehalt des Widerrufs ergangenen Baubewilligung bestimmt nicht nur den Inhalt, sondern auch den weiteren Verlauf des durch sie begründeten Rechtsverhältnisses (VfGH 5.10.1956, Slg 3078, und VwGH 18.4.1957, 2218/56, 17.4.1959, 2372/68, 16.12.1963, 1245/63, 16.12.1963, 1273/63 ua).

3) Mit Ablauf der Genehmigungsdauer der auf Zeit erteilten Baubewilligung bzw im Zeitpunkt des Widerrufes tritt ein konsensloser Zustand und die Verpflichtung zu Abtragung der Baulichkeit ein. Für den weiteren Bestand ist die

Durchführung eines Bauverfahrens und die Erteilung einer neuen Bewilligung erforderlich (VwGH 27.11.1928, Slg 15.428/A).

4) Bei einem Bescheid, mit welchem von einem rechtskräftig gewordenen Widerruf Gebrauch gemacht wird, kann nur die Frage aufgeworfen werden, ob die Behörde ohne zureichenden Grund von dem Widerrufsvorbehalt Gebrauch gemacht hat (VwGH 16.12.1963, 1314/63).

5) Bei der Beurteilung eines Ansuchens um Erteilung einer Baubewilligung gegen Widerruf hat die Behörde zunächst zu untersuchen, ob vom Antragsteller für die Erteilung einer solchen Ausnahmebewilligung angeführte oder auch aus seinem Vorbringen im Zusammenhalt mit der jeweils gegebenen Situation erkennbare besondere Gründe vorliegen, weil andernfalls eine Abstandnahme von den Vorschriften der Bauordnung in keinem Falle als gerechtfertigt angesehen werden könnte. Sind solche Ausnahmegründe gegeben, dann hat die Behörde weiters zu prüfen, ob ungeachtet dieses Umstandes öffentliche, in der Bauordnung begründete Rücksichten einer Ausnahmegenehmigung entgegenstehen. Solche öffentliche Rücksichten können auch darin gelegen sein, daß die Erteilung der Ausnahmegenehmigung dazu führen könnte, daß die Behörde, will sie sich nicht dem Vorwurf einer willkürlichen Handhabung des Ermessens aussetzen, auch in anderen gleichartigen Fällen eine Ausnahmegenehmigung erteilen müßte (VwGH 9.10.1962, Slg 5581/A, 14.6.1965, 381/64, 18.10.1965, 1031/65, 29.2.1965, 426/65).

6) Bei Ermessensentscheidungen können bei verschieden gearteten Anbringen auch verschieden lautende Entscheidungen ergehen. Wenn aber annähernd gleiche Voraussetzungen vorliegen, dann muß die unterschiedliche Entscheidung auf jene Umstände gegründet werden, in welchen sich die Anbringen voneinander unterscheiden. Diese Gründe müssen überdies sachliche Gründe sein (VwGH 8.1.1957, 2408/55).

7) Wenn bei einem auf Dauer angelegten Projekt ein sachlicher Widerrufsgrund nicht denkbar ist, darf eine Widerrufsbewilligung nicht erteilt werden (VwGH 25.1.1971, Slg 7950/A).

8) Es ist keine dem Gesetz widerstreitende Ermessensübung, Widerrufsbauten dann nicht zuzulassen, wenn durch deren Zulassung der weitere Bestand gewerblicher Betriebe in reinen Wohngebieten begünstigt wird (VwGH 11.5.1955, Slg 3738/A, 13.3.1967, 2146/65).

9) Wenn die Behörde mit Recht der Auffassung sein konnte, daß eine wilde Siedlung im Entstehen begriffen ist und daß diese den öffentlichen Interessen widerstreitet, und es demgemäß abgelehnt hat, gesetzwidrige Bauführungen unter Anwendung des § 71 zu sanieren, so ist die negative Handhabung des Ermessens keineswegs gesetzwidrig (VwGH 3.2.1959, 1429/1430/58, 18.10.1965, 1031/65).

10) Wenn die Behörde von ihrem Ermessen aus der Erwägung keinen positiven Gebrauch gemacht hat, daß das betreffende Gebiet in absehbarer Zeit einer baulichen Assanierung zugeführt werden soll, kann nicht davon gesprochen werden, daß für ihre Entscheidung unsachliche Motive maßgebend waren (VwGH 8.1.1957, 2408/55).

11) Die Errichtung einer den Bebauungsvorschriften entsprechenden Wohnhausanlage anstelle eines diesen Vorschriften widersprechenden Gebäudes ist ein ausreichender Grund, um vom Widerruf der Baubewilligung Gebrauch zu machen (VwGH 16.12.1963, 1314/63). Desgleichen die Notwendigkeit der Verlegung einer Gleisschleife der städtischen Straßenbahn und der Verbreiterung der Verkehrsfläche (VwGH 16.12.1963, 1245/63) und ein sicherheitsgefährlicher Zustand des Gebäudes (VwGH 10.12.1962, 1070/62).

12) Die Errichtung einer den Bebauungsvorschriften entsprechenden Wohnhausanlage und der Ausbau einer öffentlichen Straße stellen nach der Rechtsprechung ausreichende Gründe für den Widerruf dar. Es kommt nicht darauf an, ob die bestehenden Bauten nicht etwa in die geplante Verbauung einbezogen werden können (VwGH 14.4.1978, Slg 9528/A).

13) Der Hinweis auf § 42 AVG ist dahin zu verstehen, daß die Behörde im Falle der konkludenten Zustimmung trotz der Verletzung eines subjektiv-öffentlichen Rechtes eine Bewilligung nach § 71 BO erteilen darf, nicht aber dann, wenn die Nachbarn sich ausdrücklich gegen die Erteilung der vom Beschwerdeführer angestrebten Baubewilligung ausgesprochen haben. Die Gründe, welche die Nachbarn in diesem Zusammenhang anführen, sind hiebei rechtlich unerheblich – anders als in dem dem E v 3.12.1980, 06/3112/79, zugrunde liegenden Beschwerdefall setzt nämlich § 71 Satz 3 BO die ausdrückliche oder stillschweigende Zustimmung des durch die Baubewilligung betroffenen Nachbarn voraus (VwGH 27.10.1981, 81/05/0007).

14) Für die Nutzung eines Gebrauchtwagenplatzes kann die Errichtung eines Verkaufskioskes als Ausnahmegrund nach § 71 BO angesehen werden, wenn die Grundfläche für öffentliche Zwecke gewidmet ist, derzeit aber noch nicht benötigt wird (VwGH 26.3.1985, 81/05/0143, BauSlg 415).

15a) Für den Widerruf einer auf Widerruf erteilten Baubewilligung muß ein ausreichender Grund vorliegen.

15b) Ein gleichzeitig mit dem Widerruf erteilter Abtragungsauftrag ist bei gleichzeitiger Rechtskraft beider Absprüche rechtlich unbedenklich (VwGH 19.11.1985, 85/05/0105).

16) Wurde eine Baubewilligung auch nach § 71 BO versagt, muß diese Entscheidung begründet werden – hier Aufhebung mangels Begründung (VwGH 24.3.1987, 84/05/0094, 0095).

17a) Die Erklärung der Nachbarn, gegen ein Bauvorhaben zu sein, reicht bei Vorliegen subjektiv-öffentlicher Rechte aus, um die Erteilung einer Baubewilligung nach § 71 BO zu verhindern.

17b) Die Ausnahmeregelung des § 69 BO kommt nur bei definitiven Baubewilligungen nach § 70 BO zur Anwendung, nicht bei § 71 BO (VwGH 13.12.1988, 88/05/0187, BauSlg 1232).

18) Für ein auf Dauer angelegtes Projekt (hier zu großes Haus mit Rauchfang im Kleingartengebiet) ist eine Bewilligung auf jederzeitigen Widerruf unzulässig (VwGH 20.3.1990, 84/05/0231).

19) Eine Baubewilligung gem § 70 BO für Teile des Projekts und eine Bewilligung gem § 71 BO für andere Teile ist hier schon deshalb rechtlich nicht möglich, weil das eingereichte Projekt auf Grund der durchgehenden Außenmauern im Bereich des Erdgeschoßes sowie des einheitlichen Daches nicht trennbar ist (VwGH 17.9.1991, 91/05/0089).

20) Die Erteilung der Zustimmung durch den Nachbarn unter Bedingungen, die nicht erfüllt werden können, ist eine Verweigerung der Zustimmung (VwGH 31.8.1999, 96/05/0004).

21) Abgesehen vom Fehlen eines begründeten Ausnahmefalles hat der Verwaltungsgerichtshof auch wiederholt ausgesprochen, dass selbst ein tatsächlicher Bestand, auch durch Jahrzehnte, nicht bewirken könne, dass das Ermessen unabhängig von der gegebenen Rechtslage und vom jeweils vorliegenden Sachverhalt stets positiv zu handhaben wäre (vgl ua das hg Erkenntnis vom 12. Mai 1992, Zl 91/05/0221). In diesem Erkenntnis hat der Verwaltungsgerichtshof auch ausgeführt, dass auch der Umstand, dass von der gesetzlichen Bebaubarkeit wesentlich abgewichen wird, eine Versagung der Baubewilligung nach § 71 BO zu begründen vermag (VwGH 4.9.2001, 2001/05/0133).

22) Widerspricht ein Bauvorhaben gesetzlichen Bestimmungen, hat die Behörde davon auszugehen, dass der Antrag auch eine Bewilligung nach § 71 BO umfasst. Die belangte Behörde hat daher zu Recht über das Bauansuchen auch unter Heranziehung des § 71 BO abgesprochen. Eine Bewilligung nach § 71 BO ist nur dann zulässig, wenn ein Ausnahmegrund vorliegt. Bei der Beurteilung eines Ansuchens um eine solche Bewilligung hat die Behörde zu prüfen, ob für die Erteilung derselben vom Antragsteller angeführte oder doch aus seinem Vorbringen im Zusammenhang mit der jeweils gegebenen Situation erkennbar besondere Gründe vorliegen. Die Beschwerdeführerin hat aber nicht dargetan, dass im konkreten Fall besondere Umstände vorliegen, die die gegenständliche Werbeanlage notwendig machen. Es kann der belangten Behörde daher nicht mit Erfolg entgegengetreten werden, wenn sie auch die Erteilung einer Baubewilligung nach § 71 BO versagte (vgl das hg Erkenntnis vom 18. Mai 2004, Zl 2003/05/0138) (VwGH 28.4.2006, 2005/05/0186).

23) Die Versagung einer Bewilligung für Bauwerke vorübergehenden Bestandes ist rechtmäßig, wenn sonst die Realisierung des geltenden Flächenwidmungs- und Bebauungsplanes hintangehalten werden würde oder wenn bei nicht willkürlicher Handhabung in der Folge weitere Bewilligungen erteilt werden müssten und die Vielzahl den öffentlichen Rücksichten widerstreitet bzw den Flächenwidmungsplan unvollziehbar macht (VwGH 9.6.2022, Ra 2021/05/0118).

Bewilligung für Bauten langen Bestandes[1)2)8)]

§ 71a. Hat ein Bauwerk zur Gänze oder in wesentlichen Teilen seit mehr als 30 Jahren an derselben Stelle ohne jede Baubewilligung bestanden und kann es auch nach §§ 70 oder 71 nicht bewilligt werden,[3)] gilt dieses Bauwerk als mit rechtskräftigem Bescheid gemäß § 71 auf Widerruf bewilligt,[4)5)] wenn unter ausdrücklicher Bezugnahme auf diese Bestimmung (§ 71a) vollständige Bestandspläne im Sinne des § 63 Abs. 1 lit. a und des § 64 vorgelegt werden und der Behörde die Zustimmung des Grundeigentümers (aller Miteigentümer) nachgewiesen wird;[6)] für das elektronische Bewilligungsverfahren gelten § 63a Abs. 1 lit. a, b und c und § 64 sinngemäß; die Verletzung subjektiv-öffentlicher Nachbarrechte und die Verminderung der Bebaubarkeit von Nachbargrundflächen stehen dem, unbeschadet des § 14, nicht entgegen.[7)]

(EB zur BO-Nov 2023, LGBl 2023/37 vom 13.12.2023)

Bei der Einführung dieser Bestimmung hatte der Gesetzgeber insbesondere Objekte in Kleingartenanlagen vor Augen, die über Jahrzehnte Bestand hatten, aber mit den Rechtsvorschriften nicht in Einklang gebracht werden konnten und daher die Voraussetzungen für eine nachträgliche Baubewilligung nicht erfüllten, obwohl sie der durch die Flächenwidmung angestrebten Zielsetzung durch ihre tatsächliche Nutzung nicht widersprachen.

Die seit Inkrafttreten der Novelle LGBl. 46/1998 verstrichene Zeit sollte den Eigentümern der von § 71a erfassten Bauwerke hinreichend Gelegenheit zu deren Bewilligung eingeräumt haben. Das Auftreten unbilliger Härtefälle ist nicht mehr zu erwarten. Aus diesem Grund entfällt die Bestimmung. Die Möglichkeit gemäß § 71b eine Sonderbaubewilligung zu erwirken, bleibt weiterhin bestehen. Für Bauwerke, die vor dem 1.5.1997 errichtet worden sind, besteht weiterhin die Möglichkeit zu einer rechtlichen Sanierung.

Anmerkungen

1) § 71a wurde durch die Nov LGBl 1998/46 eingefügt. Der Halbsatz „und kann es auch nach §§ 70 oder 71 nicht bewilligt werden" stammt aus der Nov LGBl 2009/25; die Wortfolge „für das elektronische Bewilligungsverfahren gelten § 63a Abs. 1 lit. a, b und c und § 64 sinngemäß;" wurde mit der Nov LGBl 2020/61 eingefügt und tritt mit 1.2.2021 in Kraft.

2) Wie den EB zu entnehmen ist, soll § 71a eine rechtliche Sanierung von unbefugt errichteten Bauten (Schwarzbauten) ermöglichen. Damit wird den Baubehörden und den für die Baubehörden verantwortlichen Politikern für die Vergangenheit eine Vernachlässigung ihrer Pflichten bezeugt, denn nach dem Gesetz wären für unbefugte Bauten baupolizeiliche Beseitigungsaufträge (§ 129 Abs 10 BO) zu erteilen gewesen und nach Rechtskraft ihre Vollstreckung durchzusetzen. Eine Unterscheidung dahin gehend, ob die unbefugten Bauten den materiellen baurechtlichen Bestimmungen entsprechen und ob Bauaufträge erteilt worden waren bzw eine nachträgliche Baubewilligung in Betracht kommen könnte, wurde nicht vorgenommen, eine rechtspolitisch problematische Vorgangsweise. Anlass für diesen Versuch einer rechtlichen Sanierung bestehenden Baubestandes dürfte, wie auch in anderen Bundesländern, die neuere Judikatur des OGH zu Fragen des Missbrauchs der Amtsgewalt sein (s etwa OGH 23.4.1996, 14 Os 27/96, 4.6.1996, 11 Os 44/96, ua). Auch wurde die Judikatur des VfGH zu anderen Bundesländern betr die Sanierung widmungswidriger Bauten völlig missachtet, die davon ausgeht, dass es dem Gleichheitssatz widerspricht, wenn Personen, die sich rechtswidrig verhielten, vom Gesetzgeber besser gestellt werden als Personen, die in Übereinstimmung mit der Rechtslage auf konsenslose Bauführungen verzichteten (s E 1).

3) Bisher war bei Vorliegen der Voraussetzungen des § 71a nur die Vorlage von Bestandsplänen und die Zustimmung des Grundeigentümers notwendig. Wenn jetzt ein Betroffener von § 71a Gebrauch machen will, wird er zunächst auf § 70 und § 71 verwiesen, sodass hier die Schranke der Nachbarzustimmung möglicherweise entgegensteht. Bei dieser rechtlichen Konstellation wäre es aber unvertretbar, dann zu § 71a zu greifen, um das Nachbarrecht auszuschalten. Ob das bedacht wurde?

4) Die Regelung verlangt nur die Vorlage vollständiger Bestandspläne und die Zustimmung des Grundeigentümers (aller Miteigentümer), was allein schon einen rechtskräftigen Bescheid nach § 71 auf Widerruf bedeutet, wie das Wort „gilt" zum Ausdruck bringen dürfte. Die Baubehörde hat aber wohl von Amts wegen noch zu prüfen (vgl schon § 39 AVG), ob die Frist von 30 Jahren abgelaufen ist. Wie die Behörde vorzugehen hat, hat der Gesetzgeber nicht angeordnet, doch ist mangels Vorliegens der gesetzlichen Voraussetzungen nicht von einer Bewilligung auszugehen und vielmehr nach § 129 Abs 10 ein Auftrag zu erteilen.

5) Die 30-jährige Frist ist wohl eine dynamische; maßgebend ist ihre Einhaltung; sie ist nicht auf den Zeitpunkt des Inkrafttretens des § 71a (4.9.1998) abzustellen. Die laufende Perpetuierung gesetzwidrigen Verhaltens ist zwar populistisch, aber nach rechtsstaatlichen Grundsätzen unvertretbar.

6) Nach der Nov LGBl 2009/25 (vgl Anm 1) wird diese Bestimmung noch unverständlicher, weil maßgebliches Abgrenzungsparameter zwischen dem § 71 und dem § 71a die Zustimmung des Nachbarn war. Aus dem letzten Halbsatz geht aber hervor, dass subjektiv-öffentliche Nachbarrechte weiterhin unbeachtlich sind. Die Frage der Nichtberücksichtigung von Nachbarrechten ist auch in der Literatur umstritten, da sie wiederholt aus Gewinnsucht oder egoistischen Überlegungen geltend gemacht werden, auch wenn ein Bauvorhaben gesetzeskonform ist. Dies mindert aber nicht das rechtsstaatliche Bedenken der nachträglichen Sanierung von Schwarzbauten. Vgl auch *Oberndorfer*, Der Rechtsstaat auf der Probe oder der Versuch der Legalisierung von Unrecht, FS Winkler (1997) 707, *Hiesel,* Die Rechtsstaatsjudikatur des Verfassungsgerichtshofes, ÖJZ 1999, 522.

7) *Krzizek* hat in seinem System des Österreichischen Baurechts (vgl hiezu auch *Geuder/Hauer*, Wiener Bauvorschriften[5], 414) die Begriffe Bau, Bauwerk, bauliche Anlage und Bauanlage synonym behandelt und den Begriff des „Gebäudes" als Unterbegriff zugeordnet. Mit der Neufassung des § 71a durch die Techniknovelle, LGBl 2008/24 und der damit verbundenen Begriffsvereinheitlichung ergibt sich die Frage, wie im Falle von Zubauten und baulichen Änderungen ohne Baubewilligung an einem rechtmäßig bewilligten Gebäude vorzugehen ist. Dass unter „Bauwerk" auch solche Bauteile (Bauwerkteile?) zu verstehen sind, ergibt sich aus der Regelung des § 129 Abs 10, der für nicht genehmigte Bauwerke Abtragungsaufträge vorsieht, wohl also auch für Bauteile (Bauwerksteile). Geht man von der Judikatur des VwGH aus, ergibt eine unlösbare Verbindung zwischen bewilligten und nicht bewilligten Teilen als Ganzes ein (neues) Bauwerk, das keinen Konsens besitzt. Bei mehr als 30 Jahren Bestandsdauer könnte dieses dann als Ganzes nach § 71a BO beurteilt werden. Im Fall der Trennbarkeit der nicht bewilligten Bauteile (Bauwerksteile) könnten diese dann als nach § 71 BO am sonst weiter nach § 70 bewilligten (ursprünglichen) Bauwerk bewilligt anzusehen bestehen bleiben.

8) § 71a tritt mit 31.12.2027 außer Kraft, Art IV Abs 2 (ÜB) BO-Nov 2023, LGBl 2023/37 vom 13.12.2023. Nach der Begutachtung des Nov-Entwurfs wurde der Entfall auf 2027 erstreckt.

Judikatur

1) Der Verfassungsgerichtshof ist in seiner bisherigen Judikatur zu Raumordnungsplänen (speziell zu Bebauungsplänen, vgl etwa VfSlg 12.171/1989, 14.378/1995) davon ausgegangen, daß eine Planänderung, die lediglich deshalb vorgenommen wird, um für ein auf einem Grundstück im Widerspruch zu einem geltenden Raumplan errichtetes Bauwerk im Nachhinein eine gehörige Rechtsgrundlage zu schaffen, gleichheitswidrig ist. Ausdrücklich vertrat er die Auffassung: „Es widerspricht dem Gleichheitssatz, wenn die Änderung eines Bebauungsplanes nicht durch sachliche Erwägungen begründet, sondern ausschließlich dazu bestimmt ist, entgegen der Aufgabe des Bebauungsplanes, Bauvorhaben in die durch öffentliche Rücksichten gebotenen

Bahnen zu lenken, durch Anpassung des Bebauungsplanes den Bauführer zu begünstigen."

Der die geschilderte Judikatur tragende Grundgedanke läßt eine Gleichheitsverletzung auch annehmen, wenn nicht einzelne Flächenwidmungen oder Bebauungsvorschriften ausschließlich zur Anpassung an bestehende rechtswidrige Bauführungen geändert werden, sondern wenn derartige flächenwidmungsplanwidrige Bauführungen, die vor einem bestimmten Zeitpunkt stattfanden, im Nachhinein schlechthin – und im Widerspruch zu jenen Flächenwidmungen – vom Gesetzgeber als konsensfähig erklärt werden (vgl VfSlg 14.681/1996) (VfGH 3.3.1999, G 132/98, G 200/98, G 219/98, G 17/99, G 31/99, Slg 14.681).

Sonderbaubewilligungen[1)2)]

§ 71b. (1) Für bestehende Bauwerke oder Bauwerksteile, die vor dem 1. Mai 1997 errichtet worden sind, eine erforderliche Baubewilligung nicht haben und auch nach §§ 70 oder 71 nicht bewilligt werden können, ist auf Antrag eine Sonderbaubewilligung mit schriftlichem Bescheid nach Maßgabe der folgenden Absätze zu erteilen.[3)]

(2) Dem Antrag sind vollständige Bestandspläne im Sinne des § 63 Abs. 1 lit. a und des § 64 anzuschließen. Im elektronischen Bewilligungsverfahren sind die vollständigen Bestandspläne im Sinne der § 63a Abs. 1 lit. a und § 64 anzuschließen.[1a)]

(3) Die Sonderbaubewilligung ist[4)] zu erteilen, wenn öffentliche Interessen an dem weiteren Bestehen des Bauwerkes oder des Bauwerksteiles öffentliche Interessen oder Interessen der Nachbarn an der Beseitigung überwiegen. Insbesondere[5)] ist zu berücksichtigen, ob[6)]

1. **bereits geschaffener Wohnraum für die Bevölkerung erhalten werden soll,**
2. **für die Bevölkerung notwendige Betriebe oder sonstige Einrichtungen erhalten werden sollen,**
3. **das Bauwerk oder der Bauwerksteil mit den Zielen der örtlichen Raumplanung, insbesondere mit vergleichbaren Nutzungen, für vereinbar angesehen werden kann,**
4. **eine für eine baurechtliche Bewilligung erforderliche Umwidmung der betroffenen Grundfläche hinsichtlich des Verwendungszwecks, der Lage und der Größe des Bauwerkes oder Bauwerksteiles sachlich zu rechtfertigen wäre,**
5. **das Bauwerk oder der Bauwerksteil nach der Rechtslage im Zeitpunkt der Errichtung, der Fertigstellung oder im Laufe des Bestehens baurechtlich hätte bewilligt werden können,**
6. **das Bauwerk oder der Bauwerksteil hinsichtlich des Verwendungszwecks, der Lage und der Größe den Ersatz für ein Bauwerk darstellt, das früher rechtmäßig bestanden hat,**

7. die Versorgung mit gesundheitlich einwandfreiem Trinkwasser oder die Abwasserbeseitigung gegeben ist, oder
8. die sichere Benützbarkeit des Bauwerks oder Bauwerksteiles gegeben ist.

(4) Die Sonderbaubewilligung gilt als Baubewilligung im Sinne des § 71, jedoch höchstens für 10 Jahre.[7)]

(5) *entfällt; LGBl 2014/25*[8)]

(EB zur Nov LGBl 2009/25)

Die Zitierung des § 71a in Abs. 1 ist entbehrlich, da eine Bewilligung nach § 71a ohnehin nur subsidiär in Betracht kommt.
Für die nach Abs. 3 erster Satz erforderliche Interessensabwägung der Behörde zählt der zweite Satz dieser Bestimmung derzeit ausschließlich positive Kriterien auf, während Abs. 4 ausschließlich Beispiele für negative Kriterien enthält. Eine Abwägung der positiven bzw. negativen Kriterien untereinander ist nach der Judikatur des Verwaltungsgerichtshofes (vgl. das Erkenntnis vom 21.9.2007, Zl. 2005/05/0128) nicht zulässig. Durch die nunmehrige Zusammenfassung der beispielhaft zu berücksichtigenden Kriterien in Abs. 3 soll die Behörde in die Lage versetzt werden, sämtliche in Betracht kommenden – positiven und negativen – Umstände in gleicher Weise in ihre Beurteilung einzubeziehen.

Anmerkungen

1) Vgl Anm 2 zu § 71a.

1a) Der zweite Satz von Abs 2 wurde mit der Nov LGBl 2020/61 eingefügt und tritt mit 1.2.2021 in Kraft.

2) Hier wird ein Rechtsinstitut sui generis geschaffen. Eine weitere Bewilligung nach zehn Jahren erscheint möglich.

3) Als Bauwerber kann offensichtlich jeder auftreten, die Bewilligung hat letztlich nur den Sinn einer vorübergehenden Sanierung. Vor Erteilung der Bewilligung ist zu prüfen, ob eine Baubewilligung nach §§ 70 oder 71 in Betracht kommt.

4) Der hier normierte Rechtsanspruch ist nur durchsetzbar, wenn die vorzunehmende Interessenabwägung für den Antragsteller überwiegende öffentliche Interessen ergibt. Auf die Interessen des Antragstellers kommt es bei Fehlen öffentlicher Interessen zu seinen Gunsten überhaupt nicht an. S Anm u E zu § 71a.

5) Das Wort „insbesondere" bringt zum Ausdruck, dass die folgende Aufzählung nur beispielhaft (demonstrativ) ist.

6) Diese Voraussetzungen gelten wohl alternativ.

7) Die Festlegung der weiteren Bestandsdauer scheint offenbar im Ermessen des Bauausschusses zu liegen.

8) Abs 5 ist entfallen, da die Zuständigkeit des Bauausschusses und das Verfahren ohnehin in § 133 geregelt sind. Der Hinweis auf das Ermittlungsverfahren zeigt das Mitspracherecht betroffener Personen (Nachbarn, Grundeigentümer) an, denen der zu erlassende Bescheid auch zuzustellen ist (vgl Anm 2), gilt doch das AVG.

Judikatur

1) Der belangten Behörde ist beizupflichten, wenn sie ausführt, dass Anspruch auf die Erteilung einer Bewilligung gem § 71b BO nur besteht, wenn die vorzunehmende Interessenabwägung überwiegende öffentliche Interessen am Weiterbestand der Baulichkeit ergibt. Auch der Verwaltungsgerichtshof kann im Vorbringen des Beschwerdeführers keine Darlegung öffentlicher Interessen erkennen, die eine nachträgliche Baubewilligung gem § 71b BO rechtfertigen würden und mit der der belangten Behörde daher mit Erfolg entgegengetreten werden kann:

Ein Wintergarten kann zwar grundsätzlich die Funktion eines Wohnraumes erfüllen (vgl das hg Erkenntnis vom 30. Mai 2000, Zl 96/05/0121). Ob dies hier der Fall ist, kann aber dahingestellt bleiben: Um der Voraussetzung des § 71b Abs 3 Z 1 BO gerecht zu werden, müsste nämlich ein bereits geschaffener „Wohnraum für die Bevölkerung" erhalten werden. Diese Bestimmung stellt auf den Verlust einer vorhandenen Wohnmöglichkeit ab. Ein solcher droht aber bei Beseitigung des beschwerdegegenständlichen Wintergartens nicht (VwGH 27.4.2004, 2003/05/0032).

2) Wie die belangte Behörde zutreffend ausgeführt hat, droht nach der Judikatur des Verwaltungsgerichtshofes bei Entfernung eines Wintergartens oder eines Zubaus zu einem Kleingartenwohnhaus nicht der Verlust einer vorhandenen Wohnmöglichkeit, auf den die Bestimmung des § 71b Abs 3 Z 1 BO abstellt (vgl die hg Erkenntnisse vom 27. April 2004, Zl 2003/05/0032, und vom 21. September 2007, Zl 2006/05/0127). Da es bei dem in Z 1 genannten Kriterium somit nicht um den Verlust eines einzelnen Wohnraumes, sondern um den drohenden Verlust einer Wohnmöglichkeit geht, ist auch nicht entscheidend, welchem Zweck der betreffende Zubau dienen soll und ob die maßgebliche Widmung ganzjähriges Wohnen erlaube. Da lediglich der Zubau beseitigt werden soll, während das Kleingartenwohnhaus bestehen bleibt, kann von einem drohenden Verlust einer Wohnmöglichkeit im Sinn des § 71b Abs 3 Z 1 BO keine Rede sein (VwGH 29.9.2015, 2012/05/0198).

3) Zu § 71b BO hat der Verwaltungsgerichtshof in seinem Erkenntnis vom 27. April 2004, Zl 2003/05/0032, grundsätzlich festgehalten, dass ein Anspruch auf die Erteilung einer solchen Sonderbaubewilligung nur besteht, wenn die vorzunehmende Interessenabwägung überwiegende öffentliche Interessen am Weiterbestand der Baulichkeit ergibt. Im Abs 3 werden alternativ (dies ergeben schon die ersten beiden Punkte, die einander ausschließen können; siehe auch *Geuder/Hauer*, Wiener Bauvorschriften[5], 556) öffentliche Interessen aufgezählt, die „für das weitere Bestehen sprechen“. Damit wird klargelegt, dass diese Umstände jedenfalls in die Abwägung einzubeziehen sind; keineswegs wird damit festgelegt, dass bei Vorliegen von einem oder mehreren der dort genannten Kriterien zwingend die Bewilligung zu erteilen wäre (VwGH 3.4.2023, Ra 2023/05/0008).

Vorübergehende Einrichtungen zur Unterbringung von Personen[1)]

§ 71c. (1) Soweit dies zur vorübergehenden Unterbringung einer größeren Anzahl von Personen auf Grund von bereits eingetretenen oder bevorstehenden Ereignissen, insbesondere Naturereignissen, oder auf Grund völkerrechtlicher, unionsrechtlicher oder Verpflichtungen der Gemeinde bzw. des Landes gegenüber dem Bund oder aus humanitären Gründen notwendig ist, ist die Nutzung von Bauwerken und die Durchführung von Baumaßnahmen nach Maßgabe der folgenden Absätze zulässig.

(2) Die Nutzung rechtmäßig bestehender Bauwerke sowie die Errichtung von Neu- und Zubauten in Leichtbauweise (Container, Fertigteilbauten und dgl.) bedarf für die in Abs. 1 genannten Zwecke für die Dauer von längstens 6 Monaten weder einer Baubewilligung noch einer Bauanzeige, wenn diese Nutzung staatlich organisiert ist. Die Vorschriften dieses Gesetzes und der auf Grund dieses Gesetzes erlassenen Verordnungen gelten dafür nicht, sofern auf die allgemeinen Anforderungen an die mechanische Festigkeit und Standsicherheit, den Brandschutz, die Hygiene und Gesundheit sowie die Nutzungssicherheit Bedacht genommen wird. Leistungen, die sonst im Zusammenhang mit der Baubewilligung oder Bauausführung vorgeschrieben sind, sind nicht zu erbringen. Der Beginn der Nutzung ist der Behörde innerhalb einer Woche schriftlich zur Kenntnis zu bringen.

(3) Die Durchführung von Baumaßnahmen für die in Abs. 1 genannten Zwecke sowie die Nutzung rechtmäßig bestehender Bauwerke für einen längeren als den in Abs. 2 genannten Zeitraum bedürfen einer Baubewilligung, die die Behörde auf eine bestimmte Zeit, längstens auf fünf Jahre, erteilen kann, wenn die Durchführung dieser Baumaßnahmen bzw. die Nutzung der Bauwerke staatlich organisiert sind. Dem Bauansuchen sind folgende Unterlagen anzuschließen:

1. **Baupläne in dreifacher Ausfertigung;**
2. **die Zustimmung des Eigentümers (aller Miteigentümer), wenn der Bauwerber nicht selbst Eigentümer oder nur Miteigentümer der Liegenschaft ist; sie kann auch durch Unterfertigung der Baupläne nachgewiesen werden;**

3. ein Gutachten, dass es sich um ein geringfügiges Bauvorhaben mit technisch einfacher Tragkonstruktion bzw. Fundierung handelt, bei dem aus statischen Belangen keine Gefahr für das Leben oder die Gesundheit von Menschen sowie das Eigentum zu besorgen ist; diese Unterlage ist von einem nach den für die Berufsausübung maßgeblichen Vorschriften berechtigten Sachverständigen für das einschlägige Fachgebiet zu erstellen;
4. der Nachweis der Verfügbarkeit über eine ausreichende Wassermenge zur Brandbekämpfung;
5. Angaben über die maximal zu erwartende Personenanzahl sowie die Flucht- und Rettungswege.

Für das elektronische Bewilligungsverfahren sind folgende Unterlagen elektronisch über das von der Behörde im Internet bekanntgegebene Portal einzubringen:

a. Baupläne im Sinne des § 63a Abs. 1 lit. a und § 64;
b. Erklärung, dass der Bauwerber oder sein bevollmächtigter Vertreter an der elektronischen Zustellung im Sinne des § 1b E-GovG, BGBl. I Nr. 10/2004 idF BGBl. I Nr. 104/2018, teilnimmt;
c. Zustimmung des Eigentümers (aller Miteigentümer), wenn der Bauwerber nicht selbst Eigentümer oder nur Miteigentümer der Liegenschaft ist;
d. Unterlagen gemäß § 71c Abs. 3 Z 3, Z 4 und Z 5.

(4) Für Bauvorhaben nach Abs. 3 kann die Behörde im Bescheid auf die Einhaltung der Bestimmungen dieses Gesetzes und der auf Grund dieses Gesetzes erlassenen Verordnungen verzichten, sofern auf die allgemeinen Anforderungen an die mechanische Festigkeit und Standsicherheit, den Brandschutz, die Hygiene und Gesundheit sowie die Nutzungssicherheit Bedacht genommen wird. Die Verletzung subjektiv-öffentlicher Nachbarrechte steht der Bewilligung nicht entgegen; es darf jedoch die Bebaubarkeit von Nachbargrundflächen nicht vermindert werden, es sei denn, dass der Nachbar der Bewilligung ausdrücklich zugestimmt hat. Leistungen, die sonst im Zusammenhang mit der Baubewilligung oder Bauausführung vorgeschrieben sind, sind nicht zu erbringen.

(5) Die Durchführung von Baumaßnahmen für die in Abs. 1 genannten Zwecke sowie die Nutzung rechtmäßig bestehender Bauwerke für einen längeren als den in Abs. 3 genannten Zeitraum bedürfen einer Baubewilligung, die die Behörde auf eine bestimmte Zeit, längstens auf 15 Jahre, erteilen kann, wenn die Durchführung dieser Baumaßnahmen bzw. die Nutzung der Bauwerke staatlich organisiert sind. Dem Bauansuchen sind die in Abs. 3 genannten Unterlagen anzuschließen. Darüber hinaus ist der dem § 63 Abs. 1 lit. e entsprechende Nachweis über den Wärmeschutz zu erbringen.

(6) Für Bauvorhaben nach Abs. 5 kann die Behörde im Bescheid auf die Einhaltung der Bestimmungen dieses Gesetzes und der auf Grund dieses Gesetzes erlassenen Verordnungen verzichten, sofern auf die allgemeinen Anforderungen an die mechanische Festigkeit und Standsicherheit, den Brandschutz, die Hygiene und Gesundheit, den Wärmeschutz sowie die Nutzungssicherheit Bedacht genommen wird und das Erdgeschoß des Bauwerks barrierefrei zugänglich ist. Der Bewilligung dürfen durch dieses Gesetz gegebene subjektiv-öffentliche Rechte nicht entgegenstehen und es darf die Bebaubarkeit der Nachbargrundflächen nicht vermindert werden, es sei denn, dass der Berechtigte der Bewilligung ausdrücklich zugestimmt hat oder keine Parteistellung (§ 134 Abs. 3) erlangt hat.

(7) Beschwerden (§ 136 Abs. 1) gegen Bescheide gemäß Abs. 3 und 5 haben keine aufschiebende Wirkung. Die Behörde hat jedoch auf Antrag der Beschwerde führenden Partei die aufschiebende Wirkung mit Bescheid zuzuerkennen, wenn dem nicht zwingende öffentliche Interessen entgegenstehen und nach Abwägung der berührten öffentlichen Interessen und Interessen anderer Parteien mit der Ausübung der durch den angefochtenen Bescheid eingeräumten Berechtigung für die Beschwerde führende Partei ein unverhältnismäßiger Nachteil verbunden wäre. Die Beschwerde gegen einen Bescheid, mit dem die aufschiebende Wirkung zuerkannt wird, hat keine aufschiebende Wirkung.[2)]

(EB zu Initiativantrag LG – 00577-2016/0001/LAT)

Auf Grund von Ereignissen, wie sie etwa Naturereignisse oder der Zustrom hilfs- und schutzbedürftiger Menschen aus Krisengebieten darstellen, oder aus humanitären Gründen ist es erforderlich, betroffenen Menschen rasch eine Unterkunft zur Verfügung zu stellen. Dies stößt in der Praxis insofern auf Probleme, als oftmals prinzipiell geeignete Unterkünfte auf Grund von bautechnischen Anforderungen erst nach deren Adaptierung verwendet werden können bzw. Verfahren zur Herstellung eines rechtmäßigen Zustandes (etwa durch Abänderung eines Flächenwidmungsplanes) zu lange dauern würden. Da in den genannten Fällen vorübergehender Belegung die Interessen an einer raschen Unterkunft überwiegen, soll durch Ergänzung der Bauordnung die Nutzung von Bauwerken oder die Durchführung von Baumaßnahmen für diese Zwecke auch dann Ermöglicht werden, wen die baurechtlichen oder – technischen bzw. raumordnungsrechtlichen Vorschriften nicht vollständig eingehalten werden. Interessen der Sicherheit und Gesundheit müssen dabei aber jedenfalls gewahrt werden.

Zwecks Verfahrensbeschleunigung soll den gegen solche Bescheide gerichteten Beschwerden an das Verwaltungsgericht grundsätzlich keine aufschiebende Wirkung zukommen.

(EB zur Nov LGBl 2020/61)

Mit diesen Ergänzungen wird eine Rechtsgrundlage für elektronische Baubewilligungsverfahren gemäß § 71c geschaffen.

Im Sinne einer Durchführbarkeit des elektronischen Baubewilligungsverfahrens ohne Medienbrüche ist eine gültige elektronische Zustelladresse gemäß § 2 Z 5 Zustellgesetz – ZuStG bekanntzugeben. Diese darf ihre Gültigkeit während des Baubewilligungsverfahrens nicht verlieren. Wenn keine elektronische Zustelladresse vorliegt oder sie ihre Gültigkeit während des Verfahrens verliert, ist die Behörde gemäß § 13 Abs. 3 AVG berechtigt, das Ansuchen nach erfolgloser Erteilung eines Mängelbehebungsauftrages in jeder Lage des Verfahrens zurückzuweisen.

Anmerkungen

1) § 71c wurde mit Novelle LGBl 2016/21 auf Basis eines Initiativantrages neu eingefügt und trat mit 20.4.2016 in Kraft. Abs 3 wurde mit der Nov LGBl 2020/61 betreffend elektronische Verfahren ergänzt (Inkrafttreten mit 1.2.2021).

2) Das unter E 1 zit Erkenntnis macht einige bemerkenswerte rechtliche Aussagen, die die juristische Diskussion absehbar befassen wird. Vor allem die Frage der (möglichen) Kongruenz bundesrechtlicher (bis Ende 2018) und landesrechtlicher Regelungen wurde ohne Beachtung detaillierter Rechtsfragen abgetan. Auch die Judikatur des EGMR zu civil rights und der Entscheidungsgewalt notwendiger Tribunale, die Waffengleichheit von Rechten der Bauwerber und rechtlich betroffener Anrainer wird nicht ausreichend judiziert. Vgl auch hiezu E 54c, 70 und 71 in Art I WBO in diesem Buch.

Judikatur

1a) Bestimmtheitsgebot (Art 18 B-VG)

Insoweit als § 71c Wr BauO auf die Notwendigkeit der vorübergehenden Unterbringung einer größeren Anzahl von Personen „auf Grund völkerrechtlicher, unionsrechtlicher, oder Verpflichtungen der Gemeinde bzw des Landes gegenüber dem Bund" abstellt, ist die Bestimmung einer Auslegung zugänglich und hinreichend bestimmt.

§ 71c Wr BauO lässt auch klar entnehmen, welche baurechtlichen Vorschriften die Behörde suspendieren kann – nämlich jene der Wiener Bauordnung („dieses Gesetzes") und der auf Grund der Wiener Bauordnung erlassenen Verordnungen – und wie mit den Bauwerken nach Ablauf der Nutzungsdauer zu verfahren ist. Nach Ablauf der auf Grund des § 71c Wr BauO befristet erteilten Bewilligungen gelten die allgemeinen baurechtlichen Vorschriften. § 71c Wr BauO bietet insofern nur die Grundlage für zeitlich befristete (zT auch fiktive) Sonderbewilligungen.

1b) Gleichheitsgrundsatz

§ 71c widerspricht nicht dem Sachlichkeitsgebot. Die Vorgaben des § 71c sind hinreichend bestimmt und ermöglichen eine Vorhersehbarkeit des Behördenhandelns. Dies gilt auch für die Möglichkeit, auf die Einhaltung der Bestimmungen dieses Gesetzes und der auf Grund dieses Gesetzes erlassenen

Verordnungen zu verzichten, sofern insbesondere auf die allgemeinen Anforderungen an die mechanische Festigkeit und Standsicherheit, den Brandschutz, die Hygiene und Gesundheit (den Wärmeschutz) sowie die Nutzungssicherheit Bedacht genommen wird (und das Erdgeschoß des Bauwerks barrierefrei zugänglich ist), vor dem Hintergrund des beschränkten Anwendungsbereiches dieser Bestimmung und des vorübergehenden Charakters der darauf gestützten Maßnahmen.

1c) Bundesstaatliche Kompetenzverteilung

Weder ist erkennbar, dass § 71c Wr BauO den Anwendungsbereich des Gesetzes über die bundesverfassungsgesetzlich eingeräumte Generalkompetenz des Landesgesetzgebers gem Art 15 B-VG hinaus erstreckte, noch schließt das Bundesverfassungsgesetz über die Unterbringung und Aufteilung von hilfs- und schutzbedürftigen Personen, BGBl I 120/2015, eine Kompetenz des Landesgesetzgebers zur Regelung von (baurechtlichen) Aspekten der vorübergehenden Unterbringung generell aus.

Soweit auf Grund einer Inanspruchnahme der darin vorgesehenen Ermächtigungen die besonderen Verfahrensregelungen des Bundesverfassungsgesetzes über die Unterbringung und Aufteilung von hilfs- und schutzbedürftigen Personen, BGBl I 120/2015, zur Anwendung kommen, verbleibt kein Anwendungsbereich für die Vorgaben der Wiener Bauordnung im Allgemeinen sowie des § 71c Wr BauO im Besonderen: Der vorläufige Bescheid des Bundesministers für Inneres ersetzt gem Art 3 Abs 1 BVG Unterbringung alle nach bundes- und landesrechtlichen Vorschriften vorgesehenen Bewilligungen, im konzentrierten Verfahren gem Art 3 Abs 5 BVG Unterbringung sind die Vorgaben des Bau- und Raumordnungsrechts (mit Ausnahme der Brandschutzbestimmungen) nicht zu prüfen. Es besteht kein Anhaltspunkt, dass der Wiener Landesgesetzgeber mit § 71c Wr BauO eine dem widersprechende Anordnung erlassen hat.

1d) Rechtsstaatsprinzip und Recht auf ein faires Verfahren gem Art 6 EMRK

Ungeachtet der Frage, ob die Entscheidung über den Antrag auf Erteilung einer Baubewilligung eine Entscheidung über ein „civil right" iSd Art 6 EMRK darstellt (vgl VfSlg 11.500/1987), ist nicht alles, was Einfluss auf jemandes Rechtsstellung hat, „seine Sache" iSd Art 6 Abs 1 EMRK. Denn nicht jede Wirkung einer Entscheidung auf ein Rechtsverhältnis zu einer anderen Person macht die Angelegenheit auch schon mit zu deren Sache (VfSlg 11.934/1988). Aus Art 6 Abs 1 EMRK allein kann daher eine Verpflichtung des Gesetzgebers zur Einräumung der Parteistellung in einem Verwaltungsverfahren nicht abgeleitet werden (VfSlg 14.786/1997, vgl auch VfSlg 19.724/2012). Im Übrigen werden durch die Bestimmung des § 71c Wr BauO zivilrechtliche Ansprüche der Nachbarn gem § 364 Abs 2 ABGB nicht berührt.

Anmerkung: Hier scheint eine Judikaturdivergenz zu VwGH 2.11.2016, Ra 2016/06/0088 vorzuliegen.

1e) Art 11 Abs 2 B-VG

Art 11 Abs 2 B-VG bezieht sich – abgesehen vom allgemeinen Verwaltungsstrafrecht – nur auf verfahrensrechtliche Bestimmungen. Da die von § 8 AVG verwendeten Begriffe „Rechtsanspruch" und „rechtliches Interesse" erst durch die anzuwendende Verwaltungsvorschrift einen konkreten Inhalt erfahren, der es ermöglicht, das Vorliegen der Parteistellung zu beurteilen (VfSlg 5648/1967; VwGH 30.6.2015, 2013/03/0041), kommt eine Abweichung von dieser Vorschrift durch die Regelung subjektiv-öffentlicher Rechte in den Materiengesetzen von vornherein nicht in Betracht.

1f) Verstoß gegen Grundrechte

Einem Verstoß gegen verfassungsgesetzlich gewährleistete Rechte auf Unverletzlichkeit des Eigentums gem Art 5 StGG und Art 1 1. ZPEMRK, auf Achtung des Privat- und Familienlebens gem Art 8 EMRK sowie gegen das Hausrecht gem Art 9 StGG vermag der VfGH nicht zu folgen, zumal nicht erkennbar ist, inwiefern durch die Erteilung einer Baubewilligung in das Eigentumsrecht der Nachbarn eingegriffen wird (vgl dazu VfSlg 16.077/2001).

Der Antrag wird abgewiesen (VfGH 6.3.2018, G 129/2017).

Baubeginn

§ 72. (1) Soweit nicht § 62, 70a oder 70 b oder zur Anwendung kommt, darf der Bau begonnen und weitergeführt werden, wenn die Baubewilligung gegenüber dem Bauwerber und jenen Personen, die spätestens bei der mündlichen Verhandlung Einwendungen gemäß § 134 Abs. 3 erhoben haben, rechtskräftig ist, oder wenn die auf Grund einer Beschwerde ergangene bewilligende Entscheidung des Verwaltungsgerichtes Wien dem Bauwerber zugestellt wurde.[1)2)]

(2) Mit dem Abbruch eines Gebäudes darf erst begonnen werden, wenn dieses nicht mehr benützt wird; widrigenfalls kann die Behörde diese Bau- und Abbruchsarbeiten in sinngemäßer Anwendung des § 127 Abs. 8, 8a und 9 einstellen.

(3) Wird eine Abbruchbewilligung gemäß § 60 Abs. 1 lit. d mit Erkenntnis des Verwaltungsgerichtes Wien erteilt, so darf eine Baubeginnsanzeige (§ 124 Abs. 2) erst erstattet werden, wenn die Behörde der Bauwerberin oder dem Bauwerber nicht innerhalb von zwei Wochen ab Zustellung des Erkenntnisses mitteilt, dagegen Revision an den Verwaltungsgerichtshof zu erheben. Erhebt die Behörde rechtzeitig Revision, so darf die Baubeginnsanzeige erst erstattet werden, wenn über die Zuerkennung der aufschiebenden Wirkung abgesprochen worden ist. Widrigenfalls kann die

Behörde Abbrucharbeiten in sinngemäßer Anwendung des § 127 Abs. 8, 8a und 9 einstellen.[3)]

(EB zur BO-Nov 2023, LGBl 2023/37 vom 13.12.2023 zu Abs 3)

Die Erfahrungen der Praxis haben gezeigt, dass der Behörde nach der geltenden Rechtslage bei Entscheidungen des VGW mit irreversiblen Auswirkungen de facto keine effektive Rechtsschutzmöglichkeit zur Wahrung der Rechtspflege und der öffentlichen Interessen zukommt: Wird etwa nach einer auf Grund einer Beschwerde ergangenen bewilligenden Entscheidung des Verwaltungsgerichts eine Bewilligung zum Abbruch eines Bauwerks in der Schutzzone erteilt (§ 60 Abs. 1 lit. d), so konsumieren Bauwerber diese idR umgehend und brechen das ggst Bauwerk ab. Zwar steht der Behörde gegen die bewilligende Entscheidung des VGW die Revision an den VwGH offen. Weil aber verwaltungsgerichtliche Erkenntnisse mit ihrer Zustellung rechtskräftig werden und einer gegen sie erhobenen Revision grundsätzlich keine aufschiebende Wirkung zukommt, erfolgt deren nachträgliche Zuerkennung oftmals zu einem Zeitpunkt, in dem der Abbruch bereits erfolgt ist.

Der Eintritt des in dem die aufschiebende Wirkung von Revisionen regelnden § 30 Abs. 2 VwGG angesprochenen unverhältnismäßigen Nachteils, der sich mit dem Vollzug des Erkenntnisses durch den Abriss solcher Gebäude einstellt, kann nach der geltenden Rechtslage nicht verhindert werden, weil er sich unmittelbar nach Erlassung des verwaltungsgerichtlichen Erkenntnisses realisiert.

Zur Gewährleistung eines effektiven Rechtsschutzes und zur Durchsetzung des öffentlichen Interesses an der Erhaltung von Gebäuden in Schutzzonen bzw. von Gebäuden, die vor dem 1.1.1945 errichtet wurden (§ 60 Abs. 1 lit. d), ist es daher geboten, die Konsumierung der erteilten Abbruchbewilligung durch eine angemessene Frist zu suspendieren, innerhalb derer der Behörde die Möglichkeit offensteht, ein Rechtsmittel zu ergreifen, dessen Erfolg nicht von vornherein durch den sofortigen Abbruch des betreffenden Gebäudes torpediert wird.

Abs. 3 löst dieses Problem, indem er an die bestehenden verfahrensrechtlichen Bestimmungen des § 30 VwGG anknüpft und auf Grundlage der Baurechtskompetenz der Länder nach Art. 15 B-VG eine materiell-rechtliche Regelung zur Gewährleistung des Stadtbildschutzes schafft.

Die Behörde hat infolge der Zustellung des eine Abbruchbewilligung erteilenden Erkenntnisses zwei Wochen Zeit, Bauwerbern die Erhebung einer Revision anzukündigen.

Demnach dürfen Abbruchberechtigte eine Anzeige nach § 124 Abs. 2 erst dann erstatten und mit dem Abbruch beginnen, wenn

- eine Revision zwei Wochen nach Zustellung des verwaltungsgerichtlichen Erkenntnisses nicht angekündigt wurde oder
- die sechswöchige Revisionsfrist gem. § 26 VwGG versäumt wird (und eine Wiedereinsetzung in den vorigen Stand nach § 46 VwGG erfolglos bleibt) oder
- Revision erhoben wird, die aufschiebende Wirkung aber nicht zuerkannt wird oder
- zwar die aufschiebende Wirkung zuerkannt aber die Revision zurück- bzw. abgewiesen wird.

Anmerkungen

1) Die Textierung des Abs 1 stammt aus der Nov LGBl 2003/10. Mit der Nov LGBl 2018/69 wurde Abs 2 angefügt. Die Regelung des Abs 2 ergibt sich bereits ohnehin aus dem Miet- bzw Zivilrecht. Damit kann wohl auch nur eine rechtmäßige Benützung erfasst sein. „Abbruch" iSd der BO stellt auf den Gesamtabbruch ab.

2) Im Mehrparteienverfahren ist grundsätzlich erst nach Ablauf der Beschwerdefrist von der Rechtskraft des Bescheides auszugehen, es sei denn, alle Parteien des Verfahrens haben auf die Erhebung eines Rechtsmittels verzichtet. In den EB zur Nov LGBl 2003/10 wird bemerkt, dass im Falle der Erhebung einer unzulässigen Berufung (nun Beschwerde) gegen eine Baubewilligung bereits vor Erlassung des Berufungsbescheides (Entscheidung des VGW) mit der Bauführung begonnen werden darf.

3) Abs 1 und 2 stellen auf den (faktischen) Baubeginn ab, Abs 3 stellt demgegenüber auf die Baubeginnsanzeige ab und normiert dazu einen gesonderten Tatbestand zur Baueinstellung. Das Ziel ist das gleiche. Die Regelung gilt für mündlich verkündete wie auch schriftlich ergangene Erkenntnisse des VGW. Ob die Behörde eine Mitteilung erstattet oder nicht, bindet sie nicht weiter darin, ob sie auch eine Amtsrevision erhebt oder nicht. In der Judikatur wurde der Gedanke der irreversiblen Auswirkungen iZm Anträgen auf aufschiebende Wirkung bei Amtsrevisionen bereits anerkannt (s Jud zu § 60 Abs 1 lit d).

Judikatur

1) Es ist Sache des Bauherrn, sich vor Beginn des Baues über die Rechtskraft der Baubewilligung bzw das Einlangen einer Berufung zu informieren. Unterläßt er dies, so muß er einen allenfalls erlittenen Schaden dieser eigenen Unterlassung zuschreiben (VwGH 22.2.1905, Slg 3328/A).
S nun auch §§ 70a und 70b.

2) S E zu §§ 74 u 124.

Abweichungen von bewilligten Bauvorhaben

§ 73. (1) Beabsichtigte Abweichungen von Bauplänen, die nach diesem Gesetz ausgeführt werden dürfen, sind wie Änderungen an bereits bestehenden Bauwerken zu behandeln, wobei die Abweichungen den Umfang des § 60 Abs. 1 lit. c nicht überschreiten dürfen; dadurch wird die Gültigkeitsdauer der ursprünglichen Baubewilligung beziehungsweise Bauanzeige nicht verlängert.[1)]

(2) Abweichungen von Bauplänen, die gemäß § 70a oder § 70b ausgeführt werden dürfen, sind nur im Wege eines Verfahrens gemäß § 70a bzw. § 70b zulässig. Erfolgt die Einreichung betreffend die Abweichungen gemäß

§ 70a oder § 70b, dürfen die Änderungen, unbeschadet späterer Entscheidungen der Behörde, bereits ab der Einreichung vorgenommen werden.

(3) Abweichungen von Bauplänen, die nach diesem Gesetz ausgeführt werden dürfen, bedürfen keiner Baubewilligung bzw. Bauanzeige, sofern diese Abweichungen nur bauliche Änderungen darstellen, die von der Baubewilligung erfasste Gebäudeteile betreffen und den Umfang des § 62 Abs. 1, in Schutzzonen den des § 62 Abs. 1 Z. 4, nicht überschreiten.[2] Dadurch wird die Gültigkeitsdauer der ursprünglichen Baubewilligung nicht verlängert. Derartige Abweichungen sind der Behörde spätestens im Rahmen der Fertigstellungsanzeige zur Kenntnis zu bringen, wobei sie im Ausführungsplan farblich und der bewilligte Bestand grau darzustellen sind. § 62a Abs. 7 gilt sinngemäß.

(EB zur Nov LGBl 2001/91)

Aus praktischen Überlegungen wird in Abs 1 festgelegt, dass eine Mischung von Verfahren gemäß § 70a mit Planwechselbewilligungen gemäß § 73 in Verbindung mit § 70 nicht zulässig sein soll.

Zur Wahrung der Nachbarrechte im Falle einer Planwechselbewilligung in einem Verfahren gemäß § 70a wird der zweite Satz des Abs 2 neu gefasst.

(EB zur Nov LGBl 2005/41)

Auf Grund praktischer Erfahrungen erscheint es zweckmäßig, dass Planabweichungen im Zuge der Bauausführung, bei denen die von der Behörde wahrzunehmenden öffentlichen Interessen – wenn überhaupt – nur in äußerst geringfügigem und daher vernachlässigbarem Ausmaß berührt werden können, ohne vorheriges Erwirken einer sogenannten Planwechselbewilligung ausgeführt werden dürfen. In Schutzzonen kann dies im Hinblick auf das Erfordernis einer eingehenden Überprüfung aus stadtgestalterischer Sicht nur für Abweichungen gelten, die keine Änderung der äußeren Gestaltung der Baulichkeit bewirken. Es genügt nach Abs. 3, dass derartige Abweichungen der Behörde – spätestens im Rahmen der Fertigstellungsanzeige – zur Kenntnis gebracht werden (vgl. § 128 Abs. 2 Z 2a in Z 28). Das zivilrechtliche Erfordernis einer Zustimmung des Grundeigentümers für Änderungen im Inneren einer Wohnung oder Betriebseinheit bleibt unberührt.

(EB zur Nov LGBl 2008/24)

Der zweite Satz des Abs. 1 wird aus systematischen Gründen in den Abs. 2 übernommen.

Der bisherige zweite Satz des Abs. 2 entfällt im Hinblick auf die neue, für die Bauausführung allgemein geltende Vorschrift des § 124 Abs. 2a.

Anmerkungen

1) Der Gesetzgeber bringt damit zum Ausdruck, dass Zu- und Umbauten nicht mehr nach § 73 erledigt werden können.

2) Diese Neuregelung ist in Ansehung der Schutzzonen äußerst missverständlich formuliert. Gemeint ist – wie sich aus den EB ergibt – nämlich, dass die Regelung des Abs 3 in Schutzzonen nur dann Platz greifen soll, wenn die Z 4 des § 62 Abs 1 zutrifft, und nicht, wie man bei erster Durchsicht dieser Regelung annehmen könnte, dass in Schutzzonen im Wege des § 73 die Grenzen des § 62 Abs 1 Z 1–3 nicht zu beachten sind, maW, dass in diesen Fällen jede Änderung bewilligungs- bzw anzeigefrei vorweg durchgeführt werden dürfte.

Judikatur

1) Ein Bauvorhaben kann vor Rechtskraft des das Baubewilligungsverfahren abschließenden Bescheides jederzeit geändert werden (VwGH 3.7.1967, 481/67).

2) Der VfGH teilt die Rechtsauffassung des VwGH (8.5.1967, 1318/66), wonach es im Hinblick auf das Institut des Planwechsels (§ 73 BO) – über die erlaubte Abweichung von einem bereits rechtskräftig bewilligten Bauvorhaben – zulässig ist, daß der Bauwerber seine Pläne auch während des Bauverfahrens einschließlich des Berufungsverfahrens ändert (VfGH 30.9.1976, Slg 7876).

3) Liegen keine baulichen Änderungen vor, sondern ist in Wahrheit ein anderes Projekt gegeben, kommt eine Planwechselbewilligung nach § 73 BO nicht in Betracht (VwGH 2.10.1984, 84/05/0089, BauSlg 306).

4) Wurde ein Baubewilligungsbescheid einem Nachbarn nicht zugestellt, ist diesem Nachbarn gegenüber ein Planwechsel als neues Bauansuchen zu werten (zweites Bauansuchen). Der Nachbar ist hier übergangene Partei (VwGH 13.5.1986, 83/05/0204, 0209, BauSlg 673).

5) Wurde vom bewilligten Bauvorhaben in einer Weise abgewichen, daß in Wahrheit ein neues (anderes) Bauvorhaben zur Ausführung gelangte, kann eine nachträgliche Baubewilligung nicht im Rahmen eines Planwechsels gem § 73 BO erwirkt werden; hier muß um die Bewilligung eines Neubaues angesucht werden (VwGH 19.2.1991, 90/05/0025).

6) Eine bereits rechtskräftig erteilte Baubewilligung wird durch die Bewilligung von Abweichungen vom bewilligten Bauvorhaben nicht aufgehoben, was schon daraus abzuleiten ist, daß dem Bauwerber trotz Bewilligung von Abweichungen von der rechtskräftig erteilten Baubewilligung weiterhin die Möglichkeit offen bleibt, von dieser noch wirksamen Baubewilligung Gebrauch zu machen (VwGH 18.6.1991, 91/05/0025).

7) Bei einem Planwechsel sind nur die Änderungen Gegenstand des Baubewilligungsverfahrens. Ob die Ausführung der Bewilligung entspricht, ist anläß-

lich der Erteilung der Benützungsbewilligung zu prüfen (VwGH 30.5.1995, 93/05/0125). S jetzt § 128 Abs 2 Z 1, 2, 2a und Abs 3.

8) Da ein Ansuchen um Abänderung eines rechtskräftig bewilligten Bauvorhabens gem § 73 BO idF LGBl 1992/34 wie eine Änderung einer bereits bestehenden Baulichkeit zu behandeln ist, kann es nicht als in einem untrennbaren Zusammenhang mit dem ursprünglichen Bauvorhaben stehend angesehen werden (VwGH 29.8.1995, 95/05/0176, BauSlg 163). S auch Anm 1.

9) Auch eine nur geringfügige Überschreitung der einzuhaltenden Abstände führt dazu, daß die Bewilligung des Planwechsels zu versagen ist (VwGH 17.5.1999, 99/05/0040, BauSlg 118).

10) Auf Grund des § 73 Abs 1 Wr BauO kann ein Planwechsel nur für solche Bauvorhaben bewilligt werden, für die (abgesehen vom hier nicht gegenständlichen vereinfachten Verfahren gem § 70a Wr BauO und vom Anzeigeverfahren gem § 62 Wr BauO) eine iSd § 72 Wr BauO rechtskräftige Baubewilligung (und somit Pläne, die iSd § 73 Wr BauO ausgeführt werden dürfen) vorliegt (VwGH 20.9.2005, 2004/05/0281).

11) Der Nachbar kann insbesondere in einem Planwechselverfahren nur Einwendungen gegen die in diesem Verfahren gegenständlichen Planwechselmaßnahmen erheben, nicht aber solche gegen Baumaßnahmen, die vom jetzigen Planwechsel nicht umfasst, sondern Gegenstand der ursprünglichen Baubewilligung (oder eines anderen Planwechsels) gewesen sind (vgl das hg Erkenntnis vom 19. Februar 1991, Zl. 90/05/0096) (VwGH 3.5.2011, 2009/05/0241).

12) Es kann dahingestellt bleiben, ob im gegenständlichen Fall ein Planwechsel gem § 73 Abs 1 BO in Frage kommt oder ob eine Baubewilligung gem § 70 BO für Umbauten oder bauliche Änderungen beantragt war. In beiden Fällen ist es nämlich erforderlich, dass ein rechtskräftiger Baukonsens, von dem abgewichen werden soll bzw auf den sich der Umbau oder die bauliche Änderung bezieht, vorhanden ist (vgl das hg Erkenntnis vom 20. September 2005, Zl 2004/05/0281, mwN). Diese Voraussetzung ist im vorliegenden Fall dadurch weggefallen, dass der Verwaltungsgerichtshof mit Erkenntnis vom 27. Februar 2013, Zlen 2011/05/0095 und 0112, die Baubewilligung vom 5. Mai 2011, Zl BOB – 432-435/10, aufgehoben hat. Der Aufhebung eines Bescheides durch den Verwaltungsgerichtshof kommt Wirkung ex tunc zu (vgl das genannte hg Erkenntnis vom 20. September 2005). Dies bedeutet, dass die Voraussetzung eines rechtskräftigen Baukonsenses für den Stammbau im gegenständlichen Fall jedenfalls rückwirkend weggefallen ist (VwGH 23.7.2013, 2013/05/0053).

Gültigkeitsdauer[1)]

§ 74. (1) Baubewilligungen gemäß § 70 werden unwirksam, wenn nicht binnen vier Jahren, vom Tage ihrer Rechtskraft[2)] gerechnet, Bauanzeigen nach § 62 und Einreichungen gemäß § 70a und § 70b, wenn nicht binnen vier Jahren, vom Tage der vollständigen Vorlage der Baupläne und erforderlichen Unterlagen gerechnet, mit der Bauführung begonnen[3)] oder der Bau[4)] nicht innerhalb von vier Jahren nach Baubeginn vollendet wird. Baubewilligungen gemäß § 71 werden unwirksam, wenn nicht binnen zwei Jahren, vom Tage der Rechtskraft gerechnet, mit der Bauführung begonnen oder der Bau[4)] nicht innerhalb von zwei Jahren nach Baubeginn vollendet[5)] wird.

(1a) Bestätigungen des Magistrats gemäß § 60 Abs. 1 lit. d und § 62a Abs. 5a verlieren nach Ablauf von vier Jahren ab ihrer Ausstellung ihre Gültigkeit. Abbrüche gemäß § 62a Abs. 1 Z 2 sind innerhalb von vier Jahren ab ihrer Anzeige (§ 62a Abs. 5a) zu vollenden.[6)]

(2) In begründeten Ausnahmefällen[6)] kann die Bauvollendungsfrist verlängert werden, wenn öffentliche Rücksichten nicht entgegenstehen. Um die Verlängerung der Frist ist vor ihrem Ablauf bei der Behörde schriftlich anzusuchen. Durch die rechtzeitige Einbringung des Ansuchens wird der Ablauf der Frist bis zur Entscheidung gehemmt.

(3) Durch die Anrufung des Verfassungsgerichtshofes oder des Verwaltungsgerichtshofes wird der Lauf sowohl der Baubeginnsfrist als auch der Bauvollendungsfrist gehemmt.[7)]

(4) Für eine Bewilligung nach § 60 Abs. 1 lit. h finden die Bestimmungen über die Bauvollendungsfrist keine Anwendung.[8)]

Anmerkungen

1) § 74 wurde mit der Nov LGBl 1996/42 neu gefasst. Abs 2 zweiter Satz wurde mit der Nov LGBl 2018/69 angefügt.

2) S Anm 2 zu § 72.

3) Unabhängig von der Erstattung einer Bauanzeige (§ 124 Abs 2) ist die Frage des Baubeginns im Zweifelsfall zu prüfen. Im Sinne des E des VwGH 14.4.1969, 1854/68, werden Erdarbeiten, die der absehbaren Verwirklichung des Bauvorhabens dienen, als Baubeginn anzusehen sein.

4) Hier wurde die Umbenennung in „Bauwerk" übersehen.

5) Wann der Bau als vollendet zu beurteilen ist, ist eine Rechtsfrage, die im Einzelfall nicht immer leicht zu beurteilen sein wird. UE ist eine Bauführung im Sinne dieser Gesetzesstelle als vollendet anzusehen, wenn das Gebäude nach außen abgeschlossen ist und alle (wesentlichen) bauplanmäßigen konstrukti-

ven Merkmale verwirklicht worden sind (s E VwGH v 8.7.1958, Slg 4728/A). Der Gesetzgeber sollte einen Auftrag zur Bauvollendung als eigenes Rechtsinstitut einführen iS einer Ausführungspflicht, wie dies in anderen Bauvorschriften zT der Fall ist.

6) Hier handelt es sich um eine Ermessensentscheidung der Baubehörde. Dem Nachbarn kommt hinsichtlich der Frage, ob die Voraussetzungen für die Verlängerung vorliegen, Parteistellung zu. S auch § 45 Abs 1 und Anm 1 zu § 45. Öffentliche Rücksichten können etwa durch ein neues Plandokument gegeben sein, wenn der Bau damit unvereinbar ist. Die Regelung wurde nicht durchgedacht. Unbeschadet der bereits geäußerten Bedenken vor allem wegen Verletzung des Gleichheitssatzes wäre, wie in Anm 5 betont, ein Vollendungsauftrag zum Abbruch die Möglichkeit, Abbrüche zu vollstrecken. Wie soll etwa vorgegangen werden, wenn noch eine halbe Ruine steht und die Frist ist abgelaufen? Wenn der Eigentümer nicht will oder nicht kann, wird auch eine neuerliche Bewilligung nichts nützen. Eine Instandsetzung scheitert sowohl aus finanziellen wie auch juristischen und wohl auch technischen Gründen, selbst bei rechtlicher Möglichkeit nach dem Flächenwidmungs- und Bebauungsplan. In der vorliegenden Situation erscheint uE die Regelung ungeeignet, bei Säumnis eine rechtlich klare Situation zu schaffen.

7) Die mitunter lange Dauer der Verfahren vor VfGH und VwGH brachte diese Regelung. Seit der Nov LGBl 1992/34 ist eine Verlängerung der Baubeginnsfrist nicht mehr vorgesehen.

8) Geschaffen mit der Nov LGBl 1996/42.

Judikatur

1) Der Bauwerber besitzt kein weder aus der Bauordnung noch aus dem AVG abgeleitetes Recht, daß in einem der Verlängerung der Bauvollendungsfrist dienenden Bescheid alle in Bescheidform ergangenen Verwaltungsakte zitiert werden (VwGH 25.9.1962, 2359/60).

2) Die Unmöglichkeit der zeitgerechten Beschaffung der finanziellen Mittel ist unter Umständen als wichtiger Grund für die Nichteinhaltung der Bauvollendungsfrist anzusehen (VwGH 22.6.1964, Slg 6381/A).

3) Die Baubewilligung bleibt eine bestimmte Zeit hindurch wirksam, ohne Rücksicht darauf, ob etwa innerhalb dieser Frist an dem Objekt ein Besitzwechsel eintritt (VwGH 10.2.1897, Slg 10.373/A).

4) Erdarbeiten, durch welche der Ablauf der Gültigkeitsdauer einer Baubewilligung unterbrochen wird, sind nur solche, die der Verwirklichung des Bauvorhabens dienen. Hiezu gehört in erster Linie die Aushebung der Baugrube, nicht aber die Planierung des Bauplatzes; dies insbesondere dann nicht, wenn die Errichtung eines Kellers vorgesehen ist (VwGH 14.4.1969, 1854/68).

5) Von der Vollendung eines Bauwerkes kann nicht erst dann gesprochen werden, wenn dieses „schlüsselfertig“ hergestellt ist, weil dies zu dem sinnwidrigen Ergebnis führen würde, daß eine Baubewilligung auch dann erlischt, wenn im Zeitpunkt des Ablaufes der Frist noch geringfügige Restarbeiten nicht durchgeführt sind (VwGH 8.7.1958, Slg 4728/A).

6) Die Nachbarn, über deren Rechte im Baubewilligungsbescheid abgesprochen wurde, haben im Verfahren betreffend die Verlängerung der Baubewilligung Parteistellung. Sie können jedoch entschiedene Sachen nicht neu aufrollen, sondern die Verlängerung nur mit der Begründung bekämpfen, die Voraussetzungen hiefür lägen nicht vor (VwGH 13.12.1971, Slg 8134/A). S auch E 17.6.1986, 86/05/0224, BauSlg 704.

7) Bei der Beurteilung des Baubeginns kommt es nur auf objektive Kriterien an. Die Errichtung auch nur eines kleinen Teiles des Fundamentes ist schon als Baubeginn anzusehen, soweit sie der Herstellung der bewilligten baulichen Anlage dient, sofern also nicht von vornherein feststeht, daß eine Fortführung dieser Arbeiten in absehbarer Zeit gar nicht möglich ist. Daß derartige Arbeiten letztlich für das zu errichtende Gebäude verwendbar gemacht werden können, würde hingegen nicht genügen, da sie nicht der Herstellung der baulichen Anlagen dienen; dasselbe gilt für bloße Vorbereitungshandlungen, etwa die Freimachung des Baugrundes durch Abreißen noch darauf befindlicher Gebäude etc (VwGH 31.1.1979, Slg 9754/A, zur TBO).

8) Die baurechtlichen Bestimmungen in Wien kennen keine Regelung, wonach ein Bauwerber nicht für bestimmte Grundflächen mehrere Projekte einreichen und sich erst später für eines der bewilligten Projekte entschließen kann. Eine später erteilte Baubewilligung für ein anderes Projekt steht daher einem Antrag nach § 74 Abs 1 BO nicht entgegen (VwGH 19.12.1989, 89/05/0178 u 0179). S auch E zu § 70.

9) Unter Beginn der Bauausführung ist jede auf die Errichtung eines bewilligten Bauvorhabens gerichtete bautechnische Maßnahme anzusehen, wobei es – insofern das Gesetz darüber keine näheren Bestimmungen trifft – unerheblich ist, in welchem Größenverhältnis die durchgeführten Arbeiten zum geplanten Bauvorhaben stehen. Bereits die Errichtung eines kleinen Teiles eines Fundamentes ist daher ebenso schon als Baubeginn anzusehen, soweit er der Herstellung des Vorhabens dient, wie die Aushebung der Baugrube. Die Planierung des Bauplatzes kann jedoch nicht darunter subsumiert werden, insofern diese Arbeiten nicht der Herstellung der baulichen Anlage dienen (siehe die Nachweise im Erkenntnis vom 23. Jänner 1996, Zl 95/05/0194, ergangen zu Oö BauO 1976) (VwGH 29.8.2000, 97/05/0101).

10) Von einer Bauvollendung (Fertigstellung eines Bauvorhabens) kann nicht erst dann gesprochen werden, wenn das Bauvorhaben schlüsselfertig hergestellt ist (vgl. hiezu das hg. Erkenntnis vom 3. September 1999, Zl. 98/05/0082).

Die Auffassung, von einer Fertigstellung des Bauvorhabens könne erst dann gesprochen werden, wenn sämtliche Arbeiten ausgeführt worden sind, würde zu dem sinnwidrigen Ergebnis führen, dass eine Baubewilligung auch dann erlöschen könnte, wenn im Zeitpunkt des Ablaufes der Frist noch geringfügige Restarbeiten nicht durchgeführt sind (vgl. hiezu das hg. Erkenntnis vom 27. Februar 2002, Zl. 99/05/0146) (VwGH 23.7.2009, 2008/05/0127, zur OöBO).

11a) Im Falle eines Streites darüber, ob Baumaßnahmen gesetzt wurden, die als Ausnutzung der Baubewilligung anzusehen sind, hat der Verwaltungsgerichtshof ein Feststellungsinteresse des Bauwerbers anerkannt (siehe zuletzt das hg. Erkenntnis vom 20. Juli 2004, Zl. 2003/05/0221).

11b) Im Hinblick darauf, dass die Berechnung der Gültigkeitsdauer der Baubewilligung von deren Rechtskraft und dem Beginn der Bauführung abhängt, bedeutet Rechtskraft im Sinne des die Gültigkeitsdauer der Baubewilligung regelnden § 74 BO die für den zulässigen Baubeginn geforderte Rechtskraft des § 72 BO (vgl. hiezu auch die Verweise bei *Moritz,* BauO für Wien[4], [2009] Anm. zu § 74 zu Abs 1, Seite 220, sowie *Geuder/Hauer,* Wiener Bauvorschriften[5], Anm. 2 zu § 74 BO, Seite 561).

Die die Gültigkeitsdauer der Baubewilligung beschränkenden Baubeginns- und Bauvollendungsfristen beginnen daher erst dann zu laufen, wenn die (erstinstanzliche) Baubewilligung gegenüber dem Bauwerber und jenen Personen, die spätestens bei der mündlichen Verhandlung Einwendungen gem § 134 Abs. 3 BO erhoben haben, rechtskräftig ist.

Wurde der (erstinstanzliche) Baubewilligungsbescheid gegenüber einer der im § 72 BO genannten Personen nicht erlassen und hat diese Person auf die Erhebung einer Berufung dagegen nicht verzichtet, konnte die im § 74 BO geforderte Rechtskraft des Baubewilligungsbescheides nicht eintreten und die Frist für den Ablauf der Gültigkeitsdauer der Baubewilligung nicht zu laufen beginnen (VwGH 23.11.2009, 2008/05/0259).

12) In diesem Zusammenhang wird auch darauf hingewiesen, dass die Rechtsansicht, dass dann, wenn aufgrund einer fehlenden Fertigstellungsanzeige nicht festgestellt werden könne, ob das Bauvorhaben innerhalb der Frist fertiggestellt worden sei, der Bauwerber das Risiko der Negativfeststtellung zu tragen habe und von einem Erlöschen der Baubewilligung auszugehen sei, mit der Rechtslage nicht vereinbar ist (VwGH 8.9.2014, 2013/06/0055, zum Bgld Baugesetz).

13) In der (ua) zu § 74 Abs 1 Bauordnung für Wien – diese Bestimmung weist einen ähnlichen Regelungsinhalt wie § 103 Abs 1 BO 1976 (bzw § 24 Abs 1 BauO) auf – ergangenen hg Judikatur (vgl etwa den Beschluss vom 31. März 2005, Zl 2002/05/1354, und das Erkenntnis vom 23. November 2009, Zl 2008/05/0259, mwN) wurde (unter Bezugnahme auf das zur Kärntner Bauordnung, LGBl Nr 48/1969, ergangene Erkenntnis vom 16. Juni 1992,

Zl 88/05/0181) ausgeführt, dass im Falle eines Streites darüber, ob Baumaßnahmen gesetzt wurden, die als Ausnutzung der Baubewilligung anzusehen sind, ein Feststellungsinteresse des Bauwerbers gegeben sei und dieser nicht darauf verwiesen werden könne, dass er (erst) im Falle einer von der Behörde verfügten Baueinstellung, weil die Behörde die Bauführung wegen Ablaufes der Baubeginnsfrist als konsenslos ansieht, seinen Standpunkt in diesem Verfahren dartun könne, weil dies mit einem beträchtlichen wirtschaftlichen und organisatorischen Aufwand für den Bauwerber verbunden wäre (VwGH 2.8.2016, Ro 2014/05/0017).

14a) Vorab ist festzuhalten, dass entgegen der Auffassung der Revisionswerberin vom Verwaltungsgericht auf die Sach- und Rechtslage im Zeitpunkt der Baueinstellung durch den Magistrat abzustellen war (vgl das bereits zitierte Erkenntnis VwGH 25.6.2019, Ro 2018/05/0007, mwN).

14b) Tatbestandsvoraussetzung für eine Baueinstellung gem § 127 Abs 8a in Verbindung mit Abs 8 lit a BO ist, dass ein Bau ohne Baubewilligung (oder – hier nicht relevant – entgegen den Bestimmungen der §§ 62 oder 70a leg cit) ausgeführt wird. Im vorliegenden Fall ist daher von Bedeutung, ob im Zeitpunkt der Baueinstellung durch den Magistrat die Baubewilligung durch das Fristverlängerungsansuchen noch aufrecht war. … Eine Auslegung des § 74 Abs 2 BO im Sinne einer Hemmung (Ablaufshemmung, vgl VwGH 28.4.2009, 2008/06/0241) muss allerdings auch bereits bezüglich der hier maßgebenden Rechtslage geboten erscheinen: Es kann nämlich nicht sein, dass das Erlöschen einer Baubewilligung – bei rechtzeitiger Einbringung des Fristverlängerungsansuchens, also noch vor Fristablauf (vgl VwGH 20.10.2005, 2004/06/0070, 0072) – allein in der Hand der Behörde – im Hinblick insbesondere auf die Raschheit der Erledigung – läge (vgl dazu erneut VwGH 20.10.2005, 2004/06/0070, 0072, mwN, unter Hinweis auf gleichheitsrechtliche Überlegungen des Verfassungsgerichtshofes in ähnlichen Zusammenhängen; ferner *Moritz*, BauO für Wien[4] [2009], Anm zu § 74 Abs. 2, 222; vgl. weiters VwGH 11.3.2014, Ro 2014/05/0002, mwN).

14c) Dazu ist zunächst zu bemerken, dass für einen Bauwerberwechsel der bloße Wechsel im Eigentum nicht ausreichend ist (vgl erneut VwGH 19.5.2015, 2013/05/0128, mwN). Aus § 124 Abs 4 BO ergibt sich weiters, dass ein konkludenter Bauwerberwechsel nicht in Frage kommt (arg: „Diese Anzeige ist … zu unterfertigen."). Dahingestellt kann bleiben, ob eine Unterfertigung der Baupläne oder eine Erklärung eines Bauwerberwechsels zu Protokoll (vgl dazu VwGH 6.5.2004, 2001/20/0195) einen Bauwerberwechsel bewirken könnte, da beides vorliegend nicht erfolgt ist bzw. nicht konkret dargelegt wird.

14d) Sollte es nach einer Baueinstellung durch die Behörde zu einer rechtskräftigen Fristverlängerung kommen, wäre dies ein neuer Sachverhalt, auf den sich die Baueinstellung nicht mehr bezieht (vgl. VwGH 30.8.1994, 94/05/0067).

(VwGH 3.8.2020, Ra 2019/05/0069)

8. Teil
Bauliche Ausnützbarkeit der Bauplätze
Bauklasseneinteilung, zulässige Gebäudehöhe

§ 75.[1)] **(1) Die Bauklasseneinteilung setzt die Gebäudehöhe für Wohngebiete und gemischte Baugebiete fest.**

(2) Die Gebäudehöhe[2)] hat, soweit sich nicht nach den Bestimmungen der Abs. 4 bis 6 und des § 81 sowie des Bebauungsplanes eine andere Gebäudehöhe ergibt, zu betragen:

in Bauklasse I mindestens 2,5 m, höchstens 9 m,

in Bauklasse II mindestens 2,5 m, höchstens 12 m,

in Bauklasse III mindestens 9 m, höchstens 16 m,

in Bauklasse IV mindestens 12 m, höchstens 21 m,

in Bauklasse V mindestens 16 m, höchstens 26 m.

(3) In der Bauklasse VI beträgt die Gebäudehöhe mindestens 21 m; der Bebauungsplan hat die einzuhaltenden Gebäudehöhen innerhalb zweier Grenzmaße festzusetzen.[3)]

(4) Bei Gebäuden an der Baulinie, Straßenfluchtlinie, Verkehrsfluchtlinie oder der diesen Fluchtlinien zunächstgelegenen Baufluchtlinie darf, auch wenn sich nach den Bebauungsbestimmungen eine größere Gebäudehöhe ergäbe,[4)] an diesen Linien die Gebäudehöhe nicht mehr betragen als:

a) in der Bauklasse I und II das um 2 m vergrößerte Maß des Abstandes dieser Fluchtlinien;

b) in der Bauklasse III das um 3 m vergrößerte Maß des Abstandes dieser Fluchtlinien;

c) in der Bauklasse IV bei einem Abstand dieser Fluchtlinien bis 15 m das um 3 m vergrößerte Maß des Abstandes dieser Fluchtlinien, bei einem Abstand dieser Fluchtlinien von mehr als 15 m das um 4 m vergrößerte Maß des Abstandes dieser Fluchtlinien;

d) in der Bauklasse V und VI das doppelte Maß des Abstandes dieser Fluchtlinien.[5)]

Bei ungleichem Abstand dieser Fluchtlinien gilt für diese Berechnung das mittlere Maß. Sind für gegenüberliegende Grundflächen verschiedene Bauklassen festgesetzt, ist für die Bemessung der Gebäudehöhe die Regelung für die niedrigere Bauklasse anzuwenden. Ist für Grundflächen an einer Straßenseite keine Bauklasse festgesetzt, ist für die Bemessung der Gebäudehöhe die Regelung der an der anderen Straßenseite festgesetzten Bauklasse anzuwenden. Ist für Grundflächen an beiden Straßenseiten keine Bauklasse festgesetzt, gelten die Bestimmungen der lit. d.

(4a) Beschränkungen, die sich aus Abs. 4 ergeben, gelten nicht, wenn auf der anderen Straßenseite im Bebauungsplan innerhalb der für eine Bemessung der zulässigen Gebäudehöhe nach Abs. 4 relevanten Entfernung keine Bebauungsmöglichkeit vorgesehen ist sowie bei Gebäuden auf Grundflächen, auf denen nach dem Bebauungsplan ein städtebaulicher Schwerpunkt gesetzt werden soll (§ 5 Abs. 4 lit. a) oder ein Strukturgebiet festgesetzt ist (§ 77 Abs. 1), wenn für Aufenthaltsräume, die nach den Bebauungsbestimmungen auf Liegenschaften im Nahbereich zulässig sind, zumindest der seitliche Lichteinfall gewährleistet ist.

(4b) Wird ein Gebäude nicht an der Baulinie, Straßenfluchtlinie, Verkehrsfluchtlinie oder der diesen Fluchtlinien zunächst gelegenen Baufluchtlinie errichtet, ist die zulässige Gebäudehöhe nach Abs. 4 mit der Maßgabe zu ermitteln, dass der Abstand zwischen dem Gebäude und der auf der anderen Straßenseite festgelegten Fluchtlinie zu Grunde zu legen ist.

(5) Ergibt sich bei Anwendung der Bestimmung des Abs. 4 für Eckbauplätze[6] eine verschiedene Höhe der Hauptfronten, so ist die größere Höhe auf eine Länge von höchstens 15 m auch für die andere Hauptfront zulässig.

(6) In Schutzzonen gilt unabhängig vom Abstand der Fluchtlinien die im Bebauungsplan gemäß § 5 Abs. 4 oder durch die Bauklasse festgesetzte Gebäudehöhe.

(7) In Gartensiedlungsgebieten darf die Gebäudehöhe 5,50 m nicht überschreiten, sofern der Bebauungsplan nicht anderes bestimmt.

(8) Im Erholungsgebiet – Grundflächen für Badehütten darf, wenn der Bebauungsplan nicht anderes bestimmt (§ 5 Abs. 4 lit. e), kein Bauteil den tiefsten Punkt des anschließenden Geländes um mehr als 4 m überragen.

(9) *(aufgehoben)*[7]

Anmerkungen

1) Die Abs 1, 2, 3, 4 lit b und c, 4a, 5 und 6 wurden durch die Nov LGBl 1996/44 neu gefasst bzw angefügt, Abs 7 (und 9) idF der Nov LGBl 2001/36.

2) Wie die Gebäudehöhe zu bemessen ist, ergibt sich aus § 81. Eine unterschiedliche Bauklassenfestsetzung ist bei benachbarten Grundflächen zulässig, ebenso bei Hanglage (s E 5).

3) Mit der Nov LGBl 2006/10 wurde der Hochhausbegriff von der Bauklasse VI abgekoppelt und dafür ein eigener § 7f geschaffen, dort nur mehr mit planungsrechtlichem Inhalt. Der damals neu formulierte § 120 „Gebäude mit besonders brandschutztechnischen Anforderungen" wurde mit der Nov 2008/24 bereits wieder beseitigt (neuer Inhalt: Büro- und Geschäftsgebäude) und inhaltlich in die OIB-Richtlinie (Gebäude der Gebäudeklasse 5 – GK5) aufgenommen (vgl hiezu insbes OIB-Richtlinie 2 Pkt 10).

Die jetzige Änderung, die die Mindesthöhe der Bauklasse VI zwei Bauklassen tiefer ansetzt, hat lediglich die Aufgabe, die den Bauklassenrhythmus ad absurdum führende Änderung des § 81 Abs 6 zu legitimieren, um so die Türme, die nicht einmal als Zubauten gelten, höhenmäßig zu rechtfertigen. Die logische Bauklasseneinteilung wird damit weiter entwertet, architektonische Absurditäten gesetzlich festgelegt.

4) Die Bestimmungen dieser Gesetzesstelle zwingen den Bauherrn dazu, mit der Gebäudehöhe unter dem Ausmaß zurückzubleiben, das sich aus den Bestimmungen des Abs 1 ergeben würde, wenn die Straße nicht die erforderliche Breite aufweist, um eine ausreichende Belichtung und Belüftung der Fenster der Hauptfront des gegenüberliegenden Gebäudes zu gewährleisten.

5) Um die bauklassenmäßige Gebäudehöhe ausnützen zu können, müssen die Abstände der Baulinien, Straßenfluchtlinien, Verkehrsfluchtlinien oder der diesen Linien zunächstgelegenen Baufluchtlinien mindestens betragen:

- in der Bauklasse I 7 m, bei Beschränkung nach Art IV 5,50 m,
- in der Bauklasse II 10 m, bei Beschränkung nach Art IV 8,50 m,
- in der Bauklasse III 13 m,
- in der Bauklasse IV, Straßen < 15 m: 18 m, Straßen > 15 m : 17 m,
- in der Bauklasse V 13 m.

6) Das sind Bauplätze mit mindestens zwei zusammenstoßenden Fronten.

7) § 75 Abs 9 wurde mit E VfGH 9.3.2007, G 103/05, Slg 18.300 als verfassungswidrig ersatzlos aufgehoben.

8) Die Ausnahme bei fehlender Bebauungsmöglichkeit wurde mit Nov LGBl 2014/25 eingefügt.

Judikatur

1) Die Bestimmungen über die Gebäudehöhe dienen nicht nur dem öffentlichen Interesse, sondern auch dem Interesse der Nachbarschaft. Aus ihnen erwächst daher dem Nachbar das subjektiv-öffentliche Recht, daß keine Baubewilligung erteilt wird, welche den Bestimmungen über die höchstzulässige Gebäudehöhe widerspricht (VwGH 4.5.1955, 2145/53, 14.12.1956, 2420/55 und 715/56, 28.6.1965, 468/65, 22.1.1968, 1705/67). Der Nachbar besitzt bezüglich der Gebäudehöhe ein subjektiv-öffentliches Recht nur bezüglich der ihm zugekehrten Front (s E 4 u E zu § 81). S nun § 134a.

2) Der VwGH ist der Meinung, daß sich die nach dem Wortlaut für Eckbauplätze geltende Regelung in Wahrheit auf den Bestand der Ecke und demnach nicht auf einen Fall bezieht, in dem das zu errichtende selbständige Objekt nicht an der Ecke zu stehen kommt, auch wenn der Bauplatz selbst ein Eckbauplatz ist (VwGH 28.9.1964, Slg 6439/A).

3) Für die Qualifikation eines Bauplatzes als Eckbauplatz ist nur die Lage des Grundstückes zu den angrenzenden Verkehrsflächen, nicht aber die Situierung des Gebäudes, die Anordnung des Zuganges und die Lage der Erker, Balkone usw maßgebend. Bei einem Eckbauplatz sind die Grundgrenzen, die nicht durch Baulinien gebildet werden, seitliche Grundgrenzen im Sinne des § 76 Abs 1 lit a und nicht rückwärtige Grundgrenzen im Sinne des § 84 Abs 2 (VwGH 21.1.1960, Slg 5178/A).

4) Der Nachbar besitzt einen Rechtsanspruch auf Einhaltung der zulässigen Gebäudehöhe, allerdings nur hinsichtlich der ihm zugekehrten Front (VwGH 13.5.1980, Slg 10.127/A, 24.1.1984, 83/05/0173, BauSlg 178, 12.11.1985, 85/05/0104, BauSlg 567 ua). S E zu § 81.

5) Im Beschwerdefall ist der Umstand, der den Gemeinderat bewogen hat, in einem Bebauungsplan bei der gegebenen Hanglage mit steilem Abfall an einer Straße bei einer Vorgartentiefe von 7,5 m in der Bauklasse II eine Gebäudehöhe von maximal 10,5 m und in der Bauklasse I eine Höhenbeschränkung von maximal 4,5 m festzusetzen, nicht unsachlich, weil es gerechtfertigt erscheint, in dem der Verkehrsfläche näher gelegenen Liegenschaftsanteil eine höhere Bauklasse vorzusehen als in jenem Teil, der den Übergang zu den von der Bebauung freizuhaltenden Gebieten bildet (VwGH 19.12.1995, 95/05/0221, BauSlg 306).

6) Es kommt dem Nachbarn kein Recht auf Einhaltung einer bestimmten Geschoßzahl innerhalb des zulässigen Gebäudeumrisses gem § 81 Abs 4 BO zu, es sei denn, dass – was hier nicht der Fall ist – die zulässige Geschoßanzahl für die Gebäudehöhe bestimmend ist (VwGH 23.7.2013, 2010/05/0102).

7) Der Verwaltungsgerichtshof hat in seinem Erkenntnis vom 30. Jänner 2014, Zlen 2012/05/0177, 0182, (unter Hinweis auf Vorjudikatur) ausgeführt, dass die Beeinträchtigung des Lichteinfalls nur dann als Nachbarrecht geltend gemacht werden kann, wenn eine entsprechende baurechtliche Bestimmung vorhanden ist, die auch dem Interesse der Nachbarschaft dient, was der Gerichtshof bei Regelungen über die Gebäudehöhe und die Abstände sowie auch hinsichtlich der Regelung über die Geschoßflächenzahl angenommen hat. Regelungen über Einwirkungen, die sich allein durch die Bausubstanz selbst, also zB durch deren Schattenwurf, ergäben, seien daher bezüglich Licht und Luft grundsätzlich ausschließlich in den Bestimmungen über die Gebäudehöhe, die Seitenabstände und gegebenenfalls die Geschoßanzahl zu finden (vgl zum Ganzen nochmals das genannte Erkenntnis, Zlen 2012/05/0177, 0182). Keinesfalls kann somit der Schluss gezogen werden, dass jegliche Veränderung der Belichtungsverhältnisse auf den Nachbargrundstücken unzulässig wäre oder dass der Nachbar – wie die Revisionswerber meinen – ein subjektives Recht auf „Besonnung“ habe (vgl dazu etwa das hg Erkenntnis vom 24. Februar 2015, Zl 2013/05/0054) (VwGH 23.5.2017, Ro 2015/05/0021, zur OÖ BO).

Bauweisen; bauliche Ausnützbarkeit

§ 76. (1) In den Bebauungsplänen können folgende Bauweisen ausgewiesen werden:

a) offene Bauweise,
b) gekuppelte Bauweise,
c) offene oder gekuppelte Bauweise,
d) Gruppenbauweise und
e) geschlossene Bauweise.

(2) In der offenen Bauweise müssen die Gebäude freistehend in den im § 79 Abs. 3 festgesetzten Mindestabständen von den Bauplatzgrenzen errichtet werden.

(3) In der gekuppelten Bauweise müssen die Gebäude auf zwei benachbarten Bauplätzen an der gemeinsamen Bauplatzgrenze aneinandergebaut und nach allen anderen Seiten freistehend errichtet werden.[1)] Die Errichtung freistehender Gebäude ist dann zulässig, wenn das örtliche Stadtbild nicht gestört wird.

(4) Sieht der Bebauungsplan die offene oder gekuppelte Bauweise vor, so darf das Gebäude an eine Bauplatzgrenze angebaut werden, wenn der Eigentümer des an diese Bauplatzgrenze anrainenden, bereits bestehenden oder noch zu schaffenden Bauplatzes zustimmt.

(5) In der Gruppenbauweise müssen die Gebäude auf mehreren benachbarten Bauplätzen an den gemeinsamen Bauplatzgrenzen aneinandergebaut werden; die Mittelbauplätze sind von Bauplatzgrenze bis Bauplatzgrenze zu bebauen, an den Enden der Gruppe sind gegen Nachbarbauplätze mindestens die Abstände gemäß § 79 Abs. 3 einzuhalten. Die Errichtung freistehender oder gekuppelter Gebäude ist dann zulässig, wenn das örtliche Stadtbild nicht gestört wird.

(6) Wie bei der Gruppenbauweise die Gruppen zu bilden sind, bestimmt der Bebauungsplan.

(7) In Gebieten der offenen bzw. offenen oder gekuppelten Bauweise muß an die Nachbargrenze angebaut werden, wenn der Nachbar an diese Bauplatzgrenze bereits angebaut hat oder wenn auf dem Nachbarbauplatz nach dem Bebauungsplan bis an diese Grundgrenze gebaut werden muß. Hievon ist über Antrag des Bauwerbers abzusehen, wenn das örtliche Stadtbild nicht gestört wird.

(8) In der geschlossenen Bauweise müssen die Gebäude an Baulinien oder Verkehrsfluchtlinien oder dort, wo gegen die Verkehrsflächen Baufluchtlinien festgesetzt sind, an diesen von der einen seitlichen Bauplatzgrenze zu der anderen durchgehend errichtet werden. Die Behörde hat ein frei-

williges Zurückrücken einzelner Gebäudeteile hinter die Baulinie, Verkehrsfluchtlinie oder Baufluchtlinie dann zuzulassen, wenn hiedurch keine Beeinträchtigung des örtlichen Stadtbildes eintritt.[2)]

(9) Wenn in der offenen, offenen oder gekuppelten, gekuppelten oder Gruppenbauweise auf einem Bauplatz zwei oder mehrere Gebäude errichtet werden, müssen diese voneinander in den Bauklassen I und II einen Abstand von mindestens 3 m, in allen anderen Bauklassen einen Abstand von mindestens 6 m haben; im Gartensiedlungsgebiet muss dieser Abstand mindestens 2 m betragen;[6)] in diese Abstände dürfen Erker, Balkone, Loggien, Treppenhaus- und Türvorbauten, Freitreppen, Schutzdächer und dergleichen nicht hineinragen.

(10) Im Wohngebiet und im gemischten Baugebiet mit Ausnahme der Geschäftsviertel und Betriebsbaugebiete darf bei offener, bei offener oder gekuppelter, bei gekuppelter und bei der Gruppenbauweise das Ausmaß der bebauten Fläche nicht mehr als ein Drittel der Bauplatzfläche betragen. Außerdem darf die bebaute Fläche von Gebäuden in der Bauklasse I nicht mehr als 350 m^2,[8)] in der Bauklasse II nicht mehr als 700 m^2 betragen. Bei gekuppelter Bauweise ist diese Fläche, sofern die Bauplatzeigentümer nicht ein anderes Aufteilungsverhältnis vereinbart haben, auf die beiden Bauplätze nach dem Verhältnis der Bauplatzflächen aufzuteilen, wobei aber auf den kleineren Bauplatz in der Bauklasse I eine bebaubare Fläche von mindestens 100 m^2, in der Bauklasse II eine bebaubare Fläche von mindestens 150 m^2 entfallen muss; in beiden Bauklassen darf die bebaubare Fläche jedoch nicht mehr als ein Drittel der Fläche des Bauplatzes betragen. Die Vereinbarung eines anderen Aufteilungsverhältnisses ist im Grundbuch auf den Einlagen der beiden Bauplätze anzumerken.[3)]

(10a) In jedem Fall müssen mindestens 15 vH der Fläche des Bauplatzes, die 500 m^2 übersteigt, von jeder ober- und unterirdischen Bebauung frei bleiben und dürfen darüber hinaus auch nicht versiegelt werden; dies gilt nicht, wenn die so frei zu haltende Fläche geringer als 5 m^2 wäre. Vom Freihalten einer solchen Fläche kann abgesehen werden, soweit dies für die zweckmäßige Nutzung der Liegenschaft unerlässlich ist. Diesfalls ist gleichzeitig im Ausmaß der Unterschreitung ein begrüntes Dach mit einer mindestens 30 cm hohen durchwurzelbaren Substratschicht auszuführen. Dabei ist die ordnungsgemäße Versickerung oder Speicherung der Niederschlagswässer zu gewährleisten.[4)7)9)]

(10b) Im Wohngebiet und im gemischten Baugebiet mit Ausnahme der Geschäftsviertel und Betriebsbaugebiete müssen bei offener, bei offener oder gekuppelter, bei gekuppelter Bauweise und bei der Gruppenbauweise mindestens 40 vH der Fläche des Bauplatzes von jeder unterirdischen Bebauung frei bleiben, sofern der Bebauungsplan nicht anderes bestimmt.[7a)9)]

(11) In Gartensiedlungsgebieten darf das Ausmaß der bebauten Fläche, wenn der Bebauungsplan nicht anderes bestimmt (§ 5 Abs. 4 lit. d), nicht mehr als 50 m² betragen. Bestimmt der Bebauungsplan das Ausmaß der bebaubaren Fläche, darf dieses Ausmaß nur bebaut werden, wenn es nicht mehr als ein Drittel der Fläche des Bauloses beträgt, wobei die zulässig bebaute Grundfläche 150 m² nicht überschreiten darf.

(11a) Die zu einem Bauplatz oder Baulos gehörende Fläche des Verbindungsstreifens (Fahne) ist bis zu einer Breite von 3 m bei der Ermittlung der bebaubaren Fläche des Bauplatzes beziehungsweise des Bauloses nicht anzurechnen.[5)]

(12) Im Erholungsgebiet – Grundflächen für Badehütten dürfen, wenn der Bebauungsplan nicht anderes bestimmt (§ 5 Abs. 4 lit. e), nur ebenerdige Badehütten mit einer bebauten Fläche von nicht mehr als 35 m² errichtet werden.

(13) Das Überschreiten von gesetzlichen Beschränkungen der baulichen Ausnützbarkeit von Bauplätzen ist zur Errichtung von Bauwerken, die öffentlichen Zwecken dienen, auf Antrag durch die Behörde (§ 133) zuzulassen, wenn das örtliche Stadtbild nicht gestört wird und durch die Abweichung die Zielrichtung des Flächenwidmungsplanes und Bebauungsplanes nicht unterlaufen wird.

(EB zur BO-Nov 2023, LGBl 2023/37 vom 13.12.2023)

Abs 10a: Aufgrund der vorhandenen Ausnahmen (zB keine Versickerung aufgrund der Bodenbeschaffenheiten möglich) wird diese Vorgabe oft nicht erfüllt. Eine Vergrößerung des Mindestmaßes auf 15 % sowie eine Einschränkung der Ausnahme ist insbes auch vor dem Hintergrund eines sinnvollen Regenwassermanagements angezeigt. Durch die Änderung wird jedenfalls sichergestellt, dass auf jedem Bauplatz Flächen unversiegelt bleiben bzw. im Falle einer berechtigten Ausnahme entsprechende Kompensationsmaßnahmen am Dach durchgeführt werden müssen.

Abs 10b: Mit dieser Ergänzung wird gewährleistet, dass in bestimmten Gebieten des Baulandes mindestens 40 % der Bauplatzfläche von jeder unterirdischen Bebauung freibleiben müssen.

Diese Regelung gilt nur dann, wenn der Bebauungsplan kein abweichendes Verbot, dass unterirdische Bauwerke über Baufluchtlinien vorragen(§ 5 Abs 4 lit. q), vorschreibt.

Anmerkungen

1) Die Kupplung ist auch an der hinteren Grundgrenze zulässig.

2) Ohne Beeinträchtigung des Stadtbildes besteht ein Rechtsanspruch auf das Zurückrücken.

3) Die Anordnung des vorletzten Satzes ist zwingend und unabhängig von allenfalls bereits vorhandener Bebauung zu lösen. Insbesondere berühren zu große, bereits bestehende Bauten auf dem kleineren Bauplatz nicht den Aufteilungsschlüssel, wenn keine Vereinbarung besteht. Die Drittelbebauung kann also nicht Gegenstand einer Vereinbarung sein, ebenso wie die Mindestgröße der bebaubaren Fläche. Es verbleiben daher, soll eine vollziehbare Regelung überhaupt möglich sein – was vor allem bei relativ großen Bauplätzen, auf welchen mehrere Gebäude errichtet werden können, zur Beurteilung ansteht – Vereinbarungen über die verbaubare Fläche der an der gemeinsamen Grundgrenze zu kuppelnden Gebäude, was sich schon daraus ergibt, dass eine andere Interpretation (etwa: Verschiebung von Prozentanteilen bei prozentualer Beschränkung von der bebaubaren Fläche von Bauplätzen) auch andere Bauweisen erfassen müsste.

4) Da die Regelung das gesamte Bauland erfasst, war und ist die Schaffung eines Ausnahmetatbestandes (vor allem für das Industriegebiet) ein Gebot der Stunde. Bei Zutreffen der Voraussetzungen besteht ein Rechtsanspruch auf Gewährung der Ausnahme.

5) Dies bedeutet nichts anderes als eine spürbare Benachteiligung des Eigentümers eines solchen Bauplatzes. Angenommen, ein Bauplatz für ein Einfamilienhaus hätte in der offenen Bauweise eine Größe von 600 m^2, die Fahne eine solche von 120 m^2, so sinkt bei der erlaubten Drittelbebauung die bebaubare Fläche von 200 m^2 auf 160 m^2. Noch spürbarer ist dies, wenn die Bebaubarkeit in % ausgedrückt wird, etwa beim gleichen Beispiel auf 17% beschränkt. Dann sinkt die bebaubare Fläche von 102 m^2 auf rund 81 m^2.

6) Abs 9 zweiter Halbsatz wurde mit Nov LGBl 2014/25 eingefügt, die Änderung soll für Baulose eine bessere Ausnützbarkeit ermöglichen. Vgl § 16 Abs 2: Größe für Baulose mind 250 m^2 u für Bauplätze mind 500 m^2.

7) Abs 10a idF der Nov LGBl 2023/37. Das Maß der Flächen, die nicht ober- und unterirdisch bebaut und nicht versiegelt werden dürfen, wurde von 10 % auf 15 % erhöht und das Grenzmaß der freizuhaltenden Fläche wurde von 10 m^2 auf 5 m^2 reduziert. Vgl § 5 Abs 4 lit m und § 63 Abs 1 lit l.

7b) Abs 10b wurde mit Nov LGBl 2023/37 eingefügt.

8) Mit Nov 2021, LGBl 2021/70, wurde die bebaubare Fläche von 470 m^2 auf 350 m^2 reduziert. Ob, wie die EB vermeinen, die Reduktion im Interesse des Siedlungsbaues liege, sollte nach der Genesis dieser Gesetzesstelle ex 1976 irrelevant bleiben, weil beabsichtigt war, einen Siedlungsbau (Einfamilienhaus) in Bauklasse I nicht mehr weiter zu fördern. Diese Novelle kehrt zu alten Regeln zurück, die das Interesse Einzelner im Auge haben. Damit wird jedoch kein zusätzliches Grün gewonnen, weil die Drittelbebauung nicht berührt wird. Das hat den Erfolg, dass etwa bei 3.000 m^2 Bauplatzgröße statt bisher zwei Blocks mit 470 m^2 drei mit 333 m^2 errichtet werden dürfen, was im Endergebnis für den Wohnungsinteressenten nur teurer ist. Baulich beachtlich sind beide Formen: bisher zweimal 470 m^2, jetzt dreimal 333 m^2, das sind etwa noch immer 20 m x 17 m. Einen Bauträger stellt das vor keine Probleme. Ziel ist lt EB die Wahrung des Siedlungscharakters locker bebauter Gebiete, in denen die Bauklasse I festgesetzt ist, und die Realisierung von kleineren Baukörpern durch die Beschränkung der Größe der einzelnen Gebäude. Siehe auch Art III Abs 2 Übergangsbestimmungen zur Nov 2021 zu nun nicht mehr ausnützbaren Vereinbarungen des Aufteilungsverhältnisses, die bereits am 1.9.2021 verbüchert waren.

9) Lt Inkrafttretens-Regelungen der BO-Nov 2023, LGBl 2023/37 traten Abs 10a und 10b erst mit 13.3.2024 in Kraft. Mit der Nov wurden auch in § 79 weitere Einschränkungen der Bebaubarkeit normiert. In der Gesamtschau wird dies Planer künftig vor zunehmende Herausforderungen stellen. Auch der Verordnungsgeber hatte bei der Festsetzung von FlW- und Bebauungsplänen und Bebauungsbeschränkungen noch andere gesetzliche Bebauungsmöglichkeiten vor Augen.

Judikatur

1) Es gehört nicht zum Wesen der gekuppelten Bauweise, daß sich die gekuppelten Gebäude völlig aneinander anpassen. Für diese Bauweise ist nur wesentlich, daß auf benachbarten Bauplätzen Bauten an der gemeinsamen Grundgrenze aneinandergebaut und nach allen anderen Seiten freistehend errichtet werden (VwGH 14.9.1970, 1379/69).

2) Wenn die gekuppelte Bauweise zur Anwendung kommt, kann gegenüber dem Anrainer, mit dem gekuppelt wird, von einem Seitenabstand nicht gesprochen werden. Dies ergibt sich aus der Definition dieser Bauweise im § 76 (VwGH 1.4.1963, Slg 6007/A).

3) Aus den Bestimmungen über die Ausnutzbarkeit der Bauplätze erwachsen subjektiv-öffentliche Nachbarrechte (VwGH 22.1.1968, 1705/67). S auch VwGH 19.9.1995, 93/05/0160.

4) Die Bezugsgröße für Bebauungsbeschränkungen ist der Bauplatz (VwGH 31.5.1980, Slg 10.127/A, zur Rechtslage vor der Nov 1976). Dies gilt auch für die neue Rechtslage (VwGH 26.5.1981, Slg 10.469/A, 16.10.1990, 90/05/0039). S aber auch Abs 11a idF der Nov LGBl 1996/44.

5) Die Festlegung der geschlossenen Bauweise steht der Errichtung einer (bloßen) Mauer entgegen, mag auch eine Einfriedungsmauer früher bestanden haben (VwGH 21.9.1982, 82/05/0074).

6) Mit der Frage der Anwendung einer gekuppelten Bauweise hat sich der VwGH ausführlich in seinem E vom 17.3.1978, Slg 9508/A, zu der in dieser Beziehung gleich gebliebenen Rechtslage nach der BO idF der Nov 1976 auseinander gesetzt. Der VwGH hat zunächst die schon früher vertretene Auffassung wiederholt, daß bei einer Zustimmung des Nachbarn zur gekuppelten Bauweise es sich nicht um eine solche für den Einzelfall handelt, sondern um eine Zustimmung zur gekuppelten Bebauung schlechthin, so daß die durch eine gemeinsame Entscheidung festgelegte Regelung auch für künftige Bauvorhaben Geltung hat. Der VwGH hat jedoch weiter klargestellt, daß die bindende Wirkung einer Zustimmung für künftige Baufälle voraussetzt, daß die Festlegung der gekuppelten Bauweise dem Nachbarn gegenüber in einem rechtskräftigen Baubewilligungsbescheid wirksam geworden ist (VwGH 24.1.1984, 83/05/0173, BauSlg 178).

7) Die Bestimmung des § 76 Abs 7 BO bezieht sich ausschließlich auf die Errichtung von Hauptgebäuden. Eine „Kuppelung" mit Nebengebäuden ist nicht zulässig. Die Zulässigkeit der Errichtung von Nebengebäuden ist in § 82 BO umfassend geregelt (VwGH 20.2.1990, 89/05/0100).

8) Die durch einen gemeinsamen Keller und eine Garage gegebene unterirdische Verbindung von zwei Wohnblöcken widerspricht nicht § 76 Abs 10 WBO (VwGH 17.12.1996, 94/05/0171, BauSlg 306).

9a) Auf die Einhaltung der Bestimmungen über die Ausnutzbarkeit des Bauplatzes besitzen Nachbarn einen Rechtsanspruch.

9b) § 76 Abs 10 Satz 3 berührt Rechte von Nachbarn, die nicht an der gemeinsamen Grundgrenze aneinanderbauen müssen, nicht (wohl weiter gültig).

9c) Durch die Nichtausschöpfung des im § 76 Abs 10 BO als zulässig festgesetzten Ausmaßes der bebaubaren Fläche kann keinesfalls die Regelung des § 79 Abs 3 und 4 BO über die Einhaltung von Abständen ausgeschaltet werden.

9d) Umfaßt ein Bauvorhaben mehrere Häuser, ist dies bei Trennbarkeit der Projekte bei der Entscheidung über die Beschwerde zu beachten (VwGH 29.4.1997, 96/05/0085, BauSlg 97).

10) Die Argumentation der verordnungserlassenden Behörde gipfelt darin, daß die letztlich vorgesehene „offene oder gekuppelte Bauweise" deshalb den „geringeren Eigentumseingriff" darstelle, weil „die Gestaltungsmöglichkeiten des Bauwerbers durch die Wahlfreiheit zwischen diesen Bauweisen wesentlich umfangreicher" sei. Dies ist insoferne unzutreffend, als der intendierten gekuppelten Bauweise im vorliegenden Fall offenkundig die Weigerung des Nachbarn, die erforderliche Zustimmung zu erteilen, entgegensteht. Von einer Wahlmöglichkeit kann daher keine Rede sein.

Damit erweist sich aber auch die vorläufige Annahme des VfGH, daß der Verordnungsgeber durch die in Prüfung gezogene Verordnungsbestimmung gegen das – auch für ihn geltende (vgl dazu etwa VfSlg 4211/1962, 5581/1967, 10.492/1985) – Gleichheitsgebot verstoßen hat (vgl VfSlg 12.171/1989), als zutreffend (VfGH 25.6.1999, V 23/99, Slg 15.553).

11) Da mit dem angefochtenen Bescheid zwar Spruchpunkt II) des erstinstanzlichen Bescheides, womit eine Baubewilligung auf Widerruf gem § 71 BO zur Abänderung des Bestandes an der hinteren Grundgrenze erteilt worden war, gem § 66 Abs 4 AVG behoben, jedoch keine Abbruchsverpflichtung für den ausgewiesenen Altbestand an der Nordseite der zu bebauenden Liegenschaft (sic: im nicht bebaubaren Teil) ausgesprochen worden ist, ist bei Berechnung des Ausmaßes der bebauten Fläche gem § 76 Abs 10 BO dieser Altbestand mit zuberücksichtigen. Der Altbestand und die bebaute Fläche des bewilligten Bauvorhabens betragen aber insgesamt 382 m^2, womit die zulässige Drittelbebauung von 284,7 m^2 um 97,3 m^2 überschritten wird. Dies durfte die Bfrin jedenfalls vor dem VwGH geltend machen, weil durch die Planänderung im Berufungsverfahren das dem Nachbarn durch § 134a Abs 1 lit c BO gewährleistete subjektiv-öffentliche Nachbarrecht berührt wird und im Berufungsverfahren keine mündliche Verhandlung stattgefunden hat (vgl E 29.4.1997, 96/05/0085) (VwGH 6.3.2001, 2000/05/0188).

12) Da es sich aber bei den Abstandsvorschriften um wesentliche Vorschriften handelt, die eine ausreichende Belichtung und Belüftung sicherstellen sollen, daher wesentliche Schutzvorschriften darstellen, sind Ausnahmebestimmungen hievon einschränkend auszulegen (siehe dazu beispielsweise das hg Erkenntnis vom 27. Jänner 2011, Zl 2010/06/0251, zur Tiroler Bauordnung 2001) (VwGH 22.2.2012, 2011/06/0180, zum Bgld BG).

13) Gleichheitswidrigkeit von Festlegungen in einem Wiener Plandokument betreffend die Aufhebung der Verpflichtung einer Grundeigentümerin zur gärtnerischen Ausgestaltung unbebauter Grundflächen bei gleichzeitiger Heranrückung der Baufluchtlinie an die Grundstücksgrenze; verfassungskonforme Interpretation der Regelung der Wiener Bauordnung über die Art der Verbauung bei geschlossener Bauweise erforderlich (LS) – Die vom Gemeinderat vertretene These, dass, wenn bei geschlossener Bauweise aus einem Flächenwidmungs- und Bebauungsplan nicht eindeutig ablesbar ist, wie an Grundstücksgrenzen herangebaut werden darf, im Sinne der Baufreiheit keine weiteren Einschränkungen zum Tragen kämen, widerstreitet aber dem Grundsatz der möglichsten Vermeidung gegenseitiger Beeinträchtigungen. Sie würde bei dem hier zu beurteilenden PD 7674 konkret bedeuten, dass im Extremfall an die Grundstücksgrenze in ihrer gesamten Länge mit einer Gebäudehöhe von 12 m unmittelbar herangebaut werden könnte – bei gleichzeitiger Verpflichtung des Nachbarn zur gärtnerischen Ausgestaltung seines grenznahen Bereichs. Die Ursache dieses sachwidrigen Ergebnisses liegt in einer ausschließlich am Wortlaut orientierten Interpretation des § 76 Abs 8 WBO. Diese Unvollständigkeit ist aber angesichts des offenkundigen Gesetzeszwecks nur eine planwidrige (Regelungs)Lücke der Wiener Bauordnung, die sich durch eine verfassungskonforme, am Telos des Gesetzes orientierte Interpretation schließen lässt, indem der Verordnungsgeber in diesen vergleichsweise wohl seltenen Fällen, dass ein Widmungsgebiet mit geschlossener Bauweise nicht von Verkehrsflächen und Verkehrsbändern umgeben ist, verpflichtet ist, die Verbauung dem oben dargestellten – aus dem Gesetz abgeleiteten – Grundsatz entsprechend zu beschränken (vgl VfSlg 12.883/1991). Ob er dieses Ergebnis durch Festlegung von Baufluchtlinien oder durch die Anordnung der gärtnerischen Ausgestaltung erzielt, liegt in seinem Gestaltungsspielraum (VfGH 20.6.2012, V 7/12).

14) Entgegen der Beschwerde kann daher keine Rechtswidrigkeit darin erkannt werden, dass die belangte Behörde im angefochtenen Bescheid die Anrechnungsbestimmung des § 4 Abs 6 WGG in Zusammenschau mit jener des § 80 Abs 1 BO gelesen und die „ohne Errichtung von Baulichkeiten bloß durch Inanspruchnahme (Zuweisung) einer Bodenfläche (Befestigung)" hergestellten Pflichtstellplätze mangels Vorliegens eines Gebäudes oder raumbildender wie raumergänzender Baumaßnahmen nicht in die bebaute Fläche im Sinne der zuvor wiedergegebenen Bestimmungen des § 76 Abs 10 iVm § 80 Abs 1 BO miteingerechnet hat, weil es sich dabei um eine jener „gesetzlichen Ausnutzbarkeitsbestimmungen" handelt, auf die in § 4 Abs 6 erster Satz WGG ausdrücklich verwiesen wird. Folglich können die geplanten Kfz-Einstellplätze auch keine Überschreitung des für das gegenständliche Grundstück unstrittig nach § 76 Abs 10 BO bestimmten Ausmaßes der bebauten Fläche und sohin keine Verletzung des subjektiv-öffentlichen Rechts des Beschwerdeführers auf Einhaltung der Bestimmungen über die flächenmäßige Ausnutzbarkeit eines Bauplatzes bewirken (VwGH 25.9.2012, 2011/05/0107).

15) Da für die genannten Grundstücke wahlweise die offene oder gekuppelte Bebauungsweise im Sinne des § 70 Abs 1 NÖ BO festgelegt ist, darf dieses Wahlrecht nur unter Bedachtnahme auf die bereits bestehenden und bewilligten Gebäude ausgeübt werden, sofern dieses Recht nicht schon durch frühere Bauvorhaben verbraucht wurde.

Nach der hg Judikatur (vgl etwa VwGH 29.9.2016, Ro 2014/05/0094) ist das Wahlrecht zwischen dem Anbau an einer gemeinsamen Grundgrenze oder der Einhaltung eines Abstandes zur seitlichen Grundgrenze verbraucht, wenn bereits ein Hauptgebäude (die Errichtung eines Nebengebäudes erfüllt diese Voraussetzung nicht; vgl. dazu etwa VwGH 8.4.2014, 2011/05/0078) an der gemeinsamen Grundgrenze gekuppelt – oder unter Einhaltung des gebotenen Abstandes zur seitlichen Grundgrenze (in offener Bebauungsweise; vgl etwa VwGH 30.1.2014, 2011/05/0043 bis 0045) – errichtet ist (VwGH 23.1.2018, Ra 2016/05/0077, zur BO für NÖ).

16) Im Gesetz ist ein allgemeines subjektiv-öffentliches Nachbarrecht auf Wahrung des Licht- und Sonneneinfalls nicht vorgesehen; dem Nachbarn steht grundsätzlich nur ein Recht darauf zu, dass der Abstand zu seinem Grundstück eingehalten wird. Im Übrigen hat jeder Grundeigentümer auf seinem Grundstück für eine nach dem Baurecht ausreichende Belüftung und

Belichtung seiner Bauten Sorge zu tragen (vgl VwGH 7.9.2004, 2001/05/1074; in diesem Sinne auch VwGH 22.1.2019, Ra 2018/05/0282; 16.9.2009, 2007/05/0189) (VwGH 29.1.2020, Ra 2019/05/0007).

Strukturen

§ 77. (1) **In dem Bebauungsplan können aus städtebaulichen, gesundheitlichen und Gründen der Stadtstruktur in sich geschlossene Teile des Baulandes als Strukturgebiete ausgewiesen werden.**

(2) Zugleich ist im Bebauungsplan festzusetzen, ob ein Strukturgebiet in seiner Gesamtheit oder welche in sich geschlossene Teile eine Struktur bilden. Jede Struktureinheit hat aus einem Bauplatz zu bestehen. Von dieser Forderung kann abgegangen werden, wenn öffentliche Rücksichten nicht entgegenstehen oder zum Zeitpunkt der Erteilung der Bewilligung für das Abgehen von dieser Forderung sprechen und aus den restlichen Grundflächen ein selbständiger Bauplatz geschaffen werden kann.

(3) Über jede Struktureinheit hat der Bebauungsplan folgende Festsetzungen zu enthalten:

a) welche Teile des Bauplatzes unmittelbar bebaut werden dürfen;
b) das höchste zulässige Ausmaß des umbaubaren Raumes der Bauwerke auf dem Bauplatz;
c) die maximale Gebäudehöhe oder der maximale oberste Abschluss des Daches.

(4) Über die Festsetzungen nach Abs. 2 und 3 hinaus können die Bebauungspläne für Strukturen zusätzlich enthalten:

a) weitere Bestimmungen über die Gebäudehöhe und den obersten Abschluss des Daches;
b) verschiedene Widmungen der Grundflächen auf dem Bauplatz;
c) die Zweckbestimmungen innerhalb der Widmungskategorie, denen die Gebäude zuzuführen sind.

(5) (6) *entfällt*[1)]

(7) Das zulässige Ausmaß des umbaubaren Raumes ist auf den gesamten Baukörper oberhalb der Erdoberfläche umzulegen. Raumbildende Vorbauten sind auch dann auf die höchste zulässige Kubatur anzurechnen, wenn sie vor Baulinien oder Baufluchtlinien vorragen.

Anmerkung

1) Abs 6 entfiel mit der Nov LGBl 2009/25 mit der Begründung, dass die Vollziehung Probleme bereitet hätte und mit der Festlegung von Fluchtlinien das Auslangen gefunden werden könne, Abs 5 mit der Nov LGBl 2018/69 wegen behaupteten legistischen Widerspruchs.

§ 78. *entfällt; LGBl 2008/24 vom 11.4.2008*[1)]

Anmerkung

1) Analoge Regelungen finden sich jetzt in § 106, ergänzt durch Bestimmungen in der OIB-Richtlinie 3.

Vorgärten, Abstandsflächen und gärtnerisch auszugestaltete Flächen[1)]

§ 79. **(1) Der Vorgarten ist der an der Baulinie, Straßenfluchtlinie oder Verkehrsfluchtlinie gelegene Grundstreifen, der frei bleibt, wenn durch den Bebauungsplan das Anbauen eines Gebäudes an diesen Fluchtlinien untersagt ist.[2)] Seine Tiefe beträgt 5 m, soweit im Bebauungsplan durch Fluchtlinien nicht eine andere Tiefe festgesetzt wird.**

(2) Fenster, die gegen Nachbargrenzen gerichtet sind, müssen von diesen mindestens 2 m entfernt sein; ausgenommen davon sind Fenster gegen öffentliche Erholungsflächen.[3)]

(3)[10)10a)]In der offenen Bauweise muss der Abstand der Gebäude von Nachbargrenzen in den Bauklassen I und II mindestens 6 m, in der Bauklasse III mindestens 12 m, in der Bauklasse IV mindestens 14 m, in der Bauklasse V mindestens 16 m und in der Bauklasse VI mindestens 20 m betragen. Die Fläche, die zwischen den Nachbargrenzen[4)] und den gedachten Abstandslinien liegt, wird als Abstandsfläche bezeichnet. In die Abstandsflächen darf mit Gebäuden der Bauklasse I in der offenen Bauweise[10b)] auf höchstens die halbe Gebäudehöhe der der Nachbargrenze zugewandten Gebäudefront mit einer Frontlänge von maximal 15 m an die jeweilige Nachbargrenze herangerückt werden, wobei der Abstand mindestens 3 m betragen muss.[11)12)] In den anderen Bauklassen darf in die Abstandsflächen mit Gebäuden auf höchstens die Hälfte des Abstandes an die Nachbargrenzen herangerückt werden. Die über die gedachte Abstandslinie hinausragende bebaute Fläche darf je Front in den Bauklassen I und II 45 m², in der Bauklasse III 90 m², in der Bauklasse IV 105 m², in der Bauklasse V 120 m² und in der Bauklasse VI 150 m² nicht überschreiten; insgesamt darf diese über die gedachte Abstandslinie hinausragende bebaute Fläche auf demselben Bauplatz in den Bauklassen I und II 90 m², in der Bauklasse III 180 m², in der Bauklasse IV 210 m², in der Bauklasse V 240 m² und in der Bauklasse VI 300 m² nicht überschreiten.[5)]

(4) In der gekuppelten, in der offenen oder gekuppelten und in der Gruppenbauweise gelten die Bestimmungen des Abs. 3 für alle jene Gebäudefronten, die nicht an die Grundgrenze angebaut werden.[10b)]

(5) In Gartensiedlungsgebieten müssen die Gebäude auf den Baulosen von der Achse der Aufschließungswege einen Mindestabstand von 4 m aufweisen. Wird das Gebäude nicht unmittelbar an Grundgrenzen errichtet, muss es von diesen einen Abstand von mindestens 2 m einhalten. Dieser Abstand ist mit Ausnahme von Nebengebäuden von jeder Bebauung freizuhalten. Für das Anbauen an Grundgrenzen bedarf es nicht der Zustimmung des Eigentümers der Nachbarliegenschaft. Baulose dürfen auch geschlossen bebaut werden.[6)]

(6) Vorgärten, Abstandsflächen und sonstige gärtnerisch auszugestaltende Flächen sowie jene Flächen von Baulosen, die innerhalb der in Abs. 5 genannten Abstände liegen, sind derart gärtnerisch auszugestalten, als zwei Drittel dieser Flächen unversiegelt bleiben und eine bodengebundene Begrünung und Bepflanzung aufweisen müssen, sofern der Bebauungsplan nicht anderes bestimmt. Auf einem Drittel dieser Flächen darf eine Versiegelung mit den auf gärtnerisch auszugestaltenden Flächen zulässigen Bauwerken oder Bauwerksteilen erfolgen. Jene Flächen, die nicht mit solchen Bauwerken oder Bauwerksteilen bebaut sind, sind ebenfalls durch bodengebundene Begrünung und Bepflanzung gärtnerisch auszugestalten und in gutem Zustand zu erhalten.[7)7a)9)]

Auf gärtnerisch auszugestaltenden Flächen unter Einhaltung der sonstigen Bauvorschriften und Bebauungsvorschriften zulässig aber in das Ausmaß der versiegelten Flächen einzurechnen sind jedenfalls folgende Bauwerke oder Bauwerksteile:

1. befestigte Wege,
2. Zufahrten und Rampen zu Anlagen zum Einstellen von Kraftfahrzeugen,
3. Anlagen zum Einstellen von Kraftfahrzeugen gemäß § 4 Abs. 3 WGarG 2008, sofern sie nicht gemäß § 4 Abs. 5 WGarG 2008 auf die bebaubare Fläche anzurechnen sind,
4. Schwimmbecken gemäß Abs. 6a,
5. Flächen, die mit Rasengittersteinen befestigt sind, zur Hälfte,
6. Gartenterrassen,
7. Zu- und Abluftanlagen für Tiefgaragen,
8. Stützmauern, die nicht § 62a Abs. 1 Z 23 unterliegen,
9. Rampenanlagen, sofern sie nicht der barrierefreien Erschließung dienen,
10. Antennen-, Funk-, Parabol- und Solaranlagen,
11. Unterirdische Bauwerke, sofern sie nicht eine Überdeckung mit durchwurzelbarem Substrat von mindestens 80 cm aufweisen,
12. Nebengebäude, sofern sie nicht auf die bebaubare Fläche anzurechnen sind,
13. Technische Infrastruktur für hocheffiziente alternative Systeme (§ 118 Abs. 3).

(6a) Schwimmbecken sind in gärtnerisch auszugestaltenden Flächen bis zu einem Gesamtausmaß von 60 m^3 Rauminhalt zulässig und müssen von Nachbargrenzen einen Abstand von mindestens 3 m haben, sofern der Nachbar nicht einem geringeren Abstand zustimmt.

(7) Kommt im Bauland entsprechend den Bestimmungen des Bebauungsplanes die gärtnerische Ausgestaltung zur Ausführung, ist im Neubaufall je angefangene 200 m^2 Gartenfläche ein Baum in verschulter Qualität zu pflanzen.[8)9)]

(8) Bei Zu- und Umbauten sowie bei Änderungen und Instandsetzungen von mindestens 25 vH der Oberfläche der Gebäudehülle müssen die im Bebauungsplan festgelegten Bestimmungen über die gärtnerische Ausgestaltung der nicht bebauten Grundflächen umgesetzt werden.[13)]

(EB zur Nov 2001/36)

Gemäß dem geltenden Abs 5 bedarf es in Gartensiedlungsgebieten für das Anbauen eines Gebäudes an einer seitlichen Grundgrenze nicht der Zustimmung des Nachbarn. Bereits anlässlich der Bauordnungsnovelle 1976 war beabsichtigt, dass auch an hinteren Grundgrenzen ohne Zustimmung des Nachbarn angebaut werden darf, doch kommt dies im geltenden Gesetzestext nicht zum Ausdruck. Abs 5 wird daher neu gefasst.

(EB zur Nov 2001/90)

Mit der Techniknovelle zur Bauordnung für Wien wurde § 5 Abs 5 insofern neu gefasst, als bei Unwirksamwerden der Auszeichnung von Grundflächen für öffentliche Zwecke im Bebauungsplan durch Zeitablauf „Grenzfluchtlinien" gegen öffentliche Erholungsflächen und die mit ihnen verbundenen Rechte und Pflichten" aufrecht bleiben. Korrespondierend damit sieht § 10 Abs 2 in der Fassung der Stadtplanungsnovelle vor, dass die bekannt gegebene Grenzfluchtlinie das Recht gibt, gegen öffentliche Erholungsflächen unmittelbar an ihr, wenn der Bebauungsplan nicht anderes vorsieht, anzubauen und Fenster herzustellen. Im Fall der Neufestsetzung des Bebauungsplanes ohne die Ausweisung einer Parkanlage für „öffentliche Zwecke" stellt sich das Problem, dass eine Grenzfluchtlinie nicht mehr festgesetzt werden darf. Zur Vermeidung dieses Problems wird Abs 2 ergänzt.

(EB zur Nov LGBl 2009/25)

Im Hinblick auf den Entfall der bisherigen Möglichkeit, für die Überschreitung des Rauminhaltes von 50 m^3 bei Schwimmbecken eine Bewilligung gemäß § 69 Abs. 1 lit. t zu erwirken, wird in Abs. 6 zur Vermeidung unnötiger Restriktionen im Einzelfall das zulässige Gesamtausmaß des Rauminhalts solcher Schwimmbecken generell auf 60 m^3 angehoben.

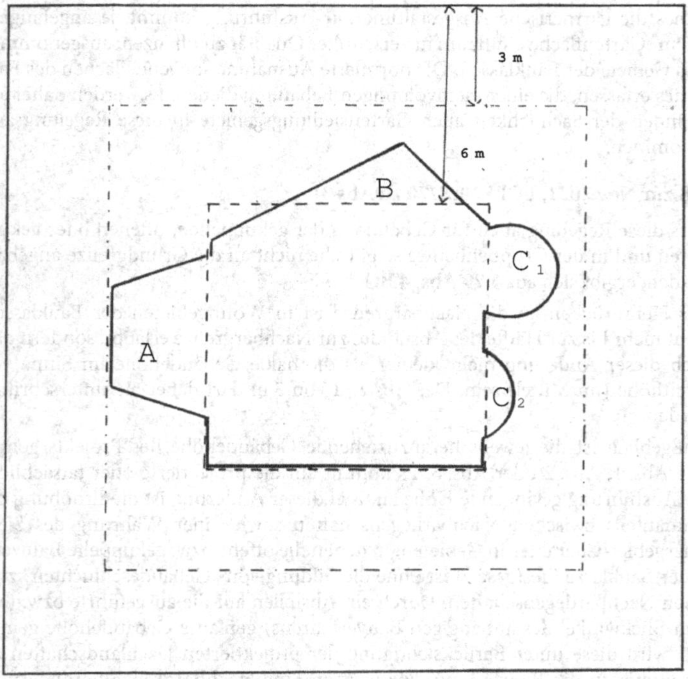

§ 79 Abs. 3: Bauteile in den Abstandsflächen

– – – – – Abstandslinie

– – – · – · Grenze der halben Abstandsfläche

——— Begrenzung des Baukörpers

In Bauklasse I und II: A max 45 m², B max 45 m², C_1 und C_2 max 45 m²
aber A · B · C^1 und C^2 max 90 m²

Vgl die Anmerkung 10a.

(EB zur Nov LGBl 2014/25)

Nach **Abs. 6** sind nun auch jene unbebauten Flächen von Baulosen in Gartensiedlungsgebieten – in denen der Bebauungsplan keine Bauweisen festsetzt und in denen daher iSd Abs. 3 keine Abstandsflächen vorhanden sind –, die in Abstände gemäß Abs. 5 fallen, gärtnerisch auszugestalten. Damit soll vorgesorgt werden, dass die durch die Flächenwidmung „Gartensiedlungsgebiet" beabsichtigte – und auch im Namen dieser Widmungskategorie zum Ausdruck kommende – Grüngestaltung realisiert wird.

Gemäß **Abs. 7** ist dann, wenn entsprechend den Bestimmungen des Bebauungsplanes die gärtnerische Ausgestaltung zur Ausführung kommt, je angefangene 250 m^2 Gartenfläche ein Baum in verschulter Qualität zu pflanzen; ausgenommen sind Gebiete der Bauklasse I. Die normierte Ausnahme soll jene Flächen des Baulandes erfassen, die einer kleinvolumigen Bebauung dienen. Es werden daher aus Gründen der Sachlichkeit auch Gartensiedlungsgebiete in diese Regelung aufgenommen.

(EB zur Nov 2021, LGBl 2021/70 zu Abs 3)

Dass diese Regelung auch für Gebäude in der gekuppelten, offenen oder gekuppelten und in der Gruppenbauweise gilt, die nicht an die Grundgrenze angebaut werden, ergibt sich aus **§ 79 Abs. 4 BO**.

Das Heranrücken an die Nachbargrenze ist in Wohngebieten der Bauklasse I nicht mehr bis zur Hälfte des Abstandes zur Nachbargrenze erlaubt, sondern darf nach dieser Änderung nicht kleiner als die halbe Gebäudehöhe im Sinne von Fronthöhe (im Mittel) sein. Der Abstand von 3 m darf dabei nie unterschritten werden.

Maßgeblich ist die jeweils heranzuziehende Gebäudehöhe des Projekts gemäß § 81 Abs. 1, Abs. 2 oder Abs. 3. Es kommt auf die projektierte oder tatsächliche zur Ausführung gelangende Höhe an. Ziel dieser Änderung ist die Erhöhung des Grünanteils zwischen Nachbarliegenschaften sowie einer Wahrung des Siedlungsgebiet-Charakter in Gebieten, in denen die offene bzw. gekuppelte Bauweise in der Bauklasse I festgesetzt ist ohne die Bildung von „Gebäudeschluchten" zwischen Nachbarliegenschaften. Durch ein Abstellen auf die ausgeführte bzw. (aus dem Blickwinkel des anhängigen Bauverfahrens) geplante Gebäudehöhe gemäß § 81 wird diese unter Berücksichtigung der projektierten Dachlandschaften als Parameter in die Beurteilung, wie weit an eine Nachbargrenze herangerückt werden darf, aufgenommen.

(EB zur BO-Nov 2023, LGBl 2023/37 vom 13.12.2023)

Zu Abs 3

Hinsichtlich des Heranrückens in die Abstandsfläche in der Bauklasse I kann die Differenzierung nach Bauweisen entfallen (vgl. § 79 Abs. 4) Die Beschränkung auf das Wohngebiet ist ebenso nicht erforderlich, weil das Heranrücken an die Nachbargrenze generell in der Bauklasse I unter gleichen Voraussetzungen möglich sein soll.

Zu Abs 6

Es wird im Gesetz vor dem Hintergrund der bisherigen Judikatur und Vollzugspraxis unter Bedachtnahme auf die Beibehaltung einer größtmöglichen Gestaltungsfreiheit hinsichtlich Bepflanzungsarten und -möglichkeiten nun im Gesetz vorgeschrieben, dass Liegenschaften im Ausmaß von zwei Dritteln der gärtnerisch auszugestaltenden Flächen unversiegelt bleiben müssen und dieser Anteil eine bodengebundene Begrünung und Bepflanzung aufweisen muss.

Bodengebunden bedeutet, dass eine direkte Verbindung mit dem gewachsenen Boden iSe Verwurzelung bestehen muss.

Abweichende Festsetzungen in Bebauungsplänen gehen der gesetzlichen Bestimmung grundsätzlich vor.

Das verbleibende Drittel der gärtnerisch auszugestaltenden Fläche darf – unter Einhaltung der sonstigen Bestimmungen und Vorgaben in der Bauordnung oder im Flächenwidmungs- und Bebauungsplan – mit Bauwerken oder Bauwerksteilen, die üblicherweise in Gärten vorhanden sind, versiegelt werden. Das Gesetz zählt (nicht abschließend) solche Bauwerke auf. Bei Bauwerken wie zB Fahrradabstellplätzen oder Müllplätzen ist anhand der konkreten Ausgestaltung und Versickerungsfähigkeit zu beurteilen, ob diese zur versiegelten Fläche zu zählen sind oder nicht.

Zu Abs 6a

Abs 6a entspricht der bisher geltenden Regelung im Abs 6 letzter Satz und legt fest, unter welchen Voraussetzungen Schwimmbecken in gärtnerisch auszugestaltenden Flächen zulässig sind. Sie sind jedenfalls gemäß Abs 6 in die versiegelte Fläche des Bauplatzes einzurechnen.

Zu Abs 7

Diese Regelung zielt auf die Pflanzung neuer Bäume iZm einem Bauvorhaben ab (Vergrößerung des Baumbestandes). Unter Gartenflächen sind die gärtnerisch auszugestaltenden Liegenschaftsteile zu verstehen. Die Ausnahmeregelung für Bauvorhaben in der Bauklasse I und Gartensiedlungsgebieten entfällt, weil auch in diesen Bereichen eine Vergrößerung des Baumbestandes im Rahmen eines Neubaus erfolgen soll.

Zu Abs 8

Viele Innenhöfe in der Bestandsstadt sind versiegelt (zB mit Asphalt, Betonplatten, …), obwohl im Bebauungsplan festgesetzt ist, dass sie gärtnerisch auszugestalten sind. Durch die neue Bestimmung lösen Zu- und Umbauten die Verpflichtung zur Entsiegelung dieser Flächen aus. Jene Bereiche, die nicht mit konsentierten Gebäuden oder Gebäudeteilen oder Bauwerken (zB konsentierte Stellplätze, Garagengebäude etc.) bebaut sind, sind gärtnerisch auszugestalten (§ 79). Mit dieser Maßnahme wird die Grundlage dafür geschaffen, dass die in Bebauungsplänen ausgewiesene gärtnerische Gestaltung auch in der Bestandsstadt umgesetzt wird.

In jenen Fällen, in denen aufgrund der bisherigen Nutzung der Bauwerke (zB Rangierflächen für bestehende Gewerbebetriebe) eine Ausnahme notwendig ist, ist eine Bewilligung gemäß § 69 für eine solche Ausnahme einzuholen.

Anmerkungen

1) Abs 3 und 6 idF der Nov LGBl 1998/46, Abs 5 idF der Nov LGBl 2001/36; durch die Nov LGBl 1996/44 wurde Abs 7 angefügt, Abs 2 idF LGBl 2008/24. In Abs 6 wurde mit der Nov LGBl 2009/25 die Zahl 50 auf 60 geändert. In Abs 3 wurde mit der Nov LGBl 2021/70 die Abstandsregel in der BK I geändert.

2) S jedoch die Ausnahme nach § 4 Abs 3 WGarG, LGBl 2009/34.

3) Nach den EB zur Nov LGBl 2008/24 wurde Abs 2 einfacher gefasst. Dabei unterliegen die Redaktoren einem fatalen Rechtsirrtum: Früher konnten Fenster auch gegen Parkanlagen oder sonstige für die Volksgesundheit und Erholung der Bevölkerung notwendige Grundflächen näher als mindestens in 2 m Entfernung von Nachbargrenzen errichtet werden. Dieser Begriff ging weiter als jener öffentlicher Erholungsflächen. So zählte wohl auch der Wald- und Wiesengürtel (§ 6 Abs 3 WBO) dazu, dem aber sehr oft das Merkmal der Öffentlichkeit fehlen wird. Maßgeblich ist ja nicht der faktische Zustand, sondern das Widmungsmerkmal.

4) Unter „Abstand der Gebäude von Nachbargrenzen" wird nunmehr sowohl der Seitenabstand als auch der hintere Abstand erfasst. Durch die getroffene Regelung ist es möglich, näher als bisher an die hintere Grenze heranzubauen. Die oft schwierige Frage, ob ein Seiten- oder ein hinterer Abstand einzuhalten ist, muss nicht mehr erörtert werden.

5) Durch die erfolgte Neuregelung der Bebauung von Abstandsflächen ergibt sich die Möglichkeit, auch an drei (oder mehr) Seiten eines Grundstückes und auch mit mehreren Gebäuden in Abstandsflächen hineinzuragen, allerdings mit einer absoluten Obergrenze.

6) Diese Bestimmungen sollen ja eine Sanierung von wilden Siedlungen ermöglichen.

7) Auf die Einhaltung dieser Bestimmungen besitzt der betroffene Nachbar ein subjektiv-öffentliches Recht.

7a) Es entfällt zwar die explizite Normierung, wonach gärtnerische Flächen in gutem Zustand zu erhalten sind, doch ist dies wohl implizit weiterhin anzunehmen. Weiters entfällt das Kriterium, dass befestigte Wege und Zufahrten, Stützmauern, Stufenanlagen, Rampen uÄ nur im unbedingt erforderlichen Ausmaß zulässig sind. Die angeführte Liste zulässiger Bauwerke ist nicht taxativ, sondern (nur) demonstrativ und jedenfalls hilfreich bei Fragen der Abgrenzung.

8) Mit der Änderung durch die BO-Nov 2023 ist nun für je 200 m² statt 250 m² Gartenfläche ein Baum zu pflanzen. Diese Regelung nimmt auch keinen Bezug, dass es sich um einen Baum iSd BaumschutzG handeln müsse. Damit können auch Obstbäume gepflanzt werden. Es ist aber so zu verstehen, dass sich hieraus nicht nur eine baurechtliche Pflanzpflicht, sondern auch eine Bestandspflicht ergibt. Hinsichtlich der Sachlichkeit der Ausnehmung bzw Einbeziehung der BK I vgl EB zu Nov LGBl 2014/25 und LGBl 2023/37. Vgl auch § 6 Abs 2 BaumSchG zu mittlerer Baumschulenqualität (16 bis 18 cm Stammumfang).

9) Abs 6 und 7 wurden mit Nov LGBl 2014/25 erweitert. Vgl die EB.

10) Abs 3 abgeändert mit Nov 2021 LGBl 2021/70. S auch Art V Abs 7 und § 15 Abs 2a zur Berücksichtigung der geänderten Abstandsbestimmungen bei Abteilungsbewilligungen.

10a) Die Neufassung des § 79 Abs 3 mit Nov 2021 LGBl 2021/70 ist nicht nur systematisch verfehlt, sondern auch unklar in der legistischen Fassung. Es darf in der offenen Bauweise (und was gilt bei anderen Bauweisen?) auf höchstens die halbe Gebäudehöhe der der Nachbargrenze zugewandten Gebäudefront (technisch gesehen nach der Wiener Regelung gibt es zwei geregelte Gebäudehöhen: die eine ist die im FlW- und Bebauungsplan als höchste Gebäudehöhe festgelegte, die andere die mathematische Summe aller in Betracht kommenden Fronten eines Gebäudes unter Anwendung der Abwicklung) herangerückt werden. Vermutlich wird die Fronthöhe der zugewandten Gebäudefront gemeint. Doch bleibt ungeklärt, welche rechtliche Wirkung dem einzuhaltenden 3-Meter-Abstand zukommt: Darf er auf die halbe Fronthöhe angerechnet werden oder beginnt der halbe Abstand erst mit der 3-Meter-Grenze zu laufen? Weiter ist mit der Festlegung einer 15-Meter-Höchstfrontlänge die alte Bestimmung gefallen, dass bei Einhaltung eines kürzeren Abstandes es nur auf die Gesamtfläche ankommt. Das ist aber ebenfalls gefallen, obwohl es keine Monsterbauten oder andere Überschreitungen betrifft.

Es ist damit für alle Bauführungen der BK I durch die getroffenen Maßnahmen eine eklatante Verschlechterung, zum Unterschied bei allen anderen Bauklassen und auch Bauweisen, eingetreten. Die Regelung erscheint eklatant verfassungswidrig, vor allem im Hinblick auf den Gleichheitssatz.

10b) Kann demnach etwa in der BK I – Gemischtes Baugebiet in die Abstandsflächen überhaupt herangerückt werden? Kann in der offenen oder gekuppelten Bauweise in die Abstandsflächen herangerückt werden? In Abs 3 wird die offene Bauweise nochmals explizit genannt, die EB verweisen auf Abs 4. Nach der Intention sollte wohl „nur" eine zusätzliche Regelung für BK I – W eingefügt werden, für andere Gebiete die Regelung bzw Möglichkeit bestehen bleiben.

Mit der BO-Nov 2023 ist im dritten Satz die Wortfolge „in Wohngebieten" entfallen.

11) Es werden eine neue Regelung und eine neue Berechnungsmethode des Abstandes zu Nachbarn eingeführt. Ziel ist die Erhöhung des Grünanteils sowie die Wahrung des Siedlungsgebiet-Charakters ohne Bildung von „Gebäudeschluchten" zwischen Nachbarliegenschaften. Die Regelung verfolgt damit ein stadtgestalterisches Ziel. Als Abstandsregel sollte es aber weiterhin ein Nachbarrecht iSd § 134a bilden.

12) Mit einer Gebäudehöhe von 5 m ist dennoch der Abstand von 3 m zur Nachbargrenze einzuhalten. Bei nicht einheitlichem Abstand der heranrückenden Front zur Nachbarliegenschaft und nicht einheitlicher Höhenlage können Abstand und Gebäudehöhe innerhalb des einheitlich heranrückenden Teiles ausgeglichen bzw gemittelt werden. Vgl Berechnung Gebäudehöhe iSd § 81 bei nicht einheitlicher Höhenlage oder bei ungleichem Abstand von Fluchtlinien iSd § 75 Abs 4. In sinnhafter Betrachtung, va aus Sicht des Nachbarn, ist für die Abstandsermittlung eben nur die Höhe des heranrückenden Gebäudeteiles maßgeblich. Zu beachten ist auch, ab welcher Strukturierung ein eigenständiger Baukörper anzunehmen ist.

13) Es handelt sich hier um eine echte Verpflichtung zur Entsiegelung, die in der praktischen Umsetzung mit erheblichen Problemen behaftet sein wird und Zielkonflikte auslöst. Die auslösenden Zubauten sind nicht nach Art und Ausmaß näher bestimmt, sohin lösen auch geringfügige Zubauten die Verpflichtung aus. Daneben ergibt sich daraus uU eine Konkurrenz zu ökologisch sinnvollen Maßnahmen, etwa Sanierungen von Fassaden. Die EB verweisen auf den Konsensschutz. Davon müssen auch Baulichkeiten erfasst sein, die zur Zeit ihrer Errichtung bewilligungsfrei waren (vgl Jud zu Beseitigungsgaufträgen iSd § 129 wegen fehlender Bewilligung). Sohin kann bleiben, was einen Konsens iwS hat. Es ist daher gerade bei alten Beständen vor auslösenden Vorhaben eine eingehende Konsensrecherche vorzunehmen. Ggf kommt (noch) eine Anwendung des § 71a in Betracht (entfällt mit 31.12.2027). Es ist keine unmittelbare Ausnahmemöglichkeit von dieser gesetzlichen Bestimmung vorgesehen. Mit einer Ausnahme gem § 69 kann aber von der festgesetzten gärtnerischen Ausgestaltung durch den Bebauungsplan abgewichen werden (vgl auch EB), womit diese Bestimmung nicht schlagend wird. Dabei ist für ökologisch sinnvolle Maßnahmen etwa die neue § 69 Abs 2 Z 5 zu beachten (in dauerhafter Weise dem Klimaschutz oder der Klimawandelanpassung dienen).

Judikatur

1) Auf die Einhaltung des ihm gegenüber einzuhaltenden Abstandes besitzt der Nachbar einen Rechtsanspruch (VwGH 13.5.1963, 1861/62, 30.6.1969, Slg 7615/A ua).

2) Hinsichtlich unterirdischer Bauwerke (Bauteile) kann der Nachbar eine Abstandsverletzung nicht zu Recht geltend machen (VwGH 22.11.1966, Slg 7030/A, 27.9.1971, 485/71, 15.6.1976, 229/76 ua). S nun ausdrücklich § 134a Abs 1 lit a.

3) Die Abstände von den Nachbargrenzen sind grundsätzlich nicht von vorspringenden Bauteilen, sondern vom aufgehenden Mauerwerk aus zu messen. Ein unterirdischer Belichtungsgraben im Seitenabstand ist jedenfalls zulässig; auch ein Dachvorsprung und ein Balkon gehören zu jenen Bauteilen, die bei der Bemessung des Abstandes außer Betracht zu bleiben haben und die daher innerhalb des Grenzabstandes durch den Nachbarn hinzunehmen sind. Ein Kamin, der einen Teil des aufgehenden Mauerwerks bildet, darf unabhängig von seiner Funktion im Seitenabstand nicht errichtet werden (VwGH 26.4.1977, Slg 9306/A, zur TBO).

4) Der VwGH teilt die Auffassung der Beschwerdeführer, daß ihnen als Nachbarn auf die Einhaltung der Bestimmung des § 79 Abs 3 BO ein subjektiv-öffentliches Recht zusteht, handelt es sich doch hiebei um eine Abstandsvorschrift (s nun § 134a Abs 1 lit a). Der VwGH vermag sich jedoch nicht der Auffassung der Beschwerdeführer anzuschließen, bei dem im Bauplan vorgesehenen strittigen Balkon handle es sich um einen raumbildenden Bauteil im Sinne des § 80 Abs 1 BO. Entgegen dem Beschwerdevorbringen fehlt es nämlich an der allseitigen baulichen Umschließung bzw an deren Fehlen an nur einer Seite, wie dies für die Begriffsbestimmung „raumbildend oder raumergänzend" vom Gesetzgeber gefordert wurde. Aus bestimmten konstruktiven Merkmalen, die eine spätere Verglasung erleichtern, kann, wie die belangte Behörde in ihrer Gegenschrift zutreffend darlegt, nicht der Schluß gezogen werden, es handle sich um keinen Balkon, ist doch nach dem vorgelegten Plan die Qualifikation dieses Bauteiles nicht als raumbildend zu beurteilen. Zu Recht hat auch die belangte Behörde in ihrer Gegenschrift darauf hingewiesen, daß eine allfällige spätere Ausgestaltung als raumbildender Teil für sich selbst wieder bewilligungsbedürftig wäre und bei unveränderter Rechtslage nicht bewilligt werden dürfte (VwGH 24.1.1984, 83/05/0173, BauSlg 178).

5) § 86 Abs 2 BO ist gegenüber § 79 Abs 6 BO als lex specialis anzusehen; grundsätzlich sind demnach Einfriedungen zulässig (VwGH 24.6.1986, 86/05/0040, BauSlg 715).

6) Die unmittelbar angrenzenden Nachbarn besitzen in der offenen Bauweise einen Rechtsanspruch auf Freihaltung eines Seitenabstandes (VwGH 13.12.1988, 88/05/0187, BauSlg 1232).

7) Wenn der Nachbar rügt, im Plan seien zwar Abstände von 3 m bzw 6 m als Grenzabstände eingezeichnet, diese würden sich aber bei Nachmessungen als weitaus kleinere Abstände erweisen, so übersieht er, daß es bei derartigen, oft nicht vermeidbaren zeichnerischen Differenzen in den Plänen ausschließlich auf die eingezeichneten Koten und Maße ankommt. Der Baukonsens deckt also nur Bauten entsprechend dem mit drei bzw sechs Metern festgelegten Grenzabstand. Ein Nachbar kann nur eine Verletzung seiner Rechte geltend machen. Die Einhaltung der vorderen Baufluchtlinien kann nur im Interesse der Eigentümer gegenüberliegender Grundflächen liegen, nicht aber der seitlich angrenzenden Grundflächen; die vom Nachbarn beanstandeten Erker befinden sich jedoch an der Vorderfront des Hauses, so daß er als seitlicher (und hinterer) Nachbar nicht betroffen ist. Dies gilt auch für das subjektiv-öffentliche Recht auf Freihaltung gärtnerisch auszugestaltender Flächen (vgl das E v 17.5.1983, 05/1234/80). Die Einwendung, daß die Erker die gärtnerisch auszugestaltende Fläche verkleinern könnten, wurde daher zu Recht abgewiesen (VwGH 24.10.1989, 87/05/0097).

8) Auf einer nach dem Bebauungsplan gärtnerisch auszugestaltenden Grundfläche ist die Errichtung eines Gebäudes (hier: Zweifamilienhaus) unzulässig (VwGH 20.2.1990, 90/05/0013).

9) Die Regelung des § 79 Abs 3 BO hat lediglich Abstände der Gebäude zu Nachbargrenzen zu ihrem Gegenstand, nicht aber die Abstände von Gebäuden auf dem Bauplatz des Bauwerbers (VwGH 24.4.1990, 89/05/0044).

10) Die Bestimmung des § 79 Abs 6 BO darf nach Ansicht des VwGH (vgl etwa das E v 17.2.1981, 05/1285/80) nicht so ausgelegt werden, daß befestigte Wege und Zufahrten, Stützmauern, Stufenanlagen, Rampen und Ähnliches im Seitenabstand nur dann errichtet werden dürfen, wenn ihre Errichtung an anderer Stelle des Bauplatzes unmöglich, weil technisch undurchführbar, ist, da die Errichtung derartiger Anlagen außerhalb der Abstandsflächen bei entsprechendem finanziellen Aufwand fast immer möglich sein wird. Dies bedeutet letztlich, daß eine vernünftige wirtschaftliche Wertung, auch unter Einbeziehung der Interessen der Nachbarn, die Anspruch auf Einhaltung der gärtnerischen Ausgestaltung haben (vgl das E v 30.6.1969, Slg 7615/A), vorzunehmen sein wird (VwGH 26.6.1990, 88/05/0109, 86/05/0033).

11) Hinsichtlich der in einem Bebauungsplan angeordneten gärtnerisch auszugestaltenden Fläche steht dem Nachbarn zwar ein subjektiv-öffentliches Recht auf Freihaltung von oberirdischen Bauten (E 13.3.1967, 2146/65, Slg 7101/A und 17.5.1983, 05/1234/80), aber kein darüber hinausgehender Anspruch auf Einhaltung dieser Anordnung zu. Durch unterirdische Bauten werden diese Abstandsrechte nicht beeinträchtigt (VwGH 5.2.1991, 90/05/0157). S nun ausdrücklich § 134a Abs 1 lit a.

12) § 79 Abs 6 BO ist auch auf Flächen außerhalb von Vorgärten und Abstandsflächen anzuwenden. Die Worte „unbedingt erforderlich" sind nicht als technisch undurchführbar zu lesen (vgl etwa das Erk v 17.2.1981, 05/1285/80). Es ist daher auch ohne Bedeutung, ob die im Beschwerdefall beabsichtigten Baumaßnahmen als Stützmauern im eigentlichen Sinn zu qualifizieren sind oder nicht. Wesentlich für die Zulässigkeit von Einbauten ist die Vereinbarkeit mit dem vom Gesetzgeber angestrebten Ziel, eine gärtnerische Ausgestaltung zu erreichen, nämlich die Erhaltung von Grünflächen unter möglichster Einschränkung von als solchen erkennbaren Bauten. Unter diesen Umständen kann aber weder eine unterirdische Fundierung noch eine Ebenseer-Böschungsbefestigung durch Betongittersteine die gärtnerische Ausgestaltung beeinträchtigen, weil sie ja nach dem entsprechenden Anwachsen von Pflanzen für eine entsprechende Begrünung der gesamten Fläche sorgt (VwGH 25.6.1991, 87/05/0197).

13) Der Nachbar an der seitlichen Grundstücksgrenze besitzt kein subjektives öffentliches Recht auf Freihaltung des Vorgartens von jeder Verbauung (hier Errichtung eines Rauchfanges; s E 30.6.1969, 353/67, VwSlg 7615 A) (VwGH 22.9.1992, 89/05/0216).

14) Aus Abstandsbestimmungen, Bestimmungen über Fluchtlinien und Bestimmungen über die Bauweise erwachsen grundsätzlich subjektiv-öffentliche Nachbarrechte, so daß eine Instandsetzungsmaßnahme in Form von Erneuerung des Verputzes an einer bestehenden Feuermauer, würde sie die Grundgrenze überschreiten, jedenfalls bewilligungspflichtig iSd § 60 Abs 1 lit c BO wäre (VwGH 13.4.1993, 90/05/0233).

15) Soll eine Tiefgarage unterhalb einer gärtnerisch auszugestaltenden Fläche ausgeführt werden, so wird ein Nachbar dadurch in keinem subjektiv-öffentlichen Recht verletzt, weil dies nur im Fall von Hochbauten in Frage kommt (VwGH 20.4.1994, 93/05/0298, BauSlg 84, 20.12.1994, 94/05/0132, BauSlg 308).

16a) Soll in einem Kellergeschoß eine „Mittelgarage mit 5 PKW-Stellplätzen" errichtet werden, so wird der zwingenden Vorschrift des § 36 Abs 1 WGG entsprochen, so daß die geplante Zufahrt zu der diese Pflichtstellplätze enthaltenden Garage in dem gärtnerisch auszugestaltenden Bereich der Liegenschaft iSd § 79 Abs 6 WBO zulässig ist und daher sogar oberirdisch angelegt werden dürfte. Die Behörde ist nach keiner baurechtlichen Vorschrift zur Prüfung der Frage verhalten, ob der Bauwerber die ihm vorgeschriebenen Pflichtstellplätze nicht anders bzw an anderen Orten hätte errichten können, sondern hat davon auszugehen, daß die Errichtung der Tiefgarage im Kellergeschoß des Wohnhauses grundsätzlich zulässig ist. Die geplante Zufahrt zu der in diesem Bereich zulässigen Garage ist aber iSd § 79 Abs 6 WBO „unbedingt erforderlich" und daher zulässig, zumal es auf die unbedingte Erforderlichkeit der Zufahrt und nicht darauf ankommt, ob die Garage nicht auch an einer anderen Stelle der Liegenschaft errichtet werden darf. Die Zufahrt wird auch nicht dadurch unzulässig, daß sie teilweise überdacht ist, wobei diese Überdachung der Garagenabfahrt dem Schutz des Anrainers vor Immissionen dient.

16b) Die Meinung, eine 30 cm dicke Humusschicht lasse eine zumindest einfache gärtnerische Gestaltung der Oberfläche zu, ist nicht lebensfremd. Durch die geplante Garagenabfahrt wird daher das Nachbarrecht auf Freihaltung einer gärtnerisch auszugestaltenden Fläche nicht verletzt (VwGH 20.12.1994, 94/05/0132, BauSlg 308).

17) Für die Zulässigkeit von Einbauten in Vorgärten und Abstandsflächen gem § 79 Abs 6 BO ist die Vereinbarkeit mit dem vom Gesetzgeber angestrebten Ziel, eine gärtnerische Ausgestaltung zu erreichen, wesentlich (s E 25.6.1991, 87/05/0197).

Die Einwendung, die geplante Anschüttung bewirke eine starke optische Täuschung des Landschaftsbildes, bezieht sich auf kein subjektiv-öffentliches Nachbarrecht und stellt auch keinen Bezug zu § 79 Abs 6 BO her (VwGH 29.8.1995, 95/05/0178, BauSlg 164).

18) Eine nach § 86 BO zulässige Einfriedung kann nicht deshalb unzulässig sein, weil sie auch eine Stützmauer ist und als solche die unbedingt erforderlichen Ausmaße überschreiten würde (s E 4.4.1966, Slg 6899 A und E 2.6.1986, 86/05/0040). Verläuft eine Stützmauer zum Teil unmittelbar an der Grundgrenze, sind in diesem Bereich für die Bewilligungsfähigkeit einzig die Kriterien des § 86 BO heranzuziehen (VwGH 7.11.1995, 95/05/0227, BauSlg 269).

19) Auf die Einhaltung des § 79 Abs 6 BO besitzt der Nachbar ein subjektiv-öffentliches Recht. Durch die Anbringung von Betongittersteinen bzw Rasensteinen wird der Verpflichtung zur gärtnerischen Gestaltung gem § 79 Abs 6 BO entsprochen (s E 30.5.1995, 93/05/0125) (VwGH 26.3.1996, 94/05/0184, BauSlg 62).

20) Plakatwände im Vorgartenbereich sind regelmäßig unzulässig (VwGH 23.4.1996, 93/05/0293, BauSlg 95).

21) Durch die – wenn auch geringfügig (hier 7 cm) – geänderte Lage des Bauprojektes werden nunmehr die erforderlichen Abstände gem § 79 Abs 3 BO nicht mehr eingehalten. Ein derartiges Projekt war nicht gem § 70 BO bewilligungsfähig, mangels Zustimmung der betroffenen Anrainer kam auch eine Bewilligung gem § 71 BO nicht in Betracht (VwGH 17.5.1999, 99/05/0040, BauSlg 118). Dieses E soll ein warnendes Beispiel für Bauherrn und Bauführer sein.

22) *derzeit frei*

23) Auf gärtnerisch auszugestaltenden Flächen eines Innenhofes sind Ansuchen um Erteilung einer Baubewilligung für die Schaffung von zusätzlichen Stellplätzen (hier 7) abzuweisen (VwGH 4.9.2001, 2000/05/0070).

24) Sind Grundflächen nach dem Bebauungsplan gärtnerisch auszugestalten, ist eine Baubewilligung für die Errichtung einer „Gartenterrasse, Einzäunungs- bzw Befestigungsmauern" zu Recht versagt worden. Ein neuerlicher Antrag für ein identes Bauvorhaben ist bei gleicher Sach- und Rechtslage zu Recht wegen entschiedener Sache zurückzuweisen, hat sich doch der wesentliche Sachverhalt nicht geändert, wenn auch nun die Ortsbildfrage anders beurteilt wurde (VwGH 4.9.2001, 2000/05/0126).

25) *derzeit frei*

26) Einem Nachbarn, dessen Liegenschaft (Grundstück) gegenüber dem zu bebauenden Grundstück liegt und von diesem durch eine öffentliche Verkehrsfläche getrennt ist, ist hinsichtlich des Einwandes der Nichteinhaltung der seitlichen Abstandsflächen entgegenzuhalten, dass damit kein subjektiv-öffentliches Recht dieses Nachbarn geltend gemacht wird, wenn die erforderlichen Abstände zu seinem Grundstück jedenfalls eingehalten werden (vgl hiezu das hg Erkenntnis vom 27. Februar 2002, Zl 2001/05/1066), weil ein Nachbar nur die Verletzung seiner Rechte, dh im gegebenen Zusammenhang die Einhaltung der Abstandsfläche zu seinem, dem zu bebauenden Grundstück benachbarten Grundstück, geltend machen kann (vgl hiezu die bei *Geuder/Hauer*, Wiener Bauvorschriften, 4. Auflage, E 11 zu § 79 Bauordnung für Wien wiedergegebene hg Rechtsprechung). § 134a Abs 1 BO schränkt nämlich die Durchsetzbarkeit der taxativ aufgezählten subjektiv-öffentlichen Nachbarrechte durch die Tatbestandsvoraussetzung „sofern sie ihrem" (gemeint: den Nachbarn) „Schutze dienen" ein. Dies bedeutet, dass auch dann, wenn ein objektiver Verstoß gegen eine unter § 134a leg cit subsumierbare baurechtliche Vorschrift vorliegen sollte, auf die Verletzung eines subjektiv-öffentlichen Rechtes eines Beschwerdeführers jedenfalls dann nicht zu erkennen ist, wenn nach der Situierung des bewilligten Bauvorhabens schon der Lage nach in subjektive Rechte des Beschwerdeführers nicht eingegriffen werden kann (vgl hiezu das hg Erkenntnis vom 29. April 1997, Zl 96/05/0085, BauSlg 97 = Slg Nr 14671/A) (VwGH 15.6.2004, 2003/05/0047).

27) Nach der Rechtsauffassung des Verwaltungsgerichtshofes ist bei der Berechnung der Fläche, mit der in die Abstandsfläche mit Gebäuden hineingerückt werden darf, auch der Altbestand auch dann zu berücksichtigen, wenn er sich in einem Bereich befindet, der gerade nicht mehr an die Liegenschaft des betroffenen Nachbarn angrenzt (VwGH 7.9.2004, 2003/05/0229).

28) § 62a der Bauordnung für Wien (BO) zählt die bewilligungsfreien Bauvorhaben auf. Nach Abs 1 Z 22 dieser Bestimmung sind bewilligungsfrei Schwimmbecken mit einem Abstand von mindestens 3 m von Nachbargrenzen bis zu einem Ausmaß von 50 m^3 Rauminhalt im Bauland (jetzt: 60 m^3).

Die im Beschwerdefall strittige Frage, ob die fragliche Grenze zum öffentlichen Gut F.-Gasse eine „Nachbargrenze" im Sinne des § 62a Abs 1 Z 22 bzw des § 79 Abs 6 BO ist, ist im Sinne der Auffassung des Beschwerdeführers zu verneinen. Es ist kein Grund ersichtlich, das Wort „Nachbargrenze" so auszulegen, dass damit auch die Grenze zur öffentlichen Verkehrsfläche gemeint sein sollte (vgl beispielsweise § 101 Abs 1 BO, woraus sich klar ergibt, dass zur öffentlichen Verkehrsfläche Fenster bestehen dürfen). Eine solche Auslegung ist auch aus dem Blickwinkel, dass die Normierung dieses Abstandes den Nachbarn etwa vor Lärmimmissionen schützen soll, nicht geboten (VwGH 9.11.2004, 2004/05/0021).

29a) Wie der Verwaltungsgerichtshof im bereits mehrfach zitierten Erkenntnis vom 21. Mai 2007, Zl 2005/05/0088, unter Bezugnahme auf die Erläuterungen zu diesen Regelungen mit näherer Begründung ausgesprochen hat, ist nach § 60 Abs 1 und 3 BO zwar dort, wo im Bebauungsplan eine gärtnerisch auszugestaltende Fläche festgesetzt wurde, eine bauliche Änderung im Sinne des § 60 Abs 1 lit c BO, nicht aber ein Neu-, Zu- oder Umbau im Sinne des § 60 Abs 1 lit a BO zulässig. Es soll kein Bau erfolgen, der der Realisierung des Bebauungsplanes auf weitere Zeit entgegensteht. Auch aus der Sicht des Schutzes der Nachbarn erscheint es von Bedeutung, welches Bauvorhaben auf einer gärtnerisch auszugestaltenden Fläche realisiert werden soll, wenn ebendort eigentlich nur bestimmte Bauvorhaben erlaubt sind.

29b) Der Verwaltungsgerichtshof hat nun – zur Rechtslage vor der Novelle LGBl Nr 42/1996 – bei der Abgrenzung eines Umbaues im Sinne des § 60

Abs 1 lit a BO zu einer baulichen Änderung nach lit c dieser Bestimmung entscheidend darauf abgestellt, ob das Gebäude nach Durchführung der Maßnahmen entweder in seinem äußeren Erscheinungsbild oder in seiner Nutzung als ein anderes anzusehen war. Entscheidend für die Annahme eines „Umbaues" iSd § 60 Abs 1 lit a BO idF LGBl Nr 18/1976 wurde der Umstand angesehen, dass es sich um so wesentliche Änderungen der Raumeinteilung oder der Raumwidmungen handeln muss, dass das Gebäude nach ihrer Durchführung „als ein anderes anzusehen ist" (vgl ua das hg Erkenntnis vom 21. Jänner 1997, Zl 96/05/0192).

Dieses Kriterium ist – zumal § 60 Abs 1 lit a BO ebenso wie lit c von „Änderungen der Raumeinteilung oder der Raumwidmung" als Voraussetzung spricht – auch nach der genannten Novelle unverändert entscheidend für die Abgrenzung zwischen beiden Bewilligungstatbeständen. Nur dann, wenn die Änderungen derart massiv sind, dass nach ihrer Durchführung das Gebäude als ein anderes anzusehen ist, liegt ein Umbau nach § 60 Abs 1 lit a BO vor (VwGH 10.9.2008, 2008/05/0018).

30) Im Übrigen ist es nicht von Bedeutung, ob Unterschreitungen der Nachbarabstände dem Nachbarn bereits früher aufgefallen sind und wie der Nachbar darauf reagiert hat. In baurechtlicher Hinsicht kommt es … lediglich darauf an, welche Abstände rechtskräftig bewilligt sind und welche Abstände tatsächlich vorliegen (VwGH 23.6.2010, 2010/06/0024, zum Szbg BPG).

31a) Soweit die Beschwerdeführer geltend machen, dass die Emissionen aus dem am Dach geplanten Schwimmbecken nicht aus Wohnzwecken im Sinne des § 134a Abs 1 lit e BO stammten, sind sie nicht im Recht. Auch Wohnnebennutzung zählt zur Wohnnutzung, und dieser dienen auch Schwimmbecken (vgl das hg Erkenntnis vom 6. Oktober 2011, Zl 2011/06/0109, zum Steiermärkischen Raumordnungsgesetz 1974; vgl auch die Regelung des § 79 Abs 6 BO über zulässige Schwimmbecken). Dies wäre allenfalls nur dann nicht gegeben, wenn auf Grund der konkreten Größe der Anlage nicht mehr angenommen werden könnte, dass diese mit der Wohnbenutzung der Liegenschaft verbunden ist, wenn sie also unverhältnismäßig wäre in Bezug auf die Größe des Wohngebäudes oder des Grundstückes (vgl das zitierte hg Erkenntnis vom 6. Oktober 2011).

31b) Bemerkt wird, dass der Verwaltungsgerichtshof zwar im hg Erkenntnis vom 20. Dezember 2002, Zl 2002/05/1014, ausgesprochen hat, dass eine Anlage nach § 4 WGG in der Abstandsfläche zulässig ist und ihre Fläche nicht an die Stelle der gem § 79 Abs 3 BO zulässigen 45 m^2 tritt, sondern unabhängig davon zu beurteilen ist. Diese Auffassung hat der Verwaltungsgerichtshof allerdings zu einer vormaligen Fassung des WGG vertreten. Im nunmehrigen WGG findet sich die Regelung, die ursprünglich mit der Novelle LGBl Nr 33/2004 in das Wiener Garagengesetz 1957 eingefügt wurde, dass nämlich die von Anlagen im Sinne des § 4 WGG in Anspruch genommene Grundfläche auf die nach den gesetzlichen Ausnutzbarkeitsbestimmungen bebaubare Fläche des Bauplatzes anzurechnen ist, auf die nach § 5 Abs 4 lit d BO durch den Bebauungsplan beschränkte bebaubare Fläche jedoch nicht. Angesprochen sind durch diese Regelung auch Ausnutzbarkeitsbestimmungen nur für Teile des Bauplatzes, wie sich schon daraus ergibt, dass auch besondere Regelungen des Bebauungsplanes gem § 5 Abs 4 lit d BO nicht nur für den ganzen Bauplatz, sondern auch für Teile des Bauplatzes erlassen werden können. Daraus folgt, dass die Anlage jedenfalls auch die gesetzlichen Ausnutzbarkeitsbestimmungen des § 79 Abs 3 BO für den Seitenabstand einhalten muss (VwGH 23.7.2013, 2012/05/0192).

32) Wie die im § 79 Abs 6 BO enthaltene (demonstrative) Aufzählung deutlich zeigt, sind nach dieser Norm zwar sonstige Bauwerke im Seitenabstand zulässig, nicht aber Gebäude (vgl das hg Erkenntnis vom 23. Juli 2013, Zl 2012/05/0192). Bei der verfahrensgegenständlichen Lüftungsanlage handelt es sich entgegen dem Vorbringen der Beschwerdeführerin keineswegs um einen Neubau nach § 60 Abs 1 lit a BO, weil es einer solchen Lüftungsanlage am raumbildenden Charakter und damit an der Gebäudeeigenschaft mangelt. Vielmehr handelt es sich bei einer Lüftungsanlage um ein sonstiges Bauwerk iSd § 60 Abs 1 lit b BO (vgl zur Bewilligungspflicht von Technikschächten nach dieser Bestimmung das hg Erkenntnis vom 23. Februar 2010, Zl 2009/05/0162, zu Lüftungslamellen das hg Erkenntnis vom 24. April 1990, Zl 89/05/0044, sowie zu oberirdischen Lüftungsöffnungen einer Tiefgarage, die der Qualifikation der Garage als unterirdisches Gebäude nicht entgegenstünden, da es auf raumbildende bauliche Maßnahmen ankomme, gleichfalls das hg Erkenntnis vom 24. April 1990) (VwGH 10.12.2013, 2010/05/0220).

33) Da ein Schwimmbecken nicht zur bebauten Fläche im Sinne des § 80 BO zählt, ist die bebaubare Fläche, auf der das Schwimmbecken errichtet wurde, gem Punkt 3.5 des Plandokuments Nr 7739 gärtnerisch auszugestalten. Das bedeutet, dass das mit der gegenständlichen Baubewilligung bewilligte Schwimmbecken mit einem Rauminhalt von 65 m^3 zur Gänze auf einer gärtnerisch auszugestaltenden Fläche zu liegen kommt und somit der Bestimmung des § 79 Abs 6 BO, der Schwimmbecken nur bis zu einem Gesamtausmaß von 60 m^3 Rauminhalt zulässt, widerspricht. Die Beschwerdeführerin wurde dadurch in ihrem subjektiv-öffentlichen Recht auf Freihaltung gärtnerisch auszugestaltender Flächen verletzt (VwGH 30.1.2014, 2010/05/0155).

34) Die Definition einer „Front" ist der Beschwerdeführerin auch hinsichtlich des zweiten, von ihr beanstandeten Bauteiles des bestehenden östlichen Gebäudes entgegenzuhalten. Der von der südlichen Grundgrenze zurückgesetzte Gebäudeteil dieses östlichen Gebäudes, der von der Beschwerdeführerin als „nicht angebaute Front" bezeichnet wird, ist Teil der südlichen Ansichtsfläche (Front) des bestehenden Gebäudes, nicht aber eine eigene Front, und teilt als solcher die rechtliche Qualifikation dieser Front als „gekuppelt", auch wenn er nicht selbst an die Grundgrenze angebaut ist. Dies gilt jedenfalls in einem Fall wie hier, wo der weit überwiegende Teil der Südfront des östlichen Gebäudes direkt an der südlichen Grundgrenze liegt.

Gem § 79 Abs 4 BO gelten die Bestimmungen des Abs 3 leg cit in der gekuppelten Bebauungsweise nur für jene Fronten, die nicht an die Grundgrenze angebaut werden. Die belangte Behörde hat daher zu Recht den von der Beschwerdeführerin beanstandeten, von der südlichen Grundgrenze abgerückten Teil der Südfront nicht in die Berechnung der bebauten Abstandsfläche einbezogen (VwGH 5.3.2014, 2011/05/0051).

35a) Beim gegenständlichen Aufschließungsweg handelt es sich nicht um eine Liegenschaft, die als Grundbuchskörper eine eigene Einlage bildet, sondern um zwei Teilflächen (Trennstücke), die der jeweiligen Einlage der beiden genannten Baulose zugeschrieben sind. Die revisionswerbende Partei irrt daher mit ihrer Rechtsansicht, dass die Liegenschaft des Mitbeteiligten mit ihrer Liegenschaft keine gemeinsame Grundgrenze habe, insoweit, als der Aufschließungsweg zum einen Teil zu ihrer Liegenschaft und zum anderen Teil zur Liegenschaft des Mitbeteiligten gehört. In Anbetracht der Lage der Grundstücke und deren Entfernung voneinander begegnet die Beurteilung des Verwaltungsgerichtes, dass dem Mitbeteiligten, der mit seinen im baubehördlichen Verfahren erhobenen Einwendungen (auch) die Verletzung von Abstandsvorschriften gegenüber seiner Liegenschaft geltend gemacht und somit die Verletzung eines subjektivöffentlichen Rechtes im Sinn des § 134a Abs 1 lit a leg cit behauptet hat, die Parteistellung zukomme, keinen Bedenken.

Im Übrigen käme, selbst wenn der Aufschließungsweg als (einheitliche) Liegenschaft im Sinn des § 134 Abs 3 leg cit zu beurteilen wäre, dem Mitbeteiligten als Eigentümer des daran anschließenden Bauloses dennoch gem § 134 Abs 3 fünfter Satz leg cit die Parteistellung als Nachbarn mit dem Recht zur Geltendmachung von subjektiv-öffentlichen Rechten im Sinn des § 134a Abs 1 leg cit zu, weil nach dieser Gesetzesbestimmung auch solche Liegenschaften im Bauland als benachbart gelten, die bis zu einer Breite von 6 m durch Fahnen oder diesen gleichzuhaltende Grundstreifen oder eine höchstens 20 m breite öffentliche Verkehrsfläche von der Bauliegenschaft getrennt sind und im Falle einer Trennung durch eine öffentliche Verkehrsfläche der zu bebauenden Liegenschaft gegenüberliegen.

35b) Soweit die Revision allerdings darauf hinweist, dass sich der in § 79 Abs 5 zweiter Satz BO normierte Abstand von mindestens 2 m nicht auf die Grundgrenze im Bereich eines Aufschließungsweges bezieht, trifft diese Auffassung zu. Dass mit dem Begriff „Grundgrenze" in dieser Bestimmung nicht die Grundgrenze im Bereich der Achse des Aufschließungsweges gemeint ist, ergibt sich bereits daraus, dass – jedenfalls dann, wenn der Aufschließungsweg nicht gem § 16 Abs 2 zweiter Satz BO in eine eigene, gemeinsame (im

Miteigentum der Eigentümer der daran anschließenden Baulose stehende) Einlage gelegt wurde – dies bei einer anderen Auslegung des § 79 Abs 5 leg cit unterschiedliche, nicht miteinander in Übereinstimmung zu bringende Rechtsfolgen nach sich zöge, nämlich die Verpflichtung, mit dem Gebäude in Bezug auf den Aufschließungsweg sowohl einen Abstand von 4 m als auch einen solchen von 2 m einzuhalten.

Aber auch dann, wenn es sich bei diesem Weg um eine eigene, gemeinsame Einlage im Sinn des § 16 Abs 2 zweiter Satz leg cit handelte und der Aufschließungsweg eine größere oder geringere Breite als 4 m hätte, führte die Einhaltung der in § 79 Abs 5 erster und zweiter Satz leg. cit. normierten Mindestabstände zu unterschiedlichen Ergebnissen.

Unter Zugrundelegung dieses Normenverständnisses handelt es sich auch bei dem in § 79 Abs 3 leg cit verwendeten Begriff „Nachbargrenze" nicht um die Grenze im Bereich des Aufschließungsweges (VwHG 18.11.2014, Ro 2014/05/0082). Anmerkung zu § 79 Abs 5: UE wäre auch eine andere Interpretation denkbar: Wenn man nämlich beide Bestimmungen (Abs 5 erster Satz bzw zweiter Satz) uno actu, also kumulativ anwendet, ist jeweils fallbezogen die jeweils strengere Bestimmung maßgeblich. Das ist deswegen unproblematisch, weil im ersten Fall von „Mindestabstand", im zweiten Fall von „mindestens" gesprochen wird, beide also nachgiebiges Recht darstellen. Unbeschadet dieser Überlegung empfiehlt sich anlässlich einer Novellierung eine Neufassung dieser Regelung.

36a) Die Nachbarrechte werden durch die Tatbestandsvoraussetzung „sofern sie ihrem" (gemeint: der Nachbarn) „Schutze dienen" eingeschränkt. Dies bedeutet, dass trotz objektiven Verstoßes gegen eine unter § 134a BO subsumierbare baurechtliche Vorschrift die Verletzung eines subjektiv-öffentlichen Rechtes eines Nachbarn dann nicht vorliegt, wenn nach der Situierung des bewilligten Bauvorhabens schon der Lage nach in subjektive Rechte des Nachbarn nicht eingegriffen werden kann (vgl aus der ständigen hg Judikatur etwa das Erkenntnis vom 27. August 2014, Zl 2013/05/0009, mwN).

36b) Bei einem Baubewilligungsverfahren handelt es sich um ein Projektgenehmigungsverfahren, weshalb die Beeinträchtigung von Nachbarrechten nur anhand des in den Einreichunterlagen dargestellten Projektes zu beurteilen ist. So darf zB ein Lagerraum in einem Bürogebäude projektgemäß nur für Lagerungen für Bürozwecke verwendet werden. Auf eine bloß vermutete Absicht des Bauwerbers kommt es nicht an (vgl dazu etwa die in *Moritz*, BauO für Wien[5] (2014) Anm zu § 70 Abs 2, S 223, und Anm zu § 134a Abs 1, S 410 zitierte hg Rechtsprechung).

36c) Ein Wintergarten kann als Gewächshaus dienen, aber auch die Funktion eines Wohnraumes erfüllen. Es muss im Plan daher eindeutig zum Ausdruck kommen, ob damit die Schaffung eines Aufenthaltsraumes beabsichtigt ist oder nicht. Hiebei genügt das Abstellen auf die Bezeichnung im Einreichplan allerdings für die Beurteilung als Aufenthaltsraum dann jedenfalls nicht, wenn die Situierung oder die Ausstattung eine andere Nutzung erkennen lässt. So wurde etwa eine als Lagerraum für Topfpflanzen bezeichnete, nur durch eine Schiebetür vom Wohn- und Essbereich abgegrenzte Räumlichkeit, ausgestattet mit einem Parkettboden und mit einer Verbindungsfunktion zur Gartenterrasse, als Aufenthaltsraum beurteilt. Aus der gewählten Bezeichnung allein ist somit noch nicht ableitbar, ob eine solche Räumlichkeit einen Aufenthaltsraum darstellt (vgl zum Ganzen auch das hg Erkenntnis vom 29. Jänner 2008, Zl 2006/05/0282, mwN).

36d) Nach ständiger hg Judikatur (vgl dazu etwa *Moritz*, BauO, Anm zu § 134a Abs 1, S 407) kann ein Nachbar das in § 134a Abs 1 lit b leg cit eingeräumte Recht auf Einhaltung der Bestimmungen über die Gebäudehöhe nur in Bezug auf die seiner Liegenschaft zugekehrte Front geltend machen (VwGH 20.1.2015, 2012/05/0058, 0071).

37) Der Begriff des Vorgartens wird in der BO und im GAG unterschiedlich verwendet. Das GAG regelt den Gebrauch von öffentlichem Grund, weshalb ein Vorgarten iSd GAG nur als ein auf öffentlichem Grund liegender zu verstehen ist, während ein Vorgarten iSd § 79 Abs 1 BO ein Grundstreifen ist, der frei bleibt, wenn durch den Bebauungsplan das Anbauen eines Gebäudes an die öffentliche Verkehrsfläche untersagt ist (VwGH 23.5.2017, Ra 2015/05/0079).

38) Da für die genannten Grundstücke wahlweise die offene oder gekuppelte Bebauungsweise im Sinne des § 70 Abs 1 NÖ BO festgelegt ist, darf dieses Wahlrecht nur unter Bedachtnahme auf die bereits bestehenden und bewilligten Gebäude ausgeübt werden, sofern dieses Recht nicht schon durch frühere Bauvorhaben verbraucht wurde.

Nach der hg Judikatur (vgl etwa VwGH 29.9.2016, Ro 2014/05/0094) ist das Wahlrecht zwischen dem Anbau an einer gemeinsamen Grundgrenze oder der Einhaltung eines Abstandes zur seitlichen Grundgrenze verbraucht, wenn bereits ein Hauptgebäude (die Errichtung eines Nebengebäudes erfüllt diese Voraussetzung nicht; vgl. dazu etwa VwGH 8.4.2014, 2011/05/0078) an der gemeinsamen Grundgrenze gekuppelt – oder unter Einhaltung des gebotenen Abstandes zur seitlichen Grundgrenze (in offener Bebauungsweise; vgl etwa VwGH 30.1.2014, 2011/05/0043 bis 0045) – errichtet ist (VwGH 23.1.2018, Ra 2016/05/0077, zur BO für NÖ).

39) Im Gesetz ist ein allgemeines subjektiv-öffentliches Nachbarrecht auf Wahrung des Licht- und Sonneneinfalls nicht vorgesehen; dem Nachbarn steht grundsätzlich nur ein Recht darauf zu, dass der Abstand zu seinem Grundstück eingehalten wird. Im Übrigen hat jeder Grundeigentümer auf seinem Grundstück für eine nach dem Baurecht ausreichende Belüftung und Belichtung seiner Bauten Sorge zu tragen (vgl VwGH 7.9.2004, 2001/05/1074; in diesem Sinne auch VwGH 22.1.2019, Ra 2018/05/0282; 16.9.2009, 2007/05/0189) (VwGH 29.1.2020, Ra 2019/05/0007).

Bebaute Fläche

§ 80. (1) **Als bebaute Fläche[1] gilt die senkrechte Projektion des Gebäudes einschließlich aller vor die Gebäudefront ragenden Gebäudeteile auf eine waagrechte Ebene. Unterirdische Gebäude oder Gebäudeteile[2] bleiben bei der Ermittlung der bebauten Fläche außer Betracht.**

(2) Vor die Gebäudefront ragende Gebäudeteile der in § 84 Abs. 1 und 2 genannten Art und in dem dort bezeichneten Ausmaß bleiben bei der Ermittlung der bebauten Fläche außer Betracht, gleichgültig, ob sie über Baufluchtlinien ragen oder nicht. Überschreiten solche Gebäudeteile das genannte Ausmaß, sind sie der bebauten Fläche voll zuzurechnen. Gleiches gilt für Erker, Balkone und Loggien, unter denen nicht überall eine freie Durchgangshöhe von mindestens 2,10 m gewährleistet ist.[3][4]

(EB zur BO-Nov 2023, LGBl 2023/37 vom 13.12.2023)

Zu Abs 1

Aus Vereinfachungsüberlegungen kommt es künftig für die grundsätzliche Einrechnung von Vorbauten in die bebaute Fläche nicht mehr darauf an, ob es sich bei diesen um raumbildende bzw raumergänzende Gebäudeteile handelt. Grundregel ist nun, dass sämtliche Gebäudeteile zur bebauten Fläche zählen.

Zu Abs 2

Der Verweis auf Abs. 1 wird durch dessen Änderung obsolet und zugunsten einer klareren Formulierung aufgegeben: sämtliche vor die Gebäudefront ragende Gebäudeteile der in § 84 Abs 1 und 2 genannten Art und in dem dort bezeichneten Ausmaß sind der bebauten Fläche dann voll zuzurechnen, wenn sie das in § 84 geregelte Ausmaß überschreiten. Weiterhin kommt es dabei nicht auf eine Überschreitung von Fluchtlinien an, sondern – isoliert betrachtet – auf die in dieser Bestimmung geregelten Dimensionen. Eine Unterscheidung zwischen raumbildenden bzw. raumergänzenden Gebäudeteilen und übrigen Gebäudeteilen besteht nicht mehr. Insbes Balkone, aber auch alle übrigen Vorbauten, die iSd Abs 1 bisher nicht als raumbildend anzusehen waren, unterliegen damit unzweifelhaft dieser Regelung und zählen bei Überschreitung jener Dimensionen voll zur bebauten Fläche. Die volle Einrechnung von Erkern, Balkonen und Loggien, unter denen nicht überall eine freie Durchgangshöhe von mind. 2,10 gewährleistet ist, in die bebaute Fläche bleibt unverändert bestehen.

Anmerkungen

1) Diese Begriffsbestimmung ist für die höchstzulässige Ausnutzung von Bauplätzen von Bedeutung.

2) Solche Bauteile dürfen oberflächlich grundsätzlich nicht wahrgenommen werden; Belüftungsöffnungen uÄ sind nicht gemeint.

3) Auch dann, wenn kein Durchgang vorhanden ist.

4) Auch ein Erker mit geringerer Durchgangshöhe beleibt ein „Erker".

Judikatur

1) Unter Fronten sind die Ansichtsflächen der ein Gebäude nach außen abschließenden Wände (Umfassungswände) zu verstehen (VwGH 1.3.1976, Slg 9004/A). S auch E zu § 81.

2) Eine Tiefgarage ist als unterirdisches Gebäude auf die maximal zulässig bebaute Fläche iS des § 80 Abs 1 BO nicht anzurechnen (VwGH 26.6.1990, 90/05/0034). Der Umstand, daß Lüftungsöffnungen und Bauwerksteile, wie etwa eine Lärmschutzwand, oberirdisch zu liegen kommen, spricht nicht gegen die Annahme eines unterirdischen Baues, kommt es doch nach dem Gesetz auf raumbildende bauliche Maßnahmen an (VwGH 24.4.1991, 89/05/0044).

3) Rampen gelten nicht als bebaute Flächen iSd § 80 BO (VwGH 25.5.1993, 92/05/0312).

4) § 80 Abs 1 BO ist zu entnehmen, daß weder eine unterirdische Garage noch Garagenrampen bei der Ermittlung des Ausmaßes der bebauten Fläche zu berücksichtigen sind (s E 15.9.1992, 92/05/0044, 92/05/0075) (VwGH 22.6.1993, 91/05/0027).

5) Es bedarf im vorliegenden Fall keiner weiteren Erörterung von welchem Gelände für die Beantwortung der Frage auszugehen ist, ob ein Gebäude oder Gebäudeteil als unterirdisch zu betrachten ist, weil der zwischen beiden projektierten Reihenhäusern vorgesehene Mittelteil nach den vorliegenden Plänen sowohl auf Grund des gewachsenen als auch des nach Errichtung der Wohnhausanlage vorgesehenen Geländes als unterirdisch anzusehen ist. Eine Verbindung zwischen beiden Reihenhäusern durch diesen unterirdischen Mittelteil ist ebenfalls nicht vorgesehen. Gegen die von der belangten Behörde vorgenommene Ermittlung der bebauten Flächen bestehen daher ebenfalls keine rechtlichen Bedenken (VwGH 27.2.1996, 95/05/0184, BauSlg 45).

6) Bei der Beurteilung, ob Gebäude oder Gebäudeteile als unterirdisch zu beurteilen sind, sind die geplanten zulässigen Geländeveränderungen bereits mit zu berücksichtigen (vgl hiezu das hg Erkenntnis vom 17. Jänner 1997, VwSlg 9220/A, und die daran anschließende ständige Rechtsprechung des Verwaltungsgerichtshofes zu § 80 Abs 1 Bauordnung für Wien). Dass der von der belangten Behörde beigezogene bautechnische Amtssachverständige entgegen dieser Rechtsprechung Bauteile als unterirdisch bewertet hätte, wird von den Beschwerdeführern konkret nicht dargelegt (VwGH 18.11.2003, 2001/05/0927).

7) Bei der Beurteilung der Frage, welche Bauteile als „unterirdisch" im Sinne des § 80 Abs 1 letzter Satz BauO für Wien anzusehen sind, kommt es grundsätzlich auf die Wahrnehmbarkeit an, wobei untergeordnete Bauteile außer Betracht bleiben (vgl *Geuder/Hauer*, Wiener Bauvorschriften, 5. Auflage, 598, wo diesbezüglich als Beispiel Lüftungsöffnungen angeführt sind). Dazu kommt, dass es gem § 84 Abs 3 2. Satz BauO für Wien der Beurteilung einer

Baulichkeit als unterirdisches Gebäude oder unterirdischer Gebäudeteil nicht entgegensteht, wenn den oberen Abschluss eine andere nach den Bestimmungen dieses Gesetzes zulässige bauliche Anlage (Terrasse, Stützmauer, Weg ua) bildet. Im hg Erkenntnis vom 15. September 1992, Zl 89/05/0027, wurde, ausgehend vom dort zu beurteilenden Sachverhalt, auf die Sichtbarkeit abgestellt. Im hg Erkenntnis vom 24. April 1990, Zl 89/05/0044, betreffend eine Tiefgarage, sprach sich der Verwaltungsgerichtshof trotz des Umstandes, dass Lüftungsöffnungen und Bauwerksteile, wie etwa eine Lärmschutzwand, oberirdisch zu liegen kamen, nicht gegen die Annahme eines unterirdischen Gebäudes aus, zumal es auf raumbildende bauliche Maßnahmen ankäme. Insbesondere stand die Verwendung der Garagendecke für die Schaffung von Einstellplätzen der Beurteilung der Garage als unterirdisches Bauwerk nicht entgegen; nichts anderes kann gelten, wenn die Garagenoberdecke zum Teil als Terrasse Verwendung findet (VwGH 20.12.2005, 2003/05/0124, Slg 16781/A.)

8) Der Verwaltungsgerichtshof schließt sich der von *Geuder/Hauer* vertretenen Definition des Begriffes Loggia an, weil diese der herrschenden Begriffsbestimmung im Bauwesen entspricht und die Überdeckung eines derartigen Raumes als begriffsnotwendig ansieht (vgl hiezu *Schmitt-Heene*, Hochbau Konstruktion, Die Bauteile und das Baugefüge, Grundlage des heutigen Bauens, 11., neu bearbeitete Auflage, S 347 mit etymologischen Ausführungen; *Frommhold/Frommhold-Gareiß*, Bauwörterbuch, Begriffsbestimmungen aus dem Bauwesen, und *Köpf*, Bilderwörterbuch der Architektur, siehe auch das hg Erkenntnis vom 15. Juni 1989, Zl 87/06/0051) (VwGH 27.10.1998, 98/05/0069).

9) Nach § 80 Abs 1 BO gilt als bebaute Fläche allerdings lediglich die senkrechte Projektion des Gebäudes einschließlich aller raumbildenden oder raumergänzenden Vorbauten auf eine waagrechte Ebene; als raumbildend und raumergänzend sind jene Bauteile anzusehen, die allseits baulich umschlossen sind oder bei denen die bauliche Umschließung an nur einer Seite fehlt. Unterirdische Gebäude oder Gebäudeteile bleiben bei der Ermittlung der bebauten Fläche außer Betracht. Entgegen der Beschwerde sind daher die von den ebenerdigen Stellplätzen beanspruchten Grundflächen nicht in die zulässig bebaubare Fläche des Bauplatzes (von 26,4 %) einzubeziehen (VwGH 15.11.2011, 2008/05/0128).

Gebäudehöhe und Gebäudeumrisse; Bemessung[1)]

§ 81. (1) **Bei Gebäuden an der Baulinie, Straßenfluchtlinie oder Verkehrsfluchtlinie gilt bis zu einer Gebäudetiefe von 15 m als Gebäudehöhe der lotrechte Abstand von der festgesetzten Höhenlage der Verkehrsfläche bis zur obersten Schnittlinie der zulässigen Außenwandfläche der Straßenfront ohne Berücksichtigung vorspringender Gebäudeteile wie Gesimse, Erker und dergleichen mit der Oberfläche des Daches; nichtraumbildende**

Gebäudeteile und raumbildende Dachaufbauten gemäß Abs. 6 bleiben dabei außer Betracht. Giebelflächen zählen bei dieser Ermittlung mit; sind sie nicht zur Straßenfront gerichtet, bleiben jedoch je einzelner Giebelfläche in der Bauklasse I in der offenen, offenen oder gekuppelten sowie in der gekuppelten Bauweise und im Gartensiedlungsgebiet höchstens 25 m², je Gebäude höchstens 50 m²,[5)5a)] ansonsten je einzelner Giebelfläche höchstens 50 m², je Gebäude höchstens 100 m² außer Betracht.[2)] In diesen Fällen ist auch innerhalb einer Gebäudetiefe von 15 m für die Ermittlung der Gebäudehöhe die Giebelfläche gemäß Abs. 2 zu berücksichtigen. Weiters darf die zulässige Gebäudehöhe um höchstens 1,50 m überschritten werden, wenn diese Überschreitung innerhalb derselben Front flächenmäßig ausgeglichen wird; § 75 Abs. 4 ist einzuhalten. Dasselbe gilt für Gebäude an Verkehrsflächen, deren festgesetzte Höhenlage an der Gebäudefront nicht einheitlich ist. Der oberste Abschluss des Daches darf, sofern der Bebauungsplan nicht anderes bestimmt, in Wohngebieten der Bauklasse I in der offenen, offenen oder gekuppelten bzw. gekuppelten Bauweise keinesfalls höher als 4,5 m,[5)] ansonsten keinesfalls höher als 7,5 m über der zulässigen Gebäudehöhe liegen.

(2) Bei den über eine Gebäudetiefe von 15 m hinausragenden Teilen von Gebäuden an der Baulinie, Straßenfluchtlinie oder Verkehrsfluchtlinie sowie bei allen nicht an diesen Fluchtlinien gelegenen Gebäuden darf die Summe der Flächeninhalte aller Gebäudefronten nicht größer als das Produkt aus der Summe der Längen aller Gebäudefronten und der höchsten zulässigen Gebäudehöhe sein. Hierbei darf die höchste zulässige Gebäudehöhe an nicht an Verkehrsflächen liegenden Grundgrenzen und bis zu einem Abstand von 3 m von diesen Grundgrenzen überhaupt nicht und an den übrigen Fronten an keiner Stelle um mehr als 3 m überschritten werden; im Gartensiedlungsgebiet tritt an die Stelle dieser Maße jeweils ein Maß von 2 m. Bei dieser Ermittlung sind die Wände an der Bauplatz- oder Baulosgrenze (Feuermauern) ab 15 m hinter der Baulinie, Straßenfluchtlinie oder Verkehrsfluchtlinie wie Fronten in Rechnung zu stellen. Giebelflächen zählen bei dieser Ermittlung mit; jedoch bleiben je einzelner Giebelfläche in der Bauklasse I in der offenen, offenen oder gekuppelten sowie in der gekuppelten Bauweise und im Gartensiedlungsgebiet höchstens 25 m², je Gebäude höchstens 50 m²,[5)5a)] ansonsten je einzelner Giebelfläche höchstens 50 m², je Gebäude höchstens 100 m² außer Betracht.[2)] Der oberste Abschluss des Daches darf, sofern der Bebauungsplan nicht anderes bestimmt, in Wohngebieten der Bauklasse I in der offenen, offenen oder gekuppelten bzw. gekuppelten Bauweise keinesfalls höher als 4,5 m,[5)] ansonsten keinesfalls höher als 7,5 m über der zulässigen Gebäudehöhe liegen.

(3) Ist im Bebauungsplan die Gebäudehöhe als absolute Höhe über Wiener Null[3)] festgesetzt, darf keine oberste Schnittlinie einer Außenwandfläche

mit der Oberfläche des Daches über dieser absoluten Höhe liegen. Giebelflächen zählen bei dieser Ermittlung mit; jedoch bleiben je einzelner Giebelfläche in der Bauklasse I in der offenen, offenen oder gekuppelten sowie in der gekuppelten Bauweise und im Gartensiedlungsgebiet höchstens 25 m^2, je Gebäude höchstens 50 m^2,[5)5a)] ansonsten je einzelner Giebelfläche höchstens 50 m^2, je Gebäude höchstens 100 m^2 außer Betracht.[2)] Der oberste Abschluss des Daches darf, sofern der Bebauungsplan nicht anderes bestimmt, in Wohngebieten der Bauklasse I in der offenen, offenen oder gekuppelten bzw. gekuppelten Bauweise keinesfalls höher als 4,5 m,[5)] ansonsten keinesfalls höher als 7,5 m über der zulässigen Gebäudehöhe liegen.

(4) Durch das Gebäude darf jener Umriß nicht überschritten werden, der sich daraus ergibt, daß in dem nach Abs. 1 bis 3 für die Bemessung der Gebäudehöhe maßgeblichen oberen Abschluss der Gebäudefront einen Winkel von 45°, im Gartensiedlungsgebiet von 25°, von der Waagrechten gegen das Gebäudeinnere ansteigend, angesetzt wird. Dies gilt auch für den Fall, dass im Bebauungsplan eine besondere Bestimmung über die Höhe der Dächer festgesetzt ist. Ist im Bebauungsplan eine besondere Bestimmung über die Neigung der Dächer festgesetzt, ist der dieser Festsetzung entsprechende Winkel für die Bildung des Gebäudeumrisses maßgebend.[4)]

(5) In den Fällen des § 75 Abs. 4 und 5 ist zum Erreichen des nach der Bauklasse zulässigen Gebäudeumrisses das Staffeln der Baumasse hinter der Baulinie, Straßenfluchtlinie, Verkehrsfluchtlinie oder Baufluchtlinie oder das Zurückrücken der Hauptfront zulässig; beim Zurückrücken der Hauptfront müssen Feuermauern, die sonst sichtbar würden, gedeckt und die zwischen der Fluchtlinie und der Vorderfront des Gebäudes gelegenen Flächen gärtnerisch ausgestaltet oder mit einer Oberflächenbefestigung versehen werden. Die Befestigung der Oberfläche ist nur im unbedingt erforderlichen Ausmaß zulässig.[6)]

(6) Der nach den Abs. 1 bis 5 zulässige Gebäudeumriss darf durch einzelne, nicht raumbildende Gebäudeteile untergeordneten Ausmaßes sowie durch Aufzugsschächte samt deren Haltestellenanbindungen und durch Treppenhäuser im unbedingt notwendigen Ausmaß überschritten werden; mit weiteren raumbildenden Aufbauten darf der Gebäudeumriss bis zum obersten Abschluss des Daches nur überschritten werden, wenn diese den Proportionen der Fenster der Hauptgeschoße sowie dem Maßstab des Gebäudes entsprechen und insgesamt höchstens ein Drittel der Länge der betreffenden Gebäudefront in Anspruch nehmen.

(6a) Der nach den Abs. 1 bis 5 zulässige Gebäudeumriss darf weiters durch technische Infrastruktur von hocheffizienten alternativen Systemen im unbedingt erforderlichen Ausmaß überschritten werden, wenn ihre Unterbringung im Gebäude aus rechtlichen, technischen oder wirtschaft-

lichen Gründen nicht zumutbar ist und durch sie das örtliche Stadtbild nicht beeinträchtigt wird.[6)]

(7) Der zulässige Gebäudeumriß darf auch durch Verglasungen untergeordneten Ausmaßes überschritten werden.

(EB zur Nov LGBl 2009/25)

Durch die Änderungen in den Abs. 1, 2 und 3 soll die Errichtung überdimensionierter Giebel, insbesondere wenn sie nicht zur Straßenfront gerichtet sind, hintangehalten werden.

Die Ergänzungen in Abs. 6 tragen dem Umstand Rechnung, daß in der Praxis in Einzelfällen – etwa aus stadtgestalterischen Gründen – ein Bedarf nach Errichtung von Gauben in einem das zulässige Drittel der betreffenden Gebäudefront überschreitenden Ausmaß besteht. Die Zuständigkeit zur Bewilligung einer solchen Abweichung verbleibt – wie bisher nach § 69 Abs. 1 lit. q – beim Bauausschuss der örtlich zuständigen Bezirksvertretung.

(EB zur Nov LGBl 2018/69)

Die Judikatur des Verwaltungsgerichtshofes (vgl. VwGH 17.12.2015, 2013/05/0142) geht von einer Begriffsbestimmung der „Gaube" aus, die nicht mehr zeitgemäß erscheint und die architektonischen Möglichkeiten stark einschränkt. Es soll daher in Abs. 6 anstelle der Verwendung des Begriffs „Gaube" künftig von „raumbildenden Aufbauten" gesprochen werden. Im Hinblick darauf, dass durch diese raumbildenden Aufbauten künftig generell höchstens ein Drittel der Länge der betreffenden Gebäudefront in Anspruch genommen werden darf, entfällt die bisher vorgesehene Ausnahmeregelung. Solche Aufbauten müssen insgesamt – das heißt die Fenster samt Seitenwänden und oberer Abdeckung – in ihren Ausmaßen den Proportionen der Fenster der Hauptgeschoße sowie dem Maßstab des Gebäudes entsprechen. Damit ist aus stadtgestalterischer Sicht gewährleistet, dass keine mehrgeschossigen oder sonst überdimensionierten Aufbauten errichtet werden.

(EB zur Nov 2021, LGBl 2021/70)

Durch die Änderungen in den **Abs. 1, 2** und **3** soll die Errichtung **überdimensionierter Giebelflächen** in Gebieten mit der Bauklasse I in der offenen, offenen oder gekuppelten sowie in der gekuppelten Bauweise weiter eingeschränkt werden. Auch diese Änderung zielt darauf ab, den **Siedlungscharakter** in diesen Gebieten zu erhalten.

Der oberste Abschluss des Daches in Gebieten mit der Bauklasse I in der offenen, offenen oder gekuppelten sowie in der gekuppelten Bauweise wird aktuell in den Bebauungsplänen weitgehend mit 4,5 m begrenzt. Diese Begrenzung wird nun als gesetzliche Bestimmung in die Bauordnung aufgenommen. Abweichende Festsetzungen in Bebauungsplänen, die in Geltung stehen, bleiben weiterbestehen. Die Möglichkeit der Stadtplanung, den obersten Abschluss des Daches in diesen Gebieten anders als mit 4,5 m festzusetzen, bleibt aufrecht.

[S Erläuterungen zu den Übergangsbestimmungen der Novelle]

(EB zur BO-Nov 2023, LGBl 2023/37 vom 13.12.2023)

Abs 6a: Um Maßnahmen zur Dekarbonisierung von Gebäuden zu erleichtern, wird die Möglichkeit geschaffen, den zulässigen Gebäudeumriss durch technische Infrastruktur von hocheffizienten alternativen Systemen zu überschreiten.

Fotovoltaikanlagen können Bestandteil von hocheffizienten alternativen Systemen sein; die Überschreitung der Gebäudehöhe darf nur im unbedingt erforderlichen Ausmaß erfolgen. Gebäudehöhenüberschreitungen durch Fotovoltaikanlagen iZm Dachgartenkonstruktionen sind nicht von der Intention dieser Ausnahmebestimmung umfasst.

Anmerkungen

1) Hinsichtlich der Bemessung der Gebäudehöhe von Vordergebäuden ist einheitlich die festgesetzte Höhenlage der Verkehrsfläche maßgeblich. Der Nachbar besitzt auf die Einhaltung der Bestimmungen über die Gebäudehöhe nach § 134a Abs 1 lit b einen Rechtsanspruch. Dies gilt nach der ständigen Judikatur des VwGH nur hinsichtlich der ihm zugekehrten Front (s E).

2) Damit wird ein zweigeschossiger Dachausbau in der Regel de facto ausscheiden. Dies wird wohl auch bei Altbauten bei Zu- oder Umbauten wirksam werden. § 60 Abs 1 lit a letzter Satz wird idR nur dann ohne Giebelanrechnung möglich sein, wenn nicht gleichzeitig ein Zubau vorliegt. Anzurechnen sind nach der Textierung wohl alle Giebel, egal, ob sie verdeckt, als Fläche sichtbar oder gestaffelt sind. Als im Grunde stadtgestalterische Regelung (vgl die EB) ist wohl davon auszugehen, dass fiktive Giebel nicht in die Berechnung einzubeziehen sind. Nähere Ausführungen zu diesem Thema – insbesondere auch zur Giebelberechnung und Giebelabwicklung bei Bauführungen an Bestandsgebäuden – enthält die Giebelberechnungsanweisung der MA 37 vom 4.8.2014, Zl MA 37-856024/2014, verfügbar unter www.bauen.wien.at download – service. Merkblätter –Giebel.

3) Wiener Null ist eine Wiener Berechnungsgröße für Gebäudehöhen, bezogen auf 156,68 m über dem Meeresspiegel der Adria im Triestiner Hafen, als Ausgangspunkt 0 des Donaukanalpegels bei der Schwedenbrücke. § 81 Abs 3 ist so auszulegen, dass die Wiener Null eine bestehende Bauklasse begrenzt, dh dass, wenn die nach dem Bebauungsplan für die betreffende Liegenschaft zu berechnende Gebäudehöhe nach der Wiener Null zu berechnen ist und dieses Maß geringer ist als die festgesetzte Bauklasse, etwa in der Bauklasse IV nur 18 m ergibt, die bauklassenmäßige Höhe auf dieses Maß reduziert wird. Andererseits ist dann, wenn die Wiener Null eine höhere Höhe als das Maximum der festgesetzten Bauklasse ermöglichen würde, dieses Maximum der Bauklasse einzuhalten und nicht die Höhe über Wiener Null.

4) IZm Abs 1 bis 3 ist die Neuregelung der Tod der sog „Sargdeckelkonstruktionen“, weil es bezüglich der Giebelbeschränkung keine Ausnahmen gibt.

5) Mit der Nov 2021 LGBl 2021/70 wurde in den Abs 1 bis 3 für die BK I eine Beschränkung der Giebelflächen und der Firsthöhe eingefügt. S auch in § 79 Abs 3 die neue Abstandsregel für die BK I. Mit der Nov 2021 wurde keine Ausnahmebestimmung gesetzlich normiert. Da es sich hierbei um gesetzliche Regelungen handelt, kann diesbezüglich auch keine Ausnahmegenehmigung iSd § 69 BO erteilt werden. Hinsichtlich der Firsthöhe ist eine Festsetzung durch den Bebauungsplan und eine Abweichung davon möglich (§§ 81 iVm 69). Eine Bekanntgabe der Bebauungsbestimmungen iSd § 9 ist nur dort maßgeblich, wo der Bebauungsplan abweichende Festlegungen treffen kann (zB Firsthöhe). Traf bzw trifft der Bebauungsplan etwa eine explizite Festlegung zur Firsthöhe (zB 6 m), so kann dies in diesem Rahmen bzw mit einer Bekanntgabe daher angewendet werden.

5a) Durch die mit der Nov 2021 erfolgte Reduktion „freier" Giebelfläche ist gerade bei Änderungen bzw Erweiterungen im Bestand die Auswirkung auf die Gebäudehöhe zu beachten. Überschreiten bestehende Giebelflächen die nunmehrige Grenze, so liegt nun rechnerisch uU eine Überschreitung der Gebäudehöhe vor. Auf Grund des Konsensschutzes kann das Gebäude aber so bestehen bleiben (vgl Jud zu zulässiger Dachaufklappung, wo das bestehende Gebäude das zulässige Maß überschreitet – zB nach Änderg FlWP –, aber im Projekt nicht verändert wird). Bei Abänderungen kann Art V Abs 6 BO Anwendung finden.

6) Abs 5 letzter Satz und Abs 6a eingefügt mit BO-Nov 2023, LGBl 2023/37.

Judikatur (auch ältere, soweit sie nach Gesetzesänderung noch Gültigkeit haben dürfte)

1) Die Vorschriften betreffend die Gebäudehöhe dienen nicht nur dem öffentlichen Interesse, sondern auch dem Interesse der Nachbarschaft. Aus diesen Vorschriften erwächst sohin dem Nachbarn das subjektive Recht, daß keine Dachneigung zugelassen wird, durch welche der gesetzliche Lichteinfall auf die Hauptfenster der Vorderfront seiner Gebäude beeinträchtigt wird (VwGH 30.9.1957, Slg 4428/A, 30.11.1962, 694/755/61). S nun § 134a Abs 1 lit b.

2) Unter Fronten sind die Ansichtsflächen der ein Gebäude nach außen abschließenden Wände (Umfassungswände) zu verstehen (VwGH 28.6.1965, 468/65, 1.3.1976, Slg 9004/A).

3) Die Gebäudehöhe wird nach dem anschließenden Gelände bemessen; dies ist nicht das gewachsene Gelände, sondern jenes Gelände, wie es nach dem Bauvorhaben zum Zeitpunkt der Bauführung vorhanden sein wird. Es ist nicht erforderlich, geplante zulässige Geländeveränderungen – allenfalls nach Erwirkung der dafür erforderlichen Baubewilligung – bereits vor der Entscheidung über das ein Gebäude betreffende Bauansuchen zu verwirklichen. Im Falle der Bewilligungspflicht bezüglich einer Geländeveränderung kann das bezügliche Ansuchen gemeinsam mit dem Bauansuchen für ein Gebäude auf dem veränderten Gelände eingebracht werden (VwGH 17.1.1977, Slg 9220/A). Ebenso VwGH 27.11.1990, 89/05/0026, 19.2.1991, 90/05/0096.

4) Ist die Gebäudehöhe nach § 80 (jetzt: § 81) BO für jede Front gesondert zu berechnen, dann kann dadurch, daß an einer dem Nachbarn nicht zugekehrten Front die Gebäudehöhe überschritten wird, ein subjektiv-öffentliches Recht des Nachbarn nicht verletzt werden (VwGH 13.5.1980, Slg 10.127/A).

5) Hätte der Gesetzgeber der Nov 1976 die Absicht gehabt, den § 81 Abs 2 BO nicht für jene Bauvorhaben gelten zu lassen, die auf der Grundlage eines vorher erlassenen Bebauungsplanes bewilligt werden sollen, so hätte er dies durch eine entsprechende Ausnahmeregelung zu erkennen gegeben (VwGH 16.3.1982, 82/05/0005).

6) Im E vom 17.1.1977, Slg 9220/A, hat der VwGH zu § 80 Abs 1 BO idF vor der Nov 1976 ausgeführt, daß der Begriff des „anschließenden Geländes" nicht einschränkend im Sinne des anschließenden „gewachsenen" Geländes zu verstehen sei, aber auch keine Beschränkung auf das zum Zeitpunkt der Erteilung der Baubewilligung vorhandene Niveau enthalte; vielmehr handle es sich um jenes Gelände, wie es nach dem Bauvorhaben zum Zeitpunkt der Bauführung vorhanden sein werde (s auch die hg E v 7.2.1977, 2093, 2097, 2099/76, und vom 13.5.1980, Slg 10.127/A). Nach Auffassung des VwGH gelten diese Ausführungen auch für die Berechnung der Gebäudehöhe nach § 81 Abs 2 BO idF der Nov 1976. Das Anknüpfen an das „anschließende Gelände" erscheint mangels einer entgegenstehenden Regelung wohl als die dem Gedanken der Baufreiheit am ehesten entsprechende Berechnungsmethode. Davon unberührt bleibt allerdings die Bewilligungspflicht von Veränderungen der Höhenlage einer Grundfläche nach Maßgabe des § 60 Abs 1 lit g BO (VwGH 13.12.1983, 05/1168/80, BauSlg 155).

7) Wie der VwGH in seinem E v 13.5.1980, Slg 10.127/A, eingehend dargelegt und begründet hat, besitzt der Nachbar bezüglich der Frage der Einhaltung der zulässigen Gebäudehöhe einen Rechtsanspruch nur darauf, daß diese Gebäudehöhe an einer dem Nachbarn zugekehrten Front nicht überschritten werde, nicht jedoch darauf, daß jede Front die Gebäudehöhe einhalte. Dieser Entscheidung des Verwaltungsgerichtshofes lag ein dem Beschwerdefall ähnlich gelagerter Fall einer Hangverbauung zugrunde, bei welcher sich naturgemäß unterschiedliche Höhen der Gebäudefronten ergeben können. Daß aber unter Front im aufgezeigten Sinne nur jene Begrenzungen des zu errichtenden Gebäudes verstanden werden können, welche der Liegenschaft der Beschwerdeführer zugewandt sind, läßt sich im Gegensatz zu den Ausführungen der Beschwerdeführer ernstlich nicht bestreiten und es ergibt sich eine solche Auslegung auch aus den Bestimmungen des § 81 Abs 1 BO, wo eindeutig der Begriff „Straßenfront" vom Gesetzgeber in diesem Sinne ver-

wendet wurde. (Als Gebäudehöhe wird der lotrechte Abstand von der festgesetzten Höhenlage der Verkehrsfläche bis zum obersten Schnittpunkt der Außenwandfläche der Straßenfront bezeichnet.) Daß die den Beschwerdeführern zugewandte Gebäudefront im aufgezeigten Sinne die höchstzulässige Gebäudehöhe nicht überschreitet, hat die belangte Behörde in der Begründung des angefochtenen Bescheides ausführlich dargetan, und diesen Ausführungen sind auch die Beschwerdeführer nicht entgegengetreten (VwGH 24.1.1984, 83/05/0173, BauSlg 178).

8) Weicht die zeichnerische Darstellung von im Bauplan eingetragenen Koten ab, sind die Koten zur Beurteilung des Bauvorhabens maßgeblich (VwGH 24.4.1990, 89/05/0044).

9) Unter dem Begriff „Fronten" im § 81 Abs 2 BO sind die Ansichtsflächen der im Gebäude nach außen abschließenden Wände (Umfassungswände) zu verstehen; im Gesetz findet sich kein objektiver Anhaltspunkt dafür, daß die Front als Projektion des Gebäudes auf eine Ebene zu verstehen sei (s E 1.3.1976, Slg 9004/A).

Subjektiv-öffentliche Rechte der Nachbarn begründen nur jene Bestimmungen, die nicht nur dem öffentlichen Interesse, sondern auch dem Interesse der Nachbarschaft dienen. Aus dieser beschränkten Parteistellung des Nachbarn ergibt sich, daß er nur eine Verletzung seiner Rechte geltend machen kann, was hinsichtlich der Gebäudehöhe bedeutet, daß ausschließlich die Einhaltung der Vorschriften über die Gebäudehöhe an der dem jeweiligen Nachbarn zugekehrten Front Gegenstand einer Rechtsverletzung vor dem VwGH sein kann (vgl E 7.2.1977, 2093, 2097, 2099/76). Ist die Gebäudehöhe für jede Front gesondert zu berechnen, dann kann dadurch, daß an einer dem Nachbarn nicht zugekehrten Front die Gebäudehöhe überschritten wird, ein sub jektiv-öffentliches Recht des Nachbarn nicht verletzt werden (VwGH 27.11.1990, 89/05/0026).

10) Der Wortlaut des § 81 Abs 2 BO bietet keinen Anhaltspunkt für die Annahme, die in dieser Bestimmung enthaltene Flächenformel lasse lediglich zu, die vorgeschriebene Gebäudehöhe bei manchen Gebäudeteilen bis zu 3 m zu überschreiten, wenn dafür andere Gebäudeteile um das entsprechende Ausmaß abgesenkt werden (VwGH 27.11.1990, 89/05/0026).

11) Ausschließlich die Einhaltung der Vorschriften über die Gebäudehöhe an der dem Nachbarn zugekehrten Front kann Gegenstand einer Rechtsverletzung vor dem VwGH sein (VwGH 2.2.1993, 92/05/0272).

12) Hinsichtlich der Einhaltung der maximal zulässigen Gebäudehöhe besitzt ein Nachbar, dessen Liegenschaft von der zu bebauenden Liegenschaft nur durch eine 15 m breite Verkehrsfläche getrennt ist, im Hinblick darauf, daß nach dem geltenden Bebauungsplan die maximal zulässige Gebäudehöhe 26 m beträgt, ein Mitspracherecht. Das subjektiv-öffentliche Recht des Nachbarn auf Einhaltung einer maximal zulässigen Gebäudehöhe wird nur dann verletzt, wenn eine solche Überschreitung an einer dem Nachbarn zugekehrten Front des Gebäudes erfolgt (VwGH 18.5.1993, 93/05/0064).

13a) Auch nur wenige Zentimeter zurückgesetzte Gaupen sind Gaupen iS des § 81 Abs 6 BO.

13b) Die Wortfolge „im unbedingt notwendigen Ausmaß" bedeutet im gegebenen Zusammenhang nicht, daß die Überschreitung nur dann zulässig ist, wenn sie nicht durch eine andere Planung vermieden werden kann (vgl E v 16.9.1980, 137/807), sondern ein an der Funktion der Stiegenhäuser und Aufzugstriebwerksräume orientiertes Ausmaß.

13c) Verfahrensrechtliche Ansprüche des Nachbarn gehen nicht weiter als seine materiellrechtlichen Ansprüche (VwGH 20.6.1995, 94/05/0172, 0180, BauSlg 118).

14) Der Nachbar besitzt nur hinsichtlich der ihm zugekehrten Front einen Rechtsanspruch auf Einhaltung der höchstzulässigen Gebäudehöhe (VwGH 24.2.1998, 97/05/0295, BauSlg 33, 24.11.1998, 97/05/0205, 0206, BauSlg 281, 23.3.1999, 97/05/0337, BauSlg 50, 30.5.2000, 96/05/0121, BauSlg 121, ua).

15) Aus den Bestimmungen über die Anzahl der Geschosse könnte dem Nachbarn nur dann ein subjektiv-öffentliches Recht zukommen, wenn die Gebäudehöhe durch die Bestimmungen über die zulässige Geschoßzahl bestimmt würde, nicht jedoch dann, wenn – wie im vorliegenden Fall – der Umriß des Gebäudes und damit die zulässige Beeinträchtigung der Nachbarn durch Entzug von Licht und Luft durch die Gebäudehöhe bereits festgelegt ist (vgl E 20.5.1963, Slg 6033/A) (VwGH 23.3.1999, 97/05/0337, BauSlg 50).

16) Der VwGH sprach bereits zur Rechtslage vor der Nov LGBl 34/1992 aus, dass den Nachbarn zur Frage der Zulässigkeit von Aufenthaltsräumen ua im zweiten Dachgeschoß kein subjektiv-öffentliches Recht zustehe (s E 15.10.1996, 94/05/0174). In der erschöpfenden Aufzählung der Nachbarrechte im § 134a BO findet sich ein derartiges Nachbarrecht ausdrücklich nicht (VwGH 30.5.2000, 96/05/0121, BauSlg 121).

Anmerkung: Nach nunmehriger Rechtslage ist die Aufzählung der Nachbarrechte in § 134a nicht mehr erschöpfend (vgl §§ 92 und 94).

17) § 81 Abs 6 BO ermöglicht eine Überschreitung des nach seinen Abs 1 und 5 ermittelten zulässigen Gebäudeumrisses durch Aufzugstriebwerksräume und durch Stiegenhäuser – ebenso wie durch Dachgauben – nur insoweit, als es sich um raumbildende Dachaufbauten handelt, nicht jedoch durch jene fassadenbildende Teile der Stiegenhäuser bzw Aufzugstriebwerksräume, die unterhalb des für die Gebäudehöhe maßgeblichen Abschlusses der Gebäudefront liegen. Solche Aufzugstriebwerksräume und Stiegenhäuser können auch nicht als vorspringende Gebäudeteile wie Gesimse, Erker und dergleichen im Sinne des § 81 Abs 1 BO gewertet werden, weil diese Gesetzesstelle ausdrücklich eine Sonderregelung für die „raumbildenden Dachaufbauten gem Abs 6" vorsieht. Aufzugstriebwerksräume und Stiegenhäuser im unbedingt notwendigen Ausmaß dürfen daher nur mit dem als raumbildenden Dachaufbau zu wertenden Teil bei Berechnung des Gebäudeumrisses nach Abs 2 des § 81 BO außer Betracht bleiben (VwGH 16.12.2003, 2002/05/1466).

18) Auch diese Festlegung der zulässigen Höhe des Dachfirstes muss im Zusammenhang mit der Regelung des § 81 Abs 4 BO als Bestimmung über die Gebäudehöhe im Sinne des § 134a Abs 1 lit b BO angesehen werden (vgl das hg Erkenntnis vom 27. Mai 1997, Zl 96/05/0162). Von § 134a Abs 1 lit b BO sind allerdings auch die Bestimmungen über Dächer umfasst, die im Zusammenhang mit der den Nachbarn gegenüber in Erscheinung tretenden Höhe des Gebäudes insgesamt Relevanz haben. Der Nachbar kann folglich auch die Einhaltung des § 81 Abs 4 BO geltend machen. Mit den Einwendungen der Beschwerdeführer betreffend die Gebäudehöhe sind auch die Regelungen dieser Norm releviert worden (VwGH 12.10.2007, 2006/05/0147).

19) Nach der Rechtsprechung des Verwaltungsgerichtshofes ist für die Frage der Auslegung des Ausdruckes „einzelne Dachgauben" in § 81 Abs 6 BO maßgeblich, dass die Dachgauben nach den Plänen nicht den Eindruck einer geschlossenen Front machen (vgl auch die hg Erkenntnisse vom 15. Oktober 1996, Zl 94/05/0174, und vom 25. Mai 1993, Zl 92/05/0312). Die Situierung von vier Dachgauben in einer Länge von jeweils 2 m über eine Gebäudelänge von ca. 20 m ergab noch nicht den Eindruck einer geschlossenen Front (vgl das hg Erkenntnis vom 27. August 1996, 96/05/0186, ähnlich das bereits zitierte hg Erkenntnis vom 15. Oktober 1996).

Es kann daher keinesfalls vom Vorliegen einer Dachgaube im Sinne des § 81 Abs 6 BO ausgegangen werden (VwGH 29.1.2008, 2006/05/0282).

20a) Ausgehend von der im § 60 Abs 1 lit a Bauordnung für Wien enthaltenen Definition, wonach ein Raum vorliegt, wenn eine Fläche zumindest zur Hälfte ihres Umfanges von Wänden umschlossen und von einer Deckfläche abgeschlossen ist, hat der Verwaltungsgerichtshof in seinem Erkenntnis vom 16. Dezember 2003, Zl 2002/05/1466, festgehalten, dass Stiegenhäuser und Aufzugstriebwerksräume raumbildende Gebäudeteile sind und § 8 Abs 6 Bauordnung für Wien eine Überschreitung des nach Abs 1 und 5 ermittelten zulässigen Gebäudeumrisses durch Aufzugstriebwerksräume und durch Stiegenhäuser – ebenso wie durch Dachgauben – nur insoweit ermöglicht, als es sich um raumbildende Dachaufbauten handelt, nicht jedoch durch jene fassadenbildende Teile der Stiegenhäuser bzw Aufzugstriebswerksräume, die unterhalb des für die Gebäudehöhe maßgeblichen Abschlusses der Gebäudefront liegen. Solche Aufzugstriebswerkräume und Stiegenhäuser können auch nicht als vorspringende Gebäudeteile wie Gesimse, Erker und dgl im

Sinne des § 81 Abs 1 Bauordnung für Wien gewertet werden, weil diese Gesetzesstelle ausdrücklich eine Sonderregelung für die „raumbildenden Dachaufbauten gem Abs 6“ vorsieht. Aufzugstriebswerksräume und Stiegenhäuser im unbedingt notwendigen Ausmaß dürfen daher nur mit dem als raumbildenden Dachaufbau zu wertenden Teil der Berechnung des Gebäudeumrisses nach Abs 2 des § 81 Bauordnung für Wien außer Betracht bleiben.

20b) Der Verwaltungsgerichtshof vermag daher den Ausführungen der belangten Behörde nicht zu folgen, wonach eine Veränderung der konsentierten Gebäudehöhe sowohl durch die Lifterrichtung als auch durch den hier vorgesehenen Dachgeschossausbau des Bauvorhabens nicht stattfinde. In dem von der belangten Behörde zitierten hg Erkenntnis vom 21. Juli 2005, Zl 2004/05/0031, wird die hier maßgebliche Rechtsfrage nicht erörtert. Im Falle eines Zubaus ist von den Bestimmungen des Bebauungsplanes auszugehen. Selbst wenn der Altbestand in der im Einreichplan dargestellten Form konsentiert ist, ist auf Grund des geplanten Zubaus, der auf die nach § 81 Abs 2 Bauordnung für Wien zu ermittelnde Gebäudehöhe Einfluss nimmt, die Gebäudehöhe jedenfalls nach dieser Bestimmung zu berechnen und sind dieser Berechnung die Anordnungen des Bebauungsplanes bzw die für das Baubewilligungsverfahren maßgeblich, bekannt gegebenen Bebauungsbestimmungen zu Grunde zu legen.

20c) Hinzuweisen ist darauf, dass die subjektiv-öffentlichen Nachbarrechte im § 134a Bauordnung für Wien erschöpfend aufgezählt sind. Die dort genannten Nachbarrechte werden durch die Tatbestandsvoraussetzung „sofern sie ihrem“ (gemeint: der Nachbarn) „Schutze dienen“ eingeschränkt. Dies bedeutet, dass trotz objektiven Verstoßes gegen eine unter § 134a Bauordnung für Wien subsumierbare baurechtliche Vorschrift auch die Verletzung eines subjektiv-öffentlichen Rechtes eines Nachbarn dann nicht zu erkennen ist, wenn nach der Situierung des bewilligten Bauvorhabens schon der Lage nach in subjektive Rechte des Nachbarn nicht eingegriffen werden kann. Bezüglich des im Beschwerdefall geltend gemachten, aus § 134a Abs 1 lit b leg cit resultierenden Rechtes des Nachbarn auf Einhaltung von Bestimmungen über die Gebäudehöhe kommt es darauf an, ob solche Bestimmungen seinem Schutz dienen (vgl hiezu das hg Erkenntnis vom 27. April 2004, Zl 2002/05/1507). Jedenfalls hat aber der Verwaltungsgerichtshof eine im Bebauungsplan getroffene Festlegung der zulässigen Höhe des Dachfirstes als Bestimmung über die Gebäudehöhe angesehen; der Nachbar kann daher im Hinblick auf derartige Bestimmungen subjektiv-öffentliche Rechte im Sinne des § 134a Abs 1 lit b Bauordnung für Wien geltend machen (vgl hiezu das hg Erkenntnis vom 21. Juli 2005, Zl 2004/05/0031, mwN) (VwGH 29.4.2008, 2006/05/0274).

21a) Mit der Anordnung, dass auf den als BB1 gekennzeichneten Grundflächen die Gebäude mit Flachdächern zu errichten sind, wurde daher in den Bebauungsplan eine Bestimmung über die Ausbildung der Dächer im Sinne des § 5

Abs. 4 lit. k BO aufgenommen, die, ausgehend von der zutreffenden Auffassung der belangten Behörde, dass Flachdächer keine oder eine allenfalls sehr geringe Dachneigung aufweisen, als Festsetzung über die Höhe und Form der Dächer gem § 81 Abs. 4 BO zu qualifizieren ist.

21b) Da im Beschwerdefall im hier anzuwendenden Bebauungsplan für die mit BB1 bezeichneten Flächen der Baugrundstücke durch die verpflichtende Anordnung der Ausgestaltung der Dächer als Flachdächer eine Festsetzung über die Höhe und die Form der Dächer erfolgt ist, ist für die Bemessung der Gebäudehöhe der dieser Festsetzung entsprechende Winkel für die Bildung des Gebäudeumrisses im Sinne des § 81 Abs. 4 BO maßgeblich. Dieser Winkel ist bei Flachdächern im Hinblick auf die als nicht gegeben anzusehende Dachneigung mit 0 Grad anzusetzen. Bei dieser Rechtslage scheidet daher die Bildung eines Umrisses gem § 81 Abs. 4 erster Satz BO auch durch gedachte (fiktive) Giebelflächen (vgl. hiezu die hg. Erkenntnisse vom 30. Jänner 2007, Zl. 2005/05/0315, und vom 12. Oktober 2007, Zl. 2006/05/0147) für die Berechnung des zulässigen Dachumrisses aus (VwGH 27.5.2009, 2007/05/0199).

22) Eine Definition der Traufenhöhe fehlt im Geltungsbereich der hier anzuwendenden Rechtslage. Nach *Frommhold/Gareis,* Bauwörterbuch, 2. Auflage, ist unter Traufe „die untere waagerechte Kante des geneigten Daches" zu verstehen. (Siehe auch die Definitionen in *Wikipedia:* Als Dachtraufe, kurz Traufe bezeichnet man die Tropfkante am Dach eines Gebäudes. Die Traufhöhe ist die Höhe zwischen Traufpunkt und dem Terrain. Als Traufpunkt wird der Schnittpunkt zwischen der senkrechten Außenfläche und der Dachhaut bezeichnet.) (VwGH 20.10.2009, 2008/05/0140, zur OöBO).

23) Nach der Rechtsprechung des Verwaltungsgerichtshofes ist die gem § 5 Abs 4 lit. k BO im Bebauungsplan getroffene Festlegung der zulässigen Höhe des Dachfirstes im Zusammenhalt mit der Regelung des § 81 Abs 4 BO als Bestimmung über die Gebäudehöhe gem § 134a lit. b BO anzusehen (vgl. das bereits zitierte hg. Erkenntnis vom 2. April 2009, 2008/05/0149, mwN). Auf die Einhaltung dieser Bestimmungen kommt einem Nachbarn daher gem § 134a lit. b BO ein subjektiv-öffentliches Nachbarrecht zu. Im vorliegenden Fall hat der Beschwerdeführer als Nachbar die Nichteinhaltung dieser Bestimmung auch rechtzeitig gerügt (VwGH 6.7.2010, 2010/05/0015).

24) Mit dem Einwand, der umfangreichen Verglasung der Stiegenhäuser stehe § 81 Abs 7 BO entgegen, wonach der zulässige Gebäudeumriss „auch durch Verglasungen untergeordneten Ausmaßes" überschritten werden darf, übersieht die Beschwerde, dass sich § 81 Abs 6 BO (wie erwähnt) bezüglich der Aufzugstriebwerksräume und der Stiegenhäuser nicht an einer bestimmten bautechnischen Ausführung orientiert und damit auch eine solche in der Form einer Verglasung erfasst. Daher kommt im Beschwerdefall die zu § 81 Abs 6 BO hinzutretende (arg: „auch") Regelung des § 81 Abs 7 BO für andere Verglasungen nicht zum Tragen. Da § 81 Abs 6 BO Stiegenhausaufbauten auch mit festen Baustoffen erlaubt, ist für die Beschwerde auch mit dem Hinweis, die Verglasung werde auf Grund der Hitzeentwicklung eine Beschattung erfordern, weshalb der Aufbau gleichsam wie ein weiteres Stockwerk in Erscheinung trete, nichts zu gewinnen (VwGH 6.9.2011, 2008/05/0174).

25) Nach § 81 Abs 6 BO darf der Gebäudeumriss durch Aufzugstriebwerksräume bzw Stiegenhäuser ohne eine (wie beispielsweise ausdrücklich für Dachgaupen vorgesehene) Beschränkung überschritten werden, wenngleich nur im unbedingt notwendigen Ausmaß (vgl dazu und zum Folgenden wiederum das Erkenntnis Zl 2008/05/0174, mwH). Bei in § 81 Abs 6 BO genannten Aufbauten „im unbedingt notwendigen Ausmaß" kommt es nicht darauf an, ob eine bestimmte bautechnische Ausführung erfolgt. Vielmehr ist jede dem Stand der Technik entsprechende architektonische Ausführung im unbedingt notwendigen Ausmaß zulässig. Die Wortfolge „im unbedingt notwendigen Ausmaß" bedeutet daher nicht, dass die Überschreitung nur dann zulässig ist, wenn sie nicht durch eine andere Planung vermieden werden kann, vielmehr handelt es sich hierbei um ein an der Funktion der Stiegenhäuser und Aufzugstriebwerksräume orientiertes Ausmaß. Angesichts dieses funktionsbezogenen Verständnisses kann auch nicht gesagt werden, dass eine Überschreitung iSd § 81 Abs 6 BO nur dann „unbedingt notwendig" ist, wenn ohne diese eine Durchführung des Bauvorhabens nicht („oder nur in unverhältnismäßiger Weise") möglich wäre (VwGH 31.1.2012, 2009/05/0104).

26) Im von den Beschwerdeführern zitierten Erkenntnis vom 29. Jänner 2008, Zl 2006/05/0282, hatte sich der Verwaltungsgerichtshof mit einem Bauteil auseinanderzusetzen, der schon deshalb, weil er den Eindruck einer geschlossenen Front erweckte, keine Gaube war. Der Verwaltungsgerichtshof hat außerdem bemerkt, dass Terrassenbereiche nur über die in dem Bauteil situierten Türen erreichbar waren. Es konnte somit keinesfalls von einer Dachgaube im Sinne des § 81 Abs 6 BO gesprochen werden.

Es kann dahingestellt bleiben, ob bereits der Umstand einer Türe allein einem Bauteil die Qualifikation als Gaube nimmt. Im vorliegenden Fall kommt nur jener Bereich des Gebäudes, der außerhalb der 45 Grad-Linie (vgl § 81 Abs 4 BO) des (fiktiven) Daches (also bis zur Linie von 67,50 Grad) liegt, als Gaube in Frage, nicht aber der dahinterliegende, der ohnedies im gem § 81 Abs 4 BO zulässigen Dachumriss liegt. In diesen Gaubenbereichen befinden sich nun, abgesehen vom Eck eines Türstockes einer Terrassentüre an der Nordfront (vgl. die Schnitte B und E), keine Türen. Es ist daher davon auszugehen, dass, entsprechend auch den Feststellungen der belangten Behörde, das Vorliegen von Türen den gegenständlichen Bauteilen die Qualifikation als Gauben jedenfalls nicht nimmt (VwGH 23.7.2013, 2013/05/0019).

27a) Die Wortfolge „im unbedingt notwendigen Ausmaß" bedeutet daher nicht, dass die Überschreitung nur dann zulässig ist, wenn sie nicht durch eine andere Planung vermieden werden kann, vielmehr handelt es sich hierbei um ein an der Funktion der Stiegenhäuser und Aufzugstriebwerksräume orientiertes Ausmaß. Angesichts dieses funktionsbezogenen Verständnisses kann auch nicht gesagt werden, dass eine Überschreitung iSd § 81 Abs 6 BO nur dann „unbedingt notwendig" ist, wenn ohne diese eine Durchführung des Bauvorhabens nicht („oder nur in unverhältnismäßiger Weise") möglich wäre (vgl hiezu das hg Erkenntnis vom 31. Jänner 2012, Zl 2009/05/0104, mwH).

27b) Es kann dahin gestellt bleiben, ob der strittige Dachaufbau als „geschlossene Front" im zuvor dargestellten Sinn anzusehen ist. Dass aber laut Einreichplan beinahe das ganze Badezimmer der Dachgeschoßwohnung mit einer Größe von 11,74 m^2 in diesem Dachaufbau Platz findet und somit einen vollwertigen Teil dieses Wohnraumes bildet, bewirkt, dass in diesem Bereich des Bauvorhabens eine durchgehende Auskragung des Dachraumes gegeben ist. Schließlich erfüllt der Dachaufbau hier auch noch die zusätzliche Funktion, die vor dem Badezimmer liegende Dachterrasse zu erschließen, die nur über die in diesem Bauteil situierten Türen zu erreichen ist (vgl hiezu etwa das hg Erkenntnis vom 29. Jänner 2008, Zl 2006/05/0282) (**Anmerkung:** Damit Einbeziehung in die Berechnung der Gebäudehöhe) (VwGH 25.9.2012, 2011/05/0107).

28) Es kommt dem Nachbarn kein Recht auf Einhaltung einer bestimmten Geschoßzahl innerhalb des zulässigen Gebäudeumrisses gem § 81 Abs 4 BO zu, es sei denn, dass – was hier nicht der Fall ist – die zulässige Geschoßanzahl für die Gebäudehöhe bestimmend ist (VwGH 23.7.2013, 2010/05/0102).

29a) Im § 134a BO sind die subjektiv-öffentlichen Nachbarrechte taxativ aufgezählt. Die hier genannten Nachbarrechte werden durch die Tatbestandsvoraussetzung „sofern sie ihrem" (gemeint: der Nachbarn) „Schutze dienen" eingeschränkt. Dies bedeutet, dass trotz objektiven Verstoßes gegen eine unter § 134a BO subsumierbare baurechtliche Vorschrift die Verletzung eines subjektiv-öffentlichen Rechtes eines Nachbarn dann nicht vorliegt, wenn nach der Situierung des bewilligten Bauvorhabens schon der Lage nach in subjektive Rechte des Nachbarn nicht eingegriffen werden kann (vgl etwa für viele die hg Erkenntnisse vom 25. September 2012, Zl 2010/05/0142, und vom 30. April 2013, Zl 2010/05/0137).

29b) Im Hinblick auf die im § 134a Abs 1 BO normierte Regelung, dass Nachbarrechte nur insoweit begründet werden, sofern sie dem Schutze des (Mit)Eigentümers benachbarter Liegenschaften dienen, kann die Beschwerdeführerin eine Beeinträchtigung seines durch § 134a Abs 1 lit b BO gewährten Nachbarrechtes betreffend die Gebäudehöhe nur bezüglich deren Einhaltung an der ihrer Liegenschaft zugekehrten Fronten geltend machen. Durch die bloße Möglichkeit der Einsichtnahme auf eine Front von der Nachbarliegenschaft aus wird diese nicht zu einer der Nachbarliegenschaft zugekehrten Front (vgl hiezu die hg Erkenntnisse vom 27. Mai 2009, Zl 2007/05/0278, und vom 25. September 2012, Zl 2011/05/0107, mwH).

29c) Nach der Rechtsprechung des Verwaltungsgerichtshofes ist für die Frage der Auslegung des Ausdruckes „einzelne Dachgauben" in § 81 Abs 6 BO maßgeblich, dass nicht der Eindruck einer geschlossenen Front erweckt wird und dass keine raumübergreifende, durchgehende Auskragung des Dachraumes erfolgt (vgl hiezu das hg Erkenntnis vom 16. Dezember 2008, Zl 2007/05/0155, mwH). Damit im Zusammenhang steht die Frage, mit wie vielen Fenstern eine Dachgaube versehen werden darf. So wurde eine Dachgaube in der Länge von 4,3 m mit einem mehrfach unterteilten Fenster bei einer Gesamtfrontlänge von 12,5 m für zulässig erachtet (siehe das hg Erkenntnis vom 26. Juni 1990, Zl 90/05/0034).

Vor diesem Hintergrund muss auch die mit mehreren Fenstern versehene Dachgaube mit einer Länge von 6,29 m bei einer Gesamtfrontlänge von 19,75 m noch als zulässig iSd § 81 Abs 6 BO erachtet werden. Schließlich besteht den Plandarstellungen folgend kein Zweifel daran, dass die in Rede stehende Dachgaube bloß der Belichtung des Dachzubaus dient. (VwGH 23.7.2013, 2012/05/0191).

30) Unter dem Begriff „Fronten" sind die Ansichtsflächen der ein Gebäude nach außen abschließenden Wände (Umfassungswände) zu verstehen (vgl das hg Erkenntnis vom 27. September 2013, Zl 2010/05/0014, mwN). Eine Front wird daher durch die (Summe der) Begrenzungen eines Gebäudes (vgl das hg Erkenntnis vom 24. Jänner 1984, Zl 83/05/0173) in Bezug auf eine Ansichtsseite gebildet. Nach dieser Definition spielt es keine Rolle, ob eine geradlinig verlaufende Außenwand oder eine durch Vor- oder Rücksprünge gekennzeichnete vorliegt. Wenn daher im gegenständlichen Fall die Südfront des projektierten Objektes nicht geradlinig verläuft, sondern ein Teil dieser Front vorspringt, und der fragliche Windfang überwiegend in dem so entstandenen Eckbereich der betreffenden Außenwand zu liegen kommt, ändert diese Anordnung nichts daran, dass der Windfang der südlichen Außenmauer (und ebenso durch seine Lage im genannten Eck, der östlichen in jenem Bereich) vorgelagert ist und als ein „vor die Gebäudefront ragender Gebäudeteil" im Sinn des § 80 Abs 2 BO zu qualifizieren ist (VwGH 5.3.2014, 2011/05/0051).

31) So hat der Verwaltungsgerichtshof im Erkenntnis vom 25. September 2012, Zl 2010/05/0142, unter Hinweis auf seine Vorjudikatur ausgeführt, im Gesetz finde sich keine Grundlage für die Auffassung, dass bei einem zurückgesetzten und als Staffelgeschoss ausgebildeten Dachgeschoss mangels Bildung eines Giebels durch zwei Dachflächen nicht einmal eine gedachte Giebelfläche im Sinne des § 81 Abs 1 und 2 BO gegeben wäre. Es könne somit nicht angenommen werden, dass das Vorliegen einer (gedachten) Giebelfläche den Abschluss durch zwei Dachflächen voraussetze. Auch komme es nicht darauf an, ob ein konkretes Dach in natura (als eine die Dachform bildende Dachfläche auf der Seite) errichtet werden könne, sondern nur darauf, dass sich die als fiktive Giebelflächen anzusehenden Flächen im zulässigen Gebäudeumriss bewegten (VwGH 5.3.2014, 2012/05/0086).

32a) Die Nachbarrechte werden durch die Tatbestandsvoraussetzung „sofern sie ihrem" (gemeint: der Nachbarn) „Schutze dienen" eingeschränkt. Dies bedeutet, dass trotz objektiven Verstoßes gegen eine unter § 134a BO subsumierbare baurechtliche Vorschrift die Verletzung eines subjektiv-öffentlichen Rechtes eines Nachbarn dann nicht vorliegt, wenn nach der Situierung des bewilligten Bauvorhabens schon der Lage nach in subjektive Rechte des Nachbarn nicht eingegriffen werden kann (vgl aus der ständigen hg Judikatur etwa das Erkenntnis vom 27. August 2014, Zl 2013/05/0009, mwN).

32b) Bei einem Baubewilligungsverfahren handelt es sich um ein Projektgenehmigungsverfahren, weshalb die Beeinträchtigung von Nachbarrechten nur anhand des in den Einreichunterlagen dargestellten Projektes zu beurteilen ist. So darf zB ein Lagerraum in einem Bürogebäude projektgemäß nur für Lagerungen für Bürozwecke verwendet werden. Auf eine bloß vermutete Absicht des Bauwerbers kommt es nicht an (vgl dazu etwa die in *Moritz*, BauO für Wien[5] (2014) Anm zu § 70 Abs 2, S 223, und Anm zu § 134a Abs 1, S 410 zitierte hg Rechtsprechung).

32c) Ein Wintergarten kann als Gewächshaus dienen, aber auch die Funktion eines Wohnraumes erfüllen. Es muss im Plan daher eindeutig zum Ausdruck kommen, ob damit die Schaffung eines Aufenthaltsraumes beabsichtigt ist oder nicht. Hiebei genügt das Abstellen auf die Bezeichnung im Einreichplan allerdings für die Beurteilung als Aufenthaltsraum dann jedenfalls nicht, wenn die Situierung oder die Ausstattung eine andere Nutzung erkennen lässt. So wurde etwa eine als Lagerraum für Topfpflanzen bezeichnete, nur durch eine Schiebetür vom Wohn- und Essbereich abgegrenzte Räumlichkeit, ausgestattet mit einem Parkettboden und mit einer Verbindungsfunktion zur Gartenterrasse, als Aufenthaltsraum beurteilt. Aus der gewählten Bezeichnung allein ist somit noch nicht ableitbar, ob eine solche Räumlichkeit einen Aufenthaltsraum darstellt (vgl zum Ganzen auch das hg Erkenntnis vom 29. Jänner 2008, Zl 2006/05/0282, mwN).

32d) Nach ständiger hg Judikatur (vgl dazu etwa *Moritz*, BauO, Anm zu § 134a Abs 1, S 407) kann ein Nachbar das in § 134a Abs 1 lit b leg cit eingeräumte Recht auf Einhaltung der Bestimmungen über die Gebäudehöhe nur in Bezug auf die seiner Liegenschaft zugekehrte Front geltend machen (VwGH 20.1.2015, 2012/05/0058, 0071).

33) Die Frage der Verbesserung oder der Herbeiführung eines den zeitgemäßen Vorstellungen entsprechenden örtlichen Stadtbildes kann – ebenso wie die Frage der Störung des Ortsbildes oder Landschaftsbildes – nur durch ein begründetes Sachverständigengutachten geklärt werden. Dabei muss der Befund eine detaillierte Beschreibung der örtlichen Situation, möglichst untermauert durch Planskizzen oder Fotos, enthalten, und es müssen die charakteristischen Merkmale der für die Beurteilung einer allfälligen Störung in Betracht kommenden Teile des Orts- und Landschaftsbildes durch das Gutachten erkennbar sein (vgl etwa das hg Erkenntnis vom 10. Dezember 2013, Zl 2010/05/0184, mwN). Erst auf Grund eines solchen Befundes über die örtlichen Gegebenheiten hat der Gutachter auf Grund seines Fachwissens ein Urteil abzugeben, inwieweit das beantragte Vorhaben eine Wirkung auf das Ortsbild (Stadtbild) entfaltet (vgl etwa das hg Erkenntnis vom 15. Mai 2014, Zl 2011/05/0089, mwN). Dies muss auch im Zusammenhalt mit dem Kriterium des § 81 Abs 6 letzter Satz BO gelten, dass eine Dachgaube ein Drittel der Länge der Gebäudefront überschreiten darf, wenn es der Herbeiführung eines den zeitgemäßen Vorstellungen entsprechenden örtlichen Stadtbildes dient (VwGH 24.2.2015, 2013/05/0129).

34) In der Literatur (vgl *Geuder*, Bauordnung für Wien, 2013, 350; *Frommhold*, Bauwörterbuch, 2. Auflage, 69; *Koepf*, Bildwörterbuch der Architektur, 2. Auflage, 101–102) wird eine Gaube (auch: Gaupe) als ein „über die Dachhaut vorstehender Gebäudeteil (Dachaufbau) zur Erweiterung und Belichtung des Dachraumes“, als ein „Dachaufbau für stehendes Dachfenster“ oder als eine „Anhebung der Dachhaut“ bezeichnet (vgl das hg Erkenntnis vom 23. Juli 2013, 2012/05/0191, ergangen zur Wiener Bauordnung). Vor diesem Hintergrund ist das Beschwerdevorbringen, die belangte Behörde hätte bei der Höhenbemessung von dem als Zwerchgiebel bezeichneten Gebäudeteil ausgehen müssen, weil dieser keine Gaupe und somit keinen untergeordneten Bauteil darstelle, der in Hinblick auf den Mindestabstand unbeachtlich sei, berechtigt (VwGH 4.8.2015, 2013/06/0250).

35a) Dazu ist zunächst festzuhalten, dass der Verwaltungsgerichtshof regelmäßig bei gleich lautenden Bestimmungen in Bebauungsplänen, die den höchsten Punkt des Daches „der zur Errichtung gelangenden Gebäude“ über der tatsächlich ausgeführten Gebäudehöhe festgelegt haben, auch dann von der Maßgeblichkeit dieser Bestimmung ausgegangen ist, wenn lediglich bauliche Maßnahmen im Dachbereich gesetzt werden sollten, das Gebäude als solches aber bereits bestanden hat (vgl zB VwGH 20.9.2005, 2004/05/0231; 12.10.2007, 2006/05/0147; 12.6.2012, 2009/05/0093; 29.4.2015, 2013/05/0130). Der Verwaltungsgerichtshof hat insoweit nicht differenziert zwischen Bebauungsplanregelungen für die höchste Dachhöhe über der tatsächlich ausgeführten Gebäudehöhe bei „zur Errichtung gelangenden Dächern“ (vgl etwa den Fall, der dem zitierten Erkenntnis VwGH 2.4.2009, 2008/05/0149, zugrunde gelegen ist) und jenen Bestimmungen, die den höchsten zulässigen Punkt des Daches über der tatsächlich ausgeführten Gebäudehöhe bei „zur Errichtung gelangenden Gebäuden“ regeln. …

35b) In Bezug auf die Bestimmungen über die Gebäudehöhe, zu denen beim Nachbarrecht gem § 134a Abs 1 lit b BO auch die Bestimmungen über die Dächer zählen (VwGH 30.1.2007, 2005/05/0315), ist davon auszugehen, dass ein Gebäude mit einem ausgebauten Dachgeschoß insoweit ein anderes ist als ein solches ohne ausgebautes Dachgeschoß, das geänderte Gebäude durch den Dachgeschoßausbau gleichsam erst „errichtet" wird. ...

35c) Es wäre sachlich nicht vertretbar, wenn in Bezug auf die Gebäudehöhe (bzw Dachhöhe) andere Regelungen gelten sollten je nachdem, ob ein Neubau aufgeführt wird oder lediglich Veränderungen im Dachbereich vorgenommen werden. Im vorliegenden Fall würde eine dahingehend differenzierende Auffassung bedeuten, dass ein Neubau nur mit einer Dachhöhe von 4,5 m über der tatsächlich errichteten Gebäudehöhe zulässig wäre, ein bloßer Dachgeschosszubau aber bis zu einer solchen von 7,5 m. Dies erscheint weder im Hinblick auf die Gestaltung des Ortsbildes sachlich begründbar noch im Hinblick auf den Schutz der Nachbarrechte. Es erweist sich daher eine verfassungskonforme Interpretation als geboten (vgl dazu VwGH 24.6.2014, 2013/05/0148; 29.3.2017, Ro 2015/05/0022), um dieses verfassungswidrige Ergebnis zu vermeiden: Auch eine Vergrößerung des Gebäudes durch einen Zubau im Dachgeschoß ist daher im Sinne der gegenständlichen Bestimmung des Bebauungsplanes als „Errichtung eines Gebäudes" zu verstehen (VwGH 25.6.2019, Ra 2019/05/0002).

36a) Weiters bedeutet der in § 134a Abs 1 BO enthaltene Nebensatz „sofern sie ihrem Schutze dienen", dass jeder Nachbar die Nachbarrechte nur soweit geltend machen kann, als er, insbesondere im Hinblick auf die Situierung des Bauvorhabens, durch deren Nichteinhaltung betroffen wäre. Die Einhaltung der zulässigen Gebäudehöhe kann ein Nachbar nur in Bezug auf die ihm zugewandten Seiten der Außenflächen des Gebäudes geltend machen (vgl etwa VwGH 22.1.2019, Ro 2018/05/0001 bis 0004, mwN). Ebenso hat jeder Nachbar nur hinsichtlich der Einhaltung der Abstandsvorschriften, die sich gegenüber seiner Liegenschaft auswirken, ein Mitspracherecht (vgl VwGH 26.9.2017, Ro 2015/05/0002, mwN).

36b) Eine Terrasse zählt ...nicht zur bebauten Fläche gem § 79 Abs 3 BO in Verbindung mit § 80 Abs 1 BO (vgl VwGH 20.12.2005, 2003/05/0124, mwN).

36c) Befinden sich Gauben nicht an der dem Nachbarn zugewandten Seite des Gebäudes, vermag schon deshalb eine allenfalls unzulässige Überschreitung des Gebäudeumrisses durch die Gauben nicht in ein subjektiv-öffentliches Recht dieses Nachbarn einzugreifen (vgl erneut VwGH 22.1.2019, Ro 2018/05/0001 bis 0004, mwN).

Das Verwaltungsgericht hat festgestellt, dass sich der als Gaube bezeichnete Bauteil nicht unmittelbar am linken Rand der Straßenfront befindet, sondern etwa um die Breite eines Fensters von diesem linken Rand – und damit von der der Liegenschaft der Dritt- und Viertrevisionswerberinnen zugewandten Seitenfront – abgerückt ist.

36d) Eine Verletzung von Nachbarrechten der Revisionswerberinnen kommt bezüglich dieses Bauteils daher nicht in Frage (vgl VwGH 29.1.2013, 2012/05/

0160, mwN). Dass dieser Bauteil für die Revisionswerberinnen seitlich in Erscheinung tritt, ändert daran nichts (vgl VwGH 21.12.2010, 2009/05/0089).

36e) Die Revisionswerberinnen vertreten …die Ansicht, die bestehende Gebäudehöhe müsse von der Deckenoberkante des 2. Obergeschoßes berechnet werden, da dort „neuer Luftraum geschaffen" werde. Dabei verkennen sie jedoch, dass es … für die Frage der bestehenden Gebäudehöhe auf die oberste Schnittlinie der Außenwandfläche mit der Oberfläche des Daches ankommt (vgl das Vorerkenntnis VwGH 25.9.2018, Ra 2018/05/0025 bis 0029).

36f) Bestimmungen über die Gebäudehöhe im Sinne des § 134a Abs 1 lit b BO sind auch solche über die Dächer (vgl VwGH 30.1.2007, 2005/05/0315, mwN; VwGH 25.6.2019, Ra 2019/05/0002 bis 0004, mwN).

36g) Mit der Einwendung, es werde der Lichteinfall auf ein Nachbargrundstück beeinträchtigt, wird eine Verletzung von subjektiv-öffentlichen Nachbarrechten nicht dargetan. Eine solche Einwendung lässt sich nämlich dem Katalog des § 134a BO nicht zuordnen. Ein Anspruch des Nachbarn gegen den Bauwerber auf Belichtung auf der Nachbarliegenschaft, abgesehen von Abstands- und Höhenbestimmungen, besteht nicht (vgl VwGH 29.1.2020, Ra 2019/05/0007, mwN).

36h) Art V Abs 6 BO erlaubt ausdrücklich eine „Erhöhung der Dachneigung" und beschränkt diese (und damit die zulässige Erweiterung des Dachbereiches) insofern, als deren Ausmaß durch den (uneingeschränkten) Verweis auf § 81 Abs. 4 BO mit 45 Grad bzw. mit der im Bebauungsplan festgelegten Dachneigung begrenzt wird (vgl das Vorerkenntnis VwGH 25.9.2018, Ra 2018/05/0025 bis 0029). Soweit die Revisionsausführungen darauf abzielen, dass der letzte Satz des § 81 Abs 4 BO nicht heranzuziehen sei, gehen sie daher ins Leere.

36i) Nach ständiger Rechtsprechung zu § 81 Abs 4 BO ist eine Verletzung von Nachbarrechten dann nicht gegeben, wenn nur der maximal zulässige Umriss (oder weniger) verbaut wird (vgl wiederum das Vorerkenntnis VwGH 25.9.2019, Ra 2018/05/0025 bis 0029, mwN). Auch bei einer Konstellation wie der vorliegenden, in der aufgrund der Normierung einer Bandbreite auch ein Minimalwert festgelegt ist, könnte folglich eine Unterschreitung dieses Wertes nicht zielführend als Nachbarrechtsverletzung gerügt werden, da eine solche Ausgestaltung zu weniger Verbauung führte.

36j) Die Revisionswerberinnen wenden sich auch gegen die Schaffung von Terrassen. Soweit sie damit auf eine Veränderung der Dachform durch die neue Dachkonstruktion abzielen, kann sich dadurch keine aufzugreifende Rechtswidrigkeit ergeben: Wenn sich nämlich die neue Dachkonstruktion innerhalb jenes Bereiches befindet, der sich durch die Ansteilung des alten Daches innerhalb des zulässigen Ausmaßes ergibt, kann eine Verletzung von Rechten der Nachbarn nicht erfolgen (vgl erneut das Vorerkenntnis VwGH 25.9.2018, Ra 2018/05/0025 bis 0029). Soweit argumentiert wird, es würde die

Voraussetzung des Art V Abs 6 BO „für die Errichtung von Wohnungen“ dadurch nicht erfüllt, so ist nicht nachvollziehbar, weswegen eine Wohnung im Sinne des Art V Abs 6 BO nur eine solche ohne Terrasse sein dürfte.

(VwGH 4.12.2020, Ra 2019/05/0294-0297)

Nebengebäude

§ 82. **(1) Nebengebäude sind Gebäude oder gesondert in Erscheinung tretende Teile eines Gebäudes, wenn sie nicht mehr als ein oberirdisches Geschoß aufweisen, keine Aufenthaltsräume enthalten und eine bebaute Grundfläche von nicht mehr als 100 m^2, in Gartensiedlungsgebieten von nicht mehr als 5 m^2 haben.**

(2) Die Errichtung eines Nebengebäudes setzt das Vorhandensein oder das gleichzeitige Errichten eines Hauptgebäudes voraus. Die Fläche aller Nebengebäude auf demselben Bauplatz darf nicht mehr als 1/10 seiner Fläche betragen.

(3) Nebengebäude dürfen auf allen kraft des Bebauungsplanes unbebaut zu belassenden Flächen des Bauplatzes errichtet werden, wenn für diese Flächen nicht die gärtnerische Ausgestaltung gemäß § 5 Abs. 4 lit. p angeordnet ist. In Vorgärten und auf Abstandsflächen sind Nebengebäude unbeschadet des Abs. 4 und der Bestimmungen über die Errichtung von Garagen unzulässig.[1)2)]

(4) Beträgt die Gebäudehöhe von Nebengebäuden nicht mehr als 2,50 m und die Firsthöhe nicht mehr als 3,50 m und werden sie in einer Tiefe von mindestens 10 m ab der Vorgartentiefe errichtet, dürfen sie auch auf den kraft Gesetzes oder des Bebauungsplanes ansonsten unbebaut zu belassenden Flächen des Bauplatzes errichtet werden; die Anordnung der gärtnerischen Ausgestaltung von Grundflächen nach § 5 Abs. 4 lit. p steht dem nicht entgegen.

(5) Die durch Nebengebäude in Anspruch genommene Grundfläche ist auf die nach den gesetzlichen Ausnutzbarkeitsbestimmungen bebaubare Fläche und die nach § 5 Abs. 4 lit. d durch den Bebauungsplan beschränkte bebaubare Fläche des Bauplatzes anzurechnen. Im Gartensiedlungsgebiet ist die mit einem Nebengebäude bebaute Grundfläche auf die Ausnutzbarkeitsbestimmungen eines Bauloses dann anzurechnen, wenn die bebaubare Fläche im Bebauungsplan mit mindestens 100 m^2 festgesetzt ist.

(6) Den Bestimmungen der Abs. 2 bis 5 unterliegen auch Flugdächer jeder Größe, ausgenommen Flugdächer mit Fotovoltaikanlagen über Stellplätzen gemäß § 4 Abs. 9 WGarG 2008.[3)]

(EB zur Nov LGBl 2009/25)

Auf Grund der Änderung des Abs. 5 soll aus sachlichen Erwägungen die durch Nebengebäude in Anspruch genommene Grundfläche künftig jedenfalls auf die – gesetzliche oder durch den Bebauungsplan beschränkte – bebaubare Fläche angerechnet werden.

Anmerkungen

1) Vgl jedoch Art V Abs 4 sowie Art VIa.

2) Die Novellierung des bisherigen Abs 5 erster Satz mit der Nov BGBl 2009/25 bedeutet – abgesehen von voll bebaubaren Bauplätzen in der geschlossenen Bauweise – den De-facto-Wegfall der Nebengebäude vor allem bei Bauträgerprojekten, weil es unwirtschaftlich wäre, ein Nebengebäude auf einer voll bebaubaren Fläche zu errichten. Welche „sachlichen Erwägungen" für die Änderung maßgeblich waren, verschweigen die EB. Tatsache war 1976 die Überlegung, dass gegenüber den gesetzlichen Ausnutzbarkeitsbestimmungen die zusätzliche (!) Beschränkung durch den Bebauungsplan eine massive Benachteiligung des Liegenschaftseigentümers darstellt. Das haben die Redaktoren der Nov 2009 nicht erkannt. Vgl auch Art III Abs 3 der Übergangsbestimmung zur Nov LGBl 2009/25.

3) Abs 6 letzter Halbsatz wurde mit BO-Novelle 2023, LGBl 2023/37 angefügt.

Judikatur

1) Eine Schwimmhalle kann als Nebengebäude qualifiziert werden (VwGH 24.6.1986, 86/05/0040, BauSlg 715).

2) Wenn durch ein Verbot in den Bebauungsbestimmungen, nicht mehr als ein Nebengebäude zu errichten, die Ausnützbarkeit des Bauplatzes eingeschränkt wird (vgl § 76 Abs 10 BO), hat der Nachbar einen Rechtsanspruch auf Einhaltung dieser Bestimmung (VwGH 21.5.1996, 93/05/0262, BauSlg 127).

3) Die Herstellung einer Verbindung mit dem Hauptgebäude beeinträchtigt nicht den Charakter eines Nebengebäudes, da es vielmehr auf das äußere Erscheinungsbild ankommt (*Geuder/Hauer*, Wiener Bauvorschriften[3], 446 f, E 1 zu § 82 BO). Der Einreichplan und die erwähnten Fotos lassen erkennen, daß es sich bei dem im Seitenabstand errichteten Objekt um einen gesondert – als Aufbewahrungsort für im Verwaltungsverfahren nicht näher bezeichnete Gegenstände (in der Beschwerde ist vom Einstellen von Fahrrädern die Rede) – in Erscheinung tretenden Gebäudeteil und somit um ein Nebengebäude im Sinne des § 82 Abs 1 BO handelt. Auf das gegenständliche Nebengebäude trifft jedoch die Voraussetzung der Errichtung in einer Tiefe von mindestens 10 m ab der Vorgartentiefe nicht zu. Die Errichtung des Nebengebäudes in der Abstandsfläche ist daher gem § 82 Abs 4 BO unzulässig (VwGH 27.6.1997, 94/05/0131, BauSlg 148).

4) Im Erkenntnis vom 26.6.1990, 90/05/0034, hat der VwGH den dort gegenständlichen Wintergarten „seiner baulichen Gestaltung nach" als Nebengebäude anerkannt. Im Erkenntnis vom 21.5.1996, 93/05/0262, wurde allerdings in einem obiter dictum die Auffassung vertreten, daß ein mit dem Wohnzimmer unmittelbar verbundener Wintergarten einen Aufenthaltsraum darstelle.

Frommhold/Gareiß (Bauwörterbuch, Begriffsbestimmungen aus dem Bauwesen[2], 288) definieren den Wintergarten als gewächshausähnlichen Wohnraum mit Zierpflanzen. Nach *Koepf* (Bildwörterbuch der Architektur[2], 415) ist ein Wintergarten ein mit großen Glasfenstern versehener Innenraum oder Vorbau eines Gebäudes, der vornehmlich zur Pflege von Pflanzen bestimmt ist und dem Gewächshaus verwandt ist. Auch unter Bedachtnahme auf diese Definitionen in der Fachliteratur vermag der VwGH der Bezeichnung „Wintergarten" einen objektiven Begriffsinhalt nicht zuzubilligen. Ein derartiges Nebengebäude mag als Gewächshaus dienen, welches nur zum Blumengießen betreten wird; bei zeitgemäßer Nutzung ist es aber auch durchaus vorstellbar, daß eine solche Räumlichkeit die Funktion eines Wohnraumes erfüllt.

Daraus folgt aber, daß die Bezeichnung im Plan mit „Wintergarten" eine Subsumtion unter die Tatbestände des § 87 Abs 3 bzw 82 Abs 1 BO ohne weitere Ermittlungen nicht ermöglicht. Die Behörde hat vielmehr zu klären, ob der Bauwerber die Schaffung eines Aufenthaltsraumes beabsichtigt oder nicht, was im Plan eindeutig zum Ausdruck kommen muß (VwGH 30.5.2000, 96/05/0121, BauSlg 121).

5) Der als Nebengebäude deklarierte Baukörper, der die Grenzlinie zwischen „G" und „G BB2" überragt, erfüllt alle Kriterien, die an ein Nebengebäude gem § 82 Abs 4 BO geknüpft sind. Wie aus dieser Bestimmung hervorgeht, steht die Anordnung der gärtnerischen Ausgestaltung von Grundflächen nach § 5 Abs 4 lit p der Errichtung von bestimmten Nebengebäuden nicht entgegen. Durch die zusätzliche Festsetzung von „BB2" wird zwar jegliche unterirdische Bebauung zu Gunsten einer gärtnerischen Ausgestaltung untersagt, dass deshalb Nebengebäude, die gem § 82 Abs 4 BO ausdrücklich zulässig sind, nicht errichtet werden dürften, wird aber damit nicht zum Ausdruck gebracht, schließt doch § 82 Abs 4 BO die Zulässigkeit bestimmter Nebengebäude auf Grundflächen, die die gärtnerische Ausgestaltung gem § 5 Abs 4 lit p BO erfordern, in Bezug auf weitere Festsetzungen in „G" nicht aus (VwGH 27.2.2002, 2002/05/1067).

6) Die Frage, ob das Schwimmbecken als Nebengebäude im Sinne des § 82 Abs 1 BO anzusehen ist, ist folglich in diesem Zusammenhang relevant. Doch kann das Schwimmbecken schon deshalb nicht unter den Begriff Nebengebäude subsumiert werden, weil es sich dabei nicht um eine raumbildende Anlage im Sinne des § 60 Abs 1 lit a BO handelt; es fehlt ihm die dort gefor-

derte Deckfläche. Auch unter dem Ausdruck „gesondert in Erscheinung tretende Teile eines Gebäudes" in § 82 Abs 1 BO können nur solche Teile von Gebäuden verstanden werden, die einen Teil einer raumbildenden baulichen Anlage darstellen (vgl das hg Erkenntnis vom 20. Juni 1995, Zl 93/05/0120). Das Schwimmbecken wurde somit zu Recht bei der Berechnung nach § 82 Abs 2 BO nicht berücksichtigt (VwGH 14.11.2006, 2005/05/0078).

7a) Nach der hg. Rechtsprechung beeinträchtigt die Herstellung einer Verbindung mit dem Hauptgebäude den Charakter eines Nebengebäudes nicht, vielmehr kommt es für die Beurteilung der Frage, ob ein Bauwerk als Nebengebäude zu beurteilen ist, auf das äußere Erscheinungsbild an (vgl. das hg. Erkenntnis vom 17. Mai 1999, Zl. 98/05/0241, mwH).

7b) Der in Rede stehende, als eingeschossiger Verbindungsfußweg (nicht ganz 9 m lang und nicht ganz 4 m breit) zwischen zwei etwa 20 m hohen Gebäuden (einem „Straßentrakt" und einem „Hoftrakt") gestaltete Verbindungsgang stellt nach den für das Verständnis des § 82 BO in der soeben zitierten hg. Rechtsprechung maßgeblichen Definitionen in § 60 Abs. 1 lit. a BO einen „Zubau" im Sinn der zuletzt genannten gesetzlichen Bestimmung dar. Ausgehend von den in § 60 Abs. 1 lit. a BO enthaltenen Begriffsbestimmungen für ein Gebäude und für einen Raum vergrößert der Verbindungsgang die zu verbindenden Gebäude jedenfalls in waagrechter Richtung. Er stellt eine raumbildende bauliche Anlage dar, die iSd § 60 Abs. 1 lit. a BO in ihrer Bausubstanz mit den beiden verbundenen Gebäuden eine körperliche Einheit bildet. Damit zählt dieser Verbindungsgang zu beiden Trakten und stellt weder ein eigenständiges Gebäude noch den gesondert in Erscheinung tretenden Teil eines Gebäudes dar, weshalb er nicht unter die Definition des Nebengebäudes nach § 82 Abs. 1 BO fällt. Dass sich dieser eingeschossige Verbindungsfußweg – worauf die Beschwerde hinweist – von den beiden etwa 20 m hohen zu verbindenden Gebäuden (einem „Straßentrakt" und einem „Hoftrakt") in seinem äußerlichen Erscheinungsbild abhebt, vermag daran nichts zu ändern (VwGH 12.10.2010, 2007/05/0143).

8) Im hier gegebenen Zusammenhang mit der Bewilligungspflicht ist es nicht von ausschlaggebender Bedeutung, ob der Bau ein Nebengebäude darstellt oder nicht, da ein solches sowohl ein eigenständiges Gebäude als auch ein gesondert in Erscheinung tretender Teil eines anderen Gebäudes sein kann (vgl § 82 Abs 1 BO).

Entgegen dem Beschwerdevorbringen ist es aber von Bedeutung, dass ein Gebäude gem § 60 Abs 1 lit a BO ein raumbildendes Bauwerk ist, das in seiner Bausubstanz eine körperliche Einheit bildet. Dies muss auch für Gebäude im Sinne des § 62a Abs 1 Z 5 BO gelten. Nun ist es zwar möglich, dass ein Gebäude (eine raumbildende bauliche Anlage) im Sinne des § 62a Abs 1 Z 5 BO unmittelbar an ein anderes angebaut wird. Dann aber, wenn diese raumbildende

Baulichkeit, mag sie auch sonst die Kriterien des § 62a Abs 1 Z 5 BO erfüllen, wie hier direkt durch eine Türe von einem Raum des anderen Gebäudes aus betreten werden kann, liegt die erforderliche körperliche Einheit in Bezug auf diesen Bau, der allenfalls § 62a Abs 1 BO unterliegen könnte, nicht mehr vor, sondern entsteht eine Vergrößerung des anderen Gebäudes durch einen weiteren Raum. Dabei kommt es auf die konkrete bautechnische Verbindung der Baulichkeiten nicht mehr weiter an (VwGH 30.4.2013, 2013/05/0057).

9a) Die Nachbarrechte werden durch die Tatbestandsvoraussetzung „sofern sie ihrem" (gemeint: der Nachbarn) „Schutze dienen" eingeschränkt. Dies bedeutet, dass trotz objektiven Verstoßes gegen eine unter § 134a BO subsumierbare baurechtliche Vorschrift die Verletzung eines subjektiv-öffentlichen Rechtes eines Nachbarn dann nicht vorliegt, wenn nach der Situierung des bewilligten Bauvorhabens schon der Lage nach in subjektive Rechte des Nachbarn nicht eingegriffen werden kann (vgl aus der ständigen hg Judikatur etwa das Erkenntnis vom 27. August 2014, Zl 2013/05/0009, mwN).

9b) Bei einem Baubewilligungsverfahren handelt es sich um ein Projektgenehmigungsverfahren, weshalb die Beeinträchtigung von Nachbarrechten nur anhand des in den Einreichunterlagen dargestellten Projektes zu beurteilen ist. So darf zB ein Lagerraum in einem Bürogebäude projektgemäß nur für Lagerungen für Bürozwecke verwendet werden. Auf eine bloß vermutete Absicht des Bauwerbers kommt es nicht an (vgl dazu etwa die in *Moritz*, BauO für Wien[5] (2014) Anm zu § 70 Abs 2, S 223, und Anm zu § 134a Abs 1, S 410 zitierte hg Rechtsprechung).

9c) Ein Wintergarten kann als Gewächshaus dienen, aber auch die Funktion eines Wohnraumes erfüllen. Es muss im Plan daher eindeutig zum Ausdruck kommen, ob damit die Schaffung eines Aufenthaltsraumes beabsichtigt ist oder nicht. Hiebei genügt das Abstellen auf die Bezeichnung im Einreichplan allerdings für die Beurteilung als Aufenthaltsraum dann jedenfalls nicht, wenn die Situierung oder die Ausstattung eine andere Nutzung erkennen lässt. So wurde etwa eine als Lagerraum für Topfpflanzen bezeichnete, nur durch eine Schiebetür vom Wohn- und Essbereich abgegrenzte Räumlichkeit, ausgestattet mit einem Parkettboden und mit einer Verbindungsfunktion zur Gartenterrasse, als Aufenthaltsraum beurteilt. Aus der gewählten Bezeichnung allein ist somit noch nicht ableitbar, ob eine solche Räumlichkeit einen Aufenthaltsraum darstellt (vgl zum Ganzen auch das hg Erkenntnis vom 29. Jänner 2008, Zl 2006/05/0282, mwN).

9d) Nach ständiger hg Judikatur (vgl dazu etwa *Moritz*, BauO, Anm zu § 134a Abs 1, S 407) kann ein Nachbar das in § 134a Abs 1 lit b leg cit eingeräumte Recht auf Einhaltung der Bestimmungen über die Gebäudehöhe nur in Bezug auf die seiner Liegenschaft zugekehrte Front geltend machen (VwGH 20.1.2015, 2012/05/0058, 0071).

Nebengebäude für die Unterbringung der technischen Infrastruktur von hocheffizienten alternativen Systemen

§ 82a. Nebengebäude[1], die ausschließlich der Unterbringung der technischen Infrastruktur von hocheffizienten alternativen Systemen dienen, unterliegen nicht den Bestimmungen des § 82,[2] wenn

a) sie nicht mehr als ein oberirdisches Geschoß aufweisen und keine Aufenthaltsräume enthalten,

b) auf dem Bauplatz ein Hauptgebäude besteht oder gleichzeitig errichtet wird,

c) sie ein begrüntes Dach mit einer mindestens 30 cm hohen durchwurzelbaren Substratschicht aufweisen,

d) sie die unbedingt erforderliche Größe zur Unterbringung der technischen Infrastruktur für die Hauptgebäude auf dem Bauplatz nicht überschreiten und

e) nachgewiesen wird, dass eine Unterbringung der technischen Infrastruktur im oder auf dem Hauptgebäude aus rechtlichen, technischen oder wirtschaftlichen Gründen nicht zumutbar ist.

Sie dürfen auf allen kraft des Bebauungsplanes unbebaut zu belassenden Flächen des Bauplatzes sowie auf gärtnerisch auszugestaltenden Flächen errichtet werden. In Vorgärten und auf Abstandsflächen sind sie unzulässig.[3]

(EB zur BO-Nov 2023, LGBl 2023/37 vom 13.12.2023)

Diese Bestimmung zielt darauf ab, die Dekarbonisierung von Bestandsgebäuden insofern zu erleichtern, als für die Errichtung von Nebengebäuden, die der Unterbringung der technischen Infrastruktur von hocheffizienten alternativen Systemen dienen, besondere Bestimmungen iZm der baulichen Ausnutzbarkeit von Liegenschaften geschaffen werden.

Diese Ausnahmebestimmung soll dann zur Anwendung kommen, wenn eine Unterbringung der technischen Infrastruktur im Bestandsgebäude oder auf dem Bestandsgebäude auf dem Bauplatz aus den genannten Gründen nicht möglich ist.

Voraussetzung dafür, dass die Situierung dieses Nebengebäudes auch auf gärtnerisch auszugestaltenden Flächen zulässig ist, ist seine Ausstattung mit einem begrünten Dach.
lit d zielt darauf ab, dass diese Nebengebäude zu keinen anderen Zwecken genützt werden dürfen.

Anmerkungen

1) Es handelt sich bei diesen Technikgebäuden demnach um eine spezielle bzw Unter-Art an Nebengebäuden.

2) Diese Technikgebäude sind demnach von den gesetzlichen Bestimmungen für Nebengebäude in gewissem Rahmen befreit. Werden in Besonderen Bebauungsbestimmungen besondere Festsetzungen für „Nebengebäude" getroffen, so wären diese als Nebengebäude auch miterfasst. Demgegenüber will der Gesetzgeber gerade Erleichterungen für diese speziellen Nebengebäude schaffen. Es eröffnet sich damit ein gewisser Interpretationsspielraum, gerade iZm älteren Plandokumenten. Siesind daher nicht erfasst.

3) Vgl dazu etwa § 82 Abs 3.

Bauteile vor der Baulinie oder Straßenfluchtlinie

§ 83. **(1) Über die Baulinie[1] oder Straßenfluchtlinie[2] dürfen folgende Gebäudeteile vorragen:**

a) Keller- und Grundmauern bis zu 20 cm;
b) Gebäudesockel bis 20 cm, jedoch nur bis zu einer Höhe von 2 m;
c) Schauseitenverkleidungen bis 7 cm;
d) Vorlegestufen innerhalb des Sockelvorsprunges;
e) vorstehende Bauelemente, die der Gliederung oder der architektonischen Ausgestaltung der Schauseiten dienen bis 15 cm;
f) vorstehende Teile von Konvektoranlagen, Heizanlagen, Klimaanlagen und ähnlichen Anlagen bis 15 cm;
g) Hauptgesimse und Dachvorsprünge bis 1 m;
h) die dem Gebäude dienenden Zu- und Ableitungen;
i) vorstehende Bauelemente, die als Rankhilfen für Kletterpflanzen zur Begrünung der Fassaden dienen bis 20 cm.

(2) Mit Zustimmung des Eigentümers[2] der Verkehrsfläche dürfen folgende Gebäudeteile über die Baulinie oder Straßenfluchtlinie vorragen:

a) die unter Abs. 1 lit. a bis g und i genannten Vorbauten in einem größeren als dort festgesetzten Ausmaß;
b) Stützmauern und Pfeiler;
c) Licht-, Luft-, Transport- und Einsteigschächte;
d) Vordächer, Windfänge und Abschattungsvorrichtungen;[4]
e) Werbezeichen, Schaukästen und Geschäftsportale;
f) Treppenhausvorbauten, Aufzugsschächte und Erker, sofern diese Bauteile eine Ausladung von höchstens 1,50 m aufweisen, insgesamt höchstens ein Drittel von der Gebäudelänge einnehmen und einen Abstand von mindestens 3 m, im Gartensiedlungsgebiet von mindestens 2 m, von der Nachbargrenze einhalten.[4] Die sich daraus für die Erker ergebende Kubatur an einer Gebäudefront kann unter Einhaltung dieser Ausladung und des Abstandes von Nachbargrenzen an dieser Front frei angeordnet werden. Ein Erker liegt auch vor, wenn durch ihn die dahinter liegenden Räume in ihrer gesamten Breite erweitert werden. An Gebäuden, deren Gebäudehöhe nach den Bestimmungen des § 75 Abs. 4 und 5 zu bemessen ist, dürfen solche Vorbauten an den Straßenfronten nur eine Ausladung von höchstens 1 m aufweisen;

g) **bis zur Hälfte der Gebäudelänge Balkone, sofern am Fuß der Geländer Schutzvorrichtungen (z. B. Fußleisten) gegen das Herabfallen von Gegenständen angebracht sind und die Balkonunterkante mindestens 5 m über der angrenzenden Verkehrsfläche liegt; die Ausladung dieser Balkone darf höchstens 2,50 m betragen und sie müssen von den Nachbargrenzen einen Abstand von mindestens 3 m, im Gartensiedlungsgebiet von mindestens 2 m, einhalten.**[4)]

(3) Die im Abs. 2 unter lit. c, d, e, g und i genannten Vorbauten dürfen nur gegen Widerruf errichtet werden.

(4) Vorbauten, Türen und Fensterabschlüsse dürfen bis zu einer Höhe von 2,50 m nicht in den Gehsteig ragen. Bis zu einer Höhe von 6 m dürfen sie weiters eine 60 cm innerhalb der fahrbahnseitigen Gehsteigkante gedachte Linie nicht überragen.[3)]

(5) Die im Abs. 1 unter lit. c, e, f, g, h und i und die in Abs. 2 genannten Vorbauten müssen bis zu einer Höhe von 20 m einen Abstand von 4,5 m zur vertikalen Projektion der jeweiligen Stammaußenkante sowie von 1,5 m zur jeweiligen Kronentraufe von auf öffentlichen Verkehrsflächen befindlichen Bäumen[5)] **einhalten. Dies gilt nicht, wenn**

1. **die Entfernung der Bäume nach dem Wiener Baumschutzgesetz bewilligt wurde**[6)7)] **oder**
2. **eine Bestätigung des Magistrats vorliegt, dass die Einhaltung eines geringeren Abstands aufgrund der Baumart oder einer geringeren Wuchshöhe zu keinen Beeinträchtigungen dieser Bäume führt; diesfalls ist der in der Bestätigung festgelegte Abstand einzuhalten.**

(EB zur Nov LGBl 2009/25)

Seit der Stadtgestaltungsnovelle, LGBl. für Wien Nr. 44/1996, durften Balkone nicht über die Baulinie oder Straßenfluchtlinie vorragen. Diese Regelung sollte eine Gefährdung der Benützer der unter den Balkonen befindlichen Verkehrsfläche durch herab fallende Gegenstände u. dgl. hintanhalten. Durch die dem Abs. 2 angefügte lit. g soll nunmehr die Errichtung solcher Balkone ermöglicht werden, wenn infolge der besonderen Ausgestaltung des unter ihnen befindlichen Teils der Verkehrsfläche (Grünstreifen u. dgl.) eine Gefährdung von Verkehrsteilnehmern nicht stattfinden kann. Zu beachten ist in diesem Zusammenhang, dass derartige Balkone nur mit Zustimmung des Eigentümers und – infolge der Ergänzung des Abs. 3 – nur gegen Widerruf errichtet werden dürfen.

(EB zur Nov LGBl 2014/25)

Abs. 2 lit. d wird ergänzt, da immer öfter fix montierte Abschattungsvorrichtungen an Gebäuden angebracht werden, die über die Baulinie oder die Straßenfluchtlinie vorragen und die mit Vordächern und Windfängen vergleichbar sind.

Zu Abs. 2 **lit. f** siehe die Erläuterungen zu § 76 Abs. 9.

Die in Abs. 2 **lit. g** vorgesehene Möglichkeit, Balkone künftig bis maximal der Hälfte der Gebäudelänge errichten zu dürfen, dient der Bereicherung der individuellen Wohn- und Lebensqualität. Aus denselben Erwägungen p künftig Balkone auch über Baulinien ragen dürfen, sofern durch entsprechende Schutzvorrichtungen gewährleistet ist, dass keine herabfallenden Gegenstände die Benützer der darunter liegenden Verkehrsfläche beeinträchtigen können. Solche Balkone sind jedoch erst ab einer Höhe von 5 m über der angrenzenden Verkehrsfläche zulässig, da sonst durch die in die öffentlichen Verkehrsflächen ragenden Balkone Aufstellflächen für Beleuchtungsmaste entfallen könnten und es durch diese Balkone zu Änderungen an bestehenden öffentlichen Beleuchtungen (z.B. Blendung, Nichterfüllung der Beleuchtungsklasse) kommen könnte. Ein Bauwerksteil stellt auch dann einen Balkon dar, wenn dieser auf Säulen, Stützen u. dgl. ruht.

(EB zur Nov LBGl 2018/69)

Die Judikatur des Verwaltungsgerichtshofes (vgl. VwGH 24.4.2018, Ra 2017/05/0275 bis 0285) erkennt einem Bauteil, der über die gesamte Breite des dahinter liegenden Raumes vor die Fassade vorspringt, nicht mehr den Charakter eines Erkers oder erkerähnlichen Bauteiles zu. Da diese Auslegung des Begriffs „Erker" die architektonischen Möglichkeiten stark einschränkt und der hinter einem Erker liegende Raum im Übrigen auf das äußere Erscheinungsbild des Erkers keinen Einfluss hat, wird in Abs. 2 lit. f klargestellt, dass ein Erker auch dann vorliegt, wenn durch ihn der dahinter liegende Raum in seiner gesamten Breite erweitert wird.

(EB zur BO-Nov 2023, LGBl 2023/37 vom 13.12.2023)

Die **Abs 1 bis 4** sind weitgehend unverändert übernommen. In der neuen lit i erfolgt die Regelung, dass Rankhilfen für Kletterpflanzen im Rahmen des Abs 1 bis zu 20 cm (statt bisher bis zu 15 cm) über die Bau- oder Straßenfluchtlinie ragen dürfen. Bei einem Ausmaß über 20 cm ist gemäß Abs 2 eine Zustimmung des Eigentümers oder der Eigentümerin der Verkehrsfläche einzuholen.

Abs 5 dient der Erhöhung des Schutzes für Bäume auf öffentlichen Verkehrsflächen sowie Verkehrsflächen gemäß § 53.

Die genannten Vorbauten können nur soweit errichtet werden, als nicht die Vorgaben des Abs 5 entgegenstehen.

Die Abstände in Abs 5 wurden so gewählt, dass auch jene Bäume, die zum Errichtungszeitpunkt der Vorbauten noch kleiner sind und in einem späteren Wachstumsstadium in Konflikt mit diesen Vorbauten geraten könnten, geschützt werden. Besonders dann, wenn etwa Sanierungsarbeiten erforderlich werden, wären sie einer erhöhten Schädigungsgefahr ausgesetzt. Aber auch im Zusammenhang mit Bestandsbäumen können sich dahingehend Probleme ergeben, als das Wr Baumschutzgesetz insbes keine Handhabe dafür bietet, an den Baumbestand heranrückende Bebauung von vornherein zu verhindern oder zu beseitigen. Durch die Erteilung der Baubewilligung sowie die aufgrund einer Bewilligung erfolgte Errichtung ergeben sich daher mitunter nicht aufzulösende Wertungskonflikte. Zum Schutz von Straßenbäumen werden daher objektive Schranken der Bebauung des öffentlichen Raumes im Gesetz eingezogen.

Zum Zeitpunkt der Baueinreichung müssen sämtliche in Abs 5 genannten projektierten Vorbauten bis zu einer Höhe von 20 m einen Abstand von mindestens 4,5 m zur vertikalen Projektion der Stammaußenkanten sowie von mindestens 1,5 m zu den Kronentraufen (hier ergibt sich die vertikale Projektion bereits aus der Begriffsdefinition, vgl. ÖNORM B 1121:2021-04, 3.8) sämtlicher Straßenbäume einhalten.

Die einzuhaltenden Abstände orientieren sich am üblichen Platzbedarf typischer Straßenbäume, sodass diese – unter Berücksichtigung angemessener Rückschnitte – durch die Errichtung der genannten Gebäudeteile und etwaige Instandhaltungsarbeiten nicht geschädigt werden.

Durch die Einführung dieser Bestimmung tritt zum Zustimmungserfordernis der Eigentümerin der öffentlichen Verkehrsfläche bzw der § 53-Straße (bei Vorbauten nach Abs 2) auch eine gesetzliche Beschränkung des Gestaltungsspielraums bei ihrer Situierung.

Die Vereinbarkeit eines Vorbaus iSd Abs 5 bewirkt keinen Rechtsanspruch auf Zustimmung zur Errichtung der Vorbauten durch den Eigentümer der Verkehrsfläche. Auch ergibt sich aus der baurechtlichen Zulässigkeit kein Rechtsanspruch auf eine Entfernungsbewilligung nach dem Wr BaumschutzG.

Anmerkungen

1) S § 5 Abs 6.

2) Für Verkehrsflächen der Stadt Wien sind die Bestimmungen des Gebrauchsabgabegesetzes LGBl 1966/20 idgF anzuwenden.

3) S auch § 83 StVO, BGBl 1960/159 idgF.

4) Zu Abs 2 lit d und g vgl Nov LGBl 2014/25. Zu lit f vgl Nov LGBl 2018/69. Vgl die EB.

5) Beachte auch § 1319b ABGB zur Haftung für Schaden durch einen Baum. Die Sorgfaltspflichten des Baumhalters hängen insb vom Standort und der damit verbundenen Gefahr, von der Größe, dem Wuchs und dem Zustand des Baumes sowie von der Zumutbarkeit von Prüfungs- und Sicherungsmaßnahmen ab. § 1319b ABGB idF BGBl I 2024/33 (HaftRÄG 2024) trat mit 1.5.2024 in Kraft und ist idF auf Schadensereignisse anzuwenden, die nach dem 30.4.2024 eintreten.

6) Das BaumSchG kennt zwar mit § 4 Abs 1 Z 4 einen expliziten Bewilligungstatbestand zur Entfernung für Bauvorhaben, aber nur, wenn eine Bebauung unmittelbar bebaubarer Flächen sonst nicht möglich ist. Dies ist hier nicht schlagend. Da § 83 Abs 5 nun auch das Primat des Baumes ggü Vorbauten normiert, ist fraglich, ob iZm Vorbauten iSd § 83 ein Anwendungsbereich für Entfernungsbewilligungen gegeben ist. Es hat zwar insb die Corona-Krise gezeigt, dass Freiflächen durch Vorbauten wichtig für Wohn- und Lebensqualität sind. Ob dies als bedeutend überwiegendes öffentliches Interesse an der Verwirklichung des Vorhabens iSd § 4 Abs 1 Z 5 BaumSchG gewertet werden kann, ist jedoch fraglich. Bei strenger Betrachtung kommen hier idR wohl nur Tatbestände unabhängig vom Bauvorhaben in Betracht (zB Altersgrenze, Pflegemaßnahmen oder Gefahrenabwehr). Dies ist auch iZm § 11a BaumschutzG zu sehen, wonach das Entfernen der Bäume nur bei Bewilligungen gem Z 4 erst nach Einlangen der Baubeginnsanzeige bei der Baubehörde zulässig ist.

7) Beachte dazu § 5 Abs 6 BaumschutzG idF Klimaschutznov 2024, LGBl 2024/19 und Anm im Gegensatz zu § 74 Abs 1 BO (Gültigkeit der Baubewilligung). Wird die bewilligte Baumentfernung nicht innerhalb von 2 Jahren nach Rechtskraft der Bewilligung durchgeführt, erlischt die erteilte Bewilligung. Auch bei nicht großen, aber konfliktträchtigen Bauvorhaben kann es mitunter nicht gelingen, binnen 2 Jahren über den Instanzenzug eine rechtskräftige oder im Revisionsfall, mit zuerkannter aufschiebender Wirkung, vollziehbare Baubewilligung zu erlangen.

Bei strenger Betrachtung iSd Kumulationsprinzips hat der Wegfall der Entfernungsbewilligung im Laufe eines noch nicht abgeschlossenen Baubewilligungsverfahrens „nur" zur Folge, dass das Projekt umgeplant werden muss. Bei einer bereits begonnenen Bauführung kann diese in der baubehördlich genehmigten Form nicht mehr final ausgeführt werden. In dem Fall ist uU eine abändernde Einreichung und Bewilligung unter Berücksichtigung der dann aktuellen Rechtslage erforderlich.

Da hier jedoch gem Abs 5 die Zulässigkeit der Baumentfernung explizit zur Bewilligungsvoraussetzung bzw zum Bewilligungsgegenstand normiert wird, wäre in verfassungskonformer Betrachtung anzunehmen, dass die Gültigkeitsdauer der Baubewilligung auch die Zulässigkeit zur Baumentfernung umfasst. Es bleibt abzuwarten, ob sich die Judikatur diesem Ansatz anzuschließen vermag.

Es scheint jedenfalls geboten, dass bei einer erweiterten Fristsetzung iSd § 5 Abs 6 BaumschutzG iZm Bauvorhaben auf die Gültigkeitsdauer der Baubewilligung gemäß § 74 BO abgestellt wird. Zur etwaigen späteren Abänderung bzw Verlängerung einer bescheidmäßig festgesetzten Frist kommt eine Abänderung des Bescheides gem § 68 AVG in Betracht.

Bauteile vor den Baufluchtlinien und in Abstandsflächen und Vorgärten[1]

§ 84. (1) Über Baufluchtlinien, in die Abstandsflächen, in Vorgärten und in Abstände gemäß § 79 Abs. 5 erster Satz dürfen die in § 83 Abs. 1 genannten Vorbauten sowie Transport- und Einsteigschächte vorragen; diese Schächte dürfen das anschließende Gelände nicht überragen.

(2) Über Baufluchtlinien, in die Abstandsflächen, in Vorgärten und in Abstände gemäß § 79 Abs. 5 erster Satz dürfen außerdem folgende Gebäudeteile vorragen:

a) **auf eine Breite von höchstens einem Drittel der betreffenden Gebäudefront Erker, Treppenhausvorbauten und Aufzugsschächte sowie auf eine Breite von höchstens der Hälfte der betreffenden Gebäudefront Balkone, sofern die Ausladung der Balkone höchstens 2,50 m und der anderen Bauteile höchstens 1,50 m beträgt und sie von den Nachbargrenzen einen Abstand von wenigstens 3 m, im Gartensiedlungsgebiet von mindestens 2 m, einhalten; die sich daraus für Erker ergebende Kubatur an einer Gebäudefront kann unter Einhaltung dieser Ausladung und des Abstandes von Nachbargrenzen an dieser Front frei angeordnet werden. Ein Erker liegt auch vor, wenn durch ihn die dahinter liegenden Räume in ihrer gesamten Breite erweitert werden. An Gebäuden, deren Gebäudehöhe nach den Bestimmungen des § 75 Abs. 4 und 5 zu bemessen ist, dürfen solche Vorbauten, mit Ausnahme von Balkonen, an den Straßenfronten nur eine Ausladung von höchstens 1 m aufweisen. Darüber hinaus sind Abschattungsvorrichtungen sowie bis zu insgesamt zwei Drittel der Gebäudefront Balkone im Sinne des ersten Halbsatzes über gärtnerisch auszugestaltenden Flächen, ausgenommen Abstandsflächen, zulässig;**[1)2)4)]

b) **auf einer Breite von höchstens einem Drittel der betreffenden Gebäudefront Türvorbauten, Freitreppen und Schutzdächer über Eingängen, sofern diese Bauteile höchstens 3 m, im Gartensiedlungsgebiet höchstens 2 m, in die vor den Baufluchtlinien gelegenen Flächen oder Abstandsflächen, aber keinesfalls mehr als auf halbe Vorgartentiefe vorragen und von den Nachbargrenzen einen Abstand von mindestens 1,50 m einhalten.**

(3) Über Baufluchtlinien, in die Abstandsflächen und in die Vorgärten dürfen ferner unterirdische Gebäude und Gebäudeteile vorragen, doch darf die allenfalls festgesetzte gärtnerische Ausgestaltung der Grundflächen nicht behindert werden.[3)] **Der Beurteilung eines Bauwerkes als unterirdisches Gebäude oder unterirdischer Gebäudeteil steht nicht entgegen, wenn den oberen Abschluß ein anderes nach den Bestimmungen dieses Gesetzes zulässiges Bauwerk (Terrasse, Stützmauer, Weg u. ä.) bildet.**

(4) Gänge vor Außenwänden (Außengänge) dürfen über Baufluchtlinien, in die Abstandsflächen und in die Vorgärten vorragen, wenn sie die gemäß Abs. 2 für Balkone geltenden Vorschriften einhalten; Außengänge und Balkone dürfen insgesamt eine Breite von höchstens der Hälfte, über gärtnerisch auszugestaltenden Flächen von höchstens zwei Dritteln der betreffenden Gebäudefront in Anspruch nehmen.

(EB zur Nov 1976)

Die Bestimmungen der §§ 83 und 84 gehen im wesentlichen auf die bisherigen Regelungen der §§ 85 und 86 zurück. Die Bestimmung über Erker wird insofern einschränkend gefaßt, als es in Hinkunft nicht mehr zulässig ist, mit einem Vorbau über fast der gesamten Gebäudefront über die öffentliche Verkehrsfläche oder in die Vorgärten vorzurücken; durch diese Regelung soll dem Begriff „Erker" wieder der ihm im Sprachgebrauch zugemessene Inhalt gegeben werden. Durch die Regelung des § 84 Abs 3, daß über Baufluchtlinien mit unterirdischen Gebäuden bis zu den Bauplatzgrenzen vorgerückt werden darf, wird bezüglich der Baufluchtlinien der Grundsatz verlassen, daß diese Fluchtlinien in ewige Höhe und Tiefe reichen. Dieser Grundsatz wird jedoch auch ein zweites Mal generell durch die Möglichkeit durchbrochen, daß für verschiedene, übereinander liegende Räume verschiedene Widmungen und damit verschiedene Bebauungsbestimmungen festgelegt werden können (§§ 4 Abs 3 und 5 Abs 7). In diesem Falle bedarf es jedoch einer ausdrücklichen, die anderen abändernden Festsetzung im Flächenwidmungs- und Bebauungsplan, der insbesondere durch entsprechende Schnitte zu ergänzen sein wird.

(EB zur Nov 2014/25)

Die Ergänzung der **Einleitungssätze** des Abs. 1 und des Abs. 2 soll es aus sachlichen Erwägungen ermöglichen, dass auf Baulosen in Gartensiedlungsgebieten – in denen der Bebauungsplan keine Bauweisen festsetzt und in denen daher im Sinne des § 79 Abs. 3 keine Abstandsflächen vorhanden sind – die in Abs. 2 genannten Gebäudeteile in die gemäß § 79 Abs. 5 erster Satz einzuhaltenden Abstände hineinragen dürfen.

Zur Ergänzung des **Abs. 2 lit. a** siehe Erläuterungen zu § 76 Abs. 9 und § 83 Abs. 2 lit. g. Weiters erfolgt eine Vereinheitlichung mit § 83 Abs. 2 lit. f letzter Satz und wird dem Rechnung getragen, dass gemäß § 79 Abs. 5 in Gartensiedlungsgebieten Gebäude – wenn sie nicht unmittelbar an Grundgrenzen errichtet werden – von diesen einen Abstand von mindestens 2 m einhalten müssen und es immer üblicher wird, fixe außen liegende Abschattungsvorrichtungen vorzusehen, diese aber nur schwer unter die derzeitigen Tatbestände des § 84 Abs. 2 zu subsumieren sind.

Zur Änderung des Abs. 2 **lit. b** siehe die Erläuterungen zu § 76 Abs. 9.

Anmerkungen

1) Abs 1 und 2 idF Nov LGBl 2014/25; Abs 4 wurde mit der Nov LGBl 2001/37 angefügt, mit der Nov LGBl 2018/69 wurde er neu gefasst.

2) Durch diese Bestimmungen soll gewissen Auswüchsen begegnet werden.

Gegenüber der früheren Rechtslage dürfen auf einem weiteren Drittel der Gebäudefront Balkone über der gärtnerisch auszugestaltenden Fläche – ausgenommen in Abstandsflächen – errichtet werden.

3) Auf Freihaltung von Abstandsvorschriften hinsichtlich unterirdischer Gebäude und Gebäudeteile besitzt der Nachbar auch nach der Rechtsprechung des VwGH keinen Rechtsanspruch (vgl E zu §§ 79 u 80).

4) Der VwGH hat zum ehemalig normierten zulässigen Drittelausmaß die Zusammenrechnung der Vorbauten ausgesprochen (vgl E 9). Es könnten nun Überlegungen angestellt werden, ob dieses Prinzip nun weiterhin gilt. Das Umlegen der Kubatur von Erkern wurde mit der Nov LGBl 2018/69 klargestellt. Vgl auch Anm 6 zu § 81.

Judikatur

1) Auf Grund des im Verwaltungsakt erliegenden Planes entspricht die in Rede stehende Freitreppe – und zwar die Treppenanlage für sich allein betrachtet – der Bestimmung des § 84 Abs 2 lit b BO, da sie weniger als ein Drittel der Gebäudefront in Anspruch nimmt und von der Grenze der Liegenschaft der Nachbarn einen Abstand von mehr als 1,50 m einhält. Der Gerichtshof kann sich aber nicht der Auffassung anschließen, daß diese Freitreppe eines 2,67 m langen Podestes bedarf, da die Funktion eines Podestes auch von einem solchen geringeren Ausmaß erfüllt werden kann, wobei überdies nicht unbeachtlich ist, daß der in den Plänen als „Podest" bezeichnete Teil der Terrasse dann überhaupt entbehrlich wäre, wenn die Freitreppe entweder auf jenen Teil der Terrasse gestützt wird, welcher sich außerhalb des Seitenabstandes befindet oder auf den bereits baubehördlich bewilligten, im Seitenabstand befindlichen Terrassenteil (VwGH 20.1.1981, 05/2678/80).

2) Bei der Frage der gärtnerischen Ausgestaltung ist zu unterscheiden zwischen der Freihaltung der gärtnerisch auszugestaltenden Flächen, hinsichtlich deren der anschließende Nachbar grundsätzlich ein subjektiv-öffentliches Recht hat (vgl etwa die E v 13.5.1967, Slg 7101/A, und v 17.5.1983, 05/1234/80, BauSlg 53), und der Art der gärtnerischen Gestaltung. Keinesfalls läßt sich aus der Verpflichtung zur gärtnerischen Gestaltung ein Anspruch der Nachbarn auf parkähnliche Ausgestaltung, auf Pflanzen oder Erhalten von Bäumen u dgl, ableiten; so besteht auch kein subjektiv-öffentlicher Anspruch der Nachbarn auf Einhaltung des Baumschutzgesetzes. Soweit sich der Gerichtshof bisher mit der Freihaltung der gärtnerisch auszugestaltenden Flächen zu beschäftigen hatte, handelte es sich durchwegs um oberirdische Bauten, durch die naturgemäß der angrenzende Nachbar beeinträchtigt werden kann. Über die Freihaltung der gärtnerisch auszugestaltenden Flächen hinaus steht aber dem Nachbarn kein Rechtsanspruch auf Einhaltung dieser Anordnung des Bebauungsplanes zu (VwGH 17.6.1986, 84/05/0009, BauSlg 702).

3) Der VwGH hat für einen Erker – ausgehend vom allgemeinen Sprachgebrauch – vor allem den vorspringenden Charakter für maßgebend angesehen (vgl E 9.11.1989, 89/06/0094, ua). VwGH 22.10.1992, 92/06/0096.

4) Durch eine Balkonverglasung verliert ein Balkon seine Funktion als solche, durch die Umschließung wird er ein Zubau (VwGH 14.4.1994, 93/06/0159, BauSlg 73, zur Stmk BO).

5) § 79 BO schafft die Möglichkeit, Zufahrten samt Stützmauern bzw Rampen, aber auch Stiegenabgänge in der Abstandsfläche zu errichten (vgl E 22.6.1993,

91/05/0027). Die Einschränkung des § 84 Abs 2 BO (Höchstbreite ein Drittel der Gebäudefront) kommt schon deshalb nicht in Betracht, weil es sich bei einem offenen Stiegenabgang um keinen in dieser Bestimmung genannten Gebäudeteil handelt (VwGH 30.5.1995, 93/05/0125, BauSlg 99).

6) Der VwGH hat im Erkenntnis vom 28.3.1995, 95/05/0016, mwN, ausgesprochen, daß ein Balkon dann vorliegt, wenn sich ein Gebilde überwiegend als offener Vorbau an einem Gebäude darstellt. Dies bedeutet aber keineswegs, ein „Balkon" müsse an drei Seiten offen sein; am Charakter als „offener" Vorbau ändert sich nichts, wenn zufolge einer Versetzung von Gebäudeteilen eine (weitere) Seite geschlossen ist, zwei Seiten aber offen bleiben (VwGH 31.8.1999, 95/05/0267, BauSlg 156, zur OÖ BO 1976).

7) Unter einer „Freitreppe" wird eine an einem Gebäude außen angeordnete Treppe, zB Vortreppe, Terrassentreppe, verstanden (*Frommhold/Gareiß*, Bauwörterbuch, Begriffsbestimmungen aus dem Bauwesen, 108); eine Freitreppe ist eine nicht überdachte Treppe an der Außenseite eines Bauwerkes oder ein Treppenweg als Verbindung zwischen zwei Terrassen (*Koepf*, Bildwörterbuch der Architektur[2], 158). Die gegenständliche Stiegenanlage ist eine nicht überdachte Treppe an der Außenseite eines Gebäudes, also eine Freitreppe im Sinne des § 23 NÖ BO 76 (VwGH 9.11.1999, 95/05/0311, BauSlg 226).

8) Der Zuluftbrunnen liegt in einem gärtnerisch auszugestaltenden Bereich, in dem die unterirdische Bebauung zulässig ist. Gem § 84 Abs 3 BO steht der Beurteilung einer Baulichkeit als unterirdisches Gebäude oder unterirdischer Gebäudeteil nicht entgegen, wenn den oberen Abschluß eine andere nach den Bestimmungen dieses Gesetzes zulässige bauliche Anlage (Terrasse, Stützmauer, Weg ua) bildet. Wie der VwGH bereits in seinem Erkenntnis vom 24.4.1990, 89/05/0044, ausgesprochen hat, spricht auch der Umstand, daß Lüftungsöffnungen und Bauwerksteile (wie dort etwa eine Lärmschutzwand) oberirdisch zu liegen kommen, nicht gegen die Annahme, daß ein unterirdisches Gebäude vorliege, kommt es doch hiebei, wie dem § 80 Abs 1 BO zu entnehmen ist, auf raumbildende bauliche Maßnahmen an. Der VwGH vermag daher die Auffassung des Bfrs nicht zu teilen, daß die maximal zulässige bebaubare Fläche überschritten worden und die Errichtung des zweiten Zuluftbrunnens über der Tiefgarage unzulässig sei. Der Begriff der Bebauungsdichte ist der Wiener Bauordnung fremd (VwGH 30.5.2000, 96/05/0165, BauSlg 126).

9) Da mit den Balkonen unbestritten das im § 84 Abs 2 BO zulässige Drittelausmaß der betreffenden Gebäudefront überschritten wird, weil dieses schon durch den Stiegenhausvorbau konsumiert wird, stellt sich das eingereichte Bauvorhaben als rechtswidrig dar. Zur Geltendmachung dieser Rechtswidrigkeit ist die Bfrin als Miteigentümerin einer seitlich angrenzenden Liegenschaft legitimiert (VwGH 30.5.2000, 96/05/0183, BauSlg 128).

10) Zwar ist davon auszugehen, dass nicht jedwede Verwendung von Teilen eines Stiegenhauses zu anderen Zwecken als jenen, für die ein Stiegenhaus seiner Bestimmung nach dient, die Heranziehbarkeit des § 84 Abs 2 lit. a BO bewirken kann. Wenn § 84 Abs 2 lit. a von „Stiegenhausvorbauten" spricht, so liegt dem ein funktionales Element zu Grunde. Dies bedeutet, dass die entsprechenden Bauteile zu nichts anderem dienen dürfen als dazu, die verschiedenen Geschosse erreichen zu können. Auch ein Stiegenhaus mit Aufzugsschacht dient diesem Zweck, wobei es keinen Unterschied machen kann, ob die Stiegen um den Schacht angeordnet sind, ob der Schacht im Gebäudekern und die Stiegen davor (außen) angeordnet werden oder ob – wie hier – die Stiegen selbst im Gebäudekern und der Aufzug außen errichtet wird. Unter diesem funktionalen Blickwinkel ist es also nicht zu beanstanden, wenn die belangte Behörde einen baulich in das Stiegenhaus integrierten Aufzugsschacht als Teil eines Stiegenhausvorbaues im Sinne des § 84 Abs 2 lit. a BO qualifiziert hat. (VwGH 28.6.2005, 2004/05/0025)

11) Damit übersieht die belangte Behörde aber, dass nach der Rechtsprechung des Verwaltungsgerichtshofes unter einer „Freitreppe" eine nicht überdachte Treppe an der Außenseite eins Bauwerkes verstanden wird (siehe die hg Erkenntnisse vom 9. November 1999, Zl 95/05/0311, und vom 7. September 2004, Zl 2001/05/1074; der letztgenannte Fall betraf gleichfalls eine an der Außenwand angebrachte, nicht überdachte Treppe, die von einer Terrasse in den Garten führte). Darauf, ob eine solche Treppe eine „freie Untersicht" gewährt, kommt es für die Definition als „Freitreppe" hingegen nicht an. Entgegen der Ansicht der belangten Behörde war daher sehr wohl die gesamte Länge der Freitreppe in die Berechnung, ob die Länge des Türvorbaus und der Freitreppe das Ausmaß von einem Drittel der östlichen Gebäudefront überschreitet, mit einzubeziehen. (VwGH 21.9.2007, 2005/05/0072)

12) Der Verwaltungsgerichtshof hat bereits mehrfach ausgesprochen, dass es sich bei Bauteilen, die vom Boden hochgeführt werden, nicht um vorspringende Bauteile handelt (vgl die hg Erkenntnisse vom 22. Oktober 1992, Zl 92/06/0096, zur Tir BauO, und vom 4. September 2001, Zl 2000/05/0155). (VwGH 23.11.2009, 2008/05/0225).

13) Aus dem Text des Abs. 2 ergibt sich klar, dass die in lit. a bzw. lit. b geregelten Baulichkeiten über Baufluchtlinien, in die Abstandsflächen und in die Vorgärten jeweils für sich – wie in diesen Bestimmungen jeweils näher geregelt – vorragen dürfen. Schon der Wortlaut dieser Bestimmung gibt keinen Anhaltspunkt dafür, dass – wie die Beschwerde meint – eine in lit. b genannte Baulichkeit zusätzlich zu einer nach lit. a oder lit. b bereits vorragenden Baulichkeit hinausgehend vorragen dürfte. Die Unterteilung einzelner Typen von Baulichkeiten in die Aufzählungen nach lit. a) und nach lit. b) hat ihre Ursache darin, dass verschiedene Abstände vorgesehen sind; keinesfalls soll damit bewirkt werden, dass eine Kumulierung stattfinden kann. Die Überschreitung der Drittelbegrenzung ist nur im Falle des letzten Satzes des § 84 Abs. 2 lit. a BO zulässig; die Rechtsauffassung der Beschwerdeführerin würde in diesem Zusammenhang zu einer vom Gesetzgeber mit Sicherheit nicht gewünschten Totalverbauung führen, weshalb auch aus diesem Grund die gewünschte Kumulierung nicht dem Gesetz entspricht (VwGH 12.10.2010, 2007/05/0143).

14) Bauteile, die gem § 84 Abs 2 BO zulässig sind, sind flächenmäßig nicht in das Höchstausmaß von 45 m^2 bzw 90 m^2 gem § 79 Abs 3 BO einzurechnen. § 79 Abs 3 BO spricht nämlich diesbezüglich von dem Ausmaß der „bebauten Fläche je Front", und gem der systematisch dem § 79 BO unmittelbar folgenden Bestimmung des § 80 Abs 2 BO sind Gebäudeteile im Sinne des § 84 Abs 1 und 2 BO bei der Ermittlung der „bebauten Fläche" außer Betracht zu lassen (vgl das hg Erkenntnis vom 23. Juli 2013, Zl 2012/05/0192). Dies gilt für den gegenständlichen Windfang, der einen Türvorbau im Sinn des § 84 Abs 2 lit b BO darstellt (VwGH 5.3.2014, 2011/05/0051).

15a) Aus dem Text des § 84 Abs 2 BO ergibt sich, dass die in lit a bzw lit b geregelten Baulichkeiten über Baufluchtlinien, in die Abstandsflächen und in die Vorgärten jeweils für sich – wie in diesen Bestimmungen jeweils näher geregelt – vorragen dürfen und eine Kumulierung von Baulichkeiten iSd § 84 Abs 2 lit a und b BO nicht zulässig ist. Diese Judikatur bezieht sich jedoch auf nebeneinander liegende Gebäudeteile. Wie aus dem Erkenntnis klar hervorgeht, wurde ein Herausragen eines Gebäudeteils „zu einem weiteren Drittel" beantragt. Der gegenständliche Fall unterscheidet sich davon insofern, als keine Kumulierung nebeneinander liegender Gebäudeteile geplant und unstrittig die Einhaltung der Beschränkungen des § 84 Abs 2 BO gegeben ist, weshalb entgegen der Ansicht des Verwaltungsgerichtes die genannte Judikatur auf den gegenständlichen Fall nicht übertragen werden kann.

Angesichts der Einhaltung der Beschränkungen des § 84 Abs 2 BO ist die gegenständlich geplante Bauführung vielmehr im Lichte dieser Bestimmung zulässig.

15b) Es ist aber auch § 80 Abs 2 BO zu beachten, der Gebäudeteile nach § 84 Abs 1 und Abs 2 BO nicht schlechthin von der Flächenberechnung ausnimmt, sondern nur dann wenn sie „vor die Gebäudefront ragen". (...) Daraus ergibt sich, dass Gebäudeteile nach § 84 Abs 1 und Abs 2 BO dann, wenn sie nicht vor eine solche „Gebäudefront" iSd § 80 Abs 2 BO ragen, sondern vor Gebäudeteile gem § 84 Abs 1 und Abs 2 BO, die ihrerseits bereits nicht zur bebauten Fläche zählen, auf die bebaute Fläche voll anzurechnen sind (VwGH 24.5.2016, Ra 2014/05/0057).

16) Unter einem Erker wird ein in der Regel geschlossener, überdachter, vorspringender Teil an ebäuden verstanden, der unter Umständen über ein Geschoß oder mehrere Geschoße reichen kann. Dieser Gebäudeteil wird in der

Regel nicht vom Boden hochgeführt, sondern ragt dem Gebäude frei vor oder wird von einem Mauervorsprung oder einer Säule gehalten. Ein Erker ist eine raumbildende Auskragung der Außenwand, die nur zur geringfügigen Vergrößerung eines Raumes dienen kann (vgl VwGH 30.9.2015, Ro 2014/06/0024). Als Erker oder erkerähnliche Bauteile werden aber keinesfalls großflächige, vor die Fassade vorspringende Ausbauten verstanden. Einem Bauteil, der über die gesamte Breite des dahinter liegenden Raumes vor die Fassade vorspringt, kann nicht mehr der Charakter eines Erkers oder erkerähnlichen Bauteiles zuerkannt werden (vgl VwGH 4.9.2001, 2000/05/0155, mwN).

Gebäudeteile nach § 84 Abs 1 und 2 BO sind dann, wenn sie nicht vor eine Gebäudefront im Sinn des § 80 Abs 2 BO ragen, sondern vor Gebäudeteile gem § 84 Abs 1 und 2 BO, die ihrerseits bereits nicht zur bebauten Fläche zählen, nach der hg Judikatur auf die bebaute Fläche voll anzurechnen (vgl VwGH 24.5.2016, Ra 2014/05/0057).

Unter Fronten sind die Ansichtsflächen der ein Gebäude nach außen abschließenden Wände (Umfassungswände) zu verstehen, wobei es keine Rolle spielt, ob eine geradlinig verlaufende Außenwand oder eine durch Vor- und Rücksprünge gekennzeichnete vorliegt (vgl VwGH 5.3.2014, 2011/05/0051).

Bei der Ermittlung der bebauten Fläche bleiben gem § 80 Abs 2 BO vor die Gebäudefront ragende Gebäudeteile der in § 84 Abs 1 und 2 BO genannten Art und in dem dort bezeichneten Ausmaß außer Betracht, wobei unter anderem Erker, unter denen nicht überall eine freie Durchgangshöhe von mindestens 2,10 m gewährleistet ist, der bebauten Fläche voll zuzurechnen sind (VwGH 24.4.2018, Ra 2017/05/0275 bis 0285).

17) S auch die Judikatur zu § 79 BO.

Äußere Gestaltung von Bauwerken[1)2)]

§ 85. (1) Das Äußere der Bauwerke einschließlich technischer Aufbauten muss nach Bauform, Maßstäblichkeit, Baustoff und Farbe so beschaffen sein, dass es die einheitliche Gestaltung des örtlichen Stadtbildes nicht stört. Dauernd sichtbar bleibende Feuermauern sind dem Ortsbild entsprechend zu gestalten.

(2) Die Errichtung von Bauwerken sowie deren Änderung ist nur zulässig, wenn das mit dem Bebauungsplan beabsichtigte örtliche Stadtbild weder gestört noch beeinträchtigt wird. Überschreiten bauliche Anlagen die für Gebäude zulässige Höhe, ist unter Berücksichtigung der Art, der Gestaltung und des Zweckes der jeweiligen baulichen Anlage auf ihre Einfügung in das vom Bebauungsplan beabsichtigte örtliche Stadtbild besonders Bedacht zu nehmen. Darüber hinaus darf das gegebene örtliche Stadtbild weder gestört noch beeinträchtigt werden, sofern es mit dem vom Bebau-

ungsplan beabsichtigten örtlichen Stadtbild vereinbar ist. Im Nahebereich von Schutzzonen und UNESCO-Welterbestätten ist bei der Beurteilung auf diese besonders Bedacht zu nehmen.

(3) Baumaßnahmen an einzelnen Bauwerken von geschichtlicher, kultureller oder künstlerischer Bedeutung sowie die Errichtung von Bauwerken und Baumaßnahmen in der Umgebung solcher Bauwerke sind unzulässig, wenn deren Eigenart oder künstlerische Wirkung oder das örtliche Stadtbild beeinträchtigt würde. Gleiches gilt in Bezug auf Bauwerke, die Bestandteil einer UNESCO-Welterbestätte sind, wobei insbesondere auf die Merkmale, die den außergewöhnlichen universellen Wert dieser Bauwerke zum Ausdruck bringen, Bedacht zu nehmen ist. Hiebei bleiben die besonderen, den Denkmalschutz betreffenden gesetzlichen Bestimmungen unberührt.[3)]

(4) Portale, Geschäfts- und Firmenschilder, Werbezeichen und Lichtreklamen müssen so beschaffen sein, daß durch sie das örtliche Stadtbild nicht beeinträchtigt wird. Durch Lichtreklamen darf keine das ortsübliche Ausmaß übersteigende Belästigung[4)] der Benützer desselben Gebäudes oder der Benützer benachbarter Gebäude herbeigeführt werden.

(5) Bei Errichtung eines neuen Gebäudes in einer Schutzzone[5)] und im Bereich der UNESCO-Welterbestätten ist das Gebäude unbeschadet der Abs. 1 bis 4 und der Bebauungsbestimmungen gemäß § 5 Abs. 4 und § 7 Abs. 3 und 4 auf zeitgemäße Weise in das Stadtbild einzuordnen, oder es sind hinsichtlich des Baustils, der Bauform, der Gebäudehöhe, der Dachform, des Maßstabes, des Rhythmus, der Proportion, der technologischen Gestaltung beziehungsweise der Farbgebung die benachbarten Gebäude in derselben oder gegenüberliegenden Häuserzeile zu berücksichtigen. Dies gilt sinngemäß bei Änderungen bestehender Gebäude in Schutzzonen, im Bereich der UNESCO-Welterbestätten sowie für alle Gebäude, die vor dem 1.1.1945 errichtet wurden und an deren Erhaltung infolge ihrer Wirkung auf das örtliche Stadtbild ein öffentliches Interesse besteht, wobei der Bewahrung der äußeren Gestaltung, des Charakters und des Stils des Gebäudes, insbesondere des Maßstabes, des Rhythmus, der Proportion, der technologischen Gestaltung und der Farbgebung, besonderes Gewicht zukommt.

(6) Durch die Errichtung, Veränderung oder Beseitigung baulicher Ziergegenstände in Schutzzonen oder an Gebäuden, die vor dem 1.1.1945 errichtet wurden und an deren Erhaltung infolge ihrer Wirkung auf das örtliche Stadtbild ein öffentliches Interesse besteht darf die äußere Gestaltung, der Charakter und Stil des betroffenen Gebäudes beziehungsweise des dem baulichen Ziergegenstand benachbarten örtlichen Bereiches in seiner Wirkung im örtlichen Stadtbild nicht verändert werden.

(7) Fenster und Fenstertüren eines Gebäudes haben hinsichtlich Konstruktion, Teilung, Profilstärke, Farbe und dergleichen ein einheitliches Erscheinungsbild aufzuweisen, es sei denn, die Unterschiede sind in der besonderen Gestaltung des Gebäudes begründet.

(EB zur Nov LGBl 2001/90)

In der Praxis ergeben sich Probleme daraus, dass die Bauklasseneinteilung gemäß § 75 Abs 1 nur die Höhe von Gebäuden, also raumbildender baulicher Anlagen, in Wohngebieten und gemischten Baugebieten festsetzt, in diesen Gebieten aber oft auch nicht raumbildende bauliche Anlagen (Silos, Antennenmaste, Windräder, Wasserbehälter, Werbetürme, Uhrtürme udgl) zur Errichtung gelangen sollen, welche die für Gebäude zulässige Höhe überschreiten. § 85 Abs 2 wird daher insofern ergänzt, als bei der Beurteilung solcher baulicher Anlagen auf ihre Einfügung in das vom Bebauungsplan beabsichtigte örtliche Stadtbild besonders Bedacht zu nehmen ist.

(EB zur BO-Nov 2023, LGBl 2023/37 vom 13.12.2023)

Vor dem Hintergrund vermehrt aufkommender technischer Aufbauten unterschiedlicher Funktionen wird in Abs 1 klargestellt, dass auch diese auf ihre Wirkung auf das örtliche Stadtbild zu prüfen bzw so auszugestalten sind, dass sie das Stadtbild nicht beeinträchtigen.

Der Managementplan UNESCO-Welterbe sieht vor, dass die Attribute des Welterbes für die Beurteilung der Auswirkung auf das örtliche Stadtbild als Kriterien herangezogen werden. Dies wird durch die Verankerung des Welterbebegriffs in § 85 umgesetzt. Besonderes Augenmerk auf UNESCO-Welterbestätten ist aus Stadtbildgesichtspunkten bereits in deren Nahebereich zu legen (Abs 2).

Die Attribute der UNESCO-Welterbestätten (das sind die Merkmale, die den außergewöhnlichen universellen Wert dieser Bauwerke zum Ausdruck bringen) werden als bei der Begutachtung heranzuziehende Kriterien festgelegt (Abs 3). Sie ergeben sich aus dem Kriterienkatalog der UNESCO in Bezug auf die jeweilige Welterbestätte. Unter der UNESCO-Welterbestätte ist jeweils die Kernzone zu verstehen.

Abs 6: Aufgrund der Änderung in § 60 Abs 1 lit f, die dem Schutz von Ziergegenständen auch für schützenswerte Gebäude außerhalb von Schutzzonen dient, ist auch Abs 6 entsprechend zu ändern.

Anmerkungen

1) Neugefasst durch die Nov LGBl 1996/42; der zweite Satz des Abs 2 wurde mit der Nov LGBl 2001/90 eingefügt. Abs 7 wurde mit der Nov LGBl 2018/69 angefügt.

2) Der Schutz des Orts- und Stadtbildes ist eine Angelegenheit des eigenen Wirkungsbereiches der Gemeinde. Nach der ständigen Rechtsprechung des VwGH ist zur Prüfung der Frage, ob ein Vorhaben das Stadtbild stört, das Gutachten eines Sachverständigen einzuholen. In Ortsbildfragen besitzen die

Nachbarn kein Mitspracherecht (s § 134a und schon die ältere Rechtsprechung). Anders ist wohl das Mitspracherecht der Nachbarn zu beurteilen, wenn Ortsbildfragen eine Voraussetzung für eine Abweichung von der sonst zulässigen maximalen Gebäudehöhe sind (vgl § 69). Historisch gesehen (vgl auch EB) war bei praktisch allen Novellen nach 1976 die Verdichtung des städtischen Raumes, vor allem durch Dachausbauten, ein Hauptanliegen. Durchaus bewusst wurde daher auch der Einfamilienhausbegriff aus der Bauordnung eliminiert. Grundsätzlich ist zw dem beabsichtigten Stadtbild iSd Flächenwidmungs- und Bebauungsplanes und dem örtlich gegebenen Stadtbild zu unterscheiden.

3) Trotz der salvatorischen Klausel bestehen im Hinblick auf den Kompetenzbereich des Denkmalschutzes verfassungsrechtliche Bedenken; dies gilt nicht für den Schutz des Stadtbildes.

4) Die Beiziehung eines medizinischen Sachverständigen ist erforderlich.

5) S § 7.

Judikatur

1) Ob ein Bauwerk geeignet ist, das Stadtbild zu stören oder zu verunstalten, ist im Zuge des baubehördlichen Verfahrens festzustellen. Diese Feststellung ist Gegenstand des Beweises durch Sachverständige. Dem Sachverständigen obliegt es, auf Grund seines Fachwissens ein Urteil (Gutachten) abzugeben. Auf Grund des Sachverständigengutachtens hat sodann die Behörde als erwiesen anzunehmen, ob ein Bauwerk eine diesbezügliche Wirkung entfaltet oder ob dies nicht der Fall ist. Äußerungen, die nur unüberprüfbare Behauptungen enthalten und nicht die Erwägungen aufzeigen, auf Grund deren der Sachverständige zu seinem Urteil gelangt ist, können nicht als taugliches Gutachten eines Sachverständigen angesehen werden (VwGH 28.1.1960, 1647/59, 14.3.1966, Slg 6884/A, u v 3.10.1966, Slg 7008/A).

2) Nach der ständigen Rechtsprechung des VwGH gehören die Vorschriften, die der Wahrung des örtlichen Stadtbildes und der schönheitlichen Rücksichten dienen, nicht zu jenen Bestimmungen, die außer den öffentlichen Interessen auch dem Interesse der Nachbarschaft dienen. Eine Verletzung dieser Vorschriften kann daher der Nachbar im Baubewilligungsverfahren nicht mit Erfolg geltend machen, weil ihm eben die Legitimation zur Sache fehlt (VwGH 15.12.1954, Slg 3600/A, 12.1.1960, Slg 6246/A, 24.11.1969, 4/68 ua). S nun die erschöpfende Aufzählung der Nachbarrechte in § 134a, aber auch Anm 2.

3) Das Wort „einheitlich“ im § 87 Abs 1 und 2 (jetzt: § 85 Abs 1) ist offenbar so zu verstehen, daß es eine harmonische Beziehung zwischen den einzelnen Teilen eines Stadtbildes, Gassen- oder Platzbildes betrifft. Diese Einheitlichkeit kann zwischen ähnlichen und zwischen verschieden gestalteten Gebäuden bestehen. Auch Bauten aus der Gründerzeit können durchaus ohne Verstoß gegen Wortlaut und Sinn des Gesetzes als ein schutzwürdiges Stück des örtlichen Stadtbildes angesehen werden (VwGH 14.3.1966, Slg 6884/A).

4) Der Grundgedanke, daß eine „nicht völlige Einheitlichkeit des gegebenen Stadtbildes" der Behörde nicht die Möglichkeit verwehre, einer mit einer Bauführung verbundenen weiteren Störung des Stadtbildes entgegenzutreten, ist nach der Auslegung des Gesetzes durchaus möglich (VwGH 14.3.1966, Slg 6884/A).

5) § 87 Abs 5 BO (jetzt § 85 Abs 4) regelt das Verbot, keine Werbeschilder anzubringen, die geeignet sind, eine unzulässige Belästigung der Bewohner des eigenen Hauses und (oder) der benachbarten Häuser zu bewirken. Auf die Einhaltung dieser Vorschrift besitzt der Nachbar einen Rechtsanspruch (VwGH 16.5.1977, 1423/74).

6) Die Wendung „Orts- und Landschaftsbild" in § 100 Abs 4 Z 5 NÖ BO ist als Einheit zu betrachten; der örtliche Landschaftsschutz fällt in den eigenen Wirkungsbereich der Gemeinde (VfGH 23.10.1980, Slg 8944).

7) Nach der ständigen Rechtsprechung des VwGH (vgl etwa die Erk v 3.10.1966, Slg 7008/A, v 28.4.1988, 87/06/0120, ua) ist zur Frage, ob ein Bauvorhaben das Orts(Stadt)bild beeinträchtigt, Beweis durch einen Sachverständigen aufzunehmen, der auf Grund seines Fachwissens zu dieser Frage ein Gutachten abzugeben hat. Die Meinung eines Bezirksvertreters ist rechtlich unerheblich (VwGH 17.9.1991, 91/05/0093).

8a) Auch ein bereits einigermaßen durch störende Eingriffe beeinträchtigtes Ortsbild ist noch schützenswert, sofern es überhaupt noch vorhanden ist (s E 13.2.1992, 91/06/0126). Dies gilt selbst dann, wenn die derartige störende Eingriffe verursachenden Plakattafeln bewilligt sein sollten.

8b) Örtliche Gegebenheiten, die von einer für die Errichtung einer Plakatanschlagtafel in Aussicht genommenen Liegenschaft aus kaum mehr wahrnehmbar sind (hier: mehr als 150 m von der betroffenen Plakatwand entfernte Gegebenheiten), vermögen keine Wirkung auf das maßgebliche Beurteilungsgebiet zu entfalten (VwGH 13.10.1992, 92/05/0169).

9) Was unter Ortsbild iSd § 17 Abs 1 Vbg BauG zu verstehen ist, ist eine Rechtsfrage, weshalb es der Bfrin nicht zum Nachteil geraten kann, wenn sie dem Gutachten mit rechtlichen Argumenten und nicht durch Vorlage eines Privatgutachtens entgegengetreten ist.

Selbst wenn ein Ekz unter Ortsbildgesichtspunkten nicht hätte errichtet werden dürfen, kann dies nicht dazu führen, daß – unter Hinweis auf den ohnehin schon störenden Einfluß – jegliche Veränderung des Ekz (durch Hinzufügung von Werbeträgern) nicht mehr möglich wäre – ausführliche Auseinandersetzung (VwGH 9.4.1992, 91/06/0153, Slg 13612/A).

10) Es mag, wenn der Bebauungsplan ein höheres (oder niedrigeres) Bauvorhaben zuließe, eine weitere Beschränkung dann gem § 85 Abs 5 BO zulässig sein, wenn nur eine einheitliche Höhe ein schutzwürdiges Stadtbild gewährleistet. Eine Berücksichtigung unterschiedlicher Gebäudehöhen offenbar nur eines Nachbargebäudes in derselben Straßenzeile steht mit § 85 Abs 5 BO nicht in Einklang (VwGH 22.6.1993, 92/05/0161).

11) Im Beschwerdefall sind zwei Fragen zu lösen: Liegt überhaupt ein örtliches Stadtbild vor und wenn ja, liegt eine Beeinträchtigung dieses Stadtbildes vor?

Wie der Verwaltungsgerichtshof wiederholt ausgesprochen hat, ist auch ein bereits einigermaßen durch störende Eingriffe beeinträchtigtes Ortsbild noch schützenswert, sofern es überhaupt noch vorhanden ist (vgl hg Erkenntnis vom 13. Februar 1992, Zl 91/06/0126, und vom 14. November 1979, Slg 9966/A). In seinem Erkenntnis vom 9. April 1992, Zl 91/06/0153, hat der Verwaltungsgerichtshof ausgesprochen, dass das Ortsbild jedenfalls anhand des vorhandenen Bestandes zu beurteilen ist, insoweit ihm ein Mindestmaß an gemeinsamer Charakteristik (wenn auch nicht vollständiger Einheit) eigen ist, welche den (notwendigen) Maßstab dafür bildet, ob ein Bauvorhaben dieses Ortsbild beeinträchtigt. Ein Ortsbild (oder Ortsbildteil), dem ein solcher Zusammenhang fehlt, sodass ein Bauvorhaben geradezu beliebig in einem Belang als störend, in anderen Belangen jedoch als sich einfügend empfunden werden kann, ist mangels eines geeigneten Beurteilungsmaßstabes kein schützenswertes Ortsbild. …

Wie aus den sowohl aus den von der MA 19 als auch aus den von der Beschwerdeführerin vorgelegten Fotos und nicht zuletzt aus dem vom Hauseigentümer vorgelegten Privatgutachten hervorgeht, hat das gegenständliche Gebäude Prager Straße Nr 35 eine „abgeräumte" Fassade in grauer Farbe. Wenn der Gutachter der MA 19 zur Ansicht gelangt, die Situierung der Satellitenantennen lasse keinerlei Rücksichtnahme auf die dahinterliegende Fassade erkennen, bleibt unklar, worauf bei einer von den gestalterischen Elemtenten befreiten, grauen Fassade, Rücksicht zu nehmen wäre. Von den um den Bereich des Erkerfußes montierten sechs Satellitenanlagen hat einer eine rechteckige Form (47 cm × 47 cm), die anderen fünf haben annähernd kreisförmige Formen mit einem Durchmesser von 60 cm bis 85 cm. Da auch die Satellitenanlagen im Bereich des Erkerfußes hell- bis dunkelgrau sind, ist die Aussage des Sachverständigen, die Fassade erscheine nur mehr als Werbeträger, nicht nachvollziehbar. Es fehlen auch nachvollziehbare Feststellungen dahingehend, inwieweit die Satellitenantennen in den vorhandenen Größen auf das Stadtbild störender wirken als die an den anderen anschließenden Gebäuden angebrachten Werbeanlagen (VwGH 20.12.2002, 2002/05/1017).

12) Die Auffassung, eine erhebliche Beeinträchtigung durch Werbetafeln käme infolge niedrigerer Schutzwürdigkeit des Teil-Ortsbildbereiches nur dort nicht in Betracht, wo dieser durch „desolate Oberflächen von Verkehrswegen, ungepflegte Vorgärten/öffentliche Grünflächen, nicht instandgehaltene Fassaden und Einfriedungen, nicht gewartete Verkehrsbegleiteinrichtungen, die Ansammlung von Müll über größere Zeitabschnitte, aber auch die Verwendung unpassender Materialien oder Farbgebungen bei Neubauten oder Sanierungen aller Art usw" gekennzeichnet sei und diese „mindere Ortsbildqualität nicht verbessert werden" solle, kann nicht gefolgt werden. Diese überproportionale Gewichtung der gestalterischen Gepflegtheit des Teil-Ortsbildbereiches allein gegenüber allen anderen Komponenten erweist sich als nicht ausreichend begründet, zumal es nicht sachgerecht erscheint, Plakatwerbung vorwiegend in ungepflegte Landes- bzw Ortsteile zu verbannen (VwGH 31.3.2004, 2002/06/0212, zur TBO).

13) Im Beschwerdefall besteht der Kern des Problems offensichtlich darin, dass dieses Vorhaben von unbestrittener architektonischer Qualität und Originalität, was sein Erscheinungsbild anlangt, in der Gemeinde, wie festgestellt, nicht seinesgleichen hat. Nun bedeutet dies nicht, dass schon deshalb das Vorhaben dem Straßen-, Orts- und Landschaftsbild nicht gerecht würde. Ebenso wenig wird ein Vorhaben allein deshalb dem Straßen-, Orts- und Landschaftsbild nicht gerecht, weil es mit allfälligen traditionalistischen Tendenzen einer Gemeinde im Widerspruch steht oder es aber an einer entsprechenden Akzeptanz der Bevölkerung mangelt. (VwGH 19.12.2005, 2005/06/0095, zum Stmk BG).

14) Da § 15 Abs 1 KGG das äußere Erscheinungsbild der Baulichkeiten in Kleingärten regelt und dafür auch den Beurteilungsmaßstab durch die Anführung des kleingärtnerisch genutzten Gebietes vorgibt, kommt § 85 BO in diesem Bereich nicht mehr zum Tragen. …

Die Auffassung der Beschwerdeführerin, dass dann, wenn die Vorschriften über die höchstzulässige bebaubare Fläche, das Volumen und die Bauhöhe eingehalten sind, ein Bau jedenfalls errichtet werden dürfte, ist verfehlt. Auch dann, wenn alle diese Bestimmungen eingehalten sind, der Bau aber § 15 KGG widerspricht, ist er unzulässig und von der Behörde gem § 8 Abs 6 KGG zu untersagen (vgl dazu, dass auch im Bereich der BO die Bestimmungen über die äußere Gestaltung von Bauwerken in § 85 BO Grenzen schaffen, sodass zB die an sich sonst zulässige Gebäudehöhe nicht ausgeführt werden darf, die Nachweise bei *Moritz*, aaO, S 249) (VwGH 3.5.2011, 2009/05/0112).

15) Für die Schutzwürdigkeit des Ortsbildes kommt es auf seine völlige Einheitlichkeit nicht an. Es ist jedenfalls anhand des konsentierten vorhandenen Bestandes zu beurteilen, insoweit ihm ein Mindestmaß an gemeinsamer Charakteristik (wenn auch nicht vollständiger Einheitlichkeit) eigen ist, welche den Maßstab dafür bildet, ob ein Bauvorhaben dieses Ortsbild erheblich beeinträchtigt. Ein Ortsbild, dem ein solcher Zusammenhang fehlt, sodass ein

Bauvorhaben geradezu beliebig in einem Belang als störend, in anderen jedoch als sich einfügend empfunden werden kann, ist mangels eines geeigneten Beurteilungsmaßstabes kein schützenswertes Ortsbild im Sinne der genannten Bestimmungen. Wenn voneinander abgrenzbare, je eine verschiedene Charakteristik aufweisende Ortsteilbilder festgestellt werden können, muss das Bauvorhaben an dem jeweiligen Ortsteilbild gemessen werden, dem es zuzuordnen ist. Nach der Rechtsprechung des Verwaltungsgerichtshofes kann das Vorhandensein einzelner störender Objekte noch nicht dazu führen, dass auch jeder weitere Eingriff in das Ortsbild als zulässig angesehen werden müsste (vgl das hg Erkenntnis vom 16. September 2003, Zl 2002/05/0040 mwN) (VwGH 3.5.2012, 2010/06/0185 zur KBO).

16) Unter einem Ortsbild versteht man in erster Linie die bauliche Ansicht eines Ortes oder Ortsteiles, gleichgültig ob nun die Betrachtung von innen oder von einem Standpunkt außerhalb des Ortes erfolgt. Geprägt wird dieses Ortsbild grundsätzlich von den baulichen Anlagen eines Ortes selbst. Damit ergibt sich, dass auch der Schutz des Ortsbildes mit den baulichen Anlagen eines Ortes untrennbar verbunden ist, wenn auch in diesem Zusammenhang Gesichtspunkte miteinbezogen werden, die über die Wirkung dieser baulichen Anlagen hinausgehen und etwa auch noch die bildhafte Wirkung von Grünanlagen, Parklandschaften, Schlossbergen und dergleichen miteinbezogen wird, die neben den baulichen Anlagen dem jeweiligen „Orts- und Stadtbild“ das Gepräge geben (vgl dazu das hg Erkenntnis vom 9. April 1992, Zl 91/06/0153) (VwGH 10.12.2013, 2010/05/0184, zur OÖBO).

Einfriedungen

§ 86. (1) Wo dies aus Gesundheitsrücksichten, aus Sicherheitsgründen[1] oder zum Schutze des örtlichen Stadtbildes notwendig ist, ist dem Eigentümer des anliegenden Grundes aufzutragen, seine Liegenschaft gegen die Verkehrsfläche einzufrieden.[2]

(2) Einfriedungen müssen so ausgestaltet werden, daß sie das örtliche Stadtbild nicht beeinträchtigen. Sie dürfen, sofern der Bebauungsplan nicht anderes bestimmt, den Boden der höher gelegenen, anschließenden Grundfläche um nicht mehr als 2,50 m überragen.

(3) Einfriedungen von Vorgärten gegen die Verkehrsfläche und an den seitlichen Grundgrenzen auf die Tiefe des Vorgartens dürfen, sofern der Bebauungsplan nicht anderes zuläßt, den freien Durchblick nicht hindern. Abweichungen hievon sind zulässig, wenn dadurch das örtliche Stadtbild nicht beeinträchtigt wird. Sonstige Grundgrenzen dürfen, wenn der Bebauungsplan nicht anderes bestimmt,[3] durch volle Wände abgeschlossen werden.

Anmerkungen

1) Diese Voraussetzungen werden insbesondere dann gegeben sein, wenn solche Bauplätze für Schuttablagerungen benutzt werden oder sich auf ihnen aufgelassene Kellerräume befinden, die als Unterschlupf benutzt werden können.

2) Eine allgemeine Pflicht zur Errichtung von Einfriedungen besteht nicht mehr (früher § 88). Vgl auch § 5 Abs 4 lit s.

3) Ältere Bebauungspläne sahen oft solche Regelungen vor. In manchen Gebieten wäre eine Regelung im Bebauungsplan wünschenswert.

Judikatur

1) Ein auf § 88 Abs 5 (jetzt § 86 Abs 1) gestützter Auftrag zur Herstellung einer Einfriedung gegen die öffentliche Verkehrsfläche ist auch bei Bestand einer Bausperre nicht unzulässig (VwGH 22.2.1965, Slg 6600/A).

2) Die Errichtung einer Einfriedungsmauer ist dann unzulässig, wenn die Bebauungsbestimmungen anordnen, daß der betreffende Raum von jeder wie immer gearteten Bebauung freizuhalten ist (VwGH 10.12.1962, Slg 5920/A).

3) Die Anbringung einer Schilfmattenverkleidung an der Drahtgittereinfriedung im Bereiche des Vorgartens verstößt gegen § 88 Abs 2 (jetzt: § 86 Abs 3) und ermächtigt die Baubehörde, einen Auftrag zur Beseitigung dieser Verkleidung nach § 129 Abs 10 zu erteilen (VwGH 30.11.1964, 1595/64).

4) Bei der Bemessung des § 88 Abs 2 (jetzt: § 86 Abs 3) hinsichtlich der Sicherung des freien Durchblickes handelt es sich um eine Bestimmung, die schönheitlichen Rücksichten und dem Stadtbild dient. Solche Vorschriften dienen nur dem öffentlichen Interesse (VwGH 4.4.1966, Slg 6899/A, und 8.9.1969, 1308/68). Dies entspricht wohl der nun erschöpfenden Aufzählung der Nachbarrechte in § 134a.

5) Zwischen Stütz- und Einfriedungsmauern ist zu unterscheiden; im Allgemeinen sind als Einfriedungen auch volle Mauern zulässig. Die Einfriedung darf zufolge § 86 Abs 2 den Boden der höher gelegenen, anschließenden Grundfläche sogar bis zu 2,50 m überragen, wobei dieser – gegenüber der von der Beschwerdeführerin ins Treffen geführten Bestimmung des § 79 Abs 6 leg cit als lex specialis anzusehenden – Regelung nicht zu entnehmen ist, daß Einfriedungsmauern nur im unbedingt erforderlichen Ausmaß zulässig sind, weshalb auch die diesbezügliche Verfahrensrüge der Beschwerdeführerin unbegründet ist (VwGH 24.6.1986, 86/05/0040, BauSlg 715).

6) Wurde ein Projekt dahin abgeändert, daß an Stelle einer Stützmauer mit Maschengitterzaun eine Einfriedungsmauer vorgesehen ist, so kann dieses neuerliche Ansuchen nicht wegen entschiedener Sache zurückgewiesen werden. Nach ständiger Rechtsprechung ist § 86 Abs 2 BO gegenüber § 79 Abs 6 BO als lex specialis anzusehen, wonach grundsätzlich derartige Einfriedungen

zulässig sind (vgl das Erk v 24.6.1986, 86/05/0040). Sollte nach dem Bebauungsplan eine Einfriedungsmauer der beabsichtigten Höhe nicht zulässig sein, so ist es nach der Rechtsprechung des VwGH Sache der Baubehörde, darauf hinzuwirken, daß ein an sich bewilligungsfähiges Projekt durch geringfügige Änderungen bewilligungsfähig gemacht werden kann – hier: Reduzierung der Höhe der Mauer (VwGH 26.6.1990, 88/05/0109, 86/05/0033). S auch § 62a Abs 1 Z 21.

7) Die Frage, ob Teile einer geplanten Einfriedungsmauer auf einem Grundstück von Nachbarn errichtet werden, hat die Baubehörde als Vorfrage im Baubewilligungsverfahren zu prüfen (VwGH 19.3.1991, 88/05/0073).

8) Eine Plakattafel ist als Einfriedung zu beurteilen, wenn sie unmittelbar auf die bestehende Einfriedung aufgesetzt worden ist. Beeinträchtigt sie das örtliche Stadtbild, ist sie unzulässig (VwGH 17.9.1991, 91/05/0093).

9) Liegen Einfriedungen vor der Baulinie, kommt die Erteilung einer Baubewilligung nicht in Betracht (VwGH 28.6.1994, 93/05/0279, 0280, BauSlg 136).

10) Aus § 86 Abs 1 BO iZm § 86 Abs 3 BO ist abzuleiten, daß eine Einfriedung iSd § 86 BO dann vorliegt, wenn sie an der Grundgrenze errichtet wird.

In seinem E vom 4.4.1966, Slg 6899/A, kam der VwGH zu der Auffassung, daß eine nach § 88 BO (entspricht dem derzeitigen § 86 BO) zulässige Einfriedung nicht deshalb unzulässig sein könne, weil sie auch eine Stützmauer sei und als solche die unbedingt erforderlichen Ausmaße überschreiten würde. Der VwGH hat an dieser Rechtsansicht weiterhin festgehalten (vgl E 24.6.1986, 86/05/0040, BauSlg 715) und sieht auch nunmehr keine Veranlassung, davon abzurücken. Weil die beantragte Stützmauer zum Teil unmittelbar an der Grundgrenze verläuft, sind in diesem Bereich für ihre Bewilligungsfähigkeit einzig die Kriterien des § 86 BO heranzuziehen. (VwGH 7.11.1995, 95/05/0227).

11) Aus § 86 folgt, dass die Vorschrift über den freien Durchblick einerseits das örtliche Stadtbild betrifft, andererseits aber schon deshalb keine Regelung im Interesse der Nachbarn darstellt, weil auch ein Abschluss durch volle Wände grundsätzlich möglich ist. Die Normierung des freien Durchblicks dient daher nur dem öffentlichen Interesse; sie berührt kein subjektiv-öffentliches Recht des Nachbarn (vgl. das hg. Erkenntnis vom 8. September 1969, Zl. 1308/68) (VwGH 16.9.2009, 2007/05/0189).

12) Verläuft eine Stützmauer – wie im Beschwerdefall – an der Grundgrenze, sind für die Bewilligungsfähigkeit nämlich einzig die Kriterien des § 86 BO heranzuziehen. Wenn daher eine Einfriedung, die auch die Funktion als Stützmauer erfüllt, nach dieser Gesetzesbestimmung zulässig ist, kommt es nicht mehr darauf an, ob sie als Stützmauer das „unbedingt erforderliche Ausmaß“ im Sinn des § 79 Abs 6 (zweiter Satz) BO überschreitet (vgl dazu etwa das hg Erkenntnis vom 12. Oktober 2007, Zl 2005/05/0127, mwN; ferner etwa das hg Erkenntnis vom 18. März 2013, Zl 2010/05/0063, mwN).

Die hier in Rede stehende projektierte Stützmauer bewirkte somit nur dann eine Rechtswidrigkeit des angefochtenen Bescheides, wenn sie die Kriterien des § 86 leg cit und die diesbezüglichen Bestimmungen des Bebauungsplanes nicht erfüllte und darüber hinaus durch deren Errichtung die Beschwerdeführer in einem ihnen zukommenden subjektiv-öffentlichen Nachbarrecht verletzt wären (VwGH 5.3.2014, 2011/05/0135).

13) Die Aufgabe einer Einfriedung ist, eine Liegenschaft schützend zu umgeben. Es geht somit darum, die Sicherheit dadurch zu gewähren, dass ein Eindringen ferngehalten wird, das typischerweise durch eine bauliche Anlage wie eine Einfriedung verhindert oder zumindest wesentlich erschwert werden kann (vgl zur Tir BauO 2001 VwGH 27.1.2011, 2009/06/0008, mwN). Bei einer Einfriedung muss die grundsätzliche Eignung gegeben sein, die Liegenschaft nach außen abzuschließen. Es liegt eine Einfriedung auch dann vor, wenn sie nicht unmittelbar an der Grundgrenze errichtet wird, sondern es genügt, wenn sie im Nahebereich der Grundgrenze liegt und die Liegenschaft schützend umgibt (vgl etwa zur insoweit vergleichbaren Rechtslage nach dem Stmk BauG 1995 VwGH 5.11.2015, 2013/06/0063, mwN) (VwGH 25.3.2024, Ra 2021/05/0079).

9. Teil
Bautechnische Vorschriften[1)2)]

(EB zur Nov LGBl 2008/24)

- Ausgehend von der Bauproduktenrichtlinie der EU (89/106/EWG) werden in der Bauordnung für Wien – entsprechend dem Vereinbarungstext – die wesentlichen Anforderungen an Bauwerke ohne technische Details zielorientiert festgelegt.
- Die technischen Detailregelungen werden in Richtlinien erfolgen, die vom OIB mit Zustimmung der Länder herausgegeben werden und deren Anwendung in der Folge auf Grund einer Verordnung der Landesregierung verbindlich sein soll.
- Die neue formulierte Richtlinie 2018/844 (EPBD) des Europäischen Parlaments und des Rates vom 30.5.2018 über die Gesamteffizienz von Gebäuden (sog „Gebäuderichtlinie“), ABl L 156 v 19.6.2018, S 75 bis 91, ist am 9.7.2018 in Kraft getreten.

Ziel dieser Richtlinie ist es, die Gesamtenergieeffizienz der Gebäude unter Berücksichtigung der klimatischen Verhältnisse sowie der Anforderungen an die Gebäudenutzung und der Kostenwirksamkeit zu verbessern. Dazu werden Rahmenbedingungen für die Festlegung von Mindestanforderungen an Gebäude und für die Erstellung von Energieausweisen geschaffen.

Die Umsetzung der neuen Gebäuderichtlinie macht wohl Änderungen der bautechnischen Bestimmungen der Bauordnung für Wien erforderlich.

Anmerkungen

1) Wesentlich erscheint, dass auch die folgenden Bestimmungen nur Bauwerke erfassen, die den Bestimmungen der WBO unterliegen, also nicht etwa der U-Bahn-Bau (vgl Art I Abs 2 WBO).

Die Bestimmungen des 9. Teiles wirken grundsätzlich nicht zurück (vgl hiezu Art III Abs 6 und 7 WBO).

2) Der neunte Teil wurde ursprünglich mit der „Bautechniknovelle 2007", LGBl 2008/24, neu gefasst. Die Bestimmungen lehnten sich an die Einteilung der OIB-Richtlinien an, die mit LGBl 2008/31 auch verrechtlicht wurden, ohne allerdings mit verbindlicher Normwirkung ausgestattet zu sein. Dies war vor allem deswegen zu begrüßen, weil dadurch der technische Fortschritt nicht behindert wurde. An die Stelle der V LGBl 2008/31 trat mit Wirkung vom 2.10.2015 die Wiener BautechnikV, LGBl 2015/35. Die „OIB-Richtlinien 2019" wurden zwischenzeitlich mit der Bautechnikverordnung, LGBl 2020/4 verrechtlicht (Kundmachung 31.1.2020). Die Bautechnikverordnung 2020 ist in diesem Buch im Teil III., Kap 1 (14 Anlagen) abgedruckt.

Judikatur

1) ÖNORMEN stellen keine verbindlichen Rechtsgrundlagen dar. Bedeutung kann ihnen nur insoweit zukommen, als es sich dabei um „objektivierte", dh generelle Gutachten handelt. Es hat aber weder die Behörde dargetan, noch ist im Beschwerdefall offenkundig, dass die in diesen objektivierten Gutachten enthaltenen Aussagen auch auf den hier zu beurteilenden konkreten Einzelfall zutreffen (vgl hiezu die hg Erkenntnisse vom 27. September 1994, Zl 92/07/0074, und vom 25. Jänner 1996, Zl 95/07/0085) (VwGH 25.11.1999, 98/07/0190, Slg 15.282/A). Ein Gleiches gilt wohl auch für OIB-Richtlinien, denen erst durch einen Rechtsakt Rechtswirksamkeit nach Maßgabe des Rechtsaktes (Verbindlicherklärung, Anerkennung, Zulassung) zukommt.

2) Nach der Rechtsprechung (vgl VwGH 17.9.1996, 96/05/0105, mwN) sind Richtlinien grundsätzlich keine verbindliche Wirkung zu, es kann aber keine Unschlüssigkeit des Gutachtens oder Mangelhaftigkeit des Verfahrens darin erkannt werden, dass der Sachverständige die den anerkannten Regeln der Technik entsprechenden Grenzwerte der ÖAL-Richtlinie herangezogen hat (vgl VwGH 29.8.1995, 94/05/0232). ÖNORMEN haben den Charakter eines objektivierten, generellen Gutachtens, das gegebenenfalls durch ein fachliches Gegengutachten widerlegt werden könnte. Diese einschlägigen Regelwerke können von den Sachverständigen als Grundlage ihrer Gutachten herangezogen werden (vgl VwGH 17.6.2010, 2009/07/0037) (VwGH 28.2.2018, Ra 2014/06/0014).

1. Abschnitt
Allgemeines
Begriffsbestimmungen

§ 87. (1) Bauwerke sind Anlagen, die mit dem Boden in Verbindung stehen und zu deren fachgerechter Herstellung bautechnische Kenntnisse erforderlich sind.

(2) Abgasanlagen sind Anlagen für die Ableitung der Abgase von Feuerstätten für feste, flüssige oder gasförmige Brennstoffe ins Freie; Verbindungsstücke sind nicht Teil der Abgasanlage.

(3) Aufenthaltsräume sind Räume, die zum länger dauernden Aufenthalt von Personen bestimmt sind (zB Wohn- und Schlafräume, Arbeitsräume, Unterrichtsräume).

(4) Bauteile[1)] sind abgrenzbare Teile eines Bauwerks einschließlich seiner Verbindungen.

(5) Brandabschnitte sind Bereiche, die durch brandabschnittsbildende Wände bzw. Decken von Teilen eines Gebäudes getrennt sind.

(6) Feuerungsanlagen sind Anlagen, die aus Feuerstätten und Abgasanlagen bestehen.

(7) Fluchtwege sind Wege, die den Benützern eines Bauwerkes im Gefahrenfall grundsätzlich ohne fremde Hilfe das Erreichen eines sicheren Ortes des angrenzenden Geländes im Freien – in der Regel eine Verkehrsfläche – ermöglichen.

(8) Hauptgeschoße sind solche Geschoße, deren Fußbodenfläche mindestens zur Hälfte ihres Umfanges über dem anschließenden Gelände liegt und die mit keinem Raumteil innerhalb des zulässigen Dachumrisses liegen. Das unterste Hauptgeschoß wird als Erdgeschoß bezeichnet, die darüber befindlichen Hauptgeschoße mit fortlaufender Nummerierung als Stockwerke. Ein einheitliches Geschoß liegt auch dann vor, wenn die Fußböden eines Teiles der Räume oder von Raumteilen um nicht mehr als die Hälfte der Geschoßhöhe nach oben oder unten gegeneinander versetzt sind.

(9) Nebengeschosse sind Geschoße, die den Anforderungen des Abs. 8 nicht genügen. Hiebei werden die unter dem Erdgeschoß gelegenen Geschoße mit fortlaufender Nummerierung als Kellergeschoße und die über dem letzten Hauptgeschoß gelegenen Geschoße mit fortlaufender Nummerierung als Dachgeschoße bezeichnet.

(10) Haupttreppen sind Treppen im Zuge eines notwendigen Verbindungsweges,[2)] die zu Aufenthaltsräumen bzw. Räumen der täglichen Nutzung führen.

(11) Nebentreppen sind Treppen, die zusätzlich zu Haupttreppen errichtet werden.

(12) Hauptfenster sind Fenster ins Freie, die zur Belichtung von Aufenthaltsräumen erforderlich sind.

(13) Industriebauwerke sind Fabriken, Werkstätten- und Lagergebäude[3] samt den zugehörigen Anlagen.

(14) Reihenhäuser[4] sind Gebäude mit mehr als zwei unmittelbar aneinander gebauten, nicht übereinander angeordneten, durch mindestens eine vertikale Wand voneinander getrennten selbständigen Wohnungen bzw. Betriebseinheiten von jeweils nicht mehr als 400 m^2 Grundfläche[5] und mit jeweils einem eigenen Eingang aus dem Freien für jede Wohnung bzw. Betriebseinheit.

(15) Wohnnutzfläche ist die gesamte Bodenfläche der Wohnungen abzüglich der Wandstärken und der im Verlauf der Wände befindlichen Durchbrechungen (Ausnehmungen); Keller- und Dachbodenräume sowie Treppen und Freiräume wie Loggien, Balkone, Terrassen etc. sind bei Berechnung der Wohnnutzfläche nicht zu berücksichtigen.[7]

(16) Markisen sind konstruktiv mit einem Gebäude verbundene und am Gebäude befestigte, ausfahrbare Stoffbahnen, die an einer Seite zusätzlich durch eine Stoffbahn vertikal geschlossen sein können.[8]

(17) Flugdächer sind Dachbauwerke, die auf Stützen aufliegen und eine geschlossene oder eine durch Lamellen gebildete schließbare Dachfläche aufweisen. Ein Flugdach liegt auch dann vor, wenn es teilweise auf einer Wand oder mehreren kurzen Wänden aufliegt.[8]

(EB zur Nov LGBl 2008/24)

Die in § 87 enthaltenen einheitlichen Begriffsbestimmungen entsprechen im Wesentlichen den bisher geltenden.

Anmerkungen

1) Hier stellt sich die Frage, welcher rechtliche Unterschied zwischen Bauteil einerseits und Bauwerksteil andererseits besteht (§ 38 Abs 6, § 71b Abs 1, 3 und 4, § 79 Abs 6, § 129 Abs 4, § 134a Abs 2). Vermutlich soll der Bauwerksteil der Oberbegriff sein (vgl hiezu auch § 88 Abs 1 und 3, § 89 sowie Anm 1 zu § 93).

2) Ein rechtlicher oder technischer Unterschied zwischen Fluchtweg bzw notwendigem Verbindungsweg ist nicht ersichtlich.

3) Somit kann ein landwirtschaftliches Lagerhaus ein Industriebauwerk sein. Ein Gleiches gilt für Werkstätten, etwa eine KFZ-Reparaturwerkstatt.

4) Vgl § 5 Abs 4 lit n.

5) Das Ausmaß bezieht sich auf die Gebäudefläche

6) Nach der neuen Rechtslage können Reihenhäuser auch nur aus Betriebseinheiten bestehen.

7) Abs 15 wurde mit der Nov LGBl 2018/69 angefügt.

8) Abs 16 und 17 wurden mit BO-Nov 2023, LGBl 2023/37 angefügt.

Judikatur

1) Erweist sich ein Geschoß nach der Definition als oberirdisch, kann ein Nachbar auch dann die Einhaltung der Abstandsbestimmungen geltend machen, wenn dieses oberirdische Geschoß auf der seinem Grundstück zugewandten Seite überwiegend oder sogar zur Gänze unter dem Geländeniveau liegt (VwGH 1.8.2017, Ra 2017/06/0041 und Ra 2017/06/0046).

2) In § 2 Z 5 BauTG ist ein Bauwerk definiert als eine Anlage, die mit dem Boden in Verbindung steht und zu deren fachgerechter Herstellung bautechnische Kenntnisse erforderlich sind. Hinsichtlich des Erfordernisses bautechnischer Kenntnisse kommt es darauf an, ob die Errichtung der Anlage objektiv das Vorliegen eines wesentlichen Maßes bautechnischer Kenntnisse beziehungsweise fachtechnischer Kenntnisse zu ihrer werkgerechten Herstellung verlangt (vgl etwa VwGH 30.3.2005, 2003/06/0092, mwN). Auf ein gewisses handwerkliches Geschick, das letztlich jeder Bastler oder Gartenbesitzer braucht, kommt es aber nicht an (vgl VwGH 21.12.1989, 89/06/0132). … Die … Notwendigkeit fachtechnischer Kenntnisse bereits bei serienmäßiger Herstellung derartiger Hütten im Sinne der hg Rechtsprechung (vgl hierfür etwa VwGH 25.2.2005, 2002/05/0764, mwN) kann … für sich allein keine ausreichende Begründung darstellen (VwGH 17.2.2021, Ra 2020/05/0197, zur OÖ. Bauordnung).

Allgemeine Bestimmungen

§ 88. (1) Bauwerke und alle ihre Teile müssen so geplant und ausgeführt sein, dass sie unter Berücksichtigung der Wirtschaftlichkeit gebrauchstauglich sind und die in Abs. 2 angeführten bautechnischen Anforderungen erfüllen. Diese Anforderungen müssen entsprechend dem Stand der Technik bei vorhersehbaren Einwirkungen und bei normaler Instandhaltung über einen wirtschaftlich angemessenen Zeitraum erfüllt werden. Dabei sind Unterschiede hinsichtlich der Lage, der Größe und der Verwendung der Bauwerke zu berücksichtigen.

(2) Bautechnische Anforderungen an Bauwerke sind:[1)]

1. **Mechanische Festigkeit und Standsicherheit,**
2. **Brandschutz,**
3. **Hygiene, Gesundheit und Umweltschutz,**

4. Nutzungssicherheit und Barrierefreiheit,
5. Schallschutz,
6. Energieeinsparung und Wärmeschutz.

(3) Bauteile müssen aus entsprechend widerstandsfähigen Baustoffen hergestellt oder gegen schädigende Einwirkungen (zB Umweltschadstoffe, Witterungseinflüsse, Erschütterungen oder korrosive Einwirkungen) geschützt sein, wenn sie solchen Einwirkungen ausgesetzt sind.

(4) Der Beweis, dass ein zu verwendender Baustoff oder Bauteil oder eine anzuwendende Bauart entsprechend dem Stand der Technik die Anforderungen nach den Abs. 1 bis 3 erfüllt, obliegt dem Bauwerber.[2)3)4)5)6)]

(EB zur Nov LGBl 2008/24)

§ 88 Abs. 1 bis 3 entsprechen dem Art. 3 der Vereinbarung; Abs. 2 führt die sechs wesentlichen Anforderungen an, die die EU-Bauproduktenrichtlinie (89/106/EWG) für Bauwerke normiert und die auch die Gliederung des 9. Teils des Gesetzes vorgaben.

Gemäß § 88 Abs. 4 hat der Bauwerber – wie bisher gemäß § 97 Abs. 2 – grundsätzlich die Wahl über die zu verwendenden Baustoffe, Bauteile oder Bauarten, hat jedoch den Beweis dafür zu erbringen, daß die im konkreten Fall verwendeten Baustoffe, Bauteile oder Bauarten den Erfahrungen der technischen Wissenschaften entsprechen.

Anmerkungen

1) In gleicher Weise sind die WBTV und die Anlagen 3–13 gegliedert (s d).

2) Zunächst sind hiefür materiellrechtliche Vorschriften (auch EU-Richtlinien und Europäische Zulassungen) maßgeblich. Die OIB-Richtlinien schaffen für sich nur eine gesetzliche Vermutung, dass die Bauführung den gesetzlichen Erfordernissen entspricht, wenn sie eingehalten werden. Abweichungen sind zulässig, wenn mindestens das gleiche Schutzniveau erreicht wird (§ 2 BTV). Dafür kommen vor allen Ö-Normen und andere Richtlinien in Betracht, die sich ja als schematisiertes Sachverständigengutachten erweisen, für das der Bauwerber beweispflichtig ist und das der Beurteilung durch die für das Verfahren bestellten, geeigneten Sachverständigen unterzogen wird.

3) Die Bauordnung enthält nicht mehr den Hinweis, dass die Wahl der Baustoffe innerhalb der gesetzlichen Vorschriften dem Bauwerber freigestellt ist, doch ist nach der neuen Regelung, soweit nicht anders lautende materiellrechtliche Bestimmungen existieren, dieser Grundsatz beibehalten worden.

4) Für den Bereich des Bauwesens kommen hier auch die vom Österreichischen Verband für Elektrotechnik herausgegebenen Bestimmungen (ÖVE) die Technischen Richtlinien für Gas- und Wasseranlagen (ÖVGW), die Richtlinien des Österreichischen Arbeitsringes für Lärmbekämpfung (ÖAL) sowie die Technischen Richtlinien Vorbeugender Brandschutz (TRVB) in Betracht.

5) Eine behördliche Zulassung durch die Landesregierung oder den Magistrat kennt die WBO nicht mehr. Die Zuständigkeit nach dem WBAG, LGBl 1996/30, wurde mit V des Magistrats MA 64 – DI 324/96, ABl 38/1996 idgF auf das OIB übertragen.

6) Gem Art V Abs 5 der Techniknov 2007 besteht keine Beweispflicht für vor Inkrafttreten der WBO-Nov LGBl 2008/24 durch V der Landesregierung oder des Magistrats zugelassene Bauwerke und Bauarten bzw die Verbindung eines bestimmten Baustoffes oder Bauteiles mit einer bestimmten Bauart.

Judikatur (zur früheren Rechtslage)

1) Bei einer ÖNORM handelt es sich um eine unverbindliche Empfehlung des Normungsinstitutes, der nur dann normative Wirkung zukommt, wenn sie der Gesetzgeber (unter Umständen mittels Verordnungserlassung) als verbindlich erklärt (VwGH 28.11.1995, 94/05/0365).

2) ÖNORMEN stellen aber keine verbindlichen Rechtsgrundlagen dar. Bedeutung kann ihnen nur insoweit zukommen, als es sich dabei um „objektivierte", dh generelle Gutachten handelt. Es hat aber weder die Behörde dargetan, noch ist im Beschwerdefall offenkundig, daß die in diesen objektivierten Gutachten enthaltenen Aussagen auch auf den hier zu beurteilenden konkreten Einzelfall zutreffen (vgl E 27.9.1994, 92/07/0074 und vom 25.1.1996, 95/07/0085) (VwGH 25.11.1999, 98/07/0190, VwSlg 15.282/A).

Gebäudeinterne Infrastrukturen für die elektronische Kommunikation[1)2)]

§ 88a. **(1) Neubauten sind mit hochgeschwindigkeitsfähigen gebäudeinternen physischen Infrastrukturen von einem Zugangspunkt bis zu den Netzabschlusspunkten auszustatten. Dasselbe gilt für bestehende Gebäude bei Zu-[3)] oder Umbau mindestens eines Geschoßes oder bei der gemäß § 60 Abs. 1 lit. c bewilligungspflichtigen Instandsetzung eines überwiegenden Teiles des Gebäudes.[4)] In diesem Zusammenhang sind unter**

- **„hochgeschwindigkeitsfähige gebäudeinterne physische Infrastrukturen" gebäudeinterne physische Infrastrukturen, die ausreichend dimensioniert sind, um Komponenten von Hochgeschwindigkeitsnetzen für die elektronische Kommunikation aufzunehmen oder die Versorgung mit solchen Netzen bis zu jedem Netzabschlusspunkt zu ermöglichen, unter**
- **„Zugangspunkt" ein physischer Punkt innerhalb oder außerhalb des Gebäudes, der für Unternehmen, die öffentliche Kommunikationsnetze bereitstellen oder für deren Bereitstellung zugelassen sind, zugänglich ist und den Anschluss an die hochgeschwindigkeitsfähigen gebäudeinternen physischen Infrastrukturen ermöglicht, und unter**

– **„Netzabschlusspunkt" der physische Punkt samt den entsprechenden technischen Spezifikationen, an dem einem Teilnehmer der Zugang zu einem öffentlichen Kommunikationsnetz bereitgestellt wird,**

zu verstehen.

(2) Von der Verpflichtung gemäß Abs. 1 ausgenommen sind
1. **Wohngebäude mit höchstens vier Wohnungen;**
2. **Gebäude, die unter Denkmalschutz stehen;**
3. **Gebäude, die gemäß § 71 auf längstens zwei Jahre bewilligt werden;**
4. **Gebäude mit einer Gesamtnutzfläche von weniger als 50 m²;**
5. **Gebäude in landwirtschaftlich genutzten Gebieten, mit Ausnahme von Wohngebäuden;**
6. **Sport- und Freizeitanlagen;**
7. **Gebäude mit religiösen Zwecken;**
8. **sonstige Gebäude, wenn die Erfüllung der Verpflichtung gemäß Abs. 1 unverhältnismäßig wäre.**

(EB zur Nov LGBl 2016/27)

Im Sinne des Art. 8 der Richtlinie 2014/61/EU sollen Gebäude mit hochgeschwindigkeitsfähigen gebäudeinternen physischen Infrastrukturen ausgestattet werden; diese werden **zumindest** in einer **Leerverrohrung** für die (spätere) Versorgung mit Breitband-Internet zu bestehen haben. Gemäß Art. 2 Z 9 der RL erfasst die „umfangreiche Renovierung" strukturelle Veränderungen an den gesamten gebäudeinternen physischen Infrastrukturen oder die einen wesentlichen Teil davon umfassen und eine Baugenehmigung erfordern. Eine „**Instandsetzung eines überwiegenden Teiles** des Gebäudes" wird etwa im Fall einer sog. „Sockelsanierung" (durchgreifende Sanierung eines bewohnten Objektes) vorliegen. Die Begriffsbestimmungen zu hochgeschwindigkeitsfähigen Infrastrukturen und Zugangspunkt entsprechen der RL, jene des Netzabschlusspunktes dem Telekommunikationsgesetz des Bundes.

Die Ausnahmen (**Abs. 2**) basieren grundsätzlich auf Art. 8 Abs. 4 und Erwägungsgrund 29 der RL. Bei derartigen Gebäuden wird diese Ausstattung für unwahrscheinlich gehalten oder wäre die Bereitstellung unverhältnismäßig hinsichtlich Wirtschaftlichkeit, Erhaltung des städtebaulichen Erbes oder Umwelt.

Anmerkungen

1) § 88a wurde mit LGBl 2016/27 eingefügt.

2) Daraus lässt sich aber kein Rechtsanspruch auf tatsächliche Herstellung einer Versorgung mit Breitband-Internet ableiten, etwa für Mieter gegenüber Eigentümern oder für Eigentümer gegenüber Netzanbietern.

3) Für den Zubau als Auslöser der Verpflichtung wird kein Mindestmaß normiert, es wird aber die Verhältnismäßigkeit iSd Abs 2 Z 8 zu beachten sein. Die Verpflichtung bezieht sich dann auf das gesamte Gebäude.

4) Damit fallen Maßnahmen im Rahmen einer Bauanzeige nicht unter diese Verpflichtung.

2. Abschnitt
Mechanische Festigkeit und Standsicherheit
Allgemeine Anforderungen

§ 89. **(1) Bauwerke und alle ihre Teile müssen entsprechend dem Stand der Technik so geplant und ausgeführt sein, dass sie bei Errichtung und Verwendung tragfähig sind; dabei sind ständige, veränderliche und außergewöhnliche[1)] Einwirkungen zu berücksichtigen. Die Gebrauchstauglichkeit darf unter Berücksichtigung der ständigen und veränderlichen Einwirkungen nicht durch Verformungen oder Schwingungen beeinträchtigt werden.**

(2) Insbesondere sind folgende Ereignisse zu vermeiden:

1. Einsturz des gesamten Bauwerkes oder eines Teiles,
2. Verformungen, durch die die Gebrauchstauglichkeit oder sonst die Erfüllung der bautechnischen Anforderungen gemäß § 88 beeinträchtigt werden,
3. Beschädigungen von Bauteilen, Einrichtungen oder Ausstattungen infolge zu großer Verformungen der tragenden Baukonstruktion oder
4. Beschädigungen, die in Beziehung zu dem verursachenden Ereignis unverhältnismäßig groß sind.

Anmerkung

1) Diese Forderung erscheint überzogen, weil der Umfang derartiger Einwirkungen gar nicht absehbar ist bzw die dafür zu ergreifenden Maßnahmen zu einer Unwirtschaftlichkeit jedes Bauvorhabens führen würden, wie etwa die Explosion eines Kernkraftwerkes oder ein Abwurf einer Atombombe. Derartiges muß aber nach dem Gesetzestext von der Baubehörde im Baubewilligungsverfahren verlangt werden, will sie sich nicht einer Haftung aussetzen. Jede Versicherung schließt eine Haftung dafür aus.

Judikatur

1) Im § 134a Wr BauO sind die subjektiv-öffentlichen Nachbarrechte taxativ aufgezählt (Hinweis E 29.4.1997, 96/05/0085).

Die Novelle LGBl 1992/34 hat den Nachbarn in Bezug auf Fragen der Statik und der Tragfähigkeit des Untergrundes kein Mitspracherecht eingeräumt (*Hauer*, Der Nachbar im Baurecht[5], 252 und 321). Dazu kommt, daß der technische Vorgang der Errichtung des Gebäudes selbst in der Regel nicht Gegenstand des baubehördlichen Baubewilligungsverfahrens ist (hg Erkenntnis vom 16. Oktober 1990, Zl 90/05/0039). Die Vorschriften über die Ausführung von Bauten – dazu zählt auch die Vorschrift des § 123 BO – können keinerlei Parteienrechte des Nachbarn im Baubewilligungsverfahren begründen (vgl das hg. Erkenntnis vom 16. Februar 1976, Zl 742/75). Die Art der Sicherung der Baugrube und damit auch die Verhinderung von Schäden an Nachbargebäuden, ist eine Frage der Ausführung, aber nicht eine solche der Bewilligungsfähigkeit des Bauvorhabens (hg Erkenntnis vom 31. Jänner 1995, Zl 94/05/0227, mwN) (VwGH 30.5.2000, 96/05/0121).

Holzdecken

§ 90. Werden Badezimmer, Toiletten, Waschküchen und Räume, in denen besondere Feuchtigkeit entsteht, über Holzdecken errichtet, sind diese Holzdecken in den betreffenden Bereichen gegen Feuchtigkeit so abzudichten, dass keine schädlichen Einflüsse, die ihre Tragfähigkeit gefährden, wirksam werden.[1)]

Anmerkung

1) Das betrifft auch Einbauten in bestehende Bauwerke. Vgl hiezu § 62 Abs 1 Z 1.

3. Abschnitt
Brandschutz

Allgemeine Anforderungen

§ 91. Bauwerke müssen so geplant und ausgeführt sein, dass der Gefährdung von Leben und Gesundheit von Personen durch Brand vorgebeugt[1)] sowie die Brandausbreitung wirksam eingeschränkt wird.[2)]

Anmerkungen

1) Es müssen die Bauwerke wohl auch so konzipiert werden, dass Sachen (etwa Lagerhäuser) nicht gefährdet werden (vgl § 94 Abs 1). Vgl die OIB-Richtlinien 2, 2.1, 2.2 und 2.3.

2) Das ist wohl ein Nachbarrecht (§ 134a Abs 1 lit e WBO).

Judikatur (zur früheren Rechtslage) zum Brandschutz

1) § 101 Abs 5 BO (jetzt: OIB-RL 2 Pkt 3.9.3 iVm Pkt 4.1) sieht die Errichtung von Feuer- und Brandmauern, die mindestens 15 cm über die Dachfläche zu führen sind, dann nicht vor, wenn das Übergreifen eines Brandes durch andere geeignete Maßnahmen verhindert wird. Die Ansicht der Behörde, daß die vorgesehenen Stahlbetonplatten als mindestens ebenso geeignete Maßnahme wie das Höherführen der Brandmauern anzusehen ist, kann nicht als rechtswidrig erkannt werden (VwGH 20.6.1995, 94/05/0172, 0180, BauSlg 118).

2) Zufolge § 101 Abs 1 BO muß ein Gebäude, wird es an Nachbargrenzen angebaut, an diesen in allen Geschoßen feuerbeständige Feuermauern ohne

Öffnungen enthalten, die den Anforderungen für Außenwände entsprechen. Nach Abs 3 dieser Bestimmung ist die Herstellung von Öffnungen in Feuermauern mit Zustimmung der Eigentümer der Nachbarliegenschaft nur gegen jederzeitigen Widerruf zulässig, sofern kei ne öffentlichen Rücksichten entgegenstehen. Aus der Feuer- und Brandmauern regelnden Bestimmung des § 101 BO ergibt sich unzweifelhaft, daß der Durchbruch von Feuermauern eine Änderung eines Gebäudes darstellt, welche von Einfluss auf die Feuersicherheit ist. Daher ist ein solcher Durchbruch gem § 60 Abs 1 lit c BO bewilligungspflichtig (VwGH 23.3.1999, 95/05/0283, BauSlg 47).

Tragfähigkeit des Bauwerkes im Brandfall[1)]

§ 92. **(1) Bauwerke müssen so geplant und ausgeführt sein, dass bei einem Brand die Tragfähigkeit mindestens für den Zeitraum erhalten bleibt, der für die sichere Fluchtmöglichkeit oder Rettung der Benutzer des Bauwerks erforderlich ist. Es sind dabei alle für die sichere Flucht oder Rettung maßgeblichen Umstände zu berücksichtigen, insbesondere die Größe und der Verwendungszweck des Bauwerkes sowie die Zugangsmöglichkeiten für die Rettungsmannschaften.**

(2) Sollte es auf Grund der Lage und Größe des Bauwerkes erforderlich sein, muss darüber hinaus gewährleistet werden, dass nicht durch Einsturz des Bauwerks oder von Bauwerksteilen größere Schäden an der auf Nachbargrundstücken zulässigen Bebauung entstehen können.[2)]

Anmerkungen

1) Vgl die OIB-RL 2 Pkt 2.

2) Das ist wohl ein Nachbarrecht (§ 134a Abs 1 lit e WBO). Wieso weniger große Schäden hinzunehmen sind, ist nirgends ersichtlich und sachlich nicht gerechtfertigt. Mit der Nov 2018/69 hat das Land Wien dieses Anrainerrecht beseitigt. Siehe auch Anm zu E 57 von § 134a. Ebenso § 94 Abs 2.

Judikatur

1) In § 134a BO sind die subjektiv-öffentlichen Nachbarrechte grundsätzlich erschöpfend aufgezählt. Durch die Novelle LGBl Nr 24/2008, mit der mit § 92 Abs 2 BO und mit § 94 Abs 2 BO jeweils eine dem Schutz des Nachbarn in besonderer Weise dienende Bestimmung geschaffen wurde, wurden jene Regelungen der BO, die der Annahme eines diesbezüglichen Nachbarrechtes entgegenstehen (insbesondere § 134 Abs 3 BO) dahingehend geändert, dass nunmehr jedenfalls auch die §§ 92 Abs 2 und 94 Abs 2 BO subjektive öffentliche Rechte des Nachbarn beinhalten (vgl dazu das hg Erkenntnis vom 28. April 2015, Zlen 2012/05/0108 und 0109, mwN) (VwGH 23.6.2015, 2012/05/0197). Siehe Anm 2.

Ausbreitung von Feuer und Rauch innerhalb des Bauwerkes[1)]

§ 93. (1) Bauwerke müssen so geplant und ausgeführt sein, dass bei einem Brand die Ausbreitung von Feuer und Rauch innerhalb des Bauwerkes begrenzt wird.

(2) Bauteile[1)] zur Abgrenzung von Nutzungseinheiten, zB Decken oder Wände zwischen Wohnungen, müssen einen Feuerwiderstand aufweisen, der

1. die unmittelbare Gefährdung von Personen in anderen Nutzungseinheiten ausschließt und
2. die Brandausbreitung wirksam einschränkt.

Dabei ist der Verwendungszweck und die Größe des Bauwerkes zu berücksichtigen.

(3) Bauwerke sind in Brandabschnitte[2)] zu unterteilen, wenn es auf Grund des Verwendungszweckes oder der Größe des Bauwerkes zur Sicherung der Fluchtwege und einer wirksamen Brandbekämpfung erforderlich ist. Insbesondere ist eine zweckentsprechende Größe und Anordnung der Brandabschnitte[2)] erforderlich. Die den einzelnen Brandabschnitt begrenzenden Bauteile müssen die Brandausbreitung wirksam einschränken.

(4) Als eigene Brandabschnitte[2)] müssen jedenfalls eingerichtet werden:

1. Räume, von denen auf Grund ihres Verwendungszweckes eine erhöhte Brandgefahr ausgeht, wie zB Heizräume oder Abfallsammelräume,
2. Räume mit besonderen sicherheitsrelevanten Einrichtungen, wie zB Notstromanlagen. Die in diesen Räumen verwendeten Baustoffe, wie zB Fußbodenbeläge, Wand- und Deckenverkleidungen einschließlich der Dämmstoffe, dürfen die Brandentstehung und -ausbreitung nicht begünstigen.

(5) Fassaden, einschließlich der Dämmstoffe, Unterkonstruktion und Verankerungen, müssen so ausgeführt sein, dass bei einem Brand ein Übergreifen auf andere Nutzungseinheiten und eine Gefährdung von Rettungsmannschaften weitestgehend verhindert werden. Dabei ist die Bauwerkshöhe zu berücksichtigen.

(6) Hohlräume in Bauteilen,[2)] zB in Wänden, Decken, Böden oder Fassaden, dürfen nicht zur Ausbreitung von Feuer und Rauch beitragen. Haustechnische Anlagen, zB Lüftungsanlagen, dürfen nicht zur Entstehung und Ausbreitung von Feuer und Rauch beitragen.

(7) Feuerungsanlagen sind in allen Teilen so anzuordnen und auszuführen, dass keine Brandgefahr, insbesondere durch eine Erwärmung von Bauteilen, entsteht.

(8) Um die Ausbreitung eines Brandes im Entstehungsstadium bekämpfen zu können, müssen ausreichende und geeignete Einrichtungen für die

erste und erweiterte Löschhilfe vorhanden sein; dabei müssen Lage, Größe und Verwendungszweck des Bauwerkes oder Bauwerksteiles[3] berücksichtigt werden. Überdies müssen geeignete Brandschutzeinrichtungen, wie zB automatische Brandmeldeanlagen, ortsfeste Löschanlagen, Rauch- und Wärmeabzugsanlagen, vorhanden sein, wenn dies auf Grund der Brandaktivierungsgefahr oder der Brandlast erforderlich ist.

Anmerkungen

1) Vgl hiezu OIB-Richtlinien 2, 2.1, 2.2 in Teil III, Kap 1, insbes RL 2 Pkt 3.

2) S die Definition im § 87 Abs 5.

3) Es fragt sich, welche sinnvolle Abgrenzung zwischen Bauwerksteil und Bauteil bestehen soll. Wenn nach § 87 Abs 4 ein Bauteil ein abgrenzbarer Teil eines Bauwerkes ist, erhebt sich die Frage, ob die Abgrenzung eine rechtliche, faktische oder technische ist. Auch die EB geben darüber keine Auskunft. Vermutlich sind mit Bauteilen technische Spezifika gemeint, während der Bauwerksteil der Oberbegriff sein soll. Das hätte aber in diesem Fall wesentlich konkreter definiert werden müssen.

Ausbreitung von Feuer auf andere Bauwerke[1]

§ 94. (1) Bauwerke müssen so geplant und ausgeführt sein, dass der Ausbreitung von Feuer auf andere Bauwerke vorgebeugt wird.

(2) Die Außenwände von Bauwerken müssen so ausgeführt werden, dass das Übergreifen eines Brandes auf andere Bauwerke verhindert wird oder, sofern dies auf Grund der Größe und des Verwendungszweckes der Bauwerke genügt, ausreichend verzögert wird. Eine solche Ausführung der Außenwände ist nicht erforderlich, wenn die Bauwerke in einem entsprechenden Abstand voneinander errichtet werden. Dabei ist auch die zulässige Bebauung auf Nachbargrundstücken zu berücksichtigen.

(3) Dacheindeckungen, Dachaufbauten und lichtdurchlässige Elemente in Dächern (zB Dachflächenfenster, Lichtkuppeln, Lichtbänder) müssen so ausgeführt und angeordnet sein, dass eine Brandentstehung durch Flugfeuer oder Wärmestrahlung vermieden wird. Für Dachaufbauten und lichtdurchlässige Elemente in Dächern gilt Abs. 2 sinngemäß.

(4) Die Herstellung von Öffnungen in Feuermauern ist bei Einhaltung der Brandschutzanforderungen mit Zustimmung des Eigentümers der Nachbarliegenschaft zulässig. Bei der Beurteilung, ob ein Großbauvorhaben (§ 7b) oder ein Einkaufszentrum (§ 7c) vorliegt, gelten durch Öffnungen jeglicher Größe in Feuermauern verbundene Räume und andere Anlagenteile als eine Einheit.[2]

Anmerkungen

1) Vgl OIB-RL 2 Pkt 4 in Teil III, Kap 1.

2) Wenn auch schon vor der Nov LGBl 2008/24 Gegenstand einer Regelung iZm dem Brandschutz, gehört der letzte Satz des Abs 4 rechtssystematisch zu den §§ 7b und 7c WBO.

Judikatur

1) In § 134a BO sind die subjektiv-öffentlichen Nachbarrechte grundsätzlich erschöpfend aufgezählt. Durch die Novelle LGBl Nr 24/2008, mit der mit § 92 Abs 2 BO und mit § 94 Abs 2 BO jeweils eine dem Schutz des Nachbarn in besonderer Weise dienende Bestimmung geschaffen wurde, wurden jene Regelungen der BO, die der Annahme eines diesbezüglichen Nachbarrechtes entgegenstehen (insbesondere § 134 Abs 3 BO) dahingehend geändert, dass nunmehr jedenfalls auch die §§ 92 Abs 2 und 94 Abs 2 BO subjektiveöffentliche Rechte des Nachbarn beinhalten (vgl dazu das hg Erkenntnis vom 28. April 2015, Zlen 2012/05/0108 und 0109, mwN) (VwGH 23.6.2015, 2012/05/0197). Als Nachbarrecht im Bauverfahren beseitigt mit der Nov LGBl 2018/69. Vgl Anm 2 zu § 92 sowie die Anm zu E 57 bei § 134a.

2) Ein Widerruf bezüglich der Feuermaueröffnungen ist nicht mehr vorgesehen. Eine Übergangsbestimmung in Bezug auf Öffnungen in Feuermauern, die im Geltungsbereich des § 101 Abs 3 BO in der Fassung vor der Techniknovelle 2007 bewilligt worden waren, enthält die Techniknovelle 2007 nicht.

Es kann aber vorliegendenfalls dahingestellt bleiben, ob bzw wieweit auf Grund der neuen Rechtslage ein Widerruf der Bewilligung von Öffnungen in Feuermauern seit dem Inkrafttreten der Techniknovelle 2007 ausscheidet und ob damit allenfalls verfassungsrechtliche Bedenken in Bezug auf die Rechtsstellung des Nachbarn verbunden wären. Im vorliegenden Fall ist es nämlich so, dass die gegenständlichen Öffnungen in der Feuermauer bescheidmäßig ausdrücklich nur auf Widerruf bewilligt wurden. Die normative Bedeutung dieser rechtskräftigen Bescheidsprüche wurde durch keine Regelung der Techniknovelle 2007 verändert, insbesondere lässt sich der Techniknovelle 2007 nicht entnehmen, dass rechtskräftige Widerrufsbewilligungen in definitive Bewilligungen umgewandelt worden sind. Dies bedeutet, dass die gegenständlichen Öffnungen in der Feuermauer auf Grund der Bescheidsprüche ihrer Bewilligungen widerrufen werden können (VwGH 12.12.2017, Ra 2017/05/0105).

3) Vgl E 2 zu § 91.

Fluchtwege[1)2)]

§ 95. (1) Bauwerke müssen so geplant und ausgeführt sein, dass bei einem Brand den Benutzern ein rasches und sicheres Verlassen des Bauwerkes möglich ist oder sie durch andere Maßnahmen gerettet werden können.

(2) Bauwerke müssen Fluchtwege im Sinne des Abs. 3 aufweisen, soweit dies unter Berücksichtigung des Verwendungszweckes, der Größe und der Anwendbarkeit von Rettungsgeräten für ein rasches und sicheres Verlassen des Bauwerkes erforderlich ist.

(3) Die in Fluchtwegen verwendeten Baustoffe, wie zB Fußbodenbeläge, Wand- und Deckenverkleidungen, müssen so ausgeführt sein, dass bei einem Brand das sichere Verlassen des Bauwerkes nicht durch Feuer, Rauch oder brennendes Abtropfen beeinträchtigt wird. Auf Grund der Größe und des Verwendungszweckes des Bauwerkes können zusätzliche Maßnahmen erforderlich sein, wie zB Brandabschnittsbildung, Rauch- und Wärmeabzugsanlagen oder Fluchtweg-Orientierungsbeleuchtung.

Anmerkungen

1) Der notwendige Verbindungsweg mutiert wieder zum Fluchtweg. UE besteht kein relevanter Unterschied zwischen einem notwendigen Verbindungsweg und einem Fluchtweg. Nicht notwendige Verbindungswege sind wohl solche, die nicht zum Erreichen des Freiraums notwendig sind, wie etwa Verbindungsgänge zu einzelnen Geschossen.

2) Vgl auch § 110 und § 87 Abs 7; weiters RL 2 Pkt 5 und Tab 2 a) und b) und 3, weiters RL 2.1 Pkt 3.6 und RL 2.2 Pkt 5.5 (III. Teil, Kap 1)

Erfordernisse für Rettung und Löscharbeiten im Brandfall[1)]

§ 96. (1) Bauwerke müssen so geplant und ausgeführt sein, dass bei der Brandbekämpfung die Sicherheit der Löschkräfte und der Rettungsmannschaften weitestgehend gewährleistet ist und wirksame Löscharbeiten möglich sind.

(2) Unter Berücksichtigung von Größe, Lage und Verwendungszweck des Bauwerkes müssen die für die Rettungs- und Löscharbeiten erforderlichen Zugänge, Aufstellflächen und Bewegungsflächen sowie sonstige technische Einrichtungen (zB Löschwasserleitungen, Feuerwehraufzüge) vorhanden sein.

(3) Bei Gebäuden, bei denen keine ausreichende Löschwasserversorgung sichergestellt ist, können im Einzelfall zusätzliche brandschutztechnische Maßnahmen vorgeschrieben werden.

Anmerkung

1) Vgl die OIB-RL 2 Pkt 6 hiezu (Teil III, Kap 1). Abs 3 wurde mit der Nov LGBl 2018/69 angefügt.

4. Abschnitt
Hygiene, Gesundheit und Umweltschutz[1)]

Anmerkung

1) S die OIB-RL 3 hiezu (Teil III, Kap 1).

Allgemeine Anforderungen

§ 97. Bauwerke müssen in allen ihren Teilen so geplant und ausgeführt sein, dass sie unter Berücksichtigung ihres Verwendungszweckes den Anforderungen an Hygiene, Gesundheit und Umweltschutz entsprechen.

Sanitäreinrichtungen

§ 98. Bauwerke mit Aufenthaltsräumen müssen mit einer ausreichenden Anzahl von Sanitäreinrichtungen, wie zB Toiletten oder Wasserentnahmestellen, ausgestattet sein. Diese müssen im Hinblick auf die Größe und den Verwendungszweck des Bauwerkes den Erfordernissen der Hygiene entsprechen. Sonstige Bauwerke müssen diese Anforderungen auch erfüllen, wenn sie zur Ansammlung einer größeren Anzahl von Personen bestimmt sind.

Abwässer und sonstige Abflüsse[1)2)]

§ 99. (1) Bei Bauwerken muss unter Berücksichtigung ihres Verwendungszweckes für das Sammeln und Beseitigen der Abwässer vorgesorgt sein. Niederschlagswässer sind zu versickern oder auf andere Art dem natürlichen Wasserkreislauf oder einer Nutzung zuzuführen. Weist die Eigentümerin oder der Eigentümer nach, dass die gebotene Verwendung der Niederschlagswässer aufgrund der natürlichen Gegebenheiten nur mit wirtschaftlich oder technisch unverhältnismäßigem Aufwand möglich ist, ist deren Einleitung in den öffentlichen Kanal zulässig (§ 63 Abs. 1 lit. l).

(2) Die Anlagen zur Sammlung und Beseitigung von Abwässern sowie zur Sammlung und Versickerung oder Nutzung von Niederschlagswässern sind so auszuführen, dass dies auf hygienisch einwandfreie, gesundheitlich unbedenkliche und belästigungsfreie Art erfolgt.[3)]

(3) Die Tragfähigkeit des Untergrundes und die Trockenheit von Bauwerken darf durch Anlagen zum Sammeln und Beseitigen der Abwässer sowie durch Anlagen zur Sammlung und Versickerung oder Nutzung der Niederschlagswässer nicht beeinträchtigt werden.

(4) Die Anlagen zur Sammlung und Beseitigung von Abwässern sowie Anlagen zur Sammlung und Versickerung oder Nutzung von Niederschlagswässern müssen ohne großen Aufwand überprüft und gereinigt werden können.

(5) Sonstige Abflüsse, insbesondere solche aus landwirtschaftlichen Anlagen, wie zB aus Stallungen, Düngersammelanlagen oder Silos, sind so zu sammeln, daß die Hygiene und die Gesundheit von Personen nicht gefährdet werden.

(EB zur BO-Nov 2023, LGBl 2023/37 vom 13.12.2023)

Zu Abs 1 bis 4

Die fehlende Verdunstung infolge der Ableitung von Regenwasser in Kanal oder Sickerschächte wirkt sich negativ auf das Stadtklima und den Temperaturkomfort aus. Soweit dies möglich ist, sind Niederschlagswässer dem natürlichen Wasserkreislauf in der Stadt daher nicht zu entziehen. Künftig ist deren Ableitung somit nur noch in Ausnahmefällen und nur in dem Ausmaß zulässig, in dem weder die Versickerung, Verdunstung oder andersartige Zuführung zum natürlichen Wasserkreislauf (zB Ableitung zu natürlicher Vegetation bzw. Bepflanzung, Verdunstung über offene Wasserflächen) noch eine sonstige Nutzung (zB Bewässerung, Verwendung für Nutzzwecke wie WC-Spülung), möglich ist oder nur mit unverhältnismäßigem Aufwand (z.B. bei baupraktisch undurchlässigem Untergrund bzw wenn eine sickerfähige Bodenschicht erst in einer Tiefe von mehr als 10 m unterhalb der Fundamentunterkante vorhanden ist) bewerkstelligt werden kann.

Die Zustimmung des Kanalbetreibers ist im Bauverfahren in den Einreichunterlagen vorzulegen (§ 63 Abs 1 lit. l).

Anmerkungen

1) Vgl OIB-RL 3, Pkt 3 (Teil III, Kap 1).

2) Nähere Regelungen über die Beseitigung der Abwässer enthält das Gesetz über Kanalanlagen und Einmündungsgebühren, LGBl 1955/22 idgF. Vgl auch § 62a Z 15 und § 129a. S auch Art III Abs 6.

3) Unter der Hauskanalisation ist die Gesamtheit der Anlagen zu verstehen, die der Sammlung und Ableitung der Niederschlags- und Abwässer von einem Baugrundstück entweder in eine Senkgrube bzw. Sickergrube oder in den städtischen Straßenkanal dienen; für die Qualifikation ist es nicht entscheidend, ob der Kanal auf dem Baugrundstück oder in der Verkehrsfläche verlegt ist.

Judikatur

1) Die Regelung der Abwasserbeseitigung von bebauten Grundstücken, soweit sie die Einwirkungen der Abwässerbeseitigung auf fremde Rechte oder auf öffentliche Gewässer betrifft, ist gem Art 10 Abs 1 Z 10 B-VG (Wasserrecht) Bundessache in Gesetzgebung und Vollziehung (VfGH 21.3.1963, Slg 4387). Zur Abgrenzung Baurecht – Wasserrecht s E zu Art I.

2) Die Entleerung und Wartung von 8 Senkgruben bringt im Hinblick auf die gegebenen technischen Möglichkeiten der Absaugung keine unzumutbare Lärm- und Geruchsbelästigung (VwGH 17.12.1996, 94/05/0171, BauSlg 306).

Abfälle[1]

§ 100. Bei Bauwerken müssen unter Berücksichtigung ihres Verwendungszweckes Einrichtungen für die hygienisch einwandfreie, gesundheitlich unbedenkliche und belästigungsfreie Sammlung und Entsorgung von Abfällen bestehen.[2]

Anmerkungen

1) Vgl die OIB-RL 3 Pkt 4 (Teil III, Kap 1).

2) Maßgebliche Rechtsvorschrift ist das Wiener Abfallwirtschaftsgesetz, LGBl 1994/13 idgF.

Judikatur

1) Die Aufgaben der öffentlichen Müllabfuhr sind im eigenen Wirkungsbereich der Gemeinde Wien zu besorgen; der Wr LRG kommt daher keine behördliche Zuständigkeit zu (VwGH 18.11.2004, 2004/07/0142).

Abgase von Feuerstätten[1]

§ 101. (1) Abgase von Feuerstätten sind unter Berücksichtigung der Art der Feuerstätte und des Brennstoffes so ins Freie abzuführen, dass die Sicherheit und die Gesundheit von Personen nicht gefährdet werden und diese nicht unzumutbar belästigt werden.[2]

(2) Abgasanlagen müssen ohne großen Aufwand überprüft und gereinigt werden können.

(3) Die Verschlüsse der Reinigungsöffnungen müssen feuerhemmend ausgeführt sein.

(4) Badehütten dürfen keine Abgasanlagen aufweisen.

Anmerkungen

1) Vgl die OIB-RL 3 Pkt 5 (Teil III, Kap 1). S auch zum Begriff der Abgasanlage § 87 Abs 2. Die WBO kennt den Begriff des Rauchfangs nicht mehr.

2) Vgl auch das Wiener Feuerpolizeigesetz 2015 (WFPOlG 2015).

Schutz vor Feuchtigkeit[1]

§ 102. (1) Bauwerke müssen entsprechend ihrem Verwendungszweck gegen das Eindringen und Aufsteigen von Wasser und Feuchtigkeit aus dem Boden dauerhaft abgedichtet werden. Dabei ist insbesondere auch auf vorhersehbare Hochwasserereignisse Bedacht zu nehmen.

(2) Dacheindeckungen, Außenwände, Außenfenster und -türen sowie sonstige Außenbauteile müssen Schutz gegen Niederschlagswässer bieten.

(3) Bauwerke müssen in allen ihren Teilen entsprechend ihrem Verwendungszweck so ausgeführt sein, dass eine schädigende Feuchtigkeitsansammlung durch Wasserdampfkondensation in Bauteilen und auf Oberflächen von Bauteilen vermieden wird.[2)]

Anmerkungen

1) Vgl die OIB-RL 3, Pkt 6 (Teil III, Kap 1). Vgl auch § 107 Abs 1.

2) Dies wird insbesondere bei sog „Passivhäusern" zu beachten sein (vgl auch § 106 Abs 6).

Nutzwasser[1)]

§ 103. (1) Eine eigene Nutzwasserversorgung darf nur so geplant und ausgeführt sein, dass diese nicht mit der Trinkwasserversorgung in Verbindung steht.

(2) Eine Verwechslung von Nutz- und Trinkwasser ist durch geeignete Maßnahmen zu verhindern.

Anmerkung

1) Vgl die OIB-RL 3 Pkt 7 (Teil III, Kap 1).

Trinkwasser[1)]

§ 104. (1) Bauwerke mit Aufenthaltsräumen müssen über eine Versorgung mit gesundheitlich einwandfreiem Trinkwasser verfügen.[2)]

(2) Vorratsbehälter, Rohrleitungen, Armaturen, Bauteile zur Wasserbehandlung (zB Erwärmung, Enthärtung) und andere Bauteile, die mit Trinkwasser in Berührung kommen (zB Drucksteigerungsanlagen), dürfen die Wassereigenschaften nicht in hygienisch bedenklicher oder die Gesundheit beeinträchtigender Weise verändern.

(3) Es ist sicherzustellen, dass das Trinkwasser nicht durch äußere Einwirkungen in hygienisch bedenklicher oder die Gesundheit beeinträchtigender Weise verunreinigt wird, zB durch schadhafte Dichtungen, durch unbeabsichtigten Rückfluss oder Migration, durch mineralische bzw. organische Schadstoffe oder in mikrobiologischer Hinsicht.

(4) Wo ein öffentlicher Rohrstrang einer Trinkwasserleitung ohne Verbindung über eine andere Liegenschaft nicht mehr als 30 m von der Bauplatzgrenze entfernt liegt, ist eine Zuleitung in das Gebäude und eine Wasserentnahmestelle in jeder Wohnung sowie eine für die Benutzer dieses Gebäudes allgemein zugängliche Wasserentnahmestelle im Keller- oder Erdgeschoß herzustellen. Dieselbe Verpflichtung zum Anschluss an eine öffentliche Trinkwasserleitung tritt ein, wenn die öffentliche Trink-

wasserleitung nach Errichtung des Bauwerkes hergestellt wird. Wenn für die Trinkwasserversorgung aller Geschoße mit Aufenthaltsräumen mindestens 1,5 bar Druck nicht dauernd gewährleistet sind, sind entsprechende Drucksteigerungsanlagen einzurichten.

(5) Anlässlich der Einbringung eines Ansuchens um Erteilung der Baubewilligung für einen Neu-, Zu- oder Umbau ist in jenen Fällen, in denen eine Ausnahme vom Bauverbot wegen des Fehlens eines öffentlichen Rohrstranges einer Trinkwasserleitung (§ 19 Abs. 2 lit. b Z. 2, 3 und 4) gewährt werden soll, ein Gutachten einer autorisierten Anstalt, das nicht älter als drei Monate sein darf, über das Vorliegen von gesundheitlich einwandfreiem Trinkwasser vorzulegen.[3)4)]

Anmerkungen

1) Vgl die OIB-RL 3 Pkt 7 (Teil III, Kap 1).

2) Die näheren Bestimmungen hierüber finden sich im Wasserversorgungsgesetz 1960 (Gesetz v 8.4.1960, LGBl 10 idgF). Die Normierung eines Anschlusszwanges findet im § 36 WRG 1959 ihre verfassungsgesetzliche Deckung. Die Vollziehung der landesgesetzlichen Ausführungsbestimmungen ist zufolge Art. 10 Abs 2 B-VG Bundessache. Das Wiener Wasser ist nunmehr durch eine Verfassungsbestimmung des Wasserversorgungsgesetzes geschützt (§ 3a).

3) Etwa Hygieneinstitut der Universität Wien, Institut für Umweltmedizin der Stadt Wien.

4) Unter welchen Voraussetzungen die Anlage eines Hausbrunnens neben einer baubehördlichen auch einer wasserrechtlichen Bewilligung bedarf, ergibt sich aus § 10 WRG 1959 (BGBl 1959/215 idgF).

Judikatur

1) Die Tätigkeit des Magistrates auf dem Gebiete der Wasserversorgung bzw zur Erhaltung der Wasserleitungen ist eine Verpflichtung zur Erfüllung einer Aufgabe der Hoheitsverwaltung (VfGH 20.2.1928, Slg 952, VwGH 4.7.1950, Slg 1595/A).

Risikobewertung von Hausinstallationen

§ 104a. (1) Das Österreichische Institut für Bautechnik hat eine Risikobewertung von Hausinstallationen vorzunehmen. Mit der Vornahme der Bewertung kann vom Österreichischen Institut für Bautechnik eine fachkundige Person oder ein geeignetes Institut beauftragt werden. Die Risikobewertung umfasst eine allgemeine Analyse der Risiken, die von Hausinstallationen und dafür verwendeten Bauprodukten, Materialien und Werkstoffen ausgehen, und die Qualität des Wassers für den menschlichen Gebrauch am Austritt aus denjenigen Zapfstellen, die normalerweise für

Wasser für den menschlichen Gebrauch verwendet werden, beeinflussen können. Diese allgemeine Analyse hat keine Analyse einzelner Objekte zu umfassen. Die allgemeine Analyse ist erstmalig bis zum 12. Jänner 2029 durchzuführen und alle sechs Jahre zu überprüfen sowie bei Bedarf zu aktualisieren.

(2) Das Österreichische Institut für Bautechnik hat die Risikoanalyse nach Abs. 1 binnen angemessener Frist der Landesregierung zu übermitteln.

(3) Für die Bestimmungen der §§ 104a bis 104c gelten, soweit nichts anderes geregelt wird, die Begriffsdefinitionen des Art. 2 der Richtlinie (EU) 2020/2184 vom 16. Dezember 2020 über die Qualität von Wasser für den menschlichen Gebrauch, ABl. Nr. L 435 vom 23.12.2020 S 1.

(EB zur BO-Nov 2023, LGBl 2023/37 vom 13.12.2023)

Abs. 1 und 2 dienen der Umsetzung von Art 10 Abs 1 lit a der Trinkwasser-RL, wonach die Mitgliedstaaten verpflichtet sind, Risiken, die von Hausinstallationen und den dafür verwendeten Produkten, Materialien und Werkstoffen ausgehen, einer allgemeinen Analyse zu unterziehen. Diese Analyse umfasst keine einzelnen Objekte. Gegenstand der Risikoanalyse ist vielmehr nur die Feststellung allgemein bestehender trinkwasserbezogener Gefahrenquellen inklusive der Beschreibung geeigneter Nachweisverfahren sowie eine Darstellung von Maßnahmen bzw. Methoden zur Risikobeherrschung.

Im Unterschied zu Art 10 Abs 1 lit b, der die laufende Überwachung von Einzelobjekten vorsieht, ist die allgemeine Risikoanalyse gem. lit a weder auf Blei und Legionellen noch auf prioritäre Örtlichkeiten beschränkt.

Entsprechend den Ergebnissen länderübergreifender Abstimmungsgespräche wird von allen Bundesländern das Österreichische Institut für Bautechnik (OIB) mit der Erstellung einer einheitlichen Risikoanalyse für ganz Österreich beauftragt.

Die Übertragung der Erstellung der Risikoanalyse auf das OIB ist aufgrund der Vereinbarung gemäß Art 15a B-VG über die Zusammenarbeit im Bauwesen sowie die Bereitstellung von Bauprodukten auf dem Markt und deren Verwendung, LGBl 21/2013, nur naheliegend (vgl Art 4 Z 3 und 6 leg cit).

Da eine Risikoanalyse aber sehr spezifische trinkwasserbezogene Kenntnisse voraussetzt, die idR über die allgemeine bauproduktebezogene Expertise hinausgehen, wird das OIB ermächtigt, entweder eine fachkundige Person (zB einen Gerichtsgutachter bzw. eine Gerichtsgutachterin) oder ein geeignetes Institut (zB die Universität für Bodenkultur oder ein zertifiziertes Labor) mit der Vornahme der Analyse zu betrauen.

Laufende Überwachung von prioritären Örtlichkeiten in Bezug auf Legionella und Blei

§ 104b. **(1) Ergibt die Risikoanalyse nach § 104a Abs. 1, dass in Bezug auf bestimmte prioritäre Örtlichkeiten spezifische Risiken in Bezug auf Legionella oder Blei bestehen, so sind die Eigentümerinnen und Eigen-**

tümer der in der Verordnung gemäß Abs. 3 genannten prioritären Örtlichkeiten verpflichtet, folgende Parameterwerte für Blei und Legionella einzuhalten:

Legionella	**< 1 000 KBE/l**
Blei	**< 10 µg/l**

(2) Prioritäre Örtlichkeiten sind große Räumlichkeiten und Gelände, bei denen es sich nicht um einen Haushalt handelt und in denen viele Nutzerinnen und Nutzer potenziell wasserassoziierten Risiken ausgesetzt sind. Darunter fallen Krankenhäuser, sonstige Gesundheitseinrichtungen, die auf einen längerdauernden Aufenthalt ausgerichtet sind (beispielsweise Kur- und Rehabilitationseinrichtungen), Altenheime, Kinderbetreuungseinrichtungen, Beherbergungsbetriebe mit mehr als 100 Betten, sowie Strafvollzugsanstalten.

(3) Die Liste der betroffenen prioritären Örtlichkeiten, die nach Abs. 4 einer laufenden Überwachung zu unterziehen sind, wird auf der Grundlage der ermittelten Ergebnisse der allgemeinen Risikoanalyse gemäß § 104a Abs. 1 mit Verordnung der Landesregierung festgelegt.

(4) Die Überwachung gemäß Abs. 1 umfasst jedenfalls die regelmäßige Entnahme und Analyse einzelner Wasserproben. Die Probeentnahme muss so erfolgen, dass die Proben für die Qualität des Wassers für den menschlichen Gebrauch in Bezug auf die genannten Parameter im Lauf des gesamten Jahres repräsentativ sind. Die Probeentnahmestellen müssen den Anforderungen des Anhangs II Teil D der Richtlinie (EU) 2020/2184 entsprechen. Die Analyse der Probeentnahmen hat nach den in Art. 13 Abs. 4 in Verbindung mit Anhang III der Richtlinie (EU) 2020/2184 festgelegten Kriterien zu erfolgen.

(5) Die Ergebnisse der Überwachung gemäß Abs. 1 sind der Behörde binnen angemessener Frist zu übermitteln.

(6) Die näheren Bestimmungen über die Probeentnahme und -analyse sind nach den in Abs. 4 genannten Vorgaben mit Verordnung der Landesregierung festzulegen.

(EB zur BO-Nov 2023, LGBl 2023/37 vom 13.12.2023)

Mit diesen Bestimmungen wird Art 10 Abs 1 lit b Trinkwasser-RL umgesetzt. Demnach sind jene Örtlichkeiten zu überwachen, in denen aufgrund der allgemeinen Risikoanalyse gemäß lit a spezifische Risiken hinsichtlich Blei und Legionellen festgestellt wurden. Die Überwachung beinhaltet – im Gegensatz zur allgemeinen Risikoanalyse – eine laufende Kontrolle risikogeneigter Örtlichkeiten auf eine mögliche Belastung mit Blei und Legionellen.

Die Parameterwerte in Abs 1 ergeben sich aus Anhang I Teil D der RL.

Anders als die allgemeine Risikoanalyse gemäß § 104a bezieht sich die laufende Überwachung auf die Kontrolle einzelner Gebäude bzw. Objekte, kann aber auf die Auswertung von Blei und Legionellen beschränkt werden, da von diesen Belastungen die größte Gefahr für die menschliche Gesundheit ausgeht.

Gemäß Art 2 Z 4 der RL sind prioritäre Örtlichkeiten von den Mitgliedstaaten festzulegen. In § 104b Abs 2 findet sich daher eine abschließende Aufzählung jener Einrichtungen bzw. Gebäude, die – in Anlehnung an den Erwägungsgrund 19 der RL und auf Basis fachlicher Beurteilungen – für Wien als prioritäre Örtlichkeiten eingestuft wurden.

Die Auswahl der in Abs 2 genannten Örtlichkeiten ist von der Überlegung getragen, dass die sehr aufwändige objektbezogene Kontrolle auf jene Gebäude bzw. Einrichtungen fokussiert wird, die entweder dem längerfristigen Aufenthalt von Personen und/oder der Pflege und Betreuung von besonders schutzwürdigen Gruppen (Kranken, Pflegebedürftigen oder Kindern) dienen. Für diese Personengruppen stellt eine Kontamination des Trinkwassers mit Blei oder Legionellen eine besondere Gefahr dar, die es durch eine laufende Kontrolle abzuwenden gilt. Die Definition der prioritären Örtlichkeiten wurde aus der Richtlinie übernommen.

Zu den prioritären Örtlichkeiten im Einzelnen:

Sonstige Gesundheitseinrichtungen sind nur dann zu überwachen, wenn sie für einen längeren Aufenthalt von zahlreichen Personen bestimmt sind (zB Kur- und Rehabilitationseinrichtungen), da in Gesundheitseinrichtungen, die üblicherweise nur kurz aufgesucht werden, wie zB Arztpraxen, weder eine Ansteckung mit Legionellen noch eine bedenkliche Belastung durch Blei zu erwarten ist. Die Kontamination des Trinkwassers mit Blei stellt nämlich nur dann ein relevantes Risiko dar, wenn es über einen längeren Zeitraum und in höheren Konzentrationen eingenommen wird. Legionellen werden überhaupt nur durch Wasseraerosole zB beim längeren Duschen übertragen, weshalb eine Ansteckung nur in Nassräumen bzw. bei der Körperpflege zu erwarten ist.

In Beherbergungsbetrieben mit mehr als 100 Betten können vor allem bei einem Befall des Trinkwassers mit Legionellen besonders viele Nutzerinnen und Nutzer gleichzeitig betroffen sein. Da auch kleinere Beherbergungsbetriebe in den meisten Fällen einer betriebsanlagenrechtlichen Bewilligungspflicht (und zwar auch die Privatzimmervermietung über 10 Betten) unterliegen und von der Gewerbebehörde überwacht werden, kann die laufende Überwachung nach der Trinkwasserrichtlinie auf größere Betriebe beschränkt werden.

Unter Kinderbetreuungseinrichtungen fallen beispielsweise private oder öffentliche Horte bzw. Kindergärten.

Die prioritären Örtlichkeiten sind vom jeweiligen Eigentümer bzw. von der jeweiligen Eigentümerin nur dann einer laufenden Überwachung zu unterziehen, wenn die allgemeine Risikoanalyse gemäß § 104a ergeben sollte, dass in diesen Gebäuden hinsichtlich Blei oder Legionellen von einem spezifischen Risiko auszugehen ist. In Abs 3 wird die Landesregierung daher verpflichtet, nach Maßgabe der Ergebnisse der Risikoanalyse eine konkrete Liste von risikogeneigten prioritären Örtlichkeiten mit Verordnung festzulegen.

Durch diese Einschränkung auf betroffene Gebäude wird zum einen gewährleistet, dass die laufende Überwachung nur auf jene prioritären Örtlichkeiten abzielt, die nach den Erkenntnissen der Risikoanalyse tatsächlich einem besonderen Risiko ausgesetzt sind. Zum anderen wird durch eine Festlegung per VO eine zügige Anpassung an die neuesten Erkenntnisse aus der Risikoanalyse ermöglicht, da diese bei Bedarf, jedenfalls aber alle 6 Jahre, aktualisiert werden muss, woraus sich möglicherweise Änderungen bei der Risikoeinstufung der Örtlichkeiten ergeben könnten.

Die Verpflichtung zur Durchführung der laufenden Überwachung des Gebäudes bzw. Objektes wird dem jeweiligen Eigentümer der betroffenen prioritären Örtlichkeit übertragen, da das geltende System der Trinkwasserkontrolle – wie es in der TrinkwasserVO des Bundes, BGBl II Nr 304/2001 idF BGBl II Nr 362/2017, bereits vorgegeben ist – grundsätzlich auf einer Eigenkontrolle basiert, welche durch behördliche Überwachungsmaßnahmen bzw. Stichproben lediglich ergänzt wird. Die Verpflichtungen für die Eigentümer ergeben sich daher – analog zur TrinkwasserVO – unmittelbar aus dem Gesetz bzw. den darauf gestützten Verordnungen.

Mit der Durchführung der Risikoanalyse ist durch den Eigentümer eine fachkundige Person oder ein geeignetes Institut zu betrauen, die bzw. das in der Lage ist, die Probenahmen und -analysen nach den in Abs 4 festgelegten Kriterien vorzunehmen. Die näheren Bestimmungen über die Probeentnahme und -analyse werden ebenfalls mit VO der Landesregierung festgelegt und orientieren sich, insoweit in den relevanten Bestimmungen der Trinkwasser-RL keine konkreten Vorgaben festgelegt sind, an den einschlägigen technischen Normen.

Spezielle baubehördliche Maßnahmen in Bezug auf Legionella und Blei

§ 104c. (1) Ergibt die Überwachung der prioritären Örtlichkeit gemäß § 104b, dass spezifische Risiken für die Qualität des Wassers für den menschlichen Gebrauch und die menschliche Gesundheit bestehen, weil die Parameterwerte laut dem Anhang I Teil D der Richtlinie (EU) 2020/2184 nicht eingehalten werden, so ist die Eigentümerin oder der Eigentümer des Gebäudes dazu verpflichtet, binnen angemessener Frist geeignete Maßnahmen zu setzen. Die Verpflichtung entfällt, wenn glaubhaft gemacht wird, dass die Belastung des Trinkwassers nicht von den Hausinstallationen und den dafür verwendeten Produkten, Materialien und Baustoffen oder der Art ihrer Verbauung ausgeht.

(2) Maßnahmen gemäß Abs. 1 in Bezug auf Legionella müssen nur dann getroffen werden, wenn aufgrund von anderen bundes- oder landesgesetzlichen Bestimmungen keine geeigneten Maßnahmen vorgesehen sind. Die Maßnahmen müssen zur Verhinderung und Bewältigung möglicher Krankheitsausbrüche wirksam und gemessen an den Risiken verhältnismäßig sein sowie Managementmaßnahmen einschließen.

(3) Wenn von Hausinstallationen, die aus Blei gefertigte Bestandteile enthalten, eine erhebliche Gefahr für das Leben oder die Gesundheit von Menschen ausgeht, weil der in Anhang I Teil D genannte Parameterwert

wesentlich überschritten wird, so ist auch der Austausch dieser Bestandteile insoweit durchzuführen als dies technisch und wirtschaftlich vertretbar ist.

(4) Die von der Eigentümerin oder vom Eigentümer getroffenen Maßnahmen sind der Behörde unverzüglich mitzuteilen.

(5) Die Behörde ist berechtigt, die Einhaltung der der Eigentümerin oder dem Eigentümer obliegenden Verpflichtungen, die sich aus den §§ 104a bis 104c und den darauf erlassenen Verordnungen ergeben, zu überprüfen und allenfalls ergänzende Anordnungen zu treffen, sofern die bisherigen Maßnahmen nicht ausreichen, um die Überschreitung der Parameterwerte auf ein zulässiges Maß zu verringern oder gänzlich zu beseitigen.

(EB zur BO-Nov 2023, LGBl 2023/37 vom 13.12.2023)

Diese Bestimmung dient der Umsetzung von Art 10 Abs 2 iVm Abs 3 lit e und f der TrinkwasserRL. Demnach sind die Mitgliedstaaten dazu verpflichtet, geeignete Maßnahmen zu treffen, wenn die laufende Überwachung zu dem Ergebnis kommt, dass die Parameterwerte für Blei und Legionellen nicht eingehalten werden.

Abs 1 verpflichtet die Eigentümer von Gebäuden insbesondere dazu, einer bedenklichen Belastung des Trinkwassers durch Blei durch geeignete Maßnahmen entgegen zu wirken.

Bei Überschreitung einzelner Parameterwerte sollte vom Eigentümer zunächst ein Gutachten in Auftrag gegeben werden, in dem mehrere Proben über einen gewissen Zeitraum hinweg bewertet werden, da es bei einzelnen Proben häufig Messungenauigkeiten gibt. Das Ergebnis dieses Gutachtens ist in weiterer Folge Grundlage dafür, ob weitere Maßnahmen erforderlich sind oder nicht.

Hinsichtlich der Bekämpfung von Legionellen ist Abs 1 jedoch subsidiär und gilt nur für den Fall, dass keine geeigneten gefahrenpolizeilichen Bestimmungen in anderen Bundes- oder Landesgesetzen existieren oder diese nicht ausreichen.

In den geltenden Bundes- oder Landesgesetzen bestehen bereits Regelungen, die die Behörde dazu verpflichten, den Betreiber von Anlagen geeignete Maßnahmen vorzuschreiben.

Die Verpflichtung der Eigentümer gemäß § 104c zur Legionellenbekämpfung ist demgegenüber nachrangig und stellt einen Auffangtatbestand dar.

Diese Verpflichtung der Eigentümer gemäß Abs 1 entfällt, wenn glaubhaft gemacht wird, dass die Belastung des Trinkwassers nicht von den Hausinstallationen und den dafür verwendeten Produkten, Materialien und Baustoffen oder der Art ihrer Verbauung ausgeht. Diese Einschränkung ist aus verfassungsrechtlichen Gründen erforderlich, da baurechtliche Maßnahmen nur insoweit vorgeschrieben werden können, als eine Kontamination des Trinkwassers durch die Hausinstallationen udgl hervorgerufen wird. Geht die Belastung des Trinkwassers auf andere Ursachen zurück, liegt dies außerhalb der gesetzgeberischen Zuständigkeit des Landes.

Unter Glaubhaftmachung ist ein verringertes Beweismaß zu verstehen: nach der einschlägigen Judikatur reicht es in einem solchen Fall, wenn die Behörde von der

Wahrscheinlichkeit einer Tatsache überzeugt wird. Bloßes Leugnen oder eine allgemein gehaltene Behauptung genügen nicht. Die Glaubhaftmachung kann zB durch Rechnungen, Gutachten oder Zeugenaussagen erfolgen.

Geeignete Maßnahmen iZm Legionellen sind entweder verfahrenstechnische (zB Aufheizung oder Spülung) oder installationstechnische Maßnahmen, wobei im Regelfall mit verfahrenstechnischen Methoden das Auslangen gefunden werden kann, da diese idR mit weniger Aufwand zum gewünschten Erfolg führen. Auch bei der Ergreifung der Maßnahmen zur Bekämpfung von Legionellen ist nämlich der wirtschaftliche Aspekt relevant. Die jeweilige Maßnahme, die vom Eigentümer vorzunehmen ist, muss daher zur Zielerreichung geeignet und verhältnismäßig sein, woraus folgt, dass auch in diesem Fall das gelindeste noch zum Ziel führende Mittel ausreichend ist, sofern damit das Risiko auf ein zulässiges Niveau minimiert oder ganz hintangehalten werden kann.

Der Austausch von Bleileitungen gemäß Abs 3 muss vom Eigentümer nur unter zwei Voraussetzungen durchgeführt werden. Zum einen muss die Überschreitung der Bleikonzentration im Trinkwasser derart hoch sein, dass damit eine erhebliche Gefahr für das Leben und die Gesundheit verbunden ist. Zum anderen muss der Austausch von Leitungen bzw. Anlagenteilen für den Eigentümer auch wirtschaftlich und technisch vertretbar sein. Diese Beurteilung ergibt sich aus einer objektiven Durchschnittsbetrachtung. Wirtschaftlich vertretbar ist ein Austausch erst, wenn feststeht, dass für eine Verringerung des Bleiwertes unterhalb des zulässigen Schwellenwertes kein anderes gelinderes Mittel zur Verfügung steht. Eine gelindere Maßnahme wäre beispielsweise das längere Laufenlassen des Wassers vor dessen Genuss. Derartige Maßnahmen sind – nach der einschlägigen mietrechtlichen Judikatur – auch den Mietern von Gebäuden bis zu einem gewissen Ausmaß zumutbar. Gelindere Maßnahmen zur Bekämpfung von Blei stützen sich auf Abs 1, der die Eigentümer in allgemeiner Weise dazu verpflichtet, Maßnahmen zu treffen, um die Kontamination des Trinkwassers (auch durch Blei) zu verringern bzw. hintanzuhalten. Maßnahmen zum Austausch von Blei sind nach Abs 3 zu beurteilen.

Beim Austausch von Bleileitungen auf andere Materialien sind allenfalls auch Schutzmaßnahmen gegen elektrischen Schlag zu berücksichtigen. Dabei geht es um jene Althäuser, in denen seinerzeit Wasserleitungen als Erdung für elektrische Anlagen herangezogen wurden bzw. werden. Durch den Einbau eines nicht leitenden Rohrmaterials wäre dieser Schutz nicht mehr gegeben.

Im Falle einer Überschreitung der einschlägigen Grenzwerte für Legionellen oder Blei sind der Behörde unverzüglich die vom Eigentümer getroffenen Maßnahmen mitzuteilen.

Die Behörde ist berechtigt, jederzeit eine Überprüfung von prioritären Örtlichkeiten daraufhin durchzuführen, ob der Eigentümer des Gebäudes jene Verpflichtungen eingehalten hat, die sich aus der laufenden Kontrolle bzw. der Ergreifung von Maßnahmen unmittelbar aus diesem Abschnitt für ihn bzw sie ergeben. Wenn sich zeigt, dass der Eigentümer bisher keine oder keine ausreichenden Maßnahmen gesetzt hat, ist die Behörde berechtigt, dem Eigentümer geeignete und verhältnismäßige Maßnahmen mit Bescheid – bei Gefahr im Verzug mit Sofortmaßnahmen – vorzuschreiben.

Schutz vor gefährlichen Immissionen

§ 105. **(1) Bauwerke müssen in allen ihren Teilen so geplant und ausgeführt sein, dass durch sie keine die Gesundheit der Benutzer des Bauwerkes gefährdenden Immissionen, wie zB gefährliche Gase, Partikel oder Strahlen, verursacht werden.**

(2) Wenn auf Grund des Verwendungszweckes des Bauwerkes Emissionen in gefährlichen Konzentrationen nicht ausgeschlossen sind (zB in Garagen), müssen zur Vermeidung von Gesundheitsbeeinträchtigungen bauliche oder sonstige Maßnahmen getroffen werden. Als Maßnahmen können zB besondere Be- und Entlüftungseinrichtungen oder die Einrichtung von Warngeräten erforderlich sein.[2)]

(3) Im Falle gefährlicher Emissionen aus dem Untergrund müssen Bauwerke in allen ihren Teilen so geplant und ausgeführt werden, dass die Gesundheit der Benutzer nicht gefährdet wird.

Anmerkungen

1) Vgl die OIB-RL 3 Pkt 8 hiezu (Teil III, Kap 1).

2) S hiezu auch § 6, insb Abs 6, 8, 14a und 18, weiters § 134 Abs 1 lit e und f, ferner das Wiener Garagengesetz, LGBl 2009/34 idgF, insbes § 6 (zur Judikatur s d). Bedenklich ist die Regelung des § 105 Abs 1 und 3 deshalb, weil sie nur auf den Schutz ihrer Benutzer und nicht der Nachbarschaft abstellt. Die gleiche Kritik gilt auch für Pkt 8 der OIB-RL 3.

Belichtung, Beleuchtung, Belüftung und Beheizung

§ 106. **(1) Aufenthaltsräume müssen über eine im Hinblick auf Gesundheit und Wohlbefinden erfahrungsgemäß ausreichende natürliche Belichtung verfügen, es sei denn, auf Grund des Verwendungszweckes ist eine ausschließlich künstliche Beleuchtung ausreichend. Dabei sind insbesondere die Raumgeometrie und die Belichtungsverhältnisse zu berücksichtigen.**

(2) Bei der Bildung der Lichtprismen ist der vorhandene Baubestand auf der eigenen Liegenschaft, auf den angrenzenden und gegenüberliegenden Liegenschaften jedoch nur die nach dem geltenden Bebauungsplan zulässige Bebauung zu berücksichtigen. In das Lichtprisma hineinragende Gebäudeteile nach § 81 Abs. 6 und Abs. 6a, Dachflächen bis zu 45° Neigung oder bis zu der im Bebauungsplan nach § 5 Abs. 4 lit. k festgesetzten Neigung sowie Hauptgesimse und Dachvorsprünge bis zu 1 m bleiben unberücksichtigt. Ebenso bleiben die die höchste zulässige Gebäudehöhe überschreitenden Teile, die den Vorschriften des § 81 Abs. 2 entsprechen, unberücksichtigt.

(3) An Straßenfronten, an denen die zulässige Höhe der gegenüberliegenden Gebäude nach § 75 Abs. 4, 4b und 5 zu berechnen ist, gilt der Lichteinfall für Hauptfenster jedenfalls als gesichert. Dies gilt auch an den zu Verkehrsflächen gerichteten Gebäudefronten in Schutzzonen.

(4) In Schutzzonen sind an den Gebäudefronten, die zur öffentlichen Verkehrsfläche gerichtet sind, im Erdgeschoß jedenfalls Verkaufsräume, Gaststätten, Räume mit ähnlicher Funktion und Küchen, in den Stockwerken alle Arten von Aufenthaltsräumen zulässig.

(5) Alle Räume und allgemein zugänglichen Bereiche in Bauwerken müssen ihrem Verwendungszweck entsprechend beleuchtbar sein.

(6) Räume sind ihrem Verwendungszweck entsprechend lüftbar und beheizbar einzurichten. Durch Lüftungsanlagen dürfen die Gesundheit von Personen nicht gefährdet und die ordnungsgemäße Ableitung der Abgase von Feuerstätten nicht beeinträchtigt werden.

(7) Verkaufsräume, Gaststätten und Räume mit ähnlicher Funktion müssen den Bestimmungen über den gesetzlichen Lichteinfall, die natürliche Belichtung und die natürliche Belüftung nicht entsprechen; dies gilt auch für einen mit diesen Räumen verbundenen Büroraum. Wird den gesetzlichen Bestimmungen über den Lichteinfall und die natürliche Belichtung nicht entsprochen, müssen diese Räume mit einer tageslichtähnlichen Beleuchtung ausgestattet sein; ist keine natürliche Belüftung gegeben, müssen sie mit einer mechanischen Be- und Entlüftung ausgestattet sein. Lagerräume, in denen ständig oder regelmäßig Arbeiten zur Anlieferung, zur Lagerung, zur Betreuung, zum Abtransport oder zur Evidenthaltung des Lagergutes verrichtet werden, müssen den gesetzlichen Erfordernissen für Verkaufsräume entsprechen.

(EB zur Nov 1976)

Die Bestimmungen der §§ 112, 113 und 114 (alt) gehen auf die bisherigen Regelungen für Feuerstätten, Heizungen und Rauchfänge zurück, werden aber den modernen Heizgewohnheiten und den technischen Erkenntnissen angepaßt und übersichtlicher gestaltet. Grundsätzlich wird dazu bemerkt, daß auch die bisherigen Heizungsarten zulässig bleiben, sodaß nach wie vor die herkömmliche Einzelofenheizung möglich bleibt. Die Rauchfänge und die Einmündungen in sie werden jedoch entsprechend der Vielfältigkeit der verwendeten Heizmaterialien auszustatten sein, worauf die gesetzlichen Regelungen Bedacht nehmen. Auf Grund der bei der Erdölkrise gesammelten Erfahrungen wird durch die Bestimmung des § 112 Abs 1 (alt) expressis verbis die Errichtung mindestens eines sogenannten „Notrauchfanges" pro Wohnung zwingend vorgeschrieben. Betont wird, daß dieser „Notrauchfang" technisch wie ein in jeder Heizperiode ständig benützter Rauchfang ausgestattet sein muß und für ihn keinerlei Erleichterungen normiert sind, um seine Funktionsfähigkeit gewährleisten zu können. Allein aus technischen Gründen, aus Gründen der Zugfähigkeit der Rauchfänge, werden die Hochhäuser von dieser Regelung ausgenommen, was aber in Anbetracht der geringen Anzahl von Hochhäusern nicht ins Gewicht fällt.

(EB zu Nov 2014/25)

Gemäß **Abs. 6** muss derzeit in jeder Wohnung mindestens ein Aufenthaltsraum einen Anschluss an eine Abgasanlage haben (sog. „**Notkamine**"); ausgenommen sind lediglich Passivhäuser und Gebäude, bei denen die Fußbodenoberkante des höchstgelegenen Aufenthaltsraumes mehr als 22 m über dem tiefsten Punkt des anschließenden Geländes bzw. der festgesetzten Höhenlage der anschließenden Verkehrsfläche liegt. Der Grund für die Aufnahme dieser Bestimmung durch die BO-Novelle 1976 war, ausgelöst durch die sog. „Erdölkrise", die Befürchtung einer fehlenden Wärmeversorgung von Wohnungen im Falle von Energiekrisen. Im Hinblick auf die seither ständig verbesserte thermische Qualität der Außenwände von Gebäuden bleiben allerdings Raumtemperaturen auch bei Ausfall einer Heizanlage durchaus im verträglichen Bereich und können notfalls mit kostengünstigen Hilfsmitteln (etwa einem elektrischen Heizstrahler) noch erhöht werden. Zudem werden vermutlich in Situationen von Energieengpässen nicht genügend Einzelfeuerstätten (Holzöfen) zur Verfügung stehen. Die gesetzliche Verpflichtung zur Herstellung eines Anschlusses an einen Notkamin kann daher entfallen. Damit ist neben einer Verringerung von Wärmeverlusten durch die Abgasanlage in den Wohnungen auch eine entsprechende Kosteneinsparung durch den Entfall der Herstellungskosten für die Abgasanlagen (Sammler) und der Wartungskosten und damit eine Verringerung der Baukosten bei Wohngebäuden verbunden. Hinsichtlich bestehender Notkamine ist auf die Erläuterungen der Übergangsbestimmung des Art. IV Abs. 2 dieses Gesetzes zu verweisen.

(EB zur Nov LGBl 10/2003)

Ein **Passivhaus** ist charakterisiert als sehr gut wärmegedämmtes Haus mit kontrollierter Be- und Entlüftung mit Wärmerückgewinnung, ohne konventionelles Heizsystem und mit generell geringem Primärenergiebedarf in Betrieb und Nutzung. Die Definition im Abs 1 entspricht im Wesentlichen der Vornorm zur ÖNORM B 8110-5; nähere Anforderungen an Passivhäuser ergeben sich gemäß § 97 Abs 1 (alt) aus dem Stand der Technik. Nach den Ergebnissen einschlägiger Untersuchungen fällt in neu gebauten, nicht bewohnten und nicht beheizten Passivhäusern die Innenraumtemperatur selbst bei extremen Außentemperaturen nicht unter 17 °C. Im Hinblick auf diese „Krisenfestigkeit" sowie zur Vermeidung eines Wärmeverlustes durch Leitung und Konvektion im Kaminschlauch sollen sog „Notrauchfänge" in Passivhäusern nicht erforderlich sein.

(EB zur Nov 1976)

Die wesentlichen Änderungen gegenüber den bisherigen Bestimmungen werden insoweit getroffen, als für Verkaufsräume, Gaststätten und Räume mit ähnlicher Funktion die Bestimmungen über den gesetzlichen Lichteinfall, die natürliche Belichtung und die natürliche Belüftung gemildert und entsprechende technische Einrichtungen zugelassen werden. Diese Erleichterung gegenüber der bisherigen Regelung findet ihre Begründung vor allem darin, daß auf Grund des modernen Standes der technischen Wissenschaften sowohl eine tageslichtähnliche Beleuchtung als auch eine entsprechende mechanische Be- und Entlüftung geschaffen werden können und durch die Art der Räume eine Gefährdung der in ihnen beschäftigten Personen bei entsprechender technischer Ausstattung der Räume ausgeschlossen erscheint. Diese Bestimmung stellt sich daher auch als wesentliche Erleichterung für die angeführten Betriebsformen dar und gestattet in Hinkunft, in Passagen bzw engen Straßen ni alten Stadtteilen solche Betriebe führen zu können; es wird daher über diese Regelung auch ein gewisser Einfluß auf die Belebung solcher Stadtteile ausgeübt. Sie wird auch für die Errichtung von Einkaufszentren von bedeutendem Einfluß sein. Zur Regelung über Lagerräume wegen der Gefährdung der darin Beschäftigten auch entsprechend besser ausgestattet sein, weswegen diesbezüglich eine Verschärfung der bisherigen Regelung vorgenommen wird. Dabei darf jedoch nicht übersehen werden, daß auch bereits nach der bisherigen Regelung in Lagerräumen ständige Arbeitsplätze nicht eingerichtet werden konnten. Die lichte Raumhöhe der Aufenthaltsräume wird im Hinblick auf die moderne Entwicklung mit 2,50 m begrenzt. Diese Raumhöhe wird von den technischen und medizinischen Wissenschaften auf Grund der gesammelten Erfahrungen allgemein für Wohn- und Büroräume als ausreichend erachtet. Dieser Bestimmung steht jedoch nicht entgegen, daß Betriebs- und Arbeitsräume, in denen entsprechende körperliche Arbeiten verrichtet werden, auch mit einer weitaus größeren Raumhöhe errichtet werden. Diesbezüglich wird jedoch durch die Bauordnung keine Regelung getroffen, da solche Normen den Dienstnehmerschutz betreffen.

Judikatur

1) Mit der Belüftung beschäftigen sich mehrere Bestimmungen der Bauordnung. … Alle diese Bestimmungen besagen aber nur, welche Vorkehrungen bei einer Bauführung getroffen werden müssen, damit Aufenthaltsräume ausreichend belüftet sind. Eine Verletzung dieser Vorschriften kann daher der Nachbar nicht mit Erfolg geltend machen (VwGH 14.12.1964, Slg 6523/A).

2) Die Anbringung eines Flugdaches vor einem Hauptfenster ist nicht von vornherein unzulässig; es darf jedoch nur so beschaffen sein, daß der gesetzlich geforderte Lichteinfall nicht beeinträchtigt wird (VwGH 4.10.1955, Slg 3841/A).

3) Wenn durch die Einbeziehung eines Teiles des Ganges zu einer Wohnung und die dadurch bedingte Versetzung der Eingangstür eine Belichtungs- und Belüftungsquelle für eine indirekt belichtete Gangküche verloren geht, wodurch die Belichtungs- und Belüftungsverhältnisse für diese an sich bauordnungswidrige Küche noch verschlechtert werden, ist dieser Umstand ein ausreichender Grund für die Versagung der Baubewilligung (VwGH 2.2.1960, 1587/59).

4) Der Verwaltungsgerichtshof hat in seinem Erkenntnis vom 30. Jänner 2014, Zlen 2012/05/0177, 0182, (unter Hinweis auf Vorjudikatur) ausgeführt, dass die Beeinträchtigung des Lichteinfalls nur dann als Nachbarrecht geltend gemacht werden kann, wenn eine entsprechende baurechtliche Bestimmung vorhanden ist, die auch dem Interesse der Nachbarschaft dient, was der Gerichtshof bei Regelungen über die Gebäudehöhe und die Abstände sowie auch hinsichtlich der Regelung über die Geschoßflächenzahl angenommen hat. Regelungen über Einwirkungen, die sich allein durch die Bausubstanz selbst, also zB durch deren Schattenwurf, ergäben, seien daher bezüglich Licht und Luft grundsätzlich ausschließlich in den Bestimmungen über die Gebäudehöhe, die Seitenabstände und gegebenenfalls die Geschoßanzahl zu finden (vgl zum Ganzen nochmals das genannte Erkenntnis, Zlen 2012/05/0177, 0182). Keinesfalls kann somit der Schluss gezogen werden, dass jegliche Veränderung der Belichtungsverhältnisse auf den Nachbargrundstücken unzulässig wäre oder dass der Nachbar – wie die Revisionswerber meinen – ein subjektives Recht auf „Besonnung" habe (vgl dazu etwa das hg Erkenntnis vom 24. Februar 2015, Zl 2013/05/0054) (VwGH 23.5.2017, Ro 2015/05/0021, zur OÖ BO).

Niveau und Höhe der Räume[1)2)]

§ 107. **(1) Das Fußbodenniveau der Räume gegenüber dem Gelände muss so geplant und ausgeführt sein, dass entsprechend dem Verwendungszweck Gesundheit und Wohlbefinden der Benutzer nicht beeinträchtigt werden. Dabei ist insbesondere auch auf vorhersehbare Hochwasserereignisse Bedacht zu nehmen.**

(2) Die Raumhöhe muss dem Verwendungszweck entsprechend und im Hinblick auf Gesundheit und Wohlbefinden der Benutzer ein ausreichendes Luftvolumen gewährleisten.[3)4)5)]

Anmerkungen

1) Vgl die OIB-RL 3 Pkt 11. Zum Reihenhausbegriff vgl § 87 Abs 14.

Geschoß, oberirdisch und Geschoß, unterirdisch

Als anschließendes Gelände nach Fertigstellung gilt hier nicht das gewachsene, sondern jenes, das nach Baufertigstellung an der Schnittlinie mit den Außenwandflächen vorhanden sein wird. Vergleiche dazu beispielsweise auch das hier eingeflossene VwGH Erkenntnis vom 19. Februar 1991, Zl 90/05/0096, zur Wiener Bauordnung: „dies ist nicht das gewachsene Gelände, sondern jenes Gelände, wie es nach dem Bauvorhaben zum Zeitpunkt der Bauführung vorhanden sein wird. ..." In den Einreichplänen muss somit erkennbar sein, wo das Gelände nach Fertigstellung tatsächlich liegen wird, um die Geschoßanzahl feststellen zu können.

2) In diesem Zusammenhang ist nochmals darauf hinzuweisen, dass die WBO den Begriff der Ein- und Zweifamilienhäuser seit der Nov 1976 bewusst nicht mehr kennt.

3) Es ist einfach unverständlich, sich nur auf die OIB-Richtlinien zu verlassen, solange sie nicht verbindlich erklärt sind (was freilich fortschrittsfeindlich ist). So sind in Zukunft im Wege von Sachverständigenbeweisen auch niedrigere Raumhöhen als bisher möglich.

4) Vgl auch § 87 Abs 3 und 8.

5) Siehe auch die EB bei § 106.

Lagerung gefährlicher Stoffe[1)2)]

§ 108. Bauwerke oder Bauwerksteile, in denen gefährliche Stoffe gelagert werden, müssen so ausgeführt sein, dass eine Gefährdung der Gesundheit von Personen und der Umwelt durch ein Entweichen der gefährlichen Stoffe und ein Eindringen in den Boden verhindert werden.

Anmerkungen

1) Vgl die OIB-RL 3 Pkt 12.

2) S auch § 93 Abs 4 sowie das WGG (Teil IV, Kap 4a) und das WölfG (Teil IV, Kap 6).

5. Abschnitt
Nutzungssicherheit und Barrierefreiheit[1)]

Anmerkung

1) Der 5. Abschnitt korrespondiert mit der OIB-RL 4 (unter Teil III, Kap 1).

Allgemeine Anforderungen an die Nutzungssicherheit

§ 109. Bauwerke müssen so geplant und ausgeführt sein, dass bei ihrer Nutzung Unfälle vermieden werden, durch die das Leben oder die Gesundheit von Personen gefährdet werden, wie zB Rutsch-, Stolper-, Absturz- oder Aufprallunfälle. Dabei ist entsprechend dem Verwendungszweck besonders auch auf Kinder, ältere Personen und Personen mit Behinderungen Rücksicht zu nehmen.

Judikatur

1) Es trifft zu, daß die Bestimmung des § 129 Abs 2 der geltenden Wiener Bauordnung primär auf die Behebung von Baugebrechen abzielt und den Eigentümer verpflichtet, sein Gebäude in gutem und den Vorschriften der Bauordnung entsprechendem Zustand zu erhalten. Da davon auszugehen ist, daß die Benützungsbewilligung aus dem Jahre 1898 dem Bauwerber die Anbringung von Haltestangen im Bereich der verfahrensgegenständlichen Stiegen nicht auferlegt hat, demnach das Haus seinerzeit diesbezüglich konsensgemäß errichtet worden ist und auch in Art III Abs 6 der Wiener Bauordnung der § 106 Abs 11 (jetzt: § 110 iVm der OIB-RL 4, Pkt 3.2.2). als rückwirkende Bestimmung nicht genannt ist, kann dem Angekl eine Verletzung einer Bestimmung der Wiener Bauordnung nicht angelastet werden.

Ungeachtet dessen ist aber jeder Eigentümer eines Hauses verpflichtet, alle Gänge, Treppen und Teile des Hauses, die zu dessen ordnungsgemäßer Benützung erforderlich sind, in einem für Dritte verkehrssicheren und gefahrlosen Zustand zu erhalten (EvBl 1974/248). Diese Verkehrssicherungspflicht gilt insb für Vermieter, die durch Abschluß des Mietvertrags (oder dessen Übernahme bei Erwerb des Objekts) das Haus für vom Eigentümer verschiedene Personen öffnen. Sie trifft eine besondere Verpflichtung, für eine gefahrlose Benützung des Hauses Sorge zu tragen. Damit hat der Hauseigentümer, aber auch dessen Verwalter Garantenstellung insb gegenüber den Mietern und haftet nicht nur für einen von ihm aktiv herbeigeführten Erfolg, sondern auch für die Unterlassung der Erfolgsabwendung (OGH 21.4.1998, 11 Os 35, 36/98).

Damit legt der OGH eine von den jeweiligen Bauvorschriften abstrahierte Sorgfaltspflicht fest. Es genügt daher nicht die Annahme, den Bauvorschriften sei ohnehin Genüge getan. So bedeuten etwa auch zulässige Wendeltreppen beim Begegnungsverkehr immer eine Sturzgefahr, oder Rampen zu Garagen mit erheblichen Neigungen ohne eingebaute Auftauanlage im Winter eine latente Gefahr, auch wenn sie baubehördlich genehmigt sind.

Erschließung[1)]

§ 110. (1) Alle Bauwerke sind so zu erschließen, dass sie entsprechend dem Verwendungszweck sicher zugänglich und benützbar sind. Die Durchgangshöhen bei Türen, Toren, Treppen sind so zu bemessen, dass eine gefahrlose Benützung möglich ist.[2)]

(2) Die vertikale Erschließung hat durch Treppen oder Rampen zu erfolgen. Wenn es auf Grund des Verwendungszwecks unter Bedachtnahme auf die Bauwerkshöhe erforderlich ist, sind die Treppen in Treppenhäusern anzuordnen und zusätzlich Aufzüge[3)] zu errichten.[2)]

(3) Die Erreichbarkeit aller Höfe und Lichtschächte muss gewährleistet sein.

Anmerkungen

1) Vgl die OIB-RL 4 Pkt 2 (unter Teil III, Kap 1).

2) Unbeschadet der Bestimmungen des Art VI haben die Bestimmungen der §§ 110–115 nur insoweit Anwendung zu finden, als nicht Sondervorschriften bestehen. Solche enthalten das Wiener Veranstaltungsstättengesetz LGBl 1978/4 idgF, das Wiener Kinogesetz LGBl 1955/18 idgF und das Wiener Veranstaltungsgesetz LGBl 1971/12 idgF.

3) Zur Verpflichtung zur Errichtung von Aufzügen s § 111.

Aufzüge[1)2)]

§ 111. (1) Im Zuge folgender Bauführungen müssen Personenaufzüge errichtet werden:

a) Neubau von Gebäuden mit mehr als zwei Hauptgeschoßen,
b) Neubau von Wohngebäuden mit Wohnungszugängen, die mehr als zwei Geschoße über oder unter dem barrierefreien Gebäudezugang liegen,
c) Zubauten zur Schaffung neuer Wohnungen oder Betriebseinheiten, wenn das Gebäude vor oder nach diesem Zubau mehr als zwei Hauptgeschoße aufweist.
d) Umbauten von mehr als zwei Hauptgeschoßen.

Diese Personenaufzüge müssen alle Geschoße, auch Kellergeschoße und Geschoße, die Garagen enthalten, sowie Dachgeschoße, wenn in ihnen der einzige Zugang zu Wohnungen vorgesehen ist, miteinander verbinden. Sie müssen ständig betriebsbereit und über die notwendigen Verbindungswege auch für Rollstuhlfahrer erreichbar sein. Jedem für die vertikale Erschließung notwendigen Treppenhaus muss mindestens ein eigener Personenaufzug zugeordnet sein. Mehrere dieser Personenaufzüge im selben Gebäude können auch an zentraler Stelle nebeneinander angeordnet werden.

(2) Ausgenommen von der Verpflichtung gemäß Abs. 1 sind

a) Wohngebäude mit nur einer Wohnung,
b) Wohngebäude mit einer Gebäudehöhe von höchstens 7,50 m, die nicht mehr als zwei Wohnungen enthalten und in denen für Betriebs- oder Geschäftszwecke höchstens ein Geschoß in Anspruch genommen wird,
c) Reihenhäuser,
d) Kleingartenhäuser und Kleingartenwohnhäuser.

(3) Müssen nicht mehr als zwei Geschoße barrierefrei erschlossen werden, sind anstelle von Personenaufzügen auch vertikale Hebeeinrichtungen zulässig. Diese müssen mit Fahrkörben und Fahrkorbtüren ausgestattet sein und die Anforderungen gemäß Abs. 8 erfüllen.

(4) Die Haltestellen von Personenaufzügen und vertikalen Hebeeinrichtungen müssen in der Ebene des jeweiligen Geschoßes angeordnet sein. Haltestellen von Personenaufzügen und vertikalen Hebeeinrichtungen, die zu Garagen oder brandgefährdeten Räumen führen, müssen direkt mit einem notwendigen Verbindungsweg verbunden sein, der, ohne durch diese Räume zu führen, eine Fluchtmöglichkeit ins Freie bietet.[3)]

(5) Aufzugsschächte mit allseitig geschlossener Schachtumwehrung müssen ausreichend belüftet werden. Aufzugsschächte dürfen nicht für die Be- oder Entlüftung aufzugsfremder Räume verwendet werden. Aufzugsschächte und Triebwerksräume sind von aufzugsfremden Leitungen und Einrichtungen freizuhalten.

(6) Triebwerksräume müssen Wände, Böden und Decken aus nicht brennbaren Baustoffen aufweisen und direkt aus dem Freien belüftet sein. Sie müssen unmittelbar vom Inneren des Gebäudes über Stiegen oder befestigte Leitern sicher erreichbar sein. Sofern sich der Aufzug nicht innerhalb einer Wohnung oder Betriebseinheit befindet, muss der Triebwerksraum von allgemeinen Teilen des Gebäudes erreichbar sein. Für Notbefreiungseinrichtungen von Personenaufzügen und vertikalen Hebeeinrichtungen ohne gesonderte Triebwerksräume gilt dies sinngemäß.

(7) Bei hydraulischen Aufzügen ist der Boden der Aufzugsschächte und der Triebwerksräume flüssigkeitsdicht und wannenartig auszuführen. Jede Wanne muss die gesamte Hydraulikflüssigkeit aufnehmen können.

(8) Für verpflichtend zu errichtende Personenaufzüge und vertikale Hebeeinrichtungen gilt Folgendes:

1. **Schachttüren und Fahrkorbtüren sind als maschinell betätigte Schiebetüren auszubilden; sie müssen eine lichte Breite von mindestens 90 cm haben.**
2. **Fahrkörbe müssen für Rollstuhlfahrer und eine Begleitperson benutzbar sein. Bei einseitigen oder gegenüber liegend angeordneten Einstiegstellen dürfen die Fahrkorbinnenmaße eine lichte Breite von 1,10 m und eine lichte Tiefe von 1,40 m nicht unterschreiten.**
3. **Im Fahrkorb ist ein Handlauf in einer Höhe zwischen 85 cm und 1,00 m über dem Boden anzubringen; die lichten Maße des Fahrkorbes dürfen durch Handläufe um nicht mehr als 10 cm je Seite eingeengt werden.**
4. **Bedienungselemente müssen in einer Höhe von mindestens 85 cm und höchstens 1,20 m über dem Boden angebracht werden; innerhalb des Fahrkorbes muss ein Abstand von mindestens 40 cm von der Eingangswand eingehalten werden.**
5. **Der Bodenfläche vor den geschlossenen Aufzugsschachttüren muss eine Bewegungsfläche (Wendekreis für Rollstuhlfahrer) mit einem Durchmesser von mindestens 1,50 m eingeschrieben werden können. Ausgenommen davon sind Bodenflächen vor geschlossenen Aufzugsschachttüren innerhalb von Wohnungen.[4)]**

(EB zur Nov LGBl 2018/69)

§ 111 wird im Hinblick auf den Umfang der Änderungen zur Gänze neu gefasst.

Im Pkt. 2.1.5 der OIB-Richtlinie 4 in der Fassung 2015 (Anlage 11 zur Wiener Bautechnikverordnung 2015 – WBTV 2015) wurde festgelegt, dass jeder Höhenunterschied in barrierefreien Gebäuden durch Rampen, Personenaufzüge oder vertikale Hebeeinrichtungen zu überbrücken ist. Um keinen Widerspruch zu § 111 BO hervorzurufen, wurde dieser Punkt von der Geltung der WBTV 2015 ausgenommen. Abs. 1 wird zwecks Klarstellung der Aufzugsverpflichtung für

Neu-, Zu- und Umbauten neu gefasst. Der Begriff des Personenaufzuges ergibt sich aus § 2 des Aufzugsgesetzes 2006. Die grundsätzliche Aufzugsverpflichtung gemäß lit. a ist gegenüber der bisherigen Rechtslage unverändert; insbesondere wird für Wohngebäude im sogenannten „verdichteten Flachbau" (Wohngebäude mit höchstens zwei Hauptgeschoßen und eventuell einem ausgebauten Dachgeschoß) – wie bisher – keine Aufzugsverpflichtung normiert. Lit. b normiert eine zusätzliche Aufzugsverpflichtung für Wohngebäude mit nicht mehr als zwei Hauptgeschoßen, aber mit mehreren Nebengeschoßen mit Wohnungszugängen, wie etwa Wohngebäude in Hanglage. Die Einschränkung auf Wohngebäude erfolgt in diesem Zusammenhang, weil andere Nutzungen bei diesen Gebäuden selten sind, zumal Betriebsgebäude ohne Kundenverkehr gemäß § 115 Abs. 1 gar nicht barrierefrei zu erschließen sind. Bei Bauführungen in Bestandsgebäuden soll für das Entstehen einer Aufzugsverpflichtung der getätigte Aufwand und der Nutzen des Aufzuges eine gewisse Verhältnismäßigkeit aufweisen. Es wird die Verpflichtung daher auf die in lit. c genannten Zubauten beschränkt; für das Vorliegen der Kriterien kommt es dabei auf die faktische Situation nach Durchführung des Zubaus an, d. h. die Höhe des Gebäudes muss nicht unmittelbar durch den Zubau selbst bewirkt werden. Höhere Gebäude als die in lit. d genannten besitzen in der Regel einen bestehenden Aufzug; weist dieser nicht behindertengerechte Abmessungen auf, kann § 68 Abs. 4 angewendet werden. Beim Umbau von mehr als zwei Hauptgeschoßen ist die Errichtung eines Personenaufzuges als vertretbarer und verhältnismäßiger Aufwand anzusehen. Die Vorschrift, wonach die Personenaufzüge ständig betriebsbereit sein müssen, schließt nicht aus, dass der Betrieb für die Dauer von Störungen, Wartungsarbeiten oder Überprüfungen unterbrochen werden darf. Dass mehrere notwendigen Treppenhäusern zugeordnete Personenaufzüge auch an zentraler Stelle nebeneinander angeordnet werden können, entspricht der bisher geübten Praxis.

Anmerkungen

1) § 111 entstammt der Nov LGBl 2018/69.

2) Für Aufzüge gelten daneben auch die Bestimmungen des Wiener Aufzugsgesetzes LGBl 68/2008, S dieses G in Teil IV, Kap 2. Vgl auch Art V Abs 4 WBO.

3) Verbindungswege, die der unmittelbaren Erreichbarkeit einer Wohnung oder Betriebseinheit von den öffentlichen Verkehrsflächen dienen, sind notwendige Verbindungswege. Sie sind schon begrifflich Fluchtwege (arg „notwendig"), doch kommen als Fluchtwege auch andere Verbindungen in Frage („sicherer Ort im Freien", also jedenfalls – vorhandene öffentliche – Verkehrsflächen).

4) Vgl die Ausnahmebestimmungen nach § 68 Abs 4 und 5.

Judikatur

1) Der Verwaltungsgerichtshof teilt die Ansicht der belangten Behörde, wonach, bezogen auf die Größe des Innenhofes, die Überschreitung der Baufluchtlinien um cirka 2,8 m eine unwesentliche Abweichung vom Bebauungsplan darstellt. Bei einer Überschreitung der inneren Baufluchtlinien mit einem derart geringfügigen Ausmaß kann keine den geltenden Flächenwidmungs- und Bebauungsplan unterlaufende Tendenz erkannt werden.

Was schließlich auch die in der Beschwerde gerügte unterlassene Interessenabwägung im Sinne des § 69 Abs 2 BO (jetzt: Abs 4) betrifft, hat die belangte Behörde unter Bezugnahme auf die diesbezüglichen Ausführungen im Bescheid des Bauausschusses der örtlich zuständigen Bezirksvertretung darauf hingewiesen, daß die Errichtung eines Aufzuges einer zeitgemäßen Ausstattung des konsensgemäßen Baubestandes dient, eine Beurteilung, die auch der erkennende Senat teilt. Es kann keinem Zweifel unterliegen, daß die Herstellung eines Aufzuges für ein konsensgemäßes dreistöckiges Wohnhaus auch dann, wenn kein Dachgeschoßausbau erfolgen würde, eine zeitgemäße Ausstattung darstellt (VwGH 19.9.2000, 2000/05/0128).

Schutz vor Rutsch-, Stolper- und Absturzunfällen[1)2)]

§ 112. **(1) Begehbare Bauwerksteile dürfen keine Rutsch- und Stolperstellen, etwa durch zu geringe oder unvermutet wechselnde Rutschhemmung, gefährliche Hindernisse oder Unebenheiten, aufweisen. Dabei ist der Verwendungszweck und das mögliche Auftreten von Nässe zu berücksichtigen.**

(2) Treppen und Rampen sind entsprechend dem Verwendungszweck, insbesondere hinsichtlich ihrer Abmessungen, so auszuführen, dass sie sicher und bequem benutzt werden können.

(3) An entsprechend dem Verwendungszweck zugänglichen Stellen des Bauwerkes, bei denen Absturzgefahr besteht, müssen geeignete Schutzvorrichtungen gegen ein Abstürzen von Personen (zB Geländer, Brüstungen, absturzsichernde Verglasungen) angebracht werden, außer eine Absicherung widerspräche dem Verwendungszweck (zB bei Laderampen, Schwimmbecken).

(4) Wenn absturzgefährliche Stellen des Bauwerkes dem Verwendungszweck entsprechend auch für Kinder zugänglich sind, müssen Schutzvorrichtungen (Abs. 3) so ausgeführt sein, dass Kindern das Durchschlüpfen nicht möglich ist und das Hochklettern erschwert wird.

(5) Schächte, Einbringöffnungen und dergleichen müssen trag- und verkehrssicher abgedeckt werden.

Anmerkungen

1) Vgl hiezu die OIB-RL 4 Pkte 3 und 4 in Teil III, Kap 1.

2) Vgl Art III Abs 6, wonach auch § 107 Abs 1 WBO in der Fassung vor der Techniknovelle 2007 für bestehende Bauwerke zu gelten hat, auch dann, wenn diese vor dem 3.5.1930 (Inkrafttreten der WBO) errichtet wurden. § 107 Abs 1 (alt) lautete wie folgt:

„Geländer und Brüstungen

§ 107

(1) Alle dem Zutritt offenstehenden, absturzgefährlichen Stellen innerhalb von Baulichkeiten oder an Baulichkeiten sind mit einem standsicheren, genügend dichten und festen Geländer zu sichern. Bei Wohnungen müssen Geländer von Loggien, Balkonen, Fenstertüren oder Terrassen überdies so beschaffen sein, daß Kleinkinder nicht durchschlüpfen oder leicht hochklettern können. Anstelle von Geländern sind auch Brüstungen zulässig."

Judikatur (zu § 107 Abs 1 alt)

1) ... Die Baubehörden haben sich bei Beurteilung der ... baulichen Maßnahme an die von Geuder-Hauer, Wiener Bauvorschriften, 3. Aufl., S. 462, Anmerkung 5 zu § 88 wiedergegebene Definition gehalten, nach welcher unter einer Loggia ein nach vorne offener, von seitlichen Wänden, einem Fußboden und einer Decke begrenzter Raum zu verstehen ist, der in der Regel anderen Räumen einer Wohnung vorgelagert und – zum Unterschied von einem Balkon, der immer an der Hausfront eingesetzt ist – meist in das Gebäude eingeschnitten ist. Der Beschwerdeführer bestreitet für die Annahme einer Loggia die Notwendigkeit einer Decke. Eine solche sieht jedoch die belangte Behörde deshalb für erforderlich an, weil sich eine Loggia als Raum darstellt und ein Raum gem § 60 Abs. 1 lit. a BO wiederum dann vorliegt, wenn eine Fläche zumindest zur Hälfte ihres Umfanges von Wänden umschlossen und von einer Deckfläche abgeschlossen ist.

Der VwGH schließt sich der von Geuder-Hauer vertretenen und oben wiedergegebenen Definition des Begriffes Loggia an, weil diese der herrschenden Begriffsbestimmung im Bauwesen entspricht und die Überdeckung eines derartigen Raumes als begriffsnotwendig ansieht (vgl. hiezu Schmitt-Heene, Hochbau Konstruktion, Die Bauteile und das Baugefüge, Grundlage des heutigen Bauens, 11. neubearbeitete Auflage, S. 347 mit etymologischen Ausführungen; Frommhold-Frommhold-Gareiß, Bauwörterbuch, Begriffsbestimmungen aus dem Bauwesen, und Köpf, Bilderwörterbuch der Architektur; siehe auch das hg. Erkenntnis vom 15. Juni 1989, Zl. 87/06/0051). (VwGH 27.10.1998, 98/05/0069, BauSlg 259).

2) § 107 Abs 1 zweiter Satz BO meint offensichtlich das Durchschlüpfen von Kleinkindern zwischen den Stäben und nicht jenes unter dem Geländer. Aus dem Zweck der Sicherung absturzgefährlicher Stellen iSd § 107 Abs 1 BO muß abgeleitet werden, daß unter jenen Personen, die vor dem Absturz durch ein standsicheres, genügend dichtes und festes Geländer geschützt werden sollen, auch die im § 107 Abs 1 zweiter Satz im Besonderen angeführten Kleinkinder zu verstehen sind. § 107 Abs 1 zweiter Satz richtet sich offensichtlich darauf, daß Kleinkinder bewusst versuchen könnten, durch das Geländer zu schlüpfen. Nur für diesen Fall trifft diese Bestimmung für bestimmte Geländer besondere Vorkehrungen.

Aus dem in der Auflage eines Baubewilligungsbescheides angeordneten, maximal zulässigen Abstand zwischen den Geländerelementen im Ausmaß von 14 cm im Zusammenhalt mit dem gesetzlichen Gebot eines „genügend dichten" Geländers gem § 107 Abs 1 erster Satz BO an einer absturzgefährlichen Stelle muß auch für die Frage des nach der Baubewilligung für zulässig (weil den Erfordernissen des § 107 Abs 1 erster Satz entsprechend) erachteten Abstandes zwischen den einzelnen Stufen und dem Unterlauf des Geländers abgeleitet werden, daß auch dieser Abstand an keiner Stelle größer als die genannten 14 cm sein darf (VwGH 28.11.1995, 94/05/0365, BauSlg 293).

Schutz vor Aufprallunfällen und herabstürzenden Gegenständen

§ 113. **(1) Verglasungen müssen unter Berücksichtigung der Einbausituation gegen das Anprallen von Personen gesichert oder so ausgeführt sein, dass sie nicht gefahrbringend zersplittern.**

(2) Bauwerke sind so zu planen und auszuführen, dass deren Benutzer vor herabstürzenden Gegenständen geschützt sind. Dies schließt zB auch die sichere Befestigung von Bauteilen wie Fassaden und Glasteile, Maßnahmen gegen das Herabfallen von gefahrbringenden Glasstücken bei Überkopfverglasungen sowie Maßnahmen gegen das Abrutschen von Schnee und Eis von Dächern ein.

Anmerkung

1) Näher ausgeführt in der OIB-RL 4 Pkt 5 hiezu in Teil III, Kap 1.

Schutz vor Verbrennungen; Blitzschutz[1)]

§ 114. **(1) Einrichtungen und Anlagen für die Beheizung des Bauwerkes sowie für die Bereitung, Speicherung und Verteilung von Warmwasser sind, soweit erforderlich, gegen gefahrbringende Berührungen abzusichern.**

(2) Bauwerke sind mit Blitzschutzanlagen auszustatten, wenn sie wegen ihrer Lage, Größe oder Bauweise durch Blitzschlag gefährdet sind oder wenn der Verwendungszweck oder die kulturhistorische Bedeutung des Bauwerks dies erfordern.[2)]

Anmerkungen

1) Vgl die OIB-RL 4, Pkt 6 in Teil III, Kap 1.

2) Bei Blitzschutzanlagen hat im § 96 Abs 3 alt für Gebäude und bauliche Anlagen eine Pro-futuro-Einbauverpflichtung für Fundamenterder bestanden, die jetzt gefallen ist. Darüber hinaus steht die Frage im Raum, inwieweit nicht auch für bestehende Gebäude eine Garantenpflicht iS des StGB besteht (vgl OGH 21.4.1998, Os 35, 36/98), ohne dass dies im Gesetz (der WBO) zum Ausdruck kommen muss.

Wie den EB zur OIB-RL 4 zu entnehmen ist, wurde eine wenig verpflichtende Fassung im Hinblick auf die Häusersituation in den anderen Bundesländern getroffen.

Barrierefreie Gestaltung von Bauwerken[1)]

§ 115. (1) Folgende Bauwerke oder Bauwerksteile müssen so barrierefrei geplant und ausgeführt sein, dass die für Besucher, Kunden und Bewohner bestimmten Teile auch für Kinder, ältere Personen und Personen mit Behinderungen gefahrlos und tunlichst ohne fremde Hilfe zugänglich sind:

1. Bauwerke mit Aufenthaltsräumen, mit Ausnahme von
   a) Wohngebäuden mit nur einer Wohnung,
   b) Wohngebäuden[2)] mit einer Gebäudehöhe von höchstens 7,50 m, die nicht mehr als zwei Wohnungen enthalten und in denen für Betriebs- oder Geschäftszwecke höchstens ein Geschoß in Anspruch genommen wird,[3)]
   c) Reihenhäusern,[4)]
   d) Kleingartenhäusern und Kleingartenwohnhäusern;
2. Bauwerke für öffentliche Zwecke (zB Behörden und Ämter);[5)]
3. Bauwerke für Bildungszwecke (zB Kindergärten, Schulen, Hochschulen, Volksbildungseinrichtungen);
4. Bauwerke mit Versammlungsräumen;
5. Veranstaltungs- und Sportstätten;[6)]
6. Handelsbetriebe mit Konsumgütern des täglichen Bedarfs;
7. Banken;
8. Kirchen;
9. Gesundheits- und Sozialeinrichtungen;
10. Arztpraxen und Apotheken;
11. öffentliche Toiletten;
12. sonstige Bauwerke, die allgemein zugänglich und für mindestens 50 Besucher oder Kunden ausgelegt sind.

(2) Zur Erfüllung der Anforderungen gemäß Abs. 1 müssen insbesondere

1. mindestens ein Eingang, und zwar der Haupteingang oder ein Eingang in dessen unmittelbarer Nähe, stufenlos erreichbar sein,

2. in Verbindungswegen Stufen, Schwellen und ähnliche Hindernisse grundsätzlich vermieden werden; unvermeidbare Niveauunterschiede sind durch entsprechende Rampen,[7] Personenaufzüge oder vertikale Hebeeinrichtungen zu überwinden oder auszugleichen, die ständig betriebsbereit zu halten sind,

3. notwendige Mindestbreiten für Türen und Gänge eingehalten werden,

4. eine dem Verwendungszweck entsprechende Anzahl von behindertengerechten Sanitärräumen errichtet werden.

(3) Für Wohngebäude mit nicht mehr als zwei Hauptgeschoßen ergibt sich aus Abs. 1 und 2 Z 2 keine Verpflichtung zur Herstellung von Personenaufzügen, vertikalen Hebeeinrichtungen oder geschoßverbindenden Rampen.

(4) Die Anforderungen gemäß Abs. 1 und 2 sind auch für Zu- oder Umbauten zu erfüllen. Durch sonstige Baumaßnahmen darf der Zustand des Bauwerks hinsichtlich seiner barrierefreien Gestaltung jedenfalls nicht verschlechtert werden.[8]

(5) Bei Unterteilungen eines Bauwerks in Brandabschnitte (Stiegen) mit einem oder mehreren diesen zugeordneten selbstständigen Eingängen sind die Anforderungen gemäß Abs. 2 für jeden einzelnen Brandabschnitt zu erfüllen.

(6) In Bauwerken gemäß Abs. 1 Z. 2, 3 und 9 sind in jedem Geschoß Toiletten für behinderte Menschen anzuordnen.[9]

(EB zur Nov 2008/24)

Zu § 115 Abs 1 Z 5 wird festgestellt, dass in Veranstaltungs- und Sportstätten lediglich Besucherareale barrierefrei zugänglich sein müssen. Die Inhalte des § 115 Abs. 3 bis 7 waren bisher in § 106a geregelt.

Anmerkungen

1) S dazu die OIB-RL 4 Pkt 7 in Teil III, Kap 1.

2) Zum Begriff des Wohngebäudes s § 119 Abs 1.

3) Sog „Kleinhäuser" (§ 5 Abs 4 lit u).

4) Definition in § 87 Abs 14.

5) Öffentliche Zwecke sind (nicht erschöpfend) in § 40 Abs 1 genannt.

6) Vgl das VeranstaltungsstättenG, LGBl 1978/4 idgF.

7) Rampen gelten nicht als bebaute Flächen iS des § 80 (VwGH 25.5.1993, 92/05/0312).

8) Aus der Formulierung „auch für Zu- und Umbauten" ist zu schließen, dass nur der Zu- bzw Umbaubereich, nicht aber das ganze Gebäude von der Verpflichtung erfasst wird (sonst hätte es „bei Zu- oder Umbauten" heißen müssen) – mit unterschiedlichen Konsequenzen; mit der vorliegenden Regelung sind Zu- bzw Umbauten leichter zu realisieren. Der zweite Satz bzgl sonstiger

Baumaßnahmen (lt EB zB Schaffung von Stufen oder Beseitigung von Rampen) wurde mit Nov LGBl 2008/25 angefügt.

9) Die Beschränkung der Toilettenverpflichtung für jedes Geschoß lediglich in den Fällen des Abs 1 Z 2, 3 und 9 ist nicht ausreichend. Der Verweis auf die Wirtschaftlichkeit in den EB ist unvertretbar.

6. Abschnitt
Schallschutz[1)2)]

Anmerkungen

1) Die §§ 116 bis 118 entsprechen den Art 33 bis 36 der Vereinbarung. Die in § 118 Abs. 4 vorgesehenen U-Werte werden in der gem § 122 von der Landesregierung zu erlassenden Verordnung festgelegt (EB zur Nov LGBl 2008/24).

2) Vgl hierzu die OIB-RL 5 („Schallschutz") in Teil III, Kap 1.

Allgemeine Anforderungen an Bauwerke und Bauteile

§ 116. (1) Bauwerke müssen so geplant und ausgeführt sein, dass gesunde, normal empfindende Benutzer dieses oder eines unmittelbar anschließenden Bauwerkes nicht durch bei bestimmungsgemäßer Verwendung auftretenden Schall und Erschütterungen in ihrer Gesundheit gefährdet oder belästigt werden. Dabei sind der Verwendungszweck sowie die Lage des Bauwerkes und seiner Räume zu berücksichtigen.

(2) Wenn der besondere Verwendungszweck es erfordert, ist eine entsprechende Raumakustik sicherzustellen.

(3) Alle Bauteile, insbesondere Außen- und Trennbauteile sowie begehbare Flächen in Bauwerken, müssen so geplant und ausgeführt sein, dass die Weiterleitung von Luft-, Tritt- und Körperschall so weit gedämmt wird, wie dies zur Erfüllung der Anforderungen des Abs. 1 erforderlich ist.[1)]

Anmerkung

1) Die Häufung unbestimmter Gesetzesbegriffe in § 116 macht eine gesetzeskonforme Vollziehung schwer möglich.

Haustechnische Anlagen

§ 117. Haustechnische Anlagen, ortsfeste Maschinen und technische Einrichtungen, bei deren Betrieb Schall übertragen wird oder Erschütterungen auftreten können, sind so einzubauen und aufzustellen, dass die Erfüllung der Anforderungen des § 116 Abs. 1 gewährleistet ist.[1)]

Anmerkung

1) Vgl § 61.

7. Abschnitt
Energieeinsparung und Wärmeschutz[1)2)]

Anmerkungen

1) Der neunte Teil wurde ursprünglich mit der „Bautechniknovelle 2007", LGBl 2008/24, neu gefasst. Die Bestimmungen lehnten sich an die Einteilung der OIB-Richtlinien an, die mit LGBl 2008/31 auch verrechtlicht wurden, ohne allerdings mit verbindlicher Normwirkung ausgestattet zu sein. Dies war vor allem deshalb zu begrüßen, weil der dadurch der technische Fortschritt nicht behindert wurde. An die Stelle der V LGBl 2008/31 trat mit Wirkung vom 2.10.2015 die Wiener BautechnikV, LGBl 2015/35. Die „OIB-Richtlinien 2019" wurden zwischenzeitlich mit der Bautechnikverordnung, LGBl 2020/4 verrechtlicht (Kundmachung 31.1.2020). Die Bautechnikverordnung 2020 ist in diesem Buch im Teil III., Kap 1 (14 Anlagen) abgedruckt.

2) Vgl § 63 Abs 1 lit e WBO, wonach ein höchstens zehn Jahre alter Energieausweis als Beilage zum Ansuchen um Baubewilligung verlangt wird – bei Neu-, Zu- und Umbauten jedenfalls, sowie bei Änderungen und Instandsetzungen von mindestens 25 vH der Oberfläche der Gesamthülle, ebenso ein Nachweis über den Schallschutz sowie die Berücksichtigung hocheffizienter alternativer Systeme.

2a) In § 62a WBO bestimmt Abs 8, dass der Bauherr bei Bauführungen gem Abs 1 Z 31 und 34 einen Energieausweis (§ 118 Abs 5) sowie einen Nachweis über die Berücksichtigung hocheffizienter alternativer Systeme einzuholen hat, wenn von dieser Bauführung mehr als 25 vH der Gebäudehülle betroffen sind.

Dies betrifft:

Z 31. die nachträgliche Anbringung einer Wärmedämmung an nicht gegliederten Fassaden rechtmäßig bestehender Gebäude außerhalb von Schutzzonen und Gebieten mit Bausperre; und

Z 34. der Austausch von Fenstern und Fenstertüren außerhalb von Schutzzonen und Gebäuden, die vor dem 1.1.1945 errichtet wurden.

Nach Auffassung des BM für Wirtschaft, Familie und Jugend sind zur Ausstellung eines Energieausweises berechtigt:

- Architekten/innen, Zivilingenieure/innen, Ingenieurkonsulenten für Bauingenieurwesen, Ziviltechniker für Wirtschaftsingenieurwesen – Bauwesen, Technische Physik, Verfahrenstechnik und Gebäudetechnik,
- Baumeister/innen, Elektrotechniker/innen, Gas- und Sanitärtechniker/innen, Heizungstechniker/innen, Kälte- und Klimatechniker/innen, Lüftungstechniker/innen, Zimmermeister/innen, Rauchfangkehrer/innen (beschränkt auf bestehende Wohnhäuser, ausgenommen Neubauten und im Zuge von bau-

bewilligungspflichtigen Änderungen), Hafner/innen (beschränkt auf Ein-und Zweifamilienhäuser) sowie Technische Büros – Ingenieurbüros einschlägiger Fachrichtung (Technische Physik, Bauphysik, Maschinenbau, Verfahrenstechnik, Gebäudetechnik (Installation, Heizungs- und Klimatechnik), Umwelttechnik, Elektronik und Innenarchitekten/innen).

2b) Darüber hinaus ergeben sich für den Bereich des Zivilrechts aus dem Energieausweis-Vorlage-Gesetz, BGBl I 2012/27, rechtliche Konsequenzen hinsichtlich der Vorlage- und Aushändigungspflicht eines Energieausweises im Fall des Verkaufes oder der In-Bestandgabe eines Gebäudes ua:

Wird einem Käufer oder Bestandnehmer nicht bis spätestens zur Abgabe seiner Vertragserklärung ein Energieausweis vorgelegt, so gilt zumindest eine dem Alter und der Art des Gebäudes entsprechende Gesamtenergieeffizienz als vereinbart.

Allgemeine Anforderungen[1)]

§ 118. (1) Bauwerke und all ihre Teile müssen so geplant und ausgeführt sein, dass die bei der Verwendung benötigte Energiemenge nach dem Stand der Technik begrenzt wird. Auszugehen ist von der bestimmungsgemäßen Verwendung des Bauwerks; die damit verbundenen Bedürfnisse (insbesondere Heizung, Warmwasserbereitung, Kühlung, Lüftung, Beleuchtung) sind zu berücksichtigen.

(2) Bei der Beurteilung, ob die Energiemenge gemäß Abs. 1 nach dem Stand der Technik begrenzt wird, ist insbesondere Bedacht zu nehmen auf

1. **die Art und den Verwendungszweck des Bauwerks,**
2. **die Gewährleistung eines dem Verwendungszweck entsprechenden Raumklimas; insbesondere sind ungünstige Auswirkungen, wie unzureichende Belüftung oder sommerliche Überwärmung, zu vermeiden,**
3. **die Sicherstellung, dass bei Neu-, Zu- und Umbauten und bei Änderungen und Instandsetzungen von mindestens 25 vH der Oberfläche der Gebäudehülle die Verluste von Warmwasserleitungen, deren Leitungsführungen an Wohnräume angrenzen, so gering wie möglich gehalten werden, um einen die Überwärmung begünstigenden permanenten Wärmeeintrag zu vermeiden; bei Änderungen und Instandsetzungen von mindestens 25 vH der Oberfläche gilt diese Verpflichtung jedoch nur dann, wenn dies aus technischen oder wirtschaftlichen Gründen zweckmäßig ist,**
4. **die Durchführung eines hydraulischen Abgleichs durch ein befugtes Unternehmen bei jeder Neuinstallation und bei Änderungen und Instandsetzungen des Heizungssystems,**
5. **die Verhältnismäßigkeit von Aufwand und Nutzen hinsichtlich der Energieeinsparung.**

(3) Bei Neu-, Zu- und Umbauten und bei Änderungen und Instandsetzungen von mindestens 25 vH der Oberfläche der Gebäudehülle sowie bei Änderungen am gebäudetechnischen System für Wärmeversorgung müssen hocheffiziente alternative Systeme eingesetzt werden, sofern dies technisch, ökologisch und wirtschaftlich realisierbar ist. Hocheffiziente alternative Systeme sind jedenfalls

1. dezentrale Energieversorgungssysteme auf der Grundlage von Energie aus erneuerbaren Quellen,
2. Kraft-Wärme-Kopplung,
3. Fern-/Nahwärme oder Fern-/Nahkälte, insbesondere wenn sie ganz oder teilweise auf Energie aus erneuerbaren Quellen beruht oder aus hocheffizienten Kraft-Wärme-Kopplungsanlagen stammt, und
4. Wärmepumpen.

Einzelbauteilsanierungen müssen einem Sanierungskonzept folgen oder die für die Erreichung der Zielsetzung eines solchen erforderlichen Mindest-Wärmedurchgangskoeffizienten (U-Werte) einhalten. Jede Maßnahme der Einzelbauteilsanierung oder Änderung am gebäudetechnischen System muss die Anforderungen an größere Renovierungen erfüllen. Maßnahmen der Einzelbauteilsanierung oder Änderungen am gebäudetechnischen System sind von der Eigentümerin oder vom Eigentümer (jeder Miteigentümerin oder jedem Miteigentümer) eines Bauwerks zu dokumentieren. Wenn für das Bauwerk ein Bauwerksbuch angelegt ist (§ 128a), hat die Dokumentation im Bauwerksbuch zu erfolgen.

(3a) Der Einsatz hocheffizienter alternativer Systeme nach Abs. 3 ist durch einen nach den für die Berufsausübung maßgeblichen Vorschriften Berechtigten oder eine akkreditierte Prüfstelle zu prüfen. Die Prüfung kann für einzelne Bauwerke oder Gruppen ähnlicher Bauwerke oder für Bauwerke eines gemeinsamen Bautyps in demselben Gebiet durchgeführt werden. Bei Fern-/Nahwärme und Fern-/Nahkälte kann die Prüfung für alle Bauwerke durchgeführt werden, die in demselben Gebiet an das System angeschlossen sind.

(3b) Solare Energieträger oder andere technische Systeme zur Nutzung umweltschonender Energieträger mit gleicher Leistung sind unbeschadet der Verpflichtung gemäß Abs. 3 und der Bestimmungen der Wiener Bautechnikverordnung mit einer Spitzen-Nennleistung von mindestens 1 kWp auf der Liegenschaft[2)] in folgendem Ausmaß zum Einsatz zu bringen:

1. Bei Neubauten mit Ausnahme von Wohngebäuden für je 100 m² konditionierter Brutto-Grundfläche, bei Zubauten für je neu geschaffene 100 m²;
2. bei Neubauten von Wohngebäuden pro charakteristischer Länge des Gebäudes und für je 150 m² konditionierter Brutto-Grundfläche[4)], bei Zubauten sinngemäß für je neu geschaffene 150 m² ($P_{PV} = BGF_{kond.}/(150 \times l_c)$).

Stehen der geplanten Ausführung am in Aussicht genommenen Standort Bauvorschriften bzw. sonstige Vorschriften des Bundes- oder Landesrechtes entgegen oder ist der Einsatz der genannten technischen Systeme aus technischen oder wirtschaftlichen Gründen nicht möglich oder zumutbar, sind diese technischen Systeme auf einem oder mehreren geeigneten Grundstücken innerhalb des Gemeindegebietes von Wien, wo ihre Errichtung zulässig ist, einzusetzen (Ersatzflächen)[2a]. Beträgt das ermittelte Ausmaß der Verpflichtung weniger als 1 kWp, kann der Einsatz auf der Ersatzfläche unterbleiben. Der Einsatz auf Ersatzflächen ist durch eine im Grundbuch ersichtlich gemachte öffentlich-rechtliche Verpflichtung sicherzustellen. Die Inbetriebnahme einer solchen Anlage auf der Ersatzfläche darf im Zeitpunkt der Baueinreichung nicht länger als zwei Jahre zurückliegen.[3)3a]

(3c) *entfällt; LGBl 2023/37 vom 13.12.2023*

(3d) *entfällt; LGBl 2023/37 vom 13.12.2023*

(3e) Nach Ablauf von 3 Jahren ab der Erstattung der Fertigstellungsanzeige für einen Neubau gemäß Abs. 3b hat der Eigentümer des Bauwerks der Behörde eine von einem nach den für die Berufsausübung maßgeblichen Vorschriften Berechtigten oder einer akkreditierten Prüfstelle auf Grundlage der dem Eigentümer zur Verfügung stehenden Daten erstellte Unterlage vorzulegen, die für die letzten 3 Jahre das Verhältnis des im Energieausweis (§ 63 Abs. 1 lit. e) für das Bauwerk ausgewiesenen Energiebedarfs zu dem tatsächlichen Energieverbrauch pro Jahr angibt und die Information enthält, ob der angegebene Energieverbrauch auch die Prozessenergie erfasst.

(3f) Bei Änderungen und Instandsetzungen von mindestens 25 vH der Oberfläche der Gebäudehülle von Gebäuden sowie bei Einzelbauteilsanierungen und bei Änderungen am gebäudetechnischen System ist die Errichtung von Wärmebereitstellungsanlagen für feste und flüssige fossile Brennstoffe nicht zulässig.[5)]

(4) Bei folgenden Gebäuden genügt die Einhaltung bestimmter Wärmedurchgangskoeffizienten (U-Werte):

1. Gebäude, die unter Denkmalschutz stehen; dies gilt nicht für Zubauten mit einer Gesamtnutzfläche von mehr als 50 m²;[6)]
2. Gebäude, die für religiöse Zwecke genutzt werden;
3. Gebäude, die gemäß § 71 auf längstens 2 Jahre bewilligt werden;
4. Gebäude in landwirtschaftlich genutzten Gebieten, mit Ausnahme von Wohngebäuden;
5. Gebäude, die Wohnungen enthalten, die nicht allen Erfordernissen des § 119 entsprechen oder nicht den vollen Schallschutz oder Wärmeschutz für Aufenthaltsräume aufweisen müssen;

6. Kleingartenhäuser;
7. freistehende Gebäude und Zubauten mit einer Gesamtnutzfläche von jeweils weniger als 50 m².

(5) Der Energieausweis (§ 63 Abs. 1 lit. e) ist von einem nach den für die Berufsausübung maßgeblichen Vorschriften Berechtigten oder einer akkreditierten Prüfstelle auszustellen. Die Landesregierung kann durch Verordnung nähere Vorschriften über den Inhalt und die Form des Energieausweises erlassen. Die technischen Voraussetzungen der Übermittlung und Erfassung der Energieausweise sind vom Magistrat im Internet kundzumachen. Die Gültigkeitsdauer des Energieausweises beträgt höchstens zehn Jahre.

(6) In Gebäuden, in denen mehr als 250 m² Gesamtnutzfläche von Behörden genutzt werden und die starken Publikumsverkehr aufweisen, sowie in Gebäuden, in denen mehr als 500 m² von sonstigen Einrichtungen genutzt werden, die starken Publikumsverkehr aufweisen, ist ein höchstens zehn Jahre alter Energieausweis an einer für die Öffentlichkeit gut sichtbaren Stelle anzubringen. Solche Energieausweise sind der Behörde in elektronischer Form zu übermitteln. Weisen Energieausweise Mängel auf, gilt die Verpflichtung zur Anbringung als nicht erfüllt.

(7) Bei Zu- und Umbauten sowie bei Änderungen und Instandsetzungen von mindestens 25 vH der Oberfläche der Gebäudehülle von Gebäuden in der Bauklasse I, die nicht mehr als zwei Wohnungen enthalten, mit Ausnahme der Gebäude gemäß § 118 Abs. 4, müssen die obersten zugänglichen Decken von beheizten Räumen des gesamten Gebäudes oder die unmittelbar darüber liegenden Dächer so gedämmt werden, dass den Anforderungen für Neubauten an wärmeübertragende Bauteile entsprochen wird.[4)]

(8) Die Verpflichtung gemäß Abs. 3, ein hocheffizientes alternatives System einzusetzen, kann in Gebieten, in denen Energieraumpläne gemäß § 2b Abs. 3a festgesetzt wurden, auf Antrag gestundet werden, wenn die Bauwerberin oder der Bauwerber im Bauverfahren

1. die Zusage einer Fernwärmeanbieterin oder eines Fernwärmeanbieters vorlegt, dass das Gebäude zu dem in der Verordnung gemäß § 2b Abs. 3a festgelegten Zeitpunkt mit qualitätsgesicherter Fernwärme versorgt werden wird, und
2. den Nachweis erbringt, dass bis zu diesem Zeitpunkt alle Vorbereitungen für die Umstellung des Systems auf qualitätsgesicherte Fernwärme getroffen sind.

Die Stundung kann längstens bis zu dem in der Verordnung gemäß § 2b Abs. 3 festgelegten Zeitpunkt erfolgen. Erfolgt keine Umstellung nach Ablauf der Frist, ist gemäß § 129 Abs. 10 vorzugehen.

(EB zur Nov LGBl 2008/24)

§§ 116 bis 118 entsprechen den Art. 33 bis 36 der Vereinbarung. Die in § 118 Abs. 4 vorgesehenen U-Werte werden in der gemäß § 122 von der Landesregierung zu erlassenden Verordnung festgelegt.

(EB zur Nov LGBl 2012/64)

Die Änderungen in Abs. 3 und der neue Abs. 3a dienen der Umsetzung der Art. 6 und 7 der Richtlinie 2010/31/EU, wonach zu gewährleisten ist, dass bei neuen Gebäuden sowie im Fall einer größeren Renovierung von Gebäuden vor Baubeginn die technische, ökologische und wirtschaftliche Realisierbarkeit des Einsatzes von hocheffizienten alternativen Systemen in Betracht gezogen und berücksichtigt wird. Vom Begriff der wirtschaftlichen Realisierbarkeit werden auch rechtliche (z.B. mietrechtliche) Gründe erfasst, wenn sie wirtschaftliche Auswirkungen haben. Zum Begriff der Gebäudehülle vgl. die Ausführungen zu § 63.

Gemäß Art. 4 Abs. 2 der Richtlinie 2010/31/EU können insofern Ausnahmen getroffen werden, als die dort genannten Mindestanforderungen an die Gesamtenergieeffizienz bei bestimmten Gebäudekategorien nicht festzulegen oder anzuwenden sind. Die demgemäß in Abs. 4 normierten Ausnahmen, die von den zivilrechtlichen Bestimmungen des Energieausweis-Vorlage-Gesetzes 2012 – EAVG 2012 nicht berührt werden, werden insofern modifiziert, als größere Zubauten zu denkmalgeschützten Gebäuden und Gebäuden in Schutzzonen – auch aus Gründen eines verbesserten Klimaschutzes (vgl. das Klimaschutzprogramm der Stadt Wien, Beschluss des Gemeinderates vom 18.12.2009) – künftig den Mindestanforderungen an die Gesamtenergieeffizienz genügen müssen und dies im Baubewilligungsverfahren gemäß § 63 Abs. 1 lit. e durch die Vorlage eines Energieausweises nachzuweisen ist.

Die Gültigkeitsdauer des Energieausweises darf gemäß Art. 11 Abs. 8 der Richtlinie 2010/31/EU zehn Jahre nicht überschreiten; dies wird in Abs. 5 umgesetzt.

In Abs. 6 wird Art. 12 Abs. 1 lit. b der Richtlinie 2010/31/EU umgesetzt, wonach ein Energieausweis auch für solche Gebäude auszustellen ist, in denen mehr als 500 m² Gesamtnutzfläche von Behörden genutzt werden und die starken Publikumsverkehr aufweisen. Aus Art. 13 Abs. 2 der Richtlinie ergibt sich weiters die Anforderung, dass bei solchen Gebäuden sowie bei sonstigen Gebäuden, in denen mehr als 500 m² Gesamtnutzfläche starken Publikumsverkehr aufweisen, ein Energieausweis an einer für die Öffentlichkeit gut sichtbaren Stelle angebracht wird. Ab 9.7.2015 wird der genannte Schwellenwert von 500 m² auf 250 m² gesenkt. Aufgrund der Erweiterung des Anwendungsbereiches der Aushangpflicht für Energieausweise sind solche in den genannten Fällen auch außerhalb eines Bauverfahrens zu erstellen und auszuhängen. Da derartige Energieausweise der Behörde aber ansonsten nicht zur Kenntnis kämen, ist deren Übermittlung an die Behörde – im Sinne des zu etablierenden Kontrollsystems (vgl. die Erläuterungen zu § 67) – sicherzustellen und festzulegen. Festzuhalten ist, dass die Aushangpflicht auch für Gebäude besteht, für die Abs. 4 anwendbar ist.

(EB zur Nov LGBl 2014/25)

Bei der Energie aus umweltschonenden Quellen, insbesondere erneuerbarer Energie, handelt es sich um nachhaltig zur Verfügung stehende Energieressourcen, zu denen auch die solare Strahlung (Sonnenenergie) gehört. Es soll daher gemäß **Abs. 3b** künftig verpflichtend ein gewisser Anteil der für den Eigenbedarf benötigten Energie im Gebäudebereich durch die Nutzung der solaren Strahlung oder anderer umweltschonender Energieträger gedeckt werden. Dies entspricht auch den in Art. 13 der Richtlinie 2009/28/EU dargelegten Bestrebungen, den Anteil aller Arten von Energie aus erneuerbaren Quellen im Gebäudebereich zu erhöhen.

Bei einer Betrachtung des zeitlichen Zusammentreffens von Energiebedarf und der Produktion durch Sonnenkraft erzeugter Energie besteht bei Wohngebäuden die Problematik, dass während der sonnenoptimalen Tageszeiten (vor allem der Mittagsstunden) nur ein eingeschränkter Energiebedarf besteht. Eine Speicherung der erzeugten Energie erfordert aber zusätzlichen technischen und finanziellen Aufwand. Dem gegenüber kann bei Nicht-Wohngebäuden auf Grund der tagsüber stattfindenden betrieblichen Aktivitäten von einer Überdeckung zwischen Strahlungsangebot und Stromleistungsbedarf ausgegangen werden.

Die gegenständliche Vorschrift nimmt daher Wohngebäude iSd WBTV sowie Bildungseinrichtungen (etwa Schulen), bei denen während der Ferienmonate zu Zeiten hoher Sonneneinstrahlung ebenfalls nur ein geringer Stromverbrauch stattfindet, aus. Im Wohngebäudebereich in Wien ist insbesondere durch den verbreiteten Einsatz von Fernwärme und Wärmepumpentechnologie bereits ein Mindestsockel an Nutzung erneuerbarer Energie gegeben.

Ein Ertrag von 0,7 kWp pro 100 m² konditionierter Brutto-Grundfläche kann mit zusätzlichen Energieeffizienzmaßnahmen (z.B. verbesserte Wärmedämmung bzw. -rückgewinnung, Abschattungsmaßnahmen zur Reduzierung des Bedarfs an Fernkälte, effizientere Gestaltung der Beleuchtung) erbracht werden, wobei als Basis die in der OIB-RL 6 (Anlage 12 zur WBTV) enthaltenen Anforderungen an die Gesamtenergieeffizienz anzusehen sind. In diesem Fall ist bei der Planung des projektierten Neubaus darauf zu achten, dass die zur Erreichung einer Mindestleistung von 1 kWp pro 100 m² konditionierter Brutto-Grundfläche verbleibende Leistung von 0,3 kWp pro 100 m² Brutto-Grundfläche durch die oben genannten technischen Systeme erbracht werden kann. Der dadurch erzielte Ertrag an Energie kann allein in den allgemeinen Bereichen des Gebäudes (z.B. Treppenhäusern, Gängen) verbraucht werden (totaler Eigenverbrauch).

Im Hinblick auf die durch die in Abs. 3b vorgesehenen Maßnahmen bewirkten Einsparungen an Energie ist bei Betrachtung der Lebenszykluskosten eines Gebäudes über einen Zeitraum von knapp mehr als 10 Jahren von einer Parität zwischen der Investition und dem Barwert der Ersparnis auszugehen.

Wenn es aus technischen oder wirtschaftlichen Gründen – etwa wenn auf Grund der Beschattung durch auf anderen Grundstücken bestehende oder nach dem Bebauungsplan mögliche Gebäude oder auf Grund ihrer geografischen Lage keine ausreichende Sonneneinstrahlung gegeben bzw. zu erwarten ist und daher ein Nachweis auf der Grundlage der ÖNORM M 7140 eine Wirtschaftlichkeit ausschließt – im Einzelfall zweckmäßig ist, hat die Behörde über Antrag von der Verpflichtung zum Einsatz der in dieser Bestimmung genannten technischen Systeme abzusehen. Das Vorliegen eines solchen Ausnahmegrundes ist im Antrag nachvollziehbar darzulegen.

Energieeffizienzmaßnahmen mit einem Ertrag von 0,7 kWp pro 100 m² konditionierter Brutto-Grundfläche sind jedenfalls auch vorzusehen, wenn die Anbringung von Anlagen zur Nutzung von Sonnenenergie das örtliche Stadtbild beeinträchtigt, es feststeht, dass für solche Anlagen erforderliche Genehmigungen – etwa nach dem Wiener Elektrizitätswirtschaftsgesetz 2005 – nicht erteilt werden können oder von der Verpflichtung zum Einsatz der in dieser Bestimmung genannten technischen Systeme abgesehen wird.

(EB zur Nov LGBl 2020/60, Initiativantrag LG-761391-2020-LAT)

Die Ausnahmemöglichkeit beim Einsatz von solaren Energieträgern für neue Nicht-Wohngebäude soll entfallen. Eingeführt werden soll die Pflicht zur Schaffung von Ersatzflächen, sofern die Errichtung von Solaranlagen auf dem Gebäude aus rechtlichen, technischen oder wirtschaftlichen Gründen nicht möglich ist (Abs. 3b). Damit entfällt die bisher bestehende Möglichkeit bei Nicht-Wohngebäuden auf Antrag von der Verpflichtung zum Einsatz der genannten technischen Systeme abzusehen. Stattdessen muss bei Vorliegen rechtlicher, technischer oder wirtschaftlicher Gründe der Einsatz von solaren Energieträgern auf anderen geeigneten Grundstücken (bzw. Gebäuden), sog. Ersatzflächen, erfolgen. Im Baubewilligungsverfahren ist – etwa durch Vorlage einer zivilrechtl. Vereinbarung, aus der hervorgeht, dass der Einsatz der Anlage auf der Ersatzfläche spätestens im Zeitpunkt der Fertigstellungsanzeige erfolgen wird – darzulegen, auf welcher Grundfläche oder auf welchen Grundflächen dieser Verpflichtung im jeweiligen Ausmaß nachgekommen wird. Eine entsprechende Bestätigung über den erfolgten Einsatz ist der Fertigstellungsanzeige beizulegen.

Im Rahmen der vorgesehenen Eignungsprüfung, die eine behördliche Grobprüfung darstellt, scheiden jene Grundstücke aus, die aufgrund der einschlägigen raumordnungsrechtlichen Bestimmungen offenkundig nicht für die Errichtung und den Betrieb alternativer Systeme geeignet sind, zB weil diese Grundstücke nicht die für die Errichtung einer derartigen Anlage erforderliche Widmung aufweisen. Der Bauwerber hat von sich aus dafür Sorge zu tragen, dass nur solche Grundstücke bzw. ein solches Gebäude angeboten wird, dass sich aufgrund der einschlägigen rechtlichen und räumlichen bzw. sonstigen Gegebenheiten auch tatsächlich für den Einsatz dieser Energieträger eignet.

Die bisher in Abs. 3b vorgesehene Ausnahme von der Pflicht zum Einsatz solarer Energieträger für Bauwerke, die ausschließlich oder überwiegend Bildungszwecken dienen, entfällt, weil auch in diesem Gebäudebereich die verstärkte Nutzung von umweltschonenden Energieträgern erfolgen soll.

Die Pflicht zum Einsatz von solaren Energieträgern bei Neubauten wird künftig auch auf Wohngebäude erweitert (Abs. 3c). Beim Neubau von Wohngebäuden wird eine Verpflichtung zum Einsatz solarer Energieträger mit einer Spitzen-Nennleistung von mind. 1kWp pro charakteristischer Länge (lc) (Definition lau Anlage 2 der WBTV 2020) des Gebäudes für 300 m² konditionierter Brutto-Grundfläche (BGFkond.) oder zum Einsatz anderer technischer Systeme zur Nutzung umweltschonender Energieträger mit gleicher Leistung am Gebäude eingeführt (Abs. 3c). Die Berechnung erfolgt mittels folgender Formel: PPV= BGFkond./(300 × lc)

Unter charakteristischer Länge ist das Maß für die Kompaktheit eines Gebäudes, dargestellt in Form des Verhältnisses des konditionierten Volumens V zur umschließenden Oberfläche A dieses Volumens, zu verstehen, unter konditionierter Bruttogeschoßfläche die Fläche entsprechend der Definition gemäß Anlage 2 der WBTV 2020 (ÖNORM B 8110-6-1). Neubauten von Wohngebäuden der Bauklasse I, die nicht mehr als 2 Wohnungen enthalten, Kleingartenhäuser und Kleingartenwohnhäuser werden von dieser Verpflichtung ausgenommen.

Die Regelung in Abs. 3f idgF wird hinsichtlich ihres Anwendungsbereiches auf das Ölkesseleinbauverbotsgesetz – ÖKEVG 2019 des Bundes, BGBl. I Nr. 6/2020, angepasst. Regelungsgegenstand des § 2 ÖKEVG 2019 ist ausschließlich ein Verbot für flüssige und feste fossile Brennstoffe in Zentralheizungsanlagen im Neubau. Die Verwendung derartiger fossiler Energieträger in dezentralen Heizungsanlagen bleibt jedoch nach dem ÖKEVG 2019 weiter zulässig. In der BO für Wien soll daher eine Regelung aufgenommen werden, die über das ÖKEVG 2019 hinausgeht und sicherstellt, dass auch bei Änderungen an Gebäuden, soweit diese keine neu errichteten Gebäude betreffen, und bei Instandsetzungen von mind. 25 vH der Oberfläche der Gebäudehülle von Gebäuden keine Wärmebereitstellungsanlagen für feste und flüssige Energieträger errichtet werden.

Der zweite Satz in § 118 Abs. 3e aF kann entfallen, weil bereits in der WBTV 2020, Anlage 13 Pkt. 4.12. normiert ist, dass beim Neubau von Wohngebäuden eine zentrale Wärmebereitstellungsanlage zu errichten ist. Im Umkehrschluss sind daher bereits aufgrund der WBTV 2020 dezentrale Wärmebereitstellungsanlagen beim Neubau von Wohngebäuden verboten.

(EB zur Nov LGBl 2020/61)

Im § 118 werden einzelne Absätze geändert. Die bisherigen Absätze 1, 3, 3a, 3f, 4, 6 und 7 lauten wie bisher.

Im Abs. 2 wird eine Z 3 und eine Z 4 eingeführt. Gemäß Z 3 ist bei Neu-, Zu- und Umbauten immer sicherzustellen, dass die Verluste von Warmwasserleitungen, deren Leitungsführungen an Wohnräume angrenzen, so gering wie möglich gehalten werden. Bei Änderungen und Instandsetzungen von mindestens 25 vH der Oberfläche der Gebäudehülle besteht die Verpflichtung nur dann, wenn es aus technischen und wirtschaftlichen Gründen zweckmäßig ist.

Der Abs. 3b regelt die Verpflichtung für Neubauten mit Ausnahme von Wohnbauten und wird dahingehend geändert, als die Möglichkeit der Behörde auf Antrag von der Verpflichtung zum Einsatz der genannten technischen Systeme abzusehen, entfällt. Stattdessen muss in den genannten Fällen ein Einsatz auf sogenannten Ersatzflächen erfolgen. Im Baubewilligungsverfahren ist darzulegen, auf welcher Grundfläche oder auf welchen Grundflächen dieser Verpflichtung im jeweiligen Ausmaß nachgekommen wird. Dies ist durch Ersichtlichmachung im Grundbuch in der jeweiligen Einlage der Ersatzfläche sicherzustellen (sh. dazu auch die Ergänzung des § 130 Abs. 2 – Z 53). Die bisher vorgesehene Ausnahme für Bauwerke, die ausschließlich oder überwiegend Bildungszwecken dienen, entfällt.

Beim Neubau von Wohngebäuden wird mit dem Abs. 3c eine Verpflichtung zum Einsatz solarer Energieträger mit einer Spitzen-Nennleistung von mindestens 1 kWp pro charakteristischer Länge des Gebäudes und für je 300 m^2 konditionierter Brutto-Grundfläche oder zum Einsatz anderer technischer Systeme zur Nutzung umweltschonender Energieträger mit gleicher Leistung am Gebäude eingeführt. Abs. 3d sieht Ausnahmen für bestimmte Arten von Wohngebäuden vor, für die die Verpflichtung nicht gelten soll.

§ 118 Abs. 3f BO für Wien ist hinsichtlich seines Anwendungsbereiches mit dem neuen Ölkesseleinbauverbotsgesetz – ÖKEVG 2019 des Bundes (BGBl. I Nr. 6/2020) abzustimmen. Es handelt sich somit um eine Änderung rein formeller Art. Regelungsgegenstand des § 2 des ÖKEVG 2019 ist ausschließlich ein Verbot für flüssige und feste fossile Brennstoffe in Zentralheizungsanlagen im Neubau. Die Verwendung derartiger fossiler Energieträger in dezentralen Heizungsanlagen bleibt jedoch nach dem ÖKEVG 2019 weiter zulässig. Das ÖKEVG 2019 bezieht sich nicht auf die Verwendung von fossiler Energie in Bestandsbauten. Dem Land steht es aus verfassungsrechtlicher Sicht daher grundsätzlich frei, Regelungen zu treffen, die über den Regelungsgegenstand des ÖKEVG 2019 hinausgehen.

Mit dem Abs. 3f BO für Wien bleibt daher das seit 2018 geltende Verbot (Abs. 3e aF) für feste und flüssige fossile Energieträger auch im Bestand weiter aufrecht, sofern das betreffende Gebäude einer größeren Änderung bzw. Instandsetzung unterzogen wird. Österreich unterliegt im Bereich des Umwelt-und Klimaschutzes umfangreichen unionsrechtlichen und völkerrechtlichen Verpflichtungen, die nur erfüllt werden können, wenn auch der Gebäudesektor in die nationalen Bemühungen einbezogen wird.

Der zweite Satz im § 118 Abs. 3e aF kann im Abs. 3f entfallen, weil bereits in der Wiener Bautechnikverordnung 2020, Anlage 13 Punkt 4.12. normiert ist, dass beim Neubau von Wohngebäuden eine zentrale Wärmebereitstellungsanlage zu errichten ist. Im Umkehrschluss sind daher bereits aufgrund der WBTV 2020 dezentrale Wärmebereitstellungsanlagen beim Neubau von Wohngebäuden verboten.

Durch die Ergänzung des 3. Satzes im Abs. 5 wird im Gesetz ausdrücklich vorgesehen, dass die technischen Rahmenbedingungen des elektronischen Verkehrs zwischen der Behörde und den Beteiligten von der Baubehörde im Internet bekanntgemacht wird. Es handelt sich in diesem Fall um eine organisatorische Beschränkung des elektronischen Verkehrs, die von der Behörde im Internet kundzumachen ist (§ 13 Abs. 2 letzter Satz AVG).

(EB zur BO-Nov 2023, LGBl 2023/37 vom 13.12.2023)

Zu Abs 3

In der OIB-RL 6 idF 2023, Nationaler Plan (OIB-Dokument zur Definition des Niedrigstenergiegebäudes und zur Festlegung von Zwischenzielen in einem Nationalen Plan gemäß Art 9 Abs 3 zu 2010/31/EU) ist unter Pkt 4 angeführt, dass Einzelbauteilsanierungen bzw der Tausch oder Einbau einzelner Komponenten des gebäudetechnischen Systems derart zu erfolgen haben, dass unter Berücksichtigung dieser Einzelmaßnahmen die Zielwertanforderungen an die Gesamtenergieeffizienz bei größeren Renovierungen (vgl Pkt 3 des Nationalen Plans) mit weiteren – aber nicht zeitgleich durchgeführten – Maßnahmen erreicht werden können.

Ein gebäudetechnisches System ist eine technische Ausrüstung eines Gebäudes oder Gebäudeteils für Raumheizung, Raumkühlung, Lüftung, Warmwasserbereitung für den häuslichen Gebrauch, eingebaute Beleuchtung, Gebäudeautomatisierung und -steuerung, Elektrizitätserzeugung am Gebäudestandort oder für eine Kombination derselben, einschließlich Systemen, die Energie aus erneuerbaren Quellen nutzen (vgl Begriffsbestimmungen zu den OIB-RL, Ausgabe 2023).

Größere Renovierungen bestehen aus Einzelbauteilsanierungen (Maßnahmen zum Austausch oder der Ertüchtigung der Gebäudehülle und zwar die nachträgliche Anbringung einer Wärmedämmung an der Fassade, den Austausch von Fenstern, die Dämmung der obersten Geschoßdecke sowie der Kellerdecke) sowie Änderungen am gebäudetechnischen System, das der Wärmeversorgung dient.

Einzelbauteilsanierungen bzw Änderungen am gebäudetechnische System können zeitgleich durchgeführt werden. Sie können aber auch im Rahmen eines Sanierungskonzeptes in Etappen als einzelne Baumaßnahmen auf einer offenen Zeitskala durchgeführt werden. Bei vollständiger Umsetzung dieses Sanierungskonzeptes sind die Anforderungen an die größere Renovierung erreicht. Diese Einzelschritte lösen keine Verpflichtung zur sofortigen Durchführung anderer Einzelbauteilsanierungen oder zu der Änderung des gebäudetechnischen Systems aus. Zielsetzung dieser Vorschrift ist ausdrücklich die Ermunterung zu thermisch-energetischen Maßnahmen, ohne dabei die abschreckende Wirkung möglicherweise wirtschaftlich nicht realisierbarer, gesamthafter größerer Renovierungen zu riskieren. Bei größeren Renovierungen, die in Etappen erfolgen, ist bei jedem Einzelschritt darauf zu achten, dass die nachfolgenden Schritte nicht verunmöglicht werden. Werden beispielsweise in einem ersten Schritt Fenster ersetzt, ist dieser Ersatz so zu planen, dass ein späterer Anschluss einer entsprechenden Wärmedämmung u.a. jedenfalls möglich ist; wird beispielsweise in einem ersten Schritt die Fassade wärmegedämmt, ist u.a. jedenfalls auf die Fensteranschlüsse und die Dachanschlüsse zu achten.

Von dieser Vorschrift nicht umfasst sind bloße Reparaturen (zB nach Bruch eines Fensters, Reparaturmaßnahmen nach einem Wasserschaden).

„*Dezentral*" in der Z 1 ist nicht iS von „gebäudedezentral" zu verstehen. Laut den Erläuternden Bemerkungen der OIB-RL 6 [2019] ist unter Pkt 5 festgehalten, dass bei der Wortfolge „dezentrale Energieversorgungssysteme ..." das Attribut dezentral vom Begriff „dezentral" iSd ÖNORM H 5056-1" zu unterscheiden ist. Dezentrale Energieversorgungssysteme sind Energieumwandlungsanlagen, die unmittelbar einen Gebäudekomplex, einzelne Gebäude oder Gebäudeteile auf einem Bauplatz versorgen im Gegensatz zu zentralen Energieversorgungssystemen in Form von Fern- oder Nahwärmenetzen, die größere Gebiete von einem zentralen Punkt des Netzes aus mit Wärme versorgen.

Die Dokumentationspflicht beschränkt sich auf die genannten Maßnahmen und besteht neben der Dokumentationspflicht gemäß § 129 Abs 2. Ab dem Zeitpunkt, in dem für ein Gebäude ein Bauwerksbuch angelegt ist, hat die Dokumentation im Rahmen des Bauwerksbuchs zu erfolgen (§ 128a).

Zu Abs 3b

Die bisherigen **Abs 3b und 3c** werden zu einem neuen Abs 3b zusammengefasst. Im Unterschied zur geltenden Rechtslage werden nunmehr auch Zubauten in die Verpflichtung miteinbezogen. Für Wohngebäude wird die Verpflichtung erhöht und teilweise an jene für Nicht-Wohngebäude herangeführt. An der Verpflichtung für Nicht-Wohngebäude ändert sich demgegenüber nichts, da diese bereits bisher strengeren Anforderungen unterliegen.

Klargestellt wird durch die Ergänzung im ersten Satz, dass die Verpflichtungen gemäß Abs 3b unabhängig von Verpflichtungen zum Einsatz solarer Energieträger auf Grundlage anderer gesetzlicher Bestimmungen (zB WBTV 2020, Anlage 13) bestehen und eine wechselseitige Anrechnung daher nicht möglich ist. Wird zB eine Fotovoltaikanlagen auf Grundlage der WBTV 2020, Anlage 13 Pkt 5.2.3. lit c errichtet, vermag dies an einer darüber hinaus gehenden Verpflichtung gemäß § 118 Abs 3b nichts zu ändern und es sind die sich aus dieser Bestimmung ergebenden Leistungen zusätzlich zu erzeugen.

Durch die Änderung in Abs 3b Z 2 wird das Ausmaß der bisher geltenden Verpflichtung zum Einsatz solarer Energieträger für Wohngebäude erhöht und teilweise an die bislang geltenden Bestimmungen für Nicht-Wohngebäude angepasst. Die Stadt Wien hat sich zum Ziel gesetzt, die Fotovoltaik-Leistung innerhalb des Wiener Stadtgebietes von 50 MWp im Jahr 2021 auf 800 MWp im Jahr 2030 zu steigern.

Die Berechnung der Verpflichtung gemäß Z 2 erfolgt mittels folgender Formel:

$$P_{PV} = \frac{BGF_{kond.}}{150 \times l_c}$$

Um den Einsatz solarer Energieträger bzw. anderer technischer Systeme zur Nutzung umweltschonender Energieträger auch im Bereich der Wohngebäude zu gewährleisten, wird die Ausnahmemöglichkeit von der Verpflichtung gestrichen. Wenn der Einsatz auf dem eigenen Grundstück nicht möglich oder zweckmäßig ist, hat der Einsatz immer dann, wenn das Ausmaß der Verpflichtung größer oder gleich 1 kWp ist, auf einer anderen Liegenschaft bzw. auf einem Gebäude auf einer anderen Liegenschaft („Ersatzflächen") zu erfolgen. Beträgt das Ausmaß der Verpflichtung weniger als 1 kWp und ist der Einsatz auf dem eigenen Grundstück aus den im Gesetz angeführten Gründen nicht möglich, besteht keine Verpflichtung zum Einsatz auf einer Ersatzfläche, weil dafür der Aufwand für Bauwerber unverhältnismäßig hoch wäre. Der Entfall bezieht sich nur auf die Verpflichtung zum Einsatz auf der Ersatzfläche und nicht auf die grundsätzliche Verpflichtung. Diese besteht auch dann, wenn die Berechnung nach Z 1 oder Z 2 zB eine Verpflichtung im Ausmaß von 0,69 kWp ergibt.

Ein Auf- oder Abrunden auf eine ganze kWp-Zahl hat bei der Berechnung der Verpflichtung nicht zu erfolgen. Die Verpflichtung wird entsprechend der bisherigen Vollzugspraxis auf zwei Kommastellen errechnet.

Geeignete Ersatzflächen sind solche, auf denen die Errichtung und der Einsatz dieser Systeme gemäß der Bauordnung und den sonstigen Vorschriften des Bundes- oder Landesrechtes zulässig sind. Im Baubewilligungsverfahren ist darzulegen, auf welcher Grundfläche oder auf welchen Grundflächen dieser Verpflichtung im jeweiligen Ausmaß nachgekommen wird. Es dürfen nur solche bestehende Anlagen auf Ersatzflächen herangezogen werden, die freiwillig und nicht aufgrund einer gesetzlichen Verpflichtung errichtet wurden. Durch die Änderung in Abs 3b Z 2 wird die Verpflichtung auf Zubauten (§ 60 Abs 1 lit a BO) ausgeweitet.

Das Ausmaß der Verpflichtung bezieht sich auf die zusätzlich geschaffene konditionierte Brutto-Grundfläche (BGF) und nicht auf den bereits bestehenden Gebäudeteil. Die Berechnung der charakteristischen Länge (l_c) erfolgt unter Hinzurechnung der adiabatischen Trennfläche. Die übrigen Bestimmungen sind ident zur Verpflichtung für Neubauten.

Um in der Praxis Rechtssicherheit zu schaffen, wird im letzten Satz dieser Bestimmung nun ausdrücklich geregelt, dass nur solche Anlagen auf Ersatzflächen herangezogen werden können, bei denen die Inbetriebnahme im Zeitpunkt der Baueinreichung nicht länger als zwei Jahre zurückliegt. Aufgrund der geltenden elektrizitätsrechtlichen Bestimmungen im WElWG 2005 sind sowohl Fertigstellung als auch Inbetriebnahme der Netzbetreiberin zu melden (vgl §§ 6a Abs 9 bzw 11 und § 12 Abs 6 WElWG 2005 idF LGBl Nr 33/2022). Zur Bescheinigung des Inbetriebnahmezeitpunkts kann im Bauverfahren diese Meldung herangezogen werden.

Entfall des Abs 3d

Die **Ausnahmebestimmung** betreffend Wohngebäude in der Bauklasse I, die mehr als zwei Wohnungen enthalten, Kleingartenhäuser und Kleingartenwohnhäuser entfällt, weil auch bei diesen Gebäudetypen solare Energieträger verstärkt zum Einsatz kommen sollen.

Zu Abs 3f

Diese Ergänzungen betreffen Verpflichtungen, die derzeit auf Änderungen und Instandsetzungen von mindestens 25 vH der Oberfläche der Gebäudehülle von Gebäuden beschränkt ist. Diese werden nun dahingehend erweitert, als auch bei Einzelbauteilsanierungen und Änderungen am gebäudetechnischen System neue Wärmebereitstellungsanlagen für feste und flüssige fossile Brennstoffe verboten sind.

Zu Abs 4

Die Sonderregelung betreffend die Einhaltung bestimmter Wärmedurchgangskoeffizienten für Gebäude in Schutzzonen sowie erhaltungswürdigen gegliederten Fassaden an bestehenden Gebäuden in der Z 1 entfällt. Nunmehr ist im Rahmen der Betrachtung im Einzelfall, unter Berücksichtigung möglicher Auswirkungen auf das örtliche Stadtbild entsprechend den Vorgaben der OIB-RL 6 vorzugehen.

Zu Abs 8

Hinsichtlich der in Abs 3 normierten verpflichtenden Nutzung hocheffizienter alternativer Systeme wird eine Sonderbestimmung für Fernwärme-Ausbaugebiete geschaffen. Es wird damit die Möglichkeit geschaffen, dass Liegenschaften, die sich in solchen Gebieten befinden und einer Verpflichtung zur Umstellung auf hocheffiziente alternative Systeme unterliegen, nicht gezwungen werden, ein anderes hocheffizientes alternatives System wählen zu müssen, weil ein Anschluss an die Fernwärme erst zu einem späteren Zeitpunkt möglich wäre.

Befindet sich ein Gebäude, das beispielsweise einer größeren Renovierung unterzogen wird, innerhalb eines ausgewiesenen Energieraumplan-Ausbaugebietes gemäß § 2b Abs 3a, und steht dadurch fest, dass das betreffende Gebäude künftig mit qualitätsgesicherter Fernwärme versorgt werden wird, müssen im Zuge des Bauprojektes jedenfalls alle Vorbereitungen getroffen werden, um zum Zeitpunkt der Verfügbarkeit qualitätsgesicherter Fernwärme das gebäudetechnische System zeitgerecht auf Fernwärme umstellen zu können. Zu diesem Zweck darf bis dahin der bisher verwendete Energieträger (idR wird es sich dabei um Gas handeln) zentral zum Einsatz kommen, allerdings bereits so geplant, dass der zentrale Gaskessel mittels geringstem Aufwand gegen einen entsprechenden Fernwärme-Umformer getauscht werden kann und keinesfalls in den Nutzungseinheiten noch bauliche Maßnahmen zu treffen sind.

Der Nachweis über die Versorgung mit Fernwärme kann insbesondere erbracht werden, indem im Zeitpunkt der Einreichung des Bauprojektes ein Vertrag mit einem Fernwärme-Anbieter über die künftige Versorgung des Gebäudes mit qualitätsgesicherter Fernwärme vorgelegt wird.

Anmerkungen

1) Mit der BO-Nov 2023, LGBl 2023/37 wurde § 118 zT umgegliedert bzw neu gefasst und insb hinsichtl der PV-Verpflichtung erweitert bzw verschärft.

2) Die PV-Anlage ist nunmehr auf der Liegenschaft und nicht mehr zwingend am (selben) Gebäude zu errichten. Dies ist eine deutliche praktische Erleichterung. Daraus ergibt sich aber keine Zulässigkeit zur Aufstellung auf an sich unzulässigen Bereichen.

2a) Die Kompensation mittels Ersatzflächen ist nun auch bei Wohngebäuden erforderlich (sofern rechtlich, technisch oder wirtschaftlich am Standort nicht möglich).

3) Gem § 130 Abs 2 lit l ist die Verpflichtung zum Einsatz von technischen Systemen auf Ersatzflächen (Abs 3b) dann auf Antrag der Behörde oder auf Grund eines behördlichen Bescheides im Grundbuch ersichtlich zu machen. Dabei haben die Eigentümer und Baurechtseigentümer der Liegenschaft, auf der sich die Ersatzflächen befinden (dienende Liegenschaft), hinsichtlich der Eintragung ins Grundbuch Parteistellung.

Die PV-Verpflichtung und damit ggf die Verpflichtung zum Einsatz von Anlagen auf Ersatzflächen ist an sich mit dem auslösenden Bauvorhaben verknüpft. Somit ist auch der diesbezügliche Bauwerber bzw Eigentümer dieser Liegenschaft zur (fortwährenden) Erfüllung verpflichtet (vgl Erfüllung der Stellplatzverpflichtung iSd WGarG 2008). Fällt etwa der Einsatz auf Ersatzflächen weg, so wird die Solarverpflichtung von diesem nicht mehr erfüllt und ist seinerseits eine Erfüllung auf anderem Wege durchzuführen. Ob ein Erfordernis und eine Rechtsgrundlage besteht, aus der Verbücherung der Verpflichtung zu den Ersatzflächen auch eine Betriebs- und Bestandspflicht des Betreibers bzw Eigentümers der Ersatzflächen abzuleiten, werden die Praxis und ggf die Judikatur zeigen. Die ersichtlich gemachte Verpflichtung kann gem § 131 gelöscht werden, wenn sie gegenstandslos geworden ist oder den Grundbuchskörper nicht mehr betrifft. Fällt die einer Inanspruchnahme von Ersatzflächen zugrunde liegende vertragliche Vereinbarung weg, so wird wohl auch der Eigentümer der (vormals) dienenden Liegenschaft einen Anspruch auf Löschung haben. Eine fortwährende Bindung der dienenden Liegenschaft etwa auch bei Nichteinhaltung einer vereinbarten Gegenleistung (Entgelt) erschiene problematisch.

3a) Die Abänderung von Ersatzflächen (zB anderer Standort) bedarf eines neuen Bescheides zur Festlegung und Anordnung der Verbücherung und kann daher nicht etwa im Rahmen der Fertigstellungsanzeige erfolgen. Auch bei einem Beitritt zu einer Energiegemeinschaft sind die Anforderungen zur bescheidmäßigen Konkretisierung und Verbücherung der Ersatzflächen zu erfüllen.

4) Neubauten von Wohngebäuden sind nach der BO-Nov 2023 nun bereits ab 150 m² statt 300 m² BGF erfasst. Formell ist mit dem Entfall des Abs 3d die Ausnahme etwa für Kleingartenhäuser und Kleingartenwohnhäuser entfallen (vgl § 8 Abs 3 Z 7 WKlG 1996 zur Ausweisung der PV-Verpflichtung). Derartige Häuser werden idR aber eine BGF von < 150 m² aufweisen und somit faktisch nicht in die Verpflichtung fallen.

5) Unter Errichtung einer Wärmebereitstellungsanlage ist wohl nur die Neuerrichtung zu verstehen. Der Ersatz von unbrauchbar gewordenen Altteilen kann nicht als Errichtung einer Wärmebereitstellungsanlage verstanden werden.

6) Mit BO-Nov 2023, LGBl 2023/37 entfällt die Ausnahme für bestehende Gebäude in Schutzzonen sowie erhaltungswürdige gegliederte Fassaden an bestehenden Gebäuden.

Energieausweisdatenbank[1)]

§ 118a. (1) Der Magistrat hat ein Datenregister einzurichten und zu führen, das alle Energieausweise für Gebäude in Wien umfasst (Energieausweisdatenbank).

(2) Jeder Aussteller (§ 118 Abs. 5) eines nach diesem Gesetz oder dem Energieausweis-Vorlage-Gesetz 2012, BGBl. I Nr. 27/2012, erforderlichen Energieausweises ist verpflichtet, für jedes Gebäude unter Bezugnahme auf den Gebäude- und Adresscode bestimmte Indikatoren (Abs. 5) sowie eine elektronische Fassung des Energieausweises in einem Dateiformat, das eine originalgetreue Weitergabe ermöglicht, einschließlich der Berechnungen in der Energieausweisdatenbank zu registrieren, wobei die technische Nachvollziehbarkeit der Berechnungen gegeben sein muss.

(3) Die zur Ausstellung von Energieausweisen Berechtigten haben Zugriff auf die Daten der von ihnen ausgestellten Energieausweise sowie auf die Daten gemäß Abschnitt B Z 1, 3 und 7 und Abschnitt C der Anlage des Bundesgesetzes über das Gebäude- und Wohnungsregister (GWR-Gesetz), BGBl. I Nr. 9/2004 in der Fassung BGBl. I Nr. 1/2013.

(4) Der Magistrat darf personenbezogene Daten des Energieausweises betreffend den Namen, die Anschrift und die Befugnis des Ausstellers (§ 118 Abs. 5) zum Zweck der stichprobenartigen Kontrolle (§ 118b) automationsunterstützt verwenden. Die nicht personenbezogenen Daten des Energieausweises dürfen automationsunterstützt verwendet werden, soweit dies zur Verfolgung statistischer, energiepolitischer oder förderungspolitischer Zwecke erforderlich ist.

(5) Die Indikatoren, die gemäß Abs. 2 in der Energieausweisdatenbank zu registrieren sind, werden durch Verordnung der Landesregierung bestimmt.[2)]

(EB zur Nov LGBl 2014/25)

Entsprechend Art. 18 der RL 2010/31/EU ist für Energieausweise ein unabhängiges Kontrollsystem gemäß Anhang II der RL einzurichten. Demgemäß hat die Behörde eine Stichprobe mindestens eines statistisch signifikanten Prozentanteils aller jährlich im Bauverfahren als Nachweis für den erforderlichen Wärmeschutz vorgelegten Energieausweise einer Überprüfung zu unterziehen (**§ 118b**). Um der Behörde diese Kontrolle zu ermöglichen, ist jeder Energieausweis – ungeachtet dessen, ob er auf Grund der Vorschriften der BO oder des Energieausweis-Vorlage-Gesetzes 2012 erstellt wird – vom Aussteller in einer gemäß **§ 118a** vom Magistrat einzurichtenden und zu führenden Datenbank zu registrieren.

Anmerkungen

1) Die §§ 118a und 118b wurden mit Nov 2014/25 eingefügt.

2) Siehe die Energieausweisdatenbank-Verordnung (EADBV), LGBl 2015/23 idF LGBl 2016/2.

Kontrolle der Energieausweise[1)]

§ 118b. Die Behörde hat eine Stichprobe aller jährlich nach diesem Gesetz und dem Energieausweis-Vorlage-Gesetz 2012, BGBl. I Nr. 27/2012, in der Energieausweisdatenbank (§ 118a) eingebrachten Energieausweise zu nehmen und diese einer Kontrolle gemäß Anhang II Z 1 der Richtlinie 2010/31/EU zu unterziehen. Die Stichprobe muss ausreichend groß sein, um statistisch signifikante Ergebnisse über die Einhaltung zu gewährleisten.

Anmerkung

1) Die §§ 118a und 118b wurden mit Nov 2014/25 eingefügt. Vgl EB zu § 118a. § 118b idF LGBl 2020/61.

8. Abschnitt
Sonstige Anforderungen an Bauwerke, Bauteile und Anlagen
Arten von Nutzungseinheiten in Gebäuden

§ 119.[1)] **(1) Eine Nutzungseinheit ist ein selbstständig nutzbarer Teil eines Gebäudes. Nutzungseinheiten bestehen aus einer oder mehreren Räumlichkeiten, die von anderen Nutzungseinheiten oder allgemeinen Teilen des Gebäudes abgetrennt sind. Nutzungseinheiten sind entweder Wohneinheiten (Wohnungen, Wohneinheiten in Heimen und Beherbergungsstätten), Zimmereinheiten (in Heimen und Beherbergungsstätten), Betriebseinheiten oder sonstige Nutzungseinheiten.**

(2) Bei einer Wohnung handelt es sich um die Gesamtheit von einzelnen oder zusammenliegenden Räumen, die baulich in sich abgeschlossen sind, über einen eigenen Zugang[11)] **vom Stiegenhaus oder Hausflur oder von außen verfügen, die selbstständige Führung eines eigenen Haushalts ermöglichen und zu Wohnzwecken bestimmt sind. Die Nutzfläche einer Wohnung muss mindestens 30 m² betragen. Jede Wohnung muss über mindestens eine Toilette, eine Dusch- oder Badegelegenheit und eine Kochgelegenheit im Wohnungsverband verfügen. Eine Wohnung muss zumindest aus einem Aufenthaltsraum bestehen. Bei Wohnungen mit mehr als zwei Aufenthaltsräumen**[2)] **muss mindestens eine Toilette in einem separaten Raum untergebracht werden. Wohnungen müssen, ausgenommen in den in § 115 Abs. 1 Z 1 lit. a bis d genannten Bauwerken, so gestaltet sein, dass sie nachträglich für die Benutzung durch behinderte Menschen ohne erheblichen Aufwand anpassbar sind.**

(2a) Eine Wohnung darf außer unmittelbar für Wohnzwecke nur für folgende Nutzungen verwendet werden:[3)]

a) solche, die üblicherweise in Wohnungen ausgeübt werden; die gewerbliche Nutzung für kurzfristige Beherbergungszwecke stellt keine solche Tätigkeit dar,[4)5)5a)]

b) eine 90 Tage pro Kalenderjahr nicht überschreitende vorübergehende kurzfristige Vermietung[6)] **der Wohnung**[7)]**, für die eine Verpflichtung zur Entrichtung einer Ortstaxe**[5)] **nach dem Wiener Tourismusförderungsgesetz in der jeweils geltenden Fassung besteht, ohne dauerhafte Aufgabe des Wohnsitzes**[8)] **in dieser Wohnung.**

Eine über die Grenzen der lit. a und b hinausgehende Vermietung, für die eine Verpflichtung zur Entrichtung einer Ortstaxe nach dem Wiener Tourismusförderungsgesetz besteht, ist nach dem 1.7.2024[9)] **nur mit einer Ausnahmebewilligung gemäß § 129 Abs. 1a zulässig.**[10)]

(3) Unterkunftsräume in Heimen und Beherbergungsstätten verfügen zumindest über eine oder mehrere Schlafstellen. Sie können so ausgestaltet

sein, dass zur zweckmäßigen Nutzung die Mitbenutzung allgemeiner Räumlichkeiten erforderlich ist (Zimmereinheiten) oder über sämtliche Ausstattungsmerkmale einer Wohnung (Toilette, Dusch- oder Badegelegenheit und Kochgelegenheit im Zimmerverband) verfügen (Wohneinheiten).[12] Die einzelnen Unterkunftsräume müssen den Anforderungen für Aufenthaltsräume entsprechen; in Beherbergungsstätten genügt jedoch eine verglichene lichte Raumhöhe von 2,20 m, wenn den Erfordernissen der Gesundheit durch besondere Vorkehrungen, insbesondere die Gewährleistung einer ausreichenden Belüftung, Rechnung getragen wird und für jede Schlafstelle des Aufenthaltsraumes ein Luftraum von mindestens 15 m^3 zur Verfügung steht. Eine dem jeweiligen unmittelbaren Heimzweck zuwiderlaufende Verwendung von Unterkunftsräumen in Heimen ist nur dann und insoweit zulässig, als dies gesetzlich ausdrücklich erlaubt ist.

(4) Betriebseinheiten sind Nutzungseinheiten, die ausschließlich oder überwiegend Büro-, Geschäfts- oder sonstigen betrieblichen Zwecken dienen.

(5) Sonstige Nutzungseinheiten (Kellerabteile, Garagen, Freizeiträume und dergleichen, allgemeine Räumlichkeiten in Heimen und Beherbergungsstätten) sind ihrem jeweiligen Nutzungszweck entsprechend zu bezeichnen und zu benutzen.

(EB zur BO-Nov 2023, LGBl 2023/37 vom 13.12.2023)

Die **Neufassung** der **§§ 119–121** ist erforderlich, da es in der Praxis aufgrund der nicht immer klar abgrenzbaren Einteilung der verschiedenen Gebäudearten und ihrer Verwendungszwecke, auch iZm widmungsrechtlichen Vorgaben, zu Umgehungen kommt. Es soll daher eine präzisere Zuordnung von Räumlichkeiten zu bestimmten Kategorien geben, weshalb im neuen System eine Einteilung auf Ebene der Nutzungseinheiten erfolgt. Gleichzeitig werden die durch die Bauordnung an diese Räumlichkeiten gestellten Anforderungen auf einen zeitgemäßen Stand gebracht, ohne diese detaillierter als nötig zu regeln. Bewährte Inhalte werden weitgehend beibehalten und in das neue System integriert.

Abs 1 definiert, was eine Nutzungseinheit ist, und legt fest, welche Nutzungseinheiten es in Gebäuden gibt. Grundsätzlich lassen sich sämtliche nicht aufgeführten Nutzungseinheiten unter „sonstige Nutzungseinheiten“ subsumieren, wobei diese einerseits ihrem jeweiligen Nutzungszweck entsprechend zu bezeichnen und zu benutzen sind (vgl Abs 5) und andererseits nur Nutzungen umfassen können, die nicht bereits durch die anderen aufgezählten Nutzungseinheiten abgedeckt sind – sie können also weder Wohn-, Beherbergungs- bzw. Unterbringungszwecken (s. Unterkunftsräume in Heimen und Beherbergungsstätten) noch betrieblichen Zwecken im engeren Sinne dienen.

Die selbstständige Nutzbarkeit ergibt sich aus dem jeweiligen Nutzungszweck. Sie ist in Wohnungen dann gegeben, wenn diese zu dauerhaften Wohnzwecken nutzbar ist; eine Zimmereinheit eines Heimes etwa ist bereits dann selbstständig nutzbar, wenn sie über eine Schlafgelegenheit verfügt. Die erforderliche Mitbenützung allgemeiner Teile steht diesfalls der selbständigen Nutzbarkeit nicht entgegen.

Abs 2 regelt die Anforderungen, die an Wohnungen gestellt werden und legt abschließend fest, wann eine Bestimmung zu Wohnzwecken vorliegt und welche Nutzung dieser Bestimmung entspricht. Damit ist nunmehr klargestellt, dass eine Verwendung von Wohnungen insbesondere zur gewerblichen Kurzzeitvermietung zweckwidrig und damit unzulässig ist. Gleichzeitig gibt es aber künftig die Möglichkeit, eine befristete Ausnahmebewilligung für eine solche Verwendung zu erlangen (vgl § 129 Abs 1a)

Zu Abs 2a

Die Kurzfristigkeit muss sowohl bei einer gewerblichen Nutzung für Beherbergungszwecke (lit a) als auch bei einer Vermietung der Wohnung, für die eine Verpflichtung zur Entrichtung einer Ortstaxe besteht (lit b), gegeben sein. Sie ist anhand der Umstände im Einzelfall zu beurteilen. Heranzuziehen ist in diesem Zusammenhang die Judikatur des OGH, in der festgestellt wurde, dass ein Zeitraum von 2 bis 30 Tage eine kurzfristige Vermietung darstellt (vgl zB OGH 5 Ob 59/14h). Voraussetzung für den Anwendungsfall der lit b ist, dass der Wohnsitz (§ 1 Abs. 6 Meldegesetz 1991: „Ein Wohnsitz eines Menschen ist an einer Unterkunft begründet, an der er sich in der erweislichen oder aus den Umständen hervorgehenden Absicht niedergelassen hat, dort bis auf weiteres einen Anknüpfungspunkt von Lebensbeziehungen zu haben.") während der Vermietung bzw der Vermietungen innerhalb eines Kalenderjahres nicht aufgegeben wird. Dieser Wohnsitz kann entweder der Hauptwohnsitz (§ 1 Abs 7 Meldegesetz 1991) oder ein weiterer [Neben-, Zweit-] Wohnsitz sein. Ist in einer Wohnung kein Wohnsitz angemeldet, scheidet die Anwendung dieser lit aus. Die Beschränkung der Weitergabe der Wohnung, an der ein Wohnsitz begründet ist, auf 90 Tage bezieht sich auf die Wohnung und nicht auf die Person des Vermieters.

Zu Abs 3

Abs 3 regelt Unterkunftsräume in Heimen und Beherbergungsstätten und erfasst damit grundsätzlich alle Unterbringungsformen vom Gästezimmer, Hotelzimmer, Unterbringungseinheiten in Heimen in verschiedenster Ausstattungskategorie bis hin zum voll ausgestatteten Apartment oder den Kasernenschlafsaal. Unterkunftsräume, welche über eine volle Ausstattung verfügen, die zum selbstständigen Wohnen erforderlich ist, sind definitionsgemäß Wohneinheiten; ist keine solche Ausstattung vorhanden, da entweder Waschgelegenheit/Sanitäreinrichtungen oder eine Kochgelegenheit nicht innerhalb des Zimmerverbands des Unterkunftsraumes verfügbar sind und die damit verbundenen Bedürfnisse außerhalb desselben befriedigt werden müssen, liegt eine Zimmereinheit vor. Die Einteilung folgt der bisher bereits bestehenden Begriffseinteilung in Bauordnung und Nebengesetzen (s. etwa § 121 Abs 3 idgF sowie § 50 Abs 1 und 2 WGarG 2008) und präzisiert diese. Sogenannte „Serviced Appartements" und ähnliche Unterkunftsmodelle sind unter den Typus der Beherbergungsstätten zu subsumieren.

Für Heime gilt, dass deren Nutzung zur Unterbringung von Menschen in ihren Unterkunftsräumen stets iZm einem übergeordneten Zweck steht. Abs 3 letzter Satz stellt klar, dass eine Umgehung dieses übergeordneten Zwecks durch Verwendung dieser Räume zu anderweitigen Unterbringungsformen grundsätzlich ausgeschlossen ist. Eine solche Nutzung ist lediglich dann zulässig, wenn hierfür eine ausdrückliche gesetzliche Grundlage besteht (vgl etwa § 10 StudentenheimG).

Eine abschließende Regelung sämtlicher Nutzungsformen ist weder möglich noch zweckmäßig. Abs 5 legt daher fest, dass sonstige Nutzungseinheiten ihrem jeweiligen Nutzungszweck entsprechend zu bezeichnen und zu benutzen sind. Beispielsweise fallen unter diese Bestimmung auch Einheiten für religiöse, kulturelle, soziale oder Bildungszwecke sowie Nutzungseinheiten, die der technischen Infrastruktur zuzuordnen sind. Damit ist sichergestellt, dass für sämtliche Räumlichkeiten eine bewilligungsgemäße Benützung in den Konsensplänen festgelegt ist. Diese muss mit den Flächenwidmungs- und Bebauungsbestimmungen und dem Gebäudetyp in Einklang stehen, andernfalls ist die Errichtung der betreffenden Nutzungseinheit(en) unzulässig und kann ggf nicht bewilligt werden. Darüber hinaus besteht eine Bezeichnungspflicht gleichermaßen auch für sämtliche übrigen Nutzungseinheiten (vgl § 64 Abs 1 lit b).

Anmerkungen

1) §§ 119 bis 121 wurden mit der BO-Nov 2023, LGBl 2023/37 weitgehend neu gefasst. Der Begriff der Apartments ist nun auch im WGarG 2008 entfallen. Somit ist eine Umwidmung in Apartments etwa zur Kurzzeitvermietung nicht mehr möglich.

2) Zum Begriff s § 87 Abs 3.

3) Die Regelung des Abs 2a gilt für alle Wohnungen in Wien, somit auch für Wohnungen in Wohnzonen iSd § 7a.

4) Lit a entspricht dem Wortlaut des § 7a Abs 3 letzter HS.

5) Lit a und b sind mit unterschiedlicher Bezugnahme formuliert. Es wird sich aber um dieselbe erfasste Tätigkeit handeln. IdS bildet lit a die allgemeine Verbotsnorm und lit b die Ausnahme hiervon.

Gem § 11 WTFG haben alle Gäste, das sind Urlauber, Geschäftsreisende und sonstige Personen, die im Gebiet der Stadt Wien in einer Unterkunft gegen Entgelt Aufenthalt nehmen, die Ortstaxe zu entrichten. Die Abgabepflicht besteht unabhängig davon, ob das Entgelt vom Gast selbst oder durch Dritte für diesen entrichtet wird.

Damit ist praktisch jegliche entgeltliche Unterbringung externer Personen erfasst. Nicht erfasst ist unentgeltlicher Aufenthalt.

5a) Zu Zimmervermietung aus gewerberechtlicher Sicht siehe Infos auf der Webpage der Stadt Wien: unter https://www.wien.gv.at/wirtschaft/gewerbe/zimmervermietung.html.

Gewerblich ist zw „bloßer Raumvermietung" (bloße Überlassung ohne Dienstleistungen) und „Beherbergung" zu unterscheiden. Beherbergung wird abgegrenzt durch Dienstleistungen (Bettwäsche, Reinigung, Internet, TV, Küche etc), Adressierung an Touristen, Darstellung nach Außen, Dauer des Vertrags mit Kündigungs- und Storno-Bedingungen und Verpflegungen.

Beherbergung als Privatzimmervermietung außerhalb der GewO ist eine häusliche Nebenbeschäftigung (max 10 Betten, im eigenen Haushalt, keine Arbeitnehmer, untergeordnete Erwerbstätigkeit). Es ist ein freies Gewerbe (max 10 Betten, bloß Frühstück/Imbiss, bestimmte Getränke, Arbeitnehmer zulässig), es ist aber eine Zusammenrechnungspflicht der Betten zu beachten. Als Reglementiertes Beherbergungsgewerbe besteht ein Betriebsartenkatalog. Von der Genehmigungsfreistellungs-VO, BGBl II 2015/80 idF BGBl II 2018/172, sind „*Frühstückspensionen*" erfasst (max 30 Betten, Gebäude der Betriebsanlage dient ausschließlich Beherbergung, anderen Gewerben und Wohnung von Betriebsinhaber und Familie, keine BäderhygieneG-Einrichtungen [siehe § 1 Abs. 4 BHygG], Speisen: Frühstück/kleiner Imbiss nur für Beherbergungsgäste).

Betriebsanlagen bis 10 Betten sind idR genehmigungsfrei, keine genehmigungspflichtige Betriebsanlage.

Ob eine Bewilligung gem GewO zur Ausübung oder für die Betriebsanlage erforderlich ist oder vorliegt, ist für die etwaige Notwenigkeit einer Bewilligung iSd BO uU ein Indiz, aber ersetzt eine solche Bewilligung nicht. Die Begriffe der gewerblichen (uU genehmigungspflichtigen) Betriebsanlage und der Beherbergungsstätte iSd § 121 sind nicht deckungsgleich.

6) Die Normierung der 90-Tage-Grenze ist eine wesentliche Klarstellung und Erleichterung der Vollziehung. Es ist daher zu beachten, ob der einzelne Aufenthalt die Grenze zur Kurzzeitigkeit unterschreitet und ob die Summe solcher Aufenthalte dann die zulässigen 90 Tage nicht überschreitet. Hinsichtlich des einzelnen Aufenthalts ist keine explizite Grenze normiert. Die in den EB genannte Jud des OGH gibt mit 2 bis 30 Tagen einen Richtwert, es kann aber auch von den konkreten Umständen abhängen. Ein einzelner Aufenthalt zB von durchgehenden 40 Tagen ist demnach keine Kurzzeitvermietung und fällt damit nicht in den Anwendungsbereich und ist bei der Summierung auf 90 Tage nicht zu berücksichtigen (zB 3 × 40 Tage = 120 > 90, aber keine Kurzzeitvermietung).

7) Abs 2a erfasst die Nutzung der Wohnung als Ganzes. Vgl demgegenüber: Gem § 7a Abs 3 unterliegen Aufenthaltsräume in Wohnzonen, die als Wohnung oder Teile einer solchen Wohnung verwendet werden, besonderem Schutz.

8) Da juristische Personen über keinen Wohnsitz verfügen, scheiden diese einerseits von der zulässigen Kurzzeitvermietung grundsätzlich aus. Differenziert zu betrachten ist, wenn sie dem Unternehmen zugehörige Wohnungen zur unentgeltlichen Unterbringung der eigenen Mitarbeiter nutzen und diese für Zwischen- bzw Nebennutzungen für max 90 Tage touristisch vermieten (zB Kulturbetriebe für engagierte ausländische Künstler und touristische Vermietung in der spielfreien Zeit). Unentgeltliche Unterbringung unterliegt nicht der Ortstaxe und es liegt eine Eigen-Wohnnutzung vor, die nach Unterbrechung wieder fortgeführt wird. Dies entspricht dem Telos der Regelung.

9) Die BO-Nov 2023, LGBl 2023/37 trifft keine gesonderte Regelung hinsichtlich der 90-Tage Regelung für das Jahr 2024. Daher gilt das 90-Tage-Jahreslimit auch für 2024. Sind demnach die 90 Tage bereits vor dem 1.7.2024 konsumiert, so ist das Kontingent ausgeschöpft.

10) Für den Bereich der Wohnzonen ist als lex specialis eine Bewilligung gem § 7a Abs 3 letzter HS iVm Abs 5 erforderlich. Eine Ausnahmebewilligung gem § 129 Abs 1a kann nur außerhalb von Wohnzonen erteilt werden.

11) Die Regelung hinsichtlich des gesonderten Zugangs für Wohnungen stellt eine Verschärfung dar.

12) Gem § 121 Abs 1 müssen bei Heimen und Beherbergungsstätten für das Wohnen oder Wirtschaften gemeinschaftliche Anlagen vorgesehen sein. Das ist zu erfüllen, auch wenn die Unterkunftsräume gem Abs 3 als voll ausgestattete Wohneinheiten ausgebildet sind.

Judikatur (alt)

1) Die Bestimmungen des § 90 sowie die übrigen Bestimmungen des IX. Abschnittes der Bauordnung haben nur dann Anwendung zu finden, wenn Wohnungen bzw Miethäuser neu hergestellt werden (VwGH 13.11.1962, Slg 5902/A).

1a) Die Änderung der Widmung eines Gebäudes von einer Beherbergungsstätte bzw. einem Heim im Sinne des § 121 Abs 1 BO in ein Wohngebäude im Sinne des § 119 Abs 1 BO ist als Umbau zu beurteilen und stellt eine derart wesentliche Änderung der Nutzung dar, dass das Gebäude nach Durchführung dieser Änderung als ein im Sinne der oben genannten Judikatur „anderes" anzusehen ist, dies aus folgenden Gründen:

§ 119 Abs 1 BO definiert Wohngebäude als Gebäude, die ausschließlich oder überwiegend für Wohnzwecke bestimmt sind. In § 119 Abs 2 bis 6 BO sind eine Reihe von Ausstattungserfordernissen und Kriterien normiert, die verwirklicht sein müssen, damit ein Aufenthaltsraum (vgl dazu auch § 68 Abs 4, § 87 Abs 3 BO) bzw mehrere zusammenhängende (Aufenthalts-) Räume oder ein Gebäude die tatbestandsmäßigen Voraussetzungen für die Beurteilung als Wohnung oder Wohngebäude im Sinne der BO erfüllen, und bei deren Nichterfüllung ein baurechtlicher Konsens hiefür zu versagen ist. So ist etwa in § 119 Abs 2 (zweiter Satz) BO angeordnet, dass jede Wohnung über mindestens eine Toilette und ein Bad im Wohnungsverband verfügen muss.

1b) Nach dem allgemeinen Verständnis wird unter einer Wohnung ein baulich in sich abgeschlossener Teil eines Gebäudes verstanden, der Menschen zur Unterkunft und Haushaltsführung dient (vgl dazu etwa VwGH 18.5.1995, 94/06/0115). Zum Wohnen gehört neben der Möglichkeit des Aufenthaltes in der Freizeit auch die Möglichkeit zur Haushaltsführung, insbesondere die

Möglichkeit, zu kochen, Kleidung, sowie Gebrauchsgegenstände etc unterzubringen usw. Ist eine derartige selbstständige Wirtschaftsführung nicht möglich, so liegt keine Wohnung vor (vgl nochmals VwGH 18.5.1995, 94/06/0115).

1c) Demgegenüber sind Beherbergungsstätten in § 121 Abs 1 (erster Satz) BO als Unterkünfte definiert, bei denen entweder für das Wohnen oder für das Wirtschaften gemeinschaftliche Anlagen vorgesehen sind. Schon nach der zuvor erwähnten Definition einer Wohnung im allgemeinen Verständnis handelt es sich bei einer Beherbergungsstätte um keine Wohnung, sind doch die Unterkunftnehmer für das Wohnen oder für die Wirtschaftsführung auf gemeinschaftliche Anlagen angewiesen. Dasselbe gilt in Bezug auf Heime, welche in § 121 Abs 1 (zweiter Satz) BO als Gebäude oder Gebäudeteile, die zur ständigen oder vorübergehenden gemeinsamen Unterbringung von Menschen bestimmt sind, die zu einer nach anderen als familiären Zusammengehörigkeitsmerkmalen zusammenhängenden Personengruppe gehören, definiert sind (VwGH 12.12.2017, Ra 2016/05/0068).

Zu Abs 2a – Kurzzeitvermietung

1) Der in § 16 Abs 2 WEG 2002 verwendete Begriff „Änderungen" ist weit auszulegen und umfasst insb auch die im Gesetz ausdrücklich genannten Widmungsänderungen (5 Ob 277/04b immolex 2005, 216 [*Weixelbraun*] = ecolex 2005, 609 [*Friedl*] = MietSlg 56.483; 3 Ob 158/11y immolex 2012/37, 115 [*Neugebauer-Herl*] = wobl 2012/57, 153 mwN; *Vonkilch* in *Hausmann/Vonkilch*, Österreichisches Wohnrecht[3] § 16 WEG Rz 16 und 20 mwN). Jede solche Änderung, die eine Beeinträchtigung schutzwürdiger Interessen anderer Wohnungseigentümer mit sich bringen könnte, wofür also schon die Möglichkeit einer Beeinträchtigung genügt, bedarf der Zustimmung aller Mitglieder der Eigentümergemeinschaft oder der Genehmigung durch den Außerstreitrichter in einem Verfahren nach § 52 Abs 1 Z 2 WEG 2002 (5 Ob 207/01d mwN; 3 Ob 158/11y immolex 2012/37, 115 [*Neugebauer-Herl*] = wobl 2012/57, 153 mwN). Vom Streitrichter ist in einem solchen Fall nur die Genehmigungsbedürftigkeit der Änderung und die eigenmächtige Rechtsanmaßung als Vorfrage über die Berechtigung des Unterlassungs- und Wiederherstellungsbegehrens zu prüfen; die Genehmigungsfähigkeit ist dagegen nicht Gegenstand dieses Verfahrens.

Der OGH hat bereits ausgesprochen, dass die zu Fremdenverkehrszwecken vorgenommene Vermietung eines als Wohnung gewidmeten Wohnungseigentumsobjekts für die Dauer von jeweils 3 bis 7 Tagen eine genehmigungspflichtige Widmungsänderung darstellt (3 Ob 158/11y immolex 2012/37, 115 [*Neugebauer-Herl*] = wobl 2012/57, 153; zust *Vonkilch* in *Hausmann/Vonkilch* aaO § 16 WEG Rz 20). Mit dieser Entscheidung steht die vom Berufungsgericht auch im vorliegenden Einzelfall angenommene Genehmigungspflicht im Einklang.

Der Beklagte vermietete seine Wohnung als „Appartement A* M*" für 2 bis 4 Personen über das Internet und auch über den örtlichen Tourismusverband I*, also im Weg einer „touristischen" Vermarktung, bislang über Zeiträume von 2 bis 30 Tage, also auf „kurzfristige" Dauer. Dass es dabei zwangsläufig zu einer höheren Frequentierung des Wohnhauses durch ständig wechselnde hausfremde Personen kommt, liegt auf der Hand. Wenn das Berufungsgericht aufgrund dieser Sachlage bei einer nach den Feststellungen typischerweise zu Dauerwohnzwecken genutzten Wohnanlage die Möglichkeit einer Beeinträchtigung schutzwürdiger Interessen anderer Wohnungseigentümer bejaht hat, dann liegt darin auch dann eine vertretbare Einzelfallbeurteilung, wenn in dieser Wohnanlage nur eine solche Wohnung, nämlich jene des Beklagten, im dargestellten Sinn verwendet wird (OGH 23.4.2014, 5 Ob 59/14h).

Wohngebäude

§ 119a.[1)] **(1) Wohngebäude sind Gebäude, die ausschließlich oder überwiegend Wohnungen enthalten. Die Abs. 2 bis 4 gelten auch für Nicht-Wohngebäude, wenn diese über mindestens zwei Wohnungen verfügen.**

(2) Bei Errichtung von Wohngebäuden, ausgenommen jener gemäß § 115 Abs. 1 Z 1 lit. a bis d, ist auf dem Bauplatz ein vom Inneren des Gebäudes zugänglicher Raum zum Abstellen von Kinderwägen vorzusehen. Dieser Raum sowie Waschküchen, Abfallsammelräume, Saunaräume und andere Gemeinschaftsräume müssen vom Hauseingang aus barrierefrei und gefahrlos zugänglich und benützbar sein.

(3) Bei der Schaffung von Wohnungen in Wohngebäuden, ausgenommen jener gemäß § 115 Abs. 1 Z 1 lit. a bis d, ist je 30 m² Wohnnutzfläche ein Fahrradabstellplatz auf dem Bauplatz zu errichten.[2)] **Dieser hat eine ordnungsgemäße Verwahrung des Fahrrades an einer Vorrichtung zu gewährleisten, die ein sicheres, stabiles und einfach nutzbares Abstellen und Absperren ermöglicht und muss folgende Anforderungen erfüllen:**

1. **Zumindest jeder zehnte Fahrradabstellplatz muss zur Verwahrung von Spezialfahrrädern (Lastenräder, Fahrradanhänger) geeignet sein.**
2. **Für eine angemessene Anzahl von Elektrofahrrädern sind Ladeplätze vorzusehen.**
3. **Die erforderlichen Fahrradabstellplätze können sowohl in einem Raum im Sinne des Abs. 2 als auch außerhalb eines Gebäudes geschaffen werden.**
4. **Die Fahrradabstellplätze sind so auszugestalten, dass die barrierefreie und gefahrlose Zugänglichkeit, die Sicherheit, der Witterungsschutz und die Verfügbarkeit der abgestellten Fahrräder gewährleistet sind.**

Die Behörde hat von der Einhaltung dieser Bestimmung teilweise oder gänzlich abzusehen, wenn die Bauwerberin oder der Bauwerber den Nachweis erbringt, dass die Errichtung von Fahrradabstellplätzen im Sinne dieser Bestimmung bei der Schaffung von Wohnungen in bestehenden Gebäuden technisch unmöglich oder wirtschaftlich unzumutbar ist.[3)]

(4) Bei Errichtung von Wohngebäuden mit mehr als 15 Wohnungen sind die Eigentümerin oder der Eigentümer (Miteigentümerin oder Miteigentümer) des Gebäudes sowie die Grundeigentümerin oder der Grundeigentümer verpflichtet, mindestens einen Spielplatz für Kleinkinder im Alter bis zu 6 Jahren (Kleinkinderspielplatz) im Freien anzulegen. Werden in Wohngebäuden bzw. in Wohnhausanlagen mehr als 50 Wohnungen errichtet, besteht zusätzlich die Verpflichtung, einen Spielplatz für Kinder und Jugendliche im Alter ab 6 Jahren (Kinder- und Jugendspielplatz) in dem der Anzahl und Größe der Wohnungen entsprechenden Ausmaß im Freien anzulegen. Der Kleinkinderspielplatz ist unmittelbar auf dem Bauplatz in Sicht- und Rufweite möglichst aller Wohnungen anzulegen. Die Kinder- und Jugendspielplätze sind gleichfalls grundsätzlich auf demselben Bauplatz anzulegen; sie können jedoch auch als Gemeinschaftsspielplätze für mehrere Bauplätze zusammengelegt werden, wenn die Herstellung und die Zugänglichkeit des Spielplatzes durch eine im Grundbuch ersichtlich gemachte öffentlich-rechtliche Verpflichtung sichergestellt[4)] **und er über einen höchstens 500 m langen, gefahrlosen Zugang erreichbar ist. Er muss eine Größe von mindestens 500 m² haben. Alle Spielplätze und die auf ihnen aufgestellten Turn- und Klettergeräte müssen baulich so ausgestaltet sein, dass sie sicher und gefahrlos benützt werden können. Darüber hinaus ist auf eine ausreichende Anzahl von barrierefreien Spielgeräten Bedacht zu nehmen. Die Verpflichtung zur gärtnerischen Ausgestaltung von Teilen des Bauplatzes steht der Anlage von Kinder- und Jugendspielplätzen nicht entgegen. Spielplätze müssen barrierefrei zugänglich sein. Von der Verpflichtung zum Anlegen von Kleinkinderspielplätzen sowie von Kinder- und Jugendspielplätzen kann auf Antrag durch die Behörde (§ 133) Abstand genommen werden, wenn deren Errichtung auf demselben Bauplatz infolge seiner baulichen Ausnützbarkeit nicht zumutbar ist oder Umstände vorliegen, die in der zweckmäßigen Nutzung der Liegenschaft gelegen sind und der zweckmäßigen Nutzung des Kinder- und Jugendspielplatzes entgegenstehen oder wenn ihre Errichtung infolge der Größe und Gestalt des Bauplatzes nicht möglich ist und in jedem Fall im Gebäude ein genügend großer Kinder- und Jugendspielraum vorgesehen wird.**

(5) Die Landesregierung kann durch Verordnung nähere Vorschriften über die bauliche Beschaffenheit der Kleinkinderspielplätze und Kinder- und Jugendspielplätze hinsichtlich der Sicherheit und Gesundheit der Kinder, über von Hauptfenstern bestehender Wohngebäude auf demsel-

ben Bauplatz und von rechtlich möglichen Hauptfenstern auf Nachbarbauplätzen unter Berücksichtigung der Lärmemission freizuhaltende Abstände, über das Ausmaß, das für Kleinkinderspielplätze 30 m² und für Kinder- und Jugendspielplätze 500 m² nicht unterschreiten darf, über ihre Ausstattung unter Berücksichtigung der Erkenntnisse der medizinischen Wissenschaften und der Grundsätze des barrierefreien Planens und Bauens sowie über die Größe und Ausstattung der Kinder- und Jungendspielräume (Gemeinschaftsräume), die 50 m² nicht unterschreiten dürfen, erlassen.

(EB zur BO-Nov 2023, LGBl 2023/37 vom 13.12.2023)

§ 119a entspricht im Wesentlichen dem bisherigen § 119. Die Bestimmungen über die Ausgestaltung von Wohnungen wurden in überarbeiteter Form in den neuen, die Nutzungseinheiten regelnden § 119 verlegt. Die baulichen Anforderungen an Wohngebäude bleiben bestehen (nunmehrige Abs 2 bis 4 des § 119a), wobei diese auch auf gemischt genutzte Gebäude, die Wohnungen enthalten, jedoch nicht als Wohngebäude anzusehen sind, zur Anwendung kommen, wenn diese mind. zwei Wohnungen enthalten.

Auch wenn die Qualifikation als Wohngebäude nach dem nunmehrigen System in Bezug auf die Verpflichtungen in § 119a Abs 2 bis 4 nicht mehr ausschlaggebend ist, war eine solche dennoch beizubehalten, da die Bauordnung an mehreren Stellen auf Wohngebäude Bezug nimmt und Regelungen für diese trifft (vgl etwa die §§ 6, 88a, 111, 115, 118). Ein Wohngebäude liegt nach der neuen Regelung definitionsgemäß dann vor, wenn es sich um ein Gebäude handelt, das ausschließlich oder überwiegend Wohnungen enthält (bislang wurde nicht auf Wohnungen, sondern auf den Wohnzweck abgestellt). Wohnungen sind dann überwiegend enthalten, wenn diese mehr als die Hälfte der Gesamtnutzfläche des Gebäudes einnehmen, wobei sonstige Nutzungseinheiten, die ein Zubehör zu den Wohnungen bilden (Keller, Stellplätze) bzw der Wohnnutzung dienen (Sporträume, Sauna für Bewohner) bei der Berechnung der Gesamtnutzfläche außer Betracht bleiben.

Die bislang von § 119 normierten Anforderungen an Fahrradabstellplätze haben sich in der Praxis als nicht hinreichend detailliert erwiesen. Es werden daher spezifischere Qualitätsmerkmale aufgenommen. IdS wird nunmehr ausdrücklich festgehalten, dass Fahrradabstellplätze über eine einfach nutzbare Abstellvorrichtung verfügen müssen. Das vormals in der beispielhaften Aufzählung genannte Hängesystem hat sich in der Praxis aufgrund seiner Handhabung nicht bewährt. Die Abstelleinrichtungen sollen für alle Fahrradtypen verwendbar und das Abstellen sowie Entnehmen von Fahrrädern soll schnell und ohne Kraftaufwand möglich sein (vgl RVS 03.02.13 Radverkehr Pkt 13.4.). Die Abstellvorrichtung soll keine eigene Absperrmöglichkeit vorsehen, vielmehr sollen die Benutzer Fahrräder mit eigenen Schlössern absperren können. Hinzu kommt die Verpflichtung, mind. 10 % der Fahrradabstellplätze derart auszugestalten, dass dort Spezialfahrräder (zB Lastenräder, Trikes, Fahrräder mit Handbetrieb) barrierefrei zugänglich verwahrt werden können.

Zudem ist mittlerweile jedes dritte verkaufte Fahrrad ein E-Bike, wobei weitere Erhöhungen dieses Anteils zu gewärtigen sind. Mit dieser Entwicklung korreliert ein steigender Bedarf an sicheren Abstellmöglichkeiten in Wohnhäusern, die mit entsprechenden Ladegelegenheiten ausgestattet sind. Aus diesem Grund wird nunmehr angeordnet, dass bei der Errichtung von Wohngebäuden die Möglichkeit vorgesehen werden muss, E-Bikes zu laden.

Zur Ausgestaltung von Fahrradabstellplätzen im Allgemeinen wird auf die RVS 03.02.13 Radverkehr verwiesen. Zusätzlich wird festgehalten, dass Fahrradabstellplätze tunlichst ohne fremde Hilfe erreichbar sein sollen. Hindernisse wie zB Türen sollten nach Möglichkeit vermieden werden. Hinsichtlich des Platzbedarfs von Fahrradabstellplätzen nimmt die RVS einen generellen Richtwert von 2,4 m^2 pro Fahrrad an (Pkt 13.3). Je nach Art der verwendeten Radabstellanlage kann sich ein geringerer Platzbedarf ergeben. Im Gesetz ist vorgeschrieben, dass ein sicheres Abstellen der Fahrräder gewährleistet sein muss. Diese Vorgabe zielt primär auf die Standsicherheit ab.

Bei Gebäuden oder Gebäudeteilen, die barrierefrei zu gestalten sind, darf das Längsgefälle von Rampen höchstens 6 % betragen (vgl OIB-RL 4). Rampen, die zu Fahrradabstellplätzen führen, die aber nicht für ihre barrierefreie Zugänglichkeit erforderlich sind (da zB bereits Personenaufzüge vorhanden sind) dürfen in Anlehnung an Pkt 2.2.1 OIB-RL 4 ein größeres Längsgefälle (10 % gem Pkt 2.2.1 OIB- RL 4 idF 2023) aufweisen.
Eine ebenerdige Erschließung muss nicht zwingend im Gesetz vorgesehen werden, weil ohnedies barrierefreie Erschließung und Zugänglichkeit verankert sind. Die konkrete Umsetzung dieser Kriterien obliegt sodann dem Planer.

Die Verpflichtung zur Schaffung von Fahrradabstellplätzen nach **Abs 3** wird bei jeder Schaffung einer Wohnung – somit auch bei Nutzungsänderungen von Gebäuden (Umbau) oder Zubauten ausgelöst. Weil diese Nutzungsänderungen allerdings Bestandsgebäude betreffen, bei denen die entsprechende Ausgestaltung von Fahrradabstellplätzen teilweise nicht möglich sein könnte, wird der Behörde gebundenes Ermessen hinsichtlich einer teilweisen oder gänzlichen Nachsicht von der Einhaltung dieser Bestimmung eingeräumt. Bauwerber haben dabei schlüssig darzustellen, warum ihnen die Einhaltung dieser Bestimmung nicht möglich ist.

Anmerkungen

1) §§ 119 bis 121 wurden mit der BO-Nov 2023, LGBl 2023/37 weitgehend neu gefasst. Für bestehende Bauwerke vgl Art III Abs 7 zu § 119a Abs 2 und 3.

2) Die Anforderungen gelten auch für den Zubau oder Einbau von neuen Wohnungen in den Bestand (Ausnahme, wenn wirtschaftlich oder technisch auf dem Bauplatz nicht möglich); die Anforderungen gelten nicht nur für Wohngebäude, sondern auch für Nicht-Wohngebäude, wenn mehr als 2 Wohnungen vorhanden sind.

3) Die Prüfung der wirtschaftlichen Unzumutbarkeit ist in der Praxis sehr aufwendig. Bei § 68 ergibt sich die Unzumutbarkeit etwa in Relation nur zu den Kosten des konkreten Projektes.

4) Gemeinschaftsspielplätze sind wohl auch nicht auf bzw außerhalb von Bauplätzen möglich, zB auf Trennstücken bzw in als Epk gewidmeten Flächen. Dies wird auch seitens der Flächenwidmung zT so vorgesehen. Die Verbücherung ist jedoch de facto problematisch, wo Flächen im Eigentum der Stadt Wien stehen. Mit einer Verbücherung soll eine Bestandssicherheit gewährleistet werden, was bei Flächen der Stadt Wien wohl auch so anzunehmen wäre.

Büro- und Geschäftsgebäude

§ 120. (1) Büro- und Geschäftsgebäude sind Gebäude, die ausschließlich oder überwiegend Büro-, Geschäfts- und Lagerräume enthalten.[1)] In solchen Gebäuden dürfen auch einzelne kleinere Werkstätten untergebracht sein.

(2) Bei der Errichtung von Büro- und Geschäftsgebäuden sowie von Betriebs- und Produktionsstätten ist ein dem geplanten Verwendungszweck des Gebäudes entsprechendes Ausmaß an Fahrradabstellplätzen vorzusehen. Diese haben eine ordnungsgemäße Verwahrung der Fahrräder an einer Vorrichtung zu gewährleisten, die ein sicheres, stabiles und einfach nutzbares Abstellen und Absperren ermöglicht. Für eine angemessene Anzahl von Elektrofahrrädern sind Ladeplätze vorzusehen.[2)]

(EB zur BO-Nov 2023, LGBl 2023/37 vom 13.12.2023)

Arbeitsstätten sind lt Pkt 13.1 der RVS 03.02.13 Radverkehr wichtige Standorte für Fahrradabstellmöglichkeiten. Weil der konkrete Nutzerkreis von Nicht-Wohngebäuden bei ihrer Errichtung oftmals noch nicht feststeht (zB haben Geschäftsgebäude ohne Kundenverkehr andere Nutzerkreise als Geschäftsgebäude mit Kundenverkehr), wird im neuen Abs 2 auf die geplante Verwendung abgestellt; zukünftige Verwendungsänderungen des Gebäudes führen somit nicht zu einer entsprechenden Anpassung der Verpflichtung. Zur Ermittlung eines Richtwerts kann der Leitfaden „Radabstellanlagen bei Gebäuden" der Magistratsabteilung 18 herangezogen werden. Dieser sieht die Errichtung eines Fahrradabstellplatzes für jeden zehnten Mitarbeiter bei guter, für jeden fünften Mitarbeiter bei schlechter Anbindung des Arbeitsplatzes an den öffentlichen Personennahverkehr vor. Die Errichtung zusätzlicher Fahrradabstellplätze wird bei Arbeitsstätten mit hoher Kundenfrequenz empfohlen.

Anmerkungen

1) Also mehr als 50%. Werkstätten gelten nicht als Büro-, Geschäfts- oder Lagerräume.

2) Mit BO-Nov 2023, LGBl 2023/37 wird Abs 2 neu gefasst und die Verpflichtung, Abstellmöglichkeiten für Fahrräder vorzusehen, auch auf Betriebs- und Produktionsstätten weiter ausgedehnt. Vgl die Anforderungen bei Wohngebäuden gem § 119a Abs 3.

Beherbergungsstätten und Heime

§ 121. (1) Bei Heimen und Beherbergungsstätten[1)2)] handelt es sich um zentral verwaltete Unterkünfte, bei denen entweder für das Wohnen oder für das Wirtschaften gemeinschaftliche Anlagen[3)] vorgesehen sind und die als eigenständiges Gebäude oder als Teil eines Gebäudes errichtet werden können.

(2) Beherbergungsstätten dienen der Unterbringung von Gästen zu vorübergehendem Aufenthalt.

(2a) Heime sind zur ständigen oder vorübergehenden gemeinsamen Unterbringung von Menschen bestimmt, die zu einer nach anderen als familiären Zusammengehörigkeitsmerkmalen zusammenhängenden Personengruppe gehören. Sie können der Befriedigung des regelmäßigen Wohnbedürfnisses ihrer Bewohnerinnen und Bewohner (Wohnheime), deren Betreuung und Pflege oder anderen gesetzlich geregelten oder sonst anerkannten Zwecken dienen.

(3) In Beherbergungsstätten[1)] und in Heimen müssen für je angefangene 10 Schlafstellen im gleichen Geschoß mindestens eine Toilette und zwei Waschgelegenheiten, die ausschließlich den im Gebäude untergebrachten Personen zur Verfügung stehen, vorgesehen werden. Haben Beherbergungsstätten und Heime mehr als 20 Unterkunftsräume, müssen für die ersten 20 mindestens eine Zimmer- bzw. Wohneinheit und für jeweils weitere 50 Unterkunftsräume je eine weitere Zimmer- bzw. Wohneinheit den Anforderungen des barrierefreien Bauens entsprechen.

(EB zur Nov LGBl 2004/33)

Zu Abs 3

Die Zahlen der Unterkunftsräume, die die Verpflichtung zur Schaffung eigener Zimmer- bzw. Wohneinheiten für behinderte Menschen nach Abs. 3 auslösen, werden von bisher 30 auf nunmehr 20 und von bisher 150 auf nunmehr 50 herabgesetzt. Außerdem wird klar gestellt, dass die Zimmer- und Wohneinheiten für behinderte Menschen barrierefrei benützbar sein müssen. Diese Bestimmung hat aber dort ihre Grenze, wo die Zugänglichkeit und Benützbarkeit durch behinderte Menschen die vertretbaren bautechnischen Möglichkeiten übersteigt; dies wird im Einzelfall (anlässlich der Fertigstellungsanzeige) zu prüfen sein. Deutlich gemacht wird weiters, daß die Ausführung der Aborte für behinderte Menschen dem § 106a Abs. 10 [s jetzt Ö-Norm B 1600 und die OIB-RL 4, Pkt 7] – insbesondere den dort festgelegten Maßen – entsprechen muss.

(EB zur BO-Nov 2023, LGBl 2023/37 vom 13.12.2023)

In der Neufassung werden Anpassungen und Präzisierungen vorgenommen, um die Rechtslage klarer zu gestalten und Umgehungen zu vermeiden. Die baulichen Mindestanforderungen an Unterkunftsräume finden sich nun im neugefassten

§ 119 (Nutzungseinheiten); jene betreffend die Gesamtunterkunft (Beherbergungsstätte oder Heim) verbleiben in § 121 Abs. 3.

Abs 1 enthält gemeinsame Bestimmungen über Beherbergungsstätten und Heime. Sie können in Form eines eigenständigen Gebäudes errichtet werden oder aber in einem Gebäude neben anderen Nutzungseinheiten bestehen, wobei eine eindeutige Trennung erforderlich ist. Bestehen neben einem Heim oder einer Beherbergungsstätte gesonderte Nutzungseinheiten in untergeordnetem Ausmaß, liegt ein gemischt genutztes Gebäude vor.

Der bisherige Inhalt von **Abs 2** wird nicht verändert und befindet sich nunmehr in § 119 Abs 3. Der baurechtliche Begriff des Heimes ist weit gefasst und umfasst Wohnheime wie Altenheime, Lehrlingsheime, Studentenheime, Obdachlosenheime udgl. ebenso wie etwa Pflegeheime iSd WWPG und sonstige Heimformen (Schulungs-, Kurheime udgl.). Auch Soldatenunterkünfte in Kasernen fallen darunter. Einige – jedoch nicht alle – Heimformen sind gesetzlich geregelt. Als Heim kommen daher nach der Regelung des Abs. 2b nur solche Unterbringungsformen in Betracht, denen nach ihrem Zweck (idR sind dies soziale, gemeinnützige Zwecke) nach dem allgemeinen Sprachgebrauch und Verständnis eine Anerkennung als Heim zukommt. Die Vorschrift, wonach ein Heim zur Unterbringung von Menschen bestimmt ist, die zu einer nach Zusammengehörigkeitsmerkmalen zusammenhängenden Personengruppe gehören, ist idS streng auszulegen. Ist ein anerkannter Zweck nicht erwiesen, wird in der Regel eine Beherbergungsstätte vorliegen.

Anmerkungen

1) Der Begriff der Beherbergungsstätte ist ein weitergehender als der Begriff des Beherbergungsbetriebes gem § 6 Abs 9 BO. Er erfasst auch die nicht gewerblich betriebene Beherbergung.

2) Daher fallen so genannte „Ferienhäuser“, welche in der Regel von einer Familie gemietet werden, wobei diese sich selbst versorgt, nicht unter diesen Begriff.

3) Heime und Beherbergungsstätten bestehen demnach aus mind zwei Einheiten und einem allgemeinen Raum. Für diesen Raum gibt es keine näheren Anforderungen zu Größe und Ausstattung. Dieser ist daher per definitionem auch erforderlich, auch wenn gem § 119 Abs 3 Unterkunftsräume über sämtliche Ausstattungsmerkmale einer Wohnung verfügen (Wohneinheiten). Die Umwidmung einer einzelnen Wohnung in eine Beherbergungsstätte scheidet damit aus.

Judikatur

1a) Die Änderung der Widmung eines Gebäudes von einer Beherbergungsstätte bzw. einem Heim im Sinne des § 121 Abs 1 BO in ein Wohngebäude im Sinne des § 119 Abs 1 BO [nun § 119a] ist als Umbau zu beurteilen und stellt eine derart wesentliche Änderung der Nutzung dar, dass das Gebäude nach Durchführung dieser Änderung als ein im Sinne der oben genannten Judikatur „anderes“ anzusehen ist, dies aus folgenden Gründen:

§ 119 Abs 1 BO definiert Wohngebäude als Gebäude, die ausschließlich oder überwiegend für Wohnzwecke bestimmt sind. In § 119 Abs 2 bis 6 BO sind eine Reihe von Ausstattungserfordernissen und Kriterien normiert, die verwirklicht sein müssen, damit ein Aufenthaltsraum (vgl dazu auch § 68 Abs 4, § 87 Abs 3 BO) bzw mehrere zusammenhängende (Aufenthalts-) Räume oder ein Gebäude die tatbestandsmäßigen Voraussetzungen für die Beurteilung als Wohnung oder Wohngebäude im Sinne der BO erfüllen, und bei deren Nichterfüllung ein baurechtlicher Konsens hiefür zu versagen ist. So ist etwa in § 119 Abs 2 (zweiter Satz) BO angeordnet, dass jede Wohnung über mindestens eine Toilette und ein Bad im Wohnungsverband verfügen muss.

1b) Nach dem allgemeinen Verständnis wird unter einer Wohnung ein baulich in sich abgeschlossener Teil eines Gebäudes verstanden, der Menschen zur Unterkunft und Haushaltsführung dient (vgl dazu etwa VwGH 18.5.1995, 94/06/0115). Zum Wohnen gehört neben der Möglichkeit des Aufenthaltes in der Freizeit auch die Möglichkeit zur Haushaltsführung, insbesondere die Möglichkeit, zu kochen, Kleidung, sowie Gebrauchsgegenstände etc unterzubringen usw. Ist eine derartige selbstständige Wirtschaftsführung nicht möglich, so liegt keine Wohnung vor (vgl nochmals VwGH 18.5.1995, 94/06/0115).

1c) Demgegenüber sind Beherbergungsstätten in § 121 Abs 1 (erster Satz) BO als Unterkünfte definiert, bei denen entweder für das Wohnen oder für das Wirtschaften gemeinschaftliche Anlagen vorgesehen sind. Schon nach der zuvor erwähnten Definition einer Wohnung im allgemeinen Verständnis handelt es sich bei einer Beherbergungsstätte um keine Wohnung, sind doch die Unterkunftnehmer für das Wohnen oder für die Wirtschaftsführung auf gemeinschaftliche Anlagen angewiesen. Dasselbe gilt in Bezug auf Heime, welche in § 121 Abs 1 (zweiter Satz) BO als Gebäude oder Gebäudeteile, die zur ständigen oder vorübergehenden gemeinsamen Unterbringung von Menschen bestimmt sind, die zu einer nach anderen als familiären Zusammengehörigkeitsmerkmalen zusammenhängenden Personengruppe gehören, definiert sind (VwGH 12.12.2017, Ra 2016/05/0068).

9. Abschnitt

Einhaltung der bautechnischen Vorschriften

§ 122. Unter welchen Voraussetzungen die im 9. Teil enthaltenen bautechnischen Vorschriften als eingehalten gelten, wird durch Verordnung der Landesregierung bestimmt.[1)]

Anmerkung

1) Entgegen den EB ermächtigt § 122 nicht zu einer Verbindlichkeitserklärung der Richtlinien des OIB. Es wird immer ein Beweis dahingehend möglich sein, dass ein Aliud gleichfalls den Regeln der Technik entspricht (was durchaus zu begrüßen ist). Die Verordnungsermächtigung an die Landesregierung erscheint im Hinblick auf den verfassungsgesetzlich gewährleisteten eigenen WB der Gemeinde nicht unbedenklich. Vgl auch Anm 1 zu § 139.

10. Teil
Vorschriften betreffend die Ausführung, Benützung und Erhaltung von Bauwerken
Allgemeine Vorschriften

§ 123. **(1) Bei Bauarbeiten[1] muß jede Gefährdung und jede unnötige Belästigung durch Lärm[2], üblen Geruch und Staubentwicklung vermieden werden.[3] Nötigenfalls sind Schutzdächer, Schutzmatten, Bauplanken, Abdeckungen oder Abschrankungen, Großbehälter für den Bauschutt (Container) u. ä. vorzusehen. Während der Dunkelheit sind Gefahrenstellen zu beleuchten.[4]**

(2) Die Anwendung von Sprengmitteln[5] bei Bauführungen und bei der Abtragung von Bauwerken bedarf einer Bewilligung der Behörde. In der Bewilligung sind alle jene Auflagen vorzuschreiben, die notwendig sind, um eine Gefahr für die Sicherheit von Menschen oder für die Sicherheit des Eigentums auszuschließen. Kann dieser Zweck durch Auflagen nicht erreicht werden, ist die Bewilligung zu versagen.

(3) Bei Durchführung von Bauarbeiten in Gebäuden darf der bestehende Schutz gegen Niederschlagswässer jedenfalls erst entfernt werden, wenn an seiner Stelle ein neuer funktionsfähig hergestellt worden ist. Bei Durchführung von Bauarbeiten in Gebäuden mit weiterhin benützten Wohnungen dürfen die bestehende Strom- und Wasserversorgung, Beheizbarkeit, Abwasserbeseitigung und die Benützbarkeit von Toiletten erst unterbrochen beziehungsweise entfernt werden, wenn an ihrer Stelle neue entsprechende Einrichtungen funktionsfähig hergestellt worden sind und darf die Benützbarkeit und Zugänglichkeit solcher Wohnungen nicht erheblich eingeschränkt werden. Die Behörde kann diese Bauarbeiten in sinngemäßer Anwendung des § 127 Abs. 8, 8a und 9 einstellen und ohne Anhörung der Partei und auf Gefahr und Kosten der Eigentümerin oder des Eigentümers (jeder Miteigentümerin oder jedes Miteigentümers) des Gebäudes folgende Maßnahmen anordnen und sofort vollstrecken lassen:

1. **die Herstellung der Funktionsfähigkeit der bisherigen Einrichtungen oder die Herstellung adäquater Ersatzeinrichtungen und**
2. **die Wiederherstellung der Benützbarkeit und Zugänglichkeit der Wohnungen.[6]**

(4) ***entfällt; LGBl 2018/69***

(EB zur Nov 1976)

Hervorzuheben ist, daß dem Gesetz zum Schutz gegen Baulärm, LGBl Nr 16/1973, durch die Bestimmungen des § 123 nicht derogiert wird (vgl Art VI WBO).

(EB zur Nov LGBl 2018/69)

Zu Abs 3

Die Erfahrungen der Praxis zeigen, dass es im Zuge von Bauvorhaben vermehrt aus faktischen oder rechtlichen Gründen – etwa wegen Rechtsstreitigkeiten innerhalb von Eigentümergemeinschaften oder gegenüber tätigen Professionisten – zu längeren Unterbrechungen des Baufortschrittes kommen kann. Dabei kann v.a. das Eindringen von Niederschlagswässern (vgl. § 102 Abs. 2 BO) durch einen mangelhaften Schutz im Bereich von Dachflächen oder obersten Geschoßdecken nicht nur zu einer massiven Beeinträchtigung der in den darunterliegenden Wohnungen aufhältigen Personen, sondern bei fortgesetzter Einwirkung zu Gefährdungen für Gebäude und Menschen führen. Eine Durchfeuchtung der Bausubstanz kann etwa Schimmelbildung, Kurzschlüsse bei elektrischen Leitungen oder eine Beeinträchtigung des Tragwerks nach sich ziehen. Der Behörde soll daher im Rahmen der bestehenden Schutzziele bei Bauarbeiten an Gebäuden mit weiterhin benützten Wohnungen auch hinsichtlich des Schutzes gegen Niederschlagswässer eine Handlungsmöglichkeit jenseits der Handlungspflichten bei Gefahr im Verzug – insbesondere auch betreffend die Herstellung geeigneter Ersatzeinrichtungen – eingeräumt werden.

(EB zur BO-Nov 2023, LGBl 2023/37 vom 13.12.2023)

In **Abs 3** wird ergänzend festgelegt, dass auch die Zugänglichkeit und die Benützbarkeit bewohnter Wohnungen durch Sofortmaßnahmen durchgesetzt werden können. Weiters wird klargestellt, dass bei der Durchführung von Bauarbeiten in leer stehenden Gebäuden der bestehende Schutz gegen Niederschlagswässer erst entfernt werden darf, wenn ein neuer funktionsfähig hergestellt worden ist. Die bescheidmäßige Einstellung des Baus oder die Durchführung sonstiger Sofortmaßnahmen setzt keine Gefahr im Verzug voraus, ist aber dennoch nicht unverhältnismäßig, da die Behörde diese nur iZm laufenden Bautätigkeiten vornehmen kann und in diesem Rahmen die Möglichkeit rascher Handhabe erforderlich ist.

Mit dieser Änderung ist es der Baubehörde möglich – insbes vor dem Hintergrund des Schutzes der Gebäudesubstanz – auch bei Durchführung von Bauarbeiten in unbewohnten Gebäuden einzuschreiten, wenn der bestehende Schutz gegen Niederschlagswässer entfernt wurde bevor ein neuer funktionsfähig hergestellt worden ist.

Anmerkungen

1) Also nicht nur bei bewilligungspflichtigen Bauführungen. S hiezu auch § 60 und die Anm hiezu.

2) Sonderbestimmungen über den Schutz gegen Baulärm enthält das Wiener Landesgesetz v 26.1.1973, LGBl 16 idF LGBl 2001/78 (Letztfassung), sowie die dazu ergangene V, LGBl 2012/37, wiedergegeben unter Teil IV, Kap 7a und b.

3) Verantwortlich im Sinne dieser Gesetzesstelle ist zum Unterschied zur früheren Regelung nicht mehr (nur) der Bauführer, sondern der unmittelbare Täter.

4) Detaillierte Sonderregelungen für öffentliche Verkehrsflächen enthält die StVO 1960, BGBl 159 idgF.

5) Der Betrieb von Sprengungsunternehmen ist nach § 94 GewO 1994, BGBl 194 idgF, ein reglementiertes Gewerbe. Neben den allgemeinen Voraussetzungen zu dessen Antritt sind eine Befähigungsprüfung sowie eine Stellungnahme der örtlich zuständigen Sicherheitsdirektion hinsichtlich der Aufrechterhaltung der öffentlichen Ruhe, Ordnung und Sicherheit erforderlich. Zu den Zugangsvoraussetzungen vgl BGBl II 2003/85 idgF.

6) Abs 3 idF der BO-Nov 2023, LGBl 2023/37. Damit soll Benützern von Wohnungen eine Bewohnbarkeit während der Durchführung der Bauarbeiten und der erweiterte Schutz alter Gebäude gewährleistet werden.

Judikatur

1) Der Bauführer muß zur Vermeidung einer unnötigen Staubentwicklung alle Vorkehrungen treffen, die nach dem jeweiligen Stand der technischen Wissenschaften in dieser Hinsicht üblich sind (VwGH 15.11.1960, Slg 5415/A).

2) Unnötig ist eine Belästigung dann, wenn sie an sich vermeidbar ist. Eine solche Belästigung kann daher auch vorliegen, wenn die verwendeten Arbeitsmaschinen in technischer Hinsicht einwandfrei sind und an sich bei der Arbeit entsprechende Vorkehrungen zur Vermeidung von Lärm getroffen wurden, aber die Vornahme der Arbeiten zur Nachtzeit vermeidbar gewesen wäre (VwGH 29.5.1962, Slg 5816/A).

3) Bei der Genehmigung der Anwendung von Sprengmitteln nach § 123 Abs 7 (jetzt: Abs 2) handelt es sich um eine baubehördliche Bewilligung im Sinne der §§ 60 ff. Dem Nachbar kommt in diesem Verfahren keine Parteistellung zu (VfGH 11.6.1965, Slg 4969).

4) Das Begehren läuft darauf hinaus, daß von der Behörde die Handhabung ihrer Befehls- und Zwangsgewalt in Gestalt der Untersagung bzw Verhinderung des geplanten Sprengvorganges verlangt wird. Auf ein solches Handeln der Behörde steht aber niemandem, auch nicht einer Partei des Genehmigungsverfahrens nach § 123 Abs 7 (jetzt: Abs 2) ein Rechtsanspruch zu (VwGH 5.9.1966, 1809/65).

5) Hat der Bauführer bei den Abbrucharbeiten des Hauses es unterlassen, die zur Vermeidung von Gefahren erforderlichen Einrichtungen (wie Schutzdächer und Abschrankungen) anzubringen, hat er schon dadurch den ihm zur Last gelegten Verstoß gegen die in der BO enthaltenen Sicherungsgebote begangen (VwGH 30.6.1978, 41/77).

6) Für die Unterbrechung der bestehenden Abwasserbeseitigung nach § 123 Abs 3 Satz 1 iVm § 135 Abs 1 BO ist der Bauführer unmittelbar verwaltungsstrafrechtlich verantwortlich (VwGH 3.9.1999, 98/05/0139, BauSlg 185).

Besondere Bestimmungen für elektronische Verfahren

§ 123a. (1) Ein elektronisches Verfahren liegt vor, wenn ein verfahrenseinleitendes Anbringen elektronisch über das von der Behörde bekanntgegebene Portal eingebracht wird und das Verfahren in der Folge elektronisch geführt wird.

(2) Elektronische Zustellungen mit Zustellnachweis (§ 35 ZustG) erfolgen im elektronischen Verfahren über einen Zustelldienst gemäß § 28 Abs. 3 Z 1 ZustG, BGBl. Nr. 200/1982 idF BGBl. I Nr. 42/2020.

(3) Stellt sich während des Verfahrens heraus, dass der Bauwerber oder ein bevollmächtigter Vertreter nicht oder nicht mehr an der elektronischen Zustellung teilnimmt oder die elektronische Zustellung aus anderen, in der Sphäre des Bauwerbers oder des bekanntgegebenen Vertreters liegenden Gründen nicht erfolgen kann, hat die Behörde das Ansuchen in jeder Lage des Verfahrens zurückzuweisen.

(4) Die Behörde kann aus technischen oder organisatorischen Gründen im elektronischen Verfahren bis zur Erstattung der Fertigstellungsanzeige die Vorlage von Unterlagen in Papier verlangen.

(5) Wurde das Baubewilligungsverfahren elektronisch geführt oder die Bauanzeige elektronisch erstattet, sind die Eingaben und die zugehörigen Urkunden gemäß §§ 73 und 124 bis 128 elektronisch über das von der Behörde im Internet bekanntgegebene Portal einzubringen.

(EB zur Nov LGBl 2020/61)

Wird das Baubewilligungsverfahren elektronisch abgewickelt, sind auch die Verfahrensschritte bis Fertigstellungsanzeige elektronisch zu erledigen. Die in diesem Zusammenhang einzubringenden Eingaben können nur über das von der Baubehörde im Internet bekannt gegebene Portal erfolgen (§ 13 Abs. 2 AVG).

In Abs. 2 ist vorgesehen, dass bei elektronisch geführten Verfahren vor Beginn der Bauausführung eine Ausfertigung der bewilligten und zur Ausführung gelangenden Baupläne in Papier vorzulegen ist. Dies ist in Anbetracht der bestehenden technischen Möglichkeiten der Behörde für die Ausübung der Bauüberwachung auf der Baustelle vor Ort notwendig. Bei Projektänderungen im Zuge der Bauphase (zB einem Planwechsel) werden die Baupläne im Bedarfsfall von der Behörde selbst in Papier hergestellt.

Anmerkungen

1) § 123a wurde mit der Nov LGBl 2020/61 neu aufgenommen und tritt mit 1.2.2021 in Kraft.

2) Vgl auch die Kritik im Vorwort zur 7. Auflage.

Bauführer und Bauwerber

§ 124. (1) Der Bauwerber[1)] hat sich zur Ausführung aller nach § 60 oder § 61 bewilligungspflichtigen und nach § 62 anzeigepflichtigen Arbeiten eines Bauführers zu bedienen, der nach den für die Berufsausübung maßgeblichen Vorschriften[2)] zur erwerbsmäßigen Vornahme dieser Tätigkeit berechtigt ist. Der Bauwerber hat der Behörde vor Beginn der Bauführung schriftlich einen Bauführer bekanntzugeben und nachzuweisen, dass dieser die Baupläne, die nach diesem Gesetz ausgeführt werden dürfen, zur Kenntnis genommen hat. Unterbleibt dieser Nachweis, gilt die Bekanntgabe eines Bauführers als nicht erfolgt.

(1a) Ist der Bauführer eine juristische Person oder eine sonstige Gesellschaft mit Rechtspersönlichkeit, hat diese vor Beginn der Bauführung der Behörde eine natürliche Person als baurechtlichen Geschäftsführer zu benennen. Unterbleibt die Benennung des baurechtlichen Geschäftsführers, gilt die Bekanntgabe eines Bauführers als nicht erfolgt. Baurechtlicher Geschäftsführer kann nur eine Person mit Hauptwohnsitz im Inland sein, die strafrechtlich verfolgt werden kann, ihrer Bestellung nachweislich zugestimmt hat, nach den für die Berufsausübung maßgeblichen Vorschriften zur erwerbsmäßigen Vornahme der Bauführung berechtigt ist[11)] und eine entsprechende Anordnungsbefugnis[12)] besitzt. Das Erfordernis des Hauptwohnsitzes im Inland gilt nicht für Staatsangehörige von EWR-Vertragsstaaten, falls Zustellungen im Verwaltungsstrafverfahren (§ 135 Abs. 6) durch Staatsverträge mit dem Vertragsstaat des Wohnsitzes des baurechtlichen Geschäftsführers oder auf andere Weise sichergestellt sind. Erfüllt die vom Bauführer benannte Person diese Voraussetzungen nicht, gilt die Benennung als nicht erfolgt.[13)] Der Wechsel des baurechtlichen Geschäftsführers ist der Behörde unverzüglich anzuzeigen.[8)9)10)]

(2) Der Bauführer[3)] hat den Zeitpunkt des Beginns der Bauführung mindestens drei Tage vorher, bei Bauführungen auf Grund von Bauanzeigen (§ 62) spätestens am Tag des Baubeginns, der Behörde sowie dem Bauwerber und dem Prüfingenieur (§ 127 Abs. 3) bekanntzugeben.[4)4a)] Wird mit dem Bau entgegen der Baubeginnsanzeige nicht begonnen, gilt diese als nicht erstattet.[4b)]

(2a) Sofern es sich nicht um Bauführungen gemäß § 62 handelt, hat die Bauwerberin oder der Bauwerber spätestens am Tag des Baubeginns eine von der öffentlichen Verkehrsfläche bzw. dem Aufschließungsweg deutlich und dauernd sicht- und lesbare Tafel an der von der Bauführung betroffenen Liegenschaft anzubringen, die den folgenden Inhalt aufweist:

1. die Angabe, um welches Bauvorhaben es sich handelt, samt vereinfachter bildlicher Darstellung und textlicher Kurzbeschreibung des Vorhabens,

2. die Angabe der Verfahrensart; bei Verfahren nach § 70a ist zusätzlich der Inhalt des § 70a Abs. 8, bei Verfahren nach § 70b jener des § 70b Abs. 6 anzuführen,
3. das Datum des Baubeginns und
4. die zuständige Behörde sowie die Angabe der behördlichen Aktenzahl.

Diese Tafel muss mindestens drei Monate ab Baubeginn belassen werden. Grenzt die von der Bauführung betroffene Liegenschaft an mehrere öffentliche Verkehrsflächen oder Aufschließungswege, ist an jeder dieser Verkehrsflächen eine solche Tafel anzubringen. Mit der Baubeginnsanzeige (Abs. 2) oder spätestens am Tag des Baubeginns sind der Behörde eine lesbare Abbildung der Hinweistafel sowie eine Lichtbildaufnahme, die deren Anbringung vor Ort nachweist, zu übermitteln.[5)]

(3) Legt ein Bauführer die Bauführung zurück, hat er dies der Behörde und dem Bauwerber unverzüglich anzuzeigen. Der Bauwerber ist verpflichtet, der Behörde binnen zwei Wochen einen neuen Bauführer namhaft zu machen und nachzuweisen, dass dieser die Baupläne, die nach diesem Gesetz ausgeführt werden dürfen, zur Kenntnis genommen hat. Unterbleibt dieser Nachweis, gilt die Bekanntgabe eines Bauführers als nicht erfolgt. Bis zur Bestellung eines neuen Bauführers hat der bisherige Bauführer alle notwendigen Sicherungsmaßnahmen vorzukehren. Wenn der bisherige Bauführer die Sicherungsmaßnahmen nicht treffen kann, ist der Bauwerber verpflichtet, bis zur Bestellung eines neuen Bauführers für die Vornahme der notwendigen Sicherungsmaßnahmen einstweilige Vorsorge zu treffen.

(4) Der Wechsel des Bauwerbers ist der Behörde anzuzeigen.[6)] Diese Anzeige ist sowohl vom bisherigen Bauwerber als auch vom zukünftigen Bauwerber zu unterfertigen. Der Anzeige ist eine Erklärung des zukünftigen Bauwerbers anzuschließen, dass er die Baupläne, die nach diesem Gesetz ausgeführt werden dürfen, und die sonstigen Unterlagen zur Kenntnis genommen hat. Der zukünftige Bauwerber tritt in die Rechtsstellung des bisherigen Bauwerbers an dessen Stelle ein.[7)]

(EB zur Nov LGBl 2020/61)

Zu Abs 1

Im Sinne einer gleichlautenden Bestimmung für analoge und elektronische Verfahren und dem Entfall der obligatorischen Unterschrift des Bauführers auf den Bauplänen (§ 65 Abs. 1) ist nunmehr vorgesehen, dass neben der Bekanntgabe des Bauführers vom Bauwerber auch ein Nachweis zu erbringen ist, dass der Bauwerber die Baupläne, die nach diesem Gesetz ausgeführt werden dürfen, zur Kenntnis genommen hat. Dieser Nachweis kann durch Unterfertigung der bei der Behörde aufliegenden Pläne oder durch eine schriftliche Erklärung unter Bezugnahme auf jene erfolgen. Der Bauführer muss künftig nicht zwingend persönlich bei der Behörde erscheinen, um die dort aufliegenden Pläne zu unterfertigen, sondern kann sich in Zukunft auf die Übermittlung einer schriftlichen Bestätigung über die Kenntnisnahme beschränken.

Zu Abs 1a

§ 124 Abs. 1a zweiter Satz sah bisher vor, dass die Benennung des baurechtlichen Geschäftsführers als nicht erfolgt gilt, wenn die Unterfertigung der Baupläne und Baubeschreibungen durch den Bauführer unterbleibt. Die Änderung in § 124 Abs. 1a zweiter Satz ist erforderlich, weil infolge der in § 65 Abs. 1 gestrichenen Verpflichtung zur Unterfertigung dieser Unterlagen durch den Bauführer und der neuen Bestimmung des § 124 Abs. 1 der Nachweis der Kenntnisnahme der Baupläne durch den Bauführer nicht mehr nur durch seine Unterschrift auf den Bauplänen selbst, sondern auch mittels schriftlicher Erklärung unter Bezugnahme auf die Baupläne erbracht werden kann.

Zu Abs 3

Im Sinne einer gleichlautenden Bestimmung für analoge und elektronische Verfahren wurde der zweite Satz in dieser Bestimmung dahingehend geändert, dass im Falle des Unterbleibens der Benennung des baurechtlichen Geschäftsführers die Bekanntgabe des Bauführers als nicht erfolgt gilt. In diesem Fall kann die Bauführung gemäß § 127 Abs. 8 eingestellt werden.

Zu Abs 4

Da der zukünftige Bauwerber die Kenntnisnahme der Baupläne und sonstigen Unterlagen nicht mehr nur durch Unterfertigung der Unterlagen erbringen kann, war dieser Satz entsprechend zu ändern.

(EB zur BO-Nov 2023, LGBl 2023/37 vom 13.12.2023)

In der Praxis hat sich gezeigt, dass die Vorgaben an die Dauer der Anbringung und die Sichtbarkeit der Tafel mitunter nicht durchgehend eingehalten werden und die darauf befindlichen Angaben oftmals nicht ausreichen, dass Nachbarn über das Bauvorhaben im erforderlichen Ausmaß informiert sind. Die auf der Tafel darzustellenden Inhalte werden daher im Gesetz präzisiert und erweitert. Dadurch wird der Bevölkerung bzw insbes. den Nachbarn nunmehr ein ausreichender Kenntnisstand über das Bauvorhaben vermittelt und gleichzeitig aufseiten der Bauwerber die Rechtssicherheit erhöht.

Zu Z 1

Bei der Art des Bauvorhabens ist auf der Tafel anzugeben, ob es sich etwa um einen Neu-, Zu-, oder Umbau, eine Änderung oder Instandsetzung, einen Abbruch oder ein sonstiges Vorhaben handelt. Durch die zusätzlich auf der Tafel erforderliche Bild- und Textdarstellung sollen für Nachbarn insbes. konkret geplante Maßnahmen und die Dimensionen des Vorhabens erkennbar sein. Bspw können Nachbarn bereits auf Grund der Hinweistafel einschätzen, ob sie etwa durch einen Zubau oder Änderungsarbeiten überhaupt unmittelbar betroffen sind.

Zu Z 2 und 4

Die Art des Verfahrens, in dem das Bauvorhaben bei der Behörde geführt wird, ist von entscheidender Bedeutung, da die Baubewilligungsverfahren unterschiedlich ausgestaltet sind. Nach bisheriger Rechtslage war auf der Hinweistafel nicht auf die Verfahrensart einzugehen. Nunmehr ist jeweils jene Gesetzesstelle, die das Recht auf Akteneinsicht und die Einwendungsfrist der Nachbarn regelt, auf der Hinweistafel abzudrucken, sodass diese besser über die Rechtslage und ihre Handlungsmöglichkeiten informiert sind. Insbes. um im Falle von mehreren Bauvorhaben auf derselben Liegenschaft die Unterscheidbarkeit zu verbessern und die Kontaktaufnahme mit der Behörde zu erleichtern ist auch die für das jeweilige Bauvorhaben bei der Behörde geführte Aktenzahl auf der Tafel anzugeben.

Die Pflicht der Bauwerber, der Behörde eine Ablichtung der Hinweistafel sowie einen Nachweis über deren Anbringung zu übermitteln, dient zum einen der Dokumentation im Behördenakt und vermittelt zum anderen der Baubehörde die Möglichkeit, die rasche Behebung von Mängeln zu veranlassen.

Anmerkungen

1) Als Bauherr ist derjenige anzusehen, über dessen Auftrag und auf dessen Rechnung die Bauführung erfolgt. Bauwerber ist diejenige Person, die sich um eine Baubewilligung bewirbt (s § 65 Abs 1); in der Regel werden Bauwerber und Bauherr ident sein. Die EB zu § 127 unterscheiden ausdrücklich zwischen beiden Begriffen.

2) Maßgebend sind vor allem die Bestimmungen der GewO BGBl 1994/194 idgF (§§ 99, 100, 133 und 149) und das Ziviltechnikergesetz, BGBl 1994/156 idgF.

3) Bauführer ist derjenige, der im fremden Auftrag und für fremde Rechnung als Unternehmer ein Bauwerk herstellt.

4) Weitere Verpflichtungen ergeben sich aus Abs 3, §§ 65, 89 ff, 123, 125 und 127 sowie aus den Bestimmungen des Baulärmgesetzes (s unter Teil IV, Kap. 7a).

4a) Vgl § 127 Abs 6 (Verzicht auf den Prüfingenieur).

4b) Der zweite Satz des § 124 Abs 2 BO wurde iRd Nov LGBl 1992/34 dahingehend ergänzt, dass im Falle, dass mit dem Bau entgegen der Bauanzeige nicht begonnen wird, diese als nicht erstattet gilt. Lt den EB erwies sich diese Ergänzung damals als erforderlich, da einerseits oftmals nur formell Baubeginnsanzeigen (Scheinanzeigen) erstattet wurden, um den Ablauf der Baubeginnsfrist zu verhindern und andererseits gem § 134 Abs 4 BO aF Nachbarn ihre Einwendungen bis längstens drei Monate nach dem angezeigten (!) Baubeginn vorbringen können. Der Gesetzgeber hat auch angemerkt, dass für die Bekanntgabe des „Zeitpunktes des Beginns der Bauführung" auch die Angabe der Arbeitswoche – wie branchenüblich – genüge. § 134 Abs 4 BO aF wurde vom VfGH aufgehoben (vgl VfGH 2.10.2007, G 4/07, VfSlg 18.234) und ist nachfolgend der Bezug auf den „angezeigten" Baubeginn entfallen.

5) Abs 2a wird mit BO-Nov 2023, LGBl 2023/37 neu gefasst und der Schutz der Nachbarn weiter ausgedehnt. Vgl Anm 1 ff zu § 70a und die Erweiterung des Nachbarschutzes in § 70a mit BO-Nov 2023. Der administrative Aufwand wird weiter erhöht und die Attraktivität insb der §-70a-Verfahren nicht gesteigert. Die Jud wird zeigen, wann die erforderliche grafische Darstellung ausreichend ist. Bis dato waren Bauwerber schon im Eigeninteresse angehalten, Transparenz und Einvernehmen mit Nachbarn zu suchen bzw standen und stehen sich mitunter „optimierende" Akteure auf beiden Seiten gegenüber. Ob der vermehrte Aufwand die Kreativität derartiger einzelner Akteure zu unterbinden vermag, bleibt abzuwarten. Unberührt bleibt die einschlägige Jud zur Sorgfaltspflicht von Eigentümern um die eigenen Angelegenheiten.

6) Diese Bestimmung ist wohl als bloße Ordnungsvorschrift zu verstehen. Nach der sprachlichen Fassung (Imperativ) ist auch eine Bestrafung nach § 135 Abs 1 nicht auszuschließen.

7) Dies kann wohl rechtens nur in jenen Fällen gelten, in denen dem Wechsel des Bauwerbers eine entsprechende Vereinbarung zugrunde liegt (nicht aber etwa im Konkursverfahren). Allerdings dürfte hier nur die öffentlich-rechtliche Position gegenüber der Baubehörde gemeint sein.

Es bestehen diesbezüglich keine Bedenken, dass auch im Falle originären Eigentumserwerbs der neue Eigentümer erklärt, in ein Verfahren anstelle des Voreigentümers einzutreten bzw von einer erteilten Bewilligung Gebrauch zu machen (vgl auch VwGH 24.4.1997, 96/06/0284).

8) Der baurechtliche Geschäftsführer wurde mit Nov LGBl 2014/25 eingeführt. Vgl die EB. Es ist kein Anstellungserfordernis normiert, der br GF kann daher beim BF angestellt bzw aus dem Unternehmen sein, muss es aber nicht. Vgl auch § 39 Abs 2 GewO: „Der gemäß Abs. 1 für die Ausübung eines Gewerbes … zu bestellende Geschäftsführer muß ein mindestens zur Hälfte der wöchentlichen Normalarbeitszeit im Betrieb beschäftigter … Arbeitnehmer sein" und § 9 Abs 2 VStG: „Die zur Vertretung nach außen Berufenen sind berechtigt … aus ihrem Kreis eine oder mehrere Personen als verantwortliche Beauftragte zu bestellen … Für bestimmte räumlich oder sachlich abgegrenzte Bereiche des Unternehmens können aber auch andere Personen zu verantwortlichen Beauftragten bestellt werden." Die Deckung durch Art 11 Abs 2 B-VG erscheint fraglich.

9) Informationen zur Zustellung in Verwaltungsstrafsachen ins Ausland finden sich auf der Webseite des BKA-Verfassungsdiensts.

10) Zur Möglichkeit einer Baueinstellung vgl § 127 Abs 8 lit b.

11) Vgl die EB und Abs 1. Demnach muss der br GF selbst über eine solche Berechtigung verfügen, als wäre er selbst BF (zB Baumeister + GewAnmeldung). Wird zum br GF ein Mitarbeiter bestellt, der in der Form nicht selbständig erwerbstätig ist, so wird dem Schutzprinzip wohl auch entsprochen, wenn dieser nur über eine entsprechende fachliche Befähigung verfügt (zB Baumeister ohne GewAnmeldung).

12) Der br GF muss selbst auf die Einhaltung der Vorschriften bzw Baupläne einwirken können, nicht nur den BF über Fehler informieren. Vgl Judikatur zur Anordnungsbefugnis iSd § 9 VStG. Ob die Regelung des Abs 1a iSd Art 11 Abs 2 B-VG verfassungskonform ist, wird die Rechtsprechung erweisen.

13) Das wird auch für den nachträglichen Wegfall der Voraussetzungen gelten.

Judikatur

1) Bauwerber (Bauherr) ist derjenige, in dessen Auftrag und für dessen Rechnung der Bau ausgeführt werden soll; Bauführer derjenige, der im fremden Auftrag und für fremde Rechnung als Unternehmer ein Bauwerk herstellt (VwGH 7.5.1955, 532/53, zur NÖ BO 1883). S auch E v 16.10.1990, 85/05/0090.

2) Im Verfahren betreffend eine Baueinstellung nach § 127 kommt dem Bauführer nur dann Parteistellung zu, wenn diese wegen Verwendung nicht entsprechender Baustoffe oder unsachgemäßer Verwendung von Baustoffen oder wegen unsachgemäßer Bauführung verfügt wurde (VwGH 2.4.1952, Slg 2493/A). S auch die E zu § 134 Abs 5.

3) Die Verpflichtung des Bauführers zur Anzeige des Baubeginns stellt sich als bloße Ordnungsvorschrift dar, deren Verletzung als Verwaltungsübertretung geahndet werden kann, nicht aber rechtfertigt die Unterlassung dieser Anzeige den Schluß, eine Bauausführung sei nicht begonnen worden (VwGH 23.5.1979, Slg 9850/A, zur Stmk BO).

4) Der Wechsel des Bauwerbers ist für den Nachbarn uninteressant (VwGH 19.3.1991, 86/05/0107).

5) Wie auch die beschwerdeführende Gemeinde zugesteht, ist aufgrund der ständigen Rechtsprechung des Verwaltungsgerichtshofes davon auszugehen, daß bei sachgezogenen baurechtlichen Verfahren der Rechtsnachfolger im Eigentum eines Grundstückes oder Bauwerkes in das laufende baurechtliche Verfahren mit den gleichen Rechten und Pflichten eintritt, wie sie seinem Rechtsvorgänger zustanden (vgl. zB das hg Erkenntnis vom 15. September 1992, Zl 92/05/0057, mit Hinweis auf VwSlg Nr 3487 A/1955 und 7638 A/1969). Dies gilt sowohl für den Antragsteller als auch für Parteien, die als Eigentümer eines Nachbargrundstücks (aufgrund ihrer Nachbarstellung je nach der anwendbaren materiengesetzlichen Bestimmung) die Parteistellung innehaben bzw. erwerben konnten. Dies gilt auch bei Eigentumserwerb durch Zwangsversteigerung (VwGH 24.4.1997, 96/06/0284).

6) Die Bestimmung des § 124 Abs 4 BO ist als bloße Ordnungsvorschrift zu verstehen (vgl *Geuder/Hauer,* Wiener Bauvorschriften, 3. Aufl, Anm 6), die dem § 129b Abs 1 BO nicht derogiert. Nachbarn kommt in Bezug auf den Bauwerberwechsel kein Mitspracherecht (vgl E 19.3.1991, 86/05/0107) zu (VwGH 16.4.1998, 97/05/0296, BauSlg 88).

7) Eine in einem Baubewilligungsverfahren als Bauwerber aufgetretene Person, der auch – trotz Widerrufs von den Grundeigentümern – die Baubewilligung erteilt wurde, besitzt nach Abschluß des Bauverfahrens keinen Anspruch auf Erlassung eines Feststellungsbescheides, daß sie im Baubewilligungsverfahren Bauwerber war (VwGH 30.6.1998, 94/05/0322, 0323, BauSlg 136).

8) Hat ein Rechtsnachfolger im Eigentum an einer Liegenschaft nach Abschluß des Baubewilligungsverfahrens auf Verwaltungsebene erklärt, entsprechend der seinem Rechtsvorgänger erteilten Baubewilligung das Bauvorhaben auszuführen, so ist er im Verfahren über eine Beschwerde von Nachbarn mitbeteiligte Partei im Verfahren vor dem VwGH (VwGH 30.6.1998, 97/05/0298, BauSlg 141).

9a) Der belangten Behörde ist beizutreten, dass § 124 Abs 4 BO „nur" eine aus öffentlich-rechtlicher Sicht normierte Ordnungsvorschrift ist (vgl auch den von der belangten Behörde zitierten Hinweis in *Geuder/Hauer*, Wiener Bauvorschriften[4], Anmerkung 6 zu § 124 BO; vgl auch die hg Erkenntnisse vom 30. Juni 1998, Zlen 94/05/0322 und 0323, und Zl 97/05/0298).

9b) Der Verwaltungsgerichtshof hat in seinem Beschluss vom 4. Juli 2000, Zl 99/05/0087, näher begründet ausgeführt, dass im Hinblick auf die dem Bewerber auch nach Erteilung der Baubewilligung vom Gesetz auferlegten Verpflichtungen, welche sich insbesondere im XII. Abschnitt (jetzt 10. Teil) der BO über die Vorschriften betreffend die Ausführung, Benützung und Erhaltung von Bauten finden, nach der BO die Stellung als Bauwerber nicht mit der Erteilung der beantragten Baubewilligung erschöpft ist, vielmehr sich die Rechtsstellung einer Person als Bauwerber nach diesem Gesetz über die Zeit nach der erteilten Baubewilligung hinaus erstreckt.

Das im § 124 Abs 4 BO vorgesehene Verfahren betreffend die Anzeige des Wechsels des Bauwerbers ist daher auch auf Fälle nach Abschluss des Baubewilligungsverfahrens anzuwenden. Mangels einer – insbesondere in den Abs 2 bis 7 des § 134 BO enthaltenen – Sonderregelung gilt für die Parteistellung im Sinne des § 8 AVG in diesem Verfahren § 134 Abs 1 BO. Demnach haben im Verfahren über die Anzeige des Wechsels des Bauwerbers nur der bisherige und der zukünftige Bauwerber Parteistellung.

Ob der Wechsel des Bauwerbers (oder auch der Widerruf der Zustimmung des Grundeigentümers nach Rechtskraft der Baubewilligung) zivilrechtlich ein Hindernis darstellt, welches der Bauführung entgegensteht (die demnach mit Mitteln des Privatrechtes verhindert werden könnte), ist eine Frage, die im baubehördlichen Verfahren nicht zu klären war (VwGH 12.10.2004, 2004/05/0163).

10) Wenn entsprechend der BO ein Bauführer bestellt wurde und bei der Bauführung Abweichungen von einem bewilligten Plan vorkommen, ist dafür der Bauführer verantwortlich (vgl das hg Erkenntnis vom 9. Oktober 2001, Zl 99/05/0024). Der bestellte Bauführer ist auch dann verantwortlich, wenn er mit dem Bau bereits beginnt, ohne dass die dafür erforderliche Bewilligung vorliegt (vgl das hg Erkenntnis vom 24. Oktober 2000, Zl 97/05/0189). Im Sinne des § 125 Abs. 4 BO wäre etwa der Bauwerber daneben weiterhin für die Auswahl des Bauführers verantwortlich (vgl das bereits zitierte hg Erkenntnis vom 9. Oktober 2001). Dies ändert aber nichts daran, dass für die Vornahme der Bautätigkeit ohne erforderliche Bewilligung ein nach den Bestimmungen der BO bestellter Bauführer als unmittelbarer Täter heranzuziehen ist (vgl auch das hg Erkenntnis vom 28. September 1999, Zl 99/05/0145).
Handelt es sich hingegen um die Durchführung von Baumaßnahmen, ohne dass zuvor ein Bauführer bestellt worden ist, liegt die Verantwortung beim Bauwerber bzw beim Bauherrn (vgl die hg Erkenntnisse vom 18. Juni 1991, Z. 91/05/0048, vom 29. August 1995, Zl 94/05/0245, und vom 29. April 1997, Zl 96/05/282). (VwGH 28.4.2006, 2005/05/0091).

11) Gem § 124 Abs 1 leg cit hat sich der Bauwerber zur Ausführung aller bewilligungspflichtigen und anzeigepflichtigen Bauarbeiten eines Bauführers zu bedienen, der nach den für die Berufsausübung maßgeblichen Vorschriften zur erwerbsmäßigen Vornahme dieser Tätigkeit berechtigt ist. Wenn entsprechend der BO ein Bauführer bestellt wurde und bei der Bauführung Abweichungen von einem bewilligten Plan vorkommen, ist dafür der Bauführer verantwortlich, und zwar auch dann, wenn er mit dem Bau bereits beginnt, ohne dass die dafür erforderliche Bewilligung vorliegt oder das notwendige Bauanzeigeverfahren durchgeführt wurde (vgl aus der hg Judikatur etwa die Erkenntnisse vom 28. September 1999, Zl 99/05/0145, und vom 28. April 2006, Zl 2005/05/0091, mwN).

Handelt es sich hingegen um die Durchführung von Baumaßnahmen, ohne dass zuvor ein Bauführer bestellt worden ist, liegt die Verantwortung beim Bauwerber bzw beim Bauherrn, der dann gegebenenfalls nicht nur wegen der Durchführung von Bauarbeiten ohne entsprechende Baubewilligung, sondern auch wegen Unterlassung der Bestellung eines verantwortlichen Bauführers haftet (vgl dazu nochmals das vorzitierte Erkenntnis Zl 2005/05/0091; ferner etwa das hg Erkenntnis vom 15. Juni 2010, Zl 2009/05/0124, mwN) (VwGH 25.9.2012, 2011/05/0118).

Verantwortlichkeit bei der Bauausführung[1)]

§ 125. **(1) Bei der Bauausführung sind verantwortlich:**

a) für die Einhaltung der Baupläne, die nach diesem Gesetz ausgeführt werden dürfen, sowie aller Auflagen der Baubewilligung, für die werks-

gerechte Bauausführung, für die Tauglichkeit der verwendeten Baustoffe und Konstruktionen sowie überhaupt für die Einhaltung aller auf die Bauführung Bezug habenden Vorschriften dieses Gesetzes, seiner Nebengesetze und der auf Grund dieser Gesetze erlassenen Verordnungen der Bauführer;[2)3)]

b) falls die Bauführung mehreren, unter der Leitung des Bauführers selbständig tätigen Bauausführenden obliegt, neben dem Bauführer für die Verwendung der den Plänen und den Berechnungen zugrunde gelegten Baustoffe sowie für die bewilligungs- und bauordnungsgemäße Ausführung auch der jeweilige Bauausführende.

(2) Die Verantwortlichkeit nach Abs. 1 wird durch die behördliche Bewilligung und die behördlichen Überprüfungen nicht berührt. Wenn sich im Zuge der Bauausführung ergibt, daß bei Einhaltung des Bauplanes, der nach diesem Gesetz ausgeführt werden darf, oder der Auflagen der Baubewilligung eine Abweichung von den Bauvorschriften entsteht, sind der Bauführer, die selbständig tätigen Bauausführenden und der Prüfingenieur (§ 127 Abs. 3) verpflichtet, dies der Behörde unverzüglich zu melden. Überdies ist der Prüfingenieur verpflichtet, der Behörde zu melden,[4)] wenn im Zuge der Bauausführung von den Bauplänen, die nach diesem Gesetz ausgeführt werden dürfen, in einer solchen Art oder in solchem Umfang abgewichen wird, daß die Abweichung über ein bewilligungsfreies Bauvorhaben hinausgeht, oder bei der Bauausführung nicht entsprechende Baustoffe verwendet oder entsprechende Baustoffe unfachgemäß verwendet werden oder Konstruktionen mangelhaft ausgeführt werden (§ 127 Abs. 8).[3)]

(3) Für nachträglich verfaßte Berechnungen und die zugehörigen Detailpläne, die dem Baubewilligungsverfahren noch nicht zugrunde gelegen waren, gelten die Bestimmungen des § 65 sinngemäß.

(4) Die Verpflichtungen des Bauwerbers und des Eigentümers (aller Miteigentümer) der Liegenschaft bleiben unberührt.

Anmerkungen

1) Auch ohne eine solche Regelung der Verantwortlichkeit besteht eine zivilrechtliche, strafrechtliche und allenfalls standesrechtliche Verantwortung.

2) S Anm 3 zu § 124 und Anm 4 zu § 124.

3) Abs 1 lit a und Abs 2 idF der Nov LGBl 1996/42. Der neu in die Baurechtsterminologie eingeführte Prüfingenieur hat die Aufgabe, die Bauführung zu überwachen. Er ist aber kein „beliehener öffentlicher Unternehmer“, weil er damit nicht Aufgaben der Behörde wahrnimmt, sondern eine dem Bauwerber obliegende Kontrolle der Bauführung. Vgl auch § 127 Abs 3.

4) Wobei man sich fragt, welche rechtlichen Möglichkeiten die Behörde zum Einschreiten besitzt. Kann bei einem vereinfachten Verfahren ein Bescheid gem § 68 Abs 3 AVG abgeändert oder gem § 68 Abs 4 AVG für nichtig erklärt werden? Freilich gilt das Vorhaben nach § 70a Abs 10 bei nicht erfolgter Versagung und nicht erlangter Parteistellung eines Nachbarn als „mit rechtskräftigem Bescheid gem § 70 bewilligt." § 127 Abs 8 lit a BO sieht ausdrücklich die Möglichkeit einer Baueinstellung vor. In Betracht kann weiters ein Auftrag nach § 129 Abs 10 BO kommen.

Judikatur

1) Fragen der Sicherung der Baugrube sind Sache der Bauausführung, die im Baubewilligungsverfahren nicht zu behandeln sind (VwGH 6.11.1990, 90/05/0105, 5.2.1991, 90/05/0157).

2) Die in § 125 BO enthaltenen Bestimmungen über die Verantwortlichkeit bei der Bauausführung haben keine subjektiv-öffentlichen Nachbarrechte im Sinne des § 134 Abs 3 BO zum Gegenstand (VwGH 18.6.1991, 91/05/0025). S nun § 134a.

3) Gem § 65 Abs 1 WBO sind die – hier nicht schadenskausalen – Baupläne unter anderem vom Bauführer zu unterfertigen; dieser haftet gem § 125 Abs 1 lit a leg cit unter anderem für die – hier nicht erfolgte – Einhaltung der Baupläne, die nach diesem Gesetz ausgeführt werden dürfen.

Die Bestimmungen der BO für Wien über die Verantwortlichkeit im Baubewilligungsverfahren und bei der Bauausführung betreffen nach den Gesetzesmaterialien die verwaltungsrechtliche Verantwortung gegenüber der Behörde und nicht die zivilrechtliche Seite; das privatrechtliche Verhältnis zwischen den Beteiligten (Bauwerber und Bauführer) wird hiedurch nicht berührt (vgl zu den §§ 65 und 125 der BauO für Wien die EB zur Novelle 1976, abgedruckt bei *Geuder/Hauer*, Wiener Bauvorschriften[3] 355, 530).

Im vorliegenden Fall ist der Beklagte als Bauführer nur aufgetreten, um den öffentlich-rechtlichen Anforderungen Genüge zu tun; eine tatsächliche Durchführung oder Überwachung der Bauausführung durch ihn war gar nicht beabsichtigt. Es kann auf sich beruhen, ob die betreffenden Vorschriften in einem solchen Fall als Schutzgesetz zu Gunsten geschädigter Dritter angesehen werden könnten; der Bauwerber, der den Bau tatsächlich von einem anderen Bauführer als dem auf dem Bauplan aufscheinenden ausführen läßt, befindet sich jedenfalls nicht im persönlichen Schutzbereich der Norm (vgl hiezu *Koziol*, Haftpflichtrecht I[3] Rz 8/21 mwN; *Reischauer* in Rummel[2] § 1311 ABGB Rz 13 mwN; *Karollus*, Funktion und Dogmatik der Haftung aus Schutzgesetzverletzung 340, 346 mwN).

Wer sich also gegenüber der Behörde eines „Scheinbauführers" bedient (der den Bau nach dem Willen der Beteiligten eben nicht ausführen soll), kann diesen nicht wegen Verstoßes gegen die Bauordnung für die plan- und konsenswidrige Bauführung des tatsächlich beauftragten Bauführers haftbar machen (OGH 18.11.1999, 2 Ob 266/99b).

4) Der angefochtene Bescheid leidet aber auch deshalb an einer Rechtswidrigkeit des Inhaltes, weil die belangte Behörde außer Acht gelassen hat, daß die Beihilfe gegenüber der unmittelbaren Täterschaft subsidiär ist. Ein und dieselbe Person kann nicht sowohl als unmittelbarer Täter als auch als Mitschuldiger bestraft werden (vgl E 18.3.1958, Slg 4.609 A).

§ 124 Abs 1 BO verpflichtet den Bauwerber, sich zur Ausführung aller nach § 60 bewilligungspflichtigen und nach § 62 anzeigepflichtigen Bauarbeiten eines Bauführers zu bedienen, der nach den für die Berufsausübung maßgeblichen Vorschriften zur erwerbsmäßigen Vornahme dieser Tätigkeit berechtigt ist. Der Bauführer (das ist derjenige, der in fremdem Auftrag und für fremde Rechnung als Unternehmer ein Bauwerk herstellt) hat gem Abs 2 dieser Gesetzesstelle den Zeitpunkt des Beginns dieser Ausführung mindestens 3 Tage vorher der Behörde anzuzeigen. Wird mit dem Bau entgegen der Baubeginnsanzeige nicht begonnen, gilt diese als nicht erstattet.

§ 125 BO wiederum normiert die Verantwortlichkeit bei der Bauausführung. Gem Abs 1 lit a dieser Gesetzesstelle ist für die Einhaltung der Baupläne, die nach diesem Gesetz ausgeführt werden dürfen, sowie aller Auflagen der Baubewilligung, für die werksgerechte Bauausführung, für die Tauglichkeit der verwendeten Baustoffe und Konstruktionen sowie überhaupt für die Einhaltung aller auf die Bauführung Bezug habenden Vorschriften dieses Gesetzes, seiner Nebengesetze und der auf Grund dieser Gesetze erlassenen Verordnungen der Bauführer verantwortlich. Gem Abs 4 dieses Paragraphen bleiben die Verpflichtungen des Bauwerbers und des Eigentümers (aller Miteigentümer) der Liegenschaft unberührt. Nach dem Willen des Gesetzgebers soll daher verwaltungsrechtlich der Behörde gegenüber jeweils derjenige verantwortlich sein, der in eigener Verantwortung eine bestimmte Tätigkeit ausführt (vgl hiezu die bei *Geuder/Hauer,* Wiener Bauvorschriften, 3. Auflage, S 530 f, abgedruckten EB zur Nov 1976). Aus dieser Bestimmung ergibt sich daher im Zusammenhang mit § 135 Abs 1 BO, daß der Bauführer als unmittelbarer Täter für eine Tat, die die belangte Behörde dem § 7 VStG unterstellt hat, zu bestrafen ist (VwGH 28.9.1999, 99/05/0145, BauSlg 211). Gleichartig VwGH 9.11.1999, 99/05/0139 sowie 9.11.1999, 99/05/0156.

5) Aus dem Bescheid der Baupolizei ergibt sich, dass bei dem genehmigten Bauvorhaben anlässlich der Ausführung (Keller, Erdgeschoß und 1. Stock waren bereits vollendet, am Dachgeschoß wurde gearbeitet) Abweichungen vom Plan festgestellt wurden. Damit greift aber die Bestimmung des § 125 Abs 1 lit a BO, wonach bei der Bauausführung für die Einhaltung der Baupläne, die nach dem Gesetz ausgeführt werden dürfen, der Bauführer verantwortlich ist.

Wenn die belangte Behörde meint, die Verantwortlichkeit des Bauwerbers bleibe neben einer Bestellung des Bauausführenden bestehen, verkennt sie offenbar die Bestimmung des § 125 Abs 4 BO. Anders als § 135 Abs 3 BO ist in § 125 Abs 4 BO eine kumulative Verantwortlichkeit nicht normiert, was sich schon aus dem Fehlen des Wortes „neben" ergibt. Vielmehr soll nach dem Willen des Gesetzgebers verwaltungsrechtlich der Behörde gegenüber jeweils derjenige verantwortlich sein, der in eigener Verantwortung eine bestimmte Tätigkeit ausübt (vgl hierzu die bei *Geuder/Hauer*, Wiener Bauvorschriften, 3. Auflage, S 530, abgedruckten Erläuternden Bemerkungen zur Novelle 1976). Während etwa der Bauwerber für die Auswahl des Bauführers verantwortlich ist (§ 124 Abs 1 BO), worauf auch § 125 Abs. 4 BO verweist, ist der dem Gesetzgeber entsprechend bestellte Bauführer für die planwidrige Ausführung allein verantwortlich (siehe auch das hg Erkenntnis vom 28. September 1999, Zl 99/05/0145)(VwGH 9.10.2001, 99/05/0024).

6) Im vorliegenden Fall kam die belangte Behörde zu dem Ergebnis, der Beschwerdeführer sei nicht als Bauführer im Sinn des § 125 Abs 1 lit. a Bauordnung für Wien verwaltungsstrafrechtlich verantwortlich, sondern vielmehr als „Bauausführender" im Sinn des § 125 Abs 1 lit. b leg.cit, da die K Gesellschaft m.b.H. damit beauftragt gewesen sei, die Holzfassade auf den bereits bestehenden Ziegelrohbau anzubringen; in diesem Zusammenhang sei der Bauausführende nach § 125 Abs. 1 lit. b leg. cit. auch für die bewilligungs- und bauordnungsgemäße Ausführung verantwortlich ...

Da in der Bauordnung für Wien über das Verschulden bei einem Verstoß gegen § 125 Abs 1 lit b leg cit nicht anderes bestimmt ist, genügt zur Strafbarkeit des Beschwerdeführers im Beschwerdefall gem § 5 Abs. 1 VStG fahrlässiges Verhalten. Der Beschwerdeführer behauptet nicht, dass er in Unkenntnis der Verwaltungsvorschrift zuwidergehandelt hat, die als Entschuldigungsgrund im Sinne des § 5 Abs 2 VStG gewertet werden könnte. Da der selbständig, also in eigener Verantwortung, tätige Bauausführende im Sinne des § 125 Abs 1 lit b Bauordnung für Wien für die bewilligungs- und bauordnungsgemäße Ausführung der ihm übertragenen Arbeiten verantwortlich ist, hatte der Beschwerdeführer vor Ausführungsbeginn jedenfalls zu klären, ob für die übertragenen Arbeiten eine rechtskräftige Baubewilligung vorliegt. Hiezu war es im Beschwerdefall jedenfalls erforderlich, dass in die maßgeblichen Plandokumente Einsicht genommen wird. Nur so wäre für den Beschwerdeführer erkennbar gewesen, ob (auch) die auszuführende bewilligungspflichtige Fassadengestaltung baubehördlich bewilligt ist und eine bewilligungsgemäße Ausführung erfolgt (VwGH 15.6.2010, 2009/05/0262)

7) Der Prüfingenieur nach der Wiener Bauordnung ist nicht Organ im Sinne des § 1 Abs 1 AHG. Er wird nicht von der Behörde für die Erfüllung „ihrer" Aufgabe „in Pflicht genommen", sondern unterstützt den Bauwerber bei dessen Verpflichtung, den Nachweis der konsensmäßigen Herstellung des Bauvorhabens (durch den Bauführer) zu erbringen.

Wird eine Person vom Bauherrn mit der Tätigkeit als „Prüfingenieur im Sinne der Wiener Bauordnung bzw des Baubewilligungsbescheids" beauftragt, so beschränkt sich ihr Pflichtenkreis auf die Wahrnehmung der den Prüfingenieur in der Wiener Bauordnung (§§ 125 Abs 2, 127 Abs 3) auferlegten Aufgaben.

Der Prüfingenieur haftet dem Bauherrn nicht für Mehrkosten, die diesem aufgrund eines nicht offensichtlichen Planungs- oder Berechnungsfehlers erwachsen sind, auch wenn sich dieser auf die Standfestigkeit des Bauwerks auswirkt. (OGH 30.4.2020, 1Ob10/20g)

8) Vgl auch E 10 zu § 124.

Benützung des Nachbargrundes, Verlegung fremder Leitungen und ähnliches

§ 126. (1) Die Eigentümer der Nachbarliegenschaften sind verpflichtet,[1)] die anläßlich einer Bauführung oder Instandsetzung notwendigen, ohne Benützung des Nachbargrundes oder des darüber befindlichen Luftraumes nicht möglichen oder nur mit unverhältnismäßigem Aufwand möglichen Arbeiten einschließlich der nötigen Sicherungsmaßnahmen, wie etwa Pölzungen und Unterfangungen, gegen Ersatz des erlittenen Schadens auf ihrer Liegenschaft zu gestatten. Über die Höhe des erlittenen Schadens entscheiden im Streitfalle die ordentlichen Gerichte.[2)]

(2) Wird aus Anlaß einer Bauführung oder Instandsetzung die Verlegung von Leitungen, Lampen, Aufschriftstafeln oder ähnlichem unvermeidlich, so sind deren Eigentümer verpflichtet, dies gegen Ersatz des erlittenen Schadens zu gestatten. Über die Höhe des erlittenen Schadens entscheiden im Streitfalle die ordentlichen Gerichte.[2)]

(3) Werden die nach Abs. 1 und 2 zulässigen Maßnahmen nicht gestattet, hat die Behörde über die Berechtigung und den Umfang der Duldungsverpflichtung zu entscheiden.[3)4)] Mit den Arbeiten darf nach Rechtskraft des Bescheides begonnen werden.

(4) Droht dadurch, daß benachbarte Gebäude verschieden hoch sind, für die Bewohner oder Benützer eines oder beider Gebäude eine Gefährdung durch Abgase von Feuerstätten, ist der Eigentümer des niedrigeren Gebäudes verpflichtet, die Abgasanlagen entsprechend hochzuführen; diese Verpflichtung besteht nicht, wenn eine Heizung hergestellt wird, durch die gewährleistet wird, daß eine Gefährdung der Bewohner oder Benützer dieses oder beider Gebäude ausgeschlossen ist. Der Eigentümer des höhe-

ren Gebäudes ist verpflichtet, die notwendige Verankerung dieser Abgasanlagen, die Schaffung eines gesicherten Zuganges zur Ermöglichung der Reinigung und Überprüfung dieser Einrichtungen sowie ihre Reinigung und Überprüfung von seinem Gebäude aus zu dulden. Ist eine Höherführung der Abgasanlagen technisch nicht möglich, so ist eine Heizung herzustellen, durch die gewährleistet wird, daß eine Gefährdung der Bewohner oder Benützer beider Gebäude ausgeschlossen ist. Der Eigentümer des höheren Gebäudes ist, wenn durch seine Bauführung die verschiedene Höhe der benachbarten Gebäude entstanden ist, verpflichtet, dem Eigentümer des niedrigeren Gebäudes die unbedingt notwendigen Kosten für die Höherführung der Abgasanlagen zu ersetzen. Wird anstatt der Höherführung der Abgasanlagen im niedrigeren Gebäude eine andere Heizung eingerichtet, sind die dafür entstehenden Kosten bis höchstens zum Betrag der für die Höherführung geschätzten zu ersetzen.[2)5)]

Anmerkungen

1) Bei dieser Duldungsverpflichtung handelt es sich um eine öffentlich-rechtliche Eigentumsbeschränkung im Sinne des § 364 Abs 1 ABGB. Ob diese Verpflichtung dem Bauwerber auch auf der Nachbarliegenschaft das Recht einräumt, erforderliche Sicherungsmaßnahmen dortselbst durchzuführen, muss bei der gewählten gesetzlichen Textierung bezweifelt werden. Eine bleibende Unterfangung wäre jedenfalls bewilligungspflichtig. Die Qualität als Nachbarliegenschaft resultiert aus der erwiesenermaßen notwendigen Inanspruchnahme für sonst nicht oder nur mit unverhältnismäßigem Aufwand mögliche Arbeiten (was durch SV-GA klarzustellen ist) und darf nicht mit dem Nachbarbegriff des § 134 Abs 3 gleichgesetzt werden.

2) Das Gericht wird auch (dem Grunde nach) zu beurteilen haben, ob überhaupt ein Schaden entstanden ist.

3) Über diesen Anspruch entscheidet die Baubehörde. Ein angerufenes Gericht müsste auf Unzulässigkeit des Rechtsweges erkennen. Diese Regelung dürfte verfassungsrechtlich zulässig sein, da es sich nicht um die Beurteilung eines möglichen Schadens, sondern die Frage einer (dem Schadensersatz) vorgelagerten öffentlich-rechtlichen Verpflichtung handelt. Bemerkenswerterweise enthält die BO keine Wiederherstellungsverpflichtung, wie sie etwa § 35 Abs 3 TBO kennt.

4) Eine Duldungsverpflichtung zur Verlegung von Leitungen darf die Baubehörde nur im Rahmen ihrer Zuständigkeit verfügen (nicht etwa für Fernmeldeanlagen).

5) Die Regelung über den Kostenersatz scheint in Art 15 Abs 9 B-VG ihre verfassungsrechtliche Deckung zu finden.

Judikatur

1) Die Entscheidung über Schadenersatzansprüche steht, sofern nicht ein besonderes Gesetz etwas anderes bestimmt, den Gerichten und nicht den Verwaltungsbehörden zu (VfGH 13.10.1953, Slg 2579).

2) Die Baubehörden haben nur über die Zulässigkeit der Benützung des Nachbargrundes, über die Notwendigkeit der Verlegung von Leitungen, Lampen, Aufschriftstafeln und dgl und über eine beantragte Sicherstellung des Entschädigungsanspruches, jedoch nicht über den Entschädigungsanspruch selbst zu entscheiden. Die Entschädigungsansprüche sind bei Gericht geltend zu machen (VwGH 21.12.1933, Slg 17.881/A, 11.3.1953, Slg 2891/A).

3) Nachbarn haben die vorübergehende Benützung ihres Luftraumes durch einen Turmkran nach § 42 TBO zu dulden. Der von den Beschwerdeführern auch noch in ihrer Beschwerde (wie auch auf Verwaltungsebene) eingenommene Standpunkt läuft darauf hinaus, das Bauverfahren zu erschweren oder zu verzögern, ohne dass damit ein darüber hinausgehender, erkennbarer Nutzen für die Beschwerdeführer verbunden wäre. Sinn des § 42 Abs 1 TBO ist demgegenüber, einen Ausgleich widerstreitender Interessen zu erzielen, nicht aber, jedem, auch völlig unbegründeten Widerspruch der Nachbarn zur Geltung zu verhelfen. Soweit andere Interessen der Beschwerdeführer als Nachbarn durch die eigentliche Bauführung beeinträchtigt werden, ist darüber im Baubewilligungsverfahren von der Verwaltungsbehörde oder im sachenrechtlichen Nachbarstreit von den ordentlichen Gerichten zu entscheiden (VwGH 12.12.1991, 91/06/0123, Slg 13.546 A).

3a) Erfolgt ein Überschwenken des Luftraumes des Grundstückes ohne Lasten, wodurch die Nutzung des Grundstückes nicht beeinträchtigt wird, wird kein erkennbares Interesse des Nachbarn berührt. Bei der Verwendung von Baukränen sind nachteilige Auswirkungen auf das Nachbargrundstück dann nicht zu erwarten, wenn in den Luftraum nur mit dem Ausleger, nicht aber mit Hublasten eingeschwenkt wird. Wird doch in einem solchen Fall mit dem Einschwenken in den Luftraum zwar in den eigentumsrechtlichen Herrschaftsbereich der Nachbarn vorübergehend eingegriffen, damit jedoch objektiv kein in die Abwägung der Verhältnismäßigkeit einzubeziehendes, zumindest andeutungsweise erkennbares Interesse der Nachbarn berührt (VwGH 22.11.2017, Ra 2017/06/0201; 20.9.1994, 94/05/0188; 12.12.1991, 91/06/0123).

4a) „Notwendige" Maßnahmen iSd § 126 Abs 1 WBO müssen jedenfalls zulässige Maßnahmen iSd BO sein. Zulässig ist ein Bauvorhaben, wenn es nicht bewilligungspflichtig oder zumindest bewilligungsfähig ist.

4b) Eine Beeinträchtigung subjektiv-öffentlicher Rechte kann nicht aus der Duldungsverpflichtung gem § 126 BO abgeleitet werden, weil diese Bestimmung nachbarliche Ansprüche erschöpfend regelt.

4c) Aus Abstandsbestimmungen, Bestimmungen über Fluchtlinien und Bestimmungen über die Bauweise erwachsen grundsätzlich subjektive öffentliche Nachbarrechte (s *Hauer*, Der Nachbar im Baurecht[2], S 154 ff), sodaß eine Instandsetzungsmaßnahme in Form von Erneuerung des Verputzes an einer bestehenden Feuermauer, würde sie die Grundgrenze überschreiten, jedenfalls bewilligungspflichtig iSd § 60 Abs 1 lit c BO wäre (VwGH 13.4.1993, 90/05/0233).

5) § 126 Abs 1 BO verpflichtet einen Liegenschaftseigentümer zur Duldung der Benützung seines Liegenschaft dann, wenn die notwendigen Arbeiten für die Ausführung eines Bauvorhabens (Bauführung oder Instandsetzung) auf einem Nachbargrundstück ohne Benützung seiner Liegenschaft und des darüber befindlichen Luftraumes nicht oder nur mit unverhältnismäßigem Aufwand möglich sind.

Es sind daher nach dem Grundsatz der Verhältnismäßigkeit – selbst wenn es keine Ausführungsvariante ohne Benützung einer fremden Liegenschaft gibt – die möglichen Ausführungsvarianten dahingehend zu prüfen, welche dieser Varianten zur Erreichung des Zieles unter Einbeziehung möglicher gelinderer Mittel am geeignetsten ist (VwGH 27.8.2014, 2012/05/0106)

6) Die Frage, ob die Revisionswerberin dazu berechtigt ist, an der genannten Abtrennungsmauer Instandsetzungsarbeiten vorzunehmen, hat die Baubehörde im Rahmen des Verfahrens nach § 126 Abs 3 BO unter Zugrundelegung des Ermittlungsverfahrens als Vorfrage im Sinne des § 38 AVG zu beantworten. Hiebei ist unter einer „Vorfrage" eine für die Entscheidung der Verwaltungsbehörde präjudizielle Rechtsfrage zu verstehen, über die als Hauptfrage von derselben Behörde in einem anderen Verfahren, von anderen Verwaltungsbehörden oder von Gerichten zu entscheiden ist (vgl etwa das hg Erkenntnis vom 21. Mai 2007, Zl 2006/05/0165, mwN) (VwGH 18.11.2014, Ro 2014/05/0010).

7) In diesem Zusammenhang wird auch darauf hingewiesen, dass die Rechtsansicht, dass dann, wenn aufgrund einer fehlenden Fertigstellungsanzeige nicht festgestellt werden könne, ob das Bauvorhaben innerhalb der Frist fertiggestellt worden sei, der Bauwerber das Risiko der Negativfeststtellung zu tragen habe und von einem Erlöschen der Baubewilligung auszugehen sei, mit der Rechtslage nicht vereinbar ist (VwGH 8.9.2014, 2013/06/0055, zum Bgld Baugesetz).

8) Bei der Frage der Gefährdung des Lebens und der Gesundheit von Menschen bzw einer unzumutbaren Belästigung von Nachbarn ist grundsätzlich ein humanmedizinisches Gutachten einzuholen (vgl VwGH 26.11.2015, 2012/07/0027; 23.11.2016, Ra 2016/05/0023, mwN). Allerdings ist die Einholung eines medizinischen Gutachtens nicht in jeder Fallkonstellation geboten, insbes dann nicht, wenn bereits auf Grund der konkret gegebenen Umstände bzw der

Ausführungen des technischen Sachverständigen eine Verletzung der genannten Rechtsgüter im Einzelfall auszuschließen ist (vgl VwGH 24.2.2006, 2001/04/0039; 23.1.2007, 2005/06/0244; 18.5.2016, Ra 2015/04/0093; 27.1.2020, Ra 2019/04/0005, 0006) (VwGH 28.5.2024, Ra 2024/06/0058).

Überprüfungen während der Bauführung[1)]

§ 127. **(1) Den Vertretern der Behörde ist jederzeit der Zutritt zur Baustelle zu gestatten. Bauwerber, Bauführer, Planverfasser und Prüfingenieur sowie die beim Bau Beschäftigten sind verpflichtet, der Behörde alle erforderlichen Auskünfte zu erteilen.[2)3)]**

(2) Bauwerber und Bauführer sind verpflichtet, auf der Baustelle die Baupläne, die nach diesem Gesetz ausgeführt werden dürfen (§ 64), die nach dem Fortschritt des Baues erforderlichen statischen Unterlagen sowie Nachweise des Prüfingenieurs über die gemäß Abs. 3 vorgenommenen Überprüfungen aufzulegen. Die Behörde ist berechtigt, die Unterlagen auf Vollständigkeit und Schlüssigkeit zu überprüfen. Diese Überprüfung schafft nicht die Vermutung, dass die Unterlagen vollständig und richtig sind.[3)]

(3) Bei den nach § 60 Abs. 1 lit. a, b und c bewilligungspflichtigen[4)] Bauführungen sowie bei nach § 62 Abs. 1 Z 4 anzeigepflichtigen Bauführungen, bei denen eine statische Vorbemessung erforderlich ist (§ 62 Abs. 2), hat der Bauwerber[5)] grundsätzlich einen Ziviltechniker oder einen gerichtlich beeideten Sachverständigen für das einschlägige Fachgebiet als Prüfingenieur[6)6a)] zu bestellen. Der Prüfingenieur hat folgende Überprüfungen der Bauausführung vornehmen zu lassen:

a) dem Baufortschritt entsprechende Überprüfungen, die zum Nachweis der Erreichung der erforderlichen Zuverlässigkeit der Tragwerke notwendig sind (Untergrund, Fundamente, Stahleinlagen, Träger, Stützen, Schweißverbindungen u. ä.);
b) die Überprüfung der konsensgemäßen und den Bauvorschriften entsprechenden Herstellung des Rohbaues (Rohbaubeschau);
c) Überprüfungen zum Nachweis der konsensgemäßen und den Bauvorschriften entsprechenden Bauführung.

(3a) Der Bauwerber hat der Behörde vor Beginn der Bauführung einen Prüfingenieur bekanntzugeben und nachzuweisen, dass dieser die Bekanntgabe zur Kenntnis genommen hat. Unterbleibt dieser Nachweis, gilt die Bekanntgabe eines Prüfingenieurs als nicht erfolgt. Der Prüfingenieur muss vom Bauwerber und vom Bauführer verschieden sein und darf zu diesen Personen in keinem Dienst- oder Organschaftsverhältnis stehen. Ein Wechsel des Prüfingenieurs ist in gleicher Weise unverzüglich anzuzeigen.

(3b) *entfällt; LGBl 2014/25*

(4) Werden Nachweise über Überprüfungen gemäß Abs. 3 über Aufforderung der Behörde nicht vorgelegt, ist der Bauwerber[1] über Auftrag der Behörde verpflichtet, die betreffenden Bauteile zwecks nachträglicher Überprüfung im notwendigen Ausmaß freilegen zu lassen. Hievon ist abzusehen, wenn der Bauwerber[5] auf eine andere Art (Entnahme einer Betonprobe, Kugelschlagprobe u. ä.) den Nachweis der ordnungsgemäßen Bauführung erbringt.

(5) Außerdem müssen die Abgasanlagen von einem hiezu Befugten nach Bauvollendung in ihrer ganzen Länge geprüft werden.

(6) Die Behörde kann auf die Bestellung eines Prüfingenieurs verzichten, wenn es sich um geringfügige Bauausführungen handelt. Im Baubewilligungsverfahren gemäß § 70b ist von einem solchen Verzicht der Behörde auszugehen, wenn diese nicht innerhalb von einem Monat ab der Einreichung die Bestellung eines Prüfingenieurs verlangt. Diese Frist beginnt mit jeder Projektänderung oder Änderung der Verfahrensart neuerlich zu laufen.[15]

(7) Der Bauwerber ist über Auftrag der Behörde verpflichtet, tragende Bauteile einer Probebelastung oder einer anderen geeigneten Untersuchung unterziehen zu lassen und das Gutachten eines Ziviltechnikers über die Tragfähigkeit oder das Prüfungszeugnis einer akkreditierten Prüfstelle vorzulegen, wenn anders der Nachweis über die ordnungsgemäße Bauführung nicht erbracht werden kann.[4]

(8) Die Bauführung darf nicht weitergeführt werden, wenn[7]

a) ein Bau ohne Baubewilligung[8] oder entgegen den Bestimmungen des § 62 oder der §§ 70a[9] oder 70b ausgeführt wird;

b) der Prüfingenieur oder der Bauführer der Behörde nicht bekanntgegeben worden ist;

c) nicht entsprechende Baustoffe verwendet oder entsprechende Baustoffe unfachgemäß verwendet werden oder mit Baustoffen, die das Leben oder die Gesundheit von Menschen gefährden, unfachgemäß umgegangen wird;[10]

d) Konstruktionen mangelhaft ausgeführt werden;[10]

e) Schalungen oder Pölzungen mangelhaft sind;[10]

f) die erforderlichen statischen Unterlagen oder die Baupläne gemäß Abs. 2 auf der Baustelle nicht aufliegen oder mangelhaft sind;

g) der Untergrund den Annahmen nicht entspricht, die den statischen Unterlagen zugrunde liegen;

h) mit dem Abbruch eines Gebäudes entgegen der Bestimmung des § 72 Abs. 2 oder 3 begonnen wurde[16].

(8a) Wird die Bauführung entgegen Abs. 8 weitergeführt und erlangt die Behörde davon Kenntnis, hat sie den Bau einzustellen. Darüber ist möglichst binnen drei Tagen an den Bauherrn,[5] den Bauführer oder den sonst Verantwortlichen ein schriftlicher Bescheid zu erlassen;[11] einer Beschwerde gegen diesen Bescheid kommt die aufschiebende Wirkung nicht zu.[12]

(9) Ist der Tatbestand für eine Baueinstellung nach Abs. 8 offenkundig nur für einen Teil eines Bauwerkes verwirklicht und ist aus diesem Grunde die Fortführung der Bauarbeiten an einem anderen Teil des Bauwerkes technisch möglich und keinesfalls mit einer Gefährdung von Menschen verbunden, kann[13] die Behörde die Baueinstellung auf diesen Teil des Bauwerkes beschränken; andernfalls erstreckt sich die Baueinstellung auf das gesamte Bauvorhaben.[3][14]

Anmerkungen

1) § 127 wurde durch die Nov LGBl 1996/42 neu gefasst. Mit der Nov LGBl 1998/46 wurden Abs 1, 8 und 8a neu formuliert, Abs 1a und 7a entfielen (s EB). Abs 8 lit a und lit c idF der Nov LGBl 2018/69; lit f idF der Nov LGBl 2020/61; Abs 6 erster Satz idF der Nov LGBl 2018/69, 2006/61, zweiter Satz idF der Nov LGBl 2020/61. Mit der Nov LGBl 2020/61 wurden die Abs 2 und 3a neu formuliert.

2) Die Verweigerung einer Auskunft ist eine Übertretung einer Vorschrift der Bauordnung und daher nach § 135 Abs 1 strafbar (§ 127 Abs 1 iVm § 135 Abs 1 BO).

3) Die Regelungen der Abs 1, 2, 8, 8a und 9 müssen wohl in dem Sinn verstanden werden, daß sie auch für die Verfahren gemäß §§ 70a und 70b gelten. Die unsystematische Zusammenfassung von Bestimmungen, die nur für das Baubewilligungsverfahren gelten, und solchen, die generell gelten, ist für die Rechtssicherheit nicht gerade förderlich.

4) Alle Überprüfungen, die hier gefordert werden, setzen eine baubehördliche Bewilligung voraus.

5) Eine rechtlich relevante Unterscheidung zwischen Bauwerber und Bauherr kennt die WBO nicht. Denn bei der Bauausführung iS des Abs 3 liegt logisch auch bereits eine Bauherreneigenschaft vor. Andererseits spricht der Gesetzgeber von einem „Bauwerberwechsel“ (§ 124 Abs 4) während einer Bauführung.

6) Vgl Anm 3 zu § 125.

6a) Der Prüfingenieur muss nicht alle Überprüfungen und Befundungen persönlich vornehmen, sondern kann sich auch fachkundig schlüssig erstellter (Hilfs-)Gutachten bedienen, sich darauf stützen. Von der Baubehörde und der Kammer der ZiviltechnikerInnen für Wien, Niederösterreich und Burgenland (Arch$_+$Ing) wurde ein Leitfaden bzw Pflichtenheft erarbeitet. Das

Leistungsbild Prüfingenieure ist verfügbar unter dem Link https://wien.arching.at/service/technisches_service/baurechtliche_hinweise_und_erlaeuterungen/die_pruefingenieure.html.

7) Die Auffassung der EB, dass nunmehr bei Vorliegen eines der Tatbestände des Abs 8 lit a bis g der Bauführer verpflichtet ist, die Bauführung einzustellen (und dies auch tut), scheint naiv. Die Regelung ist für ein Strafverfahren von Relevanz.

8) Eine Baubewilligung muss in Rechtskraft erwachsen sein, und es darf einer Beschwerde an den VfGH oder VwGH die aufschiebende Wirkung nicht zuerkannt worden sein. S Anm 1 zu § 72. Um zu einem akzeptablen Ergebnis zu gelangen, ist davon auszugehen, dass der Tatbestand der lit a bereits dann erfüllt ist, wenn von dem dem Verfahren zugrunde gelegten Plan derart abgewichen wird, dass dafür eine Baubewilligung, bzw Kenntnisnahme oder ein Verfahren nach § 70a neuerlich erforderlich wäre.

9) Vgl Anm 1 ff zu § 70a.

10) Nicht jeder (unwesentliche) Mangel rechtfertigt eine Baueinstellung, s auch Abs 9.

11) Die bisherige Regelung einer zunächst mündlich zu verkündenden Baueinstellung scheint aufrecht erhalten worden zu sein. Die mündlich verfügte Baueinstellung stellt sich als Form des sofortigen Polizeizwanges dar (faktische Amtshandlung). Faktische Amtshandlungen können seit dem 31.12.2013 beim Verwaltungsgericht angefochten werden. Mangels ausdrücklicher Regelung erscheint es sinnvoll, davon auszugehen, dass der schriftliche Bescheid die mündlich verfügte Baueinstellung aufhebt. Mit den „sonst Verantwortlichen" in Abs 8a, denen der Baueinstellungsbescheid zuzustellen ist, wird auf den Wechsel des Bauherrn Bezug genommen, der vom Bauwerber, der sich um die Baubewilligung bewarb, verschieden sein kann.

12) Zur aufschiebenden Wirkung s § 64 AVG. S auch Anm 11 u E 13.

13) IS der Judikatur des VwGH besteht in diesem Fall bei Zutreffen der Voraussetzungen kein Ermessensanspruch der Behörde.

14) Eine neuerliche Baueinstellung wegen desselben Bauvorhabens kommt nicht in Betracht; vielmehr ist bei einer Fortsetzung der Arbeiten trotz Baueinstellung im Wege des Verwaltungszwanges vorzugehen. Eine Baueinstellung ist nicht mehr möglich, wenn keine bewilligungspflichtigen Bauarbeiten mehr durchzuführen sind. Ist der Einstellungsgrund weggefallen, so ist die Fortführung der Arbeiten zulässig. Eine formelle Aufhebung eines Bescheides ist im Hinblick auf den geänderten Sachverhalt nicht möglich; eine Vollstreckung ist ohnehin unzulässig. Sind Bauwerber (Bauführer) und Baubehörde nicht derselben Ansicht, kann die Erlassung eines Feststellungsbescheides zweckmäßig sein.

In seinem E v 30.8.1994, 94/05/0067 hat der VwGH die auf dem Rechtssatz eines verstärkten Senates beruhende Rechtsauffassung in dem E v 16.4.1956, Slg 4040/A, wonach die Berufungsbehörde bei Leistung auferlegenden Bescheiden die tatsächlich (in der Zwischenzeit) erbrachte Leistung nicht zu beachten hat, auf das Baueinstellungsverfahren übertragen. Damit hat die Berufungsbehörde (jetzt: das Landesverwaltungsgericht) auch dann, wenn in der Zwischenzeit der Grund für die Baueinstellung weggefallen ist, die Sachlage im Zeitpunkt der Erlassung der Baueinstellung ihrer Entscheidung zugrunde zu legen. S E 19.

15) Mit einem Verzicht wird in aller Regel nicht in Rechte des Adressaten/ Bauwerbers eingegriffen und er muss folglich nicht mit Bescheid erfolgen. Die Klarstellung zum Fristenlauf bei Projektänderungen wurde mit BO-Nov 2023, LGBl 2023/37 angefügt und ist lt ÜB zur BO-Nov 2023 auf im Zeitpunkt des Inkrafttretens (14.12.2023) bereits anhängige Verfahren anzuwenden.

16) Abs 8 lit h mit BO-Nov 2023, LGBl 2023/37 vom 13.12.2023 angefügt.

Judikatur

1) Eine Parteistellung des Bauführers im Falle einer Baueinstellung kommt nur dann in Frage, wenn diese wegen Verwendung nicht entsprechender Baustoffe oder unsachgemäßer Verwendung von Baustoffen verfügt wurde (VwGH 2.4.1952, Slg 2493/A). Erfolgte die Baueinstellung deshalb, weil eine Baubewilligung nicht vorliegt, besitzt der Bauführer keine Parteistellung (VwGH 14.4.1987, 86/05/0173).

2) Auf die Handhabung der der Behörde gem § 127 Abs 5 (jetzt: Abs 8a) zustehenden Befehls- oder Zwangsgewalt besitzt weder der Eigentümer des Grundes, auf dem ohne Baubewilligung gebaut wird, noch eine dritte Person einen mit den Mitteln des öffentlichen Rechts verfolgbaren Rechtsanspruch (VwGH 5.9.1966, 1808/65, ua).

3) Die Herstellung eines betonierten Fundamentes ist, da hiezu ein gewisses Maß bautechnischer Kenntnisse erforderlich ist und dieses mit dem Boden in eine Verbindung gebracht ist, eine gem § 60 Abs 1 lit b bewilligungspflichtige Bauführung, die gem § 127 Abs 5 (jetzt: Abs 8a) eingestellt werden kann (VwGH 8.2.1965, 790/64).

4) Wenn sich eine Baueinstellung auf das gesamte Bauvorhaben erstreckt, kommt eine weitere Baueinstellung wegen desselben Bauvorhabens nicht neuerlich in Betracht, vielmehr ist bei einer Fortsetzung der Bauarbeiten trotz erfolgter Baueinstellung im Wege des Verwaltungszwanges vorzugehen. Letzteres allerdings nur unter der Voraussetzung, daß der (erste) Bescheid in Rechtskraft erwuchs bzw einer Berufung die aufschiebende Wirkung aberkannt wurde (VwGH 11.10.1979, 1363, 1364/79).

5) Wurde eine Baubewilligung nicht erwirkt, ist bezüglich der Ausführung bewilligungspflichtiger Bauarbeiten mit einer Baueinstellung vorzugehen, gleichgültig, aus welchen Gründen eine Baubewilligung bisher nicht erteilt worden ist (VwGH 30.9.1982, 82/06/0084).

6) Die Abtragung und Wiedererrichtung einer tragenden Mauer rechtfertigt eine Baueinstellung nach § 127 Abs 8 lit b (jetzt: lit a) BO (VwGH 13.12.1983, 05/2840/80, BauSlg 156).

7) Eine Baueinstellung wird zu Recht verfügt, wenn die Bauarbeiten ohne die hiefür erforderliche Baubewilligung ausgeführt werden. Die Frage der Rechtmäßigkeit des rechtskräftigen Titelbescheides kann im Vollstreckungsverfahren nicht mehr aufgeworfen werden (VwGH 11.2.1988, 86/06/0175, BauSlg 1057).

8) Umfaßt ein Baubewilligungsbescheid mehrere trennbare Bauvorhaben, ist bei der Verfügung einer Baueinstellung die Trennbarkeit dieser Vorhaben zu beachten (VwGH 23.1.1990, 88/06/0218).

9) Im Verfahren über eine Baueinstellung kommt einem Nachbarn keine Parteistellung zu (VwGH 24.4.1990, 90/05/0023, 0024).

10a) Eine Baueinstellung ist nicht mehr möglich, wenn keine bewilligungspflichtigen Bauarbeiten mehr durchzuführen sind.

10b) Voraussetzung für eine Baueinstellung gem § 127 Abs 8 lit b (jetzt: lit a) WBO ist allein die tatsächliche Abweichung von den Bauplänen. Welche Aufträge der Bauherr dem Bauführer erteilt, ist hingegen ohne Belang (VwGH 2.2.1993, 90/05/0151).

11a) Einer schriftlichen Baueinstellung gem § 127 Abs 8 WBO muß eine mündliche nicht vorangehen.

11b) Im Zuge einer Baueinstellung kommt ein Parteiengehör nicht in Betracht. Stellt ein Organ der Baubehörde an Ort und Stelle fest, daß ohne Erwirkung der hiefür erforderlichen Baubewilligung eine Bauführung erfolgt, so besteht für die Baubehörde keine Veranlassung, ein Ermittlungsverfahren darüber durchzuführen, wer die Durchführung dieser Bauarbeiten bei der Behörde angezeigt hat (VwGH 2.2.1993, 92/05/0270).

12) Eine Baueinstellung ist auch dann gerechtfertigt, wenn im Zeitpunkt der Baueinstellung keine Arbeiten durchgeführt werden, aber bewilligungspflichtige Arbeiten schon ohne die erforderliche Bewilligung vorgenommen wurden und die Arbeiten noch nicht abgeschlossen sind (VwGH 17.2.1994, 93/06/0141, BauSlg 36).

13a) Fällt der Grund für die Baueinstellung weg, dürfen die Bauarbeiten fortgesetzt werden, und zwar auch dann, wenn einer Berufung die aufschiebende Wirkung aberkannt worden ist.

13b) Ein während des Berufungsverfahrens geänderter Sachverhalt ist für die Berufungsbehörde rechtlich unerheblich (VwGH 30.8.1994, 94/05/0067, BauSlg 176).

14) Einem Baueinstellungsbescheid muß entnommen werden können, auf welche Arbeiten sich die Baueinstellung bezieht und aus welchen Gründen diese Arbeiten einer baubehördlichen Bewilligungspflicht unterliegen (VwGH 30.5.1995, 95/05/0003, BauSlg 103 - zur OÖ BO).

15) Bereits die Abtragung und Wiedererrichtung einer tragenden Außenmauer ohne Baubewilligung rechtfertigt eine Baueinstellung nach § 127 Abs 8 lit a BO (siehe das hg Erkenntnis vom 13. Dezember 1983, 05/2840/80, BauSlg 156); im Beschwerdefall wurden sogar drei Außenwände neu errichtet, weshalb die Baueinstellung zu Recht verfügt worden ist (VwGH 17.9.1996, 94/05/0071, BauSlg 226).

16) Voraussetzung für eine Baueinstellung gem § 127 Abs 8 lit b BO ist allein die tatsächliche Abweichung von den Bauplänen. Auf die Möglichkeit der Erteilung einer nachträglichen Bewilligung kommt es im Rahmen des Baueinstellungsverfahrens nicht an (vgl hiezu das hg Erkenntnis vom 2.2.1993, 90/05/0151). Mit dem Beschwerdevorbringen, der durch einen Teileinsturz des Gebäudes entstandene Schaden sei nur nach den Regeln der Technik behoben worden, entfernt sich die Beschwerdeführerin von den aktenmäßig gedeckten Feststellungen der belangten Behörde. Im Übrigen kann bei Herstellung einer Kellersohle und von Stahlbetonkellerwänden nach dem Einsturz eines ursprünglich nicht unterkellerten Gebäudes nicht mehr von der Behebung des entstandenen Schadens nach den Regeln der Technik gesprochen werden.

Für das Vorliegen der Tatbestandsvoraussetzungen des § 127 Abs 9 BO fehlen die Anhaltspunkte (VwGH 25.3.1997, 96/05/0298, BauSlg 72).

17) Wird einer Baueinstellungsverfügung nicht entsprochen, kann die Verhängung einer Zwangsstrafe angedroht und vollstreckt werden. Unzulässig ist es aber, eine Zwangsstrafe und eine Haft anzudrohen (VwGH 24.11.1998, 97/05/0207, 0208, BauSlg 282).

18) Die Vergrößerung eines bewilligten Wintergartens ohne die hiefür erforderliche Baubewilligung rechtfertigt eine Baueinstellung (VwGH 17.5.1999, 98/05/0240, BauSlg 112).

19) Für eine Baueinstellung ist es nicht erforderlich, dass eine Gefahr besteht, liegt es doch im öffentlichen Interesse, dass gesetzliche Bestimmungen eingehalten werden.

Eine Änderung des Sachverhaltes nach Erlassung des erstinstanzlichen Bescheides betr Baueinstellung ist von der Berufungsbehörde (jetzt: vom Landesverwaltungsgericht) nicht zu beachten (VwGH 30.1.2001, 2000/05/0234).

20) Ein schlüssiges und nachvollziehbares Gutachten muss im Sinne der hg Rechtsprechung sowohl einen Befund als auch das eigentliche Gutachten im engeren Sinn enthalten. Der Befund ist die vom Sachverständigen – wenn auch unter Zuhilfenahme wissenschaftlicher Feststellungsmethoden – vorgenommene Tatsachenfeststellung. Die Schlussfolgerungen des Sachverständigen aus dem Befund, zu deren Gewinnung er seine besonderen Fachkenntnisse und Erfahrungen benötigt, bilden sodann das Gutachten im engeren Sinn. Eine sachverständige Äußerung, die sich in der Abgabe eines Urteiles (eines Gutachtens im engeren Sinn) erschöpft, aber weder die Tatsachen, auf die sich dieses Urteil gründet, noch die Art, wie diese Tatsachen ermittelt wurden, erkennen lässt, ist mit einem wesentlichen Mangel behaftet und als Beweismittel unbrauchbar; die Behörde, die eine so geartete Äußerung ihrer Entscheidung zugrunde legt, wird ihrer Pflicht zur Erhebung und Feststellung des maßgeblichen Sachverhalts (§ 37 AVG) nicht gerecht (vgl als Beispiel für viele die hg Erkenntnisse vom 18. September 1997, Zl 95/20/0490, und vom 12. Dezember 1995, Zl 94/08/0015) (VwGH 17.2.2004, 2002/06/0151).

21) Mit der Frage, ob dann, wenn wesentliche Bauteile (Dach, Außenwände) erneuert werden, noch von einer Instandsetzung die Rede sein kann, hat sich der Verwaltungsgerichtshof im Erkenntnis vom 23. Februar 2005, Zl 2002/05/1024, auseinander gesetzt und ausgeführt, dass bei einer vollständigen Entfernung und Neuerrichtung von tragenden Bauteilen zumindest eine „Abänderung" vorliege und von einer „Instandsetzung" keine Rede sein könne. …

Die Abänderung von Bauwerken ist aber bewilligungspflichtig; eine Bewilligung liegt nicht vor. Zu Recht wurde daher mit einer Baueinstellung nach § 29 Z 1 BO vorgegangen (VwGH 25.2.2005, 2002/05/1026, zur NöBO)

22) Es ist zwar zutreffend, dass eine statische Vorbemessung als Teil der Einreichunterlagen im Baubewilligungsverfahren vorzulegen war (und auch vorgelegt wurde). Dies bedeutet aber nicht, dass die darin enthaltenen Annahmen in jeder Hinsicht „richtig" sein müssen – was mangels Kenntnis aller relevanten tatsächlichen Umstände in diesem Verfahrensstadium oft auch nicht möglich sein wird – beziehungsweise, wie die Beschwerdeführerin offenbar vermeint, mit der Baubewilligung gleichsam „unantastbar" geworden wären. Wie bereits das Wort „Vorbemessung" zum Ausdruck bringt, sind die Angaben darin nur vorläufig, wohingegen während der Bauführung jedenfalls taugliche und endgültige Unterlagen im Sinne des § 127 Bauordnung für Wien – denen auch alle dann bekannten tatsächlichen Umstände zu Grunde zu legen sind – vorhanden sein müssen (VwGH 16.9.2009, 2008/05/0134).

23) Der Tatbestand des § 127 Abs 8 lit a BO ist bereits dann erfüllt, wenn von dem bewilligten Vorhaben derart abgewichen wird, dass dafür ein (weiterer) Baukonsens erforderlich wäre. Für die Frage der Rechtmäßigkeit einer Baueinstellung kommt es nicht auf die Bewilligungsfähigkeit eines baulichen

Vorhabens, sondern nur darauf an, dass die bauliche Maßnahme konsensbedürftig ist (vgl die hg Erkenntnisse vom 23. Juli 2009, Zl 2008/05/0241, und vom 23. Februar 2010, Zl 2009/05/0029, mwH).

Im Falle einer gegen eine Baueinstellung eingebrachten Beschwerde ist vom Landesverwaltungsgericht nicht auf allfällige, nach Erlassung des erstinstanzlichen Baueinstellungsbescheides erfolgte Änderungen des Sachverhaltes Bedacht zu nehmen, sondern allein zu prüfen, ob die Behörde erster Instanz unter Zugrundelegung des damals vorgelegenen Sachverhaltes zu Recht die Voraussetzungen für eine Baueinstellung als gegeben angesehen hat (vgl die bereits erwähnten hg Erkenntnisse vom 23. Juli 2009 und vom 23. Februar 2010) (VwGH 13.11.2012, 2010/05/0151).

24) Die Baubewilligung ist also jedenfalls „vor Beginn" der Abbrucharbeiten zu erwirken, dies ist aber dann nicht notwendig, wenn § 62a BO zur Anwendung kommt. Bei dem Beginn der gegenständlichen Abbruchmaßnahmen waren diese nach § 62a BO bewilligungsfrei. Ob eine Baubewilligung erforderlich ist, ergibt sich nach dem durch die Novelle LGBl Nr 37/2018 unverändert gebliebenen Einleitungssatz des § 60 Abs 1 BO somit aus jener Rechtslage, die bei Beginn der Ausführung des Bauvorhabens (hier des Abbruches) gegolten hat. Im gegenständlichen Fall bestand bei dem somit maßgeblichen Beginn des Abbruches auf Grund des § 60 Abs 1 BO in Verbindung mit § 62a BO keine Verpflichtung, eine Baubewilligung zu erwirken. (…)

Zwar trifft es zu, dass gem § 127 Abs 8 lit a und Abs 8a BO die Bauführung nicht „weitergeführt" werden darf, wenn ein Bau ohne Baubewilligung ausgeführt wird. Dies kann aber nur dann gelten, wenn für den Bau überhaupt eine Baubewilligung erforderlich ist. § 127 BO regelt nämlich nicht, wofür eine Baubewilligung erforderlich ist. Dies normiert vielmehr § 60 BO. Dass im gegenständlichen Fall demnach eine Baubewilligung nicht erforderlich ist, ergibt sich, wie bereits ausgeführt, aus dem Einleitungssatz des § 60 Abs 1 BO in Verbindung mit § 62a Abs 1 Z 2 BO, und zwar im Hinblick auf den Zeitpunkt des Baubeginnes vor dem Inkrafttreten der Novelle LGBl Nr 37/2018. (…)

Das Recht zum Bauen ist im Zweifel nicht eingeschränkt zu beurteilen (vgl VwGH 7.6.1979, 2705/78; 24.4.1990, 89/05/0044; 20.6.1995, 94/05/0172). Auch im Hinblick auf diesen Grundsatz scheidet es aus, dass im vorliegenden Fall ab dem Inkrafttreten der Novelle LGBl Nr 37/2018 eine Baubewilligung für die Weiterführung der Baumaßnahmen erforderlich ist. (VwGH 28.5.2019, Ro 2019/05/0012)

25) Wie der Verwaltungsgerichtshof in dem Erkenntnis VwGH 28.5.2019, Ro 2019/05/0012, in einem gleichgelagerten Fall, in dem mit Abbrucharbeiten bereits vor Inkrafttreten der Novelle LGBl für Wien Nr 37/2018 begonnen worden war und diese auch im Zeitpunkt der Erlassung des Baueinstellungsbescheides des Magistrates noch nicht abgeschlossen waren, ausgesprochen hat, ist für die Frage, ob eine Baubewilligung erforderlich ist, die Rechtslage, die bei Beginn der Ausführung des Bauvorhabens (hier: des Abbruches) gegolten hat, heranzuziehen. …

Im vorliegenden Revisionsfall, in dem unbestritten mit den Abbrucharbeiten bereits vor dem 30. Juni 2018 begonnen worden war und diese auch bei Erlassung des genannten Bescheides andauerten, bestand im Zeitpunkt des maßgeblichen Beginnes des Abbruches aufgrund des § 60 Abs 1 BO iVm § 62a leg cit in der Fassung vor Inkrafttreten der genannten Novelle keine Baubewilligungspflicht, sodass für den genannten Auftrag zur Baueinstellung keine rechtliche Grundlage bestand (vgl zum Ganzen nochmals das Erkenntnis VwGH 28.5.2019, Ro 2019/05/0012) (VwGH 16.12.2019, Ra 2019/05/0039).

26a) Vorab ist festzuhalten, dass entgegen der Auffassung der Revisionswerberin vom Verwaltungsgericht auf die Sach- und Rechtslage im Zeitpunkt der Baueinstellung durch den Magistrat abzustellen war (vgl das bereits zitierte Erkenntnis VwGH 25.6.2019, Ro 2018/05/0007, mwN).

26b) Tatbestandsvoraussetzung für eine Baueinstellung gem § 127 Abs 8a in Verbindung mit Abs 8 lit a BO ist, dass ein Bau ohne Baubewilligung (oder – hier nicht relevant – entgegen den Bestimmungen der §§ 62 oder 70a leg cit) ausgeführt wird. Im vorliegenden Fall ist daher von Bedeutung, ob im Zeitpunkt der Baueinstellung durch den Magistrat die Baubewilligung durch das Fristverlängerungsansuchen noch aufrecht war. … Eine Auslegung des § 74 Abs 2 BO im Sinne einer Hemmung (Ablaufshemmung, vgl VwGH 28.4.2009, 2008/06/0241) muss allerdings auch bereits bezüglich der hier maßgebenden Rechtslage geboten erscheinen: Es kann nämlich nicht sein, dass das Erlöschen einer Baubewilligung – bei rechtzeitiger Einbringung des Fristverlängerungsansuchens, also noch vor Fristablauf (vgl VwGH 20.10.2005, 2004/06/0070, 0072) – allein in der Hand der Behörde – im Hinblick insbesondere auf die Raschheit der Erledigung – läge (vgl dazu erneut VwGH 20.10.2005, 2004/06/0070, 0072, mwN, unter Hinweis auf gleichheitsrechtliche Überlegungen des Verfassungsgerichtshofes in ähnlichen Zusammenhängen; ferner *Moritz*, BauO für Wien[4] [2009], Anm zu § 74 Abs. 2, 222; vgl. weiters VwGH 11.3.2014, Ro 2014/05/0002, mwN).

26c) Dazu ist zunächst zu bemerken, dass für einen Bauwerberwechsel der bloße Wechsel im Eigentum nicht ausreichend ist (vgl erneut VwGH 19.5.2015, 2013/05/0128, mwN). Aus § 124 Abs 4 BO ergibt sich weiters, dass ein konkludenter Bauwerberwechsel nicht in Frage kommt (arg: „Diese Anzeige ist…zu unterfertigen."). Dahingestellt kann bleiben, ob eine Unterfertigung der Baupläne oder eine Erklärung eines Bauwerberwechsels zu Protokoll (vgl dazu VwGH 6.5.2004, 2001/20/0195) einen Bauwerberwechsel bewirken könnte, da beides vorliegend nicht erfolgt ist bzw. nicht konkret dargelegt wird.

26d) Sollte es nach einer Baueinstellung durch die Behörde zu einer rechtskräftigen Fristverlängerung kommen, wäre dies ein neuer Sachverhalt, auf den sich die Baueinstellung nicht mehr bezieht (vgl. VwGH 30.8.1994, 94/05/0067).

(VwGH 3.8.2020, Ra 2019/05/0069)

Fertigstellungsanzeige[1)]

§ 128. (1) Nach Fertigstellung bewilligungspflichtiger Bauführungen gemäß § 60 Abs. 1 lit. a bis d und Anlagen (§ 61) sowie anzeigepflichtiger Bauführungen gemäß § 62 Abs. 1 Z 4 ist der Behörde vom Bauwerber, vom Eigentümer (einem Miteigentümer) des Bauwerkes oder vom Grundeigentümer (einem Grundmiteigentümer) eine Fertigstellungsanzeige zu erstatten.[2)]

(2) Der Fertigstellungsanzeige sind folgende Unterlagen anzuschließen:

1. eine im Rahmen seiner Befugnis ausgestellte und nach den für die Berufsausübung maßgeblichen Vorschriften gefertigte Bestätigung eines Ziviltechnikers, der vom Bauwerber und vom Bauführer verschieden sein muß und zu diesen Personen in keinem Dienst- oder Organschaftsverhältnis stehen darf, über die bewilligungsgemäße und den Bauvorschriften entsprechende Bauausführung einschließlich der Herstellung der Pflichtstellplätze sowie darüber, daß die gemäß Z. 2 bis 12 vorgelegten Unterlagen vollständig sind, die Grundsätze des barrierefreien Planens und Bauens eingehalten werden und das gemäß § 63 Abs. 5 vorgelegte Gestaltungskonzept umgesetzt wurde bzw. eine davon abweichende, aber gleichwertige Gestaltung der Grünflächen vorgenommen wurde;

2. wenn während der Bauausführung Abänderungen erfolgt sind, ungeachtet der hiefür erwirkten Bewilligung, ein der Ausführung entsprechender Plan, der von einem nach den für die Berufsausübung maßgeblichen Vorschriften hiezu Berechtigten verfaßt und von ihm – in elektronischen Verfahren elektronisch – unterfertigt sein muß; darüber hinaus ist ein Nachweis über das Erreichen der erforderlichen Zuverlässigkeit der Tragwerke vorzulegen;

2a. wenn während der Bauausführung Abänderungen erfolgt sind, die den Umfang des § 73 Abs. 3 nicht überschreiten, der Ausführung entsprechende Baupläne gemäß § 65 Abs. 1 sowie der Nachweis, dass der Bauwerber diese zur Kenntnis genommen hat; weiters ist eine nach den für die Berufsausübung maßgeblichen Vorschriften gefertigte Bestätigung des Ziviltechnikers (Z 1) bzw. des Bauführers (Abs. 3 und 3a) anzuschließen, dass die Abweichungen den Umfang des § 73 Abs. 3 nicht überschreiten und entsprechend den Bauvorschriften ausgeführt worden sind; darüber hinaus ist ein Nachweis über das Erreichen der erforderlichen Zuverlässigkeit der Tragwerke vorzulegen;

3. sofern ein Prüfingenieur zu bestellen war, die Nachweise über die gemäß § 127 Abs. 3 vorgenommenen Überprüfungen;
4. positive Gutachten über die vorhandenen Abgasanlagen;
5. ein positives Gutachten über den Kanal, die Senkgrube bzw. die Hauskläranlage;
6. im Falle besonderer sicherheitstechnischer Einrichtungen (Brandmeldeanlage, Sprinkleranlage, Notstromanlage und dergleichen) positive Gutachten über deren Funktionsfähigkeit;
7. im Falle von baulichen Maßnahmen zur Vermeidung von Emissionen gemäß § 134a Abs. 3 die Bestätigung des Ziviltechnikers (Z. 1), dass diese Maßnahmen durchgeführt worden sind;
8. ein Nachweis über die Erfüllung des Wärmeschutzes sowie des Schallschutzes in elektronischer Form wenn das Gebäude anders, jedoch mindestens gleichwertig ausgeführt wurde, als dem Nachweis gemäß § 63 Abs. 1 lit. e zu Grunde gelegen ist;
9. eine Bestätigung, über die Registrierung des Bauwerksbuches gemäß § 128a;[9)]
10. eine Bestätigung über die Registrierung der Gebäudebeschreibung gemäß § 128b für jedes der von der Bauführung betroffenen Gebäude;[7)]
11. bei Neu-, Zu- und Umbauten ein positives Gutachten über die Trinkwasserinstallation (Verbrauchsanlage);
12. bei der Schaffung von Wohnungen und Wohn- und Zimmereinheiten in Heimen in Gebieten für geförderten Wohnbau vom Förderungswerber unterfertigte Förderungszusicherungen gemäß § 29 WWFSG 1989;
13. beim Einsatz von technischen Systemen auf Ersatzflächen gemäß § 118 Abs. 3b ein Nachweis über den erfolgten Einsatz auf der Ersatzfläche;[8)]
14. im Falle einer Kompensation gemäß § 50b Abs. 1 Z 2 WGarG 2008 eine Vereinbarung zwischen den Eigentümerinnen und Eigentümern (Miteigentümerinnen und Miteigentümern) des Gebäudes und einer Car-Sharing-Anbieterin oder einem Car-Sharing-Anbieter über den Betrieb eines Car-Sharing-Stellplatzes auf der Liegenschaft.[10)]

(3) Wird eine Bewilligung gemäß § 61, § 70 oder § 71 erteilt, kann in dieser bei geringfügigen Bauvorhaben auf die Vorlage von allen oder einzelnen Unterlagen nach Abs. 2 verzichtet werden, soweit keine Gefahr für das Leben oder die Gesundheit von Menschen zu besorgen ist. Wird auf die Unterlage gemäß Abs. 2 Z. 1 verzichtet, so ist der Fertigstellungsanzeige eine Erklärung des Bauführers anzuschließen, dass der Bau entsprechend der Baubewilligung und den Bauvorschriften ausgeführt worden ist.

(3a) Ist bei nach § 60 Abs. 1 lit. c bewilligungspflichtigen und bei nach § 62 Abs. 1 Z 4 anzeigepflichtigen Bauführungen eine statische Vorbemessung

nicht erforderlich, ist anstelle der Unterlage gemäß Abs. 2 Z 1 eine Erklärung des Bauführers anzuschließen, dass der Bau entsprechend der Baubewilligung und den Bauvorschriften ausgeführt worden ist.

(4) Vor Erstattung der vollständig belegten Fertigstellungsanzeige darf das Bauwerk oder die Anlage nicht benützt werden. Für die Einhaltung dieser Verpflichtung sind der Bauwerber und der Eigentümer (alle Miteigentümer) des Bauwerkes verwaltungsstrafrechtlich verantwortlich.[3] **Ist die Fertigstellungsanzeige nicht vollständig belegt, gilt sie als nicht erstattet.**[4]

(5) Für selbständig benützbare Teile eines Bauwerkes kann eine Fertigstellungsanzeige erstattet werden. Teile einer Wohnung gelten nicht als selbständig benützbar.

(6) Die nach anderen Bestimmungen dieses Gesetzes bestehende Verpflichtung, Abweichungen von den Bauvorschriften zu beheben, bleibt unberührt.[5]

(7) § 65 Abs. 2 gilt sinngemäß.[6]

(EB zur Nov LGBl 1996/42)

Nach dem Wortlaut des Abs 1 ist die Fertigstellung nicht bewilligungspflichtiger Bauführungen der Behörde nicht anzuzeigen; dies gilt auch für bloß anzeigepflichtige Baumaßnahmen.
Auf Grund des letzten Satzes des Abs 4 hat die Behörde den Einschreiter nicht gemäß § 13 Abs 3 AVG zur Nachreichung fehlender Belege der Fertigstellungsanzeige aufzufordern; sie müßte ihn aber vom Fehlen der Belege in Kenntnis setzen (§ 13a AVG).

(EB zur Nov LGBl 2001/36)

Im Hinblick auf den Entfall der Bewilligungspflicht für Hauskanäle, Senkgruben und Hauskläranlagen soll gemäß Abs 2 Z 5 anlässlich einer Fertigstellungsanzeige neben einem positiven Gutachten auch ein Plan, aus dem die tatsächliche Ausführung der Anlage ersichtlich ist, verlangt werden.

(EB zur Nov LGBl 2005/41)

Zu Z 2a

Im § 73 Abs. 3 (Z 24) wird der Entfall einer Bewilligung für geringfügige Planabweichungen während der Bauausführung vorgesehen und statt dessen festgelegt, daß derartige Abweichungen der Behörde spätestens im Rahmen der Fertigstellungsanzeige zur Kenntnis zu bringen sind. Die neue Z 2a des Abs. 2 führt die in diesem Fall beizubringenden Unterlagen näher aus. Abweichungen, die in den Ausführungsplänen enthalten sind, aber den Umfang des § 73 Abs. 3 überschreiten, sind konsenswidrig.

(EB zur Nov LGBl 2014/25)

IZm § 62 Abs. 7 wird in **Abs. 1** die Verpflichtung zur Erstattung einer Fertigstellungsanzeige auf gemäß § 62 Abs. 1 Z 4 anzeigepflichtige Bauführungen ausgedehnt. Bei solchen Bauführungen, bei denen eine statische Vorbemessung erforderlich ist, ist somit ebenfalls die Bestätigung eines Ziviltechnikers iSd **Abs. 2 Z 1** erforderlich.

Wenngleich das gemäß § 63 Abs. 5 vorgelegte Gestaltungskonzept für Grünflächen nicht von der Baubewilligung erfasst wird, soll doch gewährleistet sein, dass dieses Konzept tatsächlich umgesetzt wird bzw. davon abweichende Gestaltungsmaßnahmen als gleichwertig anzusehen sind. Es ist daher auch diesbezüglich die Bestätigung eines Ziviltechnikers iSd Abs. 2 Z 1 erforderlich.

In Abs. 2 **Z 2** und **Z 2a** wird berücksichtigt, dass auch durch Abweichungen von Bauplänen – auch wenn diese den Umfang des § 73 Abs. 3 nicht überschreiten – die statischen Verhältnisse des Bauwerks beeinflusst werden können. Abs. 2 **Z 3** wird an den geänderten § 127 Abs. 3 angepasst. Die Ergänzung durch **Z 9** erfolgt iZm der in § 128a normierten Verpflichtung zur Erstellung eines Bauwerksbuches.

Abs. 3 wird an § 127 Abs. 6 angepasst, zumal sich die nach Abs. 2 vorzulegenden Unterlagen nicht nur auf die Tragkonstruktion bzw. Fundierung beziehen.

Bei nach § 62 anzeigepflichtigen Bauführungen, bei denen auf Grund ihrer Geringfügigkeit eine statische Vorbemessung nicht erforderlich ist, genügt – wie bisher nach § 62 Abs. 7 – iSd Abs. 3a eine Erklärung des Bauführers.

(EB zur Nov LGBl 2020/61)

Zu Abs 2

Ziviltechniker sind aufgrund § 15 Ziviltechnikergesetz (ZTG 2019), BGBl. I Nr. 29/2019 verpflichtet, auf Papier errichtete Unterlagen unter Beidruck eines Siegels und elektronisch errichtete Urkunden mit der elektronischen Beurkundungssignatur des Ziviltechnikers zu unterfertigen. Die elektronische Beurkundungssignatur ist eine qualifizierte elektronische Signatur nach Art. 3 Z 12 der Verordnung (EU) Nr. 910/2014 über elektronische Identifizierung und Vertrauensdienste für elektronische Transaktionen im Binnenmarkt und zur Aufhebung der Richtlinie 1999/93/EG (im Folgenden: eIDAS-VO), ABl. Nr. L 257 vom 28.08.2014 S. 73, in der Fassung der Berichtigung ABl. Nr. L 155 vom 14.06.2016 S. 44. Der allgemeine Verweis auf die für die Berufsausübung maßgeblichen Vorschriften erscheint auch hier in Anbetracht der raschen Entwicklungen in diesem Bereich zweckmäßig.

Mit dem Entfall der Unterfertigung der geänderten Baupläne im Zuge der Fertigstellungsanzeige durch den Bauführer in der Z 2 soll in der Praxis jenen Fällen begegnet werden, in denen ein ehemaliger Bauführer im Zeitpunkt der Fertigstellungsanzeige nicht mehr zur Verfügung steht und ein neuer Bauführer eine Bestätigung für einen Zeitraum leisten muss, in dem er nicht selbst als Bauführer bestellt war. Es wird klargestellt, dass die Unterfertigung durch den Planverfasser auch hier im elektronischen Verfahren auf elektronische Weise erfolgen muss.

Zu Abs 2 Z 2a

Der Ausführungsplan der Fertigstellungsanzeige (§ 128 Abs. 2 Z 2a) entspricht inhaltlich einer Bauanzeige, zu der noch kein Ansuchen gestellt wurde. Daher ist in diesem Fall weiterhin eine Unterfertigung bzw. nachweisliche Kenntnisnahme durch den Bauwerber erforderlich.

Anmerkungen

1) § 128 wurde durch die Nov LGBl 1996/42 neu gefasst. Durch die Nov LGBl 1998/46 wurde Abs 2 Z 3 geändert und Abs 7 angefügt. Durch die Nov LGBl 2001/36 wurde Abs 2 Z 5 neu gefasst und Z 7 angefügt. Durch die Nov LGBl 2001/37 wurde das Zitat in Abs 2 Z 1 angepasst, Z 8 angefügt, Abs 3 neu gefasst und Abs 3a eingefügt. Mit der Nov LGBl 2014/25 wurden Abs 1 und Abs 2 Z 1 (vgl die Übergangsbestimmungen, Inkrafttreten mit 15.10.2014), 2 und 2a abgeändert, Z 3 neu gefasst, Z 9 eingefügt, Abs 3 abgeändert und Abs 3a neu gefasst. Mit der Nov LGBl 2018/69 wurde Abs 2 Z 1 und 8 geändert sowie die Z 10 bis 12 angefügt. Mit der Nov LGBl 2020/61 wurden Abs 2 Z 1 und 2 geändert, Z 2a neu gefasst und eine Z 13 angefügt. Die Neufassung des Abs 2 tritt am 1.2.2021 in Kraft.

Die Benützungsbewilligung hätte wohl nicht zur Gänze wegfallen sollen (vgl die Benützungsfreigabe nach § 27 Abs 6 BBG 1997), gibt doch die (vollständig erstattete) Fertigstellungsanzeige nicht den Beweis dafür, dass der Baubewilligung und den Bauvorschriften bei der Bauausführung völlig entsprochen worden ist (s E zu §§ 128 und 129 BO). Jede Abweichung von den Bauvorschriften ist nach § 129 Abs 10 BO zu beheben; das gilt nach Maßgabe dieser Vorschrift unabhängig davon, ob eine Benützungsbewilligung oder eine Fertigstellungsanzeige vorliegt und auch für anzeigepflichtige und bewilligungsfreie Bauvorhaben (s § 62a Abs 3).

Der VwGH hat mit E vom 29.8.2000, 2000/05/0087, jedenfalls klargestellt, dass bei einer vollständig erstatteten Fertigstellungsanzeige eine Bestrafung wegen Benützung mangels eines strafbaren Tatbestandes nach der WBO unzulässig ist. Der Gesetzgeber hat für den Fall falscher Bestätigungen und Befunde keine besondere Vorgangsweise für die Baubehörde angeordnet; für den Ziviltechniker können Bestrafungen nach dem StGB und dem ZiviltechnikerG bzw disziplinäre Maßnahmen in Betracht kommen, für den betroffenen Hauseigentümer ein Bauauftrag nach § 129 Abs 10 BO.

2) Die Verpflichtung zur bewilligungsgemäßen Benützung regelt § 129 Abs 1 BO (s Anm u E hiezu dort).

3) Sonstige Benützer (auch der bloße Grundeigentümer) sind primär für die Benützung ohne Fertigstellungsanzeige verwaltungsstrafrechtlich nicht verantwortlich; solche Personen können nur im Rahmen des § 7 VStG (Anstiftung und Beihilfe) zur Verantwortung gezogen werden. Hinsichtlich der Stellung des Grundeigentümers s § 129b.

4) Die Bestimmung des Abs 4 letzter Satz begegnet verfassungsrechtlichen Bedenken. Art 11 Abs 2 B-VG legt fest, dass, *soweit ein Bedürfnis nach Erlassung einheitlicher Vorschriften als vorhanden erachtet wird, werden das Verwaltungsverfahren, die allgemeinen Bestimmungen des Verwaltungsstrafrechtes, das Verwaltungsstrafverfahren und die Verwaltungsvollstreckung auch in den Angelegenheiten, in denen die Gesetzgebung den Ländern zusteht, durch Bundesgesetz geregelt; abweichende Regelungen können in den die einzelnen Gebiete der Verwaltung regelnden Bundes- oder Landesgesetzen nur dann getroffen werden, wenn sie zur Regelung des Gegenstandes erforderlich sind.* Diese Erforderlichkeit scheint hier nicht gegeben. Es wäre ohne Rechtsverlust möglich, ein Aufforderungsverfahren iSd § 13 Abs 3 AVG durchzuführen.

5) Vgl § 129 Abs 10.

6) Zum Verweis auf § 65 Abs 2 vgl Anm 1 ff zu § 70a.

7) Damit muss der Bauwerber auch bei relativ kleinen baulichen Maßnahmen (zB auch Mieter im Falle einer Bauanzeige nach § 62 Abs 1 Z 4) am Ende Daten für das gesamte Gebäude bereitstellen. Dies ist dann problematisch, wenn ihm diese Daten etwa von dem/den Eigentümer/-n verweigert werden oder sonst nicht ohne weiteres zugänglich sind. Ohne die Registrierung des gesamten Gebäudes ist dann die Fertstellungsanzeige nicht vollständig belegt und eine Benützung nicht zulässig. Gem § 62 Abs 7 kann die Behörde jedoch bei geringfügigen Bauführungen auf die Vorlage dieser Bestätigung verzichten.

8) Vgl hiezu die Ausführungen im Vorwort zur 7. Auflage.

9) Z 9 idF BO-Nov 2023, LGBl 2023/37 vom 13.12.2023.

10) Z 14 angefügt mit BO-Nov 2023, LGBl 2023/37 vom 13.12.2023.

Judikatur

1) Auch ein an Sonn-, Feier- und Ruhetagen und bei Inventur geschlossenes Geschäftslokal wird benützt (VwGH 28.9.1999, 98/05/0298). (Anm: die Benützung ohne Fertigstellungsanzeige ist daher jedenfalls strafbar.)

2) Wie sich aus der Mitteilung der MA 37 vom 23.11.1998 ergibt, war die Fertigstellungsanzeige mit allen jenen Unterlagen belegt, die gem § 128 Abs 2 BO im Zusammenhang mit der Auflage Punkt 5 des Baubewilligungsbescheides vom 19.2.1998 erforderlich waren.

Die Verpflichtung des Bauwerbers und aller Eigentümer der Baulichkeit erstreckt sich gem § 128 Abs 4 BO nur darauf, daß vor Erstattung der vollständig belegten Fertigstellungsanzeige das Bauwerk oder die Anlage nicht benützt werden darf. Eine Verpflichtung, sich von der inhaltlichen Richtigkeit der im Rahmen seiner Befugnis ausgestellten Bestätigung eines Ziviltechnikers zu vergewissern, enthält diese Bestimmung weder für den Bauwerber noch den Eigentümer (die Miteigentümer) der Baulichkeit. § 128 Abs 4 BO normiert auch nur für den Fall, daß die Fertigstellungsanzeige nicht vollständig belegt ist, daß sie als nicht erstattet gilt. Für den Fall, daß die vorgelegte Bestätigung unrichtig ist, enthält diese Bestimmung keine Sanktionen.

Nach dem rechtsstaatlichen Prinzip ist Strafrechtsquelle ausschließlich das geschriebene Gesetz; die Schaffung von Strafgesetzen ist den verfassungsmäßig hiezu berufenen Organen im Wege des verfassungsrechtlich vorgeschriebenen Verfahrens vorbehalten, durch Analogie dürfen keine neuen Tatbestände geschaffen werden, darüber hinaus ist aber auch jede Art von Lückenschließung zur Schaffung neuer Deliktstypen oder Sanktionen oder zur Erweiterung oder Verschärfung bestehender Deliktstypen oder Sanktionen unzulässig (vgl die bei *Leukauf/Steininger*, Kommentar zum Strafgesetzbuch, 3. Auflage, § 1 StG angeführte Judikatur und Literatur).

Der Wiener Landesgesetzgeber hat mit der Nov LGBl/1996/42 durch den Verzicht auf eine Benützungsbewilligung und den Ersatz dieser Benützungsbewilligung im Wesentlichen durch die im Rahmen seiner Befugnis ausgestellte Bestätigung eines Ziviltechnikers zweifellos die Grundlagen für die Vereinfachung des behördlichen Verfahrens geschaffen und allenfalls Amtshaftungsklagen im Zusammenhang mit Unfällen trotz Erteilung einer Benützungsbewilligung den Boden entzogen. Er hat aber keine Voraussetzungen dafür geschaffen, daß im Falle einer inhaltlich unrichtigen Bestätigung eines Ziviltechnikers mit den Mitteln des Verwaltungsstrafrechtes im Rahmen der Wiener Bauordnung gegen den Bauwerber oder den Eigentümer (Miteigentümer) der Baulichkeit vorgegangen werden könnte.

Da es im Beschwerdefall schon an einer Strafnorm mangelt, war auf das Problem, wie weit den Bfr ein Verschulden daran treffen könnte, daß das Gebäude in der Zeit vom 8.5.1998 (Abgabe der Fertigstellungsanzeige) bis zum 23.11.1998 (Verfassung der Mitteilung der MA 37 an den Bfr) benützt wurde, nicht mehr einzugehen.

Da die belangte Behörde den Bfr zu Unrecht wegen einer Tat bestraft hat, für die keine Verwaltungsstrafnorm vorliegt, war der angefochtene Bescheid gem § 42 Abs 2 Z 1 VwGG wegen Rechtswidrigkeit seines Inhaltes aufzuheben (VwGH 29.8.2000, 2000/05/0087, BauSlg 194).

3) Mit § 134 BO existiert eine Norm, die ausdrücklich regelt, wem in welchem Verfahren nach der Wr BauO Parteistellung zukommt. Aus einer solchen ausdrücklichen Regelung über die Parteistellung ist abzuleiten, dass anderen, nicht genannten Personen, keine Parteistellung zukommt (vgl VwGH 19.11.1996, 95/05/0180). Im Verfahren über die Einreichung einer Fertigstellungsanzeige hat demnach nur der Einreicher Parteistellung (§ 134 Abs 1 BO). Eines Rückgriffs auf andere Bestimmungen der Wr BauO, aus denen iVm § 8 AVG die Rechtsstellung als Partei abgeleitet werden könnte, bedarf es nicht.

Eine Übertragung der Jud zur verfassungsrechtlich gebotenen Einräumung einer Parteistellung an den Eigentümer der betroffenen Liegenschaft und an den in seinen subjektiven Rechten betroffenen Nachbarn in Fällen, in denen ein Bauanzeigeverfahren durchgeführt wird, obwohl ein Baubewilligungsverfahren erforderlich wäre (vgl etwa VwGH 4.11.2016, Ro 2014/05/0029; 26.4.2000, 96/05/0133; 19.11.1996, 95/05/0180), auf das Verfahren über eine Fertigstellungsanzeige kommt nicht in Betracht. Das Verhältnis zwischen einem Anzeigeverfahren und einem Baubewilligungsverfahren ist nicht vergleichbar mit jenem zw. einem Verfahren über die Einreichung einer Fertigstellungsanzeige und einem Baubewilligungsverfahren. Während im Bauanzeigeverfahren auch zu prüfen ist, ob für das angezeigte Bauvorhaben Bewilligungspflicht besteht, sieht die Wr BauO diesbezüglich keine verpflichtende Prüfung im Rahmen der Fertigstellungsanzeige vor; es hat im Rahmen des § 128 BO iVm § 73 Abs 3 BO auch weder ein normativer Abspruch zu ergehen noch ist eine Genehmigungsfiktion gesetzlich angeordnet. Eigentümer der betroffenen Liegenschaft und in ihren subjektiven Rechten betroffene Nachbarn laufen sohin nicht Gefahr, die ihnen im allenfalls erforderlichen Baubewilligungsverfahren einzuräumende Parteistellung nicht zu erlangen, weil die Fertigstellungsanzeige nach dem Gesagten keinerlei Wirkung auf ein allenfalls erforderliches Baubewilligungsverfahren zu entfalten vermag. Insbes handelt es sich bei einer – in § 128 BO nicht erwähnten – „Kenntnisnahme" einer Fertigstellungsanzeige um keine Baubewilligung (vgl VwGH 23.6.2015, 2013/05/0136, zur „Genehmigung" eines Bestandsplanes, mwN) (VwGH 29.1.2024, Ro 2022/05/0013).

4) Die Revisionswerberin versucht, ihre – von § 134 BO nicht erfasste – Parteistellung in Bezug auf die von der Bauwerberin eingebrachte Fertigstellungsanzeige im Wesentlichen mit ihr als Miteigentümerin drohenden Bauaufträgen und ihre verwaltungsstrafrechtliche Verantwortung für die Unterlassung der Benützung des Bauwerks vor vollständiger Einreichung der Fertigstellungsanzeige zu begründen. Dabei übersieht sie aber, dass die genannten Verfahren eigenständige Verfahren bilden, in denen ihr ohnehin Parteistellung iSd § 134 Abs 7 BO zukäme. Eine über die klare Regelung des § 134 BO hinausgehende Parteistellung im Hinblick auf eine von einer anderen Person eingereichte Fertigstellungsanzeige kann daraus nicht abgeleitet werden. Bei einer – in § 128 BO nicht erwähnten – „Kenntnisnahme" einer Fertigstellungsanzeige handelt es sich um keine Baubewilligung, sodass eine Berührung der subjektiv-öffentlichen Rechte der Revisionswerberin nicht in Betracht kommt (VwGH 18.1.2024, Ro 2021/05/0032).

Bauwerksbuch; Überprüfung von Gebäuden[1)]

§ 128a. (1) Die Eigentümerin oder der Eigentümer (Miteigentümerinnen oder Miteigentümer) eines Gebäudes ist, unbeschadet der Überprü-

fungspflicht gemäß § 129 Abs. 5[2a], nach Maßgabe der folgenden Absätze verpflichtet, ein Bauwerksbuch zu erstellen und die darin für Bauteile, von denen bei Verschlechterung ihres Zustandes eine Gefährdung des Lebens oder der Gesundheit von Menschen ausgehen kann (insbesondere Tragwerke, Gebäudehülle, Geländer und Brüstungen) vorgesehenen Überprüfungen fristgerecht vornehmen zu lassen.[2)]

(2) Bis zur Erstattung der Fertigstellungsanzeige für Neu-, Zu- und Umbauten (§ 60 Abs. 1 lit. a) von Gebäuden hat die Eigentümerin oder der Eigentümer (Miteigentümerinnen oder Miteigentümer) ein Bauwerksbuch erstellen zu lassen durch

- eine Ziviltechnikerin oder einen Ziviltechniker,
- eine gerichtlich beeidete Sachverständige oder einen gerichtlich beeideten Sachverständigen für das einschlägige Fachgebiet oder
- eine oder einen nach den für die Berufsausübung maßgeblichen Vorschriften Berechtigte oder Berechtigten,[3)]

die oder der von der Bauwerberin oder vom Bauwerber, von der Bauführerin oder vom Bauführer und von der Eigentümerin oder vom Eigentümer (Miteigentümerin oder Miteigentümer) verschieden sein muss und zu diesen Personen in keinem Dienst- oder Organschaftsverhältnis stehen darf (Erstellerin oder Ersteller). Ausgenommen von dieser Verpflichtung sind Kleingartenhäuser, Kleingartenwohnhäuser und Gebäude mit einer bebauten Grundfläche von nicht mehr als 50 m².

(3) Für bestehende Gebäude ist ein Bauwerksbuch bis zu folgenden Stichtagen zu erstellen und ab dem 1.7.2024 in der Bauwerksbuchdatenbank (§ 128c) zu registrieren:

1. bis zum 31.12.2027 für Gebäude, die vor dem 1.1.1919 errichtet wurden,
2. bis zum 31.12.2030 für alle Gebäude, die zwischen dem 1.1.1919 und dem 1.1.1945 errichtet wurden.[4)]

Die Behörde hat darüber hinaus die Möglichkeit, in begründeten Fällen[5)] die Eigentümerin oder den Eigentümer (Miteigentümerin oder Miteigentümer) eines Gebäudes mit der Erstellung eines Bauwerksbuchs innerhalb einer angemessenen Frist zu beauftragen. Im Zuge der Erstellung des Bauwerksbuchs ist auch eine erstmalige Überprüfung vornehmen zu lassen durch

- eine Ziviltechnikerin oder einen Ziviltechniker,
- eine gerichtlich beeidete Sachverständige oder einen gerichtlich beeideten Sachverständigen für das einschlägige Fachgebiet oder
- eine oder einen nach den für die Berufsausübung maßgeblichen Vorschriften Berechtigte oder Berechtigten,[3)]

die oder der von der Bauwerberin oder vom Bauwerber, von der Bauführerin oder vom Bauführer und von der Eigentümerin oder vom Eigentümer (Miteigentümerin oder Miteigentümer) verschieden sein muss und zu diesen Personen in keinem Dienst- oder Organschaftsverhältnis stehen darf (Prüferin oder Prüfer). Ausgenommen von dieser Verpflichtung sind Kleingartenhäuser, Kleingartenwohnhäuser und Gebäude mit einer bebauten Grundfläche von nicht mehr als 50 m².

(4) Das Bauwerksbuch hat zu enthalten:

1. die das Gebäude betreffenden Baubewilligungen und Fertigstellungsanzeigen oder Benützungsbewilligungen;

2. die Bezeichnung der Bauteile (Abs. 1), die einer regelmäßigen Überprüfung zu unterziehen sind;

3. den Zeitpunkt der erstmaligen Überprüfung sowie die Intervalle, in denen die Überprüfungen in der Folge durchzuführen sind;

4. die Voraussetzungen, die die überprüfenden Personen jeweils zu erfüllen haben;

5. die Ergebnisse der durchgeführten Überprüfungen mit Ausnahme jener Überprüfungen, die für Bauteile nach anderen bundes- oder landesgesetzlichen Vorschriften durchzuführen sind;

6. ein aktuelles Verzeichnis der Baugebrechen sowie einen Plan zu deren Behebung, wenn im Zuge einer Überprüfung solche festgestellt wurden;

7. eine Dokumentation der Maßnahmen oder Änderungen gemäß § 118 Abs. 3.

(5) Das Bauwerksbuch ist von der Eigentümerin oder vom Eigentümer (Miteigentümerin oder Miteigentümer), wenn für das Gebäude eine Hausverwaltung bestellt ist von dieser, in elektronischer Form zu führen und der Behörde auf Verlangen zur Einsicht zur Verfügung zu stellen.

(EB zur Nov LGBl 2014/25)

Gemäß § 129 Abs. 5 ist der Eigentümer eines Bauwerks verpflichtet, dessen Bauzustand zu überwachen. Die diesbezüglichen Überprüfungsmaßnahmen müssen nach der geltenden Rechtslage allerdings nicht dokumentiert bzw. gegenüber der Baubehörde nachgewiesen werden. Der neue § 128a verpflichtet den Eigentümer eines Gebäudes, bestimmte Bauteile, von denen bei Verschlechterung ihres Zustandes eine Gefährdung des Lebens oder der Gesundheit von Menschen ausgehen kann, selbst oder durch andere Personen (etwa einen Ziviltechniker) einer regelmäßigen Überprüfung zu unterziehen und die Ergebnisse dieser Überprüfungen in einem von einem Ziviltechniker oder einen gerichtlich beeideten Sachverständigen für das einschlägige Sachgebiet – es kommt hier nur eine Beeidigung für das gesamte Fachgebiet Bauwesen in Betracht – zu erstellenden Bauwerksbuch zu dokumentieren.

Die Festlegung der jeweiligen Prüfintervalle durch den genannten Ziviltechniker oder Sachverständigen bietet gegenüber einer gesetzlichen Festlegung dieser Intervalle den Vorteil einer höheren Flexibilität und liegt daher auch im Interesse des Eigentümers. Da das Bauwerksbuch über die Ergebnisse der Überprüfungen hinaus die Daten sämtlicher das Gebäude betreffender Baubewilligungen und Fertigstellungsanzeigen enthält, bildet es sozusagen die „Geschichte" des Gebäudes ab und ermöglicht dadurch die rechtzeitige Durchführung von Baumaßnahmen, die zur Vermeidung von Schäden und zur Erhaltung der Funktionssicherheit des Gebäudes erforderlich sind. Dadurch, dass das Bauwerksbuch der Behörde auf Verlangen zur Einsicht zur Verfügung zu stellen ist, ermöglicht es der Behörde die Beurteilung, ob bzw. in welchem Umfang der Eigentümer seinen Verpflichtungen zur Überwachung (§ 129 Abs. 5) und zur Instandhaltung (§ 129 Abs. 2) des Gebäudes nachgekommen ist.

Anlass für die erstmalige Erstellung eines Bauwerksbuches ist – mit gewissen Ausnahmen – die Fertigstellung eines Neu-, Zu- oder Umbaues eines Gebäudes mit mehr als zwei Hauptgeschossen, nicht aber die Fertigstellung bloß bauanzeigepflichtiger Bauvorhaben. Die Erstellung des Bauwerksbuches stellt bei größeren Bauvorhaben im Rahmen eines Neu-, Zu- oder Umbaues keinen relevanten Kostenfaktor dar.

(EB zur BO-Nov 2023, LGBl 2023/37 vom 13.12.2023)

Durch diese Novelle sollen die Gebäude, die vor dem 1.1.1945 errichtet wurden, erfasst werden. Unter „Gebäudehülle" sind insbes. zu verstehen: Dächer, Fenster, vorspringende Bauteile, Auskragungen, die Fassade samt Ziergliedern sowie die Fassadenbegrünung.

Ersteller von Bauwerksbüchern können grundsätzlich ident mit Prüfern sein.

Das Bauwerksbuch hat alle Baubewilligungen samt Bauplänen sowie alle Fertigstellungsanzeigen oder – die vor 1996 erforderlichen Benützungsbewilligungen – zu enthalten.

Die bereits bestehenden Inhalte des Bauwerksbuchs sowie die neu geschaffene Verpflichtung zur Erstellung eines Baugebrechensverzeichnisses sowie eines Instandsetzungsplans dient zum einen den Eigentümern und Hausverwaltungen für die organisatorischen und finanziellen Planungen. Eigentümer müssen über den Zustand ihres Gebäudes informiert sein und wissen, welche Maßnahmen zur Erhaltung desselben zu setzen sind. Zum anderen wird dadurch der Vollzug durch die Behörde insofern erleichtert, als diese auf bestehende Bestandsaufnahmen zurückgreifen und darauf basierend ggf. Bauaufträge erlassen kann.

In begründeten Fällen hat die Behörde die Möglichkeit, die Eigentümer aller Bestandsgebäude (unabhängig von den in Abs 3 genannten Gebäuden und Stichtagen) aufzufordern, ein Bauwerksbuch zu erstellen. Begründete Fälle werden insbes. dann vorliegen, wenn wesentliche oder schwerwiegende Baugebrechen vorliegen.

Nach § 128a Abs 5 ist die Behörde ermächtigt, sowohl unmittelbar beim Gebäudeeigentümer Einsicht in ein vorhandenes Bauwerksbuch zu nehmen, als auch, dessen Übermittlung im elektronischen Wege anzufordern.

Anmerkungen

1) § 128a wurde durch die Nov LGBl 2014/25 neu geschaffen. Vgl die Übergangsbestimmungen, Inkrafttreten mit 15.10.2014. Mit BO-Nov 2023, LGBl 2023/37 dann neu gefasst und insb hinsichtlich der Anwendung auf alte Gebäude erweitert.

2) Schon vor der Schaffung des § 128a BO hat die Judikatur ständig die Verpflichtung eines Bauwerkseigentümers bzw des Verwalters einer Baulichkeit betont, sich laufend vom guten Zustand eines Bauwerks zu überzeugen (vgl etwa VwGH 12.10.1993, 03/05/0219). Da die behördliche Überwachung, die eigentlich eine Rechtspflicht wäre, offenbar nur sporadisch erfolgt, wurde dem Bauwerkseigentümer eine Verpflichtung auferlegt, ein Bauwerksbuch zu führen, um im Fall eines Gebrechens leichter ein Verwaltungsstrafverfahren hinsichtlich der Beweispflicht durchführen zu können. Bei der geltenden Beweislastumkehr hat aber die alte Rechtslage keine Probleme bereitet. Es wurde mit der Neuregelung nun ein erheblicher Verwaltungsaufwand für den Immobilienbesitzer geschaffen, den letztlich bei Mietobjekten die Mieter tragen werden (§§ 22 und 23 MRG).

2a) S auch die Sorgfalts- und Dokumentationspflicht gem § 129 Abs 2.

3) Der nun definierte Sachverständigenkreis umfasst sohin neben Ziviltechnikern und gerichtlich beeideten Sachverständigen auch Baumeister.

4) Angesichts der erforderlichen Vorarbeiten samt Einsicht in den Archiven der Behörde ist dringend angeraten, sich zeitgerecht mit der Erstellung samt Erstüberprüfung zu befassen.

5) Begründete Fälle können sich aus Anzeigen bzw Auftragsverfahren ergeben, aber uU auch aus Ansuchen um wirtschaftliche Abbruchreife iSd § 60 Abs 1 lit d, insb bei Verschulden am baulichen Zustand.

Gebäudedatenbank

§ 128b. **(1) Der Magistrat hat ein Datenregister einzurichten und zu führen, welches die zu Zwecken der Stadtplanung, der Energieraumplanung und statistischer Auswertungen benötigten Daten der Gebäude in Wien umfasst (Gebäudedatenbank).**

(2) Der Bauwerber ist verpflichtet, für einen Neu- oder Zubau sowie für die Schaffung, Zusammenlegung oder Teilung von Nutzungseinheiten unter Bezugnahme auf den Gebäude- und Adresscode spätestens bis zur Erstattung der Fertigstellungsanzeige eine elektronische Gebäudebeschreibung mit den Merkmalen gemäß Abschnitt F Z 1 und Z 4 bis 9 der Anlage des Gesetzes über das Gebäude- und Wohnungsregister (GWR-Gesetz), BGBl. I Nr. 9/2004 in der Fassung BGBl. I Nr. 1/2013, in der Gebäudedatenbank zu registrieren; die Registrierung der Merkmale gemäß Abschnitt D Z 11 und Abschnitt E Z 7 des GWR-Gesetzes ist nicht erforderlich.

(3) Die Eigentümerin oder der Eigentümer (jede Miteigentümerin oder jeder Miteigentümer) und die Hausverwaltung eines Gebäudes sind über Aufforderung der Behörde verpflichtet, binnen angemessener Frist eine elektronische Gebäudebeschreibung auf Grundlage des konsensgemäßen Baubestandes mit den Merkmalen gemäß Abschnitt C Z 2, Abschnitt D Z 2 bis 10 und Z 13, Abschnitt E Z 1 bis 6 und Z 8 sowie Abschnitt G Z 1 bis 6 der Anlage des Gesetzes über das Gebäude- und Wohnungsregister (GWR-Gesetz), BGBl. I Nr. 9/2004 in der Fassung BGBl. I Nr. 78/2018, in der Gebäudedatenbank zu registrieren.

(4) Die gemäß Abs. 2 und Abs. 3 zur Registrierung verpflichteten Personen sowie von ihnen Beauftragte haben zum Zweck der Erstellung der Gebäudebeschreibung Zugriff auf die Daten der zuletzt registrierten Gebäudebeschreibungen der betroffenen Gebäude.

(5) Die Behörde hat eine Stichprobe mindestens eines statistisch signifikanten Prozentanteils der jährlich zur Registrierung eingebrachten Gebäudebeschreibungen einer Kontrolle zur Sicherstellung einer geeigneten Datenqualität zu unterziehen.

(6) Der Magistrat darf personenbezogene Daten der Gebäudebeschreibungen betreffend den Namen und die Anschrift der Einbringer zum Zweck der stichprobenartigen Kontrolle (Abs. 5) automationsunterstützt verwenden. Die nicht personenbezogenen Daten der Gebäudebeschreibungen dürfen automationsunterstützt verwendet werden, soweit dies zur Verfolgung städteplanerischer, statistischer, energiepolitischer oder förderungspolitischer Zwecke erforderlich ist.

(EB zur Nov LGBl 2018/69)

Gemäß § 4 Abs. 1 des Bundesgesetzes über das Gebäude- und Wohnungsregister (GWR-Gesetz) sind gewisse Daten für dieses Register bei den Gemeinden zu beschaffen, soweit bei diesen in Wahrnehmung der Aufgaben der örtlichen Baupolizei derartige Daten anfallen. Um den GWR-Datenbestand der Stadt Wien zu vervollständigen, wird im neuen § 128b eine Verpflichtung des Bauwerbers normiert, bis zur Erstattung der Fertigstellungsanzeige für einen Neu- oder Zubau sowie für die Zusammenlegung oder Teilung von Wohnungen eine Gebäudebeschreibung mit den im GWR-Gesetz geforderten Daten in einer vom Magistrat einzurichtenden und zu führenden Datenbank („Gebäudedatenbank") zu registrieren. Weiters ist jeder Gebäudeeigentümer über Aufforderung der Behörde verpflichtet, bestimmte Gebäudedaten zu registrieren.

(EB zur BO-Nov 2023, LGBl 2023/37 vom 13.12.2023)

Die in § 2b Abs 7 genannten Daten können teilweise aus der Gebäudedatenbank abgefragt werden. § 128b Abs 1 war daher zu ergänzen.

Abs 3: Durch die Einbeziehung der Hausverwaltung soll eine Vereinfachung der Abwicklung für die Behörde wie auch für die Verpflichteten bewirkt werden. Es ist davon auszugehen, dass die Hausverwaltung eines Gebäudes in aller Regel über die erforderlichen Daten verfügt und die Abwicklung der Eingabe auch über diese erfolgt. Die Verpflichtung besteht für die Eigentümer und die Hausverwaltung. Die Behörde hat aber die Möglichkeit, die Aufforderung nur an die Hausverwaltung oder nur an die Miteigentümer zu richten. Die Möglichkeit, die Hausverwaltung zu verpflichten, wird insbes. dann naheliegend sein, wenn ein Gebäude im Miteigentum von mehreren Personen steht.

Die Ergänzung des Abs. 3 dient der Klarstellung. Es sollen nur Merkmale auf Grundlage aufrechter Bewilligungen gemeldet werden.

Bauwerksbuchdatenbank

§ 128c. (1) Der Magistrat hat bis 1.7.2024 ein Datenregister einzurichten und zu führen, das den Bestand aller Bauwerksbücher für Gebäude in Wien erfasst (Bauwerksbuchdatenbank).

(2) Die Eigentümerin oder der Eigentümer (Miteigentümerin oder Miteigentümer) eines Gebäudes, für das ein Bauwerksbuch gemäß § 128a Abs. 3 erstellt wurde, hat folgende Daten und Unterlagen über das von der Behörde im Internet bekanntgegebene Portal der Bauwerksbuchdatenbank zu übermitteln:

1. **Datum der Erstellung des Bauwerksbuchs**
2. **elektronisch signierte Erstellungsbestätigung der Erstellerin oder des Erstellers (§ 128a Abs. 2)**
3. **Datum der erstmaligen Überprüfung gemäß § 128a Abs. 3**
4. **von der Prüferin oder vom Prüfer (§ 128a Abs. 3) unterfertigte Bestätigung über die erstmalige Überprüfung des Gebäudes.**

(3) Die Daten sind spätestens fünf Jahre nach dem Abbruch des Gebäudes zu löschen.

(EB zur BO-Nov 2023, LGBl 2023/37 vom 13.12.2023)

Die Bauwerksbuchdatenbank enthält nicht die von Gebäudeeigentümern selbst zu führenden Bauwerksbücher, sondern erfasst lediglich grundlegende Informationen zum Bestand derselben sowie die Daten der Prüfer und Ersteller. Der Zweck der Datenbank liegt darin, der Behörde die Kontrolle der Einhaltung der Verpflichtung gemäß § 128a Abs 3 zu ermöglichen, insbes., ob ein Bauwerksbuch tatsächlich erstellt worden ist, ob der Ersteller desselben die nach § 128 Abs 2 geforderte Qualifikation aufweist und ob eine erstmalige Überprüfung erfolgt ist.

Verantwortlich für die Registrierung der Daten sind die Eigentümer des Gebäudes, die sich dazu auch einer Hausverwaltung bedienen können.

Die aufgrund der bisher geltenden Bestimmung seit 2014 angelegten Bauwerksbücher sind auch aufgrund Abs 2 zu registrieren.

Der Magistrat ist der datenschutzrechtliche Verantwortliche für diese Datenverarbeitung.

Benützung und Erhaltung der Gebäude; vorschriftswidrige Bauwerke

§ 129. (1) Für die bewilligungsgemäße[1)] Benützung der Räume ist der Eigentümer (jeder Miteigentümer) des Bauwerkes verantwortlich.[2)] Im Falle der Benützung der Räume durch einen anderen haftet auch dieser, wenn er vom Eigentümer über die bewilligte Benützungsart in Kenntnis gesetzt worden ist.[3)]

(1a) Die zweckwidrige Verwendung einer oder mehrerer Wohnungen innerhalb eines Gebäudes über die Grenzen des § 119 Abs. 2a lit. a und b hinaus, ist nach dem 1.7.2024 nur mittels Ausnahmebewilligung zulässig.[30)31)32)] Die Behörde kann die Beendigung der zweckwidrigen Verwendung auftragen. Eine Ausnahmebewilligung für eine Wohnung ist auf höchstens fünf Jahre zu befristen und bei Einhaltung der sonstigen baurechtlichen Bestimmungen[33)] soweit erforderlich unter Auflagen[34)] zu erteilen, wenn

1. sich die Wohnung nicht in einer Wohnzone[35)] oder in der Widmungskategorie „Grünland – Erholungsgebiet – Kleingartengebiet", „Grünland – Erholungsgebiet – Kleingartengebiet für ganzjähriges Wohnen" oder auf vorübergehend kleingärtnerisch genutzten Flächen befindet,
2. für die Errichtung der Wohnung keine Wohnbaufördermittel[36)] in Anspruch genommen worden sind,
3. die Mehrzahl der Wohnungen im betreffenden Gebäude[37)] weiterhin zu Wohnzwecken im Sinne des § 119 Abs. 2 und 2a genutzt wird und
4. dadurch nicht mehr als 50 vH der Nutzungseinheiten (§ 119 Abs. 1)[38)] des Gebäudes der gewerblichen Nutzung für kurzfristige Beherbergungszwecke dienen.

Dem Antrag ist die schriftliche Zustimmung der Eigentümerin oder des Eigentümers (aller Miteigentümerinnen und Miteigentümer) des Gebäudes beizulegen.[39)] Nach Ablauf der Befristung können bei Vorliegen der Voraussetzung neuerliche Ausnahmebewilligungen erteilt werden.

(2) Der Eigentümer (jeder Miteigentümer)[4)] hat dafür zu sorgen, daß die Bauwerke (Gärten, Hofanlagen, Einfriedungen und dgl.) in gutem, der Baubewilligung und den Vorschriften dieser Bauordnung entsprechendem Zustand erhalten werden.[5)5a)] Für Gebäude in Schutzzonen[6)] sowie für Gebäude, die vor dem 1.1.1945 errichtet wurden und an deren Erhaltung infolge ihrer Wirkung auf das örtliche Stadtbild öffentliches Interesse besteht, besteht darüber hinaus die Verpflichtung, das Gebäude, die dazugehörigen Anlagen und die baulichen Ziergegenstände in stilgerechtem Zustand und nach den Bestimmungen des Bebauungsplanes zu erhalten. Instandhaltungsmaßnahmen, durch die öffentliche Interessen berührt werden können, sind vom Eigentümer (jedem Miteigentümer) eines Gebäudes mit mehr als zwei Hauptgeschoßen zu dokumentieren. Diese

Dokumentation ist, gegebenenfalls in elektronischer Form, aufzubewahren und muss der Behörde auf Verlangen zur Einsicht zur Verfügung gestellt werden.[29)] Wenn für das Bauwerk ein Bauwerksbuch angelegt ist (§ 128a), hat die Dokumentation im Bauwerksbuch zu erfolgen. Ausgenommen von der Dokumentationspflicht sind Kleingartenhäuser, Kleingartenwohnhäuser und Gebäude mit einer bebauten Fläche von nicht mehr als 50 m².

(3) Den Vertretern der Behörde ist zur Ermöglichung der Aufsicht über den Bauzustand und der Überwachung der genauen Einhaltung der den Eigentümern (Miteigentümern)[7)] und etwaigen Benützern[8)] des Bauwerkes gesetzlich obliegenden Verpflichtungen der Zutritt zu allen Teilen eines bestehenden Bauwerkes zu jeder Tageszeit, bei Gefahr im Verzuge auch zur Nachtzeit zu gestatten;[9)] hiebei ist auf die in anderen Gesetzen enthaltenen Vorschriften und Verbote Bedacht zu nehmen. Der Eigentümer (jeder Miteigentümer), der Hausbesorger und die Benützer der Bauwerke sind verpflichtet, alle erforderlichen Auskünfte zu erteilen.[10)]

(4) Die Behörde hat nötigenfalls[11)] die Behebung von Baugebrechen unter Gewährung einer angemessenen Frist anzuordnen. Sie ordnet die erforderlichen Sicherungsmaßnahmen an und verfügt die aus öffentlichen Rücksichten notwendige Beseitigung von Baugebrechen.[12)] Lassen sich die Vielfalt, die Art oder Umfang der bestehenden Baugebrechen nicht durch bloßen Augenschein feststellen, ist der Eigentümer eines Bauwerkes über Auftrag der Behörde verpflichtet, über die vorhandenen Baugebrechen und gegebenenfalls über deren Art und Umfang den Befund eines Sachverständigen vorzulegen. Der dem Befund zugrunde gelegte Sachverhalt muss durch die Behörde überprüfbar sein.[12a)] Ist das Bauwerk aus öffentlichen Interessen, wie etwa solchen des Denkmalschutzes, entsprechend dem Stand der Technik im Zeitpunkt seiner Errichtung zu erhalten, ist es in den der Baubewilligung entsprechenden Zustand zu versetzen, sofern keine Gefahr für das Leben oder die Gesundheit von Menschen besteht. Aufträge sind an den Eigentümer (jeden Miteigentümer) des Bauwerkes zu richten; im Falle des Wohnungseigentums sind sie gegebenenfalls an den Wohnungseigentümer der betroffenen Nutzungseinheit zu richten. Bei benützten Gebäuden sind rechtskräftige Aufträge durch den Verpflichteten an allgemein zugänglicher Stelle des Gebäudes (jeder Stiege) anzuschlagen.[13)14)] Die Räumung oder der Abbruch von Bauwerken oder Bauwerksteilen ist anzuordnen, wenn die technische Unmöglichkeit der Behebung der Baugebrechen erwiesen ist.[15)] Die Räumung oder der Abbruch von Bauwerken oder Bauwerksteilen ist weiters auch dann anzuordnen, wenn durch die Art, die Vielfalt und das Ausmaß der bestehenden Baugebrechen sich das Bauwerk oder die Bauwerksteile in einem solchen gefährlichen Bauzustand befinden, daß die Sicherheit der Bewohner und

Benützer des Gebäudes bedroht ist und auch durch einfache Sicherungsmaßnahmen[16] auf längere Zeit nicht hergestellt und gewährleistet werden kann.[17] In allen Fällen steht dem Eigentümer (Miteigentümer) des Bauwerkes oder der Bauwerksteile die Möglichkeit offen, innerhalb der Erfüllungsfrist den der Baubewilligung und den Vorschriften dieses Gesetzes entsprechenden Zustand wiederherzustellen.[18] Für Bauwerke und Bauwerksteile in Schutzzonen[6] hat die Behörde darüber hinaus die Behebung von Schäden aufzutragen, die das äußere Erscheinungsbild beeinträchtigen; im Zuge der Instandsetzung des Baukörpers eines Bauwerks oder Bauwerksteiles kann die Behörde dessen Ausgestaltung nach den Bebauungsbestimmungen gemäß § 5 Abs. 4 und § 7 Abs. 3 oder entsprechend dem § 85 Abs. 5 verfügen.

(5) Der Eigentümer (jeder Miteigentümer) eines Bauwerkes ist verpflichtet, deren Bauzustand zu überwachen. Läßt dieser das Vorliegen eines Baugebrechens vermuten, hat er den Befund eines Sachverständigen einzuholen. Lassen sich Art und Umfang eines vermuteten Baugebrechens nicht durch bloßen Augenschein feststellen, ist er über Auftrag der Behörde verpflichtet, über das Vorliegen des vermuteten Baugebrechens und gegebenenfalls über dessen Art und Umfang den Befund eines Sachverständigen vorzulegen.[19] Der dem Befund zugrunde gelegte Sachverhalt muß durch die Behörde überprüfbar sein.[20]

(6) Bei Gefahr im Verzuge kann die Behörde auch ohne Anhörung der Partei die erforderlichen Verfügungen und Sicherungsmaßnahmen auf Gefahr und Kosten des Eigentümers (jedes Miteigentümers) eines Bauwerkes anordnen und sofort vollstrecken lassen.[21]

(7) Wenn im Falle eines Notstandes die Rettung von Menschen nur von einem benachbarten Gebäude oder Grundstück aus möglich ist, ist jeder Eigentümer (Miteigentümer) und Benützer verpflichtet, das Betreten des Gebäudes oder Grundstückes und die Vornahme der notwendigen Veränderungen zu dulden. Bei Gefahr im Verzuge können die Verfügungen gleichfalls ohne Anhörung der Partei angeordnet und vollstreckt werden.[22] Der hiemit verbundene Schaden ist wieder gutzumachen. Hiefür gelten sinngemäß die Bestimmungen des § 126. Wurden wegen Gefahr im Verzuge diese Maßnahmen von der Behörde selbst vorgenommen, ist die Gemeinde zur Wiedergutmachung des Schadens verpflichtet, unbeschadet ihres Anspruches auf Rückersatz durch den Verpflichteten.[23]

(8) Bei Gefahr im Verzuge ist jeder Baugewerbetreibende verpflichtet, der Behörde zum Zwecke der Behebung von Baugebrechen gegen angemessene Vergütung, jedoch ohne daß im Streitfall die Ausführung verzögert werden darf, die verlangte Unterstützung in seinem Fache zu gewähren. Nach Fertigstellung der Arbeiten hat der Magistrat die Höhe der Ver-

gütung über Verlangen binnen einem Monat festzustellen und den festgesetzten Betrag zu bezahlen oder zu erlegen.[24)]

(9) Freistehende Feuermauern und ebensolche Feuermauerteile sind, auch wenn sie nur vorübergehend ungedeckt bleiben, von außen zu verputzen. Die Behörde kann, wenn es die Rücksicht auf das örtliche Stadtbild erfordert, eine entsprechende Ausgestaltung sichtbarer Feuermauerteile verlangen. Werden aus welchem Anlaß immer bisher verdeckte Feuermauerteile freigelegt, so kann der Eigentümer (jeder Miteigentümer) verhalten werden, mindestens einen glatten Verputz herzustellen.

(10) Jede Abweichung von den Bauvorschriften einschließlich der Bebauungsvorschriften ist zu beheben.[25)] Ein vorschriftswidriges Bauwerk, für das eine nachträgliche Bewilligung nicht erwirkt oder eine Bauanzeige nicht rechtswirksam (§ 62 Abs. 6) erstattet wurde, ist zu beseitigen. Gegebenenfalls kann die Behörde Aufträge erteilen; solche Aufträge müssen erteilt werden, wenn augenscheinlich eine Gefahr für das Leben oder die Gesundheit von Menschen besteht. Aufträge sind an den Eigentümer (jeden Miteigentümer) des Bauwerkes zu richten; im Falle des Wohnungseigentums sind sie gegebenenfalls an den Wohnungseigentümer der betroffenen Nutzungseinheit zu richten.[26)] Im Falle der Verwendung von Flächen zum Einstellen von Kraftfahrzeugen ohne baubehördliche Bewilligung (§ 3 Abs. 1 Z 2 WGarG 2008) durch einen vom Eigentümer (den Miteigentümern) verschiedenen Nutzungsberechtigten sind Aufträge gegebenenfalls an diesen zu richten.[27)] In Schutzzonen sind überdies Abweichungen von den Bebauungsbestimmungen im Bebauungsplan, für die eine Baubewilligung weder nachgewiesen noch infolge des erinnerlichen Bestandes des Gebäudes vermutet werden kann, zu beheben und die Bauwerke und Bauwerksteile in stilgerechten und den Bebauungsbestimmungen entsprechenden Zustand zu versetzen. Lassen sich Art und Umfang von vermuteten Abweichungen von den Bauvorschriften nicht durch bloßen Augenschein feststellen, ist der Eigentümer (jeder Miteigentümer) eines Bauwerkes verpflichtet, über das Vorliegen der vermuteten Abweichungen und gegebenenfalls über deren Art und Umfang den Befund eines Sachverständigen vorzulegen. Der dem Befund zugrunde gelegte Sachverhalt muß durch die Behörde überprüfbar sein.

(11) Die Erfüllung von Aufträgen nach Abs. 4 und Abs. 10 ist der Behörde vom Verpflichteten unter Anschluss eines Nachweises über die vorschriftsgemäße Durchführung schriftlich zu melden.[28)]

(EB zur Nov LGBl 2014/25)

Die auf Grund der in **Abs. 2** normierten Verpflichtung des Eigentümers, das Bauwerk in gutem, der Baubewilligung und den Vorschriften der Bauordnung entsprechendem Zustand zu erhalten, konkret durchgeführten Instandhaltungsmaßnahmen müssen nach der geltenden Rechtslage nicht dokumentiert bzw. gegenüber der Baubehörde nachgewiesen werden. Es ist von der Behörde daher nur schwer zu beurteilen, ob bzw. in welchem Umfang die Bauwerkseigentümer ihrer Instandhaltungspflicht nachkommen. Um die Instandhaltungspflicht den Eigentümern (noch) bewusster und ihre Erfüllung für die Behörde kontrollierbar zu machen, wird eine Dokumentationspflicht der getroffenen Instandhaltungsmaßnahmen, soweit diese öffentliche Interessen (z.B. Interessen der Sicherheit oder des Stadtbildes) berühren, für alle – also auch bestehende – Gebäude mit mehr als zwei Hauptgeschoßen verpflichtend gemacht. Jene Eigentümer solcher Gebäude, die bereits derzeit ihrer gesetzlichen Instandhaltungspflicht nachkommen, werden durch die neu eingeführte Dokumentationspflicht finanziell nicht maßgeblich mehr belastet. Auch kommt die laufende Instandhaltung eines Gebäudes letztlich günstiger als spätere Instandsetzungsmaßnahmen. Im Falle des Vorliegens eines Bauwerksbuches kann die gegenständliche Dokumentation auch in dessen Rahmen erfolgen.

Gemäß dem geltenden **Abs. 4** ist der Abbruch eines Bauwerks anzuordnen, wenn dessen Instandsetzung einer Substanzveränderung mindestens der Hälfte der vorhandenen Bausubstanz des Bauwerkes gleichkäme. Ein solcher Abbruchauftrag ist somit auch dann zu erteilen, wenn die Instandsetzung technisch möglich ist und keine Einsturzgefahr oder sonstige Gefährdungen bestehen.

Gemäß § 60 Abs. 1 lit. d ist in Schutzzonen eine Abbruchbewilligung u. a. dann zu erteilen, wenn das Bauwerk nach der Instandsetzung technisch als ein anderes angesehen werden muss. Bei der Beurteilung des Vorliegens dieser Voraussetzung wird in der Praxis ebenfalls auf das in § 129 Abs. 4 festgelegte Ausmaß der Substanzveränderung abgestellt, sodass eine solche Abbruchbewilligung auch dann erteilt wird, wenn die Instandsetzung technisch möglich ist und keine Einsturzgefahr oder sonstige Gefährdungen bestehen.

Bei wirtschaftlicher Unzumutbarkeit der Instandsetzung von Bauwerken in Schutzzonen ist nach der höchstgerichtlichen Judikatur (vgl. VwGH 24.5.1976, 797/74) anstelle eines Instandsetzungsauftrages ein Abbruchauftrag zu erlassen, wobei – da den Eigentümern solcher Bauwerke der Abbruch nicht freisteht – auf die Erteilung dieses Auftrags ein Rechtsanspruch zusteht (vgl. VwGH 24.11.1992, 92/05/0168).

Diese Rechtslage macht es leicht, für Gebäude in Schutzzonen einen Abbruchauftrag zu provozieren bzw. eine Abbruchbewilligung zu erwirken, auch wenn das Gebäude saniert und damit erhalten werden könnte.

Abs. 4 wird daher so geändert, dass die im vierten Satz derzeit normierte rein quantitative Betrachtung der für einen Abbruchauftrag erforderlichen Substanzveränderung entfällt. Dies ändert nichts daran, dass tiefgreifende Änderungen der Bausubstanz eine technische Unmöglichkeit der Instandsetzung mit sich bringen können. Ob dies im Einzelfall zutrifft, ist jeweils durch das Gutachten eines Sachverständigen festzustellen.

Für den Fall der Verwendung von Flächen (etwa in Kleingärten) als Kfz-Stellplätze ohne die nach dem WGarG 2008 erforderliche baubehördliche Bewilligung durch einen Nutzungsberechtigten (etwa den Pächter oder Unterpächter eines Kleingartens) erweist sich eine Verantwortlichkeit des Eigentümers nicht als zweckmäßig und wird diese daher dem Nutzungsberechtigten, der – ähnlich wie der nach **Abs. 10** vierter Satz herangezogene Wohnungseigentümer über die betroffene Nutzungseinheit – über die betroffene Fläche verfügungsberechtigt ist, auferlegt.

Die Behebung und damit die Erfüllung eines, auf Abs. 4 oder Abs. 10 gestützten Auftrages ist für die Behörde in der Praxis oftmals – etwa im Falle von Rauchfanggebrechen, Kanalgebrechen oder von Trockenlegungsmaßnahmen – nicht oder nur schwer mittels Augenschein feststellbar. In **Abs. 11** wird daher eine Meldepflicht des zu der genannten Leistung Verpflichteten vorgesehen, wobei die vorschriftsgemäße Durchführung der aufgetragenen Maßnahmen (etwa durch eine Bestätigung des ausführenden Gewerbetreibenden oder das Gutachten eines Sachverständigen) nachzuweisen ist.

(EB zur BO-Nov 2023, LGBl 2023/37 vom 13.12.2023)

Zu Abs 1

Die bisherige Regelung, die einen Haftungsübergang des Eigentümers auf den tatsächlichen Benützer vorsah, hat in der Praxis zu Vollzugsschwierigkeiten geführt. Ein Haftungsausschluss des Eigentümers ist auch nicht sachgerecht. Zukünftig bleibt daher die Haftung der Eigentümer für die bewilligungsgemäße Benützung der Räume aufrecht. Erfolgt die Benützung wissentlich bewilligungswidrig durch einen Dritten, tritt dieser nunmehr als zusätzlich haftende Person neben den Eigentümer. Der Kreis der haftenden Personen wird damit (unter Beibehaltung der bereits geltenden sachlichen Einschränkung) erweitert und nicht eingeschränkt. Eigentümer können die tatsächlichen Benützer ggf zivilrechtlich in Regress nehmen.

Zu Abs 1a

Das Phänomen der sogenannten Kurzzeitvermietung von Wohnungen für touristische Zwecke tritt in den vergangenen Jahren verstärkt auf und führt dazu, dass Wohnungen dem Wohnungsmarkt für die Wiener Bevölkerung teilweise oder dauerhaft entzogen werden.

Die Klarstellung in § 7a Abs. 3 durch die Bauordnungsnovelle 2018 (LGBl 69/2018) war ein erster Schritt zur Eindämmung dieses Phänomens in den Wohnzonen, deren Ziel darin bestand, zu verdeutlichen, dass Wohnungen in der Wohnzone der Wiener Bevölkerung zur Befriedigung eines ganzjährigen Wohnbedürfnisses dienen und nicht zweckentfremdet werden sollen. Nicht erfasst von diesem Verbot sind Fälle, in denen Personen iSd „*Home Sharing*" ihren eigenen Wohnraum gelegentlich vermieten, um sich etwas „dazuzuverdienen", wenn in zeitlicher und räumlicher Hinsicht die eigene Nutzung zu Wohnzwecken überwiegt und der Wohnraum daher nicht zweckentfremdet bzw. dem Wohnungsmarkt dauerhaft entzogen wird.

Die bestehende Rechtslage reichte nicht aus, um das Ziel, Wohnungen und Wohnraum vor Zweckentfremdung durch die Kurzzeitvermietung zu schützen, zu erreichen. Das bestehende Verbot der Kurzzeitvermietung beschränkt sich nur auf Wohnzonen. Da jedoch auch außerhalb von Wohnzonen ein öffentliches Interesse daran besteht, dass Wohnungen nicht dauerhaft und uneingeschränkt ihrem primären Zweck, nämlich der Befriedigung eines ganzjährigen Wohnbedürfnisses, entzogen werden, sondern vielmehr der Bevölkerung angemessener und leistbarer Wohnraum zur Verfügung stehen soll, wird eine weitere Einschränkung normiert, gemäß der die Zweckentfremdung von Wohnungen über die gesetzlich definierten Wohnzwecke hinaus nur unter bestimmten Voraussetzungen und bei Vorliegen einer entsprechenden Ausnahmebewilligung zulässig ist. Kurzzeitvermietung in Wohnungen soll nicht generell verboten werden. Es werden aber bestimmte Widmungskategorien von der Möglichkeit ausgeschlossen, in denen Kurzzeitvermietung nicht dem Widmungszweck entspricht. Darüber hinaus soll auch gebäudebezogen darauf geachtet werden, dass alle Miteigentümer mit dieser Form der Nutzung einverstanden sind und ein gewisser Anteil an kurzzeitig vermieteten Wohnungen nicht überschritten wird.

Keine Ausnahmebewilligung kann erteilt werden, wenn sich eine Wohnung in der Wohnzone befindet. Dies entspricht der bereits jetzt geltenden Rechtslage, wonach § 7a Abs. 3 letzter Satz die gewerbliche Nutzung von Aufenthaltsräumen in Wohnungen für kurzfristige Beherbergungszwecke verbietet. Gleiches gilt für Wohnräume in den Widmungskategorien Kleingartengebiete und Kleingartengebiete für ganzjähriges Wohnen sowie auf vorübergehend kleingärtnerisch genutzten Flächen. Diese Widmungskategorien gehören zur Kategorie der Erholungsgebiete und dienen der gärtnerischen Nutzung, der individuellen Erholung oder dem Wohnen, jedoch nicht der erwerbsmäßigen Nutzung (§ 2 Abs 1 WKlG 1996). Weiters soll die Zweckentfremdung von Wohnungen ausgeschlossen werden, wenn diese mit Fördermitteln errichtet wurden, weil eine Nutzung für die kurzfristige gewerbliche Beherbergung dem Ziel der Förderungen zur Schaffung von leistbarem Wohnraum innerhalb des Stadtgebiets eindeutig zuwiderläuft.

Die Anforderungen der **Z 3 und Z 4** sollen im Zusammenhalt mit der erforderlichen schriftlichen Zustimmung der Eigentümer gewährleisten, dass Wohngebäude nicht zur Gänze Wohnzwecken entzogen werden und dass es unter den Miteigentümern Einvernehmen gibt, für welche Wohnungen innerhalb des Gebäudes eine Ausnahmebewilligung beantragt werden soll. Mit der Befristung der Ausnahmebewilligung auf fünf Jahre wird sichergestellt, dass die Wohnung nicht dauerhaft und ohne weiteres ihrem Wohnzweck entzogen und regelmäßig überprüft wird, ob die Voraussetzungen ihrer Erteilung noch gegeben sind.

Das Ausnahmebewilligungsverfahren ist kein Verfahren im Sinne des 7. Teils der BO. Partei in diesem Verfahren ist der Antragsteller oder Einreicher (§ 134 Abs 1). Da es sich weder um ein Baubewilligungsverfahren noch ein Verfahren zur Bewilligung von Abweichungen von Vorschriften des Bebauungsplanes handelt, findet § 134 Abs 3 keine Anwendung.

In der Ausnahmebewilligung können Auflagen vorgeschrieben werden. Diese können bspw die Vorschreibung brandschutztechnischer Vorgaben oder Auflagen zur Gewährleistung der Nutzungssicherheit und Barrierefreiheit beinhalten.

Die Bestimmung tritt am Tag nach Kundmachung des Gesetzes in Kraft. Die Vermietung ist dann für weitere sechs Monate ohne Ausnahmebewilligung zulässig. In diesem Zeitraum soll es möglich sein, alle Ausnahmebewilligungen zu erlangen.

Die Behörde kann mit Bescheid die Beendigung einer rechtswidrigen Kurzzeitvermietung (zB wenn eine Ausnahmebewilligung notwendig wäre, eine solche aber nicht vorliegt) beauftragen.

Zu Abs 2

Die Ergänzung im zweiten Satz des Abs 2 ist notwendig, damit auch Eigentümer von Gebäuden, die vor dem 1.1.1945 errichtet wurden und an deren Erhaltung infolge ihrer Wirkung auf das örtliche Stadtbild öffentliches Interesse besteht, die sich aber (noch) nicht in einer Schutzzone befinden, dieselbe Verpflichtung zu deren Erhaltung trifft.

Zu Abs 4

Mit der Ergänzung in Abs 4 hat die Behörde die Möglichkeit in den genannten Fällen einen Sachverständigenbefund zu beauftragen.

Anmerkungen

1) Wenn eine Fertigstellungsanzeige noch nicht erstattet wurde, ist keine Benützung zulässig. Für die Frage, welche Benützung bewilligungsgemäß ist, sind der Text des baubehördlichen Bewilligungsaktes bzw die nach § 70a vorgelegten Unterlagen maßgeblich, vornehmlich die Baupläne und die Baubeschreibung.

2) Verantwortlich heißt hier, dass der Eigentümer eine bewilligungswidrige Benützung der Behörde gegenüber zu vertreten hat, sofern er nicht das Vorliegen eines Ausnahmetatbestandes nach der folgenden Bestimmung geltend machen kann.

3) Grundsätzlich kommt einem Bestandnehmer im baubehördlichen Auftragsverfahren keine Parteistellung zu. Im Verfahren nach § 129 Abs 1 ist ein Bestandnehmer dann Partei, wenn er von der bewilligten Benützungsart in Kenntnis gesetzt worden ist. Ob diese Voraussetzung vorliegt, ist im Ermittlungsverfahren zu prüfen, etwa durch Vorlage des Mietvertrages.

4) Abgesehen von Baugebrechen innerhalb einer im Wohnungseigentum stehenden Nutzungseinheit haftet für die in dieser Gesetzesstelle geregelte Instandhaltungspflicht jeder Miteigentümer solidarisch, weil es sich bei dieser Verpflichtung um eine unteilbare Verpflichtung handelt. Dies hat zur Folge, daß die Baubehörde auch nur einen Miteigentümer für die Nichterfüllung der Instandhaltungspflicht zur Verantwortung ziehen kann. Dieser muss sein Rückgriffsrecht gegenüber den anderen Miteigentümern (auf Grund der Bestimmungen der §§ 825 ff ABGB) bei Gericht geltend machen.

5) In dieser Gesetzesstelle ist die Instandhaltungspflicht des Eigentümers geregelt. Sie trifft den Eigentümer des Bauwerks, der mit dem Grundeigentümer ident sein kann, aber nicht ident sein muß, ex lege (vgl Anm 11). Zur Verantwortung des Grundeigentümers s § 129b Abs 2.

5a) Nach dem Grundsatz des baurechtlichen Konsensschutzes kann ein Gebäude so bleiben wie es bewilligt wurde und besteht eine Verpflichtung zur Nachrüstung (zB Stand der Technik) nur, wo es das Gesetz ausdrücklich vorsieht (vgl Art III Abs 6 BO oder § 22 WAZG 2006). Demgegenüber verlangt die StrafrechtsJud des OGH im Wesentlichen, dass Gebäude stehts den aktuellen Normen entsprechen müssen. Die fehlende Nachrüstverpflichtung der BO sieht er idR als unbeachtlich (vgl OGH 21.4.1998, 11 Os 35/98, 11 Os 36/98), erachtet in einem Anlassfall ein Abstellen darauf aber doch als zulässig (vgl OGH 27.4.2011, 5 Ob 27/11y). Der OGH bildet damit in verfassungsrechtlich bedenklicher Weise ein „paralleles" Baurecht (vs Art 15 Abs. 1 B-VG), das zwingend zu beachten ist und auch den verfassungsmäßigen Anforderungen für etwaige gesetzliche Nachrüstverpflichtungen iSd Art 18 B-VG nicht entspricht (insb Bestimmtheit, Vorhersehbarkeit, Verhältnismäßigkeit). Der OGH begründet dies insb mit der Verkehrserwartung und Verkehrssicherungspflicht, lässt diesbezüglich aber außer Acht, dass der „Verkehr" systematisch derselbe Personenkreis ist, der die Bauordnung über Jahre, auch in öffentlichen Begutachtungen macht. Die Verkehrserwartung ist damit das Baurecht und dessen unterschiedliche Anforderungen an unterschiedliche Gebäude samt Nachrüstverpflichtung oder Nicht-Nachrüstverpflichtung (vgl *Fuchs*, Gebäude im Spannungsfeld sich ändernder und divergierender rechtlicher Anforderungen. Bauordnung alt und neu vs Straf- und Zivilrecht, FS Karasek 2018, 175; *Fuchs*, Anforderungen an Aufzüge gemäß ÖNORM EN 81-80. Ein Beitrag zur Diskussion über die Nachrüstung bestehender Gebäude auf den Stand der Technik, bauaktuell 2019, 237).

6) S § 7. In Schutzzonen ist ein Instandsetzungsauftrag nach dem E des VfGH v 11.3.1976, Slg 7759, und dem E des VwGH v 24.5.1976, Slg 9063/A, nur dann zulässig, wenn er wirtschaftlich zumutbar ist. Nach dem genannten E des VwGH besteht in Schutzzonen ein Rechtsanspruch auf die Erlassung eines Abtragungsauftrages, wenn ein Instandsetzungsauftrag wirtschaftlich nicht zumutbar ist. Bei nicht in Schutzzonen gelegenen Gebäuden ist seit dem E Slg 7789/A (verst Senat, Abkehr von der früheren Rechtsprechung) eine wirtschaftliche Zumutbarkeit nicht zu prüfen.

7) Hiezu gehören insbesondere die im Abs 1 geregelten Verpflichtungen zur konsensgemäßen Benützung eines Gebäudes und die im Abs 2 geregelte Verpflichtung zur Instandhaltung eines Bauwerkes.

8) Hiezu gehört insbesondere die im Abs 1 geregelte Verpflichtung zur konsensgemäßen Benützung des Gebäudes.

9) Diese Bestimmung erweist sich auf Grund des zur verfassungsrechtlichen Norm erhobenen Gesetzes zum Schutze des Hausrechtes (RGBl 1862/88) als notwendig. Diese Bestimmung eröffnet nicht die Möglichkeit, Baulichkeiten zu betreten, die den Bestimmungen der Bauordnung nicht unterliegen (zB Eisenbahnanlagen, Flughäfen).

10) Eine Verletzung dieser Vorschrift ist strafrechtlich (§ 135) ahndbar. Durch diese Bestimmung ist die Behörde nicht gehindert, die Genannten gem §§ 48 und 49 AVG als Zeugen zu vernehmen.

11) Dadurch hat der Gesetzgeber unmissverständlich zum Ausdruck gebracht, dass die Verpflichtung zur Beseitigung von Baugebrechen den Eigentümer kraft Gesetzes trifft.

12) Mit BO-Nov 2023, LGBl 2023/37 ist der Bezug auf die Auftragserteilung entsprechend dem Stand der Technik im Zeitpunkt der Erteilung des Bauauftrages entfallen. In der Praxis haben sich hierzu zunehmend Unsicherheiten und Fehldeutungen etwa in Richtung einer Befugnis bzw Verpflichtung zu Nachrüstungen an den aktuellen Stand der Technik ergeben. Es sollte nun klarer sein, dass diese Regelung keine Abkehr von dem Grundsatz bedeutet, dass Bauwerke in dem Zustand zu erhalten sind, wie sie seinerzeit genehmigt wurden. Ein Gebäude muss grundsätzlich einem Konsens entsprechen, der einem behördlichen Verfahren unter Berücksichtigung verschiedener Aspekte und Rechte entspringt und sich in einem Plan widerspiegelt. Es muss in späteren Zeitpunkten nachvollziehbar sein, was der konsensgemäße und rechtmäßige Zustand bzw Bestand ist. Diese Regelung zielt daher auf die technische Umsetzung von Maßnehmen ab, wobei der Stand der Technik zu berücksichtigen ist, und nicht auf die Überschreitung oder Abänderung eines Konsens ohne vergleichbares Verfahren.

12a) In der Vollzugspraxis der Überwachung des Baubestandes und Veranlassung baubehördlicher Maßnahmen bei Baugebrechen kann in schwerwiegenden Fällen die Erhebung und Feststellung einer Vielzahl an Baugebrechen nach Art und Umfang erforderlich sein. Eine Vornahme diesbezüglicher Feststellungen durch Amtsorgane im Rahmen augenscheinlicher Erhebungen und Feststellungen erweist sich in derartigen Fällen als problematisch und erhebliche rechtliche und faktische Herausforderung. Die Erweiterung mit BO-Nov 2023 ist eine Erleichterung für die Vollzugspraxis. Vgl. auch Abs 5.

13) Der Behörde gegenüber ist der Eigentümer des Bauwerkes verantwortlich (s Anm 5), sei es des gesamten Gebäudes, der baulichen Anlage oder der einzelnen Nutzungseinheit im Wohnungseigentum; vgl Anm 4. Die Fassung entstammt der Nov LGBl 2020/61. Die Anschlagspflicht baubehördlicher Aufträge wurde mit der Nov LGBl 2018/69 eingeräumt. Die Heranziehung eines „Verpflichteten" ist eine Verschlechterung der Rechtslage, weil damit die Festlegung einer bestimmten konkreten (physischen oder juristischen) Person erfolgt. Damit kann der Fall eintreten, dass Aufträge nicht mehr vollziehbar werden.

14) Zum Begriff Baugebrechen und Bauauftrag s die diesbezüglichen E. Nach herrschender Lehre und Rechtsprechung ist ein Bauauftrag eine Vollziehungsverfügung, auf die niemandem ein Rechtsanspruch zusteht (dgg aber VwGH v 24.5.1976, Slg 9063/A, hinsichtlich Schutzzonen). Wie weit eine solche Vollziehungsverfügung konkretisiert sein muss, kann nur im Einzelfall klargestellt werden; jedenfalls muss dem Fachmann erkennbar sein, welche Maßnahme zu ergreifen ist. Eine eingehende Darstellung der Probleme findet sich bei *Krzizek*, System des Österreichischen Baurechts, Bd III. S auch *Geuder*, Österreichisches Öffentliches Baurecht und Raumordnungsrecht, 237 ff. Entspricht ein Gebäude der Bewilligung, aber nicht dem weiter entwickelten Stand der Technik, so ist dies kein „Baugebrechen".

15) Mit der Nov LGBl 2014/25 wird beim Abbruchauftrag nicht mehr auf eine kritische Substanzveränderung (vgl E Slg 7789/A [1378/68]) abgestellt, sondern auf die technische Unmöglichkeit der Sanierung. In Anbetracht der heutigen technischen Möglichkeiten erscheint es aber doch fraglich, welche Sanierung rein technisch unmöglich sein kann. Das Prinzip der wirtschaftlichen Abbruchreife bleibt unberührt (vgl VwGH 24.5.1976, Slg 9063/A).

16) Der Begriff Sicherungsmaßnahme bedeutet die Durchführung von Maßnahmen zwecks Hintanhaltung einer unmittelbaren Sicherheitsgefährdung (etwa Pölzung). Der Begiff „einfache Sicherungsmaßnahme" erscheint in dem genannten Zusammenhang inhaltsleer; gemeint sein könnte etwa eine einfache Pölzung. Der Begriff „einfache Sicherungsmaßnahme" schlägt sich mit dem Stand der „Technik" in Abs 4 zweiter Satz.

17) Vgl jedoch VwSlg 9063/A, wonach bei erwiesener Unwirtschaftlichkeit der Instandsetzung in Schutzzonen ein Rechtsanspruch auf die Erteilung eines Abtragungsauftrages besteht.

18) Entgegen dem ausdrücklichen Wortlaut der Gesetzesstelle hat der Eigentümer auch nach Ablauf der Erfüllungsfrist die Möglichkeit, Instandsetzungsmaßnahmen zu setzen, weil einer Vollstreckung des Abtragungsauftrages im Vollstreckungsverfahren das Vorliegen eines geänderten Sachverhaltes entgegengehalten werden kann. Der Abtragungsauftrag stellt nicht einen contrarius actus zu der nach wie vor gegebenen Baubewilligung dar.

19) Über die Ursache des Baugebrechens kann eine Befundvorlage nicht verlangt werden, was in der Praxis mitunter als unzureichend angesehen wird.

20) Das bedeutet einerseits, daß zB eine freigelegte Dippelbaumdecke nicht vor der behördlichen Überprüfung wieder zu schließen ist, beseitigt andererseits aber nicht die Verpflichtung des Eigentümers, bei Gefahr im Verzug sofort Maßnahmen zu ergreifen.

21) Akte unmittelbarer verwaltungsbehördlicher Befehls- und Zwangsgewalt können beim Verwaltungsgericht mittels **Maßnahmenbeschwerde** bekämpft werden (Art 130 Abs 1 Z 2 B-VG; vormals beim UVS gem § 67a Abs 1 Z 2 AVG). Gem § 7 Abs 4 VwGVG beträgt die Frist zur Anfechtung **sechs Wochen ab Kenntnis** der Maßnahmen, wenn man aber durch diese behindert war, von seinem Beschwerderecht Gebrauch zu machen, mit dem Wegfall dieser Behinderung.

„[…] Die Rechtmäßigkeit der getroffenen Maßnahmen kann durch Beschwerde an den Unabhängigen Verwaltungssenat des Landes zur Prüfung gebracht werden. Die der Baubehörde so eingeräumte unmittelbare Befehls- und Zwangsgewalt ist im eigenen Wirkungsbereich der Gemeinde auszuüben" (VfGH Erk 6.10.1982, Slg 9811).

Die Ankündigung der allenfalls zwangsweisen Verhinderung von Betonierungsarbeiten bezog sich auf ein erst in der Zukunft allenfalls eintretendes Ereignis, zumal mit den Betonierungsarbeiten erst nach Eintreffen des Betonlieferfahrzeuges hätte begonnen werden können. Es handelte sich somit um die Ankündigung eines Aktes der Ausübung verwaltungsbehördlicher Befehls- und Zwangsgewalt durch ein Verwaltungsorgan für den Fall der Vornahme von Betonierungsarbeiten durch den Mitbeteiligten, wofür auch der Umstand spricht, dass der Gemeindepolizist in seinem Auto sitzend offenbar zunächst abgewartet hat, ob tatsächlich betoniert werde und die Ankündigung im Rahmen eines seitens des Mitbeteiligten initiierten Gespräches erging.

Die bloße Ankündigung eines Verwaltungsorganes, es würden im Fall einer zu einem späteren Zeitpunkt erfolgenden Vornahme bestimmter Handlungen durch den Betroffenen allenfalls Maßnahmen verwaltungsbehördlicher Befehls- und Zwangsgewalt gesetzt werden, stellt selbst keine solche Maßnahme dar (VwGH 29.11.2018, Ra 2016/06/0124 zur Tiroler Bauordnung – Aufhebung wegen Unzuständigkeit des Verwaltungsgerichts).

22) Auch hier handelt es sich um notstandspolizeiliche Maßnahmen.

23) Hierüber ist im ordentlichen Rechtsweg zu entscheiden.

24) Das Rechtsverhältnis zwischen den Gewerbetreibenden und dem Rechtsträger der Behörde (der Gemeinde Wien) ist ein öffentlich-rechtliches. Es hat daher auch die Behörde die Höhe der Vergütung festzusetzen. Eine nachprüfende Kontrolle der bescheidmäßigen Festsetzung von Entschädigungen erfolgt durch das Verwaltungsgericht Wien als ein unabhängiges und unparteiisches, auf Gesetz beruhendes Gericht („Tribunal") im Sinne des Art 6 EMRK. Der VfGH erachtete bereits die vor der Verwaltungsreform 2014 bestehende sukzessive Zuständigkeit weder als Verstoß gegen Art 94 B-VG (Grundsatz der Trennung der Justiz von der Verwaltung) noch gegen Art 6 MRK (civil rights). Die in diesem Absatz festgelegten Zuständigkeiten von Gemeindeorganen gelten zufolge § 139 Abs 3 nicht für Akte der Vollziehung, die bundeseigene Gebäude betreffen, die öffentlichen Zwecken dienen (Art 15 Abs 5 B-VG).

25) Dies ist jedoch nicht so zu verstehen, dass ein konsentierter Bau den heutigen Bebauungsvorschriften angepasst werden muss. Jedoch trifft jeden Gebäudeeigentümer nach der Rechtsprechung des OGH (21.4.1998, 11 Os 35, 36/98) eine qualifizierte „Garantenstellung" zum verkehrssicheren Zustand seiner Baulichkeit, unabhängig von ihrem Alter.

26) Ein Bauauftrag ist auch zulässig, wenn ein Ansuchen um Erteilung der nachträglichen Baubewilligung eingebracht wurde. Die Vollstreckung des Bauauftrages und eine Bestrafung ist nach der Rechtsprechung des VwGH (s E zu § 129 Abs 10 und § 135) jedoch so lange unzulässig, als ein Ansuchen um nachträgliche Baubewilligung anhängig ist. Zur Vollstreckung s § 129b sowie E zu Abs 2, 4 u 10.

Durch die Neufassung des § 129 Abs 10 hat der Landesgesetzgeber nun klargestellt, dass auch für bauanzeigepflichtige Bauführungen ein Beseitigungsauftrag zu Recht erteilt werden kann.

Für bewilligungsfreie Bauvorhaben wurde schon durch § 62a Abs 3 die Erlassung von Beseitigungsaufträgen vorgesehen, wenn die ausgeführten „Anlagen" (Vorhaben) den Bauvorschriften (im Zeitpunkt der Ausführung) widersprechen.

Die durch die eigenwillige Konstruktion des (neuen) § 60 fallen (die ansonsten bewilligungspflichtigen) Vorhaben eines vereinfachten Baubewilligungsverfahrens nach § 70a bei einer Abweichung von den Bauvorschriften wohl gleichfalls in den Anwendungsbereich des § 129 Abs 10 Satz 1, soll § 70a sinnvoll verstanden werden. Für diese Abweichungen kann eine nachträgliche Bewilligung (auch unter Heranziehung von Ausnahmeregelungen, etwa § 69) oder nachträgliche Bauanzeige in Betracht kommen, was, wie erwähnt, im Auftragsverfahren nicht zu prüfen ist.

Die Pflicht, jede Abweichung von den Bauvorschriften zu beheben (Satz 1), und die Pflicht, vorschriftswidrige Bauten zu beseitigen (Satz 2), hatte bisher in der Amtspflicht der Behörde, Bauaufträge zu erlassen, ein eindeutiges „Gegenüber", das nach der Rechtsprechung von VfGH und VwGH allerdings nicht eingefordert werden konnte („Ein Rechtsanspruch besteht nicht.") Mit der Bestrafung eines Bürgermeisters wegen Missbrauch der Amtsgewalt nach § 302 Abs 1 StGB, weil er keinen Beseitigungsauftrag für vorschriftswidrige Bauwerke erließ (vgl E des OGH v 23.4.1996, 14 Os 27/96), wurde indirekt eine Pflicht zur Erlassung von Bauaufträgen eingemahnt, was willkürlichen Vorgangsweisen ein Ende setzen könnte (s auch OGH 4.6.1996, 11 Os 44/96). Die Worte „kann" und „müssen" sollen hier eine neue Unterscheidung einführen, die aus rechtsstaatlicher Sicht bedenklich ist – soll das Gutachten eines (Amts-)Sachverständigen entscheidend sein, ob jemand das Gesetz einhalten muss?

27) Mit der Heranziehung des Nutzungsberechtigten erfolgt eine Abkehr von den Grundprinzipien der Verantwortlichkeiten iSd BO.

28) Der geforderte Nachweis mag sich in der Vollziehung uU als problematisch erweisen, etwa wenn Gebrechen oder Vorschriftswidrigkeiten durch eigene Herstellung behoben werden.

29) Die Dokumentationspflicht wurde mit Nov 2014/25 eingeführt. Vgl EB und Übergangsbestimmungen, Inkrafttreten: 15.10.2014. Die EB, dass die Behörde schon zu beurteilen hätte, ob die Instandhaltungspflicht verletzt wurde, sind unzutreffend; vgl auch Anm 19 und Erk zu 2.2; jede Instandhaltungsmaßnahme berührt öffentliche Interessen (an der Sicherheit, am gesetzlich geforderten guten Zustand der Baulichkeit usw).

30) Unabhängig von der rechtsdogmatischen Einordnung dieser Art von Bewilligung wäre sie iSd Systematik der BO eher im Bereich der übrigen objektbezogenen Bewilligungen oder unmittelbar bei den materiellen Regelungen zu Wohnungen anzusiedeln.

Da es sich um kein Baubewilligungsverfahren iSd 7. Teils der BO handelt (vgl EB) kommt auch § 63, insb § 63 Abs 2, nicht unmittelbar zur Anwendung. Es ist neben dem Grundsatz der Amtswegigkeit aber auf die allgemeine Mitwirkungspflicht des Antragstellers iSd AVG zu verweisen und das Ansuchen wird hinsichtlich der in Abs 1a genannten Kriterien auch entsprechend zu belegen sein. Von der MA 37 wurde ein Merkblatt zur Kurzzeitvermietung in Wohnungen publiziert.

31) Da mit der Ausnahmebewilligung keine Änderung der Widmung erfolgt, handelt es sich weiterhin um eine Wohnung.

32) Erfasst ist die Nutzung einer Wohnung als Ganzes (vgl anders § 7a Abs 3). Für die Nutzung einzelner Aufenthaltsräume einer Wohnung zur Kurzzeitvermietung ist daher keine Bewilligung gem Abs 1a erforderlich. Eine derartige Mitnutzung einer Wohnung durch Gäste entspricht auch dem Grundgedanken des Home Sharing und die Wohnung wird auch nicht dem Wohnungsmarkt entzogen.

33) Die Wohnung muss für die Nutzung zur Kurzzeitvermietung geeignet sein und die diesbezüglichen baulichen bzw technischen Anforderungen erfüllen. Diese Maßnahmen sind daher ggf gesondert zu bewilligen und herzustellen, bevor die Ausnahmegenehmigung dann erteilt werden kann. Zu beachten sind insb Anforderungen des Brandschutzes (s Pkt 7.3. OIB-RL 2). Dabei bestehen abgestufte brandschutztechnische Anforderungen, die sich nach der Anzahl an touristisch genutzten Betten im gesamten Gebäude richten. Die Erteilung einer Ausnahmebewilligung für eine Wohnung kann daher in Abhängigkeit von Anpassungen in anderen Objekten stehen.

34) Es ist die Judikatur zu beachten, wonach Auflagen nicht projektändernd sein können.

35) In Wohnzonen kann gem § 7a Abs 3 letzter HS iVm Abs 5 eine Ausnahmebewilligung zur Kurzzeitvermietung erteilt werden. Die grundsätzlichen Restriktionen gem § 7a Abs 3 gelten weiterhin und damit auch schon vor dem 1.7.2024.

36) Entscheidend ist nur, ob Fördermittel erhalten wurden, eine erfolgte Rückzahlung befreit nicht. Es kann sich um Förderungen des Landes (MA 50) oder des Bundes (BMAW-W-VII/, Bundeswohnbaufonds) handeln. Hinsichtlich Landeswohnbauförderung ist daher etwa darauf zu achten, ob im Grundbuch ein „Veräußerungsverbot gem. § 41 Abs 4 WWFSG für Land Wien" oder „Veräußerungsverbot gem. WBFG 1968 für Land Wien" einverleibt ist oder war. Die Bundeswohnbaufonds (BWF) stellten im Jahre 1968 ihre aktive Fördertätigkeit ein und verwalten nur mehr die Rückflüsse der bis Ende 1967 gewährten Darlehen (siehe RH Reihe Bund 2014/5, S 296). Die seinerzeitige Einstellung der Fördertätigkeit durch die BWF bedeutet, dass unter Berücksichtigung einer exzessiv angenommenen Bauzeit jene Gebäude, die nach 1980 errichtet wurden, keinesfalls von den Bundeswohnbaufonds gefördert sein können.

37) Erfasst sind damit Wohnungen in allen Gebäuden, nicht nur in Wohngebäuden.

38) Erfasst sind damit etwa auch Beherbergungsstätten im Gebäude.

39) Da die Eigentümer zustimmen müssen, kommt ihnen wohl auch Parteistellung zu. Die Grundsätze der Vorlage einer liquiden Zustimmung iSd § 63 Abs 1 lit c werden auch hier gelten. Problematisch ist in dem Sinne eine pauschale Zustimmung in Wohnungseigentumsverträgen, insb wenn nun nicht (mehr) alle Eigentümer zum Zuge kommen können oder die Vereinbarung vor der Schaffung dieser restriktiven Regelung und damit unter anderen Vorzeichen abgeschlossen wurde. Die Zustimmung kann sich zwar aus einem WE-Vertrag ergeben, dabei muss aber dieser Aspekt berücksichtigt sein, etwa, indem die zulässigen Wohnungen konkret genannt sind. Durch die explizite Zustimmung zum konkreten Ansuchen wird die lt EB intendierte Transparenz jedenfalls gewährleistet. Das Zustimmungserfordernis wird de facto gerade bei großer Zahl an Eigentümern ein Hindernis zur Antragstellung sein. Bei Konkurrenz mehrerer Ansuchen, ob das mögliche Ausmaß bereits ausgeschöpft ist, wird der Zeitpunkt der Antragstellung maßgeblich sein, die beantragte Wohnung wird ab Antragstellung zu berücksichtigen sein.

Judikatur

Zu Abs 1

1) Gegen die Verfassungsmäßigkeit bestehen keine Bedenken (VfGH 27.11.1970, Slg 6321).

2) Auf die Bestimmung des § 129 Abs 1 kann ein Auftrag zur Einstellung einer konsenswidrigen Benützung von Räumen gestützt werden (VwGH 2.7.1958, Slg 4715/A).

3) Im Verfahren betreffend die widmungswidrige Verwendung vermieteter Räume hat der Mieter nur dann Parteistellung, wenn ihn der Vermieter von der Benützungsbewilligung (jetzt: von der bewilligten Benützungsart) in Kenntnis gesetzt hat. Sein tatsächliches Interesse auf Benützung vermag dem Mieter die Parteistellung nicht zu vermitteln, weil die sogenannten faktischen Interessen weder verfahrensrechtliche Ansprüche noch Ansprüche auf eine Sachentscheidung im Verwaltungsverfahren besitzen (VwGH 19.6.1950, Slg 1547/A).

4) Für die rechtliche Qualifikation eines Raumes ist die baubehördliche Widmung und nicht die tatsächliche Verwendung entscheidend (VwGH 10.12.1962, 1128/62).

5) Eine bewilligungspflichtige Änderung der Widmung liegt nur dann vor, wenn entweder der Raum regelmäßig oder ausschließlich auf eine mit der genehmigten Widmung nicht übereinstimmende Weise verwendet wird oder aber die widmungsfremde Benützung mit der konsensgemäßen schlechthin unvereinbar ist (VwGH 29.11.1972, Slg 8327/A). Vgl jedoch § 62 Abs 1 Z 4.

6) Eine für ein „Wohnhaus" 1868 erteilte Baubewilligung schließt dessen teilweise Verwendung für Bürozwecke ein. Eine Benützung von Räumen für Bürozwecke ist daher nicht bewilligungswidrig. Der rechtliche Inhalt individueller behördlicher Akte ist im Zweifel an den für diese maßgebenden generellen Vorschriften zu messen (VwGH 30.6.1975, 2343/74). S jedoch nunmehr § 7a u § 60 Abs 1 lit c letzter Halbsatz.

7) Die Verwendung eines Hausflures als Wohnung oder Geschäftsraum ist jedenfalls widmungswidrig; ob die Verwendung für Wohn- oder Geschäftszwecke erfolgt, ist für ein Verwaltungsstrafverfahren unerheblich. Aufträge nach § 129 Abs 1 BO sind Vollziehungsverfügungen; ihre Erlassung ist nicht Voraussetzung für die Strafbarkeit (VwGH 3.12.1958, 2329, 2330/56).

8) Der Auftrag, keine fahrbereiten Autobusse in einem Tanzsaal einzustellen, ist nicht rechtswidrig, wenn aus den Umständen die Absicht der dauernden Verwendung des Raumes für Garagenzwecke wahrscheinlich ist (VwGH 12.11.1957, 617/55).

9) Ein Auftrag, eine bewilligungswidrige Benützung zu unterlassen, setzt voraus, daß eine solche Benützung in einem ausreichenden Ermittlungsverfahren festgestellt worden ist; ist ein Umbau vorgenommen worden, wäre der Konsens untergegangen (VwGH 21.10.1986, 86/05/0113, BauSlg 788).

10) Hat der Eigentümer eines Hauses Arbeitsräume als Wohnung vermietet, ist er für die bewilligungswidrige Verwendung – für die hier maßgebliche rechtliche Qualifikation eines Raumes ist die baubehördliche Widmung und nicht die tatsächliche Verwendung entscheidend – dieser Räume als Wohnung verantwortlich (VwGH 6.3.1990, 89/05/0168). Vgl aber § 62 Abs 1 Z 4.

11) Der Verwaltungsgerichtshof hat in seiner Rechtsprechung wiederholt zum Ausdruck gebracht, dass die Vermutung des rechtmäßigen Bestandes einer Baulichkeit iS eines vermuteten Konsenses nur dann Platz greifen kann, wenn der Zeitpunkt der Erbauung desselben offensichtlich soweit zurück liegt, dass, von besonders gelagerten Einzelfällen abgesehen, auch bei ordnungsgemäß geführten Archiven die Wahrscheinlichkeit, noch entsprechende Unterlagen auffinden zu können, erfahrungsgemäß nicht mehr besteht; dieser vermutete Konsens darf also nur dann angenommen werden, wenn es sich um ein seit vielen Jahrzehnten bestehendes Gebäude handelt, nicht aber schon dann, wenn ein Einschreiten wegen Konsenslosigkeit bisher nicht erfolgte (vgl. etwa das hg. Erkenntnis vom 19. Jänner 1993, Zl. 92/05/0322, mwH) (VwGH 30.4.2009, 2006/05/0217).

12) Der Verwaltungsgerichtshof hat bereits wiederholt ausgesprochen, dass allfällige geplante, zukünftige mögliche Änderungen des Flächenwidmungsplans im Verfahren zur Erlassung und Vollstreckung eines baupolizeilichen Auftrags irrelevant sind (vgl zB das hg Erkenntnis vom 2. Juli 1998, Zl 97/06/0234, mwN) und dass die allfällige Anhängigkeit eines Ansuchens um Erteilung einer nachträglichen Baubewilligung der Vollstreckung eines Auftrages, die konsenswidrige Nutzung eines Gebäudes zu unterlassen, nicht entgegensteht (vgl zB das hg Erkenntnis vom 27. Mai 2008, Zl 2007/05/0037, mwN) (VwGH 28.2.2012, 2010/05/0106).

13) Wie zunächst zutreffend in der Beschwerde dargelegt, ist bei Gebäuden, für die auf Grund früherer baurechtlicher Vorschriften (wie hier nach der Tiroler Landesbauordnung 1901) ein Verwendungszweck nicht bestimmt worden ist, von dem aus der baulichen Zweckbestimmung hervorgehenden Verwendungszweck auszugehen (vgl dazu etwa das hg Erkenntnis vom 26. September 2002, Zl 2001/06/0027) (VwGH 7.11.2013, 2011/06/0094).

Anmerkung: Erging zur TBO. Es scheint aber für die gesamte österreichische Rechtslage anwendbar. Hat das Erk v 30.6.1975, 2343/74, soweit es noch bisher Rechtswirkungen äußerte, weiter Bestand?

Zu Abs 1a – Ausnahmegenehmigung Kurzzeitvermietung

1) Die Erteilung von projektändernden Auflagen, die das Bauvorhaben in wesentlichen Teilen oder hinsichtlich des Verwendungszwecks verändern, ist unzulässig (VwGH 22.6.2023, Ra 2022/05/0030; 27.2.2018, Ro 2016/05/0009).

Zu Abs 2 und 4

1. Instandhaltungspflicht

1) § 129 Abs 2 BO setzt ganz allgemein eine Instandhaltungspflicht für Gebäude fest, unabhängig davon, zu welchem Zeitpunkt sie errichtet worden sind (VwGH 4.4.1989, 88/05/0249). Die Bauordnung verpflichtet den Eigentümer des Objektes zur Beseitigung der Baugebrechen ohne Rücksicht darauf, ob die Baugebrechen zu einer Zeit entstanden sind, als er schon Eigentümer war (VwGH 23.4.1926, Slg 14.277/A), und ob das Gebäude unter der geltenden Bauordnung errichtet wurde (VwGH 26.10.1964, Slg 6467/A). Die Instandhaltungspflicht ist auch für ein im Zeitpunkt seiner Errichtung nicht bewilligungspflichtiges Bauwerk gegeben (VwGH 7.9.1971, Slg 8059/A, 30.9.1975, 881/75).

2) Die Verpflichtung des Eigentümers zur Behebung von Baugebrechen gehört dem öffentlichen Recht an. Die Tatsache, daß ein Instandsetzungsauftrag dem Eigentümer wirtschaftliche Lasten auferlegt, ändert nichts am Charakter dieser ausschließlich dem öffentlichen Interesse dienenden Verpflichtung. Eine Verletzung des Art 6 MRK liegt daher nicht vor (VfGH 1.12.1972, Slg 6911).

3) Die Verletzung der den Eigentümer gem § 129 Abs 2 BO treffenden Instandhaltungspflicht stellt sich als ein Unterlassungsdelikt dar, bei welchem das strafbare Verhalten erst dann aufhört, wenn der gesetzlichen Instandhaltungspflicht entsprochen wurde. Baugebrechen sind im öffentlichen Interesse so rasch wie möglich zu beseitigen (VwGH 21.2.1989, 88/05/0244).

4) Der Ersteher eines Hauses, der dessen Baugebrechen behebt, erfüllt eine ihn nach der BO selbst und nicht mehr den Voreigentümer (Verpflichteten) treffende Verpflichtung und hat daher gegen diesen keinen Anspruch auf Aufwandsersatz nach § 1042 ABGB (OGH 30.8.1988, 2 Ob 677/87, JBl 1988, 785).

5) Es obliegt dem Eigentümer, sich laufend vom guten Zustand seiner Baulichkeit zu überzeugen (VwGH 12.10.1993, 93/05/0219). S auch E zu § 135.

6) Wenn der Beschwerdeführer die Ansicht vertritt, die Aufträge hätten rechtens nicht an ihn als Miteigentümer des verfahrensgegenständlichen Hochhauses, sondern an die Eigentümergemeinschaft gem dem WEG ergehen müssen, ist er nicht im Recht. § 7 Abs 3 FPG 1985 und § 103 Stmk BauG stellen auf die Eigentümerrechte ab. Als Adressat von Aufträgen nach diesen Bestimmungen kommen nach wie vor die Eigentümer bzw die Miteigentümer, nicht aber die Eigentümergemeinschaft nach § 18 Abs 1 WEG 2002 in Betracht (vgl das hg Erkenntnis vom 24. Oktober 2006, Zl 2006/06/0165) (VwGH 26.5.2008, 2006/06/0281, zum Stmk BG).

7) § 129 Abs 1 Bauordnung für Wien normiert die primäre Verantwortlichkeit des Eigentümers. Die Haftung der Bestandnehmer für die bewilligungsgemäße Benützung ist keine unbedingte und besteht nur, soweit der Bestandgeber ihn von der bewilligten Benützungsart in Kenntnis gesetzt hat und zu einer bewilligungswidrigen Benützung nicht beigetragen hat. Ansonsten haftet der Hauseigentümer für die bewilligungsgemäße Benützung der vermieteten Räume durch den Mieter. Nur wenn der Mieter entsprechend informiert ist, tritt die subsidiäre Haftung des Mieters ein (vgl hiezu das hg. Erkenntnis vom 6. März 2001, Zl 98/05/0087). (VwGH 21.9.2007, 2007/05/0119).

8) Die behördliche Beurteilung, dass eine Schimmelbildung in einer Wohnung zur Gesundheitsgefährdung der Bewohner führen kann und insofern ein Baugebrechen vorliegt, hat die hg Rechtsprechung für sich (vgl etwa die Erkenntnisse vom 20. Jänner 1998, Zl 97/05/0064, und vom 20. September 2005, Zlen 2003/05/0052, 0053, sowie das schon genannte Erkenntnis Zl 2007/05/0279).

Wenn der Beschwerdeführer meint, dass die Schimmelbildung auf das „Wohnfehlverhalten" der Mieter („Nutzungsverhalten der Wohnungsnutzer") zurückzuführen sei, ist dies auf dem Boden der dargestellten Rechtslage nach § 129 Abs 2 BO für das Vorliegen eines Baugebrechens unerheblich (VwGH 15.3.2011, 2008/05/0095).

9) Hat der Vermieter bei der Baubehörde den Antrag auf Erteilung eines Abbruchauftrags iSd § 129 Abs 4 BO für Wien gestellt, so bildet dies keinen Grund zur Unterbrechung des Verfahrens zur Durchführung von Erhaltungsarbeiten gem § 3 MRG, weil es an der Präjudizialität fehlt, die gem § 25 Abs 2 Z 1 AußStrG für die Unterbrechung erforderlich ist. Die Frage, ob die Behebung von Baugebrechen unwirtschaftlich ist, haben die Gerichte selbst zu beurteilen. Auch sonst ist ein Abbruchauftrag nur und erst dann bindend, wenn entweder die Baugebrechen, die zur Bescheiderlassung geführt haben, aus technischen Gründen nicht behoben werden können oder wenn der Bestandgeber diese nicht behebt und dazu auch nicht verpflichtet ist. Diese Beurteilung obliegt ebenfalls den Gerichten (OGH 25.8.2011, 5 Ob 31/11m).

10a) Die qualifizierte Instandsetzungs- und Herstellungspflicht für Gebäude in Schutzzonen (§ 7 BO) besteht bei verfassungskonformer Auslegung des § 129 Abs 2, 4 und 10 BO nur insoweit, als die Maßnahme dem Hauseigentümer wirtschaftlich zugemutet werden kann (siehe *Moritz*, Bauordnung für Wien[5] (2014) Anm zu § 129 Abs 4 BO, 354; vgl auch das Erkenntnis vom 24. Mai 1976, VwSlg 9063 A/1976).

10b) Die Aussagen von Sachverständigen haben grundsätzlich den gleichen verfahrensrechtlichen Beweiswert, und es besteht zwischen dem Gutachten eines Amtssachverständigen und dem eines Privatsachverständigen kein verfahrensrechtlicher Wertunterschied (vgl etwa das hg Erkenntnis vom 15. Mai 2012, Zl 2009/05/0048).

10c) Ein Baugebrechen im Sinne des § 129 Abs 2 BO liegt vor, wenn sich der Zustand einer Baulichkeit derart verschlechtert, dass hierdurch öffentliche Interessen berührt werden. Als Beeinträchtigung öffentlicher Interessen, die ein Einschreiten der Behörde rechtfertigen, ist unter anderem die Gefährdung der Sicherheit und Gesundheit anzusehen. Ein öffentliches Interesse, das die Behörde zum Einschreiten ermächtigt, ist immer schon dann gegeben, wenn durch den bestehenden Zustand eine Gefahr für das Leben, die Gesundheit oder körperliche Sicherheit einer Person herbeigeführt oder vergrößert werden kann (siehe *Moritz*, Bauordnung für Wien[5] (2014) Anm zu § 129 Abs 2 BO, 349; vgl auch die hg Erkenntnisse vom 15. November 2011, Zl 2010/05/0114, und vom 23. Juli 2013, Zl 2011/05/0131, mwN).

Es ist deshalb nicht notwendig, dass im gegenständlichen Fall eine durch die festgestellten Mängel begründete, konkrete Gefahr vorliegt.

10d) Wenn die Beschwerdeführer vorbringen, dass das Gebäude nach dem Stand der Technik im Zeitpunkt des Erbauens zu beurteilen wäre, ist dem der Wortlaut des § 129 Abs 4 BO entgegenzuhalten, der festhält, dass bei einem Bauauftrag davon auszugehen ist, dass das Baugebrechen entsprechend dem Stand der Technik im Zeitpunkt der Erteilung des Bauauftrages beseitigt werden muss. Ob ein Mangel als Baugebrechen zu werten ist oder nicht, ist unabhängig davon, wann das gegenständliche Gebäude erbaut wurde.

10e) Provisorische Maßnahmen vermögen ein bestehendes Baugebrechen nicht zu beseitigen (vgl das hg Erkenntnis vom 21. Februar 1989, Zl 88/05/0244). Der Verpflichtung, ein Baugebrechen zu beheben, ist nur dann entsprochen, wenn dieses beseitigt wird, und nicht schon dann, wenn dessen (mögliche) Auswirkungen gemildert werden, ferner auch dann nicht, wenn bloß eine Vereinbarung mit Dritten über die Behebung des Baugebrechens getroffen wurde (VwGH 24.2.2015, 2013/05/0020).

11a) Nach § 2 Abs 1 WKl 1996 dienten die Grundflächen im Kleingarten der individuellen Erholung oder dem Wohnen und dürften nicht erwerbsmäßig genutzt werden. Nach Meinung der Stadt Wien wäre unter erwerbsmäßig „jede auf den Erwerbszweck gerichtete Tätigkeit bzw Nutzung aller in Erwerbsabsicht durchgeführte Tätigkeiten, unabhängig, ob sie ein Gewerbe darstellen oder nicht", anzusehen. Davon erfasst sei sowohl die gewerbliche Zimmerermietung als freies Gewerbe aber auch die Privatzimmervermietung als häusliche Nebenbeschäftigung. Zweck der Regelung sei, dass die Liegenschaft dem Wohnen oder der Erholung diene.

11b) Die Vorschrift des § 135 BO für Wien stellt eine Blankettstrafnorm dar und enthält die Verpflichtung, jeder Vorschrift der Bauordnung dahin zu untersuchen, ob sie ein Gebot oder ein Verbot enthält, dem zuwidergehandelt werden kann (vgl VwGH 15.3.2011, 2008/05/0095). Der Verfassungsgerichtshof sieht es bei Blankettstrafnormen in ständiger Rechtsprechung als unerlässlich an, dass der Tatbestand durch das Gesetz mit genügender Klarheit als Verbotsnorm und damit als strafbarer Tatbestand gekennzeichnet ist; dass ferner, wenn der strafbare Tatbestand im Zuwiderhandeln gegen eine Gebotsnorm besteht, der Unrechtsgehalt eines Unterlassens eindeutig erkennbar ist; dass schließlich der Tatbestand einer Blankettstrafnorm mit solcher Deutlichkeit gekennzeichnet sein muss, dass jedermann ihn als solchen zu verstehen vermag (VfSlg 12947/1991, mwN; vgl auch VwGH 12.9.2005, 2003/10/0018; 24.2.2004, 2003/05/0234).

Bei einem Verwaltungsstrafverfahren ist zudem § 1 Abs 1 VStG zu berücksichtigen, welcher festlegt, dass die Bestrafung einer Tat nur insoweit zulässig ist, als ihre Begehung mit Strafe bedroht war. Es besteht also das Erfordernis einer die Tatbegehung als solche erfassenden einschlägigen Strafvorschrift. Die Tat muss ausdrücklich mit Strafe bedroht sein.

11e) Im gegenständlichen Fall ist daher die Strafe zu beantworten, ob eine Abweichung von Vorschriften des WKlG 1996, konkret von den der Bestrafung zugrunde liegenden §§ 1 Abs 1 und 2 und 2 Abs 1, vorliegt. Es kommt daher entscheidungswesentlich auf die Auslegung dieser Bestimmungen an. Da diese Teil der Übertretungsnormen sein sollen, muss auch hinsichtlich dieser Bestimmungen das Verbotene klar erkennbar sein.

11d) § 1 WKlG 1996 enthält unter dem Titel „Anwendungsbereich" die Festlegung, auf welche Flächen das WKlG 1996 anzuwenden ist und dass die Bauordnung für Wien anzuwenden ist. Weder aus der Definition des Anwendungsbereiches des WKlG 1996 noch aus der subsidiären Geltung der BO für Wien ergibt sich für den Normunterworfenen ein bestimmtes Gebot oder Verbot, sodass § 1 WKlG 1996 keine Bauvorschrift darstellt, die iVm § 129 Abs 10 1. Satz BO für Wien eine Übertretungsnorm darstellen könnte.

11e) § 2 Abs 1 WKlG 1996 hält unter der Überschrift „Begriffsbestimmungen" fest, dass Kleingärten vorwiegend gärtnerisch genutzte Grundflächen sind, die der individuellen Erholung oder dem Wohnen dienen, jedoch nicht erwerbsmäßig genutzt werden. … § 2 Abs 1 WKlG 1996 ist daher dahingehend auszulegen, dass es sich dabei um eine bloße Begriffsbestimmung handelt, der darüber hinaus keine eigenständige normative Wirkung zukommt. Eine Übertretung dieser Bestimmung – hier in Verbindung mit § 129 Abs 10 1. Satz BO für Wien – und eine darauf basierende Bestrafung kommen daher nicht in Betracht. (VwGH 7.10.2021, Ro 2021/05/0001)

2. Baugebrechen, Allgemeines

1) Nach der ständigen Judikatur des VwGH (vgl E vom 26.6.1950, Slg 1569/A ua) liegt ein Baugebrechen dann vor, wenn sich der Zustand einer Baulichkeit derart verschlechtert, daß hiedurch öffentliche Interessen berührt werden. Als Beeinträchtigung öffentlicher Interessen, die ein Einschreiten der Baubehörde rechtfertigt, sind die Gefährdung der öffentlichen Sicherheit und Gesundheit und die gröbliche Störung der architektonischen Schönheit des Stadtbildes anzusehen (VwGH 4.5.1970, Slg 7789/A, 15.12.1975, 6/75 ua).

2) Für die Qualifikation eines Baugebrechens ist die Ursache grundsätzlich ohne Bedeutung (VwGH 16.12.1968, 918/68). Auf die Frage des Verschuldens oder der Verursachung kommt es nicht an (VwGH 22.4.1958, 2302/56, 3.11.1975, 976/75). Es ist für die Baubehörde völlig unbeachtlich, welche Gründe dazu geführt haben, daß Baugebrechen in einem solchen Ausmaß entstehen konnten. Die Bauordnung für Wien stellt es in dieser Hinsicht einzig und allein darauf ab, ob Baugebrechen festgestellt werden, und verpflichtet die Behörde, für deren unverzügliche Beseitigung Sorge zu tragen. Aus diesem Grunde können auch alle Ausführungen darüber, wen von den Hauseigentümern ein Verschulden trifft, daß sich der Bauzustand des Gebäudes derart verschlechtern konnte, und alle daraus gezogenen Schlußfolgerungen nicht zum Ziele führen. Ist aber davon auszugehen, daß die Behörde umfangreiche Baugebrechen unwidersprochen festgestellt hat, dann ist es ihre gesetzliche Verpflichtung, dafür Sorge zu tragen, dass diese Baugebrechen beseitigt werden (VwGH 27.6.1966, 362/65).

3) Daß die Rechtspflicht zur Beseitigung von Baugebrechen (Trockenlegung einer Wohnung, Unterfangung eines Gebäudes) unter Umständen aus technischen Gründen nur in der Weise erfüllt werden kann, daß auch Maßnahmen getroffen werden, die in der Baubewilligung nicht vorgesehen waren, ändert nichts daran, daß das Ziel dieser Maßnahmen nicht die Neuherstellung eines bestimmten Zustandes, sondern nur dessen Wiederherstellung und sohin die Erhaltung des Bauwerkes ist (VwGH 14.1.1958, Slg 4524/A, 26.10.1964, Slg 6467/A). Der Auftrag, ein Gebäude wohnbar herzustellen, geht über die Verpflichtung, Baugebrechen zu beheben, bei Wohngebäuden nicht hinaus, da die Behebung von Baugebrechen bei solchen Gebäuden eben darin bestehen, sie wieder für Wohnzwecke geeignet, dh wohnbar herzurichten (VwGH 8.1.1924, Slg 13.419/A, zur Bauordnung für Salzburg-Land).

4) Ein Baugebrechen ist nicht schon dadurch gegeben, daß ein Haus oder eine Wohnung den im Laufe der Zeit erhöhten Anforderungen der Hygiene nicht mehr entspricht oder einer neuen gesetzlichen Vorschrift nicht mehr genügt, welche strengere Anforderungen stellt als das ältere Gesetz, unter dessen Herrschaft der Bau konsentiert worden ist. Vielmehr liegt ein Baugebrechen nur dann vor, wenn entweder eine Änderung in dem Bauzustand des Objektes oder doch wenigstens eine solche Änderung in den sonstigen faktischen Verhältnissen eingetreten ist, daß jene Voraussetzungen, unter welchen seinerzeit der Bau- und Benützungskonsens erteilt wurde, als entfallen zu betrachten sind (VwGH 4.3.1909, Slg 6580/A, zur Bauordnung für Graz). Vgl jedoch jetzt § 129 Abs 4 zweiter und dritter Satz.

5a) Eine Hauskanalisation bildet eine zum Haus gehörige Anlage im Sinne des § 129 Abs 2 BO, deren Instandhaltung ebenso wie die Instandhaltung des Gebäudes dem Eigentümer obliegt (s § 5 Abs 2 KanalG). Demnach ist der Hausverwalter auch für die Verpflichtung zur Instandsetzung eines Hauskanales unter bestimmten Voraussetzungen nach § 135 Abs 3 BO verantwortlich (VwGH 13.2.1962, 734/60).

5b) Schon auf Grund der Vorschrift des § 129 Abs 2 BO ist der Hauseigentümer verpflichtet, seinen Hauskanal instand zu halten. Diese Instandhaltungspflicht erstreckt sich bis zur Einmündung in den Straßenkanal (vgl VwSlg 8786/A). Das E VwSlg 8112/A betraf nicht einen Hauskanal, und gegen dieses Ausmaß der Instandhaltungspflicht bestehen keine verfassungsrechtliche Bedenken (VwGH 13.4.1982, 05/0448/79).

S auch die E zu § 5 KanalG.

6a) Bei einem schadhaften Fußboden liegt ein Baugebrechen nur bei Sturzgefahr vor. Ein Sachverständigengutachten muß erkennen lassen, auf Grund welcher tatsächlichen Feststellung der Sachverständige zu seinem Schluß, es bestehe Sturzgefahr, gekommen ist (VwGH 23.11.1962, 711/62, 18.9.1962, Slg 5862/A).

6b) Die festgestellte mangelhafte Trittsicherheit eines Fußbodens ist ein Baugebrechen (VwGH 29.4.1997, 97/05/0062, BauSlg 105).

7) Stark angemorschte Fensterflügel stellen ein Baugebrechen dar (VwGH 15.12.1975, 6/75).

8) Ist eine Dacheindeckung undicht, darf die Baubehörde mit der Erlassung eines baupolizeilichen Auftrages vorgehen. Es genügt ein Auftrag, die schadhafte Dacheindeckung instand zu setzen.

Der Bfr ist nicht im Recht, wenn er ausführt, der Spruch des angefochtenen Bescheides entspreche deswegen nicht dem § 59 AVG, weil es die belangte Behörde unterlassen habe, genau vorzuschreiben, welche Arbeiten durchzuführen seien. Eine hinreichende Konkretisierung eines solchen baupolizeilichen Auftrages liegt vielmehr schon dann vor, wenn das Baugebrechen individualisiert wurde und daher dem Fachmann erkennbar ist, welche Maßnahmen zu setzen sind (VwGH 5.3.1985, 83/05/0083, BauSlg 404).

3. Verputzschäden

1) Das öffentliche Interesse, das allein die Baubehörde zum Einschreiten zwecks Behebung von Baugebrechen berechtigt und verpflichtet, ist erst dann gegeben, wenn der mindere Zustand der Baulichkeit Interessen der öffentlichen Sicherheit oder Gesundheit gefährdet oder wenn der Zustand die architektonische Schönheit gröblich stört. Hingegen kann nicht gefordert werden, daß eine Baulichkeit stets das untadelige Aussehen eines Neubaues haben müsse (BGH 13.3.1935, Slg 351/A, VwGH 1.2.1971, 1399/70 ua).

2) Das Fehlen des Verputzes an Hofschauflächen stellt unter dem Gesichtspunkt einer Störung des Stadtbildes im Allgemeinen kein Baugebrechen dar. Ein Instandsetzungsauftrag ist nur dann gerechtfertigt, wenn festgestellt wird, daß der Verputz an Mauern fehlt, die – wegen der Gefahr des Eindringens von Niederschlägen – eines Verputzes bedürfen, um dem gesetzlichen Erfordernis der Standfestigkeit und Tragfähigkeit zu genügen (VwGH 27.1.1964, Slg 6215/A, 15.12.1975, 6/75).

3) Nicht nur die gröbliche Störung des Stadtbildes, sondern auch die Beeinträchtigung der Festigkeit des Mauerwerks durch das Eindringen von Feuchtigkeit rechtfertigt einen Auftrag zur Behebung von Verputzschäden. Es ist im Einzelfall zu prüfen, ob nicht die Beschaffenheit des Mauerwerks (wasserabstoßende Ziegel) die Behebung von Verputzschäden entbehrlich macht (VwGH 5.3.1958, 1773/57).

4) Es ist eine unbestrittene Erfahrungstatsache, daß gewöhnliches Rohziegelmauerwerk gegen Witterungseinflüsse anfällig ist, weil die Niederschläge in die freigewordenen Mörtelbänder eindringen. Wenn § 99 (jetzt OIB-RL 1, Z 2 u 3) anordnet, daß die Außenmauern der Gebäude standfest und tragfähig sowie den Einflüssen der Witterung gegenüber genügend widerstandsfähig sein müssen, so ist daraus zu schließen, daß solche Bauflächen verputzt werden müssen, deren Außenmauern an sich so beschaffen sind, daß es des Verputzes bedarf, um den Anforderungen des § 99 dauernd entsprechen zu können. Es ist aber auch ein zutreffender Gedanke, wenn die Behörde aus der Sonderbestimmung des § 101 Abs 2 erschloss, daß auch andere Mauern im Falle des Erfordernisses mit Verputz zu versehen sind (VwGH 27.1.1964, Slg 6215/A). Auch der lose Verputz von Hofschauflächen kann einen Instandsetzungsauftrag rechtfertigen (VwGH 23.1.1996, 95/05/0275, BauSlg 17).

5) Das Abschlagen lockerer und absturzgefährlicher Verputzteile ist eine die Anbringung des neuen Verputzes vorbereitende Maßnahme und ist von der Verpflichtung zur Instandhaltung nach § 129 Abs 2 BO erfasst (VwGH 28.5.1962, 1643/61).

6) Da es im öffentlichen Interesse liegt, daß die Außenmauern der Gebäude standfest, tragfähig und den Einflüssen der Witterung gegenüber genügend widerstandsfähig sind, müssen solche Schauflächen verputzt werden, deren Außenmauern so beschaffen (gewöhnliches Rohziegelmauerwerk) sind, daß es eines Verputzes bedarf, um auf Dauer zu erreichen, daß das Gebäude den erwähnten Anforderungen entspricht. Gem § 129 Abs 2 und 4 BO war daher die Instandsetzung bzw Erneuerung des Verputzes aufzutragen. Dem Beschwerdevorbringen, es sei den Eigentümern auch möglich, den Anforderungen des § 99 BO dadurch zu entsprechen, daß die Schauflächen mit einem Schutzanstrich oder Ähnlichem versehen werden, ist entgegenzuhalten, daß dies eine gem § 60 Abs 1 lit c BO bewilligungsbedürftige Abänderung des Gebäudes darstellt und ein Gebäude – solange eine derartige Bewilligung nicht rechtskräftig erwirkt ist – in dem dem ursprünglichen Konsens entsprechenden Zustand zu erhalten ist (VwGH 23.6.1978, 1421/76).

7) Das Fehlen des Verputzes stellt dann ein Baugebrechen dar, wenn der Verputz an Mauern fehlt, die wegen der Gefahr des Eindringens von Niederschlägen eines Verputzes bedürfen, um dem gesetzlichen Erfordernis der Standfestigkeit und Tragfähigkeit zu genügen. Gewöhnliches Rohziegelmauerwerk ist gegen Witterungseinflüsse anfällig, weil die Niederschläge in die freigewordenen Mörtelbänder eindringen. Demnach ist ein Auftrag, den schadhaften Verputz in Stand zu setzen, bei Vorliegen entsprechender Verputzschäden im Gesetz begründet (vgl. das hg. Erkenntnis vom 23. Jänner 1996, Zl. 95/05/0275 mwN) (VwGH 16.9.2009, 2007/05/0290).

4. Trockenlegungen

1) Worauf die Feuchtigkeit zurückzuführen ist, ist für die Qualifikation eines Schadens als Baugebrechen grundsätzlich ohne Bedeutung (vgl hiezu das E v 3.3.1959, 1971/58). Da das Baugebrechen in der Durchfeuchtung des Mauerwerks von Aufenthaltsräumen gelegen ist, stellt eine Trockenlegung, auch wenn sie nur zeitlich wirksam ist, eine Beseitigung des Baugebrechens dar (VwGH 16.12.1968, 918/68). Die Bauordnung für Wien enthält keine Bestimmung, die der Behörde gestattet, dem Eigentümer der Nachbarliegenschaft einen Instandsetzungsauftrag zu erteilen, dessen Gegenstand die Beseitigung des an einem anderen Haus aufgetretenen Baugebrechens sein könnte. Die Frage des Verschuldens ist ebensowenig zu untersuchen wie die Frage, ob etwa eine dritte Person das Gebrechen herbeigeführt hat (VwGH 11.2.1963, 1515/62).

2) Bei der Beurteilung, ob eine Wohnung gesundheitsschädlich ist, ist nicht von Bedeutung, ob Gesundheitsschäden tatsächlich eingetreten sind, sondern ob die objektiven Merkmale gegeben sind, die dafür sprechen, daß eine Gesundheitsschädigung auftreten kann (VwGH 21.2.1963, 1161/62).

3) Der Einwand, eine Trockenlegung mit einer dem Auftrag zu deren Behebung rechtfertigenden zeitlichen Wirkung sei technisch nicht möglich, kann nicht übergangen werden; die Unterlassung diesbezüglicher tatsächlicher Feststellungen begründet einen erheblichen Verfahrensmangel (VwGH 5.7.1955, 424/54).

4a) Daß als Baugebrechen, dessen Beseitigung dem Hauseigentümer aufgetragen werden kann, auch eine gesundheitsschädliche Wanddurchfeuchtung anzusehen ist, hat der VwGH in ständiger Rechtsprechung entschieden (s etwa das E v 19.2.1957, 2251/55). Darauf, ob das Auftreten der Feuchtigkeit auf eine nicht ausreichende Isolierung anlässlich der Erbauung des Hauses oder auf andere Ursachen zurückzuführen ist, kommt es nicht an (s E des VwGH 26.10.1964, Slg 6467/A). Daß etwa die Trockenlegung technisch überhaupt nicht möglich wäre, hat die Bfrin niemals behauptet. Ob ihr – entsprechend dem Berufungsvorbringen – eine wirksame Art von Trockenlegung allenfalls nicht bekannt ist, ist rechtlich unerheblich; es wird ihre Sache sein, eine fachkundige Person damit zu betrauen, die nach der Art des Gebrechens und der Beschaffenheit des Gebäudes erforderlichen Maßnahmen zur Beseitigung des Baugebrechens durchzuführen (VwGH 1.2.1971, 1399/70).

4b) Bei aufsteigender Grundfeuchtigkeit ist ein Trockenlegungsauftrag auch dann gerechtfertigt, wenn das Auftreten der Feuchtigkeit auf eine nicht ausreichende Isolierung bei der Erbauung des Hauses oder auf andere Ursachen zurückzuführen ist (VwGH 26.4.2000, 99/05/0276, BauSlg 96).

5a) Hat die Baubehörde in einem baupolizeilichen Auftrag dem Verpflichteten zur Durchführung von Trockenlegungsarbeiten die Auswahl zwischen mehreren Methoden offen gelassen, so muß dieser Auftrag im Vollstreckungsverfahren konkretisiert werden.

5b) Bei Feuchtigkeitsschäden kann durch bloßen Zeitablauf das Baugebrechen beseitigt sein (VwGH 12.11.1985, 83/05/0019, BauSlg 565).

6) Eine gesundheitsschädliche Durchfeuchtung ist als Baugebrechen iSd § 129 Abs 2 und 4 BO anzusehen (VwGH 16.6.1992, 89/05/0169).

7) Die Vorschreibung in einem Bauauftrag, Wände in geeigneter, dauerhafter Weise trockenzulegen, bedeutet nicht die Notwendigkeit der Durchführung einer Horizontalisolierung (VwGH 7.3.2000, 99/05/0252, BauSlg 59).

5. Bauaufträge

a. Allgemeines

1) Gegen die Bestimmungen des § 129 Abs 2, 4 und 10 bestehen keine verfassungsrechtlichen Bedenken. Bauaufträge in Schutzzonen sind zufolge der verfassungskonformen Auslegung nur zulässig, wenn sie wirtschaftlich zumutbar sind (VfGH 11.3.1976, Slg 7759, VwGH 24.5.1976, Slg 9063/A).

2) Ein baupolizeilicher Auftrag ist eine Vollziehungsverfügung, weil durch ihn der Behörde die Möglichkeit gegeben werden soll, den vom Gesetz gewollten Zustand erforderlichenfalls mit den Mitteln des Verwaltungszwanges herzustellen. Durch einen baupolizeilichen Auftrag wird die Verpflichtung zur Beseitigung von Baugebrechen nicht erst begründet, sondern nur konkretisiert (VwGH 29.11.1965, Slg 6809/A).

3) Der baupolizeiliche Auftrag ist eine Vollziehungsverfügung. Durch sie soll der Behörde die Möglichkeit gegeben werden, den vom Gesetz gewollten Zustand erforderlichenfalls mit den Mitteln des Verwaltungsvollstreckungsverfahrens herzustellen. Der baupolizeiliche Auftrag muß daher so bestimmt sein, daß sein Spruch Titel einer Vollstreckungsverfügung sein kann (VwGH 5.12.1951, Slg 2356/A, 26.2.1968, 1850/67). Baupolizeiliche Aufträge sind also ausreichend zu konkretisieren (VwGH 14.5.1985, 85/05/0014, BauSlg 442, 30.9.1986, 83/05/0193, BauSlg 764 ua). Bei schadhaftem Verputz von Außenwänden, ebenso bei schadhafter Dacheindeckung, handelt es sich um Baugebrechen, bei welchen die Umschreibung des Schadens niemals bis in alle Einzelheiten möglich ist (VwGH 26.2.1968, 1850/67, 27.9.1979, 561/79, 5.3.1985, 83/05/0083 ua).

4) Der VwGH hält es mit dem Wesen des Abtragungsauftrages für unvereinbar, ihm die Wirkung eines „contrarius actus" gegenüber der Baubewilligung zuzuordnen. Handelt es sich doch bei einem Bauauftrag um einen jederzeit widerruflichen Polizeibefehl und des Weiteren um eine administrative Vollziehungsverfügung im Sinne der Verwaltungsrechtslehre, die nur die Herbeiführung des vom Gesetz selbst schon vor ihrem Erfließen verlangten Zustandes im Wege des Verwaltungszwanges ermöglichen soll und deren rechtlicher Gehalt vom Bestand eines Baukonsenses unabhängig ist, was umgekehrt auch zur Folge hat, daß ein derartiger Auftrag den einmal erteilten Konsens nicht aufzuheben vermag. Der Verpflichtete hat so lange die Möglichkeit, von den Bewilligungen zur Instandsetzung seines Gebäudes Gebrauch zu machen, als behördliche Schritte zur zwangsweisen Räumung und Abtragung seines Gebäudes ausbleiben; dessen ungeachtet ist die Behörde nach Eintritt der Vollstreckbarkeit des Beseitigungsauftrages jederzeit berechtigt, diesen Bescheid im Wege des Verwaltungszwanges in Vollzug zu setzen. Daraus folgt, daß die Unzulässigkeit der Vollstreckung im Sinne des § 10 Abs 2 lit a VVG nicht aus dem Bestand von Instandsetzungsbewilligungen abgeleitet werden kann (VwGH 9.6.1965, 425, 426, 956, 1549, 1550, 1684 und 2045/64).

5a) Auf die Erteilung eines baupolizeilichen Auftrages steht niemandem ein Rechtsanspruch zu (VwGH 5.5.1952, Slg 2525/A, 25.4.1961, 2294/60, 18.11.1963, 1511/63). S aber auch E 11.

5b) Die Erlassung eines Abtragungsauftrages wegen bestehender Baugebrechen im Sinne des § 129 Abs 4 BO ist eine verwaltungspolizeiliche Vollziehungsverfügung. Nach der ständigen Judikatur des VwGH (s E Slg 2525/A) steht auf die Erteilung eines solchen baupolizeilichen Auftrages niemandem, auch nicht dem Hauseigentümer, ein Rechtsanspruch zu. Durch die Abweisung eines auf die Erlassung eines Abtragungsauftrages gerichteten Antrages kann der Hauseigentümer somit nicht in einem subjektiv-öffentlichen Recht verletzt werden. Fehlt jedoch die Möglichkeit einer Rechtsverletzung in der Sphäre des Beschwerdeführers, so ermangelt diesen nach der ständigen Judikatur des VwGH die Beschwerdeberechtigung (VwGH 27.1.1975, 2265/74). Anders in Schutzzonen bei wirtschaftlicher Unzumutbarkeit (s 5c E 2).

5c) Aus § 129 Abs 4 BO läßt sich kein subjektiv-öffentliches Recht des Eigentümers ableiten, einen Abbruchauftrag zu erhalten (s E 15.9.1987, 83/05/0198, Slg 12.529/A) (VwGH 27.10.1993, 93/05/0165).

6) Einen Auftrag, einen vom Konsens abweichenden Zustand herzustellen, zu erteilen, ist die Behörde weder nach § 129 Abs 4 noch nach § 129 Abs 10 BO befugt. Was sie dem Eigentümer bei einer Konsenswidrigkeit neben der Beseitigung einräumen kann, ist, um die nachträgliche Bewilligung der Abweichungen anzusuchen, falls sie zu dem Ergebnis gelangt, daß der bestehende Zustand mit den Bestimmungen der Bauordnung in Übereinstimmung steht und daher genehmigt werden kann. Wenn die Behörde diese Alternative nicht ausdrücklich eingeräumt hat, so ist darin keine Rechtswidrigkeit zu erblicken, weil dem Eigentümer diese Möglichkeit jedenfalls offen steht (VwGH 8.5.1967, 1863/66). Vgl jedoch § 129 Abs 4 Satz 2.

7) Die Bestimmung des § 5 des Denkmalschutzgesetzes, welche die Zerstörung eines Denkmales an die Zustimmung des Bundesdenkmalamtes bindet, steht der Erlassung eines Abtragungsauftrages durch die Baubehörde nicht entgegen. Zuwendungen, die dem Eigentümer eines denkmalgeschützten Bauwerkes mit Rücksicht auf dessen Denkmaleigenschaft angeboten werden, müssen bei der Schätzung der Kosten einer Instandsetzung Berücksichtigung finden, und zwar auch dann, wenn die Annahme verweigert würde (VwGH 28.1.1963, Slg 5949/A), vgl auch die Anm im Judikaturteil Abschnitt c (wirtschaftliche Zumutbarkeit der Instandsetzung) nach E3.

8) Ein Auftrag, die Farbgebung des Gebäudes an benachbarte Gebäude anzugleichen, findet in § 129 Abs 4 BO eine Rechtsgrundlage (VwGH 1.7.1986, 86/05/0053, 0054, BauSlg 723).

9) Bei mehreren wirksamen Arten der Gebrechensbehebung muß dem Hauseigentümer die Wahlmöglichkeit gegeben sein (s E 16.11.1970, 609/69). Ausschlaggebend ist allein der Erfolg der Gebrechensbehebung (VwGH 16.6.1992, 89/05/0169).

10) Die Baubehörde ist von Amts wegen verpflichtet, das Vorhandensein behaupteter Bauordnungswidrigkeiten bzw Baugebrechen zu prüfen und mit der Erlassung entsprechender Aufträge vorzugehen, mag auch der von den Auswirkungen unmittelbar Betroffene nach der gegebenen Rechtslage keinen Rechtsanspruch auf die Erteilung eines solchen baupolizeilichen Auftrages besitzen (VwGH 29.9.1992, 89/05/0030, 0031).

11) Bei Aufträgen nach § 129 Abs 4 BO ist – wie sich seit der Novelle LGBl Nr 25/2009 aus dem zweiten Satz dieser Bestimmung ergibt – grundsätzlich der Stand der Technik im Zeitpunkt der Erteilung des Bauauftrages maßgeblich. § 129 Abs 10 BO stellt hingegen auf den konsensgemäßen Zustand ab, somit auch auf den dem Konsens zugrundeliegenden Stand der Technik (VwGH 20.11.2018, Ra 2018/05/0039).

12) Der ständigen hg Rechtsprechung zufolge gehören zu den allgemeinen Teilen des Hauses die Außenflächen bzw die Außenhaut des Gebäudes (vgl etwa VwGH 2.8.2018, Ra 2017/05/0007, Rn 12; 29.4.2015, 2013/06/0151).

Für den vorliegenden Revisionsfall bedeutet dies, dass die an den Balkongeländern angebrachten Absturzsicherungen gem § 2 Abs 4 WEG 2002 als allgemeine Teile zu werten sind. Die Adressaten eines Auftrages gem § 41 Abs 3 Stmk BauG (in Wien § 129 Abs 2 und 4 BO) sind daher alle Miteigentümer der baulichen Anlage (vgl etwa VwGH 14.9.2021, Ra 2017/06/0205) (VwGH 19.11.2021, Ra 2021/06/0116, zum stmk BauG)

b. Bauaufträge – verfahrensrechtliche Bestimmungen

1) Wer Eigentümer der Baulichkeit ist, für die ein Auftrag nach § 129 Abs 4 der Bauordnung erlassen werden soll, hat die Baubehörde als zivilrechtliche Vorfrage (§ 38 AVG) zu prüfen (VwGH 16.4.1957, 3102/55).

2) Die Entscheidung einer Vorfrage nach § 38 AVG unterliegt der Prüfung durch den VwGH hinsichtlich der Frage, ob die Voraussetzungen für eine Anwendung des § 38 gegeben sind, ob im Bereich der Sachverhaltsermittlung die Verfahrensvorschriften eingehalten wurden und ob die in der Vorfrage eingeschlossene rechtliche Würdigung richtig beurteilt wurde. Eine Stützmauer steht in der Erhaltungspflicht des Eigentümers, auf dessen Grund sie errichtet wurde, unabhängig von der Frage, ob sie vom Nachbarn errichtet wurde und seinen Interessen dient (VwGH 14.2.1956, Slg 3974/A).

3) Ein baupolizeilicher Auftrag zur Behebung von Baugebrechen ist an den jeweiligen Eigentümer der Baulichkeit zu richten, mag auch schon ein Kaufvertrag vorliegen. Die bloß wirtschaftliche Überlegung, daß die Verfügungsgewalt auf den Erwerber der Liegenschaft, der mangels Einverleibung im Grundbuch noch nicht Eigentümer geworden ist, übergegangen sei, betrifft nur das (zivilrechtliche) Innenverhältnis zu diesem.

Die bloße Zustellung des Bescheides an den Käufer einer Liegenschaft begründet keine Parteistellung (VwGH 30.1.1990, 86/05/0166).

4) Grundsätzlich muß die Zustellung an alle Parteien des Verfahrens vollzogen werden. Die Zustellung eines Bescheides an den von einem Miteigentümer bestellten Verwalter wird auch dann für alle Miteigentümer rechtswirksam, wenn der Miteigentümer zwar nicht als ordnungsgemäß bestellter Machthaber der übrigen Teilgenossen zu gelten, jedoch die Verwaltung der gemeinsamen Sache tatsächlich übernommen hat (VwGH 4.6.1957, Slg 4365/A).

5) Die Zustellung eines Bauauftrages an den Hausverwalter ist zulässig. Zu den Obliegenheiten des Hausverwalters gehört es zweifellos, namens der Hauseigentümer Aufträge der Baubehörde behufs Behebung von Baugebrechen entgegenzunehmen (VwGH 30.10.1925, Slg 14.008/A).

6) Der Masseverwalter ist nur insoweit, als er als gesetzlicher Vertreter des Gemeinschuldners gilt, auch dessen Zustellungsbevollmächtigter. Der Aushändigung des Bescheides einer Verwaltungsbehörde an ihn gem § 22 Abs 2 KO (jetzt § 78 Abs 2 und 3) kommt daher nicht auch in jenen Fällen die Wirkung einer Zustellung an den Gemeinschuldner zu, in denen es sich um Angelegenheiten handelt, die die Masse nicht berühren (VwGH 28.5.1962, Slg 5814/A).

7) Ein Instandsetzungsauftrag ist an den Hauseigentümer und nicht an den Zwangsverwalter zu richten (VwGH 27.10.1970, 1363/1364/70).

8) Die bloße Verwaltung von Miteigentumsanteilen ohne gleichzeitige Verwaltung des Hauses begründet nicht die Verantwortlichkeit des Bevollmächtigten anstelle des Miteigentümers (VwGH 13.2.1973, Slg 8356/A).

9) Ob der Eigentümer zur Erfüllung eines baupolizeilichen Auftrages in bestehende Mietrechte eingreift, hat nicht die Baubehörde, sondern nur das Gericht zu prüfen. Ebenso ist es ausschließlich Sache der Gerichte, dem Eigentümer die Möglichkeit zu geben, vermietete Teile seines Hauses zum Zwecke der Behebung von Baugebrechen zu betreten, falls ein gütliches Übereinkommen zwischen Bestandgeber und Bestandnehmer nicht zustande kommt (VwGH 5.10.1964, 353/64).

10a) Bei schadhafter Dacheindeckung und schadhaftem Verputz von Außenwänden handelt es sich um Baugebrechen, bei welchen die Umschreibung des Schadens niemals bis in alle Einzelheiten möglich ist. Wenn anlässlich eines Augenscheines der Feststellung der Schäden nicht entgegengetreten wurde, dann hat der Verpflichtete das Vorliegen der Baugebrechen anerkannt (VwGH 26.2.1968, 1850/67). S auch VwGH v 27.9.1979, 561/79 sowie v 5.3.1985, 83/05/0083, BauSlg 404 ua.

10b) Ein Bauauftrag ist stets ausreichend zu konkretisieren. Von einer mangelnden Konkretisierung eines baupolizeilichen Auftrages kann keine Rede sein, wenn der Verpflichtete aufgrund des ihm erteilten Auftrages imstande ist, einen hinsichtlich Ausmaß und Preis detaillierten Kostenvoranschlag anlässlich der Berufung vorzulegen (VwGH 16.6.1992, 89/05/0169).

11) Das öffentliche Interesse erfordert eine raschestmögliche Beseitigung von Baugebrechen, soll doch die Erlassung eines baupolizeilichen Auftrages letztlich der Durchführung der Arbeiten im Rahmen eines Verwaltungsvollstreckungsverfahrens dienen.

Die Tatsache, daß die Baubehörde bei der Festsetzung der zur Behebung von Baugebrechen zu bestimmenden Frist auch auf wirtschaftliche Momente Bedacht zu nehmen hat (s VwSlg 5732/A), bedeutet nicht, daß die festzusetzende Frist so bemessen sein müsste, daß sie die Durchführung eines Verfahrens nach § 18 MRG auf jeden Fall gewährleistet (VwGH 20.9.1988, 88/05/0122, BauSlg 1170, 24.9.1991, 91/05/0104, 27.5.1997, 96/05/0266, BauSlg 114 ua).

12a) Eine nach § 59 Abs 2 AVG festgesetzte Erfüllungsfrist ist als integrierender Bestandteil des baupolizeilichen Instandsetzungsauftrages der Rechtskraft fähig. Eine Abänderung dieser Frist ist daher nur unter den Voraussetzungen des § 68 Abs 2 AVG möglich. Unter Bedachtnahme auf § 68 Abs 7 AVG steht daher dem Fristerstreckungsansuchen des Eigentümers res iudicata entgegen (VwGH 24.11.1969, 1190/68).

12b) Nach der ständigen Rechtsprechung des VfGH steht auf die Erstreckung der Erfüllungsfrist eines in Rechtskraft erwachsenen Auftrages niemandem ein Rechtsanspruch zu (vgl etwa das E v 15.9.1987, 87/05/0100, und die darin zitierte Vorjudikatur). Der Antrag der Bfr ist daher von der Baubehörde erster Instanz zu Recht zurückgewiesen worden (VwGH 28.11.1989, 89/05/0209). S auch

VwGH 21.6.1988, 88/05/0133, BauSlg 1136, 31.1.1989, 88/05/0266, 29.3.1995, 95/05/0017, BauSlg 62, 28.3.2000, 99/05/0284, BauSlg 84, ua.

13) Liegt die Ursache eines Baugebrechens in der Beschaffenheit eines benachbarten Grundstückes, so kann nach § 129 Abs 4 der Bauordnung nur der Hauseigentümer zur Behebung des Baugebrechens von der Behörde verhalten werden, dessen Gebäude das Gebrechen aufweist (VwGH 11.2.1963, 1515/62).

14) Der Behörde ist es im Hinblick auf den Grundsatz der freien Beweiswürdigung nicht verwehrt, bei einander widersprechenden Gutachten ihrer Entscheidung das eine oder andere Gutachten zugrunde zu legen. Sie hat jedoch in einem solchen Falle in der Begründung ihres Bescheides anzuführen, welche Erwägungen maßgebend waren, das eine Beweismittel dem anderen vorzuziehen (VwGH 13.1.1959, 663 und 664/58). Die Beweiswürdigung der Behörde kann nicht mit der bloßen Behauptung widerlegt werden, sie sei unrichtig, wenn sie sich nicht als offensichtlich unschlüssig darstellt (VwGH 10.6.1963, 279/63).

15) Bei einem zum Abbruch bestimmten Haus ist die Instandhaltungspflicht auf Sicherungsmaßnahmen beschränkt. Bei einem schadhaften Dach hätte die Behörde prüfen müssen, ob die Behauptung des Hausmiteigentümers zutrifft, daß dadurch eine Gefahr für das Leben und die Gesundheit von Personen nicht gegeben ist (VwGH 22.3.1979, 335/78).

c. Wirtschaftliche Zumutbarkeit der Instandsetzung

1) Der VwGH hegte Bedenken gegen die Verfassungsmäßigkeit der durch die Altstadterhaltungsnovelle 1972, LGBl Nr 16/1972, bewirkten Neufassung des § 129 Abs 2 zweiter Satz, des § 129 Abs 4 zweiter Satz und des § 129 Abs 10 zweiter Satz, letzter Halbsatz BO und stellte deshalb beim VfGH gem Art 140 des B-VG einen entsprechenden Aufhebungsantrag. Der VfGH gab jedoch mit seinem E v 11.3.1976, G 30/1974-19, G 6/1975-13, dem Antrag des VwGH keine Folge. In der Begründung dieses Erkenntnisses kommt allerdings zum Ausdruck, es sei bei der Beurteilung die Möglichkeit einer verfassungskonformen Auslegung der angefochtenen Gesetzesstellen im Sinne einer Verpflichtung zur Prüfung der wirtschaftlichen Zumutbarkeit der vorgesehenen behördlichen Maßnahmen bedeutsam gewesen. Nicht mehr sachlich gerechtfertigt ist es, mit dieser qualifizierten Verpflichtung eine Vermögensbelastung ohne jede Rücksicht auf deren wirtschaftliche Zumutbarkeit zu verbinden. Die gebotene verfassungskonforme Auslegung des § 129 Abs 2, 4 und 10 BO zwingt daher dazu, eine über die alle Hauseigentümer treffende Instandhaltungs- und Herstellungspflicht hinausgehende Verpflichtung für den Eigentümer von Gebäuden in Schutzzonen nur dann anzunehmen, wenn und insoweit diese Verpflichtung ihnen wirtschaftlich zugemutet werden kann. Für die wirtschaftliche Zumutbarkeit können verschiedene Gesichtspunkte maßgeblich sein. So kann dem Eigentümer eines Gebäudes in einer

Schutzzone eine qualifizierte Instandsetzungs- oder Herstellungsmaßnahme jedenfalls dann aufgetragen werden, wenn sich daraus eine Erhöhung des Verkehrswertes oder des Ertragswertes seines Eigentums ergibt, in welcher die Kosten der Maßnahme Deckung finden. Wirtschaftlich zumutbar sind dem Hauseigentümer ferner solche Maßnahmen, zu deren finanzieller Deckung er öffentliche Mittel, aus welchem Titel immer, anzusprechen in der Lage ist, mag er eine solche Maßnahme auch aus freier Willensentscheidung unterlassen haben. Die wirtschaftliche Zumutbarkeit solcher Maßnahmen ist weiters dann anzunehmen, wenn der Hauseigentümer die Kosten auf Miet- oder Pachtzinse überwälzen kann; in diesem Falle muß allerdings mitberücksichtigt werden, ob die Möglichkeit einer Vermietung oder Verpachtung nach der vorausschaubaren Entwicklung unter Bedachtnahme auf einen allfälligen Wandel in den allgemeinen Anschauungen über die Ausstattung eines Bestandobjektes innerhalb der Amortisationszeit eines zur Deckung des finanziellen Aufwandes nötigen Darlehens gewährleistet ist. Zur Beurteilung der Frage der wirtschaftlichen Zumutbarkeit hat die Behörde ein entsprechendes Ermittlungsverfahren durchzuführen. Ob über die genannten Fälle hinaus die wirtschaftliche Zumutbarkeit einer Maßnahme der qualifizierten Instandhaltungs- und Herstellungspflicht in Schutzzonen gegeben ist, ist Sache des Einzelfalles. Falls die wirtschaftliche Zumutbarkeit nicht gegeben ist, können bei verfassungskonformer Auslegung des Gesetzes auch für Gebäude in Schutzzonen nur die für alle anderen Gebäude vorgesehenen Instandhaltungen oder Herstellungen aufgetragen werden.

Das Problem der Auslegung des § 129 Abs 4 BO für Gebäude in Schutzzonen erstreckt sich jedoch infolge der Neufassung des § 60 Abs 1 lit e der BO durch die Altstadterhaltungsnovelle 1972 nicht nur auf die qualifizierten Instandsetzungs- und Herstellungsverpflichtungen, wie die Neufassung des § 129 Abs 2, 4 und 10 BO durch die Altstadterhaltungsnovelle 1972 vorsieht. Nach der nunmehrigen Rechtslage hat der Eigentümer eines Gebäudes in einer Schutzzone nicht mehr schlechthin den Anspruch auf Erteilung einer Abbruchsbewilligung, kann sich also nicht mehr, wie vorher, einer Instandsetzung des Gebäudes dann durch dessen Abbruch entziehen, wenn ihm die Instandsetzung als härterer Eingriff in seine Rechtssphäre erscheint als die Abtragung. Dies zieht jedoch zwangsläufig nach sich, daß im baupolizeilichen Auftragsverfahren nunmehr für Gebäude in Schutzzonen wieder im Einzelfalle geprüft werden muß, welcher Eingriff der härtere ist, wobei die Instandsetzung dann als der härtere Eingriff anzusehen ist, wenn sie dem Hauseigentümer wirtschaftlich nicht zugemutet werden kann. Andernfalls würde durch die Vermögensbelastung des Eigentümers eines Gebäudes in einer Schutzzone mit wirtschaftlich unzumutbaren Instandsetzungsverpflichtungen, denen er sich durch nichts entziehen kann, eine sachlich nicht gerechtfertigte Schlechterstellung solcher Hauseigentümer gegenüber allen übrigen Hauseigentümern eintreten und somit das Gleichheitsgebot nach Art 7 des B-VG verletzt werden, was dazu zwingt, den § 129 Abs 4 BO dahin gehend auszulegen, daß bei Bestehen von Baugebrechen zu untersuchen ist, ob die Instandsetzung des Hauses dem Eigentümer wirtschaftlich zugemutet werden kann und verneinendenfalls anstelle eines Instandsetzungsauftrages grundsätzlich ein Abtragungsauftrag zu ergehen hat. Für die Beurteilung der wirtschaftlichen Zumutbarkeit sind die bereits vorhin bezüglich der qualifizierten Instandhaltungs- und Herstellungsverpflichtungen für Gebäude in Schutzzonen ausgeführten Grundsätze maßgebend, zusätzlich aber ist noch Folgendes zu berücksichtigen: Der Instandsetzungsaufwand darf nicht nur nach dem Umfang des beabsichtigten Auftrages berechnet werden, sondern muß den gesamten notwendigen Erhaltungsaufwand für die während des Amortisationszeitraumes eines aufzunehmenden Instandsetzungsdarlehens notwendigen Erhaltungsmaßnahmen sowie den bereits vorher aufgelaufenen und noch nicht getilgten Instandsetzungsaufwand für das Haus umfassen, weil andernfalls dem Hauseigentümer ein Geldaufwand erwachsen könnte, der zwar, für sich allein betrachtet, wirtschaftlich zumutbar wäre, ohne daß jedoch damit der Bestand des Gebäudes gesichert wäre, sodaß es sich letztlich um einen verlorenen Aufwand handeln könnte. Erklärt der Hauseigentümer allerdings selbst, die wenngleich unwirtschaftliche Instandsetzung auf sich nehmen zu wollen, dann kann ihm die Abtragung nicht aufgezwungen werden, es sei denn, es lägen die Voraussetzungen des § 129 Abs 4 vorletzter Satz vor, weil er in einem solchen Falle durch sein prozessuales Verhalten zu erkennen gibt, daß er sich durch einen Abtragungsauftrag als härter getroffen erachtet. Kein tauglicher Maßstab für die Beurteilung der wirtschaftlichen Zumutbarkeit einer Instandsetzung ist die Gegenüberstellung der Reparaturkosten mit den Kosten eines Neubaues, weil daraus lediglich die objektive Wirtschaftlichkeit abgeleitet werden könnte. Für bloße Sicherungsmaßnahmen kommt eine Berücksichtigung der wirtschaftlichen Zumutbarkeit nicht in Betracht, weil es sich dabei um vorläufige Maßnahmen handelt, die unabhängig davon, welches Schicksal das Gebäude letzten Endes erfährt, also, ob es letztlich instand gesetzt oder abgetragen wird, jedenfalls getroffen werden müssen, um eine konkrete Gefahr abzuwenden, welche im öffentlichen Interesse auch nicht vorübergehend hingenommen werden kann. Ob die Instandsetzung dem Eigentümer eines Gebäudes in einer Schutzzone wirtschaftlich zumutbar ist oder nicht, hat die Baubehörde grundsätzlich von Amts wegen zu untersuchen. Der Partei obliegt es allerdings, im Rahmen ihrer Mitwirkungspflicht an der Klarstellung des Sachverhaltes (s E des VwGH v 26.5.1959, Slg 5007/A), in dieser Hinsicht durch ein entsprechendes prozessuales Verhalten, zur Wahrheitsfindung beizutragen, ohne daß jedoch von ihr verlangt werden könnte, einen nach der Neufassung des § 60 Abs 1 lit e BO von Haus aus aussichtslosen Antrag auf Erteilung einer Abbruchsbewilligung zu stellen und ein mit Prozesskostenrisiko verbundenes Kündigungsverfahren gegen Bestandnehmer einzuleiten, welches unter Umständen selbst bei Obsiegen nicht verwirklicht werden könnte. Im Übrigen kann für Fälle der vorliegenden Art auch nicht der Grundsatz aufrecht erhalten werden, daß auf die Erteilung eines baupolizeilichen Auftrages niemandem ein Rechtsanspruch zusteht, wie er in der Judikatur des VwGH (etwa im E v 5.5.1952, Slg 2525/A) aufgestellt wurde; dieser Grundsatz setzt nämlich voraus, daß der Hauseigentümer andere Rechtsbehelfe zur Verfügung hat, um sich einem wirtschaftlich unzumutbaren Aufwand, etwa im Wege der freiwilligen Abtragung eines Gebäudes, zu entziehen. Fehlt es an einer solchen Möglichkeit, dann besteht an der Klärung der Frage, ob eine Instandhaltungspflicht besteht, ein rechtliches Interesse, welches nur im baupolizeilichen Auftragsverfahren befriedigt werden kann. Bei entsprechender Antragstellung des Eigentümers eines Gebäudes in einer Schutzzone trifft die Baubehörde daher eine Entscheidungspflicht im Sinne des § 73 AVG.

Der Gerichtshof sieht sich noch veranlasst darauf hinzuweisen, daß eine dem Hauseigentümer wirtschaftlich nicht zumutbare Instandsetzung des Hauses nicht rechtmäßigerweise auf dem Wege erzwungen werden könnte, daß gegen ihn ein Verwaltungsstrafverfahren nach § 129 Abs 2 BO durchgeführt wird. Diese Gesetzesstelle bedarf nämlich auch insoweit für Gebäude in Schutzzonen der verfassungskonformen Auslegung (VwGH 24.5.1976, Slg 9063/A).

2) In Ansehung der Durchführung bloßer Sicherungsmaßnahmen ist die Frage der wirtschaftlichen Zumutbarkeit nicht aufzuwerfen (VwGH 16.12.1952, 2465/51, 23.11.1962, 736/62). Sicherungsmaßnahmen können auch bei zum Abbruch bestimmten Baulichkeiten angeordnet werden (VwGH 15.3.1962, 1479/60).

3) Der Eigentümer eines außerhalb einer Schutzzone gelegenen Gebäudes besitzt keinen Rechtsanspruch auf Erlassung eines Abtragungsauftrages – die Ausnahmen von dem Grundsatz, daß niemandem ein Rechtsanspruch auf die Erlassung eines baupolizeilichen Auftrages zusteht, hat der Gerichtshof in seinem E v 24.4.1976, Slg 9063/A, ausdrücklich auf Schutzzonen eingeschränkt (VwGH 18.1.1979, 1059/78). S auch E v 15.9.1987, 83/05/0198.

Anmerkung: Im Hinblick auf die Bestimmung des § 60 Abs 1 lit d in der Fassung der Nov LGBl 2018/37 wird wohl davon auszugehen sein, dass auch Gebäude, die vor dem 1.1.1945 errichtet wurden, auch einen Rechtsanspruch auf einen Abtragungsauftrag bei erwiesener Unwirtschaftlichkeit der Instandsetzung besitzen können, wenn sie keine Abbruchserlaubnis bekommen.

4) Die Ungleichbehandlung gegenüber Eigentümern von in einer Schutzzone gelegenen Gebäuden, bei welchen die wirtschaftliche Zumutbarkeit von Instandsetzungsarbeiten grundsätzlich zu prüfen ist (s E 24.5.1976, Slg 9063/A), kann schon deshalb nicht angenommen werden, weil es einerseits dem Eigentümer eines nicht in der Schutzzone gelegenen Hauses freisteht, der Verpflichtung zur Instandhaltung des Gebäudes, wenn ihm dies wirtschaftlich unzumutbar erscheint, dadurch zu umgehen, daß er eine Abtragungsbewilligung erwirkt, auf deren Erteilung ihm ein Rechtsanspruch zusteht (s E 4.5.1970, 1378/68), während für die Bewilligung des Abbruches von Gebäuden in Schutzzonen die im § 60 Abs 1 lit d BO genannten – erheblichen – Beschränkungen gelten. Andererseits besteht in Schutzzonen ein Rechtsanspruch auf die Erlassung eines Abtragungsauftrages, wenn ein Instandsetzungsauftrag dem Hauseigentümer wirtschaftlich nicht zugemutet werden kann (s E 24.5.1976,797/74), wobei bei außerhalb von Schutzzonen gelegenen Häusern ein derartiger Rechtsanspruch nicht besteht (VwGH 24.11.1992, 92/05/0168).

5) Abgesehen von der Ausnahme zugunsten der Eigentümer eines in einer Schutzzone gelegenen Gebäudes steht niemandem, auch nicht dem Hauseigentümer, ein Anspruch auf Erlassung eines Abbruchauftrages zu. Daran vermag auch die Bestimmung des § 129 Abs 4 BO nichts zu ändern, weil sich diese ausschließlich an die Behörde richtet und daher ausschließlich deren Vorgehen regelt. Diese Bestimmung begründet zwar ein subjektiv-öffentliches Recht der betroffenen Eigentümer von Gebäuden, dass ihnen nur unter den in dieser Gesetzesstelle genannten Voraussetzungen ein Abbruchauftrag erteilt wird, doch lässt sich aus dieser Bestimmung umgekehrt kein subjektiv-öffentliches Recht der Eigentümer ableiten, einen Abbruchauftrag zu erhalten (vgl das hg Erkenntnis vom 15. September 1987, Slg 12.529/A). Außerdem ist nach § 62a Abs 1 Z 2 BO seit der Novelle LGBl Nr 42/1996 für den Abbruch von Gebäuden oder baulichen Anlagen außerhalb von Schutzzonen und Gebieten mit Bausperre weder eine Bauanzeige noch eine Baubewilligung erforderlich. Es steht den Beschwerdeführern somit baurechtlich jedenfalls frei, die Verpflichtung zur Instandsetzung des Hauses, wenn ihnen diese wirtschaftlich unzumutbar erscheint, durch den Abbruch des Gebäudes zu erfüllen. Auch im Hinblick darauf kann aus § 129 Abs 4 BO – mit den oben genannten Ausnahmen – kein subjektiv-öffentliches Recht auf Erteilung eines Abbruchauftrages erteilt werden (VwGH 27.2.2006, 2005/05/0344).

d. Technische Unmöglichkeit der Behebung eines Baugebrechens

1) Ob zur Behebung eines Baugebrechens ein Instandsetzungsauftrag oder ein Abtragungsauftrag zu erlassen ist, hängt nur davon ab, ob die Instandsetzung technisch möglich ist oder nicht; ob die Instandsetzung dem Hauseigentümer wirtschaftlich zugemutet werden kann oder nicht, bildet keine Richtlinie für die Auswahl der aufzutragenden Maßnahme und ist daher nicht zu prüfen. Nur wenn die Instandsetzung technisch unmöglich ist, ist ein Abtragungsauftrag zu erlassen (VwGH 24.11.1992, 92/05/0168).

e. Substanzänderung von mehr als der Hälfte des Bauwerks

1) Kommt eine Instandsetzung für mehr als die Hälfte der vorhandenen Bausubstanz in Betracht, ist ein Beseitigungsauftrag zu erteilen. Eine Berücksichtigung der Ursachen der Substanzveränderung erlaubt das Gesetz nicht. ... (VwGH 21.5.1996, 93/05/0297, BauSlg 129). [Scheint durch die Änderung der Rechtslage jetzt überholt]

6. Sicherungsmaßnahmen

1) Die Pölzung einer nicht mehr tragfähigen Decke ist keine Beseitigung des Baugebrechens, sondern nur eine vorläufige Sicherheitsmaßnahme, durch welche die unmittelbaren Gefahren beseitigt werden (VwGH 3.4.1959, 1947/58).

2) Die Auffassung, daß als Sicherheitsmaßnahmen ausnahmslos nur provisorische Maßnahmen verstanden werden können, stimmt mit der Rechtsprechung des VwGH nicht überein. Maßnahmen, die erforderlich sind, um eine unmittelbare Gefahr für das Leben und die Gesundheit der Bewohner des Gebäudes, der Nachbarschaft und der Straßenbenützer hintanzuhalten, müssen auch bei einem zum Abbruch bestimmten Gebäude durchgeführt werden (vgl E v 15.3.1962, 1479/60) und sind somit unabhängig von der wirtschaftlichen Zumutbarkeit jener Instandsetzungsarbeiten, die nur bei einer Erhaltung des Gebäudes auf längere Sicht sinnvoll sind. Der VwGH hat ferner in seinem Erk v 23.11.1962, 736/62, ausgeführt, daß es Baugebrechen gibt, bei welchen die in ihnen gelegene Gefahr durch irgendwelche nur vorläufige Maßnahmen nicht beseitigt werden könne. Hiezu gehören Gebrechen an der Hauskanalanlage. Auch eine konstruktive Bauführung könne, so wurde ferner gesagt, eine reine Sicherungsmaßnahme darstellen. Sicherungsmaßnahmen werden zwar in der Regel, aber nicht immer den Charakter einer provisorischen Maßnahme tragen (VwGH 7.2.1966, 325/65).

3) Die Beseitigung von Schäden an Kanalanlagen (VwGH 22.4.1958, 2189/56, 23.11.1962, 736/62) sowie von Schäden an einer Senkgrube sind Sicherungsmaßnahmen, die auch bei einem zum Abbruch bestimmten Gebäude durchzuführen sind (VwGH 4.2.1963, 1182/62) („verlorener Bauaufwand").

4) Die bloße Beseitigung der mit einem Baugebrechen verbundenen Sicherheitsgefährdung im Wege einer dem Baukonsens nicht entsprechenden provisorischen baulichen Maßnahme stellt keine Erfüllung der gesetzlichen Instandhaltungspflicht dar. Ein vom Baukonsens abweichender Zustand darf nur nach vorheriger Erwirkung einer Baubewilligung, nicht aber anstelle der vom Gesetz geforderten Instandhaltung des konsensgemäßen Zustandes herbeigeführt werden. Es ist unerheblich, ob Organwalter der Baubehörde sich allenfalls vorerst mit einer provisorischen Sicherungsmaßnahme zufrieden gegeben erklären; am Umfang der gesetzlichen Instandhaltungspflicht wird dadurch nichts geändert (VwGH 24.2.1975, Slg 8770/A).

5) Vorgenommene Sicherheitsmaßnahmen stehen einem Instandsetzungsauftrag nicht entgegen (VwGH 14.4.1987, 86/05/0095). Zur OÖ BO.

6) Provisorische Maßnahmen vermögen ein bestehendes Baugebrechen nicht zu beseitigen (VwGH 12.2.1989, 88/05/0244). S auch E 5.

7. Vollstreckungsverfahren

Allgemeines

1) Das eigentliche Vollstreckungsstadium beginnt mit dem Ablauf der in der Androhung der Ersatzvornahme gesetzten Frist. Ab diesem Zeitpunkt bis zum tatsächlichen Abschluß der Ersatzvornahme sind die Eigentümer der hievon betroffenen Liegenschaft als Verpflichtete anzusehen, und zwar in dem Sinn, daß ihnen – zur gesamten Hand – die Kosten der Vollstreckung zur Last fallen. ... Zur Person der Verpflichteten ist festzuhalten, daß entgegen der bisherigen Rechtsprechung nicht nur derjenige als zum Kostenersatz verpflichtet anzusehen ist, der im Zeitpunkt der Vollendung der Ersatzvornahme noch Eigentümer der Liegenschaft war. Bei einem Eigentumswechsel sind die Eigentümer während des gesamten Vollstreckungsverfahrens Verpflichtete und damit für die Kosten der Ersatzvornahmen zahlungspflichtig. Kostenvorauszahlungsaufträge werden durch den Wechsel im Eigentum nicht berührt; eingegangene Beträge sind nicht zurückzuzahlen, und der Rechtsbestand eines allenfalls begründeten Zwangspfandrechtes im Grundbuch wird nicht berührt. Der Zeitpunkt des (notwendigerweise erst nach Abschluß der Ersatzvornahme) erlassenen Bescheides über die Abrechnung und die Vorschreibung der Kosten ist für die Frage, wer Zahlungspflichtiger ist, ohne Bedeutung (VwGH verst Sen 6.6.1989, 84/05/0035, Slg 12.942 A).

2) Ein baupolizeilicher Auftrag, der eine Abtragung (oder Instandsetzung) zum Gegenstand hat, kann nur durch Ersatzvornahme vollstreckt werden (VwGH 24.6.1969, 985/68, 5.7.1984, 84/06/0080).

3) Die Baubehörde hat eine zur Sicherung oder Instandsetzung einer Baulichkeit aufgetragene Leistung inhaltlich derart zu bestimmen, daß der Bescheid einer Vollstreckung durch Ersatzvornahme zugänglich ist (VwGH 5.12.1951, 1009/50, 13.12.1984, 84/06/0193 ua). Diese notwendige ausreichende Konkretisierung wird in der Praxis nicht immer beachtet.

4) Sind im Titelbescheid die aufgetragenen Leistungen nicht im Einzelnen aufgezählt, sondern lediglich so umschrieben, daß Art und Umfang von einem Fachkundigen festgestellt werden können, so ist der Bescheid zwar vollstreckbar (s VwGH 26.2.1968, 1850/67), doch darf sich die Berufungsbehörde im Verfahren über einen Auftrag zur Vorauszahlung der Ersatzvornahmekosten, falls der Berufungswerber die Erfüllung des Auftrages behauptet und darüber konkrete Angaben macht, nicht mit einer Äußerung eines fachkundigen Behördenorganes zufrieden geben, der Auftrag sei nicht erfüllt worden (VwGH 16.6.1975, 397/75).

5) Während ein baupolizeilicher Auftrag dem Verpflichteten die Wahlmöglichkeit zwischen mehreren Methoden der Behebung von Baugebrechen einräumen darf (s E 16.10.1970, 609/69), muß der Vollstreckungsbescheid nach § 4 VVG konkret bestimmen, was zu vollstrecken ist (VwGH 12.11.1985, 83/05/0019, BauSlg 565, Slg 11.936 A). Etwa verschiedene Methoden einer Trockenlegung.

6) Der VwGH hält es mit dem Wesen des Abtragungsauftrages für unvereinbar, ihm die Wirkung eines „contrarius actus" gegenüber der Baubewilligung zuzuordnen. Der Verpflichtete hat so lange die Möglichkeit, von den Bewilligungen zur Instandsetzung seines Gebäudes Gebrauch zu machen, als behördliche Schritte zur zwangsweisen Räumung und Abtragung seines Gebäudes ausbleiben; dessen ungeachtet ist die Behörde nach Eintritt der Vollstreckbarkeit des Beseitigungsauftrages jederzeit berechtigt, diesen Bescheid im Wege des Verwaltungszwanges in Vollzug zu setzen. Daraus folgt, daß die Unzulässigkeit der Vollstreckung nicht aus dem Bestand von Instandsetzungsbewilligungen abgeleitet werden kann (VwGH 9.6.1965, 425, 426, 956, 1549, 1550, 1684 und 2045/64).

7) Auch dann, wenn ein baupolizeilicher Auftrag auf die Abtragung eines Bauwerkes gerichtet ist und dem Eigentümer des Bauwerkes die Möglichkeit, die Baugebrechen, die die Ursache für die Erlassung des Auftrages waren, durch Instandsetzung zu beseitigen, nicht ausdrücklich offen läßt, steht dem Eigentümer diese Möglichkeit insolange offen, als nicht zur Vollstreckung des Abtragungsauftrages geschritten wird (VwGH 22.11.1965, 512/65, Slg 6802 A).

8a) Fehler des Verfahrens, das zum Titelbescheid führte, sind durch die Rechtskraft des Bescheides geheilt und können im Vollstreckungsverfahren nicht mit Erfolg geltend gemacht werden. Eine mangelnde Konkretisierung sowie eine wesentliche Änderung des Sachverhaltes könnte einer Vollstreckung entgegenstehen.

8b) Dem Verpflichteten steht es frei, vor Beginn der Ersatzvornahme die aufgetragenen Arbeiten selbst vorzunehmen (VwGH 21.2.1984, 83/05/0160, BauSlg 197).

9a) Die Rechtmäßigkeit des Titelbescheides kann im Vollstreckungsverfahren nicht neuerlich aufgerollt werden.

9b) Das aus § 2 VVG ableitbare Schonungsprinzip ist dann verletzt worden, wenn ein höherer Kostenvorschuss auferlegt worden ist als dies zur Bestreitung der Kosten der Ersatzvornahme erforderlich wäre (VwGH 5.6.1984, 84/05/0046, BauSlg 275).

10) Wurden bereits bestimmte Arbeiten des Titelbescheides durchgeführt (hier: Abschlagungsarbeiten), darf eine auch diese Arbeiten betreffende Vollstreckungsverfügung nicht aufrecht erhalten werden (VwGH 30.6.1983, 83/06/0070, BauSlg 83).

11a) Im Falle eines Räumungs- und Abtragungsauftrages ist es nicht erforderlich, vor Vollstreckung des Abtragungsauftrages den Räumungsauftrag zu vollstrecken.

11b) Ein Auftrag zur Vorauszahlung der Kosten der Ersatzvornahme ist zulässig.

11c) Bei einem bewohnten Gebäude müssen vor der tatsächlichen Abtragung Personen und Fahrnisse in Sicherheit gebracht werden (VwGH 17.6.1986, 85/05/0160, BauSlg 706).

12) Ein Verfahren nach § 18 MietrechtsG (Mietzinserhöhung) verhindert nicht die Durchführung eines Vollstreckungsverfahrens betr die Behebung von Baugebrechen (VwGH 13.12.1988, 88/05/0173, BauSlg 1231).

13) Ist ein baupolizeilicher Beseitigungsauftrag an einen Miteigentümer noch nicht rechtskräftig, darf eine Vollstreckungshandlung auch gegen jenen Miteigentümer nicht gesetzt werden, demgegenüber der Auftrag schon in Rechtskraft erwachsen ist (VwGH 23.9.1986, 84/05/0028, BauSlg 755).

14) Voraussetzung für eine Vollstreckung gegenüber Miteigentümern ist, daß gegenüber allen Miteigentümern ein vollstreckbarer Titelbescheid vorliegt. Im Rahmen des Vollstreckungsverfahrens kann die Rechtmäßigkeit des in Rechtskraft erwachsenen Bauauftrages nicht mehr in Zweifel gezogen werden (VwGH 12.10.1995, 95/06/0146, BauSlg 256).

15) Eine Vollstreckung im Wege der Ersatzvornahme stellt keine Ausübung unmittelbarer verwaltungsbehördlicher Befehls- und Zwangsgewalt dar. Die Beschwerde einer Mieterin ist mangels Legitimation zurückzuweisen (VfGH 28.9.1985, B 347/85, Slg 10.568).

16) Wurde eine bauliche Anlage nach einer teilweisen Beseitigung im Wege einer Vollstreckung neuerlich errichtet, ist ein neuerlicher Beseitigungsauftrag erforderlich; auf Grund des früheren Auftrages ist eine Vollstreckung unzulässig.

Eine Verjährung kann gegen die Vollstreckung eines Auftrages nicht eingewendet werden (VwGH 12.12.1985, 82/06/0132, BauSlg 595).

17) Eine nachträglich eingetretene Verschlechterung des Bauzustandes steht der Vollstreckung eines Instandsetzungsauftrages nur dann entgegen, wenn die Instandsetzung technisch unmöglich ist; die nachträglich eingetretene wirtschaftliche Unzumutbarkeit der Instandsetzung oder wirtschaftliche Abbruchreife hindert die Vollstreckung im Wege der Ersatzvornahme und die Erlassung eines Kostenvorauszahlungsauftrages ebenso wenig wie die (anhängige oder auch bereits erfolgte) Kündigung der Mieter (VwGH 15.5.1973, Slg 8416 A, 15.12.1975, 901/75).

18) Einem baupolizeilichen Auftrag kommt dingliche Wirkung zu. Ein Vollstreckungsverfahren kann (muß) daher auch gegen einen Rechtsnachfolger durchgeführt werden. Der Erlassung eines neuen Auftrages stünde (steht) die Rechtskraft des schon erlassenen Auftrages entgegen (VwGH 16.9.1997, 97/05/0177, BauSlg 208).

19) Auch die Arbeiten zur Abräumung der Baustelle sind noch als Ersatzvornahme anzusehen (VwGH 21.2.1956, Slg 3983 A).

20) Gem § 10 Abs. 2 Z. 1 VVG kann gegen eine nach dem VVG erlassene Vollstreckungsverfügung eine Berufung u.a. ergriffen werden, wenn die Vollstreckung unzulässig ist.
Eine nach Erlassung des Titelbescheides eingetretene wesentliche Änderung des Sachverhaltes kann eine Vollstreckung unzulässig machen, wobei Wesentlichkeit in diesem Sinne u.a. dann vorliegt, wenn durch die Änderung des Sachverhaltes der titelmäßige Anspruch erloschen ist (vgl. hiezu das hg. Erkenntnis vom 24. November 2008, Zl. 2008/05/0179). Eine wesentliche Änderung des Sachverhaltes, die eine Vollstreckung gem § 10 Abs. 2 Z. 1 VVG unzulässig macht, könnte beispielsweise durch eine Erfüllung des Bauauftrages oder durch den Wegfall des öffentlichen Interesses an der Erfüllung des Bauauftrages bewirkt werden. Allein aus dem Umstand, dass die Behörde mit dem Vollzug des Bauauftrages nicht zügig voranschritt, kann aber noch nicht abgeleitet werden, dass keine öffentlichen Interessen an der Erfüllung des Bauauftrages mehr bestünden (vgl. hiezu das hg. Erkenntnis vom 12. Oktober 2007, Zl. 2006/05/0293).

Der Einwand einer Unzulässigkeit der Vollstreckung nach § 10 Abs. 2 Z. 1 VVG wegen einer seit Erlassung des Titelbescheides eingetretenen Änderung des Sachverhaltes wäre nur dann beachtlich, wenn diese Änderung wesentlich ist, also bei Vorliegen des neuen Sachverhaltes nicht mehr ein im Spruch gleichlautender Bescheid erlassen werden dürfte (vgl. hiezu das hg. Erkenntnis vom 17. März 2006, Zl. 2004/05/0226) (VwGH 23.7.2009, 2009/05/0193).

21a) Wann eine Vollstreckung im Sinne des § 10 Abs 2 Z 1 VVG unzulässig ist, ist im Gesetz nicht näher ausgeführt. Der Berufungsgrund der Unzulässigkeit der Vollstreckung ist aber dann gegeben, wenn kein entsprechender Titelbescheid vorliegt, wenn ein solcher dem Verpflichteten gegenüber nicht wirksam ist oder wenn der Verpflichtung innerhalb der festgesetzten Frist oder doch bis zur Einleitung des Vollstreckungsverfahrens bereits entsprochen wurde (siehe *Walter/Thienel*, Verwaltungsverfahren II^2, 1381). Unzulässig ist eine Vollstreckung auch dann, wenn sich nach der Entstehung des Exekutionstitels die rechtlichen oder tatsächlichen Verhältnisse in einem wesentlichen Punkt geändert haben und damit die objektiven Grenzen der Bescheidwirkungen andere geworden sind, wenn der Bescheid (auf Grund einer wesentlichen Änderung der Sach- und Rechtslage) nicht mehr in derselben Form ergehen dürfte (vgl dazu das hg Erkenntnis vom 30. April 2013, Zl 2013/05/0007, mwN).

21b) Wird die erforderliche Baubewilligung nachträglich erteilt, wird ein Bauauftrag gegenstandslos (vgl das hg Erkenntnis vom 6. September 2011, Zl 2011/05/0105, und *Moritz*, Bauordnung für Wien^5 (2014), § 129 BO, 371). Läuft die Bewilligung in der Folge ab oder wird sie widerrufen, müssen neue

Aufträge erteilt werden (vgl das hg Erkenntnis vom 4. April 1991, Zl 88/05/0085, und *Moritz*, aaO, § 129 BO, 371). Um die Vollstreckung des Abtragungsauftrages zu hindern, muss die nachträgliche Bewilligung – nach dem Wortlaut des Gesetzes (vorschriftswidriger Bau, für den eine nachträgliche Baubewilligung nicht erteilt worden ist) – jedoch jenes Bauwerk zum Gegenstand haben, dessen Vorschriftswidrigkeit im Titelverfahren festgestellt wurde (vgl das hg Erkenntnis vom 13. November 2012, Zl 2010/05/0218) (VwGH 26.11.2014, 2013/05/0035).

Androhung der Ersatzvornahme

21) Wenn auch § 4 Abs 1 VVG keine Frist vorsieht, so ergibt sich aus der Natur der Sache, daß die Frist für die Androhung der Ersatzvornahme mindestens so bemessen sein muß, daß dem Verpflichteten noch eine Möglichkeit zur Selbstvornahme eingeräumt ist (VwGH 3.5.1955, 761/54).

22) Die Androhung ist kein Bescheid (VwGH 27.5.1963, Slg 6038 A; VfGH 28.6.1967, Slg 4244; 3.3.1982, Slg 9349). Eine dagegen erhobene Berufung ist gem § 66 Abs 4 AVG iVm § 63 Abs 2 zurückzuweisen (VwGH 31.1.1980, 133, 134/80, 20.9.1983, 83/05/0142, 0143, 28.10.1999, 99/06/0105, BauSlg 220).

23) Mit der Androhung der Ersatzvornahme beginnt das Vollstreckungsverfahren. Die auf einer Liegenschaft haftenden, auf einen öffentlich-rechtlichen Titel (Bauauftrag) beruhenden Lasten müssen vom Ersteher einer Liegenschaft im Zwangsversteigerungsverfahren ohne Rücksicht auf das Rangverhältnis zur Forderung des betreibenden Gläubigers und ohne Rücksicht darauf, ob sie bücherlich eingetragen sind, übernommen werden. Auch bei einem Eigentumswechsel ist das Vollstreckungsverfahren (s verst Sen 6.6.1989, Slg 12.942 A) weiterzuführen (VwGH 16.12.1997, 94/05/0272, BauSlg 279).

24) Das eigentliche Vollstreckungsstadium beginnt bereits mit dem Ablauf der in der Androhung der Ersatzvornahme gesetzten Paritionsfrist. Von diesem Zeitpunkt an bis zum tatsächlichen Abschluss der Ersatzvornahme sind die Eigentümer der hievon betroffenen Baulichkeit als Verpflichtete bezüglich des Auftrages zur Vorauszahlung der Kosten ungeachtet einer nachfolgenden Änderung der Eigentumsverhältnisse anzusehen (vgl. hiezu die hg. Erkenntnisse vom 28. April 2006, Zl. 2005/05/0194, vom 16. Mai 2006, Zl. 2005/05/0027, VwSlg Nr. 16.925/A, und vom 12. Oktober 2007, Zl. 2006/05/0293, uva.) (VwGH 28.9.2010, 2009/05/0265).

Anordnung der Ersatzvornahme

25) Die Vollstreckungsbeh ist gem § 4 VVG zur Anordnung der Ersatzvornahme berechtigt, wenn trotz Androhung der Ersatzvornahme mit den erforderlichen (Instandsetzungs-)Arbeiten noch nicht begonnen wurde, mag auch ein Unternehmen mit der Ausführung dieser Arbeiten beauftragt worden sein (VwGH 8.9.1981, 81/05/0079, 0080).

26) Dem Verpflichteten steht im Verwaltungsvollstreckungsverfahren kein Einfluss auf die Auswahl des Unternehmens zu, dessen sich die Beh bei der Ersatzvornahme bedient (VwGH 21.2.1984, 83/05/0160, Slg 11.334 A nur Rechtssatz).

Kostenvorauszahlungsauftrag

27) Der Auftrag zur Vorauszahlung der Kosten der Ersatzvornahme nach § 4 Abs 2 VVG ist keine Vollstreckungsverfügung, dient er doch nicht unmittelbar der Vollstreckung – Abgehen von der bisherigen Rechtsprechung mit ausführlicher Begründung (VwGH verst Sen 6.6.1989, 84/05/0035, Slg 12.942 A); in der Praxis bedeutet dies, daß die eingeschränkten Berufungsgründe nach § 10 VVG nicht gelten, vielmehr die Bestimmungen des AVG voll anzuwenden sind, also auch eine entsprechende Begründungspflicht gegeben ist.

28) Im Verfahren betr die Erlassung eines Auftrages zur Vorauszahlung der Kosten der Ersatzvornahme ist die Frage der Gefährdung des notdürftigen Unterhaltes des Verpflichteten nicht zu prüfen, geht es hier doch um die Schaffung eines Exekutionstitels, nicht aber um die Vollstreckung eines solchen (VwGH 6.6.1989, 84/05/0035 verst Sen – bisher widersprechende Rechtsprechung).

29) Mit der Behauptung der wirtschaftlichen Abbruchreife kann im Vollstreckungsverfahren der in Rechtskraft erwachsene Bauauftrag nicht erfolgreich bekämpft werden.

Die Gefährdung des notdürftigen Unterhaltes ist erst bei der Einbringung der Geldleistung, nicht bei der Vorschreibung zu prüfen (VwGH 19.12.1995, 95/05/0249, BauSlg 308).

30) Das aus § 2 Abs 1 VVG ableitbare Schonungsprinzip verpflichtet die Vollstreckungsbehörde nicht, mit der Vollstreckung eines Abtragungsauftrages bzw mit der Erlassung eines Kostenvorauszahlungsauftrages nach § 4 Abs 2 VVG so lange zuzuwarten, bis der Verpflichtete die von ihm anstelle der Abtragung beabsichtigte Behebung der Baugebrechen durch Ausschöpfung des Instanzenzuges bewerkstelligen kann (VwGH 30.6.1972, Slg 8266 A).

31) Nur wenn die Vollstreckungsmaßnahme konkretisiert ist, kann der Kostenvorauszahlungsbescheid (§ 4 Abs 2 VVG) auf die Einhaltung des Schonungsprinzips des § 2 VVG überprüft werden (VwGH 12.11.1985, Slg 11.936 A).

32) Auf das allgemeine Vorbringen in der Berufung gegen einen Auftrag zur Vorauszahlung der Kosten der Ersatzvornahme, die vom AmtsSV geschätzten Kosten seien überhöht, muß die Berufungsbehörde nicht eingehen (VwGH 24.3.1998, 98/05/0022, BauSlg 79).

33) Wenn ein AmtsSV nur einen Kostenrahmen (4,1 bis 6,7 Millionen S) für durchzuführende Arbeiten angibt, erweist sich ein darauf gestützter Auftrag zur Vorauszahlung der Kosten der Ersatzvornahme im Ausmaß von 6,7 Millionen S nicht gerechtfertigt (VwGH 19.5.1998, 98/05/0017, BauSlg 123).

34) Ein ergänzender Auftrag zur Vorauszahlung der Kosten der Ersatzvornahme kann zulässig sein. Ein Rechtsanspruch auf rasche Durchführung des Vollstreckungsverfahrens besteht nicht (VwGH 10.10.1995, 95/05/0203, BauSlg 236).

35) Wenn sich der Sachverhalt seit der Erlassung eines Kostenvorauszahlungsauftrages so geändert hat, daß ein Dritter die erforderlichen Maßnahmen nicht mehr zu den seinerzeitigen Bedingungen durchführen kann, so spricht iSd § 68 Abs 1 AVG nichts (s E 29.6.1993, 93/05/0012) gegen die neuerliche Erlassung eines Kostenvorauszahlungsauftrages (VwGH 18.12.1997, 97/06/0187, BauSlg 298).

36a) Die konkrete Gefahr, daß zur Hereinbringung eines Auftrages zur Vorauszahlung der Kosten einer Ersatzvornahme in enormer Höhe Exekution durch Zwangsversteigerung von Liegenschaften geführt wird, rechtfertigt die Zuerkennung der aufschiebenden Wirkung im Verfahren vor dem VwGH (VwGH 20.11.1972, 1624/72).

36b) Beschwerden gegen Vollstreckungsverfügungen kann, ungeachtet des Umstandes, daß nach § 10 Abs 3 VVG einer Berufung keine aufschiebende Wirkung zukommt, die aufschiebende Wirkung zuerkannt werden (Hinweis auf verst Sen 20.12.1973, 1184, 1186/73) (VwGH 20.5.1974, 480/74).

36c) Die Zuerkennung der aufschiebenden Wirkung hinsichtlich eines Kostenvorauszahlungsauftrages (§ 4 VVG) steht der Vollstreckung des baupolizeilichen Auftrages nicht entgegen (VwGH 3.4.1984, 84/05/0047, 6.5.1987, AW 87/05/0016).

37) Tritt während der Anhängigkeit einer Berufung gegen einen Auftrag zur Vorauszahlung der Ersatzvornahmekosten im Zuge der Vollstreckung eines baupolizeilichen Auftrages ein Wechsel im Eigentum an der vom Auftrag betroffenen Baulichkeit ein, so ist der neue Eigentümer auch dann zur Beschwerdeerhebung an den VwGH legitimiert, wenn der Berufungsbescheid an seinen Rechtsvorgänger im Eigentum gerichtet war (VwGH 9.12.1970, Slg 7928 A).

38) Auch die Anmerkung der Rechtfertigung des vorgemerkten Eigentumsrechtes vermag nichts daran zu ändern, dass die Beschwerdeführerin im Zeitpunkt des Ablaufes der Paritionsfrist Eigentümerin der gegenständlichen Liegenschaft war. Durch die nachfolgende Rechtfertigung mag zwar – wie sich aus § 49 GBG ergibt – Eigentum rückwirkend erworben worden sein; ähnlich wie im Zivilprozess nach der Bestimmung des § 234 ZPO (vgl SZ 67/163) hat dieser Vorgang jedoch auf das bereits eingeleitete Vollstreckungsverfahren entsprechend der oben dargestellten Rechtslage keine Auswirkung (VwGH 16.5.2006, 2005/05/0027).

39) Unstrittig ist, dass das gegenständliche Gebäude ein Superädifikat darstellt. Wenn der Beschwerdeführer vorbringt, dass das Eigentum an diesem Gebäude auf Grund der Vereinbarung im Pachtvertrag mit Auflösung des Pachtverhältnisses an den Verpächter übergegangen sei, so verkennt er, dass für die Übertragung des Eigentums an einem Superädifikat eine solche Vereinbarung nicht ausreicht: Gem § 435 in Verbindung mit § 434 ABGB muss vielmehr zur Übertragung des Eigentums an Superädifikaten eine den Erfordernissen der §§ 432 und 433 entsprechende Urkunde bei Gericht hinterlegt werden. Als einzig rechtswirksame Art für den Eigentumserwerb (durch Übertragung) an einem Überbau kommt somit die Hinterlegung einer entsprechenden Urkunde bei Gericht in Betracht (vgl die hg Erkenntnisse vom 16. September 1997, Zl 97/05/0121, und vom 28. Juni 2005, Zl 2003/05/0237, sowie die Urteile des Obersten Gerichtshofes vom 13. Februar 1985, 3 Ob 125/84 = EvBl 1986/10, und vom 22. März 1993, 1 Ob 513/93 = NZ 1994, 15, wonach auch der Grundeigentümer erst mit der Urkundenhinterlegung Eigentümer des Bauwerkes wird; erst dadurch kommt es zur Vereinigung von Grund- und Bauwerkseigentum). Das Eigentum an einem Superädifikat bleibt auch von der Beendigung oder dem Wegfall eines Grundbenützungsverhältnisses an sich unberührt (vgl den Beschluss des OGH vom 19. Dezember 2001, 9 Ob 229/01v).

Ein Eigentumserwerb des Gebäudes durch den Verpächter im Wege der Urkundenhinterlegung bei Gericht wurde vom Beschwerdeführer zu keiner Zeit behauptet. Die Androhung der Ersatzvornahme und der Kostenvorauszahlungsauftrag sind daher im Ergebnis zu Recht an den Beschwerdeführer als Eigentümer des Superädifikates ergangen. Dem Beschwerdevorbringen zur dinglichen Wirkung eines Abbruchbescheides kommt angesichts dessen keine Bedeutung zu. (VwGH 22.11.2005, 2004/05/0002, zur OÖ. BO).

40) Es trifft zu, dass die Beschwerdeführerin in weiterer Folge ihren Miteigentumsanteil verkauft hat. Nach der Rechtsprechung des Verwaltungsgerichtshofes sind aber die Personen, die ab dem Zeitpunkt des Ablaufes der in der Androhung der Ersatzvornahme gesetzten Paritionsfrist (im Juni 1998) bis zum tatsächlichen Abschluss der Ersatzvornahme die Miteigentümer der hievon betroffenen Baulichkeit waren, als Verpflichtete bezüglich des Auftrages zur Vorauszahlung der Kosten ungeachtet einer nachfolgenden Änderung der Eigentumsverhältnisse anzusehen (vgl unter vielen die hg Erkenntnisse vom 15. Juni 2004, Zl 2003/05/0040, und vom 20. September 2005, Zl 2003/05/0052). Unstrittig ist, dass die Beschwerdeführerin im Zeitpunkt des Ablaufes der in der Androhung der Ersatzvornahme gesetzten Paritionsfrist im Juni 1998 Miteigentümerin der Liegenschaft war. Demnach konnte die belangte Behörde die Beschwerdeführerin ohne Rechtsirrtum auch weiterhin als Verpflichtete bezüglich des Auftrages zur Vorauszahlung der Kosten heranziehen.

41) § 2 Abs 1 VVG bezieht sich nur auf die Auswahl der in diesem Gesetz vorgesehenen Zwangsmittel, kann jedoch nicht dazu herangezogen werden, um eine Vollstreckung überhaupt als unzulässig ansehen zu können (vgl das hg Erkenntnis vom 7. November 1995, Zl 95/05/0260). Das Schonungsprinzip kann im Zusammenhang mit einem Kostenvorauszahlungsauftrag dann verletzt werden, wenn vom Verpflichteten ein höherer Kostenvorschuss verlangt wird, als zur Bestreitung der Kosten der Ersatzvornahme erforderlich ist (vgl die hg Erkenntnisse vom 29. April 1997, Zl 97/05/0078, und vom 20. Jänner 1998, Zl 97/05/0238, ua) (VwGH 12.10.2007, 2006/05/0293).

Kosten der Ersatzvornahme

42) Aus der Best des § 4 VVG, wonach die Ersatzvornahme auf Gefahr des Verpflichteten durchgeführt wird, folgt, daß es der Verpflichtete hinnehmen muß, wenn die Kosten der für die Durchführung des baupolizeilichen Auftrages erforderlichen und auch tatsächlich verrichteten Arbeiten höher sind, als sie bei Durchführung der Arbeiten ohne beh Dazwischentreten gewesen wären (VwGH 17.1.1955, Slg 3622 A). Nicht auferlegt werden können dem Verpflichteten jedoch Ersatzleistungen, die außerhalb des Rahmens einer rechtmäßigen Vollstreckung entstanden sind (VwGH 10.12.1986, 85/09/0077).

43) Im Falle der Ersatzvornahme auf Grund eines baupolizeilichen Herstellungs- oder Instandsetzungsauftrages kann von einer rechtmäßigen Vollstreckung nur dann die Rede sein, wenn die vorgenommenen Arbeiten fachgerecht und dem baupolizeilichen Auftrag entsprechend durchgeführt worden sind. Nur in einem solchen Fall können die Vollstreckungskosten (die Kosten der Ersatzvornahme) dem Verpflichteten (nach § 11 VVG) angelastet werden (VwGH 8.9.1981, Slg 10.519 A).

44) Eine Verpflichtung der Partei zum Ersatz der Kosten einer Ersatzvornahme kann etwa dann nicht angenommen werden, wenn es in Ansehung der verrechneten Arbeiten an einer zureichenden Deckung im Titelbescheid fehlt, wenn die dem Verpflichteten in Rechnung gestellte Leistung von dem durch die Behörde herangezogenen Gewerbetreibenden nicht erbracht worden ist oder der Verpflichtete den Nachweis erbringt, dass die ihm angerechneten Kosten der Ersatzvornahme unangemessen hoch sind (vgl das hg Erkenntnis vom 26. April 1993, 90/10/0209). Die Kosten können dem Verpflichteten nur dann angelastet werden, wenn die Arbeiten fachgerecht und dem baupolizeilichen Auftrag entsprechend durchgeführt worden sind (vgl das hg Erkenntnis vom 8. September 1981, VwSlg. 10.519/A) (VwGH 3.7.2007, 2006/05/0085).

Aufschiebende Wirkung der Vollstreckung durch den VwGH

45) Im beschwerdegegenständlichen Vollstreckungsverfahren sollte der Bescheid des Gemeindevorstandes der mitbeteiligten Gemeinde vom 15. März 2002 vollstreckt werden, der den baupolizeilichen Auftrag enthielt, binnen vier Wochen den der Baubewilligung vom 5. Juni 2000 entsprechenden Zustand herzustellen. Dass der Beschwerdeführer gegen den Titelbescheid eine Verwaltungsgerichtshofbeschwerde eingebracht hatte, worauf er während des gesamten Verwaltungsverfahrens auch hingewiesen hatte, machte für sich allein die Einleitung des Vollstreckungsverfahrens noch nicht unzulässig. Mit der Erlassung des Beschlusses vom 25. Februar 2003, Zl AW 2002/06/0056, wurde der Beschwerde jedoch die aufschiebende Wirkung zuerkannt.

Die vorläufige Maßnahme der aufschiebenden Wirkung gem § 30 Abs 2 VwGG einer beim Verwaltungsgerichtshof erhobenen Beschwerde bewirkt, dass der „Vollzug" des angefochtenen Verwaltungsaktes in einem umfassenden Sinn ausgesetzt, also seine Vollstreckbarkeit und die durch ihn bewirkte Gestaltung der Rechtslage, seine Tatbestandswirkungen und seine Bindungswirkungen zum Zwecke der Sicherung eines möglichen Erfolges der Beschwerde gem § 63 Abs 1 VwGG suspendiert werden. Bis zur Entscheidung über die Beschwerde dürfen aus dem angefochtenen Verwaltungsakt jedenfalls keine für den Beschwerdeführer nachteiligen Rechtsfolgen gezogen werden; dies unabhängig davon, ob die Beschwerde – aus welchen Gründen immer – letztlich erfolglos bleibt oder zur Aufhebung des angefochtenen Bescheides führt (vgl das hg Erkenntnis vom 17. Februar 2004, Zl 2002/06/0150 mwN). Diese Wirkungen der Zuerkennung der aufschiebenden Wirkung sind von allen Behörden in jeder Lage des Verfahrens zu berücksichtigen (VwGH 25.4.2006, 2003/06/0153 zu TBO).

8. Zur Abgrenzung von Abs 2 und 4 gegenüber Abs 10

1) Die verwaltungsgerichtliche Rechtsprechung hat schon vor dem In-Kraft-Treten der geltenden Bauordnung die Begriffe des Baugebrechens und des konsenswidrigen Bestandes eines Gebäudes unterschieden (vgl E des VwGH v 9.1.1907, Slg 4909/A, u v 14.2.1907, Slg 4996/A). Ein Baugebrechen ist dann gegeben, wenn sich der Bauzustand in einer Weise verschlechtert hat, die das öffentliche Interesse berührt, und daher ein polizeiliches Einschreiten erforderlich ist. Im Falle des konsenswidrigen Bestandes liegt kein Konsens oder aber kein solcher Konsens vor, der den schon von vornherein gegebenen, nicht also verschlechterten Zustand decken würde. Ist dem Konsens hinsichtlich einer bestimmten Frage nichts zu entnehmen, so ist der Konsenswidrigkeit die Abweichung von den zur Zeit der Konsenserteilung gültigen Norm gleichzuhalten.

Nun ist zu erwägen, ob im vorliegenden Fall (Rissbildungen in den Gewölben) der Auftrag auf Abs 4 oder auf Abs 10 des § 129 BO zu stützen ist, was für die weitere Frage maßgeblich ist, ob die wirtschaftliche Zumutbarkeit der angeordneten Maßnahmen zu prüfen war. Die Ursache des Geschehens wurde in den zu schwach dimensionierten und Hohlräume aufweisenden deckentragenden Feuermauern erkannt. Demgemäß muß die Frage gelöst werden, ob ein

Baugebrechen oder eine Abweichung von den Bauvorschriften vorliegt, wenn zwar eine Verschlechterung des Bauzustandes festgestellt ist, diese Verschlechterung aber ihre Wurzel in einer schon ursprünglich nicht normgerechten Bauführung hat. Es besteht kein Zweifel, daß eine Feuermauer eine Mauer ist, die weder Öffnungen noch Hohlräume aufweist (vgl auch das E des VwGH v 21.6.1954, 591/53). Der Gerichtshof ist der Auffassung, daß das ausschlaggebende Moment in denjenigen Erscheinungen gelegen ist, die das polizeiliche Einschreiten der Behörde nötig machten; diese Erscheinungen – nämlich die Rissbildung – sind eindeutig als eine Verschlechterung des Bauzustandes anzusehen. Worin die Ursache für diese Verschlechterung gelegen ist, erscheint demgegenüber nicht entscheidend. Im E v 11.2.1958, 1616/56 hat der VwGH der Meinung Ausdruck gegeben, daß Baugebrechen, die als Folge eines Konstruktionsfehlers auftreten, ein Einschreiten der Behörde nach § 129 Abs 2 und 4 BO zulassen. Es liegt in der Linie dieser Rechtsprechung, wenn nunmehr ausgesprochen wird, daß Baugebrechen, die ihre Teilursache in Abweichungen von den Bauvorschriften finden, dennoch, weil sie tatsächlich vorliegen, einen Anwendungsfall des § 129 Abs 2 und 4 BO begründen. Eine Anwendung des § 129 Abs 10 kann nicht in Frage kommen, weil seine Schaffung durch das Stadtgesetz vom 2.7.1936, GBl der Stadt Wien Nr 33/1936, nur den Sinn haben konnte, solche Fälle unter eine genau zutreffende Norm zu stellen, die bisher nicht mit derselben Klarheit erfasst waren. Fälle einer Verschlechterung des Bauzustandes waren aber bereits nach den Abs 2 und 4 des § 129 BO erfasst, und zwar ohne Rücksicht darauf, ob ihre Ursache nur im Ablauf der Zeit oder auch in ursprünglichen Mängeln gelegen war (VwGH 22.4.1958, 2259, 2260/56).

2) Wie der VwGH bereits in mehrfachen Erkenntnissen ausgesprochen hat, kann es zwar durchaus möglich sein, daß im Zeitpunkt der Errichtung von Gebäuden die Technik noch nicht so weit gewesen sein mag, das Eindringen jeglicher Feuchtigkeit in das Grundmauerwerk auf die gesamte Bestandsdauer des Gebäudes auszuschließen. Es kann aber keine Rede davon sein, daß bei der Errichtung eines Gebäudes eine gesundheitsschädliche Durchfeuchtung des Mauerwerkes im Bereich von Wohnungen oder sonstigen Räumen, die für den Aufenthalt von Menschen vorgesehen sind, in Kauf genommen worden und damit gewissermaßen als dem konsensgemäßen Zustand entsprechend anzusehen wäre. Daß die Verpflichtung zur Instandhaltung in bestimmten Fällen, zu denen die Beseitigung der Feuchtigkeit einer Wohnung zu zählen ist, aus technischen Gründen nur dadurch erfüllt werden kann, daß auch Maßnahmen getroffen werden, die in der Baubewilligung nicht vorgesehen waren, ändert nichts daran, daß Ziel dieser Maßnahme nicht die Neuherstellung eines bestimmten Zustandes, sondern dessen Wiederherstellung und sohin die Erhaltung des Bauwerkes ist. Daß darin das entscheidende Kriterium für die Abgrenzung des Begriffes „Baugebrechen" von jenem des

„konsenswidrigen Zustandes“ zu erblicken ist, hat der Gerichtshof in seinem E 14.1.1958, Slg 4524/A, ausgesprochen. Steht aber fest, dass der gegenwärtige Zustand der Wohnungen als Baugebrechen zu qualifizieren ist, dann kann auch hier die geltend gemachte Rechtswidrigkeit nicht vorliegen (VwGH 26.10.1964, 1649/63).

3) Für die Abgrenzung der Regelungen des § 129 Abs 4 BO und des § 129 Abs 10 BO ist entscheidend, ob sich der ursprüngliche Zustand der Baulichkeit verschlechtert hat (dann ist ein Anwendungsfall des § 129 Abs 4 BO gegeben) oder ob schon der durch die Bauführung von vornherein bewirkte, nicht verschlechterte Zustand nicht rechtskonform war (dann ist ein Anwendungsfall des § 129 Abs 10 BO gegeben). In den Fällen schließlich, in denen eine Verschlechterung des Bauzustandes eingetreten ist, kommt ein Auftrag nach § 129 Abs 4 BO auch dann in Betracht, wenn diese Verschlechterung ihre Wurzel in einer schon ursprünglich nicht normgerechten Bauführung hat (vgl VwGH 22.4.1958, 2259-2260/56, VwSlg 4644 A, mwN).

Nach ständiger hg Jud (Hinweis E 30.4.2013, 2011/05/0128, mwN) ist ein Bau im Sinne des § 129 Abs 10 BO vorschriftswidrig, für den im Zeitpunkt seiner Errichtung ein baubehördlicher Konsens erforderlich war und weiterhin erforderlich ist, für den aber ein solcher Konsens nicht vorliegt. Bei Abweichungen von Bauvorschriften können nach dieser Gesetzesbestimmung Bauaufträge sowohl für bewilligungspflichtige als auch für anzeigepflichtige als auch für bewilligungsfreie Bauvorhaben erteilt werden. Der Grund für die Abweichung von Bauvorschriften ist unerheblich. Ferner ist bei Abweichungen oder vorschriftswidrigen Bauten ein Auftrag stets ohne weitere Voraussetzungen (zB Verletzung öffentlicher Interessen) möglich (VwGH 15.4.2024, Ra 2022/05/0198).

Zu Abs 3

1) Wird einem Vertreter des Wiener Magistrates (der sich ausweist) die Überprüfung einer Anzeige wegen einer unbefugten Bauführung nicht ermöglicht, ist der Tatbestand einer Verwaltungsübertretung nach § 129 Abs 3 in Verbindung mit § 135 Abs 1 BO erfüllt (VwGH 20.12.1983, 05/1323/70, BauSlg 163).

2) Hat ein Hauseigentümer die in einer Ladung ausgesprochene Anordnung, den Zugang zu bestimmten Räumen zu ermöglichen, nicht befolgt, darf dennoch ein zwangsweises Aufsperren nur bei Gefahr im Verzug veranlasst werden. Mangels einer solchen Gefahr hätte nur ein Strafverfahren eingeleitet werden können (VwGH 17.3.1992, 91/05/0172).

Zu Abs 4

1) Ein baupolizeilicher Beseitigungsauftrag betrifft „civil rights“ im Sinne des Art 6 EMRK. Wird gegen eine aus Art 6 EMRK abgeleitete Verhandlungspflicht verstoßen, ist eine nähere Prüfung der Relevanz dieses Mangels nicht erforderlich (vgl etwa VwGH 29.3.2017, Ra 2016/05/0103, 0104, mwN).

In Bezug auf § 24 Abs 4 VwGVG hat der Verwaltungsgerichtshof bereits wiederholt festgehalten, dass der Gesetzgeber als Zweck der mündlichen Verhandlung die Klärung des Sachverhaltes und die Einräumung von Parteiengehör sowie darüber hinaus die mündliche Erörterung einer nach der Aktenlage strittigen Rechtsfrage zwischen den Parteien und dem Gericht vor Augen gehabt hat. Ferner kommt eine ergänzende Beweiswürdigung durch das Verwaltungsgericht regelmäßig erst nach einer mündlichen Verhandlung in Frage. Bei maßgeblichem sachverhaltsbezogenen Vorbringen der beschwerdeführenden Parteien ist ebenfalls eine mündliche Verhandlung durchzuführen, dies sogar dann, wenn kein Antrag auf eine solche gestellt worden ist (vgl etwa VwGH 29.3.2017, Ra 2015/05/0059, mwN) (VwGH 20.3.2018, Ra 2016/05/0109 zum OÖ ROG).

Zu Abs 5

1) Gegen die Bestimmungen des § 129 Abs 5 BO bestehen keine verfassungsrechtlichen Bedenken (VfGH 12.10.1954, Slg 2739, VwGH 21.9.1964, Slg 6428/A).

2) Auf Grund der Bestimmungen des § 129 Abs 5 ist die Behörde lediglich ermächtigt, vom Hauseigentümer den Befund eines Sachverständigen über Art und Umfang eines Baugebrechens, nicht aber einen Vorschlag über die zweckmäßige Art der Beseitigung des Gebrechens zu verlangen (VwGH 21.9.1964, Slg 6428/A).

3) Ein einem Behebungsauftrag nachfolgender oder gleichzeitig mit diesem ergehender Auftrag zur Befundvorlage kann nicht auf § 129 Abs 5 gegründet werden (VwGH 25.1.1971, 231/69).

4) § 129 Abs 5 ermächtigt die Behörde nicht, den Nachweis über die Behebung eines Baugebrechens durch Vorlage eines Sachverständigenbefundes zu verlangen (VwGH 25.1.1971, 231/69).

5) Aus § 129 Abs 5 kann entgegen der Auffassung der belangten Behörde nicht abgeleitet werden, daß in einem einzigen Bescheid der Auftrag zur Vorlage von Sachverständigenbefunden in „periodischen Abständen von drei Monaten" erteilt werden darf, da im Gesetz ausdrücklich nur davon die Rede ist, daß der Hauseigentümer über behördlichen Auftrag verpflichtet ist, den Befund eines Sachverständigen über das Vorliegen des vermuteten Baugebrechens und gegebenenfalls über dessen Art und Umfang vorzulegen, was nur so verstanden werden kann, daß zur Zeit der Erlassung des diesen Auftrag enthaltenden Bescheides die Vermutung eines Baugebrechens gegeben sein muß, über dessen Art und Umfang der Befund eines Sachverständigen Aufschluß zu geben hat, damit die Behörde gegebenenfalls in die Lage versetzt wird, einen Auftrag nach § 129 Abs 4 BO zu erlassen (VwGH 11.10.1979, 1400/79).

6) Ein baupolizeilicher Auftrag, einen Deckenbefund vorzulegen, ist nicht nur an die unmittelbar betroffenen Miteigentümer des Hauses zu richten (VwGH 18.11.1986, 86/05/0104, BauSlg 804).

Zu Abs 6

1) Gegen die Verfassungsmäßigkeit des § 129 Abs 6 bestehen keine Bedenken. Die Verständigung von einer gem § 129 Abs 6 durchgeführten Maßnahme ist kein Bescheid (VfGH 3.10.1962, Slg 4262). Gegen eine Verständigung von der Durchführung einer notstandspolizeilichen Maßnahme ist kein Rechtsmittel zulässig (VwGH 17.2.1954, 1408/52).

2) Der VwGH hat in ständiger Rechtsprechung (vgl die E v 19.6.1950, Slg 1548/A und v 7.7.1952, Slg 2609/A) das Wesen der Notstandspolizei dahin gekennzeichnet, daß Zwang ohne Wahrung des Parteiengehörs und ohne Erlassung eines Bescheides zur Erreichung eines bestimmten Zustandes von der Behörde angewendet wird. Hiebei muß das Handeln der Behörde durch eine unmittelbar drohende Gefahr ausgelöst werden und die Gefahrenbeseitigung so dringend sein, daß keine Zeit mehr bleibt, um den vom Eingriff bedrohten Eigentümer anzuhören, ihm durch Bescheid einen Auftrag zu erteilen und diesen Bescheid unter Einhaltung der Verfahrensvorschriften zu vollstrecken (VwGH 30.3.1955, Slg 3699/A).

3) Es ist nicht unzulässig, im Rahmen der Notstandspolizei auch Maßnahmen durchzuführen, die äußerlich das Gepräge der Instandsetzung tragen, wenn diese Maßnahmen ausschließlich Sicherungszwecken dienen und diesem Zweck allein entsprechen (VwGH 3.5.1955, Slg 3728/A).

4) Bei notstandspolizeilichen Maßnahmen nach § 129 Abs 6 BO ist die Annahme unmittelbarer Gefahr zu begründen (VwGH 7.6.1955, 1878/54).

5) Eine Ausnahme von dem Grundsatz, daß notstandspolizeiliche Maßnahmen dann unzulässig sind, wenn baupolizeiliche Aufträge bereits ergangen oder gar rechtskräftig und vollstreckbar sind, ist nur dann gegeben, wenn zusätzliche Gefahrenmomente aufgetreten sind, die ein sofortiges Handeln der Behörde erfordern (VwGH 15.12.1954, Slg 3599/A, 9.11.1955, Slg 3878/A, 21.1.1958, Slg 4532/A).

6) Auch nach Beseitigung eines Teiles einer unmittelbar drohenden Gefahr durch die Feuerwehr kann eine weitere notstandspolizeiliche Maßnahme (Auftrag an einen Gewerbetreibenden) zulässig sein (VwGH 5.11.1958, 2257/56).

7) In dem E v 17.1.1955, Slg 3622/A, hat der VwGH ausgesprochen, daß es der Verpflichtete hinnehmen muß, wenn die Kosten der für die Durchführung des baupolizeilichen Auftrages erforderlichen und auch tatsächlich verrichteten Arbeiten höher sind, als sie bei Durchführung der Arbeiten ohne behördliches Dazwischentreten gewesen wären. Das Gleiche gilt auch bei der Durchführung notstandspolizeilicher Maßnahmen (VwGH 28.1.1958, 816/56, 11.2.1963, 188/62, 20.6.1966, 305/66).

8) Es ist, wie der VwGH bereits im E v 15.12.1954, Slg 3599/A, ausgesprochen hat, die Anordnung und Durchführung notstandspolizeilicher Maßnahmen auch dann zulässig, wenn zur Beseitigung eines Baugebrechens zwar ein vollstreckbarer baupolizeilicher Auftrag erteilt, wegen Säumigkeit des Hauseigentümers aber ein über das seinerzeitige Gefahrenmoment hinausgehender gefahrdrohender Zustand eingetreten ist, so daß keine Zeit mehr bleibt, das Verwaltungsvollstreckungsverfahren einzuleiten. Daß die Arbeiten aber auch an Samstagen und Sonntagen durchgeführt wurden und daß dabei auch Überstunden geleistet wurden, kann nicht als offenbar sachwidrig angesehen werden, da es sich um notstandspolizeiliche Maßnahmen gehandelt hat, die so rasch als möglich durchgeführt werden mußten (VwGH 20.6.1966, 305/66).

9) Bei einer Kostenersatzforderung für eine notstandspolizeiliche Maßnahme nach § 129 Abs 6 BO wandelt sich die Verpflichtung des Eigentümers zur Beseitigung des Gebrechens, die infolge des Notstandes nicht im Rahmen eines ordentlichen Verfahrens durchgesetzt werden konnte, in eine Kostenschuld um, die nicht mehr an der Liegenschaft haftet. Im Falle eines Eigentumswechsels kann der Ersatz nicht mehr dem späteren Eigentümer vorgeschrieben werden (VwGH 28.4.1954, 2817/52, 13.4.1955, 1559/54; vgl auch das E v 17.2.1954, Slg 3302/A).

10) Die Aufrechnung von Schadenersatzforderungen ist im Zusammenhang mit den Kosten notstandspolizeilicher Maßnahmen nicht zulässig (VwGH 21.1.1958, Slg 5432/A).

11) Der wesensmäßige Unterschied zwischen Maßnahmen nach § 129 Abs 4 und 6 BO liegt grundsätzlich nicht im Inhalt dieser Maßnahmen – beides sind Sicherungsmaßnahmen –, sondern in erster Linie in der prozessualen Regelung des behördlichen Vorgehens. Auf die vorläufige Anordnung der Räumung hätte sich die Behörde nur dann beschränken dürfen, wenn sie die Frage nach dem künftigen Schicksal des Hauses, ob dieses nämlich zu erhalten oder abzutragen sei, im Sinne der Abtragung beantworten und demgemäß auch dessen unverzügliche Abtragung hätte sicherstellen können. Probegrabungen und die Unterfangung der Fundamente durch Unterpressung von Zement-Suspensionen sind als notstandspolizeiliche Maßnahmen an sich zulässig (VwGH 7.10.1974, 1269 und 1271/72).

12) Für die Zulässigkeit notstandspolizeilicher Maßnahmen ist auch eine inhaltliche Beschränkung auf die unmittelbare Gefahrenabwehr gegeben; Maßnahmen, die losgelöst von einer akuten Gefahrensituation etwa auf die Erhaltung eines Gebäudes auf längere Sicht gerichtet wären, wären durch § 129 Abs 6 BO nicht gedeckt … Aus der relativ langen Dauer einer Abschrankung und Beleuchtung kann nicht abgeleitet werden, daß sie den Rahmen einer zulässigen notstandspolizeilichen Maßnahme überschritten hätte (vgl E v 7.10.1974, 1269, 1271/72). (VwGH 30.9.1980, Slg 10.238/A).

13) Legte die Behörde der Berechnung der Kosten für die Abschrankung und Beleuchtung einer Gefahrenstelle ohne Rücksicht auf den tatsächlichen Zeitaufwand und die bei den täglichen Kontrollfahrten tatsächlich gefahrene Wegstrecke einen Durchschnittswert zugrunde, den sie auf Grund der in den Jahren 1967 bis 1971 erfolgten Ausfahrten ermittelte, kommt dies einer im Gesetz nicht gedeckten Vorschreibung nach einem bestimmten Tarif gleich (vgl E Slg 9331/A). Eine tarifmäßige Pauschalierung entspricht nicht dem § 129 Abs 6 BO, weil nach dieser Bestimmung dem Eigentümer einer Baulichkeit nur die der Behörde tatsächlich erwachsenen Kosten notstandspolizeilicher Maßnahmen aufzuerlegen sind (VwGH 30.9.1980, Slg 10.238/A).

14) Ein einsturzgefährdetes Gebäude rechtfertigt notstandspolizeiliche Maßnahmen (hier: Einplankung). VwGH 2.6.1986, 86/05/0050, BauSlg 716.

15) Auch ein Bestandnehmer kann die Ausübung einer unmittelbaren behördlichen Befehls- und Zwangsgewalt (hier: Verhinderung der Möglichkeit des Zutritts zu einem Raum und zwangsweise Räumung des Raumes) geltend machen (VwGH 21.1.1992, 90/05/0076).

16) Das Aufbrechen der Wohnungstüre einer Partei stellt zwar keine „Sicherungsmaßnahme" (hier wegen Einsturzgefahr durch herabfallenden Verputz in der Wohnung unterhalb) iSd § 129 Abs 6 BO dar, doch muß unter Zugrundelegung einer am Zweck des § 129 Abs 6 BO orientierten Interpretation davon ausgegangen werden, daß auch solche Maßnahmen durch § 129 Abs 6 BO gedeckt sind, welche der Feststellung einer allfälligen Gefahrenquelle dienen, um nötigenfalls weitere Sicherungsmaßnahmen ergreifen zu können (VwGH 30.8.1994, 94/05/0030, BauSlg 172).

17) Es erscheint dem VwGH verfassungsrechtlich jedenfalls nicht bedenklich, wenn die Kosten einer bei Gefahr im Verzug notwendig werdenden Ersatzvornahme, die einen gemeinsamen Teil des Hauses betrifft (Notdach), allen Eigentümern (Miteigentümern) vorgeschrieben werden, auch wenn unter Umständen – wie im vorliegenden Fall – ausschließlich ein Miteigentümer Verursacher des die Ersatzvornahme auslösenden Baugebrechens war. Gegen einen solchen, das Baugebrechen auslösenden Miteigentümer können die anderen Miteigentümer privatrechtliche Regress- bzw Schadenersatzansprüche geltend machen. Es trifft auch nicht zu, daß die Bfr keine Möglichkeit hatten, das verfahrensgegenständliche Wohnungseigentumsobjekt zu betreten und selbst eine Maßnahme gegen das vorhandene Baugebrechen vorzunehmen. Gem § 13 Abs 3 Wohnungseigentumsgesetz, BGBl Nr 417/1975 (jetzt § 16 Abs 3 WEG 2002), hat der Wohnungseigentümer das Betreten und die Benutzung der Wohnung zu gestatten, soweit dies zur Erhaltung der gemeinsamen Teile der Liegenschaft, wie das Dach des Hauses, erforderlich ist.

Wenn sich die Bfr weiters auf die aus der Bauordnung für Wien sich ergebende Aufsichtspflicht der Behörde berufen, so ändert dies nichts an der Verpflichtung des Eigentümers (bzw Miteigentümers) gem § 129 Abs 6 BO. Ein allenfalls behaupteter eingetretener Schaden könnte gegenüber der Gemeinde Wien in einem Amtshaftungsverfahren geltend gemacht werden (VwGH 19.9.1995, 95/05/0241, BauSlg 222).

18) Auch wenn die belangte Behörde selbst die Auffassung vertreten hat, es seien keine zusätzlichen Gefahrenmomente aufgetreten, erweist sich der angefochtene Bescheid gem § 129 Abs 6 BO insofern als rechtmäßig, da ein neu vorgenommener Ortsaugenschein ergeben hat, daß es nun auch in anderen Wohnungen (neben der im Mandatsbescheid angeführten Wohnung) zu Deckendurchnässungen kommt, die Decke über diesen Wohnungen einzustürzen droht, die Stukkaturschalung und der Putz großflächig herunterhängen und das Wasser in alle diese Wohnungen und über die Gänge und Räume rinnt. Damit lagen aber zusätzliche, später eingetretene Gefahrenmomente vor (VwGH 17.9.1996, 95/05/0198, BauSlg 228) – hier ging es um ein Notdach.

19) *Nicht belegt*

20) 1. Der Verwaltungsgerichtshof hat wiederholt ausgesprochen, dass auch dann, wenn baupolizeiliche Aufträge bereits ergangen und rechtskräftig und vollstreckbar sind, notstandspolizeiliche Maßnahmen zulässig sind, wenn Gefahrenmomente neu aufgetreten sind und ein sofortiges Handeln erfordern (vgl. die hg. Erkenntnisse vom 20. Juni 1968, Zl. 305/66, und vom 17. September 1996, Zl. 95/05/0198, ua). Dass am 8. Februar 2007 durch die Entfernung der Sicherungsmaßnahmen keine solche Gefahrensituation vorgelegen sei, hat die Beschwerdeführerin nicht behauptet. [Gilt jetzt wohl gleichermaßen für das Landesverwaltungsgericht Wien]

2. Der Verpflichtete kann nicht geltend machen, dass die Kosten ohne Einschaltung der Behörde geringer gewesen wären, doch kann er mit substantiierten Darlegungen vorbringen, die Kosten seien unverhältnismäßig hoch (vgl. das hg. Erkenntnis vom 27. Februar 2002, 2001/05/0304). (VwGH 6.7.2010, 2009/05/0028)

21) Es ist der Erstbeschwerdeführerin beizupflichten, dass der Gebrauch des Wortes „kann" zunächst auf die Einräumung eines Ermessens hinweist. Es gibt jedoch, wie der Verwaltungsgerichtshof wiederholt ausgesprochen hat, auch Fälle, in welchen trotz der Verwendung dieses Wortes die von der Behörde zu treffende Entscheidung keine Ermessensentscheidung, sondern eine gebundene Entscheidung ist; dies ist dann der Fall, wenn die in Betracht kommende Verwaltungsvorschrift bereits alle Voraussetzungen normiert, die den ganzen Bereich der Erwägungen, die für die Entscheidung maßgebend sein könnten, umfassen. Es ist aber stets eine Frage der Auslegung, ob eine solche „Kann-Bestimmung" als Einräumung von Ermessen zu deuten ist oder ob dieses „kann" als „muss" zu verstehen ist (vgl *Antoniolli/Koja*, Allgemeines Verwaltungsrecht[3], S 253f) (VwGH 19.12.2012, 2010/06/0144-0146, zum stmk FPG).

22) Bei den von der MA 25 gem § 129 Abs 6 BO veranlassten Maßnahmen handelte es sich um solche unmittelbarer verwaltungsbehördlicher Befehls- und Zwangsgewalt, die beim unabhängigen Verwaltungssenat mit Beschwerde bekämpft werden können. Unterlässt die von einem Akt der Befehls- und Zwangsgewalt betroffene Partei die Erhebung einer Beschwerde gegen diesen Akt, dann ist rechtlich davon auszugehen, dass ein solcher Verwaltungsakt gegenüber einem zu einer Maßnahmenbeschwerde Befugten nicht rechtswidrig in dessen subjektiv-öffentlichen Rechte eingegriffen hat. Dies gilt auch dann, wenn einer Beschwerde beim unabhängigen Verwaltungssenat – wie im vorliegenden Fall – kein Erfolg beschieden war (vgl etwa das hg Erkenntnis vom 6. Juli 2010, Zl 2009/05/0028) (VwGH 26.6.2013, 2012/05/0076).

23) Notstandspolizeiliche Maßnahmen im Sinne des § 129 Abs 6 BO sind nicht mehr zulässig, wenn baupolizeiliche Aufträge bereits ergangen oder gar rechtskräftig und vollstreckbar sind: eine Ausnahme besteht dann, wenn zusätzliche Gefahrenmomente aufgetreten sind, die ein sofortiges Handeln der Behörde erfordern (vgl das hg Erkenntnis vom 17. September 1996, Zl 95/05/0198, mwN) (VwGH 26.6.2013, 2011/05/0102, 0103).

Zu Abs 8

1) Die Pflicht der Behörde zur Entscheidung über eine Vergütung im Sinne des § 129 Abs 8 BO besteht nicht, wenn der Gewerbetreibende als Kontrahent der Stadt Wien und nicht auf Grund einer Bestellung gem der angeführten Gesetzesstelle tätig war (VwGH 21.1.1958, Slg 5432/A).

Zu Abs 9

1) Die im § 101 Abs 2 BO ausgesprochene Verpflichtung, freistehende Feuermauern (Feuermauerteile) von außen zu verputzen, kann sich nur auf solche Feuermauern beziehen, die im Zeitpunkt des In-Kraft-Tretens der Bauordnung aus dem Jahre 1930 ungedeckt waren. Die Bestimmung des § 129 Abs 9 BO findet hingegen auch auf gegenwärtig bestehende Gebäude Anwendung. Die Erteilung eines Auftrages nach § 129 Abs 9 BO ist in das pflichtgemäße Ermessen der Behörde gestellt (VwGH 9.5.1961, Slg 5563/A).[1)]

2) Die Erlassung eines baupolizeilichen Auftrages nach § 129 Abs 9 BO setzt (anders als die Erlassung eines baupolizeilichen Auftrages nach § 129 Abs 4 BO) nicht das Vorhandensein öffentlicher Rücksichten voraus, sondern ist ausschließlich an die Voraussetzung geknüpft, daß, aus welchem Anlass immer, bisher verdeckte Feuermauerteile freigelegt werden (VwGH 31.5.1988, 88/05/0121, BauSlg 1134).

3) Der Verpflichtung, ein Baugebrechen zu beheben, ist nur dann entsprochen, wenn dieses selbst beseitigt wird, und nicht schon dann, wenn dessen mögliche Auswirkungen gemildert werden (vgl das hg Erkenntnis vom 15. Juni 2010, Zl 2007/05/0279). Das bloße Abschlagen und Abstangeln einer Fassade erfüllen daher nicht die Verpflichtung, das Baugebrechen zu beseitigen, wenn diese erst durch die Anbringung eines entsprechenden Verputzes erfüllt werden kann (VwGH 28.4.2015, Ra 2014/05/0013).

Anmerkung: 1) Vgl Art III Abs 6. Mit der Nov LGBl 2008/24 nunmehr generell verbindlich.

Zu Abs 10

1) Gegen die Verfassungsmäßigkeit des § 129 Abs 10 bestehen keine Bedenken (VfGH 27.11.1970, Slg 6320).

2) Auf die Erlassung eines baupolizeilichen Auftrages besteht kein Rechtsanspruch (VwSlg 2525/A) (VwGH 24.4.1990, 89/05/0164, 22.1.1991, 90/05/0159). Auch der Nachbar besitzt keinen Rechtsanspruch (VwGH 23.1.1996, 95/05/0327, BauSlg 19, ua).

3) Einen Auftrag, einen vom Konsens abweichenden Zustand herzustellen, zu erteilen, ist die Behörde weder nach § 129 Abs 4 noch nach § 129 Abs 10 BO befugt (VwGH 8.5.1967, 1863/66) (vgl jedoch § 129 Abs 4 idF LGBl 2009/25 und Anm 12 zu § 129.

4) Entgegen der Beurteilung der belangten Behörde ist der Verwaltungsgerichtshof der Auffassung, daß zur fachgerechten Errichtung eines Stehers (dessen bestimmungsgemäße Aufgabe sich darin erschöpft, ein umklappbares Hindernis zu sein) ein relevantes Maß an bautechnischen Kenntnissen im Sinne dieser Bestimmung nicht erforderlich ist, zumal es nicht auf die Standfestigkeit ankommt. Damit kann dieser Steher nicht als bauliche Anlage angesehen werden, sodaß ein Beseitigungsauftrag nicht in Betracht kommt. (**Anmerkung:** Es ging um einen absperrbaren Schranken eines privaten Parkplatzes, bei welchem die Baupolizei die Meinung vertrat, derartige Schranken seien wegen eines möglichen Feuerwehreinsatzes unzulässig oder mit dem behördlichen Einheitsschlüssel auszustatten) (VwGH 31.3.2004, 2003/06/0060, zum StBG).

5) Aus der Bestimmung des § 129 Abs 10 BO allein ergibt sich bereits, daß die Beseitigung einer konsenslosen Bauführung eine öffentlich-rechtliche Verpflichtung des Eigentümers ist, die unabhängig davon besteht, ob diese Abweichungen tatsächlich eine konkrete Gefahr für die Sicherheit von Personen darstellt oder nicht. Die Baubewilligung kann durch eine Art konkludentes Verhalten der Bauaufsichtsorgane nicht begründet werden (VwGH 20.2.1967, 437/65). S nun Abs 10 idF der Nov LGBl 42/1996 und Anm 27.

6a) Das Vorliegen einer konkreten Gefahr gehört nicht zum Tatbestand des § 129 Abs 10 erster Satz BO (VwGH 27.6.1977, 333/77).

6b) Zu prüfen hat die Behörde aber, ob die Voraussetzungen für die Erteilung eines Auftrages vorliegen (VwGH 28.9.1999, 95/05/0341, BauSlg 206). Also etwa zu welcher Vorschrift ein Widerspruch besteht, ob eine Bewilligungs- oder Anzeigepflicht (noch) gegeben ist ua.

6c) Aufträge für Abweichungen von den Bauvorschriften können nach § 129 Abs 10 WBO (nunmehr) sowohl für bewilligungspflichtige, anzeigepflichtige als auch bewilligungsfreie Bauvorhaben erteilt werden (VwGH 4.7.2000, 2000/05/0011, BauSlg 166).

7) Für die Erlassung eines baupolizeilichen Beseitigungsauftrages bedarf es keines besonderen Anlasses, ist doch die Baubehörde von Amts wegen verpflichtet, für die Beseitigung unbefugter Baulichkeiten Sorge zu tragen (VwGH 31.1.1989, 85/05/0208, 0209). S nun Anm zu E 4.

8a) Der BO ist ein „Schonungsprinzip" fremd. Nach § 129 Abs 10 BO ist ein Beseitigungsauftrag auch für solche Baulichkeiten zu erteilen, die nicht bewohnt werden. Ein Abtragungsauftrag setzt darüber hinaus ein besonderes öffentliches Interesse an dem Abbruch nicht voraus. Die Baubehörde ist an sich von Amts wegen verpflichtet, in Ansehung unbefugter Bauten mit der Erlassung eines Abtragungsauftrages vorzugehen (VwGH 4.4.1989, 88/05/0271).

8b) Bei Vorliegen der gesetzlichen Voraussetzungen ist mit der Erlassung eines baupolizeilichen Auftrages vorzugehen, der Behörde kommt diesbezüglich kein Ermessen zu (VwGH 19.1.1993, 92/05/0322).

9) Die Erlassung eines baupolizeilichen Beseitigungsauftrages ist auch dann zulässig, wenn das Gebäude jahrelang unbeanstandet existierte (VwGH 26.4.1988, 87/05/0199, BauSlg 1099). S aber auch E 53 ff zur Frage des vermuteten Konsenses.

10a) Aus dem so genannten „Toleranz-Erlass" der Magistratsdirektion der Stadt Wien vom 21. Juli 1965, MD 2757/63, kann ein Bfr keinen Rechtsanspruch auf eine „Nichtanwendung" des § 129 Abs 10 BO ihm gegenüber ableiten. Nach ständiger Rechtsprechung des VwGH können solche (nicht verlautbarte) Verwaltungsanweisungen keine Rechtswirksamkeit nach außen entfalten (vgl die Erk v 11.5.1982, 81/05/0095, Slg 10.729/A, und v 12.5.1981, Slg 5587/F). Ebenso wenig hilft dem Bfr der Hinweis auf die Ungleichbehandlung mit den Eigentümern anderer konsensloser Baulichkeiten. Mag die Baubehörde auch verpflichtet sein, die Konsenslosigkeit anderer Baulichkeiten durch Erlassung entsprechender Aufträge nach § 129 Abs 10 BO wahrzunehmen, so ist für den Standpunkt des Bfrs daraus nicht gewonnen, weil niemand aus einer – allenfalls rechtswidrigen – Vorgangsweise gegenüber Dritten für sich einen Anspruch auf vergleichbare Rechtswidrigkeiten ableiten kann (vgl das E v 11.6.1991, 87/14/0133). Das Fehlen der erforderlichen Baubewilligung einst und jetzt bestreitet der Bfr gar nicht (VwGH 15.10.1991, 91/05/0127).

10b) Aus dem so genannten Toleranzerlass der Magistratsdirektion der Stadt Wien kann kein Rechtsanspruch auf Belassung einer baubehördlich nicht bewilligten Baulichkeit abgeleitet werden. Wenn sich die Bfr auf Zusicherungen durch die Verkäufer berufen und vorbringen, sie seien in Irrtum geführt worden, so können damit keine Verletzungen öffentlich-rechtlicher Bestimmungen durch die Verwaltungsbehörden aufgezeigt werden. Auch der Umstand, daß die Baulichkeiten seit über 30 Jahren ohne entsprechende Bewilligung bestehen, vermag keine Rechtswidrigkeit des angefochtenen Bescheides zu begründen (VwGH 25.4.1995, 95/05/0019, BauSlg 75). Siehe jetzt § 71a.

11a) Vorschriftswidrig ist jeder Bau, für den im Zeitpunkt seiner Errichtung eine baubehördliche Bewilligung erforderlich war (und weiterhin erforderlich ist), für den aber eine Baubewilligung nicht vorliegt. Entscheidend ist nicht, ob zu irgendeinem Zeitpunkt eine (noch nicht rechtskräftige) Baubewilligung vorlag, sondern daß im Zeitpunkt der Auftragserteilung eine solche Bewilligung nicht bestand. Die Frage der Bewilligungsfähigkeit des Baues ist im Verfahren nach § 129 Abs 10 BO (vgl VwSlg 7813/A) nicht zu prüfen (VwGH 1.7.1980, 197/80). S auch 22.6.1993, 91/05/0088, 28.11.1995, 93/05/0173 ua.

11b) Während ein Abtragungsauftrag als rechtswidrig zu betrachten ist, wenn ein Gebäude im Zeitpunkt seiner Errichtung nicht bewilligungspflichtig war, so kann doch ein Bauwerk, das im Zeitpunkt seiner Errichtung einer Bewilligung bedurfte, nicht schon deshalb bewilligt werden müssen, weil es im Zeitpunkt seiner Errichtung bewilligt werden durfte; es ist vielmehr, wenn hinsichtlich der Bewilligungsfähigkeit eine Änderung eingetreten ist, die neue Rechtslage maßgeblich, was auch keineswegs unbillig ist, weil es an den Eigentümern liegt, im Sinne des § 60 Abs 1 erster Satz BO vor Beginn der Bauführung um die Baubewilligung anzusuchen. Gerade diese Gesetzesstelle läßt erkennen, daß bei Vernachlässigung der Pflicht, um die Bewilligung anzusuchen, auch das Risiko einer nachteiligen Änderung der Rechtslage in Kauf genommen werden muß (VwGH 29.4.1968, 67/67).

12) Im Falle des konsenswidrigen Bestandes liegt kein Konsens oder aber kein solcher Konsens vor, der den schon von vornherein gegebenen, nicht also verschlechterten Zustand decken würde. Ist dem Konsens hinsichtlich einer bestimmten Frage nichts zu entnehmen, so ist der Konsenswidrigkeit die Abweichung von den zur Zeit der Konsenserteilung gültigen Normen gleichzuhalten (VwGH 22.4.1958, Slg 4644/A).

13) Die Frage, ob eine Baubewilligung erforderlich war oder nicht, ist nach der Rechtslage im Zeitpunkt der Errichtung des Gebäudes zu beurteilen. Es ist ohne Bedeutung, daß die Behörde durch über ein Jahrzehnt – an sich rechtswidrig – nicht einschritt. Auch aus einem langjährigen (unbeanstandeten) Gebrauch kann kein Rechtsanspruch auf weitere Duldung eines bauordnungswidrigen Zustandes abgeleitet werden. Selbst eine Benützungsbewilligung könnte kein Recht auf die Belassung eines der BO oder der Baubewilligung nicht entsprechenden Zustandes begründen (vgl E 2.5.1955, 3425/53, v 26.4.1961, 146/60 und v 27.11.1980, 165/80). Steht fest, daß die Errichtung eines Gebäudes weder im Zeitpunkt der Errichtung noch später ohne Baubewilligung zulässig war, liegt also ein konsensloser Bau vor, dann gelten für den Abbruch des konsenslosen Gebäudes die Vorschriften in jenem Zeitpunkt, in dem die Behörde tätig wurde (VwGH 18.3.1982, 06/3083/80). Richtig wäre: Rechtslage im Zeitpunkt der Entscheidung (Bescheiderlassung); das gilt auch für die Berufungsbehörde.

14) Die Frage, ob ein Auftrag zur Abtragung von Bauten oder ein Auftrag zur Beseitigung von (bloßen) Konsenswidrigkeiten zu erteilen ist, wird von dem jeweils in Betracht kommenden Sachverhalt abhängen – im Zweifel ist wohl der Auftrag mit dem geringeren Eingriff zu erteilen (VwGH 13.12.1990, 89/06/0207, zur TBO).

15) Bei Abweichungen von der Baubewilligung hat die Baubehörde zu prüfen, ob ein Beseitigungsauftrag für das ganze Gebäude oder nur für die erfolgten Abweichungen zu erteilen ist; im Zweifel wird ein Auftrag nur für die Abweichungen zu erteilen sein (VwGH 18.6.1991, 90/05/0230).

16) Der vom Gesetz gewollte Zustand ist die Beseitigung des vorschriftswidrigen Baues. Vorschriftswidrig ist hiebei der gesamte Anbau und nicht nur jener Bauteil, um den der früher bestandene Bauteil vergrößert wurde. Denn so wie dieser Anbau nunmehr vorhanden ist, ist er durch eine baubehördliche Bewilligung nicht gedeckt. Das schließt freilich nicht aus, daß der Eigentümer den vor der eigenmächtigen Bauführung bestandenen Zustand wieder herstellt. Hiefür ist allerdings eine neuerliche Baubewilligung erforderlich, weil die seinerzeit hiefür erteilte Bewilligung durch die Herstellung des Anbaues konsumiert wurde. Ein Rechtsanspruch darauf, daß bei Anwendung des Verwaltungszwanges jener Zustand wieder hergestellt wird, wie er vor der eigenmächtigen Bauführung bestand, ist nicht gegeben (VwGH 21.6.1965, Slg 6727/A).

17) Bei der Frage der Rechtmäßigkeit eines Bauauftrages nach § 129 Abs 10 BO kommt es darauf an, ob der errichtete Bau als solcher konsentiert ist, ob also die Abweichungen ein solches Ausmaß erreichen, daß von einer Übereinstimmung mit dem Konsens nicht mehr gesprochen werden kann. Die Ansicht, die Lage des Bauvorhabens an einer bestimmten Stelle eines Grundstückes sei für die Beurteilung des Bauvorhabens nicht von entscheidender Bedeutung, solange nur die erforderlichen Abstände zu den Nachbargrenzen und Verkehrsflächen eingehalten werden, erweist sich als irrig, weil jede Baubewilligung für ein auch durch seine Lage bestimmtes Vorhaben erteilt wird, so daß für jedes Verrücken des Bauvorhabens eine neuerliche Baubewilligung erwirkt werden muß. Dies ergibt sich im Besonderen aus den Bestimmungen der §§ 64, 70 und 73 BO (VwGH 11.10.1979, 1365/79).

18) Sind zwei Wohnungen im Wesentlichen entsprechend einer Baubewilligung in einem Dachgeschoß eingebaut worden, kann im Hinblick auf Planabweichungen nicht davon ausgegangen werden, die Baubewilligung sei nicht konsumiert worden; ein Beseitigungsauftrag zur Auflassung der Wohnungen ist rechtswidrig (VwGH 12.6.1990, 89/05/0233).

19) Der VwGH hat in seinem E v 1.7.1958, 1814/57, dessen maßgeblicher Inhalt in dem E v 1.4.1960, Slg 5257/A, wiedergegeben ist, ausgesprochen, daß eine bauliche Änderung nur dann als Konsenswidrigkeit qualifiziert werden darf, wenn für sie nach der jeweils geltenden Bauordnung eine baubehördliche Bewilligung erforderlich war. Abänderungen, die der Baubehörde lediglich anzuzeigen seien, könne der Eigentümer auch dann vornehmen, wenn dadurch der konsensgemäße Zustand nicht verändert werde. Nicht nur aus Gründen des Rechtsschutzes leuchtet es dadurch ein, daß ein Abtragungsauftrag nicht erteilt werden kann, wenn ein Gebäude im Zeitpunkt seiner Errichtung keiner Bewilligung bedurfte; es war dann nämlich kein „vorschriftswidriger" Bau im Sinne des § 129 Abs 10 BO (VwGH 29.4.1968, 67/67).

20) Ein Auftrag, den konsensgemäßen Zustand herzustellen oder um die nachträgliche Genehmigung anzusuchen, darf nur hinsichtlich solcher Bauabänderungen erteilt werden, für welche nach der jeweils geltenden Bauordnung eine baubehördliche Bewilligung erforderlich ist (VwGH 1.4.1960, Slg 5257/A). S Anm 1 zur Übersicht und EB zur Nov LGBl 42/1996.

21) Für die Zulässigkeit eines Auftrages gem § 129 Abs 10 BO ist bei Abweichungen vom Konsens der Zeitpunkt der Durchführung der Abänderungen maßgeblich (VwGH 24.4.1990, 89/05/0164).

22) Ein Gebäude ist an jener Stelle zu errichten, an welcher es baubehördlich bewilligt wurde; eine Verschiebung um 2 Meter und eine Verdrehung um 20 Grad können nicht als geringfügige Plan bweichung beurteilt werden (VwGH 20.9.1983, 83/05/0061, 0062, BauSlg 103).

23) Das Anbringen einer Schilfrohrmatte anstelle einer mit Bescheid bewilligten „lichtdurchlässigen" Glasfüllung stellt eine im Sinne des § 129 Abs 10 BO relevante Abweichung von den Bauvorschriften dar (VwGH 15.12.1987, 87/05/0127). S auch VwGH 19.11.1996, 96/05/0184, BauSlg 297.

24) Bei der Erlassung eines baupolizeilichen Beseitigungsauftrages ist der baubehördlich bewilligte Bestand entscheidend, nicht der in einem Plan eingetragene Bauzustand. Sind bauliche Maßnahmen in einem bewilligten Bauplan entsprechend der Färbelungsanordnung rot gekennzeichnet, können andere Maßnahmen, die nicht durch rote Färbelung dargestellt sind, nicht als Gegenstand der Baubewilligung beurteilt werden (VwGH 14.5.1991, 91/05/0026).

25) Auch das Abstellen von Kfz im Bereich von Arkaden (kein öffentliches Gut) bedarf einer baubehördlichen Bewilligung (VwGH 31.5.1988, 88/05/0117, BauSlg 1133, 7.7.1988, 88/05/0105, BauSlg 1157).

26) Auch die Errichtung von Kfz-Stellplätzen auf einem Fabriksgelände bedarf einer Baubewilligung, und zwar schon nach § 3 Abs 1 lit a (jetzt: Z 2 und 3) WGG (VwGH 25.9.1990, 90/05/0072).

27a) Die Bauordnung kennt das Rechtsinstitut der Ersitzung nicht. Durch konkludente Handlungen seitens baubehördlicher Organe kann eine Baubewilligung nicht ersetzt werden (VwGH 23.5.1925, Slg 13.880/A, 28.2.1966, 1623/64).

27b) Nur die Ersitzung von Teilen eines im **Grenzkataster** enthaltenen Grundstückes ist nach § 50 VermG ausgeschlossen, nicht andere Erwerbsvorgänge, wie etwa nach § 418 ABGB (s Angst, Das neue Vermessungsgesetz, ÖJZ 1969, 339). VwGH 25.10.1994, 92/05/0122, BauSlg 235.

28) Mündliche Zusagen ersetzen eine (schriftlich erforderliche) Baubewilligung nicht (VwGH 24.1.1991, 89/06/0060, zum Sa BaupolG).

29) Von der Vollendung eines Bauwerkes kann nicht erst dann gesprochen werden, wenn dieses „schlüsselfertig" hergestellt ist, weil dies zu dem sinnwidrigen Ergebnis führen würde, daß eine Baubewilligung auch dann erlischt, wenn im Zeitpunkt des Ablaufes der Frist noch geringfügige Restarbeiten nicht durchgeführt sind (VwGH 8.7.1958, Slg 4728/A).

30) Wie der VwGH bereits in seinem E vom 16.6.1987, 87/05/0056, ausgeführt hat, ist eine Bauführung iSd § 103 Abs 1 NÖ BO 76 dann als vollendet anzusehen, wenn das Gebäude nach außen abgeschlossen ist und alle bauplanmäßigen konstruktiven Merkmale verwirklicht worden sind. Das Fehlen des Innenverputzes oder des Estrichs rechtfertige nicht die Annahme, daß ein Gebäude im Sinne der zitierten Bestimmung noch nicht als vollendet anzusehen sei.

Unter diesem Gesichtspunkt war davon auszugehen, daß das Gebäude bereits vollendet war. Daß das Fehlen des „Fassadenendverputzes" allenfalls schönheitliche Rücksichten und insofern öffentliche Interessen berührt, ändert nichts daran, daß das Gebäude im Beschwerdefall nach außen abgeschlossen war und alle bauplanmäßigen konstruktiven Merkmale verwirklicht worden sind.

In seinem E vom 4.10.1983, 83/05/0093, hat der VwGH ausgeführt, daß dann, wenn eine baubehördliche Bewilligung tatsächlich schon konsumiert worden ist, ein Ansuchen um Verlängerung der Bauvollendungsfrist als unzulässig zurückzuweisen ist. Der Beschwerdefall gibt keine Veranlassung, von dieser Rechtsansicht abzurücken. Dadurch, daß das Ansuchen abgewiesen anstatt als unzulässig zurückgewiesen wurde, ist aber der Bfr im Ergebnis in keinem Recht verletzt.

Daß der Bfr mangels Fertigstellung ua der Installationen und der mangelnden Erfüllung der Auflage Nr 28 der Baubewilligung (2 Gst zu vereinen) noch nicht um Durchführung der Endbeschau und Erteilung der Benützungsbewilligung ansuchen kann, verhindert zwar die Benützbarkeit, hat aber keinen Einfluss auf die Bauvollendung iSd § 103 Abs 1 und 6 NÖ BO 76 (VwGH 30.5.2000, 96/05/0188, BauSlg 129).

31) Ein „alter Bestand" hat die Vermutung der Rechtmäßigkeit für sich, welche nur durch den Gegenbeweis entkräftet werden kann, daß die erforderliche Baubewilligung nicht erteilt worden ist; der Umstand, daß aus den Akten der Baubehörde ein Hinweis auf die Erteilung der Baubewilligung nicht entnommen werden kann, beweist nicht, daß der Bau ohne Bewilligung errichtet wurde (VwGH 18.4.1916, Slg 11.367/A, zur Bauordnung für Oberösterreich).

32) Sind hinsichtlich eines seit Jahrzehnten bestehenden Gebäudes Unterlagen über eine seinerzeitige Baubewilligung nicht mehr auffindbar, steht andererseits aber fest, daß baubehördliche Beanstandungen aus dem Grund, weil ein Konsens fehle, niemals stattgefunden haben, dann spricht die Vermutung dafür, daß das Gebäude in seiner derzeitigen Gestalt auf Grund einer nach der im Zeitpunkt der Erbauung in Geltung gestandenen Vorschrift erteilten Baubewilligung errichtet worden ist, es sei denn, daß Anhaltspunkte für eine gegenteilige Annahme vorliegen (VwGH 4.6.1957, Slg 4364/A, 3.11.1969, 623/69, 25.5.1972, 414/71). Was der VwGH in seinem E v 4.6.1957, Slg 4364/A, für ein Gebäude ausgeführt hat, muß auch für die Zubehöranlagen (Kanalanlagen, Wasserleitungsanlagen) gelten (VwGH 23.11.1962, 712/62). Ebenso VwGH 31.1.2012, 2009/05/0096.

33) Der Grundsatz, daß der lange Bestand eines Gebäudes für dessen Konsensmäßigkeit spricht, gilt auch dann, wenn eine Baubewilligung vorhanden ist, der bestehende Zustand mit dieser aber nicht übereinstimmt. Allerdings ist auch nach der ständigen Rechtsprechung des VwGH (vgl die E v 23.11.62, 712/62, Slg 6727/A, E 1.6.70, 1419/69, ua) jeder Bau vorschriftswidrig, für den eine Baubewilligung nicht vorliegt oder der später abgeändert wurde, ohne daß die bewilligungspflichtige Änderung baubehördlich genehmigt worden ist. Diese rechtswidrige Abänderung macht aber den Altbestand nur dann konsenslos, wenn dieser und der Neubestand in einem solchen Verhältnis zueinander stehen, daß eine Trennung unmöglich erscheint, dh aus technischen Gesichtspunkten von einer Trennbarkeit des tatsächlich oder – wegen des jahrzehntelangen Bestehens – präsumtiv konsentierten Altbestandes und des durch die unbefugte Bauführung hergestellten neuen Baues nicht gesprochen werden kann (vgl die hg E v 1.6.70, 1085, 1419/69) (VwGH 9.12.1975, Slg 8940/A).

34) Nach der ständigen Rechtsprechung des VwGH spricht hinsichtlich eines seit Jahrzehnten bestehenden Gebäudes, bei welchem Unterlagen über eine seinerzeitige Baugenehmigung nicht auffindbar sind, von dem aber andererseits feststeht, daß von der Baubehörde Beanstandungen wegen eines fehlenden Konsenses niemals stattgefunden haben, die Vermutung dafür, daß das Gebäude in seiner derzeitigen Gestaltung auf Grund einer nach den im Zeitpunkt der Erbauung in Geltung gestandenen Vorschriften erteilten Baubewilligung errichtet worden ist, es sei denn, daß Anhaltspunkte für eine gegenteilige Annahme vorliegen (vgl Slg 4364/A, 6509/A, 8940/A ua). Dies gilt nach der Rechtsprechung des VwGH (vgl die E v 3.11.1969, 623/69, v 25.5.1972, 414/71 ua) sinngemäß auch dann, wenn eine Baubewilligung vorhanden ist, der bestehende Zustand mit dieser aber nicht übereinstimmt. Der VwGH hält an dieser Rechtsanschauung fest (VwGH 10.10.1977, 1156/77 ua).

35) Ein Zeitraum von ungefähr 30 bis 40 Jahren ist zu kurz, um die auf eine bloße Vermutung zu stützende Annahme zu rechtfertigen, die Baulichkeiten seien, trotz Fehlens einer schriftlichen Baubewilligung, baubehördlich bewilligt worden. Dies muß vor allem dann gelten, wenn es sich um ein Gebiet handelt, das schon lange Zeit vor dem in Betracht kommenden Zeitraum zum Gemeindegebiet der Stadt Wien gehörte, und wenn amtsbekannt ist, daß für Bauführungen aus dieser Zeit entsprechende Unterlagen bei der Behörde aufliegen, zumal von der Partei nicht behauptet wurde, daß diese Unterlagen durch Kriegseinwirkungen oder ähnliche Ereignisse verloren gegangen sind (VwGH 9.12.1963, 1200/63).

36) Bei der Feststellung des Sachverhaltes (ob angenommen werden kann, daß eine Baubewilligung erteilt wurde) trifft auch die Partei eine Mitwirkungspflicht. Dieser kommt gerade bei dem hier festzustellenden Sachverhalt besondere Bedeutung zu, weil es in der Regel der Eigentümer eines Bauwerkes ist, der allein zielführende Hinweise über das Vorliegen einer Baubewilligung geben kann (VwGH 9.12.1963, 1200/63). S auch VwGH 31.8.1999, 99/05/0088, BauSlg 171.

37) Ein Antrag auf Einvernahme eines Zeugen zu dem Beweisthema, daß eine Baulichkeit zu einem bestimmten Zeitpunkt schon bestanden habe, darf nicht übergangen werden, wenn ein solcher Beweis die Annahme eines vermuteten Konsenses rechtfertigen würde (VwGH 13.12.1976, 1243, 1245/76, 16.12.1986, 84/05/0011, BauSlg 825).

38) Die Rechtsvermutung der Konsensmäßigkeit der so genannten alten Bestände kommt jedoch einem Bauzustand, der auch nach der zur Zeit seiner Herstellung geltenden Bauordnung gesetzwidrig war, nicht zustatten, da nicht angenommen werden kann, daß die Baubehörde die gesetzwidrige Herstellung bewilligt hätte; es müsste sonach der strikte Nachweis erbracht werden, daß der behauptete Konsens seinerzeit tatsächlich erteilt worden ist (VwGH 11.10.1916, Slg 11.542/A, 3.11.1969, Slg 7678/A).

39) Die Baubewilligung kann nicht „ersessen" werden und die Anwendung des § 129 Abs 10 BO nicht „verjähren" (vgl die E 28.2.1966, 1623/64, u v 18.10.1971, 390/71). § 129 Abs 10 BO sieht die Beseitigung vorschriftswidriger Bauten vor, für die eine nachträgliche Baubewilligung nicht erteilt worden ist. Die Frage, ob eine nachträgliche Baubewilligung erteilt werden kann, bildete daher weder den Entscheidungsgegenstand noch eine Vorfrage im Sinne des § 38 AVG (vgl E v 15.4.1970, 195/70) (VwGH 28.4.1975, Slg 8817/A).

40) Bauaufträge müssen ausreichend bestimmt sein. Der Auftrag, ein Gebäude derart abzuändern, daß es dem mit Baubewilligungsbescheid genehmigten Plan entspricht, ist ausreichend bestimmt. Entgegen den Vorstellungen der Bfr muß nämlich lediglich der zu erreichende Zustand bestimmt festgelegt sein, nicht aber, mit welchen Mitteln und mit welchem Kostenaufwand dies geschehen könnte. Dabei ist es gleichgültig, ob der konsenswidrige Zustand durch nachträgliche Umbauten erfolgt ist oder aber von vornherein von der Bewilligung abgewichen wurde (VwGH 11.12.1990, 88/05/0227, 0228). S auch VwGH 16.9.1997, 97/05/0080, BauSlg 196.

41) Ein Beseitigungsauftrag für vorschriftswidrige Bauten ist stets an den Eigentümer zu richten; dies unabhängig davon, ob er oder seine Rechtsvorgänger oder aber ein Dritter den konsenswidrigen Zustand herbeigeführt haben (VwGH 14.3.1989, 89/05/0025, 26.6.1990, 87/05/0104, 21.1.1997, 96/05/0192, BauSlg 3, ua).

42) Als Vorfrage gem § 38 AVG ist vor Erteilung des baupolizeilichen Beseitigungsauftrages zu klären, ob nicht Eigentumserwerb gem § 418 dritter Satz ABGB durch eine Bauführung erfolgte und daher die Bauführung konsensgemäß auf dem eigenen Grund des Errichters des betreffenden Gebäudes (der betreffenden baulichen Anlage) vorgenommen wurde. Nach der Rsp des OGH kann der Grenzüberbau zum Eigentumserwerb am Nachbargrund führen (s *Spielbüchler* in Rummel, Kommentar zum ABGB I, zweite Auflage, Rz 9 zu § 418 ABGB). Nach der Rsp des OGH wird nunmehr gefordert, daß der Grundeigentümer den Bauführer bauen läßt, obwohl er weiß, daß er auf fremdem Grund baut (s EvBl 1975, 261); es wird also gefordert, daß der Grundeigentümer in Kenntnis seines eigenen Rechtes zusieht, wie dem Bauführer aus Unkenntnis dieses Rechtes Nachteile zu erwachsen drohen (s JBl 1989, 582). Im konkreten Fall wusste der Grundeigentümer nicht nur von der Bauführung, er erteilte sogar ausdrücklich seine Zustimmung. Ob er allerdings auch mit einer allfälligen Grenzüberschreitung einverstanden war, steht keinesfalls fest, sodaß die analoge Anwendung des § 415 und des § 416 ABGB (Miteigentum) in Betracht zu ziehen ist (s *Spielbüchler* in Rummel, Kommentar zum ABGB I^2, Rz 9 zu § 418 ABGB). Bezüglich des Grenzverlaufes ist der Zeitpunkt der Errichtung der Baulichkeit (Einfriedung) maßgeblich, nicht ein später festgestellter Grenzverlauf. Die nach § 7 VermessungsV zulässigen Fehlergrenzen sind zu beachten (VwGH 25.10.1994, 92/05/0122, BauSlg 235).

43) Liegt ein Superädifikat vor, ist ein Bauauftrag nach § 129 Abs 10 WBO dem Eigentümer des Superädifikates zu erteilen. Wurde ein Bauauftrag an den Grundeigentümer erteilt, so hat der Pächter, sollte er tatsächlich Eigentümer sein, entsprechende Rechtsbehelfe (§ 37 EO) im Vollstreckungsverfahren; seine Berufung ist zurückzuweisen (VwGH 20.6.1995, 93/05/0029, BauSlg 112).

44) § 129 Abs 10 verlangt für die nachträgliche Sanierung eines gesetzwidrigen Zustandes nur die nachträgliche Bewilligung. Auch eine in Anwendung des § 71 erteilte Baubewilligung auf Zeit oder auf jederzeitigen Widerruf ist eine Baubewilligung mit allen Rechtswirkungen einer solchen (VwGH 6.11.1962, Slg 7895/A). Eine Vollstreckung des Auftrages ist daher unzulässig.

45) Bei Anhängigkeit eines Ansuchens um nachträgliche Baubewilligung kann ein Abtragungsauftrag nicht vollstreckt werden (VwGH 3.4.1967, 448/65, 29.4.1968, 67/67). Jeder unbefugt errichtete Bau, für den eine nachträgliche Bewilligung nicht erwirkt wurde, kann Gegenstand eines Bauauftrages sein, auch dann, wenn ein Ansuchen um nachträgliche Bewilligung schon eingebracht wurde (VwGH 15.6.1970, Slg 7813/A).

46a) Auch während der Anhänglichkeit eines Ansuchens um nachträgliche Baubewilligung kann ein Auftrag zur Beseitigung der eigenmächtigen Neuerung erteilt werden. Der Auftrag kann jedoch erst nach rechtskräftiger Abweisung oder Zurückweisung des Bauansuchens vollstreckt werden (VwGH 15.6.1970, Slg 7813/A).

46b) Nach stRsp des VwGH kann jeder unbefugt errichtete Bau, für den eine nachträgliche Bewilligung nicht erwirkt wurde, Gegenstand eines Beseitigungsauftrages sein, auch dann, wenn ein Ansuchen um nachträgliche Bewilligung eingebracht wurde (s VwSlg 7813/A). Die Vollstreckung des Bauauftrages und eine Bestrafung ist jedoch so lange unzulässig, als ein Ansuchen um nachträgliche Bewilligung anhängig ist (VwGH 7.9.1993, 93/05/0121).

47) Nach ständiger Rechtsprechung des VwGH ist während der Anhängigkeit eines Ansuchens um nachträgliche Baubewilligung ein Abtragungsauftrag nicht zu vollstrecken, davon gehen ja auch die Parteien des Verwaltungsgerichtshofverfahrens aus. Dies gilt aber dann nicht, wenn der vorschriftswidrig errichtete Bau, von dem bereits feststeht, daß er nicht bewilligt werden kann, nur in irgendeiner Weise – so im vorliegenden Fall als untergeordneter Bestandteil eines Gebäudes – bei einem künftigen Bau, um dessen baubehördliche Bewilligung erst angesucht wurde, mitverwendet werden soll. Sonst stünde es ja dem Verpflichteten offen, das erforderliche Vollstreckungsverfahren auf unabsehbare Zeit durch Anträge auf Bewilligung immer wieder neuer Projekte, in die das zu beseitigende Objekt einbezogen werden soll, zu verhindern (VwGH 18.9.1984, 84/05/0122, 0123, BauSlg 302).

48) Ist der baupolizeiliche Beseitigungsauftrag an einen Miteigentümer noch nicht rechtskräftig, darf eine Vollstreckungshandlung auch gegen jenen Miteigentümer nicht gesetzt werden, dem gegenüber der Auftrag schon in Rechtskraft erwachsen ist (VwGH 23.9.1986, 84/05/0228, BauSlg 755).

49) Wenn für eine bauliche Anlage bereits ein auf § 129 Abs 10 BO gestützter Auftrag vorliegt, der in Rechtskraft erwachsen ist, so kann in einem nachfolgenden Verfahren, das die Erteilung einer nachträglichen Baubewilligung zum Gegenstand hat, nicht mehr eingewendet werden, daß die Anlage überhaupt nicht genehmigungspflichtig ist bzw daß eine Bewilligung mit Rücksicht auf den 30-jährigen unbeanstandeten Bestand der Anlage als vorhanden vermutet werden müsse (VwGH 22.4.1963, 1202/62). Dies kann nur für eine nicht veränderte Sach- und Rechtslage gelten; s auch § 71a und 71b.

50) Soweit einem Auftrag der Baubehörde zur Gänze entsprochen wurde, besteht nach Lage des Falles kein Interesse an der ausdrücklichen Feststellung, daß dies geschehen sei (VwGH 4.7.1989, 88/05/0168). Vgl jetzt § 129 Abs 11 (LGBl 2014/25).

51) Der Verwaltungsgerichtshof hat in ständiger Rechtsprechung ausgeführt, dass die Baubewilligung für ein durch seine Lage bestimmtes Vorhaben erteilt wird, sodass für jedes Verrücken des Vorhabens eine neuerliche Bewilligung erwirkt werden muss (siehe beispielsweise die Erkenntnisse vom 15. Juli 2003, Zl 2002/05/0743, vom 3. April 2003, Zl 2002/05/1438, und vom 3. Juli 2001, Zl 2001/05/0072). Wohl wurde auch eingeräumt, dass Einzelfälle denkbar sind, in denen durch eine geringfügige Verschiebung eines Bauwerkes nicht vom Vorliegen eines rechtlichen „aliud" auszugehen sei. Gem § 128 Abs 4 BO war die Benützungsbewilligung zu erteilen, wenn das Gebäude, die bauliche Anlage beziehungsweise der Gebäudeteil keine augenscheinlichen Mängel, die die sichere Benützbarkeit verhindern, aufweist. Aus ihr ergibt sich grundsätzlich nur, dass die Voraussetzungen für die Benützung der bewilligten Baulichkeiten gegeben sind. Eine Benützungsbewilligung, deren Gegenstand und Inhalt ausschließlich die Erlaubnis zur Benützung des Bauwerkes bildet, kann der Baukonsens nicht abändern oder ersetzen. Eine Abänderung des Baubewilligungsbescheides durch den Benützungsbewilligungsbescheid ist nur dann denkbar, wenn die Benützungsbewilligung auch Elemente einer Baubewilligung enthält (vgl das hg Erkenntnis vom 21. Juli 2005, Zl 2004/05/0104) (VwGH 4.3.2008, 2006/05/0116).

52) In der falschen rechtlichen Beurteilung der belangten Behörde betreffend die Annahme der Bewilligungspflicht des Vorhabens der Beschwerdeführerin gem § 70 BO liegt aber keine Verletzung der Beschwerdeführerin in den von ihr geltend gemachten Rechten, weil die beantragte Nutzung der gegenständlichen Grundfläche als Einstellplatz aus den schon von der belangten Behörde genannten Gründen unzulässig ist. Gem § 1 Abs. 2 WGG gelten nämlich für die in Abs. 1 dieses Gesetzes bezeichneten Anlagen die Bestimmungen der Bauordnung für Wien, soweit das WGG keine abweichenden Vorschriften enthält. Daher müssen auch die dem WGG unterliegenden bewilligungsfreien Anlagen den Bauvorschriften einschließlich der Bebauungsvorschriften entsprechen und sind andernfalls zu beseitigen; gegebenenfalls kann die Behörde Aufträge gem § 129 Abs. 10 BO erteilen (vgl. § 62a Abs. 3 BO sowie das hg. Erkenntnis vom 24. November 1998, Zl. 98/05/0151).

Im vorliegenden Fall möchte die Beschwerdeführerin eine als SWW gewidmete Grundfläche für zwei KFZ-Stellplätze verwenden. Zutreffend hat die belangte Behörde festgestellt, dass dies nur im Rahmen der Bestimmung des § 6 Abs. 3 BO zulässig ist. Es handelt sich jedoch bei dem projektierten Vorhaben weder um eine widmungskonforme Nutzung noch um eine baurechtlich relevante Maßnahme „kleineren Umfanges", die land- und forstwirtschaftlichen Zwecken dient, noch um eine notwendige Anlage, die der in freier Natur Erholung suchenden Bevölkerung dient oder für die widmungsgemäße Nutzung des Grundstückes notwendig ist. …

Die Verwendung der im Antrag der Beschwerdeführerin bezeichneten Grundstücksfläche für KFZ-Stellplätze widerspricht somit § 6 Abs. 3 BO (VwGH 24.6.2009, 2008/05/0240).

53) In einem Bauauftragsverfahren nach § 129 Abs. 10 BO hat zwar die Baubehörde die Frage, wer Eigentümer einer Baulichkeit ist, als Vorfrage im Sinne des § 38 AVG unter Zugrundelegung der Ergebnisse des Ermittlungsverfahrens zu beantworten (vgl. das hg. Erkenntnis vom 23. Juli 2009, Zl. 2006/05/0027, mwN). Im Fall, dass der (die) Eigentümer des (der) Bauwerke auf einer Liegenschaft vom Grundeigentümer verschieden sind, ist jedoch die Baubehörde nicht verpflichtet, selbst umfangreiche Erhebungen über die Eigentümer an den vom Bauauftrag betroffenen Bauwerke anzustellen, vielmehr kann sie den Grundeigentümer – wie dies auch von der Behörde erster Instanz durchgeführt wurde – im Sinne des § 129b Abs. 2 zweiter Satz auffordern bekannt zu geben, wer Eigentümer der Bauwerke auf seiner Liegenschaft ist. Kommt der Liegenschaftseigentümer seiner Auskunftspflicht im Sinne des § 129b Abs. 2 dritter Satz BO nicht (ausreichend) nach, so tritt der Grundeigentümer in die Stellung des von der Behörde durch Auftrag zu Verpflichtenden Eigentümers der Baulichkeit ein. In einem solchen Fall ist die Behörde berechtigt, einen Beseitigungsauftrag selbst für den Fall zu erteilen, dass der Liegenschaftseigentümer nicht auch Eigentümer der Anlagen ist. Die Bestimmung dient dem Zweck, den vom Gesetz geforderten Zustand herbeizuführen, weil der Grundeigentümer die Möglichkeit besitzt, eine Bauführung auf seiner Liegenschaft nicht zuzulassen (vgl. hiezu das hg. Erkenntnis vom 28. April 1987, Zl. 87/05/0015) (VwGH 20.10.2009, 2008/05/0264).

54) § 129 Abs 10 BO besteht aus zwei Teilen; nur der zweite Satz regelt die Entfernung vorschriftswidriger Bauten, der erste Satz hingegen umfasst die Veranlassung der Behebung jeglicher „Abweichung von den Bauvorschriften" und kann daher auch zu einem Auftrag zur Herstellung führen. Dabei kommt es nicht darauf an, ob der Bau konkreten Rechtsvorschriften der BO widerspricht, sondern wieweit der Bau durch die Baubewilligung gedeckt ist (vgl das hg Erkenntnis vom 25. März 2010, Zl 2009/05/0323) (VwGH 16.3.2012, 2009/05/0157).

55) Die belangte Behörde hat sich aber nicht mit der Frage befasst, ob dann, wenn man diese Schilfmatten entfernte, die bauliche Anlage als (nicht vorschriftswidrige) Pergola zu qualifizieren wäre, und hat (demnach) auch nicht geprüft, ob der Beseitigungsauftrag auf die Schilfmatten beschränkt werden könnte, worauf die Beschwerdeführerin zutreffend verweist. Die Einschränkung eines Beseitigungsauftrages auf einen Teil einer baulichen Anlage setzt rechtliche und tatsächliche Teilbarkeit voraus (vgl hiezu die Ausführungen in *Moritz*, Bauordnung für Wien[4], § 129, S 325, mwN). Dass diese Voraussetzungen hinsichtlich der Schilfmatten nicht vorlägen, ist bei der gegebenen Verfahrenslage nicht ersichtlich (VwGH 23.8.2012, 2010/05/0170 und 2012/05/0021).

56) Angesichts der vorhandenen Baubewilligung aus 1912 besteht kein Anhaltspunkt dafür, dass die (auch von der Beschwerde nicht in Zweifel gezogenen) Ausführungen des bautechnischen Amtssachverständigen, wonach die Archive für das in Rede stehende Grundstück als vollständig angesehen werden können, nicht zutreffend wären. Ohne konkrete Anhaltspunkte für die Unvollständigkeit der Archive sind aber keine weiteren behördlichen Ermittlungen in dieser Hinsicht vonnöten (vgl das hg Erkenntnis vom 25. September 1990, Zl 90/05/0072). Die belangte Behörde ist somit zutreffend davon ausgegangen, dass kein vermuteter Konsens besteht, bildet doch die Vollständigkeit der Archive ein wesentliches Argument gegen einen solchen (VwGH 23.7.2013, 2013/05/0112).

57) Die Vollstreckung eines Beseitigungsauftrages ist während der Anhängigkeit eines Ansuchens um nachträgliche Baubewilligung unzulässig (vgl die bei *Moritz*, Bauordnung für Wien, 4. Auflage, S 323 genannte hg Judikatur; dies gilt aber nicht, wenn bereits feststeht, dass die Bewilligung nicht erteilt werden kann – vgl die bei *Moritz*, aaO, S 323 angeführte hg Judikatur).

Entgegen der Auffassung in der Beschwerde ist die Betreibung des Bauprojektes dadurch, dass ein Verfahren bei Gericht betreffend die Zustimmung der Miteigentümer anhängig ist, keine Anhängigkeit im Sinne dieser Judikatur (VwGH 30.4.2013, 2013/05/0007).

58) § 129 Abs 10 BO nennt zwar nicht den Grundeigentümer als Adressaten eines Bauauftrages; im Zusammenhang mit § 1 Abs 2 WGG muss aber auch die Fläche, die (ohne erforderliche Bewilligung) dem Einstellen von Kraftfahrzeugen dient (§ 2 Abs 2 und 3 WGG), als Anlage gem § 2 Abs 2 leg cit, demnach wie ein Bauwerk iSd § 129 Abs 10 BO angesehen werden (vgl das zitierte hg Erkenntnis vom 4. September 2001). Und ein Beseitigungsauftrag gem § 129 Abs 10 BO ist stets an den Eigentümer des Bauwerkes zu richten, dies unabhängig davon, ob er oder seine Rechtsvorgänger oder aber ein Dritter den konsenswidrigen Zustand herbeigeführt hat (vgl auch dazu das zitierte hg Erkenntnis vom 4. September 2001, mwN) (VwGH 30.4.2013, 2012/05/0114).

59) Es trifft zwar zu, dass auf Grund des nunmehrigen Textes des § 129 Abs 10 BO im Einzelfall ein größerer Spielraum für die Behörde bei der Entscheidung, ob ein Bauauftrag zu erlassen ist, gegeben ist. Allerdings bedarf es für das Unterbleiben eines Auftrages eines sachlichen Grundes, der jedenfalls nicht schon dadurch gegeben ist, dass keine Gefahr in Verzug besteht (vgl die bei *Moritz*, Bauordnung für Wien, 4. Auflage, S 324 wiedergegebene hg Rechtsprechung). Außerdem kann das Unterlassen eines Auftrages kein Dauerzustand sein, sondern muss es sich um Gründe handeln, die ein bloß gewisses Abwarten sachlich rechtfertigen (vgl auch dazu die bei *Moritz*, aaO, S 324 zitierte hg Rechtsprechung). Solche Gründe liegen hier aber nicht vor, vielmehr macht der Beschwerdeführer Argumente geltend, die ein endgültiges Absehen von einem Bauauftrag bedingen würden.

Zu bemerken ist, dass ein Beseitigungsauftrag auch zulässig ist, wenn ein Verfahren betreffend eine nachträgliche Baubewilligung anhängig ist, allerdings darf während der Anhängigkeit eines solchen nachträglichen Baubewilligungsansuchens ein baupolizeilicher Auftrag nicht vollstreckt werden (vgl die bei *Moritz*, aaO, S 322 f zitierte hg Rechtsprechung) (VwGH 30.4.2013, 2012/05/0072).

60) Der Verwaltungsgerichtshof hat zu der Frage, ob eine bloße Sanierung oder ein Neubau vorliegt, festgestellt, der frühere Baukonsens gehe mit der völligen Beseitigung des früheren Bauwerkes selbst dann unter, wenn es zu einem völlig unveränderten Ersetzen des Baus komme; liege eine gänzliche Substanzerneuerung vor, handle es sich nicht mehr um eine Sanierung bzw Instandsetzung des Baus, sondern um einen Neubau (vgl beispielsweise das hg Erkenntnis vom 29. März 2001, Zl 99/06/0140, zum Salzburger Raumordnungsgesetz 1998) (VwGH 20.9.2012, 2011/06/0046).

61) Zum Vorbringen, der aufblasbare Werbepylon sei bereits – wie in der Berufung ausgeführt – abmontiert worden, ist festzuhalten, dass zwar grundsätzlich die entscheidende Behörde, also auch die Berufungsbehörde, den Sachverhalt im Zeitpunkt der Erlassung des Bescheides zu Grunde zu legen hat. Dies gilt zweifellos auch für Sachverhaltsänderungen gegenüber der Erlassung eines baubehördlichen Auftrages erster Instanz; ausgenommen ist lediglich die Erfüllung eines derartigen Auftrages, zumal für diesen Fall der Beschwerdeführer nicht dargetan hat, in welchem Recht er durch die Aufrechterhaltung eines Bescheides, den er befolgt habe, verletzt werde (vgl etwa das zur Stmk BauO 1968 ergangene hg Erkenntnis vom 21. Mai 1992, Zl 90/06/0114, sowie die Nachweise bei *W. Pallitsch/P. Pallitsch/Kleewein*, Niederösterreichisches Baurecht[8], Anmerkung 50 zu § 33 NÖ BauO) (VwGH 7.8.2013, 2013/06/0075).

62) Es trifft zwar zu, dass der Behörde gem § 129 Abs 10 BO – im Gegensatz zur Rechtslage vor der Novelle LGBl Nr 42/1996 – im Einzelfall ein größerer Spielraum bei der Entscheidung, ob ein Bauauftrag zu erlassen ist, gegeben ist. Allerdings bedarf es für das Unterbleiben eines Bauauftrages eines sachlichen Grundes, der jedenfalls nicht bereits dadurch gegeben ist, dass keine Gefahr in Verzug besteht. Außerdem kann das Unterlassen eines Auftrages kein Dauerzustand sein, sondern muss es sich um Gründe handeln, die ein bloß gewisses Abwarten sachlich rechtfertigen. Auch ist ein Beseitigungsauftrag selbst dann zulässig, wenn ein Verfahren betreffend eine nachträgliche Baubewilligung anhängig ist, und es darf während der Anhängigkeit eines solchen nachträglichen Baubewilligungsansuchens ein baupolizeilicher Auftrag lediglich nicht vollstreckt werden (vgl zum Ganzen etwa die hg Erkenntnisse vom 30. April 2013, Zl 2012/05/0072, mwN, und vom 27. September 2013, Zl 2013/05/0149) (VwGH 30.1.2014, 2011/05/0060).

63a) So bedeutet es keinen Verstoß gegen die Vorschrift des § 59 Abs 1 AVG, wenn die Behörde im Spruch ihres Bescheides zwar den Verpflichteten zunächst abstrakt bezeichnet (wie hier als Eigentümer der Baulichkeit), dann jedoch in der Zustellverfügung diejenige Person benennt, auf welche sich der Spruch bezieht, weil durch eine solche Erfassung der Person des zu einer Leistung Verpflichteten das im Spruch des Bescheides genannte konkrete Rechtsverhältnis klar zum Ausdruck kommt. Wird also im Spruch eine Person nur abstrakt bezeichnet, so kommt der Zustellverfügung, in der sie dann namentlich bezeichnet ist, wesentliche Bedeutung zu, weil dadurch erst die notwendige Individualisierung bewirkt wird (vgl etwa das hg Erkenntnis vom 26. Juni 2013, Zl 2011/05/0102, mwN).

63b) Entgegen der von der Beschwerde vertretenen Auffassung schließt die Superädifikatseigenschaft eines Bauwerkes nicht aus, dass es sich dabei um ein Gebäude im Sinn dieser Gesetzesbestimmung handelt und hiefür eine Baubewilligung einzuholen ist. Zwar fällt ein auf einem Grundstück errichtetes Bauwerk grundsätzlich als Zugehör gem § 297 ABGB nach dem Grundsatz „superficies solo cedit" in das Eigentum des Grundeigentümers. Hat jedoch das Bauwerk ein anderer als der Grundeigentümer errichtet und ist es nicht für die Dauer bestimmt, liegt ein Superädifikat vor und ist ein Bauauftrag dem Eigentümer des Superädifikates zu erteilen (vgl dazu etwa das oben zitierte Erkenntnis, Zl 2009/05/0137, mwN).

63c) Der Umstand, dass die Adressaten der gegenständlichen Bauaufträge gemeinsam Eigentümer der genannten Liegenschaft sind, steht der Beurteilung der einzelnen Gebäude als Superädifikate nicht entgegen, weil bei (ideellem) Miteigentum das Grundbenützungsrecht jedes einzelnen Miteigentümers durch das der anderen beschränkt ist (vgl dazu etwa *Hinteregger* in *Schwimann/Kodek*, ABGB Praxiskommentar[4], § 435 ABGB Rz 10 mwH auf zivilgerichtliche Judikatur; ferner etwa *Eccher* in *Apathy/Iro/Koziol*, Österreichisches Bankvertragsrecht Band IX Kreditsicherheiten Teil II[2], Rz 1/107) (VwGH 30.1.2014, 2013/05/0204).

64) § 129 Abs 10 BO bezieht sich nicht nur auf Baulichkeiten, sondern auch auf andere Baumaßnahmen, wie zB Geländeveränderungen (vgl das hg Erkenntnis vom heutigen Tag, Zl 2013/05/0169) (VwGH 27.8.2014, 2013/05/0043).

65) Mit dem Wort „Beseitigung“ ist nicht nur die Schaffung einer geänderten örtlichen Lage der baulichen Anlage gemeint, sondern es muss vielmehr eine Veränderung herbeigeführt werden, die zur Herstellung des gesetzmäßigen Zustandes – im vorliegenden Fall zur Entfernung der Holzkonstruktion – führt (vgl das hg Erkenntnis vom 15. Juni 2011, Zl 2010/05/0011, mwN). Das Umklappen eines Bauwerkes stellt keine Beseitigung im Sinn des rechtskräftig gewordenen Beseitigungsauftrages dar. Dies auch dann nicht, wenn der ursprüngliche Verbindungssteg in seiner umgeklappten Form funktionslos wurde (VwGH 27.2.2015, 2013/06/0116, zum Vbg Baugesetz).

66) Nach der hg Judikatur ist der Begriff der Fremdenbeherbergung dahin zu verstehen, dass es sich hierbei um eine Tätigkeit handelt, bei der das aus dem Zusammenwirken aller Umstände sich ergebende Erscheinungsbild ein Verhalten erkennen lässt, das, wenn auch in beschränkter Form, eine laufende Obsorge im Sinn einer Betreuung des Gastes verrät (vgl dazu das hg Erkenntnis vom 27. Oktober 1998, Zl 97/05/0331, mwN).

Unter Zugrundelegung dieser Judikatur ist jedenfalls in raumordnungsrechtlicher und baurechtlicher Hinsicht davon auszugehen, dass es sich bei der in Rede stehenden Nutzung des gegenständlichen Gebäudes um eine Beherbergung von Fremden (sic: Asylanten) handelt, wobei dort auch gewisse Betreuungsleistungen erfolgen (bisher: Fremdenpension).

Von welcher Motivation das Bauansuchen der damaligen Bauwerberin getragen war, ist für die Beurteilung nicht entscheidend, weshalb auch der Frage, ob für sie die touristische Belebung der beschwerdeführenden Gemeinde im Vordergrund gestanden hat, keine Bedeutung zukommt (VwGH 16.3.2016, 2013/05/0095, zur BO für OÖ).

67) Nach ständiger hg Judikatur (vgl etwa das Erkenntnis vom 30. April 2013, Zl 2011/05/0128, mwN) ist ein Bau im Sinne des § 129 Abs 10 BO vorschriftswidrig, für den im Zeitpunkt seiner Errichtung ein baubehördlicher Konsens erforderlich war und weiterhin erforderlich ist, für den aber ein solcher Konsens nicht vorliegt. Bei Abweichungen von Bauvorschriften können nach dieser Gesetzesbestimmung Bauaufträge sowohl für bewilligungspflichtige als auch für anzeigepflichtige als auch für bewilligungsfreie Bauvorhaben erteilt werden. Der Grund für die Abweichung von Bauvorschriften ist unerheblich.

Ferner ist bei Abweichungen oder vorschriftswidrigen Bauten ein Auftrag stets ohne weitere Voraussetzungen (zB Verletzung öffentlicher Interessen) möglich (vgl etwa *Moritz*, BauO Wien[5], zu § 129 Abs 10, S 372 dritter Absatz, mwH auf die hg Rechtsprechung) (VwGH 23.11.2016, Ro 2014/05/0036).

68a) Bei Abweichungen von Bauvorschriften können nach § 129 Abs 10 BO Bauaufträge sowohl für bewilligungspflichtige, anzeigepflichtige als auch bewilligungsfreie Bauvorhaben erteilt werden (vgl das hg Erkenntnis vom 30. April 2013, Zl 2011/05/0128, mwN).

68b) Es bedeutet jedoch keinen Verstoß gegen die Vorschriften des § 59 Abs 1 AVG, wenn die Behörde im Spruch ihres Bescheides zwar den Verpflichteten zunächst abstrakt bezeichnet (wie hier als Eigentümer der Baulichkeit), dann jedoch in der Zustellverfügung diejenige Person benennt, auf welche sich der Spruch bezieht, weil durch eine solche Erfassung der Person des zu einer Leistung Verpflichteten das im Spruch des Bescheides genannte konkrete Rechtsverhältnis klar zum Ausdruck kommt. Wird also im Spruch eine Person nur abstrakt bezeichnet, so kommt der Zustellverfügung, in der sie dann namentlich bezeichnet ist, wesentliche Bedeutung zu, weil dadurch erst die notwendige Individualisierung bewirkt wird (vgl das hg Erkenntnis vom 30. Jänner 2014, Zl 2013/05/0204, mwN).

...

Zudem sind grundsätzlich alle Miteigentümer zur Beseitigung von Konsenswidrigkeiten gem § 129 Abs 10 BO verpflichtet.

68c) Der Behörde ist insofern ein Gestaltungsspielraum bei der Durchführung des Bauauftragsverfahrens nach § 129 Abs 10 BO eingeräumt, als ihr die Möglichkeit an die Hand gegeben ist, mit der Erlassung des Bauauftrages zuzuwarten und dieses – vorläufige – Unterbleiben eines Auftrages sachlich gerechtfertigt ist. Die persönliche Situation des Beschwerdeführers und seine Motive sind kein im Gesetz vorgesehener Grund, vom Beseitigungsauftrag Abstand zu nehmen, auch dann nicht, wenn keine Gefahr im Verzug besteht. Auch die wirtschaftliche Zumutbarkeit ist bei Erlassung eines Bauauftrages nicht zu prüfen (vgl zum Ganzen das hg Erkenntnis vom 13. Dezember 2011, Zl 2011/05/0154, mwN) (VwGH 16.2.2017, Ro 2014/05/0018).

69) Ein baupolizeilicher Beseitigungsauftrag betrifft civil rights iSd Art 6 EMRK (vgl das hg Erkenntnis vom 2. August 2016, Zl Ra 2014/05/0058). ... Dies beinhaltet auch das Recht, nachträglich um Baubewilligung anzusuchen. Wird gegen eine aus Art 6 EMRK abgeleitete Verhandlungspflicht verstoßen, ist eine nähere Prüfung der Relevanz dieses Mangels nicht erforderlich (vgl das hg Erkenntnis vom 14. April 2016, Zl Ra 2015/06/0089) (VwGH 29.3.2017, Ra 2016/05/0103 und Ra 2016/05/0104).

70) Ein baupolizeilicher Beseitigungsauftrag betrifft „civil rights" im Sinne des Art 6 EMRK. Wird gegen eine aus Art 6 EMRK abgeleitete Verhandlungspflicht verstoßen, ist eine nähere Prüfung der Relevanz dieses Mangels nicht erforderlich (vgl etwa VwGH 29.3.2017, Ra 2016/05/0103, 0104, mwN).

In Bezug auf § 24 Abs 4 VwGVG hat der Verwaltungsgerichtshof bereits wiederholt festgehalten, dass der Gesetzgeber als Zweck der mündlichen Verhandlung die Klärung des Sachverhaltes und die Einräumung von Parteiengehör sowie darüber hinaus die mündliche Erörterung einer nach der Aktenlage strittigen Rechtsfrage zwischen den Parteien und dem Gericht vor Augen gehabt hat. Ferner kommt eine ergänzende Beweiswürdigung durch das Verwaltungsgericht regelmäßig erst nach einer mündlichen Verhandlung in Frage. Bei maßgeblichem sachverhaltsbezogenen Vorbringen der beschwerdeführenden Parteien ist ebenfalls eine mündliche Verhandlung durchzuführen, dies sogar dann, wenn kein Antrag auf eine solche gestellt worden ist (vgl etwa VwGH 29.3.2017, Ra 2015/05/0059, mwN) (VwGH 20.3.2018, Ra 2016/05/0109 zum OÖ ROG).

71) Bei Aufträgen nach § 129 Abs 4 BO ist – wie sich seit der Novelle LGBl Nr 25/2009 aus dem zweiten Satz dieser Bestimmung ergibt – grundsätzlich der Stand der Technik im Zeitpunkt der Erteilung des Bauauftrages maßgeblich. § 129 Abs 10 BO stellt hingegen auf den konsensgemäßen Zustand ab, somit auch auf den dem Konsens zugrundeliegenden Stand der Technik (VwGH 20.11.2018, Ra 2018/05/0039).

72) Aus der Judikatur ergibt sich zusammenfassend, dass bei einem baupolizeilichen Auftrag (ebenso wie vor Einführung der Verwaltungsgerichtsbarkeit die Berufungsbehörde) Sachverhaltsänderungen gegenüber der Erlassung eines baubehördlichen Auftrages erster Instanz grundsätzlich zu berücksichtigen sind. Lediglich in der Herstellung eines Zustandes, der dem erlassenen baupolizeilichen Auftrag entspricht (durch den Bescheidadressaten oder im Wege der Vollstreckung), ist keine vom Verwaltungsgericht zu beachtende Änderung des maßgebenden Sachverhaltes zu erblicken. …Nach der Rechtsprechung des Verwaltungsgerichtshofes scheidet ein baurechtlicher Beseitigungsauftrag mit seiner Erfüllung nicht etwa endgültig aus dem Rechtsbestand aus (vgl VwGH 8.7.2004, 2004/07/0050). Sofern der in dem Bescheid umschriebene gesetzwidrige Zustand nachfolgend wieder eintritt, leben vielmehr nach dieser Rechtsprechung die Bescheidwirkungen wieder auf. Demnach ist das Rechtsschutzinteresse des Revisionswerbers mit der Erfüllung des Auftrags nicht weggefallen (VwGH 4.7.2019, Ra 2017/06/0116, zum stmk Baugesetz).

73) Wie der Verwaltungsgerichtshof in seinem Erkenntnis VwGH 4.7.2019, Ra 2017/06/0116, unter Hinweis auf seine dazu bereits ergangene, umfangreiche Vorjudikatur ausgesprochen hat, hat das Verwaltungsgericht (ebenso wie vor Einführung der zweistufigen Verwaltungsgerichtsbarkeit die Berufungsbehörde) bei einem baupolizeilichen Auftrag Sachverhaltsänderungen gegenüber der Erlassung eines baubehördlichen Auftrages erster Instanz grundsätzlich zu berücksichtigen. Lediglich in der Herstellung eines Zustandes, der dem erlassenen baupolizeilichen Auftrag entspricht (durch den Bescheidadressaten oder im Wege der Vollstreckung), ist keine vom Verwaltungsgericht zu beachtende Änderung des maßgebenden Sachverhaltes zu erblicken (VwGH 26.6.2020, Ra 2018/06/0282).

74a) Nach § 2 Abs 1 WKl 1996 dienten die Grundflächen im Kleingarten der individuellen Erholung oder dem Wohnen und dürften nicht erwerbsmäßig genutzt werden. Nach Meinung der Stadt Wien wäre unter erwerbsmäßig „jede auf den Erwerbszweck gerichtete Tätigkeit bzw Nutzung aller in Erwerbsabsicht durchgeführte Tätigkeiten, unabhängig, ob sie ein Gewerbe darstellen oder nicht", anzusehen. Davon erfasst sei sowohl die gewerbliche Zimmerermietung als freies Gewerbe aber auch die Privatzimmervermietung als häusliche Nebenbeschäftigung. Zweck der Regelung sei, dass die Liegenschaft dem Wohnen oder der Erholung diene.

74b) Die Vorschrift des § 135 BO für Wien stellt eine Blankettstrafnorm dar und enthält die Verpflichtung, jeder Vorschrift der Bauordnung dahin zu untersuchen, ob sie ein Gebot oder ein Verbot enthält, dem zuwidergehandelt werden kann (vgl VwGH 15.3.2011, 2008/05/0095). Der Verfassungsgerichtshof sieht es bei Blankettstrafnormen in ständiger Rechtsprechung als unerlässlich an, dass der Tatbestand durch das Gesetz mit genügender Klarheit als Verbotsnorm und damit als strafbarer Tatbestand gekennzeichnet ist; dass ferner, wenn der strafbare Tatbestand im Zuwiderhandeln gegen eine Gebotsnorm besteht, der Unrechtsgehalt eines Unterlassens eindeutig erkennbar ist; dass schließlich der Tatbestand einer Blankettstrafnorm mit solcher Deutlichkeit gekennzeichnet sein muss, dass jedermann ihn als solchen zu verstehen vermag (VfSlg 12947/1991, mwN; vgl auch VwGH 12.9.2005, 2003/10/0018; 24.2.2004, 2003/05/0234).

Bei einem Verwaltungsstrafverfahren ist zudem § 1 Abs 1 VStG zu berücksichtigen, welcher festlegt, dass die Bestrafung einer Tat nur insoweit zulässig ist, als ihre Begehung mit Strafe bedroht war. Es besteht also das Erfordernis einer die Tatbegehung als solche erfassenden einschlägigen Strafvorschrift. Die Tat muss ausdrücklich mit Strafe bedroht sein.

74c) Im gegenständlichen Fall ist daher die Strafe zu beantworten, ob eine Abweichung von Vorschriften des WKlG 1996, konkret von den der Bestrafung zugrunde liegenden §§ 1 Abs 1 und 2 und 2 Abs 1, vorliegt. Es kommt daher entscheidungswesentlich auf die Auslegung dieser Bestimmungen an. Da diese Teil der Übertretungsnormen sein sollen, muss auch hinsichtlich dieser Bestimmungen das Verbotene klar erkennbar sein.

74d) § 1 WKlG 1996 enthält unter dem Titel „Anwendungsbereich" die Festlegung, auf welche Flächen das WKlG 1996 anzuwenden ist und dass die Bauordnung für Wien anzuwenden ist. Weder aus der Definition des Anwendungsbereiches des WKlG 1996 noch aus der subsidiären Geltung der BO für Wien ergibt sich für den Normunterworfenen ein bestimmtes Gebot oder Verbot, sodass § 1 WKlG 1996 keine Bauvorschrift darstellt, die iVm § 129 Abs 10 1. Satz BO für Wien eine Übertretungsnorm darstellen könnte.

74e) § 2 Abs 1 WKlG 1996 hält unter der Überschrift „Begriffsbestimmungen" fest, dass Kleingärten vorwiegend gärtnerisch genutzte Grundflächen sind, die der individuellen Erholung oder dem Wohnen dienen, jedoch nicht erwerbsmäßig genutzt werden. … § 2 Abs 1 WKlG 1996 ist daher dahingehend auszulegen, dass es sich dabei um eine bloße Begriffsbestimmung handelt, der darüber hinaus keine eigenständige normative Wirkung zukommt. Eine Übertretung dieser Bestimmung – hier in Verbindung mit § 129 Abs 10 1. Satz BO für Wien – und eine darauf basierende Bestrafung kommen daher nicht in Betracht. (VwGH 7.10.2021, Ro 2021/05/0001)

75) Der VwGH hat zum Anwendungsbereich der Wr BauO 1883 bereits, unter anderem unter Bezugnahme auf § 34 Abs 1 leg cit, ausgesprochen, dass auch damals jedes Gebäude für sich standfest zu sein hatte (vgl VwGH 14.10.2005, 2004/05/0294).

Die nachträgliche Herstellung eines Zustandes, der einem erlassenen baupolizeilichen Auftrag entspricht, macht einen solchen Auftrag nicht rechtswidrig (vgl sinngemäß VwGH 26.6.2020, Ra 2018/06/0282, mwN), und eine wesentliche Änderung der Sach- und Rechtslage wäre in einem allfälligen Vollstreckungsverfahren jedenfalls beachtlich (vgl etwa VwGH 26.11.2014, 2013/05/0035, mwN) (VwGH 15.3.2022, Ra 2021/05/0214).

76) Ist eine ursprünglich konsensmäßige bauliche Anlage derart verändert worden, dass ein Gebäude vorliegt, dann ist der seinerzeit bestehende Konsens untergegangen und es fehlt für das gesamte neue Gebäude – und nicht etwa nur für den geänderten (hier: ergänzten) Teil – der Konsens (vgl sinngemäß zur Stmk BauO 1968 VwGH 11.9.1986, 86/06/0036, zu einem ursprünglich konsensmäßigen Gebäude, das durch einen Umbau zu einem anderen geworden war, sowie VwGH 21.10.1986, 86/05/0113, zur Wr BauO, wonach im Fall eines Umbaus der ursprüngliche Konsens untergeht) (VwGH 20. 2. 2024, Ra 2024/05/0001 zu §§ 14 und 35 BauO NÖ 2014).

Auflassung von Hauskanälen; Abbruch von Bauwerken

§ 129a. **(1) Werden Hauskanäle[1] aufgelassen, sind sie in ihrer ganzen Länge zu räumen; die Ausmündungen in den Straßenkanal[2] sind flüssigkeitsdicht abzumauern und zu verputzen. Schliefbare Hauskanäle sind entweder einzuschlagen und auszufüllen, oder in Abständen von höchstens 2 m abzumauern und dazwischen auszufüllen. Rohrkanäle sind an ihren Einmündungen in die Putzkammern abzumauern; die Putzkammern sind auszufüllen. Senkgruben sind nach Räumung, Einschlagen der Decke und Aufbrechen der Sohlen auszufüllen.**

(2) Beim Abbruch von Bauwerken[3] ist auf den nach Maßgabe der geltenden Fluchtlinien zu den Verkehrsflächen entfallenden Grundflächen das Mauerwerk bis auf eine Tiefe von mindestens 60cm unter der künftigen Straßenoberfläche zu entfernen. Die Kellergewölbe sind einzuschlagen und die Kellerräume mit einwandfreiem Material auszufüllen; die Ausfüllung ist fachgemäß zu verdichten. Die Behörde ist vom Beginn dieser Arbeiten zeitgerecht zu verständigen. Auch auf den übrigen Teilen der

Grundflächen besteht über Auftrag der Behörde die Verpflichtung zum Einschlagen und Ausfüllen der Keller, wenn dies aus Gesundheits- oder aus Sicherheitsgründen notwendig ist und feststeht, daß die Keller für einen Neubau nicht wieder Verwendung finden können.

Anmerkungen

1) Hinsichtlich des Begriffes Kanal s § 93 Abs 1 und das Gesetz über Kanalanlagen und Einmündungsgebühren, LGBl 1955/22, idgF unter Teil IV, Kap 3a, 3b und 3e.

2) S § 1 KEG.

3) S § 60.

Dingliche Wirkung von Bescheiden; Verantwortlichkeit des Grundeigentümers; Vorzugspfandrecht[1)]

§ 129b. (1) Bewilligungen und Bescheiden nach diesem Gesetz kommt dingliche Wirkung[2)] zu. Dies gilt auch für Bescheide oder Verfahrensanordnungen im Ersatzvornahmeverfahren.

(2) Der Eigentümer (jeder Miteigentümer) einer Liegenschaft haftet der Behörde gegenüber für alle diesem Gesetz widersprechenden Zustände auf seiner Liegenschaft, die von einer dritten Person mit oder ohne seine Zustimmung hervorgerufen worden sind, neben dieser.[3)] Jeder Eigentümer (Miteigentümer) einer Liegenschaft ist verpflichtet,[4)] der Behörde bekanntzugeben, wer Eigentümer der Gebäude und baulichen Anlagen auf seiner Liegenschaft ist. Kommt er dieser Verpflichtung nicht nach, sind die Aufträge zur Beseitigung aller diesem Gesetz widersprechenden Zustände auf seiner Liegenschaft unbeschadet seiner privatrechtlichen Ersatzansprüche gegen den Dritten ihm zu erteilen. Bestreitet die bekanntgegebene Person ihre Eigentümereigenschaft, sind diese Aufträge sowohl dieser Person als auch dem Eigentümer der Liegenschaft zu erteilen und haften diese für die Erfüllung der Aufträge zur ungeteilten Hand.[5)]

(3) Für alle Kosten, die der Stadt Wien für eine im Wege der Ersatzvornahme (§ 4 des Verwaltungsvollstreckungsgesetzes) in Vollziehung eines baupolizeilichen Auftrages erbrachte Leistung erwachsen sind, besteht an der Liegenschaft für die Stadt Wien ein gesetzliches Vorzugspfandrecht vor allen privaten Pfandrechten.[1)] Das gleiche gilt für die Kosten von Maßnahmen, die die Behörde auf Grund des § 123 Abs. 3 oder des § 129 Abs. 6 gesetzt hat.[1)]

(EB zur Nov 1976)

In der Bestimmung des § 129b Abs 1 wird wie bisher die dingliche Wirkung der auf Grund der Bestimmungen dieses Gesetzes erlassenen Bescheide begründet, was insbesondere durch die Knüpfung der Bescheide an die geschaffenen Grundstücke bzw Gebäude und baulichen Anlagen gerechtfertigt ist. In Abs 2 wird der Grundsatz festgestellt, daß der Eigentümer bzw jeder Miteigentümer einer Liegenschaft der Behörde gegenüber für alle der Bauordnung widersprechenden Zustände auf seiner Liegenschaft haftet, auch wenn sie von dritten Personen mit oder ohne seine Zustimmung hervorgerufen worden sind. Die durch diese Bestimmung begründete Haftung ist eine Solidarhaftung mit einem eventuellen Superädifikatseigentümer. Diese Regelung geht auf die bisherigen Bestimmungen des § 129b Abs 2 und § 134 Abs 3 zurück und wird im wesentlichen lediglich in dieser Bestimmung zusammengefaßt. Ergänzend wird in diese Bestimmung die Verpflichtung des Liegenschaftseigentümers zur Bekanntgabe der Eigentümer der Gebäude und baulichen Anlagen auf seiner Liegenschaft aufgenommen, um im baubehördlichen Verfahren die erforderlichen baubehördlichen Aufträge primär demjenigen erteilen zu können, der den der Bauordnung widersprechenden Zustand geschaffen hat. Die Sanktion zu dieser Verpflichtung besteht darin, daß diese Aufträge dem Liegenschaftseigentümer dann primär zu erteilen sind, wenn er die Eigentümer der Baulichkeiten trotz der Behauptung, daß sie Superädifikate seien, der Behörde nicht bekanntgibt. Diese Regelung wirkt lediglich im Verhältnis zwischen dem Liegenschaftseigentümer und der Baubehörde und greift nicht in das privatrechtliche Verhältnis zwischen dem Liegenschaftseigentümer und dem eventuellen Dritten ein.

(Aus den EB zur Nov LGBl 1993/49)

Das in Abs 3 vorgesehene Vorzugspfandrecht der Stadt Wien soll zweckmäßigerweise auch für die Kosten von Maßnahmen gelten, die die Behörde auf Grund des mit der Novelle LGBl für Wien Nr 28/1992 geschaffenen § 123 Abs 3 gesetzt hat.

(EB zur Nov LGBl 1996/42)

Die Änderung des Abs 1 erfolgt zwecks Anpassung an das vereinfachte Baubewilligungsverfahren (§ 70a).

(EB zur Nov LGBl 1998/46)

Durch die Änderung des Abs 1 soll eindeutig klargestellt werden, daß im Verfahren zur Vollstreckung baupolizeilicher Aufträge im Wege der Ersatzvornahme (§ 4 VVG) der Rechtsnachfolger des Verpflichteten in die Stellung des Rechtsvorgängers eintritt.

Aufgrund des Beschlußes des Landesgerichtes für Zivilrechtssachen Wien vom 24.5.1996, 46 R 390/96 k, steht fest, daß gemäß § 216 Abs 1 Z 2 der Exekutionsordnung ein Vorzugspfandrecht – wie es § 129b Abs 3 der Bauordnung für Wien für die Kosten einer Ersatzvornahme vorsieht – nur „für die aus den letzten drei Jahren vor dem Tag der Erteilung des Zuschlages rückständigen Beträge" zusteht, wobei die Kosten einer Ersatzvornahme für den Zeitraum „rückständig" sind, in dem die Ersatzvornahme tatsächlich stattgefunden hat. Dies bewirkt, daß eine Zwangsversteigerung nach § 129b Abs 4 leg cit nie fristgerecht beantragt werden kann; diese Bestimmung erscheint entbehrlich und entfällt daher.

(EB zur Nov LGBl 2001/36)

Durch die Änderung der Überschrift dieser Bestimmung soll der Einklang mit Abs 1 – der sich nicht nur auf „baupolizeiliche" Bescheide beschränkt – hergestellt werden.

Anmerkungen

1) Überschrift idF der Nov LGBl 2001/36. Abs 1 idF der Nov LGBl 1996/42. Der zweite Satz wurde mit der Nov LGBl 1998/46 angefügt; Abs 2 idF der Nov LGBl 2018/69. Abs 4 entfiel mit der gleichen Nov. Der Gesetzgeber hat hier iSd § 70a Abs 9 BO von einer Bewilligung (im vereinfachten Verfahren) gesprochen (s EB). Diese dingliche (in rem) Wirkung baubehördlicher Bescheide bedeutet eine eindeutige Klarstellung des Problems der Rechtsnachfolge. Der Rechtsnachfolger tritt in die Stellung des Rechtsvorgängers ein.

Zur Ergänzung des Abs 1 durch die Nov LGBl 1998/46 ist anzumerken, dass das Vollstreckungsverfahren im VVG, also einem BG, geregelt ist und der VwGH mit E 6.6.1989, 84/05/0035, Slg 12.942 A, zwar eine Bindung des Rechtsnachfolgers klarstellte, aber auch eine weitere Bindung des Eigentümers ab Beginn des Vollstreckungsverfahrens. § 129b scheint durch Art 15 Abs. 9 B-VG gedeckt.

2) Dieses Prinzip ist aber nicht lückenlos durchgezogen (vgl etwa die Jud zu § 43 Abs 5 und § 51 Abs 11). Auch der im Aufforderungsverfahren nach § 43 Abs 5 ergehende Bescheid, der ja personenbezogen und nicht liegenschaftsbezogen Rechtswirkungen entfaltet, scheint bloß obligatorisch verpflichtend.

3) Der Inhalt dieses Begriffes der Haftung ist nicht eindeutig, weil nach den Bestimmungen des § 129 Bescheide und Zwangsmaßnahmen an den Eigentümer des Bauwerkes zu richten sind. Diese Bestimmung ermöglicht jedenfalls dem Grundeigentümer, gegen den Hauseigentümer zivilrechtlich vorzugehen.

4) Diese Verpflichtung wurde neu aufgenommen, weil in manchen Fällen eine Auftragserteilung durch mangelhaftes Mitwirken des Grundeigentümers erschwert war.

5) Es haftet also auch eine Person, die weder an der betreffenden Liegenschaft Liegenschaftseigentümer noch Gebäudeeigentümer ist. Durch die Bedarfsgesetzgebung wohl kaum gedeckt.

Judikatur

1) Die Verpflichtung zur Beseitigung eines vorschriftswidrigen Baues trifft den jeweiligen Eigentümer, und zwar unabhängig davon, ob er oder seine Rechtsvorgänger den konsenswidrigen Zustand durch ein schuldhaftes Verhalten herbeigeführt haben (VwGH 26.6.1990, 87/05/0104, 11.12.1990, 88/05/0227, 0228). S auch E zu § 129.

2) Der Widerruf einer gem § 71 WBO erteilten Baubewilligung kann rechtswirksam nur dem gegenüber ausgesprochen werden, der aufgrund der Baubewilligung das subjektive öffentliche Recht erworben hat, den Bau nach Maßgabe der genehmigten Pläne oder der Baubeschreibung auszuführen und zu benützen. Zufolge der dinglichen Wirkung der Baubewilligung geht gem § 129b WBO dieses Recht auf den über, der in der Folge Eigentümer der bewilligten Baulichkeit oder Anlage wird. Ein Pächter einer Baulichkeit kann keine Rechte unmittelbar aus einer Baubewilligung betreffend diese Baulichkeit ableiten. Es kommt ihm daher diesbezüglich keine Parteistellung im Widerrufsverfahren zu (VwGH 28.6.1994, 94/05/0023, BauSlg 140).

3) Die Erklärung eines Rechtsnachfolgers, einen Antrag des Rechtsvorgängers aufrecht zu erhalten, muß als ausreichend beurteilt werden, um in ein Verfahren (hier Devolutionsantrag in einem Baubewilligungsverfahren) einzutreten, kennt doch das AVG keinen übertriebenen Formalismus – hier ging es um einen Eigentumserwerb in einem Zwangsversteigerungsverfahren.

Im Fall von Unklarheiten bezüglich des Inhaltes eines Antrages ist die Baubehörde verpflichtet, von Amts wegen den Parteiwillen zu erforschen (VwGH 24.4.1997, 96/06/0284, BauSlg 86, zum Sa BauPolG).

4) Die im § 129b Abs 1 BO normierte dingliche (in rem) Wirkung baubehördlicher Bescheide bedeutet, daß der Rechtsnachfolger in die Stellung des Rechtsvorgängers eintritt. Der der Rechtsvorgängerin der Bfrin mit Bescheid des Magistrates erteilte, 16 Punkte umfassende, auf § 129 Abs 1, 2, 4 und 10 BO gestützte Auftrag wirkt demnach mit Erteilung des Zuschlages (vgl E 27.5.1997, 97/05/0058) gegen die Bfrin als Rechtsnachfolgerin im Eigentum an der Liegenschaft, deren Eigentumsrecht nunmehr auch im Grundbuch einverleibt ist (VwGH 20.1.1998, 97/05/0238, BauSlg 8).

5) Zunächst ist festzustellen, daß die genannte Gesellschaft mbH, die dem vorgelegten Grundbuchsauszug zufolge bücherliche Alleineigentümerin der zu bebauenden Liegenschaft ist, aufgrund ihrer Erklärung, von den erteilten Bewilligungen Gebrauch machen zu wollen, als mitbeteiligte Partei im verwaltungsgerichtlichen Verfahren anzusehen ist, wohingegen ihr Rechtsvorgänger nicht mehr Partei dieses Verfahrens ist. Die Bestimmung des § 124 Abs 4 WBO ist als bloße Ordnungsvorschrift zu verstehen (vgl *Geuder/Hauer*, Wiener Bauvorschriften, 3. Aufl, Anm 6 auf S 529), die dem § 129b Absatz 1 WBO nicht derogiert. Im Übrigen kommt Anrainern in Bezug auf den Bauwerberwechsel kein Mitspracherecht zu (vgl E 19.3.1991, 86/05/0107). VwGH 16.4.1998, 97/05/0296, BauSlg 88. Gleichartig E 30.6.1998, 97/05/0298, BauSlg 141.

6) In einem Bauauftragsverfahren nach § 129 Abs 10 BO hat zwar die Baubehörde die Frage, wer Eigentümer einer Baulichkeit ist, als Vorfrage im Sinne des § 38 AVG unter Zugrundelegung der Ergebnisse des Ermittlungsverfahrens zu beantworten (vgl das hg Erkenntnis vom 23. Juli 2009, Zl 2006/05/

0027, mwN). Im Fall, dass der (die) Eigentümer des (der) Bauwerke auf einer Liegenschaft vom Grundeigentümer verschieden sind, ist jedoch die Baubehörde nicht verpflichtet, selbst umfangreiche Erhebungen über die Eigentümer an den vom Bauauftrag betroffenen Bauwerke anzustellen, vielmehr kann sie den Grundeigentümer – wie dies auch von der Behörde erster Instanz durchgeführt wurde – im Sinne des § 129b Abs 2 zweiter Satz auffordern bekannt zu geben, wer Eigentümer der Bauwerke auf seiner Liegenschaft ist. Kommt der Liegenschaftseigentümer seiner Auskunftspflicht im Sinne des § 129b Abs 2 dritter Satz BO nicht (ausreichend) nach, so tritt der Grundeigentümer in die Stellung des von der Behörde durch Auftrag zu verpflichtenden Eigentümers der Baulichkeit ein. In einem solchen Fall ist die Behörde berechtigt, einen Beseitigungsauftrag selbst für den Fall zu erteilen, dass der Liegenschaftseigentümer nicht auch Eigentümer der Anlagen ist. Die Bestimmung dient dem Zweck, den vom Gesetz geforderten Zustand herbeizuführen, weil der Grundeigentümer die Möglichkeit besitzt, eine Bauführung auf seiner Liegenschaft nicht zuzulassen (vgl hiezu das hg Erkenntnis vom 28. April 1987, Zl 87/05/0015) (VwGH 20.10.2009, 2008/05/0264).

7a) Im vorliegenden Fall ist – wie sich auch aus dem hg Erkenntnis Zl 96/05/0101 ergibt – der Exekutionstitel von der Bauoberbehörde für Wien ausgegangen. Dass sich der Magistrat der Stadt Wien bei der Betreibung der Exekution auf den diesbezüglichen erstinstanzlichen Bescheid stützte, vermag daran nichts zu ändern. Auf dem Boden der dargestellten Rechtslage war daher gem § 132 Abs 1 BO der Magistrat der Stadt Wien als Erstbehörde und nach § 136 Abs 1 BO die Bauoberbehörde für Wien als Berufungsbehörde zur Erledigung von Einwendungen gegen den Anspruch iSd § 35 EO zuständig (zum Bestehen eines Instanzenzuges vgl. die hg Erkenntnisse vom 23. Februar 2000, Zl 99/03/0307, und vom 18. November 2004, Zl 2003/07/0124, Slg.Nr 16.496 A). Dies hat die belangte Behörde verkannt.

7b) Nach § 129b Abs 1 BO kommt Bewilligungen und Bescheiden nach der BO – somit auch dem Bescheid der Bauoberbehörde für Wien vom XXX, auf den sich das Erkenntnis Zl 96/05/0101 bezog und der dem in Rede stehenden Exekutionsverfahren zugrunde liegt – dingliche Wirkung zu. Bei Bescheiden mit dinglicher Wirkung handelt es sich um solche, die zwar an Personen ergehen, ihrer Rechtsnatur nach aber – ungeachtet der persönlichen Eigenschaften des Bescheidadressaten – nur auf Eigenschaften der Sache abstellen; die Entscheidung bezieht sich derart auf eine bestimmte Sache, dass es lediglich auf die Eigenschaft der Sache, nicht auf eine solche der Person ankommt; dingliche Bescheide wirken gegenüber jedem, der entsprechende Rechte an der betroffenen Sache hat (vgl das hg Erkenntnis vom 24. Oktober 2000, Zl 2000/05/0020, mwH, sowie unter Hinweis darauf – das hg Erkenntnis vom 10. Oktober 2007, Zl 2006/03/0151).

Im vorliegenden Fall verhält es sich nun so, dass die Grundflächen, auf die sich der Bescheid der Bauoberbehörde bezog, sukzessive von den Beschwerdeführern erworben wurden und nunmehr zur Gänze in deren Eigentum stehen. Damit können die Beschwerdeführer aber dadurch, dass sie auf der Grundlage der dinglichen Wirkung des Bescheides zur Leistung der den damaligen Eigentümer dieser Grundflächen aufgetragenen Kostenersatz herangezogen werden, in keinem Recht verletzt werden. Dass die in Rede stehenden Grundflächen (wie ausgeführt) im Jahr 1999 neu parzelliert wurden, vermag am Umstand, dass die Beschwerdeführer dieselben Grundflächen eignen wie der Adressat des Bescheides, nichts zu ändern.

7c) Dem Rechtsnachfolger ist jede Überprüfung zufolge der Rechtskraft des (dinglichen) Bescheides genommen. Er wird von den Pflichten eines dinglichen Verwaltungsrechtsverhältnisses unabhängig von dessen Kenntnis betroffen. Es besteht (auch nach § 129b Abs 1 BO für die in Rede stehende dingliche Wirkung) keine gesetzliche Verpflichtung, öffentlich-rechtliche Belastungen von Grundstücken im Grundbuch einzutragen; die Belastungen bestehen auch ohne solche Eintragungen (VwGH 6.9.2011, 2008/05/0088). **Anmerkung:** An die Stelle der Bauoberbehörde ist jetzt das Landesverwaltungsgericht Wien getreten.

8) Die Vollstreckung eines Beseitigungsauftrages ist während der Anhängigkeit eines Ansuchens um nachträgliche Baubewilligung unzulässig (vgl die bei *Moritz*, Bauordnung für Wien, 4. Auflage, S 323 genannte hg Judikatur, und die zitierten hg Erkenntnisse vom 30. April 2013 und 28. Mai 2013). Dies setzt aber nicht nur voraus, dass sich das nachträgliche Bauansuchen auf das vom Vollstreckungsverfahren betroffene Bauobjekt bezieht (vgl das hg Erkenntnis vom 28. Mai 2013), sondern auch, dass diesbezüglich überhaupt eine nachträgliche Baubewilligung erteilt werden kann (vgl die bei *Moritz*, aaO, S 323 angeführte hg Judikatur) (VwGH 28.10.2013, 2011/05/0152).

11. Teil
Ersichtlichmachungen und Verlautbarungen

Ersichtlichmachungen im Grundbuch

§ 130. **(1) Auf Antrag der Behörde oder auf Grund eines behördlichen Bescheides[1)] sind im Grundbuch folgende Anmerkungen[2)] vorzunehmen:**

a) die Anmerkung der Bauplätze, Baulose und Kleingärten (§ 13 Abs. 4);
b) die Anmerkung des Antrages auf Umlegung (§ 23 Abs. 3);
c) die Anmerkung der Erlassung des Umlegungsbescheides (§ 31 Abs. 4) und des Umlegungstages (§ 32 Abs. 2);
d) *entfällt; LGBl 2009/25 vom 2.4.2009*
e) die Anmerkung der Einleitung des Enteignungsverfahrens (§ 44 Abs. 3);
f) die Anmerkung der Auszahlung oder des gerichtlichen Erlages der Entschädigung (§ 44 Abs. 8);

g) die Anmerkung der Einleitung des Verfahrens betreffend die Rückübereignung (§ 45 Abs. 3);
h) die Anmerkung der Einleitung des Einlösungsverfahrens (§ 59 Abs. 5).
i) die Anmerkung der Vereinbarung eines anderen Aufteilungsverhältnisses der bebauten Fläche (§ 76 Abs. 10);
j) die Anmerkung der Verpflichtung zur Errichtung von Wohnungen und Wohn- und Zimmereinheiten in Heimen gemäß § 6 Abs. 6a letzter Satz.

(2) Auf Antrag der Behörde oder auf Grund eines behördlichen Bescheides[1)] ist im Grundbuch das Bestehen nachstehender Verpflichtungen zu Leistungen, Duldungen und Unterlassungen ersichtlich zu machen:

a) Verpflichtungen auf Grund privatrechtlicher Vereinbarungen mit der Gemeinde (§ 1a);
b) Verpflichtungen zur Einbeziehung von selbständig unbebaubaren Grundflächen (Ergänzungsflächen) in einen beabsichtigten Bauplatz, ein beabsichtigtes Baulos oder einen beabsichtigten Kleingarten sowie die Verpflichtung zur Duldung des öffentlichen Verkehrs und der Herstellung, Erhaltung und Benützung von Aufschließungsleitungen auf Aufschließungswegen sowie weiters die Verpflichtung zur Duldung der Benützung, Herstellung und Erhaltung von Ver- und Entsorgungsleitungen (§ 16);
c) Verpflichtungen zur Abtretung der nach Maßgabe der Baulinien, Verkehrsfluchtlinien und Straßenfluchtlinien zu den Verkehrsflächen entfallenden Grundflächen (§§ 17 und 18);
d) Verpflichtungen zur Herstellung der Höhenlage auf den zu den Verkehrsflächen entfallenden Grundflächen und zur Übergabe (§ 17);
e) Verpflichtungen aus Bauverboten, Verpflichtungen, die anstelle von Bauverboten oder aus Anlaß der Aufhebung von Bauverboten auferlegt werden (§ 19);
f) die Anliegerverpflichtungen nach den §§ 51 und 54, wenn sie gestundet werden;
g) die Anliegerverpflichtungen nach § 53;
h) Verpflichtungen zur Abtragung von Baulichkeiten (§ 71);
i) Verpflichtungen aus Baubeschränkungen;
j) die Verpflichtung zur Herstellung und Gewährleistung der Zugänglichkeit eines Gemeinschaftsspielplatzes für Kinder und Jugendliche;
k) die Verpflichtung zur Ersatzleistung und zum Kostenersatz gemäß § 50 nach Eintritt der Fälligkeit (§ 55 Abs. 1);
l) die Verpflichtung zum Einsatz von technischen Systemen auf Ersatzflächen (§ 118 Abs. 3b);[3)]
m) die Verpflichtung zur Aufrechterhaltung von Kompensationsmaßnahmen gemäß § 50b WGarG 2008.

(3) Die Anmerkung bzw. die Ersichtlichmachung hat die Wirkung, daß sich niemand auf die Unkenntnis dieser Verpflichtung berufen kann. Sie hindert nicht Veränderungen im Gutsbestand der Grundbuchskörper. Die Behörde hat bei solchen Veränderungen, wenn sich die Verpflichtungen auf diese Veränderungen beziehen, im Zuge des Bewilligungsverfahrens die Mitübertragung der Anmerkung bzw. der Ersichtlichmachung in die neuen Einlagen zu verfügen.[4)]

(4) Die Behörde kann in geringfügigen Fällen von der Anmerkung bzw. der Ersichtlichmachung absehen. Die Verpflichtung bleibt aber für jeden Liegenschaftseigentümer aufrecht.[5)]

(5) Zur Veranlassung der Ersichtlichmachung sind dem Grundbuchsgericht die das Bestehen der Verpflichtungen gemäß Abs. 2 begründenden Bescheide und Dokumente zu übermitteln. Allfällige Bescheidbestandteile bildende Pläne und Unterlagen sind nur insoweit dem Grundbuchsgesuch anzuschließen, als sie für die Tatsache des Bestehens dieser Verpflichtungen und deren Individualisierung unabdingbar sind.

(EB zur Nov 1976)

Zu den im Grundbuch vorzunehmenden Ersichtlichmachungen wird bemerkt, daß die ersichtlich zu machenden Verpflichtungen unabhängig von ihrer Eintragung im Grundbuch rechtswirksam sind, da sie sich primär auf die Rechtskraft des Bescheides stützen, mit dem sie begründet worden sind.

(EB zur Nov LGBl 2005/41)

Die Entrichtung des Kostenersatzes nach § 50 stellt eine öffentlich-rechtliche Verpflichtung dar, die im Hinblick auf die dingliche Wirkung des diesbezüglichen Zahlungsauftrages (§ 129b Abs. 1) im Falle des Eigentümerwechsel – auch beim Erwerb durch Zwangsversteigerung (vgl. VwSlg 9513 A) – aufrecht bleibt. Aus Gründen der Publizität wird daher im Abs. 2 lit. k die Möglichkeit geschaffen, das Bestehen einer derartigen Verpflichtung im Grundbuch ersichtlich zu machen.

Anmerkungen

1) Der Antrag der Behörde bedarf des Nachweises der Einhaltung der entsprechenden verwaltungsrechtlichen Schritte; dieser Nachweis wird dem Antrag um Anmerkung anzuschließen sein. Bei Übersendung eines behördlichen Bescheides durch die Behörde ist darüber hinaus die Anmerkung von Amts wegen durch das Grundbuchsgericht vorzunehmen. Erfolgt die Antragstellung durch einen Privaten, hat dieser die dafür maßgeblichen grundbuchsrechtlichen Vorschriften zu beachten.

2) Anmerkungen sind Eintragungen, mit denen gem § 20 lit b des Grundbuchsgesetzes 1955 besondere Rechtswirkungen verbunden sind.

3) Vgl hiezu die Bedenken im Vorwort zur 7. Auflage.

4) Wird anlässlich der Veränderung des Gutsbestandes eines Grundbuchskörpers ein Trennstück ohne Mitübertragung der Anmerkung oder Ersichtlichmachung abgeschrieben, obwohl dies nach der Rechtslage notwendig wäre, so bleibt die entsprechende verwaltungsbehördliche Verfügung aufrecht. Die Behörde ist in der Lage, jederzeit die Anmerkung oder Ersichtlichmachung gem § 130 Abs 1 zu veranlassen.

5) Als geringfügig sind solche Verpflichtungen anzusehen, deren Erfüllung mit so geringen Kosten verbunden ist, dass ein Kaufinteressent die Liegenschaft auch dann erwerben würde, wenn er von dem Bestand dieser Verpflichtung Kenntnis hätte.

Judikatur

1) Die Ersichtlichmachung hat nur die Wirkung, daß sich niemand auf die Unkenntnis der ersichtlich gemachten Verpflichtung berufen kann; sie hindert aber nicht die Änderung des Flächenwidmungs- und Bebauungsplanes (VwGH 5.9.1966, 601/66).

2) Die sich aus baupolizeilichen Bescheiden ergebenden Rechte und Pflichten haften an die Liegenschaft, ohne daß es dazu erst der Ersichtlichmachung im Grundbuch bedürfte (VfGH 11.6.1977, Slg 8050).

3) Der Grundsatz des lastenfreien Eigentumsüberganges bei einem Erwerb im Wege der Zwangsversteigerung, wie ihn die EO festlegt, gilt nicht für kraft Gesetzes bestehende öffentlich-rechtliche Verpflichtungen (VwGH 31.3.1978, Slg 9513/A).

4) Die von der belangten Behörde vertretene Rechtsansicht, die Bauverbote seien deshalb nicht gegenstandslos, weil die – theoretische – Möglichkeit einer Rückwidmung in Bauland bestehe, womit die Bauverbote unter Umständen wieder ihre Berechtigung hätten, verkennt die Wirkungen der Ersichtlichmachung der Bauverbote. Auszugehen ist davon, daß durch den bestehenden Plan (Plandokument 6378) eine Verbauung der hier betroffenen Grundstücke nicht möglich ist. Die mit der Änderung des Flächenwidmungsplanes bewirkte Folge, daß das Recht auf bauordnungsgemäße Verbauung der als Bauplätze genehmigten Grundstücke unwirksam geworden ist, macht die mit der Bauplatzerklärung verbundenen Bauverbote gegenstandslos (VwGH 26.4.2000, 99/05/0268).

Löschung der Anmerkung oder Ersichtlichmachung[1)]

§ 131. Wenn im Grundbuch Anmerkungen oder ersichtlich gemachte Verpflichtungen gegenstandslos geworden sind oder den Grundbuchskörper nicht mehr betreffen, ist der Löschung der Anmerkung oder Ersichtlichmachung im Grundbuch zuzustimmen. Dem Antrag ist die schriftliche Zustimmung des Eigentümers (mindestens eines Miteigentümers)

des betroffenen Grundbuchskörpers anzuschließen. Die Löschung kann auch von Amts wegen veranlaßt werden.

Anmerkung

1) Da die Anmerkungen und Ersichtlichmachungen öffentlich-rechtlicher Natur sind, ist erforderlichenfalls über die Zulässigkeit der Löschung in Bescheidform zu erkennen.

Judikatur

1) Die Zustimmung zur Löschung im Sinne des § 131 BO hat in Bescheidform zu ergehen. Wird von einer Baubewilligung kein Gebrauch gemacht, so liegt eine Gegenstandslosigkeit im Sinne des § 131 BO vor (VwGH 29.6.1993, 92/05/0116). S auch VwGH 24.3.1998, 97/05/0303, BauSlg 73.

2) Über einen Antrag auf Löschung einer Anmerkung oder Ersichtlichmachung ist von der Baubehörde zu entscheiden.

Eine später erfolgte Änderung des Flächenwidmungsplanes mit der Festsetzung der Widmung Grünland, Wald- und Wiesengürtel hat zur Folge, daß die Löschung von in Bescheiden ausgesprochenen Bauverboten zulässig ist (VwGH 26.4.2000, 99/05/0268, BauSlg 93). S näher E 4 zu § 130.

Verlautbarungen

§ 131a. *entfällt, LGBl 2006/61 vom 15.12.2006*[1)]

Anmerkung

1) Die Auffassung, dass derartige Verlautbarungen vom Standpunkt des Baurechts nicht begründet wären, ist bei näherer Betrachtung unhaltbar. Nicht nur Anrainer konnten damit ihre Rechte besser wahrnehmen, auch für die Bauwirtschaft waren die Verlautbarungen von Interesse. Der Grund dürfte vielmehr darin zu suchen sein, dass damit (vor allem) Bauvorhaben von Anrainern nicht mehr wahrgenommen werden können.

12. Teil
Behörden; Parteien und Beteiligte

Wirkungskreis des Magistrates

§ 132. **(1) Dem Magistrat**[1)] **obliegt, sofern das Gesetz nicht anderes bestimmt, die Handhabung dieses Gesetzes als Behörde.**

(2) In allen Fällen, in denen innerhalb einer bestimmten Frist bei sonstiger Verwirkung ein Anspruch geltend gemacht werden kann, sind die Parteien im Bescheid darauf hinzuweisen.[2)]

Anmerkungen

1) Welche Dienststelle des Magistrates einzuschreiten hat, ergibt sich auf Grund der Geschäftseinteilung v 14.2.2019, ABl 7A, mit Wirksamkeitsbeginn 1.2.2019. Der Magistrat als solcher stellt nach außen eine Einheit dar. Für das Verfahren gelten die Verwaltungsverfahrensgesetze (Art I Abs 2 EGVG).

2) Unterbleibt ein solcher Hinweis, so hat dies in baurechtlicher Hinsicht keine Rechtsfolgen. Es besteht allenfalls die Möglichkeit, einen Schadenersatzanspruch nach dem Amtshaftungsgesetz geltend zu machen. Zur Rechtsmittelbelehrung allgemein s § 61 AVG, zur Manuduktionspflicht § 13a AVG.

Judikatur

1) Für die Beurteilung des administrativen Instanzenzuges ist es nicht maßgebend, in welchem Behördenbereich der unterinstanzliche Bescheid gesetzmäßigerweise erlassen hätte werden sollen, sondern in welchem Behördenbereich er tatsächlich erlassen worden ist (VwGH 13.5.1963, Slg 6028/A).

2) § 110 der Verfassung der Bundeshauptstadt Wien sieht ausdrücklich vor, daß der Magistrat eine Einheit ist. Welche Dienststelle des Magistrates daher im Einzelfall die der Behörde zukommende Aufgabe zu versehen hat, ist nicht eine Frage der Zuständigkeit, sondern lediglich eine Frage der inneren Gliederung der Behörde (vgl hiezu die E VfSlg 1705 und 4772) (VwGH 24.11.1969, 4/68 ua).

3) Der VfGH hat schon in seinem E VfSlg 1980 ausgesprochen, daß „die Zusammenfassung hoheitlicher und privatwirtschaftlicher Funktionen in der Hand eines Verwaltungsorgans verfassungsrechtlich an sich zulässig ist", sodaß aus diesem Grunde allein keine Bedenken gegen eine solche Regelung bestehen. Der VfGH hat ferner in seinem E VfSlg 4703 die Ansicht vertreten, daß eine Verfassungswidrigkeit „weder aus Art 94 B-VG noch aus einer anderen Verfassungsnorm abgeleitet werden kann", wenn „die Gemeinde als Grundeigentümerin und als Baubehörde in einer Person aufgetreten ist" (vgl ähnlich auch VfSlg 4388, 4389 und 6935). In seinem E VfSlg 11.492 (zur Amtsvormundschaft der Bezirksverwaltungsbehörde) hat der VfGH schließlich ganz allgemein festgestellt: „Der österreichischen Rechtsordnung ist die Erscheinung, daß dasselbe Organ im Rahmen der Privatwirtschaftsverwaltung auftritt, das im Rahmen der Hoheitsverwaltung zur Entscheidung berufen ist, nicht fremd."

Der VfGH bleibt bei dieser Auffassung. Auch Art 6 Abs 1 MRK kann zu keinem gegenteiligen Ergebnis führen – hier verneinte der VfGH verfassungsrechtliche Bedenken gegen die Regelung des Tiroler Straßengesetzes, wonach der Bürgermeister in erster Instanz für die straßenrechtliche Bewilligung der Gemeinde zuständig ist (VfGH 10.3.1988, Slg 11.645).

Verfassungsrechtlich ist es demnach unbedenklich, daß über Anträge der Stadt Wien Organwalter der Stadt Wien entscheiden.

4) Insoweit der Beschwerdeführer meint, die Tatsache, dass es sich bei dem zu bebauenden Grundstück um ein gemeindeeigenes handle, hindere den Bürgermeister als Baubehörde erster Rechtsstufe an der unbefangenen Entscheidung über das Bauansuchen, ist darauf zu verweisen, daß eine Entscheidung des Bürgermeisters einer Gemeinde in einer Sache, an welcher diese Gemeinde ein – wirtschaftliches – Interesse hat, nicht grundsätzlich unzulässig ist. Insbesondere bewirkt dies nicht, dass die mit der Sache befassten Organwalter allein deshalb als befangen anzusehen wären (vgl etwa die hg Erkenntnisse vom 21. Jänner 1999, Zl 97/06/0202, und vom 14. September 1995, Zl 94/06/0160, in welchen die Gemeinde sogar Bauwerberin gewesen war, jeweils mit weiteren Judikaturhinweisen) (VwGH 17.2.2004, 2002/06/0126).

5) Eine Unzuständigkeit der Behörde erster Instanz und damit eine Verletzung seines Rechtes auf den gesetzlichen Richter erblickt der Bfr in dem Umstand, dass der erstinstanzliche Bescheid von der nach der Geschäftseinteilung des Magistrates ausschließlich für Verfahren betreffend Bauten im öffentlichen Interesse zuständigen MA 35 erlassen wurde.

Gem § 132 Abs 1 BO obliegt dem Magistrat, sofern das Gesetz nicht anderes bestimmt, die Handhabung dieses Gesetzes als Behörde erster Instanz. Aus der Verfassung der Bundeshauptstadt Wien geht hervor, daß der Magistrat eine Einheit ist. Dass eine Dienststelle des Magistrates daher im Einzelfall die der Behörde zukommende Aufgabe zu versehen hat, ist somit nicht eine Frage der Zuständigkeit, sondern lediglich eine Frage der inneren Gliederung der Behörde (vgl dazu VfSlg 1704, 5919, 6226). Auf die Frage, ob der beantragte Bau im öffentlichen Interesse liegt, war daher nicht weiter einzugehen (VwGH 21.11.2000, 2000/05/0185, BauSlg 247).

Wirkungsbereich der Bauausschüsse der Bezirksvertretungen[1)]

§ 133. **(1) Dem Bauausschuss der örtlich zuständigen Bezirksvertretung obliegt als Behörde die Entscheidung über Anträge**

1. auf Bewilligung von Abweichungen nach §§ 69, 76 Abs. 13 und § 119a Abs. 4;

2. die Erteilung von Sonderbaubewilligungen nach § 71 b.[2)]

(2) Das Ermittlungsverfahren führt der Magistrat, bei dem auch der Antrag einzubringen ist. Nach Abschluss des Ermittlungsverfahrens hat der Magistrat den Antrag an den zuständigen Bauausschuss weiterzuleiten.

(3) Der Vorsitzende des Bauausschusses hat die Bescheide zu unterfertigen.

(4) Die Bewilligung von Abweichungen nach Abs. 1 Z. 1 ist nur auf Antrag zulässig; das Ansuchen um Baubewilligung gilt zugleich als Antrag auf Bewilligung der für das Bauvorhaben erforderlichen Abweichungen nach Abs. 1 Z. 1.

(5) Der Antrag auf Bewilligung von Abweichungen nach Abs. 1 Z. 1 ist nach Abschluss des Ermittlungsverfahrens über das Ansuchen um Baubewilligung an den Bauausschuß weiterzuleiten, der über den Antrag schriftlich durch Bescheid zu erkennen hat; der Bauausschuss darf nur Anträge, die sich auf ein bestimmtes Bauansuchen beziehen und mit Bauplänen gemäß § 63 Abs. 1 lit. a belegt sind, nach Abschluss des Ermittlungsverfahrens über das Ansuchen um Baubewilligung in Behandlung nehmen. Durch den Bescheid werden der Flächenwidmungsplan und der Bebauungsplan weder abgeändert noch ergänzt. Wird die Bewilligung erteilt, ist damit über Einwendungen abgesprochen.

(6) Widerspricht ein Ansuchen um Baubewilligung den Voraussetzungen des §§ 69 Abs. 1 und 2, 76 Abs. 13 oder § 119a Abs. 4, ist es abzuweisen; ein mit dem Ansuchen verbundener Antrag auf Bewilligung von Abweichungen nach Abs. 1 Z. 1 gilt in diesem Falle als dem Ansuchen um Baubewilligung nicht beigesetzt. Dies gilt auch, wenn der Bauwerber mit dem Ansuchen um Baubewilligung ausdrücklich einen Antrag auf Bewilligung von Abweichungen nach Abs. 1 Z. 1 stellt, ohne dass sein Bauvorhaben einer solchen Bewilligung bedarf, bzw. wenn das Ermittlungsverfahren über das Ansuchen um Baubewilligung ergibt, dass die Baubewilligung ohne Änderung des Bauvorhabens oder der Baupläne versagt werden muss.

(7) Vor der erstinstanzlichen Bewilligung von Abweichungen nach Abs. 1 Z. 1 darf die Baubewilligung nicht erteilt werden. Gegen einen Bescheid, mit dem über den Antrag auf Bewilligung von Abweichungen nach Abs. 1 Z. 1 entschieden wird, ist eine abgesonderte Beschwerde (§ 136 Abs. 1) nicht zulässig. Die Beschwerde kann nur mit der Beschwerde gegen die Entscheidung über das Ansuchen um Baubewilligung verbunden werden, die sich auf die Entscheidung über Abweichungen nach Abs. 1 Z. 1 stützt. Die Bewilligung von Abweichungen nach Abs. 1 Z. 1 steht nachträglichen Änderungen des Bauvorhabens nicht entgegen, sofern die Abweichung nicht berührt wird.[1)]

(EB zur Nov 2009/25)

In dieser Bestimmung werden aus systematischen Gründen die Angelegenheiten, in denen der Bauausschuss der örtlich zuständigen Bezirksvertretung als Behörde tätig wird, sowie die diesbezüglichen Verfahrensvorschriften, die bisher lediglich für Abweichungen gemäß § 69 geregelt waren, zusammengefasst.

Anmerkungen

1) Völlig ungeklärt ist die Situation, wenn ein Bauvorhaben über Bezirksgrenzen geht; berührt ein Bauvorhaben die Gemeindegrenzen (§ 139 Abs 2 lit d), reicht das Problem in die Verfassungssphäre, zumal die Bauausschüsse Gemeindebehörden sind.

2) Vgl auch die Zuständigkeit nach § 7 Abs 3 KGG.

Parteien

§ 134. (1) Partei im Sinne des § 8 des Allgemeinen Verwaltungsverfahrensgesetzes ist in allen Fällen, in denen dieses Gesetz ein Ansuchen oder eine Einreichung vorsieht, der Antragsteller oder Einreicher.[1)]

(2) Im Grundabteilungsverfahren sind neben dem Antragsteller (Abteilungswerber) die Eigentümer (Miteigentümer) aller von der Grundabteilung erfaßten Grundflächen Parteien. Parteien sind überdies die Eigentümer jener Grundstücke, zu deren Baureifgestaltung Flächen der abzuteilenden Grundstücke für die Einbeziehung vorbehalten werden müssen.

(3) Im Baubewilligungsverfahren und im Verfahren zur Bewilligung von Abweichungen von Vorschriften des Bebauungsplanes sind außer dem Antragsteller (Bauwerber) die Eigentümer (Miteigentümer) der Liegenschaften Parteien. Personen, denen ein Baurecht[2)] zusteht, sind wie Eigentümer der Liegenschaften zu behandeln. Die Eigentümer (Mitteigentümer) benachbarter Liegenschaften sind dann Parteien, wenn der geplante Bau und dessen Widmung ihre im § 134a erschöpfend festgelegten subjektiv-öffentlichen Rechte berührt und sie, unbeschadet Abs. 4, gemäß § 70 Abs. 2 bzw. spätestens bei der mündlichen Verhandlung Einwendungen im Sinne des § 134a gegen die geplante Bauführung erheben. Nachbarn erlangen keine Parteistellung, wenn sie der geplanten Bauführung auf den Bauplänen oder unter Bezugnahme auf diese ausdrücklich zugestimmt haben. Das Recht auf Akteneinsicht (§ 17 AVG) steht Nachbarn bereits ab Einreichung des Bauvorhabens bei der Behörde zu.[4)5)5a)] Alle sonstigen Personen, die in ihren Privatrechten oder in ihren Interessen betroffen werden, sind Beteiligte (§ 8 AVG)[6)]. Benachbarte Liegenschaften sind im Bauland jene, die mit der vom Bauvorhaben betroffenen Liegenschaft eine gemeinsame Grenze haben oder bis zu einer Breite von 6 m durch Fahnen oder diesen gleichzuhaltende Grundstreifen oder eine höchstens 20 m breite öffentliche Verkehrsfläche von dieser Liegenschaft getrennt sind und im Falle einer Trennung durch eine öffentliche Verkehrsfläche der zu bebauenden Liegenschaft gegenüberliegen.[7)] In allen übrigen Widmungsgebieten sowie bei Flächen des öffentlichen Gutes sind jene Liegenschaften benachbart, die in einer Entfernung von höchstens 20 m vom geplanten Bauwerk liegen.

(4) Weist ein Nachbar der Behörde nach, dass er ohne sein Verschulden daran gehindert war, die Parteistellung nach § 134 Abs. 3 zu erlangen, kann er seine Einwendungen im Sinne des § 134a gegen die Bauführung auch nach dem Abschluss der mündlichen Bauverhandlung bzw. nach Ablauf der gemäß § 70 Abs. 2 gesetzten Frist bis längstens drei Monate nach dem Baubeginn vorbringen und ist vom Zeitpunkt des Vorbringens dieser Einwendungen an Partei; eine spätere Erlangung der Parteistellung (§ 134

Abs. 3) ist ausgeschlossen. Solche Einwendungen sind vom Nachbarn binnen zwei Wochen nach Wegfall des Hindernisses für ihre Erhebung bei der Behörde einzubringen, die die Bauverhandlung anberaumt bzw. die Frist gemäß § 70 Abs. 2 gesetzt hat.[8)9)]

(5) Im Verfahren gemäß § 62 ist der Bauwerber Partei.[16)]

(5a) Im Verfahren gemäß § 74 Abs. 2 sind der Antragsteller und die Eigentümer (Miteigentümer) der Liegenschaft Parteien.

(6) Im Enteignungsverfahren ist außer dem Enteignungswerber der Eigentümer (jeder Miteigentümer) der zu enteignenden Grundflächen Partei;[10)] dinglich Berechtigte, deren Privatrechte hiedurch berührt werden, sind nur Beteiligte, denen nur insoweit im verwaltungsrechtlichen Verfahren Parteienrechte zukommen, als die Behörde über die sie betreffenden Entschädigungen entscheidet.[11)] Dasselbe gilt für Eigentumsbeschränkungen und Umlegungen.

(6a) Parteistellung bei Vorhaben gemäß § 61a Abs. 1 und Abs. 7 kommt der Wiener Umweltanwaltschaft, den potentiell betroffenen Personen, dem Betreiber eines rechtmäßig bestehenden Seveso-Betriebs und den zum Zeitpunkt der Kundmachung des Vorhabens gemäß § 19 Abs. 6 und 7 Umweltverträglichkeitsprüfungsgesetz 2000 – UVP-G 2000, BGBl. Nr. 697/1993, in der Fassung BGBl. I Nr. 26/2023 anerkannten Umweltorganisationen zu.[14)14a)] Das Recht auf Akteneinsicht (§ 17 AVG) steht den vom Vorhaben potentiell betroffenen Personen, dem Betreiber eines rechtmäßig bestehenden Seveso-Betriebs, der Wiener Umweltanwaltschaft und den anerkannten Umweltorganisationen bereits ab Einreichung des Vorhabens bei der Behörde zu.[13)15)]

(7) Sofern es sich um einen von Amts wegen erlassenen Bescheid handelt,[12)] ist die Person Partei, die hiedurch zu einer Leistung, Unterlassung oder Duldung verpflichtet wird. Alle sonstigen Personen, die hiedurch in ihren Privatrechten oder Interessen betroffen werden, sind Beteiligte (§ 8 des Allgemeinen Verwaltungsverfahrensgesetzes).

(EB zur Nov LGBl 1992/34)

Es ist sachlich gerechtfertigt, wenn der Gesetzgeber den zunächst betroffenen Nachbarn eine stärkere Rechtsposition einräumt als den Eigentümern weiter weg gelegener Liegenschaften. Vom Verfassungsgerichtshof wurde eine derartige Regelung in der Salzburger Bauordnung für verfassungskonform erachtet (VfGH vom 21.3.1986, B 179/84, Slg 10.844).

Hervorzuheben ist, daß nach der geltenden Rechtslage in so gut wie allen Fällen derselbe Nachbarschaftskreis zugezogen wird, der auch nach der vorgesehenen Neuregelung beizuziehen sein wird. Die Neuregelung dient also im wesentlichen der klareren Abgrenzung im Sinne der Rechtssicherheit.

Die nunmehrige Regelung im Abs 3 sieht überdies vor, daß die Eigentümer benachbarter Liegenschaften die Parteistellung nur dann erlangen, wenn sie spätestens bei der mündlichen Verhandlung Einwendungen im Sinne des § 134a gegen ein Bauvorhaben erheben. Diese Lösung ist dem gewerberechtlichen Betriebsanlagengenehmigungsverfahren nachgebildet.

Im neu eingefügten Abs 4 wird den Eigentümern benachbarter Liegenschaften, die ohne ihr Verschulden daran gehindert waren, die Parteistellung zu erlangen, die Möglichkeit eingeräumt, auch nach Abschluß der mündlichen Verhandlung bis längstens drei Monate nach dem angezeigten Baubeginn Einwendungen zu erheben und damit die Parteistellung zu erlangen. Eine spätere Erlangung der Parteistellung wird jedenfalls ausdrücklich ausgeschlossen, um zu verhindern, daß übergangene Nachbarn etwa noch Jahre nach Erteilung der Baubewilligung auftreten und durch ihre Einwendungen die Aufhebung von bereits konsumierten Baubewilligungen bewirken. Dieser Lösung liegt die Auffassung zugrunde, daß der Eigentümer einer Liegenschaft auch die Pflicht hat, bei längerer Abwesenheit oder sonstiger Verhinderung Vorsorge dafür zu treffen, daß die aus seinem Eigentum erwachsenden Rechte durch einen Vertreter wahrgenommen werden; andernfalls muß er hinnehmen, daß während seiner Verhinderung auf den Nachbarliegenschaften Bauführungen stattfinden, gegen die er sich nicht mehr aussprechen kann. Es wurde daher aus Gründen der Rechtssicherheit eine absolute Frist – drei Monate nach dem angezeigten Baubeginn – in das Gesetz aufgenommen, nach deren Ablauf jedwede Einwendungsmöglichkeiten und demgemäß sämtliche Parteienrechte untergegangen sind. Der Baubeginn wurde als Bezugspunkt herangezogen, da dadurch eine erteilte Baubewilligung auch für die Nachbarn in erkennbarer Weise nach außen in Erscheinung tritt.…

(EB zur Nov 2021, LGBl 2021/70)

Die Seveso-RL sieht in Art. 15 vor, dass die betroffene Öffentlichkeit Gelegenheit erhalten muss, ihren Standpunkt zu spezifischen einzelnen Projekten darzulegen. Art. 23 regelt, dass die Mitgliedsstaaten sicherzustellen haben, dass die Mitglieder der betroffenen Öffentlichkeit Zugang zu Gerichten, die ein Überprüfungsverfahren im Sinne der Richtlinie 2011/92/EU durchführen, haben.

Die Seveso-RL definiert die betroffene Öffentlichkeit als die von einer Entscheidung über einen der Sachverhalte gemäß Art. 15 Abs. 1 betroffene oder wahrscheinlich betroffene Öffentlichkeit oder die Öffentlichkeit mit einem Interesse daran. Dieser Personenkreis wird im **Abs. 6a** in der Wortfolge **„potentiell betroffene Personen“** zusammengefasst. Die Eigentümer der Liegenschaften, die sich innerhalb des angemessenen Schutzabstandes befinden, zählen jedenfalls zum Kreis der potentiell betroffenen Personen. Dem Betreiber eines Seveso-Betriebes kommt Parteistellung gemäß Abs. 6a. Seine ihm allenfalls zukommende Nachbarstellung gemäß § 134 Abs. 3 ist von dieser Regelung unberührt und kann grundsätzlich gleichzeitig bestehen. Die jeweils mit der Parteistellung verbundenen Rechte können aufgrund der jeweils maßgeblichen Bestimmungen ausgeübt werden.

Nichtregierungsorganisationen, die sich für den Umweltschutz einsetzen und alle einschlägigen nach innerstaatlichem Recht geltenden Voraussetzungen (vgl. UVP-G 2000) erfüllen, wird nach dem Wortlaut der Seveso-RL ein Interesse zuerkannt.

Bei Bauführungen gemäß § 61a Abs. 7 innerhalb des angemessenen Schutzabstandes ist das Öffentlichkeitsbeteiligungsverfahren bei Neubauten jedenfalls und bei anderen Bauführungen nur in jenen Fällen durchzuführen, in denen die Änderungen geeignet sind, einen Einfluss auf das Risiko oder die Folgen eines schweren Unfalls haben können.

Mit dieser Regelung ist eine Beteiligung der Öffentlichkeit im Sinne des Art. 15 der RL vorgesehen und gewährleistet, dass die betroffene Öffentlichkeit bei rechtzeitiger Abgabe einer Stellungnahme den in Art. 23 der RL vorgesehenen Zugang zu einem „Überprüfungsverfahren" durch Erhebung einer **Beschwerde an das Verwaltungsgericht** hat.

(EB zur BO-Nov 2023, LGBl 2023/37 vom 13.12.2023 zu Abs 6a)

Die Änderung, die der Umsetzung von Art. 23 Buchstabe b der Seveso III-Richtlinie dient, ist aufgrund der neueren Judikatur des EuGH und eines anhängigen Vertragsverletzungsverfahrens gegen Österreich erforderlich geworden.

Gemäß Art. 23 Buchstabe b der RL haben die Mitgliedsstaaten sicherzustellen, dass die Mitglieder der betroffenen Öffentlichkeit im Rahmen ihrer innerstaatlichen Rechtsvorschriften bei Planungen, Ansiedlungen und wesentlichen Änderungen von Seveso-Betrieben sowie bei neuen Entwicklungen in der Nachbarschaft von Seveso-Betrieben Zugang zu den in Artikel 11 der RL 2011/92/EU eingerichteten Überprüfungsverfahren haben.

Durch die Streichung des zweiten Satzteils von § 134 Abs. 6a erster Satz wird dementsprechend gewährleistet, dass die Mitglieder der betroffenen Öffentlichkeit auch dann Beschwerde an das Verwaltungsgericht erheben können, wenn sie innerhalb der vorgegebenen Frist keine Stellungnahme erstattet haben. Das Beschwerderecht ist damit grundsätzlich nicht mehr von einer Beteiligung im verwaltungsbehördlichen Verfahren abhängig. Dadurch wird den Bedenken der Europäischen Kommission nunmehr vollständig Rechnung getragen.

Anmerkungen

1) Die Parteistellung ist davon abhängig, ob ein Rechtsanspruch auf bescheidgemäße Erledigung des Ansuchens besteht. Das Gleiche gilt auch für alle Verfahren auf Grund anderer baurechtlicher Vorschriften (zB auf Grund des Wiener Garagengesetzes, des Wiener Aufzugsgesetzes usw). Wer noch Partei des Verfahrens ist, ergibt sich aus den weiteren Absätzen dieser Gesetzesstelle, sowie aus § 6 Abs 1 Z 2 des Wiener Umweltschutzgesetzes, LGBl 1993/25, idgF:

„Teilnahme an Verwaltungsverfahren

§ 6. (1) Die Umweltanwaltschaft hat zur Wahrung der Interessen des Umweltschutzes in den nachstehend angeführten, auf Grund von landesgesetzlichen Bestimmungen durchzuführenden Verwaltungsverfahren Parteistellung sowie das Recht, Beschwerde an das Verwaltungsgericht Wien und gegebenenfalls Revision an den Verwaltungsgerichtshof zu erheben, wobei sie jedoch auch auf ihre Parteirechte verzichten kann:

…

2. Verwaltungsverfahren nach der Wiener Bauordnung, LGBl. für Wien Nr. 11/1930, in der jeweils geltenden Fassung, und zwar betreffend:

a) Abteilungsbewilligung gemäß § 13 Abs. 2 lit. d),
b) Baubewilligung im Schutzgebiet Wald- und Wiesengürtel oder Parkschutzgebiet gemäß § 60 in Verbindung mit § 6 Abs. 3,
c) Bewilligung von Anlagen, die geeignet sind, eine Gefahr für das Leben oder die Gesundheit von Menschen herbeizuführen oder die Nachbarschaft in einer das örtlich zumutbare Ausmaß übersteigenden Weise zu belästigen gemäß § 61;“

2) Im Sinne des Gesetzes vom 26.4.1912, RGBl 86 idF BGBl 1990/258 (Durchführungsverordnung vom 11.6.1912, RGBl 114 idF BGBl I 2012/30).

3) Gegenstand der Baubewilligung ist ja im Allgemeinen nicht die Bauführung als solche – der technische Vorgang –, sondern das Ziel des Vorganges, der Bau (s VwGH v 10.5.1965, Slg 6684 A ua).

4) Auf die mögliche Beeinträchtigung kommt es an (s die Rechtsprechung zu § 8 AVG). Parteistellung erlangt ein Nachbar erst durch die (rechtzeitige) Erhebung von Einwendungen iSd § 134a, wie sich aus Abs 3 und § 42 AVG ergibt. Zur Parteistellung des Nachbarn s Anm 1 u insb die E zu §§ 134 und 134a, weiters *Hauer*, Der Nachbar im Baurecht, 6. Auflage 2008.

5) Da der Gesetzgeber nähere Bestimmungen zum Schutz der Nachbarn trifft, welche im behördlichen Verfahren geltend gemacht werden können, können Nachbarn sonstige Beeinträchtigungen nur mehr im ordentlichen Rechtsweg geltend machen, soweit das Zivilrecht eine Rechtsgrundlage bietet. Das Land Wien hat in üblicher Weise die Rechtsprechung des VwGH zu den Nachbarrechten (nicht erschöpfende Aufzählung im § 134a) abgeändert. § 134a soll nach dem Willen des Landes eine erschöpfende Aufzählung aufweisen. S auch die Anm zu E 57 bei § 134a.

5a) Bei Nachbarn die dem Projekt (vorab) zugestimmt haben, ist demnach eine spätere Erlangung der Parteistellung (Zurückziehung der Zustimmung/Erhebung von Einwendungen) nicht möglich. Diese Nachbarn sind bei einer ggf abgehaltenen Verhandlung seitens der Behörde auch nicht zu laden.

Der Schluss, dass eine Vorabzustimmung oder die Unterfertigung der Baupläne den Verzicht auf alle Rechte (auch civil rights) bedeutet, scheint bei näherer Untersuchung bestehender Rechtskontinuität unhaltbar.

6) Hiezu gehören insbesondere Mieter und Pächter.

7) Während nach der bisherigen Rechtslage die Abgrenzung der Parteistellung der Nachbarn oft umstritten war, bringt die neue Umschreibung der Parteistellung gerade bei immissionsträchtigen Vorhaben einen Ausschluss von der Parteistellung trotz tatsächlicher Beeinträchtigung. In den EB wurde zutreffend bemerkt, dass der VfGH eine ähnliche Regelung im Sa BauPolG (§ 7) in seinem E v 21.3.1986, B 179/84, Slg 10.844, für verfassungsrechtlich unbedenklich beurteilte; diese Rechtsprechung hat der VfGH allerdings mit E zur NÖ BO (19.12.1998, Slg 15.360 und 23.2.1999, Slg 15.417) und insb E 1.10.1999, Slg 15.581, zur TBO relativiert. Während der VfGH in seiner langjährigen Judikatur auch den völligen Ausschluss von betroffenen Nachbarn für verfassungsrechtlich zulässig hielt, weil ein Mitspracherecht aus der österreichischen Verfassungsordnung regelmäßig nicht ableitbar wäre (s VfSlg 8279 ua), hat er nun gewisse Beschränkungen der Nachbarrechte als gleichheitswidrig beurteilt. Für die Anrainerrechte scheint die unterschiedliche Abstandsbemessung von daneben liegenden (sic: 6 m) und gegenüberliegenden (sic: 20 m) Grundstücken aus dem Gleichheitssatz heraus dogmatisch kaum rechtfertigbar.

Zum Begriff „Fahne" (Verbindungsstreifen zwischen Bauplatz und Verkehrsfläche) s § 16. Zum Begriff „Bauland" s § 4.

8) Mit diesen Bestimmungen soll in Zukunft die Problematik eines übergangenen Nachbarn beseitigt werden. Mit der AVGNov 1998 hat auch der BGgeber in § 42 Abs 3 AVG das Problem der übergangenen Partei behandelt (s Anm 5 zu § 70). Diese Regelung weicht von § 134 Abs 4 BO ab, doch hat der LGgeber durch die neuerliche Beschlussfassung und Kundmachung mit Nov LGBl 1998/61 eine Derogation durch das AVG (§ 82 Abs 7) verhindert. Dies wirft die Frage auf, ob diese abweichende Regelung vom AVG im Hinblick auf Art 11 Abs 2 B-VG eine zulässige Abweichung ist, was für Bauwerber beim Auftreten übergangener Nachbarn nach rechtskräftiger Baubewilligung von Bedeutung sein kann, weil die Regelung des AVG bauwerberfreundlicher ist. Verfassungsrechtliche Bedenken gegen den Ausschluss der Parteistellung bestehen eher nicht. Der Verpflichtung zur Erstattung der Baubeginnsanzeige kommt nun hier besondere Bedeutung zu.

9) Mit VfGH 2.10.2007, G 4/07, Slg 18.234 wurde Abs 4 aufgehoben. Mit der Nov LGBl 2008/24 wurde Abs 4 gleichlautend – aber nunmehr ohne Bezug auf den „angezeigten" Baubeginn – wieder beschlossen, mit Hinweis auf die Einfügung eines neuen Abs 2a in § 124. Ob damit die Bedenken des VfGH beseitigt wurden, darf bezweifelt werden. Vgl auch Anm 1 ff zu § 70a. Der VfGH erkannte eine Verletzung des Sachlichkeitsgebotes durch die Anknüpfung an einen untauglichen Zeitpunkt, nämlich der Anzeige des Baubeginns.

10) Wohl auch der Eigentümer eines Superädifikates, wenn dieses enteignet werden soll; vgl jedoch auch § 4 Abs 2 Eisenbahnenteignungsentschädigungsgesetz 1954, BGBl 71 idF BGBl I 2010/111.

11) Vgl § 5 Eisenbahnenteignungsentschädigungsgesetz 1954, BGBl 71 idF BGBl I 2003/112.

12) In Betracht kommen in erster Linie baupolizeiliche Aufträge nach den Bestimmungen des § 129 Abs 4 und 10.

13) Abs 6a wurde mit der Nov 2021, LGBl 2021/70 auf Grund eines Vertragsverletzungsverfahrens der Europäischen Kommission eingefügt. S Anm 2 zu § 61a. Die Anerkennung einer der Staatshoheit übergeordneten Judikatur ist verfassungsrechtlich problematisch und entschieden abzulehnen.

14) Mit der BO-Nov 2023, LGBl 2023/37 wurde der Bezug „*wenn sie innerhalb der in der Kundmachung angegebenen Frist eine Stellungnahme (§ 61 Abs. 4) abgeben*" gestrichen. Es ergibt sich nun eine Parteistellung aller neben dem Betreiber genannten Gruppen auch bei Vorhaben im Schutzabstand. Durch die Streichung ergibt sich nun auch eine Ex-lege-Parteistellung aller in Abs 6a genannten Gruppen, unabhängig von der Erhebung von Einwendungen (vgl anders § 134 Abs 3). Demnach ist auch hinsichtlich Erlangung und Präklusion der Parteistellung zwischen Seveso-Einwendungen iSd § 61a Abs 5 und Einwendungen iSd § 134a iVm § 134 Abs 3 zu differenzieren.

14a) Gem § 61a Abs 5 iVm Abs 3 ist bei Vorhaben nach § 61a Abs 1 (Vorhaben des Betriebes) die Frist für zulässige Einwendungen für alle in § 134 Abs 6a genannten Personen mit der Frist gem der Auflage (§ 61a Abs 4) begrenzt. Für Vorhaben im Schutzabstand (§ 61a Abs 7) ist in § 61a Abs 3 und 5 keine Auflage und keine Stellungnahmefrist normiert. Der Betreiber des Betriebes ist dann für Vorhaben im Schutzabstand direkt zu laden oder verständigen – unter Fristsetzung. Der Eigentümer der Betriebsliegenschaft ist nicht per se Partei iSd Abs 6a. Die NGOs und betroffene/interessierte Öffentlichkeit haben zwar Parteistellung, es ist aber zum Schutzabstand (Abs 7) kein ausdrückliches Verfahren zu deren Einbindung normiert. Siehe die Anm 1 ff zu § 61a.

15) Beachte auch die Einschränkung missbräuchlicher oder unredlicher Beschwerden in § 136 Abs 1.

16) Der Eigentümer hat lt Judikatur eingeschränkte Parteistellung hinsichtlich der richtigen Wahl der Art des Verfahrens.

Judikatur

Zu Abs 1

1) § 8 AVG hat nur die Feststellung zum Inhalt, welche Rechtsstellung durch die Verwaltungsvorschriften den im Verfahren auftretenden Personen eingeräumt werden muß, damit diesen die Eigenschaft einer Partei oder eines Beteiligten zukommt. Es kann demnach die Frage, wer in einem konkreten Verwaltungsverfahren die Rechtsstellung einer Partei besitzt, an Hand des AVG allein nicht gelöst werden. Die Parteistellung muß vielmehr aus den verwaltungsrechtlichen Vorschriften abgeleitet werden; auf dem Boden des materiellen Verwaltungsrechtes muß sie nach dem Gegenstand des betreffenden Verwaltungsverfahrens und dem Inhalt der zur Anwendung kommenden Verwaltungsvorschriften beurteilt werden (VwGH 1.4.1960, Slg 5258/A, 17.12.1979, Slg 9994/A ua).

2) Die Parteistellung ergibt sich aus dem Inhalt der in Betracht kommenden Vorschriften (VfGH 1.12.1972, Slg 6908). Aus dem rechtsstaatlichen Prinzip läßt sich eine bestimmte Ausgestaltung von Parteienrechten nicht ableiten (VfGH 11.3.1978, Slg 8279).

3) Da für die genannten Grundstücke wahlweise die offene oder gekuppelte Bebauungsweise im Sinne des § 70 Abs 1 NÖ BO festgelegt ist, darf dieses Wahlrecht nur unter Bedachtnahme auf die bereits bestehenden und bewilligten Gebäude ausgeübt werden, sofern dieses Recht nicht schon durch frühere Bauvorhaben verbraucht wurde.

Nach der hg Judikatur (vgl etwa VwGH 29.9.2016, Ro 2014/05/0094) ist das Wahlrecht zwischen dem Anbau an einer gemeinsamen Grundgrenze oder der Einhaltung eines Abstandes zur seitlichen Grundgrenze verbraucht, wenn bereits ein Hauptgebäude (die Errichtung eines Nebengebäudes erfüllt diese Voraussetzung nicht; vgl dazu etwa VwGH 8.4.2014, 2011/05/0078) an der gemeinsamen Grundgrenze gekuppelt – oder unter Einhaltung des gebotenen Abstandes zur seitlichen Grundgrenze (in offener Bebauungsweise; vgl etwa VwGH 30.1.2014, 2011/05/0043 bis 0045) – errichtet ist (VwGH 23.1.2018, Ra 2016/05/0077, zur BO für NÖ).

Zu Abs 2

1) Im Grundabteilungsverfahren hat der Nachbar grundsätzlich keine Parteistellung; allfällige Rechtsverletzungen kann aber der Nachbar im (folgenden) Baubewilligungsverfahren geltend machen (VwGH 26.2.1985, 85/05/0011, BauSlg 393). Nun nur im Rahmen des § 134a. Vgl jedoch auch § 134 Abs 2.

2) Im Grundabteilungsverfahren haben ausschließlich Grundeigentümer Parteistellung, nicht auch eine Person, die Anspruch auf Rückübertragung des Eigentums besitzt (VwGH 15.10.1985, 84/05/0050, BauSlg 330). S aber VfSlg 8980 u 8981 sowie Anm u E zu § 58.

3) Der Umstand, daß der Abteilungswerber und auch der jenseits der Verkehrsfläche befindliche Nachbar Grund für eine (neue) Verkehrsfläche abgetreten haben, begründet nicht die Parteistellung dieses Nachbarn im Grundabteilungsverfahren (VwGH 27.1.1987, 86/05/0174).

4) Der Nachbar ist berechtigt, im Baubewilligungsverfahren Einwendungen gegen die vorher erfolgte Bauplatzschaffung vorzubringen, da ihm doch im Abteilungsverfahren selbst gem § 134 Abs 2 BO regelmäßig keine Parteistellung zukommt (s E 26.2.1985, 85/05/0011) (VwGH 21.6.1988, 87/05/0087–0089, 0110, BauSlg 1135).

5) Eine Verletzung der Rechtssphäre betroffener Nachbarn in einem Grundabteilungsverfahren kann erst durch die Entscheidung über den Antrag des Bewilligungswerbers eintreten, vorher kann nur der Bewilligungswerber, nicht aber der Nachbar einen Devolutionsantrag stellen. Gleiches gilt nach

Aufhebung des Bescheides erster Instanz. Dem Nachbarn steht kein Anspruch darauf zu, daß über den Antrag des Bewilligungswerbers neuerlich entschieden wird (s E 12.2.1985, 84/05/0184). Ein dennoch gestellter Antrag auf Übergang der Entscheidungspflicht ist zurückzuweisen; erfolgt über diesen Antrag keine Entscheidung, ist eine Säumnisbeschwerde an den VwGH zulässig (VwGH 27.11.1990, 89/05/0242).

Zu Abs 3

1) Der Nachbar hat das Recht, in die Verwaltungsakten über das bauliche Geschehen auf der seinem Anwesen benachbarten Liegenschaften Einsicht zu nehmen, und zwar auch nach mehr als zwanzig Jahren (VwGH 7.6.1971, 2005/70).

2) Die Grenze der aus dem Grundrecht des Eigentums erfließenden Baufreiheit ist im Zweifel zugunsten dieser Freiheit zu ermitteln. Wenn es zweifelhaft ist, ob der Seitenabstand vom aufgehenden Mauerwerk des Hauses oder vom Dachvorsprung aus zu bemessen sei, so ist grundsätzlich die für die Baufreiheit des Eigentümers günstigere Lösung zu wählen. Der VwGH hat auch Fälle in Erwägung gezogen, die so geartet sind, daß der Sinn des Seitenabstandes durch Vorsprünge überhaupt aufgehoben wird. Solche Fälle mögen zu einer anderen rechtlichen Beurteilung führen. Bei diesen Erwägungen kann auch die ortsübliche Bauweise (hier die Üblichkeit von Balkonen) nicht außer Betracht bleiben. Der VwGH ist nicht der Anschauung, daß die belangte Behörde im vorliegenden Fall nach den Plänen zu der Anschauung kommen konnte, die vorspringenden Teile seien so geartet, daß von einer Aufhebung der Funktion des Seitenabstandes durch diese Bauteile gesprochen werden könnte, also keine Verletzung von Nachbarrechten vorliegt (VwGH 17.2.1969, Slg 7510/A).

3) Eine Verletzung eines subjektiven öffentlichen Nachbarrechtes tritt ein, wenn eine Ausnahmegenehmigung gewährt wurde, obwohl die gesetzlichen Voraussetzungen nicht gegeben waren, oder wenn bei Vorliegen der gesetzlichen Voraussetzungen die Behörde von ihrem Ermessen nicht im Sinne des Gesetzes Gebrauch gemacht hat (VwGH 1.2.1971, Slg 7958/A).

4) Das Recht, gegen eine Baubewilligung Einwendung und in weiterer Folge Berufung zu erheben, steht jedem Miteigentümer zu, weil sich die Erteilung einer Baubewilligung unter Verletzung subjektiver, aus der Bauordnung erfließender Rechte als Eingriff in die Rechtssphäre des Nachbarn darstellt und daher jeder Miteigentümer auch berechtigt sein muß, selbst die notwendigen Abwehrmaßnahmen zu ergreifen (VwGH 6.11.1962, 166/62).

5) Zur Wahrung fremder Rechte ist der Nachbar nicht legitimiert (VwGH 29.4.1958, Slg 4653/A, 1.4.1963, 1771/62, 30.6.1969, Slg 7615/A ua). S die Worte „ihrem Schutze dienen" in § 134a Abs 1.

6) Der Nachbar an der seitlichen Grundgrenze besitzt kein subjektives öffentliches Recht auf Freihaltung des Vorgartens von jeder Verbauung (VwGH 30.6.1969, 357/67). Durch die Nichteinhaltung eines Abstandes vom Weg (der Baulinie) ist der seitliche Nachbar nicht betroffen (VwGH 25.5.1959, Slg 4979/A, 17.2.1969, Slg 7510/A).

7) Die Immission eines Gewerbebetriebes, die durch Vorschreibungen der Gewerbebehörde auf das ortsübliche Ausmaß herabgemindert wird, kann immer noch eine Belästigung der Nachbarschaft im Sinne der Bauordnung (§ 6 BO für Wien) darstellen und dazu führen, daß eine baubehördliche Genehmigung der Anlage aus dem Titel der Flächenwidmung unzulässig ist (VwGH 19.4.1955, Slg 3712/A, 31.10.1966, 1351/64) = „Betriebstypentheorie."

8) Die Zuständigkeit der Baubehörde erstreckt sich auch auf den Betrieb und nicht nur auf das Gebäude, in dem der Betrieb eingerichtet werden soll (VwGH 18.11.1958, 47/58). Die Baubehörde hat grundsätzlich nicht vom individuellen Betrieb auszugehen, also von den einzelnen im konkreten Betrieb verwendeten Maschinen, sondern von der Betriebstype, was im Sinne einer vorausplanenden Änderung des Plangebietes durch Aufstellung von Kategorien baulicher Nutzung liegt (VwGH 11.9.1972, Slg 8275/A). Sog „Betriebstypentheorie". S § 6.

9) Aus den Vorschriften über den Abstand eines Bauwerkes von der gemeinsamen Grundgrenze erwächst dem Nachbarn ein subjektiv-öffentliches Recht (VwGH 5.10.1955, Slg 3844/A, 29.4.1958, Slg 4653/A, 15.6.1976, 229/76). Der Nachbar hat aber dann keinen Anspruch auf das Einhalten einer Abstandsvorschrift, wenn es sich um eine Bauführung unterhalb der Erdoberfläche handelt (VwGH 21.11.1966, Slg 7030/A).

10) Die Bestimmungen über die Gebäudehöhe dienen auch dem Interesse der Nachbarn (VwGH 2.5.1958, Slg 4683/A, 5.12.1961, Slg 5680/A). Wenn jedoch eine Überschreitung nach einer Ausnahmebestimmung bewilligt wurde, hat dies zur Folge, daß das Bauvorhaben mit den Bestimmungen der Bauordnung nicht in Widerspruch steht. In einem solchen Fall kann der Nachbar in einem subjektiv-öffentlichen Recht nicht verletzt sein. Die Baubewilligung ist jedoch nur dann gesetzmäßig erteilt, wenn die gesetzlichen Voraussetzungen für die Erteilung der Ausnahmebewilligung gegeben waren (VwGH 2.5.1958, Slg 4683/A). Aus den Bestimmungen über die Anzahl der Geschosse erwächst dem Nachbarn kein subjektiv-öffentliches Recht, weil die Beeinträchtigung der Nachbarschaft durch die Anzahl der Geschosse nur dann herbeigeführt werden könnte, wenn die Gebäudehöhe durch die Bestimmungen über die zulässige Geschoßzahl bestimmt wird, nicht jedoch dann, wenn der Umriss des Gebäudes und damit die zulässige Beeinträchtigung der Nachbarn durch Entzug von Licht und Luft durch die Gebäudehöhe bereits festgelegt ist (VwGH 20.5.1963, Slg 6033/A). Aus den Bestimmungen über die Ausnutzbarkeit der Bauplätze erwachsen subjektiv-öffentliche Nachbarrechte (VwGH 22.1.1968, 1705/67).

11) Auf die Freihaltung einer gärtnerisch auszugestaltenden Fläche steht dem Nachbarn ein subjektiv-öffentliches Recht zu (VwGH 13.3.1967, Slg 7101/A). Vgl auch die E zu §§ 79 u 84.

12) Die Errichtung einer Terrasse im Seitenabstand (Abstand zum Nachbarn) ist auch dann verboten, wenn sich unter der Terrasse eine Kleingarage befindet, die nach den baurechtlichen Vorschriften an dieser Stelle errichtet werden darf (VwGH 24.5.1960, Slg 5303/A).

13) Der Nachbar kann die Frage des strittigen Grenzverlaufes geltend machen. Dieses Vorbringen ist nicht auf den Zivilrechtsweg zu verweisen. Die Baubehörde hat vielmehr die Frage des Grenzverlaufes gem § 38 AVG als Vorfrage zu beurteilen und diese Beurteilung ihrer Entscheidung zugrunde zu legen (VwGH 10.1.1966, Slg 6853/A, 28.9.1970, 1199/67, 6.4.1972, 1683/71, 30.10.1973, 403/73). Die Frage eines strittigen Grenzverlaufes ist freilich nur dann im Baubewilligungsverfahren als Vorfrage zu entscheiden, wenn dies zur Beurteilung der Zulässigkeit des Bauvorhabens (etwa wegen Einhaltung eines Abstandes) notwendig ist (s VwGH 25.6.1996, 95/05/0337, BauSlg 162, ua).

14) Die Cottageservitut gehört dem Zivilrecht an und ist im öffentlich-rechtlichen Bauverfahren nicht zu berücksichtigen. Die Anrainer (nun Nachbarn) können eine Mangelhaftigkeit des Verfahrens wegen Nichtzuziehung eines anderen Anrainers nicht geltend machen. Ein Servitutsberechtigter ist nicht Partei, sondern Beteiligter (VwGH 20.11.1956, 1256/55).

15) Die Einwendung, eine Liegenschaft werde durch die Bauführung entwertet, ist als privatrechtlich zu qualifizieren (VwGH 11.3.1958, 1173/57, 22.2.1971, 1447/69; VfGH 10.3.1972, Slg 6678).

16) Privatrechtlicher Natur ist die Einwendung, mit der die Überschreitung einer Servitut behauptet wird (VwGH 22.6.1964, 1584/63).

17) Das Vorbringen, durch das Bauvorhaben werde ein privates Fensterrecht beeinträchtigt, ist als privatrechtliche Einwendung zu beurteilen (VwGH 19.9.1956, 1516/54).

18) Eine Einwendung kann sowohl privatrechtlich als auch öffentlich-rechtlich zu beurteilen sein. Läßt eine Einwendung trotz einer konkret behaupteten Rechtsverletzung nicht erkennen, ob eine Verletzung des Privatrechtes nach Auffassung des Nachbarn in Betracht kommt, dann ist die Einwendung als öffentlich-rechtliche Einwendung anzusehen (VwGH 10.5.1955, Slg 3735/A, 16.3.1964, Slg 6272/A).

19) Der Eigentümer eines Weges ist kein Nachbar und kann daher durch die Erteilung einer Baubewilligung in einem subjektiv-öffentlichen Recht nicht verletzt werden (VwGH 29.1.1974, 359/72, 853/73).

20) Dem Eigentümer, der nicht zugleich Bauwerber ist, wird durch die Bauordnung ein Recht auf Erteilung der Baubewilligung nicht eingeräumt. Daher kann er durch einen Bescheid, mit dem einem Dritten eine Baubewilligung versagt wird, in keinem Recht verletzt worden sein (VwGH 13.10.1975, Slg 8897/A).

21) Miteigentümer ein und derselben Liegenschaft üben ihre Nachbarschaftsrechte, mangels anders lautender gesetzlicher Vorschriften, voneinander unabhängig aus (vgl E v 6.11.1962, 166/62) (VwGH 1.7.1975, Slg 8871/A).

22) Der Nachbar ist nach der ständigen Rechtsprechung des VwGH berechtigt, das Vorliegen einer entschiedenen Sache im baubehördlichen Bewilligungsverfahren einzuwenden (vgl Slg 4966/A). Gegenstand der Rechtskraft ist der Spruch und die maßgebende Begründung des Bescheides. Der Sinn der materiellen Rechtskraft eines Bescheides ist darin gelegen, daß eine Angelegenheit bei unverändertem Sachverhalt nicht neuerlich aufgerollt werden kann. Von der Identität einer Sache kann allerdings nur dann gesprochen werden, wenn einerseits weder in der Rechtslage noch in den für die Beurteilung des Parteibegehrens maßgeblichen tatsächlichen Verhältnissen eine Änderung eingetreten ist und sich andererseits das neue Parteibegehren im Wesentlichen mit dem früheren deckt (VwGH 21.2.1979, Slg 9775/A).

23) Die Nachbarn sind nur berechtigt, solche Mängel der Baupläne zu rügen, die den Nachbarn nicht ermöglichen, sich ausreichend über Art und Umfang des Bauvorhabens sowie über die Einflussnahme auf ihre Rechte zu informieren. Aus der beschränkten Parteistellung des Nachbarn ergibt sich, daß er nur eine Verletzung seiner Rechte geltend machen kann, was hinsichtlich der Gebäudehöhe bedeutet, daß ausschließlich die Einhaltung der Vorschriften über die Gebäudehöhe an der dem jeweiligen Nachbarn zugekehrten Front Gegenstand einer Rechtsverletzung vor dem VwGH sein kann. Ist die Gebäudehöhe nach § 80 BO für jede Front gesondert zu berechnen, dann kann dadurch, daß an einer dem Nachbarn nicht zugekehrten Front die Gebäudehöhe überschritten wird, ein subjektiv-öffentliches Recht des Nachbarn nicht verletzt werden (VwGH 13.5.1980, Slg 10.127/A).

24) Nach ständiger Rechtsprechung des VwGH (vgl die E v 26.11.1974, Slg 8713/A, 8.11.1976, Slg 9170/A, ua) können Nachbarn allfällige Verfahrensmängel nur insoweit geltend machen, als sie dadurch in der Verfolgung ihrer subjektiv-öffentlichen Rechte beeinträchtigt werden (VwGH 15.4.1982, 82/06/0021 ua).

25) Die Einhaltung von vorderen Baufluchtlinien liegt im Interesse gegenüberliegender Grundflächen, nicht aber seitlich angrenzender Grundflächen (VwGH 28.6.1983, 05/1390/79, BauSlg 77).

26a) Nur der Eigentümer eines Grundstückes ist Nachbar im Baubewilligungsverfahren, nicht ein Ersitzungsbesitzer.

26b) Wer Eigentümer ist, hat die Baubehörde auf Grund der Bestimmungen des Zivilrechtes (als Vorfrage) zu klären (VwGH 18.4.1985, 85/06/0046, 0047, BauSlg 430).

27) Auch gegen einen Berufungsbescheid, der gem § 66 Abs 2 AVG die Angelegenheit an die Behörde erster Instanz zurückverweist, steht dem Nachbarn im Rahmen eines Baubewilligungsverfahrens das Recht der Erhebung einer Beschwerde an den VwGH zu, und zwar auch dann, wenn in erster Instanz das Bauvorhaben versagt worden ist (Abkehr von der bisherigen Rechtsprechung, nach der die Beschwerde zurückzuweisen war) (VwGH verst Sen v 13.6.1985, Slg 11.795/A, BauSlg 466).

28a) Der Nachbar ist im Baubewilligungsverfahren ausschließlich zur Wahrung seiner Rechte legitimiert, nicht auch zur Wahrung der Rechte anderer Nachbarn, der Bauwerber oder Benützer des zu errichtenden Gebäudes.

28b) Die prozessualen Rechte einer Partei gehen nicht weiter als ihre materiellen Rechte (VwGH 26.4.1988, 88/05/0003, BauSlg 1101).

29a) Der Nachbar besitzt einen Rechtsanspruch nur darauf, daß ein Bauvorhaben seine rechtzeitig geltend gemachten, durch baurechtliche Bestimmungen eingeräumten subjektiv-öffentlichen Rechte nicht verletzt (s E 3.12.1980, Slg 10.317/A).

29b) Auf die Einhaltung eines Bauverbotes nach § 19 Abs 1 lit c BO (mangelnde Anbaureife) besitzt er keinen Rechtsanspruch (VwGH 20.9.1988, 88/05/0108, BauSlg 1166).

30) Wird einer bestimmten Person in der irrtümlichen Annahme, sie sei Nachbar in einem Baubewilligungsverfahren, ein Baubewilligungsbescheid zugestellt, so ist die von dieser Person eingebrachte Berufung mangels Parteistellung zurückzuweisen, mag sie auch vorher als Nachbar behandelt worden sein (VwGH 25.4.1989, 87/05/0162).

31a) Da der Nachbar nur die Verletzung seiner Nachbarrechte geltend machen kann, kann der seitliche oder hintere Nachbar weder die (Nicht)Einhaltung der vorderen Baufluchtlinien noch der eine durch Bauten an der Vorderfront entstehende Verminderung gärtnerisch zu nutzender Flächen geltend machen (s E 17.5.1983, 1234/80).

31b) Bei Differenzen der zeichnerischen Darstellung von Abständen gegenüber den in den Plänen ausgewiesenen Koten kommt es im Falle der Bewilligung nur auf diese an. Unklarheiten der genehmigten Baupläne sowie eventuell behauptete zeichnerische Widersprüche in Plänen fallen daher letztlich dem Bauwerber zur Last (VwGH 24.10.1989, 87/05/0097).

32a) Die Parteistellung des Grundeigentümers – Miteigentümers – im Baubewilligungsverfahren beschränkt sich darauf, dem Bauvorhaben eines Dritten zuzustimmen; ist seine Zustimmung durch Richterspruch ersetzt worden, so besitzt er keinen Rechtsanspruch auf Abweisung des Bauansuchens (s E 10.11.1988, 86/06/0275).

32b) Ob das bewilligte Bauvorhaben mit den Bestimmungen über die Wohnbauförderung übereinstimmt oder nicht, hat die Baubehörde im Rahmen des baubehördlichen Bewilligungsverfahrens nicht zu prüfen (VwGH 12.12.1989, 89/05/0228).

33) Der Verwaltungsgerichtshof hat wiederholt ausgesprochen, dass dem Eigentümer, der nicht zugleich Bauwerber ist, durch die Bauordnung ein Recht auf Erteilung einer Baubewilligung nicht eingeräumt wird. Er kann daher durch einen Bescheid, mit dem einem Dritten eine Baubewilligung versagt wird, in keinem Recht verletzt worden sein (vgl ua die hg Erkenntnisse vom 13. Oktober 1975, Slg Nr 8897/A, vom 10. November 1988, Zl 86/06/0275, uva) (VwGH 29.1.2002, 2002/05/0022).

34) Im Fall einer übergangenen Partei besteht kein Rechtsanspruch auf Durchführung einer neuerlichen Verhandlung (s E 25.1.1983, 82/05/0124). Das Recht auf Parteiengehör ist nämlich auch dann gewährleistet, wenn den Parteien die Ergebnisse des Ermittlungsverfahrens gem § 45 Abs 3 AVG zur Kenntnis gebracht und ihnen die Möglichkeit eingeräumt worden ist, hiezu innerhalb angemessener Frist Stellung zu nehmen (VwGH 24.4.1990, 89/05/0044).

35a) Die Frage der Zulässigkeit von Aufenthaltsräumen im ersten und zweiten Dachgeschoß eines Krankenhauses kann subjektiv-öffentliche Nachbarrechte nicht berühren.

35b) Die Errichtung eines Krankenhauses ist nach der BO im Wohngebiet zulässig (VwGH 27.11.1990, 89/05/0026).

36) Unter dem Begriff Fronten sind die Ansichtsflächen der ein Gebäude nach außen abschließenden Wände zu verstehen (vgl das E v 1.3.1976, Slg 9004/A). Der Nachbar besitzt einen Rechtsanspruch darauf, daß die Gebäudehöhe an der ihm zugekehrten Front nicht überschritten wird. Der VwGH kann dem Nachbarn nicht folgen, daß die Flächenformel des § 81 Abs 2 BO lediglich zulasse, die vorgeschriebene Höhe bei manchen Gebäudeteilen bis zu 3 m zu überschreiten, wenn dafür andere Gebäudeteile um das entsprechende Ausmaß abgesenkt werden, weil der diesbezügliche Gesetzestext keine Anhaltspunkte für die Richtigkeit einer solchen Auslegung bietet (VwGH 27.11.1990, 89/05/0026).

37) Hat ein Bauwerber ausdrücklich erklärt, auf die Ausführung eines bestimmten Teiles eines Bauvorhabens zu verzichten, ist im Verfahren vor dem VwGH auf die Frage einer Rechtsverletzung des Nachbarn durch diese Bauteile nicht mehr einzugehen (VwGH 27.11.1990, 89/05/0026).

38) Es besteht kein subjektiv-öffentlicher Anspruch der Nachbarn auf Einhaltung des BaumschutzG (VwGH 5.2.1991, 90/05/0157).

39) Soweit die Bfrin die Errichtung der Tiefgarage deshalb als unzulässig bekämpft, weil sie unterhalb einer gärtnerisch auszugestaltenden Fäche ausgeführt werde, ist sie durch das bewilligte Vorhaben in keinem subjektiv-öffentlichen Recht verletzt worden, weil dies nur im Falle von Hochbauten in Betracht kommt, wie der VwGH schon in seinem E v 17.6.1986, 84/05/0009, zum Ausdruck gebracht hat (VwGH 5.2.1991, 90/05/0157).

40) Der Nachbar besitzt keinen Rechtsanspruch darauf, daß das bewilligte Bauvorhaben nicht später im Rahmen eines neuen Bewilligungsverfahrens geändert wird (hier: Abstellplatz statt Garage); eine Einwendung der entschiedenen Sache liegt nicht vor (VwGH 18.6.1991, 91/05/0025).

41) Eine allfällige Beeinträchtigung der aus der Einräumung eines Notwegerechts resultierenden Privatrechte der Nachbarn berührt nicht deren im Baubewilligungsverfahren wahrzunehmende subjektive-öffentliche Nachbarrechte im Sinne der BO (VwGH 18.6.1991, 91/05/0025).

42) Immissionen, die lediglich mit der Ausführung des Bauvorhabens verbunden sind, kann der Nachbar im Baubewilligungsverfahren nicht mit Erfolg geltend machen, denn die BO räumt ihm ein solches subjektiv-öffentliches Recht nicht ein (VwGH 24.9.1991, 91/05/0023).

43) Die Verletzung eines Servitutsrechtes kann nicht zu Recht zu einer Versagung der Baubewilligung führen (VwGH 12.11.1991, 91/05/0082).

44) Die BO kennt keine Bestimmung, die dem Nachbarn ein subjektiv-öffentliches Recht dahin gehend einräumt, daß ihm ein freier Ausblick gewährt würde oder durch die Anordnung von Fenstern der Blick aus gegenüberliegenden Objekten in Wohnobjekte des Nachbarn unmöglich ist. Die Cottageservitut gehört dem Zivilrecht an und ist im öffentlich-rechtlichen Bauverfahren nicht zu berücksichtigen (s E 20.11.1956, 1256/55). VwGH 7.9.1993, 93/05/0169.

45) Dem Nachbarn steht sowohl ein subjektiv-öffentliches Recht auf Einhaltung der inneren Baufluchtlinie (s E VfGH 17.12.1964, B 204/64, Slg 4898) als auch auf Freihaltung einer gärtnerisch auszugestaltenden Fläche zu (s E 13.3.1967, 2146/65, Slg 7101/A) (VwGH 7.9.1993, 93/05/0178).

46) Solange über ein Bauansuchen oder über in Zusammenhang damit erhobene Einwendungen eines Nachbarn kein Bescheid ergangen ist, kann nicht der Nachbar, sondern nur der Bauwerber die Entscheidungspflicht geltend machen. Ein Eingriff in die Rechtssphäre des Nachbarn ist nämlich nur dann gegeben, wenn eine Baubewilligung erteilt und durch diese Baubewilligung ein subjektives Nachbarrecht verletzt wird (s B 16.4.1958, 574/58, VwSlg 4640/A) (VwGH 10.5.1994, 92/05/0268, BauSlg 102). Der Nachbar kann allerdings nach einer Versagung der Baubewilligung in erster Instanz den aufhebenden Berufungsbescheid (§ 66 Abs 2 AVG) beim VwGH bekämpfen (VwGH verst Sen 13.6.1985, Slg 11.795/A).

47) Ein gegenüber den ursprünglichen Bauplänen geändertes Projekt kann nicht als ein „aliud" beurteilt werden, wenn im Zuge des Berufungsverfahrens Modifikationen erfolgen, welche – nach Art und Ausmaß geringfügig – dem

Zweck dienen, das Projekt zur Gänze dem Gesetz anzupassen. Auch wenn nicht nur Einschränkungen des ursprünglichen Bauvorhabens vorgenommen werden, so sind Änderungen des ursprünglichen Bauvorhabens im Berufungsverfahren zulässig, die insgesamt betrachtet kein Ausmaß erreichen, daß das Bauvorhaben als ein anderes zu beurteilen wäre bzw die das Wesen (den Charakter) des Vorhabens nicht betreffen (vgl das hg Erkenntnis vom 8.3.1994, 93/05/0117, uva). Der ursprüngliche Charakter eines Bauvorhabens wird etwa durch die Einschränkung des Dachgeschoßes, des Wegfalles von Stiegenhäusern oder der Änderung der Stellplatzzahl nicht beseitigt (vgl die hg Erkenntnisse vom 13.10.1992, 92/05/0064, sowie vom 29.12.1987, 87/06/0107). Eine Projektänderung, die ein weiteres Geschoß und eine wesentliche Änderung der Gebäudehöhe vorsieht, ist mit § 66 Abs 4 AVG nicht vereinbar (vgl das hg Erkenntnis vom 23.4.1987, 86/06/0253). Die Änderung des Projekts aufgrund der Einwendungen der Beschwerdeführerin dahin gehend, daß bei grundsätzlicher Beibehaltung des geplanten Bauwerks (auch hinsichtlich seiner Lage auf dem Bauplatz) Änderungen hinsichtlich der Garage im Erdgeschoß (Entfall von Wänden) bzw hinsichtlich der Gestaltung des Dachgeschoßes an der der Beschwerdeführerin zugekehrten Gebäudeseite vorgesehen wurden, bewirkt keine Änderung des Wesens des Vorhabens (VwGH 27.2.1998, 95/06/0185, BauSlg 41, zur Stmk BO 1968).

48) Selbst wenn zwischen den bisher unbebauten Grundstücken, die jetzt für die Bebauung vorgesehen sind, und der Betriebsanlage schon ein bebautes Grundstück liegt, so kann dennoch von einer „heranrückenden Bebauung" ausgegangen werden, wenn sich die Emissionen aus dem Betrieb über das bebaute Grundstück hinaus auf die nunmehr zu bebauenden Grundstücke auswirken können (VwGH 22.9.1998, 98/05/0046, BauSlg 229, zur Oö BO).

49) Der Nachbar kann vielleicht in einem Verfahren gem § 364 Abs 2 ABGB die Unterlassung unzulässiger Eingriffe oder in einem gewerbebehördlichen Betriebsanlagengenehmigungsverfahren erreichen, daß Emissionen durch Auflagen beschränkt werden. Er kann aber die im Sinne des rechtsstaatlichen Prinzips gebotene Beseitigung eines gesetzwidrigen Flächenwidmungsplanes aus der Rechtsordnung und damit die Beseitigung der Rechtsgrundlagen für den emittierenden Bau in diesem Verfahren nicht erreichen. Denn der Nachbar hat mangels Anwendbarkeit der raumordnungsrechtlichen Vorschriften weder im Verfahren nach § 364 Abs 2 ABGB noch im gewerbebehördlichen Betriebsanlagenverfahren die Möglichkeit, die Gesetzwidrigkeit des Flächenwidmungsplanes geltend zu machen (VfGH 1.10.1999, G 73/99, Slg 15.581 zur TBO).

50) Nachbarn können nach ständiger Judikatur des VwGH immer nur Eigentümer von Grundstücken sein, die zu dem zur Bebauung vorgesehenen Grundstück in einem bestimmten näher beschriebenen räumlichen Naheverhältnis stehen, woraus sich ergibt, daß Nachbarn nicht Personen sein können, die Miteigentümer an eben diesem Baugrundstück selbst sind (VwGH 23.3.2000, 98/06/0082, BauSlg 63, zur TBO).

51) Wie der VwGH wiederholt ausgesprochen hat, erstreckt sich die Zuständigkeit der Baubehörde auch auf die Prüfung der Zulässigkeit eines Betriebes in der jeweiligen Widmung, wobei die Baubehörde grundsätzlich nicht vom individuellen Betrieb auszugehen hat, sondern von der Betriebstype (vgl die bei *Geuder/Hauer,* Wiener Bauvorschriften, 3. Auflage, auf S 621 unter E 14 angeführte hg Judikatur).

Um beurteilen zu können, ob der beabsichtigte Betrieb typenmäßig im Wohngebiet zulässig ist, ist es vor allem erforderlich, daß das Baugesuch eine Angabe hinsichtlich der geplanten Arbeiten, der Betriebsabläufe und der geplanten maschinellen Einrichtungen enthält. Darauf aufbauend hat ein Sachverständiger zu beurteilen, ob ein derartiger Betrieb eine Werkstätte kleineren Umfanges ist und ob die von einem derartigen Betrieb ausgehenden Emissionen mit der Widmung Wohngebiet im Sinne des § 6 Abs 6 BO zu vereinbaren sind.

...

Wenn die belangte Behörde in der Begründung ihres Bescheides ausführt, den von der MA 22 mit Schreiben vom 2.11.1999 und vom 20.1.2000 getroffenen Feststellungen sei die Bfrin nicht auf gleicher fachlicher Ebene entgegengetreten, ist zu bemerken, daß diese Ausführungen eine gröbliche Verkennung der Grundsätze eines gesetzmäßigen Verwaltungsverfahrens erkennen lassen; enthalten weder die im Akt einliegenden Planunterlagen noch die den Nachbarn zur Verfügung gestellten Stellungnahmen von Amtssachverständigen irgendwelche konkret verwertbaren Angaben, so ist ein Nachbar nicht gehalten, den von Amtssachverständigen getroffenen, nicht nachvollziehbaren Feststellungen „auf gleicher fachlicher Ebene“ entgegenzutreten (VwGH 24.10.2000, 99/05/0290, 2000/05/0130, 2000/05/0131, BauSlg 222).

52) Der Zusammenhang zwischen Grundbuchseintragung und Abteilungsbescheid wird im § 20 BO geregelt. Diese Bestimmung lautet:

„Die Bewilligung und die Kenntnisnahme einer Abteilung werden unwirksam, wenn die Abteilung binnen zwei Jahren, vom Tage der Zustellung des Bescheides an gerechnet, nicht grundbücherlich durchgeführt worden ist. Ist auf Grund einer gültigen Abteilungsbewilligung eine Baubewilligung erwirkt worden, erlischt die Abteilungsbewilligung erst mit Ablauf der Gültigkeitsdauer der Baubewilligung. Kann eine Abteilungsbewilligung nicht mehr unwirksam werden, ist sie umgehend grundbücherlich durchzuführen.“

Der zweite Satz dieser Bestimmung macht deutlich, dass eine Baubewilligung auch ohne Durchführung der Abteilung im Grundbuch erwirkt werden kann. Für die in § 66 BO genannten Vorhaben ist (grundsätzlich) Voraussetzung der Erteilung der Baubewilligung, dass zuvor die Abteilung nach § 13 Abs 1 BO bewilligt wurde. Im Falle des § 63 Abs 1 lit. f BO ist Voraussetzung, dass zuvor der Bauplatz oder das Baulos bewilligt wurde bzw ein Bewilligungsverfahren anhängig ist. Aus alldem folgt, dass sich eine Baubewilligung auch auf grundbücherlich noch nicht geschaffene Grundstücke beziehen kann.

Genau solche Baubewilligungen wurden hier erteilt; auf Grund dieser Baubewilligungen dürfen Bauwerke nur auf den dort genannten Grundstücken errichtet werden. Diese Grundstücke gehören aber zu einer Liegenschaft, die, weil unter einem die öffentliche Verkehrsfläche verbreitert wird, weiter als 20 m von der Nachbarliegenschaft entfernt ist.

Dass für die Beurteilung der Nachbareigenschaft im gegebenen Zusammenhang nicht der aktuelle Grundbuchsstand maßgeblich ist, ergibt sich auch aus folgender Erwägung: Es könnte umgekehrt sein, dass nach dem Grundbuchsstand die Verkehrsfläche breiter als 20 m ist, aber auf Grund einer Abteilung verschmälert werden und damit das Baugrundstück vergrößert werden soll. Stellte man allein auf den Grundbuchsstand ab, dann würde in einem solchen Fall, obwohl das Bauvorhaben in einer geringeren Entfernung als 20 m beabsichtigt ist, dem Nachbarn die Parteistellung genommen werden; nach § 134 Abs 3, 3. Satz BO kommt es aber darauf an, dass der geplante Bau und dessen Widmung die im § 134a BO festgelegten subjektiv-öffentlichen Rechte berührt. Gerade dieser Schutz der Nachbarn vor dem geplanten Bau ginge verloren, stellte man auf einen, im Hinblick auf das Bauvorhaben historisch zu betrachtenden Grundbuchsstand ab (VwGH 20.9.2005, 2003/05/0097).

53) Wenn der Landesgesetzgeber in § 21 Abs 2 lit a TBO 2001 neben dem Grundeigentümer auch den Bauberechtigten berücksichtigt, andere dinglich Berechtigte am Baugrundstück aber nicht, dann hat dies seine sachliche Rechtfertigung in dem Umstand, dass mit der Bestellung eines Baurechtes der Grundeigentümer alle seine Befugnisse, die ihm nach der Bauordnung zustehen, auf den Inhaber des Baurechtes gem dem Baurechtsgesetz (RGBl 1912/86) überträgt. Im Hinblick auf die baurechtlich gesehen dem Grundeigentümer ähnliche Stellung ist gleichheitsrechtlich die Gleichbehandlung von Grundeigentümern und Bauberechtigten des Baugrundstückes geboten (vgl auch das hg Erkenntnis vom 12. Oktober 1955, VwSlg Nr 3847). Andere dinglich Berechtigte am Baugrundstück haben aus baurechtlicher Sicht keine derartige dem Grundeigentümer ähnliche Stellung. Ihre Nichtberücksichtigung ist daher weder gleichheitsrechtlich noch im Licht des Grundsatzes eines fairen Verfahrens gem Art 6 EMRK bedenklich (VwGH 29.9.2005, 2005/06/0151).

54) Nach ständiger Rechtsprechung des Verwaltungsgerichtshofes sind die Verwaltungsbehörden befugt, im Rahmen ihrer örtlichen und sachlichen Zuständigkeit auch Feststellungsbescheide zu erlassen, sofern hiefür entweder eine ausdrückliche gesetzliche Anordnung vorliegt oder ein im öffentlichen Interesse begründeter Anlass dazu gegeben oder aber die Feststellung im rechtlichen Interesse einer Partei erforderlich ist und die Verwaltungsvorschriften nichts anderes bestimmen. Ein Feststellungsbescheid ist jedenfalls dann nicht zulässig, wenn die für die Feststellung maßgebende Rechtsfrage im Rahmen eines anderen, gesetzlich vorgezeichneten Verwaltungsverfahrens zu entscheiden ist (vgl. unter vielen die hg. Erkenntnisse vom 29. März 1993, Zl. 92/10/0039, vom 18. Jänner 1994, Zl. 92/07/0031, und vom 25. Oktober 1994, Zl. 92/07/0102) (VwGH 25.3.2010, 2008/05/0229).

55) Entgegen der Auffassung der Beschwerdeführer ist bei der Frage, ob § 134 Abs 3 vorletzter Satz oder letzter Satz BO heranzuziehen ist, ausschließlich die Widmung jener Fläche entscheidend, auf der das Bauvorhaben realisiert werden soll (vgl in diese Richtung bereits die von der belangten Behörde in ihrer Gegenschrift zitierten hg Erkenntnisse vom 23. Jänner 1996, Zl 95/05/0181, und vom 24. März 1998, Zl 97/05/0054). Ein anderes Verständnis, das sich im Übrigen keineswegs aus dem Wortlaut des Gesetzestextes ergibt, würde auch zu unsachlichen und gleichheitswidrigen Ergebnissen führen, wenn es nämlich bei ein und demselben Bauvorhaben bei der Beurteilung des Kreises der relevanten Nachbargrundstücke darauf ankäme, welche konkreten Widmungen im Umgebungsbereich des Baugrundstückes vorhanden sind. Bei ein und demselben Bauvorhaben erführen Nachbarn dann gegebenenfalls einen jeweils verschiedenen Schutz von Nachbarrechten. Auch ein Abstellen auf das Überwiegen, wie es den Beschwerdeführern vorschwebt, hätte unsachliche Konsequenzen, weil damit Nachbarn, deren Liegenschaften im Bauland liegen, gegenüber anderen Nachbarn je nach Lage des Falles entweder bevorzugt oder benachteiligt wären (VwGH 30.4.2013, 2012/05/0018).

56) Anknüpfend an eine Parteistellung im abgeschlossenen Verfahren muss das Recht auf Akteneinsicht auch auf den Rechtsnachfolger des in diesem Verfahren die Parteistellung genießenden Rechtsvorgängers übergehen. Schließlich muss sich ein allfälliger Rechtsnachfolger des Grundstückseigentümers aufgrund der dinglichen Wirkung von Bescheiden, die sich auf unbewegliches Gut beziehen, auch ohne ausdrückliche gesetzliche Grundlage Verfahrenshandlungen seines Rechtsvorgängers in Verwaltungsverfahren, die das Grundstück betreffen oder betroffen haben, zurechnen lassen (vgl für viele das hg Erkenntnis vom 24. Oktober 2000, Zl 2000/05/0020, mwN) (VwGH 30.1.2014, 2012/05/0011, zur Nö BO).

57a) Eine ersatzlose Behebung des angefochtenen Bescheides der belangten Behörde durch das Verwaltungsgericht kommt hingegen grundsätzlich nur in Frage, wenn der angefochtene Bescheid nicht hätte ergehen dürfen (vgl zur vergleichbaren Rechtslage nach § 66 Abs 4 AVG *Hengstschläger/Leeb*, AVG § 66 Rz 97 ff). Ein derartiger Fall ist hier offensichtlich nicht gegeben.

…

Eine ersatzlose Behebung hat grundsätzlich zur Folge, dass über den Verfahrensgegenstand nicht mehr neuerlich entschieden werden darf, dass somit auch ein Parteienantrag unerledigt bleibt (vgl *Hengstschläger/Leeb*, AVG § 66

Rz 108). Dies verschlägt nur dann nicht und macht eine ersatzlose Behebung nur dann nicht rechtswidrig, wenn besondere Gründe dafür vorliegen, etwa wenn eine positive Erledigung des Parteienantrages durch Bescheid gar nicht in Betracht kommt

57b) Eine Zustellung des Baubewilligungsbescheides, die der mitbeteiligten Partei eine Berufungsmöglichkeit eingeräumt hätte (vgl das hg Erkenntnis vom 20. September 2001, Zl 99/06/0032, mwN), ist nicht erfolgt. Zwar kommt in der Begründung des angefochtenen Beschlusses zum Ausdruck, dass der mitbeteiligten Partei der Baubewilligungsbescheid zuzustellen und ihr Akteneinsicht im Baubewilligungsverfahren zu geben ist. Dies entbindet das Verwaltungsgericht aber nicht davon, spruchgemäß über den Antrag auf Parteistellung – in Bestätigung des angefochtenen Bescheides oder dessen Abänderung – abzusprechen.

57c) Sollte es zutreffen, dass das konkrete Bauvorhaben von vornherein nicht geeignet ist, subjektivöffentliche Nachbarrechte zu berühren, käme eine Parteistellung nicht in Frage (vgl die hg Erkenntnisse vom 26. Juni 1990, Zl 89/05/0240, vom 25. März 1997, Zl 96/05/0261, und vom 30. Juni 2015, Zl Ra 2015/03/0022; vgl weiters § 70 Abs 1 erster Satz BO, wonach auch der Gesetzgeber davon ausgeht, dass es Bauvorhaben gibt, die von vornherein eine Verletzung von Nachbarrechten nicht in Frage kommen lassen, und das hg Erkenntnis vom 10. Dezember 2013, Zl 2013/05/0206, wo der Verwaltungsgerichtshof zum Ausdruck gebracht hat, dass dem Gesetzgeber auch angesichts des § 134 Abs 3 BO nicht zugesonnen werden kann, dass er einer Nichtpartei ein Recht auf Akteneinsicht auch dann gewähren wollte, wenn für diese die nachträgliche Erlangung der Parteistellung gar nicht in Betracht kommt) (VwGH 13.12.2016, Ra 2016/05/0058).

58) Die Veränderung von allgemeinen Teilen der Liegenschaft geht über die gemeinschaftliche Verwaltung der WE-Liegenschaft iSd Rechtsprechung des OGH hinaus. Eine Rechtsfähigkeit der Wohnungseigentümergemeinschaft ist daher insofern nicht gegeben (VwGH 28.3.2017, 2013/06/103, zum Vorarlberger Baugesetz).

59a) In der Eigentumsgarantie des Art 5 StGG ist auch die Rückgängigmachung der Enteignung für den Fall grundgelegt, dass die enteignete Sache dem vom Gesetz als Enteignungsgrund genannten öffentlichen Zweck nicht zugeführt wird, sei es, weil dieser Zweck überhaupt nicht, sei es, weil er nicht in dem ursprünglich beabsichtigten Umfang verwirklicht wird. Der Eigentumsschutz des Art 5 StGG kann sich jedoch nur insolange auswirken, als die enteignete Sache dem Enteignungszweck noch nicht zugeführt worden ist; ist der Zweck unter Verwendung der enteigneten Sache einmal verwirklicht, so ist die Enteignung unter dem Gesichtspunkt der Eigentumsgarantie des Art 5 StGG irreversibel, selbst wenn der Zweck in späterer Folge aufgegeben wird (vgl etwa die hg Erkenntnisse vom 31. März 2009, Zl 2006/06/0074, oder auch vom 19. September 2006, Zl 2002/06/0120, mwN auf Judikatur des Verfassungs- und des Verwaltungsgerichtshofes). Im Falle der Nichtverwirklichung des als Enteignungsgrund normierten Zweckes muss – bei Fehlen besonderer Regelungen – die Verfügung der Enteignung in der Weise rückgängig gemacht werden, dass der Enteignungsbescheid aufgehoben wird. Soweit einfachgesetzliche Enteignungsregelungen eine solche Rückübereignung bei zweckverfehlender Enteignung nicht ermöglichen sollten, sind diese verfassungskonform dahin auszulegen, dass sie die Rückübereignung nicht umfassend regeln. Daher gebietet der – mangels weiterer einfachgesetzlicher Regelung der Rückübereignung – unmittelbar anwendbare Art 5 StGG die rückwirkende Beseitigung des Enteignungsbescheides (siehe dazu etwa das hg Erkenntnis vom 12. September 2006, Zl 2003/03/0179, mwN).

59b) Wie dies der Verwaltungsgerichtshof dargelegt hat, bedarf die Begründung des Gemeingebrauches, die einer im Eigentum einer Gebietskörperschaft stehenden Liegenschaft die Qualifikation eines öffentlichen Gutes verleiht, eines besonderen Widmungsaktes. Die nötige Widmung kann durch Gesetz, durch Erklärung der zuständigen Verwaltungsbehörde, aber auch durch eine der Ersitzung entsprechende lang andauernde Übung erfolgen. Es ist also möglich, dass an einer im Grundbuch nicht als öffentliches Gut ausgewiesenen Liegenschaft Gemeingebrauch besteht und die Liegenschaft daher zum öffentlichen Gut zählt (vgl zB den Beschluss des OGH vom 31. März 2003, 5 Ob 44/03m, und die bei *Dittrich/Tades*, ABGB I^{36}, 447 f unter E 23a ff zitierte Rechtsprechung; ferner *Spielbüchler* in Rummel, ABGB I^{3}, Rz 4 zu § 287 ABGB; *Klang* in Klang II^{2}, zu §§ 287 f ABGB; vgl auch bereits das hg Erkenntnis vom 14. Oktober 1926, VwSlg Nr 14.482/A). Sollte – wenn auch nicht intabuliert – öffentliches Gut mit Nutzungen im Sinne des Bebauungsplanes schon rechtswirksam bestehen, käme – wie dies der Verwaltungsgerichtshof im angeführten Erkenntnis vom 14. Dezember 2004 ausgesprochen hat – eine Verpflichtung zur „Übertragung" in das öffentliche Gut im Sinne des § 17 BO nicht (mehr) in Frage (VwGH 27.6.2017, Ra 2014/05/0020).

60) Nachbarrechte im Baubewilligungsverfahren stehen in so engem Zusammenhang mit Auswirkungen des Bauvorhabens auf das Nachbargrundstück und dessen Wert bzw auf den ungestörten Genuss des Eigentums am Nachbargrundstück, dass sie als „civil rights" im Sinn des Art 6 EMRK anzusehen sind (vgl VwGH 1.8.2017, Ra 2015/06/0126 und 0129, mwN).

In Bezug auf § 24 Abs 4 VwGVG hat der Verwaltungsgerichtshof bereits wiederholt festgehalten, dass der Gesetzgeber als Zweck einer mündlichen Verhandlung die Klärung des Sachverhaltes und die Einräumung von Parteiengehör sowie darüber hinaus auch die mündliche Erörterung einer nach der Aktenlage strittigen Rechtsfrage zwischen den Parteien und dem Gericht vor Augen gehabt hat. Ferner kommt eine ergänzende Beweiswürdigung durch das Verwaltungsgericht regelmäßig erst nach einer mündlichen Verhandlung in Frage. Bei maßgeblichem sachverhaltsbezogenen Vorbringen der beschwerdeführenden Parteien ist ebenfalls eine mündliche Verhandlung durchzuführen, dies sogar dann, wenn kein Antrag auf eine solche gestellt worden ist (vgl auch dazu VwGH 1.8.2017, Ra 2015/06/0126 und 0129, mwN) (VwGH 27.3.2018, Ra 2016/06/0053 zum stmk Baugesetz; ebenso VwGH 20.3.2018, Ra 2016/05/0027 zur OÖ BO).

61) Der Begriff „Liegenschaft" wird sowohl mit dem Begriff „Grundbuchskörper" als auch mit dem Begriff „Grundstück" gleichgesetzt. In § 134 Abs 3 vierter Satz BauO für Wien kann „Liegenschaft" aber schon deshalb nicht als „Grundbuchskörper" angesehen werden, weil ein Grundbuchskörper zwar gem § 5 AllgGAG auch aus mehreren Grundstücken bestehen kann, die demselben Eigentümer gehören und dieselben Belastungen aufweisen; dass diese Grundstücke räumlich zusammenhängen, wird aber nicht gefordert. Ein solcher Sachverhalt (dislozierte Grundstücke) kann aber von § 134 BauO für Wien keinesfalls erfasst sein (VwGH 20.9.2005, 2003/05/0097 mwH).

Zu Abs 4

1) Eine eingetretene Präklusion haben die Berufungsbehörde, die Aufsichtsbehörde und die Gerichtshöfe des öffentlichen Rechtes zu berücksichtigen (siehe *Hauer*, Der Nachbar im Baurecht[5], 110). Daß der Bfr (Bauwerber), der bislang noch nicht Rechtsmittelwerber war, sich erstmals vor dem VwGH auf die eingetretene Präklusion berufen hat, widerspricht keineswegs dem aus § 41 Abs 1 VwGG abgeleiteten Neuerungsverbot, weil die Frage, ob Präklusion eingetreten ist, eine Rechtsfrage darstellt (VwGH 25.1.2000, 98/05/0141, BauSlg 10, zum OÖ ROG 1994). Hier hatten Nachbarn nicht rechtzeitig Einwendungen erhoben; s nun § 42 Abs 3 AVG.

2) Ein Nachbar, der zur Bauverhandlung nicht geladen worden ist, muss, um Parteistellung im Baubewilligungsverfahren zu erlangen, jedenfalls bis längstens drei Monate nach dem angezeigten Baubeginn Einwendungen vorbringen; ein Antrag „auf Parteistellung" allein reicht nicht aus (VwGH 30.1.2001, 2000/05/0180).

3) Die Beschwerdeführer hätten demnach – von den übrigen im Gesetz genannten Voraussetzungen abgesehen – als Eigentümer (Miteigentümer) benachbarter Liegenschaften im Baubewilligungsverfahren nur dann Parteistellung erlangt, wenn sie, unbeschadet der Regelung des Abs 4 des § 134 Bauordnung für Wien, spätestens bei der mündlichen Verhandlung Einwendungen im Sinne des § 134a leg cit gegen die geplante Bauführung erhoben hätten. Die Beschwerdeführer konnten jedoch in der mündlichen Bauverhandlung keine Einwendungen erheben, weil ihnen die Baubehörde (erster Instanz) die Teilnahme an der Verhandlung als Partei verwehrt hat.

Es kann in diesem Zusammenhang dahingestellt bleiben, ob und welche Äußerungen die Beschwerdeführer dem Verhandlungsleiter gegenüber abgaben, weil derartige Äußerungen mangels Zulassung zur Verhandlung jedenfalls nicht als „bei der mündlichen Verhandlung" erstattete Einwendungen im Sinne des § 134 Abs 3 BO anerkannt werden können.

Durch die Weigerung der Baubehörde in der mündlichen Verhandlung vom 27. September 2000, die Beschwerdeführer auf Grund ihrer Stellung als (Mit-) Eigentümer benachbarter Liegenschaften im Sinne des § 134 Abs 3 Bauordnung für Wien am Verfahren als Parteien bzw Beteiligte teilnehmen zu lassen, waren sie aber gehindert, rechtzeitig (im Sinne des § 134 Abs 3 Bauordnung für Wien) Einwendungen gegen das Bauvorhaben zu erheben. Es steht auf Grund des gegebenen Sachverhaltes auch zweifelsfrei fest, dass sie kein Verschulden an der Versäumung der Erhebung von Einwendungen bis zum Schluß der mündlichen Bauverhandlung getroffen hat.

Für einen derartigen Fall sieht § 134 Abs 4 BO als Rechtsschutz für den ausgeschlossenen Nachbarn die Möglichkeit vor, seine Einwendungen gegen die Bauführung auch nach dem Abschluß der mündlichen Bauverhandlung erheben zu können (vgl das hg Erkenntnis vom 18. März 1997, Zl 96/04/0231).

Es wäre den Beschwerdeführern im vorliegenden Fall daher möglich gewesen, durch Erhebung (schriftlicher) Einwendungen auch nach Schluß der mündlichen Verhandlung Parteistellung im Baubewilligungsverfahren zu erlangen. Solche Einwendungen sind jedoch binnen zwei Wochen nach Wegfall des Hindernisses für ihre Erhebung bei der Behörde einzubringen, die die Bauverhandlung anberaumt hat (vgl das hg Erkenntnis vom 18. März 1997, Zl 96/04/0237).

Die Beschwerdeführer hätten deshalb ihre Einwendungen jedenfalls innerhalb von 14 Tagen ab Kenntnis der Verweigerung ihrer Zulassung zur mündlichen Verhand lung als verfahrensbeteiligte Nachbarn im Sinne des § 134 Abs 3 Bauordnung für Wien durch den Verhandlungsleiter erheben müssen (vgl das hg Erkenntnis vom 30. Jänner 2001, Zl 2000/05/0180) (VwGH 27.4.2004, 2003/05/0044).

4) Für die Beurteilung der Parteistellung des übergangenen Nachbarn ist die Rechtslage anzuwenden, die in jenem Verfahren galt, in dem der Nachbar Parteistellung wünscht; das Tatbestandsmerkmal der Parteistellung bestimmt sich nach dem normativen Gehalt der in der Rechtssache anzuwendenden Vorschriften (vgl VwGH 6.9.2023, Ra 2023/05/0063, mwN). Relevant ist der Zeitpunkt der Erlassung des bisher an andere Verfahrensparteien bereits ergangenen Bescheides (vgl VwGH 24.6.2014, 2011/05/0098).

Das Baubewilligungsverfahren ist ein Projektgenehmigungsverfahren, bei dem die Zulässigkeit des Bauvorhabens aufgrund der eingereichten Pläne zu beurteilen ist. Gegenstand dieses Verfahrens ist das in den Einreichplänen (und sonstigen Unterlagen) dargestellte Projekt (vgl VwGH 4.9.2001, 2000/05/0074). Maßgeblich für die Frage der Beeinträchtigung von Nachbarrechten ist der in den Einreichplänen, in der Baubeschreibung sowie vorliegend maßgeblich im Betriebskonzept zum Ausdruck gebrachte Bauwille (vgl idS erneut VwGH 4.9.2001, 2000/05/0074).

§ 134 Abs 4 BO fand gleichzeitig mit einer Novellierung des § 134 Abs 3 BO (Einwendungen sind spätestens bei der mündlichen Bauverhandlung zu erheben) Eingang in die Wr BauO: Mit der BO-Nov 1992, LGBl 34/1992, wurde – gemeinsam mit der taxativen Aufzählung der subjektiv-öffentlichen Nachbarrechte – eine „Modifizierung des Eintrittes in die Parteistellung als Anrainer eingeführt" (BlgWrLT Nr 14/1992, 2). Die Eigentümer benachbarter Liegenschaften sollen seither die Parteistellung nur dann erlangen, wenn sie spätestens bei der mündlichen Bauverhandlung Einwendungen im Sinn des § 134a BO gegen ein Bauvorhaben erheben.

Der Zeitpunkt des Einfügens des § 134 Abs 4 BO gleichzeitig mit der Novellierung des § 134 Abs 3 BO mit der BO-Nov 1992, LGBl 34/1992, lässt den Rückschluss zu, dass die Bestimmung jene Ausnahme regeln möchte, in der ein Nachbar nicht spätestens bei der mündlichen Verhandlung Einwendungen erheben konnte. Dem – am Versäumnis keine Schuld treffenden – Nachbarn wird die Möglichkeit von Einwendungen über den Zeitpunkt der Bauverhandlung hinaus eröffnet. Dass ihm dies nicht zeitlich unbegrenzt möglich sein kann, ergibt sich aus der Tatsache, dass abgesehen vom Schutz des übergangenen Nachbarn auch die – in den Erläuterungen ausdrücklich erwähnte – Rechtssicherheit von Bedeutung ist. Der Gesetzgeber hat sich für eine Frist von drei Monaten entschieden und als Bezugspunkt den Baubeginn herangezogen. Der Nachbar wird insofern in die Pflicht genommen, als er bei längerer Abwesenheit oder sonstiger Verhinderung durch eine Vertretung Vorsorge gegen bedenkliche, ihm nicht bekannte Bauführungen auf angrenzenden Liegenschaften treffen muss (vgl BlgWrLT Nr 14/1992, 19).

Grundsätzlich sind die Regelungen des § 134 Abs 3 und 4 BO auf das Abhalten einer Bauverhandlung durch die Baubehörde zugeschnitten. Wenn jedoch keine Bauverhandlung anberaumt wurde, stellt sich die Frage, ob einem übergangenen Nachbarn gleichermaßen die absolute Einwendungsfrist von drei Monaten nach Baubeginn entgegengehalten werden kann. Eine sachliche Rechtfertigung für eine unterschiedliche Behandlung der beiden Sachverhalte ist somit nicht ersichtlich. Die Wendung „auch nach dem Abschluss der mündlichen Bauverhandlung" in § 134 Abs 4 BO ist daher iS von „selbst nach" oder „sogar nach" dem Abschluss der mündlichen Bauverhandlung zu verstehen. Die absolute Dreimonatsgrenze des § 134 Abs 4 BO ist auch auf jene Fälle anwendbar, in denen eine – an sich vorgesehene – Bauverhandlung nicht durchgeführt wurde (VwGH 23.5.2024, Ra 2022/05/0202).

Zu Abs 5

1) Der Eigentümer eines Hauses hat im Verfahren betr eine Bauanzeige eines Bestandnehmers keine Parteistellung (VwGH 19.11.1996, 95/05/0180, BauSlg 290).

2) Bei einem nach § 62 WBO anzeigepflichtigen Bauvorhaben hat nur der Bauwerber Parteistellung. War die belangte Behörde der gegenteiligen Auffassung, weil sie das Vorliegen eines anzeigepflichtigen Bauvorhabens verneinte, belastete sie ihren Bescheid mit einer inhaltlichen Rechtswidrigkeit (VwGH 7.3.2000, 99/05/0189, BauSlg 51).

Zu Abs 6

1) Bloß obligatorisch Berechtigte haben in einem Enteignungsverfahren nach der BO keine Parteistellung (VwGH 23.6.1981, 81/05/0065, 0066).

Zu Abs 7

1) Der Mieter nimmt in einem Verfahren, das den Auftrag zur Abtragung eines Gebäudes beinhaltet, auf das sich sein Mietrecht bezieht, weder eine Tätigkeit der Behörde in Anspruch noch bezieht sich die Tätigkeit der Behörde auf ihn; seine rechtliche Stellung gründet sich vielmehr einzig und allein auf seine Rechte als Bestandnehmer, die aber im Bauverfahren behördlicherseits nicht zu berücksichtigen sind (VwGH 5.7.1931, Slg 16.654/A, 27.5.1986, 86/05/0061, BauSlg 693 ua). Im gleichen Sinne nunmehr auch der VfGH (E v 10.10.1966, Slg 5358 und v 30.11.1967, Slg 5627). S auch E zu § 129.

2) Weder durch die Beiziehung zur Verhandlung noch durch die Zustellung des Bescheides können dem Mieter Parteirechte entstehen (VwGH 23.11.1911, Slg 8561/A, 7.5.1931, Slg 16.654/A, BGH 26.9.1935, Slg 618/A).

3) Zwischen einem Verfahren betr Baubewilligung und Bauauftrag ist streng zu unterscheiden. Im Bauauftragsverfahren hat der Nachbar nach den Bestimmungen der BO keine Parteistellung; da ein Bauauftrag eine zur Ausführung erforderliche Baubewilligung nicht ersetzt, wird der Nachbar durch einen Bauauftrag an den Eigentümer der Nachbarliegenschaft, ein Bauvorhaben auszuführen, nicht in seinen Rechten verletzt, kann er doch im (folgenden) Baubewilligungsverfahren seine Rechte wahrnehmen (VwGH 3.4.1984, 81/05/0070, BauSlg 234).

4) Eine Gesellschaft bürgerlichen Rechts kann im Allgemeinen nicht Trägerin von Rechten und Pflichten sein (VfGH 27.11.1987, Slg 11.543). S auch VwGH 30.6.1992, 92/05/0112.

5) Ein Rechtsanspruch darauf, daß der an den Eigentümer der Baulichkeit gerichtete Beseitigungsauftrag auch an alle Grundeigentümer zu richten ist, besteht nicht (VwGH 24.9.1991, 91/05/0104).

6) Ein an eine Gebäudeverwaltung gerichteter Auftrag verpflichtet die Eigentümer der Liegenschaft nicht; die gegen einen solchen Bescheid von einem Miteigentümer gerichtete Berufung wurde daher zu Recht zurückgewiesen. Ein Bescheid hat einen Bescheidadressaten zu nennen, zumindest in der Zustellverfügung (VwGH 26.4.1994, 94/05/0075, BauSlg 89).

7) Amtswegig zu erlassende Bescheide sind iSd § 134 Abs 7 BO in erster Linie baupolizeiliche Aufträge nach den Bestimmungen des § 129 Abs 4 und Abs 10 BO. Im Bauauftragsverfahren hat der Nachbar keine Parteistellung. Sein Antrag ist zurückzuweisen (VwGH 28.6.1994, 94/05/0134, BauSlg 142).

8) Liegt ein Superädifikat vor, ist ein Bauauftrag nach § 129 Abs 10 WBO dem Eigentümer des Superädifikats zu erteilen.

Wurde der Bauauftrag an den Grundeigentümer gerichtet, so hat der Pächter, sollte er tatsächlich Eigentümer des Gebäudes sein, entsprechende rechtliche Möglichkeiten eine Vollstreckung in sein Eigentum im Vollstreckungsverfahren abzuwehren; seine Berufung ist zurückzuweisen (VwGH 20.6.1995, 93/05/0029, BauSlg 112).

9) Es ist ein Recht der Partei des Verwaltungsverfahrens, in den Verwaltungsakt Einsicht zu nehmen. Die Nichtgebrauchnahme von diesem Recht kann aber die Verletzung des Parteiengehörs, welches von Amts wegen zu gewähren ist, nicht heilen. Nur die ausdrückliche Aufforderung zur Akteneinsicht zum Zwecke der Kenntnisnahme von Ergebnissen des Ermittlungsverfahrens hätte die Mitteilung dieser Ergebnisse ersetzen können (s E 27.4.1995, 95/11/0041, unter Hinweis auf Vorjudikatur) (VwGH 23.12.1999, 99/06/0066, BauSlg 258).

10) Der Nachbar, der die Verletzung eines subjektiv-öffentlichen Rechtes im Sinne des § 134a Abs 1 BO durch ein (bloß) gem § 62 BO angezeigtes Bauvorhaben geltend machen will, hat nach der BO keine Möglichkeit, etwa durch Stellung eines Antrages auf Erlassung eines baupolizeilichen Auftrages nach Verwirklichung des Bauvorhabens, Abhilfe zu suchen, weil ihm diesbezüglich kein Antragsrecht zukommt. In Beachtung des Sachlichkeitsgebotes ist daher bei verfassungskonformer Auslegung der §§ 62 und 134 Abs 5 iVm § 134a Abs 1 BO dem Nachbarn im Bauanzeigeverfahren gem § 62 BO die auf die Frage der Überprüfung der Zulässigkeit des Bauanzeigeverfahrens beschränkte Parteistellung zuzubilligen (vgl VwGH 4.11.2016, Ro 2014/05/0029) (VwGH 22.2.2019, Ra 2018/05/0191).

11) An der Wirksamkeit der Zurückziehung der Zustimmungserklärung vermag der von der mitbeteiligten Partei vorgetragene Umstand, dass der Revisionswerber in der Bauverhandlung keine Einwendungen gegen das Bauvorhaben erhoben habe, nichts zu ändern, da das Erfordernis der Erhebung von Einwendungen zur Beibehaltung der Parteistellung in Bezug auf den Grundeigentümer, dessen Zustimmung zum Bauvorhaben erforderlich ist, – anders als etwa in Bezug auf die Nachbarn – im BauG nicht vorgesehen ist (VwGH 10.4.2019, Ra 2018/06/0330, zum Vbg Baugesetz).

Subjektiv-öffentliche Nachbarrechte[1)]

§ 134a. (1) Subjektiv-öffentliche Nachbarrechte, deren Verletzung die Eigentümer (Miteigentümer) benachbarter Liegenschaften (§ 134 Abs. 3) im Baubewilligungsverfahren geltend machen können, werden ausschließlich durch folgende Bestimmungen, sofern sie ihrem Schutze dienen[2)], begründet:

a) Bestimmungen über den Abstand eines Bauwerkes zu den Nachbargrenzen[5)], jedoch nicht bei Bauführungen unterhalb der Erdoberfläche;
b) Bestimmungen über die Gebäudehöhe;
c) Bestimmungen über die flächenmäßige Ausnützbarkeit von Bauplätzen, Baulosen und Kleingärten;
d) Bestimmungen des Bebauungsplanes hinsichtlich der Fluchtlinien;
e) Bestimmungen, die den Schutz vor Immissionen, die sich aus der widmungsgemäßen Benützung eines Bauwerkes ergeben können, zum Inhalt haben.[6)] Die Beeinträchtigung durch Immissionen, die sich aus der Benützung eines Bauwerkes zu Wohnzwecken, für Schulen oder Kinderbetreuungseinrichtungen oder für Stellplätze im gesetzlich vorgeschriebenen Ausmaß ergibt, kann jedoch nicht geltend gemacht werden;[3)]
f) Bestimmungen, die den Nachbarn zu Emissionen berechtigen.[4)]

(2) Bestimmungen gemäß Abs. 1 lit. e dienen dem Schutz der Nachbarn nur insoweit, als nicht ein gleichwertiger Schutz bereits durch andere Bestimmungen gegeben ist. Ein solcher gleichwertiger Schutz ist jedenfalls gegeben bei Emissionen aus Bauwerken oder Bauwerksteilen mit gewerblicher Nutzung im Industriegebiet, im Gebiet für Lager- und Ländeflächen, in Sondergebieten, im Betriebsbaugebiet sowie im sonstigen gemischten Baugebiet, sofern auf sie das gewerberechtliche Betriebsanlagenrecht zur Anwendung kommt.

(3) Emissionen gemäß Abs. 1 lit. f sind nur solche, die auf der Grundlage eines behördlichen Bescheides zulässig sind. Durch solche Emissionen darf auf der zu bebauenden Liegenschaft keine Gefährdung des Lebens oder der Gesundheit der Benützer oder Bewohner entstehen. Diesen Emissionen kann durch entsprechende Baumaßnahmen auf der zu bebauenden Liegenschaft oder mit Zustimmung des Eigentümers (aller Miteigentümer) auf der Nachbarliegenschaft entgegengetreten werden.[4)]

(EB zur Nov 1992/34)

Der Gesetzgeber hat bisher nicht ausgeführt, welche Bestimmungen der Bauordnung für Wien dem Schutz der Nachbarn dienen. Es war daher Sache der Lehre und der Rechtsprechung der Gerichtshöfe des öffentlichen Rechtes, diese Frage zu beantworten. Um für die weitere Zukunft auf diesem Gebiet eine größere Rechtssicherheit zu gewährleisten, werden nunmehr die Bestimmungen taxativ aufgezählt, die geeignet sind, subjektiv-öffentliche Nachbarrechte zu begründen.

Durch diese Aufzählung soll die Rechtssicherheit insofern erhöht werden, als einerseits der Bauwerber weiß, welche Rechte der Nachbarn er zu beachten hat, und andererseits den Nachbarn die Wahrung ihrer Rechte erleichtert wird. Die Aufzählung der Bestimmungen, die geeignet sind, subjektiv-öffentliche Nachbarrechte zu begründen, orientiert sich im wesentlichen an der bisherigen Judikatur der Gerichtshöfe des öffentlichen Rechtes.

(EB zur Nov LGBl 2001/36)

Durch Abs 1 lit f und Abs 3 wird die Problematik der an bestehende Betriebe heranrückenden Wohnbebauung einer Regelung unterzogen. Damit wird einerseits im Sinne der Judikatur des Verfassungsgerichtshofes sichergestellt, dass der Eigentümer des Nachbargrundes, auf dem sich der Betrieb befindet, Parteistellung hat. Andererseits sollen nur legale und sehr schwerwiegende Emissionen, welche die Gesundheit oder sogar das Leben der künftigen Bewohner gefährden, den Wohnbau unzulässig machen; illegale Emissionen sind ohnehin nach den für den Betrieb maßgeblichen Vorschriften (zB Gewerbeordnung) zu unterbinden. Die Diktion lehnt sich an jene der Gewerbeordnung 1994 an, sodass es damit praktisch auch ausgeschlossen ist, dass der Betriebsinhaber später gewerberechtliche Auflagen erhält, die seine Betriebsführung unterbinden bzw erschweren. Die Abwägung der Interessen an der Wohnbebauung einerseits und des Betriebes an seiner Erhaltung andererseits führt zu dem hier beschriebenen Immissionsmaß für Wohnungen, das jenem nach § 6 Abs 6 oder 8 vorgeht (vgl auch § 6 Abs 18). Außerdem soll es möglich sein, die Gefährdungen durch konkrete bauliche Maßnahmen (Einhausungen, Schallschutzwände u dgl) – auf der zu bebauenden Liegenschaft oder mit Zustimmung des Eigentümers auf der Nachbarliegenschaft – auszuschalten. Betriebserweiterungen sind zulässig, doch sind im Baufalle – wie bisher – allfällige Belästigungen zu prüfen.
Korrespondierende Bestimmungen finden sich in den §§ 6 Abs 18 und 128 Abs 2 Z 7.

Anmerkungen

1) § 134a Abs 1 wurde mit der Nov LGBl 1992/34 neu eingefügt. Die subjektiv-öffentlichen Nachbarrechte des Baubewilligungsverfahrens sind nach der Judikatur des VwGH im § 134a nicht erschöpfend aufgezählt. Weitere Rechte von Nachbarn (§ 79 Abs 6, § 92 Abs 2 und § 94 Abs 2) wurden mit der Nov LGBl 2018/69 ausdrücklich entgegen der Judikatur beseitigt. Die Aufzählung sei nach Meinung des Landes Wien im § 134a taxativ. Nachbarrechte sind aber im Sinne der Rechtsprechung des VwGH „civil rights“. Dies wirft die Frage auf, ob die Beseitigung dieser Rechte nicht dem verfassungsrechtlich geschützten Eigentumsschutz und dem Gleichheitssatz zuwiderläuft.

2) So etwa nur die dem Nachbarn zugekehrte Front hinsichtlich der Gebäudehöhe.

3) Also für Pflichtstellplätze.

4) Dieses Nachbarrecht eines emittierenden Betriebes ist durch die Einschränkung des zweiten Satzes des Abs 3 einfach zu schwach und gibt dem

Nachbarn – hier wird nicht auf die Problematik Bedacht genommen, dass unter Nachbar im Sinne der WBO grundsätzlich nur der benachbarte Grund(mit)eigentümer zu verstehen ist –, der einen Betrieb führt, der zum Zeitpunkt der Errichtung einer Wohnhausanlage bereits besteht und emittiert, nicht seine Rechte zum Schutz seines Betriebes, wie es der VfGH in ständiger Rechtsprechung (vgl etwa VfSlg 12.468) judiziert.

5) Mit BO-Nov 2023, LGBl 2023/37 wird der Begriff „Nachbargrundgrenze" zwecks Vereinheitlichung durch „Nachbargrenze" ersetzt.

6) Es werden zunehmend bauliche Maßnahmen und technische Anlagen zur Begegnung des Klimawandels und nachhaltige Energiesysteme von der Politik und vom Markt forciert und teilweise auch gesetzlich verpflichtend vorgesehen (vgl § 118). Solche Maßnahmen und dazugehörige technische Anlagen und daraus resultierende Immissionen sind daher als im Rahmen der Benützung eines Bauwerkes zu Wohnzwecken zu sehen. Solche Immissionen sind daher privilegiert und bilden kein Nachbarrecht.

Vgl § 6 Abs 2 Z 2 iVm § 48 NÖ BO 2014, der für Nachbarn etwa den Schutz vor Emissionen (§ 48) normiert, ausgenommen jene, die sich aus der Benützung eines Gebäudes zu Zwecken jeder Art der Wohnnutzung ergeben (zB aus Heizungs- und Klimaanlagen). In den aufgezählten relevanten Emissionen iSd § 48 NÖ BO 2014 sind Blendungen und Spiegelungen nicht (mehr) enthalten und Emissionen aus der Nutzung von Stellplätzen weitgehend ausgenommen.

Judikatur

1) Der gegenüberliegende Nachbar besitzt keinen Rechtsanspruch auf Einhaltung eines Seitenabstandes (VwGH 20.4.1995, 94/06/0214).

2) Mit der Behauptung, die beabsichtigten Baumaßnahmen ließen eine Verminderung der Wohnqualität für die Mieter des Hauses des Bfr erwarten, hat dieser keine Einwendungen im Sinne des § 134a BO erhoben, da dieses Vorbringen keinerlei Bezug auf die dort genannten subjektiv-öffentlichen Nachbarrechte erkennen läßt (VwGH 10.10.1995, 95/05/0193).

3) Nach 134a kommt eine Rechtsverletzung eines Nachbarn betr eine Abbruchsbewilligung nicht in Betracht, weil für derartige Vorhaben eine den Nachbarn schützende baurechtliche Norm nicht mehr besteht und davon auszugehen ist, daß der Landesgesetzgeber im § 134 Abs 3 iVm § 134a BO die Parteistellung im Baubewilligungsverfahren abschließend regeln wollte. § 134a lit e BO erlaubt die Wahrnehmung von Immissionsbeeinträchtigung nämlich nur dann, wenn sich diese Immissionen aus der widmungsgemäßen Benützung eines Gebäudes oder einer baulichen Anlage ergeben können; mit der vorliegenden Bewilligung wurde aber nicht die Errichtung eines später zu benützenden Gebäudes, sondern ein Abbruch bewilligt. Auch hinsichtlich der behaupteten Beeinträchtigungen der gegebenen Stützungen des Nachbarbauwerks läßt sich aus § 134a BO kein öffentliches Recht des Nachbarn ableiten; diesbezüglich muß der Bfr im Zivilrechtsweg Abhilfe suchen (vgl E 14.5.1991, 91/05/0030).

Somit war der beschwerdeführende Nachbar, der sich auf keines der in § 134a BO genannten Rechte stützen kann, nicht Partei des Baubewilligungsverfahrens. Da die BO den Kreis der zur Berufung Berechtigten nicht erweitert, erwies sich die Berufung der Nichtpartei als unzulässig und war daher gem § 66 Abs 4 AVG zurückzuweisen (VwGH 23.1.1996, Slg 14.385/A).

4) Im Gesetz ist ein allgemeines subjektiv-öffentliches Nachbarrecht auf Wahrung des Licht- und Sonneneinfalles nicht vorgesehen: dem Nachbarn steht nur ein Recht darauf zu, daß der Abstand zu seinem Grundstück eingehalten wird. Grundsätzlich hat nämlich jeder Grundeigentümer, soweit nicht zivilrechtliche Ansprüche bestehen, für eine ausreichende Belüftung und Belichtung seiner Bauten auf seinem Grundstück Sorge zu tragen (siehe dazu beispielsweise aus jüngerer Zeit das hg Erkenntnis vom 14. September 1995, Zl 95/06/0107, mit Hinweisen auf Vorjudikatur (VwGH 24.4.1997, 96/06/0051).

5) Die bei der Verhandlung abgegebene Erklärung, „gegen die Erteilung der Genehmigung dann keine Einwendungen zu erheben, wenn die vorliegende Planung dem Bebauungsplan entspricht", ist keine rechtswirksame Einwendung, da dieses Vorbringen nicht erkennen läßt, welche Rechtsverletzung (Einhaltung der Widmung, der Abstände, der Gebäudehöhe, allenfalls der Bebauungsdichte) geltend gemacht wird. Die Präklusion nach § 42 AVG wird auch nicht dadurch ausgeschlossen, daß der Nachbar die Erhebung von Einwendungen nur unter dem Eindruck eines Sachverständigengutachtens unterläßt (vgl das hg Erkenntnis vom 17. Dezember 1981, SlgNr 10.621/A) (VwGH 24.4.1997, 97/06/0069).

6) Die gem § 5 Abs 4 lit k WBO im Bebauungsplan getroffene Festlegung der zulässigen Höhe des Dachfirstes muß im Zusammenhalt mit der Regelung des § 81 Abs 4 WBO als Bestimmung über die Gebäudehöhe gem § 134a lit b WBO angesehen werden (VwGH 27.5.1997, 96/05/0162).

7) Der Nachbar kann die Frage des strittigen Grenzverlaufes im Baubewilligungsverfahren geltend machen. Dieses Vorbringen ist nicht auf den Zivilrechtsweg zu verweisen, vielmehr hat die Baubehörde die Frage des Grenzverlaufes gem § 38 AVG als Vorfrage zu beurteilen und diese Beurteilung ihrer Entscheidung zugrunde zu legen. Die Frage des strittigen Grenzverlaufes ist dann im Baubewilligungsverfahren als Vorfrage zu entscheiden, wenn dies zur Beurteilung der Zulässigkeit des Bauvorhabens (etwa wegen Einhaltung eines Abstandes) notwendig ist (vgl hiezu das hg Erkenntnis vom 27. Februar 1996, Zl 95/05/0195, mwN). Beim Baubewilligungsverfahren handelt es sich aber um ein Projektgenehmigungsverfahren, in welchem es also nicht

darauf ankommt, welcher Zustand besteht, sondern darauf, welcher Zustand nach Verwirklichung des Projektes herbeigeführt werden soll. Demnach ist nicht darauf Bedacht zu nehmen, daß auf demselben Grundstück bereits eine andere Anlage konsenslos errichtet worden ist. Es ist der in den Einreichplänen und in der Baubeschreibung zum Ausdruck gebrachte Bauwille des Bauwerbers entscheidend (vgl hiezu die hg Erkenntnisse vom 1. Juli 1986, Zl 82/05/0015, BauSlg 718, und vom 29. Oktober 1987, Zl 86/06/0292, BauSlg 992, uva) (VwGH 27.6.1997, 97/05/0097, zur NöBO).

8) Es ist unbestritten, daß die Errichtung eines Kindergartens für seelenpflegebedürftige Kinder sozialen Zwecken dient. Eine rechtspolitische Begründung dafür, daß bei den gem § 6 Abs 6 erster Satz BO zulässigen Nutzungen keine Immissionsprüfung stattfinden soll, erblickt der Verwaltungsgerichtshof darin, daß ein öffentliches Interesse an derartigen Einrichtungen besteht und diese im Hinblick auf ihre Zweckbestimmung nur in Wohngebieten errichtet werden sollten; die Errichtung derartiger Einrichtungen beispielsweise im gemischten Baugebiet (§ 6 Abs 8 BO), in Betriebsbaugebieten (§ 6 Abs 9 BO), in Geschäftsvierteln oder Industriegebieten (§ 6 Abs 10 bzw Abs 11 BO) erscheint auch im Hinblick auf den Zweck derartiger Einrichtungen nicht geboten. Ein Mitspracherecht dahingehend, daß in den gem § 6 Abs 6 erster Satz BO zulässigen Gebäuden nur Bewohner oder Pfleglinge untergebracht werden, die keinen Lärm durch Schreien, Lachen usw hervorrufen, ist den Nachbarn nicht eingeräumt (VwGH 27.5.1997, 97/05/0098, 0099, 0100, 0102).

9) Widmungskategorien kommen als eine subjektiv-öffentliche Nachbarrechte gewährleistende Norm jedenfalls nur insoweit in Betracht, als durch die bestimmte Widmungskategorie ein Immissionsschutz gewährt wird (vgl hiezu das hg Erkenntnis vom 17. September 1996, Zl 95/05/0220) (VwGH 19.5.1998, 98/05/0075, zur Nö BO, ebenso 30.6.1998, 98/05/0099, zur KBO, und 30.6.1998, 97/05/0132 zur OöBO).

10) Gem § 226 Abs 1 ZPO sind in der Klage Tatsachen, auf die sich der Klageanspruch gründet, im einzelnen kurz und vollständig anzuführen. Dazu reicht das Vorbringen, es sei durch die Berufung der Bekl im baubeh Verfahren in der Abwicklung des Bauvorhabens eine Verzögerung von 69 Tagen und deshalb ein vermehrter Zinsenaufwand für den Kredit zur Finanzierung des Kaufpreises ihres Baugrundstücks eingetreten, nicht hin. Vielmehr wäre konkret zu behaupten gewesen, weshalb die Verzögerung von 69 Tagen „in der Abwicklung des Bauvorhabens" eine um diese Zeitspanne verzögerte Refinanzierung durch die Veräußerung von Wohnungseinheiten veranlaßt habe. Dazu wäre vorzubringen gewesen, welche Personen die klP infolge der behaupteten Schadensursache erst 69 Tage später als Vertragspartner habe gewinnen können bzw welche ihrer Vertragspartner in Summe zumindest 6,2 Mio S (Kreditsumme für Erwerb des Baugrundstücks) in Erfüllung vertraglicher Pflichten 69 Tage früher geleistet hätten, wenn eine Berufung der Bekl im baubeh Verfahren unterblieben wäre. In diesem Zusammenhang hätte es auch der Darlegung der mit den Vertragspartnern der klP vereinbarten Zahlungsmodalitäten und der Zeitpunkte ihrer tatsächlichen Leistungen bedurft. Die klP hätte ferner die Tilgungsraten ihrer Kreditverbindlichkeit vorzubringen gehabt, weil für den geltend gemachten Schadenersatzanspruch auch zu prüfen gewesen wäre, wie weit Leistungen ihrer Vertragspartner mit Kreditrückzahlungen korrespondierten, könnte sie doch solche Leistungen zur Deckung anderer Schulden herangezogen haben und die Kreditschuld nach wie vor zur Gänze ungetilgt sein (OGH 28.4.1998, 1 Ob 408/97z).

11) Wenn der Wiener Landesgesetzgeber damit ua die Geltendmachung der Frage, ob ein benachbartes Grundstück überhaupt Bauplatzeigenschaft aufweist, oder der Frage der im § 16 Abs 2 BauO idF LGBl 49/1993 normierten Mindestbreite für die verkehrsmäßige Aufschließung eines Bauplatzes als subjektiv-öffentliches Nachbarrecht ausgeschlossen hat, so liegt dem dieselbe Wertung zu Grunde wie der Judikatur des Verwaltungsgerichtshofes zu § 134 Abs 3 BauO (id StammF), also einer Vorläuferbestimmung der §§ 134 Abs 3 iVm 134a BauO idF LGBl 34/1992, wonach die Bestimmungen des § 16 Abs 1 und 2 BauO über die Gestalt und Größe eines Bauplatzes einschließlich der Regelung über die Breite des Verbindungsstreifens mit der Verkehrsfläche nur Mindestanforderungen festlegen, denen ein Bauplatz aus öffentlichen Rücksichten entsprechen muß; für die Nachbarn sind sie ohne rechtliche Bedeutung (s VwSlg 6272 (A)/1964).

Gegen eine derartige Differenzierung bestehen aber aus der Sicht dieser Beschwerdesache unter dem Aspekt des Gleichheitssatzes keine Bedenken (VfGH 3.10.1998, Slg 15.274).

12) Bestimmungen hinsichtlich der lichten Raumhöhe in Aufenthaltsräumen im Dachgeschoß dienen nur dem öffentlichen Interesse an der Gesundheit der Bewohner des Gebäudes, sie sind nicht geeignet, in irgendeiner Form dem Schutz der Anrainer zu dienen (VwGH 23.2.1999, 98/05/0192, zur KBO).

13) Um aber die Präklusionswirkungen des § 42 Abs 1 AVG zu verhindern, hat der Nachbar ein Vorbringen zu erstatten, dem entnommen werden können muß, daß die Verletzung eines subjektiven Rechtes behauptet wird, und ferner, welcher Art dieses Recht ist. Dem Begriff der Einwendung ist die Behauptung einer Rechtsverletzung in bezug auf ein bestimmtes Recht immanent (vgl hiezu das hg Erkenntnis vom 24. März 1992, Zl 88/05/0135, uva) (VwGH 23.3.1999, 98/05/0217, zur oö BO 1994).

14) Nach § 134a BO kommt somit eine Rechtsverletzung eines Nachbarn durch die Veränderung der Höhenlage der Grundfläche allein nicht in Betracht, weil für ein solches Vorhaben eine den Nachbarn schützende baurechtliche Norm nicht mehr besteht; die im § 134 Abs 3 iVm § 134a BO geregelte Parteistellung der Eigentümer (Miteigentümer) benachbarter Liegenschaften im Baubewilligungsverfahren und im Verfahren zur Bewilligung von unwesentlichen Abweichungen von Bebauungsvorschriften (jetzt: Abweichungen von Vorschriften des Bebauungsplanes)) ist abschließend geregelt (vgl dazu das hg Erkenntnis vom 23. Jänner 1996, Zl 95/05/0273) (VwGH 23.3.1999, 98/05/0156).

15a) Es läßt sich der Bauordnung nicht entnehmen, daß ihre Abstandsvorschriften nicht zum Tragen kommen sollten, wenn sich eine bauliche Anlage nicht permanent in derselben Lage befindet (und demnach in der überwiegenden Zeit wie im vorliegenden Fall bei Variabilität der Höhe nach insbesondere die Vorschriften über die Höhe baulicher Anlagen einhält). Hätte der Landesgesetzgeber Ausnahmen für „bewegliche Bauteile" zulassen wollen, hätte er dies explizit zum Ausdruck bringen können....

Die in Rede stehende Stapelparker-Konstruktion stellt eine solche Anlage dar, die mit dem Erdboden zu verbinden ist und zu deren fachgerechter Herstellung bautechnische Kenntnisse erforderlich sind... .
Aus den obigen Ausführungen folgt, daß ein Bauwerk, das in seiner Lage veränderlich ist, nicht schon dann im Seitenabstand errichtet werden kann, wenn es (nur) je nach Verwendungszustand (mag dies auch – bei Einhaltung der von den Behörden erteilten Auflage – zeitmäßig überwiegend der Fall sein) die Vorschriften über die Höhe von Gebäuden im Seitenabstand einhält. Entscheidend ist, daß sich in jenen Zeiten, in denen die Benützung der Anlage erfolgt, ein Widerspruch zu den Bauvorschriften ergibt, ohne daß die Bauordnung eine Ausnahme zugunsten derartiger (im Zeitablauf sich ergebender) partieller Überschreitungen der baurechtlich zulässigen Höhe enthielte.

15b) Ein Mangel ist nur dann nicht wesentlich, wenn die von der belangten Behörde aus den eingereichten Plänen gezogenen Schlüsse auch ohne Sachverständigengutachten nachvollziehbar sind (VwGH 25.8.1999, 98/06/0203, 0204, zur TBO).

16) Nach der ständigen Rechtsprechung des Verwaltungsgerichtshofes ist das Mitspracherecht des Nachbarn im Baubewilligungsverfahren in zweifacher Weise beschränkt. Es besteht einerseits nur insoweit, als dem Nachbarn nach den in Betracht kommenden baurechtlichen Vorschriften subjektiv-öffentliche Rechte zukommen und andererseits nur in jenem Umfang, in dem der Nachbar solche Rechte im Verfahren durch die rechtzeitige Erhebung entsprechender Einwendungen wirksam geltend gemacht hat (vgl das Erkenntnis eines verstärkten Senates vom 3. Dezember 1980, Slg Nr 10.317/A). Diese Präklusionswirkung ist auch für den Verwaltungsgerichtshof beachtlich (VwGH 22.4.1999, 97/06/0247, zur TBO).

17) Mängel der Pläne und sonstiger Unterlagen bilden nur dann eine Verletzung von Nachbarrechten, wenn der Nachbar infolge der Mängel sich nicht ausreichend über Art und Umfang des Bauvorhabens sowie über eine Einflußnahme auf seine Rechte informieren kann. Ist das Bauvorhaben unzureichend dargestellt, werden Nachbarrechte verletzt. Es ist dem Nachbarn sohin zwar nicht schlechthin verwehrt, das Fehlen gesetzlich geforderter Unterlagen zu rügen; es kann ihm insoweit, da es sich ja nicht um eine Einwendung gegen das Bauvorhaben als solches handelt, auch nicht die Präklusion nach § 42 AVG entgegengehalten werden. Er kann nur solche Mängel geltend machen, welche der eindeutigen Determinierung des Antrages als solchen und der Verfolgung seiner subjektiven Rechte entgegenstehen (siehe die Nachweise bei *Hauer*, Der Nachbar im Baurecht[5], 66) (VwGH 15.6.1999, 95/06/0304, zur KBO).

18) Der Verwaltungsgerichtshof hat bereits mehrfach die Errichtung einer Hackschnitzelheizanlage sogar im Wohngebiet mit der Begründung für zulässig erachtet, daß eine solche Anlage wirtschaftlichen und sozialen Bedürfnissen dient (die Anlage kann auch für private Anschlußwerber kostengünstiger Energie zur Verfügung stellen als andere in Betracht kommende Energieversorgungsunternehmen) und ökologisch günstiger ist als Einzelheizungen (vgl hiezu die hg Erkenntnisse vom 15. Dezember 1992, Zl 92/05/0239, und vom 18. September 1990, Zl 90/05/0012) (VwGH 31.8.1999, 99/05/0056, zur oö BO 1994).

19) Unter den „vor der Aufhebung verwirklichten Tatbeständen“ im Sinne des Art 140 Abs 7 B-VG ist nicht die Errichtung des Baues, sondern das baubehördliche Bewilligungsverfahren zu verstehen (VwGH 28.9.1999, 99/05/0164, zur nö BO 1976).

20) Der Verfassungsgerichtshof verkennt nicht die Gefahr der mißbräuchlichen Inanspruchnahme von umfassend ausgestalteten Nachbarrechten, die oftmals zu einer nicht gerechtfertigten Verzögerung des Baubeginns führen können.

…

Der Nachbar kann vielleicht in einem Verfahren gem § 364 Abs 2 ABGB die Unterlassung unzulässiger Eingriffe oder in einem gewerbebehördlichen Betriebsanlagengenehmigungsverfahren erreichen, daß Emissionen durch Auflagen beschränkt werden. Er kann aber die im Sinne des rechtsstaatlichen Prinzips gebotene Beseitigung eines gesetzwidrigen Flächenwidmungsplanes aus der Rechtsordnung und damit die Beseitigung der Rechtsgrundlagen für den emittierenden Bau in diesem Verfahren nicht erreichen. Denn der Nachbar hat mangels Anwendbarkeit der raumordnungsrechtlichen Vorschriften weder im Verfahren nach § 364 Abs 2 ABGB noch im gewerbebehördlichen Betriebsanlagenverfahren die Möglichkeit, die Gesetzwidrigkeit des Flächenwidmungsplanes geltend zu machen (VfGH 1.10.1999, Slg 15.581, zur TBO).

21) Der bloße Hinweis auf die §§ 40–42 AVG stellt keinen Hinweis betreffend die Rechtsfolgen im Sinne des § 41 Abs 2 AVG dar. Daraus ergibt sich nach der hg Judikatur (vgl die Erkenntnisse vom 8. Juni 1961, Slg Nr 5.586/A, und vom 15. September 1992, Zl 92/05/0076), daß die Beschwerdeführer nicht gehindert waren, auch nach den mündlichen Verhandlungen gegen das Bauvorhaben Einwendungen zu erheben (VwGH 28.10.1999, 98/06/0158, 0159).

22) Die Bauordnung räumt den Nachbarn kein subjektiv-öffentliches Recht auf Beibehaltung der Sonneneinstrahlung ein. Wenn eine bauliche Anlage die Bestimmungen über die Abstände und die Höhe einhält, so ist eine dennoch gegebene „Beschattung" von den Nachbarn hinzunehmen. Eine innere Baufluchtlinie, die eine größere Freihaltung von der Bebauung vorsähe, wurde nicht festgelegt. Die geltend gemachte Wertminderung ist eine zivilrechtliche Einwendung und konnte daher nicht zur Versagung der Baubewilligung führen (VwGH 9.11.1999, 99/05/0210, AW 99/05/0054, zur OÖ BO 1994).

23a) Abgesehen davon sprach der Verwaltungsgerichtshof bereits zur Rechtslage vor der Novelle LGBl Nr 34/1992 aus, daß den Nachbarn zur Frage der Zulässigkeit von Aufenthaltsräumen ua im zweiten Dachgeschoß kein subjektiv-öffentliches Recht zustehe (siehe das zitierte hg Erkenntnis vom 15. Oktober 1996, Zl 94/05/0174, mit einem weiteren Nachweis). In der erschöpfenden Aufzählung der Nachbarrechte im § 134a BO findet sich ein derartiges Nachbarrecht ausdrücklich nicht.

23b) Im § 134a BO sind die subjektiv-öffentlichen Nachbarrechte taxativ aufgezählt (hg Erkenntnis vom 29. April 1997, Zl 96/05/0085, mwN).

Die Novelle LGBl Nr 34/1992 hat den Nachbarn in Bezug auf Fragen der Statik und der Tragfähigkeit des Untergrundes kein Mitspracherecht eingeräumt (*Hauer*, Der Nachbar im Baurecht[5], 252 und 321). Dazu kommt, daß der technische Vorgang der Errichtung des Gebäudes selbst in der Regel nicht Gegenstand des baubehördlichen Baubewilligungsverfahrens ist (hg Erkenntnis vom 16. Oktober 1990, Zl 90/05/0039). Die Vorschriften über die Ausführung von Bauten – dazu zählt auch die Vorschrift des § 123 BO – können keinerlei Parteienrechte des Nachbarn im Baubewilligungsverfahren begründen (vgl das hg Erkenntnis vom 16. Februar 1976, Zl 742/75). Die Art der Sicherung der Baugrube und damit auch die Verhinderung von Schäden an Nachbargebäuden, ist eine Frage der Ausführung, aber nicht eine solche der Bewilligungsfähigkeit des Bauvorhabens (hg Erkenntnis vom 31. Jänner 1995, Zl 94/05/0227, mwN).

23c) Im Erkenntnis vom 26. Juni 1990, Zl 90/05/0034, hat der Verwaltungsgerichtshof den dort gegenständlichen Wintergarten „seiner baulichen Gestaltung nach" als Nebengebäude anerkannt. Im Erkenntnis vom 21. Mai 1996, Zl 93/05/0262, wurde allerdings in einem obiter dictum die Auffassung vertreten, daß ein mit dem Wohnzimmer unmittelbar verbundener Wintergarten einen Aufenthaltsraum darstelle.

Frommhold/Gareiß (Bauwörterbuch, Begriffsbestimmungen aus dem Bauwesen[2], 288) definieren den Wintergarten als gewächshausähnlichen Wohnraum mit Zierpflanzen. Nach *Koepf* (Bildwörterbuch der Architektur[2], 415) ist ein Wintergarten ein mit großen Glasfenstern versehener Innenraum oder Vorbau eines Gebäudes, der vornehmlich zur Pflege von Pflanzen bestimmt ist und dem Gewächshaus verwandt ist. Auch unter Bedachtnahme auf diese Definition in der Fachliteratur vermag der Verwaltungsgerichtshof der Bezeichnung „Wintergarten" einen objektiven Begriffsinhalt nicht zuzubilligen. Ein derartiges Nebengebäude mag als Gewächshaus dienen, welches nur zum Blumengießen betreten wird; bei zeitgemäßer Nutzung ist es aber auch durchaus vorstellbar, daß eine solche Räumlichkeit die Funktion eines Wohnraumes erfüllt.

Daraus folgt aber, daß die Bezeichnung im Plan mit „Wintergarten" eine Subsumtion unter die Tatbestände des § 87 Abs 3 bzw § 82 Abs 1 BO ohne weitere Ermittlungen nicht ermöglicht. Die Behörde hat vielmehr zu klären, ob der Bauwerber die Schaffung eines Aufenthaltsraumes beabsichtigt oder nicht, was im Plan eindeutig zum Ausdruck kommen muß (VwGH 30.5.2000, 96/05/0121).

24) Auf Grund des eingeschränkten Mitspracherechtes von Nachbarn im Baubewilligungsverfahren kann selbst eine objektive Rechtswidrigkeit eines Bescheides dann nicht zur Aufhebung dieses Bescheides führen, wenn dem Nachbarn hinsichtlich jener Bestimmung, die zu Unrecht missachtet wurde, kein Mitspracherecht zukommt (VwGH 7.3.2000, 99/05/0266).

25) Werden alle jene Bestimmungen eingehalten, die einen Einfluss auf die Belichtungs- und Belüftungsverhältnisse haben können, wie die Bestimmungen über die Bauweise, die Lage des Bauvorhabens, die Ausnutzbarkeit des Bauplatzes, die Abstände und die Gebäudehöhe, so kann der Nachbar nicht gesondert fordern, daß die Belichtungs- und Belüftungsverhältnisse seiner Objekte so bleiben wie bisher (VwGH 30.5.2000, 2000/05/0040).

26) Gem § 17 Abs 1 AVG hat die Behörde im Allgemeinen den Parteien Einsicht in die ihre Sache betreffenden Akten oder Aktenteile zu gestatten; allen an einem Verfahren beteiligten Parteien muß gem Abs 2 dieser Bestimmung auf Verlangen die Akteneinsicht im gleichen Umfang gewährt werden. Nach Abs 4 dieser Bestimmung ist gegen die Verweigerung der Akteneinsicht kein Rechtsmittel zulässig.

Dieser Rechtsmittelausschluß bezieht sich aber nur auf anhängige Verfahren, bei denen es sich bei der Verweigerung der Akteneinsicht um eine Anordnung im Sinne des § 63 Abs 2 AVG handelt, deren Rechtswidrigkeit erst und nur in dem Rechtsmittel gegen den das Verfahren abschließenden Bescheid geltend gemacht werden kann. Über das Akteneinsichtsbegehren einer Person, der im laufenden Verwaltungsverfahren Parteistellung nicht zukommt oder deren Parteistellung sich auf ein bereits abgeschlossenes Verfahren bezogen hat, muß dagegen durch – verfahrensrechtlichen – Bescheid förmlich abgesprochen werden (vgl beispielsweise das hg Erkenntnis vom 16. Dezember 1992, Zl 92/12/0073). …

Dem Nachbarn steht ein Recht auf Akteneinsicht jedenfalls insoweit zu, als es sich um die Wahrung seiner Rechte im baubehördlichen Bewilligungsverfahren handelt, und zwar auch bezüglich bereits abgeschlossener Verfahren (siehe die Nachweise im hg Erkenntnis vom 26. Juni 1990, 89/05/0212) (VwGH 29.8.2000, 97/05/0334, Slg 15.480/A, zur KBO).

27) Der von der belangten Behörde sachverhaltsmäßig ihrer Entscheidung zugrundegelegte, aber auch von den Beschwerdeführern ins Treffen geführte Umstand, daß jede Pkw-Bewegung in der Nacht, also auch zu den bereits bestehenden Wohnhäusern, eine (geringe) Überschreitung des mit 40 dB angenommenen Widmungsmaßes auf 42 dB zur Folge hat, kann bei sachgerechter Betrachtung nicht dazu führen, daß die Liegenschaft überhaupt unbebaubar wäre, vielmehr ist der Auffassung der belangten Behörde beizutreten, daß diese Immissionen hinzunehmen sind, weil sie eben eine typische (und hier unvermeidbare) Folge der flächenwidmungsgemäßen Bebauung dieser Grundstücke mit Wohnhäusern sind (VwGH 5.12.2000, 99/06/0199, zum StBG 1995).

28) Wie aus der Anordnung des § 37 Abs 1 Wiener Garagengesetz zu entnehmen ist, bezieht sich die Verpflichtung zur Schaffung von Einstellplätzen und Garagen auf den jeweiligen Bauplatz und die darauf zulässigerweise die Stellplätzverpflichtung auslösenden baulichen Maßnahmen. Als unbedingt erforderliche Zufahrt zu den Pflichtstellplätzen im Anwendungsbereich des § 134a Abs 1 lit e zweiter Satz Bauordnung für Wien kann demnach nur diejenige auf dem Bauplatz angesehen werden, auf welchen sich die Stellplatzverpflichtung bezieht. Wird jedoch für die Zufahrt zu Pflichtstellplätzen auch ein anderer Bauplatz, für welchen ebenfalls Pflichtstellplätze geschaffen werden bzw die Stellplatzverpflichtung gem § 36 Abs 1 Wiener Garagengesetz gilt, benötigt, so kann insoweit die Zufahrt zu Pflichtstellplätzen auf dem andern Bauplatz nicht als eine die subjektiv-öffentlichen Rechte der Nachbarn ausschließende Immissionsbeeinträchtigung nach § 134a Abs 1 lit e zweiter Satz Bauordnung für Wien angesehen werden, weil damit die Immissionsbelastung der Nachbargrundstücke aus dem auch als Zufahrt benützten Bauplatz das im § 134a Abs 1 lit e 2. Satz Bauordnung für Wien genannte Ausmaß übersteigt (VwGH 20.4.2001, 99/05/0090, 0101, 0107).

29a) Nach § 6 Abs 6 erster Satz BO dürfen im Wohngebiet nur Wohngebäude und Bauten, die religiösen, kulturellen oder sozialen Zwecken oder der öffentlichen Verwaltung dienen, errichtet werden (der zweite Satz hinsichtlich der weiter zulässigen Bauten ist hier nicht von Belang).

Der Verwaltungsgerichtshof tritt der Auffassung der belangten Behörde bei, dass dieser im Zusammenhang mit der Schule stehende Turnsaal (ein Zusamenhang, der schon durch den Verbindungsgang unterstrichen wird) ein Gebäude ist, das sozialen Zwecken im Sinne der zuvor genannten Bestimmung dient, dies auch dann, wenn dieser Turnsaal auch von Vereinen benützt werden sollte, woran auch der Umstand nichts zu ändern vermöchte, dass dies, wie in der Beschwerde behauptet wird, der vierte Turnsaal für eine Schule mit insgesamt 523 Schülern wäre, womit dieser Turnsaal „nicht mehr nur ausschließlich sozialen, sondern überwiegend finanziellen Zwecken" dienen würde, wie es in der Beschwerde weiter heißt.

Davon ausgehend, hat die belangte Behörde zutreffend erkannt, dass die von diesem Turnsaal ausgehenden Immissionen als widmungskonform hinzunehmen sind (vgl abermals das genannte Erkenntnis vom 30. Juni 1998, Zl 97/05/0230, wonach sich der Nachbar bei einem Projekt nach § 6 Abs 1 erster Satz BO auf keine Bestimmungen stützen kann, die dem Schutz vor Immissionen dienen). Das gilt sowohl für die Lärmimmissionen, wie auch für die behaupteten Belästigungen infolge der Beleuchtung (Innenbeleuchtung mit Neonlicht) dieser Turnhalle bis 21.00 Uhr (was vor allem im Winter relevant ist). Es kommt daher auch nicht darauf an, ob diese Turnhalle rund 8 m oder rund 2 m von der Liegenschaft der Beschwerdeführerin entfernt ist.

29b) Der Verwaltungsgerichtshof hat schon zu § 61 BO ausgesprochen (Erkenntnis vom 20. Dezember 1994, Zl 94/05/0132, BauSlg Nr 308), es bestünden keine rechtlichen Bedenken dagegen, eine Entlüftungsanlage einer Garage zum Gegenstand eines gesonderten Verfahrens nach dieser Bestimmung zu machen. Entscheidend ist aber vorliegendenfalls, dass nicht ersichtlich ist, inwieweit die Beschwerdeführerin durch die von der belangten Behörde dargelegte Trennung der Bewilligung der Lüftungszentrale selbst (diesbezüglich solle die Entscheidung in einem eigenen Verfahren nach § 61 BO ergehen) vom „restlichen" Bauvorhaben in subjektiv-öffentlichen Nachbarrechten verletzt werden sollte (VwGH 22.5.2001, 2000/05/0281)

30a) Eine im Nachbarinteresse gelegene Beeinträchtigung der Brandsicherheit kommt aber jedenfalls nur dort in Betracht, wo wegen der Ausgestaltung des Bauvorhabens selbst eine Belastung anzunehmen ist bzw in Bezug auf die Wandstärke. Dem Anrainer steht aber keinesfalls ein Mitspracherecht betreffend die Art und die ausreichende Möglichkeit des Einsatzes der Feuerwehr und das Ausmaß der vorhandenen Löschwassermenge zu (vgl hiezu das Erkenntnis vom 19. Dezember 2000, Zl 98/05/0220, zur insoweit vergleichbaren Rechtslage nach der Kärntner Bauordnung; ferner das hg Erkenntnis vom 31. August 1999, Zl 98/05/0044, ergangen zur Burgenländischen Bauordnung).

30b) § 81 Abs 6 BO ermöglicht eine Überschreitung des nach seinen Abs 1 und 5 ermittelten zulässigen Gebäudeumrisses durch Aufzugstriebwerksräume und durch Stiegenhäuser – ebenso wie durch Dachgauben – nur insoweit, als es sich um raumbildende Dachaufbauten handelt, nicht jedoch durch jene fassadenbildende Teile der Stiegenhäuser bzw Aufzugstriebwerksräume, die unterhalb des für die Gebäudehöhe maßgeblichen Abschlußes der Gebäudefront liegen. Solche Aufzugstriebwerksräume und Stiegenhäuser können auch nicht als vorspringende Gebäudeteile wie Gesimse, Erker und derglechen im Sinne des § 81 Abs 1 BO gewertet werden, weil diese Gesetzesstelle ausdrücklich eine Sonderregelung für die „raumbildenden Dachaufbauten gem Abs 6" vorsieht. Aufzugstriebwerksräume und Stiegenhäuser im unbedingt notwendigen Ausmaß dürfen daher nur mit dem als raumbildenden Dachaufbau zu wertenden Teil bei Berechnung des Gebäudeumrisses nach Abs 2 des § 81 BO außer Betracht bleiben (VwGH 16.12.2003, 2002/05/1466).

31) Zur „Benützung eines Gebäudes zu Wohnzwecken" zählt fraglos auch die Benützung der den Wohnungen typischerweise und geradezu notwendigerweise zugeordneten Küchen. Daraus folgt, dass der Beschwerdeführerin hinsichtlich der von diesen Küchen zu erwartenden bzw von ihr befürchteten (angeblichen) Geruchsbelästigungen kein Mitspracherecht zukommt (VwGH 16.12.2003, 2003/05/0205, zur NÖ BO).

32) § 134a BO legt die subjektiv-öffentlichen Rechte der Nachbarn taxativ fest; ein Recht auf Einhaltung der einzelnen Widmungskategorien des Flächenwidmungsplanes lässt sich daraus nicht ableiten. Die Nachbarn können jedoch im Rahmen des § 134a Abs 1 lit e BO einwenden, dass ein Bauvorhaben nach der Widmungskategorie des Flächenwidmungsplanes unzulässig ist, wenn die für das bebauende Grundstück vorgesehene Widmung auch einen Immissionsschutz gewährleistet (siehe dazu das hg Erkenntnis vom 29. Jänner 2002, Zl 2000/05/0057, mwN).

Die gegenständliche Widmung Grünland-Schutzgebiet-Parkschutzgebiet gewährt zwar grundsätzlich keinen Immissionsschutz. Erfolgt jedoch – wie im Beschwerdefall – in einem derart gewidmeten Gebiet eine Bauführung auf Grund einer Ausnahmebewilligung gem § 69 BO, die gem § 69 Abs 2 BO (ua) nur erteilt werden darf, wenn an Emissionen nicht mehr zu erwarten ist, als sie bei einer der Flächenwidmung entsprechenden Nutzung typischerweise entsteht, kann der Nachbar einwenden, dass durch das Bauvorhaben relevante Beeinträchtigungen durch Immissionen iS des § 134a Abs 1 lit e BO entstehen, die auf Emissionen zurückzuführen sind, die die in § 69 Abs 2 BO (jetzt: § 69 Abs 1 Z 2) umschriebene Grenze überschreiten. Diesbezüglich kommt daher der Beschwerdeführerin als Nachbarin ein Mitspracherecht gem § 134a Abs 1 lit e BO zu (VwGH 27.4.2004, 2002/05/1508).

33a) Im Gesetz (der WBO) ist ein allgemeines subjektiv-öffentliches Nachbarrecht auf Wahrung des Licht- und Sonneneinfalles nicht vorgesehen; dem Nachbarn steht grundsätzlich nur ein Recht darauf zu, dass der Abstand zu seinem Grundstück eingehalten wird. Im Übrigen hat jeder Grundeigentümer, soweit nicht zivilrechtliche Ansprüche bestehen, auf seinem Grundstück für eine ausreichende Belüftung und Belichtung seiner Bauten Sorge zu tragen (*Geuder/Hauer*, aaO, S 831).

33b) Die Beschwerdeführer verweisen auf den klaren Wortlaut des § 84 Abs 2 Wr BO, wonach Erker nur auf einer Breite von höchstens einem Drittel der betreffenden Gebäudefront zulässig seien, sofern die Ausladung aller dieser Bauteile höchstens 1,5 m betrage. Tatsächlich überschreite der Erker des Objektes Starkenburggasse mit 4,175 m das zulässige Drittelmaß von 3,762 um rund 11%.

Die belangte Behörde sieht diese Überschreitung als zulässig an, weil gem § 83 Abs 2 lit f 2. Satz Wr BO (richtig wohl: § 84 Abs 2 lit a zweiter Halbsatz Wr BO) die sich für Erker daraus ergebende Kubatur an einer Gebäudefront unter Einhaltung der Ausladung und des Abstandes von Nachbargrenzen frei angeordnet werden kann.

Der Auslegung der belangten Behörde ist der Vorzug zu geben. Nach dem ersten Halbsatz dieser Bestimmung ist bei Erkern, Balkonen und Stiegenhausvorbauten die Überschreitung der Baufluchtlinie durch die Breite, Tiefe (Ausladung) und den Abstand beschränkt; nur für Erker gilt der zweite Halbsatz, der die Fixpunkte Ausladung und Abstand wiederholt, aber eine „freie" Anordnung erlaubt. Jeweils unter Einhaltung des Abstandes kann bei geringerer Tiefe die Drittelbreite überschritten werden, wenn dadurch die höchstzulässige Kubatur eingehalten wird. Durch Unterschreiten der Maximalbreite darf hingegen die Ausladung nicht erhöht werden. Nur so wird die gesetzliche Möglichkeit der „freien Anordnung" mit Inhalt erfüllt; für ein bloß seitliches Verschieben der Drittelbreite bedürfte es der Anordnung in § 84 Abs 2 lit a zweiter Halbsatz Wr BO nicht (VwGH 7.9.2004, 2001/05/1074).

34a) Zur Frage, inwieweit die Beschwerdeführerin mit ihren Einwendungen im Berufungsverfahren der Präklusion unterliegt, ist zu bemerken, dass dem Nachbarn im Rahmen einer Projektänderung während eines Baubewilligungsverfahrens, sofern dadurch Nachbarrechte berührt werden, neuerlich die Möglichkeit offen steht, diese Änderung betreffende Einwendungen zu erheben. Hingegen ermöglicht eine Projektänderung neue Einwendungen nicht in Bereichen, in denen das bisherige Projekt nicht geändert worden ist (vgl die bei *Hauer/Leukauf*, Handbuch des österreichischen Verwaltungsverfahrens[6], S 455 unter 35f und 35g zitierte hg Rechtsprechung).

34b) Da § 79 Abs 3 Wr BO nur das Heranrücken an die Nachbargrenzen mit Gebäuden betrifft, geht das Vorbringen, daß auch die Swimmingpoolüberdachung und die Terrasse in die diesbezügliche Berechnung hätten einbezogen werden müssen, ins Leere.

34c) Nach der Rechtsauffassung ist bei der Berechnung der Fläche, mit der in die Abstandsfläche mit Gebäuden hineingerückt werden darf. auch der Altbestand auch dann zu berücksichtigen, wenn er sich in einem Bereich befindet, der gerade nicht mehr an die Liegenschaft des betroffenen Nachbarn angrenzt (VwGH 7.9.2004, 2003/05/0229).

35) Es bleibt aber zu prüfen, ob die gesetzlichen Voraussetzungen für die Ausnahmebewilligung hinsichtlich der Überschreitung der Firsthöhe vorgelegen sind. In diesem Zusammenhang ist allerdings darauf hinzuweisen, dass die subjektiv-öffentlichen Nachbarrechte nur in dem Ausmaß der Überschreitung der zulässigen Bebauungsbestimmungen nach der BO und dem Flächenwidmungs- und Bebauungsplan verletzt sein können. Nach den besonderen Bebauungsbestimmungen des nunmehr gültigen Plandokumentes 7267 ist eine Firsthöhe bis zu 4,5 m über der tatsächlich ausgeführten Gebäudehöhe zulässig. Für die Beurteilung der zulässigen Firsthöhe ist somit nicht die höchstzulässige Gebäudehöhe heranzuziehen. Die subjektiv-öffentlichen Nachbarrechte der Beschwerdeführer können daher nur durch die Überschreitung der zulässigen Firsthöhe im Ausmaß von 0,86 m verletzt werden.

…

Die Firstüberhöhung ergibt sich durch die Aufsteilung des Daches auf 45°. Nach dem Gutachten der Magistratsabteilung 19 wird diese Dachneigung bei der Mehrzahl der Dachadaptierungen in Wien angewandt und ist somit als üblich zu bezeichnen. Der Verwaltungsgerichtshof vermag beim vorliegenden Bauvorhaben ein Unterlaufen der Zielrichtung des Flächenwidmungs- und Bebauungsplanes daher insgesamt nicht zu erkennen (VwGH 12.10.2004, 2003/05/0019).

36a) Nachbarn haben lediglich das Recht, dass eine zu ihren Gunsten entschiedene Bausache nicht neuerlich aufgerollt wird, sie besitzen jedoch kein Recht darauf, dass Abweichungen von einem rechtskräftig bewilligten Bauvorhaben überhaupt nicht bewilligt werden dürfen (vgl das hg Erkenntnis vom 18. Juni 1991, Zl 91/05/0025). Außerdem steht es dem Bauwerber frei, für denselben Bauplatz mehrere Projekte einzureichen (vgl das hg Erkenntnis vom 19. Dezember 1995, Zl 95/05/0221). Auch bei der Erteilung einer nachträglichen Baubewilligung handelt es sich um eine Projektbewilligung, der nicht der Sachverhalt an Ort und Stelle, sondern jener Sachverhalt, der in den Bauplänen und der Baubeschreibung und im Antrag des Bewilligungswerbers enthalten ist, zu Grunde zu legen ist (vgl zB die hg Erkenntnisse vom 1. Juli 1986, Zl 82/05/0015, und Zl 82/05/0017).

36b) Infolge des § 1 Abs 2 WGG ist § 4 Abs 4 WGG gegenüber § 82 BO insofern eine lex specialis, als Beschränkungen der dort festgelegten zulässigen Gebäudefläche durch den Bebauungsplan gem § 5 Abs 4 lit d BO bei Kleinanlagen zum Einstellen für Kraftfahrzeuge nicht zum Tragen kommen, weil § 4 Abs 4 WGG ausdrücklich normiert, bis zu welcher Fläche Kleinanlagen im Seitenabstand zulässig sind, und der Bebauungsplan über Garagen nichts Besonderes bestimmt. Der belangten Behörde kann daher nicht mit Erfolg entgegengetreten werden, wenn sie davon ausging, dass eine Überschreitung der im Flächenwidmungs- und Bebauungsplan festgelegten maximalen Fläche von Nebengebäuden durch eine Kleingarage bis zu einer bebauten Fläche von 50 m^2 zulässig ist (vgl aber jetzt § 4 Abs 3 und 5 WGG).

36c) Die Liegenschaft der Beschwerdeführer befindet sich östlich der zu bebauenden Liegenschaft. Der Nachbar hat auf die Einhaltung der zulässigen Gebäudehöhe nur in Bezug auf die ihm zugewandten Seiten der Außenflächen des Gebäudes einen Rechtsanspruch (vgl zB die hg Erkenntnisse vom 13. April 1993, Zl 92/05/0327, und vom 4. September 2001, Zl 2001/05/0154). Einwendungen zu den anderen Gebäudefronten können die Beschwerdeführer daher nicht zielführend vorbringen. Der Umstand, dass die „Fassadenabwicklung" eine rechnerische Einheit darstellt, ändert daran nichts, weil jeder Nachbar nur eine Verletzung der ihm zukommenden subjektiv-öffentlichen Rechte geltend machen kann, wovon bei einer von seinem Grundstück abgekehrten Front nicht die Rede sein kann (vgl zB das hg Erkenntnis vom 20. Juni 1995, Zl 94/05/0172). Sind an der der Liegenschaft des Nachbarn zugewandten Front die gesetzlichen und die sich aus dem Bebauungsplan ergebenden Anordnungen über die Gebäudehöhe eingehalten, kann er daher in dem in § 134a Abs 1 lit b BO genannten Recht nicht verletzt sein.

36d) Nach § 81 Abs 2 BO darf ab 3 m von der Grundgrenze die zulässige Gebäudehöhe um bis zu 3 m überschritten werden. Die zulässige Gebäudehöhe beträgt im vorliegenden Fall 6,5 m. Der belangten Behörde kann nicht mit Erfolg entgegengetreten werden, wenn sie ausführt, dass eine Höhe von 9,5 m, auch gemessen vom tiefsten Punkt des vorgefundenen bestehenden Geländes, an der den Beschwerdeführern zugewandten Front nicht überschritten wird. Dass das Gebäude an irgendeiner Stelle eine Gebäudehöhe von über 9,5 m aufweist, behaupten auch die Beschwerdeführer nicht. Nach ihren eigenen Angaben in ihrer Stellungnahme vom 6. Juni 2003 beträgt die Gebäudehöhe an der ihnen zugewandten Ostfront 7,99 m. Somit liegt eine Verletzung der subjektiv-öffentlichen Nachbarrechte hinsichtlich der Gebäudehöhe nicht vor (vgl auch das hg Erkenntnis vom 15. Oktober 1996, Zl 94/05/0174).

36e) Gem § 60 Abs 1 lit g BO ist die Veränderung der Höhenlage einer Grundfläche bewilligungspflichtig, soweit sie von Einfluss auf bestehende bauliche Anlagen auf eigenen oder benachbarten Grundflächen oder deren widmungsgemäße Verwendung ist. Hingegen normiert der Gesetzgeber nicht, unter welchen Voraussetzungen die Bewilligung zu erteilen ist. Dem angefochtenen Bescheid ist zu entnehmen, dass das vorgefundene bestehende Niveau der Liegenschaft im westlichen Teil gegenüber den Verkehrsflächen um bis zu 2 m tiefer lag, sodass sich die Aufschüttungen insbesondere aus der Notwendigkeit ergaben, das Gelände an die die Liegenschaft umgebenden Straßen durch teilweises Auffüllen der Eintiefungen anzupassen. Aus dem Einreichplan kann auch nicht nachvollzogen werden, daß durch die Geländeveränderungen eine solche (faktische) Erhöhung der Baulichkeit eintreten würde, dass die bisher mögliche Bebau- und Ausnützbarkeit der Liegenschaft der Beschwerdeführer dadurch maßgeblich vermindert und eingeschränkt würde. Zutreffend ging daher die belangte Behörde davon aus, dass durch die

Anpassung der Höhenlage des Geländes an die Höhenlage der öffentlichen Verkehrsflächen weder bestehende bauliche Anlagen auf der Liegenschaft der Beschwerdeführer noch die widmungsgemäße Verwendung der Liegenschaft der Beschwerdeführer beeinträchtigt wird. Die Änderung der Höhenlage ist daher im Sinne des § 60 Abs 1 lit g BO zulässig (vgl die hg Erkenntnisse vom 27. Februar 2002, Zl 2001/05/1067, und vom 16. Dezember 2003, Zl 2002/05/1466) (VwGH 9.11.2004, 2003/05/0143).

37a) Hervorzuheben ist zunächst, dass die Bekanntgabe der Bebauungsbestimmungen für alle während des Gültigkeitszeitraumes eingebrachten Ansuchen gilt. Dieses Rechtsinstitut bietet während der Gültigkeitsdauer der Bekanntgabe einen Rechtsanspruch auf Erteilung der Bewilligung im Rahmen der bekannt gegebenen Bebauungsbestimmungen, mag sich auch der Bebauungsplan geändert haben (siehe den Nachweis bei *Geuder/Hauer*, Wiener Bauvorschriften[4], 248).

37b) Schließlich macht der Beschwerdeführer geltend, dass durch geplante Terrassen auf Flächen, die nach den Bebauungsbestimmungen gärtnerisch auszugestalten seien, der Bestimmung des § 79 Abs. 6 BO widersprochen werde. Die Gestaltung dieses Bereiches mit Betongittersteinen bzw. Rasensteinen änderte nichts an der Tatsache, dass diese Bereiche schon von ihrem Zweck her gar nicht als gärtnerische Ausgestaltung angelegt seien.

Der Verwaltungsgerichtshof hat in seinem Erkenntnis vom 25. Juni 1991 Zl 87/05/0197, als wesentlich für die Zulässigkeit von Einbauten hervorgehoben, dass die Vereinbarkeit mit dem vom Gesetzgeber angestrebten Ziel der gärtnerischen Ausgestaltung gegeben sei. Er sah in jenem Fall eine so genannte „Ebenseer-Böschungsbefestigung" durch Betongittersteine als die gärtnerische Ausgestaltung nicht beeinträchtigend an, weil sie nach dem entsprechenden Anwachsen von Pflanzen für eine Begrünung sorge. Dem folgte der Verwaltungsgerichtshof ein seinem Erkenntnis vom 30. Mai 1995, Zl 93/05/0125, bezüglich einer mit Rasensteinen ausgelegten Fläche zur Schaffung eines Stellplatzes (ebenso hg Erkenntnis vom 26. März 1996, Zl 94/05/0184; zuletzt vom 3. Juni 2001, Zl 2000/05/0019). Auch im vorliegenden Fall ist somit kein Widerspruch zu § 79 Abs 6 BO gegeben (VwGH 20.9.2005, 2004/05/0131).

38) In ständiger Rechtsprechung hat der Verwaltungsgerichtshof ausgeführt, dass der Nachbar auf Einhaltung der zulässigen Gebäudehöhe nur in Bezug auf die ihm zugewandten Seiten der Außenflächen des Gebäudes einen Rechtsanspruch hat (vgl zB die hg Erkenntnisse vom 9. November 2004, Zl 2003/05/0143, mwN). Die Beschwerdeführerin kann daher Einwendungen zu den anderen Gebäudefronten nicht zielführend vorbringen. Der Umstand, dass die „Fassadenabwicklung" eine rechnerische Einheit darstellt, ändert daran nichts, weil jeder Nachbar nur eine Verletzung der ihm zukommenden subjektiv-öffentlichen Rechte geltend machen kann, wovon bei einer von seinem Grundstück abgekehrten Front nicht die Rede sein kann. Sind an der der Liegenschaft des Nachbarn zugewandten Front die gesetzlichen und die sich aus dem Bebauungsplan ergebenden Anordnungen über die Gebäudehöhe eingehalten, kann er daher in dem in § 134a Abs 1 lit b BauO für Wien genannten Recht nicht verletzt sein (VwGH 20.12.2005, 2005/05/0129).

39a) Bei der Beurteilung der Frage, welche Bauteile als „unterirdisch" im Sinne des § 80 Abs 1 letzter Satz BauO für Wien anzusehen sind, kommt es grundsätzlich auf die Wahrnehmbarkeit an, wobei untergeordnete Bauteile außer Betracht bleiben (vgl *Geuder/Hauer*, Wiener Bauvorschriften[5], 598, wo diesbezüglich als Beispiel Lüftungsöffnungen angeführt sind). Dazu kommt, dass es gem § 84 Abs 3, 2. Satz BauO für Wien der Beurteilung einer Baulichkeit als unterirdisches Gebäude oder unterirdischer Gebäudeteil nicht entgegensteht, wenn den oberen Abschluß eine andere nach den Bestimmungen dieses Gesetzes zulässige bauliche Anlage (Terrasse, Stützmauer, Weg ua) bildet. Im hg Erkenntnis vom 15. September 1992, Zl 89/05/0027, wurde, ausgehend vom dort zu beurteilenden Sachverhalt, auf die Sichtbarkeit abgestellt. Im hg Erkenntnis vom 24. April 1990, Zl 89/05/0044, betreffend eine Tiefgarage, sprach sich der Verwaltungsgerichtshof trotz des Umstandes, dass Lüftungsöffnungen und Bauwerksteile, wie etwa eine Lärmschutzwand, oberirdisch zu liegen kamen, nicht gegen die Annahme eines unterirdischen Gebäudes aus, zumal es auf raumbildende bauliche Maßnahmen ankäme. Insbesondere stand die Verwendung der Garagendecke für die Schaffung von Einstellplätzen der Beurteilung der Garage als unterirdisches Bauwerk nicht entgegen; nichts anderes kann hier gelten, wenn die Garagenoberdecke zum Teil als Terrasse Verwendung findet.

39b) Punkt 3.4. des Bebauungsplanes, Plandokument 6665, wonach innerhalb der gärtnerisch auszugestaltenden Flächen unterirdische Bauten oder Bauteile nur in einem Ausmaß von 20 vH des Bauplatzes errichtet werden dürfen, schafft kein subjektiv-öffentliches Recht der Nachbarn, weil § 134a Abs 1 lit. c BauO für Wien nur oberirdische Bauten erfasst, wie sich aus dem Zusammenhang zwischen § 76 Abs 10 BauO für Wien und § 80 Abs 1 letzter Satz BauO für Wien eindeutig ergibt (vgl das hg Erkenntnis vom 21. November 2000, 2000/05/0185, BauSlg 247). Zu verweisen ist auch auf § 134a Abs 1 lit a BauO für Wien, wonach durch unterirdische Bauführungen nicht einmal eine Verletzung von Abstandsbestimmungen eintreten kann (VwGH 20.12.2005, 2003/05/0124).

40) Im konkreten Fall beabsichtigt die mitbeteiligte Partei einen Teil der Terrasse ihrer Wohnung durch Errichtung eines Zubaus in einer Glas-Stahlkonstruktion zu schließen und den entstehenden Raum in ihren Wohnungsverband einzubeziehen. Die belangte Behörde ging hiebei – ohne näher darauf einzugehen – vom Vorliegen einer außerordentlichen Verwaltungsmaßnahme im Sinne des § 29 WEG aus und bejahte das Vorliegen einer Zustimmung „aller"

Wohnungseigentümer mit der Begründung, es liege ein von den Überstimmten nicht angefochtener Mehrheitsbeschluss im Sinne des § 29 WEG vor.

Dabei verkennt die belangte Behörde aber, dass im gegebenen Fall (anders als in jenem des hg Erkenntnisses vom 24. März 1998) nicht vom Vorliegen einer Maßnahme der außerordentlichen Verwaltung ausgegangen werden kann.

Eine solche Verfügungsmaßnahme bedarf – da sie eine Beeinträchtigung der äußeren Erscheinung des Hauses zur Folge haben kann (vgl den dem zitierten Beschluss des OGH vom 25. Jänner 2005 zu Grunde liegenden Fall) – der Zustimmung aller übrigen Wohnungseigentümer oder der Ersetzung der Zustimmung im Außerstreitverfahren (vgl *Würth/Zingher/Kovanyi*, Miet- und Wohnrecht[21], Rz 8 zu § 16 WEG; *Vonkilch* in Hausmann/Vonkilch, Österreichisches Wohnrecht, Rz 58 zu § 16 WEG). Die Zustimmung des einzelnen Wohnungseigentümers kann nicht durch eine Beschlußfassung der Wohnungseigentümergemeinschaft ersetzt werden (siehe abermals den Beschluss des OGH vom 25. Jänner 2005).

Im vorliegenden Fall kam aber – da die Wohnungseigentümer davon ausgingen, es liege eine Maßnahme der außerordentlichen Verwaltung vor – bloß ein Mehrheitsbeschluß nach § 29 WEG zu Stande. …

Da, wie oben ausgeführt, auch Verfügungen nach § 16 Abs. 2 WEG der Zustimmung aller Miteigentümer (bzw der Erteilung der Zustimmung durch den Außerstreitrichter) bedürfen und eine Supplierung dieses Erfordernisses durch einen unbekämpft gebliebenen Mehrheitsbeschluss wegen dessen Unwirksamkeit nicht in Betracht kommt, kann, anders als in den Fällen der ordentlichen oder der außerordentlichen Verwaltung, ein solcher unbekämpfter Mehrheitsbeschluß die Anforderung des § 63 Abs 1 lit c BO, wonach dem Bauansuchen alle Miteigentümer zustimmen müssen (oder einen gem § 52 Abs. 1 Z. 2 WEG ergangenen Gerichtsbeschluß vorlegen müssen), nicht erfüllen (VwGH 19.9.2006, 2004/05/0196).

41) In seinem Erkenntnis vom 27. April 2004, Zl 2002/05/1508, hat der Verwaltungsgerichtshof zunächst darauf hingewiesen, dass sich aus der taxativen Aufzählung im § 134a BO ein Recht auf Einhaltung der einzelnen Widmungskategorien des Flächenwidmungsplanes nicht ableiten lässt; die Unzulässigkeit des Vorhabens auf Grund des Flächenwidmungsplanes könnte nur dann eingewendet werden, wenn die Widmung einen Immissionsschutz gewährleistet. Gewährleistet die Widmung keinen Immissionsschutz und erfolgt die Bauführung auf Grund einer Ausnahmebewilligung gem § 69 BO, die gem § 69 Abs 2 BO ua nur erteilt werden darf, wenn an Emissionen nicht mehr zu erwarten ist, als sie bei einer der Flächenwidmung entsprechenden Nutzung typischerweise entsteht, kann der Nachbar einwenden, dass durch das Bauvorhaben relevante Beeinträchtigungen durch Immissionen im Sinne des § 134a Abs 1 lit e BO entstehen, die auf Emissionen zurückzuführen seien, die die im § 69 Abs 2 BO (jetzt: § 69 Abs 1 Z 2 WBO) umschriebene Grenze überschreiten.

Der Beschwerdefall ist insofern vergleichbar, als hier zwar keine Abweichung von den Bebauungsbestimmungen im Sinne des § 69 BO erlaubt wurde, sondern eine Bewilligung nach § 71 BO erteilt wurde; sowohl im § 69 BO als auch im § 71 BO geht es ja darum, dass ein Vorhaben Bestimmungen dieses Gesetzes „nicht voll entspricht".

Es erscheint daher angebracht, jene Erwägungen, die der Verwaltungsgerichtshof im zitierten Erkenntnis vom 27. April 2004 angestellt hat, auch im Fall einer auf § 71 BO gestützten Baubewilligung anzuwenden. In jenem Fall hatte sich der Nachbar in seinem Recht darauf verletzt erachtet, dass im Grünland-Schutzgebiet-Parkgebiet (eine Widmung, die gleichfalls keinen Immissionsschutz enthält) keine Bauten errichtet werden, welche Immissionen im Sinne des § 134a BO verursachen. Unter Hinweis auf § 69 Abs 2 BO bejahte der Verwaltungsgerichtshof eine solche Rechtsverletzungsmöglichkeit. Der erste Satz dieser Bestimmung lautet:

„(2) Durch Abweichungen nach Abs. 1 darf die Bebaubarkeit der Nachbargrundflächen ohne nachgewiesene Zustimmung des betroffenen Nachbarn nicht vermindert werden; an Emissionen darf nicht mehr zu erwarten sein, als bei einer der Flächenwidmung entsprechenden Nutzung typischerweise entsteht."

Es ist im Beschwerdefall nicht zu erörtern, ob hier nicht auch eine Ausnahme nach § 69 Abs. 1 lit h in Betracht gekommen wäre, weil ausdrücklich eine Bewilligung nach § 71 BO beantragt worden war, die ja die Anwendbarkeit des § 69 BO ausschließt (hg Erkenntnis vom 13. Dezember 1988, Zl 88/05/0187). § 69 Abs 2 BO verbietet die Ausnahmebewilligung, wenn nutzungskonforme Emissionen überschritten werden; § 71 BO verbietet eine solche Bewilligung, wenn „durch das Gesetz gegebene" subjektiv-öffentliche Rechte entgegenstehen. Die zuletzt genannten Formulierung ist somit viel umfassender; jedenfalls ist auch der im Gesetz grundsätzlich, wenn auch nicht immer gewährte Immissionsschutz eingeschlossen. Deshalb muss auch bei einer Bewilligung nach § 71 BO der Nachbar einwenden können, dass durch das Bauvorhaben Beeinträchtigungen durch Immissionen im Sinne des § 134a Abs 1 lit e BO entstehen, und damit die Widmungskonformität wegen nicht nutzungskonformer Emissionen in Zweifel ziehen können.

Die diesbezügliche Einwendung (der Errichtung eines Nebengebäudes im Wald- und Wiesengürtel) war somit zulässig und schaffte dem Mitbeteiligten die Parteistellung, die ihn zur Berufungserhebung ermächtigte (VwGH 19.9.2006, 2004/05/0267).

42a) Ausgehend von der im § 60 Abs 1 lit a Bauordnung für Wien enthaltenen Definition, wonach ein Raum vorliegt, wenn eine Fläche zumindest zur Hälfte ihres Umfanges von Wänden umschlossen und von einer Deckfläche abgeschlossen ist, hat der Verwaltungsgerichtshof in seinem Erkenntnis vom 16. Dezember 2003, Zl 2002/05/1466, festgehalten, dass Stiegenhäuser und Aufzugstriebwerksräume raumbildende Gebäudeteile sind und § 81 Abs. 6 Bauordnung für Wien eine Überschreitung des nach Abs 1 und 5 ermittelten zulässigen Gebäudeumrisses durch Aufzugstriebswerksräume und durch Stiegenhäuser – ebenso wie durch Dachgauben – nur insoweit ermöglicht, als es sich um raumbildende Dachaufbauten handelt, nicht jedoch durch jene fassadenbildende Teile der Stiegenhäuser bzw Aufzugstriebswerksräume, die unterhalb des für die Gebäudehöhe maßgeblichen Abschlußes der Gebäudefront liegen. Solche Aufzugstriebwerksräume und Stiegenhäuser können auch nicht als vorspringende Gebäudeteile wie Gesimse, Erker und dgl im Sinne des § 81 Abs 1 Bauordnung für Wien gewertet werden, weil diese Gesetzesstelle ausdrücklich eine Sonderregelung für die „raumbildenden Dachaufbauten gemäß Abs. 6" vorsieht. Aufzugstriebwerksräume und Stiegenhäuser im unbedingt notwendigen Ausmaß dürfen daher nur mit dem als raumbildenden Dachaufbau zu wertenden Teil der Berechnung des Gebäudeumrisses nach Abs 2 des § 81 Bauordnung für Wien außer Betracht bleiben.

42b) Der Verwaltungsgerichtshof vermag daher den Ausführungen der belangten Behörde nicht zu folgen, wonach eine Veränderung der konsentierten Gebäudehöhe sowohl durch die Lifterrichtung als auch durch den hier vorgesehenen Dachgeschoßausbau des Bauvorhabens nicht stattfinde. In dem von der belangten Behörde zitierten hg Erkenntnis vom 21. Juli 2005, Zl 2004/05/0031, wird die hier maßgebliche Rechtsfrage nicht erörtert. Im Falle eines Zubaues ist von den Bestimmungen des Bebauungsplanes auszugehen. Selbst wenn der Altbestand in der im Einreichplan dargestellten Form konsentiert ist, ist auf Grund des geplanten Zubaus, der auf die nach § 81 Abs 2 Bauordnung für Wien zu ermittelte Gebäudehöhe Einfluss nimmt, die Gebäudehöhe jedenfalls nach dieser Bestimmung zu berechnen und sind dieser Berechnung die Anordnung des Bebauungsplanes bzw die für das Baubewilligungsverfahren maßgeblichen, bekannt gegebenen Bebauungsbestimmungen zu Grunde zu legen.

42c) Hinzuweisen ist darauf, dass die subjektiv-öffentlichen Nachbarrechte im § 134a Bauordnung für Wien erschöpfend aufgezählt sind. Die dort genannten Nachbarrechte werden durch die Tatbestandsvoraussetzung „sofern sie ihrem" (gemeint: der Nachbarn) „Schutze dienen" eingeschränkt. Dies bedeutet, dass trotz objektiven Verstoßes gegen eine unter § 134a Bauordnung für Wien subsumierbare baurechtliche Vorschrift auch die Verletzung eines subjektiv-öffentlichen Rechtes eines Nachbarn dann nicht zu erkennen ist, wenn nach der Situierung des bewilligten Bauvorhabens schon der Lage nach in subjektive Rechte des Nachbarn nicht eingegriffen werden kann. Bezüglich des im Beschwerdefall geltend gemachten, aus § 134a Abs 1 lit b leg cit resultierenden

Rechtes des Nachbarn auf Einhaltung von Bestimmungen über die Gebäudehöhe kommt es daher darauf an, ob solche Bestimmungen seinem Schutz dienen (vgl hiezu das hg Erkenntnis vom 27. April 2004, Zl 2002/05/1507). Jedenfalls hat aber der Verwaltungsgerichtshof eine im Bebauungsplan getroffene Festlegung der zulässigen Höhe des Dachfirstes als Bestimmung über die Gebäudehöhe angesehen; der Nachbar kann daher im Hinblick auf derartige Bestimmungen subjektiv-öffentlichen Rechte im Sinne des § 134a Abs 1 lit b Bauordnung für Wien geltend machen (vgl hiezu das hg Erkenntnis vom 21. Juli 2005, Zl 2004/05/0031, mwN) (VwGH 29.4.2008, 2006/05/0274).

43) Stimmt das im Plan dargestellte Gelände nicht mit der Realität überein, so liegt ein nicht bewilligter Zustand vor. Das damit einhergehende Risiko eines baubewilligungslosen Zustandes geht zu Lasten des Bauwerbers. Die Berücksichtigung der faktischen Verhältnisse vor Ort ist bei der Erteilung der Baubewilligung daher nicht gefordert, weil sich die Baubewilligung allein auf das vorliegende Projekt und die dort eingezeichneten Geländehöhen bezieht (VwGH 16.12.2008, 2007/05/0155).

44) Werden zwei (formell eigenständige) Bauverfahren nacheinander abgeführt, gelten Einwendungen, die in früheren Verfahren erhoben wurden, nicht allein deshalb auch schon als in späteren Verfahren erhoben. Vielmehr bedarf es neuerlicher Einwendungen oder zumindest eines ausreichend klaren Vorbringens, dass die früheren Einwendungen aufrecht erhalten werden (vgl. dazu das hg. Erkenntnis vom 9. September 2008, Zl. 2008/06/0089) (VwGH 23.6.2010, 2008/06/0102).

45) Der Nachbar hat kein Recht darauf, dass die Planunterlagen und sonstigen Belege vollständig der Rechtslage entsprechend der Baubehörde vorgelegt wurden. Notwendig ist nur, dass die Planunterlagen ausreichen, dem Nachbarn jene Information zu vermitteln, die er zur Verfolgung seiner subjektiven-öffentlichen Nachbarrechte im Verwaltungsverfahren braucht (vgl. hiezu das hg. Erkenntnis vom 10. September 2008, Zl. 2006/05/0126) (VwGH 12.10.2010, 2009/05/0229, zu den Ktn Bauvorschriften).

46) Entgegen der Beschwerde kennt die BO keine Bestimmung, die dem Nachbarn ein subjektiv-öffentliches Recht dahingehend einräumt, dass ihm ein freier Ausblick gewährt würde oder durch die Anordnung von Fenstern der Blick aus gegenüberliegenden Objekten in Wohnobjekte des Nachbarn unmöglich ist (vgl das hg Erkenntnis vom 7. September 1993, Zl 93/05/0169 mwH). Von daher geht der Einwand fehl, dass durch den gegenständlichen Aus- bzw Zubau ein Einblick in bisher uneingesehene Wohnobjekte und Gartenbereiche des Beschwerdeführers ermöglicht würde (VwGH 21.12.2010, 2007/05/0041).

47a) Zutreffend ist in diesem Zusammenhang die Auffassung der belangten Behörde, dass die Funktion der Einfriedung, die eine solche über die Einfriedungsfunktion hinaus (vgl zur Einfriedungsfunktion zB das hg Erkenntnis vom 23. September 2010, Zl 2009/06/0112) erfüllt, nicht von Bedeutung ist. Ebenso wenig wie es etwas verschlägt, wenn die Einfriedung zugleich eine Stützmauer ist (vgl dazu *Moritz*, aaO, S 251), ändert es etwas an der ausschließlichen Maßgeblichkeit des § 86 BO und der Bestimmungen des Bebauungsplanes über Einfriedungen, wenn die Einfriedung auch die Funktion einer Lärmschutzvorrichtung hat.

47b) Ausgehend davon ist zunächst festzuhalten, dass die gegenständliche Garage unzweifelhaft zulässig ist. Eine Zufahrt zu dieser Garage ist daher ebenfalls im Sinne des § 79 Abs 6 BO grundsätzlich zulässig (vgl das hg Erkenntnis vom 16. April 1998, Zl 96/05/0142). Auf welcher Seite des Gebäudes die Zufahrt angeordnet wird, steht dabei dem Bauwerber frei, solange er nicht exzessiv in Nachbarrechte (zB durch eine unnotwendige Zweispurigkeit der Zufahrt) eingreift. Im vorliegenden Fall ist nicht davon auszugehen, dass eine solche technisch nicht erforderliche Ausgestaltung der Zufahrt erfolgt. Hinsichtlich der Lärmschutzwand ist darauf hinzuweisen, dass diese gerade auch dem Schutz der Nachbarn vor Immissionen dienen soll, und Immissionsschutz ist im Sinne des § 134a Abs 1 lit e BO grundsätzlich ein Schutzgut im Interesse der Nachbarn. Wenn auch hinsichtlich der Immissionen, die im Zusammenhang mit der Zufahrt zu Pflichtstellplätzen entstehen, wie oben dargestellt kein Mitspracherecht der Nachbarn besteht, so ist es doch im Zusammenhang mit § 79 Abs 6 BO von Relevanz, dass die Rampenwand auch einen Nachbarschutz bewirkt. Es bestehen daher auch unter Einbeziehung der Interessen der Nachbarn keine Bedenken, dass die belangte Behörde die Ausgestaltung der Rampe und der Seitenwände derselben im Lichte des § 79 Abs 6 BO für zulässig erachtet hat (VwGH 3.5.2011, 2009/05/0154).

48a) Mit dem Hinweis, es stehe nicht fest, ob das neu zu errichtende Gebäude ausschließlich Wohnzwecken diene, sind die Beschwerdeführer darauf zu verweisen, dass es sich bei einem Baubewilligungsverfahren um ein Projektgenehmigungsverfahren handelt, bei dem die Zulässigkeit des Bauvorhabens auf Grund der eingereichten Pläne zu beurteilen ist. Gegenstand des Verfahrens ist das in den Einreichplänen und sonstigen Unterlagen dargestellte Projekt. Die Behörde hat daher lediglich die Zulässigkeit des planmäßig belegten Vorhabens zu überprüfen (vgl etwa das hg Erkenntnis vom 16. November 2010, Zl 2009/05/0232, mwH).

48b) Entgegen der Beschwerde kennt die BO keine Bestimmung, nach welcher dem Nachbarn ein subjektiv-öffentliches Recht auf Gewährleistung einer bestimmten Belüftung für das eigene Gebäude zukommt. Nach der ständigen hg Rechtsprechung muss ua die gehörige Luftversorgung eines Baues von der eigenen Liegenschaft gesichert sein. Der Nachbar kann daher keinen Rechtsanspruch darauf erheben, dass durch eine Bauführung auf dem angrenzenden Bauplatz gegebene Luftverhältnisse nicht verschlechtert werden (vgl das hg Erkenntnis vom 12. Oktober 2007, Zl 2006/05/0147, mwH) (VwGH 6.9.2011, 2008/05/0142).

49) Zwar ist die Gewährleistung eines bestimmten Lichteinfalles grundsätzlich kein Nachbarrecht im Sinne des § 134a Abs 1 BO (vgl das hg Erkenntnis vom 20. Oktober 2009, Zl 2006/05/0170):

Bei jeder Bauführung muss dafür gesorgt werden, dass die Belichtung des Bauprojektes gegeben ist; einen Anspruch des Nachbarn gegen den Bauwerber, dass dieser die Belichtung auf der Nachbarliegenschaft sicherstellt, besteht, abgesehen von Abstands- und Höhenbestimmungen, nicht (vgl das hg Erkenntnis vom 18. Mai 1993, Zl 91/05/0029).

Liegt jedoch ein besonderer Fall wie hier vor, bei dem einerseits die geschlossene Bauweise für die Bauliegenschaft festgelegt ist und andererseits rechtmäßige Fenster in der Feuermauer des Nachbargebäudes an der Grundgrenze bestehen, ist im Baubewilligungsverfahren darauf zu achten, dass die Bestimmungen über die geschlossene Bauweise im Hinblick auf das Nachbarrecht gem § 134a Abs 1 lit a BO so ausgelegt werden, dass für den Nachbarn der gesetzlich vorgesehene Lichteinfall jedenfalls gewahrt bleibt. Dies ist im gegebenen Fall nach dem geltenden Bebauungsplan möglich und unstrittig erfüllt (VwGH 6.9.2011, 2009/05/0245).

50) Die belangte Behörde ist zutreffend davon ausgegangen, dass dann, wenn sich ein einheitliches Vorhaben auf Flächen mit verschiedenen Widmungen erstreckt, dieses einheitlich nach Maßgabe der die Nachbarn weniger belastenden Widmung zu beurteilen ist, was die Immissionen betrifft (vgl zB das hg Erkenntnis vom 28. Juni 2005, Zl 2003/05/0091, mwN) (VwGH 31.1.2012, 2009/05/0114).

51a) Im § 134a BO sind die subjektiv-öffentlichen Nachbarrechte taxativ aufgezählt. Die hier genannten Nachbarrechte werden durch die Tatbestandsvoraussetzung „sofern sie ihrem" (gemeint: der Nachbarn) „Schutze dienen" eingeschränkt. Dies bedeutet, dass trotz objektiven Verstoßes gegen eine unter § 134a BO subsumierbare baurechtliche Vorschrift die Verletzung eines subjektiv-öffentlichen Rechtes eines Nachbarn dann nicht vorliegt, wenn nach der Situierung des bewilligten Bauvorhabens schon der Lage nach in subjektive Rechte des Nachbarn nicht eingegriffen werden kann (vgl etwa für viele die hg Erkenntnisse vom 25. September 2012, Zl 2010/05/0142, und vom 30. April 2013, Zl 2010/05/0137).

51b) Im Hinblick auf die im § 134a Abs 1 BO normierte Regelung, dass Nachbarrechte nur insoweit begründet werden, sofern sie dem Schutze des (Mit) Eigentümers benachbarter Liegenschaften dienen, kann die Beschwerdeführerin eine Beeinträchtigung seines durch § 134a Abs 1 lit b BO gewährten Nachbarrechtes betreffend die Gebäudehöhe nur bezüglich deren Einhaltung an der ihrer Liegenschaft zugekehrten Fronten geltend machen. Durch die bloße

Möglichkeit der Einsichtnahme auf eine Front von der Nachbarliegenschaft aus wird diese nicht zu einer der Nachbarliegenschaft zugekehrten Front (vgl hiezu die hg Erkenntnisse vom 27. Mai 2009, Zl 2007/05/0278, und vom 25. September 2012, Zl 2011/05/0107, mwH). (VwGH 23.7.2013, 2012/05/0191).

52a) Es stellt sich die Frage, ob die Immissionen, die vom Verbindungsweg zwischen der öffentlichen Verkehrsfläche und dem verfahrensgegenständlichen Parkplatz u.a. auf dem Privatgrundstück des Beschwerdeführers ausgehen, als Teil des Parkplatzes gelten und somit zu berücksichtigen sind oder nicht. Zu einer solchen Problematik führte der Verwaltungsgerichtshof mit Erkenntnis vom 29. April 1997, Zl 96/05/0042 (ergangen zur Wiener Bauordnung), aus, die Zu- und Abfahrt sei mit der Benützung des Stellplatzes untrennbar verbunden. Auf dieser Grundlage sind im vorliegenden Fall – wie vom Beschwerdeführer während des Verwaltungsverfahrens wiederholt vorgebracht – bei der Beurteilung der Auswirkungen des Parkplatzes auch jene Lärmimmissionen, die von der Zu- und Abfahrt zwischen dem Parkplatz und der öffentlichen Verkehrsfläche herrühren, zu berücksichtigen.

52b) Wenn die belangte Behörde dazu ausführt, der Beschwerdeführer sei den Sachverständigengutachten nicht auf gleicher fachlicher Ebene begegnet, ist ihr entgegenzuhalten, dass Einwendungen gegen die Vollständigkeit des Gutachtens auch dann Gewicht haben können, wenn sie nicht auf gleicher fachlicher Ebene angesiedelt sind, also auch ohne Gegengutachten (vgl dazu die bei *Hengstschläger/Leeb*, Allgemeines Verwaltungsverfahrensgesetz, Rz 64 zu § 52 zitierte hg Judikatur) (VwGH 27.8.2013, 2012/06/0148, zur Ktn BO).

53) Hinsichtlich der widmungsgemäßen Verwendung des Baugrundstückes steht dem Nachbarn ein Mitspracherecht zu. Dabei kommt es nicht darauf an, ob die Widmung einen Immissionsschutz einräumt; der Nachbar hat jedenfalls ein subjektives Recht auf Einhaltung der Flächenwidmung (vgl aus der ständigen hg Judikatur etwa das Erkenntnis vom 16. März 2012, Zl 2009/05/0163, mwN) (VwGH 24.4. 2014, 2012/06/0220, zur KBO).

Anmerkung: Diese Bestimmung ist für Wien iZm den nach § 134a eingeräumten subjektiv-öffentlichen Nachbarrechten zu sehen. Die Gewährleistung von Bestimmungen des Flächenwidmungsplanes wird nicht erwähnt. Gegen diese Regelung bestehen daher verfassungsrechtliche Bedenken.

54a) Zur Rüge der Beschwerdeführer betreffend die Unvollständigkeit des eingereichten Bauplanes, weil dieser die natürlichen Gegebenheiten nicht richtig ausweise, ist auf die ständige Judikatur des Verwaltungsgerichtshofes zu verweisen, wonach der Nachbar kein Recht darauf hat, dass die Planunterlagen vollständig und der Rechtslage entsprechend der Baubehörde vorgelegt werden müssen. Sie müssen lediglich ausreichen, um dem Nachbarn die Möglichkeit zu geben, zu erkennen, inwieweit durch das Bauvorhaben in seine Rechte eingegriffen werden könnte (vgl etwa das Erkenntnis vom 23. April 1996, Zl 95/05/0098, mwN).

54b) Zum Beschwerdevorbringen, wonach die Bodenbeschaffenheit, Tragfähigkeit des Untergrundes und Statik des Nachbargrundstückes, welche durch bodennahe Arbeiten negativ beeinflusst werden könnten, subjektive Nachbarrechte darstellten, ist auszuführen, dass sich die diesbezüglichen Ausführungen der Beschwerdeführer (Grabungen an der Grundgrenze, Abgrabung des Geländes an der hinteren Grundgrenze) auf die Bauführung beziehen und Beeinträchtigungen während der Bauführung keine subjektiv-öffentlichen Nachbarrechte begründen (VwGH 24.2.2015, 2013/05/0054)

55a) Die in § 134a Abs 1 BO genannten Nachbarrechte werden durch die Tatbestandsvoraussetzung „sofern sie ihrem" (gemeint: der Nachbarn) „Schutze dienen" eingeschränkt. Dies bedeutet, dass trotz objektiven Verstoßes gegen eine unter § 134a BO subsumierbare baurechtliche Vorschrift die Verletzung eines subjektiv-öffentlichen Rechtes eines Nachbarn dann nicht zu erkennen ist, wenn nach der Situierung des bewilligten Bauvorhabens in das vom Nachbarn geltend gemachte subjektiv-öffentliche Recht nicht eingegriffen wird (vgl das hg Erkenntnis vom 27. April 2004, Zl 2002/05/1507).

55b) Soweit eine Ausnahmebewilligung von den Bauvorschriften gem § 69 BO erteilt wurde, kann der Nachbar in dieser Hinsicht in einem ihm allenfalls zustehenden Recht nicht mehr verletzt sein; es liegt allerdings dann eine Verletzung von Nachbarrechten vor, wenn die Ausnahme gewährt wird, ohne dass die gesetzlichen Voraussetzungen dafür gegeben sind (vgl das bereits Erkenntnis Zl 2013/05/0168).

Voraussetzung dafür ist, dass der Nachbar im Bauverfahren jenes subjektiv-öffentliche Nachbarrecht, das ihm vor der Gewährung einer Abweichung gem § 69 BO zugestanden ist, rechtzeitig und wirksam im erstinstanzlichen Verfahren geltend gemacht hat.

55c) Eine Abweichung von Bebauungsbestimmungen ist dann im Sinne des § 69 Abs 2 BO wesentlich, wenn ihr eine dem geltenden Flächenwidmungsplan und Bebauungsplan unterlaufende Tendenz innewohnt (vgl etwa das hg Erkenntnis vom 20. Mai 2003, VwSlgNr 16.086 A). In dem Fall aber, dass für ein Bauvorhaben eine rechtswirksame Bekanntgabe der Bebauungsbestimmungen im Sinne des § 11 BO maßgebend ist, ist für die Beurteilung einer allfälligen, den Flächenwidmungs- und Bebauungsplan unterlaufenden Tendenz jener Flächenwidmungs- und Bebauungsplan maßgeblich, der die Grundlage für die Bekanntgabe der Bebauungsbestimmungen gebildet hat (vgl etwa das hg Erkenntnis vom 27. Mai 2009, Zl 2007/05/0093) (VwGH 28.4.2015, 2012/05/0108–0109).

56) Wird für die Zufahrt zu Pflichtstellplätzen auch ein anderer Bauplatz, für welchen ebenfalls Pflichtstellplätze geschaffen werden, benötigt, so kann insoweit die Zufahrt zu Pflichtstellplätzen auf dem anderen Bauplatz nicht als eine die subjektiv-öffentlichen Rechte der Nachbarn ausschließende Immissionsbeeinträchtigung nach § 134a Abs 1 lit e zweiter Satz BO angesehen werden, weil damit die Immissionsbelastung der Nachbargrundstücke aus dem auch als Zufahrt benützten Bauplatz das im § 134a Abs 1 lit e zweiter Satz BO genannte Ausmaß übersteigt (vgl das hg Erkenntnis vom 20. April 2001, Zlen 99/05/0090, 0107 und 0101).

Da im Beschwerdefall die (gemeinsame) Zufahrt zu den geplanten Tiefgaragen über beide Bauplätze führt, war die behauptete Beeinträchtigung durch von der Zufahrt verursachte Lärmimmissionen zu überprüfen (VwGH 23.6.2015, 2012/05/0203).

57) In § 134a BO sind die subjektiv-öffentlichen Nachbarrechte grundsätzlich erschöpfend aufgezählt. Durch die Novelle LGBl Nr 24/2008, mit der mit § 92 Abs 2 BO und mit § 94 Abs 2 BO jeweils eine dem Schutz des Nachbarn in besonderer Weise dienende Bestimmung geschaffen wurde, wurden jene Regelungen der BO, die der Annahme eines diesbezüglichen Nachbarrechtes entgegenstehen (insbesondere § 134 Abs 3 BO) dahingehend geändert, dass nunmehr jedenfalls auch die §§ 92 Abs 2 und 94 Abs 2 BO subjektive öffentliche Rechte des Nachbarn beinhalten (vgl dazu das hg Erkenntnis vom 28. April 2015, Zlen 2012/05/0108 und 0109, mwN) (VwGH 23.6.2015, 2012/05/0197).

Anmerkung: Diese Rechtsprechung hat das Land Wien mit der BO-Nov LGBl 2018/69 in der Weiser außer Kraft gesetzt, als die Aufzählung der Nachbarrechte in § 134a wieder als taxativ erklärt wurde. Ob das mit der Entwicklung der Judikatur im Hinblick auf die Anerkennung von „civil rights" im österreichischen Baurecht vereinbar ist, wird die künftige Rechtsprechung zeigen. Andere als im § 134a aufgezählte Nachbarrechte müssen jetzt wieder im Zivilrecht geltend gemacht werden.

58) Dazu ist festzuhalten, dass es sich bei der Anordnung im Bebauungsplan, an den zu den Baulinien orientierten Schauseiten der Gebäude dürfen keine Staffelgeschoße errichtet werden, um eine Festlegung aus Gründen des Stadtbildes bzw aus schönheitlichen Rücksichten handelt (vgl die hg Erkenntnisse vom 27. April 2004, Zl 2002/05/1507, und vom 27. Februar 2013, Zl 2011/05/0021). Wie die belangte Behörde zutreffend ausgeführt hat, kommt den Nachbarn bei Fragen des Ortsbildes kein Mitspracherecht zu (vgl zum Ganzen das hg Erkenntnis vom 24. Juni 2009, Zl 2007/05/0018, mwN) (VwGH 29.9.2015, 2013/05/0171).

59a) Gem § 24 Abs 1 VwGVG hat das Verwaltungsgericht auf Antrag oder, wenn es dies für erforderlich hält, von Amts wegen eine öffentliche mündliche Verhandlung durchzuführen. Gem § 24 Abs 4 VwGVG kann eine mündliche Verhandlung ungeachtet eines Parteienantrages unterbleiben, wenn die Akten erkennen lassen, dass die mündliche Erörterung eine weitere Klärung der Rechtssache nicht erwarten lässt, und einem Entfall der Verhandlung weder Art 6 Abs 1 der Konvention zum Schutze der Menschenrechte und Grundfreiheiten (EMRK) noch Art 47 der Charta der Grundrechte der Europäischen Union (GRC) entgegenstehen. Eine Verhandlung vor dem Verwaltungsgericht ist daher durchzuführen, wenn es um „civil rights" oder „strafrechtliche Anklagen" im Sinn des Art 6 EMRK oder um die Möglichkeit der Verletzung einer Person eingeräumter Unionsrechte (Art 47 GRC) geht und eine inhaltliche Entscheidung in der Sache selbst getroffen wird. Nachbarrechte im Baubewilligungsverfahren stehen in so engem Zusammenhang mit Auswirkungen des Bauvorhabens auf das Nachbargrundstück und dessen Wert bzw. auf den ungestörten Genuss des Eigentums am Nachbargrundstück, dass sie als „civil rights" anzusehen sind (Urteil des Europäischen Gerichtshofes für Menschrechte - EGMR - vom 25. November 1994, Nr 12.884/87, *Ortenberg/Österreich*). Der EGMR legte in seinen Entscheidungen vom 10. Mai 2007, Nr 7401/04 (*Hofbauer/Österreich* Nr 2), und vom 3. Mai 2007, Nr 17.912/05 (*Bösch/Österreich*), unter Hinweis auf seine frühere Rechtsprechung dar, dass der Betroffene im Rahmen des Art 6 EMRK grundsätzlich ein Recht auf eine mündliche Verhandlung vor einem Tribunal habe, außer es lägen außergewöhnliche Umstände vor, die eine Ausnahme davon rechtfertigten. Der EGMR nahm das Vorliegen solcher außergewöhnlichen Umstände an, wenn das Verfahren ausschließlich rechtliche oder „hoch-technische" Fragen („exclusively legal or highly technical questions") betrifft. In seinem Urteil vom 18. Juli 2013, Nr 56.422/09 (*Schädler-Eberle/Liechtenstein*), führte der EGMR aus, es gebe Verfahren, in denen eine Verhandlung nicht geboten sei, etwa wenn keine Fragen der Beweiswürdigung aufträten oder die Tatsachenfeststellungen nicht bestritten seien, sodass eine Verhandlung nicht notwendig sei und das Gericht auf Grund des schriftlichen Vorbringens und der schriftlichen Unterlagen entscheiden könne. Jedenfalls dann, wenn der Sachverhalt vor dem Verwaltungsgericht konkret – und nicht nur allgemein inhaltsleer – bestritten wird, kann jedoch nicht davon ausgegangen werden, dass das Verwaltungsgericht ausschließlich rechtliche Fragen zu behandeln hat (vgl das hg Erkenntnis vom 19. Mai 2015, Ro 2015/05/0004, mwN).

59b) Wenn das VwG den revisionswerbenden Parteien entgegenhält, sie seien dem Gutachten nicht auf gleicher fachlicher Ebene entgegengetreten, übersieht es, dass einem Vorbringen betreffend die Schlüssigkeit von Gutachten – etwa der Darlegung von Widersprüchen oder das Aufzeigen von Mängeln – auch dann Gewicht zukommt, wenn es nicht auf gleicher fachlicher Ebene angesiedelt ist (vgl *Hengstschläger/Leeb*, aaO, § 52 Rz 64, sowie *Walter/Thienel*, Verwaltungsverfahrensgesetz I^2 [1998] AVG § 52 E 249 ff) (VwGH 2.1.2016, Ra 2016/06/0088).

60) Auch hat der Nachbar, der die Verletzung eines subjektivöffentlichen Rechtes im Sinne des § 134a Abs 1 leg cit durch ein (bloß) gem § 62 leg cit angezeigtes Bauvorhaben geltend machen will, nach der BO keine Möglichkeit, etwa durch Stellung eines Antrages auf Erlassung eines baupolizeilichen Auftrages nach Verwirklichung des Bauvorhabens Abhilfe zu suchen, weil ihm diesbezüglich kein Antragsrecht zukommt. In Beachtung des Sachlichkeitsgebotes ist daher bei verfassungskonformer Auslegung der §§ 62 und 134 Abs 5 iVm § 134a Abs 1 BO dem Nachbarn im Bauanzeigeverfahren gem § 62 leg cit die auf die Frage der Überprüfung der Zulässigkeit des Bauanzeigeverfahrens beschränkte Parteistellung zuzubilligen (vgl das hg Erkenntnis vom 23. Februar 2012, Zl 2008/07/0012) (VwGH 4.11.2016, Ro 2014/05/0029).

61) Zum Schutz der Nachbarrechte ist in einem Baubewilligungsverfahren eine Angabe nur in vollen Zentimetern jedenfalls ausreichend, eine Exaktheit im Millimeterbereich ist angesichts der typischen konkreten baulichen Maßnahmen bei der tatsächlichen Bauausführung und im Hinblick auf die Möglichkeit der Verletzung von Nachbarrechten nicht von Bedeutung (vgl zu Letzterem auch das hg Erkenntnis vom 27. November 1990, Zl 89/05/0026) (VwGH 11.3.2016, Ra 2014/06/0043-11, idF Ra 2014/06/0043-12 v 1.6.2016).

62) So haben Nachbarn nicht schlechthin einen Anspruch auf widmungsgemäße Verwendung eines Baugrundstücks. Nach der hg Judikatur dient die Einhaltung der im Flächenwidmungsplan festgesetzten Widmung ausschließlich dem öffentlichen Interesse, es sei denn, es wäre damit ein bestimmter Immissionsschutz gewährleistet (vgl etwa das Erkenntnis vom 15. Mai 2014, Zl 2013/05/0023) (VwGH 16.2.2017, Ra 2015/05/0060).

63) Daraus ergibt sich, dass eine Abstellanlage für Kraftfahrzeuge „im gesetzlich vorgeschriebenen Ausmaß“ iSd § 6 Abs 2 Z 2 BO nur dann vorliegt, wenn diese Anlage nicht eine höhere Anzahl von Stellplätzen als die in § 155 BTV gem § 63 Abs 1 BO festgelegte Mindestanzahl umfasst, und daher dann, wenn diese Mindestanzahl von einer Abstellanlage für Kraftfahrzeuge überschritten wird, die sich aus der Benützung einer solchen Abstellanlage ergebenden Immissionen vom Einwendungsausschluss des § 6 Abs 2 Z 2 BO nicht erfasst werden (VwGH 29.3.2017, Ra 2015/05/0051, zur NÖ Bauordnung).

64) Nachbarrechte im Baubewilligungsverfahren stehen in so engem Zusammenhang mit Auswirkungen des Bauvorhabens auf das Nachbargrundstück und dessen Wert bzw auf den ungestörten Genuss des Eigentums am Nachbargrundstück, dass sie als „civil rights“ anzusehen sind (vgl etwa das hg Erkenntnis vom 19. Mai 2015, Ro 2015/05/0004, mwH auf die Judikatur des EGMR) (VwGH 29.3.2017, Ra 2015/05/0059, zur OÖ Bauordnung).

65) Wenn die belangte Behörde in diesem Zusammenhang vermeint, die Revisionswerber seien dem Gutachten des Sachverständigen nicht auf gleicher fachlicher Ebene entgegengetreten, so ist sie darauf zu verweisen, dass das Erfordernis der Widerlegung eines von der Behörde eingeholten Sachverständigengutachtens auf gleicher fachlicher Ebene nur dann eingreift, wenn ein vollständiges, schlüssiges und widerspruchsfreies Gutachten vorliegt (vgl hierzu das hg Erkenntnis vom 27. Februar 2015, 2012/06/0063, mwN) und sich nur auf die sachverständige Beurteilung und nicht auf Rechtsausführungen erstreckt (VwGH 24.10.2017, Ro 2014/05/0017).

66) Liegt kein aliud vor, können Nachbareinwendungen nicht mehr erhoben werden, die sich auf bereits rechtskräftig bewilligte Gebäudeteile beziehen (vgl das hg Erkenntnis vom 25. März 1997, Zl 94/05/0077, zur vergleichbaren Rechtslage nach der Oberösterreichischen Bauordnung 1976). Dies gilt jedenfalls dann, wenn ein Bauteil von einer Planabweichung überhaupt nicht betroffen ist. Angesichts der Rechtskraft der ursprünglichen Baubewilligung gegenüber dem Nachbarn muss dies aber auch dann gelten, wenn ein Bauteil zwar bautechnisch verändert wird, jedoch nicht so, dass gerade durch diese Veränderung eine Verletzung eines Nachbarrechtes erfolgt, die durch die ursprüngliche Baubewilligung nicht vorgelegen ist (oder die, für den Fall, dass eine Nachbarrechtsverletzung rechtskräftig bewilligt worden wäre, nunmehr vergrößert würde). Mit anderen Worten kommt es im Hinblick auf die Verletzung von subjektiv-öffentlichen Nachbarrechten nicht nur darauf an, dass ein Bauteil bautechnisch verändert wird, sondern auch darauf, ob der Bauteil gegenüber der rechtskräftigen Bewilligung zum Nachteil des Nachbarn verändert wird. In Bezug auf Abstände scheidet eine derartige Veränderung grundsätzlich dann aus, wenn Abstände zum Nachbargrundstück gegenüber der ursprünglichen Baubewilligung lediglich vergrößert werden (VwGH 26.9.2017, Ra 2017/05/0087).

67) Um eine taugliche Einwendung zu erheben, reicht es aus, dass der Nachbar behauptet, das Bauvorhaben verletze Bestimmungen über die Bebauungsweise, die Bebauungshöhe, den Bauwich, die Abstände zwischen den Bauwerken oder deren zulässige Höhe. Dass das Bauvorhaben tatsächlich gegen diese Bestimmungen verstößt, ist nicht Voraussetzung für eine Einwendung im Rechtssinne, diese Frage ist vielmehr im Baubewilligungsverfahren zu prüfen (vgl das hg Erkenntnis vom 6. September 2011, Zl 2009/05/0278) (VwGH 27.6.2017, Ra 2016/05/0118).

68) Erweist sich ein Geschoß nach der Definition als oberirdisch, kann ein Nachbar auch dann die Einhaltung der Abstandsbestimmungen geltend machen, wenn dieses oberirdische Geschoß auf der seinem Grundstück zugewandten Seite überwiegend oder sogar zur Gänze unter dem Geländeniveau liegt (VwGH 1.8.2017, Ra 2017/06/0041 und Ra 2017/06/0046).

69) Nachbarrechte im Baubewilligungsverfahren stehen in so engem Zusammenhang mit Auswirkungen des Bauvorhabens auf das Nachbargrundstück und dessen Wert bzw auf den ungestörten Genuss des Eigentums am Nachbargrundstück, dass sie als „civil rights" iSd Art 6 EMRK anzusehen sind (vgl etwa das hg Erkenntnis vom 19. Mai 2015, Ro 2015/05/0004, mwH auf die Judikatur des EGMR) (VwGH 1.8.2017, Ra 2015/06/0126 und Ra 2015/06/0129).

Vgl dagegen E 70 zu Art I WBO (offensichtlich überholt).

70) Nachbarrechte im Baubewilligungsverfahren stehen in so engem Zusammenhang mit Auswirkungen des Bauvorhabens auf das Nachbargrundstück und dessen Wert bzw auf den ungestörten Genuss des Eigentums am Nachbargrundstück, dass sie als „civil rights" im Sinn des Art 6 EMRK anzusehen sind (vgl VwGH 1.8.2017, Ra 2015/06/0126 und 0129, mwN).

In Bezug auf § 24 Abs 4 VwGVG hat der Verwaltungsgerichtshof bereits wiederholt festgehalten, dass der Gesetzgeber als Zweck einer mündlichen Verhandlung die Klärung des Sachverhaltes und die Einräumung von Parteiengehör sowie darüber hinaus auch die mündliche Erörterung einer nach der Aktenlage strittigen Rechtsfrage zwischen den Parteien und dem Gericht vor Augen gehabt hat. Ferner kommt eine ergänzende Beweiswürdigung durch das Verwaltungsgericht regelmäßig erst nach einer mündlichen Verhandlung in Frage. Bei maßgeblichem sachverhaltsbezogenen Vorbringen der beschwerdeführenden Parteien ist ebenfalls eine mündliche Verhandlung durchzuführen, dies sogar dann, wenn kein Antrag auf eine solche gestellt worden ist (vgl auch dazu VwGH 1.8.2017, Ra 2015/06/0126 und 0129, mwN) (VwGH 27.3.2018, Ra 2016/06/0053 zum stmk Baugesetz; ebenso VwGH 20.3.2018, Ra 2016/05/0027 zur OÖ BO).

71) Im Gesetz ist ein allgemeines subjektiv-öffentliches Nachbarrecht auf Wahrung des Licht- und Sonneneinfalls nicht vorgesehen; dem Nachbarn steht grundsätzlich nur ein Recht darauf zu, dass der Abstand zu seinem Grundstück eingehalten wird. Im Übrigen hat jeder Grundeigentümer auf seinem Grundstück für eine nach dem Baurecht ausreichende Belüftung und Belichtung seiner Bauten Sorge zu tragen (vgl VwGH 7.9.2004, 2001/05/1074; in diesem Sinne auch VwGH 22.1.2019, Ra 2018/05/0282; 16.9.2009, 2007/05/0189) (VwGH 29.1.2020, Ra 2019/05/0007).

72a) Weiters bedeutet der in § 134a Abs 1 BO enthaltene Nebensatz „sofern sie ihrem Schutze dienen", dass jeder Nachbar die Nachbarrechte nur soweit geltend machen kann, als er, insbesondere im Hinblick auf die Situierung des Bauvorhabens, durch deren Nichteinhaltung betroffen wäre. Die Einhaltung der zulässigen Gebäudehöhe kann ein Nachbar nur in Bezug auf die ihm zugewandten Seiten der Außenflächen des Gebäudes geltend machen (vgl etwa VwGH 22.1.2019, Ro 2018/05/0001 bis 0004, mwN). Ebenso hat jeder Nachbar nur hinsichtlich der Einhaltung der Abstandsvorschriften, die sich gegenüber seiner Liegenschaft auswirken, ein Mitspracherecht (vgl VwGH 26.9.2017, Ro 2015/05/0002, mwN).

72b) Eine Terrasse zählt …nicht zur bebauten Fläche gem § 79 Abs 3 BO in Verbindung mit § 80 Abs 1 BO (vgl VwGH 20.12.2005, 2003/05/0124, mwN).

72c) Befinden sich Gauben nicht an der dem Nachbarn zugewandten Seite des Gebäudes, vermag schon deshalb eine allenfalls unzulässige Überschreitung des Gebäudeumrisses durch die Gauben nicht in ein subjektiv-öffentliches Recht dieses Nachbarn einzugreifen (vgl erneut VwGH 22.1.2019, Ro 2018/05/0001 bis 0004, mwN).

Das Verwaltungsgericht hat festgestellt, dass sich der als Gaube bezeichnete Bauteil nicht unmittelbar am linken Rand der Straßenfront befindet, sondern etwa um die Breite eines Fensters von diesem linken Rand – und damit von der der Liegenschaft der Dritt- und Viertrevisionswerberinnen zugewandten Seitenfront – abgerückt ist.

72d) Eine Verletzung von Nachbarrechten der Revisionswerberinnen kommt bezüglich dieses Bauteils daher nicht in Frage (vgl VwGH 29.1.2013, 2012/05/0160, mwN). Dass dieser Bauteil für die Revisionswerberinnen seitlich in Erscheinung tritt, ändert daran nichts (vgl VwGH 21.12.2010, 2009/05/0089).

72e) Die Revisionswerberinnen vertreten …die Ansicht, die bestehende Gebäudehöhe müsse von der Deckenoberkante des 2. Obergeschoßes berechnet werden, da dort „neuer Luftraum geschaffen" werde. Dabei verkennen sie jedoch, dass es … für die Frage der bestehenden Gebäudehöhe auf die oberste Schnittlinie der Außenwandfläche mit der Oberfläche des Daches ankommt (vgl das Vorerkenntnis VwGH 25.9.2018, Ra 2018/05/0025 bis 0029).

72f) Bestimmungen über die Gebäudehöhe im Sinne des § 134a Abs 1 lit b BO sind auch solche über die Dächer (vgl VwGH 30.1.2007, 2005/05/0315, mwN; VwGH 25.6.2019, Ra 2019/05/0002 bis 0004, mwN).

72g) Mit der Einwendung, es werde der Lichteinfall auf ein Nachbargrundstück beeinträchtigt, wird eine Verletzung von subjektiv-öffentlichen Nachbarrechten nicht dargetan. Eine solche Einwendung lässt sich nämlich dem Katalog des § 134a BO nicht zuordnen. Ein Anspruch des Nachbarn gegen den Bauwerber auf Belichtung auf der Nachbarliegenschaft, abgesehen von Abstands- und Höhenbestimmungen, besteht nicht (vgl VwGH 29.1.2020, Ra 2019/05/0007, mwN).

72h) Art V Abs 6 BO erlaubt ausdrücklich eine „Erhöhung der Dachneigung" und beschränkt diese (und damit die zulässige Erweiterung des Dachbereiches) insofern, als deren Ausmaß durch den (uneingeschränkten) Verweis auf § 81 Abs. 4 BO mit 45 Grad bzw. mit der im Bebauungsplan festgelegten Dachneigung begrenzt wird (vgl das Vorerkenntnis VwGH 25.9.2018, Ra 2018/05/0025 bis 0029). Soweit die Revisionsausführungen darauf abzielen, dass der letzte Satz des § 81 Abs 4 BO nicht heranzuziehen sei, gehen sie daher ins Leere.

72i) Nach ständiger Rechtsprechung zu § 81 Abs 4 BO ist eine Verletzung von Nachbarrechten dann nicht gegeben, wenn nur der maximal zulässige Umriss (oder weniger) verbaut wird (vgl wiederum das Vorerkenntnis VwGH 25.9.2019, Ra 2018/05/0025 bis 0029, mwN). Auch bei einer Konstellation wie der vorliegenden, in der aufgrund der Normierung einer Bandbreite auch ein Minimalwert festgelegt ist, könnte folglich eine Unterschreitung dieses Wertes nicht zielführend als Nachbarrechtsverletzung gerügt werden, da eine solche Ausgestaltung zu weniger Verbauung führte.

72j) Die Revisionswerberinnen wenden sich auch gegen die Schaffung von Terrassen. Soweit sie damit auf eine Veränderung der Dachform durch die neue Dachkonstruktion abzielen, kann sich dadurch keine aufzugreifende Rechtswidrigkeit ergeben: Wenn sich nämlich die neue Dachkonstruktion innerhalb jenes Bereiches befindet, der sich durch die Ansteilung des alten Daches innerhalb des zulässigen Ausmaßes ergibt, kann eine Verletzung von Rechten der Nachbarn nicht erfolgen (vgl erneut das Vorerkenntnis VwGH 25.9.2018, Ra 2018/05/0025 bis 0029). Soweit argumentiert wird, es würde die Voraussetzung des Art V Abs 6 BO „für die Errichtung von Wohnungen" dadurch nicht erfüllt, so ist nicht nachvollziehbar, weswegen eine Wohnung im Sinne des Art V Abs 6 BO nur eine solche ohne Terrasse sein dürfte. (VwGH 4.12.2020, Ra 2019/05/0294-0297)

73) Wurde eine Ausnahmebewilligung von den Bauvorschriften nach § 69 BO erteilt, ohne dass die gesetzlichen Voraussetzungen dafür gegeben sind, liegt eine Verletzung von Nachbarrechten vor (vgl VwGH 28.4.2015, 2012/05/0108, 0109). Der Nachbar hat somit einen Rechtsanspruch, dass die gesetzlichen Voraussetzungen für eine Ausnahmebewilligung eingehalten werden. Voraussetzung dafür ist, dass der Nachbar im Bauverfahren jenes subjektiv-öffentliche Nachbarrecht, in das durch die Abweichung gem § 69 Wr BauO eingegriffen wird, rechtzeitig und wirksam im Verfahren geltend gemacht hat (vgl VwGH 29.9.2015, 2013/05/0108). Wenn sein Schutzbereich betroffen sein kann, kommt ihm ein Mitspracherecht bezüglich der Voraussetzungen für die Ausnahmebewilligung zu, und zwar auch insofern, als nach § 69 BO das vom Flächenwidmungs- und Bebauungsplan beabsichtigte örtliche Stadtbild durch die Abweichung von Bebauungsvorschriften nicht störend beeinflusst werden darf.

Auch der seitliche Nachbar hat ein Recht auf Einhaltung der hinteren Baufluchtlinie, weil sie seine Belichtung und Belüftung betrifft (VwGH 24.2.2022, Ro 2020/05/0030).

79) Bei der Frage der Gefährdung des Lebens und der Gesundheit von Menschen bzw einer unzumutbaren Belästigung von Nachbarn ist grundsätzlich ein humanmedizinisches Gutachten einzuholen (vgl VwGH 26.11.2015, 2012/07/0027; 23.11.2016, Ra 2016/05/0023, mwN). Allerdings ist die Einholung eines medizinischen Gutachtens nicht in jeder Fallkonstellation geboten, insbes dann nicht, wenn bereits auf Grund der konkret gegebenen Umstände bzw der Ausführungen des technischen Sachverständigen eine Verletzung der genannten Rechtsgüter im Einzelfall auszuschließen ist (vgl VwGH 24.2.2006, 2001/04/0039; 23.1.2007, 2005/06/0244; 18.5.2016, Ra 2015/04/0093; 27.1.2020, Ra 2019/04/0005, 0006) (VwGH 28.5.2024, Ra 2024/06/0058).

Baustrafen[1)2)3)]

§ 135. (1) Übertretungen dieses Gesetzes und der auf Grund dieses Gesetzes erlassenen Verordnungen werden, unbeschadet der Abs. 2 und 3, mit Geld bis zu 50.000 Euro, im Fall der Uneinbringlichkeit mit Ersatzfreiheitsstrafe bis zu zwei Wochen, bestraft.

(2) Wer

1. ein in einer Schutzzone gelegenes Gebäude ohne die gemäß § 60 Abs. 1 lit. e erforderliche Baubewilligung verändert oder
2. entgegen einem behördlichen Auftrag zur Baueinstellung (§ 127 Abs. 8a) eine Bauführung, sofern diese nicht nur anzeigepflichtige Baumaßnahmen oder Nebengebäude betrifft, fortsetzt,

ist mit Geld bis zu 100.000 Euro, im Fall der Uneinbringlichkeit mit Ersatzfreiheitstrafe bis zu vier Wochen, zu bestrafen.[4)]

(3) Wer durch eine Übertretung dieses Gesetzes oder einer auf Grund dieses Gesetzes erlassenen Verordnung bewirkt, dass

1. eine Gefahr für Leben oder Gesundheit von Personen eintritt oder
2. ein Gebäude ohne die gemäß § 60 Abs. 1 lit. d erforderliche Baubewilligung ganz oder teilweise abgebrochen wird,

ist mit Geldstrafe bis zu 300.000 Euro, im Fall der Uneinbringlichkeit mit Ersatzfreiheitsstrafe bis zu sechs Wochen, oder mit Freiheitsstrafe bis zu sechs Wochen zu bestrafen. Wird die Verwaltungsübertretung gemäß Z 2 vorsätzlich begangen, beträgt die Mindeststrafe 30.000 Euro. Handelt es sich bei dem Bestraften um einen Gewerbetreibenden, hat die Behörde das Straferkenntnis zusätzlich der Gewerbebehörde zu übermitteln, um eine Überprüfung der für die Ausübung des Gewerbes erforderlichen Zuverlässigkeit zu ermöglichen.[4)4a)]

(4) Mit der Strafe kann gleichzeitig der Verfall von Baustoffen, Werkzeugen und Baueinrichtungen ausgesprochen werden.

(5) Wer die Verwaltung eines Gebäudes ausübt, ist für Verletzungen der dem Eigentümer durch dieses Gesetz oder eine dazu erlassene Verordnung auferlegten Pflichten an dessen Stelle verantwortlich, wenn die Tat ohne Veranlassung und Vorwissen des Eigentümers begangen wurde. Der Eigentümer ist neben dem Verwalter verantwortlich, wenn er es bei dessen Auswahl oder Beaufsichtigung an der nötigen Sorgfalt fehlen ließ.[5)6)]

(6) Der gemäß § 124 Abs. 1a benannte baurechtliche Geschäftsführer ist der Behörde gegenüber für Verletzungen der dem Bauführer durch dieses Gesetz oder eine dazu erlassene Verordnung auferlegten Pflichten verantwortlich. Der Bauführer haftet für die über den baurechtlichen Geschäftsführer verhängten Geldstrafen, sonstige in Geld bemessene Unrechtsfolgen und die Verfahrenskosten zur ungeteilten Hand.[7)]

(6a) Schon das Anbieten einer Wohnung zu Zwecken, die über die Grenzen des § 119 Abs. 2a lit. a und b hinausgehen, ohne Ausnahmebewilligung (§ 129 Abs. 1a) ist als Verwaltungsübertretung gemäß Abs. 1 strafbar.[9)]

(7) § 33a Verwaltungsstrafgesetz 1991 – VStG, BGBl. Nr. 52/1991, in der Fassung BGBl. I Nr. 57/2018, findet nur auf Übertretungen des § 49 und § 79 Abs. 7 in Verbindung mit § 135 dieses Gesetzes Anwendung.[8)]

(EB zur BO-Nov 2023, LGBl 2023/37 vom 13.12.2023)

Abs 6a: Aufgrund dieser Bestimmung stellt nicht nur die tatsächliche Vermietung von Wohnungen entgegen § 129 Abs 1a selbst eine Verwaltungsübertretung dar, sondern bereits das Anbieten einer Wohnung ohne erforderliche Ausnahmebewilligung.

Anmerkungen

1) Mit der Novelle LGBl 2008/41 wurden im Wege eines Initiativantrages die Abs 2 und 3 (neu) eingefügt; die bisherigen Abs 2 und 3 erhielten die Bezeichnungen (4) und (5).

2) Ob eine Bestimmung der Bauordnung überhaupt eine Norm enthält, der zuwidergehandelt werden kann, muss in jedem einzelnen Fall geprüft werden (sog „Blankettstrafnormen“).

3) Nach den Strafbestimmungen der BO werden auch Übertretungen anderer Landesgesetze baurechtlichen Inhalts bestraft (vgl hiezu § 20 des Wiener Aufzugsgesetzes, LGBl 2006/63 idgF, § 57 Abs 2 des Wiener Garagengesetzes, LGBl 2009/34 idgF, § 22 des Wiener Kleingartengesetzes 1996, LGBl 1996/57 idgF, § 23 des Wiener Ölfeuerungsgesetzes LGBl 2006/66). Bildet die Tat zugleich eine vom Gericht zu ahndende strafbare Handlung (in Betracht kommen insbesondere die §§ 80, 81, 88, 89, 177 und 181 StGB 1974), ist zufolge § 30 Abs 1 VStG das Verwaltungsstrafverfahren unabhängig von dem gerichtlichen Verfahren durchzuführen – Kumulationsprinzip. Das Gleiche gilt auch beim Zusammentreffen mit einem von der anderen Verwaltungsbehörde zu ahndenden strafbaren Verhalten.

Vgl jedoch U d EGMR 29.5.2001, Beschwerde Nr 37.950/97, Franz Fischer gegen Österreich (ÖJZ 2001, MRK-E Nr 22):

„… Der GH bemerkt, dass der Wortlaut des Art 4 7. ZP MRK sich nicht auf ‚dieselbe strafbare Handlung‘, sondern darauf bezieht, für eine strafbare Handlung, wegen der der Bf bereits rechtskräftig freigesprochen oder verurteilt worden ist, ‚erneut‘ vor Gericht gestellt und bestraft zu werden. Daher muss sich der GH, auch wenn es zutrifft, dass der bloße Umstand, dass eine einzige Handlung mehr als eine strafbare Handlung begründet, nicht gegen diesen Artikel verstößt, nicht darauf beschränken, festzustellen, dass ein Bf auf der Grundlage einer Handlung für dem Namen nach (nominally) verschiedene Straftaten vor Gericht gestellt oder bestraft wurde. Der GH bemerkt, so wie der ö VfGH, dass es Fälle gibt, in denen eine Handlung auf den ersten Blick mehr als eine strafbare Handlung zu begründen scheint, während eine genauere Prüfung zeigt, dass nur eine strafbare Handlung verfolgt werden sollte, weil sie alles Unrecht umfasst, das in den anderen enthalten ist (encompasses all the wrongs contained in the others). Ein offensichtliches Beispiel wäre eine Handlung, welche zwei strafbare Handlungen begründet, von denen eine genau die gleichen Elemente enthält wie die andere, aber noch eines dazu. Es mag noch andere Fälle geben, in welchen sich die strafbaren Handlungen nur leicht überschneiden. Wo verschiedene strafbare Handlungen, die auf einer Tathandlung beruhen, nacheinander verfolgt werden, und zwar eine nach der rechtskräftigen Entscheidung über die andere, muss daher der GH prüfen, ob solche strafbare Handlungen die gleichen wesentlichen Tatbestandsmerkmale haben oder nicht. (Z 25) …"

4) Die drakonische Geldstrafdrohung nach Abs 2 und Abs 3 widerspricht eindeutig dem Trend der Zurückdrängung hoher Geldstrafen im Verwaltungsstrafverfahren nach der MRK und erscheint daher verfassungsrechtlich bedenklich (vgl auch VfGH Slg 12.151). Der VfGH hatte schon früher Verwaltungsvorschriften mit hohen Strafdrohungen mit folgender Begründung aufgehoben: Es gibt einen typischen Kernbereich der Strafgerichtsbarkeit, wo der Gesetzgeber mit der Vollziehung Organe der Strafgerichtsbarkeit zu betrauen hat. Wenn Landesgesetzgeber wegen der hohen Sozialschädlichkeit Verhalten mit schwerwiegenden Strafen bedrohen, so betreten sie damit notwendig das Gebiet des gerichtlichen Strafrechts (was ihnen nur auf Grund und nach Maßgabe des Art 15 Abs 9 B-VG gestattet ist). S auch § 11 VStG.

4a) Mit der Nov 2021, LGBl 2021/70 wurden die Strafbestimmungen iZm Abbrüchen verschärft. Der Gesetzgeber betont, dass die verwaltungsstrafrechtlichen Folgen solcher Übertretungen empfindlich und abschreckend sein müssen, um Täter von der Begehung der Tat abzuhalten. Der Unwert des Handelns und die Verstöße gegen die baurechtlichen Vorschriften durch Bauführer und Bauherr seien als schwer zu bewerten. Der Schaden, der durch die Begehung dieser Taten entsteht, ist in der Regel unwiederbringlich.

5) Die meisten Verwaltungsstrafverfahren auf Grund baurechtlicher Vorschriften werden wegen eigenmächtiger Bauführung oder wegen Verletzung der Instandhaltungspflicht durchgeführt. Eine eigenmächtige Bauführung liegt vor, wenn ein bewilligungspflichtiger Bau ohne Baubewilligung ausgeführt wird. Täter einer eigenmächtigen Bauführung ist der Bauherr, also derjenige, über dessen Auftrag und für dessen Rechnung der Bau ausgeführt wird. Die eigenmächtige Bauführung ist ein Zustandsdelikt. Das strafbare Verhalten liegt nicht in der Unterlassung der Erwirkung einer Baubewilligung, sondern in der durch eine solche Bewilligung nicht gedeckten Bautätigkeit und endet daher mit dieser (VwGH 13.12.1937, Slg 1704/A, 27.10.1947, Slg 185/A).

Während des Laufens des Verfahrens über ein Bauansuchen ist eine Bestrafung wegen Nichtbeseitigung des bauordnungswidrigen Baues nicht zulässig (VwGH verst Sen v 14.10.1969, Slg 7657/A). Die Frage, ob um nachträgliche Baubewilligung angesucht wurde, betrifft die Tatbestandsmäßigkeit des Verhaltens des Bfrs und ist daher von der Behörde zu klären (VwGH 8.2.1971, 1258/69).

Die Instandhaltungspflicht wird verletzt, wenn der Eigentümer eines Gebäudes oder eines sonstigen Bauwerkes auftretende Baugebrechen nicht beseitigt. Mehrere Baugebrechen eines Gebäudes sind aber als eine einzige Verwaltungsübertretung zu ahnden (s *Hauer*, Zur Verletzung der Instandhaltungspflicht als Verwaltungsübertretung, IZ 1994, 131 ff). Das strafbare Verhalten liegt nicht in der Nichterfüllung eines auf die Beseitigung des Baugebrechens gerichteten baupolizeilichen Auftrages, sondern in der Verletzung der dem Eigentümer kraft Gesetzes obliegenden Instandhaltungspflicht. Der baupolizeiliche Auftrag nimmt dem Eigentümer nur die Möglichkeit, sich damit zu verantworten, von dem Vorhandensein des Baugebrechens keine Kenntnis besessen zu haben. Eine solche Verantwortung ist allerdings auch deswegen nicht durchschlagend, weil jeder Eigentümer verpflichtet ist, sich laufend vom guten Zustand seines Bauwerkes zu überzeugen (VwGH 15.11.1960, 2461/59, 4.7.1961, 99/61 ua). Vgl auch den mit der Nov LGBl 2014/25 eingeführten § 128a mit der Verpflichtung zur Führung eines Bauwerksbuches. Eine Verwaltungsstrafe wegen Verletzung der Instandhaltungspflicht kann auch vor Ablauf der im baupolizeilichen Instandsetzungsauftrag festgesetzten Erfüllungsfrist verhängt werden (VwGH 15.11.1960, 2461/59 ua). Ob ein Baugebrechen vorliegt, hat die Strafbehörde im Verfahren festzustellen. Eine Bindung an die Qualifikation selbst eines in Rechtskraft erwachsenen baupolizeilichen Auftrages besteht nicht (VwGH 14.1.1958, Slg 4525/A). Jedoch kann die Strafbehörde die Feststellungen im Administrativverfahren verwerten. Die Verletzung der Instandhaltungspflicht ist ein Unterlassungsdelikt, bei einem solchen beginnt die Verjährungsfrist erst in dem Zeitpunkt zu laufen, in dem die gebotene Handlung (Beseitigung des Baugebrechens) gesetzt wird (VwGH 19.9.1950, Slg 1699/A, 17.12.1951, Slg 2380/A, 5.12.1961, 1509/61 ua).

Sowohl die eigenmächtige Bauführung als auch die Verletzung der Instandhaltungspflicht sind Ungehorsamsdelikte, weil zum Tatbestand dieser Verwaltungsübertretungen der Eintritt eines Schadens oder einer Gefahr nicht gehört und die Bauordnung über das zur Strafbarkeit erforderliche Verschulden nichts bestimmt. Bei der Verletzung der Instandhaltungspflicht bleibt der Eigentümer (Hausverwalter) nur straffrei, wenn er glaubhaft macht, dass ihn an der Verletzung der Verwaltungsvorschrift kein Verschulden trifft. Eine solche Glaubhaftmachung bedeutet, die Richtigkeit einer Tatsache bloß wahrscheinlich zu machen, also weniger als das Wort „beweisen" im Sinne des früheren Gesetzestextes (beweisen = die Überzeugung von der Richtigkeit einer Tatsache schaffen). Im Wesentlichen dürfte jedoch auch nach dieser neuen Formulierung an der bisherigen Rechtsprechung zu § 5 Abs 1 Satz 2 VStG festgehalten werden, was im Sinne der Erläuternden Bemerkungen zur Regierungsvorlage (vgl XVII. GP, RV 133) gelegen wäre.

Auf unverschuldete Unkenntnis der Verwaltungsvorschriften kann sich weder der Hauseigentümer noch der Hausverwalter berufen, weil von beiden verlangt werden muss, dass sie sich über die für sie in Betracht kommenden Rechtsvorschriften ausreichend unterrichtet haben. Für den behördlich konzessionierten Hausverwalter ist die Kenntnis dieser Vorschriften überdies Voraussetzung für die Erlangung seiner Gewerbeberechtigung. Seit der Nov BGBl 1983/176 ist nach § 9 VStG eine Übertragung der Verantwortlichkeit unter den im § 9 VStG genannten Voraussetzungen möglich (vgl E des verst Sen v 16.1.1987, Slg 12.375/A). Zu bemerken ist noch, dass nach dem E des VfGH v 14.10.1987, Slg 11.506 ua, die Verhängung von Freiheitsstrafen nur durch ein Tribunal selbst dem Art 6 Abs 1 iVm Art 5 Abs 1 lit a MRK zu entsprechen scheint. Vgl auch Art 2 des 7. ZP zur MRK.

6) Nach dem Wortlaut des Gesetzes genügt für die verwaltungsstrafrechtliche Verantwortlichkeit, dass die Verwaltung des Hauses tatsächlich ausgeübt wird.

7) Abs 6 wurde mit Nov LGBl 2014/25 angefügt. Vgl die EB zu § 124 Abs 1a und Anm 8 hiezu.

8) Abs 7 wurde mit dem Gesetz betreffend die Anwendbarkeit des § 33a VStG im Bereich der Wiener Rechtsvorschriften LGBl 2018/71 angefügt. Laut EB handelt es sich bei § 49 (fehlende Orientierungsnummer) und § 79 Abs 7 (fehlende Baumpflanzung in gärtnerisch auszugestaltenden Flächen) um Delikte mit „einem geringen Handlungs- und Erfolgsunwert". § 33a VStG folgt dem Grundsatz „wirksam Beraten" und „schriftlich Auffordern bevor Strafen", bei Delikten, bei denen Bedeutung, Beeinträchtigung und Verschulden gering sind. Der Materiengesetzgeber kann bestimmen, dass hinsichtlich bestimmter Delikte diese Regelung nicht zur Anwendung kommt. Dieser Grundsatz „Beraten vor Strafen" zählt durchaus bereits bisher zur gängigen Verwaltungspraxis der Wiener Baubehörde.

9) Abs 6a wurde mit BO-Nov 2023, LGBl 2023/37 angefügt. § 119 Abs 2a gilt mit seinen Restriktionen auch für Wohnungen bzw Aufenthaltsräume in Wohnzonen gem § 7a. Folglich ist in Wohnzonen eine Ausnahmebewilligung gem § 7a Abs 3 letzter HS iVm Abs 5 erforderlich. Damit ist gem Abs 6a auch das Anbieten von Wohnungen in Wohnzonen (§ 7a) ohne erforderliche Bewilligung strafbar.

Nach dem Wortlaut ist nur das Anbieten ganzer Wohnungen pönalisiert. Für Wohnzonen müsste in sinngemäßer Anwendung des Schutzes iSd § 7a Abs 3 auch das unzulässige Anbieten von Aufenthaltsräumen strafbar sein.

Das Anbieten im Internet ist der Nutzung gleichzusetzen (vgl GewO). Daher wird auch für das Anbieten der gleiche Personenkreis strafbar sein wie für die Nutzung (vgl § 129 Abs 1). Der Betreiber des Internet-Portals wird aus dieser Bestimmung heraus wohl nicht strafbar sein.

Judikatur

1) Die Vorschrift des § 135 Abs 1 enthält die Verpflichtung, jede Vorschrift der Bauordnung daraufhin zu untersuchen, ob sie ein Gebot oder ein Verbot enthält, dem zuwidergehandelt werden kann (VwGH 8.7.1963, Slg 6070/A).

2) Die eigenmächtige Bauführung ist ein Zustandsdelikt. Das strafbare Verhalten hört erst in dem Zeitpunkt auf, in dem die Bauführung abgeschlossen ist (VwGH Slg 185/47, 5163/60, 31.1.1966, 1046/64, 18.3.1968, Slg 7311/A).

3) Bei der Übertretung nach § 129 Abs 1 BO handelt es sich um ein fortgesetztes Begehungsdelikt. Bei einem solchen Delikt beginnt die Verjährungsfrist erst dann zu laufen, wenn das strafbare Verhalten aufhört (VwGH 3.12.1958, 2329/2330/56).

4) Die Verletzung der den Eigentümer gem § 129 Abs 2 BO treffenden Instandhaltungspflicht ist ein Unterlassungsdelikt. Bei einem solchen hört das strafbare Verhalten erst dann auf, wenn der Verpflichtete seiner Verpflichtung zum Handeln nachkommt. Bei einem solchen Delikt kann, solange der gesetzwidrige Zustand dauert, auch eine mehrmalige Bestrafung erfolgen (VwGH 13.1.1964, 1879/63). S auch 29.6.1993, 93/05/0025, ua.

5) Die Nichtbeseitigung eines Bauwerkes, für welches eine nachträgliche Baubewilligung nicht erteilt wurde, ist ein Unterlassungsdelikt; die Verjährungsfrist beginnt erst dann zu laufen, wenn die Leistung erbracht ist (VwGH 9.9.1963, Slg 6080/A). Während der Anhängigkeit eines Ansuchens um Erteilung einer nachträglichen Baubewilligung ist eine Bestrafung nicht zulässig (VwGH verst Sen 14.10.1969, Slg 7657/A, 8.2.1971, 1258, 1259/69 ua).

6) Die Verpflichtung zur Instandhaltung trifft den Eigentümer kraft Gesetzes. Sie bedarf zu ihrer Konkretisierung nicht erst eines baupolizeilichen Auftrages. Nicht die Nichterfüllung eines baupolizeilichen Auftrages, sondern die Verletzung der Instandhaltungspflicht ist strafbar (VwGH 20.1.1964, 1929/63, 2.6.1969, 249/69, 7.4.1970, 1211/69, 28.2.1984, 05/3307/80, BauSlg 198 ua).

7) Nach der ständigen Rechtsprechung des VwGH liegt eine Übertretung der Instandhaltungspflicht auch dann vor, wenn die Erfüllungsfrist des auf die Beseitigung der festgestellten Baugebrechen gerichteten Bauauftrages noch nicht abgelaufen ist (VwGH 15.11.1960, 2461/59, 2.6.1969, 249/69).

8) Die Instandhaltungspflicht endet nicht mit der Erteilung eines baupolizeilichen Auftrages oder mit der Einleitung des Vollstreckungsverfahrens; der Beschuldigte ist, um straffrei zu bleiben, verpflichtet, weiterhin alles in seinen

Kräften Stehende zu unternehmen, um die Baugebrechen in möglichst kurzer Zeit zu beheben (VwGH 18.12.1967, 464/67). Ab dem Beginn einer Ersatzvornahme kann allerdings von einem Verschulden eines Hauseigentümers an der unterlassenen Behebung von Baugebrechen keine Rede sein, und zwar auch dann nicht, wenn er bis dahin vollkommen untätig geblieben ist (VwGH 13.12.1983, 83/05/0144, BauSlg 159).

9) Jeder Miteigentümer ist gem § 129 Abs 2 BO verpflichtet, alle tatsächlichen und rechtlichen Mittel auszuschöpfen, um seiner Instandhaltungspflicht nachkommen zu können. Hiezu gehört auch die Anrufung des Gerichtes, falls sich die Miteigentümer weigern, ihrerseits ihre Instandhaltungspflicht zu erfüllen (VwGH 20.1.1964, 1929/63, 13.9.1983, 83/05/0120, BauSlg 90). Auch bei einem zum Abbruch bestimmten Gebäude müssen alle erforderlichen Sicherungsmaßnahmen getroffen werden (VwGH 8.3.1979, 573/78).

10) Der Widerstand eines Dritten, der sich der Erfüllung eines baupolizeilichen Auftrages entgegenstellt, kann erst dann als Rechtfertigung im Sinne des § 5 Abs 1 VStG gewertet werden, wenn der Eigentümer beweist, daß er alle ihm zu Gebote stehenden Mittel angewandt hat, um diesen Widerstand zu brechen (VwGH 23.1.1959, 1946/58). Welche Maßnahmen der Eigentümer ergreift, um den bauordnungsgemäßen Zustand gegen den Mieter so rasch wie möglich herzustellen, muß grundsätzlich ihm überlassen bleiben, sofern diese nur geeignet sind, zu dem gewünschten Erfolg zu führen. Dies kann auch ein außergerichtlicher Vergleich sein (VwGH 14.1.1963, 658/62), um den sich der Hauseigentümer zu bemühen hat (VwGH 5.10.1964, 340/64), oder eine Klage bei Gericht (VwGH 8.5.1962, 636/61). Durch die Verweigerung des Zutrittes zur Wohnung seitens der Mieter wird ein wichtiger Kündigungsgrund nach § 19 Abs 1 Mietengesetz (heute: § 30 Abs 1 MRG) grundsätzlich nicht gesetzt. Erfordert ein von der Gemeinde erteilter Bauauftrag, daß die Wohnung zur Vornahme von Arbeiten von dritten Personen betreten wird, so bietet der zweite Satz des § 1118 ABGB dem Vermieter die notwendige Handhabe zur Erreichung dieses Zweckes (OGH 28.4.1960, 6 Ob 129, MietSlg 6467).

11) Die bloße Auftragserteilung an einen Baugewerbetreibenden kann nicht als Erfüllung der Instandhaltungspflicht angesehen werden (VwGH 4.7.1961, 99/61, 18.9.1962, 1973/61). Der Gebäudeeigentümer kann auch die Obsorge für die Instandhaltung nicht dem Käufer überlassen (VwGH 4.7.1961, 471/61).

12) Die in § 129 Abs 2 BO normierte Instandhaltungspflicht ist keine unbedingte. Sie wandelt sich in dem Zeitpunkt, in dem der Eigentümer beschließt, das Gebäude abzutragen, in die Verpflichtung zur Durchführung unbedingt notwendiger Sicherungsmaßnahmen. In einem solchen Fall muß es als ausreichend angesehen werden, wenn alle jene Maßnahmen getroffen werden, die erforderlich sind, um eine unmittelbar drohende Gefahr für das Leben und die Gesundheit der Bewohner des Gebäudes, der Nachbarschaft und der

Straßenbenützer bis zu dem Zeitpunkt hintanzuhalten, in dem voraussichtlich mit dem Abbruch des Gebäudes zu rechnen ist. Die Instandhaltungspflicht erlischt begrifflich erst mit der Beseitigung des Gebäudes (VwGH 1.6.1962, 254/62, 18.2.1974, 867/73).

13) Notstand als Schuldausschließungsgrund im Sinne des § 6 VStG ist nur dann gegeben, wenn eine Verwaltungsübertretung zur Abwendung einer dem Übertretenden unmittelbar drohenden Gefahr, die so groß ist, daß sich der Täter in unwiderstehlichem Zwang befindet, begangen wird, nicht aber dann, wenn damit nur eine wirtschaftliche Not oder die Möglichkeit einer wirtschaftlichen Schädigung abgewendet werden soll (VwGH 31.1.1966, 1046/64). Wird die Gesetzesübertretung zur Abwehr der einem Dritten drohenden Gefahr begangen, so handelt es sich um Nothilfe. Dies ist nicht zugunsten jedermanns möglich, sondern entschuldigt den Täter nur dann, wenn er sich glaubhaft infolge seiner Beziehung zum Dritten unwiderstehlich genötigt fühlt, handelnd einzugreifen. Die Notlage darf nicht auf andere Weise abwendbar sein als durch Begehung der strafbaren Handlung. Erachtet der Täter infolge seines Tatirrtums eine Notstandssituation für gegeben (Putativnotstand), so bildet dies ebenfalls einen Entschuldigungsgrund. Doch haftet der Täter wegen Fahrlässigkeit, wenn ihm die Verkennung der Sachlage oder die Möglichkeit ihrer Änderung (einziger Ausweg) als Schuld zugerechnet werden muß. Hinsichtlich dieser in der herrschenden Lehre und Rechtsprechung entwickelten Grundsätze sei auf die einschlägigen Ausführungen bei *Rittler*, Lehrbuch des Österreichischen Strafrechtes, 1. Bd, 237 ff und bei *Malaniuk*, Lehrbuch des Strafrechts, 1. Bd 198 ff hingewiesen (VwGH 24.11.1964, Slg 6504/A). S auch E v 13.5.1986, 86/05/0065, BauSlg 675.

14) Zum Tatbild einer nach § 135 Abs 3 BO dem Verwalter eines Gebäudes angelasteten strafbaren Handlung gehört es, daß der Eigentümer an der Pflichtverletzung des Verwalters nicht mitgewirkt oder doch nicht schon vor deren Begehung von ihr gewußt hat. Mit der Frage, wann dieses Tatbestandselement als gegeben angesehen werden kann, hat sich der VwGH in seinem E v 18.1.1963, 481/62, befaßt und dort ausgesprochen, daß der Tatbestand in dieser Hinsicht (nur) dann nicht erfüllt ist, wenn der Hauseigentümer, obwohl er wußte, daß eine Verpflichtung zur Beseitigung von Baugebrechen besteht, den Hausverwalter an der Erfüllung dieser Verpflichtung in irgendeiner Weise gehindert hat. Es trifft also nicht zu, daß schon der bloße Zustimmungsvorbehalt des Eigentümers eine Mitwirkung am strafbaren Untätigbleiben des Verwalters darstellt (VwGH 23.4.1964, 537/63).

15) Das Vorhandensein der erforderlichen Kenntnisse über die Möglichkeit der Beschaffung der Mittel zur Beseitigung eines Baugebrechens und wie bei einer Mehrheit von Eigentümern vorzugehen ist, darf bei einem konzessionierten Gebäudeverwalter vorausgesetzt werden (VwGH 13.2.1962, 734/60).

16) Die Verantwortlichkeit für die Verletzung einer dem Eigentümer obliegenden gesetzlichen Pflicht hängt nicht von der gehörigen Bevollmächtigung, sondern von der Tatsache der Ausübung der Verwaltung des betreffenden Gebäudes ab. (So hat auch der VwGH bereits in seinem E vom 24.6.1963, 1651/62, ausgesprochen, daß die Frage der Bevollmächtigung des Verwalters nur für den von diesem zu führenden Entlastungsbeweis von Bedeutung ist.) Die bloße Verwaltung von Miteigentumsanteilen – ohne gleichzeitige Verwaltung des Gebäudes – begründet nicht die Verantwortlichkeit des Bevollmächtigten an Stelle des Miteigentümers (VwGH 13.2.1973, Slg 8356/A).

17) Die Forderung, der Hausverwalter solle gegen den Willen seines Vollmachtgebers vorgehen, oder die Anschauung, er sei verpflichtet, seinen die erforderlichen Maßnahmen ablehnenden Vollmachtgeber von einer unrichtigen Rechtsanschauung abzubringen, und er handle „ohne dessen Vorwissen und Veranlassung", wenn er eine solche Belehrung unterlasse, findet sich in der Rechtsprechung des VwGH nicht (VwGH 3.3.1969, 451/68).

18) Der Begriff der ordentlichen Verwaltung wurde etwa im Klang-Kommentar so umschrieben, daß ihrem Bereich alle Maßnahmen zugeschrieben werden, die dem Zweck der Erhaltung und Verwaltung des gemeinsamen Gutes dienen, die sich im gewöhnlichen Lauf der Dinge als notwendig und zweckmäßig erweisen, im wesentlichen den Interessen der Miteigentümer dienen und keine besonderen Kosten erfordern (VwGH 3.3.1969, 451/68).

19) Dem Begriff der ordentlichen Verwaltung unterfällt nicht eine so einschneidende Maßnahme wie die Abtragung eines Haustraktes. An dieser Rechtslage vermag auch der in der Verwaltungsvollmacht enthaltene Passus „… die allfälligen notwendigen Reparaturen nach dem eigenen Ermessen anzuordnen und zu bezahlen" nichts zu ändern (VwGH 3.3.1969, 451/68).

20) Ein Gebäudeverwalter, der nur vom Mehrheitseigentümer eines Gebäudes bevollmächtigt ist – wobei die übrigen Miteigentümer unbekannten Aufenthaltes sind und es daher nicht möglich ist, mit ihnen Verbindung aufzunehmen –, haftet nicht nach § 135 Abs 3 BO, wenn der Mehrheitseigentümer den Abbruch eines schadhaften Haustraktes untersagt (VwGH 3.3.1969, 451/68).

21) Zu den Maßnahmen der ordentlichen Verwaltung einer Liegenschaft, für deren Verletzung der Verwalter eines Gebäudes im Sinne des § 135 Abs 3 BO anstelle des Eigentümers verantwortlich ist, gehört jedoch weder die Beseitigung eines vorschriftswidrigen Baues noch die Einbringung eines Bauansuchens (VwGH 29.9.1959, Slg 5059/A).

22) Die Durchführung vorläufiger Sicherungsmaßnahmen ist infolge Gebotenseins derselben nicht strafbar, selbst wenn es sich um bauliche Maßnahmen handelt, für welche sonst eine baubehördliche Bewilligung erforderlich ist (VwGH 13.1.1960, Slg 5167/A, 4.2.1963, 1405/62).

23) Der Grundsatz der Amtswegigkeit des Verfahrens befreit die Partei nicht von der Verpflichtung, an der Feststellung des maßgeblichen Sachverhaltes entsprechend mitzuwirken (VwGH 26.6.1959, Slg 5007/A, 14.3.1966, Slg 6883/A ua). Gerade im Strafverfahren ist eine Mitwirkungspflicht problematisch.

24) Auch Holzhütten sind Bauwerke im Sinne des § 418 ABGB. Wenn es sich nicht um Superädifikate handelt – was ausgeschlossen ist, wenn der Grundeigentümer die Errichtung der Holzhütten ausdrücklich untersagt hat –, stehen sie im Eigentum der Grundeigentümer. Kraft Gesetzes ist zur Beseitigung unbefugt errichteter Bauwerke nach § 129 Abs 10 BO stets der Eigentümer verpflichtet und nicht etwa derjenige, der sie hergestellt hat (vgl Slg 7657/A; VwGH 4.3.1974, Slg 8562/A).

25) Der Eigentümer, der sich weigert, den Vertretern der Behörde die Namen der Nutzungsberechtigten des Grundstückes bekanntzugeben, also ein Sachverhaltselement, zu dessen Erforschung die Behördenvertreter bei der gegebenen Situation gem berechtigt waren, hat rechtswidrig eine im Sinne des § 129 Abs 3 BO „erforderliche Auskunft" unterlassen (VwGH 4.3.1974, Slg 8562/A).

26) Der Bfr ist schuldlos an der Übertretung des § 129 Abs 10 BO, wenn das Bestand-objekt vor Abschluß des Mietvertrages durch lange Zeit ohne behördliche Beanstandung als Wohnung an einen Dritten vermietet wurde, er und sein Vertragspartner bei Vertragsabschluß gutgläubig waren und er ab Kenntnis der Konsenswidrigkeit alles Mögliche zur Wiederherstellung des konsensmäßigen Zustandes tat; er braucht bei Vertragsabschluß nicht in die Bauakten Einsicht zu nehmen (VwGH 15.12.1975, 1584/75).

27) In den Fällen, in denen einer von mehreren Miteigentümern die Verwaltung des Hauses ausübt, sind die Bestimmungen über die grundsätzliche alleinige Verantwortlichkeit des Hausverwalters auf diesen anzuwenden. Die grundsätzliche Verantwortlichkeit des verwaltenden Miteigentümers tritt in solchen Fällen an Stelle der Verantwortlichkeit der übrigen Miteigentümer (VwGH 21.6.1976, 267/76).

28) Im Falle der Bestellung eines Hausverwalters ist dieser grundsätzlich primär für die ordnungsgemäße Instandhaltung des Hauses verantwortlich und von dieser Verantwortung nur insoweit befreit, als die Tat mit Veranlassung und Vorwissen des Hauseigentümers geschehen ist, was nur dann angenommen werden kann, wenn der Hauseigentümer den Verwalter in irgendeiner Weise an der Behebung der Baugebrechen gehindert hat (vgl VwSlg 5947/A). Als Gewalthaber ist der Verwalter jedoch an die Aufträge des Machtgebers, des Hauseigentümers, gebunden. Eine entgegenstehende Weisung des Hauseigentümers hindert den Verwalter daran, die Behebung eines Baugebrechens in die Wege zu leiten oder weiterzuverfolgen. Eine solche gegenteilige Weisung muß aber auch darin erblickt werden, daß der Hauseigentümer die Behebung aller oder bestimmter Baugebrechen selbst in die Hand nimmt und persönlich die Durchführung der Arbeiten an Gewerbetreibende vergibt. Die Verantwortlichkeit des Hausverwalters endet mit dem Zeitpunkt, in dem der Hauseigentümer die Behebung der Baugebrechen an sich gezogen hat (VwGH 13.12.1976, Slg 9197/A).

29) Die Bestimmung des § 33 Abs 2 AVG ist auch auf die Verjährungsfristen des § 31 VStG anzuwenden (VwGH 1.2.1979, Slg 9758/A).

30) Nach dem Wortlaut des § 39 Abs 1 VStG genügt für die Rechtsmäßigkeit der Beschlagnahme der bloße Verdacht einer Verwaltungsübertretung, für die der Verfall als Strafe vorgesehen ist. Eine Beschlagnahme darf also nicht erst dann verfügt werden, wenn eine derartige Verwaltungsübertretung als erwiesen anzunehmen ist, sondern dann, wenn die näheren Umstände für die Begehung der Verwaltungsübertretung sprechen, wobei sich aus der Verwendung der Gegenwartsform in § 39 Abs 1 VStG ergibt, daß der Verdacht im Zeitpunkt der Beschlagnahme gegeben sein muß. Die Behörde ist nicht gehalten, vor Erlassung des Bescheides der Partei Gelegenheit zur Stellungnahme zu geben, da die beabsichtigte Beschlagnahme als eine offenkundige notwendige Sicherungsmaßnahme im Falle der Einräumung des Parteiengehörs naturgemäß zum Scheitern verurteilt ist (VwGH 13.9.1979, Slg 9923/A).

31) Die Berufungsbehörde ist berechtigt, die in erster Instanz einem Beschuldigten angelastete Tat dadurch zu ergänzen, daß der Beschuldigte nicht als unmittelbarer Täter, sondern nach § 9 VStG als verantwortliches Organ einer juristischen Person bestraft wird. Auch der Vorhalt eines Ermittlungsergebnisses ist als eine die Verjährung unterbrechende Verfolgungshandlung anzusehen (VwGH 19.4.1983, 05/1039/80, 1233, 2506/80, BauSlg 38).

32) Mit dem Hinweis auf die Bestellung eines gewerberechtlichen Geschäftsführers kann eine nach § 9 VStG bestehende Verantwortlichkeit für die Einhaltung baurechtlicher Bestimmungen nicht abgewälzt werden (VwGH 21.6.1983, 83/05/0042, Bau-Slg 75).

33) Auf Grund des § 109 EO ist ein Zwangsverwalter zur Vertretung des Hauseigentümers in einem Verwaltungsstrafverfahren nicht berechtigt (VwGH 18.9.1984, 84/05/0149, 0150, BauSlg 304).

34) Der gem § 17 Wohnungseigentumsgesetz (jetzt: § 19 WEG-2002) bestellte Verwalter ist direkter Stellvertreter aller Wohnungseigentümer (auch der überstimmten Minderheit); seine nach außen unbeschränkbare Formalvollmacht umfaßt alle Angelegenheiten, die die Verwaltung der Liegenschaft mit sich bringt, also insbesondere auch die Behebung von Baugebrechen. Im Innenverhältnis, also gegenüber den einzelnen Miteigentümern, ist der Verwalter aus eigenem (nur) zur Vornahme von Maßnahmen der ordentlichen Verwaltung befugt. Er ist dabei an ordnungsgemäß beschlossene und nicht gesetzwidrige Weisungen der Mehrheit sowie an die Vorschriften des WEG gebunden.

Somit ist der nach § 17 WEG (jetzt: § 19 WEG 2002) bestellte Vertreter, soweit er nicht abberufen wurde und soweit er nicht von der Mehrheit der Wohnungseigentümer an den erforderlichen Reparaturarbeiten gehindert wurde, gem § 135 Abs 3 BO allein verantwortlich (VwGH 23.9.1986, 86/05/0019, BauSlg 758).

35) Ein Hauseigentümer ist zur Instandhaltung seines Hauses verpflichtet; die Erfüllung dieser Verpflichtung bedeutet nicht das Eingehen einer neuen Schuld gem § 159 Abs 1 Z 2 StGB. Für die Verantwortung des Bfrs, er hätte bei Erfüllung des Instandhaltungsauftrages gem § 129 Abs 2 und 4 BO auf Grund von Überschuldung gegen § 159 Abs 1 Z 2 StGB verstoßen, ist der Vorwurf, trotz ausdrücklicher Aufforderung nicht dargetan zu haben, warum er nicht etwa durch einen Antrag nach § 18 ff MRG für die Finanzierung der Instandhaltung gesorgt habe – dies umsomehr, als gem § 3 Abs 3 Z 2 lit a MRG Arbeiten kraft öffentlich-rechtlichen Auftrages besonders privilegiert sind –, von besonderer Bedeutung. Sieht doch § 42 Abs 2 MRG die zulässige und wirksame Abtretung der Mietzinse zur Sicherung eines Instandsetzungsdarlehens mit einer Anmerkung im Grundbuch, die selbst im Falle einer Versteigerung der Liegenschaft unberührt bleibt, vor. Bei einer derartigen Vorgangsweise wäre es aber zu keiner Schmälerung der Rechte bisheriger Gläubiger gekommen (VwGH 29.11.1988, 88/05/0170, BauSlg 1225).

36) Die Bauordnung verpflichtet den Eigentümer einer Baulichkeit zur Beseitigung von Baugebrechen auch dann, wenn diese zu einem Zeitpunkt entstanden sind, in dem er noch gar nicht Eigentümer war. Ob das Gebäude unter der geltenden Bauordnung errichtet wurde oder zu einem früheren Zeitpunkt, ist hiebei rechtlich unerheblich (vgl etwa das Erk v 26.10.1964, Slg 6467/A). Die Verletzung der den Eigentümer treffenden Instandhaltungspflicht gem § 129 Abs 2 BO ist ein Unterlassungsdelikt, bei welchem das strafbare Verhalten erst dann aufhört, wenn der gesetzlichen Instandhaltungspflicht entsprochen wurde. Solange der gesetzwidrige Zustand andauert, ist eine neuerliche Bestrafung möglich (vgl etwa das E v 13.1.1964, 1879/63, ua). Bestehende Baugebrechen sind schon im öffentlichen Interesse (rasch) zu beseitigen, allenfalls im Wege der Abtragung, was der Bfr gar nicht beabsichtigt (VwGH 21.2.1989, 88/05/0245).

37) Solange der Hauseigentümer als Vermieter ohne übermäßiges Zuwarten annehmen durfte, daß der Mieter für eigenmächtig vorgenommene Änderungen ein Bauansuchen einbringen wird, ist ein Verschulden des Hauseigentümers in einem Strafverfahren (§ 129 Abs 10 iVm § 135 Abs 1 BO) nicht anzunehmen (VwGH 25.4.1989, 87/05/0194).

38) Der Verwalter eines Hauses ist verpflichtet, bestehende Baugebrechen so rasch wie möglich zu beseitigen. Die in einem baupolizeilichen Auftrag festgesetzte Erfüllungsfrist bzw deren allfällige Erstreckung besitzt für ein Verwaltungsstrafverfahren keine Bedeutung, sie besagt vielmehr nur, daß erst nach Ablauf dieser Frist ein Vollstreckungsverfahren eingeleitet werden darf (VwGH 12.9.1989, 89/05/0104).

39) § 129 Abs 10 BO enthält ein Gebot, dem bereits zuwidergehandelt werden kann, ohne daß vorher ein baupolizeilicher Auftrag ergangen sein müßte. Wohl ist die Strafbarkeit dann nicht gegeben, wenn der Eigentümer, der Normadressat dieser Bestimmung ist, von der ihm im Gesetz eingeräumten Möglichkeit der Erwirkung einer nachträglichen Baubewilligung Gebrauch macht. Eine Bestrafung wegen Nichtbeseitigung eines bauordnungswidrigen Baues ist während des Laufes des Verfahrens über das Ansuchen um nachträgliche Baubewilligung bis zur rechtskräftigen Entscheidung nicht möglich (s verst Sen Slg 7657/A).

Die Vorschrift des § 129 Abs 10 BO iVm § 135 Abs 1 BO stellt keine Beugestrafe dar, sondern eine Verwaltungsübertretung, die – innerhalb der Verjährungsfrist – auch dann zu ahnden ist, wenn im Zeitpunkt der Entscheidung im Verwaltungsstrafverfahren der rechtswidrige Zustand weggefallen ist (VwGH 28.5.1991, 88/05/0166).

40) Ein gem § 135 Abs 1 und 2 WBO iVm § 17 Abs 1 VStG verfügter Verfall von Gegenständen soll eine Fortsetzung der unbefugten Bauführung verhindern. Dementsprechend kommt es bei der Erklärung von Gegenständen für verfallen nicht auf das verwendete Material, sondern auf die Verwendbarkeit des Materials an (VwGH 28.4.1992, 88/05/0255).

41) § 135 Abs 3 WBO ist die lex specialis zu § 9 VStG. Die verwaltungsstrafrechtliche Verantwortlichkeit des Hauseigentümers für Verletzungen der ihm durch die BO auferlegten Pflichten ist also auch dann gegeben, wenn er es bei der Beaufsichtigung des Verwalters an der nötigen Sorgfalt fehlen ließ (VwGH 15.9.1992, 92/05/0115).

42) Während der Anhängigkeit eines Ansuchens um Erteilung einer nachträglichen Baubewilligung ist eine Bestrafung nicht zulässig (s E verst Sen 14.10.1969, 766/68, VwSlg 7657/A). Dies bedeutet jedoch nicht, daß eine Bestrafung auch dann nicht zulässig ist, wenn nach Rechtskraft des Bescheides der Bauoberbehörde noch eine Beschwerde an einen Gerichtshof des öffentlichen Rechts eingebracht worden ist (VwGH 24.11.1992, 92/05/0126).

43) Die sich aus § 129 Abs 2 BO ergebende Verbindlichkeit des Hauseigentümers stellt sich als eine einheitliche Verpflichtung dar, weil sie den gesamten Zustand eines bestimmten Gebäudes betrifft. Die innerhalb eines bestimmten Zeitraumes begangenen Verstöße gegen diese Instandhaltungsverpflichtung sind daher als eine einzige Verwaltungsübertretung zu ahnden. In Fällen, in welchen die Nichterfüllung der Instandhaltungsverpflichtung während eines bestimmten Zeitraumes hinsichtlich verschiedener Teile eines Hauses Gegenstand der Bestrafung ist, ist immer **eine einzige Verwaltungsübertretung** nach § 129 Abs 2 BO anzunehmen (s E 21.6.1976, 267/76). Die

Richtigkeit dieser Überlegung ergibt sich auch daraus, daß es sonst möglich wäre, durch eine Zerlegung der einen jeweiligen bestimmten Teil eines Hauses betreffenden Unterlassungen der Instandhaltungsverpflichtung in verschiedene Übertretungen und ihre abgesonderte Bestrafung den Strafrahmen des Gesetzes zu überschreiten (s E 9.12.1968, 169/66, Slg 7461/A). Die Behörde hat unter Zugrundelegung des gesamten Tatzeitraumes (gegebenenfalls hinsichtlich einzelner Vorwürfe eingeschränkt auf einen kürzeren Zeitraum) davon auszugehen, daß der Beschuldigte eine einzige Verwaltungsübertretung begangen hat, und hat dafür über ihn nur eine einzige Strafe zu verhängen (VwGH 29.6.1993, 93/05/0025). S dazu *Hauer*, Zur Verletzung der Instandhaltungspflicht als Verwaltungsübertretung, IZ 1994, Heft 7, 131.

44) Gem § 156 Abs 2 EO ist die Übergabe der Liegenschaft nach den Bestimmungen des § 349 EO zu vollziehen. Der Ersteher kann nur auf diese Weise gegen den Willen des Verpflichteten in den Besitz der Liegenschaft gelangen (vgl hiezu *Feil*, Exekutionsordnung, 4. Auflage, Seite 457, Rz 8 zu § 156). Der Ersteher der Liegenschaft, dessen Eigentumsrecht noch nicht einverleibt ist und dem die Liegenschaften noch nicht im Sinne des § 156 Abs 2 EO übergeben wurde, kann daher keine Verwaltungshandlungen vornehmen (vgl das Urteil des Obersten Gerichtshofes vom 16. Dezember 1992, 3 Ob 572/92 = JusExtra/Z/1993/1261; Feil, aaO, Seite 457). Solange also die Liegenschaft gem § 156 Abs 2 EO noch nicht an den Ersteher übergeben wurde, bedarf es – soweit erforderlich – der Bestellung eines einstweiligen Verwalters nach § 158 EO, auf welchem gem § 159 EO die Vorschriften über die Zwangsverwaltung anzuwenden sind (vgl hiezu MietSlg 45.796/37) – (VwGH v 27.5.1997, 97/05/0058).

45) Daß ein Bau nicht eine erforderliche zusätzliche Verbindung mit dem Boden aufweist, führt aber nicht zu dem Ergebnis, daß ein an sich bewilligungspflichtiges Bauwerk, zumal wenn es entgegen der baurechtlichen Vorschrift und den Gesetzen der Technik errichtet wird, nicht mehr der Bewilligungspflicht unterliegt und die Baubehörde jede Ingerenz auf das zu errichtende Bauwerk verlieren würde (vgl hiezu das hg Erkenntnis vom 30. Mai 1995, Zl 95/05/0042) (VwGH 16.9.1997, 97/05/0139).

46) Da davon auszugehen ist, daß die Benützungsbewilligung aus dem Jahre 1898 dem Bauwerber die Anbringung von Haltestangen im Bereich der verfahrensgegenständlichen Stiegen nicht auferlegt hat, demnach das Haus seinerzeit diesbezüglich konsensgemäß errichtet worden ist und auch in Art III Abs 6 der Wiener Bauordnung der § 106 Abs 11 als rückwirkende Bestimmung nicht genannt ist, kann dem Angeklagten eine Verletzung einer Bestimmung der Wiener Bauordnung nicht angelastet werden.

Ungeachtet dessen ist aber jeder Eigentümer eines Hauses verpflichtet, alle Gänge, Treppen und Teile des Hauses, die zu dessen ordnungsgemäßer Benützung erforderlich sind, in einem für Dritte verkehrssicheren und gefahrlosen Zustand zu erhalten (EvBl 1974/248). Diese Verkehrssicherungspflicht gilt insbesondere für Vermieter, die durch Abschluß des Mietvertrages (oder dessen Übernahme bei Erwerb des Objektes) das Haus für vom Eigentümer verschiedene Personen öffnen. Sie trifft eine besondere Verpflichtung, für eine gefahrlose Benützung des Hauses Sorge zu tragen. Damit hat der Hauseigentümer, aber auch dessen Verwalter Garantenstellung insbesondere gegenüber den Mietern, und haftet nicht nur für einen von ihm aktiv herbeigeführten Erfolg, sondern auch für die Unterlassung der Erfolgsabwendung.

Der Angeklagte ist sowohl Eigentümer als auch Verwalter des Hauses 1020 Wien, Rauscherstraße XY. Demzufolge hätte er sich laufend vom Zustand der Baulichkeit überzeugen und sich von den geltenden Rechtsvorschriften Kenntnis verschaffen müssen, wie es im gegenständlichen Fall jeder mit den rechtlich geschützten Werten angemessen verbundener, besonnener und einsichtiger Mensch in der Lage des Täters getan hätte, um die Gefahr einer Rechtsgutbeeinträchtigung zu erkennen und hintanzuhalten (vgl *Leukauf/Steininger*, Komm[3] § 6 RN 12).

Dabei wäre er auf die entgegen der derzeit geltenden Bauordnung nicht durch einen Handlauf gesicherte Stiege gestoßen und wäre – zumal ihm bekannt war, daß auch ältere Personen im Haus wohnen – bei pflichtgemäßer und ihm zumutbarer Sorgfalt verpflichtet gewesen, die fragliche Stiege mit einem Handlauf zu versehen oder versehen zu lassen, um deren gefahrlose Begehung zu gewährleisten (OGH 21.4.1998, 11 Os 35, 36/98).

47) Auch ein an Sonn-, Feier- und Ruhetagen und bei Inventur geschlossenes Geschäftslokal wird benützt (Anm: die Benützung ohne Fertigstellungsanzeige ist daher jedenfalls strafbar) (VwGH 28.9.1999, 95/05/0298).

48a) § 135 Abs 1 der Bauordnung für Wien (BO) ist eine Blankett-Strafvorschrift, welche selbst keinen Tatbestand enthält, sondern auf andere Vorschriften, die damit Teil des Verwaltungsstrafbestandes werden, verweist. Die Blankett-Strafnorm des § 135 Abs 1 BO enthält die Verweisung auf die Bauordnung und die auf Grund dieses Gesetzes erlassenen Verordnungen als Rechtsquelle für das Tatbild von Übertretungen im Sinne dieses Gesetzes. Ob eine Bestimmung der BO überhaupt eine Norm enthält, der zuwidergehandelt werden kann, muß daher in jedem einzelnen Fall geprüft werden (vgl hiezu das hg Erkenntnis vom 28. Oktober 1997, Zl 97/05/0105).

48b) Die Beihilfe ist gegenüber der unmittelbaren Täterschaft subsidiär. Ein und dieselbe Person kann nicht sowohl als unmittelbarer Täter als auch als Mitschuldiger bestraft werden (vgl hiezu das hg Erkenntnis vom 18. März 1958, Slg Nr 4.609/A).

48c) § 124 Abs 1 BO verpflichtet den Bauwerber, sich zur Ausführung aller nach § 60 bewilligungspflichtigen und nach § 62 anzeigepflichtigen Bauarbeiten eines Bauführers zu bedienen, der nach den für die Berufsausübung maßgeblichen Vorschriften zur erwerbsmäßigen Vornahme dieser Tätigkeit berechtigt ist. Der Bauführer (das ist derjenige, der in fremdem Auftrag und für fremde Rechnung als Unternehmer ein Bauwerk herstellt) hat gem Abs 2 dieser Gesetzesstelle den Zeitpunkt des Beginns dieser Ausführung mindestens drei Tage vorher der Behörde anzuzeigen. Wird mit dem Bau entgegen der Baubeginnsanzeige nicht begonnen, gilt diese als nicht erstattet.

§ 125 BO wiederum normiert die Verantwortlichkeit bei der Bauausführung. Gem Abs 1 lit a dieser Gesetzesstelle ist für die Einhaltung der Baupläne, die nach diesem Gesetz ausgeführt werden dürfen, sowie aller Auflagen der Baubewilligung, für die werksgerechte Bauausführung, für die Tauglichkeit der verwendeten Baustoffe und Konstruktionen sowie überhaupt für die Einhaltung aller auf die Bauführung Bezug habenden Vorschriften dieses Gesetzes, seiner Nebengesetze und der auf Grund dieser Gesetze erlassenen Verordnungen der Bauführer verantwortlich. Gem Abs 4 dieses Paragraphen bleiben die Verpflichtungen des Bauwerbers und des Eigentümers (aller Miteigentümer) der Liegenschaft unberührt. Nach dem Willen des Gesetzgebers soll daher verwaltungsrechtlich der Behörde gegenüber jeweils derjenige verantwortlich sein, der in eigener Verantwortung eine bestimmte Tätigkeit ausführt (vgl hiezu die bei *Geuder/Hauer*, Wiener Bauvorschriften, 3. Auflage, S 530 f, abgedruckten Erläuterten Bemerkungen zur Novelle 1976). Aus dieser Bestimmung ergibt sich daher im Zusammenhang mit § 135 Abs 1 BO, daß der Bauführer als unmittelbarer Täter für eine Tat, die die belangte Behörde dem § 7 VStG unterstellt hat, zu bestrafen ist (VwGH 28.9.1999, 99/05/0145).

49) Gem § 10 Abs 1 StGB stellt einen entschuldigenden Notstand eine Situation dar, in der eine Person eine mit Strafe bedrohte Handlung begeht, um einen unmittelbar drohenden Nachteil von sich oder einem anderen abzuwenden, wenn der aus der Tat drohende Schaden nicht unverhältnismäßig schwerer wiegt als der Nachteil, den sie abwenden soll und in der Lage des Täters von einem mit den rechtlich geschützten Werten verbundenen Menschen kein anderes Verhalten zu erwarten ist. Gem § 10 Abs 2 StGB darf sich der Täter der Gefahr nicht ohne einen von der Rechtsordnung anerkannten Grund bewusst ausgesetzt haben. Dieser Begriff des Notstandes des StGB ist nach der hg Judikatur auch für das VStG als maßgebend anzusehen (vgl die in *Walter/Mayer*, Verwaltungsverfahrensrecht[7], 329, Rz 751, dazu angeführte hg Judikatur). Nach der hg Judikatur darf der Notstand auch nicht selbst verschuldet sein (vgl die hg Erkenntnisse vom 2. Oktober 1973, Slg Nr 8471/A, und vom 22. November 1983, Zl 83/03/0298). Der Notstand wird ausgeschlossen, wenn sich der Beschuldigte selbst in die Zwangslage versetzt hat (vgl das hg Erkenntnis vom 17. Februar 1988, Zl 88/03/0023) (VwGH 28.3.2000, 98/05/0228).

50) In den Fällen der konsenslosen und der konsenswidrigen Bauführung hat der Verwaltungsgerichtshof in mehreren Erkenntnissen ausgesprochen, dass der Strafanspruch wegen einer Benützung ohne Benützungsbewilligung (jetzt:

ohne entsprechend belegte Fertigstellungsanzeige) durch den Strafanspruch wegen der nichtbewilligten Bauführung konsumiert wird und die gesonderte Verfolgung der unbewilligten Benützung eines konsenslosen oder konsenswidrigen Gebäudes rechtswidrig ist. Es kommt daher nur mehr die Bestrafung wegen vorschriftswidriger Bauführung in Betracht (siehe die Nachweise bei *Geuder/Hauer*, Wiener Bauvorschriften[3], 649) (VwGH 11.12.2001, 99/05/0132).

51) Aus dem Bescheid der Baupolizei ergibt sich, daß bei dem genehmigten Bauvorhaben anläßlich der Ausführung (Keller, Erdgeschoß und 1. Stock waren bereits vollendet, am Dachgeschoß wurde gearbeitet) Abweichungen vom Plan festgestellt wurden. Damit greift aber die Bestimmung des § 125 Abs 1 lit a BO, wonach bei der Bauausführung für die Einhaltung der Baupläne, die nach dem Gesetz ausgeführt werden dürfen, der Bauführer verantwortlich ist.

Wenn die belangte Behörde meint, die Verantwortlichkeit des Bauwerbers bleibe neben einer Bestellung des Bauausführenden bestehen, verkennt sie offenbar die Bestimmung des § 125 Abs 4 BO. Anders als § 135 Abs 3 BO ist in § 125 Abs 4 BO eine kumulative Verantwortlichkeit nicht normiert, was sich schon aus dem Fehlen des Wortes „neben“ ergibt. Vielmehr soll nach dem Willen des Gesetzgebers verwaltungsrechtlich der Behörde gegenüber jeweils derjenige verantwortlich sein, der in eigener Verantwortung eine bestimmte Tätigkeit ausübt (vgl hiezu die bei *Geuder/Hauer*, Wiener Bauvorschriften, 3. Auflage, S 530, abgedruckten Erläuternden Bemerkungen zur Novelle 1976). Während etwa der Bauwerber für die Auswahl des Bauführers verantwortlich ist (§ 124 Abs 1 BO), worauf auch § 125 Abs 4 BO verweist, ist der dem Gesetz entsprechend bestellte Bauführer für die planwidrige Ausführung allein verantwortlich (siehe auch das hg Erkenntnis vom 28. September 1999, Zl 99/05/0145) (VwGH 9.10.2001, 99/05/0024).

52) Gem der hg Judikatur (vgl die Erkenntnisse vom 11. Oktober 1990, Zl 90/06/0147, vom 19. Dezember 1995, Zl 93/05/0143, und vom 19. Jänner 1999, Zl 95/05/0047) ist unter einer „Pergola“ (= Rankgerüst) im Allgemeinen ein nicht überdeckter Laubengang in einer Gartenanlage zu verstehen, wobei die auf Stützen liegenden Unterzüge ein Gebälk tragen, das von Pflanzen umrankt ist. Es wird in diesem Zusammenhang auf *Koepf*, Bildwörterbuch der Architektur[2], Seite 87 f, verwiesen. Weiters wird Pergola (siehe *Frommhold/Gareiß*, Bauwörterbuch[2], 1978, 195) als offener, meist überrankter Laubengang, bei dem in der Regel lange beiderseitig auf Pfeilern oder Holzstützen liegende Kanthölzer, die in regelmäßigen Abständen angeordneten Querhölzer tragen, definiert.

Entscheidende Funktion einer Pergola ist somit, dass sie als Rankgerüst in einer Gartenanlage Pflanzen Halt gewährt. Dieser Funktion dient regelmäßig ein leichter Baustoff, vorzugsweise Holz. Nur ein Gerüst, das für das „Ranken“ von Pflanzen erforderlich ist, kann somit als Pergola angesehen werden.

Die hier verbauten I-Profil-Stahlträger, die typischerweise für Stahlträgerdecken zum Einsatz kommen (siehe *Schmitt/Heene*, Hochbaukonstruktion[11], 307 f) sind hingegen für das Ranken von Pflanzen zweifelsohne nicht erforderlich. Auch eine Pergola im beschriebenen Sinne muss üblicherweise Windstärken standhalten, damit kann der hier verwendete Baustoff nicht gerechtfertigt werden. Darüber hinaus kann durch das bloße Auflegen von Stahlträgern von einem „Laubengang“ keine Rede sein (VwGH 9.10.2001, 99/05/0050).

53) Der handelsrechtliche Geschäftsführer einer GmbH wird durch die Eröffnung des Ausgleichs der Verantwortlichkeit nach § 9 VStG nicht enthoben (VwGH 21.11.2002, 2002/06/0146, zum SzBPG).

54) Zutreffend hat die belangte Behörde darauf hingewiesen, dass es dem Eigentümer (Verwalter) obliegt, sich laufend vom guten Zustand der Baulichkeit zu überzeugen (siehe die bei *Geuder/Hauer*, aaO, S 848 unter E 10 wiedergegebene hg Rechtsprechung). Daher kann sich der Erstbeschwerdeführer nicht mit Erfolg darauf berufen, er habe keine Kenntnis von den Mängeln gehabt, weil ihm der betreffende Hauskanal nicht bekannt gewesen bzw ihm über dessen Existenz und über die Mängel von niemandem Mitteilung gemacht worden sei (VwGH 24.2.2004, 2003/05/0195).

55) Die hier zu beurteilende kumulative Verantwortlichkeit (von Eigentümer und Verwalter) wird nach der Rechtsprechung aber auch dann bejaht, wenn es der Eigentümer bei der Beaufsichtigung des Verwalters an der nötigen Sorgfalt fehlen ließ (siehe das schon zitierte Erkenntnis vom 20. April 2001, mwN). Diese Anforderung lässt sich jedoch auf den die Verwaltung innehabenden Fruchtnießer nicht übertragen. Die umfassende Verwaltungsbefugnis schließt nämlich eine Beaufsichtigung durch den Eigentümer aus, weshalb eine Sorgfaltsverletzung bei der Beaufsichtigung nicht in Betracht kommt. Wird demnach der Tatbestand des § 135 Abs 3 zweiter Satz BO nicht erfüllt, stellt sich auch die Frage nach dem für Ungehorsamkeitsdelikte geforderten Entlastungsbeweis nicht (VwGH 9.11.2004, 2002/05/0033).

56) Zur Vertretung wie zur Geschäftsführung einer Gesellschaft bürgerlichen Rechts sind grundsätzlich alle Teilhaber berufen. Sowohl die Geschäftsführung als auch die Vertretung kann jedoch im Gesellschaftsvertrag abweichend geregelt werden (vgl das hg Erkenntnis vom 25. September 1992, Zl 92/09/0138). Für die Einhaltung der Verwaltungsvorschriften bei Erfüllung des im Arbeitsgemeinschaftsvertrag genannten Bauauftrages sind daher primär die Gesellschafter, im Beschwerdefall deren satzungsgemäß zur Vertretung nach außen berufene Organe, strafrechtlich verantwortlich (vgl das hg Erkenntnis vom 27. April 1982, Zl 81/11/0076, VwSlg 10.716/A). Diese strafrechtliche Verantwortlichkeit im Sinne des § 9 Abs 1 VStG kann jedoch von den vertretungsbefugten Organen der an der ARGE beteiligten Gesellschaften durch eine rechtswirksame Bestellung eines verantwortlichen Beauftragten nach § 9 Abs 2 VStG übertragen werden (vgl das hg Erkenntnis vom 18. Dezember 2001, Zl 2000/09/0080). Nach diesem Erkenntnis kann aber durch die rechtswirksame Bestellung eines verantwortlichen Beauftragten der Organe der ARGE der Vertretungsbefugte einer Mitgliedsgesellschaft dieser ARGE nicht von seiner verwaltungsstrafrechtlichen Verantwortlichkeit entbunden werden.

...

Gerade weil der ARGE als GesBR Rechtspersönlichkeit fehlt, muss eine von allen Gesellschaftern abgegebene Erklärung, die mit dem Pronomen: „Wir" eingeleitet wird, im Bereich der zu beurteilenden verwaltungsstrafrechtlichen Folgen dieser Erklärung als Erklärung der einzelnen Gesellschafter angesehen werden. Die einzelnen Gesellschafter waren aber zur Bestellung einer Person, die nicht aus ihrem Kreis stammt, sondern einer Partnergesellschaft angehörte, grundsätzlich befugt (VwGH 18.1.2005, 2004/05/0068).

57) Der Umstand, dass die noch ausstehende Sanierung immer wieder angesprochen, aber vom Hauseigentümer trotz Ankündigung weder in Angriff genommen noch durchgeführt wurde, hätte dem Beschwerdeführer aber bereits nach einigen der – nach seinen eigenen Angaben zahlreichen – Telefonate mit dem Hauseigentümer auffallen müssen. Angesichts dessen hätte er diesen wiederholten Ankündigungen weder Vertrauen schenken, noch ihnen den Inhalt einer der Behebung des Baugebrechens durch ihn entgegen stehenden Weisung zumessen dürfen. Auf Grund der Umstände des vorliegenden Falles musste es für den Hausverwalter schließlich erkennbar sein, dass es sich bei diesen Erklärungen („... werde mich darum kümmern") um bloße Ankündigungen handelt, denen keine Taten folgen würden; er konnte sich dadurch nicht von seiner Pflicht befreit fühlen, alles ihm zur Verfügung Stehende zur Behebung dieses Schadens zu veranlassen oder aber eine in ihrem Inhalt und Umfang eindeutige Stellungnahme des Hauseigentümers zur konkreten Durchführung der Sanierung zu erlangen (VwGH 31.7.2007, 2006/05/0137).

58) Im vorliegenden Fall kam die belangte Behörde zu dem Ergebnis, der Beschwerdeführer sei nicht als Bauführer im Sinn des § 125 Abs. 1 lit. a Bauordnung für Wien verwaltungsstrafrechtlich verantwortlich, sondern vielmehr als „Bauausführender" im Sinn des § 125 Abs. 1 lit. b leg. cit., da die K Gesellschaft m.b.H. damit beauftragt gewesen sei, die Holzfassade auf den bereits bestehenden Ziegelrohbau anzubringen; in diesem Zusammenhang sei der Bauausführende nach § 125 Abs. 1 lit. b leg. cit. auch für die bewilligungs- und bauordnungsgemäße Ausführung verantwortlich.

Da in der Bauordnung für Wien über das Verschulden bei einem Verstoß gegen § 125 Abs. 1 lit. b leg. cit. nicht anderes bestimmt ist, genügt zur Strafbarkeit des Beschwerdeführers im Beschwerdefall gem § 5 Abs. 1 VStG fahrlässiges Verhalten. Der Beschwerdeführer behauptet nicht, dass er in Unkenntnis der Verwaltungsvorschrift zuwidergehandelt hat, die als Entschuldigungsgrund im Sinne des § 5 Abs. 2 VStG gewertet werden könnte. Da der selbständig, also in eigener Verantwortung, tätige Bauausführende im Sinne des § 125 Abs. 1 lit. b Bauordnung für Wien für die bewilligungs- und bauordnungsgemäße Ausführung der ihm übertragenen Arbeiten verantwortlich ist, hatte der Beschwerdeführer vor Ausführungsbeginn jedenfalls zu klären, ob für die übertragenen Arbeiten eine rechtskräftige Baubewilligung vorliegt. Hiezu war es im Beschwerdefall jedenfalls erforderlich, dass in die maßgeblichen Plandokumente Einsicht genommen wird. Nur so wäre für den Beschwerdeführer erkennbar gewesen, ob (auch) die auszuführende bewilligungspflichtige Fassadengestaltung baubehördlich bewilligt ist und eine bewilligungsgemäße Ausführung erfolgt (VwGH 15.6.2010, 2009/05/0262).

59) Die Beschwerdeführerin ist zwar Miteigentümerin des hier interessierenden Gebäudes. Ihr (Mit-)Eigentum ist aber durch ein ihrem Schwiegervater eingeräumtes Fruchtgenussrecht grundbücherlich belastet.
Die belangte Behörde ging davon aus, dass sie die „gewählte Fruchtgenusskonstruktion jedenfalls nicht zu berücksichtigen" habe.

Diese Rechtsansicht der belangten Behörde erweist sich jedoch als unzutreffend. Die Strafbehörden hatten im Hinblick auf das Vorbringen der Beschwerdeführerin, ihre Liegenschaft sei mit einem Fruchtgenussrecht eines Dritten belastet, jedenfalls näher zu prüfen, ob die Beschwerdeführerin ihre Verantwortung für die nicht vorgenommenen Instandsetzungsarbeiten auf einen Verwalter iSd § 135 Abs. 5 BO überwälzt hat. Dazu ist es erforderlich, sich mit der Stellung des Fruchtgenussberechtigten auseinander zu setzen.

Im Erkenntnis vom 9. November 2004, Zl 2002/05/0033 hat der Verwaltungsgerichtshof näher begründet ausgeführt, dass der Fruchtnießer in Ansehung der Verpflichtung nach § 129 Abs. 2 BO zwar nicht an die Stelle des Eigentümers tritt. Dem Fruchtnießer kommt aber das ausschließliche Recht auf Ausübung der Nutzungs- und Verwaltungsbefugnisse der mit dem Fruchtgenussrecht belasteten Liegenschaft zu, sodass der Eigentümer des belasteten Anteils von dessen Verwaltung ausgeschlossen ist.

In Anbetracht dessen hätten die Strafbehörden wie in dem der zitierten Entscheidung zu Grunde liegenden Beschwerdefall prüfen müssen, von wem im Tatzeitraum die (Haus-)Verwaltung tatsächlich durchgeführt wurde. (VwGH 15.6.2010, 2009/05/0328)

60) Wenn der Beschwerdeführer eine Auswechslung der Sache rügt, weil er erstmals von der Berufungsbehörde in seiner Eigenschaft als Geschäftsführer der K Gesellschaft mbH bestraft wurde, so genügt es ihm zu entgegen, dass allein durch die Aufrechterhaltung des Schuldspruches des erstinstanzlichen Straferkenntnisses durch die Berufungsbehörde mit der Maßgabe, dass dem Beschuldigten die Straftat nicht für seine Person, sondern als Organ einer juristischen Person zuzurechnen ist, eine Auswechslung oder eine Überschreitung der Sache des Berufungsverfahrens nicht stattfindet (VwGH 20.9.2012, 2010/06/0232, zum Salzburger Ortsbildschutzgesetz).

61) Gem § 124 Abs 1 leg cit hat sich der Bauwerber zur Ausführung aller bewilligungspflichtigen und anzeigepflichtigen Bauarbeiten eines Bauführers zu bedienen, der nach den für die Berufsausübung maßgeblichen Vorschriften zur erwerbsmäßigen Vornahme dieser Tätigkeit berechtigt ist. Wenn entsprechend der BO ein Bauführer bestellt wurde und bei der Bauführung Abweichungen von einem bewilligten Plan vorkommen, ist dafür der Bauführer verantwortlich, und zwar auch dann, wenn er mit dem Bau bereits beginnt, ohne dass die dafür erforderliche Bewilligung vorliegt oder das notwendige Bauanzeigeverfahren durchgeführt wurde (vgl aus der hg Judikatur etwa die Erkenntnisse vom 28. September 1999, Zl 99/05/0145, und vom 28. April 2006, Zl 2005/05/0091, mwN).

Handelt es sich hingegen um die Durchführung von Baumaßnahmen, ohne dass zuvor ein Bauführer bestellt worden ist, liegt die Verantwortung beim Bauwerber bzw beim Bauherrn, der dann gegebenenfalls nicht nur wegen der Durchführung von Bauarbeiten ohne entsprechende Baubewilligung, sondern auch wegen Unterlassung der Bestellung eines verantwortlichen Bauführers haftet (vgl dazu nochmals das vorzitierte Erkenntnis Zl 2005/05/0091; ferner etwa das hg Erkenntnis vom 15. Juni 2010, Zl 2009/05/0124, mwN) (VwGH 25.9.2012, 2011/05/0018).

62a) Gem § 9 Abs 1 VStG ist für die Einhaltung der Verwaltungsvorschriften durch juristische Personen oder eingetragene Personengesellschaften (sofern die Verwaltungsvorschriften nichts anderes bestimmen und soweit nicht verantwortliche Beauftragte bestellt sind) strafrechtlich verantwortlich, wer zur Vertretung nach außen berufen ist. Damit sind nur die durch die Verfassung der juristischen Person (Gesetz, Satzung, Gesellschaftsvertrag) zur Vertretung berufenen Organe gemeint (vgl *Thienel/Zeleny*, Verwaltungsverfahren[18], § 9 VStG, 213, und *Kolonovits/Muzak/Stöger*, Verwaltungsverfahrensrecht[10], Rz 1035).

62b) Ein Prokurist ist entsprechend der ständigen hg Judikatur (vgl etwa die hg Erkenntnisse vom 21. Oktober 2005, Zl 2005/02/0191, vom 14. Dezember 2005, Zl 2002/05/0209, vom 4. Oktober 1996, Zl 96/02/0274, oder vom 12. November 1992, Zl 92/18/0410, jeweils mwN) mangels Organstellung jedenfalls nicht als zur Vertretung nach außen Berufener iSd § 9 Abs 1 VStG einzustufen.

62c) Durch den Bestellungsakt zu einem ständigen Vertreter wird dieser nicht zum Organ der Gesellschaft, sondern zum rechtsgeschäftlichen Vertreter (vgl *Brugger* in *Gruber/Harrer* (Hrsg), GmbHG, § 107 Rz 50, und *Jörg Zehetner*, Eintragungsfähigkeit, ecolex 1999, 776). Als rechtsgeschäftlicher Vertreter haftet dieser nicht – wie ein organschaftlicher Vertreter – gem § 9 VStG (vgl dazu etwa die hg Erkenntnisse [beide] vom 29. März 2000, Zl 96/08/0268 und Zl 97/08/0083, erneut *Brugger*, § 107 Rz 54) (VwGH 16.3.2016, Ra 2014/05/0002 zur BO f NÖ).

63) Da somit die Verpflichtung zur Instandhaltung nach § 129 Abs 2 BO zu ihrer Konkretisierung nicht erst eines baupolizeilichen Auftrages bedarf und nicht die Nichterfüllung eines baupolizeilichen Auftrages, sondern die Verletzung der Instandhaltungspflicht an sich bereits strafbar ist, kommt es – entgegen der vom Verwaltungsgericht vertretenen Auffassung – nicht darauf an, ob die Erfüllungsfrist eines auf die Beseitigung eines festgestellten Baugebrechens gerichteten Auftrages bereits abgelaufen war (VwGH 24.4.2018, Ra 2016/05/0140).

64) Wenn das Verwaltungsgericht das angefochtene Straferkenntnis – wie im vorliegenden Fall – nur (ersatzlos) behebt, wird die Verwaltungsstrafsache nicht abschließend erledigt (vgl VwGH 1.10.2018, Ra 2018/03/0006, mwN) und damit nicht in der Sache selbst – sei es durch Einstellung des Strafverfahrens oder im Sinne eines Schuldspruches – entschieden (VwGH 7.3.2017, Ra 2016/02/0271) (VwGH 2.5.2019, Ra 2019/0/0006).

65) Weder aus der Definition des Anwendungsbereiches des WKlG 1996 noch aus der subsidiären Geltung der BO für Wien ergibt sich für den Normunterworfenen ein bestimmtes Gebot oder Verbot, sodass § 1 WKlGG 1996 keine Bauvorschrift darstellt, die iVm § 129 Abs. 10 1. Satz BO für Wien eine Übertretungsnorm darstellen könnte.

§ 2 Abs. 1 WKlG 1996 hält unter der Überschrift „Begriffsbestimmungen“ fest, dass Kleingärten vorwiegend gärtnerisch genutzte Grundflächen sind, die der individuellen Erholung oder dem Wohnen dienen, jedoch nicht erwerbsmäßig genutzt werden. Der VfGH hat bereits wiederholt ausgesprochen, dass gesetzlichen Begriffsbestimmungen in der Regel keine eigenständige normative Bedeutung zukommt, weil eine solche erst im Zusammenhang mit anderen Regelungen, die diesen Begriff verwenden, bewirkt wird (vgl. VfGH 14.6.2018, G 298/2017; 12.12.2016, G 105/2016 ua, mwN).

Vor diesem Hintergrund erübrigt sich ein Eingehen auf die weiteren Revisionsausführungen zur Erwerbsmäßigkeit.
Dadurch, dass das Verwaltungsgericht der Revisionswerberin eine Übertretung der § 1 Abs. 1 und 2 und § 2 Abs. 1 WKlG 1996 iVm § 129 Abs. 10 1. Satz BO für Wien angelastet hat, hat es die Rechtslage verkannt (vgl VwGH 7.10.2021, Ro 2021/05/0001).

Anmerkung: Eine Verknüpfung der Zulässigkeiten bzw Vorschriftswidrigkeit könnte vom WKlG iVm § 6 Abs 2 und dann § 129 Abs 10 BO vorgenommen werden. Im Übrigen kommt dem § 6 für sich schon normative Wirkung zu, die für sich auch durch § 135 wirkt. Das wurde vom VwGH so offenbar nicht berücksichtigt.

66) Da es sich bei der Verwaltungsübertretung nach **§ 129 Abs 10 BO** um ein Ungehorsamsdelikt handelt, hat die Strafbehörde, wenn der objektive Tatbestand festgestellt ist, mit einer Verwaltungsstrafe vorzugehen, es sei denn, der Täter beweist, dass ihm die Einhaltung der Verwaltungsvorschrift ohne sein Verschulden unmöglich gewesen sei; **straffrei bleibt der Eigentümer, wenn er beweist, alles in seinen Kräften unternommen zu haben**, um den vorschriftswidrigen Bau zu beseitigen (vgl VwGH 1.12.2022, Ra 2022/05/0186; 15.7.2003, 2002/05/0107, mwN).

Beschwerde

§ 136. (1) Gegen auf Grund dieses Gesetzes ergehende Bescheide steht den Parteien das Recht zu, eine Beschwerde beim Verwaltungsgericht Wien zu erheben.[1)2)] Werden in einer Beschwerde gegen ein Vorhaben gemäß § 61a Abs. 1 und Abs. 7 Einwendungen oder Gründe erstmals vorgebracht, sind diese nicht zulässig, wenn ihr erstmaliges Vorbringen im Rechtsmittelverfahren missbräuchlich oder unredlich ist.

(2) Gegen Beschlüsse des Gemeinderates, des Gemeinderatsausschusses, der Bezirksvertretungen und der Bauausschüsse der örtlich zuständigen Bezirksvertretungen, mit Ausnahme jener gemäß Abs. 1, ist eine Beschwerde nicht zulässig.[3)]

(EB zur Nov LGBl 2013/35)

Allgemeines

Auf Grund der Verwaltungsgerichtsbarkeits-Novelle 2012, BGBl. I Nr. 51/2012, wird mit Wirkung vom 1.1.2014 im Wesentlichen der administrative Instanzenzug abgeschafft. Anstatt einer Berufung an die im Instanzenzug übergeordnete Behörde steht in den Angelegenheiten der Wiener Landesverwaltung künftig gegen den Bescheid einer Verwaltungsbehörde eine Beschwerde an das Verwaltungsgericht Wien offen. Gegen die Entscheidung des Verwaltungsgerichtes Wien kann unter bestimmten Voraussetzungen eine Revision beim Verwaltungsgerichtshof eingebracht werden. Mit dem Datum des Inkrafttretens der genannten Bestimmungen werden der Unabhängige Verwaltungssenat Wien sowie weitere unabhängige Verwaltungsbehörden des Landes Wien, darunter die Bauoberbehörde und die Abgabenberufungskommission, aufgelöst. Ihre Aufgaben gehen auf das Verwaltungsgericht Wien über.

Zu § 21 (§ 136)

Dass nach wie vor für den Magistrat die Möglichkeit besteht, Revision an den Verwaltungsgerichtshof zu erheben, ergibt sich direkt aus der Bundesverfassung, weshalb dies im gegenständlichen Gesetz nicht explizit erwähnt wird.

(EB zur BO-Nov 2023, LGBl 2023/37 vom 13.12.2023)

Mit **Abs 6a** werden rechtsmissbräuchliche und unredliche Einwendungen gegen Vorhaben § 61a Abs 1 und 7 (SEVESO-Betriebe) verhindert.

Missbräuchlich oder unredliches Vorbringen liegt dann vor, wenn Einschreitern vorgeworfen werden kann, dass sein Vorbringen zu einem früheren Zeitpunkt während des Verwaltungsverfahrens hätte erstattet werden können, weil nicht glaubhaft gemacht wird, dass diese Unterlassung schuldlos oder maximal leicht fahrlässig war.

Die Beurteilung, ob ein Vorbringen rechtsmissbräuchlich oder unredlich ist, muss von der Behörde anhand der Gesamtumstände im Einzelfall beurteilt werden.

Der Bund und einige andere Bundesländer haben derartige Missbrauchsregelungen bereits umgesetzt.

Der Ausschluss von missbräuchlichen und unredlichen Eingaben ist zur Sicherstellung eines effizienten Verfahrens unerlässlich und auch durch die vorhandene Rechtsprechung des EuGH im Anwendungsbereich des Art 9 Abs 2 der Aarhus-Konvention gedeckt.

Anmerkungen

1) Der Magistrat agiert als Baubehörde im Sinne des § 132 Abs 1.

2) Im Gesetz schließen einzelne Bestimmungen eine gesonderte Beschwerde gegen Bescheide aus. Eine solche Ausnahmebestimmung findet sich ua im § 9 Abs 4.

3) Mit Nov LGBl 2013/35 entfällt der ehem Abs 2 (Zuständigkeit des UVS für Berufung in Strafverfahren) und der ehem Abs 3 idF der Nov LGBl 2001/37 wird zu Abs 2, wobei „Berufung" durch „Beschwerde" ersetzt wird.

(Alte) Judikatur

[Bei den abgedruckten Erkenntnissen tritt wohl an die Stelle der Berufung die Beschwerde an das Verwaltungsgericht Wien]

1) Gegen die Erlassung von Intimationsbescheiden bestehen keine Bedenken (VwGH 12.3.1952, Slg 2474/A, 27.2.1973, 1486/72, 31.5.1983, 83/05/0011, BauSlg 64 ua).

2) Wird ein in einem baubehördlichen Verfahren ergangener Bescheid nur von einer unter mehreren Parteien bekämpft, ändert der Ausgang des Rechtsmittelverfahrens nichts an der verfahrensrechtlichen Stellung der am Rechtsmittelverfahren nicht mehr beteiligten Parteien, wenn sie durch diese nicht schlechter gestellt wurden. Sie können daher an einem fortgesetzten Verfahren bei sonst unveränderter Verfahrenslage nicht mehr teilnehmen (VwGH 1.7.1975, Slg 8871/A).

3) Einem Schriftstück einer Behörde, das weder die Unterschrift des Genehmigenden noch einen Beglaubigungsvermerk im Sinne des § 18 Abs 4 AVG enthält, kommt Bescheidcharakter nicht zu. Eine Berufung gegen ein solches Schriftstück ist daher mangels Bescheidcharakter der angefochtenen Erledigung als unzulässig zurückzuweisen (VwGH 4.7.1975, Slg 8875/A). S jedoch nun § 18 AVG idgF.

4) Nach der Rechtsprechung des VwGH (vgl VwSlg 6768/A, 7654/A und v 5.6.1973, 1836/72), von welcher abzugehen im Beschwerdefall kein Anlaß gefunden wird, kann derjenige, dessen Begehren Rechnung getragen wird, hiedurch in keinem Recht verletzt werden (VwGH 23.6.1978, Slg 9601/A) (fehlende „Beschwer").

5) Eine Änderung der Rechtslage im Zuge des Berufungsverfahrens (jetzt: Beschwerdeverfahrens) eröffnet dem Nachbarn die Möglichkeit, neue Einwendungen zu erheben (VwGH 8.3.1983, 82/05/0125, BauSlg 20).

6) Der vom Bauwerber verschiedene Grundeigentümer wird durch die Abweisung eines Bauansuchens nicht in seinen Rechten verletzt (VwGH 15.1.1985, 82/05/0139, BauSlg 366, 22.9.1987, 87/05/0091 ua).

7) Bestehen Zweifel, wem ein Rechtsmittel zuzurechnen ist (hier: einer KG oder der sie vertretenden Bfrin), ist der Parteiwille zu erforschen (VwGH 18.2.1986, 85/05/0173, BauSlg 631).

8) Wurde ein baupolizeilicher Auftrag an einen Grundeigentümer als Eigentümer der Baulichkeit erteilt, so ist die Beschwerde eines Dritten, der behauptet, als Pächter Superädifikatseigentümer zu sein, als unzulässig zurückzuweisen. Ist der Dritte tatsächlich Eigentümer, so kann er bei einem allfälligen Vollstreckungsverfahren nach § 37 EO vorgehen (s E 15.12.1988, 88/06/0206) (VwGH 14.3.1989, 88/05/0270).

9) Verliert eine Bauwerberin im Beschwerdeverfahren ihre Rechtspersönlichkeit (hier: Gesellschaft mbH durch Löschung im Handelsregister), so ist mangels Rechtsnachfolgers der an sie adressierte Baubewilligungsbescheid aufgrund der Beschwerde eines Nachbarn aufzuheben (VwGH 6.3.1990, 90/05/0028).

10) Auch im Beschwerdeverfahren sind gewisse Projektsänderungen (hier: geringfügige Absenkung von Gebäuden) zulässig (VwGH 24.4.1990, 89/05/0044).

11) Wurde die Bekanntgabe der Bebauungsbestimmungen nicht mittels (nicht abgesonderter) Beschwerde bekämpft, ist ihre Anfechtung mittels Revision an den VwGH unzulässig (VwGH 29.5.1990, 89/05/0239).

12) Eine Änderung des Projektes, wonach die Einleitung der Niederschlagswässer in den Kanal vorgesehen ist, ist auch im Beschwerdeverfahren zulässig (VwGH 18.6.1991, 91/05/0013, zur OÖ BO).

13) Bleibt das ursprüngliche Bauprojekt in seiner Lage unverändert, entfiel durch die Projektsänderungen lediglich das sogenannte „dritte Dachgeschoß", wurden die Gauben verkleinert und zum Teil in den Baukörper geschoben, 4 Dacherker begradigt und die Ausladung der gartenseitigen Balkone im Erdgeschoß und im ersten Dachgeschoß reduziert, sodaß diese Balkone die Baufluchtlinien nun nicht mehr überragen, liegt nur eine Reduktion des ursprünglichen Bauvorhabens vor, durch die der Charakter des ursprünglichen Bauvorhabens nicht geändert wurde (s E 30.9.1976, Slg 7876 A) (VwGH 15.9.1992, 92/05/0075).

14) Gem Art 133 Abs 4 B-VG ist gegen ein Erkenntnis eines Verwaltungsgerichtes die Revision (nur) zulässig, wenn sie von der Lösung einer Rechtsfrage abhängt, der grundsätzliche Bedeutung zukommt, insbesondere weil das Erkenntnis von der Rechtsprechung des Verwaltungsgerichtshofes abweicht, eine solche Rechtsprechung fehlt oder die zu lösende Rechtsfrage in der bisherigen Rechtsprechung des Verwaltungsgerichtshofes nicht einheitlich beantwortet wird. Gem § 34 Abs 1 VwGG sind Revisionen, die sich (ua) wegen Nichtvorliegens der Voraussetzungen des Art 133 Abs 4 B-VG „nicht zur Behandlung eignen", ohne weiteres Verfahren in nichtöffentlicher Sitzung mit Beschluss zurückzuweisen.

Im gegenständlichen Fall sprach das Verwaltungsgericht gem § 25a Abs 1 VwGG aus, dass die Revision gem Art 133 Abs 4 B-VG nicht zulässig sei.

An diesen Ausspruch des Verwaltungsgerichtes ist der Verwaltungsgerichtshof bei der Beurteilung der Zulässigkeit der Revision unter dem genannten Gesichtspunkt gem § 34 Abs 1a VwGG nicht gebunden. Die außerordentliche Revision hat gem § 28 Abs 3 VwGG gesondert die Gründe zu enthalten, aus denen entgegen dem Ausspruch des Verwaltungsgerichtes die Revision für zulässig erachtet wird. In diesem Rahmen hat der Verwaltungsgerichtshof dann die Zulässigkeit einer außerordentlichen Revision gem Art 133 Abs. 4 B-VG zu überprüfen (§ 34 Abs 1a zweiter Satz VwGG).

Die Zulässigkeit der außerordentlichen Revision gem Art 133 Abs 6 Z 1 B-VG begründete die Revisionswerberin damit, dass zu der Frage, ob ein Nacherbe (Substitut) einer Liegenschaft (§ 608 ff ABGB) gem § 8 AVG 1991 iVm § 21 oder § 23 Kärntner Bauordnung 1992 (LGBl Nr 64/1992) Parteistellung in einem Bauverfahren betreffend diese Liegenschaft habe und ob er sich die Unterlassung der Erhebung von Einwendungen zurechnen lassen müsse, noch keine Rechtsprechung des Verwaltungsgerichtshofes vorliege. Die genannte Rechtsfrage sei von grundsätzlicher Bedeutung, weil sie eine weit über den Einzelfall hinausgehende Bedeutung habe.

Der Revision ist zuzustimmen, dass zu der Frage, ob im Fall einer fideikommissarischen Substitution (§ 608 ff ABGB) einem Nacherben einer Liegenschaft bereits vor Eintritt des Nacherbfalls in einem Bauverfahren betreffend diese Liegenschaft Parteistellung zukommt, noch keine Rechtsprechung des Verwaltungsgerichtshofes vorliegt. Die außerordentliche Revision ist daher zulässig.

Bei der fideikommissarischen Substitution soll einem eingesetzten oder gesetzlichen Erben (Vorerben) ein bestimmter anderer (Nacherbe) folgen (vgl dazu die Ausführungen in *Schwimann*, ABGB Praxiskommentar[3], Rz 1 zu

§ 608). Der Nacherbe soll jedoch erst nach dem Vorerben Erbe werden (vgl *Schwimann*, aaO, Rz 1 zu § 604). Der Vorerbe ist Eigentümer, dessen Recht jedoch eingeschränkt wird; er unterliegt unter anderem einem Verbot, durch Veräußerungen und Belastungen über die Substanz des Erbgutes zu verfügen. Dem Nacherben steht gegen unzulässige Verfügungen ein Unterlassungsanspruch zu (vgl *Schwimann*, aaO, Rz 5 zu § 613).

Mit dem Nachweis des Eigentums am Baugrundstück durch die entsprechende Eintragung im Grundbauch ist die diesbezügliche Anforderung des § 8 Abs 1 K-BO erfüllt. Für die Beantragung der verfahrensgegenständlichen Baugenehmigung war die Zustimmung der Revisionswerberin, die damals noch nicht Eigentümerin der Liegenschaft war, somit nicht erforderlich (VwGH 12.8.2014, Ro 2014/06/0006, zur KBO).

15) Was die Frage der Zulässigkeit einer kassatorischen Entscheidung durch das Landesverwaltungsgericht betrifft, ist auf das hg Erkenntnis vom 26. Juni 2014, Zl Ro 2014/03/0063, zu verweisen. Der Verwaltungsgerichtshof hat sich dort mit dieser Frage auseinandergesetzt und dargelegt, dass ein prinzipieller Vorrang der meritorischen Entscheidungspflicht durch die Verwaltungsgerichte gesetzlich festgelegt ist. Die nach § 28 VwGVG von der meritorischen Entscheidungspflicht verbleibenden Ausnahmen sind strikt auf den ihnen gesetzlich zugewiesenen Raum zu beschränken. Der Verwaltungsgerichtshof hat in dem genannten Erkenntnis insbesondere ausgeführt, dass von der Möglichkeit der Zurückverweisung nur bei krassen bzw. besonders gravierenden Ermittlungslücken Gebrauch gemacht werden kann. Auf die Begründung dieses Erkenntnisses wird gem § 43 Abs 2 zweiter Satz VwGG verwiesen (VwGH 27.8.2014, Ro 2014/05/0062, zur Rechtslage in OÖ).

16) Die Durchführung einer mündlichen Verhandlung ohne Parteiantrag gem § 24 Abs 1 VwGVG steht nämlich nicht im Belieben, sondern im pflichtgemäßen Ermessen des Verwaltungsgerichts (vgl das hg Erkenntnis vom 22. Jänner 2015, Zl Ra 2014/21/0019) (VwGH 29.4.2015, Ra 2015/06/0008).

17) In ihren Ausführungen zur Zulässigkeit der außerordentlichen Revision gem § 28 Abs 3 VwGVG bzw Art 133 Abs 4 B-VG führt die Revisionswerberin aus, eine Rechtsfrage von erheblicher Bedeutung liege auch deshalb vor, weil zur Frage, ob das LVwG in einem Verfahren, in dem ein Bescheid einer Gemeindebehörde angefochten werde, einen Angehörigen dieser Gemeinde, von welcher der bekämpfte Bescheid erlassen worden sei, als Amtssachverständigen beiziehen dürfe, noch dazu dann, wenn dieser Sachverständige bereits im Verfahren vor den Gemeindebehörden tätig geworden und die Richtigkeit seines Gutachtens in der Beschwerde ausdrücklich bekämpft worden sei, keine Judikatur vorliege. (…)

Eine ausdrückliche Rechtsprechung zu der von der Revisionswerberin aufgeworfenen Frage besteht – soweit ersichtlich – nicht. Lediglich implizit hat der Verwaltungsgerichtshof diese Frage im Beschluss vom 29. Jänner 2016, Zl Ra 2016/06/0006, bejaht.

Allerdings hat der Verfassungsgerichtshof in seinem Erkenntnis vom 7. Oktober 2014, E 707/2014, grundlegende Aussagen zur Zulässigkeit der Heranziehung von Amtssachverständigen durch ein Verwaltungsgericht gemacht. Die Aussagen des Verfassungsgerichtshofes lassen sich dahin zusammenfassen, dass er zwar die grundsätzlichen Bedenken gegen die Heranziehung von Amtssachverständigen durch das Verwaltungsgericht nicht teilt, dass aber andererseits die Heranziehung nicht von vornherein und in jedem Fall zulässig ist; die Unbefangenheit des Amtssachverständigen ist vielmehr jeweils gesondert zu prüfen (VwGH 14.4.2016, Ra 2015/06/0037, zur K-BO).

Anmerkung: Wie und in welcher Form eine solche Prüfung schlüssig erfolgen kann, bleibt die Rechtsprechung schuldig.

18a) Gem § 24 Abs 4 VwGVG, BGBl I Nr 33/2013, kann das Verwaltungsgericht, sofern durch Bundesgesetz oder Landesgesetz nichts anderes bestimmt ist, ungeachtet eines Parteiantrages von einer Verhandlung absehen, wenn die Akten erkennen lassen, dass die mündliche Erörterung eine weitere Klärung der Rechtssache nicht erwarten lässt, und einem Entfall der Verhandlung weder Art 6 Abs 1 der Konvention zum Schutze der Menschenrechte und Grundfreiheiten, BGBl Nr 201/1958, noch Art 47 der Charta der Grundrechte der Europäischen Union, ABl Nr C 83 vom 30. März 2010, S 389, entgegenstehen.

18b) Unterbleibt die mündliche Verhandlung, ohne dass die gesetzlichen Voraussetzungen dafür vorliegen, liegt eine zur Bescheidaufhebung führende Rechtsverletzung vor. Diese zu Art. 6 MRK entwickelte Rechtsprechung findet in gleicher Weise für das auf Art. 47 GRC gestützte Recht auf mündliche Verhandlung Anwendung. Im Erkenntnis vom 27. Mai 2015, Zl Ra 2014/12/0021, auf dessen Begründung gem § 43 Abs 2 VwGG verwiesen wird, hat der Verwaltungsgerichtshof ausgesprochen, dass die im vorzitierten Erkenntnis vom 23. Jänner 2013 umschriebenen Rechtsfolgen eines Verstoßes gegen die aus Art 6 MRK abgeleitete Verhandlungspflicht durch eine als „Tribunal“ zu qualifizierende unabhängige Verwaltungsbehörde auch auf Verstöße gegen eine solche Verhandlungspflicht durch ein Verwaltungsgericht zu übertragen sind. Unterbleibt die mündliche Verhandlung, ohne dass die gesetzlichen Voraussetzungen des § 24 Abs 4 VwGVG dafür vorliegen, liegt eine zur Bescheidaufhebung führende Rechtsverletzung vor (VwGH 14.4.2016, Ra 2015/06/0089, zum Szbg BG).

19a) Eine ersatzlose Behebung des angefochtenen Bescheides der belangten Behörde durch das Verwaltungsgericht kommt hingegen grundsätzlich nur in Frage, wenn der angefochtene Bescheid nicht hätte ergehen dürfen (vgl zur vergleichbaren Rechtslage nach § 66 Abs 4 AVG *Hengstschläger/Leeb*, AVG § 66 Rz 97 ff). Ein derartiger Fall ist hier offensichtlich nicht gegeben.

…

Eine ersatzlose Behebung hat grundsätzlich zur Folge, dass über den Verfahrensgegenstand nicht mehr neuerlich entschieden werden darf, dass somit auch ein Parteienantrag unerledigt bleibt (vgl *Hengstschläger/Leeb*, AVG § 66 Rz 108). Dies verschlägt nur dann nicht und macht eine ersatzlose Behebung nur dann nicht rechtswidrig, wenn besondere Gründe dafür vorliegen, etwa wenn eine positive Erledigung des Parteienantrages durch Bescheid gar nicht in Betracht kommt

19b) Eine Zustellung des Baubewilligungsbescheides, die der mitbeteiligten Partei eine Berufungsmöglichkeit eingeräumt hätte (vgl das hg Erkenntnis vom 20. September 2001, Zl 99/06/0032, mwN), ist nicht erfolgt. Zwar kommt in der Begründung des angefochtenen Beschlusses zum Ausdruck, dass der mitbeteiligten Partei der Baubewilligungsbescheid zuzustellen und ihr Akteneinsicht im Baubewilligungsverfahren zu geben ist. Dies entbindet das Verwaltungsgericht aber nicht davon, spruchgemäß über den Antrag auf Parteistellung – in Bestätigung des angefochtenen Bescheides oder dessen Abänderung – abzusprechen.

19c) Sollte es zutreffen, dass das konkrete Bauvorhaben von vornherein nicht geeignet ist, subjektivöffentliche Nachbarrechte zu berühren, käme eine Parteistellung nicht in Frage (vgl die hg Erkenntnisse vom 26. Juni 1990, Zl 89/05/0240, vom 25. März 1997, Zl 96/05/0261, und vom 30. Juni 2015, Zl Ra 2015/03/0022; vgl weiters § 70 Abs 1 erster Satz BO, wonach auch der Gesetzgeber davon ausgeht, dass es Bauvorhaben gibt, die von vornherein eine Verletzung von Nachbarrechten nicht in Frage kommen lassen, und das hg Erkenntnis vom 10. Dezember 2013, Zl 2013/05/0206, wo der Verwaltungsgerichtshof zum Ausdruck gebracht hat, dass dem Gesetzgeber auch angesichts des § 134 Abs 3 BO nicht zugesonnen werden kann, dass er einer Nichtpartei ein Recht auf Akteneinsicht auch dann gewähren wollte, wenn für diese die nachträgliche Erlangung der Parteistellung gar nicht in Betracht kommt) (VwGH 13.12.2016, Ra 2016/05/0058).

20a) Der Verwaltungsgerichtshof hat sich bereits wiederholt mit der Frage auseinandergesetzt, unter welchen Voraussetzungen das Verwaltungsgericht den Bescheid einer Verwaltungsbehörde aufheben und die Sache an diese zurückverweisen darf. So sind nach ständiger hg Judikatur (vgl nochmals das Erkenntnis, Ro 2014/03/0063, oder etwa das Erkenntnis vom 29. März 2017, Ra 2016/10/0146, mwN) die Ausnahmen von der Verpflichtung der Verwaltungsgerichte, in der Sache selbst zu entscheiden (vgl zum prinzipiellen Vorrang einer „meritorischen Entscheidungspflicht" der Verwaltungsgerichte auch das hg. Erkenntnis vom 1. September 2015, Ro 2014/15/0029), strikt auf den ihnen gesetzlich zugewiesenen Raum zu beschränken. Das Verwaltungsgericht hat daher nachvollziehbar zu begründen, warum es eine meritorische Entscheidungszuständigkeit nicht als gegeben annimmt.

20b) Nach der hg Judikatur (vgl etwa das Erkenntnis vom 26. April 2016, Ro 2015/03/0038) stellt die allfällige Notwendigkeit der Durchführung einer mündlichen Verhandlung nach § 66 Abs 2 AVG für sich genommen keinen Grund für eine Aufhebung und Zurückverweisung dar. Das Vorliegen einer krassen bzw. besonders gravierenden Ermittlungslücke im Sinne der hg Rechtsprechung (vgl dazu neuerlich die oben bereits genannten Erkenntnisse, Ro 2014/03/0063 und Ra 2016/10/0146) hat das Verwaltungsgericht nicht dargelegt und seine den erstinstanzlichen Bescheid aufhebende und die Angelegenheit zurückverweisende Entscheidung somit nicht ausreichend begründet (VwGH 10.7.2017, Ro 2016/05/0007 bis 0008).

21) In Bezug auf die angesprochene Frage der Zulässigkeit einer kassatorischen Entscheidung durch das Verwaltungsgericht ist auf das hg Erkenntnis vom 26. Juni 2014, Ro 2014/03/0063, zu verweisen. Der Verwaltungsgerichtshof hat sich dort mit dieser Frage auseinandergesetzt und dargelegt, dass ein prinzipieller Vorrang der meritorischen Entscheidungspflicht durch die Verwaltungsgerichte gesetzlich festgelegt ist. Die nach § 28 VwGVG von der meritorischen Entscheidungspflicht verbleibenden Ausnahmen sind strikt auf den ihnen gesetzlich zugewiesenen Raum zu beschränken (VwGH 21.11.2017, Ra 2016/05/0025).

22) Die berufsmäßige Vertretung durch Ziviltechniker vor Behörden steht somit einerseits unter der Einschränkung, dass nicht bundesgesetzlich eine besondere Berechtigung gefordert wird, andererseits bezieht sie sich auf das gesamte, von der Befugnis des Ziviltechnikers umfasste Fachgebiet. Abgesehen von bundesgesetzlich geforderten besonderen Berechtigungen kommt daher dem Fachgebiet des Ziviltechnikers hervorragende Bedeutung zu. Damit lässt der Gesetzgeber erkennen, dass es ihm nicht auf die organisatorische Zurechnung des Organs, vor dem vertreten werden soll, sondern vielmehr darauf ankommt, dass ein hoheitlicher Entscheidungsträger („Behörde") berufen ist, in einer Sache zu entscheiden, die zu dem von der Befugnis des Ziviltechnikers umfassten Fachgebiet gehört. (…) Im gegenständlichen Fall war daher auf Grund der obigen Ausführungen der planende Ziviltechniker auch zur Vertretung vor dem Verwaltungsgericht Wien befugt, sodass eine Nichtzulassung gem § 10 Abs 3 AVG nicht in Frage kommt (VwGH 23.1.2018, Ra 2017/05/0090).

23) Zweck einer Verhandlung vor dem Verwaltungsgericht ist grundsätzlich nicht nur die Klärung des Sachverhalts und die Einräumung von Parteiengehör zu diesem, sondern auch das Rechtsgespräch und die Erörterung der Rechtsfragen (vgl VwGH 17.2.2015, Ra 2014/09/0007, mwN) (VwGH 3.9.2018, Ra 2018/06/0016, sowie VwGH 1.8.2018, Ra 2018/06/0021, 0022 zum stmk Baugesetz).

24) Die revisionswerbende Partei (hier: der Magistrat der Stadt Wien als Baubehörde 1. Instanz) hat im Beschwerdeverfahren die von ihr selbst getroffenen Tatsachenannahmen nicht bestritten und kein konkretes (für die Rechtssache relevantes) sachverhaltsbezogenes Vorbringen erstattet. Fragen der Beweiswürdigung sind daher für das Verwaltungsgericht nicht aufgetreten und es hat auch keine neuen Sachverhaltsfeststellungen getroffen; es ist vielmehr von dem von der revisionswerbenden Partei festgestellten Sachverhalt, wonach Teile der in Rede stehenden Feuermauer die Grundgrenze zum Nachbargrundstück überragten, ausgegangen. Es ist daher nicht zu erkennen, dass eine mündliche Verhandlung vor dem Verwaltungsgericht eine weitere Klärung der Rechtssache im Sinn des § 24 Abs. 4 VwGVG hätte erwarten lassen. Der EGMR hat im Übrigen mit Blick auf Art. 6 EMRK die Auffassung vertreten, dass eine Verhandlung nicht in jedem Fall geboten ist, und zwar insbesondere dann nicht, wenn – wie hier – keine Fragen der (maßgeblichen) Beweiswürdigung auftreten oder die (maßgeblichen Tatsachenfeststellungen nicht bestritten sind, sodass eine Verhandlung nicht notwendig ist und das Gericht auf Grund des schriftlichen Vorbringens und der schriftlichen Unterlagen entscheiden kann (vgl. etwa VwGH 29.3.2017, Ra 2017/05/0036 bis 0038, mwN) (VwGH 30.10.2018, Ra 2016/05/0063).

25) Sind lediglich ergänzende Ermittlungen vorzunehmen, liegt die (ergänzende) Feststellung des maßgeblichen Sachverhaltes durch das Verwaltungsgericht im Interesse der Raschheit, zumal diesbezüglich nicht bloß auf die voraussichtliche Dauer des verwaltungsgerichtlichen Verfahrens abzustellen, sondern auf die Dauer des bis zur meritorischen Entscheidung insgesamt erforderlichen Verfahrens Bedacht zu nehmen ist. Nur bei dieser Sichtweise kann nämlich ein den Zielsetzungen der Verwaltungsgerichtsbarkeits-Novelle 2012, BGBl I Nr 51, (insbesondere Ausbau des Rechtsschutzsystems im Sinne einer Verfahrensbeschleunigung, grundsätzliche Beseitigung des administrativen Instanzenzuges) Rechnung tragendes Ergebnis erzielt werden (vgl etwa VwGH 10.7.2017, Ro 2016/05/0007 und 0008, mwN) (VwGH 30.10.2018, Ra 2016/05/0073 – Aufhebung des Beschlusses des Verwaltungsgerichts auf Rückverweisung an die Erstinstanz zur Verfahrensergänzung).

26) Demnach ist ein prinzipieller Vorrang der meritorischen Entscheidungspflicht der Verwaltungsgerichte gesetzlich festgelegt. Die nach § 28 VwGVG verbleibenden Ausnahmen von der meritorischen Entscheidungspflicht sind strikt auf den ihnen gesetzlich zugewiesenen Raum zu beschränken. Von der Möglichkeit der Zurückverweisung durch das Verwaltungsgericht an die Verwaltungsbehörde kann nur bei krassen bzw. besonders gravierenden Ermittlungslücken Gebrauch gemacht werden. Eine Zurückverweisung der Sache an die Verwaltungsbehörde zur Durchführung notwendiger Ermittlungen kommt daher nur dann in Betracht, wenn die Verwaltungsbehörde jegliche erforderliche Ermittlungstätigkeit unterlassen hat, wenn sie zur Ermittlung des maßgebenden Sachverhalts lediglich völlig ungeeignete Ermittlungsschritte gesetzt oder bloß ansatzweise ermittelt hat. Gleiches gilt, wenn konkrete Anhaltspunkte annehmen lassen, dass die Verwaltungsbehörde (etwa schwierige) Ermittlungen unterließ, damit diese dann durch das Verwaltungsgericht vorgenommen werden. Auch die Notwendigkeit der Einholung eines (weiteren) Gutachtens rechtfertigt im Allgemeinen nicht die Aufhebung des angefochtenen Bescheides und die Zurückverweisung nach § 28 Abs 3 zweiter Satz VwGVG (vgl etwa VwGH 27.2.2018, Ra 2017/05/0073, mwN) (VwGH 24.9.2019, Ra 2017/06/0202 bis 0203, ebenso VwGH 1.8.2019, Ra 2017/06/0044 ua).

27) Nach der Judikatur des Verwaltungsgerichtshofes kann ein Beschluss des Verwaltungsgerichtes, mit welchem dieses den verwaltungsbehördlichen Bescheid gem § 28 Abs 3 VwGVG aufgehoben und die Angelegenheit zur Erlassung eines neuen Bescheides an die Behörde zurückverwiesen hat, eine Rechtsverletzung dadurch bewirken, dass das Verwaltungsgericht entweder von der Regelung des § 28 Abs 3 VwGVG zu Unrecht Gebrauch gemacht und keine Sachentscheidung getroffen hat oder von einer für die betroffene Partei nachteiligen, jedoch für das weitere Verfahren bindenden unrichtigen Rechtsansicht ausgegangen ist (vgl VwGH 2.8.2018, Ra 2018/05/0050 bis 0053, mwN).

Zu den für kassatorische Entscheidungen nach § 28 Abs 3 zweiter Satz VwGVG geltenden Voraussetzungen kann gem § 43 Abs 2 VwGG auf das hg Erkenntnis VwGH 26.6.2014, Ro 2014/03/0063, verwiesen werden.

Demnach ist ein prinzipieller Vorrang der meritorischen Entscheidungspflicht der Verwaltungsgerichte gesetzlich festgelegt. Die nach § 28 VwGVG verbleibenden Ausnahmen von der meritorischen Entscheidungspflicht sind strikt auf den ihnen gesetzlich zugewiesenen Raum zu beschränken. Von der Möglichkeit der Zurückverweisung durch das Verwaltungsgericht an die Verwaltungsbehörde kann nur bei krassen bzw besonders gravierenden Ermittlungslücken Gebrauch gemacht werden. Eine Zurückverweisung der Sache an die Verwaltungsbehörde zur Durchführung notwendiger Ermittlungen kommt daher nur dann in Betracht, wenn die Verwaltungsbehörde jegliche erforderliche Ermittlungstätigkeit unterlassen hat, wenn sie zur Ermittlung des maßgebenden Sachverhalts lediglich völlig ungeeignete Ermittlungsschritte gesetzt oder bloß ansatzweise ermittelt hat. Gleiches gilt, wenn konkrete Anhaltspunkte annehmen lassen, dass die Verwaltungsbehörde (etwa schwierige) Ermittlungen unterließ, damit diese dann durch das Verwaltungsgericht vorgenommen werden. Die Notwendigkeit der Einholung eines (weiteren) Gutachtens rechtfertigt im Allgemeinen nicht die Aufhebung des angefochtenen Bescheides und die Zurückverweisung nach § 28 Abs 3 zweiter Satz VwGVG (vgl etwa VwGH 30.10.2018, Ra 2016/05/0073, mwN) (VwGH 26.2.2020, Ra 2017/05/0266).

28) Die Entscheidung über den Antrag der Revisionswerber auf Erteilung einer Baubewilligung für eine Änderung eines Bauvorhabens auf ihrem Grundstück fällt unter Art 6 EMRK („civil right"; vgl etwa VwGH 17.12.2018, Ra 2017/05/0008, mwN).

In Bezug auf § 24 Abs 4 VwGVG hat der Verwaltungsgerichtshof bereits wiederholt festgehalten, dass der Gesetzgeber als Zweck der mündlichen Verhandlung die Klärung des Sachverhaltes und die Einräumung von Parteiengehör sowie darüber hinaus die mündliche Erörterung einer nach der Aktenlage strittigen Rechtsfrage zwischen den Parteien und dem Gericht vor Augen gehabt hat. Ferner kommt eine ergänzende Beweiswürdigung durch das Verwaltungsgericht regelmäßig erst nach einer mündlichen Verhandlung in Frage (VwGH 26.2.2020, Ra 2019/05/0048).

29) Nach der hg Judikatur (vgl etwa VwGH 25.9.2018, Ra 2018/05/0023, mwN) darf sich das Verwaltungsgericht, wenn ein erstinstanzlicher Bescheid im Sinne einer negativen Entscheidung abzuändern ist, nicht darauf beschränken, den Berufungsbescheid „ersatzlos" zu beheben. Vielmehr hat es selbst die negative Erledigung herbeizuführen, das heißt, in Reformation des Berufungsbescheides den erstinstanzlichen Bescheid ersatzlos zu beheben. Denn durch die ersatzlose Aufhebung (bloß) des Berufungsbescheides gehört der erstinstanzliche Bescheid wieder und weiterhin dem Rechtsbestand an (VwGH 26.2.2020, Ra 2019/05/0065 bis 0066).

30) Wie der Verwaltungsgerichtshof in seinem Erkenntnis VwGH 4.7.2019, Ra 2017/06/0116, unter Hinweis auf seine dazu bereits ergangene, umfangreiche Vorjudikatur ausgesprochen hat, hat das Verwaltungsgericht (ebenso wie vor Einführung der zweistufigen Verwaltungsgerichtsbarkeit die Berufungsbehörde) bei einem baupolizeilichen Auftrag Sachverhaltsänderungen gegenüber der Erlassung eines baubehördlichen Auftrages erster Instanz grundsätzlich zu berücksichtigen. Lediglich in der Herstellung eines Zustandes, der dem erlassenen baupolizeilichen Auftrag entspricht (durch den Bescheidadressaten oder im Wege der Vollstreckung), ist keine vom Verwaltungsgericht zu beachtende Änderung des maßgebenden Sachverhaltes zu erblicken (VwGH 26.6.2020, Ra 2018/06/0282).

31) Nach der auch nach der Verwaltungsgerichtsbarkeits-Novelle 2012, BGBl I Nr 51, aufrecht erhaltenen hg Rechtsprechung führt ein Begründungsmangel zur Rechtswidrigkeit infolge Verletzung von Verfahrensvorschriften und in weiterer Folge zur Aufhebung durch den Verwaltungsgerichtshof, wenn er entweder die Parteien des Verwaltungsverfahrens und des verwaltungsgerichtlichen Verfahrens an der Verfolgung ihrer Rechte oder den Verwaltungsgerichtshof an der Überprüfung der angefochtenen Entscheidung auf deren inhaltliche Rechtmäßigkeit hindert. Wird das Verwaltungsgericht den sich aus § 29 Abs 1 VwGVG ergebenden Anforderungen an die Begründung von Erkenntnissen der Verwaltungsgerichte nicht gerecht, so liegt ein Begründungsmangel vor, welcher einen revisiblen Verfahrensmangel darstellt (vgl zum Ganzen etwa VwGH 30.10.2018, Ra 2016/05/0108, mwN) (VwGH 22.1.2021, Ra 2018/05/0015).

Übermittlung von Daten

§ 137. Zum Zweck der disziplinären Aufsicht und fachlichen Kontrolle der an der Bauausführung und Überwachung der Bauausführung Beteiligten darf die Behörde personenbezogene Daten betreffend den Namen und die Anschrift dieser Personen sowie die Art des Verstoßes gegen berufsrechtliche Vorschriften an die zuständigen beruflichen Interessenvertretungen übermitteln.[1)]

Anmerkung

1) Die bisher im § 137 geregelte Nichtigerklärung entfiel nach den EB wegen Seltenheit und weil der Gemeinderat zuständig wäre. Nichtigerklärungen sind daher im Wiener Baurecht nicht mehr möglich.

Judikatur

Anmerkung: Zu der aufgehobenen Bestimmung des § 137 über Nichtigerklärungen ist anzumerken, dass damit die Grundsätze des Verwaltungsverfahrensrechtes unberührt geblieben sind wie folgt:

Abschließend ist zu bemerken, dass … eine Nichtigerklärung der Baubewilligung … ausscheidet, eine solche aber allenfalls bei Gefährdung des Lebens oder der Gesundheit von Menschen nach § 68 Abs 3 AVG in Betracht kommen könnte. Dies hat aber auf die Frage der Rechtmäßigkeit der gegenständlichen Baubewilligung selbst keine Auswirkungen (VwGH 29.1.2021, Fe 2020/05/0001, zur BO f NÖ)

§ 137a. Um zu verhindern, dass Wohnungen und Wohnraum dem Wohnungsmarkt und damit der Wiener Bevölkerung teilweise oder dauerhaft infolge Zweckentfremdung durch Kurzzeitvermietung entzogen werden, ist die Behörde zur Durchführung behördlicher Kontrollen im Zusammenhang mit der Einhaltung des § 7a und des § 129 Abs. 1a sowie den Bezug habenden Verwaltungsstrafverfahren ermächtigt, in Wohnzonen und in konkreten Anlassfällen auch außerhalb von diesen folgende durch die für die Einhebung der Ortstaxe oder durch die für eine Datenverarbeitung aufgrund des Abgabengesetzes zuständige Dienststelle des Magistrats im Abgabenverfahren ermittelten personenbezogenen Daten anzufordern und zu verarbeiten: Adressen, für die bereits ein Ortstaxekonto angelegt wurde, einschließlich folgender Daten der jeweiligen Unterkunftgeberinnen oder Unterkunftgeber: Name, Geburtsdatum, Wohnadresse, Telefonnummer, E-Mail-Adresse sowie Angaben darüber, ob und wann die Ortstaxe für welche Vermietungszeiträume entrichtet wurde. Der Magistrat ist der datenschutzrechtliche Verantwortliche für diese Datenverarbeitung. Erhobene personenbezogene Daten sind spätestens nach drei Jahren zu löschen.[1)]

Anmerkung

1) § 137a wurde mit BO-Nov 2023, LGBl 2023/37 vom 13.12.2023 neu gefasst.

Bauoberbehörde[1)]

§ 138. *entfällt; LGBl 2013/35*

1) Weder die Baubehörde noch das Verwaltungsgericht sind als „sachlich in Betracht kommende Oberbehörde" iSd § 68 AVG anzusehen (vgl Anm 1 zu § 137). Über die Wiederaufnahme von und die Wiedereinsetzung in den vorigen Stand in BOB-Verfahren entscheidet das VGW (§ 3 Abs 6 VwGbk-ÜG).

Judikatur

1) Die Begründung des Verwaltungsgerichtes, dass es an die tragenden Gründe des behebenden Bescheides der Bauoberbehörde vom 11. Dezember 2013 nicht gebunden sei, erscheint nicht nachvollziehbar. …

Das Verwaltungsgericht ist an die im genannten Bescheid der Bauoberbehörde dargelegten, die Aufhebung tragenden Gründe gebunden, selbst wenn diese Aufhebung auf Einwendungen der Revisionswerberin beruhen sollte, hinsichtlich derer an sich kein subjektivöffentliches Recht geltend gemacht werden durfte. Das Verwaltungsgericht hat sich daher auch mit diesen Einwendungen auseinanderzusetzen (VwGH 23.5.2018, Ra 2016/05/0094).

Eigener Wirkungsbereich der Gemeinde

§ 139. **(1) Die von der Gemeinde nach den Einführungsbestimmungen und den Teilen 1, 2, 4, 5 und 7 bis 12 dieses Gesetzes sowie die von ihr nach der folgenden Aufzählung zu besorgenden Aufgaben sind, soweit Abs. 2 nicht anderes bestimmt, solche des eigenen Wirkungsbereiches:**

a) die Stellung und Zurückziehung eines Antrages auf Durchführung einer Umlegung gemäß § 23 Abs. 1 letzter Satz und alle damit im Verfahren verbundenen Rechtshandlungen;

b) die Leistung und Übernahme von Entschädigungen im Umlegungsverfahren;

c) der Erwerb und die Abgabe von dinglichen und obligatorischen Rechten im Zuge eines Umlegungsverfahrens;

d) *entfällt; LGBl 2013/35*

e) die vorschussweise sowie die endgültige Bestreitung von Sachkosten und Kosten des Umlegungsverfahrens gemäß § 34 Abs. 3;

f) *entfällt; LGBl 2009/25*

g) *entfällt; LGBl 2009/25*

h) die Stellung eines Antrages auf die Entziehung des Eigentumsrechtes an Restflächen auf Zeit gemäß § 38 Abs. 5;

die Stellung eines Antrages auf Anordnung der Änderung der Bauwerke gemäß § 38 Abs. 6;
die Vorlage von Bauplänen und einer Aufstellung der voraussichtlichen Kosten gemäß § 38 Abs. 7;
die Stellung eines Antrages auf Feststellung der endgültigen Kosten und die Zahlung der festgestellten endgültigen Kosten gemäß § 38 Abs. 8;
die Stellung eines Antrages auf Enteignung des gesamten Grundstückes, wenn die Restfläche nach den Vorschriften dieses Gesetzes nicht mehr bebaubar ist oder nicht mehr nach seiner bisherigen Bestimmung wirtschaftlich genutzt werden kann, gemäß § 38 Abs. 10;

i) die Inanspruchnahme von Grundflächen durch Enteignung zur Ausführung von Verkehrsflächen und der Beschluß des Gemeinderates oder des zuständigen Gemeinderatsausschusses über die Ausführung der Verkehrsfläche gemäß § 39 Abs. 1;
die Inanspruchnahme der Dienstbarkeit durch Enteignung zur Vornahme der notwendigen Baumaßnahmen, auch an bestehenden Bauwerken, zur Herstellung, Erhaltung und zum Betrieb der im Bebauungsplan vorgesehenen Verkehrsanlagen für öffentliche Zwecke wie Durchfahrten, Arkaden und Abgänge zu unterirdischen Verkehrsanlagen u. dgl. gemäß § 39 Abs. 2;
die Inanspruchnahme der Dienstbarkeit durch Enteignung zur Überbrückung oder Unterfahrung von Grundflächen durch Verkehrsflächen, zur Vornahme der zu diesem Zweck notwendigen Baumaßnahmen, auch an bestehenden Bauwerken und zur Erhaltung und Benützung der Verkehrsflächen gemäß § 39 Abs. 3;
die Inanspruchnahme der Dienstbarkeit durch Enteignung zur Anlage, Erhaltung und Benützung öffentlicher Aufschließungsleitungen und zur Vornahme der zu diesem Zweck notwendigen Baumaßnahmen auch an bestehenden Gebäuden, sowie zur Festlegung der zum Schutz dieser Leitungen notwendigen Nutzungsbeschränkungen gemäß § 39 Abs. 4;

j) die Inanspruchnahme von Grundflächen durch Enteignung für öffentliche Zwecke und der Beschluß des Gemeinderates oder des zuständigen Gemeinderatsausschusses über die Ausführung des Bauvorhabens oder der Anlage gemäß § 40;

k) die Inanspruchnahme von Grundflächen durch Enteignung für Zwecke der Erhaltung oder Ausgestaltung des Wald- und Wiesengürtels oder zum Zweck, ihn allgemein zugänglich zu machen, gemäß § 41;

l) die Inanspruchnahme von Grundflächen durch Enteignung zur Einbeziehung in den beabsichtigten Bauplatz (Ergänzungsflächen) gemäß § 42 Abs. 1;
die Inanspruchnahme von Grundflächen durch Enteignung zur Einbeziehung in den beabsichtigten Bauplatz (Ergänzungsflächen) zur

Abwehr der Enteignung der wertvolleren Grundfläche gemäß § 42 Abs. 2;

m) die Inanspruchnahme unbebauter oder nicht entsprechend bebauter Liegenschaften durch Enteignung zur bauordnungsgemäßen Bebauung gemäß § 43 Abs. 1;

n) die Auszahlung bzw. der gerichtliche Erlag der Entschädigung gemäß § 44 Abs. 7;

o) die Stellung eines Antrages auf Verlängerung der Fristen gemäß § 45 Abs. 1;

die Stellung eines Antrages auf Rückübereignung gemäß § 45 Abs. 2;

die Rückerstattung der empfangenen Leistungen und die Leistung des Schadenersatzes gemäß § 45 Abs. 4;

p) die Stellung eines Antrages auf Vollstreckung der Enteignung und die Stellung eines Antrages auf Vornahme eines gerichtlichen Augenscheines zur Sicherung des Beweises sowie die Verständigung der Behörde von der Überreichung dieses Antrages bei Gericht gemäß § 46 Abs. 2;

q) die Leistung einer anderen als der ermittelten Entschädigung und die Vereinbarung einer anderen Art der Leistung der Entschädigung als in Geld gemäß § 57 Abs. 4;

r) die Leistung einer Entschädigung bei Änderung des Bebauungsplanes gemäß § 58 Abs. 1;

die Leistung einer Entschädigung für die Grundabtretung zu Verkehrsflächen gemäß § 58 Abs. 2 lit. a;

die Leistung einer Entschädigung für die Grundabtretung zu Verkehrsflächen, soweit das Ausmaß der abzutretenden Grundfläche das der Ergänzungsstreifen übersteigt, gemäß § 58 Abs. 2 lit. b;

die unentgeltliche Zurückstellung von Grundflächen im Ausmaß der seinerzeitigen Mehrleistung bzw. die Leistung einer Geldentschädigung für die seinerzeitige Mehrleistung gemäß § 58 Abs. 2 lit. d;

s) das Einlösen eines nach einer Abänderung des Bebauungsplanes zur Gänze oder zum Teil in eine Verkehrsfläche oder in eine Grundfläche für öffentliche Zwecke fallenden Bauplatzes oder eines nach dem gänzlichen oder teilweisen Ersetzen der Widmung Bauland zur Gänze oder zum Teil in eine andere Widmung fallenden Bauplatzes gemäß § 59 Abs. 1;

die Einlösung einer im Wald- und Wiesengürtel gelegenen Liegenschaft gemäß § 59 Abs. 3;

die Auszahlung bzw. der gerichtliche Erlag der Entschädigung gemäß § 59 Abs. 10;

die Rückstellung aller aus der Einlösung sich ergebender Vorteile in Falle des Außerkrafttretens des Einlösungsbescheides gemäß § 59 Abs. 12.

(2) Von der Einordnung in den eigenen Wirkungsbereich der Gemeinde nach Abs. 1 sind ausgenommen:

a) die Erlassung von Durchführungsverordnungen, jedoch mit Ausnahme der Erlassung von Verordnungen gemäß § 75 Abs. 2 der Verfassung der Bundeshauptstadt Wien (Art. 118 Abs. 2 B-VG) sowie der Festsetzung der Flächenwidmungspläne und der Bebauungspläne, der Verhängung zeitlich begrenzter Bausperren, der Benennung von Verkehrsflächen und der Festsetzung, Bauwerke in einer neuen Art einheitlich zu nummerieren;[1)]

b) *entfällt; LGBl 2013/35*

c) Akte der Vollziehung, die Umlegungen von Grundflächen gemäß dem 2. Teil lit. B, Enteignungen von Grundflächen gemäß dem 3. Teil, Einlösungen von Grundstücken gemäß dem 3. und 6. Teil und die Festsetzung von Entschädigungen gemäß dem 2., 3., 4. und 6. Teil betreffen, soweit Abs. 1 nicht anderes bestimmt;

d) Akte der Vollziehung, die Bauwerke betreffen, welche über die Grenze des Gemeindegebietes reichen;[2)]

e) alle Verwaltungsstrafsachen;[3)]

f) alle Verwaltungsvollstreckungssachen.[4)]

(3) *entfällt; LGBl 2013/35*

Anmerkungen

1) Analog zur bisherigen Regelung der Zulassung von Baustoffen, Bauteilen und Bauarten fragt es sich, ob nicht auch die Verrechtlichung der OIB-Richtlinien (eigentlich eine Anerkennung) im eigenen Wirkungsbereich der Gemeinde zu vollziehen gewesen wäre.

2) Durch das E des VfGH v 18.3.1987, Slg 11.307, ist klargestellt, dass ein Bauvorhaben, das sich über das Gebiet mehrerer Gemeinden erstreckt, der überörtlichen Baupolizei zuzurechnen ist, also vom eigenen Wirkungsbereich der Gemeinde auszunehmen ist (§ 117 NÖ BO 1976 wurde seinerzeit mangels Anordnung einer solchen Ausnahme als verfassungswidrig aufgehoben). Daher kann hier auch nicht der Bauausschuss der Bezirksvertretung tätig werden.

3) Entspricht der Rechtsprechung des VfGH (s das E v 6.10.1967, Slg 5579) und des VwGH (s das E v 28.11.1967, Slg 7227/A).

4) Entspricht der Rechtsprechung des VwGH (s das E v 11.6.1968, Slg 7368/A).

Judikatur

1) Verwaltungsstrafsachen sind vom eigenen Wirkungsbereich ausgenommen (VfSlg 5579, VwSlg 7227/A ua).

2) Verwaltungsvollstreckungsangelegenheiten sind nicht im eigenen Wirkungsbereich der Gemeinde zu vollziehen (VwSlg 7368/A ua).

3) Die der Baubehörde zustehende unmittelbare Befehls- und Zwangsgewalt zur Durchführung notstandspolizeilicher Maßnahmen ist im eigenen Wirkungsbereich der Gemeinde auszuüben (VfGH 6.10.1983, Slg 9811, VwGH 22.12.1983, 81/06/0171, BauSlg 168).

4) Entscheidungen über Enteignungen und Entschädigungen sind vom eigenen Wirkungsbereich der Gemeinde auszunehmen (VfSlg 5807, 6088, 8227 ua).

5) Auch bei Bauten für genehmigungspflichtige Betriebsanlagen ist ein überwiegendes Interesse der in der Gemeinde verkörperten örtlichen Gemeinschaft anzunehmen. Die Zugehörigkeit der Baubewilligung für alle Gebäude, die gewerblichen Betriebsanlagen dienen, kann unter dem Gesichtspunkt der Eignung zur Besorgung durch die Gemeinden nicht schlechthin verneint werden; auch nicht im Hinblick auf besondere Probleme einer solchen Betriebsanlage in anderen Rechtsmaterien (VwGH 13.5.1968, Slg 7348/A).

6) Die Zweckwidmung eines Gebäudes ist für die Zugehörigkeit einer Angelegenheit zum eigenen Wirkungsbereich der Gemeinde ohne – Belang (VwSlg 7210/A, 7219/A, VfSlg 5647).

7) Bauvorhaben, die sich auf zwei oder mehrere Gemeinden erstrecken, sind nicht im eigenen Wirkungsbereich der Gemeinde zu vollziehen (VfGH 18.3.1987, Slg 11.307).

Umsetzung von Gemeinschaftsrecht

§ 140. **(1) § 1 Abs. 2 Z 17, Abs. 4a und Abs. 5, § 2a Abs. 6, § 4 Abs. 2 Punkt C lit. d und Punkt D lit. g, § 5 Abs. 4 lit. m, § 6 Abs. 14a, § 61a, § 63 Abs. 1 lit. i, § 134 Abs. 6a und § 136 Abs. 1 dienen der Umsetzung der Richtlinie 2012/18/EU vom 4. Juli 2012 zur Beherrschung der Gefahren schwerer Unfälle mit gefährlichen Stoffen, zur Änderung und anschließenden Aufhebung der Richtlinie 96/82/EG, ABl. Nr. L 197 vom 27. Juli 2012 S 1.**[3)]

(2) § 111 dient der Umsetzung der Richtlinie 2014/33/EU des Europäischen Parlaments und des Rates vom 26. Februar 2014 zur Angleichung der Rechtsvorschriften der Mitgliedstaaten über Aufzüge und Sicherheitsbauteile.

(3) § 128 Abs. 2 Z. 8 dient der Umsetzung der Richtlinie 93/76/EWG des Rates vom 13.9.1993 zur Begrenzung der Kohlendioxidemissionen durch eine effizientere Energienutzung (SAVE).

(4) § 1 Abs. 1, § 1 Abs. 4 sowie § 2 Abs. 1a, 1b, 1c, 1d, 3a, 5 und 7 dienen der Umsetzung der Richtlinie 2001/42/EG des Europäischen Parlaments und des Rates vom 27.6.2001 über die Prüfung der Umweltauswirkungen bestimmter Pläne und Programmes.

(5) Art. Vb, § 62 Abs. 2, § 62a Abs. 8, § 63 Abs. 1 lit. e, § 67 Abs. 3 und § 118 dienen der Umsetzung der Richtlinie 2010/31/EU des Europäischen Parlaments und des Rates vom 19.5.2010 über die Gesamtenergieeffizienz von Gebäuden.

(6) § 64 Abs. 1 lit. i und § 88a dienen der Umsetzung der Richtlinie 2014/61/EU des Europäischen Parlaments und des Rates vom 15.5.2014 über Maßnahmen zur Reduzierung der Kosten des Ausbaus von Hochgeschwindigkeitsnetzen für die elektronische Kommunikation.

(7) § 105 dient der Umsetzung der Richtlinie 2013/59/Euratom des Rates vom 5.12.2013 zur Festlegung grundlegender Sicherheitsnormen für den Schutz vor den Gefahren einer Exposition gegenüber ionisierender Strahlung und zur Aufhebung der Richtlinien 89/618/Euratom, 90/641/Euratom, 96/29/Euratom, 97/43/Euratom und 2003/122/Euratom.

(8) § 62a Abs. 1 Z 10 dient der Umsetzung der Richtlinie 2014/94/EU des Europäischen Parlaments und des Rates vom 22. Oktober 2014 über den Aufbau der Infrastruktur für alternative Kraftstoffe.

(9) § 118a und § 118b dienen der Umsetzung der Richtlinie 2010/31/EU des Europäischen Parlaments und des Rates vom 19. Mai 2010 über die Gesamtenergieeffizienz von Gebäuden und der Richtlinie (EU) 2018/844 des Europäischen Parlaments und des Rates vom 30. Mai 2018 zur Änderung der Richtlinie 2010/31/EU über die Gesamtenergieeffizienz von Gebäuden und der Richtlinie 2012/27/EU über Energieeffizienz.

(10) § 1 Abs. 1 Z 9, § 2b sowie § 118 Abs. 3, 3b und 3c dienen der Umsetzung von Art. 15 Abs. 3 erster Satz und Abs. 4 der Richtlinie (EU) 2018/2001 des Europäischen Parlaments und des Rates vom 11. Dezember 2018 zur Förderung der Nutzung von Energie aus erneuerbaren Quellen, ABl. Nr. L 328 vom 21.12.2018, S. 82 ff.[1)2)]

(11) §§ 104a, 104b und 104c dienen der Umsetzung von Art. 10 Abs. 1 und Abs. 2 in Verbindung mit Abs. 3 lit. e und f der Richtlinie (EU) 2020/2184 vom 16. Dezember 2020 über die Qualität von Wasser für den menschlichen Gebrauch, ABl. Nr. L 435 vom 23. Dezember 2020 S 1[3)]

Anmerkungen

1) Abs 10 wurde mit der Nov LGBl 2021/70 eingefügt.

2) Vgl Anm 2 zu § 61a und Anm 13 zu § 134.

3) Abs 1 und 11 idF BO-Nov 2023, LGBl 2023/37.

Übergangsbestimmungen (ab der Techniknovelle 2007)

A. BO-Novelle

LGBl 2008/24

Artikel I. ... (im Gesetzestext berücksichtigt bzw entsprechend eingearbeitet)

Artikel II. Das Wiener Kleingartengesetz 1996, LGBl. für Wien Nr. 57/1996, zuletzt geändert durch das Gesetz LGBl. für Wien Nr. 61/2006, wird wie folgt geändert:

... (im Gesetzestext berücksichtigt)

Artikel III. Das Wiener Bauprodukte- und Akkreditierungsgesetz, LGBl. für Wien Nr. 30/1996, zuletzt geändert durch das Gesetz LGBl. für Wien Nr. 36/2007, wird wie folgt geändert:

... (im Gesetzestext berücksichtigt)

Artikel IV. ... (betrifft das Wiener Feuerpolizei-, Luftreinhalte- und Klimaanlagengesetz, LGBl 1957/17 idgF)

In-Kraft-Treten; Schluss- und Übergangsbestimmungen

Artikel V. (1) Dieses Gesetz tritt drei Monate nach seiner Kundmachung in Kraft.[1)] Verordnungen auf Grund dieses Gesetzes können bereits ab dem auf seine Kundmachung folgenden Tag erlassen werden, sie dürfen jedoch frühestens mit dessen In-Kraft-Treten in Kraft gesetzt werden.

(2) Für im Zeitpunkt des In-Kraft-Tretens dieses Gesetzes bereits anhängige Verfahren gelten die bisherigen gesetzlichen Bestimmungen.

(3) Die Anbringung der Energieausweise in Gebäuden gemäß § 118 Abs. 6 hat bis spätestens 1. Jänner 2009 zu erfolgen.

(4) Soweit in zum Zeitpunkt des In-Kraft-Tretens dieses Gesetzes geltenden Flächenwidmungs- und Bebauungsplänen Begriffe verwendet werden, die durch diese Novelle geändert oder beseitigt werden, ist für die Auslegung der Flächenwidmungs- und Bebauungspläne das vor dieser Novelle bestehende Begriffsverständnis maßgeblich.

(5) Die Beweispflicht gemäß § 88 Abs. 4 besteht nicht für Bauteile und Bauarten bzw. die Verbindung eines bestimmten Baustoffes oder Bauteiles mit einer bestimmten Bauart, die durch Verordnung der Landesregie-

rung oder des Magistrates gemäß § 97 Abs. 3 in der vor In-Kraft-Treten dieses Gesetzes geltenden Fassung zugelassen sind.[2)]

Anmerkungen

1) Das ist am 11.7.2008.

2) Vgl Anm 1 zu § 88.

Umsetzung von Gemeinschaftsrecht

Artikel VI. **Art. Vb, §§ 62a Abs. 8, 63 Abs. 1 lit. e und 118 der Bauordnung für Wien sowie § 15 Abs. 3 des Wiener Kleingartengesetzes dienen der Umsetzung der Richtlinie 2002/91/EG des Europäischen Parlaments und des Rates vom 16. Dezember 2002 über die Gesamtenergieeffizienz von Gebäuden.**

Notifizierung

Artikel VII. **Dieses Gesetz wurde gemäß den Bestimmungen der Richtlinie 98/34/EG des Europäischen Parlaments und des Rates vom 22. Juni 1998 über ein Informationsverfahren auf dem Gebiet der Normen und technischen Vorschriften und der Vorschriften für die Dienste der Informationsgesellschaft in der Fassung der Richtlinie 98/48/EG des Europäischen Parlaments und des Rates vom 20. Juli 1998 der Europäischen Kommission notifiziert (Notifikationsnummer 2007/439/A).**

B. BO-Novelle

LGBl 2008/41

Artikel I. **... (im Gesetzestext berücksichtigt)**

Artikel II. **Dieses Gesetz tritt mit dem der Kundmachung folgenden Tag in Kraft.**[1)]

Anmerkung

1) Vgl hiezu § 1 Abs 2 VStG.

C. BO-Novelle

LGBl 2009/25

Artikel I. **... (im Gesetzestext berücksichtigt)**

Artikel II. Das Wiener Kleingartengesetz 1996, LGBl. für Wien Nr. 57/1996, zuletzt geändert durch das Gesetz LGBl. für Wien Nr. 24/2008, wird wie folgt geändert:

... (im Gesetzestext des Kleingartengesetzes berücksichtigt)

Inkrafttreten und Übergangsbestimmung

Artikel III. (1) Dieses Gesetz tritt einen Monat nach seiner Kundmachung in Kraft.[1)]

(2) Für im Zeitpunkt des Inkrafttretens dieses Gesetzes bereits anhängige Verfahren gelten die bisherigen gesetzlichen Bestimmungen.

(3) Auf Flächenwidmungspläne und Bebauungspläne, die im Zeitpunkt des Inkrafttretens dieses Gesetzes bereits in Geltung stehen oder zur öffentlichen Einsicht aufliegen, ist Art. I Z. 92 (betreffend § 82 Abs. 5) nicht anzuwenden.

Anmerkung

1) Das war am 2.5.2009.

D. BO-Novelle

LGBl 2010/46

Artikel I. ... (betrifft nicht die WBO)

Artikel II. ... (im Gesetzestext berücksichtigt)

In-Kraft-Treten

Artikel III. Dieses Gesetz tritt drei Monate nach seiner Kundmachung in Kraft.[1)]

Anmerkung

1) Das war am 24.12.2010.

E. BO-Novelle

LGBl 2012/64

Artikel I. ... (im Gesetzestext berücksichtigt)

Inkrafttreten und Übergangsbestimmungen

Artikel II. (1) Dieses Gesetz tritt am 1. Jänner 2013 in Kraft.

(2) Für im Zeitpunkt des Inkrafttretens dieses Gesetzes bereits anhängige Verfahren greifen die bisherigen gesetzlichen Bestimmungen.

(3) Energieausweise (§ 118 Abs. 5 der Bauordnung für Wien), die zur Zeit des Inkrafttretens dieses Gesetzes ausgestellt sind, verlieren, sofern keine andere Gültigkeitsdauer festgelegt ist, nach Ablauf von zehn Jahren ab dem Ausstellungsdatum ihre Gültigkeit.

(4) Die Anbringung der Energieausweise in Gebäuden gemäß § 118 Abs. 6 hat bis spätestens 1. Juli 2013 zu erfolgen.

F. BO-Novelle

LGBl 2013/35

Artikel I. ... (im Gesetzestext berücksichtigt)

Artikel II–XIII. ... (betrifft nicht die WBO)

In-Kraft-Treten und Übergangsbestimmungen

Artikel XIV. (1) Die Funktionsperiode der im Zeitpunkt der Kundmachung dieses Gesetzes bestellten Mitglieder und Ersatzmitglieder der Bauoberbehörde wird bis 31. Dezember 2013 verlängert.

(2) Absatz 1 tritt mit dem auf seine Kundmachung folgenden Tag[1)] in Kraft. Im Übrigen tritt dieses Gesetz am 1. Jänner 2014 in Kraft.

Anmerkung

1) Das war am 23.8.2013.

G. BO-Novelle

LGBl 2013/46

Artikel I. ... (betrifft nicht die WBO)

Artikel II. ... (im Gesetzestext berücksichtigt)

Artikel III–IV. ... (betrifft nicht die WBO)

Artikel V. (1) Art. 1 Z 7 tritt mit 1. Juli 2012 in Kraft.

(2) Art. 1 Z 3 tritt mit dem der Kundmachung folgenden Tag[1)] in Kraft. Art. 1 Z 1, 2, 4, 6 und 8 bis 10 treten mit 1. Jänner 2014 in Kraft.

(3) (Verfassungsbestimmung) Art. 1 Z 5, 11 und 12 sowie Art. II, III und IV treten mit 1. Jänner 2014 in Kraft.

Anmerkung

1) Das war am 17.12.2013.

H. BO-Novelle

LGBl 2014/25

Artikel I. … (im Gesetzestext berücksichtigt)

Artikel II. … (betrifft nicht die WBO)

Inkrafttreten

Artikel III. (1) Art. I Z 5 (betreffend § 1 Abs. 5) und Z 128 (betreffend § 1 Abs. 5, § 4 Abs. 2 Punkt C lit. d, § 6 Abs. 14a, § 63 Abs. 1 lit. i, § 70a Abs. 1 Z 11 und § 140 Abs. 1) treten am 1.6.2015 in Kraft.

(2) Art. I Z 17 (betreffend § 15 Abs. 1 Z 5), 18 (betreffend § 16 Abs. 2), 40 (betreffend § 60 Abs. 1 lit. j), 96 (betreffend § 118 Abs. 3b und 3c), 109 (betreffend § 128 Abs. 2 Z 1), 115 (betreffend § 128a) und 116 (betreffend § 129 Abs. 2) treten drei Monate nach der Kundmachung dieses Gesetzes in Kraft.[1)]

(3) Im Übrigen tritt dieses Gesetz mit dem seiner Kundmachung folgenden Tag in Kraft.[2)]

Anmerkungen

1) Das war am 15.10.2014.

2) Das war am 16.7.2014.

Übergangsbestimmungen

Artikel IV. (1) Für alle zur Zeit des Inkrafttretens dieses Gesetzes anhängigen Verfahren gelten die bisherigen gesetzlichen Bestimmungen; dies gilt nicht für Art. I Z 117 (betreffend § 129 Abs. 4 fünfter Satz).

(2) Art. I Z 94 (betreffend den Entfall des § 106 Abs. 6 zweiter Satz) gilt nicht für Wohnungen, bei denen das Baubewilligungsverfahren für ihre Errichtung vor dem Inkrafttreten der Techniknovelle 2007, LGBl. für Wien Nr. 24/2008, anhängig gemacht wurde.

I. BO-Novelle

LGBl 2015/8

Artikel I. … (betrifft nicht die BO)

Artikel II. … (im Gesetzestext berücksichtigt)

Inkrafttreten

Artikel III. Dieses Gesetz tritt am 1. Juni 2015 in Kraft.

J. BO-Novelle

LGBl 2016/21

Artikel I. … (im Gesetzestext berücksichtigt)

Inkrafttreten und Übergangsbestimmung

Artikel II. (1) Dieses Gesetz tritt mit dem seiner Kundmachung folgenden Tag in Kraft.

(2) Für alle zur Zeit des Inkrafttretens dieses Gesetzes anhängigen Verfahren gelten die bisherigen gesetzlichen Bestimmungen.

K. BO-Novelle

LGBl 2016/27

Artikel I. … (im Gesetzestext berücksichtigt)

Inkrafttreten und Übergangsbestimmungen

Artikel II. (1) Dieses Gesetz tritt am 1. Jänner 2017 in Kraft.

(2) Für alle zur Zeit des Inkrafttretens dieses Gesetzes anhängigen Verfahren gelten die bisherigen gesetzlichen Bestimmungen.

L. BO-Novelle

LGBl 2018/37

Artikel I. … (im Gesetzestext berücksichtigt)

Inkrafttreten

Artikel II. Dieses Gesetz tritt mit dem seiner Kundmachung folgenden Tag in Kraft.[1)]

Anmerkung

1) Das war am 30.6.2018. Die Novelle basiert auf dem Initiativantrag LG-470697-2018-LAT, wurde am 28.6.2018 vom Wr Landtag beschlossen. Nach den Grundsätzen von Bauaufträgen zu konsenswidrigen bzw konsenslosen Bauten und den baurechtlichen Regelungsgrundsätzen ergibt sich, dass nach den bisher geltenden gesetzlichen Bestimmungen korrekt bewilligungsfrei begonnene Abbrüche auch nach einer Änderung der Rechtslage weiter bewilligungsfrei ausgeführt werden dürfen. Entscheidend ist der bewilligungsfreie Beginn des Abbruchs. Aus den Übergangsbestimmungen (gibt keine) und den Inkrafttretensbestimmungen ergibt sich auch keine Anwendung auf bereits bewilligungsfrei begonnene Abbrüche. Eine Bewilligungspflicht eines solchen bewilligungsfrei begonnenen Abbruchs ist damit mangels expliziter Übergangsbestimmungen gar nicht (denk)möglich, somit ist ein baubehördlicher Auftrag zur Einstellung der Bauführung wegen vermeintlicher Konsenslosigkeit und fehlender Bewilligung vom Grunde her auch nicht zulässig.

Judikatur

1) Im vorliegenden Fall hatte die belangte Behörde zunächst zu entscheiden, ob das Vorhaben der beschwerdeführenden Gesellschaft der durch die Novelle LGBl Nr 74/1998 eingeführten Anzeigepflicht gemäß § 25 (WV: 26) Abs 1 lit e Sbg . NSchG unterliegt. Unzweifelhaft ist, dass § 63 (WV: 66) Abs 5 diese Bestimmung mit 14. Mai 1998 – und damit mit dem Tag der Vollendung des im Februar 1998 begonnenen Vorhabens der beschwerdeführenden Gesellschaft – (rückwirkend) in Kraft setzt. Keinem Zweifel dürfte es weiters unterliegen, dass der Begriff „Antennentragmastenanlagen" – im Sinne eines „umfassenden Anlagenbegriffes" – nicht nur den eigentlichen Trägermast, sondern auch Teile wie das Fundament umfasst (vgl die Wiedergabe der Begründung des bekämpften Bescheides in Punkt I. 2.). Zweifel über die richtige Auslegung der relevanten Bestimmungen bestehen jedoch hinsichtlich der Frage, ob für im Zeitpunkt des Inkrafttretens begonnene, jedoch noch nicht fertig gestellte Antennentragmastenanlagen die Anzeigepflicht gelten soll oder nicht. In der Begründung des bekämpften Bescheides argumentiert die belangte Behörde, es unterliege die „Errichtung" der Anlage einer Anzeigepflicht, die Errichtung umfasse jedenfalls den Zeitraum vom Beginn bis zur Fertigstellung, und es komme daher auf den Zeitpunkt der Fertigstellung und nicht auf den Zeitpunkt des Beginns einer Maßnahme an. Demgegenüber lässt der Wortlaut des § 25 (WV: 26) Abs 2 leg cit („Mit der Ausführung der" (Anm.: in Abs 1 aufgezählten, anzeigepflichtigen) „Maßnahmen darf (…)

erst begonnen werden, wenn (...)") auch die entgegengesetzte Auslegung als möglich erscheinen. [...] Die belangte Behörde hätte daher – im Lichte des Gleichheitssatzes – die Bestimmung des § 25 (WV: 26) Abs 1 lit e iVm Abs 2 Sbg NSchG dahingehend auslegen müssen, dass im Zeitpunkt des Inkrafttretens der Bestimmung des § 25 (WV: 26) Abs 1 lit e Sbg NSchG – das ist gemäß § 63 (WV: 66) Abs 5 erster Satz Sbg NSchG der 14. Mai 1998 – bereits begonnene und – was den Wert der faktisch getätigten Investitionen betrifft – im Wesentlichen fertig gestellte Projekte nicht der Anzeigepflicht unterliegen (VfGH 28.2.2002, B781/00).

2) Dem Gesetzgeber ist es nicht von Verfassungs wegen von vornherein untersagt, den Geltungsbereich neu geschaffener oder ausgedehnter Eingriffsregelungen auf bereits anhängige Verfahren zu erstrecken. Solche Regelungen sind jedoch am Gleichheitssatz zu messen. Unvereinbar mit dem Gleichheitssatz ist eine solche Regelung dann, wenn die Normunterworfenen durch einen Eingriff von erheblichem Gewicht in einem berechtigten Vertrauen auf die Rechtslage enttäuscht wurden und nicht erhebliche Umstände diese Rückwirkung verlangen (vgl zB das Erkenntnis des Verfassungsgerichtshofes vom 29. November 2000, VfSlg 16022). Im Erkenntnis vom 28. Februar 2002, VfSlg 16452, führte der Verfassungsgerichtshof aus, dass im dort entschiedenen Fall die Behörde eine neu geschaffene Eingriffsregelung dahingehend hätte auslegen müssen, dass im Zeitpunkt des Inkrafttretens dieser Bestimmung bereits begonnene und – was den Wert der faktisch getätigten Investitionen betrifft – im Wesentlichen fertig gestellte Projekte nicht der Anzeigepflicht unterliegen. Als ausschlaggebend sah der Gerichtshof zum einen an, dass der durch die Auslegung der Behörde bewirkte Eingriff sämtliche Investitionen in die beinahe abgeschlossene tatsächliche Errichtung eines konkreten Objektes hinfällig werden lasse, wobei es sich um Investitionen handle, die der Projektwerber in berechtigtem Vertrauen auf den Fortbestand der Rechtslage getätigt habe. Wenn keine eingriffsmildernden Übergangsbestimmungen bestünden, komme es darauf an, ob durch die von der belangten Behörde vorgenommene Auslegung einer neu gewonnenen Einsicht in eine besondere, für die Allgemeinheit unmittelbar zu erwartende Gefahr, die den sofortigen Eingriff in die Rechtsposition rechtfertigt, Rechnung getragen werde. Das Vorliegen einer solchen Gefahr sei im konkreten Fall zu verneinen (VwGH 16.4.2004, 2001/10/0156).

3) Nach ständiger hg Judikatur ist ein Bau im Sinne des § 129 Abs 10 Wr BauO vorschriftswidrig, für den im Zeitpunkt seiner Errichtung ein baubehördlicher Konsens erforderlich war und weiterhin erforderlich ist, für den aber ein solcher Konsens nicht vorliegt (VwGH 23.11.2016, Ro 2014/05/0036).

4) Baurechtliche Normen sind jedoch – mangels gegenteiliger gesetzlicher Anordnung – grundsätzlich dahingehend auszulegen, dass rechtmäßig errichtete Bauwerke und dem Gesetz entsprechend ausgeführte baurechtlich relevante Maßnahmen durch eine spätere Änderung der Rechtslage nicht unrechtmäßig werden (VwGH 24.2.2004, 2003/05/0234).

M. BO-Novelle (Bauordnungsnovelle 2018)

LGBl 2018/69

Artikel I. … (im Gesetzestext berücksichtigt)

Artikel II bis V. … (betrifft andere Vorschriften)

Inkrafttreten

Artikel VI. (1) Art. I Z 16 (betreffend § 2b), Z 17 (betreffend § 4 Abs. 2 Punkt C lit. a), Z 18 (betreffend § 4 Abs. 2 Punkt C lit. c), Z 19 (betreffend § 5 Abs. 4 lit. d), Z 25 (betreffend § 6 Abs. 6a), Z 48 (betreffend §ä 60 Abs. 1), Z 55 (betreffend § 62 Abs. 7), Z 75 (betreffend § 63 Abs. 1 lit. m), Z 76 (betreffend § 64 Abs. 1), Z 84 (betreffend § 70b), Z 86 (betreffend § 72 Abs. 1), Z 87 (betreffend § 73 Abs. 2), Z 88 (betreffend § 74 Abs. 1), Z 116 (betreffend § 118 Abs. 3d und 3e), Z 118 (betreffend § 118 Abs. 7), Z 121 (betreffend § 119 Abs. 5), Z 125 (betreffend § 127 Abs. 8 lit. a), Z 129 (betreffend § 128 Abs. 2 Z 10 bis 12) und Z 131 (betreffend § 128b), weiters Art. II Z 2 (betreffend § 8 Abs. 2), Z 3 (betreffend § 8 Abs. 3), Art. III Z 1 (betreffend § 3 Abs. 1), Art. IV und Art. V treten drei Monate nach der Kundmachung dieses Gesetzes in Kraft.[1)]

(2) Im Übrigen tritt dieses Gesetz mit dem seiner Kundmachung folgenden Tag in Kraft.[2)]

Anmerkungen

1) Das war der 21.3.2019.

2) Das war der 22.12.2018.

Übergangsbestimmungen

Artikel VII. (1) Für alle zur Zeit des Inkrafttretens dieses Gesetzes anhängigen Verfahren und für bereits zugesicherte Förderungen im Sinne der §§ 29 und 56 WWFSG 1989 gelten die bisherigen gesetzlichen Bestimmungen; dies gilt nicht für Art. I Z 132 (betreffend § 129b Abs. 2 BO für Wien) und Art. III Z 6 (betreffend § 50 Abs. 1a WGarG 2008).

(2) Festlegungen im Bebauungsplan, mit denen die Einleitung von Niederschlagswässern in den Straßenkanal beschränkt oder verboten wird, gelten nicht für Baubewilligungsverfahren, die nach dem Inkrafttreten dieses Gesetzes anhängig gemacht werden.

(3) Für Gebiete, die im Flächenwidmungsplan für förderbaren Wohnbau ausgewiesen sind, erlischt diese Zusatzwidmung mit Inkrafttreten dieses Gesetzes.

(4) Einkaufszentren, die im Zeitpunkt des Inkrafttretens dieses Gesetzes im Bebauungsplan festgesetzt sind, gelten als Einkaufszentren im Sinne dieses Gesetzes.

N. BO-Novelle

LGBl 2018/71

Artikel I–XXVI. … (betrifft nicht die BO)

Artikel XXVII. … (im Gesetzestext berücksichtigt)

Artikel XXVIII-XXXVI. … (betrifft nicht die BO)

In-Kraft-Treten

Artikel XXXVII. Dieses Gesetz tritt mit 1. Jänner 2019 in Kraft.

O. BO-Novelle

LGBl 2020/60

Artikel I. … (im Gesetzestext berücksichtigt)

Notifikation

Artikel II. Dieses Gesetz wurde gemäß den Bestimmungen der Richtlinie (EU) 2015/1535 des Europäischen Parlaments und des Rates vom 9. September 2015 über ein Informationsverfahren auf dem Gebiet der technischen Vorschriften und der Vorschriften für die Dienste der Informationsgesellschaft, ABl. Nr. L 241 vom 17.09.2015 notifiziert (Notifikationsnummer 2020/321/A).

Inkrafttreten

Artikel III. Dieses Gesetz tritt mit dem seiner Kundmachung folgenden Tag in Kraft.[1)]

Anmerkung

1) Das war der 14.10.2020.

Übergangsbestimmungen

Artikel IV. Für alle zur Zeit des Inkrafttretens dieses Gesetzes anhängigen Verfahren gelten die bisherigen Bestimmungen.

P. BO-Novelle (Bauordnungsnovelle 2020)

LGBl 2020/61

Artikel I. … (im Gesetzestext berücksichtigt)

Artikel II–III. … (betrifft nicht die BO)

Inkrafttreten

Artikel IV. **(1) Art. I Z 4 und Z 5 (betreffend § 3) treten am 1. Oktober 2020 in Kraft.**

(2) Art. 1 Z 8 (§ 62 Abs. 2), Z 9 (§ 62 Abs. 3), Z 12 (§ 62 Abs. 7), Z 23 (§ 63a), Z 24 (§ 65 Abs. 1), Z 26 (§ 70a Abs. 1), Z 30 bis Z 33 (§ 70b Abs. 1 und Abs. 4), Z 37 (§ 70b Abs. 8), Z 38 (§ 71a), Z 39 (§ 71b), Z 40 (§ 71c), Z 44 (§ 123a), Z 54 bis Z 56 (§ 128 Abs. 2) und Art. II Z 1 bis Z 5 (§ 8) und Z 6 (§ 9) treten am 1. Februar 2021 in Kraft.

(3) Im Übrigen tritt dieses Gesetz mit dem seiner Kundmachung folgenden Tag in Kraft.[1)]

Anmerkung

1) Das war der 14.10.2020.

Übergangsbestimmung

Artikel V. **(1) Für alle zur Zeit des Inkrafttretens dieses Gesetzes anhängigen Verfahren gelten die bisherigen Bestimmungen.**

(2) Art. I Z 41 (betreffend § 74) ist auf Abbrüche gemäß § 62a Abs. 1 Z 2, deren Beginn zum Zeitpunkt dem der Kundmachung folgenden Tag bereits anzeigt wurde, mit der Maßgabe anzuwenden, dass diese Abbrüche innerhalb von vier Jahren ab Inkrafttreten diesen Gesetzes zu vollenden sind.

(3) Art. I Z 42 (betreffend § 111 Abs. 1 lit. b) ist auf bereits im Zeitpunkt des Inkrafttretens dieses Gesetzes anhängige Verfahren anzuwenden.

Q. BO-Novelle (Bauordnungsnovelle 2021)

LGBl 2021/70

Artikel I. … (im Gesetzestext berücksichtigt)

Inkrafttreten

Artikel II. Dieses Gesetz tritt mit dem seiner Kundmachung folgenden Tag in Kraft.[1)]

Übergangsbestimmungen

Artikel III. (1) Für alle zur Zeit des Inkrafttretens dieses Gesetzes anhängigen Verfahren gelten die bisherigen Bestimmungen.

(2) Für Bauplätze mit abweichenden Aufteilungsverhältnissen gemäß § 76 Abs. 10, die aufgrund der Änderung des § 76 Abs. 10 die vereinbarte bebaubare Fläche nicht mehr nutzen können, gilt Art. I Z 12 mit der Einschränkung, dass auf dem kleineren Bauplatz zumindest 100 m^2 in Anspruch genommen werden können, wenn die Vereinbarung des Aufteilungsverhältnisses am 1. September 2021 in den Einlagen der beiden Bauplätze im Grundbuch angemerkt war.

Anmerkung

1) Das war der 14. 12. 2021.

R. BO-Novelle (Bauordnungsnovelle 2023)

LGBl 2023/37 vom 13.12.2023

Artikel I. ... (im Gesetzestext berücksichtigt)

Artikel II bis III. ... (betrifft das Wiener Kleingartengesetz 1996 und das Wiener Garagengesetz 2008)

Inkrafttreten

Artikel IV. (1) Art. I Z 1 (betreffend Art III Abs. 7), Art. I Z 63 (betreffend § 64 Abs. 1 lit. f), Art. I Z 77 (betreffend § 76 Abs. 10a), Art. I Z 78 (betreffend § 76 Abs. 10b), Art. I Z 80 (betreffend 79 Abs. 6), Art. I Z 81 (betreffend § 79 Abs. 6a), Art. I Z 84 (betreffend § 80) treten drei Monate nach der Kundmachung dieses Gesetzes in Kraft.[1)]

(2) Art. I Z 75 (betreffend § 71a) tritt mit 31.12.2027 in Kraft.

(3) Im Übrigen tritt dieses Gesetz mit dem seiner Kundmachung folgenden Tag in Kraft.[2)]

Anmerkungen

1) Das war der 13.3.2024.

2) Das war der 14.12.2023.

Übergangsbestimmungen

Artikel V. **(1) Für alle zur Zeit des Inkrafttretens dieses Gesetzes anhängigen Verfahren gelten die bisherigen Bestimmungen.**

(2) Art. I Z 17 (betreffend § 6 Abs. 6a) ist nicht auf Liegenschaften anzuwenden, die bereits im Zeitpunkt des Inkrafttretens dieses Gesetzes in Gebieten für geförderten Wohnbau liegen.[1)]

(3) Art. I Z 29 (betreffend § 7c Abs. 3) ist auf bestehende Gebäude iSd § 7c Abs. 1, bei welchen die Fläche der Räume, die überwiegend für das Ausstellen und den Verkauf von Waren beziehungsweise für das damit im Zusammenhang stehende Erbringen von Dienstleistungen bestimmt sind, zwischen 1.600 m² und 2.500 m² beträgt, nicht anzuwenden.

(4) Art. I Z 41 (betreffend § 60 Abs. 1 lit. d) ist auch auf Verfahren anzuwenden, die nach dem 1.7.2023 anhängig gemacht wurden.

(5) Art. I Z 44 (betreffend § 62 Abs. 1 Z 4), Art. I Z 71 (betreffend § 70a Abs. 10) und Art. I Z 113 (betreffend § 127 Abs. 6) ist auf im Zeitpunkt des Inkrafttretens dieses Gesetzes bereits anhängige Verfahren anzuwenden.

(6) Art. III Z 13 (betreffend § 48 Abs. 2) berührt bestehende Stellplatzregulative nicht.[2)]

Anmerkungen

1) Anwendung bezieht sich offensichtlich auf die Änderung des § 6 Abs 6a BO in Art I Z 18, nicht Z 17 der Nov, mit dem „Wohnnutzfläche“ wird durch „Brutto-Grundfläche“ ersetzt wird.

2) Im Gegensatz zu früheren Novellen ist die Erleichterung bzw Reduzierung der Stellplatzverpflichtung (Zonen iSd § 50a WGarG) hier nicht auch auf anhängige Verfahren anzuwenden. Sie kann damit nicht bei einem Planwechsel als mit der Stammbewilligung einheitliches und anhängiges Verfahren iSd § 50 Abs 6 WGarG angewendet werden.

Teil III
Durchführungsverordnungen zur Bauordnung für Wien

1. Wiener Bautechnikverordnung mit Richtlinien des OiB
Verordnung der Wiener Landesregierung, mit der bautechnische Anforderungen festgelegt werden (Wiener Bautechnikverordnung 2023 – WBTV 2023)

LGBl 2024/14

Auf Grund der §§ 118 Abs. 5 und 122 der Bauordnung für Wien, LGBl. für Wien Nr. 11/1930, zuletzt geändert durch das Gesetz LGBl. für Wien Nr. 37/2023, wird verordnet:[1)]

§ 1. Den im 9. Teil der Bauordnung für Wien festgelegten bautechnischen Vorschriften wird entsprochen, wenn die in den Anlagen enthaltenen Richtlinien des Österreichischen Instituts für Bautechnik, soweit in ihnen bautechnische Anforderungen geregelt werden, eingehalten werden. Ausgenommen sind die Punkte 2.1.5 und 2.1.6 der Anlage 11 und Punkt 5 der Anlage 12.

§ 2. Von den in den Anlagen enthaltenen Richtlinien kann abgewichen werden, wenn die Bauwerberin oder der Bauwerber nachweist, dass das gleiche Schutzniveau wie bei Anwendung der Richtlinien erreicht wird.

§ 3. (1) Die Anlage 10 dieser Verordnung dient der Umsetzung der Richtlinie 2013/59/Euratom des Rates vom 5. Dezember 2013 zur Festlegung grundlegender Sicherheitsnormen für den Schutz vor den Gefahren einer Exposition gegenüber ionisierender Strahlung und zur Aufhebung der Richtlinien 89/618/Euratom, 90/641/Euratom, 96/29/Euratom, 97/43/Euratom und 2003/122/Euratom, ABl. Nr. L 13 vom 17. Jänner 2014 S 1.

(2) Die Anlagen 13 und 14 dieser Verordnung dienen der Umsetzung der Richtlinie 2010/31/EU des Europäischen Parlaments und des Rates vom 19. Mai 2010 über die Gesamtenergieeffizienz von Gebäuden, ABl. Nr. L 153 vom 18. Juni 2010 S 13, geändert durch die Richtlinie (EU) 2018/844 des Europäischen Parlaments und des Rates vom 30. Mai 2018, ABl. Nr. L 156 vom 19. Juni 2018 S 75.

§ 4. **Diese Verordnung wurde gemäß den Bestimmungen der Richtlinie (EU) 2015/1535 des Europäischen Parlaments und des Rates vom 9. September 2015 über ein Informationsverfahren auf dem Gebiet der technischen Vorschriften und der Vorschriften für die Dienste der Informationsgesellschaft, ABl. Nr. L 241 vom 17. September 2015 S 1, notifiziert (Notifikationsnummer 2023/602/AT).**

§ 5. **(1) Diese Verordnung tritt an dem ihrer Kundmachung folgenden Tag in Kraft. Mit Inkrafttreten dieser Verordnung tritt die Verordnung der Wiener Landesregierung, mit der bautechnische Anforderungen festgelegt werden (Wiener Bautechnikverordnung 2020 – WBTV 2020), LGBl. für Wien Nr. 4/2020, außer Kraft.**

(2) Für alle zur Zeit des Inkrafttretens dieser Verordnung anhängigen Verfahren gilt die bisherige Rechtslage.

(Aus den EB)

Gemäß § 122 der Bauordnung für Wien (BO) wird durch Verordnung der Landesregierung bestimmt, unter welchen Voraussetzungen die im 9. Teil dieses Gesetzes enthaltenen bautechnischen Vorschriften als eingehalten gelten. Weiters kann gemäß § 118 Abs. 5 BO die Landesregierung durch Verordnung nähere Vorschriften über den Inhalt und die Form des Energieausweises erlassen. Auf Grund dieser Verordnungsermächtigung wurde zuletzt die Wiener Bautechnikverordnung 2020 – WBTV 2020, LGBl. für Wien Nr. 4/2020, erlassen, die in ihren Anlagen die vom Österreichischen Institut für Bautechnik (OIB) herausgegebenen technischen Richtlinien enthält.

Am 25. Mai 2023 hat die Generalversammlung des OIB eine neue Ausgabe der genannten Richtlinien beschlossen.

Die WBTV 2023 enthält die Richtlinien des OIB in der Ausgabe 2023 als Anlagen 3, 5 bis 8 und 10 bis 13. Darüber hinaus sind in den Anlagen 1 und 2 die in den Richtlinien zitierten Normen und sonstigen technischen Regelwerke sowie die Begriffsbestimmungen zu finden. Bei den Anlagen 4, 9 und 14 handelt es sich um Leitfäden, die bei der Anwendung der Richtlinien bzw. bei Abweichungen von der Richtlinien unterstützen.

Die **Punkte 2.1.5 und 2.1.6 der Richtlinie 4 (Anlage 11)** werden von der in § 1 normierten Verpflichtung zur Einhaltung der Richtlinien ausgenommen, da ansonsten ein Widerspruch zu den §§ 111 und 115 der Bauordnung für Wien entstehen würde. **Punkt 5. der Richtlinie 5 (Anlage 12)** wird ausgenommen, weil dieser Punkt insbesondere hinsichtlich der Festlegung der Anforderungen in drei Kategorien einer Konkretisierung bedarf und diese in einem gesonderten Regelungsvorhaben erfolgen soll.

Die **Richtlinie 3 (Anlage 10)** dient auch der Umsetzung der Richtlinie 2013/59/Euratom des Rates vom 5. Dezember 2013 zur Festlegung grundlegender Sicherheitsnormen für den Schutz vor den Gefahren einer Exposition gegenüber ionisierender Strahlung und zur Aufhebung der Richtlinien 89/618/Euratom, 90/641/Euratom, 96/29/Euratom, 97/43/Euratom und 2003/122/Euratom.

Die **Richtlinie 6 (Anlage 13)** sowie der Leitfaden „Energietechnisches Verhalten von Gebäuden" (Anlage 14) dienen auch der Umsetzung der Richtlinie 2010/31/EU des Europäischen Parlaments und des Rates vom 19. Mai 2010 über die Gesamtenergieeffizienz von Gebäuden und enthalten u.a. nähere Vorschriften über den Inhalt und die Form des Energieausweises; die in Artikel 3 der genannten EU-Richtlinie vorgesehene Berechnungsmethode wird ebenfalls in Anlage 14 festgelegt. Bemerkt wird, dass das in Punkt 4.2 der Richtlinie 6 (Anlage 13) zitierte OIB-Dokument zur Definition des Niedrigstenergiegebäudes und zur Festlegung von Zwischenzielen in einem „Nationalen Plan" gemäß Art. 9 Abs. 3 der Richtlinie 2010/31/EU die zukünftigen Mindestanforderungen an die Gesamtenergieeffizienz von Gebäuden darstellt und im Internet auf der Homepage des OIB unter der Adresse www.oib.or.at abrufbar ist.

Anmerkung

1) Die Nov LGBl 2024/14 ist am 23.2.2024 in Kraft getreten. Mit Inkrafttreten dieser Verordnung tritt die WBTV 2020, LGBl 2020/4, außer Kraft. Für zum Zeitpunkt des Inkrafttretens anhängige Verfahren gilt die bisherige Rechtslage.

Anlagen 1–14

OIB-Richtlinien

Zitierte Normen und sonstige technische Regelwerke

Ausgabe: Mai 2023

Fundstelle	Regelwerk	Titel	Ausgabe
OIB-Richtlinien – Begriffsbestimmungen	ÖNORM B 1800	Ermittlung von Flächen und Rauminhalten von Bauwerken und zugehörigen Außenanlagen	2013-08-01
OIB-Richtlinien – Begriffsbestimmungen	ÖNORM B 8110-6-1	Wärmeschutz im Hochbau – Teil 6-1: Grundlagen und Nachweisverfahren – Heizwärmebedarf und Kühlbedarf	2019-01-15
OIB-Richtlinien – Begriffsbestimmungen	ÖNORM EN ISO 717-1	Akustik – Bewertung der Schalldämmung in Gebäuden und von Bauteilen – Teil 1: Luftschalldämmung (ISO 717-1:2020)	2021-05-01
OIB-Richtlinien – Begriffsbestimmungen	ÖNORM EN ISO 717-2	Akustik – Bewertung der Schalldämmung in Gebäuden und von Bauteilen – Teil 2: Trittschalldämmung (ISO 717-2:2020)	2021-05-01
OIB-Richtlinie 1	OIB-Leitfaden RL 1	Festlegung der Tragfähigkeit und der Gebrauchstauglichkeit von bestehenden Tragwerken	Mai 2023
OIB-Richtlinie 1	ÖNORM B 1990-1	Eurocode – Grundlagen der Tragwerksplanung – Teil 1: Hochbau – Nationale Festlegungen zu ÖNORM EN 1990 und nationale Ergänzungen	2013-01-01
OIB-Richtlinie 1	ÖNORM EN 1990	Eurocode – Grundlagen der Tragwerksplanung (konsolidierte Fassung)	2013-03-15
OIB-Leitfaden RL 1	ÖNORM B 1991-1-1	Eurocode 1 – Einwirkungen auf Tragwerke – Teil 1-1: Allgemeine Einwirkungen – Wichten, Eigengewicht, Nutzlasten im Hochbau – Nationale Festlegungen zu ÖNORM EN 1991-1-1 und nationale Ergänzungen	2020-12-01
OIB-Leitfaden RL 1	ÖNORM B 1998-3	Eurocode 8 – Auslegung von Bauwerken gegen Erdbeben – Teil 3: Beurteilung und Ertüchtigung von Gebäuden – Nationale Festlegungen zu ÖNORM EN 1998-3 und nationale Erläuterungen	2018-10-15
OIB-Leitfaden RL 1	ÖNORM B 4008-1	Bewertung der Tragfähigkeit bestehender Tragwerke – Teil 1: Hochbau	2018-10-15
OIB-Leitfaden RL 1	ÖNORM EN 1990	Eurocode – Grundlagen der Tragwerksplanung (konsolidierte Fassung)	2013-03-15
OIB-Leitfaden RL 1	ÖNORM EN 1998-3	Eurocode 8: Auslegung von Bauwerken gegen Erdbeben – Teil 3: Beurteilung und Ertüchtigung von Gebäuden (konsolidierte Fassung)	2013-10-01
OIB-Richtlinie 2, 2.1, 2.2 und 2.3	OIB-Leitfaden RL 2	Abweichungen im Brandschutz und Brandschutzkonzepte	Mai 2023
OIB-Richtlinie 2	ÖNORM A 3800-1	Brandverhalten von Materialien, ausgenommen Bauprodukte – Teil 1: Anforderungen, Prüfungen und Beurteilungen	2005-11-01
OIB-Richtlinie 2	ÖNORM B 3825	Brandverhalten von Ausstattungsmaterialien – Prüfung und Klassifizierung von Möbelbezügen	2009-07-01
OIB-Richtlinie 2	ÖNORM EN 13773	Textilien – Vorhänge und Gardinen – Brennverhalten – Klassifizierungsschema	2003-05-01

Fundstelle	Regelwerk	Titel	Ausgabe
OIB-Richtlinie 4	ÖNORM B 3716-2	Glas im Bauwesen – Konstruktiver Glasbau – Teil 2: Linienförmig gelagerte Verglasungen	2021-08-01
OIB-Richtlinie 4	ÖNORM EN 13022-1	Glas im Bauwesen – Geklebte Verglasungen – Teil 1: Glasprodukte für Structural-Sealant-Glazing (SSG-) Glaskonstruktionen für Einfachverglasungen und Mehrfachverglasungen mit oder ohne Abtragung des Eigengewichtes	2014-07-15
OIB-Richtlinie 4	ÖNORM EN 14179-2	Glas im Bauwesen – Heißgelagertes thermisch vorgespanntes Kalknatron-Einscheiben-sicherheitsglas – Teil 2: Konformitätsbewertung/Produktnorm	2005-08-01
OIB-Richtlinie 6	OIB-Leitfaden RL 6	Energietechnisches Verhalten von Gebäuden	Mai 2023
OIB-Richtlinie 6	ÖNORM B 8110-5	Wärmeschutz im Hochbau – Teil 5: Klimamodell und Nutzungsprofile	derzeit geplantes Ausgabedatum 2024-01-15
OIB-Richtlinie 6	ÖNORM B 9972	Anwendung des Differenzdruckverfahrens zur Bestimmung der Luftdurchlässigkeit von Gebäuden – Differenzdruckverfahren – Nationale Festlegungen und nationale Ergänzungen zur ÖNORM EN ISO 9972	2016-03-15
OIB-Richtlinie 6	ÖNORM H 5050-1	Gesamtenergieeffizienz von Gebäuden – Teil 1: Berechnung des Gesamtenergieeffizienzfaktors	derzeit geplantes Ausgabedatum 2024-01-15
OIB-Richtlinie 6	ÖNORM H 5056-1	Gesamtenergieeffizienz von Gebäuden – Teil 1: Heiztechnikenergiebedarf	derzeit geplantes Ausgabedatum 2024-01-15
OIB-Leitfaden RL 6	ÖNORM B 1800	Ermittlung von Flächen und Rauminhalten von Bauwerken und zugehörigen Außenanlagen	2013-08-01
OIB-Leitfaden RL 6	ÖNORM B 8110-5	Wärmeschutz im Hochbau – Teil 5: Klimamodell und Nutzungsprofile	derzeit geplantes Ausgabedatum 2024-01-15
OIB-Leitfaden RL 6	ÖNORM B 8110-6-1	Wärmeschutz im Hochbau – Teil 6-1: Grundlagen und Nachweisverfahren – Heizwärmebedarf und Kühlbedarf	derzeit geplantes Ausgabedatum 2024-01-15
OIB-Leitfaden RL 6	ÖNORM EN ISO 52016-1	Energetische Bewertung von Gebäuden – Berechnung des Energiebedarfs für Heizung und Kühlung, Innentemperaturen sowie der Heiz- und Kühllast in einem Gebäude oder einer Gebäudezone – Teil 1: Berechnungsverfahren (ISO 52016-1:2017)	2018-02-01

Fundstelle	Regelwerk	Titel	Ausgabe
OIB-Leitfaden RL 6	ÖNORM H 5050-1	Gesamtenergieeffizienz von Gebäuden – Teil 1: Berechnung des Gesamtenergieeffizienzfaktors	derzeit geplantes Ausgabedatum 2024-01-15
OIB-Leitfaden RL 6	ÖNORM H 5056-1	Gesamtenergieeffizienz von Gebäuden – Teil 1: Heiztechnikenergiebedarf	derzeit geplantes Ausgabedatum 2024-01-15
OIB-Leitfaden RL 6	ÖNORM H 5057-1	Gesamtenergieeffizienz von Gebäuden – Teil 1: Raumlufttechnikenergiebedarf für Wohn- und Nichtwohngebäude	2019-01-15
OIB-Leitfaden RL 6	ÖNORM H 5058-1	Gesamtenergieeffizienz von Gebäuden – Teil 1: Kühltechnikenergiebedarf	2019-01-15
OIB-Leitfaden RL 6	ÖNORM H 5059-1	Gesamtenergieeffizienz von Gebäuden – Teil 1: Beleuchtungsenergiebedarf (Nationale Ergänzung zu ÖNORM EN 15193) – Schnellverfahren für die Berechnung	2019-01-15

Bezug der Regelwerke

Die in den OIB-Richtlinien zitierten Regelwerke sind bei den jeweiligen Herausgebern zu beziehen:

Normen bei Austrian Standards International, Heinestraße 38, A-1020 Wien

OIB-Leitfaden „Festlegung der Tragfähigkeit und Gebrauchstauglichkeit von bestehenden Tragwerken" des Österreichischen Instituts für Bautechnik beim Österreichischen Institut für Bautechnik, Schenkenstraße 4, A-1010 Wien

OIB-Leitfaden „Abweichungen im Brandschutz und Brandschutzkonzepte" des Österreichischen Instituts für Bautechnik beim Österreichischen Institut für Bautechnik, Schenkenstraße 4, A-1010 Wien

OIB-Leitfaden „Energietechnisches Verhalten von Gebäuden" des Österreichischen Instituts für Bautechnik beim Österreichischen Institut für Bautechnik, Schenkenstraße 4, A-1010 Wien

Anlage 2

Österreichisches Institut für Bautechnik OIB-330-003/23 Begriffsbestimmungen

OIB-Richtlinien

Begriffsbestimmungen

Ausgabe: Mai 2023

Abfallsammelraum

Allseitig geschlossener Raum, welcher der technisch und hygienisch einwandfreien Sammlung und Zwischenlagerung von Abfall dient.

Abfallsammelstelle

Offene oder teilweise geschlossene bzw. überdachte Einrichtung, die der technisch und hygienisch einwandfreien Zwischenlagerung von Abfall dient.

Abgas

In der Feuerstätte bei der Verbrennung fester, flüssiger und/oder gasförmiger Brennstoffe entstehendes, gasförmiges Verbrennungsprodukt einschließlich der in ihm schwebenden festen oder flüssigen Bestandteile und eines allfälligen Luftüberschusses.

Abgasanlage

Anlage für die Ableitung der Abgase von Feuerstätten für feste, flüssige oder gasförmige Brennstoffe ins Freie; Verbindungsstücke sind nicht Teil der Abgasanlage.

Abwasser

Wasser, welches durch Gebrauch verändert ist, und jedes in die Entwässerungsanlage fließende Wasser, wie z.B. häusliches Schmutzwasser, industrielles und gewerbliches Abwasser sowie Kondensate.

Altersheim, Altenwohnheim, Seniorenheim, Seniorenresidenz

Einrichtung für betagte Menschen, die nicht mehr eigenständig ihren Haushalt führen können, zeitweise pflegerisch betreut werden oder im Evakuierungsfall gegebenenfalls auf fremde Hilfe angewiesen sind.

Anbindeleitung

Verbindung zwischen Steigleitung oder dezentralem Wärmebereitsteller einerseits und dem Wärmeabgabesystem (Heizkörper, -register oder -fläche) andererseits.

Anlagengeräuschpegel, energieäquivalenter ($L_{A,eq,nT}$)

A-bewerteter energieäquivalenter Dauerschallpegel, der in einem Raum bei Betrieb einer haustechnischen Anlage innerhalb dieses Raumes mit der Zeitbewertung „fast" gemessen und auf 0,5 s Nachhallzeit bezogen wird.

Anlagengeräuschpegel, maximaler ($L_{AF,max,nT}$)

Maximaler A-bewerteter Schallpegel, der in einem Raum bei Betrieb einer haustechnischen Anlage außerhalb dieses Raumes mit der Zeitbewertung „fast" gemessen und auf 0,5 s Nachhallzeit bezogen wird.

Anpassungswert (L_Z)

Pegelzu- oder -abschlag für bestimmte Arten von Geräuschquellen bzw. -charakteristika.

Architekturlichte

Fertigmaß der Öffnung für Belichtungselemente in Wänden oder Dächern, gemessen in der Fassadenebene bzw. in der Ebene der Dachhaut.

Aufenthaltsraum

Ein Raum, der zum länger dauernden Aufenthalt von Personen bestimmt ist (z.B. Wohn- und Schlafraum, Wohnküche, Arbeitsraum, Unterrichtsraum), nicht dazu zählen jedenfalls Badezimmer und Toiletten.

Außenlärmpegel, bauteillagebezogener

Außenlärmpegel unter Anwendung von Anpassungswerten (Beurteilungspegel), der sich aus dem standortbezogenen Außenlärmpegel für die jeweilige Lage des Bauteiles am Gebäude ergibt.

Außenlärmpegel, maßgeblicher

Bemessungsgrundlage zur Feststellung der Anforderungen an die Schalldämmung von Bauteilen unter Anwendung von Anpassungswerten (Beurteilungspegel).

Außenlärmpegel, maßgeblicher standortbezogener

Außenlärmpegel unter Anwendung von Anpassungswerten (Beurteilungspegel), der sich aus der standortbezogenen Umgebungslärmsituation in 4,00 m Höhe über Boden ergibt.

Barrierefreiheit

Barrierefrei im Sinne der OIB-Richtlinie 4 sind bauliche Anlagen, wenn sie für Kinder, ältere Menschen und Menschen mit Behinderungen in der allgemein üblichen Weise, ohne besondere Erschwernis und grundsätzlich ohne fremde Hilfe zugänglich und nutzbar sind.

Bau-Schalldämm-Maß, bewertetes (R'_w)

Einzahlangabe für das Bau-Schalldämm-Maß, ermittelt nach ÖNORM EN ISO 717-1 aus den Werten von R' (in den Terzbändern 100 Hz bis 3150 Hz).

Bau-Schalldämm-Maß, bewertetes resultierendes der Außenbauteile gesamt ($R'_{res,w}$)

Einzahlangabe für das Bau-Schalldämm-Maß, das für einen Außenbauteil, der aus mehreren Teilflächen mit unterschiedlichen Abmessungen und unterschiedlichen Schalldämm-Maßen besteht (z.B. eine Außenwand mit Fenstern und Außentüren), bestimmt wird.

Bauwerk

Eine Anlage, die mit dem Boden in Verbindung steht und zu deren fachgerechter Herstellung bautechnische Kenntnisse erforderlich sind.

Befeuchtungsenergiebedarf (BefEB)

Beim Befeuchtungsenergiebedarf wird der allfällige Energiebedarf zur Befeuchtung dargestellt.

Beherbergungsstätte

Gebäude oder Gebäudeteile, die der Beherbergung von Personen dienen und mehr als zehn Gästebetten aufweisen.

Bekleidungen

Schichten eines Bauteils, die die Erfüllung einer oder mehrerer Anforderungen hinsichtlich Brand-, Wärme-, Schall- und Witterungsschutz sicherstellen helfen; Bekleidungen bestehen in der Regel aus einer Außenschicht, Unterkonstruktion und Dämmschicht bzw. Wärmedämmung.

Beläge

Äußerste Schicht eines Bauteils, der nicht unter Bekleidungen fällt, wie z.B. Bodenbeläge, dekorative Verschalungen, Akustikplatten; Beläge werden in der Regel auf einer Bekleidung oder einer Rohwand bzw. Rohdecke angebracht.

Beleuchtungsenergiebedarf (BelEB)

Der Beleuchtungsenergiebedarf ist als flächenbezogener Defaultwert festgelegt und entspricht dem Energiebedarf zur nutzungsgerechten Beleuchtung.

Bereich, allgemein zugänglicher

Bereich innerhalb oder außerhalb eines Bauwerkes, der für die regelmäßige Erschließung oder Benutzung durch unterschiedliche Personen, wie z.B. Bewohner, Kunden, Lieferanten, gedacht ist. Nicht dazu zählen Gebäude oder Gebäudeteile mit nicht mehr als drei Wohnungen oder Reihenhäuser, die ausschließlich der Wohnnutzung dienen, sowie Bereiche innerhalb einer Wohneinheit.

Bestehende Bauten, auch bestehende Hochbauten, bestehende Bauwerke, Bestand, Bestandsgebäude, bestehende Gebäude

Als bestehende Bauten gelten solche, die entsprechend den jeweiligen landesrechtlichen Bestimmungen rechtmäßig bestehen, oder für die ein Konsens vermutet werden kann (z.B. historische Gebäude).

Betriebsbau

Bauwerk oder Teil eines Bauwerkes, welches der Produktion (Herstellung, Behandlung, Verwertung, Verteilung) bzw. der Lagerung von Produkten oder Gütern dient.

Betriebsstrombedarf (BSB)

Der Betriebsstrombedarf ist als flächenbezogener Defaultwert festgelegt und entspricht der Hälfte der mittleren inneren Lasten.

Beurteilungspegel (L_r)

Der auf die Bezugszeit bezogene A-bewertete energieäquivalente Dauerschallpegel eines beliebigen Geräusches, der – erforderlichenfalls – mit Anpassungswerten versehen ist.

Brandabschnitt

Bereich, der durch brandabschnittsbildende Wände bzw. Decken von Teilen eines Gebäudes getrennt ist.

Brandwand

Brandabschnittsbildende Wand mit erhöhten Anforderungen.

Brutto-Grundfläche (BGF), konditioniert

Fläche entsprechend der Definition gemäß ÖNORM B 8110-6-1. Fläche, die vom konditionierten Bruttovolumen umschlossen wird.

Brutto-Volumen (V_B), konditioniert

Volumen entsprechend der Definition gemäß ÖNORM B 8110-6-1. Summe der Bruttorauminhalte aller konditionierten Räume eines Gebäudes oder Gebäudeteiles, über das eine Wärmebilanz mit einer bestimmten Raumtemperatur erstellt wird.

Dauerhaftigkeit des Tragwerks

Fähigkeit des Tragwerks und seiner tragenden Bauteile, das Tragwerksverhalten infolge zeitabhängiger Veränderungen der Eigenschaften unter Berücksichtigung der Umweltbedingungen und der geplanten Instandhaltungsmaßnahmen nicht unvorhergesehen zu verändern.

Dekorationsartikel

Zu Dekorationszwecken eingebrachte Gegenstände, wie z.B. Girlanden, Fahnen und künstlicher Pflanzenschmuck.

Durchgangslichte, nutzbare Breite

Die nutzbare Breite der Durchgangslichte stellt die geringste lichte Breite der Öffnung des Türstockes bzw. der Zarge dar. Wenn Türblätter bei 90° geöffnetem Zustand um nicht mehr als je 5 cm in die Durchgangslichte hineinragen, bleiben diese bei der Ermittlung der nutzbaren Breite unberücksichtigt. Türdrücker, Notausgangsverschlüsse und Paniktürverschlüsse bleiben bei der Ermittlung der nutzbaren Breite ebenfalls unberücksichtigt.

Durchgangslichte, nutzbare Höhe

Die nutzbare Höhe der Durchgangslichte stellt die lichte Höhe der Türöffnung, die nach Einbau (Montage) des Türstockes bzw. der Zarge bei geöffnetem Türblatt den freien Durchgang ohne Einengung ermöglicht, dar. Bei einem durchgehenden Fußboden entspricht die nutzbare Höhe der Durchgangslichte der Stocklichtenhöhe. Einbauten, wie z.B. Schwellen, Türanschläge oder Türschließer, werden bei der Ermittlung der nutzbaren Höhe der Durchgangslichte nicht berücksichtigt.

Einwirkung

Eine auf das Tragwerk einwirkende Kraft- oder Verformungsgröße.

Endenergiebedarf (EEB)

Der Endenergiebedarf umfasst zusätzlich zum Heizenergiebedarf den Haushaltsstrombedarf bzw. den jeweils allfälligen Betriebsstrombedarf, Kühlenergiebedarf und Beleuchtungsenergiebedarf, abzüglich allfälliger Endenergieerträge und zuzüglich eines dafür notwendigen Hilfsenergiebedarfs. Der Endenergiebedarf entspricht jener Energiemenge, die eingekauft werden muss (Lieferenergiebedarf).

Energieaufwandszahl Heizen

Verhältniszahl, zwischen dem Heizenergiebedarf und der Summe aus Heizwärmebedarf und Warmwasserwärmebedarf.

Energieaufwandszahl Kühlen

Verhältniszahl, zwischen dem Kühlenergiebedarf und dem Kühlbedarf.

Energieausweis

Ein gemäß der OIB-Richtlinie 6 erstellter Ausweis über die Gesamtenergieeffizienz eines Gebäudes in Umsetzung der Richtlinie 2010/31/EU vom 19. Mai 2010 bzw. 2018/844/EU vom 30. Mai 2018 und des Energieausweis-Vorlage-Gesetzes (EAVG).

Fassade, nicht belüftet

Fassade, die sich im Wesentlichen aus den Komponenten

- Unterkonstruktion,
- Verankerungs-, Verbindungs- und Befestigungselemente,
- allenfalls Wärmedämmung (Dämmschicht),
- Luftspalt zwischen Wärmedämmung (bzw. bei Fehlen derselben, der Außenwand) und Außenschicht, die weder an der Unterseite noch an der Oberseite durch eine Luftöffnung mit der Außenluft verbunden ist, und
- Außenschicht

zusammensetzt, die jeweils sinnvoll aufeinander abgestimmte Funktionen zu erfüllen haben.

Fassade, vorgehängte belüftete

Fassade, die sich im Wesentlichen aus den Komponenten

- Unterkonstruktion,
- Verankerungs-, Verbindungs- und Befestigungselemente,
- allenfalls Wärmedämmung (Dämmschicht),
- Hinterlüftungsspalt bzw. Luftspalt zwischen Wärmedämmung (bzw. bei Fehlen derselben, der Außenwand) und Außenschicht, der lediglich an der Unterseite Luftöffnungen aufweist und mit der Außenluft verbunden ist, und
- Außenschicht

zusammensetzt, die jeweils sinnvoll aufeinander abgestimmte Funktionen zu erfüllen haben.

Fassade, vorgehängte hinterlüftete

Fassade, die sich im Wesentlichen aus den Komponenten

Unterkonstruktion,
Verankerungs-, Verbindungs- und Befestigungselemente,
allenfalls Wärmedämmung (Dämmschicht),
Hinterlüftungsspalt zwischen Wärmedämmung (bzw. bei Fehlen derselben, der Außenwand) und Außenschicht, der durch Zuluftöffnungen an der Unterseite und Abluftöffnungen an der Oberseite der Außenschicht mit der Außenluft verbunden ist und dadurch einen ständigen Luftstrom („Hinterlüftung") ermöglicht, und
Außenschicht

zusammensetzt, die jeweils sinnvoll aufeinander abgestimmte Funktionen zu erfüllen haben.

Fassade, Vorhangfassade

Konstruktion als Teil der Gebäudehülle, die im Allgemeinen aus miteinander verbundenen horizontalen und vertikalen Profilen besteht, mit der tragenden Konstruktion des Baukörpers verankert ist und mit fest eingebauten und/oder zu öffnenden Ausfachungen ausgestattet ist, alle erforderlichen Funktionen einer Innen- oder Außenwand oder eines Teils davon erfüllt, jedoch nicht zur Tragfähigkeit oder Stabilität der Gebäudestruktur beiträgt. Vorhangfassaden sind als selbsttragende Konstruktionen ausgelegt, die Eigengewicht, Nutzlasten, Lasten aus der Umgebung (Wind, Schnee, usw.) sowie seismische Lasten an die Hauptstruktur des Gebäudes übertragen.

Fassade, zweischalige Vorhangfassade

Vorhangfassaden, bestehend aus einer inneren und äußeren Schale und einem Luftzwischenraum, wobei das Ganze als integriertes System entwickelt ist.

Feuerstätte

Wärmeerzeugende Geräteeinheit, in der Verbrennungsprodukte entstehen, die an die Außenluft abgeführt werden müssen.

Fluchtniveau

Höhendifferenz zwischen der Fußbodenoberkante des höchstgelegenen oberirdischen Geschoßes und der an das Gebäude angrenzenden Geländeoberfläche nach Fertigstellung im Mittel.

Fluchtweg

Weg, der den Benützern eines Bauwerkes im Gefahrenfall grundsätzlich ohne fremde Hilfe das Erreichen eines sicheren Ortes des angrenzenden Geländes im Freien – in der Regel eine Verkehrsfläche – ermöglicht.

Garage

Gebäude oder Teil eines Gebäudes zum Einstellen von Kraftfahrzeugen.

Gebäude der Gebäudeklasse 1 (GK1)

Freistehende, an mindestens drei Seiten auf eigenem Grund oder von Verkehrsflächen für die Brandbekämpfung von außen zugängliche Gebäude mit nicht mehr als drei oberirdischen Geschoßen, mit einem Fluchtniveau von nicht mehr als 7,00 m und insgesamt nicht mehr als 400 m² Brutto-Grundfläche der oberirdischen Geschoße, bestehend aus nicht mehr als zwei Wohnungen oder einer Betriebseinheit.

Gebäude der Gebäudeklasse 2 (GK2)

a) Gebäude mit nicht mehr als drei oberirdischen Geschoßen und mit einem Fluchtniveau von nicht mehr als 7,00 m von insgesamt nicht mehr als 400 m² Brutto-Grundfläche der oberirdischen Geschoße,
b) Reihenhäuser mit nicht mehr als drei oberirdischen Geschoßen und mit einem Fluchtniveau von nicht mehr als 7,00 m, bestehend aus Wohnungen bzw. Betriebseinheiten von jeweils nicht mehr als 400 m² Brutto-Grundfläche der oberirdischen Geschoße,
c) Freistehende, an mindestens drei Seiten auf eigenem Grund oder von Verkehrsflächen für die Brandbekämpfung von außen zugängliche Gebäude mit ausschließlicher Wohnnutzung mit nicht mehr als drei oberirdischen Geschoßen und mit einem Fluchtniveau von nicht mehr als 7,00 m von insgesamt nicht mehr als 800 m² Brutto-Grundfläche der oberirdischen Geschoße.

Gebäude der Gebäudeklasse 3 (GK3)

Gebäude mit nicht mehr als drei oberirdischen Geschoßen und mit einem Fluchtniveau von nicht mehr als 7,00 m, die nicht in die Gebäudeklassen 1 oder 2 fallen.

Gebäude der Gebäudeklasse 4 (GK4)

a) Gebäude mit nicht mehr als vier oberirdischen Geschoßen und mit einem Fluchtniveau von nicht mehr als 11 m, bestehend aus mehreren Wohnungen bzw. mehreren Betriebseinheiten von jeweils nicht mehr als 400 m² Nutzfläche der einzelnen Wohnungen bzw. Betriebseinheiten in den oberirdischen Geschoßen,
b) Gebäude mit nicht mehr als vier oberirdischen Geschoßen und mit einem Fluchtniveau von nicht mehr als 11 m, bestehend aus einer Wohnung bzw. einer Betriebseinheit ohne Begrenzung der Brutto-Grundfläche der oberirdischen Geschoße.

Gebäude der Gebäudeklasse 5 (GK5)

Gebäude mit einem Fluchtniveau von nicht mehr als 22 m, die nicht in die Gebäudeklassen 1, 2, 3 oder 4 fallen.

Gebäude

Überdeckte, allseits oder überwiegend umschlossene Bauwerke, die von Personen bestimmungsgemäß betreten werden können.

Gebäude, konditionierte

Gebäude, deren Innenraumklima unter Einsatz von Energie beheizt, gekühlt, be- und entlüftet oder befeuchtet wird; als konditionierte Gebäude können Gebäude als Ganzes oder Teile eines Gebäudes, die als eigene Nutzungseinheiten konzipiert oder umgebaut wurden, bezeichnet werden.

Gebäudetechnisches System

Jene technische Ausrüstung eines Gebäudes oder Gebäudeteils für Raumheizung, Raumkühlung, Lüftung, Warmwasserbereitung für den häuslichen Gebrauch, eingebaute Beleuchtung, Gebäudeautomatisierung und -steuerung, Elektrizitätserzeugung am Gebäudestandort oder für eine Kombination derselben, einschließlich Systemen, die Energie aus erneuerbaren Quellen nutzen.

Gebäudewert

Der Gebäudewert ist aufgrund der Neuerrichtungskosten zu ermitteln. Wertbeeinflussende Umstände, wie etwa Lage der Liegenschaft, baurechtliche oder andere öffentlich-rechtliche Beschränkungen sowie erhebliche Abweichungen von den üblichen Baukosten, sind nicht zu berücksichtigen.

Gebrauchstauglichkeit des Tragwerks

Fähigkeit des Tragwerks und seiner tragenden Bauteile, die Anforderungskriterien an die Nutzbarkeit und Funktion, z.B. Verformungs-, Schwingungs- und Rissbreitenbeschränkungen, zu erfüllen.

Gesamtenergieeffizienz-Faktor (f_{GEE})

Der Gesamtenergieeffizienz-Faktor ist der Quotient aus einerseits dem Endenergiebedarf abzüglich allfälliger Endenergieerträge und zuzüglich des dafür notwendigen Hilfsenergiebedarfs und andererseits einem Referenz-Endenergiebedarf (Anforderung 2007).

Geschoß

Gebäudeabschnitt zwischen den Oberkanten der Fußböden übereinanderliegender Räume oder lichter Abschnitt zwischen der Oberkante des Fußbodens und der Unterfläche des Daches, wenn die jeweils geforderte Raumhöhe erreicht wird. Gebäudeabschnitte, die zueinander bis einschließlich der halben Geschoßhöhe versetzt sind, gelten als ein Geschoß. Galerien innerhalb eines Raumes gelten nicht als eigenes Geschoß.

Geschoß, Betriebsbau

Alle auf gleicher Ebene liegenden Räume sowie in der Höhe zu dieser Ebene versetzte Räume oder Raumteile, Galerien, Emporen und Bühnen innerhalb eines Raumes gelten nicht als eigenes Geschoß, sofern deren Netto-Grundfläche weniger als die Hälfte der Netto-Grundfläche jenes Raumes, in dem sie sich befinden, beträgt. Als eigene Geschoße zählen nicht:

- Räume oberhalb des letzten oberirdischen Geschoßes, die ausschließlich der Unterbringung haustechnischer Anlagen für Heizungs-, Lüftungs-, Klima- und Sanitärzwecke dienen,
- betriebstechnische Räume, wenn der Anteil ständig offener Deckenöffnungen zu darüber- oder darunterliegenden Geschoßen größer ist als der Anteil der geschlossenen Flächen, wie z.B. Pressenkeller,
- untergeordnete Bereiche innerhalb eines Raumes, die in funktionaler Verbindung zu diesem Raum stehen, wie z.B. Büros, Sozialräume,
- Triebwerksräume für Aufzüge,
- begehbare Stege und Podeste, wie z.B. Gitterroste in Regallagern zur Erreichung der einzelnen Lagerebenen.

Geschoß, oberirdisches

Geschoß, dessen äußere Begrenzungsflächen in Summe zu mehr als der Hälfte über dem anschließenden Gelände nach Fertigstellung liegen. Nicht zu den oberirdischen Geschoßen zählen solche, in denen sich keine Wohnungen, Betriebseinheiten oder Teile von solchen befinden (z.B. nicht ausgebaute Dachräume, Triebwerksräume, Räume für haustechnische Anlagen).

Geschoß, oberirdisches, Betriebsbau

Geschoß, dessen äußere Begrenzungsflächen in Summe zu mehr als der Hälfte über dem anschließenden Gelände nach Fertigstellung liegen.

Geschoß, unterirdisches

Geschoß, dessen äußere Begrenzungsflächen in Summe zu nicht mehr als der Hälfte über dem anschließenden Gelände nach Fertigstellung liegen.

Größere Renovierung

Renovierung, bei der mehr als 25 % der Oberfläche der Gebäudehülle einer Renovierung unterzogen werden, es sei denn, die Gesamtkosten der Renovierung der Gebäudehülle und der gebäudetechnischen Systeme betragen weniger als 25 % des Gebäudewertes, wobei der Wert des Grundstücks, auf dem das Gebäude errichtet wurde, nicht mitgerechnet wird.

Grundfläche

Brutto-Grundfläche bzw. Netto-Grundfläche entsprechend der Definition in der ÖNORM B 1800.

Hauptbrandabschnitt

Bereich, der durch Brandwände von Teilen eines Gebäudes getrennt ist.

Hauptgang bzw. Haupttreppe

Verbindungsweg, der zur Erschließung von Aufenthaltsräumen, allgemein zugänglichen Bereichen sowie Räumen der täglichen Nutzung dient. Zu Räumen der täglichen Nutzung zählen z.B. Bäder und Toiletten in Wohnungen sowie Abstellräume.

Haushaltsstrombedarf (HHSB)

Der Haushaltsstrombedarf ist als flächenbezogener Defaultwert festgelegt. Er entspricht in etwa dem durchschnittlichen flächenbezogenen Stromverbrauch eines österreichischen Haushalts.

Heizenergiebedarf (HEB)

Beim Heizenergiebedarf werden zusätzlich zum Heiz- und Warmwasserwärmebedarf die Verluste des gebäudetechnischen Systems berücksichtigt, dazu zählen insbesondere die Verluste der Wärmebereitstellung, der Wärmeverteilung, der Wärmespeicherung und der Wärmeabgabe sowie allfälliger Hilfsenergie.

Heizgradtagzahl (HGT)

Jährliche Heizgradtage $HGT_{20/12}$.

Heizwärmebedarf (HWB)

Wärmemenge, die den konditionierten Räumen zugeführt werden muss, um deren vorgegebene Solltemperatur einzuhalten.

Höhe von Handläufen, Geländern und Brüstungen

Lotrechter Abstand zwischen der fertigen Standfläche, bzw. bei Treppen der fertigen Stufenvorderkante, und der Handlauf-, Geländer- oder Brüstungsoberkante.

Kohlendioxidemissionen äquivalent (CO_{2eq})

Gesamte dem Endenergiebedarf zuzurechnenden äquivalenten Kohlendioxidemissionen (Treibhausgase), einschließlich jener für Vorketten, einschließlich jener für Vorketten, die Bestandteil der BUNDESLÄNDER LUFTSCHADSTOFF-INVENTUR 1990–2020 des Umweltbundesamtes sind, aktualisiert mit Daten aus dem AUSTRIA'S NATIONAL INVENTORY REPORT 2022 des Umweltbundesamtes und aus der Energiebilanz Österreich 1970–2021 der Statistik Austria für die Jahre 2018 bis 2021.

Kühlbedarf (KB)

Der Kühlbedarf ist jene Wärmemenge, welche aus den Räumen abgeführt werden muss, um unter der Solltemperatur zu bleiben. Er errechnet sich aus den nicht nutzbaren inneren und solaren Gewinnen.

Kühlbedarf, außeninduzierter (KB*)

Kühlbedarf, bei dessen Berechnung die inneren Wärmelasten und die Luftwechselrate null zu setzen sind (Infiltration n_x wird mit dem Wert 0,15 angesetzt).

Kühlenergiebedarf (KEB)

Beim Kühlenergiebedarf werden zusätzlich zum Kühlbedarf die Verluste des Kühlsystems und der Kältebereitstellung berücksichtigt.

Lagerabschnittsfläche

Netto-Grundfläche zur Lagerung von Produkten und Gütern, die durch Brandwände, brandabschnittsbildende Bauteile oder Außenwände begrenzt wird.

Länge, charakteristische (ℓ_c)

Maß für die Kompaktheit eines Gebäudes, dargestellt in Form des Verhältnisses des konditionierten Volumens V zur umschließenden Oberfläche A dieses Volumens.

Laubengang, offener

Gang an der Außenseite eines Gebäudes, der mindestens zur Hälfte gegenüber dem Freien offen ist und der überwiegend gleichmäßig verteilte, unverschließbare Öffnungen über der Parapethöhe besitzt.

LEK_T-Wert

Kennwert für den Wärmeschutz der Gebäudehülle unter Bedachtnahme auf die Kompaktheit bzw. charakteristische Länge des Gebäudes unter Heranziehung der LEK-Linien (Linien Europäischer Kriterien).

Menschenansammlung, größere

Gleichzeitige Anwesenheit von mehr als 120 Personen für kulturelle, künstlerische, sportliche, unterhaltende oder andere vergleichbare Aktivitäten.

Nachhallzeit (T)

Zeit in s, in der nach Abschalten der Schallquelle der Schallpegel im Raum um 60 dB abnimmt.

Nebengang bzw. Nebentreppe

Gänge bzw. Treppen, die zusätzlich zu Hauptgängen bzw. Haupttreppen errichtet werden, sowie Gänge bzw. Treppen, die zu Räumen führen, die nicht der täglichen Nutzung dienen. Räume, die nicht der täglichen Nutzung dienen sind z.B. nicht ausgebaute Dachräume, Technikräume und Galerie- bzw. Abstellflächen als zweite Ebene in Wohnräumen. Treppen mit versetztem Stufenauftritt, wie z.B. Sambatreppen oder Spartreppen, gelten nicht als Treppen im Sinne der OIB-Richtlinie 4.

Neubau

Die Herstellung von neuen Gebäuden. Ein Neubau liegt auch dann vor, wenn nach Abtragung von Gebäuden alte Fundamente weiterverwendet werden oder bestehende tragende Bauteile zum Teil erhalten bleiben.

Nicht-Wohngebäude

Gebäude, die nicht überwiegend zum Wohnen genutzt werden.

Niederschlagswasser

Niederschlag, einschließlich Schmelzwasser, der von Dach- und Bodenoberflächen oder Gebäudeaußenflächen abfließt und nicht durch Gebrauch verändert ist.

Nutzfläche – Garage, überdachte Stellplätze, Parkdecks

Summe der Stellplatz- und Fahrflächen, ausgenommen Zu- und Abfahrten außerhalb von Garagen, überdachten Stellplätzen und Parkdecks.

Nutzwasser

Aus Regenwasser, Grundwasser oder lokalen Quellen und Brunnen gewonnenes Wasser, das zum Gebrauch (wie z.B. als Toilettenspülung, Wasch- oder Gießwasser) dient, den technologischen Anforderungen des jeweiligen Prozesses genügt und nicht für den menschlichen Genuss vorgesehen ist.

Oberfläche der Gebäudehülle

Fläche der Gebäudehülle entsprechend der Definition in der ÖNORM B 8110-6-1.

Parapethöhe

Vertikaler Abstand zwischen fertiger Standfläche und Oberkante des unteren Stockprofils oder der Brüstung.

Parkdeck

Bauwerk zur Einstellung von Kraftfahrzeugen, das in allen Parkebenen an mindestens zwei Seiten seiner gedachten Umfassungswände unverschließbare Öffnungen in einem Mindestausmaß von einem Drittel der gesamten gedachten Umfassungswandfläche aufweist.

Pegelspitze, kennzeichnende

Ein für den Betrieb charakteristisches Schallereignis begrenzter Dauer, welches sich deutlich wahrnehmbar vom übrigen Geräusch abhebt und eindeutig zugeordnet werden kann.

Pflegeheim

Einrichtung für die dauerhafte, stationäre Unterbringung und pflegerischen Versorgung von Menschen, die wegen körperlichen, geistigen oder psychischen Einschränkungen nicht in der Lage sind, einen eigenen Haushalt führen zu können sowie im Evakuierungsfall gegebenenfalls keinen eigenen Beitrag leisten.

Photovoltaik Export

Ertrag aus Photovoltaik, vermindert um den im Gebäude nutzbaren Anteil.

Planungsbasispegel (L_{PB})

Rechengröße zur Bemessung und Beurteilung von Schallimmissionen in Räumen.

Primärenergiebedarf (PEB)

Der Primärenergiebedarf ist der Endenergiebedarf, einschließlich der Verluste in Vorketten, aktualisiert mit Daten aus der Energiebilanz Österreich 1970–2021 der Statistik Austria für die Jahre 2018 bis 2021. Der Primärenergiebedarf weist einen erneuerbaren ($PEB_{ern.}$) und einen nicht erneuerbaren ($PEB_{n.ern.}$) Anteil auf.

Rampe

Bauwerk mit mehr als 4 % Gefälle zur Überwindung eines Niveauunterschiedes. Nicht dazu zählen Gehwege (ein dem Geländeverlauf angepasster Weg für Fußgänger) und Gehsteige (parallel zur Fahrbahn verlaufender, für Fußgänger vorbehaltener Teil einer Straße).

Referenz-Heizwärmebedarf (HWB_{Ref})

Der Referenz-Heizwärmebedarf ist jene Wärmemenge, die in den Räumen bereitgestellt werden muss, um diese auf einer normativ geforderten Raumtemperatur, ohne Berücksichtigung allfälliger Erträge aus Wärmerückgewinnung zu halten.

Referenzklima (RK)

Das Referenzklima ist ein virtuelles Klima. Es dient zur Ermittlung von Energiekennzahlen.

Reihenhaus

Gebäude mit mehr als zwei unmittelbar aneinander gebauten, nicht übereinander angeordneten, durch mindestens eine vertikale Wand voneinander getrennten selbstständigen Wohnungen bzw. Betriebseinheiten von jeweils nicht mehr als 400 m² Brutto-Grundfläche der oberirdischen Geschoße und mit jeweils einem eigenen Eingang aus dem Freien für jede Wohnung bzw. Betriebseinheit. Für die Einstufung in eine Gebäudeklasse gemäß der OIB-Richtlinie 2 ist jede Wohnung bzw. Betriebseinheit hinsichtlich des Fluchtniveaus gesondert zu betrachten.

Renovierungsausweis

Ein dem Energieausweis nachempfundener optionaler Ausweis, der die Energiekennzahlen nach Durchführung eines Maßnahmenbündels zur Erreichung der Anforderungen an die „größere Renovierung" dokumentiert. Dieser ist Bestandteil des technischen Anhanges des Energieausweises.

Rettungsweg

Weg, welcher den Benutzern eines Gebäudes das Erreichen eines sicheren Ortes des angrenzenden Geländes im Freien in der Regel mit fremder Hilfe ermöglicht (z.B. mittels Rettungsgeräten der Feuerwehr).

Schallabsorptionsgrad, mittlerer ($\alpha_{m,B}$)

Schallabsorptionsgrad, der sich im Mittel über alle Raumbegrenzungsflächen ergibt aus

$$\alpha_{m,B} = \frac{\sum_{i}^{n} \alpha_i \cdot S_i}{\sum_{i}^{n} S_i}$$

S_i i-te Teilfläche der Raumbegrenzungsflächen in m²

α_i Schallabsorptionsgrad der i-ten Teilfläche der Raumbegrenzungsflächen

n Anzahl der Raumbegrenzungsflächen

Schalldämm-Maß, bewertetes (R_w)

Einzahlangabe für das Schalldämm-Maß, ermittelt nach ÖNORM EN ISO 717-1 aus den Werten von R (in den Terzbändern 100 Hz bis 3150 Hz).

Schutzhütten in Extremlage

Beherbergungsstätten, die nur über eine schlichte Ausstattung verfügen, sowie für die Besucher nur zu Fuß in einer Gehzeit von mehr als einer Stunde zu erreichen und im Regelbetrieb nicht durch mechanische Aufstiegshilfen erschlossen sind.

Standard-Schallpegeldifferenz, bewertete ($D_{nT,w}$)

Einzahlangabe für die Standard-Schallpegeldifferenz, ermittelt nach ÖNORM EN ISO 717-1 aus den Werten von D_{nT} (in den Terzbändern 100 Hz bis 3150 Hz).

Sicherheitskategorie

Kategorie in Abhängigkeit von der brandschutztechnischen Infrastruktur:

Sicherheitskategorie K 1: keine besonderen Maßnahmen,
Sicherheitskategorie K 2: automatische Brandmeldeanlage,
Sicherheitskategorie K 3.1: automatische Brandmeldeanlage und eine während der Betriebszeit einsatzbereite, nach dem jeweiligen Landesrecht anerkannte Betriebsfeuerwehr mit mindestens Gruppenstärke,
Sicherheitskategorie K 3.2: automatische Brandmeldeanlage und eine ständig (0 bis 24 Uhr) einsatzbereite, nach dem jeweiligen Landesrecht anerkannte Betriebsfeuerwehr mit mindestens Gruppenstärke,
Sicherheitskategorie K 4.1: erweiterte automatische Löschhilfeanlage,
Sicherheitskategorie K 4.2: automatische Feuerlöschanlage.

Spektrum-Anpassungswert (C_{tr})

Wert, der nach ÖNORM EN ISO 717-1 zur Einzahlangabe R_w oder R'_w oder $D_{nT,w}$ addiert wird, um das Schallpegelspektrum „Straßenverkehrsgeräusch" zu berücksichtigen.

Spitzenpegel in der Betriebsstätte, kennzeichnender ($L_{A,Sp}$)

Der mit der Zeitbewertung F (Fast) und A-Bewertung gemessene oder errechnete höchste Wert einer kennzeichnenden Pegelspitze.

Stadion

Bauwerk mit Aktionsbereich, ansteigenden Steh- oder Sitzplatzreihen und großflächig nach oben offener baulicher Struktur.

Standard-Trittschallpegel, bewerteter ($L'_{nT,w}$)

Einzahlangabe für den Standard-Trittschallpegel, ermittelt nach ÖNORM EN ISO 717-2 aus den Werten von L'_{nT} (in den Terzbändern 100 Hz bis 3150 Hz oder in Oktavbändern 125 Hz bis 2000 Hz).

Standfläche

Als Standfläche gelten die Fußbodenoberkante, Stufenauftrittsfläche sowie jede betretbare Fläche eines Bauteiles (z.B. Vormauerung, Sockel), wenn sich diese Fläche auf einer Höhe von höchstens 60 cm befindet und eine Tiefe von mindestens 15 cm aufweist.

Standortklima (SK)

Das Standortklima ist das reale Klima am Gebäudestandort. Dieses Klimamodell wurde auf Basis der Primärdaten (1970 bis 1999) der Zentralanstalt für Meteorologie und Geodynamik für die Jahre 1978 bis 2007 gegenüber der Vorfassung aktualisiert.

Steigleitung

Im Sinne der OIB-Richtlinie 6 vertikale Verbindungsleitung zwischen Verteilleitung und Anbindeleitung bzw. Stichleitung.

Stellplatz, überdacht

Überdachte Fläche zum Abstellen von Kraftfahrzeugen, welche an höchstens zwei Seiten durch Wände bzw. durch sonstige Bauteile (z.B. Gitter) umschlossen ist.

Stichleitung

Verbindung zwischen Steigleitung oder dezentralem Wärmebereitsteller einerseits und der Zapfstelle andererseits.

Stromspeicher

Energiespeicher, die elektrische Energie aus den eigenen Erträgen für die eigene Versorgung aufnehmen, diese zwischenspeichern und die gespeicherte elektrische Energie wieder in das eigene Netz einspeist.

Tragwerk

Jener Teil eines Bauwerkes, der aus einer planmäßigen Anordnung miteinander verbundener tragender Bauteile besteht.

Trenndecke

Decke zwischen Wohnungen bzw. Betriebseinheiten untereinander sowie zu anderen Gebäudeteilen.

Trennwand

Wand zwischen Wohnungen bzw. Betriebseinheiten untereinander sowie zu anderen Gebäudeteilen (z.B. Treppenhäuser).

Treppenlauf

Ununterbrochene Folge von mehr als einer Stufe zwischen zwei betretbaren Ebenen (z.B. Treppenpodest, Geschoßdecke).

Tribüne

Bauwerk oder Bauteil mit ansteigenden Steh- oder Sitzplatzreihen.

Trinkwasser

Wasser für den menschlichen Gebrauch, das geeignet ist, ohne Gefährdung der menschlichen Gesundheit getrunken oder verwendet zu werden.

Verbindungsstück

Bauteil oder Bauteile für die Verbindung zwischen dem Auslass der Feuerstätte und der Abgasanlage.

Verkaufsfläche

Bereiche, in denen Waren zum Verkauf angeboten werden. Hierzu gehören z.B. Kassenbereiche, Windfänge, Ausstellungs-, Vorführ- und Beratungsräume, gastgewerblich genutzte Räume sowie alle dem sonstigen Kundenverkehr dienenden Räume. Büros und Lagerbereiche, die nicht mit brandabschnittsbildenden Wänden und Decken vom Verkaufsbereich getrennt sind, zählen ebenfalls zur Verkaufsfläche.

Verkaufsstätten

Gebäude oder Gebäudeteile, die bestimmungsgemäß dem Verkauf von Waren dienen.

Versammlungsraum

Raum für größere Menschenansammlungen.

Versammlungsstätte

Bauwerke, Gebäude oder Gebäudeteile sowie Bereiche im Freien jeweils für größere Menschenansammlungen. Diese können aus einem Versammlungsraum oder mehreren zusammenhängenden Räumen für kulturelle, künstlerische, sportliche, unterhaltende oder andere vergleichbare Aktivitäten bestehen. Mehrere derartige zusammenhängende Räume gelten als Versammlungsstätte, wenn sie in Summe für mehr als 240 Personen bestimmt sind. Zur Versammlungsstätte zählen auch zugehörige Bereiche wie z.B. Erschließungs- und Fluchtwege, Foyers, Garderoben, Sanitärräume, Lagerräume und Werkstätten.

Versammlungsstätte mit Großbühne

Gebäude, bestehend aus einem Zuschauerhaus (Gebäudeteil, der die Versammlungsräume und die mit ihnen in baulichem Zusammenhang stehenden Räume umfasst) und einem Bühnenhaus (Gebäudeteil, der die Bühne und die mit ihr in baulichem Zusammenhang stehenden Räume umfasst), die durch eine Bühnenöffnung verbunden sind. Die Bühne besteht zumindest aus:

a) einer Oberbühne (Teil des Bühnenraumes über der Bühnenöffnung, der zur Unterbringung einer Obermaschinerie geeignet ist) mit einer lichten Höhe von mehr als 2,50 m über der Oberkante der Bühnenöffnung, wenn die Fläche der Bühne (inkl. Hinter- und Seitenbühnen) hinter der Bühnenöffnung mehr als 200 m² und deren Höhe bis zur Decke mehr als 9,00 m beträgt oder
b) einer Unterbühne (begehbarer Teil des Bühnenraumes unter dem Bühnenboden, der zur Unterbringung einer Untermaschinerie geeignet ist).

Verteilleitung

Leitung zwischen Wärmebereitstellungssystem und vertikaler Steigleitung.

Warmwasserwärmebedarf (WWWB)

Der Warmwasserwärmebedarf ist in Abhängigkeit der Gebäudekategorie als flächenbezogener Defaultwert festgelegt.

Wärmespeichersystem

Prozessbereich in der Anlagentechnik, in dem die in einem Medium enthaltene Wärme gespeichert wird.

Wärmeverteilsystem

Prozessbereich in der Anlagentechnik, in dem die benötigte Wärmemenge von der Bereitstellung zur Wärmeabgabe transportiert wird.

Wohngebäude

Gebäude, die ganz oder überwiegend zum Wohnen genutzt werden.

Wohnung

Gesamtheit von einzelnen oder zusammenliegenden Räumen, die baulich in sich abgeschlossen und zu Wohnzwecken bestimmt sind und die Führung eines eigenen Haushalts ermöglichen.

Wohnungstreppen

Haupttreppen in Wohnungen sowie von Gebäuden oder Gebäudeteilen mit nicht mehr als drei Wohnungen und in Reihenhäusern.

Zuverlässigkeit des Tragwerks, auch Zuverlässigkeitsniveau

Die Fähigkeit eines Tragwerks oder Bauteils, die festgelegten Anforderungen zu erfüllen.

OIB-Richtlinie 1

Mechanische Festigkeit und Standsicherheit

Ausgabe: Mai 2023

0 Vorbemerkungen

Die zitierten Normen und sonstigen technischen Regelwerke gelten in der im Dokument „OIB-Richtlinien – Zitierte Normen und sonstige technische Regelwerke" angeführten Fassung.

Bei Änderungen an bestehenden Bauwerken mit Auswirkungen auf bestehende Tragwerke ist zur Festlegung der Tragfähigkeit und Gebrauchstauglichkeit von bestehenden Tragwerken der OIB-Leitfaden „Festlegung der Tragfähigkeit und Gebrauchstauglichkeit von bestehenden Tragwerken" anzuwenden.

1 Begriffsbestimmungen

Es gelten die Begriffsbestimmungen des Dokumentes „OIB-Richtlinien – Begriffsbestimmungen".

2 Festlegungen zur Tragfähigkeit und Gebrauchstauglichkeit

2.1 Tragwerk

2.1.1 Tragwerke sind so zu planen und herzustellen, dass sie eine ausreichende Tragfähigkeit, Gebrauchstauglichkeit und Dauerhaftigkeit aufweisen, um die Einwirkungen, denen das Bauwerk ausgesetzt ist, aufzunehmen und in den Boden abzutragen.

2.1.2 Für die Neuerrichtung von Tragwerken oder Tragwerksteilen ist dies jedenfalls erfüllt, wenn der Stand der Technik eingehalten wird. Die Zuverlässigkeit der Tragwerke hat den Anforderungen gemäß ÖNORM EN 1990 in Verbindung mit ÖNORM B 1990-1 zu genügen.

Zur Sicherstellung der Zuverlässigkeit ist es ausreichend, nur für Bauwerke, die im Schadensfall hohe Folgen für Menschenleben oder sehr große soziale oder umweltbeeinträchtigende Folgen verursachen, bei der Planung, Berechnung und Bemessung tragwerksspezifische Überwachungsmaßnahmen durch unabhängige und befugte Dritte durchzuführen.

Jedenfalls sind dies:
- Bauwerke (oder eigenständige Bauwerksteile) mit einem widmungsgemäßen Fassungsvermögen für mehr als 1.000 Personen (z.B. Krankenanstalten, Einkaufszentren, Stadien, Bildungseinrichtungen),
- Bauwerke für lebenswichtige Infrastrukturfunktionen,
- Bauwerke und Einrichtungen, die dem Katastrophenschutz dienen,
- Bauwerke, die unter die Richtlinie 2012/18/EU („Seveso-III-Richtlinie") fallen,
- Bauwerke mit mehr als 16 oberirdischen Geschoßen.

2.1.3 Bei Änderungen an bestehenden Bauwerken mit Auswirkungen auf bestehende Tragwerke sind für die bestehenden Tragwerksteile Abweichungen vom aktuellen Stand der Technik zulässig, sofern das erforderliche Zuverlässigkeitsniveau des rechtmäßigen Bestandes nicht verschlechtert wird.

2.2 Einwirkungen

Bei der Planung von Tragwerken sind ständige, veränderliche, seismische und außergewöhnliche Einwirkungen zu berücksichtigen.

Anlage 4

OIB-Leitfaden

Festlegung der Tragfähigkeit und Gebrauchstauglichkeit von bestehenden Tragwerken

Ausgabe: Mai 2023

0 Vorbemerkungen

Die zitierten Normen und sonstigen technischen Regelwerke gelten in der im Dokument „OIB-Richtlinien – Zitierte Normen und sonstige technische Regelwerke" angeführten Fassung. Dies gilt nicht für den Anhang A, der als eigenständiges Dokument in den Leitfaden aufgenommen wurde, und nicht für den Anhang B, in dem die zitierte Norm nur für das jeweilige Beispiel anzuwenden ist.

1 Vorwort

Dieser Leitfaden soll eine einheitliche und praxisnahe Handhabung der OIB-Richtlinie 1 mit den dort zitierten Normen unterstützen.

Die Anwendung dieses Leitfadens wird durch jeweilige landesrechtliche Vorschriften oder andere Bestimmungen geregelt.

Grundsätzlich gelten die Begriffsbestimmungen des Dokumentes „OIB-Richtlinien – Begriffsbestimmungen", wobei unter dem Begriff Bauwerk (Gebäude) eine eigenständige Tragwerksstruktur gemäß ÖNORM EN 1990, Punkt 1.5, verstanden wird.

2 Bestandserhebung

Eine Bestandserhebung ist eine dokumentierte Erhebung des „IST-Gebäudezustandes" unter Berücksichtigung aller für die Standsicherheit relevanten Bauteile. Sie hat jedenfalls eine schematisch-konstruktive Darstellung des Bestandes (insbesondere in Bezug auf die verwendeten Materialien) sowie eine zusammenfassende gutachterliche Feststellung zu beinhalten, ob das Gebäude in einem gebrauchstauglichen Zustand ist, und ob die maßgeblichen Bauteile tragsicher sind.

In der vollständigen Bestandserhebung ist auf die in Punkt 2.2 aufgezählten Bauteile einzugehen bzw. sind deren Zustände zu beschreiben (Abweichungen siehe Punkt 2.1, Stufe 1 und Stufe 2). Es ist zumindest Kenntnisstand KL 2 gemäß ÖNORM B 4008-1 sowie für den Lastfall „Erdbeben" gemäß ÖNORM EN 1998-3 zu erreichen.

2.1 Niveaus der Bestandserhebung

Für die Befundung des Bestandes gibt es folgende drei Niveaus, wobei der jeweilige Untersuchungsaufwand vom Umfang der geplanten Bauführung abhängt.

Stufe 1

Anwendungsbeispiele	Türdurchbrüche oder ähnliche geringfügige Baumaßnahmen, sofern sie statisch relevante Auswirkungen haben (z.B. bei Veränderung von Tragwerken und Tragwerksteilen), Aufzugseinbauten in Treppenaugen, Photovoltaikanlagen (PV-Anlagen).
Befundung	Die lokale Befundung der unmittelbar von der Bauführung betroffenen lasteinleitenden und lastaufnehmenden Bauteile, inklusive augenscheinlicher Überprüfung des Bestandes von allgemein zugänglichen Bereichen.

Stufe 2

Anwendungsbeispiele	Baumaßnahmen in mehreren Geschoßen wie Aufzugs-, Treppenhaus- und/oder Nassgruppeneinbau, die keine oder keine wesentliche Lasterhöhung für den Bestand darstellen.
Befundung	Die Befundung auf Basis einer augenscheinlichen Überprüfung des gesamten Bauwerkes bzw. Tragwerkes (z.B. einfache Kontrollen auf Durchfeuchtungen besonders im Bereich von Nassräumen, Setzungen, Risse und sonstige augenscheinliche Schäden), des Kellers und des Dachraumes. Zusätzlich eine Bestandserhebung aller durch die Bauführung unmittelbar und mittelbar betroffenen Bestandseinheiten.

Stufe 3

Anwendungsbeispiele	Änderungen des bestehenden Tragwerkes und der bestehenden Tragwerksteile mit wesentlicher Lasterhöhung bei Neu-, Zu- und Umbauten.
Befundung	Die Erstellung einer Bestandserhebung im gesamten Umfang nach Punkt 2.2.

Keine Bestandserhebung ist erforderlich, wenn ein Gutachten vorliegt, dass aufgrund der Geringfügigkeit des Bauvorhabens (keine statisch relevanten Veränderungen; z.B. bei Gipskartonwänden, Gipsdielen, Schlackewänden) aus statischen Belangen keine Gefährdung des Lebens oder der Gesundheit von Menschen gegeben ist.

2.2 Wesentliche Bestandteile einer vollständigen Bestandserhebung (Stufe 3)

- Fundierung
- Wände und Stützen
- Mittelmauer – Abgasanlagen (früher: Rauchfang, Abgasfang, Kamin) und umschließendes Mauerwerk (v. a. im Hinblick auf die vertikale Lastableitung)
- Aussteifungssituation (Zwischenwände, Auswechslungen, Verschließungen)
- Querschnittsschwächungen (z.B. infolge Leitungsführungen, Installationen etc.)
- Decken und Träger (Zustand, Konstruktion)
- Dachstuhl und Gesimse (nur, soweit diese erhalten bleiben sollen)
- Haupttreppen

3 Tragfähigkeit und Gebrauchstauglichkeit – Umgang mit bestehenden Hochbauten

Gemäß OIB-Richtlinie 1.

3.1 Rechtmäßiger Bestand

Der rechtmäßige Bestand im Sinne der OIB-Richtlinie 1 setzt eine der Baubewilligung (Pläne und Bescheid) entsprechende Ausführung und einen der Baubewilligung entsprechenden Zustand des Bestandsgebäudes (Konsens) voraus. Darüber hinaus beinhaltet der rechtmäßige Bestand eine Summe von erforderlichen genehmigten und erfüllten Zuverlässigkeitsniveaus, insbesondere im Hinblick auf die Zuverlässigkeit des Tragwerkes, aber auch hinsichtlich anderer sicherheitsrelevanter Standards, wie zum Beispiel des Brandschutzes und auch der Erschließung (siehe Abbildung 1). Landesrechtliche Vorschriften können andere oder ergänzende Bestimmungen für die Erlangung eines rechtmäßigen Bestandes enthalten.

Das erforderliche Zuverlässigkeitsniveau des rechtmäßigen Bestandes ist jenes, das zum Zeitpunkt der jeweiligen Baubewilligung unter Berücksichtigung des damaligen Standes der Technik (z.B. Normen, allgemein anerkannte Regeln der Technik) maßgebend war, sofern nicht landesrechtliche Vorschriften andere oder ergänzende Bestimmungen für die Erlangung eines rechtmäßigen Bestandes enthalten. Bei bewilligungsfreien Bauvorhaben gilt jenes Zuverlässigkeitsniveau, welches zum Zeitpunkt der Errichtung maßgeblich war (siehe Abbildung 2).

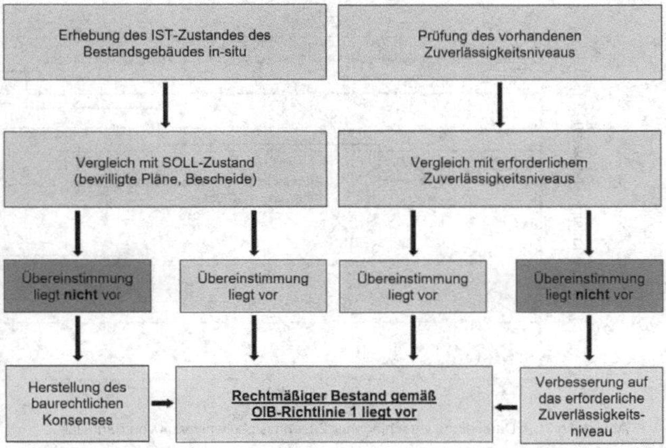

Abbildung 1: Ablaufschema zur Feststellung des rechtmäßigen Bestandes gemäß OIB-Richtlinie 1

3.2 Änderung des rechtmäßigen Bestandes

Bei bestehenden Bauwerken sind Abweichungen von der für Neubauten festgelegten Zuverlässigkeit für Tragwerke (aktueller Stand der Technik) unter der Voraussetzung zulässig, dass das vorhandene Zuverlässigkeitsniveau nicht unter dem bewilligten Zuverlässigkeitsniveau zum Zeitpunkt der Bewilligung bzw. Errichtung liegt.

Bei Änderungen an bestehenden Bauwerken darf das zum Zeitpunkt der Baubewilligung vorgeschriebene Zuverlässigkeitsniveau grundsätzlich nicht verschlechtert werden. Ausgenommen davon sind:

- Geringfügige Auswirkungen der baulichen Maßnahmen (siehe Punkt 3.2.2 und Abbildung 3, Beispiel 1 – Bauteil A)
- Bauwerke, deren Zuverlässigkeitsniveau höher ist als es dem aktuellen Stand der Technik entspricht. Beispielsweise wenn der Widerstand (als ein Aspekt der Zuverlässigkeit) der betroffenen bestehenden Bauteile größer ist, als der gemäß Eurocode ausreichende Widerstand. Sofern die rechnerische Zuverlässigkeit eines bestehenden Bauwerks über dem nach aktueller Normenlage geforderten Niveau liegt, ist demnach eine Verschlechterung zulässig. Dabei ist das vom aktuellen Stand der Technik zumindest geforderte Zuverlässigkeitsniveau einzuhalten (siehe Abbildung 3, Beispiel 2 – Bauteil B).

Ein möglicher Ablauf zur Feststellung, ob eine geringfügige bauliche Maßnahme im Sinne dieses Leitfadens vorliegt oder nicht, ist in Abbildung 4 dargestellt.

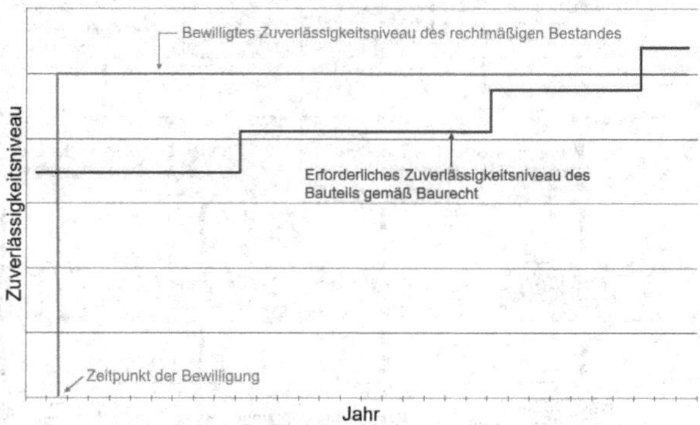

Abbildung 2: Darstellung verschiedener Zuverlässigkeitsniveaus von Bauteilen

3.2.1 Abweichungen vom aktuellen Zuverlässigkeitsniveau (aktueller Stand der Technik)

Bei Änderungen an bestehenden Bauwerken mit Auswirkungen auf bestehende Bauwerksteile sind für die bestehenden Bauwerksteile Abweichungen vom aktuellen Stand der Technik zulässig, sofern das bewilligte Zuverlässigkeitsniveau des rechtmäßigen Bestandes nicht verschlechtert wird. Eine solche Verschlechterung kann beispielsweise durch Erhöhung der Belastung oder Reduktion von Bauteilwiderständen aber auch durch Nutzungsänderungen eintreten (siehe Abbildung 3). Ein eventuell erhöhtes Personenrisiko – entweder durch Nutzungsänderung oder Erweiterung des Bestandes hervorgerufen – ist ebenfalls hinreichend zu berücksichtigen. Eine Möglichkeit ist in ÖNORM B 1998-3, Anhang A angegeben.

3.2.2 Mindestanforderungen und geringfügige Auswirkungen

Für die Beurteilung der Mindestanforderungen wird auf ÖNORM B 4008-1, Punkt 5.5 verwiesen. Eine geringfügige Auswirkung liegt demnach dann vor, wenn die Lasteinwirkung, der Bauteilwiderstand oder eine Kombination beider Aspekte die Zuverlässigkeitsniveaus um nicht mehr als 3 % verschlechtern (vgl. auch ÖNORM B 1998-3, Punkt A.3.2). Dabei kann jeder Bauteil separat betrachtet werden.

Als Ausgangsbasis der Beurteilung einer solchen geringfügigen Auswirkung kann das jeweils zuletzt im Zuge eines Behördenverfahrens für das vollständige Bestandsgebäude nachgewiesene Zuverlässigkeitsniveau herangezogen werden. Dies wird im Regelfall die letzte vollständige statische Nachweisführung nach den zum damaligen Zeitpunkt gültigen technischen Vorschriften darstellen.

Wird für zukünftige Änderungen wieder das vollständige Gebäude nach dem aktuellen Stand der Technik nachgewiesen, so darf dieser Nachweis wieder als neue Ausgangsbasis zur Beurteilung einer geringfügigen Änderung herangezogen werden.

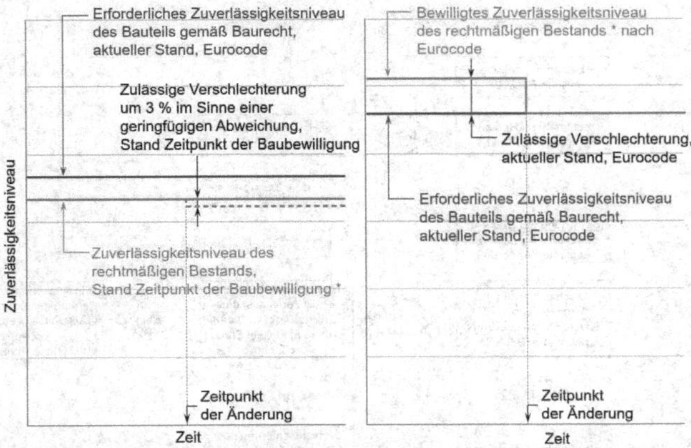

* Maßgebend ist der Zeitpunkt der Baubewilligung oder der Zeitpunkt der Errichtung, vgl. Punkt 3.1, 2. Absatz

Zuverlässigkeitsniveau des rechtmäßigen Bestandes

Beispiel 1 – Bauteil A: liegt **unter** dem erforderlichen Zuverlässigkeitsniveaus des aktuellen Standes	Beispiel 2 – Bauteil B: liegt **über** dem erforderlichen Zuverlässigkeitsniveaus des aktuellen Standes

Abbildung 3: Zulässige Verschlechterung von Bauteilen

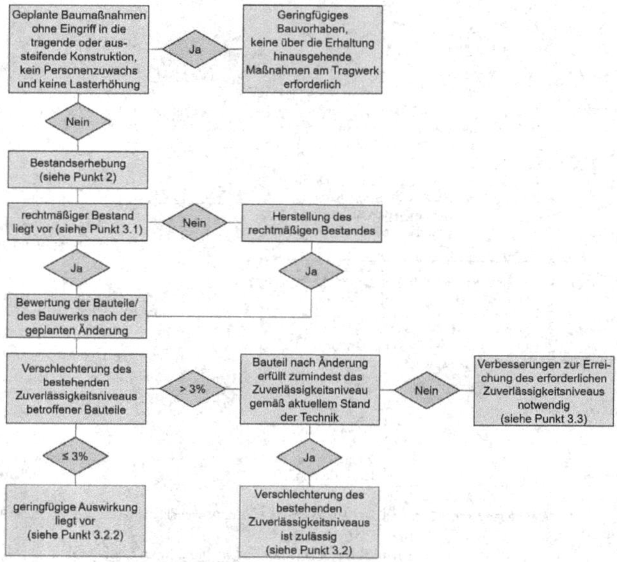

Abbildung 4: Ablaufschema zur Feststellung, ob Maßnahmen zur Bauwerksverbesserung erforderlich sind

3.3 Bewertung der Tragfähigkeit bestehender Bauwerke

Überschreiten geplante Änderungen an bestehenden Bauwerken die in Punkt 3.2.2 beschriebenen Grenzen für geringfügige Auswirkungen, sind Tragfähigkeit und Gebrauchstauglichkeit nach dem aktuellen Stand nachzuweisen. Für bestehende Hochbauten wird, unter Berücksichtigung von Punkt 3.1 dieses OIB-Leitfadens, auf die ÖNORM B 4008-1 verwiesen. Diese regelt die möglichst wirklichkeitsnahe Bewertung der Tragfähigkeit und der Gebrauchstauglichkeit bestehender Hochbauten. Damit sollen einerseits eine mögliche Beeinträchtigung der Zuverlässigkeit rechtzeitig erkannt und andererseits ein unnötiger Mitteleinsatz vermieden werden. Zweck ist, eine sinnvolle Weiternutzung und Erweiterung bestehender Gebäude zu ermöglichen (Sanierung und Verdichtung).

Voraussetzungen zur Anwendung des Punktes 5.4 der ÖNORM B 4008-1:

- Bestandserhebung (Punkt 2),
- Verbesserung des Gebäudes für den Lastfall Erdbeben (Heranführung an den Stand der Technik, ohne ihn vollständig zu erfüllen),
- Nachweis der Grundkombinationen lt. aktuellem Eurocode ohne jede Erleichterung (Eigengewichte, Nutzlasten, Schneelasten, Windlasten),
- Nachweis der zu erreichenden Redundanzen laut Risikoanalyse gemäß ÖNORM B 1998-3,
- Nachweis, dass die Zunahme der rechnerisch ermittelten Personenanzahl gemäß ÖNORM B 1998-3 (Ermittlung mit Zeitfaktoren) nach Änderungen am Bestand bezogen auf die Personenanzahl des rechtmäßigen Bestandes 50 % nicht übersteigt.

4 Erläuterungen für häufig auftretende Baumaßnahmen

4.1 Balkonzubauten

4.1.1 Allgemeines

Die Konstruktion von neu zu errichtenden Balkonen muss jedenfalls nach dem Stand der Technik dimensioniert werden. Auch neu zu errichtende Fundamente sowie etwaige Befestigungen am bestehenden Gebäude, wie beispielsweise Abstützungen via Konsolen oder Abhängungen mittels Seilen, müssen auf die entsprechenden Grundkombinationen der einwirkenden Lasten gemäß ÖNORM EN 1990 bemessen werden. Die Lasteinleitung in das Bestandsmauerwerk muss lokal nachgewiesen werden.

Werden bestehende Fundamente zur Lastableitung herangezogen, so ist bei einer Mehrbelastung von mehr als 3 % des ursprünglichen Belastungsniveaus ein entsprechender Nachweis der Fundierung nach dem Stand der Technik für den betroffenen Bereich zu erstellen. Zur Ermittlung des ursprünglichen Belastungsniveaus ist die Grundkombination der Einwirkungen heranzuziehen. Abgebrochene Parapete und sonstige entfallende Lasten dürfen in vollem Umfang in Abzug gebracht werden.

Die Lastansätze für Nutzlasten werden in der zugehörigen ÖNORM B 1991-1-1 in den Tabellen 2 und 3 geregelt.

4.1.2 Statische Nachweise

4.1.2.1 Selbsttragende Balkontürme im Bereich von Bestandsbauten

Selbsttragende Balkontürme dürfen am Bestand fixiert werden. In diesem Fall sind lokale statische Nachweise der Lasteinleitungspunkte zu führen. Das Mauerwerk, welches die horizontalen Aussteifungslasten aufnehmen soll, muss im Sinne der Bestandsaufnahme der Stufe 1 (siehe Punkt 2.1) befundet werden.

4.1.2.2 Abgehängte bzw. über Konsolen abgestützte Balkone (ohne eigenständige Fundierung)

Das Bestandsmauerwerk, an der die Balkonkonstruktion befestigt werden soll, ist im Sinne der Bestandsaufnahme der Stufe 2 (Punkt 2.1) zu befunden.

Auch die horizontale Lasteinleitung ist nachzuweisen. Dies betrifft insbesondere die Befestigung der Druckstreben einer etwaig vorhandenen Konsole bzw. die Verankerungspunkte einer vorgesehenen Abhängung.

4.2 Türdurchbrüche

4.2.1 Allgemeines

Türdurchbrüche können nicht ohne bautechnische Überlegungen als unwesentliche Wandöffnungen definiert werden. Eine einfache Methode zur Kategorisierung ist die Überprüfung, ob ein geplanter Durchbruch den Weg der Druckdiagonale bei der vertikalen oder horizontalen Lastaufnahme in der Wandscheibe nachhaltig stört oder nicht.

Anmerkung: Diesbezüglich sei auf die Erläuterung 02/2013 „Über die Kompensation von Schubwänden in Wiener Gründerzeithäusern – Allgemeine Grundlagen" der Kammer der Architekten und Ingenieurkonsulenten für Wien, NÖ und Burgenland hingewiesen (siehe Anhang A).

4.2.2 Statische Nachweise

4.2.2.1 Türdurchbruch in einer Wand mit statischer Funktion (Aussteifung, Lastableitung etc.)

Für Türdurchbrüche in Wänden mit statischer Funktion ist die Erstellung einer Bestandserhebung der Stufe 1 (Punkt 2.1) erforderlich. Stört ein solcher geplanter Durchbruch die Druckdiagonale wie in Punkt 4.2.1 beschrieben, so ist eine entsprechende Kompensation der Schwächung des Gebäudes vorzunehmen.

4.2.2.2 Türdurchbruch in einer Wand ohne statische Funktion

Dies betrifft beispielsweise Türdurchbrüche in Gipskartonständerwänden, Schlackewänden oder ähnlichen Konstruktionen. Hier ist kein statischer Nachweis erforderlich, eine fachgemäße Ausführung wird jedoch vorausgesetzt.

4.3 Photovoltaikanlagen (PV-Anlagen) auf bestehenden Dachkonstruktionen

4.3.1 Allgemeines

Die Ableitung der auftretenden Lasten muss sichergestellt sein. Auf die Lasteinleitung bzw. Lastverteilung im Bereich von Punktlasten ist besonderes Augenmerk zu legen, um Schäden an Folien, Wärmedämmungen und dergleichen zu vermeiden.

4.3.2 Bestehende Dachkonstruktionen

Es ist eine Bestandsaufnahme zumindest der Stufe 1 dieses Leitfadens zu erstellen (siehe Punkt 2.1). Die Befundung hat sich auch auf die Gebrauchstauglichkeit (z.B. hinsichtlich Wassersackbildung) zu erstrecken.

Bei nachträglicher Errichtung einer PV-Anlage ist nachzuweisen, dass die Lasterhöhung im Verhältnis zu den ursprünglich angesetzten Lasten aus Eigengewichten, Wind-, Schnee- und gegebenenfalls Nutzlasten nicht mehr als 3 % beträgt. Kann dies eingehalten werden, liegt eine geringfügige Auswirkung im Sinne von Punkt 3.2.2 vor.

Beträgt die Lasterhöhung mehr als 3 %, so ist ein Nachweis der Tragfähigkeit und Gebrauchstauglichkeit für die Grundkombinationen (Eigengewichte, Nutzlasten, Wind und Schnee) nach aktueller Normenlage zu führen. Die lastaufnehmenden und lastableitenden Bauteile sind nachzuweisen.

Anmerkung: Im Anhang B sind als Hilfestellung Beispiele zu einer ersten Beurteilung hinsichtlich einer etwaigen geringfügigen Auswirkung bei der nachträglichen Errichtung einer PV-Anlage angegeben. Dabei wurden vereinfachend Windlasten nicht berücksichtigt.

Anhang A

Über die Kompensation von Schubwänden in Wiener Gründerzeithäusern – Allgemeine Grundlagen

Dieser Anhang dient nur zur Information.

ERLÄUTERUNG 02/2013

Fassung vom 17.08.2013

Über die Kompensation von Schubwänden in Wiener Gründerzeithäusern
-Allgemeine Grundlagen

Wien, am 17.08.2013

Herausgeber: Fachgruppe Bauwesen der LK W/Nö/Bgld
Seiten 1 bis 11

Verfasser: Peter Bauer

Coautoren: Erich Kern

Anmerkung

Erläuterungen geben, mangels anderer Normenwerke und kompakter Literatur, einen Hinweis auf Verfahren die dem jeweiligen, zusammengefassten Stand der Technik entsprechen. Sie ersetzen eigene Überlegungen und die Prüfung des Anwenders, ob sie für seinen Anwendungsfall geeignet sind, nicht. Sie beschränken auch nicht die Methodenvielfalt des Ingenieurwesens, sondern ergänzen sie, bzw. weisen auf jeweils einzuhaltende Rahmenbedingungen hin.

Inhaltsverzeichnis

1.0 Hinweise zu Öffnungen in aussteifenden Zwischenwänden und ihre Kompensation

1.1 Allgemeines

Horizontales Tragverhalten in Längsrichtung

Beschreibungen zur Ermittlung des Tragverhaltes einer Einzelwandscheibe unter horizontalen Einwirkungen finden sich zahlreichen Veröffentlichungen (z.B. [5],[9], [10] aber auch [6]).

Zur sicheren Ermittlung der erforderlichen Kompensation einer Wandöffnung muss die Tragfähigkeit der zu beurteilenden Wand an der oberen Grenze ermittelt werden.

Im Wesentlichen wird die horizontale, elastische Grenzlast einer Mauerwerksscheibe durch Umkippen oder Gleiten begrenzt. Dies drücken auch die Formeln C.1 und C.2 in EN 1998-3 aus, die durch vergleichende Untersuchungen in [5] im Wesentlichen bestätigt werden. In [5] werden weiters Hinweise zur Mitwirkung von Pfeileranteilen der anschließenden Querwände gegeben.

Der erforderliche Widerstand in Bestandsgebäuden darf nach ÖNORM B 1998-3 im Grenzzustand der wesentlichen Schädigung ermittelt werden.

EN 1998-3 gibt im Anhang C für den Grenzzustand der wesentlichen Schädigung zwei Gleichungen an:

Biegung/ Kippen

$V_f = \frac{DN}{2H_0}(1 - 1.15v_d)$ Gleichung C.1 aus EN 1998-3

mit $v_d = N/(D\,t\,f_d)$

Schub/ Gleiten

$V_f = f_{vd} D' t$ Gleichung C.2 aus EN 1998-3

mit $f_{vd} = f_{mv0} + 0.4\,N/(D'\,t) =< 0.065\,f_m$

ANMERKUNG: f_{mv0} und f_m sind durch die Teilsicherheitsbeiwerte für Mauerwerk gemäß EN 1998-1 zu dividieren!

Die Bedeutung der Faktoren ist Abschnitt C in EN 1998-3 zu entnehmen.

Geometrie
D.. Länge der Wandscheibe; D´.. Länge der überdrückten Wandscheibe
Ho.. Höhe der Einwirkung der Horizontalkraft bis zur Einspannstelle
N.. wirksame Normalkraft (üblicherweise: Wandgewicht und anteilige Deckenauflasten, wenn vorhanden)
t.. Wanddicke

Material
f_m (eigentlich: f_d!) in f_{vd}.. Mittelwert (!) der Druckfestigkeit, reduziert um den Konfidenzbeiwert CF_m und γ_M, $f_d = f_m/(\gamma_M\ CF_m)$
f_{vm0} (eigentlich: f_{vm0d}!) in f_{vd}.. Mittelwert (!) der Schubfestigkeit ohne Auflast –Anfangsscherfestigkeit, reduziert um den Konfidenzbeiwert CF_m und γ_M, $f_{vm0d} = f_{vm0}/(\gamma_M\ CF_m)$

f_d.. Mittelwert (!) der Mauerwerksfestigkeit reduziert um den Konfidenzbeiwert CF_m, $f_d = f_m/CF_m$

Grundsätzlich ist zu unterscheiden ob der Nachweis nach EC6 (z.B. Antwortspektrenmethode nach EN 1998-1) oder nach Verschiebungsverfahren (Push-over, En 1998-3/Anhang C) geführt wird. Das ist der Grund warum sich die Formeln für die Ermittlung von fvd in EN 1996-1-1 und EN 1998-3 unterscheiden.

In Gleichung C.1 drückt der Faktor ν_d den „Platzbedarf" der Druckstrebe aus. Nachdem V_f erreicht ist, ist die Fähigkeit der Wand Energie aufzunehmen, noch nicht erschöpft. Die Mauer kann bis zu einer (plastischen) Grenzverschiebung von ca. 4 Promille ihrer Höhe[1] weiter beansprucht werden. Gemäß [5] ist beim Gleiten entlang der Lagerfugen (erster Teil von f_{vd} in Formel C.2) ein großes Verformungsvermögen möglich. Sprödes Verhalten hingegen ist bei Schubversagen der Steine (zweiter Teil von f_{vd} in Formel C.2) zu erwarten.

In der Praxis wird in der Mehrzahl der Fälle (solange die horizontale Einwirkung kleiner als 0.4*N und Versagen auf Schub Maßgebend ist) die Begrenzung von f_{vd} auf Schub zufolge Steinzugversagen ($f_{vd} <$ 0.065*f_m, bei NF-Verbandsmauerwerk mit vermörtelten Stoßfugen) wirksam. Die resultierende Normalkraft (aus H und N) in der Wand steht dann auf der Wandlänge D´ im Eckbereich der Wand und gleitet bis zur maximalen Verschiebung von 4 Promille.

In Abbildung 1.1 wird dieser Sachverhalt dargestellt.

[1] siehe aber auch die Einschränkung in C.4.2.1 (2) der EN 1998-3 und des Vorschlages in [5] –Pkt. 6.3.2

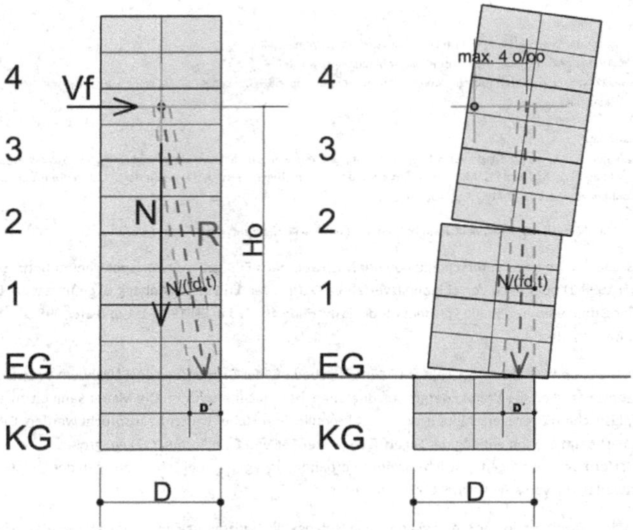

Abbildung 1.1 –Umkippen und Gleiten einer Mauerwerksscheibe

Damit ist als obere Grenze, also auf der sicheren Seite für eine etwaige Kompensationsmaßnahme, für die Beurteilung der horizontalen Tragkraft einer Mauerwerksscheibe das Gewicht der Wandscheibe selbst und der *ungestörte Lastpfad der Druckstrebe im Grenzzustand des Kippens* maßgebend.

Horizontales Tragverhalten in Querrichtung –Querwandbeschleunigung

Zu Nachweisen für Schubwandschlankheiten, die größer sind, als sie EN 1998-1 in Tabelle 9.2 vorsieht, siehe [7], erläutert auch in [5] und [6]. Grundsätzliche Aussagen zu *„typischen Wiener Gründerzeitzwischenwänden“* siehe auch Erläuterungen 01/2013.

1.2 Kompensation einer Zwischenwand

Herleitung der Ersatzkraft

Aus dem vorher gesagtem ergibt sich, dass sich die maximal mögliche Horizontalkraft in einer Mauerwerkswand unter Vernachlässigung der Mauerwerksfestigkeit selbst (die kaum einen Einfluss auf diese Betrachtung hat –siehe auch Bandbreite der üblichen Druckdiagonale) aus rein geometrischen Überlegungen, bzw. bei genaueren Ermittlungen aus dem Schubversagen zufolge Erreichen der Steinzugfestigkeit, ermitteln lässt.

Die Größenordnung für V_f ermittelt sich damit für das „typische Wiener Gründerzeithaus" mit einer Wandhöhe H von H ~ 19.2 m, D~ 5.9 m (Lichte zwischen Wandquerachsen) und der Ersatzhöhe[2] Ho ~ 0.75 H~ 14.4 m ca.:

N ~ 19.2*5.9*3.1 = 351 kN (Gewicht vorsichtig nur mit Mauerlichte ermittelt)

und f_d für $f_{b,k}$ = 21,25 N/mm^2 und $f_{m,k}$ = 1 n/mm^2, Verbandsmauerwerk f_k ~ 3.5 N/mm^2 (siehe auch Annahmen Musterhaus) und daraus f_d ~ 4.90 N/mm^2

„Geometrische" Ermittlung der Horizontalkraft

$V_{f,kippen,max}$ ~ D*N/(2 Ho)= 5.9*351/(2*14.4) = 71.9 kN

für die Zwischenwandachse ohne Pfeileranteil, unter Vernachlässigung von v_d (für die Kompensationsmaßnahme auf der sicheren Seite). Mit Berücksichtigung des Pfeileranteils bei etwa dem Doppelten.

Ermittlung gemäß EN 1998-3/ Anhang C

Die Bandbreite der Druckdiagonale (hellroter Bereich der Abbildung 1.1) in einer Gründerzeitzwischenwand ergibt sich hier mit ca.

D'_{kippen}= 351/(4900*0.15)= 0.48 m (für CF_m= 1.0)

D'_{schub}= 71.9/(0.065*4900*0.15)= 1.51 m (für CF_m= 1.0 und γ_m = 1.0) bzw.
D'_{schub}= 71.9/(0.065/1.67 *4900*0.15)= 2.51 m (für CF_m= 1.0 und γ_m = 1.67)

ANMERKUNG: Für die Ermittlung der Tragwirkung von Kompensationsmaßnahmen sollten die Sicherheitsbeiwerte auf der vorsichtigen Seite zu 1.0 gesetzt werden!

---

[2] Berechnet aus: Ho Vf= $\Sigma H_i (V_f m_i\Phi_i/\Sigma m_j\Phi_j)$ und $\Phi_i = H_i$

Damit ist Steinzugversagen maßgebend und $V_{f,max}$ lässt sich durch Iteration ermitteln:

Hier ergibt sich $V_{f,max}= V_{f,schub}$~ 56.02 kN (für $\gamma_M = 1.67$) bzw. 61.48 kN (für $\gamma_M = 1.00$)

Wiederum ohne Berücksichtigung der Pfeileranteile und mit etwa dem Doppelten bei Berücksichtigung derselben. V_f gemäß C.1 bzw. C.2 ermittelt liegt also nahe bei dem durch rein geometrische Überlegungen gewonnenen horizontalen Widerstand der Wand.

Eine Parameterstudie (siehe auch Tabelle 1.2) bestätigt diesen Zusammenhang. Sie zeigt auch auf, dass die Größenordnung von V_f relativ unabhängig von der tatsächlichen Werkstoffeigenschaft f_d (und damit von f_b und f_m) ist.

Parameterstudie Vf
Einfache Schubwand, ohne Flanschanteil, t = 15 cm

					f_d = 4.9 N/mm²				f_d = 3.9 N/mm²			
					γ_M = 1.67		γ_M = 1.00		γ_M = 1.67		γ_M = 1.00	
H_{tot} [m]	H_0 ~0.75 H_{tot}	D [m]	$N_{eigengewicht}$ [kN]	$V_{f,Geometrie}$ [kN]	$V_{f,C.1}$ [kN]	$V_{f,C.2}$ [kN]	$V_{f,C.1}$ [kN]	$V_{f,C.2}$ [kN]	$V_{f,C.1}$ [kN]	$V_{f,C.2}$ [kN]	$V_{f,C.1}$ [kN]	$V_{f,C.2}$ [kN]
19,20	14,40	5,90	351,17	71,94	65,24	56,20	65,24	61,48	63,54	53,04	63,54	59,29
18,00	13,50	5,40	301,32	60,26	55,00	47,82	55,00	52,14	53,67	45,44	53,67	50,42
17,00	12,75	5,10	268,77	53,75	49,32	43,15	49,32	46,86	48,19	41,09	48,19	45,38

Tabelle 1.2 –Vergleich V_f aus Geometrie, bzw. EN 1998-3/C.1 bzw. C.2 ermittelt

Beanspruchung Wandersatz (Ersatzrahmen)

Für die Kompensation einer Wand ist, nach Meinung des Verfassers, der oberste Wert der **horizontalen Tragkraft** der bestehenden Wand anzusetzen, die **bei einer ungestörten „typischen Gründerzeitzwischenwand" mindestens bei V_f ~ 55..75 kN** liegt, bzw. beim Doppelten bei Berücksichtigung von Flanschanteilen der angrenzenden Querwände (siehe auch Kapitel vor). Sie kann durch geometrische Überlegungen im Grenzzustand des Kippens gewonnen werden.

Diese Grenzkraft kann auch für die Rahmenberechnung oder jede andere Kompensation angesetzt werden, wobei auf eine entsprechende Ein.- und Ausleitung der Schubkräfte in die angrenzenden Mauerwerkswände zu achten ist. Zu beachten ist, dass nicht nur V_f, sondern auch die damit verbundene Druckdiagonale R selbst (also auch der konzentrierte Normalkraftanteil) auf den Rahmen wirkt!

Damit aber der Rahmen mit den angrenzenden Mauerwerksscheiben mitwirken kann, ist darauf zu achten, dass der Rahmen eine entsprechende Grenzverschiebung einhält. Das sind bei erreichen der Grenzkraft V_f die in C.4.2.1(2) der EN 1998-3 angegebenen **4 Promille** (also ein h/250) der Rahmenhöhe. Diese Verformungswerte gelten für Ziegelwände aus NF-Format, die voll verfugt sind[3].

[3] Hinweis: DIN EN 1998-1 begrenzt die max. Schiefstellung für Schubwände für mittlere Wandspannungen größer als 15% von f_k auf 3 Promille. In der Literatur wird der Verformungswert für Hochlochziegeln ohne vermörtelte Stoßfugen oft ebenfalls mit 3 Promille begrenzt.

1.3 Wesentliche und unwesentliche Wandöffnungen

Die in der Praxis oft diskutierte Frage des „unwesentlichen" Türdurchbruchs lässt sich mit dem vorgestellten Modell einfach und elegant beantworten. Hier ist zu beurteilen, ob eine Wandöffnung den „Weg der Druckdiagonale" stört oder nicht. Näheres dazu in den Abbildungen 1.3A bis 1.3C. Damit lässt sich in eine grobe Abschätzung in einer guten Ingenieurnäherung geben.

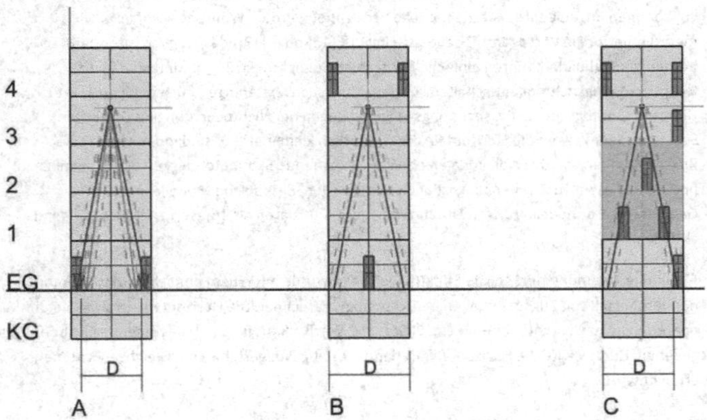

Abbildung 1.3 –Öffnungen in Mauerwerksscheiben

Während durch Öffnungen im Erdgeschoss (auch einseitig!) die Einschränkung der Länge D auf 60% der ungestörten Wand zu einer Abnahme von $V_{f,max}$ auf ~45% der ungestörten Wand führt, spielen Öffnungen in den obersten Geschossen für die Ermittlung von V_f kaum eine Rolle. Abbildung C schließlich zeigt, wie mit wenigen Öffnungen (auch jeder einzelnen, in Rot dargestellten Öffnung) in einer Schubwand die Tragwirkung nachhaltig zerstört wird. Hier ist keine wesentliche horizontale Tragwirkung ohne geeignete Ersatzmaßnahmen (Durchleitung der Druckdiagonale) möglich. Ähnliche Auswirkungen können unüberlegt gestemmte Leitungsschlitze haben!

2.0 Hinweise zur Modellierung von Wandscheiben

Dem Verfasser ist bewusst, dass das vorgestellte Tragmodell einer Einzelwandscheibe, sehr vereinfachend ist. Es ist aber Eurocodekonform.

Bei der Anwendung von FE-Programmen ist in der Praxis jedoch sehr oft zu beobachten, dass vollkommen ungeeignete Materialmodelle verwendet werden. Während komplexe, mehrdimensionale Versagensmodelle (z.B. in [11], [12] oder [13]) das Tragverhalten sehr befriedigend abbilden, führen einfache Modelle, die lediglich die Zugspannungen in die Hauptspannungsrichtung ausschalten können, ohne sachverständige Beurteilung ins Leere! Hier sind (unmögliche) Druckspannungswinkeln (wegen der Nichtbeachtung des Kriteriums Schubversagen) gegen die Horizontale die wesentlich kleiner als 60° sind, oder kaum reale Rückhängungen von Druckdiagonalen ohne entsprechende Stahlbetondecken oder Zuganker zu finden. In diesem Zusammenhang ist auch festzustellen, dass solche Modelle in Gebäudegesamtmodellierungen Situationen eher verunklären als Tragverhalten befriedigend abbilden.

Abbildung 4 demonstriert solche Effekte. Die Wand wurde mit einem einfachen Materialmodell, das nur den Ausfall von Zugspannungen berücksichtigt, gerechnet. Die Horizontalkraft wird hier am oberen Rand nach rechts wirkend eingeleitet, die Vertikalkraft ist durch das Eigengewicht der Wand gegeben. Iterativ wird die Horizontalkraft dann soweit gesteigert, bis kein Gleichgewicht mehr erreicht wird.

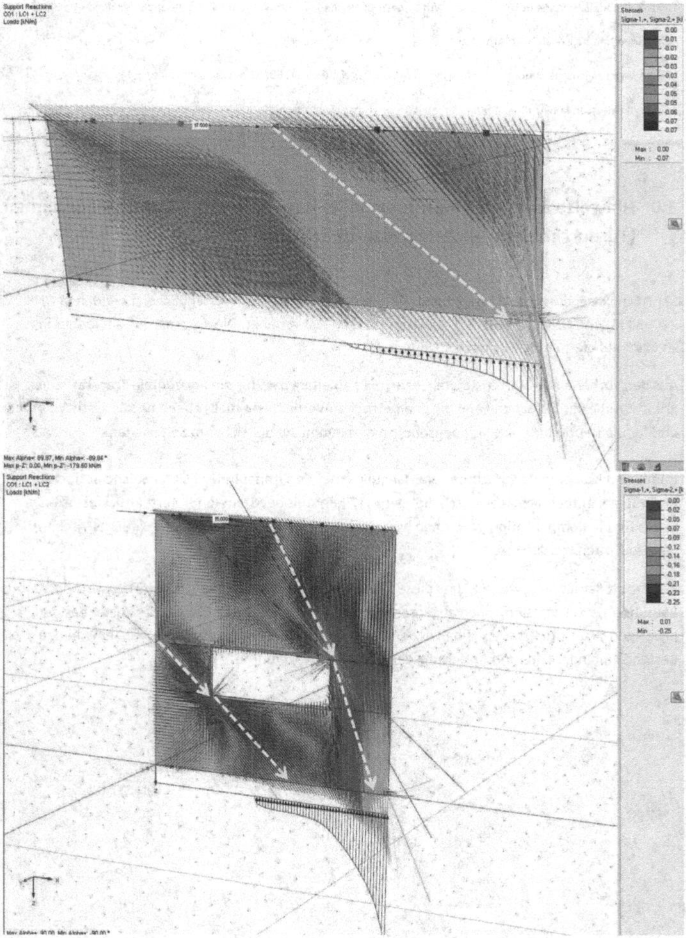

Abbildungen 2.0 –unrealistisch flache Druckstrebenneigungen und „Rückhängungen" von H-Kräften bzw. fragwürdigen Spannungsverteilungen bei einfachen (=falschen) FE-Materialmodellen

ANMERKUNG
Fachwerkmodelle können unter folgenden Voraussetzungen das Tragverhalten im Allgemeinen ausreichend abbilden:

- Sie bilden hauptsächlich Druckkräfte aus

- Sie weisen realistische Druckstrebenneigungen (in der Regel steiler als 60° gegen die Lagerfuge) auf

- Zugkräfte müssen konstruktiv aufgenommen werden (Roste, Schliessen,..)

3.0 Hinweise zur Materialprüfung bei einfachen Kompensationsmaßnahmen (Türdurchbrüche, einzelne Wandscheiben)

Für Nachweise, die einen Bauteil unmittelbar betreffen, wird, aus verständlichen Gründen in ONR 24009 [14] und ÖNORM B 1998-3 [1] Kenntnisstand KL3 verlangt. Diese Forderung gilt immer in Hinblick auf die zu untersuchende Eigenschaft[4].

Aus den vorher ausgeführten Kapiteln kann man ableiten, dass für die horizontale Tragkraft einer gründerzeitlichen Zwischenwand die geometrischen Verhältnisse maßgebend für die Ermittlung sind und für die Beurteilung von Kompensationsmaßnahmen auf der sicheren Seite liegen.

Damit sind Mauerwerksgutachten zur Erlangung eines Kenntnisstandes KL3 für solche Betrachtungen in der Regel entbehrlich, weil durch die „genaue" Kenntnis der Stein- und Mörteldruckfestigkeit nichts für die Kompensation gewonnen wird, wenn Annahmen auf der sicheren (geometrischen) Seite getroffen werden.

Es ist auch darauf hinzuweisen, dass diese Tatsachen nicht die verantwortlichen Tragwerksplaner und Bauführer davon befreien, einen augenscheinlichen, dokumentierten Befund des Zustandes der jeweiligen Wandsituation, vor allem in den Bereichen, wo die Kompensationsmaßnahme in den Bestand einbindet (Ein- und Ausleitung der Kräfte), durchzuführen.

---

[4] siehe auch ÖNORM B 1998-3/B.1: *Es sind jene Bauteileigenschaften zu erheben, die für den untersuchten und beurteilenden Sachverhalt von Relevanz sind. Die Tiefe der Untersuchungen richtet sich daher nach der gestellten Aufgabe.*

4.0 Literatur

[1] ÖNORM B 1998-3: 2013 05 01, Auslegung von Bauwerken gegen Erdbeben, Beurteilung und Ertüchtigung von Gebäuden

[2] Leitfaden für Wien zur OIB-Richtlinie 1 vom 07.01.2013

[3] EN 1998-1: 2011 06 05, Auslegung von Bauwerken gegen Erdbeben, Grundlagen, Erdbebeneinwirkungen und Regeln für Hochbauten

[4] Arch+Ing, Erdbebenbeanspruchung eines Gründerzeithauses mit Dachgeschoßausbau „Leicht", Ausgabe Juli 2008, E03-18072008

[5] Dokumentation D 0237 der SIA, Beurteilung von Mauerwerksgebäuden bezüglich Erdbeben, Zürich 2010

[6] ..und wenn die ganze Erde bebt..; Peter Bauer, Erich Kern, Peter Resch; Wien im April 2010

[7] Seismic design of reinforced concrete and masonry buildings; T. Pauley, M.J.N. Priestley; Wiley & Sons 1992

[8] Seismische Mikrozonierung des Stadtgebietes von Wien, G. Duma, ZAMG, Endbericht 1988

[9] Zur Erdbebensicherung von Mauerwerksbauten, Hugo Bachmann, Kerstin Lang, ETH Zürich 2002

[10] EN 1998-3: 2005 12 01, Auslegung von Bauwerken gegen Erdbeben, Beurteilung und Ertüchtigung von Gebäuden

[11] Mauerwerksscheiben unter Normalkraft und Schub, H.R. Ganz, ETH Zürich 1985

[12] Modellierung unbewehrter Mauerwerkswände auf Basis der mehrflächigen Plastizität, M. Mistler, RWTH Aachen

[13] Computational Strategies for Masonry Structures, P.B. Laurenco, Delft 1996

[14] ONR 24009: 2013 05 01, Bewertung der Tragfähigkeit bestehender Hochbauten

Anhang B

Dieser Anhang dient nur zur Information.

Beispiele zu geringfügigen Auswirkungen gemäß Punkt 3.2.2 und zu mehr als nur geringfügigen Auswirkungen bei der geplanten Errichtung von Photovoltaikanlagen auf bestehenden Dachkonstruktionen.

Bei den nachstehenden Beispielen wurde aus Gründen der Vereinfachung die zu berücksichtigenden Windlasten vernachlässigt.

Beispiel 1: Nachträgliche Errichtung einer PV-Anlage auf bekiestem Flachdach (Jahr der Genehmigung bzw. Errichtung ist hier 1989, vgl. Punkt 3.1, 2. Absatz)

Ständige Lasten

Dach (Eigengewichte im Sinne ÖNORM B 4010:1982-05-01, da zum Zeitpunkt der Genehmigung bzw. Errichtung anzuwenden)

Kiesschüttung 6 cm		1,08 kN/m²
Filtervlies		0,01 kN/m²
Dämmung XPS-Platten 16 cm		0,05 kN/m²
Trennfolie		----
Abdichtung 2-lagig Polymerbitumenbahn		0,10 kN/m²
Gefällebeton im Mittel 8 cm		1,92 kN/m²
Stahlbeton-Decke 25 cm		6,25 kN/m²
Summe	**Σ g =**	**9,41 kN/m²**

Veränderliche Lasten

Schnee nach ÖNORM B 4013:1983-12-01 (da zum Zeitpunkt der Genehmigung bzw. Errichtung anzuwenden)

Standort: Graz (Seehöhe 369 müA)
s_0 = 0,95 kN/m²
μ_1 = 1,00
s_1 = 0,95 x 1,0 — s_1 = 0,95 kN/m²

Nutzlast nach ÖNORM B 4012:1988-11-01 (da zum Zeitpunkt der Genehmigung bzw. Errichtung anzuwenden)

Dächer, die nur zu Instandhaltungszwecken begangen werden: 0,50 kN/m²
(keine Abminderung, da Dachneigung unter 5°)

Lastsumme

Eigengewicht Dach	9,41 kN/m²
Schnee	0,95 kN/m²
Nutzlast	0,50 kN/m²
Summe	**10,86 kN/m²**

Zusatzlast PV-Anlage

Zusatzlast aus Photovoltaik: 0,30 kN/m²
(10,86 + 0,30) / 10,86 = 1,028

Lasterhöhung 2,8 % ≤ 3 % → 3 %-Regel eingehalten!

Schlussfolgerung

Es liegt eine geringfügige Auswirkung vor. Die geplante Errichtung der PV-Anlage ist hinsichtlich Tragfähigkeit und Gebrauchstauglichkeit ohne weitere Maßnahmen möglich.

Beispiel 2: Nachträgliche Errichtung einer PV-Anlage auf einer Stahlhalle mit Leichtdachkonstruktion (Jahr der Genehmigung bzw. Errichtung ist hier 2000, vgl. Punkt 3.1, 2. Absatz)

Ständige Lasten

Dach (Eigengewichte im Sinne ÖNORM B 4010:1982-05-01) (da zum Zeitpunkt der Genehmigung bzw. Errichtung anzuwenden)

Leichtdachkonstruktion mit Dämmung		0,14 kN/m²
Pfetten		0,09 kN/m²
Verbände		0,06 kN/m²
Summe	**Σ g =**	**0,29 kN/m²**

Pfetten C150/80/30/4 alle 1,25 m, g = 11 kg/lfm, 8,8 kg/m²

Veränderliche Lasten

Schnee nach ÖNORM B 4013:1983-12-01 (da zum Zeitpunkt der Genehmigung bzw. Errichtung anzuwenden)

Standort: Klagenfurt (Seehöhe 448 müA)

s_0 = 1,65 kN/m²

Satteldach

Dachneigung: 11°

μ_1 = 1,00

s_1 = 1,65 x 1,0 s_1 = 1,65 kN/m²

Nutzlast nach ÖNORM B 4012:1997-04-01 (da zum Zeitpunkt der Genehmigung bzw. Errichtung anzuwenden)

Dächer, die nur zu Instandhaltungszwecken begangen werden: 0,38 kN/m²

(Abminderung gemäß ÖNORM B 4012, Pkt. 16.1.1 berücksichtigt, zusätzliche Abminderung gemäß ÖNORM B 4012, Pkt. 16.1.2 nicht berücksichtigt)

Lastsumme

Eigengewicht Dach		0,29 kN/m²
Schneelast (umgelegt)	1,65 kN/m² x cos(11°)	1,62 kN/m²
Nutzlast		0,38 kN/m²
Summe		**2,29 kN/m²**

Zusatzlast PV-Anlage

Zusatzlast aus Photovoltaik: 0,25 kN/m²

(2,29 + 0,25) / 2,29 = 1,109

Lasterhöhung 10,9 % > 3 % → 3 %-Regel überschritten!

Schlussfolgerung

Es liegt keine geringfügige Auswirkung vor. Die geplante Errichtung der PV-Anlage ist erst nach Nachweisen der Tragfähigkeit und Gebrauchstauglichkeit nach aktuellem Stand möglich (siehe Punkt 3.3).

Beispiel 3: Nachträgliche Errichtung einer PV-Anlage auf einem Steildach mit Ziegeldeckung in Linz (Jahr der Genehmigung bzw. Errichtung ist hier 1984, vgl. Punkt 3.1, 2. Absatz)

Ständige Lasten

Dach (Eigengewichte im Sinne ÖNORM B 4010:1982-05-01) (da zum Zeitpunkt der Genehmigung bzw. Errichtung anzuwenden)

Biberschwanzdeckung einfach (inkl. Lattung)		0,65 kN/m²
Folie und Schalung 100/24 mm		0,14 kN/m²
Sparren 20 cm dzw. Mineralwolldämmung		0,25 kN/m²
Lattung 5/5, dzw. Dämmung		0,04 kN/m²
Konterlattung 3/5		0,02 kN/m²
Dampfbremse		---
2 x Gipskartonplatte 1,25 cm		0,17 kN/m²
Summe	**Σ g =**	**1,27 kN/m²**

Veränderliche Lasten

Schnee nach ÖNORM B 4013:1983-12-01 (da zum Zeitpunkt der Genehmigung bzw. Errichtung anzuwenden)

Standort: Linz (Seehöhe 260 müA)

Satteldach

Dachneigung 35°

s_0 = 0,80 kN/m²

μ_1 = 0,83

s_1 = 0,80 x 0,83 s_1 = 0,66 kN/m²

Nutzlast nach ÖNORM B 4012:1981-09-01 (da zum Zeitpunkt der Genehmigung bzw. Errichtung anzuwenden)

Keine.

Lastsumme

Eigengewicht Dach		1,27 kN/m²
Schneelast (umgelegt)	0,66 kN/m² x cos(35°)	0,54 kN/m²
Summe		**1,81 kN/m²**

Zusatzlast PV-Anlage

Zusatzlast aus Photovoltaik: 0,12 kN/m²

(1,81 + 0,12) / 1,81 = 1,066

Lasterhöhung 6,6 % > 3 % → 3 %-Regel überschritten!

Schlussfolgerung

Es liegt keine geringfügige Auswirkung vor. Die geplante Errichtung der PV-Anlage ist erst nach Nachweisen der Tragfähigkeit und Gebrauchstauglichkeit nach aktuellem Stand möglich (siehe Punkt 3.3).

Beispiel 4: Nachträgliche Errichtung einer PV-Anlage auf einem Steildach mit Ziegeldeckung in Mariazell (Jahr der Genehmigung bzw. Errichtung ist hier 1984, vgl. Punkt 3.1, 2. Absatz)

Ständige Lasten

Dach (Eigengewichte im Sinne ÖNORM B 4010:1982-05-01) (da zum Zeitpunkt der Genehmigung bzw. Errichtung anzuwenden)

Biberschwanzdeckung einfach (inkl. Lattung)		0,65 kN/m²
Folie und Schalung 100/24 mm		0,14 kN/m²
Sparren 20 cm dzw. Mineralwolldämmung		0,25 kN/m²
Lattung 5/5, dzw. Dämmung		0,04 kN/m²
Konterlattung 3/5		0,02 kN/m²
Dampfbremse		---
2 x Gipskartonplatte 1,25 cm		0,17 kN/m²
Summe	**Σ g =**	**1,27 kN/m²**

Veränderliche Lasten

Schnee nach ÖNORM B 4013:1983-12-01 (da zum Zeitpunkt der Genehmigung bzw. Errichtung anzuwenden)

Standort: Mariazell (Seehöhe 868 müA)
Satteldach
Dachneigung 35°
s_0 = 4,00 kN/m²
μ_1 = 0,83
s_1 = 4,00 x 0,83 s_1 = 3,32 kN/m²

Nutzlast nach ÖNORM B 4012:1981-09-01 (da zum Zeitpunkt der Genehmigung bzw. Errichtung anzuwenden)

Keine.

Lastsumme

Eigengewicht Dach		1,27 kN/m²
Schneelast (umgelegt)	3,32 kN/m² x cos(35°)	2,72 kN/m²
Summe		**3,99 kN/m²**

Zusatzlast PV-Anlage

Zusatzlast aus Photovoltaik: 0,12 kN/m²
(3,99 + 0,12) / 3,99 = 1,030

Lasterhöhung 3,0 % ≤ 3 % → 3 %-Regel eingehalten!

Schlussfolgerung

Es liegt eine geringfügige Auswirkung vor. Die geplante Errichtung der PV-Anlage ist hinsichtlich Tragfähigkeit und Gebrauchstauglichkeit ohne weitere Maßnahmen möglich.

OIB-Richtlinie 2

Brandschutz

Ausgabe: Mai 2023

0 Vorbemerkungen

Die zitierten Normen und sonstigen technischen Regelwerke gelten in der im Dokument „OIB-Richtlinien – Zitierte Normen und sonstige technische Regelwerke" angeführten Fassung.

Diese Richtlinie gilt für Gebäude. Für sonstige Bauwerke sind die Bestimmungen der Richtlinie sinngemäß anzuwenden.

Werden in dieser Richtlinie Anforderungen an die Feuerwiderstandsklasse in Verbindung mit Anforderungen an Baustoffe der Klasse A2 gestellt, gilt dies auch als erfüllt, wenn

- die für die Tragfähigkeit wesentlichen Bestandteile der Bauteile der Klasse A2 entsprechen und
- die sonstigen Bestandteile aus Baustoffen der Klasse B bestehen.

Für eingeschoßige Gebäude mit höchstens 15 m² Brutto-Grundfläche, die auf eigenem Grund oder von Verkehrsflächen für die Brandbekämpfung zugänglich sind, werden keine Anforderungen hinsichtlich des Brandschutzes gestellt.

Für Gebäude mit gemischter Nutzung gelten die Anforderungen hinsichtlich des Brandschutzes für die einzelnen Nutzungsbereiche als erfüllt, wenn die für die jeweiligen Nutzungen anzuwendenden Bestimmungen der Richtlinien eingehalten werden, wobei gegenseitige Wechselwirkungen zu berücksichtigen sind.

Von den Anforderungen dieser OIB-Richtlinie kann entsprechend den jeweiligen landesrechtlichen Bestimmungen abgewichen werden, wenn vom Bauwerber nachgewiesen wird, dass das gleiche Schutzniveau wie bei Anwendung der Richtlinie erreicht wird. Hierbei ist der OIB-Leitfaden „Abweichungen im Brandschutz und Brandschutzkonzepte" anzuwenden.

1 Begriffsbestimmungen

Es gelten die Begriffsbestimmungen des Dokumentes „OIB-Richtlinien – Begriffsbestimmungen".

2 Allgemeine Anforderungen und Tragfähigkeit im Brandfall

Werden in dieser Richtlinie Anforderungen an den Feuerwiderstand von Bauteilen mit Anforderungen an das Brandverhalten von Baustoffen verknüpft, beziehen sich die Anforderungen an das Brandverhalten nur auf jenen Teil der Konstruktion, der zur Erreichung der Feuerwiderstandsklasse erforderlich ist. Für allenfalls zusätzlich angebrachte Bekleidungen, Beläge und dergleichen gelten hinsichtlich des Brandverhaltens von Baustoffen die Anforderungen der Tabelle 1a.

2.1 Brandverhalten von Bauprodukten (Baustoffen)

Es gelten – wenn im Folgenden nichts anderes bestimmt ist – die Anforderungen der Tabelle 1a.

2.2 Feuerwiderstand von Bauteilen

2.2.1 Es gelten – wenn im Folgenden nichts anderes bestimmt ist – die Anforderungen der Tabelle 1b.

2.2.2 Die für die Standsicherheit von Wänden und Decken erforderlichen aussteifenden und unterstützenden Bauteile müssen im Brandfall über jenen Zeitraum hindurch wirksam sein, welcher der für diese Wände und Decken geforderten Feuerwiderstandsdauer entspricht.

3 Ausbreitung von Feuer und Rauch innerhalb des Bauwerkes

3.1 Brandabschnitte

3.1.1 Für Brandabschnitte in oberirdischen Geschoßen gilt:

Nutzung	Maximale Netto-Grundfläche eines Brandabschnittes	Maximale Längsausdehnung eines Brandabschnittes	Maximale Anzahl von oberirdischen Geschoßen je Brandabschnitt
Wohnnutzung	-	60 m	-
Büronutzung oder büroähnliche Nutzung	1.600 m²	60 m	4
andere Nutzung (1)	1.200 m²	60 m	4
(1) Sofern nicht in Punkt 7 abweichend geregelt			

Wohnnutzungen sind von anderen Nutzungen durch brandabschnittsbildende Bauteile zu trennen, wenn die Gesamtfläche aller Nutzungen eine Netto-Grundfläche von 1.200 m² oder die Gesamtfläche der anderen Nutzungen eine Netto-Grundfläche von 400 m² überschreitet.

3.1.2 Brandabschnitte in unterirdischen Geschoßen dürfen eine maximale Netto-Grundfläche von 800 m² nicht überschreiten.

3.1.3 Brandabschnitte sind durch brandabschnittsbildende Bauteile (z.B. Wände, Decken) gegeneinander abzutrennen. Bei Wänden von Treppenhäusern, die Brandabschnitte begrenzen, gelten abweichend davon die Anforderungen an Wände von Treppenhäusern gemäß Tabelle 2a, 2b bzw. 3 einschließlich der zugehörigen Türen.

3.1.4 Ist im Brandfall mit einer mechanischen Beanspruchung von brandabschnittsbildenden Wänden zu rechnen (z.B. durch im Brandfall umstürzende Lagerungen), muss zusätzlich zu den Anforderungen der Tabelle 1b auch das „Leistungskriterium M" erfüllt sein.

3.1.5 Brandabschnittsbildende Wände müssen mindestens 15 cm über Dach geführt werden. Sie brauchen nur bis zur Dacheindeckung geführt werden, wenn eine Brandübertragung durch andere Maßnahmen wirksam eingeschränkt wird.

3.1.6 Öffnungen in brandabschnittsbildenden Wänden bzw. Decken müssen Abschlüsse erhalten, die dieselbe Feuerwiderstandsdauer aufweisen, wie die jeweilige brandabschnittsbildende Wand bzw. Decke. Diese sind selbstschließend auszuführen, wenn nicht durch andere Maßnahmen ein Schließen im Brandfall bewirkt wird. Eine Ausführung in EI_2 30-C bzw. EI 30 ist zulässig, wenn die Gesamtfläche aller Öffnungen 10 m² nicht überschreitet.

3.1.7 Begrenzen Decken übereinander liegende Brandabschnitte, so muss

a) ein deckenübergreifender Außenwandstreifen von mindestens 1,20 m Höhe in EI 90 vorhanden sein, oder

b) die brandabschnittsbildende Decke muss mit einem mindestens 80 cm horizontal auskragenden Bauteil gleicher Feuerwiderstandsklasse verlängert werden.

Bei Gebäuden der Gebäudeklasse 5 mit mehr als sechs oberirdischen Geschoßen sind Baustoffe der Klasse A2 zu verwenden; bei Verglasungen ist die Klasse B ausreichend.

3.1.8 Türen, Tore, Fenster und sonstige Öffnungen in Außenwänden, die an brandabschnittsbildende Wände anschließen, müssen von der Mitte der brandabschnittsbildenden Wand – falls die horizontale Brandübertragung nicht durch gleichwertige Maßnahmen begrenzt werden kann – einen Abstand von mindestens 50 cm haben. Der Abstand solcher Öffnungen voneinander muss bei Gebäuden, deren Außenwände an der brandabschnittsbildenden Wand einen Winkel von weniger als 135 Grad bilden, mindestens 3,00 m betragen. Diese Abstände gelten nicht für den Bereich seitlicher Wandabschlüsse bei Arkaden, Einfahrten, Durchfahrten, Garagentoren, Loggien und dergleichen.

3.1.9 Dachöffnungen sowie Öffnungen in Dachgauben und ähnlichen Dachaufbauten müssen – horizontal gemessen – mindestens 1,00 m von der Mitte der brandabschnittsbildenden Wand entfernt sein.

3.1.10 Grenzen Dachöffnungen und Glasdächer an einen höheren Gebäudeteil eines anderen Brandabschnittes, müssen diese innerhalb eines Abstandes von 4,00 m so beschaffen sein, dass ein Brandüberschlag wirksam eingeschränkt wird.

3.2 Trennwände und Trenndecken

3.2.1 Wohnungen und Betriebseinheiten sind – ausgenommen Gebäude der Gebäudeklasse 1 – untereinander sowie zu anderen Gebäudeteilen (z.B. Gänge) entsprechend den Anforderungen der Tabelle 1b durch Trennwände und Trenndecken zu trennen.
Mehrere Betriebseinheiten mit Büronutzung bzw. büroähnlicher Nutzung und Verkaufsstätten können hierbei bis zur maximal zulässigen Brandabschnittsfläche als eine Betriebseinheit betrachtet werden. Für Wände von Treppenhäusern gelten abweichend davon die Anforderungen gemäß den Tabellen 2a, 2b bzw. 3.

3.2.2 Für Türen bzw. Abschlüsse in Trennwänden und Trenndecken gilt:
a) Tabelle 2a, 2b bzw. 3 für Türen in Wänden von Treppenhäusern,
b) EI_2 30 für Türen in Trennwänden von Gängen zu Wohnungen oder von Gängen zu Betriebseinheiten mit Büronutzung oder büroähnlicher Nutzung sowie EI 30 für diese Türen umgebende Glasflächen mit einer Fläche von nicht mehr als der Türblattfläche; ausgenommen davon sind Gebäude der Gebäudeklasse 2 mit nicht mehr als zwei Wohnungen,
c) EI_2 30-C für sonstige Türen in Trennwänden,
d) EI_2 30 für Türen bzw. Abschlüsse in Decken zu nicht ausgebauten Dachräumen.

3.2.3 Sonstige Öffnungen in Trennwänden bzw. Trenndecken müssen selbstschließende Abschlüsse erhalten, die dieselbe Feuerwiderstandsdauer aufweisen wie die jeweilige Trennwand bzw. Trenndecke.

3.3 Deckenübergreifender Außenwandstreifen

Für Gebäude der Gebäudeklasse 5 mit mehr als sechs oberirdischen Geschoßen – ausgenommen Wohngebäude – muss in jedem Geschoß ein deckenübergreifender Außenwandstreifen von mindestens 1,20 m Höhe in EI 30-ef und A2 bzw. EW 30-ef und A2 vorhanden sein. Diese Anforderung gilt nicht, wenn
a) ein mindestens 80 cm horizontal auskragender Bauteil in REI 30 und A2 bzw. EI 30 und A2, oder
b) eine geeignete technische Brandschutzeinrichtung (z.B. Löschanlage)
vorhanden ist.

3.4 Schächte, Kanäle, Leitungen und sonstige Einbauten

3.4.1 Liegen Schächte, Kanäle, Leitungen und sonstige Einbauten in Wänden bzw. Decken oder durchdringen diese, ist durch geeignete Maßnahmen (z.B. Abschottung, Ummantelung) sicherzustellen, dass eine Übertragung von Feuer und Rauch über die erforderliche Feuerwiderstandsdauer wirksam eingeschränkt wird.

3.4.2 Verbinden Schächte mehrere Geschoße, sind die Wände als Trennwände gemäß Tabelle 1b auszuführen.

3.4.3 Bei Gebäuden der Gebäudeklasse 4 und 5 mit nicht mehr als sechs oberirdischen Geschoßen ist an der Schachtinnenseite eine Bekleidung in A2 erforderlich. Bei Gebäuden der Gebäudeklasse 5 mit mehr als sechs oberirdischen Geschoßen müssen die Schachtwände in A2 ausgeführt werden.

3.4.4 In Treppenhäusern gemäß Tabelle 2a sowie in Treppenhäusern von Gebäuden ab der Gebäudeklasse 4 ist eine Verlegung von brennbaren Leitungen sowie von Leitungen für brennbare Medien jeweils ohne brandschutztechnische Vorkehrungen unzulässig.

3.4.5 In Treppenhäusern gemäß Tabellen 2a, 2b und 3 sind Hauptverteiler, Stockwerksverteiler, Messeinrichtungen von elektrischen Anlagen sowie Wechselrichter von Photovoltaikanlagen von Trennbauteilen zu begrenzen, wobei die Zugangsöffnungen mit einem Verschluss in EI_2 30-S_{200} oder in EI 30 allseitig dicht angeschlagen zu versehen sind.

3.4.6 An Einzelleitungen für treppenhauseigene Anlagen (einschl. der dazugehörenden sicherheitstechnischen Anlagen, wenn keine anderen Bestimmungen diesbezüglich vorliegen), für Einzelleitungen von Messeinrichtungen bzw. Kommunikationskabeln (z.B. Internet, Kabelfernsehen) sowie für wasserführende Leitungen werden keine brandschutztechnischen Anforderungen gestellt.

3.4.7 Dämmstoffe von Leitungen müssen den Anforderungen der Tabelle 1a entsprechen.

3.5 Fassaden

3.5.1 Bei Gebäuden der Gebäudeklassen 4 und 5 sind Außenwand-Wärmedämmverbundsysteme so auszuführen, dass bezogen auf das zweite über dem Brandherd liegende Geschoß

a) eine Brandweiterleitung über die Fassade und
b) das Herabfallen großer Fassadenteile

wirksam eingeschränkt wird.

3.5.2 Für Außenwand-Wärmedämmverbundsysteme mit einer Wärmedämmung von nicht mehr als 10 cm aus expandiertem Polystyrol (EPS) oder aus Baustoffen der Klasse A2 gelten die Anforderungen gemäß Punkt 3.5.1 als erfüllt.

3.5.3 Für Außenwand-Wärmedämmverbundsysteme mit einer Wärmedämmung aus expandiertem Polystyrol (EPS) von mehr als 10 cm gelten die Anforderungen gemäß Punkt 3.5.1 bei Lochfassaden als erfüllt, wenn

a) in jedem Geschoß im Bereich der Decke ein umlaufendes Brandschutzschott aus Mineralwolle mit einem Schmelzpunkt von mindestens 1.000 Grad Celsius und einer Höhe von 20 cm, oder
b) im Sturzbereich von Fenstern und Fenstertüren ein Brandschutzschott aus Mineralwolle mit einem Schmelzpunkt von mindestens 1.000 Grad Celsius und einem seitlichen Übergriff von 30 cm und einer Höhe von 20 cm

verklebt und verdübelt ausgeführt wird.

Abweichend zu lit. a) und b) kann auf ein Brandschutzschott im obersten Geschoß verzichtet werden, wenn mit keiner Brandweiterleitung in die Dachkonstruktion zu rechnen ist; anderenfalls muss ein umlaufendes Brandschutzschott angeordnet werden.

3.5.4 Für Außenwand-Wärmedämmverbundsysteme bei Gebäuden der Gebäudeklasse 5 sind bei Deckenuntersichten von vor- oder einspringenden Gebäudeteilen (z.B. Erker, Balkone oder Loggien im Freien) nur Dämmschichten bzw. Wärmedämmungen der Klasse A2 zulässig. Ausgenommen davon sind vor- oder einspringende Gebäudeteile mit einer Tiefe von nicht mehr als 2,00 m.

3.5.5 Für Außenwand-Wärmedämmverbundsysteme bei Gebäuden der Gebäudeklassen 4 und 5 gelten folgende Anforderungen:

a) In offenen Durchfahrten bzw. Durchgängen, durch die der einzige Fluchtweg oder der einzige Angriffsweg der Feuerwehr führt, sind an Wänden und Decken nur Dämmschichten bzw. Wärmedämmungen der Klasse A2 zulässig.
b) Bei Wänden zu offenen Laubengängen sind – wenn die Fluchtmöglichkeit nur in eine Richtung gegeben ist – Dämmschichten bzw. Wärmedämmungen von mehr als 10 cm Dicke nur in der Klasse A2 zulässig.

3.5.6 Bei Gebäuden der Gebäudeklasse 4 und 5 sind vorgehängte hinterlüftete, belüftete oder nicht hinterlüftete Fassaden so auszuführen, dass bezogen auf das zweite über dem Brandherd liegende Geschoß

a) eine Brandweiterleitung über die Fassade und
b) das Herabfallen großer Fassadenteile

wirksam eingeschränkt wird.

3.5.7 Bei freistehenden, an mindestens drei Seiten auf eigenem Grund oder von Verkehrsflächen für die Brandbekämpfung von außen zugänglichen Gebäuden der Gebäudeklasse 4 gelten die Anforderungen gemäß Punkt 3.5.6 als erfüllt, wenn

a) die Dämmschicht bzw. Wärmedämmung in A2 ausgeführt ist, und
b) die Befestigungsmittel und Verbindungselemente einen Schmelzpunkt von mindestens 1.000 Grad Celsius (z.B. Stahl, Edelstahl) aufweisen, und
c) die Außenschicht in A2, B oder aus Holz und Holzwerkstoffen in D ausgeführt ist, und
d) ein allfälliger Hinterlüftungsspalt eine Breite von nicht mehr als 6 cm aufweist.

3.5.8 Für hinterlüftete Fassaden bei Gebäuden der Gebäudeklasse 4 und 5 gelten die Anforderungen gemäß Punkt 3.5.6 als erfüllt, wenn
a) die Dämmschicht bzw. Wärmedämmung, sonstige Schichten in A2 ausgeführt sind,
b) die Befestigungsmittel und Verbindungselemente einen Schmelzpunkt von mindestens 1.000 Grad Celsius (z.B. Stahl, Edelstahl) aufweisen,
c) die Außenschicht in A2 ausgeführt ist und
d) ein allfälliger Hinterlüftungsspalt eine Breite von nicht mehr als 6 cm aufweist.

3.5.9 Bei Gebäuden der Gebäudeklasse 4 und 5 sind Vorhangfassaden so auszuführen, dass
a) bezogen auf das zweite über dem Brandherd liegende Geschoß eine Brandweiterleitung über die Fassade und das Herabfallen großer Fassadenteile, sowie
b) eine Brandausbreitung über Anschlussfugen und Hohlräume und zusätzlich über innerhalb einer zweischaligen Vorhangfassade vorhandene Zwischenräume im Bereich von Trenndecken bzw. brandabschnittsbildenden Decken

wirksam eingeschränkt werden.

3.5.10 Kleinteile ohne tragende Funktion wie z.B. Dämmstoffhalter, Dübelhülsen, Windpapier / Windfolien, thermische Trennungen und Dichtungen sowie Bewässerungskomponenten, Befestigungen, Sensoren u. dgl. von Fassadenbegrünungen bleiben hinsichtlich der Anforderungen an das Brandverhalten außer Betracht.

3.5.11 In Sockel- und Spritzwasserschutzbereichen ist die Verwendung von Dämmstoffen der Klasse E zulässig.

3.5.12 Für Fassadenbegrünungen sind folgende Anforderungen einzuhalten:
a) Verwendete Materialien, ausgenommen Pflanzen, müssen Punkt 1.4 der Tabelle 1a entsprechen.
b) Fassadensysteme (z.B. Wärmedämmverbundsysteme) dürfen durch Pflanzen nicht beeinträchtigt werden.

3.5.13 Für Fassadenbegrünungen bei Gebäuden der Gebäudeklasse 4 und 5 müssen ergänzend zu Punkt 3.5.12 folgende Anforderungen eingehalten werden:
a) Rankhilfen (z.B. Netze, Seile, Gitter) müssen A2 entsprechen.
b) Zwischen dem oberen Abschluss der Fassadenbegrünung und einer brennbaren Dachkonstruktion ist ein vertikaler Schutzabstand von mindestens 1,20 m einzuhalten.
c) Bezogen auf das zweite über dem Brandherd liegende Geschoß muss eine Brandweiterleitung und das Herabfallen großer Fassadenbegrünungsteile wirksam eingeschränkt werden.
d) Bei Gebäuden mit mehr als sechs oberirdischen Geschoßen sind gegebenenfalls ergänzende Feuerwehrzufahrten bzw. Aufstellflächen für einen wirksamen Löschangriff der betroffenen Außenwand zu berücksichtigen.
e) Fassadenbegrünungen sind zu pflegen und in einem vitalen, funktionalen Zustand zu erhalten.

3.5.14 Für Photovoltaikanlagen an Fassaden sind folgende Anforderungen einzuhalten:
a) Die Photovoltaik-Module müssen Punkt 1.4 der Tabelle 1a entsprechen.
b) Bei Gebäuden der Gebäudeklasse 4 und 5 muss, bezogen auf das zweite über dem Brandherd liegende Geschoß, eine Brandweiterleitung und das Herabfallen großer Photovoltaik-Modulteile wirksam eingeschränkt werden.
c) Entsteht bei Gebäuden der Gebäudeklasse 4 und 5 durch die Photovoltaikanlage ein Hinterlüftungsspalt und werden die nachweisfreien Ausführungen gemäß Punkt 3.5.7 oder 3.5.8 herangezogen, so ist dennoch eine geschoßweise Abschottung des Hinterlüftungsspalts erforderlich.
d) Rettungswege mit Geräten der Feuerwehr dürfen durch Bestandteile der Photovoltaikanlage weder eingeschränkt noch gefährdet werden.

3.6 Aufzüge

3.6.1 Aufzüge, die Brandabschnitte miteinander verbinden, sind in eigenen Schächten zu führen, die von brandabschnittsbildenden Wänden und Decken begrenzt werden müssen. In Abhängigkeit der Nutzung der durch die Ladestellen der Aufzüge erschlossenen Räume ist durch geeignete brandschutztechnische Maßnahmen sicherzustellen, dass eine Übertragung von Feuer und Rauch wirksam eingeschränkt wird.

3.6.2 Bei Gebäuden der Gebäudeklasse 3 und 4 ist bei Aufzugschächten an der Schachtinnenseite eine Bekleidung in A2 erforderlich. Bei Gebäuden der Gebäudeklasse 5 müssen die Schachtumwehrungen von Aufzügen in A2 ausgeführt werden.

3.6.3 Aufzüge zur Personenbeförderung sind mit einer Brandfallsteuerung (automatisch oder manuell) auszuführen, die den Fahrkorb im Brandfall in die Angriffsebene der Feuerwehr (Bestimmungshaltestelle bzw. Brandfallhaltestelle) rücksendet. Befindet sich die Bestimmungshaltestelle in einem sicheren Bereich (z.B. Treppenhaus), müssen die Aufzüge mit offenen Fahrkorb- und Schachttüren parken.

3.7 Feuerstätten und Verbindungsstücke

3.7.1 Feuerstätten und Verbindungsstücke dürfen in solchen Räumen nicht angeordnet werden, in denen nach Lage, Größe, Beschaffenheit oder Verwendungszweck Gefahren für Personen entstehen können (z.B. in Treppenhäusern; auf Gängen, ausgenommen innerhalb von Wohnungen; in nicht ausgebauten Dachräumen).

3.7.2 Feuerstätten und Verbindungsstücke müssen von brennbaren Bauteilen, Bekleidungen und festen Einbauten einen solchen Abstand aufweisen oder so abgeschirmt sein, dass diese unter allen beim Betrieb auftretenden Temperaturen nicht entzündet werden können.

3.7.3 Verbindungsstücke dürfen nicht durch Decken, in Wänden oder in unzugänglichen bzw. unbelüfteten Hohlräumen geführt werden.

3.7.4 Holzfeuerungsanlagen mit automatischer Beschickung müssen mit technischen Einrichtungen gegen Rückbrand ausgestattet sein.

3.8 Abgasanlagen

3.8.1 Abgasanlagen müssen rußbrandbeständig sein, wenn nicht auf Grund der anzuschließenden Feuerstätten ein Rußbrand ausgeschlossen werden kann (z.B. Ölfeuerstätten mit Gebläsebrennern bzw. Brennwerttechnik und Gasfeuerstätten).

3.8.2 Liegen Abgasanlagen in Wänden bzw. Decken oder durchdringen diese, ist durch geeignete Maßnahmen (z.B. Abschottung, Ummantelung) sicherzustellen, dass eine Übertragung von Feuer und Rauch über die erforderliche Feuerwiderstandsdauer wirksam eingeschränkt wird.

3.8.3 Abgasanlagen müssen von Bauteilen mit brennbaren Baustoffen einen solchen Abstand aufweisen, dass diese unter allen beim Betrieb auftretenden Temperaturen nicht entzündet werden können.

3.9 Räume mit erhöhter Brandgefahr

3.9.1 Heiz-, Brennstofflager-, Abfallsammel- und Batterieräume für stationäre Batterieanlagen gelten jedenfalls als Räume mit erhöhter Brandgefahr.

3.9.2 Wände und Decken von Räumen mit erhöhter Brandgefahr müssen in REI 90 bzw. EI 90 ausgeführt und raumseitig in A2 bekleidet sein. Werden diese Wände oder Decken durchdrungen (z.B. durch Förderleitungen für die automatische Beschickung von Holzfeuerungsanlagen), so ist durch geeignete Maßnahmen (z.B. Manschetten, Streckenisolierung) sicherzustellen, dass der Feuerwiderstand trotzdem erhalten bleibt. Türen und Tore oder sonstige Verschlüsse müssen in EI_2 30-C ausgeführt werden. Bei Außenbauteilen gelten diese Anforderungen nur, wenn die Gefahr einer Brandübertragung auf andere Gebäudeteile besteht.

3.9.3 Bodenbeläge in Heizräumen müssen $A2_{fl}$, in Abfallsammel- und Batterieräumen B_{fl} entsprechen.

3.9.4 Ein Heizraum ist erforderlich für

a) Feuerstätten zur Erzeugung von Nutzwärme für die Raumheizung bzw. Warmwasserbereitung mit einer Nennwärmeleistung von mehr als 50 kW, oder
b) Feuerstätten für feste Brennstoffe mit automatischer Beschickung.

3.9.5 Abweichend von Punkt 3.9.4 ist ein Heizraum nicht erforderlich
a) für Warmlufterzeuger und Heizstrahler, wenn diese lediglich der Beheizung des Aufstellungsraumes dienen, oder
b) für Feuerstätten für feste Brennstoffe mit automatischer Beschickung mit einer Nennwärmeleistung von nicht mehr als 50 kW, die einen Vorratsbehälter mit einem Fassungsvermögen von nicht mehr als 1,50 m³ aufweisen, oder
c) in Gebäuden der Gebäudeklasse 1 bzw. Reihenhäusern der Gebäudeklasse 2 mit einer Feuerstätte für Pellets mit automatischer Beschickung mit einer Nennwärmeleistung von nicht mehr als 50 kW und einem Fassungsvermögen des Lagerbehälters von nicht mehr als 15 m³, der durch geeignete Maßnahmen gegen gefahrbringende Erwärmung geschützt ist.

3.9.6 Räume, in denen feste Brennstoffe gelagert werden, sind innerhalb von Gebäudeteilen mit Aufenthaltsräumen als Brennstofflagerraum auszuführen, wenn
a) mehr als 15 m³ feste Brennstoffe ohne automatische Beschickung gelagert werden, oder
b) mehr als 1,50 m³ feste Brennstoffe zur automatischen Beschickung der zugehörigen Feuerstätte gelagert werden, oder
c) mehr als 15 m³ Pellets zur automatischen Beschickung von Feuerstätten in Gebäuden der Gebäudeklasse 1 bzw. Reihenhäusern der Gebäudeklasse 2 gelagert werden.

3.9.7 In einem Heizraum ist eine gemeinsame Aufstellung von Behältern für feste Brennstoffe in Form von Pellets und der zugehörigen Feuerstätte mit automatischer Beschickung zulässig, falls nicht mehr als 15 m³ gelagert werden und die Lagerbehälter durch geeignete Maßnahmen gegen gefahrbringende Erwärmung geschützt sind.

3.9.8 Die Lagerung von flüssigen Brennstoffen der Gefahrenkategorie 4 in Mengen von mehr als 500 Liter innerhalb von Gebäudeteilen mit Aufenthaltsräumen hat in einem Brennstofflagerraum zu erfolgen, der höchstens im zweiten oberirdischen Geschoß liegen darf. Abweichend davon ist bei Gebäuden der Gebäudeklasse 1 bzw. Reihenhäusern der Gebäudeklasse 2 eine Lagermenge von nicht mehr als 1.000 Liter zulässig.

3.9.9 Eine gemeinsame Aufstellung von Lagerbehältern für flüssige Brennstoffe der Gefahrenkategorie 4 und zugehöriger Feuerstätte in einem Heizraum ist zulässig, falls nicht mehr als 5.000 Liter gelagert werden und die Lagerbehälter durch geeignete Maßnahmen (z.B. Abstand, Abschirmung, Ummantelung) gegen gefahrbringende Erwärmung geschützt sind.

3.9.10 Die Aufstellung von Batterien/Batterieanlagen in Treppenhäusern gemäß Tabelle 2a, 2b und 3 sowie in Gängen, ausgenommen in Wohnungen ist unzulässig.

3.9.11 Batterieräume für stationäre Batterieanlagen müssen in Abhängigkeit der eingesetzten Batterie-Technologie eine wirksame Lüftung ins Freie aufweisen.

3.9.12 Abweichend von Punkt 3.9.1 ist ein Batterieraum nicht erforderlich
a) für stationäre Batterieanlagen mit einem Energieinhalt bis höchstens 3 kWh,
b) für stationäre Batterieanlagen mit einem Energieinhalt bis höchstens 20 kWh, die nach den anerkannten Regeln der Technik für Sicherheitsanforderungen geprüft sind,
   - in Gebäuden der Gebäudeklasse 1 sowie Reihenhäusern der Gebäudeklasse 2, wobei im Aufstellungsraum ein unvernetzter Rauchwarnmelder angeordnet sein muss,
   - in Garagen, überdachten Stellplätzen und Parkdecks mit einer Nutzfläche von jeweils nicht mehr als 250 m²,
c) für stationäre Batterieanlagen mit einem Energieinhalt bis höchstens 100 kWh, die nach den anerkannten Regeln der Technik für Sicherheitsanforderungen geprüft sind und für die in einem anerkannten Test nachgewiesen wird, dass ein „thermal runaway" einer Zelle zu keinem Brandausbruch der Batterieanlage führt,
   - in Gebäuden der Gebäudeklasse 1 sowie in Reihenhäusern der Gebäudeklasse 2, wobei im Aufstellungsraum ein unvernetzter Rauchwarnmelder angeordnet sein muss,
   - in Garagen, überdachten Stellplätzen und Parkdecks mit einer Nutzfläche von jeweils nicht mehr als 250 m²,
   - wenn die Umhüllung der stationären Batterieanlage selbst den gleichen Feuerwiderstand wie unter Punkt 3.9.2 gefordert aufweist.

3.10 Erste und erweiterte Löschhilfe

3.10.1 Wenn es der Verwendungszweck erfordert, jedenfalls aber in Gebäuden mit Wohnungen bzw. Betriebseinheiten sind ausreichende und geeignete Mittel der ersten Löschhilfe (z.B. tragbare Feuerlöscher) bereitzuhalten.

3.10.2 In Gebäuden der Gebäudeklasse 5 mit mehr als sechs oberirdischen Geschoßen müssen in jedem Geschoß Wandhydranten mit formbeständigem D-Schlauch und geeigneter Anschlussmöglichkeit für die Feuerwehr zur Brandbekämpfung vorhanden sein. Abweichend davon genügt bei Gebäuden, die in allen Geschoßen oder oberhalb des ersten oberirdischen Geschoßes gelegenen Geschoßen überwiegend Wohnzwecken dienen, eine trockene Löschleitung mit geeigneter Anschlussmöglichkeit für die Feuerwehr zur Brandbekämpfung in jedem Geschoß.

3.11 Rauchwarnmelder

In Wohnungen muss in allen Aufenthaltsräumen – ausgenommen in Küchen – sowie in Gängen, über die Fluchtwege von Aufenthaltsräumen führen, jeweils mindestens ein unvernetzter Rauchwarnmelder angeordnet werden.

3.12 Rauchableitung aus unterirdischen Geschoßen

3.12.1 Es müssen geeignete Vorkehrungen getroffen werden, die eine Rauchableitung ins Freie ermöglichen, wobei die Rauchableitung aus einzelnen Räumen innerhalb eines Brandabschnittes über gemeinsame Öffnungen erfolgen darf. Für Gebäude der Gebäudeklasse 1 und für Reihenhäuser der Gebäudeklasse 2 gelten diese Anforderungen nicht. Einzelne Räume mit einer Fläche von nicht mehr als 10 m², in Summe nicht mehr als 30 m², bleiben außer Betracht.

3.12.2 Punkt 3.12.1 gilt als erfüllt, wenn

a) bei einer Netto-Grundfläche von nicht mehr als 400 m² Öffnungen ins Freie mit einer Fläche von mindestens 0,50 m² bzw.
b) bei einer Netto-Grundfläche von mehr als 400 m² Öffnungen ins Freie mit einer Fläche von mindestens 1,00 m² vorhanden sind

und die erforderlichen Abschlüsse der Wand- oder Deckenöffnungen mit Mitteln der Feuerwehr geöffnet werden können.

3.13 Photovoltaikanlagen auf Dächern der Gebäudeklassen 3 bis 5

3.13.1 Für auf Dächern aufgebrachte oder in Dächern integrierte Photovoltaikanlagen bei Gebäuden der Gebäudeklassen 3 bis 5 müssen folgende Anforderungen eingehalten werden:

a) Die auf Dächern aufgebrachten oder in Dächern integrierten Photovoltaik-Module müssen B_{ROOF} (t1) entsprechen, oder die Oberseite der Photovoltaik-Module muss aus Glas bestehen oder die Klasse A2 erfüllen, wobei ein etwaiger Rahmen in A2 ausgeführt werden muss.
b) Photovoltaik-Module müssen von der Mitte der brandabschnittsbildenden Wand sowie zur Nachbargrundstücks- bzw. Bauplatzgrenze – falls die horizontale Brandübertragung nicht durch gleichwertige Maßnahmen begrenzt werden kann – einen Abstand von mindestens 1 m haben.
c) Die Erreichbarkeit der Dachfläche für die Einsatzkräfte der Feuerwehr muss für Löschmaßnahmen gegeben sein. Photovoltaikanlagen müssen zu allenfalls vorhandenen Dachausstiegen, die als Zugang für die Feuerwehr dienen, im Bereich der Standfläche einen Abstand von mindestens 3 m aufweisen.
d) Die Ausdehnung der Photovoltaik-Modulfelder darf höchstens 40 m betragen. Die Abstände zwischen den Photovoltaik-Modulfeldern müssen mindestens 1 m betragen; bei einer Dacheindeckung, die nicht A2 erfüllt, ist ein Abstand von 2 m erforderlich.
e) Der Abstand zwischen Photovoltaik-Modulen und Lichtkuppeln sowie Öffnungen von Rauch- und Wärmeabzugsanlagen muss mindestens 1 m betragen; bei einer Dacheindeckung, die nicht A2 erfüllt, ist ein Abstand von mindestens 2 m erforderlich. Dabei darf die Wirksamkeit der Rauch- und Wärmeabzugsanlage nicht beeinträchtigt werden.
f) Generatoranschlusskasten und/oder Wechselrichter dürfen nur auf mineralischen Unterkonstruktionen in A2 angebracht werden.

3.13.2 Für auf Dächern aufgebrachte oder in Dächern integrierte Photovoltaikanlagen muss der Einbrand ins Gebäudeinnere wirksam eingeschränkt werden bei
a) Gebäuden der Gebäudeklassen 3 und 4 mit jeweils einer Dachfläche von mehr als 1.600 m²,
b) Gebäuden der Gebäudeklasse 5,
c) Gebäuden gemäß der Punkte 7.5 bis 7.7 oder
d) Gebäuden mit einer automatischen Löschanlage.

3.13.3 Die Anforderungen gemäß Punkt 3.13.2 gelten als erfüllt, wenn
a) Decken über dem obersten Geschoß gemäß Punkt 4.1 der Tabelle 1b sowie eine allfällige Wärmedämmung in A2 ausgeführt werden, oder
b) Decken über dem obersten Geschoß gemäß Punkt 4.1 der Tabelle 1b ausgeführt werden und die Leistungseigenschaften E und I erfüllt sind; bei Gebäuden der Gebäudeklasse 5 muss die Decke über dem obersten Geschoß zusätzlich A2 erfüllen, oder
c) die oberste Dacheindeckung mit 5 cm Kies oder gleichwertig ausgeführt wird.

4 Ausbreitung von Feuer auf andere Bauwerke

4.1 Beträgt der Abstand eines Bauwerks von der Nachbargrundstücks- bzw. Bauplatzgrenze weniger als 2,00 m, so ist die zur Nachbargrundstücks- bzw. Bauplatzgrenze gerichtete Seite des Bauwerks mit einer brandabschnittsbildenden Wand gemäß Tabelle 1b abzuschließen.
In diesen Abstand dürfen Bauwerksteile (z.B. Dachvorsprünge, Vordächer, Erker, Balkone) nur dann hineinragen, wenn für diese zusätzliche brandschutztechnische Maßnahmen getroffen werden.

4.2 Eine brandabschnittsbildende Wand gemäß Punkt 4.1 ist nicht erforderlich,
a) wenn das angrenzende Nachbargrundstück bzw. der Bauplatz auf Grund tatsächlicher oder rechtlicher Umstände von einer künftigen Bebauung ausgeschlossen ist (z.B. Verkehrsflächen im Sinne der raumordnungsrechtlichen Bestimmungen, öffentliche Parkanlagen oder Gewässer), oder
b) bei untergeordneten eingeschoßigen Bauwerken (z.B. Schutzdächer, Geräteschuppen, Bootshütten, Infrastruktureinrichtungen) mit insgesamt nicht mehr als 50 m² überbaute Fläche, wenn auf Grund der baulichen Umgebung eine Brandübertragung auf Bauwerke der Nachbargrundstücke nicht zu erwarten ist, oder wenn eine der jeweiligen Nachbargrundstücks- bzw. Bauplatzgrenze zugekehrte Wand über die gesamte Länge und bis zur Dacheindeckung in REI 30 bzw. EI 30 errichtet wird; bei der Berechnung der überbauten Fläche sind allfällige überdachte Stellplätze einzubeziehen.

4.3 Öffnungen in brandabschnittsbildenden Wänden gemäß Punkt 4.1 müssen selbstschließende Abschlüsse erhalten, die dieselbe Feuerwiderstandsdauer wie die brandabschnittsbildende Wand aufzuweisen haben.
Bei gemeinsamer Nutzung einzelner Räume oder Raumgruppen benachbarter Gebäude sind Verbindungsöffnungen zulässig, wenn der Brandschutz dadurch nicht beeinträchtigt wird.

4.4 Bei brandabschnittsbildenden Wänden gemäß Punkt 4.1 müssen Wandbeläge und Wandbekleidungen (z.B. Außenwand-Wärmedämmverbundsysteme) in A2 ausgeführt werden. Diese Anforderung gilt nicht:
a) für Gebäude der Gebäudeklassen 1, 2 und 3, oder
b) wenn an diese Wand nicht angebaut werden darf.

4.5 Die Anforderungen der Punkte 3.1.5, 3.1.8, 3.1.9 und 3.1.10 gelten bei brandabschnittsbildenden Wänden gemäß Punkt 4.1 bezogen auf die Nachbargrundstücks- bzw. Bauplatzgrenze.

4.6 Beträgt der Abstand zwischen Gebäuden auf demselben Grundstück bzw. Bauplatz nicht mindestens 4,00 m, sind erforderlichenfalls zusätzliche brandschutztechnische Maßnahmen zu treffen, die auf die baulichen Gegebenheiten der Außenwände abzustimmen sind. Dies gilt nicht für den Abstand von untergeordneten eingeschoßigen Bauwerken gemäß Punkt 4.2 b) zu Gebäuden der Gebäudeklasse 1 bzw. Reihenhäuser der Gebäudeklasse 2.

5 Flucht- und Rettungswege

5.1 Fluchtwege

5.1.1 Von jeder Stelle jedes Raumes – ausgenommen nicht ausgebaute Dachräume – muss in höchstens 40 m Gehweglänge erreichbar sein:

a) ein direkter Ausgang zu einem sicheren Ort des angrenzenden Geländes im Freien, oder
b) ein Treppenhaus oder eine Außentreppe gemäß Tabelle 2a bzw. 2b mit jeweils einem Ausgang zu einem sicheren Ort des angrenzenden Geländes im Freien, oder
c) ein Treppenhaus oder eine Außentreppe gemäß Tabelle 3 mit jeweils einem Ausgang zu einem sicheren Ort des angrenzenden Geländes im Freien, wobei zusätzlich Punkt 5.1.4 gilt.

5.1.2 Bei Wohnungen wird abweichend von Punkt 5.1.1 in den Fällen b) und c) die Gehweglänge ab der Wohnungseingangstüre gemessen. Dabei dürfen sich die Wohnungen über höchstens zwei Geschoße erstrecken.

5.1.3 Zwischen Treppenhäusern und Gängen sind Türen gemäß Tabelle 2a, 2b bzw. 3 anzuordnen.

5.1.4 Im Falle von Punkt 5.1.1 c) muss in jedem Geschoß mit Aufenthaltsräumen zusätzlich

a) ein Rettungsweg gemäß Punkt 5.2 vorhanden sein, oder
b) ein unabhängiger Fluchtweg zu einem weiteren Treppenhaus oder einer weiteren Außentreppe jeweils gemäß Tabelle 3 erreichbar sein, wobei die Gehweglänge nicht begrenzt ist, oder
c) ein unabhängiger Fluchtweg zu einem benachbarten Brandabschnitt erreichbar sein, der über einen direkten Ausgang zu einem sicheren Ort des angrenzenden Geländes im Freien oder ein Treppenhaus bzw. eine Außentreppe verfügt, wobei die Gehweglänge zum benachbarten Brandabschnitt nicht begrenzt ist.

5.1.5 Die Fluchtwege gemäß Punkt 5.1.4 b) bzw. c) dürfen bei Wohnungen

a) auf eine Länge von höchstens 25 m gemeinsam mit dem Fluchtweg gemäß Punkt 5.1.1 c), oder
b) auf eine Länge von höchstens 15 m, gemessen ab der Wohnungseingangstüre, gemeinsam

verlaufen (z.B. Stichgang).

Bei Wohnungen, die sich über nicht mehr als zwei Geschoße erstrecken, genügt dies für eine Ebene.

5.1.6 Die Fluchtwege gemäß Punkt 5.1.4 b) bzw. c) dürfen bei Betriebseinheiten auf eine Länge von höchstens 25 m gemeinsam mit dem Fluchtweg gemäß Punkt 5.1.1 c) verlaufen (z.B. Stichgang).

5.1.7 Werden Treppenhäuser atrien- oder hallenähnlich ausgeführt, sind gegebenenfalls von den Anforderungen der Tabelle 2a, 2b bzw. 3 abweichende bzw. ergänzende Brandschutzmaßnahmen zu treffen.

5.2 Rettungswege

5.2.1 Ein Rettungsweg mit Geräten der Feuerwehr ist nur zulässig, wenn folgende Anforderungen erfüllt werden:

a) Erreichbarkeit jeder Wohnung bzw. Betriebseinheit in jedem Geschoß über die Fassade, wobei bei Wohnungen, die sich über nicht mehr als zwei Geschoße erstrecken, die Erreichbarkeit einer Ebene genügt,
b) Vorhandensein geeigneter Gebäudeöffnungen,
c) Anfahrtsweg der Feuerwehr bis zum Gebäude von höchstens 10 km,
d) Errichtung geeigneter Zugänge, Zufahrten, Aufstell- und Bewegungsflächen für die erforderlichen Rettungsgeräte der Feuerwehr.

5.2.2 Ein fest verlegtes Rettungswegesystem an der Gebäudeaußenwand ist nur zulässig, wenn folgende Anforderungen erfüllt werden:

a) Erreichbarkeit jeder Wohnung bzw. Betriebseinheit in jedem Geschoß über die Fassade, wobei bei Wohnungen, die sich über nicht mehr als zwei Geschoße erstrecken, die Erreichbarkeit einer Ebene genügt,
b) Vorhandensein geeigneter Gebäudeöffnungen,
c) Erreichbarkeit eines sicheren Ortes des angrenzenden Geländes im Freien.

5.3 Gänge, Treppen und Türen im Verlauf von Fluchtwegen

5.3.1 Im Verlauf von Fluchtwegen zu Treppenhäusern gemäß Tabelle 2a, 2b bzw. 3 gelten für Decken zwischen übereinanderliegenden Gängen sowie für damit in Verbindung stehende Läufe und Podeste von Treppen die Anforderungen an Trenndecken gemäß Tabelle 1b.

5.3.2 Punkt 5.3.1 gilt nicht innerhalb von Wohnungen und innerhalb von Betriebseinheiten mit nicht mehr als drei oberirdischen Geschoßen.

5.3.3 Gänge – ausgenommen offene Laubengänge – sind mindestens alle 40 m durch Türen in E 30-C zu unterteilen.

5.3.4 Für geschlossene Laubengänge gelten die Anforderungen an Gänge.

5.3.5 Wände und Decken von offenen Laubengängen müssen den Anforderungen an Trennwänden und Trenndecken gemäß Tabelle 1b entsprechen. Abweichend davon genügt bei Gebäuden bis einschließlich der Gebäudeklasse 4 bei offenen Laubengängen eine Ausführung in A2, wenn Fluchtwege zu zwei verschiedenen Treppenhäusern bzw. Außentreppen bestehen und die Standfestigkeit des Laubenganges unter Brandeinwirkung sichergestellt ist.

5.3.6 Die auf offene Laubengänge mündenden Fenster müssen in EI 30 entweder als Fixverglasung oder selbstschließend ausgeführt werden. Alternativ können vor die Fenster Abschlüsse in EI 30 vorgesetzt werden, die im Brandfall selbsttätig schließen. Die auf offene Laubengänge mündenden Türen sind in EI_2 30 auszuführen. Die Anforderungen gelten nicht, wenn

a) die Gehweglänge gemäß Punkt 5.1.1 zu einem sicheren Ort des angrenzenden Geländes im Freien nicht mehr als 40 m beträgt, oder
b) Fluchtwege zu zwei verschiedenen Treppenhäusern bzw. Außentreppen bestehen, oder
c) Fluchtwege zu einem Treppenhaus bzw. einer Außentreppe und zu einem fest verlegten Rettungswegesystem bestehen, oder
d) die Verglasungen in der Außenwand und in Türen erst oberhalb einer Höhe von 1,50 m angeordnet sind sowie die Brüstung des Laubenganges – ausgenommen konstruktionsbedingte Öffnungen von höchstens 3 cm im Sockelbereich – geschlossen ist, oder
e) bei Gebäuden der Gebäudeklassen 2 und 3 ein Rettungsweg für jede Wohnung bzw. jede Betriebseinheit durch Geräte der Feuerwehr an einer anderen Gebäudeseite als jener mit der Laubengangseite möglich ist.

5.4 Sicherheitsbeleuchtung

Für die in der Tabelle 6 angeführten Nutzungen ist eine entsprechende Sicherheitsbeleuchtung gemäß dieser Tabelle zu errichten. Bei Gebäuden bzw. Bauwerken mit jeweils gemischter Nutzung gelten die für die jeweilige Nutzung anzuwendenden Anforderungen.

6 Brandbekämpfung

Gebäude müssen grundsätzlich zur Brandbekämpfung zugänglich sein. Die erforderlichen Zufahrten, Aufstell- und Bewegungsflächen für Feuerwehrfahrzeuge müssen ausreichend befestigt und tragfähig sein. Bei Gebäuden der Gebäudeklasse 1, 2 und 3 ist eine ausreichende Zugänglichkeit jedenfalls dann gegeben, wenn der am weitesten entfernte Gebäudezugang, der für die Erschließung notwendig ist, in einer Entfernung von höchstens 80 m Gehweglänge von der Aufstellfläche für die Feuerwehrfahrzeuge liegt. Bei Gebäuden der Gebäudeklasse 4 und 5 sind hinsichtlich der Entfernung der Aufstellfläche vom Gebäude die Einsatzmöglichkeiten der Feuerwehr zu berücksichtigen. Bei Gebäuden, bei denen die Zugänglichkeit für die Feuerwehr zur Brandbekämpfung nicht ausreichend gegeben ist, können zusätzliche brandschutztechnische Maßnahmen erforderlich werden.

7 Besondere Bestimmungen

Dieser Punkt enthält ergänzende bzw. abweichende Bestimmungen zu den Anforderungen gemäß den Punkten 2 bis 6.

7.1 Land- und forstwirtschaftliche Wohn- und Wirtschaftsgebäude

7.1.1 Für nebeneinander liegende Gebäude oder Gebäudeteile, die voneinander brandabschnittsmäßig getrennt sind, ist die Einstufung in eine Gebäudeklasse jeweils gesondert vorzunehmen.

7.1.2 Der Wirtschaftstrakt ist vom Wohnbereich durch durchgehende brandabschnittsbildende Wände bzw. Decken in REI 90 und A2 bzw. EI 90 und A2 zu trennen. Abweichend davon genügt bei nicht ganzjährig genutzten landwirtschaftlichen Gebäuden mit einer Netto-Grundfläche von nicht mehr als 1.200 m² (z.B. Almhütten) eine Ausführung in REI 60 bzw. EI 60.

7.1.3 In oberirdischen Geschoßen von Wirtschaftsgebäuden kann
a) von der erforderlichen Feuerwiderstandsdauer tragender Bauteile gemäß Tabelle 1b, sowie
b) von der zulässigen Größe eines Brandabschnittes gemäß Punkt 3.1.1
jeweils nach Lage und Nutzung abgewichen werden.

7.1.4 Für Brandabschnitte von Ställen, bei denen Nutzungen wie Futterlager, Melkbereich, Fressplatz, Laufhof im gleichen Brandabschnitt zusammengefasst werden können, gilt

Nutzung	Maximale Netto-Grundfläche des Brandabschnittes	Maximale Längs-ausdehnung	Feuerwiderstand tragende Bauteile
eingeschossiger Stall (1)	2.000 m²	-	-
eingeschossiger Stall mit deckenlastigem Bergeraum	2.000 m²	-	R 30 für Decke über Stall einschließlich Tragkonstruktion
eingeschossiger Stall (1)	3.000 m²	-	R 30
(1) Offene Arbeitsbühnen mit einer Netto-Grundfläche von nicht mehr als 10 % der Netto-Grundfläche des Stalles bleiben unberücksichtigt			

7.1.5 Ställe sind gegen darüber liegende Gebäudeteile durch Decken in R 30 zu trennen.

7.1.6 Werkstätten sowie Einstellräume für kraftstoffbetriebene Fahrzeuge bzw. Maschinen sind gegen angrenzende Gebäudeteile des Wirtschaftstraktes durch Wände bzw. Decken in REI 90 und A2 bzw. EI 90 und A2 zu trennen.

7.1.7 Abweichend zu Punkt 7.1.6 sowie der OIB-Richtlinie 2.2 dürfen in freistehenden land- und forstwirtschaftlichen Wirtschaftsgebäuden mit einer Netto-Grundfläche von nicht mehr als 1.200 m², die keine Ställe oder Aufenthaltsräume enthalten, Traktoren, Mähdrescher, selbstfahrende Arbeitsmaschinen und ähnliche landwirtschaftliche Kraftfahrzeuge abgestellt werden. Als freistehend gelten hierbei Gebäude mit einem Abstand zur Nachbargrundstücks- bzw. Bauplatzgrenze von mindestens 4,00 m und zu Gebäuden am selben Grundstück bzw. Bauplatz von mindestens 6,00 m.

7.1.8 Wirtschaftsgebäude müssen von der Nachbargrundstücks- bzw. Bauplatzgrenze soweit entfernt sein, dass unter Berücksichtigung des Feuerwehreinsatzes eine Brandübertragung auf Nachbargebäude weitgehend verhindert wird. Abweichend von den Punkten 4.1 muss bei Außenwänden von Wirtschaftsgebäuden der Abstand zur Nachbargrundstücks- bzw. Bauplatzgrenze gleich 6/10 der Höhe der zugekehrten Außenwand, mindestens jedoch 3,00 m betragen, falls die Außenwand keinen definierten Feuerwiderstand aufweist.

7.1.9 Für land- und forstwirtschaftliche Wirtschaftsgebäude darf die OIB-Richtlinie 2.1 „Brandschutz bei Betriebsbauten" herangezogen werden.

7.2 Schul- und Kindergartengebäude sowie andere Gebäude mit vergleichbarer Nutzung

7.2.1 Gebäude der Gebäudeklassen 1 und 2 – ausgenommen solche mit nur einem oberirdischen Geschoß – sind als Gebäude der Gebäudeklasse 3 einzustufen.

7.2.2 Wände und Decken, die Treppenhäuser, Zentralgarderoben, Physik-, Chemie-, Werkräume samt zugehöriger Lehrmittelräume und Lehrküchen begrenzen, sind als Trennwände bzw. Trenndecken auszuführen.

7.2.3 Abweichend zu Punkt 5 darf bei Geschoßen mit Unterrichtsräumen oder Gruppenräumen Punkt 5.2 nicht angewendet werden. Punkt 5.1.1 b) darf nur in Gebäuden mit nicht mehr als zwei oberirdischen Geschoßen angewendet werden, in denen sich im zweiten oberirdischen Geschoß widmungsgemäß nicht mehr als 120 Personen aufhalten können.

7.2.4 Physik- und Chemieräume müssen jeweils über zwei getrennte Ausgänge verfügen. Türen zu Zentralgarderoben, Physik-, Chemie-, Werkräumen samt zugehörigen Lehrmittelräumen und Lehrküchen müssen in EI_2 30-C ausgeführt werden. Ist eine Beeinträchtigung durch Strahlungswärme nicht zu erwarten, genügt eine Ausführung in E 30-C.

7.2.5 Bei oberirdischen Geschoßen darf ein Brandabschnitt eine Netto-Grundfläche von 1.600 m² nicht überschreiten.

7.2.6 Feuerstätten für eine zentrale Wärmebereitstellung müssen jedenfalls in einem Heizraum aufgestellt werden, der den Anforderungen der Punkte 3.9.2 bis 3.9.4 zu entsprechen hat. Ausgenommen davon sind Gasthermen mit einer Nennwärmeleistung von nicht mehr als 50 kW, wenn diese in einem Raum aufgestellt sind, der gegen unbefugten Zutritt gesichert ist.

7.2.7 Es müssen geeignete Alarmierungseinrichtungen vorhanden sein, durch die im Gefahrenfall eine Warnung der im Gebäude anwesenden Personen ermöglicht wird.

7.2.8 In Gebäuden oder Gebäudeteilen, in denen Kindergärten bzw. vergleichbare Nutzungen untergebracht sind, müssen in allen Aufenthaltsräumen sowie in Gängen, über die Fluchtwege von Aufenthaltsräumen führen, vernetzte Rauchwarnmelder angeordnet werden.

7.3 Beherbergungsstätten, Studentenheime sowie andere Gebäude mit vergleichbarer Nutzung

7.3.1 Gebäude der Gebäudeklassen 1 und 2 – ausgenommen solche mit nur einem oberirdischen Geschoß – sind als Gebäude der Gebäudeklasse 3 einzustufen.

7.3.2 Bei oberirdischen Geschoßen darf ein Brandabschnitt eine Netto-Grundfläche von 1.600 m² nicht überschreiten.

7.3.3 Wände von Bettenbereichen zu Räumen anderer Nutzung (z.B. Küchen einschließlich zugehöriger Lagerräume, Speiseräume, Wellnessbereiche) sind als Trennwände auszuführen. Decken zwischen oberirdischen Geschoßen sind als Trenndecken auszuführen.

7.3.4 Ein einziger Fluchtweg über ein Treppenhaus bzw. eine Außentreppe gemäß Punkt 5.1.1 b) ist nur zulässig in Beherbergungsstätten mit nicht mehr als 100 Gästebetten, wenn die Wände zwischen Gängen und Gästezimmern bzw. Gängen und sonstigen Räumen in REI 30 bzw. EI 30 ausgeführt werden. Türen in diesen Wänden müssen EI_2 30-C entsprechen.

7.3.5 Abweichend von Punkt 5.1.4 a) darf der zweite Fluchtweg durch einen Rettungsweg mit Geräten der Feuerwehr nur ersetzt werden, wenn in der Beherbergungsstätte insgesamt nicht mehr als 100 Gästebetten und in jedem nicht zu ebener Erde gelegenen Geschoß nicht mehr als 30 Gästebetten vorhanden sind und in der gesamten Beherbergungsstätte eine automatische Brandmeldeanlage mit automatischer Alarmweiterleitung zu einer Empfangszentrale einer ständig besetzten öffentlichen Alarmannahmestelle vorhanden ist.

7.3.6 Abweichend von Punkt 5.1.4 a) darf der zweite Fluchtweg durch ein fest verlegtes Rettungswegesystem an der Gebäudeaußenwand nur ersetzt werden, wenn die Anforderungen gemäß Punkt 5.2.2 für jedes Gästezimmer erfüllt sind.

7.3.7 Bodenbeläge in Restaurants und dergleichen sowie sonstigen Gemeinschaftsräumen müssen C_{fl}-s2 entsprechen, wobei Holz und Holzwerkstoffe in D_{fl} zulässig sind. Wand- und Deckenbeläge müssen C-s2, d0 entsprechen, wobei Holz und Holzwerkstoffe in D zulässig sind.

7.3.8 Feuerstätten für eine zentrale Wärmebereitstellung müssen jedenfalls in einem Heizraum aufgestellt werden, der den Anforderungen der Punkte 3.9.2 bis 3.9.4 zu entsprechen hat. Ausgenommen davon sind Gasthermen mit einer Nennwärmeleistung von nicht mehr als 50 kW, wenn diese in einem Raum aufgestellt sind, der gegen unbefugten Zutritt gesichert ist.

7.3.9 Hinsichtlich Maßnahmen zur Brandfrüherkennung und Alarmierung haben Beherbergungsstätten in Abhängigkeit von der Anzahl der Gästebetten folgende Anforderungen zu erfüllen:

a) für nicht mehr als 30 Gästebetten sind in den Gästezimmern sowie in Gängen, über die Fluchtwege führen, vernetzte Rauchwarnmelder zu installieren. Die Rauchwarnmelder müssen so eingebaut und betrieben werden, dass Brandrauch frühzeitig erkannt und gemeldet wird,
b) für 31 bis 100 Gästebetten ist für die gesamte Beherbergungsstätte eine automatische Brandmeldeanlage zu installieren,
c) für mehr als 100 Gästebetten ist für die gesamte Beherbergungsstätte eine automatische Brandmeldeanlage mit automatischer Alarmweiterleitung zu einer Empfangszentrale einer ständig besetzten öffentlichen Alarmannahmestelle zu installieren.

Wird der Bereich mit Personalbetten nicht vom Bereich mit Gästebetten durch Trennwände bzw. Trenndecken getrennt, sind die Personalbetten den Gästebetten zuzurechnen.

7.3.10 In Beherbergungsstätten mit mehr als 100 Gästebetten und mehr als 3 oberirdischen Geschoßen muss eine trockene Steigleitung mit geeigneter Anschlussmöglichkeit für die Feuerwehr in allen Geschoßen errichtet werden. Punkt 3.10.2 bleibt unberührt.

7.3.11 Für Studentenheime sowie andere Gebäude mit vergleichbarer Nutzung gelten die Bestimmungen gemäß Punkt 7.3.1 bis 7.3.10 sinngemäß.

7.4 Verkaufsstätten

7.4.1 Abweichend von Tabelle 1b dürfen tragende Bauteile von freistehenden Verkaufsstätten mit nur einem oberirdischen Geschoß in R 30 oder A2 hergestellt sein.

7.4.2 Verkaufsstätten mit einer Verkaufsfläche von mehr als 600 m² und nicht mehr als 3.000 m² und mit nicht mehr als drei in offener Verbindung stehenden Geschoßen müssen folgende Anforderungen erfüllen:

a) Räume, die nicht zur Verkaufsstätte gehören, sind durch brandabschnittsbildende Wände bzw. Decken zu trennen.
b) Hinsichtlich der Anforderungen an Brandabschnitte von Verkaufsflächen gilt Tabelle 4.
c) Abweichend zu Punkt 5 dürfen bei Geschoßen mit Verkaufsflächen die Punkte 5.1.1 b) und 5.2 nicht angewendet werden.

7.4.3 Liegen keine anderen Gefährdungen als durch Brandeinwirkung vor, kann abweichend zu Punkt 5 bei Verkaufsstätten die Gehweglänge von 40 m (Fluchtweg) verlängert werden, wenn:

a) für lichte Raumhöhen ab 7,50 m um jeweils 5,00 m für je angefangene 2,50 m zusätzlicher lichter Höhe, bis zu einer maximalen Gehweglänge von 70 m,
b) auf höchstens 50 m bei Räumen mit einer lichten Raumhöhe von mindestens 5,00 m und bei Vorhandensein einer automatischen Brandmeldeanlage mindestens im Schutzumfang „Brandabschnittsschutz" mit Rauchmeldern,
c) auf höchstens 70 m bei Vorhandensein einer Rauch- und Wärmeabzugsanlage mit dem Schutzziel „Sicherung der Fluchtwege", welche durch eine automatische Brandmeldeanlage mindestens im Schutzumfang „Brandabschnittsschutz" mit Rauchmeldern angesteuert wird, bei Räumen mit einer lichten Raumhöhe von mindestens 10 m,
d) auf höchstens 70 m bei Räumen mit einer lichten Raumhöhe von mindestens 5,00 m und bei Vorhandensein einer automatischen Löschanlage und einer Rauch- und Wärmeabzugsanlage mit dem Schutzziel „Sicherung der Fluchtwege", welche durch eine automatische Brandmeldeanlage mindestens im Schutzumfang „Brandabschnittsschutz" mit Rauchmeldern angesteuert wird.

7.4.4 Die Abweichungen gemäß Punkt 7.4.3 dürfen nur in Anspruch genommen werden, wenn
a) in jedem Geschoß – ohne Begrenzung der Gehweglänge – mindestens ein weiterer und möglichst entgegengesetzt liegender Ausgang direkt ins Freie oder in ein Treppenhaus bzw. eine Außentreppe mit jeweils einem Ausgang zu einem sicheren Ort des angrenzenden Geländes im Freien vorhanden ist,
b) die Fluchtwege überwiegend geradlinig und überwiegend in einer Ebene geführt werden sowie der Verlauf des Fluchtweges leicht erkennbar ist,
c) kein unterirdisches Geschoß betroffen ist und
d) sonstige eine Räumung unterstützende organisatorische Maßnahmen vorhanden sind.

7.4.5 In Verkaufsstätten mit einer Verkaufsfläche von mehr als 1.800 m² müssen Wandhydranten mit formstabilen D-Schlauch und geeigneter Anschlussmöglichkeit für die Feuerwehr zur Brandbekämpfung vorhanden sein. Punkt 3.10.2 bleibt unberührt.

7.5 Altersheime, Altenwohnheime, Seniorenheime, Seniorenresidenzen sowie andere Gebäude mit vergleichbarer Nutzung

7.5.1 Gebäude der Gebäudeklassen 1 und 2 – ausgenommen solche mit nur einem oberirdischen Geschoß – sind als Gebäude der Gebäudeklasse 3 einzustufen.

7.5.2 Bei oberirdischen Geschoßen darf ein Brandabschnitt eine Netto-Grundfläche von 1.600 m² nicht überschreiten.

7.5.3 Wände von Wohneinheiten zu Räumen anderer Nutzung (z.B. zentrale Küchen einschließlich zugehöriger Lagerräume) sind als Trennwände auszuführen. Decken zwischen oberirdischen Geschoßen sind als Trenndecken auszuführen.

7.5.4 Ein einziger Fluchtweg über ein Treppenhaus bzw. eine Außentreppe gemäß Punkt 5.1.1 b) ist nur zulässig bei nicht mehr als 60 Bewohnern, wenn die Wände zwischen Gängen und Wohneinheiten bzw. Gängen und sonstigen Räumen in REI 30 bzw. EI 30 ausgeführt werden. Türen in diesen Wänden müssen EI_2 30-C entsprechen.

7.5.5 Abweichend von Punkt 5.1.4 a) darf der zweite Fluchtweg durch einen Rettungsweg mit Geräten der Feuerwehr (Hubrettungsfahrzeug mit Arbeitskorb) nur ersetzt werden, wenn insgesamt nicht mehr als 60 Bewohner und in jedem nicht zu ebener Erde gelegenen Geschoß nicht mehr als 20 Bewohner vorhanden sind und für die gesamte Nutzung eine automatische Brandmeldeanlage mit automatischer Alarmweiterleitung zu einer Empfangszentrale einer ständig besetzten öffentlichen Alarmannahmestelle vorhanden ist.

7.5.6 Abweichend zu Punkt 5.2 ist ein festverlegtes Rettungswegesystem nicht zulässig.

7.5.7 Bodenbeläge in Aufenthaltsräumen (z.B. Speiseräume, Gemeinschaftsbereiche) müssen C_{fl}-s2 entsprechen, wobei Holz und Holzwerkstoffe in D_{fl} zulässig sind. Wand- und Deckenbeläge müssen C-s2, d0 entsprechen, wobei Holz und Holzwerkstoffe in D zulässig sind.

7.5.8 Feuerstätten für eine zentrale Wärmebereitstellung müssen jedenfalls in einem Heizraum aufgestellt werden, der den Anforderungen der Punkte 3.9.2 bis 3.9.4 zu entsprechen hat. Ausgenommen davon sind Gasthermen mit einer Nennwärmeleistung von nicht mehr als 50 kW, wenn diese in einem Raum aufgestellt sind, der gegen unbefugten Zutritt gesichert ist.

7.5.9 Hinsichtlich Maßnahmen zur Brandfrüherkennung und Alarmierung sind folgende Anforderungen zu erfüllen:
a) für nicht mehr als 30 Bewohner sind in den Wohneinheiten sowie in Gängen, über die Fluchtwege führen, vernetzte Rauchwarnmelder zu installieren. Die Rauchwarnmelder müssen so eingebaut und betrieben werden, dass Brandrauch frühzeitig erkannt und gemeldet wird,
b) für mehr als 30 Bewohner ist für die gesamte Nutzung eine automatische Brandmeldeanlage mit automatischer Alarmweiterleitung zu einer Empfangszentrale einer ständig besetzten öffentlichen Alarmannahmestelle zu installieren.

7.5.10 In Altersheime, Altenwohnheime, Seniorenheime, Seniorenresidenzen sowie andere Gebäude mit vergleichbarer Nutzung mit mehr als 60 Bewohnern und mehr als 3 oberirdischen Geschoßen muss eine trockene Löschleitung mit geeigneter Anschlussmöglichkeit für die Feuerwehr in allen Geschoßen vorhanden sein. Punkt 3.10.2 bleibt unberührt.

7.6 Pflegeheime

7.6.1 Ergänzend zu Punkt 5.1.1 a) ist ein weiterer Ausgang zu einem sicheren Ort des angrenzenden Geländes im Freien erforderlich, wobei hinsichtlich der gemeinsamen Fluchtweglänge Punkt 5.1.6 anzuwenden ist.

7.6.2 Abweichend zu Punkt 5 dürfen bei oberirdischen Geschoßen die Punkte 5.1.1 b) und 5.2 nicht angewendet werden.

7.6.3 Es gelten die Anforderungen der Tabelle 5.

7.7 Krankenhäuser

7.7.1 Ergänzend zu Punkt 5.1.1 a) ist ein weiterer Ausgang zu einem sicheren Ort des angrenzenden Geländes im Freien erforderlich, wobei hinsichtlich der gemeinsamen Fluchtweglänge Punkt 5.1.5 anzuwenden ist.

7.7.2 Abweichend zu Punkt 5 dürfen bei oberirdischen Geschoßen die Punkte 5.1.1 b) und 5.2 nicht angewendet werden.

7.7.3 Für bettenführende Bereiche von Krankenhäusern gelten die Bestimmungen der Tabelle 5.

7.7.4 Für nicht bettenführende Bereiche gelten die Bestimmungen der Tabelle 5, ausgenommen die Punkte 4, 5 und 7.

7.7.5 Abweichend von Punkt 3 der Tabelle 5 darf bei oberirdischen Geschoßen der nicht bettenführenden Bereiche ein Brandabschnitt eine Netto-Grundfläche von 1.600 m² nicht überschreiten.

7.7.6 Abweichend von Punkt 6.3 der Tabelle 5 genügt eine Brandmeldeanlage im Schutzumfang „Vollschutz" (ohne Alarmweiterleitung) für ein- oder zweigeschoßige Gebäude mit Ambulanznutzung oder vergleichbarer Nutzung mit einer Gesamt-Netto-Grundfläche von nicht mehr als 1.600 m².

7.7.7 Wände von Ambulanzbereichen, Intensivstationen, Laborbereichen, Dialysestationen, Operationsbereichen und Räume mit vergleichbaren Nutzungen sind gegeneinander und zu anderen Nutzungen als Trennbauteile auszuführen.

7.7.8 Intensivstationen, Dialyseeinheiten, Operationsbereiche und Räume mit vergleichbaren Nutzungen sind in Analogie zur Tabelle 5 in Evakuierungsabschnitte zu unterteilen, wobei angrenzende Bereiche anderer Nutzungen in die Betrachtung einbezogen werden dürfen.

7.7.9 Die Anordnung der Absperr- bzw. die Abschaltvorrichtung für die Versorgungsleitungen wichtiger Medien (z.B. medizinische Gasversorgung) hat entsprechend der Brand- bzw. Evakuierungsabschnitte zu erfolgen.

7.7.10 Für medizinisch genutzte Bereiche bzw. Raumgruppen, die über keine natürliche Be- und Entlüftung verfügen, ist für eine geeignete Rauchableitung zu sorgen.

7.8 Versammlungsstätten

7.8.1 Gebäude der Gebäudeklassen 1 und 2 – ausgenommen solche mit nur einem oberirdischen Geschoß – sind als Gebäude der Gebäudeklasse 3 einzustufen.

7.8.2 Für das Brandverhalten von Bauprodukten (Baustoffen) gilt:

a) Bekleidungen an Wänden in Versammlungsräumen müssen aus C-s2, d0 bestehen, wobei Dämmschichten bzw. Wärmedämmungen der Klasse B entsprechen müssen. Abweichend davon genügen in Versammlungsräumen mit jeweils nicht mehr als 1.600 m² Netto-Grundfläche Holz- und Holzwerkstoffe in D mit Dämmschichten bzw. Wärmedämmungen in A2.
b) Unterdecken und Bekleidungen an Decken in Versammlungsräumen müssen aus C-s2, d0 bestehen. Abweichend davon genügen in Versammlungsräumen mit jeweils nicht mehr als 1.600 m² Netto-Grundfläche Holz- und Holzwerkstoffe in D.
c) Bodenbeläge in Versammlungsräumen müssen C_{fl}-s2 entsprechen. Abweichend davon genügen in Versammlungsräumen mit jeweils nicht mehr als 1.600 m² Netto-Grundfläche Holz- und Holzwerkstoffe in D_{fl}.
d) Die Bekleidungen und Beläge sowie abgehängten Decken der Treppenhäuser müssen zumindest den Anforderungen der GK 5 mit nicht mehr als 6 oberirdischen Geschoßen entsprechen.

7.8.3 Für das Brandverhalten von Vorhängen, Sitzen und Kulissen gilt:

a) Vorhänge und Gardinen in Versammlungsräumen müssen der Klasse 2 der Entzündbarkeit und Flammenausbreitung gemäß ÖNORM EN 13773 entsprechen.
b) Möbelbezüge müssen unter Berücksichtigung allfälliger Polsterungen schwer brennbar gemäß ÖNORM B 3825 sein.
c) Sitzflächen, Sitzschalen, Lehnen u. dgl. müssen schwer brennbar gemäß ÖNORM A 3800-1 sein, wobei auch Holz- und Holzwerkstoffe in D zulässig sind.
d) Kulissen müssen – unter Berücksichtigung ihrer Anordnung und ihres szenischen Einsatzes – so beschaffen oder imprägniert sein, dass eine Entzündung wirksam eingeschränkt wird.

7.8.4 Für die Bestuhlung in Versammlungsstätten gilt:

a) In Versammlungsräumen dürfen in einer Sitzplatzreihe, welche von zwei Seiten zugänglich ist, höchstens 28 Sitzplätze angeordnet sein. Ist der Zugang nur von einer Seite her möglich, sind in der Sitzplatzreihe höchstens 14 Sitzplätze zulässig.
b) In Stadien und bei Bereichen im Freien dürfen in einer Sitzplatzreihe, welche von zwei Seiten zugänglich ist, höchstens 40 Sitzplätze angeordnet sein. Ist der Zugang nur von einer Seite her möglich, sind in der Sitzplatzreihe höchstens 20 Sitzplätze zulässig.
c) Bei durchgehenden Sitzplatzreihen (z.B. Sitzbänke, Sitzstufen) ohne Einzelsitzen muss pro Person eine Sitzbreite von mindestens 45 cm vorhanden sein.
d) In Versammlungsräumen darf die lichte Durchgangsbreite zwischen den Sitzplatzreihen 40 cm nicht unterschreiten. In Stadien und bei Bereichen im Freien darf die lichte Durchgangsbreite zwischen den Sitzplatzreihen 35 cm nicht unterschreiten. Bei Klappsitzen gelten die jeweiligen Mindestmaße im hochgeklappten Zustand.
e) Stühle – ausgenommen bei Tischbestuhlung – müssen in Reihen aufgestellt werden. Innerhalb einer Reihe sind Stühle fest miteinander zu verbinden.
f) Nach jeweils höchstens 30 Sitzplatzreihen muss eine lichte Durchgangsbreite zur nächsten Sitzplatzreihe von mindestens 1,20 m vorhanden sein.
g) Von jedem Tischplatz darf die Gehweglänge zu einem Gang höchstens 10 m betragen. Der Fluchtweg von jedem Sitzplatz an einem Tisch muss nach höchstens 10 m Gehweglänge in einen Gang, der die erforderliche Fluchtwegbreite erfüllt, münden.

7.8.5 Abweichend von Tabelle 1b dürfen tragende Bauteile von freistehenden Versammlungsstätten mit nur einem oberirdischen Geschoß in R 30 oder A2 hergestellt sein.

7.8.6 In Versammlungsstätten – ausgenommen in Stadien und im Freien – von insgesamt mehr als 1.600 m² Netto-Grundfläche müssen Wandhydranten mit formbeständigem D-Schlauch und geeigneter Anschlussmöglichkeit für die Feuerwehr zur Brandbekämpfung vorhanden sein.

7.8.7 Bei oberirdischen Geschoßen darf ein Brandabschnitt eine Netto-Grundfläche von 1.600 m² nicht überschreiten. Bei Brandabschnitten von mehr als 1.600 m² Netto-Grundfläche sowie bei Versammlungsstätten mit mehreren Brandabschnitten, deren Netto-Grundfläche in Summe mehr als 3.200 m² beträgt, ist eine automatische Brandmeldeanlage im Schutzumfang „Brandabschnittsschutz für die Versammlungsstätte" mit automatischer Alarmweiterleitung zu einer Empfangszentrale einer ständig besetzten öffentlichen Alarmannahmestelle zu installieren.

7.8.8 Bei Versammlungsräumen mit einer Netto-Grundfläche von jeweils nicht mehr als 600 m² müssen geeignete Vorkehrungen (z.B. öffenbare Fenster) getroffen werden, die eine Rauchableitung ins Freie ermöglichen.

7.8.9 Bei Versammlungsräumen mit einer Netto-Grundfläche von jeweils mehr als 600 m² und nicht mehr als 1.600 m² müssen Wand- und/oder Deckenöffnungen mit einer geometrischen Fläche von 0,5 % der Netto-Grundfläche oder eine mechanische Rauch- und Wärmeabzugseinrichtung – ausgelegt für einen 12-fachen stündlichen Luftwechsel – vorhanden sein.

7.8.10 Bei Versammlungsräumen mit einer Netto-Grundfläche von jeweils mehr als 1.600 m² muss eine ausreichende Rauch- und Wärmeabzugsanlage (RWA) zur Sicherung der Fluchtwege vorhanden sein. Die RWA muss über eine automatische Auslösung verfügen sowie von einer im Brandfall sicheren Stelle eine zentrale manuelle Auslösung durch die Feuerwehr ermöglichen.

7.8.11 Abweichend zu Punkt 5 dürfen bei Geschoßen mit Versammlungsräumen die Punkte 5.1.1 b) und 5.2 nicht angewendet werden.

7.8.12 Liegen keine anderen Gefährdungen als durch Brandeinwirkung vor, kann abweichend zu Punkt 5 bei Versammlungsstätten die Gehweglänge von 40 m (Fluchtweg) verlängert werden:

a) für lichte Raumhöhen ab 7,50 m um jeweils 5,00 m für je angefangene 2,50 m zusätzlicher lichter Höhe, bis zu einer maximalen Gehweglänge von 70 m,
b) auf höchstens 50 m bei Räumen mit einer lichten Raumhöhe von mindestens 5,00 m und bei Vorhandensein einer automatischen Brandmeldeanlage mindestens im Schutzumfang „Brandabschnittsschutz" mit Rauchmeldern,
c) auf höchstens 70 m bei Vorhandensein einer Rauch- und Wärmeabzugsanlage mit dem Schutzziel „Sicherung der Fluchtwege", welche durch eine automatische Brandmeldeanlage mindestens im Schutzumfang „Brandabschnittsschutz" mit Rauchmeldern angesteuert wird, bei Räumen mit einer lichten Raumhöhe von mindestens 10 m,
d) auf höchstens 70 m bei Räumen mit einer lichten Raumhöhe von mindestens 5,00 m und bei Vorhandensein einer automatischen Löschanlage und einer Rauch- und Wärmeabzugsanlage mit dem Schutzziel „Sicherung der Fluchtwege", welche durch eine automatische Brandmeldeanlage mindestens im Schutzumfang „Brandabschnittsschutz" mit Rauchmeldern angesteuert wird.

7.8.13 Die Abweichungen gemäß Punkt 7.8.12 dürfen nur in Anspruch genommen werden, wenn

a) in jedem Geschoß – ohne Begrenzung der Gehweglänge – mindestens ein weiterer und möglichst entgegengesetzt liegender Ausgang direkt ins Freie oder in ein Treppenhaus bzw. eine Außentreppe mit jeweils einem Ausgang zu einem sicheren Ort des angrenzenden Geländes im Freien vorhanden ist und
b) die Fluchtwege überwiegend geradlinig und überwiegend in einer Ebene geführt werden sowie der Verlauf des Fluchtweges leicht erkennbar ist,
c) kein unterirdisches Geschoß betroffen ist und
d) sonstige eine Räumung unterstützende organisatorische Maßnahmen vorhanden sind.

7.8.14 Abweichend zu Punkt 5 ist bei Stadien eine Gehweglänge von höchstens 80 m Gehweglänge zulässig, wenn von jeder Stelle ein direkter Ausgang aus der Versammlungsstätte zu einem sicheren Ort des angrenzenden Geländes im Freien erreicht wird.

7.8.15 Bei Brandabschnitten von mehr als 1.600 m² Netto-Grundfläche sowie bei mehreren Brandabschnitten, deren Netto-Grundfläche in Summe mehr als 3.200 m² beträgt, ist mindestens ein geeigneter und nachweislich ausgebildeter Brandschutzbeauftragter (BSB) zu bestellen.

7.9 Schutzhütten in Extremlage

7.9.1 Bei oberirdischen Geschoßen darf ein Brandabschnitt eine Netto-Grundfläche von 1.600 m² nicht überschreiten.

7.9.2 Wände von Bettenbereichen zu Räumen anderer Nutzung (z.B. Küchen einschließlich zugehöriger Lagerräume, Speiseräume) sind als Trennwände auszuführen. Decken zwischen oberirdischen Geschoßen sind als Trenndecken auszuführen.

7.9.3 Abweichend zu Punkt 3.9.2 genügt bei Gebäuden der Gebäudeklassen 1 bis 4 eine Ausführung der Wände und Decken von Räumen mit erhöhter Brandgefahr in REI 60 bzw. EI 60.

7.9.4 Abweichend zu Punkt 4 ist eine brandabschnittsbildende Wand gemäß Punkt 4.1 nicht erforderlich.

7.9.5 Ein einziger Fluchtweg über ein Treppenhaus bzw. eine Außentreppe gemäß Punkt 5.1.1 b) ist nur zulässig in Gebäuden mit nicht mehr als 100 Schlafplätzen.

7.9.6 Abweichend zu Punkt 5 darf Punkt 5.2.1 nicht angewendet werden.

7.9.7 Abweichend von Punkt 5.1.4 a) und 5.2.2 darf der zweite Fluchtweg durch ein fest verlegtes Rettungswegesystem an der Gebäudeaußenwand nur ersetzt werden, wenn
a) ein solches von jedem Punkt des Raumes innerhalb von 25 m erreichbar ist,
b) geeignete Gebäudeöffnungen vorhanden sind,
c) die Erreichbarkeit eines sicheren Ortes des angrenzenden Geländes im Freien gegeben ist.

7.9.8 Bodenbeläge in Speiseräumen und sonstigen Gemeinschaftsräumen müssen C_{fl}-s2 entsprechen, wobei Holz und Holzwerkstoffe in D_{fl} zulässig sind. Wand- und Deckenbeläge müssen C-s2, d0 entsprechen, wobei Holz und Holzwerkstoffe in D zulässig sind.

7.9.9 Feuerstätten für eine zentrale Wärmebereitstellung müssen jedenfalls in einem Heizraum aufgestellt werden, der den Anforderungen der Punkte 3.9.3 und 3.9.4 zu entsprechen hat. Ausgenommen davon sind Gasthermen mit einer Nennwärmeleistung von nicht mehr als 50 kW, wenn diese in einem Raum aufgestellt sind, der gegen unbefugten Zutritt gesichert ist.

7.9.10 Hinsichtlich Maßnahmen zur Brandfrüherkennung und Alarmierung haben Gebäude in Abhängigkeit von der Anzahl der Gästebetten folgende Anforderungen zu erfüllen:
a) für nicht mehr als 30 Schlafplätze sind in den Gästezimmern sowie in Gängen, über die Fluchtwege führen, vernetzte Rauchwarnmelder zu installieren. Die Rauchwarnmelder müssen so eingebaut und betrieben werden, dass Brandrauch frühzeitig erkannt und gemeldet wird,
b) für mehr als 30 Schlafplätze ist für das gesamte Gebäude eine automatische Brandmeldeanlage oder Gefahrenmeldeanlage jeweils mit interner Alarmierung zu installieren.

7.9.11 Abweichend zu Punkt 3.10 ist je 100 m² Nutzfläche ein tragbarer Feuerlöscher bereitzuhalten.

7.9.12 Abweichend zu Punkt 3 der Tabelle 6 ist für Schutzhütten in Extremlage erst ab 30 Schlafplätzen eine Sicherheitsbeleuchtung erforderlich.

7.9.13 Punkt 6 ist nicht anzuwenden.

8 Betriebsbauten

Es gelten die Bestimmungen der OIB-Richtlinie 2.1 „Brandschutz bei Betriebsbauten".

9 Garagen, überdachte Stellplätze und Parkdecks

Es gelten die Bestimmungen der OIB-Richtlinie 2.2 „Brandschutz bei Garagen, überdachten Stellplätzen und Parkdecks".

10 Gebäude mit einem Fluchtniveau von mehr als 22 m

Es gelten die Bestimmungen der OIB-Richtlinie 2.3 „Brandschutz bei Gebäuden mit einem Fluchtniveau von mehr als 22 m".

11 Sondergebäude

Für folgende Sondergebäude ist ein Brandschutzkonzept erforderlich, das dem OIB-Leitfaden „Abweichungen im Brandschutz und Brandschutzkonzepte" zu entsprechen hat:

a) Verkaufsstätten
   - mit einer Verkaufsfläche von mehr als 3.000 m²,
   - mit mehr als drei in offener Verbindung stehenden Geschoßen,

b) Versammlungsstätten
   - mit Großbühne,
   - mit mehr als drei in offener Verbindung stehenden Geschoßen,
   - mit einem Fluchtniveau eines Versammlungsraumes von mehr als 22 m,
   - mit einer Netto-Grundfläche in Summe von mehr als 4.800 m²,

c) Justizanstalten,

d) Sonstige Sondergebäude und Bauwerke, auf die die Anforderungen dieser Richtlinie auf Grund des Verwendungszwecks oder der Bauweise nicht anwendbar sind.

12 Bauführungen im Bestand

Bei Änderungen an bestehenden Bauwerken mit Auswirkungen auf bestehende Bauwerksteile sind für die bestehenden Bauwerksteile Abweichungen von den aktuellen Anforderungen dieser OIB-Richtlinie zulässig, wenn das ursprüngliche Anforderungsniveau des rechtmäßigen Bestandes nicht verschlechtert wird.

Tabelle 1a: Allgemeine Anforderungen an das Brandverhalten

Gebäudeklassen (GK)		GK 1	GK 2	GK 3	GK 4	GK 5	
						≤ 6 oberirdische Geschoße	> 6 oberirdische Geschoße
1	**Fassaden**						
1.1	Außenwand-Wärmedämmverbundsysteme	E	D	D	C-d1	C-d1	C-d1
1.2	Fassadensysteme, vorgehängte hinterlüftete, belüftete oder nicht hinterlüftete						
1.2.1	Gesamtsystem *oder*	E	D-d1	D-d1	B-d1 [1]	B-d1 [1]	B-d1
1.2.2	Einzelkomponenten						
	- Außenschicht	E	D	D	A2-d1 [2]	A2-d1 [2]	A2-d1 [3]
	- Unterkonstruktion stabförmig / punktförmig	E / E	D / D	D / A2	D / A2	D / A2	C / A2
	- Dämmschicht bzw. Wärmedämmung	E	D	D	B [2]	B [2]	B [3]
1.3	Vorhangfassaden - Einzelkomponenten						
	- Profil (Rahmen, Pfosten oder Riegel)	E	D	D	D	D [12]	A2
	- Ausfachung als Verglasung	E	D	D	C-d2	B-d1	B-d1
	- Ausfachung als Paneel	E	D	D	A2-d1 [12,13]	A2-d1 [12,13]	A2-d1
	- Abdichtung zwischen Ausfachung und Profil	E	E	E	E	E	E
	- Beschichtung (sofern nicht mit Profil oder Ausfachung mitgeprüft)	E	D	D	D	B	B
1.4	Sonstige Außenwandbekleidungen oder –beläge sowie nichttragende Außenbauteile	E	D-d1	D-d1	B-d1 [4]	B-d1 [4]	B-d1
1.5	Gebäudetrennfugenmaterial	E	E	E	A2	A2	A2
1.6	Geländerfüllungen bei Balkonen, Loggien u. dgl.	-	-	-	B [4]	B [4]	B
2	**Gänge und Treppen, ausgenommen innerhalb von Wohnungen**						
2.1	Wandbekleidungen [5]						
2.1.1	Gesamtsystem *oder*	-	D	D	C	B	B
2.1.2	Einzelkomponenten						
	- Außenschicht	-	D	D	C [4]	B	B
	- Unterkonstruktion	-	D	D	A2 [4]	A2 [4]	A2 [4]
	- Dämmschicht bzw. Wärmedämmung	-	C	C	C	A2	A2
2.2	abgehängte Decken	-	D-d0	D-d0	C-s1, d0 [4]	B-s1, d0 [4]	B-s1, d0
2.3	Wand- und Deckenbeläge	-	D-d0	D-d0	C-s1, d0 [4]	B-s1, d0 [4]	B-s1, d0
2.4	Bodenbeläge	-	D_{fl}	D_{fl}	C_{fl}-s1 [6]	C_{fl}-s1	C_{fl}-s1
2.5	Elektrische Kabel/Leitungen, freiliegend	-	E_{ca}	E_{ca}	E_{ca}	E_{ca}	E_{ca}
3	**Treppenhäuser**						
3.1	Wandbekleidungen [5]						
3.1.1	Gesamtsystem *oder*	-	D	C	B	A2	A2
3.1.2	Einzelkomponenten						
	- Außenschicht	-	D	C [4]	B	A2	A2
	- Unterkonstruktion	-	D	A2 [4]	A2 [4]	A2 [4]	A2 [4]
	- Dämmschicht bzw. Wärmedämmung	-	C	C	A2	A2	A2
3.2	abgehängte Decken	-	D-s1, d0	C-s1, d0	B-s1, d0	A2-s1, d0	A2-s1, d0
3.3	Wand- und Deckenbeläge	-	D-s1, d0	C-s1, d0	B-s1,d0	A2-s1, d0	A2-s1, d0
3.4	Bodenbeläge						
3.4.1	in Treppenhäusern gemäß Tabelle 2a, 2b	-	D_{fl}-s1	C_{fl}-s1	B_{fl}-s1	$A2_{fl}$-s1	$A2_{fl}$-s1
3.4.2	in Treppenhäusern gemäß Tabelle 3	-	D_{fl}-s1	C_{fl}-s1 [6]	C_{fl}-s1	B_{fl}-s1	$A2_{fl}$-s1
3.5	Dämmstoffe von Leitungen	-	D-s1, d0	C-s1, d0	B-s1, d0	A2-s1, d0	A2-s1, d0
4	**Dächer mit einer Neigung ≤ 60°**						
4.1	Dacheindeckung bzw. Bedachung [7]	B_{ROOF} (t1)	B_{ROOF} (t1)	B_{ROOF} (t1)	B_{ROOF} (t1)	B_{ROOF} (t1) [8]	B_{ROOF} (t1) [8]
4.2	Dämmschicht bzw. Wärmedämmung in der Dachkonstruktion	E	E	E	B [9]	B [10]	B [10]

Gebäudeklassen (GK)		GK 1	GK 2	GK 3	GK 4	GK 5 ≤ 6 oberirdische Geschoße	GK 5 > 6 oberirdische Geschoße
5	**nicht ausgebaute Dachräume**						
5.1	Bekleidungen (Fußbodenaufbau)						
5.1.1	Gesamtsystem *oder*	-	E	D	D	B	B
5.1.2	Einzelkomponenten - Außenschicht - Dämmschicht bzw. Wärmedämmung	 - -	 C E	 C E	 B B (9)	 B B (10)	 B B (10)
5.2	Bodenbeläge	-	E_{fl}	D_{fl}	C_{fl}-s1 (11)	B_{fl}-s1 (11)	B_{fl}-s1 (11)
6	**Leitungen und sonstige Einbauten in Schächten bzw. Kanälen**						
6.1	Lüftungsleitungen mit/ohne elektrischen Leitungen	-	-	D	A2	A2	A2
6.2	Sammellüftungen von Nassräumen, Leitungen von kontrollierten Wohnraumlüftungen in Schächten	-	-	-	-	D	D
6.3	Leitungen von kontrollierten Wohnraumlüftungen in Schächten mit elektrischen Kabeln/Leitungen	-	-	-	D	A2	A2
6.4	Schleusenlüftungen	-	A2	A2	A2	A2	A2
6.5	Dämmstoffe von Leitungen inkl. Kälteleitungen	-	-	-	-	C-s3, d0	C-s3, d0

(1) Es sind auch Holz und Holzwerkstoffe in D zulässig, wenn das Gesamtsystem die Klasse D-d0 erfüllt;

(2) Bei einer Dämmschicht/Wärmedämmung in A2 ist eine Außenschicht in B-d1 oder aus Holz und Holzwerkstoffen in D zulässig;

(3) Bei einer Dämmschicht/Wärmedämmung in A2 ist eine Außenschicht in B-d1 zulässig;

(4) Es sind auch Holz und Holzwerkstoffe in D zulässig;

(5) Fehlen in Gängen und Treppenhäusern Wand- bzw. Deckenbeläge, gelten für die Bekleidung (als Gesamtsystem) bzw. die Außenschicht der Bekleidung die Anforderungen für Wand- bzw. Deckenbeläge gemäß Punkt 2.3 bzw. 3.3;

(6) Laubhölzer (z.B. Eiche, Rotbuche, Esche) mit einer Mindestdicke von 15 mm sind zulässig;

(7) Bei Dächern mit einer Neigung < 20° genügt als oberste Schicht auch 5 cm Kies oder Gleichwertiges;

(8) Bei Dächern mit einer Neigung ≥ 20° müssen die Dacheindeckung der Klasse A2, die Lattung, Konterlattung und Schalung aus Holz und Holzwerkstoffe der Klasse D entsprechen;

(9) In folgenden Fällen sind auch EPS, XPS und PUR der Klasse E zulässig:
- auf Dächern mit einer Neigung < 20° bzw. auf der obersten Geschoßdecke oder
- auf Dächern mit einer Neigung ≥ 20°, die in A2 hergestellt sind und die gemäß Tabelle 1b erforderliche Feuerwiderstandsdauer auch hinsichtlich der Leistungseigenschaften E und I erfüllen;

(10) Es sind auch EPS, XPS und PUR der Klasse E bei Dächern mit einer Neigung < 20° bzw. auf der obersten Geschoßdecke zulässig, wenn diese in A2 hergestellt sind und die gemäß Tabelle 1b erforderliche Feuerwiderstandsdauer auch hinsichtlich der Leistungseigenschaften E und I erfüllt wird;

(11) Es sind auch Bodenbeläge in D_{fl} zulässig, wenn die Wärmedämmung bzw. Dämmschicht in B ausgeführt wird;

(12) Im Zwischenraum von zweischaligen Vorhangfassaden jedoch mindestens A2;

(13) Bei einer Dämmschicht/Wärmedämmung in A2 ist eine Außenschicht in B-d1 oder aus Holz und Holzwerkstoffen in D zulässig.

Tabelle 1b: Allgemeine Anforderungen an den Feuerwiderstand von Bauteilen

Gebäudeklassen (GK)		GK 1	GK 2	GK 3	GK 4	GK 5 ≤ 6 oberirdische Geschoße	GK 5 > 6 oberirdische Geschoße
1	**tragende Bauteile (ausgenommen Decken und brandabschnittsbildende Wände)**						
1.1	im obersten Geschoß	-	R 30	R 30	R 30	R 60 (5)	R 60
1.2	in sonstigen oberirdischen Geschoßen	R 30 (1)	R 30	R 60	R 60	R 90	R 90 und A2
1.3	in unterirdischen Geschoßen	R 60	R 60	R 90 und A2	R 90 und A2	R 90 und A2	R 90 und A2
2	**Trennwände (ausgenommen Wände von Treppenhäusern)**						
2.1	im obersten Geschoß	-	REI 30 EI 30	REI 30 EI 30	REI 60 EI 60	REI 60 (5) EI 60	REI 60 EI 60
2.2	in oberirdischen Geschoßen	-	REI 30 EI 30	REI 60 EI 60	REI 60 EI 60	REI 90 EI 90	REI 90 und A2 EI 90 und A2
2.3	in unterirdischen Geschoßen	-	REI 60 EI 60	REI 90 und A2 EI 90 und A2	REI 90 und A2 EI 90 und A2	REI 90 und A2 EI 90 und A2	REI 90 und A2 EI 90 und A2
2.4	zwischen Wohnungen bzw. Betriebseinheiten in Reihenhäusern	nicht zutreffend	REI 60 EI 60	nicht zutreffend	REI 60 EI 60	nicht zutreffend	nicht zutreffend
3	**brandabschnittsbildende Wände und Decken**						
3.1	brandabschnittsbildende Wände an der Nachbargrundstücks- bzw. Bauplatzgrenze	REI 60 EI 60	REI 90 (2) EI 90 (2)	REI 90 und A2 EI 90 und A2	REI 90 und A2 EI 90 und A2	REI 90 und A2 EI 90 und A2	REI 90 und A2 EI 90 und A2
3.2	sonstige brandabschnittsbildende Wände oder Decken	nicht zutreffend	REI 90 EI 90	REI 90 EI 90	REI 90 EI 90	REI 90 EI 90	REI 90 und A2 EI 90 und A2
4	**Decken und Dachschrägen mit einer Neigung ≤ 60°**						
4.1	Decken über dem obersten Geschoß	-	R 30	R 30	R 30	R 60	R 60
4.2	Trenndecken über dem obersten Geschoß	-	REI 30	REI 30	REI 60	REI 60	REI 60
4.3	Trenndecken über sonstigen oberirdischen Geschoßen	-	REI 30	REI 60	REI 60	REI 90	REI 90 und A2
4.4	Decken innerhalb von Wohnungen bzw. Betriebseinheiten in oberirdischen Geschoßen	R 30 (1)	R 30	R 30	R 30	R 60	R 90 und A2
4.5	Decken über unterirdischen Geschoßen	R 60	REI 60 (3)	REI 90 und A2	REI 90 und A2	REI 90 und A2	REI 90 und A2
5	**Balkonplatten (6)**	-	-	-	R 30 oder A2	R 30 oder A2	R 30 und A2 (4)

(1) Nicht erforderlich bei Gebäuden, die nur Wohnzwecken oder der Büronutzung bzw. büroähnlichen Nutzung dienen;

(2) Bei Reihenhäusern genügt für die Wände zwischen den Wohnungen bzw. Betriebseinheiten auch an der Nachbargrundstücks- bzw. Bauplatzgrenze eine Ausführung in REI 60 bzw. EI 60;

(3) Für Reihenhäuser sowie Gebäude mit nicht mehr als zwei Betriebseinheiten mit Büronutzung bzw. büroähnlicher Nutzung genügt die Anforderung R 60;

(4) Bei Einzelbalkonen genügt eine Ausführung in R 30 oder A2, wenn die Fläche nicht mehr als 10 m², die Auskragung nicht mehr als 2,50 m und der Abstand zwischen den Einzelbalkonen mindestens 2,00 m beträgt;

(5) Die Feuerwiderstandsdauer von 60 Minuten genügt für die beiden obersten Geschoße, wenn alle sonstigen oberirdischen Geschoße in R 90 und A2 bzw. EI 90 und A2 bzw. REI 90 und A2 ausgeführt werden;

(6) Balkonplatten sind als vollflächiger Bauteil herzustellen.

Tabelle 2a: Anforderungen an Treppenhäuser bzw. Außentreppen im Verlauf des einzigen Fluchtweges gemäß Punkt 5.1.1 b) in Gebäuden der Gebäudeklassen 2, 3 und 4

Gegenstand	GK 2 [1]	GK 3	GK 4
1 Wände von Treppenhäusern			
1.1 in oberirdischen Geschoßen [2]	REI 30 EI 30	REI 60 EI 60	REI 60 [3] EI 60 [3]
1.2 in unterirdischen Geschoßen	REI 60 EI 60	REI 90 und A2 EI 90 und A2	REI 90 und A2 EI 90 und A2
2 Decke über dem Treppenhaus [4]	REI 30 EI 30	REI 60 EI 60	REI 60 [3] EI 60 [3]
3 Türen in Wänden von Treppenhäusern			
3.1 zu Wohnungen, Betriebseinheiten sowie sonstigen Räumen	EI_2 30	EI_2 30-C	EI_2 30-C-S_{200}
3.2 zu Gängen in oberirdischen Geschoßen [5]	-	E 30-C	E 30-C
3.3 zu Gängen und Räumen in unterirdischen Geschoßen	EI_2 30	EI_2 30-C	EI_2 30-C-S_{200}
4 Treppenläufe und Podeste in Treppenhäusern	R 30	R 60	R 60 und A2
5 Geländerfüllungen in Treppenhäusern	-	-	B [6]
6 Rauchabzugseinrichtung			
6.1 Lage	an der obersten Stelle des Treppenhauses [7]	an der obersten Stelle des Treppenhauses	an der obersten Stelle des Treppenhauses
6.2 Größe	geometrisch freier Querschnitt von 1,00 m² [7]	geometrisch freier Querschnitt von 1,00 m²	geometrisch freier Querschnitt von 1,00 m²
6.3 Auslöseeinrichtung	in der Angriffsebene der Feuerwehr sowie beim obersten Podest des Treppenhauses mit Zugängen zu Aufenthaltsräumen; unabhängig vom öffentlichen Stromnetz [7]	in der Angriffsebene der Feuerwehr sowie beim obersten Podest des Treppenhauses mit Zugängen zu Aufenthaltsräumen; unabhängig vom öffentlichen Stromnetz und über ein rauchempfindliches Element an der Decke	in der Angriffsebene der Feuerwehr sowie beim obersten Podest des Treppenhauses mit Zugängen zu Aufenthaltsräumen; unabhängig vom öffentlichen Stromnetz und über ein rauchempfindliches Element an der Decke
7 Außentreppen	A2 und im Brandfall keine Beeinträchtigung durch Flammeneinwirkung und gefahrbringende Strahlungswärme	A2 und im Brandfall keine Beeinträchtigung durch Flammeneinwirkung und gefahrbringende Strahlungswärme	A2 und im Brandfall keine Beeinträchtigung durch Flammeneinwirkung und gefahrbringende Strahlungswärme

(1) Gilt nicht für Reihenhäuser sowie Gebäude mit nicht mehr als zwei Wohnungen;

(2) Anforderungen an den Feuerwiderstand sind nicht erforderlich für Außenwände von Treppenhäusern, die aus Baustoffen A2 bestehen und die durch andere an diese Außenwände anschließende Gebäudeteile im Brandfall nicht gefährdet werden können;

(3) Die Bauteile müssen treppenhausseitig aus Baustoffen A2 bestehen;

(4) Von den Anforderungen kann abgewichen werden, wenn eine Brandübertragung von den angrenzenden Bauwerksteilen auf das Treppenhaus durch geeignete Maßnahmen verhindert wird;

(5) Für die Türen umgebende Glasflächen mit einer Fläche von nicht mehr als dem Dreifachen der Türblattfläche genügt E 30;

(6) Laubhölzer (z.B. Eiche, Rotbuche, Esche) mit einer Mindestdicke von 15 mm sind zulässig;

(7) Die Rauchabzugseinrichtung kann entfallen, wenn in jedem Geschoß unmittelbar ins Freie führende Fenster mit einem freien Querschnitt von jeweils mindestens 0,50 m² angeordnet sind, die von Stand aus ohne fremde Hilfsmittel geöffnet werden können.

Tabelle 2b: Anforderungen an Treppenhäuser bzw. Außentreppen im Verlauf des einzigen Fluchtweges gemäß Punkt 5.1.1 b) in Gebäuden der Gebäudeklasse 5

Gegenstand	GK 5 mit mechanischer Belüftungsanlage	GK 5 mit automatischer Brandmeldeanlage und Rauchabzugs-einrichtung	GK 5 mit Schleuse und Rauchabzugs-einrichtung	GK 5 mit abgeschlossenem Gang, Freilauftürschließer und Rauchabzugs-einrichtung (4)
1 Wände von Treppenhäusern und Schleusen				
1.1 in oberirdischen Geschoßen (1)	REI 90 und A2	REI 90 und A2	REI 90 und A2	REI 90 und A2
1.2 in unterirdischen Geschoßen	REI 90 und A2	REI 90 und A2	REI 90 und A2	REI 90 und A2
2 Decke über dem Treppenhaus (2)	REI 90 und A2	REI 90 und A2	REI 90 und A2	REI 90 und A2
3 Türen in Wänden von Treppenhäusern				
3.1 zu Gängen in oberirdischen Geschoßen (3)	E 30-C	E 30-C-S_{200}	nicht zutreffend	E 30-C
3.2 zu Wohnungen, Betriebseinheiten sowie sonstigen Räumen	EI_2 30-C	EI_2 30-C-S_{200}	unzulässig	unzulässig
3.3 zu Gängen in unterirdischen Geschoßen	EI_2 30-C	EI_2 30-C-S_{200}	nicht zutreffend	EI_2 30-C
4 Türen in Wänden von Schleusen				
4.1 zu Gängen und Treppenhäusern (3)	nicht zutreffend	nicht zutreffend	E 30-C	nicht zutreffend
4.2 zu Wohnungen, Betriebseinheiten sowie sonstigen Räumen	nicht zutreffend	nicht zutreffend	EI_2 30-C	nicht zutreffend
5 Treppenläufe und Podeste in Treppenhäusern	R 90 und A2	R 90 und A2	R 60 und A2	R 60 und A2
6 Geländerfüllungen in Treppenhäusern	B	B	B	B
7 mechanische Belüftungsanlage	Eignung für Eigenrettung von Personen aus dem Brandraum, Verhinderung des Eindringens von Rauch ins Treppenhaus bei geschlossenen Türen zum Brandraum sowie Verdünnung und Abführen des bei kurzzeitigem Öffnen der Türe zum Brandraum ins Treppenhaus eindringenden Rauches	nicht zutreffend	nicht zutreffend	nicht zutreffend
8 automatische Brandmeldeanlage	nicht zutreffend	im Treppenhaus einschließlich allgemein zugänglichen Bereichen, wie Gängen und Kellerräumen im Schutzumfang „Einrichtungsschutz" mit interner Alarmierung	nicht zutreffend	nicht zutreffend

Gegenstand	GK 5 mit mechanischer Belüftungsanlage	GK 5 mit automatischer Brandmeldeanlage und Rauchabzugs-einrichtung	GK 5 mit Schleuse und Rauchabzugs-einrichtung	GK 5 mit abgeschlossenem Gang, Frei-lauftürschließer und Rauchabzugs-einrichtung (4)
9 Rauchabzugseinrichtung				
9.1 Lage	nicht zutreffend	an der obersten Stelle des Treppenhauses	an der obersten Stelle des Treppenhauses	an der obersten Stelle des Treppenhauses
9.2 Größe	nicht zutreffend	geometrisch freier Querschnitt von 1,00 m²	geometrisch freier Querschnitt von 1,00 m²	geometrisch freier Querschnitt von 1,00 m²
9.3 Auslöseeinrichtung	nicht zutreffend	in der Angriffsebene der Feuerwehr sowie beim obersten Podest des Treppenhauses mit Zugängen zu Aufenthaltsräumen; unabhängig vom öffentlichen Stromnetz und über die automatische Brandmeldeanlage sowie zusätzlich in der Angriffsebene der Feuerwehr eine manuelle Bedienungsmöglichkeit mit Stellungsanzeige	in der Angriffsebene der Feuerwehr sowie beim obersten Podest des Treppenhauses mit Zugängen zu Aufenthaltsräumen; unabhängig vom öffentlichen Stromnetz und über ein rauchempfindliches Element an der Decke des Treppenhauses sowie zusätzlich in der Angriffsebene der Feuerwehr eine manuelle Bedienungsmöglichkeit mit Stellungsanzeige	in der Angriffsebene der Feuerwehr sowie beim obersten Podest des Treppenhauses mit Zugängen zu Aufenthaltsräumen; unabhängig vom öffentlichen Stromnetz und über ein rauchempfindliches Element an der Decke des Treppenhauses sowie zusätzlich in der Angriffsebene der Feuerwehr eine manuelle Bedienungsmöglichkeit mit Stellungsanzeige
10 Außentreppen	A2 und im Brandfall keine Beeinträchtigung durch Flammeneinwirkung, gefahrbringende Strahlungswärme und/oder Verrauchung			

(1) Anforderungen an den Feuerwiderstand sind nicht erforderlich für Außenwände von Treppenhäusern, die aus Baustoffen A2 bestehen und durch andere an diese Außenwände anschließende Gebäudeteile im Brandfall nicht gefährdet werden können;

(2) Von den Anforderungen kann abgewichen werden, wenn eine Brandübertragung von den angrenzenden Bauwerksteilen auf das Treppenhaus durch geeignete Maßnahmen verhindert wird;

(3) Für die Türen umgebende Glasflächen mit einer Fläche von nicht mehr als dem Doppelten der Türblattfläche genügt E 30;

(4) Ergänzend zu Punkt 3.2.2 müssen Türen in Trennwänden von Gängen, die zu Treppenhäusern führen, in EI_2 30-C mit Freilauftürschließer ausgestattet sein. Die Gänge dürfen dabei eine Länge von 15 m nicht überschreiten. Bei Vorhandensein einer entsprechenden Rauchabzugsöffnung im Ausmaß von 0,5 m² am Ende des Ganges mit einer manuellen Auslöseeinrichtung beim Geschoßzugang ist eine max. Länge von 25 m zulässig;

Tabelle 3: Anforderungen an Treppenhäuser bzw. Außentreppen im Verlauf von Fluchtwegen gemäß Punkt 5.1.1 c)

Gegenstand	GK 2 (1)	GK 3	GK 4	GK 5
1 Wände von Treppenhäusern				
1.1 in oberirdischen Geschoßen (2)	REI 30 EI 30	REI 60 EI 60	REI 60 EI 60	REI 90 und A2 EI 90 und A2
1.2 in unterirdischen Geschoßen	REI 60 EI 60	REI 90 und A2 EI 90 und A2	REI 90 und A2 EI 90 und A2	REI 90 und A2 EI 90 und A2
2 Decke über dem Treppenhaus (3)	REI 30	REI 60	REI 60	REI 90 und A2
3 Türen in Wänden von Treppenhäusern				
3.1 zu Wohnungen	EI_2 30	EI_2 30	EI_2 30	EI_2 30
3.2 zu Betriebseinheiten	EI_2 30	EI_2 30-C	EI_2 30-C	EI_2 30-C
3.3 zu Gängen in oberirdischen Geschoßen (4)	-	E 30-C	E 30-C	E 30-C
3.4 zu Gängen und Räumen in unterirdischen Geschoßen	EI_2 30	EI_2 30-C	EI_2 30-C	EI_2 30-C
4 Treppenläufe und Podeste				
4.1 in Treppenhäusern	R 30	R 60	R 60	R 90 und A2
4.2 in Treppenhäusern, in die ausschließlich Türen in E 30-C bzw. EI_2 30-C führen	-	R 30 oder A2	A2	R 30 und A2
5 Rauchabzugseinrichtung				
5.1 Lage	-	an der obersten Stelle des Treppenhauses (5)	an der obersten Stelle des Treppenhauses	an der obersten Stelle des Treppenhauses
5.2 Größe	-	geometrisch freier Querschnitt von 1,00 m² (5)	geometrisch freier Querschnitt von 1,00 m²	geometrisch freier Querschnitt von 1,00 m²
5.3 Auslöseeinrichtung	-	in der Angriffsebene der Feuerwehr sowie beim obersten Podest des Treppenhauses mit Zugängen zu Aufenthaltsräumen; unabhängig vom öffentlichen Stromnetz (5)	in der Angriffsebene der Feuerwehr sowie beim obersten Podest des Treppenhauses mit Zugängen zu Aufenthaltsräumen; unabhängig vom öffentlichen Stromnetz	in der Angriffsebene der Feuerwehr sowie beim obersten Podest des Treppenhauses mit Zugängen zu Aufenthaltsräumen; unabhängig vom öffentlichen Stromnetz und über ein rauchempfindliches Element an der Decke
6 Außentreppen	-	R 30 oder A2 und im Brandfall keine Beeinträchtigung durch Flammeneinwirkung und gefahrbringende Strahlungswärme	A2 und im Brandfall keine Beeinträchtigung durch Flammeneinwirkung und gefahrbringende Strahlungswärme	A2 und im Brandfall keine Beeinträchtigung durch Flammeneinwirkung und gefahrbringende Strahlungswärme

(1) Gilt nicht für Reihenhäuser sowie Gebäude mit nicht mehr als zwei Wohnungen;

(2) Anforderungen an den Feuerwiderstand sind nicht erforderlich für Außenwände von Treppenhäusern, die aus Baustoffen A2 bestehen und die durch andere an diese Außenwände anschließende Gebäudeteile im Brandfall nicht gefährdet werden können;

(3) Von den Anforderungen kann abgewichen werden, wenn eine Brandübertragung von den angrenzenden Bauwerksteilen auf das Treppenhaus durch geeignete Maßnahmen verhindert wird;

(4) Für die Türen umgebende Glasflächen mit einer Fläche von nicht mehr als dem Dreifachen der Türblattfläche genügt E 30;

(5) Die Rauchabzugseinrichtung kann entfallen, wenn in jedem Geschoß unmittelbar ins Freie führende Fenster mit einem freien Querschnitt von jeweils mindestens 0,50 m² angeordnet sind, die von Stand aus ohne fremde Hilfsmittel geöffnet werden können.

Tabelle 4: Anforderungen an Brandabschnitte von Verkaufsflächen

<table>
<tr><th colspan="2">Brandabschnitts-fläche in m²</th><th>Anzahl der in offener Verbindung stehenden Geschoße</th><th>Decken zwischen den Geschoßen innerhalb des Brandabschnittes</th><th>Brandschutztechnische Einrichtungen</th></tr>
<tr><td rowspan="3">1</td><td rowspan="3">> 600 und ≤ 1.200</td><td>1</td><td>nicht zutreffend</td><td rowspan="3">Rauchableitung durch Wand- und/oder Deckenöffnungen mit einer geometrischen Fläche von 0,5 % der Verkaufsfläche</td></tr>
<tr><td>2</td><td>REI 60</td></tr>
<tr><td>3</td><td>REI 60</td></tr>
<tr><td rowspan="3">2</td><td rowspan="3">> 1.200 und ≤ 1.800</td><td>1</td><td>nicht zutreffend</td><td>Rauch- und Wärmeabzugsanlage mit automatischer Auslösung sowie zentraler manueller Auslösungsmöglichkeit durch die Feuerwehr von einer im Brandfall sicheren Stelle</td></tr>
<tr><td>2</td><td>REI 60</td><td rowspan="2">automatische Brandmeldeanlage sowie Rauch- und Wärmeabzugsanlage mit Ansteuerung durch automatische Brandmeldeanlage</td></tr>
<tr><td>3</td><td>REI 90</td></tr>
<tr><td rowspan="3">3</td><td rowspan="3">> 1.800 und ≤ 3.000</td><td>1</td><td>nicht zutreffend</td><td rowspan="2">automatische Brandmeldeanlage mit automatischer Alarmweiterleitung zu einer Empfangszentrale einer ständig besetzten öffentlichen Alarmannahmestelle sowie Rauch- und Wärmeabzugsanlage mit Ansteuerung durch automatische Brandmeldeanlage</td></tr>
<tr><td>2</td><td>REI 90 und A2</td></tr>
<tr><td>3</td><td>REI 90 und A2</td><td>erweiterte automatische Löschhilfeanlage (EAL) sowie Rauch- und Wärmeabzugsanlage mit Auslösung zumindest durch rauchempfindliche Auslöseelemente je 200 m² Deckenfläche

Bei einer Brandabschnittsfläche von nicht mehr als 2.400 m² genügt eine automatische Brandmeldeanlage mit automatischer Alarmweiterleitung zu einer Empfangszentrale einer ständig besetzten öffentlichen Alarmannahmestelle in Verbindung mit einer Rauch- und Wärmeabzugsanlage mit Ansteuerung über die automatische Brandmeldeanlage</td></tr>
</table>

Tabelle 5: Anforderungen an Pflegeheime und bettenführende Stationen von Krankenhäusern

Gegenstand		**mit Zellenstruktur** (jedes Bewohner/Patienten-Zimmer mit Anforderungen an Wände)	**ohne Zellenstruktur** (mehrere Bewohner/Patienten-Zimmer ohne Anforderungen an Wände in einem Evakuierungsabschnitt zusammengefasst)
1	**Brandverhalten**	• Gebäude der GK 1 bis GK 3: Tab. 1a GK 3 • Gebäude der GK 4: Tab. 1a GK 5 erste Spalte • Gebäude der GK 5: Tab. 1a GK 5 zweite Spalte Ausnahme: bei Begegnungszonen und Gemeinschaftsbereichen im Zuge von Gangerweiterungen Holz und Holzwerkstoffe in D bzw. D_{fl} zulässig	
2	**Feuerwiderstand**	• Gebäude der GK 1 bis GK 3: Tab. 1b GK 3, Treppenhäuser gemäß Tab. 3 GK 3 • Gebäude der GK 4: Tab. 1b GK 5 erste Spalte, Treppenhäuser gemäß Tab. 3 GK 5 • Gebäude der GK 5: Tab. 1b GK 5 zweite Spalte, Treppenhäuser gemäß Tab. 3 GK 5 • oberstes Geschoß: R 60 / REI 60 / EI 60	
3	**Brandabschnitte**	• maximale Netto-Grundfläche: 1.200 m² • maximale Längsausdehnung: 60 m • geschoßweise Brandabschnittsbildung; abweichend davon ist bei Gebäuden mit höchstens drei oberirdischen Geschoßen und einer Gesamt-Netto-Grundfläche von nicht mehr als 1.200 m² die Ausbildung von Trenndecken ausreichend	
4	**Wände und Türen**		
4.1	Wände zwischen Evakuierungsabschnitten	EI 60	• EI 30 wenn ≤ 8 Bewohner/Patienten im Evakuierungsabschnitt • EI 60 wenn > 8 Bewohner/Patienten im Evakuierungsabschnitt
4.2	Türen zwischen Evakuierungsabschnitten	E 30-C S_{200}	
4.3	Wände zwischen Bewohner/Patienten-Zimmern	EI 30	keine Anforderung
4.4	Wände von Bewohner/Patienten-Zimmern zum Gang	EI 60	• keine Anforderung, wenn der Evakuierungsabschnitt in zwei unterschiedliche Richtungen zu jeweils einem anderen Evakuierungsabschnitt verlassen werden kann, der über Ausgänge verfügt (1) ansonsten • EI 30 wenn ≤ 8 Bewohner/Patienten im Evakuierungsabschnitt • EI 60 wenn > 8 Bewohner/Patienten im Evakuierungsabschnitt
4.5	Türen von Bewohner/Patienten-Zimmern auf Gang	EI_2 30-C oder EI_2 30, wenn davon auszugehen ist, dass die Türen zu den Bewohner/Patienten-Zimmer insbesondere während der Nachtzeiten geschlossen sind	• keine Anforderung, wenn der Evakuierungsabschnitt in zwei unterschiedliche Richtungen zu jeweils einem anderen Evakuierungsabschnitt verlassen werden kann, der über Ausgänge verfügt (1) ansonsten • E 30-C oder • E 30, wenn davon auszugehen ist, dass die Türen zu den Bewohner/Patienten-Zimmer insbesondere während der Nachtzeiten geschlossen sind
5	**Evakuierung**	mindestens 2 Evakuierungsabschnitte, wobei • Gehweglänge von den Türen der Bewohner/Patienten-Zimmer zum benachbarten Evakuierungsabschnitt oder Treppenhaus bzw. Außentreppe max. 20 m betragen darf und • alle Bewohner/Patienten eines Evakuierungsabschnittes jeweils in einem benachbarten Evakuierungsabschnitt untergebracht werden können	mindestens 2 Evakuierungsabschnitte, wobei • Gehweglänge von den Türen der Bewohner/Patienten-Zimmer zum benachbarten Evakuierungsabschnitt oder Treppenhaus bzw. Außentreppe max. 20 m betragen darf und • alle Bewohner/Patienten eines Evakuierungsabschnittes jeweils in einem benachbarten Evakuierungsabschnitt untergebracht werden können; • max. Belegung des Evakuierungsabschnittes: 4 Bewohner/Patienten pro anwesender unterwiesener Person für die Evakuierung

	Gegenstand	**mit Zellenstruktur** (jedes Bewohner/Patienten-Zimmer mit Anforderungen an Wände)	**ohne Zellenstruktur** (mehrere Bewohner/Patienten-Zimmer ohne Anforderungen an Wände in einem Evakuierungsabschnitt zusammengefasst)
6	**Brandfrüherkennung**		
6.1	Pflegeheime mit nicht mehr als 16 Bewohnern	BMA im Schutzumfang „Vollschutz"	
6.2	Pflegeheime mit mehr als 16 Bewohnern	BMA im Schutzumfang „Vollschutz" mit automatischer Alarmweiterleitung zu einer Empfangszentrale einer ständig besetzten öffentlichen Alarmannahmestelle und Anzeige in den Pflegestützpunkten	
6.3	Krankenhäuser	BMA im Schutzumfang „Vollschutz" mit automatischer Alarmweiterleitung zu einer Empfangszentrale einer ständig besetzten öffentlichen Alarmannahmestelle und Anzeige in den Pflegestützpunkten	
7	**Leitungen, Schächte etc.**		
7.1	Abschottung von Installationen zwischen Evakuierungsabschnitten	EI 60	• EI 30 wenn ≤ 8 Bewohner/Patienten im Evakuierungsabschnitt • EI 60 wenn > 8 Bewohner/Patienten im Evakuierungsabschnitt
7.2	Abschottung von Installationen zwischen Bewohner/Patienten-Zimmern	• Passgenaue Ausführung von Leitungsführungen durch Wände sind ausreichend	keine Anforderung
7.3	Abschottung von Installationen von Bewohner/Patienten-Zimmern zum Gang	• Lüftungsleitungen: Feuerschutzabschlüsse auf Basis intumeszierender Materialien mit Verschlusselement (z.B. FLI-VE) • andere Leitungen (z.B. elektrische Kabel / Leitungen, medizinische Gase, wasserführende Leitungen mit einem Gesamtquerschnitt ≤ 100 cm² pro 5 m² Wandfläche: passgenaue Durchführung	• keine Anforderung, wenn der Evakuierungsabschnitt in zwei unterschiedliche Richtungen zu jeweils einem anderen Evakuierungsabschnitt verlassen werden kann, der über Ausgänge verfügt [(1)] ansonsten • EI 30 (z.B. FLI-VE) wenn ≤ 8 Bewohner / Patienten im Evakuierungsabschnitt • EI 60 (z.B. FLI-VE) wenn > 8 Bewohner / Patienten im Evakuierungsabschnitt
8	**Fassaden**	• bei ≤ 4 oberirdischen Geschoßen: Tab. 1a • bei > 4 oberirdischen Geschoßen: Tab. 1a GK 5 zweite Spalte	
9	**Aufzüge**	bei > 4 oberirdischen Geschoßen Feuerwehraufzug, außer es besteht eine gleichwertige Möglichkeit der vertikalen Evakuierung	
10	**Feuerstätten**	Feuerstätten für zentrale Wärmebereitstellung: in einem Heizraum ausgenommen Gasthermen mit Nennwärmeleistung ≤ 50 kW, wenn diese in einem Raum aufgestellt sind, der gegen unbefugten Zutritt gesichert ist.	
11	**Zentrale Einheiten** wie Technikräume, Apotheke, Küchen, Archive, Lagerräume, Depots **ausgenommen:** Teeküchen und Verteilerküchen, Begegnungszonen und Gemeinschaftsbereiche im Zuge von Gangerweiterungen	• bei ≤ 4 oberirdischen Geschoßen: EI 90 (Wände, Decken) • bei > 4 oberirdischen Geschoßen: EI 90 und A2 (Wände, Decken) • Türen EI_2 30-C	
12	**Erste und erweiterte Löschhilfe**	• bei ≤ 3 oberirdischen Geschoßen, ausgenommen eingeschoßige Gebäude: trockene Löschleitung mit geeigneter Anschlussmöglichkeit für die Feuerwehr zur Brandbekämpfung in jedem Geschoß • bei > 3 oberirdischen Geschoßen: in jedem Geschoß Wandhydranten mit formbeständigem D-Schlauch und geeigneter Anschlussmöglichkeit für die Feuerwehr zur Brandbekämpfung	
13	**Sicherheitsbeleuchtung**	siehe Tabelle 6	
14	**Brandbekämpfung**	hinsichtlich der Entfernung der Aufstellfläche vom Gebäude sind die Einsatzmöglichkeiten der Feuerwehr zu berücksichtigen	
15	**Organisatorische Maßnahmen**	• Brandschutzbeauftragter • unterwiesene Personen für Evakuierung	

(1) Das heißt, dass der Gang Teil des Evakuierungsabschnittes ist.

Tabelle 6: Anwendungsbereiche für Sicherheitsbeleuchtung

Art der Nutzung	Sicherheitsbeleuchtung eingeschränkt auf Fluchtwege und festverlegtes Rettungswegesystem	Sicherheitsbeleuchtung, uneingeschränkt
1 Gebäude mit einem Fluchtniveau von nicht mehr als 22 m		
1.1 Wohngebäude der GK 5 außerhalb von Wohnungen	erforderlich	nicht erforderlich
1.2 sonstige Gebäude der GK 4 und 5	erforderlich	nicht erforderlich
2 Schul- und Kindergartengebäude sowie andere Gebäude mit vergleichbarer Nutzung	≤ 3.200 m² (1)	> 3.200 m² (1)
3 Beherbergungsstätten, Studentenheime sowie andere Gebäude mit vergleichbarer Nutzung	> 10 Betten und ≤ 100 Betten	> 100 Betten
4 Verkaufsstätten, Ausstellungsstätten	> 200 m² und ≤ 3.000 m² (2)	> 3.000 m² (2)
5 Gaststätten		
5.1 Schank- oder Speisewirtschaften	> 60 und ≤ 240 Verabreichungsplätze	> 240 Verabreichungsplätze
5.2 Diskotheken und Tanzcafés	≤ 120 Personen	> 120 Personen
6 Altersheime, Altenwohnheime, Seniorenheime, Seniorenresidenzen sowie andere Gebäude mit vergleichbarer Nutzung	> 10 Betten und ≤ 100 Betten	> 100 Betten
7 Pflegeheime	≤ 16 Betten	> 16 Betten
8 Krankenhäuser	nicht zutreffend	erforderlich
9 Räume für eine größere Personenanzahl (Theater, Kinos, Stadien, Sportstätten, Schwimmhallen, Sitzungssaal und dergleichen)		
9.1 Versammlungsstätten innerhalb von Gebäuden, Versammlungsräume und sonstige Räume, die für den Aufenthalt von mehr als 60 Personen bestimmt sind	≤ 240 Personen	> 240 Personen
9.2 Versammlungsstätten und zugehörige Bühnen und Szeneflächen sowie Sportstätten außerhalb von Gebäuden	> 120 und ≤ 5000 Personen	> 5000 Personen
10 Betriebsbauten	> 200 m² (1)	gemäß Arbeitsstättenverordnung (AStV)
11 Garagen, überdachte Stellplätze und Parkdecks		
11.1 Garagen und Parkdecks	> 250 m² und ≤ 1.600 m² (3)	> 1.600 m² (3)
11.2 überdachte Stellplätze	> 1.600 m²	nicht erforderlich
12 Gebäude mit einem Fluchtniveau von mehr als 22 m		
12.1 Wohngebäude außerhalb von Wohnungen	> 22 m und ≤ 32 m	> 32 m
12.2 sonstige Gebäude	nicht zutreffend	erforderlich
(1) Netto-Grundfläche;		
(2) Verkaufsfläche (gemäß OIB-Richtlinien – Begriffsbestimmungen);		
(3) Nutzfläche – Garagen, überdachte Stellplätze, Parkdecks (gemäß OIB-Richtlinien – Begriffsbestimmungen).		

Anlage 6

OIB-Richtlinie 2.1

Brandschutz bei Betriebsbauten

Ausgabe: Mai 2023

0 Vorbemerkungen

Die zitierten Normen und sonstigen technischen Regelwerke gelten in der im Dokument „OIB-Richtlinien – Zitierte Normen und sonstige technische Regelwerke" angeführten Fassung.

Werden in dieser Richtlinie Anforderungen an die Feuerwiderstandsklasse in Verbindung mit Anforderungen an Baustoffe der Klasse A2 gestellt, gilt dies auch als erfüllt, wenn

- die für die Tragfähigkeit wesentlichen Bestandteile der Bauteile der Klasse A2 entsprechen und
- die sonstigen Bestandteile aus Baustoffen der Klasse B bestehen.

Es wird darauf hingewiesen, dass parallel zu den Bestimmungen dieser Richtlinie gegebenenfalls einzelne Bestimmungen der OIB-Richtlinie 2 „Brandschutz" zu berücksichtigen sind.

Bei Betriebsbauten können in Abhängigkeit des jeweiligen Gefahrenpotenzials, wie Brandbelastung, Aktivierungsgefahr und Umgebungssituation, höhere Anforderungen notwendig werden, wie z.B. für Chemiebetriebe.

Für folgende Betriebsbauten sind aufgrund eines geringeren Risikos im Brandfall Erleichterungen von den Anforderungen dieser Richtlinie zulässig:

- Betriebsbauten, die lediglich der Aufstellung technischer Anlagen dienen und von Personen nur vorübergehend zu Wartungs- und Kontrollzwecken begangen werden (Einhausung z.B. aus Gründen des Witterungs- oder Immissionsschutzes),
- Betriebsbauten, die überwiegend offen sind, wie überdachte Freianlagen oder Freilager, oder die aufgrund ihres Verhaltens im Brandfall diesen gleichgestellt werden können.

Von den Anforderungen dieser OIB-Richtlinie kann entsprechend den jeweiligen landesrechtlichen Bestimmungen abgewichen werden, wenn vom Bauwerber nachgewiesen wird, dass das gleiche Schutzniveau wie bei Anwendung der Richtlinie erreicht wird. Hierbei ist der OIB-Leitfaden „Abweichungen im Brandschutz und Brandschutzkonzepte" anzuwenden.

1 Begriffsbestimmungen

Es gelten die Begriffsbestimmungen des Dokumentes „OIB-Richtlinien – Begriffsbestimmungen".

2 Zulässige Netto-Grundfläche in oberirdischen Geschoßen innerhalb von Hauptbrandabschnitten

2.1 Hauptbrandabschnitte sind durch Brandwände gemäß Punkt 3.8 zu trennen. Hinsichtlich der zulässigen Netto-Grundfläche je oberirdisches Geschoß innerhalb von Hauptbrandabschnitten gelten die Anforderungen gemäß Tabelle 1.

2.2 Bei Betriebsbauten mit mehr als einem oberirdischen Geschoß müssen die Decken zwischen den Geschoßen die nach Tabelle 1 erforderliche Feuerwiderstandsdauer nicht nur hinsichtlich des Kriteriums der Tragfähigkeit (R), sondern auch hinsichtlich der Kriterien des Raumabschlusses (E) und der Wärmedämmung (I) erfüllen.

2.3 Bei Betriebsbauten mit nicht mehr als zwei oberirdischen Geschoßen und einer Netto-Grundfläche von insgesamt nicht mehr als 3.000 m² sind offene Deckendurchbrüche (z.B. Treppen, Schächte, Arbeitsöffnungen) ohne Feuerschutzabschlüsse zulässig.

2.4 Bei Betriebsbauten mit nicht mehr als zwei oberirdischen Geschoßen sind offene Deckendurchbrüche ohne Feuerschutzabschlüsse bis zu einer Netto-Grundfläche von insgesamt nicht mehr als 7.500 m² zulässig, wenn eine erweiterte automatische Löschhilfeanlage in der Sicherheitskategorie K 4.1 vorhanden ist.

2.5 Bei Betriebsbauten mit mehr als zwei oberirdischen Geschoßen sind offene Deckendurchbrüche ohne Feuerschutzabschlüsse bis zu einer Netto-Grundfläche von insgesamt nicht mehr als 10.000 m² zulässig, wenn eine Sprinkleranlage in der Sicherheitskategorie K 4.2 vorhanden ist.

3 Allgemeine Anforderungen

3.1 Löschwasserbedarf

Für Betriebsbauten ist der Löschwasserbedarf in Abstimmung mit der Feuerwehr unter Berücksichtigung der Netto-Grundflächen der Hauptbrandabschnitte bzw. Brandabschnitte, der Brandlasten sowie der technischen Brandschutzeinrichtungen festzulegen und bereitzustellen.

3.2 Schutzabstände

3.2.1 Betriebsbauten müssen von der Nachbargrundstücks- bzw. Bauplatzgrenze so weit entfernt sein, dass unter Berücksichtigung des Feuerwehreinsatzes eine Brandübertragung auf Nachbargebäude weitgehend verhindert wird. Dabei sind jeweils Bauweise, Lage, Ausdehnung, Nutzung und vorhandene Sicherheitskategorie zu berücksichtigen.

3.2.2 Bei Betriebsbauten mit Außenwänden ohne definierten Feuerwiderstand ist ohne näheren Nachweis ein Abstand zur Nachbargrundstücks- bzw. Bauplatzgrenze von 6/10 der Höhe der zugekehrten Außenwand, mindestens jedoch 3,00 m, ausreichend.

3.2.3 Beträgt der Abstand der Außenwand zur Nachbargrundstücks- bzw. Bauplatzgrenze weniger als 6/10 der Höhe der zugekehrten Außenwand bzw. weniger als 3,00 m, so müssen erforderlichenfalls brandschutztechnische Maßnahmen getroffen werden, die auf die baulichen Gegebenheiten der Außenwände und deren Abstand von der Nachbargrundstücks- bzw. Bauplatzgrenze abzustimmen sind. Bei Betriebsbauten mit einer Brutto-Grundfläche von nicht mehr als 400 m² genügt ein Abstand von 2,00 m. Außenwände, deren Abstand weniger als 1,00 m beträgt, sind jedenfalls als Brandwände gemäß Punkt 3.8 auszubilden.

3.2.4 Die Anforderungen gemäß Punkt 3.2.3 gelten nicht, wenn das angrenzende Nachbargrundstück bzw. der Bauplatz aufgrund tatsächlicher oder rechtlicher Umstände auf Dauer von einer künftigen Bebauung ausgeschlossen ist (z.B. Verkehrsflächen im Sinne der raumordnungsrechtlichen Bestimmungen, öffentliche Parkanlagen oder Gewässer).

3.2.5 Betriebsbauten auf demselben Grundstück bzw. Bauplatz können dann als getrennte Hauptbrandabschnitte bzw. Brandabschnitte angesehen werden, wenn diese voneinander so weit entfernt sind, dass unter Berücksichtigung des Feuerwehreinsatzes eine Brandübertragung weitgehend verhindert wird. Dabei sind jeweils Bauweise, Lage, Ausdehnung, Nutzung und vorhandene Sicherheitskategorie zu berücksichtigen. Bei Betriebsbauten mit Außenwänden ohne definierten Feuerwiderstand ist ohne näheren Nachweis ein Abstand von 6/10 der Summe der Höhen der zugekehrten Außenwände, mindestens jedoch 6,00 m, ausreichend.

3.3 Lage und Zugänglichkeit

3.3.1 Jeder Hauptbrandabschnitt muss mit mindestens einer Seite an einer Außenwand liegen und von dort für die Feuerwehr zugänglich sein. Dies gilt nicht für Hauptbrandabschnitte, die eine erweiterte automatische Löschhilfeanlage oder eine automatische Feuerlöschanlage aufweisen.

3.3.2 Freistehende bzw. aneinander gebaute Betriebsbauten mit einer zusammenhängenden überbauten Grundfläche von mehr als 5.000 m² müssen für die zur Brandbekämpfung erforderlichen Feuerwehrfahrzeuge umfahrbar sein.

3.3.3 Für die Feuerwehr sind die erforderlichen Zufahrten, Durchfahrten sowie Aufstell- und Bewegungsflächen zu schaffen und ständig freizuhalten.

3.4 Zweigeschoßige Betriebsbauten

Wird bei einem zweigeschoßigen Betriebsbau das untere Geschoß einschließlich der Decken mit Bauteilen in REI 90 und A2 bzw. EI 90 und A2 hergestellt und werden für beide Geschoße Zufahrten für die Feuerwehr auf Geschoßniveau auf jeweils mindestens einer Seite angeordnet, dann kann das obere Geschoß wie ein Betriebsbau mit einem oberirdischen Geschoß angesehen werden.

3.5 Unterirdische Geschoße

3.5.1 Unterirdische Geschoße sind durch brandabschnittsbildende Wände und Decken in A2 zu begrenzen. Bei Betriebsbauten mit nur einem unterirdischen Geschoß darf der Brandabschnitt eine Netto-Grundfläche von 1.200 m² nicht überschreiten. Bei Betriebsbauten mit mehreren unterirdischen Geschoßen darf der Brandabschnitt des ersten unterirdischen Geschoßes eine Netto-Grundfläche von 1.200 m² und der Brandabschnitt jedes weiteren unterirdischen Geschoßes eine Netto-Grundfläche von je 600 m² nicht überschreiten.

3.5.2 Abweichend von Punkt 3.5.1 kann ein unterirdisches Geschoß mit einer Netto-Grundfläche von nicht mehr als 600 m² mit dem ersten oberirdischen Geschoß in offener Verbindung stehen, wenn die gesamte zusammenhängende Netto-Grundfläche der beiden Geschoße nicht mehr als 1.800 m² beträgt und eine allenfalls vorhandene Decke des unterirdischen Geschoßes R 90 und A2 entspricht.

3.5.3 Die im Punkt 3.5.1 bzw. 3.5.2 festgelegten Netto-Grundflächen für Brandabschnitte können bei Vorhandensein
a) einer erweiterten automatischen Löschhilfeanlage auf das Doppelte, oder
b) einer Sprinkleranlage auf das Dreieinhalbfache
erhöht werden.

3.5.4 Für Öffnungen in Brandabschnitten von unterirdischen Geschoßen gelten die Bestimmungen des Punktes 3.8.4 sinngemäß.

3.6 Fluchtwege

3.6.1 Von jeder Stelle jedes Raumes muss in höchstens 40 m Gehweglänge erreichbar sein:
a) ein direkter Ausgang zu einem sicheren Ort des angrenzenden Geländes im Freien, oder
b) ein gesicherter Fluchtbereich (z.B. Treppenhaus, Außentreppe).

3.6.2 Liegen keine anderen Gefährdungen als durch Brandeinwirkung vor, kann die in Punkt 3.6.1 angeführte Gehweglänge von 40 m verlängert werden
a) für lichte Raumhöhen ab 7,50 m um jeweils 5,00 m für je angefangene 2,50 m zusätzlicher Höhe, bis zu einer maximalen Gehweglänge von 70 m,
b) auf höchstens 50 m bei Räumen mit einer lichten Raumhöhe von mindestens 5,00 m bei Vorhandensein einer automatischen Brandmeldeanlage mindestens im Schutzumfang „Brandabschnittsschutz" mit Rauchmeldern,
c) auf höchstens 70 m bei Räumen mit einer lichten Raumhöhe von mindestens 10 m bei Vorhandensein einer automatischen Brandmeldeanlage mindestens im Schutzumfang „Brandabschnittsschutz", mit Rauchmeldern,
d) auf höchstens 70 m bei Vorhandensein einer Rauch- und Wärmeabzugsanlage, welche durch eine automatische Brandmeldeanlage mindestens im Schutzumfang „Brandabschnittsschutz" mit Rauchmeldern angesteuert wird,
wenn in jedem Geschoß – ohne Begrenzung der Gehweglänge – mindestens ein weiterer und möglichst entgegengesetzt liegender Ausgang direkt ins Freie oder in ein Treppenhaus bzw. eine Außentreppe mit jeweils einem Ausgang zu einem sicheren Ort des angrenzenden Geländes im Freien oder in einen anderen Hauptbrandabschnitt bzw. Brandabschnitt vorhanden ist.

Bei der Ermittlung der lichten Raumhöhe bleiben untergeordnete Räume oder Ebenen mit einer Netto-Grundfläche von nicht mehr als 400 m² unberücksichtigt.

3.6.3 Bei Betriebsbauten mit mehr als zwei oberirdischen Geschoßen müssen die Geschoße durch ein durchgehendes Treppenhaus gemäß Tabelle 2 verbunden sein, das einen Ausgang zu einem sicheren Ort des angrenzenden Geländes im Freien aufzuweisen hat.

3.6.4 Führen Fluchtwege gemäß Punkt 3.6.1 über Außentreppen, müssen folgende Anforderungen erfüllt sein:
a) Außentreppen müssen aus A2 bestehen und so geschützt sein, dass im Brandfall keine Beeinträchtigung durch Flammeneinwirkung, gefahrbringende Strahlungswärme und/oder Verrauchung besteht.
b) Bei Betriebsbauten mit mehr als zwei oberirdischen Geschoßen müssen die vom Gebäude auf Außentreppen führenden Türen EI_2 30-C entsprechen. Abweichend davon genügt bei Türen aus Räumen mit geringer Brandlast eine Ausführung in E 30-C.

3.6.5 Sicherheitsbeleuchtung

Es gelten die Anforderungen der Tabelle 6 der OIB-Richtlinie 2.

3.7 Rauch- und Wärmeabzug

3.7.1 Produktions- und Lagerräume, die jeweils eine Netto-Grundfläche je Geschoß von mehr als 200 m² und nicht mehr als 1.200 m² aufweisen, müssen Wand- und/oder Deckenöffnungen erhalten, die im Brandfall eine Rauchableitung ins Freie ermöglichen. Dies gilt jedenfalls als erfüllt, wenn die Räume Öffnungen von mindestens 2 % der jeweiligen Netto-Grundfläche aufweisen.

3.7.2 Für Produktions- und Lagerräume, die jeweils eine Netto-Grundfläche je Geschoß von mehr als 1.200 m² und nicht mehr als 1.800 m² aufweisen, muss eine ausreichende Rauch- und Wärmeableitung zur Unterstützung eines Feuerwehreinsatzes vorhanden sein. Die Einrichtungen zur Rauch- und Wärmeabfuhr müssen die technischen Anforderungen an Rauch- und Wärmeabzugsanlagen (RWA) erfüllen und entsprechend einer anerkannten Richtlinie ausgeführt werden. Die Rauch- und Wärmeabzugsanlagen müssen über eine automatische Auslösung (z.B. thermische Einzelauslösung) verfügen sowie von einer im Brandfall sicheren Stelle eine zentrale manuelle Auslösung durch die Feuerwehr ermöglichen.

3.7.3 Für Produktions- und Lagerräume, die jeweils eine Netto-Grundfläche je Geschoß von mehr als 1.800 m² haben, muss eine ausreichende Rauch- und Wärmeableitung zur Reduzierung der Brandauswirkungen vorhanden sein. Die Einrichtungen zur Rauch- und Wärmeabfuhr müssen die technischen Anforderungen an Rauch- und Wärmeabzugsanlagen (RWA) erfüllen und entsprechend einer anerkannten Richtlinie ausgeführt werden.

3.8 Brandwände

3.8.1 Die für die Standsicherheit von Wänden und Decken erforderlichen aussteifenden und unterstützenden Bauteile müssen im Brandfall über jenen Zeitraum hindurch wirksam sein, welcher der für diese Wände und Decken geforderten Feuerwiderstandsdauer entspricht.

3.8.2 Anstelle von Brandwänden gemäß den Punkten 3.8.3 bis 3.8.5 genügen auch brandabschnittsbildende Wände in REI 90 und A2 bzw. EI 90 und A2, wenn in oberirdischen Geschoßen ausschließlich Brandabschnitte mit einer Netto-Grundfläche von jeweils nicht mehr als 1.200 m² vorhanden sind. Die brandabschnittsbildenden Wände müssen mindestens 15 cm über Dach geführt werden. Sie brauchen nur bis zur Dacheindeckung geführt werden, wenn eine Brandübertragung durch andere Maßnahmen wirksam eingeschränkt wird.

3.8.3 Brandwände müssen in REI 90 und A2 bzw. EI 90 und A2 ausgeführt werden. Ist im Brandfall mit einer mechanischen Beanspruchung (z.B. durch im Brandfall umstürzende Lagerungen) zu rechnen, müssen Brandwände auch das Leistungskriterium „M" erfüllen.

3.8.4 Brandwände müssen grundsätzlich vertikal vom Fundament bis mindestens 50 cm über Dach geführt werden. Sie brauchen nur bis zur Dacheindeckung geführt werden, wenn eine Brandübertragung durch andere Maßnahmen gleichwertig behindert wird. Verlaufen Brandwände versetzt, ist durch geeignete Maßnahmen eine Brandübertragung zu behindern.

3.8.5 Öffnungen in Brandwänden sind zulässig, wenn die Abschlüsse die gleiche Feuerwiderstandsdauer wie die Wände aufweisen. Abweichend davon sind in Betriebsbauten, in denen es das Gefährdungspotenzial zulässt, und in Betriebsbauten, die mit einer automatischen Brandmeldeanlage oder einer erweiterten automatischen Löschhilfeanlage oder einer automatischen Feuerlöschanlage ausgestattet sind, Türen und Tore in EI_2 30-C ausreichend, wenn die Summe aller Öffnungsflächen 20 m² nicht überschreitet. Abschlüsse, die aus betrieblichen Gründen offen gehalten werden, müssen mit Feststellanlagen ausgestattet sein, die bei Raucheinwirkung ein selbsttätiges Schließen bewirken.

3.8.6 Im Bereich der Außenwände ist durch geeignete Maßnahmen eine Brandübertragung auf andere Hauptbrandabschnitte zu behindern. Geeignete Maßnahmen sind z.B.:
- ein mindestens 50 cm vor der Außenwand vorstehender Teil der Brandwand, der einschließlich seiner Bekleidung aus A2 besteht, oder
- ein im Bereich der Brandwand angeordneter Außenwandabschnitt in REI 90 bzw. EI 90 mit einer Breite von mindestens 2,00 m, der einschließlich seiner Bekleidung aus A2 besteht.

3.8.7 Wenn Gebäude oder Gebäudeteile in einem Winkel von weniger als 135 Grad über Eck zusammenstoßen und in diesem Bereich durch eine Brandwand abgeschlossen oder unterteilt werden, so muss die Wand über die innere Ecke mindestens 5,00 m fortgeführt werden. Von diesen Anforderungen kann abgewichen werden, wenn eine Brandübertragung durch andere Maßnahmen gleichwertig behindert wird.

3.9 Außenwände und Außenwandbekleidungen

3.9.1 Bei Betriebsbauten mit einer Außenwandhöhe von nicht mehr als 14 m müssen Außenwandbekleidungen sowie die Komponenten bzw. das Gesamtsystem von nichttragenden Außenwänden der Klasse C entsprechen. Es können auch Baustoffe aus Holz und Holzwerkstoffen der Klasse D verwendet werden, wobei gegebenenfalls verwendete Dämmstoffe der Klasse A2 entsprechen müssen.

3.9.2 Bei Betriebsbauten mit nicht mehr als einem oberirdischen Geschoß und einer Außenwandhöhe von mehr als 14 m müssen die Komponenten bzw. das Gesamtsystem von nichttragenden Außenwänden aus B bestehen.

3.9.3 Bei Betriebsbauten mit mehr als einem oberirdischen Geschoß und einer Außenwandhöhe von mehr als 14 m müssen die Komponenten bzw. das Gesamtsystem von nichttragenden Außenwänden aus A2 bestehen.

3.9.4 Bei Betriebsbauten mit mehr als einem oberirdischen Geschoß sind bei hinterlüfteten Außenwänden sowie bei Doppel- und Vorhangfassaden Maßnahmen zu treffen, die eine Brandausbreitung über deren Zwischenräume in andere Geschoße wirksam einschränken.

3.9.5 Für tragende Außenwände gelten – wenn in Tabelle 1 keine höheren Anforderungen an das Brandverhalten gestellt werden – die Punkte 3.9.1 bis 3.9.4 sinngemäß.

3.9.6 In Sockelbereichen ist die Verwendung von Dämmstoffen der Klasse E zulässig.

3.9.7 Die Photovoltaik-Module an Fassaden müssen bei Betriebsbauten gemäß Punkt 3.9.1 und 3.9.2 den darin angeführten Anforderungen entsprechen.

3.9.8 Bei Betriebsbauten gemäß Punkt 3.9.3 sind in Bereichen, bei denen ein Löschangriff von außen möglich ist, Photovoltaik-Module an der Fassade in B-d1 ausreichend.

3.9.9 Die Ausdehnung der Photovoltaik-Modulfelder an der Fassade darf höchstens 40 m betragen. Die Abstände zwischen den Photovoltaik-Modulfeldern müssen mindestens 2 m betragen.

3.10 Bedachungen

3.10.1 Die Dacheindeckung bzw. Bedachung muss in B_{ROOF} (t1) ausgeführt werden.

3.10.2 Bei Hauptbrandabschnitten mit einer Dachfläche von mehr als 1.800 m² ist
a) die Dachkonstruktion unter Berücksichtigung des Brandverhaltens der verwendeten Wärmedämmung so auszubilden, dass eine Brandausbreitung innerhalb eines Hauptbrandabschnittes über das Dach eingeschränkt wird und
b) im Bereich von Dachdurchdringungen durch konstruktive Maßnahmen eine Brandweiterleitung einzuschränken.

3.11 Photovoltaikanlagen auf Dächern

3.11.1 Für auf Dächern aufgebrachte oder in Dächern integrierte Photovoltaikanlagen bei Gebäuden mit einer Dachfläche von mehr als 1.800 m² müssen folgende Anforderungen eingehalten werden:

a) Die auf Dächern aufgebrachten oder in Dächern integrierten Photovoltaik-Module müssen B_{ROOF} (t1) entsprechen, oder die Oberseite der Photovoltaik-Module muss aus Glas bestehen oder die Klasse A2 erfüllen, wobei ein etwaiger Rahmen in A2 ausgeführt werden muss.

b) Photovoltaik-Module müssen von der Mitte der brandabschnittsbildenden Wand und zur Nachbargrundstücks- bzw. Bauplatzgrenze – falls die horizontale Brandübertragung nicht durch gleichwertige Maßnahmen begrenzt werden kann – einen Abstand von mindestens 1 m haben.

c) Die Erreichbarkeit der Dachfläche für die Einsatzkräfte der Feuerwehr muss für Löschmaßnahmen gegeben sein. Photovoltaikanlagen müssen zu allenfalls vorhandenen Dachausstiegen, die als Zugang für die Feuerwehr dienen, im Bereich der Standfläche einen Abstand von mindestens 3 m aufweisen.

d) Die Ausdehnung der Photovoltaik-Modulfelder darf höchstens 40 m betragen. Die Abstände zwischen den Photovoltaik-Modulfeldern müssen mindestens 1 m betragen; bei einer Dacheindeckung, die nicht A2 erfüllt, ist ein Abstand von 2 m erforderlich.

e) Die Maßnahmen gemäß Punkt 3.10.2 dürfen durch Photovoltaik-Modulfelder nicht überbaut und nicht beeinträchtigt werden.

f) Der Abstand zwischen Photovoltaik-Modulen und Lichtkuppeln sowie Öffnungen von Rauch- und Wärmeabzugsanlagen muss mindestens 1 m betragen; bei einer Dacheindeckung, die nicht A2 erfüllt, ist ein Abstand von mindestens 2 m erforderlich. Dabei darf die Wirksamkeit der Rauch- und Wärmeabzugsanlage nicht beeinträchtigt werden.

g) Generatoranschlusskasten und/oder Wechselrichter dürfen nur auf mineralischen Unterkonstruktionen in A2 angebracht werden.

3.11.2 Für auf Dächern aufgebrachte oder in Dächern integrierte Photovoltaikanlagen muss bei Gebäuden mit einer automatischen Löschanlage der Einbrand ins Gebäudeinnere wirksam eingeschränkt werden.

3.11.3 Die Anforderungen gemäß Punkt 3.11.2 gelten als erfüllt, wenn

a) die Tragkonstruktion gemäß Tabelle 1 sowie eine allfällige Wärmedämmung in A2 ausgeführt wird, oder

b) Decken über dem obersten Geschoß gemäß Tabelle 1 ausgeführt werden und die Leistungseigenschaften E und I erfüllt sind, oder

c) die oberste Dacheindeckung mit 5 cm Kies oder gleichwertig ausgeführt wird.

3.12 Sonstige Brandschutzmaßnahmen

3.12.1 Abhängig von der Art bzw. Nutzung des Betriebes müssen in Betriebsbauten geeignete Mittel der ersten Löschhilfe und in Produktions- oder Lagerräumen mit einer Netto-Grundfläche je Geschoß von mehr als 1.800 m² Wandhydranten in ausreichender Zahl vorhanden, sowie gut sichtbar und leicht zugänglich angeordnet sein.

3.12.2 Für Betriebsbauten mit einer Netto-Grundfläche von insgesamt mehr als 3.000 m² ist mindestens ein geeigneter und nachweislich ausgebildeter Brandschutzbeauftragter (BSB) zu bestellen und sind im Einvernehmen mit der örtlich zuständigen Feuerwehr Brandschutzpläne anzufertigen sowie der Feuerwehr zur Verfügung zu stellen. Bei Betriebsbauten mit unübersichtlicher Gebäudestruktur, bei Vorliegen eines besonderen Gefährdungspotenzials sowie bei Vorhandensein von Sonderlöschmittelvorräten oder besonderen technischen Brandschutzeinrichtungen (z.B. automatische Brandmeldeanlagen, erweiterte automatische Löschhilfeanlagen, automatische Löschanlagen) kann auch bei Unterschreitung der Netto-Grundfläche von 3.000 m² ein Brandschutzbeauftragter bzw. Brandschutzplan erforderlich sein.

3.12.3 Automatische Brandmeldeanlagen (BMA) müssen nach einer anerkannten Richtlinie ausgeführt werden. Die automatische Alarmweiterleitung zu einer Empfangszentrale einer ständig besetzten öffentlichen Alarmannahmestelle ist – ausgenommen bei Vorhandensein der Sicherheitskategorie K 3.2 – sicherzustellen.

3.12.4 Erweiterte automatische Löschhilfeanlagen (EAL) müssen nach einer anerkannten Richtlinie ausgeführt werden. Die automatische Alarmweiterleitung zu einer Empfangszentrale einer ständig besetzten öffentlichen Alarmannahmestelle ist sicherzustellen.

3.12.5 Automatische Löschanlagen (z.B. Sprinkleranlage SPA) müssen nach einer anerkannten Richtlinie ausgeführt werden. Die automatische Alarmweiterleitung zu einer Empfangszentrale einer ständig besetzten öffentlichen Alarmannahmestelle ist sicherzustellen.

4 Anforderungen an Lagergebäude und Gebäude mit Lagerbereichen in Produktionsräumen

Dieser Punkt enthält ergänzende bzw. abweichende Bestimmungen zu den Anforderungen gemäß den Punkten 2 und 3, wobei für die Ermittlung der Lagerguthöhe jeweils von der Oberkante des höchst gelagerten Lagergutes auszugehen ist.

4.1 Lagergebäude können gemäß den Anforderungen der Punkte 2 und 3 ausgeführt werden, wenn
a) die Lagerguthöhe nicht mehr als 4,00 m beträgt, oder
b) die Lagerguthöhe nicht mehr als 9,00 m und die Lagerabschnittsfläche je Geschoß nicht mehr als 400 m² beträgt.

4.2 Gebäude mit Lagerbereichen in Produktionsräumen können gemäß den Anforderungen der Punkte 2 und 3 ausgeführt werden, wenn
a) die Lagerguthöhe nicht mehr als 4,00 m beträgt, oder
b) die Lagerguthöhe nicht mehr als 6,00 m beträgt, die zusammenhängenden Lagerbereiche jeweils nicht mehr als 400 m² betragen und die Summe aller Lagerbereiche innerhalb eines Hauptbrandabschnittes bzw. Brandabschnittes 1.200 m² nicht überschreitet, wobei Lagerbereiche als nicht zusammenhängend gelten, wenn sie einen Abstand untereinander von mindestens 10 m aufweisen, oder
c) Einzel- oder Doppelregale mit Lagerguthöhen von mehr als 4,00 m und nicht mehr als 7,50 m und zu anderen Einzel- oder Doppelregalen einen Abstand von mindestens 10 m aufweisen.

4.3 Für Lagergebäude und Gebäude mit Lagerbereichen in Produktionsräumen, die nicht Punkt 4.1 bzw. Punkt 4.2 entsprechen, gelten abweichend zu Tabelle 1 folgende Anforderungen:
a) Bei Gebäuden mit nicht mehr als einem oberirdischen Geschoß muss die Tragkonstruktion des Lagergebäudes aus A2 bestehen oder in R 30 ausgeführt werden.
b) Bei mehrgeschoßigen Lagergebäuden müssen die tragenden Bauteile und Decken REI 90 entsprechen und aus A2 bestehen. Abweichend von diesen Anforderungen genügt bei Lager gebäuden mit nicht mehr als zwei oberirdischen Geschoßen für die Primärkonstruktion des Daches R 60.
c) Es gilt die Tabelle 3. Die Einstufung der Lagergüter in die einzelnen Kategorien hat nach Anhang A zu erfolgen. Alternativ dazu können z.B. in langjähriger, weit verbreiteter Anwendungspraxis akzeptierte Erfahrungswerte herangezogen werden.

4.4 Lagergebäude mit einer Netto-Grundfläche je Geschoß von mehr als 200 m² und nicht mehr als 600 m² müssen Wand- und/oder Deckenöffnungen aufweisen, die im Brandfall eine Rauchableitung ins Freie ermöglichen. Dies gilt jedenfalls erfüllt, wenn Öffnungen von 2 % der Netto-Grundfläche des jeweiligen Geschoßes vorhanden sind.

5 Erfordernis eines Brandschutzkonzeptes

Für folgende Betriebsbauten ist jedenfalls ein Brandschutzkonzept erforderlich, das dem OIB-Leitfaden „Abweichungen im Brandschutz und Brandschutzkonzepte" zu entsprechen hat:

a) Regallager mit Lagerguthöhen von mehr als 9,00 m (Oberkante Lagergut),
b) Betriebsbauten, deren höchster Punkt des Daches mehr als 25 m über dem tiefsten Punkt des an das Gebäude angrenzenden Geländes nach Fertigstellung liegt,
c) Lagergebäude bzw. Gebäude mit Lagerbereichen in Produktionsräumen mit jeweils wechselnder Kategorie der Lagergüter, wenn die brandschutztechnischen Einrichtungen gemäß Tabelle 3 nicht auf die höchste zu erwartende Kategorie der Lagergüter ausgelegt werden,
d) Betriebsbauten mit Hauptbrandabschnitten, die die in Tabelle 1 angeführten Flächen überschreiten,
e) Betriebsbauten mit Lagerabschnittsflächen, die die in Tabelle 3 angeführten Flächen überschreiten.

6 Bauführungen im Bestand

Bei Änderungen an bestehenden Bauwerken mit Auswirkungen auf bestehende Bauwerksteile sind für die bestehenden Bauwerksteile Abweichungen von den aktuellen Anforderungen dieser OIB-Richtlinie zulässig, wenn das ursprüngliche Anforderungsniveau des rechtmäßigen Bestandes nicht verschlechtert wird.

Tabelle 1: Zulässige Netto-Grundfläche von Hauptbrandabschnitten

Die zulässige Netto-Grundfläche eines Hauptbrandabschnittes ergibt sich aus der Multiplikation der zulässigen Netto-Grundfläche je oberirdischem Geschoß aus Tabelle 1 mit der Gesamtanzahl der oberirdischen Geschoße des Betriebsbaus.

Bei der Berechnung gilt weiters:

a) Je Geschoß zählen Flächen von Räumen im Gesamtausmaß von nicht mehr als 50 % der zulässigen Netto-Grundfläche des Geschoßes, jedoch nicht mehr als 1.200 m², nicht zur Fläche des Hauptbrandabschnittes, wenn diese Räume von brandabschnittsbildenden Bauteilen gemäß Punkt 3.8.1 begrenzt sind,

b) Büro- und Verwaltungsräumlichkeiten sowie Sozialräume müssen bis zu einer Netto-Grundfläche von insgesamt nicht mehr als 400 m² innerhalb eines Hauptbrandabschnittes nicht durch brandabschnittsbildende Bauteile begrenzt werden,

c) Netto-Grundflächen allfälliger Galerien, Emporen und Bühnen zählen zur Fläche des Hauptbrandabschnittes. Ausgenommen sind ausschließlich dem Personenverkehr dienende Flächen (z.B. Laufstege) und brandlastfreie Galerien.

Sicherheitskategorie	Gesamtanzahl der oberirdischen Geschoße des Betriebsbaues							
	1		2			3	4	> 4
	Feuerwiderstandsdauer der tragenden und aussteifenden Bauteile							
	Ohne Anforderungen	R 30	R 30	R 60 (1)	R 90 und A2 (2)	R 90 und A2 (2)	R 90 und A2 (2)	R 90 und A2
	Zulässige Netto-Grundfläche je oberirdisches Geschoß in m²							
K 1	1.800 (3)	3.000	800	1.600	2.400	1.800	1.500	1.200
K 2	2.700 (3)	4.500	1.000	2.000	3.600	2.700	2.300	1.800
K 3.1	3.200 (3)	5.400	1.200	2.400	4.200	3.200	2.700	2.200
K 3.2	3.600 (3)	6.000	1.600	3.200	4.800	3.600	3.000	2.400
K 4.1	5.000	7.500	2.000	4.000	6.000	4.500	3.800	3.000
K 4.2	7.500	10.000	5.000	7.500	10.000	6.500	5.000	4.000

(1) Für die Tragkonstruktion des Daches genügt R 30;

(2) Für die Tragkonstruktion des Daches genügt R 60, ohne A2;

(3) Die Breite des Betriebsbaues darf höchstens 40 m betragen; bei Betriebsbauten mit einer Netto-Grundfläche von mehr als 1.200 m² können – falls die Konstruktion des Daches erfahrungsgemäß eine rasche Brandausbreitung und gleichzeitig ein gänzliches Versagen des gesamten Dachtragwerkes erwarten lässt – zusätzliche Brandschutzmaßnahmen erforderlich werden.

Tabelle 2: Anforderungen an Treppenhäuser

Gegenstand	Gesamtanzahl der oberirdischen Geschoße des Betriebsbaues			
	2	3	4	> 4
1 Wände und Decken [1]				
1.1 in oberirdischen Geschoßen [2]	REI 60 EI 60	REI 60 und A2 EI 60 und A2	REI 60 und A2 EI 60 und A2	REI 90 und A2 EI 90 und A2
1.2 in unterirdischen Geschoßen	REI 90 und A2 EI 90 und A2	REI 90 und A2 EI 90 und A2	REI 90 und A2 EI 90 und A2	REI 90 und A2 EI 90 und A2
Treppenläufe und Podeste	R 60 oder A2	R 60 oder A2	R 60 oder A2	R 90 und A2
Türen zu angrenzenden Räumen	EI_2 30-C [3]	EI_2 30-C [3]	EI_2 30-C [3]	EI_2 30-C
Bodenbeläge	C_{fl}-s1	C_{fl}-s1	C_{fl}-s1	$A2_{fl}$
Wand- und Deckenbeläge	C-s1, d0	C-s1, d0	C-s1, d0	A2-s1, d0
Rauchabzugseinrichtung				
6.1 Lage	an der obersten Stelle des Treppenhauses [4]	an der obersten Stelle des Treppenhauses	an der obersten Stelle des Treppenhauses	an der obersten Stelle des Treppenhauses
6.2 Größe	geometrisch freier Querschnitt von mindestens 1,00 m² [4]	geometrisch freier Querschnitt von mindestens 1,00 m²	geometrisch freier Querschnitt von mindestens 1,00 m²	geometrisch freier Querschnitt von mindestens 1,00 m²
6.3 Auslöseeinrichtung	in der Angriffsebene der Feuerwehr sowie beim obersten Podest des Treppenhauses; unabhängig vom öffentlichen Stromnetz [4]	in der Angriffsebene der Feuerwehr sowie beim obersten Podest des Treppenhauses; unabhängig vom öffentlichen Stromnetz	in der Angriffsebene der Feuerwehr sowie beim obersten Podest des Treppenhauses; unabhängig vom öffentlichen Stromnetz	in der Angriffsebene der Feuerwehr sowie beim obersten Podest des Treppenhauses; unabhängig vom öffentlichen Stromnetz und über ein rauchempfindliches Element an der Decke

(1) Bei Decken über Treppenhäusern kann von den Anforderungen abgewichen werden, wenn eine Brandübertragung von den angrenzenden Bauwerksteilen auf das Treppenhaus durch geeignete Maßnahmen verhindert wird;

(2) Anforderungen an den Feuerwiderstand sind nicht erforderlich für Außenwände von Treppenhäusern, die aus A2 bestehen und die durch andere an diese Außenwände anschließende Gebäudeteile im Brandfall nicht gefährdet werden können;

(3) Zu Räumen mit geringer Brandlast genügt in oberirdischen Geschoßen eine Ausführung in E 30-C;

(4) Die Rauchabzugseinrichtung kann entfallen, wenn in jedem Geschoß unmittelbar ins Freie führende Fenster mit einem freien Querschnitt von jeweils mindestens 0,50 m² angeordnet sind, die vom Stand aus ohne fremde Hilfsmittel geöffnet werden können.

Tabelle 3: Lagerabschnittsflächen in Abhängigkeit von der Kategorie der Lagergüter, der Lagerguthöhe h_L und der brandschutztechnischen Einrichtungen

Lagerguthöhe h_L in m	Lagerabschnittsfläche bei Kategorie I in m²			
	> 600 und ≤ 1.200	> 1.200 und ≤ 1.800	> 1.800 und ≤ 3.000	> 3.000 und ≤ 6.000
$4 < h_L \leq 7{,}5$	Rauchableitung [1]	RWA [2]	RWA [2]	RWA [3] BMA
$7{,}5 < h_L \leq 9$	Rauchableitung [1]	RWA [3]	RWA [3] BMA	RWA [3] BMA
	Lagerabschnittsfläche bei Kategorie II in m²			
	> 600 und ≤ 1.200	> 1.200 und ≤ 1.800	> 1.800 und ≤ 3.000	> 3.000 und ≤ 6.000
$4 < h_L \leq 7{,}5$	Rauchableitung [1]	RWA [3]	RWA [3] BMA	RWA [2] EAL
$7{,}5 < h_L \leq 9$	Rauchableitung [1]	RWA [2] BMA	RWA [2] EAL	RWA [2] EAL
	Lagerabschnittsfläche bei Kategorie III in m²			
	> 600 und ≤ 1.200	> 1.200 und ≤ 1.800	> 1.800 und ≤ 3.000	> 3.000 und ≤ 6.000
$4 < h_L \leq 7{,}5$	Rauchableitung [1]	RWA [2] BMA	RWA [2] EAL	RWA [2] EAL
$7{,}5 < h_L \leq 9$	RWA [2]	RWA [2] EAL	RWA [2] SPA	RWA [2] SPA
	Lagerabschnittsfläche bei Kategorie IV in m²			
	> 600 und ≤ 1.200	> 1.200 und ≤ 1.800	> 1.800 und ≤ 3.000	> 3.000 und ≤ 6.000
$4 < h_L \leq 7{,}5$	RWA [2]	RWA [3] BMA	RWA [2] EAL	RWA [2] SPA
$7{,}5 < h_L \leq 9$	RWA [3] BMA	RWA [2] EAL	RWA [2] SPA	RWA [2] SPA

(1) Die Rauchableitung muss gemäß Punkt 3.7.1 ausgeführt werden;
(2) Die Rauch- und Wärmeabzugsanlage muss gemäß Punkt 3.7.2 ausgeführt werden;
(3) Die Rauch- und Wärmeabzugsanlage muss gemäß Punkt 3.7.3 ausgeführt werden.

Anhang A Einstufung der Lagergüter in Kategorien

Bei der Einstufung der Lagergüter in die Kategorien sind gegebenenfalls die Verpackungsmaterialien zu berücksichtigen.

Produkte	Kategorie	Kommentar
Alkohol	III	> 20 % Alkoholgehalt, nur in Flaschen
Alkohol	I	< 20 % Alkoholgehalt
Asphaltpapier	II	liegende Rollen
Asphaltpapier	III	stehende Rollen
Bänder und Seile, Naturfasern	II	
Batterien, nasse Zellen	II	
Batterien, trockene Zellen	II	
Baumwolle, in Ballen	II	besondere Maßnahmen
Bier	I	
Bier	II	Behälter in Holzkisten
Bücher	II	
Büromaterial	III	
Dachpappe auf Rollen	II	liegend gelagert
Dachpappe auf Rollen	III	stehend gelagert
Dünger, trocken	II	erfordert gegebenenfalls besondere Maßnahmen
elektrische Geräte	I	Aufbau vorwiegend aus Metall mit Massenanteil an Kunststoffen von < 5 %
elektrische Geräte	III	sonstige
elektrische Kabel und Leitungen	III	
Espartozellstoff	III	lose oder in Ballen
Farben	I	wasserlöslich
Faserplatten	II	
Felle	II	liegend in Kisten
Flachs	II	
Fleisch	II	gekühlt oder tiefgefroren
Geschirr	I	
Getreide	II	in Kisten
Getreidekörner	I	in Säcken
Glasfasern	I	unverarbeitet
Glaswaren	I	leer
Grillanzünder	III	
Hanf	II	
Holz		siehe Naturholz
Holz-Spanplatten, Sperrholz	II	liegend gelagert, außer luftdurchlässige Stapel ohne Zwischenräume
Holz, Furnierblätter	III	
Holzkohle	II	außer imprägnierte Holzkohle
Holzmasse	II	in Ballen
Holzwolle	IV	in Ballen
Jute	II	
Keramik	I	
Kerzen	III	
Kissen	II	Federn und Daunen
Klebstoffe	III	mit brennbaren Lösungsmitteln besonderer Schutz erforderlich
Klebstoffe	I	ohne Lösungsmittel
Kokosmatten	II	
Korbwaren	III	
Kork	II	
Kunstharze	III	außer brennbare Flüssigkeiten
Lebensmittel	II	in Säcken
Lebensmittel, in Dosen	I	in Kartonkisten und Halbkartons
Lederwaren	II	
Leinen	II	
Linoleum	III	
Lumpen	II	lose oder in Ballen
Matratzen	IV	mit hohem Kunststoffanteil
Matratzen	II	sonstige
Mehl	II	in Säcken oder Papiertüten
Metallwaren	I	
Milchpulver	II	in Säcken oder Tüten
Möbel, Holzmöbel	II	
Möbel, Polstermöbel	II	mit Naturfasern und -materialien, jedoch ohne Kunststoff
Naturholz, gesägt	III	luftdurchlässig gestapelt
Naturholz, gesägt	II	nicht luftdurchlässig gestapelt

Produkte	Kategorie	Kommentar
Naturholz, ungesägt	II	
Papier	II	Blätter liegend gelagert
Papier	III	Gewicht < 5 kg/100 m^2 (z.B. Hygienepapier), Rollen liegend gelagert
Papier	IV	Gewicht < 5 kg/100 m^2 (z.B. Hygienepapier), Rollen stehend gelagert
Papier	II	Gewicht > 5 kg/100 m^2 (z.B. Zeitungspapier), Rollen liegend gelagert
Papier	III	Gewicht > 5 kg/100 m^2 (z.B. Zeitungspapier), Rollen stehend gelagert
Papier – Altpapier	III	besondere Maßnahmen sind gegebenenfalls erforderlich
Papier – Papiermasse	II	in Rollen oder Ballen
Papier, bitumenbeschichtet	III	
Pappe (alle Sorten)	II	flach gestapelt
Pappe (außer Wellpappe)	II	liegend gelagerte Rollen
Pappe (außer Wellpappe)	III	stehend gelagerte Rollen
Pappe (Wellpappe)	III	liegend gelagerte Rollen
Pappe (Wellpappe)	IV	stehend gelagerte Rollen
Pappkartons	III	leer, schwer, fertige Kisten
Pappkartons	II	leer, leicht, fertige Kisten
Pappkarton, gewachst, flach gestapelt	II	
Pappkarton, gewachst, fertige Kisten	III	
Pflanzenfasern	II	besondere Maßnahmen sind gegebenenfalls erforderlich
Reifen, liegend gelagert	IV	
Ruß	III	
Schuhe	II	< 5 % Massenanteil an Kunststoff
Schuhe	III	mit einem Kunststoffanteil von > 5 %
Seife, wasserlöslich	II	
Seile, synthetisch	II	
Steingut	I	
Stoffe	II	
Stoffe aus synthetischen Materialien	III	flach gestapelt
Stoffe aus Wolle oder Baumwolle	II	
Streichhölzer	III	
Strickwaren	II	
Süßwaren	II	
Tabak	II	Tabakblätter und fertige Produkte
Teppiche, ohne Schaumrücken	II	
Teppichfliesen	III	
Tierhäute	II	
Tuch, teerimprägniert	III	
Wachs (Paraffin)	IV	
Zellulose	II	in Ballen, ohne Nitrit und Acetat
Zellulosemasse	II	
Zucker	II	in Säcken oder Tüten

OIB-Richtlinie 2.2

Brandschutz bei Garagen, überdachten Stellplätzen und Parkdecks

Ausgabe: Mai 2023

0 Vorbemerkungen

Die zitierten Normen und sonstigen technischen Regelwerke gelten in der im Dokument „OIB-Richtlinien – Zitierte Normen und sonstige technische Regelwerke" angeführten Fassung.

Werden in dieser Richtlinie Anforderungen an die Feuerwiderstandsklasse in Verbindung mit Anforderungen an Baustoffe der Klasse A2 gestellt, gilt dies auch als erfüllt, wenn
- die für die Tragfähigkeit wesentlichen Bestandteile der Bauteile der Klasse A2 und
- die sonstigen Bestandteile aus Baustoffen der Klasse B bestehen.

Für überdachte Stellplätze und Garagen mit jeweils höchstens 15 m² Nutzfläche, die auf eigenem Grund oder von Verkehrsflächen für die Brandbekämpfung zugänglich sind, werden keine Anforderungen hinsichtlich des Brandschutzes gestellt.

Bei Garagen und überdachten Stellplätzen von anerkannten Einsatzorganisationen sind Ausnahmen in Bezug auf Lagerungen (z.B. Materialien, Ausrüstungen, Treibstoffe) und untergeordneten Nutzungen zulässig, sofern sie zur Erfüllung der gesetzlichen Aufgaben erforderlich sind und keine brandschutztechnischen Bedenken bestehen.

Es wird darauf hingewiesen, dass parallel zu den Bestimmungen dieser Richtlinie gegebenenfalls einzelne Bestimmungen der OIB-Richtlinie 2 „Brandschutz" zu berücksichtigen sind.

Von den Anforderungen dieser OIB-Richtlinie kann entsprechend den jeweiligen landesrechtlichen Bestimmungen abgewichen werden, wenn vom Bauwerber nachgewiesen wird, dass das gleiche Schutzniveau wie bei Anwendung der Richtlinie erreicht wird. Hierbei ist der OIB-Leitfaden „Abweichungen im Brandschutz und Brandschutzkonzepte" anzuwenden.

1 Begriffsbestimmungen

Es gelten die Begriffsbestimmungen des Dokumentes „OIB-Richtlinien – Begriffsbestimmungen".

2 Überdachte Stellplätze und Garagen mit einer Nutzfläche von jeweils nicht mehr als 50 m²

2.1 Überdachte Stellplätze

2.1.1 Sind überdachte Stellplätze nicht mindestens 2,00 m von der Nachbargrundstücks- bzw. Bauplatzgrenze entfernt, muss eine der jeweiligen Nachbargrundstücks- bzw. Bauplatzgrenze zugekehrte Wand über die gesamte Länge und bis zur Dacheindeckung in REI 30 bzw. EI 30 errichtet werden. Dies ist nicht erforderlich,

a) wenn das angrenzende Nachbargrundstück bzw. der Bauplatz aufgrund tatsächlicher oder rechtlicher Umstände von einer künftigen Bebauung ausgeschlossen ist (z.B. Verkehrsflächen im Sinne der raumordnungsrechtlichen Bestimmungen, öffentliche Parkanlagen oder Gewässer), oder

b) wenn aufgrund der baulichen Umgebung eine Brandübertragung auf Bauwerke der Nachbargrundstücke nicht zu erwarten ist.

2.1.2 Überdachte Stellplätze, die an mehr als zwei Seiten durch Wände bzw. sonstige Bauteile umschlossen sind, fallen nicht unter Punkt 2.2, sondern unter Punkt 2.1.1, wenn sie zumindest an einer Seite nicht durch eine Wand bzw. sonstige Bauteile (z.B. Tor, Gitter) umschlossen sind.

2.2 Garagen

2.2.1 Wände, Decken bzw. Dachkonstruktionen müssen aus Baustoffen D bestehen.

2.2.2 Sind Garagen nicht mindestens 2,00 m von der Nachbargrundstücks- bzw. Bauplatzgrenze entfernt, muss eine der jeweiligen Nachbargrundstücks- bzw. Bauplatzgrenze zugekehrte Wand über die gesamte Länge und bis zur Dacheindeckung in REI 30 bzw. EI 30 errichtet werden.

2.2.3 Sind Garagen nicht mindestens 4,00 m von Gebäuden auf demselben Grundstück bzw. Bauplatz entfernt, muss eine dem jeweiligen Gebäude zugekehrte Wand über die gesamte Länge und bis zur Dacheindeckung der Garage in REI 30 bzw. EI 30 errichtet werden. Sind Garagen an ein Gebäude auf demselben Grundstück bzw. Bauplatz angebaut und weisen keine eigene Wand zum Gebäude auf, gilt diese Anforderung sinngemäß auch für den gemeinsamen Wandanteil.

2.2.4 Werden Garagen in Gebäude der Gebäudeklasse 1 bzw. in Reihenhäusern der Gebäudeklasse 2 eingebaut, müssen angrenzende Wände und Decken REI 30 bzw. EI 30 entsprechen.

2.2.5 Werden Garagen in Gebäude der Gebäudeklasse 2 bis 5 – ausgenommen Reihenhäuser der Gebäudeklasse 2 – eingebaut, müssen angrenzende Wände und Decken die Anforderungen an „Trennwände" bzw. an „Trenndecken" gemäß Tabelle 1b der OIB-Richtlinie 2 erfüllen.

2.2.6 Die Türen von Garagen ins Gebäudeinnere müssen EI_2 30-C entsprechen. Bei Gebäuden der Gebäudeklasse 1 und bei Reihenhäusern der Gebäudeklasse 2 genügt EI_2 30.

2.2.7 Wandbekleidungen und Deckenbeläge müssen aus Baustoffen C bestehen, wobei Holz und Holzwerkstoffe D zulässig sind. Bodenbeläge müssen aus Baustoffen D_{fl} bestehen.

2.2.8 Die Aufstellung von Feuerstätten und die Anordnung von Reinigungsöffnungen von Abgasanlagen sind unzulässig. Ausgenommen sind Feuerstätten und Reinigungsöffnungen, die nach einschlägigen Richtlinien für die Aufstellung in Garagen geeignet sind.

3 Überdachte Stellplätze und Garagen mit einer Nutzfläche von jeweils mehr als 50 m² und nicht mehr als 250 m²

Es gelten die Anforderungen gemäß Tabelle 1.

4 Überdachte Stellplätze mit einer Nutzfläche von mehr als 250 m²

4.1 Überdachte Stellplätze ohne überdachte Fahrgassen

Es gelten die Anforderungen der Tabelle 1 für „überdachte Stellplätze > 50 m² und ≤ 250 m²" sinngemäß, wobei eine Längsausdehnung von 60 m nicht überschritten werden darf.

4.2 Überdachte Stellplätze mit überdachten Fahrgassen

4.2.1 Alle Bauteile, einschließlich Ausfachungen und Überdachungen, müssen A2 entsprechen. Die Bedachung muss überdies B_{ROOF} (t1) entsprechen.

4.2.2 Ist die Überdachung nicht mindestens 2,00 m von Nachbargrundstücks- bzw. Bauplatzgrenzen entfernt, muss eine der jeweiligen Nachbargrundstücks- bzw. Bauplatzgrenze zugekehrte Wand über die gesamte Länge und bis zur Dacheindeckung in REI 90 bzw. EI 90 errichtet werden. In jenem Bereich, in dem die jeweiligen Mindestabstände unterschritten werden, ist die Überdachung in REI 90 auszuführen.

4.2.3 Ist die Überdachung nicht mindestens 4,00 m von Gebäuden auf demselben Grundstück bzw. Bauplatz entfernt, muss eine dem jeweiligen Gebäude zugekehrte Wand über die gesamte Länge und bis zur Dacheindeckung in REI 90 bzw. EI 90 errichtet werden. Sofern keine eigene Wand zum Gebäude vorhanden ist, gilt diese Anforderung sinngemäß auch für den gemeinsamen Wandanteil. In jenem Bereich, in dem die jeweiligen Mindestabstände unterschritten werden, ist die Überdachung in REI 90 auszuführen.

4.2.4 Ragen Stellplätze gänzlich oder teilweise unter Gebäudeteile hinein, darf eine Nutzfläche von 1.600 m² nicht überschritten werden und müssen die angrenzenden Wände bzw. Decken REI 90 und A2 bzw. EI 90 und A2 entsprechen. Sofern Türen und Fenster in das Gebäudeinnere führen, müssen Türen EI_2 30-C entsprechen. Fenster sind in EI 30 entweder als Fixverglasung oder selbstschließend auszuführen; alternativ können vor die Fenster Abschlüsse in EI 30 vorgesetzt werden, die im Brandfall selbsttätig schließen.

4.2.5 Bodenbeläge müssen B_{fl} entsprechen.

4.2.6 Für die erste Löschhilfe sind geeignete tragbare Feuerlöscher bereitzuhalten.

4.3 Sicherheitsbeleuchtung

Es gelten die Anforderungen der Tabelle 6 der OIB-Richtlinie 2.

5 Garagen mit einer Nutzfläche von mehr als 250 m²

5.1 Wände, Stützen, Decken und Dächer

5.1.1 Tragende Wände und Stützen von Garagen sowie brandabschnittsbildende Wände innerhalb von Garagen bzw. zwischen Garagen und anderen Räumen müssen REI 90 und A2 bzw. R 90 und A2 bzw. EI 90 und A2 entsprechen.

5.1.2 Nichttragende Wände bzw. Wandteile von Garagen sind in A2 herzustellen.

5.1.3 Decken zwischen Garagengeschoßen, von befahrbaren Flachdächern und als Abschluss zu darüber liegenden Aufenthaltsräumen müssen REI 90 und A2 entsprechen. Bei nicht befahrbaren Dächern genügt für die Tragkonstruktion R 60 und A2.

5.1.4 Bei nicht überbauten, eingeschoßigen oberirdischen Garagen mit einer Nutzfläche von nicht mehr als 1.600 m² dürfen tragende Wände, Stützen und Decken in R 30 und nichttragende Wände in C oder aus Holz- und Holzwerkstoffen in D hergestellt werden, wenn der Abstand der Garagen zur Nachbargrundstücks- bzw. Bauplatzgrenze mindestens 4,00 m und zu Gebäuden auf demselben Grundstück bzw. Bauplatz mindestens 6,00 m beträgt.

Werden diese Abstände unterschritten, müssen
a) die der Nachbargrundstücks- bzw. Bauplatzgrenze zugekehrten Wände über jenen Bereich der Garage, in dem die Abstände unterschritten werden, in REI 90 und A2 bzw. EI 90 und A2 entsprechen und
b) die dem Gebäude auf demselben Grundstück bzw. Bauplatz zugekehrten Wände sowie die Decke über jenen Bereich der Garage, in dem die Abstände unterschritten werden, bis zum Abstand von 6,00 m REI 90 und A2 bzw. EI 90 und A2 entsprechen.

5.2 Wandbekleidungen, Bodenbeläge und Deckenbekleidungen

5.2.1 Wandbekleidungen müssen B-s1 entsprechen.

5.2.2 Bodenbeläge müssen B_{fl} entsprechen.

5.2.3 Deckenbekleidungen müssen B-s1, d0 entsprechen.

5.3 Türen und Tore

5.3.1 Türen und Tore in brandabschnittsbildenden Wänden müssen EI_2 30-C und A2 entsprechen. Diese dürfen nicht größer sein als für den Verschluss der Wandöffnung zur Durchführung der Fahrgassen erforderlich ist, wobei Türen im Verlauf von Fluchtwegen unberücksichtigt bleiben.

5.3.2 Türen zwischen Garagen und Gängen bzw. Treppenhäusern müssen EI_2 30-C entsprechen.

5.4 Verbindung zwischen Garagengeschoßen bzw. zwischen Garage und anderen Räumen

5.4.1 Aufzüge und Treppen, die Garagengeschoße miteinander verbinden, müssen in eigenen Fahrschächten bzw. Treppenhäusern mit Wänden REI 90 und A2 bzw. EI 90 und A2 liegen.

5.4.2 Ladestellen von Personenaufzügen, die zu Garagen führen, müssen direkt mit einem Gang verbunden sein, der – ohne durch die Garage zu führen – einen direkten Ausgang zu einem sicheren Ort des angrenzenden Geländes im Freien oder in ein Treppenhaus bzw. eine Außentreppe mit jeweils einem Ausgang zu einem sicheren Ort des angrenzenden Geländes im Freien aufweist.

5.4.3 Garagen mit einer Nutzfläche von insgesamt mehr als 600 m² dürfen mit Gängen bzw. Treppenhäusern nur über Schleusen verbunden sein, die folgende Anforderungen zu erfüllen haben:
a) Wände und Decken müssen REI 90 und A2 bzw. EI 90 und A2 entsprechen.
b) Türen zwischen Garagen und Schleusen müssen EI_2 30-C entsprechen.
c) Türen zwischen Schleusen und Treppenhaus müssen E 30-C oder S_{200}-C entsprechen.
d) Eine wirksame Lüftung muss vorhanden sein.

5.4.4 Bei Außentreppen kann die Anordnung einer Schleuse gemäß Punkt 5.4.3 entfallen, wenn im Brandfall keine Beeinträchtigung durch Flammeneinwirkung, Strahlungswärme und/oder Verrauchung zu erwarten ist.

5.5 Fluchtwege

5.5.1 Von jeder Stelle einer Garage müssen in höchstens 40 m Gehweglänge erreichbar sein:
a) ein direkter Ausgang zu einem sicheren Ort des angrenzenden Geländes im Freien, oder
b) ein Treppenhaus oder eine Außentreppe jeweils gemäß Tabelle 3 der OIB-Richtlinie 2 jeweils mit einer vorgelagerten Schleuse gemäß Punkt 5.4.3 bei Garagen mit nicht mehr als zwei unterirdischen Geschoßen und einer Nutzfläche von nicht mehr als 600 m², oder
c) ein Treppenhaus oder eine Außentreppe jeweils gemäß Tabelle 3 der OIB-Richtlinie 2, wobei zusätzlich Punkt 5.5.2 gilt.

5.5.2 Im Falle von Punkt 5.5.1 c) muss in jedem Geschoß ein zusätzlicher unabhängiger Fluchtweg vorhanden sein, der
a) zu einem weiteren Treppenhaus oder einer weiteren Außentreppe jeweils gemäß Tabelle 3 der OIB-Richtlinie 2, oder
b) in einen benachbarten Brandabschnitt, oder
c) im ersten unterirdischen sowie im ersten und zweiten oberirdischen Geschoß über die Fahrverbindung der Ein- bzw. Ausfahrtsrampe, wobei diese eine Neigung von mehr als 10 % aufweisen darf,

führt. Die beiden Fluchtwege dürfen über höchstens 25 m Gehweglänge gemeinsam verlaufen.

5.5.3 In Garagen mit einer Nutzfläche von mehr als 250 m² ist eine Sicherheitsbeleuchtung erforderlich, wobei die Anforderungen der Tabelle 6 der OIB-Richtlinie 2 gelten.

5.6 Brandabschnitte, Rauch- und Wärmeabzugseinrichtungen sowie Brandschutzeinrichtungen

5.6.1 Für die maximal zulässigen Brandabschnittsflächen gelten die Anforderungen gemäß Tabelle 2 in Abhängigkeit von den vorhandenen Rauch- und Wärmeabzugseinrichtungen sowie den Brandschutzeinrichtungen.

5.6.2 Unabhängig von der Größe des Brandabschnittes darf eine Längsausdehnung von 80 m nicht überschritten werden. Dies gilt nicht bei Vorhandensein einer erweiterten automatischen Löschhilfeanlage oder einer Sprinkleranlage.

5.6.3 Bei mehrgeschoßigen Garagen mit einer Nutzfläche von insgesamt mehr als 600 m² ist jedes Geschoß als eigener Brandabschnitt auszubilden.

5.7 Feuerstätten und Abgasanlagen

Die Aufstellung von Feuerstätten und die Anordnung von Reinigungsöffnungen von Abgasanlagen sind unzulässig.

5.8 Erste und erweiterte Löschhilfe

5.8.1 Für die erste Löschhilfe ist je angefangene 200 m² Nutzfläche an leicht erreichbarer Stelle ein geeigneter tragbarer Feuerlöscher bereitzuhalten.

5.8.2 Für die erweiterte Löschhilfe müssen
a) in Garagen mit einer Nutzfläche von mehr als 1.600 m², oder
b) in Garagen mit mehr als zwei unterirdischen, oder
c) in Garagen mit mehr als drei oberirdischen Geschoßen
Wandhydranten mit formbeständigem D-Schlauch und geeigneter Anschlussmöglichkeit für die Feuerwehr zur Brandbekämpfung vorhanden sein und so verteilt werden, dass jede Stelle der Garage mit Löschwasser erreicht wird.

5.8.3 Abweichend von Punkt 5.8.2 a) genügt für eingeschoßige Garagen eine trockene Steigleitung, wobei die Schlauchanschlüsse in der Garage anzuordnen sind.

6 Parkdecks mit einer obersten Stellplatzebene von nicht mehr als 22 m über dem tiefsten Punkt des an das Bauwerk angrenzenden Geländes im Freien nach Fertigstellung

6.1 Es gelten die Anforderungen gemäß Tabelle 3.

6.2 Für Photovoltaikanlagen gelten die Bestimmungen gemäß Punkt 3.5.14 und 3.13 der OIB-Richtlinie 2 sinngemäß.

7 Zusätzliche Anforderungen an Garagen für erdgasbetriebene Kraftfahrzeuge

In Garagen, in denen erdgasbetriebene Kraftfahrzeuge (CNG) abgestellt werden, sind bei Ausstattung mit einer entsprechenden Lüftung gemäß Punkt 8.3 der OIB-Richtlinie 3 grundsätzlich keine darüber hinausgehenden lüftungstechnischen Maßnahmen erforderlich. Für Garagen mit einer Nutzfläche von nicht mehr als 250 m² ist die Hälfte der ständig freien Querschnittsfläche unmittelbar unter der Decke anzuordnen.

8 Zusätzliche Anforderungen an Garagen und Parkdecks für flüssiggasbetriebene Kraftfahrzeuge

8.1 Für Garagen und Parkdecks, in denen flüssiggasbetriebene Kraftfahrzeuge (LPG) abgestellt werden, gelten folgende zusätzliche Anforderungen:
a) Über diesen Garagen und Parkdecks dürfen sich keine Aufenthaltsräume befinden.
b) Die tiefste Abstell- und Fahrfläche darf nicht unter dem angrenzenden Gelände nach Fertigstellung liegen.
c) Für Garagen mit einer Nutzfläche von mehr als 50 m² und für Parkdecks ist überdies ein Brandschutzkonzept gemäß Punkt 11 zu erstellen.

8.2 An den Einfahrten von Garagen und Parkdecks, die den Anforderungen gemäß Punkt 8.1 nicht entsprechen, ist die Bezeichnung „keine flüssiggasbetriebene Fahrzeuge – no LPG-vehicles!" anzubringen.

9 Zusätzliche Anforderungen an Garagen und Parkdecks für wasserstoffbetriebene Kraftfahrzeuge

9.1 Für Garagen und Parkdecks, in denen wasserstoffbetriebene Kraftfahrzeuge abgestellt werden, gelten folgende zusätzliche Anforderungen:
a) Über diesen Garagen und Parkdecks dürfen sich keine Aufenthaltsräume befinden.
b) Es ist eine entsprechende Risikoanalyse zu erstellen, die alle Aspekte der nutzungsspezifischen Lüftung berücksichtigt, um das Explosionsrisiko auf dem gleichen Niveau wie bei Einstellen von erdgasbetriebenen Kraftfahrzeugen zu halten.
c) Für Garagen mit einer Nutzfläche von mehr als 50 m² und für Parkdecks ist überdies ein Brandschutzkonzept gemäß Punkt 11 zu erstellen.

9.2 An den Einfahrten von Garagen und Parkdecks, die den Anforderungen gemäß Punkt 9.1 nicht entsprechen, ist die Bezeichnung „keine wasserstoffbetriebene Fahrzeuge" anzubringen.

10 Zusätzliche Anforderungen an Ladestationen für Elektrofahrzeuge

10.1 Überdachte Stellplätze

10.1.1 Für das Einstellen von Elektrofahrzeugen sind keine zusätzlichen brandschutztechnischen Anforderungen erforderlich.

10.1.2 Die Ladestationen für Elektrofahrzeuge sind gegen mechanische Beschädigungen durch anfahrende Fahrzeuge zu schützen.

10.2 Garagen und Parkdecks

10.2.1 Für das Einstellen von Elektrofahrzeugen sind keine zusätzlichen brandschutztechnischen Anforderungen erforderlich.

10.2.2 Die Ladestationen für Elektrofahrzeuge sind gegen mechanische Beschädigungen durch anfahrende Fahrzeuge zu schützen.

10.2.3 Es dürfen nur Ladestationen für Elektrofahrzeuge mit einer Leistung von jeweils höchstens 22 kW angeordnet werden. Diese Leistungsbegrenzung gilt nicht:
a) für ebenerdige eingeschoßige Garagen mit einer Nutzfläche von nicht mehr als 250 m², oder
b) in Brandabschnitten, in denen eine automatische Löschanlage mit automatischer Alarmweiterleitung zu einer Empfangszentrale einer ständig besetzten öffentlichen Alarmannahmestelle einschließlich einer Brandfallsteuerung für die Notabschaltung der Elektroladestation vorhanden ist, oder
c) in Brandabschnitten, in denen eine automatische Brandmeldeanlage mit automatischer Alarmweiterleitung zu einer Empfangszentrale einer ständig besetzten öffentlichen Alarmannahmestelle einschließlich einer Brandfallsteuerung für die Notabschaltung der Elektroladestation vorhanden ist, wobei die Elektroladestationen nahe des Ein- bzw. Ausfahrtsbereiches oder im ersten unterirdischen oder ersten oberirdischen Geschoß anzuordnen sind.

10.2.4 Bei Garagen mit einer Nutzfläche von nicht mehr als 250 m² darf der Energieinhalt einer Batterie als Zwischenpuffer für Elektroladestationen ohne zusätzliche Brandschutzmaßnahmen höchstens 100 kWh betragen, wobei in einem anerkannten Test nachgewiesen werden muss, dass ein „thermal runaway" einer Zelle zu keinem Brandausbruch der Batterie führt.

10.2.5 Bei Garagen mit einer Nutzfläche von mehr als 50 m² ist bei Ladestationen für Elektrofahrzeuge mit einer Leistung von jeweils mehr als 4 kW an leicht zugänglicher Stelle für die Einsatzkräfte eine geeignete Betätigungseinrichtung für die Notausschaltung der Ladestationen zu errichten.

10.2.6 Bei Garagen mit einer Nutzfläche von mehr als 250 m² ist ein Brandschutzplan erforderlich, in dem die Lage der Elektroladestationen sowie der Abschalteinrichtung auszuweisen ist.

10.2.7 In Garagen, aus denen das Fahrzeug nach einem Brand nicht entfernt werden kann, sollte das Brandrisiko so weit als möglich minimiert werden. Eine Anordnung von Ladestationen in Garagen, welche nur über Autoaufzüge anstatt Fahrverbindungen erschlossen werden, ist unzulässig.

11 Erfordernis eines Brandschutzkonzeptes

Für folgende Garagen, Parkdecks und Garagensonderformen ist jedenfalls ein Brandschutzkonzept erforderlich, das dem OIB-Leitfaden „Abweichungen im Brandschutz und Brandschutzkonzepte" zu entsprechen hat:

a) Garagen mit Brandabschnitten von mehr als 10.000 m²,
b) Parkdecks, bei denen die oberste Stellplatzebene mehr als 22 m über dem tiefsten Punkt des an das Parkdeck angrenzenden Geländes nach Fertigstellung liegt,
c) Garagen mit einer Nutzfläche von mehr als 50 m² und Parkdecks, in denen flüssiggasbetriebene Kraftfahrzeuge (LPG) oder wasserstoffbetriebene Kraftfahrzeuge abgestellt werden,
d) Garagensonderformen, wie Rampengaragen, befahrbare Parkwendel oder Garagen mit zwei oder mehreren horizontalen Fußbodenniveaus innerhalb eines Brandabschnittes mit Nutzflächen von jeweils mehr als 250 m² sowie für Garagen mit automatischen Parksystemen.

12 Bauführungen im Bestand

Bei Änderungen an bestehenden Bauwerken mit Auswirkungen auf bestehende Bauwerksteile sind für die bestehenden Bauwerksteile Abweichungen von den aktuellen Anforderungen dieser OIB-Richtlinie zulässig, wenn das ursprüngliche Anforderungsniveau des rechtmäßigen Bestandes nicht verschlechtert wird.

Tabelle 1: Anforderungen an überdachte Stellplätze und Garagen mit einer Nutzfläche von jeweils mehr als 50 m² und nicht mehr als 250 m²

	Gegenstand	Überdachte Stellplätze > 50 m² und ≤ 250 m²	Garagen > 50 m² und ≤ 250 m²
1	**Mindestabstände**		
1.1	zu Nachbargrundstücks- bzw. Bauplatzgrenzen	2,00 m	2,00 m
1.2	zu Gebäuden auf demselben Grundstück bzw. Bauplatz	2,00 m	4,00 m
2	**Wände, Stützen, Decken bzw. Überdachung**		
2.1	allgemein	D	R 30 oder A2
2.2	bei Unterschreitung der Mindestabstände zu Nachbargrundstücks- bzw. Bauplatzgrenzen	• Wand in REI 60 bzw. EI 60 erforderlich, die der Nachbargrundstücks- bzw. Bauplatzgrenze zugekehrt ist, über die gesamte Länge und bis zur Dacheindeckung Wenn aufgrund der baulichen Umgebung eine Brandübertragung auf Bauwerke der Nachbargrundstücke nicht zu erwarten ist, werden keine Anforderungen gestellt	• der Nachbargrundstücks- bzw. Bauplatzgrenze zugekehrte Wand über die gesamte Länge und bis zur Dacheindeckung REI 90 und A2 bzw. EI 90 und A2 erforderlich
2.3	bei Unterschreitung der Mindestabstände zu Gebäuden auf demselben Grundstück bzw. Bauplatz	zu GK 1 und GK 2: D zu GK 3 bis GK 5: • Überdachung in REI 30 oder A2 und • Wand in REI 30 bzw. EI 30 erforderlich, die dem Gebäude zugekehrt ist, über die gesamte Länge und bis zur Dacheindeckung oder gemeinsamer Wandanteil mit dem Gebäude bis zur Dacheindeckung des überdachten Stellplatzes in EI 30, bei GK 5 zusätzlich A2	zu GK 1 und Reihenhäuser der GK 2: • Decke REI 30 und • dem Gebäude zugekehrte Wand oder der gemeinsame Wandanteil über die gesamte Länge und bis zur Dacheindeckung REI 30 bzw. EI 30 zu GK 2 (ausgenommen Reihenhäuser) bis GK 5: • Decke REI 90 und • dem Gebäude zugekehrte Wand oder der gemeinsame Wandanteil über die gesamte Länge und bis zur Dacheindeckung REI 90 bzw. EI 90 und bei GK 5 jeweils zusätzlich A2 erforderlich
2.4	bei Stellplätzen, die in ein Gebäude hineinragen, und bei eingebauten Garagen	angrenzende Wände und Decken als Trennwände bzw. Trenndecken gemäß Tabelle 1b der OIB-Richtlinie 2, mindestens jedoch REI 30 bzw. EI 30	angrenzende Wände und Decken als sonstige brandabschnittsbildende Wände oder Decken gemäß Tabelle 1b der OIB-Richtlinie 2, mindestens jedoch REI 60 bzw. EI 60
2.5	Einbauten zur Unterteilung der Stellplätze	-	A2
2.6	Dacheindeckung bzw. Bedachung	B_{ROOF} (t1)	B_{ROOF} (t1)
3	**Türen ins Gebäudeinnere**	bei GK 1 und GK 2: keine Anforderungen bei GK 3 bis GK 5: EI_2 30-C	EI_2 30-C
4	**Wandbekleidungen, Bodenbeläge und Deckenbekleidungen**		
4.1	Wandbekleidungen	D	B-s1
4.2	Bodenbeläge	-	B_{fl}
4.3	Deckenbekleidungen einschließlich Deckenbeläge	D; bei Stellplätzen gemäß Zeile 2.4: B-s1, d0	B-s1,d0
5	**Fluchtweg**	-	Von jeder Stelle höchstens 40 m Gehweglänge zu einem sicheren Ort des angrenzenden Geländes im Freien oder zu einem Treppenhaus gemäß Tabelle 3 der OIB-Richtlinie 2 mit Ausgang zu einem sicheren Ort des angrenzenden Geländes im Freien
6	**Erste Löschhilfe**	-	geeigneter tragbarer Feuerlöscher
7	**Feuerstätten und Abgasanlagen**	-	Die Aufstellung von Feuerstätten und die Anordnung von Reinigungsöffnungen von Abgasanlagen sind unzulässig. Davon ausgenommen sind Feuerstätten und Reinigungsöffnungen, die nach einschlägigen Richtlinien für die Aufstellung in Garagen geeignet sind.

Tabelle 2: Rauch- und Wärmeabzugseinrichtungen sowie Brandschutzeinrichtungen bei Garagen mit Brandabschnitten von mehr als 250 m² und nicht mehr als 10.000 m²

	Gegenstand	**Anforderungen**	
	Brandabschnittsfläche	**Rauch- und Wärmeabzugseinrichtung (RWE)**	**Brandschutzeinrichtung**
1	> 250 m² und ≤ 1.600 m²	**Natürliche** Rauch- und Wärmeabzugseinrichtung Zuluftöffnungen in Bodennähe (Summe der ständig freien Querschnittsflächen ≥ 0,5 % der Brandabschnittsfläche) Abluftöffnungen in Deckennähe (Summe der ständig freien Querschnittsflächen ≥ 0,5 % der Brandabschnittsfläche) Die Öffnungen mit einer Mindestgröße je Öffnung von 1,00 m² sind so anzuordnen, dass eine Querdurchlüftung gewährleistet ist Ein- und Ausfahrten (ständig freie Querschnitte) können herangezogen werden oder	nicht erforderlich, ausgenommen bei Garagen mit mehreren Brandabschnitten, deren Flächen in Summe mehr als 10.000 m² betragen, oder bei Garagen mit mehr als zwei unterirdischen Geschoßen ist eine automatische Brandmeldeanlage (BMA) mit automatischer Alarmweiterleitung zu eine Empfangszentrale einer ständig besetzten öffentlichen Alarmannahmestelle erforderlich
		Mechanische Rauch- und Wärmeabzugseinrichtung 12-facher stündlicher Luftwechsel, mindestens jedoch Volumenstrom ≥ 36.000 m³/h Abluftventilator, Leitungen, Aufhängungen müssen 400 °C über 90 Minuten standhalten pro 200 m² Deckenfläche ein rauchempfindliches Auslöseelement mit Ein- und Ausschalter an zentraler Stelle im Feuerwehrangriffsweg Anspeisung von der Niederspannungshauptverteilung in jeweils eigenen Stromkreisen oder von Notstromversorgung	
2	> 1.600 m² und ≤ 4.800 m²	**Natürliche** Rauch- und Wärmeabzugseinrichtung Zuluftöffnungen in Bodennähe (Summe der ständig freien Querschnittsflächen ≥ 0,5 % der Brandabschnittsfläche) Abluftöffnungen in Deckennähe (Summe der ständig freien Querschnittsflächen ≥ 0,5 % der Brandabschnittsfläche) Die Öffnungen mit einer Mindestgröße je Öffnung von 1,00 m² sind so anzuordnen, dass eine Querdurchlüftung gewährleistet ist Ein- und Ausfahrten (ständig freie Querschnitte) können herangezogen werden oder	Automatische **Brandmeldeanlage** (BMA) mit automatischer Alarmweiterleitung zu einer Empfangszentrale einer ständig besetzten öffentlichen Alarmannahmestelle oder **Erweiterte automatische Löschhilfeanlage** (EAL) mit automatischer Alarmweiterleitung zu einer Empfangszentrale einer ständig besetzten öffentlichen Alarmannahmestelle
		Mechanische Rauch- und Wärmeabzugseinrichtung 12-facher stündlicher Luftwechsel, Abluftventilator, Leitungen, Aufhängungen müssen 400 °C über 90 Minuten standhalten Ansteuerung über BMA sowie durch Ein- und Ausschalter an zentraler Stelle im Feuerwehrangriffsweg Anspeisung von der Niederspannungshauptverteilung in jeweils eigenen Stromkreisen oder von Notstromversorgung oder	Automatische **Brandmeldeanlage** (BMA) mit automatischer Alarmweiterleitung zu einer Empfangszentrale einer ständig besetzten öffentlichen Alarmannahmestelle
		Mechanische Rauch- und Wärmeabzugseinrichtung 3-facher stündlicher Luftwechsel, Abluftventilator, Leitungen, Aufhängungen müssen 400 °C über 90 Minuten standhalten pro 200 m² Deckenfläche ein rauchempfindliches Auslöseelement mit Ein- und Ausschalter an zentraler Stelle im Feuerwehrangriffsweg Anspeisung von der Niederspannungshauptverteilung in jeweils eigenen Stromkreisen oder von Notstromversorgung	**Erweiterte automatische Löschhilfeanlage** (EAL) mit automatischer Alarmweiterleitung zu einer Empfangszentrale einer ständig besetzten öffentlichen Alarmannahmestelle
3	> 4.800 m² und ≤ 10.000 m²	**Natürliche** Rauch- und Wärmeabzugseinrichtung Zuluftöffnungen in Bodennähe (Summe der ständig freien Querschnittsflächen ≥ 0,5 % der Brandabschnittsfläche) Abluftöffnungen in Deckennähe (Summe der ständig freien Querschnittsflächen ≥ 0,5 % der Brandabschnittsfläche) Die Öffnungen mit einer Mindestgröße je Öffnung von 1,00 m² sind so anzuordnen, dass eine Querdurchlüftung gewährleistet ist Ein- und Ausfahrten (ständig freie Querschnitte) können herangezogen werden oder	**Sprinkleranlage** (SPA) mit automatischer Alarmweiterleitung zu einer Empfangszentrale einer ständig besetzten öffentlichen Alarmannahmestelle
		Mechanische Rauch- und Wärmeabzugseinrichtung 3-facher stündlicher Luftwechsel, Abluftventilator, Leitungen, Aufhängungen müssen 400 °C über 90 Minuten standhalten pro 200 m² Deckenfläche ein rauchempfindliches Auslöseelement mit Ein- und Ausschalter an zentraler Stelle im Feuerwehrangriffsweg Anspeisung von der Niederspannungshauptverteilung in jeweils eigenen Stromkreisen oder von Notstromversorgung	**Sprinkleranlage** (SPA) mit automatischer Alarmweiterleitung zu einer Empfangszentrale einer ständig besetzten öffentlichen Alarmannahmestelle

Tabelle 3: Anforderungen an Parkdecks mit einer obersten Stellplatzebene von nicht mehr als 22 m über dem tiefsten Punkt des an das Bauwerk angrenzenden Geländes im Freien nach Fertigstellung

Gegenstand	Anforderungen
1 Mindestabstände	
1.1 Mindestabstände zu Nachbargrundstücks- bzw. Bauplatzgrenzen	4,00 m
1.2 Mindestabstände zu Gebäuden auf demselben Grundstück bzw. Bauplatz	6,00 m
2 Anforderungen bei Unterschreitung der Mindestabstände gemäß Punkt 1	
2.1 zu Nachbargrundstücks- bzw. Bauplatzgrenzen	den Nachbargrundstücks- bzw. Bauplatzgrenzen zugekehrten Wände über die gesamte Länge und Höhe sowie die Decke bis zum Abstand von 4,00 m jeweils in REI 90 und A2 bzw. EI 90 und A2 erforderlich
2.2 zu Gebäuden auf demselben Grundstück bzw. Bauplatz	den Gebäuden auf demselben Grundstück- bzw. Bauplatz zugekehrten Wände über die gesamte Länge und Höhe sowie die Decke bis zum Abstand von 6,00 m jeweils in REI 90 und A2 bzw. EI 90 und A2 erforderlich
3 Tragwerk	R 30 und A2 oder Stahlkonstruktion mit Decken als Verbundtragwerk aus Stahl und Beton, wenn nachgewiesen werden kann, dass es beim zu erwartenden Realbrand innerhalb des Zeitraumes von 30 Minuten zu keinem Einsturz einer Stellplatzebene oder von Teilen einer Stellplatzebene kommt
4 nichttragende Wände	A2
5 Wandbekleidungen, Bodenbeläge und Deckenbekleidungen	
5.1 Wandbekleidungen	B-s1
5.2 Bodenbeläge	B_{fl}
5.3 Konstruktionen unter der Rohdecke einschließlich Deckenbeläge	B-s1, d0
6 Türen zwischen Parkdecks und Gängen oder Parkdecks und Treppenhäusern	EI_2 30-C
7 Verbindung zwischen Parkdeckebenen bzw. zwischen Parkdeck und anderen Räumen	
7.1 zu Aufzugschächten, Treppenhäusern	Wände und Decken in REI 90 bzw. EI 90 und A2
7.2 zu Ladestellen von Personenaufzügen	direkt mit dem Treppenhaus oder einem Gang, der – ohne durch die Parkdeckebene zu führen – ins Freie oder in ein Treppenhaus mit Ausgang ins Freie führt, verbunden
8 Fluchtwege	
8.1 Fluchtweglänge	nicht mehr als 40 m von jeder Stelle zu einem direktem Ausgang ins Freie oder ein Treppenhaus oder eine Außentreppe, wobei in jedem Geschoß ein zusätzlicher unabhängiger Fluchtweg vorhanden sein muss, der - zu einem weiteren Treppenhaus oder einer weiteren Außentreppe oder - in einen benachbarten Brandabschnitt oder - im ersten unterirdischen sowie im ersten und zweiten oberirdischen Geschoß über die Fahrverbindung der Ein- bzw. Ausfahrtsrampe, wobei diese eine Neigung von mehr als 10 % aufweisen darf, führt; die beiden Fluchtwege dürfen über höchstens 25 m Gehweglänge gemeinsam verlaufen
8.2 Sicherheitsbeleuchtung	siehe Tabelle 6 der OIB-Richtlinie 2
9 Lüftungsöffnungen	in jeder Parkebene in mindestens zwei Umfassungswandflächen auf die Länge verteilt, 50 % der Lüftungsöffnungsflächen in der oberen Umfassungswandfläche, Lüftungsöffnungen müssen ständig offen sein und ins Freie führen. Abstand zu Lüftungsöffnungen nicht mehr als 40 m
10 Erste und erweiterte Löschhilfe	ausreichende und geeignete Mittel der ersten Löschhilfe mehr als 3 Stellplatzebenen: trockene Steigleitungen im Bereich der Zugänge zu den Stellplatzebenen

Anlage 8

OIB-Richtlinie 2.3

Brandschutz bei Gebäuden mit einem Fluchtniveau von mehr als 22 m

Ausgabe: Mai 2023

0 Vorbemerkungen

Die zitierten Normen und sonstigen technischen Regelwerke gelten in der im Dokument „OIB-Richtlinien – Zitierte Normen und sonstige technische Regelwerke" angeführten Fassung.

Werden in dieser Richtlinie Anforderungen an die Feuerwiderstandsklasse in Verbindung mit Anforderungen an Baustoffe der Klasse A2 gestellt, gilt dies auch als erfüllt, wenn

- die für die Tragfähigkeit wesentlichen Bestandteile der Bauteile der Klasse A2 entsprechen und
- die sonstigen Bestandteile aus Baustoffen der Klasse B bestehen.

Es wird darauf hingewiesen, dass parallel zu den Bestimmungen dieser Richtlinie gegebenenfalls einzelne Bestimmungen der OIB-Richtlinie 2 „Brandschutz" zu berücksichtigen sind.

Von den Anforderungen dieser OIB-Richtlinie kann entsprechend den jeweiligen landesrechtlichen Bestimmungen abgewichen werden, wenn vom Bauwerber nachgewiesen wird, dass das gleiche Schutzniveau wie bei Anwendung der Richtlinie erreicht wird. Hierbei ist der OIB-Leitfaden „Abweichungen im Brandschutz und Brandschutzkonzepte" anzuwenden.

1 Begriffsbestimmungen

Es gelten die Begriffsbestimmungen des Dokumentes „OIB-Richtlinien – Begriffsbestimmungen".

2 Allgemeine Anforderungen

2.1 Brandverhalten von Bauprodukten (Baustoffen)

2.1.1 Es gelten – sofern im Folgenden nichts anderes bestimmt ist – die Anforderungen der Tabelle 1.

2.1.2 Werden in Gängen – ausgenommen innerhalb von Wohnungen, Büros und Räumen mit büroähnlicher Nutzung – oberhalb von abgehängten Decken Leitungen bzw. Kabel nicht unter Putz verlegt oder nicht mit einer Bekleidung gleichwertig geschützt, müssen die abgehängten Decken dicht schließen und bei einer aus den Leitungen und Kabel resultierenden Brandbelastung von mehr als 25 MJ/m² überdies EI 30 (a→b) entsprechen. Dies gilt nicht bei Vorhandensein einer geeigneten Löschanlage.

2.1.3 In Gängen – ausgenommen innerhalb von Wohnungen, Büros und Räumen mit büroähnlicher Nutzung – müssen freiliegende elektrische Kabel bzw. Leitungen E_{ca} entsprechen.

2.1.4 In Treppenhäusern, Schleusen und offenen Gängen gemäß Punkt 4.2.2 ist eine Verlegung von brennbaren Leitungen sowie von Leitungen für brennbare Medien ohne brandschutztechnische Vorkehrungen unzulässig.

2.1.5 In Sicherheitstreppenhäusern sind Hauptverteiler, Stockwerksverteiler, Messeinrichtungen von elektrischen Anlagen sowie Wechselrichter von Photovoltaikanlagen von Trennbauteilen zu begrenzen, wobei die Zugangsöffnungen mit einem Verschluss in EI_2 90-S_{200} oder in EI 90 allseitig dicht angeschlagen zu versehen sind.

2.1.6 An Einzelleitungen für treppenhauseigene Anlagen (einschl. der dazugehörenden sicherheitstechnischen Anlagen, wenn keine anderen Bestimmungen diesbezüglich vorliegen), für Einzelleitungen von Messeinrichtungen bzw. Kommunikationskabeln (z.B. Internet, Kabelfernsehen) sowie für wasserführende Leitungen werden keine brandschutztechnischen Anforderungen gestellt.

2.1.7 In Treppenhäusern, Schleusen und offenen Gängen gemäß Punkt 4.2.2 müssen Dämmstoffe von Leitungen A2-s1, d0 entsprechen.

2.2 Feuerwiderstand von Bauteilen

2.2.1 Tragende und aussteifende Bauteile sowie Läufe und Podeste von Sicherheitstreppenhäusern müssen R 90 und A2 entsprechen.

2.2.2 Folgende Bauteile müssen REI 90 und A2 entsprechen:
a) tragende Trennwände,
b) brandabschnittsbildende Wände und Decken,
c) Decken von Loggien und Balkonen,
d) Decken und Dachschrägen mit einer Neigung zur Horizontalen von nicht mehr als 60 Grad,
e) Wände von Sicherheitstreppenhäusern; die Anforderungen an den Feuerwiderstand sind nicht erforderlich für Außenwände von Sicherheitstreppenhäusern, die aus Baustoffen A2 bestehen und die durch andere an diese Außenwände anschließende Gebäudeteile im Brandfall nicht gefährdet werden können,
f) Decken über Sicherheitstreppenhäusern; von den Anforderungen an den Feuerwiderstand kann abgewichen werden, wenn eine Brandübertragung von den angrenzenden Bauwerksteilen auf das Sicherheitstreppenhaus durch geeignete Maßnahmen verhindert wird,
g) tragende Wände und Decken von Schleusen sowie von offenen Gängen gemäß Punkt 4.2.2.

2.2.3 Nichttragende Trennwände sowie nichttragende Wände von Schleusen und von offenen Gängen gemäß Punkt 4.2.2 müssen EI 90 und A2 entsprechen.

2.2.4 Bei Gebäuden mit einem Fluchtniveau von mehr als 32 m müssen Loggien und Balkone eine mindestens 1,10 m hohe Brüstung in EI 30 und A2 oder EW 30 und A2 aufweisen. Ist eine automatische Löschanlage gemäß Punkt 2.11.2, 2.11.3 oder 2.11.4 vorhanden, genügt für die Brüstung eine Ausführung in A2.

2.3 Fassaden

2.3.1 Fassaden (z.B. Außenwand-Wärmedämmverbundsysteme, vorgehängte hinterlüftete, belüftete oder nicht hinterlüftete Fassaden) sind so auszuführen, dass bezogen auf das zweite über dem Brandherd liegende Geschoß eine Brandweiterleitung über die Fassade und das Herabfallen großer Fassadenteile wirksam eingeschränkt wird.

2.3.2 Vorhangfassaden sind so auszuführen, dass
a) bezogen auf das zweite über dem Brandherd liegende Geschoß eine Brandweiterleitung über die Fassade und das Herabfallen großer Fassadenteile, sowie
b) eine Brandausbreitung über Anschlussfugen und Hohlräume und zusätzlich über innerhalb einer zweischaligen Vorhangfassade vorhandene Zwischenräume im Bereich von Trenndecken bzw. brandabschnittsbildenden Decken

wirksam eingeschränkt werden.

2.3.3 Kleinteile ohne tragende Funktion, wie z.B. Dämmstoffhalter, Dübelhülsen, Windpapier, thermische Trennungen und Dichtungen, bleiben hinsichtlich der Anforderungen an das Brandverhalten außer Betracht.

2.3.4 In Sockel- und Spritzwasserschutzbereichen ist die Verwendung von Dämmstoffen der Klasse E zulässig.

2.4 Brandabschnitte

2.4.1 In den untersten vier oberirdischen Geschoßen darf ein Brandabschnitt eine Netto-Grundfläche von 1.200 m², in sonstigen Geschoßen eine Netto-Grundfläche von 800 m² nicht überschreiten. In Gebäuden mit einem Fluchtniveau von nicht mehr als 32 m ist bei Vorhandensein einer Sprinkleranlage in oberirdischen Geschoßen eine Brandabschnittsfläche von 1.200 m² zulässig. Brandabschnitte sind durch brandabschnittsbildende Bauteile (z.B. Wände, Decken) gegeneinander abzugrenzen.

2.4.2 In jedem oberirdischen Geschoß muss ein deckenübergreifender Außenwandstreifen von mindestens 1,20 m Höhe in EI 90 und A2 vorhanden sein oder die brandabschnittsbildende Decke muss mit einem mindestens 80 cm horizontal auskragenden Bauteil gleicher Feuerwiderstandsklasse verlängert werden. Die Anforderung an den Feuerwiderstand gilt nicht, wenn eine geeignete Löschanlage zur Verhinderung der vertikalen Brandausbreitung oder eine automatische Sprinkleranlage vorhanden ist.

2.5 Sicherheitstreppenhäuser

Für Sicherheitstreppenhäuser gelten – unbeschadet der Punkte 3 und 4 – folgende Anforderungen:

a) Sicherheitstreppenhäuser müssen jedenfalls einen unmittelbaren Ausgang zu einem sicheren Ort des angrenzenden Geländes im Freien haben. Führt dieser Ausgang nicht unmittelbar ins Freie, so gelten für den Bereich zwischen Treppenhaus und Ausgang ins Freie, der möglichst kurz sein muss, dieselben brandschutztechnischen Anforderungen wie für dieses Treppenhaus.

b) Sind die Ausgänge von Sicherheitstreppenhäusern nicht unmittelbar an einer öffentlichen Verkehrsfläche situiert, ist zu ihnen eine Feuerwehrzufahrt herzustellen.

c) Treppenläufe von Sicherheitstreppenhäusern sind baulich so zu gestalten, dass aus den Geschoßen flüchtende Personen nicht versehentlich in die Geschoße unterhalb des Ausgangsgeschoßes gelangen können.

2.6 Interne Treppen

Für interne Treppen gelten folgende Anforderungen:

a) Interne Treppen, die mehrere Geschoße miteinander verbinden, sind nur innerhalb einer Wohnung bzw. Betriebseinheit zulässig und dürfen sich über nicht mehr als drei Geschoße erstrecken.

b) In jedem Geschoß muss unabhängig von internen Treppen der Zugang zu den Sicherheitstreppenhäusern und im Brandfall der Zugang von den Sicherheitstreppenhäusern in Wohnungen bzw. Betriebseinheiten sichergestellt sein.

2.7 Personenaufzüge

2.7.1 Für Schächte von Personenaufzügen gelten folgende Anforderungen:

a) Personenaufzüge müssen in Schächten mit Wänden in REI 90 und A2 bzw. EI 90 und A2 geführt werden. Es dürfen höchstens drei Personenaufzüge in einem gemeinsamen Schacht eingebaut werden.

b) Bei Personenaufzügen, die an der Außenseite des Gebäudes angeordnet sind, müssen jedenfalls die dem Gebäude zugewandten Schachtwände REI 90 bzw. EI 90 und A2 entsprechen.

c) Jeder Feuerwehraufzug ist in einem eigenen Schacht mit Wänden in REI 90 und A2 zu führen.

2.7.2 Falls die Ladestellen von Personenaufzügen nicht in Treppenhäuser oder Schleusen münden, muss vor ihnen ein Vorraum geschaffen werden, der von Trennbauteilen begrenzt wird.

2.7.3 Schachttüren von Personenaufzügen müssen derart ausgestaltet sein, dass eine Übertragung von Feuer und Rauch wirksam eingeschränkt wird.

2.7.4 Personenaufzüge – ausgenommen Feuerwehraufzüge – sind mit einer Brandfallsteuerung auszustatten, die nach dem Gebäudeevakuierungskonzept bei Anliegen eines Branderkennungssignals den Fahrkorb in die jeweilige Bestimmungshaltestelle (Evakuierungsebene) bewegt, die Türen öffnet und den Antrieb stillsetzt.

2.7.5 Bei Personenaufzügen, die über mehrere Geschoße hindurch keine Haltestellen haben, müssen in entsprechenden Abständen Nottüren für die Notbefreiung von im Fahrkorb eingeschlossenen Personen angeordnet werden.

2.7.6 Die Wände und Decken von Triebwerksräumen müssen REI 90 und A2 bzw. EI 90 und A2 entsprechen. Die Decke zwischen Schacht und darüber liegendem Triebwerksraum muss R 90 und A2 entsprechen. Der Zugang muss innerhalb der Baulichkeit liegen und darf nur über Treppen erfolgen.

2.7.7 Bei Personenaufzügen ohne gesonderten Triebwerksraum sind die Notbefreiungseinrichtungen (Tableau für den Notbetrieb) in Schleusen oder in als Rauchabschnitt ausgebildeten Räumen anzuordnen.

2.7.8 Für jeden Brandabschnitt ist mindestens ein Feuerwehraufzug vorzusehen. Ein Feuerwehraufzug darf mehreren Brandabschnitten zugeordnet werden, falls der Zugang unmittelbar aus den angrenzenden Brandabschnitten erfolgt. Für die Beurteilung des Erfordernisses eines Feuerwehraufzuges ist die Höhendifferenz zwischen der Fußbodenoberkante des höchstgelegenen oberirdischen Geschoßes und der Feuerwehrangriffsebene maßgebend.

2.8 Abfallsammelräume, Transformatorenräume, Niederspannungs-Hauptverteilungsräume

Zwischen dem Gebäudeinneren und den Abfallsammelräumen, Transformatorenräumen oder Niederspannungs-Hauptverteilungsräumen müssen ausreichend be- und entlüftete Schleusen mit Türen in EI_2 30-C vorgesehen werden.

2.9 Installationen

Installationsschächte sind im Abstand von zwölf Geschoßen durch eine horizontale Abschottung zu teilen, die einen Feuerwiderstand von 90 Minuten sicherstellt.

2.10 Erste und erweiterte Löschhilfe

2.10.1 Es sind ausreichende und geeignete Mittel der ersten Löschhilfe (z.B. tragbare Feuerlöscher) bereitzuhalten.

2.10.2 Es müssen in jedem Geschoß Wandhydranten mit formbeständigem D-Schlauch und zusätzlicher geeigneter Anschlussmöglichkeit für die Feuerwehr zur Brandbekämpfung vorhanden sein. Die Anzahl und Anordnung der Wandhydranten ist so festzulegen, dass mit dem formbeständigen D-Schlauch jeder Punkt eines Brandabschnittes erreicht werden kann, wobei jedenfalls in unmittelbarer Nähe jedes Sicherheitstreppenhauses ein Wandhydrant vorhanden sein muss.

2.10.3 Abweichend von Punkt 2.10.2 ist in Gebäuden mit einem Fluchtniveau von nicht mehr als 32 m mit ausschließlicher Wohnnutzung die Errichtung einer trockenen Steigleitung ausreichend.

2.11 Anlagentechnische Brandschutzeinrichtungen

2.11.1 Automatische Brandmeldeanlagen (BMA) müssen nach einer anerkannten Richtlinie ausgeführt werden.

2.11.2 Automatische Löschanlagen (z.B. Sprinkleranlage SPA) mit dem Schutzziel „den Brand im Entstehungsstadium zu entdecken und zu löschen oder solange unter Kontrolle zu halten, bis das Löschen mit anderen Mitteln durchgeführt werden kann" müssen nach einer anerkannten Richtlinie ausgeführt werden. Die automatische Löschanlage muss über eine Wasserversorgung mit erhöhter Zuverlässigkeit und mindestens 60 Minuten Wirkzeit verfügen; für Wohngebäude mit einem Fluchtniveau von nicht mehr als 32 m ist eine einfache Wasserversorgung mit einer Wirkzeit von 30 Minuten ausreichend.

2.11.3 Für andere Löschanlagen mit dem Schutzziel „den Brand im Entstehungsstadium zu entdecken und zu löschen oder solange unter Kontrolle zu halten, bis das Löschen mit anderen Mitteln durchgeführt werden kann" muss nachgewiesen werden, dass

- die Löschwirkung,
- die Ausfallsicherheit,
- die Überwachungseinrichtungen und
- die Alarmierungseinrichtungen

gleichwertig zu einer Löschanlage gemäß Punkt 2.11.2 ausgeführt werden.

2.11.4 Für automatische Löschanlagen mit dem Schutzziel „Verhinderung der vertikalen Flammenübertragung" muss nachgewiesen werden, dass

- die Ausfallsicherheit,
- die Überwachungseinrichtungen und
- die Alarmierungseinrichtungen

gleichwertig zu einer Löschanlage gemäß Punkt 2.11.2 ausgeführt werden.

Die vertikale Flammenübertragung gilt als verhindert, wenn

- im Geschoß oberhalb des Brandgeschoßes,
- unmittelbar unterhalb der Geschoßdecke und
- außerhalb des Sprühkegels der Wasserdüsen

eine mittlere Temperaturerhöhung von nicht mehr als 140 °C über der mittleren Ausgangstemperatur und an keiner Stelle eine maximale Temperaturerhöhung von 180 °C über der mittleren Ausgangstemperatur auftreten.

2.12 Lüftungstechnische Anlagen und Klimaanlagen

2.12.1 Die lüftungstechnischen Anlagen für Sicherheitstreppenhäuser einschließlich der zugehörigen Schleusen sowie die raumlufttechnischen Anlagen sind von den sonstigen lüftungstechnischen Anlagen getrennt auszuführen.

2.12.2 Das Gebäude ist – mit Ausnahme der Lüftung der Sicherheitstreppenhäuser samt Schleusen – lüftungstechnisch in Abschnitte von höchstens 12 Geschoßen zu unterteilen, wobei jeder Abschnitt eine eigene lüftungstechnische Anlage erhalten muss, wobei ein gemeinsames Lüftungszentralgerät für zwei Abschnitte zulässig ist.

2.12.3 Die unterirdischen Geschoße müssen eine eigene lüftungstechnische Anlage erhalten.

2.12.4 Die lüftungstechnischen Anlagen müssen an zentraler Stelle ein- und ausgeschaltet werden können.

2.12.5 Bei Gebäuden mit einem Fluchtniveau von mehr als 32 m sind motorgesteuerte Brandschutzklappen zu verwenden. Bei Gebäuden mit einem Fluchtniveau von nicht mehr als 32 m dürfen auch thermisch gesteuerte Brandschutzklappen verwendet werden.

2.12.6 Für Klimaanlagen gelten die Anforderungen gemäß den Punkten 2.12.1 bis 2.12.5 sinngemäß.

2.13 Sicherheitsstromversorgung

2.13.1 Es ist eine vom allgemeinen Stromnetz unabhängige Stromquelle vorzusehen, an die die Personen- und Lastenaufzüge einschließlich Feuerwehraufzüge, die Drucksteigerungsanlage, die Wandhydranten und die Anlagen zur Rauchfreihaltung (DBA) anzuschließen sind. Diese Stromquelle muss sich bei Netzausfall selbsttätig einschalten und an gesicherter Stelle von Hand aus einschaltbar sein.

2.13.2 Abweichend von Punkt 2.13.1 genügt bei Gebäuden mit einem Fluchtniveau von nicht mehr als 32 m für die Personen- und Lastenaufzüge einschließlich Feuerwehraufzüge, die Drucksteigerungsanlage, für die Wandhydranten und die Anlagen zur Rauchfreihaltung (DBA) ein direkter Anschluss an den Niederspannungs-Hauptverteiler des jeweiligen Objektes, wobei zusätzlich folgende Anforderungen einzuhalten sind:

a) Wände und Decken des Niederspannungs-Hauptverteilers werden als brandabschnittsbildende Wände und Decken ausgeführt, Türen in EI_2 30-C.
b) Die zur Stromversorgung dienenden elektrischen Leitungen werden mit Funktionserhalt E 90 ausgeführt.
c) Zur Sicherstellung der elektrischen Versorgungssicherheit müssen die zugehörigen Leitungsschutzeinrichtungen kurzschluss-selektiv ausgeführt werden.

2.13.3 Im Bereich jedes Wandhydranten oder in den Stockwerksverteilern ist eine an die Anlage der Sicherheitsstromversorgung angeschlossene CEE-Drehstrom-Steckdose mit 16 A anzubringen. Bei Installation in einem Stockwerksverteiler ist dieser mit dem Feuerwehr-Einheitsschlüssel sperrbar einzurichten. Für Gebäude mit einem Fluchtniveau von nicht mehr als 32 m gilt Punkt 2.13.2 sinngemäß.

2.14 Sicherheitsbeleuchtung

Es gelten die Anforderungen der Tabelle 6 der OIB-Richtlinie 2.

2.15 Alarmeinrichtungen

Es ist eine Alarmeinrichtung zu installieren, durch die Personen im Gebäude durch Licht- und/oder Schallzeichen bzw. Rundspruch-Durchsagen gewarnt werden können.

2.16 Funkeinrichtungen

Im Gebäude ist eine gesicherte Funkkommunikation für die Feuerwehr sicherzustellen; gegebenenfalls ist eine Objektfunkanlage zu installieren.

2.17 Verantwortliche Personen

2.17.1 Für das Gebäude ist ein geeigneter und nachweislich ausgebildeter Brandschutzbeauftragter (BSB) zu bestellen und es sind im Einvernehmen mit der örtlich zuständigen Feuerwehr Brandschutzpläne anzufertigen sowie der Feuerwehr zur Verfügung zu stellen.

2.17.2 Für Gebäude mit einem Fluchtniveau von mehr als 32 m ist eine Person zu bestellen, die folgende Aufgaben zu übernehmen hat:
- Veranlassung von Störungsbehebungen,
- Hilfestellung bei erforderlichen Eingriffen in die Haustechnik im Zuge von Feuerwehreinsätzen,
- Hilfestellung bei der Wiederinbetriebnahme von brandfallgesteuert abgeschalteten Einrichtungen.

2.18 Photovoltaikanlagen

2.18.1 Für Photovoltaik-Module an Fassaden sind folgende Anforderungen einzuhalten:
a) Bei Gebäuden mit einem Fluchtniveau von nicht mehr als 32 m sind in Bereichen, bei denen ein Löschangriff von außen möglich ist, Photovoltaik-Module in B-d1 ausreichend. Anderenfalls müssen sie Punkt 1.4 der Tabelle 1 entsprechen.
b) Bezogen auf das zweite über dem Brandherd liegende Geschoß muss eine Brandweiterleitung und das Herabfallen großer Photovoltaik-Modulteile wirksam eingeschränkt werden.
c) Entsteht durch die Photovoltaikanlage ein Hinterlüftungsspalt, so ist eine geschoßweise Abschottung des Hinterlüftungsspalts erforderlich; anderenfalls sind die zutreffenden Anforderungen für das gesamte System einschließlich der Photovoltaik-Module einzuhalten.

2.18.2 Für auf Dächern aufgebrachte oder in Dächern integrierte Photovoltaikanlagen müssen folgende Anforderungen eingehalten werden:
a) Die auf Dächern aufgebrachten oder in Dächern integrierten Photovoltaik-Module müssen B_{ROOF} (t1) entsprechen, oder die Oberseite der Photovoltaik-Module muss aus Glas bestehen oder die Klasse A2 erfüllen, wobei ein etwaiger Rahmen in A2 ausgeführt werden muss.
b) Photovoltaik-Module müssen von der Mitte der brandabschnittsbildenden Wand und zur Nachbargrundstücks- bzw. Bauplatzgrenze – falls die horizontale Brandübertragung nicht durch gleichwertige Maßnahmen begrenzt werden kann – einen Abstand von mindestens 1 m haben.
c) Die Erreichbarkeit der Dachfläche für die Einsatzkräfte der Feuerwehr muss für Löschmaßnahmen gegeben sein. Photovoltaikanlagen müssen zu allenfalls vorhandenen Dachausstiegen, die als Zugang für die Feuerwehr dienen, im Bereich der Standfläche einen Abstand von mindestens 3 m aufweisen.
d) Die Ausdehnung der Photovoltaik-Modulfelder darf höchstens 20 m betragen. Die Abstände zwischen den Photovoltaik-Modulfeldern müssen mindestens 1 m betragen; bei einer Dacheindeckung, die nicht A2 erfüllt, ist ein Abstand von 2 m erforderlich.
e) Der Abstand zwischen Photovoltaik-Modulen und Lichtkuppeln sowie Öffnungen von Rauch- und Wärmeabzugsanlagen muss mindestens 1 m betragen; bei einer Dacheindeckung, die nicht A2 erfüllt, ist ein Abstand von mindestens 2 m erforderlich. Dabei darf die Wirksamkeit der Rauch- und Wärmeabzugsanlage nicht beeinträchtigt werden.
f) Generatoranschlusskasten und/oder Wechselrichter dürfen nur auf mineralischen Unterkonstruktionen in A2 angebracht werden.

2.18.3 Für auf Dächern aufgebrachte oder in Dächern integrierte Photovoltaikanlagen muss der Einbrand ins Gebäudeinnere wirksam eingeschränkt werden. Diese Anforderung gilt als erfüllt, wenn die Decke über dem obersten Geschoß in REI 90 und A2 ausgeführt wird.

3 Gebäude mit einem Fluchtniveau von nicht mehr als 32 m

Für Gebäude mit einem Fluchtniveau von nicht mehr als 32 m gelten ergänzend zu Punkt 2 folgende Anforderungen.

3.1 Fluchtwege

3.1.1 Von jeder Stelle jedes Raumes muss in höchstens 40 m Gehweglänge ein Sicherheitstreppenhaus der Stufe 1 gemäß Punkt 3.2 erreichbar sein. Bei Wohnungen wird die Gehweglänge ab der Wohnungseingangstüre gemessen. Dabei dürfen sich die Wohnungen über höchstens zwei Geschoße erstrecken.

3.1.2 Die Fluchtwege gemäß Punkt 3.1.1 dürfen bei Betriebseinheiten auf eine Länge von höchstens 25 m gemeinsam mit dem Fluchtweg gemäß Punkt 3.1.1 verlaufen (z.B. Stichgang).

3.1.3 Jeder Brandabschnitt in den oberirdischen Geschoßen ist mindestens an ein Sicherheitstreppenhaus der Stufe 1 anzuschließen.

3.2 Sicherheitstreppenhäuser der Stufe 1

3.2.1 Bei Gebäuden mit Wohnungen und jenen, bei denen durch eine kleinräumige Brandabschnittsbildung nur wenige Personen durch einen Brand betroffen sind, ist das Treppenhaus mit einer Druckbelüftungsanlage derart auszustatten, dass während der Fluchtphase einzelner Personen das Treppenhaus möglichst rauchfrei gehalten wird.

3.2.2 Bei Gebäuden mit Büros und jenen, bei denen durch eine größere Brandabschnittsbildung mehrere Personen durch einen Brand betroffen sind, ist das Treppenhaus mit einer Druckbelüftungsanlage derart auszustatten, dass während der Fluchtphase mehrerer Personen das Treppenhaus möglichst rauchfrei gehalten wird.

3.2.3 Wohnungen bzw. Betriebseinheiten dürfen nur über einen Gang oder einen Vorraum an das Treppenhaus angebunden werden. Dieser ist in die Druckbelüftungsanlage derart einzubeziehen, dass eine Durchspülung mit einem 30-fachen stündlichen Luftwechsel erfolgt, wenn alle in diesen Gang oder Vorraum mündenden Türen geschlossen sind.

3.3 Brandmeldeanlagen (BMA)

3.3.1 Das Gebäude ist mit einer automatischen Brandmeldeanlage im Schutzumfang Vollschutz auszustatten, die über das jeweils hochwertigste zur Verfügung stehende Übertragungssystem an die Brandmelde-Auswertezentrale einer öffentlichen Feuerwehr anzuschließen ist. Im Fall einer Auslösung ist der Zutritt zu allen überwachten Bereichen sicherzustellen.

3.3.2 Abweichend von Punkt 3.3.1 können Wohnungen vom Schutzumfang der automatischen Brandmeldeanlage ausgenommen werden, wenn

a) in allen Aufenthaltsräumen – ausgenommen in Küchen – sowie in Gängen, über die Fluchtwege von Aufenthaltsräumen führen, jeweils mindestens ein unvernetzter Rauchwarnmelder angeordnet wird; die Rauchwarnmelder müssen so eingebaut werden, dass Brandrauch frühzeitig erkannt und gemeldet wird, und
b) die überwiegende Anzahl der Fenster jeder Wohnung so angeordnet ist, dass eine Identifizierung der vom Brand betroffenen Wohnung durch die Einsatzkräfte der Feuerwehr von außen möglich ist.

3.4 Maßnahmen zur wirksamen Einschränkung einer vertikalen Brandübertragung

Ist ein Löschangriff von außen nicht möglich, ist eine der folgenden Maßnahmen erforderlich:

a) Loggien und Balkone müssen mindestens 1,50 m tief sein sowie eine entsprechende Brüstung in EI 30 und A2 oder EW 30 und A2 mit einer Mindesthöhe von 1,10 m aufweisen, oder
b) eine geeignete Löschanlage, die mindestens das Schutzziel „Verhinderung der vertikalen Flammenübertragung" sicherstellt, oder
c) alle Öffnungen in der betreffenden Außenwand sind mit nicht öffenbaren Abschlüssen in E 90 und A2 herzustellen, oder
d) es müssen Fensterstürze in REI 90 und A2 bzw. EI 90 und A2 vorhanden sein, die mindestens 20 cm von der fertigen Deckenuntersicht herabreichen müssen. Der Abstand zwischen dieser Sturzunterkante und der Parapetoberkante des nächsten darüber liegenden Fensters muss mindestens 4,40 m betragen; der dazwischen liegende Bereich muss in REI 90 und A2 bzw. EI 90 und A2 hergestellt werden. Dieser Abstand reduziert sich auf maximal 1,50 m, wenn der Abstand eines Fensters zu darüber liegenden Fenstern – horizontal von Laibung zu Laibung gemessen – mindestens 2,00 m beträgt.

4 Gebäude mit einem Fluchtniveau von mehr als 32 m und nicht mehr als 90 m

Für Gebäude mit einem Fluchtniveau von mehr als 32 m und nicht mehr als 90 m gelten ergänzend zu Punkt 2 folgende Anforderungen:

4.1 Fluchtwege

4.1.1 Von jeder Stelle jedes Raumes muss in höchstens 40 m Gehweglänge ein Sicherheitstreppenhaus der Stufe 2 gemäß Punkt 4.2 mit jeweils einem Ausgang zu einem sicheren Ort des angrenzenden Geländes im Freien erreichbar sein, wobei ohne Begrenzung der Gehweglänge zusätzlich

a) in jedem Geschoß mit mindestens einem Aufenthaltsraum ein unabhängiger Fluchtweg zu einem weiteren Sicherheitstreppenhaus der Stufe 2 gemäß Punkt 4.2, oder
b) ein unabhängiger Fluchtweg zu einem benachbarten Brandabschnitt mit Zugang zu einem Sicherheitstreppenhaus der Stufe 2 gemäß Punkt 4.2

erreichbar sein muss.

4.1.2 Bei Wohnungen wird abweichend von Punkt 4.1.1 die Gehweglänge ab der Wohnungseingangstüre gemessen. Dabei dürfen sich die Wohnungen über höchstens zwei Geschoße erstrecken.

4.1.3 Die Fluchtwege gemäß Punkt 4.1.1 a) bzw. b) dürfen bei Wohnungen

a) auf eine Länge von höchstens 25 m gemeinsam mit dem Fluchtweg gemäß Punkt 4.1.1, oder
b) auf eine Länge von höchstens 15 m, gemessen ab der Wohnungseingangstüre, gemeinsam

verlaufen (z.B. Stichgang).

4.1.4 Die Fluchtwege gemäß Punkt 4.1.1 a) bzw. b) dürfen bei Betriebseinheiten auf eine Länge von höchstens 25 m gemeinsam mit dem Fluchtweg gemäß Punkt 4.1.1 verlaufen (z.B. Stichgang).

4.1.5 Jeder Brandabschnitt ist mindestens an ein Sicherheitstreppenhaus der Stufe 2 anzuschließen.

4.1.6 Bei Gebäuden mit einem Fluchtniveau von mehr als 60 m muss für flüchtende Personen zumindest alle sechs Geschoße innerhalb bzw. im unmittelbar angrenzenden Bereich des Sicherheitstreppenhauses eine Fläche geschaffen werden, die ein Ausweichen vom Fluchtstrom ermöglicht.

4.1.7 Für die Feuerwehr müssen im Brandfall sämtliche Geschoße vom Sicherheitstreppenhaus aus zugänglich sein.

4.2 Sicherheitstreppenhäuser der Stufe 2

4.2.1 Für innenliegende Sicherheitstreppenhäuser der Stufe 2 gelten folgende Anforderungen:

a) Die Treppenhäuser müssen in jedem Geschoß über eine unmittelbar davor liegende Schleuse erreichbar sein.

b) Das Treppenhaus einschließlich der zugehörigen Schleusen ist mit einer Druckbelüftungsanlage (DBA) derart auszustatten, dass das Treppenhaus während der Fluchtphase und der Brandbekämpfungsphase rauchfrei gehalten wird.

c) Wohnungen bzw. Betriebseinheiten dürfen nur über eine Schleuse an das Treppenhaus angebunden werden.

d) Die Türen der Schleuse sind in EI_2 30-C auszuführen; für die Türe zwischen Schleuse und Treppenhaus genügt eine Ausführung in S_{200}-C, sofern die Länge der Schleuse mehr als 3,00 m beträgt.

e) In der nutzungsseitigen Schleusentüre ist eine Sichtverbindung vorzusehen.

4.2.2 Für außenliegende Sicherheitstreppenhäuser der Stufe 2 gelten folgende Anforderungen:

a) Die Treppenhäuser dürfen in jedem Geschoß nur über einen unmittelbar davor liegenden offenen Gang erreichbar sein.

b) Dieser offene Gang ist so anzuordnen, dass eindringender Rauch ungehindert – und ohne in das Treppenhaus zu gelangen – ins Freie entweichen kann. Der offene Gang muss mindestens so breit wie die erforderliche Treppenbreite des Treppenhauses, mindestens so lang wie die doppelte erforderliche Treppenbreite und mindestens auf einer Längsseite offen sein. Er darf an seinen/seiner offenen Seite(n) nur durch eine geschlossene, 1,10 m hohe Brüstung in EI 90 und A2 sowie durch einen Sturz eingeschränkt sein. Die Unterkante des Sturzes darf höchstens 20 cm unter der Unterkante der anschließenden Decke und muss mindestens 30 cm über der Oberkante der Treppenhaustür liegen.

c) Wände, die den offenen Gang begrenzen, dürfen außer den erforderlichen Türen und den geforderten Rauchabzugsöffnungen keine Öffnungen haben.

d) Die Türen des offenen Ganges müssen EI_2 30-C entsprechen. Für die Türe zwischen dem offenen Gang und dem Treppenhaus genügt eine Ausführung in S_{200}-C. Die Türen, die in das Treppenhaus münden, müssen von Türen zwischen dem offenen Gang und dem Gebäudeinneren mindestens 3,00 m entfernt sein; bei dreiseitig offenen Gängen ist ein Abstand von mindestens 1,50 m ausreichend. Der seitliche Abstand zwischen Fenstern bzw. Öffnungen anderer Räume und den Türen und Fenstern des Treppenhauses sowie den Türen des offenen Ganges muss mindestens 5,00 m betragen, falls diese Fenster bzw. Öffnungen nicht in EI 90 ausgeführt werden.

e) An der obersten Stelle des Treppenhauses ist eine Rauchabzugsöffnung mit einem geometrisch freien Querschnitt von 1,00 m² zu errichten, die in der Angriffsebene der Feuerwehr von Stand aus ohne fremde Hilfe geöffnet werden kann. Eine automatische Ansteuerung durch die Brandmeldeanlage ist unzulässig.

f) Eine Ausgangstüre des Treppenhauses ist mit einer Türfeststelleinrichtung zu versehen.

4.3 Brandmeldeanlagen (BMA)

4.3.1 Das Gebäude ist mit einer automatischen Brandmeldeanlage im Schutzumfang Vollschutz auszustatten, die über das jeweils hochwertigste zur Verfügung stehende Übertragungssystem an die Brandmelde-Auswertezentrale einer öffentlichen Feuerwehr anzuschließen ist. Im Fall einer Auslösung ist der Zutritt zu allen überwachten Bereichen sicherzustellen.

4.3.2 Abweichend von Punkt 4.3.1 ist die Anordnung von Brandmeldern innerhalb von Wohnungen dann nicht erforderlich, wenn sichergestellt wird, dass

a) in allen Aufenthaltsräumen – ausgenommen in Küchen – sowie in Gängen, über die Fluchtwege von Aufenthaltsräumen führen, jeweils mindestens ein unvernetzter Rauchwarnmelder angeordnet wird; die Rauchwarnmelder müssen so eingebaut werden, dass Brandrauch frühzeitig erkannt und gemeldet wird, und

b) entweder bei Auslösung einer automatischen Löschanlage mit dem Schutzziel „Verhinderung der vertikalen Flammenübertragung" die betroffene Wohnung eindeutig identifiziert werden kann, oder

c) bei Auslösung einer automatischen Löschanlage im Schutzumfang Vollschutz der betroffene Brandabschnitt eindeutig identifiziert werden kann.

4.4 Maßnahmen zur wirksamen Einschränkung einer vertikalen Brandübertragung

4.4.1 Es ist eine automatische Löschanlage im Schutzumfang Vollschutz zu errichten.

4.4.2 Bei Wohnungen ist abweichend von Punkt 4.4.1 die Errichtung einer automatischen Löschanlage mit dem Schutzziel „Verhinderung der vertikalen Flammenübertragung" ausreichend.

5 Gebäude mit einem Fluchtniveau von mehr als 90 m

Für Gebäude mit einem Fluchtniveau von mehr als 90 m ist ein Brandschutzkonzept erforderlich, das dem OIB-Leitfaden „Abweichungen im Brandschutz und Brandschutzkonzepte" zu entsprechen hat. Dabei ist ergänzend zu den Punkten 2 und 4 insbesondere zu berücksichtigen:

- Personenanzahl bei der Flucht,
- Evakuierungszeiten,
- Angriffsbedingungen der Feuerwehr,
- Art der Nutzung,
- Umgebungssituation.

6 Bauführungen im Bestand

Bei Änderungen an bestehenden Bauwerken mit Auswirkungen auf bestehende Bauwerksteile sind für die bestehenden Bauwerksteile Abweichungen von den aktuellen Anforderungen dieser OIB-Richtlinie zulässig, wenn das ursprüngliche Anforderungsniveau des rechtmäßigen Bestandes nicht verschlechtert wird.

Tabelle 1: Allgemeine Anforderungen an das Brandverhalten

1	**Fassaden**	
1.1	Außenwand-Wärmedämmverbundsysteme	A2-d1
1.2	Fassadensysteme, vorgehängte hinterlüftete, belüftete oder nicht hinterlüftete	
1.2.1	Gesamtsystem *oder*	A2-d1
1.2.2	Einzelkomponenten	
	- Außenschicht	A2-d1
	- Unterkonstruktion stabförmig / punktförmig	A2 / A2
	- Dämmschicht bzw. Wärmedämmung	A2
1.3	Vorhangfassaden	
	Einzelkomponenten	
	- Profil (Rahmen, Pfosten oder Riegel)	A2
	- Ausfachung als Verglasung	B-d1
	- Ausfachung als Paneel	A2-d1
	- Abdichtung zwischen Ausfachung und Profil	E
	- Beschichtung (sofern nicht mit Profil oder Ausfachung mitgeprüft)	B
1.4	sonstige Außenwandbekleidungen oder -beläge	A2-d1
1.5	nichttragende Außenwandbauteile	A2-d1
1.6	Gebäudetrennfugenmaterial	A2
1.7	Geländerfüllungen bei Balkonen, Loggien u. dgl.	A2
2	**Treppenhäuser und Gänge ausgenommen innerhalb von Wohnungen: Bekleidungen und Beläge sowie abgehängte Decken**	
2.1	Wandbekleidungen (1)	
2.1.1	Gesamtsystem *oder*	A2; die Oberflächen müssen geschlossen sein, wenn kein Belag vorhanden ist
2.1.2	Einzelkomponenten	
	- Außenschicht	A2
	- Unterkonstruktion	A2
	- Dämmschicht bzw. Wärmedämmung	A2; bei Mantelbeton sind Dämmschichten der Klasse B zulässig
2.2	abgehängte Decken	A2-s1, d0
2.3	Wand- und Deckenbeläge	A2-s1, d0
2.4	Bodenbeläge	$A2_{fl}$; Bei Gebäuden mit einem Fluchtniveau von nicht mehr als 32 m genügt bei Gängen B_{fl}.
2.5	Geländerfüllungen	A2
3	**Dächer mit einer Neigung ≤ 60°**	
3.1	Dacheindeckung bzw. Bedachung	B_{ROOF} (t1); Dacheindeckung, Lattung, Konterlattung und Schalung müssen der Klasse A2 entsprechen; abweichend davon sind für Lattung, Konterlattung und Schalung auch Holz und Holzwerkstoffe der Klasse D zulässig; Bei Dächern mit einer Neigung < 20° genügt als oberste Schicht auch 5 cm Kies oder Gleichwertiges;
3.2	Dämmschicht bzw. Wärmedämmung in der Dachkonstruktion	A2; Auf allen in REI 90 und A2 hergestellten Dächern mit einer Neigung < 20° sind auch EPS, XPS und PUR der Klasse E zulässig.
4	**nicht ausgebaute Dachräume**	
4.1	Bekleidung (Fußbodenkonstruktion)	
4.1.1	Gesamtsystem *oder*	B
4.1.2	Einzelkomponenten	
	- Außenschicht	A2
	- Dämmschicht bzw. Wärmedämmung	A2; auf allen in REI 90 und A2 hergestellten Dächern mit einer Neigung < 20° sind auch EPS, XPS und PUR der Klasse E zulässig.
4.2	Bodenbeläge	$A2_{fl}$. Bei Gebäuden mit einem Fluchtniveau von nicht mehr als 32 m genügt B_{fl}-s1; es sind auch Bodenbeläge in D_{fl} zulässig, wenn die Wärmedämmung bzw. Dämmschicht in A2 ausgeführt wird.
5	**Leitungen und sonstige Einbauten in Schächten bzw. Kanälen**	
5.1	Lüftungsleitungen mit/ohne elektrischen Leitungen	A2
5.2	Sammellüftungen von Nassräumen, Leitungen von kontrollierten Wohnraumlüftungen in Schächten	A2
5.3	Schleusenlüftungen	A2
5.4	Dämmstoffe von Leitungen inkl. Kälteleitungen	C-s3, d0

(1) Fehlen in Gängen und Treppenhäusern Wand- bzw. Deckenbeläge, gelten für die Bekleidung (als Gesamtsystem) bzw. die Außenschicht der Bekleidung die Anforderungen für Wand- bzw. Deckenbeläge gemäß Zeile 2.3.

Anlage 9

OIB-Leitfaden

Abweichungen im Brandschutz und Brandschutzkonzepte

Ausgabe: Mai 2023

0 Vorbemerkungen

Gebäude und Bauwerke – insbesondere Sondergebäude – haben immer komplexere und größere Dimensionen und können teilweise entsprechend den gültigen Regelwerken nicht oder nur mit erheblicher Beeinträchtigung ihres Widmungszweckes verwirklicht werden. Außerdem kommen immer häufiger Abweichungen von den materiellen Anforderungen der bautechnischen Vorschriften vor, die entsprechend begründet werden müssen. In der Folge sind einzelne brandschutztechnische Maßnahmen der Vorschriften nicht ohne Weiteres anwendbar. Es bedarf daher nicht selten der Einzelfallbetrachtung konkreter Bauvorhaben im Hinblick auf die definierten Schutzziele.

1 Anwendungsbereich des Leitfadens

Dieser Leitfaden dient für Nachweise bei Abweichungen von Anforderungen der OIB-Richtlinie 2 „Brandschutz", der OIB-Richtlinie 2.1 „Brandschutz bei Betriebsbauten", der OIB-Richtlinie 2.2 „Brandschutz bei Garagen, überdachten Stellplätzen und Parkdecks", der OIB-Richtlinie 2.3 „Brandschutz bei Gebäuden mit einem Fluchtniveau von mehr als 22 m" sowie für gemäß diesen Richtlinien verpflichtend geforderten Brandschutzkonzepte.

Außerdem kann dieser Leitfaden auch Hilfestellung in jenen Fällen leisten, bei denen ein Bauherr bzw. Nutzer eines Gebäudes freiwillig ein Brandschutzkonzept erstellen lässt.

Eine brandschutztechnische Beschreibung, aus der lediglich in Form eines Befundes die bauliche Ausführung sowie gegebenenfalls anlagentechnischen oder organisatorischen Brandschutzmaßnahmen hervorgehen, stellt kein Brandschutzkonzept im Sinne dieses Leitfadens dar.

2 Schutzziele

Die OIB-Richtlinien orientieren sich hinsichtlich der brandschutztechnischen Schutzziele an der Definition der Grundanforderungen an Bauwerke „Brandschutz" im Anhang I der Verordnung (EU) Nr. 305/2011 des Europäischen Parlaments und des Rates vom 9. März 2011, die in Teilaspekte aufgegliedert wird. Danach muss ein Bauwerk derart entworfen und ausgeführt sein, dass bei einem Brand

- die Tragfähigkeit des Bauwerkes während eines bestimmten Zeitraumes erhalten bleibt,
- die Entstehung und Ausbreitung von Feuer und Rauch innerhalb des Bauwerkes begrenzt wird,
- die Ausbreitung von Feuer auf benachbarte Bauwerke begrenzt wird,
- die Bewohner das Gebäude unverletzt verlassen oder durch andere Maßnahmen gerettet werden können,
- die Sicherheit der Rettungsmannschaften berücksichtigt wird.

3 Abweichungen

3.1 Unwesentliche Abweichungsfälle

Eine Abweichung von den Anforderungen der OIB-Richtlinien 2, 2.1, 2.2 und 2.3 ist dann unwesentlich, wenn damit keine Auswirkungen hinsichtlich der Gefährdung von Leben und Gesundheit von Personen sowie hinsichtlich Brandausbreitung verbunden sind. Es ist schlüssig zu begründen, weshalb keine zusätzlichen Brandschutzmaßnahmen erforderlich werden.

3.2 Wesentliche Abweichungsfälle

Eine Abweichung von den Anforderungen der OIB-Richtlinien 2, 2.1, 2.2 und 2.3 ist dann wesentlich, wenn damit Auswirkungen hinsichtlich der Gefährdung von Leben und Gesundheit von Personen sowie hinsichtlich Brandausbreitung verbunden sind.

Dabei sind Aussagen zu treffen, welche Brandschutzmaßnahmen getroffen werden müssen, damit die jeweils betroffenen Bestimmungen der OIB-Richtlinien trotz Abweichung als gleichwertig erfüllt angesehen werden können.

Die gleichwertige Einhaltung des Schutzniveaus wie bei Erfüllung der Richtlinien ist schlüssig nachzuweisen, wobei folgende Aussagen getroffen werden müssen:

- Punkte der Richtlinien, von denen abgewichen wird,
- Ersatzmaßnahmen, die getroffen werden,
- Begründung der Gleichwertigkeit.

In Einzelfällen kann für die Begründung der Gleichwertigkeit von Ersatzmaßnahmen auch der Nachweis durch ein Brandschutzkonzept gemäß Punkt 4 dieses Leitfadens notwendig werden. Dies betrifft insbesondere jene Abweichungsfälle bei Betriebsbauten gemäß Punkt 5 der OIB-Richtlinie 2.1, bei denen durch das Ausmaß der Abweichungen das Erreichen des Schutzniveaus nicht mehr zweifelsfrei gewährleistet ist. Dabei gilt zu beachten, dass die Zulässigkeit von Abweichungen hinsichtlich der Feuerwiderstandsklasse der Bauteile, des Brandverhaltens der Baustoffe, der Größe der Hauptbrandabschnitte bzw. Brandabschnitte und der Lagerabschnittsflächen im Rahmen des Brandschutzkonzeptes erforderlichenfalls aufgrund anerkannter Methoden des Brandschutzingenieurwesens nachzuweisen sind.

Das Erfordernis eines Brandschutzkonzeptes gemäß Punkt 4 dieses Leitfadens kann sich auch bei jenen Abweichungsfällen ergeben, bei denen durch das Ausmaß und die Art der Abweichungen eine wesentliche nachteilige Beeinflussung im Gesamtzusammenspiel der brandschutztechnischen Maßnahmen stattfindet.

4 Brandschutzkonzepte

4.1 Erfordernis

In den folgenden Fällen sind Brandschutzkonzepte, die sämtliche brandschutztechnischen Schutzziele der OIB-Richtlinien zu berücksichtigen haben, verpflichtend erforderlich:

- Sondergebäude gemäß Punkt 11 der OIB-Richtlinie 2,
- Betriebsbauten gemäß Punkt 5 der OIB-Richtlinie 2.1,
- Garagen mit Brandabschnitten von mehr als 10.000 m² sowie Parkdecks gemäß Punkt 11 der OIB-Richtlinie 2.2,
- Parkdecks, bei denen die oberste Stellplatzebene mehr als 22 m über dem tiefsten Punkt des an das Parkdeck angrenzenden Geländes nach Fertigstellung liegt, gemäß Punkt 11 der OIB-Richtlinie 2.2,
- Garagen mit einer Nutzfläche von mehr als 50 m² und Parkdecks, in denen flüssiggasbetriebene Kraftfahrzeuge (LPG) oder wasserstoffbetriebene Kraftfahrzeuge abgestellt werden, gemäß Punkt 11 der OIB-Richtlinie 2.2,
- Garagensonderformen gemäß Punkt 11 der OIB-Richtlinie 2.2,
- Gebäude mit einem Fluchtniveau von mehr als 90 m gemäß Punkt 5 der OIB-Richtlinie 2.3.

Bei wesentlichen Abweichungsfällen gemäß Punkt 3.2 kann ein Brandschutzkonzept erforderlich werden, das gegebenenfalls nur einzelne oder sämtliche brandschutztechnische Schutzziele zu berücksichtigen hat.

Es wird darauf hingewiesen, dass neben den verpflichtend erforderlichen Brandschutzkonzepten bei behördlichen Genehmigungsverfahren ein Brandschutzkonzept auch z.B. aufgrund der Komplexität, der besonderen Art der Nutzung und der großen Dimension eines Bauvorhabens in Einzelfällen gefordert werden kann.

4.2 Grundsätze

Das Brandschutzkonzept dient als Nachweis einer gleichwertigen Erreichung der Schutzziele auf gleichem Niveau wie bei Anwendung der jeweiligen OIB-Richtlinie. Abweichungen gemäß Punkt 3.2 sind darzustellen und die Folgen sowie die Kompensation zur Erreichung des Schutzniveaus schlüssig und nachvollziehbar zu begründen.

Im Brandschutzkonzept werden die einzelnen Brandschutzmaßnahmen und ihre Verknüpfung im Hinblick auf die geforderten Schutzziele dargestellt. Es beinhaltet daher die ganzheitlich aufeinander abgestimmten baulichen, anlagentechnischen, organisatorischen und abwehrenden Brandschutzmaßnahmen.

Das Brandschutzkonzept muss auf den Einzelfall und auf die Nutzung des Bauwerkes abgestimmt sein und soll zweckmäßigerweise bereits in einem frühen Planungsstadium erstellt werden. Die Erstellung des individuellen Brandschutzkonzeptes enthält in der Regel eine Risikoanalyse, die Festlegung der relevanten Schutzziele und eine Brandgefahrenermittlung, woraus gezielte vorbeugende und abwehrende Brandschutzmaßnahmen abgeleitet werden. Die Wirksamkeit der erforderlichen Brandschutzmaßnahmen kann u.a. nachgewiesen werden durch:

- Analogieschlüsse zu existierenden Regelwerken (z.B. Gesetze, Verordnungen, Normen und Richtlinien),
- Gutachten,
- Methoden des Brandschutzingenieurwesens.

Die Methoden des Brandschutzingenieurwesens werden entsprechend dem EU-Grundlagendokument „Brandschutz" als geeignete Verfahren zur Sicherstellung des erforderlichen Brandsicherheitsniveaus und zur Bemessung und Berechnung der notwendigen Schutzmaßnahmen bezeichnet. Dabei soll durch wissenschaftlich anerkannte rechnerische Verfahren (z.B. Wärmebilanzrechnungen) vor allem nachgewiesen werden, dass für sicherheitstechnisch erforderliche Zeiträume die vorhandenen Fluchtwege benutzbar, eine wirksame Brandbekämpfung möglich und die Standsicherheit der Bauteile gewährleistet sind. Die in den sicherheitstechnisch erforderlichen Zeiträumen einzuhaltenden Sicherheitskriterien müssen aufgrund anerkannter Kriterien des Brandschutzes oder anhand bestehender Vorschriften objekt- und schutzzielbezogen festgelegt werden. So kann beispielsweise mit Methoden des Brandschutzingenieurwesens die Einhaltung einer im Brandschutzkonzept vorgegebenen raucharmen Schicht mit Einhaltung der Tragfähigkeit unter den ermittelten Temperaturbelastungen für einzelne Bauteile und die Tragkonstruktion nachgewiesen werden.

Erfordern Abweichungen von den OIB-Richtlinien Ersatzmaßnahmen, so dürfen diese nicht zu wesentlichen zusätzlichen Belastungen für die öffentliche Feuerwehr führen als zu jenen, die aus den OIB-Richtlinien ohnehin ableitbar sind.

4.3 Arten

4.3.1 Standard-Brandschutzkonzept

Beim Standard-Brandschutzkonzept wird ein Bauvorhaben ohne Verwendung von Methoden des Brandschutzingenieurwesens anhand der baurechtlichen Anforderungen auf Basis gesetzlicher Regelwerke, Normen und Richtlinien abgehandelt. Auf Grundlage dieser Vorgaben soll ein gesetzlich vorgeschriebenes Mindestniveau im Hinblick auf die Sicherheit erreicht werden, wobei die Schutzziele die Anforderungsebene darstellen. Das Standard-Brandschutzkonzept besteht im Wesentlichen in der zusammenfassenden und vollständigen Beschreibung der zur Anwendung gelangenden Brandschutzmaßnahmen und soll der Genehmigungsbehörde eine übersichtliche und klare Darstellung liefern.

Sofern ein Standard-Brandschutzkonzept bei Abweichungen als Nachweis der gleichwertigen Erreichung des Niveaus der Schutzziele verwendet wird, müssen die Kompensationsmaßnahmen zumindest mittels verbaler Argumentation dargestellt und schlüssig begründet werden, weshalb diese Lösung brandschutztechnisch gleichwertig ist.

4.3.2 Brandschutzkonzept mit Methoden des Brandschutzingenieurwesens

Ein Bauvorhaben unter Verwendung von Methoden des Brandschutzingenieurwesens wird derart abgehandelt, dass Schutzziele durch die Festlegung von quantitativen Schutzzielkriterien konkretisiert werden. Für den betrachteten Bereich müssen entsprechend der vorgesehenen Nutzung die Brandszenarien festgelegt werden. Als Methoden des Brandschutzingenieurwesens kommen u.a. in Betracht:

- Brandsimulationen (z.B. nach Handformeln, Wärmebilanzberechnungen mit Zonenmodellen, CFD-Modellrechnungen) sowie physikalische Modelle (Brand- und Rauchversuche im verkleinerten Gebäudemodell),
- Brand- und Rauchversuche (Realversuche),
- Beurteilung des Brandverhaltens von Bauteilen und Tragwerken,
- Personenstromanalysen.

4.4 Inhalt

Aus dem nachstehend angeführten Katalog von Inhalten muss das Brandschutzkonzept für ein konkretes Bauvorhaben nur die Angaben enthalten, die für seine Beurteilung erforderlich sind. Über den Katalog hinausgehende Angaben können im Einzelfall verlangt werden. Das Brandschutzkonzept muss jedoch mindestens jene Angaben enthalten, die für die Gesamtbewertung der brandschutztechnischen Maßnahmen erforderlich sind. Die technische Dokumentation der baulichen Situation und der brandschutztechnischen Einrichtungen muss derart gestaltet sein, dass sich auch nicht unmittelbar mit dem Projekt befasste Fachleute einen zuverlässigen Einblick in die vorliegenden Gegebenheiten verschaffen können.

4.4.1 Allgemeine Angaben

- Verfasser
- Auftraggeber
- Zweck
  Dabei muss unter Angabe der entsprechenden Bestimmungen der jeweiligen OIB-Richtlinie jedenfalls bekannt gegeben werden, ob es sich um ein verpflichtendes Brandschutzkonzept oder um ein Brandschutzkonzept aufgrund wesentlicher Abweichungen handelt.
- Beurteilungsgrundlagen
  Die zur Erstellung des Brandschutzkonzeptes herangezogenen Planungsgrundlagen sowie die zugrunde gelegten gesetzlichen Vorschriften, Normen und sonstigen technischen Regelwerke sind anzuführen.

4.4.2 Gebäude- und Grundstücksinformationen

- Beschreibung des Gebäudes bzw. Bauwerkes und der örtlichen Situation im Hinblick auf den Brandschutz
- Nutzungsspezifische Angaben bezüglich Anzahl und Art der das Gebäude bzw. Bauwerk nutzenden Personen, hinsichtlich der relevanten Brandbelastung von Nutz- und Lagerflächen sowie der relevanten Brandgefahren und besonderen Zündquellen
- Darstellung der Schutzziele

4.4.3 Baulicher Brandschutz

- Zugänglichkeit der Gebäude bzw. Bauwerke unter Einbeziehung von Zu- und Durchfahrten
- Anordnung von Brandabschnitten sowie anderer brandschutztechnischer Unterteilungen unter Berücksichtigung von Räumen mit erhöhter Brandgefahr einschließlich Angaben zum Abschluss von Öffnungen in brandabschnittsbildenden Bauteilen bzw. Trennbauteilen
- Anordnung und Ausführung von Rauchabschnitten
- Brandverhalten der Baustoffe
- Feuerwiderstand der Bauteile (Standsicherheit, Raumabschluss, Isolierung etc.)
- Lage und Anordnung haustechnischer Anlagen, soweit der Brandschutz berührt wird
- Flucht- bzw. Rettungswege sowie deren Ausführung

4.4.4 Anlagentechnischer Brandschutz

- Brandmeldeanlage mit Beschreibung der überwachten Bereiche und Angabe der alarmannehmenden Stelle
- Alarmierungseinrichtungen mit Beschreibung der Auslösung und Funktionsweise
- Löschanlagen mit Beschreibung der Art der Anlage und der geschützten Bereiche
- Maßnahmen für den Rauch- und Wärmeabzug mit Darstellung der Art der Anlage
- Einrichtungen zur Rauchfreihaltung mit Darstellung der Schutzbereiche
- Brandschutztechnische Einrichtungen wie Steigleitungen, Wandhydranten, Feuerlöschgeräte, Drucksteigerungsanlagen und Einspeisestellen für die Feuerwehr
- Lage und Anordnung der Lüftungsanlagen mit Angaben zur brandschutztechnischen Ausbildung
- Angaben zum Funktionserhalt von sicherheitstechnisch relevanten Anlagen einschließlich der Netzersatzversorgung
- Fluchtweg-Orientierungsbeleuchtung, Sicherheits- und Notbeleuchtung
- Blitzschutz- und Überspannungsschutzanlage
- Aufzugsanlagen, soweit der Brandschutz berührt ist (z.B. Brandfallsteuerung, Feuerwehraufzüge)
- Einrichtungen zur Sicherstellung des Feuerwehrfunks

4.4.5 Organisatorischer Brandschutz

- Bereitstellung von Mitteln der ersten und erweiterten Löschhilfe (z.B. tragbare Feuerlöscher)
- Angaben über das Erfordernis von Brandschutzorganen (z.B. Brandschutzbeauftragter, Brandschutzwart, Brandschutzgruppe), Brandschutzplänen, Brandschutzordnung, Eigenkontrolle
- Hinweise über Ausbildung der Mitarbeiter in der Handhabung von Kleinlöschgeräten und über die periodische Unterweisung der Mitarbeiter in die Brandschutzordnung
- Kennzeichnung der Flucht- und Rettungswege sowie der Sicherheitseinrichtungen
- Alarmorganisation und gegebenenfalls Räumungsplanung
- Einrichtung einer Betriebsfeuerwehr

4.4.6 Abwehrender Brandschutz

- Löschwasserversorgung und gegebenenfalls Löschwasserrückhaltung
- Aufstell- und Bewegungsflächen für die Feuerwehr

4.4.7 Zusatzangaben bei Methoden des Brandschutzingenieurwesens

- Angaben für die Festlegung der Brandszenarien (z.B. Verwendung von Ergebnissen aus Brandexperimenten, Verwendung sogenannter „Designfires", Ableitung von Brandszenarien unmittelbar aus der konkreten Brandbelastung)
- Bezeichnung der anerkannten Verfahren bei Verwendung von Rechenmodellen und von physikalischen Modellen
- Nennung der herangezogenen Veröffentlichungen (z.B. Normen, Eurocodes, Leitfaden über Ingenieurmethoden im Brandschutz, international gebräuchliche Lehrbücher)

4.4.8 Zusammenfassung

- Schlüssige Begründung, dass die unter Punkt 4.4.3 bis 4.4.7 angegebenen Maßnahmen bei Abweichungen von einzelnen Punkten einer Richtlinie ein gleichwertiges Erreichen des Niveaus der Schutzziele wie bei Einhaltung dieser Punkte bewirken, oder dass bei einem Gesamtbrandschutzkonzept die Schutzziele gemäß Punkt 2 erreicht werden.

4.5 Beurteilung von Brandschutzkonzepten

Brandschutzkonzepte gemäß diesem Leitfaden dienen zur Vorlage an die Genehmigungsbehörde. Ziel ist die Feststellung eines ausreichenden Brandschutzes entsprechend den öffentlich-rechtlichen Brandschutzvorschriften.

4.5.1 Beurteilung von Standard-Brandschutzkonzepten

Bei Standard-Brandschutzkonzepten muss es der Genehmigungsbehörde möglich sein, unter Berücksichtigung der spezifischen Aufgabenstellung des jeweiligen Brandschutzkonzeptes dieses auf Vollständigkeit, Nachvollziehbarkeit und Schlüssigkeit zu überprüfen und daraus abzuleiten, dass die zielorientierten bautechnischen Anforderungen des Brandschutzes erfüllt sind.

4.5.2 Beurteilung von Brandschutzkonzepten mit Methoden des Brandschutzingenieurwesens

Bei Brandschutzkonzepten, die mit Methoden des Brandschutzingenieurwesens erstellt sind, wird sich die Überprüfung des Brandschutzkonzeptes durch die Genehmigungsbehörde in der Regel auf die Schlüssigkeit beschränken. In begründeten Zweifelsfällen kann jedoch eine weitergehende Prüfung erforderlich sein, wobei es im Ermessen der prüfenden Stelle liegt, zu entscheiden, ob und inwieweit die einzelnen Rechengänge eines rechnerischen Nachweises geprüft werden müssen.

Die nachfolgend dargestellte Vorgehensweise mit entsprechenden Fragestellungen kann Hinweise für die Durchführung von Prüfungen der Schlüssigkeit im Rahmen des behördlichen Genehmigungsverfahrens liefern:

- Ist die Aufgabenstellung inklusive des Schutzzieles formuliert?
- Wird die Lösungsstrategie schlüssig und nachvollziehbar beschrieben und erscheint sie danach für die vorliegende Aufgabenstellung als geeignet?
- Liegt ein Beleg für die Verwendbarkeit und Eignung des gewählten Nachweisverfahrens vor?
- Sind die Eingabedaten für das Gebäude, seine Nutzung und die spezielle Aufgabenstellung in sich schlüssig und dokumentiert?
- Liegt eine verständliche und nachvollziehbare Dokumentation darüber vor, dass die Anfangs- und Randbedingungen in das Modell übertragen und bei den Berechnungen berücksichtigt wurden?
- Lässt die Darstellung der Ergebnisse einen klaren Bezug auf die wesentlichen Aufgabenstellungen zu?
- Beinhaltet die vorgelegte Interpretation der Ergebnisse nachvollziehbare Schlussfolgerungen / Konsequenzen aus den Ergebnissen der Berechnungen in Bezug auf die vorher festgelegten Schutzziele?
- Liegt eine Erklärung des Verfassers des Brandschutzkonzeptes über die Einhaltung der „Grundsätze für die Aufstellung von Nachweisen mit Methoden des Brandschutzingenieurwesens" vor?

Anlage 10

OIB-Richtlinie 3

Hygiene, Gesundheit und Umweltschutz

Ausgabe: Mai 2023

0 Vorbemerkungen

Die zitierten Normen und sonstigen technischen Regelwerke gelten in der im Dokument „OIB-Richtlinien – Zitierte Normen und sonstige technische Regelwerke“ angeführten Fassung.

Für eingeschoßige, nicht barrierefrei zu gestaltende Gebäude ohne Wohnung (z.B. Gartenhütte, Gerätehütte, Kioske) mit höchstens 15 m² Brutto-Grundfläche gelten die Anforderungen dieser Richtlinie nicht.

Alle in dieser Richtlinie angeführten Maße verstehen sich als Fertigmaße nach Vollendung der Bauführung. Können entsprechend dem Stand der Technik gemäß den einschlägigen Regelwerken Toleranzen angewendet werden, so ist deren Berücksichtigung nur für die Ausführung, nicht jedoch für die Planung zulässig.

Der Anwendungsbereich der OIB-Richtlinien auf Versammlungsstätten ergibt sich aus den im Dokument „OIB-Richtlinien – Begriffsbestimmungen“ definierten Begriffen „Menschenansammlung, größere“, „Versammlungsraum“ und „Versammlungsstätte“. Erst bei mehr als 120 gleichzeitig anwesenden Personen für kulturelle, künstlerische, sportliche, unterhaltende oder andere vergleichbare Aktivitäten kommen Anforderungen dieser Richtlinie betreffend Versammlungsstätten zur Anwendung. Bei 120 oder weniger Personen gelten die Grundanforderungen an die Hygiene, die Gesundheit und den Umweltschutz.

Von den Anforderungen dieser OIB-Richtlinie kann entsprechend den jeweiligen landesrechtlichen Bestimmungen abgewichen werden, wenn vom Bauwerber nachgewiesen wird, dass das gleiche Schutzniveau wie bei Anwendung der Richtlinie erreicht wird.

1 Begriffsbestimmungen

Es gelten die Begriffsbestimmungen des Dokumentes „OIB-Richtlinien – Begriffsbestimmungen“.

2 Sanitäreinrichtungen

2.1 Allgemeine Anforderungen

Fußböden und Wände von Sanitärräumen (Toiletten, Bäder und sonstige Nassräume) müssen entsprechend den hygienischen Erfordernissen leicht zu reinigen sein. Toiletten müssen in der Regel über eine Wasserspülung verfügen.

2.2 Sanitäreinrichtungen in Wohnungen

Jede Wohnung muss im Wohnungsverband über eine Toilette, ein Waschbecken und eine Dusche oder Badewanne in zumindest einem Sanitärraum verfügen.

2.3 Sanitäreinrichtungen in Bauwerken oder Teilen von Bauwerken, die nicht Wohnzwecken dienen

2.3.1 Für Bauwerke oder Teile von Bauwerken, die nicht Wohnzwecken dienen, ist, wenn der Verwendungszweck dies erfordert, eine ausreichende Anzahl von nach Geschlechtern getrennten Toiletten zu errichten. Dabei sind zu berücksichtigen:

- der Verwendungszweck,
- die geschlechtsbezogene Aufteilung der Benutzer,
- die zu erwartende Gleichzeitigkeit der Toilettenbenützung.

Eine ausreichende Anzahl von Waschbecken ist dabei vorzusehen.

2.3.2 Toilettenräume in Gastronomiebetrieben dürfen nicht direkt von Gasträumen zugänglich sein. Ausgenommen von der Verpflichtung zur Errichtung von Toiletten sind Gastronomiebetriebe mit nicht mehr als acht Verabreichungsplätzen.

2.3.3 Für Versammlungsstätten können Sanitäreinrichtungen, die auf dem Gelände der Versammlungsstätte oder in deren Nähe vorhanden sind, angerechnet werden, wenn sie für die Besucher der Versammlungsstätte zugänglich sind. Sind Rollstuhlplätze gemäß Punkt 7.5.3 der OIB-Richtlinie 4 einzurichten, muss je angefangene zehn Rollstuhlplätze eine barrierefreie Toilette vorhanden sein.

3 Niederschlagswässer, Abwässer und sonstige Abflüsse

3.1 Sammlung und Ableitung von Niederschlagswässern

3.1.1 Niederschlagswässer, die nicht als Nutzwasser verwendet werden, sind technisch einwandfrei zu versickern, abzuleiten oder zu entsorgen.

3.1.2 Einrichtungen zur technisch einwandfreien Sammlung und Ableitung von Niederschlagswässern bei Bauwerken sind dann erforderlich, wenn

- die beim Bauwerk anfallenden Niederschlagswässer auf Verkehrsflächen oder Nachbargrundstücke gelangen können oder
- eine gesammelte Ableitung zur Vermeidung von Beeinträchtigungen (z.B. Durchfeuchtung von Mauerwerk, Rutschungen) erforderlich ist.

Dabei können Flächen geringen Ausmaßes (z.B. Gesimse, Vorsprünge) sowie Balkone mit einer Fläche von nicht mehr als 5,00 m² außer Betracht gelassen werden.

3.2 Sammlung und Entsorgung von Abwässern und sonstigen Abflüssen

3.2.1 Alle Bauwerke,

- die über eine Versorgung mit Trink- oder Nutzwasser verfügen,
- die Anlagen aufweisen, bei denen sich Kondensate bilden oder
- bei denen sonst Abwässer anfallen,

sind mit Anlagen zur Sammlung von Abwässern auszustatten. Die gesammelten Abwässer sind ordnungsgemäß zu entsorgen.

3.2.2 Anlagen zur Sammlung und Entsorgung von Abwässern müssen flüssigkeitsdicht sein und sind so zu planen und auszuführen, dass weder die Gesundheit von Menschen noch die Umwelt beeinträchtigt werden, wie insbesondere durch:

- Verunreinigung von Trinkwasseranlagen,
- Austreten von Abwasser in die Umwelt,
- Rückstau von Abwasser ins Bauwerk,
- Austreten von Kanalgasen ins Bauwerk.

3.2.3 Die Böden und Wände von Senkgruben sind dauerhaft flüssigkeitsdicht und beständig gegen die auftretenden chemisch lösenden bzw. treibenden Angriffe auszuführen. Die Gruben sind tagwasserdicht abzudecken, zu entlüften und mit im Freien liegenden Einstiegsöffnungen zu versehen.

3.2.4 Düngersammelanlagen, Silos für Nass-Silagen, Stallböden und sonstige Bauteile, in deren Bereich Stalldünger oder Jauche anfällt oder abgeleitet wird, müssen flüssigkeitsdicht und beständig gegen die auftretenden chemisch lösenden bzw. treibenden Angriffe sein. Die Abflüsse sind in flüssigkeitsdichte Sammelgruben zu leiten, die keinen Überlauf aufweisen.

4 Abfälle

4.1 Bauwerke müssen über Abfallsammelstellen oder Abfallsammelräume verfügen, die dem Verwendungszweck entsprechen. Diese müssen so situiert und ausgestaltet sein, dass durch die Benützung der Abfallsammelbehälter keine unzumutbare Belästigung durch Staub, Geruch oder Lärm entsteht, und dass die jeweils vorgesehene Art der Sammlung und Abholung leicht durchführbar ist.

4.2 Abfallsammelräume müssen be- und entlüftet sein. Die Lüftungsöffnungen sind so zu situieren, dass es zu keiner unzumutbaren Geruchsbelästigung kommt. Die Fußböden und Wände von Abfallsammelräumen müssen leicht zu reinigen sein. Die Abholung der Abfälle muss auf kurzen, möglichst stufenlosen Wegen möglich sein.

4.3 Abfallabwurfschächte sind unzulässig.

5 Abgase von Feuerstätten

5.1 Allgemeine Anforderungen an Abgasanlagen

5.1.1 Alle Feuerstätten sind an Abgasanlagen anzuschließen, die über Dach führen.

5.1.2 Die Mündungen von Abgasanlagen sind so zu situieren, dass eine Beeinträchtigung von Personen durch Abgase vermieden wird und einwandfreie Zugverhältnisse gewährleistet sind.

5.1.3 Beträgt der horizontale Abstand zwischen Mündungen von Abgasanlagen und Lüftungsöffnungen von Aufenthaltsräumen (z.B. Fenster, Türen, Zuluftöffnungen von Lüftungsanlagen) weniger als 10 m, sind die folgenden vertikalen Mindestabstände einzuhalten:

- 3,00 m, wenn die Mündung vor Fenstern, Türen oder Zuluftöffnungen liegt,
- ansonsten 1,00 m.

Dabei muss sich die Mündung der Abgasanlagen oberhalb der Fenster, Türen oder Zuluftöffnungen befinden. Es ist der vertikale Abstand zwischen Oberkante der Mündung und Sturzunterkante bzw. Oberkante der Lüftungsöffnung zu messen.

5.1.4 Die Mündung muss den First um mindestens 40 cm überragen, oder es müssen folgende Mindestabstände von der Dachfläche, normal zu dieser gemessen, eingehalten werden:

- 60 cm bei mit Gas oder Öl betriebenen Feuerstätten, bei denen die Temperatur der Abgase unter den Taupunkt abgesenkt wird (Brennwertkessel),
- ansonsten 1,00 m.

Bei Flachdächern ist die Mündung mindestens 40 cm über die Oberkante der Attika und zumindest 1,00 m über die Dachfläche zu führen. Wird eine Dachfläche als Terrasse genutzt ist die Mündung mindestens 2,00 m über die Standfläche zu führen.

5.1.5 Bei bestehenden Gebäuden darf bei Abgasanlagen für raumluftunabhängige mit Gas betriebene Feuerstätten, bei denen die Temperatur der Abgase unter den Taupunkt abgesenkt wird (Brennwertkessel)

- von den Punkten 5.1.1, 5.1.3 und 5.1.4 abgewichen und
- die Mündung der Abgasanlagen auch in Außenwänden angeordnet werden.

5.1.6 Bei sonstigen konditionierten Gebäuden gemäß Punkt 3, Ziffer 13 der OIB-Richtlinie 6 kann bei gasbefeuerten Dunkel- bzw. Hellstrahlern von den Punkten 5.1.1, 5.1.3 und 5.1.4 abgewichen werden.

5.2 Widerstandsfähige Ausbildung und wirksame Ableitung

5.2.1 Abgasanlagen sind aus Baustoffen herzustellen, die gegenüber den Einwirkungen der Wärme und der chemischen Beschaffenheit der Abgase und etwaiger Kondensate ausreichend widerstandsfähig sind.

5.2.2 Abgasanlagen müssen betriebsdicht sein und sind so anzulegen, dass eine wirksame Ableitung der Abgase gewährleistet ist und dabei keine Gefährdung der Sicherheit und Gesundheit von Personen und keine unzumutbare Belästigung eintritt.

5.2.3 Für Verbindungsstücke, die nicht Teil der Feuerstätte sind, gelten die Anforderungen der Punkte 5.2.1 und 5.2.2 sinngemäß.

5.3 Reinigungsöffnungen

5.3.1 Jede Abgasanlage muss zur leichten Reinigung und Überprüfung über Reinigungsöffnungen verfügen, die zumindest am unteren (Putzöffnung) und am oberen Ende (Kehröffnung) der Abgasanlage angeordnet sind. Eine Kehröffnung ist nicht erforderlich, wenn die Abgasanlage über einen gesicherten Zugang von der Mündung aus gekehrt und überprüft werden kann. Eine Putzöffnung ist nicht erforderlich, wenn Abgasanlage und Feuerstätte samt allfälligem Verbindungsstück nachweislich so konstruiert sind, dass die Rußentnahme leicht über die Feuerstätte erfolgen kann.

5.3.2 Die Größe der Reinigungsöffnungen muss jeweils der Querschnittsfläche der Abgasanlage angepasst sein.

5.3.3 Reinigungsöffnungen dürfen nicht in anderen Wohn- oder Betriebseinheiten liegen. Bei Abgassammlern ist dies erfüllt, wenn die Reinigungsöffnung in einer diesem Abgassammler zugeordneten Wohn- oder Betriebseinheit liegt.

5.3.4 Der Zugang zu Reinigungsöffnungen darf nicht über andere Wohn- oder Betriebseinheiten erfolgen. Reinigungsöffnungen sind so zu kennzeichnen, dass die Wohn- und Betriebseinheit eindeutig zuordenbar ist.

5.4 Abzughemmende Vorrichtungen

5.4.1 Vorrichtungen, die den Abzug der Abgase hemmen oder hindern, dürfen nicht eingebaut werden. Drosselklappen vor der Einmündung in die Abgasanlage sind jedoch zulässig, wenn im oberen Teil der Klappe eine Öffnung von einem Viertel des Querschnittes, mindestens aber eine Öffnung von 25 cm² offen verbleibt und nur Feuerstätten für feste Brennstoffe angeschlossen sind.

5.4.2 Die Bestimmungen von Punkt 5.4.1 gelten nicht für automatisch gesteuerte Drosselklappen mit ausreichender Sicherheitseinrichtung.

5.5 Bemessung und Ausführung

5.5.1 Die lichte Querschnittsfläche des abgasführenden Teils der Abgasanlage ist so zu bemessen und auszubilden, dass geeignete Strömungsverhältnisse gewährleistet sind. Dabei sind insbesondere die Art der Abgasanlage, die technische Einrichtung und jeweilige Brennstoffwärmeleistung der vorgesehenen Feuerstätte, die Temperatur der Abgase und die wirksame Höhe der Abgasanlage einschließlich der örtlichen Verhältnisse zu beachten.

5.5.2 Der lichte Querschnitt des abgasführenden Teils der Abgasanlage oberhalb der untersten Reinigungsöffnung ist bis zur Mündung konstant zu halten. Ein Wechsel der Querschnittsform und -fläche in strömungstechnisch gleichwertiger Form ist zulässig.

5.5.3 Werden Abgase bei bestimmungsgemäßem Betrieb der Feuerstätte unter Überdruck abgeleitet, so sind Innenrohr und Verbindungsstück hinterlüftet auszuführen. In Heizräumen kann von einem hinterlüfteten Verbindungsstück abgesehen werden, wenn diese eine Zuluftöffnung gemäß Punkt 10.1.3 aufweisen.

5.6 Einleitung in dasselbe Innenrohr einer Abgasanlage

5.6.1 In denselben abgasführenden Teil einer Abgasanlage dürfen nur die Abgase aus Feuerstätten desselben Geschoßes und derselben Wohn- oder Betriebseinheit eingeleitet werden.

5.6.2 Wenn mehrere Feuerstätten für feste, flüssige oder gasförmige Brennstoffe an denselben abgasführenden Teil einer Abgasanlage angeschlossen werden, muss der lichte Abstand zwischen den Einmündungen, gemessen vertikal zwischen den Außenkanten, jeweils mindestens 30 cm betragen, wobei Abgase von festen Brennstoffen in die unterste Einmündung einzuleiten sind.

5.6.3 Abweichend zu Punkt 5.6.1 sind Einleitungen von Abgasen aus einem oder mehreren Geschoßen und auch aus unterschiedlichen Wohn- oder Betriebseinheiten in die selbe Abgasanlage (z.B. Luft-Abgas-Systeme) zulässig, wenn nur raumluftunabhängige Feuerstätten daran angeschlossen werden und ein Nachweis über die Eignung der Abgasanlage und der Feuerstätten vorliegt.

6 Schutz vor Feuchtigkeit

6.1 Schutz vor Feuchtigkeit aus dem Boden

Bauwerke mit Aufenthaltsräumen sowie sonstige Bauwerke, deren Verwendungszweck dies erfordert, müssen in all ihren Teilen gegen das Eindringen und Aufsteigen von Wasser und Feuchtigkeit aus dem Boden geschützt werden.

6.2 Schutz gegen Niederschlagswässer

Die Hülle von Bauwerken mit Aufenthaltsräumen sowie von sonstigen Bauwerken, deren Verwendungszweck dies erfordert, muss so ausgeführt sein, dass das Eindringen von Niederschlagswässern in die Konstruktion der Außenbauteile und ins Innere des Bauwerkes verhindert wird.

6.3 Vorsorge vor Überflutungen

Falls das Fußbodenniveau von Aufenthaltsräumen nicht über dem Niveau des hundertjährlichen Hochwasserereignisses liegt, muss Vorsorge für einen gleichwertigen Schutz gegen Überflutung getroffen werden.

6.4 Vermeidung von Schäden durch Wasserdampfkondensation

6.4.1 Raumbegrenzende Bauteile von Bauwerken mit Aufenthaltsräumen sowie von sonstigen Bauwerken, deren Verwendungszweck dies erfordert, müssen so aufgebaut sein, dass Schäden durch Wasserdampfkondensation weder in den Bauteilen noch an deren Oberflächen bei üblicher Nutzung entstehen. Dies gilt jedenfalls als erfüllt, wenn Punkt 4.8 der OIB-Richtlinie 6 eingehalten wird.

6.4.2 Bei Außenbauteilen mit geringer Speicherfähigkeit (wie Fenster- und Türelemente) ist durch geeignete Maßnahmen sicherzustellen, dass angrenzende Bauteile nicht durchfeuchtet werden.

7 Trinkwasser und Nutzwasser

7.1 Alle Bauwerke mit Aufenthaltsräumen müssen über eine einwandfreie Trinkwasserversorgung aus dem öffentlichen Trinkwassernetz oder aus geeigneten Eigenwasserversorgungsanlagen (z.B. Quellfassung oder Brunnen) verfügen. Eine Verbindung zwischen öffentlicher Trinkwasserleitung und Eigenwasserversorgungsanlage ist grundsätzlich unzulässig.

7.2 Eine Verbindung zwischen Trinkwasserleitungen und Nutzwasserleitungen ist unzulässig.

7.3 Bei Verwechslungsgefahr von Trinkwasser und Nutzwasser sind die Entnahmestellen zu kennzeichnen.

8 Schutz vor gefährlichen Immissionen

8.1 Schadstoffkonzentration

Aufenthaltsräume sind so auszuführen, dass gefährliche Emissionen aus Baumaterialien und aus dem Untergrund bei einem dem Verwendungszweck entsprechenden Luftwechsel nicht zu Konzentrationen führen, die die Gesundheit der Benützer beeinträchtigen können. Dies gilt für Baumaterialien jedenfalls als erfüllt, wenn Bauprodukte bestimmungsgemäß verwendet werden, die die landesrechtlichen Vorschriften über Bauprodukte erfüllen.

8.2 Radonemissionen aus dem Untergrund und ionisierende Strahlung

8.2.1 Gebäude mit Aufenthaltsräumen in Radonvorsorgegebieten oder Radonschutzgebieten sind so auszuführen, dass ein die Gesundheit der Benutzer gefährdender Radoneintritt aus dem Untergrund verhindert wird. Dies gilt jedenfalls als erfüllt, wenn der Referenzwert von 300 Bq/m^3 für die Aktivitätskonzentration von Radon in der Luft im Jahresmittel in den Aufenthaltsräumen eingehalten wird.

8.2.2 Aufenthaltsräume sind so auszuführen, dass keine die Gesundheit der Benutzer gefährdende Gammastrahlung aus Bauprodukten auftritt. Bauprodukte, die Gammastrahlung emittieren, können verwendet werden, wenn unter Berücksichtigung aller für den Strahlenschutz relevanten Faktoren der Referenzwert von 1 mSv pro Jahr für die externe Exposition in Aufenthaltsräumen durch Gammastrahlung aus Bauprodukten zusätzlich zur externen Exposition im Freien eingehalten wird.

8.2.3 Die Anforderung des Punktes 8.2.2 gilt jedenfalls als erfüllt, wenn nur Bauprodukte verwendet werden, deren Aktivitätskonzentrationsindex I gemäß Anhang A den Wert 1 nicht überschreitet, oder die keine der in Anhang B angeführten Materialien enthalten.

8.3 Lüftung von Garagen

8.3.1 Garagen sind natürlich oder mechanisch so zu lüften, dass im Regelbetrieb ein Viertelstundenmittelwert für Kohlenstoffmonoxid (CO) von 60 ppm nicht überschritten wird.

8.3.2 Für Garagen, in denen jeder Stellplatz direkt aus dem Freien ohne überdachte Fahrgasse anfahrbar ist, gilt die Anforderung gemäß Punkt 8.3.1 ohne weitere Maßnahmen als erfüllt.

8.3.3 Für andere Garagen als jene gemäß Punkt 8.3.2 mit nicht mehr als 250 m² Nutzfläche gilt die Anforderung gemäß Punkt 8.3.1 als erfüllt, wenn

- eine natürliche Querdurchlüftung über Zu- und Abluftöffnungen von insgesamt mindestens 1000 cm² Querschnittsfläche pro Stellplatz vorhanden ist oder
- eine mechanische Lüftung mit einem mindestens 0,5-fachen stündlichen Luftwechsel sichergestellt ist.

8.3.4 Garagen mit mehr als 250 m² Nutzfläche sind mit adäquaten Messeinrichtungen auszustatten, die bei Überschreiten einer CO-Konzentration von 60 ppm über einen Zeitraum von mehr als einer Viertelstunde Maßnahmen zur Reduktion der CO-Konzentration (z. B. Aktivierung einer Intensivlüftung durch eine mechanische Lüftungsanlage) einleiten und bei Überschreiten einer CO-Konzentration von 150 ppm über einen Zeitraum von mehr als einer Minute Alarmsignale auslösen.

8.3.5 Die Anforderung gemäß Punkt 8.3.1 ist für Garagen mit mehr als 250 m² Nutzfläche für oberirdische Geschoße und das erste unterirdische Geschoß erfüllt, wenn die Geschoße mit natürlichen Rauch- und Wärmeabzugseinrichtungen gemäß Tabelle 2 der OIB-Richtlinie 2.2 „Brandschutz bei Garagen, überdachten Stellplätzen und Parkdecks" ausgestattet sind. In diesem Fall sind Einrichtungen gemäß Punkt 8.3.4 nicht erforderlich. Diese Öffnungen müssen so situiert sein, dass eine Querdurchlüftung gewährleistet ist.

8.3.6 Abluftöffnungen von mechanischen Lüftungen aus Garagen mit mehr als 250 m² Nutzfläche müssen zu öffenbaren Fenstern und Türen von Aufenthaltsräumen sowie von Zuluftöffnungen von Lüftungsanlagen so situiert sein, dass es zu keiner Beeinträchtigung von Personen kommt.

9 Belichtung und Beleuchtung

9.1 Anforderungen an die Belichtung

9.1.1 Bei Aufenthaltsräumen muss die gesamte Lichteintrittsfläche (Architekturlichte von Fenstern, Lichtkuppeln, Oberlichtbändern etc.) mindestens 12 % der Bodenfläche dieses Raumes betragen.

9.1.2 Es muss für die gemäß Punkt 9.1.1 notwendigen Lichteintrittsflächen ein zur Belichtung ausreichender freier Lichteinfall gewährleistet sein. Dies gilt für die notwendigen Lichteintrittsflächen als erfüllt, wenn ein freier Lichteinfallswinkel von 45 Grad zur Horizontalen, gemessen von der Fassadenflucht bzw. von der Ebene der Dachhaut, eingehalten wird. Dieser freie Lichteinfall darf dabei seitlich um nicht mehr als 30 Grad verschwenkt werden.

9.1.3 Beeinträchtigen Bauteile desselben Bauwerkes (z.B. Balkone, Dachvorsprünge, Loggien, Erker, vorspringende Geschoße) den erforderlichen freien Lichteinfall, sind die jeweiligen Lichteintrittsflächen in Abhängigkeit von der Tiefe der jeweiligen Auskragung (gemessen von der Fassadenflucht im Bereich der jeweiligen Lichteintrittsfläche) wie folgt zu bemessen:

- bis zu einer Auskragung von 1,50 m mindestens 12 % der Bodenfläche des Raumes,
- bei einer Auskragung größer 1,50 m bis 3,00 m mindestens 15 % der Bodenfläche des Raumes,
- bei einer Auskragung über 3,00 m ist die Lichteintrittsfläche zusätzlich zu den 15 % der Bodenfläche des Raumes um jeweils 2 % der Bodenfläche pro angefangenem zusätzlichen Meter des Auskragens zu erhöhen.

9.1.4 Die erforderliche Lichteintrittsfläche gemäß Punkt 9.1.1 bzw. 9.1.3 vergrößert sich ab einer Raumtiefe von mehr als 5,00 m um jeweils 1 % der gesamten Bodenfläche des Raumes pro angefangenem Meter zusätzlicher Raumtiefe, sofern nicht nach anderen Rechtsmaterien (z.B. Arbeitsstättenverordnung) abweichende Bestimmungen gelten.

9.1.5 Werden Wintergärten oder verglaste Loggien den zugehörigen Lichteintrittsflächen von Aufenthaltsräumen vorgelagert, so sind die Punkte 9.1.1 bis 9.1.4 sowohl für die äußere, als auch sinngemäß für die innere Lichteintrittsfläche einzuhalten. Dabei sind für die Bemessung der äußeren Lichteintrittsfläche die beiden Bodenflächen (Fläche und Raumtiefe) heranzuziehen. Die äußere Lichteintrittsfläche muss zumindest so groß sein, wie die erforderliche innere Lichteintrittsfläche.

9.1.6 Die Anforderungen der Punkte 9.1.1 bis 9.1.5 gelten nicht für Räume, bei denen die Nutzung eine geringere oder keine natürliche Belichtung erfordert.

9.2 Anforderungen bezüglich Sichtverbindung nach außen

9.2.1 In Aufenthaltsräumen von Wohnungen müssen alle zur Belichtung notwendigen Lichteintrittsflächen eine freie Sicht von nicht weniger als 2,00 m, gemessen von der Fassadenflucht und normal auf die Lichteintrittsfläche, aufweisen.

9.2.2 Zumindest in einem Aufenthaltsraum jeder Wohnung muss mindestens eine notwendige Lichteintrittsfläche eine freie waagrechte Sicht in 1,20 m Höhe von nicht weniger als 6,00 m, gemessen von der Fassadenflucht und normal auf die Lichteintrittsfläche, gewährleisten.

9.2.3 Für Lichteintrittsflächen in geneigten Bauteilen (z.B. Dachflächenfenster) gelten die Bestimmungen der Punkte 9.2.1 und 9.2.2 sinngemäß.

9.3 Beleuchtung

Alle Räume und allgemein zugänglichen Bereiche in Bauwerken müssen ihrem Verwendungszweck entsprechend beleuchtbar sein.

10 Lüftung und Beheizung

10.1 Lüftung

10.1.1 Aufenthaltsräume und Sanitärräume müssen durch unmittelbar ins Freie führende Fenster, Türen und dergleichen ausreichend gelüftet werden können. Davon kann ganz oder teilweise abgesehen werden, wenn eine mechanische Lüftung vorhanden ist, die eine für den Verwendungszweck ausreichende Luftwechselrate zulässt. Die Lüftung von Aufenthaltsräumen durch unmittelbar ins Freie führende Fenster, Türen und dergleichen ist ebenfalls gewährleistet, wenn vor diese verglaste Loggien oder Wintergärten vorgesetzt sind, welche der jeweiligen Wohn- und Betriebseinheit zugeordnet sind und über öffenbare Fenster, Türen und dergleichen verfügen. Bei sonstigen innen liegenden Räumen, ausgenommen Gänge, ist für eine Lüftungsmöglichkeit zu sorgen.

10.1.2 In Räumen, deren Verwendungszweck eine erhebliche Erhöhung der Luftfeuchtigkeit erwarten lässt (insbesondere in Küchen, Bädern, Nassräumen etc.), ist eine natürliche oder mechanische Be- oder Entlüftung einzurichten.

10.1.3 Bei der Aufstellung von Feuerstätten ist darauf zu achten, dass die entsprechend der Auslegung benötigte Luftmenge zuströmen kann. Heizräume für raumluftabhängige Feuerungsanlagen müssen über eine Zuluftführung aus dem Freien verfügen, wobei eine Mindestquerschnittsfläche von 400 cm² netto nicht unterschritten werden darf:

- bei Feuerstätten für gasförmige Brennstoffe mit atmosphärischem Brenner sowie Feuerstätten für feste Brennstoffe: 4 cm² pro kW Nennwärmeleistung,
- bei sonstigen Feuerstätten: 2 cm² pro kW Nennwärmeleistung.

10.1.4 Bei sonstigen Aufstellungsräumen kann die Verbrennungsluftzufuhr auch aus anderen Räumen erfolgen, wenn nachweislich beim Betrieb aller mechanischen und natürlichen Be- und Entlüftungsanlagen ausreichende Verbrennungsluft nachströmen kann.

10.2 Beheizung

Aufenthaltsräume und Bäder müssen derart beheizbar sein, dass eine für den Verwendungszweck ausreichende Raumtemperatur erreicht werden kann. Ausgenommen davon sind Aufenthaltsräume, deren Verwendungszweck eine Beheizung nicht erfordert, oder die nicht für eine Benutzung in der Heizperiode gedacht sind.

11 Niveau und Höhe der Räume

11.1 Fußbodenniveau von Räumen

Das Fußbodenniveau von Wohnungen muss wenigstens in einem Aufenthaltsraum jeder Wohnungsebene, an einer Fensterseite, über dessen gesamte Länge über dem an den Aufenthaltsraum angrenzenden Gelände nach der Bauführung liegen.

11.2 Raumhöhe von Aufenthaltsräumen

11.2.1 Die lichte Raumhöhe muss entsprechend dem Verwendungszweck, der Raumfläche sowie der Anzahl der aufzunehmenden Personen so festgelegt werden, dass ein ausreichend großes Luftvolumen gewährleistet ist.

11.2.2 Für Aufenthaltsräume von Wohnungen sowie Arbeitsräume, in denen nur Arbeiten mit geringer körperlicher Belastung durchgeführt werden und keine erschwerenden Bedingungen vorliegen, gilt diese Anforderung jedenfalls als erfüllt, wenn die lichte Raumhöhe mindestens 2,50 m beträgt.

11.2.3 Für Aufenthaltsräume von Wohnungen bei Gebäuden oder Gebäudeteilen mit nicht mehr als drei Wohnungen und bei Reihenhäusern gilt diese Anforderung jedenfalls als erfüllt, wenn die lichte Raumhöhe mindestens 2,40 m beträgt.

11.2.4 Bei Aufenthaltsräumen, die zumindest teilweise von geneigten Dachflächen begrenzt werden, müssen diese Mindestraumhöhen zumindest über der Hälfte der Fußbodenfläche eingehalten werden, wobei bei der Berechnung dieser Fläche Fußbodenflächen mit einer Raumhöhe von weniger als 1,50 m unberücksichtigt bleiben.

11.2.5 Stellenweise Unterschreitungen (z.B. durch Unterzüge, Leitungsführungen, Treppenläufe) der lichten Raumhöhen gemäß der Punkte 11.2.2 bis 11.2.4 sind zulässig.

11.3 Raumhöhe von anderen Räumen als Aufenthaltsräumen

11.3.1 Die lichte Raumhöhe muss mindestens 2,10 m betragen. Dies gilt nicht für Technikräume, die nur zu Servicezwecken betreten werden.

11.3.2 In Räumen, die zumindest teilweise von geneigten Dachflächen begrenzt werden, muss die Mindestraumhöhe von 2,10 m zumindest über der Hälfte der Fußbodenfläche eingehalten werden, wobei bei der Berechnung dieser Fläche Fußbodenflächen mit einer Raumhöhe von weniger als 1,50 m unberücksichtigt bleiben.

12 Gefährliche Stoffe

12.1 Verunreinigungen von Wasser oder Boden durch Austreten gefährlicher Stoffe sind durch technische Maßnahmen, wie Auffangwannen oder doppelwandige Ausführung von Behältern und Leitungen zu vermeiden, sodass keine Gefährdungen von Menschen oder Umweltbelastungen verursacht werden.

12.2 Bei Lagerung gefährlicher Stoffe in Bereichen, die bei hundertjährlichen Hochwässern überflutet werden, ist sicherzustellen, dass bei Überflutung ein Austritt dieser Stoffe verhindert wird (z.B. Schutz der betroffenen Räume gegen eindringendes und drückendes Wasser, Sicherung der Lagerbehälter gegen Aufschwimmen, Außendruck und Wassereintritt).

12.3 Zur Verhinderung der Ansammlung flüchtiger Stoffe in der Raumluft ist eine ausreichende Be- und Entlüftung zu gewährleisten.

13 Sondergebäude

Die Bestimmungen der Punkte 2, 7, 9 und 11 gelten nicht für Schutzhütten in Extremlage.

14 Bauführungen im Bestand

Bei Änderungen an bestehenden Bauwerken mit Auswirkungen auf bestehende Bauwerksteile sind für die bestehenden Bauwerksteile Abweichungen von den aktuellen Anforderungen dieser OIB-Richtlinie zulässig, wenn das ursprüngliche Anforderungsniveau des rechtmäßigen Bestandes nicht verschlechtert wird.

Anhang A

Definition und Verwendung des Aktivitätskonzentrationsindex gemäß Punkt 8.2.3 für die von Baustoffen emittierte Gammastrahlung

Für die Zwecke des Punktes 8.2.3 sind für ermittelte Arten von Baustoffen die Aktivitätskonzentrationen der primordialen Radionuklide Ra-226, Th-232 (oder seines Zerfallsprodukts Ra-228) und K-40 zu bestimmen.

Der Aktivitätskonzentrationsindex I ergibt sich aus folgender Formel:

$$I = C_{Ra226} /300 \text{ Bq/kg} + C_{Th232} /200 \text{ Bq/kg} + C_{K40} /3000 \text{ Bq/kg}$$

wobei C_{Ra226}, C_{Th232} und C_{K40} die Aktivitätskonzentrationen in Bq/kg der jeweiligen Radionuklide im Baustoff sind.

Der Index bezieht sich auf die Gammastrahlungsdosis, die zusätzlich zur normalen Exposition im Freien in einem Gebäude abgegeben wird, das aus einem bestimmten Baustoff errichtet wurde. Der Index bezieht sich auf den Baustoff, nicht auf dessen Bestandteile, außer wenn diese Bestandteile selbst Baustoffe sind und gesondert als solche geprüft werden. Soll der Index auf diese Bestandteile angewendet werden, insbesondere auf Rückstände aus Industriezweigen, in denen natürlich vorkommende radioaktive Materialien verarbeitet werden, die zur Wiederverwertung den Baustoffen zugesetzt werden, ist ein geeigneter Mischungsfaktor zu verwenden. Der Aktivitätskonzentrationsindexwert 1 kann für die Ermittlung von Materialien, die bewirken können, dass der Referenzwert nach Punkt 8.2.2 überschritten werden kann, als konservatives Screening-Instrument verwendet werden. Bei der Dosisberechnung sind andere Faktoren wie die Materialdichte und -dicke sowie Faktoren, die mit der Art des Gebäudes und der beabsichtigten Verwendung des Materials (Volumen- oder Oberflächenmaterial) in Zusammenhang stehen, zu berücksichtigen.

Anhang B

Liste von Baumaterialien, die hinsichtlich ihrer emittierten Gammastrahlung gemäß Punkt 8.2.3 in Betracht zu ziehen sind

1. Natürliche Materialien
   a) Alaunschiefer
   b) Baumaterialien oder Zusätze natürlichen vulkanischen Ursprungs wie:
      - Granitoide (z.B. Granite, Syenit und Orthogneis)
      - Porphyre
      - Tuff
      - Puzzolan (Puzzolanasche)
      - Lava
2. Materialien mit Rückständen aus Industriezweigen, in denen natürlich vorkommende radioaktive Materialien verarbeitet werden, wie:
   - Flugasche
   - Phosphorgips
   - Phosphorschlacke
   - Zinnschlacke
   - Kupferschlacke
   - Rotschlamm (Rückstand aus der Aluminiumproduktion)
   - Rückstände aus der Stahlproduktion

Anlage 11

OIB-Richtlinie 4

Nutzungssicherheit und Barrierefreiheit

Ausgabe: Mai 2023

0 Vorbemerkungen

Die zitierten Normen und sonstigen technischen Regelwerke gelten in der im Dokument „OIB-Richtlinien – Zitierte Normen und sonstige technische Regelwerke" angeführten Fassung.

Diese Richtlinie gilt für Gebäude. Für sonstige Bauwerke sind die Bestimmungen der Richtlinie sinngemäß anzuwenden.

Für eingeschoßige, nicht barrierefrei zu gestaltende Gebäude ohne Wohnung (z.B. Gartenhütte, Gerätehütte, Kioske) mit höchstens 15 m² Brutto-Grundfläche gelten die Anforderungen dieser Richtlinie nicht.

Welche Gebäude oder Gebäudeteile barrierefrei zu gestalten sind, wird in den jeweiligen landesrechtlichen Bestimmungen geregelt.

Für Gebäude mit gemischter Nutzung gelten die Anforderungen hinsichtlich der Nutzungssicherheit und der Barrierefreiheit für die einzelnen Nutzungsbereiche als erfüllt, wenn die für die jeweiligen Nutzungen anzuwendenden Bestimmungen der Richtlinie eingehalten werden.

Alle in dieser Richtlinie angeführten Maße verstehen sich als Fertigmaße nach Vollendung der Bauführung. Können entsprechend dem Stand der Technik gemäß den einschlägigen Regelwerken Toleranzen angewendet werden, so ist deren Berücksichtigung nur für die Ausführung, nicht jedoch für die Planung zulässig.

Die Personenzahlen bei Gängen, Treppen und Türen beziehen sich auf die höchstmöglich zu erwartende Anzahl gleichzeitig anwesender Personen, die im Gefahrenfall auf den jeweiligen Gang, die jeweilige Treppe oder die jeweilige Türe angewiesen sind. Verbindet der Fluchtweg mehr als drei Geschoße, bezieht sich diese Anzahl auf jeweils drei unmittelbar übereinanderliegende Geschoße.

Der Anwendungsbereich der OIB-Richtlinien auf Versammlungsstätten ergibt sich aus den im Dokument „OIB-Richtlinien – Begriffsbestimmungen" definierten Begriffen „Menschenansammlung, größere", „Versammlungsraum" und „Versammlungsstätte". Erst bei mehr als 120 gleichzeitig anwesenden Personen für kulturelle, künstlerische, sportliche, unterhaltende oder andere vergleichbare Aktivitäten kommen Anforderungen dieser Richtlinie betreffend Versammlungsstätten zur Anwendung. Bei 120 oder weniger Personen gelten die Grundanforderungen an die Nutzungssicherheit und die Barrierefreiheit.

Den Anforderungen für Versammlungsstätten ist eine maximale Personendichte von vier Personen pro m² der für Besucher zur Verfügung stehenden Fläche des Versammlungsraumes zu Grunde gelegt.

Von den Anforderungen dieser OIB-Richtlinie kann entsprechend den jeweiligen landesrechtlichen Bestimmungen abgewichen werden, wenn vom Bauwerber nachgewiesen wird, dass das gleiche Schutzniveau wie bei Anwendung der Richtlinie erreicht wird.

1 Begriffsbestimmungen

Es gelten die Begriffsbestimmungen des Dokumentes „OIB-Richtlinien – Begriffsbestimmungen".

2 Erschließung und Fluchtwege

2.1 Allgemeines

2.1.1 Bei Gebäuden oder Gebäudeteilen, die barrierefrei zu gestalten sind, muss mindestens ein Eingang, und zwar der Haupteingang oder ein Eingang in dessen unmittelbarer Nähe, stufenlos erreichbar sein.

2.1.2 Zur vertikalen Erschließung sind Treppen oder Rampen herzustellen. Für den Zugang zu nicht ausgebauten Dachräumen sind auch einschiebbare Treppen oder Leitern zulässig.

2.1.3 Treppen und Gänge im Verlauf von Fluchtwegen müssen die gleichen Anforderungen dieser Richtlinie erfüllen, wie die zur Erschließung erforderlichen Treppen und Gänge.

2.1.4 Treppen im Verlauf von Fluchtwegen, ausgenommen Wohnungstreppen, sind bis zum Ausgangsniveau durchgehend auszubilden.

2.1.5 In Gebäuden oder Gebäudeteilen, die barrierefrei zu gestalten sind, müssen zur Überwindung von Niveauunterschieden Rampen oder zusätzlich zu Treppen Personenaufzüge errichtet werden. Wenn nicht mehr als zwei Geschoße überwunden werden müssen, sind anstelle von Personenaufzügen auch vertikale Hebeeinrichtungen für Personen mit allseits geschlossenen Lastträgern und Lastträgertüren zulässig.

2.1.6 Abweichend zu Punkt 2.1.5 müssen bei Versammlungsstätten im Zuschauerbereich nur die Rollstuhlplätze von der jeweiligen Erschließungsebene aus barrierefrei erreichbar sein.

2.2 Rampen

2.2.1 Das Längsgefälle darf höchstens 10 % betragen.

2.2.2 Bei Gebäuden oder Gebäudeteilen, die barrierefrei zu gestalten sind, gelten folgende Anforderungen:

- Das Längsgefälle darf höchstens 6 % betragen;
- Ein Quergefälle ist nicht zulässig;
- Rampen müssen beidseits über Handläufe und Radabweiser verfügen;
- Handläufe sind am Anfang und am Ende der Rampe um 30 cm, gegebenenfalls auch seitlich um die Ecke, weiterzuführen;
- Am Anfang und am Ende der Rampe sind horizontale Flächen mit einer Länge von mindestens 1,20 m anzuordnen. Bei Richtungsänderungen um mehr als 45 Grad sind die horizontalen Flächen mit einer Länge von mindestens 1,50 m, gemessen in der Rampenmitte, anzuordnen;
- Rampen sind in Abständen von höchstens 10 m mit Zwischenpodesten mit einer Länge von mindestens 1,20 m sowie bei Richtungsänderungen um mehr als 45 Grad mit Zwischenpodesten mit einer Länge von mindestens 1,50 m, gemessen in der Rampenmitte, zu unterbrechen, wobei zur Ableitung von Niederschlagswässern ein Längsgefälle von höchstens 2 % zulässig ist;
- Rampen müssen an allen Knickpunkten des Gefälles kontrastierend gekennzeichnet werden.

2.3 Personenaufzüge und vertikale Hebeeinrichtungen für Personen

2.3.1 Sind Personenaufzüge oder vertikale Hebeeinrichtungen für Personen erforderlich,

- sind alle Geschoße, einschließlich Eingangsniveau, Keller- und Garagengeschoße, miteinander zu verbinden. Bei Wohnungen, die sich über mehrere Ebenen erstrecken, muss zumindest die Eingangsebene angefahren werden,
- muss die Grundfläche des Fahrkorbes oder Lastträgers eine Breite von mindestens 1,10 m und eine Tiefe von mindestens 1,40 m aufweisen, wobei die Tür an der Schmalseite anzuordnen ist,
- sind die Fahrkorb- oder Lastträgertüren sowie Schachttüren als waagrecht bewegte, selbsttätig kraftbetätigte Schiebetüren mit einer lichten Durchgangsbreite von mindestens 90 cm auszuführen,
- muss vor den Schachttüren eine Bewegungsfläche (Wendekreis) mit einem Durchmesser von mindestens 1,50 m vorhanden sein.

Liegt die Schachttüre überwiegend gegenüber einer abwärts führenden Treppe, ist ein Abstand zwischen Schachttüre und Treppe von mindestens 2,00 m einzuhalten.

2.3.2 Bei Gebäuden mit einem Fluchtniveau von mehr als 22 m ist zumindest ein Personenaufzug erforderlich, der eine Fahrkorbgrundfläche von mindestens 1,10 m Breite × 2,10 m Tiefe aufweist.

2.3.3 Bei Gebäuden mit einem Fluchtniveau von mehr als 32 m sind zumindest zwei Personenaufzüge erforderlich, wobei einer davon eine Fahrkorbgrundfläche von mindestens 1,10 m Breite × 2,10 m Tiefe aufweisen muss.

2.4 Durchgangsbreiten und Durchgangshöhen von Gängen, Treppen und Rampen

2.4.1 Hauptgänge müssen eine lichte Durchgangsbreite von mindestens 1,20 m aufweisen. Eine lichte Durchgangsbreite von 1,00 m genügt

- bei Gebäuden oder Gebäudeteilen mit nicht mehr als drei Wohnungen,
- bei Reihenhäusern,
- in Wohnungen von nicht barrierefrei zu gestaltenden Gebäuden oder Gebäudeteilen,
- in anpassbaren Wohnungen gemäß Punkt 7.4.2, wenn sichergestellt ist, dass bei Bedarf eine lichte Durchgangsbreite von 1,20 m herstellbar ist,
- in anpassbaren Wohnungen gemäß Punkt 7.4.2, die sich über mehr als eine Ebene erstrecken, für jenen Teil, der gemäß Punkt 2.4.3 nicht barrierefrei erreichbar sein muss, sowie
- bei Nebengängen.

2.4.2 In allgemein zugänglichen Bereichen von Gebäuden oder Gebäudeteilen, die barrierefrei zu gestalten sind, muss in Hauptgängen, die durch Türen abgetrennt werden, eine Bewegungsfläche (Wendekreis) mit einem Durchmesser von mindestens 1,50 m vorhanden sein.

2.4.3 Bei Treppen darf die lichte Treppenlaufbreite die Mindestmaße der folgenden Tabelle 1 nicht unterschreiten. Diese Anforderungen gelten sinngemäß auch für Podeste.

Tabelle 1: Lichte Treppenlaufbreite

Treppenarten	Lichte Treppenlaufbreite in m
Haupttreppen	
Haupttreppen, ausgenommen Wohnungstreppen	1,20
Wohnungstreppen	0,90
Nebentreppen	0,60

Abweichend zu Tabelle 1 muss bei Wohnungstreppen in anpassbaren Wohnungen gemäß Punkt 7.4.2, die sich über mehr als eine Ebene erstrecken und bei denen die Funktionen Wohnen, Schlafen, Kochen und die Sanitäreinrichtungen nicht in der barrierefrei zugänglichen Wohnungsebene vorhanden sind, die Nachrüstung mit einem Treppenschrägaufzug mit Rollstuhlplattform möglich sein. Je nach Art der möglichen Führungsschiene des Treppenschrägaufzuges sind folgende lichte Treppenlaufbreiten einzuhalten:

- bei Führungsschienen mit geradem Verlauf mindestens 1,10 m,
- bei Führungsschienen mit gekrümmtem Verlauf (für Kurvenfahrt) mindestens 1,20 m.

Die erforderlichen Anfahr- und Bewegungsflächen sind zu berücksichtigen.

2.4.4 Bei Rampen sind für die lichte Durchgangsbreite die Mindestmaße der Tabelle 1 sinngemäß anzuwenden. Bei Gebäuden oder Gebäudeteilen, die barrierefrei zu gestalten sind, muss die lichte Durchgangsbreite mindestens 1,20 m betragen.

2.4.5 Bei Gängen, Treppen und Rampen im Verlauf von Fluchtwegen für mehr als 120 Personen muss die lichte Breite für jeweils weitere angefangene zehn Personen um jeweils 10 cm erhöht werden.

2.4.6 Bei Stadien und Versammlungsstätten im Freien muss die lichte Breite von Gängen, Treppen und Rampen im Verlauf von Fluchtwegen für nicht mehr als 300 Personen mindestens 1,20 m betragen. Für mehr als 300 Personen muss die lichte Breite für jeweils weitere angefangene 50 Personen um jeweils 10 cm erhöht werden.

2.4.7 Bei Treppen im Verlauf von Fluchtwegen, auf die mehr als 240 Personen gleichzeitig angewiesen sind, sind zusätzliche Handläufe zur Unterteilung der Treppenlaufbreite (Zwischenhandläufe) erforderlich, wenn diese 2,40 m überschreitet.

2.4.8 Die lichte Durchgangshöhe von Treppen, gemessen an der Stufenvorderkante, sowie von Rampen und Gängen muss mindestens 2,10 m betragen.

2.5 Zulässige Einengungen der Durchgangsbreiten und Durchgangshöhen von Gängen, Treppen und Rampen

2.5.1 Die Mindestbreite von Gängen und Treppen darf durch Einbauten oder vorstehende Bauteile nicht eingeengt werden. Zulässig sind jedoch:

- Einengungen durch Treppenschrägaufzüge in nicht betriebsbereitem Zustand (Parkstellung) um nicht mehr als 30 cm,
- stellenweise Einengungen in Gängen um nicht mehr als 10 cm auf eine Länge von maximal 1,20 m (z.B. Pfeiler, Verzierungen, Beschläge von Türen, Türen in geöffnetem Zustand),
- Einengungen durch Handläufe um nicht mehr als 10 cm je Seite bei Haupttreppen, ausgenommen Wohnungstreppen,
- Einengungen durch Treppenwangen um nicht mehr als 10 cm Breite und 15 cm Höhe je Seite bei Haupttreppen,
- Einengungen durch leicht entfern- oder öffenbare Zugangssicherungen vor abwärtsführenden Treppen in Altersheimen, Altenwohnheimen, Seniorenheimen, Seniorenresidenzen sowie anderen Gebäuden mit vergleichbarer Nutzung, Pflegeheimen und Krankenhäusern.

2.5.2 Die Mindestbreite von Treppen darf im Kopfbereich beidseitig bis zu einer Schräge von höchstens 25 cm Höhe und höchstens 25 cm Breite eingeengt werden, wobei ein Bereich von mindestens 50 cm Breite verbleiben muss, der nicht eingeengt werden darf.

2.5.3 Bei Nebentreppen sind stellenweise Unterschreitungen der erforderlichen lichten Durchgangshöhe der Treppe um nicht mehr als 10 cm zulässig, wenn dies aus konstruktiven Gründen erforderlich ist (z.B. unterhalb von Treppenpodesten von Wendeltreppen, unterhalb von Tragwerksteilen).

2.5.4 Rampen mit einer lichten Breite von mindestens 1,20 m dürfen durch Handläufe um nicht mehr als 10 cm je Seite eingeengt werden.

2.6 Vermeidung des Unterlaufens von Podesten, Treppenläufen und Rampen

In allgemein zugänglichen Bereichen sind Flächen vor und unter Podesten, Treppenläufen, Rampen, schrägen Bauteilen und dergleichen mit einer Durchgangshöhe von weniger als 2,10 m so zu sichern, dass eine Verletzungsgefahr durch unbeabsichtigtes Unterlaufen vermieden wird.

2.7 Allgemeine Anforderungen an Türen

2.7.1 Die nutzbare Breite der Durchgangslichte von Türen hat mindestens 80 cm zu betragen.

2.7.2 Die nutzbare Höhe der Durchgangslichte von Türen hat mindestens 2,00 m zu betragen.

2.7.3 Türen von Toiletten mit einer Raumgröße unter 1,80 m² dürfen nicht nach innen öffnend ausgeführt sein.

2.8 Türen im Verlauf von Fluchtwegen

2.8.1 Türen im Verlauf von Fluchtwegen müssen mindestens folgende nutzbare Breite der Durchgangslichte aufweisen:

- für höchstens 40 Personen: 80 cm,
- für höchstens 80 Personen: 90 cm,
- für höchstens 120 Personen: 1,00 m.

Liegen zwei Türen im Abstand von maximal 20 cm nebeneinander, können sie als eine Tür gerechnet werden. Bei Türen im Verlauf von Fluchtwegen für mehr als 120 Personen muss die nutzbare Breite der Durchgangslichte für jeweils weitere angefangene zehn Personen um jeweils 10 cm erhöht werden.

2.8.2 Bei Stadien und Versammlungsstätten im Freien muss die lichte Breite von Türen im Verlauf von Fluchtwegen für nicht mehr als 300 Personen mindestens 1,20 m betragen. Für mehr als 300 Personen muss die lichte Breite für jeweils weitere angefangene 50 Personen um jeweils 10 cm erhöht werden.

2.8.3 Aus einem Raum, der zum Aufenthalt für mehr als 120 Personen bestimmt ist, müssen mindestens zwei ausreichend weit voneinander entfernte Ausgänge direkt auf einen Fluchtweg führen.

2.8.4 Alle Türen im Verlauf von Fluchtwegen müssen manuell zu öffnen sein. Automatisch betriebene Türen, die bei Stromausfall selbsttätig öffnen, sind manuell öffenbaren Türen gleichzusetzen.

2.8.5 Türen im Verlauf von Fluchtwegen, auf die mehr als 15 Personen gleichzeitig angewiesen sind, müssen
- in Fluchtrichtung öffnend ausgeführt werden,
- jederzeit in Fluchtrichtung leicht und ohne fremde Hilfsmittel geöffnet werden können und
- als Drehflügeltüren oder sicherheitstechnisch gleichwertig ausgeführt werden.

2.8.6 Türen im Verlauf von Fluchtwegen in Wohngebäuden, auf die nicht mehr als 40 Personen gleichzeitig angewiesen sind, müssen nicht in Fluchtrichtung öffnend ausgeführt werden.

2.8.7 Türen im Verlauf von Fluchtwegen, die für die Entfluchtung zweier benachbarter Brandabschnitte in beide Richtungen dienen, müssen nur in eine der beiden Fluchtrichtungen öffnend ausgeführt werden.

2.8.8 In Gebäuden oder Gebäudeteilen, bei denen die Benutzer in der Regel ortsunkundig sind (z.B. in Versammlungsstätten, Ausstellungshallen, Verkaufsstätten, Einkaufszentren, Behörden und sonstigen öffentliche Einrichtungen mit starkem Publikumsverkehr), müssen Türen aus allgemein zugänglichen Bereichen, auf die im Fluchtfall mehr als 120 Personen gleichzeitig angewiesen sind, mit Paniktürverschlüssen ausgestattet sein.

2.9 Zusätzliche Anforderungen an barrierefreie Türen

2.9.1 Bei einflügeligen und zweiflügeligen Türen muss die nutzbare Breite der Durchgangslichte des Gehflügels mindestens 80 cm aufweisen. Dieses Mindestmaß darf durch das Türblatt oder einen Paniktürverschluss nicht eingeschränkt werden.

2.9.2 In barrierefreien Wohngebäuden gemäß Punkt 7.4 müssen Türen im Verlauf vom Haupteingang bis einschließlich der Wohnungseingangstüren eine nutzbare Breite der Durchgangslichte von mindestens 90 cm aufweisen.

2.9.3 In Gebäuden oder Gebäudeteilen, die barrierefrei zu gestalten sind, müssen an beiden Seiten von Türen Anfahrbereiche vorhanden sein oder die Türen müssen automatisch geöffnet werden können. Bei Wohnungen ist dies nur bei der Wohnungseingangstüre sowie innerhalb der Wohnung bei den Türen zu Sanitärräumen sowie zu einem Aufenthaltsraum erforderlich.

Für Anfahrbereiche gelten folgende Anforderungen:
- Die Anfahrbereiche müssen an der Seite des Türdrückers bzw. Türgriffs um mindestens 50 cm über die Durchgangslichte hinausragen;
- Mindestgröße bei Drehflügeltüren, ausgenommen innerhalb von Wohnungen, an der Seite des Türbandes 3,00 m² und an der dem Türband abgewandten Seite 1,80 m²;
- Mindestgröße in allen anderen Fällen beidseits der Tür 1,80 m².

2.9.4 In Gebäuden oder Gebäudeteilen, die barrierefrei zu gestalten sind müssen Türen im Regelbetrieb auch für Menschen mit Behinderungen leicht bedienbar sein.

2.9.5 Karuselltüren und Drehkreuze müssen barrierefrei umgehbar und umfahrbar sein. Automatische Türen müssen frühzeitig öffnen und verzögert schließen. In Gebäuden oder Gebäudeteilen, die gemäß Punkt 7.5.2 mit einem taktilen Leitsystem auszustatten sind, ist vor dem Schwenkbereich automatischer Türen im Rahmen dieses Leitsystems ein gemäß Punkt 7.6 kontrastierendes, taktiles Aufmerksamkeitsfeld anzuordnen.

2.10 Stellplätze für Kraftfahrzeuge in Gebäuden und im Freien

2.10.1 Garagen, überdachte und nicht überdachte Stellplätze sowie Parkdecks müssen so angelegt sein, dass eine sichere Zu- und Abfahrt gewährleistet ist, wobei die Fahrbahnbreite mindestens 3,00 m betragen muss. Im Bereich von Garagentoren oder technischen Einrichtungen (z.B. Schrankenanlagen, Kartengeber) ist eine Einschränkung zulässig, wobei eine lichte Breite von mindestens 2,50 m verbleiben muss.

Größere Fahrbahnbreiten oder Schrammborde bei Zu- und Abfahrten sind anzuordnen, wenn dies im Interesse der Sicherheit und Leichtigkeit des Verkehrs erforderlich ist. Schrammborde zählen mit einer Breite bis zu insgesamt 30 cm zur Fahrbahnbreite.

2.10.2 Bei Garagen, überdachten Stellplätzen und Parkdecks mit einer Nutzfläche von mehr als 1.600 m² sind eigene Fahrstreifen für Zu- und Abfahrten zu errichten und zu kennzeichnen. Wenn die Zu- und Abfahrten auch der Erschließung für Fußgänger dienen, ist eine Abgrenzung zwischen Fahr- und Gehstreifen erforderlich (z.B. Kennzeichnung durch Markierung, Absicherung durch Poller, Abgrenzung durch erhöhten Gehweg).

Dies gilt auch für nicht überdachte Stellplätze mit einer Summe der Stellplatzflächen von mehr als 1.600 m².

2.10.3 Die maximale Neigung von nicht überdeckten Rampen von Fahrverbindungen, gemessen in der Fahrbahnmitte, darf 15 %, von überdeckten oder beheizten Rampen von Fahrverbindungen 18 % nicht überschreiten. Im Bereich von 5,00 m ab der öffentlichen Verkehrsfläche darf die Neigung der Rampen von Fahrverbindungen nicht mehr als 5 % betragen.

2.10.4 Die Fläche von Stellplätzen für Kraftfahrzeuge und die Breite der Fahrgassen sind nach der Art und Anordnung der abzustellenden Kraftfahrzeuge zu bemessen. Für Stellplätze für Personenkraftwagen gelten die Mindestwerte von Tabelle 2.

Tabelle 2: Mindestwerte für Stellplätze und Fahrgassen

	Senkrechtaufstellung	Schrägaufstellung		Längsaufstellung
Winkel des Stellplatzes zur Fahrgasse	90°	60°	45°	0°
Stellplatzgröße für Personenkraftwagen	2,50 m × 5,00 m	2,50 m × 5,00 m		2,30 m × 6,00 m
Barrierefreie Stellplatzgröße für Personenkraftwagen	3,50 m × 5,00 m	3,50 m × 5,00 m		3,50 m × 6,50 m
Fahrgassenbreite	6,00 m	4,50 m	3,50 m	3,00 m

Diese Mindestwerte dürfen durch Bauteile wie z.B. Säulen oder Wandscheiben nicht eingeschränkt werden. Einschränkungen durch Einbauten wie z.B. Ladestationen für Elektrofahrzeuge sind zulässig, wenn die Benutzbarkeit und die Nutzungssicherheit gewährleistet bleiben.

Die Breite barrierefreier Stellplätze setzt sich aus einem 2,30 m breiten Bereich für den Stellplatz und einem 1,20 m breiten Bereich zum Ein- und Aussteigen zusammen. Bei zwei nebeneinander angeordneten barrierefreien Stellplätzen genügt ein gemeinsamer Bereich zum Ein- und Aussteigen. Barrierefreie Stellplätze sind möglichst horizontal anzuordnen.

2.10.5 Stellplätze für Kraftfahrzeuge bei Nutzflächen von mehr als 250 m² sowie barrierefreie Stellplätze sind zu kennzeichnen.

2.10.6 Bei Garagen, überdachten Stellplätzen und Parkdecks muss die lichte Höhe im Bereich aller Stellplatz- und Fahrflächen nach der Art der abzustellenden Fahrzeuge bemessen werden, jedoch mindestens 2,10 m betragen.

Eine Einschränkung der lichten Höhe ist jedoch zulässig:

- bei Einbauten ab einer Höhe von 1,80 m über der Stellplatzfläche und mit einer Tiefe von höchstens 70 cm entlang der Rückwand von senkrechten oder schrägen Stellplätzen. Diese Einbauten sind so zu sichern oder zu kennzeichnen, dass eine Verletzungsgefahr vermieden wird;
- bei Ladestationen für Elektrofahrzeuge u. dgl., wenn die Benutzbarkeit und die Nutzungssicherheit gewährleistet bleiben;
- bei Garagentoren von Garagen mit nicht mehr als 50 m² Nutzfläche, wenn die nutzbare Höhe der Durchgangslichte zumindest 2,00 m beträgt.

3 Schutz vor Rutsch- und Stolperunfällen

3.1 Allgemeine Anforderungen

3.1.1 Bauwerkszugänge sowie Gänge, Treppen und Rampen in allgemein zugänglichen Bereichen müssen eben, befestigt und trittsicher sein und eine für den Verwendungszweck ausreichend rutschhemmende Oberfläche aufweisen.

3.1.2 Einzelstufen und sonstige einzelne Niveausprünge sind unzulässig

- in Gängen in allgemein zugänglichen Bereichen und
- bei Treppenpodesten.

3.1.3 Schwellen und Türanschläge sind zu vermeiden. Erforderliche Schwellen und Türanschläge dürfen 2 cm nicht übersteigen. Bei Türen, an die Anforderungen an den Schall- bzw. Wärmeschutz gestellt werden, dürfen Schwellen und Türanschläge 3 cm nicht übersteigen. Abweichend davon dürfen folgende Türen höhere Schwellen und Türanschläge aufweisen:

- Türen zu Freibereichen wie Balkone, Terrassen, Loggien etc., wenn keine Anforderungen an die barrierefreie Gestaltung gestellt werden;
- Türen zu Technikräumen (z.B. Öllagerräume).

3.2 Treppen

3.2.1 In einem Treppenlauf müssen die Stufen in dessen gesamten Verlauf gleich hoch und in der Lauflinie gleich tief sein. Die Stufenhöhe und der Stufenauftritt von Treppen müssen der Tabelle 3 entsprechen, wobei bei den Stufen die Steigungsverhältnisse der Schrittmaßregel (2 × Stufenhöhe + Stufenauftritt = 62 cm ± 3 cm) einzuhalten sind.

Tabelle 3: Stufenhöhe und Stufenauftritt

Treppenarten	Stufenhöhe in cm Höchstmaß	Stufenauftritt in cm Mindestmaß
Haupttreppen		
Haupttreppen, ausgenommen Wohnungstreppen	18	27
Wohnungstreppen	20	24
Nebentreppen	21	21

3.2.2 Bei Haupttreppen ist nach maximal 20 Stufen ein Podest zu errichten. Bei Podesten mit Richtungsänderung muss die Podesttiefe zumindest der lichten Treppenlaufbreite entsprechen.

3.2.3 Haupttreppen mit gekrümmter Lauflinie müssen im Abstand von 20 cm von der inneren Begrenzung des Treppenlaufes (Absturzsicherung oder Wand ohne Berücksichtigung der Handläufe) einen Stufenauftritt von mindestens 15 cm aufweisen, bei Wohnungstreppen genügen 12 cm.

3.2.4 In Gebäuden oder Gebäudeteilen, die barrierefrei zu gestalten sind, müssen Haupttreppen (ausgenommen Wohnungstreppen) geradläufig sein. Eine gekrümmte Lauflinie ist zulässig, wenn im Abstand von jeweils 40 cm von beiden seitlichen Begrenzungen des Treppenlaufes (Absturzsicherung oder Wand, ohne Berücksichtigung der Handläufe) die Steigungsverhältnisse der Schrittmaßregel (2 × Stufenhöhe + Stufenauftritt = 62 cm ± 3 cm) eingehalten werden.

3.2.5 In Gebäuden oder Gebäudeteilen, die barrierefrei zu gestalten sind, müssen zumindest die An- und die Austrittstufe eines Treppenlaufes in der ganzen Treppenbreite im Bereich der Vorderkante auf der Trittstufe kontrastierend gekennzeichnet werden.

Vor abwärtsführenden Treppen muss ein taktiles Aufmerksamkeitsfeld angeordnet werden. Davon ausgenommen sind:

- Treppen in Treppenhäusern und
- Treppen in Altersheimen, Altenwohnheimen, Seniorenheimen, Seniorenresidenzen sowie andere Gebäude mit vergleichbarer Nutzung, Pflegeheimen und Krankenhäuser.

3.2.6 Bei Treppenläufen mit zwei oder mehr Stufen müssen auf beiden Seiten formstabile, durchgängig gut greifbare Handläufe angebracht werden. Bei folgenden Treppenläufen genügt ein Handlauf auf einer Seite:

- Treppen in Gebäuden oder Gebäudeteilen mit nicht mehr als drei Wohnungen,
- Treppen in Reihenhäusern,
- Nebentreppen sowie
- Wohnungstreppen.

Die Handläufe sind in einer Höhe von 85 cm bis 90 cm anzuordnen. Abweichend davon dürfen Handläufe, die den oberen Abschluss einer Absturzsicherung bilden, in einer Höhe von bis zu 1,10 m angeordnet werden.

In Gebäuden oder Gebäudeteilen, die barrierefrei zu gestalten sind, sind die Handläufe bei Treppenantritt und -austritt um 30 cm über die Stufenkante, gegebenenfalls auch seitlich um die Ecke, weiterzuführen. Bildet der Handlauf den oberen Abschluss einer Absturzsicherung und ist in mehr als 1,00 m Höhe angebracht, ist ein zweiter Handlauf in einer Höhe von 85 cm bis 90 cm anzuordnen.

3.2.7 Für Außentreppen, die der Erschließung des Gebäudes oder anderer allgemein zugänglicher Bereiche dienen, gelten die Bestimmungen der Punkte 3.2.1 bis 3.2.6 sinngemäß.

3.2.8 Bei Versammlungsstätten kann für die Erschließung der Besucherplätze auf Tribünen von den Anforderungen folgender Punkte abgewichen werden:

- Punkt 2.4.7 hinsichtlich der Unterteilung der Treppenlaufbreite durch zusätzliche Handläufe,
- Punkt 3.2.1 hinsichtlich der in Tabelle 3 angeführten Maße für Stufenhöhe und Stufenauftritt,
- Punkt 3.2.2 hinsichtlich der Notwendigkeit eines Podestes nach maximal 20 Stufen,
- Punkt 3.2.6 hinsichtlich der beidseitigen Anordnung und durchgängigen Ausführung sowie der Weiterführung der Handläufe bei Treppenantritt und -austritt.

4 Schutz vor Absturzunfällen

4.1 Erfordernis von Absturzsicherungen

4.1.1 Alle im gewöhnlichen Gebrauch zugänglichen Stellen eines Gebäudes mit einer Absturzhöhe von 60 cm oder mehr, bei denen eine hohe Gefahr eines Absturzes besteht, jedenfalls aber ab einer Absturzhöhe von 1,00 m, sind mit einer Absturzsicherung zu sichern. Eine Absturzsicherung ist nicht notwendig, wenn diese dem Verwendungszweck (z.B. bei Laderampen, Schwimmbecken) widerspricht.

4.1.2 In Kindergärten, Schulen und ähnlichen Einrichtungen für Kinder bis zehn Jahren sind Fenster in für Kinder zugänglichen Räumen mit einer Kindersicherung auszustatten, wenn die Oberkante des Fensterparapets mehr als 2,00 m über dem angrenzenden Gelände liegt. Davon ausgenommen sind Fenster, die für Kinder nicht erreichbar sind (z.B. Oberlichtfenster).

4.1.3 Schächte, Ausstiege, Einbringöffnungen und dergleichen müssen trag- und verkehrssicher abgedeckt werden. Abdeckungen in allgemein zugänglichen Bereichen sind, wenn ein unbefugtes Öffnen nicht schon durch bloßes Eigengewicht der Abdeckung ausgeschlossen werden kann, durch andere Maßnahmen (z.B. Absperreinrichtungen) zu sichern.

4.2 Anforderungen an Absturzsicherungen

4.2.1 Die Höhe der Absturzsicherung hat mindestens 1,00 m, ab einer Absturzhöhe von mehr als 12 m mindestens 1,10 m zu betragen. Bei Wohnungstreppen genügt eine Höhe der Absturzsicherung von 90 cm. Die Höhe der Absturzsicherung wird von der Standfläche gemessen. Bei Absturzsicherungen mit einer oberen Tiefe von mindestens 20 cm (z.B. Brüstungen, Fensterparapete) darf die jeweils erforderliche Höhe um die halbe Brüstungstiefe abgemindert, jedoch ein Mindestmaß von 85 cm nicht unterschritten werden.

4.2.2 Bei Versammlungsstätten kann von den Anforderungen des Punktes 4.2.1 abgewichen werden, wenn dies für eine ungehinderte Sicht auf den Aktionsbereich erforderlich ist. Hierbei muss jedoch Folgendes berücksichtigt werden:

- Die Höhe der Absturzsicherung unmittelbar vor Sitzreihen kann abgemindert werden, wobei ein Mindestmaß von 80 cm nicht unterschritten werden darf;
- In der Verlängerung einer Treppe, die zur direkten Erschließung absteigender Steh- und Sitzplatzreihen dient, muss die Höhe der Absturzsicherung so bemessen sein, dass auch im Falle eines Sturzes im Bereich des unteren Endes der Treppe ein Absturz verhindert werden kann.

4.2.3 Im Bereich von 15 cm bis 60 cm über fertiger Stufenvorderkante oder Standfläche dürfen keine horizontalen oder schrägen Elemente der Absturzsicherung angeordnet sein, es sei denn, ein Hochklettern von Kindern wird erschwert, wie zum Beispiel durch

- Horizontale oder schräge Elemente, die nicht um mehr als 3 cm vorspringen,
- Öffnungen, die in der Vertikalen nicht größer als 2 cm sind,
- Seilnetze mit einem Maschenumfang von höchstens 16 cm,
- Lochbleche mit einem Lochdurchmesser von höchstens 4 cm,
- eine nach innen um mindestens 15 cm überstehende Geländeroberkante.

4.2.4 Öffnungen in Absturzsicherungen dürfen zumindest in einer Richtung nicht größer als 12 cm sein. Abweichend davon dürfen bei Versammlungsstätten Öffnungen in Absturzsicherungen im Bereich von mehr als 80 cm über der Standfläche auch größer als 12 cm sein.

Bei Geländern über einer Standfläche ist der untere Abschluss so auszubilden, dass zwischen der Geländerunterkante und der Standfläche ein Würfel mit einer Kantenlänge von höchstens 12 cm durchgeschoben werden kann.

Bei Geländern neben einer Standfläche ist der untere Abschluss so auszubilden, dass zwischen der Geländerunterkante und der Standfläche ein Würfel mit einer Kantenlänge von höchstens 7,5 cm durchgeschoben werden kann. Dabei darf der lichte Horizontalabstand zwischen dem Geländer und der Standfläche nicht mehr als 3 cm betragen.

Bei offenen Setzstufen darf der lichte Abstand höchstens 12 cm betragen.

4.2.5 Abweichend zu Punkt 4.2.3 und 4.2.4 ist eine Absturzsicherung mit Brust- und Mittelwehr ausreichend, wenn

- aufgrund des Verwendungszweckes eines Gebäudes oder Gebäudeteils die Anwesenheit von Kindern üblicherweise nicht zu erwarten ist, oder
- bei sonstigen Bauwerken mit einem niedrigen Gefährdungspotenzial wie z.B. geringe Nutzerfrequenz, Lage zu rechnen ist.

4.2.6 Verglasungen mit absturzsichernder Funktion müssen unbeschadet der Bestimmungen gemäß Punkt 5.1 aus geeignetem Verbund-Sicherheitsglas bestehen. Bei Mehrscheiben-Isolierglas und Verglasungen mit mehreren Scheiben (z.B. Verbundverglasungen) gilt dies zumindest für eine Scheibe.

4.2.7 Bei Freibereichen muss der Abstand der Oberkante von Bauteilen mit bis zu 60 cm Höhe über der Standfläche zur oberen Innenkante der Absturzsicherung mindestens 1,00 m betragen. Bei einer Absturzhöhe von mehr als 12 m erhöht sich dieser Abstand auf mindestens 1,10 m.

5 Schutz vor Aufprallunfällen und herabstürzenden Gegenständen

5.1 Glastüren und Verglasungen ohne absturzsichernde Funktion

5.1.1 Folgende Verglasungen müssen aus Sicherheitsglas (Einscheiben-Sicherheitsglas oder Verbund-Sicherheitsglas) hergestellt sein:

- Ganzglastüren, Verglasungen in Türen und in Fenstertüren bis 1,50 m Höhe über der Standfläche,
- vertikale Verglasungen (wie z.B. Glaswände, Fixverglasungen) entlang begehbarer Flächen bis 85 cm Höhe über der Standfläche,
- vertikale Verglasungen (wie z.B. Glaswände, Fixverglasungen) entlang begehbarer Flächen in Gebäuden mit möglichem Menschengedränge bis 1,50 m Höhe über der Standfläche.

5.1.2 Anstelle der Verwendung von Sicherheitsglas gemäß Punkt 5.1.1 können auch Schutzvorrichtungen angebracht werden, die den Anprall von Personen verhindern.

Wenn bei Mehrscheiben-Isolierglas die Scheiben an der Seite oder den Seiten der Einwirkung aus Verbund-Sicherheitsglas bestehen, sind weitere, durch Abstandhalter getrennte Scheiben von den Anforderungen gemäß Punkt 5.1.1 ausgenommen. Gleiches gilt, wenn die Scheiben an der Seite oder den Seiten der Einwirkung aus Einscheiben-Sicherheitsglas bestehen und so bemessen sind, dass ein Durchstoßen beim Anprall von Personen verhindert wird.

5.1.3 In allgemein zugänglichen Bereichen sind transparente Flächen, bei denen Aufprallunfälle zu erwarten sind, kontrastierend zu kennzeichnen. Dabei sind die unterschiedlichen Licht- bzw. Beleuchtungsverhältnisse (z.B. Tag und Nacht, beidseitige Betrachtung) zu berücksichtigen.

Eine Kennzeichnung ist nicht erforderlich bei:

- Glastüren mit einem kontrastierenden Rahmen des Türflügels mit mindestens 10 cm Breite oder
- Glasflächen mit kontrastierenden Sockelbereichen mit mindestens 30 cm Höhe.

5.1.4 Werden vertikale Verglasungen aus Einscheiben-Sicherheitsglas mit einer Splitterfallhöhe von mehr als 4,00 m hergestellt, müssen sie über Schutzvorrichtungen verfügen oder konstruktive Maßnahmen aufweisen, sodass bei Bruch der Verglasung durch Herabfallen von Glasstücken eine Gefährdung von darunter befindlichen Personen vermieden wird.

Dies gilt nicht für heißgelagertes thermisch vorgespanntes Kalknatron-Einscheibensicherheitsglas nach ÖNORM EN 14179-2 und folgenden konstruktiven Ausführungen:

- 4-seitig linienförmige Lagerung nach ÖNORM B 3716-2,
- 4-seitig geklebte Lagerung nach ÖNORM EN 13022-1,
- 4-seitig gelagerte Verglasung mit entsprechender Bautechnischer Zulassung oder Europäischer Technischer Bewertung oder
- 2-seitig linienförmige Lagerung nach ÖNORM B 3716-2, wenn die Verglasungen im Inneren von Verkaufsstätten bis zu einer Splitterfallhöhe von 6,00 m oder bei Balkon- und Loggiaverglasungen von Wohngebäuden verwendet werden.

5.2 Abrutschen von Schnee und Eis

Bei geneigten Dächern sind bauliche Maßnahmen gegen das Abrutschen von Schnee und Eis auf Nachbargrundstücke und allgemein zugängliche Bereiche zu treffen.

5.3 Geneigte Verglasungen

5.3.1 Einfachverglasungen und untere Scheiben von Mehrscheiben-Isolierglas müssen bei Verglasungen mit einer Neigung von mehr als 15 Grad, gemessen von der Vertikalen, aus geeignetem Verbund-Sicherheitsglas bestehen oder mit Schutzvorrichtungen gegen das Herabfallen von Glasteilen ausgestattet sein. Maßgeblich ist der Winkel der Einbausituation und nicht der im geöffneten Zustand.

5.3.2 Die Anforderungen gemäß Punkt 5.3.1 gelten nicht bei

- Glashäusern bis zu 20 m² Nutzfläche, die keine Aufenthaltsräume sind sowie
- Glashäusern, die gärtnerischen oder landwirtschaftlichen Zwecken dienen, mit Ausnahme der Bereiche über Verkehrswegen und über Kundenbereichen.

5.4 Vor- und abgehängte Bau- und Fassadenteile

Vor- und abgehängte Bauteile und Fassadensysteme sind gegen Herabfallen zu sichern. Dies gilt jedenfalls als erfüllt, wenn diese Bauteile und Fassadensysteme entsprechend einer Bautechnischen Zulassung, einer Europäischen Technischen Bewertung oder einer harmonisierten Europäischen Norm ausgeführt sind.

6 Blitzschutz

6.1 Gebäude sind mit Blitzschutzsystemen auszustatten, wenn sie wegen ihrer Lage, Größe oder Bauweise durch Blitzschlag gefährdet sind, oder wenn der Verwendungszweck oder die kulturhistorische Bedeutung des Bauwerks dies erfordern.

6.2 Von der Verpflichtung zur Errichtung eines Blitzschutzsystems ausgenommen sind Gebäude mit nicht mehr als 400 m² Brutto-Grundfläche der oberirdischen Geschoße sowie Gebäude, bei denen sich aufgrund einer Risikoanalyse ergibt, dass ein Blitzschutzsystem nicht erforderlich ist.

6.3 Abweichend von Punkt 6.2 sind folgende Gebäude jedenfalls mit einem Blitzschutzsystem auszustatten:

- Schul- und Kindergartengebäude sowie andere Gebäude mit vergleichbarer Nutzung,
- Beherbergungsstätten, Studentenheime sowie andere Gebäude mit vergleichbarer Nutzung mit mehr als 30 Gästebetten,
- Verkaufsstätten mit mehr als 600 m² Brutto-Grundfläche der oberirdischen Geschoße,
- Altersheime, Altenwohnheime, Seniorenheime, Seniorenresidenzen sowie andere Gebäude mit vergleichbarer Nutzung,
- Pflegeheime,
- Krankenhäuser,
- Versammlungsstätten,
- Schutzhütten in Extremlage,
- Betriebsbauten mit mehr als 2.000 m² Brutto-Grundfläche der oberirdischen Geschoße, für die in Abhängigkeit des jeweiligen Gefahrenpotenzials, wie Brandbelastung, Aktivierungsgefahr und Umgebungssituation, höhere Anforderungen notwendig werden, wie z.B. für Chemiebetriebe,
- Gebäude mit einem Fluchtniveau von mehr als 22 m,
- Justizanstalten sowie
- Land- und forstwirtschaftliche Wirtschaftsgebäude mit mehr als 1.200 m² Brutto-Grundfläche der oberirdischen Geschoße.

7 Zusätzliche Anforderungen an die barrierefreie Gestaltung von Gebäuden

7.1 Barrierefreie Toilettenräume

7.1.1 Die Mindestgröße von barrierefreien Toilettenräumen beträgt 2,15 m × 1,65 m. Türen dürfen nicht nach innen öffnend ausgeführt werden und müssen im Notfall von außen entriegelbar sein.

7.1.2 Es ist ein unterfahrbares Handwaschbecken mit einer Tiefe von mindestens 35 cm anzuordnen, das höchstens 20 cm in die Bewegungsfläche (Wendekreis) ragen darf.

7.1.3 Im Bereich der WC-Schale muss eine Bewegungsfläche (Wendekreis) mit einem Durchmesser von mindestens 1,50 m vorhanden sein. Der Abstand zwischen der WC-Schale und einer der seitlich dazu angeordneten Wände muss mindestens 90 cm betragen, vor der WC-Schale mindestens 1,20 m. Der Toilettensitz muss so angeordnet sein, dass die Benützung für Rollstuhlbenutzer möglichst einfach ist. Die erforderlichen Halte- und Stützgriffe sind anzuordnen.

7.1.4 In öffentlich zugänglichen Gebäuden müssen barrierefreie Toilettenräume mit einer Notrufanlage ausgestattet sein.

7.2 Sonstige barrierefreie Sanitärräume

7.2.1 Sonstige barrierefreie Sanitärräume sind hinsichtlich Raumgröße und Ausstattung (z.B. Dusche, Badewanne, Waschtisch) so zu gestalten, dass die Benützung für Rollstuhlbenutzer möglichst einfach ist. Für die Benützung der Funktionen des Sanitärraums muss die erforderliche Bewegungsfläche (Wendekreis) mit einem Durchmesser von mindestens 1,50 m vorhanden sein. Waschtische müssen unterfahrbar sein und dürfen höchstens 20 cm in die Bewegungsfläche (Wendekreis) ragen. Die erforderlichen Halte-, Stütz- und Zuziehgriffe sind anzuordnen. Türen dürfen nicht nach innen öffnend ausgeführt werden und müssen im Notfall von außen entriegelbar sein.

7.2.2 Wird in einem sonstigen barrierefreien Sanitärraum auch ein Toilettensitz angeordnet, sind dafür die Anforderungen gemäß Punkt 7.1.3 einzuhalten. Die Mindestgröße eines kombinierten barrierefreien Sanitärraums mit Toilette, Waschbecken und Dusche beträgt 5,00 m².

7.3 Barrierefreie Freibereiche (Balkon, Terrasse, Loggia u. dgl.)

Bei barrierefreien Freibereichen wie Balkonen, Terrassen oder Loggien muss eine Bewegungsfläche (Wendekreis) mit einem Durchmesser von mindestens 1,50 m vorhanden sein. Bei zumindest einer Tür zu jedem Freibereich darf die Schwelle bzw. der Türanschlag beidseits 3 cm nicht übersteigen.

Bei Wohnungen genügt es, wenn zumindest ein Freibereich diesen Anforderungen entspricht, wobei von der Abmessung der Bewegungsfläche abgewichen werden darf.

7.4 Barrierefreie Wohngebäude

7.4.1 Allgemein zugängliche Bereiche von barrierefreien Wohngebäuden oder Teilen davon müssen barrierefrei und die Wohnungen anpassbar ausgeführt werden.

7.4.2 Anpassbare Wohnungen müssen so errichtet werden, dass die Anforderungen an die Barrierefreiheit (z.B. Raumeinteilung und Ausstattung der Sanitärräume, Breite der Gänge, Anfahrbereiche oder Türen, die automatisch geöffnet werden können, Errichtung eines Treppenschrägaufzuges mit Rollstuhlplattform in mehrgeschoßigen Wohnungen, Zugang zu Freibereichen, Freilauftürschließer oder kraftunterstützende Antriebe bei Wohnungseingangstüren) bei Bedarf durch bauliche Änderungen leicht erfüllt werden können. Tragende Bauteile sowie Absturzsicherungen bei Freibereichen sind so auszuführen, dass diese bei einer Anpassung nicht verändert werden müssen. Eine Änderung der Elektro- und Sanitärinstallationen darf nur in einem geringfügigen Ausmaß erforderlich sein.

7.5 Barrierefreie Nicht-Wohngebäude

7.5.1 Nach Maßgabe der Größe und des Verwendungszweckes des Gebäudes sind bei Toiletten-Gruppen barrierefreie Toiletten anzuordnen. Wird jeweils nur eine Damen- und eine Herren-Toilette errichtet, muss mindestens eine Toilette (vorzugsweise die Damen-Toilette) barrierefrei ausgeführt werden. Ist nur eine geschlechtsneutrale Toilette vorhanden, ist diese barrierefrei auszugestalten.

7.5.2 Nach Maßgabe der Größe und des Verwendungszweckes des Gebäudes müssen Erschließungsflächen im Gebäude und die dem Gebäude zugeordneten Außenerschließungsflächen zusätzlich zu einem visuellen auch mit einem taktilen oder akustischen Leitsystem ausgestattet werden, das wesentliche Informationen und Orientierungshilfen für Besucher und Kunden anbietet.

7.5.3 Bei Versammlungsstätten muss nach Maßgabe der Größe eine ausreichende Anzahl an Rollstuhlplätzen vorhanden sein.

7.5.4 Bei Versammlungsstätten sind für die Evakuierung von Personen mit Behinderungen entsprechende Maßnahmen (z.B. baulich, organisatorisch, anlagentechnisch) zu treffen.

7.5.5 Versammlungsräume sind nach Maßgabe der Größe und des Verwendungszweckes mit geeigneten Übertragungssystemen für Menschen mit Hörbehinderung (z.B. induktive Höranlagen) auszustatten.

7.6 Kontrastierende Kennzeichnung

In Gebäuden und Gebäudeteilen, die barrierefrei zu gestalten sind, ausgenommen in Wohnungen, müssen die für die Orientierung im Gebäude erforderlichen Bauteile sowie sicherheitsrelevante Elemente wie Handläufe, Niveauunterschiede, Hindernisse etc. durch kontrastierende Farbgebung gut erkennbar sein.

7.7 Erleichterungen bei bestehenden Gebäuden

Bei baulichen Veränderungen an bestehenden Gebäuden wie Zu- und Umbauten sind Erleichterungen gemäß der Punkte 7.7.1 bis 7.7.6 zulässig, wenn die Einhaltung der entsprechenden Anforderungen aus technischen Gründen oder auf Grund der kulturhistorischen Bedeutung nicht oder nur mit unverhältnismäßigem Aufwand möglich ist.

7.7.1 Abweichend zu Punkt 2.1.1 darf eine barrierefreie Erschließung auch über einen Nebeneingang erfolgen. Eine entsprechende Kennzeichnung ist erforderlich.

7.7.2 Abweichend zu Punkt 2.1.5 dürfen zur Überwindung von Niveauunterschieden auch Treppenschrägaufzüge mit Rollstuhlplattform errichtet und mit diesen auch mehr als zwei Geschoße überwunden werden.

7.7.3 Abweichend zu Punkt 2.2.2 darf das Längsgefälle von Rampen höchstens 10 % betragen. Das Weiterführen der Handläufe darf entfallen.

7.7.4 Abweichend zu Punkt 2.3.1 dürfen die Mindestabmessung der Grundfläche (1,10 m x 1,40 m) des Fahrkorbes bei Personenaufzügen oder des Lastträgers bei vertikalen Hebeeinrichtungen für Personen unterschritten werden.

7.7.5 Abweichend zu Punkt 2.9.1 darf die nutzbare Durchgangslichte des Gehflügels von zweiflügeligen Türen weniger als 80 cm betragen. Die Verriegelung des Stehflügels muss jedoch beidseitig mit einem Türgriff bedienbar sein.

7.7.6 Abweichend zu Punkt 3.2.6 dürfen Handläufe statt in einer Höhe von 85 cm bis 90 cm auch in einer Höhe von 85 cm bis 100 cm angeordnet sein.

8 Sondergebäude

8.1 Versammlungsstätten mit erhöhtem Gefährdungspotenzial

Für Versammlungsstätten mit erhöhtem Gefährdungspotenzial (z.B. pyrotechnische Vorführungen, besondere Lage der Versammlungsstätte, zu erwartendes Publikumsverhalten) können zusätzliche Maßnahmen erforderlich sein.

8.2 Versammlungsstätten mit mehr als 5.000 Besuchern

8.2.1 Es ist ein Sicherheitskonzept auszuarbeiten, das in Abhängigkeit der Besucheranzahl und Veranstaltungsart mindestens zu beinhalten hat:

- Gefährdungsszenarien (z.B. unkontrollierter Besucherzustrom, Unwetter wie Gewitter, Sturm oder Hagel, Pyrotechnikeffekte),
- auf die Gefährdungsszenarien abgestimmte Maßnahmen (z.B. Zugangskontrolle, Zufahrten und Zugänge für Einsatzkräfte, Absicherung des Geländes, Blockbildung für Stehplätze, Brandsicherheitswache),
- Ordnerdienst (Mindestzahl, Aufgaben und Anordnungsstruktur, Verständigungsmöglichkeiten),
- Örtlichkeiten für die Informationszentrale und Einsatzkräfte (Polizei, Feuerwehr, Rettung).

8.2.2 Es ist eine Haus- bzw. Platzordnung (z.B. Zutrittskontrollen, verbotene Gegenstände) zu erstellen.

8.2.3 Es ist eine gesicherte Funkkommunikation für die Einsatzkräfte innerhalb der Versammlungsstätte sicherzustellen. Gegebenenfalls ist eine Objektfunkanlage zu installieren. Außerdem muss die Möglichkeit bestehen, Besucherinformationen (z.B. Lautsprecher, Infoscreen) vornehmen zu können.

8.2.4 Durch Abschrankungen ist sicherzustellen, dass zwischen den Flächen für kulturelle, künstlerische, sportliche oder unterhaltende Aktivitäten oder andere Darbietungen und den Flächen für Stehplätze der Besucher ein mindestens 1,80 m breiter Gang für die Ordnungsdienste und Einsatzkräfte vorhanden ist. Die Abschrankungen müssen den zu erwartenden Lasten durch Menschengedränge entsprechen.

8.2.5 Bei ansteigenden Sitzplatzreihen müssen unverrückbar befestigte Sitze vorhanden sein.

8.3 Schutzhütten in Extremlage

8.3.1 Die Anforderungen an die Barrierefreiheit gelten nicht für Schutzhütten in Extremlage.

8.3.2 Abweichend zu Punkt 2.4.1 genügt für Hauptgänge eine lichte Durchgangsbreite von 1,00 m.

8.3.3 Abweichend zu Punkt 2.4.3 genügt für Haupttreppen eine lichte Treppenlaufbreite von 1,00 m.

8.3.4 Abweichend zu Punkt 2.8.5 können Fluchttüren, die ins Freie führen, auch gegen die Fluchtrichtung öffnend ausgeführt werden.

8.3.5 Abweichend zu Punkt 2.8.8 müssen Türen nicht mit Paniktürverschlüssen ausgestattet werden.

9 Bauführungen im Bestand

Bei Änderungen an bestehenden Bauwerken mit Auswirkungen auf bestehende Bauwerksteile sind für die bestehenden Bauwerksteile Abweichungen von den aktuellen Anforderungen dieser OIB-Richtlinie zulässig, wenn das ursprüngliche Anforderungsniveau des rechtmäßigen Bestandes nicht verschlechtert wird.

OIB-Richtlinie 5

Schallschutz

Ausgabe: Mai 2023

0 Vorbemerkungen

Diese Richtlinie ist für Gebäude und Gebäudeteile anzuwenden, welche dem längeren Aufenthalt von Menschen dienen und deren widmungsgerechte Nutzung einen Ruheanspruch bewirkt oder der besondere Verwendungszweck eine entsprechende Raumakustik oder einen Erschütterungsschutz erfordert. Dazu zählen insbesondere Wohngebäude, Wohnheime, Bürogebäude, Beherbergungsstätten, Bildungseinrichtungen, Krankenhäuser etc.

Von den Anforderungen dieser OIB-Richtlinie kann entsprechend den jeweiligen landesrechtlichen Bestimmungen abgewichen werden, wenn vom Bauwerber nachgewiesen wird, dass das gleiche Schutzniveau wie bei Anwendung der Richtlinie erreicht wird.

1 Begriffsbestimmungen

Es gelten die Begriffsbestimmungen des Dokumentes „OIB-Richtlinien – Begriffsbestimmungen".

2 Baulicher Schallschutz

2.1 Anwendungsbereich

Die festgelegten Anforderungen dienen der Sicherstellung eines für normal empfindende Menschen ausreichenden Schutzes von Aufenthalts- und Nebenräumen vor Schallimmissionen von außen und aus anderen Nutzungseinheiten desselben Gebäudes sowie aus angrenzenden Gebäuden.

2.2 Anforderungen an den Schallschutz von Außenbauteilen

2.2.1 Der maßgebliche standortbezogene und gegebenenfalls bauteillagebezogene Außenlärmpegel ist nach dem Stand der Technik unter Anwendung von Anpassungswerten L_Z (Beurteilungspegel L_r) zu ermitteln. Es hat dies getrennt für Tag (6:00 Uhr bis 22:00 Uhr) und Nacht zu erfolgen, wobei der jeweils ungünstigere Wert für die Ermittlung der Anforderungen heranzuziehen ist.

2.2.2 Sofern sich aus den Punkten 2.2.3 und 2.2.4 keine höheren Anforderungen ergeben, dürfen unabhängig vom maßgeblichen Außenlärmpegel und der Gebäudenutzung die Werte für das bewertete resultierende Bauschalldämm-Maß $R'_{res,w}$ der Außenbauteile gesamt von 33 dB und das bewertete Schalldämm-Maß R_w der opaken Außenbauteile von 43 dB nicht unterschritten werden.

2.2.3 Bei Wohngebäude dürfen für die Schalldämmung der Außenbauteile von Aufenthaltsräumen folgende Werte nicht unterschritten werden:

Mindesterforderliche Schalldämmung von Außenbauteilen für Wohngebäude								
Maßgeblicher Außenlärmpegel [dB]		Außenbauteile gesamt [dB]	Außenbauteile opak [dB]	Fenster und Außentüren [dB]		Decken und Wände gegen nicht ausgebaute Dachräume [dB]	Decken und Wände gegen Durchfahrten und Garagen [dB]	Gebäudetrennwände an Grundstücksgrenzen bzw. Bauplatzgrenzen (je Wand) [dB]
Tag	Nacht	$R'_{res,w}$	R_w	R_w	R_w+C_{tr}	R'_w	R_w	R_w
≤ 50	≤ 40	33	43	28	23	42	60	48
51 - 60	41 - 50	33	43	33	28	42	60	48
61	51	34	43,5	33,5	28,5	47	60	48
62	52	35	44	34	29	47	60	48
63	53	36	44,5	34,5	29,5	47	60	48
64	54	37	45	35	30	47	60	48
65	55	38	45,5	35,5	30,5	47	60	48
66	56	39	46	36	31	47	60	48
67	57	40	46,5	36,5	31,5	47	60	48
68	58	41	47	37	32	47	60	48
69	59	42	47,5	37,5	32,5	47	60	48

Mindesterforderliche Schalldämmung von Außenbauteilen für Wohngebäude								
Maßgeblicher Außenlärmpegel [dB]		Außenbauteile gesamt [dB]	Außenbauteile opak [dB]	Fenster und Außentüren [dB]		Decken und Wände gegen nicht ausgebaute Dachräume [dB]	Decken und Wände gegen Durchfahrten und Garagen [dB]	Gebäudetrennwände an Grundstücksgrenzen bzw. Bauplatzgrenzen (je Wand) [dB]
Tag	Nacht	$R'_{res,w}$	R_w	R_w	R_w+C_{tr}	R'_w	R_w	R_w
70	60	43	48	38	33	47	60	48
71	61	44	49	39	34	47	60	48
72	62	45	50	40	35	47	60	48
73	63	46	51	41	36	47	60	48
74	64	47	52	42	37	47	60	48
75	65	48	53	43	38	47	60	48
76	66	49	54	44	39	47	60	48
77	67	50	55	45	40	47	60	48
78	68	51	56	46	41	47	60	48
79	69	52	57	47	42	47	60	48
≥ 80	≥ 70	53	58	48	43	47	60	48

2.2.4 Für Bildungseinrichtungen, Bürogebäude, Wohnheime, Beherbergungsstätten, Krankenhäuser, Kurgebäude u. dgl. dürfen für die Schalldämmung der Außenbauteile von Aufenthaltsräumen folgende Werte nicht unterschritten werden:

Mindesterforderliche Schalldämmung von Außenbauteilen für Bildungseinrichtungen, Bürogebäude, Wohnheime, Beherbergungsstätten, Krankenhäuser, Kurgebäude u. dgl.								
Maßgeblicher Außenlärmpegel [dB]		Außenbauteile gesamt [dB]	Außenbauteile opak [dB]	Fenster und Außentüren [dB]		Decken und Wände gegen nicht ausgebaute Dachräume [dB]	Decken und Wände gegen Durchfahrten und Garagen [dB]	Gebäudetrennwände an Grundstücksgrenzen bzw. Bauplatzgrenzen (je Wand) [dB]
Tag	Nacht	$R'_{res,w}$	R_w	R_w	R_w+C_{tr}	R'_w	R_w	R_w
≤ 60	≤ 50	33	43	28	23	42	60	48
61	51	33	43	28,5	23,5	42	60	48
62	52	33	43	29	24	42	60	48
63	53	33	43	29,5	24,5	42	60	48
64	54	33	43	30	25	42	60	48
65	55	33	43	30,5	25,5	42	60	48
66	56	34	43	31	26	42	60	48
67	57	35	43	31,5	26,5	42	60	48
68	58	36	43	32	27	42	60	48
69	59	37	43	32,5	27,5	42	60	48
70	60	38	43	33	28	42	60	48
71	61	39	44	34	29	42	60	48
72	62	40	45	35	30	42	60	48
73	63	41	46	36	31	42	60	48
74	64	42	47	37	32	42	60	48
75	65	43	48	38	33	42	60	48
76	66	44	49	39	34	42	60	48
77	67	45	50	40	35	42	60	48
78	68	46	51	41	36	42	60	48
79	69	47	52	42	37	42	60	48
≥ 80	≥ 70	48	53	43	38	42	60	48

2.2.5 Die Schalldämmung von allfälligen Lüftungsdurchführungen wie z.B. Fensterlüfter, Einzelraum-Lüftungsgeräte, Zu- und Abluftöffnungen muss so groß sein, dass im geschlossenen Zustand das jeweils erforderliche bewertete resultierende Schalldämm-Maß $R'_{res,w}$ der Außenbauteile gesamt erfüllt bleibt und im geöffneten Zustand um nicht mehr als 5 dB unterschritten wird. Sofern Lüftungsdurchführungen nicht verschließbar sind, ist das jeweils erforderliche bewertete resultierende Schalldämm-Maß $R'_{res,w}$ der Außenbauteile gesamt zu erfüllen.

2.3 Anforderungen an den Luftschallschutz innerhalb von Gebäuden

Wände, Decken und Einbauten zwischen Räumen sind so zu bemessen, dass bedingt durch die Schallübertragung durch den Trennbauteil und die Schall-Längsleitung z.B. der flankierenden Bauteile die folgenden Werte der bewerteten Standard-Schallpegeldifferenz $D_{nT,w}$ nicht unterschritten werden:

Mindesterforderliche bewertete Standard-Schallpegeldifferenz $D_{nT,w}$ in Gebäuden			
	zu	**aus**	**$D_{nT,w}$ [dB] ohne / mit Verbindung der Räume durch eine Türe oder durch ein sonstiges öffenbares Bauteil**
1	Aufenthaltsräumen in Wohngebäuden	anderen Nutzungseinheiten	55 / 50
		allgemein zugänglichen Treppenhäusern, Gängen, Kellerbereichen u. dgl.	55 / 50
2	- Unterrichtsräumen in Bildungseinrichtungen (z.B. Klassenzimmer und Gruppenräume in Kindergärten) - Hotel- und Krankenzimmern - Wohnräumen in Heimen - Aufenthaltsräume in Bürogebäuden - Aufenthaltsräumen in vergleichbaren Gebäuden.	anderen Nutzungseinheiten	50 / 45
		allgemein zugänglichen Treppenhäusern, Gängen, Kellerbereichen u. dgl.	50 / 35
3	akustisch abgeschlossenen Nebenräumen in Wohngebäuden	anderen Nutzungseinheiten	50 / 35
		allgemein zugänglichen Treppenhäusern, Gängen, Kellerbereichen u. dgl.	50 / 35
4	akustisch abgeschlossenen Nebenräumen in - Bildungseinrichtungen, - Hotels, - Krankenhäusern, - Wohnheimen, - Bürogebäuden - vergleichbaren Gebäuden.	anderen Nutzungseinheiten	45 / 30
		allgemein zugänglichen Treppenhäusern, Gängen, Kellerbereichen u. dgl.	45 / 30
Sofern keine organisatorischen Maßnahmen gemäß Punkt 2.9 zur Anwendung kommen, sind als andere Nutzungseinheit bei Schulen die einzelnen Klassenzimmer, bei Kindergärten einzelne Gruppenräume, bei Krankenhäusern einzelne Krankenzimmer, bei Heimen einzelne Heimzimmer, bei Hotels einzelne Hotelzimmer, bei Bürogebäuden aber die fremdgenutzte Betriebseinheit zu sehen.			
Bei Gebäuden mit gemischter Nutzung sind die Anforderungen entsprechend den speziellen Raumnutzungen anzuwenden.			

2.4 Anforderungen an den Luftschallschutz von Türen innerhalb von Gebäuden

Sofern nicht zur Erfüllung der Anforderung an die jeweils erforderliche bewertete Standard-Schallpegeldifferenz $D_{nT,w}$ gemäß Punkt 2.3 ein höheres bewertetes Schalldämm-Maß erforderlich ist, darf das bewertete Schalldämm-Maß R_w von Türen (Türblatt und Zarge) folgende Werte nicht unterschreiten:

Mindesterforderliches bewertetes Schalldämm-Maß R_w von Türen (Türblatt und Zarge)			
	zwischen	**und**	**R_w [dB]**
1	Aufenthaltsräumen	Aufenthaltsräumen anderer Nutzungseinheiten	42
		Nebenräumen anderer Nutzungseinheiten	32
2	allgemein zugänglichen Treppenhäusern, Gängen u. dgl.	akustisch nicht abgeschlossenen Vorräumen von Aufenthaltsräumen von Wohnungen	42
		akustisch abgeschlossenen Vorräumen von Aufenthaltsräumen von Wohnungen	32
3	Hotel- und Krankenzimmern, Wohnräumen in Heimen	Räumen derselben Kategorie	42
		allgemein zugänglichen Treppenhäusern, Gängen u. dgl.	32
4	Unterrichtsräumen in Bildungseinrichtungen (z.B. Klassenzimmer und Gruppenräume in Kindergärten)	Räumen derselben Kategorie	42
		allgemein zugänglichen Treppenhäusern, Gängen u. dgl.	32
Sofern keine organisatorischen Maßnahmen gemäß Punkt 2.9 zur Anwendung kommen, sind als andere Nutzungseinheit bei Schulen die einzelnen Klassenzimmer, bei Kindergärten einzelne Gruppenräume, bei Krankenhäusern einzelne Krankenzimmer, bei Heimen einzelne Heimzimmer, bei Hotels einzelne Hotelzimmer, bei Bürogebäuden aber die fremdgenutzte Betriebseinheit zu sehen.			
Bei Gebäuden mit gemischter Nutzung sind die Anforderungen entsprechend den speziellen Raumnutzungen anzuwenden.			

2.5 Anforderungen an den Trittschallschutz in Gebäuden

Der bewertete Standard-Trittschallpegel $L'_{nT,w}$ in Räumen darf folgende Werte nicht überschreiten:

Höchst zulässiger bewerteter Standard-Trittschallpegel $L'_{nT,w}$ in Gebäuden			
	zu	**aus**	**$L'_{nT,w}$ [dB] ohne / mit Verbindung der Räume durch eine Türe oder sonstiges öffenbares Bauteil**
1	Aufenthaltsräumen	Räumen anderer Nutzungseinheiten	48 / 50
		allgemein zugänglichen Terrassen, Dachgärten, Balkonen, Loggien	48 / ---
		allgemein zugänglichen Bereichen (z.B. Treppenhäuser, Laubengänge)	48 / 50
		nutzbaren Terrassen, Dachgärten, Loggien jeweils anderer Nutzungseinheiten	53 / ---
		Balkonen anderer Nutzungseinheiten, Dachböden	55 / ---
2	Nebenräumen	Räumen anderer Nutzungseinheiten	53 / 55
		allgemein zugänglichen Terrassen, Dachgärten, Balkonen, Loggien	53 / ---
		allgemein zugänglichen Bereichen (z.B. Treppenhäuser, Laubengänge)	53 / 55
		nutzbaren Terrassen, Dachgärten, Loggien jeweils anderer Nutzungseinheiten	58 / ---
		Balkonen anderer Nutzungseinheiten, Dachböden	60 / ---
Sofern keine organisatorischen Maßnahmen gemäß Punkt 2.9 zur Anwendung kommen, sind als andere Nutzungseinheit bei Schulen die einzelnen Klassenzimmer, bei Kindergärten einzelne Gruppenräume, bei Krankenhäusern einzelne Krankenzimmer, bei Heimen einzelne Heimzimmer, bei Hotels einzelne Hotelzimmer, bei Bürogebäuden aber die fremdgenutzte Betriebseinheit zu sehen.			
Bei Gebäuden mit gemischter Nutzung sind die Anforderungen entsprechend den speziellen Raumnutzungen anzuwenden.			
Aus Durchfahrten und Abstellplätzen in Tiefgaragen, aus Kellerräumen sowie aus Dachböden und Balkonen, die jeweils aufgrund der Art und Größe für ein Begehen nicht konzipiert sind, ist kein Trittschallschutz erforderlich, ebenso aus Räumen, die nur zu Wartungszwecken betreten werden.			

Die Anforderungen sind ohne Berücksichtigung eines den Einrichtungsgegenständen zuzuordnenden Gehbelages (z.B. Teppichböden, Teppiche, Matten) zu erfüllen; in dauerhafter Art und Weise aufgebrachte Gehbeläge (z.B. Klebeparkett, Fliesenbelag) können berücksichtigt werden. Für Beherbergungsstätten sowie bei nicht allgemein zugänglichen Balkonen ist es zulässig, die Anforderungen durch ständig vorhandene, trittschalldämmende Gehbeläge (z.B. Spannteppich, aufgeklebte Textilbeläge, Kunststoffböden, Linoleum) zu erfüllen.

2.6 Schalltechnische Anforderungen an haustechnische Anlagen

2.6.1 Der durch den Betrieb von haustechnischen Anlagen aus anderen Nutzungseinheiten entstehende maximale Anlagengeräuschpegel $L_{AFmax,nT}$ darf bei gleich bleibenden und intermittierenden Geräuschen den Wert von 25 dB, bei kurzzeitigen Geräuschen den Wert von 30 dB nicht überschreiten. Zu Nebenräumen sind jeweils um 5 dB höhere Werte zulässig.

2.6.2 Sofern eine mechanische Lüftungsanlage in der eigenen Nutzungseinheit vorhanden ist, dürfen für Aufenthaltsräume mit dem Schutzziel Schlaf (z.B. Aufenthaltsräume in Wohnungen, ausgenommen Küchen) die Geräusche dieser Anlage, bezogen auf die lufthygienisch mindesterforderliche Betriebsart, einen äquivalenten Anlagengeräuschpegel $L_{Aeq,nT}$ von 25 dB, für Aufenthaltsräume mit dem Schutzziel Konzentration (z.B. Klassenräume) von 30 dB nicht überschreiten.

2.7 Schalltechnische Anforderungen zwischen Reihenhäusern und aneinander angrenzenden Gebäuden

2.7.1 Wände zwischen Reihenhäusern bzw. zwischen angrenzenden Reihenhauseinheiten sowie zwischen aneinander angrenzenden Gebäuden sind so auszuführen, dass die bewertete Standard-Schallpegeldifferenz $D_{nT,w}$ von 60 dB nicht unterschritten wird. Als Reihenhäuser im schalltechnischen Sinn gelten auch Gebäude mit bereits zwei statt drei Nutzungseinheiten. Zu Nebenräumen ist ein um 5 dB niedrigerer Wert zulässig.

2.7.2 Der bewertete Standard-Trittschallpegel $L'_{nT,w}$ von angrenzenden Gebäuden bzw. angrenzenden Reihenhauseinheiten zu Räumen in Reihenhäusern sowie zwischen aneinander angrenzenden Gebäuden darf den Wert von 43 dB nicht überschreiten. Als Reihenhäuser im schalltechnischen Sinn gelten auch Gebäude mit bereits zwei statt drei Nutzungseinheiten. Zu Nebenräumen ist ein um 5 dB höherer Wert zulässig.

2.7.3 Bezüglich der schalltechnischen Anforderungen an haustechnische Anlagen gelten die Bestimmungen von Punkt 2.6.

2.8 Zusätzliche schalltechnische Anforderungen für Gebäude mit anderer als wohn-, büro- oder schulähnlicher Nutzung

Für Nutzungseinheiten, deren Schallemissionsverhalten über dem einer wohn- bzw. büroähnlichen Nutzung liegt (z.B. Gaststätten, Gemeinschafträume in Wohnanlagen), gelten ergänzend zu den Punkten 2.3 bis 2.6 die folgenden Anforderungen.

2.8.1 Die für die Dimensionierung erforderlichen schalltechnischen Kenngrößen sind nach dem Stand der Technik zu ermitteln.

2.8.2 Der anzuwendende Planungsbasispegel L_{PB} im zu schützenden Aufenthaltsraum darf durch den Beurteilungspegel L_r nicht überschritten werden. Kennzeichnende Spitzenpegel $L_{A,Sp}$ dürfen den anzuwendenden Planungsbasispegel L_{PB} um nicht mehr als 10 dB überschreiten.

2.8.3 Der bewertete Standard-Trittschallpegel $L'_{nT,w}$ zu Aufenthaltsräumen darf folgende Werte nicht überschreiten:

a) 38 dB bei nutzungsbedingter Geräuschentwicklung nur zwischen 6:00 Uhr und 22:00 Uhr,
b) 33 dB bei nutzungsbedingter Geräuschentwicklung auch zwischen 22:00 Uhr und 6:00 Uhr und
c) 60 dB in Verkaufsstätten und in Gebäuden ähnlicher Nutzung.

2.9 Gebäude und Räume mit spezifischer Nutzung

Für Gebäude und Räume mit spezifischer Nutzung können im Einzelfall abweichende Anforderungen erforderlich bzw. ausreichend sein. Dabei können (z.B. bei Bildungseinrichtungen, Heimen, Altersheimen, Altenwohnheimen bzw. Gebäuden mit vergleichbarer Nutzung, Pflegeheimen und Krankenhäusern oder Schutzhütten in Extremlage) auch akustische und organisatorische Maßnahmen ergänzend zum Schutz vor Lärm Berücksichtigung finden.

2.10 Räume mit sehr kleinem Volumen

Für Räume mit einem Volumen von nicht mehr als 10 m³ gelten um 5 dB geringere Anforderungen.

3 Raumakustik

3.1 Anwendungsbereich

Die Anforderungen an die Raumakustik gelten, wenn Mindestmaßnahmen hinsichtlich der Hörsamkeit oder Lärmminderung in Räumen erforderlich sind. Ausgenommen sind Räume mit außerordentlich hohen oder spezifischen Anforderungen an die akustischen Verhältnisse (z.B. Opernhäuser, Konzertsäle, Tonaufnahmestudios).

3.2 Anforderungen zur Hörsamkeit

3.2.1 Für Räume mit der Nutzung Sprache (Hörsäle, Vortragsräume) für Volumen V zwischen 30 m³ und 10.000 m³ beträgt die Anforderung an die Nachhallzeit $T = (0{,}37 \times \lg V) - 0{,}14$ in Sekunden für die Oktavbänder von 250 Hz bis 2.000 Hz.

3.2.2 Für Räume mit Nutzung Kommunikation (Klassenräume, Medienräume, Besprechungsräume, Räume für audiovisuelle Darbietung) für Volumen V zwischen 30 m³ und 1.000 m³ beträgt die Anforderung an die Nachhallzeit $T = (0{,}32 \times \lg V) - 0{,}17$ in Sekunden für die Oktavbänder von 250 Hz bis 2.000 Hz.

3.2.3 Abweichungen von ±20 % von den Anforderungen gemäß der Punkte 3.2.1 und 3.2.2 in den einzelnen Oktavbändern sind zulässig.

3.2.4 Die Ermittlung der Nachhallzeit hat nach dem Stand der Technik zu erfolgen.

3.3 Anforderungen zur Lärmminderung

3.3.1 Für Räume, an die zum Schutze der Nutzer Anforderungen an die Lärmminderung gestellt werden (z.B. Arbeitsräume, Werkräume und Gänge in Schulen, Kindergartenräume, Pausenräume, Speiseräume, Turnsäle, Schwimm- und Sporthallen), ist folgende Mindestanforderung für die Lärmminderung einzuhalten:

a) Der mittlere Schallabsorptionsgrad der Begrenzungsflächen (leerer Raum, Planungswert) hat in den Oktavbändern von 250 Hz bis 4000 Hz mindestens $\alpha_{m,B} = 0{,}20$, für die Oktavbandmittenfrequenzen von 500 Hz, 1.000 Hz und 2.000 Hz nach Möglichkeit $\alpha_{m,B} = 0{,}25$ zu betragen.

b) Die Ermittlung des mittleren Schallabsorptionsgrades $\alpha_{m,B}$ hat nach dem Stand der Technik zu erfolgen.

3.3.2 Eine Abweichung von den Anforderungen gemäß Punkt 3.3.1 ist zulässig, wenn aus nachvollziehbaren betriebstechnischen oder anderen technischen Gründen (z.B. Hygiene) die Anordnung von absorbierenden Oberflächen nicht im erforderlichen Ausmaß möglich ist.

4 Erschütterungsschutz

4.1 Anwendungsbereich

In Gebäuden, Gebäudeteilen und anderen Bauwerken sind Maßnahmen zur Verhinderung der Übertragung von Schwingungen aus technischen Einrichtungen und anderen Schwingungserregern derart zu treffen, dass keine unzumutbaren Störungen durch Erschütterungen für Personen in Aufenthaltsräumen desselben Gebäudes oder in Aufenthaltsräumen benachbarter Gebäude auftreten. Diese Richtlinie beinhaltet nicht die Festlegung von Anforderungen an den Schutz vor Erschütterungen, die aus anderen Bauwerken auf die Gebäude und Gebäudeteile einwirken.

4.2 Anforderungen

Hinsichtlich der Zumutbarkeit von Schwingungen und der Erfüllung des Erschütterungsschutzes ist der Stand der Technik heranzuziehen.

5 Schutz vor Schallimmissionen von technischen Anlagen für die Konditionierung von Gebäuden bei Übertragung im Freien

5.1 Anwendungsbereich

Die Anforderungen gemäß Punkt 5.2 gelten für technische Anlagen für die Konditionierung von Gebäuden.

5.2 Anforderungen

5.2.1 Entsprechend der Umgebungssituation (Kategorie 1 bis 3) sind folgende Anforderungen einzuhalten, wobei die Kategorien 1 bis 3 durch die Bundesländer festzulegen sind.

5.2.2 Technische Anlagen für die Konditionierung von Gebäuden oder Teilen von Gebäuden sind so zu dimensionieren, zu errichten und zu betreiben, dass die energieäquivalenten Dauerschallpegel (kein zeitbewerteter Pegel) der Anlagengeräusche in der jeweiligen Betriebsart an der Nachbargrundstücksgrenze als auch an Fenstern und Außentüren von Aufenthaltsräumen anderer Wohneinheiten auf dem eigenen Grundstück die Werte nachstehender Tabelle nicht übersteigen:

5.2.3 Werden diese technischen Anlagen in den verschiedenen Tageszeitabschnitten in unterschiedlichen Betriebsarten eingestellt, gelten die Anforderungen in der jeweiligen Betriebsart. Trifft dies nicht zu, so gelten die Anforderungen für den Vollbetrieb.

	Kategorie	Tag 6:00 Uhr bis 19:00 Uhr	Abend 19:00 Uhr bis 22:00 Uhr	Nacht 22:00 Uhr bis 6:00 Uhr
1	Kategorie 1	40 dB	35 dB	30 dB
2	Kategorie 2	45 dB	40 dB	35 dB
3	Kategorie 3	50 dB	45 dB	40 dB

5.2.4 In ruhiger Lage (z.B. in Innenhöfen, an schall- und verkehrsabgewandten Nachbargrundstücksgrenzen, an schallabgewandten Gebäudeteilen) sind die Werte gemäß Zeile 1 der o.a. Tabelle heranzuziehen.

5.2.5 Mehrere technische Anlagen für die Konditionierung von Gebäuden auf einem Grundstück sind als eine gesamte Anlage zu betrachten.

5.2.6 Die in obiger Tabelle festgelegten Grenzwerte dürfen überschritten werden, wenn der nach dem Stand der Technik an der für die Beurteilung an den maßgebenden Immissionsorten ermittelte Basispegel bei gleichzeitiger Einwirkung des Dauergeräusches der technischen Anlage um nicht mehr als 3 dB angehoben wird.

6 Bauführungen im Bestand

Bei Änderungen an bestehenden Bauwerken mit Auswirkungen auf bestehende Bauwerksteile sind für die bestehenden Bauwerksteile Abweichungen von den aktuellen Anforderungen dieser OIB-Richtlinie zulässig, wenn das ursprüngliche Anforderungsniveau des rechtmäßigen Bestandes nicht verschlechtert wird.

Anlage 13

OIB-Richtlinie 6

Energieeinsparung und Wärmeschutz

Ausgabe: Mai 2023

Diese OIB-Richtlinie wurde in Umsetzung der Richtlinie 2010/31/EU des Europäischen Parlaments und des Rates vom 19. Mai 2010 über die Gesamtenergieeffizienz von Gebäuden (in der Fassung der Richtlinie (EU) 2018/844 des Europäischen Parlaments und des Rates vom 30. Mai 2018 zur Änderung der Richtlinie 2010/31/EU über die Gesamtenergieeffizienz von Gebäuden und der Richtlinie 2012/27/EU über Energieeffizienz) erstellt.

0 Vorbemerkungen

Die zitierten Normen und sonstigen technischen Regelwerke gelten in der im Dokument „OIB-Richtlinien – Zitierte Normen und sonstige technische Regelwerke" angeführten Fassung.

Von den Anforderungen dieser OIB-Richtlinie kann entsprechend den jeweiligen landesrechtlichen Bestimmungen abgewichen werden, wenn vom Bauwerber nachgewiesen wird, dass das gleiche Schutzniveau wie bei Anwendung der Richtlinie erreicht wird.

1 Allgemeine Bestimmungen

1.1 Anwendungsbereich

Die gegenständliche Richtlinie gilt für konditionierte Gebäude.

In Gebäuden benötigte Prozessenergie ist nicht Gegenstand dieser Richtlinie. Unter Prozessenergie wird jene Energie verstanden, die dazu dient, andere Energiebedürfnisse zu befriedigen als die Konditionierung von Räumen für die Nutzung durch Personen (z.B. Konditionierung von Ställen, Kühlung von Technikräumen, Beheizung von Glashäusern, Beförderungsmittel wie z.B. Aufzüge, Rolltreppen) sowie Energieaufwendungen für den Betrieb von Betriebsküchen, Labors, etc.

1.2 Ausnahmen

1.2.1 ENERGIEAUSWEIS erforderlich / bedingte ANFORDERUNGEN

Auf Gebäude und Gebäudeteile, die als Teil eines ausgewiesenen Umfelds oder aufgrund ihres besonderen architektonischen oder historischen Wertes offiziell geschützt sind, gelten die Anforderungen dieser Richtlinie nicht, soweit die Einhaltung dieser Anforderungen eine unannehmbare Veränderung ihrer Eigenart oder ihrer äußeren Erscheinung bedeuten würde. Das Erfordernis der Ausstellung eines Energieausweises bleibt davon unberührt.

1.2.2 kein ENERGIEAUSWEIS erforderlich / keine ANFORDERUNGEN

Für folgende Gebäude und Gebäudeteile gelten keine Anforderungen gemäß dieser Richtlinie und ein Energieausweis ist nicht erforderlich:

a) Gebäude, die nur frostfrei gehalten werden, d.h. mit einer Raumtemperatur von nicht mehr als + 5 °C, sowie nicht konditionierte Gebäude,
b) provisorische Gebäude mit einer Nutzungsdauer bis höchstens zwei Jahre,
c) Wohngebäude, die nach ihrer Art nur für die Benutzung während eines begrenzten Zeitraums je Kalenderjahr bestimmt sind und deren voraussichtlicher Energiebedarf wegen dieser eingeschränkten Nutzungszeit unter einem Viertel des Energiebedarfs bei ganzjähriger Benutzung liegt. Dies gilt jedenfalls als erfüllt für Wohngebäude, die zwischen 1. November und 31. März an nicht mehr als 31 Tagen genutzt werden,
d) Gebäude für Betriebsanlagen sowie landwirtschaftliche Nutzgebäude, bei denen jeweils der überwiegende Anteil der Energie für die Raumheizung und Raumkühlung durch Abwärme abgedeckt wird, die unmittelbar in Betriebsanlagen entsteht,
e) Gebäude, die für Gottesdienste und religiöse Zwecke genutzt werden.

1.2.3 ENERGIEAUSWEIS erforderlich / U-Wert-ANFORDERUNGEN

Für Sonstige konditionierte Gebäude bzw. Gebäudeteile entsprechend der Gebäudekategorie 13 gemäß Punkt 3 gelten bei Neubau und Renovierung nur die Anforderungen gemäß Punkt 4.6 und ein Energieausweis ist erforderlich. Unbeschadet davon muss bei derartigen Gebäuden Punkt 5.2.4 eingehalten werden.

1.2.4 kein ENERGIEAUSWEIS erforderlich / U-Wert-ANFORDERUNGEN

Für frei stehende Gebäude und Gebäudeteile mit einer konditionierten Netto-Grundfläche von weniger als 50 m² gelten bei Neubau und Renovierung nur die Anforderungen gemäß Punkt 4.4 bzw. 4.6 und ein Energieausweis ist nicht erforderlich.

1.3 Berechnungsmethode

Die Berechnung der Energiekennzahlen hat gemäß OIB-Leitfaden „Energietechnisches Verhalten von Gebäuden" zu erfolgen. Die Zahlenformate für die einzelnen Größen sind den Muster-Energieausweisen im Anhang zu entnehmen. Werte, auf die Anforderungen angewandt werden, sind sowohl hinsichtlich Ist-Wert als auch hinsichtlich entsprechendem Anforderungswert auf idente Art und Weise zu runden.

2 Begriffsbestimmungen

Es gelten die Begriffsbestimmungen des Dokumentes „OIB-Richtlinien – Begriffsbestimmungen".

3 Gebäudekategorien

Die Zuordnung zu einer der folgenden Gebäudekategorien erfolgt anhand der überwiegenden Nutzung, sofern andere Nutzungen jeweils 250 m² Netto-Grundfläche nicht überschreiten. Zu diesem Zweck kann die Netto-Grundfläche (NGF) aus der Brutto-Grundfläche (BGF) mit einem Umrechnungsfaktor von 0,8 (NGF = 0,8 × BGF) ermittelt werden. Wenn für eine Nutzung 250 m² Netto-Grundfläche überschritten werden, ist wie folgt vorzugehen:

Es ist entweder eine Teilung des Gebäudes und eine Zuordnung der einzelnen Gebäudeteile zu den unten angeführten Gebäudekategorien durchzuführen, oder das gesamte Gebäude ist für die verschiedenen Kategorien mehrmals zu berechnen. In beiden Fällen erfolgt die Überprüfung der Anforderung in Abhängigkeit von der Gebäudekategorie getrennt.

Es ist zwischen den folgenden Gebäudekategorien zu unterscheiden:

Wohngebäude (WG):

1) Wohngebäude mit einer oder zwei Nutzungseinheiten
2) Wohngebäude mit drei bis neun Nutzungseinheiten
3) Wohngebäude mit zehn und mehr Nutzungseinheiten

Nicht-Wohngebäude (NWG):

4) Bürogebäude
5) Bildungseinrichtungen
6) Krankenhäuser
7) Heime
8) Beherbergungsbetriebe
9) Gaststätten
10) Veranstaltungsstätten und Mehrzweckgebäude
11) Sportstätten
12) Verkaufsstätten

Sonstige Arten Energie verbrauchender Gebäude (SKG):

13) Sonstige konditionierte Gebäude

Für Wohngebäude (WG) und Nicht-Wohngebäude (NWG) stehen normative Nutzungsprofile zur Verfügung.

4 Anforderungen an das Gebäude

4.1 Allgemeines

Sowohl für Wohngebäude (WG) als auch für Nicht-Wohngebäude (NWG) erfolgt der Nachweis der Erfüllung der Anforderungen für das Referenzklima.

Der Nachweis der Anforderung an Energiekennzahlen kann wahlweise entweder über den Endenergiebedarf oder über den Gesamtenergieeffizienz-Faktor geführt werden.

Wenn bei größeren Renovierungen oder bei Einzelmaßnahmen bautechnische oder baurechtliche Gründe einer Erfüllung der Anforderungen entgegenstehen, ändern sich die Anforderungen in diesem Ausmaß.

4.2 Niedrigstenergiegebäude

In Umsetzung der Richtlinie 2010/31/EU ist ein Niedrigstenergiegebäude ein Gebäude, das die Anforderungen ab 1.1.2021 des „Nationalen Plans" (OIB-Dokument zur Definition des Niedrigstenergiegebäudes und zur Festlegung von Zwischenzielen in einem Nationalen Plan gemäß Artikel 9 (3) zu 2010/31/EU vom 20. Februar 2018) erfüllt.

Gebäude, für die in besonderen und begründeten Fällen eine Kosten-Nutzen-Analyse über die wirtschaftliche Lebensdauer des betreffenden Gebäudes negativ ausfällt, sind ausgenommen.

4.3 Anforderung an Energiekennzahlen bei Neubau und größerer Renovierung

4.3.1 Wohngebäude (WG) (Gebäudekategorie 1 bis 3)

Wird der Nachweis der Einhaltung der Anforderungen für Wohngebäude über den Endenergiebedarf geführt, gelten folgende Höchstwerte:

		Neubau	**Größere Renovierung**
$HWB_{Ref,RK,zul}$ in [kWh/m²a]	ab Inkrafttreten	$10 \times (1 + 3{,}0 / \ell_c)$	$17 \times (1 + 2{,}5 / \ell_c)$
$EEB_{RK,zul}$ in [kWh/m²a]	ab Inkrafttreten	$EEB_{WG,RK,zul}$	$EEB_{WGsan,RK,zul}$

Wird der Nachweis der Einhaltung der Anforderungen für Wohngebäude über den Gesamtenergieeffizienz-Faktor geführt, gelten folgende Höchstwerte:

		Neubau	**Größere Renovierung**
$HWB_{Ref,RK,zul}$ in [kWh/m²a]	ab Inkrafttreten	$14 \times (1 + 2{,}8 / \ell_c)$	$21 \times (1 + 2{,}1 / \ell_c)$
$f_{GEE,RK,zul}$	ab Inkrafttreten	0,75	0,95

4.3.2 Nicht-Wohngebäude (NWG) (Gebäudekategorie 4 bis 12)

Wird der Nachweis der Einhaltung der Anforderungen für Nicht-Wohngebäude über den Heizenergiebedarf geführt, gelten folgende Höchstwerte:

		Neubau	**Größere Renovierung**
$HWB_{Ref,RK,zul}$ (1) in [kWh/m²a]	ab Inkrafttreten	$10 \times (1 + 3{,}0 / \ell_c)$	$17 \times (1 + 2{,}5 / \ell_c)$
$KB^*_{RK,zul}$ in [kWh/m³a]	ab Inkrafttreten	1,0	2,0
$EEB_{RK,zul}$ (1) in [kWh/m²a]	ab Inkrafttreten	$EEB_{NWG,RK,zul}$	$EEB_{NWGsan,RK,zul}$
(1) ... bezogen auf eine Geschoßhöhe von 3,00 m mit folgendem Nutzungsprofil: Gebäudekategorie 2 für Gebäude mit BGF ≤ 1000 m²; Gebäudekategorie 3 für Gebäude mit BGF > 1000 m²			

Wird der Nachweis der Einhaltung der Anforderungen für Nicht-Wohngebäude über den Gesamtenergieeffizienz-Faktor geführt, gelten folgende Höchstwerte:

		Neubau	Größere Renovierung
$HWB_{Ref,RK,zul}$ (1) in [kWh/m²a]	ab Inkrafttreten	14 × (1 + 2,8 / ℓc)	21 × (1 + 2,1 / ℓc)
$KB^*_{RK,zul}$ in [kWh/m³a]	ab Inkrafttreten	1,0	2,0
$f_{GEE,RK,zul}$	ab Inkrafttreten	0,75	0,95

(1) ... bezogen auf eine Geschoßhöhe von 3,00 m mit folgendem Nutzungsprofil: Gebäudekategorie 2 für Gebäude mit BGF ≤ 1000 m²; Gebäudekategorie 3 für Gebäude mit BGF > 1000 m²

4.3.3 Sonstige Arten Energie verbrauchender Gebäude (SKG) (Gebäudekategorie 13)

Es gelten die U-Wert-Anforderungen gemäß Punkt 4.6.

4.4 Anforderungen an wärmeübertragende Bauteile beim Neubau (Gebäudekategorie 1 bis 12)

4.4.1 Beim Neubau eines Gebäudes oder Gebäudeteiles der Gebäudekategorie 1 bis 12 dürfen bei konditionierten Räumen folgende Wärmedurchgangskoeffizienten (U-Werte) nicht überschritten werden. Für Dachschrägen mit einer Neigung von mehr als 60 Grad gegenüber der Horizontalen gelten die jeweiligen Anforderungen für Wände:

	Bauteil		U-Wert [W/m²K]
1	WÄNDE	gegen Außenluft (1)	0,35
2	WÄNDE	gegen unbeheizte oder nicht ausgebaute Dachräume (1)	0,35
3	WÄNDE	gegen unbeheizte, frostfrei zu haltende Gebäudeteile (ausgenommen Dachräume) sowie gegen Garagen (1)	0,60
4	WÄNDE	erdberührt (1)	0,40
5	WÄNDE	(Trennwände) zwischen Wohn- oder Betriebseinheiten oder konditionierten Treppenhäusern	1,30
6	WÄNDE	gegen andere Bauwerke an Nachbargrundstücks- bzw. Bauplatzgrenzen (1)	0,50
7	WÄNDE	(Zwischenwände) innerhalb von Wohn- und Betriebseinheiten	–
8	FENSTER, FENSTERTÜREN, VERGLASTE TÜREN jeweils in Wohngebäuden (WG) gegen Außenluft (2,3)		1,40
9	FENSTER, FENSTERTÜREN, VERGLASTE TÜREN jeweils in Nicht-Wohngebäuden (NWG) gegen Außenluft (2,3)		1,70
10	sonstige	TRANSPARENTE BAUTEILE vertikal gegen Außenluft (4)	1,70
11	sonstige	TRANSPARENTE BAUTEILE horizontal oder in Schrägen gegen Außenluft (4,5)	2,00
12	sonstige	TRANSPARENTE BAUTEILE vertikal gegen unbeheizte Gebäudeteile (4)	2,50
13	DACHFLÄCHENFENSTER gegen Außenluft (5,6)		1,70
14	TÜREN	unverglast, gegen Außenluft (7)	1,70
15	TÜREN	unverglast, gegen unbeheizte Gebäudeteile (7)	2,50
16	TORE	Rolltore, Sektionaltore u. dgl. gegen Außenluft (3,8)	2,50
17	INNENTÜREN		–

	Bauteil	U-Wert [W/m²K]
18	DECKEN und DACHSCHRÄGEN jeweils gegen Außenluft und gegen Dachräume (durchlüftet oder ungedämmt) (1)	0,20
19	DECKEN gegen unbeheizte Gebäudeteile (1)	0,40
20	DECKEN gegen getrennte Wohn- und Betriebseinheiten (1)	0,90
21	DECKEN innerhalb von Wohn- und Betriebseinheiten (1)	–
22	DECKEN über Außenluft (z.B. über Durchfahrten, Parkdecks) (1)	0,20
23	DECKEN gegen Garagen (1)	0,30
24	BÖDEN erdberührt (1)	0,40

(1) ... Für Wände, Decken und Böden kleinflächig gegen Außenluft, Erdreich und unbeheizten Gebäudeteilen darf für 2 % der jeweiligen Fläche der U-Wert bis zum Doppelten des Anforderungswertes betragen, sofern Punkt 4.8 eingehalten wird.

(2) ... Für Fenster ist für den Nachweis des U-Wertes das Prüfnormmaß von 1,23 m × 1,48 m anzuwenden, für Fenstertüren und verglaste Türen das Maß 1,48 m × 2,18 m.

(3) ... Insbesondere aus funktionalen Gründen (z.B. Schnelllauftore, automatische Glasschiebeeingangstüren, Karusselltüren) darf in begründeten Fällen dieser Wert überschritten werden.

(4) ... Für großflächige, verglaste Fassadenkonstruktionen sind die Abmessungen zur Ermittlung des U-Wertes durch die Symmetrieebenen zu begrenzen.

(5) ... Die definierte Anforderung bezieht sich auf die senkrechte Einbausituation, eine Umrechnung auf den tatsächlichen Einbauwinkel in Bezug auf die Anforderungserfüllung des U-Wertes muss nicht vorgenommen werden

(6) ... Für Dachflächenfenster ist für den Nachweis des U-Wertes das Prüfnormmaß von 1,23 m × 1,48 m anzuwenden.

(7) ... Für Türen ist das Prüfnormmaß 1,23 m × 2,18 m anzuwenden.

(8) ... Für Tore ist das Prüfnormmaß 2,00 m × 2,18 m anzuwenden.

4.4.2 Bei Gefälledämmung ist der Nachweis entsprechend den Regeln der Technik über den maximal zulässigen Leitwert, das ist das Produkt aus der Gesamtfläche und höchstzulässigem U-Wert, zu führen, wobei die Anforderungen nach Punkt 4.8 jedenfalls einzuhalten sind.

4.4.3 Bei erdberührten Bauteilen darf der Nachweis auch über den maximal zulässigen Leitwert, das ist das Produkt aus erdberührter Fläche und höchstzulässigem U-Wert und Temperaturkorrekturfaktor, geführt werden, wobei die Anforderungen nach Punkt 4.8 jedenfalls einzuhalten sind.

4.5 Anforderungen an wärmeübertragende Bauteile bei Einzelmaßnahmen an der Gebäudehülle (Gebäudekategorie 1 bis 12)

Bei der Renovierung (ausgenommen bei größerer Renovierung) eines Gebäudes oder Gebäudeteiles der Gebäudekategorie 1 bis 12 mittels Einzelmaßnahmen sowie bei der Erneuerung eines Bauteiles – unbeschadet seines prozentuellen Anteiles an der Gebäudehülle – dürfen bei konditionierten Räumen maximale Wärmedurchgangskoeffizienten (U-Werte), die nach einer der beiden folgenden Methoden ermittelt werden, nicht überschritten werden:

a) Vor der Erneuerung eines Bauteiles oder vor der größeren Renovierung eines Gebäudes oder Gebäudeteiles ist ein Sanierungskonzept zu erstellen, dessen Ziel die Erreichung der Anforderungen gemäß Punkt 4.3.1 für die größere Renovierung von Wohngebäuden bzw. Punkt 4.3.2 für die größere Renovierung von Nicht-Wohngebäuden ist. Erneuerte bzw. thermisch verbesserte Einzelkomponenten oder Schritte einer größeren Renovierung dürfen nicht einem solchen Sanierungskonzept widersprechen.

b) Auf ein derartiges Sanierungskonzept kann verzichtet werden, wenn die maximalen Wärmedurchgangskoeffizienten für Bauteile der (thermischen) Gebäudehülle gemäß Punkt 4.4 um mindestens 24 % unterschritten werden. Bei Gefälledämmungen ist gemäß Punkt 4.4.2 und bei erdberührten Bauteilen gemäß Punkt 4.4.3 vorzugehen.

4.6 Anforderungen an wärmeübertragende Bauteile bei Gebäuden oder Gebäudeteilen der Gebäudekategorie 13 (Sonstige konditionierte Gebäude)

Für wärmeübertragende Bauteile bei Gebäuden oder Gebäudeteilen der Gebäudekategorie 13 sind im Neubau und in der Renovierung die maximalen Wärmedurchgangskoeffizienten für Bauteile der (thermischen) Gebäudehülle gemäß Punkt 4.4 um mindestens 24 % zu unterschreiten. Werden solche Gebäude auf eine Innentemperatur von weniger als 16 °C beheizt, müssen die Anforderungen an wärmeübertragende Bauteile gemäß 4.4 eingehalten werden.

4.7 Anforderungen an wärmeübertragende Bauteile bei Flächenheizungen

Bei Neubau, Renovierung und Erneuerung von Bauteilen muss bei Wand-, Fußboden- und Deckenheizungen unbeschadet der unter Punkt 4.4 angeführten Anforderungen der Wärmedurchlasswiderstand R der Bauteilschichten zwischen der Heizfläche und der Außenluft mindestens 4,0 m²K/W sowie zwischen der Heizfläche und dem Erdreich oder dem unbeheizten Gebäudeteil mindestens 3,5 m²K/W betragen. Davon ausgenommen sind Fälle, für die statische Gründe entgegenstehen. Für erdberührte Böden darf der Nachweis sinngemäß zu Punkt 4.4.3 auch über den Leitwert geführt werden. Werden Gebäude oder Gebäudeteile der Gebäudekategorie 13 auf eine Innentemperatur von weniger als 16 °C beheizt, dürfen die Anforderungen an den Wärmedurchlasswiderstand R um ein Drittel reduziert werden.

4.8 Schadensbildende Kondensation und Risiko zur Schimmelbildung

Bei Neubau und Renovierung von Gebäuden und Gebäudeteilen sind in Abhängigkeit von deren Nutzung (nutzungsprofil-spezifische Feuchteproduktion) schadensbildende Kondensation an der inneren Bauteiloberfläche, schadensbildende Kondensation im Inneren von Bauteilen und das Risiko zur Schimmelbildung an der inneren Bauteiloberfläche zu vermeiden.

4.9 Sommerlicher Wärmeschutz

Beim Neubau und bei größerer Renovierung von Wohngebäuden ist Punkt 4.9.1 einzuhalten. Beim Neubau und bei größerer Renovierung von Nicht-Wohngebäuden (NWG) ist Punkt 4.9.2 einzuhalten.

4.9.1 Der sommerliche Wärmeschutz von Aufenthaltsräumen in einem Wohngebäude (WG) ist eingehalten, wenn

a) die operative Temperatur im Aufenthaltsraum bei einem sich täglich periodisch wiederholenden Außenklima mit dem standortabhängigen Tagesmittelwert $T_{NAT,13}$ die Temperatur von $1/3{*}T_{NAT,13}+21{,}8$ °C nicht überschreitet, wobei in der Zeit zwischen 6:00 Uhr bis 22:00 Uhr angenommen werden darf, dass die öffenbaren Fenster solange geöffnet bleiben, als die Außentemperatur geringer ist als die innere operative Temperatur. Öffenbare Fenster sind in der Zeit zwischen 22:00 Uhr und 6:00 Uhr als geschlossen anzunehmen. Die übrigen Randbedingungen sind entsprechend dem Stand der Technik anzunehmen; oder
b) wenn alle Lichteintrittsflächen im Aufenthaltsraum mit außenliegenden Abschattungseinrichtungen mit $g_{tot} \leq 0{,}15$ ausgestattet werden. Nordorientierte (mit einer maximalen Abweichung von ± 22,5°) Lichteintrittsflächen dürfen dabei unberücksichtigt bleiben.

Darüber hinaus sind Fassaden und Dächer mit jeweils überwiegenden Glasflächen auch bei Nicht-Aufenthaltsräumen mit außenliegenden Abschattungseinrichtungen mit $g_{tot} \leq 0{,}15$ auszustatten, es sei denn der sommerliche Wärmeschutz wird für derartige Räume auf andere Art und Weise erbracht.

4.9.2 Der sommerliche Wärmeschutz in Nicht-Wohngebäuden (NWG) ist eingehalten, wenn der außeninduzierte Kühlbedarf KB* gemäß Punkt 4.3.2 eingehalten wird und in jedem Aufenthaltsraum, in dem auf eine aktive Kühlung verzichtet wird,

a) die Anforderung an die operative Temperatur gemäß Punkt 4.9.1 a) erfüllt ist, wobei die tatsächlichen inneren Lasten zu berücksichtigen sind. Vor Witterung geschützte, einbruchsichere Lüftungsflügel dürfen in der Zeit zwischen 22:00 Uhr und 6:00 Uhr als offen berücksichtigt werden, oder
b) ein vor Witterung geschützter, einbruchsicherer Lüftungsflügel vorgesehen wird und wenn alle Lichteintrittsflächen im Aufenthaltsraum mit außenliegenden Abschattungseinrichtungen mit $g_{tot} \leq 0{,}15$ ausgestattet werden. Nordorientierte (mit einer maximalen Abweichung von ± 22,5°) Lichteintrittsflächen dürfen dabei unberücksichtigt bleiben.

Darüber hinaus sind Fassaden und Dächer mit jeweils überwiegenden Glasflächen auch bei Nicht-Aufenthaltsräumen mit außenliegenden Abschattungseinrichtungen mit $g_{tot} \leq 0{,}15$ auszustatten, es sei denn der sommerliche Wärmeschutz wird für derartige Räume auf andere Art und Weise erbracht.

4.10 Luft- und Winddichtheit

Beim Neubau muss die Gebäudehülle luft- und winddicht ausgeführt sein, wobei die Luftwechselrate n_{50} – gemessen bei 50 Pa Druckdifferenz zwischen innen und außen, gemittelt über Unter- und Überdruck und bei geschlossenen Ab- und Zuluftöffnungen (Verfahren 1 gemäß ÖNORM B 9972) – den Wert 3 h^{-1} nicht überschreiten darf. Wird eine mechanisch betriebene Lüftungsanlage mit oder ohne Wärmerückgewinnung eingebaut, darf die Luftwechselrate n_{50} den Wert 1,5 h^{-1} nicht überschreiten.

- Bei Wohngebäuden der Gebäudekategorie 1, Doppel- und Reihenhäusern ist dieser Wert für jedes Haus, bei Wohngebäuden der Gebäudekategorie 2 und 3 für jede Wohnung bzw. Wohneinheit einzuhalten. Ein Mitteln der einzelnen Wohnungen bzw. Wohneinheiten ist nicht zulässig. Der Wert ist auch für Treppenhäuser, die innerhalb der konditionierten Gebäudehülle liegen, inklusive der von diesen erschlossenen Wohnungen einzuhalten.
- Bei Nicht-Wohngebäuden (NWG) der Gebäudekategorien 4 bis 12 bezieht sich die Anforderung auf jeden Brandabschnitt.

4.11 Anforderungen an gebäudetechnische Systeme bei Einzelmaßnahmen oder Maßnahmenbündeln

Werden Einzelmaßnahmen oder Maßnahmenbündel am gebäudetechnischen System gesetzt, so hat die daraus resultierende Energieeffizienz, soweit technisch machbar, zumindest jener des Referenzsystems zu entsprechen.

4.12 Zentrale Wärmebereitstellungsanlage

Beim Neubau von Wohngebäuden (WG) mit mehr als zwei Wohnungen bzw. Wohneinheiten ist eine zentrale Wärmebereitstellungsanlage für Raumheizung und Warmwasser zu errichten, ausgenommen Systeme bzw. Teilsysteme mit dem Energieträger Elektrische Energie, wenn die energetischen Anforderungen im Vergleich mit dem Referenzsystem in Punkt 8.3 erfüllt werden. Reihenhäuser sind von dieser Bestimmung ausgenommen.

4.13 Wärmerückgewinnung

Raumlufttechnische „Zu- und Abluftanlagen" (darunter ist die Kombination aus einer Zu- und einer Abluftanlage zu verstehen und nicht eine Zu- oder Abluftanlage alleine) sind bei ihrem erstmaligen Einbau oder bei ihrer Erneuerung mit einer Einrichtung zur Wärmerückgewinnung auszustatten.

4.14 Strombedarfsanteile

Durch Photovoltaik sind unter Berücksichtigung der Anrechenbarkeit (normativ geregelt) in Gebäuden mit primärer Tagesnutzung maximal 90 % des monatlichen Bedarfes an Elektrischer Energie bzw. in Gebäuden mit 24h-Nutzung maximal 80 % des monatlichen Bedarfes an Elektrischer Energie deckbar. Die 24h-Nutzung ergibt sich aus den Nutzungsprofilen gemäß ÖNORM B 8110-5 (jedenfalls Wohngebäude, Krankenhäuser, Heime, Beherbergungsbetriebe).

5 Anforderungen an die Wahl der eingesetzten Energieträger

5.1 Einsatz hocheffizienter alternativer Energiesysteme

5.1.1 Bei Neubau und größerer Renovierung von Gebäuden bzw. Gebäudeteilen entsprechend der Gebäudekategorie 1 bis 12 muss die technische, ökologische, wirtschaftliche und rechtliche Realisierbarkeit des Einsatzes von hocheffizienten alternativen Systemen, wie in Punkt 5.1.2 angeführt, sofern verfügbar, in Betracht gezogen, berücksichtigt und dokumentiert werden.

5.1.2 Hocheffiziente alternative Energiesysteme sind jedenfalls:

a) dezentrale Energieversorgungssysteme auf der Grundlage von Energie aus erneuerbaren Quellen,
b) Kraft-Wärme-Kopplung,
c) Fern-/Nahwärme oder -kälte, insbesondere, wenn sie ganz oder teilweise auf Energie aus erneuerbaren Quellen beruht oder aus hocheffizienten Kraft-Wärme-Kopplungsanlagen stammt,
d) Wärmepumpen.

5.1.3 Wird der Punkt 5.2.3 a) erfüllt oder ein System nach Punkt 5.2.3 b) gewählt, kann die Prüfung gemäß Punkt 5.1.1 entfallen.

5.2 Anforderungen an den erneuerbaren Anteil bei Neubau und größerer Renovierung

5.2.1 Energie aus erneuerbaren Quellen umfasst Energie aus Wind, Sonne, aerothermische, geothermische, hydrothermische Energie, Wasserkraft, Biomasse, erneuerbares Gas (z.B. Deponiegas, Klärgas, Biogas, gasförmige Biobrennstoffe, Grüngas, Synthesegas aus erneuerbarem Überschussstrom), Abwärme, Ablauge, Klärschlamm und Tiermehl.

5.2.2 Wird Energie aus hocheffizienten alternativen Systemen gemäß Punkt 5.1.2 eingesetzt, gilt diese zumindest im erforderlichen Maß als Energie aus erneuerbaren Quellen.

5.2.3 Die Anforderung des Mindestmaßes von Energie aus erneuerbaren Quellen bei Neubau und größerer Renovierung eines Wohngebäudes (WG) oder Nicht-Wohngebäudes (NWG) wird erfüllt, wenn mindestens einer der folgenden Punkte aus a), b) oder c) zur Anwendung kommt:

a) Der nicht erneuerbare Primärenergiebedarf exklusive Haushaltsstrombedarf bzw. Betriebsstrombedarf erfüllt im Falle eines Neubaus bzw. im Falle einer größeren Renovierung die entsprechende Anforderung des Nationalen Plans an das Niedrigstenergiegebäude ab 1.1.2021 (OIB-Dokument zur Definition des Niedrigstenergiegebäudes und zur Festlegung von Zwischenzielen in einem Nationalen Plan gemäß Artikel 9 (3) zu 2010/31/EU vom 20. Februar 2018).

b) Nutzung erneuerbarer Quellen außerhalb der Systemgrenzen „Gebäude" (bei Erfüllung einer dieser Punkte werden gleichzeitig auch die Anforderungen gemäß Punkt 5.1.1 und 5.1.2 erfüllt): Es ist der erforderliche Wärmebedarf für Raumheizung und Warmwasser mindestens zu 80 % durch
   - dezentrale Energieversorgungssysteme auf der Grundlage von Energie aus erneuerbaren Quellen (Biomasse, erneuerbares Gas),
   - Kraft-Wärme-Kopplung,
   - Fern-/Nahwärme oder -kälte, insbesondere, wenn sie ganz oder teilweise auf Energie aus erneuerbaren Quellen beruht (Fern-/Nahwärme aus einem Heizwerk auf Basis erneuerbarer Energieträger, Fernwärme aus hocheffizienter KWK und/oder Abwärme),
   - Wärmepumpen

   unter Einhaltung der Anforderungen an den hierfür geltenden zulässigen Heizenergiebedarf zu decken.

c) Nutzung erneuerbarer Quellen durch Erwirtschaftung von Erträgen am Standort oder in der Nähe:
   - Es sind durch aktive Maßnahmen, wie durch Solarthermie, Netto-Endenergieerträge am Standort oder in der Nähe von mindestens 20 % des Endenergiebedarfes für Warmwasser ohne diese aktiven Maßnahmen zu erwirtschaften;
   - Es sind durch aktive Maßnahmen, wie durch Photovoltaik, Netto-Endenergieerträge am Standort oder in der Nähe von mindestens 20 % des Endenergiebedarfes für Haushaltsstrom bzw. Betriebsstrom ohne diese aktiven Maßnahmen zu erwirtschaften;
   - Es sind durch aktive Maßnahmen, wie durch Wärmerückgewinnung, Netto-Endenergieerträge am Standort oder in der Nähe von mindestens 20 % des Endenergiebedarfes für Raumheizung ohne diese aktiven Maßnahmen zu erwirtschaften;
   - Verringerung des maximal zulässigen Endenergiebedarfes EEB_{zul} um mindestens 5 % bzw. des maximal zulässigen Gesamtenergieeffizienz-Faktors f_{GEE} gemäß Punkt 4.3 um mindestens 5 %-Punkte durch
     - beliebige Maßnahmen zur Effizienzsteigerung oder
     - allenfalls Kombinationen von Solarthermie oder Photovoltaik oder Wärmerückgewinnung.

5.2.4 Bei Sonstigen konditionierten Gebäuden (Gebäudekategorie 13) ist Punkt 5.1.1 einzuhalten. Weiters ist auch die Nutzung erneuerbarer Quellen außerhalb der Systemgrenzen „Gebäude" als auch die Nutzung erneuerbarer Quellen durch Erwirtschaftung von Erträgen am Standort oder in der Nähe zu optimieren.

6 Ausweis über die Gesamtenergieeffizienz (Energieausweis)

Der Energieausweis besteht aus:

- den ersten zwei Seiten (im Falle von SKG auch aus mehr Seiten, denn ab der 3. Seite strukturierte Auflistung der U-Werte) gemäß dem im Anhang dieser Richtlinie festgelegten Layout und
- einem technischen Anhang.

Die Energieausweise sind vollständig auszufüllen. Im technischen Anhang sind detailliert anzugeben:

- die verwendeten Normen und Richtlinien,
- die angewendeten normgemäßen Vereinfachungen,
- die verwendeten sonstigen Hilfsmittel,
- nachvollziehbare Ermittlung der geometrischen, bauphysikalischen und haustechnischen Eingabedaten sowie
- Maßnahmen und Empfehlungen, ausgenommen bei Neubauten und für den Fall, dass die Anforderungen an die größere Renovierung bereits erfüllt werden, in folgender Weise:
  - Empfehlung von Maßnahmen deren Implementierung den Endenergiebedarf des Gebäudes reduzieren oder
  - Renovierungsausweis gemäß Artikel 2a, lit. 1c der Richtlinie 2010/31/EU vom 19. Mai 2010 über die Gesamtenergieeffizienz von Gebäuden, in der Fassung der Richtlinie (EU) 2018/844 vom 30. Mai 2018 zur Änderung der Richtlinie 2010/31/EU über die Gesamtenergieeffizienz von Gebäuden und der Richtlinie 2012/27/EU über Energieeffizienz, als Ergänzung zum technischen Anhang des Ausweises über die Gesamtenergieeffizienz (Energieausweis), der einen langfristigen Fahrplan für die schrittweise Renovierung eines bestimmten Gebäudes auf Grundlage von Qualitätskriterien enthält, in dem relevante Maßnahmen und Renovierungen zur Verbesserung der Energieeffizienz beschrieben werden, die zur Erfüllung der Anforderungen an die größere Renovierung führen. Ein Renovierungsausweis ist hinsichtlich Umfang und Anhang sinngemäß einem Energieausweis samt technischem Anhang – in diesem Fall ohne Maßnahmen und Empfehlungen – nachempfunden. Im Falle des Vorliegens eines Renovierungsausweises darf dieses als Sanierungskonzept im Sinne von Punkt 4.5.1 b) verwendet werden.

Energieausweise sind von qualifizierten und befugten Personen auszustellen.

Für die grafische Darstellung in der Energieeffizienzskala auf der ersten Seite des Energieausweises werden folgende Klassengrenzen festgelegt:

Klasse	$HWB_{Ref,SK}$ [kWh/m²a]	PEB_{SK} [kWh/m²a]	$CO_{2eq,SK}$ [kg/m²a]	$f_{GEE,SK}$ [-]
A++	10	60	8	0,55
A+	15	70	10	0,70
A	25	80	15	0,85
B	50	160	30	1,00
C	100	220	40	1,75
D	150	280	50	2,50
E	200	340	60	3,25
F	250	400	70	4,00
G	> 250	> 400	> 70	> 4,00

Die verpflichtende Angabe des Heizwärmebedarfes und des Gesamtenergieeffizienz-Faktors in Anzeigen in Druckwerken und elektronischen Medien gemäß Energieausweis-Vorlage-Gesetz 2012 bezieht sich auf die dem Labeling zugrundeliegenden Werte für den $HWB_{Ref,SK}$ und den $f_{GEE,SK}$ bzw. bei Gebäuden der Gebäudekategorie 13 auf den $HWB_{Ref,SK}$.

7 Konversionsfaktoren

Die Konversionsfaktoren zur Ermittlung des PEB (f_{PE}), des nichterneuerbaren Anteils des PEB ($f_{PE,n.ern.}$), des erneuerbaren Anteils des PEB ($f_{PE,ern.}$) sowie von CO_{2eq} (f_{CO2eq}) sind der nachfolgenden Tabelle zu entnehmen.

	Energieträger	f_{PE} [-]	$f_{PE,n.ern.}$ [-]	$f_{PE,ern.}$ [-]	f_{CO2eq} [g/kWh]
1	Fossile Brennstoffe fest	1,46	1,46	0,00	360
2	Fossile Brennstoffe flüssig	1,20	1,20	0,00	271
3	Fossile Brennstoffe gasförmig	1,10	1,10	0,00	201
4	Biogene Brennstoffe fest	1,13	0,10	1,03	9
5	Biogene Brennstoffe flüssig (Inselbetrieb) (1)	1,50	0,50	1,00	70
6	Biogene Brennstoffe gasförmig (Inselbetrieb) (1,2)	1,40	0,40	1,00	100
7	Elektrische Energie (Liefermix)	1,76	0,79	0,97	156
8a	Fernwärme aus Heizwerk (erneuerbar) (3)	1,72	0,40	1,32	59
8b	Fernwärme aus Heizwerk (nicht erneuerbar) (3)	1,48	1,16	0,32	193
8c	Fernwärme aus hocheffizienter KWK (3,4)	0,59	0,41	0,18	67
9	Abwärme (3)	1,00	1,00	0,00	22

(1) ... Unter Inselbetrieb sind hier ausschließlich Anlagen zu verstehen, bei denen auch die Produktion des Brennstoffes im Gebäude oder in unmittelbarer Nähe des Gebäudes stattfindet.
(2) ... Für Grüngas und Synthesegas sind Werte den Erläuternden Bemerkungen zu entnehmen.
(3) ... Im Falle eines Einzelnachweises sind die Randbedingungen den Erläuternden Bemerkungen zu entnehmen.
(4) ... Als hocheffiziente Kraft-Wärme-Kopplung (KWK) werden all jene angesehen, die der Richtlinie 2012/27/EU entsprechen.

8 Referenzausstattungen

Haustechnische Ausstattungen, die im Folgenden nicht explizit festgelegt werden, sind in der Referenzausstattung gleich zu setzen mit der geplanten Ausstattung bzw. Ausführung.

Für Heizkessel sind folgende Referenzkennwerte zur Ermittlung von Wirkungsgraden und Bereitschaftsverlusten (gemäß ÖNORM H 5056-1) einzusetzen:

Energieträger	Faktor					
	A	B	C	D	E	F
Feste Brennstoffe, händisch beschickt	71,30	7,70	69,30	7,70	3,80	0,80
Biogene fest, automatisch beschickt	87,20	1,00	85,70	1,00	1,80	0,50
Flüssige Brennstoffe	95,40	1,00	101,20	1,00	1,20	0,50
Gasförmige Brennstoffe	100,00	1,00	106,70	1,00	1,20	0,50

Für Wärmepumpensysteme stellt eine Luft/Wasser-Wärmepumpe mit einem thermodynamischen Referenzgütegrad f_0 = 0,36 (gemäß ÖNORM H 5056-1) die Referenzwärmepumpe dar.

Bei Nichtwohngebäuden sind folgende Werte für f_{KT} (gemäß ÖNORM H 5050-1) anzuwenden:

Art der Kühlung	f_{KT}
bei nicht vorhandener Kühlung	0,0
Kühlung mittels Absorptionskältemaschine	1,5
Kühlung mittels Kompressionskältemaschine	0,3
passive Kühlung	0,3

Bei Nicht-Wohngebäuden (NWG) ist zur Ermittlung des maximal zulässigen Endenergiebedarfes f_{Bel} = 0,5 (gemäß ÖNORM H 5050-1) einzusetzen.

8.1 Wärmeabgabe- und Wärmeverteilsystem

Objektdaten

- Gebäudezentrale kombinierte Wärmebereitstellung
- Systemtemperaturen und Wärmeabgabe:
  - Für Wärmebereitstellung außer Wärmepumpen:
    - Wärmeabgabe: kleinflächige Wärmeabgabe
    - Für Gebäude der Gebäudekategorie 1: Systemtemperaturen: 55 °C / 45 °C
    - Für Gebäude der Gebäudekategorie 2 bis 12: Systemtemperaturen: 60 °C / 35 °C
  - Für Wärmepumpensysteme:
    - Wärmeabgabe: Flächenheizung
    - Für alle Gebäude: Systemtemperaturen: 40 °C / 30 °C
  - Warmwasserwärmeabgabe:
    - Zweigriffarmaturen
- Regelung:
  - Für Radiatorenheizung:
    - Raumthermostat-Zonenregelung mit Zeitsteuerung
  - Für Flächenheizung:
    - Einzelraumregelung mit elektronischem Regelgerät mit Optimierungsfunktion
- Wärmeverteilung:
  - Verteilleitungen im unkonditionierten Gebäudebereich, Verhältnis Dämmdicke zu Rohrdurchmesser ist 3/3, Armaturen gedämmt
  - Steigleitungen im konditionierten Gebäudebereich, Verhältnis Dämmdicke zu Rohrdurchmesser ist 3/3, Armaturen gedämmt
  - Stichleitungen: im konditionierten Gebäudebereich, Kunststoff, Verhältnis Dämmdicke zu Rohrdurchmesser ist 1/3
  - Anbindeleitungen: im konditionierten Gebäudebereich, Verhältnis Dämmdicke zu Rohrdurchmesser ist 1/3, Armaturen gedämmt
  - im Falle von Zwei-Leiter-Systemen ist als Referenzausstattung ein Vier-Leiter-System anzunehmen.

8.2 Wärmespeicher- und Wärmebereitstellungssystem

8.2.1 Energieträger fossil fest

- Warmwasser-Wärmespeicherung:
  - indirekt beheizt, Verluste von Wärmespeichern Baujahr ab 1994, gedämmte Anschlussteile, Standort im nicht konditionierten Bereich
- Warmwasser-Wärmebereitstellung:
  - kombiniert mit Raumheizung
- Raumheizung-Wärmespeicherung:
  - Speicher für händisch beschickte Systeme, Verluste von Wärmespeichern, Baujahr ab 1994, gedämmte Anschlussteile, Standort im nicht konditionierten Bereich
- Raumheizung-Wärmebereitstellung:
  - Heizkessel für feste Brennstoffe, Kohle, händisch beschickt, gleitende Betriebsweise, siehe Referenzkennwert in Punkt 8, gebäudezentral, Standort im nicht konditionierten Bereich

8.2.2 Energieträger fossil flüssig

- Warmwasser-Wärmespeicherung:
  - indirekt beheizt, Verluste von Wärmespeichern, Baujahr ab 1994, gedämmte Anschlussteile, Standort im nicht konditionierten Bereich
- Warmwasser-Wärmebereitstellung:
  - kombiniert mit Raumheizung
- Raumheizung-Wärmespeicherung:
  - kein Speicher
- Raumheizung-Wärmebereitstellung:
  - modulierender Brennwertkessel, Heizöl extra leicht, siehe Referenzkennwert in Punkt 8, gebäudezentral, automatisch beschickte bzw. gleitende Betriebsweise, Standort im nicht konditionierten Bereich

8.2.3 Energieträger fossil gasförmig

- Warmwasser-Wärmespeicherung:
  - indirekt beheizt, Verluste von Wärmespeichern, Baujahr ab 1994, gedämmte Anschlussteile, Standort im nicht konditionierten Bereich
- Warmwasser-Wärmebereitstellung:
  - kombiniert mit Raumheizung
- Raumheizung-Wärmespeicherung:
  - kein Speicher
- Raumheizung-Wärmebereitstellung:
  - modulierender Brennwertkessel im nicht konditionierten Bereich, siehe Referenzkennwert in Punkt 8, gebäudezentral, gleitende Betriebsweise, Gebläseunterstützung

8.2.4 Energieträger Biomasse

- Warmwasser-Wärmespeicherung:
  - indirekt beheizt, Verluste von Wärmespeichern, Baujahr ab 1994, gedämmte Anschlussteile, Standort im nicht konditionierten Bereich
- Warmwasser-Wärmebereitstellung:
  - kombiniert mit Raumheizung
- Raumheizung-Wärmespeicherung:
  - Lastausgleichsspeicher, Verluste von Wärmespeichern, Baujahr ab 1994, gedämmte Anschlussteile
- Raumheizung-Wärmebereitstellung:
  - modulierender Pelletskessel im nicht konditionierten Bereich, gleitender Betrieb, siehe Referenzkennwert in Punkt 8, gebäudezentral, automatisch beschickt, Gebläseunterstützung, Fördergebläse

8.2.5 Energieträger Fernwärme

- Warmwasser-Wärmespeicherung:
  - indirekt beheizt, Verluste von Wärmespeichern, Baujahr ab 1994, gedämmte Anschlussteile, Standort im nicht konditionierten Bereich
- Warmwasser-Wärmebereitstellung:
  - kombiniert mit Raumheizung
- Raumheizung-Wärmespeicherung:
  - kein Speicher
- Raumheizung-Wärmebereitstellung:
  - Wärmetauscher wärmegedämmt, automatisch betrieben, gleitender Betrieb, Standort im nicht konditionierten Bereich, gebäudezentral

8.2.6 Wärmepumpentechnologie Luft/Wasser-Wärmepumpe

- Warmwasser-Wärmespeicherung:
  - indirekt beheizt, Verluste von Wärmepumpenspeichern, Baujahr ab 1994, gedämmte Anschlussteile, Standort im nicht konditionierten Bereich
- Warmwasser-Wärmebereitstellung:
  - kombiniert mit Raumheizung
- Raumheizung-Wärmespeicherung:
  - kein Speicher
- Raumheizung-Wärmebereitstellung:
  - Luft/Wasser-Wärmepumpe mit dem thermodynamischen Referenzgütegrad in Punkt 8, nicht modulierend, gleitender Betrieb, Standort im nicht konditionierten Bereich, gebäudezentral

8.2.7 Wärmepumpentechnologie Sole/Wasser-Wärmepumpe (Flachkollektor)

- Warmwasser-Wärmespeicherung:
  - indirekt beheizt, Verluste von Wärmepumpenspeichern, Baujahr ab 1994, gedämmte Anschlussteile, Standort im nicht konditionierten Bereich
- Warmwasser-Wärmebereitstellung:
  - kombiniert mit Raumheizung
- Raumheizung-Wärmespeicherung:
  - kein Speicher
- Raumheizung-Wärmebereitstellung:
  - Luft/Wasser-Wärmepumpe mit dem thermodynamischen Referenzgütegrad in Punkt 8, nicht modulierend, gleitender Betrieb, Standort im nicht konditionierten Bereich, gebäudezentral

8.2.8 Wärmepumpentechnologie Sole/Wasser-Wärmepumpe (Tiefensonde)

- Warmwasser-Wärmespeicherung:
  - indirekt beheizt, Verluste von Wärmepumpenspeichern, Baujahr ab 1994, gedämmte Anschlussteile, Standort im nicht konditionierten Bereich
- Warmwasser-Wärmebereitstellung:
  - kombiniert mit Raumheizung
- Raumheizung-Wärmespeicherung:
  - kein Speicher
- Raumheizung-Wärmebereitstellung:
  - Luft/Wasser-Wärmepumpe mit dem thermodynamischen Referenzgütegrad in Punkt 8, nicht modulierend, gleitender Betrieb, Standort im nicht konditionierten Bereich, gebäudezentral

8.2.9 Wärmepumpentechnologie Grundwasser-Wärmepumpe

- Warmwasser-Wärmespeicherung:
  - indirekt beheizt, Verluste von Wärmepumpenspeichern, Baujahr ab 1994, gedämmte Anschlussteile, Standort im nicht konditionierten Bereich
- Warmwasser-Wärmebereitstellung:
  - kombiniert mit Raumheizung
- Raumheizung-Wärmespeicherung:
  - kein Speicher
- Raumheizung-Wärmebereitstellung:
  - Luft/Wasser-Wärmepumpe mit dem thermodynamischen Referenzgütegrad in Punkt 8, nicht modulierend, gleitender Betrieb, Standort im nicht konditionierten Bereich, gebäudezentral

8.2.10 Wärmepumpentechnologie Direktverdampfer-Wärmepumpe

- Warmwasser-Wärmespeicherung:
  - indirekt beheizt, Verluste von Wärmepumpenspeichern, Baujahr ab 1994, gedämmte Anschlussteile, Standort im nicht konditionierten Bereich
- Warmwasser-Wärmebereitstellung:
  - kombiniert mit Raumheizung
- Raumheizung-Wärmespeicherung:
  - kein Speicher
- Raumheizung-Wärmebereitstellung:
  - Luft/Wasser-Wärmepumpe mit dem thermodynamischen Referenzgütegrad in Punkt 8, nicht modulierend, gleitender Betrieb, Standort im nicht konditionierten Bereich, gebäudezentral

8.2.11 Gas-Wärmepumpe

- Warmwasser-Wärmespeicherung:
  - indirekt beheizt, Verluste von Wärmepumpenspeichern, Baujahr ab 1994, gedämmte Anschlussteile, Standort im nicht konditionierten Bereich
- Warmwasser-Wärmebereitstellung:
  - kombiniert mit Raumheizung
- Raumheizung-Wärmespeicherung:
  - kein Speicher
- Raumheizung-Wärmebereitstellung:
  - Gas-Wärmepumpe entsprechend der eingesetzten Technologie (Gasmotor-Wärmepumpe, Gas-Absorptions-Wärmepumpe, Adsorptions/Zeolith-Wärmepumpe), gleitender Betrieb, Standort im nicht konditionierten Bereich, gebäudezentral

8.2.12 Kraft-Wärmekopplungsanlagen

- Warmwasser-Wärmespeicherung:
  - indirekt beheizt, Verluste von Wärmespeichern, Baujahr ab 1994, gedämmte Anschlussteile, Standort im nicht konditionierten Bereich
- Warmwasser-Wärmebereitstellung:
  - kombiniert mit Raumheizung
- Raumheizung-Wärmespeicherung:
  - kein Speicher
- Raumheizung-Wärmebereitstellung:
  - Kraft-Wärmekopplungsanlagen entsprechend der eingesetzten Technologie (Ottomotor, Dieselmotor, Brennstoffzelle, Stirlingmotor) modulierend, gleitender Betrieb, Standort im nicht konditionierten Bereich, gebäudezentral

8.3 Strombasierte Wärmespeicher- und Wärmebereitstellungssysteme für dezentrale Systeme

Objektdaten

- Gebäudezentrale kombinierte Wärmebereitstellung
- Systemtemperaturen und Wärmeabgabe:
  - Wärmeabgabe: Flächenheizung
  - Für alle Gebäude: Systemtemperaturen: 40 °C / 30 °C
  - Warmwasserwärmeabgabe:
    - Zweigriffarmaturen
- Regelung:
    - Einzelraumregelung mit elektronischem Regelgerät mit Optimierungsfunktion
- Wärmeverteilung:
  - Verteilleitungen im unkonditionierten Gebäudebereich, Verhältnis Dämmdicke zu Rohrdurchmesser ist 3/3, Armaturen gedämmt
  - Steigleitungen im konditionierten Gebäudebereich, Verhältnis Dämmdicke zu Rohrdurchmesser ist 3/3, Armaturen gedämmt
  - Stichleitungen: im konditionierten Gebäudebereich, Kunststoff, Verhältnis Dämmdicke zu Rohrdurchmesser ist 1/3
  - Anbindeleitungen: im konditionierten Gebäudebereich, Verhältnis Dämmdicke zu Rohrdurchmesser ist 1/3, Armaturen gedämmt
  - mit Zirkulation für Gebäude der Gebäudekategorie 2 bis 12
  - ohne Zirkulation für Gebäude der Gebäudekategorie 1
- Warmwasser-Wärmespeicherung:
  - indirekt beheizt, Verluste von Wärmepumpenspeichern, Baujahr ab 1994, gedämmte Anschlussteile, Standort im nicht konditionierten Bereich
- Warmwasser-Wärmebereitstellung:
  - kombiniert mit Raumheizung
- Raumheizung-Wärmespeicherung:
  - kein Speicher
- Raumheizung-Wärmebereitstellung:
  - Luft/Wasser-Wärmepumpe mit dem thermodynamischen Referenzgütegrad in Punkt 8, nicht modulierend, gleitender Betrieb, Standort im nicht konditionierten Bereich, gebäudezentral
- aus den Ergebnissen werden die Energieaufwandszahlen $e_{AWZ,Ref,RH}$ und $e_{AWZ,Ref,TW}$ gemäß OIB-Leitfaden „Energietechnisches Verhalten von Gebäuden" abgeleitet

8.3.1 Strom direkt Warmwasser

- Warmwasser-Wärmebereitstellung
  - Der maximal zulässige Strombedarf bei Stromdirektheizung wird durch Anwendung der Energieaufwandszahl $e_{AWZ,Ref,TW}$ gemäß OIB-Leitfaden „Energietechnisches Verhalten von Gebäuden" errechnet

8.3.2 Strom direkt Raumheizung

- Raumheizung-Wärmebereitstellung:
  - Der maximal zulässige Strombedarf bei Stromdirektheizung wird durch Anwendung der Energieaufwandszahl $e_{AWZ,Ref,RH}$ gemäß OIB-Leitfaden „Energietechnisches Verhalten von Gebäuden" errechnet

Anhang

- Muster Energieausweis Wohngebäude (WG)
- Muster Energieausweis Nicht-Wohngebäude (NWG)
- Muster Energieausweis Sonstige konditionierte Gebäude (SKG)

Muster Energieausweis Wohngebäude (WG) Seite 1

Energieausweis für Wohngebäude

OIB-Richtlinie 6
Ausgabe: Mai 2023

Logo

BEZEICHNUNG		**Umsetzungsstand**	Planung, Bestand, Ist-Zustand
Gebäude(-teil)		Baujahr	
Nutzungsprofil		Letzte Veränderung	
Straße		Katastralgemeinde	
PLZ/Ort		KG-Nr.	
Grundstücksnr.		Seehöhe	

SPEZIFISCHER REFERENZ-HEIZWÄRMEBEDARF, PRIMÄRENERGIEBEDARF, KOHLENDIOXIDEMISSIONEN und GESAMTENERGIEEFFIZIENZ-FAKTOR jeweils unter STANDORTKLIMA-(SK)-Bedingungen

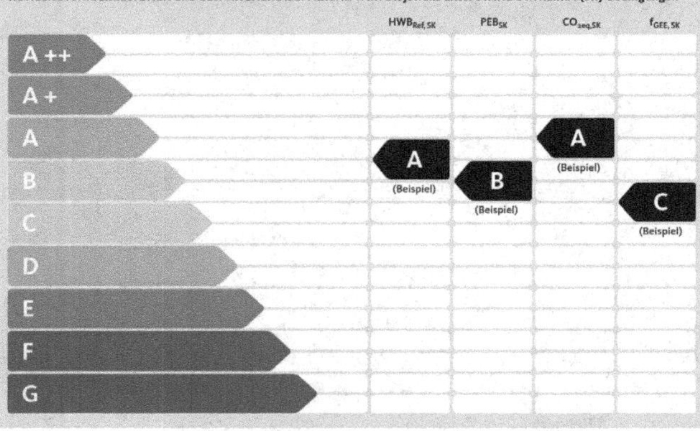

HWB_{Ref}: Der **Referenz-Heizwärmebedarf** ist jene Wärmemenge, die in den Räumen bereitgestellt werden muss, um diese auf einer normativ geforderten Raumtemperatur, ohne Berücksichtigung allfälliger Erträge aus Wärmerückgewinnung, zu halten.

WWWB: Der **Warmwasserwärmebedarf** ist in Abhängigkeit der Gebäudekategorie als flächenbezogener Defaultwert festgelegt.

HEB: Beim **Heizenergiebedarf** werden zusätzlich zum Heiz- und Warmwasserwärmebedarf die Verluste des gebäudetechnischen Systems berücksichtigt, dazu zählen insbesondere die Verluste der Wärmebereitstellung, der Wärmeverteilung, der Wärmespeicherung und der Wärmeabgabe sowie allfälliger Hilfsenergie.

HHSB: Der **Haushaltsstrombedarf** ist als flächenbezogener Defaultwert festgelegt. Er entspricht in etwa dem durchschnittlichen flächenbezogenen Stromverbrauch eines österreichischen Haushalts.

RK: Das **Referenzklima** ist ein virtuelles Klima. Es dient zur Ermittlung von Energiekennzahlen.

EEB: Der **Endenergiebedarf** umfasst zusätzlich zum Heizenergiebedarf den Haushaltsstrombedarf, abzüglich allfälliger Endenergieerträge und zuzüglich eines dafür notwendigen Hilfsenergiebedarfs. Der Endenergiebedarf entspricht jener Energiemenge, die eingekauft werden muss (Lieferenergiebedarf).

f_{GEE}: Der **Gesamtenergieeffizienz-Faktor** ist der Quotient aus einerseits dem Endenergiebedarf abzüglich allfälliger Endenergieerträge und zuzüglich des dafür notwendigen Hilfsenergiebedarfs und andererseits einem Referenz-Endenergiebedarf (Anforderung 2007).

PEB: Der **Primärenergiebedarf** ist der Endenergiebedarf einschließlich der Verluste in Vorketten. Der Primärenergiebedarf weist einen erneuerbaren ($PEB_{ern.}$) und einen nicht erneuerbaren ($PEB_{n.ern.}$) Anteil auf.

CO_{2eq}: Gesamte dem Endenergiebedarf zuzurechnenden **äquivalenten Kohlendioxidemissionen** (Treibhausgase), einschließlich jener für Vorketten.

SK: Das **Standortklima** ist das reale Klima am Gebäudestandort. Dieses Klimamodell wurde auf Basis der Primärdaten (1970 bis 1999) der Zentralanstalt für Meteorologie und Geodynamik für die Jahre 1978 bis 2007 gegenüber der Vorfassung aktualisiert.

Alle Werte gelten unter der Annahme eines normierten BenutzerInnenverhaltens. Sie geben den Jahresbedarf pro Quadratmeter beheizter Brutto-Grundfläche an.

Dieser Energieausweis entspricht den Vorgaben der OIB-Richtlinie 6 „Energieeinsparung und Wärmeschutz" des Österreichischen Instituts für Bautechnik in Umsetzung der Richtlinie 2010/31/EU vom 19. Mai 2010 über die Gesamtenergieeffizienz von Gebäuden bzw. 2018/844/EU vom 30. Mai 2018 und des Energieausweis-Vorlage-Gesetzes (EAVG). Der Ermittlungszeitraum für die Konversionsfaktoren für Primärenergie und Kohlendioxidemissionen ist für Strom: 2018-01 – 2021-12, und es wurden übliche Allokationsregeln unterstellt. 1

Muster Energieausweis Wohngebäude (WG) Seite 2

Energieausweis für Wohngebäude

OIB Österreichisches Institut für Bautechnik — OIB-Richtlinie 6, Ausgabe: Mai 2023 — Logo

GEBÄUDEKENNDATEN — **EA-Art:**

Brutto-Grundfläche (BGF)	#.###,# m²	Heiztage	### d	Art der Lüftung	##########
Bezugsfläche (BF)	#.###,# m²	Heizgradtage	#.### Kd	Solarthermie	## m²
Brutto-Volumen (V_B)	#.###,# m³	Klimaregion	##########	Photovoltaik	#,# kWp
Gebäude-Hüllfläche (A)	#.###,# m²	Norm-Außentemperatur	#,# °C	Stromspeicher	#.###,# kWh
Kompaktheit (A/V)	#,## 1/m	Soll-Innentemperatur	#,# °C	WW-WB-System (primär)	##########
charakteristische Länge (ℓ_c)	#,## m	mittlerer U-Wert	#,## W/m²K	WW-WB-System (sekundär, opt.)	##########
Teil-BGF	#.###,# m²	LEK_T-Wert	#,##	RH-WB-System (primär)	##########
Teil-BF	#.###,# m²	Bauweise	##########	RH-WB-System (sekundär, opt.)	##########
Teil-V_B	#.###,# m³				

WÄRME- UND ENERGIEBEDARF (Referenzklima) — **Nachweis über #####**

	Ergebnisse			Anforderungen
Referenz-Heizwärmebedarf	$HWB_{Ref,RK}$ =	###,# kWh/m²a	entspricht / entspricht nicht	$HWB_{Ref,RK,zul}$ = ###.# kWh/m²a
Endenergiebedarf	EEB_{RK} =	###,# kWh/m²a	entspricht / entspricht nicht	$EEB_{RK,zul}$ = ###,# kWh/m²a
Gesamtenergieeffizienz-Faktor	$f_{GEE,RK}$ =	#,##	entspricht / entspricht nicht	$f_{GEE,RK,zul}$ = #,##
Erneuerbarer Anteil		##########	entspricht / entspricht nicht	Punkt 5.2.3 a, b oder c
Heizwärmebedarf	HWB_{RK} =	###,# kWh/m²a		
Primärenergiebedarf n.ern. für RH+WW	$PEB_{HEB,n.ern.,RK}$ =	###,# kWh/m²a		

WÄRME- UND ENERGIEBEDARF (Standortklima)

Referenz-Heizwärmebedarf	$Q_{h,Ref,SK}$ =	###.### kWh/a	$HWB_{Ref,SK}$ =	###,# kWh/m²a
Heizwärmebedarf	$Q_{h,SK}$ =	###.### kWh/a	HWB_{SK} =	###,# kWh/m²a
Warmwasserwärmebedarf	Q_{tw} =	###.### kWh/a	WWWB =	###,# kWh/m²a
Heizenergiebedarf	$Q_{HEB,Ref,SK}$ =	###.### kWh/a	HEB_{SK} =	###,# kWh/m²a
Energieaufwandszahl Warmwasser			$e_{AWZ,WW}$ =	#,##
Energieaufwandszahl Raumheizung			$e_{AWZ,RH}$ =	#,##
Energieaufwandszahl Heizen			$e_{AWZ,H}$ =	#,##
Haushaltsstrombedarf	Q_{HHSB} =	###.### kWh/a	HHSB =	###,# kWh/m²a
Endenergiebedarf	$Q_{EEB,SK}$ =	###.### kWh/a	EEB_{SK} =	###,# kWh/m²a
Primärenergiebedarf	$Q_{PEB,SK}$ =	###.### kWh/a	PEB_{SK} =	###,# kWh/m²a
Primärenergiebedarf nicht erneuerbar	$Q_{PEBn.ern.,SK}$ =	###.### kWh/a	$PEB_{n.ern.,SK}$ =	###,# kWh/m²a
Primärenergiebedarf erneuerbar	$Q_{PEBern.,SK}$ =	###.### kWh/a	$PEB_{ern.,SK}$ =	###,# kWh/m²a
äquivalente Kohlendioxidemissionen	$Q_{CO2eq,SK}$ =	###.### kg/a	$CO_{2eq,SK}$ =	###,# kg/m²a
Gesamtenergieeffizienz-Faktor			$f_{GEE,SK}$ =	#,##
Photovoltaik-Export	$Q_{PVE,SK}$ =	###.### kWh/a	$PVE_{EXPORT,SK}$ =	###,# kWh/m²a

ERSTELLT

GWR-Zahl		ErstellerIn	
Ausstellungsdatum		Unterschrift	
Gültigkeitsdatum			
Geschäftszahl			

Die Energiekennzahlen dieses Energieausweises dienen ausschließlich der Information. Aufgrund der idealisierten Eingangsparameter können bei tatsächlicher Nutzung erhebliche Abweichungen auftreten. Insbesondere Nutzungseinheiten unterschiedlicher Lage können aus Gründen der Geometrie und der Lage hinsichtlich ihrer Energiekennzahlen von den hier angegebenen abweichen. 2

Muster Energieausweis Nicht-Wohngebäude (NWG) Seite 1

Energieausweis für Nicht-Wohngebäude

OIB Österreichisches Institut für Bautechnik — OIB-Richtlinie 6, Ausgabe: Mai 2023 — Logo

BEZEICHNUNG		**Umsetzungsstand**	Planung, Bestand, Ist-Zustand
Gebäude(-teil)		Baujahr	
Nutzungsprofil		Letzte Veränderung	
Straße		Katastralgemeinde	
PLZ/Ort		KG-Nr.	
Grundstücksnr.		Seehöhe	

SPEZIFISCHER REFERENZ-HEIZWÄRMEBEDARF, PRIMÄRENERGIEBEDARF, KOHLENDIOXIDEMISSIONEN und GESAMTENERGIEEFFIZIENZ-FAKTOR jeweils unter STANDORTKLIMA-(SK)-Bedingungen

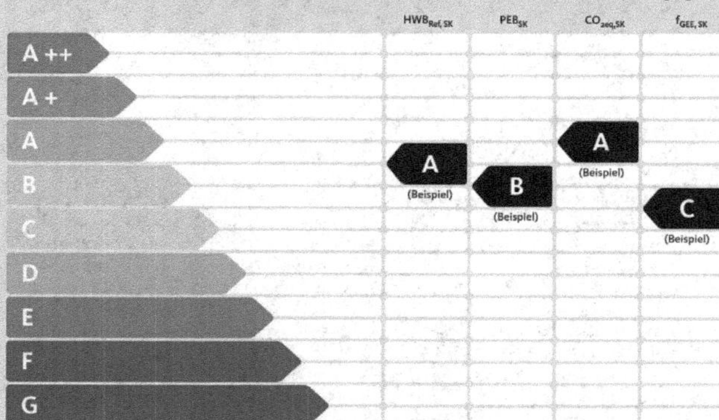

HWB_{Ref}: Der **Referenz-Heizwärmebedarf** ist jene Wärmemenge, die in den Räumen bereitgestellt werden muss, um diese auf einer normativ geforderten Raumtemperatur, ohne Berücksichtigung allfälliger Erträge aus Wärmerückgewinnung, zu halten.

WWWB: Der **Warmwasserwärmebedarf** ist in Abhängigkeit der Gebäudekategorie als flächenbezogener Defaultwert festgelegt.

HEB: Beim **Heizenergiebedarf** werden zusätzlich zum Heiz- und Warmwasserwärmebedarf die Verluste des gebäudetechnischen Systems berücksichtigt, dazu zählen insbesondere die Verluste der Wärmebereitstellung, der Wärmeverteilung, der Wärmespeicherung und der Wärmeabgabe sowie allfälliger Hilfsenergie.

KB: Der **Kühlbedarf** ist jene Wärmemenge, welche aus den Räumen abgeführt werden muss, um unter der Solltemperatur zu bleiben. Er errechnet sich aus den nicht nutzbaren inneren und solaren Gewinnen.

BefEB: Beim **Befeuchtungsenergiebedarf** wird der allfällige Energiebedarf zur Befeuchtung dargestellt.

KEB: Beim **Kühlenergiebedarf** werden zusätzlich zum Kühlbedarf die Verluste des Kühlsystems und der Kältebereitstellung berücksichtigt.

RK: Das **Referenzklima** ist ein virtuelles Klima. Es dient zur Ermittlung von Energiekennzahlen.

BelEB: Der **Beleuchtungsenergiebedarf** ist als flächenbezogener Defaultwert festgelegt und entspricht dem Energiebedarf zur nutzungsgerechten Beleuchtung.

BSB: Der **Betriebsstrombedarf** ist als flächenbezogener Defaultwert festgelegt und entspricht der Hälfte der mittleren inneren Lasten.

EEB: Der **Endenergiebedarf** umfasst zusätzlich zum Heizenergiebedarf den jeweils allfälligen Betriebsstrombedarf, Kühlenergiebedarf und Beleuchtungsenergiebedarf, abzüglich allfälliger Endenergieerträge und zuzüglich eines dafür notwendigen Hilfsenergiebedarfs. Der Endenergiebedarf entspricht jener Energiemenge, die eingekauft werden muss (Lieferenergiebedarf).

f_{GEE}: Der **Gesamtenergieeffizienz-Faktor** ist der Quotient aus einerseits dem Endenergiebedarf abzüglich allfälliger Endenergieerträge und zuzüglich des dafür notwendigen Hilfsenergiebedarfs und andererseits einem Referenz-Endenergiebedarf (Anforderung 2007).

PEB: Der **Primärenergiebedarf** ist der Endenergiebedarf einschließlich der Verluste in Vorketten. Der Primärenergiebedarf weist einen erneuerbaren ($PEB_{ern.}$) und einen nicht erneuerbaren ($PEB_{n.ern.}$) Anteil auf.

CO_{2eq}: Gesamte dem Endenergiebedarf zuzurechnenden **äquivalenten Kohlendioxidemissionen** (Treibhausgase), einschließlich jener für Vorketten.

SK: Das **Standortklima** ist das reale Klima am Gebäudestandort. Dieses Klimamodell wurde auf Basis der Primärdaten (1970 bis 1999) der Zentralanstalt für Meteorologie und Geodynamik für die Jahre 1978 bis 2007 gegenüber der Vorfassung aktualisiert.

Alle Werte gelten unter der Annahme eines normierten BenutzerInnenverhaltens. Sie geben den Jahresbedarf pro Quadratmeter beheizter Brutto-Grundfläche an.

Dieser Energieausweis entspricht den Vorgaben der OIB-Richtlinie 6 „Energieeinsparung und Wärmeschutz" des Österreichischen Instituts für Bautechnik in Umsetzung der Richtlinie 2010/31/EU vom 19. Mai 2010 über die Gesamtenergieeffizienz von Gebäuden bzw. 2018/844/EU vom 30. Mai 2018 und des Energieausweis-Vorlage-Gesetzes (EAVG). Der Ermittlungszeitraum für die Konversionsfaktoren für Primärenergie und Kohlendioxidemissionen ist für Strom: 2018-01 – 2021-12, und es wurden übliche Allokationsregeln unterstellt. 1

Muster Energieausweis Nicht-Wohngebäude (NWG) Seite 2

Energieausweis für Nicht-Wohngebäude

OIB Österreichisches Institut für Bautechnik — OIB-Richtlinie 6, Ausgabe: Mai 2023 — Logo

GEBÄUDEKENNDATEN — **EA-Art:**

Brutto-Grundfläche (BGF)	#.###,# m²	Heiztage	### d	Art der Lüftung	##########
Bezugsfläche (BF)	#.###,# m²	Heizgradtage	#.### Kd	Solarthermie	## m²
Brutto-Volumen (V_B)	#.###,# m³	Klimaregion	##########	Photovoltaik	#,# kWp
Gebäude-Hüllfläche (A)	#.###,# m²	Norm-Außentemperatur	#,# °C	Stromspeicher	#.###,# kWh
Kompaktheit (A/V)	#,## 1/m	Soll-Innentemperatur	#,# °C	WW-WB-System (primär)	##########
charakteristische Länge (ℓ_c)	#,## m	mittlerer U-Wert	#,## W/m²K	WW-WB-System (sekundär, opt.)	##########
Teil-BGF	#.###,# m²	LEK_T-Wert	#,##	RH-WB-System (primär)	##########
Teil-BF	#.###,# m²	Bauweise	##########	RH-WB-System (sekundär, opt.)	##########
Teil-V_B	#.###,# m³			Kältebereitstellungs-System	##########

WÄRME- UND ENERGIEBEDARF (Referenzklima) — **Nachweis über #####**

		Ergebnisse			Anforderungen
Referenz-Heizwärmebedarf	$HWB_{Ref,RK}$ =	###,# kWh/m²a	entspricht / entspricht n.	$HWB_{Ref,RK,zul}$ =	###,# kWh/m²a
Außeninduzierter Kühlbedarf	KB^*_{RK} =	###,# kWh/m³a	entspricht / entspricht n.	$KB^*_{RK,zul}$ =	###,# kWh/m³a
Endenergiebedarf	EEB_{RK} =	###,# kWh/m²a	entspricht / entspricht n.	$EEB_{RK,zul}$ =	###,# kWh/m²a
Gesamtenergieeffizienz-Faktor	$f_{GEE,RK}$ =	#,##	entspricht / entspricht n.	$f_{GEE,RK,zul}$ =	#,##
Erneuerbarer Anteil		##########	entspricht / entspricht n.		Punkt 5.2.3 a, b oder c
Heizwärmebedarf	HWB_{RK} =	###,# kWh/m²a			
Primärenergiebedarf n.ern. für RH+WW+Bel	$PEB_{HEB+BelEB,zul,n.ern.}$ =	###,# kWh/m²a			

WÄRME- UND ENERGIEBEDARF (Standortklima)

Referenz-Heizwärmebedarf	$Q_{h,Ref,SK}$ =	###.### kWh/a	$HWB_{Ref,SK}$ =	###,# kWh/m²a
Heizwärmebedarf	$Q_{h,SK}$ =	###.### kWh/a	HWB_{SK} =	###,# kWh/m²a
Warmwasserwärmebedarf	Q_{tw} =	###.### kWh/a	WWWB =	###,# kWh/m²a
Heizenergiebedarf	$Q_{HEB,Ref,SK}$ =	###.### kWh/a	HEB_{SK} =	###,# kWh/m²a
Energieaufwandszahl Warmwasser			$e_{AWZ,WW}$ =	#,##
Energieaufwandszahl Raumheizung			$e_{AWZ,RH}$ =	#,##
Energieaufwandszahl Heizen			$e_{AWZ,H}$ =	#,##
Betriebsstrombedarf	Q_{BSB} =	###.### kWh/a	BSB =	###,# kWh/m²a
Kühlbedarf	$Q_{KB,SK}$ =	###.### kWh/a	KB_{SK} =	###,# kWh/m²a
Kühlenergiebedarf	$Q_{KEB,SK}$ =	###.### kWh/a	KEB_{SK} =	###,# kWh/m²a
Energieaufwandszahl Kühlen			$e_{AWZ,K}$ =	#,##
Befeuchtungsenergiebedarf	$Q_{BefEB,SK}$ =	###.### kWh/a	$BefEB_{SK}$ =	###,# kWh/m²a
Beleuchtungsenerergiebedarf	Q_{BelEB} =	###.### kWh/a	BelEB =	###,# kWh/m²a
Endenergiebedarf	$Q_{EEB,SK}$ =	###.### kWh/a	EEB_{SK} =	###,# kWh/m²a
Primärenergiebedarf	$Q_{PEB,SK}$ =	###.### kWh/a	PEB_{SK} =	###,# kWh/m²a
Primärenergiebedarf nicht erneuerbar	$Q_{PEBn.ern.,SK}$ =	###.### kWh/a	$PEB_{n.ern.,SK}$ =	###,# kWh/m²a
Primärenergiebedarf erneuerbar	$Q_{PEBern.,SK}$ =	###.### kWh/a	$PEB_{ern.,SK}$ =	###,# kWh/m²a
äquivalente Kohlendioxidemissionen	$Q_{CO2eq,SK}$ =	###.### kg/a	$CO_{2eq,SK}$ =	###,# kg/m²a
Gesamtenergieeffizienz-Faktor			$f_{GEE,SK}$ =	#,##
Photovoltaik-Export	$Q_{PVE,SK}$ =	###.### kWh/a	$PVE_{EXPORT,SK}$ =	###,# kWh/m²a

ERSTELLT

GWR-Zahl		ErstellerIn	
Ausstellungsdatum		Unterschrift	
Gültigkeitsdatum			
Geschäftszahl			

Die Energiekennzahlen dieses Energieausweises dienen ausschließlich der Information. Aufgrund der idealisierten Eingangsparameter können bei tatsächlicher Nutzung erhebliche Abweichungen auftreten. Insbesondere Nutzungseinheiten unterschiedlicher Lage können aus Gründen der Geometrie und der Lage hinsichtlich ihrer Energiekennzahlen von den hier angegebenen abweichen. 2

Muster Energieausweis Sonstige konditionierte Gebäude (SKG) Seite 1

Energieausweis für Sonstige konditionierte Gebäude

OIB Österreichisches Institut für Bautechnik — OIB-Richtlinie 6, Ausgabe: Mai 2023 — Logo

BEZEICHNUNG		**Umsetzungsstand**	Planung, Bestand
Gebäude(-teil)		Baujahr	
Nutzungsprofil		Letzte Veränderung	
Straße		Katastralgemeinde	
PLZ/Ort		KG-Nr.	
Grundstücksnr.		Seehöhe	

SPEZIFISCHER REFERENZ-HEIZWÄRMEBEDARF

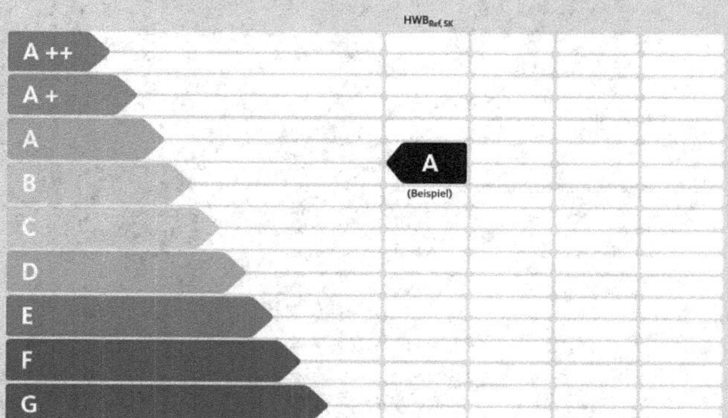

HWB$_{Ref}$: Der **Referenz-Heizwärmebedarf** ist jene Wärmemenge, die in den Räumen bereitgestellt werden muss, um diese auf einer normativ geforderten Raumtemperatur, ohne Berücksichtigung allfälliger Erträge aus Wärmerückgewinnung, zu halten.

KB*: Der **außeninduzierte Kühlbedarf** ist jener Kühlbedarf, bei dessen Berechnung die inneren Wärmelasten und die Luftwechselrate null zu setzen sind (Infiltration n_x wird mit dem Wert 0,15 angesetzt).

RK: Das **Referenzklima** ist ein virtuelles Klima. Es dient zur Ermittlung von Energiekennzahlen.

SK: Das **Standortklima** ist das reale Klima am Gebäudestandort. Dieses Klimamodell wurde auf Basis der Primärdaten (1970 bis 1999) der Zentralanstalt für Meteorologie und Geodynamik für die Jahre 1978 bis 2007 gegenüber der Vorfassung aktualisiert.

Alle Werte gelten unter der Annahme eines normierten BenutzerInnenverhaltens. Sie geben den Jahresbedarf pro Quadratmeter beheizter Brutto-Grundfläche an.

Dieser Energieausweis entspricht den Vorgaben der OIB-Richtlinie 6 „Energieeinsparung und Wärmeschutz" des Österreichischen Instituts für Bautechnik in Umsetzung der Richtlinie 2010/31/EU vom 19. Mai 2010 über die Gesamtenergieeffizienz von Gebäuden bzw. 2018/844/EU vom 30. Mai 2018 und des Energieausweis-Vorlage-Gesetzes (EAVG). Der Ermittlungszeitraum für die Konversionsfaktoren für Primärenergie und Kohlendioxidemissionen ist für Strom: 2018-01 – 2021-12, und es wurden übliche Allokationsregeln unterstellt. 1

Muster Energieausweis Sonstige konditionierte Gebäude (SKG) Seite 2

Energieausweis für Sonstige konditionierte Gebäude

OIB Österreichisches Institut für Bautechnik

OIB-Richtlinie 6
Ausgabe: Mai 2023

Logo

GEBÄUDEKENNDATEN EA-Art:

Brutto-Grundfläche (BGF)	#.###,# m²	Heiztage	### d	Art der Lüftung	##########
Bezugsfläche (BF)	#.###,# m²	Heizgradtage	#.### Kd	Solarthermie	## m²
Brutto-Volumen (V_B)	#.###,# m³	Klimaregion	##########	Photovoltaik	#,# kWp
Gebäude-Hüllfläche (A)	#.###,# m²	Norm-Außentemperatur	#,# °C	Stromspeicher	#.###,# kWh
Kompaktheit (A/V)	#,## 1/m	Soll-Innentemperatur	#,# °C	WW-WB-System (primär)	##########
charakteristische Länge (ℓ_c)	#,## m	mittlerer U-Wert	#,## W/m²K	WW-WB-System (sekundär, opt.)	##########
Teil-BGF	#.###,# m²	LEK_T-Wert	#,##	RH-WB-System (primär)	##########
Teil-BF	#.###,# m²	Bauweise	##########	RH-WB-System (sekundär, opt.)	##########
Teil-V_B	#.###,# m³			Kältebereitstellungs-System	##########

WÄRMEBEDARF (Referenzklima)

Referenz-Heizwärmebedarf	$HWB_{Ref,RK}$ =	###,# kWh/m²a
Außeninduzierter Kühlbedarf	KB^*_{RK} =	###,# kWh/m³a

WÄRME- UND ENERGIEBEDARF (Standortklima)

Referenz-Heizwärmebedarf	$Q_{h,Ref,SK}$ =	###.### kWh/a	$HWB_{Ref,SK}$ =	###,# kWh/m²a

ERSTELLT

GWR-Zahl		ErstellerIn	
Ausstellungsdatum		Unterschrift	
Gültigkeitsdatum			
Geschäftszahl			

Die Energiekennzahlen dieses Energieausweises dienen ausschließlich der Information. Aufgrund der idealisierten Eingangsparameter können bei tatsächlicher Nutzung erhebliche Abweichungen auftreten. Insbesondere Nutzungseinheiten unterschiedlicher Lage können aus Gründen der Geometrie und der Lage hinsichtlich ihrer Energiekennzahlen von den hier angegebenen abweichen. 2

Muster Energieausweis Sonstige konditionierte Gebäude (SKG) Seite 3ff

Energieausweis für Sonstige konditionierte Gebäude

OIB Österreichisches Institut für Bautechnik — OIB-Richtlinie 6, Ausgabe: Mai 2023 — Logo

BAUTEILTYP/BAUTEIL					
WÄNDE gegen Außenluft					
Wärmedurchgangskoeffizient	U_{xxx} =	#,## W/m²K	entspricht / entspricht nicht	$U_{xxx,zul}$ =	0,35 W/m²K
Wärmedurchgangskoeffizient	U_{xxx} =	#,## W/m²K	entspricht / entspricht nicht	$U_{xxx,zul}$ =	0,35 W/m²K
WÄNDE gegen unbeheizte oder nicht ausgebaute Dachräume					
Wärmedurchgangskoeffizient	U_{xxx} =	#,## W/m²K	entspricht / entspricht nicht	$U_{xxx,zul}$ =	0,35 W/m²K
Wärmedurchgangskoeffizient	U_{xxx} =	#,## W/m²K	entspricht / entspricht nicht	$U_{xxx,zul}$ =	0,35 W/m²K
WÄNDE gegen unbeheizte, frostfrei zu haltende Gebäudeteile (ausgenommen Dachräume) sowie gegen Garagen					
Wärmedurchgangskoeffizient	U_{xxx} =	#,## W/m²K	entspricht / entspricht nicht	$U_{xxx,zul}$ =	0,60 W/m²K
Wärmedurchgangskoeffizient	U_{xxx} =	#,## W/m²K	entspricht / entspricht nicht	$U_{xxx,zul}$ =	0,60 W/m²K
WÄNDE erdberührt					
Wärmedurchgangskoeffizient	U_{xxx} =	#,## W/m²K	entspricht / entspricht nicht	$U_{xxx,zul}$ =	0,40 W/m²K
Wärmedurchgangskoeffizient	U_{xxx} =	#,## W/m²K	entspricht / entspricht nicht	$U_{xxx,zul}$ =	0,40 W/m²K
WÄNDE (Trennwände) zwischen Wohn- oder Betriebseinheiten oder konditionierten Treppenhäusern					
Wärmedurchgangskoeffizient	U_{xxx} =	#,## W/m²K	entspricht / entspricht nicht	$U_{xxx,zul}$ =	1,30 W/m²K
Wärmedurchgangskoeffizient	U_{xxx} =	#,## W/m²K	entspricht / entspricht nicht	$U_{xxx,zul}$ =	1,30 W/m²K
WÄNDE gegen andere Bauwerke an Nachbargrundstücks- bzw. Bauplatzgrenzen					
Wärmedurchgangskoeffizient	U_{xxx} =	#,## W/m²K	entspricht / entspricht nicht	$U_{xxx,zul}$ =	0,50 W/m²K
Wärmedurchgangskoeffizient	U_{xxx} =	#,## W/m²K	entspricht / entspricht nicht	$U_{xxx,zul}$ =	0,50 W/m²K
FENSTER, FENSTERTÜREN, VERGLASTE TÜREN gegen Außenluft					
Wärmedurchgangskoeffizient	U_{xxx} =	#,## W/m²K	entspricht / entspricht nicht	$U_{xxx,zul}$ =	1,70 W/m²K
Wärmedurchgangskoeffizient	U_{xxx} =	#,## W/m²K	entspricht / entspricht nicht	$U_{xxx,zul}$ =	1,70 W/m²K
sonstige TRANSPARENTE BAUTEILE vertikal gegen Außenluft					
Wärmedurchgangskoeffizient	U_{xxx} =	#,## W/m²K	entspricht / entspricht nicht	$U_{xxx,zul}$ =	1,70 W/m²K
Wärmedurchgangskoeffizient	U_{xxx} =	#,## W/m²K	entspricht / entspricht nicht	$U_{xxx,zul}$ =	1,70 W/m²K
sonstige transparente Bauteile horizontal oder in Schrägen gegen Außenluft					
Wärmedurchgangskoeffizient	U_{xxx} =	#,## W/m²K	entspricht / entspricht nicht	$U_{xxx,zul}$ =	2,00 W/m²K
Wärmedurchgangskoeffizient	U_{xxx} =	#,## W/m²K	entspricht / entspricht nicht	$U_{xxx,zul}$ =	2,00 W/m²K
sonstige TRANSPARENTE BAUTEILE vertikal gegen unbeheizte Gebäudeteile					
Wärmedurchgangskoeffizient	U_{xxx} =	#,## W/m²K	entspricht / entspricht nicht	$U_{xxx,zul}$ =	2,50 W/m²K
Wärmedurchgangskoeffizient	U_{xxx} =	#,## W/m²K	entspricht / entspricht nicht	$U_{xxx,zul}$ =	2,50 W/m²K
DACHFLÄCHENFENSTER gegen Außenluft					
Wärmedurchgangskoeffizient	U_{xxx} =	#,## W/m²K	entspricht / entspricht nicht	$U_{xxx,zul}$ =	1,70 W/m²K
Wärmedurchgangskoeffizient	U_{xxx} =	#,## W/m²K	entspricht / entspricht nicht	$U_{xxx,zul}$ =	1,70 W/m²K
TÜREN unverglast, gegen Außenluft					
Wärmedurchgangskoeffizient	U_{xxx} =	#,## W/m²K	entspricht / entspricht nicht	$U_{xxx,zul}$ =	1,70 W/m²K
Wärmedurchgangskoeffizient	U_{xxx} =	#,## W/m²K	entspricht / entspricht nicht	$U_{xxx,zul}$ =	1,70 W/m²K
TÜREN unverglast, gegen unbeheizte Gebäudeteile					
Wärmedurchgangskoeffizient	U_{xxx} =	#,## W/m²K	entspricht / entspricht nicht	$U_{xxx,zul}$ =	2,50 W/m²K
Wärmedurchgangskoeffizient	U_{xxx} =	#,## W/m²K	entspricht / entspricht nicht	$U_{xxx,zul}$ =	2,50 W/m²K

3

Energieausweis für Sonstige konditionierte Gebäude

OIB Österreichisches Institut für Bautechnik — OIB-Richtlinie 6, Ausgabe: Mai 2023 — Logo

BAUTEILTYP/BAUTEIL

TORE Rolltore, Sektionaltore u. dgl. gegen Außenluft					
Wärmedurchgangskoeffizient	U_{xxx} =	#,## W/m²K	entspricht / entspricht nicht	$U_{xxx,zul}$ =	2,50 W/m²K
Wärmedurchgangskoeffizient	U_{xxx} =	#,## W/m²K	entspricht / entspricht nicht	$U_{xxx,zul}$ =	2,50 W/m²K
DECKEN und DACHSCHRÄGEN jeweils gegen Außenluft und gegen Dachräume (durchlüftet oder ungedämmt)					
Wärmedurchgangskoeffizient	U_{xxx} =	#,## W/m²K	entspricht / entspricht nicht	$U_{xxx,zul}$ =	0,20 W/m²K
Wärmedurchgangskoeffizient	U_{xxx} =	#,## W/m²K	entspricht / entspricht nicht	$U_{xxx,zul}$ =	0,20 W/m²K
DECKEN gegen unbeheizte Gebäudeteile					
Wärmedurchgangskoeffizient	U_{xxx} =	#,## W/m²K	entspricht / entspricht nicht	$U_{xxx,zul}$ =	0,40 W/m²K
Wärmedurchgangskoeffizient	U_{xxx} =	#,## W/m²K	entspricht / entspricht nicht	$U_{xxx,zul}$ =	0,40 W/m²K
DECKEN gegen getrennte Wohn- und Betriebseinheiten					
Wärmedurchgangskoeffizient	U_{xxx} =	#,## W/m²K	entspricht / entspricht nicht	$U_{xxx,zul}$ =	0,90 W/m²K
Wärmedurchgangskoeffizient	U_{xxx} =	#,## W/m²K	entspricht / entspricht nicht	$U_{xxx,zul}$ =	0,90 W/m²K
DECKEN über Außenluft (z.B. über Durchfahrten, Parkdecks)					
Wärmedurchgangskoeffizient	U_{xxx} =	#,## W/m²K	entspricht / entspricht nicht	$U_{xxx,zul}$ =	0,20 W/m²K
Wärmedurchgangskoeffizient	U_{xxx} =	#,## W/m²K	entspricht / entspricht nicht	$U_{xxx,zul}$ =	0,20 W/m²K
DECKEN gegen Garagen					
Wärmedurchgangskoeffizient	U_{xxx} =	#,## W/m²K	entspricht / entspricht nicht	$U_{xxx,zul}$ =	0,30 W/m²K
Wärmedurchgangskoeffizient	U_{xxx} =	#,## W/m²K	entspricht / entspricht nicht	$U_{xxx,zul}$ =	0,30 W/m²K
BÖDEN erdberührt					
Wärmedurchgangskoeffizient	U_{xxx} =	#,## W/m²K	entspricht / entspricht nicht	$U_{xxx,zul}$ =	0,40 W/m²K
Wärmedurchgangskoeffizient	U_{xxx} =	#,## W/m²K	entspricht / entspricht nicht	$U_{xxx,zul}$ =	0,40 W/m²K

Anlage 14

OIB-Leitfaden

Energietechnisches Verhalten von Gebäuden

Ausgabe: Mai 2023

0 Vorbemerkungen

Die zitierten Normen und sonstigen technischen Regelwerke gelten in der im Dokument „OIB-Richtlinien – Zitierte Normen und sonstige technische Regelwerke" angeführten Fassung.

1 Anwendungsbereich des Leitfadens

Der OIB-Leitfaden „Energietechnisches Verhalten von Gebäuden" ist ein technischer Anhang zur OIB-Richtlinie 6 „Energieeinsparung und Wärmeschutz". Er enthält allgemeine Bestimmungen, das vereinfachte Verfahren sowie Empfehlungen von Maßnahmen für bestehende Gebäude. Weiters sind Anleitungen zur Zonierung und zum Umgang mit fehlenden Informationen bezüglich Haustechnik enthalten.

2 Allgemeine Bestimmungen

2.1 Berechnungsmethode

Für die Berechnungsmethode sind folgende ÖNORMen heranzuziehen:

	Methodik der Ermittlung	Nummer der ÖNORM
Basisdaten	Klimamodell und Nutzungsprofile	ÖNORM B 8110-5
Nutzenergiebedarf	Heizwärme- und Kühlbedarf (HWB, KB)	ÖNORM B 8110-6-1
	Raumlufttechnik-Energiebedarf (RLTEB)	ÖNORM H 5057-1
Endenergiebedarf	Gesamtenergieeffizienz-Faktor und auf Referenzausstattungen basierende Endenergieanforderungen sowie Primärenergiebedarf und Kohlendioxidemissionen	ÖNORM H 5050-1
	Heizenergiebedarf (HEB) und Befeuchtungs-Energiebedarf (BefEB)	ÖNORM H 5056-1
	Kühlenergiebedarf (KEB)	ÖNORM H 5058-1
	Beleuchtungs-Energiebedarf (BelEB)	ÖNORM H 5059-1

Der Bezug auf 3 m Raumhöhe ist wie folgt zu berechnen:

$HWB_{zul,NWG} = HWB_{zul,WG} \times V/(BGF \times 3)$

Die Energieaufwandszahlen $e_{AWZ,Ref,RH}$ und $e_{AWZ,Ref,TW}$ gemäß Punkt 8.3 der OIB-Richtlinie 6 sind wie folgt durch Anwendung nicht modulierender Luft/Wasser-Wärmepumpen mit einem thermodynamischen Referenzgütegrad gemäß Punkt 8 der OIB-Richtlinie 6 mit gleitendem Betrieb, Standort im nicht konditionierten Bereich, gebäudezentral zu berechnen (Index: Ref-LW-WP-zentral+kombiniert). In weiterer Folge wird mit Hilfe dieser Energieaufwandszahlen der Strombedarf für Stromdirektheizung ($HEB_{RH,SH}$ bzw. $HEB_{TW,SH}$) bei der Ermittlung des maximal zulässigen Endenergiebedarfes $EEB_{RK,zul}$ gemäß Punkt 4.3 der OIB-Richtlinie 6 wie folgt ermittelt:

$e_{AWZ,Ref,RH} = (HEB_{RH,Ref\text{-}LW\text{-}WP\text{-}zentral+kombiniert} + HEB_{RH,HE,Ref\text{-}LW\text{-}WP\text{-}zentral+kombiniert}) / HWB_{Ref,RK,zul}$
→ Anteil für $EEB_{zul,RK}$: $HEB_{RH,SH} = e_{AWZ,Ref,RH} \times HWB_{Ref,RK,zul}$

$e_{AWZ,Ref,TW} = (HEB_{TW,Ref\text{-}LW\text{-}WP\text{-}zentral+kombiniert} + HEB_{TW,HE,Ref\text{-}LW\text{-}WP\text{-}zentral+kombiniert}) / WWWB$
→ Anteil für $EEB_{zul,RK}$: $HEB_{TW,SH} = e_{AWZ,Ref,TW} \times WWWB$

Allfällige erneuerbare Energieerträge am Standort oder in der Nähe werden nach dem Stand der Technik im Rahmen der Anforderungsvergleiches mit dem maximal zulässigen Endenergiebedarf $EEB_{RK,zul}$ berücksichtigt.

2.2 Referenzklima

Die Werte für das Referenzklima und das Standortklima sind der ÖNORM B 8110-5 zu entnehmen.

2.3 Nutzungsprofile

Für die Nutzungsprofile von Gebäuden der Gebäudekategorie 1 bis 12 sind die Werte der ÖNORM B 8110-5 zu verwenden. Für Nicht-Wohngebäude (Gebäudekategorien 4 bis 12) und Sonstige konditionierte Gebäude (Gebäudekategorie 13) ist zum Zweck der Berechnung des Referenz-Heizwärmebedarfes und außeninduzierten Kühlbedarfes das Nutzungsprofil von Wohngebäuden mit 3 bis 9 Nutzungseinheiten (Gebäudekategorie 2) bis 1000 m² BGF zu verwenden, andernfalls Nutzungsprofil von Nutzungseinheiten mit 10 und mehr Nutzungseinheiten (Gebäudekategorie 3).

Gebäude und Gebäudeteile, für die kein direktes Nutzungsprofil vorliegt, sind jenem Nutzungsprofil zuzuordnen, das am ehesten entspricht.

2.4 Referenzausstattungen

Die Referenzausstattungen sind dem Punkt 8 der OIB-Richtlinie 6 zu entnehmen.

2.5 Brutto-Grundfläche und Netto-Grundfläche

Die Brutto-Grundfläche und die Netto-Grundfläche sind gemäß ÖNORM B 1800 zu bestimmen, wobei Detailfestlegungen der ÖNORM B 8110-6-1 zu entnehmen sind (siehe dazu auch Punkt 3 der OIB-Richtlinie 6 bezüglich der möglichen Anwendung eines Umrechnungsfaktors).

2.6 Bilanzierung

Die Bilanzierung umfasst folgende Energieaufwendungen:

- Heizung (einschließlich Befeuchtung und Hilfsenergie für Heizung, ausgenommen Hilfsenergie für das Medium Luft),
- Warmwasserversorgung (einschließlich Hilfsenergie),
- Kühlung (einschließlich Hilfsenergie),
- Lüftung (einschließlich Hilfsenergie für das Medium Luft),
- Beleuchtung bei Nicht-Wohngebäuden (NWG),
- Haushaltsstrombedarf (bei Wohngebäuden) bzw. Betriebsstrombedarf (bei Nicht-Wohngebäuden).

3 Energieausweisausstellung und Zonierung

Grundsätzlich ist auch die Ermittlung von Energiekennzahlen für eine einzelne Nutzungseinheit oder einzelne Wohnung möglich. Auf eine geeignete Berücksichtigung der Flächen und insbesondere der Verluste des gebäudetechnischen Systems außerhalb der betrachteten Einheit ist zu achten. In Hinblick auf die Abgabe-, Verteilungs-, Speicher- und Bereitstellungsverluste ist gemäß Punkt 3.8.2 vorzugehen.

3.1 Konditionierte Zone / Nicht konditionierte Zone

Sobald ein Gebäude oder Gebäudeteil Anforderungen an eine Art der Konditionierung (Heizung, Kühlung, Befeuchtung, Belüftung) stellt, ist es als „konditionierte Zone" zu bezeichnen und zu berücksichtigen. Nicht konditionierte Räume oder Bereiche werden in der Berechnung nur durch ihren Einfluss auf benachbarte Zonen (Wärmefluss durch Transmission) berücksichtigt.

3.2 Versorgungsbereich

Ein Versorgungsbereich umfasst jene Gebäudeteile, die von der gleichen „Anlagentechnik" (Heizung, Warmwasser, Lüftung, Kühlung oder Beleuchtung) versorgt werden.

3.3 Berechnungszone

Jedes Gebäude stellt grundsätzlich eine eigene Berechnungszone dar, für die ein Energieausweis auszustellen ist. Dies gilt jedenfalls auch für jede Nutzungseinheit in Reihenhäusern.

Wird ein Energieausweis für die einzelne Wohnung / Nutzungseinheit benötigt, kann dieser auch wohnungsweise berechnet werden.

Entsprechend den folgenden Zonierungsregeln kann es sowohl für die Berechnung des Energiebedarfs als auch für den Nachweis der Erfüllung von Anforderungen erforderlich sein, ein Gebäude in mehrere Berechnungszonen zu unterteilen.

3.4 Energieausweisausstellung und Zonierungskriterien nach Anforderungen

Sind für Gebäudeteile unterschiedliche Anforderungen zu erfüllen und mit dem Energieausweis nachzuweisen (z.B. für den DG-Zubau Neubauanforderungen, aber für die Sanierung der Sockelgeschosse nur Sanierungsanforderungen), dann stellt jeder dieser Gebäudeteile eine eigene Berechnungszone mit eigenem Energieausweis dar.

3.5 Energieausweisausstellung und Zonierungskriterien des Nutzenergiebedarfs

Eine Zonierung des Nutzenergiebedarfes kann gemäß folgenden Kriterien erforderlich sein:

a) Kriterium Nutzungsbedingung (Nutzungsprofil)
Das Erfordernis der Zonierung eines Gebäudes nach dem Kriterium der Nutzungsbedingung ergibt sich aus den jeweiligen Nutzungen als Wohngebäude sowie als Nicht-Wohngebäude entsprechend den Vorgaben von Punkt 3 der OIB-Richtlinie 6.

b) Kriterium Bauweise
Wenn einzelne Abschnitte eines Gebäudes einer unterschiedlichen Bauweise (leicht, mittel, schwer) entsprechen, sind die jeweiligen Abschnitte entweder als eigene Zone zu berechnen oder das gesamte Gebäude als eine Zone in der leichteren Bauart.

c) Kriterium 4 K
Das Kriterium „4 Kelvin" (siehe ÖNORM EN ISO 52016-1) gilt als Grenzwert für die Berechnung der Wärmeströme zwischen zwei benachbarten Zonen. Sobald sich die Raumbilanzinnentemperatur zweier benachbarter Zonen um mehr als 4 K voneinander unterscheidet, müssen die Zonen getrennt bilanziert werden.

Es ist jeweils ein Energieausweis entsprechend den vorhin angeführten Kriterien für jede Zone des Gebäudes auszustellen. Alternativ dazu dürfen auch

- die Nutzenergiebedarfe der einzelnen Zonen für gemeinsame Versorgungsbereiche zu einem Energieausweis je Versorgungsbereich zusammengefasst werden,
- verschiedene Nutzungsprofile auf das gesamte Gebäude angewandt werden und gewichtet zu einem Satz von Energiekennzahlen zusammengeführt werden,
- bei Vorhandensein unterschiedlicher Nutzungsprofile je Nutzungsprofil die Energiekennzahlen und die Anforderungen für das gesamte Gebäude ermittelt werden. In der Folge ist darauf zu achten, dass im Rahmen der Verwendung der Energieausweise der jeweils zutreffende Energieausweis zur Anwendung kommt.

3.6 Energieausweisausstellung und Zonierungskriterien des Endenergiebedarfs

Die Zonierung für die Berechnung des Endenergiebedarfs erfolgt nach Versorgungsbereichen entsprechend den folgenden Kriterien:

a) RLT-Anlage
   - Sofern mehr als 80 % des Gebäudes (Brutto-Grundfläche) über die gleiche RLT-Anlage versorgt wird, ist keine weitere Zonierung der konditionierten Räume erforderlich.
   - Die Zonen werden nach den Anforderungen hinsichtlich der Funktionen Heizen, Kühlen, Befeuchten und Entfeuchten zusammengefasst.

b) Heizungs- und Warmwassersystem: Zonen, die von unterschiedlichen Systemen versorgt werden, müssen getrennt berechnet werden (Multiple Systeme). Wenn mehr als 80 % des Gebäudes (Brutto-Grundfläche) über die gleiche Heizungsanlage versorgt wird, ist keine weitere Zonierung der konditionierten Räume erforderlich. Falls das Heizungs- bzw. Warmwasser nicht gemeinsam bereitgestellt wird (Unterschiede in Wärmeverteilung, -speicherung und -bereitstellung), sind das Heizungs- sowie das Warmwassersystem getrennt zu betrachten. Für jedes einzelne System gilt das Zonierungskriterium.

c) Kühlungssystem: Zonen, die von unterschiedlichen Systemen versorgt werden, müssen getrennt berechnet werden. Wenn mehr als 80 % des Gebäudes (Brutto-Grundfläche) über die gleiche Kühlanlage versorgt wird, ist keine weitere Zonierung der konditionierten Räume erforderlich.

d) Beleuchtungssystem: Zonen, die durch unterschiedliche Beleuchtungssysteme ausgestattet sind, müssen getrennt berechnet werden. Wenn mehr als 80 % des Gebäudes (Brutto-Grundfläche) über die gleiche Beleuchtungseinrichtung versorgt wird, ist keine weitere Aufteilung der konditionierten Räume erforderlich.

Es ist jeweils ein Energieausweis entsprechend den vorhin angeführten Kriterien für jeden Versorgungsbereich des Gebäudes auszustellen. Alternativ dazu dürfen auch bei Vorhandensein unterschiedlicher Versorgungssysteme für jedes Versorgungssystem die Energiekennzahlen und die Anforderungen für das gesamte Gebäude ermittelt werden und eine Mittelung gemäß Volumensanteil erfolgt. In der Folge ist darauf zu achten, dass im Rahmen der Verwendung der Energieausweise der jeweils zutreffende Energieausweis zur Anwendung kommt.

3.7 Energieausweis für den Aushang

Für den Aushang des Energieausweises für einen Gebäudekomplex, dessen Energiekennzahlen aus Teil-Energieausweisen stammen, ist anstelle des Aushanges aller Teil-Energieausweise auch der Aushang eines Energieausweises für den gesamten Gebäudekomplex möglich. Dazu sind die Energiekennzahlen gewichtet zu mitteln.

3.8 Multiple Systeme

Ein multiples System liegt vor, wenn innerhalb eines Versorgungsbereichs unterschiedliche Komponenten eines gebäudetechnischen Systems mehrfach vorhanden sind.

3.8.1 Systemübersicht der multiplen Systeme

Ein multiples System hat je nach Anlagenkomponente Bereitstellungs-, Speicher-, Verteilungs- und Abgabeverluste. Grundsätzlich kann man ein Heiz- und Kühlsystem in folgende Kategorien einteilen:

- Raumheizung:
  - Verbrennung von Brennstoffen, beispielsweise in einem Heizkessel
  - Joule-Effekt in den Heizelementen einer elektrischen Widerstandsheizung
  - Wärmegewinnung aus der Umgebungsluft, aus Abluft, oder aus einer Wasser- oder Erdwärmequelle mithilfe einer Wärmepumpe
- Raumkühlung
  - Luftsysteme
  - Systeme auf Wasserbasis
  - Split Geräte

3.8.2 Aufteilung der Abgabe-, Verteilungs-, Speicher- und Bereitstellungsverluste

Bei multiplen Systemen müssen die Verluste auf die zu berechnenden Zonen wie folgt aufgeteilt werden:

3.8.2.1 Abgabeverluste

Abgabeverluste werden einmalig für den gesamten Versorgungsbereich ermittelt und anschließend gewichtet nach dem Heizwärme- bzw. Kühlbedarf auf die Zonen aufgeteilt.

3.8.2.2 Verteilungsverluste

Verteilungsverluste werden einmalig für den gesamten Versorgungsbereich bestimmt und anschließend gewichtet nach der konditionierten Brutto-Grundfläche auf die Zonen umgelegt.

3.8.2.3 Speicherverluste

Die Speicherverluste werden einmalig für den gesamten Versorgungsbereich ermittelt und anschließend gewichtet nach dem Heizwärme- bzw. Kühlbedarf auf die Zonen aufgeteilt. Die Wärmeabgabe der Speicherung wird vollständig in der Zone wirksam, in welcher der Speicher aufgestellt ist.

3.8.2.4 Bereitstellungsverluste

Die Bereitstellungsverluste werden einmalig für den gesamten Versorgungsbereich ermittelt und anschließend gewichtet nach dem Heizwärme- bzw. Kühlbedarf auf die Zonen aufgeteilt.

3.8.2.5 Hilfsenergie

Die Hilfsenergie wird für das jeweilige Anlagensystem in den Bereichen Abgabe, Verteilung, Speicherung bzw. Bereitstellung für die jeweilige Zone ermittelt.

4 Vereinfachtes Verfahren

4.1 Anwendungsbereich

Das vereinfachte Verfahren ist ausschließlich für bestehende Gebäude anzuwenden, wobei Vereinfachungen bei der Erfassung der Gebäudegeometrie, der Bauphysik und der Haustechnik vorgenommen werden können.

4.2 Gebäudegeometrie

Im vereinfachten Verfahren ist die Gebäudegeometrie zumindest wie folgt zu erfassen:

4.2.1 Dem Gebäude ist ein volumengleicher Quader (Grundfläche entweder rechteckig, L-förmig, T-förmig, U-förmig oder O-förmig) einzuschreiben, wobei Vorsprünge (z.B. Erker) oder Einsprünge (z.B. Loggien) vorerst vernachlässigt werden. Dabei ist im Detail wie folgt vorzugehen:

- Auffinden der Grundfläche (flächengleich) unter Berücksichtigung der oben erwähnten Vernachlässigungen,
- Festlegung der Geschoßanzahl (nur konditionierte Geschoße),
- Festlegung der durchschnittlichen Brutto-Geschoßhöhe,
- Festlegung der durchschnittlichen Netto-Geschoßhöhe.

4.2.2 Ermittlung des Grundvolumens der konditionierten Geschoße und deren Oberfläche nach der vereinfachten Geometrie gemäß Punkt 4.2.1.

4.2.3 Abschätzung des Anteils der Fensterflächen an den Fassadenflächen und geeignete Zuordnung zu den Himmelsrichtungen.

4.2.4 Allfälligen konditionierten Dachräumen sind in analoger Weise (gemäß der Punkte 4.2.1 bis 4.2.3) ein entsprechendes Volumen, die zugehörige Grundfläche, die zugehörigen Außenbauteilflächen und die Flächenanteile von Dachflächenfenstern einschließlich der jeweiligen Orientierung zuzuordnen.

4.2.5 Erfassung der folgenden Elemente, wobei Vor- bzw. Einsprünge und Dacheinschnitte oder -aufbauten von nicht mehr als 50 cm unberücksichtigt bleiben:

- horizontale Vor- oder Einsprünge (z.B. Stiegenhäuser),
- vertikale Vor- oder Einsprünge (z.B. Erker, Loggien),
- Dacheinschnitte oder -aufbauten (z.B. Terrassen, Gaupen).

4.2.6 Modifikation der sich aus den Punkten 4.2.1 bis 4.2.4 ergebenden Oberfläche durch Multiplikation der Fassaden- bzw. Dachfläche, je nach Anzahl der Vor- bzw. Einsprünge und Dacheinschnitte oder -aufbauten gemäß Punkt 4.2.5 mit $1{,}05^n$. Dabei ist n die Anzahl der horizontalen und/oder vertikalen Vor- bzw. Einsprünge, Dacheinschnitte oder -aufbauten.

Folgende häufig vorkommende Beispiele können angeführt werden:

- vorgesetztes Stiegenhaus (konditioniert): $1{,}05^1$ (n = 1),
- Erker auf einer Fassadenfläche: $1{,}05^2$ (n = 2, da vertikal und horizontal; gilt unabhängig von der Anzahl der Erker; $n_{max} = 2$),
- Loggien auf zwei Fassadenflächen entlang einer Fensterachse: $1{,}05^2$ (n = 2; gilt unabhängig von der Anzahl der Loggien; $n_{max} = 2$),
- Dachgaupen auf zwei Dachflächen $1{,}05^2$ (n = 2; gilt unabhängig von der Anzahl der Dachgaupen; $n_{max} = 2$).

4.2.7 Durch die Modifikationen gemäß Punkt 4.2.6 wird die Fassadenfläche entsprechend vergrößert. Die Brutto-Grundfläche BGF bleibt von diesen Modifikationen unberührt.

4.2.8 Weitere Berechnung mit den verfügbaren Programmen auf Basis der so erhaltenen Massenermittlung.

4.3 Bauphysik

Zur Vereinfachung der Erfassung der Wärmedurchgangskoeffizienten (U-Werte) können entweder Default-Werte gemäß Punkt 4.3.1 oder von den Ländern festgesetzte Standardwerte gemäß Punkt 4.3.2, die den jeweiligen landesgesetzlichen Anforderungen entsprechen, herangezogen werden. Unterschiedliche thermische Qualitäten von Einzelbauteilen sind zu berücksichtigen (z.B. alte und neue Fenster, gedämmte und ungedämmte Fassaden etc.). Sind für einzelne Bauteile konkrete U-Werte bekannt, sind diese jedenfalls heranzuziehen.

4.3.1 Default-Werte

Für Gebäude, für die unter Punkt 4.3.2 keine Werte angegeben sind (z.B. für ältere Gebäude), können folgende Wärmedurchgangskoeffizienten (U-Werte) herangezogen werden:

Epoche / Gebäudetyp	KD	OD	AW	DF	FE	g	AT
vor 1900 EFH	1,25	0,75	1,55	1,30	2,50	0,67	2,50
vor 1900 MFH	1,25	0,75	1,55	1,30	2,50	0,67	2,50
ab 1900 EFH	1,20	1,20	2,00	1,00	2,50	0,67	2,50
ab 1900 MFH	1,20	1,20	1,50	1,00	2,50	0,67	2,50
ab 1945 EFH	1,95	1,35	1,75	1,30	2,50	0,67	2,50
ab 1945 MFH	1,10	1,35	1,30	1,30	2,50	0,67	2,50
ab 1960 EFH	1,35	0,65	1,20	0,55	3,00	0,67	2,50
ab 1960 MFH	1,35	0,65	1,20	0,55	3,00	0,67	2,50
Systembauweise	1,10	1,05	1,15	0,45	2,50	0,67	2,50
Montagebauweise	0,85	1,00	0,70	0,45	3,00	0,67	2,50

Bei den angegebenen Werten handelt es sich grundsätzlich um Mittelwerte aus der Erfahrung und nicht um schlechtest denkbare Werte.

Legende:

KD ...... Kellerdecke
OD ..... Oberste Geschoßdecke
AW ..... Außenwand
DF ...... Dachfläche
FE ...... Fenster
g .... Gesamtenergiedurchlassgrad
AT ...... Außentüren
EFH ... Einfamilienhaus
MFH ... Mehrfamilienhaus (auch für Geschoßwohnbau und Nicht-Wohngebäude)

Systembauweise .... Bauweise basierend auf systemisierter Mauerwerksbauweise o.Ä.

Montagebauweise ... Bauweise basierend auf Fertigteilen aus Beton mit zwischenliegender Wärmedämmung

Für alle nicht erwähnten Bauteile wie z.B. Kniestockmauerwerk, Abseitenwände, Abseitendecken sind grundsätzlich die entsprechenden Werte für Außenbauteile zu verwenden.

4.3.2 Von den einzelnen Bundesländern festgelegte Wärmedurchgangskoeffizienten

In den folgenden Tabellen sind die in den einzelnen landesgesetzlichen Bestimmungen enthaltenen Wärmedurchgangskoeffizienten (U-Werte) angegeben.

Burgenland	KD	OD	AW	DF	FE	g	AT
ab 01.01.1988	0,60	0,60	0,70	0,30	2,50	0,67	2,50
ab 02.02.1998	0,40	0,40	0,45	0,25	1,70	0,67	1,70
ab 02.04.2002	0,35	0,35	0,38	0,20	1,70	0,67	1,70

Kärnten	KD	OD	AW	DF	FE	g	AT
ab 01.10.1980	0,60	0,30	0,70	0,30	2,50	0,67	2,50
ab 01.10.1993	0,50	0,30	0,50	0,30	2,50	0,67	2,50
ab 21.03.1997	0,40	0,25	0,40	0,25	1,80	0,67	1,80
ab 01.01.1981 WBF	0,50	0,30	0,60	0,30	2,50	0,67	2,50
ab 01.01.1983 WBF	0,50	0,30	0,57	0,30	2,50	0,67	2,50
ab 13.03.1985 WBF	0,50	0,30	0,60	0,30	2,50	0,67	2,50

Niederösterreich	KD	OD	AW	DF	FE	g	AT
ab 01.1982	0,80	0,30	0,70	0,30	2,50	0,67	2,50
ab 01.1988	0,70	0,25	0,50	0,25	2,50	0,67	2,50
ab 03.1996	0,50	0,22	0,40	0,22	1,80	0,67	1,80

Oberösterreich	KD	OD	AW	DF	FE	g	AT
ab 1981	0.60	0,30	0,70	0,30	2,50	0,67	2,50
ab 01.02.1983	0,60	0,30	0,70	0,30	2,50	0,67	2,50
ab 1985	0,50	0,30	0,50	0,30	2,50	0,67	2,50
ab 1994	0,45	0,25	0,50	0,25	1,90	0,67	1,90
ab 1999	0,45	0,25	0,50	0,25	1,90	0,67	1,90

Salzburg	KD	OD	AW	DF	FE	g	AT
1982–31.05.2003	0,47	0,30	0,56	0,30	2,50	0,67	2,50
ab 01.06.2003	0,40	0,20	0,35	0,20	1,70	0,67	1,70

Steiermark	KD	OD	AW	DF	FE	g	AT
ab 1983 EFH	0,60	0,30	0,70	0,30	2,50	0,67	2,50
ab 1983 MFH	0,60	0,30	0,70	0,30	2,50	0,67	2,50
ab 1990 EFH	0,45	0,30	0,50	0,30	2,50	0,67	2,50
ab 1990 MFH	0,45	0,30	0,50	0,30	2,50	0,67	2,50
ab 1997 EFH	0,40	0,20	0,40	0,20	1,90	0,67	1,90
ab 1997 MFH	0,40	0,20	0,50	0,20	1,90	0,67	1,90
1984–1990 MFH bei WBF	0,60	0,27	0,63	0,27	2,50	0,67	2,50

Tirol	KD	OD	AW	DF	FE	g	AT
ab 01.05.1981	0,50	0,30	0,50	0,30	2,50	0,67	2,50
ab 01.11.1985	0,50	0,30	0,50	0,30	2,50	0,67	2,50
ab 12.10.1998	0,40	0,20	0,35	0,20	1,70	0,67	1,70
ab 01.01.1998 bei Zusatzförderung für NEH	0,35	0,20	0,27	0,20	1,50	0,67	1,50
ab 01.01.1999 bei Zusatzförderung für NEH	0,35	0,18	0,27	0,18	1,50	0,67	1,50
ab 01.10.2003 bei WBF	0,35	0,18	0,27	0,18	1,50	0,67	1,50

Vorarlberg	KD	OD	AW	DF	FE	g	AT
ab 01.01.1983	0,70	0,30	0,50	0,50	2,50	0,67	2,50
ab 01.01.1997	0,50	0,25	0,35	0,25	1,80	0,67	1,90

Wien	KD	OD	AW	DF	FE	g	AT
ab 15.11.1976	0,85	0,71	1,00	0,71	2,50	0,67	2,50
ab 01.10.1993	0,40	0,20	0,50	0,20	1,90	0,67	1,90
ab 26.10.2001	0,45	0,25	0,50	0,25	1,90	0,67	1,90

4.4 Haustechnik

Für das vereinfachte Verfahren kann in Abhängigkeit vom Energieträger und der Wärmebereitstellung für Raumheizung und Warmwasser das Haustechniksystem aus folgenden Default-Systemen ausgewählt werden, mit denen die Berechnung gemäß ÖNORM H 5056-1 durchzuführen ist. Wenn genauere Angaben zum Haustechniksystem vorliegen, kann in der Berechnung die tatsächliche Ausführung verwendet werden. Bildet keiner der Default-Varianten die tatsächliche Ausführung ab, ist jedenfalls das Haustechniksystem in der Berechnung genau zu erfassen. Dies gilt jedenfalls für Anlagen zur Kühlung, Luftaufbereitung und Beleuchtung bei Nicht-Wohngebäuden.

Folgende Systeme dürfen herangezogen werden:
- für die Energieträger Gas und Öl jeweils die Systeme 1, 2, 3 oder 4,
- für den Energieträger Kohle nur das System 1 oder 6,
- für Biomasse (Stückholz / Hackgut) die Systeme 1, 2 oder 6,
- für Holz-Pellets nur das System 2,
- für Fernwärme 5,
- für Wärmepumpen 8,
- beim Einsatz von thermischen Solaranlagen ist das System 7 zu ergänzen.

Bei Nichterhebbarkeit ist das System 6 heranzuziehen.

System 1: Standardheizkessel (Systemtemperaturen 90 °C / 70 °C)
- Objektdaten:
  - gebäudezentrale Wärmebereitstellung, Warmwasserverteilung mit Zirkulationsleitung, Raumwärmeabgabe mit Radiatoren, Verteil- und Steigleitungen im unkonditionierten Gebäudebereich, Stich- und Anbindeleitungen im konditionierten Gebäudebereich, Baujahr des Kessels ist gleich Gebäudejahr, Armaturen ungedämmt, Anschlussteile des Wärmespeichers ungedämmt
- Warmwasser:
  - Wärmeabgabe: Zweigriffarmaturen
  - Wärmeverteilung: ungedämmte Rohrleitungen
  - Wärmespeicherung: indirekt beheizter Warmwasserspeicher
  - Wärmebereitstellung: kombiniert mit Raumheizung
- Raumheizung
  - Wärmeabgabe: Heizkörper-Regulierventil (von Hand betätigt)
  - Wärmeverteilung: ungedämmte Rohrleitungen
  - Wärmespeicherung: kein Speicher
  - Wärmebereitstellung: Standardheizkessel

System 2: Niedertemperaturkessel (Systemtemperaturen 70 °C / 55 °C)
- Objektdaten:
  - gebäudezentrale Wärmebereitstellung, Warmwasserverteilung mit Zirkulationsleitung, Raumwärmeabgabe mit Radiatoren, Verteil- und Steigleitungen im unkonditionierten Gebäudebereich, Stich- und Anbindeleitungen im konditionierten Gebäudebereich, Baujahr des Kessels ist gleich Gebäudejahr, Armaturen ungedämmt, Anschlussteile des Wärmespeichers ungedämmt
- Warmwasser:
  - Wärmeabgabe: Zweigriffarmaturen
  - Wärmeverteilung: Verhältnis Dämmdicke zu Rohrdurchmesser ist 1/3
  - Wärmespeicherung: indirekt beheizter Warmwasserspeicher
  - Wärmebereitstellung: kombiniert mit Raumheizung
- Raumheizung:
  - Wärmeabgabe: Einzelraumregelung mit Thermostatventilen
  - Wärmeverteilung: Verhältnis Dämmdicke zu Rohrdurchmesser ist 1/3
  - Wärmespeicherung: kein Speicher
  - Wärmebereitstellung: Niedertemperaturkessel

System 3: Brennwertkessel (Systemtemperaturen 40 °C / 30 °C)

- Objektdaten:
  - gebäudezentrale Wärmebereitstellung, Warmwasserverteilung mit Zirkulationsleitung, Raumwärmeabgabe mit Radiatoren, Verteil- und Steigleitungen im unkonditionierten Gebäudebereich, Stich- und Anbindeleitungen im konditionierten Gebäudebereich, Baujahr des Kessels ist gleich Gebäudejahr, Armaturen ungedämmt, Anschlussteile des Wärmespeichers ungedämmt
- Warmwasser:
  - Wärmeabgabe: Zweigriffarmaturen
  - Wärmeverteilung: Verhältnis Dämmdicke zu Rohrdurchmesser 2/3
  - Wärmespeicherung: indirekt beheizter Warmwasserspeicher
  - Wärmebereitstellung: kombiniert mit Raumheizung
- Raumheizung:
  - Wärmeabgabe: Raumthermostat-Zonenregelung mit Zeitsteuerung
  - Wärmeverteilung: Verhältnis Dämmdicke zu Rohrdurchmesser 2/3
  - Wärmespeicherung: kein Speicher
  - Wärmebereitstellung: Brennwertkessel

System 4: Gaskombitherme (Systemtemperaturen 70 °C / 55 °C)

- Objektdaten:
  - dezentrale Wärmebereitstellung, kombinierte Wärmebereitstellung für Warmwasser und Raumheizung, keine Zirkulationsleitung, Raumwärmeabgabe mit Radiatoren, keine Verteil- und Steigleitungen, Stich- und Anbindeleitungen im konditionierten Gebäudebereich, Armaturen ungedämmt
- Warmwasser:
  - Wärmeabgabe: Zweigriffarmaturen
  - Wärmeverteilung: ungedämmte Rohrleitungen
  - Wärmespeicherung: kein Speicher
  - Wärmebereitstellung: kombiniert mit Raumheizung
- Raumheizung:
  - Wärmeabgabe: Heizkörper-Regulierventil (von Hand betätigt)
  - Wärmeverteilung: ungedämmte Rohrleitungen
  - Wärmespeicherung: kein Speicher
  - Wärmebereitstellung: Gaskombitherme

System 5: Fernwärme (Systemtemperaturen 70 °C / 55 °C)

- Objektdaten:
  - Gebäudezentrale Wärmebereitstellung, kombinierte Wärmebereitstellung für Warmwasser und Raumheizung, Warmwasserverteilung mit Zirkulationsleitung, Raumwärmeabgabe mit Radiatoren, Verteil- und Steigleitungen im unkonditionierten Gebäudebereich, Stich- und Anbindeleitungen im konditionierten Gebäudebereich, Armaturen ungedämmt
- Warmwasser:
  - Wärmeabgabe: Zweigriffarmaturen
  - Wärmeverteilung: ungedämmte Rohrleitungen
  - Wärmespeicherung: kein Speicher
  - Wärmebereitstellung: kombiniert mit Raumheizung
- Raumheizung:
  - Wärmeabgabe: Heizkörper-Regulierventil (von Hand betätigt)
  - Wärmeverteilung: ungedämmte Rohrleitungen
  - Wärmespeicherung: kein Speicher
  - Wärmebereitstellung: Fernwärme

System 6: Einzelofen (oder bei Nichterhebbarkeit)

- Objektdaten:
  - dezentrale Wärmeversorgung für Raumheizung; für Warmwasser Verteil- und Steigleitungen im nicht-konditionierten und Stichleitungen im konditionierten Gebäudebereich, Armaturen ungedämmt, Anschlussteile des Warmwasser-Wärmespeichers ungedämmt, Warmwasser-Wärmespeicher im nicht-konditionierten Bereich
- Warmwasser:
  - Wärmeabgabe: Zweigriffarmaturen
  - Wärmeverteilung: ungedämmte Rohrleitungen
  - Wärmespeicherung und Wärmebereitstellung: direkt elektrisch beheizter Warmwasserspeicher bis 1988
- Raumheizung:
  - Wärmeabgabe: nicht zutreffend
  - Wärmeverteilung: nicht zutreffend
  - Wärmespeicherung: nicht zutreffend
  - Wärmebereitstellung: Einzelofen (Herd bis 1984)

System 7: thermische Solaranlage (nur für Einfamilienhäuser)

- Objektdaten:
  - gebäudezentrale Wärmeversorgung, kombinierte Bereitstellung für Warmwasser und Raumheizung, Armaturen ungedämmt
- Warmwasser:
  - Wärmeabgabe: Zweigriffarmaturen
  - Wärmeverteilung: Verhältnis Dämmdicke zu Rohrdurchmesser 1/3
  - Wärmespeicherung: indirekt, Solarspeicher
  - Wärmebereitstellung: Aperturfläche 8,00 m², einfacher Solarkollektor, Ausrichtung Süd 40° Neigung
- Raumheizung: Systeme 1 oder 2

System 8: Wärmepumpe (Systemtemperaturen 40 °C / 30 °C)

- Objektdaten:
  - gebäudezentrale Wärmebereitstellung, kombinierte Wärmebereitstellung für Warmwasser und Raumheizung, Warmwasserverteilung mit Zirkulationsleitung, Raumwärmeabgabe mit Flächenheizung, Verteil- und Steigleitungen im unkonditionierten Gebäudebereich, Stich- und Anbindeleitungen im konditionierten Gebäudebereich, Armaturen ungedämmt, Anschlussteile des Wärmespeichers ungedämmt
- Warmwasser:
  - Wärmeabgabe: Zweigriffarmaturen
  - Wärmeverteilung: Verhältnis Dämmdicke zu Rohrdurchmesser ist 1/3
  - Wärmespeicherung: indirekt beheizter Warmwasserspeicher (Wärmepumpenspeicher)
  - Wärmebereitstellung: kombiniert mit Raumheizung
- Raumheizung:
  - Wärmeabgabe: Raumthermostat-Zonenregelung mit Zeitsteuerung
  - Wärmeverteilung: Verhältnis Dämmdicke zu Rohrdurchmesser 1/3
  - Wärmespeicherung: indirekt, Wärmepumpe
  - Wärmebereitstellung: Luftwarmwasserwärmepumpe

5 Ratschläge und Empfehlungen von Maßnahmen für bestehende Gebäude

5.1 Allgemeines

Auf Basis einer fachlichen Bewertung des Gebäudes anhand der erhobenen Bestandsdaten sind für Bestandsgebäude Ratschläge und Empfehlungen zu folgenden Maßnahmen zu verfassen:

- Maßnahmen zur Verbesserung der thermischen Qualität der Gebäudehülle,
- Maßnahmen zur Verbesserung der energetischen Effizienz der haustechnischen Anlagen,
- Maßnahmen zur verstärkten Nutzung erneuerbarer Energieträger,
- Maßnahmen zur Verbesserung organisatorischer Maßnahmen,
- Maßnahmen zur Reduktion der CO_2-Emissionen.

In den Empfehlungen sind jedenfalls zwei Maßnahmen auszuweisen, die zu einer Verbesserung des thermisch-energetischen Zustandes des Gebäudes führen. Diese Empfehlungen sind nach technischen, ökologischen und wirtschaftlichen Grundsätzen (siehe dazu auch OIB-Dokument zum Nachweis der Kostenoptimalität der Anforderungen der OIB-RL 6 bzw. des Nationalen Plans gemäß Artikel 5 zu 2010/31/EU vom 26.02.2018) zu erstellen und haben einen Bezug zur Anforderung an das Niedrigstenergiegebäude (kostenoptimales Niveau) für die größere Renovierung zu beinhalten.

5.2 Gebäudehülle Maßnahmen / Empfehlungen

Zu jenen Maßnahmen, die aufgrund der Bewertung der thermischen Qualität der Gebäudehülle erforderlich sind, können z.B. zählen:

- Dämmung der obersten Geschoßdecke bzw. Dachfläche,
- Anbringung einer außenliegenden Wärmedämmung,
- Fenstertausch,
- Dämmen der Kellerdecke.

5.3 Haustechnik Maßnahmen / Empfehlungen

Zu jenen Maßnahmen, die aufgrund der Bewertung der haustechnischen Anlagen erforderlich sind, können z.B. zählen:

- Dämmung der warmgehenden Leitungen in nicht konditionierten Räumen,
- Einbau eines Regelsystems zur Berücksichtigung der Wärmegewinne,
- Anpassung der Nennleistung des Wärmebereitstellungssystems an den zu befriedigenden Bedarf,
- Einbau von leistungsoptimierten und gesteuerten Heizungspumpen,
- Einregulierung/hydraulischer Abgleich,
- Einbau von Wärmerückgewinnungsanlagen,
- Anpassung der Luftmenge des Lüftungssystems an den zu befriedigenden Bedarf,
- Optimierung der Betriebszeiten,
- Free-Cooling,
- Anpassung der Kälteleistung durch Installation von Kältespeichern,
- vor Optimierung im Bereich der Beleuchtung ist eine genaue Berechnung erforderlich,
- Optimierung der Tageslichtversorgung,
- Optimierung der Effizienz der Leuchtmittel,
- Heizkesseltausch,
- Absenken der Vorlauftemperatur,
- Lastausgleichspeicher,
- Solarthermie und PV,
- Verschattungseinrichtungen,
- Stromspeicher.

5.4 Renovierungsausweis

Für den Fall, dass durch das Ensemble von Ratschlägen und Empfehlungen die Anforderungen an die größere Renovierung erfüllt werden können, darf ein Renovierungsausweis (der Bestandteil des technischen Anhangs ist) ausgestellt werden, der grundsätzlich dem Layout des Energieausweises nachempfunden ist. Dessen Anhang umfasst ausschließlich die gesetzten Maßnahmen. Die Erfassungen zur Geometrie bzw. zum restlichen Bestand entsprechen dem Energieausweis. Die wesentlichen Unterschiede sind:

1. Kopfzeile bei Wohngebäuden (Seite 1 und 2)

Renovierungsausweis für Wohngebäude

OIB

OIB-Richtlinie 6
Ausgabe: Mai 2023

Logo

2. Anforderungsblock bei Wohngebäuden

WÄRME- UND ENERGIEBEDARF (Referenzklima)				**Nachweis über #####**	
		Ergebnisse			**Anforderungen**
Referenz-Heizwärmebedarf	$HWB_{Ref, RK}$ =	###,# kWh/m²a	entspricht	$HWB_{Ref, RK, zul}$ =	###,# kWh/m²a
Endenergiebedarf	EEB_{RK} =	###,# kWh/m²a	entspricht	$EEB_{RK, zul}$ =	###,# kWh/m²a
Gesamtenergieeffizienz-Faktor	$f_{GEE, RK}$ =	#,##	entspricht	$f_{GEE, RK, zul}$ =	#,##
Erneuerbarer Anteil	##########		entspricht	Punkt 5.2.3 a, b oder c	
Heizwärmebedarf	HWB_{RK} =	###,# kWh/m²a			
Primärenergiebedarf n.ern. für RH+WW	$PEB_{HEB,n.ern.,RK}$ =	###,# kWh/m²a			

3. Kopfzeile bei Nicht-Wohngebäuden (Seite 1 und 2)

Renovierungsausweis für Nicht-Wohngebäude

OIB

OIB-Richtlinie 6
Ausgabe: Mai 2023

Logo

4. Anforderungsblock bei Nicht-Wohngebäuden

WÄRME- UND ENERGIEBEDARF (Referenzklima)				**Nachweis über #####**	
		Ergebnisse			**Anforderungen**
Referenz-Heizwärmebedarf	$HWB_{Ref, RK}$ =	###,# kWh/m²a	entspricht	$HWB_{Ref, RK, zul}$ =	###,# kWh/m²a
Außeninduzierter Kühlbedarf	KB^*_{RK} =	###,# kWh/m²a	entspricht	$KB^*_{RK, zul}$ =	###,# kWh/m²a
Endenergiebedarf	EEB_{RK} =	###,# kWh/m²a	entspricht	$EEB_{RK, zul}$ =	###,# kWh/m²a
Gesamtenergieeffizienz-Faktor	$f_{GEE, RK}$ =	#,##	entspricht	$f_{GEE, RK, zul}$ =	#,##
Erneuerbarer Anteil	##########		entspricht	Punkt 5.2.3 a, b oder c	
Heizwärmebedarf	HWB_{RK} =	###,# kWh/m²a			
Primärenergiebedarf n.ern. für RH+WW+Bel	$PEB_{HEB+BelEB,zul,n.ern.}$ =	###,# kWh/m²a			

5. Schlussblock

ERSTELLT			
GWR-Zahl		ErstellerIn	
Ausstellungsdatum		Unterschrift	
Gültigkeitsdatum			
Geschäftszahl			

Ein Renovierungsausweis für SKG darf sinngemäß erstellt werden.

Es wird an dieser Stelle ausdrücklich darauf hingewiesen, dass in der zum Zeitpunkt der Erarbeitung dieses OIB-Leitfadens in Überarbeitung befindlichen Richtlinie über die Gesamtenergieeffizienz von Gebäuden bereits ein Renovierungsausweis vorgesehen ist. Daher kann derzeit über Aussehen und Inhalt keine Aussage getroffen werden.

6 Entscheidungsbaum für die Nachweisführung der allgemeinen Anforderungen

Es ist der Nachweisführung überlassen, ob der Nachweis über den Endenergiebedarf oder den Gesamtenergieeffizienz-Faktor erfolgt (siehe dazu auch Erläuternde Bemerkungen).

Für den Fall Sonstiger konditionierter Gebäude sind nur der Referenz-Heizwärmebedarf und der außeninduzierte Kühlbedarf zu ermitteln. Eine Anforderung besteht aber ausschließlich an die Wärmedurchgangskoeffizienten.

6.1 Entscheidungsbaum für die Nachweisführung bei Wohngebäuden (Prinzip)

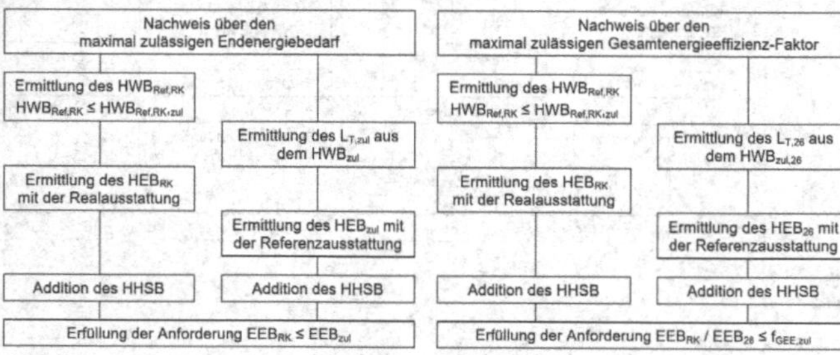

6.2 Entscheidungsbaum für die Nachweisführung bei Nicht-Wohngebäuden (Prinzip)

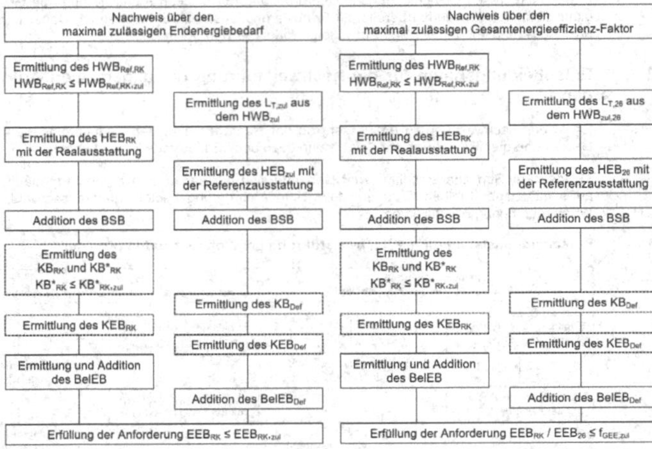

7 Vorgangsweise zur Ermittlung des erneuerbaren Anteils

7.1 Nachweisführung gemäß Punkt 5.2.3 b) der OIB-Richtlinie 6

Kommen Lösungen über die Nutzung erneuerbarer Quellen außerhalb der Systemgrenze „Gebäude", zur Anwendung, entfällt eine Nachweisführung im Falle einer monovalenten Wärmebereitstellung oder im Falle einer Kombination der Wärmebereitstellung durch eine oder mehrere dieser Lösungen, sowie Kombinationen mit Lösungen innerhalb der Systemgrenze „Gebäude" gemäß Punkt 5.2.3 c) der OIB-Richtlinie 6.

Für den Fall einer Kombination mit anderen Wärmebereitstellungssystemen ist der 80%ige Anteil dadurch nachzuweisen, dass höchstens 20 % des Anforderungswertes aus nicht erneuerbaren Quellen stammen dürfen. Innerhalb dieses 80%igen Anteils können Effizienzmaßnahmen den erneuerbaren Erträgen angerechnet werden.

7.2 Nachweisführung gemäß Punkt 5.2.3 c) der OIB-Richtlinie 6

Diese Nachweisführung erfolgt sinngemäß wie bei Punkt 7.1, allerdings ist dabei zu beachten, dass die 20%igen Anteile sich im Falle von Solarthermie auf den Warmwasserenergiebedarf, im Falle von Photovoltaik auf den gesamten Haushalts- bzw. Betriebsstrombedarf und im Falle von Wärmerückgewinnung auf den Endenergiebedarf für Raumheizung beziehen. Dies bedeutet, dass maximal 80 % des jeweiligen Anforderungswertes aus anderen Quellen bereitgestellt werden dürfen. Allfällige Unterschreitungen des Anforderungswertes aufgrund von Effizienzmaßnahmen können somit den erneuerbaren Erträgen angerechnet werden.

2. Verordnung der Wiener Landesregierung über Baupläne (Bauplanverordnung)

LGBl 1993/1 idF LGBl 2020/61 und 2021/7

Auf Grund des § 64 Abs. 4 in Verbindung mit Abs. 2 der Bauordnung für Wien, LGBl. für Wien Nr. 11/1930, in der Fassung der Gesetze LGBl. für Wien Nr. 12/1930, GBl. der Stadt Wien Nr. 1/1935 und 33/1936, LGBl. für Wien Nr. 17/1947, 45/1949, 16/1955, 28/1956, 14/1958, 31/1960, 16/1961, 3/1964, 10/1964, 9/1967, 13/1968, 6/1970, 15/1970, 25/1971, 6/1972, 28/1974, 18/1976, 11/1981, 30/1984, 19/1986, 28/1987, 29/1987, 7/1990, 15/1991, 32/1991, 37/1991, 28/1992, 31/1992 und 34/1992 sowie der Kundmachungen LGBl. für Wien Nr. 7/1960, 13/1985, 1/1986, 12/1986 und 8/1992 wird verordnet:

§ 1. **(1) Die Baupläne müssen aus geeigneten, dauerhaft haltbaren Materialien bestehen. Die Abmessungen haben 210 mm × 297 mm zu betragen; größere Pläne sind nach diesen Abmessungen zu falten.**

(2) Vervielfältigungen dürfen nur nach einem Zeichen-, Druck- oder gleichwertigen Kopierverfahren hergestellt werden. Sie müssen lichtecht und beständig sein.

(3) Elektronische Baupläne müssen mit einer geeigneten Software und in einem für die Behörde lesbaren Dateiformat erstellt werden. Die Behörde veröffentlicht die Dateiformate, die für sie nach Maßgabe der vorhandenen technischen Möglichkeiten lesbar sind, im Internet.[1)]

Anmerkung

1) Abs. 3 wurde mit LGBl 2021/7 eingefügt, in Kraft mit 1.2.2021, iZm der Einführung der Bestimmungen für ein digitales Bauverfahren (vgl § 123a BO). Im Übrigen haben sich die inhaltlichen Anforderungen an Baupläne nicht geändert.

§ 2. **(1) Der Maßstab von Lageplänen hat 1:200 oder 1:500 zu betragen. Sind große Flächen darzustellen, ist auch ein anderer geeigneter Maßstab zulässig.**

(2) In jedem Lageplan

ist die Nordrichtung zu kennzeichnen und der Maßstab anzugeben.

(3) Im Lageplan sind darzustellen:

1. **neu zu errichtende Baulichkeiten und Bauteile rot,**
2. **bestehende Baulichkeiten und Bauteile grau,**
3. **abzutragende Baulichkeiten und Bauteile gelb,**
4. **abzutragende und an derselben Stelle neu zu errichtende Baulichkeiten und Bauteile rot-gelb schraffiert.**

§ 3. (1) Das Bauvorhaben ist in Grundrissen, Schnitten und Ansichten sind im Maßstab 1:100 darzustellen. Soweit es zur Beurteilung erforderlich ist, sind wichtige Einzelheiten durch Sonderzeichnung in einem anderen geeigneten Maßstab auszuweisen. Der jeweilige Maßstab ist anzugeben.

(2) In den Grundrissen und Schnitten sind darzustellen:

1. neu zu errichtende Bauteile aus
   a) Ziegelmauerwerk rot,
   b) Beton grün,
   c) Stahlbeton schwarz,
   d) Stahl blau,
   e) Holz braun,
   f) andere Baustoffe in einer anderen Farbtönung, die in einer Legende auszuweisen ist;
2. bestehende Bauteile grau,
3. abzutragende Bauteile gelb,
4. abzutragende und an derselben Stelle neu zu errichtende Bauteile in der in Z. 1 festgelegten Farbe mit gelber Umrahmung.

(3) Neue Raumwidmungen und Raumflächen sind rot, aufgelassene gelb zu unterstreichen.

§ 4. Wenn es für die eindeutige Beurteilung notwendig ist, sind bei Abweichungen von bewilligten Bauvorhaben abzuändernde Grundrisse, Schnitte und Ansichten zur Gänze gelb zu durchkreuzen und die geplanten Abweichungen wie ein neues Bauvorhaben gesondert darzustellen.

§ 5. Diese Verordnung tritt mit 1. März 1993 in Kraft. Mit Inkrafttreten dieser Verordnung tritt die Verordnung der Wiener Landesregierung über den Maßstab, die Ausfertigung und die Beschaffenheit der Baupläne, LGBl. für Wien Nr. 44/1930, außer Kraft.

3. Verordnung der Wiener Landesregierung, mit der nähere Vorschriften für Kleinkinderspielplätze, Kinderspielplätze und Kinderspielräume erlassen werden (Spielplatzverordnung)

LGBl 1991/46 idF LGBl 1993/57, 1998/16 und 2009/35

Arten der Spielplätze

§ 1. (1) Kleinkinderspielplätze sind Spielplätze, die für Kleinkinder im Alter bis zu 6 Jahren zum Spielen im Freien geeignet sind; ihr Flächenausmaß muß mindestens 30 m^2 betragen.

(2) Kinder- und Jugendspielplätze sind Spielplätze, die für Kinder und Jugendliche im Alter ab 6 Jahren zum Spielen im Freien geeignet sind; ihr Flächenausmaß muss mindestens 500 m^2 betragen, wobei für Kinder ab 6 Jahren und für Jugendliche jeweils entsprechende Flächen (Bereiche) vorzusehen sind. An Stelle eines gemeinsamen Kinder- und Jugendspielplatzes können für Kinder ab 6 Jahren und für Jugendliche jeweils auch räumlich getrennte Bereiche vorgesehen werden.

(3) Kinder- und Jugendspielräume sind Räume innerhalb eines Gebäudes, die für Kinder und Jugendliche zum Spielen geeignet und gewidmet sind; ihr Flächenausmaß muss mindestens 50 m^2 betragen.

(4) Gemeinschaftsspielplätze sind Kinder- und Jugendspielplätze für zwei oder mehrere Bauplätze; ihr Flächenausmaß muß mindestens 500 m^2 betragen. Sie müssen einen Zugang haben, der, soweit er nicht über öffentliches Gut führt, durch eine im Grundbuch auf den betroffenen Bauplätzen und Liegenschaften ersichtlich gemachte öffentlich-rechtliche Verpflichtung sichergestellt ist.

Lage der Spielplätze und Spielräume

§ 2. (1) Kleinkinderspielplätze und Kinder- und Jugendspielplätze sind so anzulegen, daß sie gegen starken Wind, übermäßige Staubbelästigung, übermäßige Sonneneinstrahlung und vor Immissionen geschützt sind.

(2) Kleinkinderspielplätze und Kinder- und Jugendspielplätze sind von Anlagen auf der eigenen und den angrenzenden Liegenschaften in solcher Entfernung anzulegen, dass von diesen bei ordnungsgemäßem Betrieb keine Gefahr für die Sicherheit und Gesundheit der Kinder und Jugendlichen ausgehen kann. Von Hauptfenstern auf demselben Bauplatz und von möglichen Hauptfenstern auf Nachbarbauplätzen sollen Kleinkinderspielplätze in einem Abstand von mindestens 5 m, Kinder- und Jugendspielplätze in einem Abstand von mindestens 15 m angelegt werden. Jugendspielbereiche sind vorzugsweise am Rande der Wohnanlage anzuordnen. Die Abstandsflächen zwischen Kinder- und Jugendspielplätzen und Hauptfenstern sind gärtnerisch zu gestalten.

(3) Kleinkinderspielplätze und Kinder- und Jugendspielplätze dürfen nach Maßgabe des § 4 Abs. 1 auf allen Teilen der Bauplätze und auf Baulichkeiten angelegt werden. Werden hiebei auch Grundflächen verwendet, für die die Errichtung von Gemeinschaftsanlagen zur Einstellung von Kraftfahrzeugen oder die Errichtung von baulichen Anlagen zum Einstellen von Kraftfahrzeugen angeordnet ist, dürfen diese Anlagen oder Teile derselben bis zu einem Ausmaß von 50 m^2 auch auf anderen, für diese Zwecke nicht bestimmten Teilen desselben Bauplatzes errichtet werden. Werden Kleinkinderspielplätze und Kinder- und Jugendspielplätze an absturzgefährlichen Stellen errichtet, sind sie mit einem standsicheren, genügend dichten und festen sowie genügend hohen Geländer so zu sichern, dass Kinder und Jugendliche nicht durchschlüpfen oder leicht hochklettern können. Die Geländerhöhe hat mindestens 1,10 m zu betragen; ist das Geländer auf einem Sockel von mehr als 25 cm Höhe angebracht, genügt eine Geländerhöhe, die zusammen mit der Sockelhöhe 1,25 m beträgt.

(4) Die Bestimmungen der Abs. 1 bis 3 für Kinder- und Jugendspielplätze gelten auch bei Errichtung von Gemeinschaftsspielplätzen.

(5) Mit Zustimmung der betroffenen Grundeigentümer (aller Miteigentümer) dürfen Kinder- und Jugendspielplätze und Gemeinschaftsspielplätze auch über Grenzen benachbarter Bauplätze und Liegenschaften hinweg errichtet werden. Diese Zustimmung ist der Behörde in schriftlicher Form beziehungsweise durch den sie einschließenden Vertrag nachzuweisen.

(6) Kinder- und Jugendspielräume sind so anzulegen, dass sie vom Hauseingang barrierefrei oder mittels eines Aufzuges gefahrlos erreichbar sind.

Schutz bestehender Spielplätze

§ 3. (1) Baulichkeiten in der Nähe von bestehenden Kleinkinderspielplätzen und Kinder- und Jugendspielplätzen sollen unbeschadet der baulichen Ausnützbarkeit des Bauplatzes so angelegt werden, dass die Anforderungen gemäß § 2 Abs. 1 und 2 bei ordnungsgemäßer Benützung dieser Baulichkeiten gewährleistet bleiben; dieses Erfordernis gilt auch dann, wenn die Spielplätze auch ohne Bestehen einer Verpflichtung gemäß § 119 Abs. 6 der Bauordnung für Wien angelegt worden sind.

(2) Die Veränderung der Lage der Kleinkinderspielplätze oder Kinder- und Jugendspielplätze bedarf der Bewilligung der Behörde; desgleichen bedarf die Auflassung des Kinder- und Jugendspielplatzes einer behördlichen Bewilligung. Die Auflassung des Kinder- und Jugendspielplatzes, ausgenommen eines ohne Bestehen einer Verpflichtung gemäß § 119 Abs. 6 der Bauordnung für Wien angelegten Kinder- und Jugendspielplatzes, darf nur bewilligt werden, wenn zugleich entweder auf der eigenen Liegenschaft oder einer Nachbarliegenschaft ein entsprechend großer Kinder- und Jugend-

spielraum geschaffen wird. Eine auf höchstens fünf Jahre befristete Auflassung eines Kleinkinderspielplatzes ist zu bewilligen, wenn der Bedarf für ihn infolge der Altersstruktur der Bewohner der Wohnhausanlage weggefallen ist; eine Verlängerung dieser Frist ist zu bewilligen, wenn weiterhin kein Bedarf nach einem Kleinkinderspielplatz besteht.

(3) Die Bestimmungen der Abs. 1 und 2 gelten auch für Gemeinschaftsspielplätze.

(4) Kleinkinderspielplätze, Kinder- und Jugendspielplätze sowie Gemeinschaftsspielplätze dürfen, auch wenn sie ohne Bestehen einer Verpflichtung gemäß § 119 Abs. 6 der Bauordnung für Wien angelegt sind, in ihrer bewilligungsgemäßen Benützung, insbesondere weder durch Hunde noch durch Radfahren beeinträchtigt werden; desgleichen dürfen Kinder- und Jugendspielräume in ihrer bewilligungsgemäßen Benützung weder beeinträchtigt noch ihr entzogen werden.

Zugänge zu Spielplätzen

§ 4. (1) Kleinkinderspielplätze und Kinder- und Jugendspielplätze dürfen unter folgenden Voraussetzungen auf den gemäß § 2 bestimmten Teilen eines Bauplatzes angelegt werden:

1. Kleinkinderspielplätze müssen von allen Wohnungen über Verbindungswege innerhalb des Bauplatzes sicher erreichbar sein.
2. Kleinkinderspielplätze sind in Sicht- und Rufweite möglichst aller Wohnungen des Bauplatzes so anzulegen, daß sie von mindestens einem Aufenthaltsraum der Wohnungen eingesehen werden können.
3. Kinder- und Jugendspielplätze und Gemeinschaftsspielplätze müssen, auch wenn sie auf benachbarten Liegenschaften angelegt sind, über einen Zugang erreichbar sein, der nicht länger als 500 m sein darf; dieser Zugang ist erforderlichenfalls durch für die Benützung durch Kinder geeignete Maßnahmen zu sichern.

(2) Folgende Hinweistafeln sind gut sichtbar und haltbar anzuordnen:

1. Bei Kleinkinderspielplätzen eine Tafel, aus der hervorgeht, daß Hunde beziehungsweise andere Haus- und Heimtiere fernzuhalten sind und das Radfahren verboten ist.
2. Bei Kinder- und Jugendspielplätzen und Gemeinschaftsspielplätzen eine Tafel, aus der hervorgeht, daß Hunde fernzuhalten sind und das Radfahren im näheren Umkreis der Spielgeräte verboten ist.

Einfriedung der Spielplätze

§ 5. (1) Kleinkinderspielplätze und Kinder- und Jugendspielplätze dürfen unbeschadet des § 86 der Bauordnung für Wien nur in unbedingt not-

wendigem Ausmaß insoweit eingefriedet werden, als es zur Gewährleistung der Sicherheit und Gesundheit der Kinder und Jugendlichen erforderlich ist.

(2) Türen von Eingängen zu Kleinkinderspielplätzen und Kinder- und Jugendspielplätzen dürfen nicht sperrbar eingerichtet sein; sie müssen in allen Fällen sowohl von außen als auch von innen jederzeit öffenbar sein.

Ausstattung der Spielplätze und Spielräume

§ 6. (1) Kleinkinderspielplätze, Kinder- und Jugendspielplätze, Kinder- und Jugendspielräume und Spielgeräte[1)] sind so einzurichten, dass sie für altersgerechtes Spielen nach psychologischen und pädagogischen Gesichtspunkten geeignet sind. Bei den Jugendspielbereichen ist auf eine entsprechende Flexibilität und Veränderbarkeit, weiters auf die Nutzungsoffenheit und Allwettertauglichkeit sowie die Eignung als Treffpunkt Bedacht zu nehmen.

(2) Kleinkinderspielplätze müssen eine Einrichtung zum Spielen mit Sand aufweisen. Auf Kleinkinderspielplätzen und Kinder- und Jugendspielplätzen aufgestellte Spielgeräte wie Turn-, Klettergeräte und dergleichen müssen den Anforderungen der §§ 8, 9 und 10 entsprechen. In Kinder- und Jugendspielräumen aufgestellte Spielgeräte müssen den Anforderungen des § 8 entsprechen.

(3) Kleinkinderspielplätze und Kinder- und Jugendspielplätze in der Nähe von öffentlichen Verkehrsflächen müssen Schutzvorrichtungen aufweisen, die das unmittelbare Hinauslaufen der Kinder und Jugendlichen auf Fahrbahnen verhindern.

(4) Auf Kleinkinderspielplätzen sind Sitzgelegenheiten für Erwachsene in ausreichender Anzahl aufzustellen.

(5) Die Bestimmungen der Abs. 1, 2 und 3 für Kinder- und Jugendspielplätze gelten auch bei Errichtung von Gemeinschaftsspielplätzen.

Anmerkung

1) Die Aufstellung von Spielgeräten ist gemäß § 62a Abs 1 Z 29 WBO bewilligungsfrei.

Oberflächen der Spielplätze und Spielräume

§ 7. (1) Die Oberflächen beziehungsweise Oberflächenbeläge (Böden) der Kleinkinderspielplätze, Kinder- und Jugendspielplätze und Kinder- und Jugendspielräume, auf denen, in denen oder über denen Spielgeräte aufgestellt oder aufgehängt sind, müssen in ihrem Aufbau so beschaffen sein, dass sie die Verletzungsgefahr für an den Spielgeräten spielende Kin-

der und Jugendliche bei Unfällen weitestgehend hintanhalten; sie sind nach den Erfahrungen und Regeln der technischen Wissenschaften unter Bedachtnahme auf die Fallhöhe von den Spielgeräten stoßdämpfend auszuführen.

(2) Die Oberflächen beziehungsweise Oberflächenbeläge (Böden) der Spielplätze müssen so ausgeführt sein, daß sie das Abfließen oder Versickern der Oberflächenwässer ermöglichen.

(3) Den Erfordernissen nach Abs. 1 ist entsprochen, wenn die Oberflächen beziehungsweise Oberflächenbeläge (Böden) der Spielplätze nach den einschlägigen ÖNormen im Sinne des Normengesetzes hergestellt und gewartet werden.

Aufstellung und Wartung der Spielgeräte[1)]

§ 8. Spielgeräte sind unter Bedachtnahme auf die Sicherheit und Gesundheit der Kinder und Jugendlichen nach den Erfahrungen und Regeln der technischen Wissenschaften herzustellen, aufzustellen und zu warten. Diesen Erfordernissen ist entsprochen, wenn die einschlägigen ÖNORMEN im Sinne des Normengesetzes eingehalten werden.

Anmerkung

1) Die Aufstellung von Spielgeräten ist gemäß § 62a Abs 1 Z 29 WBO bewilligungsfrei.

Fundierung der Spielgeräte

§ 9. (1) Werden Spielgeräte im Boden verankert, ist die Verankerung so auszuführen, daß kein Teil der Verankerung aus dem Boden des Spielplatzes (der Spielfläche) hervorragt. In Sandböden ist die Verankerung in solcher Tiefe auszuführen, dass sie auch bei Entfernung des Sandes mit keinem Teil aus dem Boden ragt und jede Gefahr der Verletzung spielender Kinder und Jugendlicher ausgeschlossen ist. Die Verankerung von Spielgeräten muß nach den Erfahrungen und Regeln der technischen Wissenschaften erfolgen.

(2) Den Erfordernissen nach Abs. 1 ist entsprochen, wenn die Spielgeräte nach den einschlägigen ÖNormen im Sinne des Normengesetzes im Boden verankert werden.

Abstände der Spielgeräte

§ 10. Werden auf Kleinkinderspielplätzen oder Kinder- und Jugendspielplätzen mehrere Spielgeräte aufgestellt, sind die Abstände dieser Spielgeräte voneinander so zu bemessen, dass mit oder an den Spielgerä-

ten spielende Kinder und Jugendliche einander nicht gefährden können und während des Spielens nicht unbeabsichtigt in den Gefährdungsbereich eines anderen Spielgerätes geraten können; darüber hinaus muss genügend Freiraum zur Verfügung stehen, um Erwachsenen den an den Spielgeräten spielenden Kindern Hilfestellung zu ermöglichen.

Reinhaltung von Spielplätzen

§ 11. (1) Der Eigentümer (jeder Miteigentümer) eines Wohngebäudes beziehungsweise einer Wohnhausanlage hat dafür zu sorgen, daß die Kleinkinderspielplätze, Kinder- und Jugendspielplätze und Kinder- und Jugendspielräume sowie die aufgestellten Spielgeräte und der Spielsand in gutem, den Vorschriften der Bauordnung für Wien sowie dieser Verordnung entsprechendem Zustand erhalten und rein gehalten werden. Ist ein Hausverwalter bestellt, ist dieser für die dem Eigentümer durch die Bauordnung für Wien und diese Verordnung auferlegten Pflichten an dessen Stelle verantwortlich, wenn diese Pflichten ohne Veranlassung und Vorwissen des Eigentümers verletzt worden sind.

(2) Vor Beginn der warmen Jahreszeit ist der Spielsand zu erneuern.

Überwachung und Instandhaltung[1)]

§ 12. (1) Der Eigentümer (jeder Miteigentümer) eines Wohngebäudes beziehungsweise einer Wohnhausanlage ist verpflichtet, den Zustand der Kleinkinderspielplätze, Kinder- und Jugendspielplätze und Kinder- und Jugendspielräume sowie der aufgestellten Spielgeräte zu überwachen; Spielgeräte sind in funktionsfähigem Zustand zu erhalten, der Spielsand ist erforderlichenfalls aufzulockern. Ist ein Hausverwalter bestellt, trifft die Überwachungspflicht im Sinne des § 11 Abs. 1 diesen.

(2) Der Eigentümer (jeder Miteigentümer) eines Wohngebäudes beziehungsweise einer Wohnhausanlage ist verpflichtet, gefahrbringende Mängel und Schäden der Kleinkinderspielplätze, Kinder- und Jugendspielplätze und Kinder- und Jugendspielräume sowie der aufgestellten Spielgeräte unverzüglich zu beheben. Ist ein Hausverwalter bestellt, trifft diese Verpflichtung im Sinne des § 11 Abs. 1 diesen.

Anmerkung

1) Es fragt sich, ob damit auch solche Spielplätze erfasst werden, die freiwillig und ohne gesetzliche Verpflichtung errichtet wurden. Richtigerweise können die Vorschriften dieser V nur die auf Grund des alten § 90 BO bzw des neuen § 119 Abs 6 errichteten Spielplätze erfassen. Hinsichtlich anderer Spielplätze (auch auf öffentlichem Gut) gelten die Bestimmungen des bürgerlichen Rechts (vgl auch § 13).

Geltungsbereich

§ 13. Diese Verordnung ist, sofern nicht ausdrücklich anderes bestimmt ist, nur auf Kleinkinderspielplätze, Kinder- und Jugendspielplätze und Kinder- und Jugendspielräume beziehungsweise Gemeinschaftsspielplätze, die in Erfüllung der Verpflichtungen gemäß § 119 Abs. 6 der Bauordnung für Wien errichtet werden oder errichtet worden sind, anzuwenden.

Inkrafttreten

§ 14. *entfällt*[1)]

Anmerkung

1) § 14 wurde durch die Nov LGBl 1993/57 aufgehoben. § 14 regelte ein Außerkrafttreten der ursprünglich am 22.11.1991 in Kraft getretenen V nach Ablauf von zwei Jahren.

Artikel I. der Nov LGBl 2009/35 (im Verordnungstext berücksichtigt)

Artikel II. Diese Verordnung tritt mit dem der Kundmachung folgenden Tag in Kraft (das war am 4.7.2009)

4. Verordnung der Wiener Landesregierung, mit der nähere Vorschriften über die Beschaffenheit der Gehsteige und ihrer baulichen Anlagen erlassen werden (Gehsteigverordnung)

LGBl 14 vom 17. Feber 1981, idF LGBl 1984/22, 2004/14 und 2009/54

Auf Grund des § 54 Abs. 2, 4 bis 11 und 13 der Bauordnung für Wien (BO für Wien), LGBl. für Wien Nr. 11/1930, zuletzt geändert durch das Gesetz LGBl. für Wien Nr. 25/2009, wird verordnet:

ARTIKEL I

§ 1. Die Breite, die Höhenlage und die Bauart der Gehsteige und ihrer baulichen Anlagen, wie Stütz- und Futtermauern, Stufen, Geländer, Entwässerungsanlagen sowie die dazu erforderliche Ausführung des Unterbaues und der Gehsteigauf- und -überfahrten sind von der Behörde, sofern nicht eine Stundung der Gehsteigherstellung erfolgt, in der Baubewilligung für einen Neu-, Zu- oder Umbau im Bauland oder eine fundierte Einfriedung an der Baulinie bekanntzugeben. Im Falle der Anwendung des § 70a BO für Wien hat diese Bekanntgabe durch bescheidmäßige Feststellung unmittelbar nach angezeigtem Baubeginn zu erfolgen (§ 70a Abs. 11 BO für Wien). Das Gleiche gilt, wenn § 54 Abs. 12 BO für Wien zur Anwendung gelangt und kein Baubewilligungsbescheid ergeht. Kommt § 54 Abs. 6 BO für Wien zur Anwendung, hat die Bekanntgabe durch einen gesonderten Bescheid von Amts wegen zu erfolgen. Für die Bekanntgabe sind grundsätzlich die Bestimmungen des Bebauungsplanes maßgeblich.

§ 2. Soweit im Bebauungsplan keine Vorschriften über die Beschaffenheit der Gehsteige und ihrer baulichen Anlagen enthalten sind, sind die Höhenlage, die Breite und die Bauart der Gehsteige und ihrer baulichen Anlagen, die Ausführung des Unterbaues sowie die Gehsteigauf- und -überfahrten von der Behörde unter Bedachtnahme auf das vom Bebauungsplan beabsichtigte örtliche Stadtbild und den voraussichtlichen Fußgängerverkehr unter Berücksichtigung der neuesten Erkenntnisse der technischen Wissenschaften und der bisherigen ortsüblichen Ausführung, insbesondere der Befestigung und Begrenzung, nach Maßgabe der folgenden Bestimmungen dieser Verordnung festzulegen.

§ 3. Wenn die Bestimmungen des Bebauungsplanes und sonstige öffentliche, insbesondere technische Rücksichten nicht entgegenstehen, hat die Bekanntgabe so zu erfolgen, daß beim Gehsteig im Kreuzungsbereich sowie bei Schutzwegen (§ 2 Abs. 1 Z. 12 der Straßenverkehrsordnung 1960) der Niveauunterschied zwischen der Begrenzung des Gehsteiges und der

definitiven Höhenlage der Fahrbahn im Rinnsal auf einer Länge von mindestens 1,50 m nicht mehr als 3 cm beträgt.[1] In Ausnahmefällen, wie bei schmalen Gehsteigen, kleinen Bogenradien, Einbautenabdeckungen, kann das Maß der abgesenkten Gehsteigbegrenzung bis auf 1 m reduziert werden. Absenkungen des Gehsteiges dürfen hiebei ein maximales Quergefälle von 6% und ein maximales Längsgefälle (parallel zum Randstein) von 10% nicht überschreiten.

Anmerkung

1) Diese Bestimmung soll Behinderten und Verkehrsteilnehmern mit Kinderwagen die Benützung der Gehsteige erleichtern. Vgl hiezu Ö-Norm B 1600.

§ 4. (1) Für die Befestigung des Gehsteiges bestehen folgende Ausführungsarten:

a) 2 cm dicker Gussasphalt auf 10 cm dickem Unterlagsbeton der Güte C 20/25/GK 32 und 10 cm dicker, mechanisch stabilisierter Tragschichte aus korngestuftem Sand-Kies-Gemisch oder gebrochenem Gesteinsmaterial; der Unterlagsbeton kann durch eine 10 cm dicke bituminöse Tragschichte ersetzt werden; bei Neigungen über 5% ist der Gussasphalt 2,5 cm dick herzustellen und mit einer Stachelwalze zu riffeln;

b) 2,5 cm dicker Asphaltbeton auf einer 10 cm dicken bituminösen Tragschichte und einer 10 cm dicken mechanisch stabilisierten Tragschichte aus korngestuftem Sand-Kies-Gemisch oder gebrochenem Gesteinsmaterial;

c) 2,5 cm dicker Asphaltbeton auf einer 10 cm dicken mechanisch stabilisierten Tragschichte aus korngestuftem Sand-Kies-Gemisch oder gebrochenem Gesteinsmaterial;

d) Natur- und Kunststeinerzeugnisse, bituminöse Decken u. a.;

e) Stufen unter Verwendung von Granitrandsteinen, Granitbordsteinen, Granitgroßsteinen bzw. Granitkleinsteinen.

(2) Die Befestigung hat zu erfolgen als

a) Gussasphalt gemäß Abs. 1 lit. a bei Herstellung endgültiger Gehsteige im Bauland, unbeschadet der Bestimmungen der lit. b und d;

b) Asphaltbeton gemäß Abs. 1 lit. b bei Herstellung endgültiger Gehsteige im Gartensiedlungsgebiet und im Wohngebiet in der Bauklasse I, im Kleingartengebiet, im Kleingartengebiet für ganzjähriges Wohnen, auf Grundflächen für Badehütten, im Parkschutzgebiet, im Ausstellungsgelände, auf Lagerplätzen und Ländeflächen sowie auf Sport- und Spielplätzen (einfachste Ausführung);

c) Asphaltbeton gemäß Abs. 1 lit. c bei Herstellung von Gehsteigen in vorläufiger Bauart;

d) Natur- und Kunststeinerzeugnisse, bituminöse Decken u. a. gemäß Abs. 1 lit. d in allen Fällen, wo die Bedachtnahme auf die in § 2 genannten Kriterien dies geboten oder zweckmäßig erscheinen läßt, so insbesondere bei Herstellung endgültiger Gehsteige in Verkehrsflächen oder Teilen von solchen, die vorwiegend dem Fußgängerverkehr vorbehalten sind, wie Fußgängerzonen, Spielstraßen und in Schutzzonen;
e) Stufen gemäß Abs. 1 lit. e, wenn von der Gemeinde Stiegenanlagen vorgeschrieben werden.

§ 5. (1) Für die Begrenzung des Gehsteiges bestehen folgende Ausführungsarten:

a) bei Gußasphalt gemäß § 4 Abs. 1 lit. a:
gestockte oder gestrahlte Granitrandsteine 32 cm breit, 24 cm hoch,
gestockte oder gestrahlte Granitrandsteine 20 cm breit, 24 cm hoch,
gestockte oder gestrahlte Granitrandsteine 18 cm breit, 20 cm hoch;
b) bei Asphaltbeton gemäß § 4 Abs. 1 lit. b und c:
gestockte oder gestrahlte Granitrandsteine 20 cm breit, 24 cm hoch,
gestockte oder gestrahlte Granitrandsteine 18 cm breit, 20 cm hoch,
Betonrandsteine 18 cm breit, 20 cm hoch;
c) bei besonderen Befestigungsarten gemäß § 4 Abs. 1 lit. d:
gestockte oder gestrahlte Granitrandsteine 32 cm breit, 24 cm hoch,
gestockte oder gestrahlte Granitrandsteine 20 cm breit, 24 cm hoch,
gestockte oder gestrahlte Granitrandsteine 18 cm breit, 20 cm hoch,
Betonrandsteine 18 cm breit, 20 cm hoch,
Natur- und Kunststeinerzeugnisse in jener Breite und Höhe, die den Erfahrungen der technischen Wissenschaften unter Bedachtnahme auf die besondere Zweckwidmung der Verkehrsfläche entspricht;
d) bei Stufen gemäß § 4 Abs. 1 lit. e:
Wangenmauern aus Natur- oder Kunststein bzw. Beton der Güte C 20/25/GK 32.

(2) Gehsteigbegrenzungen aus Rand- oder Bordsteinen sind in ein 4 cm dickes Zementmörtelbett auf einem 20 cm dicken Stampfbetonunterbau der Güte C 20/25/GK 32 zu verlegen. Der Stampfbetonunterbau ist gehsteigseitig jeweils um 15 cm breiter als die Gehsteigbegrenzung für die Aufbringung der Stampfbetonhinterführung in der Güte C 20/25/GK 32 herzustellen. Bei anderen Gehsteigbegrenzungen ist der Unterbau den Erfahrungen der technischen Wissenschaften entsprechend herzustellen.

§ 6. Nicht tragfähiger Untergrund ist durch frostsicheres, verdichtungsfähiges Schüttmaterial zu ersetzen.

§ 7. (1) Bei Überfahrten sind die Befestigungen der Gehsteige und ihrer baulichen Anlagen nach der zu erwartenden Belastung entsprechend verstärkt herzustellen.

(2) Die Breite der Überfahrt hat der Breite der Ein- bzw. Ausfahrt zu entsprechen, wobei dieses Maß grundsätzlich 6 m nicht überschreiten darf; in begründeten Ausnahmefällen, wie insbesondere für Handels- und Gewerbebetriebe, kann bei nachgewiesenem Bedarf eine größere Breite im unbedingt erforderlichen Ausmaß gegen jederzeitigen Widerruf gewährt werden, sofern nicht öffentliche Rücksichten entgegenstehen.

(3) Bei Auffahrten zu Gehsteigen und ihren baulichen Anlagen ist der Rinnsalbelag rampenartig hochzuziehen. Die Auffahrt ist nach der zu erwartenden Belastung verstärkt herzustellen. Zur Auffahrt gehören auch die zu überquerenden Baumscheiben, Bankette, Radwege u. dgl. Die ordnungsgemäße Entwässerung darf dadurch nicht behindert werden.

(4) Die Länge des hochgezogenen Rinnsalbelages hat der Breite der Überfahrt zu entsprechen, wobei die Neigung nicht flacher als 1:3 sein darf. Die Neigung ist jedoch entsprechend steiler auszubilden, wenn Sicherheits- oder Verkehrsrücksichten dies erfordern.

(5) Die Herstellung von Gehsteigüberfahrten durch Absenken oder Unterbrechen des Gehsteiges kann in begründeten Ausnahmefällen, soweit dies im öffentlichen Interesse erforderlich ist oder wenn keine öffentlichen Rücksichten entgegenstehen, bewilligt werden. Bei der Errichtung von Anlagen zum Einstellen von Kraftfahrzeugen oder von Tankstellen erfolgt diese Bewilligung mit der Baubewilligung. In anderen Fällen ist ein diesbezügliches Ansuchen an die Behörde zu richten.

§ 8. Wurden ein Gehsteig und seine Anlagen vorschriftsmäßig hergestellt, ist die Gemeinde jedoch noch nicht Eigentümer desselben (§ 54 Abs. 11 der Bauordnung für Wien), so ist der betreffende Eigentümer (Miteigentümer) sowie jeder sonst Berechtigte verpflichtet, die Aufgrabung des Gehsteiges für öffentliche Zwecke der Stadt Wien zu dulden.[1)] Als öffentliche Zwecke gelten insbesondere die Legung, der Austausch oder die Reparatur sowie die Kontrolle von nicht ausschließlich dem Privatinteresse dienenden Ver- und Entsorgungsleitungen. Ab dem Zeitpunkt der Aufgrabung gilt die Gemeinde als Eigentümer des vorschriftsgemäß hergestellten Gehsteiges, und zwar bei Befestigungen nach § 4 Abs. 1 lit. a hinsichtlich der betreffenden Felder zur Gänze, bei allen übrigen Befestigungen nach § 4 Abs. 1 auf die Länge der Aufgrabung in voller Breite des Gehsteiges, unbeschadet der Verpflichtung zur Wiederherstellung und zum Ersatz aller entstandenen Unkosten durch den Veranlasser. In diesem Fall entfällt insoweit die ausdrückliche Übernahme in die Erhal-

tung und die Erhaltungspflicht für den Gehsteig selbst gemäß § 54 Abs. 11 der Bauordnung für Wien.

Anmerkung

1) Wobei es nicht darauf ankommt, wer diesen Zweck wahrnimmt; die sachliche Rechtfertigung ist darin gelegen, dass damit die Gemeinde zu einer Ex-lege-Übernahme verpflichtet wird.

§ 9. **(1) Die Dauer der Erhaltungspflicht des Gehsteiges und seiner baulichen Anlagen beträgt unbeschadet der Bestimmung des § 54 Abs. 11 letzter Satz der Bauordnung für Wien drei Jahre ab dem Zeitpunkt der Rechtskraft der bescheidmäßigen Feststellung der vorschriftsgemäßen Herstellung. Die Erhaltungspflicht trifft den Eigentümer (Miteigentümer) eines Neu-, Zu- oder Umbaues im Bauland, im Kleingartengebiet, im Kleingartengebiet für ganzjähriges Wohnen, auf Grundflächen für Badehütten, im Parkschutzgebiet, im Ausstellungsgelände, auf Lagerplätzen und Ländeflächen sowie eines Neu-, Zu- oder Umbaues bzw. von baulichen Anlagen auf Sport- und Spielplätzen, einer fundierten Einfriedung an der Baulinie oder einer unbebauten Liegenschaft (§ 54 Abs. 6 der Bauordnung für Wien) auch dann, wenn der Gehsteig oder seine bauliche Anlage durch Ersatzvonahme hergestellt wurde.**

(2) Sechs Monate vor Ablauf der Erhaltungspflicht kann der Eigentümer (Miteigentümer) im Sinne des Abs. 1 um die Übernahme des Gehsteiges und seiner baulichen Anlagen bei der Behörde ansuchen.

(3) Die Übernahme des Gehsteiges und seiner baulichen Anlagen erfolgt nur, wenn an ihnen keine Schäden wahrgenommen werden und bis zum Tage der Übernahme keine oder nur Instandsetzungen an Teilen des Gehsteiges erforderlich waren. Bei einer darüber hinausgehenden Instandsetzung beginnt die Erhaltungspflicht ab dieser Instandsetzung neu zu laufen.

(4) Der erhaltungspflichtige Eigentümer (Miteigentümer) im Sinne des Abs. 1 ist verpflichtet, die Aufgrabung des Gehsteiges für öffentliche Zwecke während der Dauer der Erhaltungspflicht zu dulden. § 8 zweiter Satz gilt sinngemäß.

(5) Werden Teile eines Gehsteiges während der Dauer der Erhaltungspflicht für öffentliche Zwecke aufgegraben, so gelten sie vom Zeitpunkt der Aufgrabung an als in die Erhaltung durch die Gemeinde übernommen, wobei sich die Übernahme bei Aufgrabungen in Befestigungen nach § 4 Abs. 1 lit. a auf die jeweils betroffenen Felder zur Gänze, bei allen übrigen Befestigungen nach § 4 Abs. 1 nur auf die Länge der Aufgrabung in voller Breite des Gehsteiges bezieht. Über Ansuchen des betroffenen Eigentümers (Miteigentümers) hat die Behörde die Übernahme mit Bescheid festzustellen.

(6) Gehsteige, auf denen das Abstellen von Kraftfahrzeugen ermöglicht wird, gelten mit der Erlassung der entsprechenden straßenpolizeilichen Verordnung als übernommen. Abs. 5 letzter Satz ist hiebei sinngemäß anzuwenden.

(7) Die Übernahme von Gehsteigen in vorläufiger Bauart, von Gehsteigauf- und -überfahrten und von Abdeckungen von zur Liegenschaft gehörigen Gehsteigeinbauten aller Art ist ausgeschlossen. Ihre Erhaltung in einwandfreiem baulichen und und verkehrssicheren Zustand obliegt dauernd dem Eigentümer (Miteigentümer) im Sinne des Abs. 1.

(8) Werden Gehsteige in vorläufiger Bauart für öffentliche Zwecke aufgegraben, so ist diese Aufgrabung zu dulden. Die Verpflichtung zur Wiederherstellung trifft in diesen Fällen den Veranlasser.

Judikatur

1) Die Baubehörde darf nicht auf Grund des Antrages eines Miteigentümers allein die übrigen Miteigentümer gegen deren Willen mit einer sie sonst nicht treffenden Erhaltungspflicht bezüglich der Gehsteigauffahrt und Gehsteigüberfahrt belasten. Aus diesem notwendigen Zusammenhang zwischen Antragstellung (Zustimmung) und Übernahme einer zusätzlichen Belastung ergibt sich nicht nur die Parteistellung der übrigen Miteigentümer der Liegenschaft, sondern auch deren materielles Zustimmungsrecht, weil sonst auf gesetzlich nicht gedeckte Weise in ihr Eigentum eingegriffen würde (VwGH 25.9.1990, 87/05/0200).

§ 10. (1) Bauliche Anlagen, die bei Gehsteigen in endgültiger Höhenlage wegen der vorläufigen Höhenlage der anschließenden Verkehrsflächen ausgeführt werden müssen, sind anläßlich der Übernahme des Gehsteiges in die Erhaltung durch die Gemeinde mitzuübernehmen. Die Verpflichtung, diese sonstigen baulichen Anlagen zu beseitigen und den ordnungsgemäßen Zustand herzustellen, sobald die Gemeinde die Herstellung der festgesetzten Höhenlage der anschließenden Verkehrsflächen durchführt, bleibt dadurch unberührt.

(2) Liegen Gehsteige tiefer als die anschließenden Verkehrsflächen und werden hiedurch besondere Entwässerungsanlagen im Gehsteig notwendig, so sind diese nach der bescheidmäßigen Bekanntgabe der Behörde auszuführen.

§ 11. Gehsteige sind in den Monaten Dezember bis März nur dann zu übernehmen, wenn die Dauer der Erhaltungspflicht spätestens am 30. November des betreffenden Jahres bereits abgelaufen war und die Witterungsverhältnisse eine Feststellung der vorschriftsgemäßen Beschaffenheit des betreffenden Gehsteiges ermöglichen.

ARTIKEL II

Mit dem Inkrafttreten dieser Verordnung tritt die Verordnung der Landesregierung vom 6. Mai 1930 betreffend Gehsteigherstellung, LGBl. Nr. 42/1930, in der Fassung der Verordnung der Wiener Landesregierung vom 8. Juni 1948, LGBl. Nr. 28/1948, außer Kraft.

ARTIKEL III

Diese Verordnung tritt mit 1. Mai 1981 in Kraft.

Teil IV
Nebengesetze

1. Stadtgesetz betreffend die Befreiung von Anliegerbeiträgen[1)]

LGBl 1936/2 idF der Verordnung vom 11. Feber 1939, Vdg Bl 21 und des LGBl 1969/41

Anmerkung

1) Das Gesetz über die Befreiung von Anliegerbeiträgen wurde mit der Wiener Rechtsbereinigungsnovelle, LGBl 2008/39, ausdrücklich aufrechterhalten.

§ 1. Eine Befreiung von den aus den §§ 51 und 52 des Gesetzes vom 25. November 1929, LGBl. Nr. 11 von 1930 (Bauordnung für Wien), sich ergebenden Anliegerbeiträgen wird bei Neubauten zur Förderung der Herstellung von Klein- und Mittelwohnungen unter folgenden Voraussetzungen gewährt: Die Baulichkeit muß entweder gänzlich für Klein- oder Mittelwohnungen (§ 116 Abs. 1, und § 118 Abs. 2, der Bauordnung für Wien)[1)] bestimmt sein, oder es müssen von dem Ausmaß der bewohnbaren Bodenflächen der Klein- oder Mittelwohnungen und der Bodenflächen der für andere Zwecke bestimmten Räume wenigstens zwei Drittel auf Klein- oder Mittelwohnungen entfallen.

Anmerkung

1) Der Begriff Klein- oder Mittelwohnung fand sich seinerzeit in den damals gültigen Bestimmungen des § 116 bzw des § 118 BO (Kleinwohnung – bewohnbare Fläche bis 60 m^2, Mittelwohnung – bewohnbare Fläche bis 100 m^2). Diese Begriffe sind wohl auch weiter für die Gesetzesinterpretation verwendbar, aber nicht mehr in der WBO geregelt. Der Anliegerbeitrag beträgt derzeit € 33,71 (Einheitssatz).

§ 2. Eine Befreiung von den Anliegerbeiträgen tritt aber für diejenigen Straßen nicht ein, die bei Festsetzung des Bebauungsplanes von der Befreiung ausgeschlossen werden. Die Befreiung kann bei Festsetzung des Bebauungsplanes dann ausgeschlossen werden, wenn ein Abteilungswerber die Eröffnung einer neuen Straße beantragt und diese Straße vorwiegend die bessere Aufschließung des Grundes bezweckt. In diesem Beschlusse ist gleichzeitig zu bestimmen, wann der Anliegerbeitrag zu entrichten ist. Tritt die Verpflichtung zur Entrichtung des Anliegerbeitrages nicht zugleich mit der Wirksamkeit des Beschlusses über die Festsetzung des Bebauungsplanes ein, so ist das Bestehen der Verpflichtung im Sinne des § 130 der Bauordnung für Wien grundbücherlich ersichtlich zu machen.

§ 3. Die Gemeinde hat ihre in diesem Gesetz geregelten Aufgaben im eigenen Wirkungsbereich zu besorgen.

§ 4. Dieses Gesetz tritt am 1. Jänner 1936 in Wirksamkeit.

2. Gesetz, mit dem Bestimmungen über den Bau und den Betrieb von Aufzügen erlassen werden (Wiener Aufzugsgesetz 2006 – WAZG 2006)

LGBl 2006/68 idF 2009/34, 2013/35, 2016/17, 2018/71 und 2023/28

(EB LGBl 2006/68 – Allgemeines)

Kernstück des Wiener Aufzugsgesetz 2006 – WAZG 2006 ist der Entfall der Bewilligungspflicht für die Errichtung oder wesentliche Änderung sowie der Anzeigepflicht von unwesentlichen Änderungen von Aufzügen. Diese werden durch die Pflicht des Eigentümers oder der Eigentümerin oder des oder der sonstigen Verfügungsberechtigten zur Vorlage von im Gesetz genannten Unterlagen, wie insbesondere das Abnahmegutachten durch einen Aufzugsprüfer oder eine Aufzugsprüferin nach Fertigstellung des Aufzuges an die Behörde ersetzt. Mit dem Abnahmegutachten wird bestätigt, dass die Ausführung des Aufzuges dem WAZG 2006 und den einschlägigen technischen Normen entspricht. Es werden Pflichten des Eigentümers oder der Eigentümerin oder des oder der sonstigen Verfügungsberechtigten, aber auch des oder der Überprüfenden normiert, deren Einhaltung die Sicherheit des Aufzuges gewährt. Darüber hinaus sollen zur Steigerung der Sicherheit von Aufzügen und zur Hintanhaltung von Unfällen bereits bestehende Aufzüge auf Sicherheitsmängel überprüft und anschließend nach Maßgabe des jeweils gegebenen Gefahrenpotentials möglichst rasch nach dem aktuellen Stand der Technik adaptiert werden. …

I. Abschnitt
Anwendungsbereich, Begriffsbestimmungen
Anwendungsbereich

§ 1. (1) Unter die Bestimmungen dieses Gesetzes fallen Aufzüge, Fahrtreppen und Fahrsteige, sofern sie mit dem Gebäude oder der baulichen Anlage in kraftschlüssiger Verbindung stehen und deren Errichtung, Änderung und Betrieb nicht bundesgesetzlichen[1)] oder anderen landesgesetzlichen Regelungen unterliegen.

(2) Soweit dieses Gesetz keine abweichenden Vorschriften enthält, gelten für die in Abs. 1 genannten Anlagen die Bestimmungen der Bauordnung für Wien.

(EB LGBl 2006/68)

Bundesgesetzliche Regelungen im Sinne des Abs. 1, die auf Aufzüge anzuwenden sind, sind insbesondere die Aufzüge-Sicherheitsverordnung 1996 (ASV 1996), BGBl. Nr. 780/1996 idgF, die Maschinen-Sicherheitsverordnung, BGBl. Nr. 306/1994 idgF, und die Arbeitsmittelverordnung (AM-VO), BGBl. II Nr. 164/2000 idgF. Weiters ergibt sich hieraus die Abgrenzung des Anwendungsgebietes zu den in gewerblichen Betriebsanlagen genutzten Aufzügen, welche dem betriebsanlagenrechtlichen Regime der Gewerbeordnung 1994 (GewO 1994), BGBl. Nr. 194/1994 idgF, unterliegen.

Anmerkung

1) Vgl § 3 Z 1 des Seilbahngesetzes BGBl I 2003/103 idgF.

Begriffsbestimmungen

§ 2.[1)] **(1) Aufzüge sind kraftbetriebene Hebezeuge, die zwischen festgelegten Ebenen mittels eines Lastträgers verkehren, der sich an starren, gegenüber der Horizontalen um mehr als 15° geneigten Führungen entlang fortbewegt, und Hebeeinrichtungen, die sich nicht zwingend an starren Führungen, jedoch in einer räumlich vollständig festgelegten Bahn fortbewegen.**

Aufzüge werden unterteilt in:

1. Personenaufzüge: Aufzüge, die bestimmt sind
   a) zur Personenbeförderung,
   b) zur Personen- und Güterbeförderung oder
   c) nur zur Güterbeförderung, sofern die Lastträger betretbar sind und über Steuereinrichtungen verfügen, die im Inneren des Lastträgers oder in Reichweite einer dort befindlichen Person angeordnet sind.

2. Hebeeinrichtungen für Personen: Hebezeuge, auf die die Kriterien nach Z 1 zutreffen, deren Nenngeschwindigkeit jedoch nicht mehr als 0,15 m/s beträgt und die
   a) einen allseits geschlossenen Lastträger mit Lastträgertüren zur uneingeschränkten Personenbeförderung oder
   b) einen nicht allseits geschlossenen Lastträger, insbesondere ohne Lastträgertüren, zur eingeschränkten Personenbeförderung für bestimmte und unterwiesene Personen

   besitzen.

3. Treppenschrägaufzüge: Hebezeuge zur Personenbeförderung mit Sitz, Stehplattform oder Rollstuhlplattform, die in einer geneigten Ebene entlang einer Treppe oder einer zugänglichen geneigten Oberfläche fahren und vorwiegend für die Verwendung durch Personen mit eingeschränkter Mobilität bestimmt sind.

4. Güteraufzüge: Hebezeuge mit betretbaren oder nicht betretbaren Lastträgern, die nur zur Güterbeförderung bestimmt sind und über Steuereinrichtungen verfügen, die nicht im Inneren der Lastträger oder in Reichweite einer dort befindlichen Person angeordnet sind.

5. Kleingüteraufzüge: Güteraufzüge gemäß Z 4, deren Lastträger wegen ihrer Maße und Ausführung (lichte Tiefe nicht mehr als 1,0 m, Grundfläche nicht mehr als 1,0 m², lichte Höhe nicht mehr als 1,2 m oder Unterteilung in mehrere feste Abteile mit jeweils diesen Abmessungen)

für Personen nicht betretbar sind und eine Nennlast von nicht mehr als 300 kg sowie eine Nenngeschwindigkeit von nicht mehr als 1,0 m/s aufweisen.

6. Hubtische: Hebezeuge – unbeschadet Z 1, 2 oder Z 4 – mit einer lasttragenden Plattform, die für die Beförderung von Gütern bzw. von Bedienpersonen bestimmt ist und die im gesamten Bewegungsbereich starr geführt ist.

(1a) Lastträger sind jene Teile von Aufzügen, auf oder in denen Personen, Personen und Güter oder nur Güter zur Auf- und Abwärtsbeförderung untergebracht sind.

(2) Fahrtreppen (Rolltreppen) sind kraftbetriebene Anlagen mit umlaufenden Stufenbändern zur Personenbeförderung in Auf- bzw. Abwärtsbewegung zwischen Ebenen, die auf unterschiedlicher Höhe liegen.

(3) Fahrsteige sind kraftbetriebene Anlagen mit umlaufenden stufenlosen Bändern zur Personenbeförderung zwischen Ebenen, die auf gleicher oder unterschiedlicher Höhe liegen.

(3a) Kraftbetrieben stellt jene Antriebsform von Hebeanlagen dar, die den Kraftantrieb mittels technisch freigemachter Energie bewirken, wie elektrische, pneumatische oder hydraulische Antriebe, nicht jedoch Antriebe, die durch Schwerkraft oder allein durch menschliche Muskelkraft (unmittelbar oder mittelbar) erfolgen.

(4) Berechtigte sind nach den für die Berufsausübung maßgeblichen Vorschriften befugte Personen.

(5) Betreiber sind der Eigentümer oder die Eigentümerin des Aufzuges sowie der oder die sonst darüber Verfügungsberechtigte.[2)]

(6) In den folgenden Paragraphen, in denen der Begriff „Aufzug" verwendet wird, gelten diese Bestimmungen auch für Fahrtreppen und Fahrsteige, soweit nichts anderes bestimmt ist.

(7) Richtlinie 2005/36/EG ist die Richtlinie 2005/36/EG des Europäischen Parlaments und des Rates vom 7. September 2005 über die Anerkennung von Berufsqualifikationen, ABl. Nr. L 255 vom 30.9.2005, S. 22, zuletzt geändert durch die Richtlinie 2013/55/EU des Europäischen Parlaments und des Rates vom 20. November 2013, ABl. Nr. L 354 vom 28.12.2013, S. 132, in der Fassung der Berichtigung ABl. Nr. L 095 vom 9.4.2016, S. 20.

(8) Berufsqualifikationen sind die Qualifikationen, die durch einen Ausbildungsnachweis, einen Befähigungsnachweis auf Grund einer Ausbildung im Sinne des Artikel 11 lit. a sublit. i der Richtlinie 2005/36/EG bzw. durch Berufserfahrung nachgewiesen werden.

(9) Ausbildungsnachweise sind Diplome, Prüfungszeugnisse und sonstige Befähigungsnachweise, die von der zuständigen Behörde eines Mitgliedstaates der Europäischen Union oder der zuständigen Behörde eines Staates gemäß § 16a Z 2 oder 3 für den Abschluss einer überwiegend in der Europäischen Union oder in Staaten gemäß § 16a Z 2 oder 3 absolvierten Berufsausbildung ausgestellt werden. Einem Ausbildungsnachweis gleichgestellt ist jeder in einem Drittland ausgestellte Ausbildungsnachweis, sofern sein Inhaber oder seine Inhaberin in dem betreffenden Beruf drei Jahre Berufserfahrung im Hoheitsgebiet eines Mitgliedstaats der Europäischen Union oder in einem Staat gemäß § 16a Z 2 bis 4, der diesen Ausbildungsnachweis nach Artikel 2 Abs. 2 der Richtlinie 2005/36/EG anerkannt hat, besitzt und dieser Staat die Berufserfahrung bescheinigt.

(10) Ein reglementierter Beruf ist eine berufliche Tätigkeit oder eine Gruppe beruflicher Tätigkeiten, bei der die Aufnahme oder Ausübung oder eine der Arten der Ausübung direkt oder indirekt durch Rechts- oder Verwaltungsvorschriften an den Besitz bestimmter Berufsqualifikationen gebunden ist; eine Art der Ausübung ist insbesondere die Führung einer Berufsbezeichnung, die durch Rechts- oder Verwaltungsvorschriften auf Personen beschränkt ist, die über eine bestimmte Berufsqualifikation verfügen. Unabhängig davon ist ein reglementierter Beruf auch ein Beruf, der von Mitgliedern von Verbänden oder Organisationen im Sinne des Anhangs I der Richtlinie 2005/36/EG ausgeübt wird.

(11) Eine reglementierte Ausbildung ist eine Ausbildung, die speziell auf die Ausübung eines bestimmten Berufes ausgerichtet ist und aus einem oder mehreren abgeschlossenen Ausbildungsgängen besteht, der oder die gegebenenfalls durch eine Berufsausbildung, durch ein Berufspraktikum oder durch Berufspraxis ergänzt werden; der Aufbau und das Niveau der Berufsausbildung, des Berufspraktikums oder der Berufspraxis müssen in den Rechts- und Verwaltungsvorschriften des jeweiligen Staats festgelegt sein oder von einer dafür zuständigen Behörde kontrolliert oder genehmigt werden.

(12) Eignungsprüfung ist eine von der Behörde durchgeführte Prüfung der beruflichen Kenntnisse, Fähigkeiten oder Kompetenzen der anzeigelegenden oder antragstellenden Person, mit der ihre Fähigkeit beurteilt werden soll, den reglementierten Beruf auszuüben.

(13) Anpassungslehrgang ist die Ausübung der Tätigkeit als Aufzugsprüfer oder Aufzugsprüferin in Wien, welche unter der Verantwortung eines oder einer qualifizierten Berufsangehörigen erfolgt und gegebenenfalls mit einer Zusatzausbildung einhergeht. Die Absolvierung des Anpassungslehrganges durch den Lehrgangsteilnehmer oder die Lehrgangsteilnehmerin unterliegt einer abschließenden Bewertung durch den qualifizierten Berufsangehörigen oder die qualifizierte Berufsangehörige.

(14) Berufserfahrung ist die tatsächliche und rechtmäßige Ausübung des betreffenden Berufs als Vollzeitbeschäftigung oder als entsprechende Teilzeitbeschäftigung.

(15) Lebenslanges Lernen umfasst jegliche Aktivitäten der allgemeinen Bildung, beruflichen Bildung, nichtformalen Bildung und des informellen Lernens während des gesamten Lebens, aus denen sich eine Verbesserung von Kenntnissen, Fähigkeiten und Kompetenzen ergibt und zu denen auch Berufsethik gehören kann.

(16) Qualifizierte Berufsangehörige sind die in das Verzeichnis nach § 16 Abs. 6 eingetragenen Aufzugsprüfer oder Aufzugsprüferinnen, ausgenommen jene, denen der Zugang und die Ausübung dieser Tätigkeit gemäß § 16q bloß in partiellem Umfang gewährt wurde.

(17) Niederlassungsmitgliedstaat ist ein Mitgliedstaat der Europäischen Union oder ein diesem gemäß § 16a Z 2 und 3 gleichgestellter Staat, in welchem ein Aufzugsprüfer oder eine Aufzugsprüferin zur rechtmäßigen Ausübung des Berufs bzw. der Tätigkeit niedergelassen ist.

(18) Herkunftsmitgliedstaat ist ein Mitgliedstaat der Europäischen Union oder ein diesem gemäß § 16a Z 2 und 3 gleichgestellter Staat, in welchem Berufsqualifikationen erworben wurden, die deren Inhaber oder Inhaberin berechtigen, den betreffenden Beruf dort auszuüben.

(EB LGBl 2023/38)

Die Definition des Begriffs „Aufzüge" in Abs. 1 folgt der Definition in Art. 2 Z 1 der Richtlinie 2014/33/EU. Führungen (Abs. 1) können Führungsschienen, Seile oder dergleichen sein.

In Abs. 1 Z 1 lit. c, Abs. 1 Z 2 lit. a und b, Abs. 1 Z 4 und Abs. 1 Z 5 wird der bisher verwendete Begriff „Lastaufnahmemittel" zur Umsetzung von Art. 2 Z 2 der Richtlinie 2014/33/EU durch den Begriff „Lastträger" ersetzt. Abs. 1a enthält eine Definition für den Begriff „Lastträger". Lastträger sind beispielsweise Fahrkörbe, Plattformen oder Sitze.

Der Begriff „Fahrkorb" wird durch „Lastträger" ersetzt, weil in vielen Fällen auch andere Formen von Lastträgern erfasst sind. Über einen Fahrkorb müssen grundsätzlich Personenaufzüge sowie Hebeeinrichtungen für Personen mit einer Förderhöhe von mehr als 2,0 m verfügen (§ 9 Abs. 2). Der Begriff „Fahrkorb" soll daher nur noch in jenen Bestimmungen angeführt werden, die ausschließlich Aufzüge im Sinne des § 9 Abs. 2 betreffen.

Unter den in Abs. 1 Z 1 lit. b definierten Begriff der „Aufzüge zur Personen- und Güterbeförderung" fallen Aufzüge, die vorwiegend zur Beförderung von Lasten verwendet und von Personen begleitet werden (sogenannte „Lastenaufzüge").

Aufzüge sind dann betretbar (Abs. 1 Z 1 lit. c), wenn eine Person ohne Schwierigkeiten in den Lastträger einsteigen kann.

Bei der Änderung des Abs. 1 handelt es lediglich um eine Klarstellung der bereits geltenden Rechtslage. Es werden hier keine weiteren Anforderungen festgelegt, weshalb es im Hinblick auf diese Bestimmung auch zu keinem erhöhten Aufwand kommen wird.

In Abs. 2 und 3 werden die Definitionen geringfügig angepasst; der Anwendungsbereich ändert sich dadurch nicht. Unter den in Abs. 2 und 3 verwendeten Begriff „Bänder" fallen beispielsweise Paletten, Gurte oder dergleichen.

Die Definition für den Begriff „kraftbetrieben" in Abs. 3a wird der Formulierung in § 2 Abs. 11 der Verordnung des Bundesministers für Wirtschaft und Arbeit über den Schutz der ArbeitnehmerInnen bei der Benutzung von Arbeitsmitteln (Arbeitsmittelverordnung – AM-VO), BGBl. II Nr. 164/2000 in der Fassung BGBl. II Nr. 21/2010, nachgebildet.

Abs. 4 behält im ersten Satz die bisherige Definition für den Begriff der „Berechtigten" bei. Der zweite Satz des Abs. 4 wird gestrichen, weil in den für die Berufsausübung maßgeblichen Vorschriften (etwa in den §§ 16l bis 16p WAZG 2006 für Aufzugsprüfer und Aufzugsprüferinnen) Bestimmungen enthalten sind, die die Niederlassungsfreiheit und die Gleichstellung z.B. von Angehörigen eines Mitgliedstaates der Europäischen Union oder von Angehörigen eines Vertragsstaats des EWR mit österreichischen Staatsbürgern oder Staatsbürgerinnen regeln und Berechtigte diesen Bestimmungen unterliegen. Abs. 4 zweiter Satz ist daher nicht mehr erforderlich.

In Abs. 8 wird die Begriffsbestimmung für den Begriff „Berufsqualifikationen" der Definition in Art. 3 Abs. 1 lit. b der Richtlinie 2005/36/EG nachgebildet. Berufsqualifikationen können durch eine Kombination aus Ausbildungs- oder Befähigungsnachweisen, Ausbildungen und Berufserfahrung nachgewiesen werden.

Abs. 16 enthält eine Definition des Begriffs „Qualifizierte Berufsangehörige". Gemäß Art. 3 Abs. 1 lit. g der Richtlinie 2005/36/EG sind Anpassungslehrgänge unter der Verantwortung eines oder einer qualifizierten Berufsangehörigen abzuhalten.

In Abs. 17 wird der Begriff „Niederlassungsmitgliedstaat" definiert. Gemäß Art. 5 Abs. 1 lit. a der Richtlinie 2005/36/EG ist der Niederlassungsmitgliedstaat der Mitgliedstaat, in welchem ein Dienstleister oder eine Dienstleisterin zur Ausübung seines/ihres Berufs rechtmäßig niedergelassen ist. Aus dem Regelungskontext der Richtlinie 2005/36/EG geht hervor, dass der Begriff „Niederlassungsmitgliedstaat" im Zusammenhang mit der Dienstleistungsfreiheit zu verwenden ist.

Abs. 18 enthält eine Definition des Begriffes „Herkunftsmitgliedstaat". Gemäß Art. 1 der Richtlinie 2005/36/EG ist der Herkunftsmitgliedstaat der Mitgliedstaat, in welchem eine Person Berufsqualifikationen erworben hat, welche diese berechtigen, den Beruf dort auszuüben. Für den Fall, dass Berufsqualifikationen in mehreren Staaten erworben wurden oder der Beruf des Aufzugsprüfers oder der Aufzugsprüferin in mehreren Staaten rechtmäßig ausgeübt wird, können auch mehrere Staaten als Herkunftsmitgliedstaaten angesehen werden. Aus der Richtlinie 2005/36/EG ergibt sich, dass der Begriff „Herkunftsmitgliedstaat" im Zusammenhang mit der Niederlassungsfreiheit zu verwenden ist.

Anmerkungen

1) § 2 wurde mit Novelle LGBl 2023/28 neu gefasst. Definitionen und Begriffe werden an die Richtlinie 2014/33/EU und die Richtlinie 2005/36/EG angepasst.

2) Damit ist der Aufzugsbetreiber von der Verantwortlichkeit des Gebäudeeigentümers abgekoppelt. Dies ändert aber nichts an der verwaltungsstrafrechtlichen Verantwortlichkeit des Betreibers nach § 135 Abs 1 BO. Eine Verantwortlichkeit des Hausverwalters nach § 135 Abs 3 BO scheint nicht mehr gegeben. Vielmehr kommt eine Verantwortung nach § 2 Abs 5 des Aufzugsgesetzes in Frage.

Judikatur

1) Wie der Verwaltungsgerichtshof in seinem Erkenntnis vom 19. November 1996, Zl 95/05/0180, auf das die Bauoberbehörde zutreffend hingewiesen hat, ausgeführt hat, bietet nämlich § 62 BO keinerlei Anhaltspunkte dafür, dass Rechte oder rechtliche Interessen des Eigentümers der betroffenen Liegenschaft – und somit auch eines damit verbundenen Gebäudeteiles – im Rahmen eines zu Recht auf § 62 BO gestützten Verfahrens geschützt werden sollen. In diesem Zusammenhang ist auf das im oben genannten Abtretungsbeschluss vom 26. November 2013 zitierte Erkenntnis des Verfassungsgerichtshofes vom 6. März 1997, B 3509/96, VfSlg Nr 14.783, hinzuweisen, worin dargelegt ist, dass ein verfassungsrechtliches Gebot der Zustimmung des Grundeigentümers im baubehördlichen Bewilligungsverfahren nicht besteht, wobei es dem Grundeigentümer im Falle einer nach dem Privatrecht unzulässigen Bauführung unbenommen bleibt, eine derartige Bauführung mit den Mitteln des Privatrechtes zu bekämpfen (VwGH 8.4.2014, Ro 2014/05/0004).

II. ABSCHNITT

Zulässigkeit der Errichtung und Änderung von Aufzügen

§ 3. **(1) Aufzüge dürfen nur errichtet und geändert werden, wenn sie den Bestimmungen dieses Gesetzes entsprechen.**

(2) Die Errichtung, Änderung und Instandhaltung von Aufzügen darf nur durch Berechtigte erfolgen.

(3) Die Errichtung und wesentliche Änderung von Aufzügen bedarf der Erstellung von Unterlagen für den Aufzug (§ 4), einer Vorprüfung (§ 5) und einer Abnahmeprüfung (§ 6) durch einen Aufzugsprüfer oder eine Aufzugsprüferin sowie einer Anzeige (§ 7) bei der Behörde.

(4) Folgende Änderungen von Aufzügen sind wesentlich:

1. **die Erhöhung der Nennlast oder der Masse des Lastträgers um mehr als 10 vH;**

2. **die Erhöhung der Nenngeschwindigkeit um mehr als 10 vH;**
3. **die Erhöhung der Förderhöhe um mehr als 0,25 m;**
4. **die Erhöhung der Anzahl oder die Änderung der Lage der Schachtzugänge (Höhenänderungen bis 0,25 m bleiben unberücksichtigt);**
5. **die Änderung der Art der Schachttüren, wenn durch die Änderung der Schachttüren begehbare Flächen im Haltestellenbereich beeinträchtigt werden oder die Brandschutzausführung geändert wird;**
6. **die Änderung der Abmessungen der Schachttüren um mehr als ± 50 mm;**
7. **die Änderung der Art der Benützung;**
8. **die Änderung der Antriebsart;**
9. **die Änderung der Lage der Gegengewichtsfahrbahn;**
10. **die Änderung der Schachtkopfhöhe oder der Schachtgrubentiefe, sofern der obere oder der untere Schutzraum im Schacht verringert wird;**
11. **die Änderung der Lage oder der Entfall des Triebwerksraumes oder des Rollenraumes;**
12. **die Änderung des Zuganges oder der Maße des Triebwerksraumes oder des Rollenraumes;**
13. **die Einschränkung der Zugänglichkeit zu Ladestellen (zB Einbeziehung von Ladestellen in Wohn-, Büro- oder Betriebseinheiten);**
14. **die Erhöhung der Beanspruchungen von Schacht und Gebäudeteilen durch die Einwirkungen (Kräfte) infolge des Betriebes des Aufzuges um mehr als 10 vH bezogen auf die Angaben bei der Errichtung des Aufzuges,**
15. **die Änderung des Ortes des Antriebes oder des Ortes der Steuerung.**

(5) Folgende Änderungen von Fahrtreppen und Fahrsteigen sind wesentlich:

1. **die Änderung der Geschwindigkeit;**
2. **die Änderung des Traggerüstes;**
3. **die Änderung der Balustrade;**
4. **die Änderung des Einbauortes innerhalb eines Gebäudes.**

(EB LGBl 2006/68)

Die Zulässigkeit zur Errichtung oder (wesentlichen oder unwesentlichen) Änderung von Aufzügen steht (gegenüber der bestehenden Rechtslage) nunmehr nicht in Abhängigkeit zur Erlangung einer behördlichen Genehmigung sondern in Abhängigkeit zur Einhaltung gesetzmäßiger Vorgaben zur Erstattung einer Anzeige, samt von einem oder einer Sachverständigen erstellter Unterlagen, bei der Behörde.

Bei der Auflistung der wesentlichen Änderungen in Abs. 4, dient die Festlegung absoluter Schwellenwerte der Abgrenzung zu unwesentlichen Änderungen, welche keine Anzeigepflicht auslösen sollen. Beispielsweise können bereits Änderungen in der Einrichtung eines Fahrkorbes (Spiegel oder Fußbodenbelag) eine Erhöhung der Nennlast bewirken (vgl. Pkt. 1.), welche jedoch in der Regel unterhalb des Schwellenwertes als bloß unwesentlich einzustufen sind. Gleichfalls kann sich die Nenngeschwindigkeit des Aufzugs (vgl. Pkt. 2.) durch den Austausch des Triebweks mit gleichen Spezifikationen bloß derart geringfügig ändern, dass diese Änderung keine Anzeigepflicht auslösen soll.

Unterlagen

§ 4. **(1) Als Unterlagen für die Vor- und Abnahmeprüfung sowie für die Anzeige sind erforderlich:**

1. Plan des Aufzuges mit folgenden Darstellungen:
a) die Lage des Aufzuges (Schacht, Triebwerks- und Rollenraum) sowie der Zugang von der öffentlichen Verkehrsfläche;
b) die Lage der Vorrichtungen zur Notbefreiung;
c) die durch den Betrieb des Aufzuges auf Schacht und Gebäudeteile ausgeübten Einwirkungen.

2. Beschreibung des Aufzuges:
a) die Adresse des Aufstellungsortes;
b) die Einsatzbedingungen;
c) der Typ des Aufzuges, die Art der Benützung, die Antriebsart, die Nennlast, die Nenngeschwindigkeit und die Förderhöhe;
d) der Montagebetrieb für die Errichtung oder Änderung des Aufzuges;
e) das Baujahr und die Aufzugsnummer;
f) die Geschossbezeichnungen der Haltestellen sowie die Anzahl der Halte- und Ladestellen;
g) die Baustoffe der Schachtumwehrung;
h) die Art, die Baustoffe und die Betätigungsart der Lastträger- und der Schachttüren;
i) die Ausführung der Schachttüren hinsichtlich des Brandschutzes;
j) die Art des Triebwerkes, der Tragmittel und der Steuerung;
k) die Baustoffe des Lastträgers und die Abmessungen der nutzbaren Grundfläche des Lastträgers ;
l) die Angabe, wie der Nachweis erbracht wird, dass der Aufzug den Erfahrungen der technischen Wissenschaften entspricht (zB Einhaltung von technischen Normen beziehungsweise von grundlegenden Sicherheitsanforderungen);
m) die Angabe hinsichtlich der Barrierefreiheit des Aufzuges;
n) bei Personenaufzügen die getroffenen Maßnahmen zur Vermeidung der Quetschgefahren jenseits der Endhaltestellen des Fahrkorbes im Schacht, falls in Ausnahmefällen von der Ausführung eines Freiraumes oder einer Schutznische abgewichen wird.

3. statische Vorbemessung über die Aufnahme und Ableitung der durch den Betrieb des Aufzuges auf Schacht und Gebäudeteile ausgeübten Einwirkungen unter Bedachtnahme auf die Bestimmung des § 9 Abs. 3

oder ein Gutachten, dass auf Grund der Geringfügigkeit des Bauvorhabens aus statischen Belangen keine Gefährdung des Lebens oder der Gesundheit von Menschen oder des Eigentums gegeben ist; diese Unterlagen sind von einem oder einer nach den für die Berufsausübung maßgeblichen Vorschriften berechtigten Sachverständigen für das einschlägige Fachgebiet zu erstellen.

(2) Die Unterlagen gemäß Abs. 1 Z. 1 und 2 sind vom Verfasser oder der Verfasserin und vom befugten Aufzugserrichter oder der befugten Aufzugserrichterin oder vom Montagebetrieb (Berechtigten) zu unterfertigen. Die Unterlagen gemäß Abs. 1 Z 3 sind vom Verfasser oder der Verfasserin zu unterfertigen.

(3) Bei der wesentlichen Änderung eines Aufzuges genügen jene Darstellungen und Angaben, mit denen die Änderung beschrieben wird.

(EB LGBl 2006/68)

Zu Abs. 1 Z 1 lit. a

Das Erfordernis der planlichen Darstellung der „Lage des Aufzuges" ist dahingehend zu verstehen, dass eine rasche Auffindbarkeit und eindeutige Zuordnung auf der Liegenschaft und im Gebäude, insbesondere im Falle der Etablierung mehrerer Aufzüge, gewährleistet ist.

Zu Abs. 1 Z 2

Zu lit. b

In der ÖNORM B 2450:2005-04-01 ist der Begriff „Einsatzbedingungen" vorgesehen, welcher beispielsweise Bezug nimmt auf Betten- oder Feuerwehraufzüge bzw. Aufzüge in Schulen oder Veranstaltungsstätten.

Zu lit. d

Der Begriff „Montagebetrieb" bezieht sich auf jenen Betrieb, welcher in concreto den Aufzugseinbau durchführt. Da die Produktion von Aufzügen und Aufzugskomponenten durchwegs nicht in Österreich erfolgt, kann in der Regel nur an den Montagebetrieb als anzusprechende bzw. verantwortliche Stelle herangetreten werden.

Zu lit. f

Mangels zwingender planlicher Darstellung ist andernfalls nicht nachvollziehbar, welche Stockwerke vom Aufzug angefahren werden.

Zu lit. j

Unter dem Begriff „Tragmittel" sind insbesondere Seile, Ketten und Hydraulikzylinder zu verstehen.

Zu Abs. 2

Im Hinblick auf die Umsetzungserfordernisse der Aufzugsrichtlinie 95/16/EG zur Einbindung bzw. Zustimmung des Eigentümers oder der Eigentümerin, können die bestehenden Regelungen und Rechtsschutzinstrumentarien auf dem Gebiet des Zivilrechts als ausreichend angesehen und kann von einer Normierung der Vorlage eines Nachweises der Zustimmung des Eigentümers oder der Eigentümerin in diesem Zusammenhang abgesehen werden.

(EB LGBl 2023/38)

In § 3 und § 4 wird der Begriff „Fahrkorb" durch „Lastträger" ersetzt, weil in vielen Fällen auch andere Formen von Lastträgern erfasst sind. Über einen Fahrkorb müssen grundsätzlich Personenaufzüge sowie Hebeeinrichtungen für Personen mit einer Förderhöhe von mehr als 2,0 m verfügen (§ 9 Abs. 2). Der Begriff „Fahrkorb" soll daher nur noch in jenen Bestimmungen vorkommen, die ausschließlich Aufzüge im Sinne des § 9 Abs. 2 betreffen.

In § 4 Abs. 1 Z 2 lit. n wird auf Personenaufzüge Bezug genommen, weil die Beschreibung der getroffenen Maßnahmen zur Vermeidung der Quetschgefahren jenseits der Endhaltestellen des Fahrkorbes im Schacht nur für diese Art von Aufzügen von Bedeutung ist.

In Abs. 2 wird klargestellt, dass die Unterlagen gemäß Abs. 1 Z 3 in jedem Fall vom Verfasser zu unterfertigen sind.

Da es in der Praxis Unklarheiten darüber gab, ob die Verlegung des Antriebs oder der Steuerung eine wesentliche Änderung darstellt oder nicht, wird dies nunmehr in § 3 Abs. 1 Z 15 klargestellt.

Vorprüfung

§ 5. (1) Vor der Errichtung oder wesentlichen Änderung eines Aufzuges hat der Betreiber oder die Betreiberin die Unterlagen gemäß § 4 einem Aufzugsprüfer oder einer Aufzugsprüferin zur Prüfung vorzulegen. Bei wesentlichen Änderungen von Aufzügen ist vom Aufzugsprüfer oder von der Aufzugsprüferin insbesondere[1)] die Einhaltung der Bestimmungen gemäß § 22 Abs. 1 zu prüfen.

(2) Ergibt die Vorprüfung, dass

1. **die Bestimmungen dieses Gesetzes eingehalten sind und**
2. **für einen neu zu errichtenden Personenaufzug im Falle von verringerten Schutzräumen jenseits der Endstellungen des Fahrkorbes die erforderliche Entscheidung der Marktüberwachungsbehörde über diesen Ausnahmefall vorliegt,**

ist vom Aufzugsprüfer oder von der Aufzugsprüferin ein Gutachten über die Vorprüfung zu erstellen.

(3) Nach Vorliegen des Gutachtens über die Vorprüfung darf mit der Bauausführung des Aufzuges begonnen werden.[2)]

(EB LGBl 2023/38)

Gemäß der Z 2 ist bei Personenaufzügen im Falle von verringerten Freiräumen oder Schutznischen (Schutzräumen) im Sinne der ASV 2015, Anlage I Z 2.2. drit-

ter Absatz, eine Entscheidung gemäß § 6a Abs 1 ASV 2015 von der Marktüberwachungsbehörde einzuholen. Diese Entscheidung der Marktüberwachungsbehörde ist bei der Vorprüfung und bei der Abnahmeprüfung vorzulegen.
Nur wenn alle in § 5 Abs 2 Z 1 bis 2 oder in § 6 Abs 4 Z 1 bis 5 genannten Voraussetzungen erfüllt sind, darf ein positives Gutachten (über die Vorprüfung bzw. die Abnahmeprüfung) ausgestellt werden.

Anmerkungen

1) Aus dem Wort „insbesondere" ergibt sich, dass die Prüfpflicht wesentlich umfassender ist; maßgeblich sind hier die Regeln der Technik.

2) Ein formelles Baubewilligungsverfahren gibt es nunmehr ebensowenig wie eine Benützungsbewilligung (vgl auch § 8). Es gibt auch keine rechtliche Fiktion hiefür (EB).

Abnahmeprüfung

§ 6. (1) Nach Fertigstellung eines neu errichteten oder wesentlich geänderten Aufzuges ist dieser einer Abnahmeprüfung durch den Aufzugsprüfer oder die Aufzugsprüferin zu unterziehen, bei der die gesetzmäßige Ausführung zu überprüfen ist.

(2) Haben sich während der Errichtung oder wesentlichen Änderung des Aufzuges Abweichungen ergeben, sind der tatsächlichen Ausführung entsprechende Unterlagen, die den Anforderungen gemäß § 4 zu entsprechen haben, zu erstellen.

(3) Die der Ausführung entsprechenden Unterlagen für den Aufzug sind vom Aufzugsprüfer oder der Aufzugsprüferin mit einem Prüfvermerk zu versehen.

(4) Stellt der Aufzugsprüfer oder die Aufzugsprüferin fest, dass

1. die Bestimmungen dieses Gesetzes eingehalten sind,
2. a) für einen neu errichteten Aufzug die EU-Konformitätserklärung oder die EG-Konformitätserklärung vom Montagebetrieb des Aufzuges ausgestellt wurde und die CE-Kennzeichnung angebracht ist,
b) für einen umgebauten, bereits vor dem Umbau CE-gekennzeichneten Aufzug vom Montagebetrieb eine Konformitätserklärung ausgestellt hat und die CE-Kennzeichnung weiterhin angebracht ist,
3. die Betriebsanleitung einschließlich der für Aufzüge gemäß § 2 Abs. 1 Z 1 bis 4 notwendigen Anweisung über die Befreiung von Personen vorliegt,
4. für einen neu errichteten Personenaufzug im Falle von verringerten Schutzräumen jenseits der Endstellungen des Fahrkorbes die erforderliche Entscheidung der Marktüberwachungsbehörde über diesen Ausnahmefall vorliegt, und
5. Mängelfreiheit besteht,

hat er oder sie ein Gutachten über die Abnahmeprüfung auszustellen.

Anzeige der Errichtung oder wesentlichen Änderung eines Aufzugs

§ 7. (1) Vor der Inbetriebnahme eines neu errichteten oder wesentlich geänderten Aufzuges ist von dem (einem) Betreiber oder von der (einer) Betreiberin die Erstattung einer Anzeige bei der Behörde zu veranlassen. Dieser Anzeige sind die mit dem Prüfvermerk versehenen Unterlagen und das Gutachten über die Abnahmeprüfung anzuschließen.

(2) Eine Durchschrift dieser Anzeige sowie das Gutachten über die Abnahmeprüfung sind vom Betreiber oder von der Betreiberin im Aufzugsbuch zu hinterlegen.

(3) Einer Anzeige bedürfen nicht:

1. andere als wesentliche Änderungen eines Aufzuges;
2. der Austausch gleichartiger Bauteile eines Aufzuges.

(EB LGBl 2006/68)

Es ist zu beachten, dass bei Vorliegen eines Widerspruchs der einer Anzeige gemäß § 7 angeschlossenen Unterlagen und Gutachten mit dem tatsächlichen Bestand oder deren Unschlüssigkeit die Anzeige nicht als ordnungsgemäß erstattet gilt und somit ein Aufzug gegebenenfalls „vor der Erstattung der Anzeige" betrieben wird (siehe auch Möglichkeit der behördlichen Aufzugssperre gemäß § 13 Abs. 3 Z 5).

Zulässigkeit des Betriebes eines Aufzugs

§ 8. Wird eine Anzeige gemäß § 7 unter Anschluss des Gutachtens über die Abnahmeprüfung vollständig belegt erstattet, so ist der Betrieb des neu errichteten oder wesentlich geänderten Aufzuges zulässig.

III. ABSCHNITT
Technische Bestimmungen

§ 9. (1) Aufzüge müssen in allen Teilen entsprechend den Erfahrungen der technischen Wissenschaften so geplant und ausgeführt werden, dass sie den für Aufzüge notwendigen Erfordernissen der Sicherheit, der Festigkeit, der Dauerhaftigkeit, des Brand- und Schallschutzes sowie der nach den Bestimmungen der Bauordnung für Wien notwendigen barrierefreien Gestaltung entsprechen.

(2) Personenaufzüge sowie Hebeeinrichtungen für Personen mit einer Förderhöhe von mehr als 2,0 m müssen als Lastträger einen Fahrkorb mit Fahrkorbtüren an allen Zustiegsseiten haben. Ausgenommen davon sind Hebeeinrichtungen für Personen von Theaterbühnen und dergleichen sowie für befugte und speziell eingewiesene Menschen mit eingeschränkter Mobilität (Rollstuhlfahrer und Rollstuhlfahrerinnen), sofern ein den Bestimmungen dieses Gesetzes gleichwertiger Schutz gewährleistet ist.

(3) Schächte und Führungsschienen müssen die Auswirkungen der durch den Betrieb des Aufzuges ausgeübten Einwirkungen mit ausreichender Tragsicherheit und Gebrauchstauglichkeit aufnehmen und, wenn erforderlich, in das Gebäude ableiten können.

(4) Bei hydraulisch angetriebenen Aufzügen, deren Hydraulikzylinder zumindest teilweise in unterirdischen Hüllrohren unterhalb der Schachtgrubensohle eingebaut werden, sind diese Hüllrohre flüssigkeitsdicht und ölbeständig auszuführen. Unterirdische Hydraulikleitungen sind in flüssigkeitsdichten Hüllröhren mit freier Ausmündung in flüssigkeitsdicht und wannenartig ausgestaltete Bodenbereiche zu führen.

(5) Bei Aufzügen zur Beförderung von Kraftfahrzeugen ist zur Entlüftung der Schachtgrube in Bodennähe eine mechanische Luftabsaugung vorzusehen, die sicher stellt, dass in der Schachtgrube keine Ansammlung von Abgasen in gefahrbringender Konzentration entsteht.

(6) Bei bodenbündigen Schachttüren sind Türverriegelungen mit Fehlschließsicherung vorzusehen.

(7) Bei Haltestellen, die direkt in Wohn-, Büro- oder Betriebseinheiten führen, sind jene Vorkehrungen bzw. technische Einrichtungen zu schaffen, die auch bei Ortsabwesenheit des Nutzers sowohl dem Aufzugsprüfer oder der Aufzugsprüferin und dem Wartungspersonal sämtliche Prüfungen und Instandhaltungsarbeiten des Aufzuges erlauben als auch dem Aufzugswärter oder der Aufzugswärterin oder der Betreuungsperson die Durchführung der Betriebskontrollen gemäß § 12 ungehindert ermöglichen.

(8) Werden an Schachttüren brandschutztechnische Anforderungen gestellt, sind die begleitenden Maßnahmen bezüglich der Wahl der Baustoffe der Fahrkörbe sowie von ausreichend dimensionierten Schachtentlüftungen zu berücksichtigen. Werden gesonderte Feuerschutztüren den Schachttüren unmittelbar vorgesetzt, sind letztere als Schachtschiebetüren auszuführen.

(9) Beträgt der Abstand zwischen den Türblättern einer vorgesetzten Tür (zB Feuerschutztür) und der Schachttür mehr als 14 cm, sind Schutzmaßnahmen vorzusehen, die ein unbeabsichtigtes Einschließen von Personen in diesem Zwischenraum verhindern.

(10) Bei der Anordnung von betretbaren Räumen unterhalb der Fahrbahnen von Aufzügen sind Gegen- oder Ausgleichsgewichte von Aufzügen sowie Fahrkörbe von Güteraufzügen, die an Tragmitteln hängen, mit Fangvorrichtungen auszustatten.

(11) Zugänge zu Triebwerksräumen sind versperrbar einzurichten; sie müssen eine lichte Höhe von mindestens 1,80 m haben. Einstiege durch Bodenöffnungen müssen lichte Durchstiegsmaße von mindestens

80 cm × 80 cm haben; sie dürfen durch Aufstiegshilfen, wie Einhängevorrichtungen für Leitern, nicht eingeengt werden. Durch Triebwerksräume ist der Zugang zu anderen, nicht zum Betrieb von Aufzügen gehörenden Räumen nicht zulässig.

(12) Die lichte Höhe zwischen der Decke bzw. der Unterkante von Trägern (Lasthaken) und dem Fußboden muss im Bereich jeder Arbeitsfläche und der Verkehrsfläche in Triebwerksräumen mindestens 2,0 m betragen.

(13) Bei Aufzügen ohne gesonderte Triebwerksräume muss jene Haltestelle, bei der der Zugang zum Triebwerk sowie zu den Steuerungs- und Notbefreiungseinrichtungen erfolgt, stets von allgemein zugänglichen Teilen des Gebäudes erreichbar sein. Schaltschränke und sonstige Bedienungseinrichtungen außerhalb von Schächten sind derart anzuordnen, dass Fluchtwege nicht unzulässig eingeengt werden.

(14) Die Schließ- und Öffnungsbewegung von kraftbetätigten Aufzugstüren darf im Fall von mechanischen Lüftungsanlagen durch allfällige Druckdifferenzen im Schacht- bzw. Ladestellenbereich in ihrer ordnungsgemäßen Funktion nicht eingeschränkt werden.

(15) Nicht allseits geschlossene Lastträger zur Personenbeförderung ohne durchgehende Fahrbahnumwehrung sind mit ausreichend dimensionierten Absturzsicherungen auszustatten. Weiters sind Maßnahmen zur Vermeidung von Scher- und Quetschstellen zwischen dem sich bewegenden Lastträger und festen Gebäudeteilen zu treffen. Es ist sicherzustellen, dass sich während des Aufzugsbetriebes unterhalb des Lastträgers keine Personen aufhalten können.

(16) Bei der Errichtung von Treppenschrägaufzügen in allgemein zugänglichen Teilen der Baulichkeit ist Folgendes einzuhalten:

1. Das Rufen und Senden des Lastträgers mit heruntergeklappter Plattform oder mit heruntergeklapptem Sitz von den Steuerstellen in den Endhaltestellen aus ist nur dann zulässig, wenn von der jeweiligen Steuerstelle die gesamte Fahrbahn gut eingesehen und bei Gefahr der Lastträger sofort angehalten werden kann. Wenn nicht die gesamte Fahrbahn gut eingesehen werden kann, muss der Lastträger in allgemein zugänglichen Teilen der Baulichkeit mittels hör- und sichtbarer Signale auf seine Fahrt aufmerksam machen;
2. die Positionierung des Lastträgers an den End- oder Zwischenhaltestellen muss so erfolgen, dass die lichte Durchgangsbreite notwendiger Verbindungswege nicht unzulässig eingeengt wird;
3. Haupteingangs- oder Hauptausgangstüren dürfen nicht in die Fahrbahn des Lastträgers aufschlagen und
4. entlang der Fahrbahnen von Treppenschrägaufzügen sind im Bereich durchbrochener Wände und Geländer entlang eines Treppenlaufes Vorkehrungen zur Vermeidung von Scher- und Quetschstellen zu treffen.

(EB LGBl 2023/38)

Die Ergänzung von Abs. 16 Z 1 durch Abs. 16 Z 1 zweiter Satz erfolgt im Hinblick darauf, dass der Lastträger von Treppenschrägaufzügen vor und nach jeder Benützung zu einer Endhaltestelle im Treppenhaus gesendet bzw. von einer Endhaltestelle gerufen werden muss. Andere Treppenhausbenützer, die den Lastträger nicht selbst gerufen oder gesendet haben, könnten von der Fahrt des Lastträgers überrascht und gefährdet werden, wenn die Fahrbahn des Lastträgers nicht gut einsehbar ist. Deshalb wird in Abs. 16 Z 1 zweiter Satz in Verbindung mit der Übergangsbestimmung in § 26 Abs. 2 normiert, dass der Lastträger eines neu errichteten Treppenschrägaufzuges, der gerufen oder gesendet wird, während der Fahrt in allgemein zugänglichen Teilen der Baulichkeit hör- und sichtbare Signale abgeben muss, wenn die Fahrbahn nicht gut eingesehen werden kann. Eine gesetzliche Nachrüstungsverpflichtung für bestehende Treppenschrägaufzüge ist nicht vorgesehen. Für ältere Treppenschrägaufzüge kann sich die Verpflichtung zur Ausstattung des Aufzuges mit einer optischen und akustischen Signalanlage aus dem Vorhandensein einer entsprechenden Auflage in einem Bewilligungsbescheid ergeben (vgl. § 21 WAZG für das vor dem Inkrafttreten des WAZG 2006 für bestehende Aufzüge geltende Bewilligungsregime).

IV. ABSCHNITT
Betriebsvorschriften[1)2)]

Anmerkungen

1) Zu beachten ist, dass bei Aufzügen in gewerblichen Betriebsanlagen bundesrechtliche Vorschriften für den Betrieb gelten (vgl hiezu insbes die Aufzüge-Sicherheitsverordnung 2008 – ASV 2008, BGBl II 2008/274 idgF und die ASV 2015, BGBl II 2015/218 idgF). Das ist vor allem bei gewerblichen Garagen von Bedeutung (vgl hiezu § 4 GewO).

2) Der OGH hat in seiner Rechtsprechung zur Haftung bzw Verantwortung im Zivil- und Strafrecht ein paralleles Baurecht geschaffen, wonach Gebäude und auch technische Anlagen stets den aktuellen Normen entsprechen müssen. Dies ist aus (verfassungs)rechtlicher wie auch inhaltlicher Hinsicht zu kritisieren (vgl. Anm 5a zu § 129 BO).

Von einer Arbeitsgruppe aus Experten der Stadt Wien und der Ziviltechnikerkammer für Wien, Niederösterreich und Burgenland (Arch+Ing) wird in einem Bericht Kritik an einem Entwurf zu Sicherheitsnormen für Aufzüge geübt. Dabei werden Vorhalte aus sicherheitstheoretischer und rechtlicher bzw struktureller Sicht dargelegt. Aus den demnach vorliegenden Erwägungen zu den geltenden Rechtsschutzprinzipien, insbesondere der Legalität und Verhältnismäßigkeit, und den sachbezogenen Bewertungen von Sicherheitsrisiken zu Aufzügen und Gebäuden insgesamt bietet das gegenständliche Dokument Betreibern von Aufzügen eine Grundlage zur Beurteilung, ob sie ihre bestehenden Aufzüge einer neuerlichen Nachrüstung unterziehen wollen.

(vgl Abschätzung der Notwendigkeit zur neuerlichen Nachrüstung bestehender Aufzüge auf den Stand der Technik, Rechtliche und sicherheitstheoretische Betrachtungen, in Zeitschrift der Kammer der ZiviltechnikerInnen für Wien, Niederösterreich und Burgenland derPlan 48 [November 2019]), 13; *Fuchs*, Anforderungen an Aufzüge gemäß ÖNORM EN 81-80. Ein Beitrag zur Diskussion über die Nachrüstung bestehender Gebäude auf den Stand der Technik, bau aktuell 2019, 237).

Pflichten des Betreibers oder der Betreiberin

§ 10. Der Betreiber oder die Betreiberin hat dafür zu sorgen, dass der Aufzug den Vorschriften dieses Gesetzes sowie der Betriebs- und Wartungsanleitung des Aufzuges entsprechend betrieben und instandgehalten wird.

Regelmäßige und außerordentliche Überprüfung

§ 11. (1) Der Betreiber oder die Betreiberin hat den Aufzug durch einen Aufzugsprüfer oder eine Aufzugsprüferin in regelmäßigen Zeitabständen hinsichtlich des gesetzesgemäßen bzw. der letzten Abnahmeprüfung entsprechenden Zustandes überprüfen zu lassen.

(2) Personenaufzüge, deren Fahrkörbe nur an einem Tragmittel hängen, sind in Abständen von 6 Monaten, sonstige Aufzüge zur Personenbeförderung sowie Fahrtreppen und Fahrsteige in Abständen von 12 Monaten, Güteraufzüge, ausgenommen Kleingüteraufzüge, Hubtische zur ausschließlichen Güterbeförderung sowie Aufzüge innerhalb einer Nutzungseinheit, in Abständen von 24 Monaten und Kleingüteraufzüge in Abständen von 36 Monaten zu überprüfen. Die genannten Fristen dürfen um maximal 3 Monate überschritten werden. Der Stichtag für die nächst fällige regelmäßige Überprüfung bleibt dadurch unberührt.

(3) Über die regelmäßige Überprüfung ist vom Aufzugsprüfer oder von der Aufzugsprüferin ein Gutachten zu erstellen, das dem Aufzugsbuch anzuschließen ist. Ein Aufzugswärter oder eine Aufzugswärterin oder eine Betreuungsperson des Betreuungsunternehmens hat bei jeder Überprüfung anwesend zu sein und die Kenntnisnahme des Gutachtens durch Unterschrift zu bestätigen. Zu behebende Mängel oder Gebrechen hat der Aufzugsprüfer oder die Aufzugsprüferin dem Betreiber oder der Betreiberin unter Einräumung einer Frist für ihre Behebung schriftlich zur Kenntnis zu bringen. Die Behebung ist dem Aufzugsprüfer oder der Aufzugsprüferin schriftlich zu melden.

(4) Bei jeder Überprüfung hat sich der Aufzugsprüfer oder die Aufzugsprüferin von der Eignung des Aufzugswärters oder der Aufzugswärterin bzw. der Beauftragung eines Betreuungsunternehmens zu überzeugen. Entspricht ein Aufzugswärter oder eine Aufzugswärterin den zu stellen-

den Anforderungen nicht oder ist weder ein Aufzugswärter oder eine Aufzugswärterin noch ein Betreuungsunternehmen beauftragt, so hat dies der Aufzugsprüfer oder die Aufzugsprüferin der Behörde schriftlich anzuzeigen.

(5) Die Behörde kann eine außerordentliche Überprüfung des Aufzuges durch den Aufzugsprüfer oder die Aufzugsprüferin anordnen, wenn dies aus Gründen der Sicherheit von Personen erforderlich ist.

(6) Der Betreiber oder die Betreiberin hat die für die Überprüfungen gemäß Abs. 1 und 4 notwendigen Hilfskräfte beizustellen.

(EB LGBl 2023/38)

Die Anpassung in Abs. 2 ist aufgrund der Änderung des § 2 Abs. 1 (Z 1) vorzunehmen.

Im privaten Wohnbereich bestehen vielfach Aufzugsanlagen, die in aller Regel von denselben Personen im Eigeninteresse in ihrem Wohnbereich benützt werden. Diese Personen sind daher im Allgemeinen mit dieser Anlage vertraut und an einer sicheren und zuverlässigen Benutzbarkeit interessiert. Eine Ausdehnung der bislang bestehenden Prüfintervalle auf 24 Monate bedeutet daher eine Reduktion von Aufwand und Kosten bei gleichzeitiger Wahrung der Sicherheitsinteressen. Darüber hinaus besteht seit vielen Jahren eine vergleichbare Regelung in Niederösterreich, die sich in der Praxis bewährt hat.

Betriebskontrollen und Notbefreiung[1)]

§ 12. (1) Der Betreiber oder die Betreiberin hat für die Durchführung von regelmäßigen Betriebskontrollen und bei Aufzügen zur Personenbeförderung zusätzlich für die Notbefreiung von Personen Aufzugswärter oder Aufzugswärterinnen oder Betreuungsunternehmen zu beauftragen.

(2) Im Rahmen der Aufzugsbetreuung hat der Aufzugswärter oder die Aufzugswärterin oder eine Betreuungsperson des Betreuungsunternehmens die in den Abs. 3 bis 6 angeführten Betriebskontrollen durchzuführen, im Zuge derer zu überprüfen ist, ob offensichtlich betriebsgefährliche Mängel oder Gebrechen bestehen.

(3) Bei Personenaufzügen und Hebeeinrichtungen für Personen, die einen allseits geschlossenen Lastträger besitzen und mit Lastträgertüren an allen Zugangsseiten ausgestattet sind, ist insbesondere zu überprüfen, ob

1. **der Fahrkorb nicht anfahren kann, solange eine Schacht- oder Fahrkorbtür geöffnet ist,**
2. **eine Schachttür sich nicht öffnen lässt, solange sich der Fahrkorb außerhalb der Entriegelungszone dieser Tür befindet,**
3. **die für den Lastträger übliche Haltegenauigkeit in den Haltestellen vorhanden ist,**

4. die Notrufeinrichtung und/oder Sprechverbindung funktionsfähig ist,
5. der Notbremsschalter im Lastträger, der Befehlsgeber zum Wiederöffnen der Türen sowie die Schutzeinrichtungen zum Umsteuern der Türschließbewegung wirksam sind,
6. die Beleuchtung im Lastträger und bei den Schachtzugängen funktioniert,
7. die Schachtumwehrung und die Schachttüren beschädigt sind,
8. für den Benutzer gefahrbringende Beschädigungen von Fußböden vor den Schachtzugängen und im Lastträger vorhanden sind,
9. bei einer Fahrkorböffnung ohne Tür an der Schachtwand entlang der Bahn der türlosen Fahrkorböffnung gefahrbringende Beschädigungen vorhanden sind und gegebenenfalls bewegliche Schwellen, Lichtschranken oder Lichtgitter funktionsfähig sind und
10. die Hinweise für Benutzer und Benutzerinnen lesbar und aktuell sind.

(3a) Bei Personenaufzügen und Hebeeinrichtungen für Personen, die einen nicht allseits geschlossenen Lastträger besitzen oder nicht mit Lastträgertüren an allen Zugangsseiten ausgestattet sind, ist insbesondere zu überprüfen, ob

1. der Lastträger nicht anfahren kann, solange eine Schachttüre geöffnet ist,
2. eine Schachttüre sich nicht öffnen lässt, solange sich der Lastträger außerhalb der Entriegelungszone dieser Türe befindet,
3. die für den Lastträger übliche Haltegenauigkeit in den Haltestellen gegeben ist,
4. die Notrufeinrichtung oder die Sprechverbindung funktionsfähig sind,
5. der Notbremsschalter im oder auf dem Lastträger wirksam ist, sofern ein Notbremsschalter vorhanden ist,
6. die Beleuchtung im oder auf dem Lastträger und bei den Schachtzugängen funktionsfähig ist,
7. die Schachtumwehrung und die Schachttüren beschädigt sind,
8. für die Benutzer und Benutzerinnen gefahrbringende Beschädigungen von Fußböden vor den Schachtzugängen und im oder auf dem Lastträger vorhanden sind,
9. an den Schachtwänden gefahrbringende Beschädigungen vorhanden sind und gegebenenfalls Schutzeinrichtungen, wie Lichtgitter, Lichtschranken, Schaltleisten oder bewegliche Schwellen, funktionsfähig sind,
10. die Hinweise für Benutzer und Benutzerinnen lesbar und aktuell sind, und
11. der Personenaufzug oder die Hebeeinrichtung für Personen zur eingeschränkten Personenbeförderung nur durch befugte Benutzer oder Benutzerinnen in Betrieb genommen werden kann.

(3b) Bei Treppenschrägaufzügen ist insbesondere zu überprüfen, ob

1. die für den Lastträger übliche Haltegenauigkeit in den Haltestellen gegeben ist,
2. die Notrufeinrichtung und die Sprechverbindung, falls vorhanden, funktionsfähig sind,
3. das Betätigen der Schaltleisten und Schaltflächen die Fahrt des Lastträgers sofort unterbricht,
4. der verriegelbare Ein-/Aus-Schalter auf dem Lastträger wirksam ist,
5. die Beleuchtung der Ein- und Ausstiegsbereiche sowie entlang der Fahrbahn funktionsfähig ist,
6. trennende Schutzeinrichtungen entlang der Fahrbahn beschädigt sind,
7. für die Benutzer und Benutzerinnen gefahrbringende Beschädigungen von Fußböden in den Ein- und Ausstiegsbereich der Anlage und auf dem Lastträger vorhanden sind,
8. die Hinweise für Benutzer und Benutzerinnen lesbar und aktuell sind, und
9. der Treppenschrägaufzug nur durch befugte Benutzer oder Benutzerinnen in Betrieb genommen werden kann.

(4) Bei Güteraufzügen entfallen die Überprüfungen gemäß Abs. 3a Z. 4, 5 und 9; bei nicht betretbaren Güteraufzügen entfällt zusätzlich die Überprüfung der Beleuchtung im Fahrkorb.

(5) Bei Fahrtreppen und Fahrsteigen ist im Zuge der Betriebskontrollen zu überprüfen, ob

1. an den Zu- und Abgängen freie Räume als Stauräume vorhanden sind oder Stolper- oder Sturzgefahr besteht,
2. in der unmittelbaren Umgebung für die Benutzer gefahrbringende Zustände bestehen,
3. die Beleuchtung funktioniert,
4. die Balustraden, Sockelabweiser, Stufen oder Paletten und Kammzähne nicht beschädigt sind,
5. die Handläufe gefährliche Beschädigungen aufweisen und ordnungsgemäß umlaufen,
6. die Notabschalteinrichtungen funktionieren und
7. die notwendigen Sicherheitshinweise vorhanden und die Hinweise für Benutzer und Benutzerinnen lesbar und aktuell sind.

(6) Außerdem sind jene Überprüfungen durchzuführen, die in der Betriebsanleitung, mit den darin festgelegten Zeitabständen, für den Aufzug, die Fahrtreppe oder den Fahrsteig vorgesehen sind.

(7) Der Aufzugswärter oder die Aufzugswärterin oder die Betreuungsperson hat Mängel oder Gebrechen, sofern diese nicht umgehend beho-

ben werden können, dem Aufzugsprüfer oder der Aufzugsprüferin und dem Betreiber oder der Betreiberin unverzüglich zu melden.

(8) Die Betriebskontrolle ist grundsätzlich an jedem Betriebstag vorzunehmen.

(8a) Der Zeitabstand zwischen zwei Betriebskontrollen kann auf höchstens eine Woche erstreckt werden:

1. bei Personenaufzügen und Hebeeinrichtungen für Personen,
   a) deren Schachtumwehrung im Bereich der Bahn der Lastträgeröffnungen
      i) durchgehend ist oder
      ii) nicht durchgehend ist, aber der Lastträger allseits geschlossen ist und die Verriegelungen der Lastträgertüren mit Fehlschließsicherung ausgestattet sind,
   b) deren Schachttüren mit Verriegelungen mit Fehlschließsicherung ausgestattet sind, oder
   c) deren Lastträgeröffnungen mit
      i) Lastträgertüren oder
      ii) Schutzeinrichtungen, wie Lichtschranken, Lichtgitter, Schaltleisten, bewegliche Schwellen etc.,

      ausgestattet sind,
2. bei Treppenschrägaufzügen,
3. bei betretbaren und nicht betretbaren Güteraufzügen, deren Schachttüren Verriegelungen mit Fehlschließsicherung aufweisen,
4. bei Kleingüteraufzügen auch mit Schachttürverriegelungen ohne Fehlschließsicherung, wenn die Parapethöhe bei jedem Schachtabschluss mindestens 0,5 m über Fußbodenniveau liegt,
5. bei Fahrtreppen und Fahrsteigen.

(8b) Bei Personenaufzügen und Hebeeinrichtungen für Personen, die nachfolgende Voraussetzungen gleichzeitig erfüllen, kann das Prüfintervall auf viermal jährlich erstreckt werden, wobei der Zeitabstand zwischen zwei Betriebskontrollen vier Monate nicht überschreiten darf:

1. Ausstattung mit einem Fernüberwachungssystem sowie Einhaltung der Maßnahmen gemäß § 15 Abs. 1, 3, 5 und 6;
2. allseits geschlossener Lastträger mit Lastträgertüren an allen Zugangsseiten;
3. Fehlschließsicherungen an allen Schachttürverriegelungen;
4. massive Aufzugsschächte;
5. Lastträgerwände und -decken sowie Lastträger- und Schachttüren aus unzerbrechlichen Materialien, sowie Glaselemente, die den Erfahrungen der technischen Wissenschaften entsprechen.

(9) Der Aufzugsprüfer oder die Aufzugsprüferin hat den höchstens zulässigen Zeitabstand zwischen zwei Betriebskontrollen in das Aufzugsbuch einzutragen.

(10) Der Betreiber oder die Betreiberin hat dafür Sorge zu tragen, dass im oder auf dem Lastträger eingeschlossenen Personen unverzüglich befreit werden, wobei die Befreiungsmaßnahme spätestens 30 Minuten nach Abgabe des Notrufs zu beginnen hat. Geprüfte und bestellte Aufzugswärter und Aufzugswärterinnen sowie Betreuungspersonen des Betreuungsunternehmens sind dazu berechtigt und verpflichtet, solche Notbefreiungen im Bedarfsfall durchzuführen.

(EB LGBl 2006/68)

Zu Abs. 10

Die Zeitspanne die verstreicht, bis eine Befreiung eingeschlossener Personen erfolgreich durchgeführt werden kann ist von verschiedenen Faktoren, insbesondere vom Anfahrtsweg der mit der Notbefreiung betrauten Personen und der Eigenart des Gebrechens bzw. den erforderlichen Gegenmaßnahmen abhängig und kann naturgemäß von Fall zu Fall stark divergieren. Sie ist jedenfalls (ohne jede schuldhafte Verzögerung) möglichst kurz zu halten. Demgemäß ist es erforderlich durch entsprechende (organisatorische) Vorkehrungen insbesondere den Zeitverlauf bis zum Eintreffen der mit der Notbefreiung betrauten Personen und dem Abschluss der Befreiungsmaßnahmen vor Ort möglichst kurz zu halten. Der anzustrebende Richtwert von 30 Minuten nach der Notrufabgabe erscheint nach allgemeiner sachverständiger Lebenserfahrung als angemessen. Für den Abschluss der Notbefreiung kann jedoch sinnvoller Weise keine Festlegung eines absoluten Zeitlimits getroffen werden.

Bei der Planung und Umsetzung der demgemäß erforderlichen (vorbeugenden) Maßnahmen sind alle sachgemäß in Betracht kommenden Einflussfaktoren wie insbesondere wechselnde Verkehrs- und Wetterverhältnisse und nicht auszuschließende technische Gebrechen einzubeziehen. Auf Grund der in der Praxis bestehenden Vielfältigkeit der möglichen Einflussfaktoren und deren verschiedenster möglicher Ausprägungen war von einer näheren diesbezüglichen gesetzlichen Festlegung Abstand zu nehmen. Im Übrigen sind Abstimmungsschwierigkeiten bzw. Konfliktbeilegungen zwischen den Betroffenen dem Bereich des Zivilrechts zuzuordnen und besteht gemäß § 15 Abs. 4 Wiener Feuerwehrgesetz, LGBl. Nr. 1975/16, in der Fassung LGBl. Nr. 2001/179 eine Kostenersatzpflicht für einen durch grob fahrlässiges Verhalten ausgelösten Feuerwehreinsatz.

(EB LGBl 2023/38)

Die in Abs. 3a Z 9 genannten Schutzeinrichtungen können insbesondere Lichtgitter oder Lichtschranken sein.

Gemäß Abs. 3a Z 11 und Abs. 3b Z 9 in Verbindung mit den Übergangsbestimmungen in § 26 Abs. 3 und 4 soll bei neu errichteten Aufzügen iSd § 12 Abs. 3a Z 11 und Abs. 3b Z 9 überprüft werden, ob der Kreis der Benutzer und Benutzerinnen auf befugte Personen eingeschränkt ist und zur Gewährleistung dieser Einschränkung entsprechende Mechanismen vorhanden sind (z.B. Benutzung nur mit Schlüssel, Codekarte etc.). Eine Nachrüstungsverpflichtung für bestehende Aufzüge ist nicht vorgesehen. Für ältere Aufzüge kann sich jedoch die Verpflichtung zur Ausstattung des Aufzuges mit einem die Benutzung einschränkenden Mechanismus (Schlüssel, Codekarte, etc.) allenfalls aus dem Vorhandensein einer entsprechenden Auflage in einem Bewilligungsbescheid ergeben (vgl. § 21 WAZG für das vor dem Inkrafttreten des WAZG 2006 für bestehende Aufzüge geltende Bewilligungsregime).

Zu Abs. 5 Z 7 ist festzuhalten, dass sich das Anbringen von Sicherheitsschildern aus der ÖNORM EN 115-1 (Punkt 7.2. ff) ergibt.

Die Voraussetzung des Abs. 8b Z 4 stammt aus dem bisher bestehenden Abs. 8 Z 4 und wurde nicht geändert.

Um eine bundesweit möglichst einheitliche Regelung zu gewährleisten, wird Abs. 10 an § 11 Hebenanlagen-Betriebsverordnung, BGBl. II Nr. 210/2009 i.d.F. BGBl. II Nr. 350/2016, angepasst, wonach es ausreicht, wenn die Befreiungsmaßnahmen spätestens 30 Minuten nach dem Notruf beginnen.

Anmerkung

1) Gegenüber der früheren Rechtslage steht hinter dieser Verpflichtung eine verwaltungsstrafrechtliche Sanktion.

Außerbetriebnahme und Aufzugssperre

§ 13. (1) **Der Aufzugsprüfer oder die Aufzugsprüferin, der Betreiber oder die Betreiberin, der Aufzugswärter oder die Aufzugswärterin und eine Betreuungsperson des Betreuungsunternehmens sind verpflichtet, Aufzüge,**

1. die sie als nicht betriebssicher erkennen,
2. deren Notrufeinrichtung nicht funktionsfähig ist oder
3. deren Betriebskontrollen nicht durchgeführt werden,

unverzüglich außer Betrieb zu setzen. Solche Aufzüge dürfen erst nach Behebung der Mängel oder Gebrechen und Durchführung einer neuerlichen Betriebskontrolle wieder benützt werden.

(2) Der Betreiber oder die Betreiberin hat Unfälle sowie außergewöhnliche Vorfälle der Behörde unverzüglich zu melden und den Aufzugsprüfer oder die Aufzugsprüferin mit einer unfall- bzw. vorfallbezogenen Überprüfung des Aufzuges zu beauftragen. Über das Ergebnis der Überprüfung ist ein Gutachten zu erstellen, das dem Aufzugsbuch anzuschließen ist (§ 11 Abs. 3). Der Betreiber oder die Betreiberin hat das Gutachten unverzüglich der Behörde zu übermitteln.

(3)[1] Die Behörde hat Aufzüge mit Bescheid zu sperren, wenn sie

1. mangelhaft und nicht betriebssicher sind,

2. eine Gefahr oder unzumutbare Belästigung darstellen,
3. nicht vorschriftsmäßig überprüft wurden,
4. ohne Beauftragung eines Aufzugswärters oder einer Aufzugswärterin oder eines Betreuungsunternehmens betrieben werden,
5. vor Erstattung der vollständig belegten Anzeige gemäß § 7 betrieben werden oder
6. nicht den gemäß § 22 vorgesehenen Sicherheitsprüfungen unterzogen wurden bzw. die erforderlichen Maßnahmen nicht fristgerecht durchgeführt wurden.

(3a)[1] Sofern augenscheinlich keine Gefahr für das Leben oder die Gesundheit von Menschen besteht, kann von der sofortigen Verhängung einer Sperre abgesehen werden. Aufzüge, die gemäß Abs. 3 Z 1 bis Z 6 gesperrt sind, dürfen erst nach der rechtskräftigen bescheidmäßigen Aufhebung der Sperre durch die Behörde wieder benützt werden. Dem Ansuchen um die Aufhebung der Sperre sind folgende Belege anzuschließen:

1. Gutachten über die Überprüfung des Aufzuges durch einen Aufzugsprüfer oder eine Aufzugsprüferin (bei Sperren gemäß Abs. 3 Z 1 bis Z 3);
2. Bestätigung des Betreibers oder der Betreiberin über die Beauftragung eines Aufzugswärters oder einer Aufzugswärterin oder eines Betreuungsunternehmens (bei Sperre gemäß Abs. 3 Z 4);
3. vollständig belegte Anzeige gemäß § 7 (bei Sperre gemäß Abs. 3 Z 5);
4. Bestätigung des Aufzugsprüfers oder der Aufzugsprüferin über die durchgeführte Sicherheitsprüfung bzw. die durchgeführten erforderlichen Maßnahmen (bei Sperre gemäß Abs. 3 Z 6).

(4)[1] Die Abtragung eines Aufzuges, eine über den Stichtag für die nächst fällige regelmäßige Überprüfung im Sinne des § 11 hinausgehende Außerbetriebnahme eines Aufzuges sowie die Wiederinbetriebnahme eines Aufzuges hat der Betreiber oder die Betreiberin dem Aufzugsprüfer oder der Aufzugsprüferin und der Behörde schriftlich zur Kenntnis zu bringen. Vor der Wiederinbetriebnahme hat gleichzeitig eine regelmäßige Überprüfung im Sinne des § 11 zu erfolgen.

(EB LGBl 2006/68)

Die Mitteilung außergewöhnlicher Vorfälle und Unfälle außer an die Behörde auch an den Aufzugsprüfer oder die Aufzugsprüferin ist in der Praxis bereits allgemein üblich und wurde nunmehr in Abs. 2 als normierte Verpflichtung des Betreibers oder der Betreiberin festgeschrieben. Weiters wurde im zweiten Satz des Abs. 3 die Verpflichtung der Behörde zur Sperre von Aufzügen festgelegt, sofern augenscheinlich eine Gefahr für das Leben und die Gesundheit von Menschen besteht. Dabei ist auch zu beachten, dass bei Vorliegen eines Widerspruchs der einer Anzeige gemäß § 7 angeschlossenen Unterlagen und Gutachten mit dem tatsächlichen Bestand oder deren Unschlüssigkeit die Anzeige nicht als ordnungsgemäß erstattet gilt und somit ein Aufzug gegebenenfalls „vor der Erstattung der Anzeige" betrieben wird.

(EB LGBl 2023/38)

Entsprechend der bisherigen behördlichen Praxis wird durch die Ergänzung in Abs. 3 klargestellt, dass die Aufhebung der Sperre mittels Bescheid erfolgt.

In Abs. 3a Z 1 bis 5 [4] werden die Belege genannt, die einem Ansuchen um Aufhebung der Aufzugsperre anzuschließen sind.

In der bisherigen Praxis war es nicht gewährleistet, dass die Behörde stets Kenntnis von der Auflassung oder freiwilligen Außerbetriebnahme eines Aufzuges erlangte. In Abs. 4 wird daher eine Meldepflicht normiert, damit die Behörde im Hinblick auf ihre Aufsichtspflicht einen Überblick darüber hat, welche Aufzüge in Betrieb sind und welche außer Betrieb genommen wurden.

Anmerkung

1) Die Abs 3 bis 4 wurden mit Nov LGBl 2023/38 neu gefasst bzw angefügt.

Aufzugswärter und Aufzugswärterinnen

§ 14. **(1) Der Aufzugswärter oder die Aufzugswärterin muss mindestens 18 Jahre alt, geistig, körperlich und fachlich geeignet und verlässlich sein. Er oder sie ist vom Aufzugsprüfer oder von der Aufzugsprüferin zu prüfen, ob er oder sie mit der Einrichtung, dem Betrieb und den Betriebsvorschriften des Aufzuges sowie mit der Notbefreiung von Personen vertraut ist. Hierüber hat der Aufzugsprüfer oder die Aufzugsprüferin ein Zeugnis auszustellen. Der Aufzugswärter oder die Aufzugswärterin hat die schriftliche Erklärung abzugeben, dass er oder sie die Durchführung der regelmäßigen Betriebskontrollen und im Falle der Beauftragung mit der Notbefreiung diese verantwortlich übernommen hat. Die Erklärung und das Zeugnis sind dem Aufzugsbuch anzuschließen. Das Zeugnis gilt nur für den Aufzug, auf den sich die Prüfung bezogen hat.**

(2) Der Aufzugswärter oder die Aufzugswärterin muss, falls er oder sie mit der Notbefreiung beauftragt ist, solange der Aufzug zur Benützung bereitsteht, gegebenenfalls unter Verwendung geeigneter technischer Einrichtungen vom Lastträger aus jederzeit leicht erreichbar sein. Sind mehrere Aufzugswärter oder Aufzugswärterinnen mit der Notbefreiung beauftragt, muss zumindest ein Aufzugswärter oder eine Aufzugswärterin jederzeit leicht erreichbar sein. Für Aufzüge, die täglich 24 Stunden in Betrieb stehen, darf nicht nur ein einziger Aufzugswärter oder eine einzige Aufzugswärterin mit der Notbefreiung beauftragt werden.

Betreuungsunternehmen

§ 15. (1) Wird ein Betreuungsunternehmen mit der Durchführung der regelmäßigen Betriebskontrollen oder der Notbefreiung beauftragt, muss

1. der Personenaufzug oder die Hebeeinrichtung für Personen an ein Fernnotrufsystem angeschlossen sein,
2. dem Aufzugsbuch ein schriftlicher Nachweis über die Beauftragung des Betreuungsunternehmens und der letztgültige Prüfbericht über das Fernnotrufsystem bzw. Fernüberwachungssystem angeschlossen werden,
3. das Betreuungsunternehmen von der Behörde gemäß Abs. 3 bestellt sein.

(2) Fernnotrufsysteme sind Leitsysteme für Fernnotrufe mit angeschlossener Fernüberwachungszentrale. Fernüberwachungssysteme sind zusätzliche Einrichtungen, die von der Fernüberwachungszentrale aus über ein Fernübertragungssystem sicherheitstechnisch relevante Zustandsabfragen am Aufzug durchführen und bei Erkennen eines Fehlers eine Fehlermeldung veranlassen.

(3) Die Behörde hat auf Antrag eigenberechtigte natürliche und juristische Personen, Personengesellschaften des Handelsrechts oder eingetragene Erwerbsgesellschaften als Betreuungsunternehmen zu bestellen, die folgende Voraussetzungen zu erfüllen haben:

1. Das Betreuungsunternehmen hat über befähigte und entsprechend ausgebildete Betreuungspersonen zu verfügen. Diese Betreuungspersonen müssen mindestens 18 Jahre alt, geistig, körperlich und fachlich geeignet und verlässlich sein. Sie sind von einem Aufzugsprüfer oder einer Aufzugsprüferin zu prüfen, ob sie mit den Einrichtungen, dem Betrieb und den Betriebsvorschriften jener Bauarten von Aufzügen, an denen sie regelmäßige Betriebskontrollen und Notbefreiungen durchzuführen haben, vertraut sind. Hierüber hat der Aufzugsprüfer oder die Aufzugsprüferin Zeugnisse auszustellen.
2. Die von Betreuungsunternehmen verwendeten Fernnotrufsysteme bzw. Fernüberwachungssysteme müssen von einer im Rahmen ihres Akkreditierungsumfanges auf dem Fachgebiet „Aufzüge und Sicherheitsbauteile von Aufzügen“ akkreditierten Prüfstelle dahingehend überprüft werden, ob sie den Erfahrungen der technischen Wissenschaften entsprechen. Über die Feststellung der Eignung ist ein Prüfbericht auszustellen. Nach wesentlichen Änderungen sowie längstens alle 5 Jahre ist diese Überprüfung zu wiederholen; wird dabei festgestellt, dass die Eignung nicht mehr gegeben ist, hat dies die Prüfstelle der Behörde anzuzeigen.
3. Die vom Betreuungsunternehmen eingerichtete oder in Anspruch genommene Fernüberwachungszentrale muss täglich 24 Stunden in Betrieb und ständig mit ausreichendem Personal besetzt sein.

(4) Über die bestellten Betreuungsunternehmen hat die Behörde unter der Internet-Adresse www.gemeinderecht. wien.at ein öffentlich zugängliches elektronisches Verzeichnis zu führen.

(5) Das Betreuungsunternehmen hat im Rahmen der Aufzugsbetreuung die Einhaltung folgender allgemeiner Anforderungen fortwährend zu gewährleisten:

1. In der Fernüberwachungszentrale muss jeder Notruf dokumentiert werden. Hierbei muss der Standort des Aufzuges sowie Datum und Uhrzeit der Notrufabgabe festgehalten werden, bei mehreren Aufzügen am gleichen Standort auch, von welchem Aufzug der Notruf eingegangen ist.
2. Es muss sichergestellt sein, dass entsprechend der Anzahl angeschlossener Aufzüge an die Fernüberwachungszentrale eine ausreichende Anzahl Hilfeleistender für die Notbefreiung (Betreuungspersonen) bereit steht.
3. Die Betreuungspersonen müssen Zutritt zum Gebäude und zum Aufzug, insbesondere zu den Notbefreiungseinrichtungen des Aufzuges haben.
4. Die Zeitdauer von der Notrufabgabe bis zur Kontaktaufnahme mit im und auf dem Lastträger eingeschlossenen Personen hat so kurz wie möglich zu sein, wobei die vom Fernmeldenetz vorgegebenen Möglichkeiten als ausreichend gelten.
5. Der Hilfeleistende muss die Fernüberwachungszentrale über den Zeitpunkt seines Eintreffens beim Aufzug spätestens nach der Befreiung der eingeschlossenen Personen verständigen; dieser Zeitpunkt muss in der Fernüberwachungszentrale dokumentiert werden.

(6) Das Betreuungsunternehmen hat im Rahmen der Aufzugsbetreuung hinsichtlich des in Verwendung genommenen Fernüberwachungssystems die Einhaltung folgender Anforderungen fortwährend zu gewährleisten:

1. Das Fernüberwachungssystem muss bei jeder Zustandsänderung, bei der das fehlerhafte Funktionsglied mitarbeiten soll, überwachen, ob
   a) der Lastträger bei geöffneter Schachttüre bzw. geöffneter Lastträgertüre nicht fährt,
   b) die für den Lastträger übliche Haltegenauigkeit in den Haltestellen gegeben ist und
   c) die Beleuchtung im und auf dem Lastträger funktioniert.
2. Das Fernüberwachungssystem muss mindestens wöchentlich überwachen, ob die Notrufeinrichtung und die Schutzeinrichtungen beim Bewegen der kraftbetätigten Schacht- und Lastträgertüren funktionsfähig sind.

3. **Wird vom Fernüberwachungssystem ein Fehler gemäß Z. 1 oder 2 erkannt, muss spätestens nach 60 Minuten eine Fehlermeldung an die Fernüberwachungszentrale erfolgen. Unabhängig davon muss unmittelbar nach dem Auftreten eines Fehlers gemäß Z. 1.1. der Aufzug selbsttätig stillgesetzt werden. Eine Wiederinbetriebnahme darf nur vor Ort nach Behebung des Fehlers erfolgen.**

(7) Sowohl die Änderung des angezeigten als auch die Verwendung eines anderen oder zusätzlichen Fernnotruf- bzw. Fernüberwachungssystems sind der Behörde unter Vorlage eines Prüfberichtes gemäß Abs. 3 Z. 2 anzuzeigen.

(8) Die Behörde hat die Bestellung des Betreuungsunternehmens zu widerrufen, wenn

1. **die Bestellungsvoraussetzungen weggefallen sind oder**
2. **von diesem wiederholt gegen die Verpflichtungen gemäß Abs. 5 bis 7 verstoßen wurde.**

Betreuungsunternehmen, deren Bestellung widerrufen wurde, sind aus dem Verzeichnis gemäß Abs. 4 zu streichen.

(EB LGBl 2006/68)

Um den zeitgemäßen Erfordernissen der Praxis zu entsprechen wurde nunmehr die explizierte Möglichkeit geschaffen, nicht nur natürliche Personen sondern auch juristische Personen, Personengesellschaften des Handelsrechts und eingetragene Erwerbsgesellschaften zu Betreuungsunternehmen zu bestellen. Dieses Betreuungsunternehmen hat sodann über entsprechend ausgebildete Betreuungspersonen zu verfügen. Demgemäß dürfen einerseits nur von einem Aufzugsprüfer oder einer Aufzugsprüferin geprüfte Personen angestellt werden. Andererseits hat das Betreuungsunternehmen aber auch durch entsprechende (Schulungs)Maßnahmen sicherzustellen, dass dieser Ausbildungsstand erhalten bleibt und es weiterhin über entsprechend ausgebildete Betreuungspersonen verfügt.

Ausgehend von aktuellen Entwicklungen des Wirtschaftslebens zur vermehrten Ausgliederung bzw. Zusammenlegung von Dienstleistungseinrichtungen ist auch bei Betreuungsunternehmen die eigene Einrichtung einer Fernüberwachungszentrale und auch die gemeinsame Inanspruchnahme einer solchen mit anderen Unternehmen in Betracht zu ziehen. Die qualitativen Anforderungen sind ungeachtet dessen jedenfalls zu erfüllen. Die Anforderungen an das in Verwendung genommenen Fernüberwachungssystems finden ihre Entsprechung in den Festlegungen der ÖNORM 2458, Anhang B. …

Die Veröffentlichung des Verzeichnisses der Betreuungsunternehmen im Internet entspricht der allgemeinen Bestrebung zur vermehrten Einbindung der allgemein weit verbreiteten modernen Informationstechnologien in die Verwaltungspraxis.

(EB LGBl 2023/38)

Die Anpassungen in Abs. 5 Z 4 und in Abs. 6 Z 1 und Z 2 waren aufgrund der Änderung des § 2 Abs. 1 (Z 1) vorzunehmen. Über einen Fahrkorb müssen grundsätzlich Personenaufzüge sowie Hebeeinrichtungen für Personen mit einer Förderhöhe von mehr als 2,0 m verfügen (§ 9 Abs. 2). Der Begriff „Fahrkorb" soll daher nur noch in jenen Bestimmungen vorkommen, die ausschließlich Aufzüge im Sinne des § 9 Abs. 2 betreffen.

Aufzugsprüfer und Aufzugsprüferinnen

§ 16. (1) Die Behörde hat auf Antrag eigenberechtigte Personen als Aufzugsprüfer oder Aufzugsprüferinnen zu bestellen, die folgende Befähigungen nachweisen:

1. **Befugnis eines Ingenieurkonsulenten oder Zivilingenieurs für Elektrotechnik oder für Maschinenbau und mindestens einjährige praktische Verwendung im Aufzugsbau oder**
2. **Zeugnis über den Abschluss des Bakkalaureatsstudiums oder des Diplomstudiums der Studienrichtungen Elektrotechnik oder Maschinenbau oder eines einschlägigen (Fach)Hochschulstudiums, insbesondere der Studienrichtungen Automatisierungstechnik, Elektronik, Fahrzeugtechnik oder Mechatronik und mindestens zweijährige praktische Verwendung im Aufzugsbau oder**
3. **Zeugnis über den erfolgreichen Besuch einer Höheren Technischen Lehranstalt elektrotechnischer oder maschinenbautechnischer Richtung oder einer Sonderform dieser Lehranstalten und mindestens dreijährige praktische Verwendung im Aufzugsbau.**

(2) Die praktische Verwendung im Aufzugsbau ist durch Nachweise über Tätigkeiten auf folgenden Gebieten zu erbringen:

1. **Konstruktion und Bemessung mechanischer und elektrischer Anlagenteile,**
2. **Bearbeitung von Schaltplänen (Steuerungs-, Antriebs- und Regelungsbereiche, Sicherheitsstromkreise und dergleichen) und**
3. **Einbau von Aufzügen im mechanischen und elektrotechnischen Bereich.**

(3) Soweit die Befähigung nicht durch Befugnisse bzw. Zeugnisse nach Abs. 1 nachgewiesen werden kann, ist sie durch Diplome, Prüfungszeugnisse oder sonstige Befähigungsnachweise nachzuweisen, wenn durch sie der Abschluss einer gleichartigen Ausbildung an einer anderen Ausbildungseinrichtung mit gleichwertigem Niveau nachgewiesen wird. Als gleichwertig gilt insbesondere der Abschluss eines mindestens dreijährigen Studiums oder eines dieser Studienzeit entsprechenden Teilzeitstudiums

für eine der in Abs. 1 Z. 2 angeführten Studienrichtungen an einer Universität oder Hochschule.

(4) Von der Vorlage der im Abs. 2 vorgeschriebenen Nachweise der praktischen Verwendung im Aufzugsbau kann abgesehen werden, wenn diese auf andere Weise erbracht wird, gleichwertig ist und hierüber Nachweise erbracht werden, wie insbesondere durch Zeugnisse über qualifizierte Tätigkeiten auf dem Gebiete der Aufzugsprüfung unter Leitung eines Aufzugsprüfers oder einer Aufzugsprüferin.

(5) Die Bestellung zum Aufzugsprüfer oder zur Aufzugsprüferin nach den Rechtsvorschriften des Bundes oder eines anderen Bundeslandes für Aufzugsprüfer und Aufzugsprüferinnen ist jener nach diesem Gesetz gleichzuhalten.

(6) Die Behörde hat über die bestellten Aufzugsprüfer und Aufzugsprüferinnen unter der Internet-Adresse www.gemeinderecht.wien.at ein öffentlich zugängliches elektronisches Verzeichnis zu führen.

(7) Die Behörde hat die Bestellung zum Aufzugsprüfer oder zur Aufzugsprüferin zu widerrufen, wenn er oder sie

1. wiederholt gegen die Pflichten als Aufzugsprüfer und Aufzugsprüferin verstoßen hat,
2. sich als nicht genügend sachkundig erwiesen hat,
2a. nicht über die für die Ausübung der Tätigkeit erforderlichen Kenntnisse der deutschen Sprache verfügt und darüber mit Bescheid gemäß § 16f Abs. 3 entschieden wurde,
3. dies verlangt,
4. seine oder ihre Befugnis zurückgelegt oder länger als zwei Jahre nicht ausgeübt hat oder
5. die Bestellungsvoraussetzungen weggefallen sind.

Aufzugsprüfer und Aufzugsprüferinnen, deren Bestellung widerrufen wurde, sind aus dem Verzeichnis gemäß Abs. 6 zu streichen.

(8) Der Aufzugsprüfer oder die Aufzugsprüferin muss von Unternehmen, die sich mit dem Bau oder der Instandhaltung von Aufzügen befassen, sowie von Betreuungsunternehmen verschieden sein und darf zu diesen nicht in einem wirtschaftlichen Abhängigkeitsverhältnis, insbesondere in keinem Dienst- oder Organschaftsverhältnis stehen.

(9) Der Betreiber oder die Betreiberin hat einen Aufzugsprüfer oder eine Aufzugsprüferin nach freier Wahl aus dem Verzeichnis nach Abs. 6 mit der regelmäßigen Überprüfung seines oder ihres Aufzuges zu betrauen. Er oder sie hat ferner die Betrauung sowie den Wechsel des Aufzugsprüfers oder der Aufzugsprüferin der Behörde anzuzeigen.

Anerkennung der Berufsqualifikation von Aufzugsprüfern oder Aufzugsprüferinnen – sachlicher und örtlicher Geltungsbereich

§ 16a. Die Bestimmungen der §§ 16a bis 16q regeln die Anerkennung der Berufsqualifikation von Personen, die die Tätigkeit des Aufzugsprüfers oder der Aufzugsprüferin im Wiener Landesgebiet ausüben möchten und ihre Berufsqualifikation erworben haben

1. in einem oder mehreren Mitgliedstaaten der Europäischen Union,
2. in einem oder mehreren Vertragsstaaten des Abkommens über den Europäischen Wirtschaftsraum (EWR) oder in der Schweizerischen Eidgenossenschaft,
3. in einem oder mehreren Drittstaaten,
   a) wenn ein unternehmensinterner Transfer eines Arbeitnehmers oder einer Arbeitnehmerin im Sinne der Richtlinie 2014/66/EU des Europäischen Parlamentes und des Rates vom 15. Mai 2014, ABl. Nr. L 157 vom 27.5.2014, S. 1, erfolgt oder
   b) mit denen die Europäische Union oder die Republik Österreich Verträge abgeschlossen hat, soweit darin die Anerkennung von Berufsausbildungen und -qualifikationen vorgesehen ist, die im jeweiligen Staat erworben wurden oder
4. in einem oder mehreren Drittstaaten, wenn sie über einen in einem Drittstaat ausgestellten Ausbildungsnachweis verfügen sowie drei Jahre Berufserfahrung als Aufzugsprüfer oder Aufzugsprüferin in einem Mitgliedstaat der Europäischen Union, einem Vertragsstaat des EWR oder der Schweizerischen Eidgenossenschaft haben.

(EB LGBl 2023/38)

§ 16a Z 1 bis 4 regelt den sachlichen und örtlichen Geltungsbereich der in den §§ 16a bis 16q enthaltenen Bestimmungen über die Anerkennung von Berufsqualifikationen. Bei der Prüfung wird an Berufsqualifikationen angeknüpft, die erworben wurden

- in einem oder mehreren Mitgliedstaaten der Europäischen Union,
- in einem oder mehreren Vertragsstaaten des Europäischen Wirtschaftsraums (EWR),
- in der Schweizerischen Eidgenossenschaft, oder
- in einem Drittstaat oder mehreren Drittstaaten, wenn
  - ein unternehmensinterner Transfer eines Arbeitnehmers oder einer Arbeitnehmerin aufgrund der Richtlinie 2014/66/EU erfolgt (§ 16a Z 3 lit. a WAZG 2006),
  - ein Vertrag zwischen dem Drittstaat und der Europäischen Union oder ein Staatsvertrag zwischen dem Drittstaat und der Republik Österreich über die Anerkennung von Berufsqualifikationen vorliegt (§ 16a Z 3 lit. b WAZG 2006), oder
  - die im Drittstaat erworbene Berufsqualifikationen aufgrund der Richtlinie 2005/36/EG anzuerkennen ist, weil Art. 3 Abs. 3 der Richtlinie 2005/36/EG erfüllt ist (§ 16a Z 4 WAZG 2006).

Auf rein innerstaatliche Sachverhalte sind die Bestimmungen der §§ 16a bis 16q grundsätzlich nicht anzuwenden; für solche Fälle ist die allgemeine Bestimmung des § 16 einschlägig. Inländer unterliegen nur dann den Anerkennungsverfahren nach §§ 16g ff (Dienstleistungsfreiheit), §§ 16l ff (Niederlassungsfreiheit) oder § 16q (partieller Berufszugang), wenn sie ihre im Ausland erworbenen Berufsqualifikationen in Österreich anerkennen lassen möchten.

Wenn ausländische Berufsqualifikationen von Aufzugsprüfern oder Aufzugsprüferinnen bereits in einem anderen österreichischen Bundesland anerkannt wurden, ist nach § 16 Abs. 5 vorzugehen. Gemäß § 16 Abs. 5 ist die Bestellung zum Aufzugsprüfer oder zur Aufzugsprüferin nach den Rechtsvorschriften des Bundes oder eines anderen Bundeslandes für Aufzugsprüfer und Aufzugsprüferinnen jener nach diesem Gesetz gleichzuhalten. Daraus folgt

- für die Dienstleistungsfreiheit:
  Im Bereich der Dienstleistungsfreiheit gelangt § 16h Abs. 3 zur Anwendung, wonach grundsätzlich eine in einem anderen Bundesland erstattete Meldung den Aufzugsprüfer oder die Aufzugsprüferin (mit aus dem Ausland stammenden Berufsqualifikationen) berechtigt, die Tätigkeit auch in Wien auszuüben, wenn im anderen Bundesland ein Bescheid ergangen ist, mit dem die Berufsqualifikation anerkannt wurde (Z 1), wenn im anderen Bundesland die Fristen nach § 16i Abs. 1 abgelaufen sind, ohne dass die Berufsqualifikation mit Bescheid anerkannt oder eine Eignungsprüfung vorgeschrieben wurde (Z 2), oder eine Eignungsprüfung abgelegt und die Berufsqualifikation mit Bescheid anerkannt wurde (Z 3).
- für die Niederlassungsfreiheit:
  § 16l Abs. 5 sieht im Bereich der Niederlassungsfreiheit vor, dass die Behörde, wenn die Bestellung zum Aufzugsprüfer oder zur Aufzugsprüferin gemäß bundesrechtlichen Vorschriften oder nach den Vorschriften eines anderen Bundeslandes während eines laufenden Verfahrens gemäß §§ 16l bis § 16n erfolgt oder bereits davor erfolgt ist, nach § 16 Abs. 5 vorzugehen hat und die Berufsqualifikation mit Bescheid anzuerkennen ist.

Die in § 16a Z 3 lit. a WAZG 2006 enthaltenen Regelungen über den unternehmensinternen Transfer eines Arbeitnehmers oder einer Arbeitnehmerin sollen entsprechend Art. 5 Abs. 1 lit. e und Art. 18 Abs. 2 lit. b und der Richtlinie 2014/66/EU sowie dem Erwägungsgrund Nr. 22 der Richtlinie 2014/66/EU sicherstellen, dass unternehmensintern transferierte Arbeitnehmer und Arbeitnehmerinnen (und ihre Familienangehörigen im Sinne der Richtlinie 2014/66/EU) bei der Anerkennung von Diplomen, Prüfungszeugnissen und sonstigen beruflichen Befähigungsnachweisen Angehörigen der Europäischen Union gleichgestellt werden (vgl. dazu die Erläuternden Bemerkungen zu § 16b Z 6 WAZG 2006).

Gemäß § 16a Z 3 lit. b WAZG 2006 kommen beim Vorliegen von Verträgen zwischen der Republik Österreich und Drittstaaten oder bei Verträgen zwischen der Europäischen Union und Drittstaaten, die die Anerkennung von Berufsqualifikationen von Aufzugsprüfern und Aufzugsprüferinnen zum Gegenstand haben, die Bestimmungen §§ 16a bis 16q zur Anwendung, soweit in den entsprechenden Verträgen nichts anders vorgesehen ist.

Gemäß § 16a Z 4 WAZG 2006 ist aufgrund von Art. 3 Abs. 3 der Richtlinie 2005/36/EG eine in einem Drittstaat erworbene Berufsqualifikationen anzuerkennen, wenn der oder die Drittstaatsangehörige über einen in einem Drittstaat ausgestellten Ausbildungsnachweis verfügt und mehr als drei Jahre in einem Mitgliedstaat der Europäischen Union, in einem EWR-Vertragsstaat oder in der Schweizerischen Eidgenossenschaft als Aufzugsprüfer oder Aufzugsprüferin tätig war.

Anerkennung der Berufsqualifikation von Aufzugsprüfern oder Aufzugsprüferinnen – persönlicher Geltungsbereich

§ 16b. Die §§ 16a bis 16q gelten für

1. Angehörige eines Mitgliedstaats der Europäischen Union oder eines Vertragsstaates des EWR,

2. Drittstaatsangehörige, die als Familienangehörige eines Unions- oder EWR-Angehörigen zum Aufenthalt in einem Mitgliedstaat der Europäischen Union oder einem Vertragsstaat des EWR gemäß der Richtlinie 2004/38/EG des Europäischen Parlaments und des Rates vom 29. April 2004, ABl. Nr. L 158 vom 30.4.2004, S. 77 berichtigt durch ABl. Nr. L 229 vom 29.06.2004, S. 35, in der Fassung der Verordnung (EU) Nr. 492/2011 über die Freizügigkeit der Arbeitnehmer, ABl. Nr. L 141 vom 27.05.2011, S. 1, berechtigt sind,

3. Staatsangehörige der Schweizerischen Eidgenossenschaft sowie deren Familienangehörige, die zum Aufenthalt in einem Mitgliedstaat der Europäischen Union oder einem Vertragsstaat des EWR berechtigt sind (Abkommen zwischen der Europäischen Gemeinschaft und ihren Mitgliedstaaten einerseits und der Schweizerischen Eidgenossenschaft andererseits über die Freizügigkeit, Amtsblatt der EU Nr. L 114 vom 30. April 2002, S. 6, kundgemacht unter BGBl. III Nr. 133/2002, zuletzt geändert durch BGBl. III Nr. 2/2008),

4. langfristig aufenthaltsberechtigte Drittstaatsangehörige (Richtlinie 2003/109/EG des Rates vom 25. November 2003, ABl. Nr. L 16 vom 23.1.2004, S. 44, in der Fassung der Richtlinie 2011/51/EU des europäischen Parlaments und des Rates vom 11. Mai 2011, ABl. Nr. L 132 vom 19.5.2011, S. 1),

5. Personen, denen durch eine österreichische Asylbehörde oder ein österreichisches Gericht der Status eines oder einer Asylberechtigten oder eines oder einer subsidiär Schutzberechtigten zuerkannt wurde (Richtlinie 2011/95/EU des Europäischen Parlaments und des Rates vom 13. Dezember 2011, ABl. Nr. L 337 vom 20.12.2011, S. 9, in der Fassung der Berichtigung, ABl. L 167 vom 30.6.2017, S. 58),

6. Drittstaatsangehörige, die zum Zeitpunkt der Stellung eines Antrags auf einen „Aufenthaltstitel für unternehmensintern transferierte Arbeitnehmer“ oder eines anderen Aufenthaltstitels gemäß der Richtlinie 2014/66/EU außerhalb des Hoheitsgebiets eines Mitgliedsstaats der

Europäischen Union aufhältig sind und die durch ein Unternehmen transferiert werden,

a) welches außerhalb des Hoheitsgebietes der Europäischen Union ansässig ist, aber über eine Niederlassung in der Europäischen Union verfügt, die zum gleichen Unternehmen oder zur gleichen Unternehmensgruppe gehört und in welche der oder die Drittstaatsangehörige transferiert werden soll und

b) mit dem die oder der Drittstaatsangehörige vor dem Transfer und für dessen Dauer einen Arbeitsvertrag geschlossen hat,

sowie Familienangehörige im Sinne der Richtlinie 2014/66/EU von unternehmensintern transferierten Arbeitnehmern oder Arbeitnehmerinnen,

7. Drittstaatsangehörige, für die sich hinsichtlich der Anerkennung von Berufsqualifikationen nach der Richtlinie (EU) 2021/1883 des Europäischen Parlaments und des Rates vom 20. Oktober 2021, ABl. Nr. L 382 vom 28.10.2021, S. 1, eine Gleichstellung ergibt oder

8. Staatsangehörige von Staaten, mit denen die Europäische Union oder die Republik Österreich Verträge abgeschlossen hat, soweit darin die Anerkennung von Berufsausbildungen und -qualifikationen vorgesehen ist, die im jeweiligen Staat erworben wurden.

(EB LGBl 2023/38)

§ 16b legt den persönlichen Anwendungsbereich der in den §§ 16a bis 16q enthaltenen Bestimmungen über die Anerkennung von Berufsqualifikationen fest. Die §§ 16a bis 16q gelten dabei sowohl für Selbständige als auch für Arbeitnehmer oder Arbeitnehmerinnen (vgl. Art. 2 Abs. 1 der Richtlinie 2005/36/EG).

Für jene Fälle, in denen ausländische Berufsqualifikationen bereits in einem anderen Bundesland als Wien anerkannt wurden, wird auf die Ausführungen in den Erläuternden Bemerkungen zu § 16a verwiesen.

Die Z 1 sieht vor, dass sich die Regelungen in §§ 16a bis 16q insbesondere auf alle Staatsangehörigen der Mitgliedstaaten der Europäischen Union erstrecken (vgl. Art. 2 Abs. 1 der Richtlinie 2005/36/EG). Weiters ist die Richtlinie 2005/36/EG von Bedeutung für den EWR (vgl. die erste Unterüberschrift der Richtlinie), weshalb das in der Richtlinie 2005/36/EG vorgesehene Anerkennungsverfahren auch auf Angehörige von EWR-Vertragsstaaten anzuwenden ist.

Zur Z 2 ist festzuhalten, dass laut dem Erwägungsgrund Nr. 1 der Richtlinie 2013/55/EU sowie gemäß der Richtlinie 2004/38/EG des Europäischen Parlaments und des Rates vom 29. April 2004 über das Recht der Unionsbürger und ihrer Familienangehörigen, sich im Hoheitsgebiet der Mitgliedstaaten frei zu bewegen und aufzuhalten, zur Änderung der Verordnung (EWG) Nr. 1612/68 und zur Aufhebung der Richtlinien 64/221/EWG, 68/360/EWG, 72/194/EWG, 73/148/EWG, 75/34/EWG, 75/35/EWG, 90/364/EWG, 90/365/EWG und 93/96/EWG, ABl. Nr. L 158 vom 30. April 2004, S. 77 (Freizügigkeitsrichtlinie), die Bestimmungen über die Anerkennung von Berufsqualifikationen auch auf die Familienangehörigen von

EU-Bürgern oder EU-Bürgerinnen oder EWR-Bürgern oder EWR-Bürgerinnen, die zum Aufenthalt in einem Mitgliedstaat der Europäischen Union oder einem Vertragsstaat des EWR berechtigt sind, zu erstrecken sind.

Zur Z 3 ist anzumerken, dass aufgrund des Abkommens zwischen der Europäischen Gemeinschaft und ihren Mitgliedstaaten einerseits und der Schweizerischen Eidgenossenschaft andererseits über die Freizügigkeit, Amtsblatt der EU Nr. L 114/6 vom 30. April 2002, kundgemacht unter BGBl. III Nr. 133/2002, zuletzt geändert durch BGBl. III Nr. 2/2008, die Regelungen über die Anerkennung von Berufsqualifikationen auch auf Staatsangehörige der Schweizerischen Eidgenossenschaft anzuwenden sind.

Zur Z 4 ist auszuführen, dass gemäß dem Erwägungsgrund Nr. 1 der Richtlinie 2013/55/EU die von langfristig aufenthaltsberechtigten Drittstaatsangehörigen erworbenen berufsqualifizierenden Diplome, Prüfungszeugnisse und sonstige Befähigungsnachweise gemäß den einschlägigen nationalen Verfahren anzuerkennen sind. Dies ergibt sich auch aus Art. 11 Abs. 1 lit. c der Richtlinie 2003/109/EG des Rates vom 25. November 2003 betreffend die Rechtsstellung der langfristig aufenthaltsberechtigten Drittstaatsangehörigen, ABl. Nr. L 16 vom 23. Jänner 2004, S. 44, in der Fassung der Richtlinie 2011/51/EU des europäischen Parlaments und des Rates vom 11. Mai 2011 zur Änderung der Richtlinie 2003/109/EG des Rates zur Erweiterung ihres Anwendungsbereichs auf Personen, die internationalen Schutz genießen, ABl. Nr. L 132 vom 19. Mai 2011, S. 1 (Daueraufenthaltsrichtlinie).

Zur Z 5 ist festzuhalten, dass nach dem Erwägungsgrund Nr. 1 der Richtlinie 2013/55/EU sowie gemäß Art. 28 der Richtlinie 2011/95/EU des Europäischen Parlaments und des Rates vom 13. Dezember 2011 über Normen für die Anerkennung von Drittstaatsangehörigen oder Staatenlosen als Personen mit Anspruch auf internationalen Schutz, für einen einheitlichen Status für Flüchtlinge oder für Personen mit Anrecht auf subsidiären Schutz und für den Inhalt des zu gewährenden Schutzes, ABl. Nr. L 337 vom 20. Dezember 2011, S. 9, Personen, denen internationaler Schutz zuerkannt worden ist (d.h. Personen, denen durch eine österreichische Asylbehörde oder ein österreichisches Gericht der Status eines Asylberechtigten oder eines subsidiär Schutzberechtigten zuerkannt wurde) im Rahmen der bestehenden Verfahren zur Anerkennung von ausländischen Diplomen, Prüfungszeugnissen und sonstigen Befähigungsnachweisen wie österreichische Staatsbürger und Staatsbürgerinnen zu behandeln sind (Recht auf Gleichbehandlung).

Die Z 6 ergeht in Umsetzung von Art. 3 lit. b und c, Art. 5 Abs. 1 lit. e, Art. 18 Abs. 2 lit. b und Art. 19 Abs. 6 der Richtlinie 2014/66/EU, welche den unternehmensinternen Transfer von Arbeitnehmern und Arbeitnehmerinnen zum Gegenstand hat. Gemäß der Richtlinie 2014/66/EU können Drittstaatsangehörige, die über einen gültigen „Aufenthaltstitel für unternehmensintern transferierte Arbeitnehmer“ oder einen gültigen „Aufenthaltstitel für langfristige Mobilität“ verfügen, unter den in den Art. 21 und 22 der Richtlinie 2014/66/EU genannten Bedingungen – und vorbehaltlich Art. 23 der Richtlinie 2014/66/EU – im Rahmen eines „unternehmensinternen Transfers“ in einen oder mehrere Mitgliedstaaten der Europäischen Union einreisen, sich dort aufhalten und arbeiten.

Gemäß Art. 19 Abs. 6 der Richtlinie 2014/66/EU haben auch die Familienangehörigen des unternehmensintern transferierten Arbeitnehmers oder der unternehmensintern transferierten Arbeitnehmerin, denen eine Familienzusammenführung im Sinne der Richtlinie 2003/86/EG des Rates vom 22. September 2003 betreffend das Recht auf Familienzusammenführung, ABl. Nr. L 251 vom 3. Oktober 2003, S. 12, in Verbindung mit der Richtlinie 2014/66/EU gewährt wurde, Anspruch auf Zugang zu einer unselbständigen oder selbständigen Erwerbstätigkeit im Hoheitsgebiet des Mitgliedstaats, der den Aufenthaltstitel der Familienangehörigen ausgestellt hat.

Im Detail ist unter einem „unternehmensinternen Transfer" gemäß Art. 3 lit. b Richtlinie 2014/66/EU die vorübergehende Abstellung eines drittstaatsangehörigen Arbeitnehmers oder einer drittstaatsangehörigen Arbeitnehmerin durch ein in einem Drittstaat ansässiges Unternehmen in eine Niederlassung zu verstehen, die zum gleichen Unternehmen oder zur gleichen Unternehmensgruppe gehört und ihren Sitz im Hoheitsgebiet eines Mitgliedstaats hat, und die Mobilität des Arbeitnehmers oder der Arbeitnehmerin in diese Niederlassung. Der Transfer soll für die Erbringung einer beruflichen Tätigkeit oder für Schulungszwecke erfolgen. Voraussetzungen für den unternehmensinternen Transfer iSd des Art. 3 lit. b der Richtlinie 2014/66/EU ist, dass der Arbeitnehmer oder die Arbeitnehmerin vor dem Transfer und für dessen Dauer einen Arbeitsvertrag mit dem – außerhalb des Hoheitsgebiets der Mitgliedstaaten ansässigen – Unternehmen geschlossen hat und dass sich der Arbeitnehmer oder die Arbeitnehmerin zum Zeitpunkt der Stellung des Antrags auf einen Aufenthaltstitel für unternehmensintern transferierte Arbeitnehmer außerhalb des Hoheitsgebiets der Mitgliedstaaten aufhält (vgl. Art. 3 lit. b und c Richtlinie 2014/66/EU).

Die Aufenthaltstitel „unternehmensintern transferierter Arbeitnehmer" und „langfristige Mobilität" unterscheiden sich in der zulässigen Aufenthaltsdauer: Ein Aufenthaltstitel für unternehmensintern transferierte Arbeitnehmer und Arbeitnehmerinnen erlaubt es Drittstaatsangehörigen sich in einem Mitgliedstaat der Europäischen Union für die Dauer von bis zu 90 Tagen innerhalb eines Zeitraums von 180 Tagen je Mitgliedstaat aufzuhalten und zu arbeiten (vgl. Art. 21 Abs. 1 der Richtlinie 2014/66/EU).

Ein Aufenthaltstitel für langfristige Mobilität berechtigt Drittstaatsangehörige sich für eine Dauer von mehr als 90 Tagen, jedoch im Falle von Führungskräften und Spezialisten höchstens für drei Jahre und im Falle von Trainees höchstens für ein Jahr, in einem Mitgliedstaat aufzuhalten und zu arbeiten (vgl. Art. 12 Abs. 1 und Art. 22 Abs. 1 der Richtlinie 2014/66/EU).

Gemäß Art. 18 Abs. 2 lit. b der Richtlinie 2014/66/EU sind unternehmensintern transferierte Arbeitnehmer den Angehörigen des Mitgliedstaates der Europäischen Union, in welchem die Arbeit ausgeführt wird, in Bezug auf die Anerkennung von Diplomen, Prüfungszeugnissen und sonstigen beruflichen Befähigungsnachweisen gemäß den einschlägigen nationalen Verfahren gleichzustellen.

Gemäß dem Erwägungsgrund Nr. 22 der Richtlinie 2014/66/EU sollen Mitgliedstaaten der Europäischen Union Berufsqualifikationen, die ein Drittstaatsangehöriger oder eine Drittstaatsangehörige in einem anderen Mitgliedstaat erworben hat, in gleicher Weise wie die von Unionsbürgern und Unionsbürgerinnen anerkennen; weiters sollen Mitgliedstaaten der Europäischen Union eine in einem Drittstaat erworbene Qualifikationen im Einklang mit der Richtlinie 2005/36/EG des Europäischen Parlaments und des Rates berücksichtigen. Diese Anerkennung sollte nicht etwaige Einschränkungen beim Zugang zu reglementierten Berufen berühren, die sich aus Vorbehalten zu bestehenden Verpflichtungen ergeben, die von der Europäischen Union oder von der Europäischen Union und ihren Mitgliedstaaten im Rahmen von Handelsübereinkünften eingegangen wurden und reglementierte Berufe betreffen. Auf jeden Fall sollten unternehmensintern transferierte Arbeitnehmer und Arbeitnehmerinnen nach der Richtlinie 2014/66/EU beim Zugang zu reglementierten Berufen in einem Mitgliedstaat im Vergleich zu Unionsbürgern und Unionsbürgerinnen oder Bürgern und Bürgerinnen des Europäischen Wirtschaftsraums keine günstigere Behandlung erfahren.

Nach Art. 5 Abs. 1 lit. e der Richtlinie 2014/66/EU muss ein Drittstaatsangehöriger oder eine Drittstaatsangehörige, der oder die die Zulassung gemäß den Bestimmungen der Richtlinie 2014/66/EU beantragt, oder die aufnehmende Niederlassung gegebenenfalls anhand von Dokumenten nachweisen, dass der oder die Drittstaatsangehörige die nach nationalem Recht des betreffenden Mitgliedstaats für Unionsbürger geltenden Voraussetzungen für die Ausübung des reglementierten Berufs, auf die sich der Antrag bezieht, erfüllt. Das bedeutet, dass gemäß Art. 5 Abs. 1 lit. e der Richtlinie 2014/66/EU die Verfahrensvorschriften der §§ 16a bis 16q, die auch für Unionsbürger und Unionsbürgerinnen gelten, auf Verfahren von unternehmensintern transferierten Arbeitnehmern und Arbeitnehmerinnen anzuwenden sind. Beispielsweise muss der unternehmensintern transferierte Arbeitnehmer oder die unternehmensintern transferierte Arbeitnehmerin nachweisen, dass er oder sie die Tätigkeit des Aufzugsprüfers oder der Aufzugsprüferin während der vorangegangenen zehn Jahre durch mindestens ein Jahr rechtmäßig ausgeübt hat, sofern der Beruf des Aufzugsprüfers oder der Aufzugsprüferin im Drittstaat nicht reglementiert ist.

Die Z 7 wird in Umsetzung von Art. 16 Abs. 1 lit. c der Richtlinie (EU) 2021/1883 eingefügt, welche die Einreise und den Aufenthalt von Drittstaatsangehörigen zur Ausübung einer hoch qualifizierten Beschäftigung zum Gegenstand hat.

Die Z 8 stellt einen Auffangtatbestand für etwaige (künftige) bi- oder multilaterale Abkommen dar.

Berufsausbildungsniveau

§ 16c. (1) Das in § 16 Abs. 1 Z 3 festgelegte, mindestens erforderliche Berufsausbildungsniveau für die Aufnahme und Ausübung der Tätigkeit als Aufzugsprüfer oder Aufzugsprüferin in Wien entspricht dem in Art. 11 lit. b sublit. ii der Richtlinie 2005/36/EG festgelegten Ausbildungsniveau.

(2) Die in § 16 Abs. 1 Z 1 oder Z 2 festgelegten Berufsausbildungsniveaus entsprechen dem in Art. 11 lit. d der Richtlinie 2005/36/EG festgelegten Ausbildungsniveau.

(EB LGBl 2023/38)

Gemäß Art. 14 Abs. 6 lit. a der Richtlinie 2005/36/EG muss die Entscheidung über die Auferlegung eines Anpassungslehrgangs oder einer Eignungsprüfung hinreichend begründet sein; insbesondere ist dem Aufzugsprüfer oder der Aufzugsprüferin das Niveau der im Aufnahmemitgliedstaat verlangten Berufsqualifikation und das Niveau der vom Aufzugsprüfer oder von der Aufzugsprüferin vorgelegten Berufsqualifikation gemäß der Klassifizierung in Art. 11 der RL 2005/36/EG mitzuteilen. In § 16c Abs. 1 und Abs. 2 werden die in § 16 Abs. 1 Z 1 bis 3 geregelten Qualifikationsniveaus, die Aufzugsprüfer oder Aufzugsprüferinnen in Wien erfüllen müssen, einem in Art. 11 der RL 2005/36/EG geregelten Qualifikationsniveau zugeordnet:

- Art. 11 lit. b sublit. ii der RL 2005/36/EG verlangt ein Zeugnis, das nach Abschluss einer Ausbildung auf Sekundarniveau oder einer technischen oder berufsbildenden Sekundarausbildung erteilt wird, die gegebenenfalls durch eine Fach- oder Berufsausbildung und/oder durch ein neben dem Ausbildungsgang erforderliches Berufspraktikum oder eine solche Berufspraxis ergänzt wird.
  Gemäß § 16 Abs. 1 Z 3 hat eine Person, die die Bestellung zum Aufzugsprüfer oder Aufzugsprüferin begehrt, insbesondere nachzuweisen, dass sie über ein Zeugnis über den erfolgreichen Besuch einer Höheren Technischen Lehranstalt elektrotechnischer oder maschinenbautechnischer Richtung oder einer Sonderform dieser Lehranstalten verfügt.
  Der Vergleich der Anforderungen dieser beiden Rechtsvorschriften ergibt, dass das in § 16 Abs. 1 Z 3 geregelte Berufsausbildungsniveau Art. 11 lit. b sublit. ii der RL 2005/36/EG entspricht.
- Nach Art. 11 lit. d der RL 2005/36/EG ist ein Diplom erforderlich, das erteilt wird nach Abschluss einer postsekundären Ausbildung von mindestens drei und höchstens vier Jahren oder einer Teilzeitausbildung von entsprechender Dauer an einer Universität oder Hochschule oder einer anderen Ausbildungseinrichtung mit gleichwertigem Ausbildungsniveau sowie der Berufsausbildung, die gegebenenfalls neben dem Studium gefordert wird.
  Gemäß § 16 Abs. 1 Z 2 hat eine Person, die die Bestellung zum Aufzugsprüfer oder Aufzugsprüferin begehrt, nachzuweisen, dass sie über ein Zeugnis über den Abschluss des Bakkalaureatsstudiums oder des Diplomstudiums der Studienrichtungen Elektrotechnik oder Maschinenbau oder eines einschlägigen (Fach)Hochschulstudiums, insbesondere der Studienrichtungen Automatisierungstechnik, Elektronik, Fahrzeugtechnik oder Mechatronik verfügt.
  § 16 Abs. 1 Z 1 verlangt den Nachweis der Befugnis eines Ingenieurkonsulenten oder einer Ingenieurkonsulentin oder Zivilingenieurs oder Zivilingenieurin für Elektrotechnik oder für Maschinenbau. Eine der Voraussetzungen für die Erlangung der Befugnis eines Ingenieurkonsulenten oder einer Ingenieurkonsulentin oder Zivilingenieurs oder Zivilingenieurin für Elektrotechnik oder für Maschinenbau ist die Absolvierung eines Master-, Magister- oder Diplomstudiums für Elektrotechnik oder Maschinenbau.
  Personen, die das Qualifikationsniveau nach § 16 Abs. 1 Z 1 oder 2 aufweisen, haben ein Studium absolviert, welches in der Regel eine drei- bis vierjährige Regelstudienzeit hat. Die Berufsqualifikationsniveaus der § 16 Abs. 1 Z 1 oder 2 können daher Art. 11 lit. d der RL 2005/36/EG zugeordnet werden.

Eignungsprüfungen

§ 16d. (1) Für die Durchführung von Eignungsprüfungen erstellt die Behörde anhand der in § 16 Abs. 1 Z 1 bis 3 verlangten Ausbildungen ein Verzeichnis der Fachgebiete, in denen ein in Wien tätiger Aufzugsprüfer oder eine in Wien tätige Aufzugsprüferin Kenntnisse, Fähigkeiten und Kompetenzen aufzuweisen hat. Die Eignungsprüfung kann sich auch auf die Kenntnis allfälliger standesrechtlicher Regeln erstrecken.

(2) In der Eignungsprüfung sind die Fachgebiete, die aus dem Verzeichnis gemäß Abs. 1 ausgewählt werden und deren Kenntnis eine wesentliche Voraussetzung für die Ausübung der Tätigkeit des Aufzugsprüfers oder der Aufzugsprüferin in Wien ist und die von der bisherigen Ausbildung und Berufsqualifikation der anzeigelegenden oder antragstellenden Person nicht abgedeckt werden, abzuprüfen.

Anpassungslehrgänge

§ 16e. Anpassungslehrgänge werden von qualifizierten Berufsangehörigen im Sinne des § 2 Abs. 16 und nach Maßgabe der Bestimmungen der § 17 Abs. 3a und 3b abgehalten.

Modalitäten der Berufsausübung im Rahmen der Dienstleistungs- und Niederlassungsfreiheit

§ 16f. (1) Personen, deren Berufsqualifikation anerkannt wurde, müssen über die für die Ausübung der Tätigkeit als Aufzugsprüfer oder Aufzugsprüferin erforderlichen Kenntnisse der deutschen Sprache verfügen.

(2) Überprüfungen der Sprachkenntnisse gemäß Abs. 1

1. dürfen erst nach Anerkennung der Berufsqualifikation durchgeführt werden,
2. sind dann durchzuführen, wenn erhebliche und konkrete Zweifel an deren Bestehen vorliegen und
3. müssen in einem angemessenen Verhältnis zur auszuübenden Tätigkeit als Aufzugsprüfer oder Aufzugsprüferin stehen.

(3) Das Ergebnis der durch die Behörde durchgeführten Überprüfung ist durch Bescheid festzustellen.

(4) Personen, welche im Rahmen der Dienstleistungs- oder der Niederlassungsfreiheit die Tätigkeit als Aufzugsprüfer oder Aufzugsprüferin in Wien ausüben, unterliegen dabei den entsprechenden standesrechtlichen, gesetzlichen und verwaltungsrechtlichen Vorschriften.

Grundsatz der Dienstleistungsfreiheit

§ 16g. (1) Die Bestimmungen der §§ 16g bis 16k gelten für den Fall, dass sich eine Person zur vorübergehenden und gelegentlichen Ausübung der Tätigkeit als Aufzugsprüfer oder Aufzugsprüferin in das Wiener Landesgebiet begibt. Der vorübergehende und gelegentliche Charakter der Erbringung der Tätigkeit ist von der Behörde im Einzelfall zu beurteilen, insbesondere anhand der Dauer, der Häufigkeit, der regelmäßigen Wiederkehr und der Kontinuität der Dienstleistung.

(2) Die Ausübung der Tätigkeit als Aufzugsprüfer oder Aufzugsprüferin im Rahmen der Dienstleistungsfreiheit in Wien ist in Bezug auf die Anerkennung von Berufsausbildungen und -qualifikationen unbeschadet sonstiger die Dienstleistungsfreiheit regelnder Vorschriften unbeschränkt zulässig, wenn

1. die Person zur Ausübung der Tätigkeit als Aufzugsprüfer oder Aufzugsprüferin im Niederlassungsstaat berechtigt ist und
2. die Person die Tätigkeit als Aufzugsprüfer oder Aufzugsprüferin während der vorangegangenen zehn Jahre durch mindestens ein Jahr in einem oder mehreren Staaten gemäß § 16a Z 1 bis 3 rechtmäßig ausgeübt hat, sofern dieser Beruf oder die Ausbildung zu diesem Beruf im Niederlassungsmitgliedstaat nicht reglementiert ist.

(3) Sofern ein Aufzugsprüfer oder eine Aufzugsprüferin über einen Ausbildungsnachweis verfügt, der in einem Drittstaat ausgestellt wurde, ist eine dreijährige Berufserfahrung gemäß § 16a Z 4 erforderlich, außer es wurde zwischen dem Drittstaat und der Europäischen Union oder dem Drittstaat und der Republik Österreich ein Vertrag über die Anerkennung von Berufsausbildungen und -qualifikationen abgeschlossen (§ 16a Z 3 lit. b). Diesfalls sind die im Vertrag enthaltenen Bestimmungen über die Berufserfahrung maßgeblich.

(4) Im Falle eines unternehmensinternen Transfers gemäß der Richtlinie 2014/66/EU ist nach Abs. 2 vorzugehen.

Anzeigepflichten für Aufzugsprüfer und Aufzugsprüferinnen im Rahmen der Dienstleistungsfreiheit

§ 16h. (1) Beabsichtigt eine Person die Tätigkeit als Aufzugsprüfer oder als Aufzugsprüferin erstmals in Wien auszuüben, hat sie dies der Behörde vor dem beabsichtigten Beginn schriftlich anzuzeigen. Dieser Anzeige sind folgende Unterlagen anzuschließen:

1. ein Nachweis über die Staatsangehörigkeit und allenfalls die Familienangehörigkeit im Sinne des § 16b Z 2, 3 oder 6,

2. eine Bescheinigung darüber, dass die Person im Niederlassungsmitgliedstaat rechtmäßig zur Berufsausübung niedergelassen ist und dass ihr die Ausübung der Tätigkeit als Aufzugsprüfer oder Aufzugsprüferin im Zeitpunkt der Anzeige nicht, auch nicht vorübergehend, untersagt ist,
3. Berufsqualifikationsnachweise eines Staates gemäß § 16a sowie eine Bescheinigung der zuständigen Behörde des Niederlassungsmitgliedstaates darüber, welchem Qualifikationsniveau diese Nachweise nach Art. 11 der Richtlinie 2005/36/EG zuzuordnen sind,
4. ein Nachweis darüber, dass die Person die Tätigkeit als Aufzugsprüfer oder Aufzugsprüferin mindestens ein Jahr während der vorhergehenden zehn Jahre in einem oder mehreren Staaten gemäß § 16a Z 1 bis 3 ausgeübt hat. Im Falle eines in einem Drittstaat erlangten Ausbildungsnachweises richtet sich die erforderliche Berufserfahrung nach § 16g Abs. 2, 3 oder 4. Ein Nachweis über die Berufserfahrung ist nicht erforderlich, wenn der Beruf oder die Ausbildung zum Beruf im Niederlassungsmitgliedstaat reglementiert ist oder das Vorliegen einer reglementierten Ausbildung durch einen Ausbildungsnachweis, über den die Person verfügt, belegt wird.

Die Unterlagen gemäß Z 1 bis 4 sind der Behörde in Form von Originalen oder beglaubigten Kopien vorzulegen. Von den Unterlagen gemäß Z 2 bis 4 sind Übersetzungen in deutscher Sprache vorzulegen, wenn die Unterlagen in einer anderen als der deutschen Sprache verfasst sind. Darüber hinaus kann die Behörde von den Unterlagen gemäß Z 1 und allen nachgereichten Unterlagen Übersetzungen in deutscher Sprache verlangen. Die Übersetzungen sind von einem allgemein beeideten und gerichtlich zertifizierten Übersetzer oder von einer allgemein beeideten und gerichtlich zertifizierten Übersetzerin erstellen zu lassen.

(2) Beabsichtigt die Person in den Folgejahren die Tätigkeit als Aufzugsprüfer oder Aufzugsprüferin vorübergehend und gelegentlich zu erbringen, ist die Anzeige einmal jährlich zu erneuern. Wenn eine wesentliche Änderung gegenüber der erstmaligen Anzeige eingetreten ist, sind der erneuernden Anzeige die erforderlichen Unterlagen betreffend diese Änderungen anzuschließen. Für die der erneuernden Anzeige anzuschließenden Unterlagen gilt Abs. 1 letzter Unterabsatz sinngemäß.

(3) Ist bereits in einem anderen Bundesland eine Anzeige nach den – dem Abs. 1 entsprechenden – Vorschriften des anderen Bundeslandes erfolgt, hat der Aufzugsprüfer oder die Aufzugsprüferin der Behörde diese Anzeige vor der Ausübung der Tätigkeit in Wien vorzulegen. Wenn in den landesrechtlichen Bestimmungen des anderen Bundeslandes für die Ausübung der beruflichen Tätigkeit die Vorlage von Unterlagen gemäß Abs. 1 Z 1 bis 4 vorgesehen ist, hat der Aufzugsprüfer oder die Aufzugsprüferin

der Anzeige diese Unterlagen anzuschließen, sofern die Behörde diese Informationen nicht auf andere Weise erlangen kann. Die Vorlage der Anzeige berechtigt die Person die Tätigkeit als Aufzugsprüfer oder Aufzugsprüferin auch in Wien auszuüben, wenn im anderen Bundesland

1. ein Bescheid ergangen ist, mit welchem die Berufsqualifikation anerkannt wurde,
2. die in § 16i Abs. 1 genannten Fristen abgelaufen sind, ohne dass die Berufsqualifikation mit Bescheid anerkannt oder eine Eignungsprüfung vorgeschrieben wurde, oder
3. eine Eignungsprüfung absolviert wurde und die Berufsqualifikation mit Bescheid anerkannt wurde.

Möglichkeit der Überprüfung der Berufsqualifikation im Rahmen der Dienstleistungsfreiheit

§ 16i. (1) Die Behörde hat längstens innerhalb eines Monats nach Eingang einer Anzeige sowie nach vollständiger Vorlage der in § 16h Abs. 1 Z 1 bis 4 genannten und für die Beurteilung der Anzeige erforderlichen Unterlagen nach Maßgabe der Abs. 2 bis 4 mit Bescheid zu entscheiden, ob das Tätigwerden als Aufzugsprüfer oder Aufzugsprüferin in Wien ohne Überprüfung der Berufsqualifikation zulässig ist oder ob sich die anzeigelegende Person einer Eignungsprüfung unter den Voraussetzungen des Abs. 3 zu unterziehen hat. Wenn im Verfahren Schwierigkeiten auftreten, die zu einer Verzögerung führen könnten, teilt die Behörde der anzeigenlegenden Person die Gründe für die Verzögerung innerhalb eines Monats nach Eingang der Anzeige mit. Der Bescheid hat jedenfalls vor Ablauf des zweiten Monats ab Eingang der vollständigen Unterlagen zu ergehen.

(2) Wenn keine schwerwiegende Gefährdung der Gesundheit oder Sicherheit von Dienstleistungsempfängern oder Dienstleistungsempfängerinnen auf Grund einer mangelnden Berufsqualifikation der anzeigelegenden Person zu erwarten ist, hat die Behörde der anzeigelegenden Person innerhalb der in Abs. 1 angeführten Fristen mittels Bescheid mitzuteilen, dass das Tätigwerden als Aufzugsprüfer oder Aufzugsprüferin in Wien ohne Überprüfung der Berufsqualifikation zulässig ist.

(3) Sofern jedoch eine schwerwiegende Gefährdung der Gesundheit oder Sicherheit von Dienstleistungsempfängern oder Dienstleistungsempfängerinnen auf Grund einer mangelnden Berufsqualifikation der anzeigelegenden Person zu erwarten ist, kann die Behörde die Berufsqualifikation der anzeigelegenden Person vor der erstmaligen Erbringung von Tätigkeiten als Aufzugsprüfer oder Aufzugsprüferin in Wien anhand der Unterlagen gemäß § 16h Abs. 1 Z 1 bis 4 sowie der Berufspraxis bzw. dem

lebenslangen Lernen (Abs. 4) nachprüfen. Wenn die Behörde anlässlich der Nachprüfung der Berufsqualifikation zum Ergebnis kommt, dass wesentliche Unterschiede zwischen der nachgewiesenen Qualifikation und den in § 16 Abs. 1 festgelegten Qualifikationen bestehen, kann sie innerhalb der in Abs. 1 angeführten Fristen mittels Bescheid entscheiden, dass sich die anzeigelegende Person einer Eignungsprüfung zu unterziehen hat. Der anzeigelegenden Person ist zudem bekannt zu geben, in welchen Fachgebieten eine Eignungsprüfung abzulegen ist, um die erforderlichen Kenntnisse und Fähigkeiten nachzuweisen. Die Fachgebiete sind auf Grund eines Vergleichs zwischen der Qualifikation gemäß § 16 Abs. 1 und der bisherigen Ausbildung der anzeigelegenden Person festzulegen.

(4) Bei der Beurteilung, ob eine Eignungsprüfung vorzuschreiben ist, ist die Berufserfahrung der anzeigelegenden Person angemessen zu berücksichtigen. Insbesondere ist zu prüfen, ob die im Rahmen einer Berufspraxis oder durch lebenslanges Lernen in einem Staat gemäß § 16a erworbenen Kenntnisse, Fähigkeiten und Kompetenzen, die von einer einschlägigen Stelle formell als gültig anerkannt wurden, die wesentlichen Unterschiede in Bezug auf Fachgebiete im Sinne des Abs. 3 ganz oder teilweise ausgleichen können.

(5) Die Eignungsprüfung ist von der Behörde abzuhalten. Die Behörde hat auf Grundlage der Ergebnisse der Eignungsprüfung mittels Bescheid zu entscheiden, ob die Erbringung der Tätigkeit zulässig ist. Dieser Bescheid ist innerhalb eines Monats nach der Entscheidung gemäß Abs. 3 zu erlassen.

(6) Erlässt die Behörde keinen Bescheid innerhalb der in Abs. 1 festgelegten Fristen, so ist die Ausübung der beruflichen Tätigkeit als Aufzugsprüfer oder Aufzugsprüferin im Rahmen der Dienstleistungsfreiheit in Wien zulässig.

(7) Bescheide gemäß § 16i gelten auch dann als rechtzeitig zugestellt, wenn sie innerhalb der in Abs. 1, Abs. 3 bzw. Abs. 5 festgelegten Fristen an den Zustelldienst übergeben werden oder sie der Behörde wegen Unzustellbarkeit zurückgestellt werden.

Eintragung in das Verzeichnis gemäß § 16 Abs. 6

§ 16j. Der Aufzugsprüfer oder die Aufzugsprüferin ist in das öffentlich zugängliche elektronische Verzeichnis gemäß § 16 Abs. 6 einzutragen, wenn

1. mit rechtskräftigem Bescheid entschieden wurde, dass das Tätigwerden als Aufzugsprüfer oder Aufzugsprüferin in Wien ohne Überprüfung der Berufsqualifikation zulässig ist (§ 16i Abs. 2),
2. die Berufsqualifikation mit Bescheid gemäß § 16i Abs. 5 rechtskräftig anerkannt wurde,

3. ein Bescheid gemäß § 16i Abs. 1 nicht rechtzeitig (§ 16i Abs. 6) erlassen wurde oder
4. ein Fall des § 16h Abs. 3 Z 1, 2 oder 3 (Erstattung einer Anzeige in einem anderen Bundesland, welche auch zur Ausübung der Tätigkeit als Aufzugsprüfer oder Aufzugsprüferin in Wien berechtigt) vorliegt.

Berufsbezeichnung bei Berufsausübung im Rahmen der Dienstleistungsfreiheit

§ 16k. (1) Wenn die Berufsqualifikation gemäß § 16i Abs. 3 nachgeprüft wurde und ein Bescheid erlassen wurde, wonach die Ausübung der Tätigkeit als Aufzugsprüfer oder Aufzugsprüferin in Wien zulässig ist, hat die Dienstleistungserbringung unter der Bezeichnung „Aufzugsprüfer“ oder „Aufzugsprüferin“ zu erfolgen.

(2) Wenn die Berufsqualifikation nicht gemäß § 16i Abs. 3 nachgeprüft wurde, ist die Tätigkeit als Aufzugsprüfer oder Aufzugsprüferin unter der im Niederlassungsmitgliedstaat vorgesehenen Berufsbezeichnung, die keine Verwechslung mit der Berufsbezeichnung „Aufzugsprüfer“ oder „Aufzugsprüferin“ zulassen darf, zu erbringen. Besteht im Niederlassungsmitgliedstaat keine Berufsbezeichnung, hat die Person ihren Ausbildungsnachweis in der Amtssprache des Niederlassungsmitgliedstaats anzugeben. Erforderlichenfalls kann eine deutsche Übersetzung angefügt werden.

Antrag auf Berufsausübung im Rahmen der Niederlassungsfreiheit

§ 16l. (1) Beabsichtigt eine Person die Tätigkeit als Aufzugsprüfer oder als Aufzugsprüferin in Wien im Rahmen der Niederlassungsfreiheit aufzunehmen und auszuüben, hat sie die Anerkennung der Berufsausbildungen und -qualifikationen zu beantragen. Die Behörde hat der antragstellenden Person innerhalb eines Monats ab Einreichung des Antrags den Empfang der Unterlagen zu bestätigen und ihr gegebenenfalls mitzuteilen, welche Unterlagen fehlen.

(2) Folgende Unterlagen sind dem Antrag auf Anerkennung einer Berufsqualifikation anzuschließen:

1. ein Nachweis über die Staatsangehörigkeit und allenfalls die Familienangehörigkeit im Sinne des § 16b Z 2, 3 oder 6,
2. Berufsqualifikationsnachweise eines Staates gemäß § 16a sowie eine Bescheinigung der zuständigen Behörde des Herkunftsmitgliedstaates darüber, welchem Qualifikationsniveau diese Nachweise nach der Richtlinie 2005/36/EG zuzuordnen sind,
3. eine Bescheinigung darüber, dass die Person im Herkunftsmitgliedstaat rechtmäßig zur Berufsausübung niedergelassen ist und dass ihr

die Berufsausübung im Zeitpunkt der Anzeige nicht, auch nicht vorübergehend, untersagt ist,

4. ein Nachweis darüber, dass die Person die Tätigkeit als Aufzugsprüfer oder Aufzugsprüferin mindestens ein Jahr während der vorhergehenden zehn Jahre in einem oder mehreren Staaten gemäß § 16a ausgeübt hat. Im Falle eines in einem Drittstaat erlangten Ausbildungsnachweises richtet sich die erforderliche Berufserfahrung nach § 16m Abs. 2, 3 oder 4. Ein Nachweis über die Berufserfahrung ist nicht erforderlich, wenn der Beruf oder die Ausbildung zum Beruf im Herkunftsmitgliedstaat reglementiert ist oder das Vorliegen einer reglementierten Ausbildung durch einen Ausbildungsnachweis, über den die Person verfügt, belegt wird.

Die Unterlagen gemäß Z 1 bis 4 sind der Behörde in Form von Originalen oder beglaubigten Kopien vorzulegen. Von den Unterlagen gemäß Z 2 bis 4 sind Übersetzungen in deutscher Sprache vorzulegen, wenn die Unterlagen in einer anderen als der deutschen Sprache verfasst sind. Darüber hinaus kann die Behörde von den Unterlagen gemäß Z 1 und allen nachgereichten Unterlagen Übersetzungen in deutscher Sprache verlangen. Die Übersetzungen sind von einem allgemein beeideten und gerichtlich zertifizierten Übersetzer oder von einer allgemein beeideten und gerichtlich zertifizierten Übersetzerin erstellen zu lassen.

(3) Die Behörde kann die antragstellende Person dazu auffordern, Informationen über ihre Ausbildung vorzulegen, soweit dies erforderlich ist, um festzustellen, ob diese von der gemäß § 16 Abs. 1 geforderten Ausbildung erheblich abweicht. Macht die antragstellende Person glaubhaft, dass sie nicht in der Lage ist, diese Informationen vorzulegen, fordert die Behörde die Informationen über die Ausbildung der antragstellenden Person bei dem Staat an, in dem die Person die Ausbildung absolviert hat.

(4) Ab der vollständigen Einreichung der Unterlagen hat die Behörde innerhalb von vier Monaten über den Antrag auf Anerkennung der Berufsausbildungen und -qualifikationen zu entscheiden.

(5) Wenn die Bestellung zum Aufzugsprüfer oder zur Aufzugsprüferin nach den Rechtsvorschriften des Bundes oder eines anderen Bundeslandes während eines laufenden Verfahrens gemäß §§ 16l bis § 16n erfolgt oder bereits davor erfolgt ist, ist nach § 16 Abs. 5 vorzugehen und die Berufsqualifikation mit Bescheid anzuerkennen.

(6) Wenn der Herkunftsmitgliedstaat das für die Zulassung zur Tätigkeit oder für die Ausübung der Tätigkeit erforderliche Ausbildungsniveau anhebt und eine antragstellende Person über eine Ausbildung verfügt, welche aufgrund der Anhebung des Ausbildungsniveaus nicht mehr den Erfordernissen der neuen Qualifikation des Herkunftsmitgliedsstaates ent-

spricht, aber die antragstellende Person im Herkunftsmitgliedstaat dennoch das Recht zur Zulassung oder Ausübung der Tätigkeit als Aufzugsprüfer oder Aufzugsprüferin hat, wird die erworbene Ausbildung von der Behörde als dem Niveau der neuen Qualifikation entsprechend eingestuft.

Anerkennung der Berufsqualifikation im Rahmen der Niederlassungsfreiheit

§ 16m. (1) Die Aufnahme und Ausübung der Tätigkeit als Aufzugsprüfer oder Aufzugsprüferin in Wien ist mittels Bescheid zu genehmigen, wenn die antragstellende Person über einen Befähigungs- oder Ausbildungsnachweis verfügt, der in einem Staat gemäß § 16a, in welchem der Beruf reglementiert ist,

1. für die Aufnahme oder Ausübung dieser Tätigkeit erforderlich ist und
2. der von der zuständigen Behörde dieses Staats ausgestellt wurde.

(2) Ist in einem Staat gemäß § 16a, in welchem der Beruf nicht reglementiert ist, für die Tätigkeit des Aufzugsprüfers oder der Aufzugsprüferin der Besitz eines Befähigungs- oder Ausbildungsnachweises nicht erforderlich, hat die Behörde die Ausübung dieser Tätigkeit mittels Bescheid zu genehmigen, wenn die antragstellende Person

1. diese Tätigkeit innerhalb der letzten zehn Jahre mindestens ein Jahr lang in Vollzeit oder während einer entsprechenden Gesamtdauer in Teilzeit ausgeübt hat, und
2. einen oder mehrere Befähigungs- oder Ausbildungsnachweise besitzt, welche von der zuständigen Behörde des Staats ausgestellt wurden und bescheinigen, dass die antragstellende Person auf die Ausübung des betreffenden Berufs vorbereitet wurde.

Eine Berufserfahrung gemäß Z 1 ist nicht erforderlich, wenn ein Ausbildungsnachweis über einen reglementierten Ausbildungsgang vorliegt.

(3) Sofern ein Aufzugsprüfer oder eine Aufzugsprüferin über einen Ausbildungsnachweis verfügt, der in einem Drittstaat ausgestellt wurde, ist eine dreijährige Berufserfahrung gemäß § 16a Z 4 erforderlich, außer es wurde zwischen dem Drittstaat und der Europäischen Union oder dem Drittstaat und der Republik Österreich ein Vertrag über die Anerkennung von Berufsausbildungen und -qualifikationen abgeschlossen (§ 16a Z 3 lit. b). Diesfalls sind die im Vertrag enthaltenen Bestimmungen über die Berufserfahrung maßgeblich.

(4) Im Falle eines unternehmensinternen Transfers gemäß der Richtlinie 2014/66/EU ist nach Abs. 2 vorzugehen.

Ausgleichsmaßnahmen im Rahmen der Niederlassungsfreiheit

§ 16n. (1) Vor der Entscheidung über die Anerkennung der Berufsqualifikation gemäß Abs. 6 hat die Behörde mit Bescheid die Absolvierung eines höchstens sechsmonatigen Anpassungslehrgangs oder die Ablegung einer Eignungsprüfung vorzuschreiben, wenn

1. sich die nachgewiesene Ausbildung auf Fachgebiete bezieht, die sich wesentlich von der geforderten Befähigung gemäß § 16 Abs. 1 unterscheidet, oder
2. die Tätigkeit des Aufzugsprüfers oder der Aufzugsprüferin in Wien eine oder mehrere berufliche Tätigkeiten umfasst, die im Herkunftsmitgliedstaat nicht Bestandteil des entsprechenden reglementierten Berufs sind und wenn sich die in § 16 Abs. 1 geforderte Ausbildung auf Fachgebiete bezieht, die sich wesentlich von denen der nachgewiesenen Ausbildung unterscheiden.

(2) Sollten mittels Bescheid Ausgleichsmaßnahmen vorgeschrieben werden, ist der antragstellenden Person die Wahl zu lassen, ob sie diese in Form eines Anpassungslehrgangs oder der Ablegung einer Eignungsprüfung absolvieren möchte. Der Bescheid über die Auferlegung eines Anpassungslehrgangs oder einer Eignungsprüfung muss hinreichend begründet sein und hat insbesondere folgende Informationen zu enthalten:

1. das Niveau der für die Aufnahme und Ausübung der Tätigkeit als Aufzugsprüfer oder Aufzugsprüferin in Wien erforderlichen Berufsqualifikation und das Niveau der nachgewiesenen Berufsqualifikation gemäß der Klassifizierung in Art. 11 der Richtlinie 2005/36/EG und
2. die wesentlichen Unterschiede gemäß Abs. 3 und die Gründe, aus denen diese Unterschiede nicht gemäß Abs. 4 ausgeglichen werden können.

(3) Unter „Fachgebiete, die sich wesentlich unterscheiden" im Sinne des Abs. 1 sind jene zu verstehen, bei denen Kenntnisse, Fähigkeiten und Kompetenzen eine wesentliche Voraussetzung für die Ausübung des Berufs sind und bei denen die bisherige Ausbildung der antragstellenden Person wesentliche Abweichungen hinsichtlich des Inhalts gegenüber der in § 16 Abs. 1 geforderten Ausbildung aufweist.

(4) Bei der Vorschreibung von Ausgleichsmaßnahmen (Anpassungslehrgang oder Eignungsprüfung) ist die Verhältnismäßigkeit zu wahren und insbesondere die Berufserfahrung angemessen zu berücksichtigen. Weiters ist vor der Vorschreibung von Ausgleichsmaßnahmen zu prüfen, ob die im Rahmen einer Berufspraxis oder durch lebenslanges Lernen in einem Staat gemäß § 16a erworbenen Kenntnisse, Fähigkeiten und Kompetenzen, die von einer einschlägigen Stelle formell als gültig anerkannt wurden, die wesentlichen Unterschiede in Bezug auf Fachgebiete, die sich wesentlich unterscheiden, ganz oder teilweise ausgleichen können.

(5) Die Behörde hat sicherzustellen, dass eine Eignungsprüfung innerhalb von sechs Monaten nach ihrer Vorschreibung abgelegt werden kann.

(6) Die Behörde hat auf Grundlage der Ergebnisse der Eignungsprüfung oder des Anpassungslehrganges mittels Bescheid zu entscheiden, ob die Erbringung der Tätigkeit zulässig ist.

Eintragung in das Verzeichnis gemäß § 16 Abs. 6

§ 16o. Wenn die Berufsqualifikation der antragstellenden Person mit Bescheid gemäß § 16l Abs. 5, § 16m oder § 16n Abs. 6 rechtskräftig anerkannt wurde, ist die antragstellende Person in das Verzeichnis gemäß § 16 Abs. 6 einzutragen.

Berufsbezeichnung bei Berufsausübung im Rahmen der Niederlassungsfreiheit

§ 16p. Die antragstellende Person ist nach der Anerkennung ihrer Berufsqualifikationen berechtigt, die Berufsbezeichnung „Aufzugsprüfer" oder „Aufzugsprüferin" zu führen.

Sonderfall der Anerkennung im Rahmen der Dienstleistungs- oder Niederlassungsfreiheit (Partieller Berufszugang)

§ 16q. (1) Die Behörde hat im Einzelfall teilweisen Zugang zur Tätigkeit des Aufzugsprüfers oder der Aufzugsprüferin in Wien mit Bescheid zu gewähren, wenn

1. die antragstellende Person ohne Einschränkungen qualifiziert ist, im Herkunfts- oder Niederlassungsmitgliedstaat die Tätigkeit als Aufzugsprüfer oder Aufzugsprüferin auszuüben, für die in Wien ein partieller Zugang beantragt wird,
2. die Unterschiede zwischen der rechtmäßig ausgeübten Tätigkeit als Aufzugsprüfer oder Aufzugsprüferin im Herkunfts- oder Niederlassungsmitgliedstaat und der Tätigkeit von Aufzugsprüfern oder Aufzugsprüferinnen in Wien so groß sind, dass die Anwendung von Ausgleichsmaßnahmen bewirken würde, dass die antragstellende Person vollständig das in § 16 Abs. 1 Z 1, Z 2 oder Z 3 vorgesehene Ausbildungsprogramm absolvieren müsste, um die berufliche Tätigkeit in Wien ausüben zu können und
3. sich die berufliche Tätigkeit der antragstellenden Person nach objektiven Kriterien von einzelnen der in § 17 Abs. 1 bis 3 und Abs. 4 genannten Tätigkeiten trennen lässt; bei der Beurteilung ist zu berücksichtigen, ob die berufliche Tätigkeit im Herkunfts- oder Niederlassungsmitgliedstaat eigenständig ausgeübt werden kann.

(2) Der teilweise Zugang darf nur verweigert werden, wenn diese Verweigerung durch zwingende Gründe des Allgemeininteresses gerechtfertigt ist, wenn sie geeignet ist, die Erreichung dieses verfolgten Ziels zu gewährleisten und nicht über das hinausgeht, was zur Zielerreichung erforderlich ist.

(3) Für das Verfahren betreffend die Anerkennung von Teilqualifikationen sind jeweils die Bestimmungen der §§ 16g bis 16i (Anerkennung von Berufsqualifikationen im Rahmen der Dienstleistungsfreiheit) oder §§ 16l bis 16n (Anerkennung von Berufsqualifikationen im Rahmen der Niederlassungsfreiheit) anzuwenden.

(4) Im Falle eines partiellen Berufszugangs hat die Berufsausübung unter der im Herkunfts- oder Niederlassungsmitgliedstaat vorgesehenen Berufsbezeichnung zu erfolgen. Abweichend davon kann die Behörde im Anerkennungsbescheid nach Abs. 1 vorschreiben, dass die Berufsbezeichnung in deutscher Sprache zu führen ist.

(5) Personen, denen ein partieller Zugang zur Tätigkeit des Aufzugsprüfers oder der Aufzugsprüferin gewährt wurde, sind unter den Voraussetzungen von § 16j oder von § 16o und unter Hinweis auf den partiellen Berufszugang sowie den anerkannten Tätigkeitsumfang in das öffentlich zugängliche elektronische Verzeichnis gemäß § 16 Abs. 6 einzutragen.

(6) Aufzugsprüfer oder Aufzugsprüferinnen, welchen ein partieller Zugang gewährt wurde, haben den zulässigen Umfang der Tätigkeit Dritten gegenüber in ausreichend erkennbarer Weise ersichtlich zu machen.

Aufgaben des Aufzugsprüfers und der Aufzugsprüferin

§ 17. (1) Der Aufzugsprüfer oder die Aufzugsprüferin ist verpflichtet, die regelmäßige Überprüfung der Aufzüge, mit deren Überprüfung er oder sie betraut ist, selbst vorzunehmen. Im Falle seiner oder ihrer Verhinderung hat er oder sie einen anderen Aufzugsprüfer oder eine andere Aufzugsprüferin mit der Überprüfung zu betrauen.

(2) Der Aufzugsprüfer oder die Aufzugsprüferin hat der Behörde mit Ablauf jedes Kalenderjahres ein Verzeichnis der von ihm oder ihr zur Überprüfung übernommenen Aufzüge zu übermitteln. In dem Verzeichnis sind der Aufstellungsort und der Betreiber oder die Betreiberin, der Typ des Aufzuges, die Aufzugsnummer, das Baujahr, der Montagebetrieb und die Nennlast anzugeben. Über diese übermittelten Angaben kann die Behörde ein elektronisches Verzeichnis führen.

(3) Der Aufzugsprüfer oder die Aufzugsprüferin ist verpflichtet, die Prüfungen der Aufzugswärter und Aufzugswärterinnen und der Betreuungspersonen von Betreuungsunternehmen durchzuführen und darüber Zeugnisse auszustellen.

(3a) Aufzugsprüfer oder Aufzugsprüferinnen, welche qualifizierte Berufsangehörige im Sinne des § 2 Abs. 16 sind, können auf Ersuchen einer Person, der zur Anerkennung ihrer Berufsqualifikation ein Anpassungslehrgang vorgeschrieben wurde, einen solchen Lehrgang abhalten. Der Inhalt und die Dauer des Anpassungslehrganges bestimmen sich nach dem Bescheid gemäß § 16n Abs. 1 und 2.

(3b) Die Absolvierung des Anpassungslehrganges durch den Lehrgangsteilnehmer oder die Lehrgangsteilnehmerin unterliegt einer abschließenden schriftlichen Bewertung durch den qualifizierten Berufsangehörigen oder die qualifizierte Berufsangehörige. Darin ist festzuhalten, ob

1. **der Lehrgangsteilnehmer oder die Lehrgangsteilnehmerin während der im Bescheid vorgeschriebenen Dauer die Tätigkeit als Aufzugsprüfer oder Aufzugsprüferin unter der Verantwortung des qualifizierten Berufsangehörigen oder der qualifizierten Berufsangehörigen in Wien ausgeübt hat und**
2. **ob der Lehrgangsteilnehmer oder die Lehrgangsteilnehmerin im Rahmen des Anpassungslehrganges jene Kenntnisse, Fähigkeiten und Kompetenzen erworben hat, welche erforderlich sind, um die im Bescheid angeführten, wesentlichen Unterschiede gemäß § 16n Abs. 2 Z 2 auszugleichen.**

(4) Stellt der Aufzugsprüfer oder die Aufzugsprüferin fest, dass ein Aufzug

1. **ohne Vorprüfung errichtet oder wesentlich geändert wird oder**
2. **ohne Abnahmeprüfung betrieben wird,**

hat er oder sie unverzüglich den Aufzug außer Betrieb zu setzen und die Behörde zu verständigen.

(EB LGBl 2023/38)

In Abs. 2 musste aufgrund des Inkrafttretens der Verordnung (EU) 2016/679 des Europäischen Parlaments und des Rates vom 27.4.2016 (Datenschutz-Grundverordnung) der Verweis auf das Datenschutzgesetz 2000 ersatzlos gestrichen werden.

Durch Abs. 3a wird Art. 3 Abs. 1 lit. g der RL 2005/36/EG umgesetzt, wonach Anpassungslehrgänge unter der Verantwortung eines qualifizierten Berufsangehörigen oder einer qualifizierten Berufsangehörigen abzuhalten sind.

Abs. 3a und 3b regeln die Absolvierung eines Anpassungslehrganges sowie die abschließende schriftliche Beurteilung der Kenntnisse und Fähigkeiten des Lehrgangsteilnehmers oder der Lehrgangsteilnehmerin durch den qualifizierten Berufsangehörigen oder die qualifizierte Berufsangehörige. Durch die abschließende schriftliche Beurteilung sollen die Lehrgangsteilnehmer oder die Lehrgangsteilnehmerinnen ein Dokument erhalten, in welchem die Beurteilung enthalten ist, ob die erforderlichen Kenntnisse und Fähigkeiten erworben wurden. Diese schriftliche Beurteilung hat der Lehrgangsteilnehmer oder die Lehrgangsteilnehmerin in weiterer Folge der Behörde vorzulegen, welche auf Basis des vorgelegten Dokuments mit Bescheid zu entscheiden hat, ob die Tätigkeit als Aufzugsprüfer oder Aufzugsprüferin in Wien zulässig ist.

Bei der Abhaltung von Anpassungslehrgängen erbringen die qualifizierten Berufsangehörigen keine hoheitliche Tätigkeit; es handelt sich daher um keine Beleihung (siehe die Ausführungen zu Z 35 zu § 16e). Für die Abhaltung der Anpassungslehrgänge kann der qualifizierte Berufsangehörige oder die qualifizierte Berufsangehörige ein angemessenes (marktübliches) Entgelt vom Lehrgangsteilnehmer oder der Lehrgangsteilnehmerin verlangen.

Aufzugsbuch

§ 18. **(1) Für jeden Aufzug ist ein Aufzugsbuch zu führen. In das Aufzugsbuch sind aufzunehmen:**

1. **die grundlegenden technischen Daten des Aufzuges, Anlagenzeichnungen und elektrische Schaltpläne gemäß den einschlägigen technischen Normen;**
2. **die Unterlagen gemäß § 7 Abs. 2, § 11 Abs. 3, § 12 Abs. 9, § 14 Abs. 1, § 15 Abs. 1 sowie § 22 Abs. 3 und 4.**

(2) Das Aufzugsbuch muss für die Behörde und den Aufzugsprüfer oder die Aufzugsprüferin im Triebwerksraum oder im Bereich des Aufzuges zur Einsicht aufliegen.

V. ABSCHNITT
Behörden und Verfahren

Zuständigkeit

§ 19. **(1) Behörde im Sinne dieses Gesetzes ist der Magistrat.**

(2) Die Gemeinde hat ihre in diesem Gesetz geregelten Aufgaben mit Ausnahme der Durchführung des Verwaltungsstrafverfahrens im eigenen Wirkungsbereich zu besorgen.

Strafbestimmungen

§ 20. **(1) Übertretungen der Vorschriften dieses Gesetzes und der auf Grund dieses Gesetzes erlassenen Durchführungsverordnungen sind nach den Strafbestimmungen der Bauordnung für Wien zu bestrafen.**

(2) § 33a Verwaltungsstrafgesetz 1991 – VStG, BGBl. Nr. 52/1991, in der Fassung BGBl. I Nr. 57/2018, findet nur auf Übertretungen des § 7 Abs. 2, § 11 Abs. 3 und § 18 Abs. 2 dieses Gesetzes in Verbindung mit § 135 Bauordnung für Wien Anwendung.

Übergangsbestimmungen

§ 21. (1) Die im Zeitpunkt des In-Kraft-Tretens dieses Gesetzes anhängigen Verfahren zur Erteilung der Baubewilligung oder der Kenntnisnahme und Verfahren zur Erstattung einer Fertigstellungsanzeige sind nach den bisherigen Bestimmungen weiterzuführen. Diese Verfahren sind jedoch einzustellen, sofern der Behörde die vollständige Anzeige gemäß § 7 vorliegt. Bei Vorliegen einer bereits rechtskräftig erteilten Baubewilligung ist für die Erstattung einer Anzeige nach § 7 der Anschluss eines Gutachtens über die Abnahmeprüfung gemäß § 6 Abs. 4 ausreichend, sofern während der Bauausführung keine wesentlichen Änderungen vorgenommen wurden und hierauf im Gutachten über die Abnahmeprüfung ausdrücklich Bezug genommen wird.

(2) Aufzugsprüfer oder Aufzugsprüferinnen, die bei In-Kraft-Treten dieses Gesetzes in ein Verzeichnis gemäß § 11 Abs. 9 des Wiener Aufzugsgesetzes, LGBl. für Wien Nr. 12/1953, in der Fassung der Novelle LGBl. für Wien Nr. 91/2001, eingetragen sind, gelten als befähigt im Sinne dieses Gesetzes.

(3) Betreuungsunternehmen, die bei In-Kraft-Treten dieses Gesetzes in ein Verzeichnis gemäß § 10 Abs. 10 des Wiener Aufzugsgesetzes, LGBl. für Wien Nr. 12/1953, in der Fassung der Novelle LGBl. für Wien Nr. 91/2001, eingetragen sind, gelten als befähigt im Sinne dieses Gesetzes.

(4) Bewilligungen für die Errichtung, die Änderung und den Betrieb von Aufzügen, die vor dem In-Kraft-Treten dieses Gesetzes bereits rechtskräftig erteilt wurden, bleiben unberührt.[1)]

(5) Für bestehende Aufzüge, die an ein dem Stand der Technik entsprechendes Fernnotrufsystem angeschlossen sind und bei denen die Notbefreiung von im Fahrkorb eingeschlossenen Personen durch ein Betreuungsunternehmen gemäß § 15 erfolgt, finden jene in den bezughabenden Bewilligungsbescheiden vorgeschriebenen Auflagen, die sich auf

- die Namhaftmachung bzw. den Wohnort von Aufzugswärtern oder Aufzugswärterinnen,
- die Notwendigkeit von Hinweistafeln an der Aufzugsanlage, wer im Falle einer Notbefreiung zu verständigen ist,
- das Vorhandensein und die Funktionstüchtigkeit von parallelen Notrufeinrichtungen in Stiegenhäusern bzw. Wohn- oder Betriebseinheiten, sowie
- die Notwendigkeit von Schlüsselkästchen im Zugang zu Triebwerksräumen,

falls sie durch einen Schlüsseltresor beim Liegenschaftszugang ersetzt werden, beziehen, keine Anwendung mehr.

(6) Für bestehende Aufzüge ergibt sich der Stichtag für die nächst fällige regelmäßige Überprüfung gemäß § 11 Abs. 2 nach dem Datum der letzten durchgeführten Überprüfung.

Anmerkung

1) Pro futuro gilt aber für die „alten" Aufzüge ebenfalls die neue Rechtslage. Vgl auch § 22.

Anwendung auf bestehende Aufzüge

§ 22. **(1) Bei einer Änderung eines bestehenden Aufzuges sind die dem Stand der Technik entsprechenden, für die jeweilige Änderung erforderlichen Maßnahmen zur Verbesserung der Sicherheit, insbesondere der Einbau von Sicherheitsbauteilen, durchzuführen.**

(2) An bestehenden, in Betrieb befindlichen Aufzügen, die

1. zwischen festgelegten Ebenen mittels eines Fahrkorbes verkehren,
   a) zur Personenbeförderung,
   b) zur Personen- und Güterbeförderung,
   c) sofern der Fahrkorb betretbar ist (d. h. wenn eine Person ohne Schwierigkeit in den Fahrkorb einsteigen kann) und über Steuereinrichtungen verfügt, die im Innern des Fahrkorbs oder in Reichweite einer dort befindlichen Person angeordnet sind, nur zur Güterbeförderung

   bestimmt sind und an starren Führungen entlang fortbewegt werden, die gegenüber der Horizontalen um mehr als 15 Grad geneigt sind, und

2. nicht nach den Bestimmungen des II. Abschnittes der Aufzüge-Sicherheitsverordnung 1996 (ASV 1996), BGBl. Nr. 780/1996 idF BGBl. II Nr. 464/2005, in Verkehr gebracht wurden,

sind vom Betreiber oder von der Betreiberin die in den Absätzen 3 bis 6 beschriebenen sicherheitstechnischen Überprüfungen durchführen zu lassen.

(3) Im Zuge der ersten regelmäßigen Überprüfung gemäß § 11 der in Abs. 2 genannten Aufzüge nach In-Kraft-Treten dieses Gesetzes hat der Aufzugsprüfer oder die Aufzugsprüferin folgende Gefährdungssituationen, bei deren Vorhandensein ein durchwegs hohes Sicherheitsrisiko vorliegt, zu überprüfen:

Nr.	**Signifikante Gefährdung/Gefährdungssituation**
1	**Antriebssystem mit schlechter Anhalte/Nachregulierungsgenauigkeit**
2	**Fehlende oder unzulängliche Schutzeinrichtung an kraftbetätigten Türen**
3	**Unsichere Verriegelungseinrichtung der Schachttüren**
4	**Fahrkorb ohne Türen**
5	**Zu großer Abstand zwischen Fahrkorb- und Schachttür**
6	**Fehlende oder unzulängliche Notrufeinrichtung**

Die vom Aufzugsprüfer oder von der Aufzugsprüferin erkannten Gefährdungssituationen sowie geeignete Maßnahmen zur Beseitigung bzw. weitestgehenden Verringerung des Risikos sind im Gutachten über die regelmäßige Überprüfung (§ 11 Abs. 3) anzuführen. Die Durchführung der erforderlichen Maßnahmen hat spätestens 5 Jahre nach der durchgeführten Überprüfung zu erfolgen.

(4) Unbeschadet der Überprüfung gemäß Abs. 3 ist vom Betreiber oder von der Betreiberin an den in Abs. 2 genannten Aufzügen eine umfassende sicherheitstechnische Überprüfung (Sicherheitsprüfung) durch

a) eine im Rahmen ihres Akkreditierungsumfanges auf dem Fachgebiet „Aufzüge und Sicherheitsbauteile für Aufzüge" akkreditierte Prüfstelle oder

b) eine durch Verordnung des Bundesministers für Wirtschaft und Arbeit für die Durchführung sicherheitstechnischer Prüfungen gelistete zugelassene Prüfstelle für Aufzüge für die Erhöhung der Sicherheit von bestehenden Aufzügen

durchführen zu lassen. Die Sicherheitsprüfung hat sich unter Bedachtnahme auf die grundlegenden Sicherheits- und Gesundheitsanforderungen für die Konzeption und den Bau von Aufzügen und Sicherheitsbauteilen von Aufzügen gemäß Anhang 1 der ASV 1996, BGBl. Nr. 780/1996 idF BGBl. II Nr. 464/2005, auf die maßgeblichen Gefährdungen, die bei Aufzügen auftreten können, zu erstrecken. Die Durchführung dieser Sicherheitsprüfung hat längstens bis zu den nachstehend angeführten Zeitpunkten zu erfolgen:

Baujahr des Aufzuges:	Durchführung der sicherheitstechnischen Überprüfung:
bis 1966	spätestens bis 31. Dezember 2007
1967 bis 1976	spätestens bis 31. Dezember 2008
1977 bis 1983	spätestens bis 31. Dezember 2009
1984 bis 1990	spätestens bis 31. Dezember 2010
1991 bis 1995	spätestens bis 31. Dezember 2011
1996 bis 1999	spätestens bis 31. Dezember 2012
Aufzüge, die gemäß ÖNORM B 2454:1998, Tabelle 1, Positionen 1 bis 10 oder 13, oder gemäß ÖNORM B 2454:1994, Tabelle 1, Positionen 1 bis 10 oder 14, umgebaut wurden	spätestens bis 31. Dezember 2012

Über die Sicherheitsprüfung hat die beauftragte Prüfstelle einen Prüfbericht zu erstellen; darin sind die festgestellten Gefährdungssituationen,

die damit verbundenen Risikostufen „hoch", „mittel" oder „niedrig" sowie geeignete Maßnahmen zur Beseitigung des Risikos anzugeben. Der Prüfbericht ist dem Betreiber oder der Betreiberin nachweislich zur Kenntnis zu bringen und im Aufzugsbuch zu hinterlegen.

(5) Eine Mehrfach- oder Teilbeauftragung von verschiedenen Prüfstellen zur Durchführung der Sicherheitsprüfung ist unzulässig. Sofern die Sicherheitsprüfung innerhalb des Zeitraumes gemäß Abs. 3 durchgeführt wird, gilt hierdurch auch die Verpflichtung zur Überprüfung der signifikanten Gefährdungssituationen gemäß Abs. 3 als erfüllt.

(6) Abhängig von der Risikostufe der Gefährdungssituation sind die geeigneten Maßnahmen innerhalb folgender Fristen durchzuführen:

Risikostufe „hoch" spätestens 5 Jahre nach durchgeführter Sicherheitsprüfung;

Risikostufe „mittel" spätestens 10 Jahre nach durchgeführter Sicherheitsprüfung;

Risikostufe „niedrig" im Zuge der nächsten Modernisierung der entsprechenden Komponente oder der nächsten Änderung des Aufzuges, soweit dies nach dem Stand der Technik notwendig ist.

Für Gefährdungssituationen, die bereits durch den Aufzugsprüfer oder die Aufzugsprüferin anlässlich der Überprüfung gemäß Abs. 3 festgestellt wurden, wird die Frist zur Erfüllung der erforderlichen Maßnahmen durch diese Sicherheitsprüfung nicht erstreckt.

(7) Soweit sich seitens der beauftragten Prüfstelle gravierende Bedenken gegen noch nicht umgesetzte Maßnahmenvorschläge des Aufzugsprüfers oder der Aufzugsprüferin gemäß Abs. 3 ergeben, sind diese Bedenken im Prüfbericht zu vermerken sowie geeignete Maßnahmen zur Beseitigung bzw. weitestgehenden Verringerung des Risikos anzugeben. Der Verpflichtung zur Risikobeseitigung gemäß Abs. 3 wird sodann nur durch die Durchführung der von der beauftragten Prüfstelle angegebenen geeigneten Maßnahmen erfüllt. Die Frist zur Erfüllung der erforderlichen Maßnahmen gemäß Abs. 3 wird durch diese Abänderung der Maßnahmen nicht erstreckt.

(8) Für die fristgerechte Durchführung der Sicherheitsprüfung gemäß Abs. 4 und 5 sowie die Umsetzung der erforderlichen Maßnahmen ist der Betreiber oder die Betreiberin verantwortlich.

(9) Vom Aufzugsprüfer oder von der Aufzugsprüferin sind sowohl die fristgerechte Durchführung der Sicherheitsprüfung gemäß Abs. 4 und 5 als

auch die fristgerechte Durchführung der Maßnahmen sämtlicher Überprüfungen zu überwachen. Bei Nichteinhaltung der Fristen bzw. bei unzureichend durchgeführten Maßnahmen hat der Aufzugsprüfer oder die Aufzugsprüferin nach Setzung einer Nachfrist von zwei Monaten die Behörde schriftlich zu verständigen. Die erfolgte ordnungsgemäße Durchführung der erforderlichen Maßnahmen ist vom Aufzugsprüfer oder von der Aufzugsprüferin im Aufzugsbuch zu vermerken.

(EB LGBl 2006/68)

Um eine möglichst effektive Überprüfung zu gewährleisten war in diesem Zusammenhang (im Gegensatz zur umfassenden Sicherheitsprüfung) auch die Normierung einer expliziten Prüfliste in Anlehnung an die einschlägigen Europäischen und österreichischen Normen für die Sicherheit von bestehenden Aufzügen (ÖNORM EN 81-80:2004-05-01 (=EN 81-80:2003-12); ÖNORM B 2454-1:2005-01-01) geboten. So entsprechen die aufgelisteten signifikanten Gefährdungen den in der ÖNORM EN 81-80 aufgelisteten Gefährdungen der Nr. 3, 30, 31, 40, 59 und 71, welche wiederum in den zu prüfenden Punkten gleicher Nummerierung der Prüfliste gemäß ÖNORM B 2454-1 ihre Entsprechung finden.

In einer weiteren Überprüfungsstufe sollen gemäß Abs. 4 bereits bestehende Aufzüge innerhalb eines dem Alter des Aufzuges (abhängig vom Baujahr) angepassten Zeitraumes durch eine (akkreditierte) Prüfstelle für Aufzüge umfassend auf Sicherheitsmängel überprüft und anschließend nach Maßgabe des jeweils gegebenen Gefahrenpotentials möglichst rasch nach dem aktuellen Stand der Technik adaptiert werden. Es wird davon ausgegangen, dass die Anzahl der festzustellenden Risiken mit dem Alter des bestehenden Aufzuges zunehmen wird und die Sicherheitsprüfung daher früher vorzunehmen ist als bei moderneren Aufzügen oder solchen, die bereits nach den Grundsätzen der Umbaurichtlinie gemäß ÖNORM B 2454 modernisiert wurden. Hierdurch soll auch wiederum dem Umstand Rechnung getragen werden, dass gegebenenfalls bestehende Aufzüge nach dem Stand der Technik im Errichtungszeitpunkt als mängelfrei zu bewerten wären, aber auf Grund des technischen Fortschritts heute nicht mehr dem aktuellen Stand der Technik entsprechen …

Die Kategorisierung von Risikostufen mit „hoch", „mittel" oder „niedrig" entspricht der ÖNORM B 2454-1, in welcher 74 angeführte Gefährdungssituationen mit den Risikostufen „hoch", „mittel" oder „niedrig" bewertet werden. Da die ÖNORM B 2454-1 im Zuge der Sicherheitsprüfung herangezogen werden kann und seitens des die Überprüfung vornehmenden Organs eine entsprechende fachliche Qualifikation gegeben ist, kann im Hinblick auf eine möglichst klare und einfache legistische Textierung von der Normierung einer expliziten Prüfliste inklusive Risikobewertung Abstand genommen werden. In diesem Zusammenhang ist auch in Betracht zu ziehen, dass die abstrakte Zuordnung zu einer Risikostufe nicht immer eindeutig möglich ist, da manche Gefährdungssituationen in Abhängigkeit vom festgestellten Sicherheitsniveau in unterschiedliche Risikostufen fallen können.

In-Kraft-Treten

§ 23. Dieses Gesetz tritt drei Monate nach seiner Kundmachung in Kraft.[1] Gleichzeitig tritt das Gesetz betreffend den Bau und den Betrieb von Aufzügen in Wien (Wiener Aufzugsgesetz), LGBl. für Wien Nr. 12/1953, in der Fassung der Novelle LGBl. für Wien Nr. 91/2001, außer Kraft.

Anmerkung

1) Das war am 22.3.2007.

Umsetzung von Gemeinschaftsrecht und Notifizierung

§ 24. (1) Durch dieses Gesetz werden insbesondere in § 1 Abs. 1, § 2 Abs. 1, § 3 Abs. 1 bis 4, §§ 4 bis 6, § 7 Abs. 1 und 2, § 9 Abs. 1 bis 4 und 6 bis 14, §§ 10, 11, § 12 Abs. 1 bis 4 und 6 bis 9, §§ 13 bis 15, § 16 Abs. 9, § 17 Abs. 1, 2 und 4, §§ 18 und 22 die Richtlinie 2014/33/EU des Europäischen Parlaments und des Rates vom 26. Februar 2014 zur Angleichung der Rechtsvorschriften der Mitgliedstaaten über Aufzüge und Sicherheitsbauteile, CELEX Nr. 32014L0033 (ABl. Nr. L 96 vom 29.3.2014, S. 251 – 308), und die Richtlinie 2006/42/EG des Europäischen Parlaments und des Rates vom 17. Mai 2006 über Maschinen und zur Änderung der Richtlinie 95/16/EG, CELEX Nr. 32006L0042 (ABl. Nr. L 157 vom 9.6.2006, S. 24 – 86), und in § 11, § 14 Abs. 2, § 15 Abs. 3 Z 3 sowie § 22 Abs. 3, 4, 6 und 9 die Empfehlung 95/216/EG der Kommission vom 8. Juni 1995 über die Verbesserung der Sicherheit der vorhandenen Aufzüge, CELEX Nr. 31995H0216 (ABl. Nr. L 134 vom 20.6.1995, S. 37 – 38), umgesetzt.

(2) Durch dieses Gesetz werden insbesondere in § 2 Abs. 4, § 2 Abs. 7 bis 18, § 16, § 16a bis § 16q die Richtlinie 2005/36/EG des Europäischen Parlaments und des Rates vom 7. September 2005 über die Anerkennung von Berufsqualifikationen, ABl. Nr. L 255 vom 30.9.2005, S. 22, zuletzt geändert durch die Richtlinie 2013/55/EU des Europäischen Parlaments und des Rates vom 20. November 2013 zur Änderung der Richtlinie 2005/36/EG über die Anerkennung von Berufsqualifikationen und der Verordnung (EU) Nr. 1024/2012 über die Verwaltungszusammenarbeit mit Hilfe des Binnenmarkt-Informationssystems („IMI-Verordnung"), ABl. Nr. L 354 vom 28.12.2013, S. 132 in der Fassung der Berichtigung ABl. Nr. L 095 vom 9.4.2016, S. 20, umgesetzt.

(3) Dieses Gesetz wurde gemäß den Bestimmungen der Richtlinie 98/34/EG des Europäischen Parlaments und des Rates vom 22. Juni 1998 über ein Informationsverfahren auf dem Gebiet der Normen und technischen Vorschriften und der Vorschriften für die Dienste der Informationsgesellschaft, CELEX Nr. 31998L0034 (ABl. Nr. L 204 vom 21.7.1998, S 37), in der Fassung der Richtlinie 98/48/EG des Europäischen Parlaments und

des Rates vom 20. Juli 1998, CELEX Nr. 31998L0048 (ABl. Nr. L 217 vom 5.8.1998, S 18), der Europäischen Kommission notifiziert (Notifikationsnummer 2006/0121/A).

(4) Mit § 16a Z 3 lit. a und § 16b Z 6 werden die Art. 3 lit. b und c, Art. 5 Abs. 1 lit. e, Art. 18 Abs. 2 lit. b und Art. 19 Abs. 6 der Richtlinie 2014/66/EU des Europäischen Parlaments und des Rates vom 15. Mai 2014 über die Bedingungen für die Einreise und den Aufenthalt von Drittstaatsangehörigen im Rahmen eines unternehmensinternen Transfers, ABl. Nr. L 157 vom 27.5.2014, S. 1, umgesetzt.

(5) Mit § 16b Z 7 wird Art. 16 Abs. 1 lit. c der Richtlinie (EU) 2021/1883 des Europäischen Parlaments und des Rates vom 20. Oktober 2021 über die Bedingungen für die Einreise und den Aufenthalt von Drittstaatsangehörigen zur Ausübung einer hoch qualifizierten Beschäftigung und zur Aufhebung der Richtlinie 2009/50/EG des Rates, ABl. Nr. L 382 vom 28.10.2021, S. 1, umgesetzt.

Verarbeitung personenbezogener Daten

§ 25. (1) Folgende Kategorien personenbezogener Daten können im Rahmen der Vollziehung dieses Gesetzes verarbeitet werden: Familienname, Vorname, Firma, Firmenbuch- bzw. Registernummer und Firmenbuchgericht bzw. Registergericht/Registrierungsstelle, Wohn- bzw. Geschäftsanschrift, Kontaktdaten (Telefonnummer, Faxnummer, E-Mail-Adresse) von Personen gemäß § 2 Abs. 4 sowie §§ 14, 15, 16, von Montagebetrieben, von Betreibern und Betreiberinnen von Aufzügen und von Personen, die ihre Berufsqualifikation als Aufzugsprüfer oder Aufzugsprüferin ganz oder teilweise im Ausland erworben haben und im Wiener Landesgebiet als Aufzugsprüfer oder Aufzugsprüferin tätig werden möchten oder tätig sind.

(2) Die in Abs. 1 genannten Kategorien personenbezogener Daten werden zur Gewährleistung der sicheren Benützung von Aufzugsanlagen und zur Beseitigung von Gefahren für die Gesundheit und das Leben von Menschen verarbeitet. Die Verarbeitung erfolgt insbesondere für folgende Zwecke:

1. Durchführung von Verfahren nach diesem Gesetz bei Errichtung oder Änderung von Aufzugsanlagen;
2. Durchführung von Kontrollen von Aufzugsanlagen;
3. Außerbetriebnahme oder Sperre von Aufzugsanlagen;
4. Bestellung von Betreuungsunternehmen sowie Aufzugsprüfern und Aufzugsprüferinnen inklusive Führen eines Verzeichnisses gemäß § 15 Abs. 4 und § 16 Abs. 6;
5. Verfahren zur Anerkennung der Berufsqualifikation von Aufzugsprüfern und Aufzugsprüferinnen gemäß § 16a bis § 16q.

(3) Die Behörde kann die in Abs. 1 genannten Kategorien personenbezogener Daten zu den in Abs. 2 genannten Zwecken übermitteln an:

1. **die Beteiligten an den Verfahren nach diesem Gesetz,**
2. **Sachverständige, die in einem Verfahren nach diesem Gesetz beigezogen werden,**
3. **ersuchte oder beauftragte Behörden, soweit diese Daten von den Genannten für die Besorgung ihrer Aufgaben im Rahmen des jeweiligen Verfahrens benötigt werden und**
4. **Verwaltungsgericht Wien, Verfassungsgerichtshof und Verwaltungsgerichtshof.**

(EB LGBl 2023/38)

Mit der Bestimmung des § 25 wird den innerstaatlichen Anpassungserfordernissen aufgrund der Verordnung (EU) 2016/679 entsprochen.

Gemäß Art. 1 der VO (EU) 2016/679 fallen Daten juristischer Personen nicht unter den Schutz der VO (EU) 2016/679. Allerdings sind Daten juristischer Personen im Umfang des § 1 DSG geschützt. Deshalb werden in § 25 Abs. 1 auch Daten juristischer Personen wie beispielsweise Firma, Firmenbuch- bzw. Registernummer, Firmenbuchgericht/Registrierungsstelle und Geschäftsadresse genannt.

In § 25 Abs. 2 wird iSd Art. 6 der VO (EU) 2016/679 der Zweck der Verarbeitung der Daten festgelegt. Dabei wird die zuständige Behörde gemäß Art. 6 Abs. 1 lit. c und e iVm § 1 Abs. 2 DSG ermächtigt, die personenbezogenen Daten für Zwecke des WAZG 2006 im erforderlichen Ausmaß zu verarbeiten.

Durch die Regelungen des WAZG 2006 bezüglich der Verpflichtung zur Anzeige vor Errichtung oder Änderung einer Aufzugsanlage bei der Behörde, der Verpflichtung zur regelmäßigen Überprüfung durch Fachleute und der Möglichkeit, eine Aufzugsanlage zu sperren, soll gewährleistet werden, dass die Benutzung von Aufzügen für Personen sicher ist und keine Gefahr für Leib und Leben besteht. Dieser Schutz liegt im öffentlichen Interesse und rechtfertigt die Verarbeitung der in § 25 genannten Daten. Die Daten sind für die Durchführung der Verfahren nach diesem Gesetz erforderlich bzw. werden zur effektiven Erfüllung der Aufsichtstätigkeit der Behörde benötigt. Die allgemeine Zugänglichkeit einer Liste gemäß § 15 Abs. 4 und § 16 Abs. 6, welche die Daten der bestellten Betreuungsunternehmen bzw. Aufzugsprüfer und Aufzugsprüferinnen enthält, dient insbesondere der Rechtssicherheit für Betreiber und Betreiberinnen bei deren Auswahl und Beauftragung. Wesentliche Kontroll- und Sicherungsmaßnahmen wurden in diesem Gesetz auf Dritte übertragen. Die Behörde soll in Erfüllung ihrer Aufsichtstätigkeit nur in Notfällen einschreiten. Durch die zentrale Erfassung der Betreiber und Betreiberinnen bei der Behörde und deren Abrufbarkeit für die Behörde ist die Vollziehung dieses Gesetzes zur Gewährung der Sicherheit der Benützung und Beseitigung von Gefahren für das Leben oder die Gesundheit von Menschen durch stichprobenartige Kontrollen sowie rasches Einschreiten im Notfall möglich. Die dazu erforderliche Verarbeitung von personenbezogenen

Daten steht in einem angemessenen Verhältnis zu dem im öffentlichen Interesse liegenden Schutzziel der Bestimmungen des WAZG 2006.

In § 25 Abs. 3 wird ausgewiesen, an welche Stellen die verarbeiteten Daten übermittelt werden können. Die Erstellung einer Datenschutz-Folgenabschätzung erfolgt durch die verarbeitende Stelle.

Übergangsbestimmungen zur Novelle LGBl. für Wien Nr. 28/2023

§ 26. (1) Für alle zur Zeit des Inkrafttretens[1)] der Novelle LGBl. für Wien Nr. 28/2023 anhängige Verfahren gelten die bisherigen gesetzlichen Bestimmungen.

(2) Auf im Zeitpunkt des Inkrafttretens der Novelle LGBl. für Wien Nr. 28/2023 bestehende Treppenschrägaufzüge ist § 9 Abs. 16 Z 1 zweiter Satz nicht anwendbar. Die Anforderungen des § 9 Abs. 16 Z 1 zweiter Satz gelten nur für Treppenschrägaufzüge, wenn diese nach dem Inkrafttreten der Novelle LGBl. für Wien Nr. 28/2023 neu errichtet werden.

(3) Auf im Zeitpunkt des Inkrafttretens der Novelle LGBl. für Wien Nr. 28/2023 bestehende Personenaufzüge und Hebeeinrichtungen für Personen, die einen nicht allseits geschlossenen Lastträger besitzen oder nicht mit Lastträgertüren an allen Zugangsseiten ausgestattet sind, ist § 12 Abs. 3a Z 11 nicht anwendbar. Die Anforderungen des § 12 Abs. 3a Z 11 gelten nur für Personenaufzüge und Hebeeinrichtungen für Personen, die einen nicht allseits geschlossenen Lastträger besitzen oder nicht mit Lastträgertüren an allen Zugangsseiten ausgestattet sind, wenn diese nach dem Inkrafttreten der Novelle LGBl. für Wien Nr. 28/2023 neu errichtet werden.

(4) Auf im Zeitpunkt des Inkrafttretens der Novelle LGBl. für Wien Nr. 28/2023 bestehende Treppenschrägaufzüge ist § 12 Abs. 3b Z 9 nicht anwendbar. Die Anforderungen des § 12 Abs. 3b Z 9 gelten nur für Treppenschrägaufzüge, wenn diese nach dem Inkrafttreten der Novelle LGBl. für Wien Nr. 28/2023 neu errichtet werden.

(EB LGBl 2023/38)

Weitere Übergangsbestimmungen sind in § 26 Abs. 2 bis 4 vorgesehen. Diese Übergangsbestimmungen sind erforderlich, weil § 9 Abs. 16 Z 1 zweiter Satz, § 12 Abs. 3a Z 11 und § 12 Abs. 3b Z 9 neue technische Anforderungen für Aufzüge regeln. Die neuen Anforderungen sollen jedoch nur für ab dem Inkrafttreten dieser Novelle neu errichtete Aufzüge gelten. Für ältere Aufzüge können sich vergleichbare Anforderungen allenfalls aus Auflagen ergeben, die in Bewilligungsbescheiden vorgeschrieben sind (siehe die Erläuternden Bemerkungen zu §§ 9 und 12).

Anmerkung

1) Das war am 14.11.2023.

3a. Kanalanlagen und Einmündungsgebührengesetz – KEG

LGBl 1955/22, in der Fassung der Gesetze LGBl 1967/13, 1970/2, 1973/10, 1977/20, 1984/18, 1984/45, 1990/44, 1990/73, 1994/33, 1995/78, 1996/44, 2001/36, 2010/17, 2013/45, 2013/60, 2018/71 und 2021/64

I. Abschnitt
Baurechtliche Vorschriften

Einteilung der Kanäle

§ 1. **(1) Die Straßenkanäle sind:**

a) Mischwasserkanäle,
b) Teilmischwasserkanäle,
c) Schmutzwasserkanäle,
d) Regenwasserkanäle,
e) Teilregenwasserkanäle.

(2) Die Mischwasserkanäle sind zur gemeinsamen Ableitung aller Abwässer, das sind Schmutz- und Regenwässer, bestimmt (Mischsystem). Die Teilmischwasserkanäle sind zur Ableitung von Schmutzwässern und Regenwässern von Verkehrsflächen bestimmt (Teilmischsystem). Die Schmutzwasserkanäle dienen nur zur Ableitung von Schmutzwässern einschließlich von Fäkalien und unschädlichen (§ 3) Abfallstoffen, die Regenwasserkanäle nur zur Ableitung von Regenwässern, das sind Niederschläge aller Art, und von reinen Wässern (Trennsystem). Schmutzwasserkanäle und Regenwasserkanäle können jedoch in einem gemeinsamen Kanalkörper verlegt werden. Teilregenwasserkanäle dienen ausschließlich zur Ableitung der Regenwässer von Verkehrsflächen. Teilregenwasserkanäle und Schmutzwasserkanäle können ebenfalls in einem gemeinsamen Kanalkörper verlegt werden (Teiltrennsystem).

(3) In die Kanäle dürfen andere Stoffe als jene, zu deren Ableitung sie bestimmt sind, nur mit besonderer Zustimmung des Kanalnetzbetreibers unter den von ihm festgelegten Bedingungen eingeleitet werden.

(EB zur Nov LGBl 2013/60)

Zu Art. I Z 1 (§ 1 Abs. 1 und 2)

Im Zusammenhang mit dem vorgesehenen Entfall der Verpflichtung zur Einleitung von Regenwasser in die öffentliche Kanalisation ist es zweckmäßig für Gebiete, in denen ein Teilmischkanalsystem besteht, zusätzlich zu Mischwasserkanälen, Schmutzwasserkanälen und Regenwasserkanälen auch Teilmischwasserkanäle und Teilregenwasserkanäle zu definieren, um klare Entscheidungsgrundlagen für Anträge auf Zulässigkeit der Einleitung von Regenwasser zu schaffen.

Teilmischwasserkanäle: Weite Teile des Wiener Stadtgebietes werden im sogenannten Teilmischsystem entsorgt. Das bedeutet, dass in den öffentlichen Straßenkanal alle Schmutzwässer und jene Niederschlagswässer, die auf den Verkehrsflächen anfallen, eingeleitet werden. Die Kanäle in diesen Bereichen sind Teilmischwasserkanäle.

Teilregenwasserkanäle: In einigen Bereichen von Wien, die im Trennsystem entsorgt werden (Ableitung von Regenwässern und Schmutzwässern in getrennten Kanälen), werden lediglich Niederschlagswässer, die auf den Verkehrsflächen anfallen, in Regenwasserkanälen abgeleitet. Dies gilt unter den beschriebenen Voraussetzungen auch dann, wenn nur ein Regenwasserkanal vorhanden ist.

(EB zur Nov LGBl 2021/64)

Wien Kanal hat als Kanalnetzbetreiber und Kanalisationsunternehmen nicht den Status einer Behörde inne. Entsprechend § 32b Abs. 1 des Wasserrechtsgesetzes 1959 („Abweichungen von diesen Anforderungen können vom Kanalisationsunternehmen zugelassen werden, soweit dieses sein bewilligtes Maß der Wasserbenutzung einhält. Einleitungen bedürfen der Zustimmung des Kanalisationsunternehmens.") sollte auch die Bestimmung im KEG auf das Kanalisationsunternehmen bzw. auf den Kanalnetzbetreiber abzielen und nicht auf die Behörde.

Verpflichtung zur Einleitung

§ 2. (1) Sofern der Bebauungsplan nicht anderes festlegt, müssen von Baulichkeiten auf Bauplätzen oder Baulosen Schmutzwässer unterhalb der Verkehrsflächen in den Kanal geleitet werden, wenn der Bauplatz oder das Baulos von einem bei der Bauführung bereits bestehenden Straßenkanal ohne Verbindung über eine andere Liegenschaft nicht mehr als 30 m entfernt ist; bei Baulosen gelten Flächen, die im Gartensiedlungsgebiet liegen, nicht als andere Liegenschaft und werden in das Maß von 30 m nicht eingerechnet. Sobald die Verpflichtung zur Einmündung erfüllt ist, sind die bisherigen Anlagen zur Ableitung der Schmutzwässer zu beseitigen.

(2) Für Baulichkeiten auf sonstigen bebauten Flächen[1)], deren Außenkante von einem Straßenkanal ohne Verbindung über eine andere Liegenschaft nicht mehr als 30 m entfernt ist, hat die Behörde die Einleitung der Schmutzwässer in den Straßenkanal und die Beseitigung eventuell bestehenden Anlagen zur Ableitung solcher Abwässer[2)]

a) bei Neu- oder Umbauten bescheidmäßig zu verlangen, sofern auf Grund der Nutzung mit dem Anfall von Abwässern zu rechnen ist.

b) bei Bestandsobjekten bescheidmäßig zu verlangen, sofern dadurch für den Verpflichteten bzw. die Verpflichtete kein unzumutbarer bzw. unverhältnismäßiger Aufwand entsteht.[3)]

(3) Die Behörde hat auf Antrag eine Ausnahme von der Verpflichtung zur Ableitung von Schmutzwässern nach Abs. 1 oder 2 zu bewilligen, wenn die Ausnahme im Interesse eines ordnungsgemäßen Kanalbetriebes zweckmäßig erscheint oder die Verwendung der Schmutzwässer für Düngezwecke

in landwirtschaftlichen Betrieben erfolgen soll und überwiegend öffentliche Interessen, insbesondere solche der Gesundheit oder körperlichen Sicherheit von Personen, nicht entgegenstehen. Die Ausnahme ist zu widerrufen, wenn die Voraussetzungen für ihren Ausspruch fortgefallen sind. Die Ableitung aller Schmutz- und Regenwässer von den anliegenden Grundstücken auf Verkehrsflächen ist verboten.

(4) Einmündungen, die nicht auf Grund einer Verpflichtung nach Absatz 1 oder 2 oder nicht dauerhaft erfolgen, bedürfen der Zustimmung der Stadt Wien, die berechtigt ist, für nicht dauerhafte Einmündungen ein Entgelt zu fordern sowie zwecks Feststellung der Einleitungsmenge die Anbringung einer Messeinrichtung zu verlangen.

(EB zur Nov LGBl 2013/60)

Zu Art. I Z 2, 3 und 4 (§ 2 Abs. 1 und 3)

Gemäß § 2 Abs. 1 besteht bisher die Verpflichtung zur Einleitung aller Abwässer von Baulichkeiten auf Bauplätzen oder Baulosen in den öffentlichen Kanal. Dazu gehören auf Grund der Bestimmungen des § 1 auch Regenwässer. Aus ökologischen Gründen und zur Entlastung des Kanalsystems ist die Versickerung oder Verwendung vonNiederschlagswasser vor Ort anzustreben. Für Neubauten und Verkehrsflächen soll daher die Verpflichtung zur Einleitung von Regenwasser in den öffentlichen Kanal entfallen. Somit bleibt lediglich die Verpflichtung zur Einleitung der Schmutzwässer in den öffentlichen Kanal bestehen.

(EB zur Nov LGBl 2021/64)

Die geltenden Bestimmungen des KEG regeln die Anschlussverpflichtung von Liegenschaften an den öffentlichen Straßenkanal derart, dass diese nur für Bauplätze bzw. Baulose gelten (§ 2 Abs. 1). Daraus ergibt sich, dass Baulichkeiten auf sonstigen bebauten Flächen von dieser Anschlussverpflichtung ausgenommen sind, selbst dann, wenn sie die Möglichkeit zum Anschluss haben. Diese konnten bisher gemäß **§ 2 Abs. 2** nur dann zum Anschluss verpflichtet werden, wenn öffentliche, insbesondere gesundheitliche Rücksichten dies erfordern.

Im Hinblick auf den wirtschaftlichen Umgang mit öffentlichen Mitteln ist allerdings dafür zu sorgen, dass sämtliche bebaute Liegenschaften, die über die Möglichkeit eines Kanalanschlusses verfügen, diesen auch ausführen.

Durch den Wegfall einer großen Zahl von LKW-Fahrten im Stadtgebiet im Zuge der Senkgrubenräumung fallen erhebliche Umweltbelastungen wie z.B. der Ausstoß von klimaschädlichen Abgasen und die Kontamination von Böden durch Reifenabrieb weg. Für die Anrainer bringt die Maßnahme eine Erhöhung der Lebensqualität durch den Wegfall von Lärm- und Geruchsbelästigungen aber auch von Verkehrsbehinderungen im Zuge der Räumtätigkeiten.

Um Härtefälle zu verhindern, soll die Anschlussverpflichtung durch die Baubehörde nur in jenen Fällen ausgesprochen werden können, wo das Gebäude weniger als 30 m vom öffentlichen Kanal entfernt ist.

§ 2 Abs. 2 lit. a meint Neu- und Umbauten iSd § 60 Abs. 1 lit. a der BO für Wien, LGBl. Nr. 11/1930 idF LGBl. für Wien Nr. 61/2020.

Im Bescheid zur Vorschreibung der Einleitung soll den Betroffenen eine angemessene Frist zur Herstellung des Kanalanschlusses gewährt werden.

Außerdem soll bei Bestandsobjekten gemäß Abs. 2 lit. b eine Befreiung von der Anschlussverpflichtung möglich sein, wenn dadurch ein **unzumutbarer oder unverhältnismäßiger Aufwand** entsteht. Dies ist dann der Fall, wenn eine Liegenschaft unbewohnt ist und daher kein Abwasser anfällt oder die Herstellung des Hauskanals unter besonders schwierigen Umständen zu erfolgen hätte. Solche besonders schwierigen Umstände sind beispielsweise:

- Es wäre eine Grabung im öffentlichen Straßenraum von mehr als 5 m Länge erforderlich,
- Es wäre eine Umlegung bestehender Einbauten im öffentlichen Gut erforderlich,
- Es wäre die Querung einer Gleisanlage erforderlich.

Die Möglichkeit einer Ausnahme von der Verpflichtung zur Einleitung gemäß Abs. 1 wird auf die Fälle des Abs. 2 erweitert. Die Formulierung der Ausnahme „Verwendung der Schmutzwässer für Düngezwecke" wurde um die Wortfolge „in landwirtschaftlichen Betrieben" ergänzt, da sie höchstens noch für die wenigen landwirtschaftlichen Betriebe in Wien in Frage kommt.

Anmerkungen

1) Voraussetzung ist, dass es sich um eine den Bestimmungen der BO unterliegende Baulichkeit handelt.

2) Vgl § 6 Abs 3 des Wiener Kleingartengesetzes.

3) Für einen Eingriff in bestehende Rechte gibt es hohe verfassungsrechtliche Anforderungen, insbesondere Verhältnismäßigkeit. Ob das Abstellen auf LKW-Fahrten und Reifenabrieb dem genügt, wird die Judikatur zeigen. Trotz EBs ist nicht konkret, welche finanziellen Belastungen Betroffene tragen müssen, in welchem Verhältnis diese als unverhältnismäßig zu sehen sind. Es ist mit einer nicht unerheblichen Zahl an Verfahren und Verfahrensaufwand zur Klärung zu rechnen.

Judikatur

1) Die Verpflichtung des Hauseigentümers, einen Hauskanal herzustellen und mit dem Hauptkanal zu verbinden, setzt voraus, daß diese Verbindung ohne Dazwischenliegen fremder Rechte ausführbar ist. Keineswegs ist in dieser Verpflichtung die Verpflichtung inbegriffen, die Zustimmung eines dritten Grundeigentümers zur Leitung des Hauskanals durch seinen Grund und Boden zu erwirken (VwGH 1.4.1904, Slg 2412/A).

2) Die Besitzer eines zu Recht bestehenden Hauses haben ein Recht auf den Anschluß ihrer Hauskanalisation an die Straßenkanäle, sobald hiezu die faktischen Voraussetzungen gegeben sind (VwGH 9.3.1906, Slg 4242/A, zur Bauordnung für Böhmen).

3) Ein Bauplatz im Sinne des Gesetzes über Kanalanlagen und Einmündungsgebühren liegt dann vor, wenn ein solcher nach den Bestimmungen der gegenwärtig geltenden Bauordnung geschaffen worden ist oder wenn ein Bauplatz nach den bisherigen gesetzlichen Bestimmungen durch eine rechtswirksam gewordene behördliche Abteilungsbewilligung geschaffen worden ist und im Sinne des Art III Abs 2 der Bauordnung als Bauplatz gilt (VwGH 26.5.1959, Slg 4980/A, und 10.6.1968, 1317/67).

4) In einem Industriegebiet ist als Bauplatz im Sinne des § 2 Abs 1 des Gesetzes über Kanalanlagen und Einmündungsgebühren jene Fläche anzusehen, auf der sich die Fabriksgebäude befinden, einschließlich der zugehörigen Freiflächen, und zwar ohne Rücksicht darauf, ob diese Freiflächen aus baupolizeilichen oder anderen Gründen, etwa aus betrieblicher Notwendigkeit heraus, von einer Verbauung freigehalten wurden. Diese Beurteilung erfährt auch dann keine Änderung, wenn sich auf der so umschriebenen Fläche ein Wohnhaus befindet (VwGH 10.11.1959, Slg 5107/A).

5) Falls sich herausstellt, daß der Auftrag zur Einmündung in den städtischen Kanal in der Folge tatsächlich undurchführbar ist, besteht die Möglichkeit, diesen Bescheid in Anwendung des § 68 Abs 4 lit c (jetzt: Z 3) AVG für nichtig zu erklären, worauf allerdings gemäß Abs 7 der zitierten Gesetzesstelle niemandem ein Rechtsanspruch zusteht (VwGH 17.4.1962, 1874/60).

6) Die Verletzung der Einmündungsverpflichtung nach § 2 Abs 1 ist ein Unterlassungsdelikt. Bei einem solchen ist der strafbare Tatbestand schon immer dann verwirklicht, wenn innerhalb der Verjährungsfrist das strafbare Verhalten noch andauert (VwGH 25.1.1962, 566/61).

7) Wenn nach § 2 Abs 3 des Gesetzes über Kanalanlagen und Einmündungsgebühren Ausnahmen von der Einmündungspflicht in Kanäle bei Schmutzwässern nur zulässig sind, falls diese Wässer nachweislich zu Düngerzwecken benötigt werden, so wird damit nicht der Antragsteller zum Nachweis verpflichtet, sondern nur zum Ausdruck gebracht, daß die Ausnahme nur bewilligt werden darf, wenn die festgesetzten Voraussetzungen im Ermittlungsverfahren erwiesen werden (VwGH 12.1.1961, Slg 5466/A).

8) Die Gewährung einer Ausnahme vom Anschlußzwang nach § 2 Abs 3 des Gesetzes über Kanalanlagen und Einmündungsgebühren ist nicht in das Ermessen der Behörde gestellt, sondern es besteht hierauf bei Vorliegen der gesetzlichen Voraussetzungen ein Anspruch (VwGH 31.1.1964, Slg 6225/A).

9) § 2 Abs 1 zweiter Satz des Gesetzes über Kanalanlagen und Einmündungsgebühren läßt der Behörde keine Alternative offen, wenn der vom Gesetz für die Einmündungspflicht geforderte Tatbestand vorliegt (VwGH 24.10.1966, 240/66).

10) Ein eigenmächtiger, der Bauordnung nicht entsprechender Anschluß an den öffentlichen Kanal schließt die Erteilung eines Auftrages zum bauordnungsgemäßen Anschluß an den Kanal nicht aus (VwGH 18.10.1965, Slg 6784/A).

11) Auch für ein lediglich nach § 71 BO bewilligtes Gartenhäuschen besteht gemäß § 2 Abs 1 Kanalgesetz eine Anschlußpflicht, sofern die Bauplatzqualität der Grundflächen zu bejahen ist (VwGH 28.6.1979, 1319/77).

12) Die Kanalanschlußverpflichtung geht durch die Erwirkung einer Abbruchsbewilligung für die die Verpflichtung auslösenden Gebäude nicht unter, besteht doch kein Zwang, von einer solchen baubehördlichen Bewilligung auch Gebrauch zu machen (VwGH 23.3.1982, 81/05/0161, zur BO f NÖ).

13) Wurde über die Frage, ob eine Ausnahme von der Kanalanschlußpflicht zu gewähren ist, bereits rechtskräftig entschieden, ist ein neuerliches Ausnahmeansuchen – gleichbleibende Sach- und Rechtslage vorausgesetzt – wegen entschiedener Sache zurückzuweisen (VwGH 11.12.1984, 84/05/0241, 0242, BauSlg 355).

14) Für die Verpflichtung zum Kanalanschluß nach § 2 Abs 1 des Kanalgesetzes ist es rechtlich unerheblich, ob die bestehende Verkehrsfläche, in der der Straßenkanal verlegt worden ist, im Eigentum des Bundes oder der Gemeinde steht. Die Verpflichtung zum Kanalanschluß knüpft an den (bebauten) Bauplatz, nicht aber an die Bebauung eines bestimmten Grundstückes (innerhalb des Bauplatzes) an. Das Argument, daß bei einem Kanalbau zwangsläufig Bäume beschädigt würden, vermag an der Verpflichtung zum Kanalanschluß mangels Berücksichtigung solcher Situationen durch den Gesetzgeber nichts zu ändern (VwGH 10.10.1989, 89/05/0032). Letzteres gilt auch für einen zum Naturdenkmal erklärten Baum (VwGH 24.4.1990, 89/05/0009).

Verbot der Einleitung schädlicher Stoffe und eigenmächtiger Handlungen

§ 3. (1) In den Straßenkanal dürfen keine Anlagen, die zur Ableitung von Abluft, Dämpfen oder Gasen dienen, eingemündet werden.

(2) Abwässer aller Art, die an der Einmündungsstelle des Hauskanales wärmer als 30° C sind, dürfen in den Straßenkanal nicht eingeleitet werden.

(3) In den Straßenkanal dürfen weiters, unbeschadet der Bestimmung des Abs. 4, feste oder flüssige Stoffe nicht eingeleitet werden, die mit Rücksicht auf ihre Beschaffenheit, Menge und Konzentration den Bestand, den Betrieb oder die Kontrolle des Straßenkanales oder einer zum Kanalsystem gehörenden Anlage gefährden oder beeinträchtigen können. Zu diesen Stoffen zählen insbesondere:

a) Abfälle oder Müll aller Art, auch in zerkleinertem Zustand, wie Sand, Schutt, Asche, Küchenabfälle, Kehricht, Textilien, Kunststoffe, grobes Papier, Dung, Glas und Blech;

b) feuer- und zündschlaggefährliche Stoffe, säure-, fett- oder ölhaltige Stoffe, Gifte, gifthältige oder radioaktive Stoffe oder Gegenstände, die radioaktive Stoffe enthalten oder an deren Oberfläche sich solche Stoffe befinden, ferner sonst schädliche Stoffe und Stoffe, die schädliche oder widerliche Ausdünstungen verbreiten, wie Benzin, Benzol, Nitroverbindungen, Chlorlösungen, halogenierte Kohlenwasserstoffe, Zyanide, Arsenverbindungen, Karbid, Öle, Phenole, Antibiotika und Jauche.

(4) Durch Verordnung der Landesregierung kann die höchstzulässige Konzentration oder die zulässige Beschaffenheit der in Abs. 3 genannten Stoffe festgelegt werden. Aus öffentlichen Rücksichten kann allgemein durch Verordnung der Landesregierung oder im Einzelfall durch Bescheid die Einleitung von in Abs. 3 genannten Stoffen überhaupt, auch in neutralisiertem oder verdünntem Zustand, ausgeschlossen werden.[1)]

(5) Den Eigentümern und Eigentümerinnen der angeschlossenen Hauskanäle ist der Einbau geeigneter Überprüfungs- und Messeinrichtungen auf ihre Kosten aufzutragen, sofern Abwässer unzulässig eingeleitet worden sind oder unzulässig eingeleitet werden. Den Vertretern und Vertreterinnen des Kanalnetzbetreibers ist zur Ermöglichung der Kontrolle der Überprüfungs- und Messeinrichtungen sowie zur Überwachung der genauen Einhaltung der den Eigentümern und Eigentümerinnen der Hauskanäle gesetzlich obliegenden Verpflichtungen der Zutritt zu allen Teilen der Kanalanlage zu gewähren; hiebei ist auf die in anderen Gesetzen enthaltenen Vorschriften und Verbote Bedacht zu nehmen. Der Eigentümer bzw. die Eigentümerin des Hauskanals, alle übrigen Haus- und Grundmiteigentümer bzw. Haus- und Grundmiteigentümerinnen, der Hauswart bzw. die Hauswartin sowie die Bewohner und Bewohnerinnen oder Mieter und Mieterinnen der Baulichkeit sind verpflichtet, alle erforderlichen Auskünfte zu erteilen.

(6) Wenn der mittels eines Wasserzählers zu ermittelnde Wasserdurchfluß mehr als 100 l/h beträgt, dürfen Kühlwässer in den Straßenkanal nur im Zuge einer Reparatur, Wartung oder Kontrolle der Kühlanlage eingeleitet werden; Regenerat- und Spülwässer von Wasseraufbereitungsanlagen sowie Abschlammwässer aus Rückkühltürmen gelten nicht als Kühlwässer. Bestehende Kühlanlagen sind dieser Vorschrift bis zum 1. Jänner 1987 anzupassen oder ab diesem Zeitpunkt stillzulegen; von dieser Verpflichtung ist Abstand zu nehmen, wenn der nachträgliche Einbau einer Rückkühlung infolge der Eigenart des bestehenden Gebäudes technisch nicht möglich ist oder öffentliche, die Beibehaltung des bestehenden Zustandes nahelegende Rücksichten, wie solche des Umweltschutzes, der Stadtbildpflege oder der Sicherung der allgemeinen Energieversorgung, das öffentliche Interesse an der einwandfreien Funktion des Straßenkanals oder einer zum Kanalsystem gehörenden Anlage überwiegen. Die

Abstandnahme ist zu widerrufen, wenn die Gründe für ihre Erteilung nachträglich wegfallen oder sich herausstellt, daß sie bereits anläßlich des Ausspruches der Abstandnahme nicht bestanden.

(7) Die Landesregierung kann in den Fällen des Abs. 5 durch Verordnung nähere Bestimmungen über die Ausstattung, Anbringung und Wartung der Überprüfungs- und Meßeinrichtungen erlassen.[2)]

(8) Das eigenmächtige Öffnen der Verschlüsse von Straßenkanälen, Einsteigen in die Kanäle und Absuchen derselben nach verwertbaren Gegenständen (Strotten) ist verboten.

(9) In Senkgruben dürfen keine Regenwässer eingeleitet werden.

Anmerkungen

1) S die V unter 3.b und 3.c.

2) Eine solche V wurde bisher nicht erlassen.

Judikatur

1) § 3 Abs 2 (jetzt: Abs 3) lit a Kanalgesetz stellt keine Regelung in Angelegenheiten des Gewerbes und der Industrie dar (VfGH 25.2.1972, Slg 6658).

2) Nur die unmittelbare, dh von der Ableitung anderer Abwässer getrennte Einbringung der aufgezählten Stoffe ist schlechthin untersagt bzw nur auf Grund einer besonderen Bewilligung zulässig. Als Bestandteile der Abwässer dürfen diese Stoffe nur in einer den Bestand, den Betrieb usw nicht gefährdenden oder beeinträchtigenden Beschaffenheit, Menge oder Konzentration eingebracht werden (VwGH 3.4.1973, Slg 8392/A).

§ 4. *entfällt*[1)]

Anmerkung

1) § 4 entfiel mit der Nov LGBl 2010/17.

Herstellung und Instandhaltung der Kanäle

§ 5. (1) Die Herstellung und Instandhaltung der Straßenkanäle obliegt der Stadt Wien.

(2) Der Hauskanal bildet bis zu seiner Einmündung in den Straßenkanal einen Bestandteil der Baulichkeit. Seine Herstellung und Erhaltung obliegt nach den Bestimmungen des § 129 Abs. 2 Bauordnung für Wien, LGBl. für Wien Nr. 11/1930, in der jeweils geltenden Fassung, dem Hauseigentümer bzw. der Hauseigentümerin; unter diese Instandhaltungspflicht fällt auch die Verpflichtung zur Instandhaltung des Mauerwerks rings um die Einmündungsstelle.

(3) Dient ein Hauskanal den Eigentümern und Eigentümerinnen verschiedener Liegenschaften, so sind diese zur ungeteilten Hand – unbeschadet des Rückgriffsrechtes untereinander – verpflichtet, den Kanal zu erhalten.

(4) Beim Umbau von Straßenkanälen in gleicher oder in einer geänderten Trassenführung obliegt es der Stadt Wien vorhandene Hauskanäle entsprechend anzupassen (insbesondere deren Verlängerung oder Verkürzung), sofern ein öffentliches Interesse vorliegt. Abs. 2 und 3 bleiben hinsichtlich der Instandhaltungspflicht davon unberührt.

Judikatur

1) Wenn die Gemeinde einen Hauptkanal umbaut und infolge dieses Umbaues die bestehende Einmündung eines Hauskanals in den Hauptkanal abgeändert werden muß, so obliegt es der Gemeinde, die Abänderungen an den bestehenden Hauskanal durchzuführen. Im übrigen ist der Hauskanal ein integrierender Bestandteil des Hauses selbst, auch in seiner Fortsetzung unter das Straßenniveau; daher trifft den Hausbesitzer auch die Pflicht zu dessen Instandhaltung (VwGH 11.7.1984, Slg 8025/A).

2) Die Bestimmung des § 5 Abs 3, wonach dann, wenn ein Hauskanal den Eigentümern verschiedener Liegenschaften dient, diese zur ungeteilten Hand – unbeschadet des Rückgriffsrechtes untereinander – verpflichtet sind, den Kanal zu erhalten, ist gegenüber der Bestimmung des § 129 Abs 2 der BO für Wien die Sondernorm, die die allgemeine Regelung dieser Gesetzesstelle verdrängt (VwGH 3.3.1959, Slg 4895/A).

3) Die Erteilung eines Instandsetzungsauftrages einer gemeinsamen Kanalanlage nur an einen Liegenschaftseigentümer, der sich nur auf einen im Grundbuch eingetragenen Revers eines Baubewilligungsbescheides aus dem Jahre 1904 gründet, erweist sich angesichts der Änderung der Rechtslage seit der Erteilung der Baubewilligung als rechtswidrig (VwGH 24.6.1963, 1897/62).

4) Wenn der Gesetzgeber das Wort „Straßenkanal" verwendet, geht er von der stillschweigenden Annahme aus, es handle sich um Gemeindeanlagen, dh um Anlagen, die die Stadt Wien zur endgültigen Beseitigung der Abfallstoffe und der Niederschlagswässer über Hauptkanäle, Sammelkanäle und Hauptsammler bis zum Vorfluter (die Donau) hergestellt hat (VwGH 14.12.1964, Slg 6519/A).

5) Unter dem Hauskanal ist jener Kanal zu verstehen, der der Sammlung und Ableitung der auf einer Liegenschaft (einem Bauplatz) anfallenden Abfallstoffe und Niederschlagswässer bis zum Straßenkanal bzw, wo ein solcher nicht vorhanden ist, bis zur Senkgrube und zur Sickergrube dient, auch wenn er im öffentlichen Straßengrund verläuft (VwGH 14.12.1964, Slg 6519/A, und 15.2.1965, 2059/64).

6) Die Instandhaltung der Kanäle, und zwar sowohl der Hauskanäle (im engeren und weiteren Sinn) wie auch der Straßenkanäle, obliegt dem Eigentümer der Anlage ohne Rücksicht darauf, ob der Kanal auf privatem Baugrund oder im öffentlichen Gut liegt (VwGH 14.12.1964, Slg 6519/A).

7) Weder aus dem § 77 Z 3 der Verfassung der Bundeshauptstadt Wien noch aus dem § 5 Abs 1 des Kanalgesetzes 1955 kann ein subjektives öffentliches Recht der Liegenschaftseigentümer auf die Errichtung von Straßenkanälen oder auf die Ersetzung bisher privater Anlagen durch öffentliche Anlagen abgeleitet werden (VwGH 14.12.1964, Slg 6519/A).

8) Das Gesetz legt eine Verpflichtung zur Instandhaltung der Hauskanäle zur ungeteilten Hand unbeschadet des Rückgriffsrechtes untereinander für die in Betracht kommenden Liegenschaftseigentümer nur unter der Voraussetzung fest, daß ein Kanal den Eigentümern verschiedener Liegenschaften dient. Daher ist zur Instandhaltung jenes Teiles einer sonst gemeinsamen Anlage, die nur einer Liegenschaft dient, nur der Eigentümer dieser Liegenschaft verpflichtet (VwGH 14.12.1964, Slg 6519/A).

9) Die Instandhaltungspflicht des Hauseigentümers, betreffend den Hauskanal bis zur Einmündung in den Straßenkanal, bezieht sich auch auf Bauteile, die im öffentlichen Gut liegen; sie ist nicht auf jene Baulichkeiten beschränkt, welche nach der Kundmachung des KanaleinmündungsG errichtet wurden (VwGH 17.3.1975, 65/74).

10) Kann die Ursache von wiederholt auftretenden Kanalverstopfungen durch bloßen Augenschein nicht festgestellt werden, ist ein Auftrag zur Befundvorlage nach § 129 Abs 5 BO berechtigt. Jede Änderung der im Baukonsens fixierten Abflußverhältnisse im Hauskanalnetz ist von Einfluß auf die gesundheitlichen Verhältnisse und daher nach § 60 Abs 1 lit c BO genehmigungspflichtig. Dies gilt auch bei Fehlen eines Geruchsverschlusses, einer Schachtabdeckung und eines Putzstückdeckels (VwGH 14.10.1974, Slg 8676/A).

11) Für die Instandsetzung eines Hauskanals im Bereich der Straße ist der Hauseigentümer verantwortlich, wie sich aus § 5 Kanalgesetz in Verbindung mit § 129 Abs 2 BO ergibt; dies ohne Rücksicht darauf, ob ein Baugebrechen allenfalls durch das Verhalten eines Nachbarn, eines Dritten, durch höhere Gewalt oder durch ein Verhalten des Trägers der Straßenbaulast herbeigeführt wurde (vgl VwSlg 8921/A). Ob und welche Schadenersatzansprüche sich allenfalls gegen Dritte ergeben, ist nach den – für die Baubehörde rechtlich unerheblichen – Normen des Zivilrechtes zu beurteilen (VwGH 22.3.1979, 527, 528/79).

12) Zur Erhaltung des Hauskanals ist bis zu seiner Einmündung in den Straßenkanal der Hauseigentümer verpflichtet, und zwar auch dann, wenn der Schaden durch einen Dritten entstanden ist (VwGH 14.6.1983, 83/05/0081, 0082, BauSlg 71).

13) Wer Eigentümer eines mit Baugebrechen und Konsenswidrigkeiten behafteten Kanales ist, hat die Baubehörde als Vorfrage von Amts wegen zu prüfen (VwGH 26.4.1984, 81/05/0019, BauSlg 248).

14) Für die Behebung eines Kanalgebrechens ist die Baubehörde und nicht die Wasserrechtsbehörde zuständig (VwGH 8.4.1986, 85/05/0185, BauSlg 651).

15) Bei einer Verwaltungsübertretung nach § 129 Abs 2 BO handelt es sich um ein Ungehorsamsdelikt im Sinne des § 5 Abs 1 Satz 2 VStG. Das bedeutet, dass schon die bloße Nichterfüllung des Gebotes, Gebäude und deren Anlagen in gutem Zustand zu erhalten, als eine Verletzung der gesetzlichen Instandhaltungspflicht eine Strafe nach sich zieht, wenn der Eigentümer (bzw der Hausverwalter) nicht aufzuzeigen vermag, dass er während des ihm angelasteten Tatzeitraumes alles in seinen Kräften Stehende (Ausschöpfen der tatsächlichen und rechtlichen Möglichkeiten) unternommen hat, um das Baugebrechen innerhalb kürzester Zeit zu beseitigen (vgl zB die hg Erkenntnisse vom 3. Juli 2001, Zl 2000/05/0018 mwN, und vom 12. November 2002, Zl 2000/05/0230).

Zutreffend hat die belangte Behörde darauf hingewiesen, dass es dem Eigentümer (Verwalter) obliegt, sich laufend vom guten Zustand der Baulichkeit zu überzeugen (siehe die bei *Geuder/Hauer*, aaO, S 848 unter E 10 wiedergegebene hg Rechtsprechung). Daher kann sich der Erstbeschwerdeführer nicht mit Erfolg darauf berufen, er habe keine Kenntnis von den Mängeln gehabt, weil ihm der betreffende Hauskanal nicht bekannt gewesen bzw ihm über dessen Existenz und über die Mängel von niemandem Mitteilung gemacht worden sei (VwGH 24.2.2004, 2003/05/0195).

Stärkere Beanspruchung des Straßenkanals

§ 6. Eine über den gewöhnlichen Gebrauch hinausgehende dauernde Beanspruchung des Kanals, durch die die ungehinderte Ableitung der Regen- oder Schmutzwässer des zugehörigen Einzugsgebietes oder der Kanalbetrieb beeinträchtigt werden kann, ist nur mit Bewilligung der Behörde zulässig. Die Bewilligung ist an die zur Gewährleistung eines ungestörten Kanalbetriebes erforderlichen Auflagen zu knüpfen; sie ist, wenn solche nicht ausreichen, zu versagen.

(2) Außer der Kanaleinmündungsgebühr sind die Kosten für die infolge einer stärkeren dauernden Beanspruchung erforderlich werdende Ausgestaltung der Anlagen zu bezahlen. Auf mehrere Verpflichtete sind die Kosten nach dem Verhältnis der Beanspruchung aufzuteilen.

II. Abschnitt
Gebührenrechtliche Vorschriften

Gebührenpflicht; Arten der Gebühr

§ 7. (1) Für den erstmaligen unmittelbaren oder mittelbaren Anschluß an einen Straßenkanal ist eine Kanaleinmündungsgebühr zu entrichten.

(2) Bei nachträglicher Änderung der Verhältnisse ist in den im § 10 aufgezählten Fällen eine Ergänzungsgebühr zu entrichten.

(3) Die Gebührenberechnung geht vom Bauplatz beziehungsweise Baulos aus. Einem Bauplatz sind hinsichtlich der Gebührenberechnung auch sonstige bebaute Gründe gleichzuhalten.

Kanaleinmündungsgebühr

§ 8. (1) Die Kanaleinmündungsgebühr setzt sich aus der Frontgebühr und der Flächengebühr zusammen und schließt die Umsatzsteuer im Sinne des Umsatzsteuergesetzes 1994, BGBl. Nr. 663/1994, in der Fassung BGBl. I Nr. 52/2009, ein.

(2) Die Frontgebühr ist das halbe Produkt aus der Frontlänge und dem Einheitssatz.

(3) Als Frontlänge gilt die Summe der Baulinien bzw. der Straßenfluchtlinien. Frontlängen, die bereits einmal die Grundlage einer Veranlagung gebildet haben, sind außer in Fällen des § 10 lit. c[1)] nicht mehr zu berücksichtigen.

(4) Der Einheitssatz beträgt ein Drittel der durchschnittlichen Herstellungskosten für den laufenden Meter eines Mischwasserkanals, vervielfacht mit 1,10; er wird vom Stadtsenat durch Verordnung festgesetzt.[2)]

(5) Die Flächengebühr ist das halbe Produkt aus den bebauten Flächen, dem Bebauungsfaktor und dem Einheitssatz (Abs. 4). Bei der Ermittlung des Ausmaßes der bebauten Flächen sind alle Gebäude auf dem Bauplatz beziehungsweise Baulos zu berücksichtigen, gleichgültig, ob sie an einen Straßenkanal angeschlossen sind oder nicht. In bezug auf die Flächengebühr gilt als bebaute Fläche die senkrechte Projektion des Gebäudes einschließlich aller raumbildenden oder raumergänzenden Vorbauten und der unterirdischen raumbildenden Bauteile auf eine waagrechte Ebene.

(6) Der Bebauungsfaktor beträgt:

a) im Gartensiedlungsgebiet und in Gebieten der Bauklasse I im Falle der Errichtung eines Gebäudes gemäß § 115 Abs. 1 Z. 1 lit. a bis c Bauordnung für Wien 0,05,

b) in Gebieten der offenen oder gekuppelten Bauweise der Bauklassen I und II 0,08,
c) in Gebieten der geschlossenen Bauweise der Bauklassen I und II 0,10,
d) in Gebieten der Bauklasse III 0,20,
e) in Gebieten der Bauklasse IV 0,22,
f) in Gebieten der Bauklasse V 0,25,
g) in Gebieten der Bauklasse VI und bei Hochhäusern 0,25, vermehrt um 0,03 je 5 m Überhöhung, wobei Bruchteile bis zu 2,5 m vernachlässigt, solche über 2,5 m jedoch voll angerechnet werden.

(7) In Gebieten, für die Bausperre besteht oder Bauklasse und Bauweise nicht festgesetzt sind, wird der Bebauungsfaktor nach der genehmigten Ausführung der Baulichkeit hinsichtlich Bauklasse und Bauweise bestimmt; er beträgt mindestens 0,05. Bei der Gruppenbauweise ist für die Bestimmung des Bebauungsfaktors maßgebend, ob die einzelnen Bauplätze für sich allein betrachtet offen, gekuppelt oder geschlossen bebaut werden.

(8) Wird das Ausmaß der zulässigen Bebauung auf Grund einer Ausnahmebewilligung überschritten, so ist die Flächengebühr für die Teilfläche der Überschreitung nach dem nächsthöheren Bebauungsfaktor zu berechnen.

(9) Als höchstzulässige Gebäudehöhe hinsichtlich der Gebührenberechnung sind in der offenen und gekuppelten Bauweise in der Bauklasse I 9 m, in der Bauklasse II und im Industriegebiet 12 m anzunehmen.

(10) Die Bestimmungen des Abs. 4 zur Ermittlung des Einheitssatzes sind bei Vorliegen einer bundesgesetzlichen Ermächtigung zur Erhebung der Gebühren nicht anzuwenden.[3)]

Anmerkungen

1) Redaktionsfehler: soll richtig § 10 Abs 1 lit c lauten.

2) Der Einheitssatz beträgt derzeit gemäß der V des Stadtsenates ABl 2001/48, 52,69 Euro.

3) S EB zu § 9. Mit der BO-Nov 2001/36 entfiel Abs 8; die Abs 9–11 wurden die Abs 8–10.

Judikatur

1) Der Bebauungsfaktor richtet sich auch dann nach § 8 Abs 7, wenn für die Liegenschaft, die in einem Gebiet liegt, für das gemäß § 8 Abs 1 oder 2 BO Bausperre besteht, vor Wirksamwerden der Bausperre jedoch die Baubewilligung erteilt worden ist.

Die Frage, ob in einem Gebiet Bausperre besteht oder nicht, ist ein Sachverhaltselement, das die Behörde von Amts wegen zu klären hat, weil das Wiener Kanalgesetz davon die Art der Berechnung der Kanaleinmündungsgebühr abhängig macht (VwGH 6.2.1964, 1508/63).

2) Demgegenüber hat der Verwaltungsgerichtshof wiederholt festgehalten, dass der Grundsatz „ne bis in idem" von den Abgabenbehörden nicht erst nach Rechtskraft einer Abgabenvorschreibung zu beachten ist, sondern die Abgabenbehörde im Falle einer im Rechtsbestand befindlichen Abgabenvorschreibung auch bereits vor deren formellen Rechtskraft gehindert ist, für denselben Tatbestand (zB für denselben Zeitraum) eine neuerliche Vorschreibung vorzunehmen (vgl etwa VwGH 21.12.2012, 2008/17/0010, betreffend eine Kanalbenützungsgebühr; und VwGH 22.2.2006, 2004/17/0028, mwN, betreffend einen Kostenbeitrag für Aufschließungsmaßnahmen) (VwGH 18.5.2020, Ra 2019/16/0201).

Sonderbestimmungen

§ 9. (1) Auf kleingärtnerisch genutzten Grundflächen (§ 1 Wiener Kleingartengesetz 1996, LGBl. für Wien Nr. 57/1996, in der jeweils geltenden Fassung) ist bei erstmaligem Anschluß an einen Straßenkanal für jeden Kleingarten nur die Flächengebühr vermehrt um einen Betrag in Höhe des zweifachen Einheitssatzes (§ 8 Abs. 4) vorzuschreiben. Bei nachträglicher Änderung der Verhältnisse auf diesen Flächen ist § 10 mit der Maßgabe anzuwenden, daß anstelle der dort genannten Frontgebühr für jeden Kleingarten ein Betrag in Höhe des zweifachen Einheitssatzes in die Berechnung einzusetzen ist.

(2) Bei Bauherstellungen auf nicht unter Abs. 1 fallende Grundflächen ohne Bau- oder Straßenfluchtlinien ist keine Frontgebühr, jedoch die doppelte Flächengebühr zu berechnen.

(3) Besteht bloß ein Schmutzwasserkanal oder bloß ein Regenwasserkanal (Teilkanalisation), so werden nur 50 v. H. des Einheitssatzes angerechnet. Dies gilt auch, wenn in einen Straßenkanal auf Grund einer Festsetzung im Bebauungsplan gemäß § 5 Abs. 4 lit. m Bauordnung für Wien oder freiwillig nachweislich überhaupt keine Niederschlagswässer eingeleitet werden.[2] **Bei landwirtschaftlichen und berufsgärtnerischen Betriebsgebäuden wird zusätzlich jene Fläche, die der Aufzucht von Pflanzen dient und bei der eine natürliche Versickerung vorgesehen ist, bei dem Anteil des Schmutzwasserkanals abgezogen.**

(4) In Gebieten der offenen oder gekuppelten Bauweise und in Gartensiedlungsgebieten wird bei Bauplätzen beziehungsweise Baulosen mit zwei oder mehreren zusammenstoßenden Fronten, die miteinander einen Winkel von höchstens 120 Grad einschließen, nur die Hälfte der Front-

längen angerechnet. Diese Ermäßigung erstreckt sich jedoch nur auf Frontlängen bis 25 m, von jeder Ecke nach beiden Seiten gerechnet; die Mehrlängen sind voll zu berechnen.[1]

(EB zur Nov LGBl 2001/36)

§ 8 Abs 8 und § 9 Abs 4 entfallen im Hinblick darauf, dass Senkgruben und Hauskläranlagen nach § 62a Abs 1 Z 15 (Art I Z 20) keiner baurechtlichen Bewilligung mehr bedürfen.

Anmerkungen

1) Mit der BO-Nov LGBl 2001/36 wurde der seinerzeitige Abs 5 Abs 4 neu.

2) Gemäß § 99 BO idF BO-Nov 2023, LGBl 2023/37, besteht nun die grundsätzliche gesetzliche Verpflichtung, dass Niederschlagswässer zu versickern oder auf andere Art dem natürlichen Wasserkreislauf oder einer Nutzung zuzuführen sind. Damit wird es keine solche Reduktion des Einheitssatzes mehr geben.

Ergänzungsgebühr

§ 10. (1) Eine Ergänzungsgebühr ist in folgenden Fällen zu entrichten:

a) im Fall eines Neubaues oder eines Zubaues in waagrechter Richtung, wenn dieser auf einem bereits angeschlossenen Bauplatz beziehungsweise Baulos unter Belassung vorhandener Baulichkeiten oder nach deren Abtragung errichtet wird, in Höhe der Flächengebühr für die durch den Neu- oder Zubau in Anspruch genommene Fläche;

b) bei Vergrößerung des Bauplatzes beziehungsweise Bauloses eine Front- und eine Flächengebühr für jene neu hinzugekommenen Frontlängen und bebauten Flächen, die noch nicht die Grundlage einer Veranlagung gebildet haben;

c) im Falle der Umwandlung einer Teilkanalisation in eine Vollkanalisation oder bei Wegfall einer freiwilligen Nichteinleitung von Niederschlagswässern gemäß § 9 Abs. 3, eine Front- und Flächengebühr in Höhe von 50 v. H. des Unterschiedsbetrages zwischen der Gebühr für die Teilkanalisation und der Gebühr für die Vollkanalisation unter Zugrundelegung des geltenden vollen Einheitssatzes.

(2) Gelangt § 8 Abs. 6 lit. a, b oder c zur Anwendung, bleiben Bauführungen bis zu einer bebauten Fläche von 20 m², bei Anwendung des § 8 Abs. 6 lit. d, e, f oder g bleiben Bauführungen bis zu einer bebauten Fläche von 10 m² außer Betracht.[1]

Anmerkung

1) Abs 2 wurde mit der Nov LGBl 2010/17 angefügt.

Judikatur

1) Ein Erdöltank ist zwar ein Bauwerk, aber kein Gebäude im Sinne des § 10 des Wiener Kanaleinmündungsgesetzes 1955. Die Neuerrichtung eines Erdöltanks löst daher die Entstehung des Anspruches auf Erhebung einer Ergänzungsgebühr nicht aus (VwGH 25.2.1959, Slg 1963/F).

2) Der Wortlaut des § 10 lit. a bietet keine Handhabe dafür, die nachträgliche Erteilung einer Baubewilligung einem tatsächlichen Neu- oder Zubau gleichzusetzen, wenn für den seinerzeit konsenslos errichteten Neubau die Kanaleinmündungsgebühr entrichtet worden war (VwGH 13.11.1985, 83/17/0138).

Gebührenpflicht und Haftung

§ 11. **(1) Gebührenpflichtig ist in den Fällen des § 10 Abs. 1 lit. b der Grundeigentümer bzw. die Grundeigentümerin. In allen anderen Fällen ist Gebührenschuldner bzw. Gebührenschuldnerin der Eigentümer bzw. die Eigentümerin der Baulichkeit, kann dieser bzw. diese nicht herangezogen werden, der Schuldner bzw. die Schuldnerin der Grundsteuer für die Liegenschaft, von der aus die Einmündung erfolgte. Unterliegt dieser Grundbesitz nicht der Grundsteuer, so ist der Gebührenschuldner bzw. die Gebührenschuldnerin durch sinngemäße Anwendung des § 9 Grundsteuergesetz 1955, BGBl. Nr. 149/1955, in der Fassung BGBl. I Nr. 20/2009, zu bestimmen.**

(2) Ist der bzw. die Gebührenpflichtige zugleich Eigentümer bzw. Eigentümerin (Miteigentümer bzw. Miteigentümerin) der Liegenschaft, dann besteht an ihr hinsichtlich der zu entrichtenden Kanaleinmündungsgebühr ein gesetzliches Pfandrecht mit dem Vorzugsrecht vor allen Privatpfandrechten. Dieses Pfandrecht steht jedoch nur jenen Gebührenrückständen samt Nebengebühren zu, die, vom Zeitpunkt der zwangsweisen Veräußerung zurückgerechnet, nicht länger als drei Jahre aushaften.

Entrichtung der Gebühr

§ 12. **(1) Die Gebühr ist innerhalb eines Monates nach Zustellung des Bemessungsbescheides zu entrichten.**

(2) Die Bezahlung der Gebühr aus Anlaß eines Neu- oder Zubaues bildet eine Voraussetzung für die Erteilung der Baubewilligung; hievon kann die Behörde Abstand nehmen, wenn die Einbringlichkeit außer Zweifel steht. Sie hat Abstand zu nehmen, wenn eine Erleichterung in den Zahlungsbedingungen bewilligt wurde.

§ 13. *entfällt*[1)]

Anmerkung

1) Die Bestimmung erschien in Ansehung des E VfSlg 10.706 verfassungsrechtlich bedenklich; sie entfiel mit der Nov LGBl 2010/17.

Abänderung der Gebührenbemessung

§ 14. Wird nach Zustellung des Bemessungsbescheides eine Abänderung des Bauvorhabens bewilligt, die von Einfluß auf die Bemessungsgrundlage der Kanaleinmündungsgebühr ist, so hat die Behörde den Bemessungsbescheid von Amts wegen entsprechend abzuändern.

Erstattungsanspruch

§ 15. (1) Erlischt eine Baubewilligung durch ausdrücklichen Verzicht oder durch Zeitablauf, so steht ein Anspruch auf zinsenfreie Erstattung der entrichteten Gebühr zu. Der Anspruch auf Erstattung geht unter, wenn er nicht spätestens bis zum Ablauf des Kalenderjahres geltend gemacht wird, das auf das Erlöschen der Baubewilligung folgt.

(2) Anspruchsberechtigt ist, wer die Gebühr entrichtet hat.

III. Abschnitt
Gemeinsame Bestimmungen

Zuständigkeit

§ 16. (1) Die Gemeinde hat ihre in diesem Gesetz geregelten Aufgaben mit Ausnahme der Durchführung von Verwaltungsstrafverfahren im eigenen Wirkungsbereich zu besorgen.

(2) Über Beschwerden in Angelegenheiten nach dem I. Abschnitt entscheidet das Verwaltungsgericht Wien, über solche in Angelegenheiten nach dem II. Abschnitt und hinsichtlich der abgabenrechtlichen Verwaltungsübertretungen zu den Abgaben nach diesem Gesetz entscheidet das Bundesfinanzgericht.[1)]

Anmerkung

1) Geändert mit der Nov LGBl 2013/45.

Strafen

§ 17. (1) Handlungen oder Unterlassungen, durch welche die Abgabe verkürzt wird, sind als Verwaltungsübertretungen mit Geldstrafen bis 7000 Euro zu bestrafen; für den Fall der Uneinbringlichkeit der Geldstrafe ist eine Freiheitsstrafe bis zu sechs Wochen festzusetzen.

(2) Sonstige Übertretungen der Bestimmungen des § 1 Abs. 3, des § 2 Abs. 1 bis 3, des § 3 Abs. 1 bis 3, 5, 8 und 9, des § 6 Abs. 1 oder Übertretungen der dazu erlassenen Durchführungsverordnungen, ferner die Nichterfüllung von Bedingungen oder Auflagen in Entsprechung dieses Gesetzes erlassener Bescheide werden mit Geldstrafe bis zu 3 500 Euro bestraft.

(3) § 33a Verwaltungsstrafgesetz 1991 – VStG, BGBl. Nr. 52/1991 in der Fassung BGBl. I Nr. 57/2018, findet auf sämtliche Übertretungen nach diesem Gesetz keine Anwendung.

Verordnungsrecht der Landesregierung

§ 18. Das Verordnungsrecht der Landesregierung bleibt unberührt.

Wirksamkeitsbeginn und Übergangsbestimmungen

§ 19. (1) Dieses Gesetz tritt einen Monat nach Kundmachung im Landesgesetzblatt für Wien in Kraft. Mit diesem Zeitpunkt tritt das Gesetz vom 16. Juni 1933 über Kanalanlagen und Einmündungsgebühren, LGBl. für Wien Nr. 34, außer Wirksamkeit.

(2) Mit demselben Zeitpunkt treten die Bestimmungen des § 93 Absätze 2 bis 4 der Bauordnung für Wien, Gesetz vom 25. November 1929, LGBl. für Wien Nr. 11/1930, in der geltenden Fassung, außer Wirksamkeit.

(3) Bauvorhaben, um deren Bewilligung bereits vor Kundmachung dieses Gesetzes angesucht wurde, sind nach den bisherigen Bestimmungen zu behandeln.[1)]

(4) Die Kanaleinmündungsgebühr richtet sich nach dem Einheitssatz im Zeitpunkt der Erlassung des Bemessungsbescheides.

Anmerkung

1) Vgl auch Art III Abs 6 WBO.

3b. Verordnung der Wiener Landesregierung über zulässige Einleitungen in den Misch- oder Schmutzwasserkanal (Kanalgrenzwertverordnung 1989)

LGBl 1990/2

Auf Grund des § 3 Abs. 4 des Gesetzes, LGBl. für Wien Nr. 22/1955, über Kanalanlagen und Einmündungsgebühren, in der Fassung des Gesetzes LGBl. für Wien Nr. 20/1977, wird verordnet:

§ 1. Bei Einleitung von Stoffen gemäß § 3 Abs. 3 des Gesetzes über Kanalanlagen und Einmündungsgebühren in den Misch- oder Schmutzwasserkanal dürfen die nachfolgend angeführten hinsichtlich ihrer Konzentration folgende Grenzwerte nicht überschreiten:

1. **Sulfat (SO_4): 400 mg/l.**
   Eine Überschreitung des Grenzwertes bis 1.200 mg/l ist dann und insolange zulässig, als durch diese Einleitung der Bestand des Misch- oder Schmutzwasserkanals oder einer zum Kanalsystem gehörenden Anlage nicht gefährdet wird. Die Überschreitung bedarf eines Gutachtens der für Kanalisation zuständigen Fachabteilung des Magistrates, mit dem das Vorliegen dieser Voraussetzungen bestätigt wird. Hiebei sind insbesondere die örtliche Lage, die Ausstattung und der Bauzustand des Kanalsystems und der dazugehörenden Anlagen zu berücksichtigen;
2. **freies Chlor (Cl_2): 3,0 mg/l;**
3. **durch Chlor zerstörbare Zyanide (CN–): 0,5 mg/l;**
4. **Summe der chlorierten Kohlenwasserstoffe (wie zB Dichlormethan, 1,1,1-Trichlorethan, Trichlorethen, Tetrachlorethen und 1,1,2-Trichlor – 1,2,2-Trifluorethan): 0,1 mg/l (berechnet als Cl);**
5. **a) verseifbare, natürliche Öle und Fette: 100 mg/l;**
   b) mineralische Öle und Fette (gesamte Kohlenwasserstoffe): 20 mg/l;
6. **Gesamtphenole: 20 mg/l (berechnet als Karbolsäure);**
7. **gelöstes freies Fluorid (F–): 10 mg/l;**
8. **gelöste Sulfide (S^{2-}): 1 mg/l;**
9. **Metalle (gelöste und ungelöste):**

a)	Blei (Pb):	1,0 mg/l;
b)	Cadmium (Cd):	0,1 mg/l;
c)	Chrom-III (Cr):	2,0 mg/l;
d)	Chrom-VI (Cr):	0,1 mg/l;
e)	Kupfer (Cu):	2,0 mg/l;
f)	Nickel (Ni):	2,0 mg/l;
g)	Quecksilber (Hg):	0,01 mg/l;

h) Silber (Ag): 0,5 mg/l;

i) Zink (Zn): 3,0 mg/l;

j) Zinn (Sn): 2,0 mg/l.

Die Summe aller im Abwasser gelöst oder ungelöst enthaltenen Schwermetalle, außer Eisen, darf 10,0 mg/l nicht überschreiten.

§ 2. Der pH-Wert der in den Misch- oder Schmutzwasserkanal eingeleiteten Stoffe muß zwischen 6,5 und 10,5 liegen.

§ 3. Regenwasserkanäle sind lediglich zur Ableitung von Regenwässern und von reinen Wässern bestimmt. Die Einleitung von in § 3 Abs. 3 des Gesetzes über Kanalanlagen und Einmündungsgebühren genannten Stoffen in Regenwasserkanäle ist unzulässig.

§ 4. (1) Diese Verordnung tritt mit 1. Jänner 1990 in Kraft.

(2) Für gesamte Kohlenwasserstoffe in Abwässern, die durch bestehende Mineralölabscheideanlagen gereinigt werden, gilt bis zum 1. Jänner 2000 ein Grenzwert von 50 mg/l.

§ 5. Mit dem Inkrafttreten dieser Verordnung tritt die Kanalgrenzwertverordnung, LGBl. für Wien Nr. 18/1978, außer Kraft.

3c. Verordnung der Wiener Landesregierung über die zulässige Einleitung von kaltreinigerhältigen Abwässern in den Misch- oder Schmutzwasserkanal

LGBl 1990/75 idF LGBl 2003/8

Auf Grund des § 3 Abs. 4 des Gesetzes, LGBl. für Wien Nr. 22/1955, über Kanalanlagen und Einmündungsgebühren, in der Fassung des Gesetzes LGBl. für Wien Nr. 20/1977, wird verordnet:

§ 1. Kaltreiniger sind flüssige Reinigungsmittel, die in der Lage sind, Öl, Fett und Konservierungsmittel von metallisch blanken oder lackierten Oberflächen abzulösen oder zu entfernen und in eine wäßrige Phase zu übertragen.

§ 2.[1] **(1) Abwässer, die in den Misch- oder Schmutzwasserkanal eingeleitet werden, dürfen nur dann Kaltreiniger enthalten, wenn diese gemäß der ÖNORM B 5104 Abwasserverhalten von Reinigungsmitteln („Kaltreinigern bzw. Lösungsmittelreinigern"), auf nicht wässriger Basis für Fahrzeug- und Motorenreinigung – Anforderungen, Prüfung, Normkennzeichnung – Ausgabe 1. Oktober 1996, geprüft wurden und den Anforderungen dieser ÖNORM entsprechen. Die Einleitung von Abwässern, die andere Kaltreiniger enthalten, ist unzulässig.**

(2) Die Bestimmungen dieser Verordnung sind auf Produkte nicht anzuwenden, die sich in einem Mitgliedstaat des Abkommens über den Europäischen Wirtschaftsraum (EWR-Mitgliedstaat) rechtmäßig in Verkehr befinden, wenn diese Produkte entsprechen

1. **einer Norm oder einem Verhaltenskodex, die von einem nationalen Normungsgremium oder einem vergleichbaren Gremium eines EWR-Mitgliedstaates herausgegeben wurden und in diesem Staat in Übereinstimmung mit den Rechtsvorschriften befolgt werden, oder**
2. **einer internationalen Norm, deren Anwendung in einem dieser Staaten zulässig ist, oder**
3. **einer technischen Vorschrift, deren Einhaltung für die Vermarktung oder den Gebrauch des Produktes in einem dieser Staaten zwingend vorgeschrieben ist, oder**
4. **einem traditionellen oder neuen Herstellungsverfahren, das in einem EWR-Mitgliedstaat rechtmäßig angewendet wird und das in einer technischen Dokumentation ausreichend genau beschrieben ist, um die Produkte für den angegebenen Verwendungszweck – gegebenenfalls mittels ergänzender Tests – beurteilen können,**

soweit die Norm, der Verhaltenskodex, die technischen Vorschrift oder das Verfahren es ermöglichen, das berechtigte Ziel des Umweltschutzes für Straßenkanäle und des Abwässerentsorgungssystems vor der Einleitung schädlicher Stoffe, das im Hinblick auf das Gemeinschaftsrecht durch diese Verordnung verfolgt wird, in angemessener und ausreichender Weise zu erreichen.

Anmerkung

1) § 2 wurde mit der Nov LGBl 2003/8 neu gefasst.

§ 3. **Regenwasserkanäle sind lediglich zur Ableitung von Regenwässern und reinen Wässern bestimmt. Die Einleitung von Abwässern, die Kaltreiniger enthalten, in Regenwasserkanäle ist unzulässig.**

§ 4. **Diese Verordnung tritt mit 1. Jänner 1991 in Kraft.**

Artikel II. der Nov LGBl 2003/8

1. **Diese Verordnung tritt mit 1. März 2003 in Kraft.**
2. **Diese Verordnung wurde unter Einhaltung der Bestimmungen der Richtlinie 98/34/EG des Europäischen Parlamentes und des Rates vom 22. Juni 1998 über ein Informationsverfahren auf dem Gebiet der Normen und technischen Vorschriften der Europäischen Kommission notifiziert (Notifikationsnummer 2001/402/A).**

4a. Gesetz über das Einstellen von Kraftfahrzeugen, kraftbetriebene Parkeinrichtungen und Tankstellen in Wien (Wiener Garagengesetz 2008 – WGarG 2008)

LGBl 2009/34, in der Fassung der Gesetze LGBl 2010/46, 2013/35, 2013/45, 2014/26, 2018/69, 2018/71, 2020/61 und 2023/37

(Aus den EB zum LGBl 2009/34)

Da für die vom Geltungsbereich dieses Wiener Garagengesetzes erfassten Bauwerke und Anlagen auch die Bestimmungen der BO und somit auch die technischen Detailregelungen der Richtlinien des OIB zur Anwendung kommen, war eine Anpassung zur Unterbindung überlagernder Normierungen vorzunehmen.

Da sich in den OIB-Richtlinien Festlegungen zu hier bedeutenden Themenfeldern, wie insbesondere Zu- und Abfahrten, Gehwege, Erschließung von Gebäuden, Größe von Stellplätzen, Bodengestaltung, Ableitung von Abwässern, Brandschutz, Nutzungssicherheit und Beleuchtung finden, waren im vorliegenden Entwurf des WGarG 2008 hierzu keine Regelungen zu treffen.

Kernstück des Wiener Garagengesetzes 2008 – WGarG 2008 ist das Absehen von der Bewilligungspflicht für die Errichtung oder wesentliche Änderung kraftbetriebener Parkeinrichtungen sowie der Anzeigepflicht von unwesentlichen Änderungen. Diese werden durch die Pflicht des Eigentümers oder der Eigentümerin oder des oder der sonstigen Verfügungsberechtigten zur Vorlage von im Gesetz genannten Unterlagen, wie insbesondere eines Abnahmegutachtens durch entsprechend qualifizierte Prüfer und Prüferinnen nach Fertigstellung der kraftbetriebenen Parkeinrichtung an die Behörde, ersetzt.

Anmerkung: Die Judikatur zum (alten) Garagengesetz 1957 wird so weit wiedergegeben, als sie auch für die neue Rechtslage bedeutsam erscheint.

(Aus den EB zur Nov LGBl 2010/46)

Durch den vorliegenden Gesetzentwurf soll verschiedenen Regelungserfordernissen Rechnung getragen werden. So wird eine Möglichkeit zur Substitution der Errichtung von Kfz-Stellplätzen durch Motorrad- bzw. Fahrradabstellplätze geschaffen. Weiters wird die Ausgewogenheit des Verhältnisses zwischen der Verpflichtung zur Schaffung von Stellplätzen und der Möglichkeit zur Entrichtung der Ausgleichsabgabe erhöht. Darüber hinaus sollen Maßnahmen geschaffen werden, die im Regelungsbereich des Wiener Garagengesetzes die entsprechenden Beiträge zu der im Klimaschutzprogramm der Stadt Wien in seiner Fortschreibung 2010–2020 (KliP II) und im Masterplan Verkehr vorgesehenen Verkehrsverlagerung vom Autoverkehr zu stadt- und umweltverträglichen Verkehrsarten leisten. Wichtigstes Mittel hierfür ist der Einsatz des schon bisher existierenden Instrumentes des Stellplatzregulatives, dessen Anwendungsbereich entsprechend adaptiert und ausgebaut wird.

Artikel I
Gesetz über das Einstellen von Kraftfahrzeugen, kraftbetriebene Parkeinrichtungen und Tankstellen in Wien
(Wiener Garagengesetz 2008 – WGarG 2008)

1. Teil
Anwendungsbereich und Begriffsbestimmungen

Anwendungsbereich

§ 1. (1) Unter die Bestimmungen dieses Gesetzes fallen:

1. **Anlagen zum Einstellen von Kraftfahrzeugen,**
2. **kraftbetriebene Parkeinrichtungen und**
3. **Tankstellen.**[1)]
4. *entfällt; LGBl 2014/26*

(2) Soweit dieses Gesetz keine abweichenden Vorschriften enthält, gelten für die in Abs. 1 bezeichneten Bauwerke und Anlagen die Bestimmungen der Bauordnung für Wien.

(3) Dieses Gesetz hat insoweit keine Geltung, als eine Angelegenheit in die Zuständigkeit des Bundes fällt.

(EB)

In diesem Zusammenhang ist anzumerken, dass die für den Anwendungsbereich der BO bzw. des WGarG 2008 bautechnisch maßgeblichen OIB-Richtlinien auch seitens des Arbeitsinspektorates als geltender Stand der Technik anerkannt werden (Erlass vom 9.8.2007, Zl. BMWA-461.304/0041-III/2/2007) und insofern auch gleichermaßen in gewerberechtlichen Betriebsanlagenbewilligungsverfahren Berücksichtigung finden.

Anmerkung

1) Wie sich aus § 2 Abs 16 (neu) ergibt, werden Tankanlagen ohne Abgabemöglichkeit an den Letztverbraucher von den Bestimmungen des Gesetzes nicht erfasst. Diese unterliegen in der Regel gewerberechtlichen und anderen bundesgesetzlichen Vorschriften. Nach wie vor gilt für diese Großanlagen jedoch die BO.

Judikatur

1) § 1 Abs 2 lässt erkennen, dass das Gebot der Einhaltung der aus dem Bebauungsplan abzuleitenden Anforderungen auch bezüglich der durch das Garagengesetz zusätzlich erfassten Vorhaben (Verwendung von Flächen zum Einstellen von Kfz) gilt (VwGH 27.4.1970, 126/69).

2) § 1 Abs 1 GaragenG beschränkt die Anwendung des GaragenG nicht auf „Anlagen" iSd § 2 Abs 2 leg cit. Dies ergibt sich eindeutig aus § 3 Abs 1 lit b (jetzt: Abs 1 Z 2) GaragenG, sodass § 1 Abs 1 nicht als eine abschließende Abgrenzung des Anwendungsbereiches angesehen werden kann (VwGH 7.7.1988, 88/05/0105, BauSlg 1157).

3) Entgegen den Ausführungen in der Beschwerde ist das WGG auch auf das Wiener KleingartenG anzuwenden, weil das WGG in seinem § 1 Abs 1 normiert, dass unter die Bestimmungen dieses Gesetzes Anlagen zum Einstellen von Kraftfahrzeugen und Tankstellen fallen, und keine diesbezüglichen Ausnahmen hinsichtlich des Wiener KleingartenG vorsieht. Im Übrigen gelten auch gemäß § 1 Abs 2 des KleingartenG 1996, soweit dieses Gesetz nicht anders bestimmt, die Bestimmungen der BO. Es ist daher grundsätzlich bei bewilligungslosen, aber bewilligungsbedürftigen Stellplätzen im Kleingartengebiet die Bestimmung des § 129 Abs 10 BO anzuwenden (VwGH 4.9.2001, 2001/05/0168).

4) § 129 Abs 10 BO nennt zwar nicht den Grundeigentümer als Adressaten eines Bauauftrages; im Zusammenhang mit § 1 Abs 2 WGG muss aber auch die Fläche, die (ohne erforderliche Bewilligung) dem Einstellen von Kraftfahrzeugen dient (§ 2 Abs 2 und 3 WGG), als Anlage gemäß § 2 Abs 2 leg cit, demnach wie ein Bauwerk iSd § 129 Abs 10 BO angesehen werden (vgl das zitierte hg Erkenntnis vom 4. September 2001). Und ein Beseitigungsauftrag gemäß § 129 Abs 10 BO ist stets an den Eigentümer des Bauwerkes zu richten, dies unabhängig davon, ob er oder seine Rechtsvorgänger oder aber ein Dritter den konsenswidrigen Zustand herbeigeführt hat (vgl auch dazu das zitierte hg Erkenntnis vom 4. September 2001, mwN) (VwGH 30.4.2013, 2012/05/0114).

Begriffsbestimmungen

§ 2. (1) Unter dem Einstellen von Kraftfahrzeugen im Sinne dieses Gesetzes wird jedes Abstellen betriebsbereiter Kraftfahrzeuge auf anderen als öffentlichen Verkehrsflächen über die zum Aus- und Einsteigen oder zum Be- und Entladen erforderliche Zeit hinaus verstanden. Ein Kraftfahrzeug gilt im Sinne dieses Gesetzes als nicht betriebsbereit, wenn die Kraftstoffbehälter entleert und die Batterien ausgebaut sind.

(1a) *entfällt; LGBl 2014/26*[1)]

(2) Anlagen zum Einstellen von Kraftfahrzeugen sind Stellplätze und überdachte Stellplätze, Parkdecks, Garagen sowie Garagengebäude.

(3) Stellplatz heißt jene Fläche, die dem Abstellen des einzelnen Kraftfahrzeuges dient.

(4) Überdachte Stellplätze sind überdachte Flächen zum Abstellen von Kraftfahrzeugen, die an höchstens zwei Seiten durch Wände bzw. durch sonstige Bauteile (z.B. Gitter) umschlossen sind.

(5) Parkdecks sind Bauwerke zum Einstellen von Kraftfahrzeugen, die in allen Parkebenen an mindestens zwei Seiten ihrer gedachten Umfassungswände unverschließbare Öffnungen in einem Mindestausmaß von einem Drittel der gesamten gedachten Umfassungswandfläche aufweisen.

(6) Garagen sind Räume oder Teile eines Gebäudes, welche zum Einstellen von Kraftfahrzeugen bestimmt sind.

(7) Garagengebäude sind Gebäude, die mindestens zu 80% ihrer Nutzfläche Stellplätze enthalten.

(8)[2)] Die Nutzfläche von Garagen, überdachten Stellplätzen und Parkdecks ist die Summe der Stellplatz- und Fahrflächen, ausgenommen Zu- und Abfahrten außerhalb von Garagen, überdachten Stellplätzen und Parkdecks.

(9) Kraftbetriebene Parkeinrichtungen sind dauerhaft installierte nichtautomatisch bewegte Parkeinrichtungen, teilweise automatische Parksysteme und automatische Parksysteme.

(10) Nicht-automatisch bewegte Parkeinrichtungen sind kraftbetriebene Parkeinrichtungen für Kraftfahrzeuge, die auf Lastaufnahmemitteln (z.B. Plattformen, Paletten) abgestellt und durch nicht automatischen Folgebetrieb in senkrechter oder in waagrechter Richtung bewegt werden.

(11) Teilweise automatische Parksysteme sind kraftbetriebene Parkeinrichtungen für Kraftfahrzeuge mit mehreren übereinander angeordneten Ebenen von Lastaufnahmemitteln und mit verriegelten Torabschlüssen bei jedem Lastaufnahmemittel in der definierten Zufahrtsebene (Fahrgasse). Die Lastaufnahmemittel, die in der Zufahrtsebene horizontal und in den anderen Ebenen vertikal in die Zufahrtsebene bewegt werden, werden für das Ein- und Ausfahren automatisch bereitgestellt.

(12) Automatische Parksysteme sind kraftbetriebene Parkeinrichtungen für Kraftfahrzeuge, die in sequentiellem Ablauf (automatischer Folgebetrieb) Kraftfahrzeuge auf Lastaufnahmemitteln von einem Einfahrtsraum in den Einstellraum zu den Stellplätzen einlagern und zum Abholen in einem Ausfahrtsraum wieder bereitstellen, einschließlich der Türen zum Ein-, Ausfahrtsbzw. Einstellraum.

(13) Einstellräume sind Räume, in denen automatische Parkeinrichtungen eingebaut sind und die von Nutzern oder Nutzerinnen nicht betreten werden.

(14) Ein- bzw. Ausfahrtsräume sind Räume, in denen bei automatischen Parksystemen Kraftfahrzeuge zum Abstellen und Abholen für den Nutzer oder die Nutzerin bereitgestellt werden.

(15) Nutzer oder Nutzerinnen von kraftbetriebenen Parkeinrichtungen sind Personen, die ein Kraftfahrzeug in einer kraftbetriebenen Parkeinrichtung abstellen bzw. wieder abholen.

(16) Tankstellen sind Anlagen, in denen Kraftstoffe und Heizöle in Lagerbehältern gelagert, über Rohrleitungen zu Zapfsäulen geleitet und von diesen in die Kraftstoffbehälter von Kraftfahrzeugen oder in für Heizöl bestimmte Transportbehälter gefüllt werden.

(17) Zapfsäulen sind ortsfeste Abfülleinrichtungen, die durch Rohrleitungen mit Lagerbehältern fest verbunden sind.

(18) Kleinzapfgeräte sind Abfülleinrichtungen, die aus einem höchstens 100 Liter fassenden Behälter für die Abgabe eines Kraftstoff-Öl-Gemisches und der unmittelbar auf dem Behälter aufgesetzten Förder- und Messeinrichtung bestehen.

(19) Auffangwannen sind aus nichtbrennbaren Werkstoffen bestehende, flüssigkeitsdichte, gegen die gelagerten brennbaren Flüssigkeiten beständige sowie den statischen Erfordernissen entsprechend ausgeführte Einrichtungen, die geeignet sind, aus Lagerbehältern und ortsveränderlichen Behältern austretende brennbare Flüssigkeiten zur Gänze aufzunehmen.

(20) Berechtigte sind nach den für die Berufsausübung maßgeblichen Vorschriften befugte Personen. Staatsangehörige eines Mitgliedstaates der Europäischen Union oder einer anderen Vertragspartei des EWR-Abkommens, die von der Niederlassungsfreiheit gemäß Art. 52 ff des EG-Vertrages oder Art. 31 ff des EWR-Abkommens Gebrauch machen, sind österreichischen Staatsbürgern oder Staatsbürgerinnen gleichgestellt.

(21) Betreiber sind der Eigentümer oder die Eigentümerin der Anlage zum Einstellen von Kraftfahrzeugen, der kraftbetriebenen Parkeinrichtung bzw. der Tankstelle sowie der oder die sonst darüber Verfügungsberechtigte.

(22) Ladepunkt ist die Schnittstelle auf einem Stellplatz, mit der zur selben Zeit entweder nur ein Elektrofahrzeug aufgeladen oder nur eine Batterie eines Elektrofahrzeugs ausgetauscht werden kann.

(EB)

In Entsprechung der Begriffsbestimmung des „Einstellens von Kraftfahrzeugen" ist die Erteilung einer Bewilligung für Bauwerke zum Einstellen von Kraftfahrzeugen auf öffentlichen Verkehrsflächen nicht zulässig.

Die Mindestabmessungen für Stellplätze im Sinne des Abs. 3 ergeben sich auf Grund der subsidiären Anwendbarkeit der BO aus der OIB-Richtlinie 4, Pkt. 2.7.

Der Begriff der kraftbetriebenen Parkeinrichtungen und Parksysteme in Abs. 9 ist in Entsprechung der Begriffe der ÖNORM EN 14010:2003 zu sehen.

Der Begriff der Kraftstoffe in Abs. 16 ist im Sinne der von der Verordnung des Bundesministers für Umwelt, Jugend und Familie über die Festlegung der Qualität von Kraftstoffen (Kraftstoffverordnung 1999), BGBl. II Nr. 418/1999, umfassten Arten an Kraftstoffen zu verstehen. Erfasst sind nach § 2 der dortigen Begriffsbestimmungen insbesondere „Ottokraftstoff" (Z 1), „Dieselkraftstoffe" (Z 2), „Biokraftstoffe" (Z 2a), „Flüssiggas" (LPG, Liquefied Petroleum Gas) (Z 3) und „Erdgas" (CNG, Compressed Natural Gas) (Z 4).

Im Zusammenhang mit den auch in Tankstellen abgegebenen Heizölen besteht eine für den weiteren Regelungsgehalt dieses Gesetzes wesentliche Überschneidung dieses Begriffes der „Kraftstoffe" mit dem Begriff „brennbarer Flüssigkeiten", welchem etwa Heizöl und Ottokraftstoff (Kraftstoff), aber nicht Erd- und Flüssiggase zugehören. Dem gegenüber sind Erd- und Flüssiggase als „Kraftgase" der Begriffsfamilie der „Kraftstoffe" zuzuordnen, sind aber keine „brennbaren Flüssigkeiten".

Der Begriff brennbarer Flüssigkeiten (§§ 30 ff) ist entsprechend den einschlägigen technischen Normen, insbesondere der Verordnung über brennbare Flüssigkeiten, BGBl.Nr. 240/1991, zu verstehen.

Es bleibt zu beachten, dass neben den an „Betreiber" gerichteten Normierungen des WGarG 2008 die Verpflichtungen gemäß den Bestimmungen der Wiener Bauordnung nur Eigentümer treffen. Demgemäß kann ein behördlicher Auftrag (nur) nach der Wiener Bauordnung auch nur an Eigentümer gerichtet werden.

(EB zu Bauordnungsnovelle 2020 LGBl 2020/61)

Der Begriff „Ladepunkt" stammt aus Art. 2 Z 3 der RL 2014/94/EU, auf den in Art. 8 Abs. 2 der RL (EU) 2018/844 ausdrücklich verwiesen wird.

EB zu LGBl 2023/37 – Bauordnungsnovelle 2023

Zu Abs 8

Die Anpassung dient der Angleichung an die Begriffsbestimmungen der OIB-Richtlinien.

Zu Abs 22

Die von § 3 Abs 1 Z 4 zwingend vorgesehene Verknüpfung von Ladepunkt und Stellplatz wird in die Begriffsbestimmung aufgenommen, damit klargestellt ist, dass Ladepunkte nur auf einem Stellplatz errichtet werden dürfen.

Anmerkungen

1) Siehe EB zu § 50.

2) Abs 8 wurde mit Nov LGBl 2023/37 neu gefasst.

Judikatur

1) Da die Bfr nicht bestreiten, dass sie ihren betriebsbereiten Kraftwagen nicht nur zum Aus- und Einsteigen oder zum Be- und Entladen im Hofe der gegenständlichen Liegenschaft abstellen, bestehen gegen die Anwendung der Bestimmungen des WGG keine Bedenken (VwGH 21.1.1963, 705/62).

2) § 2 Abs 3 Wr GarG 2008 stellt nach seinem eindeutigen Wortlaut für die Beurteilung, ob es sich bei einer Fläche um einen Stellplatz handelt, nicht darauf ab, ob diese Fläche (auch) baulich befestigt ist oder eine bauliche Anlage darstellt. Wesentlich ist nach § 2 Abs. 3 Wr GarG 2008 allein, ob eine Fläche dem Abstellen des einzelnen Kraftfahrzeuges dient. Hiebei kommt es auf die „Art und Weise der Errichtung des Stellplatzes" nicht an (vgl VwGH 26.9.2017, Ra 2017/05/0228).

2. Teil
Anlagen zum Einstellen von Kraftfahrzeugen und kraftbetriebene Parkeinrichtungen

1. Abschnitt
Anlagen zum Einstellen von Kraftfahrzeugen – Allgemeines

§ 3. **(1) Sofern nicht § 62 oder § 62a der Bauordnung für Wien zur Anwendung kommt, bedürfen einer baubehördlichen Bewilligung im Sinne der §§ 60 und 70, 70a, 70b, 71 oder 73 der Bauordnung für Wien:**

1. **Neu- und Zubauten von Bauwerken zum Einstellen von Kraftfahrzeugen;**
2. **die Verwendung von Flächen oder Räumen zum Einstellen von Kraftfahrzeugen, ohne dass eine Bauführung erfolgt, soweit hiefür eine baubehördliche Bewilligung noch nicht vorliegt;**
3. **wesentliche bauliche Änderungen von Bauwerken zum Einstellen von Kraftfahrzeugen sowie ebensolche Abweichungen von Bauplänen, die nach diesem Gesetz ausgeführt werden dürfen (Abweichungen von bewilligten Bauvorhaben);**
4. **die Schaffung von Ladepunkten mit einer Leistung von jeweils mehr als 22 kW für Elektrofahrzeuge auf Stellplätzen auf Parkdecks sowie in Garagen und Garagengebäuden;**
5. **die Errichtung oder wesentliche Änderung von mechanischen Anlagen für die Be- und Entlüftung sowie für Rauch- und Wärmeabzugsanlagen von Garagen;**
6. **die Errichtung von Flugdächern mit Fotovoltaikanlagen über Stellplätzen im Freien im Sinne des § 4 Abs. 9.**

(2) Als wesentlich gelten Änderungen von Anlagen und Bauwerken, wenn sie von Einfluss auf die Festigkeit, die Feuersicherheit oder die Verkehrsverhältnisse sind oder geeignet sind, Gefährdungen oder unzumutbare Belästigungen im Sinne des § 6 herbeizuführen.

(3) *entfällt, LGBl 2023/37 vom 13.12.2023*

(4) *entfällt, LGBl 2023/37 vom 13.12.2023*

(5) Bei Anlagen zum Einstellen von Kraftfahrzeugen mit einer Nutzfläche von mehr als 1600 m² ist zur Erteilung einer Bewilligung nach Abs. 1

vom Planverfasser darzulegen, dass die Bedürfnisse einer ungehinderten, sicheren und alltagstauglichen Benützung für unterschiedliche soziale Nutzergruppen, insbesondere für Kinder, Frauen, Familien und Senioren, berücksichtigt wurden. Dabei sind insbesondere folgende Aspekte zu beachten:

1. **klare, übersichtliche Beschilderungen und Markierungen,**
2. **breitere und klar abgegrenzte Fußgängerbereiche,**
3. **spezielle Parkplätze für ältere Menschen, Gehbehinderte und Personen mit Kleinkindern und Kinderwagen.**[1)]

(EB zu LGBl 2023/37 – Bauordnungsnovelle 2023)

Zu Abs 1 Z 4

Der Begriff „Ladeplatz" wird durch den unionsrechtlich prädeterminierten „Ladepunkt" ersetzt, der bereits jetzt in § 6 Verwendung findet. Darüber hinaus wird in Anlehnung an Punkt 10.2.3. der OIB-RL 2.2 (idF 2023) eine Bewilligungspflicht für jene Ladepunkte vorgesehen, deren Leistung 22 kW übersteigt. Die Ausführung eines Ladepunktes ist genormt; alle elektrotechnischen Aspekte für Planung, Installation, Betrieb und Prüfung sind zur Gänze vorgegeben, sodass bei der Errichtung stets der Stand der Technik eingehalten werden muss. Darüberhinausgehende baurechtliche Kriterien sind nicht erforderlich. Moderne Elektroautos sind mit Lithium-Ionen-Batterien ausgestattet, die weitgehend gasdicht sind. Aus diesem Grund besteht durch das Abstellen und Laden solcher Kfz keine erhöhte Brandgefahr. Vor diesem Hintergrund und in Anlehnung an Punkt 10.2.3. der OIB-RL 2.2 [Fassung 2023] kann die Errichtung von Ladepunkten für Elektroautos bis zu einer Leistung von jeweils 22 kW bewilligungsfrei gestellt werden.

Zu Abs 1 Z 6

ISd Förderung und Erweiterung der Möglichkeit Fotovoltaikanlagen iZm Stellplätzen als Verschattungseinrichtungen zu nutzen, wird in § 4 Abs 9 WGarG 2008 eine Erleichterung für bestimmte „Fotovoltaik-Flugdächer" über Stellplätzen im Freien geschaffen. Der Wr Klimafahrplan (S 88) sieht in der „Nutzung aller technischen Flächenpotentiale und Unterstützung der Errichtung städtetauglicher und innovativer Fotovoltaiklösungen" einen Hebel für die Erreichung der bis 2030 gesetzten Ziele und nennt idZ ausdrücklich Parkplatzflächen.

Da diese „Fotovoltaik-Flugdächer" über Stellplätzen an besondere Voraussetzungen geknüpft werden und die Erleichterungen nur in einem beschränkten Ausmaß gelten, ist die Einführung eines Bewilligungsverfahrens für solche Anlagen notwendig.

Diese Bewilligungspflicht beschränkt sich gleichwohl nur auf jene „Fotovoltaik-Flugdächer" über Stellplätzen außerhalb von Wohngebieten, die nicht länger als 15 Jahre bestehen sollen und vor diesem Hintergrund nicht auf die bebaubare Fläche anzurechnen sind. Für jene „Fotovoltaik-Flugdächer", die unbefristet bestehen bleiben und auf die bebaubare Fläche angerechnet werden sollen, gelten die allgemeinen Regeln für Flugdächer.

Zu Abs 3

Die Bewilligungsfreiheit für das Einstellen von höchstens zehn Krafträdern oder zwei Kraftwagen mit einem höchstzulässigen Gesamtgewicht von je 3.500 kg auf einer unbebauten Liegenschaft oder in einem Hof entfällt, weil unter der Prämisse einer weitgehenden Vermeidung der Flächenversiegelung eine Überprüfung der Einhaltung der Vorgaben des Flächenwidmungs- und Bebauungsplanes sowie der Bauordnung in einem Baubewilligungsverfahren durch die Behörde zweckmäßig erscheint.

Zu Abs 4

Die Regelung entspricht der bereits in der OIB-RL 2.2, Punkt 8.1 [Fassung 2023] iVm § 2 WBTV 2020 enthaltenen und kann daher wegen Redundanz entfallen.

Anmerkung

1) Siehe EB zu § 50.

Judikatur

1) Die Bestimmung des § 3 Abs 1 lit b (jetzt: Abs 1 Z 2) WGG fordert nicht, dass eine bewilligungspflichtige Bauführung nach den Bestimmungen der Bauordnung für Wien vorliegt, sondern macht jede „Bauführung" zum Zwecke der Verwendung von Flächen und Räumen zum Einstellen von Kraftfahrzeugen bewilligungspflichtig, erweitert sohin den Kreis der bewilligungspflichtigen Bauführungen (VwGH 3.2.1964, 148/63).

2) Die Verwendung von Flächen zum Einstellen von Kraftfahrzeugen bedarf nach § 3 Abs 1 lit b (jetzt: Abs 1 Z 2) WGG einer Baubewilligung. Hiefür ist, da es sich um eine wichtige Veränderung im Sinne des § 834 ABGB handelt, die Zustimmung des Eigentümers erforderlich (VwGH 4.12.1967, 1631/67).

3) Unter den im § 3 Abs 2 (jetzt: Abs 3) genannten Voraussetzungen ist das Einstellen von 2 Pkw ohne Bewilligung zulässig, weil davon ausgegangen werden muss, dass der Gesetzgeber mit dieser Ausnahmebestimmung eine Verwendung der Höfe im Regelfall ohne baubehördliche Bewilligung ermöglichen wollte (VwGH 30.3.1971, 1483/70).

4) Die Verwendung von Grundflächen zum Einstellen von Kfz ist nach § 3 WGG grundsätzlich bewilligungspflichtig. Der ermittelte Sachverhalt zeigt deutlich, dass keiner der Anwendungsfälle des § 3 Abs 2 (jetzt: Abs 3) WGG in Betracht kommt. Die zum Einstellen von Kraftfahrzeugen verwendete Fläche erweist sich nämlich nach der vorstehenden Sachverhaltsdarstellung weder als eine unbebaute Liegenschaft noch als ein Hof noch als eine Seitenabstandsfläche gegen eine Nachbarliegenschaft, sondern als eine von drei Verkehrsflächen begrenzte Grundfläche, welche dem auf der Liegenschaft errichteten Gebäude vorgelagert ist (VwGH 31.5.1983, 83/05/0011, BauSlg 64).

5) Auch das Abstellen von Pkw in Arkaden ist nach § 3 Abs 1 lit b (jetzt: Abs 1 Z 2) WGG bewilligungspflichtig (VwGH 31.5.1988, 88/05/0117, 7.7.1988, 88/05/0105).

6) Wurden nur 4 Abstellplätze in einem Hof baubehördlich bewilligt, dürfen weitere Pkw nicht abgestellt werden. Ein Auftrag zur Unterlassung der Benützung von Hofflächen für das Abstellen von Kfz ist nach § 129 Abs 10 BO (s § 1 Abs 2 WGG) an die Miteigentümer zu richten (VwGH 30.6.1998, 98/05/0081, BauSlg 155).

7) Voraussetzung für die Erlassung eines baubehördlichen Auftrages nach § 129 Abs 10 BO ist auch bei der Abstellung von Kfz die Bewilligungspflicht sowohl im Zeitpunkt der ersten Abstellung als auch im Zeitpunkt der Erlassung des Bauauftrages. Grundsätzlich sind Anlagen für das Abstellen von Kfz auf gärtnerisch auszugestaltenden Grundflächen unzulässig. Es wurde aber nicht geprüft, ob vor Festlegung der gärtnerischen Ausgestaltung der Liegenschaftsflächen im Bebauungsplan aus dem Jahr 1988 nicht schon das Abstellen der Kfz erfolgte (VwGH 24.11.1998, 98/05/0151, BauSlg 288).

8) Zutreffend hat die belangte Behörde erkannt, dass Voraussetzung für die Erlassung eines baubehördlichen Auftrages nach § 129 Abs 10 BO im Beschwerdefall auch voraussetzt, dass das Abstellen dieser Kraftfahrzeuge im Hof auch zum Zeitpunkt konsensbedürftig war, als damit begonnen wurde (siehe das hg Erkenntnis vom 24. November 1998, Zl 98/05/0151, BauSlg 288/1998).

Sachverhaltsmäßig steht somit in Frage, ab wann nach Kriegsende der Hof zum Einstellen von Kraftfahrzeugen verwendet wurde.

Vor dem einen Monat nach (der am 17. Oktober 1957 erfolgten) Kundmachung im Landesgesetzblatt in Kraft getretenen WGG (siehe dessen § 51 Abs 1 erster Satz) galt im fraglichen Zeitraum (nach Kriegsende) die Reichsgaragenordnung (RGaO), dRGBl 1939 I S 219 (GBlÖ Nr 1447/1939), in der Fassung des Erlasses vom 13. September 1944, Reichsarbeitsblatt Teil I S 325 (siehe abermals § 51 Abs 1 WGG; die RGaO ist beispielsweise in Schubert/Loibl, Die Bauordnung für Wien, 11. Teil, S 365 ff, wiedergegeben).

Der Verwaltungsgerichtshof tritt der übereinstimmenden Auffassung der belangten Behörde und der Beschwerdeführerin bei, dass das bloße Einstellen von Kraftfahrzeugen, um das es hier geht, nach der RGaO nicht genehmigungspflichtig war (siehe § 54 RGaO) (VwGH 9.11.2004, 2004/05/0026).

9) Der Umstand, dass eine Betriebsanlage nach den Bestimmungen der §§ 74 ff Gewerbeordnung genehmigt worden ist, bedingt noch nicht, dass diese Anlage auch nach baurechtlichen Bestimmungen zulässig sein muss (siehe den Nachweis bei *Geuder/Hauer*, Wiener Bauvorschriften[5], 134). Die Prüfung einer Betriebsanlage daraufhin, ob sie den baurechtlichen Vorschriften einschließlich jener über die Widmung der Liegenschaften entspricht, fällt, von hier nicht gegenständlichen Tatbeständen (§ 61 BO; § 119a BO) abgesehen, in die Zuständigkeit der Baubehörden; Gewerbebehörden und Baubehörden haben unabhängig voneinander ein Projekt in Orientierung an den von ihnen zu vollziehenden Rechtsvorschriften zu beurteilen. Es besteht auch keine gesetzliche Grundlage dafür, dass die Gewerbebehörde mit ihrer Entscheidung bis zu einer baubehördlichen Genehmigung zuzuwarten hätte (*Stolzlechner-Wendl-Zitta*, Die gewerbliche Betriebsanlage², Rz. 266) (VwGH 24.4.2007, 2004/05/0285).

10) Auch mit der Behauptung, die Lüftungsanlage stelle eine untrennbare Einheit mit dem bewilligten Bauobjekt dar, weshalb getrennte Bewilligungen nicht zulässig seien, zeigt der Beschwerdeführer keine Rechtswidrigkeit auf. Die belangte Behörde hat im angefochtenen Bescheid darauf verwiesen, dass eine Lüftungsanlage ein gesondert einzureichendes Vorhaben darstelle, das einem eigenen Verfahren zu unterziehen sein werde. Der Verwaltungsgerichtshof ist bereits in dem seinem Erkenntnis vom 27. November 1990, Zl 89/05/0026, zugrunde gelegenen Beschwerdefall davon ausgegangen, dass eine derartige Vorgangsweise aus der Sicht der Nachbarn nicht rechtswidrig ist (vgl nunmehr § 3 Abs 1 des Wr Garagengesetzes 2008; vgl auch das hg Erkenntnis vom 30. April 2013, Zl 2011/05/0100, mwN) (VwGH 27.9.2013, 2010/05/0014).

11) Antrag um die Bewilligung einer Lüftungsanlage. Eine solche bedarf als Errichtung einer mechanischen Anlage für die Be- und Entlüftung von Garagen gemäß § 3 Abs 1 Z 5 Wr GarG 2008 einer Baubewilligung nach der Wr BauO und stellt ein sowohl von der Garage, in der die Lüftungsanlage verwirklicht werden soll (siehe § 3 Abs 1 Z 1 leg cit), als auch von der Schaffung von Kfz-Stellplätzen (siehe § 3 Abs 1 Z 2 leg cit) zu unterscheidendes und eigenständig zu beurteilendes Vorhaben dar (vgl VwGH 27.9.2013, 2010/05/0014, mwN).

Im Falle eines Baubewilligungsverfahrens für ein Vorhaben nach § 3 Abs 1 Wr GarG 2008 ergeben sich Nachbarrechte gemäß § 1 Abs 2 Wr GarG 2008 iVm § 134a Wr BauO, modifiziert durch vorgehende Regelungen des Wr GarG 2008 wie etwa § 6 Abs 1 leg cit, der eine solche lex specialis, insbesondere zu § 6 Abs 6 Wr BauO, darstellt (vgl bereits zum WGG 1957 VwGH 7.9.2004, 2002/05/0785, mwN).

Der VwGH hat bereits zum WGG 1957 in der – mit § 3 Abs 1 lit e leg cit bereits einen eigenen Bewilligungstatbestand für die Errichtung oder Änderung von Anlagen für die Be- und Entlüftung von Garagen vorsehenden – Fassung LGBl 7/2002 festgehalten, dass Nachbarn in einem solchen Bewilligungsverfahren geltend machen können, dass bei der widmungsgemäßen Nutzung der Anlage ein § 6 Abs 1 leg cit hinsichtl des Immissionsschutzes widersprechender Zustand herbeigeführt würde (vgl VwGH 7.9.2004, 2002/05/0785). Dies gilt gleichermaßen für Vorhaben nach (nunmehr) § 3 Abs 1 Z 5 Wr GarG 2008. Auch hier hat das VwG daher eine Prüfung nach § 6 Wr GarG 2008 durchzuführen. Dies selbst dann, wenn die vom Betrieb der Lüftungsanlage ausgehenden Immissionen von Pflichtstellplätzen stammen sollten: Es geht hier eben nicht um die Schaffung und die Benützung von Stellplätzen, sondern um eine Lüftungsanlage einer Garage (VwGH 25.8.2020, Ra 2019/05/0231).

12) Die Bewilligungsfähigkeit des Bauvorhabens gemäß § 3 Abs 1 Z 2 Wr GarG 2008 ist anhand der sich aus den den Bauwillen ausdrückenden Bauplänen ergebenden Anzahl an Stellplätzen zu beurteilen. Ob einzelne Stellplatzflächen Platz für mehr als ein Kraftfahrzeug bieten, spielt demnach keine Rolle. Überschreitet gegenständlich die Anzahl der bewilligten Stellplätze das gesetzlich vorgeschriebene Ausmaß nicht, kann eine Beeinträchtigung durch Immissionen, die sich aus der Benützung der Stellplätze ergibt, gemäß § 134a Abs 1 lit e Wr BauO nicht geltend gemacht werden (VwGH 12.8.2020, Ra 2019/05/0245).

13) Anlagen iSd WGarG sollen in gemäß § 6 Abs 3 BO als „Wald- und Wiesengürtel" gewidmeten Gebieten den Charakter einer „Ausnahme" haben (Hinweis auf das E 20.06.1995, 93/05/0120, betreffend die Errichtung eines Schwimmbeckens und einer Gerätehütte mit einer darüber befindlichen überdachten Terrasse, und E 24.05.2005, 2004/05/0200, betreffend die Errichtung einer Werbetafel bestehend aus zwei Plakattafeln in solchen Gebieten). (VwGH 16.9.2022, Ra 2022/05/0136)

Städtebauliche Vorschriften

§ 4. (1) Anlagen zum Einstellen von Kraftfahrzeugen sind im Bauland grundsätzlich zulässig. Auf[1)] öffentlichen Verkehrsflächen dürfen Anlagen zum Einstellen von Kraftfahrzeugen nicht errichtet werden.

(2) Im Wohngebiet sind Anlagen zum Einstellen von Kraftfahrzeugen bis zu einem höchsten zulässigen Gesamtgewicht von 3.500 kg sowie von Autobussen für Beherbergungsstätten zulässig. Soweit dies im Hinblick auf Schulen, Kirchen, Krankenanstalten, Kindergärten und ähnliche Einrichtungen geboten ist, sind im Wohngebiet und im gemischten Baugebiet bei Bauwerken in unmittelbarer Nähe dieser Einrichtungen Vorkehrungen vorzusehen, um einer Gefährdung des Lebens oder der Gesundheit von Menschen, insbesondere einer Belästigung durch Lärm oder üblen Geruch vorzubeugen.

(3) Anlagen zum Einstellen von Kraftfahrzeugen sind auf[1)] gärtnerisch auszugestaltenden Teilen der Liegenschaft grundsätzlich unzulässig. Anlagen zum Einstellen von Kraftfahrzeugen mit einer Nutzfläche von nicht mehr als 25 m² sind in der Bauklasse I und II auf seitlichen Abstandsflächen, im Vorgarten jedoch dann zulässig, wenn ihre Errichtung auf seitlichen Abstandsflächen oder auf Teilen der Liegenschaft, die der Bebauung offenstehen, im Hinblick auf die Geländeverhältnisse nicht zumutbar ist.

(4) Anlagen zum Einstellen von Kraftfahrzeugen gemäß Abs. 3 dürfen nicht mehr als ein oberirdisches Geschoß aufweisen. Die Gebäudehöhe darf nicht mehr als 3,50 m und die Firsthöhe nicht mehr als 4 m betragen.

(5) Die durch Anlagen zum Einstellen von Kraftfahrzeugen gemäß Abs. 3 in Anspruch genommene Grundfläche ist auf die nach den gesetzlichen

Ausnutzbarkeitsbestimmungen bebaubare Fläche des Bauplatzes und die nach § 5 Abs. 4 lit. d der Bauordnung für Wien durch den Bebauungsplan beschränkte bebaubare Fläche, sofern sich diese nicht ausschließlich auf Nebengebäude bezieht, anzurechnen.

(6) Beschränkungen des Bebauungsplanes in Bezug auf die Anzahl und Größe von Nebengebäuden finden auf Anlagen zum Einstellen von Kraftfahrzeugen gemäß Abs. 3 keine Anwendung.

(7) Bei der Herstellung von Anlagen zum Einstellen von Kraftfahrzeugen im Freien ist innerhalb[2)] der Stellplatzfläche für jeden fünften Stellplatz ein großkroniger Baum[3)] mit einem Stammumfang von zumindest 35 cm in verschulter Qualität zu pflanzen.

(8) Bei der Herstellung von nicht überdachten Anlagen zum Einstellen von Kraftfahrzeugen mit mehr als zehn Stellplätzen hat die Oberfläche zumindest im Bereich der Stellplätze eine versickerungsfähige Befestigung aufzuweisen, sofern aus Gründen des Gewässerschutzes nichts dagegen spricht. Die anfallenden Niederschlagswässer dieser Anlage sind auf dem Bauplatz zur Versickerung zu bringen.

(9) Flugdächer mit Fotovoltaikanlagen über Stellplätzen sind nicht auf die nach den gesetzlichen Ausnutzbarkeitsbestimmungen bebaubare Fläche und die nach § 5 Abs. 4 lit. d der Bauordnung für Wien durch den Bebauungsplan beschränkte bebaubare Fläche des Bauplatzes anzurechnen, wenn

1. **sich die Stellplätze außerhalb des Wohngebiets befinden,**
2. **die Anlage zum Einstellen von Kraftfahrzeugen über mehr als zehn Stellplätze verfügt und**
3. **der Bestand einen Zeitraum von 15 Jahren nicht überschreitet.**

Ihre Bewilligung gilt als Baubewilligung gemäß § 71 der Bauordnung für Wien. Die neuerliche Erteilung einer Bewilligung ist möglich, wenn städtebauliche Rücksichten dem nicht entgegenstehen.

(10) Anlagen zum Einstellen von Kraftfahrzeugen, die im Zusammenhang mit Bauvorhaben, die ein Einkaufszentrum beinhalten, errichtet werden, haben die Stellplätze, sofern der Bebauungsplan nicht anderes bestimmt, zu mindestens zwei Drittel in Garagen, Garagengebäuden oder Parkdecks und zu höchstens einem Drittel im Freien vorzusehen. Im Erdgeschoß ist die Errichtung solcher Anlagen unzulässig.

Anmerkungen

1) Die Regelung nimmt damit auf eine oberirdische Bebauung Bezug („auf" Flächen vs „im" Wohngebiet).

2) Vgl. EB LGBl 2023/37 zu Abs 7: „in *unmittelbarer Nähe* zu den Stellplätzen".

3) Der Baum muss offenbar nicht dem Wr BaumschutzG unterliegen (vgl anders bei § 64 Abs 1 lit a und § 83 Abs 5 Z 1 BO). Vgl § 6 Abs 2 BaumSchG, als mittel- bis großkroniger Ersatzbaum mittlerer Baumschulenqualität (16 bis 18 cm Stammumfang) sind grundsätzlich keine Säulen-, Kugel- oder Zwergformen heranzuziehen.

(EB zu LGBl 2023/37 – Bauordnungsnovelle 2023)

Zu Abs. 3

Im Hinblick auf die grundsätzliche Intention, die Versiegelung von gärtnerisch auszugestaltenden Flächen zu reduzieren und einer weitergehenden Einschränkung der Errichtung von Stellplätzen auf gärtnerisch auszugestaltenden Flächen, wird das Ausmaß für Anlagen zum Einstellen von KFZ in Abstandsflächen oder Vorgärten von 50 m^2 auf 25 m^2 reduziert. Weiters entfällt bei Anlagen zum Einstellen von Kraftfahrzeugen im Vorgarten, die Möglichkeit der Berücksichtigung des vorhandenen Baubestandes.

Zu Abs. 5

Anlagen zum Einstellen von KFZ gemäß Abs. 3 sollen Nebengebäuden grundsätzlich gleichgestellt werden. Eine Anrechnung auf die nach § 5 Abs. 4 lit. d BO beschränkte bebaubare Fläche erfolgt dann nicht, wenn sich die Festsetzung im Bebauungsplan nur auf Nebengebäude bezieht.

Zu Abs. 7

Das übergeordnete Ziel der lebenswerten Klimamusterstadt Wien umfasst die Anpassung an den Klimawandel und soll ua durch Baumpflanzungen sowie Begrünungs- und Kühlungsmaßnahmen in der Stadt erreicht werden. Durch die verpflichtende Pflanzung von Bäumen iZm Stellplätzen im Freien kann eine Überhitzung reduziert werden. Die Bäume sind in unmittelbarer Nähe zu den Stellplätzen zu pflanzen, sodass die befestigten Flächen durch die Bäume bestmöglich verschattet werden.

Zu Abs. 8

Große Parkplatzflächen werden oftmals mit wasserundurchlässigen Baumaterialien versiegelt, wodurch das öffentliche Kanalsystem belastet wird, weil anfallende Niederschlagswässer abgeleitet werden müssen. Neue Parkplatzflächen sind nunmehr auf eine Weise zu errichten, die eine Versickerung des Niederschlags auf dem Grundstück ermöglicht.

Zu Abs. 9

Die Bestimmung zielt primär auf die Schaffung der Möglichkeit einer Doppelnutzung für bestehende Stellplatzflächen ab, beschränkt sich aber nicht auf diese. ISd Förderung von Fotovoltaikanlagen wird eine Erleichterung für bestimmte Flugdächer mit Fotovoltaikanlagen über Stellplätzen eingeführt. Die Erleichterung besteht darin, dass keine Anrechnung auf die bebaubare Fläche des Bauplatzes erfolgen muss, wenn die Fotovoltaikanlage auf dem Flugdach für maximal 15 Jahre bestehen bleibt.

Nicht erfasst sind Flugdächer mit Fotovoltaikanlagen über Stellplätzen, wenn sie in Wohngebieten situiert sind, weil die Intention in einer Nutzung von größeren Parkplatzflächen iZm Gewerbebetrieben etc. sowie unbebauten Liegenschaften besteht.

Die Anwendbarkeit des § 4 Abs. 9 setzt voraus, dass die Anlage zum Einstellen von KFZ (§ 2 Abs. 2 WGarG 2008) über mehr als zehn Stellplätze verfügt und die Fotovoltaikmodule auf einem Flugdach über den Stellplätzen selbst und nicht über anderen Flächen wie Fahrgassen etc. errichtet werden.

Die Befristung auf 15 Jahre hat den Zweck, Parkplatzflächen bzw. die darauf errichteten Flugdächer nicht unbefristet auf einer Liegenschaft zu erhalten, sondern in bestimmten Abständen, je nach Festsetzungen oder Änderungen im Flächenwidmungs- und Bebauungsplan nach max. 15 Jahren, einen Abgleich mit den Zielen der Stadtplanung vorzunehmen, sodass auch alternative Nutzungen ermöglicht werden können.

Eine (mehrmalige) Verlängerung der Bewilligung ist möglich, wenn dem nicht städtebauliche Rücksichten entgegenstehen. Ob städtebauliche Rücksichten entgegenstehen, ist im jeweiligen Bewilligungsverfahren zu prüfen und das Ergebnis dieser Prüfung der Entscheidung zugrunde zu legen.

Zu Abs. 10

Die Verpflichtung zur überwiegenden Situierung der Stellplätze innerhalb von Gebäuden beugt zum einen der Versiegelung von Bodenflächen vor und gewährleistet zum anderen – über das Verbot der Errichtung von Stellplätzen im EG – die Entwicklung lebendiger EG-Zonen.

Judikatur

1) Auch ein Altersheim eines gemeinnützigen Vereins ist eine Baulichkeit, die den besonderen Schutz des § 4 Abs 3 (jetzt: Abs 2) WGG genießt (VwGH 7.10.1963, Slg 6117/A).

2) Aus der Bestimmung des § 4 Abs 4 (jetzt: Abs 3) WGG kann nicht abgeleitet werden, dass eine unbedingte Verpflichtung besteht, Kleinanlagen zum Einstellen von Kraftfahrzeugen in jenen Fällen, in denen eine solche Anlage im Seitenabstand auf der Nachbarliegenschaft errichtet ist, an derselben Liegenschaftsgrenze in gekuppelter Bauweise herzustellen (VwGH 7.6.1979, Slg 9865/A).

3) Eine gesondert in Erscheinung tretende, mit dem Hauptgebäude in Verbindung stehende Garage ist als Nebengebäude zu beurteilen, falls die sonst erforderlichen Begriffsmerkmale zutreffen; dem Bauwerber ist die Möglichkeit zu einer Projektsänderung einzuräumen, wenn hiedurch das Bauvorhaben – oder ein trennbarer Teil – bewilligungsfähig gestaltet werden kann (VwGH 13.5.1986, 83/05/0204, 0209, BauSlg 673).

4) In einem nach dem Flächenwidmungs- und Bebauungsplan als „Wohngebiet“ gewidmeten Gebiet ist die Errichtung einer Wohnhausanlage zweifelsfrei zulässig, und zwar auch mit den vorgesehenen kleineren Geschäftslokalen und der angeordneten Tiefgarage, zumal in städtischen Wohngebieten Tiefgaragen durchaus üblich sind (s E 21.6.1988, 87/05/0087 bis 0089 und 0110) (VwGH 28.11.1989, 89/05/0162).

5) Anlagen zum Einstellen von Kfz dürfen nur dort errichtet werden, wo eine Bebauung zulässig ist – hier Überschreitung der 50 m^2 (jetzt: 25 m^2) nach Abs 4 (jetzt: Abs 3) (VwGH 27.2.1996, 95/05/0328, BauSlg 52).

6) Nach § 4 Abs 4 (jetzt: Abs 3) kann im linken Teil eines Vorgartens ein Stellplatz (hier 2. Stellplatz für 5 Wohnungen und eine Garage im rechten Vorgartenteil) zulässig sein (VwGH 26.3.1996, 94/05/0184, BauSlg 62).

7) Auf die Einhaltung der Bestimmungen des § 4 Abs 4 (jetzt: Abs 3) WGG besitzt der Nachbar das gemäß § 134a Abs 1 lit a und c BO eingeräumte subjektiv-öffentliche Recht (s VwGH 19.5.1998, 97/05/0202, BauSlg 119). Eine Abstellfläche für 2 Pkw, welche iSd § 4 Abs 4 (jetzt: Abs 3) WGG 50 m^2 (jetzt: 25 m^2) nicht überschreitet, ist auf einer gärtnerisch auszugestaltenden Fläche im Beschwerdefall zulässig, ist doch nach den vorliegenden Verfahrensergebnissen eine die Widmung Wohngebiet übersteigende Belästigung durch Lärm und üblen Geruch (§ 6 Abs 1 WGG) nicht zu erwarten (VwGH 3.7.2001, 2000/05/0019). Gleichartig VwGH 3.7.2001, 2000/05/0021).

8) Auf gärtnerisch auszugestaltenden Flächen eines Innenhofes sind Ansuchen um Erteilung einer Baubewilligung für die Schaffung von zusätzlichen Stellplätzen (hier 7) abzuweisen (VwGH 4.9.2001, 2000/05/0070).

9) Die Auffassung der belangten Behörde, § 4 Abs 4 (jetzt: Abs 3) WGG sei keine lex specialis zu § 6 Abs 1 WGG (beide Normen seien vielmehr kumulativ anzuwenden), trifft zu. § 4 Abs 4 (jetzt: Abs 3) WGG trifft nähere Bestimmungen zur zulässigen Situierung von solchen Anlagen; daneben sind – unter anderem – die Bestimmungen des § 6 Abs 1 maßgeblich (siehe dazu das hg Erkenntnis vom 3. Juli 2001, Zl 2000/05/0021).

Nach § 134 a Abs 1 lit e BO werden Nachbarrechte durch Bestimmungen, die den Schutz vor Immissionen, die sich aus der widmungsgemäßen Benützung eines Gebäudes oder einer baulichen Anlage ergeben können, eingeräumt. Die Beeinträchtigung durch Immissionen, die sich aus der Benützung eines Gebäudes oder einer baulichen Anlage zu Wohnzwecken oder für Stellplätze im gesetzlich vorgeschriebenen Ausmaß ergibt, kann jedoch nicht geltend gemacht werden.

Dass es hier um Pflichtstellplätze im Sinne dieser Bestimmung ginge, behauptet der Beschwerdeführer nicht (und wurde von den Behörden des Verwaltungsgerichtsverfahrens auch nicht angenommen).

Ausgehend von der gegebenen Sachlage, kam dem Beschwerdeführer daher ein Mitspracherecht dahin zu, dass die beiden Stellplätzen den Voraussetzungen des § 6 Abs 1 WGG entsprechen (vgl hiezu beispielsweise das genannte hg Erkenntnis vom 3. Juli 2001, Zl 2000/05/021, mwN; vgl auch das hg Erkenntnis vom selben Tag, Zl 2000/05/0019) (VwGH 20.5.2003, 2001/05/0166).

10) Der VwGH hat zu § 4 Abs 4 Wr GaragenG 1957, der insoweit identen Vorgängernorm des § 4 Abs 3 Wr GaragenG 2008, bereits ausgesprochen, dass der grundsätzlichen Zulässigkeit von Anlagen zum Einstellen von KFZ im Bauland die grundsätzliche Unzulässigkeit auf gärtnerisch auszugestaltenden Teilen der Liegenschaft entgegensteht (vgl VwGH 29.1.2008, 2005/05/0276). Die im zweiten Satz, erster Halbsatz des § 4 Abs 4 WGarG 1957, jetzt § 4 Abs 3 WGarG 2008, normierte ausnahmsweise Zulässigkeit solcher Anlagen ist an die dort genannten Voraussetzungen geknüpft: Diese Anlagen dürfen eine Bodenfläche von 50 m^2 nicht überschreiten. Sie sind in den Bauklassen I und II (somit nach der Definition in § 75 Abs 1 BO nur im Wohngebiet und im gemischten Baugebiet, aber nicht im Gartensiedlungsgebiet) auf seitlichen Abstandsflächen zulässig; unter diesen Voraussetzungen sind sie im Vorgarten dann zulässig, wenn ihre Errichtung auf seitlichen Abstandsflächen oder auf bebaubaren Teilen der Liegenschaft im Hinblick auf die Geländeverhältnisse oder wegen des vorhandenen Baubestandes nicht zumutbar ist. Diese Rechtsprechung ist angesichts des insofern vergleichbaren Wortlautes auf die geltende Rechtslage zu übertragen (VwGH 27.10.2023, Ra 2021/05/0097).

11) Zur Prüfung der Frage, ob ein sachlicher Widerrufsgrund iSd § 71 BO gegeben sein kann (vgl dazu die Ausführungen im eingangs wiedergegebenen Erkenntnis Zl 2005/05/0276), ist es aber notwendig, diese Umgebung nach sachlichen Gesichtspunkten näher abzugrenzen. Da der Gesetzgeber – wie sich aus dem § 51 des Wiener Garagengesetzes 2008, LGBl Nr 34/2009, ergibt –, den Fußweg zu einem Pflichtabstellplatz im Ausmaß von ca 500 m für zumutbar ansieht, ist die Begrenzung auf 100 m jedenfalls verfehlt. Für die Festlegung einer näheren Umgebung im Zusammenhang mit dem für PKW zur Verfügung stehenden Parkraum kommt es im Rahmen des § 71 BO insbesondere darauf an, mit welcher Distanz zwischen Parkplatz und Wohnung in einem bestimmten Gebiet – in einem bestimmten Bezirk oder Bezirksteil in Wien – nach den dort bestehenden örtlichen Gegebenheiten üblicher Weise gerechnet werden muss. Eine solche Abgrenzung wird dabei, um als sachlich angesehen werden zu können, grundsätzlich eine Durchschnittsbetrachtung anzustellen habe, die die längsten wie die kürzesten Distanzen zu Parkplätzen wie im Erkenntnis Zl 2005/05/0276 angesprochen gleichermaßen in den Blick nimmt (VwGH 15.6.2011, 2008/05/0252).

12) Entgegen der Beschwerde kann daher keine Rechtswidrigkeit darin erkannt werden, dass die belangte Behörde im angefochtenen Bescheid die Anrechnungsbestimmung des § 4 Abs 6 WGG in Zusammenschau mit jener des § 80 Abs 1 BO gelesen und die „ohne Errichtung von Baulichkeiten bloß durch Inanspruchnahme (Zuweisung) einer Bodenfläche (Befestigung)" hergestellten Pflichtstellplätze mangels Vorliegens eines Gebäudes oder raumbildender wie raumergänzender Baumaßnahmen nicht in die bebaute Fläche im Sinne der zuvor wiedergegebenen Bestimmungen des § 76 Abs 10 iVm

§ 80 Abs 1 BO miteingerechnet hat, weil es sich dabei um eine jener „gesetzlichen Ausnutzbarkeitsbestimmungen“ handelt, auf die in § 4 Abs 6 erster Satz WGG ausdrücklich verwiesen wird. Folglich können die geplanten Kfz-Einstellplätze auch keine Überschreitung des für das gegenständliche Grundstück unstrittig nach § 76 Abs 10 BO bestimmten Ausmaßes der bebauten Fläche und sohin keine Verletzung des subjektiv-öffentlichen Rechts des Beschwerdeführers auf Einhaltung der Bestimmungen über die flächenmäßige Ausnutzbarkeit eines Bauplatzes bewirken (VwGH 25.9.2012, 2011/05/0107).

13) Die städtebauliche Vorschrift des § 4 Abs 2 Wr GaragenG [nun Abs 1 zweiter Satz] steht der Errichtung einer Tiefgarage nicht entgegen, weil aus einer systematischen Interpretation dieser Gesetzesstelle folgt, dass sich die Anordnung, dass eine Anlage zum Einstellen von Kraftfahrzeugen auf öffentlichen Verkehrsflächen nicht errichtet werden darf, nur auf die als Verkehrsfläche genützte Grundfläche und den darüber befindlichen Raum bezieht (vgl die in § 4 Abs 2 Wr GaragenG verwendeten Formulierung „Auf öffentlichen Verkehrsflächen ...“ im Vergleich zur Anordnung in § 4 Abs 3 leg cit „Im Wohngebiet ...“).

Dass das zu bebauende Grundstück in einer Schutzzone (§ 7 BauO für Wien) liegt, steht der Errichtung des beschwerdegegenständlichen Vorhabens nicht im Wege, weil eine Schutzzone für „in ihrem äußeren Erscheinungsbild erhaltungswürdigen“ Gebiete „wegen ihres örtlichen Stadtbildes“ ausgewiesen werden. Eine Tiefgarage wie geplant berührt den Zweck der Schutzzone nicht. Im Übrigen dienen die Bestimmungen über Schutzzonen nicht dem Schutz der Nachbarn, weshalb die Beschwerdeführer daraus keine subjektiven öffentlichen Rechte ableiten können (vgl VwGH 7.9.2004, 2002/05/0785).

Rücksicht auf die Verkehrsverhältnisse

§ 5. Die Errichtung von Anlagen zum Einstellen von Kraftfahrzeugen ist nur zulässig, wenn es die Verkehrsverhältnisse gestatten; dabei müssen mit Ausnahme der Errichtung von Gebäuden mit nicht mehr als zwei Wohnungen oder von Reihenhäusern darüber hinaus – sofern der Bebauungsplan unter Bedachtnahme auf die Ausgewogenheit der Nutzungen und die zeitgemäßen Bedürfnisse der Bevölkerung nicht ein geringeres Verhältnis festlegt – dreimal so viele Stellplätze geschaffen werden, als auf den öffentlichen Verkehrsflächen durch die Herstellung der Ein- und Ausfahrten untergehen. Für diese Beurteilung sind die Größe der Anlage zum Einstellen von Kraftfahrzeugen sowie die Lage und Größe des Tores oder der Einmündung der Zu- und Abfahrt in die öffentliche Verkehrsfläche, insbesondere mit Rücksicht auf die benachbarten Straßenkreuzungen, auf die Verkehrsbedeutung, die Verkehrsdichte der Straße, die Höhenlage der anschließenden Fahrbahn und die Sichtverhältnisse, maßgebend.

Judikatur

1) Die Beschaffenheit des Verkehrs jener Straße, an der der Bauplatz gelegen ist, bildet ein entscheidendes Beurteilungskriterium (VwGH 6.11.1972, Slg 8311/A).

2) Durch den § 5 WGG ist ein weiteres gesetzliches Erfordernis für die Genehmigung von Bauplätzen, die mit Tankanlagen oder Garagen bebaut werden sollen, nämlich jenes der Rücksichtnahme auf die Verkehrsverhältnisse, aufgestellt worden, durch das die in der BO selbst für die Genehmigung von Bauplätzen normierten Voraussetzungen ergänzt werden (VwGH 6.11.1972, Slg 8311/A).

2. Abschnitt
Anlagen zum Einstellen von Kraftfahrzeugen – Bauliche Anforderungen

Allgemeines und Schutzabstand

§ 6. (1) Anlagen zum Einstellen von Kraftfahrzeugen müssen so geplant und ausgeführt sein, dass eine Gefährdung des Lebens oder der Gesundheit von Menschen oder eine Gefährdung des Eigentums oder sonstiger dinglicher Rechte nicht zu erwarten ist und Belästigungen von Nachbarn (wie Geruch, Lärm, Erschütterung, Wärme, Schwingungen und dergleichen) auf ein zumutbares Maß beschränkt bleiben. Unter einer Gefährdung des Eigentums ist die Möglichkeit einer bloßen Minderung des Verkehrswertes des Eigentums nicht zu verstehen. Ob Belästigungen der Nachbarn zumutbar sind, ist danach zu beurteilen, wie sich die durch das Bauwerk zum Einstellen von Kraftfahrzeugen verursachten Änderungen der tatsächlichen örtlichen Verhältnisse auf ein gesundes, normal empfindendes Kind und auf einen gesunden, normal empfindenden Erwachsenen auswirken.[1)2)]

(2) Stellplätze im Freien müssen von Fenstern ins Freie, die zur Belichtung von Aufenthaltsräumen erforderlich sind, allseitig einen Abstand von mindestens 2,0 m aufweisen.

(3) Bei der Errichtung von Garagen sind zur nachträglichen Schaffung von Ladeplätzen für elektrisch betriebene Kraftfahrzeuge brandschutztechnisch geschützte Durchgänge einer Leerverrohrung zur Herstellung einer Stromversorgung der Stellplätze vorzusehen. Platzreserven für Stromverzählerung und -verteilung sowie Planungsreserven für Netzanschlussleistung sind zu berücksichtigen.[3)]

(3a) Beim Neubau von Nicht-Wohngebäuden, die über mehr als zehn Stellplätze verfügen, ist für jeden zehnten Stellplatz mindestens ein Ladepunkt sowie für mindestens jeden fünften Stellplatz eine Leerverrohrung im Sinne des Abs. 3 zu errichten.

Dies gilt auch bei größeren Renovierungen[4)] von solchen Nicht-Wohngebäuden, sofern

- **sich die Stellplätze innerhalb des Gebäudes befinden oder an das Gebäude angrenzen und**
- **die Renovierungsmaßnahmen einen dieser Stellplätze oder die elektrische Infrastruktur des Gebäudes umfassen.**

(3b) Beim Neubau von Wohngebäuden, die über mehr als zehn Stellplätze verfügen, ist für jeden zehnten Stellplatz mindestens ein Ladepunkt und für alle übrigen Stellplätze eine Leerverrohrung im Sinne des Abs. 3 zu errichten.

Dies gilt auch bei größeren Renovierungen[4)] von solchen Wohngebäuden, sofern

- **sich die Stellplätze innerhalb des Gebäudes befinden oder an das Gebäude angrenzen und**
- **die Renovierungsmaßnahmen einen dieser Stellplätze oder die elektrische Infrastruktur des Gebäudes umfassen.**

(3c) Bei bestehenden Nicht-Wohngebäuden, die über mehr als 20 Stellplätze verfügen, ist bis zum 01.01.2030 für jeden zehnten Stellplatz mindestens ein Ladepunkt zu errichten.

(4) Auf Stellplätzen ist auch das Abstellen von Fahrrädern zulässig.

(EB)

Der in Abs. 2 festgelegte Abstand zu Fenstern ins Freie, die zur Belichtung von Aufenthaltsräumen erforderlich sind, wurde von bisher 2,50 m auf 2,00 m reduziert. Auf öffentlichen Verkehrsflächen ist bei schmäleren Gehsteigen teilweise ein noch geringerer Abstand gegeben. Durch diese Anpassung wird einer Ungleichbehandlung für nicht öffentliche Verkehrsflächen bei gleichzeitiger Wahrung des erforderlichen Schutzniveaus vorgebeugt. Da sich der Schutzzweck dieser Abstandsvorschrift insbesondere auf die Vermeidung des unmittelbaren Eindringens von Abgasen in Räume bezieht, in welchen sich regelmäßig Menschen aufhalten, wird auch nur auf Stellplätze im Freien (die keinen Raum bilden) und deren Relation zu Aufenthaltsräumen Bezug genommen. So fallen auch überdachte Stellplätze unter diese Regelung.

(EB zu Bauordnungsnovelle 2020 LGBl 2020/61 zu Abs 3a und 3b)

Gemäß Art. 8 der RL (EU) 2018/844 sind die Mitgliedsstaaten verpflichtet, bis 10.3.2020 Maßnahmen zur Förderung und Bereitstellung von Ladeinfrastruktur in Parkplätzen von Wohngebäuden und Nicht-Wohngebäuden zu setzen. § 6 dient der Umsetzung dieser unionsrechtlichen Bestimmungen und geht über diese Verpflichtung insofern hinaus, als ab und für jeden 10. Stellplatz jeweils ein Ladepunkt einzurichten ist.

(EB zu Bauordnungsnovelle 2023 LGBl 2023/37 zu Abs 3b und 3c)

Abs. 3b wird erweitert und der bestehenden Verpflichtung zur Schaffung von Ladepunkten in Nicht-Wohngebäuden (Abs. 3a) angeglichen.

In Umsetzung der RL (EU) 2018/844 zur Änderung der RL 2010/31/EU über die Gesamtenergieeffizienz von Gebäuden und der RL 2012/27/EU über Energieeffizienz wird für Bestandsgebäude eine Verpflichtung zur Einrichtung von Ladepunkten normiert. Art. 8 Abs. 3 der RL sieht vor, dass die Mitgliedstaaten die Anforderungen für den Einbau einer Mindestanzahl von Ladepunkten für alle Nicht-Wohngebäude mit mehr als 20 Stellplätzen bis 1.1.2025 festlegen.

Die Anzahl der in Abs. 3b und Abs. 3c vorgeschriebenen Ladepunkte orientiert sich an der derzeit für den Neubau von Nicht-Wohngebäuden geltenden Verpflichtung.

Da es sich um eine Nachrüstungsverpflichtung für Bestandsgebäude handelt, wird ein Zeitraum bis 31.12.2029 [normiert 01.01.2030] eingeräumt, um dieser Verpflichtung nachzukommen.

Anmerkungen

1) Vgl die für den Betrieb geltenden Vorschriften §§ 17 ff. Bei verfassungskonformer Auslegung ist davon auszugehen, daß diese Betriebsvorschriften auf gewerbliche Anlagen keine Anwendung finden.

2) Da bei der Festsetzung des Flächenwidmungsplanes auch die zukünftigen dauerhaften Immissionsverhältnisse und deren Zumutbarkeit für dort sich aufhaltende Personen zu berücksichtigen sind, kann auch die jeweilige Widmung als Gradmesser zur Beurteilung der Zumutbarkeit etwaiger Belästigungen von Nachbarn herangezogen werden.

3) Mit der Nov LGBl 2014/26 wurde der ehem Abs 5 zu Abs 3 und die mit der Nov LGBl 2010/46 angefügten Abs 3 und 4 sind wieder entfallen. Siehe auch EB zu § 50. Mit der Nov LGBl 2018/69 wurde Abs 3 neu gefasst und Abs 4 (wieder) angefügt.

4) Der Begriff „größere Renovierung" ist iZm § 118 BO und Art 2 Z 10 der RL 2010/31/EU zu sehen. Die mit der BO-Novelle LGBl 2012/64 normierten § 118 Abs 3 und 3a BO dienten insbesondere der Umsetzung der RL 2010/31/EU. In diesem Zusammenhang wurde der Begriff „mehr als 25 % der Oberfläche der Gebäudehülle" synonym für die „größere Renovierung" eines Gebäudes gesehen und so verwendet. Daher werden diese Bestimmungen europarechtskonform ausgelegt. In diesem Zusammenhang ist zubeachten, dass der terminus technicus „bei Änderungen und Instandsetzungen von mindestens 25 vH der Oberfläche der Gebäudehülle von Gebäuden" stets iZm den Zielsetzungen der OIB-RL 6 und der RL über die Gesamtenergieeffizienz von Gebäuden zu sehen ist. Folglich ist jede Einzelmaßnahme (Ausnahme Notmaßnahmen) dahingehend zu prüfen, ob durch ihre Wirkung die Erfüllung der Anforderungen nach einer größeren Renovierung (nach Durchführung sämtlicher

Einzelmaßnahmen) sichergestellt ist. Dabei ist eine offene Zeitskala der Durchführung dieser Einzelmaßnahmen möglich.

Judikatur

1) Die Vorschriften des § 6 Abs 1 WGG dienen nicht nur dem öffentlichen Interesse, sondern auch dem Interesse der Nachbarschaft. Aus ihnen erwächst dem Nachbarn das subjektive öffentliche Recht, dass keine Garage, kein Einstellplatz und keine Tankanlage baubehördlich bewilligt wird, durch die eine in dieser Gesetzesstelle angeführte Gefährdung oder Belästigung eintritt (VwGH 18.10.1960, Slg 5389/A und 20.11.1972, Slg 8317/A).

2) Immissionen, welche zwar das Ausmaß der in unmittelbarer Umgebung der Wohnungen festgestellten Belästigungen übersteigen, sich aber im Rahmen des in einem gemischten Baugebiet sonst üblichen Ausmaßes halten, müssen noch als zumutbar angesehen werden (VwGH 14.1.1963, Slg 5936/A, und 6.12.1965,1500/65).

3) Ob eine Anlage zum Einstellen von Kraftfahrzeugen geeignet ist, auf die im § 6 Abs 1 angegebene Art auf die Nachbarschaft einzuwirken, hat die Behörde im Ermittlungsverfahren festzustellen. Sie hat sich hiebei im Allgemeinen der Mithilfe von Sachverständigen, und zwar eines technischen und eines medizinischen Sachverständigen, zu bedienen. Sache des technischen Sachverständigen ist es, über das Ausmaß der zu erwartenden Immissionen und ihre Art Auskunft zu geben, während es dem medizinischen Sachverständigen obliegt, seine Meinung hinsichtlich der Wirkungen der Immissionen auf den menschlichen Organismus darzulegen (VwGH 17.5.1965, 361/65).

4) Der Immissionsschutz ist sowohl auf Nachbarn, das sind die Eigentümer und nicht die Bewohner der Liegenschaft, als auch die Bewohner dieser Liegenschaften abgestellt (VwGH 28.1.1974, Slg 8539/A).

5) Aus § 6 Abs 1 WGG erwächst den Nachbarn ein subjektiv-öffentliches Recht. Bei einer relativ langen Zufahrt (50 m) zu einer Tiefgarage auf dem Bauplatz der Bauwerberin kann nicht offenkundig (§ 45 Abs 1 AVG) angenommen werden, eine Beeinträchtigung der Nachbarn sei auszuschließen. Der VwGH hat zwar wiederholt ausgesprochen, dass die Errichtung von Garagen auf Grund der Pflicht zur Stellplatzschaffung (§ 36 [jetzt: § 48] WGG) nach § 6 WGG nicht unzulässig sein kann, sofern nicht besondere Voraussetzungen gegeben sind (vgl das E v 18.10.1960, Slg 5389/A). Da es im Beschwerdefall nicht nur um Pflichtstellplätze geht und eine eher ungewöhnlich lange Zufahrt von der öffentlichen Verkehrsfläche gegeben ist, kann nicht schlechthin davon ausgegangen werden, dass keine Immissionswirkung auf die Liegenschaft der Nachbarn zu erwarten ist (VwGH 4.4.1991, 90/05/0190).

6) *derzeit frei*

7) Durch eine (unterirdische) Tiefgarage werden weder Nachbarrechte betr Abstandsbestimmungen noch betr Bestimmungen über die gärtnerische Ausgestaltung von Grundflächen verletzt. Auch ein Einfamilienhaus mit einer Tiefgarage für 7 Stellplätze ist in der Widmung Wohngebiet zulässig. Das Erfordernis mehrerer Garagenabstellplätze hat der mitbeteiligte Bauwerber mit dem Vorhandensein mehrerer Oldtimer begründet. Ausgehend von dem plangemäß belegten Umstand, dass es sich um ein Einfamilienwohnhaus handelt, konnten der umwelttechnische Sachverständige in seiner Stellungnahme vom 28.9.1994 und die medizinische Sachverständige mit ihren Ausführungen vom 10.1.1995 davon ausgehen, dass bei der Zufahrt zu diesen Garagenplätzen ein Überschreiten des nach § 6 Abs 1 WGG zulässigen Ausmaßes der Belästigung der Nachbarn durch Lärm, üblen Geruch oder Erschütterungen nicht anzunehmen ist. Wenn, wie die Bfr befürchten, das Bauvorhaben in Zukunft insofern abgeändert werden könnte, als das Gebäude in ein Mehrfamilienwohnhaus umgebaut würde oder eine gewerbliche Verwendung der Garage erfolgte, so wären diese Änderungen durch die vorliegende Baubewilligung nicht gedeckt (VwGH 9.11.1999, 99/05/0026, BauSlg 228).

8a) Dass das zu bebauende Grundstück in einer Schutzzone (§ 7 BO) liegt, steht der Errichtung des beschwerdegegenständlichen Vorhabens nicht im Wege, weil durch eine Schutzzone für „in ihrem äußeren Erscheinungsbild erhaltungswürdige" Gebiete „wegen ihres örtlichen Stadtbildes" ausgewiesen werden. Eine Tiefgarage wie geplant berührt den Zweck der Schutzzone nicht. Im Übrigen dienen die Bestimmungen über Schutzzonen nicht dem Schutz der Nachbarn, weshalb die Beschwerdeführer daraus keine subjektiven öffentlichen Rechte ableiten können (vgl *Geuder/Hauer,* Wiener Bauvorschriften, 4. Auflage, E 6 zu § 7 BO, Seite 231) (VwGH 7.9.2004, 2002/05/0785).

8b) Die Bekanntgabe der Bebauungsbestimmungen hat für den Nachbarn nur insofern Bedeutung, als ihm durch eine solche subjektive öffentliche Rechte erwachsen sind (vgl hierzu das hg Erkenntnis vom 17. Dezember 1996, Zl 94/05/0171). Der Nachbar kann gegen einen solchen Bescheid daher einwenden, er enthalte eine unrichtige, seine subjektiven öffentlichen Rechte berührende Wiedergabe des Inhaltes der Bezug habenden Verordnung (vgl *Geuder/Hauer,* Wiener Bauvorschriften, 4. Auflage, E 8 zu § 9 BO, Seite 250), das Fehlen der Vorlage der Bekanntgabe der Bebauungsbestimmungen bewirkt aber keine Rechtsverletzung des Parteistellung genießenden Nachbarn (VwGH 7.9.2004, 2002/05/0785).

8c) Zu beachten ist jedoch, dass das Wr GaragenG die subjektiv-öffentlichen Nachbarrechte im Verhältnis zu § 134a Wr BO nicht ausgeweitet hat, weshalb Bestimmungen, die den Schutz vor Immissionen zum Gegenstand haben, nur im Rahmen der Regelung des § 134a lit e BO subjektiv-öffentliche Nachbarrechte gewähren (vgl hiezu das hg Erkenntnis vom 20. Mai 2003, Zl 2001/05/0166, und die dort wiedergegebene hg Rechtsprechung). § 134a BO schränkt die Durchsetzbarkeit der dort taxativ aufgezählten subjektiv-öffentlichen Nachbarrechte durch den Nebensatz „sofern sie ihrem Schutze dienen" dahin gehend ein, dass trotz des obektiven Verstoßes gegen eine unter § 134a BO subsumierbare Vorschrift jeder Nachbar dies nur insoweit geltend machen kann, als er durch ihre Nichteinhaltung betroffen wäre (vgl das hg Erkenntnis vom 29. April 1997, VwSlg 14671/A). Gemäß § 134a Abs 1 lit e BO wiederum gewähren nur solche Immissionsschutzbestimmungen subjektive öffentliche Nachbarrechte, die die widmungsgemäße Benützung eines Gebäudes oder einer baulichen Anlage betreffen.

Aus der dargestellten Rechtslage folgt daher, dass einem Nachbarn im Baubewilligungsverfahren betreffend ein Bauvorhaben im Sinne des § 3 Wr GaragenG gemäß § 134a Abs 1 lit e BO in Verbindung mit § 6 Abs 1 Wr GaragenG das subjektiv-öffentliche Recht erwächst, dass keine Garage, kein Einstellplatz und keine Tankanlage baubehördlich bewilligt wird, durch die eine Gefährdung dieses Nachbarn durch giftige Gase oder Dämpfe, durch Brand oder durch Explosion sowie eine das nach der festgesetzten Widmung zulässige Ausmaß übersteigende Belästigung durch Lärm, üblen Geruch oder Erschütterung entsteht, soferne nicht im Sinne des § 134a Abs 2 BO ein gleichwertiger Schutz bereits durch andere Bestimmungen gegeben ist. Die Nachbarn können daher geltend machen, dass bei der widmungsgemäßen Nutzung der gemäß § 3 Wr GaragenG bewilligungspflichtigen Anlage ein § 6 Abs 1 Wr GaragenG hinsichtlich des Immissionsschutzes widersprechender Zustand herbeigeführt würde. Insoweit steht daher dem Nachbarn im Baubewilligungsverfahren auch ein Mitspracherecht bezüglich einer zu erwartenden Immissionsbelastung durch eine vom bewilligten Vorhaben ausgehende Brand- und/oder Explosionsgefahr zu (VwGH 7.9.2004, 2002/05/0785).

Anmerkung: Bezüglich der Nachbarrechte ist nun § 134a Abs 1 lit e und 2 zu beachten. Jede Entscheidung hat ja nur die Beurteilung einer bestimmten Rechtslage zu ihrem Gegenstand. Die Rechtsprechung dürfte auch in Ansehung des WGarG 2008 weiterhin Geltung besitzen.

9) Es stellt sich die Frage, ob die Immissionen, die vom Verbindungsweg zwischen der öffentlichen Verkehrsfläche und dem verfahrensgegenständlichen Parkplatz ua auf dem Privatgrundstück des Beschwerdeführers ausgehen, als Teil des Parkplatzes gelten und somit zu berücksichtigen sind oder nicht. Zu einer solchen Problematik führte der Verwaltungsgerichtshof mit Erkenntnis vom 29. April 1997, Zl 96/05/0042 (ergangen zur Wiener Bauordnung), aus, die Zu- und Abfahrt sei mit der Benützung des Stellplatzes untrennbar verbunden. Auf dieser Grundlage sind im vorliegenden Fall – wie vom Beschwerdeführer während des Verwaltungsverfahrens wiederholt vorgebracht – bei der Beurteilung der Auswirkungen des Parkplatzes auch jene Lärmimmissionen, die von der Zu- und Abfahrt zwischen dem Parkplatz und der öffentlichen Verkehrsfläche herrühren, zu berücksichtigen (VwGH 27.8.2013, 2012/06/0148, zur Ktn BO).

10) Für die Lärm- und Abgasentwicklung im Zusammenhang mit einem Tiefgaragenausbau ist es von Bedeutung, die voraussichtliche Anzahl der Fahrzeugbewegungen festzustellen (vgl VwGH 25.9.2018 , Ra 2017/05/0267, mH VwGH 30.4.2013, 2012/05/0077, mwN).

11) Im Falle eines Baubewilligungsverfahrens für ein Vorhaben nach § 3 Abs 1 Garagengesetz ergeben sich Nachbarrechte gemäß § 1 Abs 2 Garagengesetz in Verbindung mit § 134a BO, modifiziert durch vorgehende Regelungen des Garagengesetzes wie etwa § 6 Abs 1 leg cit, der eine solche lex specialis, insbesondere zu § 6 Abs 6 BO, darstellt (vgl bereits zum Wiener Garagengesetz 1957 VwGH 7.9.2004, 2002/05/0785, mwN; ferner *Moritz*, BauO für Wien[6] (2019), Anm zu § 3 Abs 1 GaragenG, 545).

Der Verwaltungsgerichtshof hat bereits zum Wiener Garagengesetz 1957 in der – mit § 3 Abs 1 lit e leg cit bereits einen eigenen Bewilligungstatbestand für die Errichtung oder Änderung von Anlagen für die Be- und Entlüftung von Garagen vorsehenden – Fassung LGBl Nr 7/2002 festgehalten, dass Nachbarn in einem solchen Bewilligungsverfahren geltend machen können, dass bei der widmungsgemäßen Nutzung der Anlage ein § 6 Abs 1 leg cit hinsichtlich des Immissionsschutzes widersprechender Zustand herbeigeführt würde (vgl erneut VwGH 7.9.2004, 2002/05/0785).

Dies gilt gleichermaßen für Vorhaben nach (nunmehr) § 3 Abs 1 Z 5 Garagengesetz. Auch hier hat das Verwaltungsgericht daher eine Prüfung nach § 6 Garagengesetz durchzuführen. Dies selbst dann, wenn die vom Betrieb der Lüftungsanlage ausgehenden Immissionen von Pflichtstellplätzen stammen sollten: Es geht hier eben nicht um die Schaffung und die Benützung von Stellplätzen, sondern um eine Lüftungsanlage einer Garage (VwGH 25.8.2020, Ra 2019/05/0231).

Kraftbetriebene Türen und Tore

§ 7. (1) Kraftbetriebene Türen und Tore von Anlagen zum Einstellen von Kraftfahrzeugen mit einer Nutzfläche von mehr als 250 m² bedürfen vor der ersten Inbetriebnahme einer Abnahmeprüfung durch einen Berechtigten oder eine Berechtigte gemäß § 15. Weiters sind diese Türen und Tore in Abständen von 24 Monaten einer regelmäßigen Überprüfung durch einen Berechtigten oder eine Berechtigte gemäß § 15 zu unterziehen. Die genannte Frist darf um maximal 3 Monate überschritten werden. Der Stichtag für die nächst fällige regelmäßige Überprüfung bleibt dadurch unberührt.

(2) Erkennt der Betreiber oder die Betreiberin der Anlage[1)] oder der oder die Überprüfende, dass die Betriebssicherheit dieser Türen und Tore nicht mehr gegeben ist, hat er oder sie diese sofort außer Betrieb zu nehmen. Eine Wiederinbetriebnahme ist erst nach Behebung der Mängel durch einen Berechtigten oder eine Berechtigte zulässig.

Anmerkung

1) Bei Wohnungseigentum wird es für die Betreibereigenschaft von Parkflächen darauf ankommen, ob an der Parkfläche bzw. Parkwippe (Stapelparker) selbständiges WE begründet ist oder nicht (§ 2 Abs 2 WEG 2002). Liegt keine Selbständigkeit vor, haftet die Gesamtheit der Wohnungseigentümer.

Behindertenstellplätze

§ 8. (1) Bei Anlagen zum Einstellen von mehr als 30 Kraftfahrzeugen ist für jeweils angefangene 50 Stellplätze ein Stellplatz für Personenkraftwagen von behinderten Menschen (Behindertenstellplatz) herzustellen.

(1a) Besteht in einer Anlage zum Einstellen von Kraftfahrzeugen eine Verpflichtung zur Errichtung von einem oder mehreren Behindertenstellplätzen (Abs. 1) und gleichzeitig die Verpflichtung zur Herstellung von Ladepunkten aufgrund § 6 Abs. 3a, ist zumindest auf einem dieser Behindertenstellplätze ein Ladepunkt zu schaffen.

(2) Hat eine Garage mehr als 30 Stellplätze, muss sie entweder einen barrierefrei erreichbaren, direkt oder über einen barrierefreien Verbindungsgang ins Freie führenden Aufzug oder eine mit einer maschinellen Aufstiegshilfe ausgestattete, direkt ins Freie führende Stiege haben.

(EB)

Die barrierefreie Ausführung von Gebäuden und die dementsprechende Erreichbarkeit von Aufzügen ergibt sich aus den Bestimmungen der BO. Von weiteren Festlegungen hierzu kann daher im WGarG 2008 abgesehen werden (siehe OIB-Richtlinie 4, Pkt. 2.1.3.). In der OIB-Richtlinie 4 wurde allerdings unter Pkt. 8.1.1 die Festlegung der erforderlichen Anzahl an Behindertenstellplätzen gemäß ÖNORM B 1600, Pkt. 3.1.6.1. vom Regelungsumfang ausgenommen, sodass eine entsprechende Festlegung an dieser Stelle zu treffen war bzw. die bisher geltende Regelung aufrechterhalten werden konnte.

Im Übrigen ergeben sich die Mindestabmessungen für Stellplätze auf Grund der subsidiären Anwendbarkeit der BO aus der OIB-Richtlinie 4, Pkt. 2.7.

3. Abschnitt
Kraftbetriebene Parkeinrichtungen – Allgemeines

Zulässigkeit der Errichtung und Änderung

§ 9. (1) Kraftbetriebene Parkeinrichtungen dürfen nur errichtet und geändert werden, wenn sie den Bestimmungen dieses Gesetzes entsprechen.

(2) Die Errichtung, Änderung und Instandhaltung von kraftbetriebenen Parkeinrichtungen darf nur durch Berechtigte erfolgen.

(3) Die Errichtung und wesentliche Änderung von kraftbetriebenen Parkeinrichtungen bedarf der Erstellung von Unterlagen für die kraftbetriebenen Parkeinrichtungen (§ 10) und einer Abnahmeprüfung (§ 12) sowie

einer Anzeige (§ 13) bei der Behörde. Automatische Parksysteme bedürfen überdies einer Vorprüfung (§ 11).

(4) Folgende Änderungen von kraftbetriebenen Parkeinrichtungen sind wesentlich:

1. **die Änderung der Anzahl der Stellplätze;**
2. **die Änderung der Nennlast (Tragfähigkeit) der Stellplätze;**
3. **die Änderung des funktionellen Ablaufs oder der Sicherheitseinrichtungen im Bereich der Ein- und Ausfahrtsräume;**
4. **die Änderung der Art der Benützung;**
5. **die Änderung der Antriebsart;**
6. **die Erhöhung der Beanspruchungen auf das Bauwerk durch die Einwirkungen (Kräfte) infolge des Betriebes der kraftbetriebenen Parkeinrichtung um mehr als 10% bezogen auf die Angaben bei der Errichtung der kraftbetriebenen Parkeinrichtung.**

(EB)

In Anlehnung an das Regulativ des Wiener Aufzugsgesetzes 2006 – WAZG 2006 wurde im Sinne der Verwaltungsökonomie vom Erfordernis einer Baubewilligung für kraftbetriebene Parkeinrichtungen abgesehen. Gegenüber den Bestimmungen des WAZG 2006 konnte jedoch vom Erfordernis der Etablierung eines „Parksystemwärters“ abgesehen werden und besteht auf Grund der Neuartigkeit dieser Systeme auch kein Bedarf zur Festlegung von Bestimmungen zur Anpassung „veralteter“ Anlagen an den Stand der Technik.

Nicht-automatische Parkeinrichtungen mit einer Hubhöhe von über 2 m wurden bisher nach den Bestimmungen des Wiener Aufzugsgesetzes – WAZG, LGBl. für Wien Nr. 1953/12, bewilligt. Automatische Parkeinrichtungen wurden bisher als (große) maschinelle Gesamteinrichtungen einer Bewilligung nach der BO in Verbindung mit dem WAZG unterzogen. Einfachere Parkeinrichtungen in Form von Zweifach-Staplern wurden keiner gesonderten Bewilligung unterzogen und waren auf der Grundlage von Zulassungsverordnungen nach dem Stand der Technik zu errichten. Die Kategorie der teilweise automatischen Parksysteme ist als „mittlere“ Stufe der Parkeinrichtungen erst relativ kurz am Markt vertreten.

Derzeit bestehen in Wien ca. 50 automatische Parksysteme. Auf Grund der technischen Fortentwicklung bei gleichzeitig steigendem Stellplatzbedarf und begrenztem Platzangebot ist mit stark steigender Bedeutung derartiger Systeme zu rechnen.

Die Institution des Aufzugswärters im Sinne des WAZG 2006 bei Aufzügen und Fahrtreppen dient in erster Linie dem Schutz von Personen. Diese Anforderung ist bei Parksystemen nicht gegeben. Im Übrigen bestehen in diesem Bereich kaum Handlungs- bzw. Überprüfungsmöglichkeiten für etwaige „Parksystemwärter“, da diese faktisch nur die Zugangstüren zu Parksystemen etwa einmal pro Woche kontrollieren könnten.

Durch das Regulativ des WGarG 2008 wird gemäß den Bedürfnissen der Praxis und einer ökonomischen Verwaltung eine für alle kraftbetriebenen Parksysteme einheitliche Systematik der Zulässigkeit der Errichtung, Änderung und des Betriebes samt Prüfungsanforderungen etabliert.

Unterlagen, Vorprüfung und Abnahmeprüfung

§ 10. (1) Als Unterlagen für die Vorprüfung von automatischen Parksystemen, für die Abnahmeprüfung kraftbetriebener Parkeinrichtungen sowie für die Anzeige sind erforderlich:

1. Plan der kraftbetriebenen Parkeinrichtung mit folgenden Darstellungen:
   a) die Lage der kraftbetriebenen Parkeinrichtung sowie der Zugang von der öffentlichen Verkehrsfläche;
   b) die durch den Betrieb der kraftbetriebenen Parkeinrichtung auf das Bauwerk ausgeübten Einwirkungen;
2. Beschreibung der kraftbetriebenen Parkeinrichtung:
   a) die Adresse des Aufstellungsortes;
   b) die Einsatzbedingungen;
   c) der Typ der kraftbetriebenen Parkeinrichtung, die Art der Benützung, die Antriebsart, die Nennlast der Lastaufnahmemittel;
   d) der Montagebetrieb für die Errichtung oder Änderung der kraftbetriebenen Parkeinrichtung;
   e) das Baujahr und die Anlagennummer;
   f) die Anzahl der Stellplätze;
   g) die Baustoffe der Umwehrung der kraftbetriebenen Parkeinrichtung;
   h) die Art des Triebwerkes (Aggregates), der Tragmittel und der Steuerung;
   i) die Angabe, wie der Nachweis erbracht wird, dass die kraftbetriebene Parkeinrichtung dem Stand der Technik entspricht (z.B. Einhaltung von technischen Normen beziehungsweise von grundlegenden Sicherheitsanforderungen);
3. statische Vorbemessung über die Aufnahme und Ableitung der durch den Betrieb der kraftbetriebenen Parkeinrichtung auf das Bauwerk ausgeübten Einwirkungen oder ein Gutachten, dass auf Grund der Geringfügigkeit des Bauvorhabens aus statischen Belangen keine Gefährdung des Lebens oder der Gesundheit von Menschen oder des Eigentums gegeben ist; diese Unterlagen sind von einem oder einer nach den für die Berufsausübung maßgeblichen Vorschriften berechtigten Sachverständigen für das einschlägige Fachgebiet zu erstellen.

(2) Die Unterlagen gemäß Abs. 1 Z. 1 und 2 sind

1. vom Verfasser oder der Verfasserin und
2. vom befugten Errichter oder der befugten Errichterin der kraftbetriebenen Parkeinrichtung oder vom Montagebetrieb (Berechtigten)

zu unterfertigen.

(3) Bei der wesentlichen Änderung einer kraftbetriebenen Parkeinrichtung genügen jene Darstellungen und Angaben, mit denen die Änderung beschrieben wird.

§ 11. (1) Vor der Errichtung oder wesentlichen Änderung eines automatischen Parksystems hat der Betreiber oder die Betreiberin die Unterlagen gemäß § 10 einem oder einer Berechtigten gemäß § 15 Abs. 1 zur Vorprüfung vorzulegen.

(2) Ergibt die Vorprüfung des automatischen Parksystems, dass die Bestimmungen dieses Gesetzes eingehalten sind, ist von diesem oder dieser Überprüfenden ein Gutachten über die Vorprüfung zu erstellen.

(3) Nach Vorliegen des Gutachtens über die Vorprüfung darf mit der Bauausführung des automatischen Parksystems begonnen werden.

§ 12. (1) Nach Fertigstellung einer neu errichteten oder wesentlich geänderten kraftbetriebenen Parkeinrichtung ist diese einer Abnahmeprüfung zu unterziehen, bei der die gesetzmäßige Ausführung zu überprüfen ist.

(2) Für die Durchführung der Abnahmeprüfung sind heranzuziehen:

- für teilweise automatische Parksysteme und automatische Parksysteme Berechtigte gemäß § 15 Abs. 1;
- für nicht-automatisch betriebene Parkeinrichtungen darüber hinaus Berechtigte gemäß § 15 Abs. 2.

(3) Haben sich während der Errichtung oder wesentlichen Änderung der kraftbetriebenen Parkeinrichtung Abweichungen ergeben, sind der tatsächlichen Ausführung entsprechende Unterlagen, die den Anforderungen gemäß § 10 zu entsprechen haben, zu erstellen.

(4) Die der Ausführung entsprechenden Unterlagen für die kraftbetriebene Parkeinrichtung sind von dem oder der die Abnahmeprüfung durchführenden Überprüfenden mit einem Prüfvermerk zu versehen.

(5) Stellt dieser oder diese die Abnahmeprüfung durchführende Überprüfende die gesetzmäßige Ausführung fest und besteht Mängelfreiheit, ist ein Gutachten über die Abnahmeprüfung auszustellen.

(EB)

Die gesetzmäßige Ausführung ist einschließlich der Übereinstimmung der kraftbetriebenen Parkeinrichtung mit den Bestimmungen der Maschinen-Sicherheitsverordnung MSV, BGBl. Nr. 306/1994 idgF, festzustellen.

Anzeige der Errichtung oder wesentlichen Änderung

§ 13. (1) Vor der Inbetriebnahme einer neu errichteten oder wesentlich geänderten kraftbetriebenen Parkeinrichtung ist von dem (einem) Betreiber oder von der (einer) Betreiberin die Erstattung einer Anzeige bei der Behörde zu veranlassen. Dieser Anzeige sind die mit dem Prüfvermerk versehenen Unterlagen und das Gutachten über die Abnahmeprüfung anzuschließen.

(2) Eine Durchschrift dieser Anzeige sowie das Gutachten über die Abnahmeprüfung sind vom Betreiber oder von der Betreiberin im Prüfbuch zu hinterlegen.

(3) Einer Anzeige bedürfen nicht:

1. andere als wesentliche Änderungen einer kraftbetriebenen Parkeinrichtung;
2. der Austausch gleichartiger Bauteile einer kraftbetriebenen Parkeinrichtung.

Zulässigkeit des Betriebes

§ 14. Wird eine Anzeige gemäß § 13 unter Anschluss des Gutachtens über die Abnahmeprüfung erstattet, so ist der Betrieb der neu errichteten oder wesentlich geänderten kraftbetriebenen Parkeinrichtung zulässig.

Berechtigte für die Durchführung von Überprüfungen

§ 15. (1) Für Vorprüfungen, Abnahmeprüfungen und regelmäßige Überprüfungen von kraftbetriebenen Parkeinrichtungen sind Aufzugsprüfer oder Aufzugsprüferinnen im Sinne des Wiener Aufzugsgesetzes 2006 heranzuziehen.

(2) Bei nicht-automatisch bewegten Parkeinrichtungen können für Abnahmeprüfungen und regelmäßige Überprüfungen weiters auch Ziviltechniker oder Ziviltechnikerinnen einschlägiger Fachgebiete, insbesondere für Maschinenbau oder Elektrotechnik oder technische Büros einschlägiger Fachrichtung im Rahmen ihrer Befugnisse herangezogen werden.

4. Abschnitt

Kraftbetriebene Parkeinrichtungen – Technische Bestimmungen

§ 16. (1) Kraftbetriebene Parkeinrichtungen müssen in allen Teilen entsprechend dem Stand der Technik so geplant und ausgeführt werden, dass sie den für kraftbetriebene Parkeinrichtungen notwendigen Erfordernissen der Sicherheit, der Festigkeit, der Dauerhaftigkeit und des Brand- und Schallschutzes entsprechen.

(2) Das Einstellen von Krafträdern oder Fahrrädern auf Lastaufnahmemitteln ist nur zulässig, wenn

1. dies vom Errichter oder von der Errichterin der kraftbetriebenen Parkeinrichtung vorgesehen ist und
2. ein unbeabsichtigtes Bewegen der Kraft- oder Fahrräder (z.B. Abrollen oder Umkippen) durch geeignete Vorrichtungen, unter Berücksichtigung der maximalen Neigung des Lastaufnahmemittels, wirksam verhindert wird.

3. Teil
Betriebsvorschriften für Anlagen zum Einstellen von Kraftfahrzeugen und kraftbetriebene Parkeinrichtungen[1)]

Anmerkung

1) Vgl Anm 1) zu § 6.

1. Abschnitt
Betriebsvorschriften für Anlagen zum Einstellen von Kraftfahrzeugen

Pflichten des Betreibers oder der Betreiberin

§ 17. Der Betreiber oder die Betreiberin hat dafür zu sorgen, dass die Anlage zum Einstellen von Kraftfahrzeugen entsprechend den Vorschriften dieses Gesetzes betrieben und instand gehalten wird.

Untersagung des Betriebes

§ 18. Steht der Betrieb einer Anlage zum Einstellen von Kraftfahrzeugen im Widerspruch zu den Bestimmungen des § 6, so ist dieser von der Behörde zu untersagen. Die Untersagung ist auf Antrag des Betreibers oder der Betreiberin der Anlage durch die Behörde aufzuheben, wenn ausreichende Vorkehrungen zur Beseitigung der Gefahr oder der unzumutbaren Belästigung getroffen worden sind.

Verbot feuergefährlicher Handlungen

§ 19. Der Gebrauch von offenem Licht und Feuer wie auch das Rauchen sind innerhalb der Anlagen zum Einstellen von Kraftfahrzeugen verboten. Diese Verbote sind an deutlich sichtbarer Stelle im Inneren der Anlage, bei Anlagen zum Einstellen von Kraftfahrzeugen mit einer Nutzfläche von mehr als 1.600 m² auch vor der Einfahrt, haltbar anzuschlagen.

(EB zu Bauordnungsnovelle 2023 LGBl 2023/37 zu Abs 3b und 3c)

Anlagen zum Einstellen von Kfz dienen ausschließlich dem Einstellen von Fahrzeugen; die Lagerung anderer Sachen ist unzulässig. Darüber hinaus wurde bei der Erarbeitung der brandschutztechnischen Bestimmungen in der OIB-RL 2.2 davon ausgegangen, dass die Garage (lediglich) dem Einstellen von Fahrzeugen einschließlich Fahrrädern dient; somit sind Lagerungen (z.B. Reifen) unzulässig.

Die bisherige Aufzählung in Abs. 2 hat immer wieder zu Diskussionen und Streitigkeiten unter Bewohnern geführt. Auch vor diesem Hintergrund scheint eine Klarstellung sinnvoll.

Schutz vor Gesundheitsgefährdungen

§ 20. **(1) Innerhalb von Anlagen zum Einstellen von Kraftfahrzeugen ist ein Laufenlassen der Motoren von Kraftfahrzeugen über das unbedingt erforderliche Ausmaß hinaus verboten.**

(2) Fahrzeug- und Starterbatterien dürfen innerhalb der Anlage zum Einstellen von Kraftfahrzeugen nur dann geladen werden, wenn eine ausreichende Lüftung während des Ladevorganges sichergestellt ist.

(3) Die Verbote gemäß Abs. 1 und 2 sind an deutlich sichtbarer Stelle haltbar anzuschlagen.

2. Abschnitt
Betriebsvorschriften für kraftbetriebene Parkeinrichtungen

Betriebsvorschriften für automatische Parksysteme

§ 21. **Das Betreten des Einstellraumes darf nur durch das Wartungspersonal erfolgen. Im Bereich des Zuganges ist ein diesbezüglicher Hinweis deutlich sichtbar und haltbar anzuschlagen.**

Pflichten des Betreibers oder der Betreiberin

§ 22. **(1) Der Betreiber oder die Betreiberin hat dafür zu sorgen, dass die kraftbetriebene Parkeinrichtung den Vorschriften dieses Gesetzes sowie der Betriebs- und Wartungsanleitung entsprechend betrieben und instand gehalten wird.**

(2) Die Benützung der kraftbetriebenen Parkeinrichtungen muss durch geeignete Maßnahmen auf befugte und eingewiesene Personen beschränkt sein.[1)]

(3) Jeder Nutzer und jede Nutzerin ist vom Betreiber oder der Betreiberin einer Garage durch geeignete Maßnahmen nachweislich zur richtigen und gefahrlosen Benützung der Anlage anzuleiten.[2)]

Anmerkungen

1) Die EB bleiben jeden Hinweis schuldig, welche Maßnahmen möglich sind, um die Benützung der Parkeinrichtungen auf befugte und eingewiesene Personen zu beschränken; dies wäre wohl nur durch einen angestellten Einweiser möglich.

2) Ein schriftlicher Aushang oder optische Signale, wie die EB vermeinen, ist sicher keine geeignete Maßnahme zur richtigen und gefahrlosen Benützung der Anlage.

Regelmäßige und außerordentliche Überprüfung

§ 23. (1) Der Betreiber oder die Betreiberin hat die kraftbetriebene Parkeinrichtung durch die gemäß § 15 jeweils Berechtigten in regelmäßigen Zeitabständen hinsichtlich des gesetzesgemäßen bzw. der letzten Abnahmeprüfung entsprechenden Zustandes überprüfen zu lassen.

(2) Kraftbetriebene Parkeinrichtungen sind in Abständen von 12 Monaten zu überprüfen. Die genannte Frist darf um maximal 3 Monate überschritten werden. Der Stichtag für die nächst fällige regelmäßige Überprüfung bleibt dadurch unberührt.

(3) Über das Ergebnis jeder Überprüfung ist ein Gutachten zu erstellen, das dem Prüfbuch anzuschließen ist. Zu behebende Mängel oder Gebrechen sind dem Betreiber oder der Betreiberin unter Einräumung einer Frist für ihre Behebung schriftlich zur Kenntnis zu bringen. Die Behebung ist diesem oder dieser Überprüfenden schriftlich zu melden.

(4) Die Behörde kann eine außerordentliche Überprüfung der kraftbetriebenen Parkeinrichtungen durch einen Aufzugsprüfer oder eine Aufzugsprüferin (§ 15 Abs. 1) anordnen, wenn dies aus Gründen der Sicherheit von Personen erforderlich ist.

Außerbetriebnahme und Sperre

§ 24. (1) Die Berechtigten gemäß § 15 sowie der Betreiber oder die Betreiberin sind verpflichtet, kraftbetriebene Parkeinrichtungen, die sie als nicht betriebssicher erkennen, unverzüglich außer Betrieb zu setzen. Solche kraftbetriebenen Parkeinrichtungen dürfen erst nach Behebung der Mängel oder Gebrechen wieder benützt werden.

(2) Der Betreiber oder die Betreiberin hat Unfälle sowie außergewöhnliche Vorfälle der Behörde unverzüglich zu melden und einen Aufzugsprüfer oder eine Aufzugsprüferin (§ 15 Abs. 1) mit einer unfall- bzw. vorfallbezogenen Überprüfung der kraftbetriebenen Parkeinrichtung zu beauftragen. Über das Ergebnis der Überprüfung ist ein Gutachten zu erstellen, das dem Prüfbuch anzuschließen ist (§ 23 Abs. 3). Der Betreiber oder die Betreiberin hat das Gutachten unverzüglich der Behörde zu übermitteln.

(3) Die Behörde hat kraftbetriebene Parkeinrichtungen mit Bescheid zu sperren, wenn sie

1. mangelhaft und nicht betriebssicher sind,
2. eine Gefahr oder unzumutbare Belästigung darstellen,
3. nicht vorschriftsmäßig überprüft wurden, oder
4. vor Erstattung der Anzeige gemäß § 13 betrieben werden.

Sofern augenscheinlich keine Gefahr für das Leben oder die Gesundheit von Menschen besteht, kann von der sofortigen Verhängung einer Sperre abgesehen werden.

(4) Kraftbetriebene Parkeinrichtungen, die gemäß Abs. 3 gesperrt sind, dürfen erst nach Aufhebung der Sperre durch die Behörde wieder benützt werden. Dem Ansuchen um die Aufhebung der Sperre sind folgende Belege anzuschließen:

1. Gutachten über die Überprüfung der kraftbetriebenen Parkeinrichtung durch einen Aufzugsprüfer oder eine Aufzugsprüferin (§ 15 Abs. 1) (bei Sperre gemäß Abs. 3 Z. 1 bis 3);
2. Anzeige gemäß § 13 (bei Sperre gemäß Abs. 3 Z. 4).

Prüfbuch

§ 25. (1) Für jede kraftbetriebene Parkeinrichtung ist ein Prüfbuch zu führen. Sofern mehrere nicht-automatisch bewegte Parkeinrichtungen mit einem gemeinsamen Triebwerk (Aggregat) angetrieben werden, genügt die Führung eines gemeinsamen Prüfbuches. In das Prüfbuch sind aufzunehmen:

1. die grundlegenden technischen Daten,
2. das Gutachten über die Abnahmeprüfung und
3. die Ergebnisse jeder regelmäßigen und außerordentlichen Überprüfung.

(2) Das Prüfbuch muss im Bereich der kraftbetriebenen Parkeinrichtung zur jederzeitigen Einsichtnahme durch die Behörde aufliegen.

4. Teil
Tankstellen
1. Abschnitt
Allgemeines
Bewilligungspflicht[1)]

§ 26. (1) Sofern nicht § 62 oder § 62a der Bauordnung für Wien zur Anwendung kommt, bedürfen einer behördlichen Bewilligung im Sinne der §§ 60 und 70, 70a, 71 oder 73 der Bauordnung für Wien:

1. die Errichtung von Tankstellen;
2. wesentliche bauliche Änderungen von Tankstellen, sowie ebensolche Abweichungen von Bauplänen, die nach diesem Gesetz ausgeführt werden dürfen (Abweichungen von bewilligten Bauvorhaben).

(2) Als wesentlich gelten bauliche Änderungen von Tankstellen, wenn sie von Einfluss auf die Festigkeit, die Feuersicherheit oder die Verkehrsverhältnisse sind oder geeignet sind, Gefährdungen oder unzumutbare Belästigungen im Sinne des § 29 Abs. 2 herbeizuführen.[2)]

(3) Der Fertigstellungsanzeige gemäß § 128 der Bauordnung für Wien ist zusätzlich ein im Rahmen der Befugnis ausgestellter Abnahmebefund eines oder einer Berechtigten gemäß § 43 Abs. 1 über die gesetzmäßige Ausführung der Tankstelle anzuschließen.

Anmerkungen

1) Vgl die Jud zu §§ 3 und 6.

2) Vgl hierzu E8 lit c) zu § 6 und die Anm dazu.

Städtebauliche Vorschriften

§ 27. (1) Die Errichtung von Tankstellen ist nur in als Betriebsbaugebiet ausgewiesenen Teilen des gemischten Baugebietes, im Industriegebiet, in Sondergebieten sowie auf Verkehrsbändern zulässig.

(2) Auf öffentlichen Verkehrsflächen dürfen Tankstellen unbeschadet der straßenpolizeilichen Vorschriften nur unter der Voraussetzung errichtet werden, dass dadurch der Zweck der Widmung nicht beeinträchtigt wird.[1)]

Anmerkung

1) Der Gesetzgeber (auch der historische) hat übersehen, daß öffentliche Verkehrsflächen kein eigener Widmungsbegriff sind, sondern Teil des anschließenden Widmungsgebietes (vgl hiezu die Begriffsbestimmungen in § 5 Abs 6 WBO). So gesehen, ist die Errichtung von Tankstellen in den nicht in Abs 1 genannten Widmungsgebieten wohl auch auf öffentlichen Verkehrsflächen unzulässig. – Dies gilt wohl auch für Gebiete, die der Bundeskompetenz unterliegen, wenn es sich nicht um eine Tankanlage für Bundeszwecke (etwa Eisenbahnanlagen) handelt (vgl etwa VwGH 25.4.1978, 2496/77).

Rücksicht auf die Verkehrsverhältnisse

§ 28. Die Errichtung von Tankstellen ist nur zulässig, wenn es die Verkehrsverhältnisse gestatten.

2. Abschnitt
Bauliche Anforderungen, Technische Bestimmungen

§ 29. (1) Tankstellen müssen entsprechend dem Stand der Technik so geplant und ausgeführt werden, dass sie den für Tankstellen notwendigen Erfordernissen der Sicherheit, der Festigkeit, der Dauerhaftigkeit sowie des Brand- und Schallschutzes entsprechen.

(2) Tankstellen müssen so geplant und ausgeführt sein, dass eine Gefährdung des Lebens oder der Gesundheit von Menschen oder eine Gefähr-

dung des Eigentums oder sonstiger dinglicher Rechte nicht zu erwarten ist und Belästigungen von Nachbarn (wie Geruch, Lärm, Erschütterung, Wärme, Schwingungen und dergleichen) auf ein zumutbares Maß beschränkt bleiben. Unter einer Gefährdung des Eigentums ist die Möglichkeit einer bloßen Minderung des Verkehrswertes des Eigentums nicht zu verstehen. Ob Belästigungen der Nachbarn zumutbar sind, ist danach zu beurteilen, wie sich die durch die Tankstelle verursachten Änderungen der tatsächlichen örtlichen Verhältnisse auf ein gesundes, normal empfindendes Kind und auf einen gesunden, normal empfindenden Erwachsenen auswirken.[1)]

(EB zu §§ 29 ff)

Die technischen Bestimmungen wurden in möglichster Akkordierung zum Wiener Ölfeuerungsgesetz 2006 gestaltet, dessen Geltungsbereich jedoch nur Kraftstoffe der Gefahrenklasse III umfasst. Da die technischen Anforderungen an andere in Tankstellen verwendete Kraftstoffe differieren, bilden die getroffenen Festlegungen die für alle verwendeten brennbaren Flüssigkeiten gemeinsamen Sicherheitsanforderungen.

Die bisherige Zulässigkeit der oberirdischen Lagerung von bis zu 5.000 Liter Benzin in Räumen wird auf Grund der Brand- und Explosionsgefahr eingeschränkt, zumal auch der praktische Bedarf hierfür aktuell kaum mehr gegeben ist, insbesondere da große Kraftfahrzeuge, wie etwa Busse, zunehmend auf andere Kraftstoffe umgestellt wurden.

In Übereinstimmung mit dem WÖlfG 2006 ist die Lagerung unterhalb von Gebäuden nicht zulässig.

Anmerkung

1) Mit § 29 Abs 2 wird § 134a Abs 1 lit e WBO näher ausgeführt. Der Umfang der Anrainerrechte wird damit wohl nicht erweitert.

Lagerung und Leitung von Kraftstoffen und Heizöl – Allgemeines

§ 30. (1) Bei der Lagerung und Leitung von brennbaren Flüssigkeiten sind die Abs. 2 und 3 und die §§ 31 bis 38 einzuhalten.

(2) Die in Tankstellen gelagerten brennbaren Flüssigkeiten der Gefahrenklassen I und II dürfen nur in unterirdischen Lagerbehältern oder in Behältern von Kleinzapfgeräten gelagert werden.

(3) Ist ein Lagerbehälter in mehrere Kammern unterteilt, so dürfen dem Betrieb von Kraftfahrzeugen dienende brennbare Flüssigkeiten der Gefahrenklassen I oder II und ausschließlich Heizzwecken dienende brennbare Flüssigkeiten der Gefahrenklasse III nicht in benachbarten Kammern gelagert werden.

Lagerung brennbarer Flüssigkeiten in unterirdischen Lagerbehältern

§ 31. (1) Unterirdische Lagerbehälter sind bis zur höchstzulässigen Füllhöhe doppelwandig auszuführen und mit einem Leckanzeigesystem, das als Über- oder Unterdrucksystem arbeitet, auszustatten. Die als Korrosionsschutz dienenden Außenschutzbeschichtungen von Lagerbehältern müssen auf dem Grundanstrich dauerhaft haften, wasserundurchlässig und gegen mögliche mechanische, thermische und chemische Beanspruchungen widerstandsfähig sein.

(2) Unterirdische Lagerbehälter haben einen Mindestabstand von 1 m zu Gebäuden, Fundamenten und ähnlichen Bauteilen, Kanälen und Nachbargrenzen aufzuweisen. Zwei oder mehrere nebeneinander angeordnete Lagerbehälter müssen voneinander einen Abstand von mindestens 50 cm aufweisen.

(3) Unterhalb von Bauwerken oder Bauwerksteilen sind unterirdische Lagerbehälter nicht zulässig.

(4) Bei Lagerbehältern, die überfahren werden können oder bei denen andere zusätzliche Auflasten vorliegen, sind deren Überdeckungen den statischen und dynamischen Beanspruchungen entsprechend zu bemessen. Domschächte und Domschachtabdeckungen müssen den möglichen Belastungen standhalten und so ausgeführt werden, dass Lasten durch den darüber liegenden Verkehrsbereich nicht auf die Lagerbehälter übertragen werden können.

Lagerung brennbarer Flüssigkeiten innerhalb von Gebäuden

§ 32. Innerhalb von Gebäuden dürfen brennbare Flüssigkeiten der Gefahrenklasse III höchstens in einer Menge von 100.000 Liter und nur in Lagerbehältern, die in Lagerräumen für brennbare Flüssigkeiten aufgestellt sind, gelagert werden. Ausgenommen davon ist die Lagerung

1. bis zu einer Gesamtmenge von 60 Liter in ortsveränderlichen Behältern (z.B. Fässern, Kanistern) mit einem Inhalt von nicht mehr als jeweils 20 Liter;
2. bis zu einer Gesamtmenge von 500 Liter in Lagerbehältern, die in einer Auffangwanne aufgestellt oder die doppelwandig mit Leckanzeigesystem ausgeführt sind.

Oberirdische Lagerung brennbarer Flüssigkeiten außerhalb von Gebäuden

§ 33. (1) Außerhalb von Gebäuden dürfen brennbare Flüssigkeiten der Gefahrenklasse III in oberirdischen Lagerbehältern nur im Industriegebiet und auf Lagerplätzen und Ländeflächen gelagert werden. Die Lagerung darf nur unter folgenden Voraussetzungen erfolgen:

1. bei Mengen von 300 Liter bis 100.000 Liter bei Einhaltung eines Mindestabstandes von
   a) 1 m zu öffnungslosen, brandabschnittsbildenden Wänden aus Baustoffen der Euroklasse des Brandverhaltens mindestens A2,
   b) 5 m zu Öffnungen in Wänden gemäß lit. a,
   c) 12 m zu sonstigen Wänden und zu brennbaren Lagerungen;
2. bei Mengen über 100.000 Liter bis 200.000 Liter bei Einhaltung eines Mindestabstandes von
   a) 5 m zu öffnungslosen, brandabschnittsbildenden Wänden aus Baustoffen der Euroklasse des Brandverhaltens mindestens A2,
   b) 10 m zu Öffnungen in Wänden gemäß lit. a,
   c) 25 m zu Wänden von Gebäuden in nicht brandabschnittsbildender Ausführung und zu brennbaren Lagerungen;
3. bei einer Menge von mehr als 200.000 Liter ist eine Schutzzone von 25 m frei zu halten, gemessen in alle Richtungen von der Begrenzung der Auffangwanne bzw. der Außenwände von doppelwandigen Lagerbehältern. In der Schutzzone dürfen keine brennbaren Gegenstände und Stoffe gelagert und keine Gebäude oder Gebäudeteile errichtet werden, die Aufenthaltsräume enthalten, der Lagerung brennbarer Stoffe dienen oder deren Außenwände in nicht brandabschnittsbildender Ausführung hergestellt sind. Darüber hinaus gelten jedenfalls die Mindestabstände der Z. 2 lit. a und b.

(2) Zu Nachbargrenzen hat der einzuhaltende Mindestabstand im Fall des Abs. 1 Z. 1 12 m, im Fall des Abs. 1 Z. 2 und 3 25 m zu betragen. Die Abstände sind von der Begrenzung der Auffangwanne bzw. der Außenwände von doppelwandigen Lagerbehältern zu messen.

(3) Oberirdische Lagerbehälter sind so aufzustellen, dass sie durch thermische und mechanische Einwirkungen, wie Brandeinwirkung, Verkehr, Schneedruck, Hochwasser und dergleichen, nicht gefährdet werden. Zudem ist sicherzustellen, dass Instandhaltungsarbeiten ungehindert durchgeführt werden können und eine Brandbekämpfung leicht möglich ist.

(4) Oberirdische Lagerbehälter aus Kunststoff dürfen nur verwendet werden, wenn sie zur Aufstellung im Freien geeignet sind.

(5) Oberirdische Lagerbehälter sind in einer gegen Niederschlagswasser geschützten Auffangwanne aufzustellen, die keine Bodenabläufe aufweisen darf. Das Fassungsvermögen der Auffangwanne hat

1. bei einem oder mehreren kommunizierend miteinander verbundenen Lagerbehältern der gesamten höchstzulässigen Lagermenge und

2. bei mehreren nicht kommunizierend miteinander verbundenen Lagerbehältern der höchstzulässigen Lagermenge des größten Behälters

zu entsprechen. Bei doppelwandigen Lagerbehältern mit Leckanzeigesystem kann die Auffangwanne entfallen.

Lagerräume für brennbare Flüssigkeiten

§ 34. (1) Lagerräume für brennbare Flüssigkeiten müssen gefahrlos vom Freien oder von allgemein zugänglichen Stellen des Gebäudes erreichbar sein. Zugänge durch Lagerräume für brennbare Flüssigkeiten zu anderen Räumen sind nicht zulässig.

(2) Die Türen müssen als Feuerschutztüren in der Klassifizierung zum Brandverhalten El2 30-C, in Fluchtrichtung aufschlagend sowie versperrbar sein. Sie müssen eine lichte Höhe von mindestens 1,80 m und eine lichte Breite von mindestens 80 cm haben.

(3) Die lichte Durchgangshöhe von Türen darf durch die bauliche Ausgestaltung der Auffangwanne auf bis zu 1,20 m verkleinert werden, wenn dies auf Grund der Raumhöhe unvermeidbar ist. Hat die Auffangwanne eine Tiefe von mehr als 60 cm, sind im Bereich der Zugangstür Überstiegshilfen und Haltegriffe anzubringen, deren Befestigungen die Dichtheit der Auffangwanne nicht beeinträchtigen dürfen. Senkrechte Einstiege in Lagerräume für brennbare Flüssigkeiten oder in Bedienungskammern unterirdischer Lagerbehälter müssen feuerhemmende Abschlüsse mit lichten Durchstiegsöffnungen von mindestens 70 cm x 90 cm haben.

(4) Lagerräume für brennbare Flüssigkeiten müssen durch ausreichend groß bemessene Lüftungsöffnungen ständig wirksam mit dem Freien verbunden sein. Der Mindestquerschnitt der Lüftungsöffnungen hat 300 cm^2 zu betragen. Die Lüftungsöffnungen müssen so gelegen sein, dass Verkehrs- und Fluchtwege im Brandfall durch Feuer und Rauch nicht gefährdet werden. Luftleitungen (Poterien) sind außerhalb von Lagerräumen für brennbare Flüssigkeiten bis zur Ausmündung ins Freie feuerbeständig auszuführen. Lüftungsöffnungen sind gegen das Eindringen brennender oder glimmender Gegenstände zu sichern.

(5) Liegt bei Lagerräumen für brennbare Flüssigkeiten sowie bei Bedienungskammern unterirdischer Lagerbehälter der Fußboden tiefer als 3 m unter dem anschließenden Umgebungsniveau, sind diese Räume mit Lüftungsöffnungen derart auszustatten, dass sich eine Durchlüftung möglichst in der Raumdiagonale ergibt.

(6) Lagerräume für brennbare Flüssigkeiten sind elektrisch beleuchtbar einzurichten.

(7) In Lagerräumen für brennbare Flüssigkeiten sind Kanaleinläufe und Kanalputzöffnungen, Einmündungen von Feuerstätten in Abgasanlagen, Reinigungsöffnungen von Abgasanlagen, Wasser- und Gasleitungen sowie nicht zur Raumbeleuchtung und zum Betrieb der Anlage gehörende elektrische Anlagen unzulässig.

(8) Die Fußböden von Lagerräumen für brennbare Flüssigkeiten sind aus nicht brennbaren Baustoffen, flüssigkeitsdicht und mineralölbeständig herzustellen. Falls nicht ausschließlich doppelwandige Lagerbehälter mit Leckanzeigesystem zur Aufstellung gelangen, sind Auffangwannen herzustellen, die keine Bodenabläufe aufweisen dürfen. Das Fassungsvermögen jeder Auffangwanne hat

1. bei einem oder mehreren kommunizierend miteinander verbundenen Lagerbehältern der gesamten höchstzulässigen Lagermenge,
2. bei mehreren nicht kommunizierend miteinander verbundenen Lagerbehältern der höchstzulässigen Lagermenge des größten Behälters und
3. bei ortsveränderlichen Behältern (Fässern, Kanistern und dgl.) der Hälfte der gesamten höchstzulässigen Lagermenge, mindestens jedoch der Lagermenge des größten Behälters

zu entsprechen.

(9) Lagerbehälter in Lagerräumen für brennbare Flüssigkeiten sind so aufzustellen, dass zur leichten Begehbarkeit ein seitlicher Abstand von mindestens 50 cm um jeden Lagerbehälter und der gleiche Abstand von der Decke frei bleiben müssen. Lagerbehälter mit einem Nenninhalt bis 20.000 Liter dürfen an zwei zusammenstoßenden Seiten mit einem Abstand von mindestens 15 cm von den Raumwänden aufgestellt werden. Bei der Aufstellung von Batteriebehältern gelten diese Abstände nicht zwischen den einzelnen Behältern. Bei Lagerbehältern mit einem Nenninhalt bis 2.000 Liter ist ein Mindestabstand von 30 cm zur Decke ausreichend.

(10) An der Außenseite der Türen zu Lagerräumen für brennbare Flüssigkeiten sowie allenfalls vorgelagerter Schleusen sowie an der Oberseite von Einstiegsklappen senkrechter Einstiege sind die Aufschriften „Lagerraum für brennbare Flüssigkeiten“, „Unbefugten ist der Zutritt verboten“, sowie „Rauchen und Hantieren mit Feuer und offenem Licht verboten“ gut lesbar und haltbar anzubringen.

Lagerbehälter für brennbare Flüssigkeiten

§ 35. (1) Lagerbehälter müssen dauerhaft dicht, bruchsicher, allseits geschlossen und aus Werkstoffen hergestellt sein, die gegen die gelagerten brennbaren Flüssigkeiten beständig sind; sie müssen weiters den statischen Erfordernissen entsprechen sowie dem möglichen Innen- und Außendruck und den thermischen Beanspruchungen standhalten.

(2) Lagerbehälter müssen mit einer geeigneten Messvorrichtung ausgestattet sein, durch die der jeweilige Flüssigkeitsstand festgestellt werden kann. Die Messvorrichtung kann entfallen, wenn Lagerbehälter so durchscheinend sind, dass der Flüssigkeitsstand von außen leicht festgestellt werden kann.

(3) Lagerbehälter mit einem Nenninhalt von mehr als 1.000 Liter müssen mit einem festen Füllanschluss an einer für die Befüllung leicht zugänglichen Stelle und einer Lüftungsleitung gemäß § 36 Abs. 6 bis 10 ausgestattet werden. Bei Lagerbehältern mit festem Füllanschluss ist eine Überfüllsicherung vorzusehen.

(4) Die Außenflächen oberirdischer Lagerbehälter aus Stahl sind mit einem Korrosionsschutz zu versehen. Bei im Freien aufgestellten Lagerbehältern aus Stahl müssen die Beschichtungsstoffe auch gegen atmosphärische Einflüsse ausreichend widerstandsfähig sein; außerdem sind die Lagerbehälter mit einer Blitzschutzanlage auszustatten.

Rohrleitungen, Absperreinrichtungen und Armaturen für brennbare Flüssigkeiten

§ 36. (1) Rohrleitungen, Absperreinrichtungen und Armaturen müssen dauerhaft dicht und aus Werkstoffen hergestellt sein, die gegen die geleiteten brennbaren Flüssigkeiten beständig sind; sie müssen weiters gegen Korrosion geschützt und so beschaffen sein, dass sie den möglichen mechanischen, chemischen und thermischen Beanspruchungen standhalten.

(2) Nicht einsehbare, z.B. im Erdreich verlegte, Rohrleitungen mit Ausnahme der Lüftungsleitungen von Lagerbehältern sind in korrosionsbeständigen flüssigkeitsdichten Schutzrohren zu verlegen. Der Überwachungsraum zwischen jeder Rohrleitung und dem Schutzrohr ist mit einem Leckanzeigesystem, das als Über- oder Unterdrucksystem arbeitet, auszustatten.

(3) Füllleitungen sind möglichst mit Gefälle so zu verlegen, dass sie sich nach dem Befüllvorgang selbsttätig in den Lagerbehälter entleeren. Liegt die Füllstelle tiefer als der höchste Punkt der Füllleitung oder des Lagerbehälters, so sind in der Füllleitung beim Füllanschluss ein Rückschlagventil und ein Absperrventil einzubauen. Weiters sind Füllanschlüsse mit Kappverschraubungen dicht abzuschließen. Bei unterirdischen Lagerbehältern ist die Anordnung von Füllanschlüssen in Domschächten nur zulässig, wenn diese mit der Außenwand des Lagerbehälters flüssigkeitsdicht und ölbeständig verbunden sind.

(4) Rohrleitungen aus Kunststoff dürfen nur verwendet werden, wenn sie vom Hersteller des Rohrleitungssystems in der technischen Dokumentation für diesen Verwendungszweck als zulässig angeführt sind.

(5) In Rohrleitungen, bei denen die Gefahr besteht, dass bei Undichtheiten durch die Heberwirkung der Behälterinhalt selbsttätig ausfließt, sind Heberschutzventile als Sicherheitsventile einzubauen.

(6) Lüftungsleitungen von Lagerbehältern müssen ins Freie münden. Die Mündungen sind gegen das Eindringen von Niederschlagswasser und Fremdkörpern zu sichern und möglichst so anzuordnen, dass sie von der Füllstelle aus eingesehen werden können. Die Mündungen müssen von Öffnungen von Abgasanlagen, Öffnungen in Regenfallrohren und öffenbaren Fenstern einen horizontalen Abstand von mindestens 2 m haben.

(7) Mündungen der Lüftungsleitungen von Lagerbehältern für die Lagerung von brennbaren Flüssigkeiten sind in ausreichender Höhe anzuordnen, sodass keine Gefährdung durch Zündquellen und keine Geruchsbelästigung zu erwarten ist. Zu Grundstücksgrenzen ist durch die Mündungen ein den explosionsgefährdeten Bereichen (Zonen) entsprechender seitlicher Abstand von mindestens 1 m einzuhalten.

(8) Mündungen der Lüftungsleitungen von Lagerbehältern für die Lagerung von brennbaren Flüssigkeiten der Gefahrenklasse III sind derart auszuführen bzw. müssen einen derart ausreichenden Abstand zu Mündungen von Lüftungsleitungen von Lagerbehältern für die Lagerung von brennbaren Flüssigkeiten der Gefahrenklassen I und II aufweisen, dass keine Gefährdung durch Flammendurchschlag zu erwarten ist.

(9) Lüftungsleitungen von Lagerbehältern für brennbare Flüssigkeiten der Gefahrenklassen I und II sind bei der Mündung mit einer Sicherung gegen Flammendurchschlag samt einem davor eingebauten Strömungsrückschlagventil auszustatten.

(10) Lüftungsleitungen in der Außenwand von Gebäuden zu öffentlichen Verkehrsflächen sind unter Putz zu verlegen.

(11) Freiliegende Armaturen bei oberirdischen Lagerbehältern im Freien sind erforderlichenfalls gegen Manipulationen durch Unbefugte zu sichern.

Füllstellen für brennbare Flüssigkeiten

§ 37. (1) Füllstellen zur Befüllung von Lagerbehältern sind in Füllschränken oder Füllschächten anzuordnen und auf jener Liegenschaft einzurichten, auf der sich die Tankstelle befindet, wenn auf der öffentlichen Verkehrsfläche und auf der Liegenschaft für das Tankfahrzeug eine leichte und verkehrssichere Zu- und Abfahrt sichergestellt ist und das Tankfahrzeug zur Gänze auf die Liegenschaft einfahren kann.

(2) Füllstellen müssen von Kanaleinlauföffnungen mindestens 5 m entfernt sein. Sofern Füllstellen allgemein zugänglich sind, müssen sie versperrbar ausgeführt werden.

(3) Sind Füllschränke in der Gebäudewand angeordnet, so sind diese zum Gebäude hin als brandabschnittsbildende Wand auszugestalten, sofern sie nicht unmittelbar an den Lagerraum für brennbare Flüssigkeiten grenzen. Unterhalb jedes Füllanschlusses ist eine flüssigkeitsdichte Auffangtasse anzuordnen.

(4) Füllschächte sind unter Bedachtnahme auf das unterschiedliche Dehnungsverhalten der eingesetzten Baustoffe flüssigkeitsdicht und mineralölbeständig auszugestalten. Wenn es die örtlichen Verhältnisse erfordern, können Füllschächte auch auf der öffentlichen Verkehrsfläche vor der Liegenschaft, auf der die Tankstelle situiert ist, eingebaut werden. Füllschächte sind tagwasserdicht abzudecken; bei Ausführung von Füllschächten in öffentlichen Verkehrsflächen sind die Abdeckungen rutschfest und flüssigkeitsdicht auszuführen.

(5) Füllschächte müssen mit festem, nicht brennbarem und leicht entfernbarem Füllmaterial ausgefüllt oder so ausgeführt sein, dass sich in ihnen keine explosionsfähigen Dampf-Luft-Gemische ansammeln können; dies gilt nicht, wenn sich in solchen Schächten ausschließlich Füllstellen für brennbare Flüssigkeiten der Gefahrenklassen I und II befinden.

(6) Bei den Füllanschlüssen sind Schilder über die abzufüllende brennbare Flüssigkeit und über das Vorhandensein einer Überfüllsicherung gut lesbar und haltbar anzubringen.

Zapfsäulen und Kleinzapfgeräte für brennbare Flüssigkeiten

§ 38. (1) Zapfsäulen zur Abgabe brennbarer Flüssigkeiten der Gefahrenklassen I und II müssen von Gebäuden mindestens 5 m und von oberirdischen Lagerbehältern mindestens 8 m entfernt sein. Zapfsäulen zur Abgabe brennbarer Flüssigkeiten der Gefahrenklasse III müssen von Gebäuden sowie von Wänden, die nicht aus Baustoffen der Euroklasse des Brandverhaltens mindestens A2 bestehen, mindestens 1 m entfernt sein.

(2) In Abhängigkeit von den gegebenen örtlichen Verhältnissen dürfen die Abstände an zwei zusammenhängenden Seiten durch öffnungslose, standfeste, nichtbrennbare Schutzwände ersetzt werden, wenn diese Wände den gleichen Schutz bieten, wie er durch die Abstände nach Abs. 1 gegeben wäre.

(3) Zapfsäulen müssen auf einer erhöhten Fläche errichtet sein, die mindestens 12 cm höher ist als die angrenzende Verkehrsfläche (Betankungsfläche). Der Sockel der Zapfsäulen muss von den Rändern dieser erhöhten Flächen mindestens 30 cm entfernt sein. Um die Zapfsäule muss in einem

Umkreis von mindestens 80 cm jener Bereich ungehindert zugänglich sein, der für Kontroll-, Wartungs- und Reparaturarbeiten an der Zapfsäule erforderlich ist.

(4) Kleinzapfgeräte müssen so aufgestellt bzw. so gesichert sein, dass sie nicht umstürzen, abrollen oder von Kraftfahrzeugen angefahren werden können.

(5) Abfülleinrichtungen müssen an gut durchlüfteten Orten aufgestellt sein. Sie dürfen nicht in Räumen, deren Fußboden allseits tiefer als das angrenzende Gelände liegt, oder in Obergeschossen aufgestellt sein.

(6) Im Umkreis von 8 m um Abfülleinrichtungen dürfen keine Einläufe zu Kanälen ohne Abscheideranlage vorhanden sein, sofern brennbare Flüssigkeiten in die Kanaleinläufe eindringen können. Verkehrsflächen im Bereich von Tankstellen müssen so geneigt errichtet werden, dass durch ausfließende brennbare Flüssigkeiten auch im Brandfall Abfülleinrichtungen und Fluchtwege nicht gefährdet werden können.

(7) Tankstellen müssen so ausgeführt sein, dass im Umkreis von mindestens 5 m um Zapfsäulen, die der Abgabe von Kraftstoffen der Gefahrenklassen I und II dienen, keine ortsfesten Zündquellen und keine Öffnungen zu Räumen mit Zündquellen oder zu tiefer gelegenen Räumen, Kellern, Gruben, Schächten und Kanälen vorhanden sind.

(8) Pumpenmotoren von Zapfsäulen müssen im Gefahrenfall von einem sicheren, leicht erreichbaren Ort mit einem als solchem deutlich gekennzeichneten Notschalter allpolig abschaltbar sein; dieser Schalter darf nur dann auch als Betriebsschalter verwendet werden, wenn er nach seiner Bauart hiefür geeignet ist.

3. Abschnitt
Betriebsbestimmungen[1)]

Anmerkung

1) Vgl VfGH 19.3.1956, Slg 2977:

a) Während der Bundesgesetzgeber berechtigt ist, Vorschriften zu erlassen, die eine ungünstige Auswirkung des Betriebes der Anlage auf die Nachbarschaft und eine Gefährdung der im Betriebe beschäftigten Personen vermeiden sollen, wobei sich solche Vorschriften unter diesem Gesichtspunkt auch mit der baulichen Gestaltung der Anlage befassen können, ist der Landesgesetzgeber jedenfalls auch zuständig, baupolizeiliche Vorschriften über die Errichtung und die Beschaffenheit der auch gewerblichen Zwecke dienenden baulichen Anlagen zu erlassen.

b) Der Kompetenztatbestand „Angelegenheiten des Gewerbes und der Industrie" nach Art 10 Abs 1 Z 8 des B-VG idF von 1929 umfasst auch die Regelung des Betriebes von Garagen und Einstellplätzen im Rahmen eines der Gewerbeordnung unterliegenden Betriebes sowie der Errichtung solcher Anlagen.

Pflichten des Betreibers oder der Betreiberin

§ 39. Der Betreiber oder die Betreiberin hat dafür zu sorgen, dass die Tankstelle entsprechend den Vorschriften dieses Gesetzes betrieben und instand gehalten wird.

Untersagung des Betriebes

§ 40. Steht der Betrieb einer Tankstelle im Widerspruch zu den Bestimmungen des § 29, so ist dieser von der Behörde zu untersagen. Die Untersagung ist auf Antrag des Betreibers oder der Betreiberin aufzuheben, wenn ausreichende Vorkehrungen zur Beseitigung der Gefahr oder der unzumutbaren Belästigung getroffen worden sind.

Erstmalige Überprüfung

§ 41. Tankstellen sind vor ihrer Inbetriebnahme, unterirdische Lagerbehälter jedoch vor dem Zuschütten der Behältergrube, von einem oder einer Berechtigten zur Durchführung von Überprüfungen gemäß § 43 Abs. 1 auf ihren ordnungsgemäßen Zustand zu überprüfen.

Regelmäßige Überprüfungen

§ 42. (1) Tankstellen sind regelmäßig in Abständen von 6 Jahren auf ihren ordnungsgemäßen Zustand zu überprüfen. Ausgenommen sind Lagerbehälter zur Lagerung brennbarer Flüssigkeiten der Gefahrenklasse III mit einem Nenninhalt von nicht mehr als 1.000 Liter und die dazugehörigen Betriebseinrichtungen, wenn die Lagerbehälter in einem Lagerraum für brennbare Flüssigkeiten aufgestellt sind und die höchstzulässige Lagermenge in diesem Lagerraum nicht mehr als 1.000 Liter beträgt.

(2) Der erste Stichtag zur Durchführung der regelmäßigen Überprüfung richtet sich nach der erstmaligen Überprüfung gemäß § 41. Für oberirdische Einrichtungen ist die erste regelmäßige Überprüfung zwölf Jahre nach deren Herstellung durchzuführen.

(3) Die in Abs. 1 und 2 genannten Fristen dürfen um maximal 3 Monate überschritten werden. Der Stichtag für die nächst fällige regelmäßige Überprüfung bleibt dadurch unberührt.

(4) Die Behörde kann eine außerordentliche Überprüfung der Tankstellen durch Berechtigte gemäß § 43 Abs. 1 anordnen, wenn dies aus Gründen der Sicherheit von Personen erforderlich ist.

Berechtigte zur Durchführung von Überprüfungen

§ 43. (1) Zur Durchführung der erstmaligen Überprüfung sind im Rahmen ihrer Befugnisse heranzuziehen:

1. Ziviltechniker oder Ziviltechnikerinnen einschlägiger Fachgebiete, insbesondere für Maschinenbau oder Elektrotechnik oder
2. akkreditierte Prüf- und Überwachungsstellen im Rahmen ihrer Befugnisse oder
3. technische Büros einschlägiger Fachrichtung im Rahmen ihrer Befugnisse oder
4. Gewerbetreibende, die berechtigt sind, Anlagen zur Lagerung oder zur Lagerung und Abfüllung brennbarer Flüssigkeiten zu planen und herzustellen.

(2) Zur Durchführung der regelmäßigen Überprüfungen sind Berechtigte nach Abs. 1 oder die zur Abnahme von Dichtheitsprüfungen befugten Gewerbetreibenden im Rahmen ihrer Befugnisse heranzuziehen.

Prüfbescheinigung

§ 44. Über jede Überprüfung ist eine Prüfbescheinigung auszustellen, die insbesondere festgestellte Mängel zu enthalten hat. Die Prüfbescheinigung ist bei der Tankstelle aufzubewahren. Der oder die Überprüfende hat zusätzlich je eine Abschrift der Prüfbescheinigung der Behörde und nachweislich dem Betreiber oder der Betreiberin unverzüglich zu übermitteln, wenn er oder sie

1. die erstmalige Überprüfung vorgenommen hat oder
2. bei einer regelmäßigen Überprüfung festgestellt hat, dass
   - der Betrieb der Anlage unzumutbare Belästigungen für die Nachbarn oder
   - eine unmittelbare Gefahr hervorruft oder
   - ein Mangel im Sinne des § 45 Abs. 2 besteht.

Behebung von Mängeln

§ 45. (1) Tankstellen dürfen nur betrieben werden, wenn alle bei einer Überprüfung festgestellten, die Betriebssicherheit beeinträchtigenden Mängel behoben sind.

(2) Wird eine Undichtheit bei einem Lagerbehälter festgestellt (Behälterwand, Außenwand oder Leckschutzauskleidung), so ist dieser unverzüg-

lich unter Beachtung der erforderlichen Sicherheitsmaßnahmen zu entleeren. Die weitere Verwendung des Lagerbehälters ist erst dann zulässig, wenn eine Überprüfung die Dichtheit des Lagerbehälters ergeben hat.

(3) Wenn bei der Überprüfung eines Lagerbehälters festgestellt wird, dass dessen Betriebssicherheit nicht mehr gegeben ist, ist dessen Weiterverwendung bis zur Herstellung der Betriebssicherheit unzulässig. Bei unterirdischen einwandigen Lagerbehältern ist die Betriebssicherheit insbesondere dann nicht mehr anzunehmen, wenn festgestellt wird, dass die Wanddicke zumindest an einer Stelle durch Korrosion um mehr als 50% geschwächt ist.

(4) Erkennt der oder die Überprüfende das Vorliegen einer unmittelbaren Gefahr, so ist der Betreiber oder die Betreiberin der Anlage von dem oder der Überprüfenden nachweislich davon in Kenntnis zu setzen, dass diese nicht weiter betrieben werden darf. Der oder die Überprüfende hat die zur Beseitigung der unmittelbaren Gefahr notwendigen Maßnahmen sofort zu veranlassen und die Behörde unverzüglich von den getroffenen Maßnahmen zu verständigen.

(5) Die Wiederaufnahme des Betriebes der Anlage ist erst nach Vorliegen eines von einem oder einer Berechtigten ausgestellten Prüfbefundes über die Behebung der Mängel zulässig.

Befüllen von Lagerbehältern

§ 46. (1) Das Befüllen von Lagerbehältern darf nur aus hiefür zugelassenen Tankfahrzeugen erfolgen.

(2) Das Befüllen von Lagerbehältern mit einem Inhalt von mehr als 1.000 Liter muss über Füllstellen und festverlegte Füllleitungen zu den Lagerbehältern erfolgen. Die Behälter der Tankfahrzeuge müssen vor dem Anschließen der Abfüllschläuche wirksam geerdet werden. Die Befüllung von Lagerbehältern für brennbare Flüssigkeiten der Gefahrenklassen I und II darf nur unter Verwendung der Gaspendelleitungen erfolgen.

(3) Beim Befüllen darf in Lagerbehältern, Rohrleitungen und Armaturen kein unzulässiger Druck auftreten. Lagerbehälter mit einer Überfüllsicherung, deren Funktion von einer Steuereinrichtung am Tankfahrzeug abhängig ist, dürfen nur unter Verwendung dieser Einrichtung befüllt werden.

(4) Der Befüllvorgang von Lagerbehältern ist während der ganzen Dauer vom Bedienungspersonal zu überwachen. Während des Befüllvorganges ist im Gefahrenbereich das Rauchen und Hantieren mit offenem Feuer und Licht verboten.

(5) Beim Befüllen über eine Füllstelle auf der öffentlichen Verkehrsfläche sind gut sichtbare Warnhinweise anzubringen, die auf die möglichen Ge-

fahren durch den Befüllvorgang hinweisen. Auf dem öffentlichen Gut sind Füllschläuche so kurz wie möglich zu verlegen.

(6) Beim Befüllen von Lagerbehältern dürfen Verkehrsflächen, Grünanlagen, Gebäudeteile oder sonstiges fremdes Eigentum nicht verunreinigt werden.

Betanken von Kraftfahrzeugen

§ 47. Während des Abfüllens von Kraftstoffen bei der Zapfsäule müssen der Motor und die Fremdheizung des zu betankenden Kraftfahrzeuges abgestellt sein. Auf dieses Verbot muss durch deutlich sichtbare und dauerhafte Anschläge hingewiesen werden.

5. Teil
Verpflichtung zur Schaffung von Stellplätzen

Inhalt der Verpflichtung; Stellplatzregulativ[1)2)]

§ 48. (1) Bei Neu- und Zubauten sowie Änderungen der Raumwidmung oder Raumeinteilung entsteht eine Stellplatzverpflichtung nach Maßgabe der folgenden Bestimmungen; diese ist entweder als Naturalleistung (Pflichtstellplätze) grundsätzlich auf dem Bauplatz oder Baulos oder durch Entrichtung der Ausgleichsabgabe an die Stadt Wien zu erfüllen.

(2) Für räumlich begrenzte Teile des Stadtgebietes kann der Bebauungsplan besondere Anordnungen über das zulässige Ausmaß der Herstellung von Stellplätzen festlegen und dabei den Umfang der Stellplatzverpflichtung gemäß § 50 auf bis zu 10 % verringern oder auf bis zu 110% erhöhen[9)] sowie Anordnungen über die Art, in der die Stellplatzverpflichtung zu erfüllen ist, und die Zulässigkeit und das Ausmaß von Garagengebäuden sowie von Stellplätzen im Freien treffen (Stellplatzregulativ)[5)]

(3) Bei Festsetzung oder Abänderung eines Stellplatzregulativs hat der Gemeinderat auf folgende Gegebenheiten und Ziele Bedacht zu nehmen:[5)]

1. Erreichbarkeit des betreffenden Gebietes mit öffentlichen Verkehrsmitteln;
2. Anpassung des Angebots an Stellplätzen an die verkehrs- und umweltpolitischen Zielsetzungen;
3. Berücksichtigung vorhandener Abstellmöglichkeiten für Kraftfahrzeuge;
4. Herbeiführung, Erreichung beziehungsweise Erhaltung einer mit den Zielen und Festsetzungen des Flächenwidmungsplanes und des Bebauungsplanes entsprechenden Verwendung von öffentlichen Verkehrsflächen des Gebietes, insbesondere für soziale, stadtökologische und gesundheitliche Zwecke;

5. Herbeiführung, Erreichung beziehungsweise Erhaltung der Verwendung öffentlicher Verkehrsflächen für stadtverträgliche Verkehrsarten, insbesondere für den Fußgänger- und Fahrradverkehr und den öffentlichen Nahverkehr;
6. Erhaltung beziehungsweise Verbesserung der Qualität und Verkehrssicherheit stadtverträglicher Verkehrsarten;
7. angemessene Berücksichtigung der naturräumlichen Gegebenheiten.[3)]

Eine Reduktion der Stellplatzverpflichtung auf weniger als 50 % ist nur zulässig, wenn dies aufgrund der besonders guten Erschließung mit öffentlichen Verkehrsmitteln im Sinne der Z 1 oder aufgrund der speziellen, im Flächenwidmungs- und im Bebauungsplan festgelegten Nutzungen gerechtfertigt ist. Eine besonders gute Erschließung mit öffentlichen Verkehrsmitteln liegt jedenfalls vor, wenn die Annahme gerechtfertigt ist, dass die Gehentfernung von den von der Regelung betroffenen Liegenschaften zu den nächsten verfügbaren Stationen der öffentlichen Verkehrsmittel nicht mehr als 300 m betragen wird.

(4) Pflichtstellplätze müssen ab Einlangen der Fertigstellungsanzeige des die Stellplatzverpflichtung auslösenden Bauvorhabens für die Dauer des Bestehens der Verpflichtung der widmungsgemäßen Verwendung offenstehen. Über das Bestehen der Verpflichtung hat die Behörde auf Antrag mit Feststellungsbescheid zu entscheiden.[8)]

(4a) Die Behörde hat über Antrag das vorzeitige Erlöschen der Verpflichtung gemäß Abs. 4 auszusprechen, wenn Pflichtstellplätze innerhalb eines Zeitraumes von zehn Jahren vor der Stellung des Antrags mehr als fünf Jahre tatsächlich nicht für das Einstellen von Kraftfahrzeugen verwendet wurden, in dem betreffenden Gebiet unter Berücksichtigung der in Abs. 3 Z 1 bis 3 genannten Gegebenheiten ein Bedarf an Stellplätzen nicht gegeben ist und der gemäß §§ 48 und 50 in der nach Inkrafttreten des Gesetzes LGBl. für Wien Nr. 26/2014 geltenden Fassung und § 50a erforderliche Umfang der Stellplatzverpflichtung nicht unterschritten wird. Dem Antrag sind ein Nachweis über den Leerstand im genannten Zeitraum, ein Verkehrsgutachten hinsichtlich des fehlenden Stellplatzbedarfs, eine nachvollziehbare Berechnung des Umfanges der Stellplatzverpflichtung sowie der Nachweis der Zustimmung des Eigentümers oder der Eigentümerin (aller Miteigentümer) des von den die Stellplatzverpflichtung auslösenden Baumaßnahmen betroffenen Bauwerks anzuschließen.[4)]

(5) Fällt ein Stellplatz, der an die Verpflichtung angerechnet wurde, weg und kann die Verpflichtung nicht in anderer Art und Weise erfüllt werden oder ist eine Kompensationsmaßnahme nach § 50b nicht aufrecht[7)], so ist die dementsprechende Ausgleichsabgabe in der zum Zeitpunkt des Weg-

falls oder der Feststellung der Nichtaufrechterhaltung geltenden Höhe vorzuschreiben und zu entrichten.

(6) Eine Änderung in der Art der Erfüllung der Verpflichtung ist der Behörde vorher schriftlich zur Kenntnis zu bringen.[6)]

(EB)

Eine Unterlassung der Mitteilung über eine Änderung in der Art der Erfüllung der Verpflichtung unterliegt der Strafnorm des § 57 Abs. 1.

(EB zu LGBl 2014/26)

Im Hinblick auf die in § 50 Abs. 1 und 2 vorgesehene Beschränkung der Verpflichtung zur Schaffung von Stellplätzen soll die Möglichkeit, im Wege eines Stellplatzregulativs im Bebauungsplan die gesetzlich erforderliche Anzahl von Pflichtstellplätzen in einem bestimmten Gebiet zu unterschreiten, künftig je nach Gehentfernung zu den nächsten verfügbaren Stationen der öffentlichen Verkehrsmittel differenziert werden. In Gebieten, in denen eine hohe Erschließungsqualität durch öffentlichen Verkehr nicht gegeben ist, soll demgemäß der Umfang der Stellplatzverpflichtung nur bis zu 50% verringert werden dürfen. Das Kriterium dafür wurde in Anlehnung an das Wiener Hochhauskonzept so festgelegt, dass die Gehentfernung zur nächsten verfügbaren Station eines öffentlichen Verkehrsmittels maximal 300 m beträgt. Bei dieser Entfernung kann davon ausgegangen werden, dass diese auch von einem nicht sportlichen Menschen in einem kurzen Zeitraum zu Fuß zurückgelegt werden kann.

Umgekehrt kann in Wohngebieten und gemischten Baugebieten mit sehr geringer Erschließungsqualität (d.h. wenn die Gehentfernung zur nächsten verfügbaren Station eines öffentlichen Verkehrsmittels mehr als 500 m beträgt) die Zahl der zu schaffenden Pflichtstellplätze im Wege eines Stellplatzregulativs auf bis zu 110% erhöht werden.

Es zeigt sich, dass in Wohngebieten und gemischten Baugebieten ein besonderer Bedarf an der Verfügbarkeit eines Pkws besteht. Von diesen Gebieten aus müssen alle anderen Gebiete erreichbar sein. Man zieht von dort aus den Pkw etwa auch für Urlaube, Großeinkäufe, Arztbesuche, etc. heran. Der Verfügbarkeit des Pkw kommt hier somit ein größerer Stellenwert zu als in anderen Gebieten. Es besteht ein Bedürfnis, den Pkw entweder in unmittelbarer Nähe zu haben oder mit öffentlichen Verkehrsmitteln besonders leicht erreichen zu können. Es kann daher im Wohngebiet und im gemischten Baugebiet, auch bei einer grundsätzlich guten, aber nicht optimalen öffentlichen Anbindung, ein über die allgemeine Verpflichtung hinausgehender Bedarf an Stellplätzen bestehen.

(EB zu LGBl 2018/69)

Nach derzeitiger Rechtslage müssen Pflichtstellplätze ungeachtet des tatsächlichen Bedarfs auf Bestandsdauer des die Stellplatzverpflichtung auslösenden Bauwerks der Verwendung offen stehen. Dies führt je nach örtlicher Lage des Objektes zu teilweise beträchtlichen Dauerleerständen. Es wird daher im neuen Abs 4a bei Vorliegen bestimmter Voraussetzungen ein vorzeitiges Erlöschen der Verpflichtung, Pflichtstellplätze zur Verfügung zu halten, ermöglicht. Da Pflichtstellplätze nicht zwingend nur den Nutzern des die Stellplatzverpflichtung auslösenden Bauwerks zur Verfügung stehen und die Stellplatzverpflichtung die durch eine Bauführung erhöhte Verkehrsbelastung in einem bestimmten Gebiet vermindern soll, ist für die Erlangung eines das Erlöschen der Stellplatzverpflichtung aussprechenden Bescheides u. a. ein Verkehrsgutachten vorzulegen, aus dem sich der fehlende Bedarf nach Stellplätzen in diesem Gebiet ergibt. Jedenfalls dürfen bestehende Pflichtstellplätze nicht über jenes Maß hinaus wegfallen, das sich hinsichtlich des Umfanges der Stellplatzverpflichtung aus der Novelle 2014 zum WGarG 2008 ergibt. Da lediglich die Qualifikation als Pflichtstellplatz wegfällt, bleibt die Anzahl der in der Natur bestehenden Stellplätze und deren Konsens unverändert.

(EB zu Bauordnungsnovelle 2023, LGBl 2023/37 vom 13.12.2023)

In **Abs. 2** erfolgt eine sprachliche Klarstellung.

Diese Änderung in **Abs. 5** soll auf jene Fälle abzielen, in denen die Stellplatzverpflichtung reduzierende Maßnahmen iSd § 50b geltend gemacht, jedoch nachträglich eingestellt wurden (etwa, wenn auf dem fraglichen Stellplatz kein Car-Sharing mehr angeboten wird). In solchen Fällen wäre dann die Erfüllung der ursprünglichen Verpflichtung in anderer Art (zB Entrichtung einer Ausgleichsabgabe) vorzunehmen. Seitens der Behörde ist in solchen Fällen die Nichterfüllung der Stellplatzverpflichtung festzustellen und eine AGA festzusetzen. Die Verpflichtung gemäß Abs. 6, jede Änderung in der Art der Erfüllung der Stellplatzverpflichtung der Behörde schriftlich vorab zur Kenntnis zu bringen, findet auf das Auflassen einer Kompensationsmaßnahme Anwendung.

Anmerkungen

1) Ob die getroffenen unbestimmten Formulierungen ausreichen werden, eine Verletzung des Gleichheitssatzes nicht darzutun, wird die Rechtsprechung des VfGH zeigen. Bedenken bestehen

a) zum Ersten, weil das engere Stadtgebiet generell gut mit öffentlichen Verkehrsmitteln versorgt ist, ohne dass sich deshalb KFZ-Besitzer abhalten lassen, dorthin zu fahren (bzw fahren müssen, wie etwa der Lieferverkehr);

b) zum Zweiten, dass in peripheren Stadtgebieten in aller Regel nur dort eine gute Verkehrserschließung gegeben ist, wo ein Anschluss an das U- oder S-Bahnnetz besteht; gerade dort wären aber P+R-Abstellplätze vonnöten.

2) Vgl § 5 Abs 4 lit b WBO; § 69 leg cit ist daher anwendbar.

3) Abs 2 und 3 idF LGBl 2010/46. Die Neuformulierung erleichtert das Bestreben, für Teile Wiens verkehrsarme Zonen festzulegen bzw die Schaffung freiwilliger Stellplätze überhaupt zu verbieten (vgl Abs 2). Abs 3 Z 2 wurde mit Novelle LGBl 2018/69 neu gefasst.

4) Abs 4a wurde mit Nov LGBl 2018/69 angefügt. Fraglich ist, wie das Nichtbestehen von Tatsachen zu beweisen ist bzw bewiesen werden kann (*Negativa non sunt probanda*). Soll diese Bestimmung einer Anwendung zugänglich sein, wird eine Glaubhaftmachung genügen. Die Zahl der Pflichtstellplätze kann damit auf das Niveau der aktuellen gesetzlichen Anforderungen reduziert werden. Sachlich nicht nachvollziehbar ist, warum in diesem Fall ein Verkehrsgutachten vorzulegen ist, um das aktuell geltende gesetzliche Ausmaß zu erreichen, die gleiche Stellplatzzahl wie in einem Neubaufall. 100 % der Stellplatzverpflichtung iSd Abs 3 ist der aktuelle Stellplatzschlüssel. Im Umkehrschluss kann daher bei einer Gehentfernung von max 500 m zum nächsten Verkehrsmittel eine Reduktion einer höheren Stellplatzverpflichtung auf 100 % erfolgen. Diese Regelung wird auch auf einen (fiktiven) Pflichtstellplatz anzuwenden sein, der dort nicht tatsächlich hergestellt bzw verwendet und dafür Ausgleichsabgabe entrichtet wurde. Eine Feststellung nach Abs 4a ist als eine Abänderung des Bauvorhabens bzw der Baubewilligung iSd § 56 Abs 4 zu werten. Da nur die Qualifikation als Pflichtstellplatz wegfällt und der Konsens des Stellplatzes aufrecht bleibt, werden durch diese Umwandlung keine subjektiv-öffentlichen Nachbarrechte berührt, insb hat der Nachbar keine Parteistellung und keinen Anspruch auf Vorlage eines Immissionsgutachtens oder gar Auflassung des nunmehr „freiwilligen" Stellplatzes.

Die Novelle LGBl 26/2014 ist mit 16.7.2014 in Kraft getreten.

5) Die Anfordergen der Abs 2 und 3 richten sich nur an den Verordnungsgeber zur/bei Festsetzung eines Stellplatzregulativs im Bebauungsplan. Ist kein Stellplatzregulativ festgesetzt, so kann sich der einzelne Projektwerber nicht auf diese Kriterien berufen, um die Stellplatzverpflichtung für sein Projekt zu reduzieren. Hinsichtlich der Wirkung eines neu festgelegten Stellplatzregulativs ist grundsätzlich zu beachten, dass Bebauungsbestimmungen gemäß § 10 BO nur für zur Zeit ihrer Geltung eingebrachte Bauansuchen Anwendung finden. Da ein Stellplatzregulativ zu den Bebauungsbestimmungen zu zählen ist, findet auch ein neu festgelegtes Stellplatzregulativ nur auf danach eingereichte Bauansuchen Anwendung. Aus der Festsetzung eines neuen Stellplatzregulativs ergibt sich daher keine Auswirkung auf das Ausmaß einer bestehenden Stellplatzverpflichtung.

6) Die Stellplatzverpflichtung als solche bleibt unberührt, auch wenn ein Stellplatz in seiner Lage verändert wird oder eine Sicherstellung wegfällt und anders neu vereinbart wird. Die Meldepflicht ist va bei Änderungen von Sicherstellungen wichtig und gibt eine gewissen Sanktionsdruck gegen Missbrauch bzw Nichterfüllung. Wird die Nichterfüllung gegenüber der Behörde unterschlagen und damit auch keine Ausgleichsabgabe vorgeschrieben bzw geleistet, liegt auch eine Hinterziehung von Abgaben vor.

7) Fällt die Kompensationsmaßnahme als Art der Erfüllung der bestehenden Stellplatzverpflichtung weg, so müssen wohl neben der Zahlung der AGA für die Nichterfüllung auch wiederum alle Formen der Erfüllung offenstehen, also die faktische Herstellung oder vertragliche Sicherstellung. Auch wenn

das Gesetz ausdrücklich nur auf die Vorschreibung der AGA Bezug nimmt, ist dies auch aus den EBs abzuleiten und wäre sonst auch systemfremd bzw eine Ungleichbehandlung.

8) Der Bezug zur Verwendbarkeit der Stellplätze ab der Fertigstellungsanzeige und die Möglichkeit einer bescheidmäßigen Feststellung der Verpflichtung wurde mit Novelle LGBl 1996/43 im (alten) WGG 1957 eingeführt. Die Fertigstellunganzeige iSd § 128 BO ist an sich ohne Bescheid vorgesehen. Der Feststellungsbescheid iSd Abs 4 ist in dem Zusammenhang zu sehen und unterscheidet sich von der Feststellung des Ausmaßes der Nichterfüllung der Stellplatzverpflichtung an sich iSd §§ 52 ff.

9) Mit BO-Nov 2023 LGBl 2023/37 wird in Abs 2 die Wortfolge *„bis zu 90 % verringern"* durch *„auf bis zu 10 % verringern oder auf bis zu 110% erhöhen"* ersetzt. Lt ÜB zur BO-Nov 2023 berührt Abs 2 idF BO-Nov 2023 bestehende Stellplatzregulative nicht.

Judikatur

1) Soll im Kellergeschoß eine Garage mit PKW-Stellplätzen errichtet werden und wird damit auch der zwingenden Vorschrift des § 36 (jetzt: § 48) Abs 1 WGG entsprochen, so ist die geplante Zufahrt zu der diese Pflichtstellplätze enthaltenden Garage auch auf Abstandsflächen iSd § 79 Abs 6 BO zulässig. Die Behörde hat dabei – soweit es sich um den Gesichtspunkt der Pflichtstellplätze handelt – davon auszugehen, dass die Errichtung der Tiefgarage im Kellergeschoß des Wohnhauses grundsätzlich zulässig ist. Die geplante Zufahrt zu der zulässigen Garage ist iSd § 79 Abs 6 BO „unbedingt erforderlich" und daher auch zulässig (s E 20.12.1994, 94/05/0132) (VwGH 16.4.1998, 96/05/0142, BauSlg 83, Slg 14.873 A).

2) Aus § 36 (jetzt: § 48) Abs 1 WGG folgt die Verknüpfung der Verpflichtung zur Schaffung von Stellplätzen entsprechend dem künftigen Bedarf. Auch die Ausgleichsabgabe ist – wie sich dies schon aus § 40 (jetzt: § 52) Abs 1 leg cit und dem darin enthaltenen Hinweis auf § 36 (jetzt: § 48) Abs 1 leg cit ergibt – am Bedarf orientiert. Die Beh ist hiebei an den Ausspruch im Baubewilligungsbescheid gebunden, um wie viel die Zahl der vorgesehenen Stellplätze hinter dem gesetzlich geforderten Ausmaß zurückbleibt. Eine Durchbrechung erfährt dieser Grundsatz durch § 44 (jetzt: § 56) Abs 2 WGG. Der VwGH vertritt zu dieser Bestimmung in stRsp (s E 14.12.1986, 84/17/0001; E 25.7.1990, 88/17/0235; E 21.9.1990, 87/17/0223) die Auffassung, wenn die Abgabe noch nicht entrichtet wurde und ein Fall des § 44 (jetzt: § 56) Abs 2 leg cit vorliegt, sei die Ausgleichsabgabe nicht einzuheben: dies gelte nach dem Grundsatz der Akzessorietät der Haftung auch für den Haftungspflichtigen. Damit hat der VwGH dem in der erwähnten Gesetzesbestimmung zum Ausdruck kommenden Grundsatz Rechnung getragen, wonach bei Wegfall des Bedarfes infolge Nichtdurchführung des bewilligten Bauvorhabens auch die Vorschreibung einer Ausgleichsabgabe zu unterbleiben hat (VwGH 22.11.1999, 96/17/0084).

3) Bemerkt wird, dass es bei der Frage, ob eine bestimmte Baumaßnahme eine Stellplatzpflicht im Sinne des § 62 Abs 1 Z 4 BO „auslöst", nicht darauf ankommen kann, in welchem Ausmaß die Stellplätze konkret zu schaffen sind, dass es also insbesondere auch keine Rolle spielt, ob gegebenenfalls eine Anrechnung im Sinne des § 50 Abs 7 oder 8 WGG erfolgt (VwGH 28.5.2013, 2012/05/0016).

5) Es besteht somit keine gesetzliche Grundlage für Aufträge der Baubehörde, allfällige Bestandgaben von KFZ-Pflichtstellplätzen an Personen außerhalb des Kreises der im gegenständlichen Bau (dessen Errichtung Anlass für die Stellplatzverpflichtung war) Wohnenden zu unterlassen. Die Frage der Zulässigkeit von solchen Bestandgaben richtet sich ausschließlich nach dem Zivilrecht (VwGH 27.2.2015, 2013/06/0145, zum Szbg Baupolizeigesetz).

6) Grundsätzlich ist nur das Bestehen von Tatsachen zu behaupten und zu beweisen, nicht aber das Nichtbestehen von Tatsachen, weil dies nur sehr schwer erweislich ist (OGH 20.5.1999 6 Ob 57/99x). Nur bestehende Tatsachen, nicht dagegen das Nichtbestehen von Tatsachen ist zu behaupten und zu beweisen (OGH 28.1.2003 1 Ob 290/02g).

7) Vgl auch E zu den §§ 50, 51, 52 und 53 ff.

8) Die bescheidmäßig angeordnete Stellplatzverpflichtung ist in ihren Wirkungen von der sie auslösenden Baubewilligung abhängig (Hinweis E 4.7.2000, 96/05/0265, Bau Slg 157/2000). Diese Stellplatzverpflichtung kann bezüglich der ursprünglich festgesetzten Pflichtstellplätze aber über Antrag auch abgeändert werden, wenn weiterhin die im Abschnitt V des WGG 1957 genannten Voraussetzungen erfüllt sind. Die §§ 36 ff WGG 1957 verbieten eine solche Vorgangsweise nicht, vielmehr sieht § 37 Abs 2 WGG 1957 eine solche Möglichkeit unter den dort genannten Voraussetzungen ausdrücklich vor. Es bestehen daher keine Bedenken, die Lage der einmal bescheidmäßig festgelegten Pflichtstellplätze auf Grund eines Antrages des Verpflichteten durch Abänderung der angeordneten Stellplatzverpflichtung unter Beachtung auf die gesetzlichen Vorschriften der §§ 36 ff WGG 1957 zu verändern; dies insbesondere dann, wenn die mit der Stellplatzverpflichtung belasteten Grundflächen vom Bauwerber anderweitig benötigt werden und er hierfür durch Schaffung neuer Stellplätze seine Verpflichtung in anderer Weise erfüllt (VwGH 29.1.2002, 2000/05/0057 mwH).

9) Im Zeitpunkt der Fertigstellungsanzeige hinsichtlich der Liegenschaft X, welche nach den Feststellungen des Bundesfinanzgerichtes mit Schreiben vom 24.1.2013 vorgelegt worden sei, standen entgegen der ausdrücklichen Anordnung des § 48 Abs 4 WGarG 2008 die fünf Stellplätze außerhalb des Bauplatzes auf der Liegenschaft Y noch nicht der widmungsgemäßen Verwendung offen.

Denn hinsichtlich dieser fünf Stellplätze wurde erst mit Bescheid vom 13.5.2013 die Baubewilligung erteilt. Gemäß § 4 Abs 1 BAO entsteht der Abgabenanspruch, sobald der Tatbestand verwirklicht ist, an den das Gesetz die Abgabenpflicht knüpft. Da das WGarG 2008 nichts anderes bestimmt, wäre der Abgabenanspruch hinsichtlich der Ausgleichsabgabe für die in Rede stehenden fünf Stellplätze sohin im Zeitpunkt des Einlangens der Fertigstellungsanzeige des die Stellplatzverpflichtung auslösenden Bauvorhabens hinsichtlich der Liegenschaft X entstanden (VwGH 9.10.2019, Ro 2018/16/0029).

Anforderung an Pflichtstellplätze

§ 49. Bei Pflichtstellplätzen muss die Anfahrbarkeit des Stellplatzes gewährleistet sein, ohne dass dazu erst ein anderes Fahrzeug durch Dritte entfernt werden muss.

(EB)

Insbesondere bei kraftbetriebenen Parkeinrichtungen bzw. Parksystemen sind Stellplatzkonstellationen möglich, bei denen zum Erreichen (Zufahren) eines Stellplatzes ein anderes Fahrzeug erst durch Dritte entfernt werden muss. So kann bei Stapelparkern das Inbetriebnehmen und Wegfahren eines Fahrzeuges (durch Dritte) erforderlich sein, um einen anderen dahinter oder darüber angeordneten Stellplatz erreichen zu können. Derartige Stellplätze können keine Pflichtstellplätze bilden.

Demgegenüber soll etwa die durch den Lenker oder die Lenkerin eigenständig bewältigte Verschiebung anderer Fahrzeuge (z.B. auf Paletten) mittels technischer Hilfsmittel der Qualifikation als Pflichtstellplatz nicht entgegenstehen.

Umfang der Stellplatzverpflichtung: Regelbedarf[1)8)]

§ 50. (1) Bei der Ermittlung des Umfangs der Stellplatzverpflichtung ist der sich aus der Nutzungsart des Gebäudes ergebende Stellplatzbedarf zu berechnen:[1a)]

1. **bei Wohngebäuden: für je 100 m² Wohnnutzfläche ist ein Stellplatz zu schaffen.[1b)2)] Bei einem Zu- oder Umbau oder bei Änderungen der Raumwidmung ist für jede der rechtmäßig bestehenden Wohnungen eine Wohnnutzfläche von 100 m² zu berechnen und diese Gesamtfläche der neu geschaffenen Wohnnutzfläche gegenüber zu stellen; Stellplätze sind insoweit zu schaffen, als sich daraus eine zusätzliche Stellplatzverpflichtung ergibt;[6)]**
2. **bei Beherbergungsstätten ist für je 5 Zimmereinheiten oder Wohneinheiten ein Stellplatz oder für je 30 Zimmereinheiten oder Wohneinheiten ein Busstellplatz zu schaffen;[1b)]**
3. **bei Heimen, bei welchen Wohneinheiten bestehen oder vorgesehen sind, ist für je 10 Wohneinheiten ein Stellplatz zu schaffen;[1b)]**

4. bei Heimen, bei welchen keine Wohneinheiten bestehen oder vorgesehen sind, ist für je 300 m² Aufenthaltsraum ein Stellplatz zu schaffen;[3a)]
5. bei Industrie- und Betriebsbauwerken, Bürogebäuden, Bauwerken für Bildungs- oder Betreuungszwecke sowie Geschäftsgebäuden und anderen, dem Verkehr mit Kundinnen und Kunden, Gästen und anderen, vorwiegend nicht betriebsangehörigen Personen dienenden Räumlichkeiten sowie bei Amtsgebäuden, Instituten, Krankenanstalten und dergleichen ist für je 100 m² Aufenthaltsraum ein Stellplatz zu schaffen. In Bauwerken für Bildungs- oder Betreuungszwecke werden Räume, die überwiegend für den Unterricht oder für die Betreuung von Kindern und Jugendlichen genutzt werden, in diese Fläche nicht eingerechnet[1c)2)];
6. bei Gebäuden für Veranstaltungen, Versammlungsräumen, Sportanlagen und dergleichen ist für je 50 Personen ein Stellplatz zu schaffen, wobei die behördlich zugelassene Besucherzahl als Bemessungsgrundlage dient;[3b)]
7. bei Bädern ist für je 10 Kabinen oder 30 Kästchen sowie für jede Wechselkabine oder jedes Wechselkästchen ein Stellplatz zu schaffen.[3c)]

(2) Bei Schaffung von Kleingärten im Kleingartengebiet sowie im Kleingartengebiet für ganzjähriges Wohnen sind im Rahmen der Abteilungsbewilligung Trennstücke für Stellplätze zu schaffen; dabei sind bei Kleingärten mit der Widmung „Kleingartengebiet für ganzjähriges Wohnen" für jeden Kleingarten, sonst für je fünf Kleingärten, ein Stellplatz zu berechnen. Bei Neufestsetzung der Widmung „Grünland - Erholungsgebiet - Kleingartengebiet" oder „Grünland - Erholungsgebiet - Kleingartengebiet für ganzjähriges Wohnen" ist bei Abteilung auf Kleingärten, sofern diese Kleingärten in ihrer überwiegenden Anzahl tatsächlich bereits bebaut sind, von der Verpflichtung zur Schaffung der Stellplätze insofern abzusehen, als dafür Grundflächen nicht zur Verfügung stehen; diese Verpflichtung gilt bis zum Freiwerden eines Kleingartens, der sich für die Erfüllung der Stellplatzverpflichtung eignet, als gestundet.[3d)4)]

(3) Bei Anwendung der Abs. 1 und 2 ist ein Stellplatz jeweils nur für die volle Verhältniszahl zu berechnen.[10)]

(4) Keine Verpflichtung zur Schaffung von Stellplätzen besteht für
1. Kleinhäuser mit nur einer Wohneinheit[7)], Kleingartenwohnhäuser und Kleingartenhäuser;
2. unmittelbar kultische oder der Bestattung dienende Anlagen oder Räume.

(5) Bei Änderungen der Raumwidmung beziehungsweise Raumeinteilung ist für die betroffenen Räume die Zahl der Pflichtstellplätze nach den Grundsätzen der Abs. 1 bis 4 gesondert für die bisherige und für die neue Widmung zu ermitteln; Stellplätze sind insoweit zu schaffen, als die Gegenüberstellung dieser Zahlen für die neue Raumwidmung beziehungsweise Raumeinteilung eine zusätzliche Stellplatzverpflichtung ergibt.[5)]

(6) Entsteht bei einem einheitlichen Bauvorhaben nach den Grundsätzen der Abs. 1 bis 5 einerseits die Verpflichtung zur Schaffung von Stellplätzen und andererseits durch die Änderung der Raumwidmung beziehungsweise Raumeinteilung rechnerisch ein Guthaben von Pflichtstellplätzen, dürfen sie gegeneinander aufgerechnet werden.[9)]

(EB zu LGBl 2014/26)

Da nicht für jede Wohnung ein Kfz-Stellplatz benötigt wird, die Errichtung der Stellplätze aber die Baukosten erhöht, soll sich der Umfang der Verpflichtung zur Schaffung von Stellplätzen im Sinne einer verstärkten sozialen Nachhaltigkeit für Wohnungen (Abs. 1) künftig nicht mehr nach deren Zahl, sondern nach der Nutzfläche der in einem Gebäude errichteten Wohnungen bestimmen. Als Nutzfläche ist in diesem Zusammenhang die gesamte Bodenfläche der Wohnungen abzüglich der Wandstärken und der im Verlauf der Wände befindlichen Durchbrechungen (Ausnehmungen) zu verstehen; Keller- und Dachbodenräume sowie Treppen und Freiräume wie Loggien, Balkone, Terrassen etc. sind bei Berechnung der Nutzfläche nicht zu berücksichtigen. Für Industrie- und Betriebsbauwerke, Bürogebäude, Bauwerke für Bildungszwecke sowie Geschäftsgebäude und andere, dem Verkehr mit Kunden, Gästen und anderen, vorwiegend nicht betriebsangehörigen Personen dienende Räumlichkeiten wird der Schwellenwert von derzeit 80 m^2 auf ebenfalls 100 m^2 Aufenthaltsraum angehoben (Abs. 2). Dadurch wird auch dem vom Gemeinderat beschlossenen Masterplan Verkehr 2003/2008, der eine Verlagerung des Verkehrs vom Kfz-Verkehr auf umweltverträglichere Verkehrsarten und in diesem Zusammenhang eine Begrenzung der Stellplätze bei Betrieben, Bürohäusern oder Einkaufszentren vorsieht, Rechnung getragen. Minderjährige Personen (dh. Kinder und Jugendliche bis zu einem Alter von 18 Jahren) besuchen Bildungseinrichtungen (Schulen, Kindergärten) in der Regel nicht mit einem Pkw und benötigen keinen Stellplatz. Vorwiegend von solchen Personen genutzte Räume in Bauwerken für Bildungszwecke (wie Unterrichts- und Klassenräume, Betreuungsräume in Kindergärten) sollen daher auch nicht für die Berechnung der für die Stellplatzverpflichtung maßgeblichen Fläche herangezogen werden. Hingegen wird die Fläche der überwiegend von Erwachsenen genutzten Räume in derartigen Bauwerken (wie Verwaltungs- und Konferenzräume, Vortragsräume in Volkshochschulen, Fachhochschulen oder Universitäten) bei der Festsetzung der Zahl der erforderlichen Pflichtstellplätze berücksichtigt und dadurch dem Stellplatzbedarf z. B. für Lehrerinnen und Lehrer Rechnung getragen. Von einer „überwiegenden" Nutzung durch minderjährige bzw. erwachsene Personen ist nicht auszugehen, wenn diese Nutzung nur kurzfristig erfolgt.

(EB zu LGBl 2018/69)

Bei der Schaffung von zusätzlichem Wohnraum in bestehenden Gebäuden – insbesondere im Falle von Dachgeschossausbauten – entsteht seit der Novelle 2014 zum WGarG eine zusätzliche Stellplatzverpflichtung, die Sanierungen zum Teil erschwert. Es soll daher künftig bei einem Zu- oder Umbau oder bei Änderungen der Raumwidmung für jede der im Gebäude rechtmäßig bestehenden Wohnungen eine Wohnnutzfläche von 100 m^2 berechnet werden und diese Gesamtfläche der neu geschaffenen Wohnnutzfläche gegenüber gestellt werden; Stellplätze sollen gemäß dem neuen Abs 1a nur insoweit zu schaffen sein, als sich nach den Grundsätzen des Abs 1 und 2 eine zusätzliche Stellplatzverpflichtung ergibt.

(EB zu LGBl 2023/37)

Der Regelbedarf ergibt sich aus der Nutzungsart des Gebäudes. § 50 wird übersichtlicher strukturiert. Inhaltlich gib es nur eine Änderung im Zusammenhang mit Bauwerken, die Bildungs- und Betreuungszwecken dienen. Aufenthaltsräume, die dem Unterricht dienen, werden in die Fläche für die Ermittlung der Stellplatzverpflichtung nicht eingerechnet und zwar unabhängig davon, ob Kinder, Jugendliche oder Erwachsene unterrichtet werden. Räume, die zur Betreuung von Kindern oder Jugendlichen genutzt werden, sind ebenso in die Fläche nicht einzubeziehen.

Anmerkungen

1) Die Bestimmung wird mit der BO-Nov 2023, LGBl 2023/37 vom 13.12.2023, neu gefasst.

1a) Mit der BO-Nov 2023 wurden in § 50 Abs 1 die verschiedenen Kategorien und Berechnungsschlüssel zusammengefasst und unter mehrere Z gegliedert. Bei strenger Lesart bestehen nunmehr etwa für Wohnungen bzw Wohnnutzflächen in Nicht-Wohngebäuden und demgegenüber für Aufenthaltsräume (s Z 5) in Wohngebäuden keine Regelungen und Festlegungen mehr. Damit besteht nach dem neuen § 50 WGarG für Wohnungen bzw Wohnnutzflächen in Nicht-Wohngebäuden sowie für Aufenthaltsräume in Wohngebäuden keine Stellplatzverpflichtung mehr. Nach dem Willen des Gesetzgebers sollten durch die BO-Nov 2023 andererseits keine inhaltlichen Änderungen eintreten (vgl EB zu BO-Nov 2023). Demnach sollen etwa die Regelungen zur Wohnnutzfläche (weiterhin) generell für alle Wohnungen Anwendung finden.

1b) Die Regelung entspricht dem früheren Abs 1, ist nunmehr allerdings auf die Anwendung für Wohngebäude (s § 119a BO, Gebäude, die ausschließlich oder überwiegend Wohnungen enthalten) beschränkt.

1c) Dies entspricht dem früheren Abs 2, allerdings ist der Bezug zum Alter (vormals Kinder und Jugendliche bis 18 Jahre) entfallen.

2) Der Berechnungsschlüssel in den früheren Abs 1 und 2 wurde mit LGBl 2014/26 abgeändert. Dieser war bereits auch auf beim Inkrafttreten anhängige Verfahren anzuwenden (siehe Übergangsbestimmungen).

3a) Die Regelung war früher in Abs 2 enthalten, entfallen ist der Bezug zu Heimen für Lehrlinge, jugendliche Arbeiterinnen und Arbeiter, Schülerinnen, Schüler und Studierende.

3b) Die Regelung entspricht dem früheren Abs 3.

3c) Die Regelung entspricht dem früheren Abs 4.

3d) Die Regelung war früher in Abs 5 enthalten.

4) Das wird wohl kaum vorkommen.

5) Die Regelung entspricht dem früheren Abs 7. Die Zusammenlegung von Wohnungen ist regelmäßig keine Änderung der Raumwidmung.

6) Der 2. Satz entspricht im Wesentlichen dem früheren Abs 1a, der mit Nov LGBl 2018/69 angefügt wurde. Folgt man den Erläuterungen, dann ist zur Berechnung der Stellplatzverpflichtung des eingereichten Projektes für jede im ganzen Gebäude bestehende Wohnung ein fiktiver Wert von 100 m^2 anzusetzen, egal wie groß die Wohnung ist oder wann sie bewilligt/errichtet wurde. Die Regel ist anzuwenden, wenn das zu beurteilende Projekt neue WNFl schafft. Als „bestehende Wohnungen" werden auch solche in Anwendung des § 73 BO anzusehen sein. Abs 1 Z 1 ist bgzl WNFl lex specialis gegenüber Abs 5. Nach den Erläuterungen ergibt sich folgende Rechenmethode: 10 Wohnungen a 70 m^2 (700 m^2 WNFl) → 10 x 100 m^2 = 1.000 m^2 (WNFl fiktiv), DG-Ausbau mit 300 m^2 neuer WNFl → 300 – 1.000 = – 700 → KEINE Verpflichtung; Mit dieser Bestimmung ist die Stellplatzverpflichtung bei Bestandsänderungen im Wohnbau de facto gegenstandslos.

7) Die Regelung entspricht dem früheren Abs 9. Zu „Kleinhäusern" s auch Art II Abs 3, § 5 Abs 4 lit u, § 115 Abs 1 lit b BO. In Z 2 wird der Bezug auf Räume ergänzt.

8) Stellplatzverpflichtung historisch – Auszug:

- ***Reichsgaragenordnung vom 17.2.1939, RGBl 1939/28***
  § 2: Wer Wohnstätten, Betriebs- und Arbeitsstätten oder ähnliche bauliche Anlagen errichtet oder Um- und Erweiterungsbauten ausführt, hat für die vorhandenen und zu erwartenden KFZ der Bewohner, des Betriebes und der Gefolgschaft Einstellplätze in geeigneter Größe, Lage und Beschaffenheit auf dem Baugrundstück oder in der Nähe zu schaffen.
- ***Verordnung vom 10. Dezember 1957, LGBl 1957/32***
  § 1. Neubau von Wohngebäuden, Büro- oder Geschäftshäusern und Industriebauten

Wohngebäude 1. bis 9. Bezirk je volle 500 m^2 Geschoßfläche	1 Stpl.
Wohngebäude 10. bis 23. Bezirk je volle 800 m^2 Geschoßfläche	1 Stpl.
Büro- und Geschäftshäuser 1. bis 9. Bezirk je volle 800 m^2 Geschoßfläche	1 Stpl.
Büro- und Geschäftshäuser 10. bis 23. Bezirk je volle 1.200 m^2 Geschoßfläche	1 Stpl.
Industriebauten je voll 800 m^2 Geschoßfläche	1 Stpl.
In allen Fällen je Bauplatz mindestens	1 StPl.

Zusätzlich gemäß § 3 Stellplätze nach Anzahl der Besucher, Dienstnehmer etc. Die selben Richtsätze gelten für die Schaffung von Räumen im Zuge eines Umbaues, Zubaues, einer baulichen Änderung oder Widmungsänderung.
§ 3. Baulichkeiten, Räume oder Anlagen zur Aufnahme von Benützern und Besuchern (Hotels, Gaststätten, Veranstaltungsstätten, Ämter, Industriebauten, Büro- und Geschäftshäuser, Sportanlagen)

zB Ämter, Industriebauten, Büro- und Geschäftshäuser	
beurteilt nach dem Fassungsraum je 20 Dienstnehmer	1 Stpl.

- ***Verordnung vom 3. Juli 1962, LGBl 1962/14***
- ***Verordnung vom 11. Februar 1975, LGBl 1975/9***
- ***Verordnung vom 5. Juli 1994, LGBl 1994/30***
- ***Garagengesetz vom 18. September 1996, LGBl 1996/43***

§ 36. Abs. 1 Bei Neu- und Zubauten sowie Änderungen der Raumwidmung entsteht eine Stellplatzverpflichtung …
§ 36a.

Wohnungen je Wohneinheit	1 Stpl.
Hotels je 5 Zimmereinheit oder Apartments	1 Stpl.
oder je 30 Zimmereinheiten	1 Busstellplatz
Heime je 10 Wohneinheiten	
oder je 300 m² Aufenthaltsraum	1 Stpl.
Industrie- und Betriebsgebäuden, Bürohäusern,	
Amtsgebäuden, Schulen, Instituten, Krankenanstalten	
und dgl je 80 m² Aufenthaltsraum	1 Stpl.

Bei Änderungen der Raumwidmung bzw -einteilung ist bereits vorhandene Stellplatzverpflichtung bei Eintritt der Verpflichtung zur Stellplatzschaffung anzurechnen (Abs. 7).

Keine Stellplatzverpflichtung besteht für Kleinhäuser mit nur einer Wohneinheit, Kleingartenwohnhäuser und Kleingartenhäuser und unmittelbar kultische oder der Bestattung dienende Anlagen.

9) Die Regelung entspricht dem früheren Abs 8. An sich besteht einerseits der Grundsatz der Projektgenehmigung, auch bei Änderungen im Bestand. Andererseits zielt die Intention der Stellplatzverpflichtung auf das gesamte Gebäude ab. So gilt etwa ein Planwechsel iSd § 73 BO als eigene Bewilligung und es sind grundsätzlich die aktuellen Regelungen einzuhalten. Andererseits sind Stammbewilligung und Planwechsel als einheitliches (anhängiges) Bauvorhaben iSd WGarG zu sehen (keine Salamitaktik, zB 990 m² Wohnnutzfläche mit Stammbewilligung + 15 m² Wohnnutzfläche mit Planwechsel ergibt als Maßzahl gesamt 1.005 m² statt nur einzeln 15 m² und damit gesamt auch 10 statt nur

9 Pflichtstellplätze). Das erscheint sachlich gerecht und gilt naturgemäß auch bei einer Reduktion im Planwechsel. Somit ist auch bei Novellen des Berechnungsschlüssels die Nicht-/Anwendung auf anhängige Verfahren gemäß Übergangsbestimmungen für das einheitliche Bauvorhaben maßgeblich.

10) Die Regelung entspricht dem früheren Abs 6. Auch wenn in Abs 1 die verschiedenen Ziffern auf Quadratmeter abstellen, liegen getrennte Kategorien vor und kann in einer Aufrechnung zwischen diesen nur die Zahl der Stellplätze verglichen werden.

Judikatur

1) Aus § 36 (jetzt: § 50) erwächst kein subjektives öffentliches Nachbarrecht (VwGH 30.10.1972m 730/72, 27.3.1984, 83/05/0021, BauSlg 229 ua).

2) Die Stellplatzverpflichtung ist nicht nach der tatsächlichen Verwendung, sondern nach der konsensgemäßen Widmung zu beurteilen. Eine widmungswidrige Benützung hat dabei außer Betracht zu bleiben (VwGH 11.5.1970, 117/70).

3a) Bei einer Widmungsänderung ist zu prüfen, ob durch dieses Bauvorhaben eine zusätzliche Verpflichtung zur Schaffung von Stellplätzen entsteht.

3b) Umschreibt ein Gesetzgeber einen bestimmten Begriff (hier: Heim), kann nicht davon ausgegangen werden, dass dieser Begriffsinhalt auch für die Auslegung eines früheren (älteren) Gesetzes heranzuziehen ist (VwGH 15.4.1986, 85/05/0188, BauSlg 660).

4) Der Verpflichtung zur Schaffung von Stellplätzen, die durch die Umwidmung von Lagerräumen in Geschäftsräume ausgelöst wurde, kann nicht zu Recht entgegengehalten werden, dass diese Widmungsänderung in tatsächlicher Hinsicht schon früher erfolgt ist (VwGH 27.6.1989, 84/05/0226).

5) Auch wenn ausschließlich gegen die Feststellung betr Stellplätzen Berufung erhoben wurde, ist die Berufungsbehörde verpflichtet, die in § 36a (jetzt § 50) WGG neu festgesetzte Stellplatzverpflichtung ihrem Bescheid zugrunde zu legen, weil Übergangsbestimmungen für anhängige Verfahren anderes nicht vorsehen (VwGH 16.12.1997, 97/05/0260, BauSlg 286).

Umfang der Stellplatzverpflichtung: Zonen

§ 50a. (1) Das Stadtgebiet wird auf Grundlage der Erreichbarkeit der Liegenschaft mit öffentlichen Verkehrsmitteln und auf Grundlage der Nähe zum Stadtzentrum in Zonen gegliedert (Anlage 1). Der Umfang der Stellplatzverpflichtung ist von der Zone abhängig, in der die Liegenschaft situiert ist.

(2) Der Umfang der Stellplatzverpflichtung ergibt sich aus folgenden Prozentsätzen der nach § 50 Abs. 1 zu schaffenden Stellplätze:[1)]

Zone 1: 70 vH

Zone 2: 80 vH

Zone 3: 100 vH

(3) Ist der Umfang der Verpflichtung mit einem Stellplatzregulativ im Bebauungsplan festgesetzt (§ 48 Abs. 2), so geht diese Festsetzung dem Prozentsatz gemäß Abs. 2 vor.

(4) Befindet sich eine Liegenschaft nicht zur Gänze innerhalb einer Zone, so ergibt sich die Stellplatzverpflichtung aus dem Mittelwert der jeweiligen Prozentsätze gemäß Abs. 2.

(EB zu LGBl 2023/37 vom 13.12.2023, Bauordnungsnovelle 2023)

Das Ausmaß der Stellplatzverpflichtung ergibt sich auf Grundlage des Zonenplans (Anlage 1 zu diesem Gesetz) in Zusammenschau mit dem in § 50a für die jeweilige Zone festgesetzten Prozentsatz. Die Einteilung der Zonen beruht auf der geographischen Nähe der jeweiligen Liegenschaft zu hochrangigen öffentlichen Verkehrsmitteln sowie der Nähe zum Stadtzentrum.

Bei der Erstellung des Zonenplans wurden die Einzugsgebiete für die verschiedenen Zonen definiert. Für die ÖV-Stationen außerhalb des dichtbebauten Gebietes wurden vom Mittelpunkt der Station ein 500 Meter Radius gezeichnet. Für die Zone 2 wurde von den ausgewählten ÖV-Stationen vom Mittelpunkt der Station ein 300 Meter Radius gezeichnet. Im nächsten Schritt wurden alle Baublöcke ausgewählt, die mindestens zu 30% im Radius eines Einzugsbereichs einer Zone liegen. Zone 1 hat vor Zone 2 Priorität.

Anmerkung

1) Es ist daher in einem ersten Schritt die Zahl der Stellplätze nach der allgemeinen Berechnung zu ermitteln. Von dieser Zahl der Stellplätze ist erst dann nach der jeweiligen Zone die für das konkrete Projekt nach der jeweiligen Lage bestehende Verpflichtung an Stellplätzen zu ermitteln. Die Rechenregel des Abs 3 zur Rundung auf ganze Stellplätze gilt in beiden Schritten (zB 1.000 m^2 WNFl → 10 StPl → 70 % (Zone 1) → 7 StPl).

Umfang der Stellplatzverpflichtung: Kompensationsmaßnahmen

§ 50b. **(1) Die aufgrund von § 50a Abs. 2 oder Abs. 3 ermittelte Anzahl der zu schaffenden Stellplätze kann durch folgende Maßnahmen um maximal 10 vH reduziert werden:**[1)2)]

1. **Ladepunkte für Elektrofahrzeuge: Für vier Ladepunkte, die über die Verpflichtung gemäß § 6 hinausgehend auf Stellplätzen geschaffen werden, reduziert sich der Umfang der Verpflichtung um einen Stellplatz;**
2. **Car-Sharing-Angebot: Für jeden Stellplatz, der über ein Car-Sharing-Angebot verfügt, reduziert sich die Zahl der Pflichtstellplätze um fünf Stellplätze.**

(2) Der Betrieb eines Car-Sharing-Stellplatzes[3] (Abs. 1 Z 2) ist nachzuweisen durch

1. **die Vorlage einer Vereinbarung zwischen den Eigentümerinnen und Eigentümern (Miteigentümerinnen und Miteigentümern) des Gebäudes und einer Car-Sharing-Anbieterin oder einem Car-Sharing-Anbieter über den Betrieb eines Car-Sharing-Stellplatzes auf der Liegenschaft[2], gemeinsam mit der Fertigstellungsanzeige (§ 128 der Bauordnung für Wien) und**
2. **eine im Grundbuch ersichtlich gemachte öffentlich-rechtliche Verpflichtung (§ 130 Abs. 2 lit. m der Bauordnung für Wien).**

(EB zu LGBl 2023/37 vom 13.12.2023, Bauordnungsnovelle 2023)

Diese Bestimmung soll es Bauwerbern ermöglichen, die Erfüllung der herkömmlichen Stellplatzverpflichtung teilweise durch die Umsetzung moderner Alternativen zu substituieren. Die Erfüllung der Verpflichtung zur Schaffung von Stellplätzen nach § 50a ist dabei solange reduziert, als Car-Sharing-Stellplätze tatsächlich als solche genutzt werden können. Dies ist etwa der Fall, wenn eine dahingehende privatrechtliche Vereinbarung mit einem Car-Sharing-Anbieter besteht, aufgrund derer entsprechende Fahrzeuge auf den Stellplätzen zur Nutzung bereitgestellt werden. Sobald dies nicht mehr gegeben ist, lebt die Stellplatzverpflichtung nach § 50a vollumfänglich wieder auf, und die Behörde hat nach den §§ 48 und 52ff WGarG 2008 vorzugehen und ggf. eine Ausgleichsabgabe vorzuschreiben.

Weniger signifikant fällt die Reduktion bei der Bereitstellung von Ladeinfrastruktur für Elektrofahrzeuge aus; dies auch, weil diese keine Änderung des Mobilitätsverhaltens und sohin auch keinen geringeren Stellplatzbedarf bewirken.

Abs. 2 sieht Maßnahmen zur Gewährleistung eines tatsächlichen Angebots an Car-Sharing-Fahrzeugen vor. Damit soll sichergestellt werden, dass Car-Sharing-Plätze als solche nicht bloß ausgewiesen, sondern tatsächlich betrieben werden. Die Kompensationsmöglichkeiten bestehen sowohl bei Ermittlung der Stellplatzverpflichtung auf Grundlage der Prozentsätze gemäß § 50a Abs. 2 als auch aufgrund des Prozentsatzes in einem Stellplatzregulativ.

Aus der Formulierung, dass die Stellplatzverpflichtung durch die genannten Maßnahmen maximal um 10 % reduziert werden kann, ergibt sich, dass auf ganze Stellplätze abzurunden ist.

Anmerkungen

1) Es handelt sich um eine Art der Erfüllung der Stellplatzverpflichtung und es wird nicht die Verpflichtung an sich reduziert. Fällt die Kompensation weg, ist daher die bestehende Verpflichtung weiterhin zu erfüllen. Daher ist keine neue Berechnung bzw Festsetzung des Ausmaßes der Verpflichtung nach dem Wegfall der Kompensation vorzunehmen. Es wird wohl außer der Vorschreibung einer AGA auch die weitere Erfüllung der bestehenden Verpflichtung durch faktische Errichtung der fehlenden Stellplätze oder vertragliche Sicherstellung zulässig sein. Siehe auch Anm und EB zu § 48 Abs 5 WGarG.

2) Die Kompensationsmaßnahmen sind auf der eigenen Liegenschaft umzusetzen und können nicht durch vertragliche Sicherstellung ausgelagert werden (vgl. auch Wortlaut des § 51 WGarG).

3) Der CS-Anbieter muss eine eigene Rechtspersönlichkeit haben. Es ist aber nicht zwingend normiert, dass die Eigentümerstruktur vom Liegenschaftseigentümer verschieden sein muss. Das CS-Angebot muss nicht zwingend auch dritten Personen bzw der Allgemeinheit zur Nutzung zur Verfügung stehen.

Einstellplätze außerhalb von Bauplätzen

§ 51. Die Stellplatzverpflichtung gilt auch dann als erfüllt, wenn die erforderliche Anzahl von Pflichtstellplätzen in entsprechendem Ausmaß außerhalb des Bauplatzes in einem Umkreis von zirka 500 m errichtet wird und die Einstellmöglichkeit vertraglich sichergestellt ist.[1)2)]

Anmerkungen

1) Die Stellplatzverpflichtung und ihre Erfüllung hängt an der Liegenschaft mit dem auslösenden Bauvorhaben. Fällt die Sicherstellung weg (zB durch Kündigung oder Entfernung dieser Stellplätze), so bleibt die Stellplatzverpflichtung als solche aufrecht und damit die Pflicht des Liegenschaftseigentümers zur Erfüllung. Eine Vereinbarung zur vertraglichen Sicherstellung hindert den Vermieter baurechtlich nicht, diese Stellplätze abzutragen und durch ein anderes Bauwerk zu ersetzen. Die zivilrechtliche Vereinbarung entfaltet Wirkung nur im Innenverhältnis. Ein Stellplatz kann nur einmal als Pflichtstellplatz verwendet bzw angerechnet werden. S auch § 48 Abs 6.

2) Im alten Wr Garagengesetz (WGG) war zur Sicherstellung von Pflichtstellplätzen in § 37 Abs 2 und 3 WGG das Instrument der öffentlich-rechtlichen Verpflichtung und Verbücherung vorgesehen. Demnach wurde für eine Liegenschaft mit Bescheid die Widmung der Stellplätze zugunsten einer anderen (die Stellplatzverpflichtung auslösenden) Liegenschaft festgeschrieben. Nach diesen Bestimmungen durften solche Einstellplätze der widmungsgemäßen Verwendung nicht entzogen werden. Die Verpflichtung nach Abs 2 war aber von der Behörde auf Antrag aufzuheben, wenn die Grundlage der Verpflichtung zur Schaffung von Einstellplätzen wegfiel oder in anderer Weise erfüllt wurde. Dieses Instrument ist mit der Novelle des WGG zu LGBl 1996/43 entfallen (ohne Übergangsbestimmungen) und besteht heute nicht mehr.

Damals wie auch heute ist für die durch eine Bauführung ausgelöste Stellplatzverpflichtung diese maßgebliche Liegenschaft verantwortlich und muss diese für die neuerliche bzw weitere Entsprechung der Stellplatzverpflichtung Sorge tragen. Auf Grund der geänderten Rechtslage entfalten die obgenannten Bescheide nun keine öffentlich-rechtliche Widmungsbindung mehr. So stehen diese Bescheide insb einer Auflassung oder anderwärtigen Verbauung der gegenständlichen Stellplätze nicht entgegen. Damit stehen einer Löschung der Anmerkung im Grundbuch keine öffentlich-rechtlichen Interessen entgegen. Die für einen derartigen Stellplatz erteilte Baubewilligung bleibt als solche unberührt. Die Stellplatzverpflichtung als solche (auslösende Liegenschaft) bleibt unberührt.

Vgl auch Jud zu Widerruf bzgl der Feuermaueröffnungen, war in § 101 Abs 3 BO idF vor Techniknovelle 2007, LGBl 2008/24 vorgesehen, in § 94 Abs 4 BO idF Techniknovelle 2007 nicht mehr (ohne Übergangsbestimmungen). Lt VwGH ist ein Widerruf weiterhin möglich (vgl VwGH 12.12.2017, Ra 2017/05/0105).

Judikatur

1) Ein Mitspracherecht des Betroffenen betr Festsetzung eines Pflichtstellplatzes auf einer benachbarten Liegenschaft ist im Verfahren betr die Auflassung von Stellplätzen nicht gegeben – hier Abweisung des Antrages auf Zustellung betr den Bescheid über die Auflassung.

Durch § 36 (jetzt: § 48) WGG ist die Verpflichtung des Bauwerbers normiert, Stellplätze auf seinem Bauplatz zu schaffen. Das WGG geht davon aus, dass alle, die durch Bauten den Verkehr vermehren, verpflichtet sind, die der Allgemeinheit dadurch erwachsende Last zu vermindern (s VfGH 14.3.1961, B 52/60, Slg 3919). § 37 (jetzt: § 51) WGG räumt dem Bauwerber die Möglichkeit ein, dieser Verpflichtung auf andere Weise zu entsprechen. … Keineswegs wird aber durch diese Bestimmung eine privatrechtliche Vereinbarung (etwa durch Bestandvertrag oder Einräumung einer Grunddienstbarkeit) ersetzt oder überflüssig gemacht (VwGH 26.4.1994, 94/05/0062, BauSlg 87, Slg 14.047 A).

Nichterfüllung der Verpflichtung

§ 52. (1) Bleibt bei einem Bauvorhaben nach der Berechnung der Stellplatzverpflichtung die Zahl der vorgesehenen Stellplätze hinter der sich aus dem Gesetz oder dem Stellplatzregulativ ergebenden Anzahl zurück, ist dies, sofern nicht § 70a oder § 70b der Bauordnung für Wien anzuwenden ist, im Baubewilligungsbescheid festzustellen und auszusprechen, um wie viel die Zahl der vorgesehenen Stellplätze hinter dem gesetzlich geforderten oder dem sich aus dem Stellplatzregulativ ergebenden Ausmaß zurückbleibt. Wird nur gegen diese Feststellung Beschwerde an das Verwaltungsgericht Wien erhoben, kann das bewilligte Vorhaben begonnen werden, wenn die entsprechende Ausgleichsabgabe bezahlt wird. Wird der Beschwerde stattgegeben, ist die Ausgleichsabgabe zur Gänze oder nach Maßgabe der Herabsetzung zurückzuerstatten.

(2) Die Verpflichtung zur Schaffung von Stellplätzen ist insoweit zu erfüllen, als dies auf dem Bauplatz oder Baulos nach den Grundsätzen einer

wirtschaftlichen Bebauung möglich und nach den Vorschriften des 2. Teiles dieses Gesetzes zulässig ist.

(3) Die Herstellung eines Stellplatzes gilt als unwirtschaftlich, wenn die Herstellungskosten den Betrag der durch Verordnung festgesetzten Ausgleichsabgabe übersteigen. Für solche Stellplätze ist – sofern der Stellplatz nicht dennoch hergestellt und auch nicht gemäß § 51 außerhalb des Bauplatzes errichtet wird – die Ausgleichsabgabe zu entrichten.

Judikatur

1) Die dingliche Wirkung eines Bescheides bedeutet nur, dass die durch ihn begründeten Rechte und Pflichten an der Sache haften und durch einen Wechsel in der Person des Eigentümers nicht berührt werden. Der Rechtsnachfolger im Eigentum tritt daher in die Rechtsstellung seines Vorgängers ein. Auch kann der vom Bauwerber verschiedene Eigentümer unter bestimmten Voraussetzungen zum Träger der Baubewilligung werden. Umgekehrt kann jedoch der vom Eigentümer verschiedene Bauwerber – abgesehen vom erwähnten möglichen Fall der Rechtsnachfolge im Eigentum – sich nicht auf die Parteistellung des Eigentümers berufen und dessen Rechtsstellung beanspruchen. Auch eine Streitgenossenschaft wie im Zivilprozess gibt es im Bauverfahren grundsätzlich nicht. Hat nicht der Bauwerber, sondern nur der Grundeigentümer gegen eine Feststellung gem § 40 (jetzt: § 52) WGG berufen, so steht dem Bauwerber gegen die bestätigende Entscheidung der Berufungsbehörde die Beschwerde mangels Erschöpfung des Instanzenzuges nicht zu (VwGH 27.1.1987, 85/05/0165).

2) Als rechtlicher Anknüpfungspunkt für die Vorschreibung und Einhebung der Ausgleichsabgabe gilt der Ausspruch in der Baubewilligung, um wieviel die Zahl der vorgesehenen Stellplätze hinter dem gesetzlich geforderten Ausmaß zurückbleibt. Die Bemessung durch gesonderten Bescheid nach § 43 (jetzt: § 55) WGG ist für die Entstehung des Abgabenanspruches ohne Bedeutung (VwGH 23.10.1987, 85/17/0016, 25.7.1990, 89/17/0087, 30.7.1992, 88/17/0107).

6. Teil
Ausgleichsabgabe

Gegenstand der Ausgleichsabgabe, Abgabepflicht und Haftung

§ 53. (1) Abgabepflichtig ist der Bauwerber oder die Bauwerberin.[1] Ist er oder sie nicht der Grundeigentümer oder die Grundeigentümerin, so haftet dieser oder diese für die Abgabeschuld zur ungeteilten Hand. Bei einem Wechsel im Grundeigentum oder einem Wechsel des Bauwerbers oder der Bauwerberin haftet auch der neue Grundeigentümer oder die neue Grundeigentümerin bzw. der neue Bauwerber oder die neue Bauwerberin für die Abgabeschuld zur ungeteilten Hand.

(2) Die Erträgnisse der Ausgleichsabgabe sind zur Errichtung oder Förderung der Errichtung von Anlagen zum Einstellen von Kraftfahrzeugen und zum Ausbau des öffentlichen Verkehrs zu verwenden.

(EB zu LGBl 2023/37 vom 13.12.2023, Bauordnungsnovelle 2023)

Durch diese Ergänzung [Abs. 1, 3. Satz] soll ausdrücklich klargestellt werden und eine Rechtsgrundlage dafür bestehen, dass bei einem Bauwerberwechsel die Verpflichtung zur Entrichtung der Ausgleichsabgabe übergeht.

Anmerkung

1) Abgabeschuldner ist der Bauwerber im Zeitpunkt der Verwirklichung des Abgabetatbestands, der Erlassung des Bescheids betreffend die Feststellung, um wie viel die Stellplätze hinter der erforderlichen Zahl zurückbleiben. Dies erfolgt idR mit Bescheid der Baubewilligung gem § 70 BO oder im vereinfachten Verfahren mit Bescheid gem § 70a Abs 11 BO. Ein späterer Bauwerberwechsel oder interne zivilrechtliche Vereinbarungen zur Kostentragung waren insofern bis zur BO-Novelle 2023, LGBl 2023/37 vom 13.12.2023, unbeachtlich. Mit dem neuen 3. Satz haftet nun auch der neue Bauwerber.

Judikatur

1) Als rechtlicher Anknüpfungspunkt für die Vorschreibung und Einhebung der Ausgleichsabgabe gilt der Ausspruch in der Baubewilligung, um wieviel die Zahl der vorgesehenen Stellplätze hinter dem gesetzlich geforderten Ausmaß zurückbleibt. Die Bemessung durch gesonderten Bescheid nach § 43 (jetzt: § 55) WGG ist für die Entstehung des Abgabenanspruches ohne Bedeutung (VwGH 23.10.1987, 85/17/0016, 25.7.1990, 89/17/0087).

2) Aus dem im § 193 WAO zum Schutze des herangezogenen Haftungspflichtigen normierten Berufungsrecht auch gegen den Abgabenanspruch kann nicht das Recht auf Zustellung des allein an den Abgabepflichtigen zu erlassenden, das Leistungsgebot enthaltenden Abgabenbescheides abgeleitet werden (s E 31.10.1979, 1817/78) (VwGH 23.10.1987, 87/17/0016, 25.7.1990, 88/17/0235).

3) Dann, wenn die Abgabe noch nicht entrichtet wurde und ein Fall des § 44 (jetzt: § 56) Abs 2 WGG vorliegt, ist die Ausgleichsabgabe nicht einzuheben (s E 14.2.1986, 84/17/0001). Nach dem Grundsatz der Akzessorietät der Haftung muss dies auch für den Haftungspflichtigen gelten (VwGH 25.7.1990, 88/17/0235).

4) Die Abgabepflicht gem § 41 (jetzt: § 53) Abs 1 WGG setzt lediglich voraus, dass ein Bauvorhaben bewilligt wird, ohne dass die Verpflichtung zur Schaffung von Einstellplätzen oder Garagen nach § 36 (jetzt: § 48) dieses Gesetzes überhaupt oder voll erfüllt wird. Das Eintreten des in § 44 (jetzt: § 56) Abs 3

WGG genannten Tatbestandes hindert das Entstehen der Abgabepflicht nicht, sondern ermöglicht nur eine Rückforderung für bereits entrichtete Abgabenbeträge. Es besteht daher kein Wahlrecht in der Art, dass nach der bescheidmäßigen Feststellung gem § 40 (jetzt: § 52) Abs 1 WGG der Abgabepflichtige durch entsprechende Maßnahmen das Eintreten der Abgabepflicht noch verhindern könnte, ohne dass der Bescheid gem § 40 Abs 1 WGG geändert würde (VwGH 16.11.1998, 94/17/0125).

5) Unabhängig von der Rückzahlungsmöglichkeit gem § 44 (jetzt: § 56) Abs 3 WGG ist bei der Abgabenfestsetzung gem § 42 (jetzt: § 54) WGG von den Feststellungen im Bescheid gem § 40 (jetzt: § 52) Abs 1 WGG auszugehen und die Abgabenbehörde bei der Festsetzung der Abgabe gem § 41 (jetzt: § 53) Abs 1 WGG an die rechtskräftige Feststellung gebunden. Die Frage, wann iSd § 37 Abs 2 WGG von einer Sicherstellung der Einstellplätze oder Garagen außerhalb von Bauplätzen ausgegangen werden kann, ist bei der Festsetzung der Abgabe gem § 41 (jetzt: § 53) Abs 1 WGG nicht von der Abgabenbehörde selbständig zu beurteilen (VwGH 16.11.1998, 94/17/0125).

6) Erlaubt eine Regelung mehrere Interpretationen, dann ist jener Interpretation der Vorzug zu geben, die die Bestimmung als verfassungskonform erscheinen lässt (vgl VfSlg 11.466, 12.776, 14.986). Die Bestimmung des § 41 (jetzt: § 53) Abs 1 WGG („Abgabepflichtig ist der Bauwerber. Ist er nicht Grundeigentümer, so haftet dieser für die Abgabeschuld zur ungeteilten Hand.“) ist in Zusammenschau mit der Bestimmung des § 36a (jetzt: § 48) Abs 1 WGG („Für jede Wohnung ist ein Stellplatz zu schaffen.“) und der zitierten Judikatur zum Sachlichkeitsgebot im Falle der Haftbarmachung für Abgaben- oder Steuerschulden so auszulegen, dass der Grundeigentümer bzw die Grundmiteigentümer zwar prinzipiell für die Abgabeschuld zur ungeteilten Hand haften. Mangels sachlichen Zusammenhangs und bedingt durch die Wohnung als Anknüpfungspunkt für eine Stellplatzverpflichtung haftet jedoch nicht der Wohnungseigentümer für eine Stellplatzverpflichtung, die nicht an eine in seinem Eigentum befindliche Wohnung anknüpft (VfGH 16.3.2000, Slg 15.784).

7) § 124 Abs 4 Wr BauO, dem zu Folge der zukünftige Bauwerber in die Rechtsstellung des bisherigen Bauwerbers an dessen Stelle eintritt, normiert zwar einen Wechsel in der Stellung des Bauwerbers, es kommt ihm jedoch nur Bedeutung für die baurechtlichen Regelungen zu. Auswirkungen für den Bereich der Ausgleichsabgabe kann die Regelung nur insoweit haben, als in jenen Fällen, in denen der Wechsel in der Stellung des Bauwerbers vor der Verwirklichung des Abgabentatbestandes eingetreten ist, bei der Bestimmung des Abgabepflichtigen auf die baurechtliche Regelung Bedacht zu nehmen ist: Abgabeschuldner ist der Bauwerber im Zeitpunkt der Verwirklichung des Abgabetatbestands. Wenn sich also ein Wechsel in der Stellung

als Bauwerber vor der Erlassung des Bescheids betreffend die Feststellung, um wie viel die Stellplätze hinter der erforderlichen Zahl zurückbleiben, ergeben hat, dann wäre dieser Wechsel bei der Bestimmung des Abgabepflichtigen zu berücksichtigen. Abgabepflichtiger wäre der „neue" Bauwerber (der im Zeitpunkt der Entstehung des Abgabenanspruches aktuelle Bauwerber). Sobald sich jedoch der Abgabentatbestand verwirklicht hat, ist das Abgabenschuldverhältnis entstanden und der Abgabeschuldner – unabhängig davon, ob bereits ein Bescheid zur Festsetzung der Abgabe ergangen ist oder nicht – damit festgelegt. Das Abgabenschuldverhältnis besteht zwischen dem Abgabegläubiger und dem Abgabeschuldner, in diesem Fall dem Bauwerber zum Zeitpunkt der Verwirklichung des Abgabetatbestandes. Spätere Änderungen in der Stellung des Abgabeschuldners müssten von der Abgabennorm ausdrücklich vorgesehen werden (vgl für den Fall der Vorschreibung einer Abgabe an den Eigentümer eines Grundstücks und einen nachfolgenden Wechsel im Grundstückseigentum, der ebenfalls einen Wechsel in der Stellung als Bauwerber nach sich zog, den hg Beschluss vom 20. März 2003, Zl 98/17/0319). Wollte der Gesetzgeber einen Übergang der bereits entstandenen Abgabenschuld auf den jeweiligen Bauwerber anordnen, müsste er dies durch eine ausdrückliche Vorschrift, die einen solchen Übergang anordnet, tun (es könnte der Übergang im Sinne eines Schuldnerwechsels, aber auch eine Gesamtschuld oder die Haftung des späteren Bauwerbers angeordnet werden). Eine solche Regelung enthält das Wr Garagengesetz 1957 jedoch nicht. Die Anordnung in § 124 Abs 4 Wr BauO betrifft nur die Stellung als „Bauwerber" und nicht jene als Abgabepflichtiger nach dem Wiener Garagengesetz 1957. Daran ändert auch die in der Beschwerde unter Hinweis auf Ritz, BAO, Kommentar, § 4 Rz 3, angeführte Unterscheidung zwischen Abgabenanspruch und Abgabenzahlungsanspruch nichts. Der Beschwerdeführer irrt, wenn er vermeint, nur der Abgabenzahlungsanspruch richte sich „gegen den konkret Abgabepflichtigen". Auch der Abgabenzahlungsanspruch muss sich gegen den im jeweiligen Abgabenschuldverhältnis Abgabepflichtigen (hier: den Bauwerber im Zeitpunkt der Entstehung des Abgabenanspruches) richten. Ein Auseinanderfallen zwischen dem Abgabenschuldner und dem aus dem Abgabenzahlungsanspruch Verpflichteten kann es nicht geben; Gegenteiliges lässt sich auch der in der Beschwerde zitierten Literaturstelle nicht entnehmen (VwGH 10.8.2010, 2009/17/0264).

Anmerkung: Mit Änderung des Abs 1, 3. Satz idF BO-Nov 2023, LGBl 2023/37 vom 13.12.2023, haftet nun auch der neue Bauwerber.

8) Entsprechend dem Grundsatz der Zeitbezogenheit von Abgabenvorschriften hat das LVwG die Sach- und Rechtslage zum Zeitpunkt der Verwirklichung des Abgabentatbestandes seiner Entscheidung zu Grunde zu legen (VwGH 31.8.2016, Ro 2014/17/0103).

9) Unstrittig ist im Beschwerdefall die Verpflichtung zur Entrichtung der gegenständlichen Ausgleichsabgabe mit Verwirklichung des Abgabentatbestandes entstanden, nämlich mit der Feststellung im Baubewilligungsbescheid vom 18. März 2005 hinsichtlich des Fehlens von 12 Stellplätzen. Dieser Bescheid erwuchs auch in Rechtskraft. Nach der Rechtsprechung des VwGH (vgl E vom 16. November 1998, Zl 94/17/0125) hat die Abgabenbehörde diesen Ausspruch im Baubewilligungsbescheid ihrer Entscheidung zugrunde zu legen und ist bei der Festsetzung der Abgabe an die rechtskräftige Feststellung gebunden (VwGH 28.5.2013, 2012/17/0169).

10) Gemäß § 53 Abs 1 WGarG 2008 ist der Bauwerber abgabepflichtig und somit Abgabenschuldner. Grundeigentümer, wenn sie nicht sogleich Bauwerber sind, haften lediglich für die Abgabenschuld. Sie werden gemäß § 7 Abs 1 BAO erst durch die Geltendmachung der Haftung (durch Haftungsbescheid nach § 224 BAO) zu Gesamtschuldnern. Die Einbringungsmaßnahme der Heranziehung eines Haftendenden steht im Ermessen der Abgabenbehörde (§ 20 BAO), welches zu begründen wäre (vgl in stRsp VwGH 24.6.2010, 2010/16/0014, sowie etwa *Fischerlehner*, Abgabenverfahren[2], Anm 3 zu § 7 BAO, und *Ritz*, BAO[6], § 7 Tz 5 bis 7) (vgl VwGH 9.10.2019, Ro 2018/16/0029).

Höhe der Ausgleichsabgabe

§ 54. Die Ausgleichsabgabe ergibt sich aus dem Produkt des Einheitssatzes und jener Zahl, um die nach den Feststellungen des Bewilligungsbescheides (§ 52 Abs. 1) die Zahl der vorgesehenen Stellplätze hinter der gesetzlich geforderten Anzahl zurückbleibt. Der Einheitssatz wird nach den durchschnittlichen Kosten des Grunderwerbes und der Errichtung eines Stellplatzes durch Verordnung der Wiener Landesregierung festgesetzt;[1)] er beträgt je Stellplatz höchstens 25.000,– Euro.

Anmerkung

1) Lt § 1 der DurchführungsVO LGBl 2023/50 vom 21.12.2023 beträgt der Einheitssatz der Ausgleichsabgabe je Stellplatz 16.320 € (statt vormals 12.000 €).

Bemessung der Ausgleichsabgabe

§ 55. Die Ausgleichsabgabe wird mit gesondertem Bescheid bemessen. Die Erhebung einer Beschwerde nach § 52 Abs. 1 hindert nicht die Vorschreibung der Ausgleichsabgabe.

Fälligkeit und Erstattung der Ausgleichsabgabe

§ 56. (1) Die Ausgleichsabgabe ist binnen einem Monat nach Zustellung des Bemessungsbescheides zu entrichten.

(2) Wird die Baubewilligung durch ausdrücklichen Verzicht oder durch Zeitablauf unwirksam, steht ein Anspruch auf zinsenfreie Erstattung des entrichteten Abgabebetrages zu.

(3) Wird zunächst die Ausgleichsabgabe gemäß § 52 Abs. 3 entrichtet, werden die fehlenden Stellplätze jedoch zur Gänze oder teilweise geschaffen oder wird die Einstellmöglichkeit auf einem bereits bestehenden Stellplatz vertraglich sichergestellt (§ 51), steht ein Anspruch auf zinsenfreie Erstattung des entrichteten Abgabenbetrages zu.

(4) Wird nach Zustellung des Bemessungsbescheides eine Abänderung des Bauvorhabens bewilligt, die von Einfluss auf die Bemessungsgrundlage der Ausgleichsabgabe ist, so hat die Behörde den Bemessungsbescheid von Amts wegen entsprechend abzuändern und gegebenenfalls den entrichteten Abgabenbetrag auf Antrag zinsenfrei zu erstatten.

(5) Die Ansprüche nach Abs. 2 bis 4 sind spätestens bis zum Ablauf des dritten Kalenderjahres ab folgenden Stichtagen geltend zu machen:

- **nach Abs. 2 ab Erlöschen der Baubewilligung,**
- **nach Abs. 3 ab Einlangen einer Mitteilung gemäß § 48 Abs. 6 und**
- **nach Abs. 4 ab Rechtskraft des Bemessungsbescheides.**

(6) Anspruchsberechtigt für die Ansprüche nach Abs. 2 bis 4 ist

1. **wer einen fehlenden Stellplatz geschaffen hat;**
2. **wer eine fehlende Einstellmöglichkeit auf einem bereits bestehenden Stellplatz vertraglich sichergestellt hat (§ 51);**
3. **wer die Abgabe entrichtet hat, sofern keine andere Anspruchsberechtigung nach Z. 1 und 2 besteht;**
4. **der Grundeigentümer oder die Grundeigentümerin, sofern keine andere Anspruchsberechtigung besteht.**

Judikatur

1) Zufolge der Vorschrift des § 44 (jetzt: § 56) Abs 2 WGG kann es nicht zweifelhaft sein, dass ein Verzicht auf die Baubewilligung zulässig ist. Dieser Verzicht muss der Behörde gegenüber erklärt werden (VwGH 14.2.1986, 84/17/0001).

2) Dann, wenn die Abgabe noch nicht entrichtet wurde und ein Fall des § 44 (jetzt: § 56) Abs 2 WGG vorliegt, ist die Ausgleichsabgabe nicht einzuheben (s E 14.2.1986, 84/17/0001). Nach dem Grundsatz der Akzessorietät der Haftung muss dies auch für den Haftungspflichtigen gelten (VwGH 25.7.1990, 88/17/0235).

7. Teil
Strafbestimmungen
Übertretungen und Strafen

§ 57. (1) Handlungen oder Unterlassungen, durch welche die Ausgleichsabgabe verkürzt wird, sind als Verwaltungsübertretungen mit Geldstrafen bis 21.000 Euro zu bestrafen; für den Fall der Uneinbringlichkeit der Geldstrafe ist eine Ersatzfreiheitsstrafe bis zu sechs Wochen festzusetzen.

(2) Sonstige Übertretungen dieses Gesetzes oder der auf Grund dieses Gesetzes erlassenen Durchführungsverordnungen sind nach den Strafbestimmungen der Bauordnung für Wien zu bestrafen.[1)]

(3) § 33a Verwaltungsstrafgesetz 1991 – VStG, BGBl. Nr. 52/1991, in der Fassung BGBl. I Nr. 57/2018, findet nur auf Übertretungen des § 13 Abs. 2 dieses Gesetzes in Verbindung mit § 135 Bauordnung für Wien Anwendung.

Anmerkung

1) Vgl Anm zu § 135 BO.

Judikatur

1) Die belangte Behörde hat zutreffend erkannt, dass sie – grundsätzlich – an den Ausspruch hinsichtlich der fehlenden Stellplätze gebunden ist; sie hat jedoch im Beschwerdefall zu Unrecht daraus den Schluss gezogen, sie habe bei der Festsetzung der Ausgleichsabgabe sämtliche 12 fehlenden Stellplätze der Bemessung zugrunde zu legen. Die Bauoberbehörde hat – zu Unrecht, jedoch rechtskräftig – den Abspruch über das Vorbringen der beschwerdeführenden Partei betreffend die Sicherstellung der fehlenden Stellplätze verweigert. In diesem Fall liegt keine die Abgabenbehörde bindende Entscheidung vor, auf die sie bei der Abgabenbemessung Rücksicht zu nehmen hätte. Sie hat daher selbständig als Vorfrage über eine allfällige Verminderung der Zahl der zur Bemessung heranzuziehenden (fehlenden) Stellplätze abzusprechen (VwGH 28.5.2013, 2012/17/0169).

8. Teil
Behörden und Verfahren
Behörden

§ 58. Über Beschwerden in Angelegenheiten der Ausgleichsabgabe und der abgabenrechtlichen Verwaltungsübertretungen zu dieser Abgabe entscheidet das Bundesfinanzgericht. Über Beschwerden in allen übrigen Fällen entscheidet das Verwaltungsgericht Wien.

Anmerkung

1) Mit 1.1.2014 erfolgt die Auflösung von ABK und UVS. Bescheide sind mit Beschwerde beim Verwaltungsgericht zu bekämpfen.

Judikatur

1) Die belangte Behörde hat zutreffend erkannt, dass sie – grundsätzlich – an den Ausspruch hinsichtlich der fehlenden Stellplätze gebunden ist; sie hat jedoch im Beschwerdefall zu Unrecht daraus den Schluss gezogen, sie habe bei der Festsetzung der Ausgleichsabgabe sämtliche 12 fehlenden Stellplätze der Bemessung zugrunde zu legen. Die Bauoberbehörde hat – zu Unrecht, jedoch rechtskräftig – den Abspruch über das Vorbringen der beschwerdeführenden Partei betreffend die Sicherstellung der fehlenden Stellplätze verweigert. In diesem Fall liegt keine die Abgabenbehörde bindende Entscheidung vor, auf die sie bei der Abgabenbemessung Rücksicht zu nehmen hätte. Sie hat daher selbständig als Vorfrage über eine allfällige Verminderung der Zahl der zur Bemessung heranzuziehenden (fehlenden) Stellplätze abzusprechen (VwGH 28.5.2013, 2012/17/0169).

Verfahren

§ 59. Soweit nicht anderes bestimmt ist, gelten für das Verfahren betreffend die Bemessung und Einhebung der Ausgleichsabgabe die Bestimmungen der das Verfahren in Abgabesachen regelnden Vorschriften, für sonstige Verfahren aufgrund dieses Gesetzes die Bestimmungen der Bauordnung für Wien.

Nichtigkeitsgründe

§ 60. *entfallen (LGBl 2020/61 vom 13. Oktober 2020)*

(2) *entfallen (LGBl 2013/35)*

(EB zu Bauordnungsnovelle 2020 LGBl 2020/61)

In der BO-Novelle 2018, LGBl. Nr. 69/2018, wurde die Nichtigerklärung von Bescheiden mit der Begründung ersatzlos gestrichen, dass eine Nichtigerklärung von Bescheiden in den letzten Jahren nicht erfolgt ist. Der bisherige § 137 BO hat daher keine praktische Bedeutung und wäre nach der Auflösung der Bauoberbehörde durch die Verwaltungsgerichtsbarkeit-Novelle 2012 nur schwer zu vollziehen, weil die Regelung in die Zuständigkeit des Gemeinderates als sachlich in Betracht kommende Oberbehörde fallen würde. Dies gilt auch für die entsprechende Bestimmung im WGarG 2008.

Vollzugsbestimmung

§ 61. Die Gemeinde hat ihre in diesem Gesetz geregelten Aufgaben mit Ausnahme der Durchführung des Verwaltungsstrafverfahrens im eigenen Wirkungsbereich zu besorgen.

Umsetzung von Gemeinschaftsrecht

§ 61a. (1) § 6 Abs. 3 und § 2 Abs. 22 dienen der Umsetzung der Richtlinie 2014/94/EU des Europäischen Parlaments und des Rates vom 22. Oktober 2014 über den Aufbau der Infrastruktur für alternative Kraftstoffe.

(2) § 6 Abs. 3a bis Abs. 3c dienen der Umsetzung des Art. 8 der Richtlinie (EU) 2018/844 vom 30. Mai 2018 zur Änderung der Richtlinie 2010/31/EU über die Gesamtenergieeffizienz von Gebäuden und der Richtlinie 2012/27/EU über Energieeffizienz, ABl. Nr. L 156 vom 19.6.2018 S 75.

Übergangs- und Schlussbestimmungen

§ 62. (1) Die im Zeitpunkt des Inkrafttretens dieses Gesetzes anhängigen Verfahren zur Erteilung der Baubewilligung oder zur Erstattung einer Fertigstellungsanzeige sind nach den bisherigen Bestimmungen weiterzuführen.

(2) Bei Anlagen zum Einstellen von Kraftfahrzeugen und Tankstellen sind diese Verfahren nach den Bestimmungen dieses Gesetzes weiterzuführen, sofern Unterlagen vorgelegt werden, die nach ihrer Art (insbesondere nach § 3 Abs. 4 oder § 26 Abs. 3) und ihrem Inhalt den Anforderungen dieses Gesetzes in Verbindung mit der geltenden Fassung der Bauordnung für Wien entsprechen.

(3) Bei kraftbetriebenen Parkeinrichtungen sind diese Verfahren jedoch einzustellen, sofern der Behörde die vollständige Anzeige gemäß § 13 vorliegt. Bei Vorliegen einer bereits rechtskräftig erteilten Baubewilligung ist für die Erstattung einer Anzeige nach § 13 der Anschluss eines Gutachtens über die Abnahmeprüfung gemäß § 12 Abs. 5 ausreichend, sofern während der Bauausführung keine wesentlichen Änderungen vorgenommen wurden und hierauf im Gutachten über die Abnahmeprüfung ausdrücklich Bezug genommen wird.

(4) Bewilligungen für die Errichtung, die Änderung und den Betrieb von kraftbetriebenen Parkeinrichtungen, die vor dem In-Kraft-Treten dieses Gesetzes bereits rechtskräftig erteilt wurden, bleiben unberührt. Darin vorgeschriebene Auflagen sind auf Antrag mit Bescheid aufzuheben oder abzuändern, wenn und soweit die Voraussetzungen für ihre Vorschreibung nach Maßgabe der Bestimmungen dieses Gesetzes nicht mehr vorliegen.

(5) Bewilligungen von Anlagen zum Einstellen von Kraftfahrzeugen und Tankstellen, die nach den bisher geltenden gesetzlichen Bestimmungen erteilt wurden, bleiben unberührt.

(6) Der Betreiber oder die Betreiberin einer Tankstelle, bei der unterirdische Lagerbehälter oder nicht einsehbare, z.B. im Erdreich verlegte, Rohrleitungen einwandig ausgeführt sind, hat innerhalb einer Frist von fünf Jahren nach dem In-Kraft-Treten dieses Gesetzes Lagerbehälter gemäß § 31 Abs. 1 doppelwandig mit einem Leckanzeigesystem auszuführen und Rohrleitungen mit einer Überfüllsicherung mit flüssigkeitsdichten Schutzrohren ge-

mäß § 36 Abs. 2 auszuführen. Desgleichen sind Lagerbehälter, die nicht mit einer Überfüllsicherung gemäß § 35 Abs. 3 ausgestattet sind, innerhalb dieser Frist damit auszustatten.

(7) Ist bei bestehenden Tankstellen der Stichtag zur Durchführung der regelmäßigen Überprüfung gemäß § 42 nicht feststellbar oder liegt dieser außerhalb der Frist gemäß § 42, so ist die nächste regelmäßige Überprüfung binnen eines Jahres ab In-Kraft-Treten dieses Gesetzes vorzunehmen.

(8) Ist bei bestehenden kraftbetriebenen Türen und Toren von Anlagen zum Einstellen von Kraftfahrzeugen mit einer Nutzfläche von mehr als 250 m^2 der Stichtag zur Durchführung der regelmäßigen Überprüfung gemäß § 7 nicht feststellbar oder liegt dieser außerhalb der Frist gemäß § 7, so ist die nächste regelmäßige Überprüfung binnen eines Jahres ab In-Kraft-Treten dieses Gesetzes vorzunehmen.

(9) Bei bestehenden Garagen ist das Einstellen von mit Erdgas betriebenen Kraftfahrzeugen dann zulässig, wenn durch eine ausreichende Lüftung sichergestellt ist, dass durch austretendes Gas keine Gefährdung für das Leben oder die Gesundheit von Personen entsteht.

(10) Bestehende vertragliche Sicherstellungen von Einstellmöglichkeiten im Sinne des § 51 bleiben in ihrer Gültigkeit und behördlichen Anerkennung unberührt. Im Übrigen finden die Bestimmungen dieses Gesetzes, insbesondere die Verpflichtungen gemäß § 48 Abs. 5 und 6, auch auf bestehende vertragliche Sicherstellungen Anwendung.

Anlage

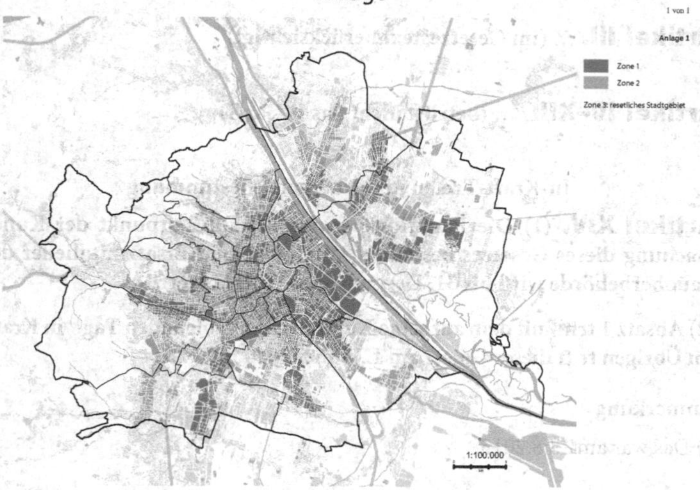

Übergangsbestimmungen zum Wiener Garagengesetz

A. Garagengesetznovelle 2010

LGBl 2010/46

Artikel I. … (im Gesetztestext berücksichtigt)

Artikel II. … (betrifft nicht das Garagengesetz)

In-Kraft-Treten

Artikel III. Dieses Gesetz tritt drei Monate nach seiner Kundmachung in Kraft.[1)]

Anmerkung

1) Das war am 24.12.2010.

B. Garagengesetznovelle

LGBl 2013/35

Artikel I–II. … (betrifft das WGarG)

Artikel III. … (im Gesetzestext berücksichtigt)

Artikel IV–XIII. … (betrifft nicht das WGarG)

In-Kraft-Treten und Übergangsbestimmung

Artikel XIV. (1) Die Funktionsperiode der im Zeitpunkt der Kundmachung dieses Gesetzes bestellten Mitglieder und Ersatzmitglieder der Bauoberbehörde wird bis 31. Dezember 2013 verlängert.

(2) Absatz 1 tritt mit dem auf seine Kundmachung folgenden Tag[1)] in Kraft. Im Übrigen tritt dieses Gesetz am 1. Jänner 2014 in Kraft.

Anmerkung

1) Das war am 23.8.2013.

C. Garagengesetznovelle

LGBl 2013/45

Artikel I–VIII. … (betrifft das WGarG)

Artikel IX. … (im Gesetzestext berücksichtigt)

Artikel X. … (betrifft nicht das WGarG)

In-Kraft-Treten

Artikel XI. Dieses Gesetz tritt mit 1. Jänner 2014 in Kraft.

D. Garagengesetznovelle

LGBl 2014/26

Artikel I. … (im Gesetzestext berücksichtigt)

Übergangsbestimmungen

Artikel II. (1) Pflichtstellplätze, bei denen das die Stellplatzverpflichtung auslösende Bauvorhaben vor Inkrafttreten dieses Gesetzes rechtskräftig bewilligt wurde und in diesem Zeitpunkt eine Fertigstellungsanzeige (§ 128 BO für Wien) oder Fertigstellungsmeldung (§ 62 Abs. 7 BO für Wien) noch nicht erstattet wurde, müssen auch nach dem Inkrafttreten dieses Gesetzes im Sinne des § 48 Abs. 4 der widmungsgemäßen Verwendung offenstehen.

(2) Für alle zur Zeit des Inkrafttretens dieses Gesetzes anhängigen Verfahren gelten, mit Ausnahme des Umfanges der Stellplatzverpflichtung gemäß Artikel I Z 9 und 10, die bisherigen gesetzlichen Bestimmungen.

Inkrafttreten

Artikel III. Dieses Gesetz tritt mit dem seiner Kundmachung folgenden Tag[1] in Kraft.

Anmerkung

1) Das war am 16.7.2014.

E. Garagengesetznovelle

LGBl 2018/69

Artikel I–II. … (betrifft nicht das WGarG)

Artikel III. … (im Gesetzestext berücksichtigt)

Artikel IV-V. … (betrifft nicht das WGarG)

Inkrafttreten

Artikel VI. (1) Art. I Z 16 (betreffend § 2b), Z 17 (betreffend § 4 Abs. 2 Punkt C lit. a), Z 18 (betreffend § 4 Abs. 2 Punkt C lit. c), Z 19 (betreffend § 5 Abs. 4 lit. d), Z 25 (betreffend § 6 Abs. 6a), Z 48 (betreffend § 60 Abs. 1), Z 55 (betreffend § 62 Abs. 7), Z 75 (betreffend § 63 Abs. 1 lit. m), Z 76 (betreffend § 64 Abs. 1), Z 84 (betreffend § 70b), Z 86 (betreffend § 72 Abs. 1), Z 87 (betreffend § 73 Abs. 2), Z 88 (betreffend § 74 Abs. 1), Z 116 (betreffend § 118 Abs. 3d und 3e), Z 118 (betreffend § 118 Abs. 7), Z 121 (betreffend § 119 Abs. 5), Z 125 (betreffend § 127 Abs. 8 lit. a), Z 129 (betreffend § 128 Abs. 2 Z 10 bis 12) und Z 131 (betreffend § 128b), weiters Art. II Z 2 (betreffend § 8 Abs. 2), Z 3 (betreffend § 8 Abs. 3), Art. III Z 1 (betreffend § 3 Abs. 1), Art. IV und Art. V treten drei Monate nach der Kundmachung dieses Gesetzes in Kraft.[1)]

(2) Im Übrigen tritt dieses Gesetz mit dem seiner Kundmachung folgenden Tag in Kraft.[2)]

Anmerkungen

1) Das war am 21.3.2019.

2) Das war am 22.12.2018.

Übergangsbestimmungen

Artikel VII. (1) Für alle zur Zeit des Inkrafttretens dieses Gesetzes anhängigen Verfahren und für bereits zugesicherte Förderungen im Sinne der §§ 29 und 56 WWFSG 1989 gelten die bisherigen gesetzlichen Bestimmungen; dies gilt nicht für Art. I Z 132 (betreffend § 129b Abs. 2 BO für Wien) und Art. III Z 6 (betreffend § 50 Abs. 1a WGarG 2008).

(2) bis (4) ... (betrifft nicht das WGarG)

F. Garagengesetznovelle

LGBl 2018/71

Artikel I–XXVIII. ... (betrifft nicht das WGarG)

Artikel XXIX. ... (im Gesetzestext berücksichtigt)

Artikel XXX-XXXVI. ... (betrifft nicht das WGarG)

In-Kraft-Treten

Artikel XXXVII. Dieses Gesetz tritt mit 1. Jänner 2019 in Kraft.

G. Bauordnungsnovelle 2020

LGBl 2020/61

Artikel I. … (betrifft nicht das WGarG 2008)

Artikel II. … (betrifft nicht das WGarG 2008)

Artikel III. … (im Gesetzestext berücksichtigt)

Inkrafttreten

Artikel IV. (1) und (2) …(betrifft nicht das WGarG 2008)

(3) Im Übrigen tritt dieses Gesetz mit dem seiner Kundmachung folgenden Tag in Kraft.[1)]

Anmerkung

1) Das war am 14.10.2020.

Übergangsbestimmung

Artikel V. **(1) Für alle zur Zeit des Inkrafttretens dieses Gesetzes anhängigen Verfahren gelten die bisherigen Bestimmungen.**

(2) und (3) … (betrifft nicht das WGarG 2008)

H. Bauordnungsnovelle 2023 vom 13.12.2023

LGBl 2023/37

Artikel I. … (betrifft nicht das WGarG)

Artikel II. … (betrifft nicht das WGarG)

Artikel III. … (im Gesetzestext berücksichtigt)

Inkrafttreten

Artikel IV. **(1) … (betrifft nicht das WGarG) treten drei Monate nach der Kundmachung dieses Gesetzes in Kraft.**[1)]

(2) … (betrifft nicht das WGarG)

(3) Im Übrigen tritt dieses Gesetz mit dem seiner Kundmachung folgenden Tag in Kraft.[2)]

Anmerkungen

1) Das war der 13.3.2024.

2) Das war der 14.12.2023.

Übergangsbestimmungen

Artikel V. **(1) Für alle zur Zeit des Inkrafttretens dieses Gesetzes anhängigen Verfahren gelten die bisherigen Bestimmungen.[1)]**

(2) bis (5) … (betrifft nicht das WGarG)

(6) Art. III Z 13 (betreffend § 48 Abs. 2) berührt bestehende Stellplatzregulative nicht.

Anmerkung

1) Im Gegensatz zu früheren Novellen ist die Erleichterung bzw Reduzierung der Stellplatzverpflichtung (Zonen iSd § 50a WGarG) hier nicht auch auf anhängige Verfahren anzuwenden. Sie kann damit nicht bei einem Planwechsel als mit der Stammbewilligung einheitliches und anhängiges Verfahren iSd § 50 Abs 6 WGarG angewendet werden.

4b. Verordnung der Wiener Landesregierung zur Durchführung des Wiener Garagengesetzes 2008

LGBl 2023/50

Auf Grund des § 54 des Gesetzes über das Einstellen von Kraftfahrzeugen, kraftbetriebene Parkeinrichtungen und Tankstellen in Wien (Wiener Garagengesetz 2008 – WGarG 2008), LGBl. für Wien Nr. 34/2009, zuletzt geändert durch das Gesetz LGBl. für Wien Nr. 37/2023, wird verordnet:

§ 1. Der Einheitssatz der Ausgleichsabgabe beträgt je Stellplatz 16.320 Euro.[1)]

Anmerkung

1) Der Betrag orientiert sich an den durchschnittlichen Errichtungskosten eines Garagenstellplatzes.

§ 2. Diese Verordnung tritt mit dem ihrer Kundmachung folgenden Tag in Kraft. Mit Inkrafttreten dieser Verordnung tritt die Verordnung der Wiener Landesregierung zur Durchführung des Wiener Garagengesetzes, LGBl. für Wien Nr. 27/2014, außer Kraft.[1)]

Anmerkung

1) Das war am 22.12.2023.

§ 3. Ist die Ausgleichsabgabe auf Grund eines zum Zeitpunkt des Inkrafttretens dieser Verordnung anhängigen Verfahrens bescheidmäßig vorzuschreiben, beträgt der Einheitssatz je Stellplatz 12.000 Euro.[1)]

Anmerkung

1) Das ist die zuletzt gültige Ausgleichsabgabe gemäß der DurchführungsV LGBl 2014/27.

5. Gesetz über Kleingärten in Wien (Wiener Kleingartengesetz 1996 – WKlG 1996)

LGBl 1996/57 idF LGBl 1998/36, 1998/61, 1999/12, 2001/91, 2003/10, 2006/13, 2006/61, 2008/24, 2009/25, 2010/47, 2013/35, 2014/25, 2018/69, 2018/71, 2020/61 und 2023/37

Anwendungsbereich

§ 1. (1) Dieses Gesetz ist auf Flächen mit der Widmung „Grünland - Erholungsgebiet -Kleingartengebiet" und „Grünland - Erholungsgebiet - Kleingartengebiet für ganzjähriges Wohnen"[2] sowie auf vorübergehend kleingärtnerisch genutzte Flächen anzuwenden.

(2) Soweit dieses Gesetz nicht anderes bestimmt, gilt die Bauordnung für Wien.[1]

Anmerkungen

1) Das G ist also eine lex specialis zur BO. Fehlt eine Regelung, ist die Regelung der BO anzuwenden (insb E zu §§ 70, 127, 129 und 134a BO).

2) S § 4 Abs 2 Punkt A lit b Z 2 und 3 BO iVm § 6 Abs 2 BO.

Judikatur

1) Das Abstellen eines Kfz auf einem Kleingartenlos ist verboten, dürfen doch Stellplätze nur in Gemeinschaftsanlagen errichtet werden. Der Auftrag, das Abstellen zu unterlassen, ist nicht an den Pächter, sondern an den Eigentümer der Liegenschaft zu richten. Das WGG findet auch auf vom KleingartenG erfasste Flächen Anwendung. Der Auftrag wurde zu Recht auf § 129 Abs 10 BO gestützt (VwGH 4.9.2001, 2001/05/0168). – S auch § 7 Abs 3 KGG.

2a) Da die Einreichunterlagen im KGG aber abschließend geregelt sind, kommt auch im Wege des § 1 Abs 2 KGG eine Heranziehung des § 63 Abs 2 der Bauordnung für Wien, wonach den Einreichunterlagen überdies jene Unterlagen (schaubildliche Darstellungen, Lichtbilder, Baubeschreibungen uÄ) anzuschließen sind, die eine ausreichende Beurteilung des Bauvorhabens gewährleisten und das Ermittlungsverfahren beschleunigen, nicht in Frage.

2b) Sollte tatsächlich ein Bau ohne Fenster errichtet werden und dies § 15 KGG widersprechen, bestünde allerdings eine Verpflichtung gemäß § 129 Abs 10 der Bauordnung für Wien iVm § 1 Abs 2 KGG, diese Abweichung von den Bauvorschriften zu beheben. Einem derartigen Auftrag stünde auch die Rechtskraft einer Baubewilligung gemäß § 8 KGG nicht entgegen, da sich diese gemäß § 8 Abs 10 KGG nur auf die Angaben in den Bauplänen gemäß § 8 Abs 3 KGG bezieht (VwGH 28.5.2013, 2012/05/0055).

Begriffsbestimmungen[1)]

§ 2. (1) Kleingärten sind vorwiegend gärtnerisch genutzte und ausgestaltete Grundflächen, die der individuellen Erholung oder dem Wohnen dienen, jedoch nicht erwerbsmäßig genutzt werden.[2)]

(2) Kleingartenanlagen sind alle Flächen, die mindestens zwei Kleingärten umfassen, die unmittelbar aneinandergrenzen oder durch Wege beziehungsweise Gemeinschaftsflächen miteinander verbunden sind. Wege und Gemeinschaftsflächen gehören zur Kleingartenanlage.

(3) Gemeinschaftsflächen sind Grundflächen, die für die Errichtung von Gemeinschaftsanlagen bestimmt sind.

(4) Gemeinschaftsanlagen sind Einrichtungen, die den wirtschaftlichen, sozialen, religiösen, kulturellen, gesundheitlichen oder sportlichen Bedürfnissen der Bewohner und Benützer der umliegenden Kleingärten oder dem Abstellen von Fahrzeugen dienen und allenfalls auch öffentlich zugänglich sind.

(5) Aufschließungswege sind die zur Verbindung von Kleingärten und Gemeinschaftsflächen mit einer öffentlichen Verkehrsfläche notwendigen Wege.

(6) Weggrundstücke sind die den Kleingärten und Gemeinschaftsflächen vorgelagerten Teilflächen der Aufschließungswege, die einem Kleingarten, einer Gemeinschaftsfläche oder einer eigenen Einlage zugeschrieben sind.

(7) Kleingartenhäuser sind Gebäude in Kleingärten oder auf vorübergehend kleingärtnerisch genutzten Flächen, die nicht der Befriedigung eines ständigen Wohnbedürfnisses dienen und in Kleingärten zumindest einen Aufenthaltsraum haben.

(8) Kleingartenwohnhäuser sind Gebäude in Kleingärten mit der Widmung „Grünland – Erholungsgebiet – Kleingartengebiet für ganzjähriges Wohnen", die zumindest einen Aufenthaltsraum haben und zur Befriedigung eines ständigen Wohnbedürfnisses dienen sollen.

(9) Nebengebäude sind Gebäude ohne Aufenthaltsräume von höchstens 5 m^2 bebauter Grundfläche und mit einem obersten Abschluss von höchstens 3 m.

(10) Haupteinfriedungen sind Einfriedungen an Straßenfluchtlinien, Verkehrsfluchtlinien, Grenzfluchtlinien oder Grenzlinien zu anderen Widmungskategorien. Nebeneinfriedungen sind alle sonstigen Einfriedungen.

(EB zur BO-Nov 2023, LGBl 2023/37 vom 13.12.2023)

Zu § 2 Abs 1

Da gärtnerisch auszugestaltende Flächen in der Bauordnung und im WKlG 1996 gleichbedeutend sind, wird die Definition in Abs. 1 an jene in der Bauordnung angeglichen.

Anmerkungen

1) Daraus ergibt sich iVm § 4 Abs 2 Punkt A lit b Z 2 und 3 BO die Definition der Widmungsgebiete für Kleingärten und iVm § 6 Abs 2 BO die Zulässigkeit der Nutzung dieser Gebiete sowie der Errichtung und Nutzung von Gebäuden.

2) Daraus ergibt sich (iVm § 6 Abs 2 BO) die Unzulässigkeit der Errichtung bzw Nutzung von Kleingärten und Kleingartenhäusern zur erwerbsmäßigen Nutzung für kurzfristige Beherbergungszwecke. Dabei muss es sich nicht um eine Tätigkeit iSd GewO handeln. (beachte VwGH 7.10.2021, Ro 2021/05/0001, Begriffsbestimmungen sind für sich allein keine Strafnorm).

Judikatur

1) Die Frage der Zulässigkeit von bewilligungspflichtigen Gebäuden in einem Kleingarten außerhalb einer Kleingartenanlage richtet sich nach der allgemeinen Bestimmung des § 19 Abs 4 ROG (VwGH 26.4.2017, Ro 2014/05/0046 bis 0048, zum NÖ Kleingartengesetz).

Anmerkung: Das Judikat ist wohl auch für die Wiener Rechtslage relevant.

2) Mit Straferkenntnis vom 7.5.2020 erkannte die belangte Behörde die Revisionswerberin der Übertretung des § 135 Abs 1 iVm § 129 Abs 10 BO iVm § 1 Abs 1 und 2, § 2 Abs 1 und § 22 WKlG 1996 für schuldig, weil sie als Alleineigentümerin einer näher bezeichneten Liegenschaft mit der Widmung „Grünland Erholungsgebiet Kleingartengebiet für ganzjähriges Wohnen" im Gesamtzeitraum von 15.4.2019 bis 21.10.2019 insofern Abweichungen von den Bauvorschriften nicht behoben habe, als sie die erwerbsmäßige Nutzung des auf dieser Liegenschaft situierten Kleingartenwohnhauses zur kurzfristigen Beherbergung von Touristen nicht unterlassen habe, indem sie das Kleingartenwohnhaus in näher bezeichneten Zeiträumen zur kurzfristigen Beherbergung an näher bezeichnete Personen vermietet habe, obwohl gemäß § 2 Abs 1 WKlG 1996 Kleingärten vorwiegend gärtnerisch genutzte Grundflächen seien, die der individuellen Erholung oder dem Wohnen dienten, jedoch nicht erwerbsmäßig genutzt würden.

§ 1 WKlG 1996 enthält unter dem Titel „Anwendungsbereich" die Festlegung, auf welche Flächen das WKlG 1996 anzuwenden ist und dass die Bauordnung für Wien anzuwenden ist, soweit das WKlG 1996 selbst nicht anderes bestimmt. Weder aus der Definition des Anwendungsbereiches des WKlG 1996 noch aus der subsidiären Geltung der BO ergibt sich für den Normunterworfenen ein bestimmtes Gebot oder Verbot, sodass § 1 WKlGG 1996 keine Bauvorschrift darstellt, die iVm § 129 Abs 10 1. Satz BO eine Übertretungsnorm darstellen könnte.

Der VfGH hat bereits wiederholt ausgesprochen, dass gesetzlichen Begriffsbestimmungen idR keine eigenständige normative Bedeutung zukommt, weil eine solche erst iZm anderen Regelungen, die diesen Begriff verwenden, bewirkt wird (vgl VfGH 14.6.2018, G 298/2017; 12.12.2016, G 105/2016 ua, mwN).

§ 2 Abs 1 WKlG 1996 ist daher dahingehend auszulegen, dass es sich dabei um eine bloße Begriffsbestimmung handelt, der darüber hinaus keine eigenständige normative Wirkung zukommt. Eine Übertretung dieser Bestimmung hier in Verbindung mit § 129 Abs 10 1. Satz BO und eine darauf basierende Bestrafung kommen daher nicht in Betracht. Vor diesem Hintergrund erübrigt sich ein Eingehen auf die weiteren Revisionsausführungen zur Erwerbsmäßigkeit (VwGH 7.10.2021, Ro 2021/05/0001).

Anmerkung: Im StrafE wurde die (Un)Zulässigkeit nicht iZm den inhaltlich maßgeblichen Bestimmungen der BO begründet und ausgesprochen, insb nicht iZm § 6 Abs 2 BO iVm § 4 Abs 2 Punkt A lit b Z 2 und 3 BO. Damit hat der VwGH ausgesprochen, dass die Begründung samt zitierter Rechtskette nicht ausreichend ist und sich noch nicht inhaltlich mit der zulässigen Nutzung zur Kurzeitvermietung befasst. Im Übrigen hat der VwGH offenbar nicht berücksichtigt, dass § 6 BO für sich schon normative Wirkung hat, die per se durch § 135 BO wirkt.

Inhalt der Bebauungspläne

§ 3. Über die Festsetzungen nach § 5 Abs. 1 und 2[1)] der Bauordnung für Wien hinaus können die Bebauungspläne nur enthalten:

1. Gemeinschaftsflächen und die der Öffentlichkeit zugänglichen Bereiche sowie Grundflächen und Räume, die zur Errichtung und Duldung von öffentlichen Durchgängen und öffentlichen Aufschließungsleitungen durch die Gemeinde von jeder Bebauung frei zu halten sind, und Bestimmungen über die sich daraus ergebenden Einschränkungen der Bebaubarkeit und Nutzung;

2. Bestimmungen über die Beschränkung der baulichen Ausnützbarkeit;

3. Bestimmungen über die Größe der Kleingärten und Gemeinschaftsflächen.

4. Bestimmungen über die Errichtung nicht-automatisch bewegter Parkeinrichtungen auf Gemeinschaftsflächen des Widmungsgebietes „Grünland – Erholungsgebiet – Kleingartengebiet für ganzjähriges Wohnen“, wobei der oberste Abschluss maximal 4 m über dem tiefsten Punkt des anschließenden Geländes liegen darf.

Anmerkung

1) Die Aufzählung ermöglicht also nicht Anordnungen i S des § 5 Abs 4 WBO.

Vorübergehende kleingärtnerische Nutzung

§ 4. (1) Die vorübergehende kleingärtnerische Nutzung ist nur im Bauland oder Verkehrsband und nur über Antrag des Magistrats auf Beschluß

des Bauausschusses der örtlich zuständigen Bezirksvertretung zulässig. Dieser Beschluß ist im Amtsblatt der Stadt Wien kundzumachen.[1)]

(2) Ein Antrag auf Beschlußfassung über die Zulässigkeit einer vorübergehenden kleingärtnerischen Nutzung darf nur gestellt werden, wenn öffentliche Rücksichten einer derartigen Nutzung nicht entgegenstehen. Öffentliche Rücksichten stehen insbesondere dann nicht entgegen, wenn für ein Verkehrsband noch kein Ausbaubeschluß vorliegt.

(3) Der Beschluß über die Zulässigkeit einer vorübergehenden kleingärtnerischen Nutzung tritt nach zehn Jahren außer Kraft. Eine Verlängerung ist zulässig; Abs. 1 und 2 gelten sinngemäß.

Anmerkung

1) Vgl auch § 23 Abs 1 KGG; dem Bauausschuss kommt hier keine Kompetenz zu.

Anforderungen an Kleingärten

§ 5. (1) Kleingärten müssen unmittelbar oder über Aufschließungswege mit einer öffentlichen Verkehrsfläche in Verbindung stehen; die Verbindung zur öffentlichen Verkehrsfläche darf auch über Grundflächen, die für die Errichtung von Gemeinschaftsanlagen zur Einstellung von Kraftfahrzeugen freizuhalten sind oder der Errichtung von baulichen Anlagen zum Einstellen von Kraftfahrzeugen vorbehalten bleiben (§ 5 Abs. 4 lit. t) oder über einen im Widmungsgebiet „Bauland – Gartensiedlungsgebiet" liegenden Aufschließungsweg erfolgen.[1)] Eine Abteilungsbewilligung auf Kleingärten ist zu versagen, wenn durch die beantragten Aufschließungswege Teile des Widmungsgebietes „Grünland – Erholungsgebiet – Kleingartengebiet" oder „Grünland – Erholungsgebiet – Kleingartengebiet für ganzjähriges Wohnen" mit öffentlichen Verkehrsflächen nicht in Verbindung gebracht werden können.[1)]

(2) Die seitlichen Grenzen von Kleingärten sollen möglichst senkrecht zur Achse der Aufschließungswege verlaufen. Kleingärten müssen eine solche Gestalt und Größe haben, daß auf ihnen Gebäude, die den gesetzlichen Anforderungen und den Bestimmungen des Bebauungsplanes entsprechen, errichtet werden können.

(3) Die Größe eines Kleingartens soll mindestens 250 m^2 betragen, sofern der Bebauungsplan nicht anderes bestimmt. In berücksichtigungswürdigen Fällen sind Abweichungen zulässig, wenn dies die zweckmäßige Aufteilung der Grundflächen erfordert und der Bebauungsplan nicht anderes vorsieht. Der Fläche des Kleingartens sind die vorgelagerten Weggrundstücke der Aufschließungswege nicht zuzurechnen.

(4) Die Breite von Kleingärten soll mindestens 10 m betragen.

(5) Die bei Kleingärten bestehende Verpflichtung zur Grundabtretung zu Verkehrsflächen gilt bei Gemeinschaftsflächen sinngemäß.

(6) Bei vorübergehender kleingärtnerischer Nutzung sind die Flächen grundsätzlich nach den Bestimmungen der Abs. 1 bis 4 zu gestalten, doch ist keine Abteilung, sondern nur eine Aufteilung der Grundflächen zulässig; eine behördliche Aufteilungsbewilligung (§ 21 der Bauordnung für Wien) ist nicht erforderlich.

(7) Bei Schaffung von Kleingärten sind die Aufschließungswege bei beiderseitiger Bebauungsmöglichkeit bis zur Achse des Weges, bei einseitiger Bebauungsmöglichkeit bis zur ganzen Breite senkrecht zur Achse und von dieser aus zu den seitlichen Grenzen des Kleingartens gemessen, gleichzeitig mit der grundbücherlichen Durchführung in selbständige Weggrundstücke zu legen, die der Einlage des angrenzenden Kleingartens zuzuschreiben sind. Bei Bruchpunkten und bei Eckbildungen erstreckt sich diese Verpflichtung auch auf die zwischen den Senkrechten gelegenen Grundflächen. Über Antrag der Eigentümer der Kleingärten ist es auch zulässig, die Weggrundstücke der Aufschließungswege in ein oder mehrere Grundstücke zu vereinigen und einer eigenen Einlage für Weggrundstücke beziehungsweise Gemeinschaftsanlagen zuzuschreiben.

(EB zur Nov 2009/25)

Zu § 5 Abs 1

In der Praxis kommt es öfters vor, dass Aufschließungswege nicht unmittelbar, sondern nur über einen im Bebauungsplan vorgesehenen Parkplatz oder einen im Gartensiedlungsgebiet bereits geschaffenen Aufschließungsweg mit der öffentlichen Verkehrsfläche verbunden sind. Die Ergänzung in Abs. 1 trägt dem Umstand Rechnung, dass es unsachlich wäre, allein aus einem solchen Grund die Bewilligung einer Grundabteilung zu verweigern.

Anmerkung

1) Eine Aufschließung durch eine Servitut ist nun nicht mehr möglich. Es fragt sich, wieso im Grünland – Kleingartengebiet über einen im Bauland – Gartensiedlungsgebiet liegenden Aufschließungsweg, also einer völlig anderen Widmungskategorie, aufgeschlossen werden kann. Denn völlig ungeregelt ist, wenn diese formale Aufschließungsmöglichkeit deswegen nicht funktioniert, weil das (angrenzende?) Gartensiedlungsgebiet von den Eigentümern der Baulose abgesperrt wird. Ein fremdes Benutzen der von den anrainenden Losinhabern zu erhaltenden Wege wird mit Sicherheit nicht geduldet werden, auch wenn die WBO betont, dass dort der öffentliche Verkehr zu dulden wäre. Die Aufschließung über Anlagen zum Einstellen von Kfz wird andererseits, wenn diese im Privatbesitz stehen, zu Besitzstörungsklagen führen.

Aufschließung von Kleingärten

§ 6. (1) Aufschließungswege sollen mindestens 1,20 m breit sein. Befahrbare Aufschließungswege müssen mindestens 3 m breit sein und bei Richtungsänderungen einen äußeren Radius von 10 m zulassen. Die Herstellung, die Erhaltung, eine etwaige Beleuchtung und die Reinigung der Aufschließungswege sowie die Herstellung und Erhaltung von Kanälen und sonstigen Einbauten obliegen den Nutzungsberechtigten der anliegenden Kleingärten und Gemeinschaftsflächen. Jeder Nutzungsberechtigte hat die hiefür erforderlichen Maßnahmen auf dem seinem Kleingarten vorgelagerten Weggrundstück (§ 5 Abs. 7) beziehungsweise künftigen Weggrundstück zu dulden.

(2) Von Baulichkeiten im „Grünland - Erholungsgebiet - Kleingartengebiet“ sowie „Grünland - Erholungsgebiet - Kleingartengebiet für ganzjähriges Wohnen“ müssen alle Schmutzwässer unterhalb der Verkehrsflächen in den Kanal geleitet werden, wenn ein einzelner Kleingarten oder eine Kleingartenanlage von einem bei der Bauführung bereits bestehenden Straßenkanal ohne Verbindung über eine andere Liegenschaft nicht mehr als 30 m entfernt ist. Liegenschaften in derselben Kleingartenanlage gelten nicht als andere Liegenschaften und werden in das Maß von 30 m nicht eingerechnet. Dieselbe Verpflichtung zur Einmündung tritt ein, wenn der Straßenkanal nach Errichtung der Baulichkeit hergestellt wird.

(3) Die Behörde kann die Einleitung der Schmutzwässer in den Straßenkanal verlangen, soweit öffentliche, insbesondere gesundheitliche Rücksichten dies erfordern und nicht schon eine Einleitungspflicht nach Abs. 2 besteht.

(4) Besteht keine Verpflichtung zur Einleitung der Schmutzwässer in einen öffentlichen Straßenkanal, sind die Schmutzwässer in einer Senkgrube zu sammeln. Sobald eine rechtmäßige Einleitung der Schmutzwässer in den Straßenkanal erfolgt, sind die bisherigen Anlagen zur Ableitung und Sammlung der Schmutzwässer aufzulassen.

(5) Kleingartenwohnhäuser müssen eine frostsichere Trinkwasserversorgung haben.

(6) Bauführungen in den Widmungsgebieten „Grünland - Erholungsgebiet - Kleingartengebiet“ oder „Grünland - Erholungsgebiet - Kleingartengebiet für ganzjähriges Wohnen“ sind von der Entrichtung des Anliegerbeitrages befreit.

Zulässige Bauführungen[1)]

§ 7. (1) In Kleingärten und auf vorübergehend kleingärtnerisch genutzten Flächen ist die Errichtung von Kleingartenhäusern und Nebengebäuden, in Kleingärten im „Grünland - Erholungsgebiet - Kleingartengebiet

für ganzjähriges Wohnen" darüber hinaus auch die Errichtung von Kleingartenwohnhäusern zulässig. Die Errichtung eines Nebengebäudes setzt nicht das Vorhandensein oder die gleichzeitige Errichtung eines Kleingartenhauses oder Kleingartenwohnhauses voraus.

(2) Die Errichtung von Gemeinschaftsanlagen ist auf den im Bebauungsplan hiefür vorgesehenen Grundflächen und auf anderen Flächen der Kleingartenanlage, mit Ausnahme der Aufschließungswege, zulässig. Als Gebäude errichtete Gemeinschaftsanlagen müssen dem § 13 Abs. 4 entsprechen. § 69 der Bauordnung für Wien ist nicht anzuwenden.

(3) Stellplätze dürfen nur in Gemeinschaftsanlagen errichtet werden. Auf anderen Flächen können Stellplätze auf Antrag des Grundeigentümers (aller Miteigentümer) vom Bauausschuss der örtlich zuständigen Bezirksvertretung mit Bescheid bewilligt werden, wenn für den Nutzungsberechtigten des Kleingartens auf Grund seiner persönlichen Verhältnisse, insbesondere einer Behinderung, das Erreichen des Kleingartens nicht anders zumutbar ist. Die Bewilligung erlischt 10 Jahre nach ihrer Erteilung. Fallen die für die Erteilung der Bewilligung maßgeblichen persönlichen Verhältnisse vor Ablauf der 10 Jahre weg, ist die Bewilligung zu widerrufen. Der Wegfall dieser persönlichen Verhältnisse ist der Behörde schriftlich zur Kenntnis zu bringen. Der Stellplatz muss über einen befahrbaren Aufschließungsweg oder direkt von der öffentlichen Verkehrsfläche mit einem mehrspurigen Kraftfahrzeug bis zu einem höchstzulässigen Gesamtgewicht von 3.500 kg erreichbar sein. Dem Antrag ist eine Stellungnahme der Bezirks-Kleingartenkommission anzuschließen. Solche Stellplätze sind auf die Stellplatzverpflichtung nicht anzurechnen.

(4) Eine Überdachung von Stellplätzen ist nur im „Grünland – Erholungsgebiet – Kleingartengebiet für ganzjähriges Wohnen" zulässig und darf nur mit höchstens 2,50 m hohen Flugdächern erfolgen.

(5) Auf Weggrundstücken dürfen keine Baulichkeiten oder Anlagen errichtet werden, die die bestimmungsgemäße Nutzung der Aufschließungswege hindern.

Anmerkung

1) § 7 wurde mit der Nov LGBl 2006/13 neu gefasst. Abs 3 erster bis dritter Satz idF LGBl 2010/47. Die Sinnhaftigkeit der Regelung durch die Nov 2010 ist wohl zu hinterfragen. Warum soll ein bestehender Stellplatz wieder beseitigt werden, wenn er bereits besteht? Gemeinschaftsanlagen sind keine öffentlichen Verkehrsflächen und können daher auch nicht enteignet werden.

Judikatur

1) Das Abstellen eines Kfz auf einem Kleingartenlos ist verboten, dürfen doch Stellplätze nur in Gemeinschaftsanlagen errichtet werden. Der Auftrag, das Abstellen zu unterlassen, ist nicht an den Pächter, sondern an den Eigentümer der Liegenschaft zu richten. Das WGG findet auch auf vom KleingartenG erfasste Flächen Anwendung. Der Auftrag wurde zu Recht auf § 129 Abs 10 BO gestützt (VwGH 4.9.2001, 2001/05/0168). – Vgl Abs 3. Nach § 8 Abs 1 letzter Satz ist anzunehmen, dass Gemeinschaftsanlagen nach § 3 WGG einer baubehördlichen Bewilligungspflicht unterliegen, also auch Gemeinschaftsanlagen für Kfz.

Baubewilligungen

§ 8. (1) Im „Grünland – Erholungsgebiet – Kleingartengebiet" und „Grünland – Erholungsgebiet – Kleingartengebiet für ganzjähriges Wohnen" sowie auf vorübergehend kleingärtnerisch genutzten Flächen ist für Neu-, Zu- und Umbauten[1)] von Kleingartenhäusern und Kleingartenwohnhäusern sowie für die Umwidmung eines Kleingartenhauses in ein Kleingartenwohnhaus nach Maßgabe der folgenden Bestimmungen eine Baubewilligung erforderlich. Alle anderen Bauführungen in Kleingärten und auf vorübergehend kleingärtnerisch genutzten Flächen bedürfen weder einer Baubewilligung noch einer Bauanzeige; das Erfordernis der Zustimmung des Grundeigentümers nach Maßgabe zivilrechtlicher Bestimmungen bleibt unberührt. Für die Errichtung von Gemeinschaftsanlagen gelten ausschließlich die Bestimmungen der Bauordnung für Wien.[2)]

(2) Bei Neu-, Zu- oder Umbauten von Kleingartenwohnhäusern sowie von Kleingartenhäusern im „Grünland – Erholungsgebiet – Kleingartengebiet" und im „Grünland – Erholungsgebiet – Kleingartengebiet für ganzjähriges Wohnen" sind der Behörde nur vorzulegen:

1. Baupläne in zweifacher Ausfertigung; die Baupläne sind von einem nach den für die Berufsausübung maßgeblichen Vorschriften hiezu Berechtigen zu verfassen und von diesem gemäß der Bestimmung des § 65 Abs. 1 Bauordnung für Wien zu unterfertigen;[1a)]

1a. Zustimmung des Eigentümers (aller Miteigentümer), wenn der Bauwerber nicht selbst Eigentümer oder nur Miteigentümer des Kleingartens ist;[1a)]

2. der Nachweis der Bewilligung des Kleingartens, wenn die erforderliche Abteilungsbewilligung noch nicht verbüchert ist;

3. bei der Errichtung von Kellergeschoßen eine statische Vorbemessung einschließlich eines Fundierungs- und Baugrubenumschließungskonzeptes oder ein Gutachten, dass bei dem Bauvorhaben aus statischen Belangen keine Gefahr für das Leben oder die Gesundheit von Menschen sowie das Eigentum zu besorgen ist; diese Unterlagen sind

von einem nach den für die Berufsausübung maßgeblichen Vorschriften berechtigten Sachverständigen für das einschlägige Fachgebiet zu erstellen.

Für das elektronische Baubewilligungsverfahren hat der Bauwerber die in Abs. 2 genannten Unterlagen in elektronischer Form über das von der Behörde im Internet bekanntgegebene Portal einzureichen. Zusätzlich muss er eine Erklärung abgeben, dass er oder sein bevollmächtigter Vertreter an der elektronischen Zustellung im Sinne des § 1b E-GovG, BGBl. I Nr. 10/2004 idF BGBl. I Nr. 104/2018, teilnimmt.[1a)]

(2a) Bei Neu-, Zu- oder Umbauten von Kleingartenwohnhäusern ist zusätzlich zu den Unterlagen gemäß Abs. 2 über Aufforderung der Behörde jeweils in elektronischer Form vorzulegen:

1. den durch einen nach den für die Berufsausübung maßgeblichen Vorschriften berechtigten Sachverständigen für das einschlägige Fachgebiet erbrachten Nachweis über den Wärme- und Schallschutz (Bauphysik) und
2. den Nachweis, dass die technische, ökologische und wirtschaftliche Einsetzbarkeit hocheffizienter alternativer Systeme berücksichtigt wird (§ 118 Abs. 3, 3a und 3e der Bauordnung für Wien),
3. einen gültigen Energieausweis (§ 118 Abs. 5 der Bauordnung für Wien) und
4. eine Erklärung über den sommerlichen Wärmeschutz.

(3) Die Baupläne haben folgende Angaben zu enthalten:

1. die Lage und Größe des Kleingartens innerhalb des Widmungsgebietes, ferner die Lage der benachbarten Liegenschaften, deren Einlagezahlen sowie die Namen und Anschriften aller ihrer Eigentümer;
2. die Lage und Größe des Gebäudes unter Angabe der Abmessungen und der Abstände zu den Kleingartengrenzen sowie der Nebengebäude, der Dachvorsprünge, der Balkone, der Lichtschächte, der Kellerabgänge und der anderen baulichen Anlagen, die der bebauten Fläche des Kleingartens zugerechnet werden;
3. den Nachweis der Einhaltung des zulässigen obersten Abschlusses des Gebäudes über dem verglichenen Gelände und der zulässigen Gesamtkubatur unter Darstellung der Gebäudehöhen im Wege der Fassadenabwicklung und der Dachform sowie der Höhenlage des anschließenden Geländes einschließlich allfälliger Geländeveränderungen;
4. die Angabe über die Art der Beseitigung der Abwässer;
5. bei Kleingartenwohnhäusern Nachweise über den Wärmeschutz und den Schallschutz;[3)]
6. den Nachweis über das Ausmaß der gärtnerisch auszugestaltenden und der unversiegelten Fläche;

7. die Leistung (kWp) der aufgrund der Bauordnung für Wien verpflichtend zu errichtenden Fotovoltaikanlagen.

(4) Nach Vorlage der vollständigen Unterlagen darf nach Anzeige des Baubeginns (§ 124 Abs. 2 der Bauordnung für Wien) mit der Bauführung begonnen werden.

(5) *entfällt*

(6) Ergibt die Prüfung der Angaben in den Bauplänen gemäß Abs. 3, dass die Bauführung unzulässig ist, hat die Behörde binnen drei Monaten ab tatsächlicher Vorlage der vollständigen Unterlagen die Bauführung mit schriftlichem Bescheid unter Anschluss einer Ausfertigung der Baupläne[1a] zu untersagen. Wird die Bauführung untersagt, ist sie einzustellen.

(7) Untersagungsbescheide gemäß Abs. 6 gelten auch dann als rechtzeitig zugestellt, wenn sie der Behörde wegen Unzustellbarkeit zurückgestellt werden.[4]

(8) Nachbarn (§ 134 Abs. 3 der Bauordnung für Wien) können ab Einreichung des Bauvorhabens bei der Behörde Akteneinsicht (§ 17 AVG) nehmen und bis längstens drei Monate nach dem Baubeginn (Abs. 4) Einwendungen im Sinne des § 134a der Bauordnung für Wien vorbringen und damit beantragen, dass die Baubewilligung versagt wird. Vom Zeitpunkt der Erhebung solcher Einwendungen an sind die Nachbarn Parteien. Eine spätere Erlangung der Parteistellung (§ 134 Abs. 4 der Bauordnung für Wien) ist ausgeschlossen. Bei nachträglichen Baubewilligungen hat der Bauwerber die Nachbarn von der Einreichung des Bauvorhabens bei der Behörde nachweislich in Kenntnis zu setzen; dieser Nachweis ist den Einreichunterlagen anzuschließen. Der Lauf der Frist für die Einwendungen beginnt in diesem Fall mit dem Tag, an dem die Nachbarn von der Einreichung des Bauvorhabens nachweislich Kenntnis erhalten haben.[4]

(9) Die Versagung der Baubewilligung hat mit schriftlichem Bescheid unter Anschluß einer Ausfertigung der Baupläne[1a] zu erfolgen. Wird die Baubewilligung versagt, ist die Bauführung einzustellen.

(10) Erfolgt keine rechtskräftige Untersagung der Bauführung oder Versagung der Baubewilligung oder erlangen die Nachbarn keine Parteistellung gemäß Abs. 8, gilt das Bauvorhaben hinsichtlich der Angaben in den Bauplänen gemäß Abs. 3 als gemäß § 70 der Bauordnung für Wien bewilligt; § 70a Abs. 11 der Bauordnung für Wien gilt sinngemäß. Maßgebend für die Beurteilung des Bauvorhabens ist die Rechtslage im Zeitpunkt der Vorlage der vollständigen Unterlagen.

(11) Liegt ein bewilligter Kleingarten nicht vor, sind die Abs. 1 bis 10 sinngemäß anzuwenden, wobei aber die Bewilligung nur als gemäß § 71 der Bauordnung für Wien erteilt gilt.

(12) § 69 der Bauordnung für Wien ist nicht anzuwenden.

(13) Die Einreichung von Unterlagen wird unwirksam, wenn binnen zwei Jahren ab vollständiger Vorlage bei der Behörde mit der Bauführung nicht begonnen oder der Bau nicht innerhalb zweier Jahre nach Baubeginn vollendet wird.

(EB zur Nov LGBl 2001/91)

Die Neufassung des Abs 3 Z 4 erfolgt in Analogie zu § 64 Abs 1 lit g der Bauordnung für Wien in der Fassung der Stadtplanungsnovelle.

Auf Grund der Erleichterungen des Wiener Kleingartengesetzes 1996 ist der Umfang eines nach diesem Gesetz bewilligungspflichtigen Bauvorhabens relativ gering. Es erscheint daher entbehrlich, eine zu § 70a Abs 3 der Bauordnung für Wien (Art I Z 6) analoge Regelung hinsichtlich der Prüfungsbefugnis der Behörde zu treffen, weshalb Abs 5 entfallen kann.

Die behördliche Prüfung eines eingereichten Bauvorhabens erfolgt auf der Basis der in den Bauplänen gemäß Abs 3 enthaltenen Angaben; dies wird in Abs 6 klargestellt.

Durch die Neufassung des Abs 8 wird der Gleichklang mit § 70a Abs 8 der Bauordnung für Wien hinsichtlich der Gewährung der Akteneinsicht für die Nachbarn hergestellt.

Da sich in Folge der räumlichen Begrenztheit einer Kleingartenanlage eine Bauführungstätigkeit nicht verbergen lässt und daher stets von allen Nachbarn wahrgenommen wird, ist die Aufstellung einer Tafel mit dem Inhalt des § 70a Abs 7 der Bauordnung für Wien nicht erforderlich. Im Falle der Einreichung eines Bauvorhabens zwecks Erlangung einer nachträglichen Baubewilligung hat der Bauwerber hingegen die Nachbarn hievon ausdrücklich in Kenntnis zu setzen und dies der Behörde nachzuweisen.

Abs 10 wird im Hinblick auf den Entfall des Abs 5 und die Neufassung des Abs 6 adaptiert.

(EB zur Nov LGBl 2009/25)

Nach dem geltenden Abs. 11 erlischt im Falle der Schaffung eines Kleingartens die Bewilligung gemäß § 71 der Bauordnung für Wien und ist gemäß Abs. 1 eine nachträgliche Baubewilligung zu erwirken. Da dies eine unangemessene Härte darstellt, wird die Bestimmung dahingehend geändert, dass die Bewilligung gemäß § 71 der Bauordnung für Wien weiterhin gilt.

(EB zur BO-Nov 2023, LGBl 2023/37 vom 13.12.2023)

Mit der Änderung in Abs. 2a wird im Gesetz klargestellt, dass auch für Kleingartenwohnhäuser ein Energieausweis den Einreichunterlagen bzw. Bauplänen anzuschließen ist. In der Vollzugspraxis war bereits jetzt auf Grundlage der Bestimmungen der Bauordnung für Wien ein Energieausweis vorzulegen.

Die Ergänzungen in Abs. 3 Z 2 dienen der näheren Ausgestaltung und Konkretisierung von Bauführungen im Kleingarten.

Anmerkungen

1) Der Ausbau des Dachgeschoßes für Wohnzwecke gilt nicht als Umbau (§ 60 Abs 1 lit a BO).

1a) Durch Nov LGBl 2020/61 wurden Abs 2 Z 1 neu gefasst, Abs 2 Z 1a eingefügt, in Abs 2 zwei Sätze angefügt, in Abs 6 und 9 die Wortfolge „der Unterlagen" durch „der Baupläne" ersetzt; in Kraft mit 1.2.2021.

2) Vgl auch Anm und Jud zu § 7.

3) Bei Kleingartenwohnhäusern genügt also nicht die Einhaltung bestimmter Wärmedurchgangskoeffizienten (sog „U-Werte"). Vgl auch § 118 BO und § 15 Abs 3 WKlG. Mit der Nov LGBl 2014/25 wurden die Anforderungen an den Schallschutz angefügt.

4) Es bestehen Zweifel, ob hier von den Bestimmungen des Zustellgesetzes zulässigerweise abgewichen wird.

Judikatur

1) Ermöglicht das neue Kleingartengesetz gegenüber der früheren gesetzlichen Regelung eine umfangreiche Bebauung und eine größere Bauhöhe, so werden Nachbarn nicht in ihren Rechten beeinträchtigt, wenn ein (noch nicht angepasster) Bebauungsplan geringere Möglichkeiten der Bebauung zuläßt.

Gegenstand des jeweiligen Baubewilligungsverfahrens ist der Antrag auf Bewilligung zur Errichtung eines Kleingartenhauses, also einer Baulichkeit im Sinne des § 2 Abs 13 (jetzt: Abs 7) WKG. Der Bebauungsplan, auf den § 8 Abs 1 WKG verweist, enthält diesen Begriff nicht, sondern beschränkt die Bebaubarkeit dahingehend, daß die Bebauungsgröße „für Sommerhütten" mit 25 m^2 festgelegt wurde.

Die Bauwerber haben allerdings kein Bauansuchen für die Errichtung einer Sommerhütte, sondern ein solches für die Errichtung eines Kleingartenhauses gestellt. Es lassen sich die Begriffe „Sommerhütte" aus der Kleingartenverordnung 1936 und aus dem Kleingartengesetz 1959 nicht mit dem Begriff „Kleingartenhaus" des WKG gleichsetzen: Definitionsgemäß war eine Sommerhütte, wie auch schon dem Wortlaut zu entnehmen war, ein Gebäude, das nur vom 15. April bis 15. Oktober bewohnt werden durfte; das Kleingartengesetz 1959 sah auch noch eine „Leichtbauweise" vor. Derartige Beschränkungen sind dem WKG fremd; nunmehr gilt für Kleingartenhäuser nur die Einschränkung, daß sie nicht der Befriedigung eines ständigen Wohnbedürfnisses dienen dürfen.

Das gegenständliche Plandokument betrifft somit einen Gebäudetyp, dessen Errichtung nicht begehrt wird, und der vom im Beschwerdefall anzuwendenden Kleingartengesetz auch nicht erfasst ist.

Es bedarf hier keiner Auseinandersetzung mit der so genannten „Herzog-Mantel-Theorie“, wonach eine Durchführungsverordnung zur Gänze wie auch hinsichtlich einzelner ihrer Bestimmungen mit dem Gesetz steht und fällt, das ihrer Erlassung im Sinne des Art 18 Abs 2 B-VG die gesetzliche Grundlage geboten hat (*Aichlreiter*, Österreichisches Verordnungsrecht/2, 1159 f), weil die Frage, ob das Plandokument Nr 2454 insgesamt noch in Geltung steht, nicht beantwortet werden muß. Die Verordnung regelt das Ausmaß der Bebaubarkeit von Kleingartenhäusern überhaupt nicht. Daher kann – letztlich auch im Sinne der Baufreiheit – die vom Gesetz eröffnete Möglichkeit, Kleingartenhäuser mit einer Grundfläche von 35 m² zu errichten, durch einen die Größe von Sommerhütten regelnden Bebauungsplan nicht beschränkt werden.

Im Hinblick auf die von den Bfrn (Nachbarn) herangezogene Bemessungsgrundlage erachten sie auch das Ausmaß der Terrasse bzw der überdachten Terrasse als überhöht; gemäß § 10 Abs 2 (jetzt: § 16 Abs 2) WKG darf dieses Ausmaß zwei Drittel der bebauten Fläche betragen. Da mit dem Kleingartenhaus rechtens 35 m² bebaut werden dürfen, können die Terrassen 23,3 m² ausmachen; dieses Ausmaß wird aber ebenso eingehalten wie die im § 10 Abs 2 WKG enthaltene Beschränkung für überdachte Terrassen (8,75 m²) (VwGH 16.9.1997, 94/05/0081, 0082, BauSlg 191).

2a) Entscheidend für die Beurteilung der Frage, ob hier eine bewilligungspflichtige Ausführung ohne Bewilligung erfolgte, ist daher, ob ein Zubau eines Kleingartenwohnhauses oder eine andere Bauführung vorliegt. Ein „Zubau“ ist eine Vergrößerung eines Gebäudes in waagrechter oder lotrechter Richtung, ausgenommen die Errichtung von Dachgauben (§ 60 Abs 1 lit a sechster Satz BO).

2b) Die Beschwerdeführerin fordert die Anwendung des § 62a Abs 1 Z 5 BO.

Diese Bestimmung lautet:

„§ 62a

(1) Bei Bauführungen, die folgende Anlagen betreffen, ist weder eine Baubewilligung noch eine Anzeige erforderlich: …

5. Gartenhäuschen, Lauben, Saletteln, Geräte- und Werkzeughütten und dergleichen mit einer Grundfläche von höchstens 12 m² und einer Gebäudehöhe beziehungsweise lotrecht zur bebauten Fläche gemessenen Höhe von höchstens 2,50 m im Bauland, auf Grundflächen für Badehütten und im Erholungsgebiet – Sport- und Spielplätze;“

Dabei verkennt die Beschwerdeführerin, dass diese Bestimmung bei der hier gegebenen Widmung keine Anwendung findet, zumal sich die Bewilligungsfreiheit der dort genannten Bauten ohnehin aus § 8 Abs 1 KleingartenG ergibt (siehe *Geuder/Hauer*, Wiener Bauvorschriften[5], 445). Der Umstand, dass diese Fassung des § 62a Abs 1 Z 5 BO, die auch den Inhalt der bisherigen Z 15 erfasste, erst durch die Novelle LGBl Nr 36/2001 geschaffen wurde und hier nicht ausdrücklich festgestellt wurde, wann der gegenständliche Zubau geschaffen wurde, ist deshalb ohne Belang, weil ein Zubau zu einem Kleingartenwohnhaus auch nach früherer Rechtslage bewilligungspflichtig war (siehe § 8 KleingartenG in der Stammfassung LGBl Nr 57/1996).

Damit spielt die Frage, ob der Zubau eine größere oder eine kleinere Fläche als 12 m^2 einnimmt, keine Rolle. Er wurde bewilligungslos ausgeführt, obwohl dafür eine Bewilligung erforderlich ist, weshalb die Behörden gemäß § 129 Abs 10 BO zu Recht mit einem Beseitigungsauftrag vorgegangen sind (VwGH 17.3.2006, 2004/05/0024).

3a) Wie sich aus § 8 Abs. 1 WKGG ergibt, unterliegt die Errichtung einer Stützmauer in einem Kleingarten keiner Bewilligungspflicht.

3b) Allerdings hat der Verwaltungsgerichtshof in seinem Erkenntnis vom 7. November 1995, Zl 95/05/0227, ausgeführt, dass eine nach § 86 BO zulässige Einfriedung nicht deshalb unzulässig sein kann, weil sie auch eine Stützmauer ist und als solche die unbedingt erforderlichen Ausmaße überschreiten würde. Verläuft eine nach § 79 Abs 6 BO zulässige Stützmauer (zum Teil) an der Grundgrenze, sind in diesem Bereich für die Bewilligungsfähigkeit einzig die Kriterien des § 86 BO heranzuziehen. Die Qualifikation als Einfriedung bedeutet aber, dass, ausgehend von der Höhenberechnung des § 86 Abs 2 BO die Voraussetzungen nach § 16 Abs 3 und 4 WKGG zu prüfen gewesen wären, nicht hingegen jene des § 86 Abs 2 BO.

3c) Die belangte Behörde hat aber eine Vorschriftswidrigkeit im Sinne des § 129 Abs 10 BO auch anhand des § 15 Abs 1 WKGG festgestellt. Nach dem letzten Satz dieser Bestimmung sind Baulichkeiten der bestehenden Höhenlage anzupassen. Die hier vorgenommene Geländeveränderung konnte wohl nur nach Errichtung der Stützmauer geschaffen worden sein; die Mauer hat sich somit nicht dem zuvor vorhandenen Gelände angepasst. Allein aus diesem Grund ist die Mauer unzulässig, sodass es nicht darauf ankommt, ob sie auch den Anforderungen des § 15 Abs 1 erster Satz WKGG entsprach.

3d) Die belangte Behörde stellt die Absicht der (noch nicht vollendeten) Bauführung zur Herstellung einer Anlage für die Solarnutzung nicht in Abrede. Eine solche Anlage ist im Kleingartengesetz zwar nicht ausdrücklich genannt; § 16 Abs 2 WKGG betrifft aber auch „befestigte Flächen", deren Erforderlichkeit für die kleingärtnerische Nutzung verlangt wird. Dass diese Anforderung nicht erfüllt ist, hat die belangte Behörde – in Anbetracht der Dimension – in nicht unschlüssiger Weise festgestellt; allein mit dem Vorbringen in der Beschwerde, mit der Anlage werde der Gedanke der kleingärtnerischen Nutzung dem heutigen ökologischen Standard angepasst, kann die Erfüllung dieser Anforderung nicht plausibel gemacht werden.

3e) Das Wasserreservoir muss aufgrund der getroffenen Feststellungen als Gebäude qualifiziert werden, welches – trotz begrünter Dachfläche – an zwei Seiten nach außen in Erscheinung tritt. Gemäß § 7 Abs 1 WKGG ist die Errichtung von Nebengebäuden zulässig; Nebengebäude sind gemäß § 2 Abs 9 WKGG Gebäude ohne Aufenthaltsräume von höchstens 5 m^2 bebauter Grundfläche. Größere Nebengebäude sind somit unzulässig (VwGH 12.10.2007, 2005/05/0127).

4) Gemäß § 79 Abs 6 BO sind in Vorgärten, Abstandsflächen und auf sonstigen gärtnerisch auszugestaltenden Flächen befestigte Wege und Zufahrten, Stützmauern, Stufenanlagen, Rampen uÄ nur im unbedingt erforderlichen Ausmaß zulässig. Dabei geht es nicht um Unmöglichkeit im Sinne von technischer Undurchführbarkeit, sondern um eine vernünftige wirtschaftliche Wertung, auch unter Einbeziehung der Interessen der Nachbarn (vgl das hg Erkenntnis vom 26. Juni 1990, Zl 88/05/0109). Unbedingte Erforderlichkeit liegt dann nicht vor, wenn die Anlage nur für die Errichtung eines anderen, aber unzulässigen Baues notwendig ist (vgl das hg Erkenntnis vom 20. Juli 2004, Zl 2003/05/0215). Die unbedingte Erforderlichkeit muss für die Möglichkeit einer widmungskonformen Nutzung der Liegenschaft oder zulässiger Baulichkeiten auf dieser Liegenschaft gegeben sein (vgl das hg Erkenntnis vom 20. September 2005, Zl 2003/05/0193).

Voraussetzung für die Heranziehung des § 79 Abs 6 BO – und somit nunmehr auch des § 16 Abs 2 erster Satz KGG – ist, dass eine für sich zulässige Baulichkeit errichtet wird bzw vorhanden ist, mit der die flankierenden Maßnahmen im Sinne der genannten Bestimmungen im Zusammenhang stehen. Die Regelung bedeutet aber nicht, dass ein insbesondere auf Grund seiner eigenen Dimension oder Situierung unzulässiger Bau durch solche flankierenden Maßnahmen zulässig gemacht werden könnte. Im Ergebnis führt dies auch im Hinblick auf § 16 Abs 2 KGG idF der Novelle LGBl Nr 13/2006 dazu, dass die hier gegenständlichen Geländeveränderungen nicht zulässig sind, da sie nicht unbedingt erforderlich sind, um einen zulässigen Bau nutzen zu können, sondern die Zulässigkeit des Baues erst herbeiführen würden (VwGH 15.3.2011, 2008/05/0024).

5) Der belangten Behörde ist Recht zu geben, dass dann, wenn die erste Instanz nicht nach § 71b entschieden hat, sondern nur nach § 70 der Bauordnung für Wien (hier iVm § 8 KGG), die Berufungsbehörde nicht nach § 71b BO absprechen darf, da sie damit über eine andere Sache entschiede (vgl die bei *Moritz*, Bauordnung für Wien, 4. Auflage, S 373 zitierte Judikatur des Verfassungsgerichtshofes). Wurde allerdings eine Baubewilligung vom Magistrat gemäß § 70 (oder auch gemäß § 71) (hier: iVm § 8 KGG) verweigert, besteht aber eine Bewilligungsmöglichkeit nach § 71b BO, ist der erstinstanzliche Bescheid zu beheben, um der zuständigen Behörde (Bauausschuss der örtlich zuständigen Bezirksvertretung) eine Bescheiderlassung zu ermöglichen (vgl die bei *Moritz*, aaO, S 373 zitierte hg Rechtsprechung).

Die belangte Behörde hätte sich daher in der Sache mit dem Vorbringen des Beschwerdeführers betreffend eine Sonderbaubewilligung gemäß § 71b BO, das schon bei der Einreichung und in der Berufung durch Unterlagen untermauert wurde, auseinandersetzen müssen und gegebenenfalls den erstinstanzlichen Bescheid aufheben müssen. Indem sich die belangte Behörde lediglich darauf stützte, dass die erstinstanzliche Entscheidung nicht eine solche des Bauausschusses gemäß § 71b BO gewesen ist, und mit dieser Begründung die Berufung abwies, verkannte sie die Rechtslage (VwGH 27.2.2013, 2011/05/0001).

Überprüfungen während der Bauführung

§ 9. (1) Der Bauwerber und der Bauführer sind verpflichtet, auf der Baustelle die genehmigten Baupläne sowie die nach dem Fortschritt des Baues erforderlichen statischen Unterlagen aufzulegen. Eine Bestellung eines Prüfingenieurs ist nicht erforderlich.

(2) Die Behörde ist berechtigt, die Unterlagen auf Vollständigkeit und Schlüssigkeit zu überprüfen. Diese Überprüfung schafft nicht die Vermutung, dass die Unterlagen vollständig und richtig sind. Die Behörde kann aus technischen oder organisatorischen Gründen im elektronischen Bewilligungsverfahren bis zur Erstattung der Fertigstellungsanzeige die Vorlage von Unterlagen in Papier verlangen.[1)]

Anmerkung

1) Durch Nov LGBl 2020/61 neu gefasst; in Kraft mit 1.2.2021.

Baueinstellung

§ 10. Die Bauführung ist einzustellen, wenn der Bau entgegen den Bestimmungen des § 8 ausgeführt wird. Im übrigen gilt § 127 Abs. 8 der Bauordnung für Wien sinngemäß.

Fertigstellung von Bauwerken

§ 11. (1) Nach Fertigstellung von Neu-, Zu- oder Umbauten von Kleingartenhäusern und Kleingartenwohnhäusern ist der Behörde vom Bauwerber oder von einem Eigentümer der Baulichkeit eine Fertigstellungsanzeige unter Vorlage einer Erklärung des Bauführers, dass der Bau entsprechend der Baubewilligung und den Bauvorschriften ausgeführt worden ist, sowie eines positiven Gutachtens über den Kanal oder die Senkgrube und über die vorhandenen Abgasfänge zu erstatten. Vor Erstattung der Fertigstellungsanzeige darf das Kleingartenhaus oder das Kleingartenwohnhaus nicht benützt werden.

(2) Bei sonstigen Bauvorhaben in Kleingärten und auf vorübergehend kleingärtnerisch genutzten Flächen ist eine Fertigstellungsanzeige nicht erforderlich.

(3) Die Fertigstellung von Hauskanälen oder Senkgruben ist, sofern nicht Abs. 1 zur Anwendung kommt, der Behörde vom Bauwerber, vom Eigentümer (einem Miteigentümer) der Baulichkeit oder vom Grundeigentümer (einem Grundmiteigentümer) schriftlich zu melden. Dieser Meldung ist eine Erklärung des Bauführers anzuschließen, dass der Kanal oder die Senkgrube entsprechend den Bauvorschriften ausgeführt worden ist.

Ausnützbarkeit des Kleingartens

§ 12. (1) Das Ausmaß der bebauten Fläche gemäß § 80 Abs. 1 der Bauordnung für Wien darf im „Grünland – Erholungsgebiet – Kleingartengebiet" nicht mehr als 35 m², im „Grünland – Erholungsgebiet – Kleingartengebiet für ganzjähriges Wohnen" nicht mehr als 50 m² betragen. Die bebaute Fläche darf 25 vH der Fläche des Kleingartens nicht überschreiten.

(2) Auf vorübergehend kleingärtnerisch genutzten Flächen darf die bebaute Fläche nicht mehr als 16 m² betragen.

(3) Nebengebäude sind in die bebaute Fläche einzurechnen.

(4) Zur Unterbringung von Fahrrädern, Gartengeräten u. dgl. ist zusätzlich ein freistehendes, fensterloses, nicht unterkellertes Nebengebäude zulässig, dessen Bodenfläche 5 m² und dessen oberster Abschluß 2,20 m nicht übersteigen darf; dieses Nebengebäude ist in die bebaute Fläche nicht einzurechnen.

(5)[1] Vordächer und Dachvorsprünge bis zu einer Ausladung von höchstens 70 cm, Lichtschächte in der Größe der unmittelbar vorhandenen Fensteröffnungen und höchstens 1,0 m vor die Kelleraußenwand ragend, Balkone bis zu einer Ausladung von höchstens 1,20 m und Kellerabgänge bis zu einer Breite von höchstens 1,20 m werden der bebauten Fläche des Kleingartens nicht zugerechnet; Überdachungen von Kellerabgängen sind bis zu einer Ausladung von höchstens 1,20 m sowie auf einer Fläche von bis zu 7 m² zulässig und werden der bebauten Fläche des Kleingartens dann nicht zugerechnet, wenn sie höchstens zur Hälfte ihres Umfanges von Wänden umschlossen sind. Werden diese Maße überschritten, sind diese Bauteile im Ausmaß der Überschreitung der bebauten Fläche des Kleingartens zuzurechnen. Erker sind der bebauten Fläche zuzurechnen.

Anmerkung

1) Abs 5 wurde durch die BO-Nov 2023, LGBl 2023/37, neu gefasst und soll einer näheren Konkretisierung von Bestimmungen dienen, die in der Vollzugspraxis immer wieder klärungsbedürftig werden.

Gebäudegröße

§ 13. (1) Kleingartenhäuser dürfen eine Gesamtkubatur von höchstens 160 m³ über dem anschließenden Gelände haben, wobei der oberste Abschluß des Kleingartenhauses nicht mehr als 5 m über dem verglichenen Gelände liegen darf.

(2) Kleingartenwohnhäuser dürfen eine Gesamtkubatur von höchstens 265 m³ über dem anschließenden Gelände haben, wobei der oberste Abschluß des Kleingartenwohnhauses nicht mehr als 5,50 m über dem verglichenen Gelände liegen darf.

(3) Kleingartenhäuser auf vorübergehend kleingärtnerisch genutzten Flächen dürfen eine Gesamtkubatur von höchstens 50 m³ über dem anschließenden Gelände haben, wobei der oberste Abschluß des Kleingartenhauses nicht mehr als 4,20 m über dem verglichenen Gelände liegen darf.

(4) Bei Gebäuden auf Gemeinschaftsflächen darf die Summe der Flächeninhalte aller Gebäudefronten nicht größer als das Produkt aus der Summe der Längen aller Gebäudefronten und der zulässigen Gebäudehöhe von 5,50 m sein; hiebei darf die Gebäudehöhe an keiner Stelle mehr als 7,50 m über dem tiefsten Punkt des anschließenden Geländes liegen. Der oberste Abschluß der Gemeinschaftsanlagen darf nicht höher als 1,50 m über der tatsächlichen Gebäudehöhe liegen.

Judikatur

1) Eine Verletzung des Nachbarrechtes auf Einhaltung der Gebäudehöhe läge auch bei einer Überschreitung von zulässigen Geländeveränderungen nur dann nicht vor, wenn auf den dem Grundstück der Beschwerdeführerin zugewandten Seiten die Geländeanschüttungen nur im unbedingt erforderlichen Ausmaß vorgenommen werden sollen und der obersten Abschluss des Kleingartenwohnhauses nicht mehr als 5,50 m über dem – an diesen Seiten – verglichenen Gelände liegen sollte (vgl. das hg. Erkenntnis vom 20. Oktober 2009, Zl. 2007/05/0148) (VwGH 11.5.2010, 2009/05/0036).

2) Im Hinblick darauf, dass sowohl die Bemessung der Gesamtkubatur als auch die Berechnung des obersten Abschlusses des Kleingartenwohnhauses (vgl § 13 Abs 2 KlGG) von der (allenfalls erst zu schaffenden) Geländehöhe abhängen, kann eine Verletzung dieses Nachbarrechtes auch dann vorliegen, wenn unzulässige Geländeveränderungen vorgenommen worden (bzw geplant) sind. Der Verwaltungsgerichtshof hat in seinem Erkenntnis vom 15. März 2011, Zl 2008/05/0024 – in Bezug auf ein Bauansuchen für ein Kleingartenwohnhaus und auf die Frage der Berücksichtigung von Geländeveränderungen nach dem KlGG idF nach Inkrafttreten der Novelle LGBl Nr 13/2006 – ausgeführt, dass Geländeveränderungen dann nicht zulässig sind bzw der Beurteilung der Zulässigkeit eines Kleingartenwohnhauses nicht zugrunde zu legen sind, wenn diese Geländeveränderungen erst die Zulässigkeit eines auf Grund seiner Dimension oder Situierung ansonsten unzulässigen Baues herbeiführen würden (VwGH 28.2.2012, 2009/05/0318).

Abstände

§ 14. **(1) Kleingartenhäuser und Kleingartenwohnhäuser haben, soweit im Bebauungsplan durch Baufluchtlinien nicht anderes festgesetzt ist, von öffentlichen Verkehrsflächen einen Abstand von mindestens 2 m einzuhalten.**

(2) Kleingartenhäuser und Kleingartenwohnhäuser haben, soweit im Bebauungsplan durch Baufluchtlinien nicht anderes festgesetzt ist, von der Achse befahrbarer Aufschließungswege einen Abstand von mindestens 3,50 m, von der Achse sonstiger Aufschließungswege einen Abstand von mindestens 2,50 m einzuhalten. Ist der Aufschließungsweg breiter als 3 m, hat der Abstand vom Aufschließungsweg mindestens 1 m zu betragen.

(3) Gebäude dürfen nur an eine Nachbargrenze angebaut werden. Wird das Gebäude nicht unmittelbar an eine Nachbargrenze angebaut, muss es von dieser einen Abstand von mindestens 2 m einhalten. Für das Anbauen eines Gebäudes an eine Nachbargrenze bedarf es nicht der Zustimmung des Nachbarn, wenn das Gebäude bis zu einem Abstand von 2 m von der Nachbargrenze eine Höhe von 3 m nicht überschreitet. Für den Nachbarn ergibt sich daraus keine Verpflichtung zum Anbauen. Beträgt die Breite eines Kleingartens oder einer vorübergehend kleingärtnerisch genutzten Fläche weniger als 10 m, darf das Gebäude unbeschadet des § 13 Abs. 1 bis 3 auch ohne Zustimmung des Nachbarn in der vollen Gebäudehöhe entweder unmittelbar an eine Nachbargrenze angebaut werden oder muss einen Abstand von mindestens 1 m einhalten. Nebengebäude dürfen auf dem Kleingarten frei angeordnet werden.

Gestaltung der Baulichkeiten

§ 15. **(1) Das Äußere von Baulichkeiten in Kleingärten und auf Gemeinschaftsflächen muß nach Bauform, Baustoff und Farbe so beschaffen sein, daß dadurch der Charakter des kleingärtnerisch genutzten Gebietes nicht beeinträchtigt wird. Baustoffe zur Abdichtung, wie Dachpappe und ähnliches, dürfen äußerlich nicht in Erscheinung treten. Balkone dürfen nur an einer Front des Kleingartenhauses oder des Kleingartenwohnhauses errichtet werden. Darüber hinaus sind Baulichkeiten der bestehenden Höhenlage möglichst anzupassen.**

(2) Kleingartenhäuser, Kleingartenwohnhäuser, Nebengebäude und Gebäude auf Gemeinschaftsflächen dürfen, wenn sie an Nachbargrenzen angebaut werden, an diesen keine Öffnungen aufweisen. Diese Wände sind,

mit Ausnahme jener von Nebengebäuden, zumindest feuerhemmend herzustellen.

(3) Kleingartenhäuser und Gebäude auf Gemeinschaftsflächen müssen den Erfordernissen der Bauordnung für Wien hinsichtlich des Wärmeschutzes nach § 118 Abs. 1 der Bauordnung für Wien und des Schallschutzes nicht entsprechen. Kleingartenhäuser und Kleingartenwohnhäuser müssen unbeschadet des Abs. 2 den Erfordernissen des Brandschutzes nicht entsprechen.[1)]

(4) Dachkonstruktionen dürfen auf Holzdecken abgestützt werden. Die oberste Decke muß das bei Bränden auffallende Dachgehölz und Mauerwerk nicht tragen. Die Dachhaut muß gegen Flammeneinwirkung (Flugfeuer, Wärmestrahlung und ähnliches) ausreichend widerstandsfähig sein; dies gilt nicht bei Nebengebäuden.

(5) Auf Kleingartenhäuser und Kleingartenwohnhäuser sind die Bestimmungen der Bauordnung für Wien über

1. die lichte Höhe von Räumen,
2. die Breite und Höhe der nutzbaren Durchgangslichte von Türen,
3. die lichte Durchgangsbreite von Gängen,
4. die Ausmaße und die lichte Durchgangshöhe von Treppen sowie
5. die Ausmaße und die Ausführung der Stufen

nicht anzuwenden. Für Fenster, die gegen Nachbargrenzen gerichtet sind, gilt der gesetzliche Lichteinfall als gewährleistet.

(6) Keller von Kleingartenhäusern und Kleingartenwohnhäusern dürfen sich über das Kleingartenhaus und das Kleingartenwohnhaus hinaus auch unter die mit diesem verbundene Terrasse erstrecken. Sofern sie im Bereich der Terrasse geländebedingt über das anschließende Gelände ragen und die Terrasse beim Anschluss an das Kleingartenhaus oder Kleingartenwohnhaus an keiner Stelle mehr als 10 cm über dem anschließenden Gelände liegt, sind sie nicht auf die bebaute Fläche und die Gesamtkubatur anzurechnen.

(7) Die Errichtung von Abgasanlagen für feste oder flüssige Brennstoffe ist verboten; Abgasanlagen für gasförmige Brennstoffe sind zulässig. Gasfeuerstätten mit einer Frischluftzufuhr und Abgasabfuhr durch die Außenwand (Außenwand-Gasfeuerstätten) sind nach Maßgabe des Wiener Gasgesetzes zulässig.[2)]

(8) Kleingartenhäuser und Kleingartenwohnhäuser haben eine Toilette zu enthalten, die auch von außen zugänglich sein kann.

(9) Senkgruben müssen einen Fassungsraum von mindestens 3 m^3, bei Kleingartenwohnhäusern von mindestens 6 m^3, haben und dürfen auch an

Nachbargrenzen errichtet werden. Sie dürfen vom Aufstellplatz für Räumfahrzeuge nicht weiter als 35 m entfernt sein. Ortsfeste Saugleitungen sind in diese Entfernung nicht einzurechnen.

(10) *entfällt*[3)]

Anmerkungen

1) Die Regelung über den höchstzulässigen Wärmedurchgangskoeffizienten U für Außenwände, oberste Decken, Dachkonstruktionen und erdberührte Fußböden entfiel mit der Nov LGBl 2008/24 mit der Begründung (EB) einer zukünftigen Regelung in den Richtlinien des OIB. Mit Nov LGBl 2014/25 müssen Kleingartenwohnhäuser auch den Anforderungen bzgl Schallschutz entsprechen.

2) Das Verbot von Rauchfängen ist – nicht nur in Kleingartengebieten für ganzjähriges Wohnen – nicht mehr zeitgemäß. Es hatte – historisch gesehen (vgl hiezu § 15 Kleingartengesetz 1959) – die Überlegung zugrunde, das Bewohnen nur vom 15. 4. bis 15. 10. jedes Jahres zuzulassen (§ 9 Kleingartengesetz 1959), und sollte auf diese Weise erzwungen werden. Mit der gleichen Überlegung müsste heutzutage – da ein sachlicher Unterschied nicht besteht – ein generelles Rauchfangverbot für Wien (aus Umweltschutzgründen) ausgesprochen werden. Dass auch Kleingartengebiete für ganzjähriges Wohnen von diesem (überholten) Verbot erfasst werden, die strukturell aber gleichartigen Gartensiedlungsgebiete nicht, lässt diese Regelung nach dem Gleichheitssatz verfassungsrechtlich bedenklich erscheinen.

3) Abs 10 entfiel mit der Nov LGBl 2009/25. Gleichzeitig wurden in Abs 5 die Worte „notwendige Stiegen" durch „Haupttreppen" ersetzt, Abs 7 erster und zweiter Satz geändert und Abs 8 neu gefasst.

Judikatur

1a) Wie die Beschwerdeführer richtig ausführen, werden in § 15 Abs 2 KGG und § 101 Abs 1 BO die brandschutztechnischen Anforderungen an Wände, die an Nachbargrenzen angebaut werden, unterschiedlich definiert. Nach § 15 Abs 2 KGG müssen solche (Außen-)Wände lediglich „feuerhemmend" ausgeführt werden. Hingegen schreibt § 101 Abs 1 BO „feuerbeständige Feuermauern" vor, die in allen für die Tragfähigkeit und den Brandschutz wesentlichen Bestandteilen aus nicht brennbaren Baustoffen bestehen müssen. Auf Grund der unterschiedlichen Anforderungen ergibt sich aber, dass die Außenwände der gegenständlichen Kleingartenhäuser keine Feuermauern im Sinne des § 101 Abs 1 BO sind. Schon deshalb kann die von den Beschwerdeführern geforderte Ausnahmebestimmung für Feuermauern nach § 101 Abs 3 BO nicht zur Anwendung gelangen.

1b) Der Verwaltungsgerichtshof hat auch keine Bedenken einer Gleichheitswidrigkeit bzw Unsachlichkeit, wenn durch § 15 Abs 2 KGG eine Herstellung von Öffnungen in der Außenwand von Kleingartenhäusern an der Nachbargrenze ausnahmslos untersagt wird. Es liegt im Gestaltungsspielraum des Gesetzgebers, ein absolutes Öffnungsverbot von derartigen Außenwänden zu schaffen, zumal das Ziel, auf vorwiegend gärtnerisch genutzten Flächen - wie im vorliegenden Fall auf Flächen mit der Widmung „Grünland-Erholungsgebiet-Kleingartengebiet" - das Ausmaß der bebauten Fläche (vgl §§ 12 Abs. 1 und 13 Abs. 1 KGG) zu beschränken, die Regelung, mit der die Umgehung des Höchstausmaßes der bebauten Fläche verhindert wird, rechtfertigt (VwGH 16.5.2006, 2006/05/0032).

2) Wenn § 15 Abs 1 letzter Satz KGG bestimmt, dass „Baulichkeiten" der „bestehenden Höhenlage" möglichst „anzupassen" sind, so kann schon nach dem Wortlaut und dem Zusammenhang der Worte kein Zweifel bestehen, dass mit der „bestehenden Höhenlage" jenes Niveau gemeint ist, das ohne diese Baulichkeiten und vor ihrer Errichtung vorhanden ist, und dass somit jede Geländeveränderung unter der und rund um die Baulichkeit im Zusammenhang mit der Frage der „Anpassung" von maßgeblicher Bedeutung ist.

Im genannten hg Erkenntnis vom 15. März 2011 wurde zur „unbedingten Erforderlichkeit" von Geländeveränderungen ausgeführt, dass Voraussetzung für eine zulässige Geländeveränderung jedenfalls ist, dass eine für sich rechtmäßige Baulichkeit errichtet wird. Dies bedeutet im gegebenen Zusammenhang vor allem, dass die Baulichkeit an die vor ihrer Errichtung bestehende Höhenlage im Sinn des § 15 Abs 1 letzter Satz KGG möglichst angepasst sein muss.

Die bestehende Höhenlage ist im gegenständlichen Fall jene von vor 1999, da die Veränderungen im Jahr 1999, wie bereits angesprochen, nicht rechtmäßig vorgenommen wurden und daher gemäß § 1 Abs 2 KGG in Verbindung mit § 129 Abs 10 BO zu beseitigen waren bzw sind. § 129 Abs 10 BO bezieht sich nämlich nicht nur auf Baulichkeiten, sondern auch auf andere Baumaßnahmen, wie zB Geländeveränderungen (vgl das hg Erkenntnis vom heutigen Tag, Zl 2013/05/0169) (VwGH 27.8.2014, 2013/05/0043).

Gestaltung des Kleingartens

§ 16. (1) Mindestens zwei Drittel des Kleingartens müssen gärtnerisch ausgestaltet sein. Ein Drittel des Kleingartens darf nicht versiegelt werden und muss als bepflanzte, wasseraufnahmefähige Grünfläche mit direktem Bodenanschluss ausgestaltet sein und erhalten werden.

(2) Stützmauern, Lichtschächte, Geländeveränderungen, Stufenanlagen, Rampen, Wege, Traufenpflaster und andere befestigte Flächen sind nur im unbedingt erforderlichen Ausmaß zulässig. Terrassen dürfen bis zu einer Größe von zwei Dritteln des Ausmaßes der bebauten Fläche des Kleingartenhauses oder Kleingartenwohnhauses und Wasserbecken bis zu einer Gesamtfläche von 25 m² je Kleingarten errichtet werden. Über-

dachungen von Terrassen dürfen das Gesamtausmaß von einem Viertel des Ausmaßes der bebauten Fläche des Kleingartenhauses oder Kleingartenwohnhauses nicht überschreiten. Diese Flächen werden den bebauten Flächen des Kleingartens nicht zugerechnet.

(3) Haupteinfriedungen sind so herzustellen, daß sie das örtliche Stadtbild und die Gestaltung des Erholungsgebietes nicht beeinträchtigen; die Höhe einer baulichen Haupteinfriedung muß mindestens 1 m und darf höchstens 2 m, bei Anbringen von Spanndrähten jedoch höchstens 2,10 m, betragen.

(4) Bauliche Nebeneinfriedungen dürfen höchstens 1,50 m hoch sein.

(EB zur BO-Nov 2023, LGBl 2023/37 vom 13.12.2023)

Die Änderung in § 16 [Abs. 1] dient der Definition und Bestimmung der gärtnerischen Ausgestaltung und legt das Ausmaß der unversiegelten Flächen fest.

Ein Drittel des Kleingartens muss jedenfalls unversiegelt bleiben und muss bodengebunden bepflanzt werden. Bauwerke gemäß § 16 Abs. 2 sind auf gärtnerisch auszugestaltenden Flächen im festgelegten Ausmaß zulässig, solange die Vorgabe, dass ein Drittel des Kleingartens nicht versiegelt wird, eingehalten ist.

Judikatur

1) S E 3 zu § 8.

2) Aus dem Wiener Kleingartengesetz selbst ergibt sich der Maßstab der „unbedingten Erforderlichkeit". Eine solche hat der beigezogene Amtssachverständige in seiner fachlichen Stellungnahme als nicht gegeben erachtet. Auch die Beschwerdeausführungen sind nicht geeignet, eine unbedingte Erforderlichkeit der Wendeltreppe darzutun. Mit der Notwendigkeit der Wartung von Solaranlagen oder der Vorsorge für den Brandfall kann eine solche unbedingte Erforderlichkeit der hier gegenständlichen Anlage nicht begründet werden.

Die Unzulässigkeit der Errichtung der Wendeltreppe ergibt sich daher bereits aus § 16 Abs. 2 WKlG 1996; die darin liegende Bauvorschriftswidrigkeit konnte die belangte Behörde daher zu Recht ihrem Bauauftrag zu Grunde legen (VwGH 11.4.2010, 2008/05/0133)

3) Voraussetzung für die Heranziehung des § 79 Abs 6 BO – und somit nunmehr auch des § 16 Abs 2 erster Satz KGG – ist, dass eine für sich zulässige Baulichkeit errichtet wird bzw vorhanden ist, mit der die flankierenden Maßnahmen im Sinne der genannten Bestimmungen im Zusammenhang stehen. Die Regelung bedeutet aber nicht, dass ein insbesondere auf Grund seiner eigenen Dimension oder Situierung unzulässiger Bau durch solche flankierenden Maßnahmen zulässig gemacht werden könnte. Im Ergebnis führt dies auch im Hinblick auf § 16 Abs 2 KGG idF der Novelle LGBl Nr 13/2006 dazu, dass die hier gegenständlichen Geländeveränderungen nicht zulässig sind, da sie nicht unbedingt erforderlich sind, um einen zulässigen Bau nutzen zu können, sondern die Zulässigkeit des Baues erst herbeiführen würden (VwGH 15.3.2011, 2008/05/0024).

4) Bei Vorliegen eines Unterpachtverhältnisses in einer Kleingartenanlage der Stadt Wien hat der Unterpächter den Gehsteig herzustellen, welche Verpflichtung aus dem Bau eines Superädifikats entspringt, auch wenn dieses in fester Bauweise errichtet wurde (VwGH 21.11.2017, Ro 2017/05/0002).

Zugänglichkeit

§ 17. Eingänge von Kleingartenanlagen sind von Anfang Mai bis Ende September zumindest in der Zeit von 9.00 bis 19.00 Uhr offen zu halten. Gewidmete öffentliche Durchgänge sind ständig offen zu halten.[1]

Anmerkung

1) Daraus ergibt sich, dass mit Ausnahme gewidmeter öffentlicher Durchgänge keine Verpflichtung zur Duldung des Gemeingebrauches besteht.

Kleingarten-Beirat

§ 18. (1) Zur Wahrung der mit der kleingärtnerischen Nutzung von Grundflächen verbundenen Interessen ist ein Kleingarten-Beirat zu schaffen.

(2) Der Kleingarten-Beirat besteht aus

1. **drei Mitgliedern des Gemeinderates entsprechend dem Verhältnis der im Wiener Gemeinderat vertretenen Parteien,**
2. **einem Vertreter des Zentralverbandes der Kleingärtner, Siedler und Kleintierzüchter Österreichs,**
3. **zwei Vertretern des Landesverbandes Wien der Kleingärtner, Siedler und Kleintierzüchter Österreichs und**
4. **drei Beamten des Magistrates, von denen ein Mitglied ein rechtskundiger Beamter sein muß.**

(3) Die Mitglieder des Kleingarten-Beirates werden von dem für die Verwaltung der städtischen Kleingärten zuständigen Gemeinderatsausschuß für die Dauer einer Funktionsperiode gewählt. Im Falle des Ausscheidens eines Mitgliedes ist eine Nachwahl vorzunehmen.

(4) Der Kleingarten-Beirat hat in allen Angelegenheiten des Kleingartenwesens die Verbindung zwischen dem Magistrat und den Kleingartenvereinen beziehungsweise deren Verbänden herzustellen sowie alle von ihm festgestellten oder ihm bekanntgewordenen Übertretungen dieses Gesetzes unverzüglich den zuständigen Behörden und dem Grundeigentümer zur Kenntnis zu bringen. Darüber hinaus kann er allgemeine Empfehlungen zu allen Angelegenheiten des Kleingartenwesens abgeben.

(5) Der Magistrat hat den Bauausschuss der örtlich zuständige Bezirksvertretung und den Kleingarten-Beirat von der beabsichtigten Widmung von Grundflächen als Kleingartengebiete sowie von jeder beabsichtigten Änderung einer solchen Widmung vor der Einleitung des Verfahrens zur Festsetzung der Flächenwidmungspläne und Bebauungspläne zu benachrichtigen und ihnen die zur Verfügung stehenden Unterlagen zu übermitteln. Der Bauausschuss der örtlich zuständige Bezirksvertretung und der Kleingarten-Beirat sind berechtigt, Vorschläge über die Aufschließung und Gestaltung der Kleingartenanlagen zu erstellen; diesen Vorschlägen können Gestaltungspläne angeschlossen werden. Der Magistrat hat dem Bauausschuss der örtlich zuständigen Bezirksvertretung und dem Kleingarten-Beirat für die Erstellung der Vorschläge eine Frist von mindestens vier Wochen einzuräumen.

(6) Der Kleingarten-Beirat hat dem gemäß Abs. 2 zuständigen Gemeinderatsausschuß jährlich einmal, längstens bis 31. März des folgenden Kalenderjahres, über seine Tätigkeit sowie über die Tätigkeit der Bezirks-Kleingartenkommissionen zu berichten.

Bezirks-Kleingartenkommissionen

§ 19. (1) Im Wirkungsbereich jener Bezirksvertretungen, wo kleingärtnerisch genutzte Grundflächen bestehen, ist eine Bezirks-Kleingartenkommission zu schaffen.

(2) Die Bezirks-Kleingartenkommissionen bestehen aus

1. drei Mitgliedern der jeweiligen Bezirksvertretung, entsprechend dem Verhältnis der in der Bezirksvertretung vertretenen Parteien,
2. drei Vertretern des Landesverbandes Wien der Kleingärtner, Siedler und Kleintierzüchter Österreichs und
3. drei Beamten des Magistrates.

(3) Die Mitglieder der Bezirks-Kleingartenkommissionen werden von der jeweils zuständigen Bezirksvertretung für die Dauer einer Funktionsperiode gewählt. Im Falle des Ausscheidens eines Mitgliedes ist eine Nachwahl vorzunehmen.

(4) Die Bezirks-Kleingartenkommissionen unterstützen den Kleingarten-Beirat bei dessen Tätigkeit. Darüber hinaus geben sie Stellungnahmen gemäß § 7 Abs. 3 ab. Im Grundabteilungsverfahren zur Schaffung von Kleingärten und Gemeinschaftsanlagen hat die Behörde der Bezirks-Kleingartenkommission Gelegenheit zu geben, binnen einer Frist von zwei Monaten eine Stellungnahme abzugeben.

(5) Die Bezirks-Kleingartenkommissionen haben dem Kleingarten-Beirat jährlich mindestens einmal, längstens bis 31. Jänner des folgenden Kalenderjahres, über ihre Tätigkeit zu berichten.

Geschäftsordnung

§ 20. Die Geschäftsordnung für den Kleingarten-Beirat und die Bezirks-Kleingartenkommissionen erläßt der Stadtsenat.

Eigener Wirkungsbereich, Beschwerde

§ 21. (1) Die Gemeinde hat die ihr nach den Bestimmungen dieses Gesetzes zukommenden Aufgaben mit Ausnahme des Verwaltungsstrafverfahrens im eigenen Wirkungsbereich zu besorgen.

(2) Gegen auf Grund dieses Gesetzes ergehende Bescheide steht den Parteien das Recht zu, eine Beschwerde beim Verwaltungsgericht Wien zu erheben.[1)]

Anmerkung

1) Mit 1.1.2014 wurden UVS und BOB aufgelöst: An ihre Stelle trat das Verwaltungsgericht des Landes Wien.

Strafbestimmungen

§ 22. (1) Übertretungen der Vorschriften dieses Gesetzes sind gemäß § 135 der Bauordnung für Wien zu bestrafen.

(2) § 33a Verwaltungsstrafgesetz 1991 – VStG, BGBl. Nr. 52/1991, in der Fassung BGBl. I Nr. 57/2018, findet nur auf Übertretungen des § 17 dieses Gesetzes in Verbindung mit § 135 Bauordnung für Wien Anwendung.

Übergangsbestimmungen

§ 23. (1) Grundflächen, für die im Flächenwidmungsplan nicht die Widmung „Grünland – Erholungsgebiet – Kleingartengebiet" festgelegt ist und die beim Inkrafttreten dieses Gesetzes kleingärtnerisch genutzt sind, dürfen bis zum 31. Dezember 2005 wie Flächen verwendet und bebaut werden, für die die örtlich zuständige Bezirksvertretung die Zulässigkeit einer vorübergehenden kleingärtnerischen Nutzung beschlossen hat. Für solche Flächen kann die örtlich zuständige Bezirksvertretung, unbeschadet der im Flächenwidmungsplan festgesetzten Widmung, einen Beschluß auf Verlängerung fassen; § 4 gilt sinngemäß. Auf solchen Flächen bestehende Gebäude müssen die Abstände zu den öffentlichen Verkehrsflächen, zu den Achsen der Aufschließungswege und zu den Nachbargrenzen (§ 14) nicht einhalten.

(2) Mit Inkrafttreten dieses Gesetzes wird die Wirksamkeit aller gemäß § 71 der Bauordnung für Wien erteilten Baubewilligungen mit der Dauer der vorübergehenden kleingärtnerischen Nutzung gemäß Abs. 1 begrenzt; solche Baubewilligungen treten mit diesem Zeitpunkt außer Kraft.

(3) Baulichkeiten, die gemäß § 71 der Bauordnung für Wien auf eine bestimmte Zeit bewilligt sind, gelten auf die Dauer des Beschlusses der örtlich zuständigen Bezirksvertretung über die Festsetzung einer vorübergehend kleingärtnerisch genutzten Fläche oder auf Verlängerung der Wirksamkeit als bewilligt.

(4) Gebäude, die am 1. März 1991 bereits bestanden haben, sind im „Grünland – Erholungsgebiet – Kleingartengebiet" und im „Grünland – Erholungsgebiet – Kleingartengebiet für ganzjähriges Wohnen" auch dann zulässig, wenn sie die Abstände zu den Nachbargrenzen oder den Aufschließungs- und Nebenwegen nicht einhalten oder die zulässig bebaubare Fläche überschreiten, sofern sie eine Gesamtkubatur von höchstens 250 m^3 über dem anschließenden Gelände haben, wobei der oberste Abschluß des Kleingartenhauses oder Kleingartenwohnhauses nicht mehr als 5,50 m über dem verglichenen Gelände liegen darf; ist die Gesamtkubatur größer als 250 m^3 oder liegt der oberste Abschluß höher als 5,50 m über dem verglichenen Gelände oder weist das Gebäude die Abstände zu den Nachbargrenzen (§ 14) nicht auf, bedarf es der Zustimmung des Nachbarn.

(5) Wird zusätzlich an ein Gebäude, das zum Zeitpunkt des Inkrafttretens dieses Gesetzes bereits bestanden hat oder bewilligt war, eine Wärmedämmung angebracht, ist das hiefür erforderliche Ausmaß weder auf die bebaute Fläche noch auf die zusätzliche Kubatur anzurechnen.

(6) Bebauungspläne, die beim Inkrafttreten dieses Gesetzes in Geltung stehen, können auch Festsetzungen gemäß § 5 Abs. 4 der Bauordnung für Wien und darüber hinaus Festsetzungen gemäß § 3 des Wiener Kleingartengesetzes, LGBl. für Wien Nr. 3/1979, zuletzt geändert mit dem Gesetz LGBl. für Wien Nr. 9/1996, enthalten.

(7) Der Stadtsenat kann über Abs. 1 hinaus durch Verordnung Gebiete bestimmen, auf die folgende Voraussetzungen zutreffen:

1. **Der Baubestand hat überwiegend keine Baubewilligung;**
2. **der Baubestand könnte weitgehend bewilligt werden, wenn die Widmung „Grünland – Erholungsgebiet – Kleingartengebiet" oder „Grünland – Erholungsgebiet – Kleingartengebiet für ganzjähriges Wohnen" oder „Gartensiedlungsgebiet" oder „Wohngebiet – Bauklasse I" festgesetzt wäre.**

Der Kleingarten-Beirat kann die Erlassung solcher Verordnungen anregen. Der Stadtsenat kann solche Verordnungen nur bis 30. Juni 1997 erlassen; sie sind im Amtsblatt der Stadt Wien unter Anschluß eines Planes kundzumachen.[1)2)]

(8) In Gebieten, die mit Verordnung gemäß Abs. 7 festgesetzt sind, dürfen Abtragungsaufträge bis 31. Dezember 1998 weder erteilt noch vollstreckt werden. Diese Gebiete sind vom Magistrat umgehend darauf zu überprü-

fen, ob eine der im Abs. 7 Z. 2 angeführten Flächenwidmungen festgesetzt werden soll. Der Magistrat hat bis zum 30. September 1998 dem Gemeinderat über das Ergebnis der Überprüfungen zu berichten, sofern er nicht bis dahin einen Antrag auf Festsetzung einer der im Abs. 7 Z. 2 genannten Flächenwidmungen gestellt hat.[1)2)]

(9) Am zum Zeitpunkt des Inkrafttretens der Techniknovelle 2007[3)] bereits bestehenden Kleingartenwohnhäusern sind Wärmedämmungen an Außenwänden sowie Änderungen des Daches zur Anbringung einer Wärmedämmung, zur Herstellung einer Hinterlüftungsebene oder einer Kombination dieser Maßnahmen auch dann zulässig, wenn sie die Abstände zu den Nachbargrenzen oder den Aufschließungs- und Nebenwegen nicht einhalten, die zulässig bebaubare Fläche überschreiten, oder den zulässigen obersten Abschluss des Kleingartenwohnhauses über dem verglichenen Gelände um nicht mehr als 20 cm überschreiten, sofern diese Gebäude nach der Baumaßnahme eine Gesamtkubatur von höchstens 265 m^3 über dem anschließenden Gelände haben.[4)]

Anmerkungen

1) Die Sanierung durch Umwidmung ist eine rechtsstaatlich bedenkliche Vorgangsweise. Vgl hiezu Slg 14.763 (Bgld), Slg 14.681 (Tirol) und Slg 15.441 (NÖ). Vgl aber auch VfGH 11.10.2000, Slg 15.978 mit der Aussage, dass dann keine Bedenken bestehen, wenn Widmungskonformität besteht.

2) Hiezu ist im Amtsblatt der Stadt Wien vom 26.6.1997, ABl 26a die V des Wiener Stadtsenates v 22.4.1997, PrZ 0633/97 MDPLTG erschienen.

3) Das war der 11.7.2008.

4) Abs 9 wurde mit Nov LGBl 2018/69 an den gleichermaßen geänderten Art V Abs 5 BO angepasst.

Judikatur

1) Diese Bestimmung (sic: des § 23 Abs 4 WKlG) räumt also die Möglichkeit ein, ausnahmsweise für bestehende Bauten nach Sanierung der widmungsrechtlichen Regelungen nachträglich Baubewilligungen zu erteilen. Schon dadurch unterscheidet sich die vorliegende Regelung von jener des Tiroler Freilandbautengesetzes, weil dort eine Legalisierung von „Schwarzbauten" im Freiland schlechthin – ohne Änderung der Flächenwidmung – verfügt wurde, während nach § 23 Abs 4 leg cit Voraussetzung für die nachträgliche Baubewilligung die grundsätzliche Widmungskonformität bildet. Lediglich hinsichtlich des Ausmaßes der Kleingartenhäuser wurden in Abweichung von den allgemeinen Bestimmungen über die Ausnützbarkeit der Kleingärten Bauten mit bis zu 50 m^2 bebauter Fläche für zulässig erklärt. Durch derartige Bauten, die an sich in eine Kleingartenanlage passen, wird der Grundcharakter einer solchen Kleingartenanlage nicht verändert (VfGH 11.10.2000, Slg 15.978).

Umsetzung von Gemeinschaftsrecht

§ 24. § 15 Abs. 3 in Verbindung mit § 1 Abs. 2 dient der Umsetzung der Richtlinie 2010/31/EU des Europäischen Parlaments und des Rates vom 19.5.2010 über die Gesamtenergieeffizienz von Gebäuden.

Schlußbestimmung

§ 25. (1) Dieses Gesetz tritt mit 1. Jänner 1997 in Kraft. Mit dem Inkrafttreten dieses Gesetzes tritt das Gesetz vom 12. Dezember 1978 über die Schaffung von Kleingärten (Wiener Kleingartengesetz), LGBl. für Wien Nr. 3/1979, zuletzt geändert mit dem Gesetz LGBl. für Wien Nr. 9/1996, außer Kraft.

(2) Die bisherigen Bebauungspläne behalten, soweit sie sich auch auf das Wiener Kleingartengesetz, LGBl. für Wien Nr. 3/1979, zuletzt geändert durch das Gesetz LGBl. für Wien Nr. 9/1996, stützen, ihre Gültigkeit.

(3) Für alle zur Zeit des Inkrafttretens dieses Gesetzes anhängigen Verfahren gelten die bisherigen gesetzlichen Bestimmungen.

Übergangsbestimmungen zum Wiener Kleingartengesetz (soweit von Relevanz)

A. Bauordnungsnovelle, mit der auch das Kleingartengesetz geändert wird

LGBl 2008/24

Artikel I. ... (betrifft die WBO)

Artikel II. Das Wiener Kleingartengesetz 1996, LGBl. für Wien Nr. 57/1996, zuletzt geändert durch das Gesetz LGBl. für Wien Nr. 6/2006, wird wie folgt geändert:

... (im Gesetzestext berücksichtigt)

Artikel III und IV. ... (betreffen nicht das Wiener Kleingartengesetz)

In-Kraft-Treten; Schluss- und Übergangsbestimmungen

Artikel V. (1) Dieses Gesetz tritt drei Monate nach seiner Kundmachung in Kraft.[1)] Verordnungen auf Grund dieses Gesetzes können bereits ab dem auf seine Kundmachung folgenden Tag erlassen werden, sie dürfen jedoch frühestens mit dessen In-Kraft-Treten in Kraft gesetzt werden.

(2) Für im Zeitpunkt des In-Kraft-Tretens dieses Gesetzes bereits anhängige Verfahren gelten die bisherigen gesetzlichen Bestimmungen.

(3) Die Anbringung der Energieausweise in Gebäuden gemäß § 118 Abs. 6 hat bis spätestens 1. Jänner 2009 zu erfolgen.

(4) Soweit in zum Zeitpunkt des In-Kraft-Tretens dieses Gesetzes geltenden Flächenwidmungs- und Bebauungsplänen Begriffe verwendet werden, die durch diese Novelle geändert oder beseitigt werden, ist für die Auslegung der Flächenwidmungs- und Bebauungspläne das vor dieser Novelle bestehende Begriffsverständnis maßgeblich.

(5) Die Beweispflicht gemäß § 88 Abs. 4 besteht nicht für Bauteile und Bauarten bzw. die Verbindung eines bestimmten Baustoffes oder Bauteiles mit einer bestimmten Bauart, die durch Verordnung der Landesregierung oder des Magistrates gemäß § 97 Abs. 3 in der vor In-Kraft-Treten dieses Gesetzes geltenden Fassung zugelassen sind.

Anmerkung

1) Das war am 11.7.2008.

Umsetzung von Gemeinschaftsrecht

Artikel VI. Art. Vb, §§ 62a Abs. 8, 63 Abs. 1 lit. e und 118 der Bauordnung für Wien sowie § 15 Abs. 3 des Wiener Kleingartengesetzes dienen der Umsetzung der Richtlinie 2002/91/EG des Europäischen Parlaments und des Rates vom 16. Dezember 2002 über die Gesamtenergieeffizienz von Gebäuden.

Notifizierung

Artikel VII. …

B. Kleingartengesetznovelle

LGBl 2009/25

Artikel I. … (betrifft die WBO; im Gesetzestext berücksichtigt)

Artikel II. Das Wiener Kleingartengesetz 1996, LGBl für Wien Nr. 57/1996, zuletzt geändert durch das Gesetz LGBl für Wien Nr. 24/2008, wird wie folgt geändert:

… (im Gesetzestext des KGG berücksichtigt)

Inkrafttreten und Übergangsbestimmung

Artikel III. (1) Dieses Gesetz tritt einen Monat nach seiner Kundmachung in Kraft.[1)]

(2) Für im Zeitpunkt des Inkrafttretens dieses Gesetzes bereits anhängige Verfahren gelten die bisherigen gesetzlichen Bestimmungen.

(3) Auf Flächenwidmungspläne und Bebauungspläne, die im Zeitpunkt des Inkrafttretens dieses Gesetzes bereits in Geltung stehen oder zur öffentlichen Einsicht aufliegen, ist Art. I Z 92 (betreffend § 82 Abs. 5) nicht anzuwenden.

Anmerkung

1) Das war am 2.5.2009.

C. Kleingartengesetznovelle

LGBl 2013/35

Artikel I. … (betrifft nicht das KlGG)

Artikel II. … (im Gesetzestext berücksichtigt)

Artikel III–XIII. … (betrifft nicht das KlGG)

In-Kraft-Treten und Übergangsbestimmung

Artikel XIV. (1) Die Funktionsperiode der im Zeitpunkt der Kundmachung dieses Gesetzes bestellten Mitglieder und Ersatzmitglieder der Bauoberbehörde wird bis 31. Dezember 2013 verlängert.

(2) Absatz 1 tritt mit dem auf seine Kundmachung folgenden Tag[1)] in Kraft. Im Übrigen tritt dieses Gesetz am 1. Jänner 2014 in Kraft.

Anmerkung

1) Das war am 23.8.2013.

D. Kleingartengesetznovelle

LGBl 2014/25

Artikel I. ... (betrifft nicht das WKlG)

Artikel II. ... (im Gesetzestext berücksichtigt)

Inkrafttreten

Artikel III. (1)–(2) ... (betrifft nicht das WKlG)

(3) Im Übrigen tritt dieses Gesetz mit dem seiner Kundmachung folgenden Tag in Kraft.[1)]

Anmerkung

1) Das war am 16.7.2014.

Übergangsbestimmungen

Artikel IV. (1) Für alle zur Zeit des Inkrafttretens dieses Gesetzes anhängigen Verfahren gelten die bisherigen gesetzlichen Bestimmungen; dies gilt nicht für Art. I Z 117 (betreffend § 129 Abs. 4 fünfter Satz).

(2) ... (betrifft nicht das WKlG)

E. Bauordnungsnovelle 2018

LGBl 2018/69

Artikel I. ... (betrifft nicht das WKlG)

Artikel II. ... (im Gesetzestext berücksichtigt)

Artikel III–V. ... (betrifft nicht das WKlG)

Inkrafttreten

Artikel VI. (1) Art. I Z 16 (betreffend § 2b), Z 17 (betreffend § 4 Abs. 2 Punkt C lit. a), Z 18 (betreffend § 4 Abs. 2 Punkt C lit. c), Z 19 (betreffend § 5 Abs. 4 lit. d), Z 25 (betreffend § 6 Abs. 6a), Z 48 (betreffend § 60 Abs. 1), Z 55 (betreffend § 62 Abs. 7), Z 75 (betreffend § 63 Abs. 1 lit. m), Z 76 (betreffend § 64 Abs. 1), Z 84 (betreffend § 70b), Z 86 (betreffend § 72 Abs. 1), Z 87 (betreffend § 73 Abs. 2), Z 88 (betreffend § 74 Abs. 1), Z 116 (betreffend § 118 Abs. 3d und 3e), Z 118 (betreffend § 118 Abs. 7), Z 121 (betreffend § 119 Abs. 5), Z 125 (betreffend § 127 Abs. 8 lit. a), Z 129 (betreffend § 128 Abs. 2 Z 10 bis 12) und Z 131 (betreffend § 128b), weiters Art. II Z 2 (betreffend § 8 Abs. 2), Z 3 (betreffend § 8 Abs. 3), Art. III Z 1 (betreffend § 3 Abs. 1), Art. IV und Art. V treten drei Monate nach der Kundmachung dieses Gesetzes in Kraft.[1)]

(2) Im Übrigen tritt dieses Gesetz mit dem seiner Kundmachung folgenden Tag in Kraft.[2)]

Anmerkungen

1) Das war am 21.3.2019.

2) Das war am 22.12.2018.

Übergangsbestimmungen

Artikel VII. (1) Für alle zur Zeit des Inkrafttretens dieses Gesetzes anhängigen Verfahren und für bereits zugesicherte Förderungen im Sinne der §§ 29 und 56 WWFSG 1989 gelten die bisherigen gesetzlichen Bestimmungen; dies gilt nicht für Art. I Z 132 (betreffend § 129b Abs. 2 BO für Wien) und Art. III Z 6 (betreffend § 50 Abs. 1a WGarG 2008).

(2)–(4) … (betrifft nicht das WKlG)

F. Bauordnungsnovelle 2020

LGBl 2020/61

Artikel I. … (betrifft nicht das WKlG)

Artikel II. … (im Gesetzestext berücksichtigt)

Artikel III. … (betrifft nicht das WKlG)

Artikel IV. (1) … (betrifft nicht das WKlG)

(2) Art. 1 Z 8 (§ 62 Abs. 2), Z 9 (§ 62 Abs. 3), Z 12 (§ 62 Abs. 7), Z 23 (§ 63a), Z 24 (§ 65 Abs. 1), Z 26 (§ 70a Abs. 1), Z 30 bis Z 33 (§ 70b Abs. 1

und Abs. 4), Z 37 (§ 70b Abs. 8), Z 38 (§ 71a), Z 39 (§ 71b), Z 40 (§ 71c), Z 44 (§ 123a), Z 54 bis Z 56 (§ 128 Abs. 2) und Art. II Z 1 bis Z 5 (§ 8) und Z 6 (§ 9) treten am 1. Februar 2021 in Kraft.

(3) … (betrifft nicht das WKlG)

Übergangsbestimmung

Artikel V. (1) Für alle zur Zeit des Inkrafttretens dieses Gesetzes anhängigen Verfahren gelten die bisherigen Bestimmungen.

(2) und (3) … (betrifft nicht das WKlG)

G. Bauordnungsnovelle 2023

LGBl 2023/37

Artikel I. … (betrifft nicht das WKlG)

Artikel II. … (im Gesetzestext berücksichtigt)

Artikel III. … (betrifft nicht das WKlG)

Inkrafttreten

Artikel IV. (1) … (betrifft nicht das WKlG) treten drei Monate nach der Kundmachung dieses Gesetzes in Kraft.[1)]

(2) … (betrifft nicht das WKlG)

(3) Im Übrigen tritt dieses Gesetz mit dem seiner Kundmachung folgenden Tag in Kraft.[2)]

Anmerkungen

1) Das war der 13.3.2024.

2) Das war der 14.12.2023.

Übergangsbestimmungen

Artikel V. (1) Für alle zur Zeit des Inkrafttretens dieses Gesetzes anhängigen Verfahren gelten die bisherigen Bestimmungen.

(2) … (betrifft nicht das WKlG)

(3) … (betrifft nicht das WKlG)

(4) … (betrifft nicht das WKlG)

(5) … (betrifft nicht das WKlG)

(6) … (betrifft nicht das WKlG)

6. Gesetz, mit dem das Wiener Ölfeuerungsgesetz 2006 – WÖlfG 2006 – erlassen wird

LGBl 2006/66 idF LGBl 2009/34, 2013/35 und 2018/71

Allgemeines

Kernstück des Wiener Ölfeuerungsgesetzes 2006 – WÖlfG 2006 ist der Entfall der Bewilligungs- oder Anzeigepflicht bei Errichtung oder Änderung von Ölfeuerungsanlagen und Lagerungen, als auch die Beseitigung der Benützungsbewilligung. Diese werden durch die Pflicht des Eigentümers oder der Eigentümerin oder sonstigen Verfügungsberechtigten zur Einholung eines Abnahmebefundes und der Vorlage desselben sowie der sonstigen im Gesetz genannten Unterlagen vor Inbetriebnahme der Anlage ersetzt. Mit dem Abnahmebefund wird bestätigt, dass die Ausführung der Ölfeuerungsanlage oder Lagerung dem WÖlfG 2006 und den einschlägigen technischen Normen entspricht. Es werden Pflichten des Eigentümers oder der Eigentümerin oder sonstigen Verfügungsberechtigten, aber auch von Überprüfenden normiert, deren Einhaltung die Sicherheit der Ölfeuerungsanlage oder Lagerung gewährt.

I. ABSCHNITT
Anwendungsbereich, Begriffsbestimmungen
Anwendungsbereich

§ 1. (1) Unter die Bestimmungen dieses Gesetzes fallen alle zur Verbrennung von Heizöl in Feuerstätten sowie für die Lagerung von Heizöl und anderen brennbaren Flüssigkeiten mit einem Flammpunkt über 55 °C bestimmten Einrichtungen, sofern deren Errichtung, Änderung oder Auflassung und ihr Betrieb nicht bundesgesetzlichen oder anderen landesgesetzlichen[1)] Regelungen unterliegen.

(2) Soweit dieses Gesetz keine abweichenden Vorschriften enthält, gelten für die in Abs. 1 genannten Anlagen die Bestimmungen der Bauordnung für Wien.

(3) Auf Lagerungen bis zu 300 l innerhalb einer Wohn- oder Betriebseinheit einschließlich der dazugehörigen Einlagerungsräume finden die Bestimmungen dieses Gesetzes nur insoweit Anwendung, als dies ausdrücklich bestimmt wird.

Anmerkung

1) Ausgenommen von den Bestimmungen dieses Gesetzes sind alle Angelegenheiten, die in der Gesetzgebung ausschließlich Bundessache oder der Grundsatzgesetzgebung des Bundes vorbehalten sind; es ist daher insbesondere in den Angelegenheiten des Gewerbes und der Industrie, des Verkehrswesens, des Bergwesens und des Dampfkessel- und Kraftmaschinenwesens nicht anzuwenden. Seit 1.6.1993 gilt hiefür grundsätzlich die V über brennbare Flüssigkeiten, BGBl 1991/240 idgF.

Begriffsbestimmungen

§ 2. Im Sinne dieses Gesetzes wird verstanden unter

1. **Anlage: eine Ölfeuerungsanlage oder eine Einrichtung zur Lagerung.[1)]**
2. **Auffangwanne: eine aus nicht brennbaren Baustoffen bestehende, flüssigkeitsdichte, ölbeständige sowie den statischen Erfordernissen entsprechend ausgeführte Einrichtung, die geeignet ist, aus Lagerbehältern austretendes Öl zur Gänze aufzunehmen.**
3. **Berechtigte: nach den für die Berufsausübung maßgeblichen Vorschriften befugte Personen. Staatsangehörige eines Mitgliedstaates der Europäischen Union oder einer anderen Vertragspartei des EWR-Abkommens, die von der Niederlassungsfreiheit gemäß Art. 52 ff des EG-Vertrages oder Art. 31 ff des EWR-Abkommens Gebrauch machen, sind österreichischen Staatsbürgern oder Staatsbürgerinnen gleichgestellt.**
4. **Einstrangsystem: ein Ölversorgungssystem mit einer ölführenden Versorgungsleitung vom Lagerbehälter zur Feuerstätte, das entweder als Saugsystem oder als Staudrucksystem mit separatem Ölförderaggregat (Ölpumpe) ausgeführt ist.**
5. **Feuerstätte: eine Einrichtung zur Verfeuerung von Heizöl, bei der die Verbrennungsgase über einen Rauchfang ins Freie abgeleitet werden.**
6. **Füllstelle: eine Vorrichtung zur Aufnahme des Füllanschlusses in einem Füllschrank oder in einem Füllschacht außerhalb des Raumes, in dem Lagerbehälter aufgestellt sind.**
7. **Heizöl: ein flüssiger Brennstoff mit einem Flammpunkt über 55 °C, der Heizzwecken dient.**
8. **Heizraum: ein Raum, in dem eine Feuerstätte zur Verbrennung von Heizöl untergebracht ist, ausgenommen ein Warmlufterzeuger, der im zu beheizenden Raum selbst aufgestellt ist.**
9. **Lagerbehälter: ein Behälter, in dem Öl gelagert wird.**
10. **Lagermenge: jene Menge an Öl, die unter Berücksichtigung des höchsten zulässigen Füllungsgrades in dem Lagerbehälter gelagert werden kann.**
11. **Lagerung: ein Lagerbehälter samt technischer Einrichtung zur Lagerung von und zur Manipulation mit Öl.**
12. **Leckanzeigesystem: ein System zur Überwachung der Unversehrtheit (Dichtheit) von Wänden eines Lagerbehälters oder von Rohrleitungen.**
13. **Nennwärmeleistung: die höchste für den Betrieb der Ölfeuerungsanlage (Nennlast) vorgesehene Wärmeleistung (Höchstleistung bei Dauerbetrieb).**

14. Oberirdischer Lagerbehälter: ein Lagerbehälter, der in einem Raum oder im Freien standfest aufgestellt ist.

15. Öl: Heizöl oder eine andere brennbare Flüssigkeit mit einem Flammpunkt über 55 °C.

16. Ölfeuerungsanlage: eine zur Verbrennung von Heizöl in einer Feuerstätte bestimmte Einrichtung einschließlich der mit dieser in Verbindung stehenden Heizöllagerung.

17. Öllagerraum: ein Raum, der zur Lagerung von mehr als 300 l Öl bestimmt ist.

18. Ölofen: eine Ölfeuerungsanlage mit Ölverdampfungsbrenner und Rauchfanganschluss.

19. Überfüllsicherung: eine Einrichtung, die beim Befüllen des Lagerbehälters verhindert, dass der Flüssigkeitspegel im Lagerbehälter die zulässige Füllhöhe überschreitet.

20. Unterirdischer Lagerbehälter: ein Lagerbehälter, der vollständig oder teilweise von Erdreich umschlossen ist.

21. Verbrennungseinrichtung: eine Einrichtung zur Verbrennung von Heizöl,

a) Ölbrenner mit Gebläse, Ölzerstäubungsbrenner:

1. automatischer Ölbrenner: ausgestattet mit selbsttätig wirkender Zünd-, Flammenüberwachungs-, Steuer- und Regeleinrichtung;

2. teilautomatischer Ölbrenner: ausgestattet mit selbsttätig wirkender Zünd-, Flammenüberwachungs-, Steuer- und Regeleinrichtung, aber Zündung von Hand und ohne selbsttätiger Wiederinbetriebnahme nach Abschaltung des Ölbrenners;

b) Ölverdampfungsbrenner (Atmosphärischer Ölbrenner): Ölbrenner, bei dem das Heizöl unter Wärmeeinwirkung verdampft und mit der Verbrennungsluft ein brennbares Öldampf-Luftgemisch bildet.

22. Wärmeleistung: die je Zeiteinheit von der Ölfeuerungsanlage nutzbar abgegebene durchschnittliche Wärmemenge.

23. Warmlufterzeuger: ein Gerät zur Beheizung von Räumen, bei dem die Verteilung der Heizluft von einer zentralen Position aus mittels einer luftbewegenden Vorrichtung erfolgt.

24. Zwischenbehälter: ein Behälter, der zwischen Lagerbehälter und Verbrennungseinrichtung eingebaut und zur Aufnahme kleinerer, vornehmlich für den Tagesbedarf benötigter Ölmengen bestimmt ist.

Anmerkung

1) Zur Lagerung von Heizöl oder anderen brennbaren Flüssigkeiten mit einem Flammpunkt über 55 °C.

II. ABSCHNITT

Zulässigkeit der Errichtung und Änderung einer Anlage

§ 3. (1) Anlagen dürfen nur errichtet, geändert und betrieben werden, wenn sie den Bestimmungen dieses Gesetzes entsprechen.

(2) Der Eigentümer oder die Eigentümerin einer zu errichtenden oder zu ändernden Anlage sowie der oder die sonst darüber Verfügungsberechtigte hat sich für bauliche Herstellungen über oder unter der Erde, soweit dafür ein wesentliches Maß bautechnischer Kenntnisse erforderlich ist und die mit der Errichtung oder Änderung von Anlagen unmittelbar in Verbindung stehen, eines Bauführers oder einer Bauführerin zu bedienen, der oder die nach den für die Berufsausübung maßgeblichen Vorschriften zur erwerbsmäßigen Vornahme dieser Tätigkeit berechtigt ist.

(3) Vor der erstmaligen Inbetriebnahme einer Anlage hat der (ein) Eigentümer oder die (eine) Eigentümerin oder der (ein) oder die (eine) sonst darüber Verfügungsberechtigte(r) die Vorlage folgender vom Verfasser zu unterfertigender Unterlagen bei der Behörde (Anzeige) zu veranlassen:

a) einen Plan, in dem gesamthaft die Situierung der Anlage, insbesondere der Aufstellungsräume (Heizraum, Öllagerraum), der Lagerbehälter und der Leitungen, sowie deren Zugänglichkeit vom öffentlichen Gut, dargestellt ist;

b) eine technische Beschreibung mit folgenden Inhalten:
   - Aufstellungsort;
   - Zweck der Anlage, Betriebsweise;
   - Fabrikat und Type des Heizkessels, des Ölbrenners bzw. des Warmlufterzeugers;
   - Art des zur Verbrennung gelangenden bzw. gelagerten Öles;
   - Nennwärmeleistung;
   - Lagerung und Leitungen: Lagerbehälter (ober- oder unterirdisch, Bauart, Baustoffe, Nenninhalt), Art der Befüllung (Füllanschluss, Füllleitung, Füllstelle);
   - Sicherheitseinrichtungen;
   - Rauchgasführung;

c) ein im Rahmen der Befugnis ausgestellter Abnahmebefund eines oder einer Berechtigten über die gesetzmäßige Ausführung der Anlage.

(4) Nach Änderungen einer Anlage hinsichtlich der in Abs. 3 lit. a und b enthaltenen Angaben hat der Eigentümer oder die Eigentümerin oder der oder die sonst darüber Verfügungsberechtigte vor der Wiederinbetriebnahme der Behörde die die Änderungen betreffenden Unterlagen sowie einen Abnahmebefund gemäß Abs. 3 lit. c vorzulegen.

(5) Der Durchführung einer Abnahmeprüfung sowie der Meldung bei der Behörde bedürfen nicht:

a) Ölfeuerungsanlagen auf Baustellen, die nur der Beheizung einzelner Räume oder der Baustelleneinrichtungen für die Dauer der Bauführung dienen;
b) Ölöfen;
c) Einrichtungen zur Lagerung von bis zu 300 l;
d) der Austausch von gleichartigen Anlageteilen.

(EB LGBl 2006/66)

Im vorliegenden neuen Wiener Ölfeuerungsgesetz 2006 entfallen sowohl die Bewilligungs- als auch die Anzeigepflicht für die Errichtung von Ölfeuerungsanlagen und Einrichtungen zur Lagerung. Soweit für die Errichtung der Anlage ein wesentliches Maß bautechnischer Kenntnisse erforderlich ist, soll zwar die Heranziehung eines berechtigten Bauführers aber keine Baubewilligung erforderlich sein.

Erst bei Inbetriebnahme derselben sind der Behörde der Abnahmebefund, dem eine Abnahmeprüfung durch den Aussteller oder die Ausstellerin des Befundes voranzugehen hat, und die sonstigen aufgezählten Unterlagen zu übermitteln. Diese werden ohne Erlassung eines Bescheides zur Kenntnis genommen und haben den Zweck, dass die Behörde für allfällige Notfälle, wie beispielsweise Austritt von Öl im Gebrechensfall, über die nötigen Informationen verfügt.

Die Vorlage von Unterlagen ersetzt auch gleichzeitig die ebenfalls entfallene Benützungsbewilligung, die beispielsweise in der Bauordnung für Wien seit der Novelle LGBl. für Wien Nr. 42/1996 nicht mehr vorgesehen ist.

Eine Unterfertigung durch den Eigentümer oder die Eigentümerin der Liegenschaft (alle Miteigentümer) ist nicht erforderlich. Das bedeutet aber nicht, dass die Errichtung, Änderung oder Inbetriebnahme einer Anlage gegen den Willen des Eigentümers oder der Eigentümerin zulässig wäre, die Angelegenheit wäre jedoch anhand zivilrechtlicher Normen zu beurteilen. …

Die Verantwortung verbleibt beim Eigentümer oder der Eigentümerin der Anlage, dem oder der sonst darüber Verfügungsberechtigten oder denjenigen, die die Abnahmeprüfung durchgeführt und den Abnahmebefund ausgestellt haben. Die verwaltungsstrafrechtliche Verantwortlichkeit ergibt sich aus dem auf Grund des § 1 Abs. 2 anwendbaren § 135 BO für Wien i.V.m. § 23 dieses (Gesetzes). …

Eine Änderung der Anlage liegt nicht vor, wenn lediglich Bauteile durch andere gleichartige Bauteile ersetzt werden (siehe dazu § 4 lit. d).

Zulässigkeit des Betriebes einer Anlage

§ 4. Wird eine Anzeige gemäß § 3 Abs. 3 und 4 unter Anschluss eines Abnahmebefundes erstattet, so ist der Betrieb der neu errichteten oder geänderten Anlage zulässig.

Pflichten von Eigentümern, Eigentümerinnen und Verfügungsberechtigten

§ 5. (1) Der Eigentümer oder die Eigentümerin der Anlage sowie der oder die sonst darüber Verfügungsberechtigte hat dafür zu sorgen, dass diese entsprechend den Vorschriften dieses Gesetzes sowie der technischen Dokumentation der Anlage betrieben und instandgehalten wird. Der gemäß § 3 Abs. 3 lit. c zu erstellende Abnahmebefund ist bei der Anlage zur Einsicht durch die Behörde aufzubewahren.

(2) Die Anlage ist so einzurichten und zu betreiben, dass eine Gefährdung des Lebens oder der Gesundheit von Menschen oder eine Gefährdung des Eigentums oder sonstiger dinglicher Rechte ausgeschlossen ist und Belästigungen von Nachbarn (wie Geruch, Lärm, Erschütterung, Wärme, Schwingungen und dergleichen) auf ein zumutbares Maß beschränkt bleiben. Unter einer Gefährdung des Eigentums ist die Möglichkeit einer bloßen Minderung des Verkehrswertes des Eigentums nicht zu verstehen. Ob Belästigungen der Nachbarn zumutbar sind, ist danach zu beurteilen, wie sich die durch die Anlage verursachten Änderungen der tatsächlichen örtlichen Verhältnisse auf ein gesundes, normal empfindendes Kind und auf einen gesunden, normal empfindenden Erwachsenen auswirken.[1)]

(3) Der Eigentümer oder die Eigentümerin der Anlage sowie der oder die sonst darüber Verfügungsberechtigte hat

a) unterirdische Lagerbehälter sowie nicht einsehbare, zB im Erdreich verlegte, Rohrleitungen vor der erstmaligen Befüllung bzw. Inbetriebnahme sowie alle fünf Jahre auf Dichtheit und
b) Sicherheitseinrichtungen entsprechend den in der technischen Dokumentation angeführten Prüfintervallen, mindestens jedoch alle fünf Jahre auf ihre Funktionstüchtigkeit von einem oder einer Berechtigten überprüfen zu lassen. Die hierüber ausgestellten Prüfbefunde sind der Behörde zu übermitteln und bei der Anlage zur Einsicht durch die Behörde aufzubewahren.

(4) Der Eigentümer oder die Eigentümerin der Anlage sowie der oder die sonst darüber Verfügungsberechtigte hat oberirdische Lagerbehälter, Auffangwannen und ölführende Rohrleitungen zumindest durch äußere Besichtigung bei jedem Befüllvorgang, jedenfalls jedoch alle fünf Jahre auf Dichtheit zu überprüfen bzw. überprüfen zu lassen.

(5) Der Eigentümer oder die Eigentümerin der Anlage sowie der oder die sonst darüber Verfügungsberechtigte ist verpflichtet, an der Anlage auftretende Mängel unverzüglich zu beheben.

(EB LGBl 2006/66)

Aufgrund des Wegfalls der Bewilligungs- oder Anzeigepflicht besteht keine Möglichkeit der Behörde mehr, Auflagen vorzuschreiben. Stattdessen wird nun gleich im Gesetz ein Katalog an Pflichten des Eigentümers oder der Eigentümerin oder des oder der sonst darüber Verfügungsberechtigten aufgestellt.

Als Verfügungsberechtigte sind insbesondere Eigentümer oder Eigentümerinnen, Bauberechtigte im Sinne des Baurechtsgesetzes BGBl. Nr. 403/1977, idgF sowie jede andere Person anzusehen, an welche die jeweiligen Verpflichtungen nach diesem Landesgesetz im Wege einer privatrechtlichen Vereinbarung übertragen wurden (etwa im Rahmen eines Pacht-, Leasing- oder Mietvertrags oder einer Verwaltungsvereinbarung).

Die Vorschreibung von regelmäßigen Wartungen von Ölfeuerungsanlagen wird nicht als notwendig angesehen, da ohnehin eine Überprüfung nach dem Feuerpolizei- und Luftreinhaltegesetz durchzuführen ist.

Hieraus ergibt sich keine Gefährdung des Betreibers – im Gegensatz zu gasbetriebenen Feuerungsanlagen – da die Anlage höchstens durch Ablagerungen inoperabel wird, zumal die Funktionstüchtigkeit der Sicherheitseinrichtungen einer Prüfung in angemessenen Intervallen unterliegt.

Die bereits im Ölfeuerungsgesetz 1974 verankerte Prüfpflicht für Lagerbehälter wird in insofern geänderter Form beibehalten, als sie nunmehr ohne behördliche Aufsicht durchgeführt wird, mit einem Intervall von 5 Jahren analog zum Wasserrechtsgesetz, nach dem ebenfalls eine Prüfpflicht besteht.

Anmerkung

1) Schutznorm iS des § 1311 ABGB. Allerdings besteht nur ein zivilrechtlicher Unterlassungsanspruch. Die Feststellung der Minderung des Verkehrswertes bedarf eines SV-Gutachtens.

Feststellung von Mängeln durch Eigentümer, Eigentümerinnen, Verfügungsberechtigte und Überprüfende

§ 6. (1) Erkennt der Eigentümer oder die Eigentümerin der Anlage oder der oder die sonst darüber Verfügungsberechtigte,[1] dass deren Betriebssicherheit nicht mehr gegeben ist oder der Betrieb der Anlage unzumutbare Belästigungen für die Nachbarn oder eine unmittelbare Gefahr hervorruft, hat er oder sie diese sofort außer Betrieb zu nehmen und ihre Überprüfung sowie die Behebung der festgestellten Mängel und Gefahren durch einen Berechtigten oder eine Berechtigte zu veranlassen.

(2) Erkennt der oder die Überprüfende das Vorliegen einer unmittelbaren Gefahr, so ist der Eigentümer oder die Eigentümerin der Anlage sowie der oder die sonst darüber Verfügungsberechtigte von dem oder der Überprüfenden nachweislich davon in Kenntnis zu setzen, dass diese nicht weiter betrieben werden darf. Der oder die Überprüfende hat die zur Beseitigung der unmittelbaren Gefahr notwendigen Maßnahmen sofort zu veranlas-

sen und die Behörde unverzüglich von den getroffenen Maßnahmen zu verständigen.

(3) Die Wiederaufnahme des Betriebes der Anlage ist erst nach Vorliegen eines von einem oder einer Berechtigten ausgestellten Prüfbefundes über die Behebung der Mängel zulässig.

Anmerkung

1) Aus der Formulierung ergibt sich, daß eine Verwalterhaftung nach § 135 Abs 3 WBO nicht unmittelbar zum Tragen kommt. Ein Gebäudeverwalter wird nur dann verantwortlich sein, wenn er als Verfügungsberechtigter in Frage kommt.

Untersagung des Betriebes

§ 7. Steht der Betrieb von Anlagen im Widerspruch zu den Bestimmungen des § 5 Abs. 2, so ist dieser von der Behörde mit Bescheid zu untersagen. Die Untersagung ist auf Antrag mit Bescheid aufzuheben, wenn ausreichende Vorkehrungen zur Hintanhaltung der Gefahr oder der unzumutbaren Belästigung getroffen worden sind.

(EB LGBl 2006/66)

Wenn der Betreiber einer Anlage diese nicht selbst außer Betrieb nimmt, obwohl sie eine Gefahr oder für den umschriebenen Personenkreis eine unzumutbare Belästigung darstellt, hat ihm die Behörde den Betrieb mit Bescheid zu untersagen. Mängelbehebungsaufträge und notstandspolizeiliche Maßnahmen können ebenfalls erlassen werden, diese ergehen allerdings auf Grund des § 129 der Bauordnung für Wien.

Stilllegung oder Abtragung

§ 8. Die Stilllegung oder Abtragung einer Anlage oder eines Teiles der Anlage ist der Behörde unter Anschluss einer Bestätigung eines oder einer Berechtigten, dass die erforderlichen Maßnahmen gemäß § 21 getroffen wurden, zu melden.

III. ABSCHNITT
Technische Bestimmungen

Lagerungen von Öl innerhalb von Gebäuden

§ 9. (1) Innerhalb von Gebäuden darf Öl außer in den im Abs. 2 genannten Fällen nur in Lagerbehältern, die in Öllagerräumen aufgestellt sind, gelagert werden. In Gebäuden, die nicht nur der Lagerung von Öl dienen, dürfen nicht mehr als 100 000 l gelagert werden.

(2) Außerhalb von Öllagerräumen darf Öl nach Maßgabe folgender Bestimmungen gelagert werden:

a) In jeder Wohn- oder Betriebseinheit einschließlich der dazugehörigen Einlagerungsräume, jedoch nicht im Bereich von Fluchtwegen oder auf offenen Balkonen,

1. bis zu einer Gesamtmenge von 60 l in Kanistern mit einem Inhalt von nicht mehr als jeweils 20 l;

2. bis zu einer Gesamtmenge von 300 l in Lagerbehältern, die in einer Auffangwanne aufgestellt oder die doppelwandig mit Leckanzeigesystem ausgeführt sind;

b) in Räumen bis zu einer Gesamtmenge von 1 000 l, wenn

1. die Lagerung im Kellergeschoss oder in den ersten beiden Hauptgeschossen erfolgt;

2. die Lagerung nicht in Aufenthaltsräumen erfolgt;

3. die Räume nicht unter Stiegen oder im Bereich von Fluchtwegen angeordnet sind;

4. die Wände, Decken und Fußböden der Räume mindestens feuerhemmend und aus nicht brennbaren Baustoffen hergestellt sind;

5. die Türen der Räume mindestens feuerhemmend ausgeführt sind;

6. in den Räumen sonst keine leicht brennbaren Materialien gelagert werden;

7. sich innerhalb der Räume keine Wasserzähler, Gaszähler, Kanaleinläufe, Kehr- und Putztüren von Rauchfängen und nicht zur Raumbeleuchtung gehörende elektrische Anlagen befinden und

8. die Lagerbehälter in Auffangwannen aufgestellt oder doppelwandig mit Leckanzeigesystem ausgeführt sind;

c) in Heizräumen bis zu einer Gesamtmenge von 5 000 l, wenn

1. die Heizräume im Erdgeschoss oder in Kellergeschossen liegen und durch diese keine Zugänge zu anderen Räumen bestehen;

2. die Verbindungen zur Heizölversorgung zwischen Feuerstätten und Lagerbehältern im Einstrangsystem erfolgen;

3. die Nennwärmeleistung der in jedem Heizraum aufgestellten Feuerstätten insgesamt 50 kW nicht übersteigt;

4. die Lagerbehälter doppelwandig mit Leckanzeigesystem und Außenbehältern aus Stahlblech (Mindestwanddicke 1 mm) oder mit brandschutz- und sicherheitstechnisch gleichwertigen Außenummantelungen ausgeführt sind;

5. die Befüllung der Lagerbehälter über eine Füllstelle erfolgt;

6. die waagrechten Abstände zwischen Feuerstätten und Lagerbehältern mindestens 2 m, falls raumhohe Abschirmwände mit einer Feuerwiderstandsdauer von mindestens 30 Minuten aus nicht brennbaren Baustoffen zwischen den Feuerstätten, ihren Rauchgasrohren und den Lagerbehältern errichtet werden, mindestens 60 cm betragen.

Oberirdische Lagerungen von Öl außerhalb von Gebäuden

§ 10. (1) Außerhalb von Gebäuden darf Öl in oberirdischen Lagerbehältern nur im Industriegebiet und auf Lagerplätzen und Ländeflächen gelagert werden:

a) bei Mengen von 300 Liter bis 100 000 Liter bei Einhaltungs eines Mindestabstandes von
   1. 1 m zu öffnungslosen, brandabschnittsbildenden Wänden aus Baustoffen der Euroklasse des Brandverhaltens mindestens A2,
   2. 5 m zu Öffnungen in Wänden gemäß Z. 1,
   3. 12 m zu sonstigen Wänden und zu brennbaren Lagerungen;

b) bei Mengen über 100 000 Liter bis 200 000 Liter bei Einhaltung eines Mindestabstandes von
   1. 5 m zu öffnungslosen, brandabschnittsbildenden Wänden aus Baustoffen der Euroklasse des Brandverhaltens mindestens A2,
   2. 10 m zu Öffnungen in Wänden gemäß Z. 1,
   3. 25 m zu Wänden von Gebäuden in nicht brandabschnittsbildender Ausführung und zu brennbaren Lagerungen;

c) in einer Menge von mehr als 200 000 l bei Einhaltung einer Schutzzone als frei zu haltender Bereich mit einer Breite von mindestens 25 m, gemessen von der Begrenzung der Auffangwanne bzw. der Außenwände von doppelwandigen Lagerbehältern. In der Schutzzone dürfen keine brennbaren Gegenstände und Stoffe gelagert und keine Gebäude oder Gebäudeteile errichtet werden, die Aufenthaltsräume enthalten, der Lagerung brennbarer Stoffe dienen oder deren Außenwände in nicht feuerbeständiger Ausführung hergestellt sind.

(2) Zu Nachbargrenzen hat im Fall des Abs. 1 lit. a der einzuhaltende Mindestabstand 12 m, im Fall des Abs. 1 lit. b und c 25 m zu betragen. Die Abstände sind von der Begrenzung der Auffangwanne bzw. der Außenwände von doppelwandigen Lagerbehältern zu messen.

(3) Oberirdische Lagerbehälter sind so aufzustellen, dass sie durch thermische und mechanische Einwirkungen, wie Brandeinwirkung, Verkehr, Schneedruck, Hochwasser und dergleichen, nicht gefährdet werden. Zudem ist sicherzustellen, dass Instandhaltungsarbeiten ungehindert durchgeführt werden können und eine Brandbekämpfung leicht möglich ist.

(4) Oberirdische Lagerbehälter aus Kunststoff dürfen nur verwendet werden, wenn sie zur Aufstellung im Freien geeignet sind.

(5) Oberirdische Lagerbehälter sind in einer gegen Niederschlagswasser geschützten Auffangwanne aufzustellen, die keine Bodenabläufe aufweisen darf. Das Fassungsvermögen der Auffangwanne hat

a) bei einem oder mehreren kommunizierend miteinander verbundenen Lagerbehältern der gesamten höchstzulässigen Lagermenge und
b) bei mehreren nicht kommunizierend miteinander verbundenen Lagerbehältern der höchstzulässigen Lagermenge des größten Behälters

zu entsprechen. Bei doppelwandigen Lagerbehältern mit Leckanzeigesystem kann die Auffangwanne entfallen.

Lagerungen von Öl in unterirdischen Lagerbehältern

§ 11. (1) Unterirdische Lagerbehälter sind zumindest bis zur höchstzulässigen Füllhöhe doppelwandig auszuführen und mit einem Leckanzeigesystem, das als Über- oder Unterdrucksystem arbeitet, auszustatten. Die Leckanzeigeeinrichtungen (optische und/oder akustische Alarmgeber) sind an leicht wahrnehmbarer Stelle, vornehmlich im Gebäudeinneren, anzuordnen. Lagerbehälter mit eingebauter Leckschutzauskleidung gelten als doppelwandig.

(2) Die als Korrosionsschutz dienenden Außenschutzbeschichtungen von Lagerbehältern müssen auf dem Grundanstrich dauerhaft haften, wasserundurchlässig und gegen mögliche mechanische, thermische und chemische Beanspruchungen widerstandsfähig sein. Vor dem Absenken jedes Lagerbehälters in die Grube sind allenfalls vorhandene Schäden an der Außenschutzbeschichtung auszubessern. Außenschutzbeschichtungen sind einer Hochspannungsprüfung zu unterziehen.

(3) Lagerbehälter und die mit ihnen in elektrisch leitender Verbindung stehenden Rohrleitungen und anderen Teile sind zu erden.

(4) Unterirdische Lagerbehälter haben einen Mindestabstand von 1 m zu Gebäuden, Fundamenten und ähnlichen Bauteilen, Kanälen und Nachbargrenzen aufzuweisen. Zwei oder mehrere nebeneinander angeordnete Lagerbehälter müssen voneinander einen Abstand von mindestens 50 cm aufweisen.

(5) Unterhalb von Gebäuden oder Gebäudeteilen sind unterirdische Lagerbehälter nicht zulässig.

(6) Erforderlichenfalls sind unterirdische Lagerbehälter gegen Grundwasserauftrieb zu sichern.

(7) Unterirdische Lagerbehälter sind allseitig in einer mindestens 20 cm dicken Schicht aus geeignetem Verfüllmaterial (nichtbindendes, rieselfähiges Material) zu betten. Das Verfüllmaterial darf keine die Außenschutzbeschichtung oder den Lagerbehälter schädigenden Stoffe enthalten. Im eingebetteten Zustand müssen die Lagerbehälter mindestens 1 m hoch beschüttet werden; ist eine Überfahrung des Lagerbehälters ausgeschlossen, genügt eine 50 cm hohe Beschüttung. Bei Lagerbehältern, die

überfahren werden können oder bei denen andere zusätzliche Auflasten vorliegen, sind deren Überdeckungen den statischen und dynamischen Beanspruchungen entsprechend zu bemessen.

(8) Über den Behälterdomen sind Domschächte mit mindestens 1 m lichter Weite anzuordnen. Domschächte und Domschachtabdeckungen müssen den möglichen Belastungen standhalten und so ausgeführt werden, dass Lasten durch den darüber liegenden Verkehrsbereich nicht auf die Lagerbehälter übertragen werden können.

Öllagerräume

§ 12. (1) Öllagerräume dürfen nur in Kellergeschossen oder im Erdgeschoss von Gebäuden errichtet werden und müssen eigene Brandabschnitte bilden.

(2) Umfassungs- und Scheidewände, Decken und tragende Bauteile von Öllagerräumen sind feuerbeständig und in allen für die Tragfähigkeit und den Brandschutz wesentlichen Bauteilen aus nicht brennbaren Baustoffen herzustellen. Die Fußböden sind aus nicht brennbaren Baustoffen, flüssigkeitsdicht und ölbeständig herzustellen.

(3) Öllagerräume müssen gefahrlos vom Freien oder von allgemein zugänglichen Stellen des Hauses erreichbar sein. Erfolgen Zugänge unmittelbar aus Stiegenhäusern oder Gängen, die den einzigen Fluchtweg aus Aufenthaltsräumen darstellen, so müssen den Öllagerräumen feuerbeständige, mit selbstschließenden Feuerschutztüren ausgestattete und belüftete Schleusen vorgelagert sein, ausgenommen in Häusern mit nur einer Wohnung, Kleinhäusern, Reihenhäusern und Sommerhäusern. Zugänge durch Öllagerräume zu anderen Räumen sind nicht zulässig. Der Zugang zu einem Öllagerraum durch den Heizraum ist gestattet.

(4) Die Türen zu Öllagerräumen müssen als Feuerschutztüren ausgeführt, selbstschließend, in Fluchtrichtung aufschlagend sowie versperrbar sein. Sie müssen eine lichte Höhe von mindestens 1,80 m und eine lichte Breite von mindestens 80 cm haben.

(5) Die lichte Durchgangshöhe von Türen zu Öllagerräumen darf durch die bauliche Ausgestaltung der Auffangwanne auf bis zu 1,20 m verkleinert werden, wenn dies auf Grund der Raumhöhe unvermeidbar ist. Hat die Auffangwanne eine Tiefe von mehr als 60 cm, sind im Bereich der Zugangstür Überstiegshilfen und Haltegriffe anzubringen, deren Befestigungen die Dichtheit der Auffangwanne nicht beeinträchtigen dürfen. Senkrechte Einstiege in Öllagerräume oder in Bedienungskammern unterirdischer Lagerungen müssen feuerhemmende Abschlüsse mit lichten Durchstiegsöffnungen von mindestens 70 cm × 90 cm haben.

(6) Fenster und sonstige Öffnungen mit Ausnahme von Lüftungsöffnungen in den Wänden und Decken von Öllagerräumen müssen mit feuerhemmenden Abschlüssen versehen sein. An Türen, Fenster und sonstige Öffnungen, die ins Freie führen, werden dann keine Anforderungen hinsichtlich der Feuerwiderstandsklasse gestellt, wenn die Gefahr einer Brandübertragung auf andere Gebäude oder Gebäudeteile nicht besteht oder dies zur Sicherung eines Fluchtweges nicht erforderlich ist.

(7) Öllagerräume müssen durch ausreichend groß bemessene Lüftungsöffnungen ständig wirksam mit dem Freien verbunden sein. Der Mindestquerschnitt der Lüftungsöffnungen hat 300 cm^2 zu betragen. Die Lüftungsöffnungen müssen so gelegen sein, dass Verkehrs- und Fluchtwege im Brandfall durch Feuer und Rauch nicht gefährdet werden. Luftleitungen (Poterien) sind außerhalb von Öllagerräumen bis zur Ausmündung ins Freie feuerbeständig auszuführen.

(8) Liegt bei Öllagerräumen sowie bei Bedienungskammern unterirdischer Lagerungen der Fußboden tiefer als 3 m unter dem anschließenden Umgebungsniveau, sind diese Räume mit Lüftungsöffnungen derart auszustatten, dass sich eine Durchlüftung möglichst in der Raumdiagonale ergibt.

(9) Lüftungsöffnungen von Öllagerräumen sind gegen das Eindringen brennender oder glimmender Gegenstände zu sichern.

(10) Öllagerräume sind elektrisch beleuchtbar einzurichten. Die elektrischen Anlagen und Betriebsmittel haben den für brandgefährdete Räume geltenden elektrotechnischen Vorschriften zu entsprechen.

(11) Die Entwässerung von Öllagerräumen darf nicht durch automatisch gesteuerte Pumpen erfolgen.

(12) In Öllagerräumen sind Kanaleinläufe und Kanalputzöffnungen, Einmündungen von Feuerstätten in Rauchfänge, Putztüren von Rauchfängen, Wasser- und Gasleitungen sowie nicht zur Raumbeleuchtung und zum Betrieb der Anlage gehörende elektrische Anlagen unzulässig.

(13) Öllagerräume dürfen nur mit einer Warmwasser- oder Warmluftheizung beheizt werden.

(14) In Öllagerräumen sind durch geeignete technische Vorkehrungen Auffangwannen herzustellen, die keine Bodenabläufe aufweisen dürfen. Das Fassungsvermögen jeder Auffangwanne hat

a) bei einem oder mehreren kommunizierend miteinander verbundenen Lagerbehältern der gesamten höchstzulässigen Lagermenge,
b) bei mehreren nicht kommunizierend miteinander verbundenen Lagerbehältern der höchstzulässigen Lagermenge des größten Behälters,

c) bei ortsveränderlichen Lagerbehältern (Fässern, Kanistern und dgl.) der Hälfte der gesamten höchstzulässigen Lagermenge, mindestens jedoch der Lagermenge des größten Lagerbehälters

zu entsprechen. Bei doppelwandigen Lagerbehältern mit Leckanzeigesystem kann die Auffangwanne entfallen, wenn die Außenwände der Lagerbehälter aus nicht brennbaren Baustoffen bestehen.

(15) Lagerbehälter in Öllagerräumen sind so aufzustellen, dass zur leichten Begehbarkeit ein seitlicher Abstand von mindestens 50 cm um jeden Lagerbehälter und der gleiche Abstand von der Decke frei bleiben muss. Lagerbehälter mit einem Nenninhalt bis 20 000 l dürfen an zwei zusammenstoßenden Seiten mit einem Abstand von mindestens 15 cm von den Raumwänden aufgestellt werden. Bei der Aufstellung von Batteriebehältern gelten diese Abstände nicht zwischen den einzelnen Behältern. Bei Lagerbehältern mit einem Nenninhalt bis 2 000 l ist ein Mindestabstand von 30 cm zur Decke ausreichend.

(16) Abwasser-, Luftheizungs- und Luftleitungen, die durch Öllagerräume führen, müssen feuerbeständig ausgeführt sein.

(17) An der Außenseite der Türen zu Öllagerräumen sowie allenfalls vorgelagerter Schleusen sowie an der Oberseite von Einstiegsklappen senkrechter Einstiege in Öllagerräume sind die Aufschriften „Öllagerraum", „Unbefugten ist der Zutritt verboten", sowie „Rauchen und Hantieren mit Feuer und offenem Licht verboten" gut lesbar und haltbar anzubringen.

(18) Außer den in § 1 Abs. 1 genannten brennbaren Flüssigkeiten und den für Ölfeuerungsanlagen notwendigen Schmiermitteln dürfen in Öllagerräumen andere brennbare Stoffe und verdichtete Gase nicht gelagert werden.

Heizräume

§ 13. (1) Heizräume müssen eigene Brandabschnitte bilden.

(2) Die Bestimmungen des § 12 Abs. 2, 3, 4, 6, 10, 11, 16 und 18 gelten für Heizräume sinngemäß.

(3) Die Herstellung senkrechter Einstiege als einzige Zutrittsmöglichkeit zu Heizräumen ist unzulässig.

(4) Türöffnungen sind mit mindestens 2 cm hohen Türschwellen zu versehen. Die Wände bis zu einer Höhe von 2 cm über Bodenniveau, die Türschwellen und der Fußboden müssen flüssigkeitsdicht und ölbeständig ausgeführt sein.

(5) Kanaleinläufe und Kanalputzöffnungen in Heizräumen sind öldicht verschließbar einzurichten; diese Einrichtungen dürfen nur zur Ableitung von nicht durch Öl verunreinigtem Wasser geöffnet werden.

(6) Heizräume müssen so beschaffen sein, dass sämtliche Anlagenteile ungehindert bedient, gewartet und überprüft werden können. Insbesondere muss zwischen jedem Heizkessel bzw. Ölbrenner und den Wänden an mindestens zwei zusammenstoßenden Seiten ein freier Abstand von mindestens 60 cm frei bleiben. Zugänge zu Verpuffungsklappen, Putztüren von Rauchfängen und den verschließbaren Messöffnungen für Rauchgase müssen in einer Breite von 60 cm sichergestellt sein.

(7) Heizräume müssen, ausgenommen bei der Aufstellung von ausschließlich raumluftunabhängigen Feuerungsanlagen, über unmittelbar ins Freie führende Lüftungsöffnungen verfügen. Für die Verbrennungsluftversorgung muss der Querschnitt der Zuluftöffnungen dem Luftbedarf der Verbrennungseinrichtungen angepasst sein, jedoch mindestens 300 cm^2 betragen. Zuluft- und Abluftöffnungen sowie mechanische Lüftungseinrichtungen dürfen die Zugwirkung von Rauchfängen nicht beeinträchtigen.

(8) Nicht zur Heizungsanlage gehörende lüftungstechnische Einrichtungen dürfen in Heizräumen nicht aufgestellt werden.

(9) An der Außenseite der Türen von Heizräumen sind die Aufschriften „Heizraum" und „Unbefugten ist der Zutritt verboten" gut lesbar und haltbar anzubringen. Werden in Heizräumen auch Lagerungen von Heizöl gemäß § 9 Abs. 2 lit. c vorgenommen, sind zusätzlich die Aufschriften „Lagerung von Heizöl" sowie „Rauchen und Hantieren mit Feuer und offenem Licht verboten" gut lesbar und haltbar anzubringen.

(10) Im Heizraum ist eine Betriebsvorschrift und ein einfacher Übersichtsplan, aus dem die wesentlichen Bestandteile der Ölfeuerungsanlage zu ersehen sind, gut lesbar und haltbar anzubringen. In die Betriebsvorschrift sind die Art des für die Anlage geeigneten Heizöles, die während des Betriebes vorzunehmenden Überprüfungen sowie Vorschriften über das Verhalten im Brandfall und bei Gebrechen aufzunehmen.

Lagerbehälter

§ 14. (1) Lagerbehälter müssen dauerhaft dicht, bruchsicher, allseits geschlossen und aus ölbeständigen Werkstoffen hergestellt sein, den statischen Erfordernissen entsprechen sowie dem möglichen Innen- und Außendruck und den thermischen Beanspruchungen standhalten.

(2) Jeder Lagerbehälter muss mit einem ölbeständigen Schild gut sichtbar und dauerhaft gekennzeichnet sein, das mindestens folgende Angaben zu enthalten hat:

a) Name und Anschrift des Herstellers;
b) Jahr der Herstellung;

c) Seriennummer;
d) Bauart und Werkstoff;
e) Lagermenge in Litern;
f) Art des Leckanzeigemediums bei doppelwandigen Lagerbehältern;
g) Prüfdrücke in bar.

(3) Jeder Lagerbehälter sowie jede Kammer eines Mehrkammer-Lagerbehälters mit einem Nenninhalt von mehr als 3 000 l ist mit einer Einstiegsöffnung zu versehen, dessen lichte Weite mindestens 60 cm betragen muss; in den Seitenwänden angeordnete Einstiegsöffnungen müssen rund sein. Oberhalb von bzw. vor seitlich angeordneten Einstiegsöffnungen muss ein Abstand von mindestens 1 m frei bleiben.

(4) Lagerbehälter müssen mit einer geeigneten Messvorrichtung ausgestattet sein, durch die der jeweilige Flüssigkeitsstand festgestellt werden kann. Kommunizierende Flüssigkeitsstandsanzeiger aus Glas oder Kunststoff sind unzulässig. Bei kommunizierend miteinander verbundenen Lagerbehältern genügt eine Messvorrichtung. Die Messvorrichtung kann entfallen, wenn Lagerbehälter so durchscheinend sind, dass der Flüssigkeitsstand von außen leicht festgestellt werden kann.

(5) Lagerbehälter mit einem Nenninhalt von mehr als 1000 l müssen mit einem festen Füllanschluss und einer nicht abschließbaren Lüftungsleitung ausgestattet werden. Der Füllanschluss ist an einer für die Befüllung leicht zugänglichen Stelle zu situieren.

(6) Bei Lagerbehältern mit festem Füllanschluss ist eine elektronische Überfüllsicherung vorzusehen. Der elektrische Anschluss für die Verbindung von der Steuereinrichtung am Tankfahrzeug zum Sensor im Lagerbehälter ist in unmittelbarer Nähe des Füllanschlusses anzubringen.

(7) Die Außenflächen oberirdischer Lagerbehälter aus Stahl sind mit einem Korrosionsschutz zu versehen. Bei im Freien aufgestellten Lagerbehältern aus Stahl müssen die Beschichtungsstoffe auch gegen atmosphärische Einflüsse ausreichend widerstandsfähig sein; außerdem sind die Lagerbehälter mit einer Blitzschutzanlage auszustatten.

(8) Lagerbehälter aus Stahl mit einem Nenninhalt von mehr als 1000 l innerhalb von Gebäuden sind in den Hauptpotenzialausgleich entsprechend den elektrotechnischen Vorschriften einzubeziehen. Ist ein Hauptpotentialausgleich nicht möglich, sind sie zu erden.

(9) Zwischenbehälter sind vornehmlich in Öllagerräumen anzuordnen. Werden sie in Heizräumen untergebracht, so gelten für sie die Bestimmungen gemäß § 9 Abs. 2 lit. c.

Rohrleitungen, Absperreinrichtungen und Armaturen

§ 15. (1) Rohrleitungen, Absperreinrichtungen und Armaturen müssen dauerhaft dicht, aus ölbeständigen Werkstoffen hergestellt, gegen Korrosion geschützt und so beschaffen sein, dass sie den möglichen mechanischen, chemischen und thermischen Beanspruchungen standhalten.

(2) Nicht einsehbare, zB im Erdreich verlegte, Rohrleitungen mit Ausnahme der Lüftungsleitungen von Lagerbehältern sind in korrosionsbeständigen flüssigkeitsdichten Schutzrohren zu verlegen. Der Überwachungsraum zwischen jeder Rohrleitung und dem Schutzrohr ist mit einem Leckanzeigesystem, das als Über- oder Unterdrucksystem arbeitet, auszustatten. Sind Füllleitungen mit stetigem Gefälle von der Füllstelle zu Öllagerräumen ausgeführt und beträgt deren Länge nicht mehr als 5 m, so kann das Leckanzeigesystem entfallen, wenn die Schutzrohre zum Öllagerraum hin offen und so ausgeführt sind, dass auslaufendes Öl in Auffangwannen oder in flüssigkeitsdichte und ölbeständige Überwachungsschächte fließt.

(3) Füllleitungen sind möglichst mit Gefälle so zu verlegen, dass sie sich nach dem Befüllvorgang selbsttätig in den Lagerbehälter entleeren. Liegt die Füllstelle tiefer als der höchste Punkt der Füllleitung oder des Lagerbehälters, so sind in der Füllleitung beim Füllanschluss ein Rückschlagventil und ein Absperrventil einzubauen. Weiters sind Füllanschlüsse mit Kappverschraubungen dicht abzuschließen. Bei unterirdischen Lagerbehältern ist die Anordnung von Füllanschlüssen in Domschächten nur zulässig, wenn diese mit der Außenwand des Lagerbehälters flüssigkeitsdicht und ölbeständig verbunden sind.

(4) Rohrleitungen aus Kunststoff dürfen nur verwendet werden, wenn sie vom Hersteller des Rohrleitungssystems in der technischen Dokumentation für diesen Verwendungszweck als zulässig angeführt sind. In Heizräumen dürfen Versorgungsleitungen von Lagerbehältern zur Feuerstätte aus Kunststoff mit Ausnahme der in Abs. 5 angeführten Leitungen nicht verwendet werden.

(5) Bewegliche Anschlussleitungen zu Ölbrennern müssen sichtbar verlegt werden und ihre Länge darf 1,5 m nicht übersteigen. Gummischläuche und Schlauchleitungen müssen mit einem äußeren korrosionsbeständigen Metalldrahtgeflecht versehen oder in einer hinsichtlich der Festigkeitseigenschaften gleichwertigen Ausführung hergestellt sein.

(6) In Rohrleitungen zwischen den Lagerbehältern und den Verbrennungseinrichtungen, aus denen bei technischen Gebrechen Heizöl ausfließen kann, sind an folgenden Stellen von Hand aus betätigbare Absperreinrichtungen einzubauen:

a) beim Austritt der Rohrleitung aus dem Lagerbehälter, wenn nicht der Ölbrenner und die Rohrleitung höher als der Lagerbehälter liegen und die Entnahmeleitung als Tauchleitung von oben in den Lagerbehälter eingeführt wird;

b) beim Austritt der Rohrleitung aus dem Zwischenbehälter;

c) unmittelbar vor dem Ölbrenner, jedoch nicht in bewegliche Anschlussleitungen.

(7) In Rohrleitungen, bei denen die Gefahr besteht, dass bei Undichtheiten durch die Heberwirkung der Behälterinhalt selbsttätig ausfließt, sind Heberschutzventile als mechanisch oder elektromagnetisch betätigte Sicherheitsventile einzubauen.

(8) Bei Ölfeuerungsanlagen mit mehreren nicht miteinander kommunizierend verbundenen Lagerbehältern ist sicher zu stellen, dass eine Überfüllung eines Lagerbehälters durch vom Ölbrenner rücklaufendes Heizöl wirksam verhindert wird.

(9) Lüftungsleitungen von Lagerbehältern müssen ins Freie münden. Die Mündungen sind gegen das Eindringen von Niederschlagswasser und Fremdkörpern zu sichern und möglichst so anzuordnen, dass sie von der Füllstelle aus eingesehen werden können. Die Mündungen müssen sich mindestens 50 cm über dem Füllanschluss bzw. über der Behälteroberkante befinden. Sind Lüftungsleitungen an der Grundgrenze zum öffentlichen Gut angeordnet, müssen ihre Mündungen mindestens 2,5 m über Umgebungsniveau angeordnet werden. Lüftungsleitungen in der Außenmauer zur öffentlichen Verkehrsfläche sind unter Putz zu verlegen.

(10) Lüftungsleitungen von Zwischenbehältern sind als nicht absperrbare Überlaufleitungen, die in Lagerbehälter führen, herzustellen. Sie müssen mindestens den gleichen Innendurchmesser wie die Entnahmeleitungen aufweisen.

(11) Ölführende Rohrleitungen sind durch braune Farbe kenntlich zu machen und mit der Durchflussrichtung zu kennzeichnen.

(12) Freiliegende Armaturen bei oberirdischen Lagerbehältern im Freien sind erforderlichenfalls gegen Manipulationen durch Unbefugte zu sichern.

Befüllen von Lagerbehältern

§ 16. (1) Das Befüllen von Lagerbehältern mit einem Füllschlauch vom Tankfahrzeug über öffentliche Verkehrsflächen ohne Verwendung einer Füllstelle (Direktbefüllung) ist nur unter folgenden Voraussetzungen zulässig:

a) es dürfen nur Lagerbehälter mit einem Nenninhalt von nicht mehr als 1 000 l befüllt werden;

b) die Befüllung der Lagerbehälter darf nur mittels eines Füllschlauches mit Zapfventil erfolgen;

c) der Befüllvorgang darf nur unter Mitwirkung von zwei Personen erfolgen, wovon sich eine Person im Bereich des Tankfahrzeuges befinden muss;
d) auf dem öffentlichen Gut und in Stiegenhäusern sind ausreichend sichtbare Warnhinweise anzubringen, die auf die möglichen Gefahren durch den Befüllvorgang hinweisen;
e) auf dem öffentlichen Gut sind Füllschläuche so kurz wie möglich zu verlegen.

(2) Füllstellen müssen von Kanaleinlauföffnungen mindestens 5 m entfernt sein. Sie dürfen vom Abstellplatz des Tankfahrzeuges nicht mehr als 40 m entfernt sein. Sofern Füllstellen allgemein zugänglich sind, müssen sie versperrbar ausgeführt werden.

(3) Beim Befüllen darf in Lagerbehältern, Rohrleitungen und Armaturen kein unzulässiger Druck auftreten. Lagerbehälter mit einer Überfüllsicherung, deren Funktion von einer Steuereinrichtung am Tankfahrzeug abhängig ist, dürfen nur unter Verwendung dieser Einrichtung befüllt werden.

(4) Sind Füllschränke in der Gebäudeaußenwand angeordnet, so sind diese zum Gebäude hin feuerbeständig auszugestalten, sofern sie nicht unmittelbar an den Öllagerraum grenzen. Unterhalb jedes Füllanschlusses ist eine flüssigkeitsdichte Auffangtasse anzuordnen.

(5) Füllschächte sind unter Bedachtnahme auf das unterschiedliche Dehnungsverhalten der eingesetzten Baustoffe flüssigkeitsdicht und ölbeständig auszugestalten. Wenn es die örtlichen Verhältnisse erfordern, können Füllschächte auch auf der öffentlichen Verkehrsfläche vor der Liegenschaft, auf der die Anlage situiert ist, eingebaut werden. Füllschächte sind tagwasserdicht abzudecken; bei Ausführung von Füllschächten in öffentlichen Verkehrsflächen sind die Abdeckungen rutschfest und flüssigkeitsdicht auszuführen. Beim Befüllen über eine Füllstelle auf der öffentlichen Verkehrsfläche sind gut sichtbare Warnhinweise anzubringen, die auf die möglichen Gefahren durch den Befüllvorgang hinweisen. Auf dem öffentlichen Gut sind Füllschläuche so kurz wie möglich zu verlegen.

(6) Beim Befüllen von Lagerbehältern dürfen Verkehrsflächen, Grünanlagen, Gebäudeteile oder sonstiges fremdes Eigentum nicht verunreinigt werden.[1)]

(7) Bei Füllanschlüssen sind Schilder über das abzufüllende Öl und über das Vorhandensein einer Überfüllsicherung gut lesbar und haltbar anzubringen.

Anmerkung

1) Schutznorm iS des § 1311 ABGB.

Zulässige Arten von Heizölen[1)2)]

§ 17. In Verbrennungseinrichtungen von Ölfeuerungsanlagen dürfen nur folgende flüssige Brennstoffe verwendet werden:

a) Heizöl extra leicht,

b) Heizöl leicht, in Ölfeuerungsanlagen mit einer Nennwärmeleistung von mehr als 400 kW.

Jede Verbrennungseinrichtung muss nach den in der technischen Dokumentation enthaltenen Betriebsvorschriften für die jeweilige Art des Heizöles geeignet sein.

Anmerkungen

1) Vgl § 2 Wr BrennstoffVO (WBV) iVm § 19 Wr Heizungs- und KlimaanlagenG 2015 (WHKG 2015), demnach ist die Verwendung von Heizöl leicht nur zulässig in neu errichteten Feuerungsanlagen > 400 kW Nennwärmeleistung und bis 1.1.2018 in bestehenden Anlagen > 70 kW Nennwärmeleistung (s Anm zu § 2 WBV).

2) Vgl § 3 IG-L-Maßnahmenkatalog 2005, demnach müssen ortsfeste Einrichtungen seit 1.9.2007 emissionsärmere Brennstoffe als Heizöl leicht verwenden, wenn die Versorgung sichergestellt, die Anlage dazu geeignet ist und dies nicht zu einer höheren Belastung der Arbeitnehmer führt (s Anm zu § 3 Abs 2 IG-L-Maßnahmenkatalog 2005).

Verbrennungseinrichtungen und Rauchgasabzüge

§ 18. (1) Verbrennungseinrichtungen von Ölfeuerungsanlagen sind unbeschadet der Bestimmungen des § 3 Abs. 5 lit. a und b sowie des § 19 in eigenen Räumen (Heizräumen) unterzubringen.

(2) Verbrennungseinrichtungen, die nicht ständig beaufsichtigt werden, müssen mit automatischen Ölbrennern ausgestattet sein und Sicherheitsabsperreinrichtungen besitzen, die den Heizölzufluss zu Ölbrennern bei Funktionsstörungen und Störabschaltungen selbsttätig unterbrechen.

(3) Bei Versagen des Zündvorganges darf eine neuerliche Zündung des Ölbrenners erst nach gründlicher Durchlüftung des Feuerraumes und der Rauchgasabzüge erfolgen.

(4) Ölbrenner sind so zu bemessen, einzubauen und einzustellen, dass die Flamme nicht schädigend auf Kesselwandungen einwirken kann.

(5) Automatische und teilautomatische Ölbrenner müssen so ausgestattet sein, dass sie nur in Betrieb genommen werden können, wenn die in den Rauchgasabzügen eingebauten Saugvorrichtungen oder Rauchgasklappen und die Luftabsperrklappen bei Ölbrennern in Betriebsstellung sind. Fällt

die Saugvorrichtung aus oder schließt sich die Rauchgasklappe, muss sich der Ölbrenner selbsttätig abschalten.

(6) Bei Warmlufterzeugern mit Zwangsluftumwälzung mittels Ventilator muss beim Anlaufen und während des Betriebes sichergestellt sein, dass sich bei einem Ausfall des Ventilators der Ölbrenner selbsttätig abschaltet.

(7) Feuerstätten für Heizöl und Feuerstätten für feste Brennstoffe dürfen an einen gemeinsamen Rauchfang dann angeschlossen werden, wenn sie wechselweise betrieben werden können. Dies muss durch eine steuerungstechnische Verriegelung sichergestellt sein. Der Anschluss von Feuerstätten mit Verbrennungsluftgebläsen und solchen ohne Verbrennungsluftgebläse an einen gemeinsamen Rauchfang ist nicht zulässig.

(8) Verpuffungsklappen sind an geeigneter Stelle in Verbindungsstücken oder Rauchfängen so anzuordnen, dass sie selbsttätig schließen und Überdrücke gefahrlos abgeleitet werden können. Bei Feuerstätten mit Ölgebläsebrennern sind nur zwangsgesteuerte Drosseleinrichtungen zulässig.

Aufstellung von Verbrennungseinrichtungen außerhalb von Heizräumen

§ 19. (1) Bei Ölfeuerungsanlagen mit einer Nennwärmeleistung von höchstens 50 kW ist die Herstellung eines Heizraumes nicht erforderlich, wenn die Voraussetzungen des § 3 Abs. 5 lit. a und b gegeben sind, oder

a) der Heizkessel samt Ölbrenner nicht im Bereich eines Fluchtweges zur Aufstellung gelangt und der Aufstellungsraum ausreichend durchlüftet ist;
b) der Heizkessel sowie der Ölbrenner mit einem Berührungsschutz aus nicht brennbarem Material verkleidet ist;
c) unter dem Ölbrenner samt Absperr- und Filtereinrichtung eine Auffangtasse aus Stahlblech mit einem Fassungsvermögen von mindestens 10 l vorgesehen ist;
d) die Verpuffungsklappe so angeordnet ist, dass Überdrücke gefahrlos abgeleitet werden können und keine Brandgefahr gegeben ist;
e) der Fußboden unter dem Heizkessel samt Ölbrenner und in einem Bereich von mindestens 10 cm um diesen, gemessen von der Außenkante des Berührungsschutzes, aus nicht brennbaren Baustoffen besteht.

(2) Bei Warmlufterzeugern ist die Herstellung eines Heizraumes nicht erforderlich, wenn

a) der Warmlufterzeuger nur in solchen Aufenthalts- und Lagerräumen aufgestellt wird, in denen keine feuer- oder explosionsgefährlichen Stoffe erzeugt, verarbeitet oder gelagert werden;
b) der Warmlufterzeuger nicht im Bereich eines Fluchtweges aufgestellt wird;

c) der Warmlufterzeuger so aufgestellt wird, dass sich in einem Abstand von mindestens 2 m um diesen keine leicht entzündlichen oder leicht entflammbaren Stoffe befinden;
d) die Wände des Aufstellungsraumes, die nicht mehr als 1 m vom Warmlufterzeuger entfernt sind, mindestens bis zu 50 cm beiderseits des Warmlufterzeugers in ganzer Geschosshöhe aus nicht brennbaren Baustoffen ausgeführt sind;
e) der Fußboden unter sowie die Dach- und Deckenkonstruktion über dem Warmlufterzeuger und im Bereich von mindestens 1 m um diesen aus nicht brennbaren Baustoffen ausgeführt ist;
f) im Bereich des Warmlufterzeugers ein wirksamer Berührungsschutz vorhanden ist, falls die Oberflächentemperatur des Warmlufterzeugers mehr als 70 °C erreichen kann.

Brandschutz

§ 20. (1) Bei Ölfeuerungsanlagen ist durch den Einbau eines Brandschutzschalters sicherzustellen, dass die Stromzufuhr zum Ölbrenner und zu allfälligen Ölfördereinrichtungen selbsttätig unterbrochen wird, wenn in der Nähe der Feuerstätte eine Lufttemperatur von mehr als 70 °C erreicht wird.

(2) Liegt der höchstzulässige Flüssigkeitspegel im Lagerbehälter, aus dem der Ölbrenner unmittelbar versorgt wird, höher als der Ölbrenner, so muss in die Entnahmeleitung ein mit dem Brandschutzschalter gekoppeltes Brandschutzventil eingebaut werden, das im Brandfall die Heizölzufuhr zum Ölbrenner unterbricht. Das Brandschutzventil ist möglichst nahe der Eintrittsstelle der Entnahmeleitung in den Heizraum bzw. in den Raum, in dem die Feuerstätte aufgestellt ist, anzuordnen. Werden Lagerbehälter gemeinsam mit Feuerstätten im Heizraum aufgestellt, ist das Brandschutzventil an der höchsten Stelle der Rohrleitung für die Heizölzufuhr anzubringen.

(3) Nächst der Eingangstür zum Heizraum ist an einer leicht zugänglichen und im Brandfall nicht gefährdeten Stelle ein Notschalter anzubringen, der die Verbrennungseinrichtung und die Heizölzufuhr mit Ausnahme der Raumbeleuchtung, der Leckanzeigeeinrichtungen von Leckanzeigesystemen sowie allfälliger Saugvorrichtungen für Verbrennungsgase elektrisch allpolig abschaltet. Verfügt der Heizraum über mehrere Ausgänge, so ist bei jedem Ausgang ein Notschalter anzuordnen. Notschalter sind deutlich sichtbar und dauerhaft als solche zu kennzeichnen.

(4) Nächst der Eingangstür zu Heiz- und Öllagerräumen sind für die erste Löschhilfe ein oder mehrere zur Bekämpfung von Ölbränden geeignete tragbare Feuerlöscher mit einer Nennfüllmenge von insgesamt mindestens 12 kg bereitzuhalten.

(5) Bei oberirdischen Lagerungen im Freien sind abhängig von der Lagermenge, der Lagerungsart und den örtlichen Gegebenheiten erforderliche Mittel und Geräte für die erste Löschhilfe bereitzustellen.

Auflassung von Anlagen

§ 21. (1) Beabsichtigt der Eigentümer oder die Eigentümerin einer Anlage oder der oder die sonst darüber Verfügungsberechtigte die Stilllegung oder Abtragung der Anlage oder eines Teiles der Anlage, so hat er oder sie unverzüglich die notwendigen Vorkehrungen zur Vermeidung oder Beseitigung einer von der Anlage oder vom Anlagenteil ausgehenden Gefährdung oder Belästigung von Menschen sowie nachteiligen Einwirkungen auf die Beschaffenheit des Bodens und der Gewässer zu treffen.

(2) Sämtliche aufgelassenen Lagerbehälter einschließlich der Zwischenbehälter und ölführenden Rohrleitungen sowie Armaturen sind zu entleeren und zu reinigen.

(3) Unterirdische Lagerbehälter und im Erdreich verlegte Rohrleitungen, die nicht entfernt werden, sind von einem oder einer Berechtigten einer Dichtheitsprüfung zu unterziehen. Werden im Zuge dieser Prüfung Undichtheiten festgestellt, sind Maßnahmen gemäß § 6 Abs. 2 durchzuführen. Entleerte und gereinigte unterirdische Lagerbehälter, die im Erdreich verbleiben, müssen entweder wiederkehrend mindestens alle fünf Jahre einer Überprüfung auf Formbeständigkeit infolge des sie umgebenden Erddruckes unterzogen werden oder sind mit nicht setzungsgefährdetem Material hohlraumfrei zu verfüllen.

(4) Oberirdische Lagerbehälter, die nach dem Entleeren und Reinigen nicht abgetragen werden, sind mit ausreichend großen Lüftungsöffnungen zu versehen.

(5) Füllstellen sind stillzulegen und die Füllanschlüsse sind dicht zu verschließen. Füllschächte und deren Füllleitungen, die sich im öffentlichen Gut (zB Gehsteig) befinden, sind zu entfernen; die öffentlichen Verkehrsflächen sind anschließend ordnungsgemäß herzustellen.

(6) Die Füllstellen und Domschächte unterirdischer Lagerbehälter, die Böden von Heiz- und Öllagerräumen sowie Auffangwannen sind zu reinigen. Bei offensichtlich nicht mehr dicht ausgeführten Füllschächten sowie bei nicht mit dem Lagerbehälter flüssigkeitsdicht verbundenen Domschächten ist das umgebende Erdreich auf Kontaminationen durch Öl zu überprüfen.

(7) Zu Ölbrennern führende Versorgungsleitungen sind von diesen zu trennen. Stillgelegte Heizkessel und Ölbrenner sind allpolig vom Stromversorgungsnetz zu trennen. Rauchfanganschlüsse stillgelegter Feuerstätten sind zu entfernen und die Einmündungen in Rauchfänge sind dicht zu verschließen.

IV. ABSCHNITT
Behörden und Verfahren
Zuständigkeit

§ 22. (1) Behörde im Sinne dieses Gesetzes ist der Magistrat.

(2) Die Gemeinde hat ihre in diesem Gesetz geregelten Aufgaben mit Ausnahme der Durchführung des Verwaltungsstrafverfahrens im eigenen Wirkungsbereich zu besorgen.

Strafbestimmungen

§ 23. (1) Übertretungen der Vorschriften dieses Gesetzes und der auf Grund dieses Gesetzes erlassenen Durchführungsverordnungen sind nach den Strafbestimmungen der Bauordnung für Wien zu bestrafen.[1)]

(2) § 33a Verwaltungsstrafgesetz 1991 – VStG, BGBl. Nr. 52/1991, in der Fassung BGBl. I Nr. 57/2018, findet auf sämtliche Übertretungen nach diesem Gesetz keine Anwendung.

Anmerkung

1) Abgesehen von der Tatsache, dass keine Durchführungsverordnung besteht, begegnet die Formulierung dieser Blankettstrafnorm erheblichen verfassungsrechtlichen Bedenken.

Übergangs- und Schlussbestimmungen

§ 24. (1) Die im Zeitpunkt des In-Kraft-Tretens dieses Gesetzes anhängigen Verfahren zur Erteilung der Baubewilligung oder der Kenntnisnahme und Verfahren zur Erteilung der Benützungsbewilligung sind nach den bisherigen Bestimmungen weiterzuführen. Diese Verfahren sind jedoch einzustellen, sofern der Behörde die im § 3 Abs. 3 genannten Unterlagen vorgelegt werden.

(2) Der Eigentümer oder die Eigentümerin oder der oder die sonst darüber Verfügungsberechtigte einer bestehenden Ölfeuerungsanlage, die nicht mit einer gemäß § 17 zulässigen Heizölart betrieben wird, hat diese innerhalb einer Frist von zwei Jahren nach dem In-Kraft-Treten dieses Gesetzes auf eine zulässige Heizölart umzurüsten. Andere als gemäß § 17 zulässige Arten von Heizöl dürfen innerhalb dieser Frist zum Verbrauchen des Heizölvorrates verwendet werden. Unberührt von dieser Verpflichtung bleiben Ölfeuerungsanlagen mit einer Nennwärmeleistung von mehr als 70 kW, die mit Heizöl leicht betrieben werden.

(3) Nach den bisher geltenden gesetzlichen Bestimmungen rechtmäßig bestehende Anlagen werden durch die Bestimmungen dieses Gesetzes nicht berührt; es finden jedoch auf diese die Bestimmungen des § 5 Abs. 2 bis 5, §§ 6 bis 8, § 16 Abs. 1, 3, 6 und 7, § 20 Abs. 4 und 5 sowie § 21 Anwendung.

(4) Im Falle einer Vergrößerung der Nennwärmeleistung oder der Lagermenge bei einer nach den bisher geltenden Bestimmungen rechtmäßig bestehenden Anlage sind die Bestimmungen dieses Gesetzes anzuwenden. Bei jeder anderen Änderung einer bestehenden Anlage hinsichtlich der in § 3 Abs. 3 lit. a und b enthaltenen Angaben hat der Eigentümer oder die Eigentümerin der Anlage oder der oder die sonst darüber Verfügungsberechtigte vor der Wiederinbetriebnahme die die Änderung betreffenden Unterlagen sowie einen Abnahmebefund gemäß § 3 Abs. 3 lit. c über die gesetzmäßige Ausführung dieser Änderung der Behörde vorzulegen.

(5) Der Eigentümer oder die Eigentümerin sowie der oder die sonst darüber Verfügungsberechtigte einer Anlage, bei der unterirdische Lagerbehälter oder nicht einsehbare, zB im Erdreich verlegte, Rohrleitungen einwandig ausgeführt sind, hat innerhalb einer Frist von fünf Jahren nach dem In-Kraft-Treten dieses Gesetzes[1] die Lagerbehälter gemäß § 11 doppelwandig mit einem Leckanzeigesystem, das als Über- oder Unterdrucksystem arbeitet, und die Rohrleitungen gemäß § 15 Abs. 2 mit flüssigkeitsdichten Schutzrohren auszuführen. Desgleichen sind Lagerbehälter, die nicht mit einer elektronischen Überfüllsicherung gemäß § 14 Abs. 6 ausgestattet sind, innerhalb dieser Frist damit auszustatten. Bezüglich der Meldepflicht solcher Änderungen gelten die Bestimmungen des Abs. 4.

Anmerkung

1) Das ist bis 22.1.2012.

In-Kraft-Treten

§ 25. Dieses Gesetz tritt einen Monat nach seiner Kundmachung in Kraft.[1] Gleichzeitig tritt das Gesetz, mit dem Bestimmungen über Ölfeuerungsanlagen erlassen werden (Wiener Ölfeuerungsgesetz), LGBl. für Wien Nr. 19/1974, in der Fassung der Novelle, LGBl. für Wien Nr. 82/2001, außer Kraft.

Anmerkung

1) Das war am 22.1.2007.

Notifizierung

§ 26. Dieses Gesetz wurde gemäß den Bestimmungen der Richtlinie 98/34/EG des Europäischen Parlaments und des Rates vom 22. Juni 1998 über ein Informationsverfahren auf dem Gebiet der Normen und technischen Vorschriften und der Vorschriften für die Dienste der Informationsgesellschaft in der Fassung der Richtlinie 98/48/EG des Europäischen Parlaments und des Rates vom 20. Juli 1998 der Europäischen Kommission notifiziert (Notifikationsnummer 2006/139/A).

7a. Gesetz vom 26. Jänner 1973 zum Schutz gegen Baulärm[1)]

LGBl 16, idF LGBl 1981/25, 1991/17 und 2001/78

Anmerkung

1) Auch beim Gesetz zum Schutz gegen Baulärm wird eine Anpassung der Terminologie an die durch die Techniknovelle 2007 zur WBO geänderten Begriffe notwendig sein.

Begriffsbestimmungen und Anwendungsbereiche

§ 1. (1) Baulärm im Sinne dieses Gesetzes ist jedes die öffentliche Ordnung störende Geräusch[1)], das im Zuge von Bauarbeiten erzeugt wird. Unter Bauarbeit wird jeder Arbeitsvorgang bis zur Fertigstellung eines Bauvorhabens, der Abbruch von Baulichkeiten, die Einrichtung von Baustellen, die Vornahme von Erdbewegungsarbeiten sowie von Probebohrungen verstanden.[2)3)]

(2) Baumaschinen sind maschinelle Einrichtungen, die im Zuge von Bauarbeiten Verwendung finden, insbesondere Rammen, Baggergeräte, Mischmaschinen, Bauaufzüge, Fördergeräte, Kompressoren, Drucklufthämmer und andere Maschinenhämmer, Verdichtungsgeräte, Kreissägen, Bohrmaschinen, Pumpen, selbstfahrende Bau- und Erdbewegungsmaschinen sowie Muldenkipper.[4)]

Anmerkungen

1) Also nicht nur Maschinenlärm.

2) Unabhängig davon, ob die Bauführung bewilligungspflichtig ist oder nicht.

3) Dem unterliegen auch Bauarbeiten für elektrizitätstechnische Anlagen und Einrichtungen, sofern es sich dabei um Bauführungen handelt, die in Anwendung des Kumulationsprinzips in den Anwendungsbereich der BO fallen. Ebenso erfasst sind Bauarbeiten für die Errichtung eines Straßenkanals. Zu beachten ist, dass gemäß § 4 Abs 5 Bauarbeiten für die Beseitigung einer unmittelbaren Gefahr keiner Ausnahmegenehmigung bedürfen (inkl Arbeiten, um einen ungestörten Betrieb öffentlicher Ver- und Entsorgungsleitungen zu gewährleisten).

4) Vgl auch OGH 21.6.2004, 10 Ob 46/04v.

Pflichten des für die Bauführung Verantwortlichen

§ 2. (1) Der Bauführer (§ 124 Abs. 1 der Bauordnung für Wien in der geltenden Fassung) hat, unbeschadet der Bestimmungen des § 3, dafür zu sorgen, daß jeder unnötige[1)] Baulärm auf der Baustelle vermieden wird. Er ist

dafür verantwortlich, daß die Bestimmungen dieses Gesetzes sowie die auf Grund dieses Gesetzes erlassenen Verordnungen eingehalten werden.

(2) Er hat insbesondere die Ausbreitung von Baulärm auf Fenster von Aufenthaltsräumen (§ 87 Abs. 3 der Bauordnung für Wien), soweit dies technisch möglich ist und ohne erheblichen wirtschaftlichen Aufwand durchgeführt werden kann, wie durch Aufstellen von Bauplanken, Herstellung von Einhausungen, Anbringen von Dämmatten, Wahl des Aufstellungsortes der Maschinen, zu verhindern.

(3) Ist auf der Baustelle eine Anschlußmöglichkeit an das Stromnetz vorhanden oder ohne erheblichen wirtschaftlichen Aufwand zu installieren, dann ist für den Antrieb von Baumaschinen, die nach dem Stand der technischen Entwicklung elektrisch betrieben werden können und in dieser Konstruktion im Handel erhältlich sind, elektrischer Strom an Stelle von Verbrennungsmotoren heranzuziehen. Diese Verpflichtung besteht jedenfalls bei Bauaufzügen, Fördergeräten, nicht selbstfahrenden Mischmaschinen, Kreissägen, Bohrmaschinen und Pumpen. Durch Verordnung der Landesregierung können weitere Baumaschinen, auf welche die genannten Voraussetzungen zutreffen, einbezogen werden.[2)]

(4) Als erheblich im Sinne der Abs. 2 und 3 ist der wirtschaftliche Aufwand dann anzusehen, wenn er die Bauführung in einer zu den Gesamtkosten des Projektes unverhältnismäßigen Höhe belasten würde; eine unverhältnismäßige Höhe ist jedenfalls dann gegeben, wenn die Belastung mehr als 5% der geschätzten Gesamtkosten des Projektes beträgt. Gesamtkosten des Projektes sind jene Kosten, die notwendig sind, um an der betroffenen Baulichkeit oder Anlage eine beabsichtigte bautechnische Maßnahme zu verwirklichen, ungeachtet des Umstandes, daß die Arbeiten, aus welchem Grund immer, nur in zeitlichen Abständen oder von verschiedenen Gewerbetreibenden ausgeführt werden. Hiebei ist nach den vorliegenden Kostenvoranschlägen, bei Fehlen von solchen durch behördliche Schätzung vorzugehen. Die Kostenvoranschläge unterliegen hiebei hinsichtlich der Durchführbarkeit und Preisangemessenheit der behördlichen Überprüfung.

(5) Ist kein Bauführer bestellt oder kann ein solcher nicht festgestellt werden, so ist für die Einhaltung der Bestimmungen dieses Gesetzes und der auf Grund dieses Gesetzes erlassenen Verordnungen derjenige verantwortlich, der als befugter Gewerbetreibender die den Baulärm verursachende Maßnahme durchführt oder durchführen läßt.[3)] Wurde auch kein befugter Gewerbetreibender bestellt oder kann ein solcher nicht festgestellt werden[4)], so trifft die Verantwortung denjenigen, auf dessen Rechnung und Gefahr die Arbeiten durchgeführt werden.

Anmerkungen

1) Unnötig ist jeder Baulärm, der bei pflichtgemäßer Aufmerksamkeit sich nicht ergibt.

2) Eine solche V wurde bisher nicht erlassen.

3) Baulärm kann also auch durch Nichtbaugewerbetreibende (zB Spengler) erzeugt werden.

4) ZB bei der Pfuscherei.

Grenzwerte

§ 3. (1) Durch Verordnung der Landesregierung[1)] ist zur Sicherung eines ausreichenden Schutzes der Umwelt sowie zur Erzielung eines größtmöglichen Schutzes der Anrainer vor Gefährdung und Belästigung entsprechend dem jeweiligen Stand der Technik der höchstzulässige Schallpegel bestimmter Kategorien von Baumaschinen als Schalleistungspegel festzusetzen (Emissionsgrenzwert). Die Landesregierung hat alle zwei Jahre nach Erlassung der Verordnung zu prüfen, ob der höchstzulässige Schallpegel dem jeweiligen Stand der Technik entspricht. Kann der höchstzulässige Schallpegel dem fortentwickelten Stand der Technik entsprechend herabgesetzt werden, so hat die Landesregierung die neuen Werte durch Verordnung festzulegen. Unter Bedachtnahme auf die wirtschaftlichen Kriterien einer Bauführung können hiebei zum Zeitpunkt der Erlassung der Verordnung und zum Zeitpunkt der jeweiligen Anpassung höchstzulässige Schallpegel festgelegt werden, die erst ab einem späteren Zeitpunkt gelten.

(2) Durch Verordnung der Landesregierung[2)] ist der höchstzulässige Schallpegel aller im Zuge einer Bauarbeit, sei es auch bei verschiedenen Arbeitsvorgängen, gleichzeitig erzeugten Geräusche nach Maßgabe der Widmungskategorien im Bauland (§ 4 Abs. 2 lit. C der Bauordnung für Wien in der geltenden Fassung) und unter Bedachtnahme auf die in Abs. 1 genannten Erfordernisse im Freien vor dem Fenster eines Aufenthaltsraumes (§ 87 Abs. 3 der Bauordnung für Wien in der geltenden Fassung) festzusetzen (Immissionsgrenzwert).

(3) Die Lärmmessung hat nach dem jeweiligen Stand der technischen Wissenschaften zu erfolgen. Durch Verordnung der Landesregierung können über die Lärmmessung und das dabei zu beobachtende Verfahren Vorschriften erlassen oder entsprechende Richtlinien als verbindlich erklärt werden.[3)]

(4) Der Schallpegel der Emissionsgrenzwerte und der Immissionsgrenzwerte ist A-bewertet in dB festzusetzen.

(5) Die Behörde kann über Antrag von den Grenzwerten der nach Abs. 1 oder 2 zu erlassenden Verordnungen Ausnahmen bewilligen, wenn andernfalls die Bauführung

a) in Ansehung der technischen Erfordernisse nicht durchgeführt werden könnte oder

b) einen erheblichen wirtschaftlichen Aufwand erfordern würde; als erheblich ist der wirtschaftliche Aufwand dann anzusehen, wenn er die Bauführung in einer zu den Gesamtkosten des Projektes unverhältnismäßigen Höhe belasten würde. Eine unverhältnismäßige Höhe ist jedenfalls dann gegeben, wenn die Belastung mehr als 5% der geschätzten Gesamtkosten des Projektes beträgt. Gesamtkosten des Projektes sind jene Kosten, die notwendig sind, um an der betroffenen Baulichkeit oder Anlage eine beabsichtigte bautechnische Maßnahme zu verwirklichen, ungeachtet des Umstandes, daß die Arbeiten, aus welchem Grund immer, nur in zeitlichen Abständen oder von verschiedenen Gewerbetreibenden ausgeführt werden. Hiebei ist nach den vorliegenden Kostenvoranschlägen, bei Fehlen von solchen durch behördliche Schätzung vorzugehen. Die Kostenvoranschläge unterliegen hiebei hinsichtlich der Durchführbarkeit und Preisangemessenheit der behördlichen Überprüfung.

(6) Die Ausnahmebewilligung nach Abs. 5 ist nur dann zu erteilen, wenn nicht öffentliche Interessen, insbesondere solche der Gesundheit der Nachbarschaft, entgegenstehen. Die Bewilligung ist an Auflagen, Bedingungen und Befristungen zu knüpfen, soweit dies zur Wahrung der öffentlichen Interessen erforderlich ist. Sie ersetzt nicht die für Arbeiten zur Nachtzeit erforderliche Bewilligung nach § 4.

(7) Vor rechtskräftiger Erteilung der Ausnahmebewilligung darf die betreffende Bauarbeit nicht begonnen oder fortgesetzt werden.

(8) Über ein ordnungsgemäß belegtes Ansuchen ist in der Regel binnen 4 Wochen zu entscheiden.[4)]

Anmerkungen

1) Vgl die Baulärm-EmissionsgrenzwertV, LGBl 2012/37 unter 7.b.

2) Eine sogenannte „ImmissionswertV" ist bis jetzt nicht erlassen worden.

3) Eine solche V wurde bisher nicht erlassen.

4) Keine Devolutionsfrist im Sinne des § 73 AVG.

Schutz vor unzumutbarer Lärmbelästigung

§ 4. (1) Während der Nachtstunden, das ist zwischen 20.00 Uhr abends und 6.00 Uhr früh, ist grundsätzlich jede Baulärm erzeugende Bauarbeit (§ 1 Abs. 1) verboten. Die Behörde kann[1] über Antrag hievon Ausnahmen bewilligen, wenn

a) die Bauführung in Ansehung der technischen Erfordernisse nicht durchgeführt werden könnte,

b) öffentliche Rücksichten, wie die Wiederherstellung öffentlicher Verkehrsflächen, die Gefährdung der körperlichen Sicherheit von Personen oder der ungestörten Versorgung der Bevölkerung mit Grundnahrungsmitteln, die sofortige Durchführung der Bauarbeiten gebieten oder

c) eine gesetzliche oder bescheidmäßig auferlegte Verpflichtung zur Durchführung der Baulärm erzeugenden Bauarbeiten während der Nachtzeit besteht.[2]

(2) Die Behörde hat bei der Gewährung einer Ausnahme nach Abs. 1 die im öffentlichen Interesse, insbesondere zum Schutz der Nachbarschaft vor unzumutbarer Lärmbelästigung, notwendigen Bedingungen, Befristungen und Auflagen vorzuschreiben.

(3) Vor rechtskräftiger Erteilung der Ausnahmebewilligung darf die betreffende Bauarbeit während der Nachtstunden nicht begonnen oder fortgesetzt werden.

(4) Über ein ordnungsgemäß belegtes Ansuchen ist in der Regel binnen 4 Wochen zu entscheiden.[3]

(5) Unberührt von den Bestimmungen der Abs. 1 bis 4 sind solche Baulärm erzeugende Bauarbeiten auch während der Nachtzeit zulässig, die die Beseitigung einer unmittelbaren Gefahr[4] bezwecken. Darunter fallen auch Arbeiten, die notwendig sind, um einen ungestörten Betrieb öffentlicher Ver- und Entsorgungsleitungen zu gewährleisten.[5][6]

Anmerkungen

1) Im Sinne der Rechtsprechung des VwGH (vgl Slg 6225/A) besteht bei Vorliegen der gesetzlichen Voraussetzungen ein Anspruch auf Gewährung der Ausnahme.

2) ZB weil aus Verkehrsrücksichten die Arbeiten am Tag nicht durchgeführt werden dürfen.

3) Keine Devolutionsfrist im Sinne des § 73 AVG.

4) Hinsichtlich der „Unmittelbarkeit“ der Gefahrenbeseitigung wird zu berücksichtigen sein, dass die Behörde anonsten vor Arbeitsbeginn 4 Wochen Zeit hat, über ein Ansuchen zu entscheiden (vgl Abs 4).

5) Hier handelt es sich um bewilligungsfreie Notstandshandlungen (§ 6 VStG).

6) Umfasst sind sämtliche als Einbauten neu errichtete öffentliche Ver- und Entsorgungsleitungen.

Schutz vor unzumutbarer Lärmbelästigung

§ 4a. Die Behörde kann, wenn dies zum Schutz der in unmittelbarer Nähe bestehenden Schulen, Kirchen, Krankenanstalten, Kindergärten oder sonstigen Einrichtungen, die nach ihrer Zweckbestimmung eines besonderen Schutzes vor Lärm bedürfen, erforderlich ist, vor oder während der Durchführung von Bauarbeiten zur Sicherstellung dieses Schutzes besondere, befristete oder unbefristete Schutzmaßnahmen vorschreiben; insbesondere kann die Behörde die Verwendung bestimmter Maschinen und die Verwendung von Verbrennungsmotoren zum Antrieb von Maschinen untersagen, wenn dadurch die Bauführung nicht technisch unmöglich gemacht wird.

Überwachung

§ 5. (1) Die Behörde hat bei Verstoß gegen die Bestimmungen des § 4 oder die auf Grund dieses Paragraphen erteilte Ausnahmebewilligung die Einstellung der Bauarbeiten für die Nachtstunden zu verfügen.[1)] Sie hat hierüber binnen 3 Tagen an den Bauführer einen schriftlichen Bescheid zu erlassen.[2)] Die Arbeiten dürfen erst ab jenem Zeitpunkt und in jenem Umfang wieder fortgesetzt werden, den die Behörde auf Grund eines entsprechenden Ansuchens für zulässig erklärt hat.

(2) Die Behörde hat bei Verstoß gegen die auf Grund des § 3 Abs. 1 im Wege einer Durchführungsverordnung festgesetzten Grenzwerte die Einstellung des Betriebes der betreffenden Baumaschine, bei Verstoß gegen die auf Grund des § 3 Abs. 2 im Wege einer Durchführungsverordnung festgesetzten Grenzwerte die Einstellung aller für die Bauarbeiten eingesetzten Baumaschinen zu verfügen.[1)] Sie dürfen erst dann wieder in Betrieb genommen werden, bis Vorkehrungen zur Reduktion des Lärms auf die zulässigen Grenzwerte oder darunter getroffen wurden. Abs. 1 zweiter Satz gilt sinngemäß.

(3) Die Behörde ist unbeschadet sonstiger Vorschriften befugt, jederzeit die Baustelle zu betreten, die Maschinen und Geräte zu überprüfen sowie Lärmmessungen vorzunehmen. Soweit es zur Vornahme der Prüfungen erforderlich ist, sind dazu Arbeitskräfte sowie Hilfsmittel, insbesondere Treibstoffe und Antriebsaggregate, von dem für die Bauführung Verantwortlichen unentgeltlich bereitzustellen.

Anmerkungen

1) Sog Maßnahmen des sofortigen Polizeizwanges. Mangels ausdrücklicher Regelung scheint es sinnvoll, davon auszugehen, dass der schriftliche Bescheid die mündlich verfügte Einstellung aufhebt.

2) Als Bescheidadressat kommen der Bauführer bzw die im § 2 genannten Personen in Frage.

Strafbestimmungen

§ 6. Verstöße gegen § 2 Abs. 1 bis 3, § 3 Abs. 7, § 4 Abs. 3 und § 5, gegen die auf Grund des § 3 Abs. 1 und 2 dieses Gesetzes erlassenen Durchführungsverordnungen sowie gegen bescheidmäßig getroffene Anordnungen werden von der Bezirksverwaltungsbehörde mit Geldstrafen bis zu 21.000 Euro, im Falle der Uneinbringlichkeit der Geldstrafe mit Arrest bis zu drei Monaten bestraft.[1)]

Anmerkung

1) Der Geldbetrag wurde mit der Nov LGBl 2001/78 geändert. Gemäß § 16 Abs 2 VStG darf die zulässige Ersatzfreiheitsstrafe 6 Wochen nicht überschreiten (materielle Derogation).

Partei

§ 7. Partei im Sinne dieses Gesetzes ist derjenige, der für die Bauführung verantwortlich ist (§ 2).

Behörde und Wirkungsbereich

§ 8. Behörde im Sinne dieses Gesetzes ist der Magistrat. Die Gemeinde hat ihre in diesem Gesetz geregelten Aufgaben, mit Ausnahme der Durchführung des Verwaltungsstrafverfahrens sowie der Verfügung der Einstellung von Bauarbeiten oder des Betriebes von Baumaschinen, im eigenen Wirkungsbereich zu besorgen.

Inkrafttreten

§ 9. (1) Dieses Gesetz tritt mit Ausnahme des § 2 Abs. 3 am 1. Juni 1973 in Kraft; Baggergeräte, Erdbewegungs- und Straßenbaumaschinen, die vor diesem Zeitpunkt erstmalig in Betrieb genommen wurden, dürfen jedoch bis zum 31. Dezember 1977, alle anderen Baumaschinen, die vor diesem Zeitpunkt erstmalig in Betrieb genommen wurden, bis zum 31. Dezember 1975 auch dann verwendet werden, wenn sie den auf Grund des § 3 Abs. 1 im Wege einer Durchführungsverordnung festgesetzten höchstzulässigen Schallpegel übersteigen. Die übrigen Bestimmungen dieses Gesetzes bleiben jedoch davon unberührt.

(2) § 2 Abs. 3 tritt am 1. Jänner 1976 in Kraft.

(3) Das Gesetz ist auch auf Bauarbeiten, die vor dem 1. Juni 1973 bereits begonnen worden sind, anzuwenden.

(4) Verordnungen auf Grund des vorliegenden Gesetzes können von dem seiner Kundmachung folgenden Tag erlassen werden und dürfen frühestens mit 1. Juni 1973 in Kraft treten.

(5) Die Bestimmungen des § 123 Abs. 1 der Bauordnung für Wien werden, soweit in diesem Gesetz nicht besondere Vorschriften zum Schutz vor Gefährdung und unnötiger Belästigung durch Bauarbeiten getroffen werden, nicht berührt.

7b. Verordnung der Wiener Landesregierung über die Festsetzung des höchstzulässigen Schallpegels bestimmter Kategorien von Baumaschinen, (Wiener Baulärm-Emissionsgrenzwertverordnung – WBL-EGV)

LGBl 2012/37

Auf Grund des § 3 Abs. 1 des Gesetzes zum Schutz gegen Baulärm, LGBl. für Wien Nr. 16/1973, zuletzt geändert durch das Gesetz LGBl. für Wien Nr. 78/2001, wird verordnet:

Baumaschinen

§ 1. Baumaschinen im Sinne dieser Verordnung sind maschinelle Einrichtungen, die im Zuge von Bauarbeiten Verwendung finden.

Grenzwerte

§ 2. (1) Der Schallpegel einer Baumaschine darf folgende Grenzwerte nicht überschreiten:

Geräte-/Maschinentyp	Leistungen der Baumaschinen P und P_{el} in kW Masse der Baumaschine m in kg	Zulässiger Schallleistungspegel in dB
Verdichtungsmaschinen (Vibrationswalzen, Rüttelplatten und Vibrationsstampfer)	P ≤ 8	110
	8 < P ≤ 70	111
	P > 70	91 + 11 lg P
Planierraupen, Kettenlader, Kettenbaggerlader	P ≤ 55	108
	P > 55	89 + 11 lg P
Planiermaschinen auf Rädern, Lader auf Rädern, Baggerlader auf Rädern, Muldenfahrzeuge, Grader, Müllverdichter mit Laderschaufel, Gegengewichtsstapler mit Verbrennungsmotor, Mobilkrane, Verdichtungsmaschinen (nichtvibrierende Walzen), Straßenfertiger, Hydraulikaggregate	P ≤ 55	106
	P > 55	87 + 11 lg P
Bagger, Bauaufzüge für den Materialtransport, Bauwinden, Motorhacken	P ≤ 15	98
	P > 15	85 + 11 lg P

Geräte-/Maschinentyp	Leistungen der Baumaschinen P und P_{el} in kW Masse der Baumaschine m in kg	Zulässiger Schallleistungspegel in dB
Handgeführte Betonbrecher, Abbau-, Aufbruch- und Spatenhämmer	$m \leq 15$	110
	$15 < m < 30$	$97 + 11 \lg m$
	$m \geq 30$	$99 + 11 \lg m$
Turmdrehkräne		$101 + \lg P$
Schweißstrom- und Kraftstromerzeuger	$P_{el} \leq 2$	$100 + \lg P_{el}$
	$2 < P_{el} \leq 10$	$101 + \lg P_{el}$
	$P_{el} > 10$	$101 + \lg P_{el}$
Kompressoren	$P \leq 15$	102
	$P > 15$	$100 + 2 \lg P$

(2) In der Tabelle des Abs. 1 bezeichnet

- „P_{el}" die maximale abgegebene Leistung (Wirkleistung),
- „P" die maximale Leistung der installierten Motoren und
- „Schallleistungspegel" den A-bewerteten Schallleistungspegel in dB.

(3) Der zulässige Schallleistungspegel ist auf die nächste ganze Zahl auf- oder abzurunden.

In-Kraft-Treten

§ 3. (1) Diese Verordnung tritt sechs Monate nach ihrer Kundmachung in Kraft.

(2) Mit dem In-Kraft-Treten dieser Verordnung tritt gleichzeitig die Verordnung der Wiener Landesregierung über Emissionsgrenzwerte (Emissionswertverordnung), LGBl. für Wien Nr. 20/1973, außer Kraft.

Notifizierung

§ 4. Diese Verordnung wurde gemäß den Bestimmungen der Richtlinie 98/34/EG des Europäischen Parlaments und des Rates vom 22. Juni 1998 über ein Informationsverfahren auf dem Gebiet der Normen und technischen Vorschriften und der Vorschriften für die Dienste der Informationsgesellschaft in der Fassung der Richtlinie 98/48/EG des Europäischen Parlaments und des Rates vom 20. Juli 1998 der Europäischen Kommission notifiziert (Notifikationsnummer 2012/70/A).

8. Gesetz vom 7. Mai 1974 zum Schutze des Baumbestandes in Wien (Wiener Baumschutzgesetz)[1]

LGBl 27, idF der Gesetze LGBl 1984/19, 1986/22, 1993/52, 1996/5 (Kundmachung), 1996/54, 1998/45, 1998/48, 2001/53, 2013/31, 2013/45, 2018/71 und 2024/19[2]

Anmerkungen

1) Das Gesetz erscheint vom verwaltungsökonomischen Standpunkt und in seinen Strafdrohungen in seiner derzeitigen Erscheinungsform problematisch.

2) Die Änderung LGBl 2024/19 vom 16.4.2024 (Klimaschutznovelle 2024) erfolgte auf Basis eines Initiativantrages LG-77816-2024-LAT, ohne Begutachtungsverfahren. Es soll laut EBs eine Nachschärfung va iSd Klimaschutzes erfolgen. Dies umfasst ua eine Präzisierung der Obstbaumdefinition, neue Maßnahmen betreffend Ersatzpflanzungen, die Schaffung der Möglichkeit, Schutz- und Pflegemaßnahmen vorzuschreiben wie auch eine Anhebung der Ausgleichsabgabe (5.000 € statt 1.090 €) und Erhöhung der Verwaltungsstrafen. Das Gesetz tritt mit Ausnahme der Strafbestimmungen des § 13 Abs 1 bis 3 und Abs 6 bis 6b rückwirkend am 15.1.2024 in Kraft.

Zweck und Anwendungsbereich

§ 1. **(1) Zur Erhaltung einer gesunden Umwelt[2] für die Wiener Bevölkerung ist der Baumbestand im Gebiete der Stadt Wien nach den Bestimmungen dieses Gesetzes geschützt ohne Rücksicht darauf, ob er sich auf öffentlichem oder privatem Grund befindet. Zum geschützten Baumbestand im Sinne dieses Gesetzes gehören alle Bäume, das sind Laub- und Nadelhölzer mit einem Stammumfang von mindestens 40 cm, gemessen in 1 m Höhe vom Beginn der Wurzelverzweigung, einschließlich ihres ober- und unterirdischen pflanzlichen Lebensraumes.**

(2) Dieses Gesetz findet jedoch keine Anwendung[3] auf

1. **Wälder im Sinne der forstrechtlichen Bestimmungen;[4]**
2. **Bäume, die in Baumschulen oder Gärtnereien der Erreichung des Betriebszweckes dienen;**
3. **Obstbäume, das sind:**
   a) **Echte Quitte (Cydonia oblonga),**
   b) **Kultur-Birne (Pyrus communis),**
   c) **Kultur-Apfel (Malus domestica),**
   d) **Walnuss (Juglans regia),**
   e) **Haselnuss (Corylus avellana),**
   f) **Marille (Prunus armeniaca),**
   g) **Kultur-Pfirsich (Prunus persica),**

h) Nektarine (Prunus persica var. nucipersica),

i) Kultur-Pflaume/Zwetschke (Prunus domestica) einschließlich Haferschlehe/Krieche/Kriecherl/Kriechen-Pflaume (Prunus domestica subsp. insititia var. juliana), Ringlotte/Reneklode (Prunus domestica subsp. insititia var. viridiflava sowie subsp. italica) und Mirabelle/Gelbe Zwetschke (Prunus domestica subsp. oeconomica sowie subsp. syriaca),

j) Süß-Kirsche (Prunus avium subsp. juliana sowie subsp. duracina),

k) Kultur-Weichsel/Sauerkirsche (Prunus cerasus);

inklusive der kultivierten Unterarten, Variationen und Fruchtsorten der Arten a) bis k), ausgenommen die Vogelkirsche (Prunus avium subsp. avium);[5)]

4. Bäume, die

a) auf Grund von Anordnungen der Wasserrechtsbehörden zur Instandhaltung der Gewässer und des Überschwemmungsgebietes,

b) zum Schutz von Wasserversorgungsanlagen gemäß § 1 Wasserversorgungsgesetz – WVG, LGBl. für Wien Nr. 10/1960, in der jeweils geltenden Fassung, oder

c) im Zuge bewilligter Wasserbauvorhaben

entfernt werden;

5. Bäume, deren Entfernen durch die landwirtschaftlichen Produktionszwecke geboten ist;

6. Bäume, die in Kleingartenanlagen stocken.

(EB zur Nov LGBl 2024/19, Klimaschutznov 2024)

Zu § 1 Abs. 2 Z 3

Durch die Ergänzung der Bestimmung wird in Form einer abschließenden Aufzählung klargestellt, was unter „Obstbäume" zu verstehen ist, um Unklarheiten im Vollzug zu vermeiden. Dadurch wird die Effektivität im Vollzug erhöht. Die Liste der Obstbäume umfasst jene Arten, die in Wien zur Fruchtziehung so genutzt werden, dass die Ausnahme vom Schutzbereich des Gesetzes aus produktionsspezifischen Gründen erforderlich ist. Die Ausnahme soll ermöglichen, die genannten Obstbäume bei nachlassendem Ertrag rasch zu entfernen.

Zur Kultur-Weichsel/Sauerkirsche (Prunus cerasus) ist anzumerken, dass zu den bekannten Sorten dieser Baumart auch die Schattenmorelle zählt.

Anmerkungen

2) Nach Art 10 Abs 1 Z 12 B-VG fallen Maßnahmen zur Abwehr von gefährlichen Belastungen der Umwelt, die durch Überschreitung von Immissionsgrenzwerten entstehen, in Gesetzgebung und Vollziehung in die Zuständigkeit des Bundes. Das vorliegende Gesetz fällt in die Zuständigkeit der Länder nach Art 15 Abs 1 B-VG (VfGH 6.12.1977, Slg 8195).

3) S auch § 18.

4) S Forstgesetz 1975, BGBl 440 idgF.

5) Die Abgrenzung zum Begriff sonstiger Laubbaum (Zierbaum) ist nicht immer leicht. In Grenzfällen (zB Baumhasel) wird es darauf ankommen, welchem Zweck der Baum primär dient (Standort). Die Ergänzung und Listung der Obstbäume mit LGBl 2024/19 ist für die Vollziehung hilfreich.

Judikatur

1) Die im BaumSchG enthaltenen Regelungen sind primär auf Gesichtspunkte zurückführbar, die sich aus solchen eigenen Sachgebieten ergeben, die zweifellos unter die Generalkompetenz des Art 15 Abs 1 B-VG fallen (Naturschutz einschließlich des Landschaftsschutzes; Landwirtschaftswesen, einschließlich der Landeskultur, Baurecht einschließlich des Ortsbildschutzes und der Ortsbildgestaltung – vgl VfSlg 7792 (VfGH 6.12.1977, Slg 8195).

2) Nach § 1 Abs 1 Satz 1 leg cit wird der Baumbestand im Gebiet der Stadt Wien nach den Bestimmungen dieses Gesetzes ohne Rücksicht darauf geschützt, ob er sich auf öffentlichem oder privatem Grund befindet. Auch wenn ein Baum – wie hier – mit seinen Wurzeln in ein Bauwerk hineinreicht, ist er sohin vom Anwendungsbereich des BaumSchG nicht ausgenommen. Auch ein Personen oder Sachen gefährdender Baum unterliegt dem Anwendungsbereich des BaumSchG (vgl § 4 Abs 1 Z 3, wonach für die Entfernung solcher Bäume die behördliche Bewilligung zu erteilen ist) (VfGH 27.1.1978, Slg 8238).

3) Bei Beurteilung, ob Wald vorliegt, ist rechtlich unerheblich, ob die Bäume eine besondere Funktion (Aufgaben des Institutes für Astronomie der Universität) erfüllen und ob sie auf einem Streifen stocken, welcher gegenüber dem anderen Bestand „gepflegt" ist oder gesetzt worden sind. Sind Bäume als Teil des unmittelbar angrenzenden Waldes anzusehen, so sind diese nicht „separiert" zu beurteilen. Sind die Bäume, um deren Fällung angesucht wurde, Teil eines Waldes, so ist das BaumschutzG nicht anwendbar. Ein solcher Antrag ist daher zurückzuweisen (VwGH 26.6.1989, 88/10/0154).

Erhaltungspflicht

§ 2. (1) Jeder Grundeigentümer (Bauberechtigte) ist verpflichtet, den auf seinem Grundstück stockenden Baumbestand zu erhalten.[1)]

(2) Im Falle der Bestandgabe oder sonstigen Überlassung zur Nutzung obliegt die Erhaltungspflicht dem Bestandnehmer oder sonstigen Nutzungsberechtigten.

Anmerkung

1) Art und Ausmaß der Erhaltungspflicht scheinen relativ unbestimmt; eine gewisse Bestimmung ergibt sich aus § 3 Abs 1. Stutzen ist erlaubt (§ 3 Abs 2).

Verbotene Eingriffe

§ 3. (1) Es ist verboten,

1. **den in § 1 Abs. 1 bezeichneten pflanzlichen Lebensraum zum Nachteil des Baumbestandes für andere Zwecke zu verwenden;[1)]**
2. **Bäume zu fällen, auszugraben, auszuhauen, auszuziehen oder sonstwie zu entfernen, ausgenommen bei Vorliegen einer Bewilligung nach § 4;**
3. **Bäume durch chemische, mechanische oder andere Einwirkungen zu beschädigen, im Wuchs zu hemmen oder zum Absterben zu bringen.**

(2) Nicht verboten ist das Schneiden (Stutzen) von Bäumen, welches ohne Gefährdung ihres Bestandes lediglich Verschönerungs-, Veredelungs- oder Pflegezwecken dient oder aus zwingenden öffentlichen Interessen[2)] notwendig ist. Ebenso bleiben die Befugnisse des Nachbarn nach § 422 Allgemeines bürgerliches Gesetzbuch unberührt.[3)]

Anmerkungen

1) Diese Normierung schränkt das Eigentumsrecht wesentlich ein und ist in ihrer Unbestimmtheit (was ist noch erlaubt?) fraglich. Im Zweifel wird eine schriftliche Anfrage beim Magistrat (MBA) zu stellen sein.

2) Insbesondere bei Sicherheitsgefährdungen.

3) Vgl jedoch die Neuregelung des ABGB betreffend das Verbot des Entzuges von Licht und Luft durch Bäume oder sonstige Pflanzen auf Nachbargrund: Neben der Verpflichtung zur Rücksichtnahme auf die Eigentümer (nicht obligatorisch Berechtigte!) benachbarter Grundstücke (§ 364 Abs 1) finden sich folgende materiellrechtliche Neuregelungen (BGBl I 2003/91):

a) § 364 Abs 3 ABGB:

(3) Ebenso kann der Grundstückseigentümer einem Nachbarn die von dessen Bäumen oder anderen Pflanzen ausgehenden Einwirkungen durch den Entzug von Licht oder Luft insoweit untersagen, als diese das Maß des Abs. 2 überschreiten und zu einer unzumutbaren Beeinträchtigung der Benutzung des Grundstücks führen. Bundes- und landesgesetzliche Regelungen über den Schutz von oder vor Bäumen und anderen Pflanzen, insbesondere über den Wald-, Flur-, Feld-, Ortsbild-, Natur- und Baumschutz, bleiben unberührt.

b) § 422 ABGB:

(1) Jeder Eigentümer kann die in seinen Grund eindringenden Wurzeln eines fremden Baumes oder einer anderen fremden Pflanze aus seinem Boden entfernen und die über seinem Luftraum hängenden Äste abschneiden oder sonst benützen. Dabei hat er aber fachgerecht vorzugehen und die Pflanze möglichst zu schonen. Bundes- und landesgesetzliche Regelungen über den

Schutz von oder vor Bäumen und anderen Pflanzen, insbesondere über den Wald-, Flur-, Feld-, Ortsbild-, Natur- und Baumschutz bleiben unberührt.

(2) Die für die Entfernung der Wurzeln oder das Abschneiden der Äste notwendigen Kosten hat der beeinträchtigte Grundeigentümer zu tragen. Sofern diesem aber durch die Wurzeln oder Äste ein Schaden entstanden ist oder offenbar droht, hat der Eigentümer des Baumes oder der Pflanze die Hälfte der notwendigen Kosten zu ersetzen.

c) Art III des BGBl I 2003/91:

Außergerichtliche Streitbeilegung

1. Ein Nachbar hat vor der Einbringung einer Klage im Zusammenhang mit dem Entzug von Licht oder Luft durch fremde Bäume oder Pflanzen (§ 364 Abs. 3 ABGB) zur gütlichen Einigung eine Schlichtungsstelle zu befassen, einen Antrag nach § 433 Abs. 1 ZPO zu stellen oder – sofern der Eigentümer der Bäume oder Pflanzen damit einverstanden ist – den Streit einem Mediator zu unterbreiten. Die Klage ist nur zuläs sig, wenn nicht längstens innerhalb von drei Monaten ab Einleitung des Schlichtungsverfahrens, ab Einlangen des Antrags bei Gericht oder ab Beginn der Mediation eine gütliche Einigung erzielt worden ist.

2. Als Schlichtungsstelle im Sinn der Z 1 kommt nur eine von einer Notariatskammer, einer Rechtsanwaltskammer oder einer sonstigen Körperschaft öffentlichen Rechts eingerichtete Schlichtungsstelle, als Mediator nur ein Mediator im Sinn des Zivilrechts-Mediations-Gesetzes, BGBl. I Nr. 29/2003, in der jeweils geltenden Fassung, in Betracht.

3. Sofern die Beteiligten nichts anderes vereinbaren, hat die Kosten der Schlichtung, des gerichtlichen Vergleichs oder der Mediation zunächst der Nachbar zu tragen, der die gütliche Einigung angestrebt hat. Wenn keine gütliche Einigung erzielt werden kann, sind diese Kosten im Rechtsstreit wie vorprozessuale Kosten zu behandeln.

4. Der Kläger hat der Klage eine Bestätigung der Schlichtungsstelle, des Gerichts oder des Mediators darüber anzuschließen, dass keine gütliche Einigung erzielt werden konnte.

Bewilligungspflicht

§ 4. (1) Das Entfernen von Bäumen bedarf einer behördlichen Bewilligung. Die Bewilligung ist zu erteilen, wenn

1. **die Bäume die physiologische Altersgrenze nach Art und Standort erreicht oder überschritten haben oder sich in einem Zustand befinden, daß ihr Weiterbestand nicht mehr gesichert und daher die Entfernung geboten erscheint, oder**

2. ein Teil des auf einem Grundstück stockenden Baumbestandes im Interesse der Erhaltung des übrigen wesentlich wertvolleren Bestandes entfernt werden muß (Pflegemaßnahmen) oder
3. die Bäume durch ihren Wuchs oder Zustand den Bestand von baulichen Anlagen,[1)] fremdes Eigentum oder die körperliche Sicherheit von Personen gefährden und keine andere zumutbare Möglichkeit der Gefahrenabwehr gegeben ist oder
4. bei Bauvorhaben ohne die Entfernung von Bäumen die Bebauung der im Bebauungsplan ausgewiesenen oder nach der festgesetzten Bauweise sich ergebenden unmittelbar bebaubaren Fläche eines der Bauordnung für Wien entsprechenden Bauplatzes nicht zur Gänze möglich ist, wobei jedoch in den Bauklassen I und II bei offener oder gekuppelter Bauweise, wenn keine Baufluchtlinien festgesetzt sind, die Gebäude und baulichen Anlagen so zu situieren sind, daß grundsätzlich höchstens 20 v. H. der durch dieses Gesetz geschützten Bäume entfernt werden müssen,[2)3)4)] oder
5. bei anderen als in Z. 4 genannten Bauvorhaben, Straßen-, Verkehrs- oder sonstigen Projekten das öffentliche Interesse an der Verwirklichung des Vorhabens oder Projektes das Interesse an der Erhaltung des Baumbestandes bedeutend überwiegt oder
6. der Grundeigentümer (Bauberechtigte) eine ihm auf Grund zwingender gesetzlicher Vorschriften unmittelbar obliegende Verpflichtung oder behördliche Anordnungen ohne die Entfernung von Bäumen nicht erfüllen könnte.

(2) Die Bewilligung ist in jedem Falle auf das unumgänglich notwendige Ausmaß zu beschränken.

(3) Müssen Bäume auf Grund von Maßnahmen nach dem Wiener Pflanzenschutzgesetz, LGBl. für Wien Nr. 22/2021, in der jeweils geltenden Fassung, oder der Unionsliste nach Art. 4 der Verordnung (EU) Nr. 1143/2014 des Europäischen Parlaments und des Rates vom 22. Oktober 2014 über die Prävention und das Management der Einbringung und Ausbreitung invasiver gebietsfremder Arten, ABl. Nr. L 317 vom 4. November 2014, S. 35, in der jeweils geltenden Fassung, in Verbindung mit dem Invasive Arten Gesetz – IAG, LGBl. für Wien Nr. 37/2019, in der jeweils geltenden Fassung, entfernt werden, so bedarf es hiezu keiner Bewilligung nach diesem Gesetz. Die Entfernung dieser Bäume ist dem Magistrat mindestens 2 Wochen vor ihrer Durchführung unter Bekanntgabe von Zahl, Art, Stammumfang (gemessen in 1 m Höhe vom Beginn der Wurzelverzweigung) und Standort der zu entfernenden Bäume anzuzeigen.

(EB zur Nov LGBl 2024/19, Klimaschutznov 2024)

Zu § 4 Abs. 1 Z 2

Ein wesentlich wertvollerer Bestand liegt vor, wenn aufgrund des physiologischen Zustandes sowie aufgrund des Standortes des wertvolleren Baumes oder der wertvolleren Bäume von einem langfristigen weiteren Bestand dieser Bäume auszugehen ist.

Zu § 4 Abs. 3

Die Bewilligungsfreiheit wurde auf Bäume, die auf Grund von erforderlichen Maßnahmen nach dem Wr PflanzenschutzG, LGBl. 22/2021, in der jeweils geltenden Fassung, oder der Unionsliste nach Art. 4 der Verordnung (EU) Nr. 1143/2014 vom 22.10.2014 über die Prävention und das Management der Einbringung und Ausbreitung invasiver gebietsfremder Arten, ABl. Nr. L 317 vom 4.11.2014, S. 35, idjgF, iVm dem Invasive Arten Gesetz – IAG, LGBl. 37/2019, idjgF, entfernt werden müssen, ausgedehnt. Dies soll bewirken, dass Exemplare invasiver Arten, deren Entfernung nach den genannten Bestimmungen erforderlich ist, ohne unnötige Verzögerung entfernt werden können. Die Entfernung dieser Bäume ist dem Magistrat mindestens 2 Wochen vor ihrer Durchführung unter Bekanntgabe von Zahl, Art, Stammumfang (gemessen in 1 m Höhe vom Beginn der Wurzelverzweigung) und Standort der zu entfernenden Bäume anzuzeigen.

Ob ein Baum entfernt werden muss, ergibt sich etwa aus Managementplänen, die auf Grundlage der genannten Rechtsvorschriften erstellt werden. Derzeit ist dies lediglich für den Götterbaum (Ailanthus altissima) in bestimmten Bereichen Wiens der Fall, wie sich aus dem auf der Internetseite der MA 58 abrufbaren Managementplan („Invasive gebietsfremde Arten – Strategie und Managementplan für Wien“) ergibt.

Anmerkungen

1) Diese Formulierung lässt bei bloßer Beeinträchtigung des Lichteinfalles eine Bewilligung nicht zu.

2) Die nach der BO bestehende Baufreiheit im Rahmen der gesetzlichen Bestimmungen wird hier mitunter nicht unwesentlich eingeschränkt. Im Zusammenhang mit der über das Ziel schießenden Verpflichtung zur Ersatzpflanzung (§ 6) wird hier das Bauen in gewissen Fällen nahezu unmöglich gemacht.

3) Die Zitierung „offene oder gekuppelte Bauweise“ erfasst wohl die Baurechtstermini „offene“, „offene oder gekuppelte“ bzw „gekuppelte“ Bauweise.

4) Beachte dazu § 83 Abs 5 BO idF BO-Nov 2023 LGBl 2023/37. Gemäß § 83 Abs 5 iVm Abs 1 und 2 BO müssen verschiedene Bauteile vor der Baulinie oder Straßenfluchtlinie (insb Balkone und Erker zu Verkehrsflächen) bestimmte Abstände von auf öffentlichen Verkehrsflächen befindlichen Bäumen einhalten. Dies gilt jedoch insb nicht, wenn die Entfernung der Bäume nach dem BaumschutzG bewilligt wurde. Die (zuvor) erteilte Entfernungsbewilligung ist daher nun eine explizite Voraussetzung für die Baubewilligung. Beachte auch § 5 Abs 6 (und Anmerkung) bzgl Erlöschen der Entfernungsbewilligung, wenn die Entfernung nicht binnen 2 Jahren durchgeführt wird.

Judikatur

1a) Mit § 4 Abs 1 Z 6 BaumschutzG ist nicht die (allfällige) gesetzliche Pflicht einer Gebietskörperschaft zur Straßenherstellung gemeint.

1b) Die Kompetenz des Bundes hinsichtlich der Angelegenheiten der wegen ihrer Bedeutung für den Durchzugsverkehr durch Bundesgesetz als Bundesstraßen erklärten Straßenzüge außer der Straßenpolizei umfasst nicht den Baumschutz (VwGH 9.4.1984, Slg 11.392/A).

2) Aus den §§ 4 Abs 1 und 2, 5 Abs 1 sowie 6 und 7 ergibt sich, daß dem Antragsteller – dieser muß dem im § 5 Abs 1 bezeichneten Personenkreis zugehören – ein Rechtsanspruch darauf eingeräumt ist, daß ihm bei Vorliegen der gesetzlichen Voraussetzungen (§ 4 Abs 1) die von ihm begehrte behördliche Bewilligung erteilt wird. Insoweit nimmt der Antragsteller – und nur dieser – als Partei an dem über seinen Bewilligungsantrag durchzuführenden Verfahren teil. Daraus folgt unmittelbar, daß einem Nicht-Antragsteller (im vorliegenden Fall: einem Bezirksvorsteher) Parteistellung in einem Bewilligungsverfahren nach § 4 Abs 1 Z 4 nicht zukommt (VwGH 25.3.1985, 85/10/0040).

3) Bei einer auf § 20 Abs 1 erster Satz EisenbahnG gründenden Verpflichtung handelt es sich um eine Folge, die nur dann eintritt, wenn das Eisenbahnunternehmen von der eisenbahnrechtlichen Verpflichtung Gebrauch macht. Von einer „unmittelbar obliegenden" Verpflichtung auf Grund „zwingender" gesetzlicher Vorschriften nach § 4 Abs 1 Z 6 BaumschutzG kann daher nicht gesprochen werden (VwGH 24.2.1986, Slg 12.049/A).

4) Das Argument, daß bei einem Kanalbau zwangsläufig Bäume beschädigt würden, vermag an der Verpflichtung zum Kanalanschluss mangels Berücksichtigung solcher Situationen durch den Gesetzgeber nichts zu ändern (VwGH 10.10.1989, 89/05/0032).

§ 5. **(1) Antragsberechtigt für eine Bewilligung nach § 4 ist der Grundeigentümer (Bauberechtigte). Im Falle der Bestandgabe oder sonstigen Überlassung zur Nutzung ist unbeschadet allfälliger zivilrechtlicher Verpflichtungen auch der Bestandnehmer oder sonstige Nutzungsberechtigte zur Antragstellung berechtigt.**[1)2)]

(2) Dem Ansuchen für eine Bewilligung nach § 4 sind neben den für die Beurteilung notwendigen Unterlagen wie Angaben über Zahl, Art und Stammumfang, gemessen in 1 m Höhe vom Beginn der Wurzelverzweigung, auch entsprechende Pläne oder Skizzen anzuschließen, aus denen der gesamte Baumbestand, der Standort der zu entfernenden Bäume sowie Baumaßnahmen, die sich auf den Baumbestand voraussichtlich auswirken, ersichtlich sind.[3)]

(3) Im Bewilligungsbescheid ist die Zahl, Art und der Stammumfang, gemessen in 1 m Höhe vom Beginn der Wurzelverzweigung der Bäume,

deren Entfernung bewilligt wird, sowie deren Standort anzugeben. Die Bezeichnung des Standortes hat durch Vermerke des Magistrates auf den vom Bewilligungswerber beigebrachten Plänen oder Skizzen zu erfolgen, die dem Bewilligungsbescheid anzuschließen sind, wobei auf diesen Beilagen zu vermerken ist, daß sie einen Bestandteil dieses Bescheides bilden. In diesem Bescheid ist auch über die Ersatzpflanzung abzusprechen (§ 6).[4)5)]

(4) Die Bewilligungsbescheide haben dingliche Wirkung.[5)]

(5) Mit der Entfernung von Bäumen darf erst dann begonnen werden, wenn der Bescheid im Sinne des Abs. 3 in seinem vollen Umfang rechtskräftig geworden ist.

(6) Wird die bewilligte Baumentfernung nicht innerhalb von zwei Jahren nach Rechtskraft des Bewilligungsbescheides durchgeführt, erlischt die erteilte Bewilligung. Darauf ist im Bescheid hinzuweisen. Der Magistrat kann in begründeten Fällen im Bescheid davon abweichende Fristen festsetzen.[6)]

(EB zur Nov LGBl 2024/19, Klimaschutznov 2024)

Zu § 5 Abs 6

Die gegenständliche Bestimmung soll der gängigen Praxis entgegenwirken, sich Baumfällungsbewilligungen gleichsam „auf Vorrat" erteilen zu lassen, um diese dann jahrelang nicht umzusetzen, was Schwierigkeiten im Vollzug zur Folge hat.

Da sich die für die Erteilung der Genehmigung maßgeblichen Umstände gerade bei Bäumen rasch ändern können, ist eine zeitliche Befristung der Bewilligung sachgerecht. So kann es zB durch die geschilderte Praxis in vielen Fällen de facto zu einer geringeren Zahl von Ersatzpflanzungen bzw. zu einer Verkürzung der Ausgleichsabgabe kommen. Vergeht nämlich viel Zeit zw. der Erteilung der Bewilligung und der Fällung, ist der zu fällende Baum inzw. gewachsen und es wäre daher (bei Antragstellung knapp vor der Fällung) eine höhere Zahl von Ersatzbäumen zu pflanzen bzw. eine höhere Ausgleichsabgabe zu entrichten gewesen.

Eine zeitliche Begrenzung von Bewilligungen ist auch in zahlreichen anderen Normen, wie zB der Bauordnung für Wien oder dem Wr Naturschutzgesetz, vorgesehen, um Rechtssicherheit zu gewährleisten.

Ein „begründeter Fall" iSd Bestimmung kann zB bei sehr großen, mehrjährigen Projekten vorliegen, wenn es dem Projektwerber auf Grund der Dimension seines Vorhabens nicht möglich ist, alle bewilligten Fällungen innerhalb von zwei Jahren vorzunehmen. In derartigen Fällen kann die Behörde eine abweichende Frist im Bescheid festsetzen.

Anmerkungen

1) Den Bestandnehmer bzw Nutzungsberechtigten trifft auch die Erhaltungspflicht nach § 2.

2) Ein sonstiger Antragsteller wird bei Vorliegen einer ordnungsgemäßen Vollmacht (§ 10 AVG) als berechtigt anzusehen sein.

3) Mit der Nov LGBl 2024/19 wurden die Anforderungen an Pläne und Skizzen erhöht. Siehe auch § 64 Abs 1 lit a BO, in den Bauplänen sind sämtliche auf den zu bebauenden Liegenschaften sowie im angrenzenden öffentlichen Raum befindlichen Bäume und Baumreihen, die dem BaumschG unterliegen, samt maßstabsgetreuer Darstellung hinsichtl ihres Stammumfangs und ihrer Kronentraufe darzustellen. Gemäß § 83 Abs 5 BO müssen diverse Vorbauten von auf öffentlichen Verkehrsflächen befindlichen Bäumen Abstände einhalten. Dies gilt nicht, wenn die Entfernung der Bäume nach dem BaumschG bewilligt wurde oder eine Bestätigung des Magistrats vorliegt, dass ein geringer Abstand zu keinen Beeinträchtigungen dieser Bäume führt.

4) Dem Abspruch über die Ersatzpflanzung ist im Hinblick auf die Bestimmungen der §§ 6 bis 9 besondere Bedeutung beizumessen.

5) Ein nachträglicher Verzicht auf die Bewilligung ist ausdrücklich im § 9 Abs 5 vorgesehen.

6) Abs 6 angefügt mit Nov LGBl 2024/19. Steht die Baumentfernung iZm einem Bauvorhaben (vgl zB § 83 Abs 5 BO bzgl Vorbauten vs Baum), so ist zu beachten, dass gemäß § 74 Abs 1 BO (Gütigkeit der Baubewilligung) mit dem Bau idR binnen 4 Jahren ab Rechtskraft der Baubewilligung begonnen und er innerhalb von vier Jahren nach Baubeginn vollendet werden kann. Dies gilt nicht nur bei großen Bauvorhaben. Auch bei nicht großen, aber konfliktträchtigen Bauvorhaben kann es mitunter nicht gelingen, binnen 2 Jahren über den Instanzenzug eine rechtskräftige oder im Revisionsfall mit zuerkannter aufschiebender Wirkung vollziehbare Baubewilligung zu erlangen. Dies kann daher ggf zu dem widersinnigen Ergebnis führen, dass Bäume im Lichte des Abs 6 „vorsorglich" binnen 2 Jahren gefällt werden, obwohl sie nach dem Lauf des Baubewilligungsverfahrens oder des Baufortschritts noch länger bzw mehrjährig Bestand haben könnten.

Bei strenger Betrachtung iSd Kumulationsprinzips hat der Wegfall der Entfernungsbewilligung im Laufe eines noch nicht abgeschlossenen Baubewilligungsverfahrens „nur" zur Folge, dass das Projekt umgeplant werden muss. Bei einem Wegfall im Laufe einer bereits begonnenen Bauführung kann diese in der baubehördlich genehmigten Form nicht mehr final ausgeführt werden. In dem Fall ist uU eine abändernde Einreichung und Bewilligung unter Berücksichtigung der dann aktuellen Rechtslage erforderlich.

Da hier jedoch gemäß § 83 Abs 5 BO die Zulässigkeit der Baumentfernung explizit zur Bewilligungsvoraussetzung bzw zum Bewilligungsgegenstand normiert wird, wäre in verfassungskonformer Betrachtung anzunehmen, dass die Gültigkeitsdauer der Baubewilligung auch die Zulässigkeit zur Baumentfernung umfasst. Es bleibt abzuwarten, ob sich die Judikatur diesem Ansatz anzuschließen vermag.

Es scheint jedenfalls geboten, dass bei einer erweiterten Fristsetzung iSd Abs 6 iZm Bauvorhaben auf die Gültigkeitsdauer der Baubewilligung gemäß § 74 BO abgestellt wird. Zur etwaigen späteren Abänderung bzw Verlängerung einer bescheidmäßig festgesetzten Frist kommt eine Abänderung des Bescheides gemäß § 68 AVG in Betracht.

Judikatur

1) Das Vorliegen einer Bewilligung nach § 5 BaumschutzG für das Entfernen von Bäumen ist keine Voraussetzung für die Zulässigkeit einer notwendigen Enteignung und hindert diese nicht. Die Frage der Erlangung einer solchen Bewilligung stellt auch keine Vorfrage iS des § 38 AVG im Enteignungsverfahren dar (s E v 29.11.1967, 637/65 und v 20.9.1968, Slg 7406/A) (VwGH 12.11.1986, 85/03/0054).

2) Unter den Begriff „sonstige Nutzungsberechtigte" als Antragsberechtigte fallen nicht Personen, denen vom Grundeigentümer gestattet wurde, ihr Bauvorhaben auf ihnen nicht in Bestand gegebenen Flächen zu planen und die notwendigen Bewilligungen zu betreiben (VwGH 15.4.1980, 3402/79).

3) Das BaumschutzG normiert kein Recht des Nachbarn auf Erhaltung des (nachbarlichen) Baumbestandes, dessen Auswirkungen (Lichteinfall, Sonneneinstrahlung, Luftqualität) oder auch nur auf Teilnahme am Verfahren über die Erteilung einer Entfernungsbewilligung (s E 25.3.1985, 85/10/0040, 5.2.1991, 90/05/0157, 2.2.1993, 92/05/0317). Die Auffassung, § 5 Abs 1 BaumschutzG verweise auf subjektiv-öffentliche Nachbarrechte nach der BO, verkennt den normativen Gehalt dieser, lediglich die Antragsberechtigung für eine Entfernungsbewilligung regelnden Bestimmung (VwGH 24.11.1997, 97/10/0209). Vgl jetzt § 364 Abs 3 ABGB.

4) Aus § 5 Abs 3 BaumschutzG ergibt sich, dass unter dem Bewilligungsbescheid jener Bescheid zu verstehen ist, mit dem gleichzeitig über die Genehmigung zur Entfernung von Bäumen und über die Ersatzpflanzung abzusprechen ist. Die Anordnung der dinglichen Wirkung von Bewilligungsbescheiden bezieht sich somit auch auf den die Ersatzpflanzung aussprechenden Teil des Bewilligungsbescheides.

Das BaumschutzG enthält keine eigene Definition der dinglichen Wirkung; es knüpft also an den in der Rechtsprechung ausgeprägten Begriff an. Unter der dinglichen Wirkung eines Bescheides ist eine über die Bescheidadressaten hinausgehende Rechtswirkung des Bescheides zu verstehen. Sie erfasst auch (oder anstelle des Adressaten) Personen, denen bestimmte Rechte an Sachen zustehen, auf die sich der Bescheid bezieht (s E 27.10.1997, 96/10/0255) (VwGH 27.4.2000, 2000/10/0009).

5) Ein entgegen dem Baumschutzgesetz einem nicht über das Grundstück Verfügungsberechtigten erteilter Bescheid geht aber nicht ins Leere. Er ist zwar rechtswidrig, aber wirksam. Die öffentlich-rechtliche Berechtigung aus diesem Bescheid kommt dem Bescheidadressaten zu, desgleichen die Verpflichtung zur Ersatzpflanzung. Da die Bescheidwirkungen in einem solchen Fall von vornherein nicht mit dem Grundstück verbunden waren, kommt auch ein Übergang der aus dem Bescheid resultierenden Verpflichtungen bei einem Übergang der Nutzungsbefugnisse am Grundstück nicht in Betracht. Die aus diesem Bescheid resultierenden Rechte und Pflichten bleiben beim ursprünglichen Bescheidadressaten. Die im § 5 Abs 4 des Baumschutzgesetzes normierte dingliche Wirkung entfällt, da sie auf der Voraussetzung beruht, dass die Bewilligung einem über das Grundstück Verfügungsberechtigten erteilt wurde (VwGH 3.7.2000, 99/10/0278).

6) S E 2 zu § 4.

Ersatzpflanzung

§ 6. (1) Wird die Entfernung eines Baumes bewilligt, so ist – ausgenommen im Falle des § 4 Abs. 1 Z. 2 – nach Maßgabe der folgenden Bestimmungen eine Ersatzpflanzung durchzuführen.

(2) Das Ausmaß der Ersatzpflanzung bestimmt sich derart, dass pro angefangenen 15 cm Stammumfang des zu entfernenden Baumes,[1] gemessen in 1 m Höhe vom Beginn der Wurzelverzweigung, ein mittel- bis großkroniger Ersatzbaum mittlerer Baumschulenqualität (16 bis 18 cm Stammumfang) zu pflanzen ist. In den Fällen des § 4 Abs. 1 Z 1, 3 und 6 sind Ersatzbäume im Verhältnis 1:1 zu pflanzen, wobei im Falle des § 4 Abs. 1 Z 6 der Magistrat von der Vorschreibung der Ersatzpflanzung Abstand nehmen kann.[2]

Das Ausmaß der Ersatzpflanzung bestimmt sich derart, daß pro angefangenen 15 cm Stammumfang des zu entfernenden Baumes,[1] gemessen in 1 m Höhe vom Beginn der Wurzelverzweigung, ein Ersatzbaum mittlerer Baumschulenqualität (8 bis 15 cm Stammumfang) zu pflanzen ist. In den Fällen des § 4 Abs. 1 Z. 1, 3 und 6 sind Ersatzbäume im Verhältnis 1:1 zu pflanzen, wobei im Falle des § 4 Abs. 1 Z. 6 der Magistrat von der Vorschreibung der Ersatzpflanzung Abstand nehmen kann.[2]

(2a) Der Magistrat kann – je nach den örtlichen Möglichkeiten – anstelle von jeweils zwei vorzuschreibenden Ersatzbäumen die Pflanzung eines mittel- bis großkronigen Ersatzbaumes mit einem Stammumfang von 25 bis 30 cm vorschreiben.

(3) Die Durchführung der Ersatzpflanzung obliegt grundsätzlich dem Träger der Bewilligung nach § 4, der sie in erster Linie auf derselben Grundfläche, wenn dies nicht möglich ist, in einem Umkreis von höchstens 300 m vom Standort des zu entfernenden Baumes, ist auch dies nicht möglich, im selben Bezirk auf eigenem oder fremdem Grunde vorzuneh-

men hat. Bei einer Ersatzpflanzung auf fremdem Grunde hat der Bewilligungswerber eine Zustimmungserklärung des Grundeigentümers dem Magistrat vorzulegen. In diesem Fall obliegt die Durchführung der Ersatzpflanzung dem zustimmenden Grundeigentümer. Diesem kommt im Verfahren im Hinblick auf die Vorschreibung von Art und Standort der Ersatzpflanzung Parteistellung zu.

(4) Standort und Ausmaß der Ersatzpflanzung sowie die Frist für deren Durchführung sind im Bescheid gemäß § 5 Abs. 3 vorzuschreiben, wobei auf Art und Umfang, die örtlichen Möglichkeiten, das vorhandene Stadt- und Vegetationsbild und die Erfordernisse einer fachgerechten Pflanzung Bedacht zu nehmen ist. Dabei können erforderlichenfalls zumutbare begleitende Maßnahmen, die für die Durchführung einer Ersatzpflanzung erforderlich sind (wie zB die Herstellung von Baumscheiben oder eine Beseitigung der Versiegelung von Flächen) vorgeschrieben werden. Der Standort der Ersatzpflanzung ist in Plänen oder Skizzen zu bezeichnen, welche dem Bescheid anzuschließen sind, wobei auf den Beilagen zu vermerken ist, daß sie einen Bestandteil des Bescheides bilden.

(5) Sind Möglichkeiten für eine Ersatzpflanzung nach den vorstehenden Bestimmungen nicht oder nicht ausreichend gegeben, so ist im Bescheid gemäß § 5 Abs. 3 festzustellen, in welchem Ausmaß der Ersatzpflanzung nicht entsprochen werden kann, und es ist hiebei das Ausmaß der nicht erfüllbaren Ersatzpflanzung (gemäß Abs. 2) auszuweisen.[3)]

(6) Soweit der Bewilligungsträger selbst nach Abs. 3 nicht oder nicht ausreichend die Ersatzpflanzung vornehmen kann, hat der Magistrat auf den in seinem Eigentum stehenden Flächen entsprechende Ausgleichsmaßnahmen gemäß § 9 Abs. 2 möglichst im selben Bezirk vorzunehmen. Zur Deckung der der Stadt Wien aus diesen Ausgleichsmaßnahmen erwachsenden Kosten wird eine Ausgleichsabgabe (§ 9) erhoben.

(7) Wurde gemäß Abs. 4 eine Ersatzpflanzung vorgeschrieben oder gemäß Abs. 5 festgestellt, daß der Ersatzpflanzung nicht oder nicht voll entsprochen werden konnte und kommen nachträglich Gründe hervor, die zu einer Änderung des der Vorschreibung oder der Feststellung zugrunde liegenden Sachverhaltes führen, so ist der Bewilligungsbescheid (§ 5 Abs. 3 und § 6 Abs. 4) samt Feststellung (Abs. 5) entsprechend abzuändern.

(EB zur Nov LGBl 2024/19, Klimaschutznov 2024)

Zu Abs 2

Es sind nun als Ersatzpflanzungen größere Bäume mit 16 bis 18 cm Stammumfang und somit größerem Kronenvolumen als bisher vorzuschreiben. „*Mittel- bis großkroniger Ersatzbaum*“ meint, dass bei der Auswahl der Ersatzbäume grundsätzlich keine Säulen-, Kugel- oder Zwergformen heranzuziehen sind.

Zu Abs 2a

Unabhängig von der grundsätzlichen Regelung des Abs 2 besteht nun die Möglichkeit, statt jeweils zweier kleinerer Ersatzbäume einen „XL-Baum" mit einem Stammumfang von 25 bis 30 cm vorzuschreiben. Das hat den positiven Effekt, dass diese Bäume viel rascher die klimawirksame Funktion der entfernten Bäume übernehmen können. Die Effektivität der Vornahme von geeigneten Ersatzpflanzungen wird dadurch erhöht.

„*Je nach den örtlichen Möglichkeiten*" bedeutet, dass bei der Entscheidung Faktoren wie räumliche Verhältnisse, Platzbedarf, Bodenmächtigkeit, zur Verfügung stehender durchwurzelbarer Raum, Beschattungsgrad der Liegenschaft usw. zu berücksichtigen sind.

Zu Abs 3

Mit dieser Regelung wird die Möglichkeit geschaffen, Ersatzpflanzungen, die nicht auf der selben Grundfläche möglich sind, nicht bloß in einem Umkreis von höchstens 300 m vom Standort des zu entfernenden Baumes vorzunehmen, sondern – sofern auch dies nicht möglich ist – auch im selben Gemeindebezirk auf eigenem oder fremdem Grund. Dies wird zur Folge haben, dass de facto in mehr Fällen als bisher Ersatzbäume gepflanzt werden, statt eine Ausgleichsabgabe zu entrichten, was in hohem Maße klimawirksam ist. Die Effektivität der Vornahme von geeigneten Ersatzpflanzungen wird dadurch erhöht.

Ist die Ersatzpflanzung innerhalb von höchstens 300 m vom Standort des zu entfernenden Baumes vorzunehmen, kann dies auch in einem angrenzenden Bezirk erfolgen, wenn die 300 m-Grenze dabei eingehalten wird.

In jenen Fällen, in denen die Ersatzpflanzung auf fremdem Grund erfolgt, ist dem Magistrat eine Zustimmungserklärung des Grundeigentümers vorzulegen. In diesem Fall obliegt die Durchführung der Ersatzpflanzung sowie die Erhaltung und Pflege der betreffenden Ersatzbäume dem zustimmenden Grundeigentümer. Diese Verpflichtung wirkt dinglich. Auch der Rechtsnachfolger des zustimmenden Grundeigentümers bleibt daher diesbzgl verpflichtet.

Der Baumfällungsbescheid hat sich hinsichtlich der Ersatzpflanzungsverpflichtung auch an den zustimmenden Grundeigentümer zu richten. Diesem kommt im Verfahren iHa die Vorschreibung von Art und Standort der Ersatzpflanzung auf seinem Grundstück Parteistellung zu.

Die Verpflichtung des zustimmenden Grundeigentümers kann nur soweit reichen, als die Ersatzpflanzungen auf seinem Grundstück möglich sind. AGA für nicht mögliche Ersatzpflanzungen sind daher jedenfalls vom Bewilligungswerber zu leisten.

Zu Abs 4

Diese Bestimmung bietet die Möglichkeit, begleitende Maßnahmen, die für die Durchführung einer Ersatzpflanzung erforderlich sind (wie zB die Herstellung von Baumscheiben oder eine Beseitigung der Versiegelung von Flächen), vorzuschreiben. Dies wird ebenfalls faktisch zu mehr Ersatzpflanzungen und zu punktuellen Entsiegelungen im Stadtgebiet führen. Die Effektivität der Vornahme von geeigneten Ersatzpflanzungen wird dadurch erhöht.

Zumutbar sind jedenfalls Maßnahmen, deren Kosten sich der Höhe nach im Rahmen der AGA bewegen.

Zu Abs 6

„*Möglichst im selben Bezirk*" bedeutet, dass die Maßnahmen primär im selben Gemeindebezirk zu setzen sind. Ist dies nicht möglich, können die Maßnahmen auch außerhalb des betreffenden Bezirkes (im gesamten Wiener Stadtgebiet) gesetzt werden.

Anmerkungen

1) Wobei das Gesetz nach § 1 Abs 1 erst ab 40 cm Stammumfang anzuwenden ist.

2) Mangels Determinierung im Sinne des Art 18 B-VG ist das Vorliegen einer bloßen Ermächtigungsnorm anzunehmen. Eine über das Verhältnis 1:1 hinaus angeordnete Ersatzpflanzung scheint verfassungsrechtlich (Gleichheitssatz) bedenklich (vgl *Hauer,* Das Wiener Baumschutzgesetz in verfassungsrechtlicher Sicht, IZ 1977, 163 ff, insb 180).

3) Im Hinblick auf die Anordnungen der Abs 2 und 4 können Ersatzpflanzungen ausreichender Art oft nicht vorgenommen werden, sodass Ausgleichsabgaben beträchtlichen Ausmaßes zu leisten sind, was das Bauen nicht unwesentlich verteuert.

Judikatur

1) Wechselt der Grundeigentümer im Zuge des Berufungsverfahrens, so hat die davon in Kenntnis gesetzte Behörde die im Zuge des Rechtsmittelverfahrens eingetretene Änderung des Sachverhaltes (Übergang des Miteigentums an der in Rede stehenden Liegenschaft auf Dritte) in ihre auf § 66 Abs 4 AVG gegründete Sachentscheidung einzubeziehen. Unter Zugrundelegung dieser Rechtsauffassung hätte die belangte Behörde den Ersatzpflanzungsbescheid gegenüber den Voreigentümern nicht mehr erlassen dürfen (VwGH 13.1.1986, 85/10/0049).

2) Das Gesetz knüpft die Entstehung der Abgabenschuld an die Rechtskraft des Bewilligungsbescheides und (damit) des darin enthaltenen Ausspruches über die Unmöglichkeit einer Ersatzpflanzung (s E v 21.9.1981, 81/17/0069, 0072, 0082, 0083). Diese Rechtslage gilt jedoch lediglich dann, wenn es überhaupt zur Erlassung eines Bewilligungsbescheides kam. Fehlt es an einem solchen Bescheid und hat die Behörde (in einem Fall des § 14) die Abgabe unabhängig von einem solchen (nicht vorhandenen) Bewilligungsbescheid festzusetzen, dann kommt als Anknüpfungspunkt für die Entstehung des Abgabenanspruches nur die tatsächliche Schlägerung der Bäume in Betracht (VwGH 12.12.1986, 84/17/0106).

3) Aus § 6 Abs 4 BaumschutzG ergibt sich, daß die Behörde bei der Vorschreibung einer Ersatzpflanzung auch Art und Standort der einzelnen zu pflanzenden Bäume zu bestimmen hat (VwGH 18.1.1988, 86/10/0192).

4) Bezugspunkt eines Bescheides nach dem BaumschutzG ist ein bestimmtes Grundstück bzw ein bestimmter Grundstücksteil, auf welchem der zu entfernende Baum stockt bzw auf dem die Ersatzpflanzung vorgenommen werden soll. Geht dieses Grundstück in die Verfügungsmacht eines Anderen als des Bescheidadressaten über, so gehen auf diesen die Rechte und Pflichten aus diesem Bescheid über. Die Androhung des § 6 Abs 3 BaumschutzG, wonach die Durchführung der Ersatzpflanzung dem Träger der Bewilligung obliegt, bedeutet auf Grund der Anordnung des § 5 Abs 4 BaumschutzG über die dingliche Bescheidwirkung, dass auch die Verpflichtung zur Ersatzpflanzung auf den Rechtsnachfolger übergeht (VwGH 27.4.2000, 2000/10/0009).

Ersatzpflanzung durch den Bewilligungsträger

§ 7. (1) Der jeweils nach § 6 Abs. 3 zur Ersatzpflanzung Verpflichtete hat deren erfolgte Durchführung dem Magistrat anzuzeigen[1)] und nachzuweisen.

(2) Die im Zuge von Ersatzpflanzungen gepflanzten Bäume gelten als Baumbestand im Sinne des § 1.[2)]

(3) Die Pflicht zur Ersatzpflanzung gilt erst dann als erfüllt, wenn diese durch zehn Jahre[3)] hindurch keine Anzeichen von Schädigung aufweist. Ist dies nicht der Fall, ist eine nochmalige Ersatzpflanzung nach den Bestimmungen des § 6 vorzuschreiben.

Anmerkungen

1) Die Verletzung der Anzeigepflicht ist nach § 13 Abs 1 ebenso strafbar wie die Nichtbefolgung der Ersatzpflanzung.

2) Die Frage, ob als Ersatzbäume in diesem Sinne auch Obstbäume zulässig sind, dürfte zu verneinen sein (s § 1 Abs 2 Z 3).

3 Mit Nov 2024/19, Klimaschutznov 2024, wird die Bestandspflicht von 5 auf 10 Jahre verdoppelt. Lt EBs werde dadurch die Effektivität der Vornahme von geeigneten Ersatzpflanzungen erhöht.

Umpflanzung

§ 8. (1) An Stelle einer Ersatzpflanzung kann auch die Umpflanzung bewilligt werden, wenn diese voraussichtlich ohne nachteiligen Einfluß auf die Lebensfähigkeit oder Lebensdauer des Baumes möglich ist.[1)]

(2) Die Bestimmungen des § 6 Abs. 7 und § 7 sind sinngemäß anzuwenden.

(3) Bescheide über Umpflanzungen haben dingliche Wirkung.

Anmerkungen

1) Vor allem im Hinblick auf das mögliche Ausmaß einer Ersatzpflanzung nach § 6 Abs 2 kann eine Umpflanzung zu erwägen sein.

Ausgleichsabgabe

§ 9. (1) Wird eine Bewilligung zur Entfernung von Bäumen erteilt, ohne daß die Verpflichtung zur Ersatzpflanzung oder Umpflanzung voll erfüllt werden kann, und ist dies mit Bescheid (§ 6 Abs. 5) festgestellt, so hat der Träger der Bewilligung nach Maßgabe der folgenden Absätze eine Ausgleichsabgabe zu entrichten.

(2) Die Erträgnisse der Ausgleichsabgabe sind ausschließlich zur Vornahme von Ausgleichsmaßnahmen im Sinne der Ziele des Wiener Baumschutzgesetzes zweckgebunden zu verwenden. Dies kann insbesondere die Anpflanzung von Bäumen, die Errichtung von damit in unmittelbarem Zusammenhang stehenden Schutzmaßnahmen, Wurzelraumverbesserungen, Baumscheiben- oder Bewässerungssystemen oder die Beschaffung oder Gestaltung der hierfür geeigneten Grundflächen umfassen. Nach Maßgabe der Erträgnisse können auch Zuschüsse an Private für die Neupflanzung von Bäumen gewährt werden.

(3) Die Ausgleichsabgabe ergibt sich aus dem Produkt des Einheitssatzes und jener Zahl der Bäume, um die nach den bescheidmäßigen Feststellungen gemäß § 6 Abs. 5 die Zahl der Ersatzpflanzungen (Umpflanzungen) hinter der gesetzlich geforderten Zahl zurückbleibt. Der Einheitssatz beträgt 5.000 Euro.[1)]

(3a) Der Magistrat hat die Ausgleichsabgabe gemäß § 9 Abs. 3 anzuheben bzw. zu verringern, wenn sich der von der Bundesanstalt Statistik Österreich verlautbarte und im Amtsblatt der Stadt Wien kundgemachte Verbraucherpreisindex 2020 (VPI 2020) oder ein an dessen Stelle tretender Index erstmalig seit 1. Jänner 2025 und in weiterer Folge seit der letzten Änderung der Abgabe zum Stichtag 30. Juni eines Jahres um mindestens 3 % (Schwellenwert) erhöht oder vermindert hat.

(3b) Die Valorisierung erfolgt im Ausmaß der Änderung des in Abs. 3a angeführten Indexes zum Stichtag 30. Juni, wobei der sich daraus ergebende Betrag unter ausschließlicher Berücksichtigung von zwei Dezimalstellen auf 10 Cent aufgerundet wird. Die Anpassung tritt mit Beginn des der Indexanpassung nachfolgenden 1. Jänner in Kraft. Die Anpassung ist vom Magistrat im Amtsblatt der Stadt Wien kundzumachen. Erfolgt die Kundmachung erst nach dem 1. Jänner, so tritt die Anpassung trotzdem mit 1. Jänner in Kraft. Der gerundete Betrag bildet die Ausgangsbasis für die nächste Valorisierung.

(3c) Die Kundmachung einer Valorisierung nach Abs. 3b kann bis zu vier Monate nach dem in Abs. 3b vorgesehenen Inkrafttretenszeitpunkt erfolgen. Die Kundmachung tritt in diesem Fall rückwirkend mit dem in Abs. 3b vorgesehenen Inkrafttretenszeitpunkt in Kraft.

(4) Die Ausgleichsabgabe wird nach Rechtskraft des Bescheides gemäß § 5 Abs. 3 und § 6 Abs. 5 mit gesondertem Abgabenbescheid bemessen.

(5) Erlischt die Bewilligung nach diesem Gesetz durch ausdrücklichen Verzicht, so steht ein Anspruch auf zinsenfreie Erstattung des entrichteten Abgabebetrages zu. Der Anspruch auf Erstattung geht unter, wenn er nicht spätestens bis zum Ablauf des Kalenderjahres geltend gemacht wird, das auf den Verzicht folgt. Anspruchsberechtigt ist, wer die Abgabe entrichtet hat. Andere Personen, die die Erstattung beantragen, müssen den Übergang des Anspruches auf sich nachweisen.

(EB zur Nov LGBl 2024/19, Klimaschutznov 2024)

Zu Abs 2

Die Einnahmen der Ausgleichsabgabe sind vom Magistrat zur Gänze für Ausgleichsmaßnahmen zu verwenden. Dabei kann es sich bspw um die Anpflanzung von Bäumen, Wurzelraumverbesserungen, das Errichten von Bewässerungssystemen oder um die Beschaffung oder Gestaltung von hierfür geeigneten Grundflächen handeln. Werden Maßnahmen wie Wurzelraumverbesserungen oder das Errichten von Bewässerungssystemen gesetzt, müssen diese nicht unmittelbar solchen Bäumen zu Gute kommen, die ihrerseits als Ausgleichsmaßnahme gepflanzt wurden.

Wurzelraumverbesserungen sind zB eine Anwendung des Schwammstadt-Prinzips, wurzelschonende Substratlockerungs- bzw Belüftungsmaßnahmen, die Installation von Bewässerungssystemen, abgestimmte Düngergaben, die Anbringung von Befahrungsschutz, (partieller) Bodenaustausch etc.

Zu Abs 3

Die Erhöhung der Ausgleichsabgabe wurde vorgenommen, um der seit 1998 (letzte Anhebung der AGA) eingetretenen Inflation Rechnung zu tragen. Eine Erhöhung in diesem Ausmaß ist daher schon alleine aus Gründen der Wertsicherung erforderlich. Überdies hat sich gezeigt, dass die tatsächlichen Kosten für eine Ersatzpflanzung (einschließlich des Pflegeaufwandes) idR weit über dem bisherigen Einheitssatz von 1.090 Euro lagen. Darüber hinaus ermöglicht die Erhöhung der AGA auch die Umsetzung zusätzlicher Ausgleichsmaßnahmen, die ebenfalls dem Baumschutz und somit dem Klimaschutz dienen.

Im Falle der Vorschreibung von wenigen großen Bäumen („XL-Bäumen") statt vieler kleiner Bäume als Ersatzpflanzungen im Bewilligungsbescheid ist zur Berechnung der Höhe der AGA dennoch die Anzahl der nicht erfüllbaren Pflanzungen der kleinen Bäume (und nicht die Anzahl der nicht erfüllbaren Pflanzungen der „XL-Bäume") heranzuziehen.

Anmerkung

1) Beachte § 19 Abs 4. Die Anhebung der AGA mit Nov LGBl 2024/19 von 1.090 € auf 5.000 € tritt auch rückwirkend am 15.1.2024 in Kraft. Das erscheint verfassungsrechtlich durchaus problematisch und eine diesbezügliche Judikatur wird zu beobachten sein.

Judikatur

1) Durch die im § 9 BaumSchG vorgesehenen Geldleistungsverpflichtungen wird der Wesensgehalt des Eigentumsrechtes gemäß Art 5 StGG nicht berührt (VfGH 6.12.1977, Slg 8195).

2) Für den Fall der Erteilung einer Entfernungsbewilligung ergibt sich aus § 9 Abs 1 BaumschutzG im Zusammenhalt mit § 5 Abs 3 und § 6 Abs 5 leg cit, daß die Abgabenbehörde ihrem Bescheid die bescheidmäßige Feststellung der Administrativbehörde (§ 17 leg cit idF LGBl 19/1984) zugrundezulegen hat, daß die Verpflichtung zur Ersatzpflanzung oder Umpflanzung nicht voll erfüllt werden kann und um welche Zahl die Zahl der Ersatzpflanzungen (Umpflanzungen) hinter der gesetzlich geforderten Zahl zurückbleibt. Die Ausgleichsabgabe ist diesfalls nach Rechtskraft des genannten Feststellungsbescheides mit gesondertem Abgabenbescheid zu bemessen. Die Abgabenbehörde ist an die getroffenen Feststellungen gebunden, eine selbständige Beurteilung der Erfüllbarkeit der Verpflichtung zur Ersatzpflanzung ist ihr verwehrt (VwGH 26.1.1996, 95/17/0602).

3) S E 2 zu § 6.

Änderung des Bemessungsbescheides

§ 9a. Erfolgt nach Zustellung des Bemessungsbescheides eine Abänderung des Bewilligungsbescheides gemäß § 6 Abs. 7, so hat die Behörde den Bemessungsbescheid nach Rechtskraft des Abänderungsbescheides (§ 6 Abs. 7) von Amts wegen entsprechend abzuändern.

Einstellung von Arbeiten

§ 10. Kommt dem Magistrat zur Kenntnis, daß ohne vorherige Bewilligung Eingriffe im Sinne des § 3 vorgenommen werden, so ist unbeschadet eines allfälligen Strafverfahrens mit Bescheid (§ 57 AVG 1950) die sofortige Einstellung der auf die Beeinträchtigung oder Entfernung von Bäumen gerichteten Arbeiten zu verfügen.

§ 11.[1] *entfällt*

Anmerkung

1) Entfiel mit der Nov LGBl 1998/48.

Verknüpfung mit der Bauordnung für Wien

§ 11a. Das Entfernen der Bäume ist bei Bewilligungen gemäß § 4 Abs. 1 Z. 4 erst nach dem Einlangen der Baubeginnsanzeige (§ 124 Abs. 2 Bauordnung für Wien) bei der Baubehörde zulässig.[1]

Anmerkung

1) Eingefügt mit der Nov LGBl 1993/52, in Kraft seit 13.10.1993. Die Überschrift wurde durch die Nov LGBl 1998/48 eingefügt.

Zutritts- und Auskunftsrecht

§ 12. (1) Die Organe des Magistrates sind berechtigt, zur Erfüllung der ihnen nach diesem Gesetz zukommmenden Aufgaben Liegenschaften zu betreten und die erforderlichen Auskünfte zu verlangen.[1]

(2) Liegenschaftseigentümer (Bauberechtigte) oder deren Bestand- oder Nutzungsnehmer sind verpflichtet, den Zutritt zu gestatten und Auskünfte zu erteilen.[2]

Anmerkungen

1) Die Regelung ist verfassungsgesetzlich unbedenklich.

2) Die Verletzung dieser Pflichten ist nach § 13 Abs 1 strafbar.

Strafbestimmungen

§ 13.[1] (1) Wer entgegen den Bestimmungen der §§ 4 oder 5 ohne vorherige Bewilligung mehr als 20 Bäume entfernt oder entfernen läßt, ist vom ordentlichen Gericht mit Freiheitsstrafe bis zu sechs Monaten oder mit Geldstrafe bis zu 360 Tagessätzen zu bestrafen.[2]

(2) Eine Verwaltungsübertretung begeht, sofern keine gerichtlich strafbare Handlung vorliegt, wer

1. **die im § 2 festgelegte Erhaltungspflicht verletzt,[3]**
2. **einen der nach § 3 Abs. 1 verbotenen Eingriffe setzt,**
3. **einen Baum entgegen den Bestimmungen der §§ 4 oder 5 ohne vorherige Bewilligung entfernt oder entfernen lässt,[4]**
4. **die nach den §§ 6 oder 8 vorgeschriebene Ersatz- oder Umpflanzung oder die nach § 6 Abs. 4 vorgeschriebenen begleitenden Maßnahmen nicht vornimmt oder Maßnahmen setzt, die die vorgeschriebene Ersatz- oder Umpflanzung oder vorgeschriebene begleitende Maßnahmen unmöglich machen,[5]**
5. **die Anzeigepflicht nach § 4 Abs. 3 oder § 7 Abs. 1 verletzt,**
6. **Bäume entgegen § 11a vor dem Einlangen der Baubeginnsanzeige bei der Baubehörde entfernt oder entfernen lässt,**
7. **entgegen den Bestimmungen des § 12 den Zutritt verhindert oder Auskünfte verweigert oder**
8. **entgegen § 13a die vorgeschriebenen Schutz- und Pflegemaßnahmen nicht setzt.**

(3) Die Verwaltungsübertretungen sind vom Magistrat in den Fällen des Abs. 2 Z 1 bis 4 mit Geldstrafe von 1.000 Euro bis zu 70.000 Euro[6)], im Fall der Uneinbringlichkeit mit Ersatzfreiheitsstrafe bis zu sechs Wochen, in den Fällen der Z 5 bis 8 mit Geldstrafe bis zu 12.000 Euro, im Fall der Uneinbringlichkeit mit Ersatzfreiheitsstrafe bis zu zwei Wochen zu bestrafen.

(4) Werden strafbare Handlungen im Sinne des Abs. 2 von Bauführungen begangen, so treffen die angedrohten Strafen auch den Bauführer und seinen Betriebsleiter, das ist derjenige, der auf der Baustelle für die Umsetzung der Baupläne in die Realität vom Bauführer beauftragt ist (Polier und dgl.), wenn und soweit sie es bei der Auswahl oder der Überwachung der Aufsichtsperson an der erforderlichen Sorgfalt haben fehlen lassen oder wenn die strafbare Handlung mit ihrem Wissen begangen worden ist. Der Bauführer und sein Betriebsleiter sind in solchen Fällen auch dann strafbar, wenn der Täter selbst nicht bestraft werden kann.

(5) Der Versuch strafbarer Handlungen im Sinne des Abs. 2 ist strafbar.

(6) Die Zeit der Anhängigkeit eines Verfahrens gemäß Abs. 1 vor dem ordentlichen Gericht ist in die Verjährungsfrist (§ 31 Abs. 2 VStG) nicht einzurechnen.

(6a) Bildet die Verletzung der Erhaltungspflicht gemäß § 2 oder die Vornahme eines Eingriffes gemäß § 3 Abs. 1 oder die unzulässige Durchführung einer Maßnahme oder die Verletzung eines Verbotes den Gegenstand einer Verwaltungsübertretung, so beginnen die Verjährungsfristen gemäß § 31 Abs. 1 und 2 Verwaltungsstrafgesetz 1991, BGBl. Nr. 52/1991, in der Fassung BGBl. I Nr. 88/2023, erst mit der Durchführung der erforderlichen Erhaltungsmaßnahmen oder der Beseitigung des Eingriffs zu laufen.

(6b) Im Falle der Entfernung eines Baumes ohne die erforderliche Bewilligung beginnen die Verjährungsfristen gemäß § 31 Abs. 1 und 2 Verwaltungsstrafgesetz 1991, BGBl. Nr. 52/1991, in der Fassung BGBl. I Nr. 88/2023, erst mit der Durchführung der erforderlichen Ersatzpflanzungen zu laufen.

(7) Der Magistrat hat im Straferkenntnis, in dem jemand einer nach diesem Gesetz strafbaren Übertretung schuldig erkannt wird, auf Antrag des Geschädigten auch über die aus dieser Übertretung abgeleiteten privatrechtlichen Ansprüche des Geschädigten an den Beschuldigten zu entscheiden (§ 57 VStG).

(8) § 33a Verwaltungsstrafgesetz 1991 – VStG, BGBl. Nr. 52/1991 in der Fassung BGBl. I Nr. 57/2018, findet auf sämtliche Übertretungen nach diesem Gesetz keine Anwendung.

(EB zur Nov LGBl 2024/19, Klimaschutznov 2024)

Zu Abs 1, 2 und 3

Mit diesen Regelungen werden die Strafbestimmungen an die übrigen Änderungen des Gesetzes angepasst. Überdies werden die Geldstrafen für Verwaltungsübertretungen im Hinblick auf eine Inflationsanpassung angehoben.

Zu Abs 6a und 6b

Damit wird die Verfolgungsverjährungsfrist (Zeitraum, in dem die Verfolgung eines Täters von der Verwaltungsstrafbehörde durch Ladung, Vernehmung, Strafverfügung etc. eingeleitet werden kann) sowie die Strafbarkeitsverjährungsfrist (Zeitraum, in dem ein Verwaltungsdelikt von der Verwaltungsstrafbehörde bestraft werden kann) ausgedehnt, was eine Erleichterung des Strafvollzuges darstellt. Das führt zu einer Erhöhung der Effektivität im Vollzug bei Gesetzesverstößen, da die „Tathandlung“ erst mit Beendigung des rechtswidrigen Zustandes endet. Der exakte Tatzeitpunkt ist für die Frage der Verjährung somit nicht mehr relevant.

Die ggst Abweichungen der Verjährungsbestimmungen sind iHa die Generalprävention unerlässlich, da in der Vollzugspraxis bisher (von Behörden und Verwaltungsgerichten) zahlreiche Strafverfahren mit der Begründung eingestellt wurden, der exakte Tatzeitpunkt sei unbekannt bzw. nicht genau genug angegeben worden.

Anmerkungen

1) Durch die Nov LGBl 1996/54 wurde § 13 zur Gänze neu gefasst (s Anm 5).

2) Eine in den Kernbereich der Strafgerichtsbarkeit fallende Sozialschädlichkeit scheint bei Baumfällungen nicht gegeben. Die Zuständigkeit der ordentlichen Gerichte ist sachlich wohl kaum zu rechtfertigen (s Anm 6).

3) Vgl Anm 1 zu § 2.

4) Der Anstifter (§ 7 VStG) ist hier unmittelbarer Täter.

5) Z 4 idF der Nov LGBl 2024/19.

6) Die Worte „mit einer Geldstrafe von 10000 S bis 2,000000 S oder Arrest von zwei Wochen bis zu sechs Monaten“ der früheren Regelung wurden mit E des VfGH v 29.11.1995, Slg 14.361 als verfassungswidrig aufgehoben. Durch die aufgehobene Formulierung war dem der Menschenrechtskonvention folgenden Trend der Zurückdrängung der Freiheitsstrafen im Verwaltungsstrafverfahren nicht entsprochen worden (vgl BGBl 274/1971 sowie die Erlässe des BKA v 6.3.1974, GZ 51.053–2 c/74, v 28.10.1974, GZ 55.782–2 c/74 und v 22.11.1974, GZ 56.417–2 b/74). Lange Zeit herrschte die Rechtsmeinung vor, dass nach Art 5 MRK und dem öst Vorbehalt hiezu die Schaffung und Anwendung von Straftatbeständen, die mit Freiheitsstrafe bedroht werden, in Verwaltungsvorschriften dann gedeckt ist, wenn gleichartige, mit Freiheitsstrafen bedrohte Straftatbestände bereits in Verwaltungsvorschriften enthalten waren, die vor dem 3.9.1958 erlassen worden sind. Gerade im aufhebenden E hat der VfGH neuerlich betont, „daß die aus Art 91 B-VG abzuleitenden Grundsätze es (auch) dem Landesgesetzgeber bei Zutreffen bestimmter Voraussetzungen gebieten, die Zuständigkeit des Strafgerichts vorzusehen. Dies dann, wenn er sich im Hinblick auf die nach seiner Wertung gegebene hohe Sozialschädlichkeit eines Verhaltens veranlaßt sieht, zu dessen Hintanhaltung eine schwerwiegende, in den Kernbereich der Strafgerichtsbarkeit fallende Strafdrohung festzulegen, wozu auch die Androhung besonders hoher Geldstrafen zählt."

Der VfGH hatte schon früher (seit VfSlg 12151) Verwaltungsvorschriften mit hohen Strafdrohungen mit folgender Begründung aufgehoben: Es gibt einen typischen Kernbereich der Strafgerichtsbarkeit, wo der Gesetzgeber mit der Vollziehung Organe der Strafgerichtsbarkeit zu betrauen hat. Wenn Landesgesetzgeber wegen der hohen Sozialschädlichkeit Verhalten mit schwerwiegenden Strafen bedrohen, so betreten sie damit notwendig das Gebiet des gerichtlichen Strafrechts (was ihnen nur auf Grund und nach Maßgabe des Art 15 Abs 9 B-VG gestattet ist). Mit dieser Begründung wurde etwa § 35 des Wiener VergnügungssteuerG aufgehoben. Das Bundeskanzleramt-Verfassungsdienst hatte mit Rundschreiben v 22.12.1990, 601468/1-V/2/90, empfohlen, keine höheren Geldstrafen als solche bis zu S 500.000,– anzudrohen, ja Geldstrafen von über S 50.000,– nur dann vorzusehen, wenn dafür eine besondere Begründung besteht. Dieser Rahmen wurde auch durch die Nov LGBl 1996/54 nicht beachtet.

Die Umstellung auf Euro erfolgte mit der Nov LGBl 2001/53.

Judikatur

1) Wenn der Gesetzgeber aus rechtspolitischen Erwägungen derart hohe Strafsätze vorgesehen hat, kann ihm nicht entgegengetreten werden. Diese Überlegungen können etwa darin bestehen, daß nur durch drastische Strafen die Einhaltung des Gesetzes erzwungen werden könne (VfGH 27.1.1978, Slg 8238). Diese Ansicht hat der VfGH nunmehr nicht aufrecht erhalten (s E 27.9.1989, Slg 12.151, 1.3.1990, Slg 12.282, 18.6.1990, Slg 12.389, 28.9.1990, Slg 12.471 und das in Anm 5 zitierte E).

2) Dem Konkretisierungsgebot des § 44a lit a VStG wird die Wendung im Spruch, die genannten Bäume seien durch mechanische Einwirkungen „im Wuchs gehemmt oder zum Absterben gebracht" worden, nicht gerecht. Damit ist nämlich nicht klargestellt, ob diese Bäume dadurch nun im Wuchs gehemmt oder zum Absterben gebracht wurden. Es hätte daher bei Anführung des Tatbestandes einer entsprechenden Zuordnung bedurft (VwGH 26.9.1983, 83/10/0179).

Wiederherstellung

§ 13a. Wer die Erhaltungspflicht gemäß § 2 verletzt oder einen verbotenen Eingriff gemäß § 3 Abs. 1 vorgenommen hat oder vornehmen hat lassen, dem kann der Magistrat mit Bescheid Schutz- und Pflegemaßnahmen zur Herbeiführung eines den Zielen des Wiener Baumschutzgesetzes möglichst weitgehend Rechnung tragenden Zustandes vorschreiben.

(EB zur Nov LGBl 2024/19, Klimaschutznov 2024)

Die Bestimmung bietet dem Magistrat die Möglichkeit, im Falle von baumschutzrechtlichen Verbotsverletzungen (zB Schädigung eines Baumes), die nicht zu einem Totalverlust des Baumes führen, dem Verursacher Wiederherstellungsmaßnahmen (zB bestimmte Pflegemaßnahmen) zur Herbeiführung eines den Zielen des BaumschG möglichst weitgehend Rechnung tragenden Zustandes vorzuschreiben.

Nachträgliche Vorschreibung der Ersatzpflanzung oder Ausgleichsabgabe

§ 14. (1) Hat der Grundeigentümer (Bauberechtigte) oder mit dessen Wissen und Willen ein Dritter ohne behördliche Bewilligung einen Baum entfernt oder die Erhaltungspflicht nach § 2 verletzt, so ist unbeschadet der Strafbarkeit dem Grundeigentümer (Bauberechtigten) eine Ersatzpflanzung gemäß den §§ 6 und 7 oder eine Ausgleichsabgabe gemäß § 9 vorzuschreiben.[1)]

(2) Die Bestimmungen des Abs. 1 gelten sinngemäß für Bestandnehmer oder sonstige Nutzungsberechtigte.

(3) Wurde ein Baum nach dem Wiener Pflanzenschutzgesetz, LGBl. für Wien Nr. 22/2021, in der jeweils geltenden Fassung, oder der Unionsliste nach Art. 4 der Verordnung (EU) Nr. 1143/2014 des Europäischen Parlaments und des Rates vom 22. Oktober 2014 über die Prävention und das Management der Einbringung und Ausbreitung invasiver gebietsfremder Arten, ABl. Nr. L 317 vom 4. November 2014, S. 35, in der jeweils geltenden Fassung, in Verbindung mit dem Invasive Arten Gesetz – IAG, LGBl. für Wien Nr. 37/2019, in der jeweils geltenden Fassung, entfernt, ist im Verhältnis 1:1 eine Ersatzpflanzung oder eine Ausgleichsabgabe vorzuschreiben, wobei je nach den örtlichen Gegebenheiten der Magistrat von der Vorschreibung der Ersatzpflanzung Abstand nehmen kann.

Anmerkung

1) Bei Baumfällungen ohne Wissen und Willen des Eigentümers kommt eine Ersatzpflanzung oder Ausgleichsabgabe nicht in Betracht.

Judikatur

1) In den Fällen des § 14 Abs 1 hat die Abgabenbehörde ohne Bindung an eine Feststellung der Bewilligungsbehörde zu prüfen, ob ein bewilligungspflichtiges Entfernen von Bäumen vorliegt, ferner, ob und in welchem Ausmaß eine Ersatzpflanzung erforderlich wäre und ob eine solche auf demselben Grundstück oder in einem Umkreis von 300 m möglich wäre, verneinendenfalls, ob und in welcher Höhe die Ausgleichsabgabe zu entrichten ist (VwGH 28.1.1977, Slg 5074/F).

2) Im Fall des § 14 Abs 1 hat (anders als im Fall des § 9 Abs 1) der Festsetzung der Ausgleichsabgabe kein Feststellungsbescheid gem §§ 5 Abs 3 bzw 6 Abs 5 vorauszugehen (VwGH 12.12.1986, 84/17/0106). S auch den Rechtssatz E 2 zu § 6.

3) Der Tatbestand der konsenslosen Entfernung eines geschützten Baumes durch einen Dritten „mit Wissen und Willen" des Grundeigentümers normiert keine gesetzliche Vermutung zum Nachteil des Grundeigentümers mit der Folge, daß er im Falle einer konsenswidrigen Baumentfernung durch Dritte den Nachweis seines Nichtwissens und Nichtwollens zu erbringen hätte (VwGH 2.5.1988, 86/10/0195).

4) Nach der Rechtsprechung des VwGH (s E 28.1.1977, 561/76, Slg 5074 F; E 12.12.1984, 84/17/0106) darf die Abgabenbehörde in den Fällen des § 14 Abs 1 BaumschutzG die gänzliche oder teilweise Unmöglichkeit einer Ersatzpflanzung selbst, zumindest vorfrageweise, beurteilen und diese Beurteilung der Abgabenbemessung, deren notwendige Grundlage das Ergebnis dieser Beurteilung bildet (vgl § 9 Abs 3 BaumschutzG), zugrunde legen.

Die Möglichkeit einer nachträglichen Vorschreibung einer Ausgleichsabgabe ohne Vorliegen eines Feststellungsbescheides in den Fällen des § 14 Abs 1 BaumschutzG bedeutet keineswegs, daß ein tatsächlich ergangener und rechtskräftig gewordener Feststellungsbescheid über die gänzliche oder teilweise Unmöglichkeit einer Ersatzpflanzung die Abgabenbehörden nicht nach den allgemeinen Regeln über die Bindungswirkung von Bescheiden (vgl § 91 Abs 1 LAO) zu binden vermöchte (VwGH 26.1.1996, 95/17/0602).

Mitwirkung der Bezirksvorsteher

§ 15. Der Magistrat hat vor Erlassung eines Bescheides gemäß § 4 dem örtlich zuständigen Bezirksvorsteher innerhalb einer Frist von zwei Wochen Gelegenheit zur Stellungnahme zu geben.

Wirkungsbereich

§ 16. Die in diesem Gesetz geregelten Angelegenheiten sind – ausgenommen das Verwaltungsstrafverfahren – solche des eigenen Wirkungsbereiches der Gemeinde.[1)]

Anmerkung

1) Verfassungsrechtliche Grundlage ist Art 118 Abs 2 B-VG.

Vollziehung; Beschwerden

§ 17. (1) **Die Vollziehung dieses Gesetzes, ausgenommen § 13 Abs. 1, obliegt dem Magistrat. Dieser ist auch Bemessungsbehörde hinsichtlich der Ausgleichsabgabe.**

(2) Über Beschwerden in Angelegenheiten der Ausgleichsabgabe und der abgabenrechtlichen Verwaltungsübertretungen zu diesen Abgaben entscheidet das Bundesfinanzgericht. Über Beschwerden in allen übrigen Fällen entscheidet das Verwaltungsgericht Wien.[1)]

(3) *entfällt; LGBl 2013/35*

(4) *entfällt; LGBl 2013/35*

Anmerkungen

1) Aufgrund der Verwaltungsgerichtsbarkeits-Novelle 2012 mit Änderungen im Bereich des Rechtsschutzes steht den Rechtsschutzsuchenden künftig generell das Rechtsmittel der Beschwerde an das Verwaltungsgericht Wien zu. über Beschwerden in Angelegenheiten der Abgaben nach diesem Gesetz und der abgabenrechtlichen Verwaltungsübertretungen zu diesen Abgaben entscheidet das Bundesfinanzgericht.

Unberührt bleibende Vorschriften

§ 18. Durch dieses Gesetz werden bundesgesetzliche Vorschriften, insbesondere auf dem Gebiete des Forstwesens und des Wasserrechtes, sowie nachstehende landesgesetzliche Vorschriften in den jeweils geltenden Fassungen nicht berührt:

1. **Wiener Naturschutzgesetz, LGBl. für Wien Nr. 45/1998,**
2. **Wiener Feldschutzgesetz, LGBl. für Wien Nr. 38/1969,**
3. **Bauordnung für Wien, LGBl. für Wien Nr. 11/1930.**

Inkrafttreten

§ 19. (1) **Dieses Gesetz tritt mit Ausnahme der Strafbestimmungen rückwirkend am 15. August 1973 in Kraft.**

(2) Die Strafbestimmungen treten nach Ablauf des Tages der Kundmachung dieses Gesetzes in Kraft.

(3) Für zum Zeitpunkt des Inkrafttretens des Gesetzes, LGBl. für Wien Nr. 48/1998, gemäß § 4 Abs. 1 anhängige oder rechtskräftig abgeschlossene Verfahren ist § 9 Abs. 3 des Gesetzes, LGBl. für Wien Nr. 27/1974 in der Fassung LGBl. für Wien Nr. 54/1996, anzuwenden.

(4) Das Gesetz LGBl. für Wien Nr. 19/2024 tritt mit Ausnahme der Strafbestimmungen des § 13 Abs. 1 bis 3 und Abs. 6 bis 6b rückwirkend am 15. Jänner 2024 in Kraft.[1)]

(EB zur Nov LGBl 2024/19, Klimaschutznov 2024)

Eine Übergangsbestimmung für die neuen Regelungen wurde nicht vorgesehen.

Die Novelle tritt – mit Ausnahme der Strafbestimmungen des § 13 Abs. 1 bis 3 und Abs. 6 bis 6b – rückwirkend am 15.1.2024 in Kraft. Auf anhängige Baumschutzverfahren sind mit Inkrafttreten der Novelle daher sofort die neuen Bestimmungen anzuwenden. Auch dies leistet einen wesentlichen Beitrag zum Klimaschutz, da es nicht zu Verzögerungen beim Wirksamwerden der neuen Regelungen kommt. Insbes soll mit der Rückwirkung verhindert werden, dass es im Zeitraum zw der Beschlussfassung der Novelle und ihrer Kundmachung zu Baumfällungsanträgen mit den alleinigen Ziel kommt, sich die (für Antragsteller möglicherweise günstigere) geltende Rechtslage zu erhalten.

Anmerkung

1) Die Rückwirkung der Novelle samt Anwendung auf anhängige Verfahren erscheint verfassungsrechtlich problematisch, dies, zumal die Novelle auf Basis eines Initiativantrages ohne öffentliche Begutachtung beschlossen wurde und etwa durch die massive Erhöhung der Ausgleichsabgabe erhebliche Auswirkungen auf Betroffene zeitigt.

9a. Gesetz über die Bereitstellung von Bauprodukten auf dem Markt, deren Verwendung und Marktüberwachung (Wiener Bauproduktegesetz 2013 – WBPG 2013)

LGBl 2014/23, 2021/13 idF LGBl 2022/34

(EB zur Stammfassung LGBl 2014/23)

Die Verordnung (EU) Nr. 305/2011 zur Festlegung harmonisierter Bedingungen für die Vermarktung von Bauprodukten und zur Aufhebung der Richtlinie 89/106/EWG des Rates wurde am 4. April 2011, ABl. Nr. L 88, S. 5, veröffentlicht. Der Großteil der Bestimmungen entfaltet seine Wirkung gemäß Art. 66 und 68 der Verordnung (EU) Nr. 305/2011 ab dem 1. Juli 2013. Diesbezüglich sind somit auch die nationalen Voraussetzungen zur Anwendung der Verordnung (EU) Nr. 305/2011 zu schaffen.

Während die Richtlinie 89/106/EWG zu ihrer Wirksamkeit der Umsetzung in nationales Recht bedurfte, ist die Verordnung (EU) Nr. 305/2011 gemäß Art. 288 AEUV unmittelbar in den Mitgliedsstaaten anzuwenden. Die Wiederholung des Inhaltes einer Verordnung in nationalen Rechtsbestimmungen ist grundsätzlich unzulässig. Daraus folgt, dass ein Teil des nationalen Bauproduktenrechts entfallen kann bzw. entfallen muss. Vor diesem Hintergrund und um die Übersichtlichkeit der Vereinbarungen gemäß Art. 15a B-VG zum Bauproduktenrecht zu erhöhen, wurden die beiden diesbezüglich bestehenden Vereinbarungen gemäß Art. 15a B-VG zur „Vereinbarung gemäß Art. 15a B-VG über die Zusammenarbeit im Bauwesen sowie die Bereitstellung von Bauprodukten auf dem Markt und deren Verwendung“ zusammengefasst. In wesentlichen Teilen wurden dabei lediglich bereits bestehende Bestimmungen übernommen (z.B.: Gründung OIB). Darüber hinaus wurden aber auch die notwendigen Anpassungen an die Verordnung (EU) Nr. 305/2011 vorgenommen und wurde für gewisse Fälle eine nationale Bautechnische Zulassung eingeführt.

Das WBPG 2013 dient der Umsetzung der genannten Vereinbarung gemäß Art. 15a B-VG bzw. der Schaffung der nationalen Voraussetzungen zur Anwendung der Verordnung (EU) Nr. 305/2011 im Land Wien und trägt darüber hinaus dem Umstand Rechnung, dass gemäß §§ 1ff des Akkreditierungsgesetzes 2012, BGBl. I Nr. 28/2012, die Akkreditierung von Konformitätsbewertungsstellen auch für Bauprodukte Bundessache ist. Da dies mit einer weitreichenden Abänderung des Regelungsgehalts des geltenden Wiener Bauprodukte- und Akkreditierungsgesetzes – WBAG verbunden ist, wurde der Weg einer Neuerlassung unter neuem Titel in Form des vorliegenden Entwurfes gewählt.

In das neue WBPG 2013 werden aus dem Bestand des WBAG die Bestimmungen über die Marktüberwachung, insbesondere der diesbezügliche VII. Abschnitt des WBAG, übernommen. Diese Bestimmungen wurden mit der Novelle des WBAG zu LGBl. Nr. 8/2012 eingeführt und dienen der Umsetzung der Vereinbarung gemäß Art. 15a B-VG über die Marktüberwachung von Bauprodukten, LGBl. Nr. 57/2010, sowie der Schaffung von gesetzlichen Rahmenbedingungen für die Vollziehung der Verordnung (EG) 765/2008 und die Einführung der von der EU geforderten Marktüberwachung für Bauprodukte. Zur besseren Verständlichkeit und

Konsistenz der Gesetzesmaterialien werden die diesbezüglichen Erläuterungen auch im Rahmen der nunmehrigen Neuerlassung weitgehend erneut dargelegt.

(EB zur Nov LGBl 2022/34)

Mit der Nov erfolgt in erster Linie die Anpassung an die Verordnung (EU) 2019/1020 des Europäischen Parlaments und des Rates vom 20. Juni 2019 über Marktüberwachung und die Konformität von Produkten sowie zur Änderung der Richtlinie 2004/42/EG und der Verordnungen (EG) Nr. 765/2008 und (EU) Nr 305/2011, ABl Nr L 169 vom 25. Juni 2019, S. 1.

Durch Art 39 dieser VO werden Art 15 bis 29 der VO (EG) Nr 765/2008 vom 9. Juli 2008 über die Vorschriften für die Akkreditierung und Marktüberwachung iZm der Vermarktung von Produkten und zur Aufhebung der VO (EWG) Nr 339/93 des Rates ABl Nr L 218 vom 13. August 2008, S. 30, betreffend den Rechtsrahmen für eine gemeinschaftliche Marktüberwachung und die Kontrolle von in den Gemeinschaftsmarkt eingeführten Produkten aufgehoben und durch die VO (EU) 2019/1020 ersetzt. Daher sind im WBPG 2013 sämtliche diesbzgl Verweise auf die VO (EG) Nr 765/2008 durch entsprechende Verweise auf die VO (EU) 2019/1020 zu ersetzen.

Die Tätigkeiten, Befugnisse und Maßnahmen der Marktüberwachungsbehörde sind gemäß den Art 11, 14, 16 und 19 der VO 2019/1020 detaillierter und weiter gefasst als dies bisher gemäß Art 16 und 19 bis 21 der VO (EG) Nr 765/2008 der Fall war. Gemäß Art. 14 Abs 1 der VO (EU) 2019/1020 sind diese Befugnisse von den Mitgliedstaaten an ihre Marktüberwachungsbehörde zu übertragen.

Darüber hinaus erfolgt auch die Anpassung an die VO (EU) 2017/1369 vom 4. Juli 2017 zur Festlegung eines Rahmens für die Energieverbrauchskennzeichnung und zur Aufhebung der RL 2010/30/EU („Ökolabel-Verordnung"), ABl Nr L 198 vom 28. Juli 2017, S. 1.

Außerdem erfolgt die Umsetzung der erforderlichen Begriffsbestimmungen aus Art 2 der RL 2009/125/EG vom 21. Oktober 2009 zur Schaffung eines Rahmens für die Festlegung von Anforderungen an die umweltgerechte Gestaltung energieverbrauchsrelevanter Produkte, ABl Nr L 285 vom 31. Oktober 2009, S. 10.

I. Abschnitt
Allgemeines
Geltungsbereich

§ 1. (1) Die Bereitstellung von Bauprodukten auf dem Markt, deren Verwendung und Marktüberwachung gemäß der Verordnung (EU) 2019/1020 des Europäischen Parlaments und des Rates vom 20. Juni 2019 über Marktüberwachung und die Konformität von Produkten sowie zur Änderung der Richtlinie 2004/42/EG und der Verordnungen (EG) Nr. 765/2008 und (EU) Nr. 305/2011, ABl. Nr. L 169 vom 25. Juni 2019, S. 1, unterliegen in Wien den Bestimmungen dieses Gesetzes. Ausgenommen bleiben Angelegenheiten, die in der Gesetzgebung ausschließlich Bundessache sind, wie insbesondere Angelegenheiten des Verkehrswesens bezüglich der Eisenbahnen und der Luftfahrt sowie der Schifffahrt, des Bundesstraßenbaues, des Bergwesens, des Wasserbaues, des Hochwasserschutzbaues oder der Wildbachverbauung und des Wasserstraßenbaues.

(2) Der III. Abschnitt gilt nur für Bauprodukte, die in Serie oder serienähnlich hergestellt werden.

(3) Bauprodukte, für die keine europäischen technischen Spezifikationen vorliegen, unterliegen den Bestimmungen des VIII. Abschnittes, ausgenommen § 18 Abs. 1 Z 1 und 8, sowie den Bestimmungen der Art. 16 Abs. 1 bis 5, 17, 18 und 19 Abs. 1 erster Satz und Abs. 2 der Verordnung (EU) 2019/1020, sinngemäß. Der Wirtschaftsakteur oder die Wirtschaftsakteurin[1)] hat zu gewährleisten, dass sich alle Maßnahmen, die er oder sie zu erfüllen hat, auf sämtliche betroffene Bauprodukte erstrecken, die er oder sie in Wien auf dem Markt bereitgestellt hat.

(EB zur StF LGBl 2014/23)

In **Abs. 1** wurde der Geltungsbereich an die geänderten gemeinschaftsrechtlichen Rahmen angepasst. Gemäß Art. 2 Z 16 der Verordnung (EU) Nr. 305/2011 ist „*Bereitstellung auf dem Markt*" jede entgeltliche oder unentgeltliche Abgabe von Bauprodukten zum Vertrieb oder zur Verwendung auf dem Markt der Union im Rahmen einer Geschäftstätigkeit. Da gemäß Art. 2 Z 17 der Verordnung (EU) Nr. 05/2011 unter „*Inverkehrbringen*" die erstmalige Bereitstellung von Bauprodukten auf dem Markt zu verstehen ist, umfasst „Bereitstellung auf dem Markt" auch das „Inverkehrbringen".

Auch die Verordnung (EG) Nr. 765/2008 über Marktüberwachung und Akkreditierung hat Berührungspunkte zu dieser Vereinbarung. Während die Marktüberwachung aber in einer eigenen „Vereinbarung gemäß Art. 15a B-VG über die Marktüberwachung von Bauprodukten" geregelt wurde, ist die Akkreditierung im Bauproduktebereich nunmehr Kompetenz des Bundes.

Umfasst sind grundsätzlich alle Bauprodukte, somit sowohl der CE-Kennzeichnungspflicht unterliegende als auch davon ausgenommene. Darunter fallen somit auch Bauprodukte, die in der Baustoffliste ÖA angeführt sind. Daneben existiert noch der Bereich von Produkten, die weder einer nationalen noch einer CE-Kennzeichnungspflicht unterliegen, etwa handwerklich angefertigte, spezielle Teile in kleiner Stückzahl. Eine grundsätzliche Ausnahme von der Marktüberwachung erscheint nicht als zweckmäßig, da das Sicherheitserfordernis für alle Bauprodukte grundsätzlich das Gleiche ist. Mit dem ÜA-Zeichen national gekennzeichnete Bauprodukte einer Marktüberwachung zu unterziehen, war lange eine Forderung der Wirtschaft. Diese Produkte sind jedoch ausgenommen von dem im Rahmen der EU zu erstellenden Marktüberwachungsprogramm, das nur CE-gekennzeichnete Produkte umfasst.

Gegebenenfalls zu ergreifende beschränkende Maßnahmen können nur im Fall einer ernsten Gefahr auf andere Mitgliedstaaten ausgedehnt werden. Selbst innerhalb Österreichs ist das Inverkehrbringen von Produkten mit fehlender ÜA-Kennzeichnung nach EU-Recht zulässig, der Einbau hingegen nicht, was jedoch insofern in die Kompetenz der Baubehörden fällt, als diesen die Unterbindung der Verwendung unzulässiger Bauprodukte obliegt.

Das Ausnehmen der nicht CE-pflichtigen Produkte von § 18 Abs. 1 Z 1 und 8 schließt die Zusammenarbeit mit Zollbehörden nicht aus; lediglich sind beschränkende Maßnahmen bezüglich der Einfuhr in den oder Bereitstellung auf dem gemeinsamen Markt nur im Fall einer ernsten Gefahr möglich. Die Unterbindung der Verwendung solcher Produkte obliegt den Baubehörden, an die die entsprechende Information von der Marktüberwachungsbehörde im Sinne des § 18 Abs. 1 Z 9 weitergegeben wird.

Abs. 2 entspricht Art. 11 der aktuellen Vereinbarung gemäß Art. 15a B-VG über die Zusammenarbeit im Bauwesen sowie die Bereitstellung von Bauprodukten auf dem Markt und deren Verwendung. **Abs. 3** entspricht dem bisherigen § 1 Abs. 3 WBAG.

Anmerkung

1) Art. 2 VO (EG) 765/2008 definiert „Wirtschaftsakteure": Hersteller, Bevollmächtigter, Einführer und Händler.

Begriffsbestimmung

§ 2.[1] **(1) Regelwerke sind harmonisierte technische Spezifikationen im Sinne der Verordnung (EU) Nr. 305/2011 des Europäischen Parlaments und des Rates vom 9. März 2011 zur Festlegung harmonisierter Bedingungen für die Vermarktung von Bauprodukten und zur Aufhebung der Richtlinie 89/106/EWG des Rates, ABl. Nr. L 88 vom 4. April 2011, S. 5, sowie nationale technische Bestimmungen der Vertragsparteien des Abkommens über den Europäischen Wirtschaftsraum (EWR), wie z.B. technische Normen, technische Richtlinien oder Verwendungsgrundsätze des Österreichischen Institutes für Bautechnik, wenn diese jeweils in der Baustoffliste ÖA (§ 6) oder in der Baustoffliste ÖE (§ 12) angeführt sind.**

(2) Bauprodukt ist jedes Produkt oder jeder Bausatz, das bzw. der hergestellt und in Verkehr gebracht wird, um dauerhaft in Bauwerke oder Teile

davon eingebaut zu werden, und dessen Leistung sich auf die Leistung des Bauwerks im Hinblick auf die Grundanforderungen an Bauwerke auswirkt.

(3) Baustoff ist jedes Bauprodukt, das dauerhaft in ein Bauwerk oder in Teile eines Bauwerks eingehen soll und dessen Leistungsmerkmale sich auf die Leistungsmerkmale des Bauwerks in Bezug auf die Exposition der Bauwerksnutzerinnen und Bauwerksnutzer gegenüber ionisierender Strahlung auswirken.

(4) Durchführungsmaßnahme ist eine auf der Grundlage der Richtlinie 2009/125/EG zur Schaffung eines Rahmens für die Festlegung von Anforderungen an die umweltgerechte Gestaltung energieverbrauchsrelevanter Produkte erlassene Maßnahme zur Festlegung der Ökodesign-Anforderungen für bestimmte Produkte oder zu bestimmten Umweltaspekten.

(5) Energieverbrauchsrelevantes Bauprodukt ist ein Bauprodukt, dessen Nutzung den Verbrauch von Energie in irgendeiner Weise beeinflusst und das in Verkehr gebracht oder in Betrieb genommen wird, einschließlich von Teilen, die zum Einbau in ein energieverbrauchsrelevantes Bauprodukt bestimmt sind, als Einzelteile für Endverbraucherinnen und Endverbraucher in Verkehr gebracht und bzw. oder in Betrieb genommen werden und getrennt auf ihre Umweltverträglichkeit geprüft werden.

(6) Ökodesign-Anforderungen sind Anforderungen an ein Produkt oder an seine Gestaltung, die zur Verbesserung seiner Umweltverträglichkeit bestimmt sind, oder die Anforderung, über Umweltaspekte des Produkts Auskunft zu geben.

(7) Vertreterin bzw. Vertreter bezeichnet eine in der Gemeinschaft niedergelassene natürliche oder juristische Person, die von der Herstellerin bzw. vom Hersteller schriftlich beauftragt worden ist, in ihrem bzw. seinem Namen den mit diesem Gesetz verbundenen Verpflichtungen und Förmlichkeiten vollständig oder teilweise nachzukommen.

(8) Bauteile und Baugruppen sind Teile, die zum Einbau in energieverbrauchsrelevante Produkte bestimmt sind, jedoch nicht als Einzelteile für Endnutzer und Endnutzerinnen in Verkehr gebracht oder in Betrieb genommen werden können oder deren Umweltverträglichkeit nicht getrennt geprüft werden kann.

(9) Inverkehrbringen ist die erstmalige entgeltliche oder unentgeltliche Bereitstellung eines Produkts auf dem Gemeinschaftsmarkt zur Verteilung oder zur Verwendung in der Europäischen Union, wobei die Vertriebsmethode ohne Belang ist.

(10) Inbetriebnahme ist die erstmalige bestimmungsgemäße Verwendung eines Produkts durch einen Endnutzer oder eine Endnutzerin in der Europäischen Union.

(11) Hersteller oder Herstellerin ist eine natürliche oder juristische Person, die unter dieses Gesetz fallende Produkte herstellt und für deren Übereinstimmung mit diesem Gesetz zum Zweck ihres Inverkehrbringens oder ihrer Inbetriebnahme unter dem Namen oder der Handelsmarke des Herstellers oder der Herstellerin oder für dessen bzw. deren eigenen Gebrauch verantwortlich ist. Gibt es keinen Hersteller und keine Herstellerin oder keinen Importeur und keine Importeurin, so gilt als Hersteller oder Herstellerin jede natürliche oder juristische Person, die unter dieses Gesetz fallende Produkte in Verkehr bringt oder in Betrieb nimmt.

(12) Importeur oder Importeurin ist eine in der Europäischen Union niedergelassene natürliche oder juristische Person, die ein aus einem Drittstaat stammendes Produkt in der Europäischen Union im Rahmen ihrer Geschäftstätigkeit in Verkehr bringt.

(13) Umweltaspekt ist ein Bestandteil oder eine Funktion eines Produkts, der bzw. die während des Lebenszyklus des Produkts mit der Umwelt in Wechselwirkung treten kann.

(14) Umweltgerechte Gestaltung („Ökodesign") ist die Berücksichtigung von Umwelterfordernissen bei der Produktgestaltung mit dem Ziel, die Umweltverträglichkeit des Produkts während seines gesamten Lebenszyklus zu verbessern.

(15) Harmonisierte Norm ist eine technische Spezifikation, die von einem anerkannten Normungsgremium im Auftrag der Europäischen Kommission und nach den in der Richtlinie (EU) 2015/1535 des Europäischen Parlaments und des Rates vom 9. September 2015 über ein Informationsverfahren auf dem Gebiet der technischen Vorschriften und der Vorschriften für die Dienste der Informationsgesellschaft, ABl. Nr. L 241 vom 17. September 2015, S 1, genannten Verfahren zur Festlegung einer europäischen Anforderung ausgearbeitet und verabschiedet wurde, die jedoch nicht rechtsverbindlich ist.

(16) Wirtschaftsakteur oder Wirtschaftsakteurin ist der Hersteller bzw. die Herstellerin, der bzw. die Bevollmächtigte, der Importeur bzw. die Importeurin, der Händler bzw. die Händlerin, der Fulfilment-Dienstleister bzw. -Dienstleisterin oder jede andere natürliche oder juristische Person, die Verpflichtungen im Zusammenhang mit der Herstellung von Produkten, deren Bereitstellung auf dem Markt oder deren Inbetriebnahme gemäß den einschlägigen Harmonisierungsrechtsvorschriften der Europäischen Union unterliegt.

Anmerkung

1) § 2 wurde neu gefasst mit LGBl 2021/13 zur Umsetzung der RL 2009/125/EG, RL 2013/59/EURATOM, Verordnung (EU) Nr 305/2011. Abs 1, 6 und 8 bis 16 idF LGBl 2022/34.

II. Abschnitt
Technische Bewertungsstelle und Produktinformationsstelle

Technische Bewertungsstelle

§ 3. Technische Bewertungsstelle für Bauprodukte im Sinne der Verordnung (EU) Nr. 305/2011 ist das Österreichische Institut für Bautechnik.

(EB zur StF LGBl 2014/23)

Das OIB übernimmt die Aufgabe der Technischen Bewertungsstelle im Sinne der Art. 29 ff der Verordnung (EU) Nr. 305/2011. Eine Technische Bewertungsstelle führt in einem Produktbereich, für den sie benannt wird, Bewertungen durch und stellt die entsprechende Europäische Technische Bewertung aus. Eine „Europäische Technische Bewertung" ist die dokumentierte Bewertung der Leistung eines Bauprodukts in Bezug auf seine wesentlichen Merkmale im Einklang mit dem betreffenden Europäischen Bewertungsdokument (Art. 2 Z 13 der Verordnung (EU) Nr. 305/2011).

Produktinformationsstelle für das Bauwesen

§ 4. Produktinformationsstelle für das Bauwesen im Sinne der Verordnung (EU) Nr. 305/2011 ist das Österreichische Institut für Bautechnik.

(EB zur StF LGBl 2014/23)

Das OIB übernimmt auch die Aufgabe als Produktinformationsstelle iSd Art. 10 der VO (EU) Nr. 305/2011. Die Produktinformationsstelle hat die in Art. 10 der VO (EU) Nr. 764/2008 genannten Aufgaben und stellt etwa auf Anfrage eines Wirtschaftsteilnehmers oder einer zuständigen Behörde eines anderen Mitgliedstaats folgende Informationen zur Verfügung:

a) die für einen bestimmten Produkttyp auf dem jeweiligen Hoheitsgebiet des Mitgliedstaats der Produktinfostellen geltenden technischen Vorschriften sowie Informationen darüber, ob für diesen Produkttyp gemäß den gesetzlichen Bestimmungen ihres Mitgliedstaats eine Vorabgenehmigung erforderlich ist, einschließlich Informationen über den Grundsatz der gegenseitigen Anerkennung und die Anwendung dieser Verordnung im Hoheitsgebiet des jeweiligen Mitgliedstaats;
b) die Kontaktinformationen der zuständigen Behörden in diesem Mitgliedstaat zwecks direkter Kontaktaufnahme, einschließlich der Angabe der Behörden, die die Anwendung der jeweiligen technischen Vorschriften im Hoheitsgebiet dieses Mitgliedstaats überwachen;
c) allgemein im Hoheitsgebiet dieses Mitgliedstaats verfügbare Rechtsbehelfe bei Streitigkeiten zwischen den zuständigen Behörden und einem Wirtschaftsteilnehmer.

Die Produktinfostelle hat gemäß Art. 10 Abs. 2 der VO (EU) Nr. 764/2008 alle Anträge binnen 15 Arbeitstagen ab deren Eingang zu beantworten.

(EB zur StF LGBl 2014/23)

Zu §§ 7 bis 10

Diese Bestimmungen setzen Art. 14 bis 17 der aktuellen Vereinbarung gemäß Art. 15a B-VG über die Zusammenarbeit im Bauwesen sowie die Bereitstellung von Bauprodukten auf dem Markt und deren Verwendung um. Die Übereinstimmung von Bauprodukten mit dem angeführten Regelwerk ist nicht mehr durch einen Übereinstimmungsnachweis, sondern durch eine Produktregistrierung in Form einer Registrierungsbescheinigung nachzuweisen.

III. Abschnitt
Bauprodukte, für die harmonisierte technische Spezifikationen nicht vorliegen

Anforderungen für die Verwendung von Bauprodukten, für die harmonisierte technische Spezifikationen nicht vorliegen

§ 5. Bauprodukte, die in der Baustoffliste ÖA (§ 6) angeführt sind, dürfen nur verwendet werden, wenn

1. sie dem für sie geltenden und in der Baustoffliste ÖA bekanntgemachten Regelwerk entsprechen oder nur unwesentlich davon abweichen, oder
2. für sie eine Bautechnische Zulassung vorliegt

und sie das Einbauzeichen ÜA (§ 10) tragen.

(EB zur StF LGBl 2014/23)

§ 5 folgt dem bisherigen § 21a WBAG und entspricht im Wesentlichen Art. 12 der aktuellen Vereinbarung gemäß Art. 15a B-VG über die Zusammenarbeit im Bauwesen sowie die Bereitstellung von Bauprodukten auf dem Markt und deren Verwendung. Bauprodukte, die in der Baustoffliste ÖA angeführt sind, müssen grundsätzlich dem angeführten Regelwerk entsprechen oder dürfen nur unwesentlich davon abweichen. Im Falle wesentlicher Abweichungen kann jedoch ggf. durch eine Bautechnische Zulassung nachgewiesen werden, dass das Bauprodukt trotzdem verwendet werden kann (vgl. § 14 Abs. 1 Z 3). Für Bauprodukte, für die kein Regelwerk vorhanden ist, kann in der Baustoffliste ÖA auch direkt eine BTZ gefordert werden (vgl. § 6 Abs. 2 Z 2).

Baustoffliste ÖA

§ 6. (1) Das Österreichische Institut für Bautechnik hat die Baustoffliste ÖA nach Maßgabe des Abs. 2 durch Verordnung festzulegen. Vor der Festlegung der Verordnung ist die Wirtschaftskammer Österreich anzuhören und vor der Erlassung die Zustimmung der Wiener Landesregierung einzuholen. Die Baustoffliste ÖA ist vom Österreichischen Institut für Bautechnik in seinem Mitteilungsblatt kundzumachen; ein Hinweis ist zusätzlich im Amtsblatt der Stadt Wien einzuschalten.

(2) In der Baustoffliste ÖA sind für die einzelnen Bauprodukte festzulegen:

1. die von ihnen zu erfüllenden nationalen Regelwerke oder
2. das Erfordernis einer Bautechnischen Zulassung, sofern dies aufgrund der Bedeutung eines Bauprodukts für eine oder mehrere Grundanforderungen an Bauwerke und den damit verbundenen Risken, insbesondere hinsichtlich Gesundheit oder Sicherheit von Personen, erforderlich ist.

(3) Weiters können festgelegt werden:

1. der Verwendungszweck;
2. Klassen und Stufen;
3. die Geltungsdauer der Produktregistrierung (§ 7);
4. Maßnahmen nach Abs. 4.

(4) In der Baustoffliste ÖA ist unbeschadet der Bestimmungen des für das Bauprodukt maßgeblichen Regelwerkes unter Berücksichtigung der Sicherheit oder der Besonderheiten des Produktionsverfahrens erforderlichenfalls festzulegen:

1. die Erstprüfung des Bauproduktes durch eine hiefür akkreditierte Stelle;
2. die Überwachung der werkseigenen Produktionskontrolle durch eine hiefür akkreditierte Stelle.

(5) In jedem Fall muss durch eine werkseigene Produktionskontrolle eine gleichbleibende Qualität des Bauproduktes sichergestellt sein.

(EB zur StF LGBl 2014/23)

§ 6 setzt Art. 13 der aktuellen Vereinbarung gemäß Art. 15a B-VG über die Zusammenarbeit im Bauwesen sowie die Bereitstellung von Bauprodukten auf dem Markt und deren Verwendung um. Aufgenommen wird die Möglichkeit, das Erfordernis einer Bautechnischen Zulassung festzulegen, sofern dies aufgrund der Bedeutung eines Bauproduktes für eine oder mehrere Grundanforderungen an Bauwerke und den damit verbundenen Risken, insbesondere hinsichtlich Gesundheit oder Sicherheit von Personen, erforderlich ist (siehe Abs. 2 Z 2).

Produktregistrierung

§ 7. (1) Die Übereinstimmung von Bauprodukten mit den Bestimmungen der Baustoffliste ÖA ist nach Maßgabe der Abs. 2 und 3 durch eine Registrierung des Bauproduktes nachzuweisen.

(2) Eine Registrierung darf nur erfolgen, wenn dies für das Bauprodukt in der Baustoffliste ÖA vorgesehen ist und

1. das Bauprodukt mit den Bestimmungen der Baustoffliste ÖA übereinstimmt oder nur unwesentlich davon abweicht, oder

2. das Bauprodukt zwar mehr als unwesentlich von den Bestimmungen der Baustoffliste ÖA abweicht, aber eine Bautechnische Zulassung vorliegt.

(3) Die Registrierung erfolgt durch Ausstellung einer Registrierungsbescheinigung durch die Registrierungsstelle (§ 9). Die Registrierung hat nach den Bestimmungen dieses Gesetzes zu erfolgen, wenn sich der Sitz der Registrierungsstelle in Wien befindet.

(4) Registrierungen, die nach den Rechtsvorschriften einer anderen Vertragspartei der Vereinbarung gemäß Art. 15a B-VG über die Zusammenarbeit im Bauwesen sowie die Bereitstellung von Bauprodukten auf dem Markt und deren Verwendung, LGBl. für Wien Nr. 21/2013, erfolgen, sind anzuerkennen.

Verfahren der Registrierung[1)]

§ 8. (1) Die Registrierungsstelle hat aufgrund eines Antrages und auf Basis der erforderlichen Unterlagen, insbesondere der Prüfzeugnisse bzw. Überwachungsberichte, die Erfüllung der Anforderungen dieses Gesetzes sowie die Übereinstimmung des Bauproduktes mit den Bestimmungen der Baustoffliste ÖA zu prüfen.

(2) Ergibt die Prüfung nach Abs. 1 die Übereinstimmung mit den Bestimmungen der Baustoffliste ÖA oder eine nur unwesentliche Abweichung, so hat die Registrierungsstelle die Registrierungsbescheinigung auszustellen (Registrierung) und eine Ausfertigung der registerführenden Stelle (§ 9) zu übermitteln.

(3) Ergibt die Prüfung nach Abs. 1, dass das jeweilige Bauprodukt mehr als nur unwesentlich von den Bestimmungen der Baustoffliste ÖA abweicht, so darf die Registrierungsbescheinigung nur ausgestellt werden, wenn eine Bautechnische Zulassung (§ 14) vorliegt.

(4) Falls eine Registrierung nicht erfolgen kann, ist dies dem Antragsteller oder der Antragstellerin formlos mitzuteilen. Auf Verlangen des Antragstellers oder der Antragstellerin ist die Registrierung mittels Bescheid der Registrierungsstelle abzulehnen.

Anmerkung

1) Vgl die EB der StF zu § 7.

Registrierungsstelle und registerführende Stelle[1)]

§ 9. (1) Mit der Registrierung gemäß § 7 kann die Landesregierung eine Stelle mit bautechnischen Kenntnissen, insbesondere auf dem Gebiet der

Materialtechnologie, der Produktion der zu beurteilenden Bauprodukte und deren Eigenschaften, betrauen. Diese ist

1. **beim Amt der Wiener Landesregierung oder**
2. **bei einer sonstigen Stelle, die mehrheitlich im Eigentum des Landes Wien steht, einzurichten.**

(2) Registerführende Stelle ist das Österreichische Institut für Bautechnik.

(3) Sofern eine Registrierungsstelle eingerichtet wird, ist diese der registerführenden Stelle bekannt zu geben.

Anmerkung

1) Vgl die EB der StF zu § 7.

Einbauzeichen ÜA[1)]

§ 10. (1) Liegt für ein Bauprodukt eine Registrierung gemäß § 7 vor, so ist der Hersteller oder die Herstellerin berechtigt, zur Kennzeichnung dieses Bauproduktes das Einbauzeichen ÜA am Bauprodukt selbst, auf dessen Verpackung oder in den Begleitpapieren anzubringen.

(2) Ein Bauprodukt, das das Einbauzeichen trägt, hat die widerlegbare Vermutung für sich, dass es nach den Bestimmungen dieses Gesetzes verwendbar ist.

(3) Nähere Bestimmungen zum Einbauzeichen enthält die Anlage.

Anmerkung

1) Vgl die EB der StF zu § 7.

IV. Abschnitt
Bauprodukte, für die harmonisiertetechnische Spezifikationen vorliegen

Anforderungen für die Verwendung von Bauprodukten, für die harmonisierte technische Spezifikationen vorliegen

§ 11. Bauprodukte, für die

1. **eine harmonisierte europäische Norm vorliegt, die in der Baustoffliste ÖE angeführt ist, oder**
2. **eine Europäische technische Bewertung (ETA) vorliegt, die auf Basis eines in der Baustoffliste ÖE angeführten Europäischen Bewertungsdokuments (EAD) oder einer in der Baustoffliste ÖE angeführten Leitlinie für europäische technische Zulassungen (ETAG), die als EAD verwendet wird, ausgestellt wurde,**

dürfen nur verwendet werden, wenn sie den in der Baustoffliste ÖE kundgemachten Leistungsanforderungen oder Verwendungsbestimmungen der Vertragsparteien der Vereinbarung gemäß Art. 15a B-VG über die Zusammenarbeit im Bauwesen sowie die Bereitstellung von Bauprodukten auf dem Markt und deren Verwendung entsprechen und sie das CE-Kennzeichen tragen.

(EB zur StF LGBl 2014/23)

§ 11 setzt Art. 18 der aktuellen Vereinbarung gemäß Art. 15a B-VG über die Zusammenarbeit im Bauwesen sowie die Bereitstellung / Verwendung von Bauprodukten um. Sie ermöglicht es, einerseits festzulegen, welche Leistungsstufen oder -klassen der in der Leistungserklärung enthaltenen wesentlichen Merkmale für bestimmte Verwendungszwecke erfüllt werden müssen. Andererseits kann für bestimmte Bauprodukte auch dann eine CE-Kennzeichnung verlangt werden, wenn dies europarechtlich nicht verpflichtend ist. Dies betrifft beispielsweise Bauprodukte, für die keine harmonisierte Norm, sondern ein Europäisches Bewertungsdokument (oder derzeit eine Europäische Technische Zulassungsleitlinie – ETAG) vorliegt, oder bestimmte individuell gefertigte Bauprodukte, die unter die Ausnahmebestimmungen des Art. 5 der VO (EU) Nr. 305/2011 fallen, für die aber in Österreich Anforderungen bestehen (etwa Betonfertigteile oder Fenster). Die Möglichkeit, auf nationaler Ebene solche Anforderungen für die Verwendung festzulegen, ergibt sich aus Art. 5 erster Satz und aus Art. 8 Abs. 4 der VO (EU) Nr. 305/2011. Bauprodukte, die nicht in der Baustoffliste ÖE angeführt sind, dürfen grundsätzlich verwendet werden, sofern sie den Bestimmungen der VO (EU) Nr. 305/2011 entsprechen.

Die in Art. 11 der [ehem.] Vereinbarung gemäß Art. 15a B-VG über die Regelung der Verwendbarkeit von Bauprodukten enthaltene Wortfolge „oder nur unwesentlich davon abweichen" wurde gestrichen, da im Fall der Baustoffliste ÖE konkrete Leistungsanforderungen im Sinne von Mindestwerten oder Höchstwerten von Kennwerten oder konkrete Verwendungseinschränkungen geregelt werden. Die Möglichkeit der „unwesentlichen Abweichung" in der Baustoffliste ÖA bezieht sich hingegen auf die Erfüllung eines gesamten Regelwerkes wie beispielweise einer Norm.

Baustoffliste ÖE

§ 12. (1) Das Österreichische Institut für Bautechnik hat die Baustoffliste ÖE durch Verordnung festzulegen. Vor der Festlegung der Verordnung ist die Wirtschaftskammer Österreich anzuhören und vor der Erlassung die Zustimmung der Wiener Landesregierung einzuholen. Die Baustoffliste ÖE ist vom Österreichischen Institut für Bautechnik in seinem Mitteilungsblatt kundzumachen; ein Hinweis ist zusätzlich im Amtsblatt der Stadt Wien einzuschalten.

(2) In der Baustoffliste ÖE werden für Bauprodukte oder Gruppen von Bauprodukten die von ihnen zu erfüllenden Anforderungen für die Ver-

wendung festgelegt. In der Baustoffliste ÖE können insbesondere, bezogen auf die einzelnen Bauprodukte und gegebenenfalls in Abhängigkeit vom Verwendungszweck, festgelegt werden:

1. **die anzuwendende harmonisierte technische Spezifikation (harmonisierte Norm oder Europäisches Bewertungsdokument);**
2. **die wesentlichen Merkmale, für die eine Leistung anzugeben ist;**
3. **die zu erfüllende Leistung des Bauprodukts nach Stufen oder Klassen oder in einer Beschreibung entsprechend den Bestimmungen der Vertragsparteien der Vereinbarung gemäß Art. 15a B-VG über die Zusammenarbeit im Bauwesen sowie die Bereitstellung von Bauprodukten auf dem Markt und deren Verwendung, LGBl. für Wien Nr. 21/2013;**
4. **Leistungsanforderungen und Verwendungsbestimmungen der in Z 3 genannten Vertragsparteien in Zusammenhang mit Vorschriften, die außerhalb des Anwendungsbereiches der Verordnung (EU) Nr. 305/2011 liegen;**
5. **das Erfordernis der Erlangung einer Bautechnischen Zulassung mit den darin festzulegenden Verwendungsbestimmungen, sofern dies aufgrund der Bedeutung eines Bauprodukts für eine oder mehrere Grundanforderungen an Bauwerke und den damit verbundenen Risken, insbesondere hinsichtlich Gesundheit oder Sicherheit von Personen, erforderlich ist.**

(EB zur StF LGBl 2014/23)

§ 12 setzt Art. 19 der aktuellen Vereinbarung gemäß Art. 15a B-VG über die Zusammenarbeit im Bauwesen sowie die Bereitstellung/Verwendung von Bauprodukten um.

V. Abschnitt
Sonstige Bauprodukte

Anforderungen für die Verwendung sonstiger Bauprodukte

§ 13. Bauprodukte, die weder in der Baustoffliste ÖA noch in der Baustoffliste ÖE angeführt sind, und für die keine Bautechnische Zulassung vorliegt, dürfen nur verwendet werden, wenn dies im Einklang mit der Bauordnung für Wien, LGBl. für Wien Nr. 11/1930, in der jeweils geltenden Fassung, steht.

(EB zur StF LGBl 2014/23)

§ 13 setzt Art. 20 der aktuellen Vereinbarung gemäß Art. 15a B-VG über die Zusammenarbeit im Bauwesen sowie die Bereitstellung/Verwendung von Bauprodukten um. Die Tatsache, dass ein Bauprodukt weder in der Baustoffliste ÖA, noch in der Baustoffliste ÖE angeführt ist und für das Bauprodukt auch keine BTZ vorliegt, bedeutet nicht, dass das Bauprodukt nicht verwendet werden darf. Es müssen jedoch alle relevanten Bestimmungen der BO erfüllt werden.

VI. Abschnitt
Bautechnische Zulassung

Bautechnische Zulassung

§ 14. (1) Der Hersteller oder die Herstellerin eines Bauproduktes oder sein oder ihr Vertreter bzw. seine oder ihre Vertreterin mit einem Geschäftssitz in einem Mitgliedsstaat des EWR kann für ein Bauprodukt in folgenden Fällen bei der Zulassungsstelle eine Bautechnische Zulassung beantragen:

1. das Bauprodukt weicht von einer harmonisierten Norm ab;
2. für das Bauprodukt liegt keine harmonisierte Norm vor und das Bauprodukt ist nicht in der Baustoffliste ÖA erfasst;
3. das Bauprodukt weicht von dem in der Baustoffliste ÖA angeführten Regelwerk mehr als nur unwesentlich ab;
4. Bauprodukte, für die in der Baustoffliste ÖA oder in der Baustoffliste ÖE eine Bautechnische Zulassung vorgesehen ist;
5. Sonstige Bauprodukte, für die es nach dem Stand der technischen Wissenschaften erforderlich ist, Verwendungsbestimmungen und mögliche Verwendungszwecke entsprechend den bautechnischen Anforderungen festzulegen.

(2) Die zur Beurteilung des Bauproduktes erforderlichen Unterlagen, das sind insbesondere eine technische Beschreibung des Produktes, Angaben über die Leistungsmerkmale und die vorgesehene Verwendung des Produktes, sind dem Antrag beizufügen. Sind die Unterlagen unvollständig oder mangelhaft und werden sie nicht binnen einer festzusetzenden angemessenen Frist ergänzt, so ist der Antrag zurückzuweisen. Probestücke und Probeausführungen, die für die Beurteilung des Bauproduktes erforderlich sind, sind vom Hersteller oder der Herstellerin bzw. deren Vertreter oder Vertreterin über Aufforderung vorzulegen. Die Auswahl der Sachverständigen obliegt der Zulassungsstelle.

(3) Weiters ist ein Antrag auf Bautechnische Zulassung zurückzuweisen, wenn die Zulassungsstelle feststellt, dass das Bauprodukt keine Auswirkungen auf die Leistung des Bauwerks im Hinblick auf die Grundanforderungen an Bauwerke zu erfüllen hat oder auf Grund des Standes der technischen Wissenschaften keine Notwendigkeit für eine Bautechnische Zulassung gegeben ist.

(4) Über den Antrag auf Erteilung einer Bautechnischen Zulassung ist mit Bescheid zu entscheiden. Bei Vorliegen der Voraussetzungen für die Verwendung des Bauproduktes ist die Bautechnische Zulassung auszustellen. Dabei können erforderliche Vorschreibungen für den Einbau und die Anwendung des Bauproduktes festgelegt werden. Die Bautechnische Zulas-

sung ist auf höchstens fünf Jahre zu befristen. Eine Verlängerung um jeweils höchstens fünf Jahre ist auf Antrag möglich, wobei der Antrag vor Ablauf der Frist gestellt werden muss.

(5) Die Bautechnische Zulassung umfasst jedenfalls folgende Inhalte:

1. eine technische Beschreibung des Bauproduktes einschließlich der Leistungsmerkmale;

2. Regelungen über die Eigen- und Fremdüberwachung des Bauproduktes und der Produktion;

3. Bestimmungen über die Verwendung sowie erforderlichenfalls über den Einbau und die Anwendung des Bauproduktes.

Im Falle von Bauprodukten, für die eine CE-Kennzeichnung vorliegt (§§ 11 und 12), gilt dies nur soweit, als diese Inhalte nicht bereits durch die Leistungserklärung und die CE-Kennzeichnung abgedeckt sind.

(6) Durch die Erteilung der Bautechnischen Zulassung wird in Rechte Dritter nicht eingegriffen.

(7) Die Kosten für das Verfahren zur Erteilung der Bautechnischen Zulassung sind vom Antragsteller oder der Antragstellerin zu tragen.

(8) Die Zulassungsstelle hat jährlich eine Liste der erteilten Bautechnischen Zulassungen zu veröffentlichen.

(9) Bautechnische Zulassungen, die nach den Rechtsvorschriften einer anderen Vertragspartei der Vereinbarung gemäß Art. 15a B-VG über die Zusammenarbeit im Bauwesen sowie die Bereitstellung von Bauprodukten auf dem Markt und deren Verwendung, LGBl. für Wien Nr. 21/2013, erteilt werden, sind anzuerkennen.

(EB zur StF LGBl 2014/23)

Zu §§ 14 und 15

Diese Bestimmungen setzen Art. 21 und 22 der aktuellen Vereinbarung gemäß Art. 15a B-VG über die Zusammenarbeit im Bauwesen sowie die Bereitstellung/Verwendung von Bauprodukten um.

In vielen EU-Mitgliedstaaten gibt es eine lange Tradition von nationalen Baustoffzulassungen, insbesondere in D, F, NL, BE, ESP und UK. Diese nationalen Systeme dienten einerseits der Zulassung von nicht genormten Baustoffen, andererseits enthielten sie auch konkrete Hinweise über die Verwendung der betreffenden Baustoffe, wie sie in Produktnormen üblicherweise nicht enthalten sind.

Durch die RL 106/89/EWG wurde als Basis für die CE-Kennzeichnung von Bauprodukten neben Normen (harmonisierte europäische Normen) auch eine europäische Baustoffzulassung eingeführt (Europäische technische Zulassung – ETZ). Allgemein wurde erwartet, dass diese ETZ die verschiedenen nationalen Baustoffzulassungssysteme ersetzen wird. Tatsächlich bestehen jedoch auch zwanzig Jahre nach Inkrafttreten der Bauproduktenrichtlinie weiterhin diese nationalen Baustoffzulassungen, da durch die europäische Harmonisierung zwar die technischen Parameter und die Prüfmethoden für Bauprodukte europaweit vereinheitlicht wurden, nicht jedoch die bautechnischen Vorschriften (Anforderungen an Bauwerke) der Bauordnungen in den einzelnen Mitgliedstaaten, aus denen sich die tatsächlichen Verwendungsbestimmungen ableiten lassen. Die ursprüngliche Erwartung, dass durch die CE-Kennzeichnung von Bauprodukten nicht nur deren Vermarktung, sondern auch deren Verwendung in ganz Europa vereinheitlicht würde, konnte deshalb nicht erfüllt werden. Zwar können CE-gekennzeichnete Bauprodukte in ganz Europa frei auf den Markt gebracht werden, sie dürfen jedoch nicht überall in gleicher Weise verwendet werden. Die in der CE-Kennzeichnung fehlende Festlegung der Verwendungsbestimmungen wird in jenen Mitgliedsstaaten, in denen es nationale Baustoffzulassungssysteme gibt, weiterhin durch diese geregelt.

Aufgrund der Diskrepanz zwischen dem ursprünglichen Anspruch der europäischen Harmonisierung durch die Bauproduktenrichtlinie einerseits und der praktischen Handhabung andererseits wurden Klagen der Baustoffhersteller laut, dass es durch dieses System de facto zu Handelsbarrieren kommt. Dabei standen nicht die Verwendungszulassungen als solche im Vordergrund der Kritik, sondern die damit verbundenen und oft als willkürlich empfundenen Zeitverzögerungen und hohen Kosten.

Nicht zuletzt aufgrund der Tatsache, dass die RL 106/89/EWG die an sie gestellten Erwartungen auch nach zwanzig Jahren nicht erfüllen hatte können, wurde die VO (EU) Nr. 305/2011 erlassen. Doch auch diese VO konnte die vielfach gehegte Erwartung, die europäische Harmonisierung zukünftig auch auf die Verwendungsbestimmungen für Bauprodukte auszuweiten, nicht erfüllen.

In Österreich gibt es als nationale Kennzeichnung von Bauprodukten das durch die landesrechtliche Umsetzung der „Vereinbarung gemäß Art. 15a B-VG über die Regelung der Verwendbarkeit von Bauprodukten" eingeführte ÜA-Zeichen sowie die auf der „Vereinbarung gemäß Art. 15a B-VG über die Zusammenarbeit im Bauwesen" basierende „Österreichische technische Zulassung" (ÖTZ). Mit der ÖTZ gibt es somit auch in Österreich bereits eine nationale Baustoffzulassung, allerdings zeichnet sich diese durch folgende Nachteile aus:

- Die ÖTZ führt nicht zum ÜA-Zeichen, weshalb Bauprodukte, die von den für ÜA-pflichtige Bauprodukte geltenden Normen abweichen, von der ÜA-Kennzeichnung ausgeschlossen sind.
- Die ÖTZ besteht aus zwei Teilen, deren erster Teil aus einer technischen Beschreibung des Produktes einschließlich der Leistungsmerkmale und der Prüfbestimmungen besteht, und deren zweiter Teil die jeweiligen Verwendungsbestimmungen der Rechtsvorschriften jenes Bundeslandes beinhaltet, in dem die Zulassung erteilt wurde (vgl. Art. 19 Abs. 3 der Vereinbarung gemäß Art. 15a B-VG über die Zusammenarbeit im Bauwesen). Damit ist der zweite Teil der ÖTZ und somit die ÖTZ als solche de facto nicht eine österreichweite Zulassung, sondern eine Landeszulassung.

- In der Praxis werden ÖTZ nur mehr in einem einzigen Bundesland erteilt.
- Österreichische technische Zulassungsstellen sind bei den Ämtern der Landesregierung eingerichtet. Da die Aufgabe der ÖTZ nicht dem OIB übertragen wurde, ist eine Abstimmung und insbesondere eine gegenseitige Anerkennung der Baustoffzulassungen anderer Mitgliedsstaaten schwer möglich.

Mit der Einführung einer neuen, nationalen „Bautechnischen Zulassung" (BTZ) als Ersatz für die bestehende ÖTZ sollen folgende Ziele erreicht werden:

- Festlegung, für welche Verwendungszwecke ein CE-gekennzeichnetes Bauprodukt aufgrund der in der CE-Kennzeichnung deklarierten Leistung entsprechend den bautechnischen Bestimmungen in Österreich verwendet werden darf, sofern eine solche Festlegung für ein bestimmtes Bauprodukt erforderlich ist.
- Leistungsfeststellung und Festlegung von Verwendungsbestimmungen für Bauprodukte, für die keine CE-Kennzeichnung möglich ist, und die von den für das ÜA-Zeichen geltenden Bestimmungen abweichen (innovative Bauprodukte, für die es noch keine Normen oder Richtlinien gibt).
- Einführung einer österreichischen Zulassung, die als gleichwertig zu einer nationalen Zulassung anderer Mitgliedsstaaten (z. B. bauaufsichtliche Zulassung in Deutschland) angesehen werden kann. Dadurch könnten österreichische Hersteller von Bauprodukten über das Instrument der gegenseitigen Anerkennung bei der Vermarktung ihrer Produkte in anderen Mitgliedsstaaten entlastet werden, wo sie derzeit teilweise auf nicht unbeträchtliche Barrieren bei der Verwendung stoßen. Durch eine gegenseitige Anerkennung würde sich eine Antragstellung im Ausland erübrigen.

§ 14 bestimmt, wann eine BTZ auszustellen ist. Gemäß **Abs. 3** ist der Antrag auf BTZ zurückzuweisen, wenn die Zulassungsstelle feststellt, dass das Bauprodukt keine Auswirkungen auf die Leistung des Bauwerks im Hinblick auf die Grundanforderungen an Bauwerke zu erfüllen hat oder auf Grund des Standes der technischen Wissenschaften keine Notwendigkeit für eine BTZ gegeben ist. Dies kann erfolgen, weil das Bauprodukt ohnedies genormt ist, oder das Bauprodukt ist so „banal", dass eine BTZ nicht erforderlich ist.

In die Rechte Dritter (z. B. Urheber- oder Patentrechte) wird durch die BTZ nicht eingegriffen (**Abs. 6**).

Abs. 9 (gegenseitigen Anerkennung) folgt dem bisherigen § 20 WBAG sowie Art. 23 der aktuellen Vereinbarung gemäß Art. 15a B-VG über die Zusammenarbeit im Bauwesen sowie die Bereitstellung/Verwendung von Bauprodukten.

Zulassungsstelle[1)]

§ 15. Mit der Entscheidung über Anträge auf Erteilung Bautechnischer Zulassungen als Behörde wird das Österreichische Institut für Bautechnik betraut (Zulassungsstelle).

Anmerkung

1) Vgl die EB zur StF zu § 14.

VII. Abschnitt
Bereitstellung auf dem Markt
Bereitstellung von Bauprodukten auf dem Markt

§ 16. (1) Bauprodukte, für die

1. eine harmonisierte europäische Norm vorliegt, die in der Baustoffliste ÖE angeführt ist, oder
2. eine Europäische technische Bewertung (ETA) vorliegt, die auf Basis eines in der Baustoffliste ÖE angeführten Europäischen Bewertungsdokuments (EAD) oder einer in der Baustoffliste ÖE angeführten Leitlinie für europäische technische Zulassungen (ETAG), die als EAD verwendet wird, ausgestellt wurde,

dürfen nur auf dem Markt bereitgestellt werden, wenn sie die CE-Kennzeichnung tragen und den in der Baustoffliste ÖE kundgemachten Leistungsanforderungen entsprechen.

(2) Bauprodukte, die in der Baustoffliste ÖA angeführt sind, dürfen nur auf dem Markt bereitgestellt werden, wenn sie den Bedingungen der Baustoffliste ÖA entsprechen oder nur unwesentlich davon abweichen oder für sie eine Bautechnische Zulassung besteht.

(3) Bauprodukte, für die eine Bautechnische Zulassung besteht, dürfen jedenfalls auf dem Markt bereitgestellt werden.

(EB zur StF LGBl 2014/23)

Diese Bestimmung setzt Art. 24 der aktuellen Vereinbarung gemäß Art. 15a B-VG über die Zusammenarbeit im Bauwesen sowie die Bereitstellung von Bauprodukten / Verwendung um.

Bauprodukte, die die CE-Kennzeichnung tragen, jedoch die in der Leistungserklärung erklärte Leistung nicht erbringen, dürfen bereits aufgrund der VO (EU) Nr. 305/2011, nicht auf dem Markt bereitgestellt werden (siehe z.B. Art. 56 Abs. 5 lit. a der VO). Dass von den Mitgliedstaaten bestimmte Anforderungen an die erklärten Leistungen gestellt werden können, ergibt sich aus Art. 8 Abs. 4 der VO.

Aus Art. 6 Abs. 3 lit. e der VO ergibt sich wiederum, dass alle wesentlichen Merkmale des Bauprodukts in der Leistungserklärung deklariert werden müssen, die sich auf den Verwendungszweck beziehen, für den im jeweiligen Mitgliedstaat, wo das Bauprodukt auf dem Markt bereit gestellt wird, Bestimmungen vorhanden sind. In Österreich wird dies in der Baustoffliste ÖE festgelegt. Bauprodukte, für die nicht alle wesentlichen Merkmale deklariert sind, die in der Baustoffliste gefordert werden, dürfen demnach nicht nur nicht verwendet werden, sondern auch nicht auf dem Markt bereit gestellt werden, da die Leistungserklärung nicht den Bestimmungen des Art. 6 Abs. 3 lit. e der VO entspricht.

Von Baustoffen ausgehende Gammastrahlung

§ 16a.[1] (1) Für Baustoffe, die im Anhang I dieses Gesetzes angeführt sind oder darüber hinaus unter Strahlenschutzgesichtspunkten als bedenklich einzustufen sind, ist vor dem Inverkehrbringen durch die Wirtschaftsakteurin oder den Wirtschaftsakteur der Aktivitätskonzentrationsindex I gemäß Anhang II dieses Gesetzes zu bestimmen.

(2) Die Wirtschaftsakteurin oder der Wirtschaftsakteur hat der Marktüberwachungsbehörde über Aufforderung die Ergebnisse dieser Messungen und den entsprechenden Aktivitätskonzentrationsindex I zu melden.

Anmerkung

1) § 16a wurde eingefügt mit LGBl 2021/13 zur Umsetzung der RL 2009/125/EG, RL 2013/59/EURATOM.

VIII. Abschnitt

Ergänzende Bestimmungen über das Inverkehrbringen und die Inbetriebnahme von energieverbrauchsrelevanten Bauprodukten

Inverkehrbringen bzw. Bereitstellung auf dem Markt und Inbetriebnahme

§ 16b.[1] (1) Ein Wirtschaftsakteur bzw. eine Wirtschaftsakteurin darf energieverbrauchsrelevante Bauprodukte, für die Ökodesign-Anforderungen gelten, nur dann in Verkehr bringen bzw. auf dem Markt bereitstellen oder in Betrieb nehmen, wenn

a) sie den für sie festgelegten Ökodesign-Anforderungen entsprechen,
b) für sie eine EG- bzw. EU-Konformitätserklärung ausgestellt wurde,
c) sie die CE-Kennzeichnung tragen und
d) sie den Anforderungen an die Energieverbrauchskennzeichnung nach der Verordnung (EU) 2017/1369 des Europäischen Parlaments und des Rates vom 4. Juli 2017 zur Festlegung eines Rahmens für die Energieverbrauchskennzeichnung und zur Aufhebung der Richtlinie 2010/30/EU, ABl. Nr. L 198 vom 28. Juli 2017, S. 1, entsprechen.

(2) Wenn der Hersteller bzw. die Herstellerin des Bauprodukts oder dessen bzw. deren Vertreter bzw. Vertreterin nicht in einem Mitgliedstaat der Europäischen Union oder des Europäischen Wirtschaftsraumes niedergelassen ist, muss der Importeur oder die Importeurin eines energieverbrauchsrelevanten Bauprodukts, für das Ökodesign-Anforderungen gelten, sicherstellen, dass

a) das in Verkehr gebrachte oder in Betrieb genommene energieverbrauchsrelevante Bauprodukt den Ökodesign-Anforderungen entspricht,
b) das in Verkehr gebrachte oder in Betrieb genommene energieverbrauchsrelevante Bauprodukt die CE-Kennzeichnung trägt,
c) die erforderliche EG- bzw. EU-Konformitätserklärung und die technische Dokumentation für dieses Bauprodukt zur Verfügung stehen und

d) das in Verkehr gebrachte oder in Betrieb genommene energieverbrauchsrelevante Bauprodukt den Anforderungen an die Energieverbrauchskennzeichnung nach der Verordnung (EU) 2017/1369 zur Festlegung eines Rahmens für die Energieverbrauchskennzeichnung entspricht.

(3) Im Rahmen von Messen, Ausstellungen, Vorführungen und dergleichen ist es zulässig, energieverbrauchsrelevante Bauprodukte zu präsentieren, die den Bestimmungen des Abs. 1 oder des Abs. 2 nicht entsprechen, sofern deutlich sichtbar darauf hingewiesen wird, dass sie erst in Verkehr gebracht oder in Betrieb genommen werden dürfen, wenn die Voraussetzungen nach Abs. 1 oder nach Abs. 2 vorliegen.

Anmerkung

1) § 16b wurde eingefügt mit LGBl 2021/13 zur Umsetzung der RL 2009/125/EG, RL 2013/59/EURATOM und mit LGBl 2022/34 neu gefasst.

Konformitätsbewertung, EG- bzw. EU-Konformitätserklärung

§ 16c.[1)] (1) Die Herstellerin bzw. der Hersteller oder ihre bzw. seine Vertreterin oder ihr bzw. sein Vertreter hat sicherzustellen, dass vor dem Inverkehrbringen oder der Inbetriebnahme eines energieverbrauchsrelevanten Bauproduktes, für das Ökodesign-Anforderungen gelten, die Konformität des Produkts mit allen einschlägigen Anforderungen bewertet wird.

(2) Die Herstellerin bzw. der Hersteller oder deren bzw. dessen Vertreterin bzw. Vertreter hat hinsichtlich des Konformitätsbewertungsverfahrens die Wahl zwischen der in Anhang IV der Richtlinie 2009/125/EG beschriebenen internen Entwurfskontrolle und dem in Anhang V der Richtlinie 2009/125/EG beschriebenen Managementsystem.

(3) Für jedes energieverbrauchsrelevante Bauprodukt, für das Ökodesign-Anforderungen gelten, ist eine EG- bzw. EU-Konformitätserklärung auszustellen, mit der die Herstellerin bzw. der Hersteller oder ihre bzw. seine Vertreterin oder ihr bzw. sein Vertreter zusichert, dass das Produkt allen einschlägigen Bestimmungen der Ökodesign-Anforderungen entspricht.

(4) Die EG- bzw. EU-Konformitätserklärung hat die in Anhang VI der Richtlinie 2009/125/EG genannten Angaben zu enthalten und auf die einschlägigen Ökodesign-Anforderungen zu verweisen.

(5) Nach dem Inverkehrbringen oder der Inbetriebnahme eines energieverbrauchsrelevanten Bauprodukts, für das Ökodesign-Anforderungen gelten, hat die Herstellerin bzw. der Hersteller oder ihre bzw. seine Vertreterin oder ihr bzw. sein Vertreter die Unterlagen zur Konformitätsbewertung und die abgegebenen Konformitätserklärungen bis zum Ablauf von zehn Jahren nach Herstellung des letzten Exemplars dieses Produkts für

die Marktüberwachungsbehörde zur Einsicht bereitzuhalten. Die Unterlagen sind der Marktüberwachungsbehörde innerhalb von zehn Tagen nach Aufforderung vorzulegen.

(6) Die in Anhang IV der Richtlinie 2009/125/EG genannten Unterlagen zur Konformitätsbewertung und die Konformitätserklärung sind jedenfalls auch in deutscher Sprache abzufassen und gemäß Abs. 5 aufzubewahren.

Anmerkung

1) § 16c wurde eingefügt mit LGBl 2021/13 zur Umsetzung der RL 2009/125/EG, RL 2013/59/EURATOM.

CE-Kennzeichnung

§ 16d.[1] **(1) Vor dem Inverkehrbringen oder Inbetriebnahme hat die Herstellerin bzw. der Hersteller oder ihre bzw. seine Vertreterin oder ihr bzw. sein Vertreter das energieverbrauchsrelevante Bauprodukt, für das Ökodesign-Anforderungen gelten, mit der CE-Kennzeichnung zu versehen und die EG- bzw. EU-Konformitätserklärung beizufügen.**

(2) Mit der CE-Kennzeichnung nach Abs. 1 wird die Konformität des Bauprodukts mit den Ökodesign-Anforderungen bescheinigt. Die CE-Kennzeichnung besteht aus den Buchstaben „CE" gemäß dem Muster in Anhang III der Richtlinie 2009/125/EG.

(3) Am Produkt darf keine Kennzeichnung angebracht werden, die die Nutzerin oder den Nutzer über die Bedeutung oder die Gestalt der CE-Kennzeichnung täuschen kann.

Anmerkung

1) § 16d wurde eingefügt mit LGBl 2021/13 zur Umsetzung der RL 2009/125/EG, RL 2013/59/EURATOM.

Aufklärung

§ 16e.[1] **Herstellerinnen bzw. Hersteller energieverbrauchsrelevanter Bauprodukte, für die Ökodesign-Anforderungen gelten, oder deren bzw. dessen Vertreterin bzw. Vertreter haben sicherzustellen, dass die Verbraucherinnen und Verbraucher über folgende Aspekte unterrichtet werden:**

a) die Rolle, die sie bei der nachhaltigen Nutzung des betreffenden Produkts spielen können und

b) falls dies in den Ökodesign-Anforderungen vorgesehen ist, das ökologische Profil des betreffenden Produkts und die Vorteile des Ökodesigns.

Anmerkung

1) § 16e wurde eingefügt mit LGBl 2021/13 zur Umsetzung der RL 2009/125/EG, RL 2013/59/EURATOM.

IX. Abschnitt
Marktüberwachung

1. Unterabschnitt
Allgemeine Bestimmungen

Marktüberwachungsbehörde

§ 17. (1) Mit der Durchführung der Marktüberwachung für den Bereich der Bauprodukte wird das Österreichische Institut für Bautechnik betraut. Dieses ist Marktüberwachungsbehörde mit den Befugnissen einer Marktüberwachungsbehörde nach Art. 14 der Verordnung (EU) 2019/1020, ausgenommen Abs. 3 lit. c.

(2) Zur Überprüfung und Bewertung der Marktüberwachungsmaßnahmen hat die Marktüberwachungsbehörde einen jährlichen Tätigkeitsbericht zu erstellen und der Landesregierung bis Ende Juni des Folgejahres zu übermitteln.

(EB zur StF LGBl 2014/23)

Zu §§ 17 bis 21 (VIII. Abschnitt)

Diese Bestimmungen entsprechen den bisherigen §§ 22a bis 22f (VII. Abschnitt) WBAG.

Zu § 17

In **Abs. 1** wird festgelegt, dass das OIB als gemeinsame Einrichtung der Länder mit den Aufgaben einer Marktüberwachungsbehörde betraut wird. **Abs. 2** stellt den verfassungsrechtlich erforderlichen Weisungszusammenhang sicher.

Aufgaben der Marktüberwachungsbehörde

§ 18. (1) Die Marktüberwachungsbehörde ist mit den Tätigkeiten einer Marktüberwachungsbehörde gemäß Art. 11 der Verordnung (EU) 2019/1020 betraut und hat insbesondere folgende Aufgaben der Marktüberwachung für Bauprodukte wahrzunehmen:

1. **Erstellung, Durchführung und Aktualisierung von Programmen zur aktiven Marktüberwachung;**
2. **Behandlung von Beschwerden oder von Berichten über Gefahren, die mit Bauprodukten verbunden sind;**
3. **Kontrolle der Merkmale und der Kennzeichnung von Bauprodukten und Prüfung ihrer Gefahrengeneigtheit, soweit erforderlich auch auf Baustellen und durch die Ziehung von Proben;**
4. **Information der Öffentlichkeit über gefährliche Bauprodukte;**
5. **Marktüberwachungsmaßnahmen, insbesondere jene gemäß Art. 16 der Verordnung (EU) 2019/1020;**

6. Aufforderung an betroffene Wirtschaftsakteure, geeignete Korrekturmaßnahmen zu treffen;
7. Überprüfung der Durchführung der Korrekturmaßnahmen;
8. Setzung von beschränkenden Maßnahmen, insbesondere bei Bauprodukten, von denen ein ernstes Risiko ausgeht;
9. Setzung von Maßnahmen im Zusammenhang mit der Kontrolle von in den Unionsmarkt eingeführten Bauprodukten;
10. Kooperation und Informationsaustausch mit der zentralen Verbindungsstelle gemäß Art. 10 der Verordnung (EU) 2019/1020, den innerstaatlichen Marktüberwachungsbehörden anderer Sektoren, den Baubehörden und den Zollbehörden sowie mit den Behörden anderer Mitgliedstaaten und mit der Europäischen Kommission.

(2) Die Marktüberwachungsbehörde hat die Öffentlichkeit in geeigneter Weise, z. B. im Internet, über ihre Existenz, ihre Zuständigkeiten und die Möglichkeit zur Kontaktaufnahme zu informieren.

(EB zur StF LGBl 2014/23)

Diese Bestimmung enthält in Abs. 1 eine demonstrative Aufzählung derjenigen Aufgaben, die auf Grund der Verordnung (EG) 765/2008 dem OIB als Marktüberwachungsbehörde übertragen werden.

Bei der Öffentlichkeitsarbeit (Abs. 2) sind die Grundsätze der Zweckmäßigkeit, Wirtschaftlichkeit und Sparsamkeit zu beachten; insbesondere ist an eine Publikation in der Zeitschrift „OIB-aktuell" und an eine Bereitstellung im Internet zu denken.

Berichtspflichten der Baubehörde

§ 19. Erlangt die Baubehörde Kenntnis

1. von Unfällen, Gesundheitsschäden oder Baugebrechen, bei denen der begründete Verdacht besteht, dass sie durch falsch deklarierte oder mangelhafte Bauprodukte verursacht wurden, oder
2. davon, dass durch die Lagerung oder Verwendung von Bauprodukten auf einer Baustelle gegen § 24 Abs. 1 Z 3 bis 11, 14 bis 20, 22 und 26 verstoßen wird,

so hat sie der Marktüberwachungsbehörde unverzüglich darüber zu berichten.

(EB zur StF LGBl 2014/23)

Die Verordnung (EG) 765/2008 sieht in Art. 18 Abs. 2 vor, dass die Mitgliedstaaten geeignete Verfahren für die Behandlung von Berichten über Gefahren und für die Überprüfung von Unfällen und Gesundheitsschäden in Zusammenhang mit CE-kennzeichnungspflichtigen Bauprodukten schaffen. Zur Erfüllung dieser Aufgaben hat die Baubehörde die Berichtspflichten wahrzunehmen.

Verwenden von Daten

§ 20. (1) Die Marktüberwachungsbehörde ist ermächtigt, die für die Vollziehung der Bestimmungen des IV. und des V. Kapitels der Verordnung (EU) 2019/1020 und dieses Abschnitts benötigten Daten automationsunterstützt zu verarbeiten, soweit dies zur Erfüllung ihrer Aufgaben notwendig ist. Die Übermittlung solcher Daten an die Europäische Kommission, die Marktüberwachungsbehörden anderer Mitgliedstaaten und diesen gleichgestellten Staaten ist zulässig, soweit dies für den Informationsaustausch nach den Art. 20 und 22 bis 26 der Verordnung (EU) 2019/1020 erforderlich ist.

(2) Gemäß Abs. 1 übermittelte Daten betreffend Wirtschaftsakteurinnen und Wirtschaftsakteure können auch personenbezogen sein, sofern dies für die Identifizierung eines Bauproduktes, seine Rückverfolgung in der Vertriebskette und die Risikobewertung erforderlich ist.

(EB zur StF LGBl 2014/23)

Diese Bestimmung des Abs. 1 entspricht § 22e WBAG mit dem Art. 8 der Vereinbarung gemäß Art. 15a B-VG über die Marktüberwachung von Bauprodukten umgesetzt wurde. Der Informationsaustausch ist gemäß Art. 22 bis 26 der Verordnung (EG) 765/2008 (vgl. Erwägungsgrund 30) bei der Durchführung von Risikoanalysen im Rahmen von Marktüberwachungsprogrammen erforderlich. Diese Bestimmung soll in Hinblick auf die Anforderungen des Datenschutzgesetzes sicherstellen, dass die Markt-überwachungsbehörde die für den gemäß der Verordnung (EG) 765/2008 erforderlichen Informationsaustausch benötigten Daten automationsunterstützt verarbeiten und übermitteln darf.

Die Bestimmung des Abs. 2 über die Ermächtigung zur personenbezogenen Datenübermittlung wurde in Anlehnung an die in § 10 Abs. 2 und 3 Produktsicherheitsgesetz 2004, BGBl. I Nr. 16/2005, normierten Bestimmungen gefasst.

Kostentragung

§ 21. (1) Auf Verlangen des Wirtschaftsakteurs oder der Wirtschaftsakteurin sind im Rahmen der Marktüberwachung gezogene Proben nach Abschluss des Verfahrens zurückzugeben. Ist dies nicht möglich, so hat die Marktüberwachungsbehörde eine Probenentschädigung in der Höhe des Einstandspreises zu leisten. Kann der Einstandspreis nicht festgestellt werden, ist als Entschädigung der halbe Endverkaufspreis festzusetzen. Für Gegenproben ist keine Entschädigung zu leisten. Kommt es zu keiner Einigung über die Höhe der Entschädigung, so ist darüber mit Bescheid zu entscheiden.

(2) Führt die Kontrolle eines Bauprodukts gemäß den Bestimmungen dieses Gesetzes zu dem Ergebnis, dass das Bauprodukt nicht im Einklang mit den unionsrechtlichen Vorschriften oder mit sonstigen Rechtsvorschrif-

ten betreffend Bauprodukte steht, so entfallen die Rückgabe der Probe und die Entschädigung nach Abs. 1 und sind dem Wirtschaftsakteur oder der Wirtschaftakteurin die für die Kontrolle anfallenden Kosten mit Bescheid aufzuerlegen.

(3) Die für die Kontrolle eines Bauproduktes anfallenden Kosten sind mit Bescheid dem Einschreiter oder der Einschreiterin aufzuerlegen, wenn die Kontrolle zu dem Ergebnis führt, dass das Bauprodukt im Einklang mit den unionsrechtlichen Vorschriften oder mit sonstigen Rechtsvorschriften betreffend Bauprodukte steht und die Kontrolle durch das Verschulden des Einschreiters oder der Einschreiterin verursacht wurde.

(EB zur StF LGBl 2014/23)

Abs. 1 und 2 gelten auch im Zuge von Marktüberwachungsprogrammen. Grundsätzlich soll der Wirtschaftsakteur durch eine Kontrolle der Marktüberwachungsbehörde finanziell nicht belastet werden. Proben sind daher entweder zurückzugeben oder zu ersetzen. Abs. 1 legt fest, wie die Höhe der Entschädigung ermittelt wird. Nur wenn die Kontrolle zeigt, dass ein Produkt nicht mit der Deklaration übereinstimmt, werden die gesamten Kosten für die Kontrolle – und nicht nur die Kosten jener Probe, deren Kennwerte falsch deklariert waren – dem betreffenden Wirtschaftsakteur in Rechnung gestellt. Diese Bestimmungen wurden in Anlehnung an die Bestimmungen über die Kostentragung im Produktsicherheitsgesetz 2004 gefasst.

Die Kostentragung gemäß Abs. 3 erfolgt im Fall einer unberechtigten Beschwerde gemäß § 76 Abs. 2 AVG durch den Beschwerdeführer. Der Begriff des „Einschreiters" entspricht in diesem Zusammenhang jenem des § 13 AVG.

2. Unterabschnitt
Ergänzende Bestimmungen für energieverbrauchrelevante Bauprodukte

Marktüberwachung bei energieverbrauchsrelevanten Bauprodukten

§ 21a.[1] **(1) Die Marktüberwachungsbehörde ist im Rahmen ihrer Kontrollbesuche auch befugt,**

a) in angemessenem Umfang geeignete Kontrollen hinsichtlich der Übereinstimmung energieverbrauchsrelevanter Bauprodukte mit den Bestimmungen des VIII. Abschnitts dieses Gesetzes, insbesondere mit den Ökodesign-Anforderungen und den einschlägigen Bestimmungen der Rechtsakte zur Durchführung der Richtlinie 2009/125/EG durchzuführen,

b) von betroffenen Wirtschaftsakteuren sämtliche notwendigen Informationen anzufordern und

c) Proben von energieverbrauchsrelevanten Bauprodukten zu nehmen und diese einer Prüfung auf eine Übereinstimmung mit den Bestimmungen

des VIII. Abschnitts dieses Gesetzes, insbesondere mit den Ökodesign-Anforderungen und den einschlägigen Bestimmungen der Rechtsakte zur Durchführung der Richtlinie 2009/125/EG zu unterziehen.

(2) Die Marktüberwachungsbehörde hat den Verbraucherinnen und Verbrauchern sowie anderen betroffenen Personen auf geeignete Weise Gelegenheit zu geben, Bemerkungen hinsichtlich der Konformität der Produkte vorzubringen.

(3) Liegen der Marktüberwachungsbehörde deutliche Anhaltspunkte dafür vor, dass ein Bauprodukt, für das Ökodesign-Anforderungen gelten, den einschlägigen Bestimmungen nicht entspricht, so hat die Marktüberwachungsbehörde unverzüglich eine mit Gründen versehene Bewertung der Nichtübereinstimmung des Produkts auf geeignete Weise (z.B. im Internet) zu veröffentlichen.

(4) Die Marktüberwachungsbehörde hat der Europäischen Kommission laufend Informationen über die Ergebnisse der Marktüberwachung hinsichtlich energieverbrauchsrelevanter Bauprodukte zu übermitteln.

(5) Nach § 21c Abs. 2 oder 3 getroffene Maßnahmen bezüglich Ökodesign-Anforderungen hat die Marktüberwachungsbehörde der Europäischen Kommission unverzüglich unter Angabe der Gründe mitzuteilen. Es ist insbesondere anzugeben, ob es sich bei der Nichtübereinstimmung um einen der folgenden Fälle handelt:

a) Nichterfüllung der Ökodesign-Anforderungen;
b) fehlerhafte Anwendung harmonisierter Normen;
c) Unzulänglichkeiten in den harmonisierten Normen.

(6) Bauprodukte, die von der Verordnung (EU) 2017/1369 und den einschlägigen delegierten Rechtsakten erfasst sind, unterliegen der Marktüberwachung nach den Bestimmungen der Verordnung (EU) 2019/1020; das Österreichische Institut für Bautechnik ist hiefür auch Marktüberwachungsbehörde.

Anmerkung

1) § 21a wurde eingefügt mit LGBl 2021/13 zur Umsetzung der RL 2009/125/EG („Ökodesign-RL") und mit LGBl 2022/34 in Abs 1, 2 und 3 aktualisiert, dabei wurde Abs 6 angefügt.

Konformitätsvermutung

§ 21b.[1)] (1) Die Marktüberwachungsbehörde hat davon auszugehen, dass ein energieverbrauchsrelevantes Bauprodukt, das mit der CE-Kennzeichnung versehen ist, den einschlägigen Ökodesign-Anforderungen entspricht.

(2) Wurde ein energieverbrauchsrelevantes Bauprodukt nach harmonisierten Normen hergestellt, deren Fundstellen im Amtsblatt der Europäischen Union veröffentlicht wurden, so ist davon auszugehen, dass es den einschlägigen Ökodesign-Anforderungen entspricht.

(3) Wurde ein energieverbrauchsrelevantes Bauprodukt mit einem anderen, den Ökodesign-Anforderungen entsprechendem gemeinschaftlichen Umweltzeichen nach der Verordnung (EG) Nr. 1980/2000 des Europäischen Parlaments und des Rates vom 17. Juli 2000 zur Revision des gemeinschaftlichen Systems zur Vergabe eines Umweltzeichens, ABl. Nr. 237 vom 21. September 2000, S. 1, versehen, so ist davon auszugehen, dass es den Ökodesign-Anforderungen entspricht.

(4) Wurde ein energieverbrauchsrelevantes Bauprodukt, für das Ökodesign-Anforderungen gelten, von einer Organisation entworfen,

a) die nach den Bestimmungen der Verordnung (EG) Nr. 1221/2009 über die freiwillige Teilnahme von Organisationen an einem Gemeinschaftssystem für das Umweltmanagementsystem und die Umweltbetriebsprüfung eingetragen ist, und schließt die Eintragung die Entwurfstätigkeit ein, oder
b) die über ein Managementsystem verfügt, das die Entwurfstätigkeit einschließt und wird dieses System nach harmonisierten Normen umgesetzt, deren Fundstellen im Amtsblatt der Europäischen Union veröffentlicht wurden, so ist jeweils davon auszugehen, dass das Managementsystem die entsprechenden Anforderungen nach Anlage V der Richtlinie 2009/125/EG erfüllt.

(5) Durch Abs. 1 bis 4 werden die Kontrollbefugnisse der Marktüberwachungsbehörde (§§ 18 und 21a) nicht berührt.

(6) Bei energieverbrauchsrelevanten Bauprodukten, die unter einen delegierten Rechtsakt nach der Verordnung (EU) 2017/1369 fallen, ist davon auszugehen, dass die betreffenden Etiketten und Datenblätter den delegierten Rechtsakten nach der Verordnung (EU) 2017/1369 entsprechen.

Anmerkung

1) § 21b wurde eingefügt mit LGBl 2021/13 zur Umsetzung der RL 2009/125/EG („Ökodesign-RL"). Abs 2, 3, 5 und 6 idF Nov LGBl 2022/34.

Maßnahmen der Marktüberwachungsbehörde

§ 21c.[1] (1) Stellt die Marktüberwachungsbehörde fest, dass ein energieverbrauchsrelevantes Bauprodukt, das

1. mit der CE-Kennzeichnung versehen ist, bei bestimmungsgemäßer Verwendung nicht alle für dieses Produkt geltenden einschlägigen Ökodesign-Anforderungen erfüllt oder

2. unter einen delegierten Rechtsakt nach der Verordnung (EU) 2017/1369 fällt, nicht allen einschlägigen Anforderungen hinsichtlich des Etiketts und des Datenblatts entspricht, die in den Bestimmungen der delegierten Rechtsakte festgelegt sind,

so hat sie den Hersteller bzw. die Herstellerin oder seinen bzw. ihren Vertreter bzw. seine oder ihre Vertreterin oder den Lieferanten bzw. die Lieferantin oder seinen bzw. ihren Vertreter bzw. seine oder ihre Vertreterin mit Bescheid zu verpflichten, dafür zu sorgen, dass das Produkt in Übereinstimmung mit diesen Anforderungen gebracht oder dass es gegebenenfalls zurückgerufen oder vom Markt genommen wird (Abs. 2 und 3).

(2) Ist ein energieverbrauchsrelevantes Bauprodukt mit der CE-Kennzeichnung versehen worden, ohne dass die Voraussetzungen hierfür vorliegen, oder liegen ausreichende Hinweise dafür vor, dass ein energieverbrauchsrelevantes Bauprodukt nicht den Bestimmungen des VIII. Abschnitts dieses Gesetzes oder den in Abs. 1 genannten Anforderungen entspricht, so hat die Marktüberwachungsbehörde die erforderlichen Maßnahmen mit Bescheid an den Hersteller bzw. die Herstellerin oder seinen bzw. ihren Vertreter bzw. seine oder ihre Vertreterin oder den Lieferanten bzw. die Lieferantin oder seinen bzw. ihren Vertreter bzw. seine oder ihre Vertreterin anzuordnen, solange das Produkt den einschlägigen Bestimmungen oder Anforderungen nicht entspricht; die Maßnahmen können je nach Schwere des Verstoßes und der dadurch verursachten Schäden bis zum Verbot des Inverkehrbringens und der Inbetriebnahme des Bauproduktes reichen. Überdies hat die Marktüberwachungsbehörde mit Bescheid die Beseitigung der CE-Kennzeichnung auf diesen Bauprodukten anzuordnen, wenn der Hersteller bzw. die Herstellerin oder dessen bzw. deren Vertreter bzw. Vertreterin die Produkte nicht innerhalb einer angemessenen Frist wieder in Übereinstimmung mit den Bestimmungen der CE-Kennzeichnung bringt.

(3) Besteht die Nichtübereinstimmung weiter, so hat die Marktüberwachungsbehörde das Inverkehrbringen oder die Inbetriebnahme des betreffenden Bauproduktes mit Bescheid an den Hersteller bzw. die Herstellerin oder seinen bzw. ihren Vertreter bzw. seine oder ihre Vertreterin oder den Lieferanten bzw. die Lieferantin oder seinen bzw. ihren Vertreter bzw. seine oder ihre Vertreterin zu untersagen oder einzuschränken bzw. dafür zu sorgen, dass es vom Markt genommen wird.

(4) Wird das Inverkehrbringen oder die Inbetriebnahme des energieverbrauchsrelevanten Bauprodukts verboten oder ist es vom Markt zu nehmen, so hat die Marktüberwachungsbehörde die Europäische Kommission und die anderen Mitgliedstaaten unverzüglich davon zu unterrichten. In begründeten Fällen hat die Marktüberwachungsbehörde geeignete Maß-

nahmen zur Wahrung der Vertraulichkeit der übermittelten Informationen zu treffen und die getroffenen Entscheidungen der Öffentlichkeit auf geeignete Weise (z.B. im Internet) zugänglich zu machen.

(5) Nach Abs. 3 getroffene Maßnahmen sind der Europäischen Kommission unverzüglich unter Angabe der Gründe mitzuteilen. Es ist insbesondere anzugeben, ob es sich bei der Nichtübereinstimmung um einen der folgenden Fälle handelt:

1. **Nichterfüllung der Ökodesign-Anforderungen;**
2. **fehlerhafte Anwendung harmonisierter Normen;**
3. **Unzulänglichkeiten in den harmonisierten Normen.**

Anmerkung

1) § 21c wurde eingefügt mit LGBl 2021/13 zur Umsetzung der RL 2009/125/EG („Ökodesign-RL") und mit Nov LGBl 2022/34 neu gefasst.

Freier Warenverkehr

§ 21d.[1] **(1) Das Inverkehrbringen oder die Inbetriebnahme von energieverbrauchsrelevanten Bauprodukten, für die Ökodesign-Anforderungen gelten, darf unter Berufung auf Ökodesign-Parameter nach Anhang I Teil 1 der Richtlinie 2009/125/EG von der Marktüberwachungsbehörde nicht untersagt, beschränkt oder behindert werden, wenn das Produkt allen einschlägigen Bestimmungen der jeweils geltenden Durchführungsmaßnahme gemäß Art. 15 der Richtlinie 2009/125/EG entspricht und mit der CE-Kennzeichnung versehen ist.**

(2) Das Inverkehrbringen oder die Inbetriebnahme von energieverbrauchsrelevanten Bauprodukten, die mit der CE-Kennzeichnung versehen sind und für die nach Anhang I Teil 1 der Richtlinie 2009/125/EG für bestimmte Ökodesign-Parameter keine Ökodesign-Anforderungen erforderlich sind, darf nicht unter Berufung auf solche Ökodesign-Anforderungen von der Marktüberwachungsbehörde untersagt, beschränkt oder behindert werden.

Anmerkung

1) § 21d wurde eingefügt mit LGBl 2021/13 zur Umsetzung der RL 2009/125/EG („Ökodesign-RL").

X. Abschnitt
Österreichisches Institut für Bautechnik
Mitgliedschaft des Landes Wien

§ 22. Das Land Wien ist nach Maßgabe der Vereinbarung gemäß Art. 15a B-VG über die Zusammenarbeit im Bauwesen sowie die Bereitstellung von Bauprodukten auf dem Markt und deren Verwendung, LGBl. für Wien Nr. 21/2013, Träger und ordentliches Mitglied des gemeinnützigen Vereines „Österreichisches Institut für Bautechnik".

Aufsicht der Landesregierung

§ 23. Bei der Besorgung der ihm nach diesem Gesetz zukommenden Aufgaben unterliegt das Österreichische Institut für Bautechnik in Vollziehung der bauproduktrechtlichen Regelungen der Aufsicht der Wiener Landesregierung und ist dabei an deren Weisungen gebunden. Der Wiener Landesregierung sind auf Verlangen unverzüglich, längstens aber binnen zwei Wochen, alle zur Erfüllung ihrer Aufgaben erforderlichen Auskünfte zu erteilen und die entsprechenden Unterlagen zu übermitteln.

XI. Abschnitt
Straf- und Verfahrensbestimmungen, Kosten
Strafbestimmungen

§ 24. (1) Wenn die Tat nicht den Tatbestand einer in die Zuständigkeit der ordentlichen Gerichte fallenden strafbaren Handlung bildet, begeht eine Verwaltungsübertretung, wer

1. eine Tätigkeit, für die eine Betrauung gemäß § 9 erforderlich ist, ausübt, ohne hiefür befugt zu sein;
2. eine Tätigkeit, für die eine Betrauung gemäß § 9 erforderlich ist, nicht entsprechend den hiefür geltenden Bestimmungen dieses Gesetzes ausübt;
3. eine Leistungserklärung entgegen Art. 4 bis 7 der Verordnung (EU) Nr. 305/2011 nicht erstellt, fälschlich erstellt oder nicht zur Verfügung stellt;
4. als Wirtschaftsakteur oder Wirtschaftsakteurin die Pflichten gemäß Art. 11 bis 16 der Verordnung (EU) Nr. 305/2011 verletzt;
5. ein Bauprodukt ohne erforderliche CE-Kennzeichnung auf dem Markt bereitstellt;
6. ein Bauprodukt, für das als Nachweis der Verwendbarkeit ein Einbauzeichen ÜA erforderlich ist, ohne dieses Einbauzeichen auf dem Markt bereitstellt oder verwendet;

7. ein Bauprodukt mit CE-Kennzeichnung oder mit Einbauzeichen ÜA auf dem Markt bereitstellt, ohne dass die Voraussetzungen dafür gegeben sind;
8. ein Bauprodukt auf dem Markt bereitstellt, dessen CE-Kennzeichnung oder Einbauzeichen ÜA falsche oder mangelhafte Angaben enthält;
9. ein Bauprodukt auf dem Markt bereitstellt, das mit einer Kennzeichnung versehen ist, die mit der CE-Kennzeichnung oder mit dem Einbauzeichen ÜA verwechselt werden kann;
10. ein Bauprodukt auf dem Markt bereitstellt, das nicht den Bestimmungen einer für dieses Bauprodukt erteilten Bautechnischen Zulassung entspricht;
11. sonst ein Bauprodukt mit falschen Angaben oder Deklarationen auf dem Markt bereitstellt;
12. es unterlässt, den in Bescheiden getroffenen Anordnungen der Marktüberwachungsbehörde Folge zu leisten.
13. ein Bauprodukt ohne den erforderlichen Aktivitätskonzentrationsindex I gemäß Anhang II dieses Gesetzes in Verkehr bringt;
14. ein energieverbrauchsrelevantes Bauprodukt entgegen den Bestimmungen des § 16b Abs. 1 lit. a, b oder d in Verkehr bringt oder in Betrieb nimmt;
15. als Importeur oder Importeurin gegen die Verpflichtungen des § 16b Abs. 2 lit. a, c oder d verstößt;
16. vor dem Inverkehrbringen oder der Inbetriebnahme eines energieverbrauchsrelevanten Bauprodukts, für das Ökodesign-Anforderungen gelten, entgegen den Bestimmungen des § 16c das Konformitätsbewertungsverfahren nicht durchführt;
17. die Unterlagen zur Konformitätsbewertung und die Konformitätserklärung entgegen den Bestimmungen des § 16c Abs. 5 nicht zur Einsicht bereithält oder nach Aufforderung vorlegt oder die Unterlagen zur Konformitätsbewertung und die Konformitätserklärung entgegen dem § 16c Abs. 6 nicht in deutscher Sprache abfasst;
18. an einem energieverbrauchsrelevanten Bauprodukt, für das Ökodesign-Anforderungen gelten, entgegen § 16d eine CE-Kennzeichnung anbringt, ohne dass die gesetzlichen Voraussetzungen hierfür vorliegen oder eine CE-Kennzeichnung anbringt, die nicht den Bestimmungen des § 16d Abs. 2 entspricht;
19. an einem energieverbrauchsrelevanten Bauprodukt, für das Ökodesign-Anforderungen gelten, entgegen § 16d Abs. 3 ein Kennzeichen anbringt, durch das Personen hinsichtlich der Bedeutung oder der Gestalt der CE-Kennzeichnung getäuscht werden könnten;
20. als Herstellerin oder Hersteller gegen die Verpflichtungen nach § 16e verstößt;
21. den in Entscheidungen getroffenen Anordnungen der Marktüberwachungsbehörde nicht nachkommt;

22. ein Bauprodukt, für das
    1. eine harmonisierte europäische Norm vorliegt, die in der Baustoffliste ÖE angeführt ist, oder
    2. eine Europäische technische Bewertung (ETA) vorliegt, die auf Basis eines in der Baustoffliste ÖE angeführten Europäischen Bewertungsdokuments (EAD) oder einer in der Baustoffliste ÖE angeführten Leitlinie für europäische technische Zulassungen (ETAG), die als EAD verwendet wird, ausgestellt wurde,

    auf dem Markt bereitstellt oder verwendet, ohne dass es den in der Baustoffliste ÖE kundgemachten Leistungsanforderungen oder Verwendungsbestimmungen entspricht und es das CE-Kennzeichen trägt;
23. den Maßnahmen gemäß Art. 16 Abs. 3 lit. a bis g der Verordnung (EU) 2019/1020 zuwiderhandelt;
24. ein Bauprodukt entgegen dem § 13 verwendet;
25. der Verpflichtung nach § 16b Abs. 3 zuwiderhandelt;
26. den Verpflichtungen nach Art. 3, 4, 5 oder 6 bzw. Art. 11 Abs. 13 der Verordnung (EU) Nr. 2017/1369 nicht nachkommt.

(2) Die Verwaltungsübertretungen gemäß Abs. 1 sind vom Magistrat in den Fällen der Z 1 bis 4 mit einer Geldstrafe bis 50.000 Euro und in den Fällen der Z 5 bis 26 mit einer Geldstrafe von mindestens 2.500 Euro und höchstens 50.000 Euro zu bestrafen. Für den Fall der Uneinbringlichkeit sind Ersatzfreiheitsstrafen bis zu sechs Wochen zu verhängen.

(3) Die Verwaltungsübertretungen gemäß Abs. 1 Z 1 bis 11 und Z 13 bis 26 gelten als Dauerdelikte. Die Frist für die Verfolgungsverjährung beginnt ab Herstellung des rechtskonformen Zustands zu laufen.

(4) Einer Kennzeichnung am Bauprodukt im Sinne des Abs. 1 Z 4 bis 11, 14 bis 16, 18, 19, 21 und 22 ist die Anbringung der Kennzeichnung auf einem Etikett, auf der Verpackung oder in Begleitunterlagen gleichzuhalten.

(5) Geldstrafen für Verwaltungsübertretungen gemäß Abs. 1 fließen dem Österreichischen Institut für Bautechnik zu und sind für Zwecke der Marktüberwachung von Bauprodukten zu verwenden.

(6) Bauprodukte, auf die sich eine Verwaltungsübertretung nach Abs. 1 Z 4 bis 11, 14 bis 16, 18, 19, 21 und 26 bezieht, können für verfallen erklärt werden, wenn der Wirtschaftsakteur oder die Wirtschaftsakteurin nicht sicherstellt, dass diese Bauprodukte nicht auf dem Markt bereitgestellt werden.

(EB zur StF LGBl 2014/23)

Diese Bestimmung entspricht weitgehend dem bisherigen § 23 WBAG. Es erfolgte eine Anpassung an den geänderten Regelungsgehalt. Mit § 23 WBAG wurden die auf Grund des Art. 41 der Verordnung (EG) 765/2008 erforderlichen Sanktionen festgelegt.

Strafbestimmungen

§ 25. (1) Für behördliche Verfahren nach diesem Gesetz gilt das Allgemeine Verwaltungsverfahrensgesetz 1991 – AVG.

(2) Marktüberwachungsmaßnahmen gemäß Art. 16 der Verordnung (EU) 2019/1020 bei Bauprodukten, von denen eine ernste Gefahr ausgeht und die ein rasches Einschreiten erfordern, können als Maßnahmen unmittelbarer Befehls- und Zwangsgewalt ohne vorausgegangenes Verwaltungsverfahren ergriffen werden.

(3) Die Marktüberwachungsbehörde hat die Maßnahmen nach den geltenden bauproduktrechtlichen Regelungen des Landes Wien zu treffen, wenn sich der Hauptwohnsitz bzw. der Sitz des betroffenen Wirtschaftsakteurs oder der betroffenen Wirtschaftsakteurin in Wien befindet.

(4) Die Marktüberwachungsbehörde kann abweichend von § 52 Abs. 1 bis 3 Allgemeines Verwaltungsverfahrensgesetz 1991 – AVG unmittelbar nichtamtliche Sachverständige heranziehen.

Beiträge zu den Verfahrenskosten

§ 26. Für die nach diesem Gesetz durchzuführenden Europäischen Technischen Bewertungen, Produktregistrierungen und Bautechnischen Zulassungen sind Beiträge zu den Verfahrenskosten einzuheben. Diese richten sich nach den durch Verordnung der Landesregierung unter Berücksichtigung des mit der Durchführung dieser Verfahren durchschnittlich verbundenen personellen und sachlichen Aufwands festgesetzten Bauschbeträgen.

Umsetzung von Unionsrecht

§ 27. Dieses Gesetz dient der Umsetzung folgender Richtlinien:

1. Art. 3 bis 9 und 14 der Richtlinie 2009/125/EG des Europäischen Parlaments und des Rates zur Schaffung eines Rahmens für die Festlegung von Anforderungen an die umweltgerechte Gestaltung energieverbrauchsrelevanter Produkte, ABl. 2009 Nr. 285, S. 10, zuletzt geändert durch die Richtlinie 2012/27/EU des Europäischen Parlaments und des Rates zur Energieeffizienz, zur Änderung der Richtlinien 2009/125/EG und 2010/30/EU und zur Aufhebung der Richtlinien 2004/8/EG und 2006/32/EG, ABl. 2012 Nr. L 315, S. 1, durch die §§ 16b bis 16e und die §§ 21a bis 21d,
2. Art. 4 Z 9 und 75 Abs. 2 der Richtlinie 2013/59/EURATOM des Rates zur Festlegung grundlegender Sicherheitsnormen für den Schutz vor den Gefahren einer Exposition gegenüber ionisierender Strahlung, ABl. 2014, Nr. L 13, S.1, durch die §§ 2 und 16a sowie die Anhänge I und II;

3. mit der Novelle LGBl. für Wien Nr. 34/2022 Art. 2 Z 2, 4 bis 6, 8, 11, 23, 24 und 27 der Richtlinie 2009/125/EG des Europäischen Parlaments und des Rates zur Schaffung eines Rahmens für die Festlegung von Anforderungen an die umweltgerechte Gestaltung energieverbrauchsrelevanter Produkte, ABl. Nr. L 285 vom 31. Oktober 2009, S. 10, zuletzt geändert durch die Richtlinie 2012/27/EU des Europäischen Parlaments und des Rates zur Energieeffizienz, zur Änderung der Richtlinien 2009/125/EG und 2010/30/EU und zur Aufhebung der Richtlinien 2004/8/EG und 2006/32/EG, ABl. Nr. L 315 vom 14. November 2012, S. 1, durch § 2 Abs. 6 und 8 bis 15.

Anhang I.[1)] **Baustoffe gemäß § 16a Abs. 1 sind:**

1. natürliche Materialien:
   a. Alaunschiefer;
   b. Baustoffe oder -zusätze natürlichen vulkanischen Ursprungs wie
      - Granitoide (z.B. Granite, Syenit und Orthogneis);
      - Porphyre;
      - Tuff;
      - Puzzolan (Puzzolanasche);
      - Lava.
2. Materialien mit Rückständen aus Industriezweigen, in denen natürlich vorkommende radioaktive Materialien verarbeitet werden, wie:
   a. Flugasche;
   b. Phosphorgips;
   c. Phosphorschlacke;
   d. Zinnschlacke;
   e. Kupferschlacke;
   f. Rotschlamm (Rückstand aus der Aluminiumproduktion);
   g. Rückstände aus der Stahlproduktion.

Anmerkung

1) Die Anhänge I und II entsprechen den Anhängen VIII und XIII der RL 2013/59/EURATOM.

Definition und Verwendung des Aktivitätskonzentrationsindex für die von Baustoffen emittierte Gammastrahlung nach § 16a Abs. 2

Anhang II.[1)] **Für die Zwecke des § 16a Abs. 2 sind für ermittelte Arten von Baustoffen die Aktivitätskonzentrationen der primordialen Radionuklide Ra-226, Th-232 (oder seines Zerfallsprodukts Ra-228) und K-40 zu bestimmen.**

Der Aktivitätskonzentrationsindex I ergibt sich aus folgender Formel:

$$I = C_{Ra226}/300\ Bq/kg + C_{Th232}/200\ Bq/kg + C_{K40}/3000\ Bq/kg$$

wobei C_{Ra226}, CT_{h232} und C_{K40} die Aktivitätskonzentration in Bq/kg der jeweiligen Radionuklide im Baustoff sind.

Der Index bezieht sich auf die Gammastrahlungsdosis, die zusätzlich zur normalen Exposition im Freien in einem Gebäude abgegeben wird, das aus einem bestimmten Baustoff errichtet wurde. Der Index bezieht sich auf den Baustoff, nicht auf dessen Bestandteile, außer wenn diese Bestandteile selbst Baustoffe sind und gesondert als solche geprüft werden. Soll der Index auf diese Bestandteile angewendet werden, insbesondere auf Rückstände aus Industriezweigen, in denen natürlich vorkommende radioaktive Materialien verarbeitet werden, die zur Wiederverwertung den Baustoffen zugesetzt werden, ist ein geeigneter Mischungsfaktor zu verwenden. Der Aktivitätskonzentrationsindexwert I kann für die Ermittlung von Materialien, die bewirken können, dass der Referenzwert nach § 123 Allgemeine Strahlenschutzverordnung 2020, BGBl. II Nr. 339/2020, überschritten werden kann, als konservatives Screening-Instrument verwendet werden. Bei der Dosisberechnung sind andere Faktoren wie die Materialdichte und -dicke sowie Faktoren, die mit der Art des Gebäudes und der beabsichtigten Verwendung des Materials (Volumen- oder Oberflächenmaterial) in Zusammenhang stehen, zu berücksichtigen.

Anmerkung

1) Die Anhänge I und II entsprechen den Anhängen VIII und XIII der RL 2013/59/EURATOM.

Anlage zu § 10 Abs. 3

Einbauzeichen:

Das Einbauzeichen nach § 10 besteht aus einem Bildzeichen, das aus den Buchstaben „Ü“ und „A“ als Abkürzungen für die Worte „Übereinstimmung“ und „Austria“ gebildet wird, und weiters folgende Angaben zu enthalten hat:

1. Registrierungsnummer in Form einer Buchstabenzahlenkombination bestehend aus dem Buchstaben R gefolgt von
   a) der Identifikationsnummer des Bauproduktes, die der für dieses Bauprodukt in der Baustoffliste ÖA vorgesehenen Nummer entspricht,
   b) den letzten beiden Ziffern des Jahres, in dem die Produktregistrierung beantragt wurde, und
   c) der vom Österreichischen Institut für Bautechnik vergebenen laufenden Nummer im Kalenderjahr der Beantragung der Produktregistrierung.

   Die Kurzbezeichnung ist in einheitlicher Form nach Maßgabe des nachstehenden Beispiels darzustellen:

R-1.3.1-00-0001
Die Nummer der Registrierungsbescheinigung hat mit dieser Kurzbezeichnung identisch zu sein.

2. Die Bezeichnung der Stelle, die die Registrierungsbescheinigung ausgestellt hat.

Gestaltung des Bildzeichens „ÜA" sowie der zusätzlichen Angaben:

1. Für die Gestaltung der Großbuchstaben „ÜA" ist der im Folgenden dargestellte Raster anzuwenden. Das Verhältnis der Abmessungen des Bildzeichens hat dem nachstehenden Muster zu entsprechen, wobei die mit R gekennzeichneten Balken auch in roter Farbe ausgeführt werden können. Das Bildzeichen darf größenmäßig variiert werden, wobei bei Verkleinerungen oder Vergrößerungen die sich aus dem abgebildeten Raster ergebenden Proportionen eingehalten werden müssen

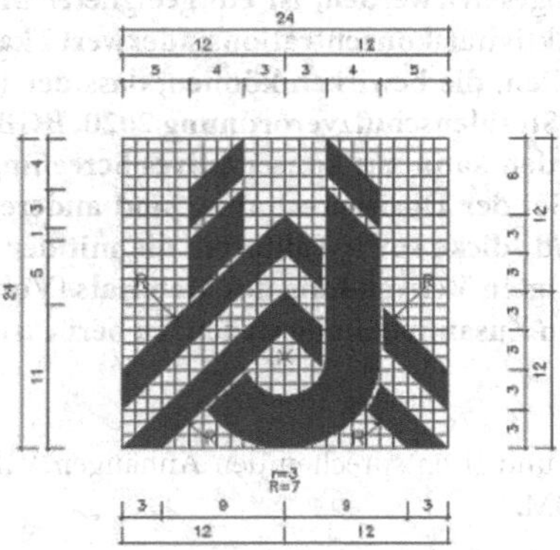

2. Die zusätzlichen Angaben nach Punkt I sind unmittelbar unterhalb des Bildzeichens in der im Punkt I angegebenen Reihenfolge anzubringen und voneinander deutlich sichtbar zu trennen, sodass das Einbauzeichen nachstehender Abbildung (Abbildung 2) entspricht, wobei die Breite der Bereiche für die zusätzlichen Angaben jener des Bildzeichens entsprechen muss.

Anbringung des Einbauzeichens ÜA:

Das Einbauzeichen ist nach Möglichkeit am Produkt selbst anzubringen. Die weiteren in § 10 Abs. 1 angeführten Anbringungsmöglichkeiten sind nicht wahlweise, sondern nach ihrer Reihung, je nach Möglichkeit der Anbringung, auszuwählen.

Das Einbauzeichen ist an der hierfür vorgesehenen Stelle deutlich sichtbar, lesbar und unauslöschbar anzubringen.

Zeitpunkt des Anbringens des Einbauzeichens ÜA:

Das Einbauzeichen ist vom Hersteller oder der Herstellerin nach Maßgabe des § 10 Abs. 1 vor dem Inverkehrbringen des Bauproduktes anzubringen.

Sonstige Bestimmungen:

Das Anbringen von Kennzeichnungen, Zeichen oder Aufschriften, deren Bedeutung oder Gestalt von Dritten mit der Bedeutung oder Gestalt des Einbauzeichens verwechselt werden kann, ist untersagt. Jede andere Kennzeichnung darf auf Produkten nur angebracht werden, sofern sie Sichtbarkeit, Lesbarkeit und Bedeutung des Einbauzeichens nicht beeinträchtigt.

Übergangsbestimmung zum WBPG 2013

Inkrafttreten

Artikel II. **Dieses Gesetz tritt einen Monat nach seiner Kundmachung in Kraft.[1] Gleichzeitig tritt das Gesetz über Bauprodukte und die Akkreditierung von Prüf-, Überwachungs- und Zertifizierungsstellen für Bauprodukte in Wien (Wiener Bauprodukte- und Akkreditierungsgesetz – WBAG), LGBl. für Wien Nr. 30/1996, zuletzt geändert durch das Gesetz LGBl. für Wien Nr. 8/2012, außer Kraft.**

Anmerkung

1) Das war am 30.7.2014.

Stammfassung LGBl 2014/23

Artikel I. **… (im Gesetzestext berücksichtigt)**

Notifizierung

Artikel III. **Dieses Gesetz wurde gemäß den Bestimmungen der Richtlinie 98/34/EG des Europäischen Parlaments und des Rates vom 22. Juni 1998 über ein Informationsverfahren auf dem Gebiet der Normen und technischen Vorschriften und der Vorschriften für die Dienste der Informationsgesellschaft in der Fassung der Richtlinie 98/48/EG des Europäischen Parlaments und des Rates vom 20. Juli 1998 der Europäischen Kommission notifiziert (Notifikationsnummer 2013/335/A).**

9b. Verordnung der Wiener Landesregierung über die Festsetzung von Bauschbeträgen für die einzuhebenden Beiträge zu den Verfahrenskosten von nach dem Wiener Bauproduktegesetz 2013 durchzuführenden Europäischen Technischen Bewertungen, Produktregistrierungen und Bautechnischen Zulassungen (Wiener Bauprodukte-Registrierungsstelle- und OIB-Tarif)

LGBl 2015/25 und 2019/50

Aufgrund des § 26 Wiener Bauproduktegesetz 2013 – WBPG 2013, LGBl. für Wien Nr. 23/2014, wird verordnet:

Produktregistrierung

§ 1. **(1) Die von der Registrierungsstelle für die Ausstellung von Registrierungsbescheinigungen (§ 8 Abs. 2 WBPG 2013) von den Antragstellerinnen und Antragstellern einzuhebenden Beiträge zu den Verfahrenskosten werden in Form einer fixen Grundgebühr (Tabelle 1) und einer nach dem tatsächlichen Zeitaufwand bemessenen Sachbearbeitungsgebühr mit einem pauschalen Stundensatz (Tabelle 2) festgesetzt wie folgt:**

Tabelle 1	
Grundgebühr	**Grundgebühr in Euro**
Erstmalige Ausstellung einer Registrierungsbescheinigung	**585,–**
Tabelle 2	
Sachbearbeitungsgebühr	**in Euro pro angefangene halbe Stunde Bearbeitungszeit**
Stundensatz	**65,–**

(2) Die Einhebung der Grundgebühr nach Abs. 1 Tabelle 1 hat zu entfallen, wenn für das Bauprodukt, für das eine Registrierungsbescheinigung erstmalig ausgestellt wird, bereits ein Übereinstimmungszeugnis gemäß § 19b Abs. 1 lit. b in Verbindung mit § 19d Wiener Bauprodukte- und Akkreditierungsgesetz – WBAG, LGBl. für Wien Nr. 30/1996 in der vor Inkrafttreten des WBPG 2013, LGBl. für Wien Nr. 23/2014, geltenden Fassung, erteilt wurde und von der Antragstellerin bzw. dem Antragsteller für die Erteilung des Übereinstimmungszeugnisses ein Beitrag zu den Verfahrenskosten nach der Verordnung der Wiener Landesregierung über die bei der Erteilung von Konformitätszertifikaten und Übereinstimmungserzeugnissen einzuhebenden Beiträge, LGBl. für Wien Nr. 40/2007 in der Fassung LGBl. für Wien Nr. 29/2011, eingehoben wurde.

Europäische Technische Bewertung, Bautechnische Zulassung

§ 2. Die vom Österreichischen Institut für Bautechnik (OIB) als Technische Bewertungsstelle für Bauprodukte (§ 3 WBPG 2013) sowie als Zulassungsstelle (§ 15 WBPG 2013) von den Antragstellerinnen und Antragstellern einzuhebenden Beiträge zu den Verfahrenskosten werden entsprechend dem Gebührenverzeichnis der Geschäftsordnung des OIB in Form einer fixen Grundgebühr (Tabelle 1) und einer nach dem tatsächlichen Zeitaufwand bemessenen Sachbearbeitungsgebühr mit einem pauschalen Stundensatz (Tabelle 2) festgesetzt wie folgt:

Tabelle 1	
Grundgebühr	Grundgebühr in Euro
1.1 Erteilung einer Europäischen Technischen Bewertung	730,–
1.2 Änderung einer Europäischen Technischen Bewertung	435,–
1.3 Erteilung einer Bautechnischen Zulassung	730,–
1.4 Verlängerung einer Bautechnischen Zulassung	435,–
Tabelle 2	
Sachbearbeitungsgebühr	in Euro pro angefangener Stunde Bearbeitungszeit durch einen Referenten des OIB
Stundensatz	145,–

Fälligkeit

§ 3. (1) Die Beiträge gemäß § 1 und § 2 sind in dem Zeitpunkt fällig, in dem das Verfahren rechtskräftig abgeschlossen ist. Sie sind unabhängig vom Ausgang des Verfahrens zu entrichten und enthalten keine nach der jeweiligen Gesetzeslage abzuführenden Steuern oder sonstige Abgaben.

(2) Wenn es auf Grund des zu erwartenden Aufwandes zweckmäßig ist, kann von der Antragstellerin bzw. vom Antragsteller der Erlag eines entsprechenden Vorschusses für den Beitrag verlangt werden.

Inkrafttreten

§ 4. (1) Diese Verordnung tritt an dem ihrer Kundmachung folgenden Tag in Kraft. Gleichzeitig tritt die Verordnung der Wiener Landesregierung über die bei der Erteilung von Konformitätszertifikaten und Übereinstimmungserzeugnissen einzuhebenden Beiträge, LGBl. für Wien Nr. 40/2007 in der Fassung LGBl. für Wien Nr. 29/2011, außer Kraft.

(2) Auf Verfahren nach dem WBPG 2013, die zum Zeitpunkt des Inkrafttretens dieser Verordnung bereits anhängig sind, sind die Tarife der Verordnung der Wiener Landesregierung über die bei der Erteilung von Konformitätszertifikaten und Übereinstimmungserzeugnissen einzuhebenden Beiträge, LGBl. für Wien Nr. 40/2007 in der Fassung LGBl. für Wien Nr. 29/2011, und der Verordnung des Magistrates der Stadt Wien vom 4. September 1996, womit Zuständigkeiten als Akkreditierungs- und Zulassungsstelle nach dem Wiener Bauprodukten- und Akkreditierungsgesetz (WBAG) dem Österreichischen Institut für Bautechnik (OIB) übertragen und Bauschbeträge für die von den Antragstellern einzuhebenden Beiträge festgesetzt werden (WBAG-Zuständigkeitsübertragungsverordnung mit OIB-Tarif), ABl. Nr. 38/1996 in der Fassung ABl. Nr. 2/2006, weiterhin sinngemäß anzuwenden.

10. Gesetz über das Inverkehrbringen und den Betrieb von Heizungs- und Klimaanlagen in Wien (Wiener Heizungs- und Klimaanlagengesetz 2015 – WHeizKG 2015)

LGBl 2016/14 idF LGBl 2017/34, 2018/71, 2019/3, 2020/20, 2021/37 und 2022/32

Inhaltsverzeichnis

5. Abschnitt

Emissionsgrenzwerte und Abgasverluste für den Betrieb von Feuerungsanlagen und Blockheizkraftwerken

§ 15. Allgemeines
§ 16. Feuerungsanlagen mit einer Nennwärmeleistung unter 50 kW
§ 17. Feuerungsanlagen ab 50 kW Nennwärmeleistung
§ 18. Blockheizkraftwerke

5a. Abschnitt

Emissionsgrenzwerte für den Betrieb von mittelgroßen Feuerungsanlagen

§ 18a.

6. Abschnitt

Zulässige Brenn- und Kraftstoffe

§ 19.

7. Abschnitt

Überprüfungen

§ 20. Pflichten der Betreiberinnen und Betreiber
§ 20a. Pflichten der Betreiberinnen und Betreiber mittelgroßer Feuerungsanlagen
§ 21. Überprüfung von Feuerungsanlagen und Blockheizkraftwerken
§ 22. Umfassende Überprüfung
§ 22a. Überprüfung von mittelgroßen Feuerungsanlagen
§ 23. Einfache Überprüfung
§ 23a. Inspektion
§ 24. Außerordentliche Überprüfung
§ 25. Mängelbehebung und Sanierung
§ 26. Überwachung

8. Abschnitt

Prüfberechtigte

§ 27. Fachliche Qualifikation für die Durchführung von Überprüfungen
§ 28. Prüfnummer, Qualitätssicherung
§ 29. Anerkennung ausländischer Berufsqualifikationen

9. Abschnitt

Klimaanlagen

§ 30. Wiederkehrende Überprüfung von Klimaanlagen
§ 31. Fachkundige Personen

10. Abschnitt

Schlussbestimmungen

§ 32. Verordnungsermächtigung
§ 33. Verarbeitung von Daten
§ 34. Strafbestimmungen
§ 35. Zuständigkeitsbestimmungen
§ 36. Unionsrecht
§ 37. Notifikation

Anlagen

Anlage 1 Anlagendatenblatt

Anlage 2 Prüfberichte für Feuerungsanlagen und Blockheizkraftwerke

Anlage 3 Prüfbericht Kesseldimensionierung

Anlage 4 Prüfplakette

Anlage 5 CE-Kennzeichnung (gemäß § 11c)

Anlage 6 Interne Entwurfskontrolle im Sinne der Richtlinie 2009/125/EG (gemäß § 11d)

Anlage 7 Managementsystem für die Konformitätsbewertung im Sinne der Richtlinie 2009/125/EG (gemäß § 11d)

(EB zu LGBl 2016/14)

Die Länder haben eine Vereinbarung gemäß Art. 15a B-VG über das Inverkehrbringen von Kleinfeue-rungen und die Überprüfung von Feuerungsanlagen und Blockheizkraftwerken ausgearbeitet, die in Wien unter der LGBl Nr. 82/2012 kundgemacht wurde. Diese ersetzt die Vereinbarung der Länder gemäß Art. 15a B-VG über Schutzmaßnahmen betreffend Kleinfeuerungen. Mit dem WHKG 2015 wird diese Vereinbarung in Wiener Landesrecht umgesetzt. Auf Grund des neuen WFPolG 2015 wurden einige Bestimmungen des bisherigen WFLKG in das Feuerwehrgesetz aufgenommen, da sie dort auch thematisch besser angesiedelt sind.

(EB zur Nov LGBl 2017/34) (Ökodesign-Novelle 2017)

Mit der GewO-Nov BGBl. I Nr. 48/2015 wird innerhalb des Rauchfangkehrergewerbes zwischen „einfachen" und „öffentlich zugelassenen" Rauchfangkehrern unterschieden. Letzteren obliegt gem § 120 Abs. 1 GewO die Durchführung sicherheitsrelevanter Tätigkeiten, zu denen Rauchfangkehrer durch landesrechtliche Vorschriften verpflichtet werden.

Die VO (EU) Nr. 813/2013, die sich auf Art. 15 der Ökodesign-RL 2009/125/EG stützt, legt Ökodesign-Anforderungen an Kleinfeuerungen als energieverbrauchsrelevante Produkte für deren Inverkehrbringen fest.

Die VO (EU) Nr. 811/2013 ist ein delegierter Rechtsakt aufgrund der Energieverbrauchsetikettierungs-RL 2010/30/EU und legt Anforderungen hinsichtlich einheitlicher Etikettierung und Produktinformation für den Energieverbrauch von Kleinfeuerungen für deren Inverkehrbringen fest.

Mit der Ökodesign-Novelle 2017 eoll eine Anpassung der Diktion an die GewO sowie die Umsetzung der Ökodesign-RL und der Energieverbrauchsetikettierungs-RL erfolgen.

(EB zur Nov LGBl 2019/3)

Die Richtlinie (EU) 2015/2193 des Europäischen Parlaments und des Rates vom 25. November 2015 zur Begrenzung der Emissionen bestimmter Schadstoffe aus mittelgroßen Feuerungsanlagen in die Luft ist von den Mitgliedstaaten bis zum 19. Dezember 2017 umzusetzen.

Auch die Richtlinie 2005/36/EG des Europäischen Parlaments und des Rates vom 07. September 2005 über die Anerkennung von Berufsqualifikationen sowie die Richtlinie 2013/55/EU des Europäischen Parlaments und des Rates vom 20. November 2013 zur Änderung der Richtlinie 2005/36/EG über die Anerkennung von Berufsqualifikationen und der Verordnung (EU) Nr. 1024/2012 über die Verwaltungszusammenarbeit mit Hilfe des Binnenmarkt-Informationssystems („IMI-Verordnung) sind umzusetzen.

Ebenso ist eine Anpassung an die Verordnung (EU) 2016/679 vom 27. April 2016 zum Schutz natürlicher Personen bei der Verarbeitung personenbezogener Daten, zum freien Datenverkehr und zur Aufhebung der Richtlinie 95/46/EG (Datenschutz-Grundverordnung) vorzunehmen.

1. Abschnitt
Allgemeines

Gegenstand

§ 1. **(1) Dieses Gesetz regelt:**

1. das Inverkehrbringen von Kleinfeuerungen,
2. die Errichtung, die Ausstattung, den Betrieb und die Überprüfung von Feuerungsanlagen und Blockheizkraftwerken hinsichtlich luftreinhalterechtlicher Belange,
3. die Inspektion von Heizungsanlagen und
4. die Überprüfung von Klimaanlagen.

(2) In den Anwendungsbereich dieses Gesetzes fallen nur Anlagen, deren Betriebszweck die Beheizung von Räumen oder die Warmwasserbereitung ist. In den Anwendungsbereich des 9. und 10. Abschnitts dieses Gesetzes fallen weiters Anlagen, deren Betriebszweck die Kühlung von Räumen ist. Bereits am 5. Juni 2016 gesetzte Kachelöfen fallen als Feuerungsanlagen auch dann nicht in den Anwendungsbereich dieses Gesetzes, wenn sie später versetzt werden (Reparatur, Neusetzung an einem anderen Standort).

(3) Vom Geltungsbereich dieses Gesetzes sind Angelegenheiten ausgenommen, die in der Gesetzgebung Bundessache sind. Dieses Gesetz ist daher insbesondere in Angelegenheiten des Gewerbes und der Industrie, des Arbeitsrechtes, des Forstwesens, des Verkehrswesens bezüglich der Eisenbahnen und der Luftfahrt sowie der Schifffahrt, des Dampfkessel- und Kraftmaschinenwesens, des Bergwesens sowie in allen Angelegenheiten der Bundestheater nicht anzuwenden.

(4) Mit den Bestimmungen über Emissionsgrenzwerte und Abgasverluste für den Betrieb von Feuerungsanlagen und Blockheizkraftwerken, über die zulässigen Brenn- und Kraftstoffe und über die regelmäßig durchzuführenden Überprüfungen im 5. bis 7. Abschnitt dieses Gesetzes wird

durch die zuständige Behörde sichergestellt, dass keine erheblichen Umweltverschmutzungen verursacht werden und ein hohes Schutzniveau für die Umwelt insgesamt erreicht wird.

Begriffsbestimmungen

§ 2. (1) Im Sinne dieses Gesetzes ist:

1. Abgasanlage: Anlage für die Ableitung der Abgase von Feuerungsanlagen für gasförmige, flüssige und feste Brennstoffe ins Freie;
2. Abgase: die in der Feuerung bei der Verbrennung entstehenden gasförmigen Verbrennungsprodukte einschließlich der in ihnen schwebenden festen oder flüssigen Stoffe sowie die sich aus der Verbrennungsluft und dem Luftüberschuss oder aus einer allfälligen Abgasreinigung ergebenden Gaskomponenten;
3. Abgasverlust: jene auf den Heizwert des Brennstoffes bezogene Wärmemenge, die mit den Verbrennungsgasen ungenutzt abgeführt wird;
4. benannte Stelle: eine von einem EU-Mitgliedstaat oder sonstigen Vertragsstaat des Abkommens über den Europäischen Wirtschaftsraum der Europäischen Kommission gemeldete Stelle, die autorisiert ist, ein EG-Konformitätsverfahren gemäß einer EU-Richtlinie durchzuführen;
5. bestimmungsgemäßer Betrieb der Kleinfeuerung: jener Betrieb, der gemäß technischer Dokumentation für den Betrieb der Kleinfeuerung vorgesehen ist;
6. Betreiberin bzw. Betreiber: eine natürliche oder juristische Person, die die Feuerungsanlage betreibt oder kontrolliert oder der die ausschlaggebende wirtschaftliche Verfügungsmacht über deren technischen Betrieb übertragen worden ist;
7. Betriebsstunden: den in Stunden ausgedrückten Zeitraum, in dem sich eine Feuerungsanlage in Betrieb befindet und Emissionen in die Luft abgibt, ohne An- und Abfahrzeiten;
8. Biomasse:
   a) Produkte land- und forstwirtschaftlichen Ursprungs aus pflanzlichem Material, die als Brennstoff zur energetischen Rückgewinnung verwendet werden können;
   b) nachstehende Abfälle:
      – pflanzliche Abfälle aus der Land- und Forstwirtschaft;
      – pflanzliche Abfälle aus der Nahrungsmittelindustrie, falls die erzeugte Wärme genutzt wird;
      – faserige pflanzliche Abfälle aus der Herstellung von natürlichem Zellstoff und aus der Herstellung von Papier aus Zellstoff, sofern sie am Herstellungsort mitverbrannt werden und die erzeugte Wärme genutzt wird;

- Korkabfälle;
- Holzabfälle mit Ausnahme von Holzabfällen, die infolge einer Behandlung mit Holzschutzmitteln oder infolge einer Beschichtung halogenorganische Verbindungen oder Schwermetalle enthalten können, und zu denen insbesondere Holzabfälle aus Bau- und Abbruchabfällen gehören;

9. Blockheizkraftwerk: eine stationäre Verbrennungskraftmaschine zur Bereitstellung von elektrischem Strom mit Wärmenutzung für die Raumheizung oder zur Warmwasserbereitung;
10. Boschzahl: der Grad der Schwärzung eines Filterpapiers, verursacht durch die aus der Verbrennung in Verbrennungskraftmaschinen stammenden und emittierten Feststoffteilchen (qualitative Beurteilung);
11. Brennstoff: alle festen, flüssigen oder gasförmigen brennbaren Stoffe (auch Kraftstoffe);
12. Brennstoffwärmeleistung: die mit dem Brennstoff zugeführte, auf den Heizwert Hi des zulässigen Brennstoffes bezogene durchschnittliche stündliche Wärmemenge; die Brennstoffwärmeleistung wird in der Richtlinie (EU) 2015/2193 mit dem gleichbedeutenden Begriff „Feuerungswärmeleistung“ bezeichnet und in Megawatt (MW) angegeben;
13. Brennwertgerät: Feuerungsanlage mit teilweiser Nutzung der Kondensationswärme;
14. CO-Emission: die Emission von Kohlenstoffmonoxid;
15. Emission: die Ableitung von Stoffen aus einer Feuerungsanlage in die Luft;
16. Emissionsgrenzwert: die zulässige Menge eines in den Abgasen einer Feuerungsanlage enthaltenen Stoffes, die in einem gegebenen Zeitraum in die Luft abgeleitet werden darf;
17. Energie aus erneuerbaren Quellen: Energie aus erneuerbaren, nicht fossilen Energiequellen, das heißt Wind, Sonne, aerothermische, geothermische, hydrothermische Energie, Wasserkraft, Biomasse, Deponiegas, Klärgas und Biogas;
18. Erdgas: natürlich vorkommendes Methangas mit nicht mehr als 20 Volumenprozent Inertgasen und sonstigen Bestandteilen;
19. fester fossiler Brennstoff: Brennstoff, der aus erdgeschichtlichen Lagerstätten gewonnen wird; dazu zählen:
    a) alle Arten von Braunkohle,
    b) alle Arten von Steinkohle,
    c) Braunkohlebriketts, Steinkohlebriketts, Koks,
    d) Torf;
20. Feuerungsanlage: technische Einrichtung, in der zum Zwecke der Gewinnung von Nutzwärme für die Raumheizung oder zur Warmwasserbereitung Brennstoffe verbrannt werden (Feuerstätten) und deren Abgase über Abgasanlagen ins Freie geleitet werden, einschließlich all-

fälliger Verbindungsstücke und angeschlossener oder nachgeschalteter Abgasreinigungsanlagen inklusive der Abgasanlagen;

21. Feuerstätte: wärmeerzeugende Geräteeinheit, in der Verbrennungsprodukte entstehen, die an die Außenluft abgeführt werden müssen;
22. flüssiger fossiler Brennstoff: flüssiges Mineralölprodukt, das dazu bestimmt ist, als Brennstoff verwendet zu werden;
23. gasförmiger fossiler Brennstoff: Erdgas und Flüssiggas;
24. Gasöl:
    a) aus Erdöl gewonnene flüssige Kraft- oder Brennstoffe der KN-Codes 2710 19 25, 2710 19 29, 2710 19 47, 2710 19 48, 2710 20 17 oder 2710 20 19; oder
    b) aus Erdöl gewonnene flüssige Kraft- oder Brennstoffe, bei deren Destillation bei 250°C nach der ASTM-D86-Methode weniger als 65 Volumenprozent (einschließlich Verluste) und bei 350°C mindestens 85 Volumenprozent (einschließlich Verluste) übergehen;
25. Gasturbine: jede rotierende Maschine, die thermische Energie in mechanische Arbeit umwandelt und hauptsächlich aus einem Verdichter, aus einer Brennkammer, in der Brennstoff zur Erhitzung des Arbeitsmediums oxidiert wird, und aus einer Turbine besteht; darunter fallen Gasturbinen mit offenem Kreislauf, kombinierte Gas- und Dampfturbinen sowie Gasturbinen mit Kraft-Wärme-Kopplung, alle jeweils mit oder ohne Zusatzfeuerung;
26. Gebiet: Landesgebiet von Wien (jener Teil des Bundesgebietes, der für die Beurteilung und Kontrolle der Luftqualität abgegrenzt wurde);
27. gebäudetechnische Systeme: die technische Ausrüstung eines Gebäudes oder Gebäudeteils für Raumheizung, Raumkühlung, Lüftung, Warmwasserbereitung für den häuslichen Gebrauch, eingebaute Beleuchtung, Gebäudeautomatisierung und -steuerung, Elektrizitätserzeugung am Gebäudestandort oder für eine Kombination derselben, einschließlich Systemen, die Energie aus erneuerbaren Quellen nutzen;
28. Heizungsanlage: Gesamtheit aller Anlagenteile, die der Wärmeversorgung dienen, bestehend aus Wärmebereitstellung, Wärmeverteilung und Wärmeabgabesystem;
29. Heizwert (Hi): Wärmemenge, die bei der vollständigen Verbrennung von 1 kg festem oder flüssigem Brennstoff oder 1 m^3 gasförmigem Brennstoff im Normzustand frei wird, wenn das bei der Verbrennung gebildete Wasser dampfförmig vorhanden ist und die Verbrennungsprodukte auf 25° C zurückgeführt werden;
30. Inverkehrbringen: das erstmalige Abgeben oder Versenden einer Kleinfeuerung oder eines Bauteils davon zum Zweck des Anschlusses; das Herstellen, Zusammenfügen oder Einführen einer Kleinfeuerung oder eines Bauteils davon für den Eigengebrauch. Als Inverkehrbringen gilt nicht das Überlassen von Kleinfeuerungen oder Bauteilen da-

von zum Zweck der Prüfung, Lagerung, Verschrottung, Abänderung oder Instandsetzung sowie das Rückliefern von zur Prüfung, Lagerung, Abänderung oder Instandsetzung übernommenen Kleinfeuerungen oder Bauteilen davon an die Auftraggeberin bzw. den Auftraggeber;

31. isoliertes Kleinstnetz: ein isoliertes Kleinstnetz im Sinne der Definition in Art. 2 Z 27 der Richtlinie 2009/72/EG des Europäischen Parlaments und des Rates vom 13.07.2009, ABl. L 211 vom 14.08.2009, S. 55 i.d.F. der Berichtigung, ABl. L 072 vom 15.03.2018, S. 42;
32. kleines, isoliertes Netz: ein kleines isoliertes Netz im Sinne der Definition in Art. 2 Z 26 der Richtlinie 2009/72/EG des Europäischen Parlaments und des Rates vom 13.07.2009, ABl. L 211 vom 14.08.2009, S. 55 i.d.F. der Berichtigung, ABl. L 072 vom 15.03.2018, S. 42;
33. Kleinfeuerung: technische Einrichtung bis zu einer Nennwärmeleistung von 400 kW, die dazu bestimmt ist, zum Zweck der Gewinnung von Nutzwärme für die Raumheizung oder zur Warmwasserbereitung (allenfalls auch gleichzeitig für die Zubereitung von Speisen) Brennstoffe in einer Feuerstätte zu verbrennen, und bei der die Verbrennungsgase über eine Abgasführung abgeleitet werden; das Verbindungsstück zwischen Feuerstätte und Abgasanlage ist, soweit es nicht Einbauten enthält, die für den bestimmungsgemäßen Betrieb der Kleinfeuerung notwendig sind, nicht Teil der Kleinfeuerung; bei einem Außenwandgerät ist jedoch die Abgasleitung und der Mauerkasten Teil der Kleinfeuerung;
34. Klimaanlage: Kombination sämtlicher Bauteile, die für eine Form der Luftbehandlung erforderlich sind, bei der die Temperatur, eventuell gemeinsam mit der Belüftung, der Feuchtigkeit und der Luftreinheit, geregelt werden kann;
35. mittelgroße Feuerungsanlage: Feuerungsanlage mit einer Feuerungswärmeleistung von mindestens 1 MW und weniger als 50 MW, unabhängig von der Art des verwendeten Brennstoffes. Eine aus zwei oder mehr mittelgroßen Feuerungsanlagen gebildete Kombination gilt als eine einzige mittelgroße Feuerungsanlage, wenn die Abgase dieser Feuerungsanlagen über eine gemeinsame Abgasanlage abgeleitet werden oder die Abgase dieser Feuerungsanlage unter Berücksichtigung technischer und wirtschaftlicher Faktoren über eine gemeinsame Abgasanlage abgeleitet werden könnten;
36. Motor: Gasmotor (nach dem Ottoprinzip arbeitender Verbrennungsmotor mit Fremdzündung des Brennstoffes), Dieselmotor (nach dem Dieselprinzip arbeitender Verbrennungsmotor mit Selbstzündung des Brennstoffes) oder Zweistoffmotor (Verbrennungsmotor mit Selbstzündung des Brennstoffes, der bei der Verbrennung flüssiger Brennstoffe nach dem Dieselprinzip und bei der Verbrennung gasförmiger Brennstoffe nach dem Ottoprinzip arbeitet);

37. Nennlast: der Betrieb der Feuerungsanlage bei Nennwärmeleistung;
38. Nennwärmeleistung (P_n): die höchste für den Betrieb der Feuerungsanlage (Nennlast) vorgesehene Wärmeleistung (Höchstleistung des Wärmeerzeugers bei Dauerbetrieb);
39. nicht standardisierter biogener Brennstoff: Brennstoff, der ausschließlich oder überwiegend naturbelassene erneuerbare Materie als Ausgangsmaterial hat, für den aber keine Normierung besteht (z.B. Biogas, Pflanzenöle, Stroh);
40. NMHC-Emission: die Summe der Emissionen gasförmiger organischer Verbindungen, berechnet und angegeben als elementarer Kohlenstoff, abzüglich des Anteils an Methan;
41. NO_x-Emission: die Summe der Emissionen von Stickstoffmonoxid und Stickstoffdioxid, berechnet und angegeben als Stickstoffdioxid (NO_2);
42. OGC-Emission: die Summe der Emissionen gasförmiger organischer Verbindungen, berechnet und angegeben als elementarer Kohlenstoff;
43. Raumheizgerät: Feuerungsanlage zur unmittelbaren Beheizung des Aufstellungsraumes (z.B. Kaminöfen, Kachelöfen, Öl- oder Gasraumheizgeräte, Küchenherde);
44. Rußzahl: der Grad der Schwärzung eines Filterpapiers, verursacht durch die aus der Verbrennung in Feuerungsanlagen stammenden und emittierten Feststoffteilchen (qualitative Beurteilung);
45. Schweröl:
    a) aus Erdöl gewonnene flüssige Kraft- oder Brennstoffe der KN-Codes 2710 19 51 bis 2710 19 68, 2710 20 31, 2710 20 35 oder 2710 20 39; oder
    b) aus Erdöl gewonnene flüssige Kraft- oder Brennstoffe, mit Ausnahme der unter der Z 24 genannten Gasöle, die auf Grund ihres Destillationsbereichs unter die Schweröle fallen, die zur Verwendung als Kraft- oder Brennstoff bestimmt sind und bei deren Destillation bei 250°C nach der ASTM-D86-Methode weniger als 65 Volumenprozent (einschließlich Verluste) übergehen; kann die Destillation nicht anhand der ASTM-D86-Methode bestimmt werden, wird das Erdölerzeugnis ebenfalls als Schweröl eingestuft;
46. Serie: eine Menge von in allen Merkmalen baugleich hergestellten Produkten;
47. SO_2-Emission: die Emission von Schwefeldioxid;
48. standardisierter biogener Brennstoff: Brennstoff, der ausschließlich oder überwiegend naturbelassene erneuerbare Materie als Ausgangsmaterial hat und dessen wesentliche verbrennungstechnische Qualitätsmerkmale (z.B. Wassergehalt, Stickstoffgehalt) in Normen geregelt sind (z.B. Stückholz, Holzpellets, biogene Heizöle);
49. Staub-Emission: die Emission von im Abgas dispergierten Partikeln unabhängig von Form, Struktur und Dichte, welche auf Basis eines gravimetrischen Messverfahrens quantitativ beurteilt werden;

50. System für die Gebäudeautomatisierung und -steuerung: ein System, das sämtliche Produkte, Software und Engineeringleistungen umfasst, mit denen ein energieeffizienter, wirtschaftlicher und sicherer Betrieb gebäudetechnischer Systeme durch automatische Steuerungen sowie durch die Erleichterung des manuellen Managements dieser gebäudetechnischen Systeme unterstützt werden kann;
51. Teillast: der Betrieb der Feuerungsanlage bei einer Wärmeleistung, die kleiner ist als die Nennwärmeleistung;
52. Überwachungsstelle: derjenige öffentlich zugelassene Rauchfangkehrerbetrieb im Sinne des § 125 Abs. 3 Gewerbeordnung 1994, BGBl. Nr. 194/1994 i.d.F. BGBl I Nr. 65/2020, der von der Betreiberin bzw. vom Betreiber für das Reinigen, Kehren und Überprüfen von Abgasanlagen sowie den dazugehörigen Feuerungsanlagen beauftragt ist;
53. Wärmeerzeuger: der Teil einer Heizungsanlage, der mithilfe eines oder mehrerer der folgenden Verfahren Nutzwärme erzeugt:
    a) Verbrennung von Brennstoffen, beispielsweise in einem Heizkessel;
    b) Joule-Effekt in den Heizelementen einer elektrischen Widerstandsheizung;
    c) Wärmegewinnung aus der Umgebungsluft, aus Abluft oder aus einer Wasser- und Erdwärmequelle mithilfe einer Wärmepumpe;
54. Wärmeleistung: die je Zeiteinheit von der Feuerungsanlage nutzbar abgegebene durchschnittliche Wärmemenge;
55. Wärmeleistungsbereich: der vom Hersteller der Feuerungsanlage festgelegte Bereich, in dem diese bestimmungsgemäß betrieben werden darf;
56. Warmwasserbereiter: eine Anlage, die der direkten Erwärmung von Nutz- bzw. Trinkwasser dient (Vorratswasserheizer und Durchlauferhitzer);
57. Wirkungsgrad in %: Verhältnis von Nutzenergie zur Aufwandenergie;
58. Wohngebäude: Gebäude, die ausschließlich oder überwiegend für Wohnzwecke bestimmt sind;
59. Zentralheizgerät: Feuerungsanlage zur Beheizung mehrerer Räume mittels kontrollierter Wärmeverteilung;
60. zugelassene Stelle: eine akkreditierte Anstalt, Stelle oder Einrichtung einer Vertragspartei des Europäischen Wirtschaftsraumes im Rahmen des fachlichen Umfangs der Akkreditierung.

(2) Entsprechend den Richtlinien 2009/125/EG und 2010/30/EU gelten folgende Begriffsbestimmungen:

1. Bauteile und Baugruppen: Teile, die zum Einbau in Produkte bestimmt sind, jedoch nicht als Einzelteile für Endnutzerinnen und Endnutzer in Verkehr gebracht werden können oder deren Umweltverträglichkeit nicht getrennt geprüft werden kann;

2. **bevollmächtigte Person: eine in der Europäischen Union niedergelassene natürliche oder juristische Person, die von der Herstellerin bzw. vom Hersteller schriftlich beauftragt worden ist, in seinem Namen den mit diesem Gesetz verbundenen Verpflichtungen und Förmlichkeiten vollständig oder teilweise nachzukommen;**
3. **ergänzende Rechtsvorschriften: zusätzliche und spezifische Bestimmungen für bestimmte Arten von Produkten in einer unmittelbar geltenden Durchführungsmaßnahme der Europäischen Union oder einer zur Umsetzung einer Durchführungsmaßnahme der Europäischen Union erlassenen nationalen Rechtsvorschrift;**
4. **Händlerin bzw. Händler: eine Einzelhändlerin bzw. ein Einzelhändler oder jede andere Person, die Kleinfeuerungen an Endverbraucherinnen und Endverbraucher verkauft, vermietet, zum Ratenkauf anbietet oder ausstellt;**
5. **harmonisierte Norm: eine technische Spezifikation, die von einem anerkannten Normungsgremium im Auftrag der Europäischen Kommission und nach den in der Richtlinie (EU) 2015/1535 des Europäischen Parlaments und des Rates vom 9. September 2015 über ein Informationsverfahren auf dem Gebiet der technischen Vorschriften und der Vorschriften für die Dienste der Informationsgesellschaft, ABl. L 241 vom 17.09.2015, S. 1, genannten Verfahren zur Festlegung einer europäischen Anforderung ausgearbeitet und verabschiedet wurde, die jedoch nicht rechtsverbindlich ist;**
6. **Herstellerin bzw. Hersteller: eine physische oder juristische Person, die Kleinfeuerungen herstellt und für die Übereinstimmung der Kleinfeuerungen mit diesem Gesetz zum Zweck des Inverkehrbringens**
   a) **unter dem Namen oder der Handelsmarke der Herstellerin bzw. des Herstellers oder**
   b) **für den eigenen Gebrauch**

   verantwortlich ist. Gibt es weder eine Herstellerin bzw. einen Hersteller im Sinne des ersten Satzes noch eine Importeurin bzw. einen Importeur im Sinne von Z 7, so gilt als Herstellerin bzw. Hersteller jede physische oder juristische Person, die Kleinfeuerungen in Verkehr bringt;
7. **Importeurin bzw. Importeur: eine in Österreich, einem anderen Mitgliedstaat der Europäischen Union, einem anderen Vertragsstaat des Europäischen Wirtschaftsraums oder einem anderen gleichgestellten Staat niedergelassene physische oder juristische Person, die im Rahmen ihrer Geschäftstätigkeit ein aus einem Drittstaat stammendes Produkt in Österreich, einem anderen Mitgliedstaat der Europäischen Union, einem anderen Vertragsstaat des Europäischen Wirtschaftsraums oder einem anderen gleichgestellten Staat in Verkehr bringt;**

8. Lebenszyklus: die Gesamtheit der aufeinander folgenden und miteinander verknüpften Existenzphasen einer Kleinfeuerung von der Verarbeitung des Rohmaterials bis zur Entsorgung;
9. Lieferantin bzw. Lieferant: die Herstellerin bzw. der Hersteller oder dessen zugelassene Vertreterin bzw. Vertreter in der Europäischen Union oder die Importeurin bzw. der Importeur, die bzw. der die Kleinfeuerung in der Union in Verkehr bringt. In Ermangelung dessen gilt jede natürliche oder juristische Person als Lieferantin bzw. Lieferant, die Kleinfeuerungen in Verkehr bringt;
10. Materialien: alle Materialien, die während des Lebenszyklus einer Kleinfeuerung verwendet werden;
11. Ökodesign-Anforderung: eine Anforderung an Kleinfeuerungen oder an ihre Gestaltung, die zur Verbesserung ihrer Umweltverträglichkeit bestimmt ist, oder die Anforderung, über Umweltaspekte der Kleinfeuerung Auskunft zu geben; dabei ist zu unterscheiden:
    a) allgemeine Ökodesign-Anforderung: eine Ökodesign-Anforderung, die das gesamte ökologische Profil einer Kleinfeuerung ohne Grenzwerte für einen bestimmten Umweltaspekt betrifft;
    b) spezifische Ökodesign-Anforderung: eine Ökodesign-Anforderung in Form einer messbaren Größe für einen bestimmten Umweltaspekt einer Kleinfeuerung wie etwa den Energieverbrauch im Betrieb bei einer bestimmten Ausgangsleistung;
12. ökologisches Profil: die Beschreibung – gemäß der für die Kleinfeuerung einschlägigen Durchführungsmaßnahme – der einer Kleinfeuerung während ihres Lebenszyklus zurechenbaren, für ihre Umweltauswirkung bedeutsamen Zufuhren und Abgaben (z. B. von Materialien, Emissionen und Abfällen), ausgedrückt in messbaren physikalischen Größen;
13. Produktgestaltung: die Gesamtheit der Prozesse zur Umsetzung rechtlicher und technischer Anforderungen, von Sicherheits-, Funktions- und Markterfordernissen oder sonstiger Anforderungen an eine Kleinfeuerung in deren technische Beschreibung;
14. Umweltaspekt: ein Bestandteil oder eine Funktion – darin enthalten auch eine Eigenschaft – einer Kleinfeuerung; der Bestandteil oder die Funktion kann während des Lebenszyklus der Kleinfeuerung mit der Umwelt in Wechselwirkung treten;
15. Umweltauswirkung: eine einer Kleinfeuerung während ihres Lebenszyklus ganz oder teilweise zurechenbare Veränderung der Umwelt;
16. umweltgerechte Gestaltung („Ökodesign"): die Berücksichtigung von Umwelterfordernissen bei der Produktgestaltung mit dem Ziel, die Umweltverträglichkeit einer Kleinfeuerung während ihres gesamten Lebenszyklus zu verbessern;

17. Umweltverträglichkeit: das in den technischen Unterlagen dokumentierte Ergebnis der Bemühungen der Herstellerin bzw. des Herstellers um die Umweltaspekte einer Kleinfeuerung;

18. Verbesserung der Umweltverträglichkeit: der sich über mehrere Produktgenerationen erstreckende Prozess der Verbesserung der Bemühungen um die Umweltaspekte einer Kleinfeuerung, wenn auch nicht unbedingt aller Umweltaspekte zugleich.

(EB zu LGBl 2016/14)

Die Begriffsbestimmungen stammen großteils aus der Vereinbarung, die diese wiederum aus einschlägigen ÖNORMEN, den harmonisierten Europäischen Normen sowie den Vereinbarungen gemäß Art. 15a B-VG über die Einsparung von Energie und Schutzmaßnahmen betreffend Kleinfeuerungen entnommen hat.
Zur Verwendung der Begriffe „Nennwärmeleistung" und „Brennstoffwärmeleistung" wird darauf hingewiesen, dass für Feuerungsanlagen für den Leistungsbereich der Typenprüfung (bis 400 kW) in Übereinstimmung mit der Richtlinie 92/42/EWG auf die „Nennwärmeleistung" und für den Leistungsbereich, der auch von der Feuerungsanlagen-Verordnung, BGBl. II Nr. 337/1997 i.d.g.F., abgedeckt wird, in Übereinstimmung mit dieser auf die „Brennstoffwärmeleistung" abgestellt wird. Bei Blockheizkraftwerken wird ausschließlich auf die „Brennstoffwärmeleistung" abgestellt.
Nicht als Zentralheizgeräte gelten in diesem Sinn z.B. herkömmliche Kachelöfen zur Wärme-versorgung mehrerer Räume.

(EB zur Nov LGBl 2017/34) (Ökodesign-Novelle 2017)

Die Definition einer Feuerstätte wurde aus dem WFPolG 2015 übernommen.

(EB zu LGBl 2021/37)

Auf Grund des § 14a Abs. 4 war eine Definition für „Energie aus erneuerbaren Quellen" erforderlich. Diese entstammt der Richtlinie 2010/31/EU über die Gesamtenergieeffizienz von Gebäuden.
Zur Definition eines **Wohngebäudes** wurde **§ 119 Abs. 1 BO** f Wien übernommen.

(EB zu LGBl 2022/32)

Da einzelne Begriffsbestimmungen des Art. 3 der RL (EU) 2015/2193 umzusetzen waren, wird der Abs. 1 neu nummeriert. Hinzugekommen bzw. geändert werden die Z 7, 8, 16, 18, 24 und 45.

Abs. 1 Z 35 wird geändert, sodass nunmehr jede aus einer oder mehreren mittelgroßen Feuerungsanlagen gebildete Kombination als eine Anlage gilt, unabhängig vom Datum ihrer Inbetriebnahme, da dies der bundeeinheitlichen Regelung der Aggregaten in § 5 Abs. 1 Feuerungsanlagen-VO 2019 – FAV 2019 entspricht und auch mit der RL (EU) 2015/2193 in Einklang steht.

Die Änderung in Abs. 1 Z 52 ergibt sich aus den bundesgesetzlichen Vorgaben der Gewerbeordnung 1994, BGBl Nr. 194/1994 i.d.F. BGBl. I Nr. 65/2020, wonach ausschließlich öffentlich zugelassene Rauchfangkehrer berechtigt sind, sicherheitsrelevante Tätigkeiten durchzuführen.

2. Abschnitt
Inverkehrbringen von Kleinfeuerungen

Voraussetzungen

§ 3. (1) Kleinfeuerungen dürfen nur in Verkehr gebracht werden, wenn sie die Anforderungen dieses Abschnittes erfüllen.

(2) Zur Kontrolle der Einhaltung der Bestimmungen dieses Abschnittes sind der Behörde auf Verlangen die erforderlichen Unterlagen vorzulegen und Auskünfte zu erteilen. Fremdsprachigen Dokumenten sind autorisierte Übersetzungen in deutscher Sprache anzuschließen.

Emissionsgrenzwerte für das Inverkehrbringen

§ 4. Kleinfeuerungen dürfen unter den Prüfbedingungen des § 6 bei bestimmungsgemäßem Betrieb folgende Emissionsgrenzwerte nicht überschreiten:

1. Kleinfeuerungen für feste Brennstoffe mit händischer Beschickung:

Parameter	Emissionsgrenzwerte (mg/MJ)					
	Holzbrennstoffe		sonstige standardisierte biogene Brennstoffe		fossile Brennstoffe	
	Raumheizgeräte	Zentralheizgeräte	unter 50 kW Nennwärmeleistung	ab 50 kW Nennwärmeleistung	unter 50 kW Nennwärmeleistung	ab 50 kW Nennwärmeleistung
CO	1100	500	1100	500	1100	500
NO_x	150	100	300	300	100	100
OGC	50	30	50	30	80	30
Staub	35	30	35	35	35	35

2. Kleinfeuerungen für feste Brennstoffe mit automatischer Beschickung:

Parameter	Emissionsgrenzwerte (mg/MJ)			
	Holzpellets Raumheizgeräte	Holzpellets Zentralheizgeräte	sonstige Holzbrennstoffe	sonstige standardisierte biogene Brennstoffe
CO	500*	250*	250*	500*
NO_x	100	100	100	300
OGC	30	20	30	20
Staub	25	20	30	35

* Bei Teillastbetrieb mit 30 % der Nennwärmeleistung kann der Grenzwert um 50 % überschritten werden.

3. **Kleinfeuerungen für flüssige Brennstoffe:**

Parameter	Emissionsgrenzwerte (mg/MJ)	
	standardisierte biogene Brennstoffe	fossile Brennstoffe
CO	20	20
NO_x	120	35
OGC	6	6
Rußzahl	1	1

4. **Kleinfeuerungen für gasförmige Brennstoffe:**

Parameter	Emissionsgrenzwerte (mg/MJ)			
	Erdgas		Flüssiggas	
	atmosphärischer Brenner	Gebläsebrenner	Atmosphärischer Brenner	Gebläsebrenner
CO	20	20	35	20
NO_x	30*	30	40*	40

* Der NO_x-Grenzwert darf für Durchlauferhitzer, Vorratswasserheizer und Raumheizgeräte mit atmosphärischem Brenner um höchstens 100 % überschritten werden.

Wirkungsgradanforderungen für das Inverkehrbringen

§ 5. Kleinfeuerungen dürfen unter den Prüfbedingungen des § 6 bei bestimmungsgemäßem Betrieb sowohl mit Nennlast als auch unter Teillast folgende Wirkungsgrade nicht unterschreiten:

1. **Raumheizgeräte für feste Brennstoffe:**

	Mindestwirkungsgrad in %
Herde für fossile Brennstoffe	73
Herde für standardisierte biogene Brennstoffe	72
sonstige Raumheizgeräte für fossile oder standardisierte biogene Brennstoffe	80

2. **Raumheizgeräte für flüssige und gasförmige Brennstoffe:**

	Mindestwirkungsgrad in %
a) Herde	73
b) sonstige Raumheizgeräte je nach Höhe der Nennwärmeleistung:	
bis 4 kW	78
über 4 bis 10 kW	81
über 10 kW	84

3. Warmwasserbereiter:

	Mindestwirkungsgrad in %
Warmwasserbereiter für feste Brennstoffe	75
Warmwasserbereiter für flüssige und gasförmige Brennstoffe:	
a) Durchlauferhitzer je nach Höhe der Nennwärmeleistung	
bis 12 kW	83
über 12 kW	$(78,7 + 4 \log P_n)$
b) Vorratswasserheizer	82

4. Zentralheizgeräte für feste fossile und standardisierte biogene Brennstoffe je nach Höhe der Nennwärmeleistung:

	Mindestwirkungsgrad in %
a) mit händischer Beschickung	
bis 10 kW	79
über 10 bis 200 kW	$(71,3 + 7,7 \log P_n)$
über 200 kW	89
b) mit automatischer Beschickung	
bis 10 kW	80
über 10 bis 200 kW	$(72,3 + 7,7 \log P_n)$
über 200 kW	90

5. Zentralheizgeräte, Niedertemperatur-Zentralheizgeräte und Brennwertgeräte für flüssige und gasförmige Brennstoffe:

	durchschnittliche Wassertemperatur in Grad Celsius	Mindestwirkungsgrad in %
	bei Nennlast	
Zentralheizgeräte	70	$> (84+2 \log P_n)$
Niedertemperatur Zentralheizgeräte*	70	$> (87,5+1,5 \log P_n)$
Brennwertgeräte	70	$> (91+1 \log P_n)$
	bei Teillast von 30 % P_n	
Zentralheizgeräte	> 50	$> (80+3 \log P_n)$
Niedertemperatur Zentralheizgeräte*	40	$> (87,5+1,5 \log P_n)$
Brennwertgeräte	30**	$> (97+1 \log P_n)$

P_n Nennwärmeleistung in Kilowatt

* Einschließlich Brennwertgeräte für flüssige Brennstoffe

** Kessel-Eintrittstemperatur (Rücklauftemperatur)

Prüfbedingungen

§ 6. (1) Die Prüfung des Emissionsverhaltens und der Wirkungsgrade von Kleinfeuerungen hat hinsichtlich der Prüfverfahren und -bedingungen nach den Regeln der Technik zu erfolgen. Dabei ist vorrangig auf die entsprechenden ÖNORMEN oder auf andere gleichwertige technische Richtlinien einer Vertragspartei des Abkommens über den Europäischen Wirtschaftsraum Bedacht zu nehmen.

(2) Das Einhalten der Emissionsgrenzwerte für feste und flüssige Brennstoffe muss bei Nennlast und bei kleinster vom Hersteller angegebener Teillast des Wärmeleistungsbereiches nachgewiesen werden. Bei handbeschickten Kleinfeuerungen mit einer Nennwärmeleistung unter 8 kW ist der Nachweis nur bei Nennlast zu erbringen.

(3) Zusätzlich zu Abs. 2 gilt für Kleinfeuerungen mit festen Brennstoffen:

1. Der Nachweis bei kleinster vom Hersteller angegebener Teillast ist bei händisch beschickten Kleinfeuerungen bei höchstens 50 % der Nennwärmeleistung, bei automatisch beschickten Kleinfeuerungen bei höchstens 30 % der Nennwärmeleistung und bei Raum- und Zentralheizgeräten für Holzpellets mit einer Nennwärmeleistung unter 8 kW bei einer Wärmeleistung von 2,5 kW zu erbringen.
2. Bei händisch beschickten Kleinfeuerungen:
   a) Die Emissionen sind bei Nennlast durch Beobachtung von zwei aufeinander folgenden Abbrandperioden zu beurteilen. Dabei sind die Emissionsgrenzwerte für CO, OGC und NO_x als arithmetische Mittelwerte, bei ungleichförmigem Verbrennungsverlauf als energetisch gewichtete Mittelwerte, über die Versuchszeit anzugeben. Der Emissionswert für Staub ist der aus jeweils drei Halbstundenmittelwerten einer Abbrandperiode gebildete arithmetische Mittelwert. Dauert die Abbrandperiode weniger als 1,5 Stunden, genügen jeweils zwei Halbstundenmittelwerte. Keiner der gebildeten Emissionswerte darf die Emissionsgrenzwerte gemäß § 4 überschreiten. Messbeginn ist spätestens fünf Minuten nach Aufgabe des Brennstoffes auf den Glutstock.
   b) Für die Beurteilung der Emissionen bei kleinster Teillast des Wärmeleistungsbereiches genügt die Beobachtung einer Abbrandperiode. Dabei ist lediglich der Nachweis des Einhaltens der Emissionsgrenzwerte für CO und OGC zu erbringen. Das Erreichen des Teillastbetriebs muss durch eine vorhandene selbsttätige Regelung erfolgen. Falls der Nachweis bei der kleinsten vom Hersteller angegebenen Teillast nicht erbracht werden kann, ist sowohl auf dem Typenschild als auch in der technischen Dokumentation der Einbau eines entsprechenden Pufferspeichers vorzuschreiben.

3. Bei automatisch beschickten Kleinfeuerungen: Die Emissionsgrenzwerte für CO, NO_x und OGC sind als arithmetische Mittelwerte der Emission während der gesamten Versuchszeit (zumindest drei Stunden) anzugeben. Der Emissionswert für Staub ist der aus zumindest drei Halbstundenmittelwerten der Versuchszeit gebildete arithmetische Mittelwert. Bei kleinster Teillast des Wärmeleistungsbereichtes ist lediglich der Nachweis des Einhaltens der Emissionsgrenzwerte für CO und OGC zu erbringen. Das Erreichen des Teillastbetriebs muss durch eine vorhandene selbsttätige Regelung erfolgen. Für Zentralheizgeräte unter 10 kW Nennwärmeleistung in Kombination mit einem Pufferspeicher ist der Nachweis der Einhaltung der Emissionsgrenzwerte und der Wirkungsgrade bei Nennlast zu erbringen. Dies ist auf dem Typenschild und in der technischen Dokumentation durch den Hersteller anzugeben.

(4) Bei Heizölen ist der Stickstoffgehalt anzugeben und beziehen sich die Emissionsgrenzwerte für NO_x auf einen Stickstoffgehalt von 140 mg/kg an organisch gebundenem Stickstoff im Heizöl. Bei höheren bzw. niedrigeren Stickstoffgehalten des Brennstoffes ist der Grenzwert für NO_x wie folgt zu ermitteln: Bei Stickstoffgehalten des Brennstoffes, die den oben angeführten Basiswert von 140 mg/kg überschreiten, ist der Grenzwert für NO_x pro zusätzlichem 1 mg Stickstoff pro kg Brennstoff um 0,06 mg/MJ höher anzusetzen, jedoch höchstens mit 130 mg/MJ. Bei niedrigerem Gehalt an organisch gebundenem Stickstoff im Brennstoff ist der Grenzwert für NO_x pro 1 mg Stickstoff pro kg Brennstoff um 0,06 mg/MJ niedriger anzusetzen.

(5) Kleinfeuerungen, die ausschließlich für den Betrieb mit Flüssiggas konstruiert sind, sind mit dem Prüfgas G31, alle übrigen Kleinfeuerungen, die mit Gas betrieben werden, mit dem Prüfgas G20 zu prüfen.

(EB zu LGBl 2016/14)

Die in den §§ 4 und 5 festgelegten Emissionsgrenzwerte und Wirkungsgradanforderungen sind nach dem Stand der Technik zu prüfen. Die einzelnen Regelungen entstammen der Vereinbarung.

Prüfbericht und Bestätigungen

§ 7. (1) Der Nachweis der Einhaltung der Emissionsgrenzwerte gemäß § 4 und der Wirkungsgradanforderungen gemäß § 5 ist, soweit die Abs. 2 bis 4 nicht anderes bestimmen, durch einen Prüfbericht einer zugelassenen Stelle zu erbringen. Der Prüfbericht hat eine zusammenfassende Beurteilung zu enthalten, ob die Kleinfeuerung die Anforderungen erfüllt. Bei Serienprodukten genügt der Nachweis für ein Erzeugnis dieser Serie.

(2) Für Zentralheizgeräte, Niedertemperatur-Zentralheizgeräte und Brennwertgeräte mit flüssigen und gasförmigen Brennstoffen und einer Nenn-

wärmeleistung von 4 bis 400 kW ist der Nachweis der Einhaltung der Wirkungsgrade durch einen Konformitätsnachweis (§ 9) und das CE-Kennzeichen (§ 11c) zu erbringen.

(3) Für ortsfest gesetzte Öfen und Herde gilt der Nachweis der Einhaltung der Emissionsgrenzwerte und der Wirkungsgradanforderungen als erbracht, wenn derjenige, der die Kleinfeuerung in Verkehr bringt, in der technischen Dokumentation bestätigt, dass die dafür maßgeblichen Abmessungen und Ausführungen mit einem Ofen oder Herd übereinstimmen, für den bereits ein positiver Prüfbericht vorliegt.

(4) Für ortsfest gesetzte Öfen und Herde, für die keine Bestätigung gemäß Abs. 3 erfolgen kann, gilt der Nachweis als erbracht, wenn derjenige, der die Feuerungsanlage in Verkehr bringt, unter Zugrundelegung der Ofenberechnung und des Bauplans des Ofens oder Herdes in der technischen Dokumentation bestätigt, dass der ortsfest gesetzte Ofen oder Herd einer für die Planung und den Bau solcher Öfen oder Herde als geeignet anerkannten Richtlinien entspricht. Eine solche Richtlinie gilt als geeignet anerkannt, wenn durch eine zugelassene Stelle durchgeführte diesbezügliche Untersuchungen ergeben haben, dass entsprechend dieser Richtlinie geplante und gesetzte Öfen oder Herde die Anforderungen erfüllen.

Anerkennung von Prüfberichten und Zulassungen

§ 8. Prüfberichte von zugelassenen Stellen eines Mitgliedstaates der Europäischen Union oder einer Vertragspartei des Europäischen Wirtschaftsraumes oder auf Grund bundesrechtlicher Bestimmungen oder landesrechtlicher Bestimmungen eines anderen Bundeslandes sind Prüfberichten nach diesem Gesetz gleichzuhalten, wenn sie von zugelassenen Stellen stammen, auf Grund gleichwertiger Prüfverfahren erstellt wurden und bestätigen, dass die Emissionsgrenzwerte und die Wirkungsgradanforderungen eingehalten werden.

Konformitätsnachweisverfahren

§ 9. (1) Der Nachweis der Einhaltung der Wirkungsgrade für Zentralheizgeräte, Niedertemperatur-Zentralheizgeräte und Brennwertgeräte mit flüssigen und gasförmigen Brennstoffen und einer Nennwärmeleistung von 4 bis 400 kW ist zu erbringen durch:

1. Baumusterprüfung und
2. Konformitätserklärung.

(2) Die Baumusterprüfung ist der Teil des Konformitätsnachweisverfahrens, in dem eine benannte Stelle prüft, feststellt und bescheinigt, dass das Baumuster, das für die Produktion repräsentativ ist, den Wirkungsgradanforderungen entspricht.

(3) Der Antrag auf Baumusterprüfung ist von der Herstellerin oder dem Hersteller bei einer benannten Stelle einzubringen. Von der Herstellerin bzw. dem Hersteller sind die zur Durchführung der Baumusterprüfung und zur Erstellung der Prüfbescheinigung notwendigen Unterlagen, repräsentativen Muster, Beschreibungen und Erläuterungen zur Verfügung zu stellen. Jedenfalls sind zu übermitteln:

1. der Name und die Anschrift der Herstellerin oder des Herstellers;
2. die schriftliche Erklärung, dass für das gleiche Baumuster bei einer anderen benannten Stelle noch keine Prüfung durchgeführt worden ist oder durchgeführt wird;
3. die Entwürfe, Fertigungszeichnungen und -pläne von Bauteilen, Schaltkreisen und dergleichen;
4. eine Aufzählung der angewandten harmonisierten Normen bzw. eine Darstellung der zur Erreichung der Anforderungen sonst gewählten Lösungen;
5. die Ergebnisse der Konstruktionsberechnungen, Prüfungen und dergleichen;
6. die Prüfberichte.

(4) Die benannte Stelle hat die Baumusterprüfung nach dem Anhang III der Richtlinie 92/42/EWG durchzuführen. Entspricht das Baumuster den Anforderungen des § 5 Z 5, ist eine Prüfbescheinigung auszustellen, die der Herstellerin bzw. dem Hersteller zuzustellen ist. Diese Prüfbescheinigung hat die Ergebnisse der Prüfung, die an die Prüfbescheinigung geknüpften Bedingungen und die für die Identifizierung des genehmigten Baumusters erforderlichen Angaben zu enthalten. Einschlägige technische Unterlagen sowie Zeichnungen und Pläne sind anzuschließen. Die benannte Stelle hat eine Abschrift der Prüfbescheinigung den anderen benannten Stellen zu übermitteln. Auf begründete Aufforderung sind auch Kopien der Anhänge und der Berichte zu übermitteln.

(5) Die Herstellerin bzw. der Hersteller hat die benannte Stelle über alle für die Übereinstimmung mit den Anforderungen des § 5 Z 5 relevanten Änderungen, die an der Feuerungsanlage vorgenommen werden sollen, zu unterrichten. Soweit die Änderung die Übereinstimmung mit den Anforderungen des § 5 Z 5 beeinflussen kann, ist eine neue Baumusterprüfung durchzuführen.

(6) Die Konformitätserklärung ist der Teil des Konformitätsnachweisverfahrens, in dem die Herstellerin oder der Hersteller schriftlich erklärt, dass eine Prüfbescheinigung ausgestellt wurde und durch die Anwendung des gemäß Anhang IV der Richtlinie 92/42/EWG in den Modulen C (Konformität mit der Bauart), D (Qualitätssicherung Produktion) oder E (Qualitätssicherung Produkt) vorgesehenen Verfahren oder Maßnahmen

sichergestellt ist, dass die Feuerungsanlage mit dem geprüften Baumuster übereinstimmt.

(7) Bei Feuerungsanlagen für gasförmige Brennstoffe entspricht das Verfahren zur Bewertung der Konformität nach den Abs. 2 bis 6 dem Verfahren zur Bewertung der Konformität mit den Sicherheitsanforderungen nach der Richtlinie 2009/142/EG.

Technische Dokumentation

§ 10. (1) Der Kleinfeuerung muss eine schriftliche deutschsprachige technische Dokumentation beigefügt sein, die zu enthalten hat:

1. Angaben über den bestimmungsgemäßen Betrieb der Kleinfeuerung oder des wesentlichen Bauteils (Betriebs- und Wartungsanleitung);
2. den Namen und die Anschrift der zugelassenen Stelle, die den Prüfbericht erstellt hat, Nummer und Datum des Prüfberichts oder bei ortsfest gesetzten Öfen eine Bestätigung im Sinne des § 7 Abs. 3 oder 4;
3. den Namen und die Anschrift der benannten Stelle, Nummer und Datum des Konformitätsnachweises der Herstellerin bzw. des Herstellers bei Kleinfeuerungen gemäß § 7 Abs. 2;
4. die Emissionswerte laut Prüfbericht;
5. die Wirkungsgrade laut Prüfbericht oder Konformitätsnachweis;
6. bei händisch beschickten Kleinfeuerungen und bei automatisch beschickten Kleinfeuerungen unter 50 kW Nennwärmeleistung, wenn dies zur Einhaltung der Emissionsgrenzwerte gemäß § 4 erforderlich ist, den Hinweis, dass die Feuerungsanlage nur mit einem Pufferspeicher betrieben werden darf.

(2) Wesentliche Bauteile von Kleinfeuerungen müssen bei ihrem Inverkehrbringen in der technischen Dokumentation genaue Angaben enthalten, aus denen hervorgeht, unter welchen Voraussetzungen sie mit anderen Bauteilen kombiniert werden können, ohne dass die Emissionsgrenzwerte des § 4 überschritten oder die Wirkungsgradanforderungen des § 5 beeinträchtigt werden.

(3) Die technische Dokumentation ist für die Dauer des Betriebs der Heizungsanlage aufzubewahren.

Typenschild

§ 11. (1) Das Typenschild ist sichtbar, gut lesbar und dauerhaft auf dem Kessel, Brenner oder einem sonstigen wesentlichen Bauteil anzubringen und hat, soweit sich diese Angaben nicht bereits auf dem Etikett nach § 11a Abs. 1 Z 2 befinden, folgende Angaben zu enthalten:

1. den Namen und Firmensitz der Herstellerin oder des Herstellers;

2. die Type und Handelsbezeichnung, unter der die Feuerungsanlage oder der wesentliche Bauteil vertrieben wird;
3. die Herstellnummer und das Baujahr;
4. die Nennwärmeleistung und den Wärmeleistungsbereich;
5. die Brennstoffwärmeleistung der Feuerungsanlage oder des wesentlichen Bauteils bei Nennlast;
6. die zulässigen Brennstoffe;
7. den zulässigen Betriebsdruck (des Wärmeträgers) in bar;
8. die höchstzulässige Betriebstemperatur (des Wärmeträgers) in °Celsius;
9. den Elektroanschluss (V, Hz, A) und die Leistungsaufnahme (W);
10. bei händisch beschickten Feuerungsanlagen und bei automatisch beschickten Kleinfeuerungen unter 50 kW Nennwärmeleistung, wenn dies zur Einhaltbarkeit der Emissionsgrenzwerte gemäß § 4 erforderlich ist, den Hinweis, dass die Feuerungsanlage nur mit einem Pufferspeicher betrieben werden darf.

(2) Bei ortsfest gesetzten Öfen hat das Typenschild lediglich die Angaben nach Abs. 1 Z 1 bis 4 und 6 zu enthalten.

(3) *entfällt (LGBl 2017/34)*

(4) *entfällt (LGBl 2017/34)*

(5) *entfällt (LGBl 2017/34)*

3. Abschnitt
Anforderungen an Kleinfeuerungen nach den Richtlinien 2009/125/EG und 2010/30/EU

Inverkehrbringen, Inbetriebnahme

§ 11a. (1) Kleinfeuerungen dürfen nur in Verkehr gebracht oder in Betrieb genommen werden, wenn

1. sie den Durchführungsmaßnahmen (§ 11b) entsprechen, für sie eine EG-Konformitätserklärung (§ 11c) ausgestellt wurde und sie die CE-Kennzeichnung (§ 11c) tragen,
2. sie Etiketten nach den Bestimmungen der Richtlinie 2010/30/EU und der von der Europäischen Kommission im Sinne der Richtlinie 2010/30/EU erlassenen delegierten Rechtsakte tragen und ihnen Datenblätter nach den Bestimmungen der Richtlinie 2010/30/EU (§ 11f) beigegeben worden sind, und
3. ihnen eine schriftliche Dokumentation nach den Bestimmungen der Richtlinie 2010/30/EU und der delegierten Rechtsakte beigegeben worden ist.

(2) Ist die Herstellerin bzw. der Hersteller nicht in der Gemeinschaft niedergelassen und gibt es keine bevollmächtigte Person, so hat die Importeurin bzw. der Importeur die Pflicht

1. sicherzustellen, dass die in Verkehr gebrachte Kleinfeuerung den Bestimmungen des Abs. 1 entspricht, sowie
2. die EG-Konformitätserklärung und die technische Dokumentation bereitzuhalten.

Durchführungsmaßnahmen

§ 11b. Durchführungsmaßnahmen zur Richtlinie 2009/125/EG sind von der Europäischen Kommission im Sinne des Art. 15 dieser Richtlinie erlassene ergänzende Rechtsvorschriften zu diesem Gesetz. Diese sind zusammen mit diesem Gesetz anzuwenden.

CE-Kennzeichnung, EG-Konformitätserklärung

§ 11c. (1) Vor dem Inverkehrbringen einer Kleinfeuerung ist diese mit der CE-Kennzeichnung zu versehen und eine EG-Konformitätserklärung für die Kleinfeuerung auszustellen, mit der die Herstellerin bzw. der Hersteller oder ihre bzw. seine bevollmächtigte Person zusichert, dass die Kleinfeuerung allen einschlägigen Bestimmungen der jeweils geltenden Durchführungsmaßnahme nach § 11b entspricht.

(2) Die CE-Kennzeichnung besteht aus den Buchstaben „CE" gemäß dem Muster in Anlage 5.

(3) Die EG-Konformitätserklärung muss auf die einschlägige Durchführungsmaßnahme nach § 11b verweisen und folgende Angaben enthalten:

1. Name und Anschrift der Herstellerin bzw. des Herstellers oder ihrer bzw. seiner bevollmächtigten Person;
2. eine für die eindeutige Bestimmung der Kleinfeuerung hinreichend ausführliche Beschreibung;
3. gegebenenfalls die Fundstellen der angewandten harmonisierten Normen;
4. gegebenenfalls die sonstigen angewandten technischen Normen und Spezifikationen;
5. gegebenenfalls die Erklärung der Übereinstimmung mit anderen einschlägigen Rechtsvorschriften der EU, die die CE-Kennzeichnung vorsehen;
6. Name und Unterschrift der für die Herstellerin bzw. den Hersteller oder ihre bzw. seine bevollmächtigte Person zeichnungsberechtigten Person.

(4) An einer Kleinfeuerung darf keine Kennzeichnung angebracht werden, die die Betreiberin bzw. den Betreiber über die Bedeutung oder die Gestalt der CE-Kennzeichnung täuschen kann.

(5) Die Angaben gemäß Anhang I Teil 2 der Richtlinie 2009/125/EG müssen in deutscher Sprache vorliegen, wenn die Kleinfeuerung der voraussichtlichen Betreiberin bzw. dem voraussichtlichen Betreiber übergeben wird, es

sei denn die Informationen werden durch harmonisierte Symbole, allgemein anerkannte Codes – einschließlich genormter Abkürzungen und Piktogramme – oder auf andere Weise wiedergegeben und auf diese Weise der voraussichtlichen Betreiberin bzw. dem voraussichtlichen Betreiber der Kleinfeuerung alle erforderlichen Informationen übermittelt. Zusätzlich dürfen die Angaben auch in einer oder mehreren der anderen Amtssprachen der Europäischen Union sowie in anderen Sprachen abgefasst werden.

Konformitätsbewertung nach der Richtlinie 2009/125/EG

§ 11d. (1) Vor dem Inverkehrbringen einer Kleinfeuerung, die von einer Durchführungsmaßnahme nach der Richtlinie 2009/125/EG (§ 11b) erfasst ist, muss die Herstellerin bzw. der Hersteller oder ihre bzw. seine bevollmächtigte Person sicherstellen, dass die Konformität der Kleinfeuerung mit allen einschlägigen Anforderungen der jeweils geltenden Durchführungsmaßnahme bewertet wird.

(2) Liegen der Behörde deutliche Anhaltspunkte dafür vor, dass eine Kleinfeuerung den anwendbaren Bestimmungen nicht entspricht, so hat sie eine mit Gründen versehene Bewertung der Nichtübereinstimmung dieses Produkts zu veröffentlichen.

(3) Wurde eine Kleinfeuerung von einer Organisation entworfen,

1. die nach den Bestimmungen der Verordnung (EG) Nr. 1221/2009 des Europäischen Parlaments und des Rates vom 25. November 2009 über die freiwillige Teilnahme von Organisationen an einem Gemeinschaftssystem für Umweltmanagement und Umweltbetriebsprüfung und zur Aufhebung der Verordnung (EG) Nr. 761/2001, sowie der Beschlüsse der Kommission 2001/681/EG und 2006/193/EG, eingetragen ist, und schließt die Eintragung die Entwurfstätigkeit ein, oder
2. die über ein Managementsystem verfügt, das die Entwurfstätigkeit einschließt und wird dieses System nach harmonisierten Normen umgesetzt, deren Fundstellen im Amtsblatt der Europäischen Union veröffentlicht wurden,

so ist davon auszugehen, dass das Managementsystem dieser Organisation die Anforderungen der Anlage 7 erfüllt.

(4) Nach dem Inverkehrbringen einer Kleinfeuerung muss die Herstellerin bzw. der Hersteller oder ihre bzw. seine bevollmächtigte Person die Unterlagen zur Konformitätsbewertung und die abgegebenen Konformitätserklärungen zehn Jahre nach Herstellung des letzten Exemplars dieses Produkts für die Behörde zur Einsicht bereithalten. Die Unterlagen sind innerhalb von zehn Tagen nach Aufforderung durch die Behörde vorzulegen.

(5) Die Unterlagen zur Konformitätsbewertung und die Konformitätserklärung sind in einer Amtssprache der Europäischen Union abzufassen.

Konformitätsvermutung nach der Richtlinie 2009/125/EG

§ 11e. (1) Die Behörde hat davon auszugehen, dass eine Kleinfeuerung, die mit der in § 11c genannten CE-Kennzeichnung versehen ist, diesem Gesetz und den Durchführungsmaßnahmen nach § 11b entspricht.

(2) Wurde eine Kleinfeuerung nach harmonisierten Normen hergestellt, deren Fundstellen im Amtsblatt der Europäischen Union veröffentlicht wurden, so ist davon auszugehen, dass sie allen einschlägigen Anforderungen der geltenden Durchführungsmaßnahmen entspricht, auf die sich diese Normen beziehen.

(3) Wurde für eine Kleinfeuerung das gemeinschaftliche Umweltzeichen nach der Verordnung (EG) Nr. 66/2010 des Europäischen Parlaments und des Rates vom 25. November 2009 über das EU-Umweltzeichen, ABl. Nr. L 27 vom 30.01.2010 S. 1, vergeben, so ist davon auszugehen, dass sie die Ökodesign-Anforderungen dieses Gesetzes und der Durchführungsmaßnahmen nach § 11b erfüllt, sofern das Umweltzeichen die genannten Ökodesign-Anforderungen erfüllt.

(4) Sofern von der Europäischen Kommission nach dem in Art. 19 Abs. 2 der Richtlinie 2009/125/EG genannten Regelungsverfahren entschieden wurde, dass auch andere Umweltzeichen gleichwertige Bedingungen wie das gemeinschaftliche Umweltzeichen im Sinne der Verordnung (EG) Nr. 66/2010 über das EU-Umweltzeichen erfüllen, so ist bei Kleinfeuerungen, denen solche anderen Umweltzeichen zuerkannt wurden, davon auszugehen, dass sie die Ökodesign-Anforderungen dieses Gesetzes und der Durchführungsmaßnahmen nach § 11b erfüllen, sofern das betreffende Umweltzeichen die genannten Ökodesign-Anforderungen erfüllt.

Verpflichtungen nach der Richtlinie 2010/30/EU

§ 11f. (1) Kleinfeuerungen, die unter einen delegierten Rechtsakt nach der Richtlinie 2010/30/EU fallen, muss eine schriftliche deutschsprachige technische Dokumentation beigefügt sein, die zu enthalten hat:

1. eine allgemeine Beschreibung der Kleinfeuerung;
2. gegebenenfalls die Ergebnisse der ausgeführten Konstruktionsberechnungen;
3. Testberichte, soweit verfügbar, einschließlich der Prüfberichte einschlägiger gemeldeter Stellen, die in anderen Rechtsvorschriften der Europäischen Union festgelegt sind;
4. falls bestimmte Werte für ähnliche Modelle verwendet worden sind: Bezugsangaben, die eine Identifizierung dieser Modelle ermöglichen.

(2) Lieferantinnen bzw. Lieferanten haben die technische Dokumentation im Sinne des Abs. 1 über eine Zeitspanne von fünf Jahren nach der Her-

stellung der letzten Kleinfeuerung für eine Überprüfung zur Einsicht bereit zu halten. Lieferantinnen bzw. Lieferanten haben den Marktaufsichtsbehörden der Mitgliedstaaten und der Europäischen Kommission auf Anforderung innerhalb von zehn Arbeitstagen nach Eingang eines Antrags der zuständigen Behörde eines Mitgliedstaates oder der Europäischen Kommission eine elektronische Fassung der technischen Dokumentation zur Verfügung zu stellen.

(3) Für Kleinfeuerungen, die unter einen delegierten Rechtsakt nach der Richtlinie 2010/30/EU fallen, haben Lieferantinnen bzw. Lieferanten

1. den Händlern die erforderlichen Etiketten und Datenblätter für die Kleinfeuerung kostenlos zur Verfügung zu stellen;
2. ein Datenblatt für die Kleinfeuerung in alle Produktbroschüren aufzunehmen;
3. falls die Lieferantin bzw. der Lieferant keine Produktbroschüren ausgibt, das Datenblatt zusammen mit anderen Unterlagen, die mit der Kleinfeuerung mitgeliefert werden, zur Verfügung zu stellen.

(4) Die Lieferantinnen bzw. Lieferanten sind für die Richtigkeit der Angaben auf den mitgelieferten Etiketten und Datenblättern verantwortlich. Die Zustimmung der Lieferantin bzw. des Lieferanten zur Veröffentlichung der auf dem Etikett und dem Datenblatt enthaltenen Angaben gilt als erteilt.

(5) Händlerinnen bzw. Händler haben

1. die Etiketten in lesbarer und sichtbarer Form ordnungsgemäß auszustellen und das Datenblatt in der Produktbroschüre oder in anderen die Kleinfeuerung beim Verkauf an Endverbraucher begleitenden Unterlagen zur Verfügung zu stellen;
2. bei der Ausstellung einer von einem delegierten Rechtsakt nach der Richtlinie 2010/30/EU erfassten Kleinfeuerung ein geeignetes Etikett an der vorgeschriebenen Stelle in deutscher Sprache deutlich sichtbar anzubringen.

(6) Die Betreiberin bzw. der Betreiber einer Kleinfeuerung hat das Datenblatt aufzubewahren und auf Verlangen der Behörde oder der Überwachungsstelle vorzulegen.

(7) Es ist verboten, auf Kleinfeuerungen Etiketten, Marken, Symbole oder Beschriftungen anzubringen, die den delegierten Rechtsakten nach der Richtlinie 2010/30/EU nicht entsprechen, wenn dies bei der Betreiberin bzw. beim Betreiber zur Irreführung oder Unklarheit hinsichtlich des Verbrauchs an Energie oder gegebenenfalls anderen wichtigen Ressourcen während des Gebrauchs oder hinsichtlich der Bedeutung des Etiketts führen kann.

(8) Bei der Werbung für eine Kleinfeuerung, die von einem von der Europäischen Kommission im Sinne der Richtlinie 2010/30/EU erlassenen delegierten Rechtsakt erfasst ist, bei der Informationen über den Energieverbrauch oder den Preis angegeben werden, ist auf die Energieklasse der Kleinfeuerung hinzuweisen.

(9) Sämtliche technischen Werbeschriften für Kleinfeuerungen, in denen die spezifischen technischen Parameter eines Produkts beschrieben sind, insbesondere in technischen Handbüchern oder in Broschüren der Herstellerinnen und Hersteller, die entweder gedruckt vorliegen oder online verfügbar sind, haben die erforderlichen Informationen über den Energieverbrauch oder einen Hinweis auf die Energieklasse der Kleinfeuerung zu enthalten.

Freier Warenverkehr

§ 11g. (1) Bei Messen, Ausstellungen, Vorführungen und dergleichen ist es zulässig, Kleinfeuerungen zu zeigen, die den Bestimmungen dieses Gesetzes und der jeweils geltenden Durchführungsmaßnahmen nach § 11b nicht entsprechen, sofern deutlich sichtbar darauf hingewiesen wird, dass sie erst in Verkehr gebracht werden dürfen, wenn die Übereinstimmung der Kleinfeuerung mit diesem Gesetz und der jeweils geltenden Durchführungsmaßnahme nach § 11b hergestellt ist.

(2) Bis zum Beweis des Gegenteils ist davon auszugehen, dass Etiketten und Datenblätter mit den Bestimmungen dieses Gesetzes und der Durchführungsmaßnahmen nach § 11b übereinstimmen. Die Behörde hat von den Lieferanten den Nachweis für die Richtigkeit der auf den Etiketten oder den Datenblättern enthaltenen Angaben zu verlangen, wenn sie Grund zu der Annahme hat, dass diese Angaben unrichtig sind.

Marktaufsicht

§ 11h. (1) Die Behörde ist befugt,

1. in angemessenem Umfang geeignete Kontrollen der Übereinstimmung der Kleinfeuerungen mit den Bestimmungen dieses Gesetzes und der Durchführungsmaßnahmen nach § 11b zu veranlassen und die Herstellerin bzw. den Hersteller oder die bevollmächtigte Person zu verpflichten, diesen Bestimmungen nicht entsprechende Kleinfeuerungen gemäß § 11i vom Markt zu nehmen,
2. von den Betroffenen sämtliche notwendigen Informationen anzufordern, die in diesem Gesetz oder den Durchführungsmaßnahmen nach § 11b angegeben sind,

3. Proben von Kleinfeuerungen zu nehmen und diese einer Prüfung ihrer Übereinstimmung mit den Bestimmungen dieses Gesetzes und der Durchführungsmaßnahmen nach § 11b zu unterziehen.

(2) Die Behörde leitet der Europäischen Kommission laufend Informationen über die Ergebnisse der Marktaufsicht für Kleinfeuerungen zu, die, soweit zweckmäßig, von der Europäischen Kommission an die übrigen Mitgliedstaaten weitergeleitet werden können.

Schutzklausel

§ 11i. (1) Stellt die Behörde fest, dass eine mit der in § 11c genannten CE-Kennzeichnung versehene Kleinfeuerung bei bestimmungsgemäßer Verwendung nicht alle einschlägigen Bestimmungen der jeweils geltenden Durchführungsmaßnahme erfüllt, so ist die Herstellerin bzw. der Hersteller oder ihre bzw. seine bevollmächtigte Person verpflichtet, die Kleinfeuerung in Übereinstimmung mit den Bestimmungen dieses Gesetzes und der jeweils geltenden Durchführungsmaßnahmen nach § 11b zu bringen und den rechtswidrigen Zustand nach den Anweisungen der Behörde abzustellen.

(2) Liegen ausreichende Hinweise dafür vor, dass eine Kleinfeuerung nicht den anwendbaren Bestimmungen entsprechen könnte, so hat die Behörde die erforderlichen Maßnahmen zu treffen, die je nach Schwere des Verstoßes bis zum Verbot des Inverkehrbringens der Kleinfeuerung, solange sie den Bestimmungen nicht entspricht, reichen können.

(3) Besteht die Nichtübereinstimmung weiter, so hat die Behörde eine Entscheidung zu treffen, mit der das Inverkehrbringen der Kleinfeuerung eingeschränkt oder untersagt wird, oder sie hat dafür zu sorgen, dass sie vom Markt genommen wird.

(4) Wird eine Kleinfeuerung verboten oder vom Markt genommen, so sind die Europäische Kommission und die anderen Mitgliedstaaten im Wege der Bundesministerin bzw. des Bundesministers für Wissenschaft, Forschung und Wirtschaft unverzüglich unter Nennung der Gründe davon zu unterrichten. In begründeten Fällen sind geeignete Maßnahmen zur Wahrung der Vertraulichkeit der übermittelten Informationen zu treffen.

(5) Jede nach diesem Gesetz erlassene Entscheidung, mit der das Inverkehrbringen einer Kleinfeuerung untersagt oder eingeschränkt wird oder mit der eine Kleinfeuerung vom Markt genommen wird, hat mittels Bescheid zu erfolgen.

4. Abschnitt
Errichtung und Ausstattung von Feuerungsanlagen und Blockheizkraftwerken

Errichtung und Ausstattung

§ 12. (1) Für die Errichtung und den Einbau von Feuerungsanlagen und Blockheizkraftwerken gilt Folgendes:

1. Bei Neuanlagen: Kleinfeuerungsanlagen dürfen nur errichtet oder eingebaut werden, wenn sie die Voraussetzungen des 2. Abschnitts erfüllen; wesentliche Bauteile dürfen nur kombiniert werden, wenn dafür ein entsprechender Nachweis (Typenprüfung) vorliegt.
2. Bei bestehenden Anlagen: Bei einem Austausch eines wesentlichen Bauteils von Kleinfeuerungen ist sicherzustellen, dass die jeweils zutreffenden Anforderungen des 5. Abschnitts eingehalten werden können.
3. Die Dimensionierung der Feuerungsanlage hat entsprechend den Regeln der Technik zu erfolgen.
4. Das Erfordernis eines Pufferspeichers ist unter Berücksichtigung des Teillastverhaltens der Anlage zu prüfen.
5. Soweit händisch beschickte Feststofffeuerungen zur Einhaltung der Emissionsgrenzwerte mit einem Pufferspeicher ausgestattet sein müssen (§ 11 Abs. 1 Z 10), hat die Dimensionierung des Pufferspeichers ebenfalls entsprechend den Regeln der Technik zu erfolgen.
6. Für die Anlage, ausgenommen für Raumheizgeräte, ist ein Datenblatt gemäß der Anlage 1 zu erstellen, das auf die Dauer des Bestandes der Anlage bei dieser aufzubewahren ist. Änderungen an der Anlage, die für die Verbrennungsgüte von Bedeutung sind, sind im Datenblatt zu vermerken.

(2) Jede erstmalige Errichtung (Einbau) und jeder Austausch einer Feuerungsanlage, eines Blockheizkraftwerkes oder von wesentlichen Teilen davon ist von der Betreiberin bzw. vom Betreiber der Überwachungsstelle anzuzeigen.

(3) Mittelgroße Feuerungsanlagen sind mit ihrer Inbetriebnahme der Behörde anzuzeigen, wobei die Behörde über den Betrieb oder die Absicht des Betriebs zu unterrichten ist. Die Anzeige hat folgende Angaben zu enthalten:[1)]

1. Feuerungswärmeleistung (MW) der mittelgroßen Feuerungsanlage;
2. Art der mittelgroßen Feuerungsanlage (Dieselmotor, Gasturbine, Zweistoffmotor, sonstiger Motor, sonstige mittelgroße Feuerungsanlage);
3. Art und jeweiliger Anteil der verwendeten Brennstoffe nach den Brennstoffkategorien gemäß § 18a Abs. 2;

4. **Datum der Inbetriebnahme der mittelgroßen Feuerungsanlage oder, wenn das genaue Datum der Inbetriebnahme nicht bekannt ist, Nachweise dafür, dass der Betrieb vor dem 20. Dezember 2018 aufgenommen wurde;[2)]**
5. **Wirtschaftszweig der mittelgroßen Feuerungsanlage oder der Betriebseinrichtung, in der sie eingesetzt wird (NACE-Code);**
6. **voraussichtliche Zahl der jährlichen Betriebsstunden der mittelgroßen Feuerungsanlage und die durchschnittliche Betriebslast;**
7. **wenn von der Befreiungsmöglichkeit gemäß § 18a Abs. 4 Gebrauch gemacht wird: eine von der Betreiberin oder vom Betreiber unterzeichnete Erklärung, der zufolge die mittelgroße Feuerungsanlage nicht mehr als 500 Stunden in Betrieb sein wird;**
8. **Name und Geschäftssitz des Betreibers sowie Standort der Anlage mit Anschrift (bei ortsfesten mittelgroßen Feuerungsanlagen).**

(4) Bereits vor dem 20. Dezember 2018 in Betrieb genommene mittelgroße Feuerungsanlagen sind bis zum 01.01.2024 der Behörde anzuzeigen. Die Anzeige hat die Angaben gemäß Abs. 3 Z 1 bis 8 zu enthalten.

(5) Die Betreiberin bzw. der Betreiber einer mittelgroßen Feuerungsanlage hat der Behörde jede geplante Änderung an bereits bestehenden Anlagen, die sich auf die anzuwendenden Emissionsgrenzwerte auswirken würde, anzuzeigen. Die Daten gemäß Abs. 3 sind von der Betreiberin bzw. vom Betreiber der Feuerungsanlage unter „www.edm.gv.at" aktuell zu halten. Änderungen der Daten sind unverzüglich über das Register zu melden. Wird die Feuerungsanlage nicht mehr betrieben, ist dies innerhalb eines Monats ebenfalls der Behörde zu melden und in das Register einzutragen.

(6) Neue mittelgroße Feuerungsanlagen sind von der Betreiberin bzw. vom Betreiber unter „www.edm.gv.at" zu registrieren. Bereits bestehende mittelgroße Feuerungsanlagen sind von der Betreiberin bzw. vom Betreiber spätestens sechs Monate nach Inkrafttreten dieses Gesetzes zu registrieren. In dieses Register sind die unter Abs. 3 Z 1 bis 8 angeführten Informationen einzutragen. Die im Register enthaltenen Referenztabellen (z.B. für Anlagetypen) sind zu verwenden.

Anmerkungen

1) Abs 3 bis 6 wurden mit Nov LGBl 2019/3 angefügt.

2) Abs 3 Z 4 wurde mit Nov LGBl 2022/32 neu gefasst. Mit der nunmehrigen Formulierung soll die Z 4 des Anhangs I der RL (EU) 2015/2193 zur Gänze umgesetzt werden.

Messöffnungen

§ 13. (1) Wenn die Feuerungsanlage oder das Blockheizkraftwerk keine vom Hersteller vorgesehene Messöffnung aufweist, ist in einem geraden Teil des Verbindungsstückes zwischen Feuerstätte und Nebenlufteinrichtung, bei Blockheizkraftwerken in einem geraden Teil der Abgasführung, in einem Abstand vom zweifachen Rohrdurchmesser vom Heizkessel oder Abgasbogen eine verschließbare Messöffnung mit einem Durchmesser von mindestens 10 mm an einer leicht und gefahrenfrei zugänglichen Stelle einzubauen. Bei Ölfeuerungsanlagen und solchen für feste Brennstoffe muss die Messöffnung zwischen Feuerstätte und Nebenlufteinrichtung liegen. Bei Gasfeuerungsanlagen der Bauart C ist der nachträgliche Einbau von Messöffnungen nicht zulässig. Bei Raumheizgeräten ist eine Messöffnung nur im Fall einer außerordentlichen Überprüfung (§ 24) herzustellen.

(2) Feuerungsanlagen für feste nicht standardisierte Brennstoffe, Feuerungsanlagen für feste Brennstoffe über 400 kW Nennwärmeleistung, Feuerungsanlagen für flüssige Brennstoffe über 2.000 kW Brennstoffwärmeleistung sowie Blockheizkraftwerke für flüssige Kraftstoffe über 250 kW Brennstoffwärmeleistung müssen in einem geraden Teil des Verbindungsstücks an einer leicht und gefahrenfrei zugänglichen Stelle zwei verschließbare Messöffnungen mit einem Durchmesser von jeweils 13 mm und eine solche mit einem Durchmesser von mindestens 65 mm aufweisen. In einem Abstand von mindestens dem vierfachen Innendurchmesser des Verbindungsstücks vor und dem zweifachen nach den Messöffnungen dürfen keine Verengungen, Bögen, Erweiterungen oder sonstige die Strömung beeinflussende Einbauten sein.

(3) Unvermeidbare Abweichungen von den vorgegebenen Messöffnungen, die nur mit einem unverhältnismäßig großen Aufwand behoben werden können, sind im jeweiligen Prüfbericht zu dokumentieren.

Betrieb

§ 14. (1) Feuerungsanlagen und Blockheizkraftwerke sind so zu betreiben, dass nicht mehr als die bei einem ordnungsgemäßen Betrieb zu erwartenden Emissionen auftreten. Anheizphasen von Festbrennstofffeuerungsanlagen sind möglichst kurz zu halten.

(2) Feuerungsanlagen und Blockheizkraftwerke sind unbeschadet anderer gesetzlicher Bestimmungen entsprechend der Betriebsanleitung zu reinigen und zu warten, um einen möglichst emissionsarmen Betrieb der Anlage zu gewährleisten.

4a. Abschnitt

Energieeffizienzanforderungen nach der Richtlinie (EU) 2018/844 hinsichtlich Heizungsanlagen

Einbau von selbstregulierenden Einrichtungen

§ 14a. (1) Neu errichtete Gebäude sind, sofern technisch und wirtschaftlich realisierbar, von der Gebäudeeigentümerin bzw. dem Gebäudeeigentümer mit selbstregulierenden Einrichtungen zur separaten Regelung der Temperatur in jedem Raum oder, wenn damit die gleiche Verbesserung der Energieeffizienz erreicht wird, in einem bestimmten beheizten Bereich des Gebäudeteils auszustatten.

(2) In bestehenden Gebäuden sind solche selbstregulierenden Einrichtungen bei einem Austausch des Wärmeerzeugers, sofern technisch und wirtschaftlich realisierbar, von der Gebäudeeigentümerin bzw. dem Gebäudeeigentümer zu installieren.

(3) Die Installation bzw. die Nicht-Installation wegen mangelnder technischer oder wirtschaftlicher Realisierbarkeit ist der Behörde von der Gebäudeeigentümerin bzw. dem Gebäudeeigentümer vor der Inbetriebnahme des neuen Wärmeerzeugers anzuzeigen. Die mangelnde technische oder wirtschaftliche Realisierbarkeit ist in der Anzeige zu belegen. Sollte dieser Beleg nicht erfolgen bzw. unschlüssige, unvollständige oder nicht tragfähige Angaben über die technische oder wirtschaftliche Realisierbarkeit enthalten, so hat die Behörde die Gebäudeeigentümerin bzw. den Gebäudeeigentümer aufzufordern, binnen einer angemessenen Frist die Anzeige zu verbessern. Erfolgt die Verbesserung innerhalb der gesetzten Frist nicht oder nicht entsprechend, so ist von einer technischen und wirtschaftlichen Realisierbarkeit auszugehen und der Einbau von selbstregulierenden Einrichtungen im Sinne des Abs. 1 bescheidmäßig vorzuschreiben.

(4) Der Einbau bzw. Austausch selbstregulierender Einrichtungen ist dann wirtschaftlich realisierbar, wenn dessen Kosten beim Einsatz von Wärmeerzeugern, die mit Energie aus erneuerbaren Quellen betrieben werden, weniger als 10 % und beim Einsatz von Wärmeerzeugern, die mit flüssiger oder gasförmiger fossiler Energie betrieben werden, weniger als 30 % der Gesamtkosten des ersetzten Wärmeerzeugers betragen.

(EB zu LGBl 2021/37)

Zu Z 7 (4a. Abschnitt)

Mit dem **neuen Abschnitt** für Heizungsanlagen sollen die Energieeffizienzanforderungen nach der RL (EU) 2018/844 hinsichtlich Heizungsanlagen in das WHeizKG 2015 übernommen werden. Da sich diese Anforderungen nicht nur auf Feuerungsanlagen und Blockheizkraftwerke beziehen, wurde ein eigener Abschnitt geschaffen.

Art. 8 Abs. 1 3. Unterabsatz der RL sieht eine Verpflichtung der Mitgliedstaaten vor, vorzuschreiben, dass neue Gebäude, sofern technisch und wirtschaftlich realisierbar, mit selbstregulierenden Einrichtungen zur separaten Regelung der Temperatur in jedem Raum oder, sofern gerechtfertigt, in einem bestimmten beheizten Bereich des Gebäudeteils ausgestattet werden. In bestehenden Gebäuden ist die Installation solcher selbstregulierender Einrichtungen bei einem Austausch des Wärmeerzeugers vorgeschrieben, sofern dies technisch und wirtschaftlich realisierbar ist.

Mit § **14a** soll diese Bestimmung umgesetzt werden.

Unter einem **Austausch des Wärmeerzeugers** wird jeder Austausch verstanden. Damit muss nicht zwingend ein Technologiewechsel verbunden sein.

Ob in jedem Raum die Regelung der Temperatur möglich sein muss oder ob es ausreicht, dass die Regelung der Temperatur in einem bestimmten Bereich des Gebäudeteils erfolgen kann, hängt davon ab, ob insgesamt ebenfalls Verbesserungen der Energieeffizienz erreicht werden, die denen der Temperaturregelung in jedem Raum gleichkommen.

Die OIB-RL 6 sieht eine Referenzausstattung für Radiatorenheizungen (Raumthermostat-Zonenregelung mir Zeitsteuerung) und für Flächenheizungen (Einzelraumregelung mit elektronischem Regelgerät mit Optimierungsfunktion) vor. Von dieser Referenzausstattung kann aber abgewichen werden, wenn mit anderen Maßnahmen das gleiche Ergebnis zur Verbesserung der Energieeffizienz erreicht wird.

In § 14a **Abs. 3** wird festgehalten, dass der Behörde die Installation bzw. Nicht-Installation anzuzeigen ist, wobei im zweiteren Fall die mangelnde technische oder wirtschaftliche Realisierbarkeit zu belegen ist. Diese Anzeige hat gemäß Abs. 1 (für neu errichtete Gebäude) bei der Errichtung des Gebäudes und gemäß Abs. 2 (für bestehende Gebäude) beim Austausch des Wärmeerzeugers zu erfolgen. Erfolgt der Beleg nicht oder nicht entsprechend, so hat die Behörde einen Verbesserungsauftrag unter Setzung einer angemessenen Frist zu erteilen. Sollte diesem Auftrag nicht oder nicht entsprechend nachgekommen werden, so ist von einer technischen und wirtschaftlichen Realisierbarkeit auszugehen und der Einbau derartiger selbstregulierender Einrichtungen bescheidmäßig vorzuschreiben.

Was **wirtschaftlich realisierbar** bedeutet, wird in § 14a **Abs. 4** festgelegt und ergibt sich aus Erwägungsgrund 21 der Richtlinie (EU) 2018/844. Erneuerbare Energietechnologien sind in der Regel hochpreisiger als fossile Systeme. Somit würde eine einheitliche Festlegung bei beispielsweise 10 % der Gesamtkosten der ersetzten Wärmeerzeuger dazu führen, dass die selbstregulierende Einrichtung bei den Wärmeerzeugern mit fossiler Energie zumeist nicht installiert werden müsste, bei erneuerbaren Technologien hingegen schon. Deswegen wurde ein unterschiedlicher Ansatz für die wirtschaftliche Realisierbarkeit in der Höhe von 10 % bzw. 30 % der Gesamtkosten der ersetzten Wärmeerzeuger gewählt.

Einbau von Systemen für die Gebäudeautomatisierung und -steuerung

§ 14b. (1) In Nichtwohngebäuden müssen Heizungsanlagen oder kombinierte Raumheizungs- und Lüftungsanlagen mit einer Nennwärmeleistung von mehr als 290 kW von der Gebäudeeigentümerin bzw. dem Gebäudeeigentümer bis zum 31.12.2025 mit Systemen für die Gebäudeautomatisierung und -steuerung ausgerüstet werden, sofern dies technisch und wirtschaftlich realisierbar ist.

(2) Die Systeme für die Gebäudeautomatisierung und -steuerung müssen in der Lage sein,

1. den Energieverbrauch kontinuierlich zu überwachen, zu protokollieren, zu analysieren und dessen Anpassung zu ermöglichen,
2. Benchmarks in Bezug auf die Energieeffizienz des Gebäudes aufzustellen, Effizienzverluste von gebäudetechnischen Systemen zu erkennen und die für die Einrichtungen oder das gebäudetechnische Management zuständige Person über mögliche Verbesserungen der Energieeffizienz zu informieren, und
3. die Kommunikation zwischen miteinander verbundenen gebäudetechnischen Systemen und anderen Anwendungen innerhalb des Gebäudes zu ermöglichen und gemeinsam mit anderen Typen gebäudetechnischer Systeme betrieben zu werden, auch bei unterschiedlichen herstellereigenen Technologien, Geräten und Herstellern.

(3) Die wirtschaftliche Realisierbarkeit ist dann gegeben, wenn die Kosten für die Ausrüstung mit Systemen für die Gebäudeautomatisierung und -steuerung geringer sind als die dadurch zu erwartenden monetären Einsparungen unter Berücksichtigung der erwarteten Lebenszeit.

(4) Wohngebäude können ausgerüstet werden mit:

1. einer kontinuierlichen elektronischen Überwachungsfunktion, die die Effizienz des Systems misst und die Eigentümerin bzw. den Eigentümer oder die Verwalterin bzw. den Verwalter des Gebäudes darüber informiert, wenn die Effizienz erheblich nachgelassen hat und eine Wartung des Systems erforderlich ist, und
2. wirksamen Steuerungsfunktionen zur Gewährleistung der optimalen Erzeugung, Verteilung, Speicherung und Nutzung der Energie.

(5) Die Installation bzw. die Nicht-Installation wegen mangelnder technischer oder wirtschaftlicher Realisierbarkeit ist der Behörde von der Gebäudeeigentümerin bzw. dem Gebäudeeigentümer bis zum 31.12.2025 anzuzeigen. Die mangelnde technische oder wirtschaftliche Realisierbarkeit gemäß Abs. 3 ist in der Anzeige zu belegen. Sollte dieser Beleg nicht erfolgen bzw. unschlüssige, unvollständige oder nicht tragfähige Angaben über die technische oder wirtschaftliche Realisierbarkeit enthalten, so hat die

Behörde die Gebäudeeigentümerin bzw. den Gebäudeeigentümer aufzufordern, binnen einer angemessenen Frist diesen Beleg zu erbringen bzw. zu verbessern. Erfolgt die Erbringung bzw. Verbesserung seitens der Gebäudeeigentümerin bzw. des Gebäudeeigentümers innerhalb der gesetzten Frist nicht oder nicht entsprechend, so ist von einer technischen und wirtschaftlichen Realisierbarkeit auszugehen und der Einbau von Systemen für die Gebäudeautomatisierung und -steuerung im Sinne des Abs. 1 bescheidmäßig vorzuschreiben.

(EB zu LGBl 2021/37)

Gemäß Art. 14 Abs. 4 der RL (EU) 2018/844 haben die Mitgliedstaaten Anforderungen festzulegen, um sicherzustellen, dass Nichtwohngebäude mit einer Heizungsanlage oder einer kombinierten Raumheizungs- und Lüftungsanlage mit einer Nennwärmeleistung von mehr als 290 kW bis zum Jahr 2025 mit Systemen für die Gebäudeautomatisierung und -steuerung ausgerüstet werden, sofern dies technisch und wirtschaftlich realisierbar ist.

Diese Bestimmung wird mit **§ 14b Abs. 1 und 2** umgesetzt. Da die RL kein genaues Datum festsetzt, wurde auf die Empfehlung (EU) 2019/1019 der Kommission vom 07.06.2019 zur Modernisierung von Gebäuden zurückgegriffen. In Punkt 2.2.4 wird darin festgehalten, dass die Installation der Systeme für die Gebäudeautomatisierung und -steuerung bis zum 31.12.2025 zu erfolgen hat.

Die Festlegung der **wirtschaftlichen Realisierbarkeit** erfolgt in § 14b **Abs. 3**. Sie ergibt sich ebenfalls aus der Empfehlung (EU) 2019/1019. Darin wird unter Punkt 2.3.4. darauf hingewiesen, dass es den Mitgliedstaaten überlassen bleibt, festzulegen, in welchen besonderen Fällen die Erfüllung der Anforderungen in technischer, wirtschaftlicher und/oder funktioneller Hinsicht nicht realisierbar ist. Diese Fälle müssen klar identifiziert, abgegrenzt und begründet sein.

Die wirtschaftliche Realisierbarkeit bezieht sich auf die Kosten für die Anwendung der Anforderungen und darauf, ob diese Kosten in einem angemessenen Verhältnis zu den Kosten der geplanten Maßnahme (z. B. Systemmodernisierung) stehen und die erwarteten monetären Einsparungen unter Berücksichtigung der erwarteten Lebenszeit des Systems die Kosten übersteigen. So kann die wirtschaftliche Realisierbarkeit beispielsweise errechnet werden auf der Grundlage eines maximalen Verhältnisses zwischen den Kosten der Anwendung der Anforderungen und den Kosten für die Durchführung der geplanten Maßnahme und eines maximalen Zeitraums für die Deckung der Kosten unter Berücksichtigung der monetären Einsparungen aufgrund der Anwendung der Anforderungen.

Es ist somit eine Kosten-Nutzen-Analyse zwischen den durchzuführenden Maßnahmen und den sich daraus ergebenden Einsparungen durchzuführen. Aus technischer Sicht ist es sinnvoll, eine wirtschaftliche Realisierbarkeit dann anzunehmen, wenn in der Hälfte der Zeit der Nutzungsdauer die Mehrkosten bereinigt sind. Die dafür durchgeführte Berechnung ist der Behörde vorzulegen.

Gemäß Art. 14 Abs. 5 der RL können die Mitgliedstaaten Anforderungen festlegen, um sicherzustellen, dass Wohngebäude mit einer kontinuierlichen elektronischen Überwachungsfunktion zur Messung der Effizienz des Systems und zur

Fehlererkennung sowie mit wirksamen Steuerungsfunktionen zur optimalen Erzeugung, Verteilung, Speicherung und Nutzung von Energie ausgerüstet sind.

Dies wurde in § 14b **Abs. 4** umgesetzt, um die Ausnahmen des Art. 14 Abs. 6 der RL nutzen zu können, der als sogenannte Kann-Bestimmung formuliert ist. Werden Wohngebäude mit einer kontinuierlichen elektronischen Überwachungsfunktion sowie mit wirksamen Steuerungsfunktionen ausgestattet, entfällt gemäß § 23a Abs. 5 die Verpflichtung zur Durchführung der regelmäßigen Inspektionen gemäß § 23a Abs. 1.

In § 14b **Abs. 5** wird festgehalten, dass der Behörde die Installation bzw. Nicht-Installation anzuzeigen ist, wobei im zweiteren Fall die mangelnde technische oder wirtschaftliche Realisierbarkeit zu belegen ist. Erfolgt der Beleg nicht oder nicht entsprechend, so hat die Behörde einen Verbesserungsauftrag unter Setzung einer angemessenen Frist zu erteilen. Sollte diesem Auftrag nicht oder nicht entsprechend nachgekommen werden, so ist von einer technischen und wirtschaftlichen Realisierbarkeit auszugehen und bescheidmäßig der Einbau von Systemen für die Gebäudeautomatisierung und -steuerung vorzuschreiben.

Diese Anzeige hat bis zum 31.12.2025 zu erfolgen.

5. Abschnitt
Emissionsgrenzwerte und Abgasverluste für den Betrieb von Feuerungsanlagen und Blockheizkraftwerken

Allgemeines

§ 15. Die in diesem Abschnitt angeführten Emissionsgrenzwerte und Abgasverluste für Feuerungsanlagen und Blockheizkraftwerke sind Mittelwerte, die auf die jeweilige Probeentnahmedauer, die Normbedingungen und den jeweiligen Sauerstoffgehalt bezogen sind. Sie gelten für Abgasmessungen vor Ort.

Feuerungsanlagen mit einer Nennwärmeleistung unter 50 kW

§ 16. (1) Feuerungsanlagen mit einer Nennwärmeleistung unter 50 kW dürfen je nach Art des Brennstoffes folgende Emissionsgrenzwerte und Abgasverluste nicht überschreiten:

1. Feuerungsanlagen für feste Brennstoffe:

Parameter	händisch beschickt	automatisch beschickt
Abgasverlust (%)	20	19
CO (mg/m³)	3.500	1.500
NO_x Einzelöfen, Warmwasserbereiter über 15 kW (mg/m³)	900	900
NO_x alle übrigen über 15 kW (mg/m³)	600	600

Die Grenzwerte für CO und NO_x sind für biogene Brennstoffe auf einen Sauerstoffgehalt von 11 %, für fossile Brennstoffe auf einen Sauerstoffgehalt von 6 % bezogen.

2. Feuerungsanlagen für flüssige Brennstoffe:

Parameter:	Grenzwert:
Abgasverlust (%)	10
Rußzahl	1
CO (mg/m³)	100
NO_x Einzelöfen, Warmwasserbereiter über 15 kW (mg/m³)	400
NO_x alle übrigen über 15 kW (mg/m³)	150

Die Grenzwerte für CO und NO_x sind auf einen Sauerstoffgehalt von 3 % bezogen.

3. Feuerungsanlagen für gasförmige Brennstoffe:

Parameter	Feuerungsanlagen	Warmwasserbereiter
Abgasverlust (%)	10	14
CO (mg/m³)	100	200
NO_x Einzelöfen, Warmwasserbereiter über 15 kW (mg/m³)	300	300
NO_x alle übrigen über 15 kW (mg/m³)	120	120

Die Grenzwerte für CO und NO_x sind auf einen Sauerstoffgehalt von 3 % bezogen.

(2) Für Feuerungsanlagen, die mit nicht standardisierten biogenen Brennstoffen betrieben werden, gelten für die erstmalige Überprüfung folgende Grenzwerte:

1. Feste biogene Brennstoffe:

Parameter:	Grenzwerte:
Abgasverlust (%)	19
Staub (mg/m³)	150
CO (mg/m³)	800*
OGC (mg/m³)	50
NO_x (mg/m³)	500

Die Grenzwerte für CO, NO_x, OGC und Staub sind auf einen Sauerstoffgehalt von 11 % bezogen.

*** Bei Teillastbetrieb kleiner 50 % der Nennwärmeleistung darf der Grenzwert um bis zu 50 % überschritten werden.**

2. Flüssige biogene Brennstoffe:

Parameter:	Grenzwerte:
Abgasverlust (%)	10
Rußzahl	1
CO (mg/m³)	100
NO_x (mg/m³)	450
SO_2 (mg/m³)	170

Die Grenzwerte für CO, NO_x und SO_2 sind jeweils auf einen Sauerstoffgehalt von 3 % bezogen. Die SO_2-Konzentration im Abgas kann auch rechnerisch ermittelt werden, wenn geeignete Nachweise über den Schwefelgehalt des Brennstoffes vorliegen.

3. Gasförmige biogene Brennstoffe:

Parameter:	Grenzwerte:
Abgasverlust (%)	10
CO (mg/m³)	100
NO_x (mg/m³)	200
SO_2 (mg/m³)	350

Die Grenzwerte für CO, NO_x und SO_2 sind jeweils auf einen Sauerstoffgehalt von 3 % bezogen.

Feuerungsanlagen ab 50 kW Nennwärmeleistung

§ 17. Für Feuerungsanlagen ab 50 kW Nennwärmeleistung sind die Emissionsgrenzwerte und Abgasverluste der Feuerungsanlagen-Verordnung – FAV[1)], BGBl. II Nr. 331/1997 i.d.F. BGBl. II Nr. 312/2011, anzuwenden. Solange und insoweit die FAV keine Vorgaben für Emissionsgrenzwerte und Abgasverluste für Feuerungsanlagen enthält, die mit biogenen Brennstoffen betrieben werden, gelten die Grenzwerte gemäß § 16 mit folgenden Abweichungen:

1. Die Grenzwerte gemäß § 16 Abs. 2 gelten auch für umfassende wiederkehrende Überprüfungen.
2. Der Grenzwert für Kohlenmonoxid gemäß § 16 Abs. 2 Z 1 darf nur für Feuerungsanlagen bis 100 kW Nennwärmeleistung bei Teillastbetrieb kleiner 50 % der Nennwärmeleistung um bis zu 50 % überschritten werden.
3. Der höchstzulässige Abgasverlust von 10 % gemäß § 16 Abs. 2 Z 2 gilt nur für Feuerungsanlagen für flüssige Brennstoffe bis 2 MW Brennstoffwärmeleistung.
4. Für Feuerungsanlagen für flüssige biogene Brennstoffe über 3 MW Brennstoffwärmeleistung gelten anstelle der Grenzwerte gemäß § 16 Abs. 2 Z 2 folgende Grenzwerte:

Parameter:	Grenzwerte:
Rußzahl	1
Staub	50
CO (mg/m³)	80
NO_x (mg/m³)	350
SO_2 (mg/m³)	170

Die Grenzwerte für CO, NO_x, SO_2 und Staub sind jeweils auf einen Sauerstoffgehalt von 3 % bezogen. Die SO_2-Konzentration im Abgas kann auch rechnerisch ermittelt werden, wenn geeignete Nachweise über den Schwefelgehalt des Brennstoffes vorliegen.

Anmerkung

1) Für Feuerungsanlagen ab 50 kW werden die Anforderungen der FAV des Bundes übernommen, für bestimmte biogene Brennstoffe jedoch eigene Grenzwerte normiert, da die FAV für diese keine Anforderungen festlegt. Die FAV ist auf § 82 Abs 1 GewO 1994 gestützt. Nach § 82 Abs 5 GewO darf für die Erfüllung der nicht unter Abs 1 dritter Satz fallenden Bestimmungen einer VO gemäß Abs 1 auf Antrag mit Bescheid eine angemessene, höchstens fünf Jahre betragende Frist eingeräumt werden, wenn die Erfüllung dieser VO-Bestimmungen für den Betriebsinhaber erst innerhalb dieser Frist wirtschaftlich zumutbar ist. Grundsätzlich sind sämtliche FAV-Regelungen dem § 82 Abs 5 GewO zugänglich. In die jeweils im Einzelfall zu beurteilende wirtschaftliche Zumutbarkeit wird die Überlegung einzufließen haben, dass die mehr als sechs Jahre betragende Übergangsfrist in der FAV bewusst gewählt wurde, um die Anlageninhaber nicht überraschend zu treffen, sondern ihnen beispielsweise eine rechtzeitige Änderung der Lagerbestände zu ermöglichen.

Blockheizkraftwerke

§ 18. **(1) Blockheizkraftwerke dürfen je nach Art des Brennstoffes folgende Emissionsgrenzwerte nicht überschreiten:**

1. Heizöl Extra Leicht, Dieselkraftstoff, Biodiesel, Pflanzenöle:

Parameter	Brennstoffwärmeleistung (MW)		
	bis 0,25	> 0,25 – 2,5	> 2,5
Boschzahl	3	–	–
Staub (mg/m^3)	–	50	30
CO (mg/m^3)	650	250	250
NO_x (mg/m^3)	1.200	400	250

2. Erdgas, Flüssiggas:

Parameter	Brennstoffwärmeleistung (MW)	
	bis 2,5	> 2,5
CO (mg/m^3)	200	200
NO_x (mg/m^3)	250	150
NMHC (mg/m^3)	150	50

3. Biogas, Klärgas, Holzgas, Deponiegas:

Parameter	Brennstoffwärmeleistung (MW)	
	bis 0,25	> 0,25
CO (mg/m³)	1.000*	400*
NO_x (mg/m³)	1.000	500
NMHC (mg/m³)	–	150

Die Grenzwerte für CO, NO_x, NMHC und Staub der Z 1 bis 3 sind jeweils auf einen Sauerstoffgehalt von 5 % bezogen.
* Für mit Holzgas betriebene Blockheizkraftwerke gilt ein Wert von 1.500 mg/m³.

(2) Ausgenommen von den Anforderungen nach Abs 1 sind:

1. Blockheizkraftwerke in Objekten, die an keine öffentliche Stromversorgung angeschlossen sind und nur mit unverhältnismäßig hohem Aufwand an eine öffentliche Stromversorgung angeschlossen werden könnten;
2. Blockheizkraftwerke, die nur als Ausfallreserve dienen oder nachweislich nicht mehr als 250 Stunden pro Jahr in Betrieb sind.

5a. Abschnitt
Emissionsgrenzwerte für den Betrieb von mittelgroßen Feuerungsanlagen

§ 18a.[1)] (1) Die folgenden Emissionsgrenzwerte sind definiert für eine Temperatur von 0° C, einen Druck von 101,3 kPa und nach Abzug des Wasserdampfgehaltes des Abgases für einen Bezugs-O2-Gehalt von 6 % bei mit festen Brennstoffen betriebenen mittelgroßen Feuerungsanlagen, 3 % bei mit flüssigen und gasförmigen Brennstoffen betriebenen mittelgroßen Feuerungsanlagen mit Ausnahme von Motoren und Gasturbinen und 15 % bei Motoren und Gasturbinen.

(2) Mittelgroße Feuerungsanlagen dürfen folgende Emissionsgrenzwerte nicht überschreiten:

1. Für bereits vor dem 20. Dezember 2018 in Betrieb genommene mittelgroße Feuerungsanlagen mit einer Feuerungswärmeleistung von mindestens 1 MW und höchstens 5 MW mit Ausnahme von Motoren und Gasturbinen gelten ab dem 01. Jänner 2030 folgende Emissionsgrenzwerte (mg/Nm³):

Schadstoff	Feste Biomasse	Andere feste Brennstoffe	Gasöl	Flüssige Brennstoffe, ausgenommen Gasöl	Erdgas	Gasförmige Brennstoffe, ausgenommen Erdgas
SO_2	200 (1) (2)	1.100	–	350	–	200 (3)
NO_x	650	650	200	650	250	250
Staub	50	50	–	50	–	–

(1) Der Wert gilt nicht für Anlagen, die ausschließlich feste Holzbiomasse verfeuern.

(2) 300 mg/Nm³ bei Anlagen, die Stroh verfeuern.

(3) 400 mg/Nm³ bei Anlagen, die Koksofengase mit niedrigem Heizwert in der Eisen- und Stahlindustrie verfeuern.

2. Für bereits vor dem 20. Dezember 2018 in Betrieb genommene mittelgroße Feuerungsanlagen mit einer Feuerungswärmeleistung von mehr als 5 MW mit Ausnahme von Motoren und Gasturbinen gelten ab dem 01. Jänner 2025 folgende Emissionsgrenzwerte (mg/Nm³):

Schadstoff	Feste Biomasse	Andere feste Brennstoffe	Gasöl	Flüssige Brennstoffe, ausgenommen Gasöl	Erdgas	Gasförmige Brennstoffe, ausgenommen Erdgas
SO_2	200 (1) (2)	400 (3)	–	350 (4)	–	35 (5) (6)
NO_x	650	650	200	650	200	250
Staub	30 (7)	30 (7)	–	30	–	–

(1) Der Wert gilt nicht für Anlagen, die ausschließlich feste Holzbiomasse verfeuern.

(2) 300 mg/Nm³ bei Anlagen, die Stroh verfeuern.

(3) 1.100 mg/Nm³ bei Anlagen mit einer Feuerungswärmeleistung von mehr als 5 MW und höchstens 20 MW.

(4) Bis zum 01.01.2030 850 mg/Nm³ bei Anlagen mit einer Feuerungswärmeleistung von mehr als 5 MW und höchstens 20 MW, die Schweröl verfeuern.

(5) 400 mg/Nm³ bei Anlagen, die Koksofengase mit niedrigem Heizwert in der Eisen- und Stahlindustrie verfeuern.

(6) 170 mg/Nm³ bei Anlagen, die Biogas verfeuern.

(7) 50 mg/Nm³ bei Anlagen mit einer Feuerungswärmeleistung von mehr als 5 MW und höchstens 20 MW.

3. Für bereits vor dem 20. Dezember 2018 in Betrieb genommene Motoren und Gasturbinen mit einer Feuerungswärmeleistung von höchstens 5 MW gelten ab dem 01. Jänner 2030, für jene mit einer Feuerungswärmeleistung von mehr als 5 MW ab dem 01. Jänner 2025 folgende Emissionsgrenzwerte (mg/Nm³):

Schadstoff	Art der mittelgroßen Feuerungsanlage	Gasöl	Flüssige Brennstoffe, ausgenommen Gasöl	Erdgas	Gasförmige Brennstoffe, ausgenommen Erdgas
SO_2	Motoren und Gasturbinen	–	120	–	15 (1) (2)
NO_x	Motoren	190 (3) (4)	190 (3) (5)	190 (6)	190 (6)
	Gasturbinen (7)	200	200	150	200
Staub	Motoren und Gasturbinen	–	10 (8)	–	–

(1) 60 mg/Nm³ bei Anlagen, die Biogas verfeuern.

(2) 130 mg/Nm³ bei Anlagen, die Koksofengase mit niedrigem Heizwert und 65 mg/Nm³ bei Anlagen, die Hochofengase mit niedrigem Heizwert in der Eisen- und Stahlindustrie verfeuern.

(3) 1.850 mg/Nm³ bei Dieselmotoren, mit deren Bau vor dem 18.05.2006 begonnen wurde und bei Zweistoffmotoren im Betrieb mit flüssigen Brennstoffen.

(4) 250 mg/Nm³ bei Motoren mit einer Feuerungswärmeleistung von mindestens 1MW und höchstens 5 MW.

(5) 250 mg/Nm³ bei Motoren mit einer Feuerungswärmeleistung von mindestens 1MW und höchstens 5 MW; 225 mg/Nm³ bei Motoren mit einer Feuerungswärmeleistung von mehr als 5MW und höchstens 20 MW.

(6) 380 mg/Nm³ bei Zweistoffmotoren im Betrieb mit gasförmigen Brennstoffen.

(7) Die Emissionsgrenzwerte gelten nur bei einer Last von über 70 %.

(8) 20 mg/Nm³ bei Anlagen mit einer Feuerungswärmeleistung von mindestens 1 MW und höchstens 20 MW.

4. Für nach dem 19. Dezember 2018 in Betrieb genommene mittelgroße Feuerungsanlagen mit Ausnahme von Motoren und Gasturbinen gelten folgende Emissionsgrenzwerte (mg/Nm³):

Schadstoff	Feste Biomasse	Andere feste Brennstoffe	Gasöl	Flüssige Brennstoffe, ausgenommen Gasöl	Erdgas	Gasförmige Brennstoffe, ausgenommen Erdgas
SO_2	200 (1)	400	–	350 (2)	–	35 (3) (4)
NO_x	300 (5)	300 (5)	200	300 (6)	100	200
Staub	20 (7)	20 (7)	–	20 (8)	–	–

(1) Der Wert gilt nicht für Anlagen, die ausschließlich feste Holzbiomasse verfeuern.

(2) Bis 01.01.2025 700 mg/Nm³ bei Anlagen, die Teil kleiner isolierter Netze oder isolierter Kleinstnetze sind.

(3) 400 mg/Nm³ bei Koksofengasen mit niedrigem Heizwert und 200 mg/Nm³ bei Koksofengasen mit niedrigem Heizwert in der Eisen- und Stahlindustrie.

(4) 100 mg/Nm³ bei Biogas.

(5) 500 mg/Nm³ bei Anlagen mit einer Feuerungswärmeleistung von mindestens 1 MW und höchstens 5 MW.

(6) Bis 01.01.2025 450 mg/Nm³ im Fall des Verfeuerns von Schweröl mit 0,2 % bis 0,3 % N und 360 mg/Nm³ im Fall des Verfeuerns von Schweröl mit weniger als 0,2 % N bei Anlagen, die Teil kleiner isolierter Netze oder isolierter Kleinstnetze sind.

(7) 50 mg/Nm³ bei Anlagen mit einer Feuerungswärmeleistung von mindestens 1 MW und höchstens 5 MW; 30 mg/Nm³ bei Anlagen, mit einer Gesamtfeuerungswärmeleistung von mehr als 5 MW und höchstens 20 MW.

(8) 50 mg/Nm³ bei Anlagen mit einer Feuerungswärmeleistung von mindestens 1 MW und höchstens 5 MW.

5. Für nach dem 19. Dezember 2018 in Betrieb genommene Motoren und Gasturbinen gelten folgende Emissionsgrenzwerte (mg/Nm³):

Schadstoff	Art der mittelgroßen Feuerungsanlage	Gasöl	Flüssige Brennstoffe, ausgenommen Gasöl	Erdgas	Gasförmige Brennstoffe, ausgenommen Erdgas
SO_2	Motoren und Gasturbinen	–	120 (1)	–	15 (2)
NO_x	Motoren (3) (4)	190 (5)	190 (5) (6)	95 (7)	190
	Gasturbinen (8)	75	75 (9)	50	75
Staub	Motoren und Gasturbinen	–	10 (10) (11)	–	–

(1) Bis 01.01.2025 590 mg/Nm³ bei Dieselmotoren, die Teil kleiner isolierter Netze oder isolierter Kleinstnetze sind.

(2) 40 mg/Nm³ bei Biogas.

(3) Motoren mit jährlich 500 bis 1.500 Betriebsstunden können von der Erfüllung dieser Emissionsgrenzwerte ausgenommen werden, sofern Primärmaßnamen zur Begrenzung der NO_x-Emissionen angewendet und die Emissionsgrenzwerte gemäß der Fußnote (4) erfüllt werden.

(4) Bis zum 01.01.2025 in kleinen isolierten Netzen oder isolierten Kleinstnetzen 1.850 mg/Nm³ bei Zweistoffmotoren im Betrieb mit flüssigen Brennstoffen und 380 mg/Nm³ im Betrieb mit gasförmigen Brennstoffen; 1.300 mg/Nm³ bei Dieselmotoren mit 1.200 U/min mit einer Feuerungswärmeleistung von höchstens 20 MW und 1.850 mg/Nm³ bei Dieselmotoren mit einer Feuerungswärmeleistung von mehr als 20 MW; 750 mg/Nm³ bei Dieselmotoren mit > 1.200 U/min.

(5) 225 mg/Nm³ bei Zweistoffmotoren im Betrieb mit flüssigen Brennstoffen.

(6) 225 mg/Nm³ bei Dieselmotoren mit einer Feuerungswärmeleistung von höchstens 20 MW mit 1.200 U/min.

(7) 190 mg/Nm³ bei Zweistoffmotoren im Betrieb mit gasförmigen Brennstoffen.

(8) Die Emissionsgrenzwerte gelten nur bei einer Last von über 70 %.

(9) Bis 01.01.2025 550 mg/Nm³ bei Anlagen, die Teil kleiner isolierter Netze oder isolierter Kleinstnetze sind.

(10) Bis 01.01.2025 75 mg/Nm³ bei Dieselmotoren, die Teil kleiner isolierter Netze oder isolierter Kleinstnetze sind.

(11) 20 mg/Nm³ bei Anlagen mit einer Feuerungswärmeleistung von mindestens 1 MW und höchstens 5 MW.

(3) Werden in einer mittelgroßen Feuerungsanlage gleichzeitig zwei oder mehr Brennstoffe verwendet, wird der Emissionsgrenzwert für jeden Schadstoff wie folgt berechnet:

1. **Bestimmung des Emissionsgrenzwerts für jeden einzelnen Brennstoff nach Maßgabe von Abs. 2;**
2. **Ermittlung der gewichteten Emissionsgrenzwerte für die einzelnen Brennstoffe; hierfür sind die einzelnen Emissionsgrenzwerte nach Z 1 mit der Wärmeleistung der einzelnen Brennstoffe zu multiplizieren und das Produkt durch die Summe der Wärmeleistung aller Brennstoffe zu dividieren;**

Addition der gewichteten Emissionsgrenzwerte für die einzelnen Brennstoffe.

(4) Bestehende mittelgroße Feuerungsanlagen, die im gleitenden Durchschnitt über einen Zeitraum von fünf Jahren nicht mehr als 500 Betriebsstunden pro Jahr in Betrieb sind, sind von der Einhaltung der in Abs. 2 festgelegten Emissionsgrenzwerte befreit. Werden in diesen Anlagen feste Brennstoffe verfeuert, gilt bei bereits vor dem 20. Dezember 2018 in Betrieb genommenen Anlagen ein Emissionsgrenzwert für Staub von 200 mg/Nm^3 und bei ab dem 20. Dezember 2018 in Betrieb genommenen Anlagen ein Emissionsgrenzwert für Staub von 100 mg/Nm^3.

(5) Bereits vor dem 20. Dezember 2018 in Betrieb genommene mittelgroße Feuerungsanlagen, die Teil kleiner, isolierter Netze und isolierter Kleinstnetze sind, müssen ab dem 1. Januar 2030 den in Abs. 2 Z 1 bis 3 festgelegten Emissionsgrenzwerten entsprechen.

(6) Die Landesregierung kann durch Verordnung für mittelgroße Feuerungsanlagen in Gebieten oder Teilgebieten, in denen die Luftqualitätsgrenzwerte gemäß der Richtlinie 2008/50/EG des Europäischen Parlaments und des Rates vom 21. Mai 2008 über Luftqualität und saubere Luft für Europa, ABl. L Nr. 152 vom 11. Juni 2008, S. 1, nicht eingehalten werden, strengere Emissionsgrenzwerte als die in diesem Gesetz genannten festlegen, sofern die Anwendung solcher strengerer Emissionsgrenzwerte effektiv zu einer merklichen Verbesserung der Luftqualität beiträgt. Dabei sind die Ergebnisse des von der Europäischen Kommission organisierten Informationsaustausches zwischen der Europäischen Kommission, den Mitgliedstaaten, den betroffenen Branchen und nichtstaatlichen Organisationen über die Emissionsniveaus, die mit den besten verfügbaren Technologien und Zukunftstechnologien erreicht werden können, und über die zugehörigen Kosten, zu berücksichtigen.

(EB zu LGBl 2019/3)

Durch diese Bestimmung wird der Art. 6 sowie der Anhang II der Richtlinie (EU) 2015/2193 umgesetzt. Sofern hier Emissionsgrenzwerte für Motoren und Gasturbinen festgesetzt werde, gilt dies nur für jene Motoren und Gasturbinen, die Heizzwecken dienen. Hier wird auch eine Ausnahmebestimmung für Anlagen, die im gleitenden Durchschnitt von fünf Jahren nicht mehr als 500 Betriebsstunden aufweisen, aufgenommen.

(EB zu LGBl 2022/32)

Die Ausnahmeregelung des Art. 6 Abs. 3 der RL (EU) 2015/2193 wurde in § 18a Abs. 4 umgesetzt. Da diese Ausnahme nur für bestehende Anlagen gilt, wurde diese Einschränkung auch in § 18a Abs. 4 übernommen.

Art. 6 Abs. 9 der RL (EU) 2015/2193 wird nunmehr mit dem neuen § 18a Abs. 6 umgesetzt. Es wird nunmehr festgelegt, dass die Landesregierung strengere Emissionsgrenzwerte als die in diesem Gesetz genannten festlegen kann, wenn die übrigen Voraussetzungen vorliegen. Dabei sind auch die Ergebnisse des Erfahrungsaustausches zwischen der Europäischen Kommission, den Mitgliedstaaten, den betroffenen Branchen und den nichtstaatlichen Organisationen gemäß Art. 6 Abs. 10 der RL (EU) 2015/2193 zu berücksichtigen.

Anmerkung

1) § 18a wurde mit Nov LGBl 2019/3 angefügt.

6. Abschnitt
Zulässige Brenn- und Kraftstoffe

§ 19. **(1) Brenn- und Kraftstoffe dürfen in Feuerungsanlagen bzw. Blockheizkraftwerken nur verfeuert werden, wenn sie den Anforderungen des Umweltschutzes entsprechen. Der Einsatz von Brenn- und Kraftstoffen hat dabei derart sachgemäß zu erfolgen, dass es zu keiner ungerechtfertigten Verursachung erheblicher zusätzlicher Emissionen und damit zu keinen vermeidbaren Umweltbelastungen kommt. Die erforderlichen technischen Anforderungen für Brenn- und Kraftstoffe, die dem Stand der Technik entsprechen, können durch Verordnung der Landesregierung nach § 32 Z 3 geregelt werden.**

(2) Die Verfeuerung von Braunkohle, Steinkohle, Braunkohlebriketts, Torf und Koks in Feuerungsanlagen und in Heizungsanlagen, die ab dem Inkrafttreten des Gesetzes neu errichtet werden, ist verboten.

(3) Papier, Kartonagen und handelsübliche Anzündhilfen sind nur zum Anfeuern im dafür notwendigen Ausmaß zulässig.

(4) Über Antrag können mit Bescheid Ausnahmen von in Verordnungen nach § 32 Z 3 enthaltenen Bestimmungen genehmigt werden, wenn die Erprobung anderer bevorzugt erneuerbarer Brennstoffe im öffentlichen Interesse ist und bei Vergleich mit der Verwendung von gemäß Verordnungen nach § 32 Z 3 zugelassener Brenn- und Kraftstoffe keine nachteiligen Auswirkungen für Anrainerinnen und Anrainer sowie für die Luftgüte zu erwarten sind.

(EB zu LGBl 2016/14)

§ 19 regelt die Qualitätsanforderungen für Brenn- und Kraftstoffe. Dazu besteht insofern ein Regelungsbedürfnis, als es immer wieder durch einen unsachgemäßen Brennstoffeinsatz zu vermeidbaren Umweltbelastungen kommt. Durch klare Vorgaben kann der ungerechtfertigten Verursachung erheblicher zusätzlicher Emissionen wirkungsvoll begegnet werden. Weiters wird die Verfeuerung von Braunkohle, Steinkohle, Braunkohlebriketts, Torf und Koks in Feuerungs- und Heizungsanlagen, die ab dem Inkrafttreten dieses Gesetzes neu errichtet werden, verboten.

7. Abschnitt
Überprüfungen

Pflichten der Betreiberinnen und Betreiber

§ 20. (1) Die Betreiberinnen und Betreiber von Feuerstätten bzw. Feuerungsanlagen und Blockheizkraftwerken haben sicherzustellen, dass

1. die nach diesem Abschnitt festgelegten Überprüfungen und Inspektionen durchgeführt werden,
2. festgestellte Mängel behoben werden,
3. nur zulässige Brenn- und Kraftstoffe verwendet werden und
4. für die Anlage eine Überwachungsstelle eingesetzt ist.

(2) Zum Nachweis, dass die Überprüfungen und Inspektionen durchgeführt und festgestellte Mängel behoben wurden, haben die Betreiberinnen und Betreiber für jede Anlage, die nach diesem Abschnitt zu überprüfen oder zu inspizieren ist, die Prüfberichte im Aufstellungsraum der Anlage sicher zu verwahren und den Prüforganen auf Verlangen zugänglich zu machen.

(3) Zum Nachweis, dass nur zulässige Brenn- und Kraftstoffe verwendet werden, haben die Betreiberinnen und Betreiber geeignete Belege (z.B. Rechnungen, Lieferscheine, sonstige Papiere des Warenverkehrs), aus denen die Einhaltung der Verpflichtungen hervorgeht, zumindest bis zur nächsten wiederkehrenden Überprüfung aufzubewahren. Bei Überprüfungen der Brenn- und Kraftstoffe sind diese sowie die Lagerräume dem Überprüfungsorgan zugänglich zu machen.

Pflichten der Betreiberinnen und Betreiber mittelgroßer Feuerungsanlagen

§ 20a.[1)] (1) Die Betreiberinnen und Betreiber mittelgroßer Feuerungsanlagen haben aufzubewahren:

1. den Nachweis der Registrierung,
2. die Überwachungsergebnisse und Informationen nach § 22a Abs. 6 und 7,
3. wenn von der Befreiungsmöglichkeit gemäß § 18a Abs. 4 Gebrauch gemacht wird, Aufzeichnungen über die Betriebsstunden,
4. Aufzeichnungen über die Art und Menge der in der Anlage verwendeten Brennstoffe und über etwaige Störungen oder Ausfälle der sekundären Emissionsminderungsvorrichtung,
5. Aufzeichnungen über Fälle von Nichteinhaltung der Anforderungen und die diesbezüglich ergriffenen Maßnahmen nach § 22a Abs. 8.

(2) Die unter Abs. 1 Z. 2 bis 5 genannten Dokumente sind für mindestens sechs Jahre aufzubewahren.

(3) Die Betreiberin bzw. der Betreiber hat der Behörde die in Abs. 1 genannten Daten und Informationen auf Aufforderung ohne vermeidbare Verzögerung zur Verfügung zu stellen. Die Behörde kann eine solche Aufforderung aussprechen, um die Einhaltung der Anforderungen dieses Gesetzes zu überprüfen. Die Behörde hat eine solche Aufforderung auszusprechen, wenn eine Person Zugang zu den in Abs. 1 genannten Daten oder Informationen verlangt.

(4) Die Betreiberin bzw. der Betreiber hat der Behörde jede notwendige Unterstützung zu gewähren, damit diese Inspektionen und Besichtigungen vor Ort sowie Probenahmen durchführen und die Informationen sammeln kann, die zur Erfüllung ihrer Pflichten im Rahmen dieses Gesetzes erforderlich sind.

(5) Die Betreiberin bzw. der Betreiber hat die An- und Abfahrzeiten mittelgroßer Feuerungsanlagen möglichst kurz zu halten.

(6) Verursacht die Nichteinhaltung der Anforderungen dieses Gesetzes eine erhebliche Verschlechterung der Luftqualität vor Ort, hat der Betrieb der mittelgroßen Feuerungsanlage ausgesetzt zu werden bis die Anforderungen wieder eingehalten werden.

(7) Bei einer Nichteinhaltung der Anforderungen dieses Gesetzes ist die Betreiberin bzw. der Betreiber der Anlage verpflichtet, dafür zu sorgen, dass die Anforderungen ohne vermeidbare Verzögerungen wieder eingehalten werden. Kommt die Betreiberin oder der Betreiber dieser Verpflichtung nicht nach, so hat die Behörde die Betreiberin bzw. den Betreiber aufzufordern, binnen einer angemessenen Frist dafür zu sorgen, dass die Anforderungen dieses Gesetzes eingehalten werden. Werden die Anforderungen auch nach Verstreichen der gesetzten Frist nicht eingehalten, so hat die Behörde die Betreiberin bzw. den Betreiber bescheidmäßig zur Setzung von Maßnahmen zur Einhaltung der Anforderungen dieses Gesetzes zu verpflichten.

(EB zu LGBl 2019/3)

Diese Bestimmungen (§§ 20a und 22a) setzen Art. 7 samt Anhang III der Richtlinie (EU) 2015/2193 um. Mit § 20a Abs. 6 wird Art. 8 der Richtlinie umgesetzt. Dabei werden die Pflichten der Betreiberinnen und Betreiber festgelegt.

(EB zu LGBl 2022/32)

Zur Umsetzung des Art. 8 Abs. 3 Unterabsatz 1 der RL (EU) 2015/2193 wird dem § 20a ein neuer Abs. 7 hinzugefugt. Dabei wird festgesetzt, dass die Verpflichtung die Anforderungen des Gesetzes einzuhalten, den Betreiber betrifft. Sollte diese bzw. dieser den Verpflichtungen nicht nachkommen, hat die Behörde alle erforderlichen Maßnahmen zu ergreifen, um sicherzustellen, dass die Anforderungen ohne vermeidbare Verzögerungen wieder eingehalten werden. Um dem nachzukommen, wird ein behördliches Verfahren vorgesehen, dass die bescheidmäßige Vorschreibung von Maßnahmen vorsieht. Zusätzlich ist gemäß § 34 Abs 1 Z 5 für die Verletzung der Verpflichtung ein Strafverfahren durchzufuhren, wobei der Strafrahmen hier bis zu EUR 21.000 liegt.

Anmerkung

1) § 20a wurde mit Nov LGBl 2019/3 angefügt.

Überprüfung von Feuerungsanlagen und Blockheizkraftwerken

§ 21. (1) Unbeschadet der Wartungspflichten nach dem WFPolG 2015 sind Feuerungsanlagen und Blockheizkraftwerke nach erstmaliger Inbetriebnahme und danach wiederkehrend einer Überprüfung dahin zu unterziehen, ob sie die Anforderungen des 5. und 6. Abschnitts erfüllen. Feuerungsanlagen und Blockheizkraftwerke über 10 MW Brennstoffwärmeleistung sind darüber hinaus kontinuierlich hinsichtlich ihrer Emissionskonzentrationen zu überwachen. Von einer Überprüfung und Überwachung ausgenommen sind:

1. Anlagen, die nur als Ausfallreserve dienen oder nachweislich nicht mehr als 250 Stunden pro Jahr betrieben werden (Betriebsstunden der Verbrennungseinrichtung);
2. Blockheizkraftwerke in Objekten, die an keine öffentliche Stromversorgung angeschlossen sind und nur mit unverhältnismäßig hohem Aufwand an eine öffentliche Stromversorgung angeschlossen werden könnten (isolierte Lagen);
3. Raumheizgeräte (z. B. Konvektoren);
4. bestehende Anlagen, bei denen eine Messöffnung nach Feststellung der Überwachungsstelle nur mit einem unverhältnismäßig großen Aufwand eingebaut werden kann.

(2) Zusätzlich zur Prüfung der Einhaltung der Anforderungen nach dem 5. und 6. Abschnitt sind zu kontrollieren:

1. bei der erstmaligen Überprüfung von Kleinfeuerungen:
   a) ob sie das erforderliche Typenschild und die erforderliche CE-Kennzeichnung tragen,
   b) ob ihnen die technische Dokumentation beigegeben ist und
   c) bei Feuerungsanlagen für feste Brennstoffe, ob ein allenfalls erforderlicher Pufferspeicher (§ 10 Abs. 1 Z 6) ausreichend dimensioniert ist;
2. bei der wiederkehrenden Überprüfung von Feuerungsanlagen und Blockheizkraftwerken (soweit bei den Anlagen zutreffend):
   a) die nach Z 1 durchzuführenden Kontrollen,
   b) *entfällt (LGBl 2017/34),*

c) *entfällt (LGBl 2017/34),*
d) *entfällt (LGBl 2017/34),*
e) *entfällt (LGBl 2017/34),*
d) *entfällt (LGBl 2017/34),*
e) *entfällt (LGBl 2017/34),*
f) *entfällt (LGBl 2017/34),*
g) **ob technische Veränderungen an der Feuerungsanlage vorgenommen worden sind.**

(3) Die wiederkehrenden Überprüfungen (umfassende Überprüfungen bzw. einfache Überprüfungen) sind in den jeweiligen Zeitabständen gemäß § 22 Abs. 1 Z 2 und 3 bzw. § 23 Abs. 1 zweiter Satz grundsätzlich gerechnet ab dem Tag der erstmaligen Inbetriebnahme (Stichtag) durchzuführen. Sie können – ohne Wirkung für den Zeitpunkt der nächsten wiederkehrenden Überprüfung – auch bis zu drei Monate nach dem Ablauf des Kalendermonats des Stichtages vorgenommen werden (Überprüfungszeitraum).

(4) Die erstmaligen und wiederkehrenden Überprüfungen sind von den die Anlage betreibenden Personen zu veranlassen, die sich dabei der im § 27 genannten Fachunternehmen oder -personen zu bedienen haben. Wiederkehrende einfache Überprüfungen gemäß § 23 sind von der Überwachungsstelle nach Ablauf des Überprüfungszeitraumes durchzuführen, soweit nicht eine andere prüfberechtigte Person diese Überprüfung bereits vorgenommen hat. Von der beabsichtigten Durchführung einer solchen Überprüfung durch die Überwachungsstelle sind die Betreiberinnen und Betreiber rechtzeitig zu verständigen; Überprüfungen außerhalb der Heizperiode sind dabei möglichst zu vermeiden.

Umfassende Überprüfung

§ 22. (1) Eine umfassende Überprüfung ist erforderlich:

1. **spätestens innerhalb von vier Wochen nach Inbetriebnahme für:**
   a) **Kleinfeuerungen, die mit nicht standardisierten biogenen Brennstoffen betrieben werden,**
   b) **Feuerungsanlagen mit einer Nennwärmeleistung über 400 kW und**
   c) **Blockheizkraftwerke;**
2. **alle fünf Jahre: für Feuerungsanlagen und Blockheizkraftwerke mit einer Brennstoffwärmeleistung von 1 MW bis 2 MW;**
3. **alle drei Jahre: für Feuerungsanlagen und Blockheizkraftwerke mit einer Brennstoffwärmeleistung über 2 MW.**

In den Jahren, in denen eine umfassende Überprüfung durchgeführt wird, ist eine einfache Überprüfung nach § 23 nicht erforderlich.

(2) Die Emissionsmessungen bei der umfassenden Überprüfung sind nach den Regeln der Technik durchzuführen, wobei jeweils sämtliche in Frage kommende Parameter zu überprüfen sind. Bei der erstmaligen Überprüfung hat die Messung in zwei Laststufen, nämlich im Bereich der kleinsten Leistung und im Bereich der Nennwärmeleistung, zu erfolgen. Bei der wiederkehrenden Überprüfung sind die Messungen in dem Betriebszustand durchzuführen, in dem die Anlage vorwiegend betrieben wird. Die Emissionsmessungen sind an einer repräsentativen Entnahmestelle im Abgaskanal vorzunehmen. Innerhalb eines Zeitraums von drei Stunden sind drei Messwerte als Halbstundenmittelwerte zu bilden.

(3) Der Emissionsgrenzwert gilt als eingehalten, wenn unter Berücksichtigung der Fehlergrenze des Messverfahrens keiner der Halbstundenmittelwerte den maßgeblichen Emissionsgrenzwert überschreitet. Hinsichtlich des Wertes für den Abgasverlust gilt die Anlage für den weiteren Betrieb als geeignet, wenn das gerundete Messergebnis den Grenzwert nicht überschreitet.

(4) Über das Ergebnis der Überprüfung ist ein Prüfbericht gemäß den Regeln der Technik zu erstellen. Der Prüfbericht ist der Betreiberin bzw. dem Betreiber der Anlage auszuhändigen. Die Betreiberin bzw. der Betreiber der Anlage hat den Prüfbericht mindestens bis zur nächsten Überprüfung aufzubewahren. Auf Verlangen ist der Prüfbericht der Überwachungsstelle oder der zuständigen Behörde vorzulegen.

Überprüfung von mittelgroßen Feuerungsanlagen

§ 22a.[1)] (1) Die Betreiberin bzw. der Betreiber von mittelgroßen Feuerungsanlagen hat die Einhaltung der Emissionsgrenzwerte des § 18a Abs. 2 zu überwachen. Regelmäßige Messungen sind zumindest in folgenden Zeitabständen durchzuführen:

1. bei mittelgroßen Feuerungsanlagen mit einer Feuerungswärmeleistung von mindestens 1 MW und höchstens 20 MW alle drei Jahre;
2. bei mittelgroßen Feuerungsanlagen mit einer Feuerungswärmeleistung von mehr als 20 MW jährlich.

(2) Messungen müssen nur vorgenommen werden hinsichtlich:

1. Schadstoffen, für die in diesem Gesetz in Bezug auf die betroffene Anlage ein Emissionsgrenzwert festgelegt ist;
2. CO bei allen Anlagen.

(3) Die erste Messung ist innerhalb von vier Monaten nach der Registrierung der Anlage oder dem Datum der Betriebsaufnahme durchzuführen, wobei das spätere Datum maßgebend ist.

(4) Die Probenahmen und Analysen von Schadstoffen sowie die Messungen von Prozessparametern werden auf der Grundlage von Verfahren durchgeführt, mit denen zuverlässige, repräsentative und vergleichbare Ergebnisse erzielt werden können. Bei Verfahren, die harmonisierten EN-Normen genügen, ist davon auszugehen, dass sie diese Anforderungen erfüllen. Während jeder Messung muss die Anlage unter stabilen Bestimmungen und bei einer repräsentativen gleichmäßigen Last laufen. An- und Abfahrzeiten sind in diesem Zusammenhang auszunehmen.

(5) Bei mittelgroßen Feuerungsanlagen, in denen mehrere Brennstoffe verwendet werden, werden die Emissionen während der Verfeuerung eines Brennstoffes oder Brennstoffgemischs, bei dem die höchste Emissionsmenge zu erwarten ist, in einem für normale Betriebsbedingungen repräsentativen Zeitraum überwacht.

(6) Die Betreiberin bzw. der Betreiber hat alle Überwachungsergebnisse so aufzuzeichnen und so zu verarbeiten, dass die Einhaltung der Emissionsgrenzwerte gemäß dem Folgenden überwacht werden kann:

1. **Bei regelmäßigen Messungen gelten die in § 18a genannten Emissionsgrenzwerte als eingehalten, wenn die Ergebnisse jeder einzelnen Messreihe, die nach Maßgabe der von der zuständigen Behörde festgelegten Vorschriften definiert und bestimmt wurden, die Emissionsgrenzwerte nicht überschreiten.**
2. **Bei der Berechnung der durchschnittlichen Emissionswerte bleiben die während der An- und Abfahrtszeiten gemessenen Werte unberücksichtigt.**

(7) Bei mittelgroßen Feuerungsanlagen, in denen zur Einhaltung der Emissionsgrenzwerte eine sekundäre Emissionsminderungsvorrichtung verwendet wird, führt die Betreiberin bzw. der Betreiber Aufzeichnungen hinsichtlich des effektiven kontinuierlichen Betriebs dieser Minderungsvorrichtung bzw. hält Informationen zum diesbezüglichen Nachweis bereit.

(8) Im Falle der Nichteinhaltung der in § 18a festgelegten Emissionsgrenzwerte ergreift die Betreiberin bzw. der Betreiber die erforderlichen Maßnahmen, um sicherzustellen, dass die Einhaltung der Anforderungen so schnell wie möglich wiederhergestellt wird. Die Behörde ist von dieser Nichteinhaltung unverzüglich schriftlich in Kenntnis zu setzen.

(9) Die Betreiberin bzw. der Betreiber hat der Behörde die Befunde über die durchgeführten Messungen gemäß Abs. 1 und damit die Einhaltung der Emissionsgrenzwerte gemäß § 18a nach Durchführung der Messung unverzüglich zu übermitteln.

Anmerkung

1) § 22a wurde mit Nov LGBl 2019/3 angefügt. Siehe EB zu § 20a.

Einfache Überprüfung

§ 23. (1) Soweit für Feuerungsanlagen und Blockheizkraftwerke keine umfassende Überprüfung durchzuführen ist (§ 22), sind diese spätestens innerhalb von vier Wochen nach der Inbetriebnahme und danach wiederkehrend einer einfachen Überprüfung zu unterziehen. Die wiederkehrende Überprüfung hat zu erfolgen:

1. mindestens alle vier Jahre: bei mit Gas befeuerten Feuerungsanlagen und Warmwasserbereitern mit einer Nennwärmeleistung unter 26 kW;
2. alle zwei Jahre: bei Feuerungsanlagen mit einer Nennwärmeleistung unter 50 kW und Warmwasserbereitern mit einer Nennwärmeleistung ab 26 kW, soweit diese mit standardisierten biogenen oder fossilen Brennstoffen betrieben werden;
3. jährlich:
   a) bei Feuerungsanlagen mit einer Nennwärmeleistung unter 50 kW und Warmwasserbereitern mit einer Nennwärmeleistung ab 26 kW, soweit diese mit nicht standardisierten biogenen Brennstoffen betrieben werden,
   b) bei Feuerungsanlagen mit einer Nennwärmeleistung ab 50 kW und
   c) bei Blockheizkraftwerken.

Bestehende Anlagen, für die bisher keine Verpflichtung für eine derartige Überprüfung bestand, sind spätestens innerhalb einer Frist von längstens zwei Jahren ab Inkrafttreten dieses Gesetzes einer einfachen Überprüfung zu unterziehen.

(2) Die Emissionsmessungen sind bei der einfachen Überprüfung in dem Betriebszustand durchzuführen, in dem die Anlage vorwiegend betrieben wird. Die Durchführung der Emissionsmessung hat entsprechend den Regeln der Technik für eine einfache Überprüfung zu erfolgen, wobei vorrangig die jeweiligen ÖNORMEN anzuwenden sind. Zu bestimmen sind der CO-Gehalt, der CO_2- oder O_2-Gehalt, der NO_x-Gehalt, der Gehalt an festen Bestandteilen der Verbrennungsgase, die Verbrennungsluft- und Abgastemperaturen, die Kesseltemperatur, der Förderdruck in der Abgasanlage und der Abgasverlust. Bei Feuerungsanlagen für flüssige Brennstoffe ist zusätzlich die Rußzahl zu bestimmen, bei Blockheizkraftwerken der CO- und der NO_x-Gehalt.

(3) Der Nachweis der Einhaltung des Grenzwertes für NO_x-Emissionen bei gasbetriebenen Feuerungsanlagen mit atmosphärischen Brennern gilt auch dann als erbracht, wenn die normierte NO_x-Emission bezogen auf 3 % Sauerstoff und trockenes Abgas, gemessen in max. Nennwärmeleistung, den Grenzwert für Warmwasserbereiter unterschreiten.

(4) Die Anlage gilt hinsichtlich des Wertes für den Abgasverlust für den weiteren Betrieb als geeignet, wenn das gerundete Messergebnis den

Grenzwert nicht überschreitet. Der CO- und der NO_x-Emissionsgrenzwert ist eingehalten, wenn der unter Berücksichtigung der Fehlergrenze des Messverfahrens ermittelte Beurteilungswert den Emissionsgrenzwert nicht überschreitet.

(5) Über das Ergebnis der Überprüfung gemäß Abs. 2 ist ein Prüfbericht gemäß der Anlage 2 zu erstellen. Der Prüfbericht ist der Betreiberin bzw. dem Betreiber der Anlage auszuhändigen. Diese bzw. dieser hat den Prüfbericht mindestens bis zur nächsten Überprüfung, das Prüforgan mindestens für den Zeitraum von sieben Jahren aufzubewahren. Auf Verlangen ist der Prüfbericht der Überwachungsstelle oder der zuständigen Behörde vorzulegen. Ist der Überprüfungsbefund positiv, hat das Prüforgan an der Feuerungsanlage eine Prüfplakette gemäß Anlage 4, die von der Überwachungsstelle ausgegeben wird, mit dem Datum der Überprüfung anzubringen.

(7) *entfällt (LGBl 2017/34),*

(8) *entfällt (LGBl 2017/34),*

Inspektion

§ 23a. (1) Die zugänglichen Teile der Heizungsanlage (insbesondere Wärmeerzeuger, Steuerungssystem und Umwälzpumpe) oder kombinierte Raumheizungs- und Lüftungsanlagen mit einer Nennwärmeleistung von mehr als 20 kW sind von der Betreiberin bzw. vom Betreiber regelmäßig alle zwei Jahre einer Inspektion durch eine prüfberechtigte Person gemäß § 27 zu unterziehen. Diese Inspektion hat auch die Prüfung des Wirkungsgrades und der Dimensionierung des Wärmeerzeugers im Verhältnis zum Heizbedarf des Gebäudes zu umfassen und gegebenenfalls die Fähigkeit der Heizungsanlage oder der kombinierten Raumheizungs- und Lüftungsanlage, ihre Leistung unter typischen oder durchschnittlichen Betriebsbedingungen zu optimieren, zu berücksichtigen. Wurden seit der letzten Überprüfung der betreffenden Heizungsanlage oder kombinierten Raumheizungs- und Lüftungsanlage an dieser keine Änderungen vorgenommen oder sind in Bezug auf den Wärmebedarf des Gebäudes keine Änderungen eingetreten, ist eine neuerliche Prüfung der Dimensionierung des Wärmeerzeugers nicht erforderlich.

(2) Das Ergebnis der Inspektion ist in einem Überprüfungsbefund gemäß Anlage 3 festzuhalten, wobei der Befund auch Empfehlungen für kosteneffiziente Verbesserungen der Energieeffizienz der kontrollierten Anlage zu enthalten hat. Der Befund ist der Betreiberin bzw. dem Betreiber der Anlage auszuhändigen und auch der Behörde zu übermitteln.

(3) Die Behörde hat eine Stichprobe aus allen jährlich ausgestellten Überprüfungsbefunden einer Überprüfung zu unterziehen. Diese Stichprobe muss statistisch signifikant sein.

(4) Gebäudetechnische Systeme, die ausdrücklich unter ein vereinbartes Kriterium für die Gesamtenergieeffizienz oder eine vertragliche Abmachung mit einem vereinbarten Niveau der Energieeffizienzverbesserung wie Energieleistungsverträge fallen oder die von einem Versorgungsunternehmen oder einem Netzbetreiber betrieben werden und demnach systemseitigen Maßnahmen zur Überwachung der Effizienz unterliegen, sind von den Anforderungen gemäß Abs. 1 ausgenommen, falls die Gesamtauswirkungen eines solchen Ansatzes denen, die bei Anwendung von Abs. 1 entstehen, gleichwertig sind.

(5) Die in Abs. 1 festgelegte Überprüfung muss dann nicht durchgeführt werden, wenn die Kriterien des § 14b eingehalten werden.

Außerordentliche Überprüfung

§ 24. (1) Einer außerordentlichen Überprüfung sind Feuerungsanlagen und Blockheizkraftwerke zu unterziehen, wenn

1. der Kessel oder der Brenner der Anlage ausgetauscht, ein Brennstoffwechsel durchgeführt oder bei Feuerungsanlagen für feste Brennstoffe die Art der Beschickung geändert wird, oder
2. deutliche äußere Anzeichen (z.B. starke Rauchentwicklung) für das Vorliegen einer Störung der Anlage festgestellt werden, die ein Nichteinhalten der im 5. Abschnitt festgelegten Grenzwerte vermuten lassen.

(2) Die außerordentliche Überprüfung hat im Fall des Abs. 1 Z 1 innerhalb von vier Wochen nach der Änderung, im Fall des Abs. 1 Z 2 unverzüglich zu erfolgen. Der Umfang der außerordentlichen Überprüfung hat zumindest der einer einfachen Überprüfung gemäß § 23 zu entsprechen.

Mängelbehebung und Sanierung

§ 25. (1) Bei den Überprüfungen gemäß §§ 22 bis 24 festgestellte Mängel sind der Betreiberin bzw. dem Betreiber der Anlage unverzüglich bekanntzugeben. Werden diese nicht sofort vom Prüforgan im Rahmen der Überprüfung befugterweise behoben, sind die Mängel und die Frist zu deren Behebung im Prüfbericht zu vermerken.

(2) Mängel, die die Zulässigkeit des Inverkehrbringens von Kleinfeuerungen betreffen, sind der Behörde unter Anschluss des Prüfprotokolls gesondert bekanntzugeben.

(3) Werden die Grenzwerte gemäß dem 5. Abschnitt nicht eingehalten, ist die Feuerungsanlage oder das Blockheizkraftwerk innerhalb von längstens acht Wochen ab dem Zeitpunkt der Feststellung dieses Mangels zu sanieren. Diese Frist verlängert sich, falls die Behebung des Mangels nicht durch eine Wartung oder Reparatur erfolgen kann und es zu keinen unzumutbaren Belästigungen kommt:

1. auf höchstens zwei Jahre, wenn für die Sanierung die Anlage ganz oder ein wesentlicher Bauteil davon erneuert werden muss;

2. auf höchstens fünf Jahre, wenn

a) die Emissionsgrenzwerte um nicht mehr als 100 % und die Abgasverluste um nicht mehr als 20 % überschritten werden und

b) für die Sanierung die Anlage ganz oder ein wesentlicher Bauteil davon erneuert werden muss.

(4) Andere als unter die Abs. 2 und 3 fallende Mängel der Anlage sind von der Betreiberin bzw. vom Betreiber der Anlage binnen angemessener, vom Prüforgan festzusetzender Frist beheben zu lassen.

(5) Nach Behebung der Mängel der Anlage ist diese innerhalb von vier Wochen einer neuerlichen Überprüfung gemäß § 23 zu unterziehen. Der Umfang der Überprüfung hat dabei insbesondere die behobenen Mängel zu umfassen.

(EB zu LGBl 2016/14)

Abs. 3 unterscheidet weiter, ob der Mangel schon durch entsprechende Wartung oder Reparatur behoben werden kann. Ist dies der Fall, so ist der Mangel innerhalb längstens acht Wochen zu sanieren. Ist dies nicht der Fall, muss die Anlage also ganz oder teilweise erneuert werden, erstreckt sich die Frist auf zwei bzw. fünf Jahre. Nach Durchführung der Mängelbehebung ist die Anlage einer neuerlichen Überprüfung zu unterziehen. Der Prüfumfang hat dabei zumindest die behobenen Mängel zu umfassen. Auch bei dieser Prüfung ist ein Prüfbericht zu erstellen, der der verfügungsberechtigten Person zur Kenntnis zu bringen ist.

Überwachung

§ 26. (1) Die Überwachungsstelle hat die Durchführung der Überprüfung gemäß den §§ 22, 23 und 24 zu kontrollieren. Sie kann bei Feuerungsanlagen, die der Verfeuerung von festen Brennstoffen dienen, einmal jährlich anlässlich einer Kehrung der Abgasanlage das Brennstofflager in Bezug auf die Zulässigkeit der dort gelagerten Brennstoffe in Augenschein nehmen.

(2) Die Überwachungsstelle hat der Behörde unverzüglich anzuzeigen:

1. wenn nach Ablauf des gesetzlich festgelegten Überprüfungszeitraumes die Überprüfung verweigert wird;

2. wenn die bei einer Überprüfung festgestellten Mängel nicht fristgerecht behoben worden sind;

3. wenn unzulässige Brenn- und Kraftstoffe verfeuert werden oder augenscheinlich zum Zweck des Verfeuerns in der Heizungsanlage vorbereitet sind.

(3) Die Behörde hat bei festgestellten Verstößen gemäß Abs. 2 deren Abstellung aufzutragen oder der zur Beseitigung der Missstände sonst zuständigen Stelle Mitteilung zu machen. Bei fruchtlosem Ablauf der Frist zur Behebung von Mängeln gemäß § 25 Abs. 3 ist die Stilllegung der Anlage aufzutragen. Genauso ist zu verfahren, wenn bei dem Inverkehrbringen von Kleinfeuerungen die Grenzwerte gemäß dem 2. Abschnitt nicht eingehalten werden und eine neuerliche umfassende Überprüfung zu keinem anderen Ergebnis führt.

(4) Die Behörde hat auch bei außerhalb von Überprüfungen festgestellten Verstößen gegen Bestimmungen dieses Gesetzes deren Abstellung durch entsprechende Anordnungen aufzutragen. Brennstoffe, die nach den Bestimmungen dieses Gesetzes und der auf diesem basierenden Verordnung in bestimmten Feuerungsanlagen nicht verfeuert werden dürfen, augenscheinlich aber zum Zweck des Verfeuerns in einer solchen vorbereitet werden, sind von den Betreiberinnen und Betreibern auf Auftrag der Behörde nachweislich sachgerecht zu entsorgen.

(5) Aufträge der Behörde nach den Absätzen 3 und 4 haben in Bescheidform zu ergehen.

8. Abschnitt
Prüfberechtigte

Fachliche Qualifikation für die Durchführung von Überprüfungen

§ 27. (1) Zur Durchführung von einfachen Überprüfungen an Feuerungsanlagen und Blockheizkraftwerken (§ 23) dürfen außer den amtlichen Sachverständigen nur folgende Fachunternehmen oder -personen herangezogen werden:

1. Gewerbetreibende, die im Rahmen ihrer Gewerbeberechtigung zur Errichtung, Änderung oder Instandsetzung der Feuerungsanlagen oder zur Durchführung von Wartungen, Untersuchungen, Überprüfungen oder Messungen an den Feuerungsanlagen befugt sind;
2. Ziviltechnikerinnen sowie Ziviltechniker mit einschlägiger Befugnis;
3. akkreditierte Überwachungs- oder Prüfstellen.

(2) Zur Durchführung von umfassenden Überprüfungen (§ 22) dürfen außer den amtlichen Sachverständigen nur Fachunternehmen oder -personen herangezogen werden, die die Voraussetzungen des § 34 Emissionsschutzgesetz für Kesselanlagen 2013, BGBl. I Nr. 127/2013, erfüllen.

(3) Fachunternehmen und -personen können sich zur Erfüllung der ihnen übertragenen Aufgaben ihrer entsprechend befähigten Arbeitnehmerinnen oder Arbeitnehmer als Prüforgane bedienen; sie bleiben jedoch für die sachgemäße Durchführung dieser Aufgaben verantwortlich.

(4) Personen von Fachunternehmen oder Fachpersonen, die die Überprüfung durchführen (Prüforgane), müssen besondere Kenntnisse bzw. Grundkenntnisse auf folgenden Gebieten nachweisen können:

1. die Durchführung von Emissions- und Abgasmessungen sowie Prüfungen entsprechend den einschlägigen technischen Richtlinien einschließlich die Funktion und die Wartungserfordernisse von Messgeräten;
2. Feuerungstechnik und Emissionsfragen (Grundkenntnisse);
3. die einschlägigen Rechtsvorschriften (Grundkenntnisse).

(5) Personen, die nach den bisher geltenden Vorschriften zum Überprüfungsorgan bestellt wurden und die Anforderungen des Abs. 1 erfüllen, haben binnen einem Jahr nach Inkrafttreten dieses Gesetzes um die Zuteilung einer Prüfnummer gemäß § 28 Abs. 1 anzusuchen. Während dieser Zeit können sie weiter als Überprüfungsorgan tätig sein.

(6) Personen, die nach den bisher geltenden Vorschriften zum Überprüfungsorgan bestellt wurden und die Anforderungen der Abs. 1 und 2 nicht erfüllen, können diese Tätigkeit für die Dauer von einem Jahr nach Inkrafttreten dieses Gesetzes weiterhin ausüben.

Prüfnummer, Qualitätssicherung

§ 28. (1) Die Berechtigung von Fachunternehmen und -personen gemäß § 27 Abs. 1 zur einfachen Überprüfung von Feuerungsanlagen und Blockheizkraftwerken setzt die Zuteilung einer Prüfnummer an das Fachunternehmen bzw. die Fachperson durch den Magistrat voraus, wobei die Behörde die Prüfnummer bei Erbringung des Nachweises der fachlichen Qualifikation bzw. der Bestellung in einem anderen Bundesland mit Bescheid an das Fachunternehmen bzw. die Fachperson zuzuteilen hat. Die Prüfnummer besteht aus einer Länderzuordnung und einer fortlaufenden Nummer. Der Magistrat ist berechtigt, zum Zweck der Kundeninformation den Namen, die Prüfnummer, die Anschrift, die Telefonnummer, die E-Mail-Adresse und die Adresse einer eventuell vorhandenen Homepage automationsunterstützt zu verwenden und als elektronisches Verzeichnis im Internet zu veröffentlichen.

(2) Prüfberechtigungen, die von anderen Bundesländern ausgestellt sind, werden in Wien anerkannt.

(3) Die Überprüfung von Feuerungsanlagen und Blockheizkraftwerken darf nur in unabhängiger Weise durch Fachunternehmen oder Fachpersonen erfolgen, die zur Betreiberin bzw. zum Betreiber der Anlage in keinem Abhängigkeitsverhältnis stehen.

(4) Die zur Überprüfung von Feuerungsanlagen und Blockheizkraftwerken berechtigten Fachunternehmen und -personen haben sich mit den nötigen

Geräten und Einrichtungen auszustatten und dafür zu sorgen, dass ihre Prüforgane sich hinsichtlich der erforderlichen Kenntnisse und Fähigkeiten stets auf dem Laufenden halten, die Überprüfungen sorgfältig und gewissenhaft vornehmen und darüber Aufzeichnungen führen. Prüforgane haben hinsichtlich der Kenntnisse gemäß § 27 Abs. 4 entsprechende Schulungen in Abständen von längstens fünf Jahren zu absolvieren.

(5) Prüforgane müssen ihre Kenntnisse nach § 27 Abs. 4 auf Grund von Zeugnissen über die erfolgreiche Absolvierung einer entsprechenden Ausbildung oder Schulung nachweisen können. Zeugnisse und sonstige Nachweise werden nur anerkannt, wenn die Prüfung von einem unabhängigen Prüfer oder von einem Amtsorgan abgenommen worden ist oder wenn die Schulungsstelle einem Qualitätssicherungssystem unterliegt, das sicherstellt, dass der jeweils gültige Stand der Technik in den unterschiedlichen Feuerungstechnologien sowie die einschlägigen neuen technischen Richtlinien und Rechtsvorschriften Bestandteil der jeweiligen Schulungen sind. Der Umfang der erstmaligen Schulung in Schulungsstellen mit einem Qualitätssicherungssystem muss mindestens 40 Lehrstunden zu je 45 Minuten betragen. Auf Verlangen sind der zuständigen Behörde Unterlagen, aus denen die Erfüllung dieser Anforderungen hervorgeht, vorzulegen.

(6) Prüforgane, die eine entsprechende Ausbildung oder Schulung bei einem Hersteller von Feuerungsanlagen oder Blockheizkraftwerken absolviert haben, dürfen Messungen nur an Feuerungsanlagen und Blockheizkraftwerken aus dem jeweiligen Produktbereich durchführen.

(7) Die bei Überprüfungen eingesetzten Messgeräte sind vor ihrem erstmaligen Einsatz und sodann in Abständen von längstens zwölf Monaten auf ihre Eignung und Messgenauigkeit überprüfen zu lassen. Die Überprüfung der Messgeräte hat gemäß dem Stand der Technik zu erfolgen. Bei Erfüllen der Anforderungen sind am Messgerät eine von der Behörde zu vergebende Messgerätenummer und das Datum der nächsten Prüfung deutlich sichtbar anzubringen. Die Prüfberichte sind zumindest drei Jahre lang aufzubewahren.

(8) Auf Verlangen sind der Behörde Unterlagen, aus denen die Erfüllung der fachlichen und qualitätssichernden Anforderungen für die Durchführung der Überprüfungen hervorgeht, vorzulegen und entsprechende Auskünfte zu erteilen.

(9) Bei festgestellten Verstößen hinsichtlich der fachlichen und qualitätssichernden Anforderungen kann die Behörde nach Einräumung einer angemessenen Frist zur Rechtfertigung und zur allfälligen Mängelbehebung einem Fachunternehmen bzw. einer Fachperson die Prüfnummer bis zur Behebung der Mängel mit Bescheid entziehen, wenn die Entziehung im Hinblick auf die festgestellten Verstöße nicht unverhältnismäßig ist.

(10) Die Behörde hat einem Fachunternehmen bzw. einer Fachperson die Prüfnummer auf Dauer mit Bescheid zu entziehen,

1. **wenn das Fachunternehmen bzw. die Fachperson dies beantragt, oder**
2. **wenn eine der Voraussetzungen für die Zuteilung nicht mehr vorliegt, oder**
3. **wenn das Fachunternehmen bzw. die Fachperson wegen Verletzung der Bestimmungen dieses Gesetzes oder aufgrund dieses Gesetzes ergangenen Verordnungen rechtskräftig bestraft worden ist und die Entziehung im Hinblick auf die Verwaltungsübertretung nicht unverhältnismäßig ist, oder**
4. **bei besonders schwer wiegenden festgestellten Verstößen hinsichtlich der fachlichen und qualitätssichernden Anforderungen nach Einräumung einer angemessenen Frist zur Rechtfertigung und zur allfälligen Mängelbehebung, wenn die Entziehung im Hinblick auf die festgestellten Verstöße nicht unverhältnismäßig ist.**

Eine Entziehung in den Fällen der Z 1 und 2 hindert nicht die neuerliche Zuteilung einer Prüfnummer bei Vorliegen der Voraussetzungen des § 27 Abs. 1.

(11) Die Behörde hat

1. **die Entziehung bei dem von der Entziehung auf Zeit (Abs. 9) betroffenen Fachunternehmen bzw. der Fachperson im elektronischen Verzeichnis für die Dauer der Entziehung zu vermerken,**
2. **das von der Entziehung auf Dauer (Abs. 10) betroffene Fachunternehmen bzw. die Fachperson unverzüglich aus dem elektronischen Verzeichnis zu streichen.**

(EB zu LGBl 2019/3)

In Durchführung der Datenschutz-Grundverordnung (DSGVO) erfolgt hier (**Abs 1**) die Konkretisierung, welche Daten veröffentlicht werden und zu welchem Zweck.

Anerkennung ausländischer Berufsqualifikationen

§ 29.[1] **(1) Die fachliche Befähigung ist durch die Vorlage eines Nachweises im Sinne der Art. 11 bis 20 der Richtlinie 2005/36/EG i.d.F. der Richtlinie 2013/55/EU zu belegen.**

(2) Jeder Ausbildungsnachweis und jede Gesamtheit von Befähigungsnachweisen, die von einer zuständigen Behörde in einem Mitgliedstaat ausgestellt wurden, sind den in Abs. 1 angeführten Nachweisen gleichgestellt, sofern sie eine in der Europäischen Union erworbene Ausbildung abschließen, von diesem Mitgliedstaat als gleichwertig anerkannt werden und in Bezug auf die Aufnahme oder Ausübung einer unter § 27 Abs. 1

genannten Tätigkeit dieselben Rechte verleihen oder auf die Ausübung eines in § 27 Abs. 1 genannten Berufs vorbereiten.

(3) Insbesondere in folgenden Fällen ist die geltend gemachte Berufsqualifikation gemäß § 27 Abs. 1 Z 2 gemäß § 6 Ziviltechnikergesetz 1993, BGBl. Nr. 156/1994 i.d.F. BGBl. I Nr. 50/2016, nicht gleichwertig:

1. wenn sich die geltend gemachte Ausbildung auf Fächer bezieht, die sich wesentlich von den nach dem Ziviltechnikergesetz 1993, BGBl. Nr. 156/1994 i.d.F. BGBl. I Nr. 50/2016, vorgeschriebenen Ausbildungsnachweisen unterscheiden oder
2. wenn die gemäß § 4 Abs. 1, 2 und 3 Ziviltechnikergesetz 1993, BGBl. Nr. 156/1994 i.d.F. BGBl. I Nr. 50/2016, zum Befugnisumfang eines Ingenieurkonsulenten gehörenden Leistungen im Herkunftsmitgliedstaat der Antragstellerin oder des Antragstellers nicht Bestandteil des entsprechenden reglementierten Berufs sind und wenn dieser Unterschied in einer besonderen Ausbildung nach den Bestimmungen des Ziviltechnikergesetzes 1993, BGBl. Nr. 156/1994 i.d.F. BGBl. I Nr. 50/2016, besteht.

(4) Bei mangelnder Gleichwertigkeit der geltend gemachten Berufsqualifikation gemäß § 6 Ziviltechnikergesetz 1993, BGBl. Nr. 156/1994 i.d.F. BGBl. I Nr. 50/2016, ist gemäß § 36 Abs. 4 bis 6 Ziviltechnikergesetz 1993, BGBl. Nr. 156/1994 i.d.F. BGBl. I Nr. 50/2016, vorzugehen.

Anmerkung

1) § 29 wurde mit Nov LGBl 2019/3 neu gefasst.

9. Abschnitt
Klimaanlagen
Wiederkehrende Überprüfung von Klimaanlagen

§ 30. (1) Zugängliche Teile von Klimaanlagen oder kombinierte Klima- und Lüftungsanlagen mit einer Nennleistung von mehr als 12 kW sind von der Betreiberin bzw. vom Betreiber durch eine fachkundige Person (§ 31) ab der erstmaligen Verwendung alle drei Jahre gemäß Abs. 2 und alle zwölf Jahre gemäß Abs. 3 überprüfen zu lassen. Die Betreiberin bzw. der Betreiber einer Anlage ist verpflichtet, ein Anlagenprotokoll der Kälteanlage auf dem laufenden Stand zu halten und der prüfenden Person sowie der Behörde auf Verlangen vorzulegen.

(2) Die alle drei Jahre durchzuführende Überprüfung ist nach dem Stand der Technik durchzuführen und hat folgende Leistungen zu umfassen:

1. Sichtprüfung;

2. Funktionsprüfung und Einstellung der verschiedenen Regeleinrichtungen, insbesondere die Einstellung der Regelthermostate sowie der Druckschalter für die Kondensatoren (Optimierung der Regelung des Kondensationsdruckes);
3. Reinigung der Filtersysteme und der Wärmetauscher wie Verdampfer und Kondensatoren;
4. Erhebung grundlegender Anlagedaten, z.B. Kältemittel, Baujahr, Kälteleistung, direktes oder indirektes System, Systemintegration in einer Lüftungsanlage;
5. Untersuchung der Übereinstimmung der Anlage mit ihrem Zustand zum Zeitpunkt der Inbetriebnahme und Dokumentation späterer Änderungen, Untersuchung der tatsächlichen Anforderungen hinsichtlich des Kühlbedarfes und des aktuellen Gebäudezustandes;
6. Prüfung des ordnungsgemäßen Funktionierens der Anlage durch:
   a) Prüfung der Bestandsunterlagen und Dokumentationen,
   b) Prüfung der Kälteverdichter auf Funktion, Verschleiß und Dichtheit,
   c) Inspektion der Wirksamkeit der Wärmeabführung im Freien (z.B. luftgekühlte Kondensatoren),
   d) Inspektion der Wirksamkeit der Wärmeaustauscher (Verdampfer bzw. analog dazu Kaltwasser – Kälteträger / Luftkühler) in der Kälteanlage,
   e) Inspektion der Systeme für gekühlte Luft und Luft aus unabhängiger Lüftung in behandelten Räumen,
   f) Inspektion der Systeme für gekühlte Luft und Luft aus unabhängiger Lüftung an Lüftungsgeräten und zugehörigen Luftleitungen,
   g) Inspektion der Systeme für gekühlte Luft und Luft aus unabhängiger Lüftung an Lüftungsgeräten an Außenlufteinlässen;
7. Funktions- und Anschlussprüfung der verschiedenen Bauteile;
8. Überprüfung der erforderlichen Kältemittelfüllmenge in einem bedungenen Betriebspunkt und zusätzliche Prüfung der Kälteanlagen auf Undichtheit;
9. Prüfung der Anlagendimensionierung im Verhältnis zum Kühlbedarf des Gebäudes, wobei diese Prüfung nicht wiederholt werden muss, wenn in der Zwischenzeit an der betreffenden Klimaanlage keine Änderungen vorgenommen wurden und in Bezug auf den Kühlbedarf des Gebäudes keine Änderungen eingetreten sind.

(3) Die alle zwölf Jahre durchzuführende Überprüfung hat zusätzlich zur Überprüfung nach Abs. 2 folgende Leistungen zu umfassen:

1. Messung der Stromaufnahme;
2. Wirkungsgradermittlung der installierten Anlage unter Berücksichtigung des eingesetzten Systems;

3. Ausarbeitung von Vorschlägen zur Verringerung des Kühlbedarfs des Gebäudes bzw. des räumlich zusammenhängenden Verantwortungsbereiches;
4. Ausarbeitung von Vorschlägen zur Verbesserung der Anlageneffizienz in den einzelnen Stufen:
   a) Bereitstellung der Energie,
   b) Verteilung,
   c) Abgabe (direkt oder indirekt).

(4) Die fachkundige Person hat einen Überprüfungsbefund auszustellen und diesen auch der Behörde zu übermitteln. Dieser Befund hat hinsichtlich der Überprüfung

1. nach Abs. 2 Angaben zum überprüften Gebäude, zur prüfenden Person, zu den überprüften Anlagen, zu den Messergebnissen, zum Gesamtenergieverbrauch, zur Energieeffizienz der Anlage, zu der zum Erreichen des gewünschten Innenraumklimas erforderlichen Luftmenge der Anlage bei integrierter Lüftung, die Liste der bereitgestellten Unterlagen sowie festgestellte Mängel, empfohlene Maßnahmen, durchgeführte Wartungen der Geräte, Eignung der installierten Regeleinrichtungen, deren Einstellungen, unterbreitete Verbesserungsvorschläge, Alternativlösungen und eine Zusammenfassung der Ergebnisse und Empfehlungen der Überprüfung zu enthalten,
2. nach Abs. 3 zusätzlich zu den Angaben des Überprüfungsbefundes für die Überprüfung nach Abs. 2 Angaben zu den Messergebnissen, zum Gesamtenergiebedarf, zur Energieeffizienz der Anlage und zu Alternativlösungen, Empfehlungen für kosteneffiziente Verbesserungen der Energieeffizienz der überprüften Klimaanlage sowie eine Zusammenfassung der Ergebnisse und Empfehlungen der Überprüfung zu enthalten.

(5) Die Behörde hat eine Stichprobe aus allen jährlich ausgestellten Überprüfungsbefunden einer Überprüfung zu unterziehen. Diese Stichprobe muss statistisch signifikant sein.

(6) Gebäudetechnische Systeme, die ausdrücklich unter ein vereinbartes Kriterium für die Gesamtenergieeffizienz oder eine vertragliche Abmachung mit einem vereinbarten Niveau der Energieeffizienzverbesserung wie Energieleistungsverträge fallen oder die von einem Versorgungsunternehmen oder einem Netzbetreiber betrieben werden und demnach systemseitigen Maßnahmen zur Überwachung der Effizienz unterliegen, sind von den Anforderungen gemäß Abs. 2 Z 9 ausgenommen, falls die Gesamtauswirkungen eines solchen Ansatzes denen, die bei Anwendung von Abs. 2 Z 9 entstehen, gleichwertig sind.

(7) Die in Abs. 1 festgelegten Überprüfungen müssen dann nicht durchgeführt werden, wenn die Kriterien des § 31a eingehalten werden.

(EB zu LGBl 2016/14)

Diese Bestimmung entspricht dem bisherigen § 14a des WFLKG.

(EB zu LGBl 2021/37)

In Art. 15 Abs. 1 der RL (EU) 2018/844 wurden die kombinierten Klima- und Lüftungsanlagen aufgenommen. § 30 **Abs. 1** war dementsprechend anzupassen. Obwohl die RL nunmehr vorsieht, dass Klimaanlagen und kombinierte Klima- und Lüftungsanlagen mit einer Nennleistung von mehr als 70 kW regelmäßig zu inspizieren sind, wurde der Wert von mehr als 12 kW aus Klimaschutzgründen beibehalten.

Art. 15 Abs. 2 der RL wird im neuen § 30 **Abs. 6** umgesetzt. Unter einem „**vereinbarten Kriterium für die Gesamtenergieeffizienz**" sind Verträge zur Installation einer gesamten Anlage, die bessere Werte aufweist als dies gesetzlich erforderlich wäre, zu verstehen. Bei den Versorgungsunternehmen oder Netzbetreibern kann es sich beispielweise um Strom- oder Fernwärmeversorgungsunternehmen bzw. -netzbetreiber handeln.

Art. 15 Abs. 6 der RL regelt, wann die Anforderungen des Art. 15 Abs. 4 und 5 RL nicht gelten. Dies wurde im neuen § 30 **Abs. 7** umgesetzt.

Fachkundige Personen

§ 31. (1) Fachkundige Personen für die Durchführung der Überprüfung von Klimaanlagen (§ 30) müssen über die dafür erforderlichen Kenntnisse verfügen. Über die erforderlichen Kenntnisse verfügen folgende Personen bzw. Stellen:

1. **mit der Befähigung zur Ausübung des verbundenen Handwerks Heizungstechnik; Lüftungstechnik (§ 94 Z 31 GewO 1994, BGBl. Nr. 194/1994 in der Fassung BGBl. I Nr. 120/2016),**
2. **mit der Befähigung zur Ausübung des Gewerbes Kälte- und Klimatechnik (§ 94 Z 37 GewO 1994, BGBl. Nr. 194/1994 in der Fassung BGBl. I Nr. 120/2016),**
3. **Ziviltechnikerinnen und Ziviltechniker im Rahmen ihrer Befugnisse,**
4. **akkreditierte oder benannte Stellen im Rahmen des fachlichen Umfanges ihrer Akkreditierung,**
5. **mit der Befähigung zur Ausübung des Gewerbes Ingenieurbüros (Beratende Ingenieure) gemäß § 94 Z 69 GewO 1994, BGBl. Nr. 194/1994 in der Fassung BGBl I Nr. 32/2018.**

(2) Die Kenntnisse fachkundiger Personen haben außerdem jedenfalls zu umfassen:

1. **die Kenntnisse dieses Gesetzes und der auf Grund dieses Gesetzes ergangenen Verordnungen sowie der einschlägigen Normen,**
2. **Kenntnisse über Kälte- und Klimatechnik und Kühllastberechnungen.**

(3) Soweit der Nachweis der erforderlichen Kenntnisse nicht durch Befugnisse bzw. Zeugnisse nach Abs. 1 erbracht werden kann, ist er durch Diplome, Prüfungszeugnisse oder sonstige Befähigungsnachweise zu erbringen, wenn durch sie der Abschluss einer gleichartigen Ausbildung an einer anderen Ausbildungseinrichtung mit gleichwertigem Niveau nachgewiesen wird. Jeder Ausbildungsnachweis und jede Gesamtheit von Befähigungsnachweisen, die von einer zuständigen Behörde in einem Mitgliedstaat ausgestellt wurden, sind den in Abs. 1 angeführten Ausbildungsnachweisen gleichgestellt, sofern sie eine in der Europäischen Union erworbene Ausbildung abschließen und von diesem Mitgliedstaat als gleichwertig anerkannt werden und in Bezug auf die Aufnahme oder Ausübung einer unter § 27 Abs. 1 genannten Tätigkeit dieselben Rechte verleihen oder auf die Ausübung eines in § 27 Abs. 1 genannten Berufs vorbereiten.[1]

(4) Insbesondere in folgenden Fällen ist die geltend gemachte Berufsqualifikation gemäß Abs. 1 Z 3 gemäß § 6 Ziviltechnikergesetz 1993, BGBl. Nr. 156/1994 i.d.F. BGBl. I Nr. 50/2016, nicht gleichwertig:

1. **wenn sich die geltend gemachte Ausbildung auf Fächer bezieht, die sich wesentlich von den nach dem Ziviltechnikergesetz 1993, BGBl. Nr. 156/1994 i.d.F. BGBl. I Nr. 50/2016, vorgeschriebenen Ausbildungsnachweisen unterscheiden oder**
2. **wenn die gemäß § 4 Abs. 1, 2 und 3 Ziviltechnikergesetz 1993, BGBl. Nr. 156/1994 i.d.F. BGBl. I Nr. 50/2016, zum Befugnisumfang eines Ingenieurkonsulenten gehörenden Leistungen im Herkunftsmitgliedstaat der Antragstellerin oder des Antragstellers nicht Bestandteil des entsprechenden reglementierten Berufs sind und wenn dieser Unterschied in einer besonderen Ausbildung nach den Bestimmungen des Ziviltechnikergesetzes 1993, BGBl. Nr. 156/1994 i.d.F. BGBl. I Nr. 50/2016, besteht.**

(5) Bei mangelnder Gleichwertigkeit der geltend gemachten Berufsqualifikation zur fachlichen Befähigung gemäß § 6 Ziviltechnikergesetz 1993, BGBl. Nr. 156/1994 i.d.F. BGBl. I Nr. 9/2008, ist gemäß § 36 Abs. 4 bis 6 Ziviltechnikergesetz 1993, BGBl. Nr. 156/1994 i.d.F. BGBl. I Nr. 9/2008, vorzugehen.

(EB zu LGBl 2016/14)

Diese Bestimmung entspricht im Wesentlichen dem bisherigen § 15f Abs. 6 WFLKG.

Anmerkung

1) Abs 3 bis 5 wurden mit Nov LGBl 2019/3 neu gefasst bzw angefügt.

Energieeffizienzanforderungen nach der Richtlinie (EU) 2018/844 hinsichtlich Klimaanlagen

§ 31a. (1) In Nichtwohngebäuden müssen Klimaanlagen oder kombinierte Klima- und Lüftungsanlagen mit einer Nennleistung von mehr als 290 kW von der Gebäudeeigentümerin bzw. dem Gebäudeeigentümer bis zum 31.12.2025 mit Systemen für die Gebäudeautomatisierung und -steuerung ausgerüstet werden, sofern dies technisch und wirtschaftlich realisierbar ist.

(2) Die Systeme für die Gebäudeautomatisierung und -steuerung müssen in der Lage sein,

1. den Energieverbrauch kontinuierlich zu überwachen, zu protokollieren, zu analysieren und dessen Anpassung zu ermöglichen,
2. Benchmarks in Bezug auf die Energieeffizienz des Gebäudes aufzustellen, Effizienzverluste von gebäudetechnischen Systemen zu erkennen und die für die Einrichtungen oder das gebäudetechnische Management zuständige Person über mögliche Verbesserungen der Energieeffizienz zu informieren, und
3. die Kommunikation zwischen miteinander verbundenen gebäudetechnischen Systemen und anderen Anwendungen innerhalb des Gebäudes zu ermöglichen und gemeinsam mit anderen Typen gebäudetechnischer Systeme betrieben zu werden, auch bei unterschiedlichen herstellereigenen Technologien, Geräten und Herstellern.

(3) Die wirtschaftliche Realisierbarkeit ist dann gegeben, wenn die Kosten für die Ausrüstung mit Systemen für die Gebäudeautomatisierung und -steuerung geringer sind als die dadurch zu erwartenden monetäre Einsparungen unter Berücksichtigung der erwarteten Lebenszeit.

(4) Wohngebäude können ausgerüstet werden mit:

1. einer kontinuierlichen elektronischen Überwachungsfunktion, die die Effizienz des Systems misst und die Eigentümerin bzw. den Eigentümer oder die Verwalterin bzw. den Verwalter des Gebäudes darüber informiert, wenn die Effizienz erheblich nachgelassen hat und eine Wartung des Systems erforderlich ist, und
2. wirksamen Steuerungsfunktionen zur Gewährleistung der optimalen Erzeugung, Verteilung, Speicherung und Nutzung der Energie.

(5) Die Installation bzw. die Nicht-Installation wegen mangelnder technischer oder wirtschaftlicher Realisierbarkeit ist der Behörde von der Gebäudeeigentümerin bzw. dem Gebäudeeigentümer bis zum 31.12.2025 anzuzeigen. Die mangelnde technische oder wirtschaftliche Realisierbarkeit ist in der Anzeige zu belegen. Sollte dieser Beleg nicht erfolgen bzw. unschlüssige, unvollständige oder nicht tragfähige Angaben über die techni-

sche oder wirtschaftliche Realisierbarkeit enthalten, so hat die Behörde die Gebäudeeigentümerin bzw. den Gebäudeeigentümer aufzufordern, binnen einer angemessenen Frist diesen Beleg zu erbringen bzw. zu verbessern. Erfolgt die Erbringung bzw. Verbesserung seitens der Gebäudeeigentümerin bzw. des Gebäudeeigentümers innerhalb der gesetzten Frist nicht oder nicht entsprechend, so ist von einer technischen und wirtschaftlichen Realisierbarkeit auszugehen und der Einbau von Systemen für die Gebäudeautomatisierung und -steuerung im Sinne des Abs. 1 bescheidmäßig vorzuschreiben.

(EB zu LGBl 2021/37)

Gemäß Art. 15 Abs. 4 der RL (EU) 2018/844 haben die Mitgliedstaaten Anforderungen festzulegen, um sicherzustellen, dass Nichtwohngebäude mit einer Klimaanlage oder einer kombinierten Klima- und Lüftungsanlage mit einer Nennwärmeleistung von mehr als 290 kW bis zum Jahr 2025 mit Systemen für die Gebäudeautomatisierung und -steuerung ausgerüstet werden, sofern dies technisch und wirtschaftlich realisierbar ist.

Dies wird mit **§ 31a Abs. 1 und 2** umgesetzt. Da die RL kein genaues Datum festsetzt, wurde auf die Empfehlung (EU) 2019/1019 der Kommission vom 07.06.2019 zur Modernisierung von Gebäuden zurückgegriffen. In Punkt 2.2.4. wird festgehalten, dass die Systeme für die Gebäudeautomatisierung und -steuerung bis zum 31.12.2025 zu erfolgen hat.

Die Festlegung der wirtschaftlichen Realisierbarkeit erfolgt in § 31a **Abs. 3**. Sie orientiert sich an § 14b Abs. 3.

Gemäß Art. 15 Abs. 5 der RL können die Mitgliedstaaten Anforderungen festlegen, um sicherzustellen, dass Wohngebäude mit einer kontinuierlichen elektronischen Überwachungsfunktion zur Messung der Effizienz des Systems und zur Fehlererkennung sowie mit wirksamen Steuerungsfunktionen zur optimalen Erzeugung, Verteilung, Speicherung und Nutzung von Energie ausgerüstet sind.

Dies wurde in § 31a **Abs. 4** umgesetzt, um die Ausnahmen des Art. 15 Abs. 6 der RL nutzen zu können, der eine sogenannte Kann-Bestimmung ist. Werden Wohngebäude mit einer kontinuierlichen elektronischen Überwachungsfunktion sowie mit wirksamen Steuerungsfunktionen ausgestattet, entfällt gemäß § 30 **Abs. 7** die Verpflichtung zur Durchführung der regelmäßigen Inspektionen gemäß § 30 Abs. 1.

In § 31a **Abs. 5** wird festgehalten, dass der Behörde die Installation bzw. Nicht-Installation anzuzeigen ist, wobei im zweiteren Fall die mangelnde technische oder wirtschaftliche Realisierbarkeit zu belegen ist. Erfolgt der Beleg nicht oder nicht entsprechend, so hat die Behörde einen Verbesserungsauftrag unter Setzung einer angemessenen Frist zu erteilen. Sollte diesem Auftrag nicht oder nicht entsprechend nachgekommen werden, so ist von einer technischen und wirtschaftlichen Realisierbarkeit auszugehen und bescheidmäßig der Einbau von Systemen für die Gebäudeautomatisierung und -steuerung vorzuschreiben.

Diese Anzeige hat bis zum 31.12.2025 zu erfolgen.

10. Abschnitt
Schlussbestimmungen

Verordnungsermächtigung

§ 32. Durch Verordnung der Landesregierung können Bestimmungen getroffen werden über

1. **das von den Betreiberinnen und Betreibern der Anlagen für die Überprüfungen gemäß den §§ 22 bis 24 und 30 zu leistende Entgelt, das in der Leistung angemessener, orts- und branchenüblicher Höhe anzusetzen ist; für Überprüfungen an Sonntagen und gesetzlichen Feiertagen sowie in den Nachtstunden, ebenso für das Wegzeitentgelt, darf ein angemessener Zuschlag festgesetzt werden;**
2. **die Führung eines Datenregisters durch den Magistrat zur automationsunterstützten Verarbeitung der von den Prüforganen erhobenen Daten (§ 33);**
3. **Anforderungen an Brenn- und Kraftstoffe, die in Feuerungsanlagen und Blockheizkraftwerken verfeuert werden dürfen (§ 19).**

(EB zu LGBl 2016/14)

Die VO-Ermächtigungen beziehen sich im Wesentlichen auf die zu erlassende Überprüfungsentgeltverordnung 2015 (Z 1) und die zu erlassende Brennstoffverordnung (Z 3). Mit der Z 2 wird dem Art. 22 Abs. 3 der Vereinbarung gemäß Art. 15a B-VG Rechnung getragen, demgemäß die Bundesländer die rechtlichen Voraussetzungen für eine automationsunterstützte Sammlung und Erfassung der von den Prüforganen erhobenen Daten schaffen sollen.

Verarbeitung von Daten

§ 33. (1) Der Magistrat darf folgende von den Prüforganen (§ 27 Abs. 4) im Rahmen ihrer Überprüfungstätigkeit anhand des Anlagendatenblatts (Anlage 1) und der Prüfberichte (Anlagen 2 und 3) erhobenen Daten mit Ausnahme der personenbezogenen Daten der Betreiberinnen und Betreiber automationsunterstützt verwenden:

1. **personenbezogene Daten betreffend die Firma bzw. den Namen, die Anschrift und die Befugnis der Fachunternehmen, der Fachpersonen und der Prüforgane, soweit dies zur Verfolgung eines der in Art. 8 Abs. 2 Europäische Menschenrechtskonvention, BGBl. Nr. 210/1958 in der Fassung BGBl. III Nr. 47/2010, genannten Zwecke – insbesondere zum Schutz der Gesundheit – erforderlich ist;**
2. **nicht personenbezogene Daten, soweit dies zur Verfolgung eines der folgenden Zwecke erforderlich ist:**
   a. **Statistik,**
   b. **Energiepolitik,**

c. Umwelt- und Klimaschutzpolitik,
d. Förderungspolitik,
e. Sanierungsmaßnahmen,
f. Aufgaben nach dem Immissionsschutzgesetz – Luft (IG-L), BGBl. I Nr. 115/1997 in der Fassung BGBl. I Nr. 77/2010.

(2) Jedes Fachunternehmen bzw. jede Fachpersonen ist verpflichtet, die von den Prüforganen im Rahmen ihrer Überprüfungstätigkeit anhand des Anlagendatenblatts (Anlage 1) und der Prüfberichte (Anlagen 2 und 3) erhobenen Daten mit Ausnahme der personenbezogenen Daten der Betreiberinnen und Betreiber in einem Dateiformat, das eine originalgetreue Weitergabe ermöglicht, dem Magistrat zu übermitteln. Diese Verpflichtung gilt ab Inkrafttreten einer Verordnung gemäß § 32 Z 2.

(3) Die Verordnung gemäß § 32 Z 2 hat jedenfalls zu enthalten:

1. Bestimmungen über die Errichtung und Führung des Datenregisters in organisatorischer und technischer Hinsicht;
2. Bestimmungen über die Art und Organisation der Übermittlung der Daten an den Magistrat.

Strafbestimmungen

§ 34. (1) Wer

1. entgegen den Bestimmungen des § 3 Kleinfeuerungen oder Bauteile von Kleinfeuerungen in Verkehr bringt, die die Anforderungen des 2. Abschnitts nicht erfüllen,
2. Kleinfeuerungen oder Bauteile von Kleinfeuerungen entgegen der Bestimmung des § 11a in Verkehr bringt oder in Betrieb nimmt,
3. einer Verpflichtung nach § 11i Abs. 1, § 14a Abs. 3, § 14b Abs. 5 oder § 31a Abs. 5 nicht nachkommt,
4. einem nach § 11i Abs. 5 erlassenen Bescheid nicht Folge leistet,
5. den Vorschriften der §§ 20 bis 26 und 30 dieses Gesetzes zuwiderhandelt oder die auf Grund dieses Gesetzes in Bescheiden vorgeschriebenen Bedingungen, Befristungen und Auflagen nicht einhält,
6. eine Überprüfungstätigkeit im Sinne der §§ 21 bis 25 und 30 ausübt, ohne dazu berechtigt zu sein,
7. einen gegen ihn gerichteten rechtskräftigen Auftrag (Bescheid) innerhalb der vorgeschriebenen Frist nicht erfüllt,

begeht eine Verwaltungsübertretung.

(2) Verwaltungsübertretungen nach Abs. 1 werden mit Geldstrafen bis zu 21 000 Euro bestraft; für den Fall der Uneinbringlichkeit der Geldstrafe ist eine Ersatzfreiheitsstrafe bis zu sechs Wochen festzusetzen.

(3) Wer die Verwaltung eines Gebäudes oder einer Liegenschaft ausübt, ist für die Verletzung der der Eigentümerin oder dem Eigentümer durch dieses Gesetz oder bescheidmäßig auferlegten Pflichten an dessen Stelle verantwortlich, wenn die Tat ohne Veranlassung und Vorwissen der Eigentümerin oder des Eigentümers begangen wurde. Die Eigentümerin bzw. der Eigentümer ist neben der verwaltenden Person verantwortlich, wenn sie bzw. er es bei deren Auswahl oder Beaufsichtigung an der nötigen Sorgfalt fehlen ließ.

(4) § 33a Verwaltungsstrafgesetz 1991 – VStG, BGBl. Nr. 52/1991, in der Fassung BGBl. I Nr. 57/2018, findet auf sämtliche Übertretungen nach diesem Gesetz keine Anwendung.[1)]

Anmerkung

1) Abs 4 wurde mit Nov LGBl 2018/71 angefügt. Vgl Anm zu § 135 BO.

Zuständigkeitsbestimmungen

§ 35. **(1) Behörde im Sinne dieses Gesetzes ist der Magistrat.**

(2) Die Gemeinde hat die ihr nach den Bestimmungen dieses Gesetzes zukommenden Aufgaben im eigenen Wirkungsbereich zu besorgen.

(3) Von der Einordnung in den eigenen Wirkungsbereich der Gemeinde nach Abs. 2 sind ausgenommen:

1. **alle Verwaltungsstrafsachen und**
2. **alle Verwaltungsvollstreckungssachen.**

Unionsrecht

§ 36. **Dieses Gesetz dient der Umsetzung folgender Richtlinien, soweit sie in die Landeskompetenz fallen:**

1. **Richtlinie 92/42/EWG des Rates vom 21. Mai 1992 über die Wirkungsgrade von mit flüssigen oder gasförmigen Brennstoffen beschickten neuen Warmwasserheizkesseln, ABl. Nr. L 167 vom 22. Juni 1992, zuletzt geändert durch die Verordnung (EU) Nr. 813/2013 der Kommission vom 2. August 2013, ABl. Nr. L 239 vom 6. September 2013;**
2. **Richtlinie 1999/32/EG des Rates vom 26. April 1999 über eine Verringerung des Schwefelgehaltes bestimmter flüssiger Kraft- und Brennstoffe und zur Änderung der Richtlinie 93/12/EWG, ABl. Nr. L 121 vom 11. Mai 1999, zuletzt geändert durch die Richtlinie 2012/33/EU des Europäischen Parlaments und des Rates vom 21. November 2012, ABl. Nr. L 327 vom 27. November 2012;**
3. **Richtlinie 2005/36/EG des Europäischen Parlaments und des Rates vom 07. September 2005 über die Anerkennung von Berufsqualifikati-**

onen, ABl. Nr. L 255 vom 30. September 2005, zuletzt geändert durch die Richtlinie 2013/55/EU des Europäischen Parlaments und des Rates vom 20. November 2013, ABl. Nr. L 354 vom 28. Dezember 2013, in der Fassung der Berichtigung, ABl. Nr. L 95 vom 09. April 2016;

4. Richtlinie 2006/32/EU des Rates vom 5. April 2006 über Endenergieeffizienz und Energiedienstleistungen und zur Aufhebung der Richtlinie 93/76/EWG des Rates, ABl. Nr. L 114 vom 27. April 2006;
5. Richtlinie 2009/125/EG des Europäischen Parlaments und des Rates vom 21. Oktober 2009 zur Schaffung eines Rahmens für die Festlegung von Anforderungen an die umweltgerechte Gestaltung energieverbrauchsrelevanter Produkte, ABl. Nr. L 285 vom 31. Oktober 2009, zuletzt geändert durch die Richtlinie 2012/27/EU des Europäischen Parlaments und des Rates vom 25. Oktober 2012, ABl. Nr. L 315 vom 14. November 2012;
6. Richtlinie 2009/142/EG des Europäischen Parlaments und des Rates vom 30. November 2009 über Gasverbrauchseinrichtungen, ABl. Nr. L 330 vom 16. Dezember 2009;
7. Richtlinie 2010/30/EU des Europäischen Parlaments und des Rates vom 19. Mai 2010 über die Angabe des Verbrauchs an Energie und anderen Ressourcen durch energieverbrauchsrelevante Produkte mittels einheitlicher Etiketten und Produktinformationen, ABl. Nr. L 153 vom 18. Juni 2010, zuletzt geändert durch die Richtlinie 2012/27/EU des Europäischen Parlaments und des Rates vom 25. Oktober 2012, ABl. Nr. L 315 vom 14. November 2012;
8. Richtlinie 2010/31/EU des Europäischen Parlaments und des Rates vom 19. Mai 2010 über die Gesamtenergieeffizienz von Gebäuden, ABl. Nr. L 153 vom 18. Juni 2010;
9. Richtlinie (EU) 2015/2193 des Europäischen Parlaments und des Rates vom 25. November 2015 zur Begrenzung der Emissionen bestimmter Schadstoffe aus mittelgroßen Feuerungsanlagen in die Luft, ABl. Nr. L 313 vom 28. November 2015.
10. Richtlinie (EU) 2018/844 des Europäischen Parlaments und des Rates vom 30. Mai 2018 zur Änderung der Richtlinie 2010/31/EU über die Gesamtenergieeffizienz von Gebäuden und der Richtlinie 2012/27/EU über Energieeffizienz, ABl. Nr. L 156 vom 19.06.2018, S. 75.

Notifikation

§ 37. Dieses Gesetz wurde unter Einhaltung der Bestimmungen der Richtlinie 98/34/EG des Europäischen Parlaments und des Rates vom 22. Juni 1998 über ein Informationsverfahren auf dem Gebiet der Normen und technischen Vorschriften der Europäischen Kommission notifiziert (2015/70/A).

Anhang
(Auszug)

Anlage 4
Prüfplakette

Die Prüfplakette ist entsprechend unten stehender Abbildung in drei Abschnitte geteilt:

- im oberen Abschnitt kann der Name der überprüfenden Fachperson bzw. die Firma des überprüfenden Fachunternehmens mit den entsprechenden Kontaktdaten angeführt werden;
- im mittleren Abschnitt ist die jeweilige Prüfnummer gem. § 28 anzuführen;
- im unteren Abschnitt sind im inneren Kreis der Monat der Überprüfung, im oberen äußeren Halbkreis das Jahr der Überprüfung und im unteren äußeren Halbkreis das Jahrder nächsten erforderlichen Überprüfung deutlich erkennbar zu markieren.

Form und Größe der Prüfplakette haben im Wesentlichen unten stehender Abbildung zu entsprechen, wobei geringfügige Abweichungen zulässig sind.

Anlage 5
CE-Kennzeichnung (gemäß § 11c)

Die CE-Kennzeichnung muss mindestens 5 mm hoch sein. Bei der Vergrößerung oder Verkleinerung der CE-Kennzeichnung müssen die im obigen Bild wiedergegebenen Proportionen gewahrt bleiben.

Die CE-Kennzeichnung ist auf der Kleinfeuerung anzubringen. Ist dies nicht möglich, ist sie stattdessen auf der Verpackung und den Begleitdokumenten anzubringen.

Anlage 6
Interne Entwurfskontrolle im Sinne der Richtlinie 2009/125/EG (gemäß § 11d)

1. In dieser Anlage wird das Verfahren beschrieben, nach dem die Herstellerin bzw. der Hersteller oder ihre bzw. seine bevollmächtigte Person, die bzw. der den in Z 2 genannten Verpflichtungen nachkommt, gewährleistet und erklärt, dass eine Kleinfeuerung die Anforderungen der jeweils geltenden Durchführungsmaßnahmen nach § 11b erfüllt. Die EG-Konformitätserklärung kann für eine Kleinfeuerung oder mehrere Kleinfeuerungen ausgestellt werden und ist von der Herstellerin bzw. vom Hersteller aufzubewahren.
2. Die Herstellerin bzw. der Hersteller muss technische Unterlagen zusammenstellen, anhand deren es möglich ist, die Übereinstimmung der Kleinfeuerung mit den Anforderungen der jeweils geltenden Durchführungsmaßnahmen nach § 11b zu beurteilen.
   Die technischen Unterlagen haben insbesondere zu umfassen:

a) eine allgemeine Beschreibung der Kleinfeuerung und der Verwendung, für die sie vorgesehen ist;
b) die Ergebnisse der von der Herstellerin bzw. vom Hersteller durchgeführten Analysen der Umweltauswirkungen und/oder Verweise auf einschlägige Literatur oder Fallstudien, auf die die Herstellerin bzw. der Hersteller sich bei der Bewertung und Dokumentierung der Lösungen für die Gestaltung der Kleinfeuerung und bei ihren bzw. seinen diesbezüglichen Entscheidungen gestützt hat;
c) das ökologische Profil, sofern in der Durchführungsmaßnahme nach § 11b vorgeschrieben;
d) die Beschreibung der Umweltaspekte der Gestaltung der Kleinfeuerung;
e) eine Liste der harmonisierten Normen, die ganz oder teilweise angewandt wurden, und eine Beschreibung der Lösungen, mit denen den Anforderungen der jeweils geltenden Durchführungsmaßnahmen nach § 11b entsprochen wird, falls keine harmonisierten Normen angewandt wurden oder falls die Normen den Anforderungen der Durchführungsmaßnahmen nach § 11b nicht vollständig Rechnung tragen;
f) die Angaben nach Anhang I Teil 2 der Richtlinie 2009/125/EG zu den umweltrelevanten Gestaltungsmerkmalen der Kleinfeuerung;
g) die Ergebnisse der Messungen zur Prüfung der Übereinstimmung der Kleinfeuerung mit den Ökodesign-Anforderungen einschließlich Angaben zur Konformität dieser Messungen im Vergleich zu den Ökodesign-Anforderungen der jeweils geltenden Durchführungsmaßnahmen nach § 11b.

3. Die Herstellerin bzw. der Hersteller hat den Fertigungsprozess so zu gestalten und zu überwachen, dass die Kleinfeuerung den in Z 2 genannten Angaben entspricht und die Anforderungen der jeweils geltenden Durchführungsmaßnahmen nach § 11b erfüllt.

Anlage 7

Managementsystem für die Konformitätsbewertung im Sinne der Richtlinie 2009/125/EG (gemäß § 11d)

1. Im Folgenden wird das Verfahren beschrieben, nach dem die Herstellerin bzw. der Hersteller, die bzw. der den in Z 2 genannten Verpflichtungen nachkommt, gewährleistet und erklärt, dass eine Kleinfeuerung die Anforderungen der jeweils geltenden Durchführungsmaßnahme nach § 11b erfüllt. Die EG-Konformitätserklärung kann für eine Kleinfeuerung oder mehrere Kleinfeuerungen ausgestellt werden und ist von der Herstellerin bzw. vom Hersteller aufzubewahren.
2. Für die Bewertung der Konformität der Kleinfeuerung kann ein Managementsystem herangezogen werden, sofern die Herstellerin bzw. der Hersteller die in Z 3 beschriebenen Umweltkomponenten darin einbezieht.

3. Umweltkomponenten des Managementsystems

Im Folgenden werden die Komponenten eines Managementsystems und die Verfahren beschrieben, mit denen die Herstellerin bzw. der Hersteller nachweisen kann, dass die Kleinfeuerung die Anforderungen der jeweils geltenden Durchführungsmaßnahme nach § 11b erfüllt.

3.1. Umweltorientierte Produktpolitik

Die Herstellerin bzw. der Hersteller muss nachweisen können, dass die Anforderungen der maßgebenden Durchführungsmaßnahme erfüllt sind. Ferner muss die Herstellerin bzw. der Hersteller zur Verbesserung der Umweltverträglichkeit der Kleinfeuerung ein Rahmenkonzept für die Festlegung von Umweltverträglichkeitszielen und -indikatoren und deren Überprüfung vorlegen können. Alle Maßnahmen, die die Herstellerin bzw. der Hersteller trifft, um die Umweltverträglichkeit insgesamt durch Produktgestaltung und Gestaltung des Herstellungsprozesses zu verbessern und das Umweltprofil zu ermitteln – sofern die Durchführungsmaßnahme dies vorschreibt –, müssen strukturiert und schriftlich in Form von Verfahren und Anweisungen dokumentiert sein. Diese Verfahren und Anweisungen müssen insbesondere Folgendes in der Dokumentation hinreichend ausführlich beschreiben:

a) die Liste der Dokumente, die zum Nachweis der Konformität der Kleinfeuerung zu erstellen und gegebenenfalls bereitzustellen sind;
b) die Umweltverträglichkeitsziele und -indikatoren sowie die Organisationsstruktur, die Verteilung der Zuständigkeiten und die Befugnisse der Geschäftsleitung und die Mittelausstattung in Bezug auf die Erfüllung und Beibehaltung dieser Ziele und Indikatoren;
c) die nach der Fertigung durchzuführenden Prüfungen der Kleinfeuerung auf Übereinstimmung mit den Umweltverträglichkeitsvorgaben;
d) die Verfahren zur Kontrolle der vorgeschriebenen Dokumentation und zur Sicherstellung ihrer regelmäßigen Aktualisierung und
e) das Verfahren, mit dem die Einbeziehung und Wirksamkeit der Umweltkomponenten des Managementsystems überprüft wird.

3.2. Planung

Die Herstellerin bzw. der Hersteller hat Folgendes auszuarbeiten und zu aktualisieren:

a) Verfahren zur Ermittlung des ökologischen Profils der Kleinfeuerung,
b) Umweltverträglichkeitsziele und -indikatoren, die bei der Wahl technischer Lösungen neben technischen und wirtschaftlichen Erfordernissen zu berücksichtigen sind, und
c) ein Programm zur Erreichung dieser Ziele.

3.3. Durchführung und Unterlagen

3.3.1. Die Unterlagen zum Managementsystem müssen insbesondere Folgendes einhalten:

a) Zuständigkeiten und Befugnisse sind festzulegen und zu dokumentieren, damit die umweltorientierte Produktpolitik wirksam durchgeführt werden kann, damit ihre Umsetzung schriftlich festgehalten wird und damit Kontrollen und Verbesserungsmaßnahmen möglich sind;

b) die Methoden der Entwurfskontrolle und der Prüfung nach der Fertigung sowie die bei der Produktgestaltung zur Anwendung kommenden Verfahren und systematischen Maßnahmen sind schriftlich festzuhalten und

c) die Herstellerin bzw. der Hersteller muss Unterlagen erstellen und aktualisieren, in denen die wesentlichen Umweltkomponenten des Managementsystems und die Verfahren zur Prüfung aller benötigten Unterlagen beschrieben sind.

3.3.2. Die Unterlagen zu der Kleinfeuerung müssen insbesondere Angaben zu folgenden Aspekten enthalten:

a) eine allgemeine Beschreibung der Kleinfeuerung und der Verwendung, für die sie vorgesehen ist;

b) die Ergebnisse der von der Herstellerin bzw. vom Hersteller durchgeführten Analyse der Umweltauswirkungen und/oder Verweise auf einschlägige Literatur oder Fallstudien, auf die die Herstellerin bzw. der Hersteller sich bei der Bewertung, Dokumentierung und Gestaltung der Kleinfeuerung gestützt hat;

c) das ökologische Profil, sofern dies die Durchführungsmaßnahme verlangt;

d) die Ergebnisse der Messungen zur Prüfung der Übereinstimmung der Kleinfeuerung mit den Ökodesign-Anforderungen einschließlich Angaben zur Konformität dieser Messungen im Vergleich zu den Ökodesign-Anforderungen der jeweils geltenden Durchführungsmaßnahme;

e) Spezifikationen der Herstellerin bzw. des Herstellers, in denen insbesondere angegeben wird, welche harmonisierten Normen angewandt wurden; werden keine harmonisierten Normen angewandt oder tragen die harmonisierten Normen den Anforderungen der Durchführungsmaßnahme nicht vollständig Rechnung, so muss dargelegt werden, mit welchen Mitteln die Erfüllung der Anforderungen gewährleistet wird, und

f) die Angaben nach Anhang I Teil 2 der Richtlinie 2009/125/EG zu den umweltrelevanten Gestaltungsmerkmalen der Kleinfeuerung.

3.4. Prüfungen und Abstellung von Mängeln

3.4.1. Die Herstellerin bzw. der Hersteller muss

a) alle erforderlichen Maßnahmen ergreifen, um sicherzustellen, dass die Kleinfeuerung in Einklang mit den Gestaltungsspezifikationen und den Anforderungen der für die Kleinfeuerung geltenden Durchführungsmaßnahme hergestellt wird;

b) Verfahren ausarbeiten und aufrechterhalten, mit denen sie bzw. er auf Nichtkonformität reagiert und die dokumentierten Verfahren im Anschluss an die Abstellung der Mängel ändert, und

c) mindestens alle drei Jahre eine umfassende interne Prüfung (Audit) des Managementsystems in Bezug auf dessen Umweltkomponenten durchführen.

Hinweis: Zu den Übergangsbestimmungen siehe am Ende des Wiener Feuerpolizeigesetzes 2015, Teil IV/11.

10a. Verordnung der Wiener Landesregierung, mit der die zulässigen Brenn- und Kraftstoffe festgelegt werden (Wiener Brennstoffverordnung – WBV)

LGBl 2016/25

Auf Grund der §§ 19 und 32 Z 3 Wiener Heizungs- und Klimaanlagengesetz 2015 – WHKG 2015, LGBl. für Wien Nr. 14/2016, wird verordnet:

§ 1. Brenn- und Kraftstoffe dürfen in Feuerungsanlagen bzw. Blockheizkraftwerken nur verfeuert werden, wenn sie den Anforderungen des Umweltschutzes (§ 19 Abs. 1 WHKG 2015) und den in § 2 genannten technischen Anforderungen entsprechen.

§ 2. Folgende technische Anforderungen für Brenn- und Kraftstoffe entsprechen dem Stand der Technik:

Art	Brenn- bzw. Kraftstoff	technische Anforderungen
Gasförmige fossile Brennstoffe	Erdgas	handelsübliches Erdgas
	Flüssiggas	Propan, Propen, Butan, Buten und deren Gemische
Flüssige fossile Brennstoffe	Heizöl extra leicht schwefelfrei	höchstzulässiger Schwefelgehalt: 0,0010 % M
	Heizöl extra leicht mit biogenen Komponenten	höchstzulässiger Schwefelgehalt: 0,0010 % M
	Heizöl leicht[1)2)]	höchstzulässiger Schwefelgehalt: 0,20 % M
		zulässig nur in neu errichteten Feuerungsanlagen > 400 kW Nennwärmeleistung und bis 1.1.2018 in bestehenden Anlagen > 70 kW Nennwärmeleistung[3)]
	Heizöl mittel	höchstzulässiger Schwefelgehalt: 0,40 % M
		zulässig nur in Feuerungsanlagen > 5 MW Brennstoffwärmeleistung
	Heizöl schwer	höchstzulässiger Schwefelgehalt: 1,00 % M
		zulässig nur in Feuerungsanlagen > 10 MW Brennstoffwärmeleistung
Feste fossile Brennstoffe	Braun- und Steinkohle, Briketts, Torf und Koks, ausgenommen Petro(l)koks	Der Schwefelgehalt darf 0,30 g/MJ und bei Feuerungsanlagen über 400 kW Nennwärmeleistung 0,20 g/MJ nicht übersteigen (jeweils bezogen auf den Heizwert des Brennstoffs im wasserfreien Zustand und den verbrennbaren Anteil des Schwefels).

Art	Brenn- bzw. Kraftstoff	technische Anforderungen
Standardisierte biogene Brennstoffe	Stückholz und Rinde	naturbelassen, unbehandelt und lufttrocken (höchstzulässiger Wassergehalt 20 %)
	Holzhackgut	ausschließlich aus naturbelassenem unbehandelten Holz
	Holz- und Rindenpellets	ausschließlich aus naturbelassenem unbehandelten Holz oder Rinde
	biogene Heizöle	ausschließlich oder überwiegend aus naturbelassener erneuerbarer Materie
	Sonstige	soweit sie nicht aus Materialien bestehen, die in Folge einer Behandlung mit Holzschutzmitteln oder einer Beschichtung halogenorganische Verbindungen oder Schwermetalle enthalten können; der Gesamtchlorgehalt dieser Brennstoffe darf 1.500 mg/kg Trockensubstanz nicht übersteigen.
Flüssige fossile Kraftstoffe	Dieselkraftstoff	höchstzulässiger Schwefelgehalt: 0,0010 % M
Flüssige biogene Kraftstoffe	Biogene Kraftstoffe	ausschließlich oder überwiegend aus naturbelassener erneuerbarer Materie

§ 3. Diese Verordnung wurde unter Einhaltung der Bestimmungen der Richtlinie 98/34/EG des Europäischen Parlaments und des Rates vom 22. Juni 1998 über ein Informationsverfahren auf dem Gebiet der Normen und technischen Vorschriften der Europäischen Kommission notifiziert (2015/417/A).

(EB zur StF LGBl 2016/25)

Gemäß § 19 Abs. 1 WHKG 2015 dürfen Brenn- und Kraftstoffe in Feuerungsanlagen bzw Blockheizkraftwerken nur verfeuert werden, wenn sie den Anforderungen des Umweltschutzes entsprechen. Der Einsatz von Brenn- und Kraftstoffen hat dabei derart sachgemäß zu erfolgen, dass es zu keiner ungerechtfertigten Verursachung erheblicher zusätzlicher Emissionen und damit zu keinen vermeidbaren Umweltbelastungen kommt. Die erforderlichen technischen Anforderungen für Brenn- und Kraftstoffe, die dem Stand der Technik entsprechen, können durch Verordnung der Landesregierung nach § 32 Z 3 WHKG 2015 geregelt werden.

Mit dieser VO sollen sowohl die technischen Anforderungen für Brenn- und Kraftstoffe gemäß § 19 WHKG 2015 geregelt als auch den Vorgaben der Vereinbarung gemäß Art. 15a B-VG über das Inverkehrbringen von Kleinfeuerungen und die Überprüfung von Feuerungsanlagen und Blockheizkraftwerken entsprochen werden. Artikel 16 dieser Vereinbarung sieht technische Anforderungen an die Zulässigkeit von Brenn- und Kraftstoffen vor.

Art. 16 Abs. 5 der Vereinbarung bestimmt, dass die Länder die Zulässigkeit der Verwendung von Brenn- und Kraftstoffen aus Gründen des Umweltschutzes an weitere Voraussetzungen knüpfen oder ausschließen können. Von dieser Bestimmung wurde dahingehend Gebrauch gemacht, als die Verwendung nicht standardisierter biogener Brenn- und Kraftstoffe (Stroh, Ölsaaten, Pflanzenöle, Biogas, Klärgas, Holzgas, Deponiegas, Reste von Holzwerkstoffen und dergleichen) in Wien grundsätzlich ausgeschlossen wurde, da die Verwendung solcher Brenn- und Kraftstoffe im urbanen Raum zu einer unverhältnismäßig hohen Umweltbelastung führen würde. Jedoch können für die Verwendung nicht standardisierter biogener Brenn- und Kraftstoffe – etwa für Biogasanlagen – Ausnahmen mit Bescheid nach Maßgabe des § 19 Abs. 4 WHKG 2015 erwirkt werden.

Für die jeweiligen Brenn- und Kraftstoffe stellen folgende Normvorschriften den Stand der Technik zum Zeitpunkt des Inkrafttretens dieser Verordnung dar:

Erdgas: ÖVGW G 31: *Erdgas in Österreich – Gasbeschaffenheit*; gültig ab 2001-05-00

Flüssiggas: ÖNORM C 1301: *Flüssiggase für Brennzwecke – Propan, Propen, Butan, Buten und deren Gemische – Anforderungen und Prüfverfahren*; Ausgabe: 2001-05-01

Heizöl extra leicht schwefelfrei: ÖNORM C 1109: *Flüssige Brennstoffe – Heizöl extra leicht – Gasöl für Heizzwecke, Anforderungen*; Ausgabe: 2014-03-01

Heizöl extra leicht mit biogenen Komponenten: ONR 31115: *Flüssige Brennstoffe – Heizöl extra leicht mit biogenen Komponenten – Mindestanforderungen*; Ausgabedatum: 2009-09-01

Heizöl leicht: ÖNORM C 1108: *Flüssige Brennstoffe – Rückstandsheizöle Anforderungen*; Ausgabe: 2003-05-01

Heizöl mittel: ÖNORM C 1108: *Flüssige Brennstoffe – Rückstandsheizöle Anforderungen*; Ausgabe: 2003-05-01

Heizöl schwer: ÖNORM C 1108: *Flüssige Brennstoffe – Rückstandsheizöle Anforderungen*; Ausgabe: 2003-05-01

Stückholz: EN ISO 17225-2: *Biogene Festbrennstoffe – Brennstoffspezifikationen und -klassen, Teil 5: Klassifizierung von Stückholz;* Ausgabe: 2014-09-01

Holzhackgut: EN ISO 17225-2: *Biogene Festbrennstoffe – Brennstoffspezifikationen und -klassen, Teil 4: Klassifizierung von Holzhackschnitzeln;* Ausgabe: 2014-09-01

Holz- und Rindenpellets: EN ISO 17225-2: *Biogene Festbrennstoffe – Brennstoffspezifikationen und -klassen, Teil 2: Klassifizierung von Holzpellets;* Ausgabe: 2014-09-01; bzw. EN ISO 17225-2: *Biogene Festbrennstoffe – Brennstoffspezifikationen und -klassen, Teil 3: Klassifizierung von Holzbriketts;* Ausgabe: 2014-09-01

Biogene Heizöle: ÖNORM EN 14214: *Flüssige Mineralölerzeugnisse – Fettsäure-Methylester (FAME) zur Verwendung in Dieselmotoren und als Heizöl – Anforderungen und Prüfverfahren*; Ausgabe: 2014-04-01

Dieselkraftstoff: ÖNORM EN 590: *Kraftstoffe für Kraftfahrzeuge – Dieselkraftstoff – Anforderungen und Prüfverfahren*; Ausgabe: 2014-05-01

Flüssige biogene Kraftstoffe: ÖNORM EN 14214: *Flüssige Mineralölerzeugnisse – Fettsäure-Methylester (FAME) zur Verwendung in Dieselmotoren und als Heizöl – Anforderungen und Prüfverfahren*; Ausgabe: 2014-04-01

Gemäß § 19 Abs. 4 WHKG 2015 können über Antrag mit Bescheid Ausnahmen von den in dieser VO enthaltenen Bestimmungen genehmigt werden.

Anmerkungen

1) Vgl §§ 17 und 24 WÖlfG 2006 über demnach zulässige Arten von Heizölen und Übergangsbestimmungen zu Umrüstverpflichtungen. Aus dem WÖlfG 2006 ergibt sich demnach keine Ümrüstverpflichtung bestehender Anlagen.

2) Vgl § 3 IG-L-Maßnahmenkatalog 2005, demnach müssen ortsfeste Einrichtungen seit 1.9.2007 emissionsärmere Brennstoffe als Heizöl leicht verwenden, wenn die Versorgung sichergestellt, die Anlage dazu geeignet ist und dies nicht zu einer höheren Belastung der Arbeitnehmer führt (s Anm zu § 3 Abs 2 IG-L-Maßnahmenkatalog 2005).

3) Aus der Bestimmung geht aus ihrem Gesamtinhalt nicht eindeutig hervor, ob es sich dabei um ein absolutes Verwendungsverbot für bestehende Anlagen handelt oder um ein Gebot zur Verwendung besseren Heizöls soweit dies (ohne Umrüstung) nach dem Stand der Technik möglich und bzgl Emissionen auch sinnvoll ist. Weiters bleibt offen, wie mit einem noch bestehenden Heizölvorrat zu verfahren ist (vgl anders etwa in § 24 Abs 2 WÖlfG 2006).

§ 4. Diese Verordnung tritt am 4. Juni 2016 in Kraft.

10b. Verordnung des Landeshauptmannes von Wien, mit der Maßnahmen zur Verringerung der Immission der Luftschadstoffe PM10 und NO2 nach dem Immissionsschutzgesetz – Luft getroffen werden (IG-L-Maßnahmenkatalog 2005)

LGBl 2006/15 idF LGBl 2007/56 und 2013/52

Aufgrund der §§ 10, 11, 13 und 14 des Immissionsschutzgesetzes – Luft (IG-L), BGBl. I Nr. 115/1997, zuletzt geändert durch das Gesetz BGBl. I Nr. 34/2003, wird verordnet:

Sanierungsgebiet

§ 1. **Als Sanierungsgebiet im Sinn des § 2 Abs. 8 IG-L wird das gesamte Gebiet der Bundeshauptstadt Wien festgelegt.**

Maßnahmen für Anlagen

§ 2. **(1) In dem in § 1 festgelegten Sanierungsgebiet dürfen Maschinen, Geräte und sonstige mobile technische Einrichtungen, die Luftschadstoffe emittieren (Anlagen im Sinn des § 2 Abs. 10 Z 2 IG-L) mit Dieselmotoren mit mehr als 18 kW nur eingesetzt werden, wenn sie mit Partikelfiltersystemen ausgestattet sind. Diese Partikelfiltersysteme müssen**

a) einen Abscheidegrad „Anzahlkonzentration" im Partikel-Größenbereich 20 bis 300 nm (1 nm = 10 -9 m) von mehr als 95 % und

b) einen Abscheidegrad „EC- Massenkonzentration" von mehr als 90 % aufweisen.

(2) Im Zuge des nachträglichen Einbaus eines Partikelfiltersystems in die genannten Anlagen ist keine Erhöhung der Emissionen CO, HC, NO_X und PM gegenüber dem Ausgangszustand des Motors zulässig, insbesondere auch nicht während der Regeneration des Partikelfiltersystems – bezogen auf den Zyklus-Durchschnitt. Des Weiteren ist eine Erhöhung von Schadstoffemissionen (NO_2, Dioxine, Furane, PAK, Nitro-PAK, SO_2, H_2SO_4, partikelförmigen Sekundäremissionen und Mineralfaser-Emissionen) im gereinigten Abgas nach dem Partikelfiltersystem gegenüber dem Ausgangszustand des Motors nicht zulässig.

(3) Die Regelung der Abs. 1 und 2 gilt nicht für Anlagen, die unter § 13 Abs. 2 IG-L fallen.

§ 3. **(1) Ortsfeste Einrichtungen, die Luftschadstoffe emittieren (Anlagen im Sinn des § 2 Abs. 10 Z 1 IG-L), die in dem in § 1 festgelegten Sanierungsgebiet liegen und die mit „Heizöl leicht" gemäß ÖNORM C 1108,**

Ausgabe Mai 2003 betrieben werden, müssen anstelle dieses Brennstoffes mit einem emissionsärmeren Brennstoff, z. B. mit „Heizöl extra leicht" gemäß ÖNORM C 1109, Ausgabe Juli 2003 betrieben werden.

(2) Abs. 1 ist nur anzuwenden, wenn die Versorgung mit emissionsärmeren Brennstoffen sichergestellt ist, die jeweilige Anlage zum Einsatz emissionsärmerer Brennstoffe geeignet ist und der Einsatz dieser emissionsärmeren Brennstoffe nicht zu einer höheren Belastung der ArbeitnehmerInnen führt.[1)]

Anmerkung

1) Laut den Materialien wird wie bereits in § 13 Abs 1 Z 2 lit a IG-L auch hier in Abs 2 festgehalten, dass der Einsatz emissionsärmerer Brennstoffe nur dann vorgeschrieben werden darf, wenn die Versorgung mit diesen sichergestellt, die Anlage zum Einsatz derselben geeignet ist und der Einsatz nicht zu einer höheren Belastung der Arbeitnehmer führt. Ein Heizkessel, der mit HÖ-L betrieben wird, ist iS dieser VO nur dann für den Einsatz emissionsärmerer Brennstoffe geeignet, wenn HÖ-EL in einem solchen Heizkessel verwendet werden kann, ohne dass Umrüstungsmaßnahmen an diesem Heizkessel durchgeführt werden müssen. Als Umrüstungsmaßnahme gilt beispielsweise ein Austausch des gesamten Brennerkopfes.

Maßnahmen für den Verkehr

§ 4. (1) Im Sanierungsgebiet gilt eine Geschwindigkeitsbeschränkung von 50 km/h. Ausgenommen von dieser Bestimmung sind Autobahnen und Autostraßen sowie folgende Straßenzüge:

1. **B1 Hadikgasse – Wientalstraße (von Hütteldorfer Brücke bis Albert-Schweitzer-Gasse und B1 Wientalstraße (von Albert-Schweitzer-Gasse bis Auhofstraße)**
2. **B7 Brünner Straße (von Hochfeldstraße bis Landesgrenze)**
3. **B8 Wagramer Straße (von Bettelheimstraße bis westliche Landesgrenze und von Friedhofweg bis östliche Landesgrenze)**
4. **B17 Triester Straße (von B225 Wienerbergstraße bis Auf- bzw. Abfahrtsrampen der A2 Südautobahn Höhe Liesingbach)**

(2) Die Geschwindigkeitsbeschränkung gemäß Abs. 1 gilt nicht, wenn nach anderen Rechtsvorschriften eine niedrigere oder dieselbe Höchstgeschwindigkeit angeordnet ist.

(3) Die Geschwindigkeitsbeschränkung gemäß Abs. 1 gilt nicht für Einsatzfahrzeuge gemäß § 2 Abs. 1 Z 25 Straßenverkehrsordnung 1960 (StVO 1960).

§ 5. (1) Im Sanierungsgebiet gilt ein Fahrverbot für Lastkraftwagen, Sattelkraftfahrzeuge und Sattelzugfahrzeuge, die in eine niedrigere Abgasklasse als „Euro 2" im Sinne von § 3 Abs. 3 IG-L-Abgasklassen-Kennzeichnungsverordnung – AbgKlassV, BGBl. II Nr. 120/2012, in der Fassung BGBl. II Nr. 248/2012, fallen.

(2) Ab dem 1.1.2016 gilt zusätzlich zu dem in Abs. 1 genannten Fahrverbot im Sanierungsgebiet ein Fahrverbot für Lastkraftwagen, Sattelkraftfahrzeuge und Sattelzugfahrzeuge, die im Sinne von § 3 Abs. 3 IG-L-Abgasklassen-Kennzeichnungsverordnung – AbgKlassV, BGBl. II Nr. 120/2012, in der Fassung BGBl. II Nr. 248/2012, in die Abgasklasse „Euro 2" fallen.

(3) Lastkraftwagen, Sattelkraftfahrzeuge und Sattelzugfahrzeuge, welche vom Fahrverbot gemäß Abs. 1 und Abs. 2 ausgenommen sind, sind ab 1.1.2015 gemäß IG-L-Abgasklassen-Kennzeichnungsverordnung – AbgKlassV, BGBl. II Nr. 120/2012, in der Fassung BGBl. II Nr. 248/2012, mit einer Abgasklassen-Kennzeichnungsplakette zu kennzeichnen.

(4) Abs. 1 und Abs. 2 gelten nicht für

1. Lastkraftwagen, Sattelkraftfahrzeuge und Sattelzugfahrzeuge, auf die gemäß § 14 Abs. 2 Z 1 bis 5 sowie Z 7 und 8 IG-L zeitliche und räumliche Beschränkungen nicht anzuwenden sind,
2. Lastkraftwagen mit sehr kostenintensiven Spezialaufbauten,
3. Fahrzeuge nach Schaustellerart gemäß § 2 Abs. 1 Z 42 Kraftfahrgesetz 1967 (KFG 1967), BGBl. Nr. 267/1967, in der Fassung BGBl. I Nr. 90/2013,
4. historische Fahrzeuge gemäß § 2 Abs. 1 Z 43 Kraftfahrgesetz 1967 (KFG 1967), BGBl. Nr. 267/1967, in der Fassung BGBl. I Nr. 90/2013.

(5) Abs. 1 gilt bis 1.1.2016 nicht für Lastkraftwagen, Sattelkraftfahrzeuge und Sattelzugfahrzeuge, die über einen dem Stand der Technik entsprechenden Nachweis verfügen, dass die Abgaswerte mindestens in die Abgasklasse „Euro 2" im Sinne von § 3 Abs. 3 IG-L-Abgasklassen-Kennzeichnungsverordnung – AbgKlassV, BGBl. II Nr. 120/2012, in der Fassung BGBl. II Nr. 248/2012, fallen.

(6) Ab dem 1.1.2016 gelten Abs. 1 und 2 nicht für Lastkraftwagen, Sattelkraftfahrzeuge und Sattelzugfahrzeuge, die über einen dem Stand der Technik entsprechenden Nachweis verfügen, dass die Abgaswerte mindestens in die Abgasklasse „Euro 3" im Sinne von § 3 Abs. 4 IG-L-Abgasklassen-Kennzeichnungsverordnung – AbgKlassV, BGBl. II Nr. 120/2012, in der Fassung BGBl. II Nr. 248/2012, fallen.

(7) Lenkerinnen und Lenker von Fahrzeugen, für die der Ausnahmetatbestand des Abs. 5 oder 6 zutrifft, haben die dort genannten Nachweise mitzuführen und auf Verlangen der Organe der Straßenaufsicht und der Bundespolizei vorzulegen.

Wirkung der Maßnahmen

§ 6. Die in den §§ 2 bis 5 angeordneten Maßnahmen wirken direkt und bedürfen keiner gesonderten bescheidmäßigen Anordnung.

Verweisungen

§ 7. Soweit in dieser Verordnung auf Bestimmungen von Bundesgesetzen verwiesen wird, sind diese in den folgenden Fassungen anzuwenden:

Immissionsschutzgesetz-Luft – IG-L, BGBl. I Nr. 115/1997 in der Fassung BGBl. I Nr. 77/2010;

Straßenverkehrsordnung 1960 – StVO 1960, BGBl. Nr. 159/1960 in der Fassung BGBl. I Nr. 39/2013.

Bezugnahme auf Richtlinien

§ 7a. Durch diese Verordnung werden die Richtlinie 1996/62/EG des Rates vom 27. September 1996 über die Beurteilung und Kontrolle der Luftqualität und die Richtlinie 1999/30/EG des Rates vom 22. April 1999 über Grenzwerte für Schwefeldioxid, Stickstoffdioxid und Stickstoffoxide, Partikel und Blei in der Luft und die Richtlinie 2008/50/EG des Europäischen Parlaments und des Rates vom 21. Mai 2008 über Luftqualität und saubere Luft für Europa umgesetzt.

In-Kraft-Treten

§ 8. (1) Sofern die Abs. 2 bis 5 nichts anderes bestimmen, tritt diese Verordnung an dem der Kundmachung im Landesgesetzblatt für Wien folgenden Tag in Kraft.

(2) § 2 tritt für Maschinen, Geräte und sonstige mobile technische Einrichtungen mit einer Leistung von

a) mehr als 37 kW am 1.9.2006 sowie
b) 18 kW bis 37 kW am 1.1.2008

in Kraft.

(3) § 3 tritt am 1.9.2007 in Kraft.

(4) § 4 tritt am 1.1.2006 in Kraft.

(5) § 5 tritt am 1.7.2008 in Kraft.

11. Gesetz über die Feuerpolizei in Wien (Wiener Feuerpolizeigesetz 2015 – WFPolG 2015)

LGBl 2016/14 idF LGBl 2017/34, 2018/71 und 2024/2

1. Abschnitt Allgemeines

Anwendungsbereich

§ 1. (1) Dieses Gesetz regelt die Verhütung und Bekämpfung von Bränden sowie die Einschränkung der durch den Betrieb von Feuerungsanlagen verursachten Luftverunreinigungen.

(2) Vom Geltungsbereich dieses Gesetzes sind Angelegenheiten ausgenommen, die in der Gesetzgebung Bundessache sind. Dieses Gesetz ist daher insbesondere in Angelegenheiten des Gewerbes und der Industrie, des Arbeitsrechtes, des Forstwesens, des Verkehrswesens bezüglich der Eisenbahnen und der Luftfahrt sowie der Schifffahrt, des Dampfkessel- und Kraftmaschinenwesens sowie des Bergwesens nicht anzuwenden.

Begriffsbestimmungen

§ 2. Im Sinne dieses Gesetzes ist:

1. Abgasanlage: Anlage für die Ableitung der Abgase von Feuerungsanlagen für gasförmige, flüssige und feste Brennstoffe ins Freie;
2. Abgasanlage – mehrfach belegt: Anlage, bei der zwei oder mehr Feuerstätten in verschiedenen Aufstellungsräumen an die Abgasanlage mit separaten Verbindungsstücken angeschlossen werden;
3. Abgasanlage – gemischt belegt: Abgasanlage, in die Abgase unterschiedlicher Brennstoffe einer Wohn- oder Betriebseinheit eingeleitet werden;
4. Betreiberin bzw. Betreiber: die oder der über die Feuerstätte bzw. die Anlage Verfügungsberechtigte;
5. brandgefährlicher Stoff: Stoff, der besonders geeignet ist, eine Brandgefahr herbeizuführen;
6. feste fossile Brennstoffe: insbesondere Stückkohle (Braunkohle, Steinkohle), Briketts, Torf und Koks, die für die Wärmebereitstellung eingesetzt werden können;
7. Feuerstätte: wärmeerzeugende Geräteeinheit, in der Verbrennungsprodukte entstehen, die an die Außenluft abgeführt werden müssen;
8. Feuerungsanlage: technische Einrichtung, in der zum Zweck der Gewinnung von Nutzwärme für die Raumheizung oder zur Warmwasserbereitung Brennstoffe verbrannt (Feuerstätten) und deren Abgase über Abgasanlagen ins Freie abgeleitet werden, einschließlich allfälliger Verbindungsstücke und angeschlossener oder nachgeschalteter Abgasreinigungsanlagen inklusive der Abgasanlagen;

9. flüssige fossile Brennstoffe: insbesondere Heizöl, Diesel und Petroleum, die für die Wärmebereitstellung eingesetzt werden können;
10. fossile Brennstoffe: feste, flüssige, gasförmige fossile Brennstoffe oder fossiles Flüssiggas;
11. fossiles Flüssiggas: insbesondere Propan, Propen, Butan, Buten und deren Gemische, die für die Wärmebereitstellung eingesetzt werden können;
12. gasförmige fossile Brennstoffe: insbesondere Erdgas, das für die Wärmebereitstellung eingesetzt werden kann;
13. Heizungsanlage: Gesamtheit aller Anlagenteile, die der Wärmeversorgung dienen, bestehend aus Wärmebereitstellung, Wärmeverteilung und Wärmeabgabesystem;
14. Kehrtürchen: oberster Reinigungsverschluss (in der Regel im Dachraum oder über Dach im Freien);
15. Putztürchen: unmittelbar über dem Rußsack (Wassersack) oder der Sohle befindlicher Reinigungsverschluss;
16. Wartung: Gesamtheit aller vorbeugenden Maßnahmen zur Bewahrung des Sollzustandes der Feuerungsanlage (z.B. Austausch, Messung, Nachstellung, Reinigung, Kehrung, Prüfung) einschließlich Inspektion;
17. Instandsetzung: Gesamtheit aller Maßnahmen zur Wiederherstellung eines Zustandes der Feuerungsanlage innerhalb des Sollbereiches (Störungsbehebung).

Sorgfaltspflicht

§ 3. Jede Person hat die Pflicht, mit Feuer sowie brandgefährlichen Gegenständen und Stoffen sorgfältig umzugehen. Weiters hat jede Person beim Betrieb von Feuerungsanlagen und beim Verbrennen von Materialien außerhalb von Anlagen – unbeschadet der Bestimmungen des Bundesluftreinhaltegesetzes, BGBl. I Nr. 137/2002 in der Fassung BGBl. I Nr. 97/2013 – dafür Sorge zu tragen, dass keine Gefährdung oder unzumutbare Belästigung der Umgebung bewirkt wird. Personen, die aufgrund einer sie im Besonderen treffenden Verpflichtung durch die Rechtsordnung zur unmittelbaren Aufsicht über andere verhalten sind, haben darüber zu wachen, dass diese die nötige Sorgfalt anwenden.

Überprüfungen

§ 4. (1) Die Behörde ist berechtigt, die Einhaltung der Vorschriften dieses Gesetzes und der auf Grund desselben ergangenen Verordnungen jederzeit zu überprüfen.

(2) Jede verfügungsberechtigte Person ist verpflichtet, den Behördenorganen auf deren Verlangen den Zutritt zu Grundstücken, Gebäuden und

sonstigen Anlagen, das Befahren befestigter Flächen mit Messfahrzeugen sowie die Durchführung von Messungen zu gestatten, die Überprüfung zu ermöglichen sowie die verlangten Auskünfte, insbesondere hinsichtlich der verwendeten Brennstoffart und -menge zu erteilen. Die Untersuchung von Feuerungsanlagen, der von diesen ausgehenden Emissionen, der Brennstoffe und sonstiger zur Verbrennung vorgesehener Stoffe einschließlich erforderlicher Probeentnahmen darf nicht behindert werden. Über begründetes Verlangen hat jede verfügungsberechtigte Person Probeheizungen vorzunehmen und erforderlichenfalls Arbeitskräfte, Geräte und Materialien unentgeltlich beizustellen.

2. Abschnitt
Verhütung von Bränden

Offenes Feuer und Licht, sonstige Licht- und Wärmequellen

§ 5. (1) Arbeiten mit offenem Feuer dürfen nur mit der nötigen Vorsicht gegen das Entstehen eines Brandes vorgenommen werden. Offenes Feuer und Licht dürfen in Räumen, in denen leicht entzündbare, leicht entflammbare oder explosive Stoffe hergestellt, verarbeitet oder gelagert werden oder in denen explosive Gase, brennbare Dämpfe oder Staub-Luft-Gemische auftreten können, nicht benützt werden.

(2) In den im Abs. 1 genannten Räumen besteht Rauchverbot, welches deutlich zu kennzeichnen ist.

Brandgefährliche Stoffe und deren Lagerung

§ 6. (1) Brandgefährliche Stoffe sind so zu lagern und zu verwahren, dass eine vorhersehbare Gefahr der Entstehung oder Ausbreitung eines Brandes vermieden und dessen Bekämpfung nicht erschwert wird.

(2) Die bei Arbeiten anfallenden brandgefährlichen Abfälle und Reste, wie Säge- oder Metallspäne, Chemikalienreste und dergleichen, sind, soweit dies möglich und zumutbar ist, ehestens aus dem Gebäude zu entfernen oder brandsicher zu lagern.

(3) Stiegenhäuser, Gänge sowie Zu- und Durchgänge sind von Gegenständen frei zu halten. Die Anbringung von Brief- und Postkästen und Fußabstreifern, geschlossenen und schwer brennbaren Schaukästen und Informationstafeln, Hauswegweisern und Türdekorationen, jeweils in verkehrsüblichem Ausmaß, ist zulässig. Zudem dürfen Treppenraupen, Rollstühle und Gehhilfen in diesen Bereichen gelagert werden, wenn es dadurch zu keiner Einschränkung des erforderlichen Fluchtweges kommt und diese Gegenstände gegen Umfallen, Wegrollen und Verschieben ausreichend gesichert sind. Sonstige nicht brandgefährliche Gegenstände und

Stoffe wie beispielsweise Topfpflanzen, Kinderwagengestelle, Fahrräder oder Tretroller dürfen in diesen Bereichen nur in Nischen oder unter Treppenläufen gelagert werden, wenn es dadurch zu keiner Einschränkung des vorhandenen Fluchtweges kommt und diese Gegenstände gegen Umfallen, Wegrollen und Verschieben ausreichend gesichert sind.

(4) Dachböden müssen gegen das Eindringen von Funkenflug und gegen den Zutritt Unbefugter gesichert sein. Brandgefährliche Stoffe dürfen auf Dachböden nicht gelagert werden.

(5) Im Nahbereich von Abgas- und Feuerungsanlagen dürfen brandgefährliche Stoffe nicht gelagert werden.

Lagerung von selbstentzündlichen Stoffen

§ 7. (1) Stoffe, die zum Aufnehmen von Öl oder anderen brennbaren Flüssigkeiten benutzt werden und dadurch zur Selbstentzündung neigen, sind in dicht schließenden, nicht brennbaren Behältern aufzubewahren oder auf gefahrlose Weise zu beseitigen.

(2) Stoffe, die durch chemische, physikalische oder biologische Einwirkungen oder Vorgänge zur Selbsterhitzung oder Selbstentzündung neigen, sind so zu lagern, dass dadurch keine vorhersehbare Gefahr einer Selbstentzündung entsteht. Derartige Stoffe sind Düngemittel, Unkraut- und Schädlingsbekämpfungsmittel, ungelöschter Kalk, Braunkohle, Leinöl, Firnis und dergleichen.

Lagerung von Heiz- und Brennstoffen

§ 8. Heiz- und Brennstoffe müssen so gelagert werden, dass eine vorhersehbare Gefahr der Entzündung von Feuerstätten aus vermieden wird.

3. Abschnitt
Bekämpfung von Bränden

Allgemeine Pflichten

§ 9. Wer einen Brand bemerkt, hat die Gefährdeten zu warnen und auf dem schnellsten Wege die Feuerwehr zu verständigen.

Brandbekämpfung durch die Feuerwehr

§ 10. Die Bekämpfung von Bränden obliegt der Feuerwehr. Die näheren Bestimmungen werden durch das Gesetz über die Einrichtung und die Aufgaben der Feuerwehr im Lande Wien (Wiener Feuerwehrgesetz) getroffen.

Brandschutz

§ 11. (1) Für Gebäude, die wegen ihrer Lage, ihrer Beschaffenheit oder auf Grund ihrer Nutzung im Brandfall besonders gefährdet sind oder in denen im Brandfall eine größere Anzahl von Personen gefährdet werden kann, haben deren Benützerinnen und Benützer besondere Vorkehrungen zur Hintanhaltung oder Vorbeugung einer solchen Gefahr zu treffen.

(2) Als besondere Vorkehrungen im Sinne des Abs. 1 gelten insbesondere folgende entsprechend dem Stand der Technik auszuführende und in Betrieb zu haltende Brandschutzeinrichtungen und Brandschutzmaßnahmen:

a) die Freihaltung von Zufahrtsmöglichkeiten und Aufstellflächen, die für Feuerwehrfahrzeuge zur Rettung von Menschen und Durchführung wirksamer Löscharbeiten vorgesehen sind;
b) die jederzeitige Benützbarkeit von Ausgängen und Notausgängen;
c) die Ausstattung des Gebäudes oder einzelner Räume mit Löschgeräten und Löschmittel, Rauchwarnmeldern und Alarmierungseinrichtungen (z.B. Megafon, Alarmglocke, Handsirene, Signalhorn);
d) das Anbringen von Hinweiszeichen betreffend das gebotene Verhalten im Brandfall (z.B. Notrufnummern, Nicht-Benützung von Aufzügen, Kennzeichnung von Ausgängen, Notausgängen und Fluchtwegen) sowie betreffend das gebotene Verhalten zur Verhütung von Bränden;
e) die Bereitstellung eines Gebäudeplans für die Feuerwehr, der alle wesentlichen Brandschutzmaßnahmen sowie Informationen über die Brandbeständigkeit von Bauelementen enthält (Brandschutzplan);
f) die zahlenmäßige Beschränkung der im Gebäude aufhältigen Personen;
g) die regelmäßige Beübung des gebotenen Verhaltens der im Gebäude aufhältigen Personen im Brandfall.

(3) Kommen die Benützerinnen und Benützer von Gebäuden gemäß Abs. 1 dieser Verpflichtung nicht nach, hat ihnen die Behörde dies mit Bescheid aufzutragen.

(4) Bestehen für dasselbe Gebäude bereits rechtskräftige Anordnungen, die auf Grund einer bundesgesetzlichen oder einer anderen landesgesetzlichen Vorschrift zur Minderung der im Abs. 1 genannten Gefahren erteilt wurden, und sind diese Anordnungen ausreichend, um eine solche Gefahr hintanzuhalten oder einer solchen Gefahr vorzubeugen, hat die Behörde von der Erlassung eines Bescheides gemäß Abs. 3 abzusehen, sofern die bestehenden Anordnungen der Behörde von der Benützerin oder dem Benützer beziehungsweise von der Eigentümerin oder dem Eigentümer (Miteigentümerin oder Miteigentümer) bekannt gegeben worden sind.

(5) Als Benützerin oder Benützer gilt die Person, die das Gebäude insgesamt oder einzelne Wohnungen oder Betriebseinheiten mit ausdrücklicher oder stillschweigender Zustimmung der Eigentümerin oder des Eigentümers zur Befriedigung eines Wohnbedürfnisses, zur Erzielung eines Ertrages oder sonstigen wirtschaftlichen Vorteiles oder auf Grund eines sonstigen auf Dauer oder auf längere Zeit bestehenden Bedürfnisses nicht bloß vorübergehend benützt.

(6) Die Eigentümerin oder der Eigentümer (jede Miteigentümerin und jeder Miteigentümer) einer Liegenschaft bzw. eines Gebäudes ist verpflichtet, auf Aufforderung der Behörde bekannt zu geben, welche Personen das Gebäude benützen. Ist von der Eigentümergemeinschaft ein Verwalter oder eine Verwalterin gemäß § 19 Wohnungseigentumsgesetz 2002, BGBl. I Nr. 70/2002 in der Fassung BGBl. I Nr. 100/2014, bestellt, so trifft ihn oder sie diese Verpflichtung. Wird dieser Verpflichtung nicht nachgekommen oder wird das Gebäude bloß vorübergehend benützt, sind die Aufträge zur Hintanhaltung oder Vorbeugung der besonderen Brandgefahr unbeschadet privatrechtlicher Ersatzansprüche gegen Dritte der Eigentümerin oder dem Eigentümer, im Falle der Bestellung einer Verwalterin oder eines Verwalters dieser oder diesem, zu erteilen.

(7) Löschgeräte, Löschmittel und stationäre Löscheinrichtungen dürfen nur dann zur Verwendung bereitgehalten werden, wenn sie gefahrlos bedient werden können und einen wirksamen Gebrauch gewährleisten.

(8) Die Benützerinnen und Benützer von Gebäuden gemäß Abs. 1 sind verpflichtet, die jederzeitige Funktionsbereitschaft und -tüchtigkeit der Brandschutzeinrichtungen und Brandschutzmaßnahmen in wiederkehrenden, gemäß dem Stand der Technik erforderlichen Zeitabständen selbst oder durch einen von ihnen der Behörde gegenüber namhaft gemachten, eigenberechtigten Bevollmächtigten (Brandschutzbeauftragten) zu überprüfen (Inspektion) und allfällige Mängel unverzüglich selbst zu beseitigen oder beseitigen zu lassen (Instandsetzung). Im Zuge dieser Überprüfung ist auch die Einhaltung der Bestimmungen der §§ 5 bis 10 dieses Gesetzes sicherzustellen.

(9) Über die Überprüfung und die Beseitigung der Mängel gemäß Abs. 8 sind Aufzeichnungen zu führen, die der Behörde auf Verlangen vorzulegen sind.

(10) Wird kein Nachweis über die Überprüfung/Inspektion und Instandhaltung der technischen Brandschutzeinrichtungen (Überwachungsbericht) vorgelegt und ist deren Erhaltungszustand augenscheinlich nicht feststellbar, ist über Auftrag der Behörde ein Befund einer hierfür berechtigten Stelle über den Erhaltungszustand der Brandschutzeinrichtung einzuholen und dieser in Abschrift der Behörde zu übermitteln.

4. Abschnitt

Luftreinhaltung und Einschränkung von Luftverunreinigungen

Hintanhaltung von Luftverunreinigungen

§ 12. (1) Die von Feuerungsanlagen ausgehenden Emissionen dürfen die Luft nicht derart nachteilig verändern, dass hierdurch eine Gefährdung oder unzumutbare Belästigung von Menschen oder eine erhebliche Beeinträchtigung der Tier- oder Pflanzenwelt entsteht. In Feuerungsanlagen dürfen Stoffe, die bei ihrer Verbrennung eine Luftverunreinigung mit derartigen Folgen verursachen, nicht verfeuert werden. Im Übrigen sind Feuerungsanlagen so instandzuhalten und zu betreiben, dass jede vermeidbare Luftverunreinigung hintangehalten wird. Verursacht eine Feuerungsanlage eine übermäßige Luftverunreinigung, so ist unverzüglich deren Ursache festzustellen und nach Maßgabe des § 19 dieses Gesetzes sowie § 25 WHeizKG 2015 zu beseitigen.

(2) Als übermäßige Luftverunreinigung gilt jedenfalls jede Luftverunreinigung, welche durch Nichtbeachtung des WHeizKG 2015 zustande kommt.

Bestellung einer Rauchfangkehrerin bzw. eines Rauchfangkehrers; Pflichten

§ 13. (1) Die Hauseigentümerin oder der Hauseigentümer (jede Miteigentümerin und jeder Miteigentümer) ist verpflichtet, für die Kehrungen nach § 14 Abs. 1 sowie für die Überprüfungen nach §§ 14 Abs. 1 und 2, 15 Abs. 2, 16 Abs. 4 und 17 Abs. 1 eine Rauchfangkehrerin oder einen Rauchfangkehrer zu bestellen, die bzw. der berechtigt ist, diese sicherheitsrelevanten Tätigkeiten sowie die weiteren sicherheitsrelevanten Tätigkeiten nach §§ 16 bis 19 im betroffenen Kehrgebiet durchzuführen. Die Bestellung ist der Behörde von der Hauseigentümerin bzw. vom Hauseigentümer (jeder Miteigentümerin und jedem Miteigentümer) unverzüglich anzuzeigen; die Anzeige hat jene Angaben zu enthalten, die zur Überprüfung des Vorliegens der gesetzlichen Voraussetzungen erforderlich sind. Erlischt die Bestellung, hat die Hauseigentümerin oder der Hauseigentümer (jede Miteigentümerin und jeder Miteigentümer) unverzüglich eine andere Rauchfangkehrerin oder einen anderen Rauchfangkehrer zu bestellen und diese Tatsache der Behörde in gleicher Weise anzuzeigen. Die bisher bestellte Person hat ihre Tätigkeit auch nach Erlöschen ihrer Bestellung bis zur Übernahme durch die Nachfolgerin oder den Nachfolger fortzusetzen.

(2) Die Rauchfangkehrerin bzw. der Rauchfangkehrer ist über Auftrag der Behörde zur Ausführung der in ihr bzw. sein Fach fallenden Arbeiten gegen ortsübliches Entgelt verpflichtet. Bei Rauchfangbränden innerhalb ihres bzw. seines Tätigkeitsgebietes hat sie bzw. er unentgeltliche Hilfe zu leisten.

(3) Die Rauchfangkehrerin bzw. der Rauchfangkehrer hat die erforderlichen Kehr- und Überprüfungsarbeiten entweder persönlich oder unter ihrer bzw. seiner Mitverantwortung und Kontrolle durch Fachkräfte ordnungsgemäß so vorzunehmen, dass jede vermeidbare Verunreinigung oder Beschädigung fremden Eigentums vermieden wird. Dabei ist mit gebotener Vorsicht gegen das Entstehen oder die Ausbreitung eines Brandes vorzugehen.

(4) Die Rauchfangkehrerin bzw. der Rauchfangkehrer hat die für eine behördliche Kontrolle nötigen Aufzeichnungen zu führen; jede Person ist verpflichtet, dieser bzw. diesem sowie den Behördenorganen die zur Feststellung von Mängeln erforderlichen Auskünfte zu erteilen.

§ 13a

Datenerfassung und -verarbeitung

(1) Die Rauchfangkehrerin bzw. der Rauchfangkehrer ist verpflichtet, für sämtliche Heizungsanlagen, die für den Betrieb mit fossilen Brennstoffen geeignet sind, und für Kochherde, die für den Betrieb mit gasförmigen fossilen Brennstoffen und fossilem Flüssiggas geeignet sind und die sich in Wohn- oder Betriebseinheiten befinden, die anlässlich der Hauptkehrung gemäß § 14 Abs. 1 in Verbindung mit § 2 Abs. 1 und § 17 Abs. 1 Kehrverordnung 2016, LGBl. für Wien Nr. 29/2016, betreten werden, die folgenden Anlagendaten zu erfassen und bis zum Ende des dritten Folgemonats nach ihrer Erfassung jeweils in ein von der Behörde geführtes digitales Register einzutragen:

1. Standort der Anlage (Bezirk, Straße, Orientierungsnummer, Top- oder Türnummer bzw. Bezeichnung der Nutzungseinheit);
2. Anlagenverwendung (z.B. Raumheizung, Warmwasseraufbereitung, Kombigerät);
3. Alter der Anlage (z.B. Baujahr, Anschluss an das Gasnetz, Zeitpunkt der Inbetriebnahmne oder Bewilligung);
4. Art des zum Erfassungszeitpunkt verwendeten Brennstoffes;
5. Nennwärmeleistung (kW);
6. Angabe über etwaige mitversorgte Nutzungseinheiten;
7. Angabe, ob eine zentrale oder dezentrale Wärmeversorgung vorliegt,
8. Angabe, ob die Anlage als primäre oder sekundäre Heizungsanlage dient und welche weiteren alternativen Anlagen genutzt werden.

(2) Die Behörde ist berechtigt, die in Abs. 1 genannten Datenarten für folgende Zwecke zu verarbeiten:

1. Z 1 bis 8: Überwachung der Dekarbonisierungsziele,
2. Z 1 bis 5 sowie Z 7 und 8: Ausarbeitung von Energieraumplänen;

3. Z 1 (jedoch eingeschränkt auf Bezirk, Straße und Orientierungsnummer), Z 2 bis 5, Z 7 und 8: Erstellung von Energie- und Förderkonzepten.

(3) Die Erfassung der Daten nach Abs. 1 ist anlässlich der Hauptkehrung gemäß § 14 Abs. 1 in Verbindung mit § 2 Abs. 1 und § 17 Abs. 1 Wiener Kehrverordnung 2016, LGBl. für Wien Nr. 29/2016, einmal jährlich durchzuführen. Dabei ist für die erstmalige Datenerfassung tunlichst die dem Inkrafttreten der Novelle LGBl. für Wien Nr. 2/2024, nächstfolgende Hauptkehrung zu wählen.

(4) Der Behörde hat durch entsprechende Zugriffsberechtigungen zu gewährleisten, dass die nach Abs. 1 gesammelten Daten von den nach der Geschäftseinteilung des Magistrats zuständigen Dienststellen nur zu den in Abs. 2 genannten Zwecken verarbeitet werden.

(5) Die Rauchfangkehrerin oder der Rauchfangkehrer hat die für die Datenerfassung gemäß Abs. 1 erforderlichen Erhebungen entweder persönlich oder unter ihrer bzw. seiner Mitverantwortung und Kontrolle durch Fachkräfte vorzunehmen.

(6) Die Behörde ist berechtigt, die gemäß Abs. 1 gesammelten Daten zu den in Abs. 2 Z 1 und 3 genannten Zwecken in aggregierter Form an den Bund zu übermitteln.

Wartung, Überprüfung und Kehrung von Abgas- und Feuerungsanlagen

§ 14. (1) Unbeschadet der Überprüfpflichten nach dem WHeizKG 2015 sind Feuerungsanlagen so zu warten, dass ein Entzünden von Ablagerungen oder die Entstehung eines Brandes durch die Feuerungsanlage sowie ein nach Art und Zweck der Anlage unnötiger Energieverbrauch vermieden wird und eine einwandfreie Funktion gewährleistet ist. Zu diesem Zweck sind Abgasanlagen an vier Terminen pro Jahr (Abs. 5) zu überprüfen und erforderlichenfalls, mindestens jedoch einmal jährlich zu einem dieser Termine von der Rauchfangkehrerin bzw. dem Rauchfangkehrer zu kehren. Die Überprüfung und Kehrung hat unter Bedachtnahme auf die Art und Benützung der Abgas- und Feuerungsanlage sowie die Beschaffenheit der verwendeten Brennstoffe zu erfolgen, wobei mindestens einmal jährlich auch die ausreichende Verbrennungsluftzufuhr zu prüfen ist.

(2) Die Prüfung der ausreichenden Verbrennungsluftzufuhr hat durch die Rauchfangkehrerin bzw. den Rauchfangkehrer entsprechend dem Stand der Technik durch Messung oder rechnerischen Nachweis zu erfolgen. Die Messung bzw. der rechnerische Nachweis hat zu entfallen,

1. wenn aufgrund einer dem Stand der Technik entsprechend erfolgten Dokumentation der baulichen Gegebenheiten einwandfrei und ohne erheblichen Aufwand geschlossen werden kann, dass seit dem Zeit-

punkt der letztmaligen Prüfung der ausreichenden Verbrennungsluftzufuhr keine baulichen Änderungen durchgeführt wurden, die eine Änderung der Verbrennungsluftzufuhr zur Folge haben, oder

2. wenn von der Betreiberin bzw. vom Betreiber ein positiver, schlüssiger und dem Stand der Technik entsprechender Befund einer befugten Person über die ausreichende Verbrennungsluftzufuhr vorgelegt wird, der zum Zeitpunkt der Überprüfung nicht älter als dreizehn Wochen ist.

(3) Bei allgemein zugänglichen Teilen des Hauses hat die Hauseigentümerin bzw. der Hauseigentümer (jede Miteigentümerin und jeder Miteigentümer) unbeschadet privatrechtlicher Ersatzansprüche die nach Abs. 1 erforderlichen Wartungsarbeiten durch hiezu befugte Personen sowie die Beseitigung entnommener Ablagerungen zu veranlassen. Die Veranlassung der Wartung von Feuerstätten in und die Beseitigung der Ablagerungen von Abgasanlagen aus sonstigen Räumen obliegt den Betreiberinnen und Betreibern dieser Feuerungsanlagen.

(4) Wenn es wegen der Beschaffenheit oder Beanspruchung der Feuerungsanlage oder mit Rücksicht auf die örtliche Lage erforderlich ist, kann die Behörde mit Bescheid zusätzliche Überprüfungstermine festsetzen; werden Feuerungsanlagen oder Teile davon wenig benützt oder beansprucht, so können auf Ansuchen der Hauseigentümerin oder des Hauseigentümers (jeder Miteigentümerin und jedes Miteigentümers) oder der Betreiberin bzw. des Betreibers für diese Anlagen oder Teile hievon mit Bescheid Ausnahmen von den gesetzlichen Überprüfungsfristen gestattet werden.

(5) Die Überprüfungen gemäß Abs. 1 haben in regelmäßigen Zeitabständen von 13 Wochen zu erfolgen. Überprüfungen können – ohne Wirkung für den Zeitpunkt der nächsten Überprüfung – auch in der Zeit vom Beginn der den vorgesehenen Zeitpunkt beinhaltenden Kalenderwoche bis zum Ablauf der darauffolgenden Kalenderwoche erfolgen.

(6) Die Überprüfungstermine für ein Kalenderjahr sind von der Rauchfangkehrerin bzw. vom Rauchfangkehrer mindestens vier Wochen vor dem ersten Termin im Haus anzuschlagen. Jede Betreiberin und jeder Betreiber von Feuerungsanlagen hat dafür Sorge zu tragen, dass die nach Abs. 1 erforderlichen Maßnahmen zu den bekannt gegebenen Terminen ungehindert durchgeführt werden können.

(7) Abs. 6 erster Satz gilt für Häuser mit mehr als zwei Wohneinheiten. In allen anderen Fällen ist die Hauseigentümerin bzw. der Hauseigentümer (jede Miteigentümerin und jeder Miteigentümer) über die Überprüfungstermine für ein Kalenderjahr mindestens vier Wochen vor dem ersten Termin von der Rauchfangkehrerin bzw. vom Rauchfangkehrer in geeigneter Weise zu verständigen.

(EB zu LGBl 2016/14)

Diese Bestimmung entspricht iW dem bisherigen § 15a WFLKG. Es wurden in der Überschrift die „Reinigung“ sowie die „Abgasanlagen“ ergänzt. Weiters wurde die bisherige Bestimmung, dass Feuerungsanlagen regelmäßig in Zeitabständen von 13 Wochen, also vier Mal pro Jahr, zu überprüfen sind, so ergänzt, dass die Überprüfung nunmehr nicht mehr genau am Tag des Termins zu erfolgen hat, sondern auch vom Beginn der Kalenderwoche, in der der Termin liegt, bis zum Ablauf der darauffolgenden Kalenderwoche – also innerhalb von zwei Wochen – erfolgen kann.

Die Verpflichtung des Betreibers zur Wartung der Feuerungsanlage umfasst insbesondere auch deren Sicherheitseinrichtungen. Die Wartung hat entsprechend dem Stand der Technik (z.B. ÖVGW Richtlinie G10) und den Herstellerangaben zu erfolgen. Die Tragung der Wartungskosten bei Bestandsverhältnissen ergibt sich aus den zivilrechtlichen Vorschriften.

Da die Verpflichtung der Rauchfangkehrer zur Prüfung der ausreichenden Verbrennungsluftzufuhr im WFLKG vermehrt zu Auslegungsproblemen geführt hat, wird diese nun in Abs. 2 konkretisiert. Der Stand der Technik ergibt sich dabei aus den Richtlinien der ÖVGW. Derzeit ist bei der Überprüfung der Verbrennungsluftzufuhr die ÖVGW Richtlinie G12 vom Mai 2011 „Messverfahren für Verbrennungsluftzuführung“ heranzuziehen.

Da die Messung der Verbrennungsluftzufuhr nicht in allen Fällen möglich ist, ist nun auch der rechnerische Nachweis ausreichend.

Abs. 2 Z 1 bestimmt die Vorgangsweise entsprechend ÖVGW Richtlinie G12 die Prüfung der Verbrennungsluftzufuhr durch Messung entfallen zu lassen, sofern einwandfrei (d.h. mit an Sicherheit grenzender Wahrscheinlichkeit) festgestellt werden kann, dass seit der letzten Prüfung keine baulichen Änderungen durchgeführt wurden, die eine Änderung der Verbrennungsluftzufuhr zur Folge haben. Diese Vorgangsweise wird insbesondere dann in Anspruch zu nehmen sein, wenn diese Feststellung ohne erheblichen Aufwand getroffen werden kann. Ein erheblicher Aufwand ist dann anzunehmen, wenn die wirtschaftliche Belastung für den Betreiber durch die Überprüfung der Dokumentation höher zu erwarten ist, als sie bei einer Messung oder einem rechnerischen Nachweis wäre. Als bauliche Änderungen kommen hier nicht nur nach der Bauordnung für Wien anzeigepflichtige Bauvorhaben in Betracht, sondern jegliche den Luftverbund beeinflussende Änderungen der räumlichen Gegebenheiten, wie zB. Einbau neuer Fenster, Abdichtung von Fenstern, Verlegung neuer Teppiche im Bereich der Türen, Einbau eines Abluftventilators oder einer Dunstabzugshaube, Verkleben eines Briefschlitzes etc.

Mit der Regelung des Abs. 2 Z 2 soll vermieden werden, dass entgegen den Bestimmungen des Gewerberechts in Wien ausschließlich Rauchfangkehrer zur Messung des Luftverbundes berechtigt sein sollten. Zudem soll Gebäudeeigentümern bzw. Hausverwaltungen die Möglichkeit eingeräumt werden, im Rahmen des freien Wettbewerbs befugte Personen mit der Luftverbundmessung zu beauftragen. Wer befugte Person im Sinne dieser Regelung ist, ergibt sich aus den einschlägigen gewerberechtlichen Vorschriften sowie aus den ÖVGW-Richtlinien.

Bezeichnung von Abgasanlagen

§ 15. (1) Bei Häusern mit mehr als zwei Wohneinheiten hat die Hauseigentümerin bzw. der Hauseigentümer (jede Miteigentümerin und jeder Miteigentümer) dafür Sorge zu tragen, dass Abgasanlagen zum Zweck der Zuordnung zur jeweiligen Wohn- oder Betriebseinheit dauerhaft bezeichnet werden. Die Landesregierung kann mit Verordnung gemäß § 20 Z 3 nähere Bestimmungen über Art und Inhalt der Bezeichnung von Abgasanlagen treffen.

(2) Die Rauchfangkehrerin bzw. der Rauchfangkehrer hat die Bezeichnung der Abgasanlage zu überprüfen. Ist die Bezeichnung nicht erfolgt oder mangelhaft, hat sie bzw. er dies nach erfolgloser Einräumung einer Frist zur Behebung des festgestellten Mangels der Behörde anzuzeigen.

Nicht benützte Abgasanlagen; Überprüfung, Wiederinbetriebnahme

§ 16. (1) Wird eine Abgasanlage nicht benützt, ist dieser Umstand der Rauchfangkehrerin oder dem Rauchfangkehrer bekannt zu geben und von dieser oder diesem sowie der Betreiberin bzw. dem Betreiber unter Beisetzung des Datums schriftlich zu bestätigen. Ohne diese Bestätigung gilt die Feuerungsanlage weiterhin als benützt.

(2) Die Wiederinbetriebnahme einer nicht benützten Abgasanlage bedarf einer Überprüfung durch die Rauchfangkehrerin bzw. den Rauchfangkehrer, ob sich die Anlage in einwandfreiem baulichem Zustand befindet und ob die Anlage für den vorgesehenen Zweck geeignet ist. Die Rauchfangkehrerin bzw. der Rauchfangkehrer hat über die Überprüfung einen Befund auszustellen. Die Wiederinbetriebnahme einer nicht benützten Abgasanlage ohne einen entsprechenden positiven Befund ist untersagt. Dies gilt auch für die Herstellung neuer Einmündungen in Abgasanlagen, die Änderung der Brennstoffart, eine wesentliche Änderung der Heizleistung oder den Austausch der angeschlossenen Feuerungsanlage.

(3) Verweigert die Rauchfangkehrerin bzw. der Rauchfangkehrer die Ausstellung eines positiven Befundes, kann die Betreiberin bzw. der Betreiber die bescheidmäßige Feststellung durch die Behörde, ob die Abgasanlage zur Inbetriebnahme nach Maßgabe des Abs. 2 geeignet ist, beantragen. Diese Feststellung gilt als Befund gemäß Abs. 2.

(4) Abgasanlagen gemäß § 106 Abs. 6 der Bauordnung für Wien in der Fassung vor der Bauordnungsnovelle 2014 in Verbindung mit Artikel IV Abs. 2 der Bauordnungsnovelle 2014, LGBl. für Wien Nr. 25/2014, und Abgasanlagen – mehrfach oder gemischt belegt, die nachweislich nicht benützt werden, sind von allgemein zugänglichen Teilen des Hauses aus von

der Rauchfangkehrerin oder vom Rauchfangkehrer mindestens einmal jährlich dahin gehend zu überprüfen, ob ihr Querschnitt frei ist.

(5) Werden bei der Überprüfung gemäß Abs. 4 Mängel festgestellt, die die Funktionsfähigkeit der genannten Abgasanlagen beeinträchtigen, sind diese von der Rauchfangkehrerin oder vom Rauchfangkehrer der Behörde anzuzeigen, wenn sie trotz Bekanntgabe an die Hauseigentümerin oder den Hauseigentümer (jede Miteigentümerin und jeden Miteigentümer) nicht bis zum nächsten Überprüfungstermin nach Abs. 4 behoben werden.

Überprüfung auf feuerpolizeiliche Übelstände

§ 17. (1) In Wohngebäuden mit mehr als zwei Wohneinheiten sind die allgemein zugänglichen Teile des Hauses von der Rauchfangkehrerin bzw. vom Rauchfangkehrer im Zuge der Überprüfung gemäß § 16 Abs. 4 dahin gehend zu überprüfen, ob feuerpolizeiliche Übelstände bestehen, insbesondere ob brandgefährliche Gegenstände und Stoffe gelagert werden sowie ob Abgasanlagen bauliche Mängel aufweisen. Werden derartige Übelstände oder Mängel festgestellt, hat sie bzw. er diese nach erfolgloser Einräumung einer Frist zu deren Behebung der Behörde anzuzeigen. Dies gilt auch, wenn sie bzw. er diese Übelstände oder Mängel im Zuge ihrer bzw. seiner Tätigkeit in sonstigen Räumen wahrnimmt.

(2) In Wohngebäuden, in denen eine regelmäßige Überprüfung gemäß § 14 Abs. 1 beziehungsweise § 16 Abs. 4 durch die Rauchfangkehrerin bzw. den Rauchfangkehrer nicht stattfindet, hat die Hauseigentümerin und der Hauseigentümer (jede Miteigentümerin und jeder Miteigentümer) die allgemein zugänglichen Teile des Hauses mindestens einmal jährlich dahin gehend zu überprüfen, ob feuerpolizeiliche Übelstände bestehen. Über die Überprüfungen sind Aufzeichnungen zu führen, die der Behörde über Verlangen vorzulegen sind.

Heizverbot und Sperre

§ 18. (1) Bei Vorliegen einer unmittelbaren Gefahr ist der Betrieb der Feuerungsanlage oder die Verfeuerung bestimmter Brennstoffe einzustellen (Heizverbot). Eine unmittelbare Gefahr ist insbesondere bei schweren baulichen Mängeln an Abgasanlagen, bei brandgefährlichen Ablagerungen oder Verlegung in Abgasanlagen und bei Funktionsuntüchtigkeit der Feuerungsanlage gegeben.

(2) In den Fällen des Abs. 1 hat die Rauchfangkehrerin bzw. der Rauchfangkehrer die Betreiberin oder den Betreiber der Feuerungsanlage vom gesetzlichen Heizverbot in Kenntnis zu setzen, die Feuerungsanlage zu

sperren und der Behörde Anzeige zu erstatten; die Behörde hat auf Grund dieser Anzeige das Heizverbot und die Sperre der Feuerungsanlage mit schriftlichem Bescheid festzustellen.

Beseitigung feuerpolizeilicher oder luftverunreinigender Übelstände

§ 19. (1) Feuerpolizeiliche und luftverunreinigende Übelstände, die durch Nichteinhaltung der Vorschriften dieses Gesetzes oder einer auf Grund dieses Gesetzes ergangenen Verordnung eintreten, hat die Person, die sie herbeigeführt hat, wenn aber der Übelstand durch eine Anlage verursacht wird, deren Betreiberin oder Betreiber, zu beseitigen bzw. abzustellen.

(2) Neben der Person, die einen Übelstand herbeigeführt hat, ist bei Übelständen innerhalb von Gebäuden die Gebäudeeigentümerin bzw. der Gebäudeeigentümer, ansonsten die Liegenschaftseigentümerin bzw. der Liegenschaftseigentümer zur Beseitigung bzw. Abstellung verpflichtet. Anstelle der Eigentümerin bzw. des Eigentümers ist die Person, die die Verwaltung eines Gebäudes oder einer Liegenschaft ausübt, verantwortlich, wenn die Handlung oder Unterlassung ohne Vorwissen und Veranlassung der Gebäudeeigentümerin bzw. des Gebäudeeigentümers begangen wurde. Die privatrechtlichen Ersatzansprüche solcher Personen gegen diejenige oder denjenigen, die oder der den Übelstand verursacht hat, bleiben hievon unberührt.

(3) Die Behörde hat, soweit nicht durch andere Gesetze oder Verordnungen besondere Vorschriften getroffen werden, den in Abs. 1 und 2 genannten Personen die erforderlichen Aufträge zur Beseitigung eines Übelstandes mit Bescheid zu erteilen. Gegen übermäßige Luftverunreinigungen sind Beschränkungen der Brennstoffwahl, der Leistung der Feuerstätte oder andere wirksame Maßnahmen anzuordnen.

Duldung der Datenerfassung

§ 19a. Die verfügungsberechtigte Person ist verpflichtet, der Rauchfangkehrerin bzw. dem Rauchfangkehrer Zutritt zu Grundstücken, Gebäuden und sonstigen Anlagen sowie das Befahren befestigter Flächen zu gestatten, um die Datenerfassung gemäß § 13a Abs. 1 zu ermöglichen. Die verfügungsberechtigte Person ist weiters verpflichtet, verlangte Auskünfte hinsichtlich der in § 13a Abs. 1 Z 1 bis 8 genannten Datenarten zu erteilen. Die Durchführung von Maßnahmen zur Datenerfassung gemäß § 13a Abs. 1 darf nicht behindert werden. Jede verfügungsberechtigte Person hat dafür Sorge zu tragen, dass die dafür erforderlichen Maßnahmen zu den bekannt gegebenen Terminen ungehindert durchgeführt werden können.

5. Abschnitt
Schlussbestimmungen

Verordnungsermächtigung

§ 20. Durch Verordnung der Landesregierung können nähere Bestimmungen getroffen werden über

1. den Umfang, die Art und die Durchführung der Kehr-, Überprüfungs- und Wartungsarbeiten von Abgas- und Feuerungsanlagen (§ 14),
2. generelle Ausnahmen von der regelmäßigen Kehr-, Überprüfungs- und Wartungspflicht für bestimmte Arten oder für bestimmte Teile von Abgasanlagen unbeschadet der Bestimmung des § 14 Abs. 4,
3. die Pflichten der Hauseigentümerinnen und Hauseigentümer (Miteigentümerinnen und Miteigentümer), der Betreiberinnen und Betreiber von Feuerungsanlagen sowie der Rauchfangkehrerinnen und Rauchfangkehrer (§§ 13, 15 bis 19),
4. die nötigen Sicherungsvorkehrungen für einzelne Arten brandgefährlicher Lagerungen, das gefahrbringende Ausmaß einzelner Arten brandgefährlicher Lagerungen, sowie die Bewilligungspflicht einzelner Arten brandgefährlicher Lagerungen einschließlich dem entsprechenden behördlichen Verfahren (§ 6),
5. die Pflichten von Personen im Umgang mit Feuer und brandgefährlichen Gegenständen (§ 3) sowie das Verbrennen im Freien unbeschadet der Bestimmungen des Bundesluftreinhaltegesetzes, BGBl. I Nr. 137/ 2002 in der Fassung BGBl. I Nr. 97/2013,
6. die Form und den Inhalt der Datenerfassung (§ 13a Abs. 1).

Dingliche Wirkung von Bescheiden, Verantwortlichkeit der Eigentümerin bzw. des Eigentümers der Anlage und der Liegenschaft, Vorzugspfandrecht

§ 21. (1) Bescheiden nach diesem Gesetz kommt dingliche Wirkung zu. Dies gilt auch für Bescheide und Verfahrensanordnungen im Ersatzvornahmeverfahren.

(2) Für die Einhaltung der Verpflichtungen nach diesem Gesetz ist – unbeschadet der Bestimmungen des § 19 – die Betreiberin bzw. der Betreiber der Anlage verantwortlich. Ist diese Person nicht feststellbar oder aus sonstigen Gründen nicht in der Lage, diesen Verpflichtungen nachzukommen, trifft die Verantwortung die Eigentümerin oder den Eigentümer der Liegenschaft, auf der sich die Anlage befindet, sofern diese Person von einem Gebrechen bzw. einem von der Behörde erteilten Auftrag Kenntnis hatte oder Kenntnis haben musste. Mehrere Eigentümerinnen und Eigentümer haften solidarisch.

(3) Für alle Kosten, die der Stadt Wien für einen im Wege der Ersatzvornahme (§ 4 Verwaltungsvollstreckungsgesetz 1991, BGBl. Nr. 53/1991, in der Fassung BGBl. I Nr. 33/2013) in Vollziehung dieses Gesetzes vollstreckten Bescheid erwachsen sind, besteht an der Liegenschaft für die Stadt Wien ein gesetzliches Vorzugspfandrecht vor allen privaten Pfandrechten.

Zwangsbefugnisse

§ 22. Bei Gefahr im Verzug hat die Behörde die zur Beseitigung eines feuerpolizeilichen Übelstandes erforderlichen Zwangsmaßnahmen ohne vorausgegangenes Verfahren auf Gefahr und bei Verschulden auf Kosten der Verursacherin bzw. des Verursacher anzuordnen und zu vollstrecken. Die Behörde hat hierüber binnen drei Tagen an die Verursacherin bzw. den Verursacher einen schriftlichen Bescheid zu erlassen.

Strafbestimmungen

§ 23. (1) Wer den Vorschriften der „§§ 3, 4 Abs. 2, 5 bis 9, 11 Abs. 1 und 6 bis 10, 12 Abs. 1, 13, 13a Abs. 1, 14 Abs. 1, 3 und 5, 15 bis 18, 19 Abs. 1 und 2 sowie 19a dieses Gesetzes oder einer auf Grund desselben ergangenen Verordnung zuwiderhandelt oder unbeschadet der Bestimmungen des Abs. 2 die auf Grund dieses Gesetzes in Bescheiden vorgeschriebenen Bedingungen, Befristungen und Auflagen nicht einhält, begeht eine Verwaltungsübertretung.

(2) Einer Verwaltungsübertretung macht sich ferner schuldig, wer sonstige brandgefährliche Handlungen oder Unterlassungen ohne die nach Lage des Falles gebotene Vorsicht gegen das Entstehen eines Brandes begeht, sofern sein Verhalten nicht den Tatbestand einer anderen Straftat bildet. Ebenso ist strafbar, wer einen gegen ihn gerichteten rechtskräftigen Bescheid innerhalb der vorgeschriebenen Frist nicht erfüllt.

(3) Verwaltungsübertretungen nach den Abs. 1 und 2 werden mit Geldstrafen bis zu 21 000 Euro bestraft; für den Fall der Uneinbringlichkeit der Geldstrafe ist eine Ersatzfreiheitsstrafe bis zu sechs Wochen festzusetzen.

(4) Wer die Verwaltung eines Gebäudes oder einer Liegenschaft ausübt, ist für die Verletzung der der Eigentümerin oder dem Eigentümer durch dieses Gesetz oder bescheidmäßig auferlegten Pflichten an dessen Stelle verantwortlich, wenn die Tat ohne Veranlassung und Vorwissen der Eigentümerin oder des Eigentümers begangen wurde. Die Eigentümerin bzw. der Eigentümer ist neben der verwaltenden Person verantwortlich, wenn sie bzw. er es bei deren Auswahl oder Beaufsichtigung an der nötigen Sorgfalt fehlen ließ.

(5) § 33a Verwaltungsstrafgesetz 1991 – VStG, BGBl. Nr. 52/1991, in der Fassung BGBl. I Nr. 57/2018, findet nur auf Übertretungen des § 13 Abs. 4 erster Fall und § 14 Abs. 6 erster Fall in Verbindung mit § 16 dieses Gesetzes Anwendung.[1)]

Anmerkung

1) Abs 5 wurde mit Nov LGBl 2018/71 angefügt. Vgl Anm zu § 135 BO.

Zuständigkeitsbestimmungen

§ 24. (1) Behörde im Sinne dieses Gesetzes ist der Magistrat.

(2) Die Gemeinde hat die ihr nach den Bestimmungen dieses Gesetzes zukommenden Aufgaben im eigenen Wirkungsbereich zu besorgen.

(3) Von der Einordnung in den eigenen Wirkungsbereich der Gemeinde nach Abs. 2 sind ausgenommen:

1. **alle Verwaltungsstrafsachen,**
2. **alle Verwaltungsvollstreckungssachen.**

Notifikation

§ 25. Dieses Gesetz wurde unter Einhaltung der Bestimmungen der Richtlinie 98/34/EG des Europäischen Parlaments und des Rates vom 22. Juni 1998 über ein Informationsverfahren auf dem Gebiet der Normen und technischen Vorschriften der Europäischen Kommission notifiziert (2015/70/A/).

Übergangsbestimmungen

A. Gesetz, mit dem das Wiener Feuerpolizeigesetz 2015 (WFPolG 2015) und das Wiener Heizungs- und Klimaanlagengesetz 2015 (WHKG 2015) erlassen werden und das Wiener Feuerwehrgesetz geändert wird

LGBl Nr. 2016/14

Artikel I. Gesetz über die Feuerpolizei in Wien (Wiener Feuerpolizeigesetz 2015 – WFPolG 2015)

… (im Gesetzestext berücksichtigt)

Artikel II. Gesetz über das Inverkehrbringen und den Betrieb von Heizungs- und Klimaanlagen in Wien (Wiener Heizungs- und Klimaanlagengesetz 2015 – WHKG 2015)

… (im Gesetzestext berücksichtigt)

Artikel III. Das Wiener Feuerwehrgesetz, LGBl. für Wien Nr. 16/1957, zuletzt geändert durch das Gesetz LGBl. für Wien Nr. 79/2001, wird wie folgt geändert:

… (im Gesetzestext berücksichtigt)

Inkrafttreten und Übergangsbestimmungen

Artikel IV. (1) Dieses Gesetz tritt drei Monate nach seiner Kundmachung in Kraft.[1)] Gleichzeitig treten das Wiener Kleinfeuerungsgesetz – WKlfG, LGBl. für Wien Nr. 43/2005, zuletzt geändert durch das Gesetz LGBl. für Wien Nr. 42/2008, die Verordnung der Wiener Landesregierung zur Durchführung des Wiener Kleinfeuerungsgesetzes, LGBl. für Wien Nr. 21/2009, und das Wiener Feuerpolizei-, Luftreinhalte- und Klimaanlagengesetz – WFLKG, LGBl. für Wien Nr. 17/1957, zuletzt geändert durch das Gesetz LGBl. für Wien Nr. 35/2013, die Verordnung der Wiener Landesregierung über die für die Bestellung zu Überprüfungsorganen und für fachkundige Personen nach dem Wiener Feuerpolizei-, Luftreinhalte- und Klimaanlagengesetz erforderlichen Kenntnisse und deren Nachweis, LGBl. für Wien Nr. 33/1986, zuletzt geändert durch die Verordnung LGBl. für Wien Nr. 49/2008, die Verordnung der Wiener Landesregierung über die Anerkennung von Ö-Normen für Handfeuerlöscher und ähnliche Löschgeräte, LGBl. für Wien Nr. 29/1957, die Verordnung der Wiener Landesregierung, mit der nähere Bestimmungen über die Grenzwerte der Abgasverluste von Feuerstätten und die Grenzwerte bestimmter, von Feuerstätten ausgehender Emissionen sowie das Verfahren zur Feststellung der-

selben erlassen werden, LGBl. für Wien Nr. 23/2004, und die Verordnung der Wiener Landesregierung über den höchstzulässigen Schwefelgehalt im Heizöl, LGBl. für Wien Nr. 40/1985, zuletzt geändert durch die Verordnung LGBl. für Wien Nr. 60/1990, außer Kraft.

(2) Die Wiener Kehrverordnung 1985, LGBl. für Wien Nr. 22/1985, zuletzt geändert durch die Verordnung LGBl. für Wien Nr. 40/2006, und die Wiener Feuerpolizeiverordnung 1988, LGBl. für Wien Nr. 05/1989, zuletzt geändert durch die Verordnung LGBl. für Wien Nr. 34/2006, gelten mit Inkrafttreten dieses Gesetzes vorbehaltlich ihrer Aufhebung durch Verordnung der Landesregierung als Verordnungen nach dem Wiener Feuerpolizeigesetz 2015.

(3) Die Überprüfungsentgeltverordnung, LGBl. für Wien Nr. 04/1989, zuletzt geändert durch die Verordnung LGBl. für Wien Nr. 32/2009, gilt mit Inkrafttreten dieses Gesetzes vorbehaltlich ihrer Aufhebung durch Verordnung der Landesregierung als Verordnung nach dem Wiener Heizungs- und Klimaanlagengesetz 2015.

(4) Verordnungen auf Grund dieses Gesetzes können bereits ab seiner Kundmachung erlassen werden; sie treten jedoch frühestens mit diesem Gesetz in Kraft.

Anmerkung

1) Das war der 4.6.2016.

B. Ökodesign-Novelle 2017

LGBl 2017/34

Artikel I. Änderung des Wiener Feuerpolizeigesetzes 2015

… (im Gesetzestext berücksichtigt)

Artikel II. Das Gesetz über das Inverkehrbringen und den Betrieb von Heizungs- und Klimaanlagen in Wien (Wiener Heizungs- und Klimaanlagengesetz 2015 – WHKG 2015), LGBl. für Wien Nr. 14/2016, wird wie folgt geändert:

… (im Gesetzestext berücksichtigt)

Artikel III. Dieses Gesetz tritt an dem seiner Kundmachung folgenden Tag in Kraft[1].

Anmerkung

1) Das war der 19.12.2017.

C. Novelle betreffend § 33a VStG

LGBl 2018/71

Artikel I–XXXII. … (betrifft nicht das FeuerpolG)

Artikel XXXIII. … (im Gesetzestext berücksichtigt)

Artikel XXXIV-XXXVI. … (betrifft nicht das FeuerpolG)

In-Kraft-Treten

Artikel XXXVII. Dieses Gesetz tritt mit 1. Jänner 2019 in Kraft.

12. Gesetz über die Reinhaltung von Straßen mit öffentlichem Verkehr, öffentlich zugänglichen Grünflächen sowie öffentlich zugänglichen Wasserflächen in Wien (Wiener Reinhaltegesetz – Wr. ReiG)

LGBl 2007/47 idF LGBl 2017/13 und 2018/71

Der Wiener Landtag hat beschlossen:

Ziel des Gesetzes

§ 1. Ziel dieses Gesetzes ist die Freihaltung von Straßen mit öffentlichem Verkehr, öffentlich zugänglichen Grünflächen sowie öffentlich zugänglichen Wasserflächen von Verunreinigungen.

Reinhaltung öffentlicher Flächen

§ 2. (1) Das Verunreinigen von Straßen mit öffentlichem Verkehr sowie von öffentlich zugänglichen Grünflächen ist verboten. Ebenso ist das Verunreinigen von öffentlich zugänglichen Wasserflächen verboten, soweit nicht das Wasserrechtsgesetz 1959 – WRG 1959, BGBl. Nr. 215/1959 in der Fassung BGBl. I Nr. 54/2014, anzuwenden ist.

(2) Straßen mit öffentlichem Verkehr im Sinne des Abs. 1 sind alle dem Verkehr von Menschen oder Fahrzeugen dienenden Grundflächen, einschließlich der Verkehrsflächen nach § 53 Abs. 1 der BO für Wien, ohne Rücksicht auf die Art der Oberflächenbefestigung, sofern sie von jeder Person unter den gleichen Bedingungen benützt werden können.

(3) Als Bestandteile der Straßen gelten

1. unmittelbar dem Verkehr dienende Flächen, wie insbesondere
   a) Fahrbahnen,
   b) Rampen zu kreuzenden Straßen,
   c) Gehsteige,
   d) Rad- und Gehwege,
   e) Begleitwege,
   f) Straßenbankette,
   g) Parkflächen,
   h) Haltestellenbuchten und -inseln,
   i) Schutzinseln,

2. Einrichtungen im Zuge einer Straße, wie insbesondere
   a) Tunnels,
   b) Unterführungen,
   c) Brücken,

d) Durchlässe,
e) Stützmauern und Dämme,
f) Straßengräben und -böschungen,
g) Einlaufschächte in den Kanal,
h) Brunnen,
i) Schienen,
j) die im Zuge einer Straße gelegenen Bepflanzungen,
k) Anlagen zum Schutz der Nachbarinnen und Nachbarn vor Beeinträchtigungen durch den Verkehr auf der Straße, insbesondere vor Lärmeinwirkung, und
l) befestigtes oder unbefestigtes Stadtmobiliar.

(4) Öffentlich zugängliche Grünflächen im Sinne des Abs. 1 sind öffentlich zugängliche Parkanlagen sowie andere öffentliche Grün- und Pflanzungsflächen, die entweder mit Pflanzen begrünt sind oder – auch wenn sie nicht begrünt sind – einen Lebensraum für Bäume und Sträucher darstellen, einschließlich des auf diesen Flächen befindlichen befestigten oder unbefestigten Stadtmobiliars.

(4a) Öffentlich zugängliche Wasserflächen im Sinne des Abs. 1 sind öffentlich zugängliche, sich an der Erdoberfläche befindende natürliche und künstliche Wasserflächen einschließlich Brunnen, Teichen in Parks und Grünanlagen sowie Wasserspielplätzen.

(5) Als Verunreinigen gilt das Zurücklassen von Stoffen oder Gegenständen, das Ausbringen von Flüssigkeiten sowie das Aufbringen von färbenden Stoffen. Als Verunreinigen von öffentlich zugänglichen Wasserflächen im Sinne des Abs. 1 gilt jede punktuelle Einbringung von Gegenständen, durch welche die Beschaffenheit des Wassers nicht beeinträchtigt bzw. das Selbstreinigungsvermögen nicht vermindert wird.

(6) Die Bestimmungen dieses Gesetzes sind nicht anwendbar auf

1. Handlungen im Sinne des Abs. 5, die auf Grund anderer Rechtsvorschriften zulässig oder genehmigt sind und
2. die Verwendung von Stoffen oder Gegenständen sowie das Ausbringen von Flüssigkeiten zum Zwecke der Reinigung von Verkehrsflächen sowie zum Zwecke der Aufrechterhaltung der Verkehrssicherheit auf öffentlichen Verkehrsflächen.

(7) Nicht von diesem Gesetz erfasst ist das Zurücklassen von Stoffen oder Gegenständen im Rahmen der ordnungsgemäßen land- und forstwirtschaftlichen Bodennutzung auf unbefestigten Flächen.

(8) Verunreinigungen im Sinne des Abs. 1 hat der Verursacher ohne unnötigen Aufschub zu beseitigen.

Überwachung

§ 3. Zur Überwachung der Einhaltung der Bestimmungen dieses Gesetzes ist der Magistrat der Stadt Wien zuständig.

§ 4. (1) Vom Magistrat der Stadt Wien können zur Überwachung der Einhaltung der Bestimmungen dieses Gesetzes Organe der öffentlichen Aufsicht bestellt werden.

(2) Als Überwachungsorgane können nur eigenberechtigte Personen bestellt werden, die

1. das 18. Lebensjahr vollendet haben und
2. für die angestrebte Tätigkeit körperlich und geistig geeignet sowie verlässlich sind.

(3) Überwachungsorgane sind vom Magistrat der Stadt Wien auf die gewissenhafte Erfüllung ihrer Aufgaben anzugeloben. Nach der Angelobung sind der Dienstausweis und das Dienstabzeichen auszufolgen.

(4) Das Dienstabzeichen hat das Wappen der Bundeshauptstadt Wien sowie die laufende Nummer zu enthalten. Der Dienstausweis ist mit einem Lichtbild zu versehen und hat jedenfalls Name und Geburtsdatum des Inhabers sowie die Nummer des Dienstabzeichens zu enthalten. Die Landesregierung hat durch Verordnung Form, Größe und Ausführung des Dienstabzeichens und den Inhalt des Dienstausweises festzulegen.

(5) Das Überwachungsorgan hat bei Ausübung des Dienstes das Dienstabzeichen sichtbar zu tragen, den Dienstausweis bei sich zu führen und sich auf Verlangen gegenüber den von seinen Amtshandlungen betroffenen Personen auszuweisen.

(6) Die Bestellung zum Überwachungsorgan erlischt durch Widerruf (Abs. 7), durch Tod oder durch Verzicht. Der Verzicht ist dem Magistrat der Stadt Wien schriftlich zu erklären.

(7) Treten Umstände ein, die eine Bestellung zum Überwachungsorgan ausschließen würden, so hat der Magistrat der Stadt Wien die Bestellung zu widerrufen.

(8) Dienstausweis und Dienstabzeichen sind unverzüglich an den Magistrat der Stadt Wien zurückzustellen, wenn die Bestellung zum Überwachungsorgan erloschen ist.

§ 5. (1) Überwachungsorgane sind in Ausübung ihres Dienstes befugt, Personen, die sie bei Begehung einer Verwaltungsübertretung nach diesem Gesetz antreffen, zum Zwecke der Feststellung der Identität anzuhalten und Anzeige zu erstatten. Ist der Sachverhalt hinreichend klar, sind sie anstelle der Erstattung einer Anzeige befugt, mit Organstrafverfügungen gemäß § 50 Abs. 1 Verwaltungsstrafgesetz 1991 – VStG, BGBl. Nr. 52/1991 in der Fassung BGBl. I Nr. 33/2013, Geldstrafen einzuheben oder gemäß § 50 Abs. 2 VStG an Stelle der Einhebung eines Geldbetrages einen zur postalischen Einzahlung des Strafbetrages geeigneten Beleg dem Täter zu übergeben.

(2) Personen, die von Überwachungsorganen angehalten und zur Ausweisleistung aufgefordert werden, sind verpflichtet, dieser Aufforderung unverzüglich Folge zu leisten.

(3) Die Organe des öffentlichen Sicherheitsdienstes haben den nach diesem Gesetz zuständigen Überwachungsorganen über deren Ersuchen zur Sicherung der Ausübung der Überwachungsbefugnis gemäß Abs. 1 im Rahmen ihres gesetzmäßigen Wirkungsbereiches Hilfe zu leisten.

(4) Überwachungsorgane haben Übertretungen dieses Gesetzes dem Magistrat der Stadt Wien anzuzeigen, soweit sie nicht eine Organstrafverfügung gemäß § 50 VStG verhängen oder gemäß § 50 Abs. 5a VStG, BGBl. Nr. 52/1991, in der Fassung BGBl. I Nr. 33/2013 vorgehen.

(5) Wird der Verpflichtung zur Beseitigung einer Verunreinigung im Sinne des § 2 Abs. 1 nicht entsprochen, kann das Überwachungsorgan dem Verursacher den Auftrag zur Erfüllung dieser Verpflichtung erteilen.

Strafbestimmungen

§ 6. (1) Wer entgegen § 2 Abs. 1 Straßen mit öffentlichem Verkehr, öffentlich zugängliche Grünflächen oder öffentlich zugängliche Wasserflächen verunreinigt, begeht, sofern die Tat nicht den Tatbestand einer in die Zuständigkeit der Gerichte fallenden strafbaren Handlung bildet, eine Verwaltungsübertretung und ist mit einer Geldstrafe von 50 bis 1 000 Euro, im Nichteinbringungsfall mit Ersatzfreiheitsstrafe bis zu vier Tagen zu bestrafen.

(2) Wer Aufforderungen gemäß § 5 Abs. 2 oder Aufträgen gemäß § 5 Abs. 5 nicht nachkommt, begeht, sofern die Tat nicht den Tatbestand einer in die Zuständigkeit der Gerichte fallenden strafbaren Handlung bildet, eine Verwaltungsübertretung und ist mit einer Geldstrafe von 50 bis 2 000 Euro, im Nichteinbringungsfall mit Ersatzfreiheitsstrafe bis zu acht Tagen zu bestrafen.

(3) Bei allen gemäß Abs. 1 und 2 mit Strafe bedrohten Übertretungen der Gebote und Verbote dieses Gesetzes können mit Organstrafverfügung Geldstrafen von 50 Euro bis zu dem in § 50 Abs. 1 VStG, BGBl. Nr. 52/1991, in der Fassung BGBl. I Nr. 33/2013 festgelegten Betrag eingehoben werden.

(4) Die Erträgnisse aus den verhängten Verwaltungsstrafen sind ausschließlich für Zwecke der Reinhaltung von Straßen mit öffentlichem Verkehr und öffentlich zugänglichen Grünflächen im Sinne des § 2 Abs. 2 bis 4 sowie von öffentlich zugänglichen Wasserflächen zu verwenden.

(5) § 33a Verwaltungsstrafgesetz 1991 – VStG, BGBl. Nr. 52/1991 in der Fassung BGBl. I Nr. 57/2018, findet auf sämtliche Übertretungen nach diesem Gesetz keine Anwendung.

§ 7. Die Gemeinde hat die in diesem Gesetz geregelten Aufgaben mit Ausnahme der Durchführung des Verwaltungsstrafverfahrens im eigenen Wirkungsbereich zu besorgen.

In-Kraft-Treten

§ 8. Dieses Gesetz tritt am 1. Februar 2008 in Kraft.

Teil V
Annexvorschriften

1. Gesetz über die Koordination bei Bauarbeiten (Bauarbeitenkoordinationsgesetz – BauKG)

BGBl I 1999/37 idF BGBl I 1999/85, 2001/136, 2001/159, 2006/154, 2007/42, 2011/51, BGBl II 2012/86, BGBl I 2012/35 und BGBl I 2016/72

Inhaltsverzeichnis

Artikel I
(Verfassungsbestimmung)

Die Erlassung, Änderung und Aufhebung von Vorschriften, wie sie in Art. II des Bauarbeitenkoordinationsgesetzes enthalten sind, sowie die Vollziehung dieser Vorschriften sind auch in jenen Belangen Bundessache, hinsichtlich deren das B-VG etwas anderes vorsieht. Die in diesen Vorschriften geregelten Angelegenheiten können unmittelbar von Bundesbehörden versehen werden.

Artikel II

Geltungsbereich

§ 1. (1) Dieses Bundesgesetz soll Sicherheit und Gesundheitsschutz der Arbeitnehmer auf Baustellen durch die Koordinierung bei der Vorbereitung und Durchführung von Bauarbeiten gewährleisten.

(2) Dieses Bundesgesetz gilt für alle Baustellen, auf denen Arbeitnehmer beschäftigt werden.

(3) Dieses Bundesgesetz gilt nicht für die Beschäftigung von

1. Arbeitnehmern der Länder, Gemeinden und Gemeindeverbände, die nicht in Betrieben beschäftigt sind;
2. Arbeitnehmern des Bundes in Dienststellen, auf die das Bundes-Bedienstetenschutzgesetz (B-BSG), BGBl. I Nr. 70/1999, anzuwenden ist;
3. Arbeitnehmern in land- und forstwirtschaftlichen Betrieben im Sinne des Landarbeitsgesetzes 1984, BGBl. Nr. 287.

(4) Dieses Bundesgesetz gilt nicht für Bohr- und Förderarbeiten in mineralgewinnenden Betrieben, die dem Mineralrohstoffgesetz, BGBl. I Nr. 38/1999, unterliegen.

(5) Dieses Bundesgesetz gilt unbeschadet der im Bundesgesetz über Sicherheit und Gesundheitsschutz bei der Arbeit (ArbeitnehmerInnenschutzgesetz – ASchG), BGBl. Nr. 450/1994, geregelten Verpflichtungen der Arbeitgeber, für Sicherheit und Gesundheitsschutz der Arbeitnehmer bei der Arbeit zu sorgen.

Begriffsbestimmungen

§ 2. (1) Bauherr im Sinne dieses Bundesgesetzes ist eine natürliche oder juristische Person oder sonstige Gesellschaft mit Rechtspersönlichkeit, in deren Auftrag ein Bauwerk ausgeführt wird.

(2) Projektleiter im Sinne dieses Bundesgesetzes ist eine natürliche oder juristische Person oder sonstige Gesellschaft mit Rechtspersönlichkeit, die vom Bauherrn mit der Planung, der Ausführung oder der Überwachung der Ausführung des Bauwerks beauftragt ist. Als Projektleiter kann auch ein fachkundiger Dritter bestellt werden, der Arbeiten im Zusammenhang mit dem Bauvorhaben im Auftrag des Bauherrn durchführt.

(3) Baustellen im Sinne dieses Bundesgesetzes sind zeitlich begrenzte oder ortsveränderliche Baustellen, an denen Hoch- und Tiefbauarbeiten durchgeführt werden. Dazu zählen insbesondere folgende Arbeiten: Aushub, Erdarbeiten, Bauarbeiten im engeren Sinn, Errichtung und Abbau von Fertigbauelementen, Einrichtung oder Ausstattung, Umbau, Renovierung, Reparatur, Abbauarbeiten, Abbrucharbeiten, Wartung, Instandhaltungs-, Maler- und Reinigungsarbeiten, Sanierung.

(4) Vorbereitungsphase ist der Zeitraum vom Beginn der Planungsarbeiten bis zur Auftragsvergabe.

(5) Ausführungsphase ist der Zeitraum von der Auftragsvergabe bis zum Abschluß der Bauarbeiten.

(6) Koordinator für Sicherheit und Gesundheitsschutz für die Vorbereitungsphase im Sinne dieses Bundesgesetzes (Planungskoordinator) ist eine

natürliche oder juristische Person oder sonstige Gesellschaft mit Rechtspersönlichkeit, die vom Bauherrn oder Projektleiter mit der Durchführung der in § 4 genannten Aufgaben für die Vorbereitungsphase des Bauwerks betraut wird.

(7) Koordinator für Sicherheit und Gesundheitsschutz für die Ausführungsphase im Sinne dieses Bundesgesetzes (Baustellenkoordinator) ist eine natürliche oder juristische Person oder sonstige Gesellschaft mit Rechtspersönlichkeit, die vom Bauherrn oder Projektleiter mit der Durchführung der in § 5 genannten Aufgaben für die Ausführungsphase des Bauwerks betraut wird.

(8) Selbständiger ist eine Person, die nicht Arbeitgeber oder Arbeitnehmer ist und die ihre berufliche Tätigkeit zur Ausführung des Bauwerks ausübt.

(9) Bei den in diesem Bundesgesetz verwendeten personenbezogenen Bezeichnungen (zB Arbeitnehmer, Arbeitgeber, Bauherr, Projektleiter, Koordinator) gilt die gewählte Form für beide Geschlechter.

(10) Die in diesem Bundesgesetz enthaltenen Verweise auf andere Bundesgesetze gelten als Verweise auf die jeweils geltende Fassung.

Bestellung von Koordinatoren für Sicherheit und Gesundheitsschutz

§ 3. (1) Werden auf einer Baustelle gleichzeitig oder aufeinanderfolgend Arbeitnehmer mehrerer Arbeitgeber tätig, so hat der Bauherr einen Planungskoordinator für die Vorbereitungsphase und einen Baustellenkoordinator für die Ausführungsphase zu bestellen. Dieselbe Person kann Planungs- und Baustellenkoordinator sein. Der Bauherr kann die Aufgaben des Planungs- und Baustellenkoordinators selbst wahrnehmen, wenn er die Voraussetzungen nach Abs. 3 erfüllt.

(2) Als Koordinator kann eine natürliche oder juristische Person oder sonstige Gesellschaft mit Rechtspersönlichkeit bestellt werden. Bei Bestellung einer juristischen Person oder sonstigen Gesellschaft mit Rechtspersönlichkeit hat diese eine oder mehrere natürliche Personen zur Wahrnehmung der Koordinationsaufgaben für sie zu benennen. § 3 Abs. 4 dritter und vierter Satz gilt.

(3) Als Koordinator darf nur eine Person bestellt werden, die über eine für die jeweilige Bauwerksplanung oder Bauwerksausführung einschlägige Ausbildung und eine mindestens dreijährige einschlägige Berufserfahrung verfügt. Dazu zählen insbesondere Baumeister und Personen, die eine sonstige baugewerbliche Ausbildung erfolgreich abgeschlossen haben, sowie Personen, die ein Universitätsstudium, ein Fachhochschulstudium, eine höhere technische Lehranstalt oder eine vergleichbare Ausbildung

jeweils auf dem Gebiet des Hoch- oder Tiefbaus erfolgreich abgeschlossen haben. Wird eine juristische Person oder sonstige Gesellschaft mit Rechtspersönlichkeit zum Koordinator bestellt, müssen diese Voraussetzungen von jeder gemäß Abs. 2 benannten natürlichen Person erbracht werden.

(4) Die Bestellung des Planungskoordinators hat zu Beginn der Planungsarbeiten zu erfolgen. Die Bestellung des Baustellenkoordinators hat spätestens bei Auftragsvergabe zu erfolgen. Die Bestellung mehrerer Personen zu nacheinander tätigen Planungs- oder Baustellenkoordinatoren ist zulässig. Die Bestellung mehrerer Personen zu nebeneinander tätigen Planungs- oder Baustellenkoordinatoren ist nur zulässig, wenn deren Verantwortungsbereiche räumlich klar voneinander abgegrenzt sind.

(5) Ist in Katastrophenfällen, bei unaufschiebbaren oder bei kurzfristig zu erledigenden Arbeiten eine rechtzeitige Bestellung gemäß Abs. 4 nicht möglich und müssen die Arbeiten aber fortgesetzt werden, so ist die Bestellung so rasch wie möglich, spätestens jedoch am Tag des Beginns der fortgesetzten Arbeiten, nachzuholen.

(6) Die Bestellung hat schriftlich zu erfolgen. Sie ist nur wirksam, wenn ihr der Bestellte nachweislich zugestimmt hat.

Vorbereitung des Bauprojekts

§ 4. (1) Der Bauherr hat dafür zu sorgen, dass die allgemeinen Grundsätze der Gefahrenverhütung gemäß § 7 ASchG bei Entwurf, Ausführungsplanung und Vorbereitung des Bauprojekts berücksichtigt werden, insbesondere bei der architektonischen, technischen und organisatorischen Planung, bei der Einteilung der Arbeiten, die gleichzeitig oder nacheinander durchgeführt werden, und bei der Abschätzung der voraussichtlichen Dauer für die Durchführung dieser Arbeiten.

(2) Der Planungskoordinator hat

1. die Umsetzung der allgemeinen Grundsätze der Gefahrenverhütung gemäß § 7 ASchG bei Entwurf, Ausführungsplanung und Vorbereitung des Bauprojekts zu koordinieren,
2. einen Sicherheits- und Gesundheitsschutzplan gemäß § 7 auszuarbeiten oder ausarbeiten zu lassen,
3. darauf zu achten, daß der Bauherr oder der Projektleiter, wenn ein solcher eingesetzt ist, den Sicherheits- und Gesundheitsschutzplan berücksichtigt,
4. eine Unterlage für spätere Arbeiten gemäß § 8 zusammenzustellen,
5. darauf zu achten, daß der Bauherr oder der Projektleiter, wenn ein solcher eingesetzt ist, die Unterlage gemäß § 8 berücksichtigt.

Ausführung des Bauwerks

§ 5. (1) Der Baustellenkoordinator hat zu koordinieren:

1. die Umsetzung der allgemeinen Grundsätze der Gefahrenverhütung gemäß § 7 ASchG bei der technischen und organisatorischen Planung, bei der Einteilung der Arbeiten, die gleichzeitig oder nacheinander durchgeführt werden, bei der Abschätzung der voraussichtlichen Dauer für die Durchführung dieser Arbeiten sowie bei der Durchführung der Arbeiten,
2. die Umsetzung der für die betreffende Baustelle geltenden Bestimmungen über Sicherheit und Gesundheitsschutz bei der Arbeit,
3. die Überwachung der ordnungsgemäßen Anwendung der Arbeitsverfahren.

(2) Der Baustellenkoordinator hat darauf zu achten, daß

1. die Arbeitgeber den Sicherheits- und Gesundheitsschutzplan anwenden,
2. die Arbeitgeber die allgemeinen Grundsätze der Gefahrenverhütung gemäß § 7 ASchG anwenden,
3. die auf der Baustelle tätigen Selbständigen den Sicherheits- und Gesundheitsschutzplan und die allgemeinen Grundsätze der Gefahrenverhütung gemäß § 7 ASchG anwenden, wenn dies zum Schutz der Arbeitnehmer erforderlich ist.

(3) Der Baustellenkoordinator hat

1. die Zusammenarbeit und die Koordination der Tätigkeiten zum Schutz der Arbeitnehmer und zur Verhütung von Unfällen und berufsbedingten Gesundheitsgefährdungen zwischen den Arbeitgebern zu organisieren und dabei auch auf der Baustelle tätige Selbständige einzubeziehen,
2. für die gegenseitige Information der Arbeitgeber und der auf der Baustelle tätigen Selbständigen zu sorgen,
3. den Sicherheits- und Gesundheitsschutzplan und die Unterlage unter Berücksichtigung des Fortschritts der Arbeiten und eingetretener Änderungen anzupassen oder anpassen zu lassen,
4. die erforderlichen Maßnahmen zu veranlassen, damit nur befugte Personen die Baustelle betreten.

(4) Stellt der Baustellenkoordinator bei Besichtigungen der Baustelle Gefahren für Sicherheit und Gesundheit der Arbeitnehmer fest, hat er unverzüglich den Bauherrn oder den Projektleiter sowie die Arbeitgeber und die allenfalls auf der Baustelle tätigen Selbständigen zu informieren. Der Baustellenkoordinator hat das Recht, sich an das Arbeitsinspektorat zu wenden, wenn er der Auffassung ist, daß die getroffenen Maßnahmen und

bereitgestellten Mittel nicht ausreichen, um die Sicherheit und den Gesundheitsschutz am Arbeitsplatz sicherzustellen, nachdem er erfolglos eine Beseitigung dieser Mißstände verlangt hat.

Vorankündigung

§ 6. (1) Der Bauherr hat eine Vorankündigung zu erstellen für Baustellen, bei denen voraussichtlich

1. die Dauer der Arbeiten mehr als 30 Arbeitstage beträgt und auf denen mehr als 20 Arbeitnehmer gleichzeitig beschäftigt werden, oder
2. deren Umfang 500 Personentage übersteigt.

(2) Die Vorankündigung ist spätestens zwei Wochen vor Beginn der Arbeiten an das zuständige Arbeitsinspektorat zu übermitteln. In Katastrophenfällen, bei unaufschiebbaren oder bei kurzfristig zu erledigenden Arbeiten, ist die Vorankündigung spätestens am Tag des Arbeitsbeginnes zu übermitteln. Zum Zweck der Kontrolle von Baustellen ist die Vorankündigung auch an die Bauarbeiter-Urlaubs- und Abfertigungskasse (§ 14 des Bauarbeiter-Urlaubs- und Abfertigungsgesetzes – BUAG, BGBl. Nr. 414/1972) zu übermitteln.

(2a) Erfolgt die Vorankündigung elektronisch mittels Webanwendung an die Baustellendatenbank (§ 31a BUAG), gilt dies als Übermittlung an das zuständige Arbeitsinspektorat. Ab 1. Jänner 2019 müssen Vorankündigungen elektronisch mittels Webanwendung an die Baustellendatenbank vorgenommen werden.

(3) Die Vorankündigung ist sichtbar auf der Baustelle auszuhängen.

(4) Die Vorankündigung muß beinhalten:

1. das Datum der Erstellung,
2. den genauen Standort der Baustelle,
3. Name und Anschrift des Bauherrn, des Projektleiters und der Planungs- und Baustellenkoordinatoren,
4. Angaben über die Art des Bauwerks,
5. Angaben über den voraussichtlichen Beginn der Arbeiten und über deren voraussichtliche Dauer,
6. Angaben über die voraussichtliche Höchstzahl der Beschäftigten auf der Baustelle,
7. Angaben über die Zahl der dort tätigen Unternehmen und Selbständigen,
8. die Angabe der bereits beauftragten Unternehmen.

(5) Die Vorankündigung ist bei Änderungen anzupassen.

Sicherheits- und Gesundheitsschutzplan

§ 7. (1) Der Bauherr hat dafür zu sorgen, daß vor Eröffnung der Baustelle ein Sicherheits- und Gesundheitsschutzplan erstellt wird für Baustellen, für die eine Vorankündigung gemäß § 6 erforderlich ist und für Baustellen, auf denen Arbeiten zu verrichten sind, die mit besonderen Gefahren für Sicherheit und Gesundheit der Arbeitnehmer verbunden sind.

(2) Arbeiten, die mit besonderen Gefahren für Sicherheit und Gesundheit der Arbeitnehmer verbunden sind, sind insbesondere:

1. **Arbeiten, bei denen die Gefahr des Absturzes, des Verschüttetwerdens oder des Versinkens besteht, wenn diese Gefahr durch die Art der Tätigkeit, die angewandten Arbeitsverfahren oder die Umgebungsbedingungen auf der Baustelle erhöht wird, wie Arbeiten im Verkehrsbereich oder in der Nähe von Gasleitungen,**
2. **Arbeiten, bei denen die Arbeitnehmer gefährlichen Arbeitsstoffen ausgesetzt sind, die entweder eine besondere Gefahr für die Sicherheit und die Gesundheit der Arbeitnehmer darstellen oder für die Eignungs- und Folgeuntersuchungen gemäß der Verordnung über die Gesundheitsüber wachung am Arbeitsplatz (VGÜ), BGBl. II Nr. 27/1997, vorgeschrieben sind,**
3. **Arbeiten mit ionisierenden Strahlen, die die Festlegung von Kontroll- oder Überwachungsbereichen gemäß dem Strahlenschutzgesetz, BGBl. Nr. 227/1969, erfordern,**
4. **Arbeiten in der Nähe von Hochspannungsleitungen,**
5. **Arbeiten, bei denen die Gefahr des Ertrinkens besteht,**
6. **Brunnenbau, unterirdische Erdarbeiten und Tunnelbau,**
7. **Arbeiten mit Tauchgeräten,**
8. **Arbeiten in Druckkammern,**
9. **Arbeiten, bei denen Sprengstoff eingesetzt wird,**
10. **die Errichtung oder der Abbau von schweren Fertigbauelementen.**

(3) Der Sicherheits- und Gesundheitsschutzplan muss beinhalten:

1. **die zur Festsetzung von Schutzmaßnahmen für die jeweilige Baustelle erforderlichen Angaben über das Baugelände und das Umfeld der Bauarbeiten, insbesondere auch über mögliche Gefahren im Bereich des Baugrundes;**
2. **eine Auflistung aller für die Baustelle in Aussicht genommenen Arbeiten gemäß § 2 Abs. 3 zweiter Satz (wie zB Erdarbeiten, Abbrucharbeiten, Bauarbeiten im engeren Sinn, Malerarbeiten) unter Berücksichtigung ihres zeitlichen Ablaufs;**
3. **die entsprechend dem zeitlichen Ablauf dieser Arbeiten und dem Baufortschritt jeweils festgelegten Schutzmaßnahmen sowie baustellen-**

spezifische Regelungen unter Hinweis auf die jeweils anzuwendenden Arbeitnehmerschutzbestimmungen;
4. die erforderlichen Koordinierungsmaßnahmen, Schutzmaßnahmen und Einrichtungen zur Beseitigung bzw. Minimierung der gegenseitigen Gefährdungen, die durch das Miteinander- oder Nacheinanderarbeiten entstehen oder entstehen können;
5. die Schutzeinrichtungen und sonstigen Einrichtungen, die für gemeinsame Nutzung auf der Baustelle geplant sind bzw. zur Verfügung gestellt werden;
6. Maßnahmen bezüglich der Arbeiten, die mit besonderen Gefahren für Sicherheit und Gesundheit der Arbeitnehmer verbunden sind;
7. die Festlegung, wer für die Durchführung der in Z 3 bis 6 genannten Maßnahmen auf der Baustelle jeweils zuständig ist.

(4) Der Sicherheits- und Gesundheitsschutzplan ist in der Vorbereitungsphase zu erstellen.

(5) Der Sicherheits- und Gesundheitsschutzplan ist bei Fortschritt der Arbeiten oder bei eingetretenen Änderungen unverzüglich anzupassen, falls dies zum Schutz der Sicherheit und Gesundheit der Arbeitnehmer erforderlich ist. Vor der Anpassung des Sicherheits- und Gesundheitsschutzplanes sind nach Möglichkeit die Sicherheitsvertrauenspersonen der betroffenen Arbeitgeber anzuhören. Wenn Änderungen des Sicherheits- und Gesundheitsschutzplanes auf Grund von Entscheidungen oder Anordnungen des Bauherrn oder Projektleiters erfolgen, so ist dies im Plan festzuhalten.

(6) Der Sicherheits- und Gesundheitsschutzplan ist in der Vorbereitungs- und in der Ausführungsphase zu berücksichtigen.

(6a) Werden auf einer Baustelle, für die eine Vorankündigung gemäß § 6 nicht erforderlich ist, nur Arbeitnehmer eines Arbeitgebers beschäftigt, so gelten die in den für diese Baustelle gemäß §§ 4 und 5 ASchG festgelegten und schriftlich festgehaltenen Maßnahmen zur Gefahrenverhütung als Sicherheits- und Gesundheitsschutzplan im Sinne dieses Bundesgesetzes, wenn darin die gemäß Abs. 3 erforderlichen Maßnahmen zum Schutz der Arbeitnehmer gegen die besonderen Gefahren, mit denen die Arbeiten auf dieser Baustelle verbunden sind, enthalten sind und der Mindestinhalt des Abs. 3 ausreichend berücksichtigt wird. Der Bauherr hat den Arbeitgeber über das Vorliegen von besonderen Gefahren, insbesondere im Sinne von § 7 Abs. 3 Z 1, umfassend zu informieren.

(7) Der Bauherr hat dafür zu sorgen, daß die betroffenen Arbeitgeber, deren Präventivfachkräfte und Arbeitnehmer sowie die auf der Baustelle tätigen Selbständigen Zugang zum Sicherheits- und Gesundheitsschutzplan haben.

Unterlage für spätere Arbeiten

§ 8. (1) Der Bauherr hat dafür zu sorgen, daß eine Unterlage für spätere Arbeiten am Bauwerk erstellt wird.

(2) Die Unterlage muss die zum Schutz von Sicherheit und Gesundheit der Arbeitnehmer bei späteren Arbeiten wie Nutzung, Wartung, Instandhaltung, Umbauarbeiten oder Abbruch erforderlichen Angaben über die Merkmale des Bauwerks (wie Zugänge, Anschlagpunkte, Gerüstverankerungspunkte, Gas-, Wasser- und Stromleitungen) enthalten, die bei späteren Arbeiten zu berücksichtigen sind.

(3) Die Unterlage ist in der Vorbereitungsphase zu erstellen.

(4) Die Unterlage ist bei Fortschritt der Arbeiten oder bei eingetretenen Änderungen anzupassen.

(5) Die Unterlage ist in der Vorbereitungs- und in der Ausführungsphase zu berücksichtigen.

(6) Der Bauherr hat dafür zu sorgen, daß die Unterlage für die Dauer des Bestandes des Bauwerks in geeigneter Weise aufbewahrt wird. Wird das Bauwerk während der Ausführung oder nach Fertigstellung vom Bauherrn an eine andere natürliche oder juristische Person oder sonstige Gesellschaft mit Rechtspersönlichkeit übergeben, hat diese für die Aufbewahrung der Unterlage zu sorgen.

Übertragung von Pflichten des Bauherrn

§ 9. (1) Wenn ein Projektleiter eingesetzt ist, kann der Bauherr seine Pflichten nach § 3, § 4 Abs. 1, § 6, § 7 und § 8 dieses Bundesgesetzes dem Projektleiter mit dessen Zustimmung übertragen.

(2) Abs. 1 gilt nicht, wenn ein Betriebsangehöriger des Bauherrn als Projektleiter eingesetzt ist.

(3) Wenn ein Betriebsangehöriger des Bauherrn als Planungs- oder Baustellenkoordinator eingesetzt ist, ist anstelle des Koordinators der Bauherr für die Einhaltung der Pflichten nach § 4 Abs. 2 und § 5 dieses Bundesgesetzes verantwortlich.

(4) Wenn ein Betriebsangehöriger des Projektleiters als Planungs- oder Baustellenkoordinator eingesetzt ist, ist anstelle des Koordinators der Projektleiter für die Einhaltung der Pflichten nach § 4 Abs. 2 und § 5 dieses Bundesgesetzes verantwortlich.

Strafbestimmungen

§ 10. (1) Eine Verwaltungsübertretung, die mit Geldstrafe von 145 € bis 7 260 €, im Wiederholungsfall mit Geldstrafe von 290 € bis 14 530 € zu bestrafen ist, begeht, wer

1. als Bauherr die Verpflichtungen nach § 3, § 4 Abs. 1, § 6, § 7 oder § 8 dieses Bundesgesetzes verletzt,
2. als Projektleiter im Fall einer Übertragung nach § 9 Abs. 1 die Verpflichtungen gemäß § 3, § 4 Abs. 1, § 6, § 7 oder § 8 dieses Bundesgesetzes verletzt,
3. als Planungskoordinator seine Verpflichtungen nach § 4 Abs. 2 verletzt,
4. als Baustellenkoordinator die Verpflichtungen nach § 5 verletzt,
5. als Bauherr im Fall des § 9 Abs. 3 nicht dafür sorgt, daß der Koordinator die Verpflichtungen nach § 4 Abs. 2 und § 5 erfüllt,
6. als Projektleiter im Fall des § 9 Abs. 4 nicht dafür sorgt, daß der Koordinator die Verpflichtungen nach § 4 Abs. 2 und § 5 erfüllt.

(2) Wurden Verwaltungsübertretungen nach Abs. 1 nicht im Inland begangen, gelten sie als an jenem Ort begangen, an dem sie festgestellt wurden.

Inkrafttreten

§ 11. (1) Dieses Bundesgesetz tritt mit 1. Juli 1999 in Kraft.

(2) Dieses Bundesgesetz ist auf Bauvorhaben im Sinne des § 6, die am 1. Juli 1999 bereits in der Ausführungsphase sind, ab 1. Juli 2000 anzuwenden. Auf sonstige Bauvorhaben, die am 1. Juli 1999 bereits in der Ausführungsphase sind, ist dieses Bundesgesetz nicht anzuwenden.

(3) § 10 Abs. 1 in der Fassung des Bundesgesetzes BGBl. I Nr. 136/2001 tritt mit 1. Jänner 2002 in Kraft.

(4) §§ 1 Abs. 3 Z 2, 2 Abs. 1, 2, 6 und 7, 3 Abs. 1 bis 5, 5 Abs. 3 Z 4 und Abs. 4, 7 Abs. 3 und 6a, 8 Abs. 2 und 6 sowie 10 Abs. 1 und 2 in der Fassung BGBl. I Nr. 159/2001 treten mit 1. Jänner 2002 in Kraft.

(5) § 6 Abs. 2 vorletzter und letzter Satz in der Fassung des Bundesgesetzes BGBl. I Nr. 51/2011 tritt mit dem Zeitpunkt in Kraft, den der Bundesminister für Arbeit, Soziales und Konsumentenschutz durch Verordnung als jenen feststellt, ab dem die zur Verfügung stehenden technischen Mittel zur Erfassung der Vorankündigung gemäß § 6 geeignet sind. Er darf diesen Zeitpunkt frühestens mit 1. Jänner 2012 festsetzen.

(6) § 12 in der Fassung des 2. Stabilitätsgesetzes 2012, BGBl. I Nr. 35/2012, tritt mit 1. Juli 2012 in Kraft.

(7) § 6 Abs. 2 und 2a in der Fassung BGBl. I Nr. 72/2016 tritt mit 1. April 2017 in Kraft.

Vollziehung

§ 12. (1) Für die Überwachung der Einhaltung dieses Bundesgesetzes ist die Arbeitsinspektion zuständig.

(2) Das Bundesgesetz über die Arbeitsinspektion (Arbeitsinspektionsgesetz 1993 – ArbIG) ist anzuwenden. Dies gilt mit der Maßgabe, dass die Aufgaben und Befugnisse, die der Arbeitsinspektion nach dem ArbIG gegenüber Arbeitgebern obliegen, auch gegenüber Bauherren, Projektleitern und Koordinatoren für Sicherheit und Gesundheitsschutz und die im ArbIG vorgesehenen Arbeitgeberpflichten auch für Bauherren, Projektleiter und Koordinatoren für Sicherheit und Gesundheitsschutz gelten.

(3) Mit der Vollziehung dieses Bundesgesetzes ist der Bundesminister für Arbeit, Soziales und Konsumentenschutz betraut.

2. Gesetz über die Pflicht zur Vorlage eines Energieausweises beim Verkauf und bei der In-Bestand-Gabe von Gebäuden und Nutzungsobjekten (Energieausweis-Vorlage-Gesetz 2012 – EAVG 2012)

BGBl I 2012/27

Inhalt

§ 1. Dieses Bundesgesetz regelt die Pflicht des Verkäufers oder Bestandgebers, beim Verkauf oder bei der In-Bestand-Gabe eines Gebäudes oder Nutzungsobjekts dem Käufer oder Bestandnehmer einen Energieausweis vorzulegen und auszuhändigen, sowie die Pflicht zur Angabe bestimmter Indikatoren über die energietechnische Qualität des Gebäudes oder Nutzungsobjekts in Anzeigen zur Vorbereitung solcher Rechtsgeschäfte.[1)]

Anmerkung

1) Durch das Energieausweis-Vorlage-Gesetz 2012 wird die europäische Richtlinie RL 2010/31/EU über die Gesamtenergieeffizienz von Gebäuden umgesetzt. Damit wird das frühere Energieausweis-Vorlage-Gesetz aus dem Jahr 2006 (BGBl I 2006/137) abgelöst.

Begriffsbestimmungen

§ 2. In diesem Bundesgesetz bezeichnet der Ausdruck

1. „Gebäude" eine Konstruktion mit Dach und Wänden, deren Innenraumklima unter Einsatz von Energie konditioniert wird, und zwar sowohl das Gebäude als Ganzes als auch solche Gebäudeteile, die als eigene Nutzungsobjekte ausgestaltet sind,

2. „Nutzungsobjekt" eine Wohnung, Geschäftsräumlichkeit oder sonstige selbständige Räumlichkeit,

3. „Energieausweis" oder „Ausweis über die Gesamtenergieeffizienz" den jeweils anwendbaren, der Umsetzung der Richtlinie 2010/31/EU über die Gesamtenergieeffizienz von Gebäuden, ABl. Nr. L 153 vom 18. Juni 2010, S. 13, dienenden bundes- oder landesrechtlichen Vorschriften entsprechenden Ausweis, der die Gesamtenergieeffizienz eines Gebäudes angibt,

4. „Verkauf" auch einen Vertrag über den entgeltlichen Erwerb des Eigentums an einem zu errichtenden oder durchgreifend zu erneuernden Gebäude,

5. „In-Bestand-Gabe" auch einen Vertrag über den Erwerb eines Bestandrechts an einem zu errichtenden oder durchgreifend zu erneuernden Gebäude.

Anzeigen in Druckwerken und elektronischen Medien

§ 3. Wird ein Gebäude oder ein Nutzungsobjekt in einem Druckwerk oder einem elektronischen Medium zum Kauf oder zur In-Bestand-Nahme angeboten, so sind in der Anzeige der Heizwärmebedarf und der Gesamtenergieeffizienz-Faktor des Gebäudes oder des Nutzungsobjekts anzugeben. Diese Pflicht gilt sowohl für den Verkäufer oder Bestandgeber als auch für den von diesem beauftragten Immobilienmakler.

Vorlage- und Aushändigungspflicht

§ 4. (1) Beim Verkauf eines Gebäudes hat der Verkäufer dem Käufer, bei der In-Bestand-Gabe eines Gebäudes der Bestandgeber dem Bestandnehmer rechtzeitig vor Abgabe der Vertragserklärung des Käufers oder Bestandnehmers einen zu diesem Zeitpunkt höchstens zehn Jahre alten Energieausweis vorzulegen und ihm diesen oder eine vollständige Kopie desselben binnen 14 Tagen nach Vertragsabschluss auszuhändigen.

(2) Wird nur ein Nutzungsobjekt verkauft oder in Bestand gegeben, so kann der Verkäufer oder Bestandgeber die Verpflichtung nach Abs. 1 durch Vorlage und Aushändigung eines Ausweises entweder über die Gesamtenergieeffizienz dieses Nutzungsobjekts oder über die Gesamtenergieeffizienz eines vergleichbaren Nutzungsobjekts im selben Gebäude oder über die Gesamtenergieeffizienz des gesamten Gebäudes erfüllen.

(3) Wird ein Einfamilienhaus verkauft oder in Bestand gegeben, so kann der Verkäufer oder Bestandgeber die Verpflichtung nach Abs. 1 durch Vorlage und Aushändigung eines Ausweises entweder über die Gesamtenergieeffizienz dieses Hauses oder über die Gesamtenergieeffizienz eines vergleichbaren Gebäudes von ähnlicher Gestaltung, Größe und Energieeffizienz erfüllen. Eine derartige Verwendung eines für ein vergleichbares Gebäude erstellten Energieausweises setzt allerdings voraus, dass der Ausweisersteller die Ähnlichkeit der Gebäude hinsichtlich ihrer Gestaltung, Größe, Energieeffizienz, Lage und ihres Standortklimas bestätigt.

Ausnahmen

§ 5. Von der Informationspflicht nach § 3 sowie der Vorlage- und Aushändigungspflicht sind folgende Gebäudekategorien ausgenommen:

1. Gebäude, die nur frostfrei gehalten werden,
2. im Verkaufsfall Gebäude, die auf Grund ihres schlechten Erhaltungszustands objektiv abbruchreif sind, sofern in einer allfälligen Anzeige nach § 3 das Gebäude als abbruchreif bezeichnet und im Kaufvertrag davon ausgegangen wird, dass der Käufer das Gebäude binnen dreier Jahre nach Vertragsabschluss abbrechen werde,

3. Gebäude, die ausschließlich für Gottesdienste und sonstige religiöse Zwecke genutzt werden,
4. provisorisch errichtete Gebäude mit einer geplanten Nutzungsdauer von höchstens zwei Jahren,
5. Industrieanlagen, Werkstätten und landwirtschaftliche Nutzgebäude, bei denen jeweils der überwiegende Anteil der für die Konditionierung des Innenraumklimas erforderlichen Energie durch die im Gebäude entstehende Abwärme aufgebracht wird,
6. Wohngebäude, die nach ihrer Art nur für die Benützung während eines begrenzten Zeitraums je Kalenderjahr bestimmt sind und deren voraussichtlicher Energiebedarf wegen dieser eingeschränkten Nutzungszeit unter einem Viertel des Energiebedarfs bei ganzjähriger Benützung liegt, und
7. frei stehende Gebäude mit einer Gesamtnutzfläche von weniger als 50 Quadratmetern.

Rechtsfolge der Ausweisvorlage

§ 6. Wird dem Käufer oder Bestandnehmer vor Abgabe seiner Vertragserklärung ein Energieausweis vorgelegt, so gelten die darin angegebenen Energiekennzahlen für das Gebäude unter Berücksichtigung der bei ihrer Ermittlung unvermeidlichen Bandbreiten als bedungene Eigenschaft im Sinn des § 922 Abs 1 ABGB. Unbeschadet gewährleistungsrechtlicher Ansprüche aus dem Kauf- oder Bestandvertrag haftet der Ausweisersteller dem Käufer oder Bestandnehmer unmittelbar für die Richtigkeit des Energieausweises.

Rechtsfolge unterlassener Vorlage oder Aushändigung

§ 7. (1) Wird dem Käufer oder Bestandnehmer entgegen § 4 nicht bis spätestens zur Abgabe seiner Vertragserklärung ein Energieausweis vorgelegt, so gilt zumindest eine dem Alter und der Art des Gebäudes entsprechende Gesamtenergieeffizienz als vereinbart.

(2) Wird dem Käufer oder Bestandnehmer entgegen § 4 nach Vertragsabschluss trotz Aufforderung kein Energieausweis ausgehändigt, so kann er entweder sein Recht auf Ausweisaushändigung gerichtlich geltend machen oder selbst einen Energieausweis einholen und die ihm daraus entstandenen angemessenen Kosten binnen dreier Jahre nach Vertragsabschluss vom Verkäufer oder Bestandgeber ersetzt begehren.

Abweichende Vereinbarungen

§ 8. Vereinbarungen, die die Vorlage- und Aushändigungspflicht nach § 4, die Rechtsfolge der Ausweisvorlage nach § 6, die Rechtsfolge unterlassener Vorlage nach § 7 Abs. 1 einschließlich des sich daraus ergebenden Gewährleistungsanspruchs oder die Rechtsfolge unterlassener Aushändigung nach § 7 Abs. 2 ausschließen oder einschränken, sind unwirksam.

Strafbestimmungen

§ 9. (1) Ein Verkäufer, Bestandgeber oder Immobilienmakler, der es entgegen § 3 unterlässt, in der Verkaufs- oder In-Bestand-Gabe-Anzeige den Heizwärmebedarf und den Gesamtenergieeffizienz-Faktor des Gebäudes oder des Nutzungsobjekts anzugeben, begeht, sofern die Tat nicht den Tatbestand einer gerichtlich strafbaren Handlung erfüllt oder nach anderen Verwaltungsstrafbestimmungen mit strengerer Strafe bedroht ist, eine Verwaltungsübertretung und ist mit einer Geldstrafe bis zu 1 450 Euro zu bestrafen. Der Verstoß eines Immobilienmaklers gegen § 3 ist entschuldigt, wenn er seinen Auftraggeber über die Informationspflicht nach dieser Bestimmung aufgeklärt und ihn zur Bekanntgabe der beiden Werte beziehungsweise zur Einholung eines Energieausweises aufgefordert hat, der Auftraggeber dieser Aufforderung jedoch nicht nachgekommen ist.

(2) Ein Verkäufer oder Bestandgeber, der es entgegen § 4 unterlässt,

1. dem Käufer oder Bestandnehmer rechtzeitig einen höchstens zehn Jahre alten Energieausweis vorzulegen oder
2. dem Käufer oder Bestandnehmer nach Vertragsabschluss einen Energieausweis oder eine vollständige Kopie desselben auszuhändigen,

begeht, sofern die Tat nicht den Tatbestand einer gerichtlich strafbaren Handlung erfüllt oder nach anderen Verwaltungsstrafbestimmungen mit strengerer Strafe bedroht ist, eine Verwaltungsübertretung und ist mit einer Geldstrafe bis zu 1 450 Euro zu bestrafen.

Inkrafttreten; Übergangsbestimmungen; Verweisungen

§ 10. (1) Dieses Bundesgesetz tritt mit 1. Dezember 2012 in Kraft. Es ist auf Verkaufs- und In-Bestand-Gabe-Anzeigen, die ab diesem Zeitpunkt veröffentlicht werden, und auf Kauf- oder Bestandverträge, die ab diesem Zeitpunkt geschlossen werden, anzuwenden.

(2) Das Energieausweis-Vorlage-Gesetz, BGBl. I Nr. 137/2006, tritt mit Ablauf des 30. November 2012 außer Kraft. Es ist aber weiterhin auf Kauf- oder Bestandverträge anzuwenden, die vor dem 1. Dezember 2012 geschlossen wurden. Energieausweise, die im Einklang mit der Richtlinie 2002/91/EG über die Gesamtenergieeffizienz von Gebäuden, ABl. Nr. L 1 vom 4. Jänner 2003, S. 65, erstellt wurden, behalten für eine Dauer von zehn Jahren ab ihrer Erstellung ihre Gültigkeit auch für die nach dem Energieausweis-Vorlage-Gesetz 2012 zu erfüllenden Pflichten.

(3) Beabsichtigt der Verkäufer oder Bestandgeber, seine Pflicht nach § 4 mit einem höchstens zehn Jahre alten und im Einklang mit der Richtlinie 2002/91/EG über die Gesamtenergieeffizienz von Gebäuden, ABl. Nr. L 1 vom 4. Jänner 2003, S. 65, erstellten Energieausweis zu erfüllen, so reicht die Angabe des Heizwärmebedarfs in der Anzeige gemäß § 3 aus.

(4) Soweit in anderen Bundesgesetzen auf Bestimmungen des Energieausweis-Vorlage-Gesetzes, BGBl. I Nr. 137/2006, verwiesen wird, erhalten die Verweisungen ihren Inhalt aus den entsprechenden Bestimmungen dieses Bundesgesetzes.

Vollziehung

§ 11. Mit der Vollziehung dieses Bundesgesetzes ist hinsichtlich der Informationspflicht von Immobilienmaklern nach § 3 der Bundesminister für Wirtschaft, Jugend und Familie und im Übrigen die Bundesministerin für Justiz betraut.

Umsetzungshinweis

§ 12. Mit diesem Bundesgesetz wird die Richtlinie 2010/31/EU über die Gesamtenergieeffizienz von Gebäuden, ABl. Nr. L 153 vom 18. Juni 2010, S. 13, umgesetzt.

3. Verordnung des Gemeinderates betreffend Feststellung der Hauptstraßen und Nebenstraßen[1)]

ABl 2015/23

Anmerkung

1) Vgl Art IV Abs 4 und 5 BO.

Aufgrund des § 103 Abs. 2 WStV, LGBl. für Wien Nr. 28/1968, in der Fassung des Gesetzes LGBl. für Wien Nr. 18/02 wird verordnet:

§ 1. (1) Hauptstraßen A sind die in der Anlage 1 zu dieser Verordnung genannten Straßen.

(2) Hauptstraßen B sind die in der Anlage 2 zu dieser Verordnung genannten Straßen[1)]

(3) Bundesstraßen sind von der Einordnung gemäß § 1 ausgenommen.[2)]

(4) Nebenstraßen sind alle übrigen Straßen.

Anmerkungen

1) Das sind die ehemaligen Bundesstraßen B.

2) Das sind die ehemaligen Bundesstraßen A und S.

§ 2. (1) Bei der Abgrenzung von Hauptstraßen zu Nebenstraßen gilt unbeschadet Absatz 4 die gedachte Verlängerung der Baulinie, Straßenfluchtlinie oder Verkehrsfluchtlinie der Hauptstraßen als Grenze.

(2) Nebenfahrbahnen einschließlich der dazugehörigen Gehsteige und Parkplätze zählen nicht als Teil der Hauptstraßen, sondern gelten immer als Nebenstraße, soweit sie nicht gemäß § 1 Abs. 1 und 2 ausdrücklich als Hauptstraßen genannt werden.

(3) Wohnstraßen gelten auch dann als Nebenstraßen, wenn der nicht als Wohnstraße ausgestaltete Teil des gesamten Straßenzuges eine Hauptstraße im Sinne dieser Verordnung ist.

(4) Bestandteile der Hauptstraßen B sind neben den unmittelbar dem Verkehr dienenden Flächen, wie Fahrbahnen, Gehsteige, Rad- und Gehwege, Parkflächen, Haltestellenbuchten, auch bauliche Anlagen im Zuge einer Hauptstraße B wie Tunnels, Brücken, Durchlässe, Stütz- und Futtermauern, Straßenböschungen, Straßengräben, Anlagen zum Schutz vor Beeinträchtigungen durch den Verkehr auf der Hauptstraße B, insbesondere gegen Lärmeinwirkung, im Zuge einer Hauptstraße B gelegene Grünflächen und der Erhaltung und der Beaufsichtigung der Hauptstraßen B dienende bebaute und unbebaute Grundstücke.

§ 3. **(1) Diese Verordnung tritt mit dem der Kundmachung folgenden Tag in Kraft.[1)]**

(2) Mit Inkrafttreten dieser Verordnung wird die Verordnung des Gemeinderates betreffend die Feststellung der Haupt- und Nebenstraßen vom 29. April 2010 (Amtsblatt Nr. 20/2010) aufgehoben.

Anmerkung

1) Das war am 4.6.2015.

Hinweis

Die Anlagen 1 und 2 mit der Nennung der Hauptstraßen A und B sind aus dem Internet unter https://www.wien.gv.at/recht/landesrecht-wien/rechtsvorschriften/pdf/abl/abl2015023.pdf herunterladbar.

4. Gesetz über die Erteilung von Erlaubnissen zum Gebrauch von öffentlichem Gemeindegrund und die Einhebung einer Abgabe hiefür (Gebrauchsabgabegesetz 1966 – GAG)

LGBl 20 idF der Gesetze LGBl 1967/25, 1968/25, 1973/12, 1976/12, 1980/32, 1982/13, 1986/26, 1987/41, 1988/10, 1990/43, 1990/44, 1990/73, 1993/35, 1994/32, 1998/12, 1999/17, 2000/26, 2003/42, 2009/37, 2009/58, 2013/11, 2013/45, 2016/61, 2018/71, 2019/57, 2020/37, 2020/64, 2021/30, 2021/31, 2021/44, 2021/46, 2021/67, 2022/47 und 2023/36, ABl 2016/52 idF 2018/43, 2021/46 und 2022/39

(Auszug)

ABSCHNITT I

Gebrauchserlaubnis

§ 1. (1) Für den Gebrauch von öffentlichem Grund in der Gemeinde, der als Verkehrsfläche dem öffentlichen Verkehr dient, samt den dazugehörigen Anlagen und Grünstreifen einschließlich seines Untergrundes und des darüber befindlichen Luftraumes ist vorher eine Gebrauchserlaubnis zu erwirken, wenn die Art des Gebrauches im angeschlossenen Tarif (Sondernutzung) angegeben ist. Auf die Erteilung einer Gebrauchserlaubnis besteht kein Rechtsanspruch.

Dies gilt nicht, soweit es sich um Bundesstraßengrund handelt.

(2) Jeder im Tarif (Abs. 1) bzw. in der Anlage I (Abs. 3) nicht angegebene Gebrauch, der über die bestimmungsgemäße Benützung der Verkehrsfläche nach den straßenpolizeilichen und kraftfahrrechtlichen Bestimmungen hinausgeht (Sondernutzung), bedarf der privatrechtlichen Zustimmung der Stadt Wien als Grundeigentümerin.

(3) Für eine in Anlage I umschriebene Nutzung öffentlichen Grundes im Sinne des Abs. 1 ist deren Beginn, Art, Umfang und Dauer der Behörde vor Beginn der Nutzung anzuzeigen. Die Gebrauchserlaubnis gilt bei Vorliegen der gesetzlichen Erfordernisse nach Ablauf von 4 Wochen – im Falle einer Nutzung nach Anlage I Z 9 nach Ablauf von 8 Wochen – nach vollständiger Anzeige als erteilt. Die beabsichtigte Gebrauchnahme bzw. die Gebrauchserlaubnis kann – unbeschadet der §§ 6 und 16 – durch die Behörde bei Vorliegen eines seit Vorlage der Anzeige bestehenden bzw. nachträglich entstandenen Versagungsgrundes und bei Nichtvorliegen der sonstigen gesetzlichen Voraussetzungen untersagt bzw. widerrufen werden. Für Gebrauchserlaubnisse nach diesem Absatz gilt dieses Gesetz sinngemäß.

(4) Durch eine Sondernutzung werden keine Rechte ersessen.

Judikatur

1) Die Bewilligung nach dem Wiener Gebrauchsabgabegesetz vermag eine nach der BO erforderliche Bewilligung nicht zu substituieren, zumal dafür (wie im angefochtenen Bescheid zutreffend festgehalten) die in der BO getroffenen Rechtsvorschriften maßgeblich sind (VwGH 30.4.2009, 2006/05/0264).

Nutzung des öffentlichen Grundes

§ 1a. Der öffentliche Grund in der Gemeinde gemäß § 1 dient dem bestimmungsgemäßen Gebrauch aller in Wien wohnenden und sich aufhaltenden Personen. Dabei wird berücksichtigt, dass der Gemeingebrauch als vorrangige Zweckbestimmung für diese Personen gewährleistet ist und ihnen auch genügend Möglichkeiten zur Nutzung für Zwecke der Erholung, der Bewegung, des Verweilens und der Begegnung bleiben sowie der öffentliche Grund barrierefrei zugänglich ist. Mit dieser Bestimmung werden weder Rechte noch Verpflichtungen begründet.

Nutzungskonzepte und Zonierungspläne

§ 1b. (1) Für Sondernutzungen nach dem Tarif (§ 1 Abs. 1), nach der Anlage I (§ 1 Abs. 3) und Sondernutzungen, die einer privatrechtlichen Zustimmung der Stadt Wien als Grundeigentümerin bedürfen (§ 1 Abs. 2), sowie Einrichtungen, Sachen u. dgl., mit denen die Sondernutzung ausgeübt wird, können aus Gründen einer geordneten und vorausschauenden Gestaltung der Nutzung des öffentlichen Grundes in der Gemeinde gemäß § 1, insbesondere aus den in den § 1a sowie § 2 Abs. 2 bis Abs. 2c genannten Gründen, Nutzungskonzepte und Zonierungspläne beschlossen werden. Diese können insbesondere für Bereiche mit gegenwärtigem bzw. zu erwartendem starken Nutzungsdruck, Nutzungskonflikten, starker Verkehrsfrequenz, touristischen Nutzungen, Knotenpunkten des öffentlichen Verkehrs, öffentlichen Einrichtungen (beispielsweise Krankenhäusern, Altersheimen, Bahnhöfen, Theater, Sportplätzen, Parks), hoher Verbauungsdichte, Schutzzonen nach § 7 der Bauordnung für Wien, LGBl. für Wien Nr. 11/1930, in der jeweils geltenden Fassung, Fußgängerzonen und für Arten des Gebrauches im angeschlossenen Tarif und in der angeschlossenen Anlage I erlassen werden. Sie sind Verordnungen, die vom Magistrat festgesetzt und abgeändert werden können. Sie sind im Amtsblatt der Stadt Wien kundzumachen. Sie können auch im Internet zur Verfügung gestellt werden, wobei dieser Bekanntmachung keine verbindliche Wirkung zukommt. Danach kann jedermann gegen Ersatz der Vervielfältigungskosten die Ausfolgung der Nutzungskonzepte und Zonierungspläne und der dazugehörigen Planbeilagen verlangen.

(2) Bei der Festsetzung und Abänderung der Nutzungskonzepte und Zonierungspläne ist insbesondere Bedacht zu nehmen auf

1. die Befriedigung des zeitgemäßen Verkehrsbedürfnisses der Bevölkerung und der Wirtschaft;
2. die Gewährleistung ausreichender Flächen für die Erholung, die Bewegung, das Verweilen und die Begegnung unter Berücksichtigung der Ansprüche der Bevölkerung an die Aufenthaltsqualität für Personen (insbesondere Gewährleistung von nicht kommerziellen Aufenthalts- und Kommunikationsbereichen);
3. die Gewährleistung zeitgemäßer Einrichtungen zur Ver- und Entsorgung, insbesondere in Bezug auf Wasser, Energie und Abfall;
4. die Vorsorge von Flächen für der Öffentlichkeit dienende Einrichtungen, insbesondere für Bildungs-, Sport-, kulturelle, religiöse, soziale, sanitäre und Sicherheitszwecke sowie für Zwecke der öffentlichen Verwaltung;
5. die wirtschaftliche Entwicklung einschließlich des Tourismus;
6. eine angemessene Vielfalt und Ausgewogenheit der Nutzungen unter Berücksichtigung der räumlichen Gegebenheiten und Zusammenhänge;
7. die Sicherstellung sowie die Herbeiführung eines den zeitgemäßen Vorstellungen entsprechenden örtlichen Stadtbildes und die Gewährleistung des Bestandes von Gebieten, die wegen ihres örtlichen Stadtbildes in ihrem äußeren Erscheinungsbild erhaltungswürdig sind;
8. die Berücksichtigung der Grundsätze der barrierefreien Gestaltung.

(3) Bei Festsetzung und Abänderung der Nutzungskonzepte und Zonierungspläne ist auf die Flächenwidmungs- und Bebauungspläne nach der Bauordnung für Wien, die Planungsvorstellungen, welche in Beschlüssen des Gemeinderates dargelegt sind, sowie auf Planungen und Maßnahmen des Bundes Bedacht zu nehmen.

(4) Der Magistrat hat vor der Festsetzung und Abänderung von Nutzungskonzepten und Zonierungsplänen die örtlich zuständige Bezirksvorsteherin bzw. den örtlich zuständigen Bezirksvorsteher sowie die Wirtschaftskammer Wien, die Kammer für Arbeiter und Angestellte für Wien, die Kammer der Architekten und Ingenieurkonsulenten für Wien, Niederösterreich und Burgenland und die Wiener Landwirtschaftskammer zu hören; der örtlich zuständigen Bezirksvorsteherin bzw. dem örtlich zuständigen Bezirksvorsteher sowie den Kammern steht es frei, innerhalb der vom Magistrat festzusetzenden Frist, die zwei Monate nicht überschreiten darf, beim Magistrat schriftlich Stellung zu nehmen.

(5) Für das Verfahren zur Festsetzung und Abänderung der Nutzungskonzepte und Zonierungspläne gelten ausschließlich die vorstehenden Bestimmungen.

(6) Der Magistrat hat als Grundlagen für die Nutzungskonzepte und Zonierungspläne insbesondere die wirtschaftlichen, infrastrukturellen und stadträumlichen Gegebenheiten zu erheben, welche für deren Zwecke erforderlich sind, sowie dazu eine Datensammlung anzulegen und zu führen. Es können auch die Daten der Grundlagen für die Stadtplanung und Stadtentwicklung nach der Bauordnung für Wien sowie sonstige vorhandene Daten verwendet werden.

(7) Die Nutzungskonzepte und Zonierungspläne begründen unmittelbar weder Rechte noch Verpflichtungen. Sie regeln, ob bzw. in welcher Weise auf dem von ihnen erfassten öffentlichen Grund in der Gemeinde gemäß § 1 eine Nutzung zulässig oder unzulässig ist. In diesen kann insbesondere Folgendes festgelegt werden:

1. Bereiche, die bestimmten Nutzungen vorbehalten sind;
2. Bereiche, die einer nicht kommerziellen Nutzung, insbesondere zur Gewährleistung von nicht kommerziellen Aufenthalts- und Kommunikationsbereichen von Personen, vorbehalten sind;
3. Bereiche, die von jeder Sondernutzung freizuhalten sind, beispielsweise visuelle Freiräume und Sichtbeziehungen;
4. Gestaltungsvorgaben für bestimmte Einrichtungen, Sachen u. dgl., mit denen die Sondernutzung ausgeübt wird;
5. Festlegung von Nutzungszeiten für bestimmte Sondernutzungsarten und sonstige Festlegungen, beispielsweise Beschränkungen des Warensortimentes bei Verkaufsständen.

(8) Die Nutzungskonzepte und Zonierungspläne können für verschiedene übereinanderliegende Räume desselben Plangebietes gesonderte Festlegungen im Sinne des Abs. 7 ausweisen.

(9) Der Magistrat kann durch Verordnung feststellen, dass zum Zeitpunkt des Inkrafttretens dieser Bestimmung in der Fassung des Landesgesetzes LGBl. für Wien Nr. 61/2016 vorhandene Nutzungskonzepte und Zonierungspläne des Magistrates oder Teile davon als Nutzungskonzepte und Zonierungspläne im Sinne dieses Gesetzes gelten. Diese Nutzungskonzepte und Zonierungspläne sind in der Verordnung zu bezeichnen. Teile, die nicht umfasst werden, sind ausdrücklich zu bezeichnen. Die Verordnung ist im Amtsblatt der Stadt Wien kundzumachen; Abs. 1 vorletzter und letzter Satz gelten sinngemäß. Eine Feststellung im Sinne dieser Bestimmung ist nur zulässig, wenn bei der Erstellung der Nutzungskonzepte und Zonierungspläne die zum Zeitpunkt des Inkrafttretens dieser Bestimmung in der Fassung des Landesgesetzes LGBl. für Wien Nr. 61/2016 geltenden gesetzlichen Bestimmungen in den Grundzügen eingehalten worden sind.

Erteilung der Gebrauchserlaubnis

§ 2. (1) Die Erteilung einer Gebrauchserlaubnis ist nur auf Antrag zulässig. Wenn für die Durchführung eines Vorhabens eine Gebrauchserlaubnis erforderlich ist, gilt als Antrag auf Erteilung der Gebrauchserlaubnis

1. das Ansuchen um Erteilung der baupolizeilichen oder straßenpolizeilichen Bewilligung,
2. die Einreichung nach § 70a sowie § 70b der Bauordnung für Wien.

Ein Antrag auf Erteilung einer Gebrauchserlaubnis nach Tarif A Post 11 ist mindestens 4 Wochen, ein Antrag auf Erteilung einer Gebrauchserlaubnis nach Tarif D Post 1 und D Post 4 mindestens 8 Wochen, vor der beabsichtigten Gebrauchnahme einzubringen. Die Erteilung einer Gebrauchserlaubnis nach Tarif D Post 2 ist für jedes Kalenderjahr für denselben Bewilligungswerber in Bezug auf denselben Standort oder von Teilflächen desselben nur einmal zulässig; insbesondere ist die zeitliche Verlängerung oder örtliche Erweiterung nicht zulässig.

(2) Die Gebrauchserlaubnis ist zu versagen, wenn dem Gebrauch gegenwärtige bzw. zu erwartende öffentliche Rücksichten, beispielsweise Umstände sanitärer oder hygienischer Art, Gründe der Sicherheit, Leichtigkeit und Flüssigkeit des Verkehrs, des Winterdienstes (Säuberung von Schnee, Bestreuung bei Schnee und Glatteis u. dgl.), des Platzbedarfes für Lade- und Liefertätigkeit, der Aufenthaltsqualität für Personen zu nicht kommerziellen Zwecken (insbesondere Gewährleistung von Aufenthalts- und Kommunikationsbereichen), städtebauliche Interessen und Vorhaben, Bauführungen betreffend die Verkehrsinfrastruktur, Gesichtspunkte des Stadt- und Grünlandbildes, des Klimaschutzes sowie sonstiger öffentlicher Interessen im Zusammenhang mit der Klimawandelanpassung, dem Schutz von Bäumen und Grünflächen einschließlich ihres ober- und unterirdischen pflanzlichen Lebensraumes sowie unversiegelten Flächen im öffentlichen Raum iSd § 8a, Nutzungskonzepte und Zonierungspläne (§ 1b), Schutzzonen nach § 7 der Bauordnung für Wien, LGBl. für Wien Nr. 11/1930, in der jeweils geltenden Fassung, oder Umstände des Natur-, Denkmal- oder Bodenschutzes, entgegenstehen. Bei Erteilung der Gebrauchserlaubnis sind Bedingungen, Befristungen oder Auflagen vorzuschreiben, soweit dies zur Wahrung dieser Rücksichten erforderlich ist. Eine Beeinträchtigung des Gemeingebrauches ist möglichst gering zu halten.

(2a) Die Gebrauchserlaubnis kann insbesondere versagt werden, wenn den Interessen des Gemeingebrauches oder dem Schutz des öffentlichen Grundes in der Gemeinde gemäß § 1 der Vorrang gegenüber der Sondernutzung gebührt. Dies ist insbesondere der Fall, wenn

1. der mit der Sondernutzung verfolgte Zweck ebenso durch die Inanspruchnahme von privatem Grund erreicht werden kann;

2. die Sondernutzung an anderer Stelle bei geringerer Beeinträchtigung des Gemeingebrauches erfolgen kann;
3. der öffentliche Grund in der Gemeinde gemäß § 1, beispielsweise Belag oder Ausstattung, durch die Art der Sondernutzung beschädigt werden kann und der Antragsteller nicht ausreichend Gewähr dafür leistet, dass die Beschädigung auf seine Kosten unverzüglich wieder behoben wird;
4. durch eine Häufung von Sondernutzungen der Gemeingebrauch besonders beeinträchtigt wird;
5. saisonalen temporären Nutzungen, beispielsweise für Punsch- und Maronistände, Weihnachtsmärkte, Christbaummärkte, Silvesterpfade, Gelegenheitsmärkte u. dgl., nach erfolgter Interessensabwägung der Vorrang gebührt, oder der Gemeingebrauch durch die Sondernutzung wesentlich eingeschränkt würde und dieser daher der Sondernutzung vorgeht sowie
6. Bäume sowie Grünflächen einschließlich ihres ober- und unterirdischen pflanzlichen Lebensraumes und unversiegelte Flächen im öffentlichen Raum iSd § 8a durch die Art der Sondernutzung beschädigt werden können und die Sondernutzung sowie deren Ausmaß am beantragten Standort nicht aufgrund von Gesetzen oder Verordnungen zwingend notwendig ist.

Abs. 2 vorletzter und letzter Satz gelten sinngemäß.

(2b) Eine Gebrauchserlaubnis für die gleiche Gebrauchsart nach derselben Tarifpost oder derselben Ziffer der Anlage I wie jene, die nach § 4 Abs. 1b einer Sperrfrist unterliegt, ist in Bezug auf denselben Standort, Teilflächen davon oder angrenzenden öffentlichen Grund in der Gemeinde gemäß § 1 für die Zeit der Sperrfrist nach § 4 Abs. 1b zu versagen; eine Gebrauchserlaubnis mit Bewilligungsbeginn ab Ablauf der Sperrfrist ist zulässig und kann abweichend vom § 2 Abs. 1 letzter Satz einmalig erteilt werden.

(2c) Die Gebrauchserlaubnis kann weiters versagt werden, wenn der Gebrauch das örtliche Gemeinschaftsleben störende Missstände herbeiführt oder herbeizuführen droht; Abs. 2 vorletzter und letzter Satz gelten sinngemäß.

(3) Die Gebrauchserlaubnis kann einer physischen Person, einer juristischen Person, einer Mehrheit solcher Personen, einer Erwerbsgesellschaft des bürgerlichen Rechts oder einer Personengesellschaft nach Unternehmensrecht erteilt werden. In den Fällen des § 3 Abs. 1 darf die Gebrauchserlaubnis demjenigen erteilt werden, der öffentlichen Grund in der Gemeinde (§ 1) gemäß einem in Tarif A Post 1 und Post 3 sowie Anlage I Z 15, 16 und 18 umschriebenen Gebrauch benutzt sowie dem Eigentümer der Baulichkeit.

(4) Bescheide über die Erteilung einer Gebrauchserlaubnis, bei deren Erlassung ein Versagungsgrund nach Abs. 2 gegeben war, leiden an einem mit Nichtigkeit bedrohten Fehler.

(5)

1. **Parteistellung haben im Verfahren zur Erteilung der Gebrauchserlaubnis neben dem Antragsteller nur der Eigentümer der Liegenschaft, bei Bauwerken auf fremden Grund und Boden überdies der Eigentümer der Baulichkeit, von der aus der Gebrauch erfolgt oder erfolgen soll und jener Eigentümer, der durch den Gebrauch in seinem Frontrecht berührt sein kann, sofern sie spätestens bei der mündlichen Verhandlung Einwendungen wegen einer Beeinträchtigung der Ausübung der in § 5 Abs. 6 lit. a, b und d der Bauordnung für Wien, LGBl. für Wien Nr. 11/1930, in der jeweils geltenden Fassung, angeführten Rechte vorbringen. Dem Eigentümer kommt keine Parteistellung zu, sofern die Liegenschaft oder die Baulichkeit in einer Entfernung von mehr als 20 m von der den Gegenstand der Gebrauchserlaubnis betreffenden Fläche liegt oder wenn innerhalb des letzten vor der Einbringung des Antrages auf Erteilung der Gebrauchserlaubnis liegenden Jahres für die den Gegenstand der Gebrauchserlaubnis betreffende Fläche bereits eine gleichartige Gebrauchserlaubnis erteilt war. Die Eigentümer sind nur durch Anschlag an allgemein zugänglicher Stelle des Hauses (jeder Stiege) zu laden. Dieser Anschlag ist von der Behörde spätestens zwei Wochen vor dem Verhandlungstermin anzubringen. Mit der Anbringung des Anschlages ist die Ladung vollzogen und eine weitere Form der Ladung nicht erforderlich. Die Eigentümer haben die Anbringung des Anschlages zu dulden und darf dieser vor dem Verhandlungstermin nicht entfernt werden. Eine etwaige Entfernung vor dem Verhandlungstermin bewirkt nicht die Ungültigkeit der Ladung. Die Behörde kann aus Gründen der Zweckmäßigkeit, Raschheit und Einfachheit statt einer Ladung durch Hausanschlag die Eigentümer persönlich verständigen oder wenn ein Verwalter bestellt ist (beispielsweise nach §§ 19 ff Wohnungseigentumsgesetz 2002, BGBl. I Nr. 70/2002, in der Fassung BGBl. I Nr. 58/2018) dem Verwalter die Ladung spätestens zwei Wochen vor dem Verhandlungstermin nachweislich schriftlich mit dem Auftrag zur Kenntnis bringen, diese unverzüglich den Eigentümern durch Anschlag im Haus bekannt zu geben; ein Hausanschlag durch die Behörde oder eine sonstige Form der Ladung ist in diesen Fällen nicht erforderlich.**
2. **Die Behörde kann von der Durchführung einer mündlichen Verhandlung (Ziffer 1) absehen, wenn die Eigentümer (Ziffer 1) vom Einlangen eines Antrages auf Erteilung einer Gebrauchserlaubnis verständigt werden und ihnen unter Bekanntgabe der Zeit und des Ortes der mög-**

lichen Akteneinsicht die Gelegenheit eingeräumt wird, allfällige Einwendungen im Sinne der Ziffer 1 gegen die beabsichtigte Gebrauchnahme binnen zwei Wochen bei der Behörde einzubringen. Für die Verständigung der Eigentümer vom Einlangen eines Antrages samt Möglichkeit der Erhebung von Einwendungen gilt Ziffer 1 dritter bis achter Satz sinngemäß. Werden innerhalb dieser Frist keine Einwendungen im Sinne der Ziffer 1 vorgebracht, erlangen die Eigentümer keine Parteistellung. Die Akteneinsicht kann nach Maßgabe der vorhandenen technischen Möglichkeiten auch elektronisch oder unter Verwendung sonstiger geeigneter technischer Kommunikationsmittel gewährt werden.

(6) Dem Antrag auf Erteilung der Gebrauchserlaubnis und der Anzeige nach § 1 Abs. 3 sind alle für die Beurteilung des Vorhabens und die zur Wahrung der Parteistellung notwendigen Unterlagen (zB Pläne, Namen und Anschrift der Liegenschaftseigentümer) beizuschließen und ist die Art des Gebrauches anzugeben.

(6a) Dem Antrag auf Erteilung der Gebrauchserlaubnis für einen Turmdrehkran nach Tarif D Post 1 ist eine statische Vorbemessung einschließlich eines Fundierungskonzeptes anzuschließen. Diese Unterlagen sind von einem nach den für die Berufsausübung maßgeblichen Vorschriften berechtigten Sachverständigen für das einschlägige Fachgebiet zu erstellen und müssen von diesem oder dessen berechtigten Vertreter unter Beisetzung ihrer Eigenschaft unterfertigt sein. Verantwortlich für die Richtigkeit und Vollständigkeit der Gutachten und Berechnungen einschließlich der zugehörigen Pläne für den statischen Nachweis sowie für deren Übereinstimmung mit den übrigen Unterlagen (Abs. 6) ist ihr Verfasser. Diese Verantwortlichkeit wird durch die behördliche Bewilligung und die behördlichen Überprüfungen auf der Grundlage dieser Unterlagen weder eingeschränkt noch aufgehoben. Die behördliche Überprüfung schafft nicht die Vermutung, dass die Unterlagen vollständig und richtig sind.

(7)

1. Die Erteilung einer Gebrauchserlaubnis nach Tarif D Post 2 und jeder damit zusammenhängende in der angeschlossenen Anlage I und im angeschlossenen Tarif angegebene Gebrauch (zB Sonnenschutzvorrichtungen, Leitungen) ist auf maximal 7 Jahre, bei erstmaliger Bewilligung jedoch nur auf maximal ein Jahr, jene nach Tarif D Post 1 und D Post 4 auf maximal 12 Monate befristet zulässig.
2. Die Erteilung einer Gebrauchserlaubnis nach Tarif C Post 4 bezüglich hauptsächlich dem Verkauf von Zeitungen dienender Verkaufsstände (Zeitungskioske) und C Post 5 und jeder damit zusammenhängende in der angeschlossenen Anlage I und im angeschlossenen Tarif angegebe-

ne Gebrauch (zB Sonnenschutzvorrichtungen, Leitungen) ist auf maximal 7 Jahre, bei erstmaliger Bewilligung jedoch nur auf maximal 5 Jahre befristet zulässig.

3. **Bei Erteilung einer Gebrauchserlaubnis nach Tarif A Post 1, A Post 3, B Post 8, B Post 20, B Post 22, B Post 24, B Post 25, B Post 28, C Post 1, C Post 1a, C Post 4 bezüglich Zeitungsverkaufseinrichtungen sowie Anlage I kann die Gebrauchserlaubnis unbefristet erteilt werden.**
4. **Die Erteilung aller sonstigen Gebrauchserlaubnisse ist nur befristet auf maximal 10 Jahre zulässig.**

Judikatur:

1) Die Wortfolge „Sicherheit, Leichtigkeit und Flüssigkeit des Verkehrs" in § 2 Abs 2 Gebrauchsabgabegesetz ist nicht anders zu interpretieren als jene in § 82 Abs 5 StVO. Nach Auffassung des Gerichtshofes hat der Gesetzgeber in diesen Bestimmungen nicht die Sicherheit, Leichtigkeit und Flüssigkeit des ruhenden, sondern des fließenden Verkehrs gemeint (VwGH 20.5.1980, 207, 247/80).

2) Ein Widerspruch zum Stadtbild stellt einen Versagungsgrund für eine Gebrauchserlaubnis dar. Behauptungen eines Sachverständigen reichen nicht aus, einen solchen Widerspruch dazutun; ein Gutachten bedarf eines ausreichenden Befundes (VwGH 21.2.1984, 05/0900/80, BauSlg 194).

3) Eine Behörde ist nicht berechtigt, von einem Bewilligungswerber Unterlagen zu fordern, welche nach dem Antrag nicht anzuschließen sind (VwGH 16.4.1985, 84/05/0256, BauSlg 425).

4) Über einen Antrag auf Erteilung der Gebrauchserlaubnis ist mit Bescheid abzusprechen, die Erteilung der Gebrauchserlaubnis ist ein Akt der Hoheitsverwaltung. Ein Bescheid, mit dem eine Gebrauchserlaubnis erteilt wird, verleiht die Befugnis zu einer über den Gemeingebrauch hinausgehenden Benützung einer öffentlichen Verkehrsfläche der Gemeinde. Bestimmungen, die öffentlich-rechtliche Berechtigungen oder öffentlich-rechtliche Verpflichtungen schaffen und die Festsetzung und Feststellung des Inhaltes und des Umfanges bzw die Sicherung des Gemeingebrauches an den Straßen sowie die Regelung der über den Gemeingebrauch hinausgehenden Benützung von Straßen zum Gegenstand haben, gehören zu den „Straßenangelegenheiten" (ohne Straßenpolizei), welche, soweit es sich nicht um Bundesstraßen handelt, gemäß Art 15 Abs 1 B-VG in die Gesetzgebungszuständigkeit und Vollziehungszuständigkeit der Länder fallen (s VfGH 6.10.1989, Slg 12187) (VwGH 21.2.1995, 92/05/0304).

5) Ein Staubschutznetz mit einem ca 100 m² großen Werbebild kann das Stadtbild beeinträchtigen (VwGH 19.9.1995, 94/05/0345).

6) Verkaufswägen (120 cm lang, 80 cm breit, 200 cm hoch) in roter Farbe gehalten und mit gelbem Dach können an bestimmten Aufstellungsorten (hier in der Fußgängerzone inmitten der Stadt) das Stadtbild beeinträchtigen (VwGH 27.8.1996, 96/05/0067).

7) Das Verfahren zur Erteilung einer Gebrauchserlaubnis ist ein Projektgenehmigungsverfahren. Die belangte Behörde hatte daher den Zustand am geplanten Standort nach Verwirklichung des Projektes und die dadurch zu erwartenden Auswirkungen auf den relevanten Umgebungsbereich (Beurteilungsgebiet) zu beurteilen (vgl. das hg. Erkenntnis vom 23. Juni 2008, 2007/05/0228 und 2007/05/0236). Ob an anderen Orten bereits Gebrauchserlaubnisse für gleichartige Verkaufsstände erteilt worden sind, ist daher für das gegenständliche Vorhaben ohne Bedeutung (VwGH 23.7.2009, 2008/05/0015).

8a) Unter „Stadtbild" versteht man in erster Linie die bauliche Ansicht eines Ortes oder Ortsteiles innerhalb einer Gemeinde, gleichgültig, ob die Betrachtung von innen oder von einem Standpunkt außerhalb des Ortes erfolgt. Geprägt wird dieses Bild daher grundsätzlich von den baulichen Anlagen eines Ortes selbst. Der Schutz des Stadtbildes ist mit den baulichen Anlagen eines Ortes somit untrennbar verbunden. Mit einzubeziehen in den Schutz des Stadtbildes sind auch Gesichtspunkte, die über einen reinen Schutz dieser baulichen Anlagen hinausgehen, und etwa auch noch die bildhafte Wirkung von Grünanlagen, Parklandschaften, u.dgl., die neben den baulichen Anlagen dem Stadtbild das Gepräge geben (vgl. auch dazu das hg. Erkenntnis vom 27. August 1996, Zl. 96/05/0067).

8b) Das für die Aufstellung des gegenständlichen Verkaufsstandes maßgebliche örtliche Umfeld wurde jedoch nicht begründet festgelegt und nachvollziehbar beschrieben, sodass schon aus diesem Grunde nicht davon ausgegangen werden kann, dass dieses Gutachten schlüssig und nachvollziehbar die Frage der Beeinträchtigung des Stadtbildes beantwortet. Hinzu kommt, dass das im Gutachten erwähnte Konzept betreffend die beabsichtigte Neugestaltung der Fußgängerzone in der Favoritenstraße nicht aktenkundig ist und dem Beschwerdeführer nicht zur Kenntnis gebracht wurde, weshalb die darauf bezugnehmenden Ausführungen im Sachverständigengutachten weder vom Beschwerdeführer noch vom Verwaltungsgerichtshof auf ihre Richtigkeit überprüft werden können.

8c) Entgegen den Ausführungen im angefochtenen Bescheid ist ein Beschwerdeführer nicht gehalten, einem unvollständigen bzw. unrichtigen Befund in einem Gutachten auf gleicher fachlicher Ebene entgegenzutreten; die unvollständige und unrichtige Befundaufnahme vermag auch ein Laie nachvollziehbar darzulegen (vgl. hiezu das hg. Erkenntnis vom 1. September 1998, Zl. 98/05/0066) (VwGH 23.7.2009, 2008/05/0013).

9) Zwar hat der Verwaltungsgerichtshof ausgesprochen, dass § 82 Abs. 5 StVO zunächst nur die Sicherheit, Leichtigkeit und Flüssigkeit des fließenden Verkehrs schützt, dass aber auch zu beachten ist, ob das vorhandene Parkraumdefizit eine wesentliche Beeinträchtigung der Flüssigkeit des fließenden Verkehrs bewirkt (hg. Erkenntnis vom 13. Mai 2005, Zl. 2003/02/0053, VwSlg. 16.619/A). Dazu hat der Amtssachverständige der Magistratsabteilung 46 ausgeführt, dass die Situierung von Tischen und Stühlen in der Parkspur eine Zunahme des Parkplatzsuchverkehrs zur Folge hat und dass durch das vermehrte Kreisen von motorisierten Kraftfahrzeugen in den umgebenden Straßenzügen die Sicherheit, Leichtigkeit und Flüssigkeit des Verkehrs beeinträchtigt werde. Auch dieser Sachverständige hatte schon anlässlich der Verhandlung festgestellt, dass im näheren Umfeld (ca. 100 m) freie Stellplätze nicht zur Verfügung standen und die Eckbereiche zur Gänze von illegal abgestellten Kfz verstellt waren. Davon ausgehend konnte die belangte Behörde einen verstärkten Parkplatzsuchverkehr ohne weiteres feststellen; auch die daran anknüpfende rechtliche Beurteilung, dass auf Grund des verschärften Parkraummangels nach Errichtung eines Schanigartens in der Parkspur die Sicherheit, Flüssigkeit und Leichtigkeit des Verkehrs beeinträchtigt werde, begegnet keinen Bedenken.

Stehen der begehrten Bewilligung öffentliche Rücksichten entgegen, ist die Gebrauchserlaubnis zu versagen; daran ändert es auch nichts, dass die Behörde diese Rücksichten in anderen Fällen möglicherweise unbeachtet gelassen hat (siehe den Nachweis bei *Moritz,* BauO Wien[4], 576) (VwGH 20.10.2009, 2007/05/0204).

10) Die abstrakt gehaltene Äußerung der Amtssachverständigen, es solle, „wie im Befund begründet", die Kärntner Straße von Warenausräumungen freigehalten werden und es würden die angesuchten Ständer das örtliche Stadtbild stören, „weil das Ansuchen diesem konzeptionellen Anspruch der Stadtgestaltung entgegensteht", reicht vor dem Hintergrund der oben zitierten Judikatur nicht aus, nachvollziehbar darzulegen, auf Grund welcher konkreten Erwägungen es zu dieser Wirkung auf das Stadtbild gerade auf Grund dieser beiden Warenständer komme. Allein der Umstand, dass die Verkaufsständer optisch wahrnehmbar sind, kann noch nicht zur Folge haben, dass das örtliche Stadtbild beeinträchtigt wird (vgl in diesem Zusammenhang etwa das hg Erkenntnis vom 20. Dezember 1994, Zl 92/05/0210) (VwGH 23.6.2015, 2013/05/0051).

11a) Aus dem Wortsinn „Vorgärten" ergibt sich, dass eine gewisse räumliche Nahebeziehung zu dem Geschäftslokal gegeben sein muss. Dass ein Schanigarten jedoch nur unmittelbar vor einem Geschäftslokal errichtet werden darf, ergibt sich daraus nicht. Wie der Verwaltungsgerichtshof, wenn auch in Bezug auf das in § 2 Abs 5 GAG normierte Frontrecht, bereits mehrfach ausgesprochen hat, ist aus dem GAG kein Anspruch eines Eigentümers einer Baulichkeit abzuleiten, die Ausdehnung eines Schanigartens im Bereich vor seinem Haus auf die Breite des Lokales des Bewilligungswerbers zu beschränken. Auch besteht kein Anspruch darauf, dass vor dem Haus bzw vor dem Lokal kein betriebsfremder Schanigarten betrieben werden darf bzw „die Gehsteigfläche entlang eines Lokales dem jeweiligen Eigentümer oder Nutzungsberechtigten zum Betrieb eines Schanigartens zur Verfügung zu stehen" hat (vgl dazu die hg Erkenntnisse vom 20. Mai 2003, Zl 2001/05/0173, vom 30. Jänner 2014, Zl 2010/05/0197, und vom 20. Jänner 2015, Zl Ra 2014/05/0048; gleichlautend auch *Moritz*, Bauordnung für Wien[5], 643 zu § 2 GebrauchsabgabeG).

11b) Der Begriff des Vorgartens wird in der BO und im GAG unterschiedlich verwendet. Das GAG regelt den Gebrauch von öffentlichem Grund, weshalb ein Vorgarten iSd GAG nur als ein auf öffentlichem Grund liegender zu verstehen ist, während ein Vorgarten iSd § 79 Abs 1 BO ein Grundstreifen ist, der frei bleibt, wenn durch den Bebauungsplan das Anbauen eines Gebäudes an die öffentliche Verkehrsfläche untersagt ist (VwGH 23.5.2017, Ra 2015/05/0079).

Wirkung der Gebrauchserlaubnis

§ 3. (1) Wurde die Gebrauchserlaubnis für Arten des Gebrauches gemäß Tarif A Post 1 und Post 3 sowie Anlage I Z 15, 16 und 18 erteilt, so steht sie demjenigen zu, der öffentlichen Grund in der Gemeinde (§ 1) gemäß den in den genannten Tarifposten und Ziffern der Anlage I umschriebenen Gebrauch benutzt sowie dem jeweiligen Eigentümer der Baulichkeit.

(2) In allen übrigen Fällen ist die Wirksamkeit der Gebrauchserlaubnis auf denjenigen Erlaubnisträger beschränkt, dem die Gebrauchserlaubnis erteilt worden ist. Ist der Erlaubnisträger eine physische Person, so geht die Gebrauchserlaubnis nach dem Tod des Erlaubnisträgers auf seine Verlassenschaft über.

(3) Wenn der Erlaubnisträger eine Einrichtung, die Gegenstand einer Gebrauchserlaubnis nach Tarif C, Post 1, ist, einer anderen Person zum Gebrauch überläßt, so gilt auch diese Person für die Dauer der Überlassung als Erlaubnisträger.

(4) Eine Gebrauchserlaubnis nach Tarif D Post 2 sowie sämtliche damit zusammenhängende Gebrauchserlaubnisse, zB für Sonnenschutzvorrichtungen und Leitungen, gehen bei Veräußerung des in dem Geschäftslokal geführten Betriebes oder einer Umgründung gemäß § 11 Abs. 4 Gewerbeordnung 1994, BGBl. Nr. 194, in der Fassung BGBl. I. Nr. 82/2016, in dem für den bisherigen Erlaubnisträger bestehenden Umfang auf den Rechtsnachfolger des Betriebes über, sofern zum Zeitpunkt des Rechtsüberganges kein Widerrufs- oder Erlöschensgrund gemäß § 4 vorliegt. Der Rechtsnachfolger hat den Rechtsübergang binnen zwölf Wochen ab dem für den Rechtsübergang maßgebenden Zeitpunkt der Behörde unter Anschluss der zum Nachweis des Rechtsüberganges dienenden Belege anzuzeigen. Sind die geforderten gesetzlichen Voraussetzungen nicht gegeben, hat die Behörde – unbeschadet der §§ 6 und 16 – dies mit Bescheid festzustellen und den Gebrauch zu untersagen. Die Gebrauchserlaubnis erlischt nach

Ablauf von zwölf Wochen ab dem Rechtsübergang, wenn der Rechtsnachfolger den Rechtsübergang nicht innerhalb dieser Frist der Behörde angezeigt hat.

Erlöschen der Wirksamkeit der Gebrauchserlaubnis

§ 4. (1) Der Magistrat hat die Gebrauchserlaubnis zu widerrufen, wenn ein nachträglich entstandener Versagungsgrund nach § 2 Abs. 2 und Abs. 2b bekannt wird, sofern nicht die Vorschreibung von Bedingungen, Befristungen oder Auflagen für die Ausübung des bewilligten Gebrauches ausreicht. Weiters kann der Magistrat die Gebrauchserlaubnis widerrufen, wenn ein nachträglich entstandener Versagungsgrund nach § 2 Abs. 2a und Abs. 2c bekannt wird, sofern nicht die Vorschreibung von Bedingungen, Befristungen oder Auflagen für die Ausübung des bewilligten Gebrauches ausreicht. Durch den Widerruf erlischt die Gebrauchserlaubnis. Diese Bestimmung gilt sinngemäß, wenn ein Versagungsgrund nach § 2 Abs. 2 bis Abs. 2c nachträglich bekannt wird.

(1a) Der Magistrat kann eine Gebrauchserlaubnis nach der Tarifpost C 5 oder D 2 widerrufen, wenn

1. straßenpolizeilich zulässige Arbeiten einschließlich Sicherungs- und Begleitmaßnahmen,
2. Arbeiten zur Behebungen von Gebrechen an Schienenbahnen, ober- oder unterirdische Draht-, Kabel- oder sonstige Leitungen und Einbauten, beispielsweise Fernluftheizungen, Frischluft- und Abluftkanäle, Rohr- oder Kanalleitungen, notwendige Hilfseinrichtungen u. dgl., sowie
3. baurechtlich zulässige Baumaßnahmen

durchgeführt werden und eine gänzliche oder teilweise Inanspruchnahme einer von einer Gebrauchserlaubnis betroffenen Fläche erforderlich ist, sofern die Vorschreibung von Bedingungen, Befristungen oder Auflagen für die Ausübung des bewilligten Gebrauches nicht ausreicht. Durch den Widerruf erlischt die Gebrauchserlaubnis.

(1b)

1. Wird durch amtliche Erhebungen wiederholt (mehr als einmal) eine auch nicht strafbare Verletzung dieses Gesetzes oder der gemäß § 2 Abs. 2 bis Abs. 2c sowie § 4 Abs. 1 bis Abs. 1b auferlegten Verpflichtungen festgestellt, kann der Magistrat – unbeschadet der §§ 6 und 16 – die Gebrauchserlaubnis, auf die sich die nicht befolgten Gesetzesbestimmungen oder Verpflichtungen beziehen, nach Maßgabe der folgenden Bestimmungen widerrufen. Ein Widerruf ist zulässig, sofern dies unter Wahrung des Schonungsprinzips zur Wahrung der in § 2 Abs. 2 bis Abs. 2c geschützten öffentlichen Interessen erforderlich ist und die

Vorschreibung von Bedingungen, Befristungen oder Auflagen zur Wahrung dieser öffentlichen Interessen nicht ausreicht, insbesondere wenn auf Grund des bisherigen Verhaltens des Erlaubnisträgers (beispielsweise auf Grund der Dauer und der Anzahl der Verletzungen, der Größe der betroffenen Fläche, der Intensität der Belästigungen oder Gefährdungen der geschützten Rechtsgüter sowie anderer Personen, der Nichtbeachtung einer auch formlosen behördlichen Aufforderung zur Einhaltung dieses Gesetzes und der auferlegten Verpflichtungen) anzunehmen ist, dass er den sich aus diesem Gesetz ergebenden oder den gemäß § 2 Abs. 2 bis Abs. 2c sowie § 4 Abs. 1 bis Abs. 1b auferlegten Verpflichtungen nicht nachkommen wird. Davon ausgenommen sind Gebrauchserlaubnisse nach Tarif A Post 1, A Post 3, B Post 8 und Anlage I Z 15 bis 21, sofern eine Beseitigung baurechtlich nicht zulässig ist.

2. Weiters kann – unbeschadet der §§ 6 und 16 – bei einem Widerruf gemäß Ziffer 1 auch eine andere Gebrauchserlaubnis als jene, auf die sich die auch nicht strafbare Verletzung dieses Gesetzes oder der gemäß § 2 Abs. 2 bis Abs. 2c sowie § 4 Abs. 1 bis Abs. 1b auferlegten Verpflichtungen beziehen, widerrufen werden. Z 1 gilt sinngemäß.
3. Durch einen Widerruf gemäß den Ziffern 1 und 2 erlischt die Gebrauchserlaubnis.
4. a) Die Erteilung einer Gebrauchserlaubnis für die gleiche Gebrauchsart nach derselben Tarifpost oder derselben Ziffer der Anlage I in Bezug auf denselben Standort, Teilflächen davon oder angrenzenden öffentlichen Grund in der Gemeinde gemäß § 1 ist bis zum Ablauf der Sperrfrist nicht zulässig.
   b) Die Sperrfrist ist im Widerrufsbescheid festzusetzen und bemisst sich nach der Bedeutung des geschützten Rechtsgutes und der Intensität seiner Gefährdung bzw. Beeinträchtigung durch die auch nicht strafbare Verletzung dieses Gesetzes oder der gemäß § 2 Abs. 2 bis Abs. 2c sowie § 4 Abs. 1 bis Abs. 1b auferlegten Verpflichtungen sowie der zukünftigen Sicherstellung der Wahrung der in § 2 Abs. 2 bis Abs. 2c geschützten öffentlichen Interessen. Die Sperrfrist hat mindestens sechs Monate und höchstens ein Jahr zu betragen.
   c) Eine Sperrfrist kann auch durch gesonderten Bescheid festgesetzt werden, wenn ein Widerruf nach dieser Bestimmung nur deswegen nicht möglich ist, weil die Gebrauchserlaubnis bereits anderweitig erloschen ist, beispielsweise durch Verzicht nach § 4 Abs. 4, Zeitablauf oder der öffentliche Grund in der Gemeinde gemäß § 1 genutzt wird ohne vorher eine Gebrauchserlaubnis zu erwirken; in diesem Fall beginnt die Sperrfrist, die mindestens sechs Monate und höchstens ein Jahr zu betragen hat, mit der Rechtskraft des die Sperrfrist festsetzenden Bescheides.

5. Beim Widerruf sowie bei der Festsetzung der Sperrfrist sind folgende auch nicht strafbare Verletzungen dieses Gesetzes oder der gemäß § 2 Abs. 2 bis Abs. 2c sowie § 4 Abs. 1 bis Abs. 1b auferlegten Verpflichtungen zu berücksichtigen und dem Träger der Gebrauchserlaubnis bzw. demjenigen, der öffentlichen Grund in der Gemeinde gemäß § 1 nutzt, ohne vorher eine Gebrauchserlaubnis zu erwirken, zuzurechnen: jene des Erlaubnisträgers, seiner Subunternehmer, seiner zur Vertretung nach außen Berufenen (§ 9 Abs. 1 Verwaltungsstrafgesetz 1991 – VStG, BGBl. Nr. 52/1991, in der Fassung BGBl. I Nr. 88/2023), seiner verantwortlichen Beauftragten (§ 9 Abs. 2 oder 3 VStG) und seiner Erfüllungsgehilfen (Beauftragten).

6. Zum Zeitpunkt der Entscheidung über den Widerruf einer Gebrauchserlaubnis bzw. zum Zeitpunkt der Entscheidung über die Sperrfrist bei Nichtvorliegen einer Gebrauchserlaubnis durch den Magistrat sind mehr als zwei Jahre zurückliegende, auch nicht strafbare Verletzungen dieses Gesetzes oder der gemäß § 2 Abs. 2 bis Abs. 2c sowie § 4 Abs. 1 bis Abs. 1b auferlegten Verpflichtungen nicht zu berücksichtigen.

(2) Eine Gebrauchserlaubnis nach der Tarifpost C 4 oder C 5 kann der Magistrat außerdem widerrufen, wenn sie in einem Kalenderjahr nicht mindestens an hundertfünfzig Tagen, dies gilt nicht für Punsch- und Maronistände, betrieblich genutzt worden ist. Mit dem Widerruf, der bis zum Ende des diesem Kalenderjahr folgenden Jahres auszusprechen ist, erlischt die Gebrauchserlaubnis. Weiters kann der Magistrat eine Gebrauchserlaubnis nach der Tarifpost D 1 widerrufen, wenn sie in einem Kalenderjahr nicht mindestens zur Hälfte der bewilligten Zeit betrieblich genutzt worden ist. Mit dem Widerruf, der bis drei Monate nach Ablauf des diesem Kalenderjahr folgenden Jahres auszusprechen ist, erlischt die Gebrauchserlaubnis.

(2a) Der Magistrat kann eine Gebrauchserlaubnis nach der Tarifpost D 2 sowie sämtliche damit zusammenhängende Gebrauchserlaubnisse, zB für Sonnenschutzvorrichtungen und Leitungen, widerrufen, wenn

a) in einem Kalenderjahr nicht mindestens zur Hälfte der bewilligten Zeit die gesamte bewilligte Vorgartenfläche betrieblich genutzt oder betriebsbereit gehalten worden ist,
b) mehr als dreißig aufeinanderfolgende Tage nicht die gesamte bewilligte Vorgartenfläche betrieblich genutzt oder betriebsbereit gehalten worden ist, oder,
c) mehr als dreimal in einem Kalenderjahr nicht die gesamte bewilligte Vorgartenfläche betrieblich genutzt oder betriebsbereit gehalten und das dazu gehörige Geschäftslokal betrieben worden ist.

Mit dem Widerruf, der bis drei Monate nach Ablauf des diesem Kalenderjahr folgenden Jahres auszusprechen ist, erlischt die Gebrauchserlaubnis. Abs. 1b Z 4 bis 6 dieser Bestimmung gelten sinngemäß.

(3) Die Gebrauchserlaubnis nach § 3 Abs. 2 erlischt, sofern sie einer physischen Person erteilt wurde, außerdem im Zeitpunkt der Beendigung der Abhandlung der Verlassenschaft des früheren Erlaubnisträgers und bei einer Mehrheit von physischen Personen im Zeitpunkt der Beendigung der zuletzt abgehandelten Verlassenschaft; wurde die Gebrauchserlaubnis einer juristischen Person oder einer Personengesellschaft nach Unternehmensrecht erteilt, so erlischt sie mit dem Aufhören der Rechtspersönlichkeit der juristischen Person, mit der Auflösung der eingetragenen Erwerbsgesellschaft oder mit der Auflösung der Personengesellschaft.

(4) Die Gebrauchserlaubnis erlischt überdies im Zeitpunkt des Einlangens einer Verzichtserklärung beim Magistrat. Ein Verzicht liegt auch dann vor, wenn die Gebrauchsabgabe binnen zwei Monaten nach Fälligkeit ohne Angabe von Gründen nicht entrichtet wird und außerdem für die annähernd gleiche Stelle, auf die sich die Gebrauchserlaubnis bezieht, eine neue Gebrauchserlaubnis beantragt worden ist. In derartigen Fällen wird der Verzicht im Zeitpunkt der Erteilung der neuen Gebrauchserlaubnis wirksam. Als Verzicht gilt auch die Endigung der Gewerbeberechtigung für die Verabreichung von Speisen und den Ausschank von Getränken durch den Träger einer Gebrauchserlaubnis nach Tarif D Post 2 und für jeden damit zusammenhängenden in der angeschlossenen Anlage I und im angeschlossenen Tarif angegebenen Gebrauch (zB Sonnenschutzvorrichtungen, Leitungen), es sei denn es liegt ein Fall des § 3 Abs. 4 vor.

(5) In den Fällen des § 3 Abs. 1 erlischt die Gebrauchserlaubnis ferner mit der Beseitigung des Bauteiles, auf den sich die Gebrauchserlaubnis bezieht.

(6) Weiters erlischt die Gebrauchserlaubnis – ausgenommen jene nach Tarif A Post 1, A Post 3 und B Post 8 sofern eine Beseitigung baurechtlich nicht zulässig ist, C Post 1 sowie C Post 1a –, wenn die Abgabe nicht spätestens sechs Monate nach Fälligkeit bzw. nach Ablauf eines bewilligten Zahlungsaufschubes bzw. nach Ablauf einer für die Entrichtung der Abgabe gemäß §§ 212 Abs. 3 und 212a Abs. 7 Bundesabgabenordnung – BAO eingeräumten Nachfrist entrichtet wird.

(7) Die Gebrauchserlaubnis erlischt, wenn hinsichtlich der den Gegenstand der Gebrauchserlaubnis betreffenden Fläche die Voraussetzungen des § 1 Abs. 1 entfallen.

Judikatur

1) § 4 Abs 1 des Gebrauchsabgabengesetzes 1966 ermächtigt die Behörde nur in dem Fall zu einem Widerruf der Gebrauchserlaubnis, daß eine Änderung des für die Erteilung der Gebrauchserlaubnis maßgebend gewesenen Sachverhalts eingetreten und dadurch ein Versagungsgrund nach § 2 Abs 2 leg cit entstanden ist (VwGH 26.9.1977, Slg 9393/A).

2) Wird ein Widerruf einer Gebrauchserlaubnis gemäß § 4 Abs 1 Gebrauchsabgabegesetz ausgesprochen, weil die gegenwärtige Sachlage geeignet sei, die Sicherheit, Leichtigkeit und Flüssigkeit des Verkehrs zu beeinträchtigen, obliegt es der Behörde, ausreichende Sachverhaltsfeststellungen zu treffen, die einen Vergleich mit der für die Erteilung der Gebrauchserlaubnis maßgebenden Sachlage ermöglichen (VwGH 26.9.1977, 2775, 2777/76, 99/77, Slg 9392/A, im nicht veröffentlichten Teil).

Verpflichtungen nach dem Erlöschen der Gebrauchserlaubnis

§ 5. (1) Wird die Gebrauchserlaubnis widerrufen, so ist im Bescheid eine angemessene Frist festzusetzen, innerhalb welcher der ehemalige Erlaubnisträger die Einrichtungen, durch die öffentlicher Grund in der Gemeinde in Anspruch genommen wurde, zu beseitigen hat.

(2) Ist die Gebrauchserlaubnis nach dem Tode des Erlaubnisträgers durch Beendigung der Verlassenschaftsabhandlung erloschen, so sind die im Abs. 1 genannten Einrichtungen zu beseitigen. Hiezu sind die Erben oder Vermächtnisnehmer des verstorbenen Erlaubnisträgers verpflichtet. Die gleiche Pflicht trifft beim Erlöschen der Rechtspersönlichkeit einer juristischen Person, bei der oder bei der Auflösung einer Personengesellschaft nach Unternehmensrecht diejenigen Personen, die diese Erlaubnisträger nach außen zu vertreten befugt waren.

(3) Erlischt die Gebrauchserlaubnis durch Verzicht, so hat der ehemalige Erlaubnisträger die im Abs. 1 genannten Einrichtungen zu beseitigen.

(4) Die nach Abs. 1 bis 3 verpflichteten Personen haben die Fläche, auf deren Gebrauch sich die Gebrauchserlaubnis bezogen hat, und die durch die Beseitigung der Einrichtungen betroffenen Flächen auf ihre Kosten in jenen Zustand zu versetzen, der dem Zustand des unmittelbar angrenzenden öffentlichen Grundes in der Gemeinde entspricht. Falls dieser Herstellungspflicht nicht nachgekommen wird, ist diese vom Magistrat mit Bescheid auszusprechen.

Beseitigung von Einrichtungen bei unerlaubtem Gebrauch

§ 6. (1) Der Magistrat ist berechtigt, Sachen, durch die ein im § 1 Abs. 1 oder in Anlage I umschriebener Gebrauch ohne Vorliegen einer Ge-

brauchserlaubnis ausgeübt wird, ohne vorausgegangenes Verfahren gegen nachträglichen Kostenersatz durch den Verpflichteten - das ist derjenige, der den Grund gemäß § 1 ohne Vorliegen einer Gebrauchserlaubnis genutzt hat und der Eigentümer - zu entfernen und zu lagern. Bis zur Bezahlung der vollen Kosten besteht ein Zurückbehaltungsrecht des Magistrates. Die Kosten der Entfernung und Lagerung sind vom Verpflichteten oder dessen Erfüllungsgehilfen (Beauftragten) unmittelbar bei der Abholung des Gegenstandes zu bezahlen. Wird der Gegenstand nicht abgeholt, hat die Vorschreibung der Kosten mit Bescheid zu erfolgen. Die Bestimmung des § 16 wird hiedurch nicht berührt. Sofern der Gegenstand noch nicht übernommen worden ist, hat die Behörde innerhalb einer Frist von drei Wochen nach dem Entfernen des Gegenstandes den Eigentümer unter Hinweis auf die Rechtsfolge des drohenden Eigentumsüberganges durch Zustellung zu eigenen Handen aufzufordern, den Gegenstand innerhalb einer Frist von drei Monaten ab Zustellung zu übernehmen. Die Bestimmung des § 25 Zustellgesetz, BGBl. Nr. 200/1982, in der Fassung BGBl. I Nr. 111/2010, über die Zustellung an Personen, deren Abgabestelle unbekannt ist, gilt in diesem Falle sinngemäß, wenn die Person, an welche die Aufforderung zu richten wäre, nicht festgestellt werden kann. Nach erfolglosem Ablauf der 3-Monats-Frist geht das Eigentum am entfernten Gegenstand auf die Stadt Wien über.

(2) Unbeschadet der sonstigen Bestimmungen dieses Gesetzes, insbesondere der §§ 6 und 16, hat derjenige, der öffentlichen Grund in der Gemeinde gemäß § 1 ohne Vorliegen einer Gebrauchserlaubnis nutzt, die Fläche, auf die sich die bewilligungslose Sondernutzung bezogen hat, und die durch die Beseitigung der Einrichtungen betroffenen Flächen auf seine Kosten in jenen Zustand zu versetzen, der dem Zustand des unmittelbar angrenzenden öffentlichen Grundes in der Gemeinde entspricht. Falls dieser Herstellungspflicht nicht nachgekommen wird, ist diese vom Magistrat mit Bescheid auszusprechen.

Judikatur

1) Bei der Erlassung eines Beseitigungsauftrages nach § 6 Gebrauchsabgabegesetz handelt es sich um keine baupolizeiliche Aufgabe. Berufungsbehörde ist daher nicht die BOB, sondern der Berufungssenat. Ein Auftrag zur Beseitigung ist im Gesetz nicht gedeckt, wenn eine entsprechende Gebrauchserlaubnis vorliegt (VwGH 18.10.1983, 83/05/0088, BauSlg 117).

Herstellung des gesetzmäßigen Zustandes

§ 6a. (1) Die Verantwortlichkeit des Sondernutzers und seiner Erfüllungsgehilfen (Beauftragten) nach den Rechtsvorschriften wird durch die behördliche Bewilligung und die behördlichen Überprüfungen nicht be-

rührt. Die Stadt Wien haftet nicht für Schäden, die durch eine Sondernutzung entstehen, und nicht für eine Eignung des öffentlichen Grundes in der Gemeinde gemäß § 1 und der darin eingebauten Leitungen und Anlagen für eine Sondernutzung sowie Schäden aus einer fehlenden Eignung. Der Sondernutzer und seine Erfüllungsgehilfen (Beauftragten) haften für die Verkehrssicherheit der angebrachten oder aufgestellten Sondernutzungseinrichtungen, Gegenstände u. dgl. und Schäden, die durch die Sondernutzung entstehen. Die Stadt Wien kann jederzeit angemessene Vorschüsse oder Sicherheiten bescheidmäßig verlangen, um einer Gefährdung oder wesentlichen Erschwerung der Erfüllung der Verpflichtungen nach dieser Bestimmung zu begegnen.

(2) Beachtet der Träger einer Gebrauchserlaubnis für öffentlichen Grund in der Gemeinde gemäß § 1 nicht die Bestimmungen dieses Gesetzes oder die gemäß § 2 Abs. 2 bis Abs. 2c sowie § 4 Abs. 1 bis Abs. 1b vorgeschriebenen Bedingungen, Befristungen oder Auflagen, ist der Magistrat berechtigt – unbeschadet der sonstigen Bestimmungen dieses Gesetzes, insbesondere der §§ 6 und 16 – ohne vorausgegangenes Verfahren gegen nachträglichen Kostenersatz durch den Erlaubnisträger oder dessen Erfüllungsgehilfen (Beauftragten) die erforderlichen Maßnahmen zur Erfüllung dieses Gesetzes sowie der vorgeschriebenen Bedingungen, Befristungen oder Auflagen einschließlich erforderlicher Sicherungsmaßnahmen und zur Beseitigung des rechtswidrigen Zustandes unverzüglich durchzuführen oder durchführen zu lassen. Werden die Kosten vom Erlaubnisträger oder dessen Erfüllungsgehilfen (Beauftragten) nicht bezahlt, hat die Vorschreibung der Kosten mit Bescheid zu erfolgen.

(3) Bei drohender Gefahr für das Leben oder die Gesundheit von Menschen oder Eigentum oder sonstiger dinglicher Rechte kann der Magistrat – unbeschadet der sonstigen Bestimmungen dieses Gesetzes, insbesondere der §§ 6 und 16 – ohne vorausgegangenes Verfahren gegen nachträglichen Kostenersatz durch den Erlaubnisträger oder denjenigen, der öffentlichen Grund in der Gemeinde gemäß § 1 ohne Vorliegen einer Gebrauchserlaubnis nutzt, oder deren Erfüllungsgehilfen (Beauftragten) die zur Beseitigung bzw. Abwehr der Gefährdung und Beseitigung eingetretener Folgen erforderlichen Maßnahmen unverzüglich durchführen oder durchführen lassen. Unter einer Gefährdung des Eigentums oder sonstiger dinglicher Rechte ist die Möglichkeit einer bloßen Minderung des Verkehrswertes nicht zu verstehen. Werden die Kosten vom Sondernutzer oder dessen Erfüllungsgehilfen (Beauftragten) nicht bezahlt, hat die Vorschreibung der Kosten mit Bescheid zu erfolgen.

(4) Die Abs. 1 bis 3 gelten bei durch Baumaßnahmen veranlassten Sondernutzungen, insbesondere nach Tarif D Post 1 und Post 4, sinngemäß auch gegenüber dem Bauwerber und dem Bauführer sowie deren Erfüllungsgehilfen (Beauftragten).

Sicherstellung

§ 7. In der Gebrauchserlaubnis oder in einem gesonderten Bescheid ist die Auferlegung der Leistung eines angemessenen, das Zwanzigfache des Abgabenbetrages nicht übersteigenden Sicherstellungsbetrages zulässig, um einer Gefährdung oder wesentlichen Erschwerung der Erfüllung der Verpflichtungen nach § 2 Abs. 2 bis Abs. 2c sowie § 4 Abs. 1 bis Abs. 1b oder nach § 5 zu begegnen.

Kontrolle

§ 8. (1) Der Magistrat ist berechtigt, die Einhaltung der Vorschriften des Abschnittes I dieses Gesetzes sowie der hiezu erlassenen Verordnungen und Bescheide zu überwachen. Die Überwachungsorgane haben sich durch eine amtliche Legitimation auszuweisen.

(2) Personen, die einen im § 1 umschriebenen Gebrauch ausüben, sind verpflichtet, den amtlich legitimierten Organen des Magistrates auf Verlangen nachzuweisen, daß ihnen hiefür eine Gebrauchserlaubnis erteilt wurde.

Datenverarbeitung

§ 8a. (1) Der Magistrat ist ermächtigt, Daten über den Gebrauch des öffentlichen Raumes in der Gemeinde, der von jedermann unter den gleichen Bedingungen benützt werden kann, samt den dazugehörigen Anlagen und Grünstreifen einschließlich seines Untergrundes und des darüber befindlichen Luftraumes zum Zweck der Durchführung der Verfahren nach diesem Gesetz, der Evidenthaltung und Kontrolle der Gebrauchnahmen, der ordnungsgemäßen und vollständigen Abgabenerhebung, für statistische Zwecke und zur Verwaltung des öffentlichen Raumes im Sinne dieser Bestimmung automationsunterstützt zu verarbeiten.

(2) Folgende Daten dürfen automationsunterstützt gemäß Abs. 1 verarbeitet werden:

1. die Bescheid erlassende oder privatrechtliche Zustimmung erteilende Behörde bzw. Stelle bezüglich des Gebrauches;
2. Beginn, Ende, Dauer, Art, Umfang, Standort und benützte Fläche des Gebrauches;
3. Rechtsgrundlage des Gebrauches;
4. das Vorliegen einer behördlichen Bewilligung oder privatrechtlichen Zustimmung des Gebrauches einschließlich der Geschäftszahl;
5. anhängige Verfahren zur Erlangung einer behördlichen Bewilligung oder einer privatrechtlichen Zustimmung einschließlich der in den Ziffern 1, 2 und 3 genannten Daten.

(3) Personenbezogene Daten sind sieben Jahre nach Ablauf der Gültigkeitsdauer der behördlichen Bewilligung oder der privatrechtlichen Zustimmung zu löschen.

Zugang zu Bilddaten

§ 8b. Zur Vollziehung dieses Gesetzes erhobene Bilddaten des öffentlichen Raumes in der Gemeinde gemäß § 8a sowie der angrenzenden Räume sind vom Magistrat nach Maßgabe der vorhandenen technischen und organisatorischen Möglichkeiten im Internet zur Verfügung zu stellen. Vor der Veröffentlichung sind die erfassten Personen und die Kennzeichen der erfassten Fahrzeuge zur Gänze unkenntlich zu machen.

ABSCHNITT II

Abgabepflicht, Anzeigepflicht und Haftung

§ 9. (1) Der Träger einer Gebrauchserlaubnis für öffentlichen Grund in der Gemeinde gemäß § 1, der Träger einer Erlaubnis zum Gebrauch von Bundesstraßengrund und derjenige, der Bundesstraßengrund auf eine im angeschlossenen Tarif angegebene Art gebraucht, für die nach der Straßenverkehrsordnung ausdrücklich keine Bewilligung erforderlich ist, haben eine Gebrauchsabgabe zu entrichten.

(1a) Derjenige, der öffentlichen Grund in der Gemeinde (§ 1) gemäß angeschlossenem Tarif benutzt ohne vorher eine Gebrauchserlaubnis erwirkt zu haben, sowie derjenige, der nach § 5 zur Beseitigung der Einrichtungen verpflichtet ist und diese nicht nachweislich beseitigt, haben – unbeschadet der §§ 6 und 16 – die Gebrauchsabgabe entsprechend dem angeschlossenen Tarif zu entrichten. Die Abgabe ist durch Bescheid festzusetzen. Die Bestimmungen dieses Gesetzes gelten sinngemäß. Wird die Gebrauchserlaubnis nachträglich erteilt, so ist die vom Abgabepflichtigen nach diesem Absatz bereits entrichtete Abgabe anzurechnen.

(1b) In den Fällen des § 3 Abs. 1 sind der jeweilige Eigentümer sowie der Nutzer der Baulichkeit Gesamtschuldner.

(2) Wer Bundesstraßengrund auf eine im angeschlossenen Tarif angegebene Art gebraucht, für die nach der Straßenverkehrsordnung ausdrücklich keine Bewilligung erforderlich ist, hat davon unbeschadet die Gebrauchnahme vorher dem Magistrat anzuzeigen.

(3) Wenn eine Einrichtung verpachtet wird, für die eine Gebrauchsabgabe nach Tarif C zu entrichten ist, so ist abgabepflichtig, wer die Einrichtung ihrem Wesen und Zweck entsprechend nutzt.

(4) Wurde die Gebrauchserlaubnis einer Mehrheit von Personen gemäß § 2 Abs. 3 erteilt, so sind diese Gesamtschuldner.

(4a) Wer eine Einrichtung, die Gegenstand der Gebrauchserlaubnis nach Tarif C, Post 1, ist, einer anderen Person zum Gebrauch überläßt, hat dem Magistrat vor der Überlassung Anzeige zu erstatten. Besteht eine gesetzliche Verpflichtung zur Überlassung, ist derjenige, der mittels der überlassenen Einrichtungen Lieferungen und Leistung erhält, hinsichtlich der an ihn erbrachten Lieferungen und Leistungen Gesamtschuldner.

(4b) In den Fällen des § 3 Abs. 1 und Abs. 4 gelten die auf die Gebrauchserlaubnis bezogenen Abgabenbescheide auch für denjenigen, der öffentlichen Grund in der Gemeinde (§ 1) gemäß dem in Tarif A Post 1 und Post 3 sowie Tarif D Post 2 umschriebenen Gebrauch benutzt und den jeweiligen Eigentümer der Baulichkeit.

(5) Die in den §§ 80 ff Bundesabgabenordnung – BAO bezeichneten Vertreter haften neben den durch sie vertretenen Abgabepflichtigen für die diese treffende Gebrauchsabgabe insoweit, als diese Abgabe infolge schuldhafter Verletzung der ihnen auferlegten abgabenrechtlichen oder sonstigen Pflichten nicht ohne Schwierigkeiten eingebracht werden kann, insbesondere im Fall der Eröffnung des Insolvenzverfahrens. § 9 Abs. 2 Bundesabgabenordnung – BAO gilt sinngemäß.

(6) Soweit Personen auf die Erfüllung der Pflichten der Abgabepflichtigen und der in §§ 80 ff Bundesabgabenordnung – BAO bezeichneten Vertreter tatsächlich Einfluss nehmen, haben sie diesen Einfluss dahingehend auszuüben, dass diese Pflichten erfüllt werden.

(7) Die in Abs. 6 bezeichneten Personen haften für die Gebrauchsabgabe insoweit, als diese Abgabe infolge ihrer Einflussnahme nicht ohne Schwierigkeiten eingebracht werden kann, insbesondere im Falle der Eröffnung des Insolvenzverfahrens.

(…)

Judikatur

1) Hat der Bund im Rahmen seiner Kompetenz die unentgeltliche Benützung fremden Grundes angeordnet, so kann das Land nicht dafür eine Abgabe vorsehen (VfGH 7.12.1984, Slg 10.305).

Bestimmungen im Zusammenhang mit COVID-19

§ 15a.[1)2)] **(1) Wenn glaubhaft gemacht wird, dass**

1. **eine Gebrauchserlaubnis infolge von erforderlichen Maßnahmen im Zusammenhang mit der Bewältigung der COVID-19 Krisensituation nicht oder nicht zur Gänze ausgeübt werden kann, oder**
2. **der Träger einer Gebrauchserlaubnis sonst von der COVID-19 Krisensituation betroffen ist (vor allem durch Ertragseinbußen und Liquiditätsengpässe), oder**

3. auf die Gebrauchserlaubnis infolge von erforderlichen Maßnahmen im Zusammenhang mit der Bewältigung der COVID-19 Krisensituation nach Eintritt der Fälligkeit der Abgabe verzichtet wird,

kann der Magistrat – unbeschadet der in anderen Rechtsvorschriften eingeräumten behördlichen Befugnisse – denjenigen aliquoten Anteil der für ein Abgabenjahr entrichteten bzw. zu entrichtenden Jahresabgabe herabsetzen oder erstatten, welcher der auf Monate abgerundeten Zeitdauer entspricht, für die die Gebrauchserlaubnis nicht ausgeübt oder darauf verzichtet wird oder die Abgabe nicht entrichtet werden kann. Angefangene Kalendermonate zählen als ganze Kalendermonate. Das Gleiche gilt sinngemäß bei einmaligen Abgaben, Monatsabgaben sowie für die im Tarif C Post 5 vorgesehenen monatlichen Mindestabgaben und die zusätzliche Abgabe im Bereich von Kurzparkzonen auf Fahrbahnen. Erledigungen nach dieser Bestimmung können durch formlose Zahlungsaufforderung (§ 198a Bundesabgabenordnung – BAO) erfolgen. Die Erlassung eines Abgabenbescheides ohne vorhergehende formlose Buchungsmitteilung ist zulässig.

(2) Glaubhaftmachungen nach Abs. 1 sind

a) für das Kalenderjahr 2020 bis spätestens 31. Dezember 2023,
b) für das Kalenderjahr 2021 bis spätestens 31. Dezember 2024,
c) für das Kalenderjahr 2022 bis spätestens 31. Dezember 2025,
d) für das Kalenderjahr 2023 bis spätestens 31. Dezember 2026 und
e) für die Folgejahre jeweils spätestens bis zum Ablauf des dritten Kalenderjahres nach dem Kalenderjahr, für welches eine Glaubhaftmachung nach Abs. 1 erfolgt,

möglich.

(3) Abweichend von Abs. 1 und Abs. 2 dieser Bestimmung kann der Magistrat durch Verordnung festlegen, dass keine Gebrauchsabgaben für Gebrauchserlaubnisse nach der Tarifpost D 2 für jene Kalendermonate zu entrichten sind, in denen ein Betreten und Befahren der bewilligten Vorgartenfläche zum Zweck der Verabreichung von Speisen und des Ausschankes von Getränken sowie deren Konsumation infolge von erforderlichen Maßnahmen im Zusammenhang mit der Bewältigung der COVID-19 Krisensituation untersagt ist. Verordnungen nach dieser Bestimmung sind im Amtsblatt der Stadt Wien kundzumachen. Sie können auch im Internet zur Verfügung gestellt werden, wobei dieser Bekanntmachung keine verbindliche Wirkung zukommt. Die Verordnungen können auch rückwirkend in Kraft gesetzt werden, soweit dies infolge von erforderlichen Maßnahmen im Zusammenhang mit der Bewältigung der COVID-19 Krisensituation und zum Schutz der Aufrechterhaltung eines geordneten Verwaltungsbetriebes erforderlich ist.

(4) *entfällt (LGBl 2022/47 vom 4. November 2022)*

(5) Unbeschadet der in anderen Rechtsvorschriften eingeräumten behördlichen Befugnisse kann die Behörde bei Betroffenheit von erforderlichen Maßnahmen im Zusammenhang mit der Bewältigung der COVID-19 Krisensituation sowie zum Schutz der Aufrechterhaltung eines geordneten Verwaltungsbetriebes von den in diesem Gesetz vorgesehenen Fristen (beispielsweise § 1 Abs. 3, § 2 Abs. 7 und § 6 Abs. 1) durch Bescheid abweichen und eine neue angemessene Frist festsetzen, wenn dem nicht überwiegende Interessen der Partei und die öffentlichen Rücksichten im Sinne des § 2 Abs. 2 bis 2c entgegenstehen. Bei Glaubhaftmachung einer Betroffenheit von der COVID-19 Krisensituation kann abweichend von § 2 Abs. 1 letzter Satz eine weitere Bewilligung für jedes Kalenderjahr einmalig erteilt werden.

(6) *entfällt (LGBl 2023/36 vom 13.12.2023)*

(7) *entfällt (LGBl 2023/36 vom 13.12.2023)*

(8) Die Abs. 1 bis 5 gelten sinngemäß auch für den Träger einer Erlaubnis zum Gebrauch von Bundesstraßengrund.

Anmerkungen

1) Zum Inkrafttreten siehe § 18 Abs 10 GAG. § 15a idF LGBl 2021/67 ist mit 1.10.2021 in Kraft getreten..

2) Siehe auch § 3 Abs 3 Wiener Verwaltungsabgabengesetz 1985, § 35 Abs 8 des Gebührengesetzes 1957, §§ 323c und 323d der Bundesabgabenordnung.

ABSCHNITT III

Strafen

§ 16. (1) Handlungen oder Unterlassungen, durch welche die Gebrauchsabgabe verkürzt wird, sind als Verwaltungsübertretungen mit Geldstrafen bis 42.000 Euro zu bestrafen; für den Fall der Uneinbringlichkeit der Geldstrafe ist eine Ersatzfreiheitsstrafe bis zu sechs Wochen festzusetzen. Die Verkürzung der Gebrauchsabgabe dauert so lange an, bis der Abgabepflichtige die Selbstbemessung nachholt oder die Gebrauchsabgabe bescheidmäßig festgesetzt wird.

(2) Wer, ohne hierdurch den Tatbestand des Abs. 1 zu verwirklichen, öffentlichen Grund in der Gemeinde (§ 1 Abs. 1) in einer im angeschlossenen Tarif angegebenen Art ohne bestehende Gebrauchserlaubnis nutzt, begeht eine Verwaltungsübertretung und ist mit einer Geldstrafe bis 42.000 Euro zu bestrafen; für den Fall der Uneinbringlichkeit der Geldstrafe ist eine Ersatzfreiheitsstrafe bis zu sechs Wochen festzusetzen. Die

Übertretung dauert so lange an, bis die Abgabenbehörde die Gebrauchsabgabe bescheidmäßig festsetzt.

(3) Übertretungen des § 9 Abs. 2 sind als Verwaltungsübertretungen mit Geldstrafen bis zu 2.100 Euro zu bestrafen.

(4) Wer

a) die gemäß § 2 Abs. 2 bis Abs. 2c sowie § 4 Abs. 1 bis Abs. 1b vorgeschriebenen Bedingungen, Befristungen oder Auflagen nicht beachtet,
b) den Verpflichtungen im Sinne des § 5 nicht entspricht,
c) die im § 8 Abs. 1 vorgesehene Kontrolle vereitelt,
d) der Verpflichtung nach § 1 Abs. 3, § 6 Abs. 2, § 8 Abs. 2, § 9 Abs. 4a oder § 14 nicht nachkommt,
e) den Verpflichtungen im Sinne des § 12 Abs. 2 nicht entspricht,

begeht eine Verwaltungsübertretung, die mit Geldstrafe bis zu 21.000 Euro zu bestrafen ist; für den Fall der Uneinbringlichkeit der Geldstrafe ist eine Ersatzfreiheitsstrafe bis zu vier Wochen festzusetzen.

(5) Mit der Strafe kann gleichzeitig der Verfall der Gegenstände, die mit der Verwaltungsübertretung in ursächlichem Zusammenhang stehen, ausgesprochen werden, wenn sie im Eigentum des Täters oder eines Mitschuldigen stehen oder ihnen vom Verfügungsberechtigten überlassen worden sind, oder wenn sie im Eigentum einer nicht natürlichen Person stehen und der Täter als Verfügungsberechtigter seine Verfügungsgewalt über die Gegenstände in Anspruch genommen hat.

(6) § 33a Verwaltungsstrafgesetz 1991 – VStG, BGBl. Nr. 52/1991 in der Fassung BGBl. I Nr. 57/2018, findet auf sämtliche Übertretungen nach diesem Gesetz keine Anwendung.

Judikatur

1) Der durch das Abstellen eines kennzeichenlosen Kfz auf öffentlichem Gemeindegrund, der dem öff Verkehr dient, verwirklichte Tatbestand ergibt sich aus § 1 Abs 1 iVm § 1 Abs 2 und TP A 7 GebrauchsabgabeG, was gem § 44a lit b VStG im Spruch zum Ausdruck zu bringen ist, und nicht aus § 16 Abs 2 GebrauchsabgabeG (VwGH 29.11.1989, 89/01/0116, 0117).

2) Auch im Falle des Vorhandenseins eines Wechselkennzeichens ist die Tatbestandsmäßigkeit einer Verwaltungsübertretung nach § 16 Abs 2 lit a GebrauchsabgabeG erfüllt (VwGH 29.5.1990, 90/05/0006).

3) Der VwGH hat schon in seinem Erk v 21.10.1977, Slg 5180/F, ausgesprochen, daß die Verantwortung für die bestimmungswidrige Verwendung der öffentlichen Gutsfläche (Abstellen von Kfz ohne Kennzeichen) demjenigen zukommt, in dessen Verfügungsberechtigung sich der Gegenstand befindet. Dementsprechend begeht aber die angelastete Verwaltungsübertretung

(§ 16 Abs 2 lit a GebrauchsabgabeG) nicht derjenige, der das Fahrzeug abstellt, sondern derjenige, der über das Fahrzeug verfügungsberechtigt ist, im Beschwerdefall also die Gesellschaft des Bfrs, die mit Beendigung des Abladevorganges (der angelieferten Kfz) über die abgestellten Fahrzeuge verfügungsberechtigt gewesen ist. Nach dem durchgeführten Ermittlungsverfahren wäre es Sache der Mitarbeiter des Bfrs gewesen, die abgestellten Fahrzeuge auf das Betriebsgelände zu bringen, wie dies ansonsten auch üblich ist. Wenn die Mitarbeiter des Bfrs dies im konkreten Fall unterlassen haben, so ist er für deren Verhalten iS des § 9 VStG verantwortlich, zumal er auch gar nicht behauptet hat, entsprechende Kontrollmaßnahmen getroffen zu haben, damit von ihm erteilte Weisungen durchgeführt werden (VwGH 17.9.1991, 91/05/0033).

4) Befand sich infolge eines aufrechten Reparaturauftrages (oder infolge eines anderen rechtserheblichen Sachverhalts) das Fahrzeug zum Tatzeitpunkt noch in der Gewahrsame eines Dritten, so hatte mangels gegenteiliger Vereinbarungen dieser (und nicht der beschuldigte Zulassungsbesitzer) für die Verwahrung des Fahrzeuges zu sorgen und ein allfälliges rechts-widriges Abstellen dieses Fahrzeuges zu verantworten (VwGH 18.5.1993, 93/05/0065).

5) Aufgrund der Aussage des Anzeigelegers und der im Akt einliegenden Fotos durfte die belangte Behörde mit Recht davon ausgehen, daß die orangefärbige Tafel, die an einer ebenso gefärbten, ca 2 m hohen Fahnenstange an der Hydraulik des Traktors befestigt und mit weißen Schriftzügen beschriftet ist, aufgrund ihrer Farbgebung und ihrer Ausgestaltung optisch wirksam in Erscheinung tritt und auf den Verein mit seiner Adresse, auf seine Telefonnummern sowie darauf hinweist, daß es sich um einen Verein ... handelt. Der in den Statuten festgelegte Vereinszweck ist für die Beurteilung der Frage, ob Werbung vorliegt, nicht von Bedeutung. Wie der Verwaltungsgerichtshof ua schon in seinem Erkenntnis vom 6. Oktober 1989, Zl 87/17/ 0209, ausgeführt hat, bedeutet „werben", jemanden für etwas Bestimmtes zu gewinnen suchen. Davon ist im Beschwerdefall auszugehen. Es kann der belangten Behörde daher nicht entgegengetreten werden, wenn sie die Auffassung vertreten hat, daß das Schild der Werbung dient.

...

Wenn der Beschwerdeführer ausführt, der Verein sei schon gemäß § 2 der Vereinsstatuten nicht auf Gewinn gerichtet, so ist diesem Vorbringen zu entgegnen, daß die in Tarifpost B 27 geforderten wirtschaftlichen Zwecke nicht erst dann verwirklicht werden, wenn die Erzielung von Gewinnen beabsichtigt ist, ein wirtschaftlicher Zweck liegt im gegebenen Sach- und Rechtszusammenhang vielmehr schon dann vor, wenn ein Unternehmen (Verein) ausgeglichen wirtschaften will. Da der Verein unbestritten ein Vereinslokal führt und auch den beschwerdegegenständlichen, sowie drei weitere Traktoren hält, laufen schon allein für die Erhaltung dieses Lokales und der Traktoren zwangsläufig Kosten auf. Es bedarf keiner detaillierteren Ausführungen darüber, daß diese Fixkosten leichter auszugleichen sind, wenn mehr Vereinsmitglieder vorhanden sind, ergibt sich doch schon aus § 7 Abs 2 der im Akt einliegenden Vereinsstatuten, daß die ordentlichen und außerordentlichen Mitglieder zur pünktlichen Zahlung der Beitragsgebühr und der Mitgliedsbeiträge in der von der Generalversammlung jährlich beschlossenen Höhe verpflichtet sind (VwGH 23.2.1999, 98/05/0229).

Zuständigkeit

§ 17. (1) Behörde ist der Magistrat. Über Beschwerden in Angelegenheiten der Abgaben nach diesem Gesetz und der abgabenrechtlichen Verwaltungsübertretungen zu diesen Abgaben entscheidet das Bundesfinanzgericht. Über Beschwerden in allen übrigen Fällen entscheidet das Verwaltungsgericht Wien.

(2) Die Gemeinde hat ihre in diesem Gesetz geregelten Aufgaben mit Ausnahme der Durchführung des Verwaltungsstrafverfahrens im eigenen Wirkungsbereich zu besorgen.

(3) Den Bezirksvorsteherinnen bzw. den Bezirksvorstehern der beteiligten Bezirke ist während des laufenden Verfahrens zur Wahrung von Bezirksinteressen Akteneinsicht zu gewähren.

Sprachliche Gleichbehandlung

§ 17a. Soweit personenbezogene Bezeichnungen nur in männlicher Form angeführt sind, beziehen sie sich auf Frauen und Männer in gleicher Weise. Bei Anwendung auf bestimmte Personen ist die jeweils geschlechtsspezifische Form zu verwenden.

Valorisierung der Tarifposten

§ 17b. (1) Die Gebrauchsabgabe nach Tarif A, B und D verändert sich in jenem Maße, in welchem sich der von der Bundesanstalt Statistik Austria verlautbarte und im Amtsblatt der Stadt Wien kundgemachte Verbraucherpreisindex 2010 oder des an seine Stelle tretenden Indexes im Zeitraum vom 1. März 2013 und in weiterer Folge seit der letzten Änderung der Abgabe zum Stichtag 30. Juni eines Jahres erhöht bzw. vermindert hat, wobei die Änderung mindestens 3 % (Schwellenwert) betragen muss. Die Valorisierung hat weiters für die im Tarif C Post 5 vorgesehene monatliche Mindestabgabe sowie die zusätzliche Abgabe im Bereich von Kurzparkzonen auf Fahrbahnen zu erfolgen.

(2) Die Valorisierung erfolgt im Ausmaß der Änderung des in Abs. 1 angeführten Indexes zum Stichtag 30. Juni, wobei die sich daraus ergebenden Beträge unter ausschließlicher Berücksichtigung von zwei Dezimalstellen jeweils auf 10 Cent aufgerundet werden. Die Anpassung tritt mit Beginn des der Indexanpassung nachfolgenden 1. Jänner in Kraft. Die Anpassung ist vom Magistrat im Amtsblatt der Stadt Wien kundzumachen. Erfolgt die Kundmachung erst nach dem 1. Jänner, so tritt die Anpassung trotzdem mit 1. Jänner in Kraft. Der gerundete Betrag bildet die Ausgangsbasis für die nächste Valorisierung.

(3)

1. Die nach Abs. 1 und 2 dieser Bestimmung zum 1. Jänner 2016 vorzunehmende Valorisierung wird ausgesetzt. Stichtag für die erstmalige Valorisierung ist – ausgenommen für die Tarifposten B 28, D 2 und D 3 – der 30. Juni 2016. Abweichend von Abs. 1 und 2 dieser Bestimmung ist für die mit dem Landesgesetz LGBl. für Wien Nr. 61/2016 geänderten bzw. eingeführten Tarifposten B 28, D 2 und D 3 für die erstmalige Valorisierung als Vergleichswert der 1. Jänner 2017 heranzuziehen.
2. Abweichend von Abs. 1 und 2 dieser Bestimmung ist für die erstmalige Valorisierung der mit dem Landesgesetz LGBl. für Wien Nr. 57/2019 geänderten bzw. eingeführten Tarifposten A 12, B 20, D 1, D 4 und D 5 sowie die im Tarif C Post 5 vorgesehene monatliche Mindestabgabe und die zusätzliche Abgabe im Bereich von Kurzparkzonen auf Fahrbahnen als Vergleichswert der 1. Jänner 2020 heranzuziehen; die Valorisierung dieser Tarifsätze wird bis zur nächstfolgenden Valorisierung nach Abs. 1 und 2 ausgesetzt und erfolgt mit dieser zu demselben Stichtag.
3. Abweichend von Abs. 1 und 2 dieser Bestimmung ist für die erstmalige Valorisierung der mit dem Landesgesetz LGBl. für Wien Nr. 47/2022 geänderten Tarifposten B 22 und B 28 als Vergleichswert der 1. Jänner 2023 heranzuziehen; die Valorisierung dieser Tarifsätze wird bis zur nächstfolgenden Valorisierung nach Abs. 1 und 2 ausgesetzt und erfolgt mit dieser zu demselben Stichtag.

Wirksamkeitsbeginn und Übergangsbestimmungen

§ 18. (1) Dieses Gesetz tritt am 1. Oktober 1966 in Wirksamkeit. Mit dem Inkrafttreten verliert das Gesetz vom 12. Dezember 1947, LGBl. für Wien Nr. 4/ 1948, über die Erteilung von Erlaubnissen zum Gebrauch von Verkehrs- oder Erholungsflächen sowie des darüber befindlichen Luftraumes im Gebiete der Stadt Wien und die Einhebung von Gebühren hiefür (Gebrauchsgebührengesetz), in der Fassung des Gesetzes vom 18. Februar 1949, LGBl. für Wien Nr. 14, soweit es noch in Geltung steht, seine Wirksamkeit.

(2) Besteht beim Wirksamkeitsbeginn dieses Gesetzes eine Regelung irgendeiner Art, aus der sich das Recht zu einem im § 1 umschriebenen Gebrauch ergibt, so gilt diese als eine Gebrauchserlaubnis im Sinne dieses Gesetzes.

(3) Der Erlaubnisträger hat ab Inkrafttreten dieses Gesetzes, sofern die Abgabe nach § 10 Abs. 1 lit. b zu entrichten ist, die Selbstbemessungsabgabe in Anwendung der im angeschlossenen Tarif angeführten Bemessungsmerkmale zu berechnen und zu entrichten. Für Jahresabgaben gelten ab Inkrafttreten dieses Gesetzes die im Tarif angeführten Abgabenbeträge beziehungsweise -sätze mit der Maßgabe, daß die bisher für das laufende Abgabenjahr angefallene Gebrauchsgebühr voll in Anrechnung gebracht wird. Bei den einmaligen Abgaben sind die Vorschriften dieses Gesetzes auf alle nach dem in Abs. 1 genannten Zeitpunkt erlassenen Bescheide und, mit Ausnahme des Tarifes A, Post 1 bis 5, auf jene Fälle, in denen die Gebrauchserlaubnis nach dem Inkrafttreten dieses Gesetzes noch wirksam ist, anzuwenden.

(4) Wenn der Erlaubnisträger binnen einem Monat nach Inkrafttreten dieses Gesetzes auf die Gebrauchserlaubnis ausdrücklich verzichtet, so sind für diesen Monat die bisherigen Vorschriften anzuwenden.

(5) Die Posten 1, 3, 6 und 12 des Tarifes A in der Fassung des Landesgesetzes LGBl. für Wien Nr. 42/2003 treten mit dem der Kundmachung folgenden Monatsersten in Kraft.

(6) Die Posten 1, 5, 8 und 15 des Tarifes B in der Fassung des Landesgesetzes LGBl. für Wien Nr. 42/2003 treten mit 1. Jänner 2004 in Kraft und sind auf Sachverhalte anzuwenden, die sich nach dem 31. Dezember 2003 ereignen.

(7)

1. Das Landesgesetz LGBl. für Wien Nr. 11/2013 tritt mit 1. März 2013 in Kraft.
2. Das Gebrauchsabgabegesetz 1966, LGBl. für Wien Nr. 20/1966, in der Fassung LGBl. für Wien Nr. 11/2013, gilt auch für am 1. März 2013 bestehende Gebrauchserlaubnisse, auch wenn die jeweilige Tarifpost mit diesem Gesetz aufgehoben wurde.
3. Am 28. Feber 2013 aufrechte Gebrauchserlaubnisse enden mit dem bescheidmäßig festgesetzten Datum, spätestens jedoch am 31. Dezember 2018; zum 31. Dezember 2018 noch aufrechte Gebrauchserlaubnisse für Zeitungsverkaufseinrichtungen an Samstagen, Sonntagen und gesetzlichen Feiertagen nach Tarif C Post 3 treten – unbeschadet sonstiger Endigungsgründe – nicht spätestens am 31. Dezember 2018 außer Kraft bzw. gelten nicht als außer Kraft getreten, sondern nur mit einem allfällig bescheidmäßig ausgesprochenen Endigungstag, wenn sie die

gesetzlichen Voraussetzungen nach Tarif C Post 4 in der Fassung LGBl. für Wien Nr. 57/2019 erfüllen und gelten als Gebrauchserlaubnisse nach der Tarifpost C 4 in der Fassung LGBl. für Wien Nr. 57/2019

Zum 28. Feber 2013 aufrechte Gebrauchserlaubnisse nach Tarif A Post 1, A Post 3, B Post 8 – sowie B Post 20, B Post 22, B Post 24, B Post 25, B Post 28, C Post 1, C Post 1a sowie für Sondernutzungsarten im Sinne des in der Anlage I Z 1 bis 11 13 und 15 bis 21 umschriebenen Gebrauches treten – unbeschadet sonstiger Endigungsgründe – nicht spätestens am 31. Dezember 2018 außer Kraft bzw. gelten nicht als außer Kraft getreten, sondern nur mit einem allfällig bescheidmäßig ausgesprochenen Endigungstag; zum 31. Dezember 2018 aufrechte Gebrauchserlaubnisse für Sondernutzungsarten im Sinne des in der Anlage I Z 4 und 5 umschriebenen Gebrauches, die die gesetzlichen Voraussetzungen der Anlage I Z 4 und 5 in der Fassung LGBl. für Wien Nr. 57/2019 nicht erfüllen, treten jedoch – unbeschadet sonstiger Endigungsgründe – spätestens am 30. Juni 2020 außer Kraft.

Zum 28. Feber 2013 aufrechte Gebrauchserlaubnisse nach dem Tarif B Post 7 oder einer sonstigen Regelung, aus der sich das Recht zu einem im B Post 7 umschriebenen Gebrauch ergibt, sowie sämtliche damit zusammenhängende Gebrauchserlaubnisse, zB für Sonnenschutzvorrichtungen und Leitungen, treten – unbeschadet sonstiger Endigungsgründe – spätestens am 31. Dezember 2022 außer Kraft.

4. Für am 28. Februar 2013 aufrechte Gebrauchserlaubnisse nach den Tarifen A Post 10, B Post 18, B Post 21 und C Post 3 des Gebrauchsabgabegesetzes 1966, LGBl. für Wien Nr. 20/1966 in der Fassung LGBl. für Wien Nr. 58/2009, bemisst sich die Gebrauchsabgabe ab 1. März 2013 bis 31. Dezember 2018 bezüglich der Tarifposten A 10, B 18 und B 21 sowie bis 31. Dezember 2019 bezüglich der Tarifpost C 3 wie folgt:
   a) durch Personen, die Flugschriften (Zettel), Proben oder Werbeobjekte verteilen oder Werbeverkleidungen tragen, je Person und Tag 7,80 Euro;
   b) durch Fahrzeuge mit Lautsprecheranlage oder anderen akustischen Werbeeinrichtungen je Fahrzeug und Tag 38,40 Euro;
   c) durch einen Werbeumzug oder eine Musikveranstaltung je Tag und Umzug bzw. Veranstaltung 178,60 Euro;
   d) durch Aufstellung von Tischen, Ständen u. dgl., die zur Verteilung von Flugschriften (Zetteln), Proben oder Werbeobjekten bzw. zu sonstigen Werbezwecken dienen, je m^2 der beanspruchten Grundfläche und Tag 12 Euro;

   bei Zusammentreffen der unter lit. a bis d genannten Werbearten sind die festgesetzten Abgaben nebeneinander zu bemessen;

   Tarif B Post 18. für Ankündigungstafeln zu wirtschaftlichen Werbezwecken auf Holzverschalungen, an Hausmauern, Bauplanken, Einfriedun-

gen u. dgl. (Plakatwand) je m² der umschriebenen Fläche 1,90 Euro, mindestens aber 7,90 Euro für eine Ankündigungstafel;
Tarif B Post 21. für leuchtende Ankündigungen (Lichtreklame)

a) Leuchtschilder, Leuchtkasten, Leuchtschriften u. dgl. unter Verwendung von Glühlampen oder Leuchtröhren, wenn sie ohne Abstand an der Wand, zB Gebäudewand oder Portalkopf, angebracht sind, je m² des umschriebenen Rechteckes der Sichtfläche 12 Euro, wenn sie senkrecht oder parallel zur Wand oder freistehend angebracht sind, je m² der umschriebenen Rechtecke aller Sichtflächen 29,60 Euro; für Einrichtungen, die Zwecken der Hoheitsverwaltung dienen, entfällt die Abgabe;
b) Glühlampenreihen, Leuchtröhren mit vorwiegender Längenausdehnung, wie Leisten, Streifen, Bänder, Umrahmungen u. dgl., je Längenmeter 5,20 EuroTarif C Post 3. für Zeitungsverkaufseinrichtungen (ausgenommen Zeitungskioske nach Post 4, Tarif C) 4 vH der Einnahmen; die Bewilligung für Zeitungsverkaufseinrichtungen gilt nur an Samstagen, Sonntagen und gesetzlichen Feiertagen.

5. Für alle nicht von Abs. 7 Z 4 umfassten Gebrauchserlaubnisse bemisst sich die Abgabenhöhe ab 1. März 2013 nach dem Gebrauchsabgabegesetz 1966, LGBl. für Wien Nr. 20/1966 in der Fassung LGBl. für Wien Nr. 11/2013.
6. Die in der Anlage I in den Ziffern 1 bis 11 umschriebenen Nutzungen entsprechen in ihrer Art und ihrem Umfang den diesbezüglichen Tarifposten dieses Gesetzes in der Fassung des LGBl. für Wien Nr. 58/2009, mit der Maßgabe dass der Zeitraum in Ziffer 9 10 Wochen beträgt.
7. Am 28. Feber 2013 aufrechte Gebrauchserlaubnisse nach Tarif B Post 7 oder einer sonstigen Regelung, aus der sich das Recht zu einem im Tarif B Post 7 umschriebenen Gebrauch ergibt, mit einem bescheidmäßig ausgesprochenen Bewilligungszeitraum bis 15. November, gelten bei Vorliegen der gesetzlichen Erfordernisse hinsichtlich des ab Inkrafttreten dieses Gesetzes verbleibenden Erlaubniszeitraumes bis 30. November als erteilt.

(8)

1. Das Landesgesetz LGBl. für Wien Nr. 61/2016 tritt mit dem der Kundmachung folgenden Tag in Kraft, soweit im Folgenden nicht anderes bestimmt wird.
2. Die Zoneneinteilung nach Anlage II und die Tarifsätze nach den Tarifposten A 11, B 12, D 2 und D 3 in der Fassung des Landesgesetzes LGBl. für Wien Nr. 61/2016 treten mit 1. Jänner 2017 in Kraft. Die Festsetzung der sich daraus ergebenden Abgabe kann durch formlose Zahlungsaufforderung (§ 198a Bundesabgabenordnung – BAO) erfolgen.

Die Erlassung eines Abgabenbescheides ohne vorhergehende formlose Zahlungsaufforderung ist zulässig.

3. Für im Zeitpunkt des Inkrafttretens des Landesgesetzes LGBl. für Wien Nr. 61/2016 aufrechte Gebrauchserlaubnisse nach Tarif A Post 11, B Post 12, D Post 2 oder einer sonstigen Regelung, aus der sich das Recht zu einem im Tarif D Post 2 umschriebenen Gebrauch ergibt, und D Post 3, ist die Zoneneinteilung im Sinne dieses Gesetzes ab 1. Jänner 2017 von Gesetzes wegen anzuwenden.
4. Für im Zeitpunkt des Inkrafttretens des Landesgesetzes LGBl. für Wien Nr. 61/2016 aufrechte Gebrauchserlaubnisse nach Tarif D Post 2 oder einer sonstigen Regelung, aus der sich das Recht zu einem im Tarif D Post 2 umschriebenen Gebrauch ergibt, kann hinsichtlich des ab Inkrafttreten dieses Gesetzes verbleibenden Erlaubniszeitraumes bis zum bescheidmäßig ausgesprochenen Endigungstag abweichend von § 2 Abs. 1 letzter Satz eine weitere Bewilligung für Zeiten vom 1. Dezember bis Ende Feber des Folgejahres einmalig erteilt werden.
5. § 11 Abs. 3 in der Fassung des Landesgesetzes LGBl. für Wien Nr. 61/2016 ist hinsichtlich einer vor Inkrafttreten dieses Gesetzes erteilten befristeten Gebrauchserlaubnis nach Tarif B auf Erlaubniszeiträume nach dem 31. Dezember 2016 anzuwenden.

(9)

1. Das Landesgesetz LGBl. für Wien Nr. 57/2019 tritt mit 1. Jänner 2020 in Kraft, soweit im Folgenden nicht anderes bestimmt wird.
2. Der geänderte § 18 Abs. 7 Z 3 tritt mit 31. Dezember 2018 in Kraft.
3. Die Tarifpost A 12 tritt mit 7. Jänner 2020 in Kraft.
4. Eine nach § 17b zum 1. Jänner 2019 kundgemachte Valorisierung der Tarifposten B 20, D 1 und D 4 ist ab 1. Jänner 2020 nicht mehr anwendbar.
5. Die Festsetzung einer sich aus der Änderung der Tarifposten B 20, D 1, D 2 bezüglich der ausnahmsweisen Belassung der Abfriedung in der Zeit vom 1. Dezember bis Ende Feber des Folgejahres sowie D 4 ergebenden Abgabe kann durch formlose Zahlungsaufforderung (§ 198a Bundesabgabenordnung – BAO) erfolgen.
6. Am 1. Jänner 2020 aufrechte baubehördliche Bewilligungen für Balkone, die nach dem 28. Feber 2013 erteilt wurden, gelten als nach Tarifpost A 3 in der Fassung LGBl. für Wien Nr. 57/2019 unbefristet erteilte Gebrauchserlaubnisse, wobei die Abgabepflicht dafür entfällt. Sonstige Endigungsgründe bleiben unberührt.
7. Zum 31. Dezember 2018 aufrechte sowie im Jahr 2019 bewilligte Gebrauchserlaubnisse für Wartehäuschen für öffentliche Verkehrsmittel einschließlich der Schaukästen für den Haltestellenaushang und Eigenwerbung des Verkehrsunternehmens nach den Tarifposten B 12,

C 1 und C 1a oder einer sonstigen Regelung, aus der sich ein derartiges Nutzungsrecht ergibt, gelten als nach Anlage I Ziffer 14 unbefristet erteilt und gelten nicht nach § 18 Abs. 7 Z 3 als beendet. Sonstige Endigungsgründe bleiben unberührt. Eine Abgabepflicht für das Jahr 2019 entfällt.

8. Für die nachfolgend angeführten zum 1. Jänner 2020 aufrechten Gebrauchserlaubnisse, die nach dem 28. Feber 2013 erteilt wurden, gilt Folgendes:
   a) Gebrauchserlaubnisse für Verkaufsstände nach der Tarifpost B 12 gelten ab 1. Jänner 2021 als nach der Tarifpost C 5 in der Fassung LGBl. für Wien Nr. 57/2019 mit dem bescheidmäßig festgesetzten Datum erteilt. Sonstige Endigungsgründe bleiben unberührt. Die Gebrauchsabgabe für das Jahr 2020 bemisst sich weiterhin nach der Tarifpost B 12 in der Fassung vor dem Landesgesetz LGBl. für Wien Nr. 57/2019, auch wenn die Tarifpost B 12 mit diesem Gesetz aufgehoben wurde.
   b) Unbeschadet der Z 7 und 8 lit. a dieser Bestimmung treten sonstige Gebrauchserlaubnisse nach der Tarifpost B 12 spätestens am 31. Dezember 2021 außer Kraft. Sonstige Endigungsgründe bleiben unberührt. Die Gebrauchsabgabe bemisst sich weiterhin nach der Tarifpost B 12 in der Fassung vor dem Landesgesetz LGBl. für Wien Nr. 57/2019, auch wenn die Tarifpost B 12 mit diesem Gesetz aufgehoben wurde.
   c) Die Gebrauchsabgabe für Gebrauchserlaubnisse nach der Tarifpost C 5 bemisst sich ab 1. Jänner 2020 nach der Tarifpost C 5 in der Fassung LGBl. für Wien Nr. 57/2019.
9. Zum 1. Jänner 2020 aufrechte Verträge für Zeitungsverkaufseinrichtungen an Samstagen, Sonntagen und gesetzlichen Feiertagen, die nach dem 28. Februar 2013 abgeschlossen wurden, sowie zum 1. Jänner 2020 aufrechte straßenpolizeiliche Bewilligungen für Zeitungsverkaufseinrichtungen an Samstagen, Sonntagen und gesetzlichen Feiertagen gelten als Gebrauchserlaubnisse nach der Tarifpost C 4 in der Fassung LGBl. für Wien Nr. 57/2019, wenn sie die gesetzlichen Voraussetzungen der Tarifpost C 4 in der Fassung LGBl. für Wien Nr. 57/2019 erfüllen. Diese Gebrauchserlaubnisse enden mit dem im Vertrag vorgesehenen Datum. Sonstige Endigungsgründe bleiben unberührt. Für die Bemessung der Gebrauchsabgabe ist ab 1. Jänner 2020 das Gebrauchsabgabegesetz 1966 in der Fassung LGBl. für Wien Nr. 57/2019 maßgeblich. Anhängige Verfahren zur Erwirkung einer privatrechtlichen Zustimmung der Stadt Wien als Grundeigentümerin für einen in der Tarifpost C 4 umschriebenen Gebrauch in der Fassung LGBl. für Wien Nr. 57/2019 gelten als Anträge auf Erteilung der Gebrauchserlaubnis nach diesem Gesetz.

10. Für am 1. Jänner 2020 aufrechte Gebrauchserlaubnisse nach der Tarifpost C 4 für hauptsächlich dem Verkauf von Zeitungen dienende Verkaufsstände (Zeitungskioske) beträgt die Gebrauchsabgabe im Jahr 2020 1 vH der Einnahmen.
11. Zum 1. Jänner 2020 aufrechte Gebrauchserlaubnisse nach Anlage I, die nach dem 28. Feber 2013 erteilt wurden, gelten entgegen dem bescheidmäßig festgesetztem Endigungszeitpunkt als unbefristet erteilt; zum 1. Jänner 2020 aufrechte Gebrauchserlaubnisse nach Anlage I Z 4 und 5, die nach dem 28. Feber 2013 erteilt wurden und die gesetzlichen Voraussetzungen der Anlage I Z 4 und 5 in der Fassung LGBl. für Wien Nr. 57/2019 nicht erfüllen, gelten jedoch nicht als unbefristet erteilt, sondern treten spätestens am 30. Juni 2020 außer Kraft. Sonstige Endigungsgründe bleiben unberührt.
12. Wenn der Erlaubnisträger binnen einem Monat nach Inkrafttreten der jeweiligen Tarifänderung durch das Landesgesetz LGBl. für Wien Nr. 57/2019 auf die Gebrauchserlaubnis ausdrücklich verzichtet, sind für diesen Monat die bisherigen Vorschriften anzuwenden.

(10)

1. Die Ziffern 1, 2, 6, 7 und, 9 des Landesgesetzes LGBl. für Wien Nr. 37/2020 treten mit 1. Jänner 2020 in Kraft.
2. Die Ziffer 3 des Landesgesetzes LGBl. für Wien Nr. 37/2020 tritt mit 1. März 2020 in Kraft und mit 30. September 2021 außer Kraft.
3. Die Ziffern 4 und 5 des Landesgesetzes LGBl. für Wien Nr. 37/2020 treten mit 31. Dezember 2018 in Kraft.

(11) Das Landesgesetz LGBl. für Wien Nr. 64/2020 tritt mit 1. Oktober 2020 in Kraft.

(12) Das Landesgesetz LGBl. für Wien Nr. 30/2021 tritt mit 1. März 2021 in Kraft.

(13) Das Landesgesetz LGBl. für Wien Nr. 31/2021 tritt mit dem der Kundmachung folgenden Tag in Kraft.

(14) Das Landesgesetz LGBl. für Wien Nr. 44/2021 tritt mit 1. März 2021 in Kraft.

(15) Das Landesgesetz LGBl. für Wien Nr. 67/2021 tritt mit 1. Oktober 2021 in Kraft.

(16)

1. Artikel I des Landesgesetzes LGBl. für Wien Nr. 47/2022 tritt mit 1. Jänner 2023 in Kraft, soweit im Folgenden nicht anderes bestimmt wird.
2. Artikel I Ziffer 11 lit. c und d des Landesgesetzes LGBl. für Wien Nr. 47/2022 treten mit 1. Oktober 2022 in Kraft.

3. Das Gebrauchsabgabegesetz 1966, LGBl. für Wien Nr. 20/1966, in der Fassung LGBl. für Wien Nr. 47/2022, gilt auch für am 1. Jänner 2023 bestehende Gebrauchserlaubnisse, auch wenn die jeweilige Tarifpost mit diesem Gesetz in die Anlage I verschoben wurde. Die am 1. Jänner 2023 bestehenden Gebrauchserlaubnisse nach den verschobenen Tarifposten gelten im bewilligten Umfang weiter, jedoch entfällt die Abgabepflicht ab 1. Jänner 2023 von Gesetzes wegen; sonstige Endigungsgründe bleiben unberührt.
4. Wenn der Erlaubnisträger binnen einem Monat nach Inkrafttreten der jeweiligen Tarifänderung durch das Landesgesetz LGBl. für Wien Nr. 47/2022 auf die Gebrauchserlaubnis ausdrücklich verzichtet, sind für diesen Monat die bisherigen Vorschriften anzuwenden.

(17)

1. Das Landesgesetz LGBl. für Wien Nr. 36/2023 tritt mit 1. Jänner 2024 in Kraft, soweit im Folgenden nicht anderes bestimmt wird.
2. Artikel I Ziffer 22 des Landesgesetzes LGBl. für Wien Nr. 36/2023 tritt mit 1. September 2023 in Kraft. Für zum 1. September 2023 aufrechte Gebrauchserlaubnisse nach der Tarifpost D 2 kann hinsichtlich des ab Inkrafttreten dieses Gesetzes verbleibenden Erlaubniszeitraumes bis zum bescheidmäßig ausgesprochenen Endigungstag abweichend von § 2 Abs. 1 letzter Satz eine weitere Bewilligung für jedes Kalenderjahr einmalig erteilt werden.
3. Das Gebrauchsabgabegesetz 1966, LGBl. für Wien Nr. 20/1966, in der Fassung LGBl. für Wien Nr. 36/2023, gilt auch für zum Zeitpunkt des Inkrafttretens bestehende Gebrauchserlaubnisse. Wenn der Erlaubnisträger binnen einem Monat nach Inkrafttreten des Landesgesetzes LGBl. für Wien Nr. 36/2023 auf die Gebrauchserlaubnis ausdrücklich verzichtet, sind für diesen Monat die bisherigen Vorschriften anzuwenden.
4. Für einen bis zum Inkrafttreten dieser Bestimmung für Zeiträume zwischen 1. März und 30. November bewilligten Gebrauch für Nutzungen nach Tarif D Post 2 sowie sämtliche damit zusammenhängende bewilligte Nutzungen, zB für Sonnenschutzvorrichtungen und Leitungen, gilt für jedes Kalenderjahr, in dem eine aufrechte Bewilligung besteht, Folgendes:
   a) Zeigt der Bewilligungsinhaber der Behörde die Verlängerung eines für Zeiträume zwischen 1. März und 30. November bewilligten Gebrauches für weitere Monate innerhalb eines Kalenderjahres, in dem bereits eine Bewilligung besteht, unter Erklärung der Weiterzahlung der Abgabe an, wird bei Vorliegen der gesetzlichen Erfordernisse der bewilligte Gebrauch für die angezeigten Zeiträume im in der Zeit zwischen 1. März und 30. November bewilligten Umfang

von Gesetzes wegen verlängert, sofern die Behörde die beabsichtigte Verlängerung des bewilligten Gebrauches bei Vorliegen eines seit der Vorlage der Anzeige bestehenden bzw. nachträglich entstandenen Versagungsgrundes und bei Nichtvorliegen der sonstigen gesetzlichen Voraussetzungen – unbeschadet der §§ 6 und 16 – nicht binnen vier Monaten ab vollständiger Anzeige untersagt bzw. widerruft und dem beabsichtigten Gebrauch im angezeigten Zeitraum nicht eine bestehende Sondernutzung entgegensteht. In diese Frist wird die Dauer eines Verfahrens zur Mängelbehebung gemäß § 13 Abs. 3 AVG, BGBl. Nr. 51/1991 in der Fassung BGBl. I Nr. 88/2023, nicht eingerechnet. Für Verlängerung eines bewilligten Gebrauches nach dieser Bestimmung gilt dieses Gesetz sinngemäß.

b) Eine Anzeige nach dieser Bestimmung ist abweichend von § 2 Abs. 1 letzter Satz einmal für jedes Kalenderjahr zulässig.

c) Nach Vorlage der vollständigen Anzeige nach dieser Bestimmung darf mit dem angezeigten Gebrauch begonnen werden.

d) Die Verlängerung eines bewilligten Gebrauches nach dieser Bestimmung gilt als Verzicht auf Bewilligungen für Nutzungen nach Tarif D Post 2 nach den bisherigen Vorschriften sowie sämtliche damit zusammenhängende bewilligte Nutzungen, zB für Sonnenschutzvorrichtungen und Leitungen, für Zeiträume vom 1. Dezember bis Ende Feber des jeweiligen Folgejahres. Der Verzicht wird im Zeitpunkt der Einreichung der vollständigen Anzeige nach dieser Bestimmung bei der Behörde wirksam. Dieser Verzicht wird unwirksam, wenn die Behörde die angezeigte Verlängerung des bewilligten Gebrauches untersagt bzw. widerruft. Eine weitere Bewilligung nach Tarif D Post 2 für die betroffenen Kalenderjahre ist nicht zulässig.

e) Diese Bestimmung tritt mit 1. September 2023 in Kraft.

5. Richtlinie (EU) 2018/2001 des Europäischen Parlaments und des Rates vom 11. Dezember 2018 zur Förderung der Nutzung von Energie aus erneuerbaren Quellen

geändert durch Verordnung (EU) 2022/759, Richtlinien (EU) 2023/2413 (RED III)[1], (EU) 2024/1405 und (EU) 2024/1711

(Auszug)

Anmerkung

1) Die RL (EU) 2023/2413 vom 18.10.2023 zur Änderung der RL (EU) 2018/2001, der VO (EU) 2018/1999 und der RL 98/70/EG im Hinblick auf die Förderung von Energie aus erneuerbaren Quellen und zur Aufhebung der RL (EU) 2015/652 des Rates (RED III) ist am 31.10.2023 im Amtsblatt der EU erschienen und muss mit gewissen Ausnahmen bis zum 21.5.2025 umgesetzt werden (Art 5 der ÄnderungsRL RED III). Für die Art 15e, 16, 16b, 16c, 16d,16e und 16f gilt gemäß Art 5 Abs 1 RED III eine verkürzte Umsetzungsfrist bis zum 1.7.2024. Es sind Regelungen, die Organisation und Dauer von Verfahren bzw die Beschleunigung der Verfahren zur Genehmigung von Erneuerbaren-Anlagen betreffen. Eine Umsetzung ist bis dato nicht erfolgt. Es ergeben sich daher Fragen der unmittelbaren Anwendbarkeit dieser Bestimmungen.

Vgl bzgl Genehmigungsverfahren auch die (zT noch) unmittelbar geltende VO (EU) 2022/2577 vom 22.12.2022 idF VO (EU) 2024/223 zur Festlegung eines Rahmens für einen beschleunigten Ausbau der Nutzung erneuerbarer Energien (EU- Notverordnung erneuerbare Energien).

Gegenstand

Artikel 1. Mit dieser Richtlinie wird ein gemeinsamer Rahmen für die Förderung von Energie aus erneuerbaren Quellen vorgeschrieben. In ihr wird ein verbindliches Unionsziel für den Gesamtanteil von Energie aus erneuerbaren Quellen am Bruttoendenergieverbrauch der Union für 2030 festgelegt. Gleichzeitig werden Regeln für die finanzielle Förderung von Elektrizität aus erneuerbaren Quellen und die Eigenversorgung mit solcher Elektrizität, für die Nutzung von Energie aus erneuerbaren Quellen im Wärme- und Kältesektor und im Verkehrssektor, für die regionale Zusammenarbeit zwischen Mitgliedstaaten sowie zwischen Mitgliedstaaten und Drittländern, für Herkunftsnachweise, administrative Verfahren sowie Informationen und Ausbildung aufgestellt. Ferner werden Kriterien für die Nachhaltigkeit und für Treibhausgaseinsparungen für Biokraftstoffe, flüssige Biobrennstoffe und Biomasse-Brennstoffe vorgeschrieben.

Begriffsbestimmungen

Artikel 2. Für die Zwecke dieser Richtlinie gelten die relevanten Begriffsbestimmungen der Richtlinie 2009/72/EG des Europäischen Parlaments und des Rates.

Im Sinne dieser Richtlinie bezeichnet der Ausdruck

1. „Energie aus erneuerbaren Quellen" oder „erneuerbare Energie" Energie aus erneuerbaren, nichtfossilen Energiequellen, das heißt Wind, Sonne (Solarthermie und Fotovoltaik) und geothermische Energie, Salzgradient-Energie, Umgebungsenergie, Gezeiten-, Wellen- und sonstige Meeresenergie, Wasserkraft, Energie aus Biomasse, Deponiegas, Klärgas und Biogas;

1a. „Rundholz in Industriequalität" Sägerundholz, Furnierrundholz, rundes oder gespaltenes Faserholz sowie alles andere für industrielle Zwecke geeignete Rundholz, ausgenommen Rundholz, das sich aufgrund seiner Merkmale wie Art, Abmessungen, Geradheit und Astlochdichte nicht für die Verwendung in der Industrie eignet, was von den Mitgliedstaaten unter Berücksichtigung relevanten Wald- und Marktbedingungen festzulegen und ordnungsgemäß zu begründen ist;

2. „Umgebungsenergie" natürlich vorkommende thermische Energie und in der Umwelt innerhalb eines begrenzten Gebiets angesammelte Energie, die in der Umgebungsluft, mit Ausnahme von Abluft, oder in Oberflächengewässern oder Abwässern gespeichert sein kann;

3. „geothermische Energie" Energie, die in Form von Wärme unter der festen Erdoberfläche gespeichert ist;

4. „Bruttoendenergieverbrauch" Energieprodukte, die der Industrie, dem Verkehr, Haushalten, dem Dienstleistungssektor einschließlich dem Bereich öffentliche Dienstleistungen sowie der Land-, Forst- und Fischereiwirtschaft zu energetischen Zwecken geliefert werden, den durch die Energiewirtschaft für die Elektrizitäts- und Wärmeerzeugung entstehenden Elektrizitäts- und Wärmeverbrauch und die bei der Verteilung und Übertragung auftretenden Elektrizitäts- und Wärmeverluste;

5. „Förderregelung" ein Instrument, eine Regelung oder einen Mechanismus, das bzw. die bzw. der von einem Mitgliedstaat oder einer Gruppe von Mitgliedstaaten angewendet wird und die Nutzung von Energie aus erneuerbaren Quellen dadurch fördert, dass die Kosten dieser Energie gesenkt werden, ihr Verkaufspreis erhöht wird oder ihre Absatzmenge durch eine Verpflichtung zur Nutzung erneuerbarer Energie oder auf andere Weise gesteigert wird; dazu zählen unter anderem Investitionsbeihilfen, Steuerbefreiungen oder -erleichterungen, Steuererstattungen, Förderregelungen, die zur Nutzung er-

neuerbarer Energiequellen verpflichten, einschließlich solcher, bei denen grüne Zertifikate verwendet werden, sowie direkte Preisstützungssysteme einschließlich Einspeisetarifen und der Zahlung einer gleitenden oder festen Prämie;

6. „Verpflichtung zur Nutzung erneuerbarer Energie" eine Förderregelung, durch die Energieproduzenten dazu verpflichtet werden, ihre Produktion zu einem bestimmten Anteil durch Energie aus erneuerbaren Quellen zu decken, durch die Energieversorger dazu verpflichtet werden, ihre Versorgung zu einem bestimmten Anteil durch Energie aus erneuerbaren Quellen zu decken, oder durch die Energieverbraucher dazu verpflichtet werden, ihren Verbrauch zu einem bestimmten Anteil durch Energie aus erneuerbaren Quellen zu decken; dazu zählen auch Regelungen, bei denen derartige Verpflichtungen durch Verwendung grüner Zertifikate erfüllt werden können;
7. „Finanzinstrument" ein Finanzinstrument im Sinne von Artikel 2 Nummer 29 der Verordnung (EU, Euratom) 2018/1046 des Europäischen Parlaments und des Rates;
8. „KMU" Kleinstunternehmen sowie kleine und mittlere Unternehmen gemäß Artikel 2 des Anhangs der Empfehlung 2003/361/EG der Kommission;
9. „Abwärme und -kälte" unvermeidbare Wärme oder Kälte, die als Nebenprodukt in einer Industrieanlage, in einer Stromerzeugungsanlage oder im tertiären Sektor anfällt und die ungenutzt in Luft oder Wasser abgeleitet werden würde, wo kein Zugang zu einem Fernwärmesystem oder einem Fernkältesystem besteht, in dem ein Kraft-Wärme-Kopplungsprozess genutzt wird, genutzt werden wird oder in dem Kraft-Wärme-Kopplung nicht möglich ist;
10. „Repowering" die Modernisierung von Kraftwerken, die erneuerbare Energie produzieren, einschließlich des vollständigen oder teilweisen Austauschs von Anlagen oder Betriebssystemen und -geräten zum Austausch von Kapazität oder zur Steigerung der Effizienz oder der Kapazität der Anlage;
11. „Verteilernetzbetreiber" eine natürliche oder juristische Person im Sinne des Artikels 2 Nummer 6 der Richtlinie 2009/72/EG und des Artikels 2 Nummer 6 der Richtlinie 2009/73/EG des Europäischen Parlaments und des Rates;
12. „Herkunftsnachweis" ein elektronisches Dokument, das ausschließlich als Nachweis gegenüber einem Endkunden dafür dient, dass ein bestimmter Anteil oder eine bestimmte Menge an Energie aus erneuerbaren Quellen produziert wurde;
13. „Restenergiemix" den jährlichen Gesamtenergiemix eines Mitgliedstaats unter Ausschluss des durch entwertete Herkunftsnachweise abgedeckten Anteils;

14. „Eigenversorger im Bereich erneuerbare Elektrizität" einen Endkunden, der an Ort und Stelle innerhalb definierter Grenzen oder, sofern die Mitgliedstaaten das gestatten, an einem anderen Ort für seine Eigenversorgung erneuerbare Elektrizität erzeugt und eigenerzeugte erneuerbare Elektrizität speichern oder verkaufen darf, sofern es sich bei diesen Tätigkeiten – im Falle gewerblicher Eigenversorger im Bereich erneuerbare Elektrizität – nicht um die gewerbliche oder berufliche Haupttätigkeit handelt;

14a. „Gebotszone" eine Gebotszone im Sinne des Artikels 2 Nummer 65 der Verordnung (EU) 2019/943 des Europäischen Parlaments und des Rates;

14b. „innovative Technologie im Bereich erneuerbare Energie" eine Technologie zur Erzeugung von Energie aus erneuerbaren Quellen, durch die auf mindestens eine Weise eine vergleichbare, auf dem neuesten Stand der Technik befindliche Technologie im Bereich erneuerbare Energie verbessert wird oder die eine nicht vollständig kommerzialisierte und eindeutig mit einem Risiko verbundene Technologie im Bereich erneuerbare Energie nutzbar macht;

14c. „intelligentes Messsystem" ein intelligentes Messsystem im Sinne des Artikels 2 Nummer 23 der Richtlinie (EU) 2019/944 des Europäischen Parlaments und des Rates;

14d. „Ladepunkt" einen Ladepunkt im Sinne des Artikels 2 Nummer 48 der Verordnung (EU) 2023/1804 des Europäischen Parlaments und des Rates;

14e. „Marktteilnehmer" einen Marktteilnehmer im Sinne des Artikels 2 Nummer 25 der Verordnung (EU) 2019/943;

14f. „Elektrizitätsmarkt" Elektrizitätsmärkte im Sinne des Artikels 2 Nummer 9 der Richtlinie (EU) 2019/944;

14g. „Batterie für die Wohnumgebung" einen eigenständigen Akkumulator mit einer Nennkapazität von mehr als 2 kWh, der sich für die Installation und Verwendung in der Wohnumgebung eignet;

14h. „Traktionsbatterie" eine Traktionsbatterie im Sinne des Artikels 3 Absatz 1 Nummer 14 der Verordnung (EU) 2023/1542 des Europäischen Parlaments und des Rates;

14i. „Industriebatterie" eine Industriebatterie im Sinne des Artikels 3 Absatz 1 Nummer 13 der Verordnung (EU) 2023/1542;

14j. „Alterungszustand" den Alterungszustand im Sinne des Artikels 3 Absatz 1 Nummer 28 der Verordnung (EU) 2023/1542;

14k. „Ladezustand" den Ladezustand im Sinne des Artikels 3 Absatz 1 Nummer 27 der Verordnung (EU) 2023/1542;

14l. „Leistungseinstellung" die im Managementsystem der Batterie gespeicherten dynamischen Informationen, die die elektrischen Leistungseinstellungen vorgeben, mit denen die Batterie während eines

Lade- oder Entladevorgangs optimalerweise betrieben werden sollte, um ihren Alterungszustand und die Nutzung im Betrieb zu optimieren;

14m. „intelligentes Laden" einen Ladevorgang, bei dem die Intensität des an die Batterie gelieferten Stroms auf der Grundlage elektronisch übermittelter Informationen dynamisch angepasst wird;

14n. „Regulierungsbehörde" eine Regulierungsbehörde im Sinne des Artikels 2 Nummer 2 der Verordnung (EU) 2019/943;

14o. „bidirektionales Laden" einen bidirektionalen Ladevorgang im Sinne des Artikels 2 Nummer 11 der Verordnung (EU) 2023/1804;

14p. „Normalladepunkt" einen Normalladepunkt im Sinne des Artikels 2 Nummer 37 der Verordnung (EU) 2023/1804 des Europäischen Parlaments und des Rates;

14q. „Vertrag über den Bezug von erneuerbarer Energie" einen Vertrag, mit dem sich eine natürliche oder juristische Person bereit erklärt, erneuerbare Energie unmittelbar von einem Produzenten zu beziehen, was unter anderem Verträge über den Bezug von Elektrizität aus erneuerbaren Quellen und Verträge über den Bezug von Wärme und Kälte aus erneuerbaren Quellen umfasst;

15. „gemeinsam handelnde Eigenversorger im Bereich erneuerbare Elektrizität" eine Gruppe von zumindest zwei gemeinsam handelnden Eigenversorgern im Bereich erneuerbare Elektrizität im Sinne der Nummer 14, die sich in demselben Gebäude oder Mehrfamilienhaus befinden;

16. „Erneuerbare-Energie-Gemeinschaft" eine Rechtsperson,

a) die, im Einklang mit den geltenden nationalen Rechtsvorschriften, auf offener und freiwilliger Beteiligung basiert, unabhängig ist und unter der wirksamen Kontrolle von Anteilseignern oder Mitgliedern steht, die in der Nähe der Projekte im Bereich erneuerbare Energie, deren Eigentümer und Betreiber diese Rechtsperson ist, angesiedelt sind,

b) deren Anteilseigner oder Mitglieder natürliche Personen, lokale Behörden einschließlich Gemeinden, oder KMU sind,

c) deren Ziel vorrangig nicht im finanziellen Gewinn, sondern darin besteht, ihren Mitgliedern oder Anteilseignern oder den Gebieten vor Ort, in denen sie tätig ist, ökologische, wirtschaftliche oder sozialgemeinschaftliche Vorteile zu bringen;

17. „Vertrag über den Bezug von erneuerbarem Strom" einen Vertrag, bei dem sich eine natürliche oder juristische Person bereit erklärt, unmittelbar von einem Elektrizitätsproduzenten erneuerbare Elektrizität zu beziehen;

18. „Peer-to-Peer-Geschäft" im Bereich erneuerbare Energie den Verkauf erneuerbarer Energie zwischen Marktteilnehmern auf Grundlage

eines Vertrags mit vorab festgelegten Bedingungen für die automatische Abwicklung und Abrechnung der Transaktion, die entweder direkt zwischen den Beteiligten oder auf indirektem Wege über einen zertifizierten dritten Marktteilnehmer, beispielsweise einen Aggregator, erfolgt. Die Rechte und Pflichten der als Endkunden, Produzenten, Versorger oder Aggregatoren beteiligten Parteien bleiben vom Recht auf Peer-to-Peer-Geschäfte unberührt;

18a. „Industrie" Unternehmen und Produkte, die unter die Abschnitte B, C und F und unter Abschnitt J, Abteilung 63, der Statistischen Systematik der Wirtschaftszweige (NACE Rev. 2) gemäß der Verordnung (EG) Nr. 1893/2006 des Europäischen Parlaments und des Rates fallen;

18b. „nichtenergetischer Zweck" die Nutzung von Brennstoffen als Rohstoffe in einem Industrieverfahren anstelle der Nutzung für die Energieerzeugung;

19. „Fernwärme" oder „Fernkälte" die Verteilung thermischer Energie in Form von Dampf, heißem Wasser oder kalten Flüssigkeiten von zentralen oder dezentralen Produktionsquellen über ein Netz an mehrere Gebäude oder Anlagen zur Nutzung von Raum- oder Prozesswärme oder -kälte;

20. „effiziente Fernwärme- und Fernkälteversorgung" effiziente Fernwärme- und Fernkälteversorgung im Sinne von Artikel 2 Nummer 41 der Richtlinie 2012/27/EU;

21. „hocheffiziente Kraft-Wärme-Kopplung" hocheffiziente Kraft-Wärme-Kopplung im Sinne von Artikel 2 der Richtlinie 2012/27/EU;

22. „Ausweis über die Gesamtenergieeffizienz" einen Ausweis über die Gesamtenergieeffizienz im Sinne von Artikel 2 Nummer 12 der Richtlinie 2010/31/EU;

22a. „erneuerbare Kraftstoffe" oder „erneuerbare Brennstoffe" Biokraftstoffe, flüssige Biobrennstoffe, Biomasse-Brennstoffe und erneuerbare Brennstoffe nicht biogenen Ursprungs;

22b. „Energieeffizienz an erster Stelle" den Grundsatz „Energieeffizienz an erster Stelle" gemäß Artikel 2 Nummer 18 der Verordnung (EU) 2018/1999;

23. „Abfall" Abfall im Sinne des Artikels 3 Nummer 1 der Richtlinie 2008/98/EG, mit Ausnahme von Stoffen, die absichtlich verändert oder kontaminiert wurden, um dieser Definition zu entsprechen;

24. „Biomasse" den biologisch abbaubaren Teil von Produkten, Abfällen und Reststoffen biologischen Ursprungs der Landwirtschaft, einschließlich pflanzlicher und tierischer Stoffe, der Forstwirtschaft und damit verbundener Wirtschaftszweige, einschließlich der Fischerei und der Aquakultur sowie den biologisch abbaubaren Teil von Abfällen, darunter auch Industrie- und Haushaltsabfälle biologischen Ursprungs;

25. „landwirtschaftliche Biomasse" Biomasse aus der Landwirtschaft;
26. „fortwirtschaftliche Biomasse" Biomasse aus der Forstwirtschaft;
27. „Biomasse-Brennstoffe" gasförmige und feste Kraft- und Brennstoffe, die aus Biomasse hergestellt werden;
28. „Biogas" gasförmige Kraft- und Brennstoffe, die aus Biomasse hergestellt werden;
29. „Bioabfall" Bioabfall im Sinne des Artikels 3 Nummer 4 der Richtlinie 2008/98/EG;
30. „Gewinnungsgebiet" das geografisch definierte Gebiet, in dem die forstwirtschaftlichen Biomasse-Rohstoffe gewonnen werden, zu dem zuverlässige und unabhängige Informationen verfügbar sind und in dem die Bedingungen homogen genug sind, um das Risiko in Bezug auf die Nachhaltigkeit und Rechtmäßigkeit der forstwirtschaftlichen Biomasse zu bewerten;
31. „Walderneuerung" die Wiederaufforstung eines Waldbestands mithilfe natürlicher oder künstlicher Mittel nach der Entnahme des früheren Bestands durch Fällung oder aufgrund natürlicher Ursachen, einschließlich Feuer oder Sturm;
32. „flüssige Biobrennstoffe" flüssige Brennstoffe, die aus Biomasse hergestellt werden und für den Einsatz zu energetischen Zwecken, mit Ausnahme des Transports, einschließlich Elektrizität, Wärme und Kälte, bestimmt sind;
33. „Biokraftstoffe" flüssige Kraftstoffe für den Verkehr, die aus Biomasse hergestellt werden;
34. „fortschrittliche Biokraftstoffe" Biokraftstoffe, die aus in Anhang IX Teil A aufgeführten Rohstoffen hergestellt werden;
35. „wiederverwertete kohlenstoffhaltige Kraftstoffe" flüssige und gasförmige Kraftstoffe, die aus flüssigen oder festen Abfallströmen nicht erneuerbaren Ursprungs, die für eine stoffliche Verwertung gemäß Artikel 4 der Richtlinie 2008/98/EG nicht geeignet sind, hergestellt werden, sowie aus Gas aus der Abfallverarbeitung und Abgas nicht erneuerbaren Ursprungs, die zwangsläufig und unbeabsichtigt infolge der Produktionsprozesse in Industrieanlagen entstehen;
36. „erneuerbare Kraftstoffe nicht biogenen Ursprungs" flüssige oder gasförmige Kraftstoffe, deren Energiegehalt aus erneuerbaren Energiequellen mit Ausnahme von Biomasse stammt;
37. „Biokraftstoffe, flüssige Biobrennstoffe und Biomasse-Brennstoffe, bei denen ein geringes Risiko indirekter Landnutzungsänderungen besteht" Biokraftstoffe, flüssige Biobrennstoffe und Biomasse-Brennstoffe, deren Rohstoffe im Rahmen von Systemen hergestellt wurden, bei denen die Verdrängungseffekte von aus Nahrungs- und Futtermittelpflanzen produzierten Biokraftstoffen, flüssigen Biobrennstoffen und Biomasse-Brennstoffen durch verbesserte Land-

bewirtschaftungsmethoden sowie den Anbau von Kulturpflanzen auf zuvor nicht für den Anbau genutzten Flächen vermieden werden, und die in Einklang mit den in Artikel 29 aufgeführten Nachhaltigkeitskriterien für Biokraftstoffe, flüssige Biobrennstoffe und Biomasse-Brennstoffe hergestellt wurden;

38. „Kraftstoffanbieter" eine Rechtsperson, die für die Abgabe von Kraftstoff an einer Verbrauchsteuerstelle zuständig ist oder, im Fall von Elektrizität, oder in dem Fall, dass keine Verbrauchsteuer anfällt, oder in anderen hinreichend begründeten Fällen, jede andere von einem Mitgliedstaat benannte Rechtsperson;

39. „Kulturpflanzen mit hohem Stärkegehalt" Pflanzen, unter die überwiegend Getreide, ungeachtet dessen, ob nur die Körner oder, wie bei Grünmais, die gesamte Pflanze verwendet wird, Knollen- und Wurzelfrüchte, wie Kartoffeln, Topinambur, Süßkartoffeln, Maniok und Yamswurzeln, sowie Knollenfrüchte, wie Taro und Cocoyam, fallen;

40. „Nahrungs- und Futtermittelpflanzen" Kulturpflanzen mit hohem Stärkegehalt, Zuckerpflanzen oder Ölpflanzen, die als Hauptkulturen auf landwirtschaftlichen Flächen produziert werden, ausgenommen Reststoffe, Abfälle und lignozellulosehaltiges Material, und Zwischenfrüchte wie Zweitfrüchte und Deckpflanzen, es sei denn, die Verwendung solcher Zwischenfrüchte führt zu einer zusätzlichen Nachfrage nach Land;

41. „lignozellulosehaltiges Material" Material, das aus Lignin, Zellulose und Hemizellulose besteht, wie Biomasse aus Wäldern, holzartige Energiepflanzen sowie Reststoffe und Abfälle aus der forstbasierten Wirtschaft;

42. „zellulosehaltiges Non-Food-Material" Rohstoffe, die überwiegend aus Zellulose und Hemizellulose bestehen und einen niedrigeren Lignin-Gehalt als lignozellulosehaltiges Material haben; es umfasst Reststoffe von Nahrungs- und Futtermittelpflanzen wie Stroh, Spelzen, Hülsen und Schalen, grasartige Energiepflanzen mit niedrigem Stärkegehalt wie Weidelgras, Rutenhirse, Miscanthus, und Pfahlrohr, Zwischenfrüchte vor und nach Hauptkulturen, Untersaaten, industrielle Reststoffe, einschließlich Nahrungs- und Futtermittelpflanzen nach Extraktion von Pflanzenölen, Zucker, Stärken und Protein, sowie Material aus Bioabfall; als Untersaaten und Deckpflanzen werden vorübergehend angebaute Weiden mit Gras-Klee-Mischungen mit einem niedrigen Stärkegehalt bezeichnet, die zur Fütterung von Vieh sowie dazu dienen, die Bodenfruchtbarkeit im Interesse höherer Ernteerträge bei den Ackerhauptkulturen zu verbessern;

43. „Reststoff" einen Stoff, der kein Endprodukt ist, dessen Produktion durch den Produktionsprozess unmittelbar angestrebt wird; er stellt nicht das primäre Ziel des Produktionsprozesses dar, und der Prozess wurde nicht absichtlich geändert, um ihn zu produzieren;

44. „Reststoffe aus Landwirtschaft, Aquakultur, Fischerei und Forstwirtschaft“ Reststoffe, die unmittelbar in der Landwirtschaft, Aquakultur, Fischerei und Forstwirtschaft entstanden sind; sie umfassen keine Reststoffe aus damit verbundenen Wirtschaftszweigen oder aus der Verarbeitung;

44a. „Plantagenwald“ einen Plantagenwald im Sinne des Artikels 2 Nummer 11 der Verordnung (EU) 2023/1115 des Europäischen Parlaments und des Rates;

44b. „Salzgradient-Energie“ Energie, die durch den Unterschied im Salzgehalt zwischen zwei Flüssigkeiten, beispielsweise Süßwasser und Salzwasser, erzeugt wird;

44c. „Systemeffizienz“ die Auswahl energieeffizienter Lösungen, die auch einen kosteneffizienten Fahrplan zur Dekarbonisierung, zusätzliche Flexibilität und die effiziente Nutzung von Ressourcen ermöglichen;

44d. „Energiespeicher am selben Standort“ eine Kombination aus einer Energiespeicheranlage und einer Anlage zur Erzeugung von erneuerbarer Energie, die an denselben Netzanschlusspunkt angeschlossen sind;

44e. „mit Solarstrom betriebenes Elektrofahrzeug“ ein Kraftfahrzeug, das mit einem Antriebsstrang, der ausschließlich nichtperiphere elektrische Motoren als Energiewandler enthält, mit einem elektrisch aufladbaren Energiespeichersystem, das extern aufgeladen werden kann, und mit integrierten Fotovoltaikmodulen ausgestattet ist;

45. „tatsächlicher Wert“ die Treibhausgaseinsparungen bei einigen oder allen Schritten eines speziellen Produktionsverfahrens für Biokraftstoffe, flüssige Biobrennstoffe oder Biomasse-Brennstoffe, berechnet anhand der Methode in Anhang V Teil C oder Anhang VI Teil B;

46. „typischer Wert“ den Schätzwert der Treibhausgasemissionen und der entsprechenden Treibhausgaseinsparungen bei einem bestimmten Produktionsweg für Biokraftstoffe, flüssige Biobrennstoffe oder Biomasse-Brennstoffe, der für den Verbrauch in der Union repräsentativ ist;

47. „Standardwert“ den von einem typischen Wert durch Anwendung vorab festgelegter Faktoren abgeleiteten Wert, der unter in dieser Richtlinie festgelegten Bedingungen anstelle eines tatsächlichen Werts verwendet werden kann.

Verbindliches Gesamtziel der Union für 2030

Artikel 3. (1) Die Mitgliedstaaten stellen gemeinsam sicher, dass der Anteil von Energie aus erneuerbaren Quellen am Bruttoendenergieverbrauch der Union im Jahr 2030 mindestens 42,5 % beträgt.

Die Mitgliedstaaten sind gemeinsam bestrebt, den Anteil von Energie aus erneuerbaren Quellen am Bruttoendenergieverbrauch der Union im Jahr 2030 auf 45t % zu erhöhen.

Die Mitgliedstaaten legen als Richtziel für den Anteil innovativer Technologie im Bereich erneuerbare Energie fest, dass dieser Anteil bis 2030 mindestens 5 % der neu installierten Kapazitäten im Bereich erneuerbare Energie beträgt.

(2) Die Mitgliedstaaten legen nationale Beiträge fest, um das in Absatz 1 festgesetzte verbindliche Gesamtziel der Union im Rahmen ihrer integrierten nationalen Energie- und Klimapläne im Einklang mit den Artikeln 3 bis 5 und den Artikeln 9 bis 14 der Verordnung (EU) 2018/1999 gemeinsam zu erreichen. Bei der Ausarbeitung der Entwürfe ihrer integrierten nationalen Energie- und Klimapläne können die Mitgliedstaaten die in Anhang II der genannten Verordnung angeführte Formel berücksichtigen.

Kommt die Kommission aufgrund ihrer Bewertung der gemäß Artikel 9 der Verordnung (EU) 2018/1999 vorgelegten Entwürfe der integrierten nationalen Energie- und Klimapläne zu dem Schluss, dass die nationalen Beiträge der Mitgliedstaaten für die gemeinsame Verwirklichung des verbindlichen Gesamtziels der Union unzureichend sind, so wendet sie das Verfahren nach Artikel 9 und 31 der genannten Verordnung an.

(3) Die Mitgliedstaaten treffen Maßnahmen, damit Energie aus Biomasse auf eine Weise erzeugt wird, bei der übermäßige verzerrende Wirkungen auf den Biomasse-Rohstoffmarkt sowie eine nachteilige Auswirkung auf die biologische Vielfalt, die Umwelt und das Klima minimiert werden. Im Hinblick darauf berücksichtigen sie die Abfallhierarchie gemäß Artikel 4 der Richtlinie 2008/98/EG und stellen sicher, dass das Prinzip der Kaskadennutzung von Biomasse Anwendung findet, wobei Förderregelungen einen Schwerpunkt bilden und nationale Besonderheiten angemessen zu berücksichtigen sind.

Die Mitgliedstaaten gestalten Förderregelungen für Energie aus Biokraftstoffen, flüssigen Biobrennstoffen und Biomasse-Brennstoffen so, dass keine Anreize für nicht nachhaltige Wege gesetzt werden und der Wettbewerb mit den Wirtschaftszweigen für Werkstoffe nicht verzerrt wird, um sicherzustellen, dass Holzbiomasse entsprechend ihrem höchsten wirtschaftlichen und ökologischen Mehrwert in folgender Rangfolge eingesetzt wird:

a) Holzprodukte,
b) Verlängerung ihrer Lebensdauer von Holzprodukten,
c) Wiederverwendung,
d) Recycling,
e) Bioenergie und
f) Entsorgung;

(3a) Die Mitgliedstaaten können vom Prinzip der Kaskadennutzung von Biomasse gemäß Absatz 3 abweichen, wenn die Energieversorgungssicherheit gewahrt werden muss. Die Mitgliedstaaten können von diesem Prinzip auch dann abweichen, wenn die lokale Industrie quantitativ oder technisch nicht in der Lage ist, forstwirtschaftliche Biomasse mit einem höheren wirtschaftlichen und ökologischen Mehrwert zu nutzen als zur Energieerzeugung; dies gilt für

a) notwendige Forstbewirtschaftungstätigkeiten im Hinblick auf vorkommerzielle Ausdünnungsarbeiten oder gemäß nationalem Recht im Bereich der Waldbrandprävention in stark gefährdeten Gebieten,
b) den Noteinschlag im Anschluss an dokumentierte natürliche Störungen oder
c) die Ernte bestimmter Holzsorten, die nicht für die lokalen Verarbeitungsanlagen geeignet sind.

(3b) Höchstens einmal im Jahr übermitteln die Mitgliedstaaten der Kommission eine Zusammenfassung der Abweichungen vom Prinzip der Kaskadennutzung von Biomasse gemäß Absatz 3a sowie die Gründe solcher Abweichungen und die geografische Größenordnung, für die sie gelten. Die Kommission veröffentlicht die eingegangenen Mitteilungen und kann eine öffentliche Stellungnahme zu ihnen abgeben.

(3c) Die Mitgliedstaaten gewähren keine unmittelbare finanzielle Unterstützung für

a) die Nutzung von Sägerundholz, Furnierrundholz und Rundholz in Industriequalität sowie von Stümpfen und Wurzeln für die Energieerzeugung,
b) die Erzeugung von erneuerbarer Energie durch Verbrennung von Abfällen, außer wenn die Verpflichtungen, die gemäß der Richtlinie 2008/98/EG für die getrennte Sammlung von Abfällen gelten, eingehalten wurden.

(3d) Unbeschadet des Absatzes 3 gewähren die Mitgliedstaaten für die Stromerzeugung aus forstwirtschaftlicher Biomasse in ausschließlich Elektrizität erzeugenden Anlagen weder neue Unterstützung noch erneuern sie eine etwaige Unterstützung, außer wenn diese Elektrizität mindestens eine der folgenden Bedingungen erfüllt:

a) Sie wurde in einer Region erzeugt, die aufgrund ihrer Abhängigkeit von festen fossilen Brennstoffen im Einklang mit Artikel 11 der Verordnung (EU) 2021/1056 des Europäischen Parlaments und des Rates in einem territorialen Plan für einen gerechten Übergang genannt wird, und erfüllt die einschlägigen Anforderungen gemäß Artikel 29 Absatz 11 der vorliegenden Richtlinie;
b) sie wurde unter Nutzung der Biomasse-CO_2-Abscheidung und -Speicherung erzeugt und erfüllt die Anforderungen gemäß Artikel 29 Absatz 11 Unterabsatz 2;

c) sie wird für einen begrenzten Zeitraum in einem Gebiet in äußerster Randlage im Sinne des Artikels 349 AEUV mit dem Ziel erzeugt, die Nutzung forstwirtschaftlicher Biomasse so weit wie möglich einzustellen, ohne den Zugang zu sicherer Energie zu beeinträchtigen.

Die Kommission veröffentlicht bis 2027 einen Bericht über die Auswirkungen der Förderregelungen der Mitgliedstaaten für Biomasse vor, auch in Bezug auf die biologische Vielfalt, auf das das Klima und die Umwelt und auf mögliche Marktverzerrungen, und bewertet die Möglichkeit weiterer Beschränkungen für Förderregelungen für forstwirtschaftliche Biomasse.

(4) Ab dem 1. Januar 2021 darf der Anteil Energie aus erneuerbaren Quellen am Bruttoendenergieverbrauch in den einzelnen Mitgliedstaaten nicht unter den in der dritten Spalte der Tabelle in Anhang I Teil A dieser Richtlinie als Ausgangswert festgelegten Anteil sinken. Die Mitgliedstaaten ergreifen die erforderlichen Maßnahmen, um die Einhaltung jenes als Ausgangswerts festgelegten Anteils zu gewährleisten. Hält ein Mitgliedstaat seinen als Ausgangswert festgelegten Anteil, ermittelt über einen Zeitraum von einem Jahr, nicht ein, so gelangen Artikel 32 Absatz 4 der Verordnung (EU) 2018/1999 zur Anwendung.

(4a) Die Mitgliedstaaten schaffen einen Rahmen, der Förderregelungen und -maßnahmen umfassen kann und mit dem die Verbreitung von Verträgen über den Bezug von erneuerbarer Energie unterstützt wird und die Voraussetzungen dafür geschaffen werden, dass der Anteil der Elektrizität aus erneuerbaren Quellen einen Wert erreicht, der mit dem in Absatz 2 dieses Artikels genannten nationalen Beitrag des Mitgliedstaats im Einklang steht, wobei eine Geschwindigkeit einzuhalten ist, die den in Artikel 4 Buchstabe a Nummer 2 der Verordnung (EU) 2018/1999 genannten Richtzielpfaden entspricht. Insbesondere muss mit dem Rahmen dazu beigetragen werden, verbleibende Hindernisse für einen hohen Anteil an Elektrizität aus erneuerbaren Quellen bei der Stromversorgung abzubauen, auch Hindernisse im Rahmen von Genehmigungsverfahren, des Ausbaus der benötigten Übertragungs-, Verteilungs- und Speicherinfrastruktur einschließlich Energiespeicher am selben Standort. Bei der Gestaltung des Rahmens berücksichtigen die Mitgliedstaaten den zusätzlichen Bedarf an Elektrizität aus erneuerbaren Quellen für den Verkehr, die Industrie, Gebäude sowie die Wärme- und Kälteversorgung und für die Erzeugung von erneuerbaren Kraftstoffen nicht biogenen Ursprungs. Die Mitgliedstaaten können in ihren gemäß den Artikeln 3 und 14 der Verordnung (EU) 2018/1999 vorgelegten integrierten nationalen Energie- und Klimaplänen und in ihren gemäß Artikel 17 der genannten Verordnung vorgelegten Fortschrittsberichten eine Kurzdarstellung der in diesem Rahmen vorgesehenen Strategien und Maßnahmen und eine Bewertung der Umsetzung dieser Strategien bzw. Maßnahmen aufnehmen.

(5) Die Kommission unterstützt die ehrgeizige Zielsetzung der Mitgliedstaaten durch einen Regulierungsrahmen, der die verstärkte Nutzung von Unionsmitteln ermöglicht, einschließlich zusätzlicher Mitteln zur Erleichterung des gerechten Übergangs zu einem höheren Anteil erneuerbarer Energie in CO_2-intensiven Regionen, insbesondere von Finanzinstrumenten, und vor allem folgenden Zwecken dient:

a) der Verringerung der Kapitalkosten von Projekten im Bereich erneuerbare Energie;
b) der Entwicklung von Projekten und Programmen zur Integration erneuerbarer Quellen in das Energiesystem, zur Flexibilisierung des Energiesystems, zur Gewährleistung der Netzstabilität und zum Ausgleich von Netzengpässen;
c) dem Ausbau von Übertragungs- und Verteilernetzinfrastruktur, intelligenten Netzen, Speicheranlagen und Verbindungsleitungen, um bis 2030 ein Stromverbundziel von 15 % zu erreichen und dadurch den technisch machbaren und wirtschaftlich tragbaren Anteil von erneuerbarer Energie im Stromsystem zu erhöhen;
d) der verstärkten regionalen Zusammenarbeit zwischen Mitgliedstaaten sowie zwischen Mitgliedstaaten und Drittländern im Rahmen gemeinsamer Projekte, gemeinsamer Förderregelungen und durch die Öffnung von Förderregelungen im Bereich erneuerbare Elektrizität für Produzenten mit Sitz in anderen Mitgliedstaaten.

(6) Die Kommission unterstützt Mitgliedstaaten, die sich dafür entscheiden, durch Nutzung von Kooperationsmechanismen zum verbindlichen Gesamtziel der Union nach Absatz 1 beizutragen, indem sie eine Unterstützungsplattform einrichtet.

Förderregelungen für Energie aus erneuerbaren Quellen

Artikel 4. (1) Die Mitgliedstaaten können Förderregelungen anwenden, um das in Artikel 3 Absatz 1 festgelegte Unionsziel für den Einsatz von erneuerbarer Energie und ihren jeweiligen auf nationaler Ebene festgelegten Beitrag zu diesem Ziel zu erreichen oder zu übertreffen.

(2) Die Förderregelungen für Elektrizität aus erneuerbaren Quellen haben Anreize für die marktbasierte und marktorientierte Integration von Elektrizität aus erneuerbaren Quellen in den Elektrizitätsmarkt zu setzen, wobei unnötige Wettbewerbsverzerrungen auf den Elektrizitätsmärkten zu vermeiden und etwaige Systemintegrationskosten und die Netzstabilität zu berücksichtigen sind.

(3) Förderregelungen von Elektrizität aus erneuerbaren Quellen sind so auszugestalten, dass die Integration von Elektrizität aus erneuerbaren Quellen in den Elektrizitätsmarkt maximiert wird, und sichergestellt ist,

dass die Produzenten erneuerbarer Energie auf die Preissignale des Marktes reagieren und ihre Einnahmen maximieren.

Dazu wird bei direkten Preisstützungssystemen eine Förderung in Form einer Marktprämie gewährt, bei der es sich unter anderem um eine gleitende oder feste Prämie handeln kann.

Unterabsatz 2 des vorliegenden Absatzes gilt nicht für die Förderung von Elektrizität aus den Quellen gemäß Artikel 19d Absatz 4 der Verordnung (EU) 2019/943, auf die Artikel 19d Absatz 1 der genannten Verordnung Anwendung findet.

Die Mitgliedstaaten dürfen, unbeschadet der für Elektrizität geltenden Binnenmarktvorschriften der Union, für Kleinanlagen und Demonstrationsvorhaben Ausnahmen von diesem Absatz vorsehen.

(4) Die Mitgliedstaaten sorgen dafür, dass Elektrizität aus erneuerbaren Quellen auf offene, transparente, wettbewerbsfördernde, nichtdiskriminierende und kosteneffiziente Weise gefördert wird.

Die Mitgliedstaaten können in Bezug auf Ausschreibungsverfahren für Kleinanlagen und Demonstrationsvorhaben Ausnahmen vorsehen.

Sie können auch den Einsatz von Mechanismen in Erwägung ziehen, die für eine regionale Diversifizierung beim Einsatz von erneuerbarer Elektrizität sorgen, um insbesondere eine kostenwirksame Systemintegration sicherzustellen.

(5) Die Mitgliedstaaten können Ausschreibungsverfahren auf bestimmte Technologien beschränken, wenn eine allen Produzenten von Elektrizität aus erneuerbaren Quellen offenstehende Förderregelung angesichts folgender Gründe zu einem suboptimalen Ergebnis führen würde:

a) das langfristige Potenzial einer bestimmten Technologie;
b) die Notwendigkeit einer Diversifizierung;
c) Netzintegrationskosten;
d) Netzeinschränkungen und Netzstabilität;
e) im Fall von Biomasse, die Notwendigkeit Wettbewerbsverzerrungen auf den Rohstoffmärkten zu vermeiden.

(6) Wenn die Förderung für Elektrizität aus erneuerbaren Quellen über ein Ausschreibungsverfahren gewährt wird, stellen die Mitgliedstaaten eine hohe Projektrealisierungsrate sicher, indem sie

a) nichtdiskriminierende und transparente Kriterien für die Teilnahme an Ausschreibungsverfahren festlegen und veröffentlichen und genaue Fristen und Regeln für die Projektdurchführung festlegen;
b) Informationen über frühere Ausschreibungsverfahren, einschließlich der dabei erzielten Projektrealisierungsraten, veröffentlichen.

(7) Damit in Gebieten in äußerster Randlage und auf kleinen Inseln mehr Energie aus erneuerbaren Quellen erzeugt wird, können die Mitgliedstaaten finanzielle Förderregelungen bei Projekten in diesen Gebieten so anpassen, dass die Produktionskosten, die durch die besonderen Umstände – Abgelegenheit und Abhängigkeit von außen – bedingt sind, berücksichtigt werden.

(8) Bis zum 31. Dezember 2021, und anschließend alle drei Jahre, erstattet die Kommission dem Europäischen Parlament und dem Rat über die Ergebnisse der über Ausschreibungsverfahren in der Union gewährten Förderung für Elektrizität aus erneuerbaren Quellen Bericht, wobei sie insbesondere analysiert, inwiefern mit den Ausschreibungsverfahren Folgendes erreicht werden konnte:

a) Kostensenkungen;
b) technologische Verbesserungen;
c) hohe Realisierungsraten;
d) die diskriminierungsfreie Teilnahme kleiner Marktteilnehmer und, gegebenenfalls, lokaler Behörden;
e) eine Begrenzung der Auswirkungen auf die Umwelt;
f) Akzeptanz vor Ort;
g) Versorgungssicherheit und Netzintegration.

(9) Dieser Artikel gilt unbeschadet der Artikel 107 und 108 AEUV.

Öffnung der Förderregelungen für Elektrizität aus erneuerbaren Quellen

Artikel 5. (1) Die Mitgliedstaaten haben das Recht, gemäß den Artikeln 7 bis 13 dieser Richtlinie zu entscheiden, in welchem Umfang sie die in einem anderen Mitgliedstaat produzierte Elektrizität aus erneuerbaren Quellen fördern. Die Mitgliedstaaten können die Teilnahme an Förderregelungen für Elektrizität aus erneuerbaren Quellen jedoch unter den in diesem Artikel festgelegten Bedingungen für Produzenten mit Sitz in anderen Mitgliedstaaten öffnen.

Wenn sie die Teilnahme an Förderregelungen für Elektrizität aus erneuerbaren Quellen öffnen, können die Mitgliedstaaten vorsehen, dass Anlagen in anderen Mitgliedstaaten ein inidkativer Prozentsatz der in jedem Jahr neu geförderten Kapazität oder der in jedem Jahr dafür bereitgestellten Mittel offensteht.

Diese indikativen Prozentsätze können in jedem Jahr zwischen 2023 und 2026 bei mindestens 5 % und zwischen 2027 und 2030 bei mindestens 10 % oder, falls dieses niedriger ist, auf dem Niveau des Verbundgrads des betreffenden Mitgliedstaats in einem bestimmten Jahr liegen.

Um bezüglich der Umsetzung neue Erfahrungen zu sammeln, können die Mitgliedstaaten ein oder mehrere Pilotprojekte ausrichten, bei denen die Förderung Produzenten mit Sitz in anderen Mitgliedstaaten offensteht.

(2) Die Mitgliedstaaten können einen Nachweis für den physikalischen Import von Elektrizität aus erneuerbaren Quellen verlangen. Zu diesem Zweck können sie die Teilnahme an Förderregelungen auf Produzenten in Mitgliedstaaten beschränken, zu denen eine direkte Verbindung über Verbindungsleitungen besteht. Sie dürfen zonenübergreifende Fahrpläne und Kapazitätsvergaben jedoch nicht deswegen ändern oder in anderer Weise beeinflussen, weil Erzeuger an grenzüberschreitenden Förderregelungen teilnehmen. Grenzüberschreitende Stromübertragungen werden ausschließlich anhand des Ergebnisses der Kapazitätsvergabe nach den unionsrechtlichen Bestimmungen über den Binnenmarkt für Elektrizität bestimmt.

(3) Wenn ein Mitgliedstaat beschließt, die Teilnahme an Förderregelungen für Produzenten mit Sitz in einem anderen Mitgliedstaat zu öffnen, vereinbaren die beteiligten Mitgliedstaaten, welche Grundsätze für diese Teilnahme gelten sollen. Diese Vereinbarungen umfassen zumindest die Grundsätze für die Anrechnung von erneuerbarer Elektrizität, die Gegenstand einer grenzüberschreitenden Förderung ist.

(4) Die Kommission unterstützt die beteiligten Mitgliedstaaten auf deren Ersuchen während des gesamten Verhandlungsprozesses und bei der Festlegung der Kooperationsvereinbarungen, indem sie während des gesamten Prozesses Informationen und Analysen, einschließlich quantitativer und qualitativer Daten zu den direkten und indirekten Kosten und Vorteilen der Zusammenarbeit, sowie Empfehlungen und technisches Fachwissen bereitstellt. Die Kommission kann den Austausch über bewährte Verfahren unterstützen oder erleichtern und Muster für Kooperationsvereinbarungen ausarbeiten, die den Verhandlungsprozess voranbringen. Die Kommission bewertet bis 2025 die Kosten und den Nutzen der in diesem Artikel festgelegten Bestimmungen für den Einsatz von Elektrizität aus erneuerbaren Quellen in der Union.

(5) Bis 2023 führt die Kommission eine Bewertung der Umsetzung dieses Artikels durch. Dabei beurteilt sie, ob die Mitgliedstaaten verpflichtet werden müssen, ihre Förderregelungen für Elektrizität aus erneuerbaren Quellen teilweise für die Teilnahme von in anderen Mitgliedstaaten ansässige Produzenten zu öffnen, mit dem Ziel einer Öffnung im Umfang von 5 % bis 2025 und 10 % bis 2030.

Stabilität der finanziellen Förderung

Artikel 6. (1) Unbeschadet der zur Einhaltung der Artikel 107 und 108 AEUV erforderlichen Anpassungen stellen die Mitgliedstaaten sicher, dass die Höhe der für Projekte im Bereich erneuerbare Energie gewährten Förderung sowie die damit verknüpften Bedingungen nicht in einer Weise überarbeitet werden, die sich negativ auf die daraus erwachsenden Rechte auswirkt und die Rentabilität von Projekten, denen bereits Förderung zugute kommt, infrage stellt.

(2) Die Mitgliedstaaten können die Höhe der Förderung nach objektiven Kriterien anpassen, sofern die betreffenden Kriterien in der Förderregelung von Anbeginn festgelegt waren.

(3) Die Mitgliedstaaten veröffentlichen als Referenzdokument einen mindestens auf die nächsten fünf oder – im Falle von Haushaltsplanungszwängen – drei Jahre ausgelegten langfristigen Zeitplan mit der voraussichtlichen Zuteilung von Fördermitteln, der, soweit angebracht, auch Richtwerte zu den Fristen und Angaben zur Häufigkeit von Ausschreibungsverfahren, zur voraussichtlichen Kapazität und zum voraussichtlichen Budget bzw. zum Höchstbetrag der voraussichtlich gewährten individuellen Förderung und gegebenenfalls zu den voraussichtlich förderfähigen Technologien enthält. Dieser Zeitplan wird jährlich oder immer dann aktualisiert, wenn es nötig ist, um den jüngsten Marktentwicklungen oder der voraussichtlichen Zuteilung von Fördermitteln Rechnung zu tragen.

(4) Die Mitgliedstaaten bewerten mindestens alle fünf Jahre die Wirksamkeit ihrer Förderregelungen für Elektrizität aus erneuerbaren Quellen und deren wichtigste Verteilungseffekte in Bezug auf unterschiedliche Verbrauchergruppen und auf Investitionen. Dabei gehen sie auch auf die Auswirkungen möglicher Änderungen der Förderregelungen ein. Den Ergebnissen dieser Bewertung wird bei der indikativen langfristigen Planung der Entscheidungen über die Förderung und die Gestaltung neuer Förderung Rechnung getragen. Die Mitgliedstaaten nehmen diese Bewertung in die entsprechenden aktualisierten Fassungen ihrer integrierten nationalen Energie- und Klimaschutzpläne und ihrer Fortschrittsberichte gemäß der Verordnung (EU) 2018/1999 auf.

Berechnung des Anteils von Energie aus erneuerbaren Quellen

Artikel 7. (1) Der Bruttoendenergieverbrauch aus erneuerbaren Quellen in den einzelnen Mitgliedstaaten wird berechnet als Summe

a) des Bruttoendenergieverbrauchs von Elektrizität aus erneuerbaren Quellen,

b) des Bruttoendenergieverbrauchs aus erneuerbaren Quellen im Wärme- und Kältesektor und
c) des Endenergieverbrauchs von Energie aus erneuerbaren Quellen im Verkehrssektor.

Für die Zwecke der Berechnung des Anteils von Energie aus erneuerbaren Quellen am Bruttoendenergieverbrauch nach Unterabsatz 1 Buchstaben a, b oder c werden Gas und Elektrizität aus erneuerbaren Quellen nur einmal berücksichtigt.

Aus erneuerbaren Kraftstoffen nicht biogenen Ursprungs erzeugte Energie wird in dem Wirtschaftszweig angerechnet, in dem sie verbraucht wird, d. h. in der Stromversorgung, der Wärme- und Kälteversorgung oder dem Verkehr.

Unbeschadet des Unterabsatzes 3 können die Mitgliedstaaten im Wege eines spezifischen Kooperationsabkommens vereinbaren, die in einem Mitgliedstaat verbrauchten erneuerbaren Brenn- und Kraftstoffe nicht biogenen Ursprungs vollständig oder teilweise dem Anteil des Bruttoendenergieverbrauchs von Energie aus erneuerbaren Quellen in dem Mitgliedstaat, in dem diese Kraftstoffe erzeugt wurden, zuzuordnen. Damit die Kommission überwachen kann, dass dieselben erneuerbaren Brenn- und Kraftstoffe nicht biogenen Ursprungs nicht sowohl in dem Mitgliedstaat, in dem sie erzeugt werden, als auch in dem Mitgliedstaat, in dem sie verbraucht werden, angerechnet werden, und damit sie die geltend gemachte Menge erfassen kann, unterrichten die Mitgliedstaaten die Kommission über jedes solche Kooperationsabkommen. Diese Kooperationsabkommen beinhalten die insgesamt und für jeden Mitgliedstaat zu verbuchenden Menge der erneuerbaren Kraftstoffe nicht biogenen Ursprungs sowie das Datum, an dem das jeweilige Kooperationsabkommen in Kraft tritt.

Vorbehaltlich Artikel 29 Absatz 1 werden Biokraftstoffe, flüssige Biobrennstoffe und Biomasse-Brennstoffe, die die in Artikel 29 Absätze 2 bis 7 und 10 festgelegten Kriterien für die Nachhaltigkeit und für Treibhausgaseinsparungen nicht erfüllen, nicht berücksichtigt.

(2) Für die Zwecke des Absatzes 1 Unterabsatz 1 Buchstabe a wird der Bruttoendenergieverbrauch von Elektrizität aus erneuerbaren Quellen als die in einem Mitgliedstaat aus erneuerbaren Quellen produzierte Elektrizität berechnet, einschließlich der von Eigenversorgern im Bereich erneuerbare Elektrizität und Erneuerbare-Energie-Gemeinschaften produzierten Elektrizität sowie der aus erneuerbaren Brennstoffen nicht biogenen Ursprungs erzeugten Elektrizität und unter Ausschluss der in Pumpspeicherkraftwerken mit zuvor hochgepumptem Wasser produzierten Elektrizität sowie der für die Erzeugung von erneuerbaren Brennstoffen nicht biogenen Ursprungs genutzten Elektrizität.

Bei Hybridanlagen, die Brennstoffe sowohl aus erneuerbaren als auch aus nicht erneuerbaren Quellen nutzen, wird nur der aus erneuerbaren Energiequellen produzierte Elektrizitätsanteil berücksichtigt. Hierfür wird der Anteil der einzelnen Energiequellen auf der Grundlage ihres Energiegehalts berechnet.

Mit Wasserkraft und Windkraft erzeugte Elektrizität wird gemäß den Normalisierungsregeln in Anhang II berücksichtigt.

(3) Für die Zwecke des Absatzes 1 Unterabsatz 1 Buchstabe b wird der Bruttoendenergieverbrauch aus erneuerbaren Quellen im Wärme- und Kältesektor als die Menge an Fernwärme und Fernkälte berechnet, die in einem Mitgliedstaat aus erneuerbaren Quellen produziert wird, zuzüglich des Verbrauchs anderer Energie aus erneuerbaren Quellen in der Industrie, in Haushalten, im Dienstleistungssektor und in der Land-, Forst- und Fischereiwirtschaft zu Heizungs-, Kühlungs- und Prozesszwecken.

Bei Hybridanlagen, die Brennstoffe sowohl aus erneuerbaren als auch aus nicht erneuerbaren Quellen nutzen, wird nur der aus erneuerbaren Energiequellen produzierte Wärme- und Kälteanteil berücksichtigt. Hierfür wird der Anteil der einzelnen Energiequellen auf der Grundlage ihres Energiegehalts berechnet.

Umgebungsenergie und geothermische Energie, die mit Wärmepumpen und Fernkältesystemen für die Wärme- und Kälteversorgung verwendet wird, wird für die Zwecke des Absatzes 1 Unterabsatz 1 Buchstabe b berücksichtigt, sofern der Endenergieoutput den für den Betrieb der Wärmepumpen erforderlichen Primärenergieinput deutlich überschreitet. Die Menge an Wärme oder Kälte, die im Sinne dieser Richtlinie als Energie aus erneuerbaren Quellen betrachtet werden kann, berechnet sich nach der in Anhang VII vorgesehenen Methode und trägt dem Energieverbrauch in allen Endverbrauchssektoren Rechnung.

Thermische Energie, die durch passive Energiesysteme erzeugt wird, bei denen ein niedrigerer Energieverbrauch auf passive Weise durch die Baukonstruktion oder durch aus Energie aus nicht erneuerbaren Quellen erzeugte Wärme erreicht wird, wird für die Zwecke des Absatzes 1 Unterabsatz 1 Buchstabe b nicht berücksichtigt.

Die Kommission erlässt bis zum 31. Dezember 2021 im Einklang mit Artikel 35 delegierte Rechtsakte, um diese Richtlinie durch Festlegung einer Methode für die Berechnung der Menge an erneuerbarer Energie, die für die Kälteversorgung und Fernkälte genutzt wird, zu ergänzen sowie um Anhang VII zu ändern.

Diese Methode muss saisonbezogene Mindestleistungsfaktoren für Umkehrwärmepumpen beinhalten.

(4) Für die Zwecke des Absatzes 1 Unterabsatz 1 Buchstabe c gilt Folgendes:

a) Der Endverbrauch von Energie aus erneuerbaren Quellen im Verkehr wird als Summe aller Biokraftstoffe, Biogase und erneuerbarer Kraftstoffe nicht biogenen Ursprungs, die im Verkehr verbraucht werden, berechnet. Dies schließt erneuerbare Kraftstoffe ein, die für den internationalen Seeverkehr (Bunker) bereitgestellt werden.

b) Bei der Berechnung des Endenergieverbrauchs im Verkehrssektor werden die in Anhang III festgelegten Werte für den Energiegehalt von Kraftstoffen für den Verkehr verwendet. Zur Bestimmung des Energiegehalts von Kraftstoffen für den Verkehr, die nicht in Anhang III aufgeführt sind, gelten die entsprechenden Normen zur Bestimmung der Heizwerte von Kraftstoffen der Europäischen Normungsorganisation (ESO). In Fällen, für die keine solche Norm zu diesem Zweck erlassen wurde, sind die entsprechenden Normen der Internationalen Organisation für Normung (ISO) zu verwenden.

(5) Der Anteil der Energie aus erneuerbaren Quellen wird als der Bruttoendenergieverbrauch von Energie aus erneuerbaren Quellen, dividiert durch den Bruttoendenergieverbrauch von Energie aus allen Energiequellen berechnet und als Prozentsatz ausgedrückt.

Für die Zwecke des Unterabsatzes 1 dieses Absatzes wird die in Absatz 1 Unterabsatz 1 dieses Artikels genannte Summe gemäß den Artikeln 8, 10, 12 und 13 angepasst.

Wenn der Bruttoendenergieverbrauch eines Mitgliedstaats berechnet wird, um zu ermitteln, inwieweit der Mitgliedstaat die in dieser Richtlinie festgelegten Zielvorgaben und indikativen Zielpfade erfüllt, wird davon ausgegangen, dass der Energieverbrauch im Luftverkehr nicht über 6,18 % des Bruttoendenergieverbrauchs dieses Mitgliedstaats liegt. Für Zypern und Malta wird davon ausgegangen, dass der Energieverbrauch im Luftverkehr nicht über 4,12 % des Bruttoendenergieverbrauchs dieser Mitgliedstaaten liegt.

(6) Für die Berechnung des Anteils der Energie aus erneuerbaren Quellen werden die Methodik und die Begriffsbestimmungen gemäß der Verordnung (EG) Nr. 1099/2008 verwendet.

Die Mitgliedstaaten stellen sicher, dass die für die Berechnung des sektorspezifischen Anteils und des Gesamtanteils verwendeten statistischen Angaben und die der Kommission gemäß der genannten Verordnung übermittelten statistischen Angaben kohärent sind.

Plattform der Union für die verstärkte Nutzung erneuerbarer Energie und statistische Transfers zwischen Mitgliedstaaten

Artikel 8. (1) Die Mitgliedstaaten können sich auf den statistischen Transfer einer bestimmten Menge an Energie aus erneuerbaren Quellen aus einem Mitgliedstaat in einen anderen Mitgliedstaat einigen. Die transferierte Menge wird

a) von der Menge an Energie aus erneuerbaren Quellen subtrahiert, die bei der Berechnung des Energieanteils aus erneuerbaren Quellen des den Transfer durchführenden Mitgliedstaats für die Zwecke dieser Richtlinie berücksichtigt wird, und
b) zu der Menge an Energie aus erneuerbaren Quellen addiert, die bei der Berechnung des Energieanteils aus erneuerbaren Quellen des den Transfer akzeptierenden Mitgliedstaats für die Zwecke dieser Richtlinie berücksichtigt wird.

(2) Um die Erfüllung des verbindlichen Gesamtziels der Union gemäß Artikel 3 Absatz 1 und der jeweiligen Beiträge der Mitgliedstaaten zu diesem Ziel gemäß Artikel 3 Absatz 2 dieser Richtlinie sowie um die statistischen Transfers nach Absatz 1 dieses Artikels zu erleichtern, richtet die Kommission eine Plattform der Union für die verstärkte Nutzung erneuerbarer Energie (Union renewable development platform – „URDP") ein. Die Mitgliedstaaten können freiwillig jährlich Daten zu ihren nationalen Beiträgen zum Ziel der Union, sowie jedwede Bezugswerte für die Überwachung der Fortschritte hinsichtlich der Verordnung (EU) 2018/1999, einschließlich einer Einschätzung, inwieweit der Anteil der erneuerbaren Energie voraussichtlich über oder unter ihren Beiträgen liegen wird, sowie einen Richtwert für den Preis, zu dem sie akzeptieren würden, die Überschussproduktion von Energie aus erneuerbaren Quellen an einen anderen Mitgliedstaat oder von einem anderen Mitgliedstaat zu transferieren, freiwillig bei der URDP einreichen. Der tatsächliche Preis dieser Transfers wird im Einzelfall mithilfe des auf der URDP bereitgestellten Mechanismus zur Abstimmung zwischen Angebot und Nachfrage festgesetzt.

(3) Die Kommission sorgt dafür, dass Angebot und Nachfrage bezüglich der Mengen erneuerbarer Energie, die bei der Berechnung des Anteils erneuerbarer Energie eines Mitgliedstaats berücksichtigt werden, über die URDP auf der Grundlage des Preises oder anderer Kriterien des den Transfer akzeptierenden Mitgliedstaats zusammengeführt werden können.

Der Kommission wird die Befugnis übertragen, im Einklang mit Artikel 35 delegierte Rechtsakte zu erlassen, um diese Richtlinie durch Einrichtung der URDP und durch Festlegung der Kriterien für den Abschluss von Transaktionen gemäß Absatz 5 zu ergänzen.

(4) Die in den Absätzen 1 und 2 genannten Vereinbarungen können für ein oder mehrere Kalenderjahre gelten. Solche Vereinbarungen zwischen den Mitgliedstaaten müssen spätestens 12 Monate nach Ablauf jedes Jahres, in dem sie gültig sind, der Kommission mitgeteilt oder auf der URDP abgeschlossen werden. Die der Kommission übermittelten Angaben umfassen auch die Menge und den Preis der betreffenden Energie. Wenn Transfers auf der URDP abgeschlossen werden, werden die beteiligten Parteien und die Informationen über den betreffenden Transfer dieser Transaktionen veröffentlicht.

(5) Ein Transfer wird wirksam, nachdem alle anzuwendenden Clearing-Bedingungen auf der URDP erfüllt sind oder alle am Transfer beteiligten Mitgliedstaaten der Kommission den Transfer mitgeteilt haben.

Gemeinsame Projekte zwischen Mitgliedstaaten

Artikel 9. (1) Zwei oder mehr Mitgliedstaaten können bei allen Arten von gemeinsamen Projekten zur Produktion von Elektrizität, Wärme oder Kälte aus erneuerbaren Quellen zusammenarbeiten. Die Zusammenarbeit kann private Betreiber einschließen.

(1a) Bis zum 31. Dezember 2025 vereinbart jeder Mitgliedstaat mit mindestens einem weiteren Mitgliedstaat, eine Rahmenregelung über die Zusammenarbeit bei gemeinsamen Projekten zur Erzeugung von Energie aus erneuerbaren Quellen zu folgenden Modalitäten festzulegen:

a) Die Mitgliedstaaten streben an, sich bis zum 31. Dezember 2030 auf die Einrichtung von mindestens zwei gemeinsamen Projekten zu einigen,
b) die Mitgliedstaaten mit einem jährlichen Stromverbrauch von mehr als 100 TWh streben an, sich bis zum 31. Dezember 2033 auf die Einrichtung eines dritten gemeinsamen Projekts zu einigen.

Die Festlegung gemeinsamer Projekte im Bereich der Offshore-Energie aus erneuerbaren Quellen erfolgt im Einklang mit dem Bedarf, der in den in Artikel 14 Absatz 2 der Verordnung (EU) 2022/869 des Europäischen Parlaments und des Rates genannten strategischen integrierten Offshore-Netzentwicklungsplänen auf hoher Ebene für jedes Meeresbecken und im unionsweiten Zehnjahresnetzentwicklungsplan gemäß Artikel 30 Absatz 1 Buchstabe b der Verordnung (EU) 2019/943 ermittelt wurde, kann aber über diesen Bedarf hinausgehen und lokale und regionale Gebietskörperschaften und private Unternehmen einbeziehen.

Die Mitgliedstaaten arbeiten auf eine gerechte Verteilung der Kosten und des Nutzens der gemeinsamen Projekte hin. Zu diesem Zweck berücksichtigen die Mitgliedstatten alle relevanten Kosten und der entsprechende Nutzen des gemeinsamen Projekts in dem jeweiligen Kooperationsabkommen.

Die Mitgliedstatten teilen der Kommission die Kooperationsabkommen und das Datum der voraussichtlichen Inbetriebnahme der gemeinsamen Projekte mit. Die in Unterabsatz 1 genannte Verpflichtung kann von den beteiligten Mitgliedstaaten durch Projekte erfüllt werden, die über nationale Beiträge im Rahmen des mit der Durchführungsverordnung (EU) 2020/1294 der Kommission eingerichteten Finanzierungsmechanismus der Union für erneuerbare Energie finanziert werden.

(2) Die Mitgliedstaaten teilen der Kommission den Prozentsatz oder die Menge der Elektrizität, der Wärme oder der Kälte aus erneuerbaren Quellen mit, der bzw. die in einem beliebigen gemeinsamen Projekt in ihrem Hoheitsgebiet, das nach dem 25. Juni 2009 in Betrieb genommen wurde, oder mittels der erhöhten Kapazität einer Anlage, die nach Inkrafttreten dieser Richtlinie umgerüstet wurde, produziert wird und für die Zwecke dieser Richtlinie als auf den Anteil erneuerbarer Energie eines anderen Mitgliedstaats anrechenbar zu betrachten ist.

(3) Die Mitteilung nach Absatz 2 enthält Folgendes:

a) eine Beschreibung der vorgeschlagenen Anlage oder Angaben zur umgerüsteten Anlage,
b) die Angabe des Prozentsatzes oder der Menge der von der Anlage produzierten Elektrizität oder der von ihr produzierten Wärme oder Kälte, der bzw. die als auf den Anteil erneuerbarer Energie des anderen Mitgliedstaats anrechenbar zu betrachten ist,
c) die Angabe des Mitgliedstaats, zu dessen Gunsten die Mitteilung erfolgt, und
d) die Angabe des Zeitraums, in dem die von der Anlage aus erneuerbaren Quellen produzierte Elektrizität oder die von ihr aus erneuerbaren Quellen produzierte Wärme oder Kälte als auf den Anteil erneuerbarer Energie des anderen Mitgliedstaats anrechenbar zu betrachten ist, in vollen Kalenderjahren.

(4) Die Laufzeit eines gemeinsamen Projekts nach diesem Artikel darf über das Jahr 2030 hinausgehen.

(5) Eine nach diesem Artikel erfolgte Mitteilung darf nur in gegenseitigem Einvernehmen zwischen dem die Mitteilung machenden Mitgliedstaat und dem gemäß Absatz 3 Buchstabe c angegebenen Mitgliedstaat geändert oder widerrufen werden.

(6) Die Kommission erleichtert auf Ersuchen der betreffenden Mitgliedstaaten die Durchführung gemeinsamer Projekte der Mitgliedstaaten, und zwar vor allem durch spezielle technische Unterstützung und Unterstützung bei der Projektentwicklung.

(7a) Auf der Grundlage der gemäß Artikel 14 der Verordnung (EU) 2022/869 festgelegten Richtziele für die Erzeugung von Offshore-Energie aus erneuerbaren Quellen in jedem Meeresbecken veröffentlichen die betroffenen Mitgliedstaaten Informationen über die Mengen an Offshore-Energie aus erneuerbaren Quellen, deren Erzeugung die sie im Wege von Ausschreibungen erreichen wollen, wobei sie der technischen und wirtschaftlichen Machbarkeit der Netzinfrastruktur und den bereits durchgeführten Tätigkeiten Rechnung tragen. Die Mitgliedstaaten streben an, in ihren maritimen Raumordnungsplänen Projekten im Bereich der Offshore-Energie aus erneuerbaren Quellen Gebiete zuzuweisen, wobei den bereits in den betroffenen Gebieten durchgeführten Tätigkeiten Rechnung zu tragen ist. Im Interesse einer einfacheren Erteilung von Genehmigungen für gemeinsame Projekte im Bereich der Offshore-Energie aus erneuerbaren Quellen verringern die Mitgliedstaaten die Komplexität und erhöhen die Effizienz und Transparenz des Genehmigungsverfahrens, verstärken die Zusammenarbeit untereinander, und richten gegebenenfalls eine zentrale Anlaufstelle ein. Zur Erhöhung der Akzeptanz in der Öffentlichkeit können die Mitgliedstaaten Erneuerbare-Energie-Gemeinschaften in gemeinsame Projekte im Bereich der Offshore-Energie aus erneuerbaren Quellen einbeziehen.

Wirkungen gemeinsamer Projekte zwischen Mitgliedstaaten

Artikel 10. (1) Innerhalb von drei Monaten nach Ablauf jedes in den Zeitraum nach Artikel 9 Absatz 3 Buchstabe d fallenden Jahres versendet der Mitgliedstaat, der die Mitteilung nach Artikel 9 gemacht hat, ein Mitteilungsschreiben mit folgenden Angaben:

a) die Gesamtmenge an Elektrizität oder Wärme oder Kälte, die in dem betreffenden Jahr von der Anlage, die Gegenstand der Mitteilung nach Artikel 9 war, aus erneuerbaren Energiequellen produziert wurde, und
b) die Menge an Elektrizität oder Wärme oder Kälte, die in dem betreffenden Jahr von der Anlage aus erneuerbaren Energiequellen produziert wurde und gemäß der Mitteilung auf den Anteil erneuerbarer Energie eines anderen Mitgliedstaats anzurechnen ist.

(2) Der mitteilende Mitgliedstaat sendet das Mitteilungsschreiben an den Mitgliedstaat, zu dessen Gunsten die Mitteilung erfolgte, und an die Kommission.

(3) Für die Zwecke dieser Richtlinie wird die Menge an Elektrizität oder Wärme oder Kälte aus erneuerbaren Energiequellen, die gemäß Absatz 1 Buchstabe b mitgeteilt wurde,

a) von der Menge an Elektrizität, Wärme oder Kälte aus erneuerbaren Quellen subtrahiert, die bei der Berechnung des Energieanteils aus erneuerbaren Quellen des das Mitteilungsschreiben nach Absatz 1 versendenden Mitgliedstaats berücksichtigt wird, und

b) zu der Menge an Elektrizität, Wärme oder Kälte aus erneuerbaren Quellen addiert, die bei der Berechnung des Energieanteils aus erneuerbaren Quellen des das Mitteilungsschreiben nach Absatz 2 empfangenden Mitgliedstaats berücksichtigt wird.

Gemeinsame Projekte von Mitgliedstaaten und Drittländern

Artikel 11. (1) Ein oder mehrere Mitgliedstaaten können mit einem oder mehreren Drittländern bei allen Arten gemeinsamer Projekte zur Produktion von Elektrizität aus erneuerbaren Quellen zusammenarbeiten. Die Zusammenarbeit kann private Betreiber einschließen und erfolgt unter uneingeschränkter Achtung des Völkerrechts.

(2) Aus erneuerbaren Quellen in einem Drittland produzierte Elektrizität wird bei der Berechnung der Anteile erneuerbarer Energie der Mitgliedstaaten nur berücksichtigt, wenn die folgenden Bedingungen erfüllt sind:

a) die Elektrizität wird in der Union verbraucht, was als erfüllt angesehen wird, wenn
   i) eine Elektrizitätsmenge, die der angerechneten Elektrizitätsmenge entspricht, von allen zuständigen Übertragungsnetzbetreibern im Ursprungsland, im Bestimmungsland und, falls relevant, in jedem Transitdrittland der jeweils zugeteilten Verbindungskapazität fest zugewiesen wurde;
   ii) eine Elektrizitätsmenge, die der angerechneten Elektrizitätsmenge entspricht, vom zuständigen Übertragungsnetzbetreiber auf der Unionsseite einer Verbindungsleitung fest im Elektrizitätsbilanzverzeichnis registriert wurde; und
   iii) die ausgewiesene Kapazität und die Produktion der Elektrizität aus erneuerbaren Quellen durch die in Buchstabe b genannte Anlage denselben Zeitraum betreffen;
b) die Elektrizität wird im Rahmen eines gemeinsamen Projekts gemäß Absatz 1 in einer Anlage produziert, die nach dem 25. Juni 2009 in Betrieb genommen, oder nach diesem Datum umgerüstet wurde;
c) für die produzierte und exportierte Elektrizitätsmenge wurden außer Investitionsbeihilfen für die Anlage keine Förderung aus einer Förderregelung eines Drittlands gewährt; und
d) die Elektrizität wurde im Einklang mit dem Völkerrecht in einem Drittland produziert, das die Europäische Konvention zum Schutze der Menschenrechte und Grundfreiheiten oder ein anderes internationales Übereinkommen oder einen anderen internationalen Vertrag über Menschenrechte unterzeichnet hat.

(3) Die Mitgliedstaaten können bei der Kommission beantragen, dass für die Zwecke von Absatz 4 und im Zusammenhang mit der Errichtung einer

Verbindungsleitung mit einer sehr langen Vorlaufzeit zwischen einem Mitgliedstaat und einem Drittstaat die aus erneuerbaren Quellen stammende und in einem Drittstaat produzierte und konsumierte Elektrizität unter folgenden Bedingungen berücksichtigt wird:

a) mit dem Bau der Verbindungsleitung muss bis zum 31. Dezember 2026 begonnen worden sein;
b) die Verbindungsleitung kann nicht bis zum 31. Dezember 2030 in Betrieb genommen werden;
c) die Verbindungsleitung kann bis zum 31. Dezember 2032 in Betrieb genommen werden;
d) nach der Inbetriebnahme wird die Verbindungsleitung in Übereinstimmung mit Absatz 2 für den Export von Elektrizität aus erneuerbaren Quellen in die Union genutzt;
e) der Antrag bezieht sich auf ein gemeinsames Projekt, das den Kriterien von Absatz 2 Buchstaben b und c entspricht und das die Verbindungsleitung nach ihrer Inbetriebnahme nutzen wird, und auf eine Elektrizitätsmenge, die jene nicht übersteigt, die nach der Inbetriebnahme der Verbindungsleitung in die Union exportiert wird.

(4) Der Prozentsatz oder die Menge der von einer Anlage im Hoheitsgebiet eines Drittlands produzierten Elektrizität, der bzw. die für die Zwecke dieser Richtlinie als auf den Anteil erneuerbarer Energie eines oder mehrerer Mitgliedstaaten anrechenbar zu betrachten ist, wird der Kommission mitgeteilt. Wenn mehr als ein Mitgliedstaat betroffen ist, wird die Aufteilung dieses Prozentsatzes oder dieser Menge auf die Mitgliedstaaten der Kommission mitgeteilt. Dieser Prozentsatz oder diese Menge darf die tatsächlich in die Union ausgeführte und dort verbrauchte Menge nicht überschreiten und muss der Menge gemäß Absatz 2 Buchstabe a Ziffern i und ii entsprechen und die Bedingungen des Absatzes 2 Buchstabe a erfüllen. Die Mitteilung erfolgt durch jeden Mitgliedstaat, auf dessen nationales Gesamtziel der Prozentsatz oder die Menge der Elektrizität angerechnet werden soll.

(5) Die Mitteilung nach Absatz 4 enthält Folgendes:

a) eine Beschreibung der vorgeschlagenen Anlage oder Angaben zur umgerüsteten Anlage;
b) die Angabe des Prozentsatzes oder der Menge der von der Anlage produzierten Elektrizität, der bzw. die als auf den Anteil erneuerbarer Energie eines Mitgliedstaats anrechenbar zu betrachten ist, sowie die entsprechenden Finanzvereinbarungen, wobei Vertraulichkeitsanforderungen einzuhalten sind;
c) die Angabe des Zeitraums, in dem die Elektrizität als auf den Anteil erneuerbarer Energie des Mitgliedstaats anrechenbar zu betrachten ist, in vollen Kalenderjahren; und

d) eine schriftliche Bestätigung der Angaben nach den Buchstaben b und c durch das Drittland, in dessen Hoheitsgebiet die Anlage in Betrieb genommen werden soll, und die Angabe des Anteils oder der Menge der in der Anlage produzierten Elektrizität für den heimischen Verbrauch dieses Drittlands.

(6) Die Laufzeit eines gemeinsamen Projekts nach diesem Artikel darf über das Jahr 2030 hinausgehen.

(7) Eine nach diesem Artikel erfolgte Mitteilung darf nur in gegenseitigem Einvernehmen zwischen dem die Mitteilung machenden Mitgliedstaat und dem Drittland, das das gemeinsame Projekt gemäß Absatz 5 Buchstabe d bestätigt hat, geändert oder widerrufen werden.

(8) Die Mitgliedstaaten und die Union legen den einschlägigen Gremien der Energiegemeinschaft nahe, in Einklang mit dem Vertrag über die Energiegemeinschaft die Maßnahmen zu ergreifen, die erforderlich sind, damit die Vertragsparteien die Bestimmungen dieser Richtlinie für die Zusammenarbeit zwischen Mitgliedstaaten anwenden können.

Wirkung gemeinsamer Projekte zwischen Mitgliedstaaten und Drittländern

Artikel 12. (1) Innerhalb von 12 Monaten nach Ablauf jedes in den Zeitraum nach Artikel 11 Absatz 5 Buchstabe c fallenden Jahres versendet der mitteilende Mitgliedstaat ein Mitteilungsschreiben mit folgendem Inhalt:

a) die Gesamtmenge an Elektrizität, die in dem betreffenden Jahr von der Anlage, die Gegenstand der Mitteilung nach Artikel 11 war, aus erneuerbaren Quellen produziert wurde;
b) die Menge an Elektrizität, die in dem betreffenden Jahr von der Anlage aus erneuerbaren Quellen produziert wurde und gemäß der Mitteilung nach Artikel 11 auf seinen Anteil erneuerbarer Energie anzurechnen ist;
c) den Nachweis der Einhaltung der in Artikel 11 Absatz 2 genannten Bedingungen.

(2) Die in Absatz 1 genannten Mitgliedstaaten senden das Mitteilungsschreiben an die Kommission und an das Drittland, das das gemeinsame Projekt gemäß Artikel 11 Absatz 5 Buchstabe d bestätigt hat.

(3) Zur Berechnung der Anteile erneuerbarer Energie im Rahmen dieser Richtlinie wird die aus erneuerbaren Quellen produzierte Menge an Elektrizität, die gemäß Absatz 1 Buchstabe b mitgeteilt wurde, der anrechenbaren Menge an Energie aus erneuerbaren Quellen hinzugerechnet, wenn der Anteil erneuerbarer Energie des Mitgliedstaats, der das Mitteilungsschreiben versendet, berechnet wird.

Gemeinsame Förderregelungen

Artikel 13. (1) Unbeschadet der Pflichten der Mitgliedstaaten nach Artikel 5 können zwei oder mehr Mitgliedstaaten auf freiwilliger Basis beschließen, ihre nationalen Förderregelungen zusammenzulegen oder teilweise zu koordinieren. In solchen Fällen kann eine bestimmte Menge an Energie aus erneuerbaren Quellen, die im Hoheitsgebiet eines teilnehmenden Mitgliedstaats produziert wird, auf den Anteil erneuerbarer Energie eines anderen teilnehmenden Mitgliedstaats angerechnet werden, wenn die betreffenden Mitgliedstaaten

a) gemäß Artikel 8 einen statistischen Transfer bestimmter Mengen Energie aus erneuerbaren Quellen von einem Mitgliedstaat auf einen anderen vornehmen oder
b) eine von den teilnehmenden Mitgliedstaaten gebilligte Verteilungsregel festlegen, nach der Mengen an Energie aus erneuerbaren Quellen den beteiligten Mitgliedstaaten zugewiesen werden.

Verteilungsregeln nach Unterabsatz 1 Buchstabe b) sind der Kommission spätestens drei Monate nach dem Ende des ersten Jahres, in dem sie wirksam wird, mitzuteilen.

(2) Innerhalb von drei Monaten nach Ende jedes Jahres versendet jeder Mitgliedstaat, der eine Mitteilung nach Absatz 1 Unterabsatz 1 Buchstabe b gemacht hat, ein Mitteilungsschreiben, in dem er die Gesamtmenge an Elektrizität oder Wärme oder Kälte aus erneuerbaren Quellen angibt, die in dem Jahr, für das die Verteilungsregel gelten soll, produziert wurde.

(3) Zur Berechnung der Anteile erneuerbarer Energie im Rahmen dieser Richtlinie wird die Menge an Elektrizität oder Wärme oder Kälte aus erneuerbaren Quellen, die gemäß Absatz 2 mitgeteilt wurde, nach der mitgeteilten Verteilungsregel zwischen den betreffenden Mitgliedstaaten neu aufgeteilt.

(4) Die Kommission verbreitet Leitlinien und bewährte Verfahren und unterstützt die betreffenden Mitgliedstaaten auf deren Ersuchen bei der Einführung gemeinsamer Förderregelungen in den Mitgliedstaaten.

Kapazitätserhöhungen

Artikel 14. Für die Zwecke des Artikels 9 Absatz 2 und des Artikels 11 Absatz 2 Buchstabe b werden Einheiten von Energie aus erneuerbaren Quellen, die auf die Erhöhung der Kapazität einer Anlage zurückzuführen sind, so behandelt, als seien sie in einer eigenständigen Anlage produziert worden, die zum Zeitpunkt der Kapazitätserhöhung in Betrieb genommen wurde.

Verwaltungsverfahren, Rechtsvorschriften und Regelwerke

Artikel 15. (1) Die Mitgliedstaaten stellen sicher, dass einzelstaatliche Vorschriften für die Genehmigungs-, Zertifizierungs- und Zulassungsverfahren, die auf Anlagen zur Produktion von Elektrizität, Wärme oder Kälte aus erneuerbaren Quellen und die angegliederten Übertragungs- und Verteilernetze sowie auf den Vorgang der Umwandlung von Biomasse in Biokraftstoffe, flüssige Biobrennstoffe und Biomasse-Brennstoffe oder sonstige Energieprodukte und auf erneuerbare Kraftstoffe nicht biogenen Ursprungs angewandt werden, verhältnismäßig und notwendig sind und zur Umsetzung des Prinzips Energieeffizienz an erster Stelle (energy efficiency first) beitragen.

Die Mitgliedstaaten ergreifen insbesondere angemessene Maßnahmen, um sicherzustellen, dass

a) die Verwaltungsverfahren auf der geeigneten Verwaltungsebene gestrafft und beschleunigt und für die in Unterabsatz 1 genannten Verfahren vorhersehbare Zeitpläne aufgestellt werden;
b) die Vorschriften für Genehmigung, Zertifizierung und Zulassung objektiv, transparent und verhältnismäßig sind, nicht zwischen Antragstellern diskriminieren und den Besonderheiten der einzelnen Technologien für erneuerbare Energie vollständig Rechnung tragen;
c) Verwaltungsgebühren, die die Verbraucher, Planungsbüros, Architekten, Bauunternehmen sowie die Geräte- und Systeminstallateure und -lieferanten entrichten müssen, transparent und kostenbezogen sind und
d) für dezentrale Anlagen und für die Produktion und Speicherung von Energie aus erneuerbaren Quellen vereinfachte und weniger aufwändige Genehmigungsverfahren, unter anderem ein Verfahren der einfachen Mitteilung, eingeführt werden.

(2) Die Mitgliedstaaten legen eindeutige technische Spezifikationen fest, die Geräte und Systeme, die Energie aus erneuerbaren Quellen nutzen, erfüllen müssen, damit ihnen die Förderregelungen zugutekommen und sie bei der Vergabe öffentlicher Aufträge berücksichtigt werden können. Sind harmonisierte Normen oder europäische Normen vorhanden, einschließlich von den europäischen Normungsorganisationen entwickelter technischer Referenzsysteme, werden solche technischen Spezifikationen auf der Grundlage dieser Normen abgefasst. Vorrang haben dabei harmonisierte Normen, deren Fundstellen zur Unterstützung des Unionsrechts im Amtsblatt der Europäischen Union veröffentlicht wurden, etwa die Verordnung (EU) 2017/1369 des Europäischen Parlaments und des Rates oder die Richtlinie 2009/125/EG des Europäischen Parlaments und des Rates. Sind keine solchen Normen vorhanden, sind sonstige harmonisierte Normen und europäische Normen in dieser Reihenfolge zu nutzen. In

den technischen Spezifikationen darf nicht vorgeschrieben werden, wo die Geräte und Systeme zu zertifizieren sind, und sie dürfen kein Hindernis für das reibungslose Funktionieren des Binnenmarkts darstellen.

(2a) Die Mitgliedstaaten fördern die Erprobung innovativer Technologie im Bereich erneuerbare Energie zur Erzeugung, gemeinsamen Nutzung und Speicherung von Energie aus erneuerbaren Quellen während eines begrenzten Zeitraums in Pilotprojekten unter realen Bedingungen, wobei die Erprobung unter der Aufsicht einer zuständigen Behörde, im Einklang mit geltendem Unionsrecht und mit geeigneten Sicherheitsvorkehrungen erfolgt, damit für den sicheren Betrieb des Energiesystems gesorgt ist und keine unverhältnismäßigen Auswirkungen auf das Funktionieren des Binnenmarkts eintreten.

(3) Die Mitgliedstaaten stellen sicher, dass ihre zuständigen Behörden auf nationaler, regionaler und lokaler Ebene bei der Planung, auch bei der frühzeitigen Raumplanung, beim Entwurf, beim Bau und bei der Renovierung von städtischer Infrastruktur, Industrie-, Gewerbe- oder Wohngebieten, Energie- und Verkehrsinfrastruktur, einschließlich Netzen für Elektrizität, Fernwärme und -kälte sowie Erdgas und alternative Kraftstoffe, Vorschriften für die Integration und den Einsatz von Energie aus erneuerbaren Quellen, auch für die Eigenversorgung mit Elektrizität aus erneuerbaren Quellen und Erneuerbare-Energie-Gemeinschaften sowie die Nutzung unvermeidbarer Abwärme und -kälte, vorsehen. Die Mitgliedstaaten halten insbesondere lokale und regionale Verwaltungsstellen dazu an, die Wärme- und Kälteversorgung aus erneuerbaren Quellen, soweit angemessen, in die Planung der städtischen Infrastruktur einzubeziehen und sich mit den Netzbetreibern abzustimmen, damit berücksichtigt wird, wie sich Energieeffizienz- und Laststeuerungsprogramme sowie bestimmte Vorschriften auf die Eigenversorgung mit Elektrizität aus erneuerbaren Quellen und Erneuerbare-Energie-Gemeinschaften sowie auf die Pläne der Netzbetreiber für den Ausbau der Infrastruktur auswirken.

(8) Die Mitgliedstaaten müssen die rechtlichen und administrativen Hindernisse für langfristige Verträge über den Bezug von erneuerbarer Energie bewerten, unbegründete Hindernisse beseitigen und die Verbreitung solcher Verträge unterstützen, auch indem sie ermitteln, wie die mit diesen Verträgen verbundenen finanziellen Risiken, insbesondere durch Kreditgarantien, verringert werden können. Die Mitgliedstaaten stellen sicher, dass derartige Verträge keinen unverhältnismäßigen oder diskriminierenden Verfahren sowie Umlagen und Abgaben unterworfen sind und dass etwaige damit verbundene Herkunftsnachweise im Rahmen des Vertrags über den Bezug von erneuerbarer Energie auf den Käufer der erneuerbaren Energie übertragen werden können.

Die Mitgliedstaaten beschreiben ihre Strategien und Maßnahmen zur Förderung der Verbreitung von Verträgen über den Bezug von erneuerbarer Energie in ihren gemäß den Artikeln 3 und 14 der Verordnung (EU) 2018/1999 vorgelegten integrierten nationalen Energie- und Klimaplänen und in den gemäß Artikel 17 der genannten Verordnung vorgelegten Fortschrittsberichten. Zudem legen sie in diesen Fortschrittsberichten eine Angabe zu der durch Verträge über den Bezug von erneuerbarer Energie unterstützten Erzeugung von Energie aus erneuerbaren Quellen vor.

Im Anschluss an die in Unterabsatz 1 genannte Bewertung analysiert die Kommission die Hindernisse für langfristige Verträge über den Bezug von erneuerbarer Energie und insbesondere für den Einsatz grenzübergreifender Verträge über den Bezug von erneuerbarer Energie und gibt Leitlinien für die Beseitigung dieser Hindernisse heraus.

(9) Bis zum 21. November 2025 prüft die Kommission, ob zusätzliche Maßnahmen erforderlich sind, um die Mitgliedstaaten bei der Umsetzung der Genehmigungsverfahren gemäß der vorliegenden Richtlinie zu unterstützen, unter anderem durch die Ausarbeitung wesentlicher Leistungsindikatoren als Richtwerte.

Einbeziehung von Energie aus erneuerbaren Quellen in Gebäuden

Artikel 15a. (1) Zur Förderung der Erzeugung und Nutzung von Energie aus erneuerbaren Quellen im Wirtschaftszweig Gebäude legen die Mitgliedstaaten für das Jahr 2030 einen Richtwert für den nationalen Anteil der am Standort oder in der Nähe erzeugten bzw. aus dem Netz bezogenen Energie aus erneuerbaren Quellen am Endenergieverbrauch in ihrem Wirtschaftszweig Gebäude fest, der mit der Richtzielvorgabe im Einklang steht, bis 2030 einen Anteil der Energie aus erneuerbaren Quellen von mindestens 49 % am Endenergieverbrauch in Gebäuden in der Union zu erreichen. Die Mitgliedstaaten nehmen den Richtwert für den nationalen Anteil und Angaben darüber, wie sie ihn zu erreichen planen, in die gemäß den Artikeln 3 und 14 der Verordnung (EU) 2018/1999 vorgelegten integrierten nationalen Energie- und Klimapläne auf.

(2) Die Mitgliedstaaten können Abwärme und -kälte bis zu einer Obergrenze von 20 % auf den in Absatz 1 genannten Richtwert für den nationalen Anteil anrechnen. Beschließen sie dies, so erhöht sich der Richtwert für den nationalen Anteil um die Hälfte des Prozentsatzes der verwendeten Abwärme und -kälte, der auf diesen Anteil angerechnet wird.

(3) Die Mitgliedstaaten legen in ihren nationalen Regelungen und Bauvorschriften und, soweit anwendbar, in ihren Förderregelungen geeignete Maßnahmen fest, um den Anteil von am Standort oder in der Nähe erzeugtem Strom und erzeugter Wärme und Kälte aus erneuerbaren Quellen

sowie der aus dem Netz bezogenen Energie aus erneuerbaren Quellen im Gebäudebestand zu erhöhen. Diese Maßnahmen können nationale Maßnahmen einschließen, die im Zusammenhang stehen mit einer erheblichen Steigerung des Eigenverbrauchs von Energie aus erneuerbaren Quellen, der Anzahl der Erneuerbare-Energie-Gemeinschaften, der lokalen Energiespeicherung, intelligenten Ladens und bidirektionalen Ladens, anderer Flexibilitätsdienste wie Laststeuerung sowie Maßnahmen in Kombination mit Energieeffizienzsteigerungen im Zusammenhang mit KWK und größeren Renovierungen, durch die die Zahl von Niedrigstenergiegebäuden und Gebäuden gesteigert wird, die über die Mindestanforderungen an die Gesamtenergieeffizienz gemäß Artikel 4 der Richtlinie 2010/31/EU hinausgehen.

Um den Richtwert für den in Absatz 1 festgelegten Anteil der Energie aus erneuerbaren Quellen zu erreichen, sehen die Mitgliedstaaten in ihren nationalen Regelungen und Bauvorschriften und, soweit anwendbar, in ihren Förderregelungen oder auf andere Weise mit entsprechender Wirkung verpflichtende Mindestwerte für die Nutzung von am Standort oder in der Nähe erzeugter Energie aus erneuerbaren Quellen sowie aus dem Netz bezogener Energie aus erneuerbaren Quellen in neuen Gebäuden und bestehenden Gebäuden, die gemäß der Richtlinie 2010/31/EU einer größeren Renovierung oder einer Erneuerung der Heizungsanlage unterzogen werden, vor, sofern dies wirtschaftlich, technisch und funktional durchführbar ist. Die Mitgliedstaaten müssen es gestatten, die Verpflichtung zur Erreichung dieser Mindestwerte unter anderem durch eine effiziente Fernwärme- und Fernkälteversorgung zu erfüllen.

Hinsichtlich bestehender Gebäude gilt Unterabsatz 1 auch für die Streitkräfte, aber nur soweit die Anwendung nicht mit der Art und dem Hauptzweck der Tätigkeit der Streitkräfte kollidiert, und mit Ausnahme von Material, das ausschließlich für militärische Zwecke verwendet wird.

(4) Die Mitgliedstaaten stellen sicher, dass öffentliche Gebäude auf nationaler, regionaler und lokaler Ebene im Einklang mit Artikel 9 der Richtlinie 2010/31/EU und des Artikels 5 der Richtlinie 2012/27/EU hinsichtlich des Anteils der genutzten Energie aus erneuerbaren Quellen eine Vorbildfunktion erfüllen. Die Mitgliedstaaten können unter anderem zulassen, dass diese Verpflichtung dadurch erfüllt wird, dass die Dächer öffentlicher oder gemischt privat und öffentlich genutzter Gebäude durch Dritte für Anlagen zur Erzeugung von Energie aus erneuerbaren Quellen genutzt werden.

(5) Die Mitgliedstaaten können, sofern sie es für zweckmäßig erachten, im Wirtschaftszweig Gebäude die Zusammenarbeit zwischen den lokalen Behörden und Erneuerbare-Energie-Gemeinschaften fördern, insbesondere durch die Vergabe öffentlicher Aufträge.

(6) Zur Erreichung des Richtwerts für den Anteil der Energie aus erneuerbaren Quellen gemäß Absatz 1 fördern die Mitgliedstaaten im jeweiligen lokalen Kontext die Nutzung von mit Energie aus erneuerbaren Quellen betriebenen Wärme- und Kälteversorgungssystemen und -ausrüstungen und können innovative Technologie, darunter intelligente und mit Energie aus erneuerbaren Quellen betriebene elektrische Wärme- und Kälteversorgungssysteme und die entsprechende Ausrüstung fördern, die, soweit anwendbar, durch eine intelligente Steuerung des Energieverbrauchs in den Gebäuden ergänzt werden. Dazu verwenden die Mitgliedstaaten alle geeigneten Maßnahmen, Instrumente und Anreize, unter anderem Energielabels gemäß der Verordnung (EU) 2017/1369, Ausweise über die Gesamtenergieeffizienz gemäß Artikel 11 der Richtlinie 2010/31/EU und andere auf Unions- oder nationaler Ebene entwickelte geeignete Ausweise oder Normen, und sie sorgen für die Bereitstellung angemessener Informationen und Beratung zu erneuerbaren und hoch energieeffizienten Alternativen sowie zu verfügbaren Finanzinstrumenten und Anreizen zur Förderung einer schnelleren Ersetzung alter Wärmeversorgungssysteme und einer beschleunigten Umstellung auf Lösungen, die auf erneuerbarer Energie basieren.

Erfassung der Gebiete, die für die nationalen Beiträge zum Gesamtziel der Union für Energie aus erneuerbaren Quellen für 2030 notwendig sind

Artikel 15b. (1) Bis zum 21. Mai 2025 führen die Mitgliedstaaten im Hinblick auf den Einsatz erneuerbarer Energie in ihrem Hoheitsgebiet eine koordinierte Erfassung durch, bei der sie das inländische Potenzial und die verfügbaren Landflächen, unterirdischen Flächen, Meere oder Binnengewässer ermitteln, die für die Errichtung von Anlagen zur Erzeugung von Energie aus erneuerbaren Quellen und die damit zusammenhängende Infrastruktur wie Netz- und Speicheranlagen einschließlich Wärmespeichern benötigt werden, um mindestens ihren nationalen Beitrag zum Gesamtziel der Union für erneuerbare Energie für 2030 gemäß Artikel 3 Absatz 1 dieser Richtlinie zu erreichen. Die Mitgliedstaaten können zu diesem Zweck ihre bestehenden Raumordnungsdokumente oder -plänen nutzen oder auf ihnen aufbauen, einschließlich maritimer Raumordnungspläne, die gemäß der Richtlinie 2014/89/EU des Europäischen Parlaments und des Rates ausgearbeitet werden. Die Mitgliedstaaten sorgen gegebenenfalls für die Koordinierung zwischen allen einschlägigen nationalen, regionalen und lokalen Behörden und Stellen – einschließlich der Netzbetreiber – bei der Erfassung der benötigten Gebiete.

Die Mitgliedstaaten stellen sicher, dass diese Gebiete, einschließlich der bestehenden Anlagen zur Erzeugung erneuerbarer Energie und Kooperationsmechanismen, mit den erwarteten Zielpfaden und der geplanten installierten Gesamtleistung der jeweiligen Technologie im Einklang stehen, die in den gemäß den Artikeln 3 und 14 der Verordnung (EU) 2018/1999 vorgelegten nationalen Energie- und Klimaplänen festgelegt wurden.

(2) Zur Identifizierung der in Absatz 1 genannten Gebiete berücksichtigen die Mitgliedstaaten insbesondere

a) die Verfügbarkeit von Energie aus erneuerbaren Quellen und das Potenzial der verschiedenen Technologien für die Erzeugung von Energie aus erneuerbaren Quellen auf den Landflächen, unterhalb der Oberfläche, auf den Meeren oder Binnengewässern;
b) die prognostizierte Energienachfrage unter Berücksichtigung der potenziellen Flexibilität der aktiven Laststeuerung, der erwarteten Effizienzgewinne und der Energiesystemintegration;
c) die Verfügbarkeit der einschlägigen Energieinfrastruktur, einschließlich der Netze, der Speicheranlagen und anderer Flexibilitätsinstrumente oder das Potenzial zur Schaffung oder zum weiteren Ausbau einer solchen Netz- und Speicherinfrastruktur.

(3) Die Mitgliedstaaten begünstigen die Mehrfachnutzung der in Absatz 1 genannten Gebiete. Projekte im Bereich erneuerbare Energie müssen mit den bereits bestehenden Nutzungen dieser Gebiete vereinbar sein.

(4) Die Mitgliedstaaten überprüfen regelmäßig – und aktualisieren erforderlichenfalls – die in Absatz 1 genannten Gebiete, insbesondere im Rahmen der Aktualisierung ihrer gemäß den Artikeln 3 und 14 der Verordnung (EU) 2018/1999 vorgelegten nationalen Energie- und Klimapläne.

Beschleunigungsgebiete für erneuerbare Energie

Artikel 15c. (1) Bis zum 21. Februar 2026 sorgen die Mitgliedstaaten dafür, dass die zuständigen Behörden einen oder mehrere Pläne verabschieden, mit denen sie als Untergruppe der in Artikel 15b Absatz 1 genannten Gebiete für eine oder mehrere Arten erneuerbarer Energiequellen Beschleunigungsgebiete für erneuerbare Energie ausweisen. Die Mitgliedstaaten können Anlagen zur Verfeuerung von Biomasse und Wasserkraftwerke ausnehmen. Die zuständigen Behörden müssen in diesen Plänen

a) ausreichend homogene Land-, Binnengewässer- und Meeresgebiete ausweisen, in denen in Anbetracht der Besonderheiten des ausgewählten Gebiets die Nutzung einer bestimmten Art oder bestimmter Arten erneuerbarer Energie voraussichtlich keine erheblichen Umweltauswirkungen hat, wobei sie
   i) vorrangig künstliche und versiegelte Flächen wie Dächer und Fassaden von Gebäuden, Verkehrsinfrastrukturflächen und ihre unmittelbare Umgebung, Parkplätze, landwirtschaftliche Betriebe,

Abfalldeponien, Industriestandorte, Bergwerke, künstliche Binnengewässer, Seen oder Reservoirs und unter Umständen kommunale Abwasserbehandlungsanlagen sowie vorbelastete Flächen, die nicht für die Landwirtschaft genutzt werden können, auswählen;

ii) Natura-2000-Gebiete und Gebiete, die im Rahmen nationaler Programme zum Schutz der Natur und der biologischen Vielfalt ausgewiesen sind, Hauptvogelzugrouten und Meeressäuger-Hauptzugrouten und andere Gebiete, die auf der Grundlage von Sensibilitätskarten und mit den unter Punkt iii genannten Instrumenten ermittelt wurden, ausschließen, mit Ausnahme künstlicher und bebauter Flächen wie Dächern, Parkplätzen oder Verkehrsinfrastruktur, die sich in diesen Gebieten befinden;

iii) alle geeigneten und verhältnismäßigen Instrumente und Datensätze, z. B. Sensibilitätskarten für Wildtiere, nutzen, um die Gebiete zu ermitteln, in denen keine erheblichen Umweltauswirkungen durch Anlagen zur Erzeugung von Energie aus erneuerbaren Quellen zu erwarten wären, wobei sie die im Zusammenhang mit der Entwicklung eines kohärenten Natura-2000-Netzes verfügbaren Daten – sowohl in Bezug auf Lebensraumtypen und Arten gemäß der Richtlinie 92/43/EWG des Rates als auch in Bezug auf gemäß der Richtlinie 2009/147/EG des Europäischen Parlaments und des Rates geschützte Vögel und Gebiete – berücksichtigen;

b) für die Beschleunigungsgebiete für erneuerbare Energie geeignete Regeln für wirksame Minderungsmaßnahmen festlegen, die bei der Errichtung von Anlagen zur Erzeugung erneuerbarer Energie und von Energiespeichern am selben Standort sowie der für den Anschluss solcher Anlagen und Speicher an das Netz erforderlichen Anlagen, zu ergreifen sind, um mögliche negative Umweltauswirkungen zu vermeiden oder, falls dies nicht möglich ist, gegebenenfalls erheblich zu verringern, wobei die Mitgliedstaaten sicherstellen, dass geeignete Minderungsmaßnahmen verhältnismäßig und zeitnah durchgeführt werden, damit die Verpflichtungen gemäß Artikel 6 Absatz 2 und Artikel 12 Absatz 1 der Richtlinie 92/43/EWG, Artikel 5 der Richtlinie 2009/147/EWG und Artikel 4 Absatz 1 Buchstabe a Ziffer i der Richtlinie 2000/60/EG des Europäischen Parlaments und des Rates eingehalten werden und keine Verschlechterung eintritt und ein guter ökologischer Zustand oder ein gutes ökologisches Potenzial gemäß Artikel 4 Absatz 1 Buchstabe a Ziffer ii der Richtlinie 2000/60/EG erreicht wird.

Die in Unterabsatz 1 Buchstabe b genannten Regeln sind auf die Besonderheiten der identifizierten Beschleunigungsgebiete für erneuerbare Energie, die Art oder Arten der Technologie für erneuerbare Energie, die in dem jeweiligen Gebiet ausgebaut werden soll bzw. sollen, und die ermittelte Umweltauswirkung auszurichten.

Unbeschadet des Artikels 16a Absätze 4 und 5 dieser Richtlinie wird bei Einhaltung der in Unterabsatz 1 Buchstabe b und unter Buchstabe b des vorliegenden Absatzes genannten Regeln und bei der Durchführung der geeigneten Minderungsmaßnahmen im Rahmen der einzelnen Projekte davon ausgegangen, dass die Projekte nicht gegen die genannten Bestimmungen verstoßen. Wurden neuartige Minderungsmaßnahmen, mit denen die Tötung oder Störung von gemäß den Richtlinien 92/43/EWG und 2009/147/EG geschützten Arten oder andere Umweltauswirkungen so weit wie möglich verhindert werden sollen, nicht umfassend auf ihre Wirksamkeit geprüft, so können die Mitgliedstaaten deren Anwendung für ein oder mehrere Pilotprojekte für einen begrenzten Zeitraum gestatten, sofern die Wirksamkeit dieser Minderungsmaßnahmen genau überwacht wird und, falls sie sich als nicht wirksam erweisen sollten, sofort geeignete Schritte unternommen werden.

Die zuständigen Behörden erläutern in dem in Unterabsatz 1 genannten Plan zur Ausweisung von Beschleunigungsgebieten für erneuerbare Energie, welche Bewertung vorgenommen wurde, um die einzelnen ausgewiesenen Beschleunigungsgebiete für erneuerbare Energie auf der Grundlage der in Unterabsatz 1 Buchstabe a genannten Kriterien zu ermitteln und geeignete Minderungsmaßnahmen festzulegen.

(2) Die Pläne zur Ausweisung von Beschleunigungsgebieten für erneuerbare Energie werden vor ihrer Annahme einer Umweltprüfung gemäß der Richtlinie 2001/42/EG des Europäischen Parlaments und des Rates unterzogen, und, sofern sie voraussichtlich erhebliche Auswirkungen auf Natura-2000-Gebiete haben, der Prüfung gemäß Artikel 6 Absatz 3 der Richtlinie 92/43/EWG.

(3) Die Mitgliedstaaten entscheiden über die Größe der Beschleunigungsgebiete für erneuerbare Energie unter Berücksichtigung der Besonderheiten und Anforderungen der Art oder Arten der Technologie, für die sie Beschleunigungsgebiete für erneuerbare Energie einrichten. Auch wenn die Entscheidung über die Größe dieser Gebiete im Ermessen der Mitgliedstaaten liegt, zielen die Mitgliedstaaten darauf ab sicherzustellen, dass die Gebiete zusammengenommen eine erhebliche Größe aufweisen und zur Verwirklichung der in der vorliegenden Richtlinie dargelegten Ziele beitragen. Die in Absatz 1 Unterabsatz 1 dieses Artikels genannten Pläne zur Ausweisung von Beschleunigungsgebieten für erneuerbare Energie werden öffentlich zugänglich gemacht und gegebenenfalls regelmäßig, insbesondere im Rahmen der Aktualisierung der gemäß den Artikeln 3 und 14 der Verordnung (EU) 2018/1999 vorgelegten integrierten nationalen Energie- und Klimapläne, überprüft.

(4) Bis zum 21. Mai 2024 können die Mitgliedstaaten bestimmte Gebiete, die bereits als Gebiete, die für den beschleunigten Einsatz einer oder mehrerer Technologien für erneuerbare Energie geeignet sind, ausgewiesen wurden, zu Beschleunigungsgebieten für eine oder mehrere Arten von erneuerbarer Energie erklären, sofern alle folgenden Bedingungen erfüllt sind:

a) Diese Gebiete liegen außerhalb von Natura-2000-Gebieten, von Gebieten, die im Rahmen nationaler Programme zum Schutz der Natur und der biologischen Vielfalt ausgewiesen sind, sowie außerhalb von ausgewiesenen Vogelzugrouten;
b) die Pläne zur Ausweisung dieser Gebiete wurden einer strategischen Umweltprüfung gemäß der Richtlinie 2001/42/EG und gegebenenfalls einer Prüfung gemäß Artikel 6 Absatz 3 der Richtlinie 92/43/EWG unterzogen;
c) mit den Projekten in diesen Gebieten werden angemessene und verhältnismäßige Regeln und Maßnahmen umgesetzt, um möglichen nachteiligen Umweltauswirkungen entgegenzuwirken.

(5) Die zuständigen Behörden wenden das Genehmigungsverfahren und die Fristen gemäß Artikel 16a auf die einzelnen Projekte in den Beschleunigungsgebieten für erneuerbare Energie an.

Beteiligung der Öffentlichkeit

Artikel 15d. (1) Die Mitgliedstaaten sorgen für die Beteiligung der Öffentlichkeit an den Plänen zur Ausweisung von in Artikel 15c Absatz 1 Unterabsatz 1 genannten Beschleunigungsgebieten für erneuerbare Energie gemäß Artikel 6 der Richtlinie 2001/42/EG, wozu auch die Ermittlung der betroffenen bzw. voraussichtlich betroffenen Öffentlichkeit gehört.

(2) Die Mitgliedstaaten fördern die öffentliche Akzeptanz der Projekte im Bereich erneuerbare Energie durch die direkte und indirekte Beteiligung lokaler Gemeinschaften an diesen Projekten.

Gebiete für Netz- und Speicherinfrastruktur, die für die Integration von erneuerbarer Energie in das Stromsystem erforderlich ist

Artikel 15e. (1) Die Mitgliedstaaten können einen oder mehrere Pläne zur Ausweisung spezieller Infrastrukturgebiete für die Umsetzung von Netz- und Speicherprojekten annehmen, die für die Integration von erneuerbarer Energie in das Stromnetz erforderlich sind, wenn durch diese Umsetzung keine erhebliche Umweltauswirkung zu erwarten ist, eine solche Auswirkung angemessen vermindert oder, wenn dies nicht möglich ist, ausgeglichen werden kann. Ziel dieser Gebiete ist es, die Beschleunigungsgebiete für erneuerbare Energie zu unterstützen und zu ergänzen. Diese Pläne müssen

a) im Fall von Netzprojekten Natura-2000-Gebiete und Gebiete, die im Rahmen nationaler Programme zum Schutz der Natur und der biologischen Vielfalt ausgewiesen sind, meiden, es sei denn, es gibt unter Berücksichtigung der mit dem Gebiet verbundenen Ziele keine verhältnismäßige Alternative für den Ausbau;
b) im Fall von Speicherprojekten Natura-2000-Gebiete und Gebiete, die im Rahmen nationaler Schutzprogramme ausgewiesen sind, ausschließen;
c) Synergieeffekte mit der Ausweisung von Beschleunigungsgebieten für erneuerbare Energie sicherstellen;
d) einer Umweltprüfung gemäß der Richtlinie 2001/42/EG und gegebenenfalls einer Prüfung gemäß Artikel 6 Absatz 3 der Richtlinie 92/43/EWG unterzogen werden und
e) geeignete und verhältnismäßige Regeln festlegen, auch in Bezug auf verhältnismäßige Minderungsmaßnahmen, die für die Entwicklung von Netz- und Speicherprojekten zu ergreifen sind, um mögliche nachteilige Umweltauswirkungen zu vermeiden oder, falls es nicht möglich ist, diese Auswirkungen zu vermeiden, sie erheblich zu verringern.

Während der Ausarbeitung dieser Pläne konsultieren die Mitgliedstaaten die betreffenden Betreiber von Infrastruktursystemen.

(2) Abweichend von Artikel 2 Absatz 1 und Artikel 4 Absatz 2 sowie Anhang I Nummer 20 und Anhang II Nummer 3 Buchstabe b der Richtlinie 2011/92/EU des Europäischen Parlaments und des Rates und abweichend von Artikel 6 Absatz 3 der Richtlinie 92/43/EWG können die Mitgliedstaaten in begründeten Fällen, auch wenn dies erforderlich ist, um den Ausbau von erneuerbarer Energie zu beschleunigen, um die klimapolitischen Vorgaben und die Zielvorgaben für erneuerbare Energie zu erreichen, Netz- und Speicherprojekte, die für die Integration von erneuerbarer Energie in das Stromnetz erforderlich sind, von der Umweltverträglichkeitsprüfung gemäß Artikel 2 Absatz 1 der Richtlinie 2011/92/EU ebenso ausnehmen, wie von einer Bewertung ihrer Auswirkungen auf Natura-2000-Gebiete gemäß Artikel 6 Absatz 3 der Richtlinie 92/43/EWG und von der Prüfung ihrer Auswirkungen auf den Artenschutz gemäß Artikel 12 Absatz 1 der Richtlinie 92/43/EWG und Artikel 5 der Richtlinie 2009/147/EG, sofern das Netz- oder Speicherprojekt in einem gemäß Absatz 1 des vorliegenden Artikels ausgewiesenen gewidmeten Infrastrukturgebiet liegt und die gemäß Absatz 1 Buchstabe e des vorliegenden Artikels festgelegten Regeln und Maßnahmen eingehalten werden. Die Mitgliedstaaten können diese Ausnahmen auch für Infrastrukturgebiete gewähren, die bereits vor dem 20. November 2023 ausgewiesen wurden,

sofern diese einer Umweltprüfung gemäß der Richtlinie 2001/42/EG unterzogen wurden. Diese Abweichungen gelten nicht für Projekte, die voraussichtlich erhebliche Auswirkungen auf die Umwelt eines anderen Mitgliedstaats haben, oder wenn ein Mitgliedstaat, der davon voraussichtlich erheblich betroffen ist, gemäß Artikel 7 der Richtlinie 2011/92/EU einen entsprechenden Antrag stellt.

(3) Nimmt ein Mitgliedstaat die Netz- und Speicherprojekte gemäß Absatz 2 von den dort genannten Prüfungen aus, so führen die zuständigen Behörden der Mitgliedstaaten ein Screening der Projekte in den speziellen Infrastrukturgebieten durch. Dieses Screening stützt sich auf vorhandene Daten aus der Umweltprüfung gemäß der Richtlinie 2001/42/EG. Die zuständigen Behörden können den Antragsteller auffordern, zusätzliche verfügbare Informationen vorzulegen. Das Screening muss binnen 30 Tagen abgeschlossen werden. Dabei soll festgestellt werden, ob eines dieser Projekte angesichts der ökologischen Sensibilität der geografischen Gebiete, in denen es angesiedelt ist, mit hoher Wahrscheinlichkeit erhebliche unvorhergesehene nachteilige Auswirkungen haben wird, die bei der Umweltprüfung der Pläne zur Ausweisung spezieller Infrastrukturgebiete, die gemäß der Richtlinie 2001/42/EG und gegebenenfalls gemäß der Richtlinie 92/43/EWG durchgeführt wurde, nicht ermittelt wurden.

(4) Ergibt das Screening, dass ein Projekt mit hoher Wahrscheinlichkeit erhebliche unvorhergesehene nachteilige Auswirkungen gemäß Absatz 3 haben wird, so stellt die zuständige Behörde auf der Grundlage der vorliegenden Daten sicher, dass gegen diese geeignete und verhältnismäßige Minderungsmaßnahmen getroffen werden. Können solche Minderungsmaßnahmen nicht getroffen werden, so stellt die zuständige Behörde sicher, dass der Betreiber geeignete Ausgleichsmaßnahmen ergreift, um diesen Auswirkungen zu begegnen, die, falls keine anderen angemessenen Ausgleichsmaßnahmen verfügbar sind, in Form eines finanziellen Ausgleichs für Artenschutzprogramme erfolgen können, um den Erhaltungszustand der betroffenen Arten zu wahren oder zu verbessern.

(5) Erfordert die Integration von Energie aus erneuerbaren Quellen in das Stromnetz ein Projekt zum Ausbau der Netzinfrastruktur innerhalb oder außerhalb spezieller Infrastrukturgebiete und unterliegt dieses Projekt einem Screening gemäß Absatz 3 dieses Artikels, einer Feststellung, ob eine Umweltverträglichkeitsprüfung erforderlich ist, oder einer Umweltverträglichkeitsprüfung gemäß Artikel 4 der Richtlinie 2011/92/EU, so beschränkt sich dieses Überprüfungverfahren, diese Feststellung oder diese Umweltverträglichkeitsprüfung auf die potenziellen Auswirkungen, die sich aus der Änderung oder Erweiterung im Vergleich zur ursprünglichen Netzinfrastruktur ergeben.

Organisation und wichtigste Grundsätze des Genehmigungsverfahrens

Artikel 16. (1) Das Genehmigungsverfahren erstreckt sich auf alle einschlägigen Verwaltungsgenehmigungen für den Bau, das Repowering und den Betrieb von Anlagen zur Erzeugung von unterschiedlichen Arten von erneuerbarer Energie, darunter auch solche, die verschiedene Arten von Energie aus erneuerbaren Quellen kombinieren, Wärmepumpen und Energiespeicher am selben Standort, einschließlich Anlagen zur Speicherung von Strom und Wärme, sowie Anlagen, die für den Anschluss solcher Anlagen, Wärmepumpen und Speicher an das Netz und die Integration von erneuerbarer Energie in Wärme- und Kältenetze erforderlich sind, was auch Genehmigungen für den Netzanschluss und gegebenenfalls Umweltprüfungen einschließt. Das Genehmigungsverfahren umfasst alle behördlichen Stufen von der Bestätigung der Vollständigkeit des Genehmigungsantrags gemäß Absatz 2 bis zur Mitteilung der endgültigen Entscheidung über das Ergebnis des Genehmigungsverfahrens durch die zuständige(n) Behörde(n).

(2) Bei Anträgen für Anlagen zur Erzeugung erneuerbarer Energie in Beschleunigungsgebieten bestätigt die zuständige Behörde die Vollständigkeit des jeweiligen Antrags innerhalb von 30 Tagen nach Eingang des Antrags und bei Anträgen für Anlagen zur Erzeugung erneuerbarer Energie außerhalb von Beschleunigungsgebieten innerhalb von 45 Tage nach Eingang des Antrags oder fordert den Antragsteller auf, unverzüglich einen vollständigen Antrag einzureichen, falls der Antragsteller nicht alle für die Bearbeitung eines Antrags erforderlichen Informationen übermittelt hat. Das Datum der Bestätigung der Vollständigkeit des Antrags durch die zuständige Behörde markiert den Beginn des Genehmigungsverfahrens.

(3) Die Mitgliedstaaten errichten oder benennen eine oder mehrere Anlaufstellen. Diese Anlaufstellen leisten dem Antragsteller auf sein Ersuchen während des gesamten administrativen Beantragungs- und Genehmigungsverfahrens Beratung und Unterstützung. Von einem Antragsteller darf während des gesamten Verfahrens nicht verlangt werden, sich an mehr als eine Anlaufstelle zu wenden. Die Anlaufstelle führt den Antragsteller in transparenter Weise durch das administrative Genehmigungsverfahren, einschließlich der den Umweltschutz betreffenden Schritte, bis die zuständigen Behörden am Ende des Genehmigungsverfahrens eine oder mehrere Entscheidungen treffen, stellt ihm alle erforderlichen Informationen zur Verfügung und bezieht gegebenenfalls andere Verwaltungsbehörden ein. Die Anlaufstelle stellt sicher, dass die in dieser Richtlinie festgelegten Fristen für die Genehmigungsverfahren eingehalten werden. Die Antragsteller dürfen die einschlägigen Unterlagen in digitaler Form einreichen. Die Mitgliedstaaten sorgen bis zum 21. November 2025 dafür, dass alle Genehmigungsverfahren in elektronischer Form durchgeführt werden.

(4) Die Anlaufstelle stellt ein Verfahrenshandbuch für Projektträger von Anlagen zur Erzeugung erneuerbarer Energie bereit und macht diese Informationen online verfügbar, wobei sie gesondert auch auf kleinere Projekte im Bereich erneuerbare Energie und Projekte von Eigenversorgern im Bereich erneuerbare Elektrizität und Erneuerbare-Energie-Gemeinschaften eingeht. In den online veröffentlichten Informationen wird auf die für den jeweiligen Antrag zuständige Anlaufstelle hingewiesen. Existieren in einem Mitgliedstaat mehrere Anlaufstellen, wird in den online veröffentlichten Informationen auf die für den jeweiligen Antrag zuständige Anlaufstelle hingewiesen.

(5) Die Mitgliedstaaten stellen sicher, dass die Antragsteller und die breite Öffentlichkeit bei Streitigkeiten im Zusammenhang mit dem Genehmigungsverfahren und der Erteilung von Genehmigungen für den Bau und den Betrieb von Anlagen zur Erzeugung erneuerbarer Energie leichten Zugang zu einfachen Streitbeilegungsverfahren und gegebenenfalls auch zu Verfahren der alternativen Streitbeilegung haben.

(6) Die Mitgliedstaaten stellen sicher, dass Rechtsbehelfe und Rechtsmittel im Zusammenhang mit einem Projekt zur Errichtung einer Anlage zur Erzeugung erneuerbarer Energie oder für den Anschluss dieser Anlage an das Netz und zur Errichtung der Anlagen, die für den Ausbau der für die Einbindung von Energie aus erneuerbaren Quellen in das Energiesystem notwendigen Energieinfrastrukturnetze erforderlich sind, einschließlich Rechtsbehelfe und Rechtsmittel in Bezug auf Umweltaspekte, dem zügigsten Verwaltungs- und Gerichtsverfahren unterliegen, das auf der jeweiligen nationalen, regionalen und lokalen Ebene zur Verfügung steht.

(7) Die Mitgliedstaaten stellen angemessene Ressourcen zur Verfügung, um für qualifiziertes Personal, Fortbildung und die Umschulung ihrer zuständigen Behörden im Einklang mit den geplanten installierten Kapazitäten zur Erzeugung erneuerbarer Energie, die in ihren gemäß den Artikeln 3 und 14 der Verordnung (EU) 2018/1999 vorgelegten integrierten nationalen Energie- und Klimaplänen vorgesehen sind, zu sorgen. Die Mitgliedstaaten unterstützen die regionalen und lokalen Behörden, um die Genehmigungsverfahren zu erleichtern.

(8) Außer in den Fällen, in denen es mit anderen behördlichen Etappen des Genehmigungsverfahrens zusammenfällt, umfasst die Dauer des Genehmigungsverfahrens Folgendes nicht:

a) die Zeit für die Errichtung oder das Repowering der Anlagen zur Erzeugung erneuerbarer Energie, ihrer Netzanschlüsse und – im Hinblick auf die Gewährleistung der Netzstabilität, -zuverlässigkeit und -sicherheit – der damit verbundenen erforderlichen Netzinfrastruktur;

b) die Dauer der erforderlichen behördlichen Etappen für umfassende Modernisierungen des Netzes, die notwendig sind, um die Netzstabilität, -zuverlässigkeit und -sicherheit sicherzustellen;
c) die Dauer für gerichtliche Rechtsbehelfe und Rechtsmittel, andere Gerichtsverfahren sowie alternative Streitbeilegungsverfahren einschließlich Beschwerdeverfahren und nichtgerichtlichen Berufungsverfahren und Rechtsbehelfe.

(9) Die Entscheidungen im Rahmen der Genehmigungsverfahren werden im Einklang mit geltendem Recht öffentlich zugänglich gemacht.

Genehmigungsverfahren für Projekte in Beschleunigungsgebieten für erneuerbare Energie

Artikel 16a. (1) Die Mitgliedstaaten stellen sicher, dass das Genehmigungsverfahren gemäß Artikel 16 Absatz 1 für Projekte im Bereich der erneuerbaren Energie in Beschleunigungsgebieten für erneuerbare Energie nicht länger als 12 Monate dauert. Bei Projekten im Bereich der Offshore-Energie aus erneuerbaren Quellen darf das Genehmigungsverfahren jedoch höchstens zwei Jahre dauern. In durch außergewöhnliche Umstände hinreichend begründeten Fällen können die Mitgliedstaaten beide Zeiträume um bis zu sechs Monate verlängern. Die Mitgliedstaaten unterrichten den Projektträger in aller Klarheit über die außergewöhnlichen Umstände, die diese Verlängerung rechtfertigen.

(2) Das Genehmigungsverfahren für das Repowering von Anlagen zur Erzeugung erneuerbarer Energie, für neue Anlagen mit einer Stromerzeugungskapazität unter 150 kW, für Energiespeicher am selben Standort, einschließlich Anlagen zur Speicherung von Strom und Wärme, sowie für deren Netzanschluss, sofern sie in Beschleunigungsgebieten für erneuerbare Energie liegen, darf sechs Monate nicht überschreiten. Bei Projekten im Bereich der Offshore-Windenergie darf das Genehmigungsverfahren jedoch 12 Monate nicht überschreiten. In durch außergewöhnliche Umstände hinreichend begründenden Fällen, beispielsweise aus übergeordneten Sicherheitsgründen bei wesentlichen Auswirkungen eines Repowering-Projekts auf das Netz oder die ursprüngliche Kapazität, Größe oder Leistung der Anlage, können Mitgliedstaaten die Frist von sechs Monaten um bis zu drei Monate und die Frist von 12 Monaten bei Projekten im Bereich der Offshore-Windenergie um bis zu sechs Monate verlängern. Die Mitgliedstaaten unterrichten den Projektträger in aller Klarheit über die außergewöhnlichen Umstände, die diese Verlängerung rechtfertigen.

(3) Unbeschadet der Absätze 4 und 5 des vorliegenden Artikels, abweichend von Artikel 4 Absatz 2 und Anhang II Nummer 3 Buchstaben a, b, d, h und i und Nummer 6 Buchstabe c, allein oder in Verbindung mit Num-

mer 13 Buchstabe a der Richtlinie 2011/92/EU – sind bei Projekten im Bereich der erneuerbaren Energie in ausgewiesenen Beschleunigungsgebieten für erneuerbare Energien neue Anträge für Anlagen zur Erzeugung erneuerbarer Energie, einschließlich Anlagen, die verschiedene Arten von Technologie für erneuerbare Energie kombinieren, und des Repowering von Anlagen für die jeweilige Technologie und Energiespeicher am selben Standort sowie der Anschluss solcher Anlagen und Speicher an das Netz von der Verpflichtung zur Durchführung einer speziellen Umweltverträglichkeitsprüfung gemäß Artikel 2 Absatz 1 der Richtlinie 2011/92/EU ausgenommen, sofern diese Projekte mit Artikel 15c Absatz 1 Buchstabe b der vorliegenden Richtlinie im Einklang stehen. Diese Ausnahme gilt nicht für Projekte, die voraussichtlich erhebliche Auswirkungen auf die Umwelt eines anderen Mitgliedstaats haben, oder wenn ein Mitgliedstaat, der voraussichtlich erheblich betroffen ist, gemäß Artikel 7 der Richtlinie 2011/92/EU einen entsprechenden Antrag stellt.

Abweichend von Artikel 6 Absatz 3 der Richtlinie 92/43/EWG werden die in Unterabsatz 1 des vorliegenden Absatzes genannten Anlagen zur Erzeugung erneuerbarer Energie keiner Verträglichkeitsprüfung in Bezug auf Natura-2000-Gebiete unterzogen, sofern diese Projekte für erneuerbare Energie den gemäß Artikel 15c Absatz 1 Buchstabe b dieser Richtlinie festgelegten Regeln und Maßnahmen entsprechen.

(4) Die zuständigen Behörden führen für die in Absatz 3 genannten Anträgen ein Screening durch. Ziel dieses Screening ist, festzustellen, ob das Projekt im Bereich der erneuerbaren Energie angesichts der ökologischen Sensibilität der geografischen Gebiete, in denen es sich befindet, höchstwahrscheinlich erhebliche unvorhergesehene nachteilige Auswirkungen haben wird, die bei der Umweltprüfung der Pläne zur Ausweisung von Beschleunigungsgebieten für erneuerbare Energie gemäß Artikel 15c Absatz 1 Unterabsatz 1 dieser Richtlinie, die gemäß der Richtlinie 2001/42/EG und gegebenenfalls gemäß der Richtlinie 92/43/EWG durchgeführt wurde, nicht ermittelt wurden. Ziel dieses Screening s ist es auch, festzustellen, ob eines dieser Projekte im Bereich der erneuerbaren Energie aufgrund der Wahrscheinlichkeit erheblicher Auswirkungen auf die Umwelt in einem anderen Mitgliedstaat oder aufgrund eines Antrags eines Mitgliedstaats, der voraussichtlich erheblich betroffen sein wird, unter Artikel 7 der Richtlinie 2011/92/EU fällt.

Für die Zwecke dieses Screening s stellt der Projektträger Informationen über die Merkmale des Projekts im Bereich der erneuerbaren Energie, über die Einhaltung der gemäß Artikel 15c Absatz 1 Buchstabe b festgelegten Regeln und Maßnahmen für das betreffende Beschleunigungsgebiet, über etwaige zusätzliche vom Projektträger getroffene Maßnahmen im Rahmen des Projekts sowie darüber zur Verfügung, wie mit diesen Maßnahmen auf Umweltauswirkungen reagiert wird. Die zuständige Behörde kann den Projektträger auffordern, zusätzliche verfügbare Informationen vorzulegen. Das Überprüfungsverfahren für Anträge für neue Anlagen zur Erzeugung erneuerbarer Energie wird innerhalb von 45 Tagen ab dem Zeitpunkt der Einreichung der für diesen Zweck ausreichenden erforderlichen Informationen abgeschlossen. Bei Anträgen für Anlagen mit einer Stromerzeugungskapazität unter 150 kW und bei neuen Anträgen auf Repowering von Anlagen zur Erzeugung erneuerbarer Energie wird das Überprüfungsverfahren jedoch innerhalb von 30 Tagen abgeschlossen.

(5) Im Anschluss an das Screening sind die in Absatz 3 dieses Artikels genannten Anträge unter Umweltgesichtspunkten genehmigt, ohne dass eine Verwaltungsentscheidung der zuständigen Behörde erforderlich ist, es sei denn, die zuständige Behörde erlässt eine Verwaltungsentscheidung, in der auf der Grundlage eindeutiger Beweise die Gründe dafür angegeben sind, dass ein bestimmtes Projekt angesichts der ökologischen Sensibilität des geografischen Gebiets, in dem es sich befindet, höchstwahrscheinlich erhebliche unvorhergesehene nachteilige Auswirkungen haben wird, die nicht durch die Maßnahmen gemindert werden können, die in den Plänen zur Ausweisung von Beschleunigungsgebieten aufgeführt sind oder vom Projektträger vorgeschlagen wurden. Diese Entscheidungen werden der Öffentlichkeit zugänglich gemacht. Solche Projekte im Bereich der erneuerbaren Energie werden einer Umweltverträglichkeitsprüfung gemäß der Richtlinie 2011/92/EU und gegebenenfalls einer Prüfung gemäß der Richtlinie 92/43/EWG unterzogen, die binnen sechs Monaten nach der Verwaltungsentscheidung, mit der eine hohe Wahrscheinlichkeit erheblicher unvorhergesehener nachteiliger Auswirkungen festgestellt wird, durchgeführt werden. In durch außergewöhnliche Umstände hinreichend begründeten Fällen kann dieser Zeitraum von sechs Monaten um bis zu sechs Monate verlängert werden.

Unter begründeten Umständen, etwa, wenn dies erforderlich ist, um die Bereitstellung erneuerbarer Energie zu beschleunigen, um die klimapolitischen Vorgaben und die Zielvorgaben für erneuerbare Energie zu erreichen, können die Mitgliedstaaten Windenergie- und Fotovoltaikprojekte von diesen Prüfungen ausnehmen.

Nehmen Mitgliedstaaten Windenergie- und Fotovoltaikprojekte von diesen Prüfungen aus, so ergreift der Betreiber angemessene Minderungsmaßnahmen oder, falls diese Minderungsmaßnahmen nicht zur Verfügung stehen, Ausgleichsmaßnahmen, die in Form eines finanziellen Ausgleichs erfolgen können, falls keine anderen angemessenen Ausgleichsmaßnahmen zur Verfügung stehen, um nachteiligen Auswirkungen entgegenzuwirken. Falls diese nachteiligen Auswirkungen negative Folgen für den Artenschutz haben, zahlt der Betreiber einen finanziellen Ausgleich für Artenschutzprogramme während der Dauer des Betriebs der Anlage zur Erzeugung erneuerbarer Energie, um den Erhaltungszustand der betroffenen Arten zu sichern oder zu verbessern.

(6) Im Genehmigungsverfahren gemäß den Absätzen 1 und 2 stellen die Mitgliedstaaten sicher, dass das Ausbleiben einer Antwort der zuständigen Behörden innerhalb der festgelegten Frist dazu führt, dass die spezifischen zwischengeschalteten Verwaltungsschritte als genehmigt gelten, es sei denn, das gegenständliche Projekt im Bereich der erneuerbaren Energie unterliegt einer Umweltverträglichkeitsprüfung gemäß Absatz 5 oder der Grundsatz der stillschweigenden Zustimmung der Verwaltung ist in der nationalen Rechtsordnung des betreffenden Mitgliedstaats nicht vorgesehen. Dieser Absatz gilt nicht für die abschließenden Entscheidungen über das Ergebnis des Genehmigungsverfahrens, die ausdrücklich ergehen müssen. Alle Entscheidungen werden öffentlich zugänglich gemacht.

Genehmigungsverfahren für Projekte außerhalb von Beschleunigungsgebieten für erneuerbare Energie

Artikel 16b. (1) Die Mitgliedstaaten stellen sicher, dass das Genehmigungsverfahren gemäß Artikel 16 Absatz 1 für Projekte im Bereich der erneuerbaren Energie, die sich außerhalb von Beschleunigungsgebieten für erneuerbare Energie befinden, nicht länger dauert als zwei Jahre dauert. Für Projekte im Bereich der erneuerbaren Offshore-Energie darf das Genehmigungsverfahren jedoch höchstens drei Jahre dauern. In durch außergewöhnliche Umstände hinreichend begründeten Fällen, einschließlich der Fälle, in denen die Umstände längere Fristen für die nach den geltenden Umweltvorschriften der Union notwendigen Prüfungen erfordern, können Mitgliedstaaten beide Fristen um bis zu sechs Monate verlängern. Die Mitgliedstaaten unterrichten den Projektträger in aller Klarheit über die außergewöhnlichen Umstände, die diese Verlängerung rechtfertigen.

(2) Ist eine Umweltverträglichkeitsprüfung gemäß den Richtlinien 2011/92/EU oder 92/43/EWG erforderlich, so wird diese in einem einzigen Verfahren durchgeführt, in dem alle relevanten Prüfungen für ein bestimmtes Projekt im Bereich der erneuerbaren Energie kombiniert werden. Ist eine solche Umweltverträglichkeitsprüfung erforderlich, gibt die zuständige Behörde unter Berücksichtigung der vom Projektträger vorgelegten Informationen eine Stellungnahme zum Umfang und zum Detaillierungsgrad der Informationen ab, die der Projektträger in den Bericht über die Umweltverträglichkeitsprüfung aufnehmen muss, wobei dessen Umfang anschließend nicht erweitert werden darf. Wurden im Rahmen eines Projekts im Bereich der erneuerbaren Energie die erforderlichen Minderungsmaßnahmen getroffen, so gelten Tötungen oder Störungen der gemäß Artikel 12 Absatz 1 der Richtlinie 92/43/EWG und Artikel 5 der Richtlinie

2009/147/EG geschützten Arten nicht als absichtlich. Wurden neuartige Minderungsmaßnahmen, mit denen die Tötung oder Störung von gemäß den Richtlinien 92/43/EWG und 2009/147/EG geschützten Arten oder andere Umweltauswirkungen so weit wie möglich verhindert werden sollen, nicht umfassend auf ihre Wirksamkeit geprüft, so können die Mitgliedstaaten deren Anwendung für ein oder mehrere Pilotprojekte für einen begrenzten Zeitraum gestatten, sofern die Wirksamkeit dieser Minderungsmaßnahmen genau überwacht wird und unverzüglich geeignete Schritte unternommen werden, falls sie sich als nicht wirksam erweisen sollten.

Das Genehmigungsverfahren für das Repowering von Anlagen zur Erzeugung erneuerbarer Energie, für neue Anlagen mit einer Stromerzeugungskapazität unter 150 kW und für Energiespeicher am selben Standort, sowie der Anschluss solcher Anlagen und Speicher an das Netz, außerhalb von Beschleunigungsgebieten für erneuerbare Energie darf einschließlich Umweltprüfungen, sofern diese gemäß dem relevanten Recht erforderlich sind, nicht länger dauern als 12 Monate. Für Offshore-Windenergieprojekte darf das Genehmigungsverfahren jedoch höchstens zwei Jahre dauern. In durch außergewöhnliche Umstände hinreichend begründeten Fällen können Mitgliedstaaten beide Zeiträume um bis zu drei Monate verlängern. Die Mitgliedstaaten unterrichten die Projektträger in aller Klarheit über die außergewöhnlichen Umstände, die diese Verlängerung rechtfertigen.

Beschleunigung des Genehmigungsverfahrens für das Repowering

Artikel 16c. (1) Führt das Repowering von Anlagen zur Erzeugung erneuerbarer Energie nicht zu einer Erhöhung der Kapazität einer Anlage zur Erzeugung von erneuerbarer Energie um mehr als 15 %, so stellen die Mitgliedstaaten sicher, dass Genehmigungsverfahren für Anschlüsse an das Übertragungs- oder Verteilernetz unbeschadet der Prüfung potenzieller Umweltauswirkungen gemäß Absatz 2 innerhalb von drei Monaten nach der Antragstellung bei der betreffenden Stelle genehmigt werden, sofern keine begründeten Sicherheitsbedenken bestehen und keine technische Inkompatibilität mit Netzkomponenten vorliegt.

(2) Ist für das Repowering einer Anlage zur Erzeugung erneuerbarer Energie das Screening gemäß Artikel 16a Absatz 4 durchzuführen, festzustellen, ob für das Projekt ein Verfahren zur Umweltverträglichkeitsprüfung erforderlich ist, oder eine Umweltverträglichkeitsprüfung gemäß Artikel 4 der Richtlinie 2011/92/EU durchzuführen, so beschränkt sich dieses Screening oder diese Umweltverträglichkeitsprüfung auf die potenziellen Auswirkungen einer Änderung oder Erweiterung im Vergleich zum ursprünglichen Projekt.

(3) Sind für das Repowering von Solaranlagen keine zusätzlichen Flächen erforderlich und entspricht es den geltenden Umweltschutzmaßnahmen, die für die ursprüngliche Solaranlage festgelegt wurden, so wird das Projekt von etwaigen anwendbaren Anforderung ausgenommen, das Screening gemäß Artikel 16a Absatz 4 zu durchlaufen, festzustellen, ob für das Projekt eine Umweltverträglichkeitsprüfung erforderlich ist oder eine Umweltverträglichkeitsprüfung gemäß Artikel 4 der Richtlinie 2011/92/EU durchzuführen.

Genehmigungsverfahren für die Installation von Solarenergieanlagen

Artikel 16d. (1) Die Mitgliedstaaten stellen sicher, dass das Genehmigungsverfahren gemäß Artikel 16 Absatz 1 für die Installation von Solarenergieanlagen und Energiespeichern am selben Standort, einschließlich gebäudeintegrierter Solaranlagen, auf bestehenden oder künftigen künstlichen Strukturen, mit Ausnahme künstlicher Wasserflächen, nicht länger dauert als drei Monate, sofern das Hauptziel dieser künstlichen Strukturen nicht in der Erzeugung von Solarenergie oder der Energiespeicherung besteht. Abweichend von Artikel 4 Absatz 2 sowie von Anhang II Nummer 3 Buchstaben a und b, allein oder in Verbindung mit Nummer 13 Buchstabe a der Richtlinie 2011/92/EU, ist eine solche Installation von Solaranlagen gegebenenfalls von der Verpflichtung zur Durchführung einer gesonderten Umweltverträglichkeitsprüfung gemäß Artikel 2 Absatz 1 dieser Richtlinie ausgenommen.

Die Mitgliedstaaten können bestimmte Gebiete oder Strukturen zum Schutz kulturellen oder historischen Erbes, wegen der nationalen Verteidigung oder aus Sicherheitsgründen von der Anwendung des Absatzes 1 ausnehmen.

(2) Die Mitgliedstaaten stellen sicher, dass die Dauer des Genehmigungsverfahrens für die Installation von Solarenergieanlagen mit einer Kapazität von höchstens 100 kW, auch für Eigenversorger im Bereich erneuerbare Elektrizität und Erneuerbare-Energie-Gemeinschaften, einen Monat nicht überschreitet. Geht innerhalb der festgelegten Frist nach Einreichung eines vollständigen Antrags keine Antwort der zuständigen Behörden oder Stellen ein, so gilt die Genehmigung als erteilt, sofern die Kapazität der Solarenergieanlage die bestehende Kapazität des Anschlusses an das Verteilernetz nicht übersteigt.

Führt die Anwendung des in Unterabsatz 1 genannten Kapazitätsschwellenwerts zu einem erheblichen Verwaltungsaufwand oder zu Einschränkungen beim Betrieb des Stromnetzes, so können die Mitgliedstaaten einen niedrigeren Kapazitätsschwellenwert anwenden, sofern dieser über 10,8 kW liegt.

Genehmigungsverfahren für die Installation von Wärmepumpen

Artikel 16e. (1) Die Mitgliedstaaten stellen sicher, dass das Genehmigungsverfahren für die Installation von Wärmepumpen mit weniger als 50 MW einen Monat nicht überschreiten darf. Für Erdwärmepumpen darf das Genehmigungsverfahren jedoch drei Monate nicht überschreiten.

(2) Die Mitgliedstaaten stellen sicher, dass – sofern keine begründeten Sicherheitsbedenken bestehen, sofern keine weiteren Arbeiten für den Netzanschluss erforderlich sind und sofern keine technische Inkompatibilität der Netzkomponenten vorliegt – Anschlüsse an das Übertragungs- oder Verteilernetz innerhalb von zwei Wochen nach der Mitteilung an die zuständige Stelle für Folgendes genehmigt werden:

a) Wärmepumpen mit einer elektrischen Leistung von bis zu 12 kW, und
b) Wärmepumpen mit einer elektrischen Leistung von bis zu 50 kW, die von Eigenversorgern im Bereich erneuerbare Elektrizität installiert werden, wenn die elektrische Leistung der Anlage zur Erzeugung von Elektrizität aus erneuerbaren Quellen des Eigenversorgers im Bereich erneuerbare Elektrizität mindestens 60 % der elektrischen Leistung der Wärmepumpe beträgt.

(3) Den Mitgliedstaaten steht es frei, bestimmte Gebiete oder Bauwerke zum Schutz kulturellen oder historischen Erbes oder aufgrund nationaler Verteidigungsinteressen oder aus Sicherheitsgründen von der Anwendung der Absätze 1 und 2 auszunehmen.

(4) Alle Entscheidungen, die auf den in den Absätzen 1 und 2 genannten Genehmigungsverfahren beruhen, werden im Einklang mit dem anwendbaren Recht veröffentlicht.

Überragendes öffentliches Interesse

Artikel 16f. Die Mitgliedstaaten stellen bis spätestens 21. Februar 2024 sicher, dass bis zum Erreichen der Klimaneutralität im Genehmigungsverfahren, bei der Planung, beim Bau und beim Betrieb von Anlagen zur Erzeugung von erneuerbarer Energie, bei dem Anschluss solcher Anlagen an das Netz, dem betreffenden Netz selbst sowie bei Speicheranlagen davon ausgegangen wird, dass sie im überragenden öffentlichen Interesse liegen und der öffentlichen Gesundheit und Sicherheit dienen, wenn für die Zwecke des Artikels 6 Absatz 4 und des Artikels 16 Absatz 1 Buchstabe c der Richtlinie 92/43/EWG, des Artikels 4 Absatz 7 der Richtlinie 2000/60/EG und des Artikels 9 Absatz 1 Buchstabe a der Richtlinie 2009/147/EG im Einzelfall rechtliche Interessen abgewogen werden. Die Mitgliedstaaten können in hinreichend begründeten Einzelfällen die Anwendung dieses Artikels im Einklang mit den Prioritäten ihrer gemäß den Artikeln 3 und 14

der Verordnung (EU) 2018/1999 vorgelegten integrierten nationalen Energie- und Klimapläne auf bestimmte Teile ihres Hoheitsgebiets sowie auf bestimmte Arten von Technologie oder Projekten mit bestimmten technischen Eigenschaften beschränken. Die Mitgliedstaaten unterrichten die Kommission über diese angewandten Beschränkungen, wobei auch die Gründe für diese Beschränkungen anzugeben sind.

6. Verordnung (EU) 2022/2577 des Rates vom 22.12.2022 zur Festlegung eines Rahmens für einen beschleunigten Ausbau der Nutzung erneuerbarer Energien geändert durch Verordnung (EU) 2024/223[1)2)] (Notverordnung erneuerbare Energien)

ABl L 335 vom 29.12.2022

Anmerkungen

1) Siehe dazu die Richtlinie der MA 37, Zl. MA37/31311-2023, Notverordnung erneuerbare Energien, Handhabung in Verfahren nach der Bauordnung für Wien.

2) Vgl. auch die RL (EU) 2023/2413 vom 18.10.2023 (RED III) zur Änderung der RL (EU) 2018/2001, der VO (EU) 2018/1999 und der RL 98/70/EG im Hinblick auf die Förderung von Energie aus erneuerbaren Quellen und zur Aufhebung der RL (EU) 2015/652 des Rates, erschienen am 31.10.2023 im Amtsblatt der EU. Diese muss mit gewissen Ausnahmen bis zum 21.5.2025 umgesetzt werden (Art 5 der ÄnderungsRL RED III). Für die Art 15e, 16, 16b, 16c, 16d,16e und 16f gilt gemäß Art 5 Abs 1 RED III eine verkürzte Umsetzungsfrist bis zum 1.7.2024. Es sind Regelungen, die Organisation und Dauer von Verfahren bzw die Beschleunigung der Verfahren zur Genehmigung von Erneuerbaren-Anlagen betreffen. Eine Umsetzung ist bis dato nicht erfolgt. Es ergeben sich daher Fragen der unmittelbaren Anwendbarkeit dieser Bestimmungen, insb iSd Fortführung der Not-VOenE.

Gegenstand und Anwendungsbereich

Artikel 1. **Mit dieser Verordnung werden vorübergehende Notfallvorschriften festgelegt, um das Verfahren zur Genehmigungserteilung für die Erzeugung von Energie aus erneuerbaren Energiequellen zu beschleunigen, wobei ein besonderer Schwerpunkt auf bestimmten Technologien für erneuerbare Energien oder bestimmten Arten von Projekten für erneuerbare Energien liegt, mit denen eine kurzfristige Beschleunigung des Ausbaus der Nutzung erneuerbarer Energien in der Union erreicht werden kann.**

Diese Verordnung gilt für alle Verfahren zur Genehmigungserteilung, deren Beginn innerhalb ihrer Geltungsdauer liegt, und sie lässt nationale Bestimmungen unberührt, mit denen kürzere als die in Artikel 5 Absatz 1 vorgesehenen Fristen festgelegt werden.

Die Mitgliedstaaten können diese Verordnung auch auf laufende Verfahren zur Genehmigungserteilung anwenden, bei denen vor dem 30. Dezember 2022 noch keine endgültige Entscheidung ergangen ist, sofern das Verfahren zur Genehmigungserteilung damit verkürzt wird und bereits bestehende Rechte Dritter gewahrt werden.

Begriffsbestimmungen

Artikel 2. Für die Zwecke dieser Verordnung gelten die Begriffsbestimmungen des Artikels 2 der Richtlinie (EU) 2018/2001 des Europäischen Parlaments und des Rates. Ferner gelten folgende Begriffsbestimmungen:

(1) „Verfahren zur Genehmigungserteilung" bezeichnet das Verfahren,

a) das alle einschlägigen behördlichen Genehmigungen für den Bau, das Repowering und den Betrieb von Anlagen zur Erzeugung von Energie aus erneuerbaren Quellen, einschließlich Wärmepumpen, der Energiespeicheranlagen am selben Standort sowie der für deren Netzanschluss erforderlichen Anlagen umfasst, einschließlich – soweit vorgeschrieben – Genehmigungen für den Netzanschluss und Umweltverträglichkeitsprüfungen, und

b) das alle behördlichen Stufen umfasst, mit der Bestätigung des Eingangs des vollständigen Antrags bei der zuständigen Behörde beginnt und mit der Mitteilung der endgültigen Entscheidung über das Ergebnis des Verfahrens durch die zuständige Behörde endet;

(2) „Solarenergieanlagen" bezeichnet Anlagen zur Umwandlung von Sonnenenergie in thermische oder elektrische Energie, einschließlich Solarthermie- und Photovoltaik-Anlagen.

Überwiegendes öffentliches Interesse

Artikel 3. (1) Für die Zwecke des Artikels 6 Absatz 4 und des Artikels 16 Absatz 1 Buchstabe c der Richtlinie 92/43/EWG des Rates, des Artikels 4 Absatz 7 der Richtlinie 2000/60/EG des Europäischen Parlaments und des Rates und des Artikels 9 Absatz 1 Buchstabe a der Richtlinie 2009/147/EG des Europäischen Parlaments und des Rates wird bei der Abwägung rechtlicher Interessen im Einzelfall angenommen, dass die Planung, der Bau und der Betrieb von Anlagen und Einrichtungen zur Erzeugung von Energie aus erneuerbaren Quellen sowie ihr Netzanschluss, das betreffende Netz selbst und die Speicheranlagen im überwiegenden öffentlichen Interesse liegen und der öffentlichen Gesundheit und Sicherheit dienen. Die Mitgliedstaaten können die Anwendung dieser Bestimmungen im Einklang mit den Prioritäten ihrer integrierten nationalen Energie- und Klimapläne auf bestimmte Teile ihres Hoheitsgebiets sowie auf bestimmte Arten von Technologien oder Projekten mit bestimmten technischen Eigenschaften beschränken.

(2) Die Mitgliedstaaten stellen bei Projekten, die als Projekte von überragendem öffentlichen Interesse anerkannt wurden, sicher, dass im Verfahren zur Planung und Genehmigungserteilung der Bau und Betrieb von Anlagen und Einrichtungen zur Erzeugung von Energie aus erneuerbaren

Quellen und der damit verbundene Ausbau der Netzinfrastruktur bei der fallweisen Abwägung der Rechtsinteressen Priorität erhalten.

In Bezug auf den Artenschutz findet Unterabsatz 1 nur Anwendung, wenn und soweit geeignete Artenschutzmaßnahmen, die zur Erhaltung oder Wiederherstellung eines günstigen Erhaltungszustands der Populationen der Art beitragen, ergriffen werden und für diesen Zweck ausreichende Finanzmittel und Flächen bereitgestellt werden.

Fehlen alternativer oder zufriedenstellender Lösungen

Artikel 3a. (1) Bei der Prüfung, ob es keine zufriedenstellenden Alternativlösungen für ein Projekt für eine Anlage oder Einrichtung zur Erzeugung von Energie aus erneuerbaren Quellen und deren Anbindung ans Netz für die Zwecke des Artikels 6 Absatz 4 und des Artikels 16 Absatz 1 der Richtlinie 92/43/EWG, des Artikels 4 Absatz 7 der Richtlinie 2000/60/EG und des Artikels 9 Absatz 1 der Richtlinie 2009/147/EG gibt, kann diese Bedingung als erfüllt betrachtet werden, wenn es keine zufriedenstellenden Alternativlösungen gibt, mit denen dasselbe Ziel erreicht werden kann wie mit dem betreffenden Projekt, insbesondere was die Entwicklung derselben Kapazität für erneuerbare Energien mit derselben Energietechnologie innerhalb desselben oder eines ähnlichen Zeitrahmens betrifft, ohne dass dies zu deutlich höheren Kosten führt.

(2) Bei der Prüfung, ob es keine zufriedenstellenden Alternativlösungen für ein für die Integration von Energie aus erneuerbaren Quellen in das Stromnetz erforderliches Projekt für die Netzinfrastruktur für die Zwecke des Artikels 6 Absatz 4 und des Artikels 16 Absatz 1 der Richtlinie 92/43/EWG, des Artikels 4 Absatz 7 der Richtlinie 2000/60/EG und des Artikels 9 Absatz 1 der Richtlinie 2009/147/EG gibt, kann diese Bedingung als erfüllt betrachtet werden, wenn es keine zufriedenstellenden Alternativlösungen gibt, mit denen innerhalb desselben oder eines ähnlichen Zeitrahmens dasselbe Ziel erreicht werden kann wie mit dem betreffenden Projekt, ohne dass dies zu deutlich höheren Kosten führt.

(3) Bei der Durchführung von Ausgleichsmaßnahmen für eine geplante Anlage oder Einrichtung zur Erzeugung von Energie aus erneuerbaren Quellen und die für die Integration von Energie aus erneuerbaren Quellen in das Stromnetz erforderliche Netzinfrastruktur können die Mitgliedstaaten für die Zwecke des Artikels 6 Absatz 4 der Richtlinie 92/43/EWG erlauben, dass derartige Ausgleichsmaßnahmen parallel zur Umsetzung des geplanten Projekts durchgeführt werden, es sei denn, es liegen eindeutige Beweise dafür vor, dass ein bestimmtes Projekt die für die Aufrechterhaltung der Struktur und der Funktionen des Gebiets wesentlichen ökologischen Prozesse irreversibel beschädigen und die Gesamtkohärenz des Natura-2000-Netzes beeinträchtigen würde, bevor Ausgleichsmaßnah-

men ergriffen werden. Die Mitgliedstaaten können zulassen, dass die genannten Ausgleichsmaßnahmen im Laufe der Zeit angepasst werden, je nachdem, ob die erheblichen negativen Auswirkungen kurz-, mittel- oder langfristig zu erwarten sind.

Beschleunigung des Verfahrens zur Genehmigungserteilung für die Installation von Solarenergieanlagen

Artikel 4.[1)] **(1) Das Verfahren zur Genehmigungserteilung für die Installation von Solarenergieanlagen und von Energiespeicheranlagen am selben Standort, einschließlich gebäudeintegrierter Solaranlagen und Solarenergieanlagen auf Dächern, auf bestehenden oder künftigen künstlichen Strukturen, mit Ausnahme künstlicher Wasserflächen, darf nicht länger dauern als drei Monate, wenn das Hauptziel dieser Strukturen nicht in der Erzeugung von Solarenergie besteht. Abweichend von Artikel 4 Absatz 2 der Richtlinie 2011/92/EU und Anhang II Nummer 3 Buchstaben a und b allein oder in Verbindung mit Anhang II Nummer 13 Buchstabe a der genannten Richtlinie sind diese Solarenergieanlagen von der gegebenenfalls anwendbaren Anforderung ausgenommen, zu bestimmen, ob für das Projekt eine Umweltverträglichkeitsprüfung erforderlich ist, oder eine gesonderte Umweltverträglichkeitsprüfung durchzuführen.**

(2) Die Mitgliedstaaten können bestimmte Gebiete oder Strukturen aus Gründen des Schutzes kulturellen oder historischen Erbes oder aus Gründen der nationalen Verteidigung oder aus Sicherheitsgründen von den Bestimmungen des Absatzes 1 ausnehmen.

(3) Beim Verfahren zur Genehmigungserteilung für die Installation von Solarenergieanlagen, einschließlich für Eigenversorgern im Bereich der erneuerbaren Energien, mit einer Kapazität von höchstens 50 kW gilt die Genehmigung als erteilt, wenn die zuständigen Behörden oder Stellen innerhalb eines Monats nach der Antragstellung keine Antwort übermittelt haben, sofern die Kapazität der Solarenergieanlagen die bestehende Kapazität des Anschlusses an das Verteilernetz nicht übersteigt.

(4) Führt die Anwendung des in Absatz 3 genannten Schwellenwerts zur einem erheblichen Verwaltungsaufwand oder zu Einschränkungen beim Betrieb des Stromnetzes, so können die Mitgliedstaaten einen niedrigeren Schwellenwert anwenden, sofern dieser über 10,8 kW liegt.

(5) Alle Entscheidungen, die auf den in Absatz 1 genannten Verfahren zur Genehmigungserteilung beruhen, werden im Einklang mit bestehenden Verpflichtungen veröffentlicht.

Anmerkung

1) Siehe Art 10, Geltungsdauer 18 Monate: 30.6.2024.

Repowering von Anlagen zur Erzeugung von Strom aus erneuerbaren Quellen

Artikel 5. (1) Das Verfahren zur Genehmigungserteilung für Repowering-Projekte im Bereich erneuerbarer Energien in den gemäß Artikel 6 vorgesehenen Gebieten – darunter auch Genehmigungen für den Ausbau von Anlagen, die für den Netzanschluss erforderlich sind, wenn das Repowering zu einer Kapazitätserhöhung führt – darf nicht länger dauern als sechs Monate, einschließlich etwaiger Umweltverträglichkeitsprüfungen, die nach einschlägigen Rechtsvorschriften erforderlich sind.

(2) Führt das Repowering nicht zu einer Erhöhung der Kapazität der Anlage zur Erzeugung von Strom aus erneuerbaren Quellen um mehr als 15 %, so werden Netzanschlüsse an das Übertragungs- oder Verteilernetz unbeschadet der Notwendigkeit, potenzielle Umweltauswirkungen gemäß Absatz 3 dieses Artikels zu prüfen, innerhalb von drei Monaten nach der Antragstellung bei der betreffenden Stelle genehmigt, sofern keine begründeten Sicherheitsbedenken bestehen und keine technische Inkompatibilität mit Netzkomponenten vorliegt.

(3) Ist es für das Repowering einer Anlage zur Erzeugung von Strom aus erneuerbaren Quellen oder der Ausbau einer damit verbundenen Netzinfrastruktur, die für die Integration erneuerbarer Energien in das Stromnetz erforderlich ist, erforderlich zu bestimmen, ob für das Projekt ein Verfahren zur Umweltverträglichkeitsprüfung oder eine Umweltverträglichkeitsprüfung gemäß Artikel 4 der Richtlinie 2011/92/EU erforderlich ist, so beschränkt sich diese Ermittlung und/oder Umweltverträglichkeitsprüfung auf die potenziellen erheblichen Auswirkungen der Änderung oder Erweiterung im Vergleich zum ursprünglichen Projekt.

(4) Sind für das Repowering von Solaranlagen keine zusätzlichen Flächen erforderlich und entspricht es den geltenden Umweltschutzmaßnahmen, die für die ursprüngliche Anlage festgelegt wurden, so wird das Projekt von einer etwaigen Anforderung ausgenommen, gemäß Artikel 4 der Richtlinie 2011/92/EU zu bestimmen, ob für das Projekt eine Umweltverträglichkeitsprüfung erforderlich ist.

(5) Alle Entscheidungen, die auf den in den Absätzen 1 und 2 genannten Verfahren zur Genehmigungserteilung beruhen, werden im Einklang mit bestehenden Verpflichtungen veröffentlicht.

Beschleunigung des Verfahrens zur Genehmigungserteilung für Projekte im Bereich der erneuerbaren Energien und für die damit verbundenen Netzinfrastruktur, die für die Integration erneuerbarer Energien in das System erforderlich ist

Artikel 6. Die Mitgliedstaaten können Ausnahmen für Projekte im Bereich der erneuerbaren Energien sowie für Projekte im Bereich Energiespeicherung und Stromnetze, die für die Integration erneuerbarer Energie in das Elektrizitätssystem erforderlich sind, von der Umweltverträglichkeitsprüfung gemäß Artikel 2 Absatz 1 der Richtlinie 2011/92/EU und von den Bewertungen des Artenschutzes gemäß Artikel 12 Absatz 1 der Richtlinie 92/43/EWG und gemäß Artikel 5 der Richtlinie 2009/147/EG vorsehen, sofern das Projekt in einem für erneuerbare Energien oder Stromnetze vorgesehenen Gebiet für damit verbundene Netzinfrastruktur, die für die Integration erneuerbarer Energie in das Elektrizitätssystem erforderlich ist, durchgeführt wird, falls die Mitgliedstaaten ein solches Gebiet ausgewiesen haben, und dieses Gebiet einer strategischen Umweltprüfung gemäß der Richtlinie 2001/42/EG des Europäischen Parlaments und des Rates (5) unterzogen worden ist. Die zuständige Behörde stellt sicher, dass auf der Grundlage der vorhandenen Daten geeignete und verhältnismäßige Minderungsmaßnahmen ergriffen werden, um die Einhaltung von Artikel 12 Absatz 1 der Richtlinie 92/43/EWG und Artikel 5 der Richtlinie 2009/147/EG zu gewährleisten. Falls solche Maßnahmen nicht verfügbar sind, stellt die zuständige Behörde sicher, dass der Betreiber einen finanziellen Ausgleich für Artenschutzprogramme zahlt, damit der Erhaltungszustand der betroffenen Arten gesichert oder verbessert wird.

Beschleunigung des Ausbaus der Nutzung von Wärmepumpen

Artikel 7.[1)] (1) Das Verfahren zur Genehmigungserteilung für die Installation von Wärmepumpen mit einer elektrischen Leistung von unter 50 MW darf nicht länger als einen Monat dauern, während das Verfahren zur Genehmigungserteilung bei Erdwärmepumpen nicht länger als drei Monate dauern darf.

(2) Sofern keine begründeten Sicherheitsbedenken bestehen und keine technische Inkompatibilität der Netzkomponenten vorliegt, werden Anschlüsse an das Übertragungs- oder Verteilernetz nach Mitteilung an die zuständige Stelle für Folgendes genehmigt:

a) Wärmepumpen mit einer elektrischen Leistung von bis zu 12 kW; und
b) Wärmepumpen, die von einem Eigenversorger im Bereich der erneuerbaren Energien installiert werden und eine elektrische Leistung von bis

zu 50 kW aufweisen, wenn die Kapazität der Anlage zur Erzeugung von Strom aus erneuerbaren Quellen des Eigenversorgers im Bereich erneuerbare Elektrizität mindestens 60 % der Kapazität der Wärmepumpe beträgt.

(3) Die Mitgliedstaaten können bestimmte Gebiete oder Strukturen aus Gründen des Schutzes kulturellen oder historischen Erbes oder aus Gründen der nationalen Verteidigung oder aus Sicherheitsgründen von den Bestimmungen des vorliegenden Artikels ausnehmen.

(4) Alle Entscheidungen, die auf den in den Absätzen 1 und 2 genannten Verfahren zur Genehmigungserteilung beruhen, werden im Einklang mit bestehenden Verpflichtungen veröffentlicht.

Anmerkung

1) Siehe Art 10, Geltungsdauer 18 Monate: 30.6.2024.

Fristen für das Verfahren zur Genehmigungserteilung für das Repowering von Anlagen zur Erzeugung von Strom aus erneuerbaren Quellen in den gemäß Artikel 6 vorgesehenen Gebieten

Artikel 8. Bei der Anwendung der in Artikel 5 Absatz 1 genannten Fristen werden die folgenden Zeiträume nicht als in diese Fristen fallend gezählt, es sei denn, sie fallen mit anderen behördlichen Stufen des Verfahrens zur Genehmigungserteilung zusammen:

a) die Zeit für die Errichtung oder das Repowering der Anlagen, ihrer Netzanschlüsse und – im Hinblick auf die Gewährleistung der Netzstabilität, -zuverlässigkeit und -sicherheit – der damit verbundenen erforderlichen Netzinfrastruktur und
b) die Dauer der erforderlichen behördlichen Stufen für umfassende Modernisierungen des Netzes, die notwendig sind, um die Netzstabilität, -zuverlässigkeit und -sicherheit zu gewährleisten.

Überprüfung

Artikel 9. Die Kommission überprüft diese Verordnung bis spätestens 31. Dezember 2023 im Hinblick auf die Entwicklung der Versorgungssicherheit und der Energiepreise sowie der Notwendigkeit, den Ausbau der Nutzung erneuerbarer Energien weiter zu beschleunigen. Sie legt dem Rat einen Bericht über die wichtigsten Ergebnisse dieser Überprüfung vor. Die Kommission kann auf der Grundlage dieses Berichts vorschlagen, die Geltungsdauer dieser Verordnung zu verlängern.

Inkrafttreten und Anwendung

Artikel 10. Diese Verordnung tritt am Tag nach ihrer Veröffentlichung im Amtsblatt der Europäischen Union in Kraft.[1)]

Sie gilt für einen Zeitraum von 18 Monaten ab ihrem Inkrafttreten.[2)]

Artikel 1, Artikel 2 Nummer 1, Artikel 3 Absatz 2, Artikel 3a, Artikel 5 Absatz 1, Artikel 6 und Artikel 8 gelten jedoch bis zum 30. Juni 2025.

Diese Verordnung ist in allen ihren Teilen verbindlich und gilt unmittelbar in jedem Mitgliedstaat.

Anmerkungen

1) Inkrafttreten: 30.12.2022.

2) Geltungsdauer 18 Monate: 30.6.2024.

7. Bundesgesetz über die erneuerbare Wärmebereitstellung in neuen Baulichkeiten (Erneuerbare-Wärme-Gesetz – EWG)

BGBl I 2024/8

Kompetenzgrundlage

§ 1. (Verfassungsbestimmung) Die Erlassung und Aufhebung von Vorschriften, wie sie in diesem Bundesgesetz enthalten sind, sind auch in jenen Belangen Bundessache, hinsichtlich derer das B-VG etwas anderes bestimmt. Die in diesen Belangen nach dem B-VG zuständige Gesetzgebung bleibt insoweit zuständig für Vorschriften, die mit jenen nach diesem Bundesgesetz nicht in Widerspruch stehen.

Begriffsbestimmungen

§ 2. (1) Im Sinne dieses Bundesgesetzes bezeichnet der Ausdruck

1. „neue Baulichkeiten" die Errichtung von neuen Gebäuden und von Gebäuden, bei denen nach Abtragung bestehender baulicher Anlagen alte Fundamente oder die bestehenden tragenden Außenbauteile ganz oder teilweise wieder benützt werden;
2. „Anlage" bzw. „Anlage zur Wärmebereitstellung" eine Anlage zum Zwecke der Raumheizung oder der Warmwasserbereitung oder einer Kombination davon für ein oder mehrere Gebäude, Gebäudeteile, Nutzungseinheiten oder Räume unter Einsatz von Energie; Einrichtungen gemäß Z 12 sind von dieser Definition ausgenommen;
3. „Errichtung einer oder mehrerer Anlagen" den Einbau oder die Aufstellung von einer oder mehreren Anlagen zur Wärmebereitstellung;
4. „fossile Brennstoffe" sind die in den Z 5 bis Z 8 angeführten Brennstoffe; Abwärme aus fossilen Brennstoffen, die für die Gewinnung von Prozesswärme verwendet werden, ist nicht umfasst;
5. „feste fossile Brennstoffe" insbesondere Stückkohle (Braunkohle, Steinkohle), Briketts, Torf und Koks, die für die Wärmebereitstellung eingesetzt werden können;
6. „flüssige fossile Brennstoffe" insbesondere Heizöl, Diesel und Petroleum, die für die Wärmebereitstellung eingesetzt werden können;
7. „fossiles Flüssiggas" insbesondere Propan, Propen, Butan, Buten und deren Gemische, die für die Wärmebereitstellung eingesetzt werden können;
8. „gasförmige fossile Brennstoffe" insbesondere Erdgas, das für die Wärmebereitstellung eingesetzt werden kann;
9. „zentrale Anlage" eine Anlage gemäß Z 2, über die mehrere oder alle Nutzungseinheiten eines oder mehrerer Gebäude mit Wärme versorgt werden;

10. „dezentrale Anlage“ eine Anlage gemäß Z 2, über die lediglich einzelne Räume oder eine von mehreren Nutzungseinheiten eines Gebäudes mit Wärme versorgt werden;
11. „Nutzungseinheit“ ein baulich abgeschlossener, nach der Verkehrsauffassung selbstständiger Teil eines Gebäudes, der nach seiner Art und Größe geeignet ist, der Befriedigung individueller Wohnbedürfnisse von Menschen oder anderen Zwecken zu dienen;
12. „Fernwärme“ die Verteilung thermischer Energie in Form von Dampf oder Flüssigkeiten von zentralen oder dezentralen Produktionsquellen über ein Netz an Gebäude zur Bereitstellung von Raumwärme oder Warmwasser oder einer Kombination davon oder zur Bereitstellung von Prozesswärme; dies unter der Voraussetzung, dass die Wärme zumindest zur Belieferung von zwei räumlich getrennten Gebäuden auf zumindest zwei getrennten Liegenschaften und überwiegend zum Fremdverkauf verwendet wird;
13. „qualitätsgesicherte Fernwärme“ eine zumindest die folgenden Kriterien erfüllende Fernwärme:
    a) sie kann mit ausreichender Leistung und Menge zur Versorgung des betreffenden Gebäudes oder der betreffenden Nutzungseinheit bereitgestellt werden,
    b) sie ist entweder der behördlichen Regelung gemäß dem Preisgesetz 1992, BGBl. Nr. 145/1992, oder einer festgelegten Regelung zur Preisänderung unterworfen, und
    c) die Fernwärme
       aa) stammt zumindest zu 80% aus Energie aus erneuerbaren Energieträgern, Wärme aus hocheffizienten Kraft-Wärme-Kopplungsanlagen, aus Abwärme oder einer Kombination davon, oder
       bb) ist mit einem verbindlichen Dekarbonisierungsplan gemäß § 25 Abs. 1 Z 1a lit. b Umweltförderungsgesetz, BGBl. Nr. 185/1993, ausgestattet, mit dem die dauerhafte Einhaltung der Kriterien gemäß sublit. aa) ab 2035 sichergestellt ist, und keine Ausweitung der mit fossilen Brennstoffen erzeugten Anlagenleistung erfolgt;
14. „Gebiet, in dem qualitätsgesicherte Fernwärme vorhanden ist“ ein Gebiet,
    a) das flächenbezogen normativ (Gesetz, Verordnung oder Bescheid) festgelegt sowie allgemein und leicht zugänglich veröffentlicht ist, oder
    b) für das nach anderen Kriterien auf normativer Basis (Gesetz, Verordnung oder Bescheid) bestimmt ist, welche Liegenschaften umfasst sind,

    und die auf der jeweiligen Liegenschaft befindlichen Gebäude technisch möglich und zu wirtschaftlich zumutbaren Kosten an qualitätsgesicherte Fernwärme angeschlossenen werden können.

(2) Verweist dieses Bundesgesetz auf andere Bundesgesetze, so sind diese – soweit nicht ausdrücklich anderes angeordnet wird – in ihrer jeweils geltenden Fassung anzuwenden.

Wärmebereitstellung für neue Baulichkeiten

§ 3. (1) Ab dem Inkrafttreten dieser Bestimmung ist die Errichtung einer oder mehrerer Anlagen zur Wärmebereitstellung für neue Baulichkeiten, die mit fossilen Brennstoffen betrieben werden können, unzulässig. Ebenso unzulässig ist die Errichtung einer odere mehrerer Anlagen zum Anschluss an Fernwärme, die nicht qualitätsgesichert ist.

(2) Abs. 1 ist nicht anzuwenden für dezentrale Anlagen, die für den Betrieb mit fossilen Brennstoffen geeignet sind, und für zentrale Anlagen, die für den Betrieb mit gasförmigen fossilen Brennstoffen geeignet sind, sowie Anschlüsse an nicht qualitätsgesicherte Fernwärme,

a) .für die gemäß den bis dahin geltenden bundes- oder landesrechtlichen Regelungen keine Zulassung erforderlich und das Rechtsgeschäft über den Erwerb der Anlage vor dem Inkrafttreten dieser Bestimmung abgeschlossen war;
b) .für die vor dem Inkrafttreten dieser Bestimmung eine Zulassung beantragt wurde; anhängige Verfahren sind nach den bisher geltenden Bestimmungen zu beenden.

(3) Abs. 1 gilt nicht für Anlagen, die mit erneuerbarem Gas aus eigenen Erzeugungsanlagen betrieben und über eine direkte Leitung von der Erzeugungsanlage beliefert werden.

Vollziehung

§ 4. Die Bestimmungen dieses Bundesgesetzes sind von den, gemäß den einschlägigen bundes- oder landesgesetzlichen Vorschriften zuständigen Behörden zu vollziehen.

Notifikation

§ 5. Dieses Bundesgesetz wurde unter Einhaltung der Bestimmungen der Richtlinie (EU) 2015/1535 über ein Informationsverfahren auf dem Gebiet der technischen Vorschriften und der Vorschriften für die Dienste der Informationsgesellschaft, ABl. Nr. L 241 vom 17.09.2015 S. 1, notifiziert (Notifikationsnummer: xxx).

Inkrafttreten

§ 6. (1) (Verfassungsbestimmung) § 1 tritt mit dem der Kundmachung folgenden Tag1) in Kraft. Zugleich treten die Bestimmungen des Ölkessel-

einbauverbotsgesetzes (ÖKEVG 2019), BGBl. I Nr. 6/2020, außer Kraft; dieses ist auf bis zu diesem Zeitpunkt anhängige Verfahren weiterhin anzuwenden.

(2) Die übrigen Bestimmungen dieses Bundesgesetzes treten mit dem der Kundmachung folgenden Tag[1)] in Kraft.

Anmerkung

1) Das war am 29.2.2024.

Stichwortverzeichnis